Langenscheidts

ПОЛИТЕХНИЧЕСКИЙ СЛОВАРЬ

Русско-немецкий

в двух томах

ТОМ I

А – О

Около 140 000 терминов

Под общей редакцией
дипл. фил. Хорста Гёрнера

Издание шестое, переработанное и дополненное

Langenscheidt
Берлин • Мюнхен • Вена • Цюрих • Нью-Йорк

«РУССО»
Москва
2001

ББК 3
П49

Составители:

Dr.-Ing. *Stefan Becker*, Dipl.-Dolm. *Gertraud Böhme*, Prof. Dr.-Ing. habil. *Adolf Dannehl*, Dipl.-Dolm. *Heidemarie Dietrich*, Dr. rer. nat. *Siegfried Engelmann*, Dr. rer. nat. *Ulrike Engelmann*, Dr.-Ing. *Günter Fichtner*, Dipl.-Ing. *Ulla Fichtner*, Dr.-Ing. *Reiner Gimm*, Dr.-Ing. *Irina Göring*, Dipl.-Dolm. *Jürgen Göring*, Dipl. phil. *Horst Görner*, *Klaus Görner*, Dipl. phil. *Joachim Grün*, Dipl.-Ing. *Frank Hering*, Dr. rer. nat. *Lothar Holz*, Dr. *Anita Jaensch*, Dipl.-Slaw. *Jürgen Janetzko*, Dr. agr. *Eberhard Jung*, Dipl.-Phys. *Friedrich-Wilhelm Kahle*, Dr.-Ing. *Wilfried Ködderitzsch*, Dr. rer. nat. *Hans-Günter Körber*, Dr. rer. nat. *Georg Kowalle*, *Galina Krasjukowa*, Dr.-Ing. *Dieter Lincke*, Dipl.-Geodätin *Galina Marek*, Dipl.-Sprachmittler *Tamara Meyer*, Dr. rer. nat. habil. *Peter Notni*, Ing. *Eberhard Pfefferkorn*, Dipl.-Ing. *Jutta Pfitzner*, Prof. Dr.-Ing. *Bruno Pol*, Dr.-Ing. *Annemarie Prichodko*, Dr.-Ing. *Thomas Rehtanz*, Dr. rer. nat. *Michael Reinhardt*, Dr.-Ing. *Arnim Rüdiger*, Dr. oec. *Volker Sasse*, Doz. Dr.-Ing. habil. *Manfred Schmidt*, Dr. rer. nat. *Peter Seidel*, Dipl.-Sprachmittler *Arndt Spindler*, Dipl.-Dolm., Ing. *Burkhard Starke*, Dr.-Ing. habil. *Dominik Surek*, Dipl. phil. *Herbert Tauer*, Dipl.-Math. *Martina Thiemann*, Doz. Dr.-Ing. habil. *Heinz Thum*, Dipl.-Geol. *Gisela Trembich*, Dr.-Ing. *Karl Uebrick*, Dipl.-Berging. *Jörg Voigt*, Dipl.-Phys. *Gudrun Wendt*, Dipl.-Ing. *Gerald Wilde*, Dr. rer. nat. *Julia Wilke*, Dipl.-Dolm. *Richard Wollenhaupt*

Политехнический словарь (русско-немецкий): в 2-х т. Ок.
П49 140000 терминов / Под ред. дипл. фил. Хорста Гёрнера. – 6-е изд., перераб. и доп. – М: РУССО, 2001. ISBN 5-88721-185-7 (рус.) т. I (А – О) – 560 с. ISBN 5-88721-187-3 (рус.) ISBN 3-86117-063-9 (нем.)

Словарь содержит около 140 000 терминов по всем отраслям науки и техники.

Предназначен для специалистов, научных работников, студентов, переводчиков научно-технической литературы.

ISBN 5-88721-185-7 (рус.) т. I
ISBN 5-88721-187-3 (рус.)
ISBN 3-86117-063-9 (нем.)

ББК 3+81.2 Нем.-4

СПРАВОЧНОЕ ИЗДАНИЕ

ПОЛИТЕХНИЧЕСКИЙ СЛОВАРЬ

Русско-немецкий

Ответственные за выпуск:
ЗАХАРОВА Г. В., ГАЛКИНА Н. П.

Лицензия ИД № 00179 от 28.10.1999 г.

Подписано в печать 18.05.2001. Формат 60x90/16.
Бумага офсетная № 1. Печ. л. 35. Тираж 3150 экз.
Заказ 3597

«РУССО», 117071, Москва, Ленинский пр-т, д. 15, офис 323. Телефон/факс: 955-05-67, 237-25-02.
Web: http: //www.aha.ru/~russopub/
E-mail: russopub@aha.ru

Отпечатано в полном соответствии
с качеством предоставленных диапозитивов
в ОАО «Можайский полиграфический комбинат».
143200, г. Можайск, ул. Мира, 93.

Vorwort zur 6. Auflage

Bis zur 5. Auflage erschien dieses Nachschlagewerk unter dem Titel „Polytechnisches Wörterbuch", Russisch-Deutsch. Die letzte überarbeitete Auflage kam 1983 auf den Markt. Seit dieser Zeit haben sich Technik und Wissenschaft weiterentwickelt, was auch in der Terminologie ihren Niederschlag gefunden hat. Es wurde daher und in Anbetracht des spürbaren Mangels an russisch-deutschen fachsprachlich orientierten Wörterbüchern notwendig, eine neue Auflage in Angriff zu nehmen.

Das Ziel dieses Vorhabens bestand darin,

- das Wortgut der Vorauflagen einer kritischen Durchsicht zu unterziehen und besonders die zielsprachigen Begriffe zu aktualisieren;
- Fehler und Ungenauigkeiten zu beseitigen;
- veraltete und entbehrliche Stellen zu eliminieren;
- neue Wortstellen aus Fachgebieten, die einer besonders rasanten Entwicklung unterliegen, zu ergänzen;
- die Begleitinformationen im Interesse der Nutzer zu erweitern und zu konkretisieren und
- für deutsche chemische Benennungen weitgehend die IUPAC-Regeln anzuwenden.

Der Grad der durch diese Arbeiten eingetretenen Veränderungen ist beträchtlich. Allein der Umfang der Wortstellen ist auf 140 000 angewachsen; die Neueinträge erreichen fast 40%. Dies bedingte allerdings das Anlegen strenger Maßstäbe bei Kürzungen, damit eine gute Handhabbarkeit bei der Arbeit mit diesem Buch gewährleistet werden kann. Die Kürzungen erstreckten sich insbesondere auf sehr spezielle Wortstellen, auf solche, die in der Quellsprache Umschreibungen darstellen, auf ganze Fachgebiete (z. B. Militärwesen, Röhrentechnik), auf veraltete Teildisziplinen (wie z. B. alte Satz- und Drucktechniken, Anfänge der Rechentechnik und Datenverarbeitung), auf Termini der organischen und anorganischen Chemie (Nomenklaturen), sowie auf leicht erschließbare Wortstellen. Die Neueinträge sind vor allem solchen Fachgebieten zuzuordnen, die sich in den letzten Jahren besonders stark entwickelt haben (Informatik, Telekommunikation, Raumfahrt, spezielle Gebiete der Elektronik, Lichtwellenleitertechnik, Kryotechnik) oder die in Vorauflagen nicht ausreichend bzw. überhaupt nicht vertreten waren (z. B. Ökologie).

Erweitert wurden die Hinweise zum Anwendungsbereich der zielsprachigen Äquivalente durch Fachgebietshinweise. Das schließt jedoch die Verwendung des Terminus auch in anderen Gebieten nicht aus. Struktur und Aufbau der Vorauflagen hatten sich bewährt. Sie blieben deshalb unverändert. Die umlaufende Darstellung der Wortstellen innerhalb eines Nestes ist der Textkomprimierung geschuldet.

Autoren und Herausgeber waren bemüht, ein modernes Fachwörterbuch für die russisch-deutsche Sprachrichtung vorzulegen, das zur Überwindung der Sprachbarriere und somit zur Erleichterung der wissenschaftlich-technischen und wirtschaftlichen Beziehungen zwischen Rußland und Deutschland beitragen kann.

Der Herausgeber dankt allen, die an der Entwicklung und Herausgabe dieser Auflage beteiligt waren, dem Verlag und seiner Lektorin, Frau Gitta Koven, für die Förderung und Betreuung des Vorhabens und nicht zuletzt meiner Frau für die fachliche Beratung und Unterstützung und die aufgebrachte verständnisvolle Geduld.

Herausgeber und Verlag sind daran interessiert, Hinweise und Anregungen zur weiteren Verbesserung des vorliegenden Fachwörterbuches zu erhalten und bitten, diese an den Verlag Hatier, Detmolder Str. 4, 10715 Berlin, zu richten.

Horst Görner

Предисловие к 6-му изданию

Пять предыдущих изданий настоящего словаря вышли в свет под названием «Русско-немецкий политехнический словарь». Последнее, переработанное издание появилось на книжном рынке в 1983 г. С того времени наука и техника сделали огромный шаг вперед, что, естественно, нашло свое отражение и в терминологии. В связи с этим, а также в сознании явного дефицита в русско-немецких специальных словарях, было решено приступить к подготовке нового издания.
При этом преследовались следующие основные цели:

- критически пересмотреть словник предыдущих изданий с упором на актуализацию терминологии целевого языка;
- устранить вкравшиеся ошибки и неточности;
- исключить устаревшие и лишние термины;
- пополнить словарь новыми терминами из областей, переживающих наиболее стремительное развитие;
- в помощь читателю расширить и конкретизировать сопроводительную информацию;
- в немецкой химической терминологии по возможности использовать правила номенклатуры ИЮПАК.

В результате проделанной работы словарь претерпел весьма существенные изменения. Один только словник увеличился до 140 тыс. терминов; доля новых терминов составляет около 40%. Это потребовало более частого использования сокращений, в основу которых, однако, положены строгие критерии в интересах обеспечения максимального удобства пользования словарем. Сокращения касаются, прежде всего, весьма специальных терминов, понятий, использующихся в исходном языке в описательной форме, целых областей знаний (например, военное дело, ламповая техника), устаревших разделов техники (например, устаревшей наборной и печатной техники, первых шагов вычислительной техники и обработки данных), терминов из органической и неорганической химии (номенклатур), легкопонятных терминов. Новые термины охватывают главным образом разделы науки и техники, характеризующиеся в последние годы наиболее бурным развитием: информатику, космическую технику, специальные разделы электроники, светопроводную технику, криогенную технику. Особое внимание уделено также отраслям знаний, недостаточно представленным или полностью отсутствующим в предыдущих изданиях, например, экологической тематике.
Даются более подробные примечания в отношении сфер применения немецких эквивалентов, что не исключает, однако, возможности использования термина и в других областях. Систематика и структура предыдущих изданий словаря получили всеобщее признание, поэтому решено было оставить их без изменения. В интересах экономии места термины в пределах терминологического гнезда приводятся в форме сплошного текста.
Авторы и главный редактор стремились предложить читателю современный специальный русско-немецкий словарь, призванный послужить полезным подспорьем в деле преодоления языкового барьера, а значит и облегчения научно-технических и экономических контактов и связей между Россией и Германией.
Я благодарю всех, кто участвовал в подготовке и издании настоящего издания словаря: издательство, редактора г-жу Гитту Ковен за помощь в осуществлении проекта и, не в последнюю очередь, мою жену за профессиональный совет, оказанную помощь и проявленное понимание и терпение.
Главный редактор и издательство будут признательны за отзывы и критические замечания в интересах дальнейшего улучшения словаря и просят направлять их по адресу издательства:
Verlag Hatier, Detmolder Str. 4, D-10715 Berlin.

Хорст Гёрнер

Benutzungshinweise • О пользовании словарём

1. Beispiele für die alphabetische Ordnung • Примеры для алфавитного порядка

блок
~алгоритма
~/холостой
блок-аппарат
~/главный
блок-замычка
блокинг-генератор
блокирование
блокировка
~записи
блок-клавиша
блок-схема
~модулей
блок-ящик
БМГ
БМУ

связь • с ёмкостной связью • с отрицательной обратной связью
~/абонентская
~ по постоянному напряжению
~ побочной валентности
~/электрическая
jj-связь
LS-связь
RC-связь
сдвиг • с фазовым сдвигом
~ влево
сдвигатель
сдвигать
СДМ
СДПП
сдувание

2. Zeichen • Знаки

/	кабель/световодный = световодный кабель
( )	устройство/электротепловое (электротермическое) = электротепловое устройство *или* электротермическое устройство monomolekulare Schicht (Adsorptionsschicht) = monomolekulare Schicht *oder* monomolekulare Adsorptionsschicht
[ ]	мост/неуравновешенный [измерительный] = неуравновешенный мост *или* неуравновешенный измерительный мост Reck[schmiede]hammer = Reckhammer *oder* Reckschmiedehammer
( )	Kursive Klammern enthalten Erklärungen. Эти скобки содержат объяснения.

Bei den Verben wird vom vollendeten auf den unvollendeten Aspekt verwiesen.
При глаголах даются ссылки с совершенного вида на несовершенный.

Grammatische Angaben • Грамматические пометы

f	Femininum / женский род
i.e.S.	im engeren Sinne / в узком смысле
i.w.S.	im weiteren Sinne / в более широком смысле
m	Maskulinum / мужской род
n	Neutrum / средний род
pl	Plural / множественное число
s.	siehe / смотри
s.a.	siehe auch / смотри также
z. B.	zum Beispiel / например

Fachgebietshinweise • Отраслевые пометы

Aero	Aerodynamik / аэродинамика
Ak	Akustik / акустика
Astr	Astronomie / астрономия
Bgb	Bergbau / горное дело
Brau	Brauereiwesen / пивоварение
Bw	Bauwesen, Baumaschinen, Architektur / строительство, строительное машиностроение, архитектура
Ch	Chemie und chemische Technologie / химия и химическая технология
Eb	Eisenbahnwesen / железнодорожный транспорт
El	Elektrotechnik / электротехника
Eln	Elektronik / электроника
En	Energietechnik / энергетика
Erdöl	Petrolchemische Industrie / нефтехимическая промышленность
Fert	Fertigungstechnik / технология
Fest	Festigkeitslehre / сопротивление материалов
Flg	Flugwesen, Flugtechnik / авиация
Förd	Fördertechnik / подъёмно-транспортное оборудование
Forst	Forstwirtschaft / лесоводство
Geod	Geodäsie / геодезия
Geol	Geologie / геология
Geoph	Geophysik / геофизика
Gieß	Gießereiwesen / литейное производство
Glas	Glasindustrie / стекольная промышленность
Gum	Gummiindustrie / резиновая промышленность
Härt	Härtereitechnik, Wärmebehandlung / технология термообработки
Holz	Holzverarbeitung / деревообработка
Hydr	Hydraulik, Pneumatik / гидравлика, пневматика
Hydrod	Hydrodynamik / гидродинамика
Hydrol	Hydrologie / гидрология
Hydrom	Hydromechanik / гидромеханика
Hydt	Hydrotechnik / гидротехника
Inf	Informatik (Datenerfassung, Datenverarbeitung, Programmierung, Rechentechnik) / информатика (сбор и обработка данных, программирование, вычислительная техника)
Kält	Kältetechnik / холодильная техника
Kart	Kartographie, Topographie / картография, топография
Ker	Keramik, keramische Industrie / керамика, керамическая промышленность
Kern	Kernphysik, Kerntechnik / ядерная физика, ядерная техника
Kfz	Kraftfahrzeugtechnik und Kraftfahrzeugverkehr / автомобилестроение и транспорт
Kine	Kinetechnik / кинотехника
Krist	Kristallographie / кристаллография
Kst	Kunststoffe / пластмассы
Kyb	Kybernetik / кибернетика
Lebm	Lebensmittelindustrie / пищевая промышленность
Led	Leder-, Schuh- und pelzverarbeitende Industrie / кожевенно-обувная и меховая промышленность

Licht	Lichttechnik / светотехника
Lw	Landwirtschaft, Gartenbau / сельское хозяйство, садоводство
Masch	Maschinenbau / машиностроение
Math	Mathematik / математика
Mech	Mechanik / механика
Med	Medizintechnik / медицинская техника
Meß	Meßtechnik, Meßinstrumente / измерительная техника, измерительные приборы
Met	Metallurgie, Metallkunde, Metallographie / металлургия, металловедение, металлография
Meteo	Meteorologie / метеорология
Mil	Militärtechnik / военная техника
Min	Mineralogie / минералогия
Nrt	Telekommunikation / связь
Ökol	Ökologie / экология
Opt	Optik, optischer Gerätebau / оптика, оптическое приборостроение
Pap	Papier- und Zellstoffindustrie / целлюлозно-бумажная промышленность
Ph	Physik / физика
Photo	Photographie, Phototechnik, Photochemie / фотография, фототехника, фотохимия
Rad	Radartechnik / радиолокационная техника
Rak	Raketentechnik / ракетная техника
Raumf	Raumfahrt / космонавтика
Reg	Regelungstechnik / автоматическое управление и регулирование
Rf	Rundfunktechnik / радиотехника
Schiff	Schiffbau, Schiffahrt, Fischereiwesen / судостроение, судоходство, рыболовство
Schm	Schmiedetechnik / кузнечно-штамповочное производство
Schw	Schweiß-, Löt- und Metallklebetechnik / сварка, пайка и технология склеивания металлов
Text	Textilindustrie / текстильная промышленность
Therm	Thermodynamik / термодинамика
Trib	Tribologie / трибология
TV	Fernsehtechnik / телевизионная техника
Typ	Graphische Technik / полиграфическое производство
Umf	Umformtechnik / технология обработки давлением
Wkst	Werkstoffkunde, Werkstoffprüfung / материаловедение, испытание материалов
Wkz	Werkzeuge / инструменты
Wkzm	Werkzeugmaschinen / металлообрабатывающее оборудование
Wlz	Walzwerktechnik / прокатное производство
Wmt	Wärmetechnik / теплотехника

RUSSISCHES ALPHABET

Аа	Ии	Рр	Шш
Бб	Йй	Сс	Щщ
Вв	Кк	Тт	Ъъ
Гг	Лл	Уу	Ыы
Дд	Мм	Фф	Ьь
Ее, Ёё	Нн	Хх	Ээ
Жж	Оо	Цц	Юю
Зз	Пп	Чч	Яя

А

а *s.* ампер
аа-лава *f (Geol)* Aa-Lava *f*, Brockenlava *f*, Spratzlava *f*
ААС *s.* спектроскопия/атомно-абсорбционная
абажур *m* Leuchtenschirm *m*
абака *f (Text)* Abaka[faser] *f*, Manila *m*
абграт-штамп *m (Fert)* Entgrateschnittwerkzeug *n*, Abgratschnittwerkzeug *n*; Abgratgesenk *n*
АБД *s.* банк данных/автоматизированный
абернатиит *m (Min)* Abernathyit *m (Uranglimmer)*
аберрация *f* 1. *(Opt)* Aberration *f*, Abbildungsfehler *m*; 2. *(Astr)* Aberration *f*, Abweichung *f* ‖ **~/вековая** *(Astr)* säkulare Aberration *f* ‖ **~/волновая** *(Opt)* Wellenaberration *f* ‖ **~/геометрическая** *(Opt)* geometrische (monochromatische) Aberration *f*, monochromatischer Abbildungsfehler *m* ‖ **~/годичная** *(Astr)* [jährliche] Aberration *f* ‖ **~/дифракционная** *(Opt)* diffraktive Aberration *f* ‖ **~ линзы** *(Opt)* Linsenfehler *m*, Linsenaberration *f* ‖ **~/лучевая** *(Opt)* Strahlaberration *f* ‖ **~/монохроматическая** *s.* ~/геометрическая ‖ **~/остаточная** *(Opt)* Restaberration *f* ‖ **~/планетная** *(Astr)* Planetenaberration *f* ‖ **~/поперечная** *(Opt)* [sphärische] Queraberration *f*, Seitenabweichung *f* ‖ **~/поперечная сферическая** sphärische Queraberration *f* ‖ **~/поперечная хроматическая** chromatische Queraberration *f* ‖ **~/приосевая** *(Opt)* axiale Aberration *f* ‖ **~/продольная** *(Opt)* [sphärische] Längsaberration *f* ‖ **~/продольная сферическая** sphärische Längsaberration *f* ‖ **~/продольная хроматическая** chromatische Längsaberration *f* ‖ **~ света** *(Astr)* Aberration *f* [des Lichtes] ‖ **~/суточная** *(Astr)* tägliche Aberration *f* ‖ **~/сферическая** *(Opt)* sphärische Aberration *f*, Öffnungsfehler *m* ‖ **~/угловая** *(Opt)* Winkelaberration *f*, Winkelabweichung *f* ‖ **~ фокусирующей системы** *(Opt)* Fokussierungsfehler *m* ‖ **~/хроматическая** *(Opt)* chromatische Aberration *f*, Chromatismus *m*, Farbfehler *m*, Farbabweichung *f*, chromatischer Abbildungsfehler *m* ‖ ~/**электронно-оптическая** elektronenoptische Aberration *f*
абзетцер *m (Dgb)* Absetzer *m (s. a. unter* отвалообразователь*)* ‖ **~/поворотный** Schwenkabsetzer *m* ‖ **~/черпаковый** Eimerkettenabsetzer *m*
абиссальный *(Geol)* abyssisch, Tiefsee…
абляция *f (Geol)* 1. Ablation *f*, Abschmelzung *f*; 2. Abtragung *f* von Lockergestein ‖ **~ испарением** Verdunstungsablation *f* ‖ **~/ледниковая** Gletscherzehrung *f*, Gletscherablation *f*
абонент *m* 1. Abonnent *m (einer Zeitung, Zeitschrift)*; 2. *(Nrt)* Teilnehmer *m*; 3. *(En)* Abnehmer *m* ‖ **~/вызываемый** [an]gerufener (verlangter) Teilnehmer *m*, B-Teilnehmer *m* ‖ **~/вызывающий** [an]rufender Teilnehmer *m*, A-Teilnehmer *m* ‖ **~/дальний** entfernter Teilnehmer *m* ‖ **~/квартирный** Privatteilnehmer *m*, privater Teilnehmer *m* ‖ **~/местный** Ortsteilnehmer *m* ‖ **~/подвижный** mobiler Funkteilnehmer *m*, Mobilteilnehmer *m* ‖ **~ телеграфной (телетайпной) связи** Fernschreibteilnehmer *m* ‖ **~/телефонный** Fernsprechteilnehmer *m* ‖ **~/циркулярно включённый** Konferenzteilnehmer *m* ‖ **~ электросети** Elektroenergieabnehmer *m*
абонентский 1. Abonnements…; 2. *(Nrt)* Teilnehmer…; 3. *(En)* Abnehmer…
АБР *s.* ракета/аэробаллистическая
абразив *m (Wkz)* Abrasivmittel *n* ‖ **~/алмазный** Abrasivmittel *n* auf Diamantbasis, Diamantabrasivmittel *n* ‖ **~/взвешенный** aufgeschlämmtes (suspendiertes) Abrasivmittel *n* ‖ **~/искусственный** synthetisches Abrasivmittel *n* ‖ **~/мягкий** weiches Abrasivmittel *n* ‖ **~/природный** natürliches Abrasivmittel *n* ‖ **~/свободный** loses (ungebundenes) Abrasivmittel *n* ‖ **~/связанный** gebundenes Abrasivmittel *n* ‖ **~/твёрдый** hartes Abrasivmittel *n*
абразивность *f (Fert)* Schmirgelwirkung *f*, Schleifwirkung *f*; Schleifhärte *f*
абразивный Abrasiv…, abrasiv *(Werkstoffe, Werkzeuge)*; abschleifend, Schleif…
абразивосодержащий *(Wkz)* abrasivmittelhaltig
абразивостойкий *(Wkst)* abriebfest, verschleißfest
абразия *f (Geol)* Abrasion *f*
абрис *m* 1. Umriß *m*, Umrißlinie *f*, Kontur *f*; 2. *(Geod)* Handriß *m*, Kroki *n*, Skizze *f*
АБС *s.* система/антиблокировочная
абсиды *f s.* апсиды
абсолют *m (Math)* Fundamentalfläche *f*
абсолютирование *n* Absolutierung *f*, Entwässerung *f (von Alkohol)*
абсолютный 1. absolut, Absolut…; 2. *(Ch)* absolut, rein; entwässert, wasserfrei
абсорбат *m (Ch)* Absorptiv *n*, Absorbat *n*, absorbierter (aufgenommener) Stoff *m*
абсорбент *m (Ch)* Absorbens *n*, Absorptionsmittel *n*, absorbierender (aufnehmender) Stoff *m*
абсорбер *m (Ch)* Absorber *m*, Absorptionsapparat *m* ‖ **~/барботажный** Blasensäulenabsorber *m* ‖ **~/насадочный** Füllkörperabsorber *m* ‖ **~/плёночный** Rieselabsorber *m*, Dünnschichtabsorber *m* ‖ **~/поверхностный** Oberflächenabsorber *m* ‖ **~/распыливающий** Sprühabsorber *m* ‖ **~/трубчатый плёночный** Fallstromabsorber *m* ‖ **~/центробежный** Rotationsabsorber *m*
абсорбировать 1. einsaugen, aufsaugen; 2. *(Ch, Ph)* absorbieren, aufnehmen *(Gase)*; absorbieren, schlucken *(Strahlen)*
абсорбциометр *m* Absorptiometer *n*
абсорбциометрия *f (Ph)* Absorptiometrie *f*, Absorptionsmessung *f*
абсорбция *f* 1. Aufsaugung *f*; 2. *(Ch, Ph)* Absorption *f*, Absorbierung *f*, Aufnahme *f (von Gasen)*; Absorption *f*, Schluckung *f (von Strahlen) (s. a. unter* поглощение 1.*)* ‖ **~ жидкостями** Solventabsorption *f* ‖ **~/избирательная** selektive Absorption *f* ‖ **~ импульса/первичная** *(El)* primäre Energiedeponierung *f (Laser)* ‖ **~/неизбирательная** nichtselektive Absorption *f* ‖ **~/низкотемпературная** Niedertemperaturabsorption *f* ‖ **~ света** *s.* поглощение света ‖ **~ твёрдыми телами** Feststoffabsorption *f*
абсцисса *f (Math)* Abszisse *f* ‖ **~ сходимости** Konvergenzabszisse *f* ‖ **~ центра тяжести** *(Schiff)* Schwerpunkt *m* der Länge nach
абштрих *m* Abstrich *m (NE-Metallurgie)*

аванкамера *f (Hydt)* 1. Einlaufbecken *n*, Einlaufkammer *f*, Vorbecken *n*, Vorhof *m*, Vorkammer *f*; 2. Vorhafen *m*, Schleusenvorhafen *m*, Vorbecken *n*, Schleusenvorbecken *n (Zweikammerschleuse)*
аванпорт *m (Schiff)* Vorhafen *m*
авансцена *f* Vorbühne *f*
авантюрин *m (Min)* Avanturin *m*, Aventurin *m (Quarzabart)*
аварийно-спасательный Rettungs- und Bergungs…, Rettungs…, Bergungs…
аварийность *f* 1. Havarieanfälligkeit *f*, Störanfälligkeit *f*; 2. Unfallgeschehen *n* ‖ **~/лётная** Flugunfallgeschehen *n*
аварийный 1. Havarie…; havariebedingt; Stör[ungs]…; 2. Not…; Notstrom…
авария *f* Havarie *f*; Störung *f*; Panne *f*; Ausfall *m*; *(Kern)* Störfall *m* ‖ **~ в сети** *(El)* Netzhavarie *f* ‖ **~ в энергосистеме** Energiesystemhavarie *f* ‖ **~/железнодорожная** *(Eb)* Bahnbetriebshavarie *f* ‖ **~/максимально опасная возможнаяа** *(Kern)* größter anzunehmender Unfall *m*, GAU *m* ‖ **~/радиацонная** *(Kern)* Störfall *m* **~/максимально опасная возможнаяа** *(Kern)* größter anzunehmender Unfall *m*, GAU *m* ‖ **~/радиационная** *(Kern)* Störfall *m*
аваруит *m (Min)* Awaruit *m (gediegenes Eisen mit Nickel)*
авгит *m (Min)* Augit *m*
авиагоризонт *m (Flg)* künstlicher Horizont *m*
авиадвигатель *m* Flug[zeug]triebwerk *n*; Flug[zeug]motor *m* ‖ **~/высотный** Höhentriebwerk *n* ‖ **~/форсированный** Flug[zeug]triebwerk *n* mit Nachbrenner (Schubverstärkung)
авиалиния *f* 1. Flug[verkehrs]linie *f*; 2. Lufttrasse *f*; 3. Luftverkehrsgesellschaft *f*
авиамасло *n* Flug[zeug]motorenöl *n*
авиамаяк *m* Flugfeuer *n (s. a. unter* маяк*)*
авиамедицина *f* Luftfahrtmedizin *f*
авиаметеослужба *f* Flugwetterdienst *m*
авиаметеостанция *f* Flugwetterwarte *f*
авиамеханика *f* Flug[zeug]mechanik *f*
авиамоделизм *m* Flug[zeug]modellbau *m*
авиамоторостроение *n* Flug[zeug]motorenbau *m*; Triebwerksbau *m*
авианосец *m* Flugzeugträger *m*
авианосец-носитель *m* **вертолётов** Hubschrauberträger *m*
авианосный trägergestützt
авиаобработка *f (Lw)* aviochemische Behandlung *f (Ausbringen von Agrochemikalien mittels Flugzeug)*
авиаопрыскиватель *m s.* аэроопрыскиватель
авиаопыливание *n (Lw)* Stäuben *n* vom Flugzeug aus
авиаопыливатель *m s.* аэрораспылитель
авиаплёнка *f (Photo)* Luftbildfilm *m*
авиапочта *f* Luftpost *f*
авиапромышленность *f s.* промышленность/авиационная
авиарадиомаяк *m (Flg)* Flugfunkfeuer *n*, Funkfeuer *n*, Funkbake *f*
авиасообщение *m* Luftverkehr *m*, Flugverkehr *m*
авиасъёмка *f s.* аэрофотосъёмка
авиатранспорт *m* 1. Lufttransport *m*; 2. Lufttransportmittel *npl*
авиахимборьба *f (Lw)* aviochemische Schädlings- und Unkrautbekämpfung *f*
авиа[ционно-]химический aviochemisch
авиация *f* Flugwesen *n*, Luftfahrt *f* ‖ **~/гражданская** Zivilluftfahrt *f*, zivile Luftfahrt *f*
авиваж *m (Text)* 1. Avivage *f*, Avivieren *n*; 2. Schmälzmittel *n (Wollverarbeitung)*
авиетка *f* Kleinflugzeug *n*
авионика *f (Flg)* Avionik *f (Bordelektronik)*
АВМ *s.* машина/аналоговая вычислительная
АВО *s.* аппарат воздушного охлаждения
авометр *m (El)* Strom-Spannungs-Widerstandsmesser *m*, Ampere-Volt-Ohmmeter *n*, Avometer *n*
авост *m* Havariestillsetzung *f*, Havariestopp *m*, Havarieabstellung *f*
аврал *m (Schiff)* Alle-Mann-Manöver *n*
автоаларм *m (Schiff)* Autoalarmempfänger *m*, automatischer Alarmzeichenempfänger *m*
автоанализатор *m (Med)* Analysenautomat *m* ‖ **~/гематологический** hämatologischer Analysenautomat *m*
автоаптечка *f* Flickzeug *n*
автоассемблер *m (Inf)* Resident-Assembler *m*
автобаза *f* Kraftfahrzeugpark *m*
автобалансный selbstabgleichend, automatisch abgleichend, mit Selbstabgleich
автобензоцистерна *f* Tankfahrzeug *n*
автобетономешалка *f (Bw)* Transportbetonmischer *m*, Fahrmischer *m*
автобетононасос *m (Bw)* Autobetonpumpe *f*, Auslegerbetonpumpe *f*
автобетоносмеситель *m (Bw)* Transportbetonmischer *m*
автоблокировка *f* 1. *(Masch)* Sicherheitsverriegelung *f*, Sicherheitssperre *f*; 2. *(Eb)* selbsttätiger (automatischer) Streckenblock *m (s. a. unter* автостоп*)* ‖ **~/непрерывная** linienförmige Zugbeeinflussung *f*, Linienzugbeeinflussung *f* ‖ **~/точечная** punktförmige Zugbeeinflussung *f* ‖ **~/централизованная** Zentralblock *m*, zentralisierter Streckenblock *m*
автобус *m* Bus *m*, Autobus *m*, Omnibus *m*, Reisebus *m* ‖ **~/двухэтажный** Doppelstock[auto]bus *m* ‖ **~/маршрутный** Linienbus *m* ‖ **~/междугородный** Fernverkehrs[auto]bus *m* ‖ **~/сочленённый** Gelenkomnibus *m*
автоведение *n* **поездов** *(Eb)* automatische Zugsteuerung *f*
автовоз *m s.* автолесовоз
автовозбуждение *n (Ph)* Selbsterregung *f*, Eigenerregung *f*
автовокзал *m* Busbahnhof *m*
автовыключение *n* automatische (selbsttätige) Ausschaltung *f*
автогезия *f (Ph)* 1. Autohäsion *f*; 2. *s.* когезия
автогенератор *m (El)* selbsterregter Generator (Oszillator) *m* ‖ **~/двухтактный** selbsterregter Gegentaktgenerator *m* ‖ **~/диапазонный** durchstimmbarer selbsterregter Generator *m* ‖ **~/импульсный** selbsterregter Impulsgenerator *m* ‖ **~/кварцевый** selbsterregter Quarzgenerator *m* ‖ **~/однотактный** selbsterregter Eintaktgenerator *m* ‖ **~/релаксационный** selbsterregter Relaxationsgenerator *m*
автогенерация *f (El)* Selbsterzeugung *f*

автогенный *(Schw)* 1. autogen, Autogen..., Gas...; 2. Brenn... *(Schneiden mit Schneidbrenner)*
автогидроочистка *f (Erdöl)* Autofining *n*
автогрейдер *m (Bw)* Motorstraßenhobel *m*, Motorgrader *m*
автогудронатор *m (Bw)* motorisierte Bitumenhochdrucksprengmaschine *f (Straßenbau)*
автодвигатель *m* Kraftfahrzeugmotor *m*, Kfz-Motor *m*
автодекомпрессор *m (Med)* Dekompressionsgerät *n*
автодин *m* 1. *(Rf)* Autodyn[empfänger] *m*; 2. *(El)* Autodyne *f (Umformer)*
автодозатор *m* automatische Dosiervorrichtung *f*
автодорога *f* Verkehrsstraße *f*
автодром *m* Autodrom *n*, Kfz-Fahrschulgelände *n*; [werkseigene] Versuchsstrecke *f* [für Kfz]
автозавод *m* Automobilwerk *n*
автокамера *f* Kfz-Schlauch *m (Bereifung)*
автокар *m (durch Verbrennungsmotor angetriebener)* Motorkarren *m*
автокатализ *m (Ch)* Autokatalyse *f*
автоклав *m* 1. Autoklav *m*; 2. Druckbehälter *m*, Druckkessel *m*, Druckgefäß *n*; 3. *(Gum)* Autoklaven[heiz]presse *f*; 4. *(Ch)* Härtungsautoklav *m (Fetthärtung)*; 5. *(Bw)* Härtekessel *m*, Autoklav *m*, Härtungsautoklav *m (Beton)* ‖ **~/вращающийся** Rollautoklav *m* ‖ **~ высокого давления** Hochdruckautoklav *m* ‖ **~ с мешалкой** Rührautoklav *m*
автоклавизация *f*, **автоклавирование** *n* Autoklavbehandlung *f*
автоклавировать im Autoklaven behandeln (kochen)
автоклав-пресс *m (Gum)* Autoklaven[heiz]presse *f*
автокоагуляция *f (Ph)* Autokoagulation *f*, Selbstausflockung *f*
автокод *m (Inf)* Autokode *m*
автоколебание *n* selbsterregte (eigenerregte) Schwingung *f*, Eigenschwingung *f*
автоколебательный Eigenschwingungs...
автоколлиматор *m (Opt)* Autokollimator *m*, Autokollimationsfernrohr *n*
автоколлимация *f (Opt)* Autokollimation *f*
автокомбинат *m* Kraftverkehrsbetrieb *m*
автокомпенсатор *m (El)* automatischer (selbstabgleichender) Kompensator *m*
автокомпенсация *f* automatische Kompensation *f*, Selbstkompensation *f*, Selbstabgleich *m*
автоконденсация *f (Ph)* intermolekulare (extramolekulare) Kondensation *f*, Selbstkondensation *f*
автоконтейнеровоз *m* Containertransportwagen *m* ‖ **~/портальный** Portalcontainertransportwagen *m*
автокорд *m* Kord *m*, Kordgewebe *n (für Kfz-Reifen)*
автокорреляция *f (Math, Kyb)* Autokorrelation *f*, Autoregression *f*, Eigenkorrelation *f*
автолаборатория *f* fahrbares Labor *n*
автокран *m* Auto[dreh]kran *m*
автолегирование *n (Eln)* Autodoping *n*, Selbstdotierung *f*, Eigendotierung *f (Halbleiter)*
автолесовоз *m* Lastkraftfahrzeug (Güterkraftfahrzeug) *n* für den Transport von Langholz
автолиз *m (Ch)* Autolyse *f*, Selbstauflösung *f*
автолизат *m (Ch)* Autolysat *n*
автолизатор *m* Autolysator *m*
автолист *m* Karosserieblech *n*, Stahlblech *n* für die Automobilindustrie
автолит *m (Geol)* Autolith *m*
автолитический *(Ch)* autolytisch
автолитография *f (Typ)* Autolithographie *f*
автолюминесценция *f (Ph)* Autolumineszenz *f*
автомагистраль *f* Fernverkehrsstraße *f*
автомодуляция *f (Ph)* Selbstmodulation *f*
автооператор *m* Bedienungsautomat *m*
автомат *m* 1. Automat *m*, Vollautomat *m (s. a. unter* полуавтомат *und* станок*)*; 2. Maschinenpistole *f*, Mpi ‖ **~/абстрактный** *(Kyb)* abstrakter Automat *m* ‖ **~/агрегатный** *(Wkzm)* Automat *m* in Baukastenbauweise ‖ **~/алмазно-отрезной** *(Wkzm)* Trennschleifautomat *m* ‖ **~/асинхронный** asynchroner Automat *m* ‖ **~/балансировочный** *(Masch)* Auswuchtautomat *m*, automatisch gesteuerte Auswuchtmaschine *f* ‖ **~/барабанный** *(Wkzm)* Trommelautomat *m* ‖ **~ безопочной формовки** *(Gieß)* Formautomat *m* für kastenloses Formen ‖ **~/бесконечный** *(Kyb)* unendlicher Automat *m* ‖ **~/бескулачковый** *(Wkzm)* kurvenloser Automat *m* ‖ **~/бесцентрово-внутришлифовальный** *(Wkzm)* spitzenloser Innenrundschleifautomat *m* ‖ **~/бесцентрово-круглошлифовальный** *(Wkzm)* spitzenloser Außenrundschleifautomat *m* ‖ **~/бесцентрово-шлифовальный** *(Wkzm)* spitzenloser Schleifautomat *m* ‖ **~/бесчелночный лентоткацкий** *(Text)* Nadelbandwebautomat *m* ‖ **~/билетный** *(Eb)* Fahrkartenautomat *m* ‖ **~/блочный варочный** *(Brau)* Blocksudwerk *n* ‖ **~/болтоковочный** *(Umf)* Bolzenstauchautomat *m*, Schraubenstauchautomat *m* ‖ **~/болторезный** *(Wkzm)* Schraubendrehautomat *m* ‖ **~/бочкомоечный** *(Brau)* Faßwaschmaschine *f*, Faßreinigungsmaschine *f* ‖ **~/бракеражный** *(Brau)* Durchleuchtestation *f (für Flaschen)* ‖ **~/брошировочный** *(Typ)* Heftautomat *m* ‖ **~/бункерный** *(Wkzm)* Automat *m* mit Bunkerbeschickungsvorrichtung ‖ **~/бутылкомоечный** *(Brau)* vollautomatische Flaschenwaschmaschine (Flaschenreinigungsmaschine) *f* ‖ **~/бутылочный** *(Glas)* Flaschenblasautomat *m* ‖ **~/быстродействующий** *(El)* Schnellselbstschalter *m* ‖ **~/вакуумно-выдувной** *(Glas)* Saug-Blas-Automat *m* ‖ **~/вероятностный** *(Kyb)* stochastischer Automat *m*, Zufallsgenerator *m* ‖ **~/вертикально-сверлильный** *(Wkzm)* Senkrechtbohrautomat *m* ‖ **~/вертикальный** *(Wkzm)* Senkrechtautomat *m (Automat mit senkrechter Arbeitsweise)* ‖ **~/вертикальный многошпиндельный прутковый** *(Wkzm)* senkrecht arbeitender Mehrspindelstangenautomat *m* ‖ **~/вертикальный токарный** *(Wkzm)* Senkrechtdrehautomat *m* ‖ **~/вибродуговой** Vibroauftragschweißautomat *m* ‖ **~/винтонарезной** *(Wkzm)* Schraubengewindebearbeitungsautomat *m*, Schraubengewindeschneidautomat *m* ‖ **~/внутришлифовальный** *(Wkzm)* Innenrundschleifautomat *m* ‖ **~/восьмишпиндельный** *(Wkzm)* Achtspindelautomat *m* ‖ **~/выдувной** *(Glas)* Blasautomat *m* ‖ **~/вырубной** *(Wkzm)* Schneidautomat *m* ‖

~/высадочный *(Fert)* Stauchautomat *m* ‖ **~/высокопроизводительный упаковочный** Hochleistungsverpackungsautomat *m* ‖ **~/вычислительный** Rechenautomat *m*, Rechenmaschine *f* ‖ **~/вышивальный** *(Text)* Stickautomat *m* ‖ **~/вышивальный многоголовочный** Mehrkopfstickautomat *m* ‖ **~/газорезательный** *(Schw)* Brennschneidautomat *m* ‖ **~/гайковысадочный** *(Wkzm)* Mutternstauchautomat *m* ‖ **~/гайконарезной** *(Wkzm)* Muttergewindeschneidautomat *m* ‖ **~/гибочный** *(Umf)* Biegeautomat *m* ‖ **~/гидрокопировальный** *(Wkzm)* hydraulischer Nachformautomat *m* ‖ **~/гидрокопировальный токарный** hydraulischer Nachformdrehautomat *m* ‖ **~/гидрокопировальный фрезерный** hydraulischer Nachformfräsautomat *m* ‖ **~ глубокой печати** *(Typ)* Tiefdruckautomat *m* ‖ **~/горизонтальный** *(Wkzm)* Waagerechtautomat *m (Automat mit waagerechter Arbeitsweise)* ‖ **~/горизонтальный многошпиндельный прутковый** waagerecht arbeitender Mehrspindelstangenautomat *m* ‖ **~/горизонтальный многошпиндельный токарный** Mehrspindel-Waagerechtdrehautomat *m* ‖ **~/горизонтальный токарный** Waagerechtdrehautomat *m* ‖ **~/горячевысадочный (горячештамповочный)** *(Umf)* Warmstauchautomat *m* ‖ **~/двухпозиционный** *(Wkzm)* Zweistationenautomat *m* ‖ **~/двухударный холодновысадочный** *(Umf)* Doppeldruck-Kaltstauchautomat *m*, automatische Doppeldruckkaltpresse *f* ‖ **~/детерминированный** *(Kyb)* determinierter Automat *m* ‖ **~/дискретный** *(Kyb)* diskreter Automat *m* ‖ **~ для выдавливания** *(Umf)* Fließpreßautomat *m* ‖ **~ для чистовой вырубки** *(Wkzm)* Feinschneidautomat *m* ‖ **~/доводочный** *(Wkzm)* 1. Abziehautomat *m*; 2. Läppautomat *m* ‖ **~/дозировочный** Dosierautomat *m* ‖ **~/дуговой (дугосварочный)** Lichtbogenschweißautomat *m* ‖ **~/жёсткопрограммируемый** *(Kyb)* festprogrammierter Automat *m* ‖ **~/завёрточный** Einwickelautomat *m* ‖ **~/закалочный** *(Härt)* Härteautomat *m* ‖ **~/заточный** *(Wkzm)* Scharfschleifautomat *m* ‖ **~/защитный [электрический]** *(El)* Schutzschalter *m* ‖ **~/зубодолбёжный** *(Wkzm)* Zahnradstoßautomat *m* **~/зубообрабатывающий (зуборезный)** *(Wkzm)* Zahnradbearbeitungsautomat *m* ‖ **~/зубофрезерный*** *(Wkzm)* Zahnradfräsautomat *m* **~/зубошлифовальный** *(Wkzm)* Zahnradschleifautomat *m* ‖ **~/карусельный** *(Wkzm)* Karussellautomat *m (Automat in Karussellbauweise)* ‖ **~/конечный** *(Kyb)* endlicher Automat *m* ‖ **~/контрольно-измерительный** Kontrollmeßautomat *m* ‖ **~/координатно-револьверный** *(Wkzm)* Revolverschneidautomat *m* ‖ **~/копировально-токарный** *(Wkzm)* Nachformdrehautomat *m* ‖ **~/копировальный** *(Wkzm)* Nachformautomat *m* ‖ **~/короткошовный** *(Text)* Kurznahtautomat *m (Konfektion)* ‖ **~/круглоластичный** *(Text)* Rundränderautomat *m* ‖ **~/круглочулочный** *(Text)* Rundstrick-Strumpfautomat *m* ‖ **~/круглошлифовальный** *(Wkzm)* Außenrundschleifautomat *m* ‖ **~/кузнечно-прессовый** Schmiedepressenautomat *m* ‖ **~/кулачковый** *(Wkzm)* kurvengesteuerter Automat *m* ‖ **~ лестничного освещения** Treppenlichtautomat *m* ‖ **~/листогибочный** *(Umf)* Blechbiegeautomat *m* ‖ **~/листоштамповочный** Umformautomat *m* ‖ **~/листоштамповочный многопозиционный** Stufenumformautomat *m* ‖ **~/литьевой вулканизационный** *(Gum)* Spritzgieß- und Vulkanisierautomat *m* ‖ **~/магазинный** *(Wkzm)* Magazinautomat *m* ‖ **~ максимального напряжения** *(El)* Überspannungs[selbst]schalter *m* ‖ **~/максимально-нулевой** *(El)* Überstrom-Nullspannungs-Selbstschalter *m* ‖ **~/максимальный** *s.* ~ максимального напряжения ‖ **~/металлообрабатывающий** *(Wkzm)* Metallbearbeitungsautomat *m* ‖ **~/металлорежущий** *(Wkzm)* Spanungsautomat *m*, spanender Metallbearbeitungsautomat *m* ‖ **~ минимального напряжения** *(El)* Unterspannungs[selbst]schalter *m*, Spannungsrückgangsschalter *m* ‖ **~/минимальный** *s.* ~ минимального напряжения ‖ **~/многокулачковый** *(Wkzm)* Mehrkurvenautomat *m* ‖ **~/многопозиционный** *(Wkzm)* Mehrstationenautomat *m*; Stufenumformautomat *m* ‖ **~/многопозиционный формовочный** *(Gieß)* Mehrstationenformautomat *m* ‖ **~/многорезцовый** *(Wkzm)* Mehrmeißelautomat *m*, Vielschnittdrehautomat *m* ‖ **~/многорезцовый копировальный** Mehrmeißelnachformautomat *m* ‖ **~/многорезцовый токарный** Mehrmeißeldrehautomat *m* ‖ **~ многошпиндельный** *(Wkzm)* Mehrspindelautomat *m* ‖ **~/многошпиндельный прутковый** Mehrspindelstangenautomat *m* ‖ **~/многошпиндельный токарно-револьверный** Mehrspindelrevolverdrehautomat *m* ‖ **~/многошпиндельный токарный** Mehrspindel[dreh]automat *m* ‖ **~/многошпиндельный фасонно-отрезной** Mehrspindel-Form- und -Abstech-Drehautomat *m* ‖ **~/моечный** Waschautomat *m (z. B. für Rohwolle)* ‖ **~/монетный** Münzautomat *m* ‖ **~/монетный телефонный** Münzfernsprecher *m* ‖ **~/мотальный** *(Text)* Spulautomat *m* ‖ **~ наддува кабины** *(Flg)* automatischer Kabinendruckregler *m* ‖ **~ на нейронах** *(Kyb)* neuronaler Automat *m* ‖ **~/ниткошвейный** *(Typ)* Fadenheftautomat *m* ‖ **~/обучаемый (обучающийся)** *(Kyb)* lernender Automat *m*, Lernautomat *m* ‖ **~ нулевого напряжения** *(El)* Nullspannungs[aus]schalter *m* ‖ **~/нулевой** *s.* ~ нулевого напряжения ‖ **~/обрезной** *(Fert)* Entgrateautomat *m*, Abgratautomat *m* ‖ **~/однопозиционный** *(Wkzm)* Einstationenautomat *m* ‖ **~/одноцелевой** *(Wkzm)* Einzweckautomat *m* ‖ **~/одноцилиндровый чулочный** *(Text)* Einzylinder-Rundstrickstrumpfautomat *m* ‖ **~/одношпиндельный** *(Wkzm)* Einspindelautomat *m* ‖ **~/одношпиндельный прутковый** Einspindelstangenautomat *m* ‖ **~/одношпиндельный револьверный** Einspindelrevolver[dreh]automat *m* ‖ **~/отколочный** *(Glas)* Absprengautomat *m* ‖ **~/патронный** *(Wkzm)* Futterautomat *m* ‖ **~/патронный токарный** *(Wkzm)* Futterdrehautomat *m* ‖ **~/пескодувный** *(Gieß)* Kernblasautomat *m* ‖ **~/пескострельный** *(Gieß)* Kernschießautomat *m* ‖ **~/петельный** *(Text)* Knopflochautomat *m* ‖ **~ питания** Beschickungsautomat *m* ‖ **~/плоскофанговый** *(Text)* Flachstrickautomat *m* ‖ **~/плоскошлифовальный**

(Wkzm) Flachschleifautomat *m* || **~/полировальный** *(Wkzm)* Polierautomat *m* || **~/полный** *(Wkzm)* Vollautomat *m* || **~/портальный** *(Wkzm)* Automat *m* in Portalbauweise || **~/правильно-отрезной** *(Fert)* Richt- und Abschneidautomat *m* || **~/прессовыдувной** *(Glas)* automatische Preßblasmaschine *f* || **~ последовательного действия** *(Wkzm)* Reihenautomat *m*, Automat *m* in Reihenarbeitsweise || **~/прецизионный** *(Wkzm)* Präzisionsautomat *m* || **~/прецизионный токарный** Feindrehautomat *m* || **~ присоединения кристалла** *(Eln)* automatischer Chipbonder *m* || **~ проволочного контактирования** *(Eln)* Drahtbonder *m* || **~/программно-управляемый** programmgesteuerter Automat *m* || **~ продольного точения** *(Wkzm)* Langdrehautomat *m* || **~/протяжной** *(Wkzm)* Ziehräumautomat *m* || **~/пружинонавивочный** *(Fert)* Federnwindeautomat *m* || **~/прутковый** *(Wkzm)* Stangenautomat *m* || **~/прутковый токарный** Stangendrehautomat *m* || **~/прядильно-мотальный** *(Text)* Spinn-Spul-Automat *m* || **~/пуговичный** *(Text)* Knopfannähautomat *m* || **~/пусковой** *(El)* automatischer Anlaßschalter *m* || **~/пятишпиндельный** *(Wkzm)* Fünfspindelautomat *m* || **~/пятишпиндельный торцеобрабатывающий** fünfspindliger Endenbearbeitungsautomat *m* || **~/разливочный** Füller *m*, Flaschenfüllmaschine *f* || **~/разливочно-укупорочный** Abfüllautomat *m*, Abfüllmaschine *f* || **~/раскройный** *(Text)* Zuschneideautomat *m* || **~/распознающий** *(Kyb)* erkennender Automat *m* || **~/расточный** *(Wkzm)* Ausdrehautomat *m* || **~/расфасовочно-упаковочный** Abfüll- und Verpackungsautomat *m* || **~/револьверный** *(Wkzm)* Revolver[dreh]automat *m* || **~/резательный** *(Fert)* Schneid[e]automat *m* || **~/резьбодавильный** *(Umf)* Gewindedrückautomat *m* || **~/резьбозавёртывающий** *(Wkz)* automatischer Schrauber *m* || **~/резьбонакатный** *(Wkzm)* Gewindewalzautomat *m* || **~/резьбонарезной** *(Wkzm)* Gewindeschneidautomat *m* || **~/резьбофрезерный** *(Wkzm)* Gewindefräsautomat *m* || **~/резьбошлифовальный** *(Wkzm)* Gewindeschleifautomat *m* || **~/самоорганизующийся** *(Kyb)* [sich] selbstorganisierender Automat *m* || **~/самоприспосабливающийся** *(Kyb)* sich anpassender Automat *m* || **~/сборочный** *(Fert)* Montageautomat *m* || **~/сварочный** Schweißautomat *m* || **~/сверлильно-фрезерный** *(Wkzm)* Bohr- und Fräs-Automat *m* || **~/сверлильно-зенковальный** *(Wkzm)* Bohr- und Einsenkautomat *m* || **~/сверлильно-отрезной** *(Wkzm)* Bohr- und Abstechautomat *m* || **~/сверлильный** *(Wkzm)* Bohrautomat *m* || **~/синхронный** synchroner Automat *m* || **~ скрайбирования** *(Eln)* Ritzautomat *m*, Ritzmaschine *f (Halbleitertechnologie)* || **~ смены тазов** *(Text)* Kannenwechselautomat *m* || **~ смены утка** *(Text)* Schußwechselautomat *m* || **~/сортировочный** Sortierautomat *m* || **~/спичечный** Zündholzautomat *m* || **~/стиральный** Waschautomat *m* || **~/стохастический** *s.* ~/вероятностный || **~/таблетировочный** Tablettierautomat *m* || **~/ткацкий** *(Text)* Webautomat *m* || **~/ткацкий одночелночный** einschütziger Webautomat *m* || **~/токарно-копировальный** *(Wkzm)* Nachformdrehautomat *m* || **~/токарно-отрезной** Abstechdrehautomat *m* || **~/токарно-продольный** *(Wkzm)* Langdrehautomat *m* || **~/токарно-револьверный** *(Wkzm)* Revolverdrehautomat *m* || ~/**токарный** *(Wkzm)* Drehautomat *m* || **~/токарный многошпиндельный** Mehrspindeldrehautomat *m* || **~/токарный одношпиндельный** Einspindeldrehautomat *m* || **~/токарный патронный** Futterteildrehautomat *m* || **~/токарный прутковый** Drehautomat *m* || **~/торговый** Warenautomat *m*, Verkaufsautomat *m* || **~/торцефрезерный** *(Wkzm)* Stirnfräsautomat *m* || **~/торцешлифовальный** *(Wkzm)* Stirnschleifautomat *m* || **~/трубогибочный** *(Umf)* Rohrbiegeautomat *m* || **~/укупорочный** vollautomatische Verschlußmaschine *f* || **~/универсально-гибочный** *(Umf)* Universalbiegeautomat *m (für die Draht- und Bandbearbeitung)* || **~/универсальный токарный** *(Wkzm)* Universaldrehautomat *m* || **~/упаковочный** Verpackungsautomat *m* || **~/упаковочный карусельный** Rundpackmaschine *f*, Rundpackautomat *m* || **~/упаковочный рядовый** Reihenpackmaschine *f*, Reihenpackautomat *m* || **~ управления** *(Reg)* Steuerautomat *m* || **~/уточно-мотальный одноверетённый** *(Text)* Schußspul-Einzelspindelautomat *m*, Autocopser *m* || **~/уточно-мотальный групповой** *(Text)* Schußspul-Gruppenautomat *m* || **~/уточно-мотальный четырёхверетённый** *(Text)* Vierspindel-Schußspulautomat *m* || **~/фальцевальный** *(Typ)* Falzautomat *m* || **~/фасовочно-упаковочный** Abpackeinrichtung *f* || **~/фасонно-винторезный** *(Wkzm)* Formteil- und Schraubenautomat *m* || **~/фасонно-отрезной** *(Wkzm)* Abstech- und Formteildrehautomat *m* || **~ фасонно-продольного точения** *(Wkzm)* Formteil- und Langdrehautomat *m* || **~/фасонно-токарный** *(Wkzm)* Formdrehautomat *m* || **~/формовочно-завёрточный** Form- und Einwickelautomat *m* || **~/формовочный** 1. *(Gieß)* Formautomat *m*, Gießformautomat *m*; 2. Formgebungsautomat *m* || **~/фрезерный** *(Wkzm)* Fräsautomat *m* || **~/центровой токарный** *(Wkzm)* Spitzendrehautomat *m* || **~/цифровой** *(Kyb)* digitaler Automat *m* || **~/холодновысадочный (холоднонасадочный, холодноштамповочный)** *(Umf)* Kaltstauchautomat *m* || **~/четырёхшпиндельный** *(Wkzm)* Vierspindelautomat *m* || **~/четырёхшпиндельный токарный** Vierspindeldrehautomat *m* || **~/читающий** *(Inf)* Leseautomat *m*, Zeichenleser *m* || **~/швейный** *(Text)* Nähautomat *m* || **~/шлифовальный** *(Wkzm)* Schleifautomat *m* || **~/электроустановочный** *(El)* Leitungsschutzschalter *m*, Leitungsschutzautomat *m* || **~/этикетировочный** vollautomatische Etikettiermaschine *f*

автомат-водоотводчик *m* Kondensomat *m*, automatischer Kondenswasserableiter *m*

автоматизация *f* Automatisierung *f*, Automation *f* || **~/гибкая** flexible Automatisierung *f* || **~/полная** Vollautomatisierung *f* || **~ производственных процессов** Produktionsautomatisierung *f*; Prozeßautomatisierung *f* || **~ процессов** Pro-

zeßautomatisierung *f* ‖ ~ **процессов сборки** Montageautomatisierung *f* ‖ ~**/частичная** Teilautomatisierung *f*
автоматизировать automatisieren
автоматика *f* 1. Automatik *f*, Automatisierungstechnik *f*, Steuerungs- und Regelungstechnik *f*; 2. Automatik[einrichtung] *f* ‖ ~**/коммутационная** *s.* ~/переключающая ‖ ~ **настройки** *(Rf)* Abstimmautomatik *f* ‖ ~**/переключающая** *(El)* Schaltautomatik *f*, Umschaltautomatik *f* ‖ ~**/промышленная** industrielle Automatisierungstechnik *f* ‖ ~**/регулирующая** Regel[ungs]automatik *f*
автомат-пакетировщик *m* Paketierautomat *m*, Paketieranlage *f*
автомат-укладчик *m (Förd)* Setzautomat *m*
автомашина *s.* автомобиль
автометаморфизм *m (Geol)* Autometamorphose *f*
автомобилевоз *m* Autotransportschiff *m*
автомобилестроение *n* Kraftfahrzeugbau *m*, Kraftfahrzeugherstellung *f*
автомобиль *m* Kraftfahrzeug *n*, Kfz, Auto[mobil] *n* ‖ ~**/аккумуляторный** Elektrofahrzeug *n*, Elektroauto *n (mit Batterieantrieb)* ‖ ~**/безопасный** Sicherheitsauto *n*, Sicherheitskraftfahrzeug *n* ‖ ~**/безрамный** rahmenloses Kraftfahrzeug *n*, Kraftfahrzeug mit selbsttragender Karosserie ‖ ~**/буксирный** Abschleppfahrzeug *n* ‖ ~**/вездеходный** Geländewagen *m*, Geländefahrzeug *n*, geländegängiges Kraftfahrzeug *n* ‖ ~**/гоночный** Rennwagen *m* ‖ ~**/грузовой** Last[kraft]wagen *m*, LKW; Nutzkraftwagen *m*, NKW ‖ ~**/грузопассажирский** Kombi[wagen] *m* ‖ ~**/двухместный** Zweisitzer *m* ‖ ~**/закрытый** Limousine *f* ‖ ~**/изотермический** Kühlauto *n (ohne autonome Kühlanlage)* ‖ ~**/колёсно-гусеничный** Halbkettenfahrzeug *n*, Zwitterfahrzeug *n (Gleiskettenfahrzeug mit lenkbaren Vorderrädern)* ‖ ~**/легковой** Personen[kraft]wagen *m*, PKW *m* ‖ ~**/малолитражный** Kleinautomobil *n*, Kleinwagen *m (650 und 150 cm^3* Hubraum) ‖ ~**/микролитражный** Kleinstautomobil *n (bis 650 cm^3* Hubraum) ‖ ~**/многоосный** Mehrachs[kraft]wagen *m (mit drei und mehr Achsen)* ‖ ~**/низкорамный** Tiefrahmenwagen *m*, Niederrahmenwagen *m*, Niederflurwagen *m* ‖ ~ **повышенной проходимости** *s.*~/вездеходный ‖ ~**/подержанный** Gebrauchtwagen *m* ‖ ~**/пожарный** Löschfahrzeug *n (Feuerwehr)* ‖ ~**/поливочный** Straßensprengwagen *m*, Sprengwagen *m* ‖ ~**/полноприводной** Kraftfahrzeug (Kfz) *n* mit Allradantrieb, allradgetriebener Kraftwagen *m*, allradgetriebenes Kraftfahrzeug (Kfz) *n* ‖ ~**/полугрузовой** Kleinlastkraftwagen *m*, Lieferwagen *m* ‖ ~**/полугусеничный** Halbkettenfahrzeug *n* ‖ ~**/рамный** Kraftfahrzeug *n* mit Rahmen *(im Gegensatz zu Kfz mit selbsttragender Karosserie)* ‖ ~ **с независимой подвеской колёс** Fahrzeug *n* mit Einzelradaufhängung ‖ ~**/санитарный** Krankenwagen *m*; *(Mil)* Sanitätskraftwagen *m*, Sankra *m* ‖ ~ **снабжения** Versorgungsfahrzeug *n* ‖ ~ **техпомощи** Störungswagen *m* ‖ ~**/учебный** Fahrschulwagen *m*
автомобиль-амфибия *m* Amphibienkraftfahrzeug *n*, Schwimmkraftfahrzeug *n*
автомобиль-бензозаправщик *m* Kraftstofftankwagen *m (fahrbare Tankstelle)*
автомобиль-водомаслозаправщик *m* Wasser- und Schmierstofftankwagen *m*
автомобиль-малютка *m* Kleinstauto *n*
автомобиль-мастерская *m* Werkstattwagen *m*
автомобиль-рефрижератор *m* Kühlfahrzeug *n*, Kühlwagen *m*
автомобиль-самосвал *m* Selbstkipper *m*, Kipper *m*, Kippfahrzeug *n*
автомобиль-тягач *m* Sattelschlepper *m*
автомобиль-фургон *m* Lieferwagen *m*
автомобиль-цистерна *m* Tankwagen *m*, Zisternenfahrzeug *n*, Zisterne *f*
автоморфизм *m (Math)* Automorphismus *m*, automorphe Abbildung *f*
автоморфный *(Min)* automorph, idiomorph
автомотриса *f s.* вагон/моторный
автономность *f* Autonomie *f*, Selbständigkeit *f* ‖ ~ **плавания** *(Schiff)* Ausrüstungsdauer *f*
автономно-управляемый *(Rak)* mit Selbstlenkung
автономный 1. autonom, selbständig; 2. *(Reg)* beeinflussungsfrei; 3. *(Inf)* off-line, nicht angeschlossen; 4. *(Masch)* eigenständig [arbeitend]
автоокисление *n (Ch)* Autoxidation *f*
автооператор festprogrammierter Industrieroboter *m*; Bedienungsautomat *m*
автоответчик *m (Nrt)* Anrufbeantworter *m* ‖ ~ **с записью сообщений** Anrufbeantworter *m* mit Gesprächsaufzeichnung
автопанелевоз *m (Bw)* Plattentransportfahrzeug *n*
автопансионат *m* Motel *n*
автопарк *m* Kraftfahrzeugpark *m*, Fuhrpark *m*
автопеленгатор *m (Flg, Schiff)* automatisches Funkpeilgerät *n*, automatische Funkpeilanlage *f*
автопереключатель *m (El)* automatischer Umschalter *m*; Springschalter *m*, Antriebsschalter *m*
автопилот *m (Flg)* Flugregelanlage *f*, Flugregler *m*, Autopilot *m*
автопневматолиз *m (Geol)* Autopneumatolyse *f*, Protopneumatolyse *f*
автопогрузчик *m* Stapler *m*, Hubstapler *m*, Fahrlader *m* ‖ ~**/аккумуляторный** Elektro[hub]stapler *m (mit Batterieantrieb)* ‖ ~**/боковой** Seitenlader *m* ‖ ~**/вилочный** Gabelstapler *m* ‖ ~**/[одно]ковшовый** Schaufellader *m* ‖ ~**/портальный** Portallader *m* ‖ ~**/фронтальный** Frontlader *m*
автоподналадчик *m (Wkzm)* automatische Nachstelleinrichtung *f*
автоподстройка *f (Rf)* Nachstimmeinrichtung *f*, automatische Scharfabstimmung *f* ‖ ~**/двухканальная** automatische Zweikanalabstimmung *f* ‖ ~**/одноканальная** automatische Einkanalabstimmung *f* ‖ ~ **частоты** automatische (selbsttätige) Frequenznachstimmung (Frequenzregelung) *f*, automatischer Frequenzabgleich *m*, AFC, automatische Scharfabstimmung *f*
автопоезд *m (Eb)* Autoreisezug *m*
автопоилка *f (Lw)* Selbsttränke *f* ‖ ~**/групповая** Gruppenselbsttränke *f* ‖ ~**/сосковая** Nippeltränke *f*, Zapfentränke *f*
автопокрышка *f (Kfz)* Reifen *m*, Decke *f (Bereifung)*
автополимер *m (Ch)* Autopolymer *n*
автополимеризация *f (Ch)* Autopolymerisation *f*

автоправка *f* **сетки** *(Pap)* automatische Sieblaufregelung *f* ‖ **~ сукна** *(Pap)* automatische Filzlaufregelung *f*
автоприсучальщик *m (Text)* automatischer Fadenknüpfer *m*
автопрограммирование *n (Inf)* Selbstprogrammierung *f*
автопрокладчик *m (Schiff)* Kursabsetzer *m*, Plotter *m*
автопромышленность *f* Kraftfahrzeugindustrie *f*, Kfz-Industrie *f*, Autoindustrie *f*
автопротолиз *m (Ch)* Autoprotolyse *f*, Säure-Base-Disproportionierung *f*
автопуск *m* automatischer Start (Anlauf) *m*, Selbstanlauf *m*
автопутепрокладчик *m s.* автопрокладчик
авторадиограмма *f (Ph)* Autoradiogramm *n*, autoradiographische Aufname *f*
авторадиограф *s.* авторадиограмма
авторегулирование *n s.* авторегулировка
авторегулировка *f* 1. Selbstregelung *f*, automatische (selbsttätige) Regelung *f*; 2. *s.* ~/поездная ‖ **~/двухступенчатая скоростная** *(Eb)* zweistufige Geschwindigkeitsüberwachung *f* ‖ **~/индуктивная** *(Eb)* induktive Zugbeeinflussung *f* ‖ **~/механическая** *(Eb)* mechanische Zugbeeinflussung *f* ‖ **~/непрерывная** *(Eb)* Linienzugbeeinflussung *f*, linienförmige Zugbeeinflussung *f* ‖ **~/одноступенчатая скоростная** *(Eb)* einstufige Geschwindigkeitsüberwachung *f* ‖ **~/поездная** *(El)* [selbsttätige] Zugbeeinflussung *f* ‖ **~/ступенчатая скоростная** *(Eb)* stufenförmige Geschwindigkeitsüberwachung *f* ‖ **~/точечная** *(Eb)* Punktzugbeeinflussung *f*, punktförmige Zugbeeinflussung *f* ‖ **~/электроиндуктивная** *(Eb)* elektroinduktive Zugbeeinflussung *f*
авторемзавод *m* Autoreparaturwerk *n*, Kfz-Reparaturwerk *n*, Kfz-Instandsetzungsbetrieb *m*
авторотация *f s.* самовращение
авторулевой *m (Schiff)* Selbststeueranlage *f*
автосамосвал *m* Dumper *m*, Kipper *m*
автосани *pl* Motorschlitten *m*
автосварка *f* Automatenschweißen *n*, automatisches Schweißen *n*
автосервис *m* Service-Station *f (für Kfz)*
автосин *m* Autosyn *n*
автосмазка *f* Eigenschmierung *f*, Selbstschmierung *f*
автосопровождение [цели] *(Rad)* automatische Zielverfolgung (Nachführung) *f*
автоспуск *m (Photo)* 1. Selbstauslöser *m*; 2. Selbstauslösung *f*
автостоп *m* 1. automatische Abschaltung *f*; 2. *(Eb)* Sicherheitsfahrschalter *m*, Wachsamkeitstaste *f* ‖ **~/индуктивный** *(Eb)* induktive Zugbeeinflussung *f*, Indusi *f*
автостоянка *f* Parkplatz *m* ‖ **~/крытая** Parkhaus *n*
автострада *f* Autobahn *f* ‖ **~/внутригородская** Stadtautobahn *f* ‖ **~/кольцевая** Autobahnring *m*
автосцеп *m (Schiff)* automatische Kupplung *f (Schubschiffahrt)* ‖ **~ с упругим упором** automatische Gelenkschubkupplung *f*
автосцепка *f* 1. *(Eb)* [automatische] Mittelpufferkupplung *f*, automatische Kupplung *f*; 2. *(Lw)* Schnellkupplung *f*, Selbstkupplung *f (Gerätekupplung)* ‖ **~/жёсткая** *(Eb)* starre (feste) automatische Kupplung *f* ‖ **~/нежёсткая** *(Eb)* bewegliche automatische Kupplung *f*
автосъёмник *m (Text)* automatische Abzugsvorrichtung (Wechselvorrichtung) *f*, Doffer *m* ‖ **~ к ровничным машинам** automatischer Flyerspulenwechsler *m* ‖ **~ початков** automatischer Kopswechsler *m*
автотележка *f s.* автокар
автотелеуправление *n* automatische Fernsteuerung *f*
автотермообработка *f* **шва** *(Schw)* Eigenwärmebehandlung *f* der Naht *(der unteren Lagen durch die nachfolgenden Lagen)*
автотопливозаправщик *m* Straßentankwagen *m* für Kfz-Treibstoffe, STW
автотормоз *m (Eb)* selbsttätige Bremse *f*
автотракторный *(Kfz)* Kraftfahrzeug- und Traktoren…
автотранспорт *m (Kfz)* Kraftverkehr *m*; Kraftwagentransport *m*, Kfz-Transport *m*
автотрансформатор *m (El)* Spartransformator *m*, Autotransformator *m* ‖ **~/мощный** Großtransformator *m* in Sparschaltung ‖ **~/однофазный** Einphasenspartransformator *m* ‖ **~/поворотный** Drehtransformator *m* in Sparschaltung ‖ **~/пусковой** Anlaßspartransformator *m* ‖ **~/регулировочный (регулируемый)** Stelltransformator *m* in Sparschaltung ‖ **~/силовой** Leistungstransformator *m* in Sparschaltung ‖ **~/трёхфазный** Drehstromspartransformator *m*, Dreiphasenspartransformator *m*
автотрансформаторный Spartransformator…, Autotransformator…
автотрансформатор-регулятор *m* Stelltransformator *m* in Sparschaltung
автотренажёр *m* Fahrtrainer *m (Fahrschulgerät)*
автоуправление *n* automatische Steuerung *f*, Selbststeuerung *f*
автофазировка *f* automatische (selbsttätige) Phasenstabilisierung *f*; *(Kern)* Autophasierung *f*, Synchrotronprinzip *n (Teilchenbeschleunigung)*
автофреза *f (Lw)* motorisierte Bodenfräse *f*, Motorfräse *f*
автофреттаж *m*, **автофреттирование** *n (Wkst)* Kaltreckung *f*, Selbstverfestigung *f*, Autofrettage *f*
автофургон *m s.* **автомобиль-фургон**
автохтон *m (Geol)* Autochthon *n*
автохтония *f (Geol)* Autochtonie *f*
автохтонный *(Geol)* autochthon *(an Ort und Stelle gebildet)*
автоцементовоз *m (Bw)* Zementtransportwagen *m*, Zementsilofahrzeug *n*
автоцистерна *f s.* автомобиль-цистерна
автошасси *n* Kraftfahrzeugfahrgestell *n*, Kfz-Fahrgestell *n*, Chassis *n*
автошина *f* Kraftfahrzeugreifen *m*, Kfz-Reifen *m*, Autoreifen *m (s. a. unter* шина 1.*)*
автошлагбаум *m (Eb)* zugbediente Schranke *f*; zugbediente Halbschranke *f*
автоэпитаксия *f (Eln)* Autoepitaxie *f*
АВУ *s.* 1. устройство/аналоговое вычислительное; 2. устройство/автоматическое вызывное
АВХ *s.* характеристика/амплитудно-временная
агалит *(Min)* Agalith *m (Varietät von Talk)*

агальматолит *(Min)* Agalmatolith *m*, Bildstein *m*
агар-агар *m* 1. Agar-Agar *m(n)* *(Nährboden)*; 2. *(Text)* Agar-Agar *m(n)* *(Appreturmittel)*
агат *m (Min)* Achat *m*
агглютинация *f*, **агглютинирование** *n (Ch)* Agglutination *f*, Verklebung *f*
агглютинировать *(Ch)* agglutinieren, verkleben
агент *m* Mittel *n*, Stoff *m*, Agens *n* ‖ **~/адсорбирующий** Adsorptionsmittel *n*, Adsorbens *n*, adsorbierender (aufnehmender) Stoff *m* ‖ **~/алкилирующий** Alkylierungsmittel *n* ‖ **~/аминирующий** Aminierungsmittel *n* ‖ **~/арилирующий** Arylierungsmittel *n* ‖ **~/варочный** Aufschlußmittel *n*, Kochchemikalie *f* ‖ **~/возбуждающий** Beleber *m (Flotation)* ‖ **~/восстанавливающий (восстановительный)** Reduktionsmittel *n*, Reduktor *m* ‖ **~/вспенивающий** Schaumerzeuger *m*, Schaumbildner *m*; *(Kst)* Treibmittel *n* ‖ **~/вулканиз[ир]ующий** Vulkanisationsmittel *n*, Vulkanisationsagens *n*, Vernetzungsmittel *n* ‖ **~/газифицирующий** Vergasungsmittel *n* ‖ **~/диазотирующий** Diazotierungsmittel *n* ‖ **~/жидкий нагревающий** Heizflüssigkeit *f*, Wärmeübertragungsflüssigkeit *f* ‖ **~/загрязняющий** Schmutzstoff *m*, Verunreinigung *f* ‖ **~/замещающий** Substitutionsmittel *n* ‖ **~/коагулирующий** Koagulationsmittel *n*, Ausflockungsmittel *n*, Koagulant *m* ‖ **~/корродирующий (коррозионный)** Korrosionsmittel *n*, korrodierendes Mittel (Medium) *n* ‖ **~ набухания** Quell[ungs]mittel *n* ‖ **~/нагревающий** Heizmittel *n*, Heizmedium *n* ‖ **~/нитрующий** Nitrier[ungs]mittel *n* ‖ **~/окислительный (окисляющий)** Oxidationsmittel *n*, Oxidans *n* ‖ **~/осветляющий** Klärmittel *n* ‖ **~/отверждающий** *(Kst)* Härter *m*, Härtungsmittel *n* ‖ **~/охлаждающий** Kühlmittel *n*, Kältemittel *n*, Kühlmedium *n* ‖ **~/пласти[фи]цирующий** *(Kst)* Weichmacher *m*, Plastifikator *m*, Plastifikationsmittel *n* ‖ **~/промывочный** *(Bgb)* Spülmittel *n (Bohrlochspülung)* ‖ **~/разделительный (разделяющий)** selektiver Zusatzstoff *m (Azeotropdestillation)* ‖ **~ растворения** Lösungsvermittler *m*, Löslichkeitsvermittler *m* ‖ **~/регенерирующий** Regenerierhilfsmittel *n* ‖ **~/сгущающий** *s.* ~ сгущения ‖ **~/сгущения** Eindickungsmittel *n*, Verdickungsmittel *n* ‖ **~/смачивающий** Netzmittel *n*, Benetzungsmittel *n* ‖ **~ стабилизации** *(Ch)* Stabilisier[ungs]mittel *n*, Stabilisator *m* ‖ **~ сульфирующий** Sulfonierungsmittel *n* ‖ **~/сушильный** Trockenmittel *n*, Trockner *m* ‖ **~ сшивающий** Vernetzungsmittel *n*, Vernetzer *m* ‖ **~/тормозящий** Inhibitor *m*, Hemmstoff *m*, Verzögerer *m* ‖ **~/флотационный** Flotationsmittel *n (Aufbereitung)* ‖ **~/фторирующий** Fluorierungsmittel *n* ‖ **~/хлорирующий** Chlorierungsmittel *n*; *(Gieß auch)* Entgasungsmittel *n* ‖ **~/холодильный** *s.* ~/охлаждающий ‖ **~/этерифицирующий** Veresterungsmittel *n*
агирный *s.* триклинный
агитатор *m* Rührwerk *n*, Mischer *m*
агитация *f* Durchrühren *n*, Durchwirbeln *n*, Durchmischen *n*; Rühren *n*, Umrühren *n*
агитировать durchrühren, durchwirbeln, durchmischen; rühren, umrühren
аглолента *(Met)* Sinterband *n*
агломашина *f (Met)* Sintermaschine *f*
агломерат *m* 1. *(Geol)* Agglomerat *n*; 2. *(Met)* Agglomerat *n*, Sinter *m*; 3. *(Krist)* Cluster *m* ‖ **~/мартеновский** Zuschlagagglomerat *n*, Zuschlagsinter *m (SM-Ofen)* ‖ **~/не[о]флюсованный** Agglomerat *n* ohne Zuschläge, Rohagglomerat *n*, Rohsinter *m* ‖ **~/офлюсованный (самоплавкий)** selbstgehendes Agglomerat *n*, selbstgängiges Sintergut *n*, Edelsinter *m* ‖ **~ свободных мест** *(Krist)* Leerstellencluster, Leerstellenassoziat *n*, Leerstellenagglomerat *n* ‖ **~ серебра** *(Photo)* Silbercluster *m* ‖ **~/спекшийся** Sinteragglomerat *n* ‖ **~ точечных дефектов** *(Krist)* Punktdefektcluster *m*
агломерат-деполяризатор *m (El)* Depolarisationsmaterial *n*, Depolarisationsmasse *f*
агломератный *(Met)* Agglomerat..., Sinter...
агломератовоз *m* Agglomeratfrachtschiff *n*
агломерационный *(Met)* Sinter[ungs]..., Agglomerierungs...
агломерация *f* 1. *(Met)* Agglomerieren *n*, Agglomeration *f*, Stückigmachen *n*; Sintern *n*, Sinterbrennen *n*, Zusammensintern *n (durch Hitze)*; 2. *(Bw)* Ballung *f (Siedlungsplanung)* ‖ **~/вакуумная** Vakuumsinterung *f* ‖ **~ во взвешенном состоянии** Schwebesintern *n*, Schwebesinterung *f*; Schweberösten *n*, Schweberöstung *f* ‖ **~ во вращающихся печах** Dreh[rohr]ofensintern *n*, Dreh[rohr]ofensinterung *f* ‖ **~/городская** *(Bw)* Siedlungsballung *f*, Ballungsgebiet *n* ‖ **~ на ленточной машине** Bandsintern *n*, Bandsinterung *f* ‖ **~/предварительная** Vorsintern *n*, Vorsinterung *f*
агломерирование *n s.* агломерация 1.
агломерированный *(Met)* agglomeriert; gesintert, sintergebrannt
агломерировать *(Met)* agglomerieren, stückigmachen; sintern, zusammensintern *(durch Hitze)*
агломеруемость *f (Met)* Agglomerierbarkeit *f*; Sinterbarkeit *f*
аглопорит *m (Bw)* Aggloporit *m*, Porensinter *m*
аглопоритобетон *m* Aggloporitbeton *m*
агрегат *m* 1. *(Masch)* Aggregat *n*, Maschinenaggregat *n*, Baueinheit *f (Baugruppe im Baukastensystem s. a. unter* машина*)*; 2. *(Min)* Aggregat *n*, Gesteinsaggregat *n (Verwachsung von Mineralien)*; 3. *(Ch)* Ringkomplex *m (s. a.* ~/молекулярный*)* • **в агрегате с трактором** *(Lw)* traktorgebunden ‖ **~/аварийный** *(El)* Netzersatzanlage *f* ‖ **~/аккумуляторный зарядный** Batterieladeaggregat *n* ‖ **~/бензоэлектрический** *(El)* benzinelektrisches Aggregat *n* ‖ **~/блочный варочный** *(Brau)* Blocksudwerk *n* ‖ **~/бурильный (буровой)** *(Bgb)* Bohraggregat *n* ‖ **~/буропогрузочный** *(Bgb)* Bohr- und Ladegerät *n* ‖ **~/варочный** *(Brau)* Sudwerk *n*, Sudzeug *n* ‖ **~ ввода** *(Inf)* Eingabegerät *n*, Eingabeeinheit *f* ‖ **~/вентиляционно-отопительный** Luftheizungsanlage *f* ‖ **~/возбудительный** *(El)* Erregermaschinensatz *m* ‖ **~/воздухосушительный** Luftentfeuchtungsgerät *n* ‖ **~/вспомогательный** Hilfseinheit *f* ‖ **~/генераторный** *(En)* Generator[en]satz *m* ‖ **~/гидрогенераторный** *(En)* Wasserkraftgeneratorsatz *m* ‖ **~/гидротурбинный** *(En)* Wasserturbinensatz *m*, Wasserturbosatz *m* ‖ **~/главный турбозубчатый** *(Schiff)* Hauptturbogetriebeaggregat *n*, Hauptge-

triebeturbine *f* ‖ **~/двухаппаратный варочный** *(Brau)* Zweigerätesudwerk *n*, einfaches Sudwerk *n* ‖ **~/двухколонный ректификационный** *(Ch)* zweisäuliger Rektifizierapparat *m* ‖ **~/двухмашинный** *(Eb)* Hilfsgenerator *m* ‖ **~/двухпосудный варочный** *(Brau)* Zweigerätesudwerk *n*, einfaches Sudwerk *n* ‖ **~/дизель-редукторный** *(Schiff)* Dieselantriebsanlage *f* mit Getriebe ‖ **~/дизель-электрический** dieselelektrisches Aggregat *n* ‖ **~/добавочный** Zusatzaggregat *n* ‖ **~/заливочный** Zementieraggregat *n (für Erdölbohrlöcher)* ‖ **~/замыкающий** Schließaggregat *n (für Kokillen- und Druckgießmaschinen)* ‖ **~/запасный** Reserveaggregat *n* ‖ **~/зарядный** *(El)* Ladeaggregat *n*, Ladegerät *n* ‖ ~ **зёрен** *(Photo)* Kornhaufen *m*, Kornaggregat *n* ‖ ~ **иглопробивной** *(Text)* Nadelfilzaggregat *n* ‖ **~/испарительно-конденсаторный** Verdampfer-Kondensator-Aggregat *n* ‖ **~/кольцеделательный** Wulstringwickelaggregat *n (Reifenherstellung)* ‖ **~/комбинированный** *(Lw)* Gerätekombination *f* ‖ **~/компрессорно-конденсаторный** *(Kält)* Kompressor-Kondensator-Einheit *f*, Verdichter-Verflüssiger-Einheit *f*, Verdichtersatz *m* ‖ **~/котельный** *(Wmt)* Kessel *m* ‖ **~/куделеприготовительный (кудельный)** *(Text)* Wergveredelungsaggregat *n*, Wergveredelungsmaschine *f* ‖ ~ **Леонарда** *(El)* Leonard-Satz *m*, Leonard-Aggregat *n* ‖ ~ **литейный** *(Met, Gieß)* Gießeinheit *f*, Gießaggregat *n* ‖ ~ **маннесмана/трубопрокатный** Mannesmann-Rohrwalzwerk *n* ‖ **~/машинно-тракторный** *(Lw)* Maschinen-Traktoren-Aggregat *n*, MTA ‖ **~/многоситовый просевочный** Mehrdecksiebmaschine *f* ‖ **~/моечный** Waschaggregat *n* ‖ ~ **молекул** *s.* ~/молекулярный ‖ **~/молекулярный** *(Ch)* Molekülaggregat *n*, Übermolekül *n* ‖ **~/мономинеральный** *(Geol, Min)* monomineralisches Aggregat *n* ‖ **~/мяльно-трепальный** *(Text)* Aufbereitungsanlage *f (für Flachs bzw. Hanf)* ‖ **~/насосный** Pumpeneinheit *f* ‖ ~ **непрерывного действия** *(Text)* Kontinueanlage *f* ‖ **~/непрерывно-травильный** *(Wlz)* Durchlaufbeizanlage *f*, kontinuierliche Beizanlage *f* ‖ **~/основной** *(El)* Hauptaggregat *n* ‖ **~/отделочный** *(Text)* Nachbehandlungsaggregat *n (Chemiefaserherstellung)* ‖ **~/отопительный** Heizungsaggregat *n* ‖ **~/паротурбинный** Dampfturbinensatz *m*, Dampfturbosatz *m* ‖ **~/пахотный** *(Lw)* Pflugaggregat *n* ‖ ~ **перемещения** *(Masch)* Baugruppe *f* für geradlinige Bewegung, Linearbaugruppe *f* ‖ **~/печной** Ofenanlage *f*, Ofenaggregat *n*, Ofeneinheit *f* ‖ ~ **питания** *(El)* Energieversorgungsaggregat *n* ‖ **~/плавильный** *(Met, Gieß)* Schmelzaggregat *n*, Schmelzanlage *f* ‖ ~ **поворота** *(Masch)* Baugruppe *f* für drehende Bewegung, Rotationsbaugruppe *f* ‖ ~ **полиминеральный** *(Geol, Min)* polymineralisches Aggregat *n* ‖ **~/посевной** *(Lw)* Sämaschinenaggregat *n*, Aussaataggregat *n* ‖ **~/почвообрабатывающий** *(Lw)* Gerätekombination *f* [für Bodenbearbeitung] ‖ **~/пропиточный** Imprägnieranlage *f* ‖ **~/проходческий** *(Bgb)* Vortriebsaggregat *n* ‖ **~/прядильный** Spinnereianlage *f* ‖ **~/пусковой** Anlaßaggregat *n* ‖ **~/разливочный** Flaschenfüllmaschine *f*, Flaschenfüller *m*, Abfüllaggregat *n* ‖ **~/разрыхлительно-трепальный** *(Text)* Putzereiaggregat *n*, Putzereizug *m (zum Öffnen, Mischen und Reinigen der Baumwolle)* ‖ ~ **распределения жидкости** *(Hydr)* Wegeventil *n* ‖ **~/ротационный** *(Typ)* Rotationsmaschinenaggregat *n* ‖ ~ **с вёдрами/доильный** *(Lw)* Kannenmelkanlage *f* ‖ **~/смазочный** Schmieranlage *f*, Fettungsanlage *f* *(Kaltwalzwerk)* ‖ **~/ стартовый** *(Rak)* Startrampe *f*, Startvorrichtung *f* ‖ **~/тепловой электрогенераторный** *(El)* Wärmekraft[generator]satz *m* ‖ **~/транспортно-установочный** *(Rak)* Transport- und Aufrichteaggregat *n* ‖ **~/трубопрокатный** Rohrwalzwerk *n* ‖ **~/трубосварочный** Rohrschweißanlage *f* ‖ **~/турбинный** Turbinensatz *m* ‖ **~/турбогенераторный** *(El)* Turbogeneratorsatz *m*, Turbogeneratorgruppe *f* ‖ **~/турбонасосный** *(Rak)* Turbopumpenaggregat *n* ‖ **~/унифицированный** *(Masch)* Aufbaueinheit *f*, Baukasteneinheit *f* ‖ **~/гидравлический** hydraulisches Steueraggregat *n* ‖ **~/пневматический** pneumatisches Steueraggregat *n* ‖ **~/уборочный** Ernteaggregat *n*; Erntemaschine *f* ‖ **~/холодильный** Kälteaggregat *n*, Kältemaschinensatz *m* ‖ **~/цементировочный** *(Bgb)* Zementieraggregat *n (Bohrlochzementation)* ‖ **~/чесальный** *(Text)* Kardieraggregat *n* ‖ ~ **четырёхаппаратный (четырёхпосудный) варочный** *(Brau)* Viergerätesudwerk *n*, doppeltes Sudwerk *n* ‖ **~/шестипосудный варочный** *(Brau)* Sechsgerätesudwerk *n* ‖ ~ **шпаклёвочный** *(Bw)* Spachtelgerät *n*, Spachtelvorrichtung *f* ‖ **~/штапельный** *(Text)* Faserbandstraße *f (Chemiefaserherstellung)* ‖ **~/электромашинный** Elektromaschinensatz *m*

агрегат-генератор-двигатель *m (El)* [Ward-] Leonard-Satz *m*, Leonard-Aggregat *n* ‖

агрегатирование *n* Baukastenaufbau *m*, Blockbauweise *f*; Blockmontage *f (von Aggregaten)* • **фронтального агрегатирования** *(Lw)* geschoben ‖ ~ **орудий** *(Lw)* Gerätekopplung *f*

агрегатировать baukastenmäßig aufbauen (montieren); als Block montieren

агрегатная *f (Schiff)* Umformerraum *m (für Funkanlage)*; *(Nrt)* Geräteraum *m*

агрегация *f s.* агрегирование 1.

агрегирование *n* 1. *(Ph)* Aggregation *f*, Zusammenballung *f*; 2. Kopp[e]lung *f*, Aggregierung *f* *(von Arbeitsgängen)* ‖ **~/гибкое** flexible Aggregierung *f* ‖ **~/жёсткое** feste Aggregierung *f*

агрессивность *f (Ch)* Aggressivität *f* ‖ **~/коррозионная** Korrosivität *f*

агрессивный/химически chemisch aggressiv

агробиология *f (Lw)* Agrobiologie *f*, Agrarbiologie *f*

агроклиматология *f* Agroklimatologie *f*

агромелиорация *f* Bodenmelioration *f*

агрометеорология *f* Agrarmeterologie *f*

агрономия *f* Agronomie *f*, Landwirtschaftswissenschaft *f*

агросрок *m* agrotechnischer Termin *m*

агротехника *f* Agrotechnik *f*

агрофизика *f* Agrophysik *f*, Agrikulturphysik *f*

агрохимический agrochemisch, agrikulturchemisch

агрохимия *f* Agrochemie *f*, Agrikulturchemie *f*

адамин *m (Min)* Adamin *m*

адаптация *f* Anpassung *f*, Angleichung *f*; *(Opt)* Adaptation *f (des Auges)* || **~/световая** Helladaptation *f* || **~/темновая** Dunkeladaptation *f* || **~/цветовая** Farbadaptation *f*, chromatische Adaptation *f*
адаптер *m* 1. Adapter *m*; Anpassungsbaustein *m*; 2. Tonabnehmer *m (eines Plattenspielers)*; 3. *(Photo)* Plattenhalter *m*, Planfilmkassette *f* || **~/граммофонный** Tonabnehmer *m (eines Plattenspielers)* || **~/графический** Graphikadapter *m* || **~ для цветной графики** Farbgraphikadapter *m* || **~/интерфейсный** Interfaceadapter *m*, Schnittstellenadapter *m* || **~ канал-канал** Kanal-Kanal-Adapter *m* || **~ линии** Leitungsadapter *m* || **~ магистралей** Busadapter *m* || **~/монохромный** Monochromadapter *m* || **~ последовательной связи** Adapter *m* für serielle Kommunikation, ASK
адаптеризация *f* Tonabnahme *f*
адаптивность *f* Anpassungsvermögen *n*
адаптивный anpaßbar, Anpaß...; *(Wkzm)* adaptiv
адаптировать anpassen
адаптируемый adaptionsfähig, anpaßbar
адаптометр *m (Med, Opt)* Adaptometer *n*
адвективный *(Meteo)* advektiv
адвекция *f (Meteo)* Advektion *f*
АДГ *s.* дизель-генератор/аварийный
адгезионно-активный adhäsionsaktiv
адгезионно-устойчивый adhäsionsbeständig
адгезия *f (Ph)* Adhäsion *f*, Haftfestigkeit *f*, Haftung *f* || **~/слоя** *(Photo)* Schichthaftung *f*
аддитивный additiv
аддукт *m (Ph, Ch)* Addukt *m*, EDA-Komplex *m*, Elektronen-Donator-Akzeptor-Komplex *m*
адеструктивный *(Wkst)* zerstörungsfrei *(Prüfung)*
адиабата *f (Therm, Meteo)* Adiabate *f* || **~/влажная** *(Meteo)* Feuchtadiabate *f* || **~/конденсационная** *(Meteo)* Kondensationsadiabate *f* || **~/сублимационная** *(Meteo)* Sublimationsadiabate *f* || **~/сухая** *(Meteo)* Trockenadiabate *f*
адиабатический *(Therm, Meteo)* adiabat[isch]
адиабатичность *f (Therm)* Adiabasie *f*
адиабатный Adiabaten-...
адиактиничный *(Kern)* adiaktinisch *(für aktinische Strahlung undurchlässig)*
адион *m (Ph)* Adion *n*, Haftion *n*
администратор *m (Inf)* Administrator *m*, Verwaltungsprogramm *n* || **~ базы данных** Datenbankverwalter *m* || **~ приложения** Anwendungsadministrator *m*
администрирование *n* **данными** Datenverwaltung *f*
адмитанс *m*, **адмитанц** *(El)* Admittanz *f*, Scheinleitwert *m*, Wechselstromleitwert *m*, Gesamtleitwert *m*
адрес *m (Inf)* Adresse *f* || **~/абсолютный** absolute Adresse *f* || **~ адреса** *s.* ~/косвенный || **~/алфавитно-цифровой** alphanumerische Adresse *f* || **~/базовый** Basisadresse *f*, Bezugsadresse *f* || **~ байта** Byteadresse *f* || **~ блока** Blockadresse *f* || **~ ввода** Eingabeadresse *f* || **~ ввода-вывода** Ein-/Ausgabe-Adresse *f*, E/A-Adresse *f* || **~/виртуальный** virtuelle Adresse *f* || **~ /внешний** externe Adresse *f* || **~/внутренний** interne Adresse *f* || **~ возврата** Rücksprungadresse *f* || **~/вспомогательный** Hilfsadresse *f* || **~/вторичный** Sekundäradresse *f* || **~ входа** Eingangsadresse *f* || **~ вызова** Aufrufadresse *f* || **~ выхода** Ausgangsadresse *f* || **~/генерируемый** synthetische (generierte) Adresse *f* || **~ данных** Datenadresse *f* || **~/двоично-кодированный** binär kodierte Adresse *f* || **~/действительный** reale (echte, wirkliche, explizite) Adresse *f* || **~ загрузки** Ladepunktadresse *f* || **~ запоминающего устройства** Speicheradresse *f* || **~ зоны** Feldadresse *f* || **~/индексируемый** indizierte Adresse *f* || **~/инструкции** Befehlsadresse *f* || **~/исполнительный** Stelladresse *f* || **~/истинный** *s.* ~/действительный || **~/исходный** Quelladresse *f* || **~/итерированный** *s.* ~ адреса || **~ канала** Kanaladresse *f* || **~/канальный** Kanaladresse *f* || **~ команды** Befehlsadresse *f* || **~/конечный** Endadresse *f* || **~ контрольной точки** Testpunktadresse *f* || **~/косвенный** relative (indirekte, iterierte) Adresse *f* || **~/машинный** Maschinenadresse *f* || **~ микропрограммы** Mikroprogrammadresse *f* || **~/мнимый** Scheinadresse *f* || **~/модифицируемый** indizierte Adresse *f* || **~/начальный** Anfangsadresse *f*, Startadresse *f (Programm, Job)* || **~/непосредственный** unmittelbare Adresse *f*, Nullniveauadresse *f* || **~ нулевого уровня** *s.* ~/непосредственный || **~/нулевой** Nulladresse *f* || **~ области [памяти]** Bereichsadresse *f* || **~ операндов** Operandenadresse *f* || **~ останова** Stopadresse *f* || **~/относительный** relative Adresse *f*, Relativadresse *f* || **~ памяти** Speicheradresse *f* || **~/переменный** variable (veränderliche) Adresse *f* || **~/перемещаемый** verschiebbare (verschiebliche) Adresse *f* || **~ перехода** Sprungadresse *f* || **~/плавающий** variable (fließende) Adresse *f* || **~ полуслова** Halbwortadresse *f* || **~ поля** Feldadresse *f* || **~/постоянный** feste (permanente) Adresse *f*, Festadresse *f* || **~ продолжения** Folgeadresse *f* || **~/прямой** diskrete Adresse *f* || **~ пуска** Startadresse *f* || **~/пусковой** Startadresse *f* || **~/пустой** Leeradresse *f* || **~ разветвления** Verzweigungsadresse *f* || **~ размещения** Lageadresse *f* || **~/разностный** eigenrelative Adresse *f* || **~ регистра** Registeradresse *f* || **~/самоотносительный** eigenrelative Adresse *f* || **~/свободный** freie Adresse *f*, Leeradresse *f* || **~/сетевой** Netzadresse *f* || **~/символический** symbolische Adresse *f* || **~ следующей команды** Folgebefehlsadresse *f* || **~/собственный** eigentliche Adresse *f* || **~ ссылки** Kettungsadresse *f* || **~ точки повторного запуска** Wiederanlaufadresse *f* || **~/условный** *(Nrt)* vereinbarte Kurzanschrift *f*, Telegrammkurzanschrift *f*; *(Inf)* Pseudoadresse *f*, bedingte Adresse *f* || **~ устройства** Geräteadresse *f*, Gerätenummer *f* || **~/физический** physische Adresse *f* || **~/фиксированный** fest vereinbarte Adresse *f* || **~/фиктивный** Scheinadresse *f* || **~/целевой** Zieladresse *f* || **~/чётный** gerade Adresse *f* || **~/числовой** numerische Adresse *f* || **~/элементарный** Elementaradresse *f* || **~/явный** explizite Adresse *f*
адресация *f (Inf)* Adressierung *f* || **~/абсолютная** absolute Adressierung *f* || **~/базисная** Basisadressierung *f* || **~/байтовая** Byteadressie-

rung *f* ‖ **~/индексная** indizierte Adressierung *f* ‖ **~/индексно-базисная** basisindizierte Adressierung *f* ‖ **~/косвенная** indirekte Adressierung *f* ‖ **~/непосредственная** Direktadressierung *f*, unmittelbare (direkte) Adressierung *f* ‖ **~/относительная** Relativadressierung *f*, relative Adressierung *f* ‖ **~/прямая** direkte Adressierung *f* ‖ **~ памяти** Speicheradressierung *f* ‖ **~/побитовая** Bitadressierung *f* ‖ **~/последовательная** sequentielle Adressierung *f* ‖ **~/прямая** Direktadressierung *f* ‖ **~ регистра** Registeradressierung *f* ‖ **~/регистровая** *s.* ~ регистра ‖ **~ с повторением** Wiederholungsadressierung *f* ‖ **~ файла** Dateiadressierung *f*, Fileadressierung *f* ‖ **~/явная** explizite Adressierung *f*

адресность *f (Inf)* Adressenkapazität *f*, Adreßkapazität *f*, Adressenanzahl *f*

адресование *n s.* адресация

адресуемость *f (Inf)* Adressierbarkeit *f (Speicher)*; Programmierbarkeit *f (Plotter)* ‖ **~/поразрядно** *(Inf)* stellenweise adressierbar

адсорбат *m (Ch)* Adsorbat *n*, Adsorptiv *n*, adsorbierter (aufgenommener) Stoff *m*

адсорбент *m (Ch)* Adsorbens *n*, Adsorptionsmittel *n*, Adsorber *m*, adsorbierender (aufnehmender) Stoff *m* ‖ **~/насыщенный [поглощённым веществом]** beladenes Adsorbens *n* ‖ **~/твёрдый** Feststoffadsorbens *n*

адсорбер *m* Adsorber *m*, Adsorptionsapparat *m* ‖ **~/колонный** Adsorptionskolonne *f* ‖ **~ с кипящим (псевдоожиженным) слоем адсорбента** Fließbettadsorber *m*, Wirbelschichtadsorber *m*

адсорбировать adsorbieren

адсорбтив *m (Ch)* Adsorptiv *n*, zu adsorbierender Stoff *m*

адсорбциометрия *f (Ch)* Adsorptiometrie *f*, Adsorptionsmessung *f*

адсорбционно-активный *(Ch)* adsorptionsaktiv

адсорбционный adsorptiv, adsorbierend, Adsorptions…

адсорбция *f (Ch, Ph)* Adsorption *f* ‖ **~ в кипящем адсорбенте** Fließbettadsorption *f*, Wirbelschichtadsorption *f* ‖ **~ в псевдоожиженном слое адсорбента** *s.* ~ в кипящем адсорбенте ‖ **~/ван-дер-ваальсова** *(Ph)* Van-der-Waals-Adsorption *f* ‖ **~/вторичная** Sekundäradsorption *f* ‖ **~/избирательная** selektive Adsorption *f* ‖ **~/ионообменная** Ionenaustauschadsorption *f* ‖ **~/необратимая** irreversible (chemische) Adsorption *f* ‖ **~/обменная** Austauschadsorption *f* ‖ **~/обменно-ионная** *s.* ~/ионообменная ‖ **~/обратимая** reversible (physikalische) Adsorption *f* ‖ **~/первичная** Primäradsorption *f* ‖ **~/поверхностная** Oberflächenadsorption *f*

адсорбция-десорбция *f (Ch)* Adsorption-Desorption *f*

адуляр *m (Min)* Adular *m (Abart des Alkalifeldspates)*

адхезия *f s.* адгезия

адъюнкта *f (Math)* Adjunkte *f*, Adjungierte *f*

адъюнкция *f (Ph)* Adjunktion *f*

a.e. *s.* единица/астрономическая

a.e.м. *s.* единица массы/атомная

ажур *m (Text)* durchbrochenes Gewebe *n*, Drehergewebe *n*

ажурный *(Text)* durchbrochen, Dreher-… *(Weberei, Bindungen des Gewebes)*

азбука *f* **Морзе** *(Nrt)* Morse-Alphabet *n*; Morse-Kode *m* ‖ **~/телетайпная** *(Nrt)* Fernschreibalphabet *n*, Fernschreibkode *m*

азеотроп *m (Ch)* Azeotrop *n*, azeotropes Gemisch *n*, azeotrope Mischung *f* ‖ **~/гетерогенный** Heteroazeotrop *n* ‖ **~/гомогенный** Homöoazeotrop *n*

азеотропический *s.* азеотропный

азеотропия *f (Ch)* Azeotropie *f*

азеотропный *(Ch)* azeotrop

азеотропообразователь *m (Ch)* Azeotropbildner *m*

азер *m s.* усилитель/квантовый

азид *m (Ch)* Azid *n* ‖ **~ кислоты** Säureazid *n*

азимут *m* 1. *(Astr)* [astronomischer (astronomisches)] Azimut *m(n)*; 2. *(Rad)* Funkazimut *m(n)*, Peilwert *m*; 3. Seitenwinkel *m (Radargerät)*; 4. Azimutwinkel *m*, Richtungswinkel *m (Kompaß)* ‖ **~ искривления** *(Bgb)* Azimutalabweichung *f (Bohrloch)* ‖ **~/истинный** [wahrer] Azimut *m* ‖ **~/магнитный** *(Geoph)* magnetischer (mißweisender) Azimut *m* ‖ **~ направления** Richtungswinkel *m* ‖ **~/обратный** *(Geod)* Azimut *m(n)* am Ende ‖ **~ разноса** Aufstellungsazimut *m* ‖ **~ скважины** *(Bgb)* Bohrlochazimut *m*

азобензол *m (Ch)* Azobenzol *n*

азогруппа *f (Ch)* Azogruppe *f*

азокомпонента *f s.* азосоставляющая

азокраситель *m (Ch)* Azofarbstoff *m* ‖ **~/кисл[отн]ый** saurer Azofarbstoff *m*, Azosäurefarbstoff *m* ‖ **~/основный** basischer Azofarbstoff *m* ‖ **~/субстантивный** Azodirektfarbstoff *m*, substantiver Azofarbstoff *m*

азокраска *f s.* азокраситель

азоксисоединение *n (Ch)* Azoxyverbindung *f*

азоксисочетание *n (Ch)* Azoxykupplung *f*

азореакция *f (Ch)* Kupplungsreaktion *f*

азосоединение *n (Ch)* Azoverbindung *f*, Azokörper *m*

азосоставляющая *f (Ch)* Azokomponente *f*, Kupplungskomponente *f*, Azokuppler *m*

азот *m (Ch)* Stickstoff *m*, N ‖ **~/аммиачный (аммонийный)** Ammoniumstickstoff *m*, Ammoniakstickstoff *m* ‖ **~/атмосферный** Luftstickstoff *m* ‖ **~ кольца** Ringstickstoff *m* ‖ **~/общий** Gesamtstickstoff *m* ‖ **~/остаточный** Reststickstoff *m*

азотизация *f s.* азотирование

азотирование *n (Met, Härt)* Nitrier[härt]en *n*, Nitrier[härt]ung *f*, Aufsticken *n*, Aufstickung *f* ‖ **~ в жидких средах** Badnitrieren *n*, Badnitrierung ‖ **~/газовое** Gasnitrieren *n*, Gasnitrierung *f* ‖ **~ газом** *s.* ~/газовое ‖ **~/жидкостное** *s.* ~ в жидких средах ‖ **~/изотермическое** isothermes Nitrieren *n* ‖ **~/многоступенчатое** mehrfach gestuftes Nitrieren *n* ‖ **~/прочностное** Nitrieren *n* zur Erhöhung der Verschleiß- und Dauerstandfestigkeit

азотированный nitriert, aufgestickt, Nitrier[ungs]…

азотистоводородный *(Ch)* …azid *n*

азотистокислый *(Ch)* …nitrit *n*; salpetrigsauer

азотистый *(Ch)* …nitrid *n* ; stickstoffhaltig

азотноватистокислый *(Ch)* …hyponitrit *n*; hyposalpetrigsauer, untersalpetrigsauer

азотнокислый *(Ch)* …nitrat *n*; salpetersauer
азотнотуковый Stickstoffdünger…
азотный *(Ch)* Stickstoff…
азотооборот *m* 1. Stickstoffkreislauf *m*; 2. Kreislauf *m* der Nitrosegase *(Schwefelsäureherstellung)*
азотсодержащий stickstoffhaltig
азотфиксация *f (Lw)* Stickstoffixierung *f*, Stickstoffbindung *f*
азотфиксирующий *(Lw)* stickstoffbindend
АЗС *s.* станция/автозаправочная
АЗУ *s.* устройство/ассоциативное запоминающее
азурит *m (Min)* Azurit *m*, Kupferlasur *m*
АИК *s.* аппарат искусственного кровообращения
АИМ *s.* модуляция/амплитудно-импульсная
АИМС *s.* микросхема/аналоговая интегральная
АИС *s.* 1. система/автоматизированная информационная; 2. схема/аналоговая интегральная
айкинит *(Min)* Aikinit *m*, Nadelerz *m*
АК *s.* каротаж/акустический
акантит *m (Min)* Akanthit *m (Silberglanz)*
акаустобиолиты *mpl (Geol)* Akaustobiolithe *mpl*, nichtbrennbare Biolithe *mpl*
аквакультура *f***/морская** Meeresaquakultur *f*
аквамарин *m (Min)* Aquamarin *m*
акваметрия *f (Ch)* Aquametrie *f*
аквапланирование *n (Kfz)* Aquaplaning *n*
акватория *f* 1. künstlich angelegtes Wasserbecken *n*; 2. *(Flg)* Start- und Landewasserfläche *f* ‖ **~/заводская** Werfthafenbecken *n* ‖ **~/портовая** Hafengewässer *n*
акведук *m (Bw)* Aquädukt *m*, Kanalbrücke *f*
акклиматизация *f* **бумаги** *(Typ)* Papierkonditionierung *f*
аккомодация *f (Opt)* Akkommodation *f*, Anpassung *f*
аккреция *f (Astr)* Accretion *f (Auffangen von Materie)*
аккувоз *m (Eb)* Akkumulatorlokomotive *f*, Akku-Schleppfahrzeug *n*
аккумулирование *n s.* аккумуляция
аккумулировать speichern
аккумулятивный *(Geol)* akkumulativ
аккумулятор *m* 1. *(El)* Akku[mulator] *m*, Batterie *f (als Stromquelle)*; 2. *(Wmt)* Akkumulator *m*, Speicher *m*; 3. *(Inf)* Akkumulator *m*, AC-Register *n*, Rechenregister *n* ‖ **~/автомобильный** Kraftfahrzeugbatterie *f*, Kfz-Batterie *f* ‖ **~/гидравлический** *s.* гидроаккумулятор ‖ **~/гидропневматический** *(Hydt)* luftbelasteter (gasbelasteter) Druckspeicher *m* ‖ **~ горячей воды** Heißwasserspeicher *m* ‖ **~ давления** *(Hydt)* Druckspeicher *m* ‖ **~/дисковый** *(El)* Knopfzelle *f* ‖ **~/железоникелевый** Nickel-Eisen-Akkumulator *m*, Nickel-Eisen-Sammler *m* ‖ **~/кислотный** *s.* ~/свинцовый ‖ **~ конденсата** *(En)* Kondensatspeicher *m* ‖ **~ накала** Heizakkumulator *m*, Heizbatterie *f* ‖ **~/никелево-кадмиевый** Nickel-Cadmium-Akkumulator *m*, Nickel-Cadmium-Sammler *m* ‖ **~ оборотной воды** *(Pap)* Rückwasser[sammel]behälter *m* ‖ **~/пароводяной** *(Wmt)* Gefällespeicher *m* ‖ **~/паровой** Dampfspeicher *m* ‖ **~ переменного давления** *(Wmt)* Gefällespeicher *m* ‖ **~/пневматический** Druckluftspeicher *m*, Druckluftakkumulator *m* ‖ **~ Рутса** *(Wmt)* Ruthsspeicher *m (Wärmespeicher)* ‖ **~/свинцовый** Bleiakkumulator *m*, Säureakkumulator *m* ‖ **~/серебряно-цинковый** Silber-Zink-Akkumulator *m* ‖ **~/стартерный** *(Kfz)* Starterbatterie *f*, Anlasserbatterie *f* ‖ **~/тепловой** *(Wmt)* Wärmespeicher *m* ‖ **~/тяговый** *(Eb)* Traktionsakkumulator *m*, Bahnakkumulator *m* ‖ **~ холода** Kältespeicher *m* ‖ **~/щелочной** Alkaliakkumulator *m* ‖ **~ энергии** Energiespeicher *m*
аккумуляторная *f (El)* Akku[mulator]raum *m*
аккумуляторный Akkumulator[en], Akku…
аккумуляция *f* 1. Akkumulation *f*, Speicherung *f*, Aufspeicherung *f*; 2. *(Geol)* Akkumulation *f*, Anhäufung *f*, Anreicherung *f* ‖ **~ тепла** Wärmespeicherung *f* ‖ **~ холода** Kältespeicherung *f* ‖ **~/энергии** Energiespeicherung *f*
аклина *f (Geoph)* Akline *f*, Nullisokline *f (Erdmagnetfeld)*
акмит *m (Min)* Akmit *m*
акратофор *m* Gärtank *m (Sektherstellung)*
акридин *m (Ch)* Acridin *n*
акридиновый *(Ch)* Acridin…
акрилат *m (Ch)* Acrylat *n*
акриловый *(Ch)* Acryl…
акри[ло]пласт *m* Acrylharzkunststoff *m*
акселератор *m* 1. *(Kfz)* Gaspedal *n*; 2. *(s.* ускоритель 1.*)* ‖ **~/ножной** Gaspedal *n* ‖ **~ проявления** *(Photo)* Entwicklungsbeschleuniger *m* ‖ **~/ручной** Handgashebel *m*
акселерограф *m* Beschleunigungsschreiber *m*
акселерометр *m* Beschleunigungsmesser *m*, Beschleunigungsmeßgerät *n*, Akzelerometer *n* ‖ **~/ёмкостный** kapazitiver Beschleunigungsmesser *m* ‖ **~/индуктивный** induktiver Beschleunigungsmesser *m* ‖ **~/линейный** linearer Beschleunigungsmesser *m* ‖ **~ угловой** Winkelbeschleunigungsmesser *m* ‖ **~/электромагнитный** elektromagnetischer Beschleunigungsmesser *m*
аксинит *m (Min)* Axinit *m*
аксиома *f (Math)* Axiom *n*, Grundsatz *m*, Leitsatz *m* ‖ **~ выбора** Auswahlaxiom *n*, Auswahlprinzip *n* ‖ **~ непрерывности** Stetigkeitsaxiom *n*
аксиоматика *f* Axiomatik *f (mathematische Logik)* ‖ **~ Колмогорова** *(Math)* kolmogorovsches Axiomensystem *n*
аксиометр *m* **[положения руля]** *(Schiff)* Ruder[lagen]anzeiger *m*
аксоид *m (Mech)* Achsenfläche *f*, Axoid *n* ‖ **~/неподвижный** *(Mech)* ruhende Achsenfläche *f*; Herpolhodiekegel *m*, Rastpolkegel *m* ‖ **~/подвижный** *(Mech)* Gangpolkegel *m*, Polkegel *m*, Laufkegel *m*, Polhodiekegel *m*
аксонометрия *f (Math)* Axonometrie *f (deskriptive Geometrie)* ‖ **~/диметрическая** dimetrische Axonometrie *f*, Frontalperspektive *f* ‖ **~/косоугольная** schräge Axonometrie *f* ‖ **~/фронтальная** *s.* ~/диметрическая
аксопласт *m (Ph)* Axoplasma *n*
акт *m* 1. Ereignis *n*; 2. Prozeß *m*, Vorgang *m*; 3. Urkunde *f*, Protokoll *n* ‖ **~ об управлении** *(Inf)* Bedienerprotokoll *n* ‖ **~/приёмо-сдаточный** Übergabeprotokoll *n*, Lieferprotokoll *n* ‖ **~ распада** *(Kern)* Zerfall *m*, Zerfallsakt *m*

активатор *m* 1. *(Ch)* Aktivierungsmittel *n*, Aktivator *m*, [synergetischer] Verstärker *m (Katalyse)*; 2. Aktivator *m (Flotationsaufbereitung)* ‖ **~ коррозии** Korrosionsstimulator *m* ‖ **~ люминесценции** Lumineszenzaktivator *m*, Luminogen *n*, Phosphorogen *n* ‖ **~ полимеризации** Polymerisationsaktivator *m*

активация *f* 1. Aktivierung *f*, Anregung *f*; 2. Aktivierung *f*, Belebung *f (Flotationsaufbereitung)*; 3. Aktivierung *f*, Aktivation *f (Toxikologie)* ‖ **~ до насыщения** *(Ph)* Sättigungsaktivierung *f* ‖ **~ легирующей примеси** *(Eln)* Dotandenaktivierung *f*, Implantaktivierung *f (Halbleiter)* ‖ **~ люминесценции** Lumineszenzaktivierung *f* ‖ **~ программы** *(Inf)* Aktivierung *f* eines Programms ‖ **~ спекания** Sinteraktivierung *f (Pulvermetallurgie)*

активирование *n s.* активация

активировать aktivieren, anregen, erregen

активность *f* Aktivität *f* ‖ **~/бродильная** *(Ch)* Gärtätigkeit *f* ‖ **~ в объёме** *(Ph)* Volumenaktivität *f* ‖ **~ водородных ионов** *(Ph)* Wasserstoffionenaktivität *f* ‖ **~/вулканическая** *(Geoph)* vulkanische Aktivität *f* ‖ **~/дочерняя** *(Kern)* Tochteraktivität *f* ‖ **~/естественная оптическая** natürliche optische Aktivität *f* ‖ **~ ионов водорода** *(Ph)* Wasserstoffionenaktivität *f* ‖ **~/искусственная оптическая** *(Opt)* künstliche optische Aktivität *f* ‖ **~/коррозионная** Korrosivität *f* ‖ **~/магнитная** *(Geoph)* magnetische Aktivität *f* ‖ **~/молекулярная** molare Aktivität *f (Fermentchemie)* ‖ **~ насыщения** *(Ph)* Sättigungsaktivität *f* ‖ **~ окружающей среды** *(Ph)* Umgebungsaktivität *f* ‖ **~/оптическая** optische Aktivität *f*, optisches Drehvermögen *n* [der Polarisationsebene] ‖ **~/остаточная** *(Kern)* Restaktivität *f* ‖ **~/поверхностная** *(Ph, Ch)* Grenzflächenaktivität *f* ‖ **~/полная** *(Kern)* Gesamtaktivität *f* ‖ **~/рекомбинационная** *(Eln)* Rekombinationsaktivität *f (Halbleiter)* ‖ **~/сейсмическая** *(Geoph)* seismische Aktivität *f* ‖ **~/солнечная** Sonnenaktivität *f* ‖ **~/термодинамическая** *(Ph)* thermodynamische Aktivität *f* ‖ **~/удельная** *(Ph)* spezifische Aktivität *f* ‖ **~/ферментативная** *(Ch)* fermentative Aktivität *f*, Fermentaktivität *f* ‖ **~/химическая** chemische Aktivität *f*

активный aktiv ‖ **~/оптически** optisch aktiv ‖ **~/фотохимически** photochemisch aktiv ‖ **~/химически** chemisch aktiv

актиний *m (Ch)* Actinium *n*, Ac

актинический *(Ch)* aktinisch

актиничность *f (Ph, Ch)* Aktinität *f*

актиничный *(Ph, Ch)* aktinisch

актиноид *m (Ch)* Actinoidelement *n*, Actinoid *n*

актинолит *m (Min)* Aktinolith *m*, Strahlstein *m (Amphibolasbest)*

актинометр *m (Kern)* Aktinometer *n (Strahlungsmeßinstrument)* ‖ **~/биметаллический** *s.* ~ Михельсона ‖ **~ Михельсона** Michelson-Aktinometer *n*, Bimetallaktinometer *n* ‖ **~ Робича** *s.* ~ Михельсона

актинометрия *f (Ph)* Aktinometrie *f*, Strahlungsmessung *f* ‖ **~/Геттигенская** *(Astr)* Göttinger Aktinometrie *f (Helligkeitskatalog)*

актинон *m (Kern)* Actinon *n*, Actiniumemanation *f*, An

акустика *f (Ph)* Akustik *f* ‖ **~/архитектурная** *(Bw)* Raumakustik *f* ‖ **~ высоких амплитуд** *s.* ~/нелинейная ‖ **~/линейная** lineare Akustik *f* ‖ **~/молекулярная** Molekularakustik *f* ‖ **~/нелинейная** nichtlineare Akustik *f* ‖ **~ помещений** *(Bw)* Raumakustik *f* ‖ **~/строительная** Bauakustik *f*

акустиметр *m (Ph)* Akustimeter *n (Schallstärkemesser)*

акустооптика *f* Akustooptik *f*, Schalloptik *f*

акустооптический akustooptisch

акустоэлектроника *f* Akustoelektronik *f*, Oberflächenwellenakustik *f*

акустрон *m (Nrt)* Akustikkoppler *m*

акцеле... *s.* акселе...

акцептор *m* 1. *(Ph, Ch)* Akzeptor *m*; 2. *(Eln)* Akzeptorstörstelle *f*; 3. *(Photo)* Akzeptor *m*, Akzeptorgruppe *f* ‖ **~ действия** *(Kyb)* Aktionsakzeptor *m* ‖ **~/мелкий** *(Eln)* flacher Akzeptor *m* ‖ **~/многоразрядный** *(Eln)* mehrfach geladener Akzeptor *m* ‖ **~/термический** Thermium *n*, thermischer Akzeptor *m (Halbleiter)* ‖ **~ электронов** Elektronenakzeptor *m*

акцессории *fpl* 1. *(Min, Geol)* Akzessorien *pl*, Nebengemengteile *npl*, akzessorische Mineralien *npl*; 2. *(Krist)* Akzessorien *pl*, akzessorische Oberflächenbildungen *fpl*

акцессорный *(Geol, Min, Krist)* akzessorisch

алабандин *m (Min)* Manganblende *f*, Manganglanz *m*, Alabandin *m*

алгебра *f (Math)* Algebra *f* ‖ **~/банахова** Banach-Algebra *f* ‖ **~/булева** Boolesche Algebra *f*, Schaltalgebra ‖ **~ Буля** *s.* ~/булева ‖ **~ вероятностей** Wahrscheinlichkeitsalgebra *f* ‖ **~/высшая** höhere Algebra *f* ‖ **~/геометрическая** geometrische Algebra *f* ‖ **~ гомологии** *s.* ~/гомологическая ‖ **~/гомологическая** homologische Algebra *f*, Homologiealgebra *f* ‖ **~ графов** Graphenalgebra *f* ‖ **~/групповая** Gruppenalgebra *f* ‖ **~ группы** Gruppenalgebra *f* ‖ **~ двоичной логики** binäre Schaltalgebra *f* ‖ **~/двухзначная** zweiwertige Algebra *f* ‖ **~/индуктивная** induktive Algebra *f* ‖ **~/конечная** endliche Algebra *f* ‖ **~/линейная** lineare Algebra *f* ‖ **~ логики** *s.* ~/булева ‖ **~ множеств** Mengenalgebra *f* ‖ **~/нормированная** normierte Algebra *f* ‖ **~/операторная** Operatoralgebra *f* ‖ **~релейно-контактных схем** Schaltalgebra *f* ‖ **~ с операторами** Operatoralgebra *f* ‖ **~ событий** Ereignisalgebra *f* ‖ **~ схем** Schaltalgebra *f* ‖ **~/тензорная** Tensoralgebra *f* ‖ **~/универсальная** universelle (abstrakte) Algebra *f*

алгоритм *m (Math, Inf, Kyb)* Algorithmus *m* ‖ **~/адаптивный** adaptiver Algorithmus *m* ‖ **~/адресный** Adressenalgorithmus *m* ‖ **~/арифметический** arithmetischer Algorithmus *m* ‖ **~/вычислительный** Berechnungsalgorithmus *m* ‖ **~ Гаусса** Gaußscher Algorithmus *m*, Gaußsches Eliminationsverfahren *n* ‖ **~ графов** Graphenalgorithmus *m* ‖ **~ деления** Divisionsalgorithmus *m* ‖ **~/дискретный** diskreter Algorithmus *m* ‖ **~/евристический** heuristischer Algorithmus *m* ‖ **~/жёсткий** fest vorgegebener Algorithmus *m* ‖ **~/замкнутый** abgeschlossener Algorithmus *m* ‖ **~/запрограммированный** programmierter Algorithmus *m* ‖ **~/итеративный** iterativer Algorithmus *m* ‖ **~/машинный**

rechnerorientierter Algorithmus *m* ‖ **~ моделирования** Simulationsalgorithmus *m* ‖ **~/неарифметический** nichtnumerischer Algorithmus *m* ‖ **~/нечисловой** nichtarithmetischer Algorithmus *m* ‖ **~ обработки** Verarbeitungsalgorithmus *m* ‖ **~/обучающийся** lernender Algorithmus *m* ‖ **~/оптимальный** optimaler Algorithmus *m* ‖ **~ перевода** Übersetzungsalgorithmus *m* ‖ **~/поисковый** Suchalgorithmus *m* ‖ **~/рекурсивный** rekursiver Algorithmus *m* ‖ **~/решающий** *s.* ~ решения ‖ **~ решения [задачи]** Lösungsalgorithmus *m* ‖ **~ синтактического анализа (контроля)** syntaktischer Algorithmus *m* ‖ **~ трансляции** Übersetzungsalgorithmus *m* ‖ **~ управления** Steuer[ungs]algorithmus *m* ‖ **~/числовой** numerischer Algorithmus *m* ‖ **~/элементарный** Elementaralgorithmus *m*

алгоритмизация *f (Inf, Kyb)* Algorithmisierung *f*

алебастр *m* 1. *(Bw)* Baugips *m*, Putzgips *m*, Stuckgips *m*, Alabaster *m*; 2. *(Min)* Alabaster *m*

алеврит *m (Geol)* Aleurit *m*, Silt *m*

алевролит *m (Geol)* Aleurolith *m (verfestigter Aleurith)*

александрит *m (Min)* Alexandrit *m (Chrysoberyll)*

алидада *f* 1. *(Geod)* Alhidade *f*, Ablesezeiger *m (Theodolit)*; 2. *(Geod)* Diopterlineal *n*; 3. *(Meß)* Meßlineal *n* mit Nonius *(Winkelmesser)* ‖ **~ вертикального круга** *(Geod)* Alhidade *f* (Ablesezeiger *m*) des Vertikalkreises *(Theodolit)* ‖ **~ горизонтального круга** *(Geod)* Alhidade *f* (Ablesekreis *m*) des Horizontalkreises *(Theodolit)*

алидада-высотомер *f (Geod)* Alhidade *f* (Ablesezeiger *m*) des Vertikalkreises *(Theodolit)*

ализарин *m (Ch)* Alizarin *n*

ализариновый *(Ch)* Alizarin…

алитирование *n (Met)* Alitieren *n (Metallveredlungsverfahren)* ‖ **~/металлизационное** Spritzalitieren *n*, Spritzalitierung *f*, Spritzaluminieren *n*, Spritzaluminierung *f* ‖ **~/электролитическое** elektrolytisches Alitieren (Aluminieren) *n*, Salzbadalitieren *n*, Salzbadalitierung *f*, Salzbadaluminieren *n*

алитировать *(Met)* alitieren, alumini[si]eren, mit Aluminium beschichten (überziehen)

алицикл *m (Ch)* alicyclische Verbindung *f* ‖ **~/насыщенный** gesättigter alicyclischer Kohlenwasserstoff *m*, Cycloalkan *n*

алициклический *(Ch)* alicyclisch

алкализация *f (Ch)* Alkalisation *f*, Alkalisieren *n*

алкалиметр *m* Alkalimeter *n*

алкалиметрический *(Ch)* alkalimetrisch

алкалиметрия *f (Ch)* Alkalimetrie *f*

алкалицеллюлоза *f (Text)* Alkalicellulose *f (Chemiefaserherstellung)*

алкалоид *m (Ch)* Alkaloid *n*

алкан *m (Ch)* Alkan *n*, Paraffin *n*, Paraffinkohlenwasserstoff *m*

алкен *m (Ch)* Alken *n*, Olefin *n*, Ethylenkohlenwasserstoff *m*

алкил *m (Ch)* Alkyl *n*

алкилатор *m (Ch)* Alkylierungsturm *m*

алкилбензин *m (Ch)* Alkyl[at]benzin *n*

алкилзамещённый *(Ch)* alkylsubstituiert

алкилирование *n (Ch)* Alkylieren *n*, Alkylierung *f* ‖ **~/контактное** Kontraktalkylierung *f* ‖ **~/парофазное** Dampfphase[n]alkylierung *f*, Gasphase[n]alkylierung *f*

алкилированный в ядре *(Ch)* kernalkyliert

алкилировать *(Ch)* alkylieren

алкилмочевина *f (Ch)* Alkylharnstoff *m*

алкильный *(Ch)* Alkyl…

алкоголиз *m (Ch)* Alkoholyse *f*, Umesterung *f*

алкоголизация *f (Lebm)* Alkoholisieren *n*, Avinieren *n (Wein)*

алкоголиметрия *f (Ch)* Alkoholometrie *f*

алкоголь *m (Ch)* Alkohol *m* ‖ **~/вторичный** sekundärer Alkohol *m*

алкогольдегидраза *f (Ch)* Alkoholdehydrase *f*

алкогольный *(Ch)* alkoholisch, Alkohol…

алкоголят *m (Ch)* Alkoholat *n*

алланит *m (Min)* Allanit *m*, Orthit *m*

аллемонтит *m (Min, Ch)* Allemontit *m*, Antimonarsen *n*

аллен *m (Ch)* Allen *n*, Propadien *n*

аллигатор *m (Wkz)* Rohrschlüssel *m*

аллиловый, аллильный *(Ch)* Allyl…

аллонж *m* 1. *(Ch)* Vorstoß *m*, Destillationsvorstoß *m*; 2. *(Met)* Vorstecktüte *f*, Allonge *f*

аллопалладий *m (Min)* Allopalladium *n*

аллотриоморфизм *m (Krist)* Allotriomorphie *f*; Xenomorphie *f*

аллотриоморфный *(Krist)* allotriomorph; xenomorph, fremdgestaltig

аллотропия *f (Ch)* Allotropie *f*

аллофан *m (Min)* Allophan *m (Tonmineral)*

аллохроматизм *m (Min)* Allochromatismus *m*

аллохроматический *(Min)* allochromatisch, gefärbt

аллохтон *m (Geol)* Allochthon *n*

аллохтонный *(Geol)* allochthon *(vom Bildungsort entfernt befindlich)*

аллювий *m (Geol)* Alluvium *n* ‖ **~/пойменный** fluviatile Ablagerungen *fpl* in den Talauen ‖ **~/русловый** fluviatile Ablagerungen *fpl* im Flußbett ‖ **~/старинный** fluviatile Ablagerungen *fpl* in alten Flußarmen

алмаз *m* 1. Diamant *m*; 2. *(Wkz)* Abrichtdiamant *m* ‖ **~/аморфный** *(Wkz)* Diamantpulver ‖ **~ в оправе** *(Wkz)* gefaßter Diamantabrichter *m* ‖ **~/монокристаллический** monokristalliner Diamant *m* ‖ **~/поликристаллический** polykristalliner Diamant *m* ‖ **~/правочный (правящий)** *(Wkz)* Abrichtdiamant *m* ‖ **~/природный** Naturdiamant *m* ‖ **~/промышленный** Industriediamant *m*, technischer Diamant *m* ‖ **~/синтетический** synthetischer (künstlicher) Diamant *m* ‖ **~/стеклорезный** Glasschneidediamant *m* ‖ **~/технический** *s.* ~/промышленный ‖ **~/чёрный** schwarzer Diamant *m*, Carbonado *m*

алмазить *(Wkz)* [mit dem Diamanten] abrichten

алмазный Diamant…

алтаит *m (Min)* Altait *m*, Tellurblei *n*

АЛУ *s.* устройство/арифметико-логическое

алунит *m (Min)* Alunit *m (Alaunstein)*

алунитизация *f (Geol)* Alunitisierung *f*

алфавит *m (Inf)* Alphabet *n* ‖ **~/входной** Eingangsalphabet *n*, Eingabealphabet *n* ‖ **~/выходной** Ausgangsalphabet *n*, Ausgabealphabet *n* ‖ **~/машинный** Maschinenalphabet *n* ‖ **~/телеграфный** Telegraphenalphabet *n*, Telegraphenkode *m*

алфавитно-цифровой *(Inf)* alpha[nu]merisch

альбедо *n* 1. *(Opt, Astr, Geoph)* Albedo *f*, Rückstrahlvermögen *n*; 2. *(Kern)* Albedo *f*, Reflexionskoeffizient *m* ‖ **~ Земли** Erdalbedo *f* ‖ **~ по Бонду** *s.* ~/сферическое ‖ **~/сферическое** *(Astr)* sphärische Albedo *f*, Bondsche Albedo *f*
альбедометр *m (Astr, Geoph)* Albedometer *n*
альбит *m (Min)* Albit *m (Natronfeldspat)*
альбумин *m (Ch)* Albumin *n*
альгин *m (Text)* Algin *n (Chemiefaserherstellung)*
альдегид *m (Ch)* Aldehyd *m* ‖ **~/ациклический** acyclischer Aldehyd *m* ‖ **~/муравьиный** Formaldehyd *m*, Methanal *n* ‖ **~/насыщенный** gesättiger Aldehyd *m* ‖ **~/уксусный** Acetaldehyd *m*, Ethanal *n*
альдегидаммиак *m* Aldehydammoniak *n*
альдегидный *(Ch)* Aldehyd...
альдегидокислота *f (Ch)* Aldehyd[carbon]säure *f*
альдегидоспирт *m (Ch)* Aldehydalkohol *m*, Hydroxyaldehyd *m*
альдоза *f (Ch)* Aldose *f*, Aldehydzucker *m*
альмандин *m (Min)* Almandin *m (Eisentongranat)*
альметр *m (Text)* Almeter *n (Gerät zur Bestimmung der Faserlänge)*
альмукантарат *m (Astr)* Almukantarat *m*, Azimutalkreis *m*
альпака *f* 1. *(Text)* Alpaka *m (Gewebe)*; 2. *(Text)* Alpaka[wolle] *f*; 3. *(Met)* Alpaka *n*, Argentan *n*, Chinasilber *n (Cu-Ni-Zn-Legierung)*
альтазимут *m (Astr)* Altazimut *n (Instrument zur Bestimmung von Höhe und Azimut eines Sterns)*
альтернатор *m (El)* Wechselstromgenerator *m*
альтиграф *m s.* высотописец
альтиметр *m s.* высотомер
альтиметрия *f* Höhenmessung *f*, Hypsometrie *f*
альтитуда *f***/абсолютная** Höhe *f* über Normalnull
альфа-активность *f (Kern)* Alphaaktivität *f*, Radioaktivität *f*
альфа-активный alphaaktiv, alphastrahlend
альфа-ветвь *f (Kern)* Alphazweig *m*, Alphaverzweigung *f*
альфа-детектор *m (Kern)* Alphadetektor *m*, Detektor *m* für Alphastrahlung
альфа-дозиметрия *f (Kern)* Alphastrahldosimetrie *f*, Alphadosimetrie *f*
альфа-железо *n* Alphaeisen *n*, α-Eisen *n*
альфа-излучатель *m (Kern)* Alphastrahler *m*
альфа-излучение *n (Kern)* [radioaktive] Alphastrahlung *f*, Alphastrahlen *mpl* ‖ **~/дискретное** diskrete Alphastrahlung *f* ‖ **~/радиоактивное** *s.* альфа-излучение
альфа-источник *m (Kern)* Alphastrahlungsquelle *f*, Alphaquelle *f*
альфа-латунь *f* Alphamessing *n*, α-Messing *n*
альфа-лучи *mpl s.* альфа-излучение
альфаметр *m* elektrophysikalischer Gasanalysator (Gasprüfer) *m*
альфа-нейтрон-реакция *f (Kern)* Alpha-Neutron-Reaktion *f*
альфа-переход *m (Kern)* Alphaübergang *m*
альфа-превращение *n (Kern) s.* альфа-распад
альфа-радиоавтография *f* Alpharadio[auto]graphie *f*
альфа-радиоактивность *f* Alpharadioaktivität *f*; Alphaaktivität *f*
альфа-радиоактивный alphaaktiv, alphastrahlend
альфа-распад *m (Kern)* Alphazerfall *m*, Alphaumwandlung *f*
альфа-спектр *m (Kern)* Alphaspektrum *n*, Alphateilchenspektrum *n*
альфа-спектрометр *m (Kern)* Alphaspektrometer *n*, Alphastrahlspektrometer *n*
альфа-спектрометрия *f (Kern)* Alphaspektrometrie *f*, Alphastrahlspektrometrie *f*
альфа-спектроскопия *f (Kern)* Alphaspektroskopie *f*
альфа-счётчик *m (Kern)* Alphazähler *m*
альфа-толщиномер *m* Alphadickenmesser *m*
альфа-трек *m (Kern)* Alphaspur *f*, Alphateilchenspur *f*
альфатрон *m (Kern)* Alphatron *n*
альфа-целлюлоза *f (Ch)* Alphacellulose *f*, α-Cellulose *f*
альфа-частица *f (Kern)* Alphateilchen *n*
альфитит *m (Geol)* Alphitit *m*
альфоль *f* Aluminiumfolie *f*
алюминат *m (Ch)* Aluminat *n*
алюминиевокислый *(Ch)* ...aluminat *n*; aluminiumsauer
алюминиевый Aluminium...
алюминий *m (Ch)* Aluminium *n*, Al; *(Met)* Aluminium *n* ‖ **~ в слитках (чушках)** *s.* ~/чушковый ‖ **~/вторичный** Sekundäraluminium *n*, Umschmelzaluminium *n* ‖ **~ высокой чистоты** Reinaluminium *n*, technisch reines Aluminium *n* ‖ **~ высшей чистоты** Reinstaluminium *n* ‖ **~/зернёный** Aluminiumgrieß *m* ‖ **~/кремнекислый** Aluminiumsilikat *n*, Tonerdesilikat *n* ‖ **~/листовой** Aluminiumblech *n* ‖ **~/первичный** Hüttenaluminium *n*, Rohaluminium *n* ‖ **~/полосовой** Aluminiumband *n*; Aluminiumstreifen *m* ‖ **~/прутковый** Stangenaluminium *n* ‖ **~/сверхчистый** Reinstaluminium *n* ‖ **~/сернокислый** Aluminiumsulfat *n (schwefelsaure Tonerde)* ‖ **~/спечённый** Sinteraluminium *n* ‖ **~/тонколистовой** Blattaluminium *n* ‖ **~/уксуснокислый** Aluminiumacetat *n (essigsaure Tonerde)* ‖ **~/черновой** *s.* ~ первичный ‖ **~/чистый** Reinaluminium *n*, technisch reines Aluminium *n* ‖ **~/чушковый** Barrenaluminium *n*, Aluminiumbarren *m*, Masseealuminium *n*
алюминийорганический *(Ch)* aluminiumorganisch, Organoaluminium...
алюминий-сырец *m* Hüttenaluminium *n*, Rohaluminiuim *n*
алюминирование *n s.* алитирование
алюминировать *s.* алитировать
алюминит *m (Min)* Aluminit *m*, Websterit *m*
алюминотермический *(Met)* aluminothermisch
алюминотермия *f (Met)* Aluminothermie *f*
алюмошпинели *fpl (Min)* Aluminiumspinelle *mpl*
АМ *s.* модуляция/амплитудная
А/м *s.* ампер на метр
А/м² *s.* ампер на квадратный метр
амазонит *m (Min)* Amazonit *m*, Amazonenstein *m*
амальгама *f (Met)* Amalgam *n* ‖ **~/зеркальная** Spiegel[belag]amalgam *n* ‖ **~/золотая** Goldamalgam *n* ‖ **~/серебряная** Silberamalgam *n*
амальгаматор *m (Met)* Amalgamator *m*, Amalgamiertisch *m*
амальгамационный *(Met)* Amalgamations..., Amalgamier...

амальгамация *f (Met)* Amalgamation *f*, Amalgamierung *f*
амальгамирование *n s.* амальгамация
амальгамировать *(Met)* amalgamieren
амальгамный Amalgam...
амарантит *m (Min)* Amarantit *m (Eisensulfat)*
амблигонит *m (Min)* Amblygonit *m (Lithiummineral)*
амбразура *f s.* ~ доменной печи **II ~ горелки** *(Met)* Brennermund *m* **II ~ доменной печи** *(Met)* Formkühlkasten *m*, Windformkühlkasten *m*, Formnischenkasten *m*; Kapelle *f (Hochofen)* **II ~/оконная** *(Bw)* Fensterleibung *f*
амбушюр *m* **[микрофона]** Mundstück *n*, Einsprechöffnung *f*
амезит *m (Min)* Amesit *m (Chlorit)*
американка *f* 1. *(Pap)* Trockenglättwerk *n*; 2. *(Typ)* Tiegel[druck]presse *f*
америций *m (Ch)* Americium *n*, Am
аметист *m (Min)* Amethyst *m (Quarzabart)*
амиант *m (Min)* Amianth *m (Amphibolasbest)*
амигдалоиды *mpl (Geol)* Amygdaloide *npl*
амид *m (Ch)* Amid *n* **II ~ кислоты** Säureamid *n*
амидаза *f (Ch)* Amidase *f (Ferment)*
амидокислота *f (Ch)* Amidsäure *f*
амидосоединение *n (Ch)* Amidoverbindung *f*
амиловый *(Ch)* Amyl...
амилоза *f (Ch)* Amylose *f*, Stärkecellulose *f*
амилопектин *m (Ch)* Amylopektin *n*, Stärkegranulose *f*
амин *m (Ch)* Amin *n* **II ~/вторичный** sekundäres Amin *n* **II ~/жирный** aliphatisches Amin *n* **II ~/первичный** primäres Amin *n* **II ~/третичный** tertiäres Amin *n*
аминирование *n (Ch)* Aminieren *n*, Aminierung *f* **II ~/сульфитное** Sulfitaminierung *f*
аминировать *(Ch)* aminieren
аминоазосоединение *n (Ch)* Aminoazoverbindung *f*
аминоалкоголь *m (Ch)* Aminoalkohol *m*, Alk[anol]amin *n*
аминобензен *m (Ch)* Aminobenzen *n*, Aminobenzol *n*, Anilin *n*, Phenylamin *n*
аминобензоилировать *(Ch)* aminobenzoylieren
аминобензол *m s.* аминобензен
аминогруппа *f (Ch)* Aminogruppe *f*
аминозамещение *n (Ch)* Amiosubstitution *f*
аминокислота *f (Ch)* Amino[carbon]säure *f* **II ~/заменимая** [vom Organismus] synthetisierbare Aminosäure *f*, nichtessentielle Aminosäure *f* **II ~/незаменимая** essentielle Aminosäure *f*
аминопласт *m* Aminoplast *m*
аминопроизводное *n (Ch)* Aminoderivat *n*
аминосоединение *n (Ch)* Aminoverbindung *f*
аминоспирт *m (Ch)* Aminoalkohol *m*, Alk[anol]amin *n*
АМ-колебание *n (El)* AM-Schwingung *f*, amplitudenmodulierte Schwingung *f*
аммиак *m (Ch)* Ammoniak *n*
аммиачнорастворимый *(Ch)* ammoniaklöslich
аммиачнощелочной *(Ch)* ammoniakalkalisch
аммиачный *(Ch)* ammoniakalisch, Ammoniak...
аммонал *m* Ammonal *n (Sprengstoff)*
аммониевый *(Ch)* Ammon[ium]...
аммонизатор *m* Ammonisator *m*, Ammonisierapparat *m (Düngemittelindustrie)*
аммонизатор-гранулятор *m* Ammonisiergranulator *m (Düngemittelindustrie)*
аммонизация *f* Ammonisierung *f (von Düngemitteln)*
аммонизировать ammonisieren *(Düngemittel)*
аммоний *m (Ch)* Ammonium *n*
аммонийный *(Ch)* Ammon[ium]...
аммонит *m* Ammonit *n (Sprengstoff)*
амортизатор *m* 1. Dämpfer *m*, Puffer *m*; Puffervorrichtung *f*; 2. *(Kfz)* Schwingungsdämpfer *m*, Stoßdämpfer *m*; 3. *(El)* Dämpfungsglied *n*, Dämpfungselement *n* **II ~/гидравлический** hydraulischer Schwingungsdämpfer *m*, Flüssigkeitsschwingungsdämpfer *m* **II ~/гидропневматический** Öl-Luft-Schwingungsdämpfer *m*, [kombinierter] hydropneumatischer Schwingungsdämpfer *m* **II ~ двустороннего действия** doppeltwirkender Schwingungsdämpfer *m*, Zweiweg-Schwingungsdämpfer *m* **II ~/масляный** Ölschwingungsdämpfer *m* **II ~/механический** *s.* ~/фрикционный **II ~ одностороннего действия** einfachwirkender Schwingungsdämpfer *m*, Einweg-Schwingungsdämpfer *m* **II ~/пневматический** pneumatischer Schwingungsdämpfer **II ~/пружинный** *s.* ~/рессорный **II ~/резиновый** Gummipuffer *m*, Gummidämpfer *m* **II ~/рессорный** Federschwingungsdämpfer *m* **II ~ трения** *s.* ~/фрикционный **II ~/фрикционный** Reibungsschwingungsdämpfer *m* **II ~/фрикционный пружинный** Reibungsfederdämpfer *m*
амортизация *f* Dämpfung *f*, Stoßdämpfung *f*, Abfederung *f*, Abschwächung *f*
амортизировать dämpfen, abschwächen
аморфность *f* Amorphie *f*, Gestaltlosigkeit *f*
аморфный amorph, gefügelos, strukturlos; unkristallin
АМП *s.* микропроцессор/ассоциативный
ампер *m (El)* Ampere *n*, A **II ~ на квадратный метр** Ampere *n* je Quadratmeter, A/m^2 *(Einheit der elektrischen Stromdichte)* **II ~ на метр** Ampere *n* je Meter, A/m *(SI-Einheit der magnetischen Feldstärke)*
ампер-весы *pl (El)* Stromwaage *f*
ампер-витки *mpl (El)* Amperewindungen *fpl*, magnetische Durchflutung *f* **II ~/вторичные** sekundäre Amperewindungen *fpl* **II ~/первичные** primäre Amperewindungen *fpl* **II ~/противодействующие** Gegenamperewindungen *fpl*, magnetische Gegendurchflutung *f* **II ~ ротора** magnetische Läuferdurchflutung *f* **II ~ статора** magnetische Ständerdurchflutung *f* **II ~ якоря** magnetische Ankerdurchflutung *f*
ампервольтваттметр *m (El)* Strom-Spannungs-Leistungsmesser *m*
ампервольтметр *m (El)* Stromspannungsmesser *m*, Strom- und Spannungsmesser *m*
ампервольтомметр *m (El)* Strom-Spannungs-Widerstands-Messer *m*
амперметр *m* Amperemeter *m*, Strommesser *m* **II ~/антенный** Antennenstrommesser *m* **II ~/выпрямительный** Gleichrichterstrommesser *m* **II ~/высоковольтный** Hochspannungsstrommesser *m* **II ~/индукционный** Induktionsstrommesser *m* **II ~/многодиапазонный (многопредельный)** Vielbereichstrommesser *m*, Vielfachstrommesser *m* **II ~/регистрирующий**

Registrierstrommesser *m* ‖ **~ с подвижной катушкой [/магнитоэлектрический]** Drehspulstrommesser *m* ‖ **~ с подвижным магнитом [/магнитоэлектрический]** Drehmagnetstrommesser *m* ‖ **~/тепловой** Hitzdrahtstrommesser *m* ‖ **~/ферродинамический** ferrodynamischer (eisengeschlossener elektrodynamischer) Strommesser *m* ‖ **~/фотоэлектрический** Photostrommesser *m* ‖ **~/щитовой** Schalttafelstrommesser *m* ‖ **~/электродинамический** elektrodynamischer (dynamometrischer, elektrodynamometrischer) Strommesser *m* ‖ **~/электромагнитный** elektromagnetischer Strommesser *m*, Dreheisenstrommesser *m*, Weicheisenstrommesser *m* ‖ **~/эталонный** Normalstrommesser *m*

амперметр-вольтметр *m s.* ампервольтметр

амперометрия *f (Ch)* Amperometrie *f*, amperometrische Titration *f*

амперметровый Amperemeter..., Strommesser...

амперсанд *m (Inf)* kommerzielles UND-Zeichen *n*, Ampersandzeichen *n*

ампер-секунда *f (El)* Amperesekunde *f*, As, Coulomb *n*, C

ампер-час *m (El)* Amperestunde *f*, Ah

амплидин *m (El)* Amplidyne *f*, Amplidyne[verstärker]maschine *f*

амплидинный Amplidyne...

амплитуда *f* 1. Amplitude *f*, Weite *f (z. B. einer Schwingung)*; 2. Ausschlag *m*, Bereich *m* ‖ **~ биения** *(Ph)* Schwebungsamplitude *f* ‖ **~ бортовой качки** *(Schiff)* Rollamplitude *f* ‖ **~ взброса** *s.* ~ сброса ‖ **~ возбуждения** *(El)* Erregungsamplitude *f*, Erregeramplitude *f* ‖ **~ возмущения** *(El)* Störamplitude *f* ‖ **~ волны** *(Ph)* Wellenamplitude *f*, Wellenweite *f* ‖ **~ деформации** *(Wkst)* Verformungsamplitude *f (Dauerschwingungsversuch)* ‖ **~ знакопеременных напряжений** *(Wkst)* Wechselamplitude *f* ‖ **~ импульса** Impulsamplitude *f*, Impulshöhe *f* ‖ **~ качаний** *s.* ~ колебания ‖ **~ качки** *(Schiff)* Rollamplitude *f* ‖ **~ колебаний силы света** Lichtwelligkeit *f*, Welligkeit *f (des Lichtes)* ‖ **~ колебания** Amplitude *f*, Schwingungsamplitude *f*, Schwingungsweite *f*, Schwingungsausschlag *m* ‖ **~ нагрузки** *(Wkst)* Lastamplitude *f* ‖ **~/наибольшая** Maximalamplitude *f* ‖ **~ напряжения** 1. *(El)* Spannungsamplitude *f*; 2. *(Wkst)* Spannungsausschlag *m* ‖ **~ несущей [волны]** *(El)* Amplitude *f* der Trägerfrequenz, Trägeramplitude *f* ‖ **~ основной волны** *(El)* Grundwellenamplitude *f* ‖ **~ первой гармоники** *(El)* Amplitude *f* der ersten Harmonischen, Grundamplitude *f* ‖ **~ полезного сигнала** *(El)* Nutzamplitude *f* ‖ **~ помехи** *(El)* Störamplitude *f* ‖ **~/постоянная** konstante Amplitude *f* ‖ **~ развёртки** *(Eln)* Kippamplitude *f*, Ablenkweite *f* ‖ **~ рассеяния** Streuamplitude *f* ‖ **~ речи** *(Nrt)* Sprachamplitude *f* ‖ **~ рыскания** *(Schiff)* Gieramplitude *f* ‖ **~ сброса** *(Geol)* Sprunghöhe *f* ‖ **~ сброса/вертикальная** seigere Sprunghöhe *f*, vertikaler Verschiebungsbetrag *m* ‖ **~ сброса/горизонтальная** horizontaler Verschiebungsbetrag *m* ‖ **~ сброса/истинная (наклонная)** wahre Sprunghöhe *f*, wahrer Verschiebungsbetrag *m* ‖ **~ сброса/стратиграфическая** stratigraphische Sprunghöhe *f* ‖ **~ тока** *(El)* Stromamplitude *f* ‖ **~ уровня воды** *(Hydt)* Spiegelausschlag *m (Wasserspiegel)* ‖ **~ цикла** *(Wkst)* Amplitude *f*, Ausschlag *m*, zweifache Schwingungsspannung *f* ‖ **~/шумовая** *(Eln)* Rauschamplitude *f* ‖ **~/экологическая** ökologische Amplitude *f*

амплитудно-зависимый amplitudenabhängig

амплитудно-импульсный Impulsamplituden..., Pulsamplituden...

амплитудно-модулированный amplitudenmoduliert, AM-...

амплитудный Amplituden...

ампула *f* 1. *(Meß)* Libelle *f*; 2. Ampulle *f* ‖ **~/сферическая** Dosenlibelle *f* ‖ **~/трубчатая** Röhrenlibelle *f*

АМС *s.* 1. станция/автоматическая межпланетная; 2. метеослужба/авиационная

амфибия *f* 1. Amphibienfahrzeug *n*; 2. Amphibienflugzeug *n* ‖ **~ на воздушной подушке** Luftkissen-Amphibienschiff *n*

амфибол *m s.* амфиболы

амфибол-асбест *m (Min)* Amphibolasbest *m*, Hornblendeasbest *m*

амфиболит *m (Geol)* Amphibolit *m (metamorphes Gestein)* ‖ **~/сланцеватый** *s.* сланец/роговообманковый

амфиболы *mpl (Min)* Amphibole *mpl*, Hornblenden *fpl* ‖ **~/щелочные** Alkaliamphibole *mpl*

амфион *m s.* ион/амфотерный

амфолит *m (Ch, Ph)* Ampholyt *m*, amphoterer Elektrolyt *m*

амфотерность *f (Ch, Ph)* amphoteres Verhalten *n*, Amphoterie *f*

амфотерный *(Ch, Ph)* amphoter

анабатический *(Meteo)* anabatisch, aufsteigend *(Wind)*

анализ *m* 1. Analyse *f*; Untersuchung *f*; 2. *(Math)* Analysis *f* ‖ **~/абсорбционный [спектральный]** *(Ch)* Absorptions[spektral]analyse *f* **~/адсорбционный** *(Ch)* Adsorptionsanalyse *f* ‖ **~/активационный** *(Ch)* Aktivierungsanalyse *f* ‖ **~ атомный спектральный** Atom[absorptions]-spektralanalyse *f* ‖ **~/бактериальный** bakterielle Analyse *f* ‖ **~/векторный** *(Math)* Vektoranalysis *f* ‖ **~/весовой** *(Ch)* Gravimetrie *f*, Masseanalyse *f* ‖ **~ взрывом** Explosionsanalyse *f* ‖ **~ временных рядов** *(Math)* Zeitreihenanalyse *f* ‖ **~ газовый** *(Ch)* Gasanalyse *f* ‖ **~/гармонический** 1. *(Rf)* Frequenzanalyse *f*; 2. *(Ph)* Fourier-Analyse *f*, harmonische Analyse *f* ‖ **~/градостроительный** städtebauliche Analyse *f* ‖ **~/гранулометрический** Korngrößenanalyse *f*, Korngrößenbestimmung *f* ‖ **~/групповой** *(Ch)* Gruppenanalyse *f* ‖ **~ данных** Datenanalyse *f*, Datenauswertung *f* ‖ **~ двухмерный численный** *(Eln)* zweidimensionale numerische Analyse *f (von Bipolarstrukturen)* ‖ **~ деятельности** *(Kyb)* Aktivitätsanalyse *f* ‖ **~ дисперсионный** 1. *(Math)* Varianzanalyse *f*, Streuungszerlegung *f (Statistik)*; 2. *(Ch)* Dispersionsanalyse *f*, Dispersoidanalyse *f* ‖ **~/дифракционный структурный** *(Krist)* Beugungsstrukturanalyse *f* ‖ **~/дифференциальный термический** *(Krist)* Differentialthermoanalyse *f* ‖ **~/дифференциальный термовесовой (термогравиметрический)** *(Krist)* Differentialthermogravimetrieanalyse *f* ‖ **~ допусков** *(Kern)* Toleranzanalyse *f* ‖

~ дымовых газов Rauchgasanalyse *f* ‖ **~ зернистости** *s.* ~/гранулометрический ‖ **~ излучения** Strahlungsanalyse *f* ‖ **~/изотопно-спектральный** Isotopenspektralanalyse *f* ‖ **~/изотопный** Indikatoranalyse *f*, Isotopenverfahren *n* ‖ **~/иммерсионный** Immersionsmethode *f*, Einbettungsmethode *f (zur Bestimmung von Brechungszahlen)* ‖ **~ каналовых лучей** *(Ph)* Kanalstrahlenanalyse *f* ‖ **~/капельный** *(Ch, Met)* Tüpfelanalyse *f* ‖ **~/качественный** *(Ch)* qualitative Analyse *f* ‖ **~ качественный спектральный** qualitative Spektralanalyse *f* ‖ **~ колебаний/гармонический** *(El, Ph)* harmonische Schwingungsanalyse *f*, Fourier-Analyse *f* ‖ **~/количественный** *(Ch)* quantitative Analyse *f* ‖ **~ количественный/спектральный** quantitative Spektralanalyse *f* ‖ **~/колориметрический** kolorimetrische Analyse *f* ‖ **~/корреляционный** *(Math)* Korrelationsanalyse *f* ‖ **~ контекста** *(Inf)* Kontextanalyse *f* ‖ **~ кристалла/структурный** Kristallstrukturanalyse *f* ‖ **~/кристаллохимический** kristallchemische Analyse *f* ‖ **~/лазерный эмиссионный микроспектральный** Laser-Mikroemissionsspektralanalyse *f* ‖ **~/лингвистический** *(Inf)* Sprachanalyse *f* ‖ **~/локальный эмиссионно-спектральный** Lokalemissionsspektralanalyse *f* ‖ **~ люминесцентный ~/спектральный** Lumineszenzspektralanalyse *f* ‖ **~/магнитоструктурный** *(Wkst)* Magnetstrukturanalyse *f* ‖ **~/макрорентгеноструктурный** *(Wkst)* Röntgengrobstrukturuntersuchung *f* ‖ **~/макроскопический** *(Wkst)* Grobstrukturuntersuchung *f* ‖ **~/массовый** *(Ch)* Massenanalyse *f*, Serienanalyse *f* ‖ **~/математический** Analysis *f* ‖ **~ материалов** Werkstoffanalyse *f* ‖ **~ методом осаждения** Fällungs[maß]analyse *f* ‖ **~ методом отмучивания/гранулометрический** Schlämmanalyse *f*, Korngrößenanalyse *f* durch Abschlämmen *(Bestimmung feiner Gesteinskorngrößen nach der Sedimentationsgeschwindigkeit)* ‖ **~/микрокристаллоскопический** kristalloskopische Mikroanalyse *f*, Mikrokristalloskopie *f* ‖ **~/микрорентгеноструктурный** *(Wkst)* Röntgenfeinstrukturuntersuchung *f* ‖ **~/микроскопический** mikroskopische Untersuchung (Analyse) *f*, Mikroanalyse *f*; Mikroskopieren *n* ‖ **~/микрохимический** chemische Mikroanalyse *f* ‖ **~/минералогический** mineralogische Analyse *f*, Mineralanalyse *f* ‖ **~/модальный** Modalanalyse *f* ‖ **~ мокрым путём** *(Ch)* Naßanalyse *f* ‖ **~ монокристаллов/рентгеноструктурный** *(Wkst)* Röntgen-Feinstrukturuntersuchung *f* von Einkristallen; Laue-Verfahren *n* ‖ **~/нефелометрический** *(Ch)* nephelometrische Analyse *f*, Nephelometrie *f* ‖ **~/объёмный** *(Ch)* volumetrische (titrimetrische) Analyse *f*, Maßanalyse *f*, Volumetrie *f*, Titrimetrie *f* ‖ **~/одиночный** Einzelanalyse *f* ‖ **~/одномерный численный** *(Eln)* eindimensionale numerische Analyse *f (von Bipolarstrukturen)* ‖ **~ осаждением** *s.* ~ методом осаждения ‖ **~ отказов** Ausfallanalyse *f (Zuverlässigkeit)* ‖ **~ отмучивания/гранулометрический** *s.* ~ методом отмучивания/гранулометрический ‖ **~ ошибок** Fehleranalyse *f* ‖ **~ по методу порошков/рентгеноструктурный** *(Wkst)* Röntgen-Feinstrukturuntersuchung *f* vielkristalliner (polykristalliner) Körper; Debye-Scherrer-Verfahren *n* ‖ **~ по Ферми** *(Ph)* Fermi-Analyse *f* ‖ **~ поликристаллических тел/рентгеноструктурный** *(Met)* Röntgen-Feinstrukturuntersuchung *f* vielkristalliner (polykristalliner) Körper, Debye-Scherrer-Verfahren *n* ‖ **~/полярографический** *(Ph, Ch, Krist)* polarographische Analyse *f*, Polarographie *f* ‖ **~/потенциометрический** *(Ch)* potentiometrische Analyse *f*, Potentiometrie *f* ‖ **~ почвы** Bodenanalyse *f* ‖ **~ продуктов деления** *(Kern)* Spaltproduktanalyse *f* ‖ **~/радиоактивационный** Aktivierungsanalyse *f* ‖ **~/радиометрический** radiometrische Analyse *f* ‖ **~/радиохимический** radiochemische Analyse *f* ‖ **~/ранговый корреляционный** *(Math)* Rangkorrelationsanalyse *f* ‖ **~/регрессионный** Regressionsanalyse *f (Statistik)* ‖ **~/рентгеновский** Röntgenanalyse *f* ‖ **~/рентгеновский структурный** *s.* ~/рентгеноструктурный ‖ **~/рентгенодифракционный** Röntgendiffraktionsanalyse *f* ‖ **~/рентгеноспектральный** Röntgenspektralanalyse *f* ‖ **~/рентгеноструктурный** *(Krist, Wkst)* Röntgen[fein]strukturanalyse *f*, Röntgenkristallstrukturanalyse *f* ‖ **~/рентгенофазовый** *(Krist)* röntgenographische Phasenanalyse (Gemischanalyse) *f* ‖ **~ с осаждением** *s.* ~ методом осаждения ‖ **~/седиментационный (седиментометрический)** *(Ch)* Sedimentationsanalyse *f* ‖ **~/сейсмический** seismische Analyse *f* ‖ **~ сетки** Netzwerkanalyse *f* ‖ **~ сжиганием** *(Ch)* Verbrennungsanalyse *f* ‖ **~ сил трения** Reibungsanalyse *f* ‖ **~/синоптический** *(Meteo)* Wetteranalyse *f* ‖ **~/синтактический** *(Inf)* syntaktische Analyse *f* ‖ **~ системы** *(Kyb)* Systemanalyse *f* ‖ **~ системы электрических цепей** Netzwerkanalyse *f* ‖ **~/ситовый** Siebanalyse *f (s. a.* ~/гранулометрический*)* ‖ **~/ситовый гранулометрический** Korngrößenanalyse (Korngrößenbestimmung) *f* nach dem Siebverfahren, Siebanalyse *f (für Gesteine)* ‖ **~/спектральный** Spektralanalyse *f* ‖ **~ сточных вод** Abwasseranalyse *f* ‖ **~/структурный** Strukturanalyse *f* ‖ **~ сухим путём** *(Ch)* Trockenanalyse *f* ‖ **~ текста** *(Inf)* Textanalyse *f* ‖ **~/текстурная** *(Ph)* Texturanalyse *f* ‖ **~/тепловой** *s.* ~/термический **~/термический** Thermoanalyse *f*, thermische Analyse *f* ‖ **~ термов** *(Kern)* Thermanalyse *f* ‖ **~/термовесовой** *s.* ~/термогравиметрический ‖ **~ термогравиметрический** *(Ch)* thermogravimetrische Analyse *f* ‖ **~ технологических методов** Technologieanalyse *f* ‖ **~/титриметрический** *s.* ~/объёмный ‖ **~/фазовый** *(Ph)* Phasenanalyse *f*, Streuphasenanalyse *f*, Analyse *f* der Phasenverschiebungen *(Quantenphysik)* ‖ **~/фациальный** *(Geol)* Faziesanalyse *f* ‖ **~ Ферми** *(Kern)* Fermi-Analyse *f* ‖ **~ фотолюминесцентный** Photolumineszenzanalyse *f* ‖ **~/фотометрический** photometrische Analyse *f* ‖ **~ фракционного состава** Korngrößenanalyse *f* ‖ **~/фракционный** *s.* ~/гранулометрический ‖ **~/функциональный** *(Math)* Funktionsanalysis *f* ‖ **~ Фурье** *s.* ~/гармонический 2. ‖ **~/хроматографический адсорбционный** Adsorptionschromatographie *f*, chromatographische Adsorptionsanalyse *f* ‖ **~ цепей** *(El)* Stromkreisanalyse *f* || **~/частотный** *(Rf)* Frequenz[gang]-analyse *f* || **~ чувствительности** *(Kyb)* Sensitivitätsanalyse *f* || **~/шлиховой (шлихо-минералогический)** *(Geol)* Schlichanalyse *f* || **~/экологический** ökologische Analyse *f*, Analyse *f* des ökologischen Zustandes || **~/экспрессный** Schnellanalyse *f*, Schnellbestimmung *f* || **~ электрических цепей** *(El)* Stromkreisanalyse *f* || **~/электровесовой** *(Ch)* elektrolytische Masseanalyse *f*, elektrogravimetrische Analyse *f* || **~/элементарный** Elementaranalyse *f* || **~/элементарный органический** organische Elementaranalyse *f* || **~/эмиссионный** *s.* спектроскопия/эмиссионная || **~/эмиссионный спектральный** Emissionsspektralanalyse *f*

анализатор *m* Analysator *m* || **~ аварий** Crash-Analyser *m* || **~/временной** *(Kern)* Flugzeitanalysator *m*, Laufzeitanalysator *m* || **~/высокочастотный** *(El)* Hochfrequenzanalysator *m* || **~ гармоник** Oberwellenanalysator *m* || **~/гармонический** harmonischer Analysator *m*, Fourier-Analysator *m* || **~ данных** Auswertegerät *n* || **~ импульсов** Impulsanalysator *m* || **~ импульсов/амплитудный** Impuls[höhen]analysator *m*, Impulsamplitudenanalysator *m*, Amplitudenanalysator *m* || **~ импульсов/многоканаловый** Mehrkanal-Impulshöhenanalysator *m*, Vielkanal-Impulshöhenanalysator *m* || **~/логический** *(Inf)* Logikanalysator *m* || **~/магнитный** *(Ph)* magnetischer Analysator *m*, Magnetanalysator *m* || **~/многоканальный** *(Ph)* Mehrkanalanalysator *m*, Vielkanalanalysator *m* || **~/низкочастотный** *(El)* Niederfrequenzanalysator *m* || **~/одноканальный** *(Ph)* Einkanalanalysator *m* || **~ по массе** Massenanalysator *m* || **~/поточный** Durchlaufanalysator *m* || **~ спектра** Spektralanalysator *m* || **~ спектра звуковых частот** *(El)* Tonfrequenzanalysator *m* || **~/схемный** *(El)* Schaltungsanalysator *m* || **~/титрующий** *(Ch)* Titrierautomat *m* || **~ Фурье** *s.* ~/гармонический || **~ цепей** Netzwerkanalysator *m* || **~ цифровой дифференциальный** *(Inf)* digitaler Differentialanalysator *m* || **~ частот** Frequenzanalysator *m* || **~ Шерли** Shirley-Analysator *m*

аналог *m* 1. Analog[on] *n*; 2. Vergleichstyp *m*

аналогия *f* Analogie *f*, Ähnlichkeit *f*, Gleichartigkeit *f* || **~/гидравлическая** *(Mech)* hydraulische Analogie *f* || **~/динамическая** dynamische Analogie *f* || **~/электрическая** elektrische Analogie *f*, Elektroanalogie *f* || **~/электроакустическая** elektroakustische Analogie *f* || **~/электротепловая** Elektro-Wärme-Analogie *f*

аналогово-цифровой analog-digital, Analog-Digital-...

аналоговый analog, Analog[ie]...

анальцим *m (Min)* Analcim *m*

анатаз *m (Min)* Anatas *m*

анатексис *m (Geol)* Anatexis *f (ultrametamorpher Prozeß)*

анатектиты *mpl (Geol)* Anatexite *mpl*

ангар *m* Hangar *m*, Flugzeughalle *f* || **~/вертолётный** Hubschrauberhangar *m* || **~/самолётный** *s.* ангар || **~/сборочный** Montagehalle *f* für Flugzeuge

ангидрид *m (Ch)* Anhydrid *n* || **~/кислотный** Säureanhydrid *n* || **~/смешанный** gemischtes Anhydrid *n* || **~/угольный** Kohlendioxid *n*, Kohlensäureanhydrid *n*

ангидризация *f (Ch)* Anhydrisieren *n*, Anhydrisierung *f*

ангидрит *m* 1. *(Ch)* Anhydrit *n*; 2. *(Min)* Anhydrit *m*

англедозер *m s.* бульдозер с поворотным отвалом

англезит *m (Min)* Anglesit *m (sekundäres Bleimineral)*

ангоб *m (Ker)* Engobe *f*, Begußmasse *f*, Angußmasse *f*

ангобаж *m (Ker)* Engobieren *n*

ангобирование *n (Ker)* Engobieren *n*

ангобировать *(Ker)* engobieren

ангстрем *m (Ph)* Ångström *n*, *(SI-fremde Einheit der Länge)*

андалузит *m (Min)* Andalusit *m*

андезин *m (Min)* Andesin *m (trikliner Feldspat)*

андезит *m (Geol)* Andesit *m* || **~/кварцевый** Quarzandesit *m*

андерсонит *m* Andersonit *m (sekundäres Uranmineral)*

андратит *m (Min)* Andratit *m (Granat)*

Андромедиды *pl (Astr)* Andromediden *pl (Meteorstrom)*

анемограмма *f (Meteo)* Anemogramm *n*

анемограф *m (Meteo)* Anemograph *m*, Windschreiber *m*, Windregistriergerät *n* || **~ Дайнса** 1. Böenschreiber *m*, Universalwindmeßgerät *n*; 2. Staudruckanemograph *m*

анемоклинограф *m (Meteo)* Anemoklinograph *m*

анемометр *m* 1. *(Meß)* Geschwindigkeitsmesser *m (von Strömungen)*; 2. *(Meteo)* Anemometer *n*, Windmesser *m*, Windmeßgerät *n* || **~/аэродинамический** Staurohranemometer *n*, Böenschreiber *m* || **~/вращающийся** Propelleranemometer *n* || **~/дистанционный** fernregistrierendes Anemometer *n* || **~/крыльчатый** Flügelradanemometer *n*, Windradanemometer *n* || **~/лазерный доплеровский** Laser-Doppler-Anemometer *n* || **~/лопастный** Schaufelradanemometer *n*, Flügelradanemometer *n* || **~/манометрический** *s.* ~/аэродинамический || **~/маятниковый** Pendelanemometer *n* || **~ с вертушкой** Rotationsanemometer *n* || **~ с маятником** Pendelanemometer *n* || **~ с мельничной вертушкой** Flügelradanemometer *n* || **~ с пластинкой** Druckplattenanemometer *n* || **~/самопишущий** registrierendes Anemometer *n*, Anemograph *m* || **~/тепловой** Hitzdrahtanemometer *n* || **~/чашечный** Schalenkreuzanemometer *n*, Schalensternanemometer *n*

анемометрия *f (Meteo)* Anemometrie *f*

анеморумбограф *m (Meteo)* Windregistriergerät *n (für Windstärke und Windrichtung)*

анемоскоп *m (Meteo)* Anemoskop *n*, Windanzeigegerät *n*

анероид *m (Meteo)* Aneroid *n*, Aneroidbarometer *n*, Federbarometer *n*, Dosenbarometer *n*, Metallbarometer *n*, Federdruckmesser *m*

анизотропия *f (Ph)* Anisotropie *f* || **~/магнитная** magnetische Anisotropie *f*, Anisotropie *f* der Suszeptibilität || **~/магнитоупругая** Spannungsanisotropie *f* || **~/местная** lokale Anisotropie *f* || **~/одноосная магнитная** einachsige (uniaxiale) Anisotropie *f* || **~/однородная** homogene

Anisotropie *f* || **~/оптическая** optische Anisotropie *f*, Anisotropie *f* des optischen Verhaltens || **~ проводимости** *(El)* Leitfähigkeitsanisotropie *f* || **~ рассеяния** Anisotropie *f* der Streuung *f* || **~ сейсмическая** *(Geoph)* seismische Anisotropie *f* || **~ скорости** *(Geoph)* Geschwindigkeitsanisotropie *f*
анизотропность *f s.* анизотропия
анизотропный anisotrop
анилин *m (Ch)* Anilin *n*, Aminobenzen *n*, Aminobenzol *n*, Phenylamin *n* || **~/технический** technisches Anilin *n*, Anilinöl *n* || **~/чёрный** Anilinschwarz *n*
анилиновый *(Ch)* Anilin...
анилинокрасочный *(Ch)* Anilinfarben...
анион *m (Ch, Ph)* Anion *n* || **~/обменный** Austauschanion *n*, austauschbares Anion *n*
анионирование *n* **[воды]** Wasserenthärtung *f* durch Anionenaustausch
анионит *m s.* анионообменник
анионоактивный *(Ch, Ph)* anion[kapillar]aktiv
анионообменник *m* Anionenaustauscher *m*
анкер *m* 1. *(Bw)* Anker *m*, Zuganker *m*; 2. *(Bgb)* Anker *m (Ausbau)*; 3. Anker *m (einer Uhr)* || **~/винтовой** *(Bgb)* Schraubenanker *m* || **~/деревянный** *(Bgb)* Holzanker *m* || **~/железобетонный** *(Bgb)* Stahlbetonanker *m* || **~/клиновой** *(Bgb)* Keilanker *m* || **~/клинощелевой** *(Bgb)* Schlitzkeilanker *m* || **~/металлический** *(Bgb)* Metallanker *m* || **~/натяжной** *(Bw)* Zuganker *m* || **~/полимерный** *(Bgb)* Kunststoffklebeanker *m* || **~/распорный** 1. *(Bw)* Sperranker *m*; 2. *(Bgb)* Spreizanker *m* || **~ с оттяжкой** *(Bw)* Drahtanker *m*, Abspannanker *m* || **~/трубчатый** *(Bgb)* Rohranker *m*
анкераж *m (Bw)* Verankerung *f* || **~/регулируемый** nachstellbare Verankerung *f*
анкерит *m (Min)* Ankerit *m*, Braunspat *m*
анкерование *n (Bgb)* Ankern *n*, Ausbauen *n* mit Ankern
анкеровать verankern; abspannen, durch Ankerdraht festlegen *(Fahrdraht)*
анкеровка *f* Verankerung *f*, Abspannung *f* || **~/концевая** Endabspannung *f* || **~ оттяжки** Abspannbund *m* || **~/регулируемая** nachstellbare Verankerung *f*
аннабергит *m (Min)* Annabergit *m*, Nickelblüte *f*
анналит *m (Min)* Annalith *m*
аннигилировать *(Kern)* zerstrahlen
аннигиляция *f (Kern)* Annihilation *f*, Zerstrahlung *f*, Paarvernichtung *f* || **~/двухквантовая** Zweiquantenzerstrahlung *f*, Zweiquantenvernichtung *f* || **~/одноквантовая** Einquantenzerstrahlung *f*, Einquantenvernichtung *f*
аннулирование *n* Streichung *f*, Ungültigmachung *f*
анод *m (El)* Anode *f* || **~/вращающийся** rotierende Anode *f*, Drehanode *f* || **~/вспомогательный** Hilfsanode *f* || **~/выносной** Stielanode *f* || **~/гетеродинный** Oszillatoranode *f* || **~/главный** Hauptanode *f* || **~/графитовый** Graphitanode *f* || **~/дежурный** Hilfsanode *f*, Nebenanode *f* || **~/дисковый** Scheibenanode *f* || **~/жертвенный** Opferanode *f*, selbstverzehrende Schutzanode *f* || **~/зажигающий (запальный)** Zündanode *f* || **~/кольцевой** Ringanode *f* || **~/массивный** Blockanode *f*, blockförmige Anode *f* || **~/многощелевой** Mehrschlitzanode *f* || **~/наращиваемый** kontinuierliche Anode *f* || **~/непрерывного действия** kontinuierliche Anode *f* || **~/неразрезной** *s.* ~/сплошной || **~/основной** Hauptanode *f* || **~/первый** erste Anode *f*, Sauganode *f (Elektronenstrahlröhre)* || **~/погруженный графитовый** Graphittauchanode *f (Quecksilberdampfgleichrichter)* || **~/поджигающий** Zündanode *f* || **~ послеускорения** Nachbeschleunigungsanode *f* || **~/пусковой** Anlaßanode *f* || **~/рабочий** Arbeitsanode *f* || **~/разрезной** Schlitzanode *f (Elektronenröhre)* || **~/ртутный** Quecksilberanode *f* || **~ с водяным охлаждением** wassergekühlte Anode *f* || **~ с воздушным охлаждением** luftgekühlte Anode *f* || **~ с естественным охлаждением** Anode *f* mit Selbstkühlung (natürlicher Kühlung) || **~ с лучистым охлаждением** strahlungsgekühlte Anode *f* || **~/сетчатый** Netzanode *f (einer Ziffernanzeigeröhre)* || **~/сплошной** Vollanode *f*, ungeschlitzte Anode *f* || **~/угольный** Kohleanode *f* || **~/ускоряющий** Beschleunigungsanode *f* || **~/фокусирующий** Fokussier[ungs]anode *f*, Sammelanode *f*
анодизация *f s.* анодирование
анодирование *n (Ch, Met)* Anodisieren *n*, anodische (elektrochemische, elektrolytische) Oxidation *f* || **~ алюминия** Aloxidieren *n*, Eloxieren *n* || **~/твёрдое** Hartanodisierung *f*, Hartoxidation *f*
анодировать *(Ch, Met)* anodisieren, anodisch (elektrochemisch, elektrolytisch) oxidieren || **~ алюминий** aloxidieren, eloxieren
анодный anodisch, Anoden...
анододержатель *m* Anodenhalter *m*, Anodenträger *m (NE-Metallurgie)*
анодолюминесценция *f (Ph)* Anodolumineszenz *f*
аноксит *m (Min)* Anauxit *m (Tonmineral)*
анолит *m* Anolyt *m*, anodischer Elektrolyt *m (Elektrolyse)*
аномалия *f* Anomalie *f*, Regelwidrigkeit *f*, Störung *f* || **~ включения** *(Inf)* Einfügungsanomalie *f* || **~ гравиметрическая (гравитационная)** *s.* ~ силы тяжести || **~/истинная** *(Astr)* wahre Anomalie *f* || **~/магнитная** *(Geoph)* magnetische Anomalie *f*, Anomalie *f* des Erdmagnetismus || **~ направления** Richtungsstörung *f*, Richtungsanomalie *f* || **~/оптическая** *(Krist)* optische Anomalie *f* || **~ силы тяжести** *(Geoph)* Schwereanomalie *f*, Anomalie *f* der Schwerkraft || **~/средняя** *(Astr)* mittlere Anomalie *f* || **~ тяжести** *s.* силы тяжести || **~/фазовая** *s.* ~ фазы || **~ фазы** *(Ph, Opt)* Phasenanomalie *f*, Phasensprung *m* || **~/эксцентрическая** *(Astr)* exzentrische Anomalie *f*
аномер *m (Ch)* Anomer *n (Stereoisomer)*
анортит *m (Min)* Anorthit *m*, Kalkfeldspat *m (Plagioklas)*
анортозит *m (Geol)* Anorthosit *m (Gestein der Gabbrogruppe)*
анортоклаз *m (Min)* Anorthoklas *m (Plagioklas)*
антеклиза *f (Geol)* Anteklise *f*
антенна *f* Antenne *f*, Strahler *m* || **~/аварийная** Notantenne *f* || **~/автомобильная [радиовещательная]** Autoantenne *f*, Kraftfahrzeugantenne *f* || **~/активная** aktive Antenne *f*, aktiver Strahler *m* || **~/антифединговая** schwundmin-

dernde Antenne *f* || ~ **бегущей волны** Wanderwellenantenne *f* || **~/биконическая** *s.* ~/двухконусная || **~/бортовая** Bordantenne *f* || ~ **верхнего питания** obengespeiste Antenne *f* || **~/вибраторная** Dipolantenne *f*, Dipol *m* || **~/висячая** freihängende Antenne *f*, Schleppantenne *f* || **~/вмонтированная** *s.* ~/встроенная || **~/внешняя** Außenantenne *f* || **~/внутренняя** Innenantenne *f* || **~/воздушная** Hochantenne *f* || **~/волноводная** Hohlleiterantenne *f* || **~/вращающаяся** Drehantenne *f* || **~/вращающаяся направленная** Drehrichtantenne *f*, Drehrichtstrahler *m* || **~/вращающаяся рамочная** Drehrahmenantenne *f* || **~/всенаправленная** *s.* ~/ненаправленная || **~/вспомогательная** Hilfsantenne *f*, Behelfsantenne *f* || **~/встроенная** Einbauantenne *f*, Gehäuseantenne *f* || **~/горизонтальная** Horizontalantenne *f* || **~/горизонтальная треугольная** horizontale Delta-Loop-Antenne *f* || **~/двойная V-образная** Doppel-V-Antenne *f*, X-Antenne *f*, Spreizdipol *m* || **~/двухзеркальная параболическая** Zweispiegelparabolantenne *f* || **~/двухконусная** Doppelkonusantenne *f*, Doppelkegelantenne *f* || **~/диапазонная** Bereichsantenne *f*, Bandantenne *f* || **~/дипольная** Dipol *m*, Dipolantenne *f* || **~/директорная** *s.* ~ Яги || **~/длинноволновая** Langwellenantenne *f* || **~/зеркальная** Spiegelantenne *f* || **~/зондовая** Sondenantenne *f* || **~/зонтичная** Schirmantenne *f* || **~/измерительная** Meßantenne *f* || **~/икс-образная** *s.* ~/двойная V-образная || **~/Кассегрена** Cassegrain-Antenne *f* || **~/квадрупольная** Quadrupolantenne *f* || **~/коаксиальная** Koaxialantenne *f* || **~/коллективная** Gemeinschaftsantenne *f* || **~/кольцевая** Ringdipol *m*, Ring[dipol]antenne *f* || **~/комнатная** Zimmerantenne *f* || **~/конусная** Konusantenne *f*, Kegelantenne *f* || **~/коротковолновая** Kurzwellenantenne *f* || ~ **кругового обзора (поиска)** Rundsuchantenne *f* || **~/линзовая** Linsenantenne *f* || **~/магнитная** Magnetantenne *f* || ~ **Маркони** Marconi-Antenne *f* || **~/мачтовая** Mastantenne *f* || **~/микроволновая** Mikrowellenantenne *f* || **~/многодиапазонная** Mehrbandantenne *f* || **~/многодипольная** Dipolgruppe *f*, Gruppenantenne *f* || **~/многолучевая (многопроводная)** Mehrleiterantenne *f*, Mehrdrahtantenne *f* || **~/многоугольная** Vieleckantenne *f* || **~/направленная** Richt[strahl]antenne *f*, Richtstrahler *m* || **~/направленная приёмная** Richtempfangsantenne *f* || **~/наружная** Außenantenne *f* || **~/ненаправленная** ungerichtete Antenne *f*, Rundstrahlantenne *f*, Rundstrahler *m* || **~/неподвижная** Festantenne *f* || ~ **нижнего питания** Antenne *f* mit Fußpunktspeisung || **~/ночная** Nachtantenne *f* || **~/Г-образная** L-Antenne *f* || **~/Т-образная** T-Antenne *f* || **~/V-образная** V-Antenne *f* || **~/Х-образная** X-Antenne *f*, Doppel-V-Antenne *f*, Spreizdipol *m* || **~/одноволновая** Ganzwellenantenne *f* || **~/однонаправленная** einseitig gerichtete Antenne *f* || **~/остронаправленная** scharfbündelnde Antenne *f* || **~/параболическая** Parabolantenne *f* || **~/пеленгаторная** Peilantenne *f* || **~/передающая** Sendeantenne *f*, Strahler *m* || **~/плоская** Flächenantenne *f*, Flächenstrahler *m* || **~/поворотная** Drehantenne *f* || ~ **подавления боковых лепестков** Antenne *f* zur Unterdrückung der Nebenzipfel, Antenne *f* zur Nebenkeulenunterdrückung || **~/поисковая** Suchantenne *f* || **~/полуволновая** Halbwellenantenne *f*, λ/2-Antenne *f* || **~/помехозащищённая** störungsarme (geräuscharme) Antenne *f* || **~/приёмная** Empfangsantenne *f* || **~/радиовещательная** Rundfunkantenne *f* || **~/радиолокационная** Radarantenne *f* || **~/рамочная** Rahmenantenne *f* || **~/решетчатая** Gitterantenne *f* || **~/ромбическая** Rhombusantenne *f* || **~/рупорная** Horn[strahler]antenne *f*, Hornstrahler *m*, Trichterantenne *f* || **~/рупорно-параболическая** Hornparabolantenne *f* || **~/сверхширокополосная** Ultrabreitbandantenne *f* || **~/сетевая** Netzantenne *f* || **~/сканирующая** Abtastantenne *f* || **~/скрещённая рамочная** Kreuzrahmenantenne *f* || **~/спиральная** Wendelantenne *f*, Spulenantenne *f*; Spiralantenne *f* || **~/средневолновая** Mittelwellenantenne *f* || **~/стержневая** Stabantenne *f* || **~/телевизионная** Fernsehantenne *f* || **~/телевизионная направленная** Fernsehrichtantenne *f* || **~/телеметрическая** Telemetrieantenne *f* || **~/телескопическая** Teleskopantenne *f* || **~/турникетная** Drehkreuzantenne *f*, Drehkreuzstrahler *m* || ~ **Уда-Яги** *s.* ~ Яги || **~/ультракоротковолновая** Ultrakurzwellenantenne *f*, UKW-Antenne *f* || **~/ферритовая** Ferritantenne *f* || **~/цилиндрическая** Käfigantenne *f*, Reusenantenne *f* || **~/четвертьволновая** Viertelwellenantenne *f*, λ/4-Antenne *f*, λ/4-Strahler *m* || **~/широкополосная** Breitbandantenne *f* || **~/штыревая** Stabantenne *f*, Antennenstab *m* || **~/штыревая цилиндрическая** zylindrischer Antennenstab *m* || **~/щелевая** Schlitzantenne *f*, Schlitzstrahler *m* || ~ **Эдкока** Adcock-Antenne *f* || **~/эталонная** Normalantenne *f*, Vergleichsantenne *f*, Bezugsantenne *f* || ~ **Яги** Yagi-[Uda-]Antenne *f*

антенна-башня *f* Antennenturm *m*

антенна-диполь *f* Dipolantenne *f*, Dipol *m*

антенна-звёздочка *f* Sternantenne *f*

антенна-зонд *f* Sondenantenne *f*, Tastantenne *f*

антенна-квадруполь *f* Quadrupolantenne *f*

антенна-кольцо *f* Ringdipol *m*, Ring[dipol]antenne *f*

антенна-мачта *f* Mastantenne *f*

антиапекс *m (Astr)* Antapex *m*

антибаллоник *m s.* баллоноограничитель/кольцевой

антивергентность *f (Geol)* Antivergenz *f*

антивещество *n (Ph)* Antimaterie *f*

антивибратор *m* Schwingungsdämpfer *m*

антивспениватель *m* Antischaummittel *n*, Schaumdämpfungsmittel *n*, Entschäumer *m*, Schaumdämpfer *m*; Schaumverhütungsmittel *n (Flotation)*

антивуалент *m (Photo)* Antischleiermittel *n*, Klarhalter *m*

антивуалирующий *(Photo)* schleierverhütend, schleierverhindernd

антигорит *m (Min)* Antigorit *m*, Blätterserpentin *m* || **~/никелевый** Nickelantigorit *m*

антигризутность *f (Bgb)* Schlagwettersicherheit *f*

антигризутный *(Bgb)* schlagwettersicher

антидетонатор *m* Antiklopfmittel *n (Kraftstoffzusatz)*
антидетонационность *f* Klopffestigkeit *f (von Kraftstoffen)*
антидетонационный klopffest *(Kraftstoffe)*
антидефект *m* **по Шотки** *(Krist)* Anti-Schottky-Defekt *m*, Anti-Schottky-Fehlordnung *f*
антиизотипия *f (Krist)* Antiisotypie *f*
антикатализ *m (Ch)* Antikatalyse *f*, negative Katalyse *f*, Inhibition *f*
антикатализатор *m (Ch)* Antikatalysator *m*, negativer Katalysator *m*, Inhibitor *m*
антикатод *m (El)* Antikathode *f*
антикаустика *f* Antikaustik *f*, sekundäre Kaustik *f*
антикварк *m (Kern)* Antiquark *n*
антиклиналь *f (Geol)* Antiklin[al]e *f*, Sattel *m* ‖ **~/структурно-инверсионная** Schildkrötenstruktur *f*
антиклинорий *m (Geol)* Antiklinorium *n*
антикоагулянт *m*, **антикоагулятор** *m (Ch)* Antikoagulans *n*
антикоммутатор *m* Antikommutator *m (Quantenmechanik)*
антикоррозионный korrosionshemmend, antikorrosiv, Korrosionsschutz...; rostschützend, Rostschutz...
антилогарифм *m (Math)* Antilogarithmus *m*
антимагнитный antimagnetisch, unmagnetisch
антиматерия *f (Ph)* Antimaterie *f*
антимонат *m (Ch)* Antimonat *n*
антимонид *m (Ch)* Antimonid *n*
антимонит *m* 1. *(Ch)* Antimonit *n*, Antimonat(III) *n*; 2. *(Min)* Antimonit *m*, Antimonglanz *m*, Grauspießglanz *m*, Stibnit *m*
антимонитовый *(Ch)* Antimonit...
антинакипин *m* Kesselsteinlösemittel *n*
антинейтрино *n (Kern)* Antineutrino *n*
антинейтрон *m (Kern)* Antineutron *n*
антинуклон *m (Kern)* Antinukleon *n*
антиобледенитель *m* Enteisungsanlage *f*, Enteiser *m* ‖ **~/электротермический** elektrisch beheizte Enteisungsanlage *f*
антиобледенительный Enteisungs...
антиозонант *m (Ch)* Antiozonans *n*, Ozonschutzmittel *n*
антиокислитель *m (Ch)* Antioxidationsmittel *n*, Antioxidans *n*, Antioxigen *n*
антиокислительный *(Ch)* antioxidativ
антиоксидант *m s. a.* антиокислитель
антипараллактический *(Opt)* parallaxenfrei
антипассат *m (Meteo)* Antipassat *m*
антипереполнение *n (Inf)* Bereichsunterschreitung *f (Diskette)*
антипод *m s.* ~/оптический ‖ **~/зеркальный** *s.* ~/оптический ‖ **~/оптический** [optischer] Antipode *m*, Spiegelbildisomer *n*, optisches Isomer *n*
антипротон *m (Kern)* Antiproton *n*, negatives Proton *n*
антирезонанс *m (El)* Antiresonanz *f*
антисегнетоэлектрик *m* Antiferroelektrikum *n*, antiferroelektrischer Stoff *m*
антисегнетоэлектрический antiferroelektrisch
антисегнетоэлектричество *n* Antiferroelektrizität *f*
антисейсмический *(Bw)* erdbebensicher
антисептирование *n* Konservierung *f*, Imprägnierung *f (von Holz)*
антисимметрия *f (Krist)* Antisymmetrie *f*, Schwarzweißsymmetrie *f*
антиснаряд *m* Raketenabwehrgeschoß *n*
антисовпадение *n (Ph)* Antikoinzidenz *f*
антиспутник *m (Mil)* Killersatellit *m*
антистаритель *m (Kst)* Alterungsschutzmittel *n*
антистатик *m* Antistatikum *n*, Antistatikmittel *n*
антифермент *m (Ch)* Antiferment *n*, Antienzym *n*
антиферромагнетизм *m* Antiferromagnetismus *m*
антиферромагнетик *m* Antiferromagnetikum *n*, antiferromagnetischer Stoff *m*
антиферромагнитный *(Ph)* antiferromagnetisch
антиферроэлектрик *m* Antiferroelektrikum *n*, antiferroelektrischer Stoff *m*
антиферроэлектричество *n* Antiferroelektrizität *f*
антифиллит *m (Min)* Anthophyllit *m (Amphibol)*
антифриз *m* Frostschutzmittel *n*, Gefrierschutzmittel *n*; *(Flg)* Enteisungsflüssigkeit *f*
антифрикционный Gleit..., Antifriktions...
антицентр *m* Antizentrum *n*, Antiepizentrum *n* ‖ **~ Галактики** *(Astr)* galaktisches Antizentrum *n*
антициклон *m (Meteo)* Antizyklone *f*; Hochdruckgebiet *n*, Hoch *n* ‖ **~/азорский** Azorenhoch *n*
античастица *f (Kern)* Antiteilchen *n*
антиэпицентр *m s.* антицентр
антофиллит *m (Min)* Anthophyllit *m (Amphibol)*
антраконит *m (Min)* Anthrakonit *m (Kalkspat)*
антрацен *m (Ch)* Anthracen *n*
антрацит *m (Geol)* Anthrazit *m (Kohle)*
антресоль *f (Bw)* Halbgeschoß *n*, Mezzanin *n*
анфилада *f (Bw)* Zimmerflucht *f*, Enfilade *f*
аншлиф *m (Min)* Anschliff *m*
АП *s.* 1. автопилот; 2. пункт/абонентский; 3. перемножитель/аналоговый
апатит *m (Min)* Apatit *m*
апатит-концентрат *m* 1. *(Lw)* Apatitkonzentrat *n (Düngemittel)*
апатитовый *(Min)* Apatit...
АПД *s.* аппаратура передачи данных
апекс *m* Apex *m (Zielpunkt von Sternbewegungen)*
апериодический aperiodisch, nichtperiodisch
апериодичность *f* Aperiodizität *f*, aperiodischer Verlauf *m*
апертометр *m (Opt)* Apertometer *n*
апертура *f (Photo, Opt)* Apertur *f*, Öffnung *f*, Blende[nöffnung] *f* ‖ **~/пучка** Bündelapertur *f*, Strahlöffnung *f*; Strahlapertur *f* ‖ **~/угловая** Öffnungswinkel *m*, Aperturwinkel *m* ‖ **~/числовая** [numerische] Apertur *f*, NA
апланатизм *m (Opt)* Aplanasie *f*
апланатический *(Opt)* aplanatisch
апликата *f (Math)* Applikate *f*
аплит *m (Geol)* Aplit *m*
аплом *m (Min)* Aplom *m (Granat)*
АПО *s.* обеспечение/автоматическое программное
апоастр *m (Astr)* Apastron *n*, Sternferne *f*
апогалактий *m (Astr)* Apogalaktikum *n*
апогей *m (Astr)* Apogäum *n*, Erdferne *f*
аподизация *f (Opt)* Apodisation *f (Unterdrückung von Nebenmaxima)*
аполярный *(Math)* apolar
апомагматический *(Geol)* apomagmatisch
апоселений *m (Astr)* Aposelenium *n*, Mondferne *f*

апостериорный a-posteriori
апостильб *m* Apostilb *n*, asb *(SI-fremde Einheit der Leuchtdichte)*
апофиза *f (Geol)* Apophyse *f*
апохроматический *(Opt)* apochromatisch
аппарат *m* Gerät *n*, Apparat *m (s. a. unter* аппаратура, прибор, приспособление*)* ‖ **~ абонента/основной** *(Nrt)* Teilnehmer-Hauptanschluß *m* ‖ **~/абонентский [телефонный]** *(Nrt)* Teilnehmerapparat *m* ‖ **~/абсорбционный** *(Ch)* Absorptionsapparat *m*, Absorber *m* ‖ **~/автоматический телефонный** Wahlfernsprecher *m*, W-Fernsprechapparat *m* ‖ **~/аэрозольный** Aerosolgerät *n* ‖ **~/аэрофотограмметрический** *(Geod)* Meß[bild]kammer *f* ‖ **~/баллистический летательный** *(Flg, Raumf)* ballistischer Flugkörper *m* ‖ **~/беспилотный летательный** *(Flg, Rak)* unbemannter Flugkörper *m* ‖ **~/ботвосрезающий** *(Lw)* Rübenköpfeinrichtung *f* ‖ **~/брагоперегонный** *(Ch)* Maischedestillierapparat *m*; Brennapparat *m (Alkoholdestillation)* ‖ **~/буквопечатающий** Drucktelegraph *m*, Typendrucktelegraph *m* ‖ **~ в стиле «ретро»/телефонный** Nostalgietelephon *n* ‖ **~/вакуумный выпарной** Vakuumverdampfer *m* ‖ **~/вакуум-перегонный** *(Ch)* Vakuumdestillierapparat *m* ‖ **~/варочный** Kocher *m*, Kochapparat *m*, Dämpfer *m* ‖ **~/вертикальный выпарной** *(Ch)* Vertikalrohrverdampfer *m* ‖ **~/вертикальный морозильный** vertikaler Gefrierapparat *m*, Vertikalfroster *m* ‖ **~/вертикальный плиточный морозильный** Vertikal-Plattengefrierapparat *m*, Vertikal-Plattenfroster *m* ‖ **~/винтокрылый [летательный]** *(Flg)* Drehflügler *m* ‖ **~/вискозный** *(Text)* Viskoseapparat *m (für Direktviskose)* ‖ **~/витой теплообменный** *(Wmt)* Spiralwärmeübertrager *m* ‖ **~ внутренней связи/телефонный** *(Nrt)* Hausapparat *m*, Haus[sprech]stelle *f*, Sprechstelle *f* für Internverkehr *(einer Nebenstellenzentrale)* ‖ **~/возвращаемый [летательный]** *(Raumf)* Wiedereintrittskörper *m*, Rückkehrgerät *n*; Landekapsel *f* ‖ **~ воздушного охлаждения** *(Wmt)* Luftkühler *m* ‖ **~/вталкивающий** *(Wkzm)* Einstoßvorrichtung *f*, Speiseapparat *m* ‖ **~/вулканизационный** *(Gum)* Vulkanisationsapparat *m*, Vulkanisator *m*, Heizapparat *m* ‖ **~/входной направляющий** *(Flg)* Eintrittsleitkranz *m (Triebwerk)* ‖ **~/выводной** *(Typ)* Auslegevorrichtung *f* ‖ **~/выпарной** Verdampfungsapparat *m*, Verdampfer *m* ‖ **~/высевающий** *(Lw)* Säapparat *m* ‖ **~/высоковольтный** *(El)* Hochspannungsgerät *n* ‖ **~/высокотемпературный красильный** *(Text)* Hochtemperaturfärbeapparat *m*, HT-Färbeapparat *m (Veredlung)* ‖ **~/выходной направляющий** *(Flg)* Austrittsleitkranz *m (Triebwerk)* ‖ **~/вычерпывающий** *(Lw)* Becherkette *f*, Legerad *n*, Greiferrad *n*, Becherrad *n (Kartoffellegemaschine)* ‖ **~/вязальный** *(Lw)* Bindevorrichtung *f* ‖ **~/газорежущий** *(Schw)* Brennschneidgerät *n*, Brennschneidmaschine *f* ‖ **~/гидролизный** *(Ch)* Hydrolyseur *m (Holzverzuckerungsanlage)* ‖ **~/глазировочный** Glasier[ungs]apparat *m (Fischverarbeitung)* ‖ **~/глубоководный** Tiefsee-Bathyscaph *m*, Tiefsee-Hydrokopter *m*, Tiefseetauchkapsel *f* ‖ **~ голосообразования** *(Med)* Sprechhilfegerät *n (für Kehlkopfoperierte)* ‖ **~/горизонтальный морозильный** horizontaler Gefrierapparat *m*, Horizontalfroster *m* ‖ **~/горизонтальный плиточный морозильный** Horizontal-Plattengefrierapparat *m*, Horizontal-Plattenfroster *m* ‖ **~/горноспасательный** *(Bgb)* Rettungs[atem]gerät *n (für den Grubenrettungsdienst)* ‖ **~/двухкомнатный вертикальный** Zweiraumvertikalkamera *f* ‖ **~/двухкорпусный выпарной** *(Wmt)* Zweistufenverdampfer *m* ‖ **~/двухножевой беспальцевый** *m (Lw)* fingerloses Doppelmesserschneidwerk *n* ‖ **~/двухпрочёсный** *(Text)* Zweikrempelsatz *m* ‖ **~/денежный телефонный** Münzfernsprecher *m* ‖ **~/дистилляционный** *(Ch)* Destillierapparat *m*, Destillationsgerät *n*; Brennapparat *m (Alkoholdestillation)* ‖ **~/дистракционный** *(Med)* Distraktionsapparat *m* ‖ **~/диффузионный** Diffusionsapparat *m*, Diffuseur *m (Zuckergewinnung)* ‖ **~/добавочный [абонентский]** *(Nrt)* Nebenstelle *f*, Nebenanschluß *m*, Teilnehmernebenstelle *f* ‖ **~/дождевальный** *(Lw)* Regner *m* ‖ **~/дозирующий** Dosierapparat *m*, Dosierer *m* ‖ **~/доильный** *(Lw)* Melkzeug ‖ **~/дробемётный** 1. *(Met)* Schleudereinrichtung *f*, Schleudereinheit *f (Schleuderputzanlage, Entzunderungsanlage)*; 2. *(Gieß)* Schleuderstrahlmaschine *f*, Schleuderputzmaschine *f* ‖ **~/дрожжерастильный** *(Brau)* Hefeaufziehapparat *m* ‖ **~/дыхательный** 1. *(Med)* Beatmungsgerät *n*; 2. *(Bgb)* Atmungsgerät *n (Rettungswesen)* ‖ **~/жаккардовый** *(Text)* Jacquardeinrichtung *f* ‖ **~/жомосушильный** Schnitzeltrockenapparat *m (Zuckergewinnung)* ‖ **~/загрузочный** *(Met)* 1. Beschickvorrichtung *f*, Beschicker *m (für Öfen)*; 2. Einstoßvorrichtung *f*, Speiseapparat *m (Pilgerschrittwalzwerk)* ‖ **~/заключающий** *(Text)* Einschließzeug *n (Rundwirkmaschine)* ‖ **~/замасливающий** *(Text)* Schmälzvorrichtung *f* ‖ **~ запаса** *(Photo)* Schleifenzieher *m (Begießmaschine)* ‖ **~ «заушина»/слуховой** *(Med)* Hinter-dem-Ohr-Gerät *n*, HdO-Gerät *n* ‖ **~/звукозаписывающий** *(Ak, El)* Tonaufnahmegerät *n*, Schallaufzeichnungsgerät *n* ‖ **~/змеевиковый теплообменный** Schlangenwärmeaustauscher *m* ‖ **~ идеального вытеснения** idealer Strömungsapparat (Verdrängungsapparat) *m* ‖ **~/известегасильный** Kalklöschapparat *m*, Kalklöscher *m* ‖ **~/изобарический разливной** *(Brau)* Isobarometer *n*, isobarometrischer Faßfüller *m* ‖ **~ искусственного кровообращения** *(Med)* Herz-Lungen-Maschine *f* ‖ **~/кантовальный (кантовочный)** *(Wlz)* Kantvorrichtung *f*, Kanter *m* ‖ **~/карманный вычислительный** Taschenrechner *m* ‖ **~/карусельный морозильный** Gefrierkarussell *n*, Rotationsgefrierapparat *m* ‖ **~/каскадный** *(Ch)* Kaskadengerät *n (Destillation)* ‖ **~/кассовый** Registrierkasse *f* ‖ **~/квартирный** *(Nrt)* Privatanschluß *m* ‖ **~/кинокопировальный** Filmkopiermaschine *f* ‖ **~/кинопроекционный** *s.* кинопроектор ‖ **~/киносъёмочный** Filmaufnahmegerät *n*, Filmkamera *f* ‖ **~/классифицирующий** *(Bgb)* Klassierapparat *m*, Klassierer *m (Aufbereitung)* ‖ **~/кожухотрубный теплообменный** *(Wmt)* Rohrbündelwärmeübertrager *m* ‖ **~/колонный** *(Ch)* Kolonnenapparat *m* ‖

~/коммутационный *(El)* Schaltgerät *n*, Umschaltgerät *m*; Vermittlungsgerät *n* || **~/конвейерный морозильный** Bandgefrierapparat *m* || **~/кондиционирующий** *(Ch)* Konditionierapparat *m* || **~/кондиционный** *(Text)* Konditionierapparat *m* || **~/контактный морозильный** Kontaktgefrierapparat *m*, Kontaktfroster *m* || **~/контактный плиточный морозильный** Kontaktplattengefrierapparat *m*, Kontaktplattenfroster *m* || **~/копировальный** *(Kine, Photo)* Kopiermaschine *f*, Kopiergerät *n* || **~/космический летательный** Raumflugkörper *m*, Raumschiff *n* || **~/красильный** *(Text)* Färbeapparat *m* || **~/красочный** *(Typ)* Farbwerk *n* || **~/ленточный буквопечатающий** *(Nrt)* Streifendrucker *m*, Streifenschreiber *m* || **~/летательный** Flugkörper *m*; Luftfahrzeug *n* || **~/лопаточный** Beschaufelung *f (Strömungsmaschine; Schaufelsystem der Leit- und Laufräder; s. a. unter* облопачивание*)* || **~/лунный самоходный** *s.* луноход || **~/маршрутный аэрофотограмметрический** *(Geod, Flg)* Reihenmeßkammer *f* || **~/межпланетный космический** interplanetarer Flugkörper *m* || **~/металлизационный** Metallspritzgerät *n* || **~/многокорпусный выпарной** *(Wmt)* Mehrstufenverdampfer *m*, Mehrfachverdampfer *m* || **~/многоходовой теплообменный** Mehrstromwärmeübertrager *m* || **~/множительный** Vervielfältigungsgerät *n* || **~/морозильный** Gefrierapparat *m*, Froster *m* || **~/мотальный** *(Text)* Windevorrichtung *f* || **~ на воздушной подушке** Luftkissenfahrzeug *n* || **~/наклонный выпарной** *(Wmt)* Schrägrohrverdampfer *m* || **~/направляющий** Leitrad *n*, Leitvorrichtung *f*, Leitapparat *m (Strömungsmaschinen)* || **~/наркозно-дыхательный** *(Med)* Narkose-Beatmungsgerät *n* || **~/наркозный** *(Med)* Narkosegerät *n* || **~/настенный [телефонный]** Wandfernsprecher *m*, Wandapparat *m* || **~/настольный [телефонный]** Tischfernsprecher *m*, Tischgerät *n* || **~/необитаемый подводный** unbemannter Bathyscaph (Hydrokopter) *m*, unbemannte Tauchkapsel *f* || **~ непрерывной печати/копировальный** Durchlaufkopiermaschine *f* || **~/низковольтный** Niederspannungsgerät *n* || **~/ниткошвейный** *(Typ)* Fadenheftapparat *m* || **~/нумеровальный** Paginiermaschine *f* || **~/обитаемый подводный** bemannter Bathyscaph (Hydrokopter) *m*, bemannte Tauchkapsel *f* || **~/однокорпусный выпарной** *(Wmt)* Einstufenverdampfer *m* || **~/одноходовой теплообменный** *(Wmt)* Einstromwärmeübertrager *m* || **~/орбитальный [летательный]** *(Raumf)* Orbiter *m*, orbitaler Raumflugkörper *m*; Orbitalstufe *f* || **~/ортодонтический ретенционный** *(Med)* Retentionsapparat *m* || **~/ортопедический** *(Med)* Orthese *f* || **~/основной [абонентский]** *(Nrt)* Hauptanschluß *m*, Teilnehmerhauptanschluß *m*, Hauptstelle *f*, Teilnehmerhauptstelle *f* || **~/отгонный** *s.*~/перегонный || **~/отделительный** *(Text)* Abreißvorrichtung *f*, Abreißapparat *m (Kämmaschine)* || **~/отключающий** Schaltgerät *n*, Abschaltgerät *n* || **~/паковочный** *(Text)* Packapparat *m*, Färbeapparat *m* nach dem Packsystem || **~/параллельный** *s.* ~/добавочный || **~/перегонный** *(Ch)* Brennapparat *m (Alkoholdestillation)* || **~/перекрёстный теплообменный** *(Wmt)* Kreuzstromwärmeübertrager *m* || **~ переливания крови** *(Med)* Bluttransfusionsgerät *n* || **~/пескоструйный** *(Gieß, Bw)* Sandstrahlgebläse *n*, Sandstrahlapparat *m*, Sandstrahler *m* || **~/пилотируемый летательный** bemannter Flugkörper *m* || **~/питающий** 1. *(Text)* Lieferwerk *n (Zwirnmaschine)*; 2. *(Text)* Zuführvorrichtung *f (Bandwickelmaschine)*; 3. *s.* питатель || **~/плазменный металлизационный** *(Met)* Plasmaspritzgerät *n* || **~/пластинчатый теплообменный** *(Wmt)* Plattenwärmeübertrager *m* || **~/плёночный выпарной** *(Wmt)* Filmverdampfer *m* || **~/плиточный скороморозильный** *(Kält)* Plattengefrierapparat *m*, Plattenfroster *m* || **~/поверхностный выпарной** *(Wmt)* Oberflächenverdampfer *m* || **~/поверхностный теплообменный** *(Wmt)* Oberflächenwärmeübertrager *m*, Rekuperator *m* || **~/поглотительный** *(Ch)* Absorptionsapparat *m*, Absorber *m* || **~/поглощающий** *(Eb)* Dämpfungsapparat *m (Mittelpufferkupplung)* || **~/подающий** Zuführapparat *m* || **~ подающих роликов** *(Wlz)* Treibapparat *m*, Treibrollen *fpl* || **~/подводный** Bathyscaph *m*, Hydrokopter *m*, Tauchkapsel *f* || **~/порошковый металлизационный** *(Met)* Pulverspritzgerät *n* || **~/порошковый противоотмарочный** *(Typ)* Puderapparat *m*, Puderbestäuber *m*, Druckbestäuber *m (Druckmaschine)* || **~/посадочный** *(Raumf)* Landekapsel *f*, Landefähre *f* || **~ постраничной печати** *(Inf)* Seitendrucker *m* || **~/початкоотделяющий** *(Lw)* Pflückeinrichtung *f (Maiskolbenpflückmaschine)*; Maispflückvorsatz *m (Mähdrescher)* || **~/проекционный** *(Opt)* Projektionsapparat *m*, Projektor *m*, Bildwerfer *m* || **~/проекционный картопечатающий** *(Kart)* Kartierungsgerät *n* || **~/проходной** *(Text)* Kontinuefärbeapparat *m*, Kontinuefärbeanlage *f* || **~ прямого тока/теплообменный** *(Wmt)* Gleichstromwärmeübertrager *m* || **~/радиотелеграфный** Funktelegraph *m* || **~/радиотелеграфный буквопечатающий** Funkfernschreiber *m* || **~/радиотелефонный** Funksprechgerät *n* || **~/радиофототелеграфный** Bildfunkgerät *n* || **~/разборочный** *(Typ)* Ablegeapparat *m*, Ableger *m* || **~/размалывающий (размольный)** *(Pap)* Mahlgerät *n*, Mahlgeschirr *n*, Stoffmühle *f* || **~/раскладочный** *(Text)* Legevorrichtung *f*, Florquerleger *m* || **~/распылительный** Spritzgerät *n* || **~/расцветочный** *(Text)* Ringelapparat *m (Herstellung von Ringelware auf Rundwirkmaschinen)* || **~/реакционный** *(Ch)* Reaktionsapparat *m*, Stoffumsetzer *m* || **~/регистрирующий кассовый** Registrierkasse *f* || **~/режущий** 1. *(Lw)* Schneidwerk *n (Mähdrescher)*; Schneidapparat *m (sonstige Mähmaschinen)*; 2. Mähwerk *n* || **~/ректификацонный** *(Ch)* Rektifikationsapparat *m*, Rektifizierapparat *m* || **~/рентгеновский** *(Med)* Röntgengerät *n* || **~/рентгеновский флюорографический** Schirmbildeinrichtung *f*, Röntgeneinrichtung *f* für Schirmbilduntersuchungen || **~/рентгенодиагностический** *(Med)* Röntgendiagnostikgerät *n*, Röntgenuntersuchungsgerät *n* || **~/репозиционный** *(Med)* Repositionsapparat *m* || **~/репродукционный** *(Photo, Typ)* Reproduktionsapparat *m*, Reproduktionsgerät *n*, Reprokamera *f* ‖ **~/ротационный диффузионный** *(Ch)* Rotationsdiffusionsapparat *m (Zuckergewinnung)* ‖ **~/роторный морозильный** Rotationsgefrierapparat *m*, Rotationsfroster *m* ‖ **~/рулонный буквопечатающий** *(Nrt)* Blattdrucker *m*, Blattschreiber *m* ‖ **~ с автоответчиком/телефонный** Fernsprechapparat *m* mit [automatischem] Anrufbeantworter ‖ **~ с восходящей струёй** Aufstromklassierer *m (Aufbereitung)* ‖ **~ с кипящим слоем** *(Wmt)* Wirbelschichtwärmeübertrager *m* ‖ **~ с мешалкой/выпарной** *(Wmt)* Rührwerkverdampfer *m* ‖ **~ с падающей плёнкой/выпарной** *(Wmt)* Fallfilmverdampfer *m*, Fallstromverdampfer *m* ‖ **~ с принудительной циркуляцией/выпарной** *(Wmt)* Zwang[s]umlaufverdampfer *m* ‖ **~ с псевдоожиженным слоем** *(Wmt)* Wirbelschichtwärmeübertrager *m* ‖ **~ с рубашкой/теплообменный** *(Wmt)* Mantelwärmeübertrager *m* ‖ **~/самобортующий** *(Text)* Doppelrandeinrichtung *f (Rundstrickstrumpfmaschine)* ‖ **~/свайный** Pfahlanlage *f*, Pfahleinrichtung *f (Schwimmbagger)* ‖ **~/сварочный** Schweißgerät *n* ‖ **~/светокопировальный** *(Photo)* Lichtpausapparat *m*, Lichtpausmaschine *f* ‖ **~ синтеза эмульсии** *(Photo)* Emulsionsansatzkessel *m* ‖ **~ системы Парри** *(Met)* Parry-Verschluß *m*, Parry-Trichter *m*, Parry-Glocke *f (Hochofen)* ‖ **~/скатывающий** *s.* ~/сучильный ‖ **~/скороморозильный** Schnellgefrierapparat *m*, Schnellfroster *m* ‖ **~/служебный** *(Nrt)* Dienstanschluß *m*, Dienstapparat *m* ‖ **~/слуховой** *(Med)* Hörgerät *n*, Hörhilfe *f* ‖ **~/слуховой заушный** *(Med)* Hinter-dem-Ohr-Gerät *n*, HdO-Gerät *n* ‖ **~/слуховой карманный** *(Med)* Taschenhörgerät *n* ‖ **~/смешивающий** Mischapparat *m* ‖ **~/сноповязальный** *(Lw)* Bindevorrichtung *f*, Bindeapparat *m (Mähbinder)* ‖ **~ со змеевиками/теплообменный** *(Wmt)* Schlangenwärmeübertrager *m* ‖ **~/сопловой** *(Flg)* Leitapparat *m (Triebwerk)* **~/сортировочный** Sortierapparat *m*, Sortieranlage *f*, Klassierapparat *m*, Klassiereinrichtung *f* ‖ **~/спекательный** *(Met)* Sinterapparat *m* ‖ **~/спускаемый** *s.* ~/возвращаемый ‖ **~/стабилизационный** *(Text)* Fixiermaschine *f* ‖ **~/стартстопный [буквопечатающий телеграфный]** *(Nrt)* Start-Stopp-Fernschreiber *m*, Springschreiber *m* ‖ **~/стартстопный ленточный** *(Nrt)* Streifenschreiber *m*, Streifendrucker *m* ‖ **~/стартстопный рулонный** *(Nrt)* Blattschreiber *m*, Blattdrucker *m* ‖ **~/стерилизационный** *(Med)* Sterilisationsapparat *m* ‖ **~/струйный** Strahlapparat *m*, Strahlvorrichtung *f*; *(Gieß)* Putzstrahlgebläse *n* ‖ **~/струйный вращающийся** *(Lw)* Drehstrahlregner *m* ‖ **~/суборбитальный** *(Raumf)* Suborbiter *m* ‖ **~/сучильный** *(Text)* Nitschelwerk *n*, Nitschelapparat *m*, Würgelapparat *m (Streichgarnspinnerei)* ‖ **~/сушильный** Trockengerät *n*, [transportabler] Trockner *m*; Trockenofen *m* ‖ **~/съёмочный** *(Photo)* Aufnahmegerät *n* ‖ **~/тарельчатый дозирующий** Tellerdosierer *m* ‖ **~/тастатурный** Tastwahlfernsprechgerät *n* ‖ **~/телеграфный** Telegraph[enapparat] *m* ‖ **~/тележный воздушно-морозильный** Hordenwagen-Luftgefrierapparat *m*, Hordenwagen-Luftfroster *m* ‖ **~/телеметрический** Fernmeßeinrichtung *f* ‖ **~/телефонный** Fernsprechapparat *m*, Telephon *n*, Fernsprecher *m* ‖ **~/телефонный безбатарейный [звукопитаемый]** Fernsprechapparat *m* ohne Batterie, schallgespeister Fernsprechapparat *m* ‖ **~/телефонный моноблочный** Kompaktfernsprecher *m* ‖ **~/телефонный настенный** Wandfernsprechgerät *n*, Wandfernsprecher *m* ‖ **~/телефонный настольный** Tischfernsprechgerät *n*, Tischfernsprecher *m* ‖ **~/телефонный тастатурный** Tastwahlfernsprechgerät *n* ‖ **~/теплообменный** *(Wmt)* Wärmeübertrager *m (s. a. unter* теплообменник*)* ‖ **~/теплообменный противоточный** Gegenstromwärmeübertrager *m* ‖ **~/теплообменный прямоточный** Gleichstromwärmeübertrager *m* ‖ **~ типа «труба в трубе»/теплообменный** *(Wmt)* Doppelrohrwärmeübertrager *m* ‖ **~/трёхкорпусный выпарной** *(Wmt)* Dreistufenverdampfer *m*, Dreifachverdampfer *m* ‖ **~/трёхпрочёсный** *(Text)* Dreikrempelsatz *m* ‖ **~/трубчатый** Röhrenapparat *m*; Dünnschichtabsorber *m (in Rohrbündelausführung)* ‖ **~/трубчатый выпарной** *(Wmt)* Rohrverdampfer *m* ‖ **~/туннельный скороморозильный** *(Kält)* Tunnelgefrierapparat *m*, Tunnelfroster *m* ‖ **~/увеличительный** *(Photo)* Vergrößerungsapparat *m*, Vergrößerungsgerät *n* ‖ **~/увлажнительный** *(Pap)* Feuchtapparat *m*, Feuchtvorrichtung *f* ‖ **~/узорообразующий** *(Text)* Musterapparat *m (Strickerei)* ‖ **~/ультразвуковой** *(Med)* Ultraschallgerät *n* ‖ **~/факсимильный** Faxgerät *n*, Telefaxgerät *n* ‖ **~/фальцевальный** *(Typ)* Falzapparat *m* ‖ **~/фильтровальный** *(Ch)* Filterapparat *m*, Filtervorrichtung *f* ‖ **~/фотограмметрический** *(Geod)* Meß[bild]kammer *f* ‖ **~/фотографический** Kamera *f*, Photoapparat *m (s. a. unter* фотокамера*)* ‖ **~/фототелеграфный** Bildtelegraph[ieapparat] *m* ‖ **~ центробежного насоса/направляющий** Austrittsleitapparat *m*, Austrittsleitvorrichtung *f (Kreiselpumpe)* ‖ **~/циркуляционный выпарной** *(Wmt)* Umlaufverdampfer *m*, Umwälzverdampfer *m* ‖ **~/челночный воздушно-космический (орбитальный) летательный** *s.* спейс шаттл ‖ **~/чесальный** *(Text)* Krempelsatz *m* ‖ **~/читально-копировальный** Lesekopiergerät *n* ‖ **~/шахтный телефонный** Grubenfernsprecher *m* ‖ **~ шкафного типа/морозильный** Gefrierschrank *m*, Schrankgefrierapparat *m* ‖ **~/шлифовальный** Schleifapparat *m* ‖ **~/шнековый** *(Brau)* Schneckenapparat *m*, Schneckenfaß *n* ‖ **~/шнековый диффузионный** *(Ch)* Schneckendiffusionsapparat *m (Zuckergewinnung)* ‖ **~/экскурсионный подводный** Exkursionsbathyscaph *m*, Exkursionshydrokopter *m*, Exkursionstauchkapsel *f* ‖ **~/экстракционный** *(Ch)* Extraktionsapparat *m*, Extrakteur *m* ‖ **~/электродуговой металлизационный** Lichtbogenspritzgerät *n* ‖ **~/электрометаллизационный** Lichtbogenspritzgerät *n* ‖ **~/эмульсионно-варочный** *(Photo)* Ansatzkessel *m*

аппаратная *f* Geräteraum *m*, Apparateraum *m*; Regieraum *m*; Senderaum *m*

аппаратно-независимый *(Inf)* geräteunabhängig, DI

аппаратно-ориентированный *(Inf)* hardwareorientiert
аппаратно-реализованный *(Inf)* hardwareverdrahtet
аппаратно-совместимый *(Inf)* gerätekompatibel, hardwarekompatibel
аппаратно-управляемый *(Inf)* hardwaregesteuert
аппаратный 1. Apparat...; 2. *(Text)* Streich... *(Wolle, Garn)*
аппаратостроение *n* Gerätebau *m*; Anlagenbau *m* ‖ **~/химическое** Chemieanlagenbau *m*
аппарат-смеситель *m* Mischapparat *m*
аппарат-трубка *m (Nrt)* Kompaktfernsprecher *m*
аппаратура *f* Apparatur *f*, Gerät *n*, Anlage *f (s. a. unter* аппарат, прибор*)*; Gerätetechnik *f* ‖ **~ автоматики/автономная** autonome Automatisierungseinrichtung *f* ‖ **~/бортовая** *(Schiff, Flg)* Bordausrüstung *f* ‖ **~/бытовая радиоэлектронная** Geräte *npl* der Heimelektronik ‖ **~/весоизмерительная** Wägeeinrichtung *f* ‖ **~/впрыскивающая** Einspritzanlage *f (eines Verbrennungsmotors)* ‖ **~/вспомогательная** Hilfsausrüstung *f*, Hilfsapparatur *f* ‖ **~/вспомогательная пусковая** Vorschaltgerät *n* ‖ **~/вулканизационная** *(Gum)* Vulkanisationsanlage *f* ‖ **~/высоковольтная** *(El)* Hochspannungsgeräte *npl* ‖ **~/высоковольтная коммутационная** Hochspannungsschaltgeräte *npl* ‖ **~ высокочастотной связи** *(Nrt)* Trägerfrequenzeinrichtung *f*, TF-Einrichtung *f* ‖ **~/гидролокационная** Unterwasser-Schallortungsgerät *n* ‖ **~ дальнего набора** *(Nrt)* Fernwahleinrichtung *f* ‖ **~/дистилляционная** *(Ch)* Destillationsapparatur *f* ‖ **~/защитная** Schutzvorrichtung *f* ‖ **~/звуковоспроизводящая** Tonwiedergabeapparatur *f* ‖ **~/звукозаписывающая** Tonaufnahmegerät *n*, Tonaufzeichnungsgerät *n* ‖ **~/измерительная** Meßapparatur *f*, Meßgeräte *npl*, Meßausrüstung *f* ‖ **~/испытательно-пусковая** *(Rak)* Prüf- und Starteinrichtung *f* ‖ **~/коммутационная** *(El)* Schaltgeräte *npl*, Schalteinrichtung *f*; *(Nrt)* Vermittlungseinrichtung *f* ‖ **~/контрольно-измерительная** Kontroll- und Überwachungsgerät *n*, Kontroll- und Meßgeräte *npl*, Anlagenmeßtechnik *f* ‖ **~/корабельная радиолокационная** Schiffsradaranlage *f*, Schiffsradargerät *n* ‖ **~/лазерная** Laserapparatur *f* ‖ **~/массоулавливающая** *(Pap)* Faser[stoff]rückgewinnungsanlage *f*, Fangstoffanlage *f* ‖ **~/микроэлектронная** Mikroelektronikgeräte *npl*, Geräte *npl* mit Mikroelektronikbestückung ‖ **~ наведения** *(Rak)* Lenksystem *n* ‖ **~/низковольтная коммутационная** *(El)* Niederspannungsschaltgeräte *npl* ‖ **~ низкого напряжения** Niederspannungsgeräte *npl* ‖ **~ обнаружения** Ortungsgerät *n* ‖ **~ обработки данных** Datenverarbeitungsanlage *f*, EDV-Anlage *f* ‖ **~/образцовая** Normal[meß]einrichtung *f* ‖ **~/однополосная радиотелеграфная** *(Nrt)* Einseitenband-Funktelegraphieanlage *f* ‖ **~ опознавания** *(Rad)* Kennungsgerät *n* ‖ **~ первичной обработки информации** Radardatenextraktor *m* ‖ **~ передачи данных** *(Inf)* Datenübertragungsanlage *f* ‖ **~/передающая** *(Rf)* Sendeanlage *f*, Sendegerät *n*, Sender *m* ‖ **~/переключающая** Schaltgeräte *npl*, Umschaltgeräte *npl* ‖ **~/полупроводниковая пускорегулирующая** *(Licht)* elektronisches Vorschaltgerät *n (für Entladungslampen)*; eVG, Halbleitervorschaltgerät *n* ‖ **~ посадки по приборам** *(Flg)* Instrumentenlandeeinrichtung *f*, Instrumentenlandeausrüstung *f* ‖ **~/приёмная** *(Rf)* Empfangsanlage *f*, Empfangsgerät *n*, Empfänger *m* ‖ **~/приёмно-передающая** *(Rf)* Sende- und Empfangsanlage *f*, Sende-Empfangs-Anlage *f* ‖ **~/пробоотбирающая** Probenahmegerät *n* ‖ **~ промышленного изготовления** industriell gefertigte Geräte *npl*, Industriegeräte *npl* ‖ **~/противопомеховая** *(El)* Störschutzanlage *f*, Störschutzgerät *n*, Störschutzeinrichtung *f* ‖ **~/пускорегулирующая** *(Licht)* Vorschaltgerät *n*, VG *(für Entladungslampen)* ‖ **~/радиолокационная** Radaranlage *f*, Radargerät *n* ‖ **~ радиолокационного опознавания** Radar-Kennungsgerät *n* ‖ **~/радиорелейная** Richtfunkanlage *f*, Richtfunkgerät *n* ‖ **~ радиосвязи/двухполосная** Zweiseitenbandfunkgeräte *npl*, Zweiseitenbandtechnik *f* ‖ **~ радиосвязи/однополосная** Einseitenbandfunkgeräte *npl*, Einseitenbandtechnik *f* ‖ **~/радиотелефонная** Sprechfunkanlage *f* ‖ **~/радиотехническая** funktechnische Geräte *npl* ‖ **~/радиофототелеграфная** Bildfunkanlage *f*, Bildfunkgerät *n* ‖ **~/радиоэлектронная** funkelektronische (radioelektronische) Geräte *npl* ‖ **~/репортажная** Reportagegerät *n*, Reportergerät *n* ‖ **~/рыбопоисковая** Fischortungsgerät *n*, Fischortungsanlage *f*, Fischlupe *f* ‖ **~/самолётная радиолокационная** *(Rad)* Flugzeugradaranlage *f*, Flugzeugradargerät *n* ‖ **~/сварочная** Schweißgerätetechnik *f* ‖ **~/сверхвысоко вакуумная** *(Ph)* Ultrahochvakuumapparatur *f* ‖ **~/светосигнальная** Lichtsignalanlage *f* ‖ **~ слепой посадки** *(Flg)* Blindlandeeinrichtung *f* ‖ **~/телевизионная** Fernsehanlage *f* ‖ **~/телеизмерительная** Fernmeßeinrichtung *f* ‖ **~/телемеханическая** Fernwirkeinrichtung *f* ‖ **~ управления** 1. *(Rak)* Lenkeinrichtung *f*; 2. *s.* ~/управляющая ‖ **~ управления стартом** *(Rak)* Startleitsystem *n* ‖ **~/управляющая** *(Reg)* Steuer[ungs]apparatur *f*, Steuer[ungs]einrichtung *f*, Steuergeräte *npl* ‖ **~/флюсовая** *(Schw)* Flußmittelzufuhrvorrichtung *f*, Flußmittelaufgabevorrichtung *f*, Pulverzufuhrvorrichtung *f* ‖ **~/частотно-измерительная** Frequenzmeßeinrichtung *f*
аппарель *f (Schiff)* Rampe *f* ‖ **~/бортовая** Seitenrampe *f* ‖ **~/кормовая** Heck[landungs]klappe *f* ‖ **~/междупалубная** Innenrampe *f (Ro/Ro-Schiff)* ‖ **~/носовая** Bug[landungs]klappe *f* ‖ **~/поворотная** Schwenkrampe *f*, schwenkbare Rampe *f* ‖ **~/угловая** Winkelrampe *f*, eckständige Rampe *f*
аппендикс *m (Inf)* Anhangsroutine *f*
аппликата *f (Math)* Applikate *f*, Kote *f*, z-Koordinate *f* ‖ **~ центра тяжести** *(Schiff)* Lage *f* des Schwerpunkts der Höhe nach, „Höhenschwerpunkt" *m*
аппликация *f (Text)* Applikation *f*, Aufnäharbeit *f*
аппрет *m* 1. *(Text)* Appret *n(m)*, Appreturmittel *n*; 2. Appret *n(m)*, Haftmittel *n*, Haftvermittler *m (für Glasfasern)*; Finish *n(m) (für Glasgewebe)* ‖ **~/крахмальный** Stärkeappreturmittel *n* ‖ **~/органосилановый** Organosilanhaftmittel *n (für Glasfasern)*

аппретирование *n (Text)* Appretieren *n*, Ausrüsten *n (der Gewebe)*
аппретировать *(Text)* appretieren, ausrüsten *(Gewebe)*
аппретура *f* 1. *(Text)* Appretieren *n*, Appretur *f*, Ausrüstung *f*; 2. *s.* аппрет ‖ **~/белковая** *(Led)* Eiweißappretur *f* ‖ **~/заключительная** *(Text)* Schlußappretur *f*, Finish *m(n)* ‖ **~/казеиновая** *(Led)* Kaseinappretur *f* ‖ **~/масляная** *(Led)* Fettappretur *f*
аппроксимация *f (Math)* Approximation *f*, Näherung *f (s. a. unter* приближение 2.*)* ‖ **~ в среднем** Approximation *f* im Mittel ‖ **~/последовательная** schrittweise (sukzessive) Approximation *f* ‖ **~ спиновых волн** *(Ph)* Spinwellennäherung *f* ‖ **~/степенная** *s.* ~/последовательная ‖ **~/стохастическая** stochastische Näherung *f* ‖ **~/численная** *(Inf)* numerische Approximation *f*
априорный a priori
АПС *s.* сигнализация/аварийно-предупредительная
апсиды *fpl (Astr)* Apsiden *pl*
АПЧ *s.* подстройка частоты/автоматическая
арагонит *m (Min)* Aragonit *m*, Erbsenstein *m*
араминирование *n (Ch)* Ar[yl]aminierung *f*
араминировать *(Ch)* ar[yl]aminieren
арбитр *m (Inf)* Arbiter *m* ‖ **~/шинный** Bus-Arbiter *m*, Buszuteiler *m* ‖ **~ шины** *s.* ~/шинный
аргентан *m (Met)* Argentan *n (Legierung)*
аргентит *m (Min)* Argentit *m (Silberglanz)*
аргентометрический *(Ch)* argentometrisch
аргентометрия *f (Ch)* Argentometrie *f*
аргентопирит *m (Min)* Argentopyrit *m (Silberkies)*
аргиллизация *f (Geol)* Argillisation *f*, Argillisierung *f*
аргиллит *m (Geol)* Argillit[h] *m*
аргиродит *m (Min)* Argyrodit *m (silberhaltiges Germaniummineral)*
аргон *m (Ch)* Argon *n*, Ar
аргумент *m* Argument *n* ‖ **~ перигелия (перицентра)** *(Astr)* Winkelabstand *m* des Perihels vom aufsteigenden Knoten *(Bahnelement)* ‖ **~ поиска** *(Inf)* Suchargument *n* ‖ **~/фиктивный** *(Inf)* Scheinargument *n*
арденнит *m (Min)* Ardennit *m*, Mangandisthen *m (vanadiumhaltiges Mineral)*
ардометр *m (Wmt)* Ardometer *n*, Strahlungspyrometer *n*
ареа-косинус *m***/гиперболический** *(Math)* Areakosinus *m*, Areacosinus hyperbolicus
ареа-котангенс *m***/гиперболический** *(Math)* Areakotangens *m*, Areacotangens hyperbolicus
ареа-синус *m***/гиперболический** *(Math)* Areasinus *m*, Areasinus hyperbolicus
ареа-тангенс *m***/гиперболический** *(Math)* Areatangens *m*, Areatangens hyperbolicus
ареа-функция *f (Math)* Areafunktion *f*, ar-Funktion *f*
арен *m (Ch)* Aren *n*, aromatischer Kohlenwasserstoff *m*
ареографический areographisch *(auf den Mars bezogen)*
ареологический areologisch *(„Geologie“ des Mars)*
ареометр *m* Aräometer *n*, Senkwaage *f*, Senkspindel *f*, Schwimmwaage *f* ‖ **~ Боме** Baumé-Aräometer *n* ‖ **~/молочный** Milcharäometer *n*, Lakto[densi]meter *n* ‖ **~ постоянного веса** Skalenaräometer *n* ‖ **~ постоянного объёма** Gewichtsaräometer *n*
ареометр-сахаромер *m* Saccharometer *n*, Zuckerwaage *f*
ареометр-солемер *m* Salzspindel *f*, Salz[gehalt]messer *m*
ареопикнометр *m (Ph)* Aräopyknometer *n*, Weithalspyknometer *n (Kombination von Aräometer und Pyknometer)*
аридность *f (Meteo)* Aridität *f*, Trockenheit *f*
аридный *(Meteo)* arid, trocken
арилирование *n (Ch)* Arylieren *n*, Arylierung *f*
арилировать *(Ch)* arylieren
арифметика *f (Math)* Arithmetik *f* ‖ **~/аддитивная** additive Arithmetik *f (Zahlentheorie)* ‖ **~/двоичная** binäre Arithmetik *f* ‖ **~/десятичная** dezimale Arithmetik *f* ‖ **~ с плавающей запятой** Gleitkommaarithmetik *f* ‖ **~ с фиксированной запятой** Festkommaarithmetik *f* ‖ **~/целочисленная** Ganzzahlarithmetik *f* ‖ **~/элементарная** elementare Arithmetik *f (Zahlentheorie)*
арифмометр *m* [digitale] Tischrechenmaschine *f*
АРК *s.* радиокомпас/автоматический
арка *f* 1. *(Bw)* Bogen *m*; 2. Gewölbe *n (eines Ofens)* ‖ **~/безраспорная** Bogen *m* mit aufgehobenem Schub ‖ **~/бесшарнирная** eingespannter Bogen *m* ‖ **~/буксирная** *(Schiff)* Schleppbogen *m*, Schlierbügel *m* ‖ **~/веерная** Fächerbogen *m* ‖ **~/возвышенная** *s.* ~/приподнятая ‖ **~/гибкая** elastischer Bogen *m* ‖ **~/готическая** *s.* ~/стрельчатая ‖ **~/двойная** Doppelgewölbe *n (SM-Ofen)* ‖ **~/двухскатная стрельчатая** geschweifter Spitzbogen *m* ‖ **~/двухшарнирная** Zweigelenkbogen *m* ‖ **~/декоративная** Blendbogen *m* ‖ **~/диагональная** Diagonalbogen *m* ‖ **~/дисковая** Bogenscheibe *f* ‖ **~/жёсткая** steifer (versteifter) Bogen *m* ‖ **~/жёсткая крепёжная** *(Bgb)* steifer (starrer) Ausbaubogen *m* ‖ **~/замкнутая крепёжная** *(Bgb)* geschlossener Ausbaubogen *m* ‖ **~/килевидная** Kielbogen *m*, persischer Bogen *m* ‖ **~/консольная** auskragender Bogen *m* ‖ **~ коробчатого сечения** Bogen *m* mit Hohlkastenquerschnitt ‖ **~/крепёжная** *(Bgb)* Ausbaubogen *m* ‖ **~/круговая** Kreisbogen *m* ‖ **~/круговая пологая** Segmentbogen *m* ‖ **~/ланцетовидная** überhöhter Spitzbogen *m* ‖ **~/луковицеобразная** zwiebelförmiger Bogen *m* ‖ **~/лучковая** Segmentbogen *m* ‖ **~/мавританская** *s.* ~/подковообразная ‖ **~/мостовая** Brückenbogen *m* ‖ **~/обратная** Gegenbogen *m*, Entlastungsbogen *m* ‖ **~/овальная** Korbbogen *m (Bogen mit drei, fünf und mehr Mittelpunkten)* ‖ **~/однопролётная** einfacher Bogen *m* ‖ **~/одношарнирная** Eingelenkbogen *m* ‖ **~/остроконечная** Keilbogen *m*, Spitzbogen *m* ‖ **~/персидская** *s.* ~/килевидная ‖ **~/плоская** gerader (gedrückter, flacher) Bogen *m* ‖ **~/податливая крепёжная** *(Bgb)* Gleitbogen *m*, nachgiebiger Ausbaubogen *m* ‖ **~/подковообразная** Hufeisenbogen *m* ‖ **~/подпружная** Gurtbogen *m*, Wandbogen *m*, Stützbogen *m* ‖ **~/ползучая** einhüftiger Bogen *m* ‖ **~/полная** voller Bogen *m* ‖ **~/полукруглая** Rundbogen

m, Vollbogen *m*, Halbkreisbogen *m* ‖ **~/полуциркульная** *s.* ~/полукруглая ‖ **~/почвенная** *(Bgb)* Sohlenbogen *m* ‖ **~/приподнятая** gestelzter (überhöhter) Bogen *m* ‖ **~/прямая** scheitrechter Bogen *m* ‖ **~/пятицентровая** fünfteiliger Korbbogen *m*, Korbbogen *m* mit fünf Mittelpunkten (Leierpunkten) ‖ **~/разгрузочная** Ablastbogen *m*, Entlastungsbogen *m* ‖ **~/решетчатая** Fachwerkbogen *m* ‖ **~ с верхней затяжкой/шарнирная** Gelenkbogen *m* mit oberem Zugband ‖ **~ с гибкой затяжкой/жёсткая** versteifter Bogen *m* mit elastischem Zugband ‖ **~ с ездой посередине без затяжки** Bogen *m* mit zwischenliegender Fahrbahn ohne Zugband ‖ **~ с жёсткой затяжкой/гибкая** elastischer Bogen *m* mit versteiftem Zugband ‖ **~ с затяжкой** Bogen[träger] *m* mit aufgehobenem Horizontalschub ‖ **~ свода** Wölb[ungs]bogen *m*, Gewölbebogen *m* *(Ofen)* ‖ **~/серповидная** Sichelbogen *m* ‖ **~ системы Майллара** Maillart-Bogen *m* ‖ **~ со сплошной стенкой** Vollwandbogen *m* ‖ **~/сплошная** Vollwandbogen *m* ‖ **~/стрельчатая** Spitzbogen *m* ‖ **~/стрельчатая возвышенная** überhöhter Spitzbogen *m* ‖ **~/стрельчатая зубчатая** Zackenspitzbogen *m* ‖ **~/стрельчатая сжатая** gedrückter Spitzbogen *m* ‖ **~/трёхлопастная** Drillingsbogen *m*, Kleeblattbogen *m* ‖ **~/трёхцентровая** dreiteiliger Korbbogen *m*, Korbbogen *m* mit drei Mittelpunkten (Leierpunkten) ‖ **~/трёхшарнирная** Dreigelenkbogen *m* ‖ **~/упругая** elastischer Bogen *m* ‖ **~/фальшивая** Blendbogen *m* ‖ **~/шарнирная** Gelenkbogen *m* ‖ **~/шарнирная крепёжная** *(Bgb)* Gelenkbogen *m*

аркада *f (Bw)* Arkade *f*, Bogengang *m*

арканзит *m (Min)* Arkansit *m (Titandioxid)*

аркат *m (Text)* Harnischschnur *f (Jacquardmaschine)*

арккосеканс *m (Math)* Arkuskosekans *m*

арккосинус *m (Math)* Arkuskosinus *m*

арккотангенс *m (Math)* Arkuskotangens *m*

аркоген *m* Arcogen-Schweißverfahren *n*

аркоз *m (Geol)* Arkose *f*, Arkosesandstein *m*

аркообразный bogenförmig, bogenartig

арксеканс *m (Math)* Arkussekans *m*

арксинус *m (Math)* Arkussinus *m*

арктангенс *m (Math)* Arkustangens *m*

аркускосинус *m (Math)* Arkuskosinus *m*

аркускотангенс *m (Math)* Arkuskotangens *m*

аркуссинус *m (Math)* Arkussinus *m*

аркустангенс *m (Math)* Arkustangens *m*

аркфункция *f (Math)* Arkusfunktion *f*, arc-Funktion *f*

АРМ *s.* место/автоматизированное рабочее

арматура *f* 1. Armatur *f*; 2. Ausrüstung *f*, Ausstattung *f*; 3. *(Bw)* Bewehrung *f (Beton)*; 4. *(Met)* Bewehrungsstahl *m* ‖ **~/бортовая** *(Schiff)* seitliche Außenhautarmaturen *fpl* ‖ **~/валковая** *(Wlz)* Walzarmatur *f (Führungen, Umführungen, Schlingenhalter)* ‖ **~/витая** *(Bw)* verdrillte Bewehrung *f (Beton)* ‖ **~/водопроводная** Wasser[leitungs]armatur *f (Sanitärtechnik)* ‖ **~/гибкая** *(Bw)* biegungsschlaffe Bewehrung *(Beton)* ‖ **~/главная** *(Bw)* Hauptbewehrung *f (Beton)* ‖ **~/горячекатаная** *(Wlz)* warmgewalzter Bewehrungsstahl *m* ‖ **~/донная** *(Schiff)* Bodenaußenhautarmaturen *fpl* ‖ **~/донно-забортная** *(Schiff)* Außenbordarmaturen *fpl*, Außenhautarmaturen *fpl* ‖ **~/жёсткая** *(Bw)* steife Bewehrung *f (Beton)* ‖ **~/забортная** *s.* ~/донно-забортная ‖ **~/запорная** Absperrarmatur *f* ‖ **~/канатная** *(Bw)* Seilbewehrung *f (Beton)* ‖ **~/каркасная** *(Bw)* Korbbewehrung *f (Beton)* ‖ **~/кольцевая** *(Bw)* Ringbewehrung *f (Beton)* ‖ **~/концевая кабельная** Kabelendverschluß *m* ‖ **~/косая** *(Bw)* Schrägbewehrung *f (Beton)* ‖ **~/котельная** *(Wmt)* Kesselarmatur *f* ‖ **~/кручёная** *(Bw)* gedrehte Bewehrung *f (Beton)* ‖ **~ лётки** Stichlocharmatur *f (Schachtofen)* ‖ **~/металлическая** *(El)* Metallarmatur *f (Kabel)* ‖ **~/монтажная** *(Bw)* Transportbewehrung *f*, Montagebewehrung *f (Beton)* ‖ **~/напрягаемая** *s.* ~/натягиваемая ‖ **~/напряжённая** *(Bw)* gespannte Bewehrung *f (Beton)* ‖ **~/натягиваемая** 1. *(Wlz)* Spannstahl *m*; 2. *(Bw)* Spannbewehrung *f (Beton)* ‖ **~/ненапрягаемая** *(Bw)* schlaffe Bewehrung *f (Beton)* ‖ **~/несущая** *(Bw)* tragende Bewehrung *f (Beton)* ‖ **~/перекрёстная** *(Bw)* kreuzweise Bewehrung *f (Beton)* ‖ **~ периодического профиля** *(Wlz)* Betonformstahl *m*, Bewehrungsformstahl *m* ‖ **~/полосовая** *(Bw)* streifenförmige Bewehrung *f (Beton)* ‖ **~/поперечная** *(Bw)* Querbewehrung *f (Beton)* ‖ **~/предварительно напряжённая** *(Bw)* vorgespannte Bewehrung *f (Beton)* ‖ **~/продольная** *(Bw)* Längsbewehrung *f (Beton)* ‖ **~/противовыбросная** *(Bgb)* Preventer *m* ‖ **~/прядевая** *(Bw)* Seilbewehrung *f*, Kabelbewehrung *f (Beton)* ‖ **~/пучковая** *(Bw)* Bündelbewehrung *f (Beton)* ‖ **~/работающая на растяжение** *(Bw)* Zugbewehrung *f (Beton)* ‖ **~/рабочая** *s.* ~/главная ‖ **~/распределительная** *(Bw)* Verteilungseinlage *f*, Verteilungsbewehrung *f (Beton)* ‖ **~ скважины** *(Bgb)* Bohrlocharmatur *f*, Sondenkopf *m* ‖ **~/смесительная** Mischbatterie *f (Sanitärtechnik)* ‖ **~/спиральная** *(Bw)* Spiralbewehrung *f (Beton)* ‖ **~/сплющенная** *(Bw)* gestauchte Bewehrung *f (Beton)* ‖ **~/стальная** *(Bw)* Stahlbewehrung *f (Beton)* ‖ **~/стержневая** *(Bw)* Stahlbewehrung *f*, Stahlstabbewehrung *f (Beton)* ‖ **~/стержневая напрягаемая** *(Bw)* Spannstahlbewehrung *f (Beton)* ‖ **~/струнная** Stahlsaitenbewehrung *f* ‖ **~/трубопроводная** Rohrleitungsarmatur *f* ‖ **~/фонтанная** Eruptionsarmatur *f*, Eruptionskreuz *n*, Eruptionskopf *m (Erdöl- und Erdgasbohrung)*

армирование *n* 1. *(Bw)* Bewehren *n*, Bewehrung *f (Beton)*; 2. *(Met)* Verankern *n*, Verankerung *f (Ofen)*; 3. *(Wkzm)* Bestücken *n (Werkzeuge)*; 4. *(Bgb)* Armieren *n*, Armierung *f*, Ausrüsten *n*, Ausrüstung *f (Schächte)* ‖ **~ буров** *(Bgb)* Bohrerbesatz *m* ‖ **~ обоймами** *(Bw)* Umschnüren *n* ‖ **~ ствола [шахты]** *(Bgb)* Schachtarmierung *f*, Einbringen *n* der Schachteinbauten ‖ **~ стержня** *(Gieß)* Kernarmierung *f*, Kernbewehrung *f* ‖ **~ хомутами** *(Bw)* Bügelbewehrung *f*

армированный 1. *(Bw)* bewehrt *(Beton)*; 2. *(Wkzm)* bestückt *(Werkzeuge)*; 3. *(Bgb)* ausgerüstet, armiert *(Schächte)* ‖ **~/жёстко** *(Bw)* steifbewehrt *(Beton)*

армировать 1. *(Bw)* bewehren *(Beton)*; 2. *(Wkzm)* bestücken *(Werkzeuge, z. B. mit Hartmetallschneiden)*; 3. *(Bgb)* ausrüsten, armieren *(Schächte)*

армировка *f s.* армирование

армко-железо *n (Met)* Armco-Eisen *n (technisch reines hochpermeables Eisen)*
армозавод *m (Bw)* Bewehrungsvorfertigungsstätte *f*
армоконструкция *f (Bw)* Bewehrungskonstruktion *f*
армопенобетон *m (Bw)* bewehrter Schaumbeton *m*
армопластбетон *m (Bw)* bewehrter Plastbeton *m*
армоцемент *m (Bw)* 1. [draht]netzbewehrter Sandbeton *m*; 2. Armozement *m*
армоэлемент *m (Bw)* Bewehrungselement *n*
аромат *m* Aroma *n*, Duft *m*, Wohlgeruch *m*
ароматизация *f* 1. *(Ch)* Aromatisierung *f (Überführung in aromatische Kohlenwasserstoffe)*; 2. *(Lebm)* Aromatisierung *f*
ароматизировать 1. *(Ch)* aromatisieren *(in aromatische Kohlenwasserstoffe überführen)*; 2. *(Lebm)* aromatisieren
ароматический 1. *(Ch)* aromatisch *(den Benzolring enthaltend)*; 2. aromatisch, wohlriechend
ароматичность *f* aromatischer Charakter *m (chemische Eigenschaften der Arene)*
арочный 1. *(Bw)* Bogen...; 2. *(Masch)* Doppelständer... *(Bauweise von Maschinengestellen)*
арретир *m* Arretiervorrichtung *f*, Sperre *f (an Meßgeräten)*
арретирование *n* Arretierung *f*
арсенат *m (Ch)* Arsenat *n*
арсенид *m (Ch)* Arsenid *n*
арсенит *m (Ch)* Arsenit *n*
арсенолит *m (Min)* Arsenolith *m*, Arsenblüte *f*, Arsenik *m*
арсенопирит *m (Min)* Arsenopyrit *m*, Arsenkies *m*; Mispickel *m*
арсеносоединение *m (Ch)* Arsenverbindung *f*
арсин *m (Ch)* Arsin *n*, Arsenwasserstoff *m*
артикуляция *f (Nrt)* Verständlichkeit *f*, Sprachverständlichkeit *f* ‖ **~/звуковая** Lautverständlichkeit *f* ‖ **~/относительная** [relative] Sprachverständlichkeit *f* ‖ **~ слов** Wortverständlichkeit *f* ‖ **~/слоговая** Silbenverständlichkeit *f* ‖ **~ фраз** Satzverständlichkeit *f*
артроскоп *m (Med)* Artroskop *n*
АРУ *s.* регулировка усиления/автоматическая
арфведсонит *m (Min)* Arfvedsonit *m (Amphibol)*
архей *m s.* 1. эратема/архейская; 2. эра/архейская
археозой *m s.* 1. эратема/археозойская; 2. эра/археозойская
археомагнетизм *m* Archeomagnetismus *m*
архив *m (Inf)* Archiv *n* ‖ **~ данных** Datenarchiv *n* ‖ **~ данных на лентах** Bandarchiv *n* ‖ **~ лент** Bandarchiv *n* ‖ **~ программ** Programmarchiv *n* ‖ **~ программ на лентах** Bandarchiv *n*
архитектура *f* 1. *(Bw)* Architektur *f*, Baukunst *f*; 2. *(Inf)* Architektur *f* ‖ **~/античная** Architektur *f* der Antike ‖ **~ вычислительной системы** Rechnerarchitektur *f* ‖ **~/гражданская** Profanarchitektur *f* ‖ **~/дворцовая** Palastarchitektur *f*, Palastbau *m* ‖ **~/древняя** Architektur *f* des Altertums ‖ **~ интерьера** Innenarchitektur *f* ‖ **~/конвейерная** *(Eln)* Pipeline-Architektur *f* ‖ **~/культовая** *s.* ~/церковная ‖ **~/ландшафтная** Landschaftsarchitektur *f* ‖ **~ малых форм** Kleinarchitektur *f* ‖ **~ микропроцессорных БИС** Mikroprozessor-Architektur *f* ‖ **~ микроэлектронных схем** *(Eln)* Layout *n (integrierter Schaltkreise)* ‖ **~ программ** *(Inf)* Programmarchitektur *f* ‖ **~/промышленная** Industriearchitektur *f* ‖ **~/32-разрядная** *(Inf)* 32-Bit-Architektur *f* ‖ **~/разрядно-секционная** *(Inf)* Bit-slice-Architektur *f* ‖ **~/регистровая** *(Inf)* Registerarchitektur *f* **~/садово-парковая** Gartenarchitektur *f*, Landschaftsarchitektur *f* ‖ **~ сети связи** *(Eln, Inf)* Netzwerkarchitektur *f* ‖ **~ системы** *(Inf)* Systemarchitektur *f* ‖ **~/современная** moderne (zeitgenössische) Architektur *f* ‖ **~/стековая** *(Inf)* Stapelspeicherarchitektur *f* ‖ **~ фасадов** Außenarchitektur *f* ‖ **~/функционально-ориентированная** *(Inf)* funktionsbezogene Architektur *f (z. B. von Mikroprozessoren)* ‖ **~/церковная** Sakralarchitektur *f* ‖ **~ ЭВМ** *(Inf)* Rechnerarchitektur *f*
архитрав *m (Bw)* Binderbalken *m* ‖ **~ пресса** *(Schm)* Pressenhaupt *m*, Querhaupt *n (hydraulische Presse)*
АРЩ *s.* щит/аварийный распределительный
АРЯ *s.* регулировка яркости/автоматическая
АС *s.* 1. система/автоматическая; 2. система/акустическая
АСА *s.* анализ/атомный спектральный
асб *s.* апостильб
асбест *m (Min)* Asbest *m* ‖ **~/амфиболовый** Amphibolasbest *m*, Aktinolith *m* ‖ **~/змеевиковый** *s.* ~/хризотиловый ‖ **~/листовой** Asbestpappe *f* ‖ **~/роговообманковый** *s.* ~/амфиболовый ‖ **~/серпентиновый** Serpentinasbest *m* ‖ **~/хризотиловый** Chrysotilasbest *m*, Chrysotil *m (Serpentinasbest)*
асбестированный asbestbelegt, mit Asbest[belag] versehen
асбестобетон *m s.* асбестоцемент
асбестосиликат *m* Asbestsilikat *n*
асбестоцемент *m* Asbestzement *m*, Asbestbeton *m*
асбокартон *m* Asbestpappe *f*
асболан *m (Min)* Asbolan *m*, Schwarzkobalt *m*, Erdkobalt *m*, Kobaltmanganerz *n*
асбонаполненный asbestgefüllt, asbestverstärkt
асбофанера *f (Bw)* Asbestzementplatte *f*
асбоцемент *m s.* асбестоцемент
асбошифер *m* Asbestzementschiefer *m*
А-свирль *m (Krist)* A-Swirl *m*, A-Defekt *m*
асидерит *m (Geol)* Asiderit *m*, Meteorstein *m*
асимметрия *f* Asymmetrie *f*, Unsymmetrie *f* ‖ **~/ёмкостная** Kapazitätunsymmetrie *f* ‖ **~ контура** *(El)* Kreisunsymmetrie *f* ‖ **~/фазовая** Phasenunsymmetrie *f*
асимптота *f (Math)* Asymptote *f*, asymptotische Kurve *f*
асимптотика *f (Math)* Asymptotik *f*, asymptotisches Verhalten *n*
аспарагин *m (Ch)* Asparagin *n*
аспиратор *m* 1. *(Ch)* Aspirator *m*, Saugwindreiniger *m*; 2. Aspirateur *m*, Kornreinigungsmaschine *f (Mälzerei)*
ассамблирование *n* Verschnitt *m (von Sektgrundweinen einer Sorte)*
ассемблер *m (Inf)* 1. Assembler *m*, Assemblerprogramm *n (für die Übersetzung einer Programmiersprache in die Maschinensprache)*; 2. Assemblersprache *f* ‖ **~/автономный** autonomer Assembler *m* ‖ **~/двухпроходной** Zweischritt-

assembler *m* ‖ **~/многопроходной** Mehrschrittassembler *m* ‖ **~/обратный** Rückassembler *m* ‖ **~/однопроходной** Einschrittassembler *m* ‖ **~/резидентный** residenter Assembler *m*

ассемблирование *n (Inf)* Assemblierung *f (Programme)*

ассемблировать *(Inf)* assemblieren *(Programme)*

ассимиляция *f (Geol)* Assimilation *f*, Syntexis *f (Hybridisierung fremder Gesteine im Magma)* ‖ **~ загрязняющих веществ/атмосферная** *(Ökol)* Atmosphärenassimilation *f* von Schadstoffen, Schadstoffassimilation *f* durch die Atmosphäre ‖ **~ отходов** *(Ökol)* Abfallassimilation *f*, Abfallumwandlung *f*

АССОД *s.* система сбора и обработки данных/автоматизированная

ассоциат *m (Ph)* Assoziat *n* ‖ **~/ионный** Ionenassoziat *n*

ассоциативность *f (Math)* Assoziativität *f*

ассоциативный 1. *(Math)* assoziativ, Assoziativ...; 2. *(Inf)* inhaltsadressierbar, Assoziativ... *(Speicher)*

ассоциация *f* 1. *(Ph, Ch)* Assoziation *f* von Molekülen, Übermolekülbildung *f*; 2. *(Geol)* Vergesellschaftung *f* ‖ **~/звёздная** *(Astr)* Sternassoziation *f* ‖ **~/ионная** *s.* ~ ионов ‖ **~ ионов** Ionenassoziation *f* ‖ **~ молекул** *s.* ассоциация 1. ‖ **~/парагенетическая** *s.* ассоциация 2.

0-ассоциация *f (Astr)* 0-Assoziation *f (0-Sterne enthaltend)*

Т-ассоциация *f (Astr)* T-Assoziation *f (Tauri-Sterne enthaltend)*

астат[ин] *m (Ch)* Astat *n*

астатизм *m* Astatik *f*, astatisches Verhalten *n (eines Meßgerätes)*

астатический astatisch; integral, integralwirkend, Integral...

астеносфера *f (Geoph)* Astenosphäre *f (Bereich erniedrigter Viskosität und seismischer Geschwindigkeit unterhalb der Lithosphäre)*

астеризм *m (Min)* Asterismus *m*

астероид *m (Astr)* Asteroid *m*, Planetoid *m*, kleiner Planet *m*

астигматизм *m (Opt)* Astigmatismus *m (Aberrationsart)*

астигмометр *m (Med)* Astigmometer *n*

АСТП *s.* система технологического проектирования/автоматизированная

астраханит *m (Min)* Astrachanit *m*, Astrakanit *m*, Blödit *m (Salzmineral)*

астрионика *f* Astrionik *f*, Raumschiffelektronik *f*

астробиология *f s.* экзобиология

астроблема *f* Astroblem *n (großer kosmischer Einschlagkrater)*

астрогеология *f* Astrogeologie *f*, Planetologie *f*

астрограф *m (Astr)* Astrograph *m*, photographischer Refraktor *m* ‖ **~/двойной** Doppelastrograph *m* ‖ **~/зонный** Zonenastrograph *m* ‖ **~/нормальный** Normalastrograph *m* ‖ **~/широкоугольный** Weitwinkelastrograph *m*

астроида *f (Math)* Ast[e]roide *f*, Sternkurve *f*

астроинженерия *f* Astrotechnologie *f (Umgestaltung von Himmelskörpern durch [hypothetische extraterrestrische] Superzivilisationen)*

астроинженерный weltraumtechnisch, Weltraumbau...

астрокамера *f s.* астрограф

астроклимат *m* Astroklima *n*

астрокоррекция *f (Flg)* Astrokorrektur *f*

астрокупол *m (Flg)* Astrokuppel *f*, Navigationskuppel *f*

астролябия *f (Astr)* Astrolabium *n* ‖ **~/призменная** Prismen-Astrolabium *n*

астрометрия *f (Astr)* Astrometrie *f*, Positionsastrometrie *f* ‖ **~/меридианная** Meridianastrometrie *f* ‖ **~/фотографическая** photographische Astrometrie *f*

астромеханика *f* Himmelsmechanik *f*

астрон *(Astr)* Astron *n*, Siriometer *n*, Sternenweite *f (SI-fremde Einheit der Länge)*

астронаведение *n* Astrolenkung *f (Navigation)*

астронавигация *f* Astronavigation *f*, Sternennavigation *f*

астронавтика *f* Astronautik *f*, Raumfahrt *f*, Weltraumfahrt *f*

астрономия *f* Astronomie *f*, Sternkunde *f*, Himmelskunde *f* ‖ **~/внеатмосферная** extraterrestrische Astronomie *f* ‖ **~/внегалактическая** extragalaktische (außergalaktische) Astronomie *f* ‖ **~/геодезическая** geodätische Astronomie *f* ‖ **~/звёздная** Stellarastronomie *f* ‖ **~/инфракрасная** Infrarotastronomie *f* ‖ **~/кометная** Kometenastronomie *f* ‖ **~/метеорная** Meteorastronomie *f* ‖ **~/миллиметровая** Millimeterwellenastronomie *f* ‖ **~/мореходная** nautische Astronomie *f* ‖ **~/наблюдательная** beobachtende Astronomie *f* ‖ **~/нейтринная** Neutrinoastronomie *f* ‖ **~/общая** allgemeine Astronomie *f* ‖ **~/планетная** Planetenastronomie *f* ‖ **~/практическая** angewandte Astronomie *f* ‖ **~/радиолокационная** Radarastronomie *f* ‖ **~/рентгеновская** Röntgenastronomie *f* ‖ **~/спутниковая** Satellitenastronomie *f* ‖ **~/субмиллиметровая** Submillimeterwellenastronomie *f* ‖ **~/сферическая** sphärische Astronomie *f* ‖ **~/теоретическая** theoretische Astronomie *f* ‖ **~/физическая** Astrophysik *f* ‖ **~/фотографическая** photographische Astronomie *f* ‖ **~/эфемеридная** Ephemeridenastronomie *f*

астропеленгатор *m* Astropeilgerät *n*, Astropeiler *m (Navigation)*

астропеленгация *f* Astropeilung *f*, Sternpeilung *f*

астроснимок *m* Astroaufnahme *f*, Astrophotographie *f*

астроспектрограф *m* Astrospektrograph *m*, Sternspektrograph *m*

астроспектроскопия *f* astronomische Spektroskopie *f*

астрофизика *f* Astrophysik *f* ‖ **~/всеволновая** Astrophysik *f* aller Wellenlängen

астрофизический astrophysikalisch

астрофиллит *m (Min)* Astrophyllit *m (Mineral seltener Erden)*

астрофотография *f* Astrophotographie *f*, Himmelsphotographie *f*, Sternphotographie *f*

астрофотометрия *f* Astrophotometrie *f*, Sternphotometrie *f*, astronomische Photometrie *f*

АСУ *s.* система управления/автоматизированная

АСУК *s.* система управления качеством/автоматизированная

асфальт *m* Asphalt *m* ‖ **~/дорожный** Straßen[bau]asphalt *m* ‖ **~/естественный** Naturasphalt *m* || **~/каменноугольный** Steinkohlenteerasphalt *m* || **~/литой** Gußasphalt *m* || **~/литой твёрдый** Hartgußasphalt *m* || **~/нефтяной** Erdölasphalt *m* || **~/озёрный** Seeasphalt *m* || **~/окислённый** geblasener Asphalt *m* || **~/песчаный** sandiger Asphalt *m* || **~/природный** *s.* ~/естественный || **~/продутый** *s.* ~/окислённый || **~/трамбованный** Stampfasphalt *m* || **~/тринидадский** Trinidadasphalt *m* || **~/укатанный** gewalzter Asphalt *m*, Walzasphalt *m*

асфальтирование *n* Asphaltieren *n*, Asphaltierung *f*

асфальтобетон *m* Asphaltbeton *m* || **~/горячий** Heißasphaltbeton *m* || **~/крупнозернистый** Asphaltgrobbeton *m* || **~/мелкозернистый** Asphaltfeinbeton *m* || **~/холодный** Kaltasphaltbeton *m*

асфальтобетоносмеситель *m (Bw)* Asphaltbetonmischer *m*

асфальтобетоноукладчик *m (Bw)* Asphaltiermaschine *f*, Schwarzdeckenfertiger *m (Straßenbau)*

асфальтосмеситель *m (Bw)* Asphaltmischer *m*

асфальтоукладчик *m s.* асфальтобетоноукладчик

атакамит *m (Min)* Atakamit *m*, Salzkupfererz *n*

атаксит *m* Ataxit *m (Eisenmeteorit)*

атактический ataktisch *(Polymere)*

а́тлас *m* Atlas *m*, Kartenwerk *n* || **~ автомобильных дорог** Autoatlas *m* || **~/анатомический** anatomischer Atlas *m* || **~/звёздный** Himmelsatlas *m* || **~/картографический** kartographischer Atlas *m* || **~ льдов** Eisatlas *m* || **~ мира** Weltatlas *m* || **~ морских течений** Stromatlas *m* || **~ небольшого формата** Handatlas *m* || **~ облаков** Wolkenatlas *m* || **~ цветов** Farb[en]atlas *m* || **~/школьный** Schulatlas *m*

атла́с *m (Text)* Atlas *m (Seidengewebe)*

атласить *(Text)* glätten und Seidenglanz verleihen *(Seidenfinish)*

атла́сный 1. *(Text)* Atlas… *(aus Atlasstoff)*; 2. seidig [glänzend] *(Papier)*

атмограф *m* Atmograph *m*, Evaporigraph *m*

атмометр *m* Atmometer *n (Gerät zur Bestimmung der Verdunstungsgeschwindigkeit von Wasser)*

атмосфера 1. *(Geoph)* Atmosphäre *f*; Gashülle *f (eines Himmelskörpers)*; 2. physikalische Atmosphäre *f*, atm *(SI-fremde Einheit des Druckes)*; 3. Hülle *f*, Medium *n*, Mittel *n (s. a. unter* среда*)* || **~/адиабатическая** *(Geoph, Meteo)* adiabatische Atmosphäre *f* || **~/верхняя** obere Atmosphäre *f* || **~/влажная** feuchte Atmosphäre *f* || **~/внешняя** äußere Atmosphäre *f* || **~/водородная** Wasserstoffatmosphäre *f* || **~/восстановительная** *(Met)* reduzierte Atmosphäre (Flammenführung) *f*, reduzierendes Mittel (Medium) *n (in einem Ofen)* || **~/газовая** Gasmedium *n* || **~/гомогенная** *(Geoph, Meteo)* homogene Atmosphäre *f* || **~/защитная** 1. *(Schw)* Schutzgas *n*, inertes Medium *n*; 2. *(Met)* inerte Atmosphäre *f*, Schutzgasatmosphäre *f (Ofenführung)* || **~/звёздная** Stern[en]atmosphäre *f* || **~/изотермическая** *(Geoph, Meteo)* isotherme Atmosphäre *f* || **~/незапылённая** staubfreie Atmosphäre *f* || **~/нейтральная** *(Met)* neutrales Mittel (Medium) *n (in einem Ofen)* || **~/окислительная** *(Met)* oxidierende Atmosphäre (Flammenführung) *f*, oxidierendes Mittel (Medium) *n (in einem Ofen)* || **~/окружающая** umgebende Atmosphäre *f* || **~/плавильная** *(Met, Gieß)* Schmelz[ofen]atmosphäre *f* || **~/плотная** dichte Atmosphäre *f* || **~/политропная** *(Geoph, Meteo)* polytrope Atmosphäre *f* || **~/рудничная (шахтная)** *(Bgb)* Grubenwetter *pl*, Wetter *pl*

атмосферики *pl (Rf)* atmosphärische (luftelektrische) Störungen *fpl*, atmosphärisches Rauschen *n*

атмосферный atmosphärisch || **~ электрический** luftelektrisch

атмосферостойкий wetterbeständig, wetterfest, witterungsbeständig

атмосферостойкость *f* Beständigkeit *f* gegen atmosphärische Einflüsse, Wetterfestigkeit *f*, Witterungsbeständigkeit *f*

АТНС *s.* система/автоматизированная транспортно-накопительная

атом *(Ph, Ch, Krist)* Atom *n* || **~/акцепторный** Akzeptoratom *n (Halbleiter)* || **~/ближайший** nächstliegendes Atom *n* || **~ в междоузлии** *s.* ~/меж[до]узельный || **~/внедрённый** *s.* ~/меж[до]узельный || **~ водорода** Wasserstoffatom *n* || **~/возбуждённый** angeregtes Atom *n* || **~/вторичный** Sekundäratom *n*, sekundäres Atom *n* || **~/выбитый** angestoßenes Atom *n*, Anstoßatom *n* || **~/горячий** heißes (hochangeregtes) Atom *n* || **~/диссоциированный** dissoziiertes Atom *n* || **~/донорный** Donatoratom *n (Halbleiter)* || **~ дочернего вещества** Folgeatom *n*, Atom *n* des Folgeprodukts, Tochteratom *n* || **~/дочерний** *s.* ~ дочернего вещества || **~/замещённый** Substitutionsatom *n* || **~ изомера** *s.* нуклид || **~ изотопа** *s.* нуклид || **~/ионизированный акцепторный** ionisiertes Akzeptoratom *n (Halbleiter)* || **~/ионизированный донорный** ionisiertes Donatoratom *n (Halbleiter)* || **~ кольца** Ringatom *n* || **~/лишённый внешних электронов** hochionisiertes (geschältes, nacktes, abgestreiftes) Atom *n* || **~/меж[до]узельный** Zwischengitteratom *n* || **~/мезонный** Meson[en]atom *n*, Mesoatom *n* || **~/метастабильный** metastabiles Atom *n* || **~/меченый** Tracer *m*, markiertes Atom *n*, Indikator *m* || **~ мишени** Targetatom *n* || **~/мостиковый** Brückenatom *n* || **~/нейтральный** neutrales Atom *n* || **~/нестабильный** instabiles Atom *n* || **~ основного кристалла** *s.* ~/основной || **~/основной** Wirt[s]atom *n* || **~ отдачи** Rückstoßatom *n* || **~/отрицательный** negatives Atom *n* || **~/посторонний** *s.* ~/примесный || **~/примесный** Fremdatom *n*, Stör[stellen]atom *n* || **~/промежуточный** *s.* ~/меж[до]узельный || **~/радиоактивный** radioaktives Atom *n* || **~ решётки/собственный** Eigengitteratom *n* || **~/сильно возбуждённый** *s.* ~/горячий || **~/смещённый** *s.* ~/меж[до]узельный || **~/собственный междоузельный** Eigenzwischengitteratom *n* || **~/соседний** Nachbaratom *n*, Nachbar *m* || **~/углеродный** Kohlenstoffatom *n*, C-Atom *n* || **~/узельный** Gitteratom *n* || **~/чужеродный** *s.* ~/примесный

атомизатор *m* Sprüher *m*, Versprüher *m*; Zerstäuber *m (für Feststoffe)*; Feinzerstäuber *m (für Flüssigkeiten)*

атоминдикатор *m* Indikatoratom *n*
атомно-дисперсионный *(Ph)* atomdispers
атомоход *m* kernenergiegetriebenes Schiff *n*, Schiff *n* mit Kernenergieantrieb *m*
атом-хозяин *m* Wirtsatom *n*
АТС *s.* станция/автоматическая телефонная
АТСС *s.* система/автоматизированная транспортно-складская
аттенюатор *m (Rf)* Dämpfungsglied *n*, Abschwächer *m*, Attenuator *m* ‖ **~/антенный** Antennenabschwächer *m* ‖ **~/входной** Eingangsdämpfungsglied *n* ‖ **~/выходной** Ausgangsdämpfungsglied *n* ‖ **~/нерегулируемый** nicht verstellbares Dämpfungsglied *n* ‖ **~/регулируемый** verstellbares Dämpfungsglied *n* ‖ **~/электрический** elektrisches Dämpfungsglied *n*
аттенюация *f* Dämpfung *f*, Schwächung *f*, Abschwächung *f*
аттестация *f* Attestierung *f* ‖ **~/метрологическая** metrologische Attestierung *f*
аттестировать attestieren
АТЭЦ *s.* теплоэлектроцентраль/атомная
АУ *s.* 1. управление/автоматическое; 2. устройство/арифметическое; 3. усилитель/антенный
аудиовизуальный audiovisuell
аудиограмма *f (Ak, Med)* Audiogramm *n*
аудиометр *m (Ak, Med)* Audiometer *n*
аудиометрия *f* Audiometrie *f*, Hörschärfemessung *f* ‖ **~/надпороговая** überschwellige Audiometrie *f*
аудион *m (Rf)* Audion *n*, Audionröhre *f*
аурат *m (Ch)* Aurat *n*
аурипигмент *m* 1. *(Min)* Auripigment *n*, gelbe Arsenblende *f*; 2. *(Ch)* Arsentrisulfid *n*
ауросмирид *m (Min)* Aurosmirid *m (goldhaltiges Iridosmium)*
аустенит *m (Met)* Austenit *m*, γ-Mischkristalle *mpl* ‖ **~/вторичный** Sekundäraustenit *m* ‖ **~/остаточный** Restaustenit *m* ‖ **~/первичный** Primäraustenit *m*
аустенитизация *f (Härt)* Austenitisierung *f*, Austenit...
аустенитный *(Met)* austenitisch, Austenit...
аутенит *m s.* отенит
аутолиз *m s.* автолиз
аутолизат *m s.* автолизат
аутунит *m (Min)* Autunit *m*, Kalkuranit *m*, Kalkuranglimmer *m*
афелий *m (Astr)* Aphel *n*, Aphelium *n* , Sonnenferne *f*
афтершок *m (Geoph)* Nachbeben *n*, Afterschock *m*
аффинаж *m s.* аффинирование
аффинирование *n (Met)* 1. Raffination *f*, Raffinierung *f*, Feinung *f*, Affination *f (besonders für Edelmetalle)*; 2. Edelmetallscheidung *f*
аффинировать *(Met)* 1. raffinieren, feinen, affinieren *(besonders bei Edelmetallen)*; 2. scheiden *(Edelmetalle)*
аффинность *f (Math)* Affinität *f*, Verwandtschaft *f*
аффинор *m (Math)* Affinor *m*
АХМ *s.* машина/абсорбционная холодильная
ахондрит *m (Astr)* Achondrit *m (Meteorit)*
ахроит *m (Min)* Achroit *m (Turmalin)*
ахромат *m (Opt)* Achromat *m*, achromatische Linse *f*, achromatisches Objektiv *n*
ахроматизация *f (Opt)* Achromatisierung *f*
ахроматизм *m (Opt)* 1. Achromasie *f*, Farbfehlerfreiheit *f (optischer Systeme)*; 2. Achromasie *f*, Zapfenblindheit *f (des Auges)*
ахроматический *(Opt)* achromatisch *(ohne chromatischen Fehler)*
ахроматичность *f s.* ахроматизм 1.
ахтерлюк *m (Schiff)* Heckluke *f*, Achter[schiffs]luke *f*
ахтерпик *m (Schiff)* Achterpiek *f*, Hinterpiek *f*
ахтерштаг *m (Schiff)* Achterstag *n*
ахтерштевень *m (Schiff)* Achtersteven *m*, Hintersteven *m*
АЦВМ *s.* машина/аналого-цифровая вычислительная
ацеталирование *n (Ch)* Acetalisierung *f*, Acetalbildung *f*
ацеталь *m (Ch)* Acetal *n*
ацетальдегид *m (Ch)* Acetaldehyd *m*, Ethanal *n*
ацетамид *m (Ch)* Acetamid *n*, Ethanamid *n*
ацетат *m (Ch)* Acetat *n*
ацетатный *(Ch)* Acetat...
ацетилен *m (Ch)* Acetylen *n*, Ethin *n* ‖ **~/растворённый** Dissousgas *n (in Aceton gelöstes Acetylen)*
ацетиленид *m (Ch)* Acetyl[en]id *n (Gruppe der Carbide)*
ацетиленистый *(Ch)* ...acetylid *n*
ацетиленовый *(Ch)* Acetylen...
ацетилирование *n (Ch)* Acetylieren *n*, Acetylierung *f*
ацетилировать *(Ch)* acetylieren
ацетилируемость *f (Ch)* Acetylierbarkeit *f*
ацетилцеллюлоза *f (Ch)* Acetylcellulose *f*, Celluloseacetat *n*
ацетильный *(Ch)* Acetyl...
ацетилятор *m (Ch)* Acetylierer *m*
ацетометр *m (Ch)* Acetometer *n*, Essigprüfer *m*
ацетон *m (Ch)* Aceton *n*, Dimethylketon *n*
ацетоновый *(Ch)* Aceton...
ацетонорастворимый acetonlöslich
ацидиметрический *(Ch)* acidimetrisch
ацидиметрия *f (Ch)* Acidimetrie *f*, Säurebestimmung *f*, Säuremessung *f*
ацидиты *mpl s.* породы/кислые
ациклический *(Ch)* acyclisch
ацилирование *n (Ch)* Acylierung *f*, Acylieren *n*
ацилировать *(Ch)* acylieren
АЦП *s.* преобразователь/аналого-цифровой
АЦПУ *s.* устройство/алфавитно-цифровое печатающее
АЧХ *s.* характеристика/амплитудно-частотная
АШ *s.* шлагбаум/автоматический
АЭ *s.* эмиссия/акустическая
аэратор *m (Gieß)* Sandauflockerungsmaschine *f*, Formstoffschleuder *f*, Sandlockerer *m*, Sandwolf *m*
аэрация *f* 1. *(Ökol)* Belüftung *f*; 2. *(Gieß)* Durchlüftung *f*, Auflockerung *f (des Formstoffs)* ‖ **~ водоёма** Wasserbehälterbelüftung *f* ‖ **~ почвы** Bodendurchlüftung *f* ‖ **~ сточных вод** Abwasserbelüftung *f*
аэрировать 1. *(Ökol)* belüften, durchlüften; 2. *(Gieß)* auflockern *(Formstoffe)*
аэробус *m (Flg)* Airbus *m*
аэровокзал *m (Flg)* Abfertigungsgebäude *n*, Terminal *n*

аэрогеосъёмка *f (Geol)* geologische Kartierung *f* mittels Luftbilder
аэрогидродинамика *f* Aerohydrodynamik *f*, Strömungsdynamik *f*
аэрогидродинамический aerohydrodynamisch, strömungsdynamisch
аэрогидромеханика *f* Strömungsmechanik *f*, Strömungslehre *f*
аэроградиометр *m* Aerogradiometer *n*, Luftgradiometer *n*
аэродинамика *f* Aerodynamik *f* ‖ ~ **больших скоростей** Hochgeschwindigkeitsaerodynamik *f* ‖ ~/**внутренняя** innere Aerodynamik *f (eines Motors)* ‖ ~/**гиперзвуковая** *s.* ~ гиперзвуковых скоростей ‖ ~ **гиперзвуковых скоростей** Hyperschallaerodynamik *f* ‖ ~/**дозвуковая** *s.* ~ дозвуковых скоростей ‖ ~ **дозвуковых скоростей** Aerodynamik *f* im Unterschallbereich, Unterschallaerodynamik *f* ‖ ~/**околозвуковая** *s.* ~ околозвуковых скоростей ‖ ~ **околозвуковых скоростей** Aerodynamik *f* im Schallgrenzbereich, schallnahe Aerodynamik *f* ‖ ~/**сверхзвуковая** *s.* ~ сверхзвуковых скоростей ‖ ~ **сверхзвуковых скоростей** Aerodynamik *f* im Überschallbereich, Überschallaerodynamik *f* ‖ ~/**трансзвуковая** *s.* ~ околозвуковых скоростей
аэродинамический aerodynamisch
аэродром *m* Flugplatz *m* ‖ ~/**аварийный** Notlandeplatz *m* ‖ ~/**военный** Militärflugplatz *m* ‖ ~/**заводской** Werkflugplatz *m* ‖ ~/**запасный** Ausweichflugplatz *m* ‖ ~ **назначения** Bestimmungsflugplatz *m*, Zielflugplatz *m* ‖ ~/**плавучий морской** schwimmender Landeplatz *m (für Hubschrauber)*; schwimmende Insel *f* ‖ ~/**промежуточный** Durchgangsflugplatz *m*
аэрожёлоб *m* Druckluftförderrinne *f*
аэрозолеобразование *n (Ch)* Aerosolbildung *f*
аэрозоль *m (Ph, Ch)* Aerosol *n*, Luftkolloid *n*
аэроионизация *f* Luftionisierung *f*, Luftionisation *f*, atmosphärische Ionisation *f*
аэрокамера *f* Luftbildkamera *f*
аэроклиматология *f* Aeroklimatologie *f*
аэрокрет *m (Bw)* Luft[poren]beton *m*, Gasbeton *m*
аэролимнология *f* Aerolimnologie *f (Seenerforschung durch Luftaufnahme)*
аэролит *m (Geol, Astr)* Aerolith *m*, Steinmeteorit *m*
аэролифт *m s.* насос/пневматический
аэрология *f* Aerologie *f (Physik der freien Atmosphäre)*
аэромагнитометр *m (Ph)* Aeromagnetometer *n*
аэромаяк *m* Flugfeuer *n (s. a. unter* маяк*)* ‖ ~/**линейный** Flugstreckenfeuer *n*, Streckenfeuer *n*
аэрометр *m (Ph)* Aerometer *n*, Luftdichtemesser *m*
аэрометрика *f* Aerometrie *f*, Luftdichtemessung *f*
аэромеханика *f* Aeromechanik *f*
аэронавигация *f* Aeronavigation *f*, Flugnavigation *f*
аэронавтика *f* Aeronautik *f*, Luftfahrt *f*
аэрономия *f* Aeronomie *f*
аэроопрыскиватель *m (Lw)* aviotechnische Sprühvorrichtung *f*, Flugzeugsprühgerät *n*
аэроопыливатель *m s.* аэрораспылитель
аэропитатель *m (Text)* Aerospeiser *m*
аэроплан *m s.* самолёт
аэроплёнка *f (Photo)* Luftbildfilm *m* ‖ ~/**панхроматическая** panchromatischer Luftbildfilm *m* ‖ ~/**спектрозональная** spektrozonaler Luftbildfilm *m*
аэропоезд *m (Eb)* Luftkissenzug *m*, Aerotrain *m*
аэропозитив *m* Luftbildpositiv *n*
аэропорт *m* Flughafen *m* ‖ ~/**базовый** Heimatflughafen *m* ‖ ~/**международный** internationaler Flughafen *m*
аэропыль *f* Kohlenstaubgemisch *n*, Brennstaubgemisch *n*
аэрорадионавигация *f* Flugfunknavigation *f*
аэрораспылитель *m (Lw)* Flugzeugstäubegerät *n*
аэросани *pl* Motorschlitten *m*
аэросани-амфибия *pl* Amphibienschlitten *m*, Luftkissenschlitten *m*
аэросев *m (Lw)* Ausbringen *n* von Saatgut mittels Agrarfluggerät
аэроснимок *m* Luftaufnahme *f*, Luftbild *n (s. a. unter* аэрофотоснимок*)* ‖ ~/**инфракрасный** Infrarot-Luftbild *n* ‖ ~/**многозональный** Multispektral-Luftbild *n* ‖ ~/**сканерный** Scanner-Luftbild *n* ‖ ~/**спектрозональный** Spektrozonal-Luftbild *n*
аэростат *m* 1. Ballon *m*; 2. Luftschiff *n*, Luftfahrzeug *n* leichter als Luft ‖ ~/**привязной** Fesselballon *m* ‖ ~/**свободный** Freiballon *m*
аэросъёмка *f s.* аэрофотосъёмка
аэротанк *m s.* аэротенк
аэротенк *m (Ökol)* Belebungsbecken *n (biologische Abwasserreinigung)*
аэротермодинамика *f* Aerothermodynamik *f*
аэротермоупругость *f* Aerothermoelastizität *f*
аэроузел *m* Flugplatzknoten *m*
аэроупругость *f* Aeroelastizität *f*, Aeroelastik *f*
аэрофильтр *m* Biofilter *n*, biologisches Belüftungsfilter *n (biologische Abwasserreinigung)*
аэрофлокула *f* Aeroflocke *f (Flotationsaufbereitung)*
аэрофотоаппарат *m* Luftbildmeßkammer *f*, Luftbildaufnahmegerät *n*
аэрофотогеодезия *f* Luftbildgeodäsie *f*
аэрофотограмма *f (Geod)* Luftmeßbild *n*
аэрофотограмметрия *f* Aerophotogrammetrie *f*, Luftbild[ver]messung *f*
аэрофотографирование *n* 1. Luftbildaufnahme *f*; 2. Luftbildwesen *n*
аэрофотография *f* Luftbildwesen *n*
аэрофотокамера *f* Luftbildaufnahmegerät *n*, Luftbildmeßkammer *f*
аэрофотообъектив *m* Luftbildobjektiv *n*
аэрофотоплан *m* Luftbildplan *m*
аэрофотоснимок *m* Luft[meß]bild *n*, Luftaufnahme *f (s. a. unter* аэроснимок*)* ‖ ~/**маршрутный** Reihen[luft]bild *n* ‖ ~/**панорамный** Panoramaluftbild *n* ‖ ~/**перспективный** Schrägaufnahme *f* ‖ ~/**плановый** Steilaufnahme *f*, Senkrechtaufnahme *f* ‖ ~/**площадной** Flächenaufnahme *f* ‖ ~/**трансформированный** entzerrtes Luftbild *n*
аэрофотосхема *f* Luftbildskizze *f*
аэрофотосъёмка *f* Luftbildaufnahme *f* ‖ ~/**маршрутная** Reihenbildaufnahme *f* ‖ ~/**панорамная** Panoramaaufnahme *f*, Luftbildpanoramaaufnahme *f* ‖ ~/**перспективная** Schrägaufnahme *f* ‖ ~/**плановая** Steilaufnahme *f*, Senkrechtaufnahme *f* ‖ ~/**площадная** Flächenaufnahme *f*

аэрофототопография *f* Luftbildtopographie *f*
аэрофототрансформатор *m* Luftbildentzerrer *m*
аэрофототриангуляция *f* Luftbildtriangulation *f*
АЭС *s.* электростанция/атомная

Б

баба *f (Bw)* Bär *m*, Fallbär *m*, Fallhammer *m* ‖ **~/свободнопадающая** Freifallbär *m*
баба-трамбовка *f (Bw)* Handramme *f*, Jungfer *f*
баббит *m* Lagerweißmetall *n*, Antifriktionsmetall *n*, Babbittmetall *n*
баббитовый Babbitt…; Babbittmetall…, Weißmetall…
бабингтонит *m (Min)* Babingtonit *m (Pyroxen)*
бабка *f* 1. Schlitten *m*, Wagen *m*; 2. *(Masch)* Spindelkopf *m*, Spindelstock *m*; Docke *f (einer Drehmaschine)*; 3. *(Bw)* Bock *m* ‖ **~/задняя** *(Wkzm)* Reitstock *m* ‖ **~/инструментальная** *(Wkzm)* Werkzeugspindelstock *m*, Schleifspindelstock *m (Koordinatenschleifmaschine)* ‖ **~/передняя** *(Wkzm)* Spindelstock *m (einer Drehmaschine)*; Werkstückspindelstock *m (einer Schleifmaschine)*; Teilstock *m (einer Nutenfräsmaschine)* ‖ **~/стропильная** *(Bw)* Stuhl *m (Dachverband)* ‖ **~/шлифовальная** *(Wkzm)* Schleifspindelstock *m (Flach- und Rundschleifmaschinen)* ‖ **~/шпиндельная** *(Wkzm)* Spindelstock *m*
багажник *m (Kfz)* Kofferraum *m*; Dachgepäckträger *m*; *(Flg)* Gepäckraum *m*; *(Eb)* Gepäcknetz *n*, Gepäckablage *f*; Gepäckträger *m (Fahrrad)*
багет *m (Bw)* Leiste *f*, Zierleiste *f*; Kehlung *f*
багор *m* 1. Bootshaken *m*; 2. Fischhaken *m*
бадан *m* Badan *n (Gerbstoff)*
бадделеит *m (Min)* Baddeleyit *m*, Brazilit *m*
бадья *f* 1. Eimer *m*, Kübel *m*; Zuber *m*; 2. *(Bgb)* Kübel *m*, Gefäß *n (Förderung)*; 3. *(Met)* Gefäß *n*, Kübel *m (zur Beschickung von Schachtöfen)* ‖ **~/загрузочная** *(Met)* Gichtkübel *m*, Begichtungsgefäß *n*, Begichtungskübel *m (Schachtöfen)* ‖ **~/опрокидная** Kippkübel *m*; *(Bgb)* Kippgefäß *n*; *(Met)* Kippgefäß *n*, Kippkübel *m*, Skip *m (Schachtofen)* ‖ **~/подъёмная** Aufzugskübel *m*, Beschickungsgefäß *n*, Gichtkübel *m (Schachtofen)*; Aufzugskübel *m (z. B. eines Mischers)* ‖ **~/проходческая** *(Bgb)* Abteuf[förder]kübel *m*
база *f* 1. Basis *f*; Grundlage *f*; 2. Bezugsgröße *f*, Bezugsbasis *f*; 3. *(Fert)* Bestimmungselement *n*, Bestimmfläche *f*; 4. *(Math, Geod)* Basis *f*, Standlinie *f*; 5. *(Fert)* Auflagefläche *f*, Aufnahmefläche *f*; 6. Station *f*, Depot *n*; 7. *(Kfz, Eb)* Radstand *m*, Achsstand *m*; 8. *(Bw)* Basis *f*, Säulenfuß *m*; 9. *(Eln)* Basis *f*, Basisschicht *f*, Basiszone *f*; 10. *(El)* Basiselektrode *f*; 11. *(Mil)* Basis *f*, Stützpunkt *m* ‖ **~ в реальном масштабе времени** *(Inf)* Echtzeitbasis *f* ‖ **~/вспомогательная** *(Fert)* Bestimmelement *n* des aufzunehmenden Teiles *(Montage)* ‖ **~ данных** *(Inf)* Datenbasis *f*; Datenbank *f* ‖ **~ данных совместного пользования** *(Inf)* gemeinsam genutzte Datenbasis (Datenbank) ‖ **~/действительная** *(Fert)* Ist-Bestimmfläche *f* ‖ **~/звеноразборочная** *(Eb)* Gleisjochdemontageplatz *m*, Jochdemontageplatz *m* ‖ **~/звеносборочная** *(Eb)* Gleisjochmontageplatz *m*, Jochmontageplatz *m* ‖ **~/измерительная** *(Fert)* Bestimmelement *n* für Messungen und Meßzeuge ‖ **~/китобойная** Walfangmutterschiff *n* ‖ **~/конструкторская** *(Fert)* Bestimmelement *n* für Konstruktionszwecke ‖ **~/кормовая** *(Lw)* Futtergrundlage *f* ‖ **~/лунная** Mondbasis *f* ‖ **~/направляющая** *(Fert)* Führungsbasis *f* ‖ **~/ненасыщенная** ungesättigte Basis *f (Halbleiter)* ‖ **~/опорная** *(Fert)* Stützbasis *f* ‖ **~/основная** *(Fert)* Hauptbestimmelement *n (Montage)* ‖ **~/перевалочная** Umschlagplatz *m* ‖ **~/плавучая** *(Mil)* Mutterschiff *n*, schwimmender Stützpunkt *m*; Tender *m* ‖ **~/плавучая авиационная** Flugzeugmutterschiff *n* ‖ **~/плавучая рефрижераторная** Kühlmutterschiff *n* ‖ **~/плавучая рыбоперерабатывающая** Fabrikmutterschiff *n*, Fischverarbeitungsmutterschiff *f*, Verarbeitungsschiff *n* ‖ **~/приёмно-перерабатывающая** Übernahme- und Verarbeitungsschiff *n* ‖ **~/присоединительная** *(Fert)* Anschlußelement *n*, Anschlußteil *n* ‖ **~/проектная** *(Fert)* Bestimmelement *n* für Projektierung *(Montage)* ‖ **~/ракетная** Raketenbasis *f*, Raketenstützpunkt *m* ‖ **~ реального времени** *(Inf)* Echtzeitbasis *f* ‖ **~/рыбоконсервная плавучая** Fischkonservenfabrikschiff *n* ‖ **~/рыбомучная** Fischmehlfabrikschiff *n* ‖ **~/рыбопромысловая** Fabrikmutterschiff *n* ‖ **~/сборочная** *(Fert)* Bestimmelement *n* für Montage[zwecke] ‖ **~/скрытая** *(Fert)* nicht gegenständliches Bestimmelement *n (z. B. Mittelachse, Symmetrieachse; Montage)* ‖ **~/стартовая** *(Rak)* Startbasis *f*, Startplatz *m*, Abschußbasis *f* ‖ **~/строительная** *(Bw)* Bauhof *m* ‖ **~/схемная** Schaltkreisbasis *f* ‖ **~ тележки** *(Eb)* Drehgestellachsstand *m* ‖ **~/техническая** gerätetechnische Basis *f* ‖ **~/технологическая** *(Fert)* fertigungsbedingtes Bestimmelement *n* ‖ **~/установочная** *(Fert)* Einstellbasis *f* ‖ **~/экспедиционная** Flotillenmutterschiff *n* ‖ **~/электроэнергетическая** Elektroenergiebasis *f*, elektroenergetische Basis *f*
базальт *m (Geol)* Basalt *m* ‖ **~/безоливиновый** olivinfreier Basalt *m* ‖ **~/веснушчатый** gesprenkelter Basalt *m* ‖ **~/железный** Basalteisenstein *m* ‖ **~/нефелиновый** Nephelinbasalt *m* ‖ **~/оливиновый** Olivinbasalt *m (eigentlicher Basalt)* ‖ **~/подушечный** Pillowbasalt *m* ‖ **~/покровный** Deckenbasalt *m* ‖ **~/полешпатовый** Feldspatbasalt *m* ‖ **~/порфировидный** porphyrischer Basalt *m*, Trachybasalt *m* ‖ **~/щелочной** Alkalibasalt *m*
базанит *m (Geol)* Basanit *m (Sammelbegriff für ultrabasische Laven)* ‖ **~/анальцимовый** Analzimbasanit *m* ‖ **~/лейцитовый** Leuzitbasanit *m* ‖ **~/нефелиновый** Nephelinbasanit *m*
базис *m (Geod)* Grundlinie *f*, Standlinie *f*, Basislinie *f*, Basis *f*; 2. *(Math)* Basis *f*; 3. *(Krist)* Elementarzelle *f*, Basis *f* ‖ **~ адреса** *s.* адрес/базовый ‖ **~ денудации** *(Geol)* Denudationsbasis *f* ‖ **~ съёмки** *(Geod)* Aufnahmebasis *f*, Standbasis *f* ‖ **~ триангуляции [/геодезический]** *(Geod)* Grundlinie *f* der Triangulation, Triangulationsbasis *f* ‖ **~ эрозии** *(Geol)* Erosionsbasis *f*
базовый 1. Basis…; 2. *(Fert)* Bezugs… *(z. B. Bezugsebene)*; 3. Grund… *(z. B. Grundgruppe, Grundplatte)*
базопинакоид *m (Krist)* Basispinakoid *n*

байдарка *f* Paddelboot *n* ‖ **~/парусная** Segelkanu *n*
байонетный Bajonett…
байпас *m* Umgehungsleitung *f*, Umleitung *f*, Beipaß *m*, Bypass *m*
байпасирование *n* Beipaßführung *f*, Nebenschlußführung *f*
байт *m (Inf)* Byte *n (Informationseinheit mit 8 Binärstellen)* ‖ **~ данных** Datenbyte *n* ‖ **~/контрольный** Prüfbyte *n* ‖ **~ начального состояния** Anfangsstatusbyte *n* ‖ **~ основного состояния** *s.* ~/состояния ‖ **~ ошибки** Fehlerbyte *n* ‖ **~ памяти** Speicherbyte *n* ‖ **~ состояния** Zustandsbyte *n*, Statusbyte *n* ‖ **~ состояния канала** Kanalzustandsbyte *n* ‖ **~ уточнённого состояния** Abfühlbyte *n*
байт-ориентированный *(Inf)* byteorientiert
байц *m* Holzbeize *f*
бак *m* 1. Behälter *m (für Flüssigkeiten)*; Kanister *m*; Tank *m (s. a. unter* резервуар*)*; 2. *(Schiff)* Back *f (Vorschiffaufbau)*; 3. *(Schiff)* Back *f (Geschirr für Essenempfang)*; 4. *(Typ)* Bütte *f*, Bottich *m*, Trog *m* ‖ **~/аварийный** Reservebehälter *m* ‖ **~/аккумуляторный** *(El)* Akkumulator[en]gefäß *n*, Akkumulator[en]kasten *m* ‖ **~/вискозный** *(Text)* Viskosekessel *m*, Viskosebehälter *m (Chemiefaserherstellung)* ‖ **~/водомерный** *(Bw)* Wassermeßapparat *m (Betonmischer)* ‖ **~/водонапорный** *(Hydt)* Hochreservoir *n* ‖ **~ высокого давления** Druckgefäß *n*, Druckbehälter *m* ‖ **~ горючего** Treibstoffbehälter *m*, Kraftstoffbehälter *m*, Treibstofftank *m*, Kraftstofftank *m* ‖ **~/закалочный** Härtebad *n*, Abschreckbad *n (Behälter)* ‖ **~/запасной** Vorratstank *m*, Reservetank *m* ‖ **~/измерительный** Meßbehälter *m (Mengenmessung von Flüssigkeiten)* ‖ **~/кислотный** *(Ch)* Säurevorratstank *m*, Säurebehälter *m* ‖ **~/компенсационный** *(Therm)* Ausgleichbehälter *m*; Ausdehnungsgefäß *n* ‖ **~ крепкой щелочи** *(Text)* Starklaugenbehälter *m (Chemiefaserherstellung)* ‖ **~/крыльевой топливный** *(Flg)* Tragflügel-Kraftstoffbehälter *m*, Tragflächenkraftstofftank *m* ‖ **~ масляного выключателя** *(El)* Ölschalterkessel *m* ‖ **~/масляный** Ölbehälter *m*, Öltank *m* ‖ **~/массный** *(Pap)* Stoffbehälter *m*, Stoffbütte *f* ‖ **~/мерный** Meßbehälter *m*, Meßgefäß *n* ‖ **~/напорный** Druckbehälter *m*, Drucktank *m*; Hochbehälter *m* ‖ **~/отстойный** Klärbehälter *m*, Absetzbecken *n* ‖ **~/переливной** Überlaufgefäß *n* ‖ **~/питательный** Speisewasserbehälter *m* ‖ **~/приём[оч]ный** Aufnahmegefäß *n* ‖ **~/промывочный** Waschbottich *m*, Waschtrog *m* ‖ **~/пропиточный** Imprägnierkessel *m* ‖ **~/прядильный** *(Text)* Spinnkessel *m (Chemiefaserherstellung)* ‖ **~/распределительный** Verteilergefäß *n* ‖ **~/расширительный** Ausdehnungsgefäß *n*, Ausgleichbehälter *m* ‖ **~ реактора** *(Kern)* Reaktorbehälter *m*, Reaktorkessel *m*, Reaktorgefäß *n*; Reaktordruckgefäß *n* ‖ **~/сборный** Sammelbehälter *m*; Sammelgefäß *n*; Sammelbottich *m*; Standgefäß *n* ‖ **~/топливный** Kraftstofftank *m*, Kraftstoffbehälter *m* ‖ **~/трансформаторный** *(El)* Transformatorkessel *m* ‖ **~/уравнительный** Ausgleichbehälter *m*
бакан *m (Schiff)* Tonne *f*, Boje *f*
бакаут *m* 1. *(Schiff)* Pockholz *n*; 2. Franzosenholz *n*
бакборт *m (Schiff)* Backbord *n*
бакен *m (Schiff)* Tonne *f*, Boje *f*
бак-мерсеризатор *m (Text)* Maischekessel *m (Veredlung)*
бак-мешалка *m* Bottichmischer *m*
бак-отстойник *m* Absetzgefäß *n*, Schlammtank *m*
бак-охладитель *m (Kält)* Tankkühler *m*
бактеризация *f* **почвы** *(Ökol)* Bodenbakterisierung *f*
баланс *m* 1. Bilanz *f*, Haushalt *m*; 2. Abgleich *m*, Ausgleich *m*; Gleichgewicht *n*; 3. *(Pap)* Knüppel *m*, entrindeter Rundling *m*; Papierholz *n*, Schleifholz *n*; 4. *(Photo)* Abstimmung *f (Farbaufnahmen)*; 5. Unruh *f (Uhrwerk)* ‖ **~ азота** Stickstoffbilanz *f* ‖ **~ вещества** *s.* ~/материальный ‖ **~/водный** Wasserhaushalt *m*, Wasserbilanz *f* ‖ **~/водохозяйственный** wasserwirtschaftliche Bilanz *f*, Wasserwirtschaftsbilanz *f* ‖ **~/гидрофильно-гидрофобный** *(Photo)* HLB-Wert *m* ‖ **~ запасов** *(Bgb)* Vorratsbilanz *f* ‖ **~/изотопный** *(Kern)* Isotopenbilanz *f*; Isotopengleichgewicht *n* ‖ **~/кислородный** *(Ökol)* Sauerstoffhaushalt *m*, Sauerstoffbilanz *f* ‖ **~ контрастности** *(Photo)* Kontrastgleichgewicht *n*, Gradationsgleichgewicht *n* ‖ **~ краски и увлажняющего раствора** *(Typ)* Farbe-Wasser-Gleichgewicht *n* ‖ **~/массовый** Stoffbilanz *f*; Massenbilanz *f* ‖ **~/материальный** Stoffbilanz *f*; *(Ch)* Stoffausgleich *m* ‖ **~ мост[ик]а** *(El)* Brückengleichgewicht *n* ‖ **~ мощности** *(El)* Leistungsbilanz *f* ‖ **~ напряжений** *(El)* Spannungsbilanz *f* ‖ **~/нейтронный** *(Kern)* Neutronenbilanz *f*; Neutronengleichgewicht *n* ‖ **~ подземных вод** *(Hydrol)* Grundwasserhaushalt *m* ‖ **~/радиационный** *(Meteo)* Strahlungsbilanz *f*, Strahlungshaushalt *m* ‖ **~ светочувствительности** *(Photo)* Empfindlichkeitsgleichgewicht *n* ‖ **~/тепловой** 1. Wärmebilanz *f*, Wärmehaushalt *m*; 2. *(Met)* Wärmebilanz *f*, Wärmegleichgewicht *n (Ofen)* ‖ **~/токовый** *(El)* Stromgleichgewicht *n*, Strombilanz *f* ‖ **~/экологический** Ökologiehaushalt *m*, ökologische Bilanz *f* ‖ **~ электроэнергии** Elektroenergiebilanz *f* ‖ **~/энергетический** Energiebilanz *f*, Energiehaushalt *m* ‖ **~ энергии** *s.* ~/энергетический
балансир *m* 1. *(Masch)* Balancier *m*, Schwinghebel *m*, Ausgleichsschwinge *f*, Ausgleichhebel *m*; Schwinge *f*, Wippe *f*; 2. *(Bw)* Rollendeckplatte *f*, Sattel *m (Rollenauflagerung von Brücken)*; 3. *s.* баланс 5. ‖ **~/верхний** *(Bw)* oberer Lagerkörper *m (Brückengelenklager)* ‖ **~/нижний** *(Bw)* unterer Lagerkörper *m (Brückengelenklager)* ‖ **~/рессорный** Federpendel *n*, Federschwinge *f*, Federausgleichhebel *m* ‖ **~ рессоры** *s.* ~/рессорный ‖ **~/уравнительный** Ausgleichschwinge *f (Kran- oder Baggerfahrwerk)*
балансир-двигатель *m* Pendelmotor *m*
балансирование *n s.* балансировка
балансировать 1. ausgleichen, [aus]balancieren, das Gleichgewicht halten; 2. *(Masch, Fert)* auswuchten *(z. B. Räder)*; 3. *(Rak, Flg)* [aus]trimmen; 4. *(El)* abgleichen, ausgleichen, kompensieren; 5. *(Rf)* abgleichen; 6. *(Photo)* abstimmen, abgleichen

балансировка *f* 1. Ausgleich *m*, Masseausgleich *m*; 2. *(Masch, Fert)* Auswuchten *n (z. B. Räder)*; 3. *(Flg, Rak)* Austrimmen *n*, Trimmen *n*; 4. *(El)* Abgleichen *n*, Abgleich *m*, Kompensieren *n*; 5. *(Rf)* Abgleich *m*; 6. *(Photo)* Abstimmung *f*, Abgleich *m* ‖ **~/двойная** *(El)* Doppelabgleich *m* ‖ **~/динамическая** *(Masch)* dynamisches Auswuchten *n* ‖ **~ моста** *(El)* Brückenabgleich *m* ‖ **~/статическая** *(Masch)* statisches Auswuchten *n* ‖ **~/точная** *(El)* Feinabgleich *m*

балансирующийся/автоматически *(El)* automatisch abgleichend, selbstabgleichend, mit Selbstabgleich

балансный Balance…, Gleichgewicht[s]…; *(El, Eln)* Gegentakt…

балбена *f* Brail *n (Schwimmer, z. B. an Treibnetzen; Fischfang)*

балбенка *f s.* балбена

балда *f* 1. *(Wkz)* Ausschlagfäustel *m*, Großfäustel *m*; 2. *(Schm)* Helmhammer *m*; 3. *(Bgb)* Fäustel *m*; Erdstampfe *f*; Keilfäustel *m*, Schlägel *m*

балка *f* 1. *(Bw, Masch)* Träger *m*, Balken *m*; 2. Träger *m*, stabförmige Untergruppe *f (eines Schiffes)*; 3. *(Geol)* Balka *f (durch Erosion entstandene Trockenmulde in Steppen- und Waldsteppengebieten)* ‖ **~/анкерная** Verankerungsträger *m* ‖ **~/бортовая продольная** *(Schiff)* Seitenlängsspant *n* ‖ **~/главная** Hauptträger *m (einer Brücke)* ‖ **~/грузовая** *(Schiff)* Ladedavit *m* ‖ **~/двускатная** Satteldachbinder *m* ‖ **~/двутавровая** *(Bw)* Doppel-T-Träger *m*, I-Träger *m*; *(Wlz)* I-Stahl *m*, I-Profil *n* ‖ **~/двутавровая широкополочная** Breitflanschträger *m* ‖ **~/двухконсольная** Träger *m* auf zwei Stützen mit Kragarmen ‖ **~/двухопорная** Zweistützträger *m* ‖ **~/двухпролётная** Träger *m* über zwei Felder, Träger *m* auf drei Stützen ‖ **~/двухстенчатая** zweiwandiger Träger *m* ‖ **~/деревянная** Holzbalken *m* ‖ **~ днища/продольная** *(Schiff)* Bodenlängsspant *n* ‖ **~/днищевая продольная** *(Schiff)* Bodenlängsspant *n* ‖ **~/железобетонная** Stahlbetonträger *m* ‖ **~ жёсткости** Versteifungsträger *m* ‖ **~ жёсткости/неразрезная** durchlaufender Versteifungsträger *m* ‖ **~ жёсткости/однопролётная** einfeldriger Versteifungsträger *m* ‖ **~/забральная** *(Hydt)* Staubalken *m* ‖ **~/заделанная** eingespannter Träger *m* ‖ **~ заднего моста** *(Kfz)* Hinterachs[brükken]körper *m* ‖ **~/захватная** *(Text)* Greiferbalken *m (Kopswechsler)* ‖ **~/защемлённая** *s.* ~/заделанная ‖ **~/измерительная** Meßbalken *m* ‖ **~/катаная** *s.* ~/прокатная ‖ **~/клёпаная** genieteter Träger *m* ‖ **~/комплексная** Verbundträger *m* ‖ **~/консольная** Kragträger *m (Träger auf zwei Stützen mit Kragarm auf einer oder auf beiden Seiten)* ‖ **~/коробчатая** Kastenträger *m* ‖ **~ коробчатого сечения** Hohlkastenbalken *m* ‖ **~/ломаная** Balken *m* mit geknickter Achse ‖ **~/металлическая** *s.* ~/стальная ‖ **~/многопролётная разрезная** Mehrfeldbalken *m (einer Brücke)* ‖ **~ на двух опорах** *s.* ~/однопролётная ‖ **~ на упругом основании** *(Bw)* Träger *m* auf elastischer Bettung, elastisch aufliegender Träger *m* ‖ **~ на шпонках/составная [деревянная]** verdübelter [zweilagiger] Balken *m* ‖ **~/непрерывная** Durchlaufträger *m* ‖ **~/неразрезная [многопролётная]** durchgehender (durchlaufender, kontinuierlicher) Träger *m*, Durchlaufträger *m* ‖ **~/ножевая** Messerträger *m* ‖ **~/одноконсольная** Träger *m* auf zwei Stützen mit einem Kragarm ‖ **~/однопролётная** Einfeldträger *m*, Einfeldbalken *m* ‖ **~/опорная** Auflagerbalken *m*, Tragbalken *m* ‖ **~/опорная колосниковая** Roststabträger *m*, Rostbalken *m (Feuerungstechnik)* ‖ **~/перекрёстная** Unterzug *m* ‖ **~ перекрытия** Deckenbalken *m* ‖ **~ переменного сечения** Träger *m* mit veränderlichem Querschnitt ‖ **~/подвесная** Koppelträger *m*, Einhängeträger *m* ‖ **~/подкрановая** Kran[bahn]träger *m* ‖ **~/подпалубная** *(Schiff)* Längsdecksbalken *m* ‖ **~/полая** *s.* ~/пустотелая ‖ **~/поперечная** Querträger *m* ‖ **~ постоянного сечения** Träger *m* mit gleichbleibendem Querschnitt ‖ **~/прерванная** unterbrochener Träger *m* ‖ **~/продольная** Längsträger *m* ‖ **~/продольная бортовая** *(Schiff)* Seitenlängsspant *n* ‖ **~/продольная днищевая** *(Schiff)* Bodenlängsspant *n* ‖ **~/продольная подпалубная** *(Schiff)* Längsdecksbalken *m* ‖ **~ проезжей части моста** Fahrbahnträger *m (Brücke)* ‖ **~/прокатная** gewalzter Träger *m*, Walzstahlträger *m* ‖ **~/пролётная разрезная** Mehrfeldbalken *m* ‖ **~/простая [двухопорная]** *s.* ~/однопролётная ‖ **~/прядильная** *(Text)* Spinnbalken *m* ‖ **~ прямоугольного сечения** rechtwinkliger Träger *(Balken)* ‖ **~/пустотелая** Träger *m* mit Hohlquerschnitt ‖ **~/разрезная** *s.* ~/однопролётная ‖ **~/распорная** Spreize *f* ‖ **~/ребристая** Rippenbalken *m* ‖ **~/решетчатая** Fachwerkträger *m*, Gitterträger *m* ‖ **~ с вутами** *(Bw)* Voutenträger *m* ‖ **~ с двусторонним защемлением** beiderseitig eingespannter Träger *m* ‖ **~/сварная** geschweißter Träger *m* ‖ **~/свешивающаяся** Schleppträger *m* ‖ **~/свободноопёртая** frei aufliegender Träger *m* ‖ **~/сквозная** Fachwerkträger *m* ‖ **~/составная** gebauter Träger *m* ‖ **~/составная металлическая** Verbundträger *m (genieteter oder geschweißter Träger)* ‖ **~/сплошная** Vollwandträger *m* ‖ **~/стальная** Stahlträger *m* ‖ **~/статически неопределимая** statisch unbestimmter Träger *m* ‖ **~/статически определимая** statisch bestimmter Träger *m* ‖ **~/тавро-бульбовая** Wulststahlträger *m* ‖ **~/тавровая** *(Bw)* T-Träger *m*; *(Wlz)* T-Stahl *m*, T-Profil *n* ‖ **~/трубчатая** Rohrträger *m* ‖ **~/фанерная** Sperrholzträger *m* ‖ **~/фасонная** Profilträger *m* ‖ **~/фундаментная** Fundamentträger *m* ‖ **~/хребтовая** *(Eb)* Langträger *m (des Wagens)* ‖ **~/хребтовая плавающая** *(Eb)* schwimmener Langträger *m (des Wagens)* ‖ **~/чердачная** Dachbalken *m* ‖ **~/шандорная** *(Hydt)* Dammbalken *m* ‖ **~/шарнирная** Gelenkträger *m*, Gerberträger *m* ‖ **~/швеллерная** *(Wlz)* U-Träger *m*, U-Stahl *m*, U-Profil *n*; Schwellenprofil *n (Schienenzubehör)* ‖ **~/шкворенная** *(Eb)* Drehpfannenquerträger *m (des Wagens)* ‖ **~/шпренгельная** unterspannter Träger *m*, Sprengwerkträger *m*

балка-гаситель *f (Hydt)* Stoßbalken *m*

балка-коробка *f* Kastenträger *m*

балка-стенка *f* wandartiger Träger *m*, Tragwand *f*, Scheibe *f*

балкер *m* Massengutfrachtschiff *n*, Massengutfrachter *m*, Schüttgutfrachtschiff *n*, Bulkcarrier *m* ‖ **~/саморазгружающийся** selbstentladender Bulkcarrier (Massengutfrachter) *m*

балккэриер *m s.* балкер

балкон *m***/колошниковый** *(Met)* Gichtbühne *f*, Gicht *f (Schachtofen)*

балктанкер *m* OBO-Schiff *n*, OBO-Carrier *m (Ore-Bulk-Oil-Carrier)*

балл *m* 1. Gütezahl *f*; Note *f*, Punkt *m*, Kennwert *m (zur Bewertung quantitativer Zustände)*; 2. *(Meteo)* Windstärke *f*; 3. *(Geoph)* Grad *m (Intensitätsmaß für die Schadenswirkung eines Bebens)* ‖ **~/коррозионный** Korrosionsgrad *m* ‖ **~ облачности** *(Meteo)* Bedeckungsgrad *m (des Himmels mit Wolken)* ‖ **~ по шкале Бофорта** Beaufort-Zahl *f*; Beaufort-Windstärke *f*

баллас *m (Min)* Ballas *m (polykristalliner Natur- oder synthetischer Diamant)*

балласт *m* 1. Ballast *m (Ladung)*; 2. *(Eb)* Ballast *m*, tote Last *f*; 3. *(Eb)* Bettung *f*, Ballast *m*; Oberbau *m* • **без балласта** *(Schiff)* ohne Ballast • **в балласте** *(Schiff)* mit Ballast, im Ballastzustand ‖ **~/водяной** *(Schiff)* Wasserballast *m* ‖ **~/гравийный** *(Eb)* Gleiskies *m* ‖ **~/жидкий** *(Schiff)* flüssiger Ballast *m* ‖ **~/твёрдый** *(Schiff)* fester Ballast *m* ‖ **~/щебёночный** *(Eb)* Schotterbettung *f*

балластер *m (Eb)* Beschotterungsmaschine *f*

балластировать 1. *(Eb)* beschottern; 2. *(Schiff)* beballasten, Ballast [ein]nehmen

балластировка *f* 1. *(Eb)* Bettung *f*; Schotterung *f*, Beschotterung *f*; 2. *(Schiff)* Beballastung *f*, Beballasten *n*, Ballastübernahme *f* ‖ **~ между шпалами** *(Eb)* Überdeckung (Verfüllung) *f* der Schwellen ‖ **~ песком** Sandbettung *f* ‖ **~ пути** *(Eb)* Gleisfüllung *f* [mit Schotter] ‖ **~ трубопроводов** *(Bw)* Beschwerung *f* von Rohrleitungen *(zur Sicherung der stabilen Lage)* ‖ **~ щебнем** *(Eb)* Schotterung *f*, Beschotterung *f*

балластоуплотнитель *m (Eb)* Bettungsverdichter *m*

баллер *m (Schiff)* Schaft *m*, Säule *f*, senkrechte Welle *f (Spill)* ‖ **~ крана** Kransäule *f* ‖ **~ поворотной насадки** Ruderdüsenschaft *m* ‖ **~ руля** Ruderschaft *m* ‖ **~ шпиля** Spillwelle *f*

баллистика *f* Ballistik *f* ‖ **~/внешняя** äußere Ballistik *f* ‖ **~/внутренняя** innere Ballistik *f* ‖ **~/экспериментальная** experimentelle Ballistik *f*

баллистокардиограмма *f* Ballistokardiogramm *n*

баллистокардиография *f* Ballistokardiographie *f*

баллон *m* 1. Ballon *m*, Flasche *f*; 2. *(Text)* Ballon *m*, Fadenschleier *m (Ringspinnmaschine)*; 3. *(Flg)* Ballon *m*, Aerostat *m*; 4. *(El, Eln, Licht)* Kolben *m* ‖ **~/аварийный** *(Flg)* Hilfspatrone *f (Triebwerk)* ‖ **~/ацетиленовый** Acetylenflasche *f* ‖ **~/бесшовный** *s.* ~/цельнотянутый ‖ **~/водородный** Wasserstoffflasche *f* ‖ **~ для газов** Druckgasflasche *f* ‖ **~/кислородный** Sauerstoffflasche *f* ‖ **~/металлический** Metallkolben *m* ‖ **~/многократный** mehrfacher Ballon *m (Ringspinnmaschine)* ‖ **~/однократный** einfacher Ballon *m (Ringspinnmaschine)* ‖ **~/пневматический** *(Lw)* Klutenpneuwalze *f* ‖ **~ пускового воздуха** Anlaßluftbehälter *m*, Anlaß[luft]flasche *f* ‖ **~/пусковой** *s.* ~ пускового воздуха ‖ **~/разрядный** *(El)* Entladungskolben *m* ‖ **~/сварной** geschweißte Gasflasche *f (für verflüssigte Gase)* ‖ **~/стальной** Stahlflasche *f* ‖ **~/стеклянный** Glasflasche *f* ‖ **~/цельнотянутый** nahtlose Druckgasflasche *f*

баллон-зонд *m (Meteo)* Sondenballon *m*, Ballonsonde *f*

баллон-комкодавитель *m (Lw)* Klutenballon *m*, Klutenwalze *f*

баллоноограничитель *m (Text)* Ballonfänger *m (der Ringspinnmaschine)* ‖ **~/кольцевой** Balloneinengungsring *m* ‖ **~/спиральный** Balloneinengungsspirale *f*

баллон-стабилизатор *m (Flg)* Stabilisierungswulst *m(f)*

баллончик *m***/аэрозольный** Sprayflasche *f*

балочка *f* **стабилизатора** *(Flg)* Stabilisatorträger *m*

бальзам *m* Balsam *m*

бальзам-скипидар *m* Balsamterpentinöl *n*

балясина *f (Bw)* Geländerpfosten *m*, Geländerstab *m*, Baluster *m*

бампер *m (Kfz)* Stoßfänger *m*, Stoßstange *f* ‖ **~/выдвижной** verschiebbarer (flexibler) Stoßfänger *m* ‖ **~/задний** hinterer Stoßfänger *m* ‖ **~/передний** vorderer Stoßfänger *m* ‖ **~/стальной** Stahlstoßfänger *m*

банановоз *m* Bananenschiff *n*

бандаж *m* 1. Reifen *m*; Deckband *n (Turbinenbeschaufelung)*; 2. *(Eb)* Radreifen *m*; 3. *(Met)* Bandage *f*, Radbandage *f*; 4. *(Met)* Verankerung *f (Hochofen)*; 5. *(Med)* Bandage *f*, Binde *f* ‖ **~ заплечиков [доменной печи]** *(Met)* Rast[ver]ankerung *f (Hochofen)* ‖ **~/ленточный** Deckband *n (Beschaufelung einer Dampfturbine)* ‖ **~/опорный** Laufkranz *m*, Rollkranz *m*, Stützkranz *m (z. B. am Drehofen)* ‖ **~/цельнокатаный** *(Wlz)* ganzgewalzte Bandage *f*

бандажирование *n* Bandagieren *n*, Bandagierung *f*

бандажировка *f s.* бандажирование

банд-пасс-фильтр *m (Eln)* Band[paß]filter *n*, Bandpaß *m*

банк *m (Inf)* Bank *f*, Speicherblock *m* ‖ **~ данных** Datenbank *f* ‖ **~ данных/автоматизированный** automatisierte Datenbank *f* ‖ **~/информационный** Informationsdatenbank *f*, Datenbank *f* ‖ **~ программ** Programmbank *f*

банка *f* 1. Büchse *f*; Dose *f*; 2. Sandbank *f*; 3. *(Schiff)* Ducht *f (eines Bootes)* ‖ **~ аккумулятора** Akkumulator[en]gefäß *n*, Akkumulator[en]kasten *m* ‖ **~/бортовая** *(Schiff)* Seitenducht *f* ‖ **~/гребная** *(Schiff)* Ruderducht *f* ‖ **~/поперечная** *(Schiff)* Querducht *f* ‖ **~/продольная** *(Schiff)* Längsducht *f* ‖ **~/реактивная** *(Ch)* Reaktionsgefäß *n*

банкетка *f (Schiff)* Trossengräting *f*, Trossenablage *f*

банкомат *m* Geldautomat *m*

баночка *f (Glas)* Posten *m*, Külbel *n*

баня *f (Ch)* 1. Bad *n (flüssiges Medium)*; 2. Heizbad *n (Vorrichtung)* ‖ **~/водяная** Wasserbad *n* ‖ **~/воздушная** Luftbad *n* ‖ **~/масляная** Ölbad *n* ‖ **~/нагревательная** Heizbad *n* ‖ **~/паровая** Dampfbad *n* ‖ **~/песочная (песчаная)** Sandbad *n* ‖ **~/солевая** Salzbad *n*

бар *m* 1. Bar *n*, bar *(SI-fremde Einheit des Drucks)*; 2. *(Bgb)* Arm *m*, Schrämarm *m* ‖

~/врубовый *(Bgb)* Schrämausleger *m*, Schrämarm *m* ‖ **~/кольцевой** *(Bgb)* Ringschrämarm *m* ‖ **~/контурный** *(Bgb)* Rahmenschrämarm *m*

барабан *m* 1. Trommel *f*, Walze *f*; Zylinder *m*; 2. *(Led)* Faß *n*, Walkfaß *n*; 3. *(Bw)* Kuppelunterbau *m*, Tambour *m*; 4. *(Meß)* Meßtrommel *f* *(Meßschraube)* ‖ **~/бильный** *(Lw)* Schlagleistentrommel *f* ‖ **~/ваерный** *(Schiff)* Kurrleinentrommel *f (Netzwinde)* ‖ **~/ватный** *(Text)* Pelztrommel *f* ‖ **~/ведущий черпаковый** Antriebsturas *m (Eimerkettenschwimmbagger)* ‖ **~/верхний черпаковый** Oberturas *m (Eimerkettenschwimmbagger)* ‖ **~/волочильный** *(Met)* Ziehtrommel *f*, Ziehscheibe *f* ‖ **~/ворсовальный** *(Text)* Rauhtrommel *f* ‖ **~/вращающийся** 1. rotierende (drehende) Trommel *f*; 2. *(Gieß)* Drehtrommel *f (zum Gußputzen)*; 3. *s.* ~ печи/вращающийся ‖ **~/вулканизационный** *(Gum)* Vulkanisiertrommel *f* ‖ **~/вытяжной** *(Schiff)* Beihievertrommel *f (Netzwinde)* ‖ **~/галтовочный** *(Gieß)* Putztrommel *f*; Poliertrommel *f* ‖ **~/гасильный** *(Bw)* Löschtrommel *f*, Kalklöschtrommel *f* ‖ **~/главный** *(Text)* Haupttrommel *f* *(Krempel)* ‖ **~/грузовой (грузоподъёмный)** *(Förd)* Lasttrommel *f*, Hubwindentrommel *f*, Hub[werk]trommel *f (Kran)* ‖ **~/делительный** Meßtrommel *f* ‖ **~/дробемётный** *(Gieß)* Schleuderstrahlputztrommel *f* ‖ **~/дробеструйный** *(Gieß)* Druckstrahlputztrommel *f* ‖ **~/дробильный** Brechtrommel *f (Aufbereitung)* ‖ **~/дубильный** *(Led)* Gerbfaß *n*, Walkfaß *n* ‖ **~/дырчатый** Siebtrommel *f* ‖ **~/жировальный** *(Led)* Fettungsfaß *n*, Walkfaß *n* ‖ **~/зажимный** *(Fert)* Spanntrommel *f* ‖ **~/замораживающий** Gefriertrommel *f* ‖ **~/запасной** *(Text)* Vorratsrevolver *m (Automatenwebstuhl)* ‖ **~/зольный** *(Led)* Äscherfaß *n*, Faßäscher *m* ‖ **~/игольчатый** *(Text)* Nadelschläger *m (Horizontalöffner)* ‖ **~/измельчающий** *(Lw)* Messertrommel *f*, Häckseltrommel *f* ‖ **~/измерительный** Meßtrommel *f*, Trommel *f* ‖ **~/кабельный** 1. *(El)* Kabeltrommel *f*; 2. *(Schiff)* Jagertrommel *f (Netzwinde)* ‖ **~/канатный** Seiltrommel *f*, Seilkorb *m* ‖ **~ кардочесальной машины** *(Text)* Kratzentrommel *f* ‖ **~ катушек** Spulentrommel *f* ‖ **~/качающийся** Schwingtrommel *f (Schere)* ‖ **~/качающийся присасывающий** *(Typ)* Kippsaugtrommel *f* ‖ **~/колковый** *(Text)* Stachelwalze *f*, Nasentrommel *f*, Stifttrommel *f (Klettenwolf)* ‖ **~/контактный** Kontaktwalze *f* ‖ **~/конусный сновальный** *(Text)* Konusschärtrommel *f* ‖ **~/корообдирочный** *(Pap)* Entrindungstrommel *f*, Schältrommel *f*, Trommelentrinder *m* ‖ **~ котла** *(Wmt)* Kesseltrommel *f* ‖ **~/красильный** *(Text)* Färbetrommel *f* ‖ **~/кулачковый** *(Wkzm)* Nockentrommel *f*; Kurventrommel *f* ‖ **~/ленточный** *(Gieß)* Muldenbandputztrommel *f*, Gliederbandputztrommel *f* ‖ **~/магнитный** Magnettrommel *f* ‖ **~/масштабный** *(Meß)* Maßstabstrommel *f* ‖ **~/мездромойный** *(Led)* Walzenentfleischmaschine *f* ‖ **~ микрометра** Mikrometertrommel *f*; Meßtrommel *f (einer Meßschraube)* ‖ **~/моечный** Waschtrommel *f*; Läutertrommel *f* *(Aufbereitung)* ‖ **~/молотильный** *(Lw)* Dreschtrommel *f* ‖ **~/намоточно-натяжной** *(Wlz)* Bandzugwickeltrommel *f* ‖ **~/намоточный** *(Wlz)* Wickeltrommel *f*, Aufhaspel *f* ‖ **~/натяжной** 1. *(Wlz)* Bandzugwickeltrommel *f*, Spanntrommel *f*; 2. *(Förd)* Umlenktrommel *f (Bandförderer)* ‖ **~/нижний черпаковый** Unterturas *m (Eimerkettenschwimmbagger)* ‖ **~/ножевой** 1. *(Pap)* Messerwalze *f*, Messertrommel *f (Holländer)*, 2. *(Text)* Nasenschläger *m*, Schlagtrommel *f* mit Schlagnasen *(Putzerei)*; 3. *(Led)* Reckerwalze *f* ‖ **~/обезрепеивающий** *(Text)* Entklettungstrommel *f (Klettenwolf)* ‖ **~/обжарочный** *(Brau)* Rösttrommel *f (für Karamelmalz)* ‖ **~/обмоточный** *(Förd)* Seiltrommel *f* ‖ **~/окорочный** *s.* ~/корообдирочный ‖ **~/отбойный** *(Text)* Abstreifwalze *f*, Abstreifer *m (Wergveredlungsmaschine)* ‖ **~/отделочный** *(Gieß)* Putztrommel *f*, Scheuertrommel *f* ‖ **~/отмочный** *(Led)* Weichfaß *n* ‖ **~/отсчётный** Meßtrommel *f*; Trommel *f* mit Skalenteilung ‖ **~/офсетный передаточный** *(Typ)* Überführzylinder *m* ‖ **~/охладительный** *s.* ~ холодильный ‖ **~/очистной** Putztrommel *f*, Scheuertrommel *f* ‖ **~/паровой сушильный** *(Wmt)* Dampftrommeldarre *f*, dampfbeheizte Trockentrommel *f* ‖ **~/передаточный** *(Typ)* Übergabetrommel *f (Flachdruckmaschine)* ‖ **~/передний** *(Text)* Vortrommel *f* *(Krempel)* ‖ **~/перфорированный** Siebtrommel *f* ‖ **~/печатный** *(Pap)* Druckzylinder *m* ‖ **~ печи/вращающийся** *(Bw)* Brenntrommel *f* *(z. B. eines Brennofens in der Zementindustrie)* ‖ **~/плавильный** *(Gieß)* Trommelschmelzofen *m*, Schmelztrommel *f* ‖ **~/погружной** *(Text)* Eintauchtrommel *f*, Eintauchwalze *f (Merzerisiermaschine)* ‖ **~ подачи** *(Wkzm)* Vorschubtrommel *f* ‖ **~/подборочный** *(Typ)* Sammelzylinder *m* ‖ **~ подборщика** *(Lw)* Aufnahmetrommel *f*, Aufsammeltrommel *f*, Pick-up-Trommel *f*, Aufnehmer *m* ‖ **~/подъёмный** 1. *(Bgb)* Fördertrommel *f (Fördermaschine)*; 2. *(Lw)* Hubrad *n (Kartoffelvollerntemaschine)* ‖ **~/полировальный (полировочный)** *(Gieß)* Poliertrommel *f* ‖ **~/полудорновый** *(Gum)* Trommel *f* mit hoher Schulter ‖ **~/полуплоский** *(Gum)* Trommel *f* mit niedriger Schulter ‖ **~/приводной** Antriebstrommel *f (Gurtförderer)* ‖ **~/приёмный** *(Text)* Vorreißer *m (Deckelkarde)* ‖ **~/пылеотделительный сетчатый** *(Text)* Siebtrommel *f (Horizontalöffner mit Siebtrommel)* ‖ **~/развёртывающий** *(TV)* Bildabtasttrommel *f* ‖ **~/разгружающий** Entleertrommel *f* ‖ **~/разделительный** Entmisch[ungs]trommel *f* ‖ **~/размалывающий** Mahltrommel *f* ‖ **~/разравнивающий** *(Text)* Rückstreifwalze *f (Ballenöffner)* ‖ **~/рамный** *(Led)* Lattentrommel *f*, Rahmenfaß *n* ‖ **~/раскатывающий** *(Text)* Vorgarntrommel *f*, Abtreibetrommel *f (Selfaktor)* ‖ **~/распределительный** *(Text)* Funktionstrommel *f (Rundstrickstrumpfautomat)* ‖ **~/расщипывающий** *(Text)* Reißtrommel *f (Krempelwolf)* ‖ **~/регистрирующий** Schreibtrommel *f* ‖ **~/режущий** *m (Lw)* Schneidtrommel *f*, Messertrommel *f*, Häckseltrommel *f* ‖ **~ ролла** *(Pap)* Holländerwalze *f*, Messerwalze *f* ‖ **~/рудообмывочный** Läutertrommel *f*, Waschtrommel *f (Erzaufbereitung)* ‖ **~ с делениями** *s.* ~/измерительный ‖ **~/сгущающий** *(Typ)* Entwässerungstrommel *f* ‖ **~ сепаратора** Scheidetrommel *f (Aufbereitung)* ‖ **~/сетеподъёмный** Netzhievtrommel *f* *(Fischereiwinde)* ‖ **~/сетчатый** *(Text)* Siebtrommel *f*, Staubtrommel *f (Schlagmaschine)*; Siebtrommel *f (Horizontalöffner, Kämmaschine)* || **~/сменный** auswechselbare Trommel *f* || **~/смесительный** Mischtrommel *f*, Trommelmischer *m* || **~/сновальный** *(Text)* Schärtrommel *f*, Zetteltrommel *f* || **~ со штифтами** *(Text)* Stifttrommel *f (Putzerei)* || **~/солодорастильный** Keimtrommel *f (Mälzerei)* || **~/сорный (сороотделительный)** *(Text)* Abfallreinigungstrommel *f* || **~/сортировочный** Klassiertrommel *f (Aufbereitung)* || **~/сушильный** Trockentrommel *f*, Trommeltrockner *m* || **~/съёмный** *(Text)* Abstreifwalze *f*, Abschlagwalze *f (Ballenöffner)*; Abnehmer *m (Karde)* || **~/тёрочный** Schlägertrommel *f*, *(Lw)* Reibtrommel *f (Saatgutreiber)* || **~/тормозной** Bremstrommel *f* || **~/трепальный** *(Text)* 1. Schlagtrommel *f (Schlagmaschine)*; 2. Schwingtrommel *f (Flachsschwingturbine)*; 3. Vortrommel *f (Klettenwolf)* || **~/узорный** *(Text)* Mustertrommel *f (Stickerei)* || **~/фальцевальный** *(Typ)* Falztrommel *f (Rotationsmaschine)* || **~/фрезерный** *(Lw)* Frästrommel *f* || **~/холодильный** Kühltrommel *f* || **~/холстовой** *(Text)* Pelztrommel *f*, Aufroller *m* || **~/черпаковый** Turas *m (Eimerkettenschwimmbagger)* || **~ чесальной машины/главный** *(Text)* Haupttrommel *f (Krempel)*; Tambour *m* || **~/четырёхгранный черпаковый** vierkantiger Turas *m (Eimerkettenschwimmbagger)* || **~/чешуеочистительный (чешуесъёмный)** Schuppenentfernungstrommel *f*, Entschuppungstrommel *f (Fischverarbeitung)* || **~/чистильный** *(Gieß)* Putztrommel *f*, Scheuertrommel *f* || **~/швартовный** *(Schiff)* Verholtrommel *f (Winde)* || **~/шестигранный черпаковый** sechskantiger Turas *m (Eimerkettenschwimmbagger)* || **~/шнековый** *m (Led)* Schneckenfaß *n*, Schneckenapparat *m* || **~/штифтовой** *(Lw)* Stiftendreschtrommel *f* || **~/щёточный** *(Text)* Bürstentrommel *f (Klettenwolf)*

барабан-испаритель *m* Verdampfertrommel *f*

барабанный Trommel..., in Trommelbauweise; Walzen...

барабан-подборщик *m (Lw)* Aufnahmetrommel *f*, Aufsammeltrommel *f*, Pick-up-Trommel *f*

барабан-сепаратор *m* Abscheidetrommel *f*

барабанчик *m* 1. *(Fert)* Meßtrommel *f*; 2. *(Masch)* Rändelring *m*; 3. *(Text)* Trommel *f*; Walze *f* || **~/гребенной** *(Text)* Rundkamm *m*, Kreiskamm *m (Kämmaschine)* || **~/мотальный** *(Text)* Spultrommel *f*, Wickelwalze *f* || **~/отбирающий** *(Text)* Mustertrommel *f* || **~/прорезной мотальный** *(Text)* Nutenzylinder *m*, Nutentrommel *f* || **~/раскатный** *(Text)* Abrollwalze *f (Nadelfeldstrecke)* || **~/расчёсывающий** *(Text)* Auflösewalze *f* || **~/узорообразующий** *(Text)* Mustertrommel *f (Strickerei)*

баранчик *m (Text)* Haspel *f (Veredlung)*

барат *m (Text)* Baratte *f*, Sulfidiertrommel *f*, Xanthatkneter *m*

барашек *m (Masch)* Flügel[rund]mutter *f*; Ohren[rund]mutter *f*

барашки *mpl* 1. *(Meteo)* Schäfchenwolken *fpl*; 2. Schaumwellen *fpl*

барботёр *m* 1. Druckmischer *m*, pneumatisches Rührwerk *n*; 2. Waschflasche *f*, Gaswaschflasche *f (Laborgerät)*

барботирование *n* Druckluftmischung *f*, pneumatisches Mischen (Rühren) *n*; Durchsprudeln *n*

барда *f* Schlempe *f*; Ablauge *f* || **~/зерновая** Getreideschlempe *f* || **~/паточная** Melasseschlempe *f* || **~/сульфитная** Sulfitablauge *f*

бардосушение *n* Schlempetrocknung *f*

бардяной Schlempe...

барельеф *m (Bw)* Basrelief *n*

бареттер *m (El)* Bar[r]etter *m*, Kaltleiter *m* || **~/железоводородный** Eisenwasserstoffwiderstand *m*, Eisenwasserstoffwiderstandsröhre *f*

бареттирование *n (El)* Stromstabilisierung *f* durch Eisenwasserstoffwiderstand

баржа *f (Schiff)* Prahm *m*, Schute *f*, Leichter *m* || **~/беспалубная** offene Schute *f* || **~/грузовая** Ladungsschute *f*, Frachtleichter *m* || **~/грунтоотвозная** Baggerschute *f* || **~ для толкания** Schubprahm *m* || **~/мореходная (морская)** Seeschute *f*, Seeleichter *m* || **~/морская судоподъёмная** Schiffshebeprahm *m* || **~/мусорная** Mülleichter *m*, Müllschute *f*; Ascheleichter *m*, Aschenprahm *m* || **~/наливная** Tankprahm *m*, Tankschute *f* || **~/несамоходная** Prahm *m* (Schute *f*) ohne Eigenantrieb || **~/несамоходная судовая** Trägerschiffsleichter *m* || **~/нефтеналивная** Ölprahm *m*, Ölschute *f* || **~/самоходная** Prahm *m* (Schute *f*) mit Eigenantrieb, Motorkahn *m* || **~/спасательная** Bergungsprahm *m* || **~/судовая** Trägerschiffsleichter *m* || **~/толкаемая** Schubprahm *m* || **~/угольная** Kohlenschute *f*

баржа-площадка *f* Plattformschute *f*

баржа-рефрижератор *m* Kühlleichter *m*, Kühlschute *f*

баржевоз *m* Schutenträgerschiff *n*, Huckepackschiff *n*, LASH-Schiff *n*

баригироскоп *m* Barygyroskop *n*

барий *m (Ch)* Barium *n*, Ba

барильет *m* Gassammelleitung *f*, Gasvorlage *f (einer Koksofenbatterie)*

барион *m (Kern)* Baryon *n*

барисфера *f (Geol)* Barysphäre *f (schwerer Erdkern)*

барит *m (Min)* Baryt *m*, Schwerspat *m* || **~/едкий** Ätzbaryt *n (Bariumhydroxid)*

баритаж *m (Photo)* Barytage *f*

баритовый Baryt...

баритокальцит *m (Min)* Barytokalzit *m*

барицентрический *(Mech)* baryzentrisch, Schwerpunkt...

барк *m (Schiff)* Bark *f*

барка *f (Text)* Haspelkufe *f*, Kufe *f*, Barke *f (Färbeapparat)* || **~/замачивающая** selbsttätiges Einweichbecken *n (Wollwaschbatterie)* || **~/красильная** Färbebarke *f*, Färbebottich *m*, Färbekufe *f* || **~/моечная** Waschbottich *m* || **~/напорная** Druckbottich *m (Färberei)* || **~/промывная** Waschkufe *f* || **~/сдвоенная красильная** Zwillingshaspelkufe *f* || **~/уравнительная** Druckausgleichbottich *m (Färberei)* || **~ шерстомоечного агрегата/моющая** Wollwaschmaschine *f*

баркас *m* 1. *(Schiff)* Barkasse *f*; 2. *(Led)* Haspel *f(m)*, Haspelgeschirr *n*

баркевикит *m (Min)* Barkevikit *m (Amphibol)*

баркентина *f (Schiff)* Barkentine *f (Segelschiff)*

баркометр *m (Led)* Brühenmesser *m*, Gerbsäuremesser *m*, Barkometer *n (Aräometertyp)*

барн *m* Barn *n*, barn, b *(Maßeinheit für den Wirkungsquerschnitt des Atomkerns)*
барограмма *f (Meteo)* Barogramm *n*
барограф *m (Meteo, Flg)* Barograph *m*, Luftdruckschreiber *m*
барокамера *f (Flg)* Höhenkammer *f*; Unterdruckkammer *f*, Druckkammer *f*, Barokammer *f* ‖ **~/вакуумная** *(Med)* Vakuumtank *m* ‖ **~/компрессионная** *(Med)* Kompressionshöhen-[druck]kammer *f* ‖ **~/операционная** *(Med)* Operationsbarokammer *f*
бароклина *f (Meteo)* Barokline *f*
бароклинность *f (Meteo)* Baroklinie *f*, barokline Massenverteilung *f*
барометр *m (Meteo)* Barometer *n*, Luftdruckmesser *m* ‖ **~/весовой** Waagebarometer *n* ‖ **~/металлический** *s.* анероид ‖ **~/пружинный** Federbarometer *n* ‖ **~/ртутный** Quecksilberbarometer *n* ‖ **~/сифонный** Heberbarometer *n* ‖ **~/чашечный** Gefäßbarometer *n*
барометр-анероид *m s.* анероид
барометр-высотомер *m* barometrischer Höhenmesser *m*
баротропический *(Meteo)* barotrop[isch] *(Phänomen)*
баротропия *f (Meteo)* Barotropie *f*, barotrope Massenverteilung *f*
баротропность *f s.* баротропия
баротропный *(Meteo)* barotrop[isch] *(Phänomen)*
барреттер *m s.* бареттер
барреттирование *n s.* бареттирование
барсовит *m (Min)* Barsowit *m*
барстер *m (Astr)* Burster *m (Röntgenquellen)*
бархан *m (Geol)* Barchan *m*, Sicheldüne *f*, Bogendüne *f*
барьер *m* Barriere *f*, Sperre *f*; *(Eln)* Barriere *f*, Schwelle *f*, Wall *m* ‖ **~/бремсберговый** *(Bgb)* Bremsbergverschluß *m*, Bremsbergsperre *f* ‖ **~/выпрямляющий** *(Eln)* Gleichrichtungsbarriere *f* ‖ **~/гамовский потенциальный** *(Kern)* Gamow-Berg *m*, Gamow-Potentialwall *m* ‖ **~ деления** *(Kern)* Spaltungsbarriere *f* ‖ **~/диффузионный** *(Eln)* Diffusionsbarriere *f (Halbleiter)* ‖ **~/звуковой** *(Flg)* Schallmauer *f* ‖ **~/кулоновский** *(Kern)* Coulomb-Wall *m*, Coulomb-Barriere *f* ‖ **~ металл-полупроводник** Metall-Halbleiter-Sperrschicht *f*; Metall-Halbleiter-Randschicht *f* ‖ **~/поверхностный** *(Eln)* Oberflächengrenzschicht *f*; Oberflächenbarriere *f*; Randschicht *f (Halbleiter)* ‖ **~/полупроводниковый** *(Eln)* Sperrschicht *f* ‖ **~/потенциальный** Potentialberg *m*, Potentialwall *m*, Potentialschwelle *f*, Potentialbarriere *f (Quantenmechanik)* ‖ **~/природный** natürliche Barriere *f* ‖ **~/световой** Lichtschranke *f* ‖ **~/субмикронный** *(Eln)* Submikrometerbarriere *f* ‖ **~/тепловой** *(Flg)* Hitzemauer *f* ‖ **~/теплозащитный** Wärmesperre *f*, Wärmedämmung *f* ‖ **~/туннельный** *(Eln)* Tunnelbarriere *f* ‖ **~/фоторелейный** Lichtschranke *f* ‖ **~ Шоттки** *(Eln)* Schottky-Barriere *f*, Schottky-Sperrschicht *f* ‖ **~/энергетический** *(Eln)* Energiebarriere *f*, Energieschwelle *f*, Energiewall *m*
бассейн *m* 1. Bassin *n*, Becken *n*; Behälter *m*; *(Pap)* Bütte *f*; 2. *(Hydt)* Einzugsgebiet *n*; 3. *(Hydt)* Flußbassin *n*, Flußbecken *n*; 4. *(Geol)* Becken *n*, Revier *n* ‖ **~/аккумулирующий** *(Hydt)* Auffangbecken *n*, Druckwasserspeicher *m*, Druckwassersammler *m* ‖ **~/аэрационный** *(Pap)* Wassereinlaufkasten *m*, Lüftungskasten *m* ‖ **~/брызга[те]льный** Kühlteich *m* mit Sprühdüsen (Düsenversprühung) ‖ **~/буксировочный** Schleppkanal *m*, Schlepprinne *f (für Schiffsmodellversuche)* ‖ **~/буферный** *(Pap)* Stapelbütte *f*, Pufferbütte *f* ‖ **~/варочный** *(Glas)* Schmelzwanne *f*, Wanne[nbecken *n*] *f* ‖ **~/водный** *(Hydt)* Wasserstube *f* ‖ **~/водобойный** *(Hydt)* Sturzbecken *n* ‖ **~/водосборный** *(Hydrol)* Einzugsgebiet *n*, Zuflußgebiet *n* ‖ **~/водосливный** *(Hydt)* Überlaufbecken *n* ‖ **~/водяной** *(Hydt)* Wasserstube *f* ‖ **~ выдержки** *(Kern)* Abklingbecken *n* ‖ **~/выработочный** *(Glas)* Arbeitswanne *f*; *(Glas)* Ziehherd *m (einer Colburn-Anlage)* ‖ **~/глубоководный опытовый** Tiefwasserversuchsbecken *n (für Schiffsmodellversuche)* ‖ **~ грунтовых вод** Grundwasserbecken *n* ‖ **~/достроечный** *(Schiff)* Ausrüstungsbecken *n* ‖ **~/испарительный** Verdunstungskessel *m*, Verdunstungsbecken *n* ‖ **~ источника** Quellgebiet *n* ‖ **~/кавитационный** Kavitationsbecken *n*, Kavitationstank *m (für Schiffsmodellversuche)* ‖ **~/каптажный** *(Hydt)* Quellstube *f* ‖ **~ каскада/промежуточный** *(Hydt)* Zwischenspeicher *m* ‖ **~/крытый плавательный** *(Bw)* Hallenschwimmbad *n* ‖ **~/лопастный** *(Pap)* Rührwerksbütte *f* ‖ **~/массный** *(Pap)* Stoffbütte *f* ‖ **~/машинный** *(Pap)* Maschinenbütte *f*, Arbeitsbütte *f* ‖ **~/мелководный опытовый** Flachwasserversuchsbecken *n (für Schiffsmodellversuche)* ‖ **~/мешальный** *(Pap)* Mischbütte *f*, Mischbottich *m* ‖ **~/мешальный массный** *(Pap)* Rührbütte *f* ‖ **~ мокрого брака** *(Pap)* Gautschbruchbütte *f* ‖ **~/мореходный опытовый** Seegangsversuchsbecken *n (für Schiffsmodellversuche)* ‖ **~/наливной** *(Schiff)* Flutbecken *n* ‖ **~/напорный** *(Hydt)* Gefällebereich *m*; Staubehälter *m*, Staubecken *n* ‖ **~/океанский** Ozeanbecken *n* ‖ **~/опытовый** Versuchsbecken *n*, Schlepprinne *f*, Schleppkanal *m*, Schleppbecken *n (für Schiffsmodellversuche)* ‖ **~ осадконакопления** *(Geol)* Sedimentationsbecken *n* ‖ **~/осадочный** *s.* ~/осветительный ‖ **~/осветительный (отстойный)** Klärbecken *n*, Klärbehälter *m*, Absetzbecken *n* ‖ **~/охладительный (охлаждающий)** Abkühlbecken *n*, Kühlbassin *n* ‖ **~/паралический** *(Geol)* paralisches Becken *n* ‖ **~/питательный** *(Hydt)* Speisebecken *n* ‖ **~/плавательный** Schwimmbecken *n*; Schwimmbad *n* ‖ **~/плескательный** Planschbecken *n* ‖ **~/подходный шлюзовой** *(Hydt)* Vorhafen *m*, Schleusenvorhafen *m*, Vorbecken *n*, Schleusenvorbecken *n (Zweikammerschleuse)* ‖ **~/портовый** Hafenbecken *n* ‖ **~/пресноводный** *(Geol)* limnisches Becken *n*, Süßwasserbecken *n* ‖ **~/приёмный** *(Pap)* Vorratsbütte *f* ‖ **~/промежуточный** 1. *(Pap)* Zwischenbütte *f*; 2. *(Schiff)* Zwischenbecken *n (Baudock)* ‖ **~/рудный** *(Geol)* Erzbecken *n* ‖ **~ с ротативной установкой/опытовый** Rundlaufversuchsbecken *n*, Manövrierversuchsbecken *n (für Schiffsmodellversuche)* ‖ **~/сберегательный** *(Hydt)* Sparkammer *f*, Sparbecken *n (Sparschleuse)* ‖ **~/сборный** *(Pap)* Sammelbütte *f* ‖ **~/сдвоенный** *(Pap)* Doppelbütte *f* ‖ **~/скоростной опытовый** Schnellfahrtversuchs-

becken *n (für Schiffsmodellversuche)* ‖ **~ стока** *(Hydt)* Abflußgebiet *n* ‖ **~ суточного регулирования** *(Hydt)* Tagesausgleichsbecken *n*, Schwellbecken *n* ‖ **~/угольный** *(Geol)* Kohlenbecken *n* ‖ **~/успокоительный** *(Hydt)* Beruhigungsbecken *n (Stauwerk)* ‖ **~/фирновый** *(Geol)* Firnmulde *f*, Firnfeld *n*

бастит *m (Min)* Bastit *m*

бастнезит *m (Min)* Bastnäsit *m (Fluormineral)*

бастование *n (Text)* Bürsten *n (Putzmaschine)*

батан *m (Text)* Lade *f (Webstuhl)* ‖ **~/вышивной** Broschierlade *f* ‖ **~ жаккардовой машины** Prismalade *f (Jacquardmaschine)* ‖ **~ замочного станка** Festblattlade *f (Weberei)* ‖ **~/кольцевой вышивной** Ringbroschierlade *f*, Kreislade *f* ‖ **~/передвижной** Schiebelade *f* ‖ **~/подвесной** Hängelade *f* ‖ **~/челночный вышивной** Schiffchenbroschierlade *f* ‖ **~/ящичный вышивной** Kästchenbroschierlade *f*

батарейка *f* kleine Batterie *f*; Taschenleuchtenbatterie *f* ‖ **~/водоналивная** seewasseraktivierte Batterie *f*, seewasseraktive Zelle *f (für Rettungsmittel)* ‖ **~/карманная** Taschenleuchtenbatterie *f*

батарея *f* 1. Batterie *f*, Gruppe *f*; 2. *(El)* Batterie *f*; 3. *(Wmt)* Radiator *m*, Heizkörper *m*; 4. *(Met)* Batterie *f* ‖ **~/аварийная** Netzersatzbatterie *f* ‖ **~/аккумуляторная** *(El)* Akkumulator[en]batterie *f* ‖ **~/анодная** *(El)* Anodenbatterie *f* ‖ **~/атомная** Kernbatterie *f*, Isotopenbatterie *f*, Radionuklidbatterie *f*, Spannungsquelle *f* ‖ **~/буферная** *(El)* Pufferbatterie *f*, Ausgleichsbatterie *f* ‖ **~/диффузионная** Diffusionsbatterie *f (Zuckergewinnung)* ‖ **~/запасная** Ersatzbatterie *f* ‖ **~/измерительная** Meßbatterie *f* ‖ **~ каскадного типа** *(Kält)* Kaskadenverdampfer *m* ‖ **~/клеточная** *(Lw)* Käfigbatterie *f* ‖ **~/коксовая** *(Met)* Koks[ofen]batterie *f* ‖ **~/местная** *(Nrt)* Ortsbatterie *f*, OB ‖ **~/микрофонная** *(Nrt)* Mikrophonbatterie *f*, Mikrophonelement *n* ‖ **~/многокорпусная выпарная** *(Ch)* Mehrkörperverdampfer *m*, Mehrstufenverdampfer *m* ‖ **~/накальная** *(Eln)* Heizbatterie *f* ‖ **~ непрерывного действия/кубовая** *(Erdöl)* kontinuierliche Blasendestillationsanlage *f* ‖ **~/отопительная** *(Wmt)* Heizkörper *m*, Heizbatterie *f* ‖ **~/охлаждающая** *(Kält)* Kühlbatterie *f*, Kühlregister *n* ‖ **~ охлаждения** *s.* ~/охлаждающая ‖ **~ печей** *(Met)* Ofenbatterie *f*, Ofenreihe *f* ‖ **~ питателей-смесителей** *(Text)* Mischbatterie *f (Putzerei)* ‖ **~/пятикорпусная выпарная** *(Pap)* Fünfkörperverdampfer *m* ‖ **~/распределительная** *(Schw)* Gasflaschenbatterie *f* ‖ **~/солнечная** Solarbatterie *f*, Solarzelle *f* ‖ **~/станционная** *(Nrt)* Amtsbatterie *f* ‖ **~/стартерная аккумуляторная** *(Kfz)* Anlaßbatterie *f*, Starterbatterie *f*, Kfz-Batterie *f* ‖ **~/сухая** *(El)* Trockenbatterie *f* ‖ **~/термоэлектрическая** Thermobatterie *f*, thermoelektrische Batterie *f* ‖ **~/трёхкорпусная выпарная** *(Pap)* Dreikörperverdampfer *m* ‖ **~/фильтрационная** Läuterbatterie *f (Würzegewinnung in der Brauerei)* ‖ **~/центральная** *(Nrt)* Zentralbatterie *f*, ZB ‖ **~/цилиндрическая** Stabbatterie *f* ‖ **~/экстракционная** *(Ch)* Extraktionsbatterie *f* ‖ **~/ядерная** *s.* ~/атомная

батиметр *m* Bathymeter *n*, Wassertiefenmesser *m*

батиметрия *f* Bathymetrie *f*, Wassertiefenmessung *f* ‖ **~/лазерная** Laserbathymetrie *f*

батиплан *m* Bathyplan *n*

батискаф *m* Bathyskaph *m*

батисфера *f* Bathysphäre *f*

батокс *m (Schiff)* Längsschnitt *m*, Längsschnittlinie *f (Linienriß)*

батолит *m (Geol)* Batholith *m*

батохромизм *m* Bathochromie *f*, Farbvertiefung *f*, bathiochrome Farbtonverschiebung *f*

батохромный bathochrom, farbvertiefend

бафтинг *m (Aero, Flg)* Schütteln *n*, Buffeting *n* ‖ **~/срывной** Ablösungsschütteln *n*

бахрома *f (Text)* 1. Franse *f*; 2. Schutzmaschenreihe *f (Strumpfwirkerei)* ‖ **~/цветная** *(Photo, TV)* Farbsaum *m*

бахромчатый befranst; fransig

бахтарма *f (Led)* Fleischseite *f*, Aas *n*, Aasseite *f*

бачок *m* kleiner Behälter *m*; Schale *f* ‖ **~/барометрический** *(Text)* Vakuumbehälter *m (Chemiefaserherstellung)* ‖ **~/мусорный** Abfalleimer *m* ‖ **~/промывочный** *(Photo)* Wässerungsdose *f*, Wässerungstank *m* ‖ **~/проявительный (проявочный)** *(Photo)* Entwicklungsdose *f*, Entwicklungstank *m* ‖ **~/расширительный** Ausdehnungsgefäß *n*, Ausgleichsbehälter *m (z. B. eines Kühlsystems)* ‖ **~ с улиткой** *(Photo)* Dose *f* mit Spiralführung ‖ **~/смывной** Spülkasten *m*, Spülbecken *n* ‖ **~/уравнительный** Druckausgleichgefäß *n*

башмак *m* 1. Schuh *m*; Fuß *m*; Fußstück *n*; 2. *(El)* Kabelschuh *m*; 3. *(Bw)* Strebenschuh *m*; 4. *(Bgb)* Schachtschuh *m*; 5. Bremse *f*; 6. Backe *f*, Backen *m*; 7. *(Schm)* Schnittplattenhalter *m*; 8. Preßformenkäfig *m (Pulvermetallurgie)*; 9. *(Eb)* Gleitstück *n (Magnetschienenbremse)*; Hemmschuh *m*, Bremsklotzhalter *m (Wagen)*; 10. *(Schiff)* Lager *n (Ladegeschirr)*; 11. *(Schiff)* Konsole *f*, Schuh *m (für Stempel am Bug und Heck des Schiffskörpers zum Stapellauf)*; 12. *(Lw)* Schleifsohle *f* ‖ **~ буровой трубы** *(Erdöl)* Bohrschuh *m* ‖ **~ вертлюга** *(Schiff)* Lümmellager *n (Ladegeschirr)* ‖ **~/внешний** *(Lw)* Außenschuh *m (Mähbalken)* ‖ **~/внутренний** *(Lw)* Innenschuh *m (Mähbalken)* ‖ **~ гусеницы** *(Kfz)* Laufplatte *f (Gleiskette)* ‖ **~ дороги сельфактора** *(Text)* Schaltplatte *f (Selbstspinner)* ‖ **~/кабельный** *(El)* Kabelschuh *m* ‖ **~ камерной крепи** *(Bgb)* Mauerfuß *m (Schachtmauerung)* ‖ **~ колонны** Stützenfuß *m*, Säulenfuß *m* ‖ **~/контактный** 1. Kontaktschuh *m*, Schleifbürste *f (der Elektrolok)*; 2. *s.* ~ токоприёмника ‖ **~ крейцкопфа** *(Masch)* Kreuzkopf[gleit]schuh *m* ‖ **~ обсадной трубы** *(Bgb)* Futterrohrschuh *m* ‖ **~/охлаждающий** *(Schw)* Kühlschuh *m* ‖ **~ ползуна** *(Masch)* Kreuzkopf[gleit]schuh *m* ‖ **~/полюсный** *(El)* Polschuh *m* ‖ **~/режущий** *(Bgb)* Schneidschuh *m (Senkschachtverfahren)* ‖ **~/рессорный** *(Eb)* Federgleitschuh *m*, Federschlitten *m* ‖ **~/сбрасывающий** *(Eb)* Entgleisungsschuh *m* ‖ **~/свайный** *(Bw)* Pfahlschuh *m* ‖ **~ токоприёмника (токоснимателя)** *(El)* Stromabnehmergleitschuh *m* ‖ **~ топенанта** *(Schiff)* Hangerlager *n (Ladegeschirr)* ‖ **~/тормозной** *(Eb)* Hemmschuh *m*, Bremsschuh *m*, Bremsbacke *f* ‖ **~/троллейный** Fahrleitungsschleifkohle *f (für*

Oberleitungsbusse) || **~/упорный** *(Schiff)* Fußlager *n*, unteres Zapfenlager *n (Lümmellager)* || **~ шпора стрелы** *(Schiff)* Lümmellager *n (Ladegeschirr)*

башмакосбрасыватель *m (Eb)* Hemmschuhauswerfer *m*, Hemmschuhauswurfvorrichtung *f*

башня *f* Turm *m* || **~/буровая** *(Bgb)* Bohrturm *m* || **~/водозаборная** *(Hydt)* Entnahmeturm *m* || **~/водонапорная** Wasserturm *m* || **~/водоприёмная** *(Hydt)* Entnahmeturm *m* || **~/вытяжная** Kamin *m (eines Kühlturms)* || **~ Гловера** Glover[-Turm] *m (Schwefelsäureherstellung)* || **~/головная** Maschinenturm *m*, Antriebsturm *m (Kabelkran)* || **~/грануляционная** Prillturm *m (Düngemittelindustrie)* || **~/денитрационная** Denitrier[ungs]turm *m*, Denitrator *m (Schwefelsäureherstellung)* || **~/дифференциальная уравнительная** *(Hydt)* Differentialwasserschloß *n* || **~ для сборки** *(Rak)* Montageturm *m* || **~/дробелитейная** Granaliengießturm *m* || **~/кабель-заправочная** *(Raumf)* Kabelturm *m* || **~/качающаяся** Pendelstütze *f*, Pendelturm *m (Kabelkran)* || **~/кислотная** *(Ch)* Säureturm *m* || **~/коксотушильная** Kokslöschturm *m* || **~/крановая** Turm *m*, Turmstütze *f (Kabelkran)* || **~ обслуживания** *(Rak)* Versorgungsturm *m*, Wartungsturm *m* || **~/окислительная** Oxidationsturm *m*, Regenerierturm *m (Schwefelsäureherstellung)* || **~/отбельная** *(Pap)* Bleichturm *m* || **~/охлаждающая** *s.* ~/холодильная || **~/петлевая** *(Wlz)* Schlingenturm *m*, Schlingenschacht *m* || **~/продукционная** Produktionsturm *m (Schwefelsäureherstellung)* || **~/пусковая** *(Rak)* Startturm *m* || **~/рамоподъёмная** Vorderbock *m (Schwimmbagger)* || **~/распылительная** *(Ch)* Sprühturm *m* || **~/реакционная** *(Ch)* Reaktionsturm *m* || **~/сатурационная** *(Ch)* Sättigungsturm *m* || **~/сенажная силосная** *(Lw)* Hochsilo *m(n)* für Anwelksilage || **~/силосная** *(Lw)* Turmsilo *m(n)*, Hochsilo *m(n)*, Vertikalsilo *m(n)* || **~/стартовая** *(Rak)* Startturm *m* || **~/сушильная** *(Ch)* Trockenturm *m* || **~/телевизионная** Fernsehturm *m* || **~ телескопа** *(Astr)* Kuppelgebäude *n*, Kuppel *f* || **~/увлажнительная** Befeuchtungsturm *m*, Benetzungsturm *m* || **~/уравнительная** *(Hydt)* Wasserschloß *n* || **~/хвостовая** Gegenturm *m (Kabelkran)* || **~/холодильная** Kühlturm *m* || **~/черпаковая** Mittelbock *m*, Turasbock *m (Eimerkettenschwimmbagger)*

башня-сатуратор *f s.* башня/сатурационная

ББП *s.* 1. блок питания/бестрансформаторный; 2. блок вторичного питания

БГИМС *s.* микросхема/большая гибридная интегральная

БГИС *s.* схема/большая гибридная интегральная

БГТ *s.* гетеротранзистор/биполярный

БД *s.* база данных

беватрон *m (Kern)* Bevatron *n*

бегун *m* 1. Läufer *m*, Laufrolle *f*; 2. Mahlstein *m*, Laufstein *m*; 3. *(Eb)* Läufer *m*, ablaufender Wagen *m (Ablaufberg)* || **~/плохой** *(Eb)* Schlechtläufer *m (Rangieren)* || **~/хороший** *(Eb)* Gutläufer *m (Rangieren)*

бегунок *m* 1. *(Masch)* Läufer *m*; 2. *(Mech)* Reiter *m*; 3. *(Text)* Läufer *m*, Ringläufer *m (Ringspinnmaschine)*; 4. Laufrolle *f*, Läufer *m (Mischer)* || **~/точильный** *(Text)* traversierende Schleifscheibe *f*, Wanderschleifscheibe *f (Schleifen der Kardierflächen)*

бегуны *mpl* Kollergang *m*, Kollermühle *f (Aufbereitung)* || **~/дробящие** Zerkleinerungskollergang *m*; Mahlkollergang *m*, Kollermühle *f* || **~ мокрого помола** Naßkollergang *m* || **~/размалывающие** Mahlkollergang *m*, Kollermühle *f* || **~/разминающие** Knetkollergang *m* || **~/смесительные (смешивающие)** Mischkollergang *m* || **~ сухого помола** Trockenkollergang *m*

бедный arm *(Erze)*; heizschwach *(Erdgas)* || **~ углеродом** kohlenstoffarm *(Stahl)*

бедствие *n* Not *f*, Katastrophe *f* || **~ на море** Seenot *f* || **~/стихийное** 1. Naturkatastrophe *f*; 2. Elementarschaden *m*

безаберрационный *(Opt)* aberrationsfrei

безаварийность *f* Havariefreiheit *f*

безаварийный störungsfrei, havariefrei

безадресный *(Inf)* adressenlos

безазотистый *(Ch)* stickstofffrei

безалкогольный alkoholfrei

безбатарейный batterielos, ohne Batterie

безвариантный nonvariant

безваттный *(El)* wattlos, leistungslos

безвахтенный *(Schiff)* wachfrei

безветрие *n (Meteo)* Windstille *f*, Flaute *f*

безвихревой *(Aero)* wirbelfrei, wirbellos; laminar *(Strömung)*

безводность *f* 1. *(Meteo)* Aridität *f*, Trockenheit *f*; 2. *(Ch)* Wasserfreiheit *f*

безводный 1. *(Meteo)* arid, trocken; 2. *(Ch)* wasserfrei; kristallwasserfrei

безвредный unschädlich

безвуальный *(Photo)* schleierfrei

безвыводный *(El)* anschlußlos

безгистерезисный *(El)* hysteresefrei, hystereselos, ohne Hysterese

безграничный *(Math)* unbeschränkt

бездетонационный klopffrei *(Kraftstoff)*

бездефектный fehlerlos, fehlerfrei

бездислокационный *(Krist)* versetzungsfrei

бездисперсный dispersionsfrei

бездорожье *n* unwegsames (wegeloses) Gelände *n*

бездрейфовый driftfrei

бездымный rauchlos, rauchfrei

безжелезный *(El)* eisenlos, eisenfrei, ohne Eisen

беззернистость *f (Photo)* Kornlosigkeit *f*

беззернистый *(Photo)* kornlos

беззнаковый vorzeichenlos

беззольный asche[n]frei

безличина *f (Led)* 1. Scheuerstelle *f*; 2. blinder Narben *m*

безлопаточный schaufellos *(Turbine)*

безлюдный mannlos *(Gewinnung im Bergbau, Fabrikation)*; *(Flg)* unbemannt

безмасочный *(Eln)* maskenlos

безнабивочный packungslos *(Stopfbuchse)*

безнакальный *(Eln)* keinen Heizstrom erfordernd

безоблачный *(Meteo)* wolkenfrei, wolkenlos

безоблойный gratfrei

безопалубочный *(Bw)* schalungslos, ohne Schalung

безопасность *f* 1. Gefahrlosigkeit *f*; Unschädlichkeit *f*; 2. Sicherheit *f* || **~/активная** *(Kfz)* aktive

Sicherheit *f* ll ~ **в эксплуатации** Betriebssicherheit *f* ll ~ **[дорожного] движения** Verkehrssicherheit *f* ll ~ **обслуживания** Betriebssicherheit *f* ll **~/пассивная** *(Kfz)* passive Sicherheit *f* ll **~/пожарная** Brandsicherheit *f*, Feuersicherheit *f* ll ~ **постройки** Bausicherheit *f* ll ~ **производства** Betriebssicherheit *f* ll **~/радиационная** *(Kern)* Strahlensicherheit *f* ll **~/транспортная** Transportsicherheit *f* ll ~ **хода** *(Eb)* Laufsicherheit *f*, Entgleisungssicherheit *f* ll **~/экологическая** ökologische Sicherheit *f* ll ~ **эксплуатации** Betriebssicherheit *f*

безопасный sicher, gefahrlos; Sicherheits...

безопочный *(Gieß)* kastenlos

безореольность *f (Photo)* Lichthoffreiheit *f*

безореольный *(Photo)* lichthoffrei

безосколочный splitterfrei *(Glas)*

безостаточный rückstandslos, rückstandsfrei

безотказность *f* störungsfreier Betrieb *m*, störungsfreie Arbeit *f*; Ausfallfreiheit *f*, Störungsfreiheit *f*; Robustheit *f*

безотказный ausfallfrei, störungsfrei, betriebssicher

безоткатный rückstoßfrei

безотходный abfallfrei, abproduktefrei

безразмерный *(Math)* dimensionslos

безрамный *(Kfz)* rahmenlos *(Fahrwerk)*

безрельсовый *(Förd)* gleislos

безрудный *(Bgb)* erzlos, taub

безрычажный *(Masch)* gestängelos

безуглеродистый *(Ch)* kohlenstofffrei

безугольный *(Bgb)* ausgekohlt, kohlefrei

безударный stoßfrei, schlagfrei; anschlagfrei

безукоризненный makellos, einwandfrei

безупречный/гигиенически hygienisch einwandfrei *(z. B. Getränke)*

безусадочность *f* 1. Schrumpffestigkeit *f*; 2. *(Text)* Krumpfechtheit *f*; 3. *(Photo)* Schrumpfungsfreiheit *f*

безусадочный 1. schrumpffest; 2. *(Text)* krumpfecht, schrumpffrei; 3. *(Photo)* schrumpfungsfrei

безъёмкостный *(El)* kapazitätsfrei, kapazitätslos

безъякорный *(El)* ankerlos

безызлучательный strahlungsfrei, strahlungslos

безызносность *f* Verschleißlosigkeit *f*, Nullverschluß *m*

безындукционный *(El)* induktionsfrei, induktionslos

безынерционный *(Mech)* trägheitslos; masselos; *(El)* unverzögert, flink *(Sicherungen)*

безыскажённый verzerrungsfrei, unverzerrt

безыскровой *(El)* funkenfrei, funkenlos

безэлектродный elektrodenlos

бейделлит *m (Min)* Beidellit *m (Tonmineral)*

бейка *f (Text)* Kante *f*

бейнит *m (Met)* Bainit *m*, Zwischenstufengefüge *n*

беккерель *m* Becquerel *n*, Bq

бел *m (Ak)* Bel *n*, B

белемниты *mpl (Geol)* Belemniten *mpl*

беление *n* 1. *(Text)* Bleiche *f*, Bleichen *n*; 2. *(Bw)* Weißen *n* ll **~/восстановительное** Reduktionsbleiche *f* ll **~/гипохлоритное** Hypochloritbleiche *f* ll **~/луговое** Rasenbleiche *f*, Naturbleiche *f* ll **~/окислительное** Oxidationsbleiche *f* ll **~/перекисное** Peroxidbleiche *f* ll **~/хлорное** Chlorbleiche *f*

белизна *f (Pap, Text)* Weißgehalt *m*, Weißgrad *m*

белила *pl* Weiß *n*, Weißfarbe *f*, Weißpigment *n* ll **~/баритовые** Barytweiß *n*, Blanc fixe *n*, Permanentweiß *n* ll **~/свинцовые** Bleiweiß *n*

белильня *f* Bleiche *f*, Bleicherei *f*

белистость *f* Weißgrad *m (des Papiers)*

белить 1. *(Text)* bleichen; 2. *(Bw)* weiß anstreichen, weißen ll ~ **известью** *(Bw)* abkalken

белковый Eiweiß...

белок *m* Eiweiß *n*, Eiweißstoff *m*, Eiweißkörper *m* ll **~/простой** Proteïn *n*, einfacher Eiweißstoff *m* ll **~/сложный** Proteid *n*, zusammengesetzter Eiweißstoff *m*

белокалильный Weißglüh... *(Zusatz zu Wärmebehandlungsverfahren)*

бельэтаж *m (Bw)* Beletage *f*, erster Stock *m*

беляк *m (Led)* Stollpfahl *m*; Stollblock *m*

бемит *m (Min)* Böhmit *m (Aluminiumhydroxid)*

бенбери *m (Gum)* Banbury[-Innenmischer] *m*, Banbury-Kneter *m*

бензель *m (Schiff)* Bändsel *n*, Zeising *m*

бензил *m (Ch)* Benzyl *n*

бензилцеллюлоза *f (Ch)* Benzylcellulose *f*

бензин *m* Benzin *n* ll **~/авиационный** Flug[motoren]benzin *n* ll **~/автомобильный** Vergaserkraftstoff *m*, VK ll **~/антидетонационный** klopffestes Benzin *n* ll **~/бессвинцовый** *s.* ~/неэтилированный ll **~/высокооктановый** hochklopffestes (hochoktaniges) Benzin *n*, Hochoktanbenzin *n* ll **~/высокосортный** hochwertiges Benzin; Super[benzin] *n* ll **~/газовый** Erdgasbenzin *n*, Natur[gas]benzin *n* ll **~/гоночный** Rennbenzin *n* ll ~ **крекинга** Krackbenzin *n*, Spaltbenzin *n* ll **~/лёгкий** Leichtbenzin *n* ll **~/неочищенный** Rohbenzin *n* ll **~/неэтилированный** bleifreies (unverbleites) Benzin *n* ll **~/низкооктановый** Benzin *n* mit niedrigem Oktangehalt ll **~/полимер[изацион]ный** Polymer[isations]benzin *n* ll **~/природный** *s.* ~/газовый ll **~/промывной (промывочный)** Waschbenzin *n* ll **~/прямогонный** Destillat[ions]benzin *n*, Straightrun-Benzin *n* ll ~ **прямой [пере]гонки** *s.* ~/прямогонный ll **~/сверхвысокооктановый** überklopffestes Benzin *n*, Super[benzin] *n* ll **~/твёрдый** Hartbenzin *n* ll **~/транспортный** Fahrbenzin *n* ll **~/тяжёлый** Schwerbenzin *n* ll **~/этилированный** verbleites (mit Tetraethylblei versetztes) Benzin *n*, Bleibenzin *n*

бензинé *n* [ab]gesättigtes Benzolwaschöl *n*

бензинирование *n* Benzinierung *f*

бензинка *f* Benzinkocher *m*; Benzinofen *m*

бензиновоз *m* 1. *(Kfz)* Tankwagen *m*; 2. *(Schiff)* Benzintanker *m*

бензиноизмеритель *m* Benzinmeßgerät *n*; Kraftstoffmeßgerät *n* ll **~/гидростатический** hydrostatisches Benzinmeßgerät *n* ll **~/пневматический** pneumatisches Benzinmeßgerät *n* ll **~/электрический** elektrisches Benzinmeßgerät *n*

бензиномер *m s.* бензиноизмеритель

бензинопитание *n (Kfz)* Benzinzufuhr *f*

бензинопровод *m (Kfz)* Benzinleitung *f*

бензиноуказатель *m* Kraftstoff[verbrauchs]anzeiger *m*, Benzinanzeiger *m*, Kraftstoffanzeigegerät *n*

бензиноуловитель *m* Benzinabscheider *m*, Benzinfänger *m*

бензин-растворитель *m* Lösungsbenzin *n*
бензобак *m* Benzintank *m*, Kraftstoffbehälter *m* ‖ **~/крылевой** *(Flg)* Tragflügelbehälter *m*
бензовоз *m* Benzintankfahrzeug *n*, Tankwagen *m*
бензозаправщик *m s.* топливозаправщик
бензоилирование *n (Ch)* Benzoylierung *f*
бензоилировать *(Ch)* benzoylieren
бензоколонка *f* Zapfsäule *f (Tankstelle)*
бензол *m (Ch)* Benzen *n*, Benzol *n* ‖ **~/промывной** Waschbenzen *n*, Waschbenzol *n* ‖ **~/чистый** Reinbenzen *n*, Reinbenzol *n*
бензомер *m s.* бензиноизмеритель
бензонасос *m* Kraftstoffpumpe *f*, Benzinpumpe *f*
бензопила *f (Wkz)* transportable Säge *f* mit Benzinmotorantrieb *(meist Kettensäge)* ‖ **~/цепная** transportable Kettensäge *f* mit Benzinmotorantrieb
бензопровод *m* Benzinleitung *f*, Kraftstoffleitung *f*
бензорез *m* Benzinschneidgerät *n*
бензосклад *m* Kraftstofflager *n*
бензостойкий benzinbeständig, benzinfest
бензосчётчик *m s.* бензиноизмеритель
бензоуказатель *m s.* бензиноуказатель
бензофильтр *m* Benzinfilter *n*, Kraftstoffilter *n*
бензохранилище *n* Tanklager *n*
бензоэлектрический benzinelektrisch
бенитоит *m (Min)* Benitoit *m*
бентонит *m (Geol)* Bentonit *m (Tonart)*
бергинизация *f (Ch)* Berginisierung *f (Hochdruckkohlehydrierung nach Bergius)*
бергштрих *m (Kart)* Bergstrich *m*, Schraffe *f*, Gefällstrich *m*
бёрдо *n (Text)* Web[e]blatt *n*, Blatt *n*, Riet *n (Webstuhl)*
бёрдовязание *n (Text)* Blattbinden *n*, Rietmachen *n*
берег *m* Küste *f*, Strand *m (Meer)*; Ufer *n (Fluß, See)* ‖ **~/вогнутый** Hohlufer *n*, Konkavufer *n*, einwärts gebogenes Ufer *n* ‖ **~/выпуклый** ausgebuchtetes Ufer *n* ‖ **~/крутой** Steilufer *n*
берегоукрепление *n* Uferbefestigung *f*
берилл *m (Min)* Beryll *m*
бериллизация *f (Härt)* Einsatzhärtung *f* durch Beryllium
бериллий *m (Ch)* Beryllium *n*, Be
беркелий *m (Ch)* Berkelium *n*, Bk
берма *f* 1. *(Bw)* Absatz *m*, Berme *f*; 2. *(Bgb)* Grenzpfeiler *m (Tiefbau)*; *(Bgb)* Berme *f*, Absatz *m (Tagebau)*; 3. *(Eb)* Berme *f*, Randweg *m* ‖ **~ безопасности** *(Bgb)* Sicherheitsberme *f* ‖ **~ откоса плотины** *(Hydt, Eb)* Böschungsabsatz *m (eines Dammes)* ‖ **~/охранная** *(Bgb)* Schutzberme *f* ‖ **~ плотины** *(Hydt)* Dammstufe *f*, Dammbankett *n* ‖ **~/предохранительная** *(Bgb)* Sicherheitsberme *f*, Schutzberme *f* ‖ **~/соединительная** *(Bgb)* Rampe *f*
бертрандит *m (Min)* Bertrandit *m (Berylliummineral)*
бертьерит *m s.* блеск/железо-сурьмяный
беседка *f* Bootsmannsstuhl *m* ‖ **~/подъёмная** Taucherdavit *m*, Taucherhebeeinrichtung *f*
бескамерный schlauchlos *(Kfz-Reifen)*
бескислородный sauerstofffrei
бескислотный säurefrei
бесклапанный ventillos *(Verbrennungsmotoren, Verdichter, Pumpen)*
бесколлекторный *(El)* kommutatorlos, ohne Kommutator (Stromwender)
бескомпрессорный verdichterlos, ohne Verdichter *(Verbrennungsmotor)*; Einspritz...
бесконечно *(Math)* unendlich ‖ **~ большой** unendlich groß ‖ **~ малый** unendlich klein
бесконечность *f (Math)* Unendlichkeit *f*
бесконечный 1. *(Math)* unendlich; 2. endlos *(Kette, Fließband)*
бесконсольный nicht auskragend, ohne Kragarm *(Kran)*
бесконтактность *f* Kontaktlosigkeit *f*, Kontaktfreiheit *f*, Berührungslosigkeit *f*, Berührungsfreiheit *f*
бесконтактный kontaktlos, kontaktfrei, berührungslos, berührungsfrei
бескорпусный gehäuselos; ungekapselt
бескоррекционный abgleichfrei
бескрылый *(Rak)* flügellos
бескулачковый kurvenlos, kurvenkörperlos *(Werkzeugmaschinen)*
бесперебойность *f* Stör[ungs]freiheit *f*; Kontinuität *f*, Stetigkeit *f* ‖ **~ энергоснабжения** störungsfreie Energieversorgung *f*
бесперебойный stör[ungs]frei; kontinuierlich, stetig
беспилотный unbemannt
бесподкосный unverstrebt
бесполюсный *(El)* pollos
беспоршневой kolbenlos
беспорядок *m (Math)* Regellosigkeit *f*
беспорядочный ungeordnet, regellos
беспрерывный ununterbrochen
беспримесный *(Eln)* undotiert, störstellenfrei
беспроволочный drahtlos
бессемер *m (Met)* Bessemerkonverter *m*, Bessemerbirne *f*
бессемерование *n (Met)* Bessemern *n*, Konvertern (Windfrischen) *n* im sauren Konverter, Bessemerverfahren *n*, Bessemerprozeß *m* ‖ **~/большое** Großbessemerei *f*, Groß-Bessemerverfahren *n* ‖ **~ чугуна** Windfrischen *n*, Bessemerverfahren *n*
бессемеровать *(Met)* bessemern, konvertern
бессемеровский Bessemer...
бессеребряный *(Photo)* silberfrei, silberlos
бессерный *(Ch)* schwefelfrei
бесслитковый *(Wkz)* blocklos, aus dem Schmelzfluß
бесстаторный *(El)* ständerlos, statorlos
бесстержневой *(Gieß)* kernlos
бесстоечный *(Bgb)* stempelfrei
бесстружковый *(Fert)* spanlos
бесструктурный strukturlos, gefügelos
бесступенчато-регулируемый stufenlos regelbar
бесступенчатый stufenlos
бессцепочный *(Lw)* ohne Kopplungswagen
бестарный unverpackt, lose *(Güter, Material)*
бестоковый *(El)* stromlos
бестрансформаторный ohne Transformator
бесфединговый *(El)* Antifading...; schwundfrei
бесфоновый *(El)* brummfrei
бесхлорный *(Ch)* chlorfrei
бесцветный farblos
бесцеликовый *(Bgb)* pfeilerlos
бесцентровый *(Wkzm)* spitzenlos
бесчелночный *(Text)* schützenlos *(Weberei)*

бесшовный 1. nahtlos; schweißnahtfrei; 2. *(Mech)* fugenlos *(Futter)*
бесшумность *f* Geräuscharmut *f*, Geräuschlosigkeit *f*; *(El)* Rauschfreiheit *f*
бесшумный geräuscharm, geräuschfrei; *(El)* rauschfrei
бесщелочной *(Ch)* alkalifrei, laugenfrei
бесщёточный *(El)* bürstenlos
бета-авторадиография *f (Kern)* Betaautoradiographie *f*
бета-активность *f (Kern)* Betaaktivität *f*
бета-ветвь *f (Kern)* Betazweig *m*, Betaverzweigung *f*
бета-детектор *m (Kern)* Betadetektor *m*, Detektor *m* für Betastrahlung
бета-дефектоскопия *f (Wkst)* Betadefektoskopie *f*
бета-дозиметр *m (Kern)* Betadosimeter *n*, Betastrahldosimeter *n*
бета-железо *n* Betaeisen *n*, β-Eisen *n*
бета-излучатель *m (Kern)* Betastrahler *m* ‖ **~/жёсткий** harter Betastrahler *m* ‖ **~/мягкий** weicher Betastrahler *m*
бета-излучение *n (Kern)* Betastrahlung *f* ‖ **~/непрерывное** kontinuierliche Betastrahlung *f*
бета-источник *m (Kern)* Betaquelle *f*, Betastrahlungsquelle *f*
бета-лучи *mpl* Betastrahlen *mpl*; [radioaktive] Betastrahlung *f* ‖ **~/отрицательно заряжённые** negativ geladene Betastrahlen *mpl*
бета-нестабильность *f (Kern)* Betainstabilität *f*, Instabilität *f* gegen Betazerfall
бета-переход *m (Kern)* Betaübergang *m*
бета-превращение *n (Kern)* Betaumwandlung *f*, Betazerfall *m* ‖ **~/обратное** inverse Betaumwandlung *f*, inverser Betazerfall *m*
бета-процесс *m (Kern)* Betaprozeß *m*
бета-радиоавтография *f (Kern)* Betaradioautographie *f*, Betaautoradiographie *f*
бета-радиоактивность *f (Kern)* Betaaktivität *f*, Betaradioaktivität *f*
бета-распад *m (Kern)* Betazerfall *m*, Betaumwandlung *f* ‖ **~/двойной** doppelter Betazerfall *m* ‖ **~/обратный** inverser Betazerfall *m*, inverse Betaumwandlung *f*
бета-спектр *m (Kern)* Betaspektrum *n*
бета-спектрограф *m (Kern)* Betaspektrograph *m*
бета-спектрометр *m (Kern)* Betaspektrometer *n*, Betastrahlspektrometer *n* ‖ **~/двухлинзовый** Doppellinsen-Betaspektrometer *n* ‖ **~/магнитный** Magnet-Betaspektrometer *n* ‖ **~/сцинтилляционный** Szintillations-Betaspektrometer *n* ‖ **~/тороидальный** Toroid-Betaspektrometer *n*, Toroidspektrometer *n* ‖ **~/электростатический** elektrostatisches Betaspektrometer *n*
бета-спектрометрия *f (Kern)* Betaspektrometrie *f*
бета-спектроскопия *f (Kern)* Betaspektroskopie *f*
бета-толщиномер *m* абсорбционного типа *(Kern)* Betaabsorptionsdickenmesser *m*
бетатрон *m (Kern)* Betatron *n*, Induktionsbeschleuniger *m*, induktiver Beschleuniger *m*
бетафит *m (Min)* Betafit *m*, Urantitanpyrochlor *n*
бета-целлюлоза *f* Betacellulose *f*, β-Cellulose *f*
бета-частица *f (Kern)* Betateilchen *n*
бета-эталон *m (Kern)* Betastandard *m*
бетелизация *f* Bethellverfahren *n (Holzimprägnierung)*
бетон *m (Bw)* Beton *m* ‖ **~/автоклавный** Autoklavbeton *m* ‖ **~/армированный** bewehrter Beton *m* ‖ **~/армированный синтетическим волокном** Plastfaserbeton *m*, plastfaserbewehrter Beton *m* ‖ **~/армированный стекловолокном** Glasfaserbeton *m*, glasfaserbewehrter Beton *m* ‖ **~/асфальтовый** Asphaltbeton *m* ‖ **~/безусадочный** schwindfreier Beton *m* ‖ **~/беспесчаный** *s.* ~/крупнопористый ‖ **~/бесцементный** zementloser Beton *m* ‖ **~/быстросхватывающийся** schnellabbindender (schnellerstarrender) Beton *m* ‖ **~/быстротвердеющий** schnellhärtender Beton *m* ‖ **~ в обойме** Kernbeton *m*, umschnürter Beton *m* ‖ **~/вакуумированный** Vakuumbeton *m* ‖ **~/вибрированный** gerüttelter Beton *m*, Rüttelbeton *m* ‖ **~/вибропрессованный** Rüttelpreßbeton *m* ‖ **~/вспученный** Blähbeton *m* ‖ **~/вызревший** alter (reifer) Beton *m* ‖ **~/высокомарочный** hochwertiger Beton *m* ‖ **~/высокоогнеупорный** hochfeuerfester Beton *m* ‖ **~/высокопрочный** hochfester Beton *m* ‖ **~/гвоздимый** nagelbarer Beton *m* ‖ **~/гидротехнический** Wasserbaubeton *m* ‖ **~/гипсовый** Gipsbeton *m* ‖ **~/гипсоцементный** Gipszementbeton *m* ‖ **~/глиняный** Lehmbeton *m* ‖ **~/гравийный** Kiesbeton *m* ‖ **~/дегтевой** Teerbeton *m* ‖ **~/декоративный** Sichtbeton *m* ‖ **~/долговечный** dauerhafter (alterungsbeständiger) Beton *m* ‖ **~/дорожный** Straßenbaubeton *m* ‖ **~ естественного твердения** natürlich erhärteter Beton *m* ‖ **~/жаростойкий (жароупорный)** hitzebeständiger Beton *m* ‖ **~/жёсткий** steifer (erdfeuchter) Beton *m* ‖ **~/жирный** fetter Beton *m* ‖ **~/заводской** Transportbeton *m*, Lieferbeton *m* ‖ **~/запаренный** autoklavbehandelter Beton *m* ‖ **~/заполняющий** Füllbeton *m* ‖ **~/затвердевший** erhärteter Beton *m* ‖ **~/защитный** Schutzbeton *m*; Strahlenschutzbeton *m* ‖ **~/земляной** Erdbeton *m* ‖ **~ зимнего бетонирования** Winterbeton *m* ‖ **~/зональный** Vorsatzbeton *m* ‖ **~/известково-глинистый** Kalk-Ton-Beton *m* ‖ **~/известково-зольный** Kalk-Asche-Beton *m* ‖ **~/известково-песчаный** Kalk-Sand-Beton *m* ‖ **~/известково-шлаковый** Kalk-Schlacke-Beton *m* ‖ **~/известковый** Kalkbeton *m* ‖ **~/износостойкий** Hartbeton *m* ‖ **~/кислотоупорный** säurebeständiger Beton *m* ‖ **~/конструктивный** tragender Beton *m* ‖ **~/крупнопористый** Grob[korn]beton *m*, grobkörniger Beton *m*, Haufwerksbeton *m* ‖ **~/лёгкий** Leichtbeton *m* ‖ **~/лёгкий конструкционный** konstruktiver Leichtbeton *m* ‖ **~/литой** Gußbeton *m* ‖ **~/малопористый** porenarmer Beton *m* ‖ **~/малоцементный** zementarmer Beton *m* ‖ **~/массивный** Massivbeton *m* ‖ **~/массовый** Massenbeton *m* ‖ **~/мелкозернистый** feinkörniger Beton *m*, Feinkornbeton *m* ‖ **~/микропористый** Mikroporenbeton *m*, Feinkornbeton *m* ‖ **~/мозаичный** Terrazzo *m* ‖ **~/монолитный** Ortbeton *m*, monolithischer Beton *m* ‖ **~/морозостойкий** frostbeständiger Beton *m* ‖ **~ на белом цементе** Weißbeton *m* ‖ **~ на вулканическом шлаке** Lavaschlackenbeton *m* ‖ **~ на крупных заполнителях** Grob-

beton *m* ‖ ~ **на мелкозернистом песке** Feinsandbeton *m* ‖ ~ **на цементе** Zementbeton *m* ‖ ~ **на шлаковой пемзе** Hüttenbimsbeton *m* ‖ **~/набивной** Ortbeton *m* ‖ **~/напрягивающий** Quellbeton *m* ‖ **~/напряжённо-армированный** vorgespannter Beton *m*, Spannbeton *m* ‖ ~ **наружной зоны** Vorsatzbeton *m* ‖ **~/насосный** Pumpbeton *m* ‖ **~/неармированный** unbewehrter Beton *m* ‖ **~/непропаренный** unbedampfter Beton *m* ‖ **~/несхватившийся** Frischbeton *m* ‖ **~/нетрамбованный** Schüttbeton *m* ‖ **~/низкомарочный** Beton *m* von geringer Güte ‖ **~/низкопрочный** Beton *m* niederer Festigkeit ‖ **~/облегчённый** leichter Beton *m*, Leichtbeton *m* ‖ **~/облицовочный** Vorsatzbeton *m* ‖ **~/огнеупорный** Feuerfestbeton *m*, feuerbeständiger Beton *m*, Schamottebeton *m* ‖ **~/основной** Kernbeton *m*, Hauptbeton *m (Talsperrenbau)* ‖ **~/особо лёгкий** besonders leichter Beton *m* ‖ **~/особо тяжёлый** Schwerstbeton *m* ‖ **~/отвердевший** erhärteter Beton *m* ‖ **~/отощённый** gemagerter Beton *m* ‖ **~/пемзовый** Bimsbeton *m* ‖ **~/песчаный** Sandbeton *m* ‖ ~ **повышенной твёрдости** Hartbeton *m* ‖ **~/подводный** Unterwasserbeton *m* ‖ **~/полимерный** polymerimprägnierter Beton *m* ‖ **~/пористый** Porenbeton *m* ‖ **~/предварительно напряжённый** vorgespannter Beton *m*, Spannbeton *m* ‖ **~/прессованный** Preßbeton *m* ‖ **~/приготовленный на стройплощадке** Ortbeton *m* ‖ **~/пробуждённый** angeregter Beton *m*, Weckbeton *m* ‖ **~/прокатный** Walzbeton *m* ‖ **~/пропаренный** bedampfter Beton *m* ‖ **~/раковистый** blasiger Beton *m* ‖ **~/рыхлый** lockerer Beton *m* ‖ ~ **с битумом/цементный** Asphaltzementbeton *m* ‖ ~ **с заполнителем из мелкого щебня** Splittbeton *m* ‖ ~ **с клинкерным заполнителем** Klinkerbeton *m* ‖ ~ **с крупным заполнителем** Grobbeton *m* ‖ **~/самонапрягающийся** selbstvorspannender Beton *m* ‖ **~/сборный** vorgefertigter Beton *m*, Fertigbeton *m* ‖ **~/свежезатвердевший (свежеуложенный)** grüner (junger) Beton *m* ‖ **~/свежий** Frischbeton *m* ‖ **~/силикатный** Silikatbeton *m*, Kalksandbeton *m* ‖ **~/специальный** Sonderbeton *m* ‖ **~/струнный** Stahlsaitenbeton *m* ‖ **~/суперпластифицированный** Fließbeton *m* ‖ **~/схватившийся** Festbeton *m*, abgebundener Beton *m* ‖ **~/теплоизоляционный** Wärmedämmbeton *m*, Dämmbeton *m* ‖ **~/тёплый** Warmbeton *m* ‖ **~/товарный** Transportbeton *m*, Lieferbeton *m* ‖ **~/тощий** Magerbeton *m* ‖ **~/трамбованный** Stampfbeton *m* ‖ **~/тяжёлый** Schwerbeton *m* ‖ ~ **ударного уплотнения** Schockbeton *m* ‖ **~/удобнообрабатываемый** gut verarbeitbarer Beton *m* ‖ **~/укатанный** Walzbeton *m* ‖ **~/устойчивый к морской воде** meerwasserbeständiger Beton *m* ‖ **~/цветной** farbiger Beton *m*, Farbbeton *m* ‖ **~/цементный** Zementbeton *m* ‖ **~/центрифугированный** Schleuderbeton *m* ‖ **~/шлаковый** Schlackenbeton *m* ‖ **~/шлакощелочной** Alkalischlackenbeton *m* ‖ **~/щебёночный** Splittbeton *m* ‖ ~ **электрогрева** Elektrobeton *m* ‖ **~/ядровый** Kernbeton *m* ‖ **~/ячеистый** Zellenbeton *m*, Porenbeton *m*

бетонирование *n (Bw)* Betonieren *n* ‖ **~/безопалубочное** schalungsloses Betonieren *n* ‖ **~/зимнее** Winterbetonieren *n*, Betonieren *n* unter Frostbedingungen ‖ ~ **инъецированием** Injizieren *n (von Beton)* ‖ **~/навесное** Betonieren *n* im Freivorbau ‖ **~/насосное** Einbringen *n* von Pumpbeton ‖ **~/непрерывное** kontinuierliches Betonieren *n* ‖ **~/подводное** Betonieren *n* unter Wasser ‖ **~/послойное** schichtweises Betoneinbringen (Betonieren) *n* ‖ **~/раздельное** getrenntes Betonieren *n* ‖ ~ **с подвижной опалубкой** Betonieren *n* im Gleitschalungsverfahren

бетонировать betonieren

бетоновод *m (Bw)* Betonleitung *f*

бетоновоз *m (Bw)* 1. Betontransportfahrzeug *n*; 2. Transportbetonmischer *m*, Fahrmischer *m*

бетонолом *m (Bw)* Betonbruch *m*

бетономешалка *f s.* бетоносмеситель

бетононасос *m* Betonpumpe *f* ‖ **~/двухцилиндровый** Betonzwillingspumpe *f* ‖ **~/поршневой** Betonkolbenpumpe *f* ‖ **~/спаренный** Zwillingsbetonpumpe *f*

бетонопласт *m* Betonplastifikator *m*, Plastifizierungszusatz *m* für Beton

бетонораздатчик *m* Betonverteiler *m*

бетоносмеситель *m* Betonmischer *m*, Betonmischmaschine *f* ‖ **~/барабанный** Trommelmischer *m* ‖ **~/вакуумный** Vakuumbetonmischer *m*, Unterdruckbetonmischer *m* ‖ **~/гравитационный** Freifallmischer *m* ‖ **~/дорожный** Straßenbaubetonmischer *m* ‖ **~/лопастный** Zwangsmischer *m* ‖ **~/малолитражный** kleiner Betonmischer *m* ‖ ~ **непрерывного действия** kontinuierlicher (stetig arbeitender) Betonmischer *m*, Betonmischer *m* mit ununterbrochenem Betrieb; Durchlauf[beton]mischer *m* ‖ ~ **периодического действия** absatzweise arbeitender Betonmischer *m*, Chargenmischer *m*, Betonmischer *m* mit Einzelfüllungen ‖ ~ **принудительного действия** Zwangsmischer *m* ‖ **~/противоточный** Gegenlaufbetonmischer *m* ‖ ~ **свободного падения** Freifallmischer *m*, Betonfreifallmischer *m* ‖ **~/стационарный** ortsfester Betonmischer *m*

бетоноукладчик *m* Betoneinbringer *m* ‖ **~/дорожный** Betonstraßenfertiger *m* ‖ **~/самоходный** selbstfahrender Betoneinbringer *m* ‖ **~/скользящий** Gleitfertiger *m*

БЗУ *s.* устройство/буферное запоминающее

биакс *m (Eln)* Biaxspeicherelement *n*

библиотека *f (Inf)* Bibliothek *f* ‖ ~ **абсолютных (загрузочных) модулей** Lademodulbibliothek *f*, Phasenbibliothek *f* ‖ ~ **заданий** Job-Bibliothek *f* ‖ ~ **исходных модулей** Quellentextbibliothek *f* ‖ ~ **команд** Befehlsbibliothek *f* ‖ ~ **компонентов** Komponentenbibliothek *f* ‖ **~/личная** Privatbibliothek *f* ‖ ~ **объектных (перемещаемых) модулей** Objektmodulbibliothek *f* ‖ ~ **подпрограмм** Unterprogrammbibliothek *f* ‖ ~ **программ** Programmbibliothek *f* ‖ ~ **программ пользователя** Benutzerbibliothek *f*, Anwenderbibliothek *f* ‖ **~/символическая** symbolische Bibliothek *f* ‖ **~/системная** Systembibliothek *f* ‖ ~ **стандартных программ** Bibliothek *f* von Standardprogrammen, Basissoftwarebibliothek *f*

бивалентный zweiwertig, bivalent

бивибратор *m (Eln)* Faltdipol *m*, gefalteter Dipol *m*
бигование *n (Typ)* Rillen *n*, Biegen *n*
биговка *f s.* бигование
бидон *m* Kanne *f*, Blechbehälter *m*, Kanister *m*
биение *n* 1. *(Masch)* Schlag *m*, Schlagen *n*, Unrundlaufen *n*, Laufunruhe *f (einer Welle)*; Rundlauffehler *m*, Rundlaufabweichung *f*, Laufabweichung *f*; 2. *(Ph)* Schwebung *f (von Wellen)* ‖ **~/затухающее** *(Ph)* gedämpfte Schwebung *f* ‖ **~ радиальное** *(Masch)* Rundlaufabweichung *f* ‖ **~/торцевое** *(Masch)* Stirnlaufabweichung *f*
биениемер *m* Rundlaufprüfgerät *n*
биквадратный *(Math)* biquadratisch
бикомпонентный Bikomponenten…, Zweikomponenten…
бикристалл *m* Bikristall *m*, Doppelkristall *m*
билинейный *(Math)* bilinear
билинза *f (Opt)* Bilinse *f*
било *n (Text)* Schlagflügel *m*, Schlagstab *m (Putzerei)*
билох *m (Eln)* Doppeldefektelektron *n*, Doppelloch *n*, Biloch *n*
биметалл *m* Bimetall *n*; Bimetallstreifen *m*
биметаллический bimetallisch, Bimetall…
бимолекулярность *f* Bimolekularität *f*, Dimolekularität *f* ‖ **~ реакции** bimolekularer Ablauf *m* der Reaktion
бимолекулярный bimolekular, dimolekular
бимс *m* 1. *(Bw)* Holm *m*; 2. *(Schiff)* Decksbalken *m* ‖ **~/колосниковый** Rostbalken *m*, Roststabträger *m*, Rosttragschlitten *m (Feuerung)*
бинарный 1. *(Math)* binär, zweigliedrig; 2. *(Met)* binär, Zweistoff…
бинистор *m (Eln)* Binistor *m*, Transistortetrode *f*
бинод *m (Eln)* Binode *f*
бинокль *m (Opt)* Fernglas *n* ‖ **~/ночной** Nachtglas *n* ‖ **~/полевой** Feldstecher *m* ‖ **~/призменный** Prismenfernglas *n* ‖ **~/театральный** Theaterglas *n*
бинокулярный binokular
бином *m (Math)* Binom *n*
биномиальный *(Math)* Binomial…, binomial, binomisch
бинормаль *f (Math)* Binormale *f*, Binormalenvektor *m*
биоакустика *f* Bioakustik *f*
биоастронавтика *f* Bioastronautik *f*
биобатарея *f* Biobatterie *f*
биогаз *m* Biogas *n*
биогеохимия *f* Biogeochemie *f*
биогеоценоз *m (Ökol)* Biogeozönose *f*
биогидроакустика *f* Biohydroakustik *f*
биоглифы *mpl (Geol)* Hieroglyphen *fpl* organischen Ursprungs
биодатчик *m* Biosensor *m*
биодозиметр *m* Gerät *n* zur Messung der biologischen Dosis
биозона *f (Geol)* Biozone *f*
биоиндикатор *m (Ökol)* Bioindikator *m*
биокалориметр *m (Med)* Biokalorimeter *n*
биокатализ *m* Biokatalyse *f*, enzymatische Katalyse *f*
биокатализатор *m* Biokatalysator *m*
биокибернетика *f* Biokybernetik *f*, biologische Kybernetik *f*
биоклимат *m* Bioklima *n*
биоклиматология *f (Meteo)* Bioklimatologie *f*
биокоррозия *f* Biokorrosion *f*
биокристалл *m* Biokristall *m*
биолиты *mpl s.* породы/органогенные
биология *f*/**космическая** Weltraumbiologie *f* ‖ **~/строительная** *(Bw)* Baubiologie *f*
биомасса *f* Biomasse *f*
биометеорология *f* Biometeorologie *f*
биометрия *f* Biometrie *f*
биомеханика *f* Biomechanik *f*
бионика *f* Bionik *f*
биоочистка *f* [сточных вод] *(Ökol)* biologische Abwasserreinigung *f*
биопотенциал *m* bioelektrisches Potential *n*
биосинтез *m* Biosynthese *f*
биосолнечный biosolar
биоспутник *m* Biosatellit *m*
биостойкость *f* Fäulnisbeständigkeit *f*
биосфера *f (Geol)* Biosphäre *f*
биотекстиль *m* Biotextilien *pl*
биотенк *m* Bioreaktor *m*, Biotank *m*
биотехника *f* Biotechnik *f*, Bioengineering *n*
биотехнология *f* Biotechnologie *f*
биотит *m (Min)* Biotit *m (Magnesiaeisenglimmer)*
биоток *m* Biostrom *m*, bioelektrischer Strom *m*
биотопливо *n* alternativer Kraftstoff *m (Biogas, Rapsöl)*
биотранспорт *m* „motorloses Verkehrswesen" *n (z. B. Fahrräder)*
биоуправление *n* Biosteuerung *f*
биофизика *f* Biophysik *f* ‖ **~/космическая** extraterrestrische Biophysik *f*
биофильтр *m* Biofilter *n*, biologisches Filter *n*
биохимический biochemisch
биохимия *f* Biochemie *f*
биоценоз *m (Ökol)* Biozönose *f*
биоэлектрический bioelektrisch
биоэлектроника *f* Bioelektronik *f (Verbindung von Biochemie und Mikroelektronik)*
биоэнергетика *f* Bioenergetik *f*
бипирамида *f s.* дипирамида
биплан *m (Flg)* Doppeldecker *m*, Zweidecker *m* ‖ **~/свободнонесущий** freitragender Doppeldecker *m*
биполярный bipolar, zweipolig
бипризма *f (Opt)* Biprisma *n*, Doppelprisma *n* ‖ **~ Френеля** *(Opt)* Fresnelsches Biprisma *n*
биротация *f (Ph)* Birotation *f*, Multirotation *f*
бирюза *f (Min)* Türkis *m*, Kallait *m*
БИС *s.* схема/большая интегральная ‖ **~/заказная** Vollkunden-LSI-Schaltkreis *m* ‖ **~/полузаказная** Semikunden-LSI-Schaltkreis *m*
бисерообразование *n (Kfz)* Perlenbildung *f (an der Zündkerze)*
бисквит *m* 1. Biskuit[porzellan] *n (unglasiert gutgebrannte Ware)*; 2. biskuitförmige (flügelförmige) Nadel *f (eines Elektrometers)*
бисмит *m (Min)* Bismit *m*, Wismutocker *m*
биспинор *m (Ph)* Bispinor *m*
биссектор *m (Opt)* Spalt *m*, Doppelstrich *m*
биссектриса *f (Math)* Bisektrix *f*, Halbierungslinie *f*, Halbierende *f*, Winkelhalbierende *f*; *(Krist)* Bisektrix *f*, Mittellinie *f* ‖ **~ угла** *(Math)* Winkelhalbierende *f*
биссекция *f (Math)* Halbierung *f*
бистр *m (Ch)* Bister *m(n)*, Rußbraun *n (Pigment aus Buchenholzruß)*; Bister[braun] *n*, Manganbraun *n (Pigment aus Manganoxid)*

бисфеноид *m (Krist)* Bisphenoid *n*, Disphenoid *n* ‖ **~/квадратный** tetragonales Bisphenoid *n* ‖ **~/ромбический** rhombisches Bisphenoid *n*
бит *m (Inf)* Bit *n*, Binärziffer *f* ‖ **~ зашиты** Schutzbit *n* ‖ **~/знаковый** Vorzeichenbit *n* ‖ **~/информационный** Informationsbit *n* ‖ **~/контрольный** Prüfbit *n*, Kontrollbit *n* ‖ **~ младшего разряда** *s.* ~/младший ‖ **~/младший [значащий]** niederwertigstes Bit *n*, LSB ‖ **~ на элемент сообщения** Bit *n* je Nachrichtenelement ‖ **~/нулевой** Nullbit *n* ‖ **~ памяти** Speicherbit *n* ‖ **~ переноса** Übertragungsbit *n*, Carry-Bit *n* ‖ **~/поправочный** Korrekturbit *n* ‖ **~ признака** Kennbit *n* ‖ **~/проверочный** Prüfbit *n*, Kontrollbit *n* ‖ **~ состояния** Statusbit *n* ‖ **~ старшего разряда** *s.* ~/старший ‖ **~/старший [значащий]** höchstwertiges Bit *n*, MSB ‖ **~ считывания** Lesebit *n* ‖ **~/управляющий** Steuerbit *n* ‖ **~ чётности** Paritätsbit *n*
битенг *m (Schiff)* Poller *m*; Beting *f* ‖ **~/буксирный** Schlepppfosten *m*, Schlepppoller *m*
битер *m (Lw)* 1. Beater *m*, Trommel *f*, Haspel *f*; 2. Auswerfer *m*
бит-последовательно bitseriell
битум *m* Bitumen *n* ‖ **~/каменноугольный** Steinkohlenbitumen *n* ‖ **~/мягкий** Weichbitumen *n* ‖ **~/нефтяной** Erdölbitumen *n* ‖ **~/остаточный** Destillationsbitumen *n* ‖ **~/природный** natürliches Bitumen *n* ‖ **~/разжижённый** Flüssigbitumen *n* ‖ **~/твёрдый** Hartbitumen *n*
битумизация *f* Bitumin[is]ieren *n* ‖ **~/горячая** Heißbituminieren *n* ‖ **~/холодная** Kaltbituminieren *n*
битуминозный *s.* битумный
битумировать bitumin[is]ieren, mit Bitumen bestreichen (durchtränken)
битумный bituminös, bitumenhaltig, Bitumen…
битумобетон *m (Bw)* Bitumenbeton *m*
битумовоз *m* Bitumentankwagen *m*
битумокартон *m*/**покровный** *(Bw)* Bitumendachpappe *f*
бифокальный *(Opt)* bifokal
бифуркация *f* **реки** *(Hydrol)* Bifurkation *f*, Flußgabelung *f*
бихарактеристика *f (Math)* Bicharakteristik *f*, Strahl *m*
бихромат *m (Ch)* Dichromat *n*
бициклический *(Ch)* bicyclisch
бишофит *m (Min)* Bischofit *m (Salzmineral)*
Бк *s.* беккерель
благородный Edel…, edel *(z. B. Edelmetalle)*
бланк *m (Inf)* Formular *n*, Vordruck *m* ‖ **~/бесконечный** Leporelloformular *n*, Endlosformular *n* ‖ **~ записи программы** Programmformular *n* ‖ **~ описания входных данных** Eingabebestimmungsblatt *n* ‖ **~ описания выходных данных** Ausgabebestimmungsblatt *n* ‖ **~ описания файла** Dateizuordnungsblatt *n* ‖ **~/программный** Programmformular *n*
бланкирование *n* 1. *(TV)* Austastung *f*, Unterdrückung *f*, Dunkeltasten *n*; 2. *(Inf)* Nullstellenunterdrückung *f*; 3. *(Inf)* Leerbuchstabe *m* ‖ **~/кадровое** *(TV)* Bild[rücklauf]austastung *f*, Rasterunterdrückung *f* ‖ **~ луча** *(TV)* Strahlaustastung *f*, Strahlunterdrückung *f* ‖ **~/строчное** *(TV)* Zeilen[rücklauf]austastung *f*, Zeilenunterdrückung *f*
бланкфильм *m (Photo)* Blankfilm *m*, Leerfilm *m*
бланфикс *m (Ch)* Blanc fixe *n*, Barytweiß *n*, Permanentweiß *n*
бланширование *n* 1. *(Lebm)* Blanchieren *n*, Brühen *n*, Dämpfen *n*; 2. *(Led)* Blanchieren *n*, Glätten *n* ‖ **~ горячим паром** Dampfblanchieren *n*
бланширователь *m (Lebm)* Blanchieranlage *f*, Blanchiertunnel *m*
бланшировать *(Lebm)* blanchieren
бланшировка *f s.* бланширование
бластез *m (Geol)* Blastese *f*, metamorphe Umkristallisation *f (der Gesteine)*
бластомилонит *m (Geol)* Blastomylonit *m (umkristallisierter Mylonit)*
блаугаз *m* Blaugas *n (ein Brenngas)*
блёдит *m s.* астраханит
блейштейн *m* Bleistein *m (NE-Metallurgie)*
блёклость *f* Fahlheit *f*, Mattheit *f*; Welkheit *f*
блёклый fahl, matt, verblaßt, verschossen
бленда *f (Photo, Kine)* Blende *f* ‖ **~/вращающаяся** Rotationsblende *f*, rotierende Blende *f* ‖ **~/светозащитная (солнечная)** Sonnenblende *f*, Gegenlichtblende *f (Objektiv)*
блеск *m* 1. Glanz *m*, Schein *m*; 2. *(Licht)* Punkthelle *f (einer Lichtquelle)*; 3. *(Min)* Glanz *m (Sulfidmineral)*; 4. *(Min)* Glanz *m (Mineraleigenschaft)*; 5. *(Astr)* Helligkeit *f*; 6. *(Opt)* Glanz *m*, Blaze *n (Bereich maximaler Reflexionen am Beugungsgitter)* ‖ **~/железно-сурьмяный** *(Min)* Eisenantimonglanz *m*, Berthierit *m* ‖ **~/железный** *s.* гематит ‖ **~/зеркальный** Hochglanz *m*, Spiegelglanz *m* ‖ **~/марганцевый** *s.* алабандин ‖ **~/медно-серебряный** *s.* штромейерит ‖ **~/медный** *s.* халькозин ‖ **~/металловидный** *(Min)* Metallglanz *m* ‖ **~/молибденовый** *s.* молибденит ‖ **~/мышьяково-никелевый** *s.* герсдорфит ‖ **~/никелево-сурьмяный** *s.* ульманнит ‖ **~/никелевый** *s.* 1. герсдорфит; 2. ульманнит ‖ **~/перламутровый** *(Min)* Perlmutterglanz *m* ‖ **~/свинцово-висмутовый** *s.* галеновисмутит ‖ **~/свинцово-мышьяковый** *s.* сарторит ‖ **~/свинцово-сурьмяный** *s.* цинкенит ‖ **~/свинцовый** *s.* галенит ‖ **~/серебряно-висмутовый** *(Min)* Silberwismutglanz *m*, Schapbachit *m*, Matildit *m* ‖ **~/серебряно-медный** *(Min)* Silberkupferglanz *m*, Stromeyerit *m* ‖ **~/серебряный** *s.* аргентит ‖ **~/стеклянный** *(Min)* Glasglanz *m* ‖ **~/теллуристый серебряный** *(Min)* Tellursilberglanz *m*, Hessit *m* ‖ **~/чёрный серебряный** *s.* стефанит ‖ **~/шелковистый** *(Min)* Seidenglanz *m*
блескость *f* Blendung *f*, Blendwirkung *f*
блеснуть aufleuchten, aufblitzen
блестеть 1. glänzen, strahlen, funkeln, schimmern, blinken, leuchten; 2. spiegeln, reflektieren
близкодействие *n (Ph)* Nahwirkung *f*
близкокипящий engsiedend, mit geringen Siedepunktdifferenzen
близнецовый Tuck…, Gespann… *(Schleppnetzfischerei)*
Близнецы *pl (Astr)* Zwillinge *mpl (Sternbild)*
близнецы *mpl* Tuckpartner *mpl (Schleppnetzfischerei)*
близость *f (Math)* Nähe *f*, Nachbarschaft *f*
близполюсный *(Astr)* polnah
блик *m (Opt)* Reflex *m*

блики *mpl (Photo)* Spitzlichter *npl*, Glanzlichter *npl* || **~/передержанные** ausgebrannte Spitzlichter *npl*

блинк-компаратор *m (Astr)* Blinkkomparator *m (Astrophotometrie)*

блинк-микроскоп *m (Astr)* Blinkmikroskop *n*

блинт *m (Typ)* Blinddruck *m*, Prägedruck *m*

блок *m* 1. Block *m*, Rolle *f*, Scheibe *f (Hebezeuge)*; 2. *(Bw)* Häuserblock *m*; 3. *(Bw)* Block *m*, Vollstein *m*; Betonblock *m*; 4. *(Eb)* Block *m*, Blockfeld *n*, Blockeinrichtung *f (s. a. unter* блокировка 2.*)*; 5. *(Inf)* Block *m*, Einheit *f*; 6. *(Bgb)* Block *m*, Bauabschnitt *m (Abbauvorrichtung)*; 7. Block *m*, Zusammenstellung *f*, Kombination *f (von Endmaßen)*; 8. *(Schiff)* Blocksektion *f*, Ringsektion *f*; Pallung *f*, Kielblock *m*; 9. *(Schiff)* Block *m (zur Seilführung)*; 10. *(El, Masch)* Baugruppe *f*, Baueinheit *f*; 11. *(En)* Block *m*, Blockeinheit *f*, Kraftwerk[s]block *m*; 12. *(Masch)* Räderblock *m*, Radblock *m (im Getriebe)* || **~ адаптера/вставной** *(Eln)* Adapter-Steckeinheit *f* || **~ алгоритма** *(Inf)* algorithmischer Block *m* || **~ алфавитных данных** *(Inf)* alphabetischer Block *m* || **~/анкерный** *(Bw)* Ankerblock *m*, Verankerungsblock *m* || **~/анодный** Anodenblock *m* || **~/арифметико-логический** *(Inf)* Arithmetik-Logik-Einheit *f*, arithmetisch-logische Einheit *f*, ALU || **~/арифметический** *(Inf)* arithmetische Einheit *f* || **~ атомной электростанции** Kernkraftwerk[s]block *m* || **~/безопочный** *(Gieß)* kastenlose Sandform *f* || **~/бетонный фасонный** *(Bw)* Betonformstein *m* || **~ буквенно-цифровых данных** *(Inf)* alphanumerischer Block *m* || **~/ваерный** Kurrleinenblock *m (Schleppnetzfischerei)* || **~ ввода** *(Inf)* Eingabeeinheit *f* || **~ ввода-вывода [данных]** *(Inf)* Eingabe-Ausgabe-Einheit *f*, E/A-Einheit *f* || **~/верхний** obere (feste) Rolle *f (Rollenzug)* || **~ внешнего магнитного запоминающего устройства** *(Inf)* externe Magnetspeichereinheit *f* || **~/воздушный арматурный** Druckluftarmaturenblock *m* || **~/вставной** *(Eln)* Steckeinheit *f*, Einschub *m*, Einschubeinheit *f* || **~ вторичного питания** Stromversorgungsgerät *n*; Schaltnetzteil *n* || **~/выборочный силовой** Netzhiev-Powerblock *m (Fischfang)* || **~ выдачи данных** *(Inf)* Datenausgabeeinheit *f* || **~/выдвижной** *s.* ~/вставной || **~/выемочный** *(Bgb)* Abbaublock *m* || **~/выпрямительный** *(Eln)* Gleichrichterblock *m*, Gleichrichterkaskade *f* || **~/высоковольтный** Hochspannungseinheit *f* || **~ высокого напряжения** *(Eln)* Hochspannungsteil *n*, Hochspannungskaskade *f* || **~/высокочастотный** *(Eln)* Hochfrequenzblock *m*, HF-Block *m* || **~/вычислительный** Recheneinheit *f* || **~/газобетонный** *(Bw)* Gasbetonblock *m* || **~ генератор-трансформатор** *(El)* Generator-Transformator-Block *m* || **~/главный** *s.* ~/основной || **~/горелочный** Brennergruppe *f* || **~ горизонтальной развёртки** *(TV)* Horizontalablenkeinheit *f*, Zeilenablenkteil *n* || **~/грузовой** *(Schiff)* Ladeblock *m* || **~/грузоподъёмный** Lastrolle *f (Hebezeuge)* || **~ данных** *(Inf)* Datenblock *m* || **~ данных ввода** Eingabeblock *m* || **~ данных вывода** Ausgabeblock *m* || **~ данных на ленте** Magnetbandblock *m* || **~/дверной** Türblock *m* || **~ дистанционного управления** Fernsteuerung *f* || **~/дифференциальный** Differentialrolle *f (Differentialflaschenzug)* || **~/доильно-молочный** Melkhaus *n*, Milchhaus *n* || **~/дополнительный вставной** *(Eln)* Erweiterungssteckeinheit *f* || **~/желобчатый** Rillenrolle *f*, Rillenscheibe *f (Hebezeuge)* || **~ загрузки/основной** *(Inf)* Masterbootblock *m (Festplatte)* || **~/закладной** *(Schiff)* Kiellegungsblock *m* || **~/запасной** *(El)* Reserveeinheit *f* || **~ записей** *(Inf)* Satzblock *m* || **~ записи и считывания** *(Inf)* Schreib-Lese-Einheit *f* || **~ запоминающего устройства** *(Inf)* Speichereinheit *f*, Speicherblock *m* || **~ запросов** *(Inf)* Anforderungsblock *m* || **~ защиты** *(Inf)* Sicherungsblock *m* || **~ ЗУ** *s.* ~ запоминающего устройства || **~ идентификации** *(Inf)* Identifikationsblock *m* || **~ индикатора** 1. *(Rad)* Sichtgeräteblock *m*; Sichtgerät *n*; 2. Anzeigeeinheit *f*; 3. *s.* дисплей || **~ индикации** *(Inf)* Anzeigeeinheit *f* || **~ индуктивностей** *(El)* Induktivitätenblock *m* || **~/камбузный** *(Schiff)* Kombüsenkomplex *m* || **~/канатный** Seilscheibe *f*, Seilrolle *f (Hebezeuge)* || **~/килевой** *(Schiff)* Kielpalle *f*, Kielpallung *f (Dock)* || **~/кирпичный** *(Bw)* Ziegel[groß]block *m* || **~/книжный** *(Typ)* Buchblock *m* || **~ коксовых печей** Koksofenbatterie *f* || **~ конденсаторов** *(El)* Kondensator[en]block *m*; Mehrfachkondensator *m* || **~ концевых мер** *(Meß)* Endmaßkombination *f* || **~/коробчатый** *(Bw)* Kastenfertigteil *n* || **~ коррекции** *(Wkzm)* Korrekturschalter[satz] *m* || **~ котёл-турбина** *(En)* Kessel-Turbine-Block *m*, Kessel-Turbinen-Einheit *f* || **~/котельный** *(Wmt)* Kesselblock *m* || **~/крупный** *(Bw)* Großblock *m* || **~/кухонно-санитарный** *(Bw)* Raumzelle *f* mit Küche und Sanitärteil, Küche-Bad-Zelle *f* || **~/легкобетонный** *(Bw)* Leichtbetonblock *m* || **~/логический** *(Inf)* Logikeinheit *f* || **~ магнитной ленты** *(Inf)* Magnetbandeinheit *f*, Magnetbandlaufwerk *n* || **~ магнитных головок** Magnetkopfblock *m*, Kopfträger *m* || **~/маршрутный** *(Eb)* Fahrstraßenfeld *n* || **~ математического обеспечения/модульный** *(Inf)* Modularsoftwarepaket *n* || **~/микроминиатюрный** *(Eln)* Mikrobaustein *m* || **~ микропрограммного управления** *(Inf)* Mikroprogramm-Steuereinheit *f*, Mikroprogrammsteuerung *f*, Mikroprogramm-Sequencer *m*, Sequencer *m* || **~/микропроцессорный** Mikroprozessoreinheit *f* || **~/монтажный** 1. Montageflasche *f*, Scherkloben *m (Hebezeuge)*; 2. *(Bw)* Montageblock *m*; 3. *(Hydt)* hydraulischer Ventilblock *m*; 4. *(Eln)* Verdrahtungsbaugruppe *f* || **~ навигационных помещений** *(Schiff)* Navigationsräumekomplex *m* || **~/направляющий** 1. Führungsrolle *f (Hebezeuge)*; 2. *(Schiff)* Leitblock *m (Ladebaum)* || **~/направляющий канатный** Seilführungsrolle *f* || **~ настройки** *(Rf, TV)* Tuner *m*; *(TV)* Kanalwähler *m* || **~/натяжной** Spannblock *m* || **~/начальный** *(Inf)* Startschritt *m*, Anfangsblock *m* || **~ неопределённой длины** *(Inf)* Block *m* undefinierter Länge || **~/неподвижный** fester Block *m (Rollenzug)* || **~/нижний** Unterflasche *f (Hebezeuge)* || **~/низкочастотный** *(El)* Niederfrequenzblock *m*, NF-Block *m* || **~/обводной (обводный)** Umlenkrolle *f*, Umlenkscheibe *f (Hebezeuge)* || **~ обработки изображений** *(Inf)* Bildverarbeitungseinheit *f* || **~ обработки информации** *(Inf)* Informationseinheit *f* ‖ ~ **обработки команд** *(Inf)* Befehlssteuereinheit *f* ‖ **~/объёмно-пространственный** *(Bw)* Raumzelle *f* ‖ ~ **объёмный** *(Bw)* Raumzelle *f* ‖ **~/оконный** Fensterblock *m* ‖ **~/операционный** Funktionseinheit *f*, Funktionsblock *m* ‖ **~/описательный** *(Inf)* Beschreibungsblock *m (Urlader)* ‖ **~/орбитальный** *(Raumf)* Orbitalsektion *f* ‖ **~/основной** *(El)* Grundeinheit *f*, Haupteinheit *f* ‖ **~/основной загружаемый** *(Inf)* Masterbootblock *m (Festplatte)* ‖ ~ **отброса/висячий** *(Geol)* Hangendflügel *m*, Hangendscholle *f (einer Verwerfung)* ‖ **~/отводной (отводный)** Umlenkrolle *f (Hebezeuge)* ‖ ~ **отправления** *(Eb)* Anfangsfeld *n* ‖ **~/очистной** *(Bgb)* Abbaublock *m* ‖ ~ **памяти** *(Inf)* Speicherbaustein *m*, Speicherblock *m*, Speichereinheit *f* ‖ ~ **памяти с произвольной выборкой/дополнительный** *(Inf)* RAM-Erweiterungsplatine *f* ‖ **~/передвижной** *(Masch)* Schieberadblock *m* ‖ **~/передний** Frontbaugruppe *f* ‖ ~ **переменной длины** *(Inf)* Block *m* variabler Länge ‖ **~/печатный** *(Eln)* gedruckte Baugruppe *f*, Leiterplattenmodul *m* ‖ ~ **печей** Ofenblock *m*, Ofenreihe *f*, Ofenbatterie *f* ‖ ~ **питания** Netzversorgungseinheit *f*, Netzteil *n*; Energieversorgungseinheit *f*, Energieversorgungsteil *n* ‖ ~ **питания/бестрансформаторный** Schaltnetzteil *n*, SNT ‖ ~ **питания от сети** Netzversorgungseinheit *f* ‖ ~ **плавких предохранителей** *(Kfz)* Sicherungskasten *m* ‖ ~ **ПО** *s.* ~ путевого отправления ‖ **~/поворотный** Umlenkrolle *f*, Umführungsrolle *f (Hebezeuge)* ‖ **~/подвесной** *(Schiff)* 1. oberer Galgenblock *m*, oberer Hangerblock *m*, Kurrleinenblock *m (Seitentrawler)*; 2. Hangerblock *m*, Kurrleinenblock *m (Hecktrawler)* ‖ **~/подвесной ваерный** Kurrleinenblock *m (Schleppnetzfischerei)* ‖ **~/подвижный** lose Rolle *f*, Übersetzungsrolle *f (Hebezeuge)*; *(Schiff)* loser Block *m (Talje)* ‖ **~/подвижный обратный** Treibrolle *f (Hebezeuge)* ‖ **~/подоконный** *(Bw)* Fensterbrüstungsblock *m* ‖ ~ **предохранителей** *(Kfz)* Sicherungskasten *m* ‖ ~ **прибытия** *(Eb)* Endfeld *n* ‖ ~ **приёма согласия** *(Eb)* Erlaubnisempfangsfeld *n* ‖ ~ **приоритетного прерывания** *(Inf)* Prioritätsinterrupteinheit *f* ‖ **~/провизионный** *(Schiff)* Provianträumekomplex *m* ‖ ~ **программ** *(Inf)* Programmblock *m* ‖ **~/простеночный** *(Bw)* Fensterschaftblock *m* ‖ ~ **ПС** *s.* ~ приёма согласия ‖ **~/пустотелый** *(Bw)* Hohlblock *m*, Hohlblockstein *m* ‖ **~/пустотелый керамический** *(Bw)* Tonhohlziegel *m* ‖ ~ **путевого отправления** *(Eb)* Anfangsfeld *n* ‖ ~ **развёртки** *(Eln, Inf)* Abtasteinheit *f* ‖ ~ **распознавания** *(Inf)* Erkennungslogik *f* ‖ ~ **распылителей** *(Kfz)* Düsenblock *m (Vergaser)* ‖ ~ **расширения** *(Inf)* Erweiterungssteckplatz *m* ‖ ~ **регистров** *(Inf)* Registerfeld *n*, Registersatz *m* ‖ ~ **резисторов** *(El)* Widerstandsblock *m* ‖ **~/релейный** *(El)* Relaisblock *m* ‖ **~/санитарно-кухонный** *s.* ~/кухонно-санитарный ‖ **~/санитарно-технический** *(Bw)* Sanitärzelle *f*; Installationswand *f*, Naßstrecke *f* ‖ **~/свинцовый** *(Kern)* Bleiziegel *m* ‖ ~ **связи** *(El)* Koppeleinheit *f* ‖ ~ **секций** *(Schiff)* Blocksektion *f* ‖ **~/силовой** 1. *(El)* Leistungsteil *n*; 2. *(Schiff)* Kraftblock *m*, Powerblock *m* ‖ ~ **синтаксического контроля** *(Inf)* syntaktische Einheit *f* ‖ ~ **синхронизации** *(El)* Synchronisiereinheit *f* ‖ **~/системный** Systemeinheit *f* ‖ **~/скользящий** *(Masch)* Schieberadblock *m* ‖ **~/скуловой** *(Schiff)* Kimmpallung *f* ‖ **~/сменный** 1. auswechselbares Gehäuse *n*; 2. *(Eln)* Einsteck[bau]stein *m* ‖ ~ **согласования** *(El)* Anpaßeinheit *f*, Anpassungseinheit *f* ‖ **~/составной** mehrscheibiger Block *m (Hebezeuge)* ‖ **~/сплошной** *(Bw)* Massivblock *m* ‖ **~/сплошной кирпичный** Vollstein *m* ‖ ~ **сравнения** Vergleichseinheit *f* ‖ ~ **стандартизированного сопряжения с каналом** *(Inf)* Standardinterface *n* ‖ **~/стапельный** *s.* стапель-блок ‖ **~/стеновой** *(Bw)* Wandblock *m* ‖ **~/стержневой** *(Gieß)* Kernblock *m*, Kernpaket *n* ‖ ~ **строчной развёртки** *(Tv)* Zeilenablenkeinheit *f*, Zeilenablenkteil *m* ‖ ~ **считывания** *(Inf)* Leseeinheit *f*, Abfühleinheit *f* ‖ **~/сшитый книжный** *(Typ)* gehefteter Buchblock *m* ‖ **~/съёмный** *(Eln)* Steckeinheit *f*, Einsteckbaustein *m*, Austauschblock *m*, Austauscheinheit *f* ‖ ~ **талей** *(Schiff)* Taljenblock *m* ‖ **~/топенантный** *(Schiff)* Hangerblock *m (Ladegeschirr)* ‖ **~/укороченный** *(Inf)* verkürzter Block *m* ‖ **~/умножающий** *(Inf)* Multiplizierblock *m* ‖ ~ **управления** 1. *(Inf)* Steuerblock *m*; 2. *(Reg)* Steuerschaltung *f*; Steuerschaltkreis *m*; 3. *(Masch)* Steuer[ungs]teil *m*, Steuerung *f* ‖ ~ **управления/автономный микропроцессорный** autonomes Mikroprozessorsteuergerät *n* ‖ ~ **управления вводом-выводом** *(Inf)* Eingabe-Ausgabe-Steuereinheit *f*, E/A-Steuereinheit *f* ‖ ~ **управления данными** *(Inf)* Datensteuerblock *m* ‖ ~ **управления задачей** *(Inf)* Tasksteuerblock *m*, Aufgabensteuerblock *m (Betriebssystem)* ‖ ~ **управления устройствами** *(Inf)* Gerätesteuereinheit *f*, GSE ‖ **~/управляющий** *(Reg)* Steuer[ungs]block *m*, Steuereinheit *f* ‖ **~/уравнительный** Ausgleichsrolle *f (Hebezeuge)* ‖ **~/усилительный** *(El)* Verstärkerteil *m* ‖ ~ **фиксированной длины** *(Inf)* Block *m* fester Länge ‖ ~ **фильтра** Filtereinheit *f (z. B. beim pneumatischen Längenmesser)* ‖ ~ **фокусировки** *(Eln)* Fokussiereinheit *f* ‖ **~/функциональный** Funktionseinheit *f* ‖ **~/холостой** lose Rolle *f*, Losrolle *f (Hebezeuge)* ‖ ~ **хранения программы** *(Inf)* Programmspeichereinheit *f* ‖ **~/центральный** *(Inf)* Zentraleinheit *f*, zentrale Einheit *f*, ZE ‖ **~/центральный арифметическо-логический** zentrale Verarbeitungseinheit *f*, ZVE ‖ **~/цепной** Kettenrolle *f*, Kettenscheibe *f*, Kettenflasche *f (Hebezeuge)* ‖ ~ **цилиндров** *(Kfz)* Zylinderblock *m* ‖ **~/цифровой** *(Inf)* Digitaleinheit *f*, digitale Einheit *f* ‖ ~ **цифровой индикации** *(Inf)* Ziffernanzeigeeinheit *f*, ZA, Digitalanzeigeeinheit *f* ‖ ~ **числовых данных** *(Inf)* Zahlenblock *m* ‖ **~/шарнирный** Gelenkrolle *f (Hebezeuge)* ‖ ~ **шестерён** *(Masch)* Stufensatz *m*, Räderblock *m (Zahnräder)* ‖ ~ **шинной связи** *(Inf)* Buskoppler *m* ‖ **~/штамповочный** *(Schm)* Gesenkhalter *m*, Gesenkblock *m* ‖ ~ **электростанции** *(En)* Kraftwerksblock *m* ‖ **~/энергетический** *(En)* Energieblock *m*, Leistungsblock *m* ‖ ~ **ядерного топлива** *(Kern)* Spaltstoffelement *n*, Brennstoffelement *n*

блок-аппарат *m (Eb)* Blockwerk *n* ‖ **~/главный** Hauptblock *m* ‖ **~/двухочковый** zweifeldriges Blockwerk *n* ‖ **~/четырёхочковый** vierfeldriges Blockwerk *n*
блок-аппаратура *f s.* блок-механизм
блок-диаграмма *f* Blockdiagramm *n*, Blockbild *n*
блок-замычка *f (Eb)* Blocksperre *f*
блокинг-генератор *m (TV)* Sperrschwinger *m*, Blocking-Generator *m* ‖ ~ **кадровой развёртки** Bildsperrschwinger *m* ‖ ~ **строчной развёртки** Zeilensperrschwinger *m*
блокирование *n s.* блокировка
блокировать 1. sperren; blockieren, verblocken, verriegeln; 2. *(Eb)* [vor]blocken
блокировка *f* 1. Sperrung *f*; Blockierung *f*, Verriegelung *f*; 2. *(Eb)* Block *m*, Blockverschluß *m*, Blocken *n*, Blockung *f*, Verriegelung *f*, Sperre *f*; 3. *(Inf)* Sperrung *f*; 4. *(Krist)* Blockierung *f (von Versetzungen)* ‖ **~/абсолютная** *s.* ~/безусловная ‖ **~/автоматическая** *(Eb)* selbsttätiger Block *m*, selbsttätige Blockung *f*, Selbstblockanlage *f* ‖ **~/безусловная** unbedingter Block *m (läßt nur einen Zug auf dem Blockabschnitt zu)* ‖ **~/взаимная** Blockierung *f*, Sperrung *f*, Verriegelung *f* ‖ **~/групповая станционная** Bahnhofsgruppenblockierung *f* ‖ **~/железнодорожная** Zugdeckung *f* ‖ **~/живая** behelfsmäßige Blokkierung *f* durch Signalwärter bei stark belastetem einseitigem Verkehr ‖ ~ **записи** *(Inf)* Schreibsperre *f*, Speicherschreibsperre *f* ‖ ~ **зданий** *(Bw)* Kompaktbauweise *f* ‖ ~ **источника** *(Ph)* Quellenverriegelung *f* ‖ ~ **неправильной длины** *(Inf)* Längenfehlerunterdrückung *f* ‖ ~ **ограждений** Verdeckverriegelung *f* ‖ ~ **памяти** *(Inf)* Speichersperre *f* ‖ ~ **плоскостей скольжения** *(Krist)* Gleitebenenblockierung *f* ‖ **~/полуавтоматическая** *(Eb)* halbselbsttätige Blockung (Zugdeckung) *f*, handbedienter Block *m* ‖ **~/путевая** *(Eb)* Streckenblockung *f* ‖ **~/путевая полуавтоматическая** halbselbsttätige Streckenblockung *f* ‖ **~/путевая ручная** handbetätigte (nichtselbstbetätigte) Streckenblockung *f* ‖ **~/секционная** Kompaktbauweise *f* ‖ ~ **сигнала** *(Eb)* Signalsperre *f*, Signalsperrung *f* ‖ ~ **следа** *(Ph)* Spurverunreinigung *f* ‖ **~/станционная** Bahnhofsblockung *f*, Stationsblockung *f*, Stationsblock *m* ‖ ~ **считывания** *(Inf)* Lesesperre *f*, Speicherlesesperre *f* ‖ **~/условная** *(Eb)* bedingter Block *m (läßt mehrere Züge auf dem Blockabschnitt zu)* ‖ **~/электрическая** *(Eb)* elektrische Blockung (Verriegelung) *f* ‖ **~/электрическая рычажная** elektrische Hebelsperre *f*
блок-каюта *f (Schiff)* Appartementkabine *f*
блок-квартира *f (Bw)* Wohnungsraumzelle *f*
блок-клавиша *f (Eb)* Druckknopf *m*, Hebeltaste *f*
блок-кнопка *f*/**вызывная** *(Eb)* Weckertaste *f*, Vorwecktaste *f*, Vorwecker *m*
блок-комната *f (Bw)* Einzimmer-Raumzelle *f*
блок-контакт *m (El)* 1. Hilfskontakt *m*; 2. Sperrkontakt *m* ‖ **~/нормально закрытый** Hilfskontakt *m* als Öffner, Ruhekontakt *m* ‖ **~/нормально открытый** Hilfskontakt *m* als Schließer, Arbeitskontakt *m*
блок-контейнер *m (Bw)* Containerblock *m*, Containerhaus *n (z. B. Wohncontainer, Baustellencontainer)*
блок-коробка *f (Bw)* Raumzelle *f*
блок-кухня *f (Bw)* Küchen-Raumzelle *f*
блок-лестница *f (Bw)* Treppenhaus-Raumzelle *f*
блок-линейка *f (Eb)* Blockschieber *m*
блок-механизм *m (Eb)* Blockfeld *n*, Blocksatz *m*; Blockeinrichtung *f* ‖ **~/исполнительный сигнальный** Befehlsempfangsfeld *n* ‖ **~/приёмный** empfangendes Blockfeld *n* ‖ ~ **путевого отправления** Anfangsblock *m*, Anfangsblockfeld *n* ‖ ~ **путевого прибытия** Endblock *m*, Endblockfeld *n* ‖ **~/распорядительный маршрутный** Fahrstraßenbefehlsfeld *n*
блок-очко *n (Eb)* Blockfenster *n*
блок-перемычка *f (Bw)* Sturzelement *n*
блок-подоконник *m (Bw)* Brüstungsblock *m*
блок-подушка *f (Bw)* Fundamentblock *m*, Sohlblock *m*
блок-полимер *m (Ch)* Blockpolymer *n*, Massenpolymer *n*
блок-полимеризация *f (Ch)* Blockpolymerisation *f*, Masse[n]polymerisation *f*
блокпост *m (Eb)* Blockstelle *f*, Blockwerk *n*, Zugfolgestelle *f* ‖ **~/конечный** Endblockwerk *n* ‖ **~/линейный** Durchgangsblockposten *m* ‖ ~ **отправления** Anfangsfeld *n* ‖ **~/путевой** Streckenblockstelle *f* ‖ **~/соседний** Nachbarblockstelle *f* ‖ ~ **участка** Streckenblockstelle *f*
блок-простенок *m (Bw)* Fensterschaftblock *m*
блок-реле *n (Eb)* Blockrelais *n*
блок-секция *f* Blocksektion *f* ‖ **~/кольцевая** Ringblocksektion *f*
блок-сигнал *m (Eb)* Blocksignal *n*
блок-сополимер *m (Ch)* Blockmischpolymer *n*, Blockmischpolymerisat *n*, Blockpolymer *n*
блок-сополимеризация *f (Ch)* Blockmischpolymerisation *f*, Blockkopolymerisation *f*
блок-станция *f (Eb)* Blockstation *f*, Blockwerk *n*
блок-схема *f (El)* Blockschaltung *f*; Blockschaltbild *n*, Ablaufplan *m*, Übersichtszeichnung *f* ‖ ~ **модулей** Programmablaufplan-Baustein *m* ‖ ~ **обработки данных** *(Inf)* Datenflußplan *m* ‖ ~ **программы** *(Inf)* Programmablaufplan *m*, PAP ‖ **~/электрическая** [elektrische] Schaltungsanordnung *f*
блок-участок *m (Eb)* Blockabschnitt *m*, Blockabstand *m*, Blockstrecke *f*
блок-форма *f* [морозильного аппарата] Gefrierform *f*, Gefrierschale *f (Gefrierapparat)*
блок-ящик *m (Eb)* Blockkasten *m*, Blockgehäuse *n*
блочно-ориентированный *(Inf)* blockorientiert
блочность *f* 1. Kompaktheit *f*, Gedrungenheit *f*; 2. Blockaufteilung *f*
блочок *m* 1. Block *m*, Scheibe *f*; 2. *(Bgb)* Umlenkrolle *f*, Haspel *f(m)* ‖ ~ **веретена** *(Text)* Wirtel *m*, Spindelwirtel *m*, Schnurwirtel *m (Spindel)*
блуждание *n* полюсов Polwanderung *f*
блум... *s. unter* блюм...
блюм *m (Met, Wlz)* Walzblock *m*, [gewalzter] Block *m*, Vorblock *m*
блюминг *m* Blockwalzwerk *n*, Blockstraße *f (zum Vorwalzen von Rohblöcken zu schwerem Halbzeug)* ‖ **~/двухвалковый** Blockduo *n*, Duo *n* ‖ **~/двухвалковый реверсивный** Reversierduo *n*, Umkehrduo *n* ‖ ~ **дуо** Duo-Blockwalzwerk *n* ‖ ~ **дуо/реверсивный** Duo-Umkehrblockwalzwerk *n*, Duo-Reversierblockstraße *f* ‖ **~/загото-**

вочный Knüppelwalzwerk *n*; Knüppelstraße *f* ‖ **~/реверсивный** Reversierblockwalzwerk *n*, Umkehrblockwalzwerk *n* ‖ **~/трёхвалковый** Blocktrio *n*, Trio *n* ‖ **~ трио** Trio-Blockwalzwerk *n*

блюминг-слябинг *m (Wlz)* Block- und Brammenwalzwerk *n*

БМГ *s.* блок магнитных головок

БМУ *s.* блок микропрограммного управления

бобина *f* 1. Spule *f*; Seiltrommel *f*; 2. *(Text)* Spule *f (Garnspule, s. a. unter* шпуля*)*; 3. *(El)* Spulenkern *m*, Wickelkern *m*; 4. *(Photo, Kine)* Filmspule *f*; 5. *(Kfz)* Zündspule *f* ‖ **~/бутылочная** *(Text)* Flaschenspule *f* ‖ **~/двухконусная** *(Text)* bikonische (doppelkegelige) Spule *f* ‖ **~ для наматывания** *(Photo)* Aufwickelspule *f* ‖ **~ для перемотки** *(Photo)* Rückwickelspule *f*, Umwickelspule *f* ‖ **~ зажигания** *(Kfz)* Zündspule *f* ‖ **~/заклинённая** Festbobine *f (Fördermaschine)* ‖ **~/запасная** *(Text)* Reservespule *f* ‖ **~ крестовой намотки** *(Text)* Kreuzspule *f* ‖ **~ магнитной ленты** Magnetbandspule *f* ‖ **~/переставная** Losbobine *f (Fördermaschine)* ‖ **~/питающая** *(Text)* Ablaufspule *f* ‖ **~/подающая** Abwickelspule *f*, Ablaufspule *f* ‖ **~/приёмная** *(Text)* Aufnahmespule *f (Zwirnwickel)*; Auflaufspule *f*, Spinnspule *f* ‖ **~/сматываемая** *(Text)* Ablaufspule *f* ‖ **~/цилиндрическая** *(Text)* zylindrische Spule *f*

бобинец *m (Schiff)* Grundtaukugel *f*, Bomber *m*, Grundtaurolle *f (Grundschleppnetz)*

бобинодержатель *m (Text)* Spulenhalter *m* ‖ **~/кулачковый** Spulenhalter *m* mit Nocken

бобинорезка *f (Typ)* Bobineschneider *m*

бобрик *m (Text)* Flausch *m*, leichter Wollstoff *m*

бобышка *f* 1. *(Masch)* Auge *n (Bohrung mit Verstärkungswulst)*; Knagge *f*; Ringwulst *m(f)*; 2. *(Kfz)* Kolbenauge *n*; 3. *(Text)* Warze *f*; 4. *(Gieß)* Anguß *m (an einem Gußteil)*; 5. *(El)* Spulenkern *m*, Wickelkern; 6. *(Photo)* Filmspulenkern *m*, Spulenkern *m*, Kern *m*, Bobby *m* ‖ **~/направляющая** Führungsknagge *f* ‖ **~/опорная** Auflagerknagge *f*, Stützknagge *f* ‖ **~/пальцевая** Bolzenauge *n*

богатство *n* 1. Haltigkeit *f (Erz)*; 2. Heizwert *m (Gas)*

богатый reich ‖ **~ углеродом** kohlenstoffreich ‖ **~ энергией** energiereich

бод *m* Baud *n*, Bd, B *(Einheit der Übertragungsgeschwindigkeit von Signalen)*

боевик *m* Schlagpatrone *f*

боеголовка *f (Mil)* Gefechtskopf *m*, Sprengkopf *m* ‖ **~/ядерная** Kernsprengkopf *m*

боёк *m* 1. Schlagstift *m*, Schlagbolzen *m*, Hammer *m*; 2. *(Schm)* Finne *f*, Sattel *m*, Hammerbär *m*; 3. *(Wkz)* Sattel *m*, Finne *f (am Hammer)*; 4. Schlagstempel *m*, Preßstempel *m*; 5. *(Wlz)* Kaliberkonus *m (Pilgerschrittwalze)*; 6. *(Wkst)* Fallhämmerchen *n (Härtemessung)* ‖ **~/верхний** *(Schm)* Obersattel *m (Maschinenhammer)* ‖ **~/вырезной** *(Schm)* Spitzsattel *m* ‖ **~/закруглённый** *(Schm)* Rundsattel *m* ‖ **~ молота** *(Wkz)* Hammerfinne *f* ‖ **~/нижний** *(Schm)* Untersattel *m (Maschinenhammer)* ‖ **~/плоский** *(Wkz)* abgeflachte Finne *f (am Hammer)* ‖ **~/фасонный** *(Schm)* Formsattel *m* ‖ **~/шарообразный** *(Wkz)* Kugelfinne *f (am Hammer)*

Бозе-газ *m (Ph)* Bose-Gas *n*

Бозе-жидкость *f (Ph)* Bose-Flüssigkeit *f*

Бозе-оператор *m* Bose-Operator *m*

Бозе-поле *n (Ph)* Bose-Feld *n*, Bosonenfeld *n*

Бозе-частица *f s.* бозон

бозон *m (Kern)* Boson *n*, Bose-Teilchen *n* ‖ **~/калиброчный** Eichboson *n* ‖ **~/промежуточный (слабый)** intermediäres Boson *n*, *W*-Boson *n*, Woson *n* ‖ **~/тяжёлый** schweres Boson *n*

бой *m* 1. *(Wkz)* Schlag *m*, Hammerbahn *f*; 2. Scherben *fpl*, Bruch *m* ‖ **~/верхний** *(Text)* Oberschlag *m (Webstuhl)* ‖ **~/измельчённый электродный** *(Schw)* Elektrodenmehl *n* ‖ **~/кривошипный** *(Text)* Kurbelschlag *m (Unterschlagwebstuhl)* ‖ **~ молота** *(Wkz)* Hammerbahn *f* ‖ **~ молота/плоский** Breitbahn *f (Hammer)* ‖ **~ наковальни** *(Schm)* Sattel *m (Amboß)* ‖ **~/нижний** *(Text)* Unterschlag *m (Seidenwebstuhl, schwere Webstühle)* ‖ **~/пружинный** *(Text)* Federschlag *m (langsamlaufender Webstuhl)* ‖ **~ стекла** Glasscherben *fpl*, Glasbruch *m* ‖ **~/шамотный** Schamottebrocken *mpl* ‖ **~/шарнирный** *(Text)* Knickschlag *m (Webstuhl)* ‖ **~/штамповочный** *(Schm)* Setzschlag *m* ‖ **~/эксцентриковый** *(Text)* Exzenterschlag *m (Weberei)*

бойлер *m (Wmt)* Boiler *m*, Warmwasserbereiter *m*, Heißwasserbereiter *m*

бок *m* 1. Seite *f*; 2. *(Schiff)* Längsriß *m (Teil des Linienrisses)*; 3. *(Bgb)* Stoß *m*, Seite *f (eines Grubenbaues)* ‖ **~/висячий** *(Bgb)* Hangendes *n*, Dach *n* ‖ **~ выработки** *(Bgb)* Stoß *m* ‖ **~/лежачий** *(Bgb)* Liegendes *n* ‖ **~ складки** *(Geol)* Flügel *m*, Schenkel *m (einer Falte)* ‖ **~/теоретический** *(Schiff)* Längsriß *m* ‖ **~ шахты** *(Bgb)* Schachtstoß *m*, Schachtwand *f*

боковик *m (Meß)* Endmaßschnabel *m*; Ansprengstück *n*, Parallelstück *n* ‖ **~/контрольный** *(Meß)* Meßschnabel *m* ‖ **~/центровой** *(Meß)* Endmaßschnabel *m* mit Zentrierspitze ‖ **~/чертильный** *(Meß)* Endmaßschnabel *m* zum Anreißen

боковина *f* Seitenteil *m*, Seitenfläche *f* ‖ **~ лебёдки** Windenschild *m (Hebezeuge)*

боковичка *f s.* боковик

боковичок *m s.* боковик

боковой seitlich, lateral, Seiten...

боковушка *f s.* боковик

бокорезы-плоскогубцы *pl (Wkz)* Seitenschneider *m (Zange)*

боксит *m (Min)* Bauxit *m*

боксование *n (Eb)* Schleudern *n*, Gleiten *n (der Räder)*

болван *m (Gieß)* Ballen *m*, Form[stoff]ballen *m*, Sandballen *m*

болванка *f (Met, Gieß)* 1. Rohling *m*, Halbzeug *n*, Knüppel *m*, Barren *m*; 2. Massel *f* ‖ **~/квадратная** Knüppel *m* ‖ **~/круглая** Rundknüppel *m* ‖ **~/обжатая** gewalzter Block *m* ‖ **~/плоская** Platine *f* ‖ **~/сырая** Rohblock *m*; Rohbarren *m*

болезнь *f* Krankheit *f*, Erkrankung *f* ‖ **~/водородная** *(Met)* Wasserstoffkrankheit *f (Kupfer)* ‖ **~/высотная** Höhenkrankheit *f* ‖ **~/декомпрессионная (кессонная)** Dekompressionskrankheit *f*, Caissonkrankheit *f* ‖ **~/лучевая** Strahlenkrankheit *f* ‖ **~/морская** Seekrankheit *f* ‖ **~/профессиональная** Berufskrankheit *f*

болид *m (Astr)* Bolid *m*, Feuerkugel *f*

болограмма *f (Ph)* Bologramm *n*, Bolometerdiagramm *n*

болометр *m (Ph)* Bolometer *n (zur Messung der Strahlungsenergie)* ‖ **~/полупроводниковый** Halbleiterbolometer *n* ‖ **~/сверхпроводящий** supraleitendes Bolometer *n* ‖ **~/термисторный** Thermistorbolometer *n*

болото *n* 1. Moor *n*, Luch *f*, Fenn *n*, Venn *n*, Misse *f*, Mies *n*; 2. Sumpf *m*, Morast *m*

болт *m* 1. Bolzen *m (s. a. unter* палец 1.*)*; 2. Schraube *f (s. a. unter* винт 1.*)*; Schraubenbolzen *m* ‖ **~/анкерный** Ankerbolzen *m*, Ankerschraube *f* ‖ **~/внутренний** Innenbolzen *m* ‖ **~/волочильный** *(Met)* Dorn *m*, Dornstange *f (Ziehbank)* ‖ **~/зажимный** Spannbolzen *m* ‖ **~/запорный** Verschlußbolzen *m* ‖ **~/затяжной** Spannbolzen *m* ‖ **~/конический** Keilbolzen *m* ‖ **~/контрольный** Paßschraube *f* ‖ **~/крепёжный** Schloßschraube *f*, Aufspannschraube *f* ‖ **~ крышки** Deckelschraube *f* ‖ **~/лапчатый** Hakenschraube *f* ‖ **~/монтажный** Montagebolzen *m* ‖ **~/нажимной** Druckbolzen *m* ‖ **~ накладки** Laschenschraube *f*, Laschenbolzen *m* ‖ **~/направляющий** Führungsbolzen *m* ‖ **~/натяжной** Zugbolzen *m*, Anzugsbolzen *m*, Spannbolzen *m* ‖ **~ обода** Kranzschraube *f (Radkranz)* ‖ **~/откидной** Schwenk[schrauben]bolzen *m*, Augenschraube *f*, Klappschraube *f* ‖ **~/плоскоголовый** Flachkopfbolzen *m* ‖ **~ под развёртку** Paßschraube *f*, eingepaßte Schraube *f* ‖ **~/поддерживающий** Haltebolzen *m* ‖ **~ подпорки** Strebenschraube *f* ‖ **~/подпорный** Strebenschraube *f* ‖ **~/получистый** halbblanke Schraube *f* ‖ **~/пружинный** Federbolzen *m* ‖ **~/путевой** *(Eb)* Laschenbolzen *m*, Schienenschraube *f* ‖ **~/распорный** Abstandsbolzen *m*, Distanzbolzen *m*, Distanzschraube *f*; Spreizschraube *f* ‖ **~/резьбовой** Schraubenbolzen *m* ‖ **~ рессорной подвески** Federbolzen *m (Blattfeder)* ‖ **~/рессорный** Federbolzen *m (Blattfeder)* ‖ **~ рессоры/центровой** Federschraube *f* ‖ **~ с буртиком (заплечиком)** Bundschraube *f*; Bundbolzen *m* ‖ **~/самостопорящийся** Sicherheitsschraube *f*, selbstsichernde Schraube *f* ‖ **~/скрепляющий** Schloßschraube *f* ‖ **~/смычковый** Schlußschraube *f*, Schlußbolzen *m* ‖ **~/соединительный** 1. Verbindungsschraube *f*; Schlußbolzen *m*; 2. Kupplungsbolzen *m*, Einsteckbolzen *m* ‖ **~/срезной** Scherstift *m*, Abscherstift *m* ‖ **~ ступицы** Nabenschraube *f* ‖ **~/стыковой** Laschenbolzen *m* ‖ **~/сцепной** Kupplungsbolzen *m*, Einsteckbolzen *m* ‖ **~/угловой** Eckschraube *f* ‖ **~/упорный** 1. Anschlagbolzen *m*; Begrenzungsbolzen *n*; 2. Fangschraube *f*; 3. Druckschraube *f* ‖ **~/ушкоголовый** Augenbolzen *m* ‖ **~/фланцевый** Flanschschraube *f* ‖ **~/фундаментный** Ankerschraube *f*; Ankerbolzen *m*, Fundamentbolzen *m* ‖ **~/центровой [рессорный]** Federschraube *f* ‖ **~ цепи** Kettenbolzen *m* ‖ **~/чёрный** rohe Schraube *f*; roher Bolzen *m* ‖ **~/чистый** blanke Schraube *f*; blanker Bolzen *m* ‖ **~/шарнирный** Augenschraube *f*, Gelenkbolzen *m* ‖ **~/шатунный** Pleuelschraube *f*, Schubstangenschraube *f* ‖ **~/юстировочный** Nachstellschraube *f*, Verstellschraube *f*, Einstellschraube *f*, Justierschraube *f*

болталка *f* Schüttelmaschine *f*, Schüttelapparat *m*

болтанка *f (Flg)* atmosphärische Turbulenz *f*, turbulente Wetterlage *f*

болт-барашек *m* Flügelschraube *f*

болт-заглушка *m* Blindverschraubung *f*, Verschlußschraube *f*, Gewindestopfen *m*

болт-крючок *m* Hakenbolzen *m*

болт-ограничитель *m* Anschlagschraube *f*, Begrenzerschraube *f*

болтонагреватель *m* Schraubenwärmer *m*, Bolzenwärmer *m*

болтушка *f* 1. Schlämmaschine *f (Aufbereitung)*; 2. *(Gieß)* Schlämmapparat *m*

больверк *m (Hydt)* Bollwerk *n*, Bohlwerk *n*, verankerte Spundwand *f*

большегрузный Schwerlast..., mit hoher Tragfähigkeit

большепролётный *(Bw)* weitgespannt, mit großer Spannweite

бомба *f* Bombe *f* ‖ **~/аэрозольная** *(Ch)* Aerosolsprühgerät *n*, Aerosolbombe *f* ‖ **~/вулканическая** *(Geol)* vulkanische Bombe *f*

бомбаж *m* Bombage *f*, Auftreibung *f (von Konservendosen)*

бомбардирование *n s.* бомбардировка

бомбардировка *f* 1. *(Mil)* Bombardierung *f*; Bomben[ab]wurf *m*; 2. *(Kern)* Beschuß *m*, Bestrahlung *f* ‖ **~ альфа-частицами** *(Kern)* Alphateilchenbeschuß *m*, Beschuß *m* mit Alphateilchen ‖ **~ материалов ионами** „Einschießen" *n* von Ionen in das Material ‖ **~/нейтронная** *(Kern)* Neutronenbeschuß *m*, Neutronenbestrahlung *f* ‖ **~/электронная** *(Kern)* Elektronenbeschuß *m*

бомбардировщик *m* Bombenflugzeug *n*, Bomber *m*

бомбировка *f (Wlz)* Bombierung *f*, Balligkeit *f (von Walzen)*

боме *s.* градус Боме

бон *m* 1. Schwimmpier *f*, schwimmende Anlegestelle *f*; 2. Schwimmsperre *f*

бондарня *f* Böttcherwerkstatt *f*, Böttcherei *f*

бондеризация *f (Met)* Bondern *n*, Bonderung *f*, Bonderverfahren *n*

бонитировка *f (Lw)* Bonitierung *f*, Bonitur *f*, Begutachtung *f (Böden, Pflanzen, Gewässer)*

бор *m* 1. *(Ch)* Bor *n*, B; 2. Nadelwald *m*; 3. Bore *f*, Sprungwelle *f (flußaufwärtslaufende Gezeitenflutwelle)*; 4. *(Med)* Bohrer *m* ‖ **~/зубной (зубоврачебный)** Zahnbohrer *m* ‖ **~/канальный** Wurzelkanalbohrer *m*, Nervenkanalbohrer *m* ‖ **~/колесовидный** Randbohrer *m* ‖ **~/копьевидный** Speerbohrer *m* ‖ **~/корневой** Wurzelbohrer *m* ‖ **~/коронковый** Kronenbohrer *m* ‖ **~/круглый** Rosenbohrer *m* ‖ **~/обратноконусный** Kegelbohrer *m* ‖ **~/полостной** Hohlbohrer *m* ‖ **~/розовидный** Rosenbohrer *m* ‖ **~/спиральный** Spiralbohrer *m* ‖ **~/стоматологический** Zahnbohrer *m*

бора *f (Meteo)* Bora *f*, kalter Fallwind *m*

боразол *m (Ch)* Borazol *n*, anorganisches Benzen (Benzol) *n*

боран *m (Ch)* Boran *n*, Borhydrid *n*, Borwasserstoff *m*

борат *m (Ch)* Borat *n*

борацит *m (Min)* Boracit *m*

бордюр *m* 1. *(Text)* Bordüre *f*, Borte *f (Besatz)*; 2. *(Bw)* Bordkante *f*, Schrammborde *f (Brücke)*; 3. *(Typ)* Einfassung *f*

борид *m (Ch)* Borid *n*

борирование *n (Met)* Borieren *n (Oberflächenbehandlung von Stahl)*
бористый *(Ch)* ...borid *n*; borhaltig
бормашина *f (Med)* Bohrmaschine *f*
борнит *m (Min)* Bornit *m*, Buntkupferkies *m*
борнокислый *(Ch)* ...borat *n*; borsauer
боров *m* Fuchs *m*, Feuerzug *m*; Rauch[gas]fuchs *m*, Abgaszug *m (Feuerungstechnik)*
бороводород *m (Ch)* Bohrwasserstoff *m*, Borhydrid *n*, Boran *n*
бородержатель *m (Med)* Bohrerhalter *m*
бородка *f* 1. *(Text)* Bart *m*, Wattenteil *n (einer Textilmaschine)*; 2. Schlüsselbart *m*, Kamm *m* ‖ **~ волокон** *(Text)* Faserbart *m (Kämmaschine)* ‖ **~ шерсти** *(Text)* Wollbart *m*, Wollbüschel *n*
бородки *fpl (Fert)* Nageleisen *n*
бородок *m s.* пробойник 1.
борозда *f* 1. *(Lw)* Furche *f*; 2. Riefe *f*, Rille *f*, Rinne *f*, Spur *f*; 3. *(El)* Nut *f*, Fuge *f (für die Unterputzverlegung)* ‖ **~/выводная** Entwässerungsrinne *f* ‖ **~/оросительная** Bewässerungsrinne *f* ‖ **~/плужная** Pflugfurche *f* ‖ **~/посевная** Saatfurche *f*, Saatrille *f*, Saatrinne *f*
бороздить 1. *(Lw)* furchen; 2. riefeln
бороздка *f* 1. Riefe *f*; Rille *f*; 2. Hals *m (eines Isolators)* ‖ **~/звуковая** Tonrille *f*, Schallrille *f*
бороздник *m (Lw)* Furchenzieher *m*; Rillenzieher *m*; Markeur *m*
бороздомер *m (Lw)* Furchentiefenmesser *m*
бороздорез *m (Lw)* Pflanzschar *n*; Furchenreißer *m*
борозды *fpl***/ледниковые** *s.* шрамы/ледниковые
борокальцит *m (Min)* Borocalcit *m*
борона *f (Lw)* Egge *f* ‖ **~/дисковая** Scheibenegge *f*, Telleregge *f* ‖ **~/жёсткая [зубовая]** starre Zinkenegge *f* ‖ **~/звёздчатая** Wälzegge *f*, Sternwälzegge *f*, Krümelwalze *f* ‖ **~ зигзаг** Egge *f* mit zickzackförmigem Rahmen ‖ **~/игольчатая** Nadelegge *f (Wälzegge)* ‖ **~/навесная** Anbauegge *f* ‖ **~/ножевая** Spatenegge *f (Wälzegge)* ‖ **~/полевая** Ackeregge *f* ‖ **~/полунавесная** Aufsattelegge *f* ‖ **~/посевная** Saategge *f*, Feinegge *f* ‖ **~/прицепная** Anhängeegge *f* ‖ **~/пружинная** federnde Zinkenegge *f* ‖ **~/роторная** Rotoregge *f* ‖ **~/сетчатая** Netzegge *f*, Unkrautstriegel *m*, Ackerstriegel *m* ‖ **~/средняя [зубовая]** mittlere Zinkenegge *f* ‖ **~/тракторная** Schlepper[zug]egge *f* ‖ **~/тяжёлая [зубовая]** schwere Zinkenegge *f* ‖ **~/шарнирная [зубовая]** gelenkige Zinkenegge *f*
боронить *(Lw)* eggen
боронование *n (Lw)* Eggen *n*
боросиликат *m (Ch)* Borosilicat *n*
боросодержащий borhaltig
бор-полир *m (Med)* Polierer *m*
борт *m* 1. Bord *m*, Rand *m*, Krempe *f*, Rändelung *f*, Bördelung *f*, Bördel *m*; Bund *m (Flansch)*; 2. *(Kfz)* Bordwand *f*, Seitenwand *f*; Schiffswand *f*; 3. *(Fert)* Bo[o]rt *m (Diamantschleifpulver)*; *(Min)* Bort *m (kugeliger Diamant; Industriediamant)*; 4. *(Bgb)* Kante *f*; Böschung *f (Tagebau)*; 5. Wulst *m(f) (Bereifung)*; 6. *(Schiff)* Bordwand *f*, Bord *m*, Seite *f* • **за борт** über Bord, außenbords • **из-за борта** von außenbords • **на борт** 1. an Bord; 2. hart über, in Hartlage *(Ruder)*; • **на левый борт** nach Backbord • **на правый борт** nach Steuerbord ‖ **~/боковой** Seitenblech *n* ‖ **~ вкладыша** Schalenbund *m (Lagerschale)* ‖ **~/двойной** *(Schiff)* doppelte Bordwand *f* ‖ **~/зимний надводный** *(Schiff)* Winterfreibord *m* ‖ **~/избыточный надводный** *(Schiff)* Überfreibord *m* ‖ **~ карьера** *(Bgb)* Tagebaukante *f*; Tagebaurandböschung *f* ‖ **~ лавы** *(Bgb)* Strebkante *f* ‖ **~/левый** *(Schiff)* Backbord *m*; Backbordseite *f* ‖ **~/летний надводный** *(Schiff)* Sommerfreibord *m* ‖ **~/минимальный надводный** *(Schiff)* Mindestfreibord *m* ‖ **~/наветренный** *(Schiff)* Luv[seite] *f* ‖ **~/надводный** *(Schiff)* Freibord *m* ‖ **~/надставной** *(Lw)* aufgesetzte Bordwand *f* ‖ **~/надставной решетчатый** Leichtgutaufbau *m*; *(Lw)* Häckselaufbau *m* ‖ **~/надставной сплошной** Schwergutaufbau *m* ‖ **~/нерабочий** bleibende Böschung *f (Tagebau)* ‖ **~ обода** Felgenrand *m (Rad)* ‖ **~/остаточный надводный** *(Schiff)* Restfreibord *m*, Reservefreibord *m* ‖ **~/откидной** 1. *(Kfz)* Klappbord *m*, Klappwand *f (LKW)*; 2. *(Bw)* klappbare Seitenwand *f (der Form)* ‖ **~ платформы** *(Eb)* Bordwand *f (Flachwagen)* ‖ **~/подветренный** *(Schiff)* Lee[seite] *f* ‖ **~ покрышки** *(Gum)* Reifenwulst *m(f)*, Reifenfuß *m*, Wulstpartie *f*, Wulst *m(f)* ‖ **~/правый** *(Schiff)* Steuerbord *m*; Steuerbordseite *f* ‖ **~/продольный** *(Bw)* Längsseitenschalung *f (der Form)* ‖ **~/рабочий** 1. *(Bgb)* fortschreitende Böschung *f*, Arbeitsböschung *f (Tagebau)*; 2. *(Schiff)* Arbeits[bord]seite *f (eines Seitentrawlers)* ‖ **~ с проволочным кольцом** *(Gum)* Drahtwulst *m(f) (Reifen)* ‖ **~ судна** 1. Schiffsseite *f*, Bord *m*, Bordseite *f*; 2. Bordwand *f*, Schiffswand *f* ‖ **~/торцовый** 1. *(Bgb)* Kopfböschung *f (Tagebau)*; 2. *(Bw)* Stirnwand *f*, Stirnseitenschalung *f (der Form)* ‖ **~/тропический надводный** *(Schiff)* Tropenfreibord *m* ‖ **~ уступа** *(Bgb)* Strossenböschung *f (Tagebau)*
борта *mpl***/двойные** *(Schiff)* Doppelhülle *f*
бортик *m (Schiff)* Schlingerbord *m*, Schlingerkante *f*, Schlingerleiste *f*; Randleiste *f* ‖ **~ кольца** *(Text)* Bord *m*, Flansch *m* des Ringes *(Ringspinnmaschine)*
бортовать bördeln, abkanten
бортовка *f (Text)* Einlage *f*, Steifleinen *n*, Band *n*
бортовой *(Kfz, Schiff)* Seiten..., seitlich, Bordwand...
борторезка *f (Gum)* Entwulstmaschine *f (Reifenherstellung)*
бортоснастка *f (Bw)* Schalungsrahmen *m*, Randschalung *f*; Seitenschalung *f* ‖ **~/откидная** abklappbare Seitenschalung *f* ‖ **~/съёмная** abnehmbare Seitenschalung *f*
бортсеть *f* Bordnetz *n*
борштанга *f (Wkz)* Bohrstange *f*
борьба *f* Kampf *m*, Bekämpfung *f* ‖ **~ с вредителями** *(Lw)* Schädlingsbekämpfung *f* ‖ **~ с вредителями/биологическая** biologische Schädlingsbekämpfung *f* ‖ **~ с вредителями/химическая** chemische Schädlingsbekämpfung *f* ‖ **~ с дымом** Rauchbekämpfung *f* ‖ **~ с загрязнением** Schmutzbekämpfung *f* ‖ **~ с запылением** Staubbekämpfung *f* ‖ **~ снаводнением** Hochwasserbekämpfung *f*, Kampf *m* gegen Überschwemmung ‖ **~ с пылью** Staubbekämpfung *f* ‖ **~ с токсичностью** Vergiftungsverhütung *f*, Schutz *m* vor Vergiftung ‖ **~ с**

шумом Lärmbekämpfung *f* ‖ **~ с эрозией** Erosionsbekämpfung *f*; Erosionsschutz *m*

бот *m* 1. Boot *n*, Kahn *m*; 2. Schiffchen *n*, Stiefel *m (eines Glasschmelzofens)* ‖ **~/водолазный** Taucherboot *n* ‖ **~/краболовный** Krabbenfänger *m* ‖ **~/лоцманский** Lotsenboot *n* ‖ **~/многоцелевой рыболовный** Mehrzweckfischfangboot *n* ‖ **~/омароловный** Hummernfänger *m* ‖ **~/промысловый** Fangboot *n* ‖ **~/рабочий** Arbeitsboot *n* ‖ **~/радиодевиационный** Funkbeschickungsboot *n* ‖ **~/рыбачий (рыболовный)** Fischerboot *n* ‖ **~/спасательный** Rettungsboot *n* ‖ **~/траловый** Fischerboot *n (für Schleppnetzfischerei)*, Schleppnetzfangboot *n*, Fischkutter *m* ‖ **~/тунцеловный** Thunfischfänger *m*

ботан *m (Led)* 1. Hauptteil *n (für Taschen, Mappen usw.)*; 2. Seitenteil *n (für Koffer)*

ботводробитель *m (Lw)* 1. Krautschläger *m*; 2. Krauttrenneinrichtung *f*, Krauttrennkette *f (Sammelroder)*

ботволовушка *f (Lw)* Blattfänger *m*

ботвометатель *m (Lw)* Wurfgebläse *n* des Köpfladers *(für Rübenkraut)*

ботвообрезчик-погрузчик *m***/прицепной свекловичный** *(Lw)* Anhänge-Rübenköpflader *m*

ботвосрезатель *m (Lw)* Köpfer *m*, Köpfschlitten *m*, Köpfschippe *f*

ботвоудалитель *m (Lw)* Krauträumer *m*, Krautschläger *m*

ботель *m* Botel *n*, Hotel *n* auf dem Wasser

ботний *m (Geol)* Bottnium *n*, Bottnische Formation *f*

бочарня *f* Böttcherwerkstatt *f*, Böttcherei *f*

бочка *f* 1. Faß *n*, Tonne *f*; 2. *(Schiff)* Boje *f*, Vertäuboje *f (s. a. unter* буй*)*; 3. *(Flg)* Rolle *f (Kunstflugfigur)*; 4. *(Wlz)* Ballen *m*, Bahn *f (einer Walze)* ‖ **~/бродильная** Gärfaß *n* ‖ **~ валка** *(Wlz)* Walzenballen *m*, Walzenbahn *f* ‖ **~/вертикальная** *(Flg)* Pirouette *f* ‖ **~/восходящая** *(Flg)* aufsteigende Rolle *f* ‖ **~/гладкая** *(Wlz)* glatter Ballen *m*, Flachbahn *f* ‖ **~ котла** *(Wmt)* Kesselmantel *m (Flammonrohrkessel)* ‖ **~/наблюдательная** Schaufaß *n* ‖ **~/причальная** *(Schiff)* Anlegeboje *f*, Anlegetonne *f*, Festmachtonne *f* ‖ **~ прокатного валка** *(Wlz)* Walzenballen *m*, Walzenbahn *f* ‖ **~/пьяная** Taumeltrommel *f* ‖ **~/швартовная** *(Schiff)* Festmachtonne *f*, Anlegetonne *f* ‖ **~/якорная** *(Schiff)* Ankertonne *f*

бочкообразность *f* Balligkeit *f*, Tonnenform *f*

бочкообразный *(Masch)* tonnenförmig, Tonnen... *(Form von Wälzlagerrollen)*; ballig *(Zahnform)*

БПК *s.* потребность в кислороде/биохимическая

БР *s.* 1. регистр/буферный; 2. регистр/базовый; 3. ракета/баллистическая

БРА *s.* регистр адреса/буферный

бра-вектор *m (Math)* Bra-Vektor *m*

бравоит *m (Min)* Bravoit *m*, Nickelpyrit *m*

брадисейсм *m (Geoph)* Bradyseisme *f*, bradyseismische Schwingung *f (der Erdkruste)*

бражка *f* Maische *f (Brennerei)* ‖ **~/ослабленная** entgeistete Maische *f*

бражный Maische...

бразилианит *m (Min)* Brasilianit *m*

брак *m* Ausschuß *m*; Ausschußteil *n* ‖ **~/бумажный** Papierausschuß *m*, Ausschußpapier *n*, Ausschuß *m* ‖ **~/литейный** Gußausschuß *m*, Gußfehler *m*, Gießereiausschuß *m* ‖ **~/мокрый** *(Pap)* Naßausschuß *m* ‖ **~/оборотный** *(Pap)* Trockenausschuß *m* ‖ **~ при прокатке** *(Wlz)* Walzausschuß *m*; Ausschußwalzung *f* ‖ **~ слитков** *(Met)* Blockschrott *m* ‖ **~/сухой** *(Pap)* Trockenausschuß *m*

бракераж *m* Aussonderung *f* der Ausschußerzeugnisse, Bracken *n*

бракета *f (Schiff)* Stützblech *n*, Stegblech *n*

браковать beanstanden; ausscheiden, ausmustern, verwerfen, zum Ausschuß erklären

браковка *f* Beanstandung *f*; Ausscheiden *n*, Verwerfen *n*, Aussortieren *n*

бракомолка *f (Pap)* Altpapier[zer]faserer *m*, Zerfaserer *m*, Wurster *m*

бракомоталка *f (Wlz)* Schrotthaspel *f*

брандвахта *f* Brandwache *f*, Wachschiff *n*, Wachfahrzeug *n*

браннерит *m (Min)* Brannerit *m*

браслет *m (Gum)* dublierte Ringlage *f (des Reifens)*

брать в скобки *(Math)* einklammern, in Klammern setzen

браунит *m (Min)* Braunit *m*

брахиантиклиналь *f (Geol)* Brachyantiklinale *f*, Kurzsattel *m*, Dom *m*, Kuppel *f*

брахисинклиналь *f (Geol)* Brachysynklin[al]e *f*

брашпиль *m (Schiff)* Ankerwinde *f*

БРД *s.* регистр данных/буферный

бревенчатый *(Bw)* Balken...; aus Balken

бревно *m* Holzstamm *m*, Stamm *m*; Stammholz *n*, Rundholz *n* ‖ **~/длинное** Langholz *n* ‖ **~/круглое** Rundholz *n* ‖ **~/опиленное** geschnittener Balken *m* ‖ **~/отёсанное** behauener Balken *m* ‖ **~/полуокорённое** Bastbalken *m*

бревнотаска *f* Blockaufzug *m*, Rundholzförderer *m* ‖ **~/карликовая** Rundholzkleinförderer *m*

бревноукладчик *m* Rundholzstapler *m*

брезент *m* 1. Zeltstoff *m*, Zelttuch *n*; 2. Plane *f*; 3. *(Text)* Planenstoff *m*; 4. *(Schiff)* Persenning *f*

брекватер *m (Hydt)* Wellenbrecher *m*

брекер *m (Gum)* Zwischenbau *m*, Kissenschicht *f (Reifen)*

брекчия *f (Geol)* Brekzie *f (Trümmergestein)* ‖ **~/внутрипластовая (внутриформационная)** intraformationale Brekzie *f* ‖ **~/вулканическая** vulkanische Brekzie *f* ‖ **~ давления** Druckbrekzie *f* ‖ **~/дислокационная** Dislokationsbrekzie *f*, Störungsbrekzie *f* ‖ **~/жильная** Gangbrekzie *f* ‖ **~ извержения** *s.* ~/эруптивная ‖ **~/интрузивная** Intrusivbrekzie *f* ‖ **~/карстовая** Karstbrekzie *f* ‖ **~/катогенная** katogene Brekzie *f* ‖ **~/костяная** Knochenbrekzie *f* ‖ **~/лавовая** Lavabrekzie *f*, lavazementierte Brekzie *f* ‖ **~ обогащения** Anreicherungsbrekzie *f* ‖ **~/оползневая** Erdrutschbrekzie *f* ‖ **~/осадочная** sedimentäre Brekzie *f* ‖ **~ осыпей склонов** Hangschuttbrekzie *f* ‖ **~/пещерная** Höhlenbrekzie *f (Abart der Knochenbrekzie)* ‖ **~/порфиритовая** Porphyritbrekzie *f* ‖ **~/порфировая** Porphyrbrekzie *f*, Trümmerporphyr *m* ‖ **~/сбросовая** *s.* ~/тектоническая ‖ **~/тектоническая** tektonische Brekzie *f* ‖ **~ течения** *s.* ~/лавовая ‖ **~ трения** Reibungsbrekzie *f* ‖ **~/туфовая**

Tuffbrekzie *f* || **~/экзогенная** exogene Brekzie *f* || **~/эксплозионная** Explosionsbrekzie *f* || **~/эруптивная** Eruptivbrekzie *f*

бремсберг *m (Bgb)* Bremsberg *m* || **~/вспомогательный** Hilfsbremsberg *m* || **~/клетевой** Gestellbremsberg *m* || **~/панельный** Abteilungsbremsberg *m* || **~/промежуточный** Abbaubremsberg *m* || **~/участковый (этажный)** Abteilungsbremsberg *m*

брештук *m (Schiff)* Bugband *n (Aussteifung des Vorstevens)*

бригада *f*/горноспасательная *(Bgb)* Bergrettungstrupp *m*

бридер *m (Kern)* Brutreaktor *m*, Brüter *m*

бридж-фитинг *m (Schiff)* Brückenstück *n (Containerzurrung)*

бриз *m* Brise *f* || **~/береговой** Landwind *m*, ablandiger Wind *m* || **~/морской** Seewind *m*, auflandiger Wind *m*

бризантность *f* Brisanz *f*, Sprengkraft *f*

бризантный brisant, hochexplosiv *(Sprengstoff)*

бризы *mpl* Land- und Seewind *m*

брикет *m* 1. Brikett *n*, Preßling *m*, Formling *m*; 2. *(Lw)* Pellet *n*, Preßling *m (Futtermittel)*

брикетирование *n* 1. Brikettierung *f*, Brikettieren *n*; 2. *(Lw)* Pelletierung *f*, Pelletieren *n (Futtermittel)*; Kompaktierung *f*, Kompaktieren *n (Rübenkraut)* || **~ без связки (связущих веществ)** *(Bgb, Met)* bindemittelloses Brikettieren *n*, Brikettieren *n* (Brikettierung *f*) ohne Bindemittel[zugabe] *(z. B. Schrottbrikettieren)* || **~/горячее** Heißbrikettieren *n*, Heißbrikettierung *f (Pulvermetallurgie)* || **~ крапа (лома)** *(Met)* Schrottbrikettierung *f* || **~ стружки** *(Met)* Brikettieren (Paketieren) *n* von Spänen, Spänebrikettierung *f* || **~ шихты** *(Glas)* Gemengebrikettierung *f*

брикетировать 1. brikettieren; 2. *(Lw)* pelletieren

брикетировщик *m (Lw)* Brikettierpresse *f*

бриллиант *m (Min)* Brillant *m (geschliffener Dimant)*

бритва *f*/электрическая elektrischer Rasierapparat *m*, Trockenrasierer *m*

бровка *f (Hydt, Bgb)* Böschungskante *f*, Kante *f* || **~ берегового откоса** Uferlinie *f* || **~ отвала** Kippkante *f (Tagebau)* || **~ отвала/нижняя** Kippenfuß *m (Tagebau)* || **~ откоса** Böschungskante *f* || **~ откоса/нижняя** Böschungsfuß *m (Tagebau)* || **~ уступа** Böschungskante *f (Tagebau)*

брод *m* Furt *f (Übersetzstelle)*

бродильный *(Ch)* Gär[ungs]...; fermentativ, enzymatisch

бродильня *f* Gärraum *m*, Gärkeller *m*

бродить *(Ch)* gären; fermentieren *(pflanzliche Rohstoffe)*

брожение *n (Ch)* Gären *n*, Gärung *f*, Gärführung *f*; Fermentieren *n (pflanzlicher Rohstoffe)* || **~/анаэробное** anaerobe Gärung *f*; anaerobe Fermentation *f* || **~/аэробное** aerobe (oxidative) Gärung *f*; aerobe Fermentation *f* || **~/бактериальное** bakterielle Fermentation *f*; bakterielle Gärung *f* || **~/верховое** Obergärung *f* || **~/главное** Hauptgärung *f* || **~/головное** Vorgärung *f* || **~ ила** Schlammausfaulung *f* || **~/«кипящее»** „kochende" Gärung *f* || **~/клетчатковое** Cellulose[ver]gärung *f*, Cellulosespaltung *f* || **~/низовое** Untergärung *f* || **~/пенистое** Schaumgärung *f* || **~/повторное** Nachgärung *f* || **~/предварительное** Vorgärung *f* || **~/«пузырчатое»** Blasengärung *f* || **~/слизевое** Schleimgärung *f* || **~/спиртовое** alkoholische Gärung *f* || **~/тёплое** warme Gärführung *f* || **~/тихое** Nachgärung *f* || **~/холодное** kalte Gärführung *f* || **~/целлюлозное** *s.* ~/клетчатковое

бром *m (Ch)* Brom *n*, Br || **~/радиоактивный** radioaktives Brom *n*

бромаргирит *m (Min)* Bromargyrit *m*, Bromit *m*, Bromsilber *n*

броматометрия *f (Ch)* Bromatometrie *f*

бромирование *n (Ch)* Bromierung *f*

бромировать bromieren

бромистоводородный *(Ch)* ...hydrobromid *n*; bromwasserstoffsauer

бромистый *(Ch)* ...bromid *n*; bromhaltig, Brom...

бромит *m (Min)* Bromit *m*, Bromspat *m*

бромноватистокислый *(Ch)* ...hypobromit *n*, ...bromat (I) *n*; hypobromigsauer

бромноватокислый *(Ch)* ...bromat *n*, bromsauer

бромокись *f (Ch)* Bromoxid *n*

бромэтан *m (Ch)* Bromethan *n*, Ethylbromid *n*

бронедиск *m* Schleißscheibe *f*

бронежилет *m* kugelsichere Weste *f*

бронестекло *n* Panzerglas *n*

бронза *f (Met)* Bronze *f* || **~/алюминиевая** 1. Aluminiumbronze *f*; 2. Silberbronze *f (metallischer Pigmentfarbstoff aus Al-Puder)* || **~/бинарная** *(Gieß)* Zweistoffbronze *f*, binäre Bronze *f* || **~/высококачественная** Edelbronze *f* || **~/двойная** *s.* ~/бинарная || **~/деформируемая** Bronzeknetlegierung *f* || **~/железистая** Eisenbronze *f* || **~/кремнемарганцевая** Silicium-Mangan-Bronze *f* || **~/кремниевая (кремнистая)** Siliciumbronze *f* || **~/лит[ейн]ая** Gußbronze *f*; Rotgußlegierung *f* || **~/марганцов[ист]ая** Manganbronze *f*, manganhaltige Bronze *f* || **~/многокомпонентная** Mehrstoffbronze *f* || **~/никелевая** Nickelbronze *f* || **~/оловянистая (оловянная)** Zinnbronze *f* || **~/оловянноцинковая** Zinn-Zink-Bronze *f*, Rotguß *m* || **~/подшипниковая** Lagerbronze *f* || **~/свинцов[ист]ая** Bleibronze *f*, bleihaltige Bronze *f* || **~/свинцовисто-оловянная** Blei-Zinn-Bronze *f* || **~/специальная** Sonderbronze *f* || **~/спечённая** Sinterbronze *f* || **~/фосфористая** Phosphorbronze *f*, phosphorhaltige Bronze *f* || **~/электротехническая** Leitbronze *f*

бронзирование *n* 1. Bronzieren *n*; 2. *(Led)* Bronzieren *n (Austritt eines metallisch glänzenden Belages)*; 3. *(Typ)* Bronzedruck *m*

бронзировать bronzieren, mit Bronze überziehen; *(Led)* bronzieren *(als metallisch glänzender Belag austreten)*

бронзит *m (Min)* Bronzit *m (Orthopyroxen)*

бронзитит *m (Min)* Bronzitit *m*

бронзовый 1. bronzen, aus Bronze, Bronze...; 2. bronzefarben

бронзолитейная *f* Bronzegießerei *f*

бронирование *n* 1. Armierung *f*, Panzerung *f*; 2. *(Bw)* Bewehrung *f*

бронировать 1. armieren, panzern; 2. bewehren *(Beton)*

броня *f* Panzerung *f*, Panzer *m* || **~ горна** *(Met)* Gestellpanzer *m (Hochofen)* || **~ доменной печи** *(Met)* Hochofenpanzer *m* || **~ кабеля**

Kabelbewehrung *f* || **~/проволочная** Drahtbewehrung *f* || **~/сталеленточная** Stahlbandbewehrung *f (Kabel)* || **~ шахты** *(Met)* Hochofenschachtpanzer *m*
бросок *m* **напряжения** *(El)* Spannungsstoß *m* || **~ тока** *(El)* Einschaltstromstoß *m*
броунмиллерит *m (Min)* Brownmillerit *m (Spinell)*
брошюра *f (Typ)* Broschüre *f*, Broschur *f* || **~/многотетрадная** mehrlagige Broschur *f* || **~/однотетрадная** einlagige Broschur *f* || **~/простая** einfache Broschur *f* || **~ с клеевым скреплением** klebegebundene Broschur *f*, Klebebroschur *f* || **~/сшитая внакидку** rückstichgeheftete Broschur *f*, Rückstichbroschur *f* || **~/сшитая втачку** seitlich geheftete Broschur *f* || **~/сшитая нитками** fadengeheftete Broschur *f* || **~/сшитая проволочными скобами** drahtgeheftete Broschur *f*
брошюровка *f (Typ)* Broschieren *n*
БРТ *s.* траулер/большой рыболовный
брукит *m (Min)* Brookit *m (Titanoxid)*
брус *m* 1. Stange *f*, Stab *m*; 2. *(Wkz)* Träger *m*, Werkzeugträger *m*; 3. *(Bw)* Balken *m*, Bohle *f*; 4. *(Met)* Barren *m*; 5. *(Bgb)* Joch *n (Schachtzimmerung)*; 6. Block *m (Ofenmauerung)* || **~ батана** *s.* ~/батанный || **~/батанный** *(Text)* Ladenbalken *m*, Ladenbaum *m (Weblade)* || **~/буферный** *(Eb)* Pufferbohle *f*, Kopfträger *m*, Pufferschwelle *f* || **~/веретённый** *(Text)* Spindelbank *f* || **~/вертикальный** *(Eb)* Führungsschiene *f (Luftkissenbahn)* || **~/вибрационный** *(Bw)* Rüttelbohle *f* || **~/выглаживающий** *(Bw)* Glättbohle *f* || **~/грудничный** *(Text)* Brustbaum[riegel] *m (Webstuhl)* || **~/диагональный** 1. *(Bw)* Diagonalstrebe *f*, Kreuzstrebe *f*; 2. Puffer[balken]strebe *f (Wagen)* || **~/закладной** *(Bw)* Grundbalken *m* || **~/игольный** *(Text)* Nadelbarre *f (Strickerei, Wirkerei, Nähwirkerei)* || **~/колосниковый** Roststabträger *m (Feuerung)* || **~/коньковый** *(Bw)* Firstbalken *m* || **~/мостовой** Brückenstein *m (eines Glasschmelzofens)* || **~/направляющий** *s.* ~/проводковый || **~/настенный** *(Bw)* Mauerlatte *f* || **~/несущий** *(Bw)* Tragbohle *f* || **~/опорный** 1. *(Bw)* Sohlschwelle *f*; 2. *(Wlz)* Walzbalken *m* || **~/охранный** *(Eb)* 1. Schutzbalken *m (Eisenbahnbrücke)*; 2. Prellbock *m* || **~/пальцевый** *(Lw)* Fingerbalken *m (Mähmaschine)* || **~/переводный** *(Eb)* Weichenschwelle *f* || **~/платинный** *(Text)* Platinenbarre *f (Wirkmaschine)* || **~/подпорный** *(Bw)* Tragbalken *m*, Stützbalken *m* || **~/подстропильный** *(Bw)* Fußpfette *f (Pfettendachverband)* || **~/поперечный** *(Bw)* Riegelholz *n*; Querbalken *m* || **~/привальный** *(Schiff)* Scheuerleiste *f* || **~/проводковый** *(Wlz)* Führungsträger *m*, Führungsbalken *m*, Hundebalken *m* || **~/проточный** Durchlaßstein *m (eines Glasschmelzofens)* || **~/режущий** *(Lw)* Schnittbalken *m*, Mähbalken *m (Mähmaschine)* || **~ с пассивными дисками** *(Lw)* Werkzeugträger *m* mit passiven Roderädern || **~/скуловой** *(Schiff)* Kimmleiste *f*, Kimmbalken *m (Knickspantbauweise)* || **~/следоуказательный** *(Lw)* Spurzeiger *m (am Schlepper)* || **~/створный** *(Hydt)* Schlagsäule *f (Schleusentor)* || **~/толкающий** Planierschildträger *m (Planierraupe)* || **~/трамбующий** *(Bw) (Hydt)* Stampfbohle *f (Betondeckenfertiger)* || **~/упорный** Prellbock *m* || **~/цилиндровый** *(Text)* Streckwerksbank *f (Ringspinnmaschine)* || **~/чистообрезной** *(Bw)* vollkantiger Balken *m*, vollkantiges Kantholz *n* || **~ шлагбаума** *(Eb)* Schrankenbaum *m* || **~/эквивалентный** *(Schiff)* äquivalenter Träger *m*
брусит *m (Min)* Brucit *m*
брусовка *f (Wkz)* Armfeile *f*
брусок *m* 1. Latte *f*, Leiste *f*, Klötzel *m*, Kantel *m*; 2. Block *m*; Klotz *m*; 3. *(Wkz)* Abziehstein *m*; 4. *(Met)* Stabprobe *f* || **~/абразивный** *m* Schleiffeile *f*; Abziehstein *m* || **~/алмазный** Diamantabrichtblock *m* || **~/алмазный ручной** Diamantschleiffeile *f*; Diamantabziehstein *m* || **~/алмазный суперфинишный** Diamantsuperfinishstein *m*, Diamantsuperfinishleiste *f* || **~/алмазный хонинговальный** Diamanthonstein *m*, Diamanthonleiste *f* || **~/алмазный эластичный хонинговальный** elastischer (biegsamer) Diamanthonstein *m* || **~/доводочный** Läppfeile *f*; Läppstein *m* || **~/игольный** *(Text)* Nadelbarre *f*, Nadelstange *f* || **~/квадратный** Quadratabziehstein *m* || **~/круглый** 1. *(Bw)* Rundstab *m*; 2. *(Wkz)* runder Abziehstein *m* || **~/наждачный** Schmirgelfeile *f*; Schmirgelblock *m*, Schmirgelstein *m* || **~/плоский** Rutscherstein *m*, flacher Abziehstein *m* || **~/полукруглый** halbrunder Abziehstein *m*, Hohlkehl-Rutscherstein *m* || **~/трёхгранный** Dreikantabziehstein *m* || **~/хонинговальный** Honstein *m*, Honleiste *f* || **~/шлифовальный** Schleiffeile *f*; Abziehstein *m*
брусчатка *f (Bw)* Pflasterstein *m* || **~/крупноразмерная** Großpflaster *n* || **~/мелкоразмерная** Kleinpflaster *n*
брусья *mpl (Bw)* Balkenholz *n*
брух *m* Bruch *m (Flockenbildung beim Kochen der Bierwürze)*
брызгалка *f* Spritze *f*
брызгало *n* Sprühdüse *f*, Dusche *f (z. B. am Walzgerüst)*
брызги *pl* Spritzer *mpl*; Spritzwasser *n*
брызговик *m (Kfz)* Schürze *f*, Schmutzfänger *m*, Schutzblech *n*
брызгозащищённый spritzwassergeschützt, mit Spritzwasserschutz
брызгонепроницаемый spritzwasserfest, spritzwassersicher
брызгостойкий *s.* брызгозащищённый
брызгоуловитель *m (Met)* Naßabscheider *m*
БСП *s.* библиотека стандартных программ
БТ *s.* транзистор/биполярный
бугель *m* 1. Bügel *m*; 2. *(El)* Gleitbügel *m (Stromabnehmer)*; *(El, Eb)* Bügelstromabnehmer *m* || **~/закорачивающий** Kurzschlußbügel *m* || **~/контактный** Kontaktbügel *m* || **~ сваи** *(Bw, Hydt)* Schlagring *m*, Pfahlring *m*, Rammhaube *f*, Schlaghaube *f* || **~/токоприёмный** Stromabnehmerbügel *m* || **~/эксцентриковый** *(Masch)* Exzenterring *m (Schieberantrieb)*; Exzenterbügel *m*
бугорок *m* **травления** Ätzhügel *m*
будинаж *m (Geol)* Boudinage *f (Bildung wurstförmiger Gesteinskörper)*
будка *f*/**водомерная** *(Hydt)* Pegelhaus *n* || **~/телефонная** Fernsprechzelle *f* || **~/трансформаторная** Transformator[en]häuschen *n*
буёк *m s.* буй

буер *m* Eissegler *m*
буж *m (Med)* Bougie *f*
буж-перфоратор *m (Med)* Perforationsbougie *f*
буж-щуп *m (Med)* Tastsonde *f*
буй *m* Boje *f*, Tonne *f* ‖ **~/бочкообразный** Tonnenboje *f* ‖ **~/девиационный** Kompensierungsboje *f (zum Kompensieren von Magnetkompassen)* ‖ **~/дрифтерный** Treibnetzboje *f*, Brail *n* ‖ **~/конический** Spitztonne *f* ‖ **~/освещаемый** *s.* ~/светящийся ‖ **~/плавучий** Schwimmboje *f* ‖ **~/поворотный** Wendeboje *f* ‖ **~/промысловый** Fischereiboje *f* ‖ **~/радиолокационный** Radarbake *f*, Radarboje *f* ‖ **~ с колоколом** Glockenboje *f* ‖ **~/светодымящийся** Licht-Rauch-Boje *f* ‖ **~/светящийся** Leuchtboje *f* ‖ **~/спасательный** Rettungsboje *f* ‖ **~/спасательный ночной** Nachtrettungsboje *f* ‖ **~/сферический** *s.* ~/шарообразный ‖ **~/туманный** Nebelboje *f*, Positionsboje *f* ‖ **~/тупоконечный** Stumpftonne *f* ‖ **~/шарообразный** Kugelboje *f*, Kugeltonne *f*
буй-ревун *m* Heulboje *f*
буква *f (Typ)* Buchstabe *m*
буквенно-цифровой *(Inf)* alphanumerisch
буквопечатающий *(Typ)* Typendruck...
букет *m (Led)* Gerbstoffgemisch *n*, Gerbstoffbukett *n*
букса *f* 1. *(Masch)* Buchse *f*; Hülse *f (s. a. unter* втулка 1., гильза 1., стакан*)*; 2. *(Eb)* Achslager *n*, Radsatzlager *n*; Achslagergehäuse *n*, Radsatzlagergehäuse *n* ‖ **~/вагонная цельнокорпусная** *(Eb)* einteiliges Wagenachslager *n* ‖ **~/греющаяся** *(Eb)* Heißläufer *m* ‖ **~/основная** *(Masch)* Grundbuchse *f (Stopfbuchse)* ‖ **~/разъёмная** *(Eb)* geteiltes Achslager *n*
буксир *m* 1. *(Schiff)* Schlepper *m*, Schleppschiff *n*; 2. Schleppseil *n*, Schlepptau *n* • **на буксире** im Schlepp ‖ **~/колёсный** Radschlepper *m* ‖ **~/межорбитальный** *(Raumf)* Raumschlepper *m*, interorbitaler Transporter *m* ‖ **~/морской** Hochseeschlepper *m*, Seeschlepper *m* ‖ **~/портовый** Hafenschlepper *m* ‖ **~/рейдовый** Reedeschlepper *m* ‖ **~/речной** Flußschlepper *m* ‖ **~/спасательный** Bergungsschlepper *m*
буксир-кантовщик *m* Bugsierschlepper *m*, Verholschlepper *m* ‖ **~/портовый** Hafenbugsierschlepper *m*
буксирный *(Schiff)* Schlepp[er]...
буксировать *(Schiff)* [ab]schleppen; bugsieren
буксировка *f* Schleppen *n*, Abschleppen *n*; Bugsieren *n* ‖ **~ лагом** *(Schiff)* seitliches Schleppen *n*, Schleppen *n* querschiffs ‖ **~ лебёдкой** *(Flg)* Windenschlepp *m* ‖ **~ на гибкой сцепке** Abschleppen *n* mit Abschleppseil ‖ **~ на жёсткой сцепке** Abschleppen *n* mit Abschleppstange ‖ **~ самолётом** Flugzeugschlepp *m (eines Segelflugzeugs)*
буксировочный *(Schiff)* Schlepp[er]...
буксир-снабженец *m* Schlepp- und Versorgungsschiff *n*
буксир-спасатель *m* Bergungsschlepper *m* ‖ **~/океанский** Hochsee-Bergungsschlepper *m*
буксир-толкач *m* Schubboot *n*
буксование *n* 1. Schlupf *m*, Gleiten *n*; Rutschen *n*; 2. *(Masch)* Buchsen *n*, Ausbuchsen *n*
буксовать Schlupf haben, rutschen, durchrutschen
буланжерит *m (Min)* Boulangerit *m*, Antimonbleiblende *f*, Schwefelantimonblei *n*
булыжник *m* Feldstein *m*; Kopfstein *m (Pflaster)*
буль *f s.* булька
бульб *m (Schiff)* Wulst *m(f)* ‖ **~/кормовой** Heckwulst *m* ‖ **~/носовой** *(Schiff)* Bugwulst *m*
бульбкиль *m (Schiff)* Wulstkiel *m*
бульбообразный *(Schiff)* wulstartig, wulstförmig
бульдозер *m* 1. *(Bw)* Bulldozer *m*, Planiergerät *n*; 2. *(Masch)* Biegepresse *f*, Horizontalbiegepresse *f (für Flach- und Formstahl)* ‖ **~/быстроходный** schnellaufende Biegepresse *f* ‖ **~/гибочный** Horizontalbiegepresse *f* ‖ **~/гидравлический** 1. hydraulische Biegepresse *f*; 2. Planiergerät *n* mit hydraulischem Schildhub ‖ **~/землеройный** Planierraupe *f* ‖ **~/канатный** Planiergerät *n* mit seilzugbetätigtem Schildhub ‖ **~/кривошипный** Kurbel-Horizontalbiegepresse *f* ‖ **~/реверсивный** Biegepresse *f* mit Umkehrantrieb (Reversierantrieb) ‖ **~ с неповоротным отвалом** Planiergerät *n* mit feststehendem Planierschild ‖ **~ с поворотным отвалом** Planiergerät *n* mit Schwenkschild ‖ **~/сдвоенный** zweiseitig arbeitende Horizontalbiegepresse *f* ‖ **~/универсальный** *s.* ~ с поворотным отвалом
бульдозер-погрузчик *m* Raupenfrontlader *m*
булька *f (Min)* Birne *f (Edelsteinsynthese)*
бульон *m***/подпрессовый** Preßwasser *n (Fischmehlerzeugung)*
бумага *f* Papier *n* ‖ **~/антиадгезионная** *f* Trennpapier *n (Kunstlederherstellung)* ‖ **~/антикоррозийная (антикоррозионная)** Rostschutzpapier *n* ‖ **~/афишная** Plakatpapier *n* ‖ **~/аэрозольная** Aerosolpapier *n* ‖ **~/бакелизированная** Hartpapier *n* ‖ **~/баритированная** Barytpapier *n* ‖ **~ без древесной массы** holzfreies Papier *n* ‖ **~/белёная** gebleichtes Papier *n* ‖ **~/бюварная** Löschpapier *n* ‖ **~/влагопрочная** naßfestes Papier *n* ‖ **~/водостойкая** abwaschbares Papier *n* ‖ **~/вощёная** Wachspapier *n* ‖ **~/высокосортная** Feinpapier *n* ‖ **~/газетная** Zeitungs[druck]papier *n* ‖ **~/глазированная** satiniertes Papier *n* ‖ **~/длинноволокнистая** langfaseriges Papier *n* ‖ **~/документная** Dokumentenpapier *n* ‖ **~/желатиновая пигментная** Gelatine-Pigmentpapier *n* ‖ **~/жёсткая** Hartpapier *n* ‖ **~/изоляционная** Isolierpapier *n* ‖ **~/индикаторная [реактивная]** Indikatorpapier *n*, Reagenzpapier *n* ‖ **~/иодокрахмальная** Kaliumiodidstärkepapier *n (Indikatorpapier)* ‖ **~/кабельная** Kabelpapier *n* ‖ **~/каландрированная** kalandiertes (satiniertes) Papier *n*, Kalanderpapier *n* ‖ **~/картографическая** Kartenpapier *n* ‖ **~/кислотостойкая** säurebeständiges (säurefestes) Papier *n* ‖ **~/клеёная** geleimtes Papier *n* ‖ **~/книжная печатная** Werkdruckpapier *n* ‖ **~/конгокрасная** Kongo[rot]papier *n (Indikatorpapier)* ‖ **~/конденсаторная** Kondensatorpapier *n* ‖ **~/копировальная** Kohlepapier *n* ‖ **~/крупнозернистая** grobkörniges Photopapier *n*, Grobkornpapier *n* ‖ **~/куркуминовая** Kurkumapapier *n (Indikatorpapier)* ‖ **~/лакированная** Lackpapier *n*, lackiertes Papier *n* ‖ **~/лакмусовая** Lackmuspapier *n (Indikatorpapier)* ‖ **~/ламинированная** laminiertes Papier *n* ‖ **~/легковесная** leichtes Papier *n* ‖ **~/лито-**

графская Lithographiepapier *n* || **~/лощёная** [hoch]satiniertes Papier *n* || **~/малопроклеенная** wenig (schwach) geleimtes Papier *n* || **~ машинного мелования** maschinengestrichenes (in der Maschine gestrichenes) Papier *n* || **~ машинной выработки** maschinengeschöpftes Papier *n* || **~ машинной гладкости** maschinenglattes Papier *n* || **~/машинописная** Schreibmaschinenpapier *n* || **~/мелкозернистая** feinkörniges Photopapier *n*, Feinkornpapier *n* || **~/мелованная** gestrichenes Papier *n*, Streichpapier *n* || **~/мелорельефная** Kreidereliefpapier *n* || **~/мешочная** Sackpapier *n* || **~/моющаяся** abwaschbares Papier *n* || **~/моющаяся обойная** abwaschbares Tapetenpapier *n* || **~/мраморная** marmoriertes Papier *n* || **~/мягкая** weiches Papier *n*, weiches Photopapier *n* || **~/наждачная** Sandpapier *n*, Schleifpapier *n*, Schmirgelpapier *n* || **~/наждачная водоупорная** Naßschleifpapier *n* || **~/небелёная** ungebleichtes Papier *n* || **~/нежелтеющая** nichtvergilbendes Papier *n* || **~/некаландрированная** ungeglättetes Papier *n* || **~/немелованная** ungestrichenes Papier *n* || **~/непроклеенная** ungeleimtes Papier *n* || **~/неутяжелённая** unbeschwertes Papier *n* || **~/низкосортная** minderwertiges Papier *n* || **~/обёрточная** Hüllpapier *n*, Einwickelpapier *n* || **~/обложечная** Überzugpapier *n*, Bezugspapier *n* || **~/обойная** Tapetenpapier *n* || **~/односторонне мелованная** einseitig gestrichenes Papier *n*, Chromopapier *n* || **~ односторонней гладкости** einseitig glattes (satiniertes) Papier *n*, Einseitigglattpapier *n* || **~/окрашенная** gefärbtes Papier *n* || **~/отливаемая** Filterpapier *n* || **~/офсетная** Offset[druck]papier *n* || **~/папиросная** Zigarettenpapier *n* || **~/парафинированная** Paraffinpapier *n* || **~/пергаментная** [echtes] Pergamentpapier *n*, Echtpergamentpapier *n* || **~/переводная** Umdruckpapier *n* || **~/переплётная** Bezugspapier *n* || **~/печатная** Druckpapier *n* || **~/пигментная** Pigmentpapier *n* || **~/писчая** Schreibpapier *n* || **~/подцвеченная** getöntes Papier *n* || **~/пожелтевшая** vergilbtes Papier *n* || **~/почтовая** Briefpapier *n* || **~/проклеенная** vollgeleimtes Papier *n* || **~/прокрашенная** durchgefärbtes Papier *n* || **~/промасленная** Ölpapier *n*, ölgetränktes Papier *n* || **~/промокательная** Löschpapier *n* || **~/пропитанная** getränktes (imprägniertes) Papier *n* || **~/пропускающая** durchlässiges Papier *n* || **~/просвечивающая** durchscheinendes (transparentes) Papier *n* || **~/реактивная** Reagenzpapier *n*, Indikatorpapier *n* || **~/реактивная полюсная** Polreagenzpapier *n* || **~/рисовальная** Zeichenpapier *n* || **~/ролевая (рулонная)** Rollenpapier *n* || **~ ручного черпания** Büttenpapier *n*, handgeschöpftes Papier *n* || **~ ручной выделки (выработки, вычерпки)** *s.* ~ ручного черпания || **~ с двусторонним мелованием** zweiseitig gestrichenes Papier *n* || **~ с матовой отделкой** mattsatiniertes Papier *n* || **~ с машинной гладкостью** maschinenglattes Papier *n* || **~ с наполнителем** beschwertes Papier *n* || **~/сатинированная** satiniertes Papier *n* || **~/светокопировальная** Lichtpauspapier *n* || **~/светочувствительная** lichtempfindliches Papier *n* || **~/свинцовая [реактивная]** Blei[acetat]papier *n (Indikatorpapier)* || **~/словарная** Bibeldruckpapier *n*, Dünndruckpapier *n* || **~/содержащая древесную массу** holzhaltiges Papier *n* || **~/стеклянная** Glaspapier *n* || **~/телефонная** Fernmeldekabelpapier *n* || **~/типографская** Buchdruckpapier *n* || **~/тиснёная** genarbtes (geprägtes) Papier *n* || **~/токопроводящая** stromleitendes Papier *n* || **~/тонкая** Seidenpapier *n* || **~/тонкая крепированная** Seidenkreppapier *n* || **~/тряпичная** Hadernpapier *n* || **~/упаковочная** Packpapier *n* || **~/утяжелённая** beschwertes Papier *n* || **~/фильтровальная** Filterpapier *n* || **~/форзацная** Vorsatzpapier *n* || **~/фотографическая** Photopapier *n* || **~/фототипная** Lichtdruckpapier *n* || **~/хлористая** *s.* ~/хлоросеребряная || **~/хлоробромосеребряная** Chlorbromsilberpapier *n* || **~/хлоросеребряная** Chlorsilberpapier *n* || **~/цветная** Buntpapier *n* || **~/целлюлозная** Zellstoffpapier *n* || **~/чертёжная** Zeichenpapier *n* || **~/шёлковая** Seidenpapier *n* || **~ шёлковой отделки** Seidenglanzpapier *n* || **~/шероховатая** rauhes Papier *n* || **~/щёлочестойкая** alkalifestes (laugenfestes) Papier *n*

бумага-основа *f* Rohpapier *n*

бумага-шелковка *f* Seidenpapier *n*

бумаговоз *m* Papiertransportschiff *n*, Papiertransporter *m*

бумагодержатель *m* Papierhalter *m*

бумопласт *m* Papierschichtstoff *m*

буна *f (Hydt)* Buhne *f*

бункер *m* Bunker *m* || **~/аккумулирующий** Sammelbunker *m*, Speicherbunker *m* || **~ большой ёмкости** Großraumbunker *m* || **~/двухколейный** Zweigleisbunker *m*, Doppelbunker *m* || **~/дозирующий** Dosierbunker *m*, Meßbunker *m*; *(Text)* Dosierschacht *m (Putzerei)* || **~/дробовой** Schrotbunker *m (Strahlanlage)* || **~/завалочный** Beschickungsbunker *m* || **~/заглублённый** Tiefbunker *m* || **~/загрузочный** Aufgabebunker *m*, Beschickungsbunker || **~/запасной (запасный)** Vorratsbunker *m* || **~/кассетный** *(Wkzm)* Kassettenmagazin *n* || **~/конический** Kegelbunker *m* || **~/многоячеистый** Zellenbunker *m* || **~/наземный** Hochbunker *m* || **~/обезвоживающий** Entwässerungsbunker *m* || **~/одинарный** Einzelbunker *m* || **~/перегрузочный** Umladebunker *m*, Umschlagbunker *m*, Zwischenbunker *m*, Pufferbunker *m* || **~/пирамидальный** Spitzbodenbunker *m* || **~ питания** *s.* ~/питающий || **~/питающий** Aufgabebunker *m*, Zuteilbunker *m*; *(Text)* Füllschacht *m*, Speiseschacht *m (Putzerei)* || **~/погрузочный** Beladebunker *m* || **~/подземный** Tiefbunker *m* || **~ предварительного охлаждения рыбы** Fischvorkühlbunker *m (Fischereifahrzeug)* || **~/приёмный** Aufnahmebunker *m*, Entladebunker *m*; *(Schiff)* Auffangbunker *m (Fischereifahrzeug)* || **~/промежуточный** Zwischenbunker *m*, Pufferbunker *m* || **~/прямоточный** *(Text)* Geradstromfüllschacht *m* || **~/разгрузочный** Entladebunker *m*, Schüttbunker *m* || **~/расходный** Verbrauchsbunker *m* || **~/рудный** *(Met)* Erzbunker *m*, Erztasche *f* || **~/рыбный** Fischbunker *m (Fischereifahrzeug)* || **~/сборный** Sammelbunker *m* || **~/смесительный**

Mischbunker *m* ‖ **~/суточный** Tagesbunker *m* ‖ **~/сырьевой** Rohwarenbunker *m*, Rohfischbunker *m (Fischereifahrzeug)* ‖ **~/топливный** Brennstoffbunker *m* ‖ **~/топочный** Feuerungsbunker *m*, Kesselhausbunker *m* ‖ **~/траншейный** Grabenbunker *m* ‖ **~/угольный** Kohlenbunker *m* ‖ **~/шихтовый** *(Met)* Bunker *m* für Beschick[ungs]gut, Möllerungsbunker *m*

бункер-барабан *m (Wkzm)* Trommelspeicher *m (für ungeordnete Teile)*

бункер-бетоноукладчик *m* bunkerförmiger Betoneinbringer *m*

бункер-воронка *m* Trichterbunker *m*, Aufgabetrichter *m*

бункер-дозатор *m* Bunkerdosiereinrichtung *f*; *(Lw)* Dosierbehälter *m*

бункер-классификатор *m* Siloklassierer *m*

бункер-компенсатор *m* Pufferbunker *m*

бункер-накопитель *m* Zwischenbunker *m*; Sammelbunker *m*

бункерование *n s.* бункеровка

бункеровать [ein]bunkern, bebunkern

бункеровка *f* Bunkern *n*, Einbunkern *n*

бункеровщик *m* Bunkerschiff *n*

бункер-охладитель *m* Kühlbunker *m*

бункер-перегружатель *m (Bgb)* Übergabebunker *m*

бункер-питатель *m* Aufgabebunker *m*, Übergabebunker *m*

бункер-поезд *m (Bgb)* Bunkerzug *m*

бункер-порционер *m* Dosierbunker *m*

бункер-хранилище *m* Vorratsbunker *m*

бунт *m* Bund *n*, Ballen *m*; *(Wlz)* Bund *n*, Drahtbund *n*, Ring *m*

бур *m (Bgb)* Bohrer *m* ‖ **~/клапанный** Ventilbohrer *m*, Ventilschappe *f* ‖ **~/колонковый** Kernbohrer *m* ‖ **~/ложковый** Löffelbohrer *m* ‖ **~/породный** Gesteinsbohrer *m* ‖ **~/почвенный** Erdbohrer *m (zur Entnahme von Bodenproben)* ‖ **~ «рыбий хвост»** Fischschwanzbohrer *m* ‖ **~/составной** Bohrer *m* mit aufsteckbarer Schneide ‖ **~/спиральный** Spiralbohrer *m* ‖ **~/сплошной** Vollbohrer *m* ‖ **~/тарельчатый** Tellerbohrer *m* ‖ **~/ударный** Schlagbohrer *m* ‖ **~/шнековый** Schneckenbohrer *m* ‖ **~/штанговый** Gestängebohrer *m*

бура *f (Ch)* Borax *m*; *(Min)* Borax *m*, Tinkal *m*

бурав *m (Wkz)* Bohrer *m*, Handbohrer *m (für Holz mit Quergriff)* ‖ **~/ручной** Handbohrer *m*

буравить bohren *(mit dem Handbohrer)*

буравчик *m* Vorbohrer *m*, Zwickbohrer *m*, Nagelbohrer *m*, Flachbohrer *m*

бурат *m* polygonale Siebtrommel *f*; Sichter *m*, Sichteranlage *f (Mühlenindustrie)* ‖ **~/центробежный** Zentrifugalsichter *m* ‖ **~/цилиндрический** Rundsichter *m*, Zylindersichter *m*, Mahlzylinder *m*, Zylinder *m* ‖ **~/шестигранный призматический** Sechskantsichter *m*, Sechskanter *m*

бурелом *m (Forst)* Windbruch *m*

бурение *n (Bgb)* Bohren *n* ‖ **~/алмазное** Diamantbohren *n* ‖ **~/бескерновое** Vollbohren *n*, kernloses Bohren *n* ‖ **~/беструбное** gestängeloses Bohren *n* ‖ **~/быстроударное** Schnellschlagbohren *n* ‖ **~/взрывное** Sprengbohren *n* ‖ **~ взрывных скважин** Sprenglochbohren *n* ‖ **~/вибрационное** Vibrationsbohren *n*, Vibrobohren *n* ‖ **~/вибровращательное** Vibrodrehbohren *n* ‖ **~/вращательное** Drehbohren *n*, drehendes Bohren *n*, Rotarybohren *n* ‖ **~/вращательно-ударное** Drehschlagbohren *n* ‖ **~/всасывающее** Saugspülbohren *n* ‖ **~/геологоразведочное** geologisches Erkundungsbohren *n*, Schürfbohren *n* ‖ **~/гидромониторное** Wasserstrahlbohren *n*, Hydromonitorbohren *n* ‖ **~/гидроударное** hydraulisches Schlagbohren *n* ‖ **~/глубоководное** Tiefseebohren *n* ‖ **~/глубокое** Tiefbohren *n* ‖ **~/горизонтальное** horizontales Bohren *n* ‖ **~/дробеструйное** Düsenschrotbohren *n* ‖ **~/дробовое** Schrotbohren *n* ‖ **~ дробью** Schrotbohren *n* ‖ **~ забойными двигателями** Bohren *n* mit Sohlenantrieb ‖ **~/канатное** Seilbohren *n* ‖ **~/канатно-ударное** Seilschlagbohren *n* ‖ **~/керновое** Kernbohren *n* ‖ **~/колонковое** Kernbohren *n* ‖ **~/кустовое** Fächerbohren *n*, Büschelbohren *n* ‖ **~/магнитострикционное** Magnetostriktionsbohren *n* ‖ **~/мелкое** Flachbohren *n* ‖ **~/многозабойное** Zweigbohren *n*, Mehrsohlenbohren *n* ‖ **~/многоствольное** Simultanbohren *n*, Mehrlochbohren *n* ‖ **~/мокрое** Naßbohren *n* ‖ **~/морское** Meeresbohren *n*, Offshorebohren *n* ‖ **~/наклонное** Schrägbohren *n* ‖ **~/направленное** Richtbohren *n*, gerichtetes Bohren *n* ‖ **~ нефтяных скважин** Erdölbohren *n* ‖ **~/огнеструйное** Flammstrahlbohren *n* ‖ **~/перфораторное** Bohren *n* mit Drucklufthammer ‖ **~/плазменное** Plasmastrahlbohren *n* ‖ **~/поисковое** Prospektionsbohren *n* ‖ **~/разведочное** Erkundungsbohren *n*, Schürfbohren *n* ‖ **~/роторное** Rotarybohren *n* ‖ **~/ручное** Handbohren *n* ‖ **~ с обратной промывкой** Bohren *n* mit Linksspülung, Gegenspülbohren *n* ‖ **~ с отбором керна** Kernbohren *n* ‖ **~ с продувкой [воздухом]** Bohren *n* mit Luftspülung ‖ **~ с промывкой** Bohren *n* mit Spülung, Spülbohren *n* ‖ **~ с промывкой воздухом** Bohren *n* mit Luftspülung ‖ **~ с прямой промывкой** Bohren *n* mit Rechtsspülung ‖ **~/сверхглубокое** übertiefes Bohren *n* ‖ **~ скважины** Niederbringen *n* eines Bohrlochs, Niederbringen *n* einer Bohrung ‖ **~ скважины в вeере** Fächerbohren *n* ‖ **~ сплошным забоем** Vollbohren *n*, kernloses Bohren *n* ‖ **~/сухое** Trockenbohren *n* ‖ **~/твердосплавное** Hartmetallbohren *n* ‖ **~ твердосплавными коронками** Hartmetallbohren *n* ‖ **~/термическое** thermisches Bohren *n* ‖ **~/турбинное** Turbobohrverfahren *n*, Turbinenbohren *n* ‖ **~/ударно-вращательное** Schlagdrehbohren *n* ‖ **~/ударное** Stoßbohren *n*; Schlagbohren *n* ‖ **~/ударно-канатное** Seilschlagbohren *n* ‖ **~/ударно-поворотное** [Dreh]schlagbohren *n* ‖ **~/ультразвуковое** Ultraschallbohren *n* ‖ **~/шароструйное** Kugelstrahlbohren *n* ‖ **~/шарошечное** Rollenmeißelbohren *n* ‖ **~ шарошками** Rollenmeißelbohren *n* ‖ **~ шахтных стволов** Schachtbohren *n* ‖ **~/шнековое** Schneckenbohren *n* ‖ **~ шпуров** Sprenglochbohren *n* ‖ **~/штанговое** Stangenbohren *n*, Gestängebohren *n* ‖ **~/электрическое** Elektrobohren *n* ‖ **~/электрогидравлическое** elektrohydraulisches Bohren *n*

бурильный *(Bgb)* Bohr...

буримость *f (Bgb)* Bohrfähigkeit *f*, Bohrbarkeit *f*

бурить *(Bgb)* bohren
бурление *n* Brodeln *n*, Aufwallen *n*; *(Glas)* Blasen[lassen] *n*, Bülwern *n (mechanische Läuterung)*; *(Met)* Kochen *n*, Wallen *n*, Brodeln *n (des flüssigen Metalls)*
бурлить brodeln, wallen; *(Glas)* blasen, bülwern; *(Met)* kochen, wallen, brodeln *(flüssiges Metall)*
бурнонит *m (Min)* Bournonit *m*, Rädelerz *n*, Bleifahlerz *n*, Antimonbleiglanz *m*
буровая *f (Bgb)* Bohranlage *f*
буровзрывной *(Bgb)* Bohr-Spreng-...
буровой *(Bgb)* Bohr...
буродержатель *m (Bgb)* Bohrstangenhaltebügel *m*
буропогрузочный *(Bgb)* Bohr- und Lade...
бур-расширитель *m* Erweiterungsbohrer *m*
бурт *m* 1. *(Masch)* Bund *m (Welle)*; Ringansatz *m*, Ansatz *m*; Bördelrand *m*, Kragen *m*; 2. *(Lw)* Miete *f* ‖ **~ вала** *(Masch)* Wellenbund *m* ‖ **~ винта** *(Masch)* Spindelbund *m* ‖ **~ гайки** *(Masch)* Mutternbund *m* ‖ **~ калибра** *(Met)* Kaliberring *m (Ziehen)* ‖ **~ калибра/плоский** glatter Kaliberring *m* ‖ **~ калибра/ступенчатый** abgesetzter Kaliberring *m* ‖ **~/квадратный** Vierkantbund *m* ‖ **~/конический** Kegelbund *m* ‖ **~ подшипника** *(Masch)* Lagerbund *m* ‖ **~/потайной** Senkbund *m* ‖ **~/упорный** *(Masch)* Anschlagbund *m*
буртик *m* 1. Bord *m*; Flansch *m*; Bördelkante *f*, Bördelrand *m*; 2. Schweißraupe *f*; 3. Bund *m (z. B. am Meßaufsatz)*; 4. *(Fert)* Bändchen *n*, Bund *m*, Rand *m*, Bördelrand *m (s. a. unter* бурт*)*; 5. *(Schiff)* Reibholz *n*, Scheuerleiste *f*, Außenbordleiste *f*
буртоукладчик *m (Lw)* Mietenlader *m*
буртоукрыватель *m s.* буртоукрывщик
буртоукрывщик *m (Lw)* Mietenzudeckmaschine *f*, Mietenabdeckgerät *n*
буря *f* Sturm *m (s. a. unter* шторм*)* ‖ **~/ионосферная** *(Ph, Astr)* Ionosphärensturm *m* ‖ **~/магнитная** *(Ph, Astr)* magnetischer Sturm *m* ‖ **~/песчаная** *(Meteo)* Sandsturm *m* ‖ **~/пыльная** *(Meteo)* Staubsturm *m* ‖ **~/снежная** *(Meteo)* Schneesturm *m* ‖ **~/солнечная** *(Ph, Astr)* Sonnensturm *m*, solarer Sturm *m*
буссоль *f* Bussole *f*; Magnetkompaß *m*
бустер *m* 1. *(El)* Booster *m*; Boostermaschine *f*, Boostergenerator *m*; 2. *(Flg)* Booster *m*, [hydraulischer] Kraftverstärker *m (Steuerung)*; 3. *(Rak)* Start[hilfs]triebwerk *n*, Starthilfe *f* ‖ **~/добавочный (повысительный)** *(El)* spannungshöhende Boostermaschine *f*
бустер-компрессор *m (Masch)* Boosterverdichter *m*, Vorschaltverdichter *m*
бустер-насос *m* Boosterpumpe *f*, Vorschaltpumpe *f* ‖ **~/пароструйный** Dampfstrahlboosterpumpe *f*
бустерпомпа *f* Kraftstofförderungspumpe *f*
бусы *pl***/изоляционные** *(El)* Isolierperlen *fpl* ‖ **~/фарфоровые** Porzellanisolierperlen *fpl*
бут *m (Bw)* Bruchstein *m*
бутан *m (Ch)* Butan *n*
бутанол *m (Ch)* Butanol *n*, Butylalkohol *m*
бутара *f* Trommelläutersieb *n*, Waschtrommel *f (Aufbereitung)*
бутилацетат *m (Ch)* Butylacetat *n*, Essigsäurebutylester *m*
бутирометр *m (Med)* Butyrometer *n*, Fettmesser *m*
бутобетон *m (Bw)* Bruchsteinbeton *m*
бутылка *f* Flasche *f* ‖ **~/возвратная** Mehrwegflasche *f*, Pfandflasche *f* ‖ **~/недолитая** unterfüllte Flasche *f* ‖ **~ неполного разлива** unterfüllte Flasche *f* ‖ **~/одноразовая** Einwegflasche *f* ‖ **~/узкогорлая** Enghalsflasche *f (Laborgerät)* ‖ **~/широкогорлая** Weithalsflasche *f (Laborgerät)*
бутыль *f* große Flasche *f*; Ballon *m* ‖ **~/оплетённая** Korbflasche *f*
буфер *m* 1. Stoßfänger *m*, Dämpfer *m (s. a. unter* амортизатор 2.*)*; 2. *(Ch)* Puffer *m*, Puffergemisch *n*; 3. *(Eb)* Puffer *m*; 4. *(Inf)* Puffer *m*, Pufferspeicher *m*; 5. *(Met)* mechanisches Ziehkissen *n* ‖ **~/амортизирующий** *(Eb)* Dämpfungspuffer *m* ‖ **~/байтовый** *(Inf)* Bytepuffer *m* ‖ **~/боковой** *(Eb)* Seitenpuffer *m* ‖ **~ ввода** *(Inf)* Eingabepuffer *m* ‖ **~ ввода-вывода** *(Inf)* Eingabe-Ausgabe-Puffer *m* ‖ **~/воздушный** Luftdruckpuffer *m*; Luftpolster *n* ‖ **~ вывода** *(Inf)* Ausgabepuffer *m* ‖ **~/гидравлический** *(Eb)* Hydraulikpuffer *m*; *(Kfz)* hydraulischer Stoßfänger *m* ‖ **~ данных** *(Inf)* Datenpuffer *m*, Datenzwischenspeicher *m* ‖ **~/дисковый фрикционный** *(Kfz)* Scheibenstoßfänger *m* ‖ **~/масляный** Ölpuffer *m*; Ölpolster *n* ‖ **~/передаточный** *(Inf)* Sendepuffer *m* ‖ **~/поглощающий** *(Eb)* Dämpfungspuffer *m* ‖ **~/поршневой** *(Eb)* Kolbenpuffer *m*, Kolbendämpfer *m* ‖ **~/приёмный** *(Inf)* Empfangspuffer *m* ‖ **~/пружинный** Federdämpfer *m*, Federpuffer *m* ‖ **~/резиновый** Gummipuffer *m*, Gummistoßfänger *m* ‖ **~/рессорный** Federstoßfänger *m* ‖ **~/рессорный гидравлический** hydraulischer Federstoßfänger *m* ‖ **~ синхронизации** *(Inf)* Synchronisationspuffer *m* ‖ **~/скрытый** *(Inf)* versteckter Puffer *m* ‖ **~ состояния** *(Inf)* Statuspuffer *m* ‖ **~ считывания** *(Inf)* Abfühlpuffer *m* ‖ **~/тарельчатый** *(Eb)* Scheibenpuffer *m*, Tellerpuffer *m* ‖ **~/телескопический** Teleskoppuffer *m*, Teleskopstoßfänger *m* ‖ **~ трансляции адресов** *(Inf)* Adreßübersetzungspuffer *m* ‖ **~/фрикционно-гидравлический** Flüssigkeitspuffer *m* mit Reibungsdämpfung ‖ **~/фрикционно-пружинный** *(Eb)* Reibungsfederpuffer *m*
буферизация *f (Inf)* Pufferung *f*, Zwischenspeicherung *f* ‖ **~/двойная** doppelte Zwischenspeicherung *f* ‖ **~/динамическая** dynamische Pufferung *f* ‖ **~/обменная** Austauschpufferung *f* ‖ **~/простая** einfache Pufferung *f*
буферность *f (Ch)* Puffervermögen *n*, Pufferwirkung *f*
буфет *m* Buffet *n*, Theke *f*; *(Schiff)* Pantry *f*
буфетная *f (Schiff)* Pantry *f*
бухта *f* 1. Bund *n*, Rolle *f*, Ring *m*; 2. *(Geol)* Bucht *f*
бухтина *f (Schiff)* Beule *f (ohne Deformation der Verbände)*
бухтовать трос *(Schiff)* ein Seil aufschießen
буцены *mpl***/рудные** *(Bgb)* Erzbutzen *mpl*
бучарда *f (Bw)* Stockeisen *n*, Stockhammer *m*
бучение *n* 1. *(Text)* Beuchen *n*; 2. *(Pap)* Kochen *n* ‖ **~/известковое** *(Text)* Kalkbeuchen *n (Faserstoffbehandlung)*
бучильник *m (Text)* Beuchkessel *m*

бучить *(Text)* beuchen, laugen
бушприт *m (Schiff)* Bugspriet *m*
БЦВМ *s.* машина/буквенно-цифровая вычислительная
БШ *s.* барьер Шоттки
бык *m (Bw)* Pfeiler *m*, Brückenpfeiler *m (Steinbrücke)* ‖ **~/береговой** Landpfeiler *m* ‖ **~/двойной** Doppelpfeiler *m*, Zwillingspfeiler *m* ‖ **~/мостовой** Brückenpfeiler *m* ‖ **~/парный** *s.* ~/двойной ‖ **~/промежуточный** Zwischenpfeiler *m* ‖ **~/сплошной** Vollwandpfeiler *m*
быстрина *f* Stromschnelle *f*
быстровращающийся schnellaufend, hochtourig *(Maschine)*
быстровысыхающий schnelltrocknend
быстровяжущий schnellbindend
быстродействие *n* 1. *(Inf)* Geschwindigkeit *f*, Verarbeitungsgeschwindigkeit *f*, Operationsgeschwindigkeit *f (durchschnittliche Operationszahl der Rechenmaschine je Zeiteinheit)*; 2. *(Reg)* Reaktionsfähigkeit *f*, Ansprechgeschwindigkeit *f*; 3. *(Fert)* Arbeitsgeschwindigkeit *f*; 4. *(El)* Funktionsschnelligkeit *f*, Schaltgeschwindigkeit *f*
быстродействующий schnellwirkend, Schnell...; *(El)* unverzögert, flink *(Sicherungen)*
быстроразгоняющийся schnellbeschleunigend *(Raketen)*
быстросхватывающийся *(Bw)* schnellabbindend *(Beton)*
быстрота *f* Geschwindigkeit *f*, Schnelligkeit *f (s. a. unter* скорость*)* ‖ **~ натекания** *(Vak)* Leckintensität *f* ‖ **~ откачки** Sauggeschwindigkeit *f*, Pumpgeschwindigkeit *f*, Fördergeschwindigkeit *f (Vakuumpumpe)* ‖ **~ реакции (срабатывания)** *(El)* Reaktionsgeschwindigkeit *f*, Ansprechgeschwindigkeit *f* ‖ **~ сходимости** *(Math)* Konvergenzgeschwindigkeit *f*
быстротвердеющий *(Bw)* schnellerhärtend *(Zement)*
быстроток *m (Hydt)* Schußrinne *f*
быстроток-перепад *m (Hydt)* Schußrinnenabsturz *m*, Schußrinne *f*
быстроходность *f (Masch)* Schnelläufigkeit *f*, Hochtourigkeit *f*
быстроходный *(Masch)* schnellaufend, schnellumlaufend, Schnelläufer..., hochtourig
бычина *f (Led)* Ochsenhaut *f*
бычок *m* 1. *(Bw)* Zwischenpfeiler *m*; 2. *(Led)* Jungbullenhaut *f*, Stierhaut *f*
бьеф *m (Hydt)* Kanalstufe *f*, Haltung *f* ‖ **~/верхний** Oberwasser *n*, obere Haltung *f* ‖ **~/водораздельный** Scheitelhaltung *f* ‖ **~ деривации/верхний** Umleitungsoberwasser *n* ‖ **~ деривации/нижний** Umleitungsunterwasser *n* ‖ **~/нижний** Unterwasser *n*, untere Haltung *f* ‖ **~ плотины/верхний** Wehroberwasser *n* ‖ **~/подтёртый** Stauwasser *n*, Stauhaltung *f*, Stauraum *m* ‖ **~/промежуточный** Zwischenhaltung *f*
бэкфиллер *m (Bw)* Rückfüller *m (Bagger)*
БЭР *s.* эквивалент рентгена/биологический
бюгель *m s.* бугель
бюджет *m* **тепла** *(Geoph)* Wärmegehaltshaushalt *m*, Wärmebilanz *f*
бюретка *f (Ch)* Bürette *f* ‖ **~/весовая** Wägebürette *f* ‖ **~/газовая** Gasbürette *f* ‖ **~ Гемпеля** Hempelsche Gasbürette *f* ‖ **~/мерная** Meßbürette *f* ‖ **~/объёмная** *s.* ~/титровальная ‖ **~/титровальная (титрующая)** Titrierbürette *f*
бюро *n***/конструкторское** Konstruktionsbüro *n* ‖ **~/опытно-конструкторское** Versuchs- und Konstruktionsbüro *n*, Konstruktionsbüro *n* mit Musterbau ‖ **~ повреждений** *(Nrt)* Störungsmeldestelle *f* ‖ **~/справочное** *(Nrt)* Auskunftsstelle *f*, Auskunftsplatz *m*

В

В *s.* вольт
вавеллит *m (Min)* Wavellit *m*
вагон *m (Eb)* Wagen *m*, Waggon *m* ‖ **~/аккумуляторный** Akkumulatortriebwagen *m* ‖ **~/багажный** Gepäckwagen *m*, Packwagen *m* ‖ **~/балластный** Schotterwagen *m* ‖ **~ беспересадочного сообщения** Kurswagen *m* ‖ **~/беспересадочный** Kurswagen *m* ‖ **~/бидонный** Topfwagen *m* ‖ **~/большегрузный** Großraumgüterwagen *m*; Schwerlastwagen *m* ‖ **~/бункерный** Pfannenwagen *m* ‖ **~/весовой** Eichwagen *m* ‖ **~/грузовой** Güterwagen *m* ‖ **~ дальнего следования** Weitstreckenwagen *m* ‖ **~/двухэтажный** Doppelstockwagen *m* ‖ **~ динамометрический** Meßwagen *m* ‖ **~ для жилья** Wohnwagen *m* ‖ **~ для осмотра воздушной контактной сети/моторный** Oberleitungsrevisionstriebwagen *m*, ORT ‖ **~/железнодорожный** Eisenbahnwagen *m* ‖ **~/жёсткий пассажирский** Reisezugwagen *m* 2. Klasse ‖ **~/жилой** Wohnwagen *m* ‖ **~/засланный** Falschläufer *m* ‖ **~/измерительный** Meßwagen *m* ‖ **~/изотермический** Kühlwagen *m*, Thermoswagen *m* ‖ **~/крытый** gedeckter Güterwagen *m* ‖ **~/купейный** Abteilwagen *m* ‖ **~/моторный** Triebwagen *m (mit Verbrennungsmotor)* ‖ **~/мягкий пассажирский** Reisezugwagen *m* 1. Klasse ‖ **~ на воздушной подушке** *(Eb)* Luftkissenwagen *m* ‖ **~ нормальной колеи** Normalspurwagen *m* ‖ **~ нормальной колеи/грузовой** Normalspurgüterwagen *m* ‖ **~/общий пассажирский** Großraum-Reisezugwagen *m* ‖ **~/открытый** offener Güterwagen *m* ‖ **~/пассажирский** Reisezugwagen *m* ‖ **~/пассажирский проходной** Durchgangs-Reisezugwagen *m* ‖ **~/повреждённый** Schadwagen *m* ‖ **~/порожний** Leerwagen *m* ‖ **~/почтовый** Postwagen *m* ‖ **~ прямого сообщения** Kurswagen *m* ‖ **~ прямого сообщения/спальный** Fernverkehrsschlafwagen *m*, Weitstreckenschlafwagen *m* ‖ **~/путеизмерительный** Gleismeßwagen *m* ‖ **~/рефрижераторный** Maschinenkühlwagen *m* ‖ **~/рудничный** Erztransportwagen *m*, Grubenwagen *m*, Förderwagen *m* ‖ **~ с бензиновым двигателем/моторный** Triebwagen *m* mit Vergasermotor ‖ **~ с низкими бортами** Niederbordwagen *m*, Flachbordwagen *m* ‖ **~ с перегретой буксой** Heißläufer *m* ‖ **~ с пониженной платформой** Niederflurwagen *m* ‖ **~ с электрической передачей/дизельный моторный** dieselektrischer Triebwagen *m* ‖ **~/саморазгружающийся** Selbstentladewagen *m* ‖ **~/сочленённый** Gelenkwagen *m* ‖ **~ спальный** Schlafwagen *m* ‖ **~/тарировочный** Eichwagen *m* ‖ **~/тележечный** Drehgestellwagen

m ‖ **~/трамвайный** Straßenbahnwagen *m* ‖ **~/узкоколейный** Schmalspurwagen *m* ‖ **~/хвостовой** Schlußwagen *m* ‖ **~/цельнометаллический** Ganzmetallwagen *m* ‖ **~/цементовозный** Zementbehälterwagen *m* ‖ **~/чужой** Fremdwagen *m* ‖ **~/экспериментальный** Versuchswagen *m* ‖ **~/электрический моторный** Elektrotriebwagen *m*

вагон-бункер *m (Eb)* Behälterwagen *m*, Bunkerwagen *m*

вагон-буфет *m (Eb)* Büffetwagen *m*, Quick-Pick-Wagen *m*

вагон-весы *m (Met)* fahrbare Bunkerwaage *f*, Möller[wiege]wagen *m*

вагон-вышка *m (Eb)* Turmwagen *m*

вагон-дефектоскоп *m (Eb)* Defektoskopiewagen *m*

вагонетка *f* 1. Kleinwagen *m*, Lore *f*, Feldbahnwagen *m*; 2. *(Bgb)* Hunt *m*, Förderwagen *m* ‖ **~/большегрузная [рудничная]** *(Bgb)* Großraumwagen *m*, Großförderwagen *m* ‖ **~/бункерная** *(Met)* Bunkerwagen *m* ‖ **~/глухая** *(Bgb)* nichtkippbarer Förderwagen *m* ‖ **~/завалочная (загрузочная)** *(Met)* Gichtwagen *m*, Begichtungswagen *m*, Möllerwagen *m*; *(Gieß)* Gattierungswagen *m*, Beschickungswagen *m* ‖ **~/золовая** Aschenwagen *m* ‖ **~/литейная** Gieß[pfannen]wagen *m* ‖ **~/людская** *(Bgb)* Mannschaftswagen *m* ‖ **~/опрокидная (опрокидывающаяся)** Kipplore *f*; *(Bgb)* Kippwagen *m*, kippbarer Hunt *m* ‖ **~/откаточная** *(Bgb)* Förderwagen *m*, Hunt *m*, Grubenhunt *m* ‖ **~/пассажирская** *(Bgb)* Mannschaftswagen *m* ‖ **~/породная** *(Bgb)* Bergewagen *m*, Abraumwagen *m* ‖ **~/порожняя** *(Bgb)* Leerwagen *m* ‖ **~/разливочная** Gieß[pfannen]wagen *m* ‖ **~/рудничная** *(Bgb)* Grubenwagen *m*, Förderwagen *m*, Hunt *m*, Grubenhunt *m* ‖ **~/саморазгружающаяся** *(Bgb)* Selbstentlader *m* ‖ **~/самоходная** *(Bgb)* selbstfahrender Bunkerwagen *m* ‖ **~/скиповая** *(Met)* Kippgefäß *n*, Skip *m (Schachtofen)* ‖ **~/шахтная** *(Bgb)* Förderwagen *m*, Hunt *m*, Grubenhunt *m* ‖ **~/шихтовая** *s.* ~/завалочная ‖ **~/шлаковая** *(Met)* Schlackenwagen *m*

вагон-кино *m (Eb)* Kinowagen *m*

вагон-клуб *m (Eb)* Klubwagen *m*

вагон-котельная *m (Eb)* Heizwagen *m*

вагон-кран *m (Eb)* Kranwagen *m*

вагон-ледник *m (Eb)* Eiskühlwagen *m*

вагон-мастерская *m (Eb)* Werkstattwagen *m*

вагонооборот *m (Eb)* Wagenumlauf *m*

вагоноопрокидыватель *m (Eb)* Waggonkipper *m*, Waggonkippanlage *f*, Wagenkippvorrichtung *f* ‖ **~/круговой** Kreiselkipper *m* ‖ **~/односторонний** Einfachkipper *m* ‖ **~/подъёмный** Hochkipper *m* ‖ **~/портальный** Portalkipper *m* ‖ **~/роторный** Kreiselkipper *m* ‖ **~/торцовый** Stirnkipper *m*, Kopfkipper *m*

вагонопоток *m*/**грузовой** *(Eb)* Güterwagenstrom *m*

вагон-осе-километр *m (Eb)* Wagenachskilometer *m*

вагоностроение *n* Waggonbau *m*

вагон-платформа *m (Eb)* Flachwagen *m*, Plattformwagen *m*, flacher Güterwagen *m*

вагон-путеизмеритель *m (Eb)* Gleismeßwagen *m*

вагон-путеукладчик *m (Eb)* Gleisverlegewagen *m*

вагон-ресторан *m (Eb)* Speisewagen *m*

вагон-рефрижератор *m (Eb)* Kühlwagen *m*

вагон-самосвал *m (Eb)* Kippwagen *m*, Kippfahrzeug *n*

вагон-цементовоз *m (Eb)* Zementbehälterwagen *m*

вагон-цистерна *m (Eb)* Kesselwagen *m*

вагранка *f* Kupolofen *m*, Gießereischachtofen *m*

вад *m (Min)* Wad *m*, Hydromanganit *m*, Weichmanganerz *n*

ваер *m* Kurrleine *f (Schleppnetzfischerei)*

ваерный Kurrleinen... *(Schleppnetzfischerei)*

ваероукладчик *m* Kurrleinenaufspulvorrichtung *f (Schleppnetzfischerei)*

вайсенбергограмма *f (Krist)* Weissenberg-Aufnahme *f*, Weissenberg-Diagramm *n*

вакансия *f (Krist)* Leerstelle *f*, Gitterleerstelle *f*, Gitterlücke *f*, Vakanz *f (s. a. unter* дырка 1.*)* ‖ **~/анионная** Anion-Leerstelle *f* ‖ **~/катионная** Kation-Leerstelle *f* ‖ **~/кислородная** Sauerstoffleerstelle *f* ‖ **~ по Френкелю** Frenkel-Leerstelle *f* ‖ **~ по Шоттки** Schottky-Leerstelle *f*, Schottky-Defekt *m* ‖ **~/точечная** Punktdefekt *m*

вакка *f (Geol)* Wacke *f* ‖ **~/дымчатая** Rauchwacke *f* ‖ **~/серая** Grauwacke *f*

вакускоп *m (Ph)* Vakuskop *n*

вакустат *m* Vakustat *m (Manometer)*

вакуум *m* Vakuum *n* ‖ **~/высокий** Hochvakuum ‖ **~/глубокий** *s.* ~/высокий ‖ **~/грубый** *s.* ~/низкий ‖ **~/местный** örtliches (lokales) Vakuum *n* ‖ **~/начальный** *s.* ~/предварительный ‖ **~/низкий** Grobvakuum *n* ‖ **~/относительный** Vakuum *n* ‖ **~/предварительный** Vorvakuum *n*, Anfangsvakuum *n* ‖ **~/предельный** Endvakuum *n* ‖ **~/рабочий** Betriebsvakuum *n* ‖ **~/сверхвысокий** Höchstvakuum *n*, Ultrahochvakuum *n* ‖ **~/средний** Feinvakuum *n* ‖ **~/тонкий** *s.* ~/высокий ‖ **~/ультравысокий** *s.* ~/сверхвысокий

вакуум-аппарат *m* Vakuumapparat *m*; Vakuumkochapparat *m*

вакуум-бетон *m (Bw)* Vakuumbeton *m*, Saugbeton *m*

вакуум-возгонка *f* Vakuumsublimation *f*

вакуум-выпарка *f* Vakuumverdampfung *f*, Vakuumeindampfung *f*

вакуум-генератор *m* Vakuumerzeuger *m*

вакуум-дистилляция *f* Vakuumdestillation *f*, Unterdruckdestillation *f*

вакуумирование *n* 1. Evakuierung *f*; 2. *(Bw)* Vakuumieren *n (des Betons)* ‖ **~ плавки** *(Met)* Vakuumbehandlung *f* der Schmelze

вакуумировать 1. evakuieren, luftleer machen, auspumpen; vakuumieren, vakuumtrocknen; 2. *(Bw)* vakuumieren *(Beton)*

вакуум-испаритель *m* Vakuumverdampfer *m*

вакуум-камера *f* Vakuumkammer *f*

вакуум-ковш *m (Gieß)* Vakuum[gieß]pfanne *f*

вакуум-концентратор *m* Vakuumkonzentrator *m*

вакуум-корректор *m* **опережения зажигания** *(Kfz)* Unterdruckzündversteller *m*

вакуум-криостат *m* Vakuumkryostat *m*

вакуум-кристаллизатор *m* Vakuumkristallisator *m*

вакуум-кристаллизация *f* Vakuumkristallisation *f*

вакуум-ксантатсмеситель *m (Text)* Vakuumxanthatkneter *m (Chemiefaserherstellung)*
вакуум-лапа *f (Bw)* Sauggreifer *m (Lastanschlagmittel)*
вакуумметр *m* Vakuummeter *n* ‖ **~/вязкостный** Reibungsvakuummeter *n* ‖ **~/гидравлический** Flüssigkeitsvakuummeter *n* ‖ **~/деформационный** *s.* ~/механический деформационный ‖ **~/жидкостный** Flüssigkeitsvakuummeter *n* ‖ **~/ионизационный** Ionisationsvakuummeter *n* ‖ **~ Кнудсена** *s.* ~ /радиометрический ‖ **~/компрессионный** Kompressionsvakuummeter *n*, McLeod-Vakuummeter *n*, McLeod-Manometer *n*, McLeodsches Vakuummeter (Manometer) *n* ‖ **~/магнетронный** Magnetronvakuummeter *n* ‖ **~/магнитный электроразрядный** Kaltkathodenvakuummeter *n* ‖ **~ Мак-Леода** *s.* манометр/компрессионный ‖ **~/механический деформационный** Metallvakuummeter *n*, Federvakuummeter *n*, Vakuummeter *n* mit elastischem Meßglied ‖ **~ Пеннинга/ионизационный** Penning-Manometer *n*, Penning-Ionisationsvakuummeter *n*, Philips-Ionisationsvakuummeter *n (Kaltkathoden-Ionisationsvakuummeter)* ‖ **~ Пирани** Pirani-Vakuummeter *n*, Pirani-Manometer *n* ‖ **~/радиоактивный [ионизационный]** Alphatronvakuummeter *n* ‖ **~/радиометрический** Radiometervakuummeter *n* [nach Knudsen], Mol[ekulardruck]vakuummeter *n* ‖ **~/ртутный** Quecksilbervakuummeter *n* ‖ **~/теплоэлектрический** Wärmeleit[ungs]vakuummeter *n* ‖ **~/термопарный (термоэлектрический)** Thermoelementvakuummeter *n* ‖ **~/электронный ионизационный** Glühkathoden-Ionisationsvakuummeter *n*
вакуум-мешалка *f (Text)* Vakuummischer *m* ‖ **~/горизонтальная** Simplexmischer *m (Chemiefaserherstellung)*
вакуум-мялка *f* Vakuumkneter *m*, Vakuumknetmaschine *f*
вакуум-насос *m* Vakuumpumpe *f (s. a. unter* насос*)* ‖ **~/водокольцевой** Wasserringvakuumpumpe *f* ‖ **~/диффузионный** Diffusionspumpe *f* ‖ **~/масляный** Ölvakuumpumpe *f* ‖ **~/мокровоздушный** Naßluftpumpe *f* ‖ **~/мокрый** Naßvakuumpumpe *f* ‖ **~/молекулярный** Molekularpumpe *f* ‖ **~/пароструйный** Dampfstrahl[vakuum]pumpe *f* ‖ **~/сухой** Trockenvakuumpumpe *f*
вакуумно-плотный vakuumdicht
вакуумно-чистый vakuumrein
вакуумный luftleer, Vakuum...; *(Masch)* saugend, Saug... *(Wirkprinzip, z. B. bei Greifern)*
вакуум-отсос *m (Photo)* Absauger *m*, Vakuumabstreifer *m*
вакуум-перегонка *f (Ch)* Vakuumdestillation *f*
вакуум-питатель *m (Glas)* Saugspeiser *m*
вакуум-плотный vakuumdicht
вакуум-пресс *m* Vakuumpresse *f*
вакуум-провод *m* Vakuumleitung *f*; *(Lw)* Unterdruckleitung *f (Melkanlage)*
вакуум-разгрузчик *m* Vakuumentlader *m*
вакуум-спектрограф *m* Vakuumspektrograph *m*
вакуум-спектрометр *m* Vakuumspektrometer *n*, Vakuumspektroskop *n*
вакуум-спектроскоп *m s.* вакуум-спектрометр
вакуум-сублимация *f* Vakuumsublimation *f*
вакуум-сушилка *f* Vakuumtrockner *m* ‖ **~/вальцевая (вальцовая)** Vakuumwalzentrockner *m* ‖ **~/гребковая** Vakuumschaufeltrockner *m* ‖ **~/ленточная** Vakuumbandtrockner *m*
вакуум-сушка *f* Vakuumtrocknung *f*
вакуум-упаковка *f* Vakuumverpackung *f*
вакуум-фильтр *m* Vakuumfilter *n* ‖ **~/барабанный** Vakuumtrommelfilter *n*, Vakuumdrehfilter *n* ‖ **~/дисковый** Scheiben[vakuum]filter *n*, Scheibensaugfilter *n* ‖ **~/тарельчатый** Tellervakuumfilter *n*, Tellersaugfilter *n*
вакуум-форматор *m (Gum)* Reifenvakuumausdehner *m*
вакуум-формование *n (Kst)* Vakuum[ver]formung *f*, Warmformung (spanlose Formung) *f* durch Unterdruck ‖ **~/негативное** Vakuum-Negativ-Formung *f*, Vakuumtiefziehen *n* ‖ **~/позитивное** Vakuum-Positiv-Formung *f*, Vakuumstreckformen *n* ‖ **~/свободное** einfache Formgebung *f* mittels Vakuum, Vakuumformen *n* ohne Gegenform
вакуум-холодильник *m* Vakuumkühler *m*
вакуум-щит *m (Bw)* Saugschalungsplatte *f (Betonarbeiten)*
вакуум-эксикатор *m (Ch)* Vakuumexsikkator *m*
вакуум-экспандер *m (Gum)* Reifenvakuumausdehner *m*
вал *m* 1. Welle *f*; Walze *f (s. a. unter* валик, валок 1.*)*; 2. *(Fert)* Einheitswelle *f (Toleranzsystem)*; 3. *(Hydt)* Wall *m*; Deich *m (s. a. unter* дамба*)*; 4. *(Meteo)* Kragen *m* ‖ **~ барабана** Trommelwelle *f* ‖ **~/береговой** *(Hydt)* Strandwall *m*, Küstenwall *m*; Flußdeich *m* ‖ **~/боковой распределительный** *(Kfz)* seitlich liegende Nockenwelle *f* ‖ **~/бортовой сетевой** *(Schiff)* Schanzkleidnetzrolle *f (Fischereifahrzeug)* ‖ **~/ведомый** *(Masch)* getriebene Welle *f*, Abtriebswelle *f*; Ausgangswelle *f (Getriebe)* ‖ **~/ведущий** *(Masch)* treibende Welle *f*, Antriebswelle *f* ‖ **~ винта** *(Masch)* Schneckenwelle *f* ‖ **~/включающий** Schaltwelle *f* ‖ **~ ворота** Haspelbaum *m* ‖ **~/вспомогательный** Hilfswelle *f*, Nebenwelle *f* ‖ **~/вторичный** *(Kfz)* Getriebehauptwelle *f*, Hauptwelle *f (Wechselgetriebe)* ‖ **~/входной** Antriebswelle *f*, Eingangswelle *f (Getriebe)* ‖ **~ выключателя** Schalterwelle *f* ‖ **~/выключающий** *(Text)* Ausrückwelle *f (Mittelschußwächter)* ‖ **~/выходной** Abtriebswelle *f*, Ausgangswelle *f (Getriebe)* ‖ **~/газораспределительный** *(Kfz)* Nockenwelle *f*, Steuerwelle *f* ‖ **~ гауча (гауч-пресса)** *(Pap)* Gautschwalze *f* ‖ **~/гибкий** biegsame Welle *f* ‖ **~/главный** *(Masch)* Hauptwelle *f*, Antriebswelle *f* ‖ **~/гладильный** Glättwalze *f* ‖ **~/головной** Antriebswelle *f (Gurtförderer)* ‖ **~/гравированный** *(Text)* Gravurwalze *f* ‖ **~/гребной** *(Schiff)* Propellerwelle *f*, Schwanzwelle *f* ‖ **~/грудной** *(Pap)* Brustwalze *f (Siebtisch)* ‖ **~/давильный** *(Text)* Quetschwalze *f* ‖ **~/двухколенный коленчатый** *(Kfz)* zweifach gekröpfte Kurbelwelle *f* ‖ **~/двухопорный** zweifach gelagerte Welle *f* ‖ **~/дейдвудный** *s.* ~/гребной ‖ **~/дисковый** *(Text)* Schlägerwelle *f (Crighton-Öffner)* ‖ **~/дробильный** *(Text)* Quetschwalze *f* ‖ **~/дукторный** *(Typ)* Farbduktor *m*, Duktor *m* ‖ **~/забойный** *(Schiff)* Paßwelle *f* ‖ **~/замочный** *(Text)* Stecherwalze *f*, Stecherwelle *f* ‖ **~/защитный**

(Hydt) Flügeldeich *m* ‖ ~ **звёздочки** Kettenradwelle *f* ‖ **~/земляной** *(Hydt)* Vorland *n*, Damm *m* ‖ **~/зубчатый** *s.* ~/шлицевый ‖ **~/игольный** *(Text)* Nadelwelle *f* ‖ **~/каландровый** Kalanderwalze *f*, Glättwerkswalze *f* ‖ **~/карданный** *(Kfz)* Kardanwelle *f*, Gelenkwelle *f* ‖ **~/квадратный** Vierkantwelle *f* ‖ **~/коленчатый** *(Masch)* Kurbelwelle *f*, gekröpfte Welle *f* ‖ **~/кольцевой туфовый** *(Geol)* Tuffring *m*, Tuffumwallung *f* ‖ **~/контрольный** Prüfwelle *f* ‖ ~ **контрпривода** *(Masch)* Vorgelegewelle *f* ‖ **~/концевой** *s.* ~/гребной ‖ **~/коренной** *(Masch)* Hauptwelle *f*; Kurbelwelle *f (bei Kolbenmaschinen)* ‖ ~ **коромысел** *(Kfz)* Kipphebelwelle *f* ‖ **~/красильный** *(Pap)* Streichwalze *f*, Auftragswalze *f* ‖ **~/кулачковый** *(Masch)* Nockenwelle *f*, Exzenterwelle *f* ‖ **~/многоколенчатый** mehrfach gekröpfte Welle (Kurbelwelle) *f* ‖ **~/многоопорный** mehrfach gelagerte Welle *f* ‖ **~/многопазовый** *s.* ~/шлицевый ‖ ~ **мокрого пресса** *(Typ)* Naßpreßwalze *f* ‖ **~/монолитный коленчатый** *(Kfz)* massive (monolithische) Kurbelwelle *f* ‖ **~/натяжной** Spannwelle *f* ‖ **~/неразрезной** durchlaufende Welle *f* ‖ **~/нижний боевой** *(Text)* Schlagwelle *f (Webstuhl)* ‖ **~/ножевой** Messerwelle *f*; *(Led)* Messerwalze *f*; *(Led)* Reckerwalze *f* ‖ **~/одноколенный коленчатый** *(Kfz)* einfach gekröpfte Kurbelwelle *f* ‖ **~/основной** *(Fert)* Einheitswelle *f (Passungssystem)* ‖ ~ **отбора мощности** Zapfwelle *f (Traktor)* ‖ **~/отжимный** *(Text)* Preßwalze *f*, Quetschwalze *f (Wollwäscherei)* ‖ **~/отсасывающий** *(Pap)* Saugwalze *f* ‖ **~/отсасывающий прессовый** Saugpreßwalze *f* ‖ **~/пазовый** genutete Welle *f (für Keil- und Paßfederverbindung)* ‖ **~/первичный** *(Kfz)* Kupplungswelle *f*, Antriebswelle *f (Wechselgetriebe)*; Eingangswelle *f* ‖ **~/передаточный** Getriebewelle *f* ‖ ~ **передачи** Getriebewelle *f* ‖ ~ **переката** *(Hydt)* Überschlag *m* ‖ ~ **переключения** *(Kfz)* Schaltwelle *f* ‖ **~/пересасывающий** *(Pap)* Pickup-Walze *f*, Selbstabnahmewalze *f* ‖ **~/платинный** *(Text)* Platinenwelle *f (Strickerei, Wirkerei)* ‖ **~/подбатанный** *(Text)* Ladenachse *f (Webstuhl)* ‖ **~/полый** Hohlwelle *f*, Rohrwelle *f* ‖ **~/прессовый** *(Pap)* Preßwalze *f* ‖ ~ **привода** Antriebswelle *f* ‖ **~/приводной** Antriebswelle *f* ‖ **~/приливный** *(Hydt)* Sprungwelle *f* ‖ **~/промежуточный** 1. *(Masch)* Zwischenwelle *f*, Blindwelle *f*; Gegenwelle *f*; Übertragungswelle *f*; Nebenwelle *f*; Laufwelle *f*; 2. *(Kfz)* Vorgelegewelle *f (Wechselgetriebe)*; 3. *(Schiff)* Zwischenwelle *f*, Laufwelle *f*, Verbindungswelle *f (Wellenleitung)* ‖ **~/промежуточный карданный** Zwischengelenkwelle *f*, Zwischenkardanwelle *f* ‖ **~/проступной** *(Text)* Schlagexzenterwelle *f*, Nockenwelle *f (Weberei)* ‖ **~/прутковый** *(Text)* Spulenantriebswelle *f (Flyer)* ‖ **~/пустотелый** *s.* ~/полый ‖ **~/разборный коленчатый** zerlegbare Kurbelwelle *f* ‖ **~/раздвижной** Teleskopwelle *f* ‖ **~/разрезной** unterbrochene Welle *f (durch eine Kupplung unterbrochenerer Wellenzug)* ‖ ~ **разрыхлителя** Schneidkopfwelle *f (Saugbagger)* ‖ **~/разъединительный** *(Masch)* Ausrückwelle *f* ‖ **~/распределительный** 1. *(Masch)* Kurvenwelle *f*, Schaltwelle *f*, Steuerwelle *f*; 2. *(Kfz)* Nockenwelle *f*, Steuerwelle *f*; 3. *(Text)* Nockenwelle *f*, Verteilerwelle *f* ‖ ~ **распределителя зажигания** *(Kfz)* Verteilerwelle *f*, Zündverteilerwelle *f* ‖ **~/реверсивный** *(Masch)* Umsteuerwelle *f*, Kehrwelle *f*, Umkehrwelle *f* ‖ **~/речной** *(Hydt)* Flußdeich *m*, Banddeich *m* ‖ ~ **ровничной машины/прутковый** *(Text)* Spulenantriebswelle *f (Flyer)* ‖ **~/рулевой** *(Kfz)* Lenkspindel *f*, Lenkstock *m*, Lenkstockwelle *f* ‖ ~ **рулевой сошки** *(Kfz)* Lenkwelle *f* ‖ ~ **с буртом (заплечиком)** Bundwelle *f* ‖ **~/сборный коленчатый** *(Kfz)* gebaute (zusammengesetzte) Kurbelwelle *f* ‖ **~/сглаживающий** *(Pap)* Glättwalze *f* ‖ **~/скатывающий** *(Text)* Wickelwalze *f*, Abrollwalze *f (Wickelapparat der Schlagmaschine)* ‖ **~/соосный** *(Masch)* fluchtende Welle *f* ‖ **~/сопряжённый** Gegenwelle *f* ‖ **~/составной коленчатый** *(Kfz)* gebaute (zusammengesetzte) Kurbelwelle *f* ‖ ~ **стартера** *(Kfz)* Starterwelle *f*, Anlasserwelle *f* ‖ **~/ступенчатый** abgesetzte Welle *f* ‖ **~/сучильный** *(Text)* Nitschelwelle *f* ‖ ~ **сцепления** 1. Mitnehmerwelle *f*; 2. *(Kfz)* Kupplungswelle *f* ‖ **~/телескопический** Teleskopwelle *f* ‖ ~ **тисков/качающийся** *(Text)* Zangenschwingwelle *f (Kämmaschine)* ‖ **~/тканеформирующий** *(Text)* Webwalze *f (Wellenfachwebmaschine)* ‖ ~ **тормозного кулачка** *(Kfz)* Bremsnockenwelle *f* ‖ **~/трансмиссионный** *(Kfz)* Getriebewelle *f*; *(Masch)* Transmissionswelle *f* ‖ **~/трепальный** *(Text)* Schlägerwelle *f (Crighton-Öffner)* ‖ **~/трёхколенный коленчатый** *(Kfz)* dreifach gekröpfte Kurbelwelle *f* ‖ ~ **трёхопорный** *(Masch)* dreifach gelagerte Welle *f* ‖ **~/трубчатый** Hohlwelle *f*, Rohrwelle *f* ‖ **~/трубчатый карданный** Kardanhohlwelle *f*, Rohrgelenkwelle *f* ‖ **~/тяговый** *(Pap)* Zugwalze *f* ‖ **~/упорный** 1. Druck[lager]welle *f*; 2. *(Schiff)* Druckwelle *f (Wellenleitung)*; 3. *(Text)* Stecherwelle *f (Webstuhl; Stechereinrichtung)* ‖ ~ **управления** Schaltwelle *f* ‖ **~/уравнительный электрический** elektrische Ausgleichswelle *f* **~/фланцевый** Flanschwelle *f* ‖ **~/ходовой** 1. *(Wkzm)* Zugspindel *f (Drehmaschine)*; 2. *(Bw)* Schreitwerkswelle *f (Schreitbagger)*; 3. Fahrantriebswelle *f* ‖ **~/холостой** *(Masch)* Blindwelle *f* ‖ **~/цельнокованный коленчатый** *(Kfz)* geschmiedete (massive) Kurbelwelle *f* ‖ ~ **цепной передачи** Kettenradwelle *f* ‖ ~ **челнока** *(Text)* Greiferwelle *f (Weberei)* ‖ ~ **червячного колеса** Schneckenradwelle *f* ‖ **~/червячный** Schneckenwelle *f (Schneckengetriebe)* ‖ **~/шарнирный** Kardanwelle *f*, Gelenkwelle *f* ‖ ~ **шерстомойки/отжимный** *(Text)* Preßwalze *f*, Quetschwalze *f (Wollwäscherei)* ‖ **~/шлицевый** Keilwelle *f*, Vielkeilwelle *f*; genutete Welle *f* ‖ **~/штампованный коленчатый** *(Kfz)* gesenkgeschmiedetete Kurbelwelle *f* ‖ **~/щёточный** Bürst[en]walze *f* ‖ **~/эксцентриковый** Exzenterwelle *f*

валентинит *m (Min)* Valentinit *m*, Antimonblüte *f*, Antimonspat *m*

валентность *f (Ch)* Wertigkeit *f*, Valenz[zahl] *f* ‖ **~/высшая** Höchstwertigkeit *f*, Maximalvalenz *f* ‖ **~/главная** Hauptvalenz *f* ‖ **~/дробная** Partialvalenz *f*, Restvalenz *f* ‖ **~/ионная** Ionenwertigkeit *f* ‖ **~/максимальная** *s.* ~/высшая ‖ **~/насыщенная** abgesättigte Valenz *f* ‖ **~/отрицательная** negative Elektrovalenz (elektrochemische Wertigkeit) *f* || **~/парциальная** *s.* ~/дробная || **~/побочная** Nebenvalenz *f* || **~/положительная** positive Elektrovalenz (elektrochemische Wertigkeit) *f* || **~/свободная** freie Valenz *f* || **~/управляемая** gesteuerte Valenz *f*

валец *m (Hydt)* Walze *f*, Wasserwalze *f* || **~/донный** Grundwalze *f* || **~/поверхностный** Deckwalze *f*

валик *m* 1. Walze *f*, Zylinder *m*; Rolle *f (s. a. unter* вал, валики, валок 1.*)*; 2. *(Arch)* Stab *m*, Wulst *m(f)*; 3. *(Schw)* Schweißraupe *f*, Raupe *f*; 4. *(Text)* Schlauchreihe *f (nichtaufziehbare Maschenreihe; Strumpfwirkerei)*; 5. *(Led)* Rollschnalle *f* || **~/анилоксный** *(Typ)* Aniloxwalze *f (Farbwerk, Rasterwalze)* || **~/бильный** *(Text)* Schlagwalze *f (Klettenwolf)* || **~/боевой** *(Text)* Schlagwelle *f (Schützenschlageinrichtung)* || **~/боевой эксцентриковый** *(Text)* Schlagexzenterwelle *f (Schützenschlageinrichtung)* || **~/бумаговедущий** *(Typ)* Papierleitwalze *f* || **~/ведомый** 1. *(Masch)* getriebene Walze *f*; 2. *(Text)* Schleppwalze *f* || **~/ведущий** *(Masch)* 1. Leitwalze *f*, Führungswalze *f*; 2. treibende Walze *f*, Antriebswalze *f* || **~/верхний** *(Text)* Oberwalze *f*, Druckwalze *f (Streckwerk)* || **~/верхний задний** Eingangsoberwalze *f*, obere Eingangswalze *f (Streckwerk)* || **~/верхний передний** Ausgangsoberwalze *f*, obere Ausgangswalze *f (Streckwerk)* || **~/верхний средний** mittlere Oberwalze *f (Streckwerk)* || **~ волчка/рабочий** *(Text)* Wolfer *m (Reißwolf)* || **~/вороночный** *(Typ)* Einlaufwalze *f* || **~/ворсовальный** *(Text)* Rauhwalze *f* || **~/выпускной** *(Text)* Ablieferwalze *f*, Abzugswalze *f*, Abführwalze *f* || **~/вытяжной** *(Text)* Streckwalze *f* || **~/загрузочный** *(Text)* Tauchwalze *f* || **~/заправочный** *(Pap)* Einführwalze *f* || **~/зубчатый** Stachelwalze *f (Schreibmaschine)* || **~/игольчатый** *(Text)* 1. Igelwalze *f*, Nadelwalze *f*, Kämmlingswalze *f (Schüttelmaschine für Flachs- und Hanfaufbereitung)*; 2. Gleichrichternadelwelle *f (Wergveredelungsmaschine)* || **~/измельчающий** Zerkleinerungswalze *f* || **~/компенсирующий** *(Text)* Tänzerwalze *f (Chemiefaserherstellung)* || **~/контрольный** *(Text)* Durchzugswalze *f (Streckwerk)* || **~/красочный** *(Typ)* Farbwalze *f (Druckmaschine)* || **~/круглый** *(Bw)* Rundstab *m* || **~/купающий** *(Photo)* Tauchwalze *f* || **~/лёгкий** *s.* ~/контрольный || **~/мажорный** *(Text)* Verbindungswelle *f (zwischen Verzugs- und Abnehmerwechsel; Deckelkarde)* || **~/мерильный** *(Text)* Meßwalze *f (Meß-Dublier-Legemaschine, Zettelmaschine)* || **~/набрасывающий** *(Photo)* Anspülwalze *f* || **~/нажимной (нажимный)** *(Text)* Druckwalze *f*, Druckroller *m*, Oberwalze *f (Streckwerk)* || **~/накатный** 1. *(Typ)* Auftragwalze *f*, Farbauftragwalze *f (Farbwerk)*; 2. *(Text)* Wickelwalze *f (Nadelfeldstrecke)* || **~/накаточный** *(Text)* 1. Aufwickelwalze *f*; 2. Kordierwalze *f*, Kordierrolle *f* || **~/наматывающий** *(Text)* Aufwickelwalze *f* || **~/наплавленный** *(Schw)* Raupe *f*, Schweißraupe *f* || **~/направляющий** 1. Leitwalze *f*; 2. *(Text)* Führungsrolle *f (Meß-Dublier-Legemaschine)*; 3. *(Text)* Zuführungswalze *f (Klettenwolf)* || **~/натяжной** *(Masch)* 1. Zugbolzen *m*; 2. Spannwalze *f*, Spannrolle *f* || **~ непрерывного отчёсывания** *(Text)* kontinuierliche Ausstoßwalze *f (Deckelkarde)* || **~/обводный** *(Pap)* Blasenwalze *f*, Luftwalze *f (eines Kalanders)* || **~/обезрепеивающий** *(Text)* Kletten[brech]walze *f (Klettenwolf)* || **~/обогреваемый** *(Text)* Heizwalze *f*, beheizte Walze *f (Veredlung)* || **~/обратный** *(Schw)* Wurzeldurchhang *m* || **~/обрезиненный** *(Typ)* Gummiwalze *f* || **~/окрасочный** Farbroller *m* || **~/опорный** 1. Tragrolle *f*; 2. *(Text)* Stützwalze *f*, Amboßwalze *f (Konverter)* || **~/отбойный** *(Text)* Riffelwalze *f (Klettenwolf)* || **~/отделительный** *(Text)* Abreißwalze *f (Kämmaschine)* || **~/отжимный** *(Text)* Vordruckwalze *f*; Quetschwalze *f* || **~/оттяжной** *(Text)* Abzugswalze *f* || **~ очёсывания/ручной** *(Text)* Handausstoßwalze *f (Deckelkarde)* || **~/очёсывающий** *(Text)* Ausstoßwalze *f (Deckelkarde)* || **~/перегибной** *(Glas)* Umlenkwalze *f*, Biegewalze *f* || **~/передающий** *(Typ)* Heber *m (Farbwerk)* || **~/печатающий** Schreib[maschinen]walze *f* || **~/печатный** 1. *(Text)* Druckwalze *f (Veredlung)*; 2. *(Typ)* Druckwalze *f* || **~/пильный** *(Text)* Sägewalze *f*, Sägewelle *f (Putzerei)* || **~/питающий** *(Text)* 1. Zuführwalze *f*, Speisewalze *f*; 2. Stachelwalze *f (Klettenwolf)* || **~/плавающий** Tänzerwalze *f* || **~/плющильный** *(Text)* 1. Verdichtungswalze *f*; 2. Kalanderwalze *f*; Preßwalze *f (Drehwerk)* || **~/погружной** *(Typ)* Tauchwalze *f* || **~/подающий** *s.* ~/питающий || **~/поддерживающий** Tragwalze *f*, Tragrolle *f* || **~/поливной** *(Photo)* Auftragswalze *f*, Antragswalze *f*, Begießwalze *f* || **~/прави́льный** *(Masch)* Richtwalze *f*, Richtrolle *f* || **~/приёмный** *(Text)* Vorreißer *m (Deckelkarde)* || **~/программный** Steuerwalze *f* || **~/противоворсовальный** *(Text)* Gegenstrichwalze *f*, Gegenrauhwalze *f (Kratzenrauhmaschine)* || **~/рабочий** *(Text)* Arbeiterwalze *f*, Arbeiter *m (Krempelsatz)* || **~/разгонный** *(Pap)* Ausbreitwalze *f*, Breitenstreckwalze *f* || **~/разматывающий** *(Text)* Abwickelwalze *f* || **~/разравнивающий** *(Text)* 1. Rückstreichwalze *f (Putzerei)*; 2. Abstreichrolle *f (Druckmaschine)* || **~/разрыхлительный** *(Text)* Öffnerwalze *f (Putzerei)* || **~/раскатной** *(Typ)* Verreibwalze *f (Farbwerk)* || **~/раскатывающий** *(Text)* Abwickelwalze *f* || **~/распределительный** Verteilungswalze *f* || **~/растрированный** Rasterwalze *f* || **~/расчёсывающий** *(Text)* Auflösewalze *f*, Auflösungswalze *f (Ballenfräse)* || **~/регистровый** *(Typ)* Registerwalze *f (Rotationsmaschine)* || **~ ремизоподъёмной каретки** *(Text)* Schaftprisma *n*, Schaftzylinder *m (Schaftmaschine)* || **~ ресивера** *(Kfz)* Umsteuerwelle *f* || **~/рифлёный** 1. Rillenwalze *f*, Riffelwalze *f*; 2. Schöpfwelle *f (Schöpfschmierung)* || **~ с чекой** Keilbolzen *m* || **~/сбивной** *(Text)* Abschlagwalze *f (Putzerei)* || **~/сетковедущий** *(Pap)* Siebleitwalze *f* || **~/сетконатяжной** *(Pap)* Siebspannwalze *f* || **~/сновальный** *(Text)* Schärbaum *m*, Zettelbaum *m* || **~/сновальный секционный** *(Text)* Teilkettbaum *m* || **~/ступенчатый** Stufenwalze *f*, abgestufte Walze *f* || **~/сукноведущий** *(Pap)* Filzleitwalze *f* || **~/сукнонатяжной** *(Pap)* Filzspannwalze *f* || **~/съёмный** *(Text)* 1. Abzugswalze *f*; 2. Wender *m*, Wenderwalze *f (Krempelsatz)* || **~/телескопический** *(Masch)* Teleskopspindel *f*; Teleskopwelle *f* || **~/товарный** *(Text)*

Warenbaum *m*, Vorderbaum *m*, Zeugbaum *m*, Tuchbaum *m*, Leinwandbaum *m (Webstuhl)* || **~/точильный** 1. Schleifwalze *f*, Schleiftrommel *f*; 2. *(Text)* Vollschleifwalze *f (Schleifen der Kardierflächen)* || **~/увлажняющий** Feuchtwalze *f*; *(Typ)* Wischwalze *f*, Feuchtauftragwalze *f* || **~/увлажняющий передаточный** *(Typ)* Feuchtheberwalze *f*, Feuchtheber *m* || **~/уплотняющий** *s.* ~/плющильный || **~/фальцующий** *(Typ)* Falzwalze *f* || **~/холостой** *(Text)* Schleppwalze *f* || **~/холстовой** *(Text)* Wickel[abzug]walze *f (Kämmaschine)* || **~/цепной** Kettenbolzen *m (Gelenkkette)* || **~/чистительный** *(Text)* Putzwalze *f (Spinnerei)* || **~/шаберный** Schaberwalze *f* || **~/шарнирный** Gelenkbolzen *m*; Drehbolzen *m* || **~ шва** *(Schw)* Schweißraupe *f* || **~/ширительный** *(Gum)* Breithalter *m (Reifenherstellung)* || **~/щёточный** *(Text)* Bürst[en]walze *f*, Borstenwalze *f*

валики *mpl* Walzen *fpl (s. a. unter* валик*)* || **~/вертикальные** *(Text)* Backenwalzen *fpl (Tuchwalke)* || **~/впускные** *(Text)* Einziehwalzen *fpl* || **~/выпускные** *(Text)* Ausziehwalzen *fpl* || **~/заправочные** *(Text)* Einzugswalzen *fpl* || **~ лентоукладчика [/плющильные]** *(Text)* Drehwerk[kalander]walzen *fpl*, Preßwalzen *fpl* des Drehwerkes *(Deckelkarde)* || **~/питающие** *s.* ~/впускные || **~/плющильные** Abzugswalzen *fpl (im Bandrichter; Deckelkarde)* || **~/приёмные** *s.* ~/впускные || **~/рабочие** *(Text)* Arbeiter *mpl (Walzenkrempel)* || **~/съёмные** *(Text)* Wender *mpl (Walzenkrempel)*

валик-навой *m***/сновальный** *(Text)* Zettelbaum *m (Zettelmaschine)*

валка *f* 1. *(Text)* Walke *f*, Walken *n (Veredlung)*; 2. *(Forst)* Fällen *n (von Bäumen)* || **~/плотная** *(Text)* Kernwalke *f (Veredlung)* || **~/предварительная** *(Text)* Anwalken *n (Veredlung)*

валки *mpl* 1. Walzen *fpl (s. a. unter* валок*)*; 2. Walzenbrecher *m* || **~/гладкие** Glattwalzenbrecher *m* || **~/дробильные** Walzenbrecher *m*, Brechwalzwerk *n* || **~/зубчатые [дробильные]** Stachelwalzenbrecher *m*, Zahnwalzenbrecher *m* || **~/направляющие** Führungswalzen *fpl* || **~/питательные** Walzenspeiser *m* || **~/сортовые прокатные** Profilwalzen *fpl* || **~/тянущие** 1. *(Kst)* Glättwalzenstuhl *m*, Walzenglättwerk *n*; 2. *(Met)* Zugwalzen *fpl (z. B. zum Stranggießen)* || **~/шлакодробильные** Schlackenbrecher *m*

валкий rank *(Schiff)*

валкообразователь *m (Lw)* Schwadformer *m*, Schwadenrechen *m*

валкость *f* Rankheit *f (Schiff)*

валогенератор *m (Schiff)* Wellengenerator *m*

валок *m* 1. *(Masch)* Walze *f*; Rolle *f (s. a. unter* вал, валик*)*; 2. *(Wlz)* Walze *f*, Walzwerkswalze *f*; 3. *(Lw)* Schad[en] *m* || **~/бороздчатый** Riffelwalze *f* || **~/бочкообразный** Tonnenwalze *f* || **~/ведущий** Königswalze *f*, Antriebswalze *f*, Hauptwalze *f*, Triebwalze *f (Bandagenwalzwerk)* || **~/вертикальный** *(Wlz)* Senkrechtwalze *f*, Vertikalwalze *f*, Stauchwalze *f*, Stehwalze *f* || **~/верхний** Oberwalze *f (Triowalzwerk)* || **~/внутренний** Innenwalze *f (Bandagenwalzwerk)* || **~/выносной** fliegend (einseitig) gelagerte Walze *f*, fliegende Walze *f*, Kopfwalze *f* || **~/выработанный** abgenutzte (verschlissene, ausgearbeitete) Walze *f* || **~/вытяжной** *(Wlz)* Streck[kaliber]walze *f* || **~/гиперболоидный** *(Met)* Hyperbelwalze *f*, Hyperboloidwalze *f (Rohrrichtmaschinen)* || **~/главный** *s.* ~/ведущий || **~/гладильный** Glättwalze *f*, Polierwalze *f* || **~/гладкий** Glattballenwalze *f* || **~/горизонтальный** *(Wlz)* Waagerechtwalze *f*, Horizontalwalze *f* || **~/грибовидный** *s.*~/конический || **~/двухслойный** Verbundwalze *f (Aufschrumpf- oder Verbundgußwalze)* || **~/дисковый** Scheibenwalze *f* || **~/диско-цилиндрический** zylindrische Scheibenwalze *f* || **~/дробильный** Brech[er]walze *f* || **~/желобчатый** Rillenwalze *f* || **~/загибочный** Rundbiegewalze *f*, Biegewalze *f* || **~/задающий** Einzugwalze *f* || **~/зубчатый** Zahnwalze *f*, Stachelwalze *f* || **~/изгибающий** Abbiegerolle *f (Stranggießen)* || **~/измельчающий** Zerkleinerungswalze *f*, Mahlwalze *f*, Mahlrolle *f* || **~/калиброванный** *(Wlz)* Formwalze *f*, Kaliberwalze *f*, Profilwalze *f* || **~/калиброванный отделочный** Kaliberfertigwalze *f (Walzwerk)* || **~/калибровочный** *s.* ~/калиброванный || **~/кованый стальной** *(Wlz)* Schmiedestahlwalze *f* || **~/колесопрокатный** *(Wlz)* Radwalze *f* || **~/конический** Kegelwalze *f (Kegelwalzwerk)* || **~/консольный** *s.* ~/выносной || **~/косой** Schrägwalze *f (Richtmaschine)* || **~/листопрокатный** Blechwalze *f (Walze zum Blechwalzen)* || **~/литой** *(Wlz)* Gußwalze *f* || **~/литой стальной** Stahlgußwalze *f* || **~/мелющий** Mahlrolle *f* || **~/нажимный** Druckwalze *f* || **~/направляющий** Richtwalze *f*, Führungswalze *f (Hohlwalzwerk)* || **~/насечённый** Riffelwalze *f*, gerauhte Walze *f* || **~/неподвижный** Starrwalze *f (Walzenbrecher)* || **~/неприводный** Schleppwalze *f* || **~/нижний** Unterwalze *f (Triowalzwerk)* || **~/обжимный** *(Wlz)* Blockwalze *f*, Vor[strock]walze *f*, Rohblock-[vor]walze *f* || **~/обжимный калиброванный** Vorkaliberwalze *f* || **~/обкатный** Abrollwalze *f*, Friemelwalze *f* || **~ обратного хода** Rücklaufwalze *f* || **~ обратной подачи** Rücklaufwalze *f* || **~/опорный** 1. Stützwalze *f*, Tragewalze *f*; 2. Zentrierwalze *f (Bandagenwalzwerk)* || **~/осаживающий** *(Wlz)* Stauchwalze *f* || **~/основной** *s.* ~/ведущий || **~/отбелённый** *(Wlz)* Schalenhartgußwalze *f*, Hartgußwalze *f* || **~/отделочный** *(Wlz)* Polierwalze *f*, Schlichtwalze *f*, Fertigwalze *f* || **~/параболоидный** parabolische Walze *f* || **~/парный** Gegenwalze *f* || **~/передний** Vorderwalze *f* || **~/периодический** Gesenkwalze *f*, Schmiedewalze *f (mit auf dem Umfang veränderlichem Kaliberquerschnitt)* || **~/пилигримовый (пильгерный)** Pilger[schritt]walze *f (Rohrwalzwerk)* || **~/плакирующий** Plattierwalze *f* || **~/подающий** Zubringerwalze *f*, Förderwalze *f*, Transportwalze *f* || **~/полировочный** *s.* ~/отделочный || **~/полуотбелённый (полутвёрдый)** *(Wlz)* Halbhartwalze *f*, Mildhartwalze *f*, halbharte Walze *f* || **~/полый** Hohlwalze *f* || **~/прави́льный** Richtwalze *f*, Richtrolle *f* || **~/предотделочный (предчистовой)** *(Wlz)* Vorschlichtwalze *f* || **~/приводной** *s.* ~/ведущий || **~/приёмный** Einzugwalze *f* || **~/прогладочный** Glättwalze *f* || **~/прокатный** Walze *f* || **~/профилированный** *(Wlz)* Profilwalze *f*, Formwalze *f*, Kaliberwalze *f* ‖ **~/профилирующий** Profilwalze *f (Bandagen- und Radscheibenwalzwerk)* ‖ **~/профильный** *s.* ~/профилированный ‖ **~/прошивной** Schrägwalze *f (Schrägwalzwerk, Rohrwalzwerk)* ‖ **~/рабочий** Arbeitswalze *f*; Richtwalze *f* ‖ **~/ребровый** Stauchwalze *f (mit Hochkantkalibern)* ‖ **~/редукционный [трубопрокатный]** Reduzierwalze *f (Reduzierwalzwerk)* ‖ **~/рифлёный** Riffelwalze *f* ‖ **~/сдвоенный** Zwillingswalze *f* ‖ **~ слябинга** Brammenwalze *f*, Flachwalze *f (Brammenstraße)* ‖ **~/соединительный** Blindwalze *f (Blindtrio)* ‖ **~/сортовой** Formstahlwalze *f* ‖ **~/составной** *(Wlz)* 1. Verbundgußwalze *f*; 2. zusammengesetzte Walze *f* ‖ **~/средний** Mittelwalze *f (Triowalzwerk)* ‖ **~/ступенчатый** *(Wlz)* Staffelwalze *f*, Stufenwalze *f* ‖ **~/сутуночный** *(Wlz)* Platinenwalze *f* ‖ **~ толстолистового стана** Grobblechwalze *f* ‖ **~ тонколистового стана** Feinblechwalze *f* ‖ **~/трубопрокатный** Rohrwalze *f* ‖ **~/фасонный** *(Wlz)* Formwalze *f*, Profilwalze *f*, Kaliberwalze *f* ‖ **~/формовочный** Rundbiegewalze *f (Streifenrollmaschine)* ‖ **~/холостой** Blindwalze *f*; Schleppwalze *f* ‖ **~/черновой** *(Wlz)* Vor[streck]walze *f*, Grobwalze *f* ‖ **~/чистовой** *s.* ~/отделочный ‖ **~/шестерённый** Kammwalze *f* ‖ **~/эджерный** Stauchwalze *f*

валопровод *m (Schiff)* Wellenleitung *f*

валун *m s.* валуны

валуны *mpl (Geol)* Blöcke *mpl*; Geröll *n*, Geschiebe *n* ‖ **~/гранёные** großflächige Windkanter *mpl*, Kantengeröll *n*, Pyramidalgeröll *n* ‖ **~/ледниковые** *s.* ~/эрратические ‖ **~/пирамидальные** *s.* ~/гранёные ‖ **~/эрратические** erratische Blöcke *mpl*, Findlinge *mpl*

вал-шестерня *m* Ritzelwelle *f*

вальма *f (Bw)* Walm *m*

вальцевание *n* Walzen *n*, Ausrollen *n*

вальцевать 1. walzen, abwalzen; 2. einspreizen; bördeln, aufweiten *(Fügevorgang)*

вальцетокарная *f* Walzendreherei *f*

вальцовка *f* 1. Walzen *n*, Abwalzen *n*; 2. Rohrwalze *f*, Rollmaschine *f*; 3. Walzenbrecher *m*; 4. Bördelwerkzeug *n (zum Fügen von Bördelverbindungen)* ‖ **~/гладкая** Glattwalzenbrecher *m* ‖ **~/зубчатая** Stachelwalzenbrecher *m*, Zahnwalzenbrecher *m*

вальцы *mpl* Walzen *fpl (s. a. unter* валки*)* ‖ **~/гибочные** Biegewalzen *fpl (Blechbiegemaschine)* ‖ **~/гладильные** *(Text)* Plättwalzen *fpl (Plättmaschine)* ‖ **~/дробильные** Brechwalzen *fpl (Walzenbrecher)* ‖ **~/зубчатые** *s.* ~/рифлёные ‖ **~/ковочные** Schmiedewalzen *fpl*, Gesenkwalzen *fpl*, Reckwalzen *fpl* ‖ **~/листовальные** *(Gum)* Ausziehwalzen *fpl* ‖ **~/листогибочные** Blechbiegewalze *f*, Plattenbiegewalze *f* ‖ **~/листозагибочные** Walzenblechbiegemaschine *f* ‖ **~/листоправильные** Blechrichtwalze *f*, Plattenrichtwalze *f* ‖ **~ мяльной машины/рифлёные** *(Text)* Knickwalzen *fpl (der Flachsknickmaschine)* ‖ **~/нарезные** *s.* ~/рифлёные ‖ **~/обогреваемые** Heizwalzen *fpl (Straßenbau)* ‖ **~/охлаждающие** Kühlwalzen *fpl* ‖ **~/питательные** Speisewalzen *fpl*, Walzenspeiser *m* ‖ **~/подогревательные** *(Gum)* Vorwärmwalzwerk *n* ‖ **~ предварительного дробления** *(Brau)* Vorbruchwalzen *fpl*, Vorbrechwalzen *fpl* ‖ **~/прижимные** Andrückwalzen *fpl* ‖ **~/промывные** *(Led, Gum)* Waschwalzwerk *n* ‖ **~/пустотелые** Hohlwalzen *fpl* ‖ **~/размалывающие** Mahlwalzwerk *n* ‖ **~/рафинировочные** Feinmahlwalzwerk *n*; *(Gum)* Refinerwalzwerk *n*, Refiner *m* ‖ **~/рифлёные** Riffelwalzen *fpl*, geriffelte Walzen *fpl* ‖ **~/смесительные** Mischwalzen *fpl*, Mischwalzwerk *n*

вальян *m (Text)* 1. Brustbaum *m (Webstuhl)*; 2. Abnehmer *m (Krempel)* ‖ **~/игольный** Nadelbaum *m (Doppelplüschwebstuhl)* ‖ **~/очёсный** Kämmlingswalze *f (Kämmaschine)* ‖ **~/рифлёный** Riffelbaum *m (Seidenwebstuhl)* ‖ **~ складальной машины** Faltenlegerzugwalze *f* ‖ **~ ткацкого станка** Gewebeabzugsbaum *m*

валяние *n (Text, Led)* Walken *n* ‖ **~ в барабане** *(Led)* Millen *n*

валять *(Text, Led)* walken

ванадат *m (Ch)* Vanadat *n*

ванадиевокислый *(Ch)* ...vanadat *n*; vanadinsauer

ванадиевый *(Ch)* Vanadin...

ванадий *m (Ch)* Vanadin *n*, V

ванадинит *m (Min)* Vanadinit *m*, Vanadinbleierz *n*

ванна *f* 1. Wanne *f*; Bottich *m*; 2. *(Bw)* Bad *n*; 3. Badewanne *f*; 4. *(Pap)* Trog *m*; 5. *(Met)* Schmelze *f*, Schmelzbad *n* ‖ **~/виражная** *(Photo)* Ton[ungs]bad *n* ‖ **~/восстановительная** *(Ch)* Reduktionsbad *n* ‖ **~/вращающаяся** *(Glas)* Drehwanne *f* ‖ **~/вулканизационная** Vulkanisierbad *n* ‖ **~/высадительная** *(Text)* Spinnbad *n*, Fällbad *n* ‖ **~/гальваническая** *(Ch)* Galvanisier[ungs]bad *n*, galvanisches Bad *n* ‖ **~/дубящая** *(Photo)* Härtebad *n* ‖ **~/жидкая** Schmelzbad *n* ‖ **~/закалочная** *(Härt)* Härtebad *n*, Abschreckbad *n* ‖ **~/заключительная** *(Photo)* Schlußbad *n*, Schlußwässerung *f* ‖ **~/закрепляющая** *(Photo)* Fixierbad *n* ‖ **~/заправочная** *(Text)* Ansatzbad *n*, Eingangsflotte *f* ‖ **~/золотая** *(Photo)* Goldbad *n* ‖ **~/квасильная** *(Lebm)* Säuerungswanne *f* ‖ **~/кислотная** 1. Säurebad *n*; 2. *(Bgb)* Säurewanne *f (Bohrung)* ‖ **~/коагуляционная** *(Text)* Koagulationsbad *n*, Koagulierbad *n (Chemieseidenspinnerei)* ‖ **~/концентрированная** *(Text)* Spinnbadkonzentrat *n (Chemiefaserherstellung)* ‖ **~/красильная** *(Text)* Färbebad *n*, Färbeflotte *f* ‖ **~/макательная** Tauchwanne *f*, Tauchtank *m* ‖ **~/масляная** Ölbad *n* ‖ **~/моечная** Waschbottich *m*, Spülwanne *f (Beizanlage)* ‖ **~/мягчильная** *(Led)* Beizbad *n* ‖ **~/нефтяная** *(Bgb)* Ölwanne *f (Bohrung)* ‖ **~/осадительная** 1. *(Text)* Spinnbad *n*, Fällbad *n (Chemiefasern)*; 2. *(Met)* Scheidebad *n (NE-Metallurgie)*; 3. *(Ch)* Fällbad *n* ‖ **~/осветляющая** *(Photo)* Klärbad *n* ‖ **~/ослабляющая** *(Photo)* Abschwächungsbad *n* ‖ **~/отбеливающая** *(Photo)* Bleichbad *n* ‖ **~/отмочная** *(Brau)* Weichbad *n (Flaschenreinigung)* ‖ **~/отработанная осадительная** *(Text)* gebrauchtes (verbrauchtes) Spinnbad *n (Chemiefaserherstellung)* ‖ **~/охладительная (охлаждающая)** 1. *(Härt)* Härtebad *n*, Abschreckbad *n*; 2. *(Text)* Kühlbad *n* ‖ **~ печи** *(Met)* Ofenwanne *f* ‖ **~/плавильная** *(Met)* Schmelzwanne *f (eines Ofens)* ‖ **~/пластификационная** *(Text)* Plastifizierungsbad *n (Che-

miefaserherstellung) ‖ **~/поливочная** Gießerwanne *f (Filmherstellung)* ‖ **~/предварительная** *(Photo)* Vorbad *n* ‖ **~ припоя** *(Schw)* Lotbad *n* ‖ **~/промыв[оч]ная** Waschbottich *m*, Spülwanne *f (Beizanlage)* ‖ **~/пропиточная** Imprägnierbad *n*, Tränkbad *n* ‖ **~/проявляющая** *(Photo)* Entwicklungsbad *n* ‖ **~/прядильная** *(Text)* Spinnbad *n* ‖ **~ расплава** Schmelzwanne *f (eines Ofens)* ‖ **~/сварочная** *(Schw)* Schweißbad *n*; flüssige Schweiße *f* ‖ **~/соляная** *(Gieß, Härt)* Salzbad *n*, Salzbadschmelze *f* ‖ **~/стальная** Stahlbad *n*, Stahlschmelze *f (im Ofen)* ‖ **~/травильная** 1. Beizbad *n*; Ätzbad *n*; 2. Beizbehälter *m*, Beizbottich *m* ‖ **~/формовочная** 1. *(Ch)* Formierwanne *f*, Formier[ungs]bad *n*; 2. *(Text)* Gießwanne *f (Chemiefaserherstellung)* ‖ **~/цианистая** *(Ch)* Nitrierbad *n*, Cyan[ier]bad *n* ‖ **~/шлаковая** *(Met)* Schlackenbad *n*, Schlackenwanne *f* ‖ **~/щелочная** alkalisches Bad *n*, Laugenbad *n* ‖ **~ электродной проволоки/сварочная** *(Schw)* aufgeschmolzener Werkstoff *m* ‖ **~/электролитическая** elektrolytisches Bad *n*, Elektrolysebad *n*; galvanisches Bad *n*, Galvanisierbad *n*; *(Met)* Elektrolyse[n]ofen *m*; Zelle *f (des Elektrolyseofens)*

ванта *f* Hängeseil *n*, Abspannseil *n*, Tragseil *n*; *(Schiff)* Want *f*; Wanttau *n*

вантгоффит *m (Min)* Vanthoffit *m (Salzmineral)*

вант-путенс *m (Schiff)* Pütting *f*, Püttingeisen *n*

вантуз *m* Entlüftungsventil *n*; Rohrentlüfter *m (Sanitärtechnik)* ‖ **~/воздушный** Entlüftungsventil *n*

вар *m* 1. *(El)* Blindleistung *f* in VA, VAr *(Einheit der Blindleistung)*; 2. Pech *n* ‖ **~/чёрный** Steinkohlenteerpech *n*; Holzteerpech *n*

варактор *m (El)* Varaktor *m*, Kapazitätsdiode *f*

варианта *f (Math)* Variante *f*

вариатор *m* 1. *(Masch)* stufenlos regelbares Getriebe *n*; 2. Variator *m*; 2. *(El)* Variator *m*; 3. rotierender Kondensator *m (des Beschleunigers)*

вариационный Variations...

вариация *f* 1. Änderung *f*, Variation *f*; 2. *(Meß)* Streuung *f*; 3. *(Astr)* Variation *f (Störung der Mondbahn)*; 4. *(Math)* Variation *f*, Schwankung *f (der Funktion)* ‖ **~/вековая** *(Geoph)* Säkularvariation *f* ‖ **~/двойная** *(Krist)* Doppelvariationsmethode *f (Brechungsindex)* ‖ **~/магнитная** *(Geoph)* Variation *f* des Magnetfeldes ‖ **~ нагрузок** Streubreite *f* der Kraft *(Härtemessung)* ‖ **~ показаний** *(Meß)* Umkehrspanne *f* ‖ **~ продолжительности суток** *(Geoph)* Tageslängenschwankungen *fpl* ‖ **~ результатов** *(Meß)* Streuung *f* der Ergebnisse (Meßwerte) ‖ **~/случайная** Zufallsgröße *f (statistische Qualitätskontrolle)* ‖ **~ функции** *s.* вариация 4.

варикап *m (Eln)* Kapazitäts[variations]diode *f*, Varikap *f*

вариконд *m (Eln)* Varikond *m (Kondensator)*

вариограф *m s.* вариометр-самописец

вариолит *m (Geol)* Variolith *m*, Pockenstein *m*

вариометр *m* 1. *(El)* Variometer *n*; 2. *(Flg)* Variometer *n*, Steig- und Sinkgeschwindigkeitsmesser *m* ‖ **~ настройки** *(Eln)* Abstimmvariometer *n*, Kanalwähler *m*, Tuner *m* ‖ **~/образцовый** Normalvariometer *n* ‖ **~/самопишущий** *s.* вариометр-самописец ‖ **~ связи** Variokoppler *m* ‖ **~/шаровой** Kugelvariometer *n*

вариометр-самописец *m (El)* registrierendes Variometer *n*, Registriervariometer *n*, Variograph *m*

вариообъектив *m (Photo)* Varioobjektiv *n*, Zoom[objektiv] *n*, Autozoom *m*

варioскоп *m* Varioskop *n*

варистор *m (El)* Varistor *m*, spannungsabhängiger Widerstand *m*, VDR-Widerstand *m* ‖ **~/дисковый** Scheibenvaristor *m* ‖ **~/полупроводниковый** *s.* варистор ‖ **~/стержневой** Stabvaristor *m*

варисцит *m (Min)* Variscit *m*

варить 1. kochen; brauen; sieden *(Seife)*; schmelzen *(Glas)*; 2. *(Pap)* aufschließen, kochen; 3. *(Met)* schmelzen

варка 1. Kochen *n*; 2. Sud *m*; 3. *(Pap)* Aufschluß *m*, Kochung *f*; 4. Schmelze *f* ‖ **~/бисульфитная** *s.* ~/сульфитная ‖ **~/двухступенчатая** *(Pap)* Zweistufenkochung *f* ‖ **~ на кристалл** Kochen *n* auf Korn *(Zuckergewinnung)* ‖ **~/натронная** *(Pap)* Natronaufschluß *m* ‖ **~ стекла** Glasschmelzen *n* ‖ **~/ступенчатая** *(Pap)* Stufenkochung *f* ‖ **~/сульфатная** *(Pap)* Sulfatkochung *f*, Sulfataufschluß *m* ‖ **~/сульфитная** *(Pap)* Sulfitkochung *f*, Sulfitaufschluß *m* ‖ **~/трудная** Schwerkochen *n* [der Füllmasse] *(Zuckergewinnung)* ‖ **~ утфеля** Verkochen *n* auf Füllmasse *(Zuckergewinnung)* ‖ **~/чёрная** *(Pap)* Schwarzkochung *f*

варметр *m (El)* Varmeter *n*, Blindleistungsmesser *m*

варница *f* 1. Salzsiederei *f*, Saline *f*; 2. *(Brau)* Sudhaus *n* ‖ **~/блочная** Sudhaus *n* mit Blocksudwerk

варочный 1. Koch..., Siede...; 2. *(Brau)* Sud...

вар-час *m* Varstunde *f*, var·h

варьирование *n (Math)* Variation *f (der Funktion)*

вата *f* Watte *f* ‖ **~/металлическая** Stahlwolle *f* ‖ **~/минеральная** *(Bw)* Mineralwatte *f*, Mineraldämmstoffwolle *f* ‖ **~/перевязочная** *(Text)* Verbandwatte *f* ‖ **~/стеклянная** *(Bw)* Glaswolle *f*, Glaswatte *f* ‖ **~/чесальная** *(Text)* Kardenvlies *n* ‖ **~/шлаковая** *(Bw)* Schlackenwolle *f*

ватер *m s.* машина непрерывного действия/прядильная

ватержакет *m* 1. Wassermantel *m (Schmelzofen)*; 2. Wassermantelofen *m (NE-Metallurgie)*

ватерлиния *f (Schiff)* Wasserlinie *f* ‖ **~/аварийная** Leckwasserlinie *f* ‖ **~/грузовая** Ladelinie *f*, Tiefladelinie *f* ‖ **~/действующая** Schwimmwasserlinie *f* ‖ **~/дифферентная** Trimmwasserlinie *f* ‖ **~/конструктивная** Konstruktionswasserlinie *f* ‖ **~/критическая** kritische Wasserlinie *f* ‖ **~/окончательная** endgültige Wasserlinie *f* ‖ **~/предельная** Grenzwasserlinie *f* ‖ **~/разделительная грузовая** Schottenladelinie *f*

ватерпас *m (Wkz)* Wasserwaage *f*, Libelle *f* ‖ **~/карманный** Dosenlibelle *f* ‖ **~/плотничий** Setzwaage *f*

ватка *f (Text)* Faserflor *m*, Vlies *n*, Faservlies *n*, Pelz *m*

беткообразователь *m (Text)* Pelzbildner *m (Nähwirkerei)*

ватт *m (El)* Watt *n*, W *(SI-Einheit der Leistung, 1 Watt = 1 Joule/Sekunde)* ‖ **~ на квадратный метр** Watt *n* pro Quadratmeter, W/m^2 ‖ **~ на**

квадратный метр-стерадиан Watt *n* pro Quadratmeter und Steradiant, W/(m^2 · sr) ‖ **~ на метр-кельвин** Watt *n* pro Meter und Kelvin, W/(m^2 · K) ‖ **~ на стерадиан** Watt *n* pro Steradiant, W/sr

ваттварметр *m (El)* Wirk-und-Blindleistungs-Messer *m*

ваттметр *m (El)* [elektrischer] Leistungsmesser *m*, Wattmeter *n* ‖ **~/активный** Wirkleistungsmesser *m* ‖ **~/астатический** astatischer Leistungsmesser *m* ‖ **~/высокочастотный** Hochfrequenzleistungsmesser *m* ‖ **~/диодный** Diodenleistungsmesser *m* ‖ **~/индукционный** Induktionsleistungsmesser *m* ‖ **~/ламповый** Röhrenleistungsmesser *m* ‖ **~/многофазный** Mehrphasenleistungsmesser *m* ‖ **~/мостовой** Brückenleistungsmesser *m*, Leistungsmeßbrücke *f* ‖ **~/однофазный** einphasiges Wattmeter *n*, Einphasenleistungsmesser *m* ‖ **~ переменного тока** Wechselstromleistungsmesser *m* ‖ **~ постоянного тока** Gleichstromleistungsmesser *m* ‖ **~/реактивный** Blindleistungsmesser *m*, Varmeter *n* ‖ **~ с вращающимся полем/индукционный** Drehfeldleistungsmesser *m* ‖ **~/тепловой** thermischer Leistungsmesser *m*; Hitzdrahtleistungsmesser *m* ‖ **~/термоэлектрический** thermoelektrischer Leistungsmesser *m* ‖ **~/трёхфазный** Dreiphasenleistungsmesser *m*; Drehstromleistungsmesser *m* ‖ **~/ферродинамический** ferrodynamischer Leistungsmesser *m* ‖ **~/щитовой** Schalttafelleistungsmesser *m* ‖ **~/электродинамический** elektrodynamischer (dynamometrischer) Leistungsmesser *m* ‖ **~/электронный** elektronischer Leistungsmesser *m* ‖ **~/электростатический** elektrostatischer Leistungsmesser *m* ‖ **~/эталонный** Normalleistungsmesser *m*

ваттметровый *(El)* Leistungsmesser..., wattmetrisch, Wattmeter...

ватт-секунда *f s.* джоуль

ватт-час *m (El)* Wattstunde *f*, Wh

ВАХ *s.* характеристика/вольт-амперная

ВБ *s.* бьеф/верхний

Вб *s.* вебер

вбивание *n (Bw)* Einrammen *n*, Eintreiben *n*

ВВ *s.* 1. вещество/взрывчатое; 2. величина заряда

В/В *s.* ввод/вывод

ввальцовывать *(Wlz)* einwalzen

вварка *f (Schw)* Einschweißen *n (in Öffnungen)*

введение *n* 1. Einführung *f*, Einleitung *f*; 2. *(TV)* Einblendung *f* ‖ **~ в стек** *(Inf)* Kellern *n*, Kellerung *f*, Stapelung *f* ‖ **~ в эксплуатацию** Inbetriebnahme *f*, Inbetriebsetzen *n* ‖ **~ затравки в ковш** *(Met, Gieß)* Pfannenimpfung *f* ‖ **~ лигатуры** *(Met, Gieß)* 1. Impfen *n*; Modifizieren *n*; 2. Legieren *n*; Hinzulegieren *n*; 3. Einführen *n* des Magnesiums *(Herstellung von Gußeisen mit Kugelgraphit)* ‖ **~ модификатора в ковш** *(Met, Gieß)* Pfannenimpfung *f* ‖ **~ носителей заряда** Ladungsträgerinjektion *f* ‖ **~ примесей** Dotieren *n (Halbleiter)* ‖ **~ примесных атомов** Dotieren *n (Halbleiter)* ‖ **~ утка** *(Text)* Eintragen *n* des Schusses, Schußeintrag *m (Weberei)*

ввёртывать einschrauben

ввести *s.* вводить

ввинтить, ввинчивать einschrauben

ввод *m* Einführung *f*, Einführen *n*, Einbringen *n*; 2. Einlaßleitung *f*; 3. *(El)* Durchführung *f (Leitung)*; 4. *(Inf)* Eingabe *f*, Input *m* ‖ **~/абонентский** *(Nrt)* Teilnehmeranschluß *m* ‖ **~/автоматический** *(Inf)* automatische Eingabe *f* ‖ **~/автономный** *(Inf)* Off-line-Eingabe *f*, direkte Eingabe *f* ‖ **~/алфавитно-цифровой** *(Inf)* alphanumerische Eingabe *f* ‖ **~/алфавитный** *(Inf)* alphabetische Eingabe *f* ‖ **~/аналоговый** *(Inf)* Analogeingabe *f* ‖ **~/аналого-цифровой** *(Inf)* Hybrideingabe *f* ‖ **~/анодный** *(El)* Anodendurchführung *f*, Anodenanschluß *m* ‖ **~/антенный** Antenneneinführung *f*, Antennenanschluß *m* ‖ **~ в действие** Inbetriebnahme *f*, Inbetriebsetzung *f* ‖ **~ в док** *(Schiff)* Eindocken *n* ‖ **~ в реальном масштабе времени** *(Inf)* Echtzeiteingabe *f* ‖ **~ в режиме диалога** *(Inf)* dialogunterstützte Eingabe *f* ‖ **~ в режиме «он-лайн»** *(Inf)* On-line-Eingabe *f*, direkte Eingabe *f* ‖ **~ в режиме «оф-лайн»** *(Inf)* Off-line-Eingabe *f* ‖ **~ в эксплуатацию** *s.* ~ в действие ‖ **~/вакуумный** Vakuumdurchführung *f* ‖ **~ вручную** *(Inf)* manuelle Eingabe *f* ‖ **~/высоковольтный** *(El)* Hochspannungsdurchführung *f* ‖ **~ данных** *(Inf)* Dateneingabe *f* ‖ **~ данных о процессе** *(Inf)* Prozeßdateneingabe *f* ‖ **~ данных/ручной** manuelle Dateneingabe *f* ‖ **~/дистанционный** *(Inf)* Ferneingabe *f* ‖ **~/дистанционный пакетный** *(Inf)* Stapelferneingabe *f* ‖ **~ заданий** *(Inf)* Jobeingabe *f*, Auftragseingabe *f* ‖ **~ заданий/дистанционный** Jobferneingabe *f*, Auftragsferneingabe *f* ‖ **~ информации** *(Inf)* Informationseingabe *f*, Dateneingabe *f* ‖ **~/кабельный** *(El)* Kabeleinführung *f*, Kabelanschluß *m* ‖ **~ кислорода сверху** *(Met)* Sauerstoffaufblasen *n (Konverter)* ‖ **~/конденсаторный** *(El)* Kondensatordurchführung *f* ‖ **~ линии** *(El)* Leitungseinführung *f* ‖ **~/многопроводный высоковольтный** *(El)* Mehrleiter-Hochspannungsdurchführung *f* ‖ **~/непосредственный** *(Inf)* direkte Eingabe *f*, Direkteingabe *f* ‖ **~/непрерывный** *(Inf)* kontinuierliche Eingabe *f* ‖ **~/основной** *(Inf)* Primäreingabe *f* ‖ **~/парафазный** *(Inf)* bipolare Eingabe *f* ‖ **~ первичных данных** *(Inf)* Primäreingabe *f* ‖ **~/последовательный** *(Inf)* Serieneingabe *f* ‖ **~ проводов** *(El)* Leitungseinführung *f* ‖ **~ программы** *(Inf)* Programmeingabe *f* ‖ **~/речевой** *(Inf)* Spracheingabe *f* ‖ **~/ручной** *(Inf)* manuelle Eingabe *f* ‖ **~ с буферизацией** *(Inf)* gepufferte Eingabe *f* ‖ **~ с клавиатуры** Tastatureingabe *f* ‖ **~ с магнитной ленты** *(Inf)* Magnetbandeingabe *f* ‖ **~ с перфокарт** *(Inf)* Lochkarteneingabe *f* ‖ **~ с перфолент** *(Inf)* Lochstreifeneingabe *f* ‖ **~/сеточный** *(El)* Gitterzuführung *f*, Gitterzuleitung *f* ‖ **~ сквозь стену** Mauerdurchführung *f*, Wanddurchführung *f* ‖ **~/телефонный** Fernsprechanschluß *m* ‖ **~/токовый** Stromzuführung *f* ‖ **~/трансформаторный** Transformatordurchführung *f* ‖ **~/фарфоровый** Porzellandurchführung *f* ‖ **~/цифровой** *(Inf)* numerische Eingabe *f* ‖ **~ чисел** *(Math)* Zahleneingabe *f* ‖ **~/штеп-сельный** *(El)* Steckanschluß *m*

ввод-вывод *m (Inf)* Ein-/Ausgabe *f*, E/A, I/O, Input/Output *m* ‖ **~ информации** Informations-Ein-/Ausgabe *f*, E/A von Informationen ‖ **~/параллельный** parallele Ein-/Ausgabe *f*

‖ **~/последовательный** serielle Ein-/Ausgabe *f*, SIO
вводить 1. einführen, einleiten; 2. *(Inf)* eingeben *(Daten)*; 3. *(Fert)* zuführen *(z. B. Teile zur Montage)*; 4. *(Fert)* einsetzen *(Montagevorgang)* ‖ **~ в зацепление** in Eingriff bringen ‖ **~ в эксплуатацию** in Betrieb setzen ‖ **~ вручную** von Hand ausführen
вводный 1. Einführungs…; 2. *(Inf)* Eingabe…
ввязывать *(Text)* einstricken
ВГД *s.* вентилятор горячего дутья
вгонка *f (Typ)* 1. Einbringen *n (der Zeile)*; 2. Anhängen *n (des Textes ohne Absatz)*
вгонять eintreiben, einschlagen
вдавить *s.* вдавливать
вдавливание *n* Eindrücken *n*, Einpressen *n*
вдавливать eindrücken, einpressen
вдавливаться *(Fert)* eindringen *(z. B. Schneide in den Werkstoff)*
вдвигать einschieben
ВДГ *s.* дизель-генератор/вспомогательный
вдевание *n* **нитки** *(Text)* Einfädeln *n*
вдувание *n* Einblasen *n*, Aufblasen *n* ‖ **~ горячей смеси** *(Kfz)* Gemischeinblasung *f*, Gemischzuführung *f* ‖ **~ кислорода** *(Met)* Sauerstoffeinblasen *n* ‖ **~ кислорода сверху** *(Met)* Sauerstoffaufblasen *n (Konverter)* ‖ **~/прямое** Direkteinblasung *f (Staubfeuerung)*
вдувать einblasen ‖ **~ воздух** *(Met)* [ein]blasen *(Wind)* ‖ **~ горячий воздух** *(Met)* mit Heißwind blasen (fahren), heißblasen ‖ **~ холодный воздух** *(Met)* mit Kaltwind blasen (fahren), kaltblasen
вебер *m* Weber *n*, Wb *(Einheit des magnetischen Flusses)*
ведение *n* Führung *f*; Nachführung *f (s. a. unter* гидрование*)* ‖ **~ базы данных** *(Inf)* Datenbankwartung *f* ‖ **~ брожения** *(Brau)* Gärführung *f* ‖ **~ брожения/тёплое** warme Gärführung *f* ‖ **~ брожения/холодное** kalte Gärführung *f* ‖ **~ варки** *(Pap)* Kocherführung *f* ‖ **~ доменной плавки** *(Met)* Hochofenführung *f* ‖ **~ печи** *(Met, Gieß)* Ofenführung *f* ‖ **~ плавки** *(Met)* Schmelzführung *f* ‖ **~ солодоращения** Malzbereitungsprozeß *m (Mälzerei)* ‖ **~ сушки солода** Darrführung *f*, Darrschema *n*; Darregime *n (Mälzerei)* ‖ **~ телескопа** *s.* ~/часовое ‖ **~/часовое** *(Astr)* Nachführung *f (eines Fernrohrs)*
ведомость *f*/**багажная** *(Flg)* Gepäckliste *f*
ведомый 1. *(Masch)* getrieben *(z. B. Kettenrad)*; 2. *(Inf)* Slave…, Tochter…, Neben… ‖ **~ сетью** *(El)* netzgeführt
ведро *n*/**доильное** *(Lw)* Melkkanne *f*, Melkeimer *m*
ведущий *(Masch)* treibend *(z. B. Kettenrad)*
веер *m* Fächer *m* ‖ **~ равносигнальных зон** *(Rad)* Leitstrahlfächer *m* ‖ **~ разрежения** *(Aero)* Verdünnungsfächer *m (Prandtl-Meyer-Strömung)* ‖ **~ световых пучков** Lichtfächer *m*
веерность *f* Fächerung *f*
веерный Fächer…, fächerartig, fächerförmig
вездеход *m* geländegängiges Fahrzeug *n*, Geländefahrzeug *n*
везувиан *m (Min)* Vesuvian *m*
век *m* 1. Zeitalter *n*, Zeit *f*; Jahrhundert *n*, Säkulum *n*; 2. *(Geol)* Zeitabschnitt *m* einer Epoche *(entspricht der Bildungszeit einer Stufe)*
вековой *(Astr)* säkular
вектограф *m* Vektograph *m*, Stereovektograph *m*
вектор *m* 1. *(Math, Ph)* Vektor *m*; 2. *(El)* Zeiger *m (einer komplexen Wechselgröße)* ‖ **~/аксиальный** *s.* ~/осевой ‖ **~/базисный** Basisvektor *m (Elementarzelle)* ‖ **~ Бюргерса** *(Krist)* Burgers-Vektor *m (Versetzung)* ‖ **~ ветра** Windvektor *m* ‖ **~ вихра** Wirbelvektor *m* ‖ **~/вихревой** Wirbelvektor *m* ‖ **~ возмущения** Störungsvektor *m* ‖ **~/волновой** *(Ph)* Wellen[zahl]vektor *m* ‖ **~ вращения** Rotationsvektor *m* ‖ **~/временной** *s.* вектор 2. ‖ **~ деформаций** Deformationsvektor *m* ‖ **~/единичный** Einheitsvektor *m* ‖ **~ излучения** Strahlungsvektor *m* ‖ **~ итерации** *(Math)* Iterationsvektor *m* ‖ **~/касательный** *(Math)* Tangentenvektor *m* ‖ **~/ковариантный** *(Math)* kovarianter (dualer) Vektor *m* ‖ **~ колебания** Schwingungsvektor *m* ‖ **~/контравариантный** *(Math)* kontravarianter Vektor *m* ‖ **~ кривизны** *(Math)* Krümmungsvektor *m* ‖ **~ Лапласа** Laplacescher Vektor *m* ‖ **~ медленности** *(Geoph)* Slowness-Vektor *m*, „Langsamkeits"-Vektor *m* ‖ **~/направляющий** *(Math)* Richtungsvektor *m* ‖ **~ напряжения** *(El)* Spannungszeiger *m* ‖ **~ нормали** *(Math)* Normalenvektor *m* ‖ **~/нормированный** *(Math)* normierter Vektor *m* ‖ **~/осевой** *(Math)* axialer Vektor *m* ‖ **~ переноса** *(Math)* Translationsvektor *m* ‖ **~ Пойнтинга** *(Ph)* Poyntingscher Vektor *m*, Poynting-Vektor *m* ‖ **~ поля** Feldvektor *m* ‖ **~/пространственный** *(Math)* räumlicher (raumartiger) Vektor *m* ‖ **~/световой** Lichtvektor *m* ‖ **~/свободный** *(Math)* freier Vektor *m* ‖ **~/связанный** *(Math)* gebundener Vektor *m* ‖ **~/скользящий** linienflüchtiger Vektor *m* ‖ **~ скорости** Geschwindigkeitsvektor *m* ‖ **~ смещения** *(Math, Krist)* Verschiebungsvektor *m* ‖ **~/собственный** Eigenvektor *m* ‖ **~ сопротивления** *(El)* Widerstandszeiger *m* ‖ **~ состояния** Zustandsvektor *m* ‖ **~ тока** *(El)* Stromzeiger *m* ‖ **~ угловой скорости** *(Math)* Winkelgeschwindigkeitsvektor *m*, Vektor *m* der Winkelgeschwindigkeit
векториальность *f s.* анизотропия
векторкардиограмма *f* Vektorkardiogramm *n*
векторкардиограф *m* Vektorkardiograph *m*
векторный vektoriell, Vektor…
вектор-потенциал *m (Ph)* Vektorpotential *n*
вектор-прообраз *m (Math)* Urbildvektor *m*
вектор-решение *n (Math)* Lösungsvektor *m*
вектор-функция *f (Math)* Vektorfunktion *f* ‖ **~/линейная** lineare Vektorfunktion *f* ‖ **~/скалярная линейная** skalare lineare Vektorfunktion *f*
величина *f* 1. Größe *f*, Wert *m*, Betrag *m (s. a. unter* значение 1., параметр 1.*)*; 2. Maßzahl *f*; 3. *(Astr) s.* ~/звёздная ‖ **~/абсолютная** 1. absoluter Betrag *m*, absoluter Wert *m*, Absolutwert *m*, absolute Größe *f*; 2. *s.* ~/абсолютная звёздная ‖ **~/абсолютная [звёздная]** *(Astr)* absolute Helligkeit *f (normierte Sternhelligkeit)* ‖ **~/активная** *(Kyb)* Wirkgröße *f* ‖ **~/амплитудная** Amplitudenwert *m*, Amplitude *f* ‖ **~/аналоговая** *(Inf)* analoge Größe *f*, Analoggröße *f* ‖ **~/безразмерная** dimensionslose Größe *f* ‖ **~/бесконечная** unendlich großer Wert *m* ‖ **~/бесконечно малая** *(Math)* unendlich kleine

Größe *f* || **~/болометрическая звёздная** *(Astr)* bolometrische Helligkeit *f* || **~/векторная** Vektor *m*, vektorielle Größe *f* || **~/видимая звёздная** *(Astr)* scheinbare Helligkeit *f* || **~/визуальная звёздная** *(Astr)* visuelle Helligkeit *f* || **~/влияющая** Einflußgröße *f* || **~ внешнего возмущения** *(Reg)* Fremdstörgröße *f* || **~ внутреннего возмущения** *(Reg)* Eigenstörgröße *f* || **~ возврата** *(El)* Rückfallwert *m*, Rückgangswert *m*, Abfallwert *m (eines Relais)* || **~/возмущающая** *(Reg)* Störgröße *f* || **~/вторичная** sekundäre Größe *f* || **~/входная** *(Reg)* Eingangsgröße *f* || **~/выходная** *(Reg)* Ausgangsgröße *f* || **~/вычисляемая** zu berechnende Größe *f*, Rechengröße *f* || **~/геометрическая** geometrische Größe *f* || **~/геометрическая измеряемая** geometrische Meßgröße *f* || **~ двупреломления** *(Krist)* Doppelbrechungsgröße *f*, Doppelbrechungswert *m* || **~/действительная** Istgröße *f* || **~/действующая** Effektivwert *m*, effektiver (wirksamer) Wert *m* || **~/дискретная** diskrete Größe *f* || **~ добротности** Gütewert *m* || **~/дополнительная** *(Inf)* Komplementwert *m* || **~ допуска** *(Meß)* Toleranzwert *m*, Toleranzgröße *f* || **~/допустимая** zulässiger Wert *m* || **~ ёмкости** *(El)* Kapazitätswert *m* || **~/жёлтая звёздная** *(Astr)* Gelbhelligkeit *f* || **~/заданная** Vorgabegröße *f*, [vorgegebene] Sollgröße *f*; Vorgabewert *m*, [vorgegebener] Sollwert *m* || **~/задающая** *(Kyb)* Führungsgröße *f* || **~ заряда** 1. *(Eln)* Ladungsgröße *f*; 2. *(Bgb, Bw)* Ladungsgröße *f*, Ladungsmenge *f (Sprengstoff)* || **~ затухания** *(El)* Dämpfungsmaß *n* || **~/звёздная** *(Astr)* Größe *f*, Größenklasse *f (Maßeinheit für die Helligkeit eines Gestirns)* || **~ зёрен** Korngröße *f*, Körnung *f*; mittlerer Korndurchmesser *m* || **~/изменяющаяся** veränderliche Größe *f*, Variable *f* || **~/измеренная** gemessene Größe *f*, Meßgröße *f*, gemessener Wert *m* || **~/измеримая** meßbare Größe *f* || **~/измерительная** Meßgröße *f*, Meßwert *m* || **~/измеряемая** zu messende Größe *f*, Meßgröße *f* || **~ импульса** Impulsgröße *f* || **~ индуктивности** *(El)* Induktivitätswert *m* || **~ инкремента** *(Inf)* Schrittgröße *f* || **~/интенсивная** *(Therm)* intensive Größe *f*, Qualitätsgröße *f (von Systemgröße unbeeinflußt)* || **~/искомая** gesuchte Größe *f* || **~/истинная** Istwert *m*, wahrer Wert *m*, tatsächlicher Wert *m* || **~/исходная** Ausgangsgröße *f*, Ausgangswert *m*; Bezugsgröße *f* || **~/кажущаяся** scheinbare Größe *f*, Scheingröße *f* || **~/компенсирующая** Abgleichswert *m* || **~/критическая** kritische Größe *f*, kritischer Wert *m* || **~ линейного питания** *(Text)* Speiselänge *f (Kämmaschine)* || **~/максимальная** Höchstwert *m*, Maximalwert *m*, Größtwert *m* || **~/минимальная** Mindestwert *m*, Minimalwert *m*, Kleinstwert *m* || **~/мнимая** 1. imaginäre Größe *f*; 2. Blindgröße *f* || **~/направленная** gerichtete Größe *f* || **~ напряжения** *(El)* Spannungswert *m* || **~/неизвестная** unbekannte Größe *f* || **~/непрерывная** stetige Größe *f* || **~/номинальная** Nenngröße *f*, Nennwert *m* || **~/обратная** reziproke Größe *f*, Kehrwert *m* || **~/ожидаемая** Erwartungswert *m*, zu erwartende Größe *f (z. B. eines Meßwertes)* **~/опорная** Bezugsgröße *f*, Referenzgröße *f* || **~/оптимальная** optimaler Wert *m*, Optimum *n* || **~/оптимизируемая** zu optimierende Größe *f*, Optimierungsgröße *f* || **~/опытная** Versuchswert *m*; Erfahrungswert *m* || **~/ориентировочная** Richtwert *m* || **~/основная** Basisgröße *f*, Bezugsgröße *f* || **~/остаточная** Restwert *m*, Restbetrag *m* || **~ отклонения** 1. Regelabweichung *f*; 2. Größe *f* der Abweichung || **~/относительная** bezogener Wert *m*, Verhältniswert *m*, Relativwert *m* || **~ отпускания** Abfallwert *m (eines Relais)* || **~ отсчёта** Bezugsgröße *f*, Referenzgröße *f* || **~/переменная** Veränderliche *f*, Variable *f* || **~ переменного тока** *(El)* Wechselstromgröße *f* || **~ погрешности** *(Meß)* Fehlergröße *f*; Größe *f* einer Abweichung || **~/подкритическая** *(Ph)* unterkritischer Wert *m* || **~ поля** *(Ph)* Feldgröße *f* || **~ помех** *(Reg)* Störgröße *f* || **~/пороговая** *(Reg)* Schwell[en]wert *m*, Ansprechwert *m (eines Relais)* || **~/постоянная** Konstante *f*, konstante Größe *f*, Unveränderliche *f*; *(Inf)* Festwert *m* || **~/постоянная во времени** zeitkonstante Größe *f*, Zeitkonstante *f* || **~ постоянного тока** *(El)* Gleichstromgröße *f* || **~/предельная** Grenzwert *m*; *(Astr)* Grenzgröße *f* || **~/приближённая** Näherungswert *m* || **~ приращения** *(Inf)* Schrittgröße *f* || **~/производная** abgeleitete Größe *f* || **~/произвольная** beliebiger Wert *m* || **~ пролёта** *(Bw)* Spannweite *f*, Stützweite *f* || **~/радиометрическая звёздная** *(Astr)* radiometrische Helligkeit *f* || **~ разрыва** *s.* ~ скачка || **~/реактивная** *(El)* Blindgröße *f* || **~ регулирования/эквивалентная** äquivalente Regelgröße *f*, Ersatzregelgröße *f* || **~/регулируемая** zu regelnde Größe *f*, Regelgröße *f* || **~/регулирующая** regelnde Größe *f*, Stellgröße *f* || **~ регулирующего воздействия** *(Reg)* Stellgröße *f* || **~/сверхкритическая** *(Ph)* überkritischer Wert *m* || **~/световая** lichttechnische (photometrische) Größe *f (Sammelbegriff für Lichtstärke, Lichtstrom, Beleuchtungsstärke)* || **~ светочувствительности** *(Photo)* Empfindlichkeitswert *m* || **~ сдвига перекрытий** *(Text)* Zählzahl *f*, Steigerungszahl *f (Schußatlasbindung)* || **~ симметрии** *(Krist)* Symmetriegrad *m* || **~ системы/выходная** *(Reg)* Systemausgangsgröße *f* || **~ скачка** *(Ph)* Sprungwert *m*, Sprunggröße *f* || **~/случайная** *(Math)* Zufallsgröße *f (Wahrscheinlichkeitstheorie)* || **~/случайная переменная** Zufallsvariable *f (Statistik)* || **~ Солнца/звёздная** *(Astr)* Helligkeit *f* der Sonne *(im Größenklassensystem)* || **~ сопротивления** Widerstandswert *m* || **~/сравниваемая** Vergleichsgröße *f*, Vergleichswert *m* || **~/среднеквадратическая** quadratischer Mittelwert *m*, mittlerer quadratischer Wert *m* || **~/средняя** Mittel *n*, Mittelwert *m*, Durchschnitt [-swert] *m* || **~/статистическая** statistischer Wert *m* || **~/статистически достоверная** statistisch gesicherter Wert *m* || **~/стохастическая** *s.* случайная || **~ тока** *(El)* Strom[stärke]wert *m* || **~ трогания** *(Reg)* Ansprechwert *m (Relais)* || **~/угловая** Winkelgröße *f*, Winkelwert *m* || **~/ультрафиолетовая звёздная** *(Astr)* Ultraviolettheiligkeit *f* || **~/управляемая** *(Reg)* gesteuerte Größe *f* || **~/управляющая** Steuergröße *f* || **~/установочная** *(Reg)* Einstellgröße *f* || **~/фактическая** tatsächlicher Wert *m*, Istwert *m* || **~/фотовизуальная звёздная** *(Astr)* photovisuelle Helligkeit *f*, Gelbhelligkeit *f* ‖ **~/фотографическая звёздная** *(Astr)* photographische Helligkeit *f*, Blauhelligkeit *f* ‖ **~/характеристическая** Kenngröße *f* ‖ **~/цифровая** *(Inf)* digitale Größe *f* ‖ **~ частиц** Teilchengröße *f*, Korngröße *f* ‖ **~ шага** *(Inf)* Schrittgröße *f* ‖ **~ шероховатости** Rauh[igkeits]tiefe *f (Werkstückoberfläche)* ‖ **~ экспозиции** *(Photo)* Belichtungswert *m* ‖ **~/экстенсивная** *(Therm)* extensive Größe *f*, Quantitätsgröße *f* ‖ **~/эмпирическая** Faustwert *m*, Erfahrungswert *m*, empirischer Wert *m* ‖ **~/эталонная** Normalwert *m*

велосипед *m* Fahrrad *n* ‖ **~/горный** Mountainbike *n* ‖ **~/дорожный** Touren[fahr]rad *n* ‖ **~/легкодорожный** leichtes Tourenrad *n* ‖ **~/складной** Klappfahrrad *n* ‖ **~/спортивный** Sportrad *n*

велоэргометр *m* Fahrradergometer *n*

вельбот *m* Walboot *n*

венец *m* 1. *(Masch)* Kranz *m (Zahnrad) (s. a.* обода 2.*)*; 2. *(Bgb)* Geviert *n*, Kranz *m (Schachtausbau)*; 3. Schaufelkranz *m (Dampfturbine)*; 4. *(Astr)* Kranz *m* ‖ **~ звёздочки/зубчатый** *(Masch)* Kettenradkranz *m* ‖ **~/зубчатый** *(Masch)* Zahnkranz *m* ‖ **~ колодца/нижний** Brunnenkranz *m (Senkbrunnen)* ‖ **~ крепи [шахтного ствола]** *(Bgb)* Schachtkranz *m*, Schachtgeviert *n (Schachtausbau)* ‖ **~/лопаточный** *(Masch)* Schaufelkranz *m (Turbine)* ‖ **~/направляющий** Leitschaufelkranz *m (Turbine)* ‖ **~/опорный** *(Bgb)* Hauptgeviert *n*, Tragegeviert *n*, Tragkranz *m*, Mauerfuß *m (Schachtausbau)* ‖ **~/поворотный** *(Masch)* Umlenkkranz *m* ‖ **~/подвижный** *(Masch)* Laufkranz *m* ‖ **~ рабочего колеса** *s.* ~/рабочий ‖ **~/рабочий** Laufschaufelkranz *m (Dampfturbine, Gasturbine)* ‖ **~/рядовой** *(Bgb)* Ausbaukranz *m* ‖ **~/сопловой** Düsenkranz *m (Dampfturbine)* ‖ **~/тюбинговый** *(Bgb)* Tübbingkranz *m*, Tübbingring *m (Schachtausbau)* ‖ **~ форсунки/контрольный** Fühlnadel *f (Einspritzdüse; Dieselmotor)* ‖ **~/храповой** Sperrkanz *m*

венит *m (Geol)* Venit *m*, Adergneis *m*

вентерь *m* Bügelreuse *f*, Kummreuse *f (Fischfang)*

вентилирование *n s.* вентиляция

вентилировать 1. lüften, entlüften, belüften; 2. *(Bgb)* bewettern

вентиль *m* 1. Ventil *n (s. a. unter* клапан*)*; 2. *(El)* Gleichrichter *m (s. a. unter* выпрямитель*)*; 3. *(Inf)* Tor *n*, Gate *n*; Schaltglied *n*, Verknüpfungsglied *n*, Gatter *n*, Gatterschaltung *f (logische Schaltung)*; 4. Richtleiter *m (Mikrowellentechnik)* ‖ **~/баллонный** Gasflaschenventil *n*, Flaschenventil *n* ‖ **~ включающее ИЛИ** *(Inf)* [inklusives] ODER-Gatter *n* ‖ **~/водорегулирующий** Wasserregelventil *n* ‖ **~/водоспускной** Entwässerungsventil *n*, Wasserablaßventil *n* ‖ **~/входной** *(Inf)* Eingangsgatter *n* ‖ **~/высоковакуумный** Hochvakuumventil *n* ‖ **~ высокого давления** Hochdruckventil *n* ‖ **~/выходной** *(Inf)* Ausgangsgatter *n* ‖ **~/двойной** *(Inf)* Doppelgatter *n* ‖ **~/диодный** *(Inf)* Diodengatter *n* ‖ **~/дроссельный** Drosselventil *n* ‖ **~ И** *(Inf)* UND-Gatter *n* ‖ **~/игольчатый** Nadelventil *n* ‖ **~ ИЛИ** *(Inf)* ODER-Gatter *n* ‖ **~ ИЛИ-НЕ** *(Inf)* NOR-Gatter *n*, ODER-NICHT-Gatter *n* ‖ **~ И-НЕ** *(Inf)* UND-NICHT-Gatter *n*, NAND-Gatter *n* ‖ **~ исключающее ИЛИ** *(Inf)* Exklusiv-ODER-Gatter *n*, exklusives ODER-Gatter *n* ‖ **~ камеры** *(Kfz)* Schlauchventil *n* ‖ **~/лавинный** *(Eln)* Lawinengleichrichterdiode *f* ‖ **~/логический** *(Inf)* Logikgatter *n* ‖ **~/магистральный** Hauptabsperrventil *n*, Hauptleitungsventil *n* ‖ **~/мембранный** Membranventil *n* ‖ **~ НЕ** *(Inf)* NICHT-Gatter *n* ‖ **~/регулирующий** Regelventil *n* ‖ **~/редукционный** Druckreduzierventil *n*, Reduzierventil *n*, Druckminder[ungs]ventil *n*, Druckminderer *m* ‖ **~/сальниковый** *(Masch)* Stopfbuchsenventil *n* ‖ **~/сильфонный** Balgventil *n* ‖ **~/терморегулирующий** Temperaturregelventil *n*, thermostatisches Ventil *n* ‖ **~/трубопроводный** Rohrleitungsventil *n* ‖ **~/управляющий** Steuerventil *n* ‖ **~/фоточувствительный управляемый** Photothyristor *m* ‖ **~/электромагнитный** elektromagnetisches Ventil *n*, Magnetventil *n*

вентильный 1. *(Eln)* Ventil...; Gatter...; 2. *(Masch)* Ventil...

вентилятор *m* Ventilator *m*, Lüfter *m*; Gebläse *n* ‖ **~/аксиальный** Axiallüfter *m* ‖ **~/быстроходный** schnelläufiger Ventilator *m* ‖ **~/веерный** Fächerventilator *m* ‖ **~/винтовой** Schraubenlüfter *m* ‖ **~/всасывающий** Saugzugventilator *m* ‖ **~ высокого давления** Hochdruckventilator *m* ‖ **~/вытяжной** Absauglüfter *m*, Sauglüfter *m* ‖ **~ главного проветривания** *(Bgb)* Hauptgrubenlüfter *m* ‖ **~ горячего дутья** Heißluftventilator *m* ‖ **~/дутьевой** Frischlüfter *m*, Unterwindlüfter *m (Kesselfeuerung)* ‖ **~/коробчатый** Drehkolbengebläse *n*, Kapselgebläse *n*, Turbogebläse *n* ‖ **~/лопастный** Flügelradlüfter *m*, Axialventilator *m*, Axiallüfter *m* ‖ **~/нагнетательный** Drucklüfter *m* ‖ **~/настольный** Tischventilator *m* ‖ **~ нижнего дутья** Unterwindlüfter *m* ‖ **~/осевой** Axialventilator *m*, Axiallüfter *m* ‖ **~ отопления** Heizventilator *m*, Heizgebläse *n* ‖ **~/отсасывающий** *(Text)* Absaugventilator *m (Klettenwolf)* ‖ **~ отходящих газов** Abgasgebläse *n* ‖ **~/охлаждающий** Kühlgebläse *n* ‖ **~/печной** Ofengebläse *n* ‖ **~/поршневой** Kolbengeläse *n* ‖ **~/потолочный** Deckenfächer *m* ‖ **~/приточный** Zuluftventilator *m* ‖ **~ равного давления** Gleichdruckventilator *m* ‖ **~/рудничный** *(Bgb)* Grubenlüfter *m* ‖ **~ среднего давления** Mitteldrucklüfter *m* ‖ **~ трепальной машины** *(Text)* Schlagmaschinenlüfter *m*, Windflügel *m (Schlagmaschine)* ‖ **~/тяговый** Schubgebläse *n (Luftkissenfahrzeug)* ‖ **~/центробежный** Radialventilator *m*, Zentrifugallüfter *m* ‖ **~/шахтный** *(Bgb)* Grubenlüfter *m*

вентиляторная *f* Lüfterraum *m*

вентиляторостроение *n* Ventilatorbau *m*, Lüfterbau *m*

вентилятор-швырялка *m (Lw)* Wurfgebläse *n*, Wurfradfördergebläse *n*

вентиляционный 1. Belüftungs..., Lüfter..., Ventilations...; 2. *(Bgb)* Wetter..., Bewetterungs...

вентиляция *f* 1. Ventilation *f*, Lüftung *f*, Belüftung *f*; 2. *(Bgb)* Bewetterung *f*, Wetterführung *f (s. a. unter* проветривание 2.*)* ‖ **~/всасывающая** *(Bgb)* saugende Bewetterung *f* ‖ **~/вытяжная** Unterdruckführung *f*; Saugentlüftung *f* ‖ **~/естественная** 1. natürliche Lüftung *f*; 2. *(Bgb)* natürliche Bewetterung (Wetterführung) *f* ‖ **~ картера** *(Kfz)* Kurbelgehäuseentlüftung *f*;

Kurbelgehäusebelüftung *f* ‖ **~/нагнетательная** Überdrucklüftung *f*, Drucklüftung *f*; *(Bgb)* blasende Bewetterung *f* ‖ **~/отсасывающая** Sauglüftung *f*, Absauglüftung *f* ‖ **~/принудительная** Lüftung *f* mit Zwangsführung, Zwang[s]lüftung *f* ‖ **~/приточная** Drucklüftung *f*, Zwangsbelüftung *f*, Belüftung *f* ‖ **~/приточно-вытяжная** Be- und Entlüftung[seinrichtung] *f* ‖ **~/рудничная** *(Bgb)* Grubenbewetterung *f* ‖ **~/сквозная** Querlüftung *f*

вергентность *f (Geol)* Vergenz *f (Richtung, in die Faltenachsenflächen bzw. Schieferungsflächen geneigt sind)*

верёвка *f*/**разрывная** Reißleine *f* ‖ **~/рыболовная** Fischereileine *f*

веретено *n (Text)* Spindel *f (Spinn- und Zwirnmaschinen)* ‖ **~/больное** fehlerhafte Spindel *f (Ringspinnmaschine)* ‖ **~ двойного кручения** Doppeldrahtzwirnspindel *f*, D-D-Spindel *f* ‖ **~/дисковое** Scheibenspindel *f (Zwirnmaschine)* ‖ **~/карасное** Karaßspindel *f (Zwirnmaschine)* ‖ **~/катушечное** Spulenspindel *f* ‖ **~/колпачное** Glockenspindel *f* ‖ **~/кольцепрядильное** Ringspindel *f (Ringspinnmaschine)* ‖ **~ крутильно-вытяжной машины** Reckzwirnspindel *f* ‖ **~ ложного кручения** Falschdrahtspindel *f* ‖ **~ многократного кручения** Mehrfachdrahtzwirnspindel *f* ‖ **~/опережающее** voreilende Spindel *f* ‖ **~/плетельное** Flechtklöppel *m* ‖ **~/полое** Hohlspindel *f* ‖ **~/рогульчатое** Flügelspindel *f* ‖ **~/роликовое** Rollenlagerspindel *f* ‖ **~ якоря** *(Schiff)* Ankerschaft *m*

веретенообразный spindelförmig

веркблей *m (Met)* Werkblei *n*, Rohblei *n*, Hüttenblei *n*

вермикулит *m (Min)* Vermikulit *m (Glimmer)* ‖ **~/вспученный** Blähglimmer *m*, Blähvermikulit *m*

вермикулитобетон *m (Bw)* Vermikulitbeton *m*

вернерит *m s.* скаполит

верность *f* **воспроизведения** Wiedergabetreue *f*, Wiedergabegenauigkeit *f*

верньер *m (Geod)* Nonius *m* ‖ **~/обратный** vortragender Nonius *m* ‖ **~/прямой** nachtragender Nonius *m* ‖ **~/угловой** Winkelnonius *m*

верньерный Nonius…

вероятностный Wahrscheinlichkeits…

вероятность *f* Wahrscheinlichkeit *f* ‖ **~/абсолютная** absolute Wahrscheinlichkeit *f* ‖ **~/выборочная** *(Math)* Stichprobenwahrscheinlichkeit *f* ‖ **~ выживания** Überlebenswahrscheinlichkeit *f* ‖ **~/доверительная** statistische Sicherheit *f*, Konfidenzniveau *n*, Konfidenzkoeffizient *m* ‖ **~ забракования** Rückweisewahrscheinlichkeit *f (statistische Qualitätskontrolle)* ‖ **~ занятости** *(Nrt)* Belegungswahrscheinlichkeit *f* ‖ **~ захвата** *(Kern)* Einfangwahrscheinlichkeit *f* ‖ **~ испускания** *(Kern)* Emissionswahrscheinlichkeit *f* ‖ **~ ложной тревоги** *(Rad)* Wahrscheinlichkeit *f* der Falschzielmeldung *f*; Wahrscheinlichkeit *f* eines Fehlalarms ‖ **~/нулевая** Nullwahrscheinlichkeit *f* ‖ **~ обнаружения** *(Rad)* Ortungswahrscheinlichkeit *f*; Entdeckungswahrscheinlichkeit *f* ‖ **~ отказа** 1. Ablehnungswahrscheinlichkeit *f (statistische Qualitätskontrolle)*; 2. Ausfallwahrscheinlichkeit *f* ‖ **~ ошибки** Fehlerwahrscheinlichkeit *f* ‖ **~ ошибки первого рода** *(Math)* Signifikanzniveau *n* ‖ **~ перехода** Übergangswahrscheinlichkeit *f (Quantenmechanik)* ‖ **~ поглощения** Absorptionswahrscheinlichkeit *f (s. a.* ~ захвата*)* ‖ **~ поражения** Verletzungswahrscheinlichkeit *f* ‖ **~ приёмки** Annahmewahrscheinlichkeit *f (statistische Qualitätskontrolle)* ‖ **~ прилипания** *(Kern)* Anlagerungswahrscheinlichkeit *f* ‖ **~ проникновения** *(Kern)* Eindringungswahrscheinlichkeit *f* ‖ **~ распада** *(Kern)* Zerfallswahrscheinlichkeit *f* ‖ **~ рекомбинации** *(Kern)* Rekombinationswahrscheinlichkeit *f* ‖ **~ события** Eintrittswahrscheinlichkeit *f* ‖ **~ соударения** *(Kern)* Stoßwahrscheinlichkeit *f* ‖ **~ столкновения** *(Kern)* Stoßwahrscheinlichkeit *f*; Trefferwahrscheinlichkeit *f*; Kollisionswahrscheinlichkeit *f* ‖ **~/термодинамическая** thermodynamische Wahrscheinlichkeit *f (Maxwell-Boltzmann-Statistik)* ‖ **~ удара** *(Kern)* Trefferwahrscheinlichkeit *f* ‖ **~ удачи** *(Math)* Erfolgswahrscheinlichkeit *f*

верп[-анкер] *m (Schiff)* Warpanker *m*, Wurfanker *m*

верпование *n (Schiff)* Warpen *n*, Verholen *n* durch Warpen

верповать *(Schiff)* warpen, durch Warpen verholen

версия *f (Inf)* Version *f (eines Programms)* ‖ **~/ленточная** Bandfassung *f*, Bandversion *f*

верста *f (Bw)* Außenschicht *f (bei einer Wanddicke von zwei oder mehreren Steinen)*

верстак *m* Werkbank *f*, Arbeitsbank *f*, Werktisch *m* ‖ **~/слесарный** Feilbank *f* ‖ **~/строгальный** Hobelbank *f* ‖ **~/формовочный** *(Gieß)* Formbank *f*

вёрстка *f* 1. *(Typ)* Umbruch *m*; 2. Ausrichtung *f*

вертекс *m (Astr)* Vertex *m*, Fluchtpunkt *m*

вертёлка *f (Text)* Kettenwirkmaschine *f* [mit Spitzennadeln] ‖ **~/быстроходная** Schnelläufer-Kettenwirkmaschine *f* ‖ **~/двухфонтурная** zweifonturige (zweinadelbarrige) Kettenwirkmaschine *f* ‖ **~/тихоходная** normallaufende Kettenwirkmaschine *f*

вертикал *m* 1. *(Math)* Lot *n*, Senkrechte *f*; 2. *(Astr)* Vertikal *m*, Vertikalkreis *m*, Höhenkreis *m (Großkreis an der Himmelssphäre)*

вертикаль *f* Lotlinie *f*, Lot *n*; Vertikale *f*, Senkrechte *f* ‖ **~/инерциальная** *(Aero)* Trägheitsvertikale *f*

вертикальновзлетающий *(Flg)* senkrechtstartend; senkrechtstartfähig

вертикальносадящийся *(Flg)* senkrechtlandend; senkrechtlandefähig

вертикальный 1. vertikal, senkrecht, lotrecht; 2. *(Bgb)* seiger

вертикант *s.* гировертикант

вертлюг *m* 1. Wirbel *m*, Drehbolzen *m*; 2. *(Schiff)* Wirbel *m (Ankerkette)*; Lümmel *m (Ladebaum)*; Drehbolzen *m (Schwergutbaumkopf)*; 3. *(Bgb)* Spülkopf *m*, Drehkopf *m (Bohrung)* ‖ **~/канатный** Seilwirbel *m* ‖ **~/трубный** Rohrwirbel *m* ‖ **~ тумбовой установки** Sockelgabel *f* ‖ **~/цепной** Kettenwirbel *m* ‖ **~ шпора** *(Schiff)* Lümmel *m (Ladebaum)* ‖ **~ якорной цепи** *(Schiff)* Ankerkettenwirbel *m*

вертодром Hubschrauberlandeplatz *m*

вертолёт *m (Flg)* Hubschrauber *m*, Helikopter *m* ‖ **~ аварийно-спасательной службы** Rettungshubschrauber *m* ‖ **~/военный** Militärhubschrauber *m* || **~/всепогодный** Allwetterhubschrauber *m* || **~/грузовой** Frachthubschrauber *m* || **~/комбинированный** Kombinationshubschrauber *m* || **~/крылатый** Verbundhubschrauber *m* || **~ продольной схемы** Tandemrotorhubschrauber *m* || **~/реактивный** Strahlhubschrauber *m*, Hubschrauber *m* mit Strahltriebwerk || **~/рейсовый** Linienhubschrauber *m* || **~ соосной схемы** Hubschrauber *m* mit Koaxialtragschrauben || **~/транспортнодесантный** Luftlandehubschrauber *m* || **~/транспортный** Transporthubschrauber *m*

вертолёт-буксировщик *m* Schlepphubschrauber *m*

вертолёт-истребитель *m* Jagdhubschrauber *m*

вертолёт-кран *m* Kranhubschrauber *m*, fliegender Kran *m*

вертолётоносец *m (Mil)* Hubschrauberträger *m*

вертушка *f* 1. Flügelrad *n*, Flügel *m*; 2. *(Eb)* Pendelzug *m*; 3. *(Schw) (besondere Ausführung einer)* Drahtspule *f* || **~ Вольтмана** *s.* водомер Вольтмана || **~/гидрометрическая** [hydrometrischer] Flügel *m*, Strömungsmesser *m*, Flügelrad[durchfluß]messer *m* || **~ заборного лага** *(Schiff)* Logpropeller *m (Schlepplog)* || **~/измерительная** Meßflügel *m*, Meßflügelrad *n* || **~ радиометра** Radiometerflügel *m*

верфь *f (Schiff)* Werft *f*, Schiffswerft *f* || **~/большая судостроительная** Großwerft *f* || **~/судоремонтная** Schiffsreparaturwerft *f*, Reparaturwerft *f* || **~/судосборочная** Schiffsmontagewerft *f* || **~/судостроительная** Schiffbauwerft *f*, Schiffswerft *f* || **~/шлюпочная** Bootswerft *f*

верх *m* 1. Oberteil *n*; Krone *f*; 2. *(Kfz)* Verdeck *n*; 3. Gipfel *m*, Spitze *f* || **~ вышки** *(Bgb)* Turmkrone *f (Bohrturm)* || **~/откидной** *(Kfz)* Klappverdeck *n* || **~/складной** *(Kfz)* Klappverdeck *n*

верхник *m* 1. Oberteil *n*, Kopfstück *n (z. B. eines Schnittwerkzeugs)*; 2. Stempelkopf *m (einer Presse)* || **~ обжимки** *(Schm)* Gesenkhammer *m* || **~ штампа** *(Schm)* Obergesenk *n*

верхняк *m* 1. Oberteil *n*, Kappe *f*; 2. *(Bgb)* Kappe *f (Ausbau)*

верховодка *f (Geol)* oberes Bodenwasser *n*; *(Bw)* schwebendes Grundwasser *n*

верховье *n (Hydrol)* Oberlauf *m (Fluß)* || **~ плотины** *(Hydt)* Dammstirnfläche *f*

верхушка *f* 1. Spitze *f*, Kuppe *f*, Gipfel *m*; 2. Wipfel *m* || **~ импульса** *(El)* Impulsdach *n*

верчение *n (Trib)* Bohren *n (bei Bohrreibung z. B. in Lagern)*

верша *f* Reuse *f*, Fangreuse *f*, Korbreuse *f (Fischfang)*

вершина *f* 1. Gipfel *m*, Spitze *f*; Erhebung *f*, Höhe *f*; 2. *(Astr)* Scheitelpunkt *m*; 3. *(Masch)* Profilspitze *f (z. B. am Zahnrad)*; 4. *(Math)* Scheitel *m (Winkel)*; Eckpunkt *m (geometrischer Körper)*; 5. Knoten *m*, Knotenpunkt *m (Graphentheorie)*; 6. *(Forst)* Zopfende *n*, Wipfelende *n (Baumstamm)* || **~ арки** *(Bw)* Bogenscheitel *m*, Scheitel *m* || **~ волны** 1. Wellenberg *m*, Wellenkamm *m*; 2. *(Masch)* Kuppe *f (beim Welligkeitsprofil)* || **~ горки** *(Eb)* Scheitel *m (Ablaufberg)* || **~ горы** Bergspitze *f*, Bergkuppe *f* || **~ зуба** *(Masch)* Zahnspitze *f (am Kopfkreis des Zahnrads)* || **~ импульса** Impulsdach *n*, Impulsplateau *n* || **~ калибра** *(Wlz)* Kalibergrund *m* || **~ конуса** *(Math)* Kegelspitze *f* || **~ линзы** *(Opt)* Linsenscheitel *m* || **~ лопаты** *(Masch)* Schaufelspitze *f*, Schaufelkopf *m (Turbine)* || **~ неровности** *(Fert)* Kuppe *f (Rauhigkeitsprofil)* || **~ початка** *(Text)* Kopsspitze *f*, Kegelspitze *f* des Kopses || **~ режущей кромки** *(Wkz)* Schneidenecke *f (Schneidwerkzeug)* || **~ резца** *(Wkz)* 1. Meißelspitze *f*, Meißelecke *f*; 2. Schneidkopf *m* || **~ резьбы** *(Wkz)* Gewindespitze *f* || **~ стека** *(Inf)* Stackspitze *f*, Kellerspitze *f* || **~ траектории** *(Flg, Rak)* Flugbahnscheitel *m*; Gipfelpunkt *m* der Flugbahn *(Ballistik)* || **~ трещины** *(Wkst)* Rißspitze *f* || **~ угла** *(Math)* Scheitel *m (Winkel)*, Winkelscheitel *m*

вершник *m* **батана** *(Text)* Ladendeckel *m*, Deckel *m (Webstuhl)*

вес *m* 1. Masse *f (kg)*; 2. Gewichtskraft *f (Newton)*; 3. *s.* ~/статистически; 4. Gewicht *n*, Gewichtsfaktor *m (Statistik)* || **~/взлётный** *(Flg)* Startmasse *f*, Abflugmasse *f* || **~ впрыскиваемой порции** *(Kst)* Schußmasse *f*, Füllmasse *f* || **~/гольевой** *(Led)* Blößenmasse *f* || **~/грамм-молекулярный** relative Molekülmasse *f* in Gramm, Grammol[ekül] *n*, Mol *n* || **~ двигателя/литровый** *(Kfz)* hubraumbezogene Motormasse *f* || **~ двигателя/удельный** *(Kfz)* spezifische Motormasse *f* || **~/истинный молекулярный** wahre Molekülmasse *f* || **~/кондиционный** *(Text)* Konditionsmasse *f*, Garnhandelsmasse *f* || **~/литровый** *(Kfz)* Hubraummasse *f* || **~/маховой** Schwungmasse *f* || **~/мокросолёный** *(Led)* Salzmasse *f* || **~/молекулярный** relative Molekülmasse *f* || **~/насыпной** Schüttgewicht *n*, Schüttwichte *f*; Schüttdichte *f* || **~/общий** Gesamtmasse *f* || **~/объёмный** Raumwichte *f*, Raumgewicht *n*; Wichte *f* || **~/отмочный** *(Led)* Weichmasse *f* || **~/отнесённый к единице площади** Flächenbelegung *f*; flächenbezogene Masse *f (z. B. Papier, Gewebe; kg/m², g/m²)* || **~/относительный [удельный]** relative Wichte *f*, Wichtezahl *f*, Relativgewicht *n*, relatives Gewicht *n* || **~/парной** *(Led)* Frischmasse *f*, Grünmasse *f* || **~ погонного метра** *(Eb)* auf einen Meter bezogene Zugmasse *f*, Masse *f* pro Meter, Streckenmasse *f* || **~ поезда/тормозной** *(Eb)* gebremste Zugmasse *f* || **~/полётный** *(Flg)* Flugmasse *f* || **~/порожний** Leermasse *f* || **~/посадочный** *(Flg)* Landemasse *f* || **~/стартовый** *(Rak)* Startmasse *f* || **~/статистический** *(Papierherstellung)* Entartungsgrad *m*, Entartung *f*, [statistisches] Gewicht *n (Quantenmechanik)* || **~/технический молекулярный** technische (scheinbare) Molekülmasse *f* || **~ тысячи зёрен** Tausendkornmasse *f* || **~/удельный** Wichte *f (physikalische Größenart zur Bestimmung des Auftriebs)* || **~/удельный погрузочный** Staugewicht *n (Schiffsladung)* || **~/эквивалентный** Äquivalentmasse *f*

весло *n (Schiff)* Ruder *n*, Riemen *m*, Paddel *n*

весновспашка *f (Lw)* Frühjahrsfurche *f*

весок *m (Schiff)* Lot *n (Krängungsversuch)*

весомер *m* Flächengewichtsmeßgerät *n*

весомость *f* Wägbarkeit *f*

весы *pl* Waage *f* || **~/автомобильно-вагонные** kombinierte Gleis-Straßenfahrzeugwaage *f* || **~/автомобильные** Straßenfahrzeugwaage *f*;

Kraftfahrzeugwaage *f* ll **~/аналитические** Analysenwaage *f*, Feinwaage *f* ll **~/аптекарские** Apothekerwaage *f* ll **~/аэродинамические** *(Aero)* aerodynamische Waage *f*, Windkanalwaage *f*, Komponentenwaage *f* ll **~/багажные** Gepäckwaage *f* ll **~/барабанные** Drehgefäßwaage *f* ll **~/бункерные** Bunkerwaage *f* ll **~/быстродействующие** Analysenschnellwaage *f*, Schnellwaage *f* ll **~/бытовые** Haushaltwaage *f* ll **~/вагонные** *(Eb)* Gleis[fahrzeug]-waage *f* ll **~ Вестфаля** Westphalsche Waage *f* *(Dichtebestimmung)* ll **~/гидростатические** hydrostatische Waage *f* ll **~/двухкомпонентные** *(Aero)* Zweikomponentenwaage *f* ll **~/десятичные** Dezimalwaage *f* ll **~/затаривающие** Absackwaage *f* ll **~/каратные** Karatwaage *f* ll **~/квадратные** Neigungswaage *f* ll **~/колошниковые** *s.* ~/шихтовые ll **~/конвейерные** *s.* ~/ленточные ll **~/кондиционные** Konditionierwaage *f* ll **~/контрольные обраковочные** selbsttätige Kontrollwaage *f* ll **~/коромысловые** Hebelwaage *f* ll **~/крутильные** Drehwaage *f*, Torsionswaage *f* ll **~/лабораторные** Laborwaage *f*, chemische Waage *f* ll **~/ленточные** Förderbandwaage *f*, Bandwaage *f* ll **~/ленточные распределительные** Zuteilerbandwaage *f* ll **~/ленточные тактовые** Taktbandwaage *f* ll **~/магнитные** Magnetwaage *f*, Feldwaage *f* ll **~/микроаналитические (микрохимические)** Mikro[analysen]waage *f*, mikrochemische Analysenwaage *f* ll **~/мостовые** Brükkenwaage *f* ll **~/настольные** Tafelwaage *f* ll **~ непрерывного действия** Waage *f* mit kontinuierlichem Wägeprozeß ll **~/неравноплечные** ungleicharmige Hebelwaage *f* ll **~/образцовые** Normalwaage *f* ll **~/передвижные** transportable Waage *f* ll **~/платформенные** Brückenwaage *f* ll **~ плюс-минус** Plus-Minus-Waage *f* ll **~/подвесные** Hängewaage *f* ll **~/порционные** Dosierwaage *f* ll **~/прецизионные** Präzisionswaage *f*, Feinwaage *f* ll **~/пружинные** Federwaage *f* ll **~/путевые** *(Eb)* Gleiswaage *f* ll **~/равноплечные** gleicharmige Hebelwaage *f* ll **~/рычажные** Hebelwaage *f* ll **~/сдвоенные** Waagenpaar *n* ll **~/седиментационные** Sedimentationswaage *f* ll **~/соединённые** Verbundwaage *f* ll **~/сортировочные** Sortierwaage *f* ll **~/сотенные** Zentesimalwaage *f* ll **~/стрелочные** Zeigerwaage *f* ll **~/счётные** Zählwaage *f* ll **~/термические** Thermowaage *f* ll **~/техн[ик]охимические** chemisch-technische Waage *f* ll **~/токовые** Stromwaage *f* *(Normaleinrichtung zur Darstellung der elektrischen Stromstärke)* ll **~/ультрамикрохимические** Ultramikrowaage *f* ll **~/шихтовые** *(Met)* Möllerwaage *f*; *(Gieß)* Gattierungswaage *f* ll **~ Этвеша/крутильные** Eötvös-Drehwaage *f*, Drehwaage *f* [von Eötvös]

весы-дозатор *pl* Dosierwaage *f*

весы-смесители *pl* Gattierwaage *f*

ветвиться sich verzweigen

ветвление *n* Verzweigung *f* ll **~ программы** *(Inf)* Programmverzweigung *f* ll **~ трещины** *(Wkst)* Rißverzweigung *f*

ветвь *f* 1. *(Forst)* Zweig *m*, Ast *m*; 2. Abzweigung *f*; 3. *(Math)* Ast *m (einer Kurve)*; 4. Trum *m(n)* *(Fördertechnik)* ll **~/верхняя** Obertrum *m* ll **~/восходящая** 1. aufsteigender Ast *m (einer Kurve)*; 2. *s.* ~ траектории/восходящая ll **~ Галактики** *s.* ~/спиральная ll **~ гигантов** *(Astr)* Riesenast *m (im Hertzsprung-Russell-Diagramm)* ll **~/главная** *(Astr)* Hauptreihe *f*, Hauptast *m*, Zwergenast *m* ll **~/гружёная** belasteter (beladener) Trum *m* ll **~ жилы** *(Bgb, Geol)* Gangtrum *m* ll **~ интерферометра** *(Meß)* Teilstrahlenbündel *n* im Interferometer ll **~/канатная** Seilstrang *m*, Seiltrum *m* ll **~ карликов** *s.* ~/главная ll **~/концевая** Endstrang *m (Rollenzug)* ll **~ кривой** Ast *m (einer Kurve)*; Kurvenast *m* ll **~ метеорного потока** *(Astr)* Zweig *m* des Meteorstromes, Stromzweig *m* ll **~ напряжения** *(El)* Spannungszweig *m* ll **~/несущая нижняя** *(Förd)* förderndes Unterband *n*, fördernder Untertrum *m* ll **~/нисходящая** 1. absteigender Ast *m (einer Kurve)*; 2. *(Förd)* niedergehender Strang *m* ll **~/основная** *s.* ~/главнао; 3. *s.* ~ траектории/низкоходящая ll **~/полиспаста** Seilstrang *m* des Rollenzuges ll **~/порожняя** Leertrum *m*, Leerstrang *m* ll **~ программы** *(Inf)* Programmzweig *m* ll **~/рабочая** arbeitender (fördernder) Trum *m*, Fördertrum *m* ll **~ ремня** *(Masch)* Riementrum *m* ll **~ рогульки** *(Text)* Flügelarm *m* *(Flyer)* ll **~ сетки** *(Pap)* Siebtrum *m* ll **~/спиральная** *(Astr)* Spiralarm *m (z. B. im Milchstraßensystem)* ll **~ стрелочного перевода** *(Eb)* Weichenstrang *m* ll **~ сукна** *(Pap)* Filztrum *m*, Filzstrang *m* ll **~/токоведущая** *(El)* Strompfad *m* ll **~ траектории/восходящая** ansteigender Ast *m* der Flugbahn ll **~ траектории/нисходящая** abfallender Ast *m* der Flugbahn ll **~/холостая** *(Förd)* Leerstrang *m*, Leertrum *m*, leerlaufender Trum *m* ll **~ цепи** *(Förd)* Kettentrum *m* ll **~/шунтовая** *(El)* Nebenschlußzweig *m* ll **~ электронного захвата** *(Kern)* Elektroneneinfangszweig *m*

ветер *m (Meteo)* Wind *m* ll **~/анабатический** anabatischer (aufsteigender) Wind *m*, Aufwind *m* ll **~/береговой** *s.* бриз/береговой ll **~/боковой** Seitenwind *m*, Dwarswind *m* ll **~/бурный** *s.* ~/очень крепкий ll **~/вихревой** Wirbelwind *m* ll **~/восходящий** *s.* ~/анабатический ll **~/встречный** *s.* ~/противный ll **~/геострофический** geostrophischer Wind *m* ll **~/градиентный** Gradientwind *m* ll **~/долинный** Talwind *m* ll **~/звёздный** Stern[en]wind *m* ll **~/ионосферный** Ionosphärenwind *m* ll **~/катабатический** katabatischer (absteigender) Wind *m*, Abwind *m* ll **~/крепкий** steifer Wind *m* ll **~/лёгкий** leichte Brise *f* ll **~/ледниковый** Gletscherwind *m* ll **~/лобовой** *s.* ~/противный ll **~/морской** *s.* бриз/морской ll **~ на высотах** Höhenwind *m* ll **~/нисходящий** *s.* ~/катабатический ll **~/очень крепкий** stürmischer Wind *m* ll **~/очень лёгкий** leiser Zug *m* ll **~/попутный** Rückenwind *m* ll **~/порывистый** böiger Wind *m* ll **~/противный** Gegenwind *m* ll **~ с суши** ablandiger Wind *m* ll **~/свежий** frische Brise *f* ll **~/сдвигающийся** Scherwind *m* ll **~/сильный** starker Wind *m* ll **~/слабый** schwache Brise *f* ll **~/солнечный** *(Astr)* Sonnenwind *m* ll **~ трения** Reibungswind *m* ll **~/умеренный** mäßige Brise *f* ll **~/ураганный** orkanartiger Wind *m*

ветка *f (Eb)* 1. Gleisanschluß *m*, Anschlußgleis *n*; 2. Anschlußstrecke *f*, Zweigstrecke *f*

ветреница *f* Windriß *m*, Strahlenriß *m*, Luftriß *m* *(Holzfehler)*
ветровал *m (Forst)* Windbruch *m*
ветрогенератор *m* Windgenerator *m*, Windturbine *f*
ветродвигатель *m* Windkraftanlage *f*, Windturbine *f*, Windmotor *m* ‖ **~/карусельный** Windturbine *f* mit vertikaler Welle und Windfang ‖ **~/крыльчатый** Flügelradwindturbine *f*, Flügelradwindmotor *m* ‖ **~/роторный** *s.* ~/карусельный
ветродвижитель *m (Schiff)* Turbosegel *n*
ветродинамо *n***/осветительное** Windlichtmaschine *f*
ветроиспользование *n* Windausnutzung *f*
ветроколесо *n* Windrad *n (Windkraftmaschine)* ‖ **~/крыльчатое** Flügelwindrad *n*
ветромер *m* Windmeßgerät *n*, Windmesser *m*
ветроотбойник *m (Schiff)* Düsenschanzkleid *n (an der Brückennock)*
ветропрочность *f* Windfestigkeit *f*
ветросиловой Windkraft...
ветрочёт *m (Flg)* Dreieckrechner *m*, Abdriftrechner *m*
ветроэлектростанция *f* Windkraftwerk *n*
ветроэнергетика *f* Windenergietechnik *f*
ветрянка *f* 1. *(Bw, Holz)* Windriß *m (Holzfehler)*; 2. Windmühlenrad *n*
ветхий *(Bw)* baufällig, abbruchreif
веха *f* 1. *(Geod)* Fluchtstab *m*, Bake *f*; 2. *(Schiff)* Bake *f* ‖ **~/волномерная** *(Hydrol)* Wellenpegel *m* ‖ **~/нивелирная** *(Geod, Bw)* Nivellierpflock *m (Topographie)*
вещание *n* 1. *(Rf, TV)* Sendung *f*; 2. *(Nrt)* Rundsendung *f* ‖ **~/звуковое** Hör[rund]funk *m* ‖ **~/местное** Regionalsendung *f* ‖ **~/проводное** Draht[rund]funk *m* ‖ **~/проводное телевизионное** Kabelfernsehen *n* ‖ **~/телевизионное** Fernsehen *n* ‖ **~/цветное [телевизионное]** Farbsendung *f*; Farbfernsehen *n*
вещать *(Rf, TV)* senden
вещественный stofflich, substantiell
вещество *n* Stoff *m*, Substanz *f*; Material *n (s. a. unter* материал 1. *und* агент*)* ‖ **~/абсорбирующее** *(Ch)* absorbierender Stoff *m*, Absorbens *n*, Absorptionsmittel *n* ‖ **~/адгезионное** Haftvermittler *m* ‖ **~/адсорбированное** *(Ch)* adsorbierter (aufgenommener) Stoff *m*, Adsorbat *n*, Adsorptiv *n* ‖ **~/адсорбируемое** *(Ch)* zu adsorbierender Stoff *m* ‖ **~/адсорбирующее** *(Ch)* adsorbierender (aufnehmender) Stoff *m*, Adsorbens *n*, Adsorptionsmittel *n* ‖ **~/азотистое** Stickstoffverbindung *f*, stickstoffhaltige Verbindung *f* ‖ **~/активирующее** *(Ch)* Aktivierungsmittel *n*; Aktivator *m*, Promotor *m*, synergetischer Verstärker *m (Katalyse)* ‖ **~/активное** *(Ch)* aktiver (wirksamer) Stoff *m*, Aktivstoff *m*, Wirkstoff *m* ‖ **~/аморфное** amorpher Stoff *m* ‖ **~/антивуалирующее** *(Photo)* Klarhalter *m*, Antischleiermittel *n* ‖ **~/антигризутное взрывчатое** *(Bgb)* Wettersprengstoff *m*, Sicherheitssprengstoff *m* ‖ **~/аппретирующее** *(Text)* Appret *n(m)*, Appreturmittel *n*; Appret *n*, Haftmittel *n*, Haftvermittler *m (für Glasfasern)*; Finish *n(m) (für Glasgewebe)* ‖ **~/ароматическое** *(Ch)* Aromastoff *m*, Aroma *n* ‖ **~/балластное** Ballaststoff *m* ‖ **~/белковое** Eiweißstoff *m*, Eiweißkörper *m* ‖ **~/бомбардируемое** beaufschlagter Werkstoff *m* ‖ **~/бризантное взрывчатое** brisanter Sprengstoff *m* ‖ **~/взвешенное** suspendierter Stoff *m*, Schweb[e]stoff *m* ‖ **~/взрывчатое** Sprengstoff *m*, Explosivstoff *m*; *(Bgb)* Sprengmittel *n* ‖ **~/вкусовое** Geschmacksstoff *m* ‖ **~/водосмягчающее (водоумягчающее)** Wasserenthärter *m*, Wasserenthärtungsmittel *n* ‖ **~/воздушное вяжущее** *(Bw)* nichthydraulisches Bindemittel *n* ‖ **~/волокнистое** *(Text)* Faserstoff *m* ‖ **~/вредное** Schadstoff *m* ‖ **~/вспомогательное** Hilfsstoff *m* ‖ **~/вулканизирующее** *(Gum)* Vulkanisationsmittel *n* ‖ **~/вырожденное** *(Astr)* entartete Materie *f* ‖ **~/высокополимерное** *(Ch)* hochpolymerer Stoff *m*, Hochpolymer[e] *n* ‖ **~/высушиваемое** Trocknungsgut *n*, zu trocknendes Gut *n* ‖ **~/высушивающее** Trockenmittel *n*, Trockner *m* ‖ **~/вяжущее** Bindemittel *n*, Binder *m* ‖ **~/газообразное** gasförmiger Stoff *m* ‖ **~/газопоглощающее (геттерирующее)** Getterstoff *m*, Getter *m(n) (Vakuumtechnik)* ‖ **~/гидравлическое вяжущее** *(Bw)* hydraulisches Bindemittel *n* ‖ **~/горючее** Brennstoff *m*, Kraftstoff *m* ‖ **~/гранулированное взрывчатое** granulierter Sprengstoff *m* ‖ **~/дегазирующее** *(Met)* Entgasungsmittel *n*, Spülmittel *n* ‖ **~ деления** *s.* ~/делящееся ‖ **~/делящееся** *(Kern)* spaltbares Material *n*, Spaltstoff *m* ‖ **~/дозвёздное** *(Astr)* prästellare Materie *f* ‖ **~/дочернее** *(Kern)* Tochterprodukt *n*, Tochtersubstanz *f* ‖ **~/дробящее взрывчатое** brisanter Sprengstoff *m* ‖ **~/жировое** *(Ch)* Fettstoff *m*, Fettsubstanz *f* ‖ **~/жирующее** *(Led)* Fettungsmittel *n* ‖ **~/загрязняющее** *(Ökol)* Schmutzstoff *m* ‖ **~/загрязняющее воду** Wasserschmutzstoff *m* ‖ **~/загрязняющее воздух** Luftschmutzstoff *m* ‖ **~/загрязняющее опасное** gefährlicher Schmutzstoff *m* ‖ **~/загрязняющее токсичное** toxischer Schmutzstoff *m* ‖ **~/закрепляющее** *(Photo)* Fixiermittel *n* ‖ **~/замасливающее** *(Text)* Schmälzmittel *n*, Schmälze *f* ‖ **~ затравки** *(Gieß)* Impflegierung *f* ‖ **~/защитное** Schutzstoff *m*, Abwehrstoff *m* ‖ **~/звёздное** *(Astr)* stellare Materie *f* ‖ **~/земное** *(Astr)* irdische Materie *f* ‖ **~/изолирующее (изоляционное)** Isolierstoff *m*, isolierender Stoff *m* ‖ **~/индикаторное** *(Ch)* Indikator *m*; *(Kern)* Indikatorsubstanz *f* ‖ **~/инициирующее взрывчатое** Initialsprengstoff *m* ‖ **~/исходное** Ausgangsstoff *m*, Ausgangssubstanz *f* ‖ **~/канцерогенное** kanzerogene (krebserzeugende) Substanz *f*, Karzinogen *n* ‖ **~/карбидообразующее** Karbidbildner *m (Stahl, Gußeisen)* ‖ **~/клеящее** Klebstoff *m*; *(Pap)* Leimmittel *n*, Leimstoff *m*; Bindemittel *n*, Binder *m (für Glasfasern)* ‖ **~/консервирующее** Konservierungsmittel *n* ‖ **~/контактное** *(Ch)* Kontakt[stoff] *m*, Katalysator *m* ‖ **~/контрастное** Kontrastmittel *n* ‖ **~/космическое** *(Astr)* außerirdische Materie *f* ‖ **~/красящее** färbender (farbgebender) Stoff *m*, Farbstoff *m*; Farbmittel *n*; *(Ker)* Farbkörper *m* ‖ **~ лазера** Lasersubstanz *f* ‖ **~/легирующее** Dotierungsstoff *m (Halbleitertechnik)* ‖ **~/люминесцентное (люминесцирующее)** lumineszierende Substanz *f*, Luminophor *m* ‖ **~ мазера** Masersubstanz *f* ‖ **~/материнское** Muttersubstanz *f*

(beim radioaktiven Zerfall) || **~/межгалактическое** *(Astr)* intergalaktische Materie *f* || **~/межзвёздное** *(Astr)* interstellare Materie *f* || **~/межпланетное** *(Astr)* interplanetare Materie *f* || **~/местное вяжущее** *(Bw)* Bindemittel *n* aus örtlichen Rohstoffen || **~/минеральное** Mineralstoff *m* || **~/минеральное вяжущее** mineralisches Bindemittel *n* || **~/монотропное** *(Krist)* monotroper Stoff *m* || **~/моющее** Waschmittel *n* || **~/наполняющее** Füllstoff *m*, Füll[ungs]mittel *n*, Füller *m* || **~/неорганическое** anorganische Substanz *f* || **~/несахаристое** Nichtzucker[stoff] *m* || **~/обезвоживающее** Entwässerungsmittel *n*, Dehydratisierungsmittel *n* || **~/обезжиривающее** Entfettungsmittel *n*; Entschweißungsmittel *n (für Wolle)* || **~/обесцвечивающее** Entfärbungsmittel *n* || **~/образцовое** Normalsubstanz *f (Analysenmeßtechnik)* || **~/огнезащитное** Feuerschutzmittel *n*, Flammschutzmittel *n* || **~/оклеивающее** *(Lebm)* Schönungsmittel *n* || **~/околозвёздное** *(Astr)* zirkumstellare Materie *f* || **~/оптически активное** optisch aktive Substanz *f* || **~/оптически отбеливающее** optischer Aufheller *m*, Weißtöner *m* || **~/органическое вяжущее** *(Bw)* organisches Bindemittel *n* || **~/осаждающее** *(Ch)* Fällungsmittel *n*, Präzipitiermittel *n*; Sinkstoff *m (Aufbereitung)* || **~/осветляющее** Klärmittel *n* || **~/основное** *(Ch)* Grundsubstanz *f*, Grundstoff *m* || **~/остаточное** Restsubstanz *m* || **~/осушающее** Trockenmittel *n*, Trockner *m* || **~/отбеливающее** Bleichmittel *n* || **~/отмученное** Abschlämmung *f* || **~/патронированное взрывчатое** *(Bgb)* patronierter Sprengstoff *m* || **~/пахучее** Geruchsstoff *m* || **~/питательное** Nährstoff *m* || **~/плавающее** Schwimmstoff *m (Flotation)* || **~/плёнкообразующее** filmbildender Stoff *m*, Filmbildner *m* || **~/побочное** Begleitstoff *m* || **~/поверхностно-активное** grenzflächenaktiver Stoff *m*, *(an der Grenzfläche Flüssigkeit-Luft auch:)* oberflächenaktiver Stoff *m*, Tensid *n* || **~/поглощаемое** *(Ch)* zu sorbierender Stoff *m*, Sorbat *n* || **~/поглощающее** 1. *(Ch)* sorbierender (aufnehmender) Stoff *m*, Sorbens *n*, Sorptionsmittel *n*; 2. *s.* ~/газопоглошающее || **~/поглощённое** *(Ch)* sorbierter (aufgenommener) Stoff *m*, Sorbat *n* || **~/покрывающее** Überzugsstoff *m*, Überzugsmaterial *n* || **~/поликристаллическое** polykristalliner (vielkristalliner) Werkstoff *m* || **~/полупроводниковое** Halbleiter[werk]stoff *m*, halbleitender Stoff *m* || **~/постороннее** Fremdstoff *m* || **~/припыливающее** *(Gieß)* Einstäubmittel *n*, Trennmittel *n* || **~/природное** Natursubstanz *f*, Naturstoff *m* || **~/проводящее** *(El)* leitender Stoff *m* || **~/проклеивающее** *(Pap)* Leim[ungs]mittel *n*, Leim[stoff] *m* || **~/пропиточное (пропитывающее)** Imprägniermittel *n* || **~/простое** 1. einfacher Stoff (Körper) *m*; 2. [chemischer] Grundstoff *m* || **~/противовуалирующее** *s.* ~/антивуалирующее || **~/проявляющее** *(Photo)* Entwicklersubstanz *f* || **~/пылевое** *(Astr)* staubförmige Materie *f* ||**~/радиоактивное** radioaktiver Stoff *m*, radioaktive Substanz *f* || **~/рассеивающее** *(Kern)* Streusubstanz *f*, streuende Materie *f* || **~/рассыпное взрывчатое** loser Sprengstoff *m* || **~/растворенное** Gelöste *n*, gelöster Stoff *m*, Gelöstes || **~/реагирующее** *(Ch)* reagierender Stoff *m*, Reaktionspartner *m*, Reaktant *m*, Reagens *n* || **~/роговое** *(Ch)* Keratin *n*, Hornsubstanz *f* || **~/сверхчистое** Reinststoff *m* || **~/светящее [космическое]** *(Astr)* leuchtende Materie *f* || **~/связующее** Bindemittel *n*, Binder *m* || **~/склеивающее** Klebstoff *m* || **~/смазочное** Schmierstoff *m*, Schmiermittel *n* || **~/смазывающее** *(Led)* Fettungsmittel *n*; *(Kst)* Gleitmittel *n* || **~/смачивающее** Benetzungsmittel *n*, Netzmittel *n* || **~/смешанное вяжущее** *(Bw)* Mischbinder *m*, Mischbindemittel *n* || **~/собирающее** Sammler *m*, Kollektor *m (ein Flotationsmittel)* || **~ созревания** *(Photo)* Reif[e]körper *m* || **~/сопутствующее** Begleitstoff *m* || **~/сохраняющее** *(Photo)* Konservierungsmittel *n* || **~/сухое** Trockenmasse *f*, Trockensubstanz *f* || **~/сухое обезжиренное** fettfreie Trockenmasse (Trokkensubstanz) *f* || **~/твёрдое** Feststoff *m* || **~/тормозящее** *(Photo)* Hemmstoff *m*, Hemmkörper *m* || **~/ускоряющее** *(Photo)* Aktivator *m*, Beschleuniger *m* || **~/фантомное** *(Kern)* Phantomsubstanz *f* || **~/фиксирующее** Fixier[ungs]mittel *n* || **~/флотационное** Flotationsmittel *n*, Flotationschemikalie *f*, Schwimmittel *n* || **~/химически индивидуальное** chemisches Individuum *n*, reiner (chemisch einheitlicher) Stoff *m* || **~/хлорирующее** *(Gieß)* Chloriermittel *n*, Entgasungsmittel *n* || **~/цементирующее** 1. *(Met)* Einsatzmittel *n*; 2. Bindemittel *n (z. B. für Spänebrikettierung)* || **~/шлихтующее** *(Text)* Schlichtemittel *n*, Schlichte *f* || **~/экстрагируемое** *(Ch)* Extraktionsgut *n*, zu extrahierender Stoff *m* || **~/экстрагирующее** *(Ch)* Extraktionsmittel *n* || **~/экстрактивное** *(Ch)* Extraktivstoff *m* || **~/эталонное** *(Ch)* Standard[bezugs]substanz *f*, Eichsubstanz *f* || **~/ядерное** *(Kern)* Kernmaterie *f*, Kernsubstanz *f* || **~/ядерное взрывчатое** Kernsprengstoff *m*

вещество-эталон *n s.* вещество/эталонное

вещи *fpl*/**дельные** Ausrüstungsteile *npl (Schiffsfenster, Türen, Lukendeckel, Mannlochverschlüsse, Leitern, Treppen u. ä.)*

веялка *f (Lw)* Windfege *f*

веялка-сортировка *f (Lw)* Windreiniger *m (Saatgutbereiter)*

взаимный gegenseitig, wechselseitig; beiderseitig

взаимоблокировка *f (Inf)* gegenseitige Blockierung *f*, Verriegelung *f*

взаимодействие *n* 1. Wechselwirkung *f*, Interaktion *f*; gegenseitige Einwirkung *f*; 2. *(Masch)* Eingriff *m (Verzahnung)* || **~/ван-дер-ваальсово** *(Ph)* Van-der-Waals-Wechselwirkung *f*, van-der-Waalssche Wechselwirkung *f* || **~/векторное** *(Math)* Vektorwechselwirkung *f* || **~/внутримолекулярное** *(Ph, Ch)* intramolekulare (innermolekulare) Wechselwirkung *f* || **~ двух тел** *(Ph)* Zweikörperwechselwirkung *f* || **~ двух частиц** *(Kern)* Zweiteilchenwechselwirkung *f* || **~/дипольное** *(Ph)* Dipolwechselwirkung *f* || **~ Дирака** *(Ph)* Diracsche Wechselwirkung *f* || **~/квадрупольное** *(Kern)* Quadrupolwechselwirkung *f* || **~/коллективное** *(Kern)* kollektive Wechselwirkung *f* || **~/конфигурационное** *(Kern)* Konfigurationswechselwirkung *f* || **~/кулоновское** *(El)* Coulomb-Wechselwirkung *f* || **~/локальное** *(Ph)* lokale Wechselwirkung *f*,

Punktwechselwirkung *f* || **~/межмолекулярное** *(Ph, Ch)* intermolekulare (zwischenmolekulare) Wechselwirkung *f* || **~/модовое** *(Ph)* Modenwechselwirkung *f* || **~ нейтрон-электрон** *(Kern)* Neutron-Elektron-Wechselwirkung *f* || **~/нелокальное** *(Ph)* nichtlokale Wechselwirkung *f* || **~/непрямое спин-спиновое** *(Kern)* indirekte Spin-Spin-Wechselwirkung *f* || **~/нуклон-нуклонное** *(Kern)* Nukleon-Nukleon-Wechselwirkung *f* || **~/обменное** *(Ph)* Austauschwechselwirkung *f* || **~ орбит** *(Ph)* Bahn-Bahn-Wechselwirkung *f* || **~ при рассеянии** *(Kern)* Streuungswechselwirkung *f* || **~/прямое спин-спиновое** *(Kern)* direkte Spin-Spin-Wechselwirkung *f* || **~/сверхтонкое** *(Kern)* Hyperfeinstrukturwechselwirkung *f*, HFS-Wechselwirkung *f* || **~ сил** *(Ph)* Kräftespiel *n* || **~/сильное** *(Kern)* starke Wechselwirkung *f* || **~/скалярное** *(Math)* skalare Wechselwirkung *f* || **~/слабое** *(Kern)* schwache Wechselwirkung *f* || **~/спиновое** *(Kern)* Spinwechselwirkung *f* || **~/спин-орбитальное** *(Kern)* Spin-Bahn-Wechselwirkung *f*, Spin-Bahn-Kopplung *f* || **~/спин-решёточное** *(Kern)* Spin-Gitter-Wechselwirkung *f* || **~/спин-спиновое** *(Kern)* Spin-Spin-Wechselwirkung *f* || **~/спин-фононное** *(Kern)* Spin-Phonon-Wechselwirkung *f* || **~/среднесильное** *(Kern)* mittelstarke Wechselwirkung *f* || **~/тензорное** Tensorwechselwirkung *f* || **~ трёх частиц** *(Kern)* Dreiteilchenwechselwirkung *f* || **~/ударное** Stoßwechselwirkung *f* || **~ Ферми** *(Kern)* Fermi-Wechselwirkung *f* || **~/фрикционное** Reibwechselwirkung *f (Tribologie)* || **~/электромагнитное** *(Kern)* elektromagnetische Wechselwirkung *f* || **~/электрон-решёточное** *(Kern)* Elektron-Gitter-Wechselwirkung *f* || **~/электрон-фононное** *(Kern)* Elektron-Phononen-Wechselwirkung *f* || **~/электрон-электронное** *(Kern)* Elektron-Elektron-Wechselwirkung *f* || **~/ядерное** *(Kern)* Kernwechselwirkung *f*

взаимодействовать in Wechselwirkung stehen, sich [gegenseitig] beeinflussen; sich [miteinander] umsetzen; *(Inf)* kommunizieren

взаимозаменяемость *f* Austauschbarkeit *f*, Auswechselbarkeit *f*

взаимозаменяемый [gegeneinander] austauschbar

взаимоиндуктивность *f (El)* Gegeninduktivität *f*

взаимоиндукция *f (El)* Gegeninduktion *f*, gegenseitige Induktion *f*

взаимосвязанный untereinander verbunden, miteinander gekoppelt; abhängig voneinander arbeitend

взаимосвязь *f* **человека и машины** *(Inf)* Mensch-Maschine-Beziehung *f*

взбалтывание *n* **масла** Schmierölplanschen *n*, Ölplanschen *n (Tribologie)*

взбалтыватель *m* Schlämmapparat *m*, Schlämmgerät *n*; Schüttelapparat *m*, Schüttelgerät *n*

взбалтывать [durch]schütteln; umrühren

взболтать *s.* взбалтывать

взбраживание *n* Vorgärung *f*, Angärung *f*

взброс *m (Geol)* Aufschiebung *f* || **~/чешуйчатый** schuppenförmige Aufschiebung *f*

взвеси *fpl***/горькие** *(Brau)* Trub *m* || **~/крупные** Grobtrub *m*, Heißtrub *m* || **~/мелкие** Feintrub *m*, Kühltrub *m*

взвесь *f* Suspension *f*, Aufschwemmung *f*, Aufschlämmung *f*, Trübe *f* || **~/тонкая** Dünntrübe *f (Aufbereitung)* || **~/тяжёлая** Schwer[e]trübe *f*, Schwerflüssigkeit *f (Aufbereitung)*

взвешивание *n* Wägung *f*, Wägen *n* || **~/гидростатическое** *(Min)* hydrostatisches Wägen *n (Dichtebestimmung)* || **~/динамическое** dynamische Wägung *f* || **~ излишков** Überschuß[aus]wägung *f* || **~ остатков** Rest[aus]wägung *f* || **~/прямое** einfache Wägung *f*, Proportionalitätswägung *f* || **~/статическое** statische Wägung *f* || **~ тары** Tarawägung *f* || **~/точное** Präzisionswägung *f*

взвешивать [ab]wägen, wiegen

взвод *m* Spannvorrichtung *f*; Spannstück *n (z. B. einer Waffe)*

взводить *(Photo)* spannen *(z. B. einen Verschluß)*

вздутие *n* **поверхности** *(Pap)* Blasenbildung *f (bei gestrichenem Papier)*

взлёт *m (Flg)* Start *m*, Abflug *m* || **~/вертикальный** Senkrechtstart *m* || **~ и посадка** *f* Start *m* und Landung *f* || **~/инструментальный** Instrumentenstart *m*, Blindstart *m* || **~/крутой** Steilstart *m* || **~ на буксире** Schleppstart *m* || **~/ночной** Nachtstart *m* || **~/прекращённый** Fehlstart *m*, abgebrochener Start *m* || **~ с воды** Abwassern *n*, Abwasserung *f (Wasserflugzeug)*

взмутить *s.* взмучивать

взмучивание *n* Aufschlämmen *n*, Aufschlämmung *f*

взмучивать aufschlämmen

взмывание *n (Flg)* Aufschweben *n*, Aufbäumen *n (beim Landen)*

взорванный *(Bgb)* hereingeschossen

взорвать *s.* взрывать

взрыв *m* Explosion *f*; Sprengung *f* || **~/атомный** *s.* ~/ядерный || **~/вырожденный** entartete Explosion *f* || **~/демографический** *(Ökol)* demographische Explosion *f* || **~/запоздалый** *(Bgb)* Spätschuß *m (Sprengtechnik)* || **~/звёздный** *(Astr)* Sternexplosion *f* || **~/массовый** *(Bgb)* Massensprengung *f*, Großsprengung *f* || **~ метано-воздушной смеси** *(Bgb)* Schlagwetterexplosion *f* || **~ на выброс** *(Bgb)* Auswurfsprengung *f* || **~ на сброс** *(Bgb)* Abwurfsprengung *f* || **~/надводный** Überwasserdetonation *f* || **~/наземный** Erddetonation *f* || **~/направленный** gerichtete Explosion *f* || **~/опытный атомный** *(Kern, Mil)* Kernwaffentest *m*, Kernwaffenversuchsexplosion *f* || **~ рудничного газа** *(Bgb)* Schlagwetterexplosion *f*, Grubengasexplosion *f* || **~/термоядерный** Kernsynthesedetonation *f*, Kernfusionsdetonation *f*, thermonukleare Detonation *f* || **~ шпура** *(Bgb)* Schuß *m (Sprengtechnik)* || **~/ядерный** 1. Kernexplosion *f*, Kernzertrümmerung *f*; 2. *(Mil)* Kern[waffen]detonation *f*

взрываемость *f* Sprengbarkeit *f*

взрывание *n (Bgb)* Sprengen *n*, Sprengung || **~/беспламенное** flammenloses Sprengen *n* || **~ в зажиме** Sprengen *n* im Zwang || **~/веерное** Fächersprengen *n* || **~/вторичное** Knäppersprengen *n*, Sekundärzerkleinerung *f* || **~/гладкое** Kontursprengen *n* || **~/групповое** Gruppensprengen *n* || **~/замедленное** Verzögerungssprengen *n* || **~ зарядов** *s.* ~ шпуров || **~/камерное** Kammersprengen *n* || **~/кон-**

турное Kontursprengen *n* ‖ **~/короткозамедленное** Kurzverzögerungssprengen *n* ‖ **~/котловое** Kesselsprengung *f* ‖ **~/многорядное** Mehrreihensprengen *n* ‖ **~ накладными зарядами** Auflegersprengen *n*, Knäppersprengen *n* ‖ **~/однорядное** Einreihensprengen *n* ‖ **~/сотрясательное** Erschütterungssprengen *n*, Auflockerungssprengen *n* ‖ **~ шпуров** Abtun *n* der Schüsse

взрыватель *m* Zünder *m*; Zündgerät *n (für Sprengladungen)* ‖ **~/лазерный** Laserzünder *m*

взрывать sprengen

взрывной explosiv, Explosions..., Spreng...

взрывобезопасность *f* Explosionssicherheit *f*; *(Eln)* Implosionssicherheit *f*; *(Bgb)* Schlagwettersicherheit *f (der Grubenausrüstung)*

взрывобезопасный explosionssicher; *(Eln)* implosionssicher *(Bgb)* schlagwettersicher *(Grubenausrüstung)*

взрывозащищённый explosionsgeschützt; *(Eln)* implosionsgeschützt; *(Bgb)* schlagwettergeschützt *(Grubenausrüstung)*

взрывонавалка *f (Bgb)* Selbstladen *n*, Hereinsprengen *n (der Kohle)* auf den Förderer

взрывонепроницаемый *(El)* druckfest gekapselt; *(Bgb)* durch druckfeste Kapselung schlagwettergeschützt *(Grubenausrüstung)*

взрывоопасность *f* Explosionsgefahr *f*

взрывоопасный explosionsgefährdet

взрывчатка *f* Sprengstoff *m*

взрывчатость *f* Explosionsfähigkeit *f*, Explosibilität *f*; Sprengfähigkeit *f*

взрывчатый explosibel, explosiv, Spreng...

ВЗУ *s.* устройство/внешнее запоминающее

взятие *n* **пеленга** Peilen *n*, Anpeilen *n* ‖ **~ пробы** Probeziehen *n*

виадук *m (Bw)* Viadukt *m*

вибратор *m* 1. *(Ph, El)* Vibrator *m*, Oszillator *m*, Pulsator *m*; 2. *(Eln)* Dipol *m(Antennenelement oder selbständige Antenne)*; 3. *(El)* Unterbrecher *m*, Zerhacker *m*; 4. Vibrator *m*, Schwingkopf *m (elektroerosive Bearbeitung)*; 5. *(Meß)* Vibrator *m*, Schwinger *m*; 6. *(Bw)* Vibrator *m*, Rüttler *m*; 7. *(Schiff)* Schwinger *m (Echolot)* ‖ **~/активный** *(Eln)* aktiver (schwingender) Dipol *m*, Faltdipol *m*, Schleifendipol *m*, Schleifenantenne *f* ‖ **~/бункерный** *(Bw)* Bunkerrüttler *m* ‖ **~/веерный** *(Eln)* Fächerdipol *m* ‖ **~/вертикальный** *(Eln)* Vertikaldipol *m*, vertikaler Dipol *m* ‖ **~/внутренний** *(Bw)* Innenrüttler *m* ‖ **~/волновой** *(Eln)* l...-Dipol *m*, Ganzwellendipol *m* ‖ **~/выбивной** *(Gieß)* Ausleerrüttler *m* ‖ **~/высокочастотный** *(Bw)* hochfrequenter Rüttler *m*, Hochfrequenzrüttler *m*, Mehrfrequenzrüttler *m* ‖ **~ Герца** *(Eln)* Hertzscher Dipol *m*, Hertz-Dipol *m* ‖ **~/глубинный** *s.* ~/внутренний ‖ **~/горизонтальный** *(Eln)* Horizontaldipol *m*, horizontaler Dipol *m* ‖ **~/дебалансный** *(Bw)* Unwuchtrüttler *m* ‖ **~/забойный** *(Bgb)* Sohlenvibrator *m (Bohrung)* ‖ **~/изогнутый** *(Eln)* geknickter Dipol *m* ‖ **~/инерционный** Unwuchtschwinger *m*, Unwucht[schwingungs]erreger *m* ‖ **~/кварцевый** *(Eln)* Schwingquarz *m* ‖ **~/коаксиальный** *(Eln)* Koaxialdipol *m* ‖ **~/крестообразный** *(Eln)* Kreuzdipol *m*, Drehkreuzdipol *m* ‖ **~/магнитный** *(Bw)* Magnetrüttler *m* ‖ **~/магнитострикционный** magnetostriktiver Schwinger *m (Echolot)* ‖ **~/моторный** *(Bw)* Rüttler *m* mit Antrieb durch Verbrennungsmotor ‖ **~/направленный** 1. *(Bw)* Rüttler *m* mit gerichteter Schwingung; 2. *(Eln)* gerichteter Dipol *m* ‖ **~/наружный** *(Bw)* Außenrüttler *m* ‖ **~/ненаправленный** *(Bw)* Rüttler *m* mit nicht gerichteter Schwingung ‖ **~/пассивный** *(Eln)* passiver (ungespeister) Dipol *m* ‖ **~/петлевой** 1. *(Eln)* Schleifendipol *m*, Faltdipol *m*; 2. *(Meß)* Schleifenschwinger *m*, Schleifenoszillator *m* ‖ **~/пневматический** *(Bw)* Druckluftrüttler *m* ‖ **~/поверхностный** *(Bw)* Oberflächenrüttler *m* ‖ **~/полуволновой** *(Eln)* λ/2-Dipol *m*, Halbwellendipol *m* ‖ **~/полый** *(Eln)* Hohlschwinger *m* ‖ **~/поляризованный** *s.* ~/направленный 2. ‖ **~/пьезоэлектрический** *(Eln)* piezoelektrischer Schwinger *m* ‖ **~/симметричный** symmetrischer Dipol *m* ‖ **~/станковый** *(Bw)* Rütteltisch *m* ‖ **~/стержневой** 1. *(Bw)* Stabrüttler *m*; 2. *(Eln)* Stabdipol *m* ‖ **~/тисковый** *(Bw)* Schalungsrüttler *m* ‖ **~/траловый** *(Schiff)* Netzschwinger *m (Netzsonde)* ‖ **~/ударный** Schlagrüttler *m* ‖ **~/ультразвуковой** 1. *(Eln)* Ultraschallschwinger *m*, Ultraschalloszillator *m*; 2. *(Bw)* Ultraschallrüttler *m* ‖ **~/широкополосный [симметричный]** *(Eln)* Breitbanddipol *m* ‖ **~/эксцентриковый** *(Bw)* Unwuchtrüttler *m* ‖ **~/электрический** 1. *(Bw)* Elektrorüttler *m*, Elektrovibrator *m*; 2. *(Eln)* elektrischer Dipol *m* ‖ **~/электромеханический** 1. *(Bw)* Rüttler *m* mit Antrieb durch Elektromotor, elektromechanischer Rüttler *m* ‖ **~/элементарный** *(Eln)* Elementardipol *m* ‖ **~ эхолота** *(Meß)* Echolotschwinger *m*

вибратор-излучатель *m* Sendeschwinger *m (Echolot)*

вибратор-приёмник *m* Empfangsschwinger *m (Echolot)*

вибрация *f* 1. Vibration *f*, Vibrieren *n*; Schwingung *f*, Schwingen *n (s. a. unter* вибрирование*)*; 2. Prellung *f*, Prellen *n (von Kontakten)* • **без вибраций** erschütterungsfrei, vibrationsfrei ‖ **~ вала** Wellenschwingung *f* ‖ **~ поршневых колец** *(Kfz)* Kolbenringflattern *n* ‖ **~/синусоидальная** *(Eln)* Sinusschwingung *f* ‖ **~ якоря** *(El)* Ankerprellung *f*

вибрирование *n* 1. Vibrieren *n*; Schwingen *n (s. a. unter* вибрация*)*; 2. *(Bw)* Rütteln *n (zur Verdichtung)* ‖ **~/внутреннее** *(Bw)* Innenrütteln *n* ‖ **~/гидравлическое** *(Bw)* Hydrorütteln *n* ‖ **~/наружное** *(Bw)* Außenrütteln *n* ‖ **~/опосредованное** *(Bw)* indirekte Rüttelenergieübertragung *f* ‖ **~/поверхностное** *(Bw)* Oberflächenrütteln *n* ‖ **~/прямое** *(Bw)* direkte Rüttelenergieübertragung *f* ‖ **~ с пригрузом** *(Bw)* Auflastrütteln *n*, Rüttelverdichtung *f* mit Auflast

вибрировать 1. vibrieren; schwingen; 2. *(Bw)* rütteln

вибробетон *m* Rüttelbeton *m*

виброборона *f (Lw)* Rüttelegge *f*

вибробрус *m (Bw)* Rüttelbohle *f*

вибробулава *f (Bw)* Innenrüttler *m* mit Kolbenaufsatz, Rüttelkolben *m*

вибробункер *m (Bw)* Bunkerrüttler *m*

вибробурение *n s.* бурение/вибрационное

вибровозбудитель *m* Schwingungserreger *m*

вибровыпрямитель *m (El)* Pendelgleichrichter *m*

виброгаситель *m* Schwingungsdämpfer *m*
виброгидропрессование *n (Bw)* hydraulisches Rüttelpressen *n*
виброграмма *f* Schwingungsdiagramm *n*, Vibrogramm *n*
виброграф *m* schreibender Schwingungsmesser *m*, Schwingungsschreiber *m*, Vibrograph *m*
виброгрохот *m* Vibrationssieb *n*, Schwingsieb *n*, Schüttelsieb *n* ‖ **~/высокочастотный** Schnellschwingsieb *n* ‖ **~/инерционный** Wuchtschwingsieb *n* ‖ **~/многодечный** Mehrdeckerschwingsieb *n* ‖ **~/обезвоживающий** Entwässerungsschwingsieb *n* ‖ **~/ударно-кулачковый** Schlagschwingsieb *n*
виброгрохочение *n* Schwingsiebklassieren *n*, Schwingsiebklassierung *f (Aufbereitung)*; *(Bw)* Vibrationssieben *n*
вибродатчик *m* Schwingungsgeber *m*
виброжёлоб *m* Schüttelrinne *f*; *(Förd, Bgb)* Schwingrinne *f*, Schütteltrog *m*
виброигла *f (Bw)* Rüttelnadel *f*, Rüttelstab *m (Stabrüttler)*
виброизмеритель *m* Schwingungsmesser *m*, Schwingungsmeßgerät *n*
виброизоляция *f* 1. *(Meß)* Schwingungsabschirmung *f*, Schwingungsisolation *f*; 2. *(Bw)* Schwingungsschutz *m*, Erschütterungsschutz *m*
виброкаток *m (Bw)* Rüttelwalze *f (Betonverdichtung)*
виброконвейер *m* Schwingförderer *m* ‖ **~/желобчатый** Förderrinne *f*, Wuchtrinne *f* ‖ **~/инерционный** Wuchtförderer *m* ‖ **~/спиральный** Wendelschwingrinne *f*
виброкопач *m (Lw)* Polderschar *n (Rübenerntemaschinen)*
вибролопата *f (Bw)* Schwertrüttler *m*
вибролоток *m s.* виброжёлоб
вибромельница *f* Schwingmühle *f*, Vibrationsmühle *f*
виброметр *m* Vibrationsmesser *m*, Schwingungsmesser *m*
вибромешалка *f (Bw)* Vibrationsmischer *m*, Vibromischer *m*
вибромолот *m (Bw)* Vibrationsramme *f*
вибронасадок *m (Bw)* Vibrationsaufsatz *m*, Rüttelaufsatz *m*
виброобработка *f (Bw)* Rüttelbearbeitung *f*, Bearbeitung *f* durch Rütteln
вибропитатель *m* Schnellschwingspeiser *m*, Vibrationsaufgeber *m*
виброплита *f (Bw)* Rüttelplatte *f*
виброплощадка *f (Bw)* Rüttelbühne *f*, Rütteltisch *m*, Plattenrüttler *m*
вибропогружатель *m (Bw)* Vibrationsramme *f*, Pfahlrüttelgerät *n*, Pfahlrüttler *m*
вибропреобразователь *m (El)* Pendelumformer *m*, Zerhacker[umformer] *m*
вибропрессование *n* Vibropressen *n*, Vibrationspressen *n (Pulvermetallurgie)*
вибропривод *m* Schwingantrieb *m*
вибропрокат *m (Bw)* Rüttelwalzen *n*
вибропрочность *f (Wkst)* Dauer[schwing]festigkeit *f*, Schwingungsfestigkeit *f*
виброрама *f (Bw)* Rüttelrahmen *m*
виброрастворомешалка *f (Bw)* Vibrationsmörtelmischer *m*
виброрешётка *f (Lw)* Schüttelhorde *f (eines Mähdreschers)*
виброрыхление *n* Vibroauflockerung *f*, Auflockerung *f* durch Vibration
вибросейс *m (Geoph)* Vibroseis-Methode *f (zur Anregung seismischer Wellen)*
вибросито *n* Schwingsieb *n*, Vibrationssieb *n* ‖ **~/резонансное** Resonanz[schwing]sieb *n*
вибросмеситель *m* Vibrationsmischer *m*
вибростенд *m s.* вибростол
вибростойкий *s.* виброустойчивый
вибростойкость *f s.* виброустойчивость
вибростол *m* Rütteltisch *m*, Schwingtisch *m*, Vibrationstisch *m* ‖ **~/опрокидывающийся** *(Bw)* Kipprütteltisch *m*
вибротрамбование *n (Bw)* Rüttelstampfen *n*
вибротранспортёр *m s.* виброконвейер
виброуплотнение *n* Rüttelverdichtung *f*, Vibroverdichtung *f*, Vibrationsverdichtung *f*
виброустойчивость *f* Vibrationsfestigkeit *f*, Schwingungsfestigkeit *f*, Rüttelfestigkeit *f*; Erschütterungsfestigkeit *f (von Geräten)*
виброустойчивый vibrationsfest, schwingungsfest, rüttelfest; erschütterungsfest *(Geräte)*
виброхобот *m (Bw, Hydt)* Rüttelschwenkrohr *n*; Schwenkrohr *n* mit Vibrator
виброчувствительность *f* Schwingungsempfindlichkeit *f*
виброчувствительный schwingungsempfindlich
виброштампование *n (Bw)* Rüttelstampfen *n*
виброштык *m (Bw)* Rüttellanze *f (Stabrüttler)*
виброщит *m (Bw)* Rüttelplatte *f*, Rüttelschild *m*
вивианит *m (Min)* Blaueisenerz *n*, Vivianit *m*
вид *m* 1. Ansicht *f*, Aussehen *n*; 2. *(Lw)* Art *f*, Spezies *f*; 3. Zustand *m*; 4. Stellung *f*; Lage *f*; 5. Gestalt *f*, Form *f*; Gestaltung *f*; 6. *(Krist)* Klasse *f* ‖ **~/боковой** *s.* ~ сбоку ‖ **~/брака** Ausschußart *f*, Ausschußerscheinung *f*, Ausschußmerkmal *n* ‖ **~ в плане** *s.* ~ сверху ‖ **~ волн** *s.* ~ колебаний ‖ **~ излома** *(Wkst)* Bruchbild *n*, Bruchgefüge *n* ‖ **~ излучения** *(Ph)* Strahlungsart *f*, Strahlenart *f* ‖ **~/индикаторный** *(Ökol)* Indikatorart *f* ‖ **~ колебаний** Schwingungs[wellen]typ *m*, Schwingungsart *f*, Schwingungsmode *f* ‖ **~ переплетения** *(Text)* Bindungsart *f*, Legungsart *f* ‖ **~ поверхности** Oberflächenaussehen *n*, Oberflächenzustand *m* ‖ **~ представления данных** *(Inf)* Darstellungsweise *f* von Daten ‖ **~ распада** *(Kern)* Zerfallsart *f*, Zerfallstyp *m* ‖ **~ сбоку** Seitenansicht *f*, Seitenriß *m (Zeichnung)* ‖ **~ сверху** Aufsicht *f*, Draufsicht *f (Zeichnung)* ‖ **~ света/сенситометрический** *(Photo)* sensitometrische Lichtart *f* ‖ **~ связи** *(El)* Kopplungsart *f*, Ankopplungsart *f* ‖ **~ симметрии** *(Krist)* Symmetrieklasse *f*, Kristallklasse *f* ‖ **~ симметрии/асимметрический** *s.* ~ симметрии/моноэдрический ‖ **~ симметрии/ацентрический** azentrische Kristallklasse *f* ‖ **~ симметрии/гексагонально-аксиальный** *s.* ~ симметрии/гексагонально-трапецоэдрический ‖ **~ симметрии/гексагонально-дипирамидальный** hexagonal-dipyramidale (hexagonalbipyramidale, hexagonal-pyramidal-hemiedrische) Kristallklasse *f* ‖ **~ симметрии/гексагонально-инверсионнопланальный** *s.* ~ симметрии/дитригонально-дипирамидальный ‖ **~ симметрии/гексагонально-инверсионно-**

примитивный *s.* ~ симметрии/тригонально-дипирамидальный ‖ **~ симметрии/гексагонально-пирамидальный** hexagonal-pyramidale Kristallklasse *f* ‖ **~ симметрии/гексагонально-планаксиальный** *s.* ~ симметрии/дигексагонально-дипирамидальный ‖ **~ симметрии/гексагонально-планальный** *s.* ~ симметрии/дигексагонально-пирамидальный ‖ **~ симметрии/гексагонально-примитивный** *s.* ~ симметрии/гексагонально-пирамидальный ‖ **~ симметрии/гексагонально-трапецоэдрический** hexagonal-trapezoedrisch[-hemiedrisch]e Kristallklasse *f* ‖ **~ симметрии/гексагонально-центральный** *s.* ~ симметрии/гексагонально-дипирамидальный ‖ **~ симметрии/гексакис-октаэдрический** *s.* ~ симметрии/гексаоктаэдрический ‖ **~ симметрии/гексакис-тетраэдрический** *s.* ~ симметрии/гексатетраэдрический ‖ **~ симметрии/гексаоктаэдрический** hexakisoktaedrische (kubisch-holoedrische) Kristallklasse *f* ‖ **~ симметрии/гексатетраэдрический** hexakistetraedrische (tetraedrisch-hemiedrische, geneigtflächig-hemiedrische) Kristallklasse *f* ‖ **~ симметрии/диакис-додекаэдрический** *s.* ~ симметрии/дидодекаэдрический ‖ **~ симметрии/дигексагонально-бипирамидальный** *s.* ~ симметрии/дигексагонально-дипирамидальный ‖ **~ симметрии/дигексагонально-дипирамидальный** dihexagonal-dipyramidale (dihexagonal-bipyramidale, hexagonal-holoedrische) Kristallklasse *f* ‖ **~ симметрии/дигексагонально-пирамидальный** dihexagonal-pyramidale Kristallklasse *f* ‖ **~ симметрии/ди[с]додекаэдрический** disdodekaedrische (pentagonal-hemiedrische, parallelflächig-hemiedrische) Kristallklasse *f* ‖ **~ симметрии/дитетрагонально-бипирамидальный** *s.* ~ симметрии/дитетрагонально-дипирамидальный ‖ **~ симметрии/дитетрагонально-дипирамидальный** ditetragonal-dipyramidale (ditetragonal-bipyramidale, tetragonal-holoedrische) Kristallklasse *f* ‖ **~ симметрии/дитетрагонально-пирамидальный** ditetragonal-pyramidale Kristallklasse *f* ‖ **~ симметрии/дитригонально-бипирамидальный** *s.* ~ симметрии/дитригонально-дипирамидальный ‖ **~ симметрии/дитригонально-дипирамидальный** ditrigonal-dipyramidale (ditrigonal-bipyramidale) Kristallklasse *f* ‖ **~ симметрии/дитригонально-пирамидальный** ditrigonal-pyramidale (rhomboedrisch-hemiedrisch-hemimorphe) Kristallklasse *f* ‖ **~ симметрии/дитригонально-скаленоэдрический** ditrigonal-skalenoedrische (rhomboedrisch-hemiedrische) Kristallklasse *f* ‖ **~ симметрии/диэдрический безосный** domatische (monoklin-hemiedrische) Kristallklasse *f* ‖ **~ симметрии/диэдрический осевой** sphenoidische (monoklin-hemimorphe) Kristallklasse *f* ‖ **~ симметрии/доматический** *s.* ~ симметрии/диэдрический безосный ‖ **~ симметрии/кубическо-аксиальный** *s.* ~ симметрии/пентагон-триоктаэдрический ‖ **~ симметрии/кубическо-планаксиальный** *s.* ~/симметрии/гексаоктаэдрический ‖ **~ симметрии/кубическо-планальный** *s.* ~ симметрии/гексатетраэдрический ‖ **~ симметрии/кубическо-примитивный** *s.* ~ симметрии/пентагон-тритетраэдрический ‖ **~ симметрии/кубическо-центральный** *s.* ~ симметрии/дидодекаэдрический ‖ **~ симметрии/моноклинно-аксиальный** *s.* ~ симметрии/диэдрический осевой ‖ **~ симметрии/моноклинно-планаксиальный** *s.* ~ симметрии/призматический ‖ **~ симметрии/моноклинно-планальный** *s.* ~ симметрии/диэдрический безосный ‖ **~ симметрии/моноэдрический** asymmetrische (pediale, triklin-hemiedrische) Kristallklasse *f* ‖ **~ симметрии/педиальный** *s.* ~ симметрии/моноэдрический ‖ **~ симметрии/пентагон-триоктаэдрический** pentagonikositetraedrische (gyroedrisch-hemiedrische, plagiedrisch-hemiedrische) Kristallklasse *f* ‖ **~ симметрии/пентагон-тритетраэдрический** tetradoidische (tetraedrisch-pentagondodekaedrische, tetradoedrische) Kristallklasse *f* ‖ **~ симметрии/пинакоидальный** pinakoidale (triklin-holoedrische) Kristallklasse *f* ‖ **~ симметрии/призматический** prismatische (monoklin-holoedrische) Kristallklasse *f* ‖ **~ симметрии/ромбическо-аксиальный** *s.* ~ симметрии/ромботетраэдрический ‖ **~ симметрии/ромбическо-планаксиальный** *s.* ~ симметрии/ромбодипирамидальный ‖ **~ симметрии/ромбическо-планальный** *s.* ~ симметрии/ромбо-пирамидальный ‖ **~ симметрии/ромбо-бипирамидальный** *s.* ~ симметрии/ромбо-дипирамидальный ‖ **~ симметрии/ромбо-бисфеноидальный** *s.* ~ симметрии/ромбо-тетраэдрический ‖ **~ симметрии/ромбо-дипирамидальный** rhombisch-dipyramidale (rhombisch-bipyramidale, rhombisch-holoedrische) Kristallklasse *f* ‖ **~ симметрии/ромбо-пирамидальный** rhombisch-pyramidale (rhombisch-hemimorphe) Kristallklasse *f* ‖ **~ симметрии/ромбо-тетраэдрический** rhombisch-disphenoidische (rhombisch-bisphenoidische, rhombisch-hemiedrische) Kristallklasse *f* ‖ **~ симметрии/ромбоэдрический** rhomboedrische Kristallklasse *f* ‖ **~ симметрии/сфеноидальный** *s.* ~ симметрии/диэдрический осевой ‖ **~ симметрии/тетрагонально-аксиальный** *s.* ~ симметрии/тетрагонально-трапецоэдрический ‖ **~ симметрии/тетрагонально-бипирамидальный** *s.* ~ симметрии/тетрагонально-дипирамидальный ‖ **~ симметрии/тетрагонально-бисфеноидальный** *s.* ~ симметрии/тетрагонально-тетраэдрический ‖ **~ симметрии/тетрагонально-дипирамидальный** tetragonal-dipyramidale (tetragonal-bipyramidale, tetragonal-pyramidal-hemiedrische) Kristallklasse *f* ‖ **~ симметрии/тетрагонально-инверсионнопланальный** *s.* ~ симметрии/тетрагонально-скаленоэдрический ‖ **~ симметрии/тетрагонально-инверсионнопримитивный** *s.* ~ симметрии/тетрагонально-тетраэдрический ‖ **~ симметрии/тетрагонально-пирамидальный** tetragonal-pyramidale Kristallklasse *f* ‖ **~ симметрии/тетрагонально-планаксиальный** *s.* ~ симметрии/дитетрагонально-дипирамидальный ‖ **~ симметрии/тетрагонально-планальный** *s.* ~ симметрии/дитетрагонально-пирамидальный || **~ симметрии/тетрагонально-примитивный** *s.* ~ симметрии/тетрагонально-пирамидальный || **~ симметрии/тетрагонально-скаленоэдрический** tetragonal-skalenoedrische (sphenoidisch-hemiedrische) Kristallklasse *f* || **~ симметрии/тетрагонально-тетраэдрический** tetragonal-disphenoidische (tetragonal-bisphenoidische) Kristallklasse *f* || **~ симметрии/тетрагонально-трапецоэдрический** tetragonal-trapezoedrische Kristallklasse *f* || **~ симметрии/тетрагонально-центральный** *s.* ~ симметрии/тетрагонально-дипирамидальный || **~ симметрии/тригонально-аксиальный** *s.* ~ симметрии/тригонально-трапецоэдрический || **~ симметрии/тригонально-бипирамидальный** *s.* ~ симметрии/тригонально-дипирамидальный || **~ симметрии/тригонально-дипирамидальный** trigonal-dipyramidale (trigonal-bipyramidale) Kristallklasse *f* || **~ симметрии/тригонально-пирамидальный** trigonal-pyramidale Kristallklasse *f* || **~ симметрии/тригонально-планаксиальный** *s.* ~ симметрии/дитригонально-скаленоэдрический || **~ симметрии/тригонально-планальный** *s.* ~ симметрии/дитригонально-пирамидальный || **~ симметрии/тригонально-примитивный** *s.* ~ симметрии/тригонально-пирамидальный || **~ симметрии/тригонально-трапецоэдрический** trigonal-trapezoedrische (trapezoedrisch-tetradoedrische) Kristallklasse *f* || **~ симметрии/тригонально-центральный** *s.* ~ симметрии/ромбоэдрический || **~ симметрии/триклинно-примитивный** *s.* ~ симметрии/моноэдрический || **~ симметрии/триклинно-центральный** *s.* ~ симметрии/пинакоидальный || **~ симметрии/триоктаэдрический** *s.* ~ симметрии/пентагон-триоктаэдрический || **~ симметрии/тритетраэдрический** *s.* ~ симметрии/пентагон-тритетраэдрический || **~ спереди** Ansicht *f*, Aufriß *m*, Frontansicht *f (Zeichnung)* || **~ спина** *(Ph)* Spinmode *f*, Spinmodus *m* || **~ энергии** *(En)* Energieform *f*

видение *n*/**ночное** Nachtsehen *n* || **~/ультразвуковое** Ultrasonoskopie *f*

видеогенератор *m (Eln)* Bildgenerator *m*

видеоголовка *f (Eln)* Video[magnet]kopf *m*

видеографический bildschirmgebunden, bildschirmunterstützt

видеография *f (Nrt)* Videographie *f* || **~/вещательная** *s.* телетекст

видеодетектор *m (TV)* Videodetektor *m*, Bildgleichrichter *m*, Videogleichrichter *m*

видеодиод *m (TV)* Videodiode *f*

видеодиск *m (TV)* Videoplatte *f*

видеодорожка *f* Bildsignalspur *f*

видеозапись *f* Videoaufzeichnung *f*

видеоигра *f (TV)* Videospiel *n*, Telespiel *n*

видеоимпульс *m (TV)* Videoimpuls *m*, Bildimpuls *m*

видеокамера *f (TV)* Videokamera *f*, Camcorder *m*

видеоканал *m (TV)* Videokanal *m*, Bildkanal *m*

видеоконференцсвязь *f (Nrt)* Videokonferenz[-verbindung] *f*

видеокопир *m* Videokopierer *m*

видеолента *f* Videoband *n*

видеомагнитофон *m (TV)* Videorecorder *m*

видеомагнитофон-автомат *m*/**многокассетный** *(TV)* Multikassettenautomat *m*

видеомикшер *m (TV)* Bildmischer *m*; Bildmischpult *n*

видеомодуляция *f (TV)* Bildmodulation *f*

видеомонитор *m (TV)* Bildmonitor *m*, Monitor *m*

видеонесущая *f (TV)* Videoträger *m*, Bildträger *m*

видеопередатчик *m (TV)* Bildsender *m*

видеопомехи *pl* Bildstörungen *fpl*

видеосигнал *m (TV)* Videosignal *n* || **~/цветовой** Farbbildsignal *n*

видеотекст *m* Videotext *m*

видеотелефон *m* Videotelephon *n*, Fernsehtelephon *n*, Bildfernsprecher *m*

видеотелефония *f* Videotelephonie *f*, Fernsehtelephonie *f*, Bildfernsprechen *n*

видеотерминал *m* Videoterminal *n*, Bildschirmgerät *n* || **~ дистанционного управления** ferngesteuertes Bildterminal *n* || **~/телеграфный** Fernschreib-Videoterminal *n*

видеотехника *f* Videotechnik *f*

видеоуровень *m* Videoebene *f*

видеоусиление *n (TV)* Videoverstärkung *f*, Bildverstärkung *f*

видеоусилитель *m (TV)* Videoverstärker *m*, Bild[signal]verstärker *m*

видеофон *m s.* видеотелефон

видеочастота *f (TV)* Videofrequenz *f*, Bildfrequenz *f*

видикон *m (TV)* Vidikon *n*, Bildaufnahmeröhre *f* || **~/инфракрасный** Infrarotvidikon *n*, IR-Vidikon *n*, Infrarotaufnahmeröhre *f*, IR-Aufnahmeröhre *f* || **~/рентгеновский (рентгеночувствительный)** Röntgenvidikon *n*, Röntgen[bild]aufnahmeröhre *f* || **~/ультрафиолетовый** Ultraviolettvidikon *n*, UV-Vidikon *n*, Ultraviolettaufnahmeröhre *f*, UV-Aufnahmeröhre *f*

видимость *f* 1. Sicht *f*, Sichtweite *f*; 2. Sichtbarkeit *f*; 3. spektrale Hellempfindlichkeit *f (des Auges)* || **~/наклонная** Schrägsicht *f* || **~/ночная** Nachtsicht[weite] *f* || **~/прямая** quasioptische Sicht *f* || **~ сигналов** Signalsicht *f*

видимый 1. sichtbar; 2. *(Astr)* scheinbar *(z. B. bei Koordinaten)*

видоизменение *n* 1. Veränderung *f*, Abänderung *f*, Verwandlung *f*, Modifizierung *f*; 2. Abart *f*, Spielart *f*, Variante *f*

видоискатель *m (Photo, Kine)* Bildsucher *m*, Sucher *m*; Visiereinrichtung *f* || **~/зеркальный** Spiegelsucher *m* || **~/оптический** optischer Sucher *m* || **~/рамочный** Rahmensucher *m* || **~/телескопический** Fernrohrsucher *m* || **~/универсальный** Universalsucher *m*

визир *m* 1. *(Mil)* Visier *n*, Zieleinrichtung *f*; 2. *(Geol)* Visier *n*, Sucher *m*; 3. *s.* видоискатель || **~/зеркальный** Reflexvisier *n* || **~/механический** mechanische Peilmarke *f*, Peilzeiger *m (Radar)* || **~/радиолокационный** Radarvisier *n* || **~/электронный** elektronische Peilmarke *f*, Peilstrahl *m (Radar)*

визирка *f* 1. *(Geod)* Setzlatte *f*; 2. Schauglas *n*

визир-коллиматор *m* Reflexvisier *n*

визитаж *m (Photo)* Fehlersuche *f*, Filmprüfung *f*

визорий *m (Typ)* Manuskripthalter *m*

визуализация *f* Sichtbarmachung *f*; Anzeige *f*; *(Inf)* Anzeige *f (auf dem Bildschirm)*

вилка *f* 1. Gabel *f*; Gabelung *f*; 2. *(El)* Stecker *m* *(s. a. unter* штепсель*)*; *(Nrt)* Gabel *f*, Vierdrahtkabel *n*; 3. *(Meß)* Nullstellungsgabel *f*; 4. *(Wlz)* Gabel *f*, Gabelzapfen *m* *(Kuppelspindel)* ‖ **~/банановая [штепсельная]** *(El)* Bananenstecker *m* ‖ **~/выключающая** Ausrückgabel *f* *(Treibriemen)* ‖ **~ выключения сцепления** Kupplungsausrückgabel *f* ‖ **~/кантующая** *(Wlz)* Gabelkanter *m* ‖ **~ кардана** *(Kfz)* Gelenkgabel *f*, Gabelstück *n* *(Kardanwelle)* ‖ **~/карданная** *s.* ~ кардана ‖ **~/крестовая** *(Schiff)* Kreuzkloben *m* *(Ladegeschirr)* ‖ **~/направляющая** Führungsgabel *f* ‖ **~/однополюсная** *(El)* einpoliger Stecker *m* ‖ **~/ответвительная** *(El)* Mehrfachstecker *m*, Abzweigstecker *m* ‖ **~/отводная** Ausrückgabel *f* ‖ **~ переключения передач** Schaltgabel *f* *(Getriebe)* ‖ **~/переходная** *(El)* Übergangsstecker *m*, Kupplungsstecker *m* ‖ **~/подкладная** *(Bgb)* Abfanggabel *f* *(Bohrgerät)* ‖ **~/приборная** Gerätestecker *m* ‖ **~ с защитным контактом/штепсельная** Schutzkontaktstecker *m*, Schukostecker *m* ‖ **~/сдвоенная штепсельная** *(El)* Doppelstecker *m* ‖ **~ стержня шатуна** *(Masch)* Schubstangengabelung *f* ‖ **~ шпора стрелы** *(Schiff)* Ladebaumgabel *f* ‖ **~/штепсельная** Stecker *m*

вилка-розетка *f*/**комбинированная** *(El)* Stekker-Buchsen-Verbinder *m*

виллемит *m* *(Min)* Willemit *m*

вилочка *f* **бегунка** *(Text)* Halbmond *m* *(Wanderschleifscheibe; Schleifen der Kardierflächen)* ‖ **~/уточная** *(Text)* Schuß[wächter]gabel *f* *(Gabelschußwächter; Webstuhl)* ‖ **~/центральная уточная** *(Text)* Mittelschußwächter *m* *(Webstuhl)*

вилуит *m* *s.* везувиан

виляние *n* *(Eb)* Schlingern *n*, schlingernde Bewegung *f* *(Fahrzeug)*; *(Kfz)* Flattern *n* ‖ **~ управляемых колёс** *(Kfz)* Flattern *n* der gelenkten Räder

виндроуэр *m* *s.* косилка/валковая

винил *m* *(Ch)* Vinyl *n*

винилбензол *m* *(Ch)* Vinylbenzen *n*, Vinylbenzol *n*, Styren *n*, Styrol *n*

винилхлорид *m* *(Ch)* Vinylchlorid *n*

виннокислый *(Ch)* _tartrat *n*; weinsauer

виновоз *m* Weintanker *m*

виноделие *n* Weinbereitung *f*, Weinherstellung *f*

винокурение *n* Branntweinbrennerei *f*

винт *m* 1. Schraube *f* *(s. a. unter* болт*)*; 2. Spindel *f*, Schraubenspindel *f*; 3. Spirale *f*, Schnecke *f* *(in Fördermitteln oder Mischern)*; 4. *(Flg)* Luftschraube *f*, Tragschraube *f* *(s. a. unter* ротор*)*; 5. *(Schiff)* Propeller *m*, Schraube *f* ‖ **~/авиационный** *(Flg)* Luftschraube *f* ‖ **~/арретирный** Feststellschraube *f*, Arretierschraube *f* ‖ **~/архимедов** Wasserschnecke *f*, Archimedische Schnecke *f* ‖ **~/барашковый** Flügelschraube *f* ‖ **~/бесконечный** Schnecke *f*, endlose Schraube *f* ‖ **~ в [направляющей] насадке [/гребной]** *(Schiff)* Düsenpropeller *m*, Düsenschraube *f*, ummantelter Propeller *m* ‖ **~ в свободной воде [/гребной]** *(Schiff)* freifahrender Propeller *m* ‖ **~/ведущий** Antriebsspindel *f* ‖ **~/воздушный** *(Flg)* Luftschraube *f* ‖ **~/гребной** Propeller *m*, Schiffsschraube *f* ‖ **~/двухлопастный воздушный** *(Flg)* Zweiblattluftschraube *f* ‖ **~/двухлопастный несущий** *(Flg)* Zweiblatttragschraube *f* ‖ **~ дислокаций** *(Krist)* Versetzungsschraube *f*, Versetzungsspirale *f* ‖ **~/дифференциальный** Differentialschraube *f* ‖ **~/домкратный** Pressenspindel *f* ‖ **~/зажимный** Klemmschraube *f*, Spannschraube *f* ‖ **~/заземляющий** *(El)* Erdungsschraube *f* ‖ **~/закрепляющий** Fixierungsschraube *f* ‖ **~/запорный** Verschlußschraube *f* ‖ **~/затяжной** Anzugsschraube *f* ‖ **~ изменяемого шага** *(Flg)* Verstellluftschraube *f* ‖ **~/контактный** *(El)* Kontaktschraube *f* ‖ **~/кормовой [гребной]** Heckpropeller *m* *(Eisbrecher)* ‖ **~/крепёжный** Befestigungsschraube *f* ‖ **~/«лёгкий» [гребной]** *(Schiff)* hydrodynamisch unterdimensionierter Propeller *m* ‖ **~/ленточный** Bandschnecke *f* *(Fördertechnik)* ‖ **~/лопастный** Schaufelwelle *f*, Messerwelle *f* *(Mischschnecke)* ‖ **~/микрометрический** 1. Meßschraube *f*; 2. Feinstellschraube *f*, Feingewindeschraube *f* *(der Meßspindel)* ‖ **~/многозаходный (многоходовой)** 1. mehrgängige Schraube *f*; 2. mehrgängige Schnecke *f* *(Fördertechnik)* ‖ **~/наводящий** Feintrieb *m*, Feintriebschraube *f*, Feinstellschraube *f* ‖ **~/нажимный** 1. Druckschraube *f*, Preßschraube *f*; 2. *(Wlz)* Anstellspindel *f*, Druckspindel *f*, Druckschraube *f* *(am Walzgerüst)* ‖ **~/натяжной** Anzugsschraube *f*, Spannschraube *f*; Spannspindel *f* *(Fördertechnik)* ‖ **~/несущий** *(Flg)* Drehflügel *m*, Tragschraube *f*, Rotor *m* *(Rotorflugzeuge)* ‖ **~/носовой [гребной]** Bugpropeller *m* *(Eisbrecher)* ‖ **~/ограничительный** Anschlagschraube *f* ‖ **~/однозаходный (одноходовой)** 1. eingängige Schraube *f*; 2. eingängige Schnecke *f* *(Fördertechnik)* ‖ **~/опережающий ходовой** überholende Leitspindel *f* ‖ **~/опорный** Tragschraube *f*, Stützschraube *f* ‖ **~/отжимный** Abdrückschraube *f* ‖ **~/отстающий ходовой** unterholende Leitspindel *f* ‖ **~/поворотный [гребной]** *(Schiff)* Lenkpropeller *m*, Ruderpropeller *m*, Drehwendepropeller *m* ‖ **~/податливый** Dehnschraube *f* ‖ **~ подачи** *(Wkzm)* Vorschubspindel *f* ‖ **~ подачи стола** *(Wkzm)* Tischspindel *f* ‖ **~/поддерживающий** Halteschraube *f* ‖ **~ подстройки** *(Eln)* Nachstimmschraube *f*, Abgleichschraube *f* ‖ **~/подъёмный** Hebespindel *f*, Hubspindel *f* *(Fördertechnik)* ‖ **~/полый** Hohlschraube *f*; Hohlspindel *f* ‖ **~/потайной** Senkschraube *f* ‖ **~/пригнанный** Paßschraube *f* ‖ **~/призонный** Paßschraube *f* ‖ **~/пружинный** Federschraube *f* ‖ **~/пустотелый** Hohlschraube *f*; Hohlspindel *f* ‖ **~/реверсивный воздушный** *(Flg)* Umkehrluftschraube *f* ‖ **~/регулировочный** Einstellschraube *f*, Regulierschraube *f*, Nachstellschraube *f*, Regelschraube *f* ‖ **~/регулировочный нажимный** Nachstelldruckschraube *f* ‖ **~ регулируемого шага [/гребной]** *(Schiff)* Verstellpropeller *m* ‖ **~/регулирующий** Stellschraube *f* ‖ **~/рулевой** *s.* ~ управления 1. ‖ **~ с барашком** Flügelschraube *f* ‖ **~ с накатной головкой** Rändelschraube *f*, Kordelschraube *f* ‖ **~ с насадкой/гребной** *(Schiff)* Düsenpropeller *m*, Düsenschraube *f*, ummantelter Propeller *m* ‖ **~ с плоской головкой** Flachkopfschraube *f* ‖ **~ с поворотными лопастями [/гребной]** *(Schiff)* Verstellpropeller *m* ‖ **~ с потайной го-**

ловкой Senk[kopf]schraube *f* ll **~ с самотормозящейся резьбой** selbsthemmende Schraube *f* ll **~/самонарезающий** selbstschneidende (gewindeformende) Schraube *f* ll **~/силовой** energiebetätigter Schraubtrieb *m* ll **~/соосный воздушный** *(Flg)* gegenläufige Luftschraube *f*, Koaxialluftschraube *f* ll **~/стопорный** Halteschraube *f*; Sicherheitsschraube *f*; Klemmschraube *f* ll **~/стяжной** Spannschraube *f*, Zugschraube *f*, Spannschloßschraube *f*, Spannschloß *n* ll **~ суппорта** Supportspindel *f*, Stellspindel *f* ll **~ тисков** Schraubstockspindel *f* ll **~/толкающий воздушный** *(Flg)* Druck[luft]-schraube *f* ll **~/тормозной ходовой** Bremsspindel *f* ll **~ точной наводки** *(Meß)* Feinstellschraube *f*; Feintrieb *m* ll **~/трёхлопастный воздушный** *(Flg)* Dreiblattluftschraube *f* ll **~/трёхлопастный гребной** *(Schiff)* Dreiflügelpropeller *m* ll **~/трёхлопастный несущий** *(Flg)* Dreiblattragschraube *f* ll **~/«тяжёлый» [гребной]** *(Schiff)* hydrodynamisch überdimensionierter Propeller *m* ll **~/тянущий воздушный** *(Flg)* Zug[luft]schraube *f* ll **~/тянущий гребной** *(Schiff)* Zugpropeller *m* ll **~/укрепляющий** Befestigungsschraube *f* ll **~/упорный** 1. Anschlagschraube *f*, Begrenzungsschraube *f*; 2. Druckschraube *f* ll **~ управления** 1. Steuerschraube *f*, Umsteuerschraube *f*; 2. Schaltspindel *f* ll **~/установочный** 1. Stellschraube *f*; Einstellschraube *f*, Justierschraube *f*; 2. Gewindestift *m*; 3. *(Wlz)* Anstellspindel *f*, Druckspindel *f* ll **~ устройства холостого хода/регулировочный** Leerlauf[-gemisch]regulierschraube *f* ll **~фиксированного шага** 1. *(Flg)* feste (starre) Luftschraube *f*; 2. *(Schiff)* Festpropeller *m* ll **~ фиксированного шага/гребной** *(Schiff)* Festpropeller *m* ll **~ фиксированного шага/сборный [гребной]** *(Schiff)* gebauter Festpropeller *m* ll **~ фиксирующий** Sicherungsschraube *f*, Fixierungsschraube *f*, Feststellschraube *f* ll **~/хвостовой** Heckschraube *f*, Heckrotor *m (Hubschrauber)* ll **~/ходовой** 1. Bewegungsschraube *f*; 2. *(Wkzm)* Gewindeleitspindel *f*, Leitspindel *f* ll **~ холостого хода** *(Flg)* Leerlauf[gemisch]regulierschraube *f* ll **~/цельнолитый [гребной]** *(Schiff)* Propeller *m* mit angegossenen Flügeln ll **~/центрирующий** *(Meß)* Zentrierschraube *f* ll **~/червячный** Schnecke *f* ll **~/четырёхлопастный [гребной]** *(Schiff)* Vierflügelpropeller *m*, vierflügeliger Propeller *m*

винт-барашек *m* Flügelschraube *f*

винт-микрометр *m* Schraubenmikrometer *n*

винтовёрт *m* Schraubendreher *m*

винтовка *f* 1. Gewehr *n (mit gezogenem Lauf)*; 2. Büchse *f (als Jagd- oder Sportgewehr; s. unter* ружьё*)* ll **~/автоматическая** Schnellfeuergewehr *n* ll **~/беззвучная (бесшумная)** Gewehr *n* mit Schalldämpfer ll **~/магазинная** Mehrladegewehr *n*, Repetiergewehr *n* ll **~/малокалиберная** Kleinkalibergewehr *n*, KK-Gewehr *n* ll **~/многозарядная** Mehrladegewehr *n*, Mehrlader *m* ll **~/охотничья** Jagdbüchse *f*, Jagdgewehr *n* ll **~/полуавтоматическая** Selbstladegewehr *n* ll **~/самозарядная** Selbstladegewehr *n* ll **~/скорострельная** Schnellfeuergewehr *n* ll **~/снайперская** Scharfschützengewehr *n (mit Zielfernrohr)* ll **~/спортивная** Sportbüchse *f*

винтовой 1. schraubenförmig, Gewinde...; 2. durch Schraubtrieb betätigt, Schraub...

винтокрыл *m (Flg)* Verbundhubschrauber *m*

винтообразный schraubenförmig

винт-упор *m* Anschlagschraube *f*

винты *mpl***/перекрывающиеся [гребные]** *(Schiff)* überlappende Propeller *mpl* ll **~/перекрывающиеся несущее** *(Flg)* ineinanderkämmende Rotoren *mpl (Hubschrauber)* ll **~ противоположного вращения/соосные [гребные]** *(Schiff)* gegenläufige Propeller *mpl* ll **~/соосные [гребные]** *(Schiff)* hintereinander angeordnete Propeller *mpl*

винт-эксцентрик *m* Exzenterschraube *f*

виньетирование *n (Opt)* Abschattung *f* ll **~/полевое** Randabschattung *f* ll **~/центральное** Zentralabschattung *f*

вираж *m* 1. *(Photo)* Ton[ungs]bad *n*, Toner *m*; 2. *(Flg)* Vollkurve *f*, ll **~/дорожный** *(Bw)* Überhöhung *f (der Kurve)*

вирать *(Schiff)* hieven *(seemännisch)*

вирирование *n (Photo)* Tonung *f*

виртуальный virtuell

вирус *m (Inf)* Virus *m*

висение *n (Flg)* Standschwebe *f*, Schwebezustand *m*, Schwebe *f* ll **~/вертолёта** Standschwebe *f (Hubschrauber)*

вискограмма *f* Viskogramm *n*

вискоза *f (Text)* Viskose *f* ll **~/зрелая** reife Viskose *f* ll **~/матированная** mattierte Viskose *f*, Mattviskose *f* ll **~/модифицированная** modifizierte Viskose *f* ll **~/нематированная** Glanzviskose *f* ll **~/нефильтрованная** rohe Viskose *f*

вискозиметр *m* Visko[si]meter *n*, Viskositätsmesser *m* ll **~/вращающийся** *s.* ~/ротационный ll **~ Гепплера** Höppler-Viskosimeter *n* ll **~/капиллярный** Kapillarviskosimeter *n* ll **~/маятниковый** Pendelviskosimeter *n* ll **~ Оствальда** Ostwald-Viskosimeter *n* ll **~ по истечению** Ausflußviskosimeter *n* ll **~ по Сейболту** Sayboldt-Viskosimeter *n* ll **~ по Уббелоде** Viskosimeter *n* nach Ubbelohde, Ubbelohde-Viskosimeter *n* ll **~/ротационный** Rotations[zylinder]viskosimeter *n*, Dreh[zylinder]viskosimeter *n* ll **~ с висячим уровнем** *s.* ~ по Уббелоде ll **~ с истечением** Ausflußviskosimeter *n* ll **~ с падающим шариком** Kugelfallviskosimeter *n* ll **~ Сейболта** Sayboldt-Viskosimeter *n* ll **~/шариковый** Kugelfallviskosimeter *n* ll **~ Энглера** Engler-Viskosimeter *n*

вискозиметрия *f* Viskosimetrie *f*, Viskositätsmessung *f*

висмут *m (Ch)* Bismut *n*, Bi

висмутин *m* 1. *(Ch)* Bismutin *n*; 2. *(Min)* Wismutglanz *m*, Bismuthin *m*

висмутистый *(Ch)* ...bismutid *n*; bismuthaltig

висмутит *m (Min)* Bismutit *m*, Wismutspat *m*

висмутовокислый *(Ch)* ...bismutat *n*; bismutsauer

витаминизация *f (Lebm)* Vitamin[is]ieren *n*, Vitamin[is]ierung *f*

витаминизировать *(Lebm)* vitamin[is]ieren, mit Vitaminen anreichern

витерит *m (Min)* Witherit *m*

витковой Windungs...

витой verdrillt, gewunden

виток *m* 1. *(Fert)* Windung *f (am Gewinde, an Schraubenfedern)*; 2. *(Text)* Windung *f*; 3. Windung *f*, Umschlag *m (Seil)*; 4. *(El)* Windung *f (Spule)*; 5. Umlauf *m*, Umlaufbahn *f (eines Planeten)* ‖ **~/запасной** Reservewindung *f*, Sicherheitswindung *f*, Sicherheitsumschlag *m (Seiltrommel)* ‖ **~ каната** Seilwindung *f*, Seilumschlag *m* ‖ **~/короткозамкнутый (короткозамыкающий)** *(El)* Kurzschlußwindung *f* ‖ **~/предохранительный** *s.* ~/запасной ‖ **~/проволочный** *(El)* Drahtwindung *f* ‖ **~ пружины** Federwindung *f* ‖ **~ пружины/крайний** Endwindung *f (Feder)* ‖ **~ пружины/начальный** Anfangswindung *f (Feder)* ‖ **~ пружины/рабочий** wirksame Federwindung *f* ‖ **~ пружины/торцовый** Endwindung *f (Feder)* ‖ **~/регулировочный** *(El)* Windung *f* der Stellwicklung ‖ **~ резьбы** *(Masch)* Gewindegang *m*

витраж *m* **[/оконный]** Glaswand *f*; Vitrage *f*

витрен *m (Geol)* Vitrit *m*, Glanzkohle *f (Steinkohlenart)*

витрина *f***/холодильная** Kühlvitrine *f*

витринит *m* Vitrinit *m (Gefügebestandteil der Kohle)*

витрит *m* Vitrit *m*, Glanzkohle *f (Mikrolithotyp der Kohle)*

виттихенит *m (Min)* Wittichenit *m*, Kupferwismuterz *n*, Wismutkupferblende *f*

вихревой turbulent, Wirbel...

вихреобразование *n* Wirbelbildung *f*

вихреотделение *n (Aero)* Wirbelablösung *f*

вихретоковой *(El)* Wirbelstrom...

вихрь *m* 1. *(Aero, Hydrod)* Wirbel *m*; 2. *(Meteo)* Wirbel *m*; Wirbelwind *m* ‖ **~/атмосферный** atmosphärischer Wirbel *m*, Luftwirbel *m* ‖ **~ векторного поля** *(Math)* [vektorielle] Rotation *f*, Rotor *m* ‖ **~/воздушный** Luftwirbel *m* ‖ **~/песчаный** *(Meteo)* Sandhose *f* ‖ **~/подветренный** Leewirbel *m* ‖ **~ потока** *(Aero)* Wirbelvektor *m* ‖ **~/приосевой** *(Aero)* Zentralwirbel *m* ‖ **~/присоединённый** *(Aero)* gebundener (begleitender) Wirbel *m* ‖ **~/пыльный** *(Meteo)* Staubwirbel *m* ‖ **~/радиальный** *(Aero)* Radialwirbel *m* ‖ **~/разгонный** *(Aero)* Anfahrwirbel *m (am Tragflügel)* ‖ **~/свернувшийся** *(Aero)* aufgerollter (aufgewickelter) Wirbel *m*

вициналь *f (Krist)* Vicinalfläche *f*

вицинальный *(Ch)* vicinal, nachbarständig

вкатывать 1. einwalzen; 2. einfahren

вкладка *f* 1. Einlage *f*, Einsatz *m*; 2. Einlegen *n*, Einbauen *n* ‖ **~ стержней** *(Gieß)* Kerneinlegen *n*, Kerneinbau *m* ‖ **~ штампа** 1. Gesenkeinsatz *m (Gegenstand)*; 2. Einbau *m* (Einsetzen *n*) eines Gesenks

вкладывание *n s.* вкладка

вкладыш *m* 1. Einsatz *m*, Einlage *f*, Einsatzstück *n*; 2. Hülse *f*, Buchse *f*; 3. Lagerschale *f*; 4. *(Gieß)* Ansteckteil *n*, Losteil *n (Modell)*; 5. *(Bw)* Formkern *m*, Kern *m*; 6. Zwischenlage *f*; Zwischenscheibe *f* ‖ **~/антифрикционный** Gleitschicht *f (des Gleitlagers)*; Gleitlagerschale *f*, Lagerschale *f* ‖ **~/баббитовый** Weißmetall-Lagerschale *f* ‖ **~/боковой** Seitenlagerschale *f* ‖ **~/верхний** obere Lagerschale *f*, Oberschale *f (des Gleitlagers)* ‖ **~ волочильного станка** Ziehbacken *m* ‖ **~ втулки сальника** Brillenfutter *n (Stopfbuchse)* ‖ **~/зажимный** Klemmstück *n* ‖ **~/конический** Kegeldübel *m* ‖ **~ коренного подшипника** Hauptlagerschale *f*, Grundlagerschale *f* ‖ **~/нижний** untere Lagerschale *f*, Unterschale *f (des Gleitlagers)* ‖ **~/основной** *s.* ~ коренного подшипника ‖ **~ подшипника** Lagerschale *f* ‖ **~ подшипника/многослойный** Mehrschichtlagerschale *f* ‖ **~ подшипника/разъёмный** geteilte Lagerschale *f* ‖ **~ подшипника/самоустанавливающийся** selbsteinstellbare Lagerschale *f* ‖ **~ подшипника/составной** geteilte Lagerschale *f* ‖ **~ ползуна** Kreuzkopflagerschale *f* ‖ **~/пустотообразующий** *(Bw)* Hohlraumbildner *m (Einlage)* ‖ **~/роторный** *(Bgb)* Drehtischeinsatz *m (Rotarybohrgerät)* ‖ **~/сплошной** Spurplatte *f* ‖ **~/сталеалюминиевый** Stahl-Aluminium-Lagerschale *f* ‖ **~/сферический** Kugelschale *f* ‖ **~ сферической цапфы** Kugelzapfenschale *f* ‖ **~/толстостенный** dickwandige Lagerschale *f* ‖ **~/тонкостенный** dünnwandige Lagerschale *f* ‖ **~/фильтрационный** *(Brau)* Filterelement *n* ‖ **~ шарового шарнира** Kugelschale *f (Kugelgelenk)* ‖ **~ шаровой цапфы** Kugelzapfenschale *f* ‖ **~/шарообразный** Kugelschale *f* ‖ **~ шатуна** Pleuellagerschale *f* ‖ **~ эксцентрика** Exzenterfutter *n*

вклейка *f (Typ)* 1. Einkleben *n* ; 2. Einlage *f*

включатель *m* Einschalter *m*, Schalter *m (s. a. unter* выключатель *und* переключатель*)* ‖ **~ зажигания** *(Kfz)* Zündschloß *n* ‖ **~ звукового сигнала** *(Kfz)* Fanfarentastschalter *m* ‖ **~/клавишный** Drucktastenschalter *m* ‖ **~ контрольной лампы ручного тормоза** *(Kfz)* Handbremskontrolltaster *m* ‖ **~ наружного освещения** *(Kfz)* Schalter *m* für Außenbeleuchtung ‖ **~ освещения щитка приборов** *(Kfz)* Schalter *m* für Instrumentenbeleuchtung ‖ **~/педальный** Fußschalter *m* ‖ **~/сетевой** Netzschalter *m* ‖ **~ стоп-сигнала** *(Kfz)* Schalter (Druckschalter) *m* für Bremsleuchten, Bremsleuchten[tast]schalter *m*

включать 1. *(El)* [ein]schalten; anschließen; 2. einstellen *(einen Sender)*; 3. *(Masch)* einrücken ‖ **~ в звезду** in Stern schalten ‖ **~ в каскад** in Kaskade schalten ‖ **~ в сеть** am (an das) Netz anschließen ‖ **~ в треугольник** in (als) Dreieck schalten ‖ **~ встречно** gegensinnig schalten, [ent]gegenschalten ‖ **~ звездой** in Stern schalten ‖ **~ каскадом** in Kaskade schalten ‖ **~ многократно** vielfachschalten ‖ **~ накрест** über Kreuz schalten ‖ **~ параллельно** parallel (nebeneinander) schalten ‖ **~ под рабочее напряжение** an Spannung legen ‖ **~ последовательно** hintereinander (in Reihe, in Serie) schalten ‖ **~ совместно** zusammenschalten ‖ **~ согласно** gleichsinnig schalten, gleichschalten

включаться [в разговор] *(Nrt)* eintreten, sich [in ein Ferngespräch] einschalten

включающий 1. *(El)* Einschalt...; 2. *(Inf)* inklusiv, einschließend

включение *n* 1. *(El)* Schalten *n*, Einschalten *n*, Schaltung *f*, Einschaltung *f (s. a. unter* соединение 7. *und* схема 2.*)*; 2. *(Masch)* Einrücken *n*; 3. *(Min, Geol, Met)* Einlagerung *f*, Einschluß *m*, Inklusion *f*, Einsprengung *f (z. B. von Schlacke in Metall)*; 4. Interpolation *f*, Einfügung *f*, Zwischenschaltung *f*; 5. *(Math)* Inklusionsbeziehung *f*,

Enthaltensein[s]beziehung *f* ‖ **~/безударное** *(Masch)* stoßfreies Einrücken *n* ‖ **~ в звезду** *(El)* Sternschaltung *f*, In-Stern-Schalten *n* ‖ **~ в сеть** Anschluß *m* an das Netz, Netzanschluß *m* ‖ **~ воздуха** *(Met)* Lufteinschluß *m*, Luftblase *f* ‖ **~/воздушное** *s.* ~ воздуха ‖ **~ вручную** Handeinschaltung *f*, Einschalten *n* von Hand ‖ **~/вспомогательное** Hilfsschaltung *f* ‖ **~/встречное** *(El)* Gegen[einander]schaltung *f*, gegensinnige Schaltung *f* ‖ **~/встречно-последовательное** *(El)* Antiparallel-Serien-Schaltung *f* ‖ **~/газовое** *(Met, Gieß)* Gaseinschluß *m* ‖ **~/генераторное** Generatorschaltung *f*; Schalten *n* des Generators ‖ **~ графита** *(Met, Gieß)* Graphiteinschluß *m* ‖ **~ графита/округлое** Temperkohleflocke *f* ‖ **~/групповое** *(El)* Gruppenschaltung *f* ‖ **~/двойное** *(El)* Doppelschaltung *f*, idiostatische Schaltung *f* ‖ **~/двухпозиционное** *(El)* Zweipunktschaltung *f*, Zweipunktschalten *n* ‖ **~/двухтактное** *(El)* Gegentaktschaltung *f* ‖ **~/диодное** Diodenschaltung *f* ‖ **~/дистанционное** Ferneinschaltung *f* ‖ **~/дополнительное** *(El)* Zusatzschaltung *f* ‖ **~ и выключение** *n (El)* Ein- und Ausschalten *n* ‖ **~/инородное** *s.* ~/постороннее ‖ **~ карбида** *(Met, Gieß)* Karbideinschluß *m* ‖ **~/каскадное** *(El)* Kaskadenschaltung *f* ‖ **~/каскодное** *(El)* Kaskodenschaltung *f* ‖ **~/компаундное** *(El)* Compoundschaltung *f*, Verbundschaltung *f*, Doppelschlußschaltung *f* ‖ **~/косвенное** *(El)* indirekte Einschaltung *f* ‖ **~/многократное** *(El)* Vielfachschaltung *f*, Mehrfachschaltung *f* ‖ **~/мостовое** *(El)* Brückenschaltung *f* ‖ **~ муфты сцепления** *(Masch)* Einkuppeln *n*, Einrücken *n* der Kupplung ‖ **~ насосов/повторное** *(Schiff)* Pumpenwiedereinschaltung *f* ‖ **~/неметаллическое** nichtmetallischer Einschluß *m*, nichtmetallische Verunreinigung *f* ‖ **~/неправильное** Fehlschaltung *f* ‖ **~/обратное** Rückwärtsschaltung *f*, inverse Schaltung *f* ‖ **~/одновременное** Simultanschaltung *f* ‖ **~/однотактное** Eintaktschaltung *f* ‖ **~ окалины** *(Met, Gieß)* Sintereinschluß *m*, Zundernest *n* ‖ **~/окисное (оксидное)** *(Met)* Oxideinschluß *m*, Oxidnest *n* ‖ **~/ошибочное** Fehlschaltung *f* ‖ **~/параллельное** *(El)* Parallelschaltung *f*, Neben[-schluß]schaltung *f* ‖ **~/перекрёстное** Kreuzschaltung *f* ‖ **~/песчаное** *(Met, Gieß)* Formstoffeinschluß *m*, Sandeinschluß *m*, Sandstelle *f* ‖ **~/повторное** Wiedereinschalten *n* ‖ **~/последовательное** Serienschaltung *f*, Reihenschaltung *f*, Hintereinanderschaltung *f* ‖ **~/постороннее** *(Met, Gieß)* Fremdeinschluß *m*, artfremder Einschluß *m* ‖ **~/пробное** *(El)* Versuchsschaltung *f* ‖ **~/продолжительное** *(Masch)* Dauerschaltung *f* ‖ **~ продольного хода** *s.* ~ продольной подачи ‖ **~ продольной подачи** *(Wkzm)* Längskupplung *f*, Längsschaltung *f (Vorschub)* ‖ **~/промежуточное** Zwischenschalten *n* ‖ **~/противотактное** *(El)* Gegentaktschaltung *f* ‖ **~/прямое** *(El)* 1. Vorwärtsschaltung *f*; 2. direkte Schaltung *f*, Direktschaltung *f* ‖ **~/рабочее** Betriebseinschaltung *f* ‖ **~/ручное** Handschaltung *f* ‖ **~ с выдержкой времени** *(El)* verzögertes Einschalten *n* ‖ **~/смешанное** *(El)* gemischte Schaltung *f* ‖ **~/совместное** Zusammenschalten *n* ‖ **~/согласное** gleichsinnige Schaltung *f* ‖ **~/ступенчатое** Kaskadenschaltung *f* ‖ **~/трёхпозиционное** *(El)* Dreipunktschaltung *f* ‖ **~/тройное** Dreierschaltung *f* ‖ **~/цеп[очеч]ное** *(El)* Kettenschaltung *f* ‖ **~ четвёрткой** *(El)* Viererschaltung *f* ‖ **~/шаговое** *(El)* schrittweise Einschaltung *f* ‖ **~/шлаковое** *(Met, Gieß)* Schlackeneinschluß *m*

включённый 1. [ein]geschaltet *(Gerät)*; angeschlossen *(an das Netz)*; 2. eingestellt *(Sender)* ‖ **~ в звезду** sterngeschaltet, in Sternschaltung ‖ **~ в каскад** in (als) Kaskade geschaltet ‖ **~ в треугольник** in Dreieckschaltung, in (als) Dreieck geschaltet ‖ **~ навстречу** gegen[einander]-geschaltet ‖ **~ параллельно** parallelgeschaltet, in Parallelschaltung, neben[einander]geschaltet ‖ **~ последовательно** in Reihe (Serie) geschaltet, hintereinandergeschaltet, in Reihenschaltung, in Serienschaltung

«включено» „Ein", „Eingeschaltet" *(Schalterstellung)*

включить *s.* включать

ВКР *s.* рассеяние/вынужденное комбинационное

вкрапление *n (Geol, Min)* Einschluß *m*, Einsprengung *f*, Verwachsung *f (Erz)*

вкрапленник *m (Geol, Min)* Einsprengling *m*

вкрапленность *f (Geol, Min)* 1. Verwachsung *f*, Einsprengung *f*; 2. Verwachsungsgrad *m (Erz)*

вкременение *n (Geol)* Einkieselung *f*

ВКС *s.* самолёт/воздушно-космический

ВЛ *s.* ватерлиния

влага *f* Feuchte *f*, Feuchteanteil *m* ‖ **~/атмосферная** Luftfeuchte *f* ‖ **~/непроливная почвенная** *(Bw, Lw)* Sickerwasser *n*; *(Bw)* Haftwasser *n* ‖ **~/поровая** Porenwasser *n* ‖ **~/почвенная** Bodenfeuchte *f* ‖ **~/просачивающаяся** Sickerwasser *n* ‖ **~/связанная** gebundene Feuchte *f* ‖ **~/усадочная** Schwindungswasser *n*

влаговыделение *n* Feuchtigkeitsausscheidung *f (durch Menschen)*; Feuchtigkeitsabgabe *f*

влагоёмкость *f* Wasseraufnahmefähigkeit *f*, Wasserhaltigkeit *f*, Wasseraufnahmevermögen *n*, Wasserfassungsvermögen *n*, Wasserkapazität *f*

влагозадержание *n* Feuchtigkeitsrückhalt *m*

влагозащита *f* Feuchteschutz *m*

влагозащитный wasserabstoßend, wasserabweisend, feuchtegeschützt

влагоизоляция *f (Bw)* Dampfsperre *f*, Dampfsperrschicht *f*, Feuchtigkeitssperre *f*

влагомаслоотделитель *m* Wasser- und Ölabscheider *m*

влагомер *m* Feuchtemeßgerät *n*, Feuchtigkeitsmeßgerät *n*; 2. Hygrometer *n*, Luftfeuchtemesser *m* ‖ **~/инфракрасный** Infrarotfeuchtemesser *m* ‖ **~/нейтронный** Neutronenfeuchtemesser *m (Bestimmung der Bodenfeuchte mit Neutronensonden)* ‖ **~/почвенный** Bodenfeuchtemesser *m*

влагонепроницаемость *f* Wasserundurchlässigkeit *f*; Feuchtigkeitsundurchlässigkeit *f*

влагонепроницаемый wasserundurchlässig; feuchtigkeitsundurchlässig

влагообмен *m* Feuchtigkeitsaustausch *m*

влагооборот *m (Meteo)* Wasserkreislauf *m*

влагоотдача *f* Feuchtigkeitsabgabe *f*

влагоотделитель *m* Feuchtigkeitsabscheider *m*, Wasserabscheider *m* ‖ ~ **жидкой фазы** Flüssigkeitsabscheider *m* ‖ **~/конденсирующий** pneumatischer Kältetrockner *m* ‖ **~/контактный** Kontakt-Flüssigkeitsabscheider *m* ‖ ~ **паровой фазы** pneumatischer Trockner *m* ‖ **~/силовой** Kraft-Flüssigkeitsabscheider *m*

влагопоглощаемость *f* Feuchtigkeitsaufnahmevermögen *n*, Hygroskopizität *f*

влагопоглощение *n* Feuchtigkeitsaufnahme *f*

влагопроницаемость *f* Wasserdurchlässigkeit *f*; Feuchtigkeitsdurchlässigkeit *f*

влагопроницаемый wasserdurchlässig; feuchtigkeitsdurchlässig

влагопрочность *f (Pap)* Naßfestigkeit *f*

влагопрочный *(Pap)* naßfest

влагорегулятор *m* Feuchteregler *m*

влагосниматель *m (Photo)* Abstreifer *m*, Filmabstreifer *m*, Entfeuchter *m*

влагосодержание *n* Feuchtigkeitsgehalt *m*, Feucht[e]gehalt *m*; Wassergehalt *m* ‖ **~/критическое** Knickpunktfeuchte *f*, Knickpunktfeuchtigkeit *f*

влагостат *m* Hygrostat *m*

влагостойкий feuchtigkeitsbeständig, feuchtigkeitsfest

влагостойкость *f* Feuchtigkeitsbeständigkeit *f*, Feuchtigkeitsfestigkeit *f*

влагоустойчивость *f s.* влагостойкость

влагоустойчивый *s.* влагостойкий

влажноадиабатический *(Meteo)* feuchtadiabatisch

влажнонеустойчивый feuchtlabil

влажность *f* Feuchtigkeit *f*, Feuchte *f* ‖ **~/абсолютная** absolute Feuchtigkeit *f* ‖ ~ **воздуха** Luftfeuchtigkeit *f*, Luftfeuchte *f* ‖ ~ **воздуха/удельная** spezifische Luftfeuchtigkeit *f* ‖ ~ **грутна** Erdfeuchtigkeit *f*, Bodenfeuchtigkeit *f* ‖ **~/естественная** natürliche Feuchte *f* ‖ **~/конечная** Endfeuchtigkeit *f*, Endfeuchte *f* ‖ **~/критическая** Knickpunktfeuchte *f*, Knickpunktfeuchtigkeit *f* ‖ **~/начальная** Anfangsfeuchtigkeit *f*, Anfangsfeuchte *f* ‖ **~/остаточная** Restfeuchtigkeit *f*, Restfeuchte *f* ‖ **~/относительная** relative Feuchtigkeit *f* ‖ ~ **пара** Dampfnässe *f*, Dampffeuchte *f*, Dampffeuchtigkeit *f* ‖ ~ **почвы** Bodenfeuchtigkeit *f*, Bodenfeuchte *f* ‖ **~/равновесная** Gleichgewichtsfeuchte *f* ‖ **~/результативная** *s.* ~/конечная ‖ **~/сорбционная** Sorptionsfeuchtigkeit *f* ‖ **~/удельная** spezifische Feuchtigkeit (Feuchte) *f*

вливание *n* Infusion *f*

вливаться 1. einfließen, hineinfließen, sich ergießen; 2. münden *(Fluß)*; 3. einströmen; 4. überfluten, einbrechen

влияние *n* 1. Beeinflussung *f*, Einfluß *m (s. a. unter* влияния*)*; 2. Einwirkung *f*, Wirkung *f* ‖ ~ **антенны/обратное** Antennenrückwirkung *f* ‖ **~/атмосферное** atmosphärischer Einfluß *m* ‖ **~/взаимное** gegenseitige Beeinflussung *f* ‖ ~ **внешнего освещения** Umgebungslichteinfluß *m* ‖ **~/внешнее** Umgebungseinfluß *m*, Außeneinfluß *m* ‖ **~/ёмкостное** *(El)* kapazitive Beeinflussung *f* ‖ ~ **запила (зарубки)** Kerbwirkung *f* ‖ **~/индуктивное** *(El)* induktive Beeinflussung *f* ‖ **~/магнитное** magnetische Beeinflussung *f* ‖ **~/местное** lokaler Einfluß *m* ‖ **~/мешающее** 1. Stör[ein]wirkung *f*; 2. *(Nrt)* Nebensprechen *n* ‖ ~ **нагрузки** Lasteinwirkung *f* ‖ ~ **надреза** Kerbwirkung *f* ‖ ~ **наполнителя** Füllstoffeinfluß *m* ‖ ~ **напряжения** *(El)* Spannungseinfluß *m* ‖ **~/обратное** Rückwirkung *f* ‖ ~ **окружающей среды** Umwelteinfluß *m* ‖ **~/орографическое** *(Meteo)* orographischer Einfluß *m* ‖ **~/переходное** *(Nrt)* Nebensprechbeeinflussung *f*, Nebensprechen *n* ‖ ~ **погрешностей** *(Meß)* Fehlereinfluß *m* ‖ ~ **последействия** Nacheffekteinfluß *m* ‖ **~/постороннее** Fremdeinfluß *m*, Fremdbeeinflussung *f* ‖ **~/температурное** Temperatureinfluß *m*, Temperatureinwirkung *f* ‖ ~ **частоты** *(El)* Frequenzeinfluß *m* ‖ **~/электрическое** elektrische Beeinflussung *f*

влияния *npl***/атмосферные** *(Meteo)* Witterungseinflüsse *mpl* ‖ **~/аэрологические** *(Meteo)* Tageseinflüsse *mpl*

влиять beeinflussen; einwirken

вложение *n* 1. *(Math)* Einbettung *f*; 2. Schachtelung *f*, Verschachtelung *f*

вложения *npl***/капитальные** Investitionen *fpl*

ВЛП *s.* линия положения/высотная

ВМ *s.* 1. машина/вычислительная; 2. материал/взрывчатый

В/м *s.* вольт на метр

вмазывание *n* Einkitten *n*, Verkitten *n*

вмазывать einkitten, verkitten, festkitten

вместимость *f* 1. Füllvolumen *n*, Rauminhalt *m*, Volumen *n*; 2. Aufnahmefähigkeit *f*, Fassungsvermögen *n*, Kapazität *f* ‖ **~/брутто-регистровая** *(Schiff)* Brutto[register]tonnage *f*, Bruttoraumgehalt *m (in Registertonnen)*, Bruttovermessung *f (eines Schiffes)* ‖ ~ **бункера** Bunkerinhalt *m*, Bunkerfassungsvermögen *n* ‖ **~/валовая регистровая** *s.* ~/брутто-регистровая ‖ ~ **грузовых трюмов** *(Schiff)* Laderauminhalt *m* ‖ **~/нетто-регистровая** *(Schiff)* Netto[register]tonnage *f*, Nettoraumgehalt *m (in Registertonnen)*, Nettovermessung *f (eines Schiffes)* ‖ **~/полезная** Nutzinhalt *m* ‖ ~ **судна** Raumgehalt *m*, Tonnage *f (eines Schiffes)* ‖ ~ **трюмов/недоиспользованная** *(Schiff)* Raumverlust *m*, Stauverlust *m* ‖ ~ **черпака** *(Förd)* Baggereimerinhalt *m (Eimerbagger)* ‖ **~/чистая регистровая** *s.* ~/нетто-регистровая

вмешательство *n* **оператора** *(Inf)* Bedienereingriff *m*

ВМР *s.* ресурсы/вторичные материальные

ВМТ *s.* точка/верхняя мёртвая

вмятина Verbeulung *f*, Beule *f*, Druckstelle *f*, Einbeulung *f*

ВН *s.* 1. напряжение/высокое; 2. напряжение/высшее

внакат *(Fert)* in mehreren Schichten *(Anordnung, z. B. von Werkstücken)*

внахлёстку überlappt

внеатмосферный *(Astr)* extraterrestrisch

внегалактический *(Astr)* extragalaktisch, außergalaktisch

внедрение *n* 1. Einführung *f*; 2. *(Geol)* Einlagerung *f*, Intrusion *f*; 3. *(Krist)* Einbau *m*, Einlagerung *f (von Störstellen)*; 4. *(Ph)* Umlagerung *f (Atome)*, Atomumlagerung *f* ‖ ~ **в производство** Einführung (Überleitung) *f* in die Produktion,

Produktionseinführung *f* ‖ **~ ионов** *(Ph)* Ionenimplantation *f*
внеземной *(Astr)* extraterrestrisch, außerirdisch
внемашинный *(Inf)* rechnerintern
внесение *n* 1. Eintragen *n*, Eintragung *f*, Einlegen *n*, Einbringen *n*; 2. *(Lw)* Ausbringen *n (Pflanzenschutzmittel, Düngemittel)*; Einbringen *n (in den Boden)* ‖ **~ жидкого навоза/припочвенное** *(Lw)* bodennahe Gülleausbringung *f* ‖ **~/ленточное** *(Lw)* Reihenausbringung *f*, Bandausbringung *f (Pflanzenschutzmittel, Düngemittel)* ‖ **~/местное** *(Lw)* nesterweises Einbringen *n* ‖ **~/полосовое** *s.* ~/ленточное ‖ **~/разбросное** *(Lw)* breitwürfiges Ausbringen *n (Düngemittel)* ‖ **~/сплошное** *(Lw)* Flächenausbringung *f (Pflanzenschutzmittel, Düngemittel)* ‖ **~ удобрений** *(Lw)* Düngen *n*, Einbringen (Ausbringen) *n* von Düngemitteln
внести *s.* вносить
внецентренный außermittig, exzentrisch
внешний 1. äußerlich, äußerer; Außen...; 2. Umgebungs..., Umwelt...; 3. *(Inf)* extern *(Speicher)*
внеядерный *(Ph)* extranuklear, Hüllen...
вносить 1. eintragen, einlegen, einfügen; 2. *(Lw)* ausbringen *(Pflanzenschutzmittel, Düngemittel)*; einbringen *(in den Boden)*
внутреннепрограммируемый *(Inf)* intern programmierbar *(Rechner)*
внутренний 1. innen, Innen...; 2. *(Inf)* intern *(Speicher)*
внутриатмосферный endoatmosphärisch
внутриатомный inneratomar, intraatomar
внутригранулярный *(Wkst)* innergranular, zwischen den Körnern liegend *(Gefüge)*
внутризаводский innerbetrieblich; Betriebs...
внутризадачный *(Inf)* jobintern
внутрикристаллический interkristallin; *(Inf)* chipintern
внутрикристальный *(Inf)* chipintern
внутриметаллический intermetallisch
внутримолекулярный intramolekular, innermolekular
внутрисхемный *(Inf)* chipintern; schaltungsintern
внутриядерный intranuklear, innernuklear
вобулировать wobbeln *(Frequenzen)*
вобулятор *m (El)* Wobbler *m* ‖ **~/частотный** Frequenzwobbler *m*, Wobbel[frequenz]generator *m*
вобуляция *f* Wobbeln *n*, Wobbelung *f (Frequenzen)* ‖ **~ частоты** Frequenzwobbelung *f*
вовлечение *n* **природных ресурсов** *(Ökol)* Inanspruchnahme *f* der Naturschätze
вогезит *m (Geol)* Vogesit *m*
вогнутость *f* Konkavität *f*
вогнутый eingekrümmt, konkav, hohl
ВОД *s.* дизель/высокооборотный
вода *f* Wasser *n* ‖ **~/агрессивная** aggressives Wasser *n*, Aggressivwasser *n* ‖ **~/адгерентная** *s.* ~/частично связанная ‖ **~/адсорбированная** *(Min)* Haftwasser *n*, Adsorptionswasser *n (an Kolloide gebunden)* ‖ **~/азотная** stickstoffhaltiges Wasser *n* ‖ **~/активированная** aktiviertes Wasser *f* ‖ **~/аммиачная** Ammoniakwasser *n*, Gaswasser *n* ‖ **~/аномальная** *s.* поливода ‖ **~/артезианская** artesisches Grundwasser *n* ‖ **~/атмосферная** Niederschlagswasser *n* ‖ **~/балластная** *(Schiff)* Ballastwasser *n* ‖ **~/безнапорная подземная** ungespanntes (freies) Grundwasser *n* ‖ **~/болотная** Sumpfwasser *n*, Moorwasser *n* ‖ **~/бытовая сточная** Haus[halt]abwasser *n*, häusliches Abwasser *n* ‖ **~/вадозная** *(Geol)* vadoses Wasser *n* ‖ **~/верхняя контурная (краевая)** oberes Randwasser *n (erdölführende Schichten)* ‖ **~/влившаяся** *(Schiff)* Leckwasser *n* ‖ **~/внутренняя** Tiefenwasser *n* ‖ **~/водопроводная** Leitungswasser *n* ‖ **~/возобновлённая** *(Geol)* palingenes Wasser *n* ‖ **~/восходящая** 1. aszendentes Wasser *n*; 2. *s.* ~/напорная ‖ **~/временная** *(Geol)* zeitweilig auftretendes Wasser *n* ‖ **~/выжатая** *s.* ~/возобновлённая ‖ **~/высокая** Hochwasser *n* ‖ **~/высокоактивная сточная** "heißes" Abwasser *n (Reaktor)* ‖ **~ высокого давления** [hochgespanntes] Druckwasser *n* ‖ **~/газовая** Gaswasser *n*, Ammoniakwasser *n*; Schwelwasser *n*, Teerwasser *n (in der Braunkohlenverkokung)* ‖ **~/гетеротермальная** heterothermes Wasser *n*, Wasser *n* zeitlich veränderlicher Temperatur ‖ **~/гигроскопическая** 1. hygroskopisches (hygroskopisch gebundenes) Wasser *n*; 2. *s.* ~/адсорбированная ‖ **~/гипертермальная** Hyperthermalwasser *n (über 42 °C)* ‖ **~/глубинная** *(Geol)* juveniles Wasser *n* ‖ **~/гомотермальная** homothermes Wasser *n*, Wasser *n* konstanter Temperatur ‖ **~/горячая** Heißwasser *n* ‖ **~/гравитацнонная** *(Geol)* Gravitationswasser *n*, Sickerwasser *n (unter dem Einfluß der Schwerkraft in den Hohlräumen der Gesteine frei bewegliches Wasser)* ‖ **~/грунтовая** Grundwasser *n* ‖ **~/деаэрированная** entgastes Wasser *n* ‖ **~/деионизированная** Deionat-Wasser *n* ‖ **~/дистиллированная** destilliertes Wasser *n* ‖ **~/диффузионная** Diffusionsablaufwasser *n (Zuckergewinnung)* ‖ **~/добавочная** Zusatzwasser *n*, Zuspeisungswasser *n (Dampfkessel)* ‖ **~/дождевая** Regenwasser *n* ‖ **~/дренажная** *(Hydt)* Dränwasser *n* ‖ **~/жавелевая** *(Ch)* Eau de Javelle *n(f)*, Javellesche Lauge *f (Kaliumhypochloritlösung)* ‖ **~/железистая** eisenhaltiges Wasser *n*, Eisenwasser *n* ‖ **~/жёсткая** hartes Wasser *n*, Hartwasser *n* ‖ **~/жильная** *(Geol)* Gangwasser *n* ‖ **~/жомовая** *s.* ~/диффузионная ‖ **~/жомопрессовая** Schnitzelpreßwasser *n (Zuckergewinnung)* ‖ **~/забортная** Seewasser *n* ‖ **~/загрязнённая** Schmutzwasser *n* ‖ **~/законтурная** Randwasser *n (außerhalb der Erdöllagerstätte)* ‖ **~/закрытая грунтовая** Grundwasser *n* unter undurchlässiger Deckfläche ‖ **~/замочная** Einweichwasser *n*, Weichwasser *n* ‖ **~/запруженная** Sperrenwasser *n*, angestautes Wasser *n* ‖ **~/интернальная** Tiefenwasser *n* ‖ **~/инфильтрационная** Sickerwasser *n*, infiltriertes Wasser *n* ‖ **~/инфлюационная** Versinkwasser *n* ‖ **~/иодистая** jodhaltiges Wasser *n* ‖ **~/ископаемая** fossiles Wasser *n* ‖ **~/исходная** Rohwasser *n* ‖ **~/канализационная** Abwasser *n (Kanalisation)* ‖ **~/капающая** Tropfwasser *n* ‖ **~/капиллярная** Kapillarwasser *n* ‖ **~/капиллярно-подвешенная** *s.* ~/подвешенная ‖ **~/карстовая** Karstwasser *n* ‖ **~/кислая** saures (sauer reagierendes) Wasser *n* ‖ **~/кислородная** Wasser *n* mit gelöstem freiem Sauerstoff

|| **~/ключевая** Quellwasser *n* || **~/колодезная** Brunnenwasser *n* || **~/коммунально-бытовая** Haus[halt]abwasser *n*, häusliches Abwasser *n* || **~/конденсационная** Kondenswasser *n* || **~/конденсационная рудничная** Kondensationswasser *n*, Schwitzwasser *n* || **~/коннэтная** konnates Wasser *n* || **~/контурная** *s.* ~/краевая || **~/котельная** Kessel[speise]wasser *n* || **~/краевая** Randwasser *n (in erdölführenden Schichten)* || **~/кристаллизационная** Kristallwasser *n* || **~/ледниковая** Gletscher[tau]wasser *n* || **~/льяльная** *(Schiff)* Bilgenwasser *n* || **~/магматическая** magmatisches Wasser *n* || **~/малая** Niedrigwasser *n (Gezeiten)* || **~/малоактивная сточная** „kühles" Abwasser *n (Reaktor)* || **~/меженная** kleines Wasser *n*, niedriges Wasser *n* || **~/межмерзлотная** Grundwasser *m* im Permafrost (Dauerfrostboden), Intrapermafrostwasser *n* || **~/минерализированная** mineralisiertes Wasser *n* || **~/минеральная** Mineralwasser *n* || **~/молекулярная** molekulares Haftwasser *n* || **~/морская** Seewasser *n*, Meerwasser *n* || **~/мягкая** weiches Wasser *n*, Weichwasser *n* || **~/надмерзлотная** Grundwasser *n* oberhalb des Permafrostes (Dauerfrostbodens), Superpermafrostwasser *n* || **~/наземная** *s.* ~/поверхностная || **~/напорная** 1. gespanntes Grundwasser *n*; 2. Stauwasser *n* || **~/ненапорная** ungespanntes (freies) Grundwasser *n* || **~ нефтеносных пластов/краевая** Randwasser *n* des Erdöllagers || **~/нефтесодержащая** ölhaltiges (veröltes) Wasser *n* || **~/нефтяная** Erdöllagerstättenwasser *n* || **~ нефтяных месторождений** *s.* ~/нефтяная || **~/нижняя краевая** Sohlenwasser *n (erdölführende Schichten)* || **~/низкая** seichtes Wasser *n* || **~/нисходящая** deszendentes Wasser *n* || **~/оборотная** Rück[kühl]wasser *n*, Umlaufwasser *n*; *(Pap)* Rück[lauf]wasser *n*; *(Pap)* Sieb[ab]wasser *n* || **~/озёрная** Seewasser *n* || **~/опреснённая** entsalztes Seewasser *n* || **~/орошающая** Berieselungswasser *n* || **~/осветлённая** geklärtes Wasser *n*, Klärwasser *n*, Klarwasser *n* || **~/осмотически впитанная** *s.* ~/плёночная || **~/открытая грунтовая** Grundwasser *n* unter durchlässiger Deckfläche || **~/отработанная** entspanntes Druckwasser *n* || **~/отходящая** Abwasser *n* || **~/охлаждающая** Kühlwasser *n* || **~/очищенная** gereinigtes Wasser *n* || **~/падающая** Fallwasser *n* || **~/первичная** juveniles Wasser *n* || **~ первичного контура реактора** Primärwasser *n (Reaktor)* || **~/перегретая** überhitztes Wasser *n* || **~/переохлаждённая** unterkühltes Wasser *n* || **~/питательная** Kesselspeisewasser *n* || **~/питьевая** Trinkwasser *n* || **~/плёночная** Häutchenwasser *n*, Filmwasser *n*, Haftwasser *n* || **~/поверхностная** *(Geol)* Oberflächenwasser *n*; *(Bgb)* Tagwasser *n* || **~/поглощённая** Versinkwasser *n* || **~/погребённая** fossiles (konnates) Wasser *n* || **~/подвешенная** Hang[end]wasser *n (in Poren, Spalten und anderen Hohlräumen des Gesteins festgehaltenes Wasser ohne Kontakt mit dem Grundwasser)* || **~/подземная** unterirdisches Wasser *n (Oberbegriff für Bodenwasser und Grundwasser)* || **~/подледниковая** subglaziales Wasser *n (unter dem Gletscher abfließendes Tauwasser)* || **~/подмерзлотная** *(Geol)* gespanntes Grundwasser *n* unterhalb des Permafrostes (Dauerfrostbodens), Infrapermafrostwasser *n* || **~/подпиточная** Auffüllwasser *n (für die Ergänzung des Primärwassers in Reaktoren mit Wasser als Wärmeträger)* || **~/подпочвенная** Grundwasser *n* || **~/подсеточная** *(Pap)* Sieb[ab]wasser *n* || **~/подсланцевая** Bilgenwasser *n* || **~/подъёмная** Auftriebswasser *n (Flotation)* || **~/полимерная** *s.* поливода || **~/полная** Hochwasser *n (Gezeiten)* || **~/поровая** Porenwasser *n* || **~/почвенная** Bodenwasser *n* || **~/пресная** Süßwasser *n*; *(Schiff)* Frischwasser *n* || **~/природная** natürliches Wasser *n* || **~/пробелочная** Deckwasser *n*, Wasserdecke *f (Zuckergewinnung)* || **~/продувочная** Absalzwasser *n*, Spülwasser *n (Dampfkessel)* || **~/производственная** *s.* ~/промышленная || **~/промывная** 1. Waschwasser *n*, Schwemmwasser *n*, Spülwasser *n*; 2. *(Brau)* Anschwänzwasser *n*, Überschwänzwasser *n*; Nachguß *m (verdünnte Vorderwürze)*; 3. Absüßwasser *n (Zuckergewinnung)* || **~/промывочная** Läuterwasser *n*, Schlammwasser *n (Aufbereitung)* || **~/промышленная** Industriewasser *n*, Betriebswasser *n (für Industriebetriebe)*, [industrielles] Brauchwasser *n* || **~/промышленная сточная** gewerbliches (industrielles) Abwasser *n*, Industrieabwasser *n* || **~/просачивающаяся** Sickerwasser *n* || **~/прочносвязанная** Haftwasser *n* || **~/прудовая** Teichwasser *n* || **~/прядильная** Spinnwasser *n (Chemiefaserherstellung)* || **~/рабочая** Aufschlagwasser *n*, Triebwasser *n*, Betriebswasser *n (Wasserturbine; Ejektor)* || **~/радиевая** radiumhaltiges Wasser *n* || **~/радиоактивная** radioaktives Wasser *n* || **~/радиоактивная сточная** [radio]aktives Abwasser *n (Reaktor)* || **~/реакционная** Reaktionswasser *n* || **~/реликтовая** Reliktwasser *n*, konnates Wasser *n* || **~/речная** Flußwasser *n* || **~/рыхлосвязанная** *s.* ~/плёночная || **~/свежая** Frischwasser *n* || **~/свободная** *s.* ~/гравитационная || **~/связанная** *(Geol)* 1. gebundenes Wasser *n (erdölgeologisches Schichtwasser, das in den Poren haften bleibt)*; 2. *s.* ~/внутренняя || **~/сезонная** *s.* верховодка || **~/сероводородная** *(Ch)* Schwefelwasserstoffwasser *n* || **~/ сингенетическая** *s.* 1. ~/коннэтная; 2. ~/реликтовая || **~/синтетическая** synthetisches Wasser *n* || **~/слабая промывная** *(Brau)* Nachguß *m (verdünnte Vorderwürze)*; Glattwasser *n* || **~/смешанная** Mischwasser *n* || **~/снеговая** Tauwasser *n*, Schmelzwasser *n* || **~/солёная** Salzwasser *n*, salzhaltiges Wasser *n* || **~/солоноватая** Brackwasser *n* || **~/соляная** Salzwasser *n*; *(Geol)* Sole *f*, Lauge *f* || **~/сопочная** Schlammsprudelwasser *n* || **~/спокойная** Glattwasser *n* || **~/спрысковая** *(Pap)* Spritzwasser *n* || **~/стекающая** Abflußwasser *n* || **~/сточная** Abwasser *n*, Schmutzwasser *n* || **~/субтермальная** Subthermalwasser *n (20 bis 36 °C)* || **~/талая** Schmelzwasser *n* || **~/термальная** Thermalwasser *n (36 bis 42 °C)* || **~/техническая** Industriewasser *n*, Betriebswasser *n*, Rohwasser *n* || **~/тихая** Glattwasser *n* || **~/торфяная** Torfmoorwasser *n* || **~/трещинная** Spalt[en]wasser *n*, Kluftwasser *n* || **~/трещинно-карстовая**

Karstwasser *n* ‖ **~/трюмная** *(Schiff)* Bilgenwasser *n* ‖ **~/тяжёлая** *(Ph, Ch)* schweres Wasser *n*, Deuteriumoxid *n* ‖ **~/умягчённая** enthärtetes Wasser *n* ‖ **~/усадочная** Schwindungswasser *n* ‖ **~/фекальная** Fäkalienwasser *n* ‖ **~/фенольная** Phenolwasser *n (Abwasser)* ‖ **~/фильтрационная** Filtrationswasser *n*, Sickerwasser *n* ‖ **~/фрэатическая** freies (ungespanntes) Grundwasser *n* ‖ **~/хозяйственная** Brauchwasser *n* ‖ **~/хозяйственно-бытовая [сточная]** *(Schiff)* graues Abwasser *n* ‖ **~/хозяйственно-фекальная** Haushaltschmutzwasser *n* ‖ **~/циркуляционная** Umlaufwasser *n*, Rück[kühl]wasser *n* ‖ **~/частично-связанная** teilweise (partiell) gebundenes Wasser *n* ‖ **~/щелевая** Kluftwasser *n*, Spaltwasser *n* ‖ **~/эпигенетическая** epigenetisches Wasser *n (fossiles Meerwasser)* ‖ **~/ювенильная** juveniles Wasser *n*

водилка *(Text)* Laufstock *m*, Fadenführer *m* ‖ **~ ровницы** Vorgarnschiene *f*, Luntenführer *m (Streckwerk)*

водило *n (Masch)* Steg *m (Umlaufrädergetriebe, Umlaufgetriebe, Planetenradgetriebe)*; Führung *f*, Rahmen *m* ‖ **~ планетарной передачи** Planetenträger *m*

водка *f*/**царская** *(Ch)* Königswasser *n*

водноэнергетический Wasserkraft...

водобой 1. *(Hydt)* Schußboden *m*, Abschußboden *m*; Sturzboden *m*, Sturzbett *n*, Wehrsturzboden *m*, Wehrsturzbett *n*; 2. *s.* гидромонитор

водовод *m (Hydt)* 1. Wasserleitung *f*; 2. Umlauf *m (Schleuse)* ‖ **~/безнапорный** Freispiegelgerinne *n* ‖ **~/водозаборный** Entnahmeleitung *f* ‖ **~/обходный** *(Bw)* Wasserumleitung *f* ‖ **~/циркуляционный** Wasserumlaufleitung *f*

водоворот *m (Hydt)* Wirbel *m*, Wasserwirbel *m*; Neer *f*; Wasserstrudel *m*, Strudel *m*; Wasserwechsel *m*, Gegenströmung *f*, Gegenstrom *m*

водовыпуск *m* Hydrant *m* ‖ **~/подземный выдвижной** Versenkhydrant *m*

водоём *m* 1. Gewässer *n (Meere, Seen, Flüsse)*; 2. Wasserbassin *n*, Wasserbecken *n*, Becken *n*, Reservoir *n (s. a. unter* водохранилище*)*; 3. Staubecken *n* ‖ **~/внутренний** Binnengewässer *n (Flüsse, Seen)* ‖ **~/нижний** *(Hydt)* Gegenbecken *n (Speicherkraftwerk)* ‖ **~/подпёртый** Stausee *m* ‖ **~/пожарный** Feuerlöschteich *m*

водоёмкость *f (Hydt)* Wasserhaltungsvermögen *n*, Wasserkapazität *f*

водозабор *m (Hydt)* Wasserfassung *f*, Wasserentziehung *f*, Wasserentnahme *f* ‖ **~/башенный** Turmfassung *f* ‖ **~/береговой** Uferentnahmestelle *f* ‖ **~/вертикальный** vertikale Grundwasserfassung *f* ‖ **~ гидростанции** Kraftwasserentnahme *f* ‖ **~/глубинный** Unterwassereinlauf *m*, Unterwassereinlaß *m* ‖ **~/горизонтальный** horizontale Grundwasserfassung *f* ‖ **~ грунтовых вод** Grundwasserfassung *f*, Grundwasserentnahme *f*

водозащита *f* Wasserschutz *m*; Strahlwasserschutz *m*

водозащищённый wassergeschützt; wasserdicht, wasserundurchlässig

водоизмещение *n (Schiff)* Deplacement *n*, Verdrängung *f*, Wasserverdrängung *f* ‖ **~ в полном грузу** Wasserverdrängung *f* voll beladen ‖ **~/весовое (массовое)** Deplacement *n (in t)*, Gewichtsverdrängung *f* ‖ **~/нормальное** Normaldeplacement *n*, Normalverdrängung *f* ‖ **~/объёмное** Raumverdrängung *f (in* m^3*)*, Volumenverdrängung *f*, kubisches Deplacement *n* ‖ **~/полное** Gesamtverdrängung *f*, Verdrängung *f* gesamt ‖ **~ порожнём** Wasserverdrängung *f* im Leerzustand ‖ **~/проектное (расчётное)** Entwurfsverdrängung *f*, Konstruktionsverdrängung *f*, projektierte Verdrängung *f* ‖ **~/стандартное** Standarddeplacement *n*, Typverdrängung *f (in t)*

водок *m (Text)* Fadenleiter *m*, Fadenführer *m*, Laufstock *m*

водокачка *f* Pumpwasserstation *f*

водолей *m* Wasserversorgungsschiff *n*, Wasserversorger *m*

водомер *m* Wassermesser *m*, Wasser[mengen]zähler *m*; *i.w.S.* Flüssigkeitsvolumenzähler *m (zum Messen von Wasser und anderen Flüssigkeiten)* ‖ **~/барабанный** Trommelwasserzähler *m* ‖ **~/весовой** Auslaufzähler *m* ‖ **~/винтовой** *s.* ~ Вольтмана ‖ **~ Вольтмана** Woltmann-Zähler *m*, Woltmann-Wasserzähler *m* ‖ **~/дисковый** Scheiben[wasser]zähler *m*, ‖ **~/дроссельный** Wasserzähler *m* nach dem Wirkdruckverfahren, Wirkdruckwasserzähler *m* ‖ **~/кольцевой** Ringkolbenzähler *m* ‖ **~/комбинированный** Verbundzähler *m* ‖ **~/крыльчатый** Flügelrad[wasser]zähler *m*, Flügelrad[wasser]messer *m* ‖ **~/лопастный** *s.* ~/крыльчатый ‖ **~/объёмный** Verdrängungszähler *m*, Volumen[wasser]zähler *m (Oberbegriff für Drehkolben-, Hubkolben-, Ringkolben-, Wälzkolben- und Taumelscheibenzähler)* ‖ **~/поршневой** Kolbenwasserzähler *m* ‖ **~/регистрирующий** Wassermengenschreiber *m* ‖ **~ с овальными шестернями** Ovalradzähler *m*, Wälzkolbenzähler *m* ‖ **~/скоростной** Geschwindigkeitswasserzähler *m* ‖ **~/тахометрический** Turbinenzähler *m* ‖ **~/шестерёнчатый** Ovalrad[wasser]zähler *m*

водомёт *m s.* движитель/водомётный

водомоина *f (Geol)* Erosionskessel *m*

водонагреватель *m* Warmwasserbereiter *m* ‖ **~ проточной системы/газовый** Gasdurchlauferhitzer *m* ‖ **~/проточный** Durchlauferhitzer *m*

водонапорный hydraulisch, Druckwasser...

водонепроницаемость *f* Wasserundurchlässigkeit *f*, Wasserdichtheit *f*

водонепроницаемый wasserundurchlässig, wasserdicht

водоносность *f (Hydt)* 1. Wasserführung *f (Fluß)*; 2. Ergiebigkeit *f (Quelle, Brunnen)* ‖ **~ реки** *(Hydrol)* mittlere Wasserführung *f* eines Flusses

водоносный wasserführend; wasserhaltig

водообеспечение *n* Wasserversorgung *f*

водообеспеченность *f* Wasserdargebot *n*

водообмен *m (Hydt)* Wasserwechsel *m*

водоотведение *n* Abwasserableitung *f*

водоотвод *m (Hydt)* 1. Abgraben *m*; 2. Wasserentziehung *f (Talsperrenanlage)*; 3. Entwässerung *f*, Wasserableitung *f* ‖ **~/внутренний** *(Bw)* Dachinnenentwässerung *f*

водоотводчик *m (Wmt)* Wasserabscheider *m*, Kondenswasserabscheider *m*, Kondenstopf *m*

водоотдача *f (Bgb)* Wasserabgabe *f (Bohrspülung)*

водоотделение *n* Wasserabscheidung *f*

водоотделитель *m* 1. *(Ch)* Wasserabscheider *m*; 2. *(Wmt)* Dampfentwässerer *m*, Wasserableiter *m*, Wasserabweiser *m* ‖ **~/конденсационный** *(Wmt)* Kondenswasserableiter *m*
водоотлив *m* 1. *(Bw)* Wasserhaltung *f (Trockenhaltung von Baugruben, Schächten u. a.)*; 2. *(Bw)* Wasserabschlag *m*, Wasserschräge *f*, Abschräge *f (Abschrägung von Bauteilen zur Ableitung von Regenwasser)*; 3. *(Bgb) s.* ~/рудничный ‖ **~/вспомогательный** *(Bgb)* Zubringerwasserhaltung *f*, Sonderwasserhaltung *f* ‖ **~/главный** *(Bgb)* Hauptwasserhaltung *f* ‖ **~/грунтовой** *(Bw)* Grundwasserhaltung *f* ‖ **~/открытый** *(Bgb)* Oberflächenentwässerung *f (Tagebau)* ‖ **~/поверхностный** *s.* ~/открытый ‖ **~/проходческий** *(Bgb)* Abteufwasserhaltung *f* ‖ **~/рудничный** *(Bgb)* Wasserhaltung *f*, bergmännische Wasserwirtschaft *f* ‖ **~/центральный** *(Bgb)* zentrale Wasserhaltung *f (Zusammenfassung der Wasserhaltung für mehrere Schächte oder Gruben)*
водоотливный 1. *(Schiff)* Notlenz…, Havarielenz…; 2. *(Bgb)* Wasserhaltungs…
водоотнимающий wasserentziehend, dehydratisierend
водоотталкивающий wasserabweisend, hydrophob
водоохлаждаемый wassergekühlt
водоохлаждение *n* 1. Wasserkühlung *f*; 2. Kühlung *f* des Wassers
водоочиститель *m* Wasserreiniger *m*, Wasserfilter *n*
водоочистка *f* Wasserreinigung *f*; Wasseraufbereitung *f*
водопад *m* Wasserfall *m*
водопоглощение *n* Wasseraufnahme *f*, Wasserabsorption *f*
водоподготовка *f* Wasseraufbereitung *f*; Wasserreinigung *f* ‖ **~/ионообменная** Wasseraufbereitung *f* durch Ionenaustausch ‖ **~/механическая** mechanische Wasseraufbereitung *f (z. B. durch Filtrieren)* ‖ **~/термическая** thermische Wasseraufbereitung *f* ‖ **~/химическая** chemische Wasseraufbereitung *f*
водоподогреватель *m* 1. Warmwasserbereiter *m*; 2. Wasservorwärmer *m (Dampfkessel, Warmwasserspeicher)*; Wasservorwärmer *m*; Speisewasservorwärmer *m* ‖ **~ высокого давления** Hochdruckwasservorwärmer *m*, HD-Vorwärmer *m* ‖ **~/гладкотрубный** Glattrohrwasservorwärmer *m* ‖ **~/змеевиковый** Rohrschlangen[wasser]vorwärmer *m* ‖ **~/кипящий** Vorverdampfer *m* ‖ **~/конвекционный** konvektiv beheizter Wasservorwärmer *m* ‖ **~/параллельно-точный** Gleichstromwasservorwärmer *m* ‖ **~/противоточный** Gegenstromwasservorwärmer *m* ‖ **~/ребристый** Rippenrohr[wasser]-vorwärmer *m* ‖ **~/трубчатый** Röhrenvorwärmer *m*, Rohrwasservorwärmer *m*
водоподъём *m* Wasserhebung *f*, Wasserförderung *f*
водоподъёмник *m* Wasserheber *m*, Wasserschöpfwerk *n* ‖ **~/ковшовый** Becherschöpfwerk *n*
водопользование *n (Ökol, Hydt)* Wassernutzung *f*
водопонижение *n (Bw)* Grundwasserabsenkung *f*
водопотребитель *m* Wasserverbraucher *m*
водопотребление *n* Wasserverbrauch *m*
водопотребность *f* Wasserbedarf *m*; *(Bw)* Wasseranspruch *m (Beton, Mörtel)*
водоприём *m (Hydt)* Einlauf *m*, Einlaß *m* ‖ **~/безнапорный** Freispiegeleinlaß *m* ‖ **~/глубинный** Unterwassereinlauf *m*, Unterwassereinlaß *m*
водоприёмник *m (Hydt)* Becken *n*; Wasserentnahmestelle *f*; Einlaß *m*, Wassereinlaß *m*, Vorfluter *m* ‖ **~/башенный** Turmeinlaß *m*, Entnahmeturm *m* ‖ **~/береговой** Hangeinlaß *m* ‖ **~ гидростанции** Werkeinlaß *m*, Kraftwerkseinlaß *m* ‖ **~/главный** Hauptvorfluter *m* ‖ **~/донный** Bodeneinlaß *m* ‖ **~/насосный** Entnahmepumpwerk *n*
водоприток *m (Bgb)* Wasserzufluß *m*
водопровод *m* Wasserleitung *f* ‖ **~/безнапорный** Freispiegelwasserleitung *f* ‖ **~/внутренний** Hauswasserleitung *f* ‖ **~/временный** provisorische Wasserleitung *f* ‖ **~/напорный** Druckwasserleitung *f* ‖ **~/наружный** Wasserversorgungsleitung *f*, Wasserversorgungsnetz *n*
водопроводность *f* Wasserleitfähigkeit *f*, Transmissibilität *f*
водопромокаемость *f* Wasserdurchtritt *m*
водопроницаемость *f* Wasserdurchlässigkeit *f* ‖ **~ грунта** Bodendurchlässigkeit *f*
водопроницаемый wasserdurchlässig
водопроток *m (Schiff)* Wasserlaufloch *n*, Wasserlauf *m*
водопуск *m (Hydt)* Wasserdurchlaß *m* ‖ **~/боковой** Seitengerinne *n*
водоразбор *m (Hydt)* Wasserverteilung *f*; Wasserentnahme *f*
водораздел *m (Hydt)* Wasserscheide *f*, Scheide *f*
водораспылитель *m* Wasserzerstäuber *m*
водорастворимость *f* Wasserlöslichkeit *f*
водорастворимый wasserlöslich
водорегулятор *m* Wasserregler *m (Kühlwasser)*
водород *m (Ch)* Wasserstoff *m*, H ‖ **~/атомарный** atomarer Wasserstoff *m* ‖ **~ в момент (состоянии) выделения** *(Ch)* naszierender Wasserstoff *m*, Wasserstoff *m* in statu nascendi ‖ **~/галогенированный фтористохлористый** *(Kält)* halogenierter Fluorchlorkohlenwasserstoff *m* ‖ **~/жидкий** Flüssigwasserstoff *m* ‖ **~/лёгкий** leichter Wasserstoff *m*, Protium *n* ‖ **~/межзвёздный** *(Astr)* interstellarer Wasserstoff *m* ‖ **~/сверхтяжёлый** überschwerer Wasserstoff *m*, Tritium *n* ‖ **~/тяжёлый** schwerer Wasserstoff *m*, Deuterium *n*
водородистый *(Ch)* …hydrid *n*; wasserstoffhaltig
водородный Wasserstoff…
водородосодержание *n* Wasserstoffgehalt *m*
водосбор *m (Hydrol)* Einzugsgebiet *n*, Quellgebiet *n* ‖ **~/поверхностный** oberirdisches Einzugsgebiet *n* ‖ **~/подземный** unterirdisches Einzugsgebiet *n*
водосборник *m* 1. *(Bgb)* Wassersammler *m*, Sumpfstrecke *f*; 2. *(Bw)* Wassersammelbehälter *m*
водосброс *m (Hydt)* Entlastungsüberfall *m*, Wasserüberschuß *m*, Überlauf *m*, Entlastungsanlage *f*, Leerschuß *m (Talsperre)* ‖ **~/глубинный** Grundablaß *m* ‖ **~/донный** Grundwasserablaßbauwerk *n* ‖ **~/паводковый** Hochwasserentlastungsanlage *f* ‖ **~/поверхностный** Freifluter

m ‖ **~/сифонный** Entlastungsüberfall *m*, Heberüberlauf *m* ‖ **~/траншейный** Randkanalüberfall *m* ‖ **~/туннельный** Entlastungsstollen *m* ‖ **~/холостой** Freifluter *m* ‖ **~/шахтный** *(Bw)* Schachtüberfall *m* ‖ **~/эксплуатационный** *(Hydt)* Betriebsauslaß *m*

водослив *m (Hydt)* 1. Überlauf *m*, Wasserüberlauf *m*; 2. Überfall *m*; Entlastungsüberfall *m*, Absturz *m*, Absturzbauwerk *n* ‖ **~ без затвора** freier (schützenloser) Überfall *m* ‖ **~/боковой** Rand[kanal]überfall *m*, Randüberlauf *m* ‖ **~/глухой** *s.* ~ без затвора ‖ **~/измерительный** Meßüberfall *m*, Meßwehr *n* ‖ **~/кольцевой** *s.* ~/шахтный ‖ **~/лотковый** Überlaufrinne *f* ‖ **~/мерный** Meßüberfall *m*, Meßwehr *n* ‖ **~/незатопленный** vollkommener Überfall *m* ‖ **~/открытый** *s.* ~ без затвора ‖ **~ полых вод** Hochwasserüberlauf *m* ‖ **~/сбросный** Entlastungsüberfall *m* ‖ **~/свободный** vollkommener Überfall *m* ‖ **~/сифонный** Siphonüberlauf *m* ‖ **~ треугольного сечения** Dreieckwehr *n*, Dreiecküberfall *m*, dreieckiger Überfall *m* ‖ **~/холостой** Leerlauf *m*, Freilauf *m* ‖ **~/шахтный** Schachtüberfall *m*, Brunnenüberfall *m*

водосмеситель *m* Wassermischer *m*

водоснабжение *n* Wasserversorgung *f* ‖ **~/горячее** Warmwasserversorgung *f*, Heißwasserversorgung *f* ‖ **~/питьевое** Trinkwasserversorgung *f* ‖ **~/промышленное** Industriewasserversorgung *f*, Betriebswasserversorgung *f* ‖ **~/противопожарное** Löschwasserversorgung *f* ‖ **~/стройплощадочное** Bauwasserversorgung *f* ‖ **~/централизованное** Zentralwasserversorgung *f*

водосодержание *n* Wassergehalt *m*, Wasseranteil *m*; Wasserinhalt *m*

водоспуск *m (Hydt)* Wasserablaß *m*, Ablaß *m*; Wasserdurchlaß *m*, Durchlaß *m* ‖ **~ дамбы/сифонный** Sielheber *m* ‖ **~/донный** Grundablaß *m* ‖ **~/ступенчатый** Kaskade *f* ‖ **~/щитовой** Schützenablaß *m*

водостойкий *s.* водоупорный

водостойкость *f s.* водоупорность

водосток *m (Hydt)* Entwässerungsgraben *m*

водосчётчик *m s.* водомер

водотечность *f (Schiff)* Leckage *f*

водоток *m (Hydrol)* Wasserstrom *m*; Wasserlauf *m* ‖ **~/грунтовой** Grundwasserlauf *m*

водоуказатель *m* Wasserstandsanzeiger *m*

водоуловитель *m* Wasserfang *m*

водоумягчение *n* Wasserenthärtung *f*

водоупор *m* Grundwasserstauer *m*; Grundwassersohle *f*

водоупорность *f* Wasserbeständigkeit *f*, Wasserfestigkeit *f*

водоупорный wasserbeständig, wasserfest

водохранилище *n* 1. Wasserbassin *n*, Bassin *n*, Wasserbecken *n*; 2. *(Hydt)* Stausee *m*, Talsperre *f*; 3. *(Hydt)* Sperraum *m*, Speicher *m*; Wasserspeicher *m* ‖ **~/главное** Stammspeicher *m* ‖ **~ годового запаса (регулирования)** Jahresspeicher *m* ‖ **~/наземное** Hochbehälter *m*, Hochspeicher *m* ‖ **~ недельного запаса** Wochenspeicher *m* ‖ **~/основное** Stammspeicher *m* ‖ **~/подземное** Tiefbehälter *m*, Tiefspeicher *m* ‖ **~/промежуточное** Zwischenspeicher *m* ‖ **~ с многолетним регулированием** Überjahresspeicher *m* ‖ **~ сезонного регулирования** Jahresspeicher *m*

воды *fpl***/артезианские** *(Geol)* artesisches Grundwasser *n*, artesisch gespanntes Wasser *n* ‖ **~/загрязнённые** Schmutzwasser *n* ‖ **~/промывные** *(Brau)* Nachgüsse *mpl (beim Auswaschen der Treber)* ‖ **~/промышленные сточные** Industrieabwasser *n*; gewerbliches Abwasser *n* ‖ **~/сточные** Abwasser *n*, Schmutzwasser *n*

вожак *m* Fischreep *n*, Reep *n (Treibnetz)* ‖ **~/основной** Hauptreep *n*, Treibnetzreep *n*

вождение *n* Führung *f*, Lenkung *f (Fahrzeug)*; *(Flg)* Steuern *n* ‖ **~ по рядкам/автоматическое** *(Lw)* automatische Reihenführung *f*, automatische Reihenlenkung *f* ‖ **~ с натяжкой** *(Kfz)* Fahren *n* mit Motoruntertourung

возбудитель *m* 1. Erreger *m*; 2. *(El)* Erregermaschine *f*; 3. *(Nrt)* Steuersender *m*; 4. *(Ak)* Aktuator *m*; 5. *s.* агент/возбуждающий ‖ **~ брожения** Gärungserreger *m* ‖ **~/вибрационный** Schwingungserreger *m* ‖ **~ волн** Wellenerreger *m* ‖ **~ гниения** Fäulniserreger *m* ‖ **~/машинный** *(El)* Erregermaschine *f* ‖ **~ постоянного тока** Gleichstromerregermaschine *f* ‖ **~/собственный** *(El)* Eigenerregermaschine *f* ‖ **~ трёхфазного тока** *(El)* Drehstromerregermaschine *f*

возбудитель-модулятор *m* Treiber-Modulator *m*

возбудить *s.* возбуждать

возбудиться *s.* возбуждаться

возбуждаемость *f* Erregbarkeit *f*

возбуждаемый erregbar

возбуждать erregen; anregen

возбуждаться erregt werden; angeregt werden

возбуждение *n* 1. Anregung *f*; 2. *(El)* Erregung *f*; Anregung *f* • **с независимым (посторонним) возбуждением** *(El)* fremderregt ‖ **~/антенное** Antennenerregung *f* ‖ **~/асинхронное** *(El)* asynchrone Erregung *f* ‖ **~/внешнее** *(El)* Fremderregung *f* ‖ **~/встречно-смешанное (дифференциальное)** *(El)* Gegenverbunderregung *f*, Differentialerregung *f* ‖ **~/высокочастотное** *(El)* Hochfrequenzanregung *f* ‖ **~ дуги** *(Schw)* Zünden *n* des Lichtbogens ‖ **~ звука** Schallerregung *f*, Schallerzeugung *f* ‖ **~ излучением** Anregung *f* durch Strahlung ‖ **~ излучения** Strahlungsanregung *f* ‖ **~/импульсное** *(El)* Impulsanregung *f*; Impulserregung *f* ‖ **~/каскадное** kaskadenartige Anregung *f* ‖ **~ колебаний** *(Ph)* Schwingungserregung *f*; Schwingungsanregung *f* ‖ **~/компаундное** *(El)* Verbunderregung *f*, Doppelschlußerregung *f*, Kompounderregung *f* ‖ **~/многократное** Mehrfacherregung *f* ‖ **~/многофотонное** Vielfachphotonenanregung *f*, MPE ‖ **~/надпороговое** *(Eln)* Anregung *f* über dem Schwellenwert ‖ **~/независимое** *(El)* Fremderregung *f* ‖ **~/параллельное** *(El)* Parallelerregung *f*, Nebenschlußerregung *f* ‖ **~/перекомпаундированное** *(El)* Überverbunderregung *f* ‖ **~/повторное** *(Schw)* Wiederzünden *n*, erneutes Zünden *n* ‖ **~ поля** *(El)* Felderregung *f* ‖ **~/последовательное** *(El)* Reihenschlußerregung *f*, Hauptschlußerregung *f* ‖ **~/постороннее** *(El)* Fremderregung *f* ‖ **~/примесное** *(Eln)* Störstellenanregung *f* ‖ **~/прямое** direkte Erregung *f*

(*Antenne*) || **~/резонансное** (*Eln*) Resonanzanregung *f* || **~/синфазное** gleichphasige Erregung *f* || **~/смешанное** *s.* ~/компаундное || **~/собственное** (*El*) Eigenerregung *f* || **~ соударением** Stoßanregung *f* (*Strahlung*) || **~/ударное** (*El*) Stoßerregung *f* || **~ фотонами** Photoanregung *f*, Anregung *f* durch Photonenabsorption *f* || **~/шунтовое** *s.* ~/параллельное || **~/электронное** Elektronenanregung *f* || **~ электронным лучом (пучком)** Elektronenstrahlanregung *f* || **~ ядра** (*Kern*) Kernanregung *f*

возбуждённый erregt; angeregt || **~/когерентно** kohärent angeregt || **~/оптически** optisch (mit Licht, durch Photonenabsorption) angeregt

возведение *n* **в степень** (*Math*) Potenzieren *n* || **~ закладку** (*Bgb*) Einbringen *n* des Versatzes, Versetzen *n* || **~ крепи** (*Bgb*) Einbringen *n* des Ausbaus, Ausbauen *n*

возводить в степень (*Math*) potenzieren || **~ закладку** (*Bgb*) versetzen || **~ крепь** (*Bgb*) ausbauen

возврат *m* 1. Rückführung *f*; Rücklauf *m*; 2. Rückkehr *f*, Zurückfahren *n* (*in die Ausgangsstellung*); 3. (*Krist*) Erholung *f*, Kristallerholung *f*; Ausheilung *f* (*von Leerstellen*); 4. Rücklauf *m*, Rücklaufgut *n*; Rückgut *n* (*Agglomeration*) • **без возврата в нуль (исходное положение)** ohne Rückkehr zu Null || **~/автоматический** automatisches Rückstellen *n* || **~ каретки** 1. (*Typ, Inf*) Wagenrücklauf *m*; 2. (*Text*) Wageneinfahrt *f*, Wagenrückgang *m*, Wageneinzug *m*, Einwinden *n* (*Selfaktor*); 3. (*Text*) Wagenrückführung *f* (*Flyer*) || **~ реле** (*El*) Rückgang *m*, Rückfall *m* (*eines Relais*) || **~ серебра** (*Photo*) Silberrückgewinnung *f* || **~/собственный** (*Gieß*) Kreislaufmaterial *n*, Rücklaufmaterial *n*, Kreislauf *m*, Rücklauf *m* || **~ стрелки** Zeigerrückführung *f* || **~ тепла** (*Wmt*) Wärmerückgewinn *m*, Wärmerückgewinnung *f* || **~ челнока** (*Text*) Schützenrückführung *f* || **~ энергии** (*En*) Energierücklieferung *f*

возвратить *s.* возвращать

возвратиться *s.* возвращаться

возвратно-поступательный hin- und hergehend, vor- und rücklaufend

возвратность *f* **потоков** (*Math*) Wiederkehr (Rekurrenz) *f* bei Strömungen

возвратчик *m* **утка** (*Text*) Schußfadenzubringer *m*

возвращаемый (*Raumf*) Rückkehr..., wiederverwendbar

возвращать 1. [zu]rückführen; [zu]rückstellen; 2. zurückgeben

возвращаться 1. (*Raumf*) zurückkehren, wiedereintreten, wiedereintauchen (*in die Atmosphäre*); 2. (*Schiff*) zurücklaufen (*in den Hafen*)

возвращение *n* 1. Rückkehr *f*; Rücksetzen *n* (*in die Ausgangslage*); 2. Rücklauf *m*; Wiedergewinnung *f*; Wiederherstellung *f* || **~/без возвращения к нулю** (*Inf*) keine Rückkehr nach Null, NRZ || **~/автоматическое** (*Inf*) automatisches Rücksetzen *n* || **~ в атмосферу** (*Raumf*) Wiedereintritt *m* in die Atmosphäre || **~ на Землю** (*Raumf*) Rückkehr *f* zur Erde || **~ с парашютом** (*Raumf*) Fallschirmrückkehr *f*

возвышение *n* 1. Hebung *f*; Erhebung *f*; 2. Erhöhung *f*; Überhöhung *f*; 3. Höhe *f*; 4. (*Fert*) Kuppe *f* (*im Welligkeitsprofil*); 5. (*Eb*) Überhöhung *f* (*Gleis*)

возвышенность *f* (*Geol*) Anhöhe *f*, Erhöhung *f*, Höhe *f*

возгон *m* (*Ch*) Sublimat *n*

возгонка *f* (*Ch*) Sublimation *f* || **~ цинка** Zinkdestillation *f*

возгоняемость *f* Sublimierbarkeit *f*

возгонять sublimieren

возгораемость *f* Entzündbarkeit *f*, Entflammbarkeit *f*

воздействие *n* 1. Einwirkung *f*, Wirkung *f*, Einfluß *m* (*s. a. unter* действие); 2. (*Ch*) Angriff *m* || **~/атмосферное** 1. atmosphärische Einwirkung *f*, atmosphärischer Angriff *m*; 2. Witterungseinfluß *m* || **~/ветровое** Windeinwirkung *f*, Windeinfluß *m* || **~/включающее** (*El*) Einschaltwirkung *f* || **~/внешнее** 1. äußere Einwirkung *f*; 2. (*Reg*) Fremd[ein]wirkung *f* || **~/внешнее возмущающее** (*Reg*) äußere Störgröße *f* || **~/внутреннее** innere Einwirkung *f* || **~/внутреннее возмущающее** (*Reg*) innere Störgröße *f* || **~/возмущающее** Stör[ein]wirkung *f*, Störgröße *f* || **~ газов** Einwirkung *f* von Gasen, [chemischer] Angriff *m* durch Gase || **~/длительное** [an]dauernde Wirkung (Einwirkung) *f*, stetige Beanspruchung *f*, Dauerbelastung *f* || **~/задающее** (*Reg*) Führungsgröße *f* (*s. a.* ~/управляющее) || **~/импульсное** Impulseinwirkung *f* || **~/ионосферное** Ionosphärenstörung *f* || **~/истирающее** Abriebwirkung *f* || **~/кислотное** (*Ch*) Säureeinwirkung *f*, Säureangriff *m* || **~/комбинированное** (*Kyb*) gekoppeltes Verhalten *n* || **~/корректирующее** (*Reg*) Korrektur[wirkung] *f* (*des Reglers*) || **~/коррозионное** korrosive Wirkung (Einwirkung) *f*, Korrosionseinwirkung *f*, Korrosionsangriff *m* || **~ на сеть/обратное** (*El*) Netzrückwirkung *f* || **~ нагрузки/кратковременное** (*Fert*) Kurzzeitbeanspruchung *f* || **~/направленное** (*Rad*) Richtwirkung *f* || **~/непосредственное** direkte Einwirkung *f* || **~/несинхронизированное** (*Reg*) nichtsynchronisierte Wirkung *f* || **~/неэлектрическое** nichtelektrische Einwirkung *f* || **~/обратное** Rückwirkung *f* || **~ по производной** (*Reg*) Differentialeinfluß *m*, D-Einfluß *m*; Vorhaltwirkung *f* || **~ поля** (*El*) Feldeinwirkung *f* || **~/постороннее** (*Eln*) Fremdstörung *f* || **~/прерывистое** (*Kyb*) unstetiges Verhalten *n* || **~/принудительное** Zwangseinwirkung *f* || **~/прямое** direkte Regelung *f*, Regelung *f* ohne Hilfsenergie || **~ радиации** Strahlungswirkung *f* || **~/регулирующее** (*Reg*) Regel[ungs]einwirkung *f*, Stellgröße *f* || **~/силовое** Krafteinwirkung *f* || **~/скачкообразное** (*Reg*) Störungssprung *m* || **~/случайное** (*Reg*) Zufallseinwirkung *f* || **~/случайное управляющее** (*Reg*) zufällige Steuerwirkung *f* || **~/температурное** Temperatureinwirkung *f* || **~ температуры** Temperatureinwirkung *f* || **~ тепла** Wärmeeinwirkung *f*, thermische Wirkung *f*, thermischer Angriff *m* || **~/управляющее** (*Reg*) 1. Führungsgröße *f*; 2. Steuerwirkung *f*, Steuer[ungs]einwirkung *f*; Regelwirkung *f* || **~/фотостимулированное** (*Eln*) lichtinduzierte Einwirkung *f* || **~ цвета** (*Typ*) Farbwirkung *f* || **~ шума/вредное** Lärmbelästigung *f* || **~/щелочное** (*Ch*) Alkalieinwirkung *f*, Laugeneinwirkung *f*, Angriff *m* durch Alkali[en] ‖ **~/электромагнитное** elektromagnetische Beeinflussung *f* ‖ **~/электрохимическое** elektrochemische Einwirkung *f*, elektrochemischer Angriff *m* ‖ **~/эрозионное** Erosionswirkung *f*

воздействовать [ein]wirken, beeinflussen; angreifen

возделывание *n (Lw)* Anbau *m (landwirtschaftlicher Kulturen)*

воздух *m* Luft *f*; *(Bgb)* Wetter *pl* ‖ **~/влажный** Feuchtluft *f*, feuchte Luft *f* ‖ **~/всасываемый** Ansaugluft *f* ‖ **~/вторичный** 1. Zweitluft *f*, Nebenluft *f*, Zusatzluft *f (zur Förderung der Verbrennung)*; 2. Falschluft *f*, Beiluft *f*; Nebenluft *f*, Zweitluft *f (Feuerung)* ‖ **~/выпускаемый** Abluft *f* ‖ **~/вытяжной** Fortluft *f* ‖ **~/горячий** Einblaseluft *f (Brennstoffaufbereitung für Kohlenstaubfeuerungen)*; Heißwind *m*, Heißluft *f (s. a.* ~/подогретый*)* ‖ **~ для горения** Verbrennungsluft *f* ‖ **~/добавочный** Zusatzluft *f*, Hilfsluft *f* ‖ **~/дополнительный** *s.* ~/вторичный 1. ‖ **~/жидкий** flüssige Luft *f*, Flüssigluft *f* ‖ **~/загрязнённый** *(Ökol)* verschmutzte Luft *f* ‖ **~/запылённый** staubige Luft *f* ‖ **~/зарядный** Ladeluft *f (Verbrennungsmotor)* ‖ **~/избыточный** überschüssige Luft *f*, Überschußluft *f* ‖ **~/инфильтрующийся** über Undichtheiten eindringende Luft *f (in einen Wirkungsbereich)* ‖ **~/испорченный** *(Bgb)* Abwetter *pl* ‖ **~/исходящий** *(Bgb)* ausziehende Wetter *pl* ‖ **~/капиллярный** Kapillarluft *f* ‖ **~/кондиционированный** klimatisierte Luft *f*; *(Bgb)* klimatisierte Wetter *pl* ‖ **~/нагретый** *s.* ~/подогретый ‖ **~/наддувочный** Ladeluft *f (Verbrennungsmotor)* ‖ **~/наружный** Außenluft *f* ‖ **~/насыщенный влажный** *(mit Wasserdampf)* gesättigte feuchte Luft *f* ‖ **~/ненасыщенный влажный** ungesättigte feuchte Luft *f* ‖ **~/обеспыленный** entstaubte (staubfreie) Luft *f* ‖ **~/обогащённый кислородом** sauerstoffangereicherte Luft *f*; *(Met)* sauerstoffangereicherter Wind *m* ‖ **~/оборотный** Umluft *f* ‖ **~/основной** Hauptluft *f*, Primärluft *f*, Erstluft *f* ‖ **~/отработанный** Abluft *f*; *(Bgb)* verbrauchte (matte, schlechte, böse, giftige) Wetter *pl*, Abwetter *pl* ‖ **~/отходящий** Abluft *f* ‖ **~/охлаждающий** Kühlluft *f* ‖ **~/первичный** *(Wmt)* Frischluft *f*, Primärluft *f*, Erstluft *f* ‖ **~/побочный** *s.* ~/вторичный 2. ‖ **~/подаваемый** Zuluft *f* ‖ **~/подводимый** Zuluft *f* ‖ **~/подогретый** Warmluft *f*; Heißwind *m*, Heißluft *f* ‖ **~/подсасываемый** *s.* ~/вторичный 2. ‖ **~/полярный** Polarluft *f* ‖ **~/поступающий** *(Bgb)* einziehende Wetter *pl* ‖ **~/почвенный** *(Hydrol)* Bodenluft *f*, Grundluft *f* ‖ **~/приточный** Zuluft *f*, Außenluft *f* ‖ **~/продувочный** Spülluft *f (Zweitaktmotor)* ‖ **~/просасывающийся** *s.* ~/вторичный 2. ‖ **~/пусковой** Anlaßluft *f* ‖ **~/рециркуляционный** Umluft *f* ‖ **~/рудничный** *(Bgb)* Grubenwetter *pl* ‖ **~/свежий [рудничный]** *(Bgb)* frische Wetter *pl* ‖ **~/сжатый** Druckluft *f* ‖ **~/субтропический** subtropische Luft *f* ‖ **~/топочный** Verbrennungsluft *f* ‖ **~/тропический** Tropikluft *f* ‖ **~/увлажнённый** Feuchtluft *f* ‖ **~/увлечённый** mitgeführte Luft *f* ‖ **~/холодный** *(Met)* Kaltluft *f*, Kaltwind *m* ‖ **~/циркуляционный** Umluft *f*, zirkulierende Luft *f* ‖ **~/чистый** reine Luft *f* ‖ **~/шахтный** *(Bgb)* Grubenwetter *pl* ‖ **~/экваториальный** Äquatorialluft *f*

воздуховод *m* Luft[führungs]kanal *m*, Luftleitung *f* ‖ **~/всасывающий** Luftsaugkanal *m* ‖ **~/выпускной** Luftaustrittsrohr *n* ‖ **~/напорный** Druck[luft]kanal *m* ‖ **~/приточный** Zuluftkanal *m*

воздуходувка *f* Gebläse *n*, Luftgebläse *n*, Windgebläse *n (s. a. unter* вентилятор, нагнетатель*)* ‖ **~/вагранoчная** *(Gieß)* Kupolofengebläse *n*, Gießereigebläse *n* ‖ **~ высокого давления** Hochdruckgebläse *n* ‖ **~/высоконапорная** Hochdruckgebläse *n* ‖ **~/газовая** Gasgebläse *n* ‖ **~/доменная** Hochofengebläse *n* ‖ **~/дутьевая** Frischlüfter *m*, Feuerungsgebläse *n* ‖ **~/кузнечная** Schmiedeofengebläse *n* ‖ **~/осевая** Axialgebläse *n*; Kreiselgebläse *n*, Turbogebläse *n* ‖ **~/паровая** Dampfgebläse *n* ‖ **~/пластинчатая ротационная** Drehkolbengebläse *n* ‖ **~/поршневая** Kolbengebläse *n*, Hubkolbengebläse *n* ‖ **~/ротационная** Umlaufkolbengebläse *n*, Drehkolbengebläse *n*, Rotationsgebläse *n* ‖ **~/центробежная** Radialgebläse *n*, Kreiselgebläse *n* ‖ **~/циркуляционная** Umluftgebläse *n*, Umlaufgebläse *n*

воздухозаборник *m* Lufteintritt *m*, Ansaugschacht *m*; Luftaufnahmestutzen *m*

воздухомер *m* Luftmengenmesser *m*

воздухонагревание *n* Lufterhitzung *f*; *(Met)* Winderhitzung *f*, Windvorwärmung *f*

воздухонагреватель *m s.* воздухоподогреватель

воздухонепроницаемость *f* Luftundurchlässigkeit *f*, Luftdichtigkeit *f*

воздухонепроницаемый luftundurchlässig, luftdicht

воздухообмен *m* Luftwechsel *m*; Luftaustausch *m*

воздухообогрев *m (Bw)* Warmluftheizung *f*

воздухоопорный Tragluft..., luftgetragen

воздухоотвод *m* Entlüftung *f*

воздухоотводящий Entlüftungs...; *(Bgb)* Abwetter...

воздухоотделитель *m* Entlüftungseinrichtung *f*, Luftabscheider *m*

воздухоохладитель *m* Luftkühler *m*; Luftkühlfläche *f*; *(Bgb)* Wetterkühler *m* ‖ **~/агрегатированный** *(Kält)* Kompaktluftkühler *m* ‖ **~/гладкотрубный** *(Kält)* Glattrohrluftkühler *m* ‖ **~/мокрый** *(Kält)* Naßluftkühler *m* ‖ **~/ребристый** *(Kält)* Rippenrohrluftkühler *m* ‖ **~/сухой** *(Kält)* Trockenluftkühler *m* ‖ **~/трубчатый** *(Kält)* Röhrenluftkühler *m*

воздухоочиститель *m* Luftreiniger *m*; Luftfilter *n (Verbrennungsmotor, Klimaanlagen)* ‖ **~/мокрый** Naßluftfilter *n* ‖ **~/сухой** Trockenluftfilter *n*

воздухоплавание *n* Luft[schif]fahrt *f*

воздухоподготовка *f* Luftaufbereitung *f*

воздухоподогрев *m (Wmt)* Luftvorwärmung *f*

воздухоподогреватель *m* Luftvorwärmer *m*, Luvo *m (Dampfkessel-, Ofen- und Trockentechnik)*; Lufterhitzer *m (Feuerungstechnik)*; Winderhitzer *m* ‖ **~/газовый** Rauchgasluftvorwärmer *m*, Rauchgasluvo *m* ‖ **~/гладкотрубный** Glattrohrluftvorwärmer *m* ‖ **~/доменный** Winderhitzer *m (Hochofen)* ‖ **~/каскадный** Mehrstufenluftvorwärmer *m* ‖ **~/однотопочный** einflutiger

Luftvorwärmer (Luvo) *m (rauchgasseitig)* ‖ **~/паровой** dampfbeheizter Luftvorwärmer *m*, Dampfluvo *m* ‖ **~/пластинчатый** Plattenluftvorwärmer *m*, Plattenlufterhitzer *m* ‖ **~/ребристый [трубчатый]** Rippenrohrluftvorwärmer *m* ‖ **~/регенеративный** Regenerativlufterhitzer *m*, Cowper[-Winderhitzer] *m* ‖ **~/рекуперативный** Rekuperativluftvorwärmer *m*, Rekuperativluvo *m*; Rekuperativwinderhitzer *m* ‖ **~/трубчатый** Röhrenlufterhitzer *m*, Röhrenluftvorwärmer *m*

воздухоподъёмник *m* Mammutpumpe *f*

воздухоприёмник *m (Wmt)* Luftaufnehmer *m*; Luftsammler *m*, Druckluftsammler *m*

воздухопровод *m* Windleitung *f*, Luftleitung *f* ‖ **~/главный** Hauptwindleitung *f (Hochofen)* ‖ **~ горячего дутья** Heißwindleitung *f (Hochofen, Kesselfeuerung)* ‖ **~/кольцевой** *(Met)* 1. Windringleitung *f (Hochofen)*; 2. Windring *m (Hochofen)*; Windmantel *m (Kupolofen)* ‖ **~ нижнего дутья** Unterwindleitung *f (Hochofen, Kesselfeuerung)* ‖ **~/отводящий** Abluftleitung *f* ‖ **~/подающий** Zuluftleitung *f* ‖ **~/тормозной** *(Eb)* Bremsluftleitung *f* ‖ **~ холодного дутья** Kaltwindleitung *f (Hochofen)*

воздухопроницаемость *f* Luftdurchlässigkeit *f*

воздухопроницаемый luftdurchlässig

воздухопроток *m (Schiff)* Luftdurchlaßloch *n*, Luftloch *n*

воздухораспределение *n* Luftsteuerung *f*; Druckluftverteilung *f*

воздухораспределитель *m* 1. Luft[steuer]schieber *m*; 2. *(Eb)* Druckluftsteuerventil *n*, Luftverteiler *m (Druckluftbremse)*; 3. *(Lw)* Luftverteileinrichtung *f*

воздухосборник *m* Windkessel *m*; Luftsammler *m*; Druckluftbehälter *m*, Ausgleichgefäß *n*

воздухоувлажнитель *m (Bw)* Luftanfeuchter *m*, Luftbefeuchter *m*

воздухоустойчивость *f* Luftbeständigkeit *f*

воздухохранитель *m* Luftbehälter *m (für Druckluft)*

воздушник *m* Entlüftungsrohr *n*, Luftrohr *n*, Entlüfter *m*; Druckausgleichrohr *n*

воздушно-сухой lufttrocken, luftgetrocknet

воздушный Luft...

возмущать stören, Störungen hervorrufen (erzeugen)

возмущение *n* 1. Anregung *f*, Erregung *f*; 2. *(Reg)* Störung *f*, Störgröße *f*; 3. *(Meteo, Astr)* Störung *f* ‖ **~/аналитическое** *(Math)* analytische Störung *f* ‖ **~/атмосферное** *(Meteo)* atmosphärische Störung *f* ‖ **~/вековое** *(Astr)* säkulare Störung *f* ‖ **~/волновое** *(Meteo)* Wellenstörung *f (Anfangsstadium einer atmosphärischen Störung)* ‖ **~/геомагнитное** geomagnetische Störung *f* ‖ **~/главное** *(Reg)* Hauptstörgröße *f* ‖ **~/гравитационное** *(Geoph)* Gravitationsstörung *f* ‖ **~/долгопериодическое** *(Astr)* langperiodische Störung *f* ‖ **~/имитируемое** simulierte Störung *f* ‖ **~/ионосферное** *(Geoph)* Ionosphärenstörung *f* ‖ **~/короткопериодическое** *(Astr)* kurzperiodische Störung *f* ‖ **~/лунно-солнечное** *(Astr)* Lunisolarstörung *f* ‖ **~/магнитное** *(El)* magnetische Störung *f* ‖ **~/магнитосферное** *(Geoph)* Magnetosphärenstörung *f* ‖ **~/местное** lokale (örtliche) Störung *f* ‖ **~ орбиты** *(Astr)* Bahnstörung *f* ‖ **~ первого порядка** *(Astr)* Störung *f* erster Ordnung ‖ **~/периодическое** *(Astr)* periodische Störung *f* ‖ **~/постороннее** Fremdstörung *f* ‖ **~/предельно большое** extrem starke Störung *f* ‖ **~/сильное** starke (intensive) Störung *f* ‖ **~/слабое** schwache Störung *f* ‖ **~/смешанное** *(Astr)* gemischte Störung *f* ‖ **~/ступенчатое** sprunghafte Änderung *f*, sprunghafte Störung *f* ‖ **~ траектории** *(Flg)* Bahnstörung *f*, Flugbahnstörung *f*

возмущения *npl*/**малые** kleine Störungen *fpl (Quantenmechanik)*

возмущённый gestört

возникать entstehen, auftreten

возникновение *n* Entstehung *f*, Auftreten *n* ‖ **~ искры** *(El)* Funkenentstehung *f* ‖ **~ сигнала** Drop-in *n*, Störsignal *n* ‖ **~ трещин** Rißbildung *f*, Auftreten *n* von Rissen

возобновление *n* 1. Erneuerung *f*; 2. Wiederzünden *n*, Neuzünden *n*, erneut Zünden *n (Lichtbogen)* ‖ **~ загрузки** *(Inf)* Dateinachtrag *m* ‖ **~ леса** *(Ökol)* Waldverjüngung *f*, Walderneuerung *f* ‖ **~ протектора** *(Kfz)* Runderneuerung *f (Bereifung)*

возраст *m* Alter *n* ‖ **~/абсолютный геологический** absolutes geologisches Alter *n* ‖ **~ нейтронов [по Ферми]** *(Kern)* Fermi-Alter *n*, Neutronenalter *n* ‖ **~/относительный геологический** relatives geologisches Alter *n* ‖ **~ по гелию** Heliumalter *n*, geologisches Alter *n* nach der Heliummethode ‖ **~ по ионию** Ioniumalter *n*, geologisches Alter *n* nach der Ioniummethode ‖ **~ по радию** Radiumalter *n*, geologisches Alter *n* nach der Radiummethode ‖ **~ по свинцу** Bleialter *n*, geologisches Alter *n* nach der Bleimethode ‖ **~ по Ферми** *s.* ~ нейтронов ‖ **~/средний** Durchschnittsalter *n* ‖ **~ строительного фонда** *(Bw)* Alter *n* der Bausubstanz, Baualter *n* ‖ **~/фермиевский** *s.* ~ нейтронов

возрастание *n* Ansteigen *n*, Anwachsen *n*, Zunehmen *n (s. a. unter* прирост*)* ‖ **~ давления** Druckanstieg *m*, Druckerhöhung *f* ‖ **~ звукового давления** Druckstauung *f*, Schalldruckstauung *f* ‖ **~ напора** *(Hydt)* Druckanschwellung *f* ‖ **~ напряжения** *(El)* Spannungsanstieg *m* ‖ **~ потенциала** *(Ph)* Potentialanstieg *m* ‖ **~ тока** *(El)* Stromanstieg *m* ‖ **~ энтропии** *(Ph)* Entropievermehrung *f*, Entropiezunahme *f*

возрастать anwachsen, ansteigen, zunehmen

возрастающий ansteigend, zunehmend; *(Inf)* aufsteigend

войлок *m* Filz *m*, Wollfilz *m* ‖ **~/полировальный** Polierfilz *m*

вокзал *m* Bahnhof *m*, Bahnhofsanlage *f*; Personenbahnhof *m* ‖ **~/главный** *(Eb)* Hauptbahnhof *m* ‖ **~/морской** Seebahnhof *m*, Überseebahnhof *m* ‖ **~ речной [пассажирский]** Fluß[passagier]bahnhof *m* ‖ **~/тупиковый** *(Eb)* Kopfbahnhof *m*

волластонит *m (Min)* Wollastonit *m*, Tafelspat *m*

волна *f* 1. Welle *f*; 2. *(El, Ak, Opt)* Welle *f*; 3. *(Hydt)* Wasserflut *f* ‖ **~/азимутальная** *(Ph)* Azimutalwelle *f*, Azimutalschwingung *f* ‖ **~/акустическая** akustische Welle *f* ‖ **~/альфвеновская** *(Ph)* Alfvén-Welle *f* ‖ **~/апериодическая** aperiodische Welle *f* ‖ **~/баллистическая** Kopfwelle *f (Ballistik)* ‖ **~/баллистическая сверхзвуковая** Überschallkopfwelle *f (Ballistik)*

|| ~/барическая Luftdruckwelle *f* **|| ~/бегущая** fortschreitende Welle *f*, Wanderwelle *f* **|| ~/блуждающая** *s.* ~/бегущая **|| ~/вертикально поляризированная** *(Rf)* vertikal polarisierte Welle *f* **|| ~/ветровая** Windwelle *f* **|| ~ взрыва** *s.* ~/взрывная **|| ~/взрывная** 1. Explosionswelle *f*; 2. Explosionsdruckwelle *f (Pulvermetallurgie)*; 3. *(Mil)* Detonationswelle *f* **|| ~ возбуждения** *(Ph)* Erregungswelle *f*; Anregungswelle *f* **|| ~/волноводная** *(Eln)* Hohlleiterwelle *f* **|| ~/встречная** *(Hydrol)* Kopfsee *f*, Gegensee *f* **|| ~/вторичная** *(Ph)* Sekundärwelle *f*, sekundäre Welle *f* **|| ~ высшего порядка** *(Ph)* Oberwelle *f* **|| ~/выходная** *(Ph)* Emissionswelle *f* **|| ~/гармоническая** *(Ph)* harmonische Welle *f*, Harmonische *f* **|| ~ Герца** Hertzsche Welle *f* **|| ~/гиперзвуковая** Hyperschallwelle *f*, Überschallwelle *f* **|| ~/головная [баллистическая]** Kopfwelle *f* **|| ~/горизонтально поляризованная** *(Rf)* horizontal polarisierte Welle *f* **|| ~/гравитационная** *(Ph)* Gravitationswelle *f* **|| ~/граничная** *s.* ~/критическая **|| ~ давления** *(Meteo)* Luftdruckwelle *f*, Druckwelle *f* **|| ~/де-бройлевская** *s.* ~ де Бройля **|| ~ де Бройля** *(Ph)* De-Broglie-Welle *f*, [De-Broglie-]Materiewelle *f* **|| ~ действия** *(Ph)* Wirkungswelle *f* **|| ~/дециметровая** *(Rf)* Dezimeterwelle *f* **|| ~/дифрагированная** Beugungswelle *f*, gebeugte Welle *f* **|| ~/длинная** 1. *(Rf)* Langwelle *f*, LW; 2. *(Hydrol)* lange Welle *f*, Seichtwasserwelle *f* **|| ~ жидкости** 1. Flüssigkeitswelle *f*; 2. Wasserflut *f* **|| ~/закритическая отражённая** *(Ph)* überkritische Reflexionswelle *f* **|| ~/затухающая** gedämpfte Welle *f* **|| ~/звуковая** *(Ak)* Schallwelle *f* **|| ~ звуковой частоты/модулированная** tonmodulierte Welle *f*, NF-modulierte Welle *f* **|| ~/земная** *(Rf)* Bodenwelle *f* **|| ~/излучаемая** *(Rf)* ausgestrahlte Welle *f* **|| ~/импульсная** Stoßwelle *f* **|| ~ импульсного напряжения** Stoßspannungswelle *f* **|| ~/интерференционная** *(Ph)* Interferenzwelle *f*, überlagerte Welle *f* **|| ~/инфракрасная** infrarote Welle *f*, IR-Welle *f* **|| ~/каналовая** *(Ph)* Kanalwelle *f* **|| ~/квазигармоническая** quasiharmonische Welle *f* **|| ~/квазимонохроматическая** *(Opt)* quasimonochromatische Welle *f* **|| ~/когерентная** *(Opt)* kohärente Welle *f* **|| ~/кормовая** *(Schiff)* Heckwelle *f* **|| ~/короткая** *(Rf)* Kurzwelle *f*, KW **|| ~/критическая** Grenzwelle *f*, kritische Welle *f (Hohlleiter)* **|| ~/круглополяризованная** *(Rf)* zirkular polarisierte Welle *f* **|| ~ круговой поляризации** *s.* ~/круглополяризованная **|| ~/крутая** *(Hydrol)* steile See *f* **|| ~ Лехера** *(Eln)* Lecher-Welle *f*, L-Welle *f*, Lecher-Leitungswelle *f* **|| ~/линейно-поляризованная** linear polarisierte Welle *f* **|| ~ Лува** Love-Welle *f (seismische Oberflächenwelle mit ausschließlich horizontaler Bodenbewegung)* **|| ~/лунная** Mond[flut]welle *f*, Mondgezeitenwelle *f* **|| ~/материальная** *s.* ~ де Бройля **|| ~ материи** *s.* ~ де Бройля **|| ~ Маха** *(Aero)* Machsche Welle *f* **|| ~/мелководная** *(Hydr)* lange Welle *f*, Seichtwasserwelle *f* **|| ~/метровая** *(Rf)* Meterwelle *f* **|| ~/мешающая** *(Rf)* Störwelle *f* **|| ~/миллиметровая** *(Rf)* Millimeterwelle *f* **|| ~/мириаметровая** *s.* ~/сверхдлинная **|| ~/модулированная** *(Rf)* modulierte Welle *f* **|| ~/монохроматическая** monochromatische Welle *f* **|| ~/набегающая** *(Hydrol)* anlaufende See *f* **|| ~ напряжения** *(El)* Spannungswelle *f* **|| ~/небесная** Raumwelle *f* **|| ~/незатухающая** ungedämpfte Welle *f* **|| ~/необыкновенная** *(Opt)* außerordentliche Welle *f (optische Doppelbrechung)* **|| ~/неоднородная** *(Ph)* inhomogene Welle *f* **|| ~/несинусоидальная** *(Ph)* nichtsinusförmige Welle *f* **|| ~/несущая** *(Rf, Nrt)* Trägerwelle *f* **|| ~/носовая** *(Schiff)* Bugwelle *f* **|| ~/обменная** *(Geoph)* Wechselwelle *f*, konvertierte Welle *f* **|| ~/обратная** Rücklaufwelle *f*, Rückwärtswelle *f* **|| ~/объёмная** *(Geoph)* Raumwelle *f* **|| ~/обыкновенная** *(Opt)* ordentliche Welle *f (optische Doppelbrechung)* **|| ~/однородная** *(Ph)* homogene Welle *f* **|| ~/опорная** *(Opt)* Referenzwelle *f* **|| ~/оптическая** *(Opt)* Lichtwelle *f* **|| ~/основная** *(Rf)* Grundwelle *f* **|| ~/отражённая** *(Rf)* reflektierte (rücklaufende) Welle *f* **|| ~/очень длинная** *s.* ~/сверхдлинная **|| ~/паводковая** *(Hydt)* Hochwasserwelle *f*, Flutwelle *f*; Hochwasserschwall *m* **|| ~/паводочная** Hochwasserwelle *f* **|| ~/падающая** *(Rf)* einfallende (ankommende) Welle *f*, Einfallswelle *f* **|| ~/падающая ударная** *(Kern)* einfallende Druckwelle *f* **|| ~/паразитная** *(Rf)* Störwelle *f* **|| ~ передатчика** *(Rf)* Senderwelle *f* **|| ~ перемещения** 1. *(Ph)* Versetzungswelle *f*; 2. *s.* ~/сейсмическая **|| ~ перенапряжения** *(El)* Überspannungswelle *f* **|| ~ перенапряжения/блуждающая** *(El)* Spannungswanderwelle *f* **|| ~/периодическая** periodische Welle *f* **|| ~/плазменная** *(Ph)* Plasmawelle *f* **|| ~ пластической деформации** plastische Dehnungswelle *f* **|| ~/плоская** *(Ph)* ebene (flache) Welle *f* **|| ~/плоскополяризованная** linear polarisierte Welle *f* **|| ~/побочная** Nebenwelle *f* **|| ~ поверхности раздела** *(Ph)* Grenzschichtwelle *f* **|| ~/поверхностная** Oberflächenwelle *f*, Bodenwelle *f* **|| ~/поверхностная акустическая** akustische Oberflächenwelle *f* **|| ~/пограничная** *s.* ~/критическая **|| ~/подветренная** Leewelle *f* **|| ~ подпора** *(Hydt)* Stauschwall *m* **|| ~/подпорная** *s.* ~ подпора **|| ~/позывная** *(Nrt)* Anrufwelle *f* **|| ~/пологая** flache Welle *f* **|| ~/поляризованная** polarisierte Welle *f* **|| ~ понижения** *(Hydt)* Senkungswelle *f* **|| ~/поперечная** *(Ph)* Transversalwelle *f*, transversale Welle *f*, Querwelle *f*, S-Welle *f* **|| ~/поперечно-магнитная** *(Eln)* transversal-magnetische Welle *f*, TM-Welle *f*, E-Welle *f* **|| ~/поперечно-электрическая** *(Eln)* transversal-elektrische Welle *f*, TE-Welle *f*, H-Welle *f* **|| ~/поперечно-электромагнитная** *(Eln)* transversal-elektromagnetische Welle *f*, TEM-Welle *f*, Leitungswelle *f*, L-Welle *f* **|| ~/предельная** *(Rf)* Grenzwelle *f*; *(Ph)* Grenzschichtwelle *f* **|| ~/предметная** *(Opt)* Objektwelle *f* **|| ~/преломлённая** *(Ph)* gebrochene Welle *f* **|| ~/прерванная** unterbrochene (getastete) Welle *f* **|| ~/приливная** Flutwelle *f* **|| ~ припоя** Lötwelle *f (beim Schwallöten)* **|| ~/продольная** *(Ph)* Longitudinalwelle *f*, Längswelle *f* **|| ~/пространственная** *s.* ~/объёмная **|| ~/прыжковая** *(Hydr)* Sprungwelle *f* **|| ~/прямая** *(Rf)* direkter Strahl *m* **|| ~/рабочая** *(Rf)* Verkehrswelle *f*, Betriebswelle *f* **|| ~/радиовещательная** Rundfunkwelle *f* **|| ~ радиовещательного диапазона** Rundfunkwelle *f* **|| ~ разрежения** Unterdruckwelle *f* ‖ ~ **Рэлея** *(Geoph)* Rayleigh-Welle *f*, elliptisch polarisierte seismische Oberflächenwelle *f* ‖ **~/сантиметровая** *(Rf)* Zentimeterwelle *f* ‖ **~/сверхдлинная** Myriameterwelle *f*, Längstwelle *f* ‖ **~/световая** *(Opt)* Lichtwelle *f* ‖ **~/свободнобегущая** frei fortschreitende Welle *f* ‖ ~ **связи** *(Rf)* Kopplungswelle *f*, Koppelwelle *f* ‖ ~ **сдвига** *(Ph)* Scher[ungs]welle *f*, Schubwelle *f* ‖ **~/сейсмическая** *(Geoph)* Erdbebenwelle *f*, seismische Welle *f* ‖ ~ **сжатия** *(Ph)* Verdichtungswelle *f*, Kompressionswelle *f* ‖ **~/синусоидальная** *(Ph)* Sinuswelle *f*, sinusförmige Welle *f* ‖ **~/собственная** *(Rf)* Eigenwelle *f* ‖ **~/сопряжённая** *(Ph)* konjugierte Welle *f* ‖ **~/соседняя** Nebenwelle *f* ‖ ~ **спада** *s.* ~ понижения ‖ **~/спиновая** *(Ph)* Spinwelle *f* ‖ ~ **средней частоты** *s.* ~/средняя ‖ **~/средняя** Mittelwelle *f*, MW ‖ ~ **стока** *(Hydt)* Abflußwelle *f* ‖ **~/стоячая** *(Ph)* stehende Welle *f*, Stehwelle *f* ‖ **~/стоячая световая** stehende Lichtwelle *f* ‖ **~/субмиллиметровая** Submillimeterwelle *f* ‖ **~/сферическая** *(Ph)* Kugelwelle *f*, sphärische Welle *f* ‖ ~ **тока** *(El)* Stromwelle *f* ‖ **~/тонально-модулированная** *(Rf)* tonmodulierte Welle *f* ‖ ~ **тропопаузы** *(Meteo)* Tropopausenwelle *f* ‖ **~/ударная** 1. *(Aero, Kern)* Druckwelle *f*; 2. *(Geoph)* Stoßwelle *f*, Schockwelle *f*; 3. *(Met)* Stoßwelle *f* *(Pulvermetallurgie)* ‖ **~/ультразвуковая** *(Ak)* Ultraschallwelle *f* ‖ **~/ультразвуковая поверхностная** Ultraschalloberflächenwelle *f* ‖ **~/ультракороткая** *(Rf)* Ultrakurzwelle *f*, UKW ‖ ~ **уплотнения** *s.* ~ сжатия ‖ **~/упругая** elastische Welle *f* ‖ ~ **ускорения** *(Mech)* Beschleunigungswelle *f* ‖ **~/фазовая** *s.* ~ де Бройля ‖ **~/фронтальная** *(Meteo)* Frontalwelle *f* ‖ **~/цилиндрическая** Zylinderwelle *f* ‖ **~/шаровая** *s.* ~/сферическая ‖ **~/шлюзная** *(Hydt)* Schleusungswelle *f* ‖ **~/электромагнитная** elektromagnetische Welle *f* ‖ **~/элементарная** Elementarwelle *f* ‖ **~/эллиптически-поляризованная** elliptisch polarisierte Welle *f*

Р-волна *f (Ph)* P-Welle *f*

S-волна *f (Ph)* S-Welle *f*

волнение *(Schiff)* Seegang *m*, See *f* ‖ **~/боковое** Dwarsseegang *m*, seitlicher Seegang *m*, seitliche See *f* ‖ **~/большое** hoher (schwerer) Seegang *m* ‖ **~/ветровое** Windsee *f* ‖ **~/встречное** Gegensee *f*, vorlicher Seegang *m* ‖ **~/жёсткое** sehr hohe See *f* ‖ **~/исключительное** außerordentlich schwere See *f* ‖ **~/косое** schräg laufende See *f* ‖ **~/крупное** sehr grobe See *f* ‖ **~/лёгкое** ruhige See *f* ‖ **~/нерегулярное** unregelmäßiger Seegang *m* ‖ **~/поперечное** quer laufende See *f*, Quersee *f* ‖ **~/попутное** mitlaufende See *f*, Folgesee *f* ‖ **~/регулярное** regelmäßiger Seegang *m* ‖ **~/сильное** hohe See *f* ‖ **~/слабое** mäßige See *f*, mäßiger Seegang *m*

волнистость *f* Welligkeit *f*; Wölbung *f* ‖ ~ **краёв** *(Pap)* Randwelligkeit *f* ‖ ~ **поверхности** Oberflächenwelligkeit *f* ‖ ~ **света** *(Photo)* Lichtwelligkeit *f*

волнистый 1. wellenförmig, wellig; 2. geriffelt *(Metalle und andere Werkstoffe)*; 3. gekräuselt, wellig *(textile Stoffe)*

волноваться wogen, anschwellen *(See)* ‖ **~/сильно** hochgehen *(See)*

волновод *m (Eln)* Wellenleiter *m*; Hohlleiter *m* ‖ **~/акустический** akustischer Wellenleiter *m* ‖ **~/гибкий** flexibler Hohlleiter *m* ‖ **~/диэлектрический** dielektrischer Wellenleiter *m* ‖ **~/излучающий** strahlender Hohlleiter *m* ‖ **~/измерительный** Meßhohlleiter *m* ‖ **~/кольцевой** Ringhohlleiter *m*; Ringantenne *f* ‖ **~/оптический** optischer Wellenleiter *m*, Lichtwellenleiter *m* ‖ **~/плазменный** Plasmawellenleiter *m* ‖ **~/полый** Hohl[rohr]leiter *m* ‖ **~/полый металлический** Metallhohlleiter *m* ‖ **~/прямоугольный** Rechteckhohlleiter *m* ‖ **~/скрученный** verdrillter Hohlleiter *m* ‖ **~/спиральный** Wendel[hohl]leiter *m* ‖ **~/сплошной** Volleiter *m*, Massivleiter *m* ‖ **~/широкий** Mehrmodenwellenleiter *m*

волноводный Wellenleiter…; Hohlleiter…

волногаситель *m* Wellendämpfer *m (z. B. für Schiffsmodellversuchsbecken)*

волнограф *m* 1. Wellen[linien]schreiber *m*, Ondograph *m*; 2. Seegang[s]schreiber *m*

волнолом *m (Hydt)* 1. Wellenbrecher *m (Küste)*; 2. Strombrecher *m (Brückenbau)* ‖ **~/плавучий** schwimmender Wellenbrecher *m*

волномер *m* Wellenmesser *m* ‖ **~/абсорбционный** Absorptionswellenmesser *m* ‖ **~/гетеродинный** Überlagerungswellenmesser *m* ‖ **~/кварцевый** quarzkontrollierter Wellenmesser *m* ‖ **~/коаксиальный** Koaxialwellenmesser *m* ‖ **~/поглотительный** *s.* ~/абсорбционный ‖ **~/прецизионный** Präzisionswellenmesser *m*, Feinwellenmesser *m* ‖ **~/резонансный** Resonanz[kreis]wellenmesser *m* ‖ **~/точный** *s.* ~/прецизионный ‖ **~/широкодиапазонный** Breitbandwellenmesser *m* ‖ **~/эталонный** Eichwellenmesser *m*

волноотвод *m (Schiff)* Wellenbrecher *m*

волнопродуктор *m (Schiff)* Wellenerzeuger *m (Modellversuch)*

волнорез *m s.* волнолом

волны *fpl* Wellen *fpl (s. a. unter* волна*)* ‖ **~/ветровые** *(Hydrol)* Windwellen *fpl* ‖ **~/капиллярные** *(Ph)* Kapillarwellen *fpl*, Kräuselwellen *fpl* ‖ **~/расходящиеся** *(Schiff)* divergierende (auseinanderlaufende) Wellen *fpl*

волока *f (Wkz)* Ziehstein *m*, Ziehring *m*, Ziehdrüse *f* ‖ **~/алмазная** Diamantziehstein *m*, Diamantziehdüse *f (Drahtzug)* ‖ **~/роликовая** Rollenkaliber *n (Ziehen)* ‖ **~/твердосплавная** Hartmetallziehring *m*

волокна *npl*/**химические** *(Ch, Text)* Chemiefasern *fpl*

волокнистость *f* Faserung *f*; Faserigkeit *f*

волокнистый faserig, faserartig; sehnig

волокно *n* 1. Faser *f*, Naturfaser *f*; 2. *(Text)* Faser *f (einzelnes längenbegrenztes Gebilde eines textilen Faserstoffs)*; 3. *(Text)* Faserstoff *m*; 4. *(Astr)* Filament *n (z. B. auf der Sonne)* ‖ **~/армирующее** *(Bw)* Bewehrungsfaser *f*, Verstärkungsfaser *f* ‖ **~/асбестовое** Asbestfaser *f* ‖ **~/ацетатное** 1. Acetatfaser *f*; 2. Acetatfaserstoff *m* ‖ **~/ацетатное штапельное** Acetatzellwolle *f* ‖ **~/бикомпонентное** Bikomponentenfaser *f* ‖ **~/вискозное** 1. Viskosefaser *f*; 2. Viskosefaserstoff *m* ‖ **~/вискозное штапельное** Viskosezellwolle *f* ‖ **~/возбуждающее** *(Nrt)* Anschlußfaser *f*, LWL-Anschluß *m*, Pigtail-Faser *f* || **~/восстановленное** Reißfaser *f*, regenerierte Faser *f* || **~/высокопрочное** hochfeste Faser *f* || **~/высокоусадочное** hochschrumpfende Faser *f* || **~/древесное** 1. Holzfaser *f*; 2. Holzfaserstoff *m* || **~ животного происхождения** 1. tierische Faser *f*, Tierfaser *f*; 2. Tierfaserstoff *m* || **~/зрелое** reife Faser *f* || **~/извитое** gekräuselte Faser *f* || **~/искусственное** 1. Chemiefaser *f* aus natürlichen Polymeren; 2. Chemiefaserstoff *m* aus natürlichen Polymeren, natürliches Polymer *n* || **~/искусственное целлюлозное** 1. Regeneratcellulosefaser *f*; 2. Regeneratcellulosefaserstoff *m* || **~/казеиновое** 1. Kaseinfaser *f*; 2. Kaseinfaserstoff *m* || **~/комплексное** technische Faser *f* || **~/краевое** Randfaser *f* || **~/крайнее** *(Mech)* Randfaser *f* *(Biegeversuch)* || **~/лубяное** *s.* ~/стеблевое || **~/малопиллингующееся** pillingarme Faser *f* || **~/мёртвое** tote Faser *f* || **~/металлическое** Metallfaserstoff *m* || **~/минеральное** Mineralfaser *f* || **~/многомодовое светопроводящее** Multimode-Lichtleitfaser *f (optischer Wellenleiter)* || **~/модальное** Modalfaser *f* || **~/натуральное** Naturfaser *f* || **~/невытянутое** ungereckte Faser *f* || **~/негорючее** flammfeste Faser *f* || **~/нейтральное** *(Mech)* neutrale Faser *f (Biegeversuch)* || **~/нитроцеллюлозное** 1. Nitratcellulosefaser *f*; 2. Nitratcellulosefaserstoff *m* || **~/обвивочное** Umwindungsfaser *f* || **~/огнестойкое** nichtentflammbare Faser *f*, flammresistente Faser *f* || **~/одиночное** Einzelfaser *f* *(Lichtwellenleiter)* || **~/оптическое** optische Faser *f*, Lichtwellenleiterfaser *f*, LWL-Faser *f* || **~/отбелённое** weiße Faser *f* || **~/перхлорвиниловое** 1. nachchlorierte Polyvinylchloridfaser *f*, Pe-Ce-Faser *f*; 2. nachchlorierter Polyvinylchloridfaserstoff *m*, Pe-Ce-Faserstoff *m* || **~/пиллингоустойчивое** pillingresistente Faser *f* || **~/плёночное** Foliefaserstoff *m* || **~/повреждённое** beschädigte Faser *f* || **~/полиамидное** Polymidfaser *f* || **~/полинозное** polynosische Faser *f* || **~/полое** 1. Lumenfaser *f*, Hohl[profil]faser *f*; 2. Lumenfaserstoff *m*, Hohl[profil]faserstoff *m* || **~/природное** native Faser *f*, natürliche Faser *f*, Naturfaser *f* || **~/протеиновое** 1. Proteinfaser *f*; 2. Proteinfaserstoff *m* || **~/профилированное** profilierte Faser *f*, Profilfaser *f* || **~/прядильное** Spinnfaser *f* || **~/прядомое** verspinnbare Faser *f* || **~ рами** Ramiefaser *f* || **~/растительное** pflanzliche Faser *f*, Pflanzenfaser *f* || **~/растянутое** *(Mech)* gezogene Faser *f*, Zugfaser *f (Biegeversuch)* || **~/регенерированное** Regeneratfaser *f*; Regeneratfaserstoff *m* || **~ с низким пиллингом** pillingarme Faser *f* || **~/сжатое** *(Mech)* Druckfaser *f (Biegeversuch)* || **~/синтетическое** synthetische Faser *f*, Synthesefaser *f* || **~/созревшее** ausgereifte Faser *f* || **~/стеблевое** Stengelfaser *f* || **~/стеклянное** Glasfaser *f* || **~/суровое** rohweiße Faser *f* || **~/термопластичное** thermoplastische Faser *f* || **~/упроченное** verfestigte Faser *f* || **~/химическое** Chemiefaser *f* || **~/хлопковое** 1. Baumwollfaser *f*; 2. Baumwollfaserstoff *m* || **~/хлопковое низкосортное** Mindersortenbaumwolle *f* || **~/целлюлозное** 1. Cellulosefaser *f*; 2. Cellulosefaserstoff *m* || **~/шерстяное** Wollfaser *f* || **~/шлаковое** Schlackenfaserstoff *m* || **~/штапельное** Stapelfaser *f* || **~/эластомерное** Elastomerfaser *f* || **~/элементарное** Elementarfaser *f*

волокнообразование *n* Faserbildung *f*; Fadenbildung *f*

волокноотделение *n (Text)* Egrenieren *n*, Entkörnen *n (Trennung der Fasern von den Samenkernen)*

волокноотделитель *m (Text)* Entkernungsmaschine *f*, Egreniermaschine *f (Baumwolle)* || **~/валичный** Walzenegreniermaschine *f* || **~/пильный** Sägeegreniermaschine *f*

волокноочиститель *m (Text)* Faserreinigungsmaschine *f (zusätzliche Reinigung der Rohbaumwolle nach der Egrenierung)*

волокносборник *m (Text)* Fasersammelbehälter *m*

волоконно-оптический faseroptisch, Licht[wellen]leiter...

волоконный Faser...

волоконце *n* Fäserchen *n*, Fibrille *f*

волокуша *f* 1. Schleppvorrichtung *f*; Schleppe *f*; 2. *(Lw)* Schleppe *f*, Ackerschleppe *f*, Ackerschleife *f*, Ackerschlichte *f*

волосовина *f (Met)* Haarriß *m*

волосок *m* 1. feines Band *n*, Bändchen *n*; 2. [feine] Spiralfeder *f (Unruh des Uhrwerks)* || **~/контактный** *(Eln)* Whisker *m*, Haarkristall *m*, Fadenkristall *m* || **~ предохранителя** *(El)* Sicherungsdraht *m*

волочение *n* 1. *(Met)* Ziehen *n (Draht, Stabmaterial)*; 2. *(Geol)* Schleppung *f* || **~ без оправки** *s.* ~/безоправочное || **~/безоправочное** *(Met)* Voll[profil]ziehen *n*, Ziehen *n* ohne Dorn || **~/горячее** *(Met)* Warmziehen *n* || **~/многократное** *(Met)* Mehrfachziehen *n* || **~/мокрое** *(Met)* Naßziehen *n* || **~/однократное** *(Met)* Einfachziehen *n* || **~/оправочное** *(Met)* Hohl[profil]ziehen *n*, Ziehen *n* mit Dorn || **~/первое** *(Met)* Grobziehen *n* || **~ полых профилей** *(Met)* Hohlprofilziehen *n* || **~/предварительное** *(Met)* Grobziehen *n* || **~ прутков** *(Met)* Stangenziehen *n* || **~ с оправкой** *s.* ~/оправочное || **~/сухое** *(Met)* Trockenziehen *n* || **~/тонкое** *s.* ~ тонкой проволоки || **~ тонкой проволоки** Feindrahtziehen *n* || **~/точное** *s.* ~/чистое || **~ труб** Rohrziehen *n* || **~/фасонное** *(Met)* Formprofilziehen *n* || **~/холодное** *(Met)* Kaltziehen *n* || **~/черновое** *(Met)* Vorziehen *n* || **~/чистое** *(Met)* Feinziehen *n*

волочить *(Met)* ziehen *(Draht, Rohre, Stangen, Profile)*

ВОЛС *s.* линия связи/волоконно-оптическая

волчок *m* 1. *(Text)* Wolf *m*, Reißwolf *m*, Klopfwolf *m*; 2. *(Mech)* Kreisel *m* || **~/асимметричный** *(Mech)* asymmetrischer Kreisel *m* || **~/вертикальный** *(Text)* Vertikalwolf *m (Rohseidebearbeitung)* || **~/замасливающий** *(Text)* Krempelwolf *m* mit Schmälzvorrichtung || **~/коконный** *(Text)* Kokonwolf *m*, Deckenmaschine *f (Seidenspinnerei)* || **~/крыльчатый** *(Text)* Flügelwolf *m* || **~ на воздушной подушке** *(Mech)* luftgelagerter Kreisel *m* || **~/симметричный** *(Mech)* symmetrischer Kreisel *m* || **~/смешивающий** *(Text)* Mischwolf *m* || **~/щипальный** *(Text)* Reißwolf *m*

вольт *m (El)* Volt *n*, V ‖ **~ на метр** Volt *n* je Meter, V/*m*

вольтаметр *m (El)* Voltameter *n* ‖ **~/водородный** Wasser[stoff]voltameter *n* ‖ **~/массовый** Massevoltameter *n* ‖ **~/медный** Kupfervoltameter *n* ‖ **~/объёмный** Volumenvoltameter *n* ‖ **~/серебряный** Silbervoltameter *n* ‖ **~/точный** Feinvoltameter *n*

вольт-ампер *m (El)* Voltampere *n*, VA *(Einheit der Scheinleistung)* ‖ **~/реактивный** Voltampere *n* reaktiv, VAr *n*, var *(Einheit der Blindleistung)*

вольтамперваттварметр *m (El)* Spannung-Strom-Wirkleistungs-Blindleistungs-Messer *m*

вольтамперметр *m (El)* 1. Volt-und-Amperemeter *n*; 2. Voltamperemeter *n*, VA-Meter *n*, Scheinleistungsmesser *m* ‖ **~/многопредельный** Vielbereich-Spannungs-und-Strommesser *m* ‖ **~/реактивный** Blindleistungsmesser *m*, Varmeter *n*

вольт-амперный Stromspannungs..., Voltampere...

вольтамперомметр *m (El)* Spannungs-Strom-Widerstandsmesser *m*

вольтметр *m (El)* Voltmeter *n*, Spannungsmesser *m* ‖ ‖ **~/амплитудный** Scheitelspannungsmesser *m* ‖ **~/аналоговый** analoger Spannungsmesser *m* ‖ **~/высоковольтный** Hochspannungsmesser *m* ‖ **~/выходной** Ausgangsspannungsmesser *m* ‖ **~/диодный** Diodenspannungsmesser *m* ‖ **~/импульсный** Impulsspannungsmesser *m* ‖ **~/индукционный** Induktionsspannungsmesser *m* ‖ **~/контрольный** Kontrollspannungsmesser *m* ‖ **~/магнитоэлектрический** magnetelektrischer Spannungsmesser *m*, Spannungsmesser *m* mit Dauermagnetmeßwerk; Drehspulspannungsmesser *m* ‖ **~/максимальный** Maximumspannungsmesser *m* ‖ **~/многопредельный** Vielbereichspannungsmesser *m*, Vielfachspannungsmesser *m* ‖ **~/многошкальный** Mehrskalenspannungsmesser *m*, Vielfachspannungsmesser *m* mit mehreren Skalen ‖ **~/нулевой** Nullspannungsmesser *m* ‖ **~/образцовый** Normalspannungsmesser *m* ‖ **~/однопредельный** Einbereichspannungsmesser *m* ‖ **~ переменного напряжения (тока)** Wechselspannungsmesser *m* ‖ **~/пиковый** Spitzenspannungsmesser *m* ‖ **~/полупроводниковый** Halbleiterspannungsmesser *m* ‖ **~ постоянного напряжения (тока)** Gleichspannungsmesser *m* ‖ **~/регистрирующий** registrierender Spannungsmesser *m* ‖ **~ среднего значения** Mittelwertspannungsmesser *m* ‖ **~/статический** statischer Spannungsmesser *m* ‖ **~/тепловой** thermischer Spannungsmesser *m*, Hitzdrahtspannungsmesser *m* ‖ **~/универсальный** Universalspannungsmesser *m* ‖ **~/цифровой** Digitalspannungsmesser *m* ‖ **~/электродинамический** elektrodynamischer (dynamometrischer) Spannungsmesser *m* ‖ **~/электромагнитный** elektromagnetischer Spannungsmesser *m*, Dreheisenspannungsmesser *m*, Weicheisenspannungsmesser *m* ‖ **~/эталонный** Normalspannungsmesser *m* ‖ **~/эффективный** Effektivwertspannungsmesser *m*

вольтметр-амперметр *m* Spannungs-und-Strommesser *m*, Volt-und-Amperemeter *n (s. a. unter* вольтамперметр*)*

вольтметровый Spannungsmesser..., Voltmeter...

вольтмиллиамперметр *m (El)* Volt-und-Milliamperemeter *n*

вольтолизация *f (Ch)* Voltolisieren *n*, Voltolisierung *f (von Ölen)*

вольтолизировать *(Ch)* voltolisieren *(Öle)*

вольтомметр *m (El)* Spannungs-und-Widerstandsmesser *m*, Volt-Ohm-Meter *n*

вольт-секунда *f (El)* Voltsekunde *f*, V · s, Weber *n*

вольфрам *m (Ch)* Wolfram *n*, W

вольфрамат *m (Ch)* Wolframat *n*

вольфрамит *m (Min)* Wolframit *m*

вольфрамовокислый *(Ch)* ...wolframat *n*; wolframsauer

вольфрамовый Wolfram...

вооружение *n* 1. *(Mil)* Bewaffnung *f* [und Ausrüstung *f*] *(s. a. unter* вооружения*)*; 2. *(Schiff)* Takelage *f* ‖ **~/радиолокационное** Radarausrüstung *f* ‖ **~/радионавигационное** Funknavigationsmittel *npl*, Funknavigationsausrüstung *f* ‖ **~/радиотехническое** funktechnische Ausrüstung *f*, Funkausrüstung *f*

вооружения *npl (Mil)* Waffen *fpl*; Rüstung *f*, Rüstungen *fpl* ‖ **~/космические** Weltraumwaffen *fpl* ‖ **~/наступательные** Angriffswaffen *fpl*, Offensivwaffen *fpl* ‖ **~/оборонительные** Verteidigungswaffen *fpl*, Defensivwaffen *fpl* ‖ **~/обычные** konventionelle Waffen (Rüstungen) *fpl* ‖ **~ средней дальности/ядерные** nukleare Mittelstreckenwaffen *fpl* ‖ **~/стратегические** strategische Waffen (Rüstungen) *fpl* ‖ **~/стратегические наступательные** strategische Offensivwaffen *fpl* ‖ **~/стратегические ядерные** strategische Kernwaffen *fpl* ‖ **~/ударные космические** Weltraumangriffswaffen *fpl* ‖ **~/ядерные** Kernwaffen *fpl*, nukleare Rüstung *f*

воронение *n (Met)* Brünieren *n*, Brünierung *f*

воронка *f* 1. Trichter *m*; Füllvorrichtung *f*; 2. *(Meteo)* Schlauch *m*, Trombenschlauch *m*; 3. *(Geol)* Krater *m*, Trichter *m* ‖ **~/блюдцеобразная карстовая** *(Geol)* Karstwanne *f* ‖ **~/бродильная** Gärtrichter *m* ‖ **~ Бюхнера** *(Ch)* Büchner-Trichter *m*, Büchner-Nutsche *f* ‖ **~/вводная** *(Wlz)* Einführungstrichter *m* ‖ **~ взрыва** *(Geol)* Explosionstrichter *m (eines Vulkans)* ‖ **~/водоналивная** Wassereinlauf *m*, Wassereinfalltrichter *m* ‖ **~/водосточная** *(Bw)* Einlaufkessel *m*, Rinnenkessel *m (Dachentwässerung)* ‖ **~/волочильная** *(Met)* Ziehtrichter *m*, Ziehkegel *m*, Ziehkonus *m (zur Herstellung geschweißter Rohre)* ‖ **~/выводная** *(Wlz)* Auslauftrichter *m (Ausführung)* ‖ **~ выпуска** *s.* ~/выпускная ‖ **~/выпускная** *(Bgb)* Abzugstrichter *m*, Auslauftrichter *m* ‖ **~ депрессии** *(Hydt)* Absenkungstrichter *m*, Senkungstrichter *m*, Depressionstrichter *m (Grundwasserabsenkung)* ‖ **~ для заливки** Anfülltrichter *m (Pumpe)* ‖ **~/загрузочная** Fülltrichter *m*, Beschicktrichter *m*, Aufgabetrichter *m*, Schütttrichter *m* ‖ **~/загрузочная колошниковая** *s.* ~/колошниковая ‖ **~/засыпная** Fülltrichter *m*, Einfülltrichter *m* ‖ **~/кабельная** *(El)* Kabelendverschluß *m* ‖ **~/карстовая** *(Geol)* Karsttrichter *m* ‖ **~/колошниковая** *(Met)* Gichttrichter *m*, Gichtverschluß *m (Hochofen)* ‖ **~ колошникового затвора** *s.* ~/колошниковая ‖ **~/лентоуплотнительная** *(Text)* Bandtrichter *m (Strecke; Kämmaschine)* ‖ **~/литниковая** *(Gieß)* Gießtümpel *m*, Gießtrichter *m*, Einguß[trichter] *m* ‖ **~/направляющая** Leittrichter *m* ‖ **~ обрушения** *(Bgb)* Bruchtrichter *m* ‖ **~/отстойная** *(Bw)* Klärtrichter *m* ‖ **~/питательная (питающая)** Aufgabetrichter *m* ‖ **~/поворотная** Drehtrichter *m* ‖ **~/приёмная** Aufnahmetrichter *m*, Schütttrichter *m*, Fülltrichter *m*; Entladebunker *m*, Schüttbunker *m* ‖ **~/провальная** *(Geol)* Einsturztrichter *m*, Einsturzschlot *m (Karsterscheinung)* ‖ **~ прорыва** *(Bgb)* Einbruchstrichter *m*, Tagebruch *m (Bergschaden)* ‖ **~/прядильная** *(Text)* Spinntrichter *m (Chemiefaserherstellung)* ‖ **~/разгрузочная** Ablauftrichter *m*, Auslaßtrichter *m* ‖ **~/распределительная** *(Met)* Schichtverteiler *m*, Möllerverteiler *m*, Verteiler *m* ‖ **~/сборная** Sammeltrichter *m* ‖ **~ смерча** *(Meteo)* Wolkenschlauch *m*, Wolkentrichter *m (einer Wind- oder Wasserhose)* ‖ **~/трёхфазная концевая** *(El)* Dreileiterendverschluß *m* ‖ **~ тропопаузы** *(Meteo)* Tropopausentrichter *m* ‖ **~/уплотнительная** *(Text)* Abführtrichter *m* ‖ **~/уплотняющая** *(Text)* Bandtrichter *m (Bandverdichter; Deckelkarde)* ‖ **~/фальцевальная** *(Typ)* Falztrichter *m (Rotationsmaschine)* ‖ **~/холодная** Schlackentrichter *m*, Granuliertrichter *m*, Aschetrichter *m*

воронка-весы *f* Bunkerwaage *f*, Trichterwaage *f*, Kippgefäßwaage *f*

воронкообразный trichterförmig, Trichter…

воронкообразование *n* Trichterbildung *f*

ворот *m* 1. *(Meteo)* Kragen *m*; 2. Hebewinde *f*, Winde *f*, Haspel *f* ‖ **~/грозовой** *(Meteo)* Böenkragen *m* ‖ **~/ручной** Handhaspel *f*

ворота *pl* Tor *n* ‖ **~/веерные** *(Hydt)* Fächertor *n* ‖ **~/верхние** Obertor *n (Schleuse)* ‖ **~/габаритные** *(Eb)* Lademaß *n*, Ladelehre *f* ‖ **~/грузовые** *(Schiff)* Ladepforte *f*, Ladetor *n* ‖ **~/задвижные** *(Bw)* Schiebetor *n* ‖ **~/кормовые** *(Schiff)* Hecktor *n*, Heckladepforte *f* ‖ **~/кормовые откидные** *(Schiff)* Heckklappe *f* ‖ **~/ледниковые** *(Geol)* Gletschertor *n* ‖ **~/наружные** Fluttor *n (Schleuse)* ‖ **~/нижние** Untertor *n (Schleuse)* ‖ **~/носовые откидные** *(Schiff)* Bugklappe *f* ‖ **~/подъёмные** Hubtor *n (Schleuse)* ‖ **~/раздвижные** Schiebetor *n* ‖ **~/складчатые** *(Bw)* Falttor *n*, Schiebefalttor *n* ‖ **~/сточные** *(Bw)* Ständertor *n* ‖ **~ шлюза** Schleusentor *n* ‖ **~/шторные** *(Bw)* Rolltor *n*

воротистость *f (Led)* Mastriefen *fpl*, Mastfalten *fpl*

воротник *m* 1. *(Fert)* Bördel *m*, Krempe *f*, Kragen *m (Formelement)*; Manschette *f*; 2. *(Masch)* Nutring *m (Dichtungsform)*; 3. *(Text)* Kragen *m*; 4. *(Schw)* Grat *m (beim Reibschweißen)* ‖ **~/поршневой** Kolbenmanschette *f* ‖ **~/уплотнительный** Dichtmanschette *f*

вороток *m* 1. Windeisen *n (für Gewindebohrer, Reibahlen und anderes Schneidwerkzeug mit Vierkantschaft)*; 2. *(Schm)* Wendehorn *n*, Dreheisen *n* ‖ **~ для плашек** Schneideisenhalter *m* ‖ **~/универсальный** verstellbares Windeisen *n*, Universalwindeisen *n*

ворох *m (Lw)* 1. Rohware *f*, Rohgut *n*, Erntegut *n* mit Verunreinigungen, ungereinigtes Erntegut *n*; 2. Stroh-Spreu-Korn-Gemisch *n*

ворошение *n* **валков** *(Lw)* Schwadenwenden *n* ‖ **~ грядки** *(Brau)* Wenden (Wichsen, Pflügen) *n* des Haufens

ворошилка *f (Lw)* Wender *m*, Heuwender *m* ‖ **~/валковая** Schwadenwender *m* ‖ **~/грабельная** Rechwender *m*

ворошитель *m* Wender *m*, Wendevorrichtung *f*; *(Lw)* Heuwender *m (s. a. unter* ворошилка*)* ‖ **~/ковшовый** *(Brau)* Schaufelbecherwender *m* ‖ **~ солода** *(Brau)* Malzwender *m*, Darrwender *m* ‖ **~/шнековый** *(Brau)* Schraubenwender *m*, Schneckenwender *m (im Keimkasten)*

ворошитель-вспушиватель *m (Lw)* Zettwender *m*

ворсистость *f (Text)* Haarigkeit *f*

ворсование *n (Text)* Rauhen *n* ‖ **~/электростатическое** elektrostatisches Beflocken *n (von Gegenständen zur Dekorierung der Oberflächen)*

ворсовать *(Text)* rauhen

ворсовой *(Text)* Flor…

воск *m* Wachs *n* ‖ **~/амидовый** Amidwachs *n* ‖ **~/буроугольный экстрагированный** Braunkohlen-Extraktionswachs *n* ‖ **~/горный** *(Geol)* Erdwachs *n*, Bergwachs *n*, Ozokerit *m* ‖ **~/защитный** Schutzwachs *n (Oberflächenschutz)* ‖ **~/искусственный** Kunstwachs *n*, synthetisches Wachs *n* ‖ **~/модельный** *(Gieß)* Modellwachs *n* ‖ **~/нефтяной** Erdölwachs *n*, Erdölparaffin *n* ‖ **~ полного синтеза** Vollsynthesewachs *n* ‖ **~/пчелиный** Bienenwachs *n* ‖ **~/синтетический** synthetisches Wachs *n*, Kunstwachs *n* ‖ **~/сложноэфирный** Esterwachs *n* ‖ **~/углеводородный** Kohlenwasserstoffwachs *n* ‖ **~ частичного синтеза** Teilsynthesewachs *n* ‖ **~/шеллачный** Schellackwachs *n* ‖ **~/шерстяной** Wollwachs *n*,Wollfett *n* ‖ **~/экстрагированный** Extraktionswachs *n* ‖ **~/эфирный** Esterwachs *n*

воскобойня *f* Wachsschmelze *f*, Wachswerk *n*

воск-сырец *m* Rohwachs *n*

ВОСП *s.* система передачи/волоконно-оптическая

воспламенение *n* Entflammen *n*, Entflammung *f*, Entzünden *n*, Entzündung *f*; Aufflammen *n (s. a. unter* зажигание 2.*)* ‖ **~/возвратное** Flammenrückschlag *m*

воспламенитель *m* 1. *(Mil)* Zünder *m*, Zündsatz *m*; 2. *(Rak)* Starttreibladung *f*

воспламеняемость *f* Entflammbarkeit *f*, Entzündbarkeit *f*; Zündeigenschaften *fpl*, Zündfähigkeit *f (Feuerungstechnik)*

воспламеняемый entzündbar, entflammbar

восприимчивость *f* 1. Aufnahmefähigkeit *f*; Anfälligkeit *f*; 2. *(El)* Suszeptibilität *f* ‖ **~/антиферромагнитная** antiferromagnetische Suszeptibilität *f* ‖ **~/диамагнитная** diamagnetische Suszeptibilität *f* ‖ **~/диэлектрическая** dielektrische Suszeptibilität *f* ‖ **~ к помехам** Störanfälligkeit *f*, Störempfindlichkeit *f* ‖ **~/магнитная** magnetische Suszeptibilität *f* ‖ **~/магнитооптическая** magnetooptische Suszeptibilität *f* ‖ **~ на**

высоких частотах Hochfrequenzsuszeptibilität *f* ‖ **~/обратимая** reversible Suszeptibilität *f* ‖ **~/объёмная** Volumensuszeptibilität *f* ‖ **~/парамагнитная** paramagnetische Suszeptibilität *f*

восприятие *n* 1. Aufnahme *f*; 2. *(Kyb)* Wahrnehmung *f*; Empfindung *f*; 3. *(Inf)* Ablesung *f*, Abtastung *f* ‖ **~ давления** Druckaufnahme *f* ‖ **~ нагрузки** Lastaufnahme *f* ‖ **~ усилия** Kraftaufnahme *f* ‖ **~ цвета** Farbempfindung *f*, Farbwahrnehmung *f*

воспроизведение *n* 1. Reproduktion *f*, Nachbildung *f*, Wiedergabe *f*; Abhören *n*, Abspielen *n*; 2. *(Inf)* Ausgabe *f*, Anzeige *f*; Wiedergabe *f*; 3. *(Typ)* Abtasten *n*, Abtastung *f* ‖ **~ басов** *(Rf)* Baßwiedergabe *f* ‖ **~ грамзаписи (граммофонных записей)** Schallplattenwiedergabe *f* ‖ **~ записи с диска** Schallplattenwiedergabe *f* ‖ **~ звука** Schallwiedergabe *f*; Tonwiedergabe *f* ‖ **~/зеркальное** *(Fert)* spiegelbildliches Nachformen *n* ‖ **~ знаков** *(Inf)* Zeichendarstellung *f* ‖ **~ изображения** Bildwiedergabe *f* ‖ **~ информации** Informationsreproduktion *f* ‖ **~ магнитной звукозаписи (фонограммы)** Magnettonwiedergabe *f* ‖ **~/мгновенное** Momentanwiedergabe *f* ‖ **~/многоканальное** Mehrkanalwiedergabe *f* ‖ **~/монофоническое** monophone Wiedergabe *f* ‖ **~ низких частот** *(Rf)* Baßwiedergabe *f* ‖ **~ оптической фонограммы** Lichttonwiedergabe *f* ‖ **~ перекошенной щелью** schräge Abtastung *f* ‖ **~ посылок** Zeichenwiedergabe *f* ‖ **~ посылок/искажённое** verzerrte (nicht abstandsgetreue) Zeichenwiedergabe *f* ‖ **~ посылок/неискажённое** verzerrungsfreie (abstandsgetreue) Zeichenwiedergabe *f* ‖ **~ речи** Sprachwiedergabe *f* ‖ **~ с искажениями** verzerrte Wiedergabe *f* ‖ **~ сигнала** Signalwiedergabe *f*, Signalreproduktion *f* ‖ **~/стереофоническое** stereophone Wiedergabe *f* ‖ **~ фотографической фонограммы** Lichttonwiedergabe *f* ‖ **~ цвета** Farbwiedergabe *f* ‖ **~ ЦТВ-изображений** Farbfernsehbilddarstellung *f*

воспроизвести *s.* воспроизводить

воспроизводимость *f* Reproduzierbarkeit *f*

воспроизводимый reproduzierbar

воспроизводить 1. wiedergeben; 2. nachbilden; reproduzieren, nachdrucken; 3. wiederholen; 4. wiedererzeugen, neubilden, regenerieren; 5. nachvollziehen, wiederholen; 6. *(Fert)* nachformen

воспроизводство *n* 1. Wiedergabe *f*; 2. Nachbildung *f*, Reproduktion *f*, Nachdruck *m*; 3. Wiederholung *f*; 4. Wiedererzeugung *f*, Neubildung *f*, Regenerierung *f*; Rückgewinnung *f* ‖ **~ ядерного топлива** *(Kern)* Brüten *n* *(Kernbrennstoffe)*

ВОСС *s.* система связи/волоконно-оптическая

восстанавливаемость *f* 1. Regenerierbarkeit *f*; 2. *(Ch)* Reduzierbarkeit *f*; 3. *(Lebm)* Löslichkeit *f*, Emulgierbarkeit *f*; 4. *(Gum)* Rückfederung *f*, Rückverformung *f*

восстанавливать 1. reduzieren; 2. wiederherstellen, regenerieren; 3. *(Bgb)* aufgewältigen *(alte Grubenbaue)*; 4. *(Inf)* rückspeichern, wiedereintragen

восстанавливаться 1. *(Eln)* sich regenerieren, ausheilen; 2. wieder (neu) zünden *(Lichtbogen)*; 3. wiederkehren *(Spannung)*

восстание *n* *(Bgb, Geol)* Ansteigen *n*, Schweben *n* • **по восстанию** schwebend, im Schweben

восстановитель *m* *(Ch)* Desoxidationsmittel *n*, Reduktionsmittel *n*

восстановительно-окислительный Redox…, Reduktions-Oxidations-…

восстановить *s.* восстанавливать

восстановиться *s.* восстанавливаться

восстановление 1. Wiederherstellung *f*; Erholung *f*; 2. *(Ch)* Reduktion *f*, Reduzierung *f*, Reduzieren *n*; Desoxidation *f*; 3. *(Met)* Frischen *n* *(Blei)*; 4. *(Inf)* Wiederherstellen *n*, Rückspeichern *n*, Regeneration *f*; 5. Rückverformung *f*; 6. *(Bgb)* Aufgewältigen *n*, Aufgewältigung *f* *(alter Grubenbaue)*; 7. *(Bw)* Wiederaufbau *m*; Renovierung *f*; 8. Wiederzünden *n*, erneutes Zünden *n* *(Lichtbogen)* ‖ **~ базы данных** *(Inf)* Datenbankwiederherstellung *f* ‖ **~ в щелочной среде** *s.* ~/щелочное ‖ **~/жидкофазное** Flüssigphase[n]reduktion *f* ‖ **~ информации** *(Inf)* Informationswiederherstellung *f* ‖ **~/кислотное** saure Reduktion *f*, Säurereduktion *f* ‖ **~ команд** *(Inf)* Befehlsregeneration *f*, Befehlswiederherstellung *f* ‖ **~ напряжения** *(El)* Spannungswiederkehr *f* ‖ **~/непрямое** indirekte Reduktion *f* *(Hochofen)* ‖ **~ памяти** *(Inf)* Speicherregeneration *f*, Rückspeichern *n* ‖ **~/парофазное** Dampfphase[n]reduktion *f*, Gasphase[n]reduktion *f* ‖ **~/предварительное** Vordesoxidation *f* *(Hochofen)* ‖ **~ природных ресурсов** *(Ökol)* Regeneration *f* der Naturressourcen ‖ **~/прямое** Direktreduktion *f*, direkte Reduktion *f* *(Hochofen)* ‖ **~ руды** *(Met)* Erzreduktion *f* ‖ **~ содержимого памяти** *(Inf)* Speicherregeneration *f* ‖ **~ сульфидное** sulfidische Reduktion *f*, Sulfidreduktion *f* ‖ **~ тактовых интервалов** *(Nrt)* Taktregeneration *f* ‖ **~ файла** *(Inf)* Dateiwiederherstellung *f* ‖ **~ фотографии** *(Photo)* Bildentzerrung *f* ‖ **~/щелочное** *(Ch)* alkalische Reaktion *f* ‖ **~/электрохимическое** elektrochemische Reduktion *f*, Elektroreduktion *f*

восстановление-заправка *n* *(Met, Gieß)* Ausbessern *n* *(Ofenfutter)*

восстающий *(Bgb, Geol)* schwebend; ansteigend

восстающий *m* *(Bgb)* Überhauen *n*, Aufhauen *n*, Aufbruch *m* ‖ **~/вентиляционный** Wetterüberhauen *n* ‖ **~/главный** Hauptüberhauen *n* ‖ **~/закладочный** Versatzüberhauen *n* ‖ **~/разрезной** Vorrichtungsüberhauen *n* ‖ **~/рудоспускной** Erzrolle *f*, Förderrolle *f*, Fallort *n* ‖ **~/ходовой** Fahraufhauen *n*, Fahrüberhauen *n*

восход *m* Aufgang *m*, Aufgehen *n* *(eines Himmelskörpers)* ‖ **~/видимый** scheinbarer Aufgang *m* ‖ **~/гелиактический** heliakischer Aufgang *m* ‖ **~/истинный** wahrer Aufgang *m*

восходить aufgehen *(Himmelskörper)*

восходящий 1. aufsteigend, steigend, hochsteigend; 2. *(Meteo)* anabatisch; 3. *(Bgb)* ausziehend *(Wetterstrom)*; schwebend *(Abbauführung)*; 4. aufgehend *(Himmelskörper)*

восхождение *n* Aufgang *m*, Aszension *f* ‖ **~/прямое** *(Astr)* Rektaszension *f*, gerade Aufsteigung *f*, AR *(Koordinate)*

восьмеричный oktal

восьмёрка *f* 1. Acht *f* *(Ziffer)*; 2. Achterform *f*; 3. *(Wlz)* Achterlage *f*, vierfach gedoppeltes Blech *n*

восьмиатомный *(Ch)* achtatomig; achtwertig, oktavalent
восьмивалентный *(Ch)* achtwertig, oktavalent
восьмигранник *m* 1. *(Krist)* Oktaeder *n*, Achtflächner *m*; 2. *(Wlz)* Achtkant *m*
восьмигранный *(Krist)* oktaedrisch, achtflächig
восьмидиапазонный *(Eln)* mit acht Wellenbereichen
восьмидорожечный Achtkanal…
восьмиосный achtachsig *(Fahrzeuge)*
восьмиполюсник *m (Eln)* Achtpol *m*
восьмиполюсный *(Eln)* achtpolig
восьмиразрядный *(Inf)* 8-Bit…; Achtbit…; achtstellig
восьмиугольник *m (Math)* Oktogon *n*, Achteck *n*
ВОТ *s.* теплоноситель/высококипящий органический
вощанка *f* Wachspapier *n*
ВП 1. предел/верхний; 2. подушка/воздушная 1.; 3. влёт и посадка
впадать в синхронизм in Synchronismus (Tritt) fallen (kommen) *(Synchronmaschine)*
впадение *n* **в синхронизм** In-Synchronismus-Fallen *n*, Intrittfallen *n*, Intrittkommen *n (Synchronmaschine)*
впадина *f* 1. *(Geol)* Senke *f*, Senkung *f*, Einsenkung *f*; Graben *m*, Tiefseegraben *m (im Meer)*; 2. Höhlung *f*, Aushöhlung *f*; Vertiefung *f*; 3. Lücke *f (Zahnrad)*; 4. Nut *f*; 5. Rücksprung *m (an Flanschen)* ‖ **~/внутренняя** *s.* ~/межгорная ‖ **~ волны** Wellental *n* ‖ **~/глубоководная [океанская]** *(Geol)* Tiefseemulde *f* ‖ **~ зуба** *(Masch)* Zahnlücke *f* ‖ **~/краевая** *(Geol)* Randsenke *f (an Salzkissen oder Salzrücken gebunden)* ‖ **~/межгорная** *(Geol)* Zwischengebirgssenke *f* ‖ **~/передовая (предгорная)** *(Geol)* Randsenke *f*, Außensenke *f* ‖ **~ профиля** *(Fert)* Bearbeitungsriefe *f*, Rille *f (im Rauhigkeitsprofil, Welligkeitsprofil)* ‖ **~ резьбы** Gewindegrund *m*
впаивание *n* Einschmelzen *n (Glühlampendrähte)*; Einlöten *n*
впаивать einschmelzen; einlöten
впай *m (El)* Einschmelzung *f*; Einschmelzstelle *f*, eingeschmolzene Durchführung *f*; Einlötstelle *f* ‖ **~ в колбу** Kolbendurchführung *f* ‖ **~/дисковый** Scheibeneinschmelzung *f* ‖ **~/кольцевой** Ringeinschmelzung *f* ‖ **~ проволочного ввода** Einschmelzdraht *m*, Dichtungsdraht *m* ‖ **~/стержневой** Stifteinschmelzung *f*
впаять *s.* впаивать
впечатывание *n (Typ)* Eindrucken *n*; *(Photo)* Einkopieren *n*
впечатывать *(Typ)* eindrucken; *(Photo)* einkopieren
вписанный *(Math)* einbeschrieben *(Kreis)*
вписывание *n* **в кривые** *(Eb)* Bogenlauf *m (Fahrzeug)*
впитываемость *f* Aufsaugbarkeit *f*, Saugfähigkeit *f*; *(Typ)* Druckfarbenaufnahme *f*
впитывание *n* 1. Aufsaugen *n*, Einsaugen *n*; 2. *(Typ)* Wegschlagen *n (Farbe)*; 3. *(Met)* Tränken *n*, Vollsaugen *n (Pulvermetallurgie)*
ВПК *s.* котёл/высоконапорный паровой
ВПЛ *s.* винт с поворотными лопастями
вплавление *n* 1. Einschmelzen *n*; 2. *(Eln)* Bonden *n (Halbleitertechnik)*
вплавлять 1. einschmelzen; 2. *(Eln)* bonden
вплетение *n* Einspleißen *n*
вплотную *(Fert)* aneinanderliegend *(Anordnung, z. B. von Werkstücken)*
ВПП *s.* полоса/взлётно-посадочная
впритык 1. *(Schw)* stumpf, Stumpf…; 2. *(Bw)* auf Stoß, Stoß… *(Holzverbindung)*
впрыск *m* 1. Einspritzen *n*, Einspritzung *f (von Brennstoff in einen Verbrennungsraum)*; 2. *(Kst)* Schuß *m (beim Spritzgießen)* ‖ **~ в вихревую камеру** Wirbelkammerverfahren *n* ‖ **~ в воздушно-вспомогательную камеру** Luftspeicherverfahren *n* ‖ **~ в камеру Ланова** Lanova-Luftspeicherverfahren *n* ‖ **~ в камеру сгорания** Brennkammereinspritzung *f* ‖ **~ в предкамеру** Vorkammerverfahren *n* ‖ **~ лёгкого топлива** Benzineinspritzung *f* ‖ **~/многоструйный** Mehrstrahleinspritzung *f* ‖ **~/начальный** *s.* ~/предварительный ‖ **~/непосредственный** Direkteinspritzung *f*, Direkteinspritzverfahren *n* ‖ **~/предварительный** Voreinspritzung *f*, Voreinspritzverfahren *n* ‖ **~/струйный** Strahleinspritzung *f*, Strahleinspritzverfahren *n* ‖ **~ топлива** Kraftstoffeinspritzung *f*
впрыскивание *n* 1. Einspritzung *f (s. a. unter* впрыск*)*; 2. Injektion *f (Halbleitertechnik)*
впрыскиватель *m* Spritze *f*
впрыскивать [ein]spritzen
впрыснуть *s.* впрыскивать
ВПУ *s.* 1. устройство/видеоприёмное; 2. устройство/валоповоротное
впуск *m* 1. Einlaß *m*, Einlaufen *n (von Flüssigkeiten)*; 2. Eintritt *m*, Einlaß *m*, Einströmen *n (Gas, Dampf)*; 3. Anlassen *n (Maschinen)*; 4. *(Kst)* Anschnittkanal *m (beim Spritzgießen)* ‖ **~ воздуха** Lufteinlaß *m* ‖ **~ массы на сетку** *(Pap)* Stoffeinlauf *m*, Stoffeintritt *m* ‖ **~/односторонний** Gleichstromeinlaß *m (Zweitaktmotor)* ‖ **~ пара** Dampfeinlaß *m*, Dampfeinströmung *f*; Beaufschlagung *f (Turbine)* ‖ **~ свежего пара** Frischdampfeinlaß *m*, Frischdampfeinströmung *f* ‖ **~/точечный** *(Kst)* Punktanschnitt *m*
впускать einlassen, einleiten
впустить *s.* впускать
ВПХ *s.* характеристики/взлётно-посадочные
ВР *s.* резьба/внутренная
вразбежку *(Bw)* verschränkt, versetzt, auf Lücke
вразрядку *(Fert)* mit Zwischenräumen *(Anordnung, z. B. von Werkstücken)*
враскладку *(Fert)* in einer Schicht *(Anordnung, z. B. von Werkstücken)*
вращаемость *f* Drehvermögen *n*
вращатель *m* 1. *(Fert)* Drehvorrichtung *f*, Manipulator *m*; 2. *(Bgb)* Drehtisch *m (Rotarybohren)*
вращаться 1. [sich] drehen, rotieren, umlaufen; 2. schwenken
вращающийся 1. sich drehend, umlaufend, kreisend, rotierend; Dreh…, Rotations…; 2. schwenkbar, drehbar ‖ **~ влево** linksdrehend ‖ **~ вправо** rechtsdrehend
вращение *n* 1. Drehen *n*, Drehung *f*, Rotation *f*, Kreisen *n*; 2. Laufen *n*; 3. Umdrehung *f*, Umlauf *m* • **по вращению** in [der] Drehrichtung, im Umlaufsinn ‖ **~/асинхронное** asynchroner Lauf *m* ‖ **~ атомов** *(Kern)* Atomrotation *f* ‖ **~ без радиального биения** *s.* ~/центрированное ‖ **~ ветра** *(Meteo)* Drehen *n* des Windes ‖ **~ влево** Linksdrehung *f*, Linkslauf *m*, Linksgang *m*, Dre-

hung *f* gegen den Uhrzeigersinn ll ~ **вокруг собственной оси** *(Mech)* Eigenrotation *f* ll ~ **вправо** Rechtsdrehung *f*, Rechtslauf *m*, Rechtsgang *m*, Drehung *f* im Uhrzeigersinn ll ~/**встречное** Gegendrehung *f*, Gegenlauf *m*, entgegengesetzte (gegenläufige) Rotation *f* ll ~ **Галактики/дифференциальное** *(Astr)* differentielle Rotation *f* der Galaxis ll ~ **Земли** *(Astr)* Erdrotation *f* ll ~ **изображения** Bilddrehung *f* ll ~ **кривошипа** *(Masch)* Kurbeldrehung *f* ll ~/**левое** *s.* ~ влево ll ~/**обратное** 1. *(Astr)* retrograde Rotation *f*; 2. *(Fert)* Rückwärtsrotation *f*, Rückwärtsumaluf *m* ll ~ **осей координат** *(Math)* Achsendrehung *f*, Drehung *f* des Achsenkreuzes ll ~ **плоскости поляризации** *(Opt)* Drehung *f* der Polarisationsebene ll ~ **по часовой стрелке** Drehung *f* (Umlauf *m*) im Uhrzeigersinn, Rechtslauf *m* ll ~/**правое** *s.* ~ вправо ll ~ **против часовой стрелки** Drehung *f* (Umlauf *m*) entgegen dem Uhrzeigersinn, Linkslauf *m* ll ~ **с радиальным биением** *s.* ~/эксцентричное ll ~/**синфазное** phasengleiche Drehung *f*, Phasengleichlauf *m* ll ~/**синхронное** Synchronlauf *m*, synchroner Lauf *m*, Gleichlauf *m* ll ~/**собственное** Eigenrotation *f* ll ~/**согласованное** *s.* ~/синхронное ll ~/**центрированное** *(Masch)* Rundlaufen *n*, Drehung *f* ohne Rundlauffehler ll ~/**эксцентричное** *(Masch)* Unrundlaufen *n*, Drehung *f* mit Rundlauffehler ll ~ **ядра** *(Kern)* Kernrotation *f*

ВРД *s.* двигатель/воздушно-реактивный

врез *m* **калибра** *(Wlz)* Kalibereinschnitt *m*

врезание *n (Fert)* 1. Anschnitt *m*; 2. Einstechen *n*, Einschneiden *n*, Einschnitt *m*

врезаться *(Fert)* 1. einschneiden; einstemmen; 2. einstechen; 3. anlaufen *(gegen etwas; Werkzeug)*

врезка *f* **с края** *(Schw)* Anschneiden *n*

временной zeitlich, Zeit...

временный zeitweilig, vorübergehend, temporär, provisorisch, vorläufig

время *n* 1. Zeitraum *m*, Zeitspanne *f*, Dauer *f (s. a. unter* длительность, продолжительность, срок 2.*)*; 2. Zeit *f*, Zeitpunkt *m* ll ~/**аберрационное** *(Astr)* Aberrationszeit *f* ll ~/**абсолютное** [Newtonsche] absolute Zeit *f* ll ~/**атомное** Atomzeit *f* ll ~/**барицентрическое динамическое** *(Astr)* baryzentrisch-dynamische Zeit *f* ll ~ **безотказной работы** ausfallfreie Arbeitszeit (Betriebszeit) *f* ll ~ **безотказной работы/среднее** mittlerer Ausfallabstand *m*, mittlere Zeit *f* zwischen zwei Ausfällen, MTBF ll ~ **в истинном масштабе** *s.* ~ в реальном масштабе ll ~ **в очаге** *(Geoph)* Herdzeit *f*, Nullzeit *f (bei Explosionen)* ll ~ **в реальном масштабе** *(Inf)* Echtzeit *f*, Realzeit *f* ll ~ **вакуумирования** Evakuierungszeit *f (Vakuumtechnik)* ll ~ **ввода** *(Inf)* Eingabezeit *f* ll ~ **взаимодействия** Wechselwirkungszeit *f*, Wechselwirkungsdauer *f* ll ~ **взлёта** *(Flg)* Startzeit *f* ll ~ **включения** *(El)* Einschaltzeit *f* ll ~ **возбуждения** *(Eln)* Erregungszeit *f* ll ~ **возврата** *(El)* Rücklaufzeit *f*, Rückgangszeit *f*; *(Reg)* Rückstellzeit *f* ll ~ **возвращения** Rückkehrzeit *f* ll ~ **возвращения состояния** *(Math)* Rekurrenzzeit *f* eines Zustandes ll ~ **воздействия** Einwirkzeit *f* ll ~ **воспроизведения** Spieldauer *f*, Laufzeit *f (z. B. eines Magnettonbandes)* ll ~ **восстановления** 1. Wiederherstellungszeit *f*; 2. *(El)* Erholungszeit *f*, Abklingzeit *f*, [innere] Totzeit *f*; Entionisierungszeit *f (Gasentladungsröhren)*; 3. *(Eln)* Sperrverzögerung *f*, Freiwerdezeit *f (Halbleiter)*; 4. *(Kern)* Erhol[ungs]zeit *f (Zähler)* ll ~/**восточноевропейское** osteuropäische Zeit *f* ll ~ **восхода** *(Astr)* Aufgangszeit *f (von Gestirnen)* ll ~ **впрыска** Einspritzzeit *f*, Einspritzdauer *f* ll ~ **вращения** Rotationsperiode *f*, Rotationszeit *f* ll ~/**всемирное** Weltzeit *f*, UT, WZ ll ~/**всемирное координированное** koordinierte Weltzeit *f*, UTC ll ~/**вспомогательное** *(Fert)* Hilfszeit *f* ll ~/**вспомогательное автоматическое (машинное)** Hilfszeit *f* Maschine ll ~/**вспомогательное машинно-ручное** manuelle Hilfszeit *f*, Hilfszeit *f* Maschine-Hand ll ~/**вспомогательное ручное** Hilfszeit *f* Hand ll ~ **вступления** *(Geoph)* Einsatzzeit *f*, Ankunftszeit *f (einer Welle)* ll ~ **выбега** *(Schiff)* Auslaufzeit *f*, Stoppzeit *f* im Auslauf ll ~ **выборки** *(Inf)* Zugriffszeit *f* ll ~ **выборки адреса** Adreßzugriffszeit *f* ll ~ **выборки данных** Zugriffszeit *f* ll ~ **выборки разрешения** Enable-Zugriffszeit *f* ll ~ **выборки/среднее** *(Inf)* mittlere Zugriffszeit *f* ll ~ **выборки считывания** Lesezugriffszeit *f* ll ~ **вывода** *(Inf)* Ausgabezeit *f* ll ~ **выгорания** Ausbrennzeit *f*; *(Kern)* Abbrandzeit *f (Kernbrennstoff)* ll ~ **выгрузки** *(Schiff)* Löschzeit *f* ll ~ **выдержки** 1. Zeitverzögerung *f*, Verzögerungszeit *f*; 2. *(Met)* Haltezeit *f (Schmelze)*; Verweilzeit *f (Pulvermetallurgie)*; 3. *(El)* Schaltverzug *m* ll ~ **выполнения программы** *(Inf)* Laufzeit *f*, Ausführungszeit *f*, Programmausführungszeit *f* ll ~ **выполнения цикла** *(Inf)* Zykluszeit *f* ll ~ **выравнивания** Ausgleichzeit *f (Temperatur, Luftdruckunterschiede)* ll ~ **вычисления** Rechenzeit *f* ll ~/**вычислительное** Rechenzeit *f* ll ~ **гашения** Löschzeit *f*; Austastzeit *f* ll ~ **горения** Brennzeit *f*, Brenndauer *f* ll ~/**гражданское** bürgerliche Zeit *f* ll ~/**гринвичское** Greenwicher Zeit *f*, westeuropäische Zeit *f* ll ~/**гринвичское звёздное** Sternzeit *f* Greenwich, Greenwicher Sternzeit *f* ll ~ **деионизации** *(Ph)* Entionisierungszeit *f*, Deionisationszeit *f* ll ~ **действия** Wirkzeit *f*; Betriebszeit *f*; Einwirkdauer *f* ll ~/**декретное** Normalzeit *f* ll ~ **деформации** Deformationszeit *f*, Verformungszeit *f* ll ~ **дешифрации** *(Inf)* Dekodierungszeit *f* ll ~ **догорания** Nachbrennzeit *f* ll ~ **доступа** *(Inf)* Zugriffszeit *f* ll ~/**доступное машинное** *(Inf)* Maschinennutzzeit *f* ll ~ **дрейфа** *(Eln)* Driftzeit *f* ll ~/**живое** effektive Meßzeit *f*, Effektivzeit *f* ll ~ **жизни** Lebensdauer *f* ll ~ **жизни/исходное** Lebensdauer *f* im As-grown-Zustand *(Ladungsträger)* ll ~ **жизни носителей заряда** Ladungsträgerlebensdauer *f* ll ~ **жизни/объёмное** Volumenlebensdauer *f (der Ladungsträger im Halbleiterkristall)* ll ~ **жизни/поверхностное** Oberflächenlebensdauer *f (der Ladungsträger im Halbleiterkristall)* ll ~ **жизни/полное** Gesamtlebensdauer *f* ll ~ **жизни/среднее** mittlere Lebensdauer *f* ll ~ **загрузки** *(Inf)* Ladezeit *f* ll ~ **задержки** 1. Verzögerungsintervall *n (Impuls)*; 2. *(Eln, Inf)* Verzögerungszeit *f*; *(Reg)* Verzugszeit *f*, Nacheilzeit *f* ll ~ **задержки включения** 1. Einschaltverzögerungszeit *f*; 2. Zündverzugszeit *f* ll ~ **за-**

мачивания (замочки) Weichdauer *f (Mälzerei)* ‖ **~ замыкания** *(Reg)* Schließzeit *f* ‖ **~ занятия** *(Nrt)* Belegungsdauer *f* ‖ **~/западноевропейское** westeuropäische Zeit *f* ‖ **~ запаздывания** Verzögerungszeit *f*, Verzögerung *f*, Verzug *m*; *(Reg)* Totzeit *f* ‖ **~ запаздывания отражённого сигнала** *(Rad)* Echolaufzeit *f* ‖ **~ запирания** Sperrzeit *f*, Freiwerdezeit *f (bei Halbleitern)* ‖ **~ записи** *(Inf)* Aufzeichnungszeit *f* ‖ **~ запуска** Startzeit *f* ‖ **~ зарядки** *(El)* Aufladezeit *f*, Ladezeit *f (Kondensator)* ‖ **~ затвердевания** 1. *(Met)* Erstarrungszeit *f*, Erstarrungsdauer *f*; 2. *(Gieß)* Aushärtezeit *f*, Aushärtedauer *f (von Formstoffen)* ‖ **~ затухания** Dämpfungszeit *f*, Abklingzeit *f* ‖ **~ затухания импульса** Impulsabklingzeit *f* ‖ **~ захода** *(Astr)* Untergangszeit *f (von Gestirnen)* ‖ **~/звёздное** *(Astr)* Sternzeit *f*, siderische Zeit *f* ‖ **~/земное динамическое** *(Astr)* terrestrisch-dynamische Zeit *f* ‖ **~ измерения** Meßzeit *f*, Meßdauer *f* ‖ **~ изодрома** *(Reg)* Nachstellzeit *f* ‖ **~ инерционного выбега** *(El)* Nachlaufzeit *f (eines Relais)* ‖ **~ исполнения программы** *(Inf)* Laufzeit *f*, Ausführung *f (des Programms)* ‖ **~ истечения** *(Hydt)* Ausflußzeit *f* ‖ **~/истинное** Echtzeit *f*, Realzeit *f* ‖ **~/истинное звёздное** *(Astr)* wahre Sternzeit *f* ‖ **~/истинное солнечное** *(Astr)* wahre Sonnenzeit *f* ‖ **~ компиляции** *(Inf)* Kompilierungszeit *f* ‖ **~ контактирования** Kontaktdauer *f*, Verweilzeit *f* am Kontakt *(Katalysator)* ‖ **~ копирования** Kopierdauer *f* ‖ **~ короткого замыкания** *(El)* Kurzschlußzeit *f*, Kurzschlußdauer *f* ‖ **~/космическое** Weltraumzeit *f* ‖ **~/летнее** Sommerzeit *f* ‖ **~/машинное** Maschinenzeit *f*, Rechnerzeit *f* ‖ **~ между отказами/среднее** *s.* ~ безотказной работы/среднее ‖ **~/местное** Ortszeit *f* ‖ **~/мировое** Weltzeit *f*, UT, WZ ‖ **~/московское** Moskauer Zeit *f* ‖ **~ на переналадку** *(Fert)* Umrüstzeit *f*, Umstellzeit *f* ‖ **~ наблюдения** Beobachtungszeit *f*, Meßzeit *f* ‖ **~ нагрева** Anheizzeit *f*, Anwärm[e]zeit *f* ‖ **~ накопления** *(Inf)* Speicherzeit *f* ‖ **~ накопления изображения** Bildspeicherzeit *f* ‖ **~ накопления носителей заряда** Ladungsträgerspeicherzeit *f* ‖ **~ наладки** Rüstzeit *f (einer Werkzeugmaschine)* ‖ **~ наработки на отказ/среднее** *(Fert)* mittlerer Ausfallabstand *m*, MTBF ‖ **~ нарастания** Anstiegszeit *f*, Anstiegsdauer *f (Impulstechnik)*; *(Reg)* Anlaufzeit *f*, Einschwingzeit *f* ‖ **~ нарастания колебания** *(El)* Anschwingzeit *f*, Einschwingzeit *f* ‖ **~ нарастания тока** *(El)* Anstiegszeit *f (Strom)*; *(Eln)* Durchschaltzeit *f* ‖ **~/ненормируемое** ungenormte Zeit *f* ‖ **~/нерабочее** Stillstandszeit *f*; arbeitsfreie Zeit *f (der Ausrüstung)* ‖ **~/нормируемое** genormte Zeit *f* ‖ **~/ньютоновское [абсолютное]** *s.* ~/абсолютное ‖ **~ облучения** *(Kern)* Bestrahlungszeit *f*, Bestrahlungsdauer ‖ **~ обмена частиц** *(Kern)* Austauschzeit *f (Teilchenaustausch)* ‖ **~ обработки** Bearbeitungszeit *f*, Verarbeitungszeit *f*, Verarbeitungsdauer *f* ‖ **~ обращения** 1. *(Inf)* Zugriffszeit *f*; 2. *(Eb)* Umlaufzeit *f (für Wagen)* ‖ **~ обращения к запоминающему устройству** *(Inf)* Speicherzugriffszeit *f* ‖ **~ обслуживания** Wartungszeit *f* ‖ **~/общее эксплуатационное** Gesamtbetriebszeit *f* ‖ **~ ожидания** *(Inf)* Wartezeit *f*, Latenzzeit *f* ‖ **~/оперативное** operative Zeit *f*; *(Fert)* Operativzeit *f (Grund- und Hilfszeit)* ‖ **~ опережения** *(El)* Vorhaltzeit *f* ‖ **~ организации технического обслуживания/среднее** *(Fert)* mittlere technische Wartungszeit *f* ‖ **~ организационного обслуживания** *(Fert)* organisatorische Nebenzeit *f* ‖ **~ осветления** *(Photo)* Klärzeit *f*, Klärdauer *f* ‖ **~/основное** *(Fert)* Grundzeit *f* ‖ **~/основное автоматическое (машинное)** Maschinengrundzeit *f*, Grundzeit *f* Maschine ‖ **~/основное машинно-ручное** Maschinen-Hand-Grundzeit *f*, Grundzeit *f* Maschine-Hand ‖ **~/основное ручное** manuelle Grundzeit *f*, Grundzeit *f* Hand ‖ **~ остановки** 1. Stoppzeit *f*; 2. Bandstoppzeit *f (Magnetbandgerät)* ‖ **~ отбора** Auswahlzeit *f* ‖ **~ отвердения** *s.* ~ затвердевания 2. ‖ **~ ответа** Ansprechzeit *f*, Antwortzeit *f* ‖ **~ отказа** Ausfallzeit *f* ‖ **~ откачки** Pumpzeit *f*, Pumpdauer *f (Laser)* ‖ **~ откачки вакуума** Evakuierungszeit *f (Vakuumtechnik)* ‖ **~ отклика** Ansprechzeit *f (z. B. Komparator)* ‖ **~ отклика/среднее** *(Inf)* mittlere Antwortzeit *f* ‖ **~ отключения** *(El)* Ausschaltzeit *f*, Abschaltzeit *f* ‖ **~ отключения/собственное** Ausschalteigenzeit *f* ‖ **~/относительное** relative (bezogene) Zeit *f* ‖ **~ отпускания** *(El)* Abfallzeit *f*, Freigabezeit *f (eines Relais)* ‖ **~ отставания** *(Reg)* Versuchszeit *f* ‖ **~ отстаивания** *(Met)* Haltezeit *f*, Abstehzeit *f (z. B. des flüssigen Metalls in der Gießpfanne)* ‖ **~ охлаждения** Abkühl[ungs]zeit *f* ‖ **~ оценки** Bewertungszeit *f* ‖ **~ паузы** *(Eln)* Pausenzeit *f* ‖ **~ перевозки** Transportzeit *f* ‖ **~ перегорания** *s.* ~ плавления 1. ‖ **~ передачи** Übertragungszeit *f* ‖ **~ переключения** Schaltzeit *f*, Umschaltzeit *f* ‖ **~ перемотки** Umspulzeit *f*, Rückspulzeit *f (eines Magnetbandes)* ‖ **~ переноса** 1. Übertragungszeit *f*; Laufzeit *f (Transistoren)*; 2. Diffusionszeit *f (Halbleiter)* ‖ **~ пересылки** *(Inf)* Transferzeit *f* ‖ **~ перехода** Übergangszeit *f* ‖ **~ пика нагрузки** *(El)* Spitzen[belastungs]zeit *f* ‖ **~ плавки** *s.* ~ плавления ‖ **~ плавления** 1. *(El)* Durchschmelzzeit *f*, Abschmelzzeit *f (einer Sicherung)*; 2. *(Met)* Schmelzzeit *f*, Schmelzdauer *f*, Chargendauer *f* ‖ **~ по Гринвичу** *(Astr)* Greenwicher Zeit *f* ‖ **~/подготовительное** Vorbereitungszeit *f* ‖ **~/подготовительно-заключительное** *(Fert)* Vorbereitungs- und Abschlußzeit *f* ‖ **~ подогрева** Anheizzeit *f*, Anheizdauer *f* ‖ **~ поиска** *(Inf)* Suchzeit *f* ‖ **~ покоя** Ruhezeit *f* ‖ **~/полезное машинное** *(Inf)* Rechnernutzzeit *f* ‖ **~ полёта** Flugzeit *f* ‖ **~ полураспада** *(Kern)* Halbwert[s]zeit *f* ‖ **~ пользования** Nutzungsdauer *f* ‖ **~ посадки** *(Flg)* Ankunftszeit *f*, Landezeit *f* ‖ **~ последействия** Nachwirkzeit *f* ‖ **~ послесвечения** Nachleuchtzeit *f* ‖ **~ потерь** Verlustzeit *f* ‖ **~/поясное** Zonenzeit *f* ‖ **~ пребывания** Verweilzeit *f*, Retentionszeit *f*, Rückhaltezeit *f* ‖ **~ превращения** *(Ch)* Umsetzungsdauer *f* ‖ **~ предварения** *(Reg)* Vorhaltzeit *f*; Beschleunigungszeit *f* ‖ **~/предельное** Grenzzeit *f* ‖ **~ предзаряда** Vorladezeit *f* ‖ **~ преобразования** *(Reg)* Umsetzzeit *f (bei AD-Umsetzer)* ‖ **~/прерывания** Unterbrechungszeit *f* ‖ **~/приведённое** reduzierte Zeit *f* ‖ **~ приёмистости** Beschleunigungszeit *f (Motoren)* ‖ **~ пробега** Laufzeit *f* ‖ **~ пробега/групповое** Gruppenlaufzeit *f* || **~ пробега луча** *(Eln)* Abtastzeit *f* || **~ пробега/полное** Gesamtlaufzeit *f* || **~ пробега/фазовое** Phasenlaufzeit *f* || **~ пробега электронов** Elektronenlaufzeit *f* || **~ прогона** *(Inf)* Laufzeit *f (des Programms)* || **~ пролёта** Flugzeit *f*, Laufzeit *f* || **~ промывки** *(Photo)* Wässerungszeit *f*, Wässerungsdauer *f* || **~ простоя** Stillstandszeit *f*; Ausfallzeit *f*; Standzeit *f*, Liegezeit *f*, Verlustzeit *f* || **~ протекания** Verlaufzeit *f*; Ablaufzeit *f* || **~ протекания короткого замыкания** *(El)* Kurzschlußzeit *f* || **~ прохождения** 1. Durchlaufzeit *f*, Verweilzeit *f*; 2. *(Astr)* Passagezeit *f*, Durchgangszeit *f*; 3. Rundumlaufzeit *f (eines ausgesendeten Signals)* || **~ прохождения через перигелий** *(Astr)* Perihel[durchgangs]zeit *f*, Periheldurchgang *m* || **~ проявления** *(Photo)* Entwicklungsdauer *f*, Entwicklungszeit *f* || **~ прямого хода** Hinlaufzeit *f* || **~ пуска** Anlaufzeit *f*, Anlaufdauer *f*, Anlaßzeit *f*, Anlaßdauer *f*; Anfahrzeit *f*, Anfahrdauer *f (z. B. einer Anlage)*; Startzeit *f*; Bandstartzeit *f (Magnetbandgerät)* || **~ пуска двигателя** *(El)* Anlaufzeit *f* || **~ работы** Betriebszeit *f*, Arbeitszeit *f*; Belastungszeit *f* || **~ работы машины** *(Inf)* Maschinenoperationszeit *f*, Maschinenlaufzeit *f (des Rechners)* || **~ рабочего цикла** Arbeitsspieldauer *f*, Lastspieldauer *f* || **~/рабочее** *s.* ~ работы || **~ развёртки** *(TV)* Ablenkzeit *f*; Abtastzeit *f* || **~ разгона** Beschleunigungszeit *f*, Anlaufzeit *f*; Anfahrdauer *f*; Hochlaufzeit *f* || **~/разгрузочное** Entladezeit *f*; *(Schiff)* Löschzeit *f* || **~ размыкания** Öffnungszeit *f (eines Kontakts)* || **~ разогрева** Anheizzeit *f*, Aufheizzeit *f*, Anheizdauer *f*; Einbrennzeit *f (einer Glühlampe)* || **~ разрешения** Freigabezeit *f* || **~ разряда** *(El)* Entladezeit *f* || **~ распада** *(Reg)* Abfallzeit *f*, Abklingzeit *f* || **~ расплавления** *(Met)* Schmelzzeit *f*; *(El)* Abschmelzzeit *f (einer Sicherung)* || **~ распространения** Laufzeit *f (eines Signals)* || **~ распространения/групповое** Gruppenlaufzeit *f* || **~ распространения/фазовое** Phasenlaufzeit *f* || **~ расцепления** Auslösezeit *f* || **~ реакции** 1. Reaktionszeit *f*; 2. *(Inf)* Antwortzeit *f* || **~/реальное** *(Inf)* Echtzeit *f*, EZ || **~ реверса** Umsteuerzeit *f*, Reversierzeit *f*, Reversierdauer *f* || **~ регенерации** *(Inf)* Wiederherstellungszeit *f*; *(Eln)* Entionisierungszeit *f*, Recovery-Zeit *f* || **~ регулирования** Regelzeit *f* || **~ резания** *(Fert)* Schnittzeit *f* || **~ релаксации** *(Ph)* Relaxationszeit *f*, Abklingzeit *f* || **~ ремонта** Reparaturzeit *f* || **~ самовыравнивания** *(Reg)* Ausgleichszeit *f* || **~ свечения** *(El)* Leuchtzeit *f* || **~ свободного пробега** *(Ph)* mittlere freie Zeit *f*, mittlere Stoßzeit *f* || **~ сгорания** Brenndauer *f*; Brennzeit *f* || **~ сложения** Additionszeit *f* || **~/собственное** Eigenzeit *f* || **~/солнечное** *(Astr)* Sonnenzeit *f* || **~ спада** *s.* ~/спадания || **~ спадания** *(Eln)* Abklingzeit *f*; Abfallzeit *f (eines Impulses)* || **~ срабатывания** *(El, Reg)* Ansprechzeit *f* || **~ срабатывания реле** Relaisansprechzeit *f*; Ansprecheigenzeit *f*, Ansprechverzug *m (eines unverzögerten Relais)*; Ablaufzeit *f (eines verzögerten Relais)*; Kommandozeit *f (eines Schutzrelais)* || **~ срабатывания/собственное** Ansprecheigenzeit *f (eines Relais)* || **~/среднее звёздное** *(Astr)* mittlere Sternzeit *f* || **~/среднее солнечное** *(Astr)* mittlere Sonnenzeit *f* || **~/среднеевропейское** mitteleuropäische Zeit *f*, MEZ || **~ стирания** *(Inf)* Löschungszeit *f* || **~ стойкости** *(Fert)* Standzeit[reserve] *f* || **~ столкновения** *(Kern)* Stoßzeit *f* || **~ суммирования** Additionszeit *f* || **~ сушки** Trocknungsdauer *f*, Trocknungszeit *f* || **~ схемы совпадений/разрешающее** *(Kern)* Koinzidenzauflösezeit *f (Koinzidenzkreis)* || **~ счёта** Zählzeit *f*, Zähldauer *f* || **~ счётчика/мёртвое** *(Kern)* Totzeit *f* eines Zählers || **~ считывания** *(Inf)* Lesezeit *f* || **~ твердения** Erhärtungszeit *f (Beton)* || **~ технического обслуживания** *(Fert)* Wartungszeit *f* || **~/технологическое** *(Fert)* Grundzeit *f* || **~ торможения** *(El)* Bremszeit *f*, Auslaufzeit *f* || **~ трансляции** *(Inf)* Übersetzungszeit *f* || **~ трогания** *(El)* Anlaufzeit *f (eines Relais)* || **~ удержания (удерживания)** Haltezeit *f*; *(Ch)* Retentionszeit *f (Chromatographie)* || **~ умножения** Multiplikationszeit *f* || **~ упреждения** *(Reg)* Vorhaltzeit *f* || **~ ускорения** Beschleunigungszeit *f*, Beschleunigungsdauer *f* || **~ успокоения** Einschwingzeit *f* || **~ установки** Installationszeit *f* || **~ установления** 1. Einschwingzeit *f*; 2. Bandstoppzeit *f (Magnetbandgerät)*; 3. Einstellzeit *f* || **~ хода** Laufzeit *f*; *(Nrt)* Ablaufzeit *f (der Wählscheibe)* || **~ холостого хода** Leerzeit *f*, Leerlaufzeit *f* || **~ хранения** 1. Speicherdauer *f*, Speicherzeit *f*; 2. Lagerzeit *f*, Lagerdauer *f*; Liegezeit *f* || **~ хранения изображения** Bildspeicherzeit *f* || **~ цикла** *(Inf)* Zykluszeit *f* || **~ цикла записи** Schreibzykluszeit *f* || **~ цикла считывания** *(Inf)* Lesezykluszeit *f* || **~/штучное** *f (Fert)* Stückzeit *f* || **~/эксплуатационное** Einsatzzeit *f*, Nutzungszeit *f*, Betriebszeit *f* || **~ экспонирования** Belichtungszeit *f*, Belichtungsdauer *f* || **~/эфемеридное** *(Astr)* Ephemeridenzeit *f* || **~/эффективное машинное** verfügbare Maschinenzeit *f*

времянезависимый zeitunabhängig

ВРКР *s.* рассеяние/вынужденное резонансное комбинационное

вруб *m* 1. *(Bgb)* Schram *m*, Schrämschlitz *m (Schrämarbeit)*; 2. Einbruch *m (Sprengarbeit)* || **~/боковой** Seiteneinbruch *m* || **~/бочкообразный** Brennereinbruch *m*, Röhreneinbruch *m*, tonnenförmiger Einbruch *m* || **~/веерный** Fächereinbruch *m* || **~/вертикальный щелевой** stehender Schlitzeinbruch *m* || **~/верхний** Firstlöse[n]einbruch *m*, Einbruch *m* am Hangenden || **~/взрывной** Einbruch *m* || **~/взрывной боковой** Seiteneinbruch *m*, seitlicher Einbruch *m* || **~/воронкообразный** Trichtereinbruch *m*, Kegeleinbruch *m* || **~/встречный** *s.* ~/многосторонний || **~/клиновой** Keileinbruch *m* || **~/конусообразный** Kegeleinbruch *m* || **~/котловый** Kesseleinbruch *m* || **~/машинный** Schram *m*, Schrämschlitz *m* || **~/многосторонний** mehrseitiger Einbruch *m* || **~/нижний** Sohllöseneinbruch *m* || **~/односторонний** einseitiger Einbruch *m* || **~/параллельный** Paralleleinbruch *m* || **~/пирамидальный** Pyramideneinbruch *m (Form des Trichtereinbruchs)* || **~/призматический** *s.* ~/бочкообразный || **~/прямой** gerader Einbruch *m* || **~/спиральный** spiralförmiger Brennereinbruch *m* || **~/щелевой** Schlitzeinbruch *m*

врубить einhauen; *(Bgb)* einbrechen

врубка *f* 1. Kerbe *f*; 2. *(Bw)* Holzverband *m*, Holzverbindung *f* ‖ **~ гребнем** Hakenkamm *m*, Kamm *m* ‖ **~ двойным зубом** ganzer Versatz *m* ‖ **~ замком** Verblattung *f*, Blattung *f*; Aufkämmen *n* ‖ **~ зубом** Versatz *m* ‖ **~/косая** Schmiege *f*, Schiftschnitt *m* ‖ **~ накладкой** Verblattung *f*, Blattung *f* ‖ **~ подкоса** Klaue *f*

врубовый *(Bgb)* 1. Schräm...; 2. Einbruchs... *(Sprengen)*

вручную von Hand, manuell

ВРЧ *s.* часть/верхняя радиационная

ВРШ *s.* винт регулируемого шага

ВС *s.* 1. система/вычислительная; 2. судно/воздушное

всад *m (Met)* Einsatz *m*

всас *m* Saugstutzen *m*; Saugseite *f*; Saugleitung *f*; Einlauf *m (Pumpen; Verdichter)* ‖ **~ насоса** Pumpensaugstutzen *m*; Pumpensaugseite *f*; Pumpeneinlauf *m*

всасываемость *f* 1. Saugfähigkeit *f*; 2. Aufsaugbarkeit *f*

всасывание *n* 1. Einsaugen *n*, Aufsaugen *n*, Ansaugen *n*, Saugen *n*; Sog *m*; 2. Absorbieren *n*, Absorption *f*

всасывать 1. saugen, einsaugen, aufsaugen; ansaugen; 2. absorbieren

всеволновый *(Rf)* Allwellen...

вседиапазонный *(Rf)* Allbereich[s]...

вселенная *f* Weltall *n*, Universum *n*, Kosmos *m* ‖ **~/анизотропная неоднородная** anisotrope nichthomogene (heterogene) Welt *f* ‖ **~/замкнутая** geschlossenes All *n* ‖ **~/однородная изотропная** isotrope homogene Welt *f* ‖ **~ Эйнштейна** Einsteinsches Weltmodell *n*, Einsteinwelt *f*

всенаправленность *f* **излучения** Rundstrahlcharakter *m*

всенаправленный rundstrahlend, Rundstrahl...; Rund[um]...

всепогодный Allwetter...

вскипание *n* Aufkochen *n*, Aufsieden *n*, Aufwallen *n*, Überkochen *n*

вскрывать 1. öffnen; 2. aufdecken; 3. *(Bgb)* aufschließen, erschließen *(Vorkommen, Lagerstätten)* ‖ **~ пласт** *(Bgb)* ein Flöz anfahren

вскрытие *n* 1. Öffnen *n*; 2. *(Bgb)* Aufschluß *m*, Erschließung *f*; 3. *(Met, Ch)* Aufschluß *m* ‖ **~/восстановительное** *(Met)* Reduktionsaufschluß *m*, Reduktionsaufschlußverfahren *n* ‖ **~/кислотное** Säureaufschluß *m*, Säureaufschlußverfahren *n (NE-Metallurgie)* ‖ **~ месторождения** Aufschluß *m* der Lagerstätte ‖ **~ наклонными стволами** *(Bgb)* flache Ausrichtung *f* ‖ **~ путём обжига** Röstaufschluß *m*, Röstaufschlußverfahren *n (NE-Metallurgie)*

вскрытый *(Bgb)* erschlossen, aufgeschlossen *(Lagerstätten)*

вскрыть *s.* вскрывать

вскрыша *f (Bgb)* Abraum *m* ‖ **~/внешняя** Oberabraum *m*, Deckgebirge *n* ‖ **~/внутренняя** Mittelabraum *m*, Zwischenmittel *n*

вскрышной *(Bgb)* Aufschluß..., Abraum...

ВСП *s.* профилирование/вертикальное сейсмическое

вспарушенный zeltförmig, segelförmig

вспашка *f (Lw)* Ackern *n*, Pflügen *n*, Umpflügen *n*, Umbruch *m* ‖ **~/глубокая** Tiefpflügen *n*

вспененный *(Kst)* verschäumt, aufgeschäumt

вспенивание *n* Schäumen *n*, Aufschäumen *n*, Schaumbildung *f*; Verschäumen *n*

вспениватель *m* Schaumerzeuger *m*, Schaumbildner *m*, Schäumer *m*

вспенивать schäumen, verschäumen

вспениваться schäumen, sich mit Schaum bedecken; aufschäumen

вспенить *s.* вспенивать

вспениться *s.* вспениваться

всплеск *m* Eruption *f*, Ausbruch *m* ‖ **~ космического излучения** *s.* вспышка космических лучей ‖ **~ напряжения** *(El)* Spannungsstoß *m* ‖ **~ радиоизлучения [Солнца]** *(Astr)* [kurzzeitiger] Radiostrahlungsausbruch *m*, Burst *m (Sonne)* ‖ **~ тока** *(El)* Stromstoß *m*

всплывать aufschwimmen ‖ **~ в шлак** verschlakken, in Schlacke übergehen

всплытие *n (Schiff)* Auftauchen *n*; Aufschwimmen *n*

вспомогательный Hilfs...

вспучивание *n* 1. Aufblähen *n*, Blähen *n*, Blähung *f*, Aufblähung *f*, Treiben *n*, Auftreiben *n*; 2. Aufquellen *n*, Quellen *n*; 3. Anschwellung *f*, Schwellen *n*, Anwachsen *n* ‖ **~ решётки** *(Krist)* Gitteraufweitung *f (bei Implantation)*

вспучиваться [auf]quellen, [auf]blähen

вспушиватель *m (Lw)* Graszetter *m*, Zetter *m*; Schwadlüfter *m*

вспыхивать 1. in Brand geraten, Feuer fangen; aufflammen, auflodern; 2. aufblitzen

вспыхнуть *s.* вспыхивать

вспышка *f* 1. Aufflammen *n*, Auflodern *n*, Aufblitzen *n*; 2. Explosion *f*, Knall *m*, Verpuffung *f*; 3. Entzündung *f*; 4. *(Photo)* Blitzlicht *n*; Blitz *m* ‖ **~ излучения** *(Kern)* Strahlungsausbruch *m* ‖ **~/импульсная** *(Photo)* Elektronenblitz *m* ‖ **~/индуцирующая** Anregungsblitz *m (Laser)* ‖ **~ космических лучей** *(Astr)* Höhenstrahlungseruption *f*, Höhenstrahlungsausbruch *m* ‖ **~/ксеноновая** *(Photo)* Xenonblitz *m* ‖ **~/лазерная** Laserblitz *m* ‖ **~/магниевая** *(Photo)* Magnesiumblitzlicht *n* ‖ **~/обратная** *(Kfz)* Rückzündung *f* ‖ **~/осветительная** *(Photo)* Aufhellblitz *m* ‖ **~/предыскровая** *(Kfz)* Eigonzündung *f* ‖ **~/преждевременная** *(Kfz)* Frühzündung *f* ‖ **~ сверхновой** *(Astr)* Supernovaausbruch *m* ‖ **~/световая** Lichtblitz *m*, Lichtimpuls *m* ‖ **~/солнечная** *(Astr)* Sonneneruption *f*, Flare *m(n)* ‖ **~/хромосферная** *(Astr)* chromosphärische Eruption *f*

вставка *f* 1. Einsetzen *n*, Einstellen *n*, Einfügen *n*; 2. Einsatz *m*, Einsatzstück *n*, Ausfüllstück *n*, Beilage *f*; Zwischenstück *n* ‖ **~/контактная** Schleifstück *n (an Stromabnehmern)* ‖ **~/плавкая** Schmelzeinsatz *m (Sicherung)* ‖ **~/поперечная** *(Gieß)* Schore *f (Formkasten)* ‖ **~/разъединительная** *(El)* Trennlasche *f* ‖ **~ с большой теплоёмкостью/плавкая** träger (verzögerter) Schmelzeinsatz *m (Sicherung)* ‖ **~ с малой теплоёмкостью/плавкая** flinker (unverzögerter) Schmelzeinsatz *m (Sicherung)* ‖ **~/токоснимающая** *s.* ~/контактная ‖ **~ точки** *(Geod)* Punkteinschaltung *f*

вставной 1. eingesetzt, eingestellt, eingefügt; 2. einsetzbar, einsteckbar, Einsatz..., Steck...

встреча *f* Begegnung *f*; Zusammentreffen *n*; Auftreffen *n (z. B. eines Elektronenstrahls auf Materie)*; *(Raumf)* Rendezvous *n* ‖ ~ **на орбите** Bahnrendezvous *n*
встречный 1. Gegen…; 2. gegenläufig, Gegenlauf…
встроенный eingebaut; Eigen…, intern; [maschinen]integriert; Einbau…, angebaut, Anbau…
встряхивание *n* Rütteln *n* ‖ **~/ударное** Schokken *n (Verdichten)*
встряхиватель *m* 1. *(Gieß)* Rüttler *m*, Rüttelformmaschine *f*; 2. Rüttler *m*, Außenrüttler *m (z. B. an oder in einem Bunker)*; Ausleerhängerüttler *m*; 3. *(Lw)* Rüttelzetter *m*; 4. *(Lw)* Strohschüttler *m* ‖ **~/пневматический** 1. *(Gieß)* Druckluftrüttler *m*, Druckluftrüttel[form]maschine *f*; 2. pneumatischer Rüttler *m*
встряхивать rütteln
вступать в реакцию *(Ch)* reagieren, in Reaktion treten, eine Reaktion eingehen ‖ ~ **в строй** in Betrieb genommen (gesetzt) werden
вступить *s.* вступать
всхожесть *f* **на волну** Steigfähigkeit *f* bei Seegang, Wellensteigevermögen *n (eines Schiffes)* ‖ **~/полевая** *(Lw)* Feldaufgang *m*, Feldkeimfähigkeit *f*
ВТ *s.* 1. трансформатор/вращающийся; 2. трансформатор/выходной; 3. техника/вычислительная
Вт *s.* ватт
Вт/м^2 *s.* ватт на квадратный метр
ВТА 1. *s.* аппарат/витой теплообменный; 2. турбоагрегат/воздушный
вталкивать [hinein]stoßen
втекание *n* Einströmen *n*, Einströmung *f*, Einfließen *n*
втекать einströmen, einfließen, zufließen
ВТО *s.* обработка/влажно-тепловая
вторжение *n* **холодного воздуха** *(Meteo)* Kälteeinbruch *m*, Kaltlufteinbruch *m* ‖ **~/холодное** *s.* ~ холодного воздуха
вторичный sekundär, Sekundär…
вторсырьё *n* Altmaterial *n*
ВТРД *s.* двигатель/винтовой турбореактивный
ВТУ *s.* устройство/видеотерминальное
втулка *f* 1. Büchse *f*, Hülse *f (s. a. unter* букса 1., гильза 1., стакан 3.*)*; 2. Nabe *f (s. a. unter* ступица*)*; 3. Muffe *f*; 4. Futter *n*; Einsatz *m*; 5. Brille *f (Flaschenzug)* ‖ ~ **блока** Rollennabe *f (Flaschenzug)* ‖ ~ **вала** Wellen[schutz]hülse *f*, Wellenschoner *m* ‖ ~ **веретена** *(Text)* Spindelbüchse *f*, Führungsbüchse *f*, Halslager *n (Spindel)* ‖ **~/веретённая** *s.* ~ веретена ‖ ~ **включения** Ausrückmuffe *f*, Schiebemuffe *f (einer Kupplung)* ‖ **~/вставная** *(Masch)* Einsatzhülse *f*; einsetzbare (auswechselbare) Laufbuchse *f* ‖ **~/вставная переходная** Reduziereinsatz *m*, Reduzierhülse *f* ‖ ~ **гнезда** *(Nrt)* Klinkenhülse *f* ‖ **~/дейдвудная** *(Schiff)* Stevenrohrbuchse *f* ‖ ~ **дейдвудной трубы** *(Schiff)* Stevenrohrbuchse *f* ‖ **~/дистанционная** Distanzhülse *f*, Abstandshülse *f*, Distanzbuchse *f* ‖ **~/зажимная** Klemmbuchse *f*, Spannbuchse *f*, Spannhülse *f* ‖ ~ **золотника** Schieberbüchse *f*, Schieberlaufbuchse *f* ‖ **~/золотниковая** *s.* ~ золотника ‖ **~/изоляционная** 1. Isolierhülse *f*; Isolierbuchse *f*; 2. Wickelkern *m (Kondensatorfertigung)* ‖ **~/кантующая** *(Wlz)* Profileisenkanter *m* ‖ **~/керамическая** *(El)* Keramikhülse *f* ‖ ~ **клапана/направляющая** Ventilführungsbuchse *f*, Ventilführung *f (Verbrennungsmotor; Hubkolbenverdichter)* ‖ **~/клеммная** *(El)* Klemmbuchse *f* ‖ **~/колёсная** Radnabe *f* ‖ **~/коллекторная** *(El)* Kommutatornabe *f*; Kommutatorbuchse *f* ‖ ~ **колонки** *(Text)* Hub[stangen]hülse *f* ‖ **~/кондукторная** *(Fert)* Bohrbüchse *f*, Bohrhülse *f* ‖ **~/коническая** Kegelbuchse *f*, Kegelhülse *f* ‖ ~ **кривошипа/коренная** *(Masch)* Kurbelnabe *f* ‖ ~ **люнета** *(Masch)* Brillenbüchse *f* ‖ ~ **маховика** *(Masch)* Schwungradnabe *f* ‖ **~/нажимная** Stopfbuchsenbrille *f*, Druckbuchse *f*, Druckbüchse *f* ‖ **~/направляющая** Führungsbuchse *f*; Führungshülse *f* ‖ ~ **направляющего колеса** Leitradnabe *f (Turbine)* ‖ **~/опорная** Lagerbuchse *f* ‖ **~/осевая** Achsbüchse *f* ‖ **~/переходная** Reduzierbuchse *f*, Reduzierhülse *f* ‖ ~ **плунжера** Zylinderbüchse *f*, Kolbenbüchse *f*; Stößelführungsbüchse *f (Dieselmotor, Hubkolbenverdichter)* ‖ **~/поводковая** Mitnehmerhülse *f* ‖ ~ **подшипника [/опорная]** Lagerbuchse *f* ‖ ~ **подшипника скольжения** Lagerbuchse *f* ‖ ~ **подшипника/толстостенная** dickwandige Lagerbuchse *f* ‖ ~ **подшипника/тонкостенная** dünnwandige Lagerbuchse *f* ‖ ~ **ползуна** Kreuzkopfnabe *f* ‖ **~/проходная** durchgehende Nabe *f* ‖ **~/проходная изоляционная** *(El)* [isolierte] Durchführung *f*, Durchführungshülse *f* ‖ **~/рабочая** Laufbuchse *f*; Zylinderlaufbuchse *f (Dieselmotor)* ‖ ~ **рабочего колеса** Laufradnabe *f (Kreiselpumpe)* ‖ ~ **рабочего цилиндра** Zylinderlaufbuchse *f (Dieselmotor)* ‖ **~/разгрузочная** Entlastungsbuchse *f*, Scherbuchse *f*, Paßbuchse *f (Schraubenverbindung)* ‖ **~/разобщающая** Ausrückmuffe *f* ‖ **~/разрезная** *(Masch)* Schlitzbuchse *f*; *(Fert)* Spannbuchse *f* ‖ **~/резиновая** *(El)* Gummidurchführung *f* ‖ **~/резьбовая** Gewindebuchse *f*, Gewindehülse *f* ‖ ~ **ротора** *(El)* Läuferbuchse *f*; Läufernabe *f* ‖ ~ **с выемкой** ausgesparte Nabe *f* ‖ ~ **с резьбой** Gewindehülse *f* ‖ ~ **сальника** Stopfbuchseneinsatz *m*, Stopfbuchsenbrille *f* ‖ ~ **сальника/нажимная** Stopfbuchsenbrille *f* ‖ **~/самоцентрирующаяся** Pendelhülse *f* ‖ **~/свободная** *(Text)* Mantelhülse *f*, Losroller *m (Streckwerk)* ‖ ~ **свободного хода** Leerlaufbuchse *f* ‖ **~/стопорная** Lochstein *m (Gießpfanne)* ‖ ~ **ступицы/вставная** Nabenfutter *n* ‖ **~/уплотнительная (уплотняющая)** Dichtungsbuchse *f* ‖ **~/упорная** Anschlagbuchse *f* ‖ **~/упругая** Spannstift *m* ‖ **~/ушная** Ohrpaßstück *n (von Hörgeräten)* ‖ **~/фарфоровая** *(El)* Porzellandurchführung ‖ **~/черпаковая** Eimerbuchse *f (Eimerkettenschwimmbagger)* ‖ **~/шлицевая** *(Masch)* Keil[profil]nabe *f*, Vielkeilnabe *f* ‖ ~ **шпинделя** *(Masch)* Spindelhülse *f* ‖ ~ **якоря** *(El)* Ankernabe *f*; Ankerbuchse *f*
втягивание *n* Einbeziehung *f*, Einziehen *n*, Hereinziehen *n*
втягивать einziehen, hereinziehen
втяжка *f (Typ)* Einzug *m*
ВУ *s.* 1. устройство/внешнее; 2. устройство/вычислительное; 3. устройство/выпрямительное

вуалирование *n (Photo)* Schleierbildung *f* ‖ **~ дуги** *(Schw)* Verschleiern (Verschwinden) *n* des Lichtbogens *(beim Unterwasserschweißen und -schneiden)* ‖ **~/предварительное** Vorverschleierung *f*

вуаль *f (Photo)* Schleier *m* ‖ **~/бурая** Braunschleier *m* ‖ **~/воздушная** Luftschleier *m* ‖ **~/двухцветная (дихроичная)** dichroitischer Schleier *m* ‖ **~/кальциевая** Kalkschleier *m* ‖ **~/краевая** Randschleier *m* ‖ **~/общая** allgemeiner Schleier *m*, Gesamtschleier *m* ‖ **~/основная** Grundschleier *m* ‖ **~ проявления** Entwicklungsschleier *m* ‖ **~/скрытая** latenter Schleier *m* ‖ **~/собственная** Grundschleier *m* ‖ **~ созревания** Reifungsschleier *m* ‖ **~ старения** Alterungsschleier *m* ‖ **~/стыковая** Berührungsschleier *m* ‖ **~/цветная** Farbschleier *m*, farbiger Schleier *m*

вулкан *m (Geol)* Vulkan *m* ‖ **~ гавайского типа** *s.* ~/щитовидный ‖ **~/грязевой** Schlammvulkan *m*, Salse *f* ‖ **~/двойной** Doppelvulkan *m (z. B. Vesuv)* ‖ **~/действующий** tätiger Vulkan *m* ‖ **~/куполовидный (куполообразный)** Vulkankuppe *f* ‖ **~/лавовый** Lavavulkan *m* ‖ **~/моногенный** monogener Vulkan *m* ‖ **~/океанский внутриплитовый** ozeanischer Intraplattenvulkan *m* ‖ **~/полигенный** polygener Vulkan *m* ‖ **~/потухший** erloschener Vulkan *m* ‖ **~/рифтовый** Riftvulkan *m* ‖ **~/слоистый** Schichtvulkan *m*, Stratovulkan *m* ‖ **~/трещинный** Spaltenvulkan *m* ‖ **~/уснувший** ruhender (schlafender) Vulkan *m* ‖ **~/центральный** Zentralvulkan *m* ‖ **~/щитовидный (щитовой)** Schildvulkan *m*

вулканизат *m (Gum)* Vulkanisat *n*, vulkanischer Kautschuk *m*, Gummi *m* ‖ **~/наполненный** gefülltes Vulkanisat *n* ‖ **~/ненаполненный** füllstofffreies Vulkanisat *n* ‖ **~/прозрачный** Transparentvulkanisat *n* ‖ **~/твёрдый** Hartgummi *m*

вулканизатор *m (Gum)* 1. Vulkanisator *m*, Vulkanisationsapparat *m*, Heizapparat *m*, Heizer *m*; 2. Vulkanisationsmittel *n*, Vulkanisationsagens *n* ‖ **~/индивидуальный** Einzelheizer *m* ‖ **~ камер/индивидуальный** Schlauchoinzelheizer *m* ‖ **~/одинарный** *s.* ~/индивидуальный ‖ **~/сдвоенный индивидуальный** Doppeleinzelheizer *m* ‖ **~ шин/индивидуальный (одноформовый)** Reifeneinzelheizer *m*

вулканизация *f (Gum)* Vulkanisieren *n*, Vulkanisation *f*, Vernetzung *f*, Heizung *f* ‖ **~/бессерная** schwefelfreie Vulkanisation *f* ‖ **~ в горячей воде** Wasserbadvulkanisation *f*, Wasserbadheizung *f* ‖ **~ в жидкости** Flüssigkeitsbadvulkanisation *f* ‖ **~ в кипящем слое** Fließbettvulkanisation *f* ‖ **~ в котле** Kesselvulkanisation *f* ‖ **~ в прессе** Pressenvulkanisation *f* ‖ **~ в форме** Formvulkanisation *f* ‖ **~/горячая** Heißvulkanisation *f* ‖ **~ горячим воздухом** Heißluftvulkanisation *f* ‖ **~/двухступенчатая** Zweistufenvulkanisation *f* ‖ **~/котловая** Kesselvulkanisation *f* ‖ **~ насыщенным паром** Sattdampfvulkanisation *f* ‖ **~ окислением** Sauerstoffvulkanisation *f* ‖ **~ открытым паром** Dampfvulkanisation *f* ‖ **~ открытым способом** Freivulkanisation *f*, Freiheizung *f* ‖ **~/паровая** Dampfvulkanisation *f* ‖ **~/печная** Ofenvulkanisation *f* ‖ **~/полная** Ausvulkanisation *f*, Durchvulkanisation *f* ‖ **~/последующая** Nachvulkanisation *f* ‖ **~/преждевременная** [vorzeitige] Anvulkanisation *f*, Anbrennen *n*, Anspringen *n* ‖ **~/прессовая** Pressenvulkanisation *f* ‖ **~/радиационная** Strahlenvulkanisation *f* ‖ **~/свободная** Freivulkanisation *f*, Freiheizung *f* ‖ **~/серная** Schwefelvulkanisation *f* ‖ **~/ступенчатая** Stufenvulkanisation *f* ‖ **~/ускоренная** Schnellvulkanisation *f* ‖ **~/формовая** Formvulkanisation *f* ‖ **~/холодная** Kaltvulkanisation *f*

вулканизировать *s.* вулканизовать

вулканизм *m* Vulkanismus *m*

вулканизованный в форме formgeheizt

вулканизовать *(Gum)* vulkanisieren, vernetzen, heizen

вулканиты *mpl (Geol)* Vulkanite *mpl*, Ergußgesteine *npl*, Effusivgesteine *npl*, Extrusivgesteine *npl*

вулкан-краситель *m* Vulkan-Farbstoff *m*

вулканоид *m s.* вулкан/грязевой

вулкан-плутон *m s.* субвулкан

вульфенит *m (Min)* Wulfenit *m*, Gelbbleierz *n*, Molybdänbleierz *n*

вурстер *m* Wurster *m*, Altpapierzerfaserer *m*

вут *m (Bw)* Deckenkehle *f*, Kehle *f*, Voute *f*, Anlauf *m*, Anschlußschräge *f* ‖ **~ балки** Anlauf *m* des Balkens, Trägeranlauf *m* ‖ **~/бетонный** Betonstelze *f*

ВФП *s.* фотопроводник/вертикальный

ВФХ *s.* характеристика/вольт-фарадная

ВФШ *s.* винт фиксированного шага

ВХМ *s.* машина/воздушная холодильная

вход *m* 1. Eingang *m*; Eingangsseite *f*; 2. Einstieg *m*, Eintritt *m*, Einlauf *m*; *(Wlz)* Einstich *m*; 3. *(Inf)* Eingabe *f* • **на два входа** *(El)* mit zwei Eingängen, Zweieingangs... • **со стороны входа** *(El)* eingangsseitig ‖ **~/адресный** *(Inf)* Adreßeingang *m* ‖ **~/антенный** Antenneneingang *m* ‖ **~/безударный** stoßfreier Eintritt *m (Strömungsmaschinen)* ‖ **~ в зацепление** *(Masch)* Ineingriffkommen *n*, Ineingrifftreten *n (Zahnpaar)* ‖ **~ в здание** Hauseinführung *f*, Hausanschluß *m* ‖ **~ в программу** *(Inf)* Programmeingang *m* ‖ **~/высокоомный** *(El)* hochohmiger Eingang *m* ‖ **~/литниковый** *(Gieß)* Einlauf *m*, Gießlauf *m* ‖ **~/логический** *(Eln)* Logikeingang *m* ‖ **~/низкоомный** *(El)* niederohmiger Eingang *m* ‖ **~/последовательный** *(Inf)* serieller Eingang *m* ‖ **~ приёмника** *(Rf)* Empfängereingang *m* ‖ **~/n-разрядный** *(Inf)* *n*-bit-Eingang *m* ‖ **~/расширительный** Expandereingang *m* ‖ **~ тока** *(El)* Stromeintritt *m* ‖ **~ усилителя** *(El)* Verstärkereingang *m*

вход-выход *m (Eln)* Ein-Ausgang *m* ‖ **~/параллельный** paralleler Ein-Ausgang *m*, Parallel-Ein-Ausgang *m* ‖ **~/последовательный** serieller Ein-Ausgang *m*

входить hineingehen; eintreten; einsteigen ‖ **~ в зацепление** *(Masch)* in Eingriff kommen (treten) *(Zahnpaar)* ‖ **~ в синхронизм** *(El)* in Synchronismus (Tritt) fallen (kommen)

входной *(El)* Eingangs-..., eingangsseitig

вхождение *n* Eintritt *m*, Eintreten *n* ‖ **~ в синхронизм** *(El)* In-Synchronismus-Fallen *n*, Intrittfallen *n*, Intrittkommen *n*

вхолостую im Leerlauf

ВЦ *s.* центр/вычислительный

ВЦКП *s.* центр коллективного пользования/вычислительный
ВЧ *s.* 1. частота/высокая; 2. высокочастотный; 3. высокочувствительный
вчерне *(Bgb)* im Ausbruch *(Grubenbauquerschnitt)*
ВЧ-катушка *f* HF-Spule *f*, Hochfrequenzspule *f*
ВЧ-транзистор *m* HF-Transistor *m*, Hochfrequenztransistor *m* ‖ **~/маломощный** HF-Kleinleistungstransistor *m* ‖ **~/мощный** HF-Leistungstransistor *m*
ВЧ-фильтр *m (Eln)* Hochpaß *m*
вшибание *n* **шпули** *(Text)* Spuleneinschlag *m*
вшибатель *m (Text)* Spulen[einschlag]hammer *m*
въезд *m* Einfahrt *f*; Auffahrt *f* ‖ **~ на автостраду** Autobahnauffahrt *f*
выбег *m* 1. Auslauf *m (Fahrzeuge oder Maschinen nach Abstellen des Antriebs)*; 2. Auslaufweg *m*; Auslaufstrecke *f (z. B. eines Schiffes)* ‖ **~/инерционный** *(El)* Nachlauf *m*, trägheitsbedingter Auslauf *m (eines Relais)* ‖ **~ параметров** Betriebsstörung *f*, Störung *f* ‖ **~ проволоки** *(Schw)* Drahtnachlauf *m* ‖ **~ судна** *(Schiff)* Auslauf *m*, Auslaufstrecke *f (Beharrungsvermögen)* ‖ **~ частоты** *(El)* Frequenzabwanderung *f*, Frequenzdrift *f*
выбиваемость *f (Gieß)* Ausschlagbarkeit *f (Formstoff)*
выбивание *n* 1. Herausschlagen *n*; Ausschlagen *n*; 2. *(Kern)* Auslösung *f*, Ablösung *f (Teilchen)*; 3. Aushämmern *n (Kupfer)*; 4. *(Bgb)* Rauben *n (Ausbau)* ‖ **~ крепи** *(Bgb)* Rauben *n* des Ausbaus ‖ **~ литья (отливок)** *(Gieß)* Gußausschlagen *n*, Gußausleeren *n*, Gußauspacken *n* ‖ **~ стержней** *(Gieß)* Entkernen *n* ‖ **~ щебня** *(Eb)* Schotterreinigung *f*
выбивать 1. herausschlagen, einschlagen; 2. *(Kern)* auslösen *(Teilchen)*; 3. aushämmern *(Kupfer)*; 4. prägen *(Münzen)*; 5. *(Bgb)* rauben *(Ausbau)*
выбирание *n (Schiff)* Holen *n*, Einholen *n*, Dichtholen *n*, Hieven *n (Trosse, Ankerkette)*; Einholen *n (Netz)*
выбирать 1. [aus]wählen, aussuchen; 2. *(Bgb)* [aus]klauben; 3. *(Schiff)* [ein]holen, dichtholen, hieven *(Trosse, Ankerkette)*; einholen *(Netze)*
выбить *s.* выбивать
выбоина *f* 1. Narbe *f*, Beule *f*; 2. *(Bw)* Aushöhlung *f*, Vertiefung *f*, Grube *f*; 3. *(Bw)* Schlagloch *n (Straße)*; 4. *(Gieß)* Schülpe *f*
выбойка *f s.* выбивание
выбор *m* 1. Wahl *f*; 2. Assortiment *n*, Auswahl *f* ‖ **~ команд/стандартный** *(Inf)* Standardbefehlsvorrat *m* ‖ **~/полярный** *(El)* Polaritätswahl *f* ‖ **~/предварительный** Vorauswahl *f* ‖ **~ программы** *(Inf)* Programmauswahl *f* ‖ **~ программы/сенсорный** Sensor-Programmwahl *f* ‖ **~ столбца** *(Inf)* Spaltenauswahl *f* ‖ **~ строки** *(Inf)* Zeilenauswahl *f* ‖ **~ цифры** *(Inf)* Ziffernauswahl *f*
выборка *f* 1. Stichprobe *f*; 2. Auswahl *f*; 3. Öffnung *f*, Aussparung *f*; 4. *(Inf)* Zugriff *m*; Aufruf *m*; Anwahl *f* ‖ **~/анализируемая** Analysenprobe *f (statistische Qualitätskontrolle)* ‖ **~/базисная** *(Inf)* einfacher Zugriff *m*, Basiszugriff *m* ‖ **~ данных** *(Inf)* Datenanwahl *f*, Datenzugriff *m* ‖ **~/дефектная** fehlerhaft entnommene Stichprobe *f (statistische Qualitätskontrolle)* ‖ **~ информации** *(Inf)* Informationsauswahl *f* ‖ **~/испытываемая** Testprobe *f (statistische Qualitätskontrolle)* ‖ **~ команды** *(Inf)* Befehlsaufruf *m* ‖ **~/комбинированная** *(Inf)* erweiterter Zugriff *m* ‖ **~/лабораторная** Laborprobe *f (statistische Qualitätskontrolle)* ‖ **~/многократная** *(Inf)* Vielfachzugriff *m*, Mehrfachzugriff *m* ‖ **~/непосредственная** *(Inf)* direkter (wahlfreier) Zugriff *m* ‖ **~/однократная** Einfach-Stichprobe *f (statistische Qualitätskontrolle)* ‖ **~/параллельная** *(Inf)* paralleler Zugriff *m* ‖ **~/периодическая** periodisch entnommene Stichprobe *f (statistische Qualitätskontrolle)* ‖ **~/поразрядная** *(Inf)* Stellenauswahl *f* ‖ **~/последовательная** *(Inf)* sequentieller Zugriff *m* ‖ **~/пословная** *(Inf)* Wortauswahl *f* ‖ **~/произвольная** *(Inf)* wahlfreier Zugriff *m* ‖ **~/сдвоенная** *(Inf)* Doppelzugriff *m* ‖ **~/систематическая** systematische Stichprobe *f (statistische Qualitätskontrolle)* ‖ **~ слов** *(Inf)* Wortauswahl *f* ‖ **~/случайная** Zufallsstichprobe *f*, zufällige Stichprobe *f (statistische Qualitätskontrolle)*; zufällige Auswahl *f* ‖ **~ трала** *(Schiff)* Holen *n*, Einholen *n*, Dichtholen *n*, Hieven *n (Trosse, Ankerkette)*
выбраживание *n* Vergärung *f* ‖ **~/окончательное** Endvergärung *f*
выбраживать vergären
выбрасывание *n* 1. Ausschub *m*, Ausstoßen *n*, Auswerfen *n*; 2. Spucken *n (Dampfkesselwasser)* ‖ **~ пути** *(Eb)* Gleisverwerfung *f*
выбрасыватель *m* Auswerfer *m*, Auszieher *m*
выбрасывать [hin]auswerfen, abwerfen, herausschleudern, ausstoßen
выбродить *s.* выбраживать
выброс *m* 1. *(Astr)* Auswurf *m (Materie)*; 2. *(Ökol)* Emission *f (z. B. von Gasen, s. a. unter* выбросы*)*; 3. *(El)* Stoß *m*, Impuls *m (Strom, Spannung)*; 4. *(Rad)* Zacken *m*; 5. *(Met)* Auswurf *m (von Metall aus dem Konverter)*; 6. *(Inf)* Abbruch *m (Programm)*; 7. *(Bgb)* Ausbruch *m* ‖ **~ в атмосферу** *(Ökol)* Emission *f* in die Atmosphäre, Atmosphärenemission *f* ‖ **~/внезапный** *(Bgb)* plötzlicher Ausbruch *m (Gestein, Gas, Kohle)* ‖ **~ вредных загрязняющих веществ** *(Ökol)* Schadstoffemission *f*, Schadstoffauswurf *m* ‖ **~/газовый** *(Ökol)* Abgas *n*, Gasemission *f* ‖ **~ импульса** *(Eln)* Impulsüberhöhung *f* ‖ **~ напряжения** *(El)* Spannungsstoß *m*, Spannungsimpuls *m* ‖ **~/нулевой** *(Rad)* Nullzacken *m* ‖ **~/паразитный** Glitch *n*, Störimpuls *m* ‖ **~/предельно допустимый** *(Ökol)* zulässige Emission *f* ‖ **~/пробеговый** *(Ökol)* Auspuffemission *f* pro Wegstrecke ‖ **~ пути** *s.* выбрасывание пути ‖ **~ пыли** *(Ökol)* Staubemission *f* ‖ **~ соли** Asche[n]auswurf *m (aus dem Ofen)* ‖ **~ тока** *(El)* Stromstoß *m*, Stromimpuls *m* ‖ **~/флюктуационный** *(Meß)* Fluktuationsspitze *f*
выбросоопасность *f (Bgb)* Ausbruchsgefahr *f*, Ausbruchsgefährdung *f (Gas, Kohle, Gestein)*
выбросоопасный *(Bgb)* ausbruchsgefährdet, ausbruchsgefährlich *(Gas, Kohle, Gestein)*
выбросы *mpl* 1. *(Ökol)* Emissionen *fpl (s. a. unter* выброс 2.*)*; 2. *(Meß)* Ausreißer *mpl (abweichender Einzelwert bei Meßreihen, Extremabweichung bei Oberflächenprofildiagrammen)* ‖ **~ автомобиля** Kraftfahrzeugemission *f*, Autoabgase

npl ‖ **~/промышленные** Industrieabgase *npl* ‖ **~/радиоактивные** radioaktive Auswürfe *mpl* ‖ **~ фреонов (хлорфторуглеродов)** FCKW-Emissionen *fpl*

вывал *m (Bgb)* Steinfall *m*, Ausbrechen *n*

вываливание *n (Schiff)* Ausschwenken *n (Rettungsboot)*; Ausklappen *n (Fallreep)*

вываливать *(Schiff)* ausschwenken *(Rettungsboot)*; ausklappen *(Fallreep)*

вывалка *f* **грунта** Verklappen *n* des Baggerguts

вываривание *n* Auskochen *n*, Auskochung *f*; Sieden *n*

вываривать auskochen; sieden

выварка *f s.* вываривание

выварки *fpl* Abkochung *f*, Absud *m*

выведение *n* 1. Herausführen *n*, Hinausführen *n*; 2. Entfernen *n (Flecken)*

выверить *s.* выверять

выверка *f* Ausrichten *n*, Ausrichtung *f*, Ausfluchten *n*, Ausfluchtung *f*, Adjustierung *f*; Einstellung *f* ‖ **~/точная** Feineinstellung *f*, Feinjustierung *f*

выверять ausrichten, regulieren; justieren; einstellen

вывеска *f* 1. Schild *n*, Aushängeschild *n*; 2. Abwiegen *n*, Abwägen *n*, Wägen *n*

выветрелость *f (Geol)* Verwitterung *f*

выветренный 1. gelüftet; 2. verwittert

выветривание *n (Geol)* Verwitterung *f* ‖ **~/аллитовое** allitische Verwitterung *f* ‖ **~/инсоляционное** Insolationsverwitterung *f* ‖ **~/латеритное** Lateritverwitterung *f*, Lateritbildung *f* ‖ **~/механическое** mechanische (physikalische) Verwitterung *f* ‖ **~/морозное** Frostverwitterung *f*, Spaltenfrost *m*, Verwitterung *f* durch Frost ‖ **~/органическое (органогенное)** organische (biologische) Verwitterung *f* ‖ **~/подводное** Halmyrolyse *f (submarine Verwitterung)* ‖ **~/сиаллитовое** siallitische Verwitterung *f* ‖ **~/снеговое** Nivation *f*, Schnee-Denudation *f* ‖ **~/сотовое** Wabenverwitterung *f* ‖ **~/термическое** thermale Verwitterung *f* ‖ **~/физическое** physikalische (mechanische) Verwitterung *f*, Insolationsverwitterung *f* ‖ **~/химическое** chemische Verwitterung *f* ‖ **~/ячеистое** zellulare (zellige) Verwitterung *f*

выветриваться verwittern *(Gesteine)*; abwittern *(Erzlager)*

выветриться *s.* выветриваться

вывинчивание *n* Herausschrauben *n*

вывод *m* 1. Schluß *m*, Schlußfolgerung *f*, Konsequenz *f*; 2. Herleitung *f*; Deduktion *f*, Ableitung *f*; 3. *(Math)* Folgesatz *m*; Ableitung *f*; Herleitung *f (einer Formel)*; 4. Ableitung *f (z. B. von Gasen ins Freie)*; 5. Herausführen *n*, Herausführung *f*; 6. *(El)* Herausführung *f*, [herausgeführter] Anschluß *m*; 7. *(Inf)* Ausgabe *f*; 8. Auslaßleitung *f (z. B. einer Gasleitung)*; 9. *(Typ)* tabellenartige Anordnung *f* des Satzes *(ohne Linien)* ‖ **~/автоматический** *(Inf)* automatische Ausgabe *f* ‖ **~/автономный** *(Inf)* Off-line-Ausgabe *f* ‖ **~/аксиальный** *(El)* axialer (axial herausgeführter) Anschluß *m*, Axialanschluß *m* ‖ **~/алфавитно-цифровой** *(Inf)* alphanumerische Ausgabe *f* ‖ **~/алфавитный** *(Inf)* alphabetische Ausgabe *f* ‖ **~/аналогово-цифровой** *(Inf)* Hybridausgabe *f* ‖ **~/аналоговый** *(Inf)* Analogausgabe *f* ‖ **~/анодный** *(El)* Anodenherausführung *f* ‖ **~ антенны** *(El)* Antennenanschluß *m* ‖ **~/базовый** Basisanschluß *m (Halbleiter)* ‖ **~/балочный** Beam-lead-Anschluß *m (Halbleiter)* ‖ **~ в космос** Stationierung *f* im Weltraum ‖ **~ в реальном масштабе времени** *(Inf)* Echtzeitausgabe *f* ‖ **~ в режиме диалога** *(Inf)* dialogunterstützte Ausgabe *f* ‖ **~ в режиме «он-лайн»** *(Inf)* direkte Ausgabe *f*, On-line-Ausgabe *f* ‖ **~ в режиме «оф-лайн»** *(Inf)* Off-line-Ausgabe *f* ‖ **~/внешний** *(El)* Außenanschluß *m* ‖ **~/волноводный** *(Eln)* Wellenleiterauskopplung *f*, Hohlrohrauskopplung *f* ‖ **~ данных** *(Inf)* Datenausgabe *f* ‖ **~ данных о процессе** *(Inf)* Prozeßdatenausgabe *f* ‖ **~/дистанционный** *(Inf)* Fernausgabe *f* ‖ **~ для монтажа накруткой** Wire-Wrap-Anschluß *m*, Wire-Wrap-Kontakt *m*, Wire-Wrap-Stift *m (Halbleiter)* ‖ **~/заземляющий** *(El)* Erdanschluß *m* ‖ **~/золочёный** *(Eln)* vergoldeter Anschluß (Pin) *m* ‖ **~ из зацепления** *(Masch)* Außereingriffbringen *n (Zahnpaar)* ‖ **~ из эксплуатации** Außerbetriebnahme *f*, Stillegung *f* ‖ **~/избирательный** *(Inf)* Momentanspeicherauszug *m* ‖ **~ информации** *(Inf)* Informationsausgabe *f* ‖ **~/кабельный** *(El)* Kabelherausführung *f* ‖ **~/катодный** *(Eln)* Kathodenherausführung *f* ‖ **~/коллекторный** *(Eln)* Kollektoranschluß *m* ‖ **~/контактный** *(El)* Kontaktanschluß *m* ‖ **~ корпуса** *(Eln)* Gehäuseanschluß *m* ‖ **~ кратера** *(Schw)* Herausführen (Herausziehen) *n* des Kraters ‖ **~/ленточный** *(Eln)* Bandanschluß *m*, Lötfahnenanschluß *m* in Bandform ‖ **~/лепестковый** *(Eln)* Streifenleiteranschluß *m* ‖ **~/линейный** *(El)* Phasenanschluß *m* ‖ **~ листов** *(Typ)* 1. Bogenauslegen *n*, Auslegen *n*; 2. Bogenausführung *f* ‖ **~/лужёный** *(Eln)* verzinnter Anschluß (Pin) *m* ‖ **~ на дисплей** *(Inf)* Bildschirmausgabe *f* ‖ **~ на магнитную ленту** *(Inf)* Magnotbandausgabe *f* ‖ **~ на печать** *(Inf)* Druckausgabe *f* ‖ **~ на экран** *(Inf)* Bildschirmausgabe *f* ‖ **~ нейтрали** *s.* ~ нулевой точки ‖ **~/непосредственный** direkte Ausgabe *f*, Direktausgabe *f* ‖ **~/непрерывный** kontinuierliche Ausgabe *f* ‖ **~/нулевой** *(El)* Nulleiterherausführung *f*, Nulleiterklemme *f* ‖ **~ нулевой точки** *(El)* Sternpunktherausführung *f* ‖ **~ обмотки** *(El)* Wicklungsherausführung *f* ‖ **~/отрицательный** *(El)* Minusanschluß *m* ‖ **~/первичный** *(El)* Primäranschluß *m* ‖ **~/положительный** *(El)* Plusanschluß *m* ‖ **~/проволочный** *(El)* Drahtanschluß *m* ‖ **~/промежуточный** *(El)* Mittelanschluß *m* ‖ **~/речевой** *(Inf)* Sprachausgabe *f* ‖ **~/ручной** *(Inf)* manuelle Ausgabe *f* ‖ **~ с буферизацией** *(Inf)* gepufferte Ausgabe *f* ‖ **~/серебрёный** *(Eln)* versilberter Anschluß (Pin) *m* ‖ **~ сетки** *(Eln)* Gitterausführung *f*, Gitterdurchführung *f*, Gitteranschluß *m*, Gitterzuleitung *f* ‖ **~/сеточный** *s.* ~ сетки ‖ **~ содержимого памяти** *(Inf)* Speicherabzug *m*, Dump *m* ‖ **~/средний** *(El)* Mittelanschluß *m* ‖ **~/цифровой** *(Inf)* numerische Ausgabe *f* ‖ **~ частиц** *(Kern)* Auslenkung *f* der Teilchen *(im Beschleuniger)* ‖ **~/шариковый** *(Eln)* Flip-chip-Anschluß *m* ‖ **~/штыревой** *(Eln)* Stiftanschluß *m* ‖ **~ экранирующей сетки** *(Eln)* Schirmgitterzuleitung *f* ‖ **~/электродный** *(Eln)* Elektrodenanschluß *m*, Elektrodenherausführung *f*, Elektrodenzuleitung *f* ‖ **~ эмиттера** *s.* ~/эмиттерный ‖ **~/эмиттерный** *(Eln)* Emitter-

zuleitung *f*, Emitteranschluß *m* ‖ **~ энергии** Energieauskopplung *f*, Energieentzug *m*
выводимость *f (Math)* Ableitbarkeit *f* ‖ **~/индуктивная** induktive Ableitbarkeit *f (Logik)*
выводить 1. herausführen; 2. folgern, einen Schluß ziehen; 3. *(Math)* herleiten, ableiten *(eine Formel)*; 4. *(Kern)* auslenken *(Teilchen im Beschleuniger)*; 5. *(Flg)* abfangen *(z. B. ein Flugzeug aus dem Sturzflug)*; 6. herausführen; auslenken *(aus einem Zustand)*; 7. *(Inf)* ausgeben *(Daten)* ‖ **~ из зацепления** ausrücken, außer Eingriff bringen *(Zahnpaar)* ‖ **~ из строя** außer Betrieb setzen, ausschalten ‖ **~ пятна** *(Text)* entflecken, Flecke entfernen, detachieren
выводной *(El)* Herausführungs…, Anschluß…; *(Inf)* Ausgabe…
выворачивание *n (Text)* Wenden *n*, Umkehren *n (Gewebe)*
выгиб *m* 1. Krümmung *f*, Ausbuchtung *f*; Biegung *f*, Wölbung *f*; 2. *(Fert)* Abkröpfung *f*; 3. Höhlungsstück *n*
выгибание *n* Ausbiegen *n*, Ausbiegung *f*
выгибать ausbiegen; aufbiegen; *(Met)* kümpeln, aufwölben
выгибка *f* Ausbiegen *n*; Aufbiegen *n*; *(Met)* Kümpeln *n*, Aufwölben *n*
выглаживание *n* 1. Glätten *n*; 2. *(Text)* Mangeln *n*; 3. *(Text)* Ausplätten *n*, Ausbügeln *n*; 4. *(Eln)* Feinschleifen *n*, Polieren *n (Scheibenherstellung)*
выглаживатель *m*/**алмазный** *(Wkz)* Glättdiamant *m*
выглаживать 1. glätten; 2. ausplätten, ausbügeln; 3. *(Bw)* abschlichten
выгонка *f* Destillieren *n*, Destillation *f*, *(bei der Alkoholherstellung auch:)* Brennen *n*
выгонять destillieren, *(bei der Alkoholherstellung auch:)* brennen
выгорание *n* 1. *(Met)* Ausbrennen *n*, Abbrennen *n (Legierungsbestandteile)*; Abbrand[verlust] *m*; 2. *(Met)* Ausseigern *n*, Seigern *n*; 3. *(Kern)* [effektiver] Abbrand *m* ‖ **~ водорода** *(Astr)* Wasserstoffbrennen *n (Energieerzeugung der Sterne)* ‖ **~ гелия** *(Astr)* Heliumbrennen *n (Energieerzeugung der Sterne)* ‖ **~ заряда [шпура]** *(Bgb)* Auspfeifen *n*, Ausbrennen *n (Sprengladung)* ‖ **~ ядерного горючего** *(Kern)* Brennstofferschöpfung *f*
выгорать 1. abbrennen, ausbrennen, [vollständig] verbrennen; 2. *(Met)* [aus]seigern; 3. *(Bgb)* ausbrennen, auspfeifen *(Sprengladung)*; 4. verblassen, verbleichen, verschießen *(Farbe)*
выгореть *s.* выгорать
выгородка *f (Schiff)* Umschottung *f*, Abschottung *f*, Zelle *f* ‖ **~ эхолота** Echolotzelle *f*
выгреб *m (Bw)* Fäkaliengrube *f*, Abortgrube *f*; Abfallgrube *f*
выгребать 1. ausnehmen, ausleeren; 2. *(Met)* ausbrechen *(Schlacke)*; 3. ziehen *(Schlacke; Feuerungstechnik)*
выгружатель *m* Auslader *m*, Entleerer *m*, Entlader *m*, Entladevorrichtung *f*, Räumer *m* ‖ **~/багерный** Schöpfgerät *n*, Räumbagger *m* ‖ **~/бункерный** Bunkerräummaschine *f*; Bunkerabzugswagen *m*, Bunkerabzugsvorrichtung *f* ‖ **~/вибрационный** Vibroentlader *m* ‖ **~/траншейный** Grabenräumer *m*
выгружать ausladen, abladen, entladen *(Fahrzeuge)*; löschen *(Schiffe)*; entnehmen, entleeren, austragen, abziehen; *(Fert)* abführen, wegführen *(Stoffe, Teile)* ‖ **~ солод с сушилки** Darre abräumen *(Mälzerei)*
выгрузить *s.* выгружать
выгрузка *f* Ausladen *n*, Abladen *n*, Entladen *n (Fahrzeuge)*; Löschen *n (Schiffe)*; Entleeren *n*, Austragen *n*, Austrag *m*, Abziehen *n*, Abzug *m* ‖ **~/верхняя** Obenentleerung *f*, Entleerung *f* von oben ‖ **~ дробины** *(Brau)* Austrebern *n* ‖ **~/нижняя** Untenentleerung *f*, Entleerung *f* von unten ‖ **~/ручная** Handaustrag *m* ‖ **~/шнековая** Schneckenentleerung *f*, Schneckenaustrag *m*
выдавать 1. abgeben *(z. B. Energie)*; 2. ausgeben; abblasen; austragen; 3. *(Met)* ziehen, herausziehen *(z. B. Anwärmgut aus dem Ofen)*; 4. *(Bgb)* fördern; 5. *(Inf)* ausgeben *(Daten)* ‖ **~ на-гора (на земную поверхность)** *(Bgb)* zutagefördern
выдавливание *n* 1. Verdrückung *f*; 2. Auspressen *n*, Herauspressen *n*, Ausdrücken *n*, Extrudieren *n*; 3. *(Umf)* Pressen *n*; 4. *(Umf)* Fließpressen *n*; 5. *(Fert)* Tiefen *n*; 6. *(Fert)* Prägen *n* ‖ **~ в горячем состоянии** Warmfließpressen *n* ‖ **~ в холодном состоянии** Kaltfließpressen *n* ‖ **~ подошвы** *(Bgb)* Liegendaufpressung *f*
выдавливать 1. ausdrücken, auspressen, extrudieren; 2. durchdrücken, eindrücken
выдалбливать *(Fert)* 1. aushöhlen, ausstoßen; 2. auskehlen
выдача 1. Abgabe *f (z. B. von Energie)*; 2. Übergabe *f*, Auslieferung *f*; 3. *(Bgb)* Austrag *m (z. B. von Bohrklein)*; Förderung *f*; 4. *s.* вывод 7. ‖ **~ информации** Informationsausgabe *f*; Datenausgabe *f* ‖ **~ на-гора (на земную поверхность)** *(Bgb)* Zutageförderung *f* ‖ **~ породы** *(Bgb)* Bergeförderung *f* ‖ **~/суточная** *(Bgb)* Tagesförderung *f* ‖ **~ электроэнергии** Elektroenergieabgabe *f*
выдвигать 1. *(Fert)* vorschieben; 2. *(Masch)* ausfahren *(z. B. den Arm des Roboters)*
выдвижной *(Masch)* ausfahrbar, Ausfahr…, Teleskop… *(Bauweise, z. B. von geradlinig beweglichen Armen)*
выделение *n* 1. Abscheiden *n*, Abscheidung *f*, Ausscheiden *n*, Ausscheidung *f*, Absondern *n*, Absonderung *f*; Ausfällen *n*; Freiwerden *n (eines Gases)*; *(Ch)* Herausschneiden *n* [einer Fraktion] *(Destillation)*; *(El)* Trennung *f*, Abtrennung *f (Signale)*; 2. *(Met)* Abtreiben *n*, Austreiben *n (NE-Metalle)* ‖ **~ водорода** *(Ch)* Wasserstoffentwicklung *f* ‖ **~/вторичное** *(Wkst)* Sekundärausscheidung *f* ‖ **~/газовое** Gasausscheidung *f*, Gasentwicklung *f*, Gasbildung *f*, Gasaustritt *m* ‖ **~ знаков** *(Inf)* Zeichenauswahl *f* ‖ **~ импульсов** *(Eln)* Impuls[ab]trennung *f* ‖ **~ кислорода** *(Ch)* Sauerstoffentwicklung *f*, Freiwerden *n* von Sauerstoff ‖ **~ кристаллов** Kristallisieren *n*, Kristallisation *f*, Kristallbildung *f*; Kristallausscheidung *f*, Kristallabscheidung *f* ‖ **~ метана** *(Bgb)* Ausgasung *f*, Methanaustritt *m* ‖ **~ на катоде** *(El)* Kathodenabscheidung *f* ‖ **~ при старении** *(Wkst)* Alterungsausscheiden *n*, Alterungsausscheidung *f* ‖ **~ пыли** Staubabscheidung *f*, Staubausscheidung *f* ‖ **~ серебра** Silberab-

scheidung *f*; Entsilberung *f* ‖ **~ сигналов [из помех]** *(El)* Signaltrennung *f*, Herausfilterung *f* von Signalen ‖ **~/структурное** *(Wkst)* Gefügeausscheidung *f* ‖ **~ тепла** Wärmeentwicklung *f*, Wärmeabgabe *f*, Wärmefreisetzung *f* ‖ **~ углерода** Kohlenstoffausscheidung *f*, Kohlenstoffabscheidung *f* ‖ **~ фильтром** *(Nrt)* Aussiebung *f*, Herausfiltern *n* ‖ **~ цвета** *(Typ)* Farbauszug *m* ‖ **~ энергии** Energiefreisetzung *f*, Energieabgabe *f*

выделить *s.* выделять

выделка *f* 1. Verfertigung *f*; Bearbeiten *n*, Bearbeitung *f*; 2. *(Led)* Gerben *n*, Gerbung *f*

выделывать 1. verfertigen; bearbeiten; 2. gerben

выделять abscheiden, ausscheiden, absondern; ausfällen; *(Met)* treiben *(NE-Metalle)*; freisetzen, entbinden *(Wärme)* ‖ **~ краску** *(Typ)* Farbe ausziehen ‖ **~ фильтром** *(Nrt)* [her]aussieben, herausfiltern

выдержать *s.* выдерживать

выдерживание *n* 1. Einhaltung *f* *(z. B. eines Maßes)*; 2. *(Lebm)* Lagern *n*, Ablagern *n* *(Wein, Bier)*; 3. *(Flg)* Ausschweben *n*, Anschweben *n*, Abfangen *n* *(beim Landen)*; 4. *(Flg)* Halten *n* über dem Boden *(beim Start)*

выдерживать 1.aushalten, standhalten, tragen, ertragen; 2. ablagern *(z. B. Wein)*; lagern lassen, altern; 3. *(Met)* vollständig durchglühen, durchweichen *(Stahl im Tiefofen)*; 4. *(Met)* halten, abstehen lassen *(Schmelze)*; 5. *(Gieß)* reifen lassen *(Formstoff)*; 6. *(Ch)* Rasten (Pausen) einhalten *(Gärung)*

выдержка *f* 1. *(Met)* Halten *n*, Haltezeit *f*; Abstehenlassen *n* *(Schmelze)*; Durchweichen *n* *(Blöcke im Ofen)*; Ablagern *n*, Lagern *n* *(Formstoff)*; 2. *(Lebm)* Lagerung *f*, Ablagerung *f*, Schulung *f* *(Wein)*; 3. Hast *f*, Pause *f* *(Gärung)*; 4. *(Brau)* Lagerzeit *f*; 5. *(Photo)* Belichtungszeit *f*; 6. *(Kst)* Brennzeit *f* ‖ **~/белковая** *(Lebm)* Eiweißrast *f* ‖ **~ бетона** *(Bw)* Nachbehandlung *f* *(Beton)* ‖ **~ бетона/предварительная** Vorlagerung *f*, Vorbehandlung *f* ‖ **~ времени** 1. Zeitverzögerung *f*; Verweilzeit *f*; 2. *(Inf)* Zeitabschaltung *f* ‖ **~ времени/выбранная** wahlweise Zeitverzögerung *f* ‖ **~ давления** Druckhaltezeit *f* *(Pulvermetallurgie)* ‖ **~/изотермическая** isotherme Haltezeit *f*, Haltezeit *f* auf (bei) gleicher Temperatur ‖ **~/мальтозная** *(Brau)* Maltosebildungsrast *f* ‖ **~ на включение** *(El)* Einschaltverzögerung *f* ‖ **~ на осахаривание** *(Brau)* Verzuckerungsrast *f* ‖ **~/нормальная** *(Photo)* normale Belichtungszeit *f* ‖ **~/общая** *(Photo)* Gesamtbelichtungszeit *f* ‖ **~ осахаривания** *(Brau)* Verzuckerungsrast *f* ‖ **~ при закалке** *(Härt)* Erhitzungszeit *f*, Erhitzungsdauer *f* ‖ **~ при отпускании** *(El)* Abschaltverzögerung *f*, Ausschaltverzögerung *f*; Abfallverzögerung *f* *(Relais)* ‖ **~ при срабатывании** *(El)* Ansprechverzögerung *f* *(Relais)* ‖ **~ расщепления белков** *(Brau)* Eiweißrast *f*

выдра *f* *(Schm)* Butzen *m* *(beim Lochen mit dem Durchschlag)*

выдразнивание *n* **меди/окончательное** *(Met)* Zähpolen *n* des Kupfers

выдубить *(Led)* ausgerben

выдувание *n* 1. *(Glas, Kst)* Blasen *n*; 2. *s.* дефляция ‖ **~ расплавленного металла** *(Schw)* Ausblasen *n* des geschmolzenen Metalls *(beim Brennschneiden)* ‖ **~/ручное** Mundblasen *n*, freihändiges Blasen *n*, Blasen *n* an der Pfeife *(Glas)* ‖ **~ с вакуумным питанием** Blasen *n* mit Saugspeisung *(Glas)* ‖ **~ стекла** Glasblasen *n*

выдувать 1. herausblasen; ausblasen; blasen; 2. *(Met)* niederblasen, ausblasen *(Schachtofen, Hochofen)*; 3. *(Glas)* blasen

выдувка *f* *(Met)* Ausblasen *n*, Niederblasen *n* *(Schachtofen, Hochofen)*

выдух *m* *(Gieß)* Luftpfeife *f*, Windpfeife *f*

выезд *m* 1. *(Bgb)* Ausfahrt *f*, Ausfahren *n* *(Tagebau)*; 2. *(Eb)* Ausfahrt *f* ‖ **~ с автострады** Autobahnausfahrt *f*

выезжать из шахты *(Bgb)* ausfahren *(Tiefbau)* ‖ **~ на-гора** *s.* ~ из шахты

выемка *f* 1. Aushöhlung *f*, Lücke *f*, Aussparung *f*; Rastnut *f*; 2. Einschnitt *m*, Anschnitt *m*; 3. Kehle *f*, Auskehlung *f*, Fuge *f*; Aussparung *f*, Nut *f*; Einkerbung *f*; 4. *(Masch)* Abkröpfung *f*; 5. *(Bw)* Abtrag *m* *(Erdarbeiten)*; Graben *m*; 6. *(Bgb)* Abbau *m*, Ausbau *m*, Verhau *m*, Verhieb *m*; Abbaubetrieb *m* *(s. a. unter* выработка 4., добыча 2. *und* разработка 2.*)*; 7. *(Gieß)* Ziehen *n*, Herausheben *n* *(Modelle)*; 8. *(Wlz)* Ausbau *m*, Ausheben *n* *(Walzen)*; 9. *(Met)* Ziehen *n* *(Anwärmgut aus dem Ofen)* ‖ **~/безлюдная** *(Bgb)* mannlose Gewinnung *f* ‖ **~/блоковая** *(Bgb)* Blockbetrieb *m* ‖ **~/буровзрывная** *(Bgb)* Bohr-Spreng-Gewinnung *f* ‖ **~ в восходящем порядке** *(Bgb)* schwebender Verhieb *m* ‖ **~ вертикальными слоями** *(Bgb)* Abbau *m* in vertikalen Scheiben ‖ **~/взрывная** *(Bgb)* Hereingewinnung *f* durch Sprengen ‖ **~ встречными забоями** *(Bgb)* Gegenbau *m*, Gegenortbetrieb *m* ‖ **~/выборочная** *(Bgb)* selektive Gewinnung *f* ‖ **~ грунта** *(Bw)* Abtrag *m*, Aushub *m*, Erdstoffaushub *m* ‖ **~/двукрылая** *(Bgb)* zweiflügeliger Abbau *m* ‖ **~/двухслойная** *(Bgb)* Zweischeibenbaggerung *f* *(Tagebau)* ‖ **~/диагональная** *(Bgb)* diagonaler Abbau *m*, Schrägbau *m* ‖ **~/дорожная** Straßeneinschnitt *m* ‖ **~/железнодорожная** *(Eb)* Bahneinschnitt *m* ‖ **~ заходками** *(Bgb)* Streifenbau *m* ‖ **~ заходками/обратная** *(Bgb)* Rückbau *m* in Streifen ‖ **~ камерами** *(Bgb)* Kammerbau *m* ‖ **~/камерная** *(Bgb)* Kammerbau *m* ‖ **~/комплексная** *(Bgb)* komplexe Gewinnung *f* ‖ **~ лавами** *(Bgb)* Strebbau *m* ‖ **~ лавами с обрушением** *(Bgb)* Strebbruchbau *m* ‖ **~/машинная (механизированная)** *(Bgb)* maschinelle Gewinnung *f* ‖ **~ модели** *(Gieß)* Ziehen (Herausheben) *n* des Modells ‖ **~ наклонными слоями** *(Bgb)* Abbau *m* in geneigten Scheiben ‖ **~/наступающая** *(Bgb)* Feldwärtsbau *m*, feldwärtiger Verhieb *m* ‖ **~ обратным ходом** *(Bgb)* Rückbau *m* ‖ **~/однокрылая** *(Bgb)* einflügeliger Abbau *m* ‖ **~ однокрылыми лавами** *(Bgb)* Einzelstrebbau *m* ‖ **~/однослойная** *(Bgb)* Einscheibenbaggerung *f* *(Tagebau)* ‖ **~/одностадийная** *(Bgb)* einphasige Gewinnung *f* ‖ **~/односторонняя** *(Bgb)* einflügeliger Abbau *m* ‖ **~/опережающая** *(Bgb)* vorauseilender Abbau *m* ‖ **~ отдельными полосами** *(Bgb)* Abbau *m* in einzelnen Streifen ‖ **~/отступающая** *(Bgb)* Rückwärtsbau *m* ‖ **~/очистная** *(Bgb)* Verhieb *m*; Gewinnung *f*, Abbau *m* || **~/параллельная** *(Bgb)* Parallelabbau *m* || **~ пластов** *(Bgb)* Flözabbau *m* || **~/пластовая** *(Bgb)* Flözstrecke *f* || **~ по восстанию** *(Bgb)* schwebender Verhieb *m* || **~ по падению** *(Bgb)* fallender Verhieb *m* || **~ по простиранию** *(Bgb)* streichender Verhieb *m* || **~/полная** *(Bgb)* Totalabbau *m* || **~ полосами** *(Bgb)* Streifenbau *m* || **~/попутная** *(Bgb)* Mitgewinnung *f* || **~/потолкоуступная** *(Bgb)* Firstenstoßbau *m* || **~/почвоуступная** *(Bgb)* Strossenbau *m* || **~ прямым ходом** *(Bgb)* Feldwärtsbau *m* || **~/раздельная** *(Bgb)* selektive Gewinnung *f* || **~/ручная** *(Bgb)* Handgewinnung *f* || **~ с опережением** *(Bgb)* vorauseilender Abbau *m* || **~/селективная** *(Bgb)* selektive Gewinnung *f* || **~/слоевая** *(Bgb)* Scheiben[ab]bau *m* || **~ слоями** *(Bgb)* Scheiben[ab]bau *m* || **~/сплошная** *(Bgb)* Totalabbau *m* || **~ станины** *(Masch)* Aussparung *f (Maschinenbett)* || **~ столбами** *(Bgb)* Pfeilerbau *m* || **~/столбовая** *(Bgb)* Pfeilerbau *m* || **~/струговая** *(Bgb)* Hobelbetrieb *m* || **~/узкозахватная** *(Bgb)* Gewinnung *f* in schmalen Gassen || **~ уступами/сплошная** *(Bgb)* stoßbauartiger Strebbau *m* || **~/фронтальная** *(Bgb)* Frontverhieb *m*, Frontbetrieb *m* || **~/щитовая** *(Bgb)* Schildabbau *m*

выемочный *(Bgb)* Gewinnungs..., Abbau..., Verhiebs...

выживаемость *f* 1. Überleben *n*; 2. *(Kern)* Überlebensrate *f*, Überlebensquote *f*

выживание *n s.* выживаемость

выжиг *m s.* выжигание

выжигание *n (Met)* 1. Ausbrennen *n*, Herausbrennen *n*, Ausschmelzen *n*, Herausschmelzen *n*; 2. *(Gieß)* Flämmen *n*, Brennputzen *n*; 3. *s.* сегрегация || **~ восковой модели** *(Gieß)* Ausbrennen (Ausschmelzen) *n* des Wachsmodells *(Feingießverfahren)*

выжигать *(Met)* 1. [her]ausbrennen, [her]ausschmelzen; 2. *(Gieß)* flämmen, brennputzen

выжимание *n* Ausquetschen *n*, Ausdrücken *n*, Auspressen *n*

выжимать auspressen, ausdrücken, ausquetschen; [aus]wringen

выжимки *pl* Preßrückstand *m*, Kuchen *m*; Tester *pl* || **~/свекловичные** ausgelaugte Zuckerrübenschnitzel *npl*

вызвать *s.* вызывать

вызов *m* 1. *(Nrt)* Ruf *m*, Anruf *m*; Gespräch *n*; 2. *(Inf)* Aufruf *m*; 3. *(Schiff)* Anruf *m (beim Signalisieren)* • **по вызову** *(Nrt)* auf Anwahl, Anwahl... || **~ абонента** Teilnehmerruf *m* || **~ абонента по заказу** *s.* ~ по заказу || **~/автоматический** *(Inf)* automatischer Aufruf *m*; automatische Anfrage *f* || **~ без набора номера/повторный** Wahlwiederholung *f* || **~/бесплатный** gebührenfreies Gespräch *n* || **~/избирательный** Selektivruf *m*, Wählanruf *m* || **~/индукторный** Induktorruf *m* || **~/местный** Ortsanruf *m* || **~/обратный** Rückruf *m* || **~ по заказу** Terminruf *m*, Weckruf *m*, Wecken *n* || **~ подпрограммы** *(Inf)* Unterprogrammaufruf *m* || **~ программы** *(Inf)* Programmaufruf *m* || **~ системы** *(Inf)* Systemaufruf *m* || **~/сокращённый** *(Inf)* verkürzter Aufruf *m* || **~/тональный** Tonfrequenzruf *m*, tonfrequenter Ruf *m* || **~/фонический** Summeranruf *m*

вызревание *n* 1. Ausreifen *n*, Reifen *n*; 2. *(Bw)* Erhärten *n (Beton)*

вызывать 1. herbeirufen; 2. herausfordern; 3. hervorrufen; 4. *(Nrt)* [an]rufen; 5. *(Inf)* aufrufen *(Programm)*; 6. *(Schiff)* anrufen *(beim Signalisieren)* || **~ флокуляцию** *(Ch)* ausflocken

выкатка *f (Wlz)* Auswalzen *n*

выкатывать *(Wlz)* auswalzen

выкачивание *n* Auspumpen *n*

выкачивать auspumpen

выкачка *f s.* выкачивание

выклад *m (Typ)* 1. Auslegen *n*, Auslage *f*; 2. Ausleger *m*, Bogenausleger *m*

выкладка *(Met, Gieß)* Ausmauerung *f*, Auskleidung *f*, Zustellung *f*, Futter *n (Öfen, Pfannen)*

выкладывание *n* 1. *(Met, Gieß)* Ausfüttern *n*, Auskleiden *n*, Zustellen *n (Öfen, Pfannen)*; 2. *(Typ)* Auslegen *n*, Bogenauslegen *n* || **~ футеровки** *(Met)* Zustellen *n*, Auskleiden *n*, Ausmauern *n (Öfen oder Pfannen)*

выкладыватель *m***/поворотный** *(Typ)* Wendeausleger *m*

выкладывать 1. herauslegen; ausbreiten; 2. ausstellen; 3. *(Bw)* auslegen; 4. *(Met)* ausfüttern, ausmauern *(Öfen oder Pfannen)*; 5. *(Typ)* auslegen *(Bögen)* || **~ камнем (кирпичом)** *(Bw)* aussetzen, ausmauern

выклинивание *n (Geol)* Auskeilen *n (allmähliches Dünnerwerden von Gesteinsschichten, Flözen, Erzgängen u.dgl.)*

выключатель *m (El)* Ausschalter *m*, Schalter *m* || **~/аварийный** Havarie[aus]schalter *m*, Not[aus]schalter *m*, Gefahrenschalter *m* || **~/автоматический** Selbst[aus]schalter *m*, automatischer Ausschalter *m* || **~/батарейный** Batterieschalter *m* || **~/безмасляный** ölloser Schalter *m* || **~/бесконтактный концевой** berührungslos betätigter Grenzschalter *m* || **~ большой разрывной мощности** Hochleistungsschalter *m* || **~/быстродействующий** Schnell[aus]schalter *m* || **~/вакуумный** Vakuumschalter *m* || **~/вводный** Hauptschalter *m* || **~ внутренней установки** Innenraumschalter *m* || **~/воздушный** Luftschalter *m* || **~/воздушный газонапорный** Druckluftschalter *m* || **~/вспомогательный** Hilfsschalter *m* || **~/высоковольтный** Hochspannungsschalter *m* || **~/вытяжной** Zugschalter *m* || **~/газовый** Gasschalter *m* || **~/газоразрядный** Schaltröhre *f* || **~/главный** Hauptschalter *m* || **~/групповой** Gruppenschalter *m* || **~/двухполюсный** zweipoliger Ausschalter *m* || **~/дистанционный** Fern[aus]schalter *m* || **~ для защиты от сверхтоков** Überstromschutz[aus]schalter *m* || **~ для открытой проводки** Aufputzschalter *m* || **~ для скрытой проводки** Unterputzschalter *m* || **~/жидкостный** Flüssigkeitsschalter *m* || **~/заземляющий** Erdungsschalter *m* || **~/защитный** Schutz[aus]schalter *m* || **~/защитный таймерный** Zeitschutzschalter *m* || **~/импульсный** Impulsschalter *m* || **~/клавишный** Drucktastenschalter *m*, Tast[en]schalter *m* || **~/кнопочный** Druckknopfschalter *m* || **~/командный** Befehlsschalter *m* || **~/концевой** End[aus]schalter *m*, Endlagenschalter *m* || **~/кулачковый** Nockenschalter *m* || **~ ленты** Bandabschalter *m*, Bandausschalter *m (Magnetbandgerät)* || **~ лестнич-**

ного освещения/автоматический Treppenlichtautomat *m* ‖ **~ максимального напряжения/автоматический** Überspannungs[selbst]schalter *m* ‖ **~ максимального тока/автоматический** Überstrom[selbst]schalter *m* ‖ **~/максимальный токовый** Überstrom[aus]schalter *m* ‖ **~/маломасляный** ölarmer Schalter *m* ‖ **~/манометрический** Druckschalter *m* ‖ **~/масляный** Öl[leistungs]schalter *m* ‖ **~/мачтовый** Mastschalter *m* ‖ **~/мгновенный** Momentschalter *m* ‖ **~/механический** mechanischer Schalter *m*; Trennschalter *m* ‖ **~/миниатюрный** Miniaturschalter *m* ‖ **~ минимального напряжения/автоматический** Unterspannungs[selbst]schalter *m* ‖ **~ минимального тока/автоматический** Unterstrom[selbst]schalter *m* ‖ **~ мощности** Leistungsschalter *m* ‖ **~ нагрузки** Last[aus]schalter *m* ‖ **~ наружной установки** Freiluftschalter *m* ‖ **~/низковольтный** Niederspannungsschalter *m* ‖ **~ нулевого напряжения/автоматический** Nullspannungs[aus]schalter *m* ‖ **~/нулевой** Nullspannungs[aus]schalter *m* ‖ **~ обратного тока/автоматический** Rückstrom[aus]schalter *m* ‖ **~/ограничительный** Begrenzungsschalter *m*, Grenz[wert]schalter *m* ‖ **~/однополюсный** einpoliger Ausschalter *m* ‖ **~/осветительный** Lichtschalter *m* ‖ **~/пакетный** Paketschalter *m* ‖ **~/педальный** Fußschalter *m* ‖ **~/перекидной** Kippschalter *m* ‖ **~ переменного тока** Wechselstromschalter *m* ‖ **~/пневматический** Druckluftschalter *m* ‖ **~/поворотный** Drehschalter *m* ‖ **~/подвесной** Zugschalter *m* ‖ **~/подштукатурный** Unterputzschalter *m* ‖ **~/полупроводниковый** Halbleiterschalter *m* ‖ **~/поплавковый** Schwimm[er]schalter *m* ‖ **~/пороговый** Schwellenwertschalter *m* ‖ **~ постоянного тока** Gleichstromschalter *m* ‖ **~/потолочный** Deckenschalter *m* ‖ **~/предельный** Grenzwertschalter *m* ‖ **~/предохранительный** Sicherheits[aus]schalter *m* ‖ **~ приближения/бесконтактный** kontaktloser Näherungsschalter *m* ‖ **~/пусковой** Anlaßschalter *m* ‖ **~/путевой** Streckenschalter *m* ‖ **~/ручной** Hand[aus]schalter *m*, handbetätigter Ausschalter *m* ‖ **~/рычажный** Hebel[aus]schalter *m* ‖ **~ с задержкой** Schalter *m* mit Ein- und Ausschaltverzögerung, Verzögerungsschalter *m* ‖ **~/сенсорный** Berührungsschalter *m*, Sensorschalter *m* ‖ **~/сетевой** Netzschalter *m* ‖ **~/силовой** Energieschalter *m*, Leistungsschalter *m* ‖ **~/стенной** Wandschalter *m* ‖ **~/ступенчатый** Stufenschalter *m* ‖ **~/тормозной** Bremsschalter *m* ‖ **~/трёхполюсный** dreipoliger Ausschalter *m* ‖ **~/трёхфазный** Dreiphasenschalter *m* ‖ **~ управления** Steuerschalter *m* ‖ **~/участковый** *(Eb)* Strecken[trenn]schalter *m* ‖ **~ холостого хода** Leerlauf[aus]schalter *m* ‖ **~/центробежный** Fließkraftschalter *m* ‖ **~/экспансионный** Expansionsschalter *m*

выключатель-автомат *m* Selbst[aus]schalter *m*, automatischer Ausschalter *m*

выключать 1. *(El)* abschalten, ausschalten; 2. *(Masch)* ausrücken, auskuppeln; 3. absperren *(Ventil)* ‖ **~ строчку** *(Typ)* eine Zeile ausschließen

выключение *n* 1. *(El)* Ausschaltung *f*, Ausschalten *n*, Abschaltung *f*, Abschalten *n*; Löschen *n* *(Thyristor)*; 2. *(Masch)* Abstellen *n*; Ausrücken *n*, Auskuppeln *n*; 3. Absperren *n* *(Ventile)* ‖ **~/аварийное** Havarieausschaltung *f* ‖ **~/автоматическое** Selbstabschaltung *f* ‖ **~/дистанционное** Fernausschaltung *f* ‖ **~ зажигания** *(Kfz)* Zündungsausschaltung *f* ‖ **~/предохранительное** *(Kern)* Schnellabschaltung *f* *(Reaktor)*

«выключено» „Aus", „Ausgeschaltet" *(Schaltstellung)*

выключить *s.* выключать

выключка *f* *(Typ)* Ausschließen *n* ‖ **~/неравномерная** ungleichmäßiges Ausschließen *n* ‖ **~ по центру** Zentrieren *n*, Ausschließen *n* auf Mitte ‖ **~ строк** Zeilenausschluß *m*

выковка *f* Ausschmieden *n*, Ausrecken *n*

выковывать ausschmieden, ausrecken

выколачивание *n* 1. Ausklopfen *n*, Klopfen *n*; 2. *(Met)* Abhämmern *n*; 3. *(Gieß)* Losklopfen *n* *(von Modellen)*

выколотка *f* *(Masch)* Auswerferstift *m*, Austreiber *m*, Lösekeil *m*

выкопировка *f* *(Photo)* Auskopieren *n*, Auszug *m* ‖ **~ за красным светофильтром** Rotauszug *m*

выкраска *f* Ausfärbung *f*

выкрашивание *n* 1. Ausbrechen *n*, Ausbröckeln *n*, Zerbröckeln *n*; 2. *(Fert)* Auskolken *n* *(der Drehmeißelschneide)*

выкрашиваться 1. [aus]bröckeln, ausbrechen, abbröckeln, zerbröckeln; 2. *(Fert)* auskolken *(Drehmeißelschneide)*

выкройка *f* 1. Zuschnitt *m*; 2. Ausschnitt *m*; 3. *(Text)* Schnittmuster *n*, Schnitt *m* *(Konfektion)*

выкружка *f* *(Bw)* Auskehlung *f*, Hohlkehle *f*, Kehle *f*

выкручивание *n* Ausrühren *n* *(NE-Metallurgie)*

выкрывание *n* 1. *(Bw)* Belegen *n*, Auslegen *n*; 2. *(Typ)* Abdecken *n* *(Kopiervorlagen, Druckplatten)*

вылёживание *n* 1. Lagernlassen *n*, Ablagern *n*, natürliche Alterung *f*; 2. Ausreifen *n* *(Formstoff)*; *(Ker)* Mauken *n*, Rotten *n* *(der Masse)*

вылёживать 1. ablagern, auslagern; altern lassen; 2. ausreifen *(Formstoff)*; *(Ker)* mauken *(Masse)*

вылет *m* 1. Ausladung *f*, Überhang *m*, Auskragung *f*; 2. Ausschlag *m*; 3. Austritt *m* *(Elektronen)*; 4. *(Text)* Durchgangsraum *m* *(einer Nähmaschine)*; 5. *(Flg)* Abflug *m* *(s. a. unter* взлёт*)* ‖ **~ баллона** *(Text)* Ballonausladung *f*, Ausladung *f* des Fadenschleiers *(Ringspinnmaschine)* ‖ **~ бегунка** *(Text)* Herausfliegen (Herausspringen) *n* des Läufers ‖ **~ за борт** *(Schiff)* Ausladung *f* über Seite Bord ‖ **~ консоли** Konsolenausladung *f*, Kragarmlänge *f* ‖ **~ крана** Kranausladung *f*, Auslegerweite *f* ‖ **~ челнока** *(Text)* Herausspringen *n* des Schützens

вылетать 1. *(Flg)* starten; 2. *(Ph)* austreten *(Teilchen)*

выливать [aus]gießen, ausschütten ‖ **~ улов** den Fang ausschütten (auskeschern, ausschöpfen, ausösen) *(Fischereiwesen)*

выливка *f* **рыбы каплером** Keschern *n* des Fisches *(Ringwadenfischerei)* ‖ **~ улова** Aus-

schütten *n* (Entnahme *f*) des Fangs, Fangentnahme *f* *(aus dem Netz)*
вылить *s.* выливать
выложить *s.* выкладывать
вымачивание *n* 1. Einweichen *n*,Wässern *n*, Einwässern *n*; 2. *(Text)* Rösten *n*, Rotten *n* *(Flachs, Hanf)*; 3. *(Ker)* Einsumpfen *n* *(Ton)* ‖ **~/предварительное** Vorwässern *n*
вымачивать 1. einweichen; [aus]wässern; quellen, durchfeuchten; 2. *(Text)* rösten, rotten *(Flachs, Hanf)*; 3. *(Ker)* einsumpfen *(Ton)*
вымерить *s.* вымерять
вымерять ausmessen, abmessen, durchmessen
вымоина *f* *(Geol)* Auskolkung *f*, Kolk *m*
вымолот *m* *(Lw)* Drusch *m*, Ausdrusch *m* *(Dreschergebnis)*
вымораживание *n* Ausfrieren *n*; Auswintern *n*
вымораживать ausfrieren; auswintern
выморозить *s.* вымораживать
вымываемые *mpl* **водой** *(Led)* auswaschbare Stoffe *mpl*
вымывание *n* Auswaschen *n*, Ausspülen *n*; Ausschwemmen *n*
вымывать [aus]waschen
вымыть *s.* вымывать
вынесенный *(Masch)* außen angebracht, extern *(z. B. beim IR)*
вынимать 1. herausnehmen, entfernen; ausbauen, demontieren; 2. *s.* добывать 2.; 3. ausheben *(Erdreich)* ‖ **~ грунт** [aus]baggern
вынос *m* 1. Auskragung *f*, Ausladung *f*, Überhang *m*; 2. Austrag *m*; Auswurf *m* *(z. B. aus einem Konverter)*
выносить 1. mitreißen *n* *(Wassertropfen durch Dampf)*; 2. *(Bgb)* austragen *(Bohrklein)*
выносливость *f* *(Wkst)* Dauer[schwing]festigkeit *f*, Schwingfestigkeit *f*.
выносливый widerstandsfähig
вынужденный erzwungen, zwangsläufig
выпадать 1. herausfallen; 2. *(El)* auslösen *(Schalter)*; 3. *(Ch)* ausfallen, niedergeschlagen werden ‖ **~ в осадок** *(Ch)* ausfallen, niedergeschlagen werden ‖ **~ из синхронизма** *(El, Masch)* aus dem Synchronismus [heraus]fallen
выпадение *n* 1. Herausfallen *n*; 2. Fallen *n*; 3. Ausfall *m*; 4. Durchfallen *n*; 5. *(Ch)* Ausfallen *n*, Niederschlagen *n* ‖ **~ в осадок** *(Ch)* Ausfallen *n*, Niederschlagen *n* ‖ **~ выключателя** *(El)* Schalterauslösung *f* ‖ **~ знаков** *(Inf)* Drop-out *m(n)*, Signalausfall *m* ‖ **~ из синхронизма** *(El, Masch)* Außertrittfallen *n*, Herausfallen *n* aus dem Synchronismus ‖ **~/радиоактивное** radioaktiver Ausfall *m* ‖ **~ разряда** *s.* ~ знаков
выпаивание *n* *(Lw)* Tränken *n*
выпалить *(Bgb)* abtun *(Sprengung)*
выпар *m* Brüden *m*, Brüdendampf *m*; Wrasen *m*, Dampfschwaden *pl*
выпаривание *n* 1. Verdampfen *n*, Verdampfung *f*, Abdampfen *n*, Eindampfen *n* *(von Lösungsmitteln)*; 2. Dämpfen *n*; Eindicken *n*; 3. *(Schiff)* Ausdämpfen *n* *(eines Tanks)* ‖ **~/безостаточное** rückstandslose Verdampfung *f* ‖ **~ в тонком слое** Dünnschichtverdampfung *f* ‖ **~ досуха** Eindampfen (Verdampfen) *n* zur Trockne *(völliges Entfernen eines Lösungsmittels)* ‖ **~/контактное** *(Text)* Verdampfen *n* nach dem Kontaktverfahren *(Chemiefaserherstellung)* ‖ **~/многократное** mehrfache (mehrstufige) Verdampfung *f*, Mehrfachverdampfung *f* ‖ **~/однократное** einfache (einstufige) Verdampfung *f*, Einfachverdampfung *f* ‖ **~ под вакуумом** Vakuumverdampfung *f* ‖ **~ под давлением** Druckverdampfung *f* ‖ **~ сиропа** Verdampfen (Eindampfen) *n* zu Dicksaft *(Zuckergewinnung)*
выпаривать 1. verdampfen; abdampfen, eindampfen *(Lösungsmittel)*; 2. dämpfen; eindicken; 3. *(Schiff)* ausdämpfen *(Tanks)* ‖ **~ досуха** zur Trockne eindampfen
выпарить *s.* выпаривать
выпарка *f* 1. Verdampfer *m*, Verdampfapparat *m*, Verdampfanlage *f*; Abdampfapparat *m*, Eindampfapparat *m* *(für die Verdampfung von Lösungsmitteln)*; 2. *s.* выпаривание ‖ **~/многокорпусная** Mehrkörperverdampfer *m*, Mehrfachverdampfer *m*
выпахивание *n***/ледниковое** *(Geol)* Exaration *f*, Eisabtrag *m*, glaziale Erosion *f*
выпечка *f* *(Lebm)* Backen *n*
выплавить *s.* выплавлять
выплавка *f* *(Met)* 1. Schmelzen *n*, Erschmelzen *n*; 2. Verhütten *n*, Verhüttung *f*; 3. Gewinnung (Erzeugung) *f* durch Schmelzen; 4. Schmelzertrag *m*, Verhüttungsertrag *m*; 5. Ausschmelzen *n* ‖ **~ пластмассовых изделий металлом** *(Gieß)* Kunststoff-Verbundgießen *n*, Kunststoff-Verbundguß *m* ‖ **~ стали** Stahlschmelzen *n*, Stahlerzeugung *f*, Stahlgewinnung *f* ‖ **~ чёрного металла** Rohhüttenprozeß *m* *(NE-Metallurgie)* ‖ **~ чугуна** Roheisenverhüttung *f*, Roheisengewinnung *f*, Roheisenerzeugung *f*
выплавление *n* *(Met)* Ausschmelzen *n*; Erschmelzen *n*, Niederschmelzen *n* ‖ **~ моделей** *(Gieß)* Modellausschmelzen *n* *(Feingießverfahren)*
выплавлять *(Met)* 1. [er]schmelzen; 2. verhütten; 3. gewinnen (erzeugen) durch Schmelzen; 4. ausschmelzen
выплеск *m* **металла** *(Schw, Gieß)* Metallauswurf *m*, Metallspritzer *m*
выпойка *f* *(Lw)* Tränken *n*
выполаживаться *(Bgb)* verflachen *(Lagerstätten)*
выполнение *n* Ausführung *f*, Vollzug *m*, Erfüllung *f* ‖ **~ жил** *(Geol)* Gangfüllung *f* ‖ **~ команд[ы]** *(Inf)* Befehlsausführung *f* ‖ **~/конструктивное** konstruktive Ausführung *f*, Konstruktionsausführung *f* ‖ **~ операции (операций)** *(Inf)* Operationsablauf *m* ‖ **~ программ[ы]** *(Inf)* Programmablauf *m*, Programmausführung *f*
выполненный на транзисторах transistorisiert, transistorbestückt, Transistor... ‖ **~ по заказу потребителя** *(Inf)* kundenspezifisch
выполнимый *(Inf)* ausführbar, ablauffähig *(Programm)*
выполнить *s.* выполнять
выполнять ausführen; bestücken ‖ **~ вытяжку** *(Schm)* strecken ‖ **~ на транзисторах** transistorisieren, mit Transistoren bestücken
выпор *m* *(Gieß)* 1. Luftloch *n*, Pfeife *f*, Windpfeife *f*, Luftpfeife *f*; 2. Steiger *m*, Steigetrichter *m* *(in der Form und am Gußteil)* ‖ **~/отводной** Entlüftungssteiger *m*, Luftpfeife *f* ‖ **~/питающий** Speiser *m*, Nachsaugetrichter *m*

выпор-газоотвод *m (Gieß)* Entlüftungssteiger *m*, Luftpfeife *f*

выпотевание *n (Met)* 1. Ausschwitzen *n*, Ausschwitzung *f (einer leichtschmelzbaren Komponente aus dem Metall)*; 2. Ausseigern *n (Zinn)*; 3. Ausschwitzen *n*, Schwitzen *n (beim Sintern; Pulvermetallurgie)*

выпотевать *(Met)* 1. ausschwitzen *(eine leichtschmelzbare Komponente aus dem Metall)*; 2. ausseigern *(Zinn)*; 3. [aus]schwitzen *(beim Sintern; Pulvermetallurgie)*

выправить путь *(Eb)* das Gleis richten

выправка *f (Eb)* Ausrichten *n*, Richten *n (Gleise)* ‖ **~ пути** Richten *n* des Gleises

выпрессовка *f* Herausdrücken *n*; *(Gum)* Austrieb *m*, Grat *m*

выпрямитель *m (El)* Gleichrichter *m* ‖ **~/амплитудный** Amplitudengleichrichter *m* ‖ **~ большой мощности** Hochleistungsgleichrichter *m* ‖ **~/вакуумный** Vakuumgleichrichter *m* ‖ **~/вибрационный [контактный]** Schwing[kontakt]-gleichrichter *m*, Pendelgleichrichter *m* ‖ **~/высоковакуумный** Hochvakuumgleichrichter *m* ‖ **~/высоковольтный** Hochspannungsgleichrichter *m* ‖ **~/высокочастотный** Hochfrequenzgleichrichter *m*, HF-Gleichrichter *m* ‖ **~/газонаполненный** gasgefüllter Gleichrichter *m* ‖ **~/газоразрядный** Gasentladungsgleichrichter *m* ‖ **~/газотронный** Gasdiodengleichrichter *m* ‖ **~/германиевый** Germaniumgleichrichter *m* ‖ **~/двенадцатифазный** Zwölfphasengleichrichter *m* ‖ **~/двухполупериодный** Zweiweggleichrichter *m*, Doppelweggleichrichter *m*, Vollweggleichrichter *m* ‖ **~/двухтактный** Gegentaktgleichrichter *m* ‖ **~/двухфазный** Zweiphasengleichrichter *m* ‖ **~/диодный** Diodengleichrichter *m* ‖ **~ для зарядки** Ladegleichrichter *m* ‖ **~/дуговой** Lichtbogengleichrichter *m* ‖ **~/жидкий** *s.* ~/электролитический ‖ **~/зарядный** Ladegleichrichter *m* ‖ **~/измерительный** Meßgleichrichter *m* ‖ **~/ионный** Ionengleichrichter *m* ‖ **~/кенотронный** Kenotrongleichrichter *m* ‖ **~/контактный** Kontaktgleichrichter *m* ‖ **~/кремниевый** Siliciumgleichrichter *m* ‖ **~/кремниевый управляемый** gesteuerter Siliciumgleichrichter *m*, Thyristor *m* ‖ **~/купроксный** Kupfer(I)-oxidgleichrichter *m*, Kuproxgleichrichter *m* ‖ **~/ламповый** Röhrengleichrichter *m* ‖ **~/маломощный** leistungsschwacher Gleichrichter *m*, Gleichrichter *m* kleiner Leistung ‖ **~/машинный** maschineller Wechselstrom-Gleichstrom-Umformer *m* ‖ **~/механический** mechanischer Gleichrichter *m* ‖ **~/микрофонный** Mikrophonspannungsgleichrichter *m* ‖ **~/многофазный** Mehrphasengleichrichter *m* ‖ **~/мостовой** Brückengleichrichter *m* ‖ **~/мощный** Hochleistungsgleichrichter *m*, leistungsstarker Gleichrichter *m* ‖ **~ напряжения сети** Netzspannungsgleichrichter *m* ‖ **~/низковольтный** Niederspannungsgleichrichter *m* ‖ **~/низкочастотный** Niederfrequenzgleichrichter *m*, NF-Gleichrichter *m* ‖ **~/однополупериодный (однотактный)** Einweggleichrichter *m*, Halbweggleichrichter *m* ‖ **~/однофазный** Einphasengleichrichter *m* ‖ **~/питающий** Speisegleichrichter *m* ‖ **~ по мостовой схеме** Brückengleichrichter *m* ‖ **~/полупроводниковый** Halbleitergleichrichter *m* ‖ **~/ртутный** Quecksilber[dampf]gleichrichter *m* ‖ **~/сварочный** Schweißgleichrichter *m* ‖ **~/селеновый** Selengleichrichter *m* ‖ **~ сетевого напряжения** Netzspannungsgleichrichter *m* ‖ **~/силовой** Leistungsgleichrichter *m* ‖ **~/сильноточный** Starkstromgleichrichter *m* ‖ **~/сухой** Trocken[platten]gleichrichter *m* ‖ **~ тлеющего разряда** Glimm[röhren]gleichrichter *m*, Glimmlichtgleichrichter *m* ‖ **~ тока** Stromgleichrichter *m* ‖ **~/транзисторный** Transistorgleichrichter *m* ‖ **~/трёхфазный** Dreiphasengleichrichter *m* ‖ **~/шестифазный** Sechsphasengleichrichter *m* ‖ **~/электролитический** Elektrolytgleichrichter *m*

выпрямительный *(El)* Gleichrichter...

выпрямить *s.* выпрямлять

выпрямление *n* 1. Geraderichten *n*; Aufrichten *n*; 2. *(El)* Gleichrichtung *f* ‖ **~/амплитудное** Amplitudengleichrichtung *f* ‖ **~/двухполупериодное** Zweiweggleichrichtung *f*, Doppelweggleichrichtung *f*, Vollweggleichrichtung *f* ‖ **~/двухтактное** Gegentaktgleichrichtung *f* ‖ **~/квадратичное** quadratische Gleichrichtung *f* ‖ **~/линейное** lineare Gleichrichtung *f* ‖ **~/однополупериодное** Einweggleichrichtung *f*, Halbweggleichrichtung *f* ‖ **~ по напряжению** Spannungsgleichrichtung *f* ‖ **~ по току** Stromgleichrichtung *f* ‖ **~ судна** Aufrichten (Wiederaufrichten) *n* des Schiffes

выпрямлять *(El)* gleichrichten

выпрямляться sich aufrichten, sich wiederaufrichten *(Schiff)*

выпукло-вогнутый konvex-konkav *(Linsen)*

выпуклость *f* 1. Konvexität *f*, Balligkeit *f*; 2. *(Bw)* Wölbung *f (Straßenbau)*

выпуклый gewölbt, konvex; erhaben

выпуск *m* 1. Auslassen *n*, Ablassen *n*, Entleerung *f*; 2. Auslauf *m*, Ausströmung *f*; 3. Auslaß *m*, Austritt *m*, Auspuff *m (Dampf, Gase)*; 4. *(Met)* Abstich *m*, Abstechen *n (Metall, Schlacke)*; 5. *(Text)* Streckgang *m (Spinnerei)*; 6. Erzeugung *f*, Produktion *f (Ware)*; Belieferung *f*, Ablieferung *f*; 7. *(Typ)* Herausgabe *f (eines Buches)*; Lieferung *f*, Folge *f*, Heft *n (bei Zeitschriften)*; 8. Sackauslauf *m (Müllerei)*; 9. *(Bw)* Überstand *m*, herausragendes Teil *n*; 10. *(Flg)* Ausfahren *n (z. B. der Klappen)* ‖ **~ арматуры** *(Bw)* Anschlußstahl *m*, Anschlußbewehrung *f*, Stoßbewehrung *f* ‖ **~/бездымный** rauchloses Abgas *n (bei Verbrennungsmotoren)* ‖ **~/дымный** rauchendes Abgas *n (bei Verbrennungsmotoren)* ‖ **~ жидкого металла** *s.* ~ металла ‖ **~ жидкого шлака** *s.* ~ шлака ‖ **~ калибра** *(Wlz)* Kaliberanzug *m* ‖ **~ металла** *(Met)* Abstechen *n*, Abstich *m (Metall)* ‖ **~ пара** *(Wmt)* Dampfauslaß *m* ‖ **~ руды** *(Bgb)* Abziehen *n* des Erzes, Erzabzug *m*; Erzausbringen *n* ‖ **~/холостой** *(Hydt)* Freilaß *m* ‖ **~ чугуна** *(Met)* Roheisenabstich *m (Hochofen)*; Eisenabstich *m (Kupolofen)* ‖ **~ шасси** *(Flg)* Ausfahren *n* des Fahrwerks ‖ **~ шлака** *(Met)* Schlackenabstechen *n*, Schlackenabstich *m*; Schlackenabzug *m (Schachtofen)*; Abschlacken *n (Herdofen)* ‖ **~/щелевой** Schlitzauslaß *m (für Luft)*

выпускать 1. auslassen, ablassen; 2. *(Met)* abstechen *(Metall oder Schlacke)*; abziehen

(Schlacke); 3. *(Bgb)* abziehen, ablassen; ausbringen; 4. *(Typ)* herausgeben *(Bücher)*; 5. *(Flg)* ausfahren *(z. B. Klappen)*

выпустить *s.* выпускать

выпученный bauchig, konvex, ausgebaucht

выпучивание *n* 1. Aufbauchen *n*, Ausbiegen *n*, Ausbeulen *n*; Anschwellen *n*; 2. Krümmen *n*, Ausknicken *n (z. B. eines Metallstabes bei Knickbelastung)*; 3. *(Met)* Ausbeulen *n*, Beulen *n (Gußfehler)*

выпучивать 1. aufbauchen, anschwellen; 2. ausknicken

выпучина *f* Ausbeulung *f*, Beule *f*

выпучить *s.* выпучивать

вырабатывать 1. herstellen, produzieren; entwickeln; 2. erzeugen; 3. *(Bgb)* abbauen, aushauen; auskohlen

выработка *f* 1. Herstellung *f*, Erzeugung *f*, Ausarbeitung *f*, Produktion *f*; 2. Produktionsmenge *f*; Ausstoß *m*; Lieferung *f*; 3. Ausbeute *f*; 4. *(Bgb)* Grubenbau *m*; Abbau *m*, Gewinnung *f (s. a. unter* выемка 6., добыча 2. *und* разработка*)* ‖ **~/аккумулирующая** *(Bgb)* Sammelstrecke *f* ‖ **~/вентиляционная** *(Bgb)* Wetterstrecke *f* ‖ **~/вертикальная** *(Bgb)* seigerer Grubenbau *m* ‖ **~/вскрывающая** *(Bgb)* Ausrichtungs[gruben]bau *m (Tiefbau)*; Aufschlußraum *m (Tagebau)* ‖ **~ вскрытия** *s.* ~/вскрывающая ‖ **~/выпускная** *(Bgb)* Abzugsstrecke *f*, Ladestrecke *f* ‖ **~/глухая** *(Bgb)* nicht durchschlägiger Grubenbau *m*, Blindort *n* ‖ **~/годовая** Jahresleistung *f*; Jahreserzeugung *f* ‖ **~/горизонтальная** *(Bgb)* söhliger Grubenbau *m* ‖ **~/горная** *(Bgb)* Grubenbau *m* ‖ **~/горноразведочная** *(Bgb)* Aufschlußbau *m*, Erkundungsbau *m* ‖ **~/двухпутевая** *(Bgb)* zweigleisiger Grubenbau *m* ‖ **~/дневная** Tagesleistung *f*; Tageserzeugung *f* ‖ **~/дренажная** *(Bgb)* Entwässerungsbau *m* ‖ **~/капитальная** *(Bgb)* Ausrichtungsbau *m*, Hauptgrubenbau *m* ‖ **~ на душу населения** Pro-Kopf-Erzeugung *f* ‖ **~/наклонная** *(Bgb)* tonnlägiger (geneigter, schräger) Grubenbau *m* ‖ **~/нарезная** *(Bgb)* Abbauweg *m*; Zugangsstrecke *f (bei der Vorrichtung im Strebbau)* ‖ **~/обгонная** *(Bgb)* Umfahrung *f*, Umbruch *m* ‖ **~/обходная** *s.* ~/обгонная ‖ **~/однопутевая** *(Bgb)* eingleisiger Grubenbau *m* ‖ **~/откаточная** *(Bgb)* Förderstrecke *f* ‖ **~/открытая [горная]** *(Bgb)* Tagebau *m*, übertägiger Grubenbau *m* ‖ **~/очистная** *(Bgb)* Gewinnungsbau *m* ‖ **~/параллельная** *(Bgb)* Begleitort *n* ‖ **~ по падению** *(Bgb)* Fallort *n* ‖ **~/погашенная** *(Bgb)* abgeworfener Grubenbau *m* ‖ **~/подготовительная** *(Bgb)* Vorrichtungsbau *m* ‖ **~/подземная [горная]** *(Bgb)* Untertagebau *m*, untertägiger Grubenbau *m* ‖ **~/полевая** *(Bgb)* Richtstrecke *f*, Feldstrecke *f* ‖ **~/породная** *s.* ~/полевая ‖ **~/приствольная** *(Bgb)* Füllortbau *m* ‖ **~/разведочная** *(Bgb)* Aufschlußbau *m*, Erkundungsbau *m* ‖ **~/сборная** *(Bgb)* Sammelstrecke *f* ‖ **~/сезонная** *(Lw)* Saisonleistung *f*, Kampagneleistung *f (einer Maschine)* ‖ **~/скреперная** *(Bgb)* Schrapperstrecke *f* ‖ **~/сменная** Schichtleistung *f* ‖ **~ снизу вверх** *(Bgb)* Aufbrechen *n*, Aufbruch *m*, Aufhauen *n*, Überbrechen *n*, Überhauen *n* ‖ **~/спаренная** *(Bgb)* Begleitortbetrieb *m* ‖ **~/старая** *(Bgb)* Altgrubenbau *m* ‖ **~/суточная** Tagesleistung *f*; Tageserzeugung *f* ‖ **~ тепла** *(Wmt)* Wärmeerzeugung *f* ‖ **~/транспортная** *(Bgb)* Förderstrecke *f* ‖ **~/тупиковая** *s.* ~/глухая ‖ **~/ходовая** *(Bgb)* Fahrstrecke *f* ‖ **~/эксплуатационная** *(Bgb)* Gewinnungsgrubenbau *m*, Abbau *m* ‖ **~ электроэнергии** Elektroenergieerzeugung *f*

выравнивание *n* 1. Ausrichten *n*; 2. Ausgleich *m*, Ausgleichung *f*; 3. Abgleichung *f*; Glättung *f*; 4. *(Bw)* Ebnen *n*, Planieren *n*; 5. *(Flg)* Ausschweben *n*, Aufrichten *n (des Flugzeugs beim Landen)*; 6. *(Math)* Ausgleichung *f* ‖ **~/автоматическое** Selbstausgleich *m* ‖ **~ давлением** Druckausgleich *m (Ausgleich unter Druck)* ‖ **~ давления** Druckausgleich *m* ‖ **~ дифферента** *(Schiff)* Trimmausgleich *m* ‖ **~ ёмкости** *(Nrt)* Kapazitätsausgleich *m* ‖ **~ затухания** *(Nrt)* Dämpfungsausgleich *m*, Dämpfungsentzerrung *f* ‖ **~ искажений** Verzerrungsausgleich *m* ‖ **~ концентрации** Konzentrationsausgleich *m* ‖ **~ крена** *(Schiff)* Krängungsausgleich *m* ‖ **~ кривой** Anpassung *f* der Kurve, Kurvenanpassung *f* ‖ **~ крутящего момента** *(Mech)* Drehmomentausgleich *m* ‖ **~ моментов** *(Mech)* Momentausgleich *m* ‖ **~ напряжений** *(Mech)* Spannungsausgleich *m* ‖ **~ напряжения** *(El)* Spannungsausgleich *m* ‖ **~ погрешностей** Fehlerausgleich *m* ‖ **~ поля изображения** *(Opt)* Bildfeldebnung *f* ‖ **~ потенциалов** *(Ph)* Potentialausgleich *m* ‖ **~ потока** *(Kern)* Flußabflachung *f*, Glätten *n* der Flußverteilung ‖ **~ самолёта** *s.* выравнивание 5. ‖ **~ состава** Homogenisieren *n*, Homogenisierung *f (Werkstoff)* ‖ **~ сыпучего груза** *(Schiff)* Ebentrimmen *n* von Schüttgut ‖ **~ уровней** *(El)* Pegelausgleich *m*, Pegelabgleich *m* ‖ **~ фаз** *(El)* Phasenausgleich *m*, Phasenabgleich *m*

выравниватель *m* 1. *(El)* Entzerrer *m*; 2. *(Text)* Egalisiermittel *n*, Egalisierer *m*; 3. *(Lw)* Planiergerät *n*, Erdhobel *m* ‖ **~ давления** Druckausgleicher *m*, Drosselventil *n* ‖ **~ затухания** *(Nrt)* Dämpfungsentzerrer *m*

выравнивать 1. ausrichten; 2. ausgleichen; 3. abgleichen, abstreichen, planieren; abflachen, abrichten; ebnen, glätten; 4. abfangen, aufrichten *(Flugzeug bei der Landung)* ‖ **~ крен** *(Schiff)* Krängung ausgleichen ‖ **~ сыпучий груз** *(Schiff)* eben trimmen *(Schüttgut)*

выражение *n (Math)* Ausdruck *m*, Term *m*; Formel *f* ‖ **~/арифметическое** arithmetischer Ausdruck *m* ‖ **~/именующее** zielbestimmender Ausdruck *m* ‖ **~/комплексное** komplexer Ausdruck *m* ‖ **~/логическое** logischer Ausdruck *m* ‖ **~ отношения** Vergleichsausdruck *m* ‖ **~/подкоренное** Radikand *m* ‖ **~/подынтегральное** Integrand *m* ‖ **~/приближённое** Näherungsausdruck *m* ‖ **~/присваивающее** *(Inf)* Ergibtanweisung *f*

выращивание *n* 1. Züchtung *f*, Züchten *n*; Ziehen *n (von Kristallen)*; 2. *(Lw)* Zucht *f*, Züchtung *f*, Züchten *n (Pflanzen- und Tierzucht)* ‖ **~/гетероэпитаксиальное** *(Krist)* Heteroepitaxie *f* ‖ **~/гомоэпитаксиальное** *(Krist)* Homoepitaxie *f*, Autoepitaxie *f* ‖ **~ из газовой фазы** *(Krist)* Gasphasenzüchtung *f*, Gasphasenepitaxie *f* ‖ **~ из тигеля** *(Krist)* Tiegelziehverfahren *n*, Kristallziehen *n* aus der Schmelze ‖ **~ кристаллов** Kristallzüchtung *f*; Kristallziehen *n* ‖ **~ методом зонной плавки** *(Krist)* Zonenschmelzverfahren *n* ‖ **~ монокристаллов по методу Чохральского** *s.* метод Чохральского ‖ **~ слоёв** *(Krist)* Aufwachsen *n* von Schichten ‖ **~/эпитаксиальное** *(Krist)* epitaxiale Züchtung *f*, epitaxiales Aufwachsen *n*, Epitaxie *f*

выращивать 1. züchten; ziehen *(Kristalle)*; 2. *(Lw)* züchten, ziehen *(Pflanzen)*

вырез *m* Ausschnitt *m*, Auskehlung *f*, Einkerbung *f*; Tasche *f*; *(Schiff)* Ausschnitt *m*, Freischnitt *m* ‖ **~/люковый** *(Schiff)* Lukenausschnitt *m*, Lukenöffnung *f* ‖ **~/облегчающий** *(Schiff)* Erleichterungsloch *n*

вырезание *n (Fert)* Herausschneiden *n*, Ausschneiden *n*, Wegschneiden *n*; Abschneiden *n* ‖ **~/электроискровое** funkenerosives Ausschneiden *n* ‖ **~/электроэрозионное** elektroerosives Ausschneiden *n*

вырезать *(Fert)* herausschneiden, wegschneiden; ausschneiden; abschneiden ‖ **~ канавку (паз)** *(Fert)* nuten ‖ **~ рисунок** Profil fräsen

вырезка *f (Fert)* Schneiden *n*, Abtrennen *n*, Abschneiden *n*, Schnitt *m*

выровненный влево linksbündig ‖ **~ вправо** rechtsbündig

вырождение *n (Ph, Math)* Entartung *f* ‖ **~/многократное** mehrfache Entartung *f*, Mehrfachentartung *f* ‖ **~/обменное** *(Kern)* Austauschentartung *f* ‖ **~/спиновое** *(Ph)* Spinentartung *f* ‖ **~ уровня энергии** *(Ph)* Entartung *f* eines Energieniveaus

вырожденный *(Ph, Math)* entartet ‖ **~/частично** *(Kern)* teilweise entartet

вырубать 1. *(Forst)* ausholzen, auslichten; 2. aushacken, heraushacken; 3. auskerben; 4. *(Bgb)* ausschlagen

вырубить *s.* вырубать

вырубка *f* 1. Kerbe *f*, Einschnitt *m*; 2. *(Fert)* Ausstemmen *n*, Ausstanzen *n*, Auskreuzen *n*; 3. *(Schm)* Ausschroten *n*, Aushauen *n (Ausschneiden der äußeren Konturen)*; 4. *(Schm)* Lochen *n*, Dornen *n*; 5. *(Forst)* Einschlag *m*, Aushieb *m* ‖ **~/газовая** *s.* ~/огневая ‖ **~ [канавок]/кислородная** *(Schw)* Fugenhobeln *n* ‖ **~/огневая** *(Met, Gieß)* Flämmen *n*, Flammhobeln *n*, Brennputzen *n* ‖ **~/чистовая** *(Fert)* Feinschneiden *n*

выруливать *(Flg)* ausrollen

вырывание *n* 1. Ausreißen *n*, Herausreißen *n*; 2. *(Kern)* Abspaltung *f* ‖ **~ электронов** *(Kern)* Elektronenablösung *f*, Elektronenauslösung *f* ‖ **~ электронов/фотоэлектрическое** *(Kern)* lichtelektrische Elektronenabspaltung *f*, Elektronenablösung *f* durch Photonenabsorption

вырывать 1. ausreißen, herausreißen; 2. *(Kern)* abspalten, herausreißen *(z. B. Elektronen)*

высадить *s.* высаживать

высадка *f* 1. *(Schm)* Anstauchen *n*, Stauchen *n*, Stauchschmieden *n (zur Querschnittsvergrößerung des Schmiedestücks an einem Ende oder in der Mitte)*; 2. *(Lw)* Auspflanzen *n*, Verpflanzen *n*; 3. *(Schiff)* Landung *f*, Anlanden *n*, Ausschiffen *n* ‖ **~/вытяжная** *(Schm)* Streckstauchen *n* ‖ **~/горячая** *(Schm)* Warmstauchen *n* ‖ **~/предварительная** *(Schm)* Vorstauchen *n* ‖ **~/холодная** *(Schm)* Kaltstauchen *n* ‖ **~/чёрная** *(Schm)* Vorstauchen *n*

высаживание *n* 1. *(Ch)* Ausfällen *n*; 2. *s.* высадка

высаживать 1. *(Schm)* anstauchen, stauchschmieden; 2. *(Lw)* auspflanzen, verpflanzen; 3. *(Schiff)* [an]landen, ausschiffen; 4. *(Ch)* ausfällen

высаливаемость *f (Ch)* Aussalzbarkeit *f*

высаливание *n (Ch)* Aussalzen *n*, Aussalzung *f*

высаливать *(Ch)* aussalzen

высасывание *n* Absaugen *n*

высверливание *n (Fert)* Herausbohren *n*, Ausbohren *n*

высверливать [her]ausbohren

высверлить *s.* высверливать

высвечивание *n* 1. *(Ph)* Lumineszenz *f*, kaltes Licht *n*; Ausleuchtung *f*; 2. *(Kern)* Deexzitation *f* ‖ **~ гамма-квантов** *(Kern)* Gammadeexzitation *f*, Gammaabregung *f*

высвободить *s.* высвобождать

высвобождать 1. auslösen; befreien, losmachen, frei machen; freisetzen *(z. B. Arbeitskräfte)*; 2. ausleeren, entleeren

высвобождение *n* 1. *(Kern)* Ablösung *f*, Auslösung *f (Elektronen)*; 2. Freisetzen *n*, Freisetzung *f*, Entwicklung *f (von Gasen)*

высев *m (Lw)* Aussaat *f*

высевки *pl* 1. Siebgrobes *n*, Siebrückstand *m*, Überkorn *n*, Grobgut *n*; 2. Grus *m*; 3. *(Lw)* Spreu *f*, Kaff *n* ‖ **~/дегтеванные** *(Bw)* Teersplitt *m* ‖ **~/каменные** *(Bw)* Splitt *m* ‖ **~/коксовые** Koksklein *n* ‖ **~/угольные** Kohlenklein *n*

высекать *(Fert)* ausstanzen; ausschneiden; aushauen

высечка *f* 1. *(Fert)* Ausstanzen *n*; Ausschneiden *n*; Aushauen *n*; 2. *(Fert)* Stanzabfall *m*; 3. *(Wkz)* Ausschlagwerkzeug *n*; Lochstanze *f*, Ausschlageisen *n*

высечки *fpl (Fert)* Stanzabfälle *mpl*

высечь *s.* высекать

высказывание *n (Kyb)* Aussage *f* ‖ **~/истинное** wahre Aussage *f* ‖ **~/логическое** logische Aussage *f* ‖ **~/ложное** falsche Aussage *f* ‖ **~/отрицательное** negative Aussage *f* ‖ **~/положительное** positive Aussage *f*

высокоактивный hochaktiv, sehr wirksam

высокоамперный Hochstrom..., stromstark

высокобортный hochbordig *(Schiff)*

высоковакуумный Hochvakuum..., hochevakuiert

высоковольтный Hochspannungs..., Hochvolt...

высоковязкий *(Ph)* hochviskos

высокоглинозёмистый hochtonerdehaltig, stark tonerdehaltig

высокогорье *n* Hochgebirge *n*

высокодисперсный *(Ph, Ch)* hochdispers, feinstverteilt

высокожаропрочный *(Wkst)* hochwarmfest

высокозольный aschenreich, stark aschenhaltig

высокоинтегрированный *(Eln)* hochintegriert

высокоионизированный *(Ph)* hochionisiert

высококалорийный heizkräftig, mit (von) hohem Heizwert

высококипящий hochsiedend, schwer[er]siedend

высококонтрастный kontrastreich

высоколегированный *(Eln)* hochlegiert, hochdotiert

высокомарганцевый manganreich
высокомедистый kupferreich
высокомолекулярный *(Ph, Ch)* hochmolekular, makromolekular
высоконадёжный von hoher Zuverlässigkeit
высоконапорный Hochdruck...
высоконапряжённый *(Mech)* hochbeansprucht
высокооборотный schnellaufend, hochtourig
высокообъёмный hochvoluminös, Hochbausch... *(textile Gewebe)*
высокоогнеупорность *f* Hochfeuerfestigkeit *f*, Hochfeuerbeständigkeit *f*
высокоогнеупорный hochfeuerfest, hochfeuerbeständig
высокооктановый hochoktan[zahl]ig, hochklopffest, Hochoktan... *(Kraftstoffe)*
высокоомный *(El)* hochohmig, Hochohm...
высокоплавкий hochschmelzend, schwerschmelzend
высокоплавкость *f* Hochschmelzbarkeit *f*, Schwerschmelzbarkeit *f*
высокоплан *m (Flg)* Hochdecker *m*
высокополимер *m (Ch)* Hochpolymer *n*
высокополимерный *(Ch)* hochpolymer
высокопроизводительный hochproduktiv, hochleistungsfähig, Hochleistungs...; leistungsstark
высокопрочный hochfest, von hoher Festigkeit (Haltbarkeit)
высокореакционный hochreaktiv, hochreaktionsfähig
высокоскоростной Hochgeschwindigkeits..., Schnellverkehrs...
высокосмолистый harzreich, mit hohem Harzgehalt *(Holz)*
высокосмоляной *(Pap)* hochfrei harzreich (harzhaltig)
высокоствольник *m (Forst)* Hochwald *m* ll **~/одновозрастный** gleichaltriger Hochwald *m* ll **~ с искусственным ярусом** unterbauter Hochwald *m*
высокоствольный *(Forst)* hochstämmig
высокотемпературный von hoher Temperatur; Hochtemperatur..., bei hoher Temperatur verlaufend (ablaufend), Heiß...
высокотеплопроводный stark wärmeleitend
высокоуглеродистый hochgekohlt, hochkohlenstoffhaltig, mit hohem Kohlenstoffgehalt *(Stahl)*
высокоусадочный *(Text)* hochschrumpfend
высокохлорированный *(Ch)* hochchloriert
высокочастотный *(El)* hochfrequent, Hochfrequenz-..., HF-...; trägerfrequent, Trägerfrequenz..., TF-...
высокочувствительный hochempfindlich
высокощелочной hochalkalihaltig, alkalireich, hochbasisch
высокоэластический hochelastisch
высокоэластичный hochelastisch
высол *m (Bw)* Ausblühung *f (Putz)*
выслаживание *n* Auslaugen *n*, Extraktion *f (Zuckergewinnung)* ll **~/противоточное** Gegenstromauslaugung *f*, Gegenstromextraktion *f (Zuckergewinnung)*
выслаживать auslaugen *(Zuckergewinnung)*
высолы *mpl (Bw)* Auslaugung *f (Korrosion)*
высота *f* 1. Höhe *f (Maß)*; 2. Höhe *f*, Gipfel *m (Geographie)*; 3. *(Astr)* Höhe *f (Höhenwinkel eines Gestirns)* ll **~/абсолютная** Höhe *f* über NN, Höhe *f* über Normalnull, Höhe *f* bezogen auf Normalnull (NN) ll **~ апогея** *(Astr, Raumf)* Apogäumshöhe *f (Entfernung des Apogäums von der Erdoberfläche)* ll **~ барометра** *(Meteo)* 1. Barometerhöhe *f (über dem Meeresspiegel)*; 2. Barometerstand *m* ll **~ барометра над уровнем моря** Barometerhöhe *f* über NN (Normalnull) ll **~ борта** *(Schiff)* Seitenhöhe *f* ll **~ броска** *s.* ~ метания ll **~ в меридиане** *s.* ~/меридиальная ll **~/вертикальная** *(Bgb)* Seigerhöhe *f* ll **~ взброса** *(Geol)* Sprunghöhe *f* einer Aufschiebung ll **~ воздушного давления** atmosphärische Druckhöhe *f* ll **~ волнистости** Wellentiefe *f (bei Oberflächenmessungen)* ll **~ всасывания** Saughöhe *f*, Ansaughöhe *f*; Sauggefälle *n*, Ansaugdruck *m*, Saugwassersäule *f*, Saugspiegeltiefe *f* ll **~ выброски** Absetzhöhe *f*, Abwurfhöhe *f* ll **~ выключения двигателя** *(Rak)* Brennschlußhöhe *f* ll **~ выступа профиля** Profilkammhöhe *f (Rauheitsmessung)* ll **~ гидростатического давления** *(Hydt)* Wasserdruckhöhe *f* ll **~ головки зуба** *(Masch)* Zahnkopfhöhe *f (Zahnrad)* ll **~ давления/пьезометрическая** *(Hydt)* Piezometer[druck]höhe *f* ll **~/действующая** wirksame (effektive) Höhe *f*, Effektivhöhe *f (der Antenne)* ll **~ действующего напора** *(Hydr)* Triebwasserfallhöhe *f (Turbine)* ll **~/динамическая** *(Geod)* dynamische Kote *f*, dynamische Höhe *f* ll **~ завалки** *(Met, Gieß)* Beschickungshöhe *f*, Begichtungshöhe *f (Schachtofen)* ll **~ загрузки** 1. *(Met, Gieß)* Füllhöhe *f (Schachtofen)*; 2. Höhe *f* der ruhenden Schicht *(Wirbelschichtverbrennung)* ll **~ засып[к]и** *(Met)* Schütthöhe *f*, Gichthöhe *f*, Gichtniveau *n (Schachtofen)* ll **~ звука** *(Ak)* Tonhöhe *f* ll **~ зева** *(Text)* Sprunghöhe *f*, Fachhöhe *f (Weberei)* ll **~ зуба** *(Masch)* Zahnhöhe *f*, Zahntiefe *f (Zahnrad)* ll **~ изображения** Bildhöhe *f (Projektionsbild)* ll **~ импульса** *(El)* Impulshöhe *f* ll **~/истинная** *s.* ~ относительно рельефа ll **~ кадра** *(Kine)* Bildhöhe *f (Filmbild)* ll **~/кажущаяся** scheinbare Höhe *f* ll **~ калибра** *(Wlz)* Kaliberhöhe *f* ll **~ кипящего слоя** Höhe *f* der Wirbelschicht *(Wirbelschichtverbrennung)* ll **~ копания** *(Bgb)* Schnittmächtigkeit *f*, Abtragshöhe *f (Tagebau)* ll **~/крейсерская** *(Flg)* Reiseflughöhe *f* ll **~/меридианная** *(Astr)* Meridianhöhe *f (Höhe eines Gestirns im Meridian)* ll **~ метания** Wurfhöhe *f*, Steighöhe *f* ll **~/метацентрическая** *(Schiff)* metazentrische Höhe *f* ll **~/монтажная** Einbauhöhe *f*, Montagehöhe *f* ll **~ нагнетания** Druckhöhe *f*, Förderhöhe *f*, spezifische Nutzarbeit *f (einer Pumpe)* ll **~нагнетания/геодезическая** *(Hydt)* Reinförderhöhe *f*; Fördernutzhöhe *f*; geodätische Druckhöhe *f (Pumpenanlage)* ll **~ над поверхностью земли (местности)** *(Flg)* Höhe *f* über Grund (dem Erdboden) ll **~ над средним уровнем моря** Höhe *f* über NN (Normalnull) ll **~ над уровнем моря** Höhe *f* über Meeresspiegel, Meereshöhe *f* ll **~ над уровнем моря/исходная** Normalnull *n*, NN *(Normalniveau)* ll **~ надводного борта** *(Schiff)* Freibordhöhe *f*, Freibord *m* ll **~ наибольшего выступа профиля** maximale Profilkammhöhe *f (Rauheitsmessung)* ll **~ напора** *(Hydt)* 1. Druckhöhe *f*; 2. Fallhöhe *f*

(Turbine) ‖ ~ **напорана водосливе** Fallwasserstärke *f* ‖ ~ **напора при входе** Eintrittshöhe *f (Turbine)* ‖ ~ **нахлёстки** Überlappungshöhe *f* ‖ ~**неровностей** Rauhtiefe *f*, Kuppenhöhe *f (Rauhigkeitsprofil)* ‖ ~ **нижнего бьефа** *(Hydt)* Unterwasserhöhe *f* ‖ ~ **ножки зуба** *(Masch)* Zahnfußhöhe *f (Zahnrad)* ‖ ~ **нулевой изотермы** Nullgradgrenze *f* ‖ ~ **обслуживания** Bedienhöhe *f*, Griffhöhe *f* ‖ ~ **откоса** *(Bgb)* Böschungshöhe *f* ‖ ~**/относительная** bezogene Höhe *f* ‖ ~ **относительно рельефа** *(Flg)* Höhe *f* über Grund (dem Erdboden) ‖ ~ **отскакивания** *(Wkst)* Rücksprunghöhe *f*, Rückprallhöhe *f (Rückprallhärteprüfung)* ‖ ~ **отскока** *s.* ~ отскакивания ‖ ~ **падения** *(Hydt)* Fallhöhe *f*, Gefäll[e]höhe *f (eines Flusses)* ‖ ~ **перехода** *(Flg)* Übergangshöhe *f* ‖ ~ **перигея** *(Astr, Raumf)* Perigäumshöhe *f (Entfernung des Perigäums von der Erdoberfläche)* ‖ ~ **подпора** *(Hydt)* 1. Stauhöhe *f*; 2. Zulaufhöhe *f (Pumpe)* ‖ ~ **подъёма** 1. *(Flg)* Steighöhe *f*; 2. Hubhöhe *f*; 3. Förderhöhe *f* ‖ ~ **подъёма/геодезическая** geodätische Förderhöhe *f* ‖ ~ **подъёма клапана** *(Kfz)* Ventilhub *m* ‖ ~ **подэтажа** *(Bgb)* Teilsohlenabstand *m* ‖ ~**/полезная** nutzbare Höhe *f* ‖ ~ **полёта** Flughöhe *f* ‖ ~**/полная** *s.* напор/полный ‖ ~**/полуденная** *(Astr)* Mittagshöhe *f* ‖ ~**/поперечная метацентрическая** *(Schiff)* Breitenmetazentrumshöhe *f* ‖ ~**/приведённая** reduzierte Höhe *f* ‖ ~ **принятия решения** *(Flg)* Entscheidungshöhe *f (bei Präzisionsanflügen)* ‖ ~**/продольная метацентрическая** *(Schiff)* längenmetazentrische Höhe *f* ‖ ~ **проезда/габаритная** *(Bw)* Durchfahrtshöhe *f (Brückenunterführung)* ‖ ~ **пролётного строения** Tragwerkhöhe *f (einer Brücke)* ‖ ~ **профиля** *(Met)* Profilhöhe *f (Profilstahl)*; *(Gum)* Querschnitthöhe *f (Reifen)* ‖ ~ **профиля/наибольшая** *(Fert)* Rauhtiefe *f* ‖ ~ **профиля резьбы** Gewindetiefe *f* ‖ ~**/рабочая** *(Fert)* Tragtiefe *f (des Gewindeprofils)* ‖ ~ **разливки** *(Gieß)* Gießhöhe *f* ‖ ~ **разработки забоя** Abtraghöhe *f*, Schnitthöhe *f (Bagger)* ‖ ~ **реза[ния]** *(Bgb)* Schnitthöhe *f (Tagebau)* ‖ ~ **сброса** *(Geol)* Sprunghöhe *f (einer Abschiebung)* ‖ ~ **светила** *(Astr)* Höhe *f (eines Gestirns)* ‖ ~ **свободного падения** Freifallhöhe *f* ‖ ~ **свода** *(Met)* Gewölbestich *m*, Gewölbehöhe *f (Ofen)* ‖ ~ **сечения** *(Geod)* Schichthöhe *f* ‖ ~ **складирования** Stapelhöhe *f* ‖ ~ **слоя** *(Bgb)* Scheibenhöhe *f (Tagebau)* ‖ ~ **траектории** Flugbahnhöhe *f (Ballistik)* ‖ ~ **тропопаузы** *(Meteo)* Tropopausenhöhe *f* ‖ ~ **укладки** 1. Stapelhöhe *f*; 2. *(Schiff)* Stauhöhe *f* ‖ ~ **уровня** 1. Niveauhöhe *f*; 2. *(Hydt)* Stand *m*, Spiegelhöhe *f*, Wasserhöhe *f* ‖ ~ **уровня воды** *s.* ~ уровня 2. ‖ ~ **уровня моря** Höhe *f* des Meeresspiegels ‖ ~ **уровня шлака** *(Met, Gieß)* Schlackenlinie *f*, Schlackenebene *f (Schmelzofen)* ‖ ~ **уступа** *(Bgb)* Strossenhöhe *f*; Schnitthöhe *f (Tagebau)* ‖ ~ **уступа резца** *(Fert)* Stufentiefe *f* der Spanleitstufe, Stufentiefe *f* des Spanbrechers *(Drehmeißel)* ‖ ~ **хода** *(Masch)* Hub *m*, Hubhöhe *f* ‖ ~ **центров** *(Wkzm)* Spitzenhöhe *f* ‖ ~ **черпания** *(Bgb)* Schnitthöhe *f*, Abtragshöhe *f (Tagebau)* ‖ ~ **шероховатости** Rauhigkeitshöhe *f (einer Oberfläche)* ‖ ~**/штамповая** *(Schm)* Preßraumhöhe *f* ‖ ~ **штамповочного пространства** *(Schm)* lichte Höhe *f* des Arbeitsraumes *(Presse)* ‖ ~ **эклиптики** *(Astr)* Ekliptikhöhe *f* ‖ ~ **этажа** *(Bgb)* Etagenabstand *m*; Sohlenabstand *m*

высотность *f (Flg)* Höhenleistung[sfähigkeit] *f*, Höhenbetriebsverhalten *n*, Höhentauglichkeit *f*

высотомер *m* Höhenmesser *m* ‖ ~**/барометрический** barometrischer Höhenmesser *m* ‖ ~**/звуковой** akustischer Höhenmesser *m* ‖ ~**/импульсный** Impulshöhenmesser *m* ‖ ~ **малых высот** Tiefflughöhenmesser *m*, Feinhöhenmesser *m* ‖ ~**/радиолокационный** Radarhöhenmesser *m*

высотомер-самописец *m (Flg)* Höhenschreiber *m*, selbstschreibender Höhenmesser *m*

выстаивание *n* Reifen *n*, Ausreifen *n*, Reifenlassen *n (Formstoff)*; Mauken *n*

выстилка *f* Auslegung *f*, Auskleidung *f*; Auspflasterung *f*

выстраивание *n (Ph, Ch)* Ausrichtung *f* ‖ ~ **ядер** *(Kern)* Kernausrichtung *f*

выстрел *m* 1. Schuß *m*; 2. *(Schiff)* Spiere *f* ‖ ~**/лазерный** Laserschuß *m*

выстрелы *mpl* **в карбюраторе** *(Kfz)* Vergaserpatschen *n*

выступ *m* 1. Ansatz *m*, Nase *f*, Nocken *m*; 2. vorspringender Teil *m*, Vorsprung *m*; 3. Ausladung *f*, Auskragung *f*, Überhang *m*; 4. Grat *m (Rippe)*; 5. Beule *f*, Wulst *m(f)*; 6. Schulter *f*, Bund *m (Welle)*; Anschulterung *f*; 7. Verlängerung *f*, Ansatz *m*; Zapfen *m*; 8. Ausbuchtung *f*; 9. *(Fert)* Kuppe *f (im Rauheitsprofil)* ‖ ~ **головки** *(Bgb)* Kopfüberstand *m* ‖ ~**/захватывающий** Mitnehmernase *f*, Mitnehmernocken *m* ‖ ~ **поверхности** Kamm *m (im Mikrobild einer bearbeiteten Fläche)*; Rauheitserhebung *f* ‖ ~**/полюсный** *(El)* Pol[schuh]horn *n*, Polkante *f* ‖ ~**/поршневой** *s.* ~ поршня ‖ ~ **поршня** *(Kfz)* Kolbenansatz *m*, Kolbennase *f* ‖ ~**/противоледовый** *(Schiff)* Eissporn *m* ‖ ~ **профиля/местный** *(Fert)* Profilkuppe *f*, Kuppe *f (Rauheitsprofil)* ‖ ~ **стены** *(Bw)* Mauervorsprung *m* ‖ ~ **стержня болта** Schaftansatz *m* ‖ ~**/торцевой** Stirnansatz *m* ‖ ~**/уплотнительный кольцевой** ringförmige Dichtwulst *f (des Reifens)* ‖ ~**/уплотняющий** Dichtungsansatz *m* ‖ ~ **фланца/уплотняющий** Dichtungsleiste *f* des Flansches

выступать 1. ausladen, vorstehen, vorspringen; herausragen; 2. austreten *(Fluß)*

выступить *s.* выступать

высушенный getrocknet, Trocken...; entfeuchtet ‖ ~**/предварительно** vorgetrocknet

высушивание *n* Austrocknen *n*, Eintrocknen *n*, Trocknen *n*; Rösten *n*, Darren *n*; Entfeuchten *n* ‖ ~**/высокочастотное** Hochfrequenztrocknung *f*, HF-Trocknung *f* ‖ ~ **газов** Gastrocknung *f* ‖ ~**/инфракрасное** Infrarottrocknung *f* ‖ ~ **на барабанах** Walzentrocknung *f*, Walzen[trocknungs]verfahren *n*, Filmtrocknung *f* ‖ ~ **распылением** Sprühtrocknung *f*, Zerstäubungstrocknung *f*

высушивать [aus]trocknen; rösten, darren; entfeuchten

высушить *s.* высушивать

высыхаемость *f* Trocknungsfähigkeit *f*, Trockenfähigkeit *f*; Trocknungsgrad *m*

высыхание *n s.* высушивание

выталкивание *n* Ausstoßen *n*, Ausschub *m*, Auswerfen *n*; Ausdrücken *n*
выталкиватель *m* 1. Auswerfer *m*, Ausstoßvorrichtung *f*; 2. Ausdrückmaschine *f (in Koksöfen)*; 3. Ausdrücker *m*, Ausdrückstift *m (in Spritzgießwerkzeugen)*; 4. *(Met)* Ausstoßer *m*, Auswerfer *m*; 5. *(Wlz)* Blockdrücker *m* ‖ **~ обрезков** *(Wlz)* Endenauswerfer *m (Schere)* ‖ **~/печной** *(Wlz)* Blockdrücker *m* ‖ **~ пресс-формы/автоматический** 1. Selbstauswerfer *m*; 2. Materialausstoß *m (Gesenk)*
выталкивать ausstoßen, auswerfen; ausdrücken
вытапливание *n s.* выпотевание
вытапливать рыбий жир Tran kochen *(Fischverarbeitung)*
вытаскивание *n* Herausziehen *n*
вытаскиватель *m* Ausziehvorrichtung *f* ‖ **~ шерстомойки** *(Text)* Wollausheber *m (Wollwaschmaschine)*
вытачивание *n (Fert)* Eindrehen *n (in ein Werkstück)*; Ausdrehen *n (aus einem Werkstück)*
вытекание *n* 1. Ausfluß *m*, Auslaufen *n (von Flüssigkeiten)*; Ausströmen *n (von Gas)*; Abfluß *m*; 2. *(Ph)* Ausströmung *f*, Emanation *f*
вытекать abfließen *(Flüssigkeiten)*; ausströmen *(Gase)*
вытеснение *n* Austreiben *n*, Verdrängung *f* ‖ **~ водорода** Wasserstoffverdrängung *f* ‖ **~ объёма** Volumenverdrängung *f* ‖ **~ потока** *(Kern)* Flußverteilung *f (Neutronen)*; *(El)* Flußverdrängung *f* ‖ **~ тока** *(El)* Stromverdrängung *f*
вытеснитель *m* Verdränger *m*
вытеснить *s.* вытеснять
вытеснять verdrängen, austreiben
вытечь *s.* вытекать
вытолкнуть *s.* выталкивать
вытопка *f (Lebm)* Ausschmelzen *n*, Auslassen *n (von Fett)* ‖ **~/мокрая** Naßschmelze *f*, Naßschmelzverfahren *n* ‖ **~ рыбьего жира** Trankochen *n (Fischverarbeitung)* ‖ **~/сухая** Trockenschmelze *f*, Trockenschmelzverfahren *n*
выточка *f (Fert)* Einstich *m*; Eindrehung *f*; Aussparung *f*; Nut *f* ‖ **~/кольцевая** ringförmige Eindrehung *f* ‖ **~/коническая** Innenkegel *m*
вытравка *f* 1. Ätzung *f*; Beizung *f*; 2. *(Text)* Weißätzen *n*
вытравливание *n* 1. *s.* вытравка; 2. *(Schiff)* Fieren *n (Trossen)*
вытравливать 1. *s.* вытравлять; 2. *(Schiff)* fieren *(Trossen)*
вытравлять 1. [ab]ätzen; beizen; 2. *(Lw)* ausrotten, vertilgen *(Schädlinge)*
вытряхивание *n* Ausschütteln *n*
вытягивание *n* 1. *(Ch)* Extrahieren *n*, Ausziehen *n*; 2. Abziehen *n*, Absaugen *n (Luft, Gase)*; 3. *(Met)* Recken *n*, Reckschmieden *n*, Strecken *n*; Aushämmern *n (Kupfer)*; Dehnen *n*; Ziehen *n (Blech)*; 4. *(Glas)* Ziehen *n*; 5. Ziehen *n (Kristalle)*; 6. *(Text)* Strecken *n*, Verziehen *n*, Verzug *m (Naturfaserspinnerei)*; Recken *n (Chemieseidenherstellung)* ‖ **~/безлодочное** *(Glas)* düsenloses Ziehen *n* ‖ **~ карниза** *(Bw)* Ziehen *n* der Gesimse ‖ **~ кристаллов** Ziehen *n* von Kristallen [aus der Schmelze], Kristallziehen *n* ‖ **~/лодочное** *(Glas)* Ziehen *n* aus einer Düse ‖ **~ монокристаллов по Чохральскому** *s.* метод Чохралького ‖ **~/предварительное** *(Text)* Vorverzug *m (Streckwerk)*
вытягивать 1. *(Ch)* ausziehen, extrahieren; 2. abziehen, absaugen *(Luft, Gase)*; 3. strecken, ausrecken, in die Länge ziehen, ausdehnen; 4. *(Umf, Schm)* recken, reckschmieden; strecken; dehnen; 5. ziehen *(Bleche, Kristalle)*; 6. *(Text)* verziehen, verstrecken *(Naturfaserspinnerei)*; recken *(Chemieseidenherstellung)*; 7. *(Schiff)* einhieven, einholen *(Ankerkette)*; recken *(z. B. eine Leine)*; hinausschleppen, hinausbugsieren *(Schiff aus dem Hafen)* ‖ **~ вхолодную** *(Umf, Schm)* kaltrecken; kaltstrecken ‖ **~ под молотом** *(Umf, Schm)* ausschmieden; recken, ausziehen
вытяжка *f* 1. *(Bw)* Entlüfter *m*, Abzug *m (Rohr, Kanal)*; 2. *(Ch)* Extrakt *m*, Auszug *m*; 3. *(Text)* Verstreckungsgrad *m*; 4. *(Text)* Strecken *n*, Verziehen *n*, Verzug *m (Naturfaserspinnerei)*; Recken *n (Chemieseidenherstellung)*; 5. Ausdehnung *f*, Dehnung *f (Seile, Riemen)*; 6. *(Met)* Recken *n*, Reckung *f*, Strecken *n*, Streckung *f*, Dehnen *n*, Dehnung *f*; Breiten *n*, Breitung *f*; Stauchen *n*, Stauchung *f (insbesondere durch Walzen und Schmieden)*; 7. *(Umf)* Tiefziehen *n*, Tiefen *n*, Tiefung *f*; 8. *(Mech)* Formänderungsgrad *m*, Verformungsgrad *m (beim Walzen und Ziehen)*; 9. Zug *m (Faseroptik)* ‖ **~ в горячем состоянии** *s.* ~/горячая 1. ‖ **~ в холодном состоянии** *s.* ~/холодная 1. ‖ **~ в ширину** *(Schm)* Breitziehen *n* ‖ **~/водная** *(Ch)* wäßriger Extrakt (Auszug) *m* ‖ **~/высокая** *(Text)* Hochverzug *m (Spinnerei)* ‖ **~/главная** *(Text)* Hauptverzug *m (Streckwerk)* ‖ **~/глубокая** *(Umf)* Tiefziehen *n* ‖ **~ горловин** Aushalsen *n (Kunststoffschweißen)* ‖ **~/горячая** 1. *(Schm)* Warmrecken *n*, Warmstrecken *n*, Warmausziehen *n*; 2. *(Text)* Heißverstreckung *f* ‖ **~/грубая** *(Umf)* 1. Vorrecken *n*, Vorstrecken *n*; 2. Vorziehen *n (vor dem Tiefziehen)* ‖ **~/дополнительная** *(Text)* Nachverstreckung *f* ‖ **~/линейная** *(Umf)* lineare (axiale, einachsige) Streckung *f* ‖ **~ листа** Blechziehen *n* ‖ **~ между цилиндрами** *(Text)* Zylinderverstreckung *f*, Zylinderverzug *m* ‖ **~/многократная** *(Wlz)* Streckung *f* durch mehrere Stiche ‖ **~/неправильная** *(Text)* Fehlverzug *m*, Fehlreckung *f* ‖ **~/обратная** *(Schm)* Stülpziehen *n (von Blechen)* ‖ **~/обтяжная** *(Schm)* Streckziehen *n* ‖ **~/общая** 1. *(Schm)* Gesamtstreckung *f*; 2. *(Text)* Gesamtverzug *m* ‖ **~/окончателная** *(Schm)* Fertigziehen *n (von Blechen)* ‖ **~/осевая** *(Wlz)* Längsstreckung *f* ‖ **~/отрицательная** *(Text)* negativer Verzug *m* ‖ **~ по Эриксену** *(Umf)* Erichsen-Tiefung *f*, Tiefung *f* nach Erichsen ‖ **~ под молотом** *(Schm)* Ausschmieden *n*, Reckschmieden *n*; Streckschmieden *n* ‖ **~/полная** 1. *(Schm)* Gesamtverstreckung *f*; 2. *(Text)* Gesamtverzug *m* ‖ **~/предварительная** 1.*(Schm)* Vorstrecken *n*, Vorrecken *n*; 2. *(Schm)* Vorziehen *n (vor dem Tiefziehen)*; 3. *(Text)* Vorverzug *m* ‖ **~ при горячей обработке** *(Umf)* Warmziehen *n* ‖ **~/промежуточная** *(Text)* Zwischenverzug *m*, Teilverzug *m* ‖ **~/прямая** *(Umf)* Tiefziehen *n (von Blechen)* ‖ **~/растительная** *(Lebm)* Kräuterauszug *m* ‖ **~/регулируемая** *(Text)* regulierter Verzug *m*, regulierte Reckung *f* ‖ **~ с оправкой** *(Schm)*

Strecken *n* über (auf) dem Dorn *(von Hohlkörpern in Längsrichtung)*; Freiformschmieden *n* *(runder Hohlkörper bei unveränderlichem Innendurchmesser)* ‖ ~ **с прижимом** *(Umf)* Tiefziehen *n* mit Niederhalter ‖ ~ **с текстурированием** *(Text)* Recktexturierung *f* ‖ **~/скрытая** *(Text)* Fehlverzug *m* ‖ **~/солодовая** *(Lebm)* Malzauszug *m*, Malzextrakt *m* ‖ **~/спиртовая** *(Ch)* alkoholischer Extrakt (Auszug) *m* ‖ **~/средняя** *(Wlz)* mittlere Streckung *f* ‖ **~/суммарная** *(Wlz)* Gesamtstreckung *f* ‖ **~/точная** *(Wlz)* Polierzug *m* ‖ **~/фактическая** *(Wlz)* tatsächliche (effektive) Streckung *f* ‖ **~/фильерная** *(Text)* Verzug *m*, Spinnstreckung *f (Naturfaserspinnerei)*; Spinnreckung *f (Chemiefaserherstellung)* ‖ **~/холодная** 1. *(Schm)* Kaltrecken *n*, Kaltstrecken *n*, Kaltstreckung *f*, Kaltausziehen *n*; 2. *(Text)* Kaltverstreckung *f* ‖ ~ **холста** *(Text)* Wattenverstreckung *f*, Wattenverzug *m* ‖ **~/частная** 1. *(Text)* Teilverstreckung *f*, Zwischenverstreckung *f*, Teilverzug *m*, Zwischenverzug *m*; 2. *(Wlz)* Teilstreckung *f*, Einzelstreckung *f (eines Stiches)* ‖ **~/чёрная** *(Schm)* Vorziehen *n (vor dem Tiefziehen)*

вытяжной 1. Abzugs…; 2. Zug…; dehnbar; 3. *(Schm)* streckbar, reckbar, Streck…; Reck…; 4. *(Umf)* Tiefungs…, Tiefzieh…; 5. Beihiever… *(Schleppnetzfischerei)*

выхаживание *n (Fert)* Ausfeuern *n (beim Schleifen)*

выхаживать *(Fert)* ausfeuern

выхват *m (Led)* 1. Ausheber *m*; 2. Kerbschnitt *m*

выхлоп *m* 1. Auslaß *m*, Auslaßöffnung *f*; *(Kfz)* Auspuff *m*; 2. Abdampf *m*, Austrittsdampf *m*

выход *m* 1. Austritt *m*, Austreten *n*; Verlassen *n*; 2. Ausgang *m (Gebäude)*; 3. Ertrag *m*, Ausbeute *f*; 4. Erscheinen *n (eines Buches)*; 5. Abfluß *m*; 6. *(Bgb)* Ausbiß *m*, Ausstrich *m*, Ausgehendes *n*, 7. *(El)* Ausgang *m*; 8. *(Inf)* Ausgabe *f (von Daten)*; Austritt *m (aus einem Programm)*; 9. Auslaufen *n (Schiffe)* • **со стороны выхода** *(El)* ausgangsseitig ‖ ~ **активации** *(Kern)* Aktivierungsausbeute *f* ‖ **~/антенный** *(Rf, TV)* Antennenausgang *m* ‖ **~/высокоомный** *(El)* hochohmiger Ausgang *m* ‖ **~/двоично-десятичный кодовый** *(Inf)* BCD-Ausgang *m* ‖ **~/двоичный** *(Inf)* binärer Ausgang *m* ‖ **~/дискретный** *(Eln)* diskreter Ausgang *m* ‖ ~ **дымовых газов** *(Wmt)* Rauchgasaustritt *m*, Rauchgasauslaß *m* ‖ ~ **за сутки** Tagesausbeute *f* ‖ **~/запасный** Notausgang *m*; Fluchtweg *m* ‖ ~ **золы** Ascheanfall *m* ‖ ~ **из зацепления** *(Masch)* 1. Ausrasten *n*; 2. Außereingriffbringen *n (Zahnpaar)* ‖ ~ **из зева** *(Text)* Fachaustritt *m* ‖ ~ **из синхронизма** *(El)* Außertrittfallen *n* ‖ ~ **из строя** Ausfall *m (z. B. einer Maschine)* ‖ ~ **излучения** *(Kern)* Emissionsausbeute *f*, Strahlungsausbeute *f* ‖ **~/инвертируемый** *(Eln)* invertierbarer (inverser) Ausgang *m* ‖ **~/информационный** *(Inf)* Informationsausgang *m*, Datenausgang *m* ‖ ~ **ионизации** *(Kern)* Ionisierungsausbeute *f* ‖ ~ **ионов** *(Kern)* Ionenausbeute *f* ‖ **~/квантовый** *(Ph)* Quantenausbeute *f* ‖ **~/контрольный** *(Schiff)* Kontrollfahrt *f* ‖ ~ **концентрата** Konzentratausbringen *n (Aufbereitung)* ‖ **~/логический** *(Inf)* Logikausgang *m* ‖ ~ **металла** Metallausbringen *n (Aufbereitung)* ‖ **~/многофазный** *(El)* mehrphasiger Ausgang *m* ‖ ~ **мощности** Leistungsausbeute *f* ‖ **~/мощный** *(Eln)* 1. Treiberausgang *m*; 2. Leistungsausgang *m* ‖ ~ **на единицу времени** Zeitausbeute *f*, Ausbeute *f* je Zeiteinheit *f* ‖ ~ **на объект** *(Flg)* Zielanflug *m*, Anflug *m* ‖ ~ **на орбиту** *(Raumf)* Aufstieg *f* in die Umlaufbahn, Injektion *f* ‖ ~ **на постоянном токе** *(El)* Gleichstromausgang *m* ‖ ~ **на программу пользователя** *(Inf)* Benutzerausgang *m*, Nutzerexit *m* ‖ ~ **на цель** *s.* ~ на объект ‖ ~ **нейтронов** *(Kern)* Neutronenquellstärke *f*, Neutronenausbeute *f* ‖ **~/низкоомный** *(El)* niederohmiger Ausgang *m* ‖ **~/открытый коллекторный** *(Eln)* offener Kollektorausgang *m* ‖ ~ **пара** Dampfauslaß *m*, Dampfaustritt *m* ‖ ~ **передатчика** *(El)* Senderausgang *m* ‖ ~ **по металлу** *(Met)* Metallausbringen *n* ‖ ~ **по прерыванию** *(Inf)* Unterbrechungsausgang *m*, Interruptausgang *m* ‖ ~ **по току** Stromausbeute *f* ‖ ~ **по току на аноде** Anodenausbeute *f*, Anodenausbringen *n (Naßmetallurgie)* ‖ ~ **по энергии** *s.* ~/энергетический ‖ **~/последовательный** *(Inf)* serieller Ausgang *m* ‖ ~ **приёмника** *(Eln)* Empfängerausgang *m* ‖ ~ **продуктов деления** *(Kern)* Spalt[produkt]ausbeute *f*, Ausbeute *f* der Spaltung ‖ **~/радиационнохимический** strahlenchemische Ausbeute *f* ‖ **~/разрядный** *(Inf)* bitorientierter Ausgang *m* ‖ ~ **реакции** *s.* ~ ядерной реакции ‖ ~ **реакции скалывания** *(Kern)* Spallations[produkt]ausbeute *f* ‖ **~/симметричный** *(Eln)* symmetrischer Ausgang *m* ‖ ~ **стружки** *(Fert)* Spananfall *m* ‖ ~ **тока** Stromaustritt *m* ‖ ~ **фильтрата** *(Ch)* Filtratabfluß *m*, Filtrataustritt *m* ‖ ~ **чугуна** *(Met)* Roheisenausbringen *n (Hochofen)* ‖ ~ **электронов** *(Kern)* Elektronenablösung *f*, Elektronenauslösung *f*, Elektronenaustritt *m*, Elektronenabspaltung *f* ‖ **~/эмиттерный** Emitteranschluß *m* *(Halbleitertechnik)* ‖ **~/энергетический** *(Eln)* energetische Ausbeute *f*, Energieausbeute *f* ‖ ~ **ядерной реакции** *(Kern)* Ausbeute *f* der Kernreaktion, Reaktionsausbeute *f*

выходить austreten, abgehen; heraustreten; ablaufen; anfallen ‖ ~ **из зацепления** *(Masch)* außer Eingriff bringen *(Zahnpaar)* ‖ ~ **из работы** ausfallen *(Geräte)* ‖ ~ **из синхронизма** *(El)* aus dem Synchronismus (Tritt) geraten (fallen) ‖ ~ **из строя** ausfallen *(Geräte)* ‖ ~ **на [дневную] поверхность** *(Bgb)* ausbeißen, ausstreichen, ausgehen, zu Tage gehen

выцветание *n* 1. Ausschlag *m*, Beschlag *m*, Anflug *m*; 2. *(Min)* Ausblühung *f*; Effloreszenz *f*; 3. Verschießen *n (Farben)*; *(Text)* Ausbleichen *n*, Abbleichen *n* ‖ ~ **серы** Ausschwefeln *n*

выцветать 1. beschlagen; 2. *(Min)* ausblühen; 3. verschießen *(Farben)*; *(Text)* ausbleichen, abbleichen

вычеканить ausstanzen; ausmeißeln; prägen

вычёркивание *n* Streichung *f*

вычерпывать ausschöpfen

вычертить *s.* вычерчивать

вычерчивание *n* 1. Zeichnen *n*, Aufzeichnen *n*, Aufreißen *n*; 2. Ausziehen *n* mit Tusche ‖ **~/механическое** maschinelles Zeichnen *n* ~ **шкалы** Teilen *f* einer Skale

вычерчивать 1. zeichnen, anreißen; 2. ausziehen *(mit Tusche)*

вычесть *s.* вычитать
вычёсывание *n (Text)* Auskämmen *n (Kämmaschine)*
вычет *m (Math)* Residuum *n*, Rest *m* ‖ **~/степенной** Potenzrest *m* ‖ **~ функции** Residuum *n* der Funktion
вычисление *n* 1. Rechnen *n*; 2. Berechnung *f*, Rechnung *f* ‖ **~ возмущений** *(Astr)* Störungsrechnung *f* ‖ **~/гибридное** *(Inf)* Hybridrechenlauf *m* ‖ **~ орбит** *(Astr)* Bahn[be]rechnung *f* ‖ **~ погрешностей** Fehlerrechnung *f* ‖ **~/приближённое** *(Math)* Näherungsrechnung *f* ‖ **~/проверочное** *(Inf)* Gegenrechnung *f* ‖ **~ с плавающей запятой** *(Inf)* Gleitkommarechnung *f* ‖ **~ с фиксированной запятой** *(Inf)* Festkommarechnung *f* ‖ **~ эфемерид** *(Astr)* Ephemeridenrechnung *f*
вычисления *npl***/итоговые** *(Inf)* Summenrechnungen *fpl*, Summierungen *fpl*
вычислитель *m* Rechner *m*, Recheneinrichtung *f* ‖ **~ курса** Kursrechner *m* ‖ **~/навигационный** Navigationsrechner *m* ‖ **~/управляющий** Steuerrechner *m* ‖ **~/центральный** zentraler Rechner *m* ‖ **~/цифровой** Digitalrechner *m*, digitaler Rechner *m*, Ziffernrechner *m*
вычислительный Rechen...
вычитаемое *n (Math)* Subtrahend *m*
вычитание *n (Math)* Subtraktion *f*, Subtrahieren *n* ‖ **~ с плавающей запятой** *(Inf)* Gleitkommasubtraktion *f* ‖ **~ с фиксированной запятой** *(Inf)* Festkommasubtraktion *f*
вычитатель *m* Subtrahierer *m*
вычитать *(Math)* subtrahieren, abziehen
вычитающий *(Math)* Subtraktions..., Subtrahier...
вышесинхронный *(El)* übersynchron
вышибание *n* **челнока** *(Text)* Herausschlagen *n* des Schützens
вышибатель *m* **шпули** *(Text)* Stoßhammer *m*, Hammer *m (automatischer Webstuhl)*
вышивание *n (Text)* 1. Broschieren *n*; 2. Sticken *n*
вышка *f* Turm *m*, Gerüst *n* ‖ **~/буровая** *(Bgb)* Bohrturm *m* ‖ **~/копровая** *(Bw)* Fallwerksgerüst *n*, Fallwerksturm *m* ‖ **~/наблюдательная** Beobachtungsturm *m* ‖ **~/парашютная** Fallschirm[sprung]turm *m* ‖ **~/пусковая** *(Raumf)* Startturm *m*
выщелачиваемость *f (Ch)* Auslaugbarkeit *f*, Extrahierbarkeit *f (Aufbereitung)*
выщелачивание *n* 1. *(Ch)* Auslaugen *n*; Extraktion *f* von Feststoffen; 2. *(Bgb)* Laugen *n*, Laugung *f (Aufbereitung)*; 3. Beizen *n (von Fässern)*; 4. Aussolung *f (Salzgewinnung)* ‖ **~/автоклавное** *(Bgb)* Autoklavenlaugung *f*; Druckaufschluß *m (Aufbereitung)* ‖ **~/бактериальное** *(Bgb)* bakterielle (biologische) Laugung *f (Aufbereitung)* ‖ **~ взмучиванием** Rührlaugung *f (Aufbereitung; Hydrometallurgie)* ‖ **~/водное** Wasserlaugen *n*, Wasserlaugung *f (Aufbereitung)* ‖ **~ дробины** *(Brau)* Anschwänzen *n*, Überschwänzen *n (Auswaschen der Treber durch Nachgüsse)* ‖ **~/кучное** Haufenlaugen *n*, Haufenlaugung *f (Aufbereitung)* ‖ **~/подземное** *(Bgb)* Untertagelaugung *f (Aufbereitung)* ‖ **~ просачиванием** Sickerlaugung *f*, Perkolation *f (Aufbereitung)* ‖ **~/противоточное** Gegenstromauslaugung *f*, Gegenstromextraktion *f (Aufbereitung)* ‖ **~ руды** Erzlaugung *f (Aufbereitung)* ‖ **~/сорбционное** Sorptionslaugung *f (Aufbereitung)* ‖ **~/экстракционное** extraktive Laugung *f (Aufbereitung)*
выщелачиватель *m* Auslaugeapparat *m*, Auslauger *m*, Extraktionsapparat *m*
выщелачивать 1. *(Ch)* auslaugen, auswaschen; [Feststoffe] extrahieren; 2. laugen *(Aufbereitung von Erzen)*; beizen *(Fässer)*; 4. *(Brau)* anschwänzen, überschwänzen; 5. aussolen *(Salze)*
выщелочить *s.* выщелачивать
выщербленный schartig
выявляемость *f* Feststellbarkeit *f*, Nachweisbarkeit *f (eines Fehlers)*
вьюрок *m (Text)* Drehröhrchen *n*, Drehtrichter *m (Ringspinnmaschine)*
вьюшка *f (Schiff)* Haspel *f(m)*, Drehhaspel *f(m)*, Rolle *f*, Trommel *f (zur Trossenaufnahme)* ‖ **~/кабельная** Kabeltrommel *f*, Kabelhaspel *f(m)* ‖ **~ минрепа** Ankertautrommel *f* ‖ **~/тросовая** Trossenhaspel *f(m)*, Trossentrommel *f*
ВЭЛ *s.* лазер/высокоэнергетический
ВЭС *s.* ветроэлектростанция
ВЭУ *s.* умножитель/вторично-электронный
вюртцит *m (Min)* Wurtzit *m*, Strahlenblende *f (Zinkmineral)*
вяжущее *n (Bw)* Bindemittel *n* ‖ **~/быстросхватывающееся** Schnellbinder *m* ‖ **~/гидравлическое** hydraulisches Bindemittel *n* ‖ **~/гипсоцементопуццолановое** Gipszementpuzzolanbinder *m* ‖ **~/известко-песчаное** Kalksandbinder *m* ‖ **~ мокрого помола** Naßbinder *m* ‖ **~ мокрого помола/шлаковое** Schlackennaßbinder *m* ‖ **~/смешанное** Mischbinder *m*
вязально-прошивной *(Text)* Nähwirk...
вязальный *(Text)* Wirk-...; Strick-...
вязание *n (Text)* Stricken *n*; Wirken *n*
вязать 1. *(Text)* stricken; wirken; häkeln; 2. *(Lw)* binden *(Garben)*
вязка *f* 1. *(Bw)* Schiftschnitt *m (Zimmermannsarbeiten)*; 2. *(Text)* Stricken *n*; Häkeln *n*; 3. *(Text)* Gewirk *n*; 4. *(Lw)* Binden *n (Garben)*
вязкий 1. zäh; 2. zähflüssig, dickflüssig, viskos; 3. duktil, dehnbar, verformbar *(Metall)*
вязкость *f* 1. Viskosität *f*, Zähigkeit *f*, innere Reibung *f*; 2. *(Met)* Duktilität *f*, Dehnbarkeit *f*, Verformbarkeit *f (Metalle)* ‖ **~/динамическая** dynamische Viskosität *f*, Koeffizient *m* der inneren Reibung ‖ **~/диэлектрическая** dielektrische Hysterese *f* ‖ **~/кинематическая** kinematische Viskosität *f* ‖ **~ краски** *(Typ)* Viskosität *f* der Farbe, Zügigkeit *f*, Farbduktilität *f*, Druckfarbenviskosität *f* ‖ **~/магнитная** *(El)* magnetische Hysterese *f* ‖ **~ на излом** *(Wkst)* Bruchzähigkeit *f*, Bruchwiderstand *m* ‖ **~/низкая ударная** *(Wkst)* Versprödung *f (geringe Kerbschlagzähigkeit der Schweißnaht)* ‖ **~/объёмная** Volumenviskosität *f* ‖ **~/относительная** relative Viskosität *f* ‖ **~ ползучести** *(Wkst)* Kriechzähigkeit *f* ‖ **~ разрушения** *s.* ~ на излом ‖ **~/сдвиговая** Scher[ungs]viskosität *f*, Schubviskosität *f*, Scherungszähigkeit *f* ‖ **~/структурная** Strukturviskosität *f*, Strukturzähigkeit *f* ‖ **~/ударная** *(Wkst)* Schlag[biege]zähigkeit *f* ‖ **~/удельная** spezifische Viskosität (Zähigkeit) *f* ‖ **~/эффективная** effektive Viskosität *f*

вязкотекучесть *f* Zähflüssigkeit *f*, Viskosität *f*
вязкотекучий zähflüssig, viskos
вязкоупругий viskoelastisch, zähelastisch
вязкоупругость *f* Viskoelastizität *f*
вязкоэластичный *s.* вязкоупругий
вяление *n* Trocknen *n*, Dörren *n (z. B. Fische)*
вялить trocknen, dörren *(z. B. Fische)*

Г

га *s.* гектар
габарит *m* 1. Begrenzungsprofil *n*, Umgrenzungsprofil *n*, lichter Raum *m*, Außenabmessung *f*, Außenmaß *n*, Umgrenzung *f*; 2. *(Fert)* Einstellehre *f*, Einstellstück *n (z. B. für Fräser)* ‖ **~ погрузки** *(Eb)* Lademaß *n*, Ladeprofil *n*, Ladelehre *f* ‖ **~ подвижного состава** Fahrzeugbegrenzung *f*, Fahrzeugbegrenzungsprofil *n*, Begrenzungsprofil *n* ‖ **~/подмостовой** Brückendurchfahrtsprofil *n* ‖ **~ приближения строений** *(Eb)* Lichtraumumgrenzung *f*, Umgrenzung *f* des lichten Raumes
габариты *mpl* Begrenzungsmaße *npl*, Umgrenzungsmaße *npl*
габбро *n (Geol)* Gabbro *m*
габбро-норит *m (Geol)* Gabbronorit *m*
габбро-порфирит *m (Geol)* Gabroporphyrit *m*
габитус *m (Krist)* Habitus *m* ‖ **~/игольчатый** nadeliger Habitus *m* ‖ **~ кристалла** Habitus *m* ‖ **~/пластинчатый** tafeliger Habitus *m* ‖ **~/призматический** prismatischer Habitus *m*
гавань *f s.* порт 1.
гагат *m (Geol)* Gagat *m*, Pechkohle *f*
гадолиний *m (Ch)* Gadolinium *n*, Gd
гадолинит *m (Min)* Gadolinit *m (Mineral seltener Erden)*
гажа *f (Geol)* Seekreide *f*
ГАЗ *s.* завод/гибкий автоматизированный
газ *m* 1. Gas *n*; 2. *(Text)* Gaze *f* ‖ **~/атомарный** atomares Gas *n* ‖ **~/балонный** Flaschengas *n* ‖ **~/бедный** Schwachgas *n*, armes (geringwertiges) Gas *n* ‖ **~/бинарный** binäres Gas *n* ‖ **~/биохимический** Biogas *n*, Faulgas *n* ‖ **~/благородный** Edelgas *n* ‖ **~/богатый** Reichgas *n*; Starkgas *n* ‖ **~/болотный** Sumpfgas *n (Methan)* ‖ **~/веселящий** Lachgas *n* ‖ **~/водяной** Wassergas *n* ‖ **~/восстановительный** reduzierendes Gas *n*, Reduktionsgas *n* ‖ **~/вредный** Faulgas *n* ‖ **~/вырожденный электронный** entartetes Elektronengas *n* ‖ **~/высококалорийный** Starkgas *n* ‖ **~/высокопрочный** *(El)* durchschlagfestes Gas *n* ‖ **~/высокоразрежённый** Hochvakuum *n* ‖ **~/высокосернистый** schwefelreiches Gas *n*, Gas *n* mit hohem SO_2-Gehalt ‖ **~/выхлопной** Abgas *n*; Auspuffgas *n* ‖ **~/генераторный** Generatorgas *n* ‖ **~/городской** Stadtgas *n* ‖ **~/горчичный** Senfgas *n* ‖ **~/горючий** Brenngas *n (für Schweiß- und Schneidbrenner)*; Heizgas *n (für Heizzwecke verwendetes Brenngas)* ‖ **~ горячего дутья** *(Met)* Warmblasegas *n*, Heißblasegas *n* ‖ **~/горячий** Heißgas *n* ‖ **~/гремучий** Knallgas *n* ‖ **~/грубоочищенный** vorgereinigtes Gas *n* ‖ **~/двухмерный электронный** zweidimensionales Elektronengas *n*, 2D-Elektronengas *n (Halbleiter)* ‖ **~/дымовой** Rauchgas *n* ‖ **~/дырочный** Löchergas *n (Halbleiter)* ‖ **~/естественный** Erdgas *n*, Naturgas *n* ‖ **~/жидкий** *s.* ~/сжиженный ‖ **~/жирный** Fettgas *n*, Ölgas *n* ‖ **~/загрязнённый** kontaminiertes Gas *n* ‖ **~/защитный** Schutzgas *n*, Schutzatmosphäre *f* ‖ **~/идеальный** ideales Gas *n* ‖ **~/инертный** inertes Gas *n*, Inertgas *n* ‖ **~/каменноугольный** Steinkohlengas *n* ‖ **~/коксовальный** Kokereigas *n*, Koks[ofen]gas *n* ‖ **~/колошниковый** Abgas *n (eines Schachtofens)*; Gichtgas *n*, Hochofen[gicht]gas *n* ‖ **~/конвертированный** konvertiertes Gas *n*, Kontaktgas *n* ‖ **~ крекинга** Krackgas *n*, Spaltgas *n* ‖ **~/малый** Leerlaufgas *n* ‖ **~/масляный** Ölgas *n*, Fettgas *n* ‖ **~/межзвёздный** *(Astr)* interstellares Gas *n* ‖ **~/межпланетный** *(Astr)* interplanetares Gas *n* ‖ **~/наполняющий** Füllgas *n* ‖ **~/натуральный** *s.* ~/природный ‖ **~/нейтральный** neutrales (inertes) Gas *n* ‖ **~/неконденсирующийся** permanentes Gas *n* ‖ **~/неоднородный** inhomogenes Gas *n* ‖ **~/неочищенный** Rohgas *n*, ungereinigtes Gas *n* ‖ **~/нефтяной** Erdölgas *n* ‖ **~/низкокалорийный** Schwachgas *n* ‖ **~/нитрозный** nitroses Gas *n (Gemisch von Stickstoffoxiden)* ‖ **~/обжиговый** Rücklaufgas *n*; Reingas *n*, gereinigtes Gas *n* ‖ **~/окислительный** oxidierendes Gas *n*, Oxidationsgas *n* ‖ **~/околозвёздный** *(Astr)* zirkumstellares Gas *n* ‖ **~/остаточный** Restgas *n*, Rückstandsgas *n* ‖ **~/отработавший (отработанный, отходящий)** Abgas *n* ‖ **~/очищенный** Reingas *n*, gereinigtes Gas *n* ‖ **~/паровоздушный** Mischgas *n*, Halbgas *n* ‖ **~/первичный** Schwelgas *n*, Wassergas *n* aus Halbkoks ‖ **~/печной** 1. Heizgas *n*; 2. Abgas *n*, Rauchgas *n* ‖ **~/полный** *(Kfz)* Vollgas *n*, *(Flg auch:)* Vollast *f* ‖ **~/полугенераторный** Wassergas *n* ‖ **~/полукоксовый** *s.* ~/первичный ‖ **~/попутный** benzinhaltiges (nasses) Erd[öl]gas *n (vom Erdöl abgetrenntes Erdgas)* ‖ **~/постоянный** permanentes Gas *n*, Permanentgas *n* ‖ **~/природный** Erdgas *n*, Naturgas *n* ‖ **~/пробный** Spürgas *n (Lecksuche)* ‖ **~/промежуточный** *(Kfz)* Zwischengas *n* ‖ **~/промышленный** Industriegas *n* ‖ **~/прямой** Rohgas *n*, ungereinigtes Gas *n* ‖ **~/прямой коксовый** Kokoofenrohgas *n*, Kokereirohgas *n* ‖ **~/пусковой** Zündgas *n (Gasturbine)* ‖ **~/рабочий** Betriebsgas *n*, Füllgas *n* ‖ **~/реальный** reales (wirkliches) Gas *n* ‖ **~/режущий** *(Schm)* Schneidgas *n* ‖ **~/рудничный** *(Bgb)* Grubengas *n* ‖ **~/сгоревший** Abgas *n*, Rauchgas *n* ‖ **~/сернистый** Schwefelgas *n*, SO_2-Gas *n* ‖ **~/сжатый** Druckgas *n* ‖ **~/сжигаемый** Heizgas *n*; brennbares Gas *n* ‖ **~/сжиженный** verflüssigtes (flüssiges) Gas *n*, Flüssiggas *n* ‖ **~/силовой** Kraftgas *n* ‖ **~/смешанный** Mischgas *n*, Halbgas *n* ‖ **~/совершенный** ideales Gas *n* ‖ **~/технологический** Synthesegas *n (bei der Ammoniaksynthese)* ‖ **~/топочный** Heizgas *n*, Brenngas *n* ‖ **~/тощий** mageres Gas *n*; Schwachgas *n* ‖ **~/угарный** Kohlenmonoxid[gas] *n* ‖ **~/углеводородный** Kohlenwasserstoffgas *n* ‖ **~/углекислый** Kohlendioxid[gas] *n* ‖ **~/хлористоводородный** Chlorwasserstoffgas *n* ‖ **~ холостого хода** *(Kfz)* Leerlaufgas *n* ‖ **~/циркуляционный** Kreislaufgas *n*, Umlaufgas *n*, Zirkulationsgas *n* ‖

~/**электронный** Elektronengas *n (Halbleiter)* ‖ ~/**энергетический** Kraftgas *n* ‖ ~/**ядовитый** Giftgas *n*, toxisches Gas *n*
газация *f* 1. *(Lw)* Begasung *f*, Begasen *n (Schädlingsbekämpfung)*; 2. *(Erdöl)* Gasaustritt *m*
газ-восстановитель *m* reduzierendes Gas *n*, Reduktionsgas *n*
газгольдер *m* Gasbehälter *m*, Gasspeicher *m* ‖ ~/**многозвенный** *s.* ~/телескопический ‖ ~/**мокрый** nasser Gasbehälter *m (als Gruppenbegriff)*; *i. e. S.* Glockengasbehälter *m (Bauart mit einhübiger Glocke)* ‖ ~/**сухой** trockener Gasbehälter *m (als Gruppenbegriff)*; *i. e. S.* Scheibengasbehälter *m* ‖ ~/**телескопический** Teleskopgasbehälter *m (nasser Gasbehälter mit mehrhübiger Glocke aus zwei bis sechs Teleskopringen)*
газер *m* Gammastrahlenlaser *m*, Gaser *m*
газирование *n* 1. *(Erdöl)* Gasaustritt *m*; 2. *(Lebm)* Karbonisieren *n (von Getränken)*
газировать 1. *(Lebm)* karbonisieren, imprägnieren, mit Kohlendioxid anreichern (sättigen) *(Getränke)*; 2. *(Lw)* begasen *(Schädlingsbekämpfung)*
газификатор *m* Vergaser *m (Carbochemie)* ‖ ~/**кислородный** *(Schw)* Vergaser *m (Vergasung von flüssig gespeichertem Sauerstoff)* ‖ ~/**тёплый** Warmvergaser *m*
газификация *f* 1. Vergasung *f*; 2. Gasversorgung *f* ‖ ~ **в кипящем слое** Wirbelschichtvergasung *f* ‖ ~/**горизонтальная** Querstromvergasung *f* ‖ ~/**обратная** Gleichstromvergasung *f* ‖ ~/**подземная** *(Bgb)* Untertagevergasung *f*, Flözvergasung *f* ‖ ~/**полная** Vollvergasung *f*, vollständige Vergasung *f* ‖ ~/**прямая** Gegenstromvergasung *f*
газифицирование *n s.* газификация
газифицировать 1. vergasen; 2. gasifizieren, mit Gas versorgen
газлифт *m* 1. *(Erdöl)* Gasliftverfahren *n*, Druckgasförderverfahren *n*, Gaslift *m*; 2. *s.* насос/пневматический
газ-наполнитель *m* Füllgas *n*
газ-носитель *m* Trägergas *n (Dotierung; Halbleiter)*; Schleppgas *n (im Absorptionsprozeß)*
газоанализатор *m* Gasanalysator *m*, Gasprüfer *m*, Gasanalysengerät *n* ‖ ~ **дымовых газов** Rauchgasprüfer *m* ‖ ~/**индикаторный** Gasspürgerät *n* ‖ ~ **Орса** Orsat-Apparat *m*
газобезопасный 1. gassicher; 2. *(Bgb)* schlagwettersicher
газобетон *m (Bw)* Gasbeton *m*, Luftporenbeton *m* ‖ ~/**автоклавный** autoklav behandelter Gasbeton *m* ‖ ~/**неавтоклавный** natürlich erhärteter Gasbeton *m*
газование *n* Gasen *n (bei der Wassergaserzeugung)*
газовоз *m (Schiff)* Gastanker *m*, Flüssiggastanker *m*
газовоздуходувка *f* Gasgebläse *n*, Gasgebläsemaschine *f* ‖ ~/**доменная** Hochofen[gicht]gasgebläse *n*
газовыделение *n* 1. *(Ch)* Gasentwicklung *f*, Gasausscheidung *f*; 2. *(Bgb)* Gasaustritt *m*, Gasausströmung *f*, Gasfreisetzung *f*
газогенератор *m* Gasgenerator *m*, Gaserzeuger *m*, Gasentwickler *m*, Generator *m* ‖ ~ **низкого давления** Niederdruckgasgenerator *m*, ND-Entwickler *m* ‖ ~/**обращённый** Gleichstromgaserzeuger *m*, Generator *m* mit absteigender Vergasung
газогипс *m* Porengips *m*, Gasgips *m*
газодинамика *f* Gasdynamik *f* ‖ ~/**гиперзвуковая** Hyperschallgasdynamik *f*, hypersonische Gasdynamik *f* ‖ ~/**дозвуковая** Unterschallgasdynamik *f* ‖ ~/**сверхзвуковая** Hyperschallgasdynamik *f*
газодувка *f* Gebläse *n*, Gasgebläse *n* ‖ ~/**горячая** Heißgasgebläse *n* ‖ ~/**колошниковая** *(Met)* Gicht[gas]gebläse *n* ‖ ~/**осевая** Axial[gas]gebläse *n* ‖ ~/**поршневая** Hubkolbengasgebläse *n* ‖ ~/**центробежная** Radialgebläse *n*, Zentrifugalgebläse *n* ‖ ~/**циркуляционная** Umlaufgebläse *n*
газозаборник *m* Gasprobennehmer *m*
газозолобетон *m* Gasaschenbeton *m*, Aschengasbeton *m*
газойль *m* Gasöl *n*
газокамера *f* Begasungsraum *m*
газ-окислитель *m (Ch)* oxidierendes Gas *n*, Oxidationsgas *n*
газомер *m* Gasmesser *m*, Gaszähler *m (s. a. unter* газосчётчик*)* ‖ ~/**дросселирующий** Gaszähler *m* nach dem Wirkdruckverfahren, Wirkdruckgaszähler *m* ‖ ~/**крыльчатый** Schraubenradgaszähler *m* ‖ ~/**мокрый** nasser Gasmesser *m*, Naßläufer *m*, Trommelgaszähler *m* ‖ ~/**объёмный** Volumengaszähler *m* ‖ ~ **переменного перепада давления** Gasmesser *m* nach dem Wirkdruckverfahren, Wirkdruckgaszähler *m* ‖ ~/**сильфонный** Balgengaszähler *m* ‖ ~/**скоростной** Geschwindigkeitsgaszähler *m*, Gaszähler *m* nach dem Geschwindigkeitsprinzip ‖ ~/**сухой** trockener Gaszähler *m* ‖ ~/**сухой объёмный** Verdrängungsgaszähler *m*
газомер-вертушка *m* Flügelradmesser *m*
газометаллизатор *m* Flammspritzgerät *n*
газометр *m* 1. Gasometer *m (Kleinbehälter zum Auffangen und Speichern labormäßig gewonnener Gase)*; 2. Gasbehälter *m*
газонаполненный gasgefüllt
газонасыщенность *f* Gassättigung *f*
газонасыщенный gasgesättigt
газонепроницаемость *f* Gasundurchlässigkeit *f*, Gasdichtigkeit *f*
газонепроницаемый gasundurchlässig, gasdicht
газонокосилка *f* Rasenmäher *m*
газоносность *f (Bgb)* Gasführung *f*, Gashaltigkeit *f*
газоносный *(Bgb)* gasführend
газообильность *f (Bgb)* Gasanreicherung *f*, Gasführung *f*
газообмен *m* 1. Gasaustausch *m*, Gaswechsel *m*; 2. *(Kfz)* Ladungswechsel *m*
газообменник *m* Gasaustauscher *m*
газообразный gasförmig, gasartig
газообразование *n* Gasbildung *f*, Gasentwicklung *f*, Gaserzeugung *f*
газообразователь *m* 1. Gasbildner *m*; 2. Treibmittel *n (zur Herstellung von Schaumstoffen)*; 3. *(Bw)* Gasporenbildner *m*, Luftporenbildner *m*
газоопасность *f (Bgb)* Gasgefährdung *f*
газоопределитель *m* Gasspürgerät *n*, Gasanzeigegerät *n*

газоотвод *m* Gasabzug *m*, Gasableitung *f*
газоотводный Gasabzug[s]…, Gasableitungs…
газоохладитель *m* Gaskühler *m* ‖ **~/орошаемый** Berieselungsgaskühler *m* ‖ **~/трубчатый** Röhrengaskühler *m*
газоохлаждаемый gasgekühlt
газоочиститель *m* 1. Gasreiniger *m*, Gaswäscher *m*; 2. Staubsack *m (Hochofen)* ‖ **~/мокрый** Gaswaschapparat *m*, Gaswascher *m*, Skrubber *m* ‖ **~/центробежный** Zentrifugal[gas]wascher *m*, Desintegrator[gas]wascher *m*, Desintegrator *m* ‖ **~/электростатический** Elektrostaubfilter *n*, Elektrogasreiniger *m*
газоочистительный Gasaufbereitungs…, Gasreinigungs…
газоочистка *f* Gasaufbereitung *f*, Gasreinigung *f* ‖ **~/тонкая** Gasfeinaufbereitung *f*, Gasfeinreinigung *f*
газоплотность *f* Gasdichtheit *f*
газоплотный gasdicht
газопоглотитель *m s. unter* геттер
газопоглощение *n* 1. Gasabsorption *f*; 2. *(Eln)* Getterung *f*, Restgasbindung *f*
газоподогреватель *m* Gasvorwärmer *m*, Gaserhitzer *m* ‖ **~/регенеративный** Regenerativgasvorwärmer *m*, Regenerativgaserhitzer *m* ‖ **~/рекуперативный** Rekuperativgasvorwärmer *m*, Rekuperativgaserhitzer *m*
газоприёмник *m* Gasrezipient *m*, Gassammler *m*
газопровод *m* Gasleitung *f*; Gaszug *m* ‖ **~/магистральный** Ferngasleitung *f*
газопроводный Gasleitungs…
газопромыватель *m* Gaswascher *m*, Gaswaschapparat *m*, Sprühwascher *m*, Skrubber *m*; Gaswaschflasche *f*, Waschflasche *f (Laborgerät)* ‖ **~/вращающийся (динамический)** rotierender Gaswascher *m* ‖ **~/струйный турбулентный** Venturi-Wascher *m*, Venturi-Abscheider *m* ‖ **~/центробежный** Zentrifugal[gas]wascher *m*, Desintegrator[gas]wascher *m*, Desintegrator *m*
газопромывной Gaswasch…
газопроницаемость *f* Gasdurchlässigkeit *f*
газопроницаемый gasdurchlässig
газопроявление *n (Geol)* Gasvorkommen *n*
газопылевой *(Astr)* Gas-Staub-…
газоразрядный Gasentladungs…
газораспределение *n* 1. Motorsteuerung *f*, Gaswechselsteuerung *f*, Ladungswechselsteuerung *f (Verbrennungsmotor)*; 2. Spülung *f (Zweitaktmotor)* ‖ **~/бесклапанное** ventillose Steuerung *f*, Schlitzsteuerung *f* ‖ **~/верхнеклапанное** Motorsteuerung *f* bei hängenden Ventilen ‖ **~/золотниковое** Schiebersteuerung *f* ‖ **~/золотниково-щелевое** Schieber-Schlitz-Steuerung *f*, Kolbenschiebersteuerung *f (Zweitaktmotor)* ‖ **~/клапанное** Ventilsteuerung *f* ‖ **~/клапанно-щелевое** [kombinierte] Ventil-Schlitz-Steuerung *f (Zweitaktmotor)* ‖ **~/крановое** Drehschiebersteuerung *f* ‖ **~/нижнее** Motorsteuerung *f* bei untenliegender Nockenwelle ‖ **~ поршневым золотником** Kolbenschiebersteuerung *f* ‖ **~/прямоточное** Gleichstromprüfung *f* ‖ **~ с боковыми клапанами** Gaswechselsteuerung *f* mit seitlich angeordneten Ventilen *(Hubkolvenverdichter; Hubkolbenpumpen)* ‖ **~ с верхними клапанами** Gaswechselsteuerung *f* mit obengesteuerten Ventilen ‖ **~ с нижними клапанами** Gaswechselsteuerung *f* mit untengesteuerten Ventilen ‖ **~ с подвесными клапанами** Gaswechselsteuerung *f* bei hängenden Ventilen ‖ **~/щелевое** Schlitzsteuerung *f (Zweitaktmotor)*
газосборник *m* Gassammelleitung *f*, Sammelrohr *n (in Gewinnungsanlagen für Erd- und Industriegas)*
газосиликат *m (Bw)* Gassilikat *n*
газосмеситель *m* Gas[luft]mischer *m*, Vergaser *m*
газоснабжение *n* Gasversorgung *f* ‖ **~/дальнее** Ferngasversorgung *f*
газосос *m* Exhaustor *m*, Gasventilator *m*, Lüfter *m*
газостат *m* Druckkammer *f* mit Gas als Druckmedium
газостекло *n* Schaumglas *n*
газосчётчик *m* Gaszähler *m*, Gasmesser *m (s. a. unter* газомер*)* ‖ **~/барабанный** Trommelgaszähler *m* ‖ **~/бытовой (домашний)** Hausgaszähler *m* ‖ **~/ротационный** Drehkolbengaszähler *m* ‖ **~/турбинный** Turbinengaszähler *m*
газотворный gasbildend, Gasbildungs…
газотрон *m (El)* Gasdiode *f*, gasgefüllte Diode *f* ‖ **~/высоковольтный** Hochspannungsgasdiode *f* ‖ **~/мощный** Hochleistungsgasdiode *f* ‖ **~/ртутный** Quecksilber[dampf]diode *f*
газотурбовоз *m* Gasturbinenlokomotive *f*, Turbinenlokomotive *f*
газотурбонагнетатель *m (Masch)* Abgasturbolader *m*, Abgasturbogebläse *n* ‖ **~/высоконапорный** Hochdruckturbolader *m* ‖ **~/низконапорный** Niederdruckturbolader *m*
газотурбопоезд *m (Eb)* Triebwagenzug *m* mit Gasturbinenantrieb
газотурбоход *m* Gasturbinenschiff *n*
газоулавливание *n* Gasabscheidung *f*
газоуловитель *m* Gasabscheider *m*, Gasfang *m*
газоустойчивость *f* Gasfestigkeit *f*, Widerstandsfähigkeit *f* gegenüber Gas
газоустойчивый gasfest
газоход *m* 1. Gaszug *m*, Feuerzug *m*; Abgaskanal *m*, Fuchs *m (Ofen)*; 2. Gasturbinenschiff *n*
газохранение *n (Bgb)* Gasspeicherung *f* ‖ **~/подземное** Untergrundgasspeicherung *f*
газохранилище *n (Bgb)* Gasspeicher *m* ‖ **~/подземное** Untergrundgasspeicher *m*
газошлакобетон *m (Bw)* Schlackengasbeton *m*
газошлакосиликат *m (Bw)* Schlackengassilikat *n*
газы *mpl*/**литейные** *(Gieß)* Gießgase *npl (während des Gießens entstehende Form- und Kerngase)*
гайдроп *m (Flg)* Schleppseil *n*, Schlepptau *n*, Ankerseil *n*
гайка *f (Masch)* Mutter *f* ‖ **~ анкерного болта** Ankermutter *f* ‖ **~/барашковая** Flügelmutter *f* ‖ **~ винтовой стяжки** Spannschloßmutter *f* ‖ **~/вставная** Einsatzmutter *f*, Einpreßmutter *f* ‖ **~/глухая** Verschlußkappenmutter *f*, Hutmutter *f* ‖ **~/дифференциальная** Differentialmutter *f* ‖ **~ желобчатая** Rillenmutter *f* ‖ **~/зажимная** Klemmutter *f*; Druckmutter *f* ‖ **~/закрепляющая** Befestigungsmutter *f* ‖ **~/запорная** Verschlußmutter *f* ‖ **~/калиберная** Lehrmutter *f* ‖ **~/квадратная** Vierkantmutter *f* ‖ **~/колпачковая** Verschlußkappenmutter *f*, Hutmutter *f* ‖ **~/корончатая** Kronenmutter *f* ‖ **~/крепёжная**

Befestigungsmutter *f* ‖ **~/круглая** Rundmutter *f* ‖ **~/крыльчатая** Flügelmutter *f* ‖ **~/маточная** Schloßmutter *f* ‖ **~ нажимного винта** Druckmutter *f (der Anstellspindel)* ‖ **~/накидная** Überwurfmutter *f* ‖ **~/направляющая** Führungsmutter *f* ‖ **~/низкая** Flachmutter *f* ‖ **~/опорная** Stützmutter *f* ‖ **~/опорно-коническая** Kegelansatzmutter *f* ‖ **~/отжимная** Abdrückmutter *f* ‖ **~/получистая** halbblanke Mutter *f* ‖ **~ поршневого штока** Kolbenstangenmutter *f* ‖ **~/потайная** Senkmutter *f* ‖ **~/разъёмная** geteilte Mutter *f* ‖ **~/распорная** Distanzmutter *f* ‖ **~ растяжения** Zugmutter *f* ‖ **~ растяжения с поднутрением** Zugmutter *f* mit Entlastungskerbe ‖ **~/регулировочная** Stellmutter *f*, Einstellmutter *f*; Nachstellmutter *f* ‖ **~/регулировочная барашковая** Einstellflügelmutter *f* ‖ **~/регулирующая** *s.* ~/регулировочная ‖ **~ с буртиком** Bundmutter *f* ‖ **~ с прорезью** Schlitzmutter *f* ‖ **~ с четырьмя выступами** Kreuzrippenmutter *f* ‖ **~ с щейкой** Halsmutter *f* ‖ **~/самостопорящаяся** selbstsichernde Mutter *f* ‖ **~ сжатия** Druckmutter *f* ‖ **~/соединительная** Verbindungsmutter *f*; Anschlußmutter *f* ‖ **~/стопорная** Kontermutter *f*, Gegenmutter *f*, Sicherungsmutter *f* ‖ **~/стяжная** Spann[schloß]mutter *f* ‖ **~/установочная** Stellmutter *f*, Einstellmutter *f* ‖ **~/фильерная** *(Text)* Düsenverschraubung *f (Chemiefaserherstellung)* ‖ **~/фундаментная** Ankermutter *f* ‖ **~ фундаментного болта** Ankermutter *f* ‖ **~/ходовая** Schloßmutter *f* ‖ **~ ходового винта** *s.* ~/ходовая ‖ **~/чёрная** rohe Mutter *f* ‖ **~/четырёхгранная** Vierkantmutter *f* ‖ **~/чистая** blanke Mutter *f* ‖ **~/шестигранная** Sechskantmutter *f* ‖ **~/шлицевая** Nutmutter *f*, Schlitzmutter *f*

гайка-барашек *f* Flügelmutter *f* ‖ **~/регулировочная** Einstellflügelmutter *f*

гайка-колпачок *f* Verschlußkappenmutter *f*, Hutmutter *f*

гайковёрт *m (Wkz)* Schrauber *m (zum Aufschrauben von Innengewindeteilen)*

гайкозавёртывающий *(Wkz)* ... zum Aufschrauben *(von Innengewindeteilen)*

гайтан *m* Codleine *f*, Steertleine *f (am Schleppnetz)*

гак *m (Schiff)* Haken *m (s. a. unter* крюк 1.*)* ‖ **~/буксирный** Schlepphaken *m* ‖ **~/вертлюжный** Wirbelhaken *m* ‖ **~/грузовой** Ladehaken *m (Ladebaum)* ‖ **~/карабинный** Karabinerhaken *m* ‖ **~/откидной** Sliphaken *m* ‖ **~/откидной буксирный** Patentschlepphaken *m*, klappbarer Schlepphaken *m* ‖ **~/подъёмный** Heißhaken *m (Rettungsboot)* ‖ **~/складной** Doppelhaken *m*, Klipphaken *m* ‖ **~/шлюпочный** Heißhaken *m (Rettungsboot)*

ГАЛ *s.* линия/гибкая автоматизированная

Галактика *f (Astr)* Galaxis *f*, [unser] Milchstraßensystem *n*, Milchstraße *f*

галактика *f (Astr)* Galaxie *f*, außergalaktischer Nebel *m* ‖ **~/взаимодействующая** wechselwirkende Galaxie *f* ‖ **~/взрывающаяся** explodierende Galaxie *f*, explodierendes Sternsystem *n* ‖ **~/гигантская** Riesengalaxie *f* ‖ **~/карликовая** Zwerggalaxie *f* ‖ **~/квазизвёздная** quasistellare Galaxie *f*, quasistellares Objekt *n* ‖ **~/компактная** Kompaktgalaxie *f* ‖ **~ Маркаряна** Markarjangalaxie *f* ‖ **~/неправильная** irreguläre Galaxie *f* ‖ **~/пекулярная** pekuliare Galaxie *f* ‖ **~/пересечённая спиральная** Balkenspirale *f* ‖ **~ с перемычкой** Balkenspirale *f* ‖ **~/сейфертовская** Seyfert-Galaxie *f* ‖ **~/спиральная** Spiralgalaxie *f*, Spiralnebel *m*, Spiralsystem *n* ‖ **~/эллиптическая** elliptische Galaxie *f*, ε-Galaxie *f*, elliptischer Nebel *m*

галактический *(Astr)* galaktisch

галактоза *f* Galaktose *f (Monosaccharid)*

галактометр *m (Lebm)* Galaktometer *n*, Laktometer *n*

галанить *(Schiff)* wriggen

галево *n (Text)* Helfe *f*, Litze *f (Weberei)*

галенит *m (Min)* Galenit *m*, Bleiglanz *m*

галенитсодержащий *(Min)* bleiglanzhaltig

галеновисмутит *m (Min)* Galenobismutit *m*, Bleiwismutglanz *m*

галерея *f* 1. *(Bw)* Galerie *f*, Gang *m*, Säulengang *m*, Wandelgang *m*; 2. *(Hydt)* Stollen *m*, Kanal *m*, Lauf *m*, Galerie *f* ‖ **~/водосборная** *(Hydt)* wasserfassende Galerie *f* ‖ **~/дренажная** *(Hydt)* Entwässerungsstollen *m*; Sammler *m* ‖ **~/промывная** *(Hydt)* Spülstollen *m* ‖ **~/противообвальная** *(Bw)* Lawinengalerie *f* ‖ **~/смотровая** *(Hydt)* Kontrollgang *m*, Revisionsgang *m* ‖ **~/транспортная** Bandbrücke *f*, Förderbrücke *f* ‖ **~ шлюза/водопроводная** *(Hydt)* Umlauf *m (Schleuse)*

галета *f (Text)* Galette *f (Chemieseidenherstellung)* ‖ **~/вытяжная** Reckgalette *f (Reckzwirnmaschine)* ‖ **~/приёмная** Abzugsgalette *f (Aufspulmaschine)*

галечник *m (Geol)* Kiesablagerung *f*

галит *m (Min)* Halit *m*, Steinsalz *n*

галлий *m (Ch)* Gallium *n*, Ga

галлуазит *m (Min)* Halloysit *m*, Hydrokaolin *m*

галмей *m (Min)* Galmei *m (Sammelbezeichnung für sekundäre Zinkerze)*

гало *n (Meteo)* Halo *m*, Hof *m*, Ring *m*

галоген *m (Ch)* Halogen *n*

галогенангидрид *m* **кислоты** *(Ch)* Säurehalogenid *n*

галогенид *m (Ch)* Halogenid *n*

галогенирование *n (Ch)* Halogenierung *f*

галогенировать *(Ch)* halogenieren

галогенный Halogen...

галогеноводород *m (Ch)* Halogenwasserstoff *m*

галогенозамещённое *n (Ch)* Halogensubstitutionsprodukt *n*

галогенозамещённый *(Ch)* halogensubstituiert

галоген[о]производное *n (Ch)* Halogenderivat *n*, Halogenabkömmling *m*

галтель *m* 1. *(Masch)* Übergangsrundung *f*, Hohlkehle *f (Formelement einer Welle)*; 2. *(Bw)* Hohlkant *m*, Kehlleiste *f* ‖ **~ паяного шва** *(Schw)* Hohlkehle *f* der Lötnaht

галтование *n s.* галтовка

галтовка *f (Gieß)* Trommelpolieren *n*, Trommeln *n (der Gußstücke beim Gußputzen)* ‖ **~/мокрая** Naßtrommeln *n* ‖ **~/роторная** Fliehkraftgleitschleifen *n* ‖ **~/сухая** Trockentrommeln *n*

гальванизация *f* Galvanisieren *n*, Galvanisierung *f*, Galvanisation *f*

гальванизировать galvanisieren

гальванизм *m* Galvanismus *m*

гальванизовать *s.* гальванизировать

гальванический galvanisch
гальванокаустика *f (Med)* Galvanokaustik *f*
гальванокаутер *m (Med)* Galvanokauter *m*
гальванолюминесценция *f* Galvanolumineszenz *f*
гальваномагнетизм *m* Galvanomagnetismus *m*
гальванометр *m (El)* Galvanometer *n* ‖ **~/астатический** astatisches Galvanometer *n* ‖ **~/баллистический** ballistisches Galvanometer *n*, Stoßgalvanometer *n* ‖ **~/вибрационный** Vibrationsgalvanometer *n* ‖ **~/дифференциальный** Differentialgalvanometer *n* ‖ **~/зеркальный** Spiegelgalvanometer *n* ‖ **~/зеркальный магнитоэлектрический** magnetelektrisches Spiegelgalvanometer *n* ‖ **~/интегрирующий** integrierendes Galvanometer *n* ‖ **~/крутильный** Torsionsgalvanometer *n* ‖ **~/ламповый** Röhrengalvanometer *n* ‖ **~/магнитоэлектрический** magnetelektrisches Galvanometer *n*, Galvanometer *n* mit Dauermagnetmeßwerk; Drehspulgalvanometer *n* ‖ **~/нулевой** Nullgalvanometer *n* ‖ **~/петлевой** Schleifengalvanometer *n* ‖ **~/рамочный** Spulengalvanometer *n* ‖ **~/самопишущий** schreibendes Galvanometer *n* ‖ **~/стрелочный** Zeigergalvanometer *n* ‖ **~/струнный** Saitengalvanometer *n* ‖ **~/шлейфовый** Schleifengalvanometer *n* ‖ **~/электродинамический** elektrodynamisches (dynamometrisches) Galvanometer *n* ‖ **~/электромагнитный** elektromagnetisches Galvanometer *n*, Dreheisengalvanometer *n* ‖ **~/электростатический** elektrostatisches Galvanometer *n*
гальванометрический galvanometrisch, Galvanometer...
гальванопластика *f* Galvanoplastik *f*
гальванопокрытие *n* 1. Galvanisieren *n*, galvanisches Überziehen *n*; 2. galvanischer Überzug (Niederschlag) *m*
гальваноразделение *n* galvanische Trennung *f*
гальваностегия *f* 1. Galvanostegie *f*, Elektroplattierung *f*; 2. Galvanisierung *f*
гальванотехника *f* Galvanotechnik *f*
галька *f (Geol)* Geröll *n*
гальмиролиз *m s.* выветривание/подводное
гальтельник *m (Wkz)* Kehlhobel *m*, Karnieshobel *m*
гальюн *m (Schiff)* Klosett *n*, Toilette *f*
гамильтониан *m (Math)* 1. Hamiltonsche Funktion *f*, Hamilton-Funktion *f*; 2. Hamiltonscher Operator *m*, Hamilton-Operator *m*
гамма *f* 1. *(Ph)* Gammaphoton *n*, Gammaquant *n*, Gammastrahl *m*, Gamma *n*; 2. *(Photo)* Gamma *n*, Gammawert *m*; 3. *(Ph)* Gamma *n (SI-fremde Einheit der magnetischen Flußdichte)*; 4. *(Ak)* Tonleiter *f*, Tonskala *f*, Tonreihe *f*; 5. *(Masch)* Typenreihe *f* ‖ **~/общая** *(Photo)* Gesamtgamma *n* ‖ **~ проявления** *(Photo)* Entwicklungsgamma *n*
гамма-авторадиография *f (Kern)* Gammaautoradiographie *f*, Gammaradioautographie *f*
гамма-активность *f (Kern)* Gammaaktivität *f*
гамма-астрономия *f* Gammaastronomie *f*
гамма-вплеск *m (Astr)* Gammastrahlungsausbruch *m*
гамма-гамма-каротаж *m (Bgb, Geol)* Gamma-Gamma-Bohrlochmessung *f*, Gamma-Gamma-Messung *f*, GG-Messung *f*, radiometrische Dichtemessung *f*
гамма-годоскоп *m* Gammahodoskop *n*
гаммаграмма *f (Kern)* Gammaradiogramm *n*, Gammagramm *n*
гаммаграфирование *n* **проникающим излучением** *s.* гамма-дефектоскопия
гаммаграфия *f (Kern)* Gammagraphie *f*, Gammaradiographie *f*
гамма-дефектоскоп *m (Wkst)* Gammadefektoskop *n*
гамма-дефектоскопия *f (Wkst)* Gammawerkstoffprüfung *f*, Gammadefektoskopie *f (zerstörungsfreie Werkstoffprüfung mit Gammastrahlen)*
гамма-дозиметр *m (Kern)* Gamma[strahl]dosimeter *n*
гамма-дозиметрия *f (Kern)* Gamma[strahl]dosimetrie *f*
гамма-железо *n* Gammaeisen *n*, γ-Eisen *n*
гамма-излучатель *m (Kern)* Gammastrahler *m*
гамма-излучение *n (Kern)* Gammastrahlung *f*
гамма-источник *m (Kern)* Gamma[strahlen]quelle *f*
гамма-каротаж *m (Bgb, Geol)* Gammabohrlochmessung *f*, Gammamessung *f* ‖ **~/нейтронный** Gamma-Neutronen-Bohrlochmessung *f*
гамма-квант *m (Kern)* Gammaquant *n*, Gammaphoton *n*, Gammastrahl *m*
гамма-корректор *m (TV)* Gammaentzerrer *m*
гамма-коррекция *f (TV)* Gammaentzerrung *f*, Gammakorrektur *f*
гамма-корреляция *f (Kern)* Gammakorrelation *f*
гамма-лучи *mpl (Kern)* Gammastrahlen *mpl*, [radioaktive] Gammastrahlung *f* ‖ **~/жёсткие** harte Gammastrahlung *f (bei Übergang von Kernen aus dem angeregten in den Grundzustand)* ‖ **~/каскадные** Kaskaden-Gammastrahlung *f* ‖ **~/мгновенные** prompte Gammastrahlung *f* ‖ **~/мягкие** weiche Gammastrahlung *f (bei K-Einfang)*
гаммаметр *m s.* гамма-радиометр
гаммаметрия *f (Kern)* Gammametrie *f*
гамма-область *f (Met)* γ-Gebiet *n (Zustandsdiagramm Fe-C)*
гамма-облучение *n* Gammabestrahlung *f*
гамма-постоянная *f* **[/удельная]** *(Kern)* spezifische Gammastrahlungskonstante *f*
гамма-пространство *n (Kern)* Gammaraum *m*, Gibbsscher Phasenraum *m*, Gas[phasen]raum *m*
гамма-радиоавтография *f (Kern)* Gammaradioautographie *f*, Gammaautoradiographie *f*
гамма-радиоактивность *f (Kern)* Gammaaktivität *f*
гамма-радиография *f s.* гаммаграфия
гамма-радиометр *m (Kern)* Gammastrahlungsmesser *m*, Gammameter *n*
гамма-распад *m (Kern)* Gammazerfall *m*, Gammaumwandlung *f*
гамма-распределение *n (Math)* Gammaverteilung *f*
гамма-спектр *m (Kern)* Gammaspektrum *n*, Gammastrahlenspektrum *n*
гамма-спектрометр *m (Kern)* Gammaspektrometer *n*, Gammastrahlspektrometer *n* ‖ **~/комптоновский** Compton-Gammaspektro-

meter *n* ll **~/кристаллический [дифракционный]** Gammakristallspektrometer *n (Gammaspektrometrie)* ll **~/магнитный** Gammamagnetspektrometer *n*, magnetisches Gammaspektrometer *n* ll **~/сцинтилляционный** Gammaszintillationsspektrometer *n*, Szintillationsgammaspektrometer *n*

гамма-спектрометрия *f (Kern)* Gammaspektrometrie *f*

гамма-спектроскопия *f (Kern)* Gammaspektroskopie *f*

гамма-счётчик *m (Kern)* Gammazählrohr *n*; Gammazähler *m*

гамма-телескоп *m (Astr)* Gammateleskop *n*

гамма-функция *f (Math)* [Eulersche] Gammafunktion *f*

ганит *m (Min)* Gahnit *m*, Zinkspinell *m*

ГАП *s.* производство/гибкое автоматизированное

гап *m* Kröpfung *f (Maschinenbett)* • **с гапом** gekröpft *(Maschinenbett)*

гараж *m* Garage *f* ll **~ манежного типа** Flachsammelgarage *f*, Hallengarage *f* ll **~/многоярусный** Hochgarage *f*, Park[hoch]haus *n*, mehrgeschossige Garage *f* ll **~/подземный** Tiefgarage *f* ll **~/сборный** transportable Garage *f*, Garage *f* aus Fertigteilen

гараж-бокс *m* Reihengarage *f*

гараж-стоянка *m* Parkgarage *f* ll **~/многоярусный** mehretagige Parkgarage *f*, Park[hoch]haus *n*

гарантия *f* **качества** Qualitätsgarantie *f*

гарденит *m (Met)* Hardenit *m*, strukturloser Martensit *m*

гармоника *f* 1. *(Ph)* Teilschwingung *f*, Harmonische *f (s. a. unter* колебание 1.*)*; 2. *(Ak)* Teilton *m*, Harmonische *f*; 3. *(Math)* harmonische Funktion *f*; 4. Faltenbalg *m*, Harmonika *f* ll **~/вторая** *(Ph)* zweite Harmonische *f*, erste Oberschwingung (Oberwelle) *f* ll **~/высшая** 1. *(Ph)* höhere Harmonische *f*, Oberschwingung *f* höherer Ordnung; 2. *(Ak)* Oberton *m* ll **~/нисшая** *(Ph)* Unterwelle *f* ll **~/основная** *s.* ~/первая ll **~/первая** *(Ph)* erste Harmonische *f*, Grundschwingung *f* ll **~/предохранительная** *(Masch)* Balgschutz *m* ll **~/синфазная** gleichphasige Harmonische *f* ll **~ тактовой частоты** Taktfrequenzharmonische *f* ll **~/третья** dritte Harmonische *f*, zweite Oberschwingung (Oberwelle) *f*

гармотом *m (Min)* Harmotom *m (Zeolith)*

гарниерит *m (Min)* Garnierit *m (nickelhaltiger Serpentin)*

гарнисаж *m (Met)* Ansatz *m (Schutzschicht, die sich an Ofenwänden während der Schmelzprozesse bildet)*; Tiegelglasur *f (in E-Öfen)*

гарнитур *m s.* гарнитура

гарнитура *f* 1. Garnitur *f*, Satz *m (zusammengehöriger Gegenstände)*; Ausstattung *f*; 2. *(Typ)* Satz *m*, Garnitur *f*, Sortiment *n* ll **~ барабана** *(Text)* Trommelbeschlag *m*, Trommelgarnitur *f* ll **~/головная** *(Nrt)* Sprechgarnitur *f*, Sprechzeug *n*, Abfragegarnitur *f* ll **~/игольчатая** *(Text)* Kratzenbeschlag *m*, Kratzengarnitur *f (Deckelkarde)* ll **~/ножевая** *(Pap)* Messergarnitur *f*, Bemesserung *f* ll **~/пильчатая** *(Text)* Sägezahndrahtbeschlag *m*, Sägezahngarnitur *f* ll **~/полужёсткая** *(Text)* halbstarre Garnitur *f (Deckelkarde)* ll **~/размалывающая** *(Pap)* Mahlgarnitur *f*, Mahlgeschirr *n* ll **~/цельнометаллическая** *(Text)* Ganzstahlgarnitur *f (Karde)* ll **~/цельнометаллическая пильчатая** *(Text)* Ganzstahl-Sägezahndraht *m*, Ganzstahl-Sägezahndrahtbeschlag *m (Deckelkarde)* ll **~ чесальных машин** *(Text)* Kardengarnitur *f*, Kardenbeschlag *m*, Krempelbeschlag *m*

гарпиус *m* Kolophonium *n*

гарь *f* 1. Verbrennungsrückstand *m*; 2. *(Met)* Asche *f*, Krätze *f*, Schaum *m* ll **~/свинцовая** Bleikrätze *f*, Bleiasche *f*, Bleischaum *m (NE-Metallurgie)*

гаситель *m* 1. Dämpfer *m*, Tilger *m*; 2. Löschtrommel *f* ll **~ колебаний** Schwingungsdämpfer *m* ll **~ крутильных колебаний** Drehschwingungsdämpfer *m*, Drehschwingungstilger *m* ll **~/пирсовый** *(Hydt)* Bremspfeiler *m* ll **~ резонансных колебаний** Resonanzdämpfer *m* ll **~ ударов** *(Eb)* Stoßdämpfer *m* ll **~/шашечный** *(Hydt)* Schikane *f* ll **~ энергии** Energieverzehrer *m*

гасить 1. auslöschen, löschen; 2. dämpfen *(Schwingungen)*; 3. *(Nrt, TV)* austasten, unterdrücken ll **~ известь** *(Bw)* ablöschen, Kalk löschen

гастроскоп *m (Med)* Gastroskop *n*, Magenspiegel *m*

гасящий 1. Lösch...; 2. *(TV, Nrt)* Austast...

ГАУ *s.* участок/гибкий автоматизированный

гаусманит *m (Min)* Hausmannit *m*, Schwarzmanganerz *n*

гаусс *m (Geoph)* Gauß *n*, G, Gs *(SI-fremde Einheit der magnetischen Induktion)*

гауч-вал *m (Pap)* Gautschwalze *f* ll **~/отсасывающий** Sauggautsche *f*

гауч-пресс *m* **[/обычный]** *(Pap)* Gautschpresse *f*, Gautsche *f* ll **~/отсасывающий** Sauggautsche *f*

гафний *m (Ch)* Hafnium *n*, Hf

гафф *m (Geol)* Haff *n*

ГАЦ *s.* цех/гибкий автоматизированный

гач *m*/**парафиновый** *(Ch)* Paraffingatsch *m*, [Fischer-]Gatsch *m*

гашение *n* 1. Löschen *n*, Löschung *f*; 2. *(TV, Nrt)* Austastung *f*, Unterdrückung *f*; 3. Dämpfung *f (Schwingungen)*; 4. *s.* ~ извести ll **~/автоматическое** *(Inf)* automatisches Löschen *n* ll **~ дуги** *(El)* Lichtbogenlöschung *f* ll **~/избирательное** *(Bw)* selektives Löschen *n* ll **~ извести** *(Bw)* Ablöschen *n*, Kalklöschen *n*, Einsumpfen *n* ll **~ извести в порошок** *(Bw)* Löschen *n* zu Staubkalk ll **~ извести в тесто** *(Bw)* Löschen *n* zu Teig *(Kalk)*, Ablöschen *n* zu Kalkbrei ll **~ извести/мокрое** Naßlöschen *n (Kalk)* ll **~ извести/сухое** Trockenlöschen *n (Kalk)* ll **~ искр** *(El)* Funkenlöschung *f* ll **~/кадровое** *(TV)* Bild[rücklauf]austastung *f*, Rasteraustastung *f*, Rasterunterdrückung *f* ll **~ луча** *(TV)* Strahlaustastung *f*, Strahlunterdrückung *f* ll **~/магнитное** magnetische Löschung *f* ll **~/мокрое** Naßlöschen *n* ll **~ обратного хода** *(TV)* Rücklaufaustastung *f* ll **~ пучка** *(TV)* Strahlaustastung *f* ll **~/строчное** *(TV)* Zeilen[rücklauf]austastung *f*, Zeilenunterdrückung *f* ll **~/сухое** Trockenlöschen *n* ll **~ шу-**

ма *(Rad)* Störaustastung *f* ll **~ энергии** Energieaufzehrung *f*
гашпиль *m (Led)* Haspel *f(m)*
ГАЭС *s.* электростанция/гидроаккумулирующая
гаюин *m (Min)* Hauyn *m*
гаюинит *m (Geol)* Hauynit *m*
ГВВ *s.* горизонт высоких вод
ГВЛ *s.* ватерлиния/грузовая
ГВМ *s.* машина/главная вычислительная
гвоздильня *f (Schm)* Nageleisen *n*, Lochgesenk *n*
гвоздимость *f* Nagelbarkeit *f*
гвоздодёр *m* Nagelzange *f*; Nagelauszieher *m*; Klauenhammer *m*
гвоздь *m* Nagel *m*, Stift *m* ll **~/гонтовой** Schindelnagel *m* ll **~/каблучный** Absatznagel *m*, Absatzstift *m* ll **~/костный** *(Med)* Knochennagel *m* ll **~/кровельный** Dachnagel *m*, Pappnagel *m*, Pappstift *m* ll **~/литейный** *(Gieß)* 1. Sandhaken *m*; 2. Kernnagel *m*; Formnagel *m*; Form[er]stift *m* ll **~/мыщелковый** *(Med)* Kondylennagel *m* ll **~/обойный** Tapeziererstift *m* ll **~/паркетный** Bodennagel *m* ll **~/подковный** Hufnagel *m* ll **~/половой** Bodennagel *m* ll **~/толевый** Pappnagel *m*, Pappstift *m* ll **~/трёхлопастный** *(Med)* Dreiflanschnagel *m*, Dreilamellennagel *m* ll **~/формовочный** *(Gieß)* Form[er]stift *m* ll **~/штукатурный** Rohrnagel *m*
ГГБ *s.* баланс/гидрофильно-гидрофобный
ГГГ *s.* гранат/гадолиний-галлиевый
ГГК *s.* гамма-гамма-каротаж
ГД *s.* двигатель/главный
геденбергит *m (Min)* Hedenbergit *m (Pyroxen)*
гезенк *m (Bgb)* Blindschacht *m*, Gesenk *n* ll **~/вентиляционный** Blindschacht *m* für Wetterführung ll **~/тормозной** Bremsschacht *m*
гейзерит *m (Min)* Geyserit *m*, Kieselsinter *m*
гейландит *m (Min)* Heulandit *m (Zeolith)*
гейч *m (Text)* Teilung *f (Strumpfindustrie)*
гексагира *f (Krist)* Hexagyre *f*, hexagonale Achse *f (Symmetrieachse)*
гексагирный *s.* гексагональный
гексагироида *f (Krist)* Hexagyroide *f (Drehspiegelungsachse)*
гексагон *m (Math)* Hexagon *n*, Sechseck *n*
гексагональный hexagonal, sechseckig
гексадекан *m (Ch)* Hexadekan *n*, Cetan *n*
гексазамещённый *(Ch)* hexasubstituiert, sechsfach substituiert
гексан *m (Ch)* Hexan *n*
гексаоктаэдр *m (Krist)* Hexakisoktaeder *m*
гексатетраэдр *m (Krist)* Hexakistetraeder *m*
гексаэдр *m* Hexaeder *n*, Kubus *m*, Würfel *m*
гексаэдрит *m (Astr)* Hexahedrit *m (Eisenmeteorit)*
гексод *m (Eln)* Hexode *f*, Sechselektrodenröhre *f*
гексод-смеситель *m (Eln)* Mischhexode *f*
гексоза *f (Ch)* Hexose *f (Monosaccharid)*
гексоктаэдр *m s.* гексаоктаэдр
гектар *m* Hektar *m*, ha *(SI-fremde Einheit der Fläche)*
геленит *m (Min)* Gehlenit *m (Feldspatvertreter)*
гелеобразование *n* Gelieren *n*, Gelbildung *f*, Gelatinierung *f*
гелиакический *(Astr)* heliakisch
гелиеносный heliumhaltig
гелий *m (Ch)* Helium *n*, He
геликоид *m (Math)* Helikoid *n*, Schraubenfläche *f*
геликоидальный spiralförmig, schraubenförmig
геликоптер *m s.* вертолёт
гелиобиология *f* Heliobiologie *f*
гелиограф *m (Astr)* Heliograph *m (Gerät zum Photographieren der Sonne)* ll **~ Кемпбелла-Стокса** *(Meteo)* Sonnenscheinautograph *m* nach Campbell-Stokes
гелиодор *m (Min)* Heliodor *m (gelbdurchscheinende Abart des Berylls)*
гелиоконцентратор *m* Solarkollektor *m*, Sonnenkollektor *m*
гелиометр *m (Astr)* Heliometer *n*
гелион *m (Kern)* Helion *n*, Heliumkern *m*
гелиополигон *m (Bw)* offene Fertigungsstätte *f* auf der Basis von Sonnenenergie
гелиосварка *f* Schweißen *n* unter Verwendung von Sonnenenergie
гелиоскоп *m (Astr)* Helioskop *n*
гелиостанция *f s.* гелиоэлектростанция
гелиостат *m (Astr)* Heliostat *m (Gerät zur Sonnenbeobachtung)*
гелиосфера *f (Astr)* Heliosphäre *f*
гелиотермообработка *f* бетона Warmbehandlung *f* von Beton mit Sonnenenergie
гелиотехника *f* Solartechnik *f*
гелиотроп *m* 1. *(Min)* Heliotrop *m (Chalzedon)*; 2. *(Geod)* Heliotrop *n (Triangulation)*
гелиоустановка *f* **[/энергетическая]** Sonnenenergieanlage *f*
гелиофизика *f s.* физика Солнца
гелиоцентрический heliozentrisch
гелиоэлектростанция *f* Solarkraftwerk *n*, Sonnenkraftwerk *n*
гель *m* Gel *n* ll **~/высушенный** Xerogel *n* ll **~/сажекаучуковый** Rußgel *n*
гельвин *m (Min)* Helvin *m*
гельмпорт *m (Schiff)* Ruderkoker *m*
гель-фракция *f (Ch)* Gelfraktion *f*
гель-хроматография *f (Ch)* Gelchromatographie *f*, Gel-Permutations-Chromatographie *f*
гель-электрофорез *m* Gelelektrophorese *f*
гель-эффект *m (Kst)* Geleffekt *m*
гематит *m* 1. *(Min)* Hämatit *m*, Eisenglanz *m*, Roteisenstein *m*, Roteisenerz *n*, Eisenglimmer *m*; 2. *(Met)* Hämatit[roheisen] *n*
гематитовый Hämatit...
гемиколлоид *m (Ch)* Semikolloid *n*, Hemikolloid *n*
гемиморфизм *m (Krist)* Hemimorphismus *m*, Hemimorphie *f*
гемиморфит *m (Min)* Hemimorphit *m*, Kieselzinkerz *n*, Kieselzinkspat *m*
гемиморфия *f s.* гемиморфизм
Геминиды *pl (Astr)* Geminiden *pl (Meteorstrom)*
гемисфера *f* Hemisphäre *f*; Halbkugel *f*
гемицеллюлоза *f (Ch)* Hemicellulose *f*
гемиэдр *m (Krist)* Hemieder *m*, Halbflächner *m*
гемиэдрический *(Krist)* hemiedrisch, halbflächig
гемиэдрия *f (Krist)* Hemiedrie *f*
геммология *f* Gemmologie *f*, Edelsteinkunde *f*
гемо[глобино]метр *m s.* почка/искусственная
гемодиализатор *m (Med)* Blutdialysegerät *n*, künstliche Niere *f*
гемотонограф *m (Med)* Hämotonograph *m*
гемотонометр *m (Med)* Hämotonometer *n*
гемохромометр *m (Med)* Hämochromometer *n*

гемоцитометр *m (Med)* Hämozytometer *n*
генеральный *(Schiff)* 1. Stückgut..., Stück... *(z. B. Ladung)*; 2. Übersichts... *(z. B. Seekarte)*
генератор *m* 1. Generator *m*, Erzeuger *m*; 2. *(El)* Generator *m (Energieerzeuger)*; 3. *(Rf, TV)* Generator *m*, Oszillator *m (Schwingungserzeuger)*; 4. *(Schw)* Entwickler *m*; 5. *(Kält)* Kocher *m*, Austreiber *m (Absorptionskältemaschine)*; 6. *(Kfz)* Lichtmaschine *f* ‖ **~/аварийный** *(El)* Netzersatzgenerator *m* ‖ **~/автомобильный** *(Kfz)* Lichtmaschine *f* ‖ **~/асинхронный** *(El)* Asynchrongenerator *m* ‖ **~/ацетиленовый** *(Schw)* Acetylenentwickler *m* ‖ **~/аэрозольный** *(Med)* Aerosolgenerator *m*; *(Lw auch:)* Nebelgerät *n*, Nebelmaschine *f (Pflanzenschutz)* ‖ **~/балансный** *(El)* Balancegenerator *m* ‖ **~/бесколлекторный** *(El)* kommutatorloser Generator *m* ‖ **~ бита чётности** *(Inf)* Paritätsbiterzeuger *m* ‖ **~ Ван-де-Граафа** *(Ph)* Van-de-Graaf-Generator *m*, Bandgenerator *m* ‖ **~/векторный** Vektorgenerator *m (Plotter)* ‖ **~/вентильный** *(El)* bürstenloser Generator *m* ‖ **~ вертикального отклонения** *(TV)* Vertikalablenkgenerator *m* ‖ **~ вертикальной развёртки** *(TV)* Vertikalablenkgenerator *m* ‖ **~/ветровой** *s.* ~/ветроэлектрический ‖ **~/ветроэлектрический** *(En)* Windkraftgenerator *m* ‖ **~/вибрационный** Schwingungsgenerator *m*, Schwingungserreger *m* ‖ **~ видеосигналов** *(TV)* Videosignalgenerator *m* ‖ **~ видеочастоты** *(TV)* Videofrequenzgenerator *m* ‖ **~/вихревой** *(Mech)* Wirbelerzeuger *m* ‖ **~ водяного газа** Wassergasgenerator *m* ‖ **~/воздушный** *(Met)* Luftkammer *f (des SM-Ofens)* ‖ **~/вольтодобавочный** *(El)* Zusatzgenerator *m* ‖ **~ временной развёртки** *(TV)* Zeitablenkgenerator *m* ‖ **~/вызывной** *(Nrt)* Ruf[signal]generator *m* ‖ **~/высоковольтный** *(El)* Hochspannungsgenerator *m* ‖ **~/высокочастотный** *(El)* Hochfrequenzgenerator *m* ‖ **~ газа** *s.* ~/газовый ‖ **~/газовый** *(Met)* Gasgenerator *m*, Gaserzeuger *m* ‖ **~/газовый квантовый** *(El)* Gasmaser *m* ‖ **~/газотронный** *(El)* Gasdiodengenerator *m* ‖ **~/газотурбинный** Gasturbinengenerator *m* ‖ **~ Ганна** *(El)* Gunn-Oszillator *m* ‖ **~/ганновский** *s.* ~ Ганна ‖ **~ гармоник** Oberwellengenerator *m* ‖ **~/гармонический** *(El)* harmonischer Generator *m*, Generator *m* für harmonische Schwingungen ‖ **~/гетеродинный** *(Nrt)* Überlagerungsgenerator *m*, Schwebungssummer *m*, Heterodyn *m* ‖ **~/гидротурбинный** *(En)* Wasserturbogenerator *m*, Wasserkraftgenerator *m*, Hydrogenerator *m* ‖ **~/главный** *(El)* Hauptgenerator *m* ‖ **~ горизонтального отклонения** *(TV)* Horizontalablenkgenerator *m* ‖ **~ двойного тока** *(El)* Doppelstromgenerator *m* ‖ **~/декадный** *(Rf)* dekadischer Generator *m* ‖ **~ дециметровых волн** *(Rf)* Dezimeterwellengenerator *m* ‖ **~/длинноволновый** *s.* ~ длинных волн ‖ **~ длинных волн** *(Rf)* Langwellengenerator *m* ‖ **~/дуговой** Lichtbogengenerator *m* ‖ **~/задающий** Steuergenerator *m*, Muttergenerator *m*, Treibergenerator *m* ‖ **~/звуковой** *(Nrt)* Ton[frequenz]generator *m* ‖ **~ знаков** *(Inf)* Zeichengenerator *m* ‖ **~/измерительный** Meßgenerator *m* ‖ **~/импульсный** *(El)* Impulsgenerator *m*, Pulsgenerator *m*, Impulsgeber *m* ‖ **~ импульсных токов** 1. *(Med)* Reizstromgerät *n*; 2. *(El)* Impulsgenerator *m* ‖ **~ импульсов** *s.* ~/импульсный ‖ **~ импульсов напряжения** *(El)* Spannungsimpulsgenerator *m* ‖ **~/индукторный** *(El)* Induktorgenerator *m* ‖ **~/искровой** *(Rf)* Funken[strecken]-generator *m* ‖ **~/испытательный** Prüfgenerator *m* ‖ **~/камертонный** *(Nrt)* Stimmgabeloszillator *m* ‖ **~/каскадный** *(El)* Kaskadengenerator *m* ‖ **~ качающейся частоты** *(Rf)* Wobbelgenerator *m*, Frequenzwobbler *m*, Wobbelsender *m* ‖ **~/квантовый** *(Ph)* Quantengenerator *m*, Quantenoszillator *m* ‖ **~/кварцевый (кварцованный)** *(Rf)* Quarz[kristall]generator *m* ‖ **~/клистронный** *(Eln)* Klystrongenerator *m*, Klystrooszillator *m*, Klystronsender *m* ‖ **~ колебаний** *(El)* Schwingungsgenerator *m* ‖ **~/коллекторный** *(El)* Kommutatorgenerator *m* ‖ **~/компаундированный** Kompoundgenerator *m*, Verbundgenerator *m*, Doppelschlußgenerator *m* ‖ **~ коротких волн** *(Rf)* Kurzwellengenerator *m*, Kurzwellenoszillator *m* ‖ **~/коротковолновый** *s.* ~ коротких волн ‖ **~/ламповый** Röhrengenerator *m*, Röhrenoszillator *m* ‖ **~/магнетронный** *(Rf)* Magnetrongenerator *m*, Magnetron *n* ‖ **~/магнитогидродинамический** magnetohydrodynamischer Generator *m*, MHD-Generator *m* ‖ **~ меток** *(El)* Markengenerator *m*, Markierungsgenerator *m*, Markengeber *m* ‖ **~ меток времени** Zeitmarkengenerator *m*, Zeitmarkengeber *m* ‖ **~ метровых волн** *(Rf)* Meterwellengenerator *m*, Meterwellenoszillator *m* ‖ **~/молекулярный** Maser *m* ‖ **~ мощности** *(Rf)* Leistungsgenerator *m* ‖ **~ на биениях** *(Rf)* Generator *m* nach dem Überlagerungsprinzip ‖ **~ напряжения** *(El)* Spannungsgenerator *m* ‖ **~ напряжения треугольной формы** *(El)* Dreieck-Quadratur-Oszillator *m* ‖ **~/настраиваемый** durchstimmbarer Oszillator *m* ‖ **~/нейтронный** *(Kern)* Neutronengenerator *m* ‖ **~/низкочастотный** *(El)* Niederfrequenzgenerator *m* ‖ **~ однофазного тока** *(El)* Einphasengenerator *m* ‖ **~/оптический квантовый** Laser *m*, optischer Maser *m* ‖ **~/оптический параметрический** optischer parametrischer Oszillator *m*, OPO ‖ **~/осевой** *(El, Eb)* Achs[en]generator *m* ‖ **~ отклонения** *(TV)* Ablenkgenerator *m* ‖ **~ отметок** *s.* ~ меток ‖ **~/паротурбинный** Dampfturbogenerator *m* ‖ **~ переменного напряжения** *(El)* Wechselspannungsgenerator *m* ‖ **~ переменного тока** *(El)* Wechselstromgenerator *m* ‖ **~ пилообразного напряжения** *(El)* Sägezahn[spannungs]generator *m* ‖ **~ пилообразного тока** *(El)* Sägezahn[strom]generator *m* ‖ **~ пилообразной развёртки** Sägezahnablenkgenerator *m* ‖ **~/пилообразный** *(El)* Sägezahn[schwingungs]generator *m*, Sägezahnoszillator *m* ‖ **~ пилотсигналов** *(El)* Pilotfrequenzgenerator *m* ‖ **~/плазменный** *(Ph)* Plasmatron *n* ‖ **~/полупроводниковый квантовый** Halbleiterlaser *m* ‖ **~ помех** Störgenerator *m* ‖ **~ постоянного напряжения** *(El)* Gleichspannungsgenerator *m* ‖ **~ постоянного тока** *(El)* Gleichstromgenerator *m* ‖ **~ постоянно-переменного тока** *(El)* Gleichstrom-Wechselstrom-Generator *m*, Doppelstromgenerator *m* ‖ **~ программ** *(Inf)* Programmgenerator *m* ‖ **~ прямоугольного напряжения** *(El)* Rechteckspan-

nungsgenerator *m* || ~ **прямоугольных импульсов** Rechteck[impuls]generator *m* || ~/**пульсирующий аэрозольный** *(Lw)* Schwingfeuer[nebel]gerät *n* || ~/**пьезокварцевый** *(Rf)* Quarz[kristall]generator *m* || ~/**радиоизотопный термоэлектрический** Isotopenstromquelle *f* || ~ **развёртки** *(TV)* Ablenkgenerator *m* || ~ **развёртки времени** *(TV)* Zeitablenkgenerator *m* || ~ **развёртки кадров** *(TV)* Bildablenkgenerator *m*, Bildkippgenerator *m* || ~ **развёртки строк** *(TV)* Zeilen[ablenk]generator *m*, Zeilenkippgenerator *m* || ~/**развёртывающий** *s.* ~ развёртки || ~ **реактивной мощности** *(El)* Blindleistungsgenerator *m* || ~/**релаксационный** *(TV)* Relaxationsgenerator *m*, Kipp[schwingungs]generator *m* || ~/**рентгеновский диагностический** Röntgendiagnostikgenerator *m* || ~ **с обратной волной** *(Eln)* Rückwärtswellenoszillator *m* || ~ **с последовательным возбуждением** *(El)* Reihenschlußgenerator *m*, Hauptschlußgenerator *m* || ~ **с посторонним возбуждением** *(El)* fremderregter Generator *m* || ~ **с пристроенным возбудителем** *(El)* eigenerregter Generator *m* || ~/**самовозбуждающийся** *(El)* selbsterregter Generator *m* || ~/**сварочный** Schweißgenerator *m* || ~/**сдвоенный** *(El)* Doppelgenerator *m* || ~/**сельсинный** *(El)* Selsyngenerator *m* || ~/**сериесный** *(El)* Reihenschlußgenerator *m*, Hauptschlußgenerator *m* || ~ **сигналов** Signalgenerator *m*, Signalgeber *m* || ~ **символов** *(Inf)* Zeichengenerator *m* || ~ **синусоидального напряжения** *(El)* Sinusspannungsgenerator *m* || ~/**синхронный** 1. *(El)* Synchrongenerator *m*; 2. *(Rf, TV)* Mitnahmeoszillator *m* || ~ **случайных изображений** *(Eln)* Random-Patterngenerator *m* || ~ **случайных чисел/электронный** *(Kyb)* elektronischer Zufalls[zahlen]generator *m* || ~ **со смешанным возбуждением** *(El)* Verbundgenerator *m*, Kompoundgenerator *m*, Doppelschlußgenerator *m* || ~ **стандартных сигналов** *(Rf)* Standardsignalgenerator *m* || ~ **строчной развёртки** *(TV)* Zeilen[ablenk]generator *m*, Zeilenkippgenerator *m* || ~/**тактовый** *(El)* Taktgenerator *m* || ~/**тахометрический** *(El)* Tacho[meter]generator *m* || ~ **телевизионной испытательной таблицы** *(TV)* Testbildgenerator *m* || ~/**термогазовый аэрозольный** *(Lw)* Warmnebelgerät *n*, Heißnebelgerät *n* || ~/**термоэлектрический** *(El)* thermoelektrischer Generator *m*, Thermosäule *f* || ~ **тонального вызова** *(Nrt)* Tonfrequenzrufgenerator *m* || ~ **тональной частоты** *s.* ~/тональный || ~/**тональный** *(Nrt)* Ton[frequenz]-generator *m* || ~ **точечных знаков** *(Inf)* Punktzeichengenerator *m* || ~/**трёхфазный** *(El)* Dreiphasengenerator *m*, Drehstromgenerator *m* || ~/**ударный** *(El)* Stoßgenerator *m* || ~/**ультразвуковой** *(El)* Ultraschallgenerator *m* || ~/**униполярный** *(El)* Unipolargenerator *m*, Einpolgenerator *m* || ~ **функции** *(Inf)* Funktionsgenerator *m (Analogrechner)* || ~/**функциональный** *s.* ~ функции || ~ **Холла** Hall-Generator *m*, Hall-Geber *m* || ~ **холода** *(Kält)* Kälteerzeuger *m*; Kälteerzeugungsanlage *f* || ~ **цветовой поднесущей** *(TV)* Farbträgergenerator *m* || ~ **штриховых знаков** *(Inf)* Strichzeichengenerator *m* || ~ **шума** Rauschgenerator *m* || ~ **шума/измерительный** Rauschmeßgenerator *m* || ~/**шумовой** *s.* ~ шума || ~/**шунтовой** *(El)* Nebenschlußgenerator *m* || ~/**электрический** [elektrischer] Generator *m*, Stromerzeuger *m* || ~/**электроаэрозольный** *(Med)* Elektroaerosolgerät *n*, Elektroaerosolator *m* || ~/**электромашинный** *(El)* Maschinengenerator *m* || ~ **электронного пучка** Elektronenstrahlerzeuger *m* || ~/**электросварочный** Schweißgenerator *m* || ~ **электростанции** *(En)* Kraftwerksgenerator *m* || ~/**эталонный** *(El)* Eichgenerator *m*, Normalgenerator *m* || ~/**эталонный кварцевый** Quarznormalgenerator *m*

генератор-возбудитель *m (El)* Erregergenerator *m*

генераторный generatorisch, Generator...

генерация *f* Erzeugung *f*, Generierung *f* || ~ **волн** *(El)* Wellenerzeugung *f* || ~ **высших гармоник** *(Ph)* Oberschwingungserzeugung *f*, Oberwellenerzeugung *f* || ~ **гармоник** *(Ph)* Erzeugung *f* von Harmonischen || ~ **данных** *(Inf)* Datengenerierung *f* || ~ **дислокаций** *(Krist)* Versetzungsgeneration *f* || ~ **звука** *f (Ak)* Schallerzeugung *f* || ~ **знака** *(Inf)* Zeichengenerierung *f*, Zeichenerzeugung *f* || ~ **колебаний** *(Ph)* Schwingungserzeugung *f* || ~ **операционной системы** *(Inf)* Betriebssystemgenerierung *f* || ~ **пары** *(Ph)* Paarbildung *f*, Paarerzeugung *f* || ~ **программы** *(Inf)* Programmgenerierung *f*, Programmerzeugung *f* || ~ **системы** *(Inf)* Systemgenerierung *f* || ~ **энергии** Energieerzeugung *f* || ~ **электронно-дырочных пар** Elektronen-Loch-Anregung *f*, Elektronen-Loch-Erzeugung *f (Halbleiter)*

генерирование *n s.* генерация

генерировать *(El)* 1. erzeugen, generieren; 2. pfeifen *(Verstärker)*

генри *m* Henry *n*, H || ~ **на метр** Henry *n* je Meter, H/m

генриметр *m (El)* Henrymeter *n*, Induktivitätsmesser *n*

геоакустика *f* Geoakustik *f*

геоантиклиналь *f (Geol)* Geoantiklinale *f*

геодезия *f* Geodäsie *f*, Vermessungskunde *f* || ~/**высшая** höhere Geodäsie *f* || ~/**гравиметрическая** gravimetrische Geodäsie *f* || ~/**инженерная** Ingenieurgeodäsie *f* || ~/**космическая** Satellitengeodäsie *f* || ~/**низшая** niedere Geodäsie *f*, Vermessungskunde *f* || ~/**спутниковая** Satellitengeodäsie *f* || ~/**сферическая** sphärische Geodäsie *f*

геодепрессия *f (Geol)* Geodepression *f (Oszillationstheorie)*

геодиметр *m s.* светодальномер

геодинамика *f* Geodynamik *f*

геоид *m (Geod)* Geoid *n*

геоиндукция *f (Ph)* Geoinduktion *f*

геокинетика *f* Geokinetik *f*

геокорона *f* Geokorona *f*

геология *f* Geologie *f* || ~/**динамическая** dynamische Geologie *f* || ~/**инженерная** Ingenieurgeologie *f* || ~/**историческая** historische Geologie *f* || ~/**космическая** Geologie *f* fremder Himmelskörper || ~/**ледниковая** Glazialgeologie *f* || ~ **месторождений полезных ископаемых** Lagerstättengeologie *f* || ~/**морская** Meeresgeologie *f* || ~ **нефти** Erdölgeologie *f* || ~/**общая** allgemeine Geologie *f* || ~ **поверхности** Oberflächengeologie *f* ‖ ~ **полезных ископаемых** Geologie *f* der nutzbaren Mineralien, Geologie *f* der Bodenschätze ‖ **~/прикладная** angewandte Geologie *f* ‖ **~/региональная** regionale Geologie *f* ‖ **~/структурная** Strukturgeologie *f* ‖ **~/физическая** physikalische Geologie *f* ‖ **~/экономическая** ökonomische Geologie *f*

геомагнетизм *m* Geomagnetismus *m*, Erdmagnetismus *m*

геометризация *f* Geometrisierung *f*

геометрия *f* Geometrie *f* ‖ **~/аналитическая** analytische Geometrie *f* ‖ ~ **деталей** *(Fert)* Formenklasse *f* ‖ **~/дифференциальная** Differentialgeometrie *f* ‖ **~/евклидова** euklidische Geometrie *f* ‖ ~ **зацепления** *(Fert)* Verzahnungsgeometrie *f* ‖ ~ **изделия** *(Fert)* Erzeugnisgeometrie *f*, Formenklasse *f* ‖ **~/изотропная** isotrope Geometrie *f* ‖ **~/интегральная** Integralgeometrie *f* ‖ **~/исходная** *s.* ~ пластины/начальная ‖ ~ **контакта** Berührungsgeometrie *f* ‖ ~ **Лобачевского** Lobatschewskische Geometrie *f* ‖ ~ **масс** Geometrie *f* der Massen ‖ **~/метрическая** metrische Geometrie *f* ‖ ~ **Минковского** Minkowskische Geometrie *f* ‖ **~/начальная** *s.* ~ пластины/начальная ‖ **~/начертательная** darstellende Geometrie *f* ‖ **~/неевклидова** nichteuklidische Geometrie *f* ‖ ~ **пластины/начальная** *(Eln)* Ausgangsgeometrie *f* *(Scheibenherstellung)* ‖ ~ **плоскости** ebene Geometrie *f*, Planimetrie *f* ‖ ~ **поверхности** Oberflächengeometrie *f* ‖ ~ **подложки** *(Eln)* Scheibengeometrie *f (Scheibenherstellung)* ‖ **~/проективная** projektive Geometrie *f* ‖ **~/пространственная** körperliche Geometrie *f*, Stereogeometrie *f* ‖ ~ **пучка** Strahlgeometrie *f* ‖ ~ **режущих инструментов** *(Wkz)* Schneidengeometrie *f* ‖ **~/риманова** Riemannsche Geometrie *f*, hypereuklidische Geometrie *f* ‖ **~/сферическая** sphärische Geometrie *f*, Sphärik *f* ‖ ~ **чисел** [Minkowskische] Geometrie *f* der Zahlen ‖ **~/эвклидова** *s.* ~/евклидова ‖ **~/элементарная** Elementargeometrie *f* ‖ **~/эллиптическая** elliptische Geometrie *f*

геомеханика *f* Geomechanik *f*

геомеханический geomechanisch

геоморфология *f* Geomorphologie *f*

геопотенциал *m (Geoph)* Geopotential *n*

геосинклиналь *f (Geol)* Geosynklinale *f*, Erdgroßmulde *f*

геостационарный geostationär *(z. B. Satelliten)*

геосферы *fpl (Geol)* Erdschalen *fpl*, Geosphären *fpl*

геотекстиль *f* Geotextilien *pl*

геотектоника *f (Geol)* Geotektonik *f*

геотерма *f* Geo[iso]therme *f*

геотермика *f* Geothermik *f*, Geothermie *f*

геотермия *f s.* геотермика

геотехника *f* Geotechnik *f*

геотехнический geotechnisch

геоторзия *f* Geotorsion *f*

геотумор *m (Geol)* Geotumor *m (Oszillationstheorie)*

геофизика *f* Geophysik *f* ‖ **~/буровая** Bohrlochgeophysik *f* ‖ **~/морская** marine Geophysik *f*, Meeresgeophysik *f* ‖ **~/промысловая** *s.* ~/буровая ‖ **~/разведочная** Erkundungsgeophysik *f* ‖ **~/скважинная** Bohrlochgeophysik *f*

геофон *m (Geoph)* Geophon *n*, seismischer Sensor *m*

геохимия *f* Geochemie *f*

геохронология *f (Geol)* geologische Zeitrechnung *f*, Geochronologie *f*

геоцентрический *(Astr)* geozentrisch

геоэлектричество *n* Geoelektrik *f*

гептод *m (Eln)* Heptode *f*

гептод-смеситель *m (Eln)* Mischheptode *f*

гербицид *m (Lw)* Herbizid *n*, Unkrautbekämpfungsmittel *n* ‖ **~/довходовый** Vorlaufherbizid *n* ‖ **~/избирательный** Selektivherbizid *n* ‖ ~ **контактного действия** Kontaktherbizid *n* ‖ **~/послевходовый** Nachlaufherbizid *n* ‖ **~/почвенный** Bodenherbizid *n*, Wurzelherbizid *n* ‖ ~ **сплошного действия** Totalherbizid *n*

гербицидный herbizid, unkrautvernichtend

германиевый Germanium...

германий *m (Ch)* Germanium *n*, Ge ‖ **~/дырочный** *s. p*-германий ‖ **~/исходный** reines (undotiertes) Germanium *n (als Ausgangsmaterial)* ‖ **~/электронный** *s. n*-германий

n-германий *m (Eln)* N-Germanium *n*, N-leitendes (elektronenleitendes) Germanium *n*

p-германий *m (Eln)* P-Germanium *n*, p-leitendes (defektelektronenleitendes, löcherleitendes) Germanium *n*

германит *m (Min)* Germanit *m*

герметизация *f* 1. Hermetisieren *n*, hermetisches Abschließen (Verschließen) *n*, Kapselung *f*; 2. *(Eln)* Verkappen *n*, Verkappung *f*; 3. *(El, Kst)* Vergießen *n*, Einketten *n (in Vergußmasse)* ‖ ~ **компаундом (пластмассой)** *(Eln)* Kunststoffverkappung *f*

герметизировать 1. hermetisieren, hermetisch abschließen (verschließen), kapseln; 2. *(Eln)* verkappen; 3. *(El, Kst)* vergießen, einbetten

герметик *m* Dichtungsmittel *n*

герметический 1. hermetisch [dicht], hermetisch abgeschlossen (verschlossen); 2. *(Eln)* verkappt; 3. *(El, Kst)* vergossen, eingebettet

герметичность *f* Dichtheit *f*, Lecksicherheit *f*; hermetischer Abschluß *m*

гермокабина *f* Druck[ausgleich]kabine *f*

гермошлем *m* Druckhelm *m*, Hermetikhelm *m*

герполодия *f (Mech)* Herpolhodie[kurve] *f*, Rastpolkurve *f (Kreisbewegung eines starren Körpers)*

герполоида *f s.* герполодия

герсдорфит *m (Min)* Arsennickelkies *m*, Gersdorffit *m*

герц *m* Hertz *n*, Hz

герцинит *m (Min)* Hercynit *m (Spinell)*

герцметр *m (El)* Frequenzmesser *m*, Frequenzmeßgerät *n*

гессонит *m (Min)* Hessonit *m (Granat)*

гетероазеотроп *m (Ch)* Heteroazeotrop *n*

гетероатом *m (Ch)* Heteroatom *n*

гетерогенит *m (Min)* Heterogenit *m (Kobalthydroxid)*

гетерогенно-каталитический heterogenkatalytisch

гетерогенность *f* Heterogenität *f*, Inhomogenität *f*, Verschiedenartigkeit *f*

гетерогенный heterogen, inhomogen, verschiedenartig

гетеродесмический heterodesmisch *(Kristallgitter)*
гетеродин *m (Rf)* Überlagerer *m*, Überlagerungsoszillator *m* ‖ **~/измерительный** Meßoszillator *m* ‖ **~/клистронный** Klystronüberlagerer *m*, Klystronüberlagerungsoszillator *m* ‖ **~/опорный** Referenzüberlagerer *m* ‖ **~/сигнальный** Signalüberlagerer *m* ‖ **~/транзитронный** Transitronüberlagerer *m*
гетеродинирование *n (Rf)* Überlagerung *f*, Überlagern *n*
гетеродинировать *(Rf)* überlagern
гетеродиффузия *f (Ph)* Heterodiffusion *f*
гетерозаряд *m (Ph)* Heteroladung *f*
гетероион *m (Ph)* Heteroion *n*, Ion-Molekül-Komplex *m*
гетеролазер *m* Heterolaser *m*, Laser *m* mit Heteroübergang ‖ **~/инжекционный** Heteroinjektionslaser *m* ‖ **~/полосковый** Heterolaser *m* mit Streifenstruktur
гетеролиз *m (Ch)* Heterolyse *f*
гетеролит *m (Ch)* Heterolyt *m*
гетерометрия *f (Krist)* Heterometrie *f*
гетероморфизм *m (Geol, Krist)* Heteromorphismus *m*, Heteromorphie *f*
гетеропереход *m* Heteroübergang *m (Halbleiter)*
гетерополиконденсация *f (Ch)* Heteropolykondensation *f*
гетерополярность *f (Ph)* Heteropolarität *f*
гетерополярный heteropolar
гетероструктура *f (Krist)* Heterostruktur *f*
гетеротермный *(Wmt)* heterotherm
гетеротипный *(Krist)* heterotyp
гетеротранзистор *m* Heterotransistor *m* ‖ **~/биполярный** Bipolarheterotransistor *m*
гетерохромный heterochrom
гетероцепь *f (Ph)* Heterokette *f*, heteroatomare Kette *f*
гетероцикл *m (Ch)* Heterocyclus *m*, heterocyclische Verbindung *f* ‖ **~/шестичленный** sechsgliedriger Heterocyclus *m*
гетероциклический *(Ch)* heterocyclisch
гетероэпитаксия *f* Heteroepitaxie *f*
гетит *m (Min)* Goethit *m*, Nadeleisenerz *n*
геттер *m (Ph, Eln)* Getter *m(n)*, Getterstoff *m* ‖ **~/бариевый** Bariumgetter *m* ‖ **~/испаряющийся** Verdampf[ungs]getter *m*, Abdampfgetter *m* ‖ **~/ленточный** Bändchengetter *m* ‖ **~/проволокообразный** Drahtgetter *m* ‖ **~/таблеточный** Pillengetter *m*
геттерирование *n (Eln)* Gettern *n*, Getterung *f* ‖ **~/внешнее** externe Getterung *f*, Extrinsic-Getterung *f* ‖ **~/внутреннее** interne (innere) Getterung *f*, Intrinsic-Getterung *f* ‖ **~/объёмное** *s.* ~/внутреннее ‖ **~/планарное** Frontseitengetterung *f*, Oberflächengetterung *f* ‖ **~ погружением** Tauchgetterung *f* ‖ **~/радиационное** Strahlungsgetterung *f* ‖ **~ разрядом** Entladungsgetterung *f*
гиалит *m (Min)* Hyalit *m*, Glasopal *m*
гиалофан *m (Min)* Hyalophan *m (Feldspat)*
гиацинт *m (Min)* Hyazinth *m (roter Zirkon)*
гиббсит *m s.* гидраргиллит
гибка *f* 1. *(Schm)* Biegen *n*, Biegeformung *f*; Umbiegen *n*; 2. Biegen *n*, Abbiegen *n (Stranggießen)* ‖ **~ в штампе** Biegen *n* im Gesenk ‖ **~ выдавливанием** Biegedrücken *n* ‖ **~/горячая** Warmbiegen *n* ‖ **~ по кругу** Rundbiegen *n* ‖ **~ прокаткой** Walzbiegen *n*
гибкий biegsam, nachgiebig; flexibel
гибкость *f* Biegsamkeit *f*, Nachgiebigkeit *f*; Flexibilität *f*; Elastizität *f* ‖ **~/внутренняя позиционная** *(Fert)* Flexibilität *f* der Lageeinstellung *(Industrieroboter)* ‖ **~/внутризаводская** *(Fert)* Flexibilität *f* der Einsatzmöglichkeit im Betrieb *(Industrieroboter)* ‖ **~/манипуляционная** *(Fert)* Flexibilität *f* der Handhabung *(Eigenschaft von Industrierobotern)* ‖ **~ стержня** *(Wkst)* Schlankheitsgrad *m (Knickfestigkeit)* ‖ **~/фотографическая** *(Photo)* Verarbeitungsspielraum *m*
гибрид *m* hybrides System *n*; hybride Anlage *f*
гибридизация *f* Hybridisation *f*, Hybridisierung *f*
гибридизм *m s.* гибридизация
гибридно-интегрированный *(Eln)* hybrid integriert
гибридный Hybrid..., hybrid
гибчатка *f (Vak)* Wellrohr *n*
гига... Giga..., G
гигаватт *m* Gigawatt *n*, GW
гигагерц *m* Gigahertz *n*, GHz
гигаджоуль *m* Gigajoule *n*, GJ
гигант *m (Astr)* Riesenstern *m*, Riese *m*, Gigant *m* ‖ **~/белый** Weißer Riese *m* ‖ **~/жёлтый** Gelber Riese *m* ‖ **~/красный** Roter Riese *m*
гигиена *f* Hygiene *f* ‖ **~ воды** Wasserhygiene *f* ‖ **~ города** Stadthygiene *f* ‖ **~/коммунальная** Kommunalhygiene *f* ‖ **~ окружающей среды** Umwelthygiene *f* ‖ **~ строительства** Bauhygiene *f* ‖ **~ труда** Arbeitshygiene *f*
гигрограмма *f (Meteo)* Hygrogramm *n*
гигрограф *m (Meteo)* Hygrograph *m*, Luftfeuchteschreiber *m*
гигрометр *m (Meteo)* Hygrometer *n*, Luftfeuchtemesser *m* ‖ **~/волосной** Haarhygrometer *n* ‖ **~/конденсационный** Kondensationshygrometer *n*, Taupunkthygrometer *n*, Taupunktmesser *m* ‖ **~ точки росы** *s.* ~/конденсационный ‖ **~/электролитический** Leitfähigkeitshygrometer *n*
гигрометрия *f (Meteo)* Hygrometrie *f*, Luftfeuchtigkeitsmessung *f*
гигроскоп *m* Hygroskop *n*
гигроскопичность *f* Hygroskopizität *f*
гигростат *m* Hygrostat *m*
гигротермограф *m* Hygrothermograph *m*
гигротермоскоп *m* Hygrothermoskop *n*
гид *m (Astr)* Leitrohr *n (Fernrohrnachführung)*
гидатоморфизм *m (Geol)* Hydatomorphose *f*, Hydatomorphismus *m*
гидденит *m (Min)* Hiddenit *m*
гидирование *n (Astr)* Nachführung *f (Fernrohr)* ‖ **~/автоматическое** automatische Nachführung *f* ‖ **~/точное** exakte Nachführung *f* ‖ **~/фотоэлектрическое** lichtelektrische (photoelektrische) Nachführung *f*
гидравлика *f* 1. Hydraulik *f (Strömung inkompressibler Medien)*; 2. *(Masch)* Hydraulik *f*, Ölhydraulik *f* ‖ **~ безнапорного потока** *(Hydt)* Fließgesetz *n* der Freispiegelströmung ‖ **~ грунтовых вод** *(Hydt)* Grundwasserhydraulik *f* ‖ **~ открытых русел** *(Hydt)* Gerinnehydraulik *f* ‖ **~/русловая** *(Hydt)* Gerinnehydraulik *f* ‖ **~/тормозная** *(Kfz)* Bremshydraulik *f* ‖ **~ трубопроводов** *(Hydt)* Rohrhydraulik *f*

гидрант *m* Hydrant *m* ‖ **~/выдвижной** Versenkhydrant *m* ‖ **~/надземный** Oberflurhydrant *m* ‖ **~/погружной** Versenkhydrant *m* ‖ **~/подземный** Unterflurhydrant *m* ‖ **~/пожарный** Feuerlöschhydrant *m*

гидраргиллит *m (Min)* Hydrargillit *m*, Gibbsit *m (Aluminiumhydroxid)*

гидрат *m (Ch)* Hydrat *n*

гидратация *f (Ch)* Hydratation *f*, Hydratisierung *f* ‖ **~/ближняя** *s.* ~/первичная ‖ **~/вторичная** sekundäre (physikalische) Hydratation *f* ‖ **~/дальняя** *s.* ~/вторичная ‖ **~ ионов** Ionenhydratation *f* ‖ **~/непрямая** indirekte Hydratation *f*, Hydratation *f* mit Schwefelsäure ‖ **~/первичная** primäre (chemische) Hydratation *f* ‖ **~/прямая** direkte (katalytische) Hydratation *f* ‖ **~/сернокислотная** *s.* ~/непрямая ‖ **~/физическая** *s.* ~/вторичная ‖ **~/химическая** *s.* ~/первичная

гидратирование *n s.* гидратация

гидратировать *(Ch)* hydratisieren

гидратор *m* 1. Hydrator *m*, Löschmaschine *f*; 2. Kalkhydratlöschtrommel *f*; Trockenlöschapparat *m (Kalk)*

гидратцеллюлоза *f* Hydratcellulose *f*, regenerierte (gequollene) Cellulose *f*

гидрид *m (Ch)* Hydrid *n* ‖ **~/газообразный** gasförmiges (flüchtiges) Hydrid *n* ‖ **~/переходный** Übergangshydrid *n*

гидрирование *n s.* гидрогенизация

гидрированность *f (Ch)* Hydrierungsgrad *m*

гидрировать *(Ch)* hydrieren; härten *(Fette und Öle)*

гидрируемость *f (Ch)* Hydrierbarkeit *f*, Hydrierfähigkeit *f*; Härtbarkeit *f (bei Fetten und Ölen)*

гидрируемый *(Ch)* hydrierbar, hydrierfähig; härtbar *(Fette und Öle)*

гидроавиация *f* 1. Wasserflugwesen *n*; 2. Wasserflugzeuge *npl*

гидроагрегат *m* 1. Hydraulikaggregat *n*, hydraulische Gerätekombination *f*; 2. Wasserturbinenstromerzeugersatz *m* ‖ **~/прямоточный** Gleichstromhydraulikaggregat *n*

гидроаккумулятор *m* 1. Hydraulikspeicher *m*, Druckflüssigkeitsspeicher *m*, Druck[öl]speicher *m*; 2. Pumpspeicher *m*, Pumpspeicherwerk *n*; 3. *(Lw)* Speicherdruckkessel *m (Impulsregner)* ‖ **~/воздушный** luftbelasteter Druckspeicher (Hydraulikspeicher) *m* ‖ **~/газовый** gasbelasteter Druckspeicher (Hydraulikspeicher) *m* ‖ **~/грузовой** gewichtsbelasteter Druckspeicher (Hydraulikspeicher) *m* ‖ **~/объёмный** Druckspeicher *m* ‖ **~/пневматический** luftbelasteter (gasbelasteter) Druckspeicher *m*, Blasenspeicher *m* ‖ **~/поршневой** Druckspeicher *m* mit Kolbentrennung, Kolbenspeicher *m* ‖ **~/пружинный** federbelasteter Druckspeicher (Hydraulikspeicher) *m* ‖ **~ сферического (шарового) типа** Blasenspeicher *m*, Gummiblasenspeicher *m*

гидроакустика *f* Hydroakustik *f*, Unterwasserakustik *f*

гидроаппарат *m*/**запорный** hydraulisches Sperrventil *n* ‖ **~/золотниковый** hydraulisches Schieberventil *n* ‖ **~/клапанный** hydraulisches Sitzventil *n* ‖ **~/крановый** hydraulisches Drehschieberventil *n* ‖ **~/направляющий** hydraulisches Richtungsventil *n*

гидроароматический *(Ch)* hydroaromatisch

гидроаэромеханика *f* Strömungsmechanik *f*

гидробаллистика *f* Hydroballistik *f*, Unterwasserballistik *f*

гидробур *m (Bgb)* hydraulischer Bohrer *m*

гидробурение *n (Bgb)* hydraulisches Bohren *n*

гидровзрывание *n (Bgb)* Sprengen *n* mit Wasserbesatz

гидровскрыша *f (Bgb)* Spülabraum *m (Tagebau)*

гидрогель *m (Ch)* Hydrogel *n*

гидрогенератор *m (En)* Wasserturbogenerator *m*, Wasserkraftgenerator *m*, Hydrogenerator *m*

гидрогенераторный *(En)* Wasserkraftgenerator...

гидрогенизатор *m (Ch)* Hydrierer *m*, Hydrierautoklav *m*; Härtungsautoklav *m (für Fette und Öle)*

гидрогенизация *f (Ch)* Hydrierung *f*, Hydrieren *n*, *(bei Ölen und Fetten auch)* Härten *n*, Härtung *f* ‖ **~/деструктивная** destruktive (spaltende, abbauende) Hydrierung *f* ‖ **~/жидкофазная** Sumpfphase[n]hydrierung *f* ‖ **~ жиров** Fetthydrierung *f*, Fetthärtung *f* ‖ **~ масла** Ölhärtung *f* ‖ **~/низкотемпературная** Tieftemperaturhydrierung *f* ‖ **~/парофазная** Dampfphase[n]hydrierung *f*, Gasphase[n]hydrierung *f* ‖ **~ под давлением** Druckhydrierung *f* ‖ **~/предварительная** Vorhydrierung *f* ‖ **~/ступенчатая** stufenweise Hydrierung *f* ‖ **~ угля** Kohlehydrierung *f*, Kohleverflüssigung *f*

гидрогенизировать hydrieren, *(bei Ölen und Fetten auch)* härten

гидрогенолиз *m (Ch)* Hydrogenolyse *f*, hydrogenolytische Spaltung *f*

гидрогеология *f* Hydrogeologie *f*

гидрограф *m (Hydrol)* Abflußganglinie *f*, Durchfluß[mengen]ganglinie *f*, Abflußmengenlinie *f*, Abfluß[mengen]kurve *f* ‖ **~ стока** Abflußganglinie *f*, Abflußmengenkurve *f*

гидрография *f* Hydrographie *f*, Gewässerkunde *f (Flüsse und Seen)* ‖ **~ паводков** Hochwasserhydrographie *f* ‖ **~ рек** Flußkunde *f*

гидродвигатель *m* hydraulischer Motor *m*, Hydromotor *m*, Hydraulikmotor *m* ‖ **~/аксиально-поршневой** Axialkolbenmotor *m* ‖ **~/винтовой** Schraubenhydromotor *m* ‖ **~/вращательный** rotierender Hydromotor *m*, Rotationshydromotor *m* ‖ **~/лопастный** Flügelzellenmotor *m* ‖ **~/объёмный** hydraulischer Verdrängermotor *m* ‖ **~/однопластинчатый** einflügeliger Drehflügelmotor *m* ‖ **~/пластинчатый** Flügelzellen[hydro]motor *m* ‖ **~/плоскоколовратный** Exzenterkolbenmotor *m* ‖ **~/поворотный** Drehwinkelhydromotor *m*, Schwenkhydromotor *m* ‖ **~/поршневой** Kolbenhydromotor *m* ‖ **~/радиально-поршневой** Radialkolbenmotor *m* ‖ **~/ротационный** *s.* ~/вращательный ‖ **~/роторно-пластинчатый** *s.* ~/пластинчатый ‖ **~ роторно-поршневой** Kolbenzellenmotor *m (Oberbegriff für Axial- und Radialkolbenmotoren)* ‖ **~/шаговый** Schrittmotor *m*, Impulsmotor *m* ‖ **~/шестерённый** Zahnrad[hydro]motor *m*, Hydrozahnradmotor *m* ‖ **~/шиберный** hydraulischer Schiebemotor *m*

гидродиаскоп *m (Opt)* Hydrodiaskop *n*, Wasserkammer *f*

гидродимеризация *f (Ch)* reduktive Dimerisierung *f*

гидродинамика *f* Hydrodynamik *f* ‖ **~/магнитная** Magnetohydrodynamik *f*, Hydromagnetik *f*, Magnetofluidodynamik *f*
гидродобыча *f (Bgb)* Hydrogewinnung *f*, Hydroabbau *m*, hydromechanische (hydraulische) Gewinnung *f*
гидродроссель *m* hydraulisches Drosselventil *n*
гидрожидкость *f* Hydraulikflüssigkeit *f*, Druckflüssigkeit *f*
гидрозабойка *f (Bgb)* Wasserbesatz *m (Sprengung)*
гидрозакладка *f (Bgb)* Spülversatz *m*
гидрозолоудаление *n* Naßentaschung *f*, Druck[wasser]entaschung *f*, Spülentaschung *f*
гидроизоляция *f (Bw)* Wassersperre *f*, Wasserabdichtung *f*, Abdichtung *f (gegen Wassereinbrüche)*; Feuchtigkeitsschutz *m* ‖ **~/внутренняя** Innenhautdichtung *f* ‖ **~/жёсткая** steife (harte) Dichtung *f* ‖ **~/наружная** Außenhautdichtung *f* ‖ **~/обмазочная** Sperranstrich *m*, Dichtungsanstrich *m* ‖ **~/оклеечная** Sperrbahnabdichtung *f* ‖ **~/окрасочная** Sperranstrich *m* ‖ **~/противофильтрационная** Sickerwasserdichtung *f* ‖ **~/штукатурная** Sperrputz *m*; gespachtelte Sperrschicht *f*
гидрокинематика *f* Hydrokinematik *f*
гидрокинетика *f* Hydrokinetik *f*
гидроклапан *m* [hydraulisches] Ventil *n*, Hydraulikventil *n* ‖ **~ выдержки времени** hydraulisches Zeitschaltventil *n* ‖ **~ давления** hydraulisches Druckventil *n* ‖ **~ «И»** hydraulisches UND-Ventil *n* ‖ **~ «ИЛИ»** hydraulisches ODER-Ventil *n (Sperrventil mit 2 Eingängen und einem Ausgang)* ‖ **~/конический** hydraulisches Kegelsitzventil *n* ‖ **~/напорный** hydraulisches Druckbegrenzungsventil *n* ‖ **~/обратный** hydraulisches Rückschlagventil *n* ‖ **~ постоянного перепада давления** hydraulisches Druckgefälleventil *n* ‖ **~ разности давлений** hydraulisches Druckdifferenzventil *n* ‖ **~/редукционный** hydraulisches Druckminderventil *n* ‖ **~/шариковый** hydraulisches Kugelsitzventil *n*
гидроклассификатор *m* hydraulischer Klassierer *m (Aufbereitung)*
гидроковка *f* Hydroschmieden *n*
гидрокостюм *m* Taucheranzug *m*
гидрокрекинг *m (Ch)* Hydrokracken *n*, hydrierendes Kracken *n*
гидрокрыло *n (Hydr)* Wasserflügel *m*, Unterwassertragfläche *f*
гидроксид *m s.* гидроокись
гидроксил *m (Ch)* Hydroxyl *n*, Hydroxylgruppe *f*
гидроксилирование *n (Ch)* Hydroxylieren *n*, Hydroxylierung *f*
гидроксилсодержащий hydroxylhaltig
гидролиз *m (Ch)* Hydrolyse *f* ‖ **~/бисульфитный** Hydrogensulfithydrolyse *f* ‖ **~/парофазный** Dampfphasenhydrolyse *f*
гидролизат *m (Ch)* Hydrolysat *n*
гидролизёр *m (Ch)* Hydrolyseturm *m*, Hydrolyseur *m (Holzverzuckerung)*
гидролизуемость *f (Ch)* Hydrolysierbarkeit *f*
гидролиния *f* hydraulische Leitung *f*, Hydraulikleitung *f* ‖ **~/дренажная** hydraulische Leckleitung *f* ‖ **~ управления** hydraulische Steuerleitung *f*
гидрология *f* Hydrologie *f*, Gewässerkunde *f*
гидролокатор *m* Unterwasserortungsgerät *n*, hydroakustisches Ortungsgerät *n*
гидролокация *f* Unterwasser[schall]ortung *f*
гидролоток *m* Umlaufversuchskanal *m (für Schiffsmodellversuche)*
гидромагистраль *f (Hydr)* Druckwasserhauptleitung *f*, Druckölhauptleitung *f* ‖ **~/всасывающая** Saugleitung *f*, Eintrittsleitung *f (Pumpe)*
гидромашина *f* Strömungsmaschine *f* ‖ **~/обратная лопастная** Strömungsmaschine *f* mit rückwärts gekrümmten Laufschaufeln *(Kreiselpumpe, Radialpumpe; Lüfter)* ‖ **~/объёмная** hydraulische Verdrängermaschine *f*
гидромелиорация *f (Lw)* Hydromelioration *f*
гидрометаллургический hydrometallurgisch
гидрометаллургия *f* Hydrometallurgie *f*
гидрометеорология *f (Meteo)* Hydrometeorologie *f*
гидрометеоры *mpl (Meteo)* Hydrometeore *mpl (Kondensationsprodukte der Atmosphäre in Form von Wolken, Nebel, Niederschlägen)*
гидрометр *m (Hydt)* Hydrometer *n*, Flüssigkeitstachometer *n*
гидрометрия *f* Hydrometrie *f*
гидромеханизация *f* 1. *(Bgb)* Hydroabbauverfahren *n*, hydromechanisches Abbauverfahren *n*; 2. *(Bw)* Naßbaggerung *f*, Spülbaggerung *f*
гидромеханика *f* Hydromechanik *f*
гидромешок *m* Wärmeschutzsack *m (für Rettungsboote)*
гидромодуль *m* 1. *(Bw)* hydraulischer Modul *m*, Hydromodul *m (des Zements)*; 2. *(Pap)* Flottenverhältnis *n*
гидромонитор *m (Hydt, Bgb)* Hydromonitor *m*, Spülstrahlrohr *n*
гидромотор *m s.* гидродвигатель
гидромусковит *m (Min)* Hydromuskovit *m*
гидромуфта *f (Hydr)* Strömungskupplung *f*, Turbokupplung *f*, Föttinger-Kupplung *f* ‖ **~/тяговая** Strömungskupplung *f* mit Drehmomentbegrenzung
гидронамыв *m* **грунта** Bodenanspülung *f*, Bodenanschwemmung *f*
гидронасос *m* Hydraulikpumpe *f*, hydraulische Pumpe *f*, Druckwasserpumpe *f*
гидрообмыв *m* Ausströmen *n* von Wasser am Unterwasserschiff *(Eisbrecher)*
гидрообогащение *n* Hydroaufbereitung *f*
гидроокись *f (Ch)* Hydroxid *n* ‖ **~/амфотерная** amphoteres Hydroxid *n* ‖ **~/щёлочноземельная** Erdalkalihydroxid *n*
гидрооксалат *m (Ch)* Hydrogenoxalat *n*
гидрооптика *(Opt)* Gewässeroptik *f*
гидроотбойка *f (Bgb)* hydraulische Gewinnung *f*
гидроотвал *m (Bgb)* Spülhalde *f*, Spülkippe *f*
гидроотвалообразование *n (Bgb)* Spülkippenbetrieb *m*
гидроочиститель *m* hydraulischer Fluidreiniger *m*
гидроочистка *f (Ch)* Hydrofining *n*, Hydroraffination *f*, hydrierende Raffination *f (katalytische Entschwefelung und Produktverbesserung von Erdölfraktionen bei Anwesenheit von Wasserstoff)*
гидропальпер *m s.* гидроразбиватель
гидроперегружатель *m (Schiff)* Schutensauger *m*, Spüler *m*

гидропередача *f (Masch)* Strömungsgetriebe *n*, Flüssigkeitsgetriebe *n*, hydraulische Kraftübertragung *f*, hydraulisches Getriebe *n* || **~/аксиально-поршневая** Axialkolbengetriebe *n (System aus Axialkolbenpumpe und Axialkolbenmotor)* || **~ вращательного движения/объёмная** hydrostatisches Getriebe *n* für drehende Bewegung || **~/объёмная** 1. [hydro]statisches Getriebe (Verdrängergetriebe) *n*; 2. *s.* гидропривод/объёмный || **~/пластинчатая** Flügelzellengetriebe *n (System aus Flügelzellenpumpe und Flügelzellenmotor)* || **~/радиально-поршневая** Radialkolbengetriebe *n (System aus Radialkolbenpumpe und Radialkolbenmotor)*
гидропланирование *n (Mech)* Aquaplaning *n*, Aufschwimmen *n*
гидроповоротник *m s.* гидроцилиндр/моментный
гидроподкормка *f (Lw)* Naßkopfdüngung *f*
гидрополукомпас *m* Azimutkreisel *m*, Kurskreisel *m*
гидропоника *f* Hydroponik *f*, Hydrokultur *f*
гидропреобразователь *m* 1. [hydraulischer] Druckübersetzer *m*; 2. *s.* гидротрансформатор || **~/вращательный** rotierender hydraulischer Druckübersetzer *m* || **~/поступательный** geradliniger hydraulischer Druckübersetzer *m*
гидропресс *m* hydraulische Presse *f*
гидропривод *m (Hydr)* Hydraulikantrieb *m*, hydraulischer Antrieb *m* || **~ без управления** nicht steuerbares hydraulisches System *n* || **~/всасывающий** *s.* магистраль/всасывающая || **~/лопастный** hydraulischer Flügelzellenantrieb *m* || **~/магистральный** hydraulisches System *n* mit Hauptleitungsspeisung || **~/объёмный** statischer Flüssigkeitsantrieb *m*, hydrostatischer Antrieb *m* || **~/подающий** *s.* магистраль/напорная || **~/подводящий** Saugleitung *f*, Eintrittsleitung *f (Pumpe)* || **~/поршневой** hydraulischer Kolbenantrieb *m* || **~/ротационно-поршневой** hydraulischer Umlaufkolbenantrieb *m* || **~ с управлением** steuerbares hydraulisches System *n* || **~/силовой** Arbeitsleitung *f*, Hauptleitung *f (Pumpe)* || **~/сливной** Rückölleitung *f*
гидропровод *m (Hydr)* Rohrnetz *n*, Druckölrohrnetz *n* || **~/нагнетательный** Druckleitung *f*, Austrittsleitung *f (Pumpe)*
гидропульпер *m s.* гидроразбиватель
гидропульсатор *m (Wkst)* hydraulische Schwingungsprüfmaschine *f*, hydraulischer Pulsator (Pulser) *m*
гидроразбиватель *m (Pap)* Stoff[auf]löser *m*, Pulper *m*, Hydropulper *m*, Turbolöser *m*
гидроразгрузка *f* Spülentladung *f*, hydraulische Entladung *f*
гидроразмол *m (Pap)* Hydromahlung *f*
гидроразрыв *m (Bgb)* hydraulische Rißbildung *f*, Hydrofrac *m*
гидроразрыхлитель *m* Druckwasserbodenlockerungsanlage *f*, Druckwasserbodenlockerungseinrichtung *f (Saugschwimmbagger)*
гидрораспределитель *m* hydraulisches Wegeventil *n*
гидрорафинирование *n s.* гидроочистка
гидроресурсы *mpl* Wasserkraftreserven *fpl*
гидросамолёт *m* Wasserflugzeug *n*
гидросамолёт-амфибия *m* Amphibienflugzeug *n*
гидросепаратор *m (Bgb)* Naßabscheider *m*; Kohlensetzmaschine *f*
гидросернистокислый *(Ch)* ...hydrogensulfit *n*; hydrogenschwefligsauer
гидросеть *f (Hydr)* Rohrnetz *n*, Druckölrohrnetz *n*
гидросиловик *m s.* гидроцилиндр/силовой
гидросистема *f* hydraulisches System *n*, Hydrauliksystem *n*, Hydraulik *f (einer Anlage)* || **~ управления подачей** *(Wkzm)* hydraulische Vorschubsteuerung *f*
гидрослюды *fpl (Min)* Hydroglimmer *mpl*
гидросмесь *f* Pulpe *f*, Trübe *f*
гидросмыв *m (Bgb)* Verspülen *n* || **~ навоза** *(Lw)* Schwemmentmistung *f*
гидросниматель *m* hydraulischer Abnehmer *m*
гидросоединение *n (Ch)* Hydroverbindung *f*
гидросоль *f (Ch)* Hydrogensalz *n*, saures Salz *n*
гидросооружения *npl* Wasserbauten *pl*
гидросплав *m (Lw)* Staukanalentmistung *f*
гидростанция *f s.* гидроэлектростанция
гидростат *m* 1. Hydrostat *m*; 2. hydraulische Druckkammer *f (Pulvermetallurgie)*
гидростатика *f* Hydrostatik *f*
гидроствор *m (Geod)* Wassermeßprofil *n*
гидростойка *f (Bgb)* Hydraulikstempel *m*
гидростроительство *n* Wasserbau *m*
гидросульфат *m (Ch)* Hydrogensulfat *n*
гидросульфид *m (Ch)* Hydrogensulfid *n*
гидросульфит *m (Ch)* Hydrogensulfit *n*
гидросфера *f (Geoph)* Hydrosphäre *f*
гидросхема *f* hydraulische Schaltung *f*
гидросцепление *n s.* гидромуфта
гидротермальный *(Geol)* hydrothermal, Hydrothermal...
гидротермокостюм *m* Rettungsanzug *m*, Überlebensanzug *m*
гидротехника *f* Hydrotechnik *f*, Wasserbautechnik *f*
гидротипия *f (Photo)* Hydrotypie *f*, Einsaugverfahren *n*, Verfahren *n* mit Quellrelief
гидроторф *m* Hydrotorf *m*
гидротрансмиссия *f* Strömungsgetriebe *n*
гидротранспорт *m (Bgb)* hydraulische Förderung *f*, Spülförderung *f*
гидротрансформатор *m (Hydr)* Strömungswandler *m*, Drehmomentwandler *m*, Flüssigkeitswandler *m*, Föttinger-Wandler *m*
гидротурбина *f* Wasserturbine *f* || **~/активная** Gleichdruckturbine *f*; Aktionswasserturbine *f*, Gleichdruckwasserturbine *f* || **~ активная осевая** Gleichdruckaxialturbine *f* || **~ Банки** *s.* ~/двукратная || **~/венечная** *s.* ~/радиально-осевая|| **~/вертикальная** stehende Wasserturbine *f*, Wasserturbine *f* mit stehender Welle || **~/винтовая** Propeller[wasser]turbine *f* || **~/высоконапорная** Hochdruck[wasser]turbine *f* || **~/горизонтальная** liegende Wasserturbine *f*, Wasserturbine *f* mit liegender Welle || **~/двукратная** Durchströmturbine *f*, Gleichdruckturbine *f* mit doppeltdurchströmter Beaufschlagung *f*, Banki-Turbine *f* || **~ Каплана** *s.* ~/поворотнолопастная || **~/ковшовая** Pelton-Turbine *f*, Freistrahlturbine *f*, Wasserturbine *f* mit becherförmigen Laufschaufeln || **~/котельная** Kavernen-Wasserturbine *f* || **~/лопастная** *s.* ~/ковшовая || **~/наклонноструйная** Schrägstrahl-Gleichdruckturbine *f*, Turgot-Turbine *f* || **~/на-**

порноструйная Druckstrahlwasserturbine *f* ‖ **~/неполная** *s.* ~/свободноструйная ‖ **~/низконапорная** Niederdruckturbine *f* ‖ **~/одноколёсная** einstufige Wasserturbine *f* ‖ **~/однороторная** Einrad[wasser]turbine *f* ‖ **~/осевая** Axialturbine *f (Kaplan-Turbine, Propellerturbine)* ‖ **~ Пельтона** *s.* ~/ковшовая ‖ **~/поворотнолопастная** Kaplan-Turbine *f*, Wasserturbine *f* mit verstellbaren Schaufeln (Axialschaufeln) ‖ **~/полная** *s.* ~/реактивная ‖ **~/пропеллерная** Propellert[wasser]urbine *f* ‖ **~/радиально-осевая** Radialturbine *f*, Francis-Turbine *f* ‖ **~/реактивная** Überdruck[wasser]turbine *f*, Reaktions[wasser]turbine *f* ‖ **~ с наклонным соплом** *s.* ~/наклонноструйная ‖ **~/свободноструйная** *s.* ~/ковшовая ‖ **~ Тюрго** *s.* ~/наклонноструйная ‖ **~ Френсиса** *s.* радиально-осевая

гидроударник *m (Bgb)* Hydraulikbohrhammer *m*

гидроузел *m* Wasserbaukomplex *m*, hydrotechnischer Komplex *m* ‖ **~/гидроэнергетический** Wasserkraftanlage *f*

гидроуправление *n* hydraulische Steuerung *f*

гидроуправляемый hydraulisch steuerbar

гидроусилитель *m (Reg, Hydr)* hydraulischer Verstärker *m*, Hydraulikverstärker *m* ‖ **~ без обратной связи** hydraulischer Verstärker *m* ohne Rückkopplung ‖ **~ с обратной связью** rückgekoppelter hydraulischer Verstärker *m*, hydraulischer Verstärker *m* mit Rückkopplung

гидроустройство *n* Hydraulikeinrichtung *f*, hydraulisches Gerät *n* ‖ **~/встраиваемое** hydraulisches Gerät *n* für Bohrungseinbau ‖ **~/модульное** hydraulisches Gerät *n* in Batterieausführung ‖ **~/управляемое** steuerbare Hydraulikeinrichtung *f*, steuerbares hydraulisches Gerät *n*

гидрофайнер *m (Pap)* Kegelstoffmühle *f*

гидрофан *m (Min)* Hydrophan *m*, Milchopal *m*

гидрофизика *f* Hydrophysik *f*

гидрофильность *f* Hydrophilie *f*

гидрофильный hydrophil, wasseraufnehmend, wasseranziehend

гидрофицированный *(Masch)* hydraulisch [angetrieben], hydraulisch gesteuert

гидрофобизатор *m (Text)* Hydrophobier[ungs]mittel *n*

гидрофобизация *f (Text)* Hydrophobierung *f*

гидрофобность *f* Hydrophobie *f*, Wasserabstoßungsfähigkeit *f*

гидрофобный hydrophob, wasserabstoßend, wasserabweisend

гидрофон *m* Hydrophon *n*, Unterwasserschallempfänger *m*

гидроформилирование *n (Ch)* Hydroformylierung *f*, Oxosynthese *f*

гидроформилировать *(Ch)* hydroformylieren

гидроформинг *m (Erdöl)* Hydroform[ier]en *n*, Hydroforming *n*

гидроформинг-процесс *m (Erdöl)* Hydroformingverfahren *n*, HF-Verfahren *n*

гидрохлорирование *n (Ch)* Hydrochlorierung *f*

гидроцеллюлоза *f (Ch)* Hydrocellulose *f*

гидроцентраль *f (En, Hydt)* Wasserkraftzentrale *f*

гидроцепь *f* hydraulischer Kreislauf *m* ‖ **~/вспомогательная** hydraulischer Hilfskreislauf *m* ‖ **~/замкнутая** geschlossener hydraulischer Kreislauf *m* ‖ **~/основная** hydraulischer Hauptkreislauf *m* ‖ **~/полузамкнутая** halbgeschlossener hydraulischer Kreislauf *m* ‖ **~/разомкнутая** offener hydraulischer Kreislauf *m* ‖ **~ управления** hydraulischer Steuerkreislauf *m*

гидроциклон *m* Hydrozyklon *m*, Naßzyklon *m (Aufbereitung)*

гидроцилиндр *m (Hydr)* Arbeitszylinder *m (Oberbegriff für Zylinder mit oszillierender Bewegung eines Scheiben-, Tauch- oder Teleskopkolbens und mit Drehwinkelbewegung)* ‖ **~ двустороннего действия** doppeltwirkender Arbeitszylinder *m* ‖ **~/двухпозиционный** Hydraulikzylinder *m* mit zwei festen Stellungen ‖ **~ зажима** *(Wkzm)* Spannzylinder *m* ‖ **~/мембранный** Hydraulikzylinder *m* mit Membran ‖ **~/многопластинчатый моментный** mehrflügeliger Drehflügelzylinder *m* ‖ **~/многопозиционный** Hydraulikzylinder *m* mit mehreren festen Stellungen ‖ **~/моментный** Drehflügelzylinder *m*, Drehwinkelzylinder *m (Zylinder mit Drehwinkelbewegung des auf einer Welle sitzenden Verdrängers)* ‖ **~/однопластинчатый моментный** einflügeliger Drehflügelzylinder *m* ‖ **~ одностороннего действия** einfachwirkender Arbeitszylinder *m* ‖ **~/плунжерный** Arbeitszylinder *m* mit Tauchkolben ‖ **~ поворотного действия** *s.* ~/моментный ‖ **~ подачи** *(Wkzm)* Vorschubzylinder *m* ‖ **~/поршневой** *s.* ~/силовой ‖ **~/сдвоенный моментный** zweiflügeliger Drehflügelzylinder *m* ‖ **~/сдвоенный поршневой** Zwillingskolbenarbeitszylinder *m* mit einseitiger Kolbenstange ‖ **~/силовой** Arbeitszylinder *m* mit oszillierender Bewegung *(Scheiben-, Tauch- oder Teleskopkolben)* ‖ **~/сильфонный** Hydraulikzylinder *m* mit Faltenbalg ‖ **~/телескопический** hydraulischer Teleskopzylinder *m*

гидрошахта *f (Bgb)* Hydroschacht *m (Kohlegrube mit hydraulischer Gewinnung)*

гидрошкаф *m (Masch)* Hydraulikschrank *m*

гидроштамповка *f* Hydroschmieden *n*

гидрощуп *m* hydraulischer Taster *m*

гидроэкструзия *f* hydrostatisches Strangpressen *n (Pulvermetallurgie)*

гидроэлеватор *m* Wasserstrahlpumpe *f*, Wasserstrahlförderer *m*, Wasserstrahlheber *m*, Wasserstrahl-Dickstoffpumpe *f*; *(Bgb)* Wasserstrahl[abteuf]pumpe *f*

гидроэлектрический hydroelektrisch

гидроэлектропривод *m* elektrohydraulischer Antrieb *m*

гидроэлектростанция *f* Wasserkraftwerk *n* ‖ **~/бычковая** Pfeilerkraftwerk *n* ‖ **~/водосливная** Unterwasserkraftwerk *n*, Wehreinbaukraftwerk *n* ‖ **~/водохранилищная** Speicherwasserkraftwerk *n* ‖ **~/высоконапорная** Hochdruckwasserkraftwerk *n* ‖ **~/гидроаккумулирующая** Pumpspeicher[kraft]werk *n* ‖ **~/деривационная** Umleitungswasserkraftwerk *n* ‖ **~/крупная** Großwasserkraftwerk *n* ‖ **~/малая** Kleinwasserkraftwerk *n* ‖ **~/местная** örtliches Wasserkraftwerk *n* ‖ **~/насосно-аккумулирующая** Pumpspeicher[kraft]werk *n* ‖ **~/низконапорная** Niederdruckwasserkraftwerk *n* ‖ **~/плотинная** Staukraftwerk *n*; Talsperrenkraftwerk *n* ‖ **~/подземная** Kavernenkraftwerk *n*, unterirdisches Wasserkraftwerk *n* ‖ **~/под-**

порная Fluß[stau]kraftwerk *n* ‖ **~/приливная** Gezeitenkraftwerk *n* ‖ **~/приплотинная** Staukraftwerk *n*; Talsperrenkraftwerk *n* ‖ **~/речная (русловая)** Fluß[stau]kraftwerk *n* ‖ **~ с водохранилищем** Speicherwasserkraftwerk *n* ‖ **~/совмещённая** *s.* ~/водосливная ‖ **~/средненапорная** Mitteldruckwasserkraftwerk *n* ‖ **~/средняя** mittleres Wasserkraftwerk *n*, Wasserkraftwerk *n* mittlerer Leistung

гидроэлектроэнергия *f* hydroelektrische Energie *f*, Wasserkraftelektroenergie *f*

гидроэнергетика *f* Hydroenergetik *f*

гидроэнергетический Wasserkraft...

гидроэнергия *f* Hydroenergie *f*, Wasserenergie *f*, Wasserkraft *f*

гидроэнергоузел *m* Wasserkraftanlage *f*

гильза *f* 1. Hülse *f*, Büchse *f*, Buchse *f (s. a. unter* буска 1., втулка 1.*)*; 2. Hohlbock *m (Rohrwalzen)*; 3. *(Text)* Hülse *f*; 4. *(Meß)* Mantelhülse *f (Meßschraube)* ‖ **~/вставная переходная** *(Fert)* Zwischenhülse *f* ‖ **~/мокрая** nasse Zylinderlaufbuchse *f* ‖ **~/распорная** 1. Abstandsbuchse *f*, Distanzbuchse *f*, Distanzhülse *f*, Abstandshülse *f*; 2. *(Bgb)* Spreizhülse *f (Ankerausbau)* ‖ **~ рулонов** Wickelkern *m (Papierherstellung)* ‖ **~/сухая** trockene Zylinderlaufbuchse *f* ‖ **~ цилиндра** 1. *(Kfz)* Zylinderlaufbuchse *f*; 2. Zylinderfutter *n* ‖ **~ экстрактора** Extraktionshülse *f*

гильпинит *m (Min)* Gilpinit *m*, Johannit *m*, Uranvitriol *n*

ГИМС *s.* микросхема/гибридная интегральная

гини *fpl s.* гинь-тали

гинь-тали *pl (Schiff)* Schwerguttalje *f*, Schwerlasttalje *f*

гипабисситы *mpl (Geol)* hypabyssische Ablagerungen *fpl (marine Ablagerungen in Tiefen von 3000 bis 5000 m)*

гипербазиты *mpl s.* породы/ультраосновные

гипербаллистика *f* Hyperballistik *f*

гипербола *f (Math)* Hyperbel *f* ‖ **~/кубическая** kubische Hyperbel *f* ‖ **~/меридианная** Meridianhyperbel *f* ‖ **~/равноугольная кубическая** gleichwinklige kubische Hyperbel *f* ‖ **~ Эйлера** Euler-Hyperbel *f*, Eulersche Hyperbel *f*

гиперболоид *m (Math)* Hyperboloid *n* ‖ **~ вращения** Rotationshyperboloid *n* ‖ **~/двухполостный** zweischaliges Hyperboloid *n* ‖ **~/однополостный** einschaliges Hyperboloid *n* ‖ **~/равносторонний** gleichseitiges Hyperboloid *n*

гиперболоидальный *(Math)* hyperboloidisch

гиперболоидный *(Math)* hyperboloidal

гиперзаряд *m* Hyperladung *f*

гиперзвук *m (Ak)* Hyperschall *m*

гиперзвуковой Hyperschall..., hypersonisch, Hypersonik...

гиперквантование *n (Ph)* Hyperquantelung *f*, zweite Quantelung *f (Quantenmechanik)*

гиперкомпаундирование *n (El)* Überkompoundierung *f*

гиперконус *m* Hyperkegel *m*

гиперматрица *f (Math)* Hypermatrix *f*, Übermatrix *f*

гиперобъём *m* Hypervolumen *n*

гиперон *m (Kern)* Hyperon *n*

гиперосколок *m s.* гиперфрагмент

гиперплоскость *f (Math)* Hyperebene *f*

гиперповерхность *f (Math)* Hyperfläche *f*

гиперполяризация *f* Hyperpolarisation *f*

гиперпространство *n (Math)* Hyperraum *m*

гиперсенсибилизатор *m (Photo)* Übersensibilisator *m*, Supersensibilisator *m*, Hypersensibilisator *m*

гиперсенсибилизация *f (Photo)* Übersensibilisierung *f*, Supersensibilisierung *f*, Hypersensibilisierung *f*, Hypersensibilisation *f* ‖ **~/ртутная** Hypersensibilisierung *f* durch Quecksilberdampf

гиперсинхронный übersynchron

гиперстен *m (Min)* Hypersthen *m (Orthopyroxen)*

гиперсфера *f (Math)* Hypersphäre *f*, Hyperkugel *f*

гипертермопара *f* Feinthermoelement *n*

гиперустойчивость *f* Hyperstabilität *f*

гиперфрагмент *m (Kern)* Hyperfragment *n*

гиперхлорирование *n (Ch)* Hochchlor[ier]ung *f*, Überchlor[ier]ung *f*

гиперядро *n (Kern)* Hyperfragment *n*

гиполимнион *m (Hydrol)* Hypolimnion *n*

гипотеза *f* Hypothese *f*, Annahme *f*, Voraussetzung *f* ‖ **~/волновая** *s.* ~/ундационная ‖ **~ Джинса/космогоническая** *(Astr)* Jeanssche Theorie *f*, Katastrophentheorie *f* ‖ **~ захвата** *(Astr)* Einfanghypothese *f* ‖ **~/изостатическая** *(Geol)* isostatische Hypothese *f*, Gleichgewichtshypothese *f* ‖ **~ Канта-Лапласа** *(Astr)* Kant-Laplacesche Hypothese (Nebularhypothese) *f* ‖ **~/квазиэргодическая** Quasiergodenhypothese *f (Statistik)* ‖ **~/контракционная** *(Geol)* Kontraktionstheorie *f*, Schrumpfungstheorie *f* ‖ **~/космогоническая** *(Astr)* kosmogonische Theorie *f* ‖ **~/метеоритная** *(Astr)* Meteoritenhypothese *f* ‖ **~/небулярная** *(Astr)* Nebularhypothese *f* ‖ **~/орогеническая** *(Geol)* Orogenhypothese *f*, Orogentheorie *f* ‖ **~/осцилляционная** *(Geol)* Oszillationstheorie *f* ‖ **~/пульсационная** *(Geol)* Pulsationstheorie *f* ‖ **~ свода** *(Bgb)* Gewölbetheorie *f (Gebirgsdruck)* ‖ **~ сжатия** *s.* ~/контракционная ‖ **~/тектоническая** *(Geol)* [geo]tektonische Hypothese (Theorie) *f* ‖ **~/ундационная** *(Geol)* Undationstheorie *f* ‖ **~/эргодическая** Ergodenhypothese *f (Statistik)*

гипотенуза *f (Math)* Hypotenuse *f*

гипотрохоида *f* Hypotrochoide *f (Geometrie)*

гипоупругость *f (Mech)* Hypoelastizität *f*, hypoelastisches Verhalten *n*

гипоцентр *m (Geoph)* Hypozentrum *n*, Herd *m (Erdbeben)*

гипоциклоида *f (Math)* Hypozykloide *f (Geometrie)*

гипоэластичность *f* Hypoelastizität *f*, hypoelastisches Verhalten *n*

гипс *m (Bw, Min)* Gips *m* ‖ **~/автоклавный** Hartformgips *m* ‖ **~/безводный** wasserfreier Gips *m* ‖ **~/безцветный** farbloser Gips *m* ‖ **~/волокнистый** Fasergips *m* ‖ **~/высокопрочный** Hartformgips *m* ‖ **~/двуводный** Gipsstein *m* ‖ **~/жжёный** gebrannter Gips *m*, Branntgips *m* ‖ **~/зернистый** granulierter Gips *m* ‖ **~/кальцинированный** kalcinierter (hochgebrannter) Gips *m* ‖ **~/мертвообожжённый** totgebrannter Gips *m* ‖ **~/модельный** Modellgips *m*, Formgips *m* ‖ **~/мраморный** Marmorgips *m* ‖ **~/необожжённый** ungebrannter Gips *m* ‖ **~/обожжённый** gebrannter Gips *m* ‖ **~/отделочный** Stuckgips *m* ‖ **~/пережжённый** totgebrannter

Gips *m* ‖ **~/полуводный** Halbhydratplaster *m*, Halbhydratgips *m*, Gipshalbhydrat *n* ‖ **~/полуобожжённый** halbentwässerter Gips *m* ‖ **~/пористый** Porengips *m* ‖ **~/строительный** Baugips *m* ‖ **~/сырой** Rohgips *m*, Naturgips *m* ‖ **~/тонкозернистый** [fein]körniger Gips *m*, Alabaster *m* ‖ **~/формовочный** Formgips *m*, Modellgips *m* ‖ **~/штукатурный** Putzgips *m* ‖ **~/ячеистый** Porengips *m*

гипсобетон *m* Gips[schlacken]beton *m*

гипсобетономешалка *f* Gipsbetonmischer *m*

гипсование *n* 1. *(Lw)* Gipsen *n*, Gipsdüngung *f*; 2. Gipsen *n (des Brauwassers)*

гипсовать 1. *(Lw)* gipsen *(Boden)*; 2. gipsen *(Brauwasser)*

гипсограмма *f (Geod)* Pegellinie *f*

гипсограф *m (Geod)* Pegelschreiber *m*

гипсометрия *f (Geod)* Hypsometrie *f*, Höhenmessung *f*

гипсомешалка *f* Gipsmischer *m*, Gipsrührwerk *m*

гипсорастворомешалка *f* Gipsmörtelmischer *m*

гипсотермометр *m (Geod)* Hypsothermometer *n*, Höhenthermometer *n*

гипсошлакобетон *m* Gips[schlacken]beton *m*

гиратор *m (El)* Gyrator *m*; Y-Zirkulator *m*

гирлянда *f* **изоляторов** *(El)* Isolator[en]kette *f* ‖ **~ ламп (лампочек)** Lichtkette *f*, Lampenkette *f* ‖ **~/натяжная** *(El)* Abspannkette *f* ‖ **~/подвесная** *(El)* Hänge[isolatoren]kette *f* ‖ **~ подвесных изоляторов** *(El)* Hänge[isolatoren]kette *f* ‖ **~/сдвоенная** *(El)* Doppel[hänge]kette *f*

гироазимут *m* Azimutkreisel *m*, Kreiselazimut *m*, Kurskreisel *m (Navigation)*

гироазимутгоризонт *m* Kreiselanlage *f*

гироакселерометр *m* Kreiselbeschleunigungsmesser *m*

гиробус *m* Gyrobus *m*

гировертикаль *f* Kreiselvertikale *f*, Kreisellot *n*

гировертикант *m s.* горизонт/гироскопический

гировоз *m* Gyrolokomotive *f*, Schwungkreisellokomotive *f*, Speicherlokomotive *f*

гирогоризонт *m s.* горизонт/гироскопический

гиродатчик *m (Flg)* kreiselgesteuerter Geber *m*, Kreiselgeber *m* ‖ **~ горизонта** Horizontalgeber *m*

гиродинамика *f* Gyrodynamik *f*, Kreiseldynamik *f*

гироида *f (Krist)* Gyroide *f*, Drehspiegelachse *f*, Inversionsdrehachse *f*

гирокомпас *m* Kreiselkompaß *m* ‖ **~/двухгироскопный** Zweikreiselkompaß *m* ‖ **~/лазерный** Laserkreisel *m* ‖ **~/маркшейдерский** *(Bgb)* Vermessungskreisel *m*, Kreiseltheodolit *m* ‖ **~/одногироскопный** Einkreiselkompaß *m*

гирокомпасная *f (Schiff)* Kreiselkompaßraum *m*

гирокурсопрокладчик *m* Kreiselkurszeichner *m*

гирокурсоуказатель *m* Kreiselkursanzeiger *m*

гиролокомотив *m s.* гировоз

гиромаятник *m* Kreiselpendel *n*

гиромотор *m* Kreiselmotor *m (Kreiselkompaß)*

гирополукомпас *m* Kreiselhalbkompaß *m*, Kurskreisel *m*

гироприбор *m* Kreiselgerät *n*

гирорама *f* Kreiselrahmen *m*

гирорулевой *m (Schiff)* Selbststeueranlage *f*

гироскоп *m* Kreisel *m*, Gyroskop *n (Navigation)* ‖ **~/азимутальный** Azimutkreisel *m*, Kurskreisel *m* ‖ **~/демпфирующий** Dämpfungskreisel *m* ‖ **~/компасный** Kompaßkreisel *m* ‖ **~/курсовой** Kurskreisel *m*, Azimutkreisel *m* ‖ **~/лазерный** Laserkreisel *m* ‖ **~ направления** *s.* ~/курсовой ‖ **~/несимметричный** unsymmetrischer Kreisel *m* ‖ **~ ориентации** Lagekreisel *m* ‖ **~/рычажный** Kreisel *m* unter Einwirkung eines Drehmomentes, Präzessionsapparat *m* nach Fessel ‖ **~/свободный** kräftefreier Kreisel *m* ‖ **~/симметричный** symmetrischer Kreisel *m* ‖ **~/стабилизирующий** Stabilisierungskreisel *m* ‖ **~/уравновешенный** *s.* ~/свободный

гиростабилизатор *m* Kreiselstabilisator *m*

гиростабилизация *f* Kreiselstabilisierung *f*

гиростабилизированный kreiselstabilisiert, mit Kreiselstabilisierung

гиростат *m* Gyrostat *m*

гиростатика *f* Gyrostatik *f*

гиросфера *f* Kreiselkugel *f (Kreiselkompaß)*

гирочастота *f* Gyrofrequenz *f*

гирька *f s.* гиря

гиря *f* Wägestück *n* ‖ **~/образцовая** Normalwägestück *n* ‖ **~/рабочая** Arbeitswägestück *n*

ГИС *s.* 1. схема/гибридная интегральная; 2. схема/гигантская интегральная

гистерезиграф *m (El)* Hysterese[schleifen]schreiber *m*

гистерезиметр *m (El)* Hysteresemesser *m*, Hysteresemeter *n*

гистерезис *m* 1. *(Ph, El)* Hysterese *f*, Hysteresis *f*; 2. *(Gum)* Hysterese *f*, Dämpfung *f* ‖ **~/динамический** *(Gum)* dynamische Dämpfung *f* ‖ **~/диэлектрический** dielektrische Hysterese *f* ‖ **~/магнитный** magnetische Hysteresis *f* ‖ **~/упругий** elastische Hysteresis *f*

гистерезисный Hysterese..., Hysteresis...

гистерезисограф *m* Hysterese[schleifen]schreiber *m*

гистерограф *m (Med)* Hysterograph *m*

гистероманометр *m (Med)* Hysteromanometer *n*

гистерометр *m (Med)* Hysterometer *n*

гистероскоп *m (Med)* Hysteroskop *m*

гистограмма *f (Math)* Histogramm *n*, Säulendiagramm *n*, Balkendiagramm *n*

гистохимия *f* Histochemie *f*

гитара *f (Wkzm)* Schere *f*; 2. *(Mil)* Zwischengetriebe *n (Panzerfahrzeug)* ‖ **~ деления** *(Wkzm)* Teil[ungs]wechselradschere *f*, Teilungsschere *f* ‖ **~ подачи** *(Wkzm)* Vorschub[wechselrad]schere *f* ‖ **~ сменных колёс** *(Wkzm)* Wechselradschere *f*, Wechselräderschere *f*

ГК *s.* гамма-каротаж

ГКН *s.* гамма-каротаж/нейтронный

глаголь-гак *m (Schiff)* Sliphaken *m*

гладилка *f* 1. *(Wkz)* Abrichteisen *n*, Poliereisen *n*, Glätteisen *n*, Polierstahl *m*; 2. *(Schm)* Schlichthammer *m*, Setzhammer *m*, Stauchhammer *m*, Setzeisen *n*, Planhammer *m*; 3. *(Gieß)* Putzeisen *n*, Poliereisen *n*; 4. *(Typ)* Falzbein *n* ‖ **~/полукруглая узкая** *(Schm)* Kehlhammer *m* ‖ **~/узкая плоская** *(Schm)* Setzhammer *m* ‖ **~/широкая плоская** *(Schm)* Schlichthammer *m*

гладить 1. glätten, schlichten; polieren; 2. *(Text)* plätten, bügeln

гладкоствольный Glattrohr..., mit glattem Rohr *(Artillerie)*; glattläufig, mit glattem Lauf *(Gewehr)*

гладкость *f* 1. Glätte *f*; 2. *(Pap)* Glätte *f*, Satinage *f* ‖ **~/машинная** *(Pap)* Maschinenglätte *f*
гладкотянутый *(Met)* blankgezogen *(z. B. Draht)*
гладь *f (Text)* Rechts/Links-Grundbindung *f*, Schlauchware *f (Wirkerei; Strickerei)* ‖ **~/ажурная кулирная** Rechts/Links-durchbrochene Bindung *f* ‖ **~/перекидная кулирная** Rechts/Links-hinterlegte Bindung *f* ‖ **~/плюшевая кулирная** Rechts/Links-Plüschbindung *f* ‖ **~/полуфанговая кулирная** Rechts/Links-Perlfangbindung *f* ‖ **~/фанговая кулирная** Rechts/Links-Fangbindung *f* ‖ **~/футерованная кулирная** Rechts/Links-Futterbindung *f*
глаженье *n (Text)* Bügeln *n*, Plätten *n*
глаз *m* **/кошачий** *(Min)* Katzenauge *n (Faserquarz)* ‖ **~/соколиный** *(Min)* Falkenauge *n (Quarz)* ‖ **~/тигровый** *(Min)* Tigerauge *n (Quarz)*
глазерит *m (Min)* Glaserit *m (Salzmineral)*
глазирование *n* 1. *(Lebm)* Kandieren *n*; Glasieren *n*, Auftragen *n* der Glasur; 2. *(Pap)* Satinieren *n*
глазированный 1. *(Lebm)* kandiert; glasiert; 2. satiniert *(Papier)*
глазировать 1. *(Lebm)* kandieren; glasieren; 2. satinieren, glätten *(Papier)*
глазировка *f s.* глазирование
глазок *m* 1. Auge *n*, Schauloch *n*, Schauluke *f*, Schauöffnung *f*; 2. *(Met)* Abstichloch *n*, Abstichöffnung *f*; 3. Masche *f*; 4. Düse *f*; 5. *s.* волока ‖ **~/волочильный** *(Met)* Ziehdüse *f* ‖ **~ галева** *(Text)* Litzenauge *n* ‖ **~ лапки** *(Text)* Preßfingerblatt *n (Flyer)* ‖ **~/направляющий** *(Text)* Leitauge *n* ‖ **~ ремизки** *s.* ~ галева ‖ **~ рычага** Hebelauge *n* ‖ **~/счётный** *(Text)* Fadenzähler *m* ‖ **~/фурменный** *s.* ~ фурмы ‖ **~ фурмы** *(Met)* Schauloch *n* im Düsenstock, Düsenschauloch *n* ‖ **~ челнока** *(Text)* Schützenauge *n*
глазурование *n* Glasieren *n* ‖ **~ окунанием** Tauchglasieren *n* ‖ **~ пульверизацией** Spritzglasieren *n* ‖ **~ способом погружения** Tauchglasieren *n*
глазуровать glasieren
глазуровка *f s.* глазурование
глазурь *f* Glasur *f*, Schmelz *m* ‖ **~/баритовая** Barytglasur *f* ‖ **~/безборная** borsäurefreie Glasur *f* ‖ **~/бессвинцовая** bleifreie Glasur *f* ‖ **~/борная** Bor[säure]glasur *f* ‖ **~/восстановленная** Reduktionsglasur *f* ‖ **~/землистая** Kieselglasur *f*, Erdglasur *f* ‖ **~/легкоплавкая** leichtflüssige Glasur *f* ‖ **~/свинцовая** Bleiglasur *f* ‖ **~/солевая (соляная)** Salzglasur *f* ‖ **~/сырая** Rohglasur *f* ‖ **~/тугоплавкая** schwerflüssige Glasur *f* ‖ **~/фриттованная** Fritte[n]glasur *f* ‖ **~/щелочная** Alkaliglasur *f* ‖ **~/щёлочносвинцовая** Alkalibleiglasur *f*
глауберит *m (Min)* Glauberit *m (Salzmineral)*
глаукодот *m (Min)* Glaukodot *m*, Kobaltarsenkies *m*
глауконит *m (Min)* Glaukonit *m (Glimmer)*
глаукофан *m (Min)* Glaukophan *m (Amphibol)*
глезер *m (Pap)* Glätt[walzen]werk *n* ‖ **~/сухой** Trockenglättwerk *n* ‖ **~/сырой** Feuchtglättwerk *n*
глёт *m* **[/свинцовый]** *(Met)* Bleiglätte *f (Blei(II)-oxid)* ‖ **~/серебристый** Silberglätte *f* ‖ **~/чёрный** schwarze Glätte *f*
глетчер *m s.* ледник ‖ **~/соляной** *(Geol)* Salzgletscher *m*
глина *f (Geol)* Ton *m*; Lehm *m* ‖ **~/автохтонная** Verwitterungston *m*, Rückstandston *m* ‖ **~/адсорбционная** *s.* ~/отбеливающая ‖ **~/аморфная** amorpher Ton *m* ‖ **~/базальтовая** Basaltton *m* ‖ **~/белая** weißer Ton *m*, Bolus alba *(in der Pharmazie verwendete Tonart)* ‖ **~/бентонитовая** *s.* бентонит ‖ **~/битуминозная** bituminöser Ton *m* ‖ **~/вакковая** Wackenton *m* ‖ **~/валунная** Geschiebeton *m* ‖ **~/вспученная (вспучивающаяся)** Blähton *m* ‖ **~/вторичная** *s.* ~/переотложенная ‖ **~/гипсовая** gipshaltiger Ton *m* ‖ **~/гончарная** Töpferton *m* ‖ **~/горшечная** *s.* ~/гончарная ‖ **~/жирная** fetter (stark plastischer) Ton *m* ‖ **~/известковая** kalkiger Ton *m* ‖ **~/каолинитовая** Kaolinitton *m*, kaolinitischer Ton *m* ‖ **~/каолиновая** Kaolinton *m* ‖ **~/квасцовая** Alaunton *m* ‖ **~/кирпичная** Ziegelton *m*, Backsteinton *m* ‖ **~/клинкерная** Klinkerton *m* ‖ **~/кристаллическая** kristalliner Ton *m* ‖ **~/купоросная** *s.* ~/квасцовая ‖ **~/кусковая** stückiger Ton *m* ‖ **~/легкоплавкая** leichtschmelzender Ton *m* ‖ **~/ледниковая** Geschiebeton *m*, glazialer Ton *m* ‖ **~/ленточная** Bänderton *m* ‖ **~/листоватая** dünngeschichteter Ton *m*, Blätterton *m* ‖ **~/монтмориллонитовая** Montmorillonitton *m* ‖ **~/морская** mariner Ton *m* ‖ **~/непластичная** nichtplastischer (nichtbildsamer) Ton *m* ‖ **~/обожжённая** gebrannter Ton *m* ‖ **~/огнеупорная** feuerfester Ton *m*, Feuerton *m* ‖ **~/осадочная** sedimentärer Ton *m* ‖ **~/остаточная** Verwitterungston *m*, Rückstandston *m* ‖ **~/отбеливающая** Bleicherde *f* ‖ **~/отмученная** geschäumter Ton *m* ‖ **~/первичная** Primärton *m*, primäer Ton *m* ‖ **~/переотложенная** umgelagerter Ton *m* ‖ **~/пластичная** plastischer (knetbarer) Ton *m*, Bindeton *m* ‖ **~/полиминеральная** Polymineralton *m* ‖ **~/связующая** Bindeton *m* ‖ **~/септариевая** Septarienton *m* ‖ **~/сланцеватая** Schieferton *m* ‖ **~/сланцевая** *s.* ~/сланцеватая ‖ **~/соляная** Salzton *m* ‖ **~/строительная** Bauton *m* ‖ **~/сукновальная** *(Text)* Walkerde *f* ‖ **~/тощая** Magerton *m*, Ton *m* geringer Plastizität ‖ **~/тугоплавкая** schwerschmelzender Ton *m* ‖ **~/углистая** Kohleton *m* ‖ **~/уплотнённая** verfestigter Ton *m* ‖ **~/фарфоровая** Porzellanerde *f*, Kaolin *m* ‖ **~/цветная сланцеватая** Letten *m* ‖ **~/цементная** Zementton *m (für Portlandzement)* ‖ **~/черепичная** Dachziegelton *m (homogener, gut bildsamer Ton zur Herstellung von Dachziegeln, Fliesen, dünnwandigen Töpfereierzeugnissen)* ‖ **~/шельфовая** Schelfmeerton *m*, Flachseeton *m* ‖ **~/элювиальная** Residualton *m*, Verwitterungston *m*, Rückstandston *m*
глинизация *f (Bw)* Toninjektion *f* ‖ **~ скважины** *(Erdöl)* Kolmation *f (Verpflasterung der Bohrlochwand mit Dickspülung)*
глинизировать *(Erdöl)* kolmatieren
глинистый ton[halt]ig, Ton…; lehmhaltig, Lehm…
глинище *n* Lettengrube *f*; Tongrube *f*
глинозабойка *f* Lehmbesatz *m*
глинозём *m* Tonerde *f (Aluminiumoxid)* ‖ **~/уксуснокислый** essigsaure Tonerde *f (Aluminiumacetat)*

глинозёмистый tonhaltig, Tonerde...
глиномешалка *f* Tonmischer *m*; 2. *(Pap)* Erdauflöser *m*, Füllstofflöser *m* ‖ **~/двухвальная** Doppelwellentonmischer *m*
глиномялка 1. Tonkneter *m*; 2. *(Pap)* Erdauflöser *m*, Füllstofflöser *m*
глинорезка *f (Ker)* Tonschneider *m*
глиносодержание *n* Tongehalt *m*, Bindetongehalt *m (Formstoffe)*
глиностанция *f (Bgb)* Spülungsaufbereitungsanlage *f (Bohrung)*
глиссада *f (Flg)* Gleitweg *m*
глиссер *m* Gleitboot *n*, Gleiter *m* ‖ **~/двухреданный** zweistufiges Gleitboot *n* ‖ **~/однореданный** einstufiges Gleitboot *n* ‖ **~/реданный** Stufengleitboot *n*
глиссирование *n* Gleiten *n*, Oberflächengleiten *n (Gleitboot)* ‖ **~ колёс** *(Flg, Kfz)* Aquaplaning *n (Verlust der Lenkfähigkeit durch Gleiten auf Wasser)*
глисс[ир]овать gleiten *(Gleitboot)*
глифталь *f* Glyptalharz *n*
глицерин *m (Ch)* Glycerin *n* ‖ **~/динамитный** Dynamitglycerin *n* ‖ **~/сырой** Rohglycerin *n*
глобуль *m (Wkst)* Globulit *m*, Sphärolith *m (Gefüge)*
глобулы *mpl (Astr)* Globulen *fpl (dichtere kosmische Staubgebilde)*
глобулярный *(Wkst)* kugelig, kugelförmig, sphärolithisch *(Gefüge)*
глобус *m* Globus *m* ‖ **~/географический** Erdglobus *m* ‖ **~/звёздный** *(Schiff)* Sternfinder *m*, Sternkarte *f* ‖ **~/лунный** Mondglobus *m* ‖ **~/небесный** Himmelsglobus *m* ‖ **~/рельефный** Reliefglobus *m*
глория *f (Meteo)* Glorie *f*
глубина *f* 1. Tiefe *f*; 2. *(Bgb)* Teufe *f* ‖ **~ азотизации** *s.* ~ азотирования ‖ **~ азотирования** *(Härt)* Nitriertiefe *f* ‖ **~ вакуума** Höhe *f* des Vakuums ‖ **~ ввинчивания** Einschraubtiefe *f* ‖ **~ вдавливания** *s.* ~ отпечатка ‖ **~ внедрения** Eindringtiefe *f* ‖ **~ впадины** *(Masch)* Lückentiefe *f* ‖ **~ впадины между зубьями** Zahnlückentiefe *f* ‖ **~ впадины профиля** Profiltaltiefe *f (Rauheitsmessung)* ‖ **~ врезания** 1. *(Fert)* Anschnittiefe *f*; 2. *s.* ~ выемки ‖ **~ вруба** *(Bgb)* Schrämtiefe *f* ‖ **~ вспашки** *(Lw)* Pflugtiefe *f* ‖ **~ выемки** *(Bgb)* Baggertiefe *f*, Baggerschnittiefe *f* ‖ **~ диффузии** Diffusionstiefe *f (Halbleitertechnologie)* ‖ **~ диффузии примеси** Dotandendiffusionstiefe *f (Halbleitertechnologie)* ‖ **~ забоя** *(Bgb)* Schnittiefe *f (Bagger)* ‖ **~ зазора** Spalttiefe *f* ‖ **~ закалки** *(Härt)* Einhärtetiefe *f*, Härtetiefe *f*, Abschreck[härte]tiefe *f* ‖ **~ заложения** *(Bw)* 1. Fundamenttiefe *f*, Gründungstiefe *f (Fundament)*; 2. Verlegungstiefe *f (Leitungen)* ‖ **~ затекания** *(Schw)* Eindringtiefe *f* ‖ **~ захвата** *(Fert)* Eingriffstiefe *f* ‖ **~ извлечения грунта** Baggertiefe *f (Schwimmbagger)* ‖ **~ имплантации** *(Eln)* Ioneneindringtiefe *f*, Eindringtiefe *f*, Ionenreichweite *f*, Reichweite *f (Ionenimplantation)* ‖ **~ ионного легирования** *s.* ~ имплантации ‖ **~ карбонизации** *(Bw)* Karbonatisierungstiefe *f* ‖ **~/конечная** *(Bgb)* Endteufe *f* ‖ **~ контроля** *(Meß)* Prüftiefe *f* ‖ **~ копания** *(Bw)* Baggertiefe *f*, Grabtiefe *f* ‖ **~ науглероживания** *(Härt)* Aufkohl[ungs]tiefe *f* ‖ **~/оптическая** *(Astr)* optische Tiefe *f* ‖ **~ отбела** *(Härt)* Schrecktiefe *f*, Abschrecktiefe *f*, Weißeinstrahlungstiefe *f* ‖ **~ отпечатка** *(Wkst)* Eindrucktiefe *f*, Eindring[ungs]tiefe *f (Härteprüfung)* ‖ **~/перископная** Sehrohrtiefe *f* ‖ **~ погружения** 1. *(Schiff)* Tauchtiefe *f*, Eintauchtiefe *f*; 2. *(Text)* Einstechtiefe *f (Kämmaschine)* ‖ **~ подачи** *(Fert)* Zustellung *f* ‖ **~ прогрева** *(Schw)* Erwärmungstiefe *f* ‖ **~ прокаливаемости** *(Härt)* Einhärtungstiefe *f*, [erreichbare] Härtetiefe *f* ‖ **~ проникновения** *s.* ~ имплантации ‖ **~ проплавления** 1. *(Schw)* Einbrandtiefe *f*, aufgeschmolzener Bereich *m (z. B. beim Kunststoffschweißen)*; 2. *(Met)* Schmelztiefe *f*; 3. *(Eln)* Legierungstiefe *f (Halbleitertechnologie)* ‖ **~ протекторного рисунка** *(Kfz)* Profiltiefe *f (Reifen)* ‖ **~ проходки** *(Bgb)* Abteuflänge *f (Schacht)* ‖ **~ размыва** *(Geol)* Erosionstiefe *f* ‖ **~ разработки грунта** Baggertiefe *f (Schwimmbagger)* ‖ **~ разработки месторождения** *(Bgb)* Abbauteufe *f* ‖ **~ резания** 1. *(Fert)* Schnittiefe *f*; 2. *(Bgb)* Schnittiefe *f*, Schrämtiefe *f* ‖ **~ резкости** *(Photo)* Tiefenschärfe *f*, Schärfentiefe *f* ‖ **~ скина** *(Eln)* Skintiefe *f (Laser)* ‖ **~ ствола** *(Bgb)* Schachtteufe *f* ‖ **~ фрезерования** *(Fert)* Frästiefe *f*, Schnittiefe *f (beim Fräsen)* ‖ **~ цементации** *s.* ~ цементированного слоя ‖ **~ цементированного слоя** *(Härt)* Kohlungstiefe *f*, Einsatztiefe *f (Einsatzhärten)* ‖ **~ черпания** Baggertiefe *f (Eimerschwimmbagger)* ‖ **~ штриха** *(Meß)* Strichtiefe *f (z. B. bei Skalenteilungen)*
глубиномер *m* Tiefenmesser *m*, Tiefenmaß *n*, Tiefentaster *m* ‖ **~/индикаторный** Tiefenmeßuhr *f* ‖ **~/микрометрический** Tiefenmeßschraube *f*
глубокоизлучатель *m (Licht)* Tiefstrahler *m*
глубокорыхлитель *m (Lw)* Tieflockerer *m*
глубокорыхлитель-плоскорез *m (Lw)* Kultivator *m*
глухарь *m* Holzschraube *f (mit Vier- oder Sechskantkopf)*
глухой 1. taub; 2. blind, Blind... *(z. B. Blindflansch)*; Grund... *(z. B. Grundbohrung)*
глушение *n* Dämpfung *f (Schall)*; Pufferung *f (Stoß) (s. a. unter* амортизация*)* ‖ **~/белое** *(Glas)* Weißtrübung *f* ‖ **~/предварительное** *(Glas)* Vortrübung *f* ‖ **~ стекла** *(Glas)* Trübung *f*
глушитель *m* 1. Dämpfer *m*; Schalldämpfer *m*; 2. *(Glas)* Trübungsmittel *n*; 3. *(Reg)* Dämpfungsglied *n* ‖ **~/белый** *(Glas)* Weißtrübungsmittel *n* ‖ **~ выхлопа** *(Kfz)* Auspuffschalldämpfer *m* ‖ **~/дополнительный** *(Kfz)* Nachschalldämpfer *m* ‖ **~ шума** Schalldämpfer *m* ‖ **~ шума/активный** Absorptionsschalldämpfer *m* ‖ **~ шума впуска (всасывания)** Ansaugschalldämpfer *m* ‖ **~ шума выпуска** Abgasschalldämpfer *m*, Auspuffschalldämpfer *m* ‖ **~ шума/интерференционный** Interferenzschalldämpfer *m* ‖ **~ шума/реактивный** Reflexionsschalldämpfer *m*
глушить 1. dämpfen, drosseln; ersticken; 2. *(Glas)* trüben
глыба *f* 1. Klumpen *m*; 2. Scholle *f*, Erdscholle *f* ‖ **~/горстовая** *(Geol)* Horstscholle *f* ‖ **~/континентальная (материковая)** *(Geol)* Kontinentalscholle *f*

глюкоза *f (Ch)* Glucose *f*, Traubenzucker *m*, Dextrose *f*
глянец *m* 1. Glanz *m*, Oberflächenglanz *m*; 2. *(Led)* Glanzlack *m*, Glanzappretur *f*, Glanz *m* ‖ **~/зеркальный** *m (Photo)* Hochglanz *m*
глянцевание *n (Photo)* Hochglanzerzeugung *f*
глянцеватель *m (Photo)* Hochglanzpresse *f*
глянцевать 1. glätten, polieren; 2. *(Led)* glasen, glanzstoßen
глянцевитость *f* Glanz *m*
глянцеобразователь *m (Led)* Glanzmittel *n*, Appreturmittel *n*
глянцметр *m* Glanzmesser *m*
глянцовка *f (Led)* Appretieren *n*, Appretur *f*
гляциология *f (Geoph)* Glaziologie *f*, Gletscherkunde *f*
ГМВ *s.* горизонт меженных вод
ГМД *s.* диск/гибкий магнитный
гмелинит *m (Min)* Gmelinit *m (Zeolith)*
Гн *s.* генри
Гн/м *s.* генри на метр
гнёзда *npl* **глины** *(Geol)* Tongallen *fpl*
гнёздность *f (Kst)* Anzahl *f* der Werkzeugnester
гнездо *n* 1. Nest *n*; Loch *n*; 2. Sitz *m (Ventil)*; 3. *(Masch)* Aufnahmestelle *f (z. B. für Werkzeuge im Magazin)*; 4. *(Masch)* Lagerauge *n*; 5. *(El)* Buchse *f*, Steckbuchse *f*; *(Eln)* Steckfassung *f*, Fassung *f*; Steckplatz *m*; 6. *(Nrt)* Klinke *f*, Vermittlungsklinke *f*; Fassung *f*; 7. *(Bw)* Gerüstloch *n*, Rüstloch *n (im Mauerwerk)*; 8. *(Gieß)* Auflage *f*, Marke *f*, Sitz *m* ‖ **~/антенное** Antennenbuchse *f* ‖ **~/блокировочное** *(Nrt)* Halteklinke *f* ‖ **~ веретена** *(Text)* Spindelunterteil *n (Spinnerei)* ‖ **~ ворсовой платины** *(Text)* Polplatinenfassung *f* ‖ **~ впускного клапана** *(Kfz)* Einlaßventilsitz *m* ‖ **~/вспомогательное** *(Nrt)* Aushilfsklinke *f* ‖ **~/входное** *(El)* Eingangsbuchse *f* ‖ **~/вызывное** *(Nrt)* Rufklinke *f* ‖ **~ выпускного клапана** *(Kfz)* Auslaßventilsitz *m* ‖ **~ графита** 1. *(Met, Gieß)* Graphitnest *n*, nestförmige Graphitanhäufung *f*; 2. *(Gieß)* Temperkohleflokke *f* ‖ **~/графитовое** *s.* ~ графита ‖ **~/испытательное** *(Nrt)* Prüfklinke *f* ‖ **~ клапана** *(Kfz)* Ventilsitz *m* ‖ **~/клапанное** *(Kfz)* Ventilsitz *m* ‖ **~/коммутаторное** *(Nrt)* Vermittlungsklinke *f* ‖ **~/многократное** *(Nrt)* Vielfachklinke *f* ‖ **~ ожидания** *(Nrt)* Warteklinke *f* ‖ **~/опросное** *(Nrt)* Abfrageklinke *f* ‖ **~/палубное** *(Schiff)* Zurrtopf *m*, Laschtopf *m (Containerzurrung)* ‖ **~/параллельное** *(Nrt)* Parallelklinke *f* ‖ **~ платины** *(Text)* Platinenfassung *f* ‖ **~ подшипника** *(Masch)* Lagersitz *m*, Aufnahmebohrung *f* für Lager ‖ **~/потайное** *(Fert)* Einsenkung *f*, Senkung *f (für Senkschrauben)* ‖ **~ початка** *(Text)* Ansatz *m (Kops)* ‖ **~ пружины** *(Masch)* Federsitz *m* ‖ **~/прядильное** *(Text)* Spinnkammer *f (Chemiefaserherstellung)* ‖ **~/разъединительное** *(Nrt)* Trennklinke *f* ‖ **~/рудное** *(Bgb)* Erznest *n* ‖ **~/соединительное** *s.* ~/телефонное ‖ **~/стержневое** *(Gieß)* Kernauflage *f*, Kernmarke *f* ‖ **~/телефонное** Fernsprechklinke *f* ‖ **~ ушка** *(Text)* Lochnadelfassung *f* ‖ **~ цапфы** *(Masch)* Zapfenlager *n* ‖ **~/штеккерное (штепсельное)** *(El)* Steck[er]buchse *f*
гнездо-отверстие *n (Masch)* Aufnahmebohrung *f*
гнейс *m (Geol)* Gneis *m* ‖ **~/амфибольный** Amphibolgneis *m* ‖ **~/графитовый** Graphitgneis *m* ‖ **~/двуслюдяной** Zweiglimmergneis *m* ‖ **~/диоритовый** Dioritgneis *m* ‖ **~/железистый** Eisengneis *m* ‖ **~/жилковатый** Aderngneis *m* ‖ **~/конгломератовый** Konglomeratgneis *m* ‖ **~/ленточный** Bändergneis *m* ‖ **~/мусковитовый** Muskowitgneis *m* ‖ **~/очковый** Augengneis *m* ‖ **~/плагиоклазовый** Plagioklasgneis *m* ‖ **~/роговообманковый** Hornblendengneis *m* ‖ **~/слоистый** Lagengneis *m* ‖ **~/слюдяной** Glimmergneis *m* ‖ **~/стебельчатый** Stengelgneis *m* ‖ **~/фибролитовый** Fasergneis *m*
гнейсо-гранит *m s.* гранито-гнейс
гниение *n* Faulen *n*, Fäule *f*, Fäulnis *f*
гнилость *f* Fäule *f*, Fäulnis *f*
гниль *f* Fäulnis *f*, Fäule *f*; Faulendes *n*; Verfaultes *n*
гнить [ver]faulen
ГНО *s.* отделение/грузовое насосное
гнуть biegen
гнутьё *n* Biegen *n*
год *m* Jahr *n* ‖ **~/аномалистический** anomalistisches Jahr *n* ‖ **~/бесселев** Besselsches Jahr *n* ‖ **~/високосный** Schaltjahr *n* ‖ **~/галактический** galaktisches Jahr *n (Umlaufzeit der Sonne um den Mittelpunkt der Galaxis)* ‖ **~/гидрологический** hydrologisches Jahr *n* ‖ **~/гражданский** bürgerliches Jahr *n* ‖ **~/григорианский** Gregorianisches Jahr *n* ‖ **~/драконический** drakonitisches Jahr *n* ‖ **~/звёздный** Sternjahr *n*, siderisches Jahr *n* ‖ **~/календарный** *s.* ~/гражданский ‖ **~/лунно-високосный** Mondschaltjahr *n* ‖ **~/лунно-солнечный** Lunisolarjahr *n*, gebundenes Mondjahr *n* ‖ **~/лунный** Mondjahr *n* ‖ **~/простой** Gemeinjahr *n* ‖ **~/световой** Lichtjahr *n (Entfernungsmaß)* ‖ **~/сидерический** *s.* ~/звёздный ‖ **~/солнечный** *s.* ~/тропический ‖ **~/тропический** tropisches Jahr *n*, Sonnenjahr *n* ‖ **~/фиктивный** *s.* ~/бесселев ‖ **~/юлианский** Julianisches Jahr *n*
годограмма *f s.* годограф
годограф *m (Hydr, Geoph)* Hodograph, Ortskurve *f*, Laufzeitkurve *f*, Geschwindigkeitskurve *f*, Hodogramm *n* ‖ **~/корневой** Wurzelortskurve *f* ‖ **~/редуцированный** reduzierte Laufzeitkurve *f*
годоскоп *m (Kern)* Hodoskop *n*
голова *f* Kopf *m*, Haupt *n* ‖ **~/верхняя врутренняя** *(Hydt)* Binnenhaupt *n (Schleuse)* ‖ **~ кометы** *(Astr)* Kometenkopf *m* ‖ **~/красная стеклянная** *(Min)* Roter Glaskopf *m*, Hämatit *m* ‖ **~/нижняя внешняя** *(Hydt)* Außenhaupt *n (Schleuse)* ‖ **~ шлюза/верхняя** *(Hydt)* Schleusenoberhaupt *n* ‖ **~ шлюза/нижняя** *(Hydt)* Schleusenunterhaupt *n* ‖ **~ якоря** *(Schiff)* Kopfstück *n*, Querjoch *n (Anker)*
головка *f* 1. Kopf *m*, Kopfstück; Hut *m*; Kappe *f*; 2. *(Met)* Brenner[kopf] *m (SM-Ofen)* 2:; 3. *(Masch)* Spindelkopf *m*; 4. *(Ch)* Vorlauf *m (Destillation)* ‖ **~/алмазная** *(Wkz)* Diamantschleifstift *m*, gespindelter Diamantschleifkörper *m*, Diamantschleifkörper *m* mit Stahlschaft ‖ **~/алмазная стоматологическая** Diamantzahnbohrer *m*, stomatologischer Diamantschleifkörper *m* ‖ **~ анкера** *s.* ~/анкерная ‖ **~/анкерная** *(Bw, Bgb)* Ankerkopf *m (Ankerausbau)* ‖ **~/антенная** *(Rf)* Antennenkopf *m*, Antennenrute *f* ‖ **~ бура**

(Bgb) Bohrerkopf *m (Gesteinsbohrer)* || **~/быстроходная** *(Wkz)* Schnellaufkopf *m* || **~/вентиляционная** *(Schiff)* Lüfterkopf *m* || **~/вертикальная** *(Wkz)* Senkrechtkopf *m* || **~/вертикально-фрезерная** *(Wkz)* Senkrechtfräskopf *m* || **~/винторезная** *(Wkz)* Schraubengewindeschneidkopf *m* || **~/вихревая** *(Wkz)* Wirbelkopf *m* || **~ воспроизведения** *(El)* Wiedergabekopf *m*, Abspielkopf *m* || **~/воспроизводящая** *s.* ~ воспроизведения || **~/вращающаяся** *(Wkz)* rotierender (umlaufender) Kopf *m* || **~/временная** *(Wkz)* verlorener Kopf *m* || **~/врубовая** *(Bgb)* Schrämkopf *m*, Schrämvorsatz *m* || **~/всасывающая** Saugkopf *m* || **~/вставная** *(Wkz)* einsetzbarer Kopf *m* || **~/выдувная** *(Glas, Kst)* Blaskopf *m* || **~/высаженная** *(Masch)* Stauchkopf *m*, aufgestauchter Kopf *m* || **~/вышивальная** *(Text)* Stickkopf *m* || **~ газового канала** Gaszugkopf *m (SM-Ofen)* || **~/гайконарезная** *(Wkz)* spanender Muttergewindebearbeitungskopf *m*, Muttergewindeschneidkopf *m* || **~/гомогенизирующая** Homogenisierkopf *m (einer Homogenisiermaschine)* || **~ горелки** *(Met)* Brennerkopf *m*, Brennermundstück *n* || **~/горизонтальная** *(Wkz)* Waagerechtkopf *m* || **~/грибовидная вентиляционная** Pilzkopflüfter *m* || **~/двухканальная** *(El)* Zweispurkopf *m*, Halbspurkopf *m* || **~/двухфильерная прядильная** *(Text)* Doppelspinnkopf *m* || **~/двухшпиндельная** *(Wkz)* Zweispindelkopf *m* || **~/делительная** *(Wkz)* Teilkopf *m* || **~/делительная оптическая** optischer Teilkopf *m* || **~/дефлекторная** *(Schiff)* Lüfterkopf *m* || **~/дисковая магнитная** Magnetscheibenkopf *m* || **~/долбёжная** *(Wkz)* Stößelkopf *m*, Stoßkopf *m (der Stoßmaschine)* || **~/дробящая** Brechkegel *m* || **~/дутьевая** *(Glas)* Blaskopf *m* || **~/зажимная** *(Wkz)* Spannkopf *m* || **~/закладная** *(Fert)* Setzkopf *m* || **~ заклёпки** *(Fert)* Nietkopf *m* || **~/заливочная** *(Bgb)* Zementierkopf *m (Bohrlochzementierung)* || **~/замыкающая** Schließkopf *m (Niet)* || **~ записи** *(El)* Aufzeichnungskopf *m*, Schreibkopf *m*, Aufnahmekopf *m* || **~ записи-воспроизведения** Schreib-Lese-Kopf *m*, Kombikopf *m* || **~ записи звука** Tonaufnahmekopf *m*, Tonaufzeichnungskopf *m* || **~ записи-считывания** Schreib-Lese-Kopf *m*, Kombikopf *m* || **~/записывающая** Aufnahmekopf *m*, Aufzeichnungskopf *m*, Schreibkopf *m* || **~/зарубная** *s.* ~/врубовая || **~/заточная** *(Wkz)* Scharfschleifkopf *m* || **~/звуковоспроизводящая** Tonwiedergabekopf *m*, Abspielkopf *m* || **~/звукозаписывающая** *s.* ~ записи звука || **~ звукоснимателя** Tonabnehmerkopf *m*, Abtaster *m* || **~/зондирующая** Tastkopf *m* || **~/зубо[на]резная** *(Wkz)* Verzahnungsmesserkopf *m*, Messerkopf *m* zum Verzahnen; Verzahn[ungs]kopf *m* || **~/зубчатая измерительная** *(Meß)* mechanischer Feinzeiger *m (mit Zahnstange und Ritzel)* || **~ излучателя** Strahlerkopf *m* || **~/измерительная** *(Meß)* Meßkopf *m*, Feinzeiger *m* || **~/индикаторная измерительная** *(Meß)* Feinzeiger *m* || **~/инкрементальная измерительная** *(Meß)* inkrementaler Feinzeiger *m* || **~/инструментальная** Werkzeugkopf *m* || **~/калильная** Glühkopf *m (Glühkopfmotor)* || **~/калящая** *(Härt)* Glühkopf *m (Härtemaschine)* || **~/квадратная** Vierkantkopf *m (Schraube)* || **~/квадратная потайная** Vierkantsenkkopf *m (Schraube)* || **~ кинопроектора** *(Kine)* Projektorwerk *n* || **~ клапана** Ventilteller *m (Viertakt-Ottomotor; Hubkolbenverdichter)* || **~ клапана/выпуклая** gewölbter Ventilteller *m (Viertakt-Ottomotor; Hubkolbenverdichter)* || **~ клапана/плоская** flacher Ventilteller *m (Viertakt-Ottomotor; Hubkolbenverdichter)* || **~ клапана/тюльпанная** tulpenförmiger Ventilteller *m (Viertakt-Ottomotor)* || **~ колонны** *(Ch)* Kolonnenkopf *m (Destillation)* || **~/кольцевая** *(Wkz)* Ringkopf *m* || **~/комбинированная** *(El)* Kombinationskopf *m*, Aufnahme- und Wiedergabekopf *m* || **~/коническая** 1. Kegel[stumpf]kopf *m (Niet)*; 2. *(Wkz)* Kegelkopf *m*, kegeliger Kopf *m* || **~/коническая потайная** Kegelsenkkopf *m (Schraube)* || **~/коническая шлифовальная** *(Wkz)* Walzenkegelstift *m (zylindrische Form mit Kegelkappe)* || **~/контрольная** *(El)* Kontroll[spur]kopf *m* || **~/копирная** elektronische Abtastvorrichtung *f*, optoelektronisches Steuergerät *n (für optoelektronisch gesteuerte Brennschneidmaschinen)* || **~/копировальная** 1. *(Wkz)* Nachformkopf *m*; 2. *s.* ~/копирная || **~/косая** *(Kst)* Schrägspritzkopf *m* || **~/крейцкопфная** *(Masch)* Kreuzkopfende *n* || **~/круглая** Rundkopf *m (Niet)* || **~/лазерная** Laserkopf *m* || **~/лазерная измерительная** Lasermeßkopf *m* || **~/лобовая** *(Wkzm)* stirnseitiger Spindelstock *m (Koordinatenbohrmaschine)* || **~ лопатки** Schaufelkopf *m*, Schaufeleintrittskante *f (Turbine; Turboverdichter; Kreiselpumpe)* || **~/магнитная** Magnetkopf *m*; Magnettonkopf *m* || **~/магнитная монофоническая** Monomagnetkopf *m* || **~/магнитная стирающая** Löschkopf *m* || **~/месильная** Mischkopf *m* || **~ металлизатора/распылительная** Spritzdüse *f*, Düsensystem *n (Metallspritzgerät)* || **~/механическая делительная** *(Meß)* mechanischer Teilkopf *m* || **~/микрометрическая** Funktionsmechanismus *m* einer Meßschraube || **~/многодорожечная** *(Inf)* Mehrspurkopf *m* || **~/многозарядная боевая** *(Mil)* Mehrfachgefechtskopf *m*; Mehrfachsprengkopf *m* || **~/многоинструментальная** *(Wkz)* Kopf *m* mit mehreren Werkzeugen || **~/многоканальная** *(Inf)* Mehrspurkopf *m* || **~/многопозиционная револьверная** *(Wkz)* Mehrstationenrevolverkopf *m* || **~/многорезцовая** *(Wkz)* Mehrmeißelkopf *m* || **~/многошпиндельная** *(Wkz)* Mehrspindelkopf *m* || **~/многошпиндельная сверлильная (сверлильно-расточная)** *(Wkz)* Mehrspindelbohrkopf *m* || **~/мотальная** *(Text)* Spulkopf *m*, Spulstelle *f*, Wickler *m (Spulmaschine)* || **~/моющая** *(Brau)* Reinigungssprühkopf *m*, Reinigungsspritzkopf *m (frei rotierendes Reinigungsgerät im Gärtank)* || **~/накладная** *(Wkz)* Anbau-Spindelstock *(z. B. für Fräsmaschinen)* || **~ ножа косилки** *(Lw)* Messerkopf *m (Mähmaschine)* || **~/ножевая** *(Wkz)* Messerkopf *m* || **~/однодорожечная** *(Inf)* Vollspurkopf *m* || **~/одношпиндельная** *(Wkz)* Einspindelkopf *m* || **~/опрыскивающая** *s.* ~/моющая || **~/оптическая делительная** *(Wkz)* optischer Teilkopf *m* || **~/отбойная** *s.* ~/врубовая || **~/отделочно-расточная** *(Wkz)* Feinausdrehkopf *m* || **~/панорамная** *(Kine)* Panoramakopf

m, Schwenkkopf *m (Kamerastativ)* ‖ **~/пескодувная** *(Gieß)* Blaskopf *m (Kernblasmaschine)* ‖ **~ пескомёта** *(Gieß)* Schleuderkopf *m (Sandslinger)* ‖ **~/пескострельная** *(Gieß)* Schießkopf *m (Kernschießmaschine)* ‖ **~/петельная** *(Text)* Maschenkopf *m* ‖ **~/пишущая** Schreibkopf *m* ‖ **~/плавающая [матнитная]** *(Inf)* gleitender Kopf (Magnetkopf) *m* ‖ **~/плавильная** *(Text)* Rostspinnkopf *m*, Schmelzkopf *m (Chemiefaserherstellung)* ‖ **~/плавильно-прядильная** *(Text)* Schmelzspinnkopf *m (Chemiefaserherstellung)* ‖ **~/плоская** 1. *(Fert)* Flachkopf *m (Niet)*; 2. *(Wkz)* Flachkopf *m*, flacher Kopf *m* ‖ **~/плоская щелевая** *(Kst)* Breitschlitzwerkzeug *n* ‖ **~/плоскоконическая** flacher Kegelstumpfkopf *m* ‖ **~/поворотная** *(Wkz)* Schwenkkopf *m*, schwenkbarer Kopf *m* ‖ **~/подвижная [магнитная]** *(Inf)* beweglicher Kopf (Magnetkopf) *m* ‖ **~ ползуна** *(Wkz)* Stößelkopf *m (Kurzhobelmaschine)* ‖ **~/полировальная** *(Wkz)* Polierkopf *m* ‖ **~/полукруглая** Halbrundkopf *m (Schraube, Niet)* ‖ **~/полупотайная** Linsensenkkopf *m (Schraube, Niet)* ‖ **~/поперечная** *(Kst)* Querspritzkopf *m* ‖ **~/потайная** Senkkopf *m (Schraube, Niet)* ‖ **~/прорезанная** geschlitzter Kopf *m (Schraube)* ‖ **~/пружинная измерительная** *(Meß)* Mykator *m* ‖ **~/пружинно-оптическая [измерительная]** *(Meß)* Optikator *m* ‖ **~/прядильная** *(Text)* Spinnkopf *m (Chemiefaserherstellung)*; Spinnstelle *f (Naturfaserspinnerei)* ‖ **~/прямая** *(Kst)* Längsspritzkopf *m* ‖ **~/прямоточная** *(Kst)* Geradeauswerkzeug *n*, Geradeausspritzkopf *m* ‖ **~/прямоугольная** Hammerkopf *m (einer Schraube)* ‖ **~/пятишпиндельная** *(Wkz)* Fünfspindelkopf *m* ‖ **~/разбрызгивающая** *s.* ~/моющая ‖ **~/разделяющаяся боевая** *(Mil)* Mehrfachgefechtskopf *m*; Mehrfachsprengkopf *m* ‖ **~/распылительная** 1. Einspritzdüse *f (eines Strahltriebwerks)*; 2. Spritzdüse *f*, Düsensystem *n (Metallspritzgerät)* ‖ **~/расточная** *(Wkz)* Ausdrehkopf *m* ‖ **~/револьверная** *(Wkz, Opt)* Revolverkopf *m* ‖ **~/револьверная сверлильная** Revolverbohrkopf *m* ‖ **~/режущая** 1. *(Wkz)* Schneidkopf *m*; 2. *s.* головка/врубовая ‖ **~/резальная** *(Text)* Schneidkopf *m* ‖ **~ резца** *f (Wkz)* 1. Meißelkopf *m*; 2. Schneidteil *m* des Meißels ‖ **~/резьбовая** *(Wkz)* Gewindekopf *m* ‖ **~/резьбонакатная** *(Wkz)* Rollkopf *m (Gewinde)*, Gewinderollkopf *m* ‖ **~/резьбонарезная** *(Wkz)* Gewindeschneidkopf *m* ‖ **~/рычажно-зубчатая измерительная** *s.* ~/зубчатая измерительная ‖ **~/рычажно-пружинная измерительная** *(Meß)* Mykator *m* mit Winkeltaster ‖ **~ с ушком** Ösenkopf *m (Schraube)* ‖ **~ самонаведения** *(Mil)* Zielsuchkopf *m* ‖ **~ самонаведения/инфракрасная** *s.* ~ наведения/тепловая ‖ **~ самонаведения/лазерная** Laserzielsuchkopf *m* ‖ **~/самонаведения/тепловая** Infrarotzielsuchkopf *m*, IR-Zielsuchkopf *m*, Wärmezielsuchkopf *m* ‖ **~ самонаклада/всасывающая** *(Typ)* Ansaugkopf *m*, Saugkopf *m (pneumatischer Anleger)* ‖ **~/самооткрывающаяся резьбонарезная** *(Wkz)* selbstöffnender (selbstauslösender) Gewindeschneidkopf *m* ‖ **~/сборная** *(Wkz)* zusammengebauter Kopf *m* ‖ **~/сборочная** *(Wkz)* Montagekopf *m* ‖ **~/сварочная** Schweißkopf *m*; *(Eln)* Bondkopf *m* ‖ **~/сверлильная** *(Wkz)* Bohrkopf *m* ‖ **~/сверлильная шпиндельная** Bohrspindelkopf *m* ‖ **~/сегментная** *(Wkz)* Segmentkopf *m*, Schleifkopf *m (Aufnahmekörper für Schleifsegmente)* ‖ **~/силовая** *(Wkz)* kraftführender Kopf *m* ‖ **~/сканирующая** Abtastkopf *m* ‖ **~ слитка** *(Met)* Blockkopf *m*, Blockschopf *m*, Schopf *m* ‖ **~/сменная** *(Wkz)* auswechselbarer Kopf *m* ‖ **~/смесительная** Mischkopf *m* ‖ **~ станины** *(Masch)* Rahmenkopf *m* ‖ **~/стереофоническая** *(Eln)* Stereokopf *m* ‖ **~/стирающая** *(El)* Löschkopf *m* ‖ **~/суперфинишная** *(Wkz)* Superfinishkopf *m* ‖ **~/сфероцилиндрическая** Linsenkopf *m (Schraube, Niet)* ‖ **~ считывания** *(Inf)* Lesekopf *m* ‖ **~/считывающая** *s.* ~ считывания ‖ **~/съёмная** *(Wkz)* abnehmbarer Kopf *m* ‖ **~/тестовая** *(Eln)* Testerkopf *m* ‖ **~/т-образная** Hammerkopf *m (einer Schraube)* ‖ **~ толкателя** *(Masch)* Stößelkopf *m* ‖ **~/торцешлифовальная** *(Wkz)* Stirnschleifkopf *m* ‖ **~/торцовая резцовая** *(Wkz)* Stirnmesserkopf *m* ‖ **~/угловая** 1. *(Wkz)* kegeliger Schleifkörper *m* mit Stahlschaft; 2. *(Wkz)* Winkelkopf *m*, Spindelstock *m* für Schrägbearbeitung; 3. *(Kst)* Umlenkwerkzeug *n*, Winkelspritzkopf *m* ‖ **~/угловая сверлильная** *(Wkz)* Winkelbohrkopf *m* ‖ **~/угловая шлифовальная** *(Wkz)* Schleifstift *m* für Schwalbenschwanzprofile *(Nuten, Aussparungen)* ‖ **~/угломерная окулярная** *(Meß)* Winkel[meß]okular *n* ‖ **~/универсальная** 1. *(Wkz)* Universalkopf *m*; 2. *s.* ~ записи-воспроизведения ‖ **~/универсальная расточная** *(Wkz)* Universalausdrehkopf *m* ‖ **~/универсальная сверлильная** *(Wkz)* Universalbohrkopf *m* ‖ **~/фотометрическая** Photometeraufsatz *m* ‖ **~/фотоэлектронная** *s.* ~/копирная ‖ **~/фрезерная** *(Wkz)* Fräskopf *m* ‖ **~/фрезерная шпиндельная** *(Wkst)* Frässpindelkopf *m* ‖ **~/фугасная боевая** *(Mil)* Sprengkopf *m* ‖ **~/хонинговальная** *(Wkz)* Langhubhonkopf *m* ‖ **~/цементировочная** *(Bgb)* Zementierkopf *m (Bohrlochzementierung)* ‖ **~ цилиндра** Zylinderkopf *m (Verbrennungsmotor)* ‖ **~/цилиндрическая** 1. Zylinderkopf *m (Schraube)*; 2. *(Wkz)* gerader Schleifkörper *m* mit Stahlschaft ‖ **~/цилиндрическая шлифовальная** *(Wkz)* Walzenstift *m* ‖ **~ цилиндров** Zylinderkopf *m (Verbrennungsmotor)* ‖ **~ червячной машины** *(Kst)* Spritzkopf *m* ‖ **~/чертёжная** Zeichenkopf *m* ‖ **~/четырёхгранная** Vierkantkopf *m (Schraube)* ‖ **~/шаровая** *(Wkz)* Kugelkopf *m* ‖ **~ шатуна** *(Masch)* Pleuel[stangen]kopf *m*, Schubstangenkopf *m* ‖ **~ шатуна/вильчатая** gegabelter Schubstangenkopf *m* ‖ **~ шатуна/нижняя** *(Kfz)* Pleuelfuß *m (Verbrennungsmotor)* ‖ **~/шестигранная** Sechskantkopf *m (Schraube)* ‖ **~/шлифовальная** *f* 1. *(Wkz)* Schleifspindelkopf *m*; 2. *(Wkz)* Schleifkörper *m* mit Stahlschaft, Schleifstift *m*, gespindelter Schleifkörper *m* ‖ **~/шлицованная** geschlitzter Kopf *m (Schraube)* ‖ **~/шпиндельная** *(Wkz)* Spindelkopf *m* ‖ **~ шпонки** Keilnase *f*, Nase *f (Nasenkeil)* ‖ **~/щуповая** *(Meß)* Tastkopf *m*, Abtastkopf *m* ‖ **~/эжекционная вентиляционная** *(Schiff)* Sauglüfter[kopf] *m*, Kammerlüfter *m* ‖ **~ экструдера** 1. *(Text)* Extruderkopf *m (Chemiefaserherstellung)*; 2. *(Kst)* Spritz-

kopf *m (eines Extruders)* ‖ **~/электроиндуктивная делительная** *(Meß)* induktiver Teilkopf *m* ‖ **~/электронная измерительная** *(Meß)* elektronischer Feinzeiger *m*
головной Vorlauf... *(Destillation)*
головоотсекание *n* Köpfen *n (Fischverarbeitung)*
голограмма *f* Hologramm *n* ‖ **~/амплитудная** Amplitudenhologramm *n* ‖ **~/бинарная (двоичная)** binäres Hologramm *n* ‖ **~/объёмная** Volumenhologramm *n* ‖ **~/отражающая** Reflexionshologramm *n* ‖ **~/синтетическая** synthetisches Hologramm *n* ‖ **~/фазовая** Phasenhologramm *n*
голограмма-копия *f* Hologrammkopie *f*
голографический holographisch, Hologramm...
голография *f* Holographie *f* ‖ **~/акустическая** akustische Holographie *f* ‖ **~/микроволновая** Mikrowellenholographie *f* ‖ **~/поляризационная** Polarisationsholographie *f* ‖ **~/ультразвуковая** Ultraschallholographie *f*
голодиаграмма *f* Holodiagramm *n*
гололедица *f* Vereisung *f*, Eisbehang *m*
гололедообразование *n* Eisbildung *f*
голоморфный *(Math)* holomorph *(Funktion)*
голономный *(Math)* holonom
голоцен *m (Geol)* Holozän *n*
голоэдр *m (Krist)* Holoeder *n*, Vollflächner *m*
голоэдрический *(Krist)* holoedrisch, vollflächig
голоэдрия *f (Krist)* Holoedrie *f*, Vollflächigkeit *f*
голубница *f (Schiff)* Wasserlaufloch *n*
голубой 1. blau; 2. blaugrün *(Farbfilm)*
голубой *m* Blau *n* ‖ **~/водяной** Wasserblau *n* ‖ **~/кислотный** Säureblau *n* ‖ **~/метиленовый** Methylenblau *n* ‖ **~/щелочной** Alkaliblau *n*
гольё *n (Led)* Blöße *f*; Hautblöße *f*; Blößen *fpl*
гольевой *(Led)* Blößen...
гольмий *m (Ch)* Holmium *n*, Ho
гомеополярный *(Krist)* homöopolar *(Kristallgitter)*
гомеотипия *f (Krist)* Homöotypie *f*
гомеотипный *(Krist)* homöotyp
гомогенизатор *m* Homogenisator *m*, Homogenisierungsvorrichtung *f*
гомогенизация 1. *(Ch)* Homogenisieren *n*, Homogenisierung *f*; 2. *(Härt)* Homogenisierungsglühen *n*, Diffusionsglühen *n*, Homogenisieren *n* ‖ **~/зонная** *(Eln)* Schwebezonenverfahren *n*, Zonenhomogenisierung *f (Halbleitertechnologie)*
гомогенизирование *n s.* гомогенизация
гомогенизировать 1. *(Ch)* homogenisieren; 2. *(Härt)* homogenisieren, homogenisierend glühen, diffusionsglühen
гомогенность *f* Homogenität *f*
гомодесмический *(Krist)* homodesmisch *(Kristallgitter)*
гомолог *m (Ch)* Homolog[e] *n*
гомологизация *f s.* реакция гомологизации
гомологический *(Math, Ch)* homolog
гомология *f (Math, Ch)* Homologie *f*
гомоморфизм *m (Math)* Homomorphismus *m*, homomorphe Abbildung *f*
гомопараллельный *(Math)* homoparallel
гомопереход *m* Homoübergang *m (Halbleiter)*
гомополиконденсация *f (Ch)* Homopolykondensation *f*
гомополимер *m (Ch)* Homopolymer *n*, Homopolymerisat *n*
гомополимеризация *f (Ch)* Homopolymerisation *f*
гомоцентрический *(Opt)* homozentrisch *(Strahlenbündel)*
гомоциклический *(Ch)* homocyclisch, isocyclisch, carbocyclisch
гомоэпитаксия *f* Homoepitaxie *f*
гон *m* 1. Gon *n*, Neugrad *m (Einheit des ebenen Winkels)*; 2. *(Lw)* Felderlänge *f*
гондола *f* 1. *(Flg)* Gondel *f*, Lastkorb *m*, Korb *m (Ballon)*; 2. *(Eb)* Sattelwagen *f (offener Selbstentladewagen)*
гониасмометр *m* Goniasmometer *n*
гониометр *m* Goniometer *n* ‖ **~/двукружный** Zweikreisgoniometer *n* ‖ **~/ёмкостный** kapazitives Goniometer *n* ‖ **~/индуктивный** induktives Goniometer *n* ‖ **~/лазерный** Lasergoniometer *n* ‖ **~/однокружный** Einkreisgoniometer *n* ‖ **~/отражательный** Reflexionsgoniometer *n* ‖ **~/пеленгаторный** Peilgoniometer *n* ‖ **~/поляризационный** Polarisationsgoniometer *n* ‖ **~/рентгеновский** Röntgengoniometer *n* ‖ **~/теодолитный** Theodolitgoniometer *n*
гониометрия *f* Goniometrie *f*
гониометр-спектрометр *m* Goniometer-Spektrometer *n*
гониоскоп *m (Med)* Gonioskop *n*
гониофотометр *m* Goniophotometer *n (Photometrie)*
гонок *m (Text)* Picker *m (Weberei)*
гончарство *n* Töpferhandwerk *n*, Töpferei *f*
гора *f* Berg *m (s. a. unter* горы*)* ‖ **~/столовая** Tafelberg *m*
горб *m* Höcker *m (einer Kurve)*
горбатик *m (Wkz)* Schiffshobel *m*
горбылёк *m* **[оконного переплёта]** *(Bw)* Fenstersprosse *f*, Zwischensprosse *f*, Sprosse *f*
горбыль *m* Schwarte *f (Holz)*
горелка *f* 1. Brenner *m*; 2. *(Licht)* Entladungsgefäß *n*, Brenner *m* ‖ **~/атомно-водородная** *(Schw)* Arcatom-Brenner *m* ‖ **~/ацетиленовая** *(Schw)* Acetylenbrenner *m* ‖ **~/ацетилено-кислородная** *(Schw)* Acetylen-Sauerstoff-Brenner *m* ‖ **~/безынжекторная** *(Schw)* Hochdruckbrenner *m* ‖ **~/беспламенная** Muffelbrenner *m (Kesselfeuerung)* ‖ **~/боковая** Seitenbrenner *m (Kesselfeuerung)* ‖ **~ Бунзена** Bunsenbrenner *m* ‖ **~/бунзеновская** *s.* ~ Бунзена ‖ **~/вихревая** Wirbel[strom]brenner *m (Wirbelbrennerkesselfeuerung)* ‖ **~/вихревая двухулиточная** Brenner *m* mit tangentialer Staub- und Luftzufuhr *(Feuerungstechnik)* ‖ **~/вихревая прямоточно-улиточная** Brenner *m* mit tangentialer Luftzufuhr *(Feuerungstechnik)* ‖ **~/вихревая улиточно-лопаточная** Brenner *m* mit tangentialem Staubeintritt und verdrallter Sekundär- und Tertiärluft *(Feuerungstechnik)* ‖ **~/водородно-кислородная** *(Schw)* Wasserstoff-Sauerstoff-Brenner *m* ‖ **~/вспомогательная** Zusatzbrenner *m* ‖ **~ высокого давления** Hochdruckbrenner *m* ‖ **~/газовая** Gasbrenner *m* ‖ **~/газовая топочная** Gasbrenner *m (in Gasfeuerungen)* ‖ **~/дежурная** Sparbrenner *m*, Zündbrenner *m* ‖ **~/завихряющая** *s.* ~/вихревая ‖ **~/зажигательная** Zündbrenner *m* ‖ **~/запальная** Anheizbrenner *m* ‖ **~/инжекторная (инжекционная)** *(Schw)* Injektorbrenner

m, Saugbrenner *m*, Niederdruck[schweiß]brenner *m* ‖ **~/кислородно-ацетиленовая** *(Schw)* Acetylen-Sauerstoff-Brenner *m* ‖ **~/кольцевая** Ring[düsen]brenner *m*, Koaxialbrenner *m (Kesselfeuerung)* ‖ **~/короткопламенная** Kurzflammenbrenner *m*, Kanalbrenner *m (Kesselfeuerung)* ‖ **~/кругл[опламенн]ая** Rundbrenner *m (Feuerungstechnik)* ‖ **~/мазутная** Ölbrenner *m (Ölfeuerung)* ‖ **~/машинная** *(Schw)* Maschinenbrenner *m* ‖ **~/многопламенная** *(Met)* Mehrflammenbrenner *m*, Mehrdüsenbrenner *m* ‖ **~/многорожковая** *(Met)* Mehrflammenbrenner *m* ‖ **~/многосопловая инжекционная** Mehrflammensaugbrenner *m*, Mehrdüsensaugbrenner *m* ‖ **~/многосопловая щелевая** Registerbrenner *m (Kesselfeuerung)* ‖ **~/многофакельная** *s.* ~/многопламенная ‖ **~/муфельная** Muffelbrenner *m (Kesselfeuerung)* ‖ **~ низкого давления** Niederdruckbrenner *m*, Injektorbrenner *m* ‖ **~/однопламенная** *(Schw)* Einflammenbrenner *m* ‖ **~/однофакельная** *s.* ~/однопламенная ‖ **~/основная** Hauptbrenner *m* ‖ **~/паяльная** Lötbrenner *m* ‖ **~/пистолетного типа/сварочная** *(Schw)* Pistolenbrenner *m*, gerader Brenner *m* ‖ **~/плазменная** Plasmabrenner *m* ‖ **~/плоск[опламенн]ая** *(Schw)* Flachbrenner *m* ‖ **~/поворотная** *(Schw)* Schwenkbrenner *m* ‖ **~/подогревательная** *(Schw)* Anwärmeinsatz *m*, Anwärmbrenner *m*, Vorwärmbrenner *m* ‖ **~/потолочная** Deckenbrenner *m (Deckenfeuerung)* ‖ **~/пылеугольная** Kohlenstaubbrenner *m (Feuerungstechnik)* ‖ **~/растопочная** Zündbrenner *m (Kesselfeuerung)* ‖ **~/режущая (резательная)** Schneidbrenner *m* ‖ **~ с предварительным смешением** *(Schw)* Brenner *m* mit Vormischkammer, Mischbrenner *m* ‖ **~/сбросная** Brüdenbrenner *m (Staubfeuerung mit Mahltrockenanlage)* ‖ **~/сварочная** *(Schw)* Schweißbrenner *m* ‖ **~/сварочно-резательная** *(Schw)* kombinierter Schweiß- und Schneidbrenner *m* ‖ **~/струйная** Strahlbrenner *m* ‖ **~/ступенчатая** Stufenbrenner *m (Feuerungstechnik)* ‖ **~/угловая** Eckenbrenner *m (Kesselfeuerung)* ‖ **~/фронтальная** Frontbrenner *m (Kesselfeuerung)* ‖ **~/фронтовая** *s.* ~/фронтальная ‖ **~/холостая** Stützbrenner *m*, Zündbrenner *m (Kesselfeuerung)* ‖ **~/цилиндрическая** Rundstrahlbrenner *m* ‖ **~/щелевая** *(Schw)* Schlitzbrenner *m*, Flachschlitzbrenner *m* ‖ **~/эжекторная** Niederdruckbrenner *m*, Ejektorbrenner *m (Feuerungsbrenner)* ‖ **~/эжекторная мазутная** Niederdruckölbrenner *m*, Ejektorölbrenner *m (Ölfeuerung)*

горение *n* Brennen *n*, Verbrennen *n*, Verbrennung *f* ‖ **~/беспламенное** flammenlose Verbrennung *f* ‖ **~/взрывное** *s.* ~/детонационное ‖ **~/вялое** träge Verbrennung *f* ‖ **~/гетерогенное** heterogene Verbrennung *f* ‖ **~/гомогенное** homogene Verbrennung *f* ‖ **~/детонационное** klopfende Verbrennung *f*, Klopfen *n (im Motor)* ‖ **~/замедленное** schleichende Verbrennung *f* ‖ **~/каталитическое** *s.* ~/поверхностное каталитическое ‖ **~/неполное** unvollständige Verbrennung *f* ‖ **~/поверхностное каталитическое** katalytische Verbrennung *f*, Verbrennung (Oxidation) *f* an der Oberfläche eines Katalysators ‖ **~/полное** vollkommene (vollständige) Verbrennung *f*

гореть brennen, verbrennen

горизонт *m* 1. *(Astr, Flg)* Horizont *m*; 2. *(Schiff)* Kimm *f*; 3. *(Hydt)* Spiegel *m*, Niveau *n (s. a. unter* уровень 2.*)*; 4. *(Bgb)* Sohle *f („Stockwerk" im Grubenfeld)*; 5. *(Geol)* Horizont *m (örtlich begrenzte Gesteinszone)* ‖ **~/вентиляционный** *(Bgb)* Wettersohle *f* ‖ **~/видимый** scheinbarer Horizont *m* ‖ **~/водоносный** *(Hydrol)* Grundwasserleiter *m*, Aquifer *m* ‖ **~/водоотливный** *(Bgb)* Wassersohle *f*, Sumpfsohle *f* ‖ **~ воды/напорный** *(Hydt)* Druckwasserspiegel *m* ‖ **~/вскрышной** *(Bgb)* Abraumstrosse *f (Tagebau)* ‖ **~/выдачной** *(Bgb)* Fördersohle *f* ‖ **~ выпуска** *(Bgb)* Abzugssohle *f* ‖ **~ высоких вод** *(Hydt)* höchstes Hochwasser *n*, HHW ‖ **~/гироскопический** *(Flg)* Kreiselhorizont *m*, künstlicher Horizont *m*, Fliegerhorizont *m*, Horizontkreisel *m* ‖ **~/главный [откаточный]** *(Bgb)* Haupt[förder]sohle *f* ‖ **~/глубокий** *(Bgb)* tiefe Abbausohle *f* ‖ **~ грунтовых вод** Grundwasserhorizont *m* ‖ **~/искусственный** *s.* ~/гироскопический ‖ **~/истинный** wahrer Horizont *m* ‖ **~/маркирующий** *s.* ~/опорный ‖ **~/математический** mathematischer Horizont *m* ‖ **~/меженный** *s.* меженных вод ‖ **~ меженных вод** *(Hydt)* Niedrigwasserhöhe *f*, Niedrigwasser *n*, NW ‖ **~/напорный водоносный** *(Hydrol)* gespannter Grundwasserleiter *m* ‖ **~/ненапорный водоносный** *(Hydrol)* ungespannter Grundwasserleiter *m* ‖ **~/нижний** *(Bgb)* Tiefbausohle *f* ‖ **~/нулевой** *(Bgb)* Rasensohle *f* ‖ **~/опорный** *(Geol)* Leithorizont *m* ‖ **~/основной** 1. *(Bgb)* Haupt[förder]sohle *f*; 2. *(Geol)* Nullebene *f*, Nullhorizont *m* ‖ **~/основной водоносный** *(Geol)* wasserführender Haupthorizont *m* ‖ **~ откатки** *(Bgb)* Fördersohle *f* ‖ **~/откаточный** *(Bgb)* Fördersohle *f* ‖ **~ открытых разработок** *(Bgb)* Tagebausohle *f*, Tagebauhorizont *m* ‖ **~/отражающий** Reflexionshorizont *m* ‖ **~/подземный эксплуатационный** *(Bgb)* Abbausohle *f*, Bausohle *f* ‖ **~ подсечки** *(Bgb)* Unterfahrungssohle *f*, Unterschneidungssohle *f* ‖ **~/продуктнвный** *(Geol)* produktiver Horizont *m*, Förderhorizont *m (Erdöl, Erdgas)* ‖ **~/промежуточный** *(Bgb)* Zwischensohle *f*, Teilsohle *f* ‖ **~/рабочий** *(Bgb)* Arbeitssohle *f*, Abbauhorizont *m*, Arbeitsebene *f* ‖ **~/радиолокационный** *(Rad)* Radarhorizont *m* ‖ **~/ртутный** *(Meß)* Quecksilberhorizont *m* ‖ **~/рудный** *(Geol)* Erzhorizont *m* ‖ **~/сейсмический опорный** *(Geol)* seismischer Leithorizont *m* ‖ **~ скреперования** *(Bgb)* Schrappersohle *f* ‖ **~/условный** *(Hydt, Geod)* Bezugshorizont *m* ‖ **~/фотомаркирующий** photogeologischer Leithorizont *m* ‖ **~ цели** Zielwaagerechte *f (Ballistik)* ‖ **~/швагериновый** *(Geol)* Schwagerinenhorizont *m* ‖ **~/штольневый** *(Bgb)* Stollensohle *f* ‖ **~/эксплуатационный** *(Bgb)* Abbausohle *f*, Bausohle *f* ‖ **~/эксплуатируемый** *(Geol)* Förderhorizont *(Erdöl, Erdgas)*

горизонталь *f* 1. Horizontale *f*; 2. *(Geod)* Schichtlinie *f*, Höhen[schicht]linie *f*, Isophyse *f*, Horizontalkurve *f*; 3. *(Hydt)* Niveaulinie *f*; 4. *(Math)* Zeile *f (Determinante)* ‖ **~/дополнительная** *(Geod)* Zwischenkurve *f*

горизонтальный 1. horizontal, waagerecht; 2. *(Wkzm)* Waagerecht... *(mit waagerechter Spindelachse oder bei waagerechter Arbeitsbewegung)*; 3. *(Bgb)* söhlig

горка *f* 1. Berg *m*; 2. *(Text)* Anlauf *m (Weberei)*; 3. *(Eb)* Ablaufberg *m (Rangieren)*; 4. *(Flg)* Hochziehen *n*; 5. *(Bgb)* Gefällestrecke *f* ‖ **~/боевая** *(Text)* Schlagkurve *f (Weberei)* ‖ **~/отбойная** *(Eb)* Gegenablaufberg *m* ‖ **~/пальчатая** *(Lw)* Gummifingerband *n (an Erntemaschinen)* ‖ **~/семяочистительная** *(Lw)* Bandausleser *m*, Bandauslesemaschine *f* ‖ **~/сортировочная** *(Eb)* Ablaufberg *m* ‖ **~/центральная** *(Astr)* Zentralberg *m (des Mondkraters)*

горло *n* 1. Hals *m*, Schnauze *f (s. a. unter* горловина 1.*)*; 2. Stutzen *m*; 3. Hals *m*, Einschnürung *f*; 4. *(Met)* Hals *m*, Schnauze *f (Konverter)*

горловина *f* 1. Hals *m*, Schnauze *f*, Halsung *f*, Einhalsung *f*; 2. Stutzen *m*; 3. Mannloch *n*, Einstiegsloch *n* ‖ **~ бензобака** *(Kfz)* Tankeinfüllstutzen *m* ‖ **~ бункера** Bunkerauslauf *m* ‖ **~ вулкана** Vulkanpfropfen *m* ‖ **~/загрузочная** Füllstutzen *m* ‖ **~/заливная** Einfüllstutzen *m* ‖ **~ камеры** *(Bgb)* Kammerhals *m* ‖ **~ камеры сгорания** Brennkammerhals *m (TL-Triebwerk)* ‖ **~ конвертера** *(Met)* Konverterschnauze *f*, Konverterhals *m* ‖ **~/маслоналивная** *(Kfz)* Öleinfüllstutzen *m* ‖ **~/разгрузочная** Entleerungsstutzen *m*

горлышко *n* Hals *m (an Gefäßen)*

горн *m* 1. Horn *n*; 2. *(Met)* Herd *m*, Herdsohle *f*, Sumpf *m (Schachtschmelzofen)*; Gestell *n*, Unterofen *m (Hochofen)* ‖ **~ вагранки** Kupolofenherd *m* ‖ **~/верхний** Oberherd *m*, Obergestell *n (Hochofen)* ‖ **~/выносной** Vorherd *m (Kupolofen)* ‖ **~/зажигательный** Zündofen *m (Sintermaschine)* ‖ **~/кричный** Frischherd *m*, Frischfeuer *n* ‖ **~/кузнечный** Schmiedeherd *m*, Schmiedefeuer *n* ‖ **~/набивной** Stampfherd *m* ‖ **~/нижний** Unterherd *m (Schachtofen)*; Untergestell *n (Hochofen)* ‖ **~/обжигательный** Röstherd *m (Aufbereitung)* ‖ **~/отстойный** *s.* ~/передний ‖ **~/передний** Vorherd *m*, Sammler *m (z. B. Kupolofen)* ‖ **~/плавильный** Herd[schmelz]ofen *m (NE-Metallurgie)* ‖ **~/разделительный** Treibeherd *m (NE-Metallurgie)* ‖ **~/сварочный** Schweißherd *m*, Schweißfeuer *n* ‖ **~/туманный** *(Schiff)* Nebelhorn *n*

горновой *(Met)* Herd...

горно-геологический bergbaugeologisch, montangeologisch

горнодобывающий Bergbau..., Gewinnungs...

горно-капитальный *(Bgb)* Aufschluß..., Ausrichtungs...

горно-металлугический Bergbau- und Hütten...

горнопромышленный Bergbau...

горнорудный Erzbergbau...

горноспасательный Grubenrettungs...

горнотехнический bergbautechnisch

горный 1. *(Bgb)* Montan..., Bergau...; Bergwerks..., bergbaulich; bergmännisch; Gruben...; 2. *(Geol)* Gebirgs...

города-побратимы *mpl* Partnerstädte *fpl*

город-памятник *m* historische Stadt *f*, unter Denkmalschutz stehende Stadt *f*

город-район *m (Bw)* Stadtregion *f*

городской 1. städtisch, Stadt...; 2. *(Nrt)* Orts-...

город-сад *m* Gartenstadt *m*

город-спальня *m* Schlafstadt *f*

город-спутник *m* Satellitenstadt *f*

горообразование *n (Geol)* Gebirgsbildung *f*

горст *m (Geol)* Horst *m* ‖ **~/клиновидный (клинообразный)** Keilhorst *m* ‖ **~/моноклинальный** Monoklinalhorst *m* ‖ **~/наклонный** Horst *m* mit geneigter gehobener Scholle ‖ **~/складчатый** Faltenhorst *m* ‖ **~/сложный** gestaffelter Horst *m*, Stufenhorst *m* ‖ **~/столовый** Tafelhorst *m* ‖ **~/ступенчатый** *s.* ~/сложный

горшок *m* 1. Topf *m*; 2. *(Glas)* Hafen *m*; 3. *(Met)* Tiegel *m*, Topf *m*, Pfanne *f* ‖ **~/агломерационный** *(Met)* Sintertopf *m*, Sinterpfanne *f* ‖ **~/воздушный** *(Wmt)* Lufttopf *m* ‖ **~/всасывающий** *(Wmt)* Saugtopf *m* ‖ **~/конденсационный** *(Wmt)* Kondenstopf *m*, Kondenswasserabscheider *m*, Kondensatableiter *m* ‖ **~/нитрационный** *(Härt)* Nitriertopf *m*, Nitrierkasten *m* ‖ **~ с поплавком/конденсационный** Schwimmerkondenstopf *m* ‖ **~/стекловаренный** Glas[schmelz]hafen *m* ‖ **~/цементационный** *(Härt)* Einsatztopf *m*, Einsatzkasten *m*

горшочкоделатель *m (Lw)* Erdtopfpresse *f*

горы *fpl (Geol)* Gebirge *n* ‖ **~/аккумулятивные** Akkumulationsgebirge *n*, Aufschüttungsgebirge *n* ‖ **~/вулканические** vulkanisches Gebirge *n* ‖ **~/высокие** Hochgebirge *n (nach russischer Definition über 2000 m)* ‖ **~/глыбовые** Schollengebirge *n*, Bruchgebirge *n*, Blockgebirge *n* ‖ **~/денудационные** Denudationsgebirge *n* ‖ **~/остаточно-глыбовые** Rumpf[schollen]gebirge *n* ‖ **~/остаточные** Residualgebirge *n* ‖ **~/островые** Inselberge *mpl* ‖ **~/сбросово-складчатые** Bruchfaltengebirge *n* ‖ **~/складчато-глыбовые** Faltenschollengebirge *n* ‖ **~/складчатые** Faltengebirge *n* ‖ **~/средневысотные** Mittelgebirge *n (nach russischer Definition von 400 bis 2000 m Höhe)* ‖ **~/эрозионные** Erosionsgebirge *n*

горькозём *m* Bittererde *f (Magnesiumoxid)*

горючее *n* 1. Brennmaterial *n*; Heizstoff *m*; 2. *(Kfz)* Kraftstoff *m*; 3. *(Flg, Rak)* Treibstoff *m* ‖ **~/авиационное** Flug[zeug]treibstoff *m* ‖ **~/антидетонационное** *(Kfz)* klopffester Kraftstoff *m* ‖ **~/атомное** *s.* ~/ядерное ‖ **~/бездетонационное** *(Kfz)* klopffester Kraftstoff *m* ‖ **~/карбюраторное** *(Kfz)* Vergaserkraftstoff *m*, VK ‖ **~/криогенное** Tieftemperaturtreibstoff *m* ‖ **~/твёрдое** Trockenbrennstoff *m*, Festbrennstoff *m* ‖ **~/химическое** chemischer Brennstoff *m* ‖ **~/ядерное** *(Kern)* Kernbrennstoff *m*, Spaltstoff *m*

горючесть *f* Brennbarkeit *f*

горячекатаный *(Wlz)* warmgewalzt

горячетянутый *(Umf)* warmgezogen

горячеустойчивый *(Wkst)* warmfest

госларит *m (Min)* Goslarit *m*

ГОСТ *s.* стандарт/государственный

гостированный standardisiert *(nach GOST)*

готовальня *f* Reißzeug *n*

готовность *f* Bereitschaft *f* ‖ **~/заводская** Vorfertigungsgrad *m*, Fertigstellungsgrad *m* ‖ **~ к воспламенению** Zündwilligkeit *f*, Entflammbarkeit *f* ‖ **~ к передаче** *(Rf)* Sendebereitschaft *f* ‖ **~ к приёму** *(Rf)* Empfangsbereitschaft *f* ‖ **~ к пуску** Startbereitschaft *f* ‖ **~ к радиопередаче**

s. ~ к передаче ‖ ~ **к эксплуатации** Betriebsbereitschaft *f*, Einsatzbereitschaft *f*

готовый bereit, fertig ‖ ~ **к передаче** *(Rf)* sendebereit ‖ ~ **к приёму** *(Rf)* empfangsbereit

гофр *m (Schiff)* Sicke *f* ‖ **~/волнистный** Wellschottelement *n*, Wellsicke *f* ‖ **~/коробчатый** Knickschottelement *n*, Faltschottelement *n*, Faltsicke *f*

гофрирование *n* 1. Wellen *n (von Blechen)*; 2. *(Text)* Stauchen *n*, Kräuseln *n*, Kräuselung *f*, Stauchkräuselung *f (Chemieseidenherstellung)*; 3. *(Typ)* Gaufrage *f*

гофрированный 1. gefaltet, geriffelt, gewellt, gaufriert; 2. *(Schiff)* gesickt

ГП *s.* гетеропереход

ГПК *s.* комплекс/гибкий производственный

ГПМ *s.* модуль/гибкий производственный 1.

ГПР *s.* работы/горно-подготовительные

ГПС *s.* система/гибкая производственная

ГПУ *s.* 1. пост управления/главный; 2. участок/гибкий производственный

ГПУ-решётка *f (Krist)* hexagonal dichtestgepacktes Gitter *n*, hdp-Gitter *n*

Гр *s.* грэй

грабен *m (Geol)* Graben[bruch] *m* ‖ **~/сложный (ступенчатый)** gestaffelter Grabenbruch *m*

грабли *pl (Lw)* Harke *f*, Rechen *m* ‖ **~/барабанные** Trommelrechwender *m* ‖ **~/колёсно-пальцевые** Sternradrechwender *m*, Sternrechwender *m*, Sternradwender *m*

грабли-ворошилки *pl (Lw)* Radrechwender *m*

гравиемойка *f (Bw)* Kieswaschmaschine *f*, Kieswäsche *f*

гравий *m (Bw)* Kies *m* ‖ **~/баритовый** Barytkies *m* ‖ **~/деловой** gebrauchsfertiger Kies *m* ‖ ~ **дроблёный** gebrochener Kies *m* ‖ **~/карьерный** Grubenkies *m* ‖ **~/кварцевый** Quarzkies *m* ‖ **~/керамзитовый** Keramsitkies *m* ‖ **~/крупный** Grobkies *m* ‖ **~/мелкий** 1. Feinkies *m*; 2. *(Gieß)* grobkörniger Sand *m* ‖ **~/морской** Meereskies *m* ‖ **~/мытый** Waschkies *m* ‖ **~/пемзовый** Bimskies *m* ‖ **~/песчанистый** sandiger Kies *m* ‖ **~/промытый** Waschkies *m* ‖ **~/просеянный** gesiebter Kies *m* ‖ **~/речной** Flußkies *m* ‖ **~/средний** Mittelkies *m* ‖ **~/строительный** Baukies *m* ‖ **~/шлаковый** Schlakkensplitt *m*, Schlackenkies *m*

гравиметр *m (Geoph)* Gravimeter *n*, Schweremesser *m*, Schwerkraftmesser *m* ‖ ~ **Перро-Шмидта** *s.* ~ с тремя нитями ‖ ~ **с многократным отражением** Mehrfachreflexionsgravimeter *n* ‖ ~ **с тремя нитями** Dreifadengravimeter *n*, Trifilargravimeter *n*

гравиметр-высотомер *m* Gravimeterhöhenmesser *m*, Schwerehöhenmesser *m*

гравиметрия *f (Geoph)* Gravimetrie *f*

гравиразведка *f (Geoph)* Gravimetrie *f*, gravimetrische Erkundung *f*, gravimetrisches Prospektieren *n (von Lagerstätten)*

гравирование *n* Gravieren *n*, Gravierung *f* ‖ ~ **лазерным лучом** *(Typ)* Lasergravur *f* ‖ **~/электроискровое** funkenerosives Gravieren *n* ‖ **~/электрохимическое** elektrochemisches Gravieren *n* ‖ **~/электроэрозионное** elektroerosives Gravieren *n*

гравитационный gravitativ, Gravitations…

гравитация *f* 1. *s.* тяготение; 2. Schwerkraftaufbereitung *f*, Schwerkraftscheidung *f*, Gravitation *f (Aufbereitung)*

гравитино *n s.* гравитон

гравитон *m (Ph)* Graviton *n*, Gravitationsquant *n*, Gravitino *n*

гравюра *f (Typ)* 1. Gravur *f (z. B. Steingravur)*; 2. Stich *m (z. B. Kupferstich)*; 3. Schnitt *m (z. B. Holzschnitt)*

град *m* 1. *(Meteo)* Hagel *m*; 2. *s.* гон 1.

градация *f* 1. Stufung *f*, Abstufung *f*, Graduierung *f*; 2. *(Photo)* Gradation *f*; 3. *(Typ)* Gradation *f*, Schwärzungsumfang *m*, Tonwertumfang *m*; 4. *(TV)* Gradation *f (Fernsehbild)* ‖ ~ **изображения** *(TV)* Bildgradation *f* ‖ ~ **изоляции** *(El)* Isolationsabstufung *f* ‖ ~ **краски** Farb[en]abstufung *f* ‖ **~/модульная** *(Bw)* Rastersprung *m* ‖ ~ **оптической плотности** Schwärzungsabstufung *f* ‖ ~ **подач** *(Wkzm)* Vorschubstufung *f* ‖ ~ **посадок** *(Fert)* Sitzstufung *f (Passungen)* ‖ ~ **серого** *(TV)* Grauabstufung *f*, Schwärzungsstufe *f* ‖ ~ **тонов** *(Photo, Typ)* 1. Tonwert *m*; 2. Tonwertabstufung *f* ‖ **~/тоновая** *s.* ~ тонов ‖ ~ **цветов** *(Photo, Typ)* Farbabstufung *f* ‖ ~ **чёрно-белых тонов** *(Photo, Typ)* Schwarzweißabstufung *f* ‖ ~ **чисел оборотов** *(Masch, El)* Drehzahlstufung *f*

градиент *m* 1. Gefälle *n*, Abfall *m*; 2. *(Ph, Math)* Gradient *m*; 3. *(Photo)* Gradient *m*, Steilheit *f (Schwärzungskurve)* ‖ **~/барометрический** *(Meteo)* barischer Gradient *m*, Luftdruckgradient *m* ‖ ~ **времени** Zeitfeldgradient *m* ‖ **~/геотермический** *(Geoph)* geothermischer Gradient *m (Erdtemperaturzunahme in °C je 100 m Tiefe)* ‖ ~ **давления** *s.* ~/бар[ометр]ический ‖ ~ **контраста (контрастности)** *(TV)* Kontrastgradient *m*, Kontrastgefälle *n* ‖ ~ **концентрации** Konzentrationsgradient *m*, Konzentrationsgefälle *n* ‖ ~ **концентрации примесей** Dotierungsgradient *m*, Dotierungsgefälle *n*, Dotierungsprofil *n (Halbleiter)* ‖ **~/концентрационный** *s.* ~ концентрации ‖ ~ **легирования** *s.* ~ концентрации примесей ‖ **~/максимальный** *(Photo)* maximaler Gradient *m* ‖ ~ **напряжения** *(El)* Spannungsgradient *m* ‖ ~ **плотности** Dichtegradient *m* ‖ ~ **показателя преломления** *(Opt)* Gradient *m* des Brechungsindexes ‖ **~/полезный** *(Photo)* Nutzgradient *m* ‖ ~ **поля** *(El)* Feldgradient *m* ‖ ~ **потенциала** 1. *(Geoph, Meteo)* Potentialgefälle *n*, Potentialgradient *m*, Abfall *m (Luftelektrizität)*; 2. *(El)* Potentialgradient *m* ‖ ~ **примесных дефектов** Störstellengradient *m*, Störstellenprofil *n (Halbleiter)* ‖ **~/радиальный температурный** radialer Temperaturgradient *m* ‖ ~ **силы тяжести** *(Geoph, Mech)* Schweregradient *m* ‖ ~ **скорости** *(Mech)* Geschwindigkeitsgradient *m*, Geschwindigkeitsgefälle *n* ‖ **~/средний** *(Photo)* mittlerer Gradient *m* ‖ **~/температурный** *s.* ~ температуры ‖ ~ **температуры** Temperaturgradient *m*, Temperaturgefälle *n* ‖ ~ **температуры/адиабатический** *(Ph)* adiabatischer Temperaturgradient *m*, adiabatisches Gefälle *n* ‖ ~ **тепла** Wärmegradient *m* ‖ ~ **электрического потенциала** *(El)* elektrischer Potentialgradient *m*

градиент-вектор *m (Math)* Gradientenvektor *m*

градиентометр *m (Ph)* Gradiometer *n*, Schweremesser *m*
градирня *f* 1. Gradierwerk *n*, Rieselwerk *n*; 2. Kühlturm *m* ‖ **~/атмосферная** *s.* ~/открытая ‖ **~/башенная** 1. Balcke-Quer-Gegenstromkühler *m*; 2. *s.* ~/закрытая ‖ **~/вентиляторная** Ventilatorkühlturm *m* ‖ **~/закрытая** geschlossener Kühlturm (Kaminkühler) *m* ‖ **~/капельная** Gegenstromkühlturm *m* mit Tropfplatten ‖ **~/открытая** offenes Gradierwerk *n* ‖ **~/плёночная** Gegenstromkühlturm *m* mit Rieselflächen, Rieselflächenkühler *m*
градирование *n* Gradieren *n*, Konzentrieren *n* *(von Lösungen durch Abdunsten)*
градировать gradieren, konzentrieren *(Lösungen durch Abdunsten)*
градировка *f s.* градирование
градостроительство *n* Städtebau *m*
градуирование *n s.* градуировка
градуировать graduieren, in Grade [ein]teilen, skalieren
градуировка *f* Graduieren *n*, Graduierung *f*, Gradeinteilung *f*, Skalieren *n*, Skalierung *f* ‖ **~/абсолютная** absolute Skalenteilung *f*, Absolutteilung *f* ‖ **~/временная** zeitweilige Graduierung *f*, zeitweilige Teilung (Skalenteilung) *f* ‖ **~/дополнительная** zusätzliche Teilung (Skalenteilung) *f* ‖ **~/линейная** lineare Teilung (Skalenteilung) *f* ‖ **~ методом сравнения** Graduierung *f* nach dem Vergleichsverfahren ‖ **~/относительная** relative Skalenteilung *f*
градус *m* 1. *(Math)* Grad *m*, Winkelgrad *m*, Bogengrad *m*, Altgrad *m (Winkel)*; 2. *(Therm) s.* кельвин 1.; 3. Grad *m (als Maß für Dichte, Viskosität u. a.)* ‖ **~ Боме** Baumé-Grad *m*, Baumé *n*, °B *(Maß für die Dichte von Flüssigkeiten)* ‖ **~/десятичный** *s.* гон 1. ‖ **~ дуги** Bogengrad *m* ‖ **~ жёсткости** Härtegrad *m (Maß für die Wasserhärte)* ‖ **~ жёсткости/американский** amerikanischer Härtegrad *m (1 Grad = 0,01998 mval)* ‖ **~ жёсткости/английский** englischer Härtegrad *m (1° eH = 0,28483 mval)* ‖ **~ жёсткости/немецкий** deutscher Härtegrad *m*, °dH *(1° dH = 0,35663 mval)* ‖ **~ жёсткости/французский** französischer Härtegrad *m (1 Grad = 0,19982 mval)* ‖ **~ Картье** Cartier-Grad *m* ‖ **~ Кельвина** *s.* кельвин 1. ‖ **~ кислотности** *s.* кислотность ‖ **~ крепости** Stärkegrad *m* ‖ **~ крепости кислоты** *s.* кислотность ‖ **~ Мартенса** Martens-Grad *m*, Martens-Zahl *f* ‖ **~/метрический (новый)** *s.* гон 1. ‖ **~ помола** Ausmahlungsgrad *m* ‖ **~/пространственный** räumlicher Grad *m* ‖ **~ Ранкина** Grad *m* Rankine, Rankine-Grad *m*, °R ‖ **~ Реомюра** Grad *m* Réaumur, Réaumur-Grad *m*, °R ‖ **~ угла** Winkelgrad *m*, Grad *m*, Altgrad *m (Einheit des ebenen Winkels)* ‖ **~/угловой** *s.* ~ угла ‖ **~ Фаренгейта** Grad *m* Fahrenheit, Fahrenheit-Grad *m*, Fahrenheitsgrad *m*, °F ‖ **~ Цельсия** Grad *m* Celsius, Celsius-Grad *m*, Zentigrad *m*, °C ‖ **~ Шорлеммера** Schorlemmer-Grad *m* ‖ **~ Энглера** Engler-Grad *m*, °Э
градусодень *m* Gradtag *m (Heizungstechnik)*
грамзапись *f* Schallplattenaufnahme *f*
грамм *m* Gramm *n*, g, Massengramm *n*
грамм-атом *m* Grammatom *n*, g-Atom *n (jetzt zu ersetzen durch Mol Atome)*
грамм-вес *m s.* грамм-сила
грамм-ион *m* Grammion *n*, g-Ion *n (jetzt zu ersetzen durch Mol Ionen)*
грамм-молекула *f* Grammol[ekül] *n*, Mol *n*, mol *(jetzt zu ersetzen durch Mol Moleküle)*
граммонал *m* Grammonal *n (Sprengstoff)*
грамм-рад *m* Grammrad *n*, Gramm-Rad *n*
грамм-рентген *m* Grammröntgen *n*, Gramm-Röntgen *n*, g R
грамм-сила *f* Pond *n*, P *(SI-fremde Einheit der Kraft)*
грамм-эквивалент *m* Grammäquivalent *n*, g, Äqu, Val *n*, val *(jetzt auszudrücken in Mol)*
грампластинка *f* Schallplatte *f* ‖ **~/долгоиграющая** Langspielplatte *f*, LP ‖ **~/стереофоническая** Stereoplatte *f*
грампроигрыватель *m* Plattenspieler *m*
гранат *m (Min)* Granat *m* ‖ **~/алюмо-иттриевый** Yttertongranat *m*, YAG *(Laser)* ‖ **~/гадолиний-галлиевый** *(Min)* Gadolinium-Gallium-Granat *m (Edelsteinsynthese)* ‖ **~/железисто-алюминиевый** Eisentongranat *m*, Almandin *m* ‖ **~/иттрий-алюминиевый** *(Min)* Yttrium-Aluminium-Granat *m (Edelsteinsynthese)* ‖ **~/кальциево-алюминиевый** Kalktongranat *m*, Grossular *m* ‖ **~/кальциево-железистый** Kalkeisengranat *m*, Andradit *m*, Demantoid *m* ‖ **~/кальциево-хромистый** Kalkchromgranat *m*, Uwarowit *m* ‖ **~/магнезио-алюминиевый** Magnesiatongranat *m*, Pyrop *m* ‖ **~/марганцово-алюминиевый** Mangantongranat *m*, Spessartin *m*
гранатоэдр *m (Krist)* Granatoeder *n*, Rhombendodekaeder *n*
гранение *n* Schleifen *n*, Facettieren *n* ‖ **~/алмазное** *(Glas)* Tiefschliff *m*
гранецентрированный *(Krist)* flächenzentriert
грани *fpl* Facetten *fpl (Edelstein)*
гранит *m (Geol)* Granit *m* ‖ **~/амфиболовый** *s.* ~/роговообманковый ‖ **~/биотитовый** Biotitgranit *m*, Granitit *m* ‖ **~/двуслюдяной** Zweiglimmergranit *m* ‖ **~/мусковитовый** Muskovitgranit *m* ‖ **~/пегматоидный** Pegmatitgranit *m*, Granitpegmatit *m* ‖ **~/роговообманковый** Hornblendegranit *m*, Amphibolgranit *m* ‖ **~/сланцеватый** schieferiger Granit *m* ‖ **~/слюдяной** Glimmergranit *m* ‖ **~/турмалиновый** Turmalingranit *m* ‖ **~/шаровой** Kugelgranit *m* ‖ **~/шерловый** *s.* ~/турмалиновый ‖ **~/щелочной** Alkaligranit *m*
гранитизация *f (Geol)* Granitisation *f*, Granitisierung *f*
гранитит *m (Geol)* Granitit *m*, Biotitgranit *m*
гранито-гнейс *m (Geol)* Granitgneis *m*
гранит-порфир *m s.* порфир/гранитовый
граница *f* 1. Grenze *f*; Schranke *f*; Scheide *f (s. a. unter* границы *und* предел 1.*)*; Rand *m*, Randgebiet *n*; 2. *(Eln)* Randschicht *f*, Grenzschicht *f*, Berührungsschicht *f (Halbleiter)*; 3. *(Geoph)* Grenze *f*, Grenzschicht *f*, Diskontinuität *f* ‖ **~ абсолютной погрешности** *(Math)* absolute Fehlergrenze *f* ‖ **~ безопасности** Sicherheitsgrenze *f*; Ungefährlichkeitsgrenze *f* ‖ **~/верхняя** obere Grenze *f* ‖ **~ вечных снегов** Schneegrenze *f*, Firngrenze *f* ‖ **~ видимости** Sichtgrenze *f* ‖ **~ дат** Datumsgrenze *f* ‖ **~ двойного слова** *(Inf)* Doppelwortgrenze *f* ‖ **~ дымки** *(Meteo, Flg)* Dunstgrenze *f* ‖ **~ запирающего**

слоя Sperrschichtgrenze *f (Halbleiter)* || **~ зёрен** *(Krist)* Korngrenze *f* || **~ зёрен/большеугловая** Großwinkelkorngrenze *f* || **~ зёрен/малоугловая** Kleinwinkelkorngrenze *f* || **~ зерна** *s.* ~ зёрен || **~ зоны** *(Opt)* Band[en]kante *f* || **~ ионизации** *(Ph)* Ionisierungsgrenze *f* || **~/истинная снеговая** eigentliche (wirkliche, orographische) Schneegrenze *f* || **~ колебаний** Schwinggrenze *f* || **~/малоугловая дислокационная** *(Krist)* Kleinwinkelversetzungsgrenze *f* || **~/межфазная** Phasengrenze *f* || **~ металл-полупроводник** Metall-Halbleiter-Grenze *f*, Metall-Halbleiter-Grenzfläche *f*, Metall-Halbleiter-Übergang *m* || **~ Мохо** *s.* ~ Мохоровичича || **~ Мохоровичича** *(Geol)* Mohorovičić-Diskontinuität *f*, Moho-Diskontinuität *f*, Moho *n*, Kruste-Mantel-Grenze *f* || **~ напряжения/верхняя** *(Wkst)* Oberspannung *f* || **~ напряжения/нижняя** *(Wkst)* Unterspannung *f* || **~ насыщения** Sättigungspunkt *m*, Sättigungsgrenze *f* || **~/нижняя** untere Grenze *f* || **~ области устойчивости** *(Mech)* Stabilitätsgrenze *f* || **~ относительной погрешности** *(Math)* relative Fehlergrenze *f* || **~ очувствления** *(Photo)* Sensibilisierungsgrenze *f* || **~ ошибок** *s.* ~ погрешности || **~/переходная** Übergangsgrenze *f (Halbleiter)* || **~ погрешности** *(Math)* Fehlergrenze *f* || **~ подпора** *(Hydt)* Staugrenze *f* || **~ полосы** Bandgrenze *f* || **~ полосы частот** Frequenzbandgrenze *f* || **~ полупроводник-металл** *s.* ~ металл-полупроводник || **~ полуслова** *(Inf)* Halbwortgrenze *f* || **~ применения** Anwendungsgrenze *f* || **~ раздела фаз** Phasengrenze *f*, Grenzfläche *f* || **~ разделения** Trenngrenze *f*, Kornscheide *f* || **~ регулирования** Regelgrenze *f* || **~ слова** *(Inf)* Wortgrenze *f* || **~ слышимости** *(Ak)* Hörgrenze *f*, Grenze *f* des Hörbereichs || **~/снеговая** *s.* ~ вечных снегов || **~ сходимости** Konvergenzgrenze *f* || **~ текучести** Fließgrenze *f*, obere Plastizitätsgrenze *f*, Fließfestigkeit *f* || **~ устойчивости** Stabilitätsgrenze *f* || **~ фаз** Phasengrenze *f*, Phasengrenzfläche *f* || **~ шахтного поля** *(Bgb)* Markscheide *f*

границы *fpl* **доверительного интервала** Streugrenzen *fpl* || **~/доверительные** Vertrauensgrenzen *fpl* || **~ классов** Klassengrenzen *fpl* || **~/контрольные** Kontrollgrenzen *fpl* || **~/предупредительные** Warngrenzen *fpl*

гранодиорит *m (Geol)* Granodiorit *m*

гранула *f* 1. *(Met)* Granalie *f*; 2. *s.* гранулы 1.

гранулирование *n s.* грануляция 1., 4., 5.

гранулированный 1. granuliert, gekörnt; 2. *(Lw)* pelletisiert

гранулировать 1. granulieren, körn[igmach]en; perlen *(Ruß)*; 2. *(Lw)* pelletisieren

гранулит *m* 1. *(Geol)* Granulit *m*, Weißstein *m*; 2. Granulit *m (Sprengstoff)* || **~/трапповый** Trappgranulit *m*, Pyroxengranulit *m*

гранулограмма *f* Korngrößenverteilungskurve *f*

гранулометр *m (Photo)* Körnigkeitsmesser *m*, Granulometer *n*

гранулометрический Korngrößen..., Kornverteilungs...

гранулометрия *f* Korn[größen]zusammensetzung *f*, Korn[größen]verteilung *f*, Kornaufbau *m*

гранулотол *m (Bgb)* Granulotol *n (Sprengstoff)*

гранулы *fpl* 1. *(Astr)* Granulen *npl (vgl.* грануляция 2. *und* 3.*)*; 2. *(Lw)* Pellets *npl*, Preßlinge *mpl*

гранулярность *f (Photo)* Körnung *f* || **~/среднеквадратическая** rms-Körnung *f*, rms-Wert *m* || **~/структурная** strukturelle Körnung *f* || **~/цветная** *(Photo)* Farbkörnung *f* || **~ цветного изображения** Farbkörnung *f*

гранулят *m* Granulat *m*, Granalien *fpl*; *(Text)* Granulat *n*, Schnitzel *pl (Chemiefaserherstellung)*

гранулятор *m* 1. Granulator *m*, Granulatformer *m*; *(Lw)* Pelettieranlage *f*; 2. *(Wmt)* Kühlrost *m*, Schlackenkühlrost *m*; 3. Granulator *m (Erzaufbereitung)* || **~/барабанный** Granuliertrommel *f* || **~/конический** Granulierkonus *m*; Kegelgranulator *m* || **~/ленточный** *(Text)* Bandgranulator *m*, Stranggranulator *m (Chemiefaserherstellung)* || **~/тарельчатый** Granulierteller *m*

грануляция *f* 1. Granulation *f*, Granulieren *n*, Körn[igmach]en *n*; Perlen *n (von Ruß)*; 2. *(Astr)* Granulation *f (körnige Struktur der Sonnenoberfläche)*; 3. *(Astr)* Granulation *f* [der Photosphäre] *(Sonne)*; 4. *(Lw)* Pelletieren *n*, Kompaktieren *n*; 5. Granulierung *f (Schlacke; Feuerungstechnik)* || **~ фотосферы** *s.* грануляция 3. || **~ шлака** Schlackengranulierung *f*, Schlackengranulation *f*

грань *f* 1. *(Math)* Fläche *f*; Seitenfläche *f*; Randebene *f*; Grenze *f*, Rand *m*; 2. *(Krist)* Fläche *f*, Begrenzungsfläche *f*; 3. Facette *f (Glasschleiferei)*; 4. Kante *f (Schraubenköpfe)*; 5. *(Wkz)* Fläche *f* an Werkzeugschneiden; 6. Seite *f (eines prismatischen Werkstückes)* || **~/боковая** *(Fert)* Seitenfläche *f* || **~/верхняя** 1. Oberkante *f*; 2. *(Math)* obere Grenze *f*, kleinste obere Schranke *f*, Supremum *n*, sup || **~/верховая** *(Hydt)* Wasserseite *f (Erdstaumauer)* || **~/вицинальная** *(Krist)* Vizinalfläche *f*, Vizinalebene *f*, Vizinale *f* || **~/водосливная** *(Hydt)* Überfallrücken *m* || **~/вспомогательная задняя** *(Wkz)* Freifläche *f* der Nebenschneide, Nebenfreifläche *f* || **~/вторичная** *(Krist)* Nebenfläche *f* || **~/главная задняя** *(Wkz)* Freifläche *f* der Hauptschneide, Hauptfreifläche *f* || **~/единичная** *(Krist)* Einheitsfläche *f*, Grundfläche *f* || **~/задняя** *(Wkz)* Freifläche *f (Drehmeißel, Hobelmeißel)* || **~/измерительная** Meßfläche *f* || **~ инструмента/задняя** *(Wkz)* Werkzeugfreifläche *f* || **~ инструмента/передняя** *(Wkz)* Werkzeugspanfläche *f* || **~/напорная** *s.* ~/верховая || **~/нижняя** 1. Unterkante *f*; 2. *(Math)* untere Grenze *f*; größte untere Schranke *f*, Infimum *n*, inf; 3. *(Math)* untere Grenze (Schranke) *f (Analysis)* || **~/низовая** *(Hydt)* Talseite *f*, Unterwasserseite *f*, Luftseite *f* || **~/основная** Grundfläche *f* || **~/передняя** *(Wkz)* Spanfläche *f (Drehmeißel, Hobelmeißel)* || **~ плотины/верховая** *(Hydt)* Bergseite *f* || **~ плотины/напорная** *(Hydt)* Dammstirnseite *f* || **~ плотины/низовая** *(Hydt)* Wehrrücken *m*, Stauwehrrücken *m* || **~/режущая** *(Wkz)* Schneidfläche *f* || **~ решётки** *(Krist)* Gitterfläche *f* || **~ роста кристалла** *(Krist)* Wachstumsfläche *f*

грат *m (Fert)* Grat *m* || **~/внешний** Außengrat *m* || **~/внутренний** Innengrat *m* || **~/литейный** *(Gieß)* Gußgrat *m* || **~/мелкий** Feingrat *m* || **~/сварочный** *(Schw)* Schweißgrat *m*, Wulst *m*

гратобель *m (Wkz)* Grathobel *m*

гратоснимание *n (Fert)* Abgraten *n*, Entgraten *n*

гратосниматель *m (Fert)* Abgratemaschine *f*, Entgratemaschine *f*
граувакка *f (Geol)* Grauwacke *f*
граф *m (El, Eln)* Graph *m* ‖ **~/бесконечный** unendlicher Graph *m*‖ **~/двунаправленный** doppeltgerichteter Graph *m* ‖ **~/конечный** endlicher Graph *m* ‖ **~/направленный** gerichteter (orientierter) Graph *m* ‖ **~/ненаправленный** ungerichteter Graph *m* ‖ **~/ориентированный** *s.* ~/направленный ‖ **~ состояния** Zustandsgraph *m*
график *m* 1. graphische Darstellung *f*; Diagramm *n*, Schaubild *n*, Kurve *f*, Kennlinie *f (s. a.* диаграмма *und* кривая*)*; 2. Terminplan *m*, Zeitplan *m*, Ablaufplan *m*‖ **~/временной** Zeitschaubild *n*, Zeitdiagramm *n* ‖ **~ движения** *(Mech)* Zeit-Weg-Diagramm *n* ‖ **~ истечения** *(Hydr)* Ausströmdiagramm *n* ‖ **~/контрольный** Kontrollkarte *f* ‖ **~ нагрузки/годовой** Jahresbelastungsdiagramm *n (eines Kraftwerks)* ‖ **~ нагрузки/суточный** Tagesbelastungsdiagramm *n (eines Kraftwerks)* ‖ **~/операционный** Arbeitsablaufplan *m*, Fertigungsplan *m (in graphischer Darstellung)* ‖ **~ повторяемости** *(Geoph)* Magnitudenhäufigkeitsbeziehung *f* ‖ **~ притока** *(Hydr)* Zuflußmengenlinie *f* ‖ **~ прокатки** *(Wkz)* Walz[fahr]plan *m*, Stichplan *m* ‖ **~ работы** *(El)* Arbeitsdiagramm *n*, Arbeitsablaufplan *m*, Betriebsdiagramm *n* ‖ **~/сетевой** Netzwerkdiagramm *n* ‖ **~ скоростей** Geschwindigkeitsdiagramm *n* ‖ **~/суточный** 24-Stunden-Plan *m*, Tagesdiagramm *n*, Tagesfahrplan *m (eines Kraftwerks)* ‖ **~ уровней** *(Hydt)* Paralleldiagramm *n* ‖ **~ уровней воды/хронологический** *(Hydrol)* Wasserstandsganglinie *f* ‖ **~ Ферми** *(Kern)* Fermi-Kurve *f* ‖ **~ цветностей** *(Licht)* Farbtafel *f*, Farbdreieck *n* ‖ **~ частот вращения** *(Wkzm)* Rotationsfrequenzschaubild *n*, Umlauffrequenzschaubild *n* ‖ **~ чисел оборотов** Drehzahlschaubild *n* ‖ **~ электрической нагрузки** elektrische Lastcharakteristik (Lastkurve) *f* ‖ **~/энергетический** Energieschema *n*, Energieniveaudiagramm *n*
графика *f (Inf)* Graphik *f*, Graphikverarbeitung *f* ‖ **~ Ганта** Balkendiagramm *n (Bildschirmgraphik)* ‖ **~/машинная** Computergraphik *f*
графит *m* Graphit *m* ‖ **~/аморфный** amorpher Graphit *m* ‖ **~/вторичный** Sekundärgraphit *m*, sekundärer Graphit *m* ‖ **~/глобулярный** *s.* ~/шаровидный ‖ **~/гнездообразный** Knotengraphit *m* ‖ **~/доменный** Hochofengraphit *m* ‖ **~/компактный** *(Gieß)* Kompaktgraphit *m*, kompakter (gedrungener) Graphit *m* ‖ **~/литейный** Gießereigraphit *m* ‖ **~/первичный** Primärgraphit *m* ‖ **~/пластинчатый** Plättchengraphit *m*, Blättchengraphit *m*, Blattgraphit *m*, Lamellengraphit *m*, lamellarer Graphit *m* ‖ **~/ретортный** Retortengraphit *m* ‖ **~/розеточный** Rosettengraphit *m* ‖ **~/серебристый** Silbergraphit *m* ‖ **~/сфероидальный** *s.* ~/шаровидный ‖ **~/точечный** eutektischer (feinverteilter) Graphit *m* ‖ **~/хлопьевидный** Temperkohle *f*; Flockengraphit *m* ‖ **~/чешуйчатый** Schuppengraphit *m*, Flockengraphit *m* ‖ **~/шаровидный** Kugelgraphit *m* ‖ **~/шарообразный** *s.* ~/шаровидный ‖ **~/эвтектический** eutektischer (feinverteilter) Graphit *m* ‖ **~/эвтектоидный** eutektoider Graphit *m*
графитизатор *m (Gieß)* Graphitbildner *m*
графитизация *f (Met)* 1. Graphitisierung *f*, Graphitausscheidung *f*, Graphitbildung *f*; 2. Graphitisierungsglühen *n*, Tempern *n*; 3. Temperkohleausscheidung *f*
графитизировать *(Met)* graphitisieren; tempern
графитообразующий *(Gieß)* graphitbildend
графить lin[i]ieren
графопостроитель *m (Inf)* Plotter *m*, Kurvenschreiber *m*, Koordinatenschreiber *m*, Koordinatograph *m* ‖ **~/барабанный** *(Inf)* Trommelplotter *m* ‖ **~/двухкоординатный** x-y-Plotter *m* ‖ **~/координатный** Plotter *m* ‖ **~/линейный** Linienplotter *m* ‖ **~/линейный плоский** Linienplotter *m* in Flachbettausführung ‖ **~/многоцветный** Farbplotter *m* ‖ **~/мозаичный** Rasterplotter *m* ‖ **~/планшетный** Flachbettplotter *m* ‖ **~/цветной плоский линейный** farbtauglicher Linienplotter *m* in Flachbettausführung
графостатика *f (Bw)* Graphostatik *f*
графоэпитаксия *f* Graphoepitaxie *f*
графт-полимер *m (Ch)* Graftpolymer *n*, Pfropf[ko]polymer *n*, Pfropfpolymerisat *n*
гребёнка *f* 1. *(Wkz)* Strehler *m*, Strähler *m*, Gewindestrehler *m*, Schneidbacke *f*; 2. *(Wkz)* Kamm[hobel]meißel *m*; Zahnradhobelkamm *m*; 3. *(Text)* Legeschiene *f*, Barre *f (Strickerei; Wirkerei)*; 4. *(Lw)* Horden *fpl (des Mähdreschers)* ‖ **~/алмазная** *(Wkz)* Diamantabrichtflies *f* ‖ **~ ворсовой платины** *(Text)* Polplatinenbarre *f (Nähwirktechnik)* ‖ **~/гаечная** *f (Wkz)* Innengewindestrehler *m* ‖ **~/дисковая [резьбовая]** *s.* ~ круглая резьбовая ‖ **~ для нарезания наружной резьбы** *(Wkz)* Außengewindestrehler *m* ‖ **~/зубонарезная** *(Wkz)* Hobelkamm *m*, Kammhobelmeißel *m*, Zahnradhobelkamm *m* ‖ **~/зубострогальная** *s.* ~/зубонарезная ‖ **~/кабельная** *(El)* Kabelzopf *m* ‖ **~/косозубая зубо[на]резная** *(Wkz)* Kammeißel (Hobelkamm) *m* für pfeilverzahnte Stirnräder ‖ **~/круглая резьбонарезная** *(Wkz)* kreisförmige Schneidbacke (Gewindeschneidbacke) *f*, kreisförmiger Gewindestrehler *m*, Gewinderundstrehler *m (Gewindeschneidkopf)* ‖ **~/переходная** *(El)* Klemm[en]leiste *f*, Klemm[en]streifen *m*, Klemm[en]brett *n* ‖ **~/платинная** *(Text)* Platinenbarre *f (Nähwirktechnik)* ‖ **~/плоская резьбонарезная** *(Wkz)* Gewindeflachstrehler *m*, Flachstrehler *m* ‖ **~/противоположная** *(Text)* Gegenhaltebarre *f (Nähwirktechnik)* ‖ **~/прямозубая зубо[на]резная** *(Wkz)* Kammeißel (Hobelkamm) *m* für geradverzahnte und schrägverzahnte Stirnräder ‖ **~/радиальная [резьбовая]** *(Wkz)* Radialbacke *f*, Radial[-Gewinde]-Schneidbacke *f*, radial angeordnete Schneidbacke *f (Gewindeschneidkopf)* ‖ **~/резьбовая (резьбонарезная)** *(Wkz)* [mehrzähniger] Gewindestrehler *m* ‖ **~/сбавочная** *(Text)* Deckschiene *f* ‖ **~/сбрасывающая** *(Text)* Abschlagkamm *m* ‖ **~ сбрасывающей платины** *(Text)* Abschlagplatinenbarre *f* ‖ **~/тангенциальная [резьбовая]** *(Wkz)* Tangentialbacke *f*, Tangential-[Gewinde-]Schneidbacke *f*, tangential angeordnete Schneidbacke *f (Gewindeschneidkopf)* ‖ **~/черновая зубострогальная** *(Wkz)* Schrupp-

kamm *m* ‖ **~/шлифовальная зуборезная** *(Wkz)* Schleifkamm *m*
гребёнодержатель *m (Wkz)* Strehlerhalter *m*
гребень *m* 1. Kamm *m*; Scheitel *m*; 2. *(Geol)* Grat *m*, Kamm *m (der Berge)*; 3. *(Hydt)* Krone *f (Damm, Wehr)*; 4. *(Meteo)* Hochdruckrücken *m*, Hochdruckkeil *m*; 5. *(Lw)* Damm *m*; 6. *(Bw)* Feder *f (Nut- und Federverbindung)* ‖ **~ антиклинальной складки** *(Geol)* Sattelfirst *m*, Scheitel (Sattelscheitel) *m* einer Antiklinale, Scheitellinie *f* [einer Antiklinale] ‖ **~/аэродинамический** *(Flg)* Grenzschichtzaun *m* ‖ **~/барический** *s.* ~ высокого давления ‖ **~ валка** Walzenring *m* ‖ **~/верхний** *(Text)* Fixkamm *m*, Vorstechkamm *m (Kämmaschine)* ‖ **~ водослива** *(Hydt)* Überfallkrone *f*, Überfallrücken *m*, Überfallkante *f* ‖ **~ волны** *(Hydrom)* Wellenberg *m*, Wellenkamm *m* ‖ **~ высокого давления** *(Meteo)* Hochdruckrücken *m*, Hochdruckkeil *m* ‖ ‖ **~ горы** *(Geol)* Berggrat *m* ‖ **~ дамбы** *(Hydt)* Dammkrone *f*, Dammkopf *m* ‖ **~ запруды** *s.* ~ плотины ‖ **~/игольчатый** *(Text)* Nadelstab *m*, Nadelleiste *f (Nadelstabstrecke)* ‖ **~/компенсирующий** *(Text)* Gelenkschärblatt *n (Webereivorbereitung)* ‖ **~/круглый** *(Text)* Rundkamm *m*, Kreiskamm *m (Kämmaschine)* ‖ **~/лабиринтовый** Labyrinthdichtung *f*, Labyrinthwellendichtung *f (Dampfturbinen; Gasturbinen; Turboverdichter)* ‖ **~/направляющий** *(Text)* Schärblatt *n*, Bäumkamm *m (Webereivorbereitung)* ‖ **~/нитеразделительный** *(Text)* Geleseblatt *n*, Fadenleitkamm *m (Webereivorbereitung)* ‖ **~/отбойный** *(Text)* Abschlagkamm *m*, Einschließkamm *m (Strickerei; Wirkerei)* ‖ **~ питания** *(Text)* Speisekamm *m (Kämmaschine)* ‖ **~ плотины** *(Hydt)* Dammkrone *f*, Wehrkrone *f*, Wehrkante *f*, Sperrmauerkrone *f*, Sperrkante *f* ‖ **~/прямой** *(Text)* Vorstechkamm *m*, Fixkamm *m (Kämmaschine)* ‖ **~ свода** *(Geol)* Faltenkamm *m*, Faltenscheitel *m*, Faltenfirst *m* ‖ **~/съёмный** *(Text)* Hacker *m (Deckelkarde)* ‖ **~/упорный** *(Masch)* Druckring *m*, Druckscheibe *f (Drucklager)* ‖ **~/уравнивающий** *(Text)* Rückstreichkamm *m*
гребешок *m (El)* Quetschfuß *m* ‖ **~/коллекторный** Kommutatorfahne *f*, Stromwenderfahne *f*
гребнечесание *n (Text)* Kämmen *n (Spinnerei)* ‖ **~/непрерывное** kontinuierliches Kämmen *n* ‖ **~/периодическое** periodisches Kämmen *n*
гребок *m* 1. Mischarm *m*, Rührarm *m*, Kratzer *m*; 2. Abstreicher *m*, Krählarm *m*, Krähler *m (für Schlacke, Schaum, Krätze)*; 3. Abstreifer *m (z. B. am Gummigurtförderer)*; 4. Paddel *n*, Stechpaddel *n*
грейдер *m (Bw)* Straßenhobel *m*, Abgleichmaschine *f*, Straßenpflug *m* ‖ **~/колёсный** Radstraßenhobel *m* ‖ **~/навесной** Anbaustraßenhobel *m* ‖ **~/прицепной** Anhängestraßenhobel *m* ‖ **~/самоходный** Motorstraßenhobel *m*
грейдер-элеватор *m* Schürflader *m* ‖ **~/гусеничный** Schürfladeraupe *f* ‖ **~/моторный** Motorpflugbagger *m* ‖ **~/самоходный** Motorschürflader *m*
грейзен *m (Geol)* Greisen *m* ‖ **~/полевошпатовый** Feldspatgreisen *m* ‖ **~/слюдяной** Glimmergreisen *m* ‖ **~/тальковый** Talkgreisen *m*
грейзштейн *m s.* грейзен
грейфер *m (Förd)* Greifer *m (s. a. unter* захват 2.*)* ‖ **~/двухканатный** Zweiseilgreifer *m* ‖ **~/двухчелюстной** Zweischaufelgreifer *m*, Zweischalengreifer *m*, Klappgreifer *m* ‖ **~/канатный** Seilgreifer *m* ‖ **~/ковшовый** Schalengreifer *m* ‖ **~/многочелюстной** Polygreifer *m* ‖ **~/моторный** Motorgreifer *m* ‖ **~/одноканатный** Einseilgreifer *m* ‖ **~/пневматический** Druckluftgreifer *m* ‖ **~/подгребающий** Trimmgreifer *m* ‖ **~/челюстной** Schalengreifer *m*
грейфер-полип *m s.* грейфер/многочелюстной
грелка *f*/**электрическая** elektrisches Heizkissen *n*
гремучекислый *(Ch)* ...fulminat *n*; knallsauer
гремучертутный *(Ch)* Knallquecksilber...
гремучий *(Ch)* Knall..., Spreng...
гретинг-палуба *f (Schiff)* Gräting-Deck *n*
грибок *m (Wkzm)* Pilz[knopf]schalter *m* ‖ **~/звёздчатый** Griffstern *m*
грибоустойчивость *f* Beständigkeit *f* gegen Pilzbefall
гридлик *m (El)* Gitterableitwiderstand *m*
гризли *m s.* грохот-гризли
гринокит *m (Min)* Greenockit *m*, Cadmiumblende *f*
гриф *m (Pap, Text, Brau)* Griff *m*, Griffigkeit *f*
гроза *f (Meteo)* Gewitter *n* ‖ **~/внутримассовая** Luftmassengewitter *n* ‖ **~/местная** örtliches (lokales) Gewitter *n* ‖ **~/отдалённая** Ferngewitter *n* ‖ **~/тепловая** Wärmegewitter *n* ‖ **~/фронтальная** Frontgewitter *n*
грозозащита *f (El, Bw)* Blitzschutz *m*
грозозащитный *(El, Bw)* Blitzschutz...
грозоразряд *m* Blitzentladung *f*
грозоразрядник *m (El)* Überspannungsableiter *m*; Blitzableiter *m*; Schutzfunkenstrecke *f*, Blitzschutzfunkenstrecke *f*
громкоговоритель *m* Lautsprecher *m* ‖ **~/безрупорный** trichterloser Lautsprecher *m* ‖ **~/внешний** Außenlautsprecher *m* ‖ **~ ВЧ** *s.* ~/высокочастотный ‖ **~/высокочастотный** Hochtonlautsprecher *m*, Hochtöner *m*, Tweeter *m* ‖ **~/двухполосный** Doppelmembranlautsprecher *m*; Doppelkonuslautsprecher *m*, Zweiwegebox *f* ‖ **~/динамический** dynamischer Lautsprecher *m* ‖ **~/диффузорный** Konuslautsprecher *m* ‖ **~/индукционный** Induktionslautsprecher *m* ‖ **~/кинотеатральный** Kinolautsprecher *m* ‖ **~/конденсаторный** Kondensatorlautsprecher *m* ‖ **~/конусный (конусообразный)** Konuslautsprecher *m* ‖ **~/ленточный** Bandlautsprecher *m* ‖ **~/магнитострикционный** magnetostriktiver Lautsprecher *m* ‖ **~/малогабаритный** Kleinlautsprecher *m* ‖ **~/многополосный** Mehrwegebox *f* ‖ **~/мощный** Großlautsprecher *m* ‖ **~/настенный** Wandlautsprecher *m* ‖ **~/настольный** Tischlautsprecher *m* ‖ **~/низкочастотный** Tieftonlautsprecher *m*, Tieftöner *m*, Boomer *m* ‖ **~ НЧ** *s.* ~/низкочастотный ‖ **~/пневматический** Druckkammerlautsprecher *m* ‖ **~/пьезоэлектрический** piezoelektrischer Lautsprecher *m* ‖ **~/рупорный** Trichterlautsprecher *m* ‖ **~ с плоской мембраной** Flächenmembranlautsprecher *m* ‖ **~ с подвижной катушкой** permanentdynamischer Lautsprecher *m* ‖ **~ с твердотельным резо-**

натором Lautsprecher *m* mit Körperschallresonator ‖ **~/широкополосный** Breitbandlautsprecher *m* ‖ **~ экрана** Bildwandlautsprecher *m* ‖ **~/электродинамический** elektrodynamischer Lautsprecher *m* ‖ **~/электромагнитный** elektromagnetischer Lautsprecher *m* ‖ **~/электростатический** elektrostatischer Lautsprecher *m*, Kondensatorlautsprecher *m*

громокоговоритель-микрофон *m* Lautsprechermikrophon *n*

гроссуляр *m (Min)* Grossular *m (Kalktongranat)*

грохот *m* 1. Sieb *n*; Siebwerk *n*; Trommelsieb *n*; 2. Klassierrost *m*, Klassierer *m (Aufbereitung)*; 3. *(Bgb)* Rätter *m*; 4. *(Lw)* Kurzstrohreuter *m*, Kurzstrohrüttler *m (Dreschmaschine)*; 5. *(Lw)* Siebkette *f*, Siebrost *m* ‖ **~/барабанный** Trommelsieb *n* ‖ **~/валковый** Walzen[klassier]rost *m*, Rollen[klassier]rost *m* ‖ **~/вибрационный** Schnellschwingsieb *n*, Rüttelsieb *n* ‖ **~/вибрационный барабанный** Resonanzschwingsieb *n* ‖ **~/вращающийся** Drehsieb *n*, Trommelsieb *n* ‖ **~/гирационный** Exzenterschwingsieb *n*, Rätter *m* ‖ **~/двухдечный (двухситный)** Zweideckersieb *n* ‖ **~/дисковый** Scheiben[-klassier]rost *m*, Scheibensieb *n*, Scheibensiebmaschine *f* ‖ **~/инерционный** Wuchtschwingsieb *n* ‖ **~/каскадный** Kaskadensieb *n*, Sieb *n* mit kaskadenartig angeordneten Rostplatten ‖ **~/качающийся** Schwingsieb *n*, Schwingrost *m*, Rüttelsieb *n*, Rüttelrost *m*, Pendelsieb *n*; Pendelrätter *m* ‖ **~/колосниковый** Stangen[sieb]rost *m*, Siebrost *m*, Klassierrost *m* ‖ **~/многодечный** Mehrdeckersieb *n* ‖ **~/неподвижный [колосниковый]** Stangen[klassier]rost *m*, Stangensiebrost *m* ‖ **~/обезвоживающий** Entwässerungssieb *n*, Entwässerungsrost *m* ‖ **~/однодечный (односитный)** Eindeckersieb *n* ‖ **~/плоский** Plansieb *n*; Planrätter *m* ‖ **~/плоский качающийся** Flachschwingsieb *n*, Flachschwingrost *m* ‖ **~/призматический барабанный** prismatische Siebtrommel *f* ‖ **~/промывочный** Läutersieb *n*, Waschsieb *n* ‖ **~/роликовый** *s.* ~/валковый ‖ **~/самобалансный** Wuchtschwingsieb *n* mit gerichteter Bewegung ‖ **~/сортировочный** Klassierrost *m*, Klassiersieb *n* ‖ **~/спаренный качающийся** Doppelschwingsieb *n* ‖ **~/ударно-кулачковый** Schlagsieb *n*, Hammersieb *n* ‖ **~/эксцентриковый** Exzenter[schwing]sieb *n* ‖ **~/электровибрационный** Elektroschwingsieb *n*, Elektrovibrationssieb *n*

грохот-гризли *m (Wlz)* Rollenrost *m*, Walzenrost *m*

грохотить 1. sieben; sichten, sortieren, klassieren; 2. *(Bgb)* rättern

грохот-классификатор *m*/**барабанный** Sortiertrommel *f (Aufbereitung)* ‖ **~/колосниковый** Sortierrost *m*

грохот-конвейер *m* Siebförderer *m*

грохот-питаталь *m* Siebspeiser *m*

грохот-трясун *m* Rüttelsieb *n*

грохочение *n* 1. Sieben *n*, Siebung *f*; Sichten *n*, Sichtung *f*, Klassieren *n*, Klassierung *f*, Sortieren *n*, Sortierung *f*; 2. *(Bgb)* Rättern *n* ‖ **~/грубое** *s.* ~/предварительное ‖ **~/крупное** Grobsieben *n* ‖ **~/мелкое** Feinsieben *n* ‖ **~/мокрое** Naßsiebung *f*; Naßklassierung *f* ‖ **~/поверочное** Prüfsiebung *f*, Kontrollsiebung *f* ‖ **~/предварительное** Vorsiebung *f*, Grobsiebung *f*; Vorklassierung *f* ‖ **~/сухое** Trockensiebung *f*; Trockenklassierung *f* ‖ **~/тонкое** Feinsiebung *f*

ГРП *s.* пункт/газорегуляторный

ГРС *s.* станция/газораспределительная

ГРУ *s.* устройство/газорегулировочное

грубоволокнистый grobfaserig

грубозернистость *f* Grobkörnigkeit *f*

грубозернистый grobkörnig

грубоизмельчённый grobzerkleinert

грубомолотый grobgemahlen

грубоочищенный vorgereinigt

грудница *f (Text)* Brustholz *n*, Brustbaum *m (Webstuhl)*

грудь *f* **забоя** *(Bgb)* Ortsbrust *f*, Abbaustoß *m*, Ortsstoß *m*, Stoß *m*, Strebkante *f*

груз *m* 1. Gewicht *n*; Last *f*; 2. *(Eb)* Gut *n*; Ladung *f*; Fracht *f*; 3. *(Bgb)* Fördermenge *f*, Fördergut *n*; 4. *(Gieß)* Beschwereisen *n*, Lasteisen *n*; 5. Beschwerung *f (Schleppnetzfischerei)* ‖ **~/балансировочный** Wuchtgewicht *n* ‖ **~/бестарный** unverpackte Ladung *f* ‖ **~/бочковый** Faßladung *f* ‖ **~/высококубатурный** *(Schiff)* Ladung *f* mit einem großen Volumen, Ladung *f* mit einem hohen Staufaktor ‖ **~/генеральный** Stückgut *n* ‖ **~/гомогенный** homogene Ladung *f* ‖ **~/длинномерный** Langgut *n*, Langgutladung *f* ‖ **~/жидкий** flüssige Ladung *f* ‖ **~/зерновой** Getreideladung *f*, Kornladung *f* ‖ **~/катно-бочковый** Faßladung *f* ‖ **~/киповый** Ballenladung *f* ‖ **~/контейнерный** Containerladung *f* ‖ **~/контейнеропригодный** containergerechte Ladung *f* ‖ **~/крупногабаритный** sperrige Ladung *f* ‖ **~/массовый** Massengut *n*, Schüttgut *n* ‖ **~/мешковый** Sackladung *f* ‖ **~/морозильный** Gefrierladung *f*, Gefriergut *n*, Gefriergutladung *f* ‖ **~ на поддонах** Palettenladung *f*, Palettengut *n* ‖ **~/навалочный** Massengut *n*, Schüttgut *n* ‖ **~/накатный** rollende Ladung *f* ‖ **~/наливной** flüssige Ladung *f* ‖ **~/насыпной** Massengut *n*, Schüttgut *n* ‖ **~/натяжной** *(Masch)* Spanngewicht *n* ‖ **~/негабаритный** *(Eb)* sperrige Ladung *f*, sperriges Gut *n*, Sperrgut *n* ‖ **~/несмещающийся** *(Schiff)* nicht übergehende Ladung *f* ‖ **~/однородный** homogene Ladung *f* ‖ **~ основы** *(Text)* Kett[en]gewicht *n (Webstuhl)* ‖ **~/охлаждённый** Kühlgut *n* ‖ **~/падающий** Fallgewicht *n* ‖ **~/пакетированный** *(Schiff)* Paketladung *f*, paketierte Ladung *f*, Palettenladung *f* ‖ **~/пакетированный лесной** Holzpaketladung *f*, paketierte Holzladung *f* ‖ **~/палубный** Decksladung *f* ‖ **~/подвижный** Laufgewicht *n (Waage)* ‖ **~/полезный** Nutzlast *f* ‖ **~/разжижающийся** sich verflüssigende Ladung *f* ‖ **~/разнородный** inhomogene Ladung *f* ‖ **~/рефрижераторный** Kühlladung *f* ‖ **~/роликовый уравновешивающий** Rollgewichtsstück *n (Waage)* ‖ **~/рыбный** Fischladung *f* ‖ **~/скользящий** Laufgewicht *n (Waage)* ‖ **~/скоропортящийся** leicht (schnell) verderbliche Ladung *f*, leicht (schnell) verderbliches Gut *n* ‖ **~/сухой** Trockenladung *f*, Trockenfracht *f* ‖ **~/сыпучий** Schüttgut *n*, Massengut *n* ‖ **~/тарный** verpackte Ladung *f* ‖ **~/твёрдый** feste Ladung *f* ‖ **~/трейлерный** Trailerladung *f* ‖ **~/тяжеловесный** Schwergut *n*, Schwergutladung *f* ‖ **~/уравновешивающий** 1. Gewichtsstück *n (Waage)*; 2. Ausgleichsmasse *f* ‖ **~/штучно-тарный** *(Eb)* Stückgut *n* ‖ **~/штучный** *(Eb)* Stückgut *n* ‖ **~/ящичный** Kistenladung *f*, Kistengut *n*

грузик *m* **арката** *(Text)* Harnischgewicht *n (Weberei)* ‖ **~/балансировочный** Auswucht[masse]stück *n* ‖ **~/мерительный** *(Schiff)* Peilgewicht *n (am Peilstab)* ‖ **~/уравновешивающий** Ausgleichs[masse]stück *n*

грузить 1. laden, beladen; 2. *(Bgb)* wegfüllen

грузовик *m* Lastkraftwagen *m*, LKW, Güterkraftwagen *m*, GKW

грузовместимость *f* Lade[raum]inhalt *m*, Laderaum[gehalt] *m* ‖ **~/удельная** *(Schiff)* Räumte *f*

грузозахват *m (Förd)* Anschlagmittel *n*, Lastanschlagmittel *n* ‖ **~/вилочный** Gabelzinken *m (eines Ladegeräts)*

грузонапряжённость *f* 1. Verkehrsdichte *f*; 2. *(Eb)* Verkehrsmenge *f*, Verkehrsdichte *f*, Betriebsbelastung *f*

грузооборот *m* Gütertransportmenge *f*; Gütertransportumfang *m*; Beförderungsleistung *f*

грузообработка *f (Schiff)* Umschlag *m*, Lade- und Löschbetrieb *m*

грузоподъёмность *f (Förd)* 1. Tragkraft *f*, Tragfähigkeit *f*, Ladekapazität *f*; Belastungsfähigkeit *f*; Ladefähigkeit *f (Transportmittel)*; 2. Hebekraft *f*, Hubkraft *f (Hebezeuge)* ‖ **~/валовая** *(Schiff)* Tragfähigkeit *f*, Deadweight *n* ‖ **~/полезная** *s.* ~/чистая ‖ **~/полная** *s.* ~/валовая ‖ **~/чистая** *(Schiff)* Ladefähigkeit *f*, Ladekapazität *f*, Nutztragfähigkeit *f*

грузопоток *m* 1. Güterstrom *m*; Warenbewegung *f*; 2. *(Fert)* Werkstofffluß *m*

грузчик *m (Förd)* Lader *m*, Ladegerät *n*, Lademaschine *f* ‖ **~/грейферный** Greifer *m*, Greiflader *m* ‖ **~/лопастный** Schaufellader *m* ‖ **~/скреперный** Schrapplader *m*

грузы *mpl***/излишние** *(Schiff)* zusätzliche (überflüssige) Massen *fpl* ‖ **~/недостающие** *(Schiff)* fehlende Massen *fpl*

грунт *m* 1. Boden *m*, Grund *m*; Untergrund *m*; 2. *(Bw)* Baugrund *m*; 3. *(Bw)* Unterputz *m*; 4. Grund[ier]anstrich *m*; 5. Grund[ier]anstrichfarbe *f*; 6. *(Ph, Eln)* Haftschicht *f*, Substratschicht *f* ‖ **~/армированный** *(Bw)* bewehrte Erde *f* ‖ **~/валунный** *s.* ~/моренный ‖ **~/вечномёрзлый** Dauerfrostboden *m* ‖ **~/влажный** feuchter (humider) Boden *m* ‖ **~/вмытый** eingewaschener Boden *m* ‖ **~/водонепроницаемый** [wasser]undurchlässiger Boden *m* ‖ **~/водоносный** wasserhaltiger Boden *m* ‖ **~/водопроницаемый** [wasser]durchlässiger Boden *m* ‖ **~/водосодержащий** *s.* ~/водоносный ‖ **~/впрессованный** eingepreßter Boden *m* ‖ **~/втрамбованный** eingestampfter (gepreßter) Boden *m* ‖ **~/вымытый** ausgewaschener Boden *m* ‖ **~/вынутый** ausgehobener (abgetragener) Boden *m* ‖ **~/вычерпанный (вычерпываемый)** Baggergut *n (Schwimmbagger)* ‖ **~/вязкий** *(Bw)* bindiger Boden *m* ‖ **~/глинистый** toniger Boden *m*; lehmiger Boden *m*, Lehmboden *m* ‖ **~/гравелистый** *s.* ~/гравийный ‖ **~/гравийный** kiesiger Boden *m*, Kiesboden *m* ‖ **~/дренирующий** wasserdurchlässiger Boden *m* ‖ **~/заболоченный** morastiger Boden *m* ‖ **~/зернистый** körniger Boden *m* ‖ **~/извлекаемый (извлечённый)** Baggergut *n (Schwimmbagger)* ‖ **~/илистый** *s.* ~/иловатый ‖ **~/иловатый** Schlammboden *m*, fetter Boden *m* ‖ **~/каменистый** steiniger Boden *m* ‖ **~/кольматирующий** *s.* ~/вмытый ‖ **~/крупнообломочный** [grober] Trümmerboden *m*, grobklastischer Boden *m* ‖ **~/лёссовый** Lößboden *m* ‖ **~/макропористый** grobporiger Boden *m* ‖ **~/малоустойчивый** wenig widerstandsfähiger Boden *m* ‖ **~/мергелистый** Mergelboden *m* ‖ **~/мёрзлый** gefrorener Boden *m* ‖ **~/многолетнемёрзлый** Dauerfrostboden *m* ‖ **~/мокрый** nasser Boden *m* ‖ **~/моренный** gerölliger Boden *m* ‖ **~/мягкий** weicher Boden *m* ‖ **~/набухающий** Quellboden *m* ‖ **~/намывной** angeschwemmter (eingespülter) Boden *m* ‖ **~/намытый** *s.* ~/намывной ‖ **~/наносный** angeschwemmter Boden *m*, Bodenablagerung *f* ‖ **~/насыпной** [auf]geschütteter (angefüllter) Boden *m* ‖ **~/натуральный** natürlicher (gewachsener) Boden *m* ‖ **~/неоднородный** ungleichartiger (ungleichförmiger) Boden *m* ‖ **~/непроницаемый** *s.* ~/водонепроницаемый ‖ **~/несвязный** lockerer Boden (Grund) *m* ‖ **~/нескальный** nichtfelsiger Boden (Grund) *m* ‖ **~/неустойчивый** *(Bw)* nachgiebiger Baugrund *m* ‖ **~/обломочный** Verwitterungsboden *m*, Trümmerboden *m* ‖ **~/однородный** gleichartiger (gleichförmiger) Boden *m* ‖ **~/осевший** gesenkter Boden *m* ‖ **~ основания** Baugrund *m* ‖ **~/переувлажнённый** überfeuchter Boden *m* ‖ **~/песчаный** sandiger Boden *m*, Sandboden *m* ‖ **~/плотно слежавшийся** festgelagerter Boden *m* ‖ **~/плотный** dichter (fester) Boden *m* ‖ **~/промёрзлый** *s.* ~/мёрзлый ‖ **~/просадочный** setzungsempfindlicher Baugrund *m* ‖ **~/пылеватый** Schluff[boden] *m* ‖ **~/размываемый** *s.* ~/малоустойчивый ‖ **~/разработанный** aufgelockerter (abgegrabener, gewonnener) Boden *m* ‖ **~/разрыхлённый** gelockerter (gelöster) Boden *m* ‖ **~/растительный** Mutterboden *m*, Muttererde *f* ‖ **~/рыхлый** lockerer Boden *m* ‖ **~/свеженасыпанный** junger Boden *m*, frisch angeschütteter (aufgeschütteter) Boden *m* ‖ **~/связный** bindiger Boden (Grund) *m* ‖ **~/скалистый** *s.* ~/скальный ‖ **~/скальный** felsiger Boden *m*, Felsboden *m*, Felsuntergrund *m* ‖ **~/слабый** wenig tragfähiger Baugrund *m* ‖ **~/сползающий** rutschender Boden *m* ‖ **~/срезанный** *s.* ~/вынутый ‖ **~/сыпучий** *s.* ~/несвязный ‖ **~/талый** getauter (frostfreier) Grund *m* ‖ **~/топкий** schlammiger Grund *m* ‖ **~/торфяной** Torfboden *m* ‖ **~/укреплённый** stabilisierter (verfestigter) Baugrund *m* ‖ **~/устойчивый** tragfähiger Baugrund *m* ‖ **~/фильтрирующий** *s.* ~/водопроницаемый ‖ **~/фосфатирующий** Washprimer *m (Rostschutzfarbe)*

грунтгобель *m (Wkz)* Grundhobel *m*

грунтобетон *m* Erdbeton *m*

грунтовать grundieren; *(Schiff auch:)* vorkonservieren

грунтовка *f* 1. Grundieren *n*, Grundierung *f*; *(Schiff auch:)* Vorkonservieren *n*; 2. Grund[ier]anstrich *m*; 3. Grund[anstrich]farbe *f*; Grundierungsmittel *n* ‖ **~/пропитывающая** Imprägniergrundierung *f*

грунтовоз *m* 1. *(Bw)* Erdtransporter *m*; 2. Baggerschute *f*
грунтозацеп *m* Greiferstollen *m (Reifen)*; Profilstollen *m*, Bodengreifer *m (Radschlepper)*
грунтонос *m (Bgb)* Bohrlochentnahmegerät *n* ‖ **~/боковой** Bohrlochwandkerngerät *n* ‖ **~/стреляющий** Kernschießgerät *n* ‖ **~/съёмный [канатный]** Seilkerngerät *n*
грунтоприёмник *m* Saugkopf *m (Saugschwimmbagger)* ‖ **~/волочащийся** Schleppsaugkopf *m (Saugschwimmbagger)*
грунтопровод *m* Rohrleitung *f* zur Baggergutförderung *f*, Spülrohrleitung *f (Schwimmbagger)* ‖ **~/береговой** Landrohrleitung *f* zur Baggergutförderung ‖ **~/всасывающий** Grundsaugleitung *f*, Baggersaugleitung *f* ‖ **~/нагнетательный** Baggerdruckleitung *f*, Druckrohrleitung *f* zur Baggergutförderung ‖ **~/плавучий** Schwimmrohrleitung *f* zur Baggergutförderung
грунтроп *m (Schiff)* Grundtau *m*, Rollengeschirr *n (Grundschleppnetz)*
группа *f* 1. Gruppe *f*; 2. *(Math)* Gruppe *f*; Klasse *f*; 3. *(Ch)* Gruppe *f*, Rest *m*, Radikal *n*; 4. *(El, Nrt)* Verseilgrupe *f*, Adergruppe *f*, Gruppe *f*; 5. *(Wlz)* Straße *f*, Strecke *f*, Strang *m*; 6. *(Geol)* Ärathem *n (chronostratigraphische Einheit, entspricht zeitlich einer Ära bzw. einem Zeitalter)* ‖ **~/абелева** *(Math)* abelsche (kommutative) Gruppe *f* ‖ **~/альдегидная** *(Ch)* Aldehydgruppe *f* ‖ **~/аминная** *(Ch)* Aminogruppe *f* ‖ **~/архейская** *(Geol)* Archaikum *n*, archäisches Ärathem *n* ‖ **~/археозойская** *(Geol)* Archäozoikum *n (Zeit des ältesten Tierlebens)* ‖ **~ волн** *(Eln)* Wellenpaket *n* ‖ **~/вторичная** *(Nrt)* Sekundärgruppe *f*, Übergruppe *f*, SG ‖ **~ галактик/местная** *(Astr)* Lokale Gruppe *f* ‖ **~/гидроксильная** *(Ch)* Hydroxylgruppe *f*, Hydroxyl *n* ‖ **~/главная** *(Ch)* Hauptgruppe *f (im Periodensystem)* ‖ **~ движений** *(Mech)* Bewegungsgruppe *f* ‖ **~ деталей** *(El)* Baugruppe *f* ‖ **~ дорожек** *(Inf)* Spurengruppe *f (Magnettrommel, Magnetplatte)* ‖ **~/замещающая** *(Ch)* substituierende Gruppe *f* ‖ **~/звёздная** *(El)* Sternvierer *m (eines Kabels)* ‖ **~ изометрии** *(Krist)* Isometriogruppe *f* ‖ **~ изотропии** *(Krist)* Isotropiegruppe *f* ‖ **~/кайнозойская** *(Geol)* Känozoikum *n*, känozoisches Ärathem *n* ‖ **~/катушечная** *(El)* Spulengruppe *f* ‖ **~ квантования времени** *(Inf)* Zeitscheibengruppe *f* ‖ **~/кетонная** *(Ch)* Ketogruppe *f* ‖ **~ клетей [/прокатная]** *(Wlz)* Walzstraße *f*, Walzgerüststrang *m*, Walzstaffel *f* ‖ **~ клетей/черновая** Vorstaffel *f*, Vorstraße *f*, Vorstrecke *f* ‖ **~ клетей/чистовая** Fertigstaffel *f*, Fertigstraße *f*, Fertigstrecke *f* ‖ **~/коммутативная** *s.* ~/абелева ‖ **~/конечная** 1. *(Math)* endliche Gruppe *f*; 2. *(Ch)* Endgruppe *f*, endständige Gruppe *f* ‖ **~ Ли** *(Math)* Liesche Gruppe *f* ‖ **~ Лоренца** Lorentz-Gruppe *f (Quantenmechanik)* ‖ **~/магнитоуправляемая** *(Reg)* Magnetsteuereinrichtung *f* ‖ **~ малых планет/троянская** *(Astr)* Trojaner *pl (Planetoidengruppe)* ‖ **~/мезозойская** *(Geol)* Mesozoikum *n*, mesozoisches Ärathem *n* ‖ **~ мелкосортного стана** *(Wlz)* Fein[stahl]straße *f*, Fein[stahl]strecke *f* ‖ **~/метильная** *(Ch)* Methylgruppe *f* ‖ **~/накрывающая** *(Math)* Überlagerungsgruppe *f* ‖ **~ нитей** *(Text)* Fadenschar *f* ‖ **~/нулевая** *(Ch)* nullte Gruppe *f*, Gruppe 0 *f (im Periodensystem)* ‖ **~/основная** *(El)* Grundgruppe *f* ‖ **~/палеозойская** *(Geol)* Paläozoikum *n*, paläozoisches Ärathem *n* ‖ **~ передачи** *(Inf)* Sendegruppe *f* ‖ **~ переносов** *(Math)* Translationsgruppe *f*, Gruppe *f* der Verschiebungen (Translationen) ‖ **~/побочная** *(Ch)* Nebengruppe *f (im Periodensystem)* ‖ **~/повторяющаяся** *(Inf)* Wiederholungsgruppe *f* ‖ **~ подстановок** *(Math)* Permutationsgruppe *f* ‖ **~ пор** *(Met, Schw)* Porennest *n* ‖ **~ преобразований** *(Math)* Transformationsgruppe *f* ‖ **~ приёма** *(Inf)* Empfangsgruppe *f* ‖ **~/протерозойская** *(Geol)* Proterozoikum *n*, proterozoisches Ärathem *n* ‖ **~ пятен** *s.* ~ солнечных пятен ‖ **~ пятен/биполярная** *(Astr)* bipolare Gruppe *f (Sonnenfleckengruppe)* ‖ **~ рабочих клетей ...** *s.* ~ клетей ... ‖ **~/реакционноспособная** *(Ch)* reaktionsfähige (reaktive) Gruppe *f*, Reaktivgruppe *f* ‖ **~ ремизок** *(Text)* Schaftchor *m*, Schaftgruppe *f* ‖ **~/рифейская** *(Geol)* Riphäikum *n*, riphäisches Teilärathem *n (entsprechend Oberem Proterozoikum)* ‖ **~/сейсмическая** *(Geoph)* seismisches Array *n*, Arraystation *f* ‖ **~ симметрии** *(Krist)* Symmetriegruppe *f* ‖ **~ симметрии/точечная** Punkt[symmetrie]gruppe *fpl* ‖ **~ симметрии/Фёдоровская** Kristallsymmetrieklasse *f*, Punktgruppe *f* [nach Fjodorow] ‖ **~ сингоний** *s.* сингония ‖ **~ соединений** *(El)* Schaltgruppe *f* ‖ **~ солнечных пятен** *(Astr)* Sonnenfleckengruppe *f*, Fleckengruppe *f* ‖ **~/сотенная абонентская** *(Nrt)* Hunderter-Gruppe *f* ‖ **~ типа Гильды** *(Astr)* Hildagruppe *f (Planetoidengruppe)* ‖ **~/топологическая** *(Math)* topologische Gruppe *f* ‖ **~ трансляции** 1. *(Math) s.* ~ переносо-; 2. *(Krist)* Translationsgruppe *f*, Raumgittergruppe *f* ‖ **~/трансляционная** *s.* ~ трансляции 2. ‖ **~/фундаментальная** *(Math)* Fundamentalgruppe *f (Topologie)*; fundamentale Gruppe *f (Gruppentheorie)* ‖ **~/функциональная** 1. *(Reg)* Funktionsgruppe *f*; 2. *(Ch) s.* ~/характерная ‖ **~/характеристическая** *s.* ~/характерная ‖ **~/характерная** *(Ch)* funktionelle (charakteristische) Gruppe *f* ‖ **~ Шубникова** *(Krist)* Schubnikow-Gruppe *f* ‖ **~/шубниковская** *s.* ~ Шубникова ‖ **~/экранированная** *(El)* geschirmte Adergruppe *f (eines Kabels)* ‖ **~/электронно-акцепторная** *(Ch, Ph)* Elektronenakzeptorgruppe *f* ‖ **~/электронно-донорная** *(Ch, Ph)* Elektronendonatorgruppe *f* ‖ **~ элементов** *(Ch)* Gruppe *f* [chemisch nahverwandter Elemente], natürliche Gruppe, Familie *f (im Periodensystem)*
группирование *n s.* группировка
группировка *f* 1. Gruppierung *f*; 2. *(Inf)* Blockung *f*; 3. *(Math)* Klassifikation *f*, Klasseneinteilung *f (Statistik)*
группофон *m (Nrt)* Reihennebenstellenanlage *f*
груша *f (Met)* Frischbirne *f*, Birne *f*, Kippkonverter *m*
ГРЩ *s.* щит/главный распределительный
грэй *m (Ph)* Gray *n*, Gy *(SI-Einheit der Energiedosis; 1 Gy = 1 J/kg)*
грюнштейн *m (Geol)* Grünstein *m*
гряда *f* 1. *(Geol)* Kette *f*, Zug *m*; 2. *(Lw)* Beet *n*; 3. *(Meteo)* Bank *f* ‖ **~/барханная** *(Geol)* Barchanenkette *f*, Sicheldünenkette *f* ‖ **~/горная** *(Geol)* Bergkette *f*, Gebirgskette *f*, Gebirgszug *m* ‖

~/моренная *(Geol)* Moränenzug *m* ‖ **~/облачная** *(Meteo)* Wolkenbank *f* ‖ **~ тумана** *(Meteo)* Nebelbank *f* ‖ **~/холмистая** *(Geol)* Hügelkette *f*
грядка *f* 1. *(Brau)* Haufen *m*; 2. *(Lw)* Beet *n*
грядоделатель *m (Lw)* Vielfachgerät *n* mit Häufelkörpern
грязевик *m* Schlammfänger *m*, Schlammfang *m*, Schlammsammler *m*, Schlammsack *m*; Schmutzfänger *m*
грязеловка *f s.* грязевик
грязеотделитель *m* Schlammabscheider *m*, Schmutzabscheider *m*
грязеотталкивание *n (Text)* Schmutzabweisung *f (Veredlung)*
грязеотталкивающий *(Text)* schmutzabweisend; fleckenabweisend
грязесниматель *m* Schmutzabstreifer *m*, Schmutzfänger *m*
грязеуловитель *m s.* грязевик
грязь *f* Schmutz *m*, Schlamm *m* ‖ **~/анодная** *(El)* Anodenschlamm *m* ‖ **~/буровая** *(Bgb)* Bohrschlamm *m*, Bohrschmant *m*, Bohrklein *n* ‖ **~/дефекационная** Scheideschlamm *m (Zukkergewinnung)* ‖ **~/фильтрационная** Preßschlamm *m*, Pressenschlamm *m (Zuckergewinnung)* ‖ **~/фильтр-прессная** *s.* ~/фильтрационная ‖ **~/центрифужная** Zentrifugenschlamm *m*
ГС *s.* генератор сигналов
Гс *s.* гаусс
ГСЗ *s.* зондирование/глубинное сейсмическое
ГСМОС *s.* система мониторинга окружающей среды/глобальная
ГСС *s.* генератор стандартных сигналов
ГТВ *s.* генератор тонального вызова
ГТД *s.* двигатель/газотурбинный
ГТЗА *s.* агрегат/главный турбозубчатый
ГТН *s.* газотурбонагнетатель
ГТУ *s.* установка/газотурбинная
ГТХ *s.* газотурбоход
ГТЭУ *s.* установка/газотурбинная энергетическая
гуанидин *m (Ch)* Guanidin *n*, Iminoharnstoff *m*
губка *f* 1. *(Wkz)* Backen *m*, Spannbacken *m (Schraubstock)*; 2. *(Meß)* Schenkel *m (Meßschieber)*; 3. Schwammgummi *m* ‖ **~/измерительная** Meßschenkel *m*, Meßbacke *f* ‖ **~/искусственная** Schwammstoff *m*, offenporiger (offenzelliger) Schaumkunststoff *m* ‖ **~/неподвижная** 1. *(Wkz)* fester Backen *m (Schraubstock)*; 2. *(Meß)* fester Schenkel *m (Meßschieber)* ‖ **~/неподвижная измерительная** fester Meßschenkel *m* ‖ **~/подвижная измерительная** beweglicher Meßschenkel *m* ‖ **~/разметочная** Anreißschneide *f* ‖ **~ тисков** *(Text)* Zange *f*, Zangenbacke *f*, Zangenlippe *f (Kämmaschine)*
губки *fpl***/зажимные** Klemmbacken *mpl*, Spannbacken *fpl*
губчатость *f* Schwammigkeit *f*, Porosität *f*
гудение *n (Eln)* Brummen *n*, Brumm *m* ‖ **~/анодное** Anodenbrumm *m* ‖ **~/сеточное** Gitterbrumm *m*
гудрон *m (Bw)* Asphaltteer *m*, Goudron *m*
гудронатор *m (Bw)* Bitumen-Hochdrucksprengmaschine *f*
гумидность *f* Humidität *f (Klima)*
гумми *pl* Gummi *n*, Pflanzengummi *n*
гуммиаммониак *m (Ch)* Ammoniak[gummi]harz *n*
гуммиарабик *m* arabisches Gummi *n*, Gummiarabikum *n*
гуммирование *n* Gummieren *n*, Gummierung *f*
гуммировка *f s.* гуммирование
гуммит *m (Min)* Gummierz *n*; Gummit *m (Zerfallsprodukt in der Oxidationszone von Uranvorkommen)*
гусарик *m* Reiter *m*, Reiterwägestück *n (an Feinwaagen)*
гусёк *m (Schiff)* Schwanenhalslüfter *m*
гусеница *f (Kfz)* Gleiskette *f*, Raupenkette *f*, Raupe *f* ‖ **~/резиновая** Gummikette *f* ‖ **~ с резиновыми втулками** Gummigelenkette *f*
гусеничный Gleisketten..., Ketten..., Raupen...
гусс-машина *f (Brau)* Siebkasten *m*
густеть 1. eindicken, verdicken; 2. dick werden, sich verdicken; 3. *(Met)* absteifen *(Schlacke)*
густота *f* 1. Dichte *f*; 2. Zähflüssigkeit *f*, Dickflüssigkeit *f* ‖ **~ движения** *(Eb)* Verkehrsdichte *f* ‖ **~ застройки** *(Bw)* Baudichte *f*, Bebauungsdichte *f* ‖ **~ насаждения** *(Lw)* Bestandesdichte *f* ‖ **~ посева** *(Lw)* Saatdichte *f*, Aussaatdichte *f*
густотекучесть *f s.* густота 2.
густотекучий dickflüssig, zähflüssig, strengflüssig
гуттаперча *f (Ch)* Guttapercha *f(n)*
ГФЭ *s.* эпитаксия/газофазная
ГХ *s.* хроматограф/газовый
ГЦ *s.* центр/глубокий
Гц *s.* герц
гцк-решётка *f (Krist)* flächenzentriertes kubisches Gitter *n*, kubisch-flächenzentriertes Gitter *n*, kfz-Gitter *n*
ГЭД *s.* электродвигатель/гребной
ГЭС *s.* гидроэлектростанция
ГЭУ *s.* установка/гребная электрическая
гюбнерит *m (Min)* Hübnerit *m*, Mangano-Wolframit *m*
гюнц *m s.* оледенение/гюнцское
гюнц-миндель *m s.* межледниковье/гюнц-миндельское

Д

давидит *m (Min)* Davidit *m (uranhaltiges Eisentitanat)*
давильник *m (Wkz)* 1. Druckwerkzeug *f*; 2. Austreiber *m*
давление *n* Druck *m*; Spannung *f (Dampf)* ‖ **~/абсолютное** absoluter Druck *m* ‖ **~ адгезии** *(Ph)* Adhäsionsdruck *m* ‖ **~/аксиальное** Axialdruck *m*, Längsdruck *m (Welle)* ‖ **~/акустическое** *s.* ~/звуковое ‖ **~/атмосферное** atmosphärischer Druck *m*, Luftdruck *m* ‖ **~ атмосферы** *s.* ~/атмосферное ‖ **~/боковое** 1. Seitendruck *m*; 2. *(Wlz)* Seitendruck *m*, Flankendruck *m (Kaliber)*; 3. Querdruck *m*, Seitendruck *m (Pulvermetallurgie)*; 5. *(Bgb)* Seitendruck *m*; Manteldruck *m* ‖ **~ в шине** *(Kfz)* Reifen[innen]druck *m* ‖ **~/вакуумметрическое** *(Ph)* Unterdruck *m*, negativer Druck *m*, Vakuum *n* ‖ **~/верхнее** *(Wlz)* Oberdruck *m* ‖ **~ ветра** *(Bw)* Winddruck *m*, Windangriff *m* ‖ **~/внешнее** Umgebungsdruck *m* ‖ **~/внутреннее** 1. *(Mech)* Innendruck *m*, innerer Druck *m*; 2. Kohäsionsdruck *m*, Binnendruck *m (Molekularphysik)* ‖ **~/волновое**

(Ph) Wellendruck *m* ‖ **~ впрыска [топлива]** *(Kfz)* Einspritzdruck *m* ‖ **~ впуска** *s.* ~ всасывания ‖ **~ всасывания** Saugdruck *m*; Ansaugdruck *m* ‖ **~ вспенивания** Schäumdruck *m* ‖ **~ вспышки** Verpuffungsdruck *m*, Verpuffungsspannung *f* ‖ **~/высокое** Hochdruck *m*, hoher Druck *m* ‖ **~ выхлопных газов** Auspuffdruck *m*, Abgasdruck *m (Verbrennungsmotoren)* ‖ **~ выше атмосферного** *(Ph)* Überdruck *m*, Mehrdruck *m* ‖ **~ выше критического** *(Ph)* überkritischer Druck *m* ‖ **~/геостатическое** *(Geol)* geostatischer Druck *m*, Überlagerungsdruck *m*, Hangenddruck *m* ‖ **~/гидравлическое** Flüssigkeitsdruck *m*, hydraulischer Druck *m*; Druckwasserpressung *f*, Wasserdruck *m*, Wasserpressung *f* ‖ **~/гидродинамическое** *(Mech)* hydrodynamischer (statischer) Druck *m*, Druck *m* des Strömungsmediums ‖ **~/гидромеханическое** *(Mech)* hydromechanischer Druck *m* ‖ **~/гидростатическое** *(Mech)* hydrostatischer Druck *m*, Druck *m* der ruhenden Flüssigkeit ‖ **~/горное** *(Bgb)* Gebirgsdruck *m* ‖ **~ горных пород** *(Bgb)* Gebirgsdruck *m* ‖ **~ грунта** *(Bw)* Erddruck *m*, Bodendruck *m* ‖ **~ грунта/активное** aktiver Erddruck *m* ‖ **~ грунта/пассивное** passiver Erddruck *m* ‖ **~ грунта/статическое** Ruhedruck *m* ‖ **~/динамическое** *(Hydr, Aero)* dynamischer Druck *m*, Staudruck *m*, Geschwindigkeitsdruck *m*, Fließdruck *m* ‖ **~ диссоциации** *(Ph)* Dissoziationsdruck *m* ‖ **~/докритическое** *(Therm)* unterkritischer Druck *m* ‖ **~ дутья** Winddruck *m*, Gebläsedruck *m* ‖ **~ за компрессором** Verdichterenddruck *m*, Verdichtungsenddruck *m* ‖ **~ зажима** *(Masch)* Spanndruck *m*; Klemmdruck *m* ‖ **~ за соплом** Düsenaustrittsdruck *m (Dampfturbine)* ‖ **~ заклёпки** *(Fert)* Nietpressung *f*, Nietdruck *m* ‖ **~ замыкания** Schließdruck *m (Verbrennungsmaschinen, Hubkolbenverdichter)* ‖ **~ заплечиков [на шихту]** *(Met)* Rastdruck *m (auf den Einsatz)* ‖ **~ звука** *(Ak)* Schalldruck *m* ‖ **~ звукового излучения** *(Ak)* Schallstrahlungsdruck *m* ‖ **~/звуковое** *(Ak)* Schalldruck *m* ‖ **~/избыточное** *(Ph)* Überdruck *m*, Mehrdruck *m* ‖ **~/избыточное пластовое** *(Geol)* Schichtüberdruck *m* ‖ **~ излучения** Strahlungsdruck *m* ‖ **~/измерительное** Meßkraft *f*; Meßdruck *m* ‖ **~/индикаторное** *(Mech)* indizierter Druck *m* ‖ **~ истечения** *s.* ~/динамическое ‖ **~/капиллярное** *(Hydr)* Kapillardruck *m*, Krümmungsdruck *m*, Normaldruck *m* der Oberflächenspannung ‖ **~/касательное** *(Mech)* Tangentialdruck *m*, Umfangsdruck *m* ‖ **~/когезионное** Kohäsionsdruck *m*, Binnendruck *m (Molekularphysik)* ‖ **~ колеса** *(Kfz)* Raddruck *m* ‖ **~ конденсации** *s.* ~ ожижения ‖ **~/конечное** Enddruck *m* ‖ **~/контактное** 1. *(El)* Kontaktdruck *m*; 2. Walzendruck *m (Zahnradpaarung)* ‖ **~/контурное** *(Masch)* Konturendruck *m* ‖ **~/критическое** kritischer Druck *m* ‖ **~ кровли** *(Bgb)* Firstendruck *m* ‖ **~ литья** *(Kst)* Spritzdruck *m*, Einspritzdruck *m* ‖ **~/лучистое** *s.* ~/радиационное ‖ **~/максимальное** Höchstdruck *m*, Maximaldruck *m*, Grenzdruck *m* ‖ **~ между валами** Walzenanpreßdruck *m* ‖ **~/металлостатическое** *(Gieß, Met)* metallostatischer Druck *m* ‖ **~/минимальное** *(Ph)* Mindestdruck *m*, Druckminimum *n*, Drucktal *n* ‖ **~ на грунт** *(Bw)* Bodenpressung *f*, Baugrundpressung *f* ‖ **~ на единицу поверхности (площади)** 1. Flächenpressung *f*, spezifischer Druck *m*; 2. Formänderungswiderstand *m* *(Druckformgebung)* ‖ **~ на опору** 1. *(Bw)* Auflagerdruck *m*; 2. *(Masch)* Auflagedruck *m*, Stützdruck *m* ‖ **~ на почву/удельное** *(Lw)* spezifischer Bodendruck *m* ‖ **~ на рельс** *(Eb)* Achsfahrmasse *f*, Achskraft *f* ‖ **~ на руль** *(Schiff)* Ruderdruck *m* ‖ **~ нагнетания** Förderdruck *m*, spezifische Nutzarbeit *f (Pumpen, Verdichter)* ‖ **~/надкритическое** überkritischer Druck *m* ‖ **~ нажатия** Anpreßdruck *m* ‖ **~/наружное** Außendruck *m* ‖ **~ насыщения** 1. *(Wmt)* Sättigungsdruck *m (Dampf)*; 2. *(Meteo)* *s.* упругость насыщения ‖ **~/начальное** Anfangsdruck *m* ‖ **~ ниже атмосферного** *s.* ~/вакуумметрическое ‖ **~/низкое** niedriger (tiefer) Druck *m*, Tiefdruck *m* ‖ **~/номинальное** Nenndruck *m (Pumpen, Verdichter)* ‖ **~ обжатия** *(Wlz)* Höhenabnahme *f*, Stichabnahme *f* ‖ **~/общее** Gesamtdruck *m* ‖ **~ ожижения** Verflüssigungsdruck *m* ‖ **~/окружное** *(Fert)* Umfangsschnittdruck *m* *(Fräser, Schleifscheibe)* ‖ **~/опорное** 1. *(Bw)* Auflagerdruck *m*, Kämpferdruck *m*, Stützdruck *m*; Flächendruck *m*, Auflagerkraft *f*, Auflagerwiderstand *m*; 2. *(Kfz)* Flächendruck *m* ‖ **~/опорное горное** *(Bgb)* Kämpferdruck *m*, Auflagerdruck *m* ‖ **~ осадки** *(Schw)* Stauchdruck *m*, Schweißdruck *m* ‖ **~/осевое** 1. *(Masch)* Axialdruck *m*, Längsdruck *m (Welle)*; 2. Achsdruck *m*; 3. *(Bgb)* Bohrandruck *m*, Sohlendruck *m* ‖ **~/осмотическое** *(Ph)* osmotischer Druck *m* ‖ **~/остаточное** Endvakuum *n*; Restdruck *m* ‖ **~ отбираемого пара** Entnahme[dampf]druck *m*, Anzapfdruck *m (Dampfturbine)* ‖ **~ отбора** *s.* ~ отбираемого пара ‖ **~ отработанного пара** Abdampfdruck *m* ‖ **~/отрицательное** *s.* ~/вакуумметрическое ‖ **~ пара** 1. *(Wmt)* Dampfdruck *m*, Dampfspannung *f*; 2. *(Meteo)* *s.* упругость пара ‖ **~ пара/манометрическое** Dampfüberdruck *m* ‖ **~ пара/полезное** Nutzdampfdruck *m* ‖ **~/парциальное** Partialdruck *m*, Teildruck *m* ‖ **~/первичное горное** *(Bgb)* primärer Gebirgsdruck *m* ‖ **~ перед соплом** Düsendruck *m (Turbine)* ‖ **~/переменное** Wechseldruck *m* ‖ **~ перетекания** Überströmdruck *m* ‖ **~ печати/удельное** *(Typ)* Druckspannung *f* ‖ **~ плавления** Schmelzdruck *m* ‖ **~ плазмы** *(El, Kern)* Plasmadruck *m* ‖ **~/пластовое** *(Bgb)* Schichtdruck *m*, Lagerstättendruck *m* ‖ **~/поверхностное** Oberflächendruck *m* ‖ **~/повышенное** erhöhter Druck *m*, Hochdruck *m* ‖ **~ подачи** 1. *(Wkzm)* Vorschubdruck *m*; 2. *(Masch)* Lieferdruck *m (einer Pumpe)* ‖ **~/подъёмное** Förderdruck *m*, spezifische Nutzarbeit *f (Pumpen, Verdichter)* ‖ **~ покоя** *s.* ~/полное ‖ **~/полное** 1. *(Aero, Hydrom)* Gesamtdruck *m*, ruhender Druck *m*, Ruhedruck *m* *(Summe aus statischem und dynamischem Druck)*; 2. *s.* ~/статическое ‖ **~/пониженное** verminderter (reduzierter) Druck *m*, Niederdruck *m* ‖ **~/поперечное** *(Wlz)* Querdruck *m* ‖ **~/поровое** Poren[wasser]druck *m* ‖ **~/посадочное** *(Fert)* Fugendruck *m*, Fugenpressung *f* ‖ **~/постоянное** konstanter Druck *m*, Gleichdruck *m* ‖ **~ потока** Strömungsdruck *m* ‖ **~ почвы** *(Bgb)*

Sohlenpressen *n*; Sohlenauftrieb *m* ‖ **~/предельное** 1. Endvakuum *n*; 2. *s.* ~/максимальное ‖ **~/предельное остаточное** Restgrenzdruck *m (Vakuumverdichter)* ‖ **~ прессования** *(Met)* Verdichtungsdruck *m*, Preßdruck *m (Pulvermetallurgie)* ‖ **~/приведённое** reduzierter Druck *m* ‖ **~ прижатия** Anpreßdruck *m* ‖ **~/продольное** Längsdruck *m* ‖ **~ пустоты** Hohlraumdruck *m* ‖ **~/рабочее** Betriebsdruck *m* ‖ **~ рабочей жидкости** *(Hydr)* Betriebsflüssigkeitsdruck *m* ‖ **~/радиальное** *(Masch)* Radialdruck *m* ‖ **~/радиационное** *(Ph)* Strahlungsdruck *m* ‖ **~/разделительное** *(Wmt)* Trenndruck *m* ‖ **~ расширения/конечное** *(Wmt)* Expansionsenddruck *m* ‖ **~ резания/удельное** *(Fert)* Schnittdruck *m*, spezifische Schnittkraft *f* ‖ **~/результирующее** *s.* ~/полное 1. ‖ **~/сварочное** Schweißdruck *m (Punktschweißen)* ‖ **~ сверла/осевое** *(Fert)* Bohrdruck *m* ‖ **~/сверхбарометрическое** *(Ph)* Überdruck *m*, Mehrdruck *m* ‖ **~/сверхвысокое** Höchstdruck *m* ‖ **~/сверхкритическое** überkritischer Druck *m* ‖ **~ света** *(Ph)* Lichtdruck *m* ‖ **~/световое** *(Ph)* Lichtdruck *m* ‖ **~ сгорания** Verbrennungsdruck *m (Verbrennungsmotor)* ‖ **~ сжатия** *(Wmt)* Verdichtungsdruck *m*, Kompressionsdruck *m (Verbrennungsmotor, Verdichter)* ‖ **~ сжатия/конечное** Verdichtungsenddruck *m*, Verdichtungsendspannung *f* ‖ **~ сжижения** Verflüssigungsdruck *m* ‖ **~/скоростное** *s.* ~/динамическое ‖ **~ смазки** *(Trib)* Schmieröldruck *m*, Schmierstoffdruck *m* ‖ **~ смыкания** Verschließdruck *m (Presse)* ‖ **~ спусковое** *(Schiff)* Ablaufdruck *m (Stapellauf)* ‖ **~/среднее индикаторное** mittlerer indizierter Arbeitsdruck *m (Verbrennungsmotor, Hubkolbenverdichter, Dampfmaschine)* ‖ **~/среднее эффективное** mittlerer effektiver Arbeitsdruck *m (Verbrennungsmotor, Hubkolbenverdichter)* ‖ **~/статическое** *(Aero)* 1. statischer Druck *m*; 2. *(Hydr)* hydrodynamischer (statischer) Druck *m*, Druck *m* des Strömungsmediums ‖ **~ столба** Säulendruck *m* ‖ **~ струи** Strahldruck *m* ‖ **~/суммарное** *s.* ~/полное 1. ‖ **~ сцепления** 1. Kohäsionsdruck *m*, innerer Druck *m (Molekularphysik)*; 2. *(Kfz)* Kupplungsdruck *m* ‖ **~/тангенциальное** *s.* ~/касательное ‖ **~ торможения** 1. *(Kfz)* Bremsdruck *m*; 2. ~/полное 1. ‖ **~/удельное** 1. spezifischer Druck *m*, [spezifische] Flächenpressung *f*, Flächendruck *m*; 2. Formänderungswiderstand *m*, Umformwiderstand *m (Druckformgebung)* ‖ **~/уплотняющее** Verdichtungsdruck *m* ‖ **~/ферростатическое** ferrostatischer Druck *m* ‖ **~ цикла/максимальное** 1. maximaler Kreislaufdruck *m*; 2. Verdichtungsenddruck *m*; 3. Verbrennungsdruck *m (Verdichter, Verbrennungsmotor)* ‖ **~ щёток на коллектор** *(El)* Bürsten[auflage]druck *m*

давящий *(Bgb)* druckhaft *(Gebirge)*

дайка *f (Geol)* Gesteinsgang *m*, Eruptivgang *m* ‖ **~/воронкообразная** *s.* ~/коническая ‖ **~/кластическая** klastischer Gesteinsgang *m* ‖ **~/кольцевая** Ringgang *m* ‖ **~/коническая** trichterförmiger Gesteinsgang *m* ‖ **~/обломочная** klastischer Gesteinsgang *m* ‖ **~/радиальная** Radialgang *m*

дальнодействие *n (Ph)* Fernwirkung *f*

дальномер *m* Entfernungsmesser *m*, Entfernungsmeßgerät *n*, EM-Gerät *n*, Streckenmeßgerät *n* ‖ **~/акустический** akustischer Entfernungsmesser *m* ‖ **~/бинокулярный** *s.* ~/стереоскопический ‖ **~ двойного изображения** Doppelbildentfernungsmesser *m* ‖ **~/дифференциальный** Differentialdistanzmesser *m* ‖ **~/звуковой** Schallentfernungsmesser *m* ‖ **~/импульсный** Pulsentfernungsmesser *m*, Impulsstreckenmeßgerät *n* ‖ **~ инвертный** Inverttelemeter *n*, Kehrbildentfernungsmesser *m* ‖ **~/коинцидентный** Koinzidenzentfernungsmesser *m* ‖ **~/лазерный** Laserentfernungsmesser *m*, Laserentfernungsmeßgerät *n* ‖ **~/монокулярный** Monokularentfernungsmesser *m*, monokularer Entfernungsmesser *m (Sammelbegriff für Koinzidenz- und Kehrbildentfernungsmesser)* ‖ **~/оптический** [optischer] Entfernungsmesser *m*, Distanzmesser *m*, Telemeter *n* ‖ **~/радиолокационный** Radarentfernungsmeßgerät *n* ‖ **~ с поворотным зеркалом** Drehspiegelentfernungsmesser *m* ‖ **~/стереоскопический** Raumbildentfernungsmesser *m*, Stereoentfernungsmesser *m*, stereoskopischer Entfernungsmesser *m* ‖ **~/топографический** topographischer Entfernungsmesser *m*, Entfernungsmesser *m* für Landvermessung ‖ **~/электро[нно-]оптический** Geodimeter *n*

дальномер-стереотруба *m* Meßschere *f*, Entfernungsmeßschere *f*

дальнометрия *f* Entfernungsmessung *f*, Entfernungsbestimmung *f* ‖ **~/лазерная** Laserentfernungsmessung *f* ‖ **~/радиолокационная** Radarentfernungsmessung *f* ‖ **~/разностная** Entfernungsdifferenzmessung *f*, Differenzentfernungsmessung *f*

дальность *f* 1. Weite *f*, Entfernung *f*; 2. Reichweite *f*; Bereich *m* ‖ **~ броска** Wurfweite *f* ‖ **~ вертикальной видимости** vertikale Sicht[weite] *f*, Vertikalsicht *f* ‖ **~ видимого горизонта** Kimmweite *f*, Entfernung *f* des sichtbaren Horizonts ‖ **~ видимости** Sicht[weite] *f*, Sichtentfernung *f* ‖ **~ видимости/горизонтальная** horizontale Sicht[weite] *f*, Horizontalsicht *f* ‖ **~ видимости/метеорологическая** meteorologische Sichtweite *f* ‖ **~ видимости ночью** Nachtsicht[weite] *f* ‖ **~/горизонтальная** horizontale Entfernung (Reichweite) *f* ‖ **~ горизонтальной видимости** horizontale Sicht[weite] *f*, Horizontalsicht *f* ‖ **~ действия** 1. Reichweite *f*, Aktionsradius *m*; 2. *(Kfz)* Fahrbereich *m*; 3. *(Reg)* Regelbereich *m*; 4.*(Nrt, Rf, TV)* Reichweite *f* ‖ **~ действия/сверхбольшая (сверхнормальная)** *(Rf)* Überreichweite *f* ‖ **~ дневной передачи** *(Rf)* Tagesreichweite *f* ‖ **~/крейсерская** *(Flg)* Reiseflugweite *f* ‖ **~/максимальная** maximale Reichweite *f* ‖ **~/межпланетная** *(Raumf)* interplanetare Entfernung *f* ‖ **~ ночной передачи** *(Rf)* Nachtreichweite *f* ‖ **~ перевозок** *(Eb)* Beförderungsweite *f* ‖ **~ передачи** 1. *(En)* Übertragungsentfernung *f*; 2. *(Rf)* Sendereichweite *f* ‖ **~ перемещения** Förderweite *f* ‖ **~ плавания** Aktionsweite *f*, Aktionsradius *m (eines Schiffes)* ‖ **~ плавания/увеличенная** erweiterte Aktionsweite *f (eines Schiffes)* ‖ **~ поездки [пассажира]** *(Eb)* Beförderungsweite *f* ‖ **~ полёта** Reichweite *f*, Flugweite *f*; Flugentfernung *f* ‖

~ приёма *(Rf)* Empfangsreichweite *f* ‖ **~ прямой видимости** *(Rad)* direkte (optische, quasioptische) Sichtweite *f* ‖ **~ радиолокационной видимости** Radarsichtweite *f* ‖ **~ радиосвязи** *(Rf)* Verkehrsreichweite *f*, Verkehrsentfernung *f* ‖ **~ слышимости** *(Ak)* Hörbereich *m*

дамба *f (Hydt)* Deich *m*, Damm *m*, Wasserdamm *m*; Erddamm *m*; Abdämmung *f*, Eindeichung *f*; Deckbuhne *f* ‖ **~/береговая** Uferdamm *m*, Flußdamm *m*, Flußdeich *m* ‖ **~/габионная** Steinkorbdamm *m* ‖ **~ головного сооружения/захватная** Zeilenwehr *n* ‖ **~/гравийно-каменная** Kiesschüttungsdamm *m* mit wasserseitiger Steinpackung ‖ **~/заградительная** Sperrdamm *m* ‖ **~/закладочная** *(Bgb)* Versatzdamm *m* ‖ **~/замыкающая** Abschlußdamm *m* ‖ **~/захватная** Einfassungsdamm *m* ‖ **~/защитная** Schutzdamm *m*, Schutzdeich *m* ‖ **~/земляная сопрягающая** Erdanschlußdamm *m* ‖ **~/илозадерживающая** Schlickdamm *m* ‖ **~ канала** Kanaldeich *m* ‖ **~/кольцевая** Ringdamm *m*, Ringdeich *m* ‖ **~/морская** Seedeich *m*, Küstendeich *m* ‖ **~/намывная** Spüldamm *m* ‖ **~ обвалования** Deich *m* ‖ **~/оградительная (ограждающая)** Abschlußdamm *m* ‖ **~/отклоняющая** Ablenkungsdamm *m* ‖ **~/породная** *(Bgb)* Bergemauer *f* ‖ **~/продольная** Banddeich *m*, Streichdamm *m* ‖ **~/ряжевая** Gerölldamm *m* ‖ **~/сопрягающая** Anschlußdamm *m* ‖ **~/струенаправляющая** Abweiser *m* ‖ **~/струенаправляющая продольная** Leitwerk *n*, Längswerk *n*

даммар *m s.* даммара

даммара *f* Dammar[harz] *n*

дамп *m (Inf)* Speicherabzug *m*, Speicherauszug *m*, Speicherausdruck *m*, Dump *m* ‖ **~/аварийный** Havarieabzug *m* ‖ **~/индикативный** Kurzspeicherausdruck *m*, Kurzdump *m* ‖ **~ памяти** Hauptspeicherausdruck *m*

дампинирование *n* **и восстановление** *n (Inf)* Abziehen *n* und Rückspeichern *n*

данные *pl* Daten *pl*; Werte *mpl*; Maße *npl* ‖ **~/алфавитно-цифровые** *(Inf)* alphanumerische Daten *pl* ‖ **~/аналоговые** *(Inf)* Analogdaten *pl* ‖ **~/буквенно-цифровые** *(Inf)* alphanumerische Daten *pl* ‖ **~ в форме плавающей запятой** *(Inf)* Gleitkommadaten *pl* ‖ **~ в форме фиксированной запятой** *(Inf)* Festkommadaten *pl* ‖ **~ ввода** *(Inf)* Eingabedaten *pl* ‖ **~ веществ/стандартные [справочные]** Stoffdaten *pl* *(Analysenmeßtechnik)* ‖ **~ визуального опознавания** visuelle Erkennungsdaten *pl* ‖ **~/восьмеричные** *(Inf)* Oktaldaten *pl* ‖ **~/входные** *(Inf)* Eingabedaten *pl* ‖ **~/выходные** 1. *(Inf)* Ausgabedaten *pl*; 2. *(Typ)* Impressum *n* ‖ **~/графические** graphische Daten *pl*, Graphikdaten *pl* ‖ **~/групповые** *(Inf)* Listendaten *pl* ‖ **~ двигателя** Motordaten *pl* ‖ **~/двоичные** *(Inf)* Binärdaten *pl* ‖ **~/десятичные** *(Inf)* Dezimaldaten *pl* ‖ **~/дискретные** *(Inf)* diskrete Daten *npl* ‖ **~ задачи** *(Inf)* Problemdaten *pl* ‖ **~/закодированные** *(Inf)* kodierte Daten *pl* ‖ **~/значимые** *(Inf)* signifikante Daten *pl* ‖ **~ идентификации** *(Inf)* Kenndaten *pl* ‖ **~ испытаний** Testdaten *pl*, Versuchsdaten *pl* ‖ **~/кодированные** *(Inf)* kodierte Daten *pl* ‖ **~/контрольние** Testdaten *pl* ‖ **~/корректирующие** *(Inf)* Änderungsdaten *pl*, Korrekturdaten *pl* ‖ **~/лётные** Flugdaten *pl* ‖ **~/макросейсмические** makroseismische Daten *pl* ‖ **~ материалов/стандартные [справочные]** Werkstoffkennwerte *mpl (Analysenmeßtechnik)* ‖ **~/начальные** *(Inf)* Anfangsdaten *pl*, Ausgangsdaten *pl* ‖ **~/номинальные** Nennwerte *mpl*, Nenndaten *pl* ‖ **~/обмоточные** *(El)* Wickeldaten *pl* ‖ **~/обновляемые** *(Inf)* Änderungsdaten *pl* ‖ **~ описания** *(Inf)* Bestimmungsdaten *pl* ‖ **~/опытные** 1. Versuchswerte *mpl*, Versuchsdaten *pl*; 2. empirische Werte *mpl* ‖ **~/ориентировочные** Richtwerte *mpl* ‖ **~/основные** Hauptdaten *pl*, Grundwerte *mpl* ‖ **~/первичные** Primärdaten *pl* ‖ **~/переменные** *(Inf)* Bewegungsdaten *pl* ‖ **~/постоянные** *(Inf)* Stammdaten *pl* ‖ **~/промежуточные** *(Inf)* Zwischendaten *pl* ‖ **~/распакованные десятичные** *(Inf)* ungepackte Dezimalzahlen *fpl* ‖ **~/расчётные** Entwurfswerte *mpl*, Berechnungsdaten *pl*, rechnerische Werte *mpl* ‖ **~ с плавающей запятой** *(Inf)* Gleitkommadaten *pl* ‖ **~ с фиксированной запятой** *(Inf)* Festkommadaten *pl* ‖ **~/световые** lichttechnische Kennziffern *fpl (Sammelbegriff für Lichtstrom, Lichtstärke, Leuchtdichte u. a.)* ‖ **~/сигнальные** Signaldaten *pl* ‖ **~/символические** *(Inf)* symbolische Daten *pl* ‖ **~/совместно используемые** *(Inf)* gemeinsam benutzte Daten *pl* ‖ **~/справочные** Standardrichtwerte *mpl*; Bezugsdaten *pl*, Referenzdaten *pl* ‖ **~/сравнительные** Vergleichswerte *mpl*, Vergleichsdaten *pl* ‖ **~/табличные** *(Inf)* Listendaten *pl* ‖ **~/текущие** *(Inf)* Bewegungsdaten *pl* ‖ **~/тестовые** Testdaten *pl*, Prüfdaten *pl* ‖ **~ управления системой** *(Inf)* Systemsteuerdaten *pl* ‖ **~/управляющие** Steuerdaten *pl* ‖ **~/характерные** Kennwerte *mpl*, Kenndaten *pl* ‖ **~ характеристики** Kennlinienwerte *mpl* ‖ **~/цифровые (числовые)** Zahlenwerte *mpl*, Zahlenangaben *fpl* ‖ **~/эксплуатационные** Betriebsdaten *pl*

дата *f* Datum *n* ‖ **~ истечения срока хранения** Verfallsdatum *n* ‖ **~ пользователя** *(Inf)* Benutzerdatum *n* ‖ **~ создания** Herstellungsdatum *n* ‖ **~ сохранения** Verfallsdatum *n*

датолит *m (Min)* Datolith *m*

датчик *m (El, Meß, Reg)* Sensor *m*; Geber *m*, Meßgrößenaufnehmer *m*, Meßfühler *m*, Aufnehmer *m* ‖ **~/аналоговый** analoger Geber *m*; analoger Sensor *m* ‖ **~/бесконтактный** kontaktloser Geber *m*; kontaktloser Sensor *m* ‖ **~ ближней локации** Näherungsinitiator *m* ‖ **~ бокового действия** winkelbeweglicher Taster *m* ‖ **~ вибраций** Schwingungsgeber *m*; Schwingungsaufnehmer *m* ‖ **~ влажности** Feuchtefühler *m*, Feuchtigkeitsfühler *m* ‖ **~/волоконно-оптический** faseroptischer Geber *m* ‖ **~ вращающих моментов** Drehmomentengeber *m* ‖ **~ времени** Zeitgeber *m*, Taktgeber *m* ‖ **~/время-пролётный** Laufzeitgeber *m (eines Massenspektrometers)* ‖ **~ вторичных электронов** Sekundärelektronensensor *m* ‖ **~/генераторный** Generatorsensor *m*; generatorischer Geber *m* ‖ **~/гироскопический** *s.* гиродатчик ‖ **~ давления** Drucksensor *m*, Druckaufnehmer *m*, Druckwächter *m*, Druckmeßumformer *m* ‖ **~ давления/ёмкостный** kapazitiver Drucksensor *m* ‖ **~ давления/полупроводниковый** Halbleiter-Druckaufnehmer *m*; Halbleiter-Drucksensor *m* ‖ ~ **давления/пьезорезистивный** piezoresistiver Druckaufnehmer *m*; piezoresistiver Drucksensor *m* ‖ **~/динамический** dynamischer Geber *m* ‖ **~/дистанционный** Ferngeber *m* ‖ **~/дифференциальный** Differentialgeber *m* ‖ ~ **длины** Längenmeßgeber *m*, Längen[meß]taster *m* ‖ **~/донный** *(Geoph)* Meeresbodensensor *m* ‖ ~ **дыхания** *(Med)* Respirationssensor *m* ‖ **~/ёмкостный** kapazitiver Geber (Meßwertgeber) *m* ‖ ~ **заданного значения** Sollwertgeber *m*, Sollwert[ein]steller *m* ‖ **~/звёздный** *(Raumf)* Sternsensor *m* ‖ ~ **избыточного давления** Überdruckaufnehmer *m*; Überdruckmeßumformer *m* ‖ **~/измерительный** Meßwertgeber *m*, Meßtaster *m*, Meßwertaufnehmer *m*, Meßfühler *m* ‖ ~ **импульсов** Impulsgeber *m* ‖ **~/индуктивный** induktiver Geber (Meßwertgeber) *m* ‖ **~/интегральный** Sensor *m* mit integrierter Auswerteelektronik ‖ **~/инфракрасный** Infrarotsensor *m* ‖ **~/ионочувствительный** ionensensitiver Geber *m*, ionensensitiver (chemischer) Sensor *m* ‖ ~ **касания** Berührungssensor *m* ‖ **~/контактный** Kontaktgeber *m* ‖ **~/круговой** rotatorischer (rotierender) Geber *m* ‖ **~/курсовой** Kursgeber *m* ‖ **~/лазерный** Laserfühler *m* ‖ **~/магнитный** magnetischer Sensor *m*; magnetischer Geber *m* ‖ **~/магниторезистивный** magnetoresistiver Sensor *m* ‖ ~ **меток** Markengeber *m*, Markengenerator *m*, Markierungsgenerator *m* ‖ ~ **меток времени** Zeitmarkengeber *m*, Zeitmarkengenerator *m* ‖ **~/механический** mechanischer Taster (Geber) *m* ‖ ~ **механических колебаний** Schwingungsaufnehmer *m*, Schwingungsgeber *m* ‖ **~/мозаичный** Matrixsensor *m* ‖ ~ **направления** Richtungsgeber *m* ‖ ~ **напряжения** spannungsabgebender Sensor *m*; Spannungsgeber *m* ‖ **~/нейтронный** *(Kern)* Neutronensonde *f* ‖ **~/непрерывный** *s.* ~/аналоговый ‖ ~ **оборотов** Drehgeber *m* ‖ ~ **обратной связи** Rückführungsgeber *m*, Rückmelder *m* ‖ ~ **обрыва пряжи** *(Text)* Fadenwächter *m* *(Ringspinnmaschine)* ‖ **~/омический** *(El)* ohmscher Geber *m* ‖ ~ **определённого уровня** Grenzwertaufnehmer *m* ‖ **~/оптический** optischer Sensor *m*; optischer Geber *m* ‖ **~/оптоэлектронный** optoelektronischer Sensor *m*; optoelektronischer Geber *m* ‖ ~ **отметок** *s.* ~ меток ‖ ~ **отметок времени** *s.* ~ меток времени ‖ ~ **отражающих электронов** Rückstreuelektronensensor *m* ‖ ~ **перемещения (перемещений)** Weggeber *m*; Wegaufnehmer *m*, Wegmeßwandler *m*; Bewegungsaufnehmer *m* ‖ ~ **перепада давления** Wirkdruckgeber *m*, Wirkdruckmeßumformer *m* ‖ **~/пневматический** pneumatischer Sensor *m* ‖ ~ **позиционирования** Positioniersensor *m* ‖ **~/позиционный** Positioniersensor *m* ‖ ~ **положения** Positionsgeber *m*, Stellungsgeber *m* ‖ ~ **положения руля** *(Schiff)* RUZ-Geber *m*, Ruderlagengeber *m* ‖ ~ **положения/фотоэлектрический** photoelektrischer Positionsgeber *m* ‖ **~/полупроводниковый** Halbleitersensor *m*; Halbleitergeber *m* ‖ **~/потенциометрический** Potentiometersensor *m*; Potentiometergeber *m* ‖ ~ **приближения** Näherungssensor *m* ‖ **~/пьезокерамический** piezokeramischer Geber *m* ‖ **~/пьезоэлектрический** piezoelektrischer Geber *m*, Piezogeber *m*; piezoelektrischer Sensor *m*, Piezosensor *m* ‖ ~ **рабочего цикла** *(Inf)* Programmgeber *m* ‖ ~ **расстояния** Abstandssensor *m* ‖ **~/резистансный (резистивный)** *s.* ~ сопротивления ‖ ~ **с короткозамкнутым кольцом** Kurzschlußringgeber *m* ‖ ~ **с щупом/тактильный** taktiler Sensor *m* mit Taststift ‖ **~/сейсмический** Absolutschwingungsaufnehmer *m* ‖ **~/сенсорный** Sensor *m* ‖ **~/силовой** Sensor *m* zur Regelung der Greifkraft *(Sensor für erforderlichen Kraftaufwand zum Halten eines Gegenstandes)* ‖ **~/силоизмерительный** Kraftmeßfühler *m*, Kraftmeßgeber *m*, Kraftmeßwandler *m* ‖ ~ **силы** *s.* ~/силоизмерительный ‖ ~ **скорости** Geschwindigkeitssensor *m*; Geschwindigkeitsgeber *m*, Geschwindigkeitsaufnehmer *m* ‖ ~ **скорости вращения** Drehzahlsensor *m*; Drehzahlgeber *m* ‖ ~ **случайных чисел** *(Inf)* Zufallszahlengenerator *m*, Zufallszahlengeber *m* ‖ ~ **смещения** Wegaufnehmer *m*; Verschiebungsmesser *m* ‖ ~ **Солнца** *(Raumf)* Sonnensensor *m* ‖ ~ **сопротивления** Widerstandssensor *m*, Resistanzsensor *m*, resistiver Sensor *m*; Widerstandsgeber *m* ‖ **~/струйный** Strömungssensor *m* ‖ **~/тактильный** taktiler Sensor *m*, Berührungssensor *m* ‖ ~ **тактовых импульсов** Takt[impuls]geber *m*, Zeit[impuls]geber *m* ‖ **~/телевизионный** Fernsehsensor *m* ‖ **~/телеметрический** Fernmeßgeber *m* ‖ ~ **температуры** Temperatur[meß]fühler *m*, Temperaturmeßumformer *m*; Temperaturgeber *m* ‖ **~/тензометрический** Dehnungssensor *m*; tensometrischer Geber *m*, Tensogeber *m*, Dehnungsgeber *m* ‖ **~/теплолучевой** Wärmestrahlungssensor *m* ‖ ~ **траектории** Weggeber *m* ‖ **~/трансформаторный** transformatorischer Geber *m*, Transformatorgeber *m* ‖ **~/трёхкоординатный** Drei-Koordinaten-Aufnehmer *m*, Drei-Koordinaten-Geber *m* ‖ ~ **тягового усилия** Zugkraft[meß]dose *f*, Zugkraftgeber *m* ‖ ~ **угла** Winkel[schritt]geber *m* ‖ ~ **угла поворота/накопительный** inkrementaler Drehgeber (Winkeldrehgeber) *m* ‖ ~ **углового ускорения** Winkelbeschleunigungssensor *m* ‖ ~ **угловых величин** Winkel[schritt]geber *m* ‖ ~ **удлинений** Dehnungsgeber *m* ‖ ~ **указателя уровня топлива в баке** *(Kfz)* Kraftstoffstand- und Vorratsgeber *m* ‖ **~/ультразвуковой** Ultraschallgeber *m*; Ultraschallsensor *m* ‖ ~ **управления технологическими параметрами** Prozeßsensor *m* ‖ ~ **уровня** Füllstandsgeber *m*, Füllstandsanzeiger *m (Schachtofen, Bunker)* ‖ ~ **уровня в цистерне** *(Schiff)* Tankfüllstandsmeßfühler *m* ‖ ~ **ускорений (ускорения)** Beschleunigungsaufnehmer *m*, Beschleunigungsgeber *m* ‖ **~/фотоэлектрический** photoelektrischer Geber *m*; photoelektrischer Sensor *m* ‖ ~ **Холла** Hall-Sensor *m*, Hall-Generator *m*; Hall-Geber *m* ‖ ~ **чисел** Zahlengeber *m* ‖ ~ **шагового угла** Winkelschrittgeber *m* ‖ **~/шаговый** Schrittgeber *m* ‖ **~/электрический** elektrischer Sensor *m*; elektrischer Geber *m* ‖ **~/электролитический** elektrolytischer Sensor *m*, Elektrolytsensor *m* ‖ **~/электромагнитный** elektromagnetischer Sensor *m*; elektromagnetischer

Geber *m* ‖ **~/электронный** elektronischer Zeitgeber (Zeitschalter) *m*

ДАУ *s.* управление/дистанционное автоматизированное

дахвер *m (Hydt)* Dachwehr *n*, Doppelklappenwehr *n*

дацит *m (Geol)* Dazit *m*

дБ *s.* децибел

ДВ *s.* 1. длинноволновый; 2. волна/длинная 1.

двадцатигранник *m (Math, Krist)* Ikosaeder *n*, Zwanzigflach *n*, [regelmäßiger] Zwanzigflächner *m*

двенадцатеричный *(Inf)* duodezimal, Duodezimal...

двенадцатигранник *m (Math, Krist)* Dodekaeder *m*, Zwölfflach *n*, Zwölfflächner *m*

двенадцатиугольник *m (Math)* Dodekagon *n*, Zwölfeck *n*

дверка *f* Falltür *f*; Tür *f*, Klappe *f*

дверца *f* kleine Tür *f*; Klappe *f*, Schlag *m* ‖ **~/днищевая** Bodenklappe *f (Baggerschute)* ‖ **~/загрузочная** Beschick[ungs]tür *f*, Einsatztür *f (Ofen)* ‖ **~/зольниковая** Aschen[fall]tür *f* ‖ **~/разгрузочная** Ziehtür *f (Ofen)* ‖ **~/смотровая** Beobachtungstür *f*, Schautür *f*, Schauklappe *f (Ofen)* ‖ **~ топки** 1. Feuer[ungs]tür *f*, Heiztür *f*; 2. Heizklappe *f* ‖ **~/топочная** *s.* ~ топки ‖ **~/шлаковая** *(Met)* Schlacken[abzugs]tür *f*

дверь *f* Tür *f* ‖ **~/вентиляционная** *(Bgb)* Wettertür *f* ‖ **~/вращающаяся** Drehtür *f* ‖ **~/входная** Einsteigtür *f*, Einstiegtür *f*, Eingangstür *f* ‖ **~/глухая** Scheintür *f*, blinde Tür *f* ‖ **~/двойная** Doppeltür *f* ‖ **~/двухпольная (двустворчатая)** zweiflügelige Tür *f*, Doppeltür *f* ‖ **~/задняя** *(Kfz)* Hecktür *f* ‖ **~/звуконепроницаемая** Schallschutztür *f*, schalldichte Tür *f* ‖ **~/качающаяся** Pendeltür *f* ‖ **~/клинкетная** *(Schiff)* Schottür *f* ‖ **~/огнестойкая** feuerfeste Tür *f* ‖ **~/однопольная (одностворчатая)** einflügelige Tür *f* ‖ **~/остеклённая** Glastür *f*, verglaste Tür *f* ‖ **~/противопожарная** Brandschutztür *f*, feuerhemmende Tür *f* ‖ **~/раздвижная** Schiebetür *f* ‖ **~/складчатая (складывающаяся)** Harmonikatür *f*, Falttür *f* ‖ **~/скользящая** Schiebetür *f* ‖ **~/стволовая** *(Bgb)* Schachtdeckel *m*, Schachtverschluß *m* ‖ **~/створчатая** Schlagtür *f* ‖ **~/фальшивая** *s.* ~/глухая ‖ **~/филёнчатая** gestemmte Tür *f*

дверь-вертушка *f* Dreh[flügel]tür *f*

двигатель *m* 1. *(Masch, Kfz)* Motor *m*, Kraftmaschine *f*; *(Flg)* Motor *m*, Triebwerk *n*; 2. *(El)* Motor *m*, Elektromotor *m (s. a. unter* электродвигатель*)* ‖ **~/авиамодельный** Flugmodellmotor *m* ‖ **~/авиамодельный калильный** Glühkerzenflugmodellmotor *m* ‖ **~/авиационный** Flugzeugtriebwerk *n*, Flugzeugmotor *m* ‖ **~/авиационный воздушно-реактивный** Luftstrahltriebwerk *n* ‖ **~/авиационный газотурбинный** Flugzeuggasturbinentriebwerk *n* ‖ **~/авиационный поршневой** Flugzeugkolbenmotor *m*, Flugtriebwerk *n* ‖ **~/авиационный турбореактивный** Turbinenluftstrahl[flug]triebwerk *n* ‖ **~/автомобильный** Kraftfahrzeugmotor *m* ‖ **~/автомобильный газотурбинный** Kraftfahrzeuggasturbine *f*, Kraftfahrzeuggasturbinentriebwerk *n* ‖ **~/автотракторный** Kraftfahrzeugmotor *m*; Sсhleppermotor *m*; Traktorenmotor *m* ‖ **~/асинхронный** *(El)* Asynchronmotor *m*, Asynchronmaschine *f* ‖ **~/асинхронный линейный** linearer Asynchronmotor *m* ‖ **~/асинхронный трёхфазный** Drehstrom-Asynchronmotor *m* ‖ **~/атомный** *s.* ~/ядерный ‖ **~ без наддува** *s.* ~/безнаддувочный ‖ **~/безнаддувочный** Saugmotor *m*, selbstansaugender Motor *m*, Motor *m* ohne Aufladung ‖ **~/бензиновый** Benzinmotor *m*, Ottomotor *m* ‖ **~/бензиновый карбюраторный** Vergaser-Ottomotor *m* ‖ **~/бесклапанный** ventilloser (schlitzgesteuerter) Motor *m* ‖ **~/бескомпрессорный** 1. kompressorloser Motor *m*, Druckeinspritzmotor *m (Diesel)*; 2. *s.* ~/безнаддувочный ‖ **~/бескомпрессорный воздушно-реактивный** kompressorloses Luftstrahltriebwerk *n* ‖ **~ бинарного цикла** Wärmekraftmaschine *f* mit zwei Kreislängen ‖ **~ бинарный** *s.* ~/бинарного цикла ‖ **~ большой мощности** Hochleistungsmotor *m* ‖ **~/бортовой** *(Schiff)* Seitenmaschine *f* ‖ **~/брызгозащищённый** *(El)* spritzwassergeschützter Motor *m* ‖ **~/быстроходный** schnellaufender (hochtouriger) Motor *m*, Schnelläufermotor *m*, Motor *m* mit hoher Drehzahl ‖ **~ Ванкеля [/ротативно-поршневой]** Wankelmotor *m*, Kreiskolbenmotor *m* ‖ **~/веерный** Fächermotor *m* ‖ **~/вентиляционный** Belüftungsmotor *m* ‖ **~/верньерный** *(Flg)* Steuertriebwerk *n*, Korrekturtriebwerk *n*; Vernier-Triebwerk *n* ‖ **~/верхнеклапанный** obengesteuerter Motor *m*, Motor mit stehenden Ventilen ‖ **~/ветряной** Windkraftmaschine *f*, Windturbine *f* ‖ **~/вечный** Perpetuum mobile *n* ‖ **~/взрывозащищённый** *(El)* explosionsgeschützter Motor *m*; *(Bgb)* schlagwettergeschützter Motor *m* ‖ **~/винтовой** 1. *(Flg)* Propellertriebwerk *n*, Luftschraubentriebwerk *n*; 2. *(Schiff)* Schraubenmotor *m*, Hauptmaschine *f* ‖ **~ винтовой турбореактивный** Propeller-Turbinen[luftstrahl]triebwerk *n*, PTL-Triebwerk *n* ‖ **~/вихрекамерный** Wirbelkammermotor *m (Diesel-Verfahren)* ‖ **~ внутреннего сгорания** Verbrennungsmotor *m*; Verbrennungskraftmaschine *f* ‖ **~ внутреннего сгорания/двухтактный** Zweitaktmotor *m*; Zweitaktverbrennungskraftmaschine *f* ‖ **~ внутреннего сгорания/поршневой** *s.* ~/поршневой ‖ **~ внутреннего сгорания/четырёхтактный** Viertaktmotor *m*; Viertaktverbrennungskraftmaschine *f* ‖ **~/водозащищённый** *(El)* schwallwassergeschützter (strahlwassergeschützter) Motor *m* ‖ **~/водонепроницаемый** *(El)* druckwasserdicht gekapselter Motor *m* ‖ **~ водяного охлаждения** wassergekühlter Motor *m* ‖ **~ воздушного охлаждения** luftgekühlter Motor *m*, Motor *m* mit Luftkühlung ‖ **~/воздушно-реактивный** Luftstrahltriebwerk *n* ‖ **~/восьмицилиндровый** Achtzylindermotor *m* ‖ **~/всеядный** Vielstoffmotor *m*, Universalmotor *m* ‖ **~/вспомогательный** Hilfsmotor *m* ‖ **~/вспомогательный судовой** Schiffshilfsmotor *m* ‖ **~/встраиваемый (встроенный)** *(El)* Einbaumotor *m*, eingebauter Motor *m* ‖ **~ второго рода/вечный** Perpetuum mobile *n* zweiter Art ‖ **~/высоковольтный** *(El)* Hochspannungsmotor *m* ‖ **~ высокого давления (сжатия)** Hochdruckmotor *m* ‖ **~/высокооборотный** Motor *m* mit großer Drehzahl, schnelldrehender (schnellaufender) Motor *m*, Schnelläufermotor *m* || **~/высокофорсированный** Hochleistungsmotor *m* || **~/высотный** Höhentriebwerk *n*, Höhen[flug]motor *m* || **~/газовый** Gasmotor *m*, Gas[kraft]maschine *f* || **~/газовый поршневой** Kolbengasmotor *m* || **~/газожидкостный** Zündstrahlgasmotor *m* || **~/газонепроницаемый** *(El)* gasdichter (gasdicht gekapselter) Motor *m* || **~/газотурбинный** Gasturbinentriebwerk *n*, GTT, Turbinentriebwerk *n*, Turbotriebwerk *n* || **~/газотурбинный воздушно-реактивный** Turbinenluftstrahltriebwerk *n*, TL-Triebwerk *n* || **~/газоходный** Schiffsgasmotor *m* || **~/герметический** *(El)* hermetisch geschlossener Motor *m* || **~/гибридный** *(Rak)* Hybridtriebwerk *n*, Hybridantrieb *m* || **~/гибридный ракетный** Flüssigkeits-Feststoff-Triebwerk *n* || **~/гидравлический** *s.* гидродвигатель || **~/гиперзвуковой** *(Flg)* Hyperschalltriebwerk *n* || **~/гистерезисный** *(El)* Hysteresemotor *m* || **~/главный [судовой]** *(Schiff)* Hauptmaschine *f*, Hauptmotor *m*, Schiffsantriebsmaschine *f* || **~/гоночный** Rennmotor *m* || **~/горизонтальный** liegender Motor *m* || **~/гребной** Schiffsschraubenantrieb *m*, Schiffsschraubenmotor *m* || **~ двойного действия** beiderseitig beaufschlagter Kolbenmotor *m*; doppeltwirkender Motor *m* || **~ двойного топлива** Zweikammermotor *m*, Zweistoffmotor *m* || **~/двухконтурный** Zweistromtriebwerk *n*, ZTL-Triebwerk *n* || **~/двухконтурный турбореактивный** Zweistromturbotriebwerk *n*, Zweistromstrahltriebwerk *n* || **~/двухпоршневой** Doppelkolbenmotor *m*, Twin-Motor *m* || **~/двухрядный** Doppelreihenmotor *m*, Zweireihenmotor *m* || **~/двухрядный звездообразный** Zweisternmotor *m*, Doppelsternmotor *m* || **~/двухтактный** *s.* ~ внутреннего сгорания/двухтактный || **~ двухтактный ротативный** Zweitaktumlaufmotor *m* || **~/двухфазный** *(El)* Zweiphasenmotor *m*, zweiphasiger Motor *m* || **~/дизельный** Dieselmotor *m (s. a. unter* дизель*)* || **~/длинноходный** Langhubmotor *m* || **~ для водяного газа/газовый** Wasserstoffgasmotor *m* || **~ для мазута** Schwerölmotor *m* || **~/дозвуковой** Flugzeugmotor *m* für Unterschallgeschwindigkeit || **~ жидкостного охлаждения** flüssigkeitsgekühlter Motor *m* || **~/жидкостный ракетный** Flüssigkeitsraketentriebwerk *n* || **~/забойный** *(Bgb)* Bohrlochsohlenmotor *m*, Bohrlochsohlenantrieb *m* || **~/забортный** Außenbordmotor *m* || **~/задающий** *(Reg)* Gebermotor *m (zur Vorgabe einer Solldrehzahl)* || **~/закрытый** *(El)* 1. geschlossener Motor *m*; 2. gekapselter Motor *m* || **~/защищённый** *(El)* geschützter Motor *m* || **~/звездообразный** Sternmotor *m* || **~/зубчатый** Zahnradmotor *m* || **~/изотопный** *(Rak)* Isotopen[strahl]triebwerk *n* || **~ изохорного сгорания** Verpuffungsmotor *m* || **~/индивидуальный** Einzelantrieb *m* || **~/индукционный** *(El)* Induktionsmotor *m* || **~/ионный [ракетный]** *(Rak)* Ionen[strahl]triebwerk *n* || **~/исполнительный** Steuermotor *m*, Stellmotor *m* || **~/испытательный** Versuchsmotor *m*, Prüfmotor *m* || **~/калильный** Glühkerzenmotor *m* || **~/калоризаторный** Motor *m* mit Glühzündung, Glühkopfmotor *m* || **~/каплезащищённый** *(El)* tropfwassergeschützter Motor *m* || **~/карбюраторный** *s.* ~ с внешним смесеобразованием || **~ картерного типа** Kurbelgehäusemotor *m*, gekapselter Motor *m* || **~/катерный** Bootsmotor *m*, Schiffsmotor *m* || **~/керамический** Keramikmotor *m* || **~/коллекторный** *(El)* Kommutatormotor *m*, Stromwendermotor *m*, Kollektormotor *m* || **~/коллекторный сериесный** Reihenschlußkommutatormotor *m* || **~/коллекторный шунтовой** Nebenschlußkommutatormotor *m* || **~/комбинированный** Verbundmotor *m*, Verbundtriebwerk *n* || **~/комбинированный авиационный** Flugzeugverbundtriebwerk *n* mit Treibgaserzeuger und Gasturbine || **~/компаундный** *(El)* Compoundmotor *m*, Verbundmotor *m*, Doppelschlußmotor *m* || **~/компрессорный** Ladermotor *m*, Kompressormotor *m*, Motor *m* mit Turbolader || **~/компрессорный воздушно-реактивный** Luftstrahltriebwerk *n* mit Kompressor || **~/конденсаторный [асинхронный]** *(El)* Kondensatormotor *m* || **~/короткозамкнутый** *(El)* Kurzschlußläufermotor *m*, Kurzschlußankermotor *m* || **~/короткозамкнутый асинхронный** Drehstromasynchronmaschine *f* mit Kurzschlußläufer || **~/короткоходный** Kurzhubmotor *m*, Kurzhuber *m* || **~/крановый** Kranmotor *m* || **~/крейцкопфный** Kreuzkopfmotor *m* || **~/кривошипно-камерный** Kurbelkammermotor *m* || **~/крупный** Großmotor *m* || **~/крыльчатый ветряной** Flügelradwindturbine *f*, Flügelradwindmotor *m* || **~/левый** *(Flg)* Backbordtriebwerk *n*; *(Schiff)* Backbordmaschine *f*; *(Kfz)* Linksmotor *m*, Motor *m* in Linksausführung || **~ лёгкого автомобиля** Personenkraftwagenmotor *m*, PKW-Motor *m* || **~ лёгкого топлива** Leichtkraftstoffmotor *m*, Leichtölmotor *m* || **~/линейный** *(El)* Linearmotor *m* || **~/лодочный** Bootsmotor *m* || **~/малогабаритный** Klein[raum]motor *m* || **~ малой мощности** Kleinmotor *m* || **~ малой мощности/газовый** Kleingasmotor *m*, Kleingasturbine *f* || **~/малолитражный** Kleinmotor *m*, Verbrennungsmotor *m* mit geringem Hubraum || **~/маломощный** Kleinmotor *m* || **~/маломощный газовый** Kleingasmotor *m*, Kleingasturbine *f* || **~/малооборотный** Motor *m* mit kleiner Drehzahl, langsamlaufender Motor *m* || **~/маршевый** *(Flg)* Marschtriebwerk *n* || **~/маховичный** Gyromotor *m* || **~/миниатюрный** Kleinstmotor *m* || **~/многокамерный** Mehrkammermotor *m (Diesel)* || **~/многооборотный** *s.* ~/быстроходный || **~/многорядный** Mehrreihenmotor *m*, mehrreihiger Motor *m*; *(Flg)* Mehrreihentriebwerk *n* || **~/многоскоростной** *(El)* Motor *m* mit [mehreren] Drehzahlstufen || **~/многофазный** *(El)* Mehrphasenmotor *m* || **~/многоцилиндровый** Mehrzylindermotor *m* || **~/моноблочный** Blockmotor *m* || **~/мотокомпрессорный воздушно-реактивный** Luftstrahltriebwerk *n* mit Kompressor || **~/мотореактивный** Luftstrahltriebwerk *n* mit Kompressor || **~/мотоциклетный** Motorradmotor *m* || **~/мощный** Hochleistungsmotor *m* || **~ на жидком топливе/ракетный** Flüssigkeitsraketentriebwerk *n* || **~ на твёрдом топливе/ракетный** Feststoffraketentriebwerk *n* || **~/навесной** Anbaumotor *m* || **~/наклонный** schräg stehender Motor *m* || **~/невысотный** Bodentriebwerk *n*, stationäres Triebwerk *n*

‖ ~ непосредственного впрыска Motor *m* mit Direkteinspritzung ‖ **~/нереверсивный** nicht reversierbarer (umsteuerbarer) Motor *m* ‖ **~/нефтяной** Rohölmotor *m*, Schwerölmotor *m* ‖ **~/нижнеклапанный** untengesteuerter Motor *m*, Motor *m* mit hängenden Ventilen ‖ **~/низковольтный** *(El)* Niederspannungsmotor *m* ‖ **~ низкого сжатия** Niederdruckmotor *m* ‖ **~ низкого сжатия/нефтяной** Halbdiesel[motor] *m*, Glühkopfmotor *m* ‖ **~ облегчённой конструкции** Leicht[bau]motor *m* ‖ **~/V-образный** V-Motor *m*, V-Reihenmotor *m* ‖ **~/W-образный** W-Motor *m*, Flächenmotor *m* ‖ **~/X-образный** X-Motor *m*, Doppel-V-Motor *m* ‖ **~ общего назначения** Gebrauchsmotor *m* ‖ **~/однокамерный** Einkammer[diesel]motor *m* ‖ **~/однопоршневой** Einzylindermotor *m* ‖ **~/однорядный** Reihenmotor *m*, Einreihenmotor *m* ‖ **~/односкоростной** *(El)* Motor *m* mit einer Drehzahlstufe ‖ **~/однофазный** *(El)* Einphasenmotor *m* ‖ **~/однофазный тяговый** Einphasenbahnmotor *m* ‖ **~/одноцилиндровый** Einzylindermotor *m* ‖ **~/оппозитный** Boxermotor *m* ‖ **~/опытный** Versuchsmotor *m* ‖ **~/основной** *(Rak)* Marschtriebwerk *n* ‖ **~/открытый** *(El)* offener Motor *m* ‖ **~ параллельного возбуждения** *(El)* Nebenschlußmotor *m* ‖ **~ параллельно-последовательного возбуждения** *(El)* Reihenschlußmotor *m* mit Nebenschlußverhalten ‖ **~/параллельный** *(El)* Nebenschlußmotor *m* ‖ **~/паровой** Dampf[kraft]maschine *f* ‖ **~/первичный** Primärmaschine *f*, Kraftmaschine *f* ‖ **~ первого рода/вечный** Perpetuum mobile *n* erster Art ‖ **~/передвижной** 1. mobile Kraftmaschine *f*; 2. Fahrtriebwerk *n*, Fahrmotor *m* ‖ **~ переменного тока** *(El)* Wechselstrommotor *m* ‖ **~ переменного тока/однофазный** Einphasenwechselstrommotor *m* ‖ **~ переменного тока/сериесный** Wechselstromreihenschlußmotor *m* ‖ **~ переменного тока/тяговый** Wechselstrombahnmotor *m* ‖ **~/петлевой** Motor *m* mit Umkehrspülung ‖ **~/плазменный [реактивный]** *(Rak)* Plasmastrahltriebwerk *n*, PTW ‖ **~/пневматический** Druckluftmotor *m* ‖ **~ повышенной быстроходности** *s.* ~/быстроходный ‖ **~/подвесной** Anbaumotor *m* ‖ **~/подвесной лодочный** Außenbordmotor *m* ‖ **~/подъёмный** 1. Hubmotor *m*, Hebezeugmotor *m*; 2. *(Flg)* Hubtriebwerk *n*, Vertikaltriebwerk *n* ‖ **~/попытный** Versuchsmotor *m* ‖ **~/пороховой ракетный** Feststoffraketentriebwerk *n* ‖ **~/поршневой** Kolbenmotor *m*, KM, Kolbentriebwerk *n*, KTW, Hubkolbenverbrennungsmotor *m*, Hubkolbentriebwerk *n* ‖ **~/поршневой авиационный** Flugzeugkolbenmotor *m*, Flugzeugkolbentriebwerk *f* ‖ **~ последовательного возбуждения** *s.* ~/последовательный ‖ **~/последовательно-параллельного возбуждения** *(El)* Nebenschlußmotor *m* mit Reihenschlußverhalten ‖ **~/последовательный** *(El)* Reihenschlußmotor *m*, Hauptschlußmotor *m*, Hauptstrommotor *m* ‖ **~ постоянного тока** *(El)* Gleichstrommotor *m* ‖ **~ постоянного тока/взрывозащищённый** explosionsgeschützter Gleichstrommotor *m* ‖ **~ постоянного тока/коллекторный** Gleichstromkollektormotor *m* ‖ **~ постоянного тока/линейный** *(El)* linearer Gleichstrommotor *m* ‖ **~ постоянного тока/сериесный** Gleichstromreihenschlußmotor *m* ‖ **~ постоянного тока/тяговый** Gleichstrombahnmotor *m* ‖ **~/правый** *(Flg)* Steuerbordtriebwerk *n*; *(Schiff)* Steuerbordmaschine *f*; *(Kfz)* Rechtsmotor *m*, Motor *m* in Rechtsausführung ‖ **~/предкамерный** Vorkammermotor *m* ‖ **~/приводной** Antriebsmotor *m*, Antriebsmaschine *f* ‖ **~/прокатный** Walzwerksmotor *m* ‖ **~/промышленный** Industriemotor *m* ‖ **~ простого действия** einfachwirkender Motor *m* ‖ **~ прямой реакции** Strahltriebwerk *n* ‖ **~/прямоточный** Motor *m* mit Gleichstromspülung ‖ **~/прямоточный воздушно-реактивный** Staustrahltriebwerk *n* ‖ **~/пульсирующий воздушно-реактивный** Puls[strahl]triebwerk *n* ‖ **~/пульсирующий компрессорный** Pulsstrahltriebwerk *n* mit Kompressor ‖ **~/пусковой** Anlaßmotor *m*, Startermotor *m* ‖ **~/пылезащищённый** *(El)* staubgeschützter Motor *m* ‖ **~/радиоизотопный ракетный** *(Rak)* Isotopenstrahltriebwerk *n* ‖ **~/разгонный** *(Rak)* Beschleunigungstriebwerk *n* ‖ **~/ракетно-турбореактивный** Raketenturbinenluftstrahl-Triebwerk *n*, Raketen-TL-Triebwerk *n* ‖ **~/ракетный** Raketentriebwerk *n* ‖ **~/реактивный** Strahltriebwerk *n* ‖ **~/реверсивный** *(El)* Umkehrmotor *m*, Reversiermotor *m* ‖ **~/редукторный** *(El)* Motor *m* mit Reduktionsgetriebe ‖ **~/репульсионный** *(El)* Repulsionsmotor *m* ‖ **~/ротационный** Rotationskolbenmotor *m* *(Drehkolbenmotor, Kreiskolbenmotor, Umlaufkolbenmotor)* ‖ **~/рудничный** Bergwerksmotor *m* ‖ **~/рядный** Reihenmotor *m* ‖ **~ рядового исполнения** Reihenmotor *m* ‖ **~ с автономным наддувом** Motor *m* mit Fremdaufladung ‖ **~ с вихревой камерой** Wirbelkammerdieselmotor *m* ‖ **~ с внешним ротором** *(El)* Außenläufermotor *m* ‖ **~ с внешним смесеобразованием** Motor (Ottomotor) *m* mit äußerer Gemischbildung, Vergasermotor *m*, gemischverdichtender Motor *m* ‖ **~ с внутренним смесеобразованием** Motor *m* mit innerer Gemischbildung, Einspritzmotor *m* ‖ **~ с воздушной камерой** Luftspeicherdieselmotor *m* *(Lanova)* ‖ **~ с впрыском топлива** Einspritzmotor *m* ‖ **~ с вращающимся полем** *(El)* Drehfeldmotor *m* ‖ **~ с вытеснением тока [в роторе]** *(El)* Motor *m* mit Stromverdrängungsläufer, Stromverdrängungsmotor *m* ‖ **~ с двумя турбинами/турбовинтовой** Turbopropoptriebwerk *n*, Doppelpropellertriebwerk *n* ‖ **~ с золотниковым [газо]распределением** schiebergesteuerter Motor *m* *(Zweitaktmotor)* ‖ **~ с искровым зажиганием** Motor *m* mit Funkenzündung (Kerzenzündung) *(Ottomotor)* ‖ **~ с клапаным [газо]распределением** ventilgesteuerter Motor *m* ‖ **~ с клеточным ротором** *(El)* Käfigläufermotor *m* ‖ **~ с контактными кольцами** *(El)* Schleifringläufermotor *m* ‖ **~ с крестообразной продувкой** Motor *m* mit Kreuzspülung *(Zweitaktmotor)* ‖ **~ с наддувом** Ladermotor *m*, Motor *m* mit Aufladung ‖ **~ с наддувом/авиационный** Laderflugmotor *m* ‖ **~ с непосредственным впрыском** Direkteinspritzmotor *m* ‖ **~ с непосредственным распыливанием [топлива]** Dieselmotor *m* mit Direkteinspritzung, kompressloser Diesel *m* mit

Strahlzerstäubung ‖ ~ **с одной турбиной/турбовинтовой** Propellertriebwerk *n*, einfache Propellerturbine *f* ‖ ~ **с оппозитными цилиндрами** Boxermotor *m*, Gegenreihenmotor *m* ‖ ~ **с оппозитными цилиндрами/горизонтальный** Boxer-Flachmotor *m*, gegenreihiger Flachmotor *m* ‖ ~ **с осевым компрессором** Triebwerk *n* mit Axialverdichter ‖ ~ **с параллельным возбуждением** *(El)* Nebenschlußmotor *m* ‖ ~ **с петлевой продувкой** Motor *m* mit Umkehrspülung *(Zweitaktmotor)* ‖ ~ **с плавающими поршнями** Tauchkolbenmotor *m*, kreuzkopfloser Motor *m* ‖ ~ **с поперечной продувкой** Motor *m* mit Querspülung *(Zweitaktmotor)* ‖ ~ **с принудительным воздушным охлаждением** Motor *m* mit Zwangsluftkühlung, Gebläsemotor *m*, Motor *m* mit Gebläsekühlung ‖ ~ **с принудительным зажиганием** Motor *m* mit Fremdzündung, Ottomotor *m* ‖ ~ **с противолежащими цилиндрами** Boxermotor *m*, Gegenreihenmotor *m* ‖ ~ **с противолежащими цилиндрами/сдвоенный** Doppelgegenkolbenmotor *m*, Doppelboxermotor *m*, Vierzylinder-Boxermotor *m* ‖ ~ **с прямопоточной продувкой** Motor *m* mit Gleichstromspülung *(Zweitaktmotor)* ‖ ~ **с самовоспламенением** Dieselmotor *m*, Motor *m* mit Selbstzündung ‖ ~ **с самовоспламенением/предкамерный** Vorkammerdieselmotor *m*, Dieselmotor *m* mit Vorkammer ‖ ~ **с сериесной характеристикой** *(El)* Motor *m* mit Reihenschlußverhalten ‖ ~ **с трёхпоточной продувкой** Motor *m* mit Dreistromspülung *(Zweitaktmotor)* ‖ ~ **с турбокомпрессором** Motor *m* mit Abgasturbolader ‖ ~ **с частичным наддувом** Motor *m* mit Teilaufladung (Nachladung) ‖ **~/сверхбыстроходный** hochschnellaufender Motor *m* ‖ **~/сверхзвуковой** Flugzeugtriebwerk *n* für Überschallgeschwindigkeit ‖ **~/сверхзвуковой турбореактивный** Turbinen-Luftstrahltriebwerk *n* für Überschallgeschwindigkeit ‖ **~/сверхмощный** Höchstleistungsmotor *m* ‖ **~/свободнопоршневой** Freiflugkolbenmotor *m*, Freiflugkolbenverdichter *m* ‖ **~/сдвоенный** *(El)* Doppelmotor *m*, Zwillingsmotor *m* ‖ **~/сельсинный** Selsynmotor *m* ‖ **~/сериесный** *s.* ~/последовательный ‖ **~/синхронный** *(El)* Synchronmotor *m* ‖ **~/следящий** *(El, Reg)* Folgemotor *m* ‖ ~ **смешанного возбуждения** *s.* ~/компаундный ‖ **~/смешанный** Gemischtriebwerk *n (Propellerturbine, Kolbenmotorstrahltriebwerk, Doppelstromturbine)* ‖ **~/средний** *(Schiff)* Mittelmaschine *f* ‖ **~/стартовый** Starttriebwerk *n* ‖ **~/стационарный** ortsfester (stationärer) Motor *m* ‖ **~/стыковочный** *(Raumf)* Docking-Triebwerk *n* ‖ ~ **твердого топлива/ракетный** Feststoffraketentriebwerk *n*, FSRT ‖ **~/твердотопливный [ракетный]** *s.* ~ твердого топлива/ракетный ‖ **~/тепловозный** Bahndieselmotor *m* ‖ **~/тепловой** Wärmekraftmaschine *f* ‖ **~/термоядерный ракетный** thermonukleares Raketentriebwerk *n*, Fusionstriebwerk *n* ‖ **~/тиристорный** *(El)* thyristorgesteuerter Motor *m* ‖ **~/тихоходный** *(El)* langsamlaufender Motor *m*, Langsamläufermotor *m* ‖ **~/толкающий** Druckschraubentriebwerk *n* ‖ **~/тракторный** Schleppermotor *m*, Traktorenmotor *m* ‖ **~/трамвайный** Straßenbahnmotor *m* ‖ **~/транспортный** *s.* ~/передвижной 2. ‖ ~ **трёхфазного тока/тяговый** Drehstrombahnmotor *m* ‖ **~/трёхфазный** *(El)* Drehstrommotor *m*, Dreiphasenmotor *m* ‖ **~/трёхфазный асинхронный** Drehstromasynchronmotor *m* ‖ **~/трёхфазный коллекторный** Drehstromkommutatormotor *m* ‖ **~/трёхцилиндровый** Dreizylindermotor *m* ‖ **~/троллейбусный** Obusmotor *m* ‖ **~/тронковый** Tauchkolbenmotor *m* ‖ **~/турбинный воздушно-реактивный** *s.* ~/турбореактивный ‖ **~/турбовинтовой** Propellerturbinen[luftstrahl]-triebwerk *n*, PTL-Triebwerk *n*, Turbopropellertriebwerk *n* ‖ **~/турбовоздушно-реактивный** *s.* ~/турбореактивный ‖ **~/турбокомпрессорный воздушно-реактивный** Turbokompressorstrahltriebwerk *n*, Axialverdichterstrahltriebwerk *n* ‖ **~/турбопоршневой** Gasturbine *f* mit Kolbentreibgaserzeuger ‖ **~/турбореактивный** Turbinenluftstrahltriebwerk *n*, TL-Triebwerk *n* ‖ **~/тяговый** *(El)* Bahnmotor *m*, Fahrmotor *m*, Traktionsmotor *m* ‖ ~ **тяжёлого топлива** Schwerölmotor *m*, Dieselmotor *m* ‖ **~/универсальный** 1. *(El)* Universalmotor *m*; 2. Wechselmotor *m (für Flüssigkraftstoff oder Gas)* ‖ ~ **фланцевый** *(El)* Flanschmotor *m* ‖ **~/форсированный** 1. Hochleistungsmotor *m*; 2. frisierter Motor *m* ‖ **~/фотонный [реактивный]** *(Rak)* Photonen[strahl]triebwerk *n* ‖ **~/четырёхтактный** *s.* ~ внутреннего сгорания/четырёхтактный ‖ **~/четырёхтактный карбюраторный** Viertaktvergasermotor *m* ‖ **~/четырёхцилиндровый** Vierzylindermotor *m* ‖ **~/шаговый** *(El)* Schrittmotor *m* ‖ **~/шахтный** Grubenmotor *m* ‖ **~/шестерёнчатый** Zahnradmotor *m* ‖ **~/шестицилиндровый** Sechszylindermotor *m* ‖ **~/шлюпочный** Bootsmotor *m* ‖ **~/шунтовой** *(El)* Nebenschlußmotor *m* ‖ **~/шунтовой коллекторный** Nebenschlußkommutatormotor *m* ‖ **~/электрический** Elektromotor *m* ‖ **~/электрический тяговый** elektrischer Bahnmotor (Fahrmotor) *m* ‖ **~/ядерный** Kernenergietriebwerk *n*, Kernenergieantrieb *m* ‖ **~/ядерный ракетный** Nuklearraketentriebwerk *n*, NRT ‖ **~/ядерный судовой** Kernenergie-Schiffsantrieb *m* ‖ ~ **V6** *(Kfz)* V6-Motor *m*

двигатель-генератор *m (El)* Motorgenerator

двигатель-компрессор *m* 1. Motorverdichter *m*; 2. Freikolbenverdichter *m*, Flugkolbenverdichter *m (zur Erzeugung von Druckluft für Druckluftanlagen)*; 3. Freikolbentreibgaserzeuger *m (Gasturbine)* ‖ ~ **со свободными поршнями** *s.* ~ -компрессор 2., 3.

двигательно-технический triebwerkstechnisch, Triebwerks...

двигательный Motor..., motorisch

двигатель-усилитель *m* Kraftverstärker *m*

движение *n* 1. Bewegung *f (Geol s. a. unter* движения*)*; 2. Lauf *m*, Gang *m*; 3. Betrieb *m*, Verkehr *m (Eisenbahn)*; Verkehr *m (Straße; s. a. unter* сообщение 3.*)*; 4. Strömung *f (Gase, Flüssigkeiten; s. a. unter* течение*)* ‖ **~/абсолютное** Absolutbewegung *f*, absolute Bewegung *f* ‖ **~/безвихревое** wirbelfreie Bewegung *f* ‖ **~/беспорядочное** ungeordnete (chaotische, regellose) Bewegung *f* ‖ **~/блоковое** *(Geol)* Schollenbewegung *f* ‖ **~/броуновское [моле-**

кулярное] *(Ph)* Brownsche Bewegung (Molekularbewegung) *f* ‖ **~ вверх** Aufwärtsbewegung *f*, Hochgang *m* ‖ **~/вековое** *(Astr)* säkulare Bewegung *f* ‖ **~/вертикальное** Vertikalbewegung *f* ‖ **~/винтовое** 1. schraubenförmige Bewegung *f*, Schraubenbewegung *f (eines Festkörpers)*; 2. *(Math)* Schraubung *f (Geometrie)*; 3. *(Krist)* Schraubung *f* ‖ **~/вихревое** turbulente Bewegung *f*, Turbulenzbewegung *f* ‖ **~ вниз** Abwärtsbewegung *f*, Abwärtsgang *m* ‖ **~/возвратное** *s.* ~/обратное ‖ **~/возвратно-поступательное** Vor- und Rückwärtsbewegung *f*, Hin- und Herbewegung *f*, hin- und hergehende Bewegung *f*, Pendelbewegung *f*; *(Text)* Changierbewegung *f* ‖ **~/воздушное** Flugverkehr *f* ‖ **~/возмущённое** gestörte Bewegung *f* ‖ **~/волновое** Wellenbewegung *f* ‖ **~ вперёд** Vorschub *m*; Vorwärtsbewegung *f* ‖ **~/вращательное** 1. umlaufende (drehende, rotierende) Bewegung *f*, Drehbewegung *f*, Rotation[sbewegung] *f*; 2. *(Hydr)* kreisende Strömung *f* ‖ **~/встречное** Gegenlauf *m*, Gegenbewegung *f*, gegenläufige Bewegung *f* ‖ **~ второго порядка/винтовое** *(Krist)* zweizählige Schraubung *f* ‖ **~/вынужденное** *s.* ~/принудительное ‖ **~/гармоническое** harmonische Bewegung *f* ‖ **~/гиперболическое** *(Astr)* hyperbolische Bewegung *f*, Hyperbelbewegung *f (Finalbewegung im Dreikörperproblem)* ‖ **~/гиперболо-параболическое** *(Astr)* hyperbolisch-parabolische Bewegung *f (Finalbewegung im Dreikörperproblem)* ‖ **~/гиперболо-эллиптическое** *(Astr)* hyperbolisch-elliptische Bewegung *f (Finalbewegung im Dreikörperproblem)* ‖ **~/гироскопическое** Gyralbewegung *f*, Kreiselbewegung *f* ‖ **~/главное** *(Wkzm)* Schnittbewegung *f* ‖ **~ горных пород** *(Geol)* Gebirgsbewegung *f* ‖ **~/городское** Stadtverkehr *m* ‖ **~/грузовое** *(Eb)* Frachtverkehr *m*, Güterverkehr *m* ‖ **~ дислокаций** *(Krist)* Versetzungsbewegung *f*, Gleiten *n* von Versetzungen ‖ **~/диффузионное** Diffusion[sbewegung] *f* ‖ **~/железнодорожное** Eisenbahnbetrieb *m*, Eisenbahnverkehr *m* ‖ **~ жидкости/однонаправленное** gleichsinnige Flüssigkeitsführung *f (in einer Rektifikationssäule)* ‖ **~ жидкости/разнонаправленное** gegensinnige Flüssigkeitsführung *f (in einer Rektifikationssäule)* ‖ **~ жидкости/струйное** Flüssigkeitsstrahlen *n* ‖ **~ жидкости/струйчатое** *(Hydr)* laminare Bewegung *f* ‖ **~/заводское** Werkverkehr *m* ‖ **~/замедленное** verzögerte Bewegung *f* ‖ **~ затормаживания** Bremsbewegung *f*, Bremseinleitung *f*, Einrückvorgang *m* ‖ **~ земной коры** *(Geol)* Erdkrustenbewegung *f*, Krustenbewegung *f* ‖ **~ земной коры/современное** rezente Erdkrustenbewegung *f* ‖ **~/инфинитное** infinite (unbegrenzte) Bewegung *f* ‖ **~ ионов** Ionenbewegung *f* ‖ **~/истинное** *(Schiff)* Absolutbewegung *f (Radar)* ‖ **~ катания** *s.* ~ качения ‖ **~/качательное** *s.* ~/колебательное ‖ **~ качения** Rollen *n*, Rollbewegung *f*, Wälzen *n*, Wälzbewegung *f*, wälzende Bewegung *f* ‖ **~/кеплеровское** *(Astr)* Keplerbewegung *f (z. B. eines Planeten)* ‖ **~/колебательное** Schwing[ungs]bewegung *f*, Schwingung *f*, schwingende (oszillatorische, oszillierende, periodische) Bewegung *f*, Oszillationsbewegung *f*; Schaukelbewegung *f* ‖ **~ криволинейное** krummlinige Bewegung *f* ‖ **~/круговое** 1. Kreisbewegung *f*, Zirkelbewegung *f*; 2. Rundlaufen *n*; 3. *(Fert)* Rundgang *m*, Rundvorschub *m*; 4. *(Ph)* kreisende Strömung *f*; 5. *(Kfz)* Kreisverkehr *m* ‖ **~/ламинарное** laminare Bewegung (Strömung) *f*, Laminarbewegung *f*, Laminarströmung *f* ‖ **~/левопутное** Linksverkehr *m* ‖ **~ ледника** Gletscherbewegung *f*, Gletscherschub *m* ‖ **~/либрационное** *(Astr)* Librationsbewegung *f (Dreikörperproblem)* ‖ **~/линейное** translatorische (fortschreitende) Bewegung *f* ‖ **~/локальное** *(Masch)* Bestimmbewegung *f* ‖ **~/маршевое** Eilgang *m* ‖ **~/маршрутное** *(Eb)* Linienverkehr *m*, Ganzzugverkehr *m* ‖ **~ массы** *(Pap)* Stoffbewegung *f*, Stoffumtrieb *m* ‖ **~ материков** *(Geol)* Kontinentaldrift *f* ‖ **~/маховое** Schwungbewegung *f* ‖ **~/маятниковое** Pendelbewegung *f*, Pendelschwingung *f*, Pendelung *f* ‖ **~/молекулярное** Molekularbewegung *f*, molekulare Bewegung *f* ‖ **~/молекулярное тепловое** [thermische] Molekularbewegung *f* ‖ **~ назад** Rückwärtsbewegung *f* ‖ **~/невозмущённое** nichtgestörte (ungestörte) Bewegung *f* ‖ **~/непрерывное** kontinuierliche (stetige) Bewegung *f* ‖ **~/неравномерно замедленное** ungleichmäßig verzögerte Bewegung *f* ‖ **~/неравномерно ускоренное** ungleichmäßig beschleunigte Bewegung *f* ‖ **~/неравномерное** ungleichförmige Bewegung *f* ‖ **~/несвободное** unfreie (eingeschränkte, gebundene) Bewegung *f* ‖ **~/нестационарное** instationäre (nichtstationäre) Bewegung *f* ‖ **~/неустановившееся** instationäre (nichtstationäre) Bewegung *f* ‖ **~/неустойчивое** labile Bewegung *f* ‖ **~ носителей заряда** Ladungsträgerbewegung *f* ‖ **~/нутационное** *(Astr)* Nutationsbewegung *f (z. B. der Erdachse)* ‖ **~ обкатывания** *(Fert)* Abwälzbewegung *f (Spanen)* ‖ **~ облаков** *(Meteo)* Wolkenzug *m* ‖ **~/обратное** 1. rückläufige (retrograde) Bewegung *f*; Kehrbewegung *f*; 2. *(Fert)* Zurückfahren *n*; 3. *(Astr)* Rückläufigkeit *f*, rückläufige Bewegung *f (Lage der Bahn)* ‖ **~/обращательное** *s.* ~ по круговой орбите ‖ **~/одномерное** eindimensionale Bewegung *f* ‖ **~/одностороннее** *(Eb)* Einrichtungsverkehr *m* ‖ **~/орбитальное** *(Astr)* Bahnbewegung *f* ‖ **~ /ориентирующее** *(Masch)* Bestimmbewegung *f* ‖ **~ /основное** *(Masch)* Hauptbewegung *f (Gesamtheit von Fahr- und Einstellbewegung)* ‖ **~ относительно воды** *(Schiff)* Bewegung (Fahrt) *f* durch das Wasser ‖ **~ относительно грунта** *(Schiff)* Bewegung (Fahrt) *f* über Grund ‖ **~/относительное** 1. relative Bewegung *f*, Relativbewegung *f*; 2. *(Hydr)* Relativströmung *f* ‖ **~/параболическое** *(Astr)* parabolische Bewegung *f* ‖ **~/пекулярное** *(Astr)* Pekuliarbewegung *f* ‖ **~/первоочередное** Vorfahrt *f* ‖ **~/перекрёстное** Kreuzstrom *m (in einer Rektifikationssäule)* ‖ **~ /переносное** *(Masch)* Einstellbewegung *f* ‖ **~ перигелия** *(Astr)* Periheldrehung *f* ‖ **~ перигелия/релятивистское вековое** relativistische Periheldrehung *f (z. B. Merkur)* ‖ **~/периодическое** periodische Bewegung *f* ‖ **~/перманентное вращательное** permanente Rotation *f* ‖ **~/пилигримовое** Pilgerschrittbewegung *f* ‖ **~ по высоте** *s.* ~/вертикальное ‖ **~ по гиперболе** *s.* ~/гиперболическое ‖ **~ по**

круговой орбите Kreisbahnbewegung *f*, Orbitalbewegung *f (Bewegung einzelner Flüssigkeitsteilchen in einer fortschreitenden Wasserwelle)* ‖ **~ по окружности** *s.* ~/круговое ‖ **~ по орбите** Bahnbewegung *f*; Umlaufbewegung *f*, Bahnumlauf *m* ‖ **~ подачи** *(Wkzm)* Vorschubbewegung *f* ‖ **~ поездов** *(Eb)* Zugverkehr *m* ‖ **~ поездов в след** Fahrt *f* auf Sicht ‖ **~ поездов/челночное** Wendezugverkehr *m* ‖ **~ полюсов Земли** *(Astr)* Polbewegung *f*, Polschwankung *f*, Polwanderung *f*; Polhöhenschwankung *f* ‖ **~/попутное** Gleichlauf *m* ‖ **~/попятное** *(Astr)* rückläufige Bewegung *f*, Rückläufigkeit *f (scheinbare Bewegung von Planeten)* ‖ **~ поршней/взаимно-противоположное (встречное)** Kolbengegenläufigkeit *f (Gegenkolbenmotor)* ‖ **~/поступательное** *(Ph)* Translation[sbewegung] *f*, translatorische (fortschreitende) Bewegung *f*; *(Mech)* Schieben *n (Bewegungsform eines Schubgelenkes)* ‖ **~/потенциальное** Potentialbewegung *f*, Potentialströmung *f*, wirbelfreie (drehungsfreie) Strömung (Bewegung) *f* ‖ **~/праволутное** Rechtsverkehr *m* ‖ **~/прерывистое** diskontinuierliche (intermittiernede, ruckweise) Bewegung *f*, Ruckbewegung *f* ‖ **~/прецессионное** *(Astr)* Präzessionsbewegung *f (z. B. der Erdachse)* ‖ **~/пригородное** *(Eb)* Vorortverkehr *m* ‖ **~/принудительное** *(Ph)* zwangsläufige (erzwungene, unfreie) Bewegung *f*; Zwangslauf *f*, Zwangsbewegung *f* ‖ **~ пространственного заряда** Raumladungswanderung *f* ‖ **~/пространственное** räumliche (dreidimensionale) Bewegung *f* ‖ **~/прямое** 1. Direktverkehr *m*; 2. *(Astr)* rechtläufige Bewegung *f*, Rechtläufigkeit *f (von Planeten)* ‖ **~/прямолинейное** geradlinige Bewegung *f* ‖ **~/рабочее** 1. Arbeitsbewegung *f*; 2. *(Fert)* Hauptbewegung *f*; Schnittbewegung *f* ‖ **~/равномерно замедленное** gleichmäßig (gleichförmig) verzögerte Bewegung *f* ‖ **~/равномерно переменное** gleichmäßig (gleichförmig) veränderliche Bewegung *f* ‖ **~/равномерно ускоренное** gleichmäßig (gleichförmig) beschleunigte Bewegung *f* ‖ **~/равномерное** gleichförmige Bewegung *f* ‖ **~/равноускоренное** *s.* ~/равномерно ускоренное ‖ **~/разрывное** *s.* ~/прерывистое ‖ **~/распределительное** Steuerbewegung *f* ‖ **~ растормаживания** Ausrückbewegung *f*, Lösevorgang *m (Bremse)* ‖ **~/реверсивное** Rückbewegung *f*, Umkehrbewegung *f* ‖ **~/синхронное** Synchronlauf *m*, Gleichlauf *m* ‖ **~/скачкообразное** *(Trib)* Stick-Slip *n*, Ruck-Gleiten *n* ‖ **~/сквозное** Durchgangsverkehr *m* ‖ **~/скоростное** *(Eb)* Schnellverkehr *m* ‖ **~/сложное** zusammengesetzte (resultierende) Bewegung *f* ‖ **~/собственное** Eigenbewegung *f* ‖ **~/среднее суточное** *(Astr)* mittlere tägliche Bewegung *f* ‖ **~/стационарное** beständige (stationäre) Bewegung *f* ‖ **~/струйчатое** *(Hydr)* laminare Bewegung *f* ‖ **~/суточное** *(Astr)* tägliche Bewegung *f* ‖ **~ твёрдого тела** *(Mech)* Bewegung *f* des starren Körpers ‖ **~ тепла** *s.* ~/тепловое ‖ **~/тепловое** *(Therm)* Wärmebewegung *f*, Wärmefluß *m* ‖ **~/тепловое колебательное** Temperaturschwingung *f*; Wärmeschwingung *f* ‖ **~/транзитное** *(Eb)* Transitverkehr *m* ‖ **~/трансляционное** *s.* ~/поступательное ‖ **~/транспортирующее** *(Masch)* Einstellbewegung *f* ‖ **~ третьего порядка/винтовое** *(Krist)* dreizählige Schraubung *f* ‖ **~/трёхмерное** *s.* ~/пространственное ‖ **~/турбулентное** Turbulenz[bewegung] *f*, turbulente Bewegung *f* ‖ **~/уличное** Straßenverkehr *m* ‖ **~/ускоренное** *(Wkzm)* Eilgang *m* ‖ **~/установившееся** stationäre (permanente) Bewegung *f* ‖ **~/установочное** *(Fert)* Einstellbewegung *f*, Stellbewegung *f* ‖ **~/устойчивое** stabile Bewegung *f* ‖ **~/финитное** finite (begrenzte) Bewegung *f* ‖ **~/хаотическое** *s.* ~/беспорядочное ‖ **~/хаотическое колебательное** fluktuierende Bewegung *f* ‖ **~/центральное** Zentralbewegung *f* ‖ **~ четвёртого порядка/винтовое** *(Krist)* vierzählige Schraubung *f* ‖ **~ шестого порядка/винтовое** *(Krist)* sechszählige Schraubung *f* ‖ **~/эллиптическое** *(Astr)* elliptische Bewegung *f*

движения *npl (Geol)* Bewegungen *fpl* ‖ **~/горообразовательные** *s.* движения/орогенические ‖ **~/гравитационные** gravitative Bewegungen *fpl* ‖ **~ [земной коры]/колебательные** *s.* ~/эпейрогенетические ‖ **~/орогенические** orogenetische (gebirgsbildende) Bewegungen *fpl* ‖ **~/разрывные** Bewegungen *fpl* mit Bruchbildung ‖ **~/складчатые** faltenbildende Bewegungen *fpl*, Faltungsbewegungen *fpl* ‖ **~/тектонические** tektonische Bewegungen *fpl* ‖ **~/эпейрогенические** Epirogenese *f (weitgespannte Hebungen und Senkungen der Erdkruste)*, epirogenetische Bewegungen *fpl*

движитель *m* 1. Bewegungsantrieb *m*, Antriebsvorrichtung *f*, Triebwerk *n*, Antrieb *m*, Vortriebsaggregat *n*; 2. Vortriebsmittel *n*, Vortriebsorgan *n (Rad- oder Raupenfahrwerk)*, 3. *(Schiff)* Propulsionsorgan *n* ‖ **~/винтовой** *(Schiff)* Antriebspropeller *m*, Antriebsschraube *f* ‖ **~/водомётный** *(Schiff)* Wasserstrahltriebwerk *n*, Wasserstrahlantrieb *m*, Hydrojet *m* ‖ **~/гусеничный** Gleiskettenfahrwerk *n*, Kettentriebwerk *n*, Kettenantrieb *m* ‖ **~/колёсно-гусеничный** Rad- und Gleiskettenfahrwerk *n* ‖ **~/крыльчатый** *(Schiff)* Voith-Schneider-Propeller *m* ‖ **~/лопастный** Schaufelantrieb *m*

движок *m* 1. Schieber *m*; Gleitstück *n*; 2. tragbarer Benzinmotor *m*; 3. *(El)* Abgreifer *m*, Abgriff *m*, Schieber *m*, Schleifer *m* ‖ **~ потенциометра** *(El)* Potentiometerschleifer *m*, Potentiometerabgriff *m* ‖ **~ реостата** *(El)* Rheostat[en]schieber *m*

движущийся/возвратно-поступательно hin- und hergehend, oszillierend ‖ **~/навстречу** gegenläufig

двоично-десятичный *(Inf)* binärdezimal

двоично-кодированный *(Inf)* binär verschlüsselt

двоично-пятеричный *(Inf)* biquinär

двоичный *(Inf)* binär, Binär...; dual, Dual...

двойник *m (Krist)* Zwilling *m* ‖ **~/аклиновый** *s.* ~/периклиновый ‖ **~/альбитовый** Albitzwilling *m* ‖ **~/арагонитовый** Aragonitzwilling *m* ‖ **~/бавенский** Bavenoer Zwilling *m* ‖ **~/бразильский** Brasilianer Zwilling *m* ‖ **~ вращения** Rotationszwilling *m* ‖ **~/динамогенный** Gleitzwilling *m*, Druckzwilling *m* ‖ **~/дополняющий** Ergänzungszwilling *m* ‖ **~/дофинейский** Dauphinéer Zwilling *m* ‖ **~/иррациональный** irrationaler Zwilling *m* ‖ **~/карлсбадский** Karlsbader Zwilling *m* ‖ **~/комплексный** zusammengesetzter Zwilling *m*; Vielling *m* ‖ **~/контактовый** Berührungszwilling *m*, Kontaktzwilling *m* ‖ **~/манебахский** Manebacher Zwilling *m* ‖ **~/механический** Deformationszwilling *m*, mechanische Zwillingsbildung *f* ‖ **~/микроклиновый** *s.* ~/периклиновый ‖ **~/миметический** mimetischer Zwilling *m*; Wendezwilling *m* ‖ **~/периклиновый** Periklinzwilling *m* ‖ **~/полисинтетический** polysynthetischer Zwilling *m*, Wiederholungszwilling *m* ‖ **~ прорастания** Durchdringungszwilling *m*, Durchwachsungszwilling *m*, Penetrationszwilling *m* ‖ **~ роста** Wachstumszwilling *m* ‖ **~ соприкосновения (срастания)** Berührungszwilling *m*, Kontaktzwilling *m* ‖ **~/трансляционный** Gleitzwilling *m*, Druckzwilling *m* ‖ **~/японский** Japaner Zwilling *m*

двойникование *n (Krist)* Verzwillingung *f*, Zwillingsbildung *f*

двойной Doppel..., Zweifach...

двойственность *f* Dualität *f*

двор *m* 1. Hof *m*, Platz *m*; 2. *(Eb)* Ladestelle *f*, Güterbahnhof *m* ‖ **~/внутренний** Innenhof *m* ‖ **~/выгульный** Laufhof *m (Stall)* ‖ **~/грузовой** *(Eb)* Lagerplatz *m*, Güterbahnhof *m* ‖ **~/литейный** *(Met)* 1. Masselbett *n*, Gießbett *n*; 2. Gießhalle *f*; 3. Abstichbühne *f*, Abstichbett *n (Hochofen)* ‖ **~/околоствольный** *(Bgb)* Füllort *n* ‖ **~/перевалочный** Umschlagplatz *m* ‖ **~/плеохроичный** *(Min)* pleochroitischer Hof *m* ‖ **~/разгрузочный** Entladeplatz *m* ‖ **~/рудничный** *(Bgb)* Füllort *n* ‖ **~/рудный** *(Met)* Erz[lager]platz *m* ‖ **~/световой** *(Bw)* Lichthof *m*, Lichtschacht *m* ‖ **~/скрапный** Schrottlager *n*, Schrottplatz *m* ‖ **~/строительный** *(Bw)* Bauhof *m*

двояковогнутый *(Opt)* bikonkav *(Linse)*

двояковыпуклый *(Opt)* bikonvox *(Linse)*

двоякопреломляющий *(Opt)* doppelbrechend

ДВРП *s.* радиопеленгатор/двухканальный визуальный

ДВС *s.* двигатель внутреннего сгорания

дву *s. a. unter* двух...

двубромистый ...dibromid *n (anorganische Chemie)*; Dibrom... *(organische Chemie)*

двудорожечный Zweispur..., zweispurig *(Magnettonband)*

двузамещённый *(Ch)* disubstituiert, zweifach substituiert ‖ **~ мышьяковокислый** ...hydrogen[ortho]arsenat *n*

двузначность *f (Math)* Zweideutigkeit *f*; Zweiwertigkeit *f*

двузначный zweideutig; zweistellig *(Zahl)*

двукрылый *(Bgb)* zweiflügelig *(Abbau)*

двумолекулярный dimolekular, bimolekular

двумолибденовокислый *(Ch)* ...dimolybdat *n*; dimolybdänsauer

двунаправленный *(Inf)* bidirektional

двунатриевый *(Ch)* Dinatrium...

двунога *f* A-Mast *m*; Bockgerüst *n (Hebezeuge)*

двуокись *f (Ch)* Dioxid *n*

двуоксид *m (Ch)* Hyperoxid *n (der Alkalimetalle)*

двуосность *f (Krist)* Zweiachsigkeit *f* ‖ **~/аномальная** anomale Zweiachsigkeit *f*

двуосный zweiachsig

двуотражение *n (Krist)* Bireflexion *f*, Reflexionspleochroismus *m*

двупреломление *n* Doppelbrechung *f*

двусмысленность *f* Doppeldeutigkeit *f*, Zweideutigkeit *f*, Doppelsinnigkeit *f*

двустабильный doppelstabil

двустволка *f* Doppelflinte *f*, Zwilling *m*

двустворчатый zweiflügelig *(Tür, Fenster)*

двустенный doppelwandig

двусторонний 1. zweiseitig, bilateral; 2. *(Text)* beidrecht, beiderseitig *(Gewebe)*

двутавр *m* 1. *(Met)* Doppel-T-Profil *n*, I-Profil *n*; 2. *(Bw)* Doppel-T-Träger *m*, I-Träger *m* ‖ **~ с одинаковыми полками** 1. *(Met)* gleichflanschiges Profil *n*; 2. *(Bw)* gleichflanschiger Doppel-T-Träger (I-Träger) *m* ‖ **~/широкополочный** 1. *(Met)* breitflanschiges Profil *n*; 2. *(Bw)* breitflanschiger Träger *m*

двутавровый I-förmig *(Träger)*

двутрёхокись *f* **свинца** *(Ch)* Blei(II,IV)-oxid *n (Mennige)*

двууглекислый *(Ch)* ...hydrogencarbonat *n*; doppel[t]kohlensauer

двух... *s. a. unter* дву...

двухадресный *(Inf)* Zweiadreß...

двухатомность *f (Ch)* Zweiatomigkeit *f*

двухатомный *(Ch)* zweiatomig

двухбазовый *(Eln)* Doppelbasis...

двухвалентность *f (Ch)* Zweiwertigkeit *f*, Bivalenz *f*

двухвалентный *(Ch)* zweiwertig, bivalent

двухванный *(Photo)* Zweibad...

двухвинтовой *(Schiff)* Doppelschrauben..., Doppelpropeller...

двухводный *(Ch)* ...-2-Wasser *n*, ...dihydrat *n*

двухвыводной *(El)* mit zwei Anschlüssen

двухголовый *(Eb)* doppelköpfig *(Schienen)*

двухгранники *mpl (Geol)* Zweikanter *mpl*

двухгребёночный *(Text)* zweifadensystemig; mit zwei Legeschienen

двухдиапазонный *(Rf)* Zweibereich-, mit zwei Bereichen; mit zwei Wellenbereichen

двухжильный *(El)* zweiadrig, Zweileiter...

двухзарядный *(El)* zweifach geladen

двухзахватный *(Masch)* Zweiteile... *(Bauweise von Greifern)*

двухзаходный zweigängig *(Gewinde)*

двухзвенник *m* Doppelglied *n*, Kniehebel *m*

двухимпульсный *(El)* Doppelimpuls...

двухканальный *(Rf)* Zweikanal...

двухкаскадный zweistufig, Zweistufen..., Zweikaskaden...

двухкатушечный *(El)* zweispulig

двухкислотный *(Ch)* zweisäurig *(Basen)*

двухклетьевой zweigerüstig, doppelgerüstig *(Walzwerk)*

двухколейный *(Eb)* zweigleisig

двухколонный *(Typ)* zweispaltig *(Salz)*

двухкомпонентный binär, Zweikomponenten..., Zweistoff...

двухконтактный *(El)* zweikontaktig

двухконтурный *(Rf)* zweikreisig, Zweikreis...

двухкорпусный *(Schiff)* Doppelrumpf...

двухлопастный zweiflügelig, zweischaufelig *(Turbine)*

двухлористый ...dichlorid *n (anorganische Ch)*; Dichlor... *(organische Ch)*

двухлучевой zweistrahlig, Zweistrahl...

двухмерный zweidimensional

двухопорный *(Masch)* zweifach gelagert

двухосновность *f (Ch)* Dibasizität *f*
двухосновный *(Ch)* zweibasig *(Säuren)*
двухпозиционный *(Masch)* mit zwei Greiferhänden, Doppel... *(Bauweise von Greifern)*
двухполосный *(Typ)* doppelseitig, zweiseitig
двухполюсник *m (El)* Zweipol *m* ‖ **~/активный** aktiver Zweipol *m* ‖ **~/колебательный** Schwingungszweipol *m* ‖ **~/пассивный** passiver Zweipol *m* ‖ **~/реактивный** Reaktanzzweipol *m*
двухполюсный *(El)* zweipolig, doppelpolig, Zweipol...
двухпоточность *f (Hydt)* Doppelflutigkeit *f*
двухпоточный *(Hydt)* doppelflutig, zweiflutig
двухпредельный *(Rf)* Zweibereich..., mit zwei Bereichen ‖ **~ по напряжению** *(El)* mit zwei Spannungsbereichen; *(Meß)* mit zwei Spannungsmeßbereichen ‖ **~ по току** *(El)* mit zwei Strombereichen; *(Meß)* mit zwei Strommeßbereichen
двухпроводный *(El)* Zweileiter...; Zweidraht..., zweidrähtig, doppeldrähtig
двухпутный *(Eb)* zweigleisig
двухраздельный *(Bgb)* zweitrümig
двухрастворный *s.* двухванный
двухромовокислый *(Ch)* ...dichromat *n*; dichromsauer
двухрядный zweireihig; zweizeilig
двухсернистый *(Ch)* ...disulfid *n*
двухслойный Zweischicht..., Doppelschicht... *(Film, Magnetband)*; doppellagig, doppelschichtig
двухстоечный *(Met)* Doppelständer..., Zweiständer... *(z. B. Walzwerk, Presse)*
двухсторонний 1. zweiseitig, bilateral; 2. *(Text)* beidrecht, beiderseitig *(Gewebe)*
двухструйный *s.* двухпоточный
двухступенный *s.* двухступенчатый
двухступенчатый zweistufig, Zweistufen...
двухтактный Gegentakt...; Zweitakt...
двухтопенантный *(Schiff)* Doppelhanger...
двухфазный *(El)* zweiphasig, Zweiphasen...
двухфонтурный *(Text)* zweifonturig *(Stickerei)*
двухэтажный *(Eb)* Doppelstock...
двуцветность *f s.* дихроизм
двучлен *m (Math)* Binom *n*
д-вход *m* D-Eingang *m (Trigger)*
ДГ *s.* дизель-генератор
деаэратор *m* Entlüfter *m*; Entgaser *m* ‖ **~/башенный** Turmentgaser *m* ‖ **~/вакуумный** Vakuumentgaser *n* ‖ **~/водоструйный** Rieselentgaser *m* ‖ **~ питательной воды** Speisewasserentgaser *m* ‖ **~/плёночный** Dünnschichtentgaser *m*, Rieselentgaser *m*
деаэрация *f* 1. Entlüften *n*, Entlüftung *f*, Belüften *n*, Belüftung *f*; 2. Entgasen *n*, Entgasung *f*; 3. Auflockern *n*, Auflockerung *f (Formstoff)* ‖ **~ воды** Wasserentgasung *f* ‖ **~ питательной воды** Speisewasserentgasung *f*
деаэрирование *n s.* деаэрация
деаэрировать 1. entlüften, belüften; 2. entgasen; 3. auflockern *(Formstoff)*
дебаеграмма *f (Krist)* Debye-Scherrer-Aufnahme *f*, Debye-Scherrer-Diagramm *n (Röntgenstrukturanalyse)*
дебай *m* Debye *n*, D *(SI-fremde Einheit des elektrischen Dipolmoments)*
дебаланс *m* 1. Unwucht *f*; 2. Unwuchtmasse *f*
дебаркадер *m (Schiff)* Landungsbrücke *f*, Anlegestelle *f* ‖ **~/плавучий** schwimmende Anlegestelle *f*
дебит *m* Ergiebigkeit *f*; *(Bgb)* Fördermenge *f*, Förderung *f*, Produktion *f (Erdöl)* ‖ **~ воды** *(Hydt)* Wasserergiebigkeit *f* ‖ **~ источника** *(Hydt)* Quellenergiebigkeit *f* ‖ **~ колодца** *(Hydt)* Ergiebigkeit *f* eines Brunnens, Brunnenleistung *f* ‖ **~ потока** *(Hydt)* Stromergiebigkeit *f* ‖ **~ реки** *s.* ~ потока ‖ **~/суточный** *(Bgb)* Tagesförderung *f*
дебитограмма *f* Ergiebigkeitskurve *f (Erdöl)*
дебитомер *m* Ergiebigkeitsmesser *m (Erdöl)*
деблокировать *(Eb)* entblocken, rückblocken; entriegeln, freigeben *(Fahrstrecke)*
деблокировка *f (Eb)* Entblockung *f*, Entriegelung *f*, Freigabe *f (Fahrstrecke)*
девиатор *m (Schiff)* Kompensierer *m (Magnetkompaß)* ‖ **~ деформации** *s.* ~ тензора деформации ‖ **~ напряжений** Spannungsdeviator *m* ‖ **~ тензора деформации** Deviator *m* der Streckung, Deviator *m* des Dehnungstensors
девиация *f* Deviation *f*, Ablenkung *f (Magnetnadel)* ‖ **~ амплитуды** Amplitudenhub *m* ‖ **~ гирокомпаса** Kreiselkompaßdeviation *f* ‖ **~/инерционная** Beschleunigungsfehler *m (Kreiselkompaß)* ‖ **~/креновая** Krängungsdeviation *f* ‖ **~/остаточная** Restdeviation *f*, Restablenkung *f*, Restabweichung *f (Magnetkompaß)* ‖ **~ подъёмного каната** *(Bgb)* Ablenkung *f* des Förderseils ‖ **~/полукруговая** halbkreisförmige Deviation *f* ‖ **~/постоянная** konstante Deviation *f* ‖ **~/радиопеленгаторная** *s.* радиодевиация ‖ **~/скоростная** Fahrtfehler *m (Kreiselkompaß)* ‖ **~ фазы** Phasenhub *m* ‖ **~ частоты** Frequenzabweichung *f* ‖ **~/четвертная** viertelkreisiger Fehler *m*, viertelkreisige Deviation *f (Funkpeiler)*
девитрификация *f (Geol)* Entglasung *f (Übergang vulkanischer Gesteine aus dem amorphen in den kristallinen Zustand)*
девон *m (Geol) Kurzbezeichnung für* 1. период/девонски; 2. система/девонская
девулканизат *m (Gum)* regeneriertes Vulkanisat *n*, Regenerat[vulkanisat] *n*
девулканизатор *m (Gum)* Regenerierkessel *m*, Devulkanisierkessel *m*
девулканизация *f (Gum)* Regenerierung *f*, Devulkanisation *f*
дегазатор *m* 1. Entgasungsmittel *n*; 2. *(Mil)* Entgasungsgerät *n*, Entgiftungsgerät *n*; Entgiftungsmittel *n*
дегазация *f* 1. Entgiftung *f*; 2. *(Bgb)* Gasabsaugung *f*; 3. *(Met)* Entgasen *n*, Entgasung *f (Schmelze, Gießform)* ‖ **~/вакуумная** *(Met, Gieß)* Vakuumentgasung *f* ‖ **~ [жидкого металла] в ковше** *(Met)* Pfannenentgasung *f*, LD ‖ **~ местности** Geländeentgiftung *f*
дегазировать 1. entgiften; 2. entgasen
дегазификатор *m* Entgasungsmittel *n*
дегенерация *f (Math)* Entartung *f*
дегидраза *f (Ch)* Dehydr[ogen]ase *f*
дегидратация *f (Ch)* Dehydratation *f*, Dehydratisierung *f (Wasserabspaltung)*
дегидратировать *(Ch)* dehydratisieren *(Wasser abspalten)*
дегидрирование *n s.* дегидрогенизация
дегидрировать *s.* дегидрогенизировать

дегидрогенизация *f (Ch)* Dehydrierung *f*, Dehydrieren *n*
дегидрогенизировать *(Ch)* dehydrieren
дегидрохлорирование *n* Dehydrochlorierung *f*, Salzsäureabspaltung *f*
дегоржаж *m* Degorgieren *n (Sekt; Entfernen des Hefepfropfens aus dem Flaschenhals)*
дегоржирование *n s.* дегоржаж
дёготь *m* Teer *m* ‖ **~/бардяной** Schlempeteer *m* ‖ **~/буроугольный** Braunkohlenteer *m* ‖ **~ водяного газа [/генераторный]** Wassergasteer *m* ‖ **~/высокотемпературный** Hochtemperaturteer *m* ‖ **~/высокотемпературный каменноугольный** Steinkohlenhochtemperaturteer *m*, normaler Steinkohlenteer *m* ‖ **~/высокотемпературный сланцевый** Schiefergasteer *m* ‖ **~/газовый** Gas[werks]teer *m*, Steinkohlengasteer *m* ‖ **~/газогенераторный** Generatorteer *m* ‖ **~/дорожный** Straßenteer *m* ‖ **~/древесный** Holzteer *m* ‖ **~/каменноугольный** Steinkohlenteer *m* ‖ **~/коксовый** Steinkohlenkorereiteer *m*, Koksofenteer *m* ‖ **~ масляного газа [/генераторный]** Ölgasteer *m*, Fettgasteer *m* ‖ **~/нефтяной газовый** Erdölgasteer *m* ‖ **~/низкотемпературный** *s.* ~/первичный ‖ **~/осадочный** Absetzteer *m* ‖ **~/отогнанный** Destillatteer *m* ‖ **~/первичный** Primärteer *m*, Urteer *m*, Tieftemperaturteer *m*, Schwelteer *m* ‖ **~/первичный буроугольный** Braunkohlentieftemperaturteer *m*, Braunkohlenschwelteer *m* ‖ **~/сланцевый** Schieferteer *m* ‖ **~/сосновый** Kienteer *m* ‖ **~/сырой** Rohteer *m* ‖ **~/торфяной** Torfteer *m* ‖ **~/хвойный** Nadelholzteer *m*
дегра *f (Led)* Degras *m(n)*, Moellon *n (Fettungsmittel)*
деградация *f* **почвы** *(Ökol)* Bodendegradierung *f*, Bodendegradation *f*
дёгтебетон *m* Teerbeton *m* ‖ **~/холодный** Kaltteerbeton *m*
дёгтевание *n* Teerung *f*
дёгтевыделение *n* Teerabscheidung *f*
дёгтекурение *n* Teerschwelerei *f*
дёгтеотделитель *m* Teerabscheider *m*
дегустация *f (Lebm)* Kosten *n*, Kostprobe *f*, Verkosten *n*, Verkostung *f (z. B. von Getränken)*
дедвейт *m (Schiff)* Tragfähigkeit *f*; Deadweight *n*
дедукция *f* Deduktion *f*
дежа *f (Lebm)* Backtrog *m*, Backmulde *f*, Knettrog *m*
дезагрегация *f (Ch)* Desaggregation *f* ‖ **~ пород** *s.* выветривание/физическое
дезаксиальный desaxial, versetzt; geschränkt *(Kurbeltrieb)*
дезактивация *f (Kern)* Entaktivierung *f*, Entstrahlung *f*; *(Bgb)* Dekontamination *f*, Inaktivierung *f (Aufbereitung)*
дезаминирование *n (Ch)* Desaminierung *f*
дезинтегратор *m* 1. Desintegrator *m*, Schlagkorbmühle *f*, Schlagstiftmühle *f (Aufbereitung)*; 2. *(Pap)* Hackspänezerkleinerer *m*; 3. Desintegrator[gas]wascher *m*, Zentrifugal[gas]wascher *m*, Desintegrator *m*
дезинтеграция *f* Desintegration *f*, Zerkleinern *n*, Vermahlen *n (weicher bis mittelharter Stoffe; Aufbereitung)* ‖ **~ пород** *s.* выветривание/физическое
дезинфектант *m* Desinfektionsmittel *n*
дезодоратор *m* Desodor[is]ierungsmittel *n*, Desodorant *n*; Desodorier[ungs]apparat *m*
дезодорация *f* Desodor[is]ieren *n*, Geruchsbeseitigung *f*
дезодорировать desodor[is]ieren, geruchlos (geruchfrei) machen
дезоксидация *f* Desoxidation *f*, Sauerstoffentzug *m*
дезориентация *f* Desorientierung *f*, Aufheben *n* der Orientierung
деионизация *f (Kern)* Deionisation *f*, Deionisierung *f*, Entionisierung *f*
деионизированный deionisiert, entionisiert
дейдвуд *m (Schiff)* Stevenrohranlage *f*; Totholz *n (Holzschiffbau)*
дейдвудный *(Schiff)* Stevenrohr..., Steven...
действие *n* 1. Handlung *f*, Tätigkeit *f*, Handeln *n*; 2. Wirkung *f*, Wirksamkeit *f (s. a. unter* воздействие 1.*)*; 3. Funktion *f*, Betrieb *m*, Lauf *m (z. B. einer Maschine)*; 4. *(Math)* Operation *f*; *(Inf)* Operation *f*, Betrieb *m*; 5. *(Mech)* Wirkung *f (Produkt aus Energie und Zeit oder aus Impuls und Strecke)* • **двустороннего действия** zweiseitig wirkend ‖ **~/абразивное** Abriebwirkung *f*, Schmirgelwirkung *f*, Verschleißwirkung *f*, Schleifwirkung *f* ‖ **~/анодное обратное** Anodenrückwirkung *f* ‖ **~ антенны/направленное** Antennenrichtwirkung *f* ‖ **~/белящее** Bleichwirkung *f* ‖ **~/блескообразующее** Glanzmittelwirkung *f* ‖ **~/бризантное** Brisanz[wirkung] *f* ‖ **~/восстанавливающее** *(Ch)* Reduktionswirkung *f*, reduzierende (reduktive) Wirkung *f* ‖ **~/всасывающее** Saugwirkung *f* ‖ **~/выпрямительное (выпрямляющее)** *(El)* Gleichricht[er]wirkung *f* ‖ **~/геттерирующее** *(Eln)* Getterwirkung *f*, Gettereffektivität *f* ‖ **~/двойное** Doppelwirkung *f* ‖ **~/двойственное** *(Inf)* duale Operation *f* ‖ **~/длительное** Langzeitwirkung *f* ‖ **~/донорное** *(Eln)* Donator[en]wirkung *f* ‖ **~/дросселирующее** Drosselwirkung *f* ‖ **~/закалочное** Abschreckwirkung *f*, Härtungseffekt *m* ‖ **~ замедлителя** *(Kern)* Moderatoreffekt *m* ‖ **~ запирания** *(El)* Sperrwirkung *f* ‖ **~/запирающее (запорное)** *(El)* Sperrwirkung *f* ‖ **~/защитное** *(Kern)* Abschirmwirkung *f*, Schutzwirkung *f* ‖ **~ и противодействие** *n* Wirkung *f* und Gegenwirkung *f*, actio et reactio ‖ **~/избирательное** selektive Wirkung *f*, Selektivität *f* ‖ **~ излучений** Strahlen[ein]wirkung *f*, Strahlungs[ein]wirkung *f*, Strahlungseffekt *m* ‖ **~ излучений/бактерицидное** *(Kern)* keimtötende Strahlungswirkung *f* ‖ **~/измельчающее** Mahlwirkung *f* ‖ **~/ингибирующее (ингибиторное)** inhibierende (hemmende) Wirkung *f*, Inhibitorwirkung *f*, Hemmwirkung *f* ‖ **~ инфракрасного излучения** Infrarot[strahlen]wirkung *f*, IR-Strahlenwirkung *f* ‖ **~ капиллярное** Kapillarwirkung *f* ‖ **~/корродирующее** Korrosions[ein]wirkung *f*, korrodierende (korrosive) Wirkung *f*, Korrosionsangriff *m*, Korrosionsbeanspruchung *f* ‖ **~/коррозионное** *s.* ~/корродирующее ‖ **~ массы** *(Ph)* Massenwirkung *f* ‖ **~/мгновенное** sofortige (momentane) Wirkung *f* ‖ **~/моющее** Waschwirkung *f*, Reinigungswirkung *f* ‖ **~/направленное** *(El)* Richtwirkung *f*; richtungsabhängiges Arbeiten *n (einer Schutzeinrichtung)* ‖ **~/обратное** Rück-

wirkung *f*, Reaktionswirkung *f* ‖ ~ **обратной связи** *(El)* Rück[kopplungs]wirkung *f* ‖ **~/окислительное** Oxidationswirkung *f* ‖ **~/отбеливающее** Bleichwirkung *f* ‖ **~/отклоняющее** *(El)* Ablenk[ungs]wirkung *f* ‖ **~/охлаждающее** Kühlwirkung *f*, Kühleffekt *m* ‖ ~ **по Гамильтону** *(Mech)* Hamiltonsche Prinzipalfunktion *f*, Wirkungsfunktion *f*, Wirkungsintegral *n* ‖ ~ **по Лагранжу** *(Mech)* Lagrangesche Wirkung *f*, verkürzte Wirkung *f*, charakteristische Funktion *f* ‖ ~ **по Мопертью** *s.* ~ по Лагранжу ‖ **~/побочное** Nebenwirkung *f* ‖ **~/поражающее** *(Kern)* schädigende Wirkung *f (radioaktive Strahlung)* ‖ **~/последовательное** *(Inf)* Dauerbetrieb *m* ‖ ~ **примесей** Verunreinigungseffekt *m*, Verunreinigungseinfluß *f*, Störstelleneffekt *m (Halbleiter)* ‖ ~ **программы** *(Inf)* Programmlauf *m* ‖ ~ **радиации** *(Kern)* Strahlungseinwirkung *f* ‖ ~ **регулятора/прерывистое** *(Reg)* unstetiges Reglerverhalten *n* ‖ **~/релейное** *(El)* Relaiswirkung *f* ‖ **~/сверхдальнее** *(Rf)* Überreichweite *f* ‖ **~/сглаживающее** *(El)* Glättungswirkung *f* ‖ ~ **силы** Kraftangriff *m* ‖ **~/синергетическое** synergetische Wirkung *f* ‖ ~ **системы** *(Inf)* Systemmaßnahme *f* ‖ **~/слепящее** Blendwirkung *f* ‖ **~/совместное** Zusammenwirkung *f*, Zusammentreffen *n* ‖ **~/тепловое** Wärmewirkung *f*; Wärmeeinwirkung *f* ‖ ~ **токов короткого замыкания** *(El)* Kurzschlußstromwirkung *f* ‖ **~/тормозное (тормозящее)** Bremswirkung *f* ‖ **~/травящее** Ätzwirkung *f* ‖ **~/укороченное** *s.* ~ по Лагранжу ‖ **~/усилительное** Verstärkerwirkung *f* ‖ **~/фокусирующее** Bündelungswirkung *f* ‖ **~/шунтирующее** *(El)* Nebenschlußwirkung *f* ‖ **~/экранирующее** *(El)* Abschirmwirkung *f*

действовать мгновенно sofort betriebsbereit sein ‖ ~ **на отключение** auf Auslösung schalten *(Schutzeinrichtung)* ‖ ~ **на сигнал** alarmierend wirken, auf Warnung schalten *(Schutzeinrichtung)*

действующий/непрерывно *(Reg)* kontinuierlich wirkend, mit kontinuierlichem Betrieb

дейтерид *m (Ch)* Deuterid *n*

дейтеризация *f (Ph, Ch)* Deuterierung *f*, Deuterieren *n*

дейтерий *m (Ph, Ch)* Deuterium *n*, D, schwerer Wasserstoff *m*

дейтерирование *n s.* дейтеризация

дейтерировать *(Ph, Ch)* deuterieren, Deuterium einbauen

дейтеровода *f s.* вода/тяжёлая

дейтерон *m s.* дейт[р]он

дейт[р]он *m (Kern)* Deut[e]ron *n*, Deuteriumkern *m*

дека *f* 1. Herdplatte *f (Aufbereitung)*; 2. *(Lw)* Dreschkorb *m*; 3. *(Ak)* Schallboden *m*, Klangboden *m*; 4. *s.* ~/бродильная ‖ **~/бродильная** *(Brau)* Decke *f*, Gärdecke *f*

декагон *m (Math)* Dekagon *n*, Zehneck *n*

декада *f* 1. *(Nrt)* Dekade *f*, Höhenschritt *m (eines Wählers)*; 2. *(Inf)* Dekade *f*, Zehnzahl *f* ‖ ~ **группового искания** *(Nrt)* GW-Dekade *f*, Gruppenwählerdekade *f* ‖ **~/запоминающая** *(Inf)* Speicherdekade *f* ‖ ~ **линейного искания** *(Nrt)* LW-Dekade *f*, Leitungswählerdekade *f* ‖ ~ **магазина сопротивлений** *(El)* Widerstandsdekade *f* ‖ ~ **проводимости** *(El)* Leitwertsdekade *f* ‖ **~/счётная** Zähldekade *f*

декалесценция *f* Dekaleszenz *f*

декалькомания *f (Typ)* Abziehbild *n* ‖ **~/сдвижная** Schiebebild *n*

декаметр *m (Meß)* Dekameter *n*, DK-Messer *m*

декантатор *m* Dekantierapparat *m*, Dekanteur *m*

декантатор-отстойник *m* Schlammabscheider *m (als Dekantierapparat)*

декантатор-сгуститель *m* Dorr-Eindicker *m*

декантация *f (Ch)* Dekantation *f*, Dekantieren *n*, [vorsichtiges] Abgießen *n*

декантирование *n s.* декантация

декантировать *(Ch)* dekantieren, [vorsichtig] abgießen

деканцерогенизация *f (Ökol)* Erstkanzerisierung *f*

декапирование *n* Dekapieren *n*, Beizen *n*, Reinigen *n*; Ätzen *n*, Anätzen *n* ‖ **~/электролитическое** elektrolytisches Reinigen *n*

декапировать dekapieren, beizen, reinigen; [an]ätzen

декапировка *f s.* декапирование

декарбонизация *f* Kohlenstoffentzug *m*, Entkohlung *f*; Entkarbonisierung *f (Ausscheidung der Karbonathärte)*

декарбонизировать entkohlen; entkarbonisieren *(die Karbonathärte ausscheiden)*

декартовский *(Math)* kartesisch

декатир *m (Text)* Dekatiermaschine *f*, Dekatiertisch *m (Veredlung)*

декатирование *n s.* декатировка

декатировать *(Text)* dekatieren

декатировка *f (Text)* Dekatieren *n*, Dekatur *f* ‖ **~/заключительная** Nachdekatieren *n* ‖ **~/мокрая** Naßdekatur *f* ‖ **~/сухая** Trockendekatur *f*

декатрон *m (Eln)* Dekatron *n*, Dekadenzählröhre *f*

декаэдр *m (Math)* Dekaeder *n*, Zehnflach *n*

декель *m (Typ)* Aufzug *m*, Überzug *m (eines Druckzylinders)* ‖ **~/жёсткий** harter Aufzug *m* ‖ **~/мягкий** weicher Aufzug *m* ‖ ~ **офсетного цилиндра** Gummizylinderaufzug *m* ‖ ~ **печатного барабана** Druckzylinderaufzug *m*, Zylinderbezug *m*

декка *f (Rad)* Decca-Navigationssystem *n*, Decca-Verfahren *n*

деккер *m (Text)* Deckernadel *f (Wirkerei)*

деклинатор *m (Geoph)* Deklinatorium *n*, Abweichungskompaß *m (Bestimmung der erdmagnetischen Deklination)*

деклинометр *m* Deklinationsnadel *f*, Deklinationsmesser *m*, Deklinometer *n*

деклуазит *m (Min)* Descloizit *m*, Bleizinkvanadat *n*

декодер *m (Inf)* Decoder *m*, Dechiffriereinrichtung *f* ‖ **~/бинарный** Binärdekoder *m* ‖ ~ **дисплея** Display-Dekoder *m*

декодирование *n (Inf)* Dekodieren *n*, Dekodierung *f*, Entschlüsseln *n*, Entschlüsselung *f*, Dechiffrieren *n*, Dechiffrierung *f*

декодировать *(Inf)* dekodieren, dechiffrieren, entschlüsseln

декодирующий *(Inf)* Dekodier[ungs]…, Entschlüsselungs…

декокт *m (Ch)* Abkochung *f*, Dekokt *n*

декомпозиция *f (Inf)* Dekomposition *f*

деконтаминация *f* **погружением в раствор** *(Kern)* Tauchdekontamination *f*
декорирование *n (Krist)* Dekorierung *f*, Dekoration *f*, Markierung *f (von Gitterstörungen)*
декортикатор *m (Text)* Entholzer *m*, Stengelbrechmaschine *f (Flachs- und Hanfaufbereitung)*
декортикация *f (Text)* Entholzen *n*, Entholzung *f*, Entbasten *n*
декремент *(Ph)* Dekrement *n* ‖ **~ затухания** Dämpfungsdekrement *n*, Schwingungsdekrement *n*, Dekrement *n* ‖ **~ [затухания]/логарифмический** logarithmisches Dämpfungsdekrement (Dekrement) *n* ‖ **~ массы** Massendekrement *n* ‖ **~ энергии** Energiedekrement *n* ‖ **~ энергии/логарифмический** logarithmisches Energiedekrement (Energieverhältnis) *n*, logarithmischer Energieverlust *m*
декреметр *m* Dämpfungsmesser *m*, Dekremeter *n*
декремнезация *f (Met)* Entsilizierung *f*
декристаллизация *f* Entkristallisation *f*; *(Gum)* Auftauen *n (Kautschuk)*
декстрин *m* Dextrin *n* ‖ **~/бескислотный** Röstdextrin *n* ‖ **~/кислотный** Säuredextrin *n*
декстринизатор *m* Rührwerkpfanne *f (Etagenofen zur Dextringewinnung)*
декстринизировать *(Ch)* zu Dextrin abbauen
декстроза *f (Ch)* Dextrose *f*, Glucose *f*, Traubenzucker *m*
дектра *f (Rad)* Dectra-Verfahren *n*
декуплет *m (Kern)* Dekuplett *n*, 10-Multiplett *n*
деление *n* 1. Teilen *n*, Zerlegen *n*; 2. Einteilung *f*, Aufgliederung *f*, Klassifikation *f*; 3. *(Math)* Division *f*, Teilung *f*; 4. Teilung *f*, Strich *m (in Skalenteilungen)*; 5. *(Kern)* Spaltung *f* ‖ **~ быстрыми нейтронами** *s.* ~ на быстрых нейтронах ‖ **~ ватки (ваточного холста)** *(Text)* Florteilung *f*, Vliesteilung *f (Spinnerei)* ‖ **~/гармоническое** *(Math)* harmonische Teilung *f* ‖ **~/грубое** *(Text)* Grobstein *m (Jacquardmaschine)* ‖ **~ Кассини** *(Astr)* Cassinische Teilung *f*, Cassini-Teilung *f (Saturnringe)* ‖ **~/коллекторное** *(El)* Kommutatorteilung *f*, Stromwenderteilung *f* ‖ **~ лимба** Kreisteilung *f* ‖ **~ медленными нейтронами** *s.* ~ на медленных нейтронах ‖ **~ на быстрых нейтронах** *(Kern)* schnelle Spaltung *f*, Schnellspaltung *f*, Spaltung *f* durch schnelle Neutronen ‖ **~ на медленных нейтронах** *(Kern)* langsame Spaltung *f*, Spaltung *f* durch langsame Neutronen ‖ **~ на тепловых нейтронах** *(Kern)* thermische Spaltung *f*, Spaltung *f* durch thermische Neutronen ‖ **~ напряжения** *(El)* Spannungsteilung *f* ‖ **~ окружности** *(Meß)* Kreisteilung *f* ‖ **~/полюсное** *(El)* Polteilung *f* ‖ **~/резонансное** *(Kern)* Resonanzspaltung *f* ‖ **~/самопроизвольное** *(Kern)* spontane Spaltung (Kernspaltung) *f*, Spontanspaltung *f* ‖ **~/спонтанное** *s.* ~/самопроизвольное ‖ **~/тонкое** *(Text)* Feinstich *m (Jaquardmaschine)* ‖ **~/угловое** Winkelteilung *f* ‖ **~ угломера** Teilung *f* eines Winkelmessers (Winkelmeßgerätes) ‖ **~ фотонами** *(Kern)* Photospaltung *f* ‖ **~ холста** *s.* ~ ватки ‖ **~ частоты** *(El)* Frequenzteilung *f* ‖ **~ шкалы** Teilstrich *m*, Skalenteilung *f*, Skalenteilstrich *m* ‖ **~ шкалы/нулевое** Nullstrich *m* einer Skale (Teilung) ‖ **~ штриховое** Strichteilung *f (einer Skale)* ‖ **~/эмиссионное** *(Kern)* Emissionsspaltung *f* ‖ **~ Энке** *(Astr)* Enkesche Teilung *f (Saturnringe)* ‖ **~ ядра** *(Kern)* Spaltung *f*, Kernspaltung *f*
делигнифицировать *(Pap)* delignifizieren, Lignin entfernen (herauslösen)
делимое *n (Math)* Dividend *m*
делимость *f (Math)* Teilbarkeit *f*
делитель *m* 1. Teiler *m*; 2. *(Math)* Divisor *m*, Teiler *m*; Nenner *m (eines Bruches)*; 3. *(Lw)* Schwadenbrett *n (Mähmaschine)* ‖ **~ ватки** *(Text)* Florteiler *m (Spinnerei)* ‖ **~/декадный** Dekadenteiler *m* ‖ **~ излучения** *(Ph)* Strahlungsteiler *m* ‖ **~ конденсатора** *(El)* Teiler *m* mit Kondensatoren ‖ **~ мощности** *(El)* Leistungsteiler *m* ‖ **~/наименьший общий** kleinster gemeinsamer Teiler *m* ‖ **~ напряжения** *(El)* Spannungsteiler *m* ‖ **~ напряжения/ёмкостный** kapazitiver Spannungsteiler *m* ‖ **~ напряжения/индуктивный** induktiver Spannungsteiler *m* ‖ **~ напряжения/омический** ohmscher Spannungsteiler *m* ‖ **~ напряжения/смешанный** gemischter Spannungsteiler *m* ‖ **~ напряжения/эталонный** Normalspannungsteiler *m* ‖ **~/нормальный** *(Math)* Normalteiler *m* ‖ **~ нуля** *(Math)* Nullteiler *m* ‖ **~/оптический** optischer Teiler *m*, Teilerwürfel *m*; Teilerplatte *f* ‖ **~/полевой** *(Lw)* Halmteiler *m*, Abteiler *m*, Halmabteiler *m*, Außenabteiler *m (am Mähwerk)* ‖ **~ потока** hydraulisches Stromteilventil *n* ‖ **~ пучка** *(Opt)* Strahlteiler *m* ‖ **~/ремешковый** *(Text)* Riemchenflorteiler *m (Vorspinnkrempel)* ‖ **~/реостатный** *(El)* Teiler *m* mit veränderbarem Widerstand ‖ **~ света** *(Photo)* Strahlenteiler *m* ‖ **~ тока** *(El)* Stromteiler *m* ‖ **~ частоты** *(El)* Frequenzteiler *m* ‖ **~/цифровой** digitaler Frequenzteiler *m* ‖ **~/шнековый** *(Lw)* Halmteiler *m* mit Schneckenmantel *(am Mähwerk)*
делитель-сумматор *m* **потока** hydraulisches Stromteil- und vereinigungsventil *n*
делить 1. teilen, einteilen; 2. *(Kern)* spalten; 3. *(Fert)* trennen, zerteilen
делиться без остатка *(Math)* aufgehen, ohne Rest teilbar sein
дело *n* 1. Arbeit *f*, Werk *n*; 2. *(in Zusammensetzungen)* Wesen *n*, Kunde *f*; Handwerk *n*, Betrieb *m*, Fach *n*; 3. Unternehmen *n*, Geschäft *n*; 4. Sache *f*, Angelegenheit *f* ‖ **~/горное** Bergbau *m*; Bergbaukunde *f* ‖ **~/горноспасательное** *(Bgb)* Grubenrettungswesen *n* ‖ **~/железнодорожное** Eisenbahnwesen *n* ‖ **~/противопожарное** Brandschutz *m* ‖ **~/строительное** Bauwesen *n*
дель *f* Netztuch *n (Fischerei)* ‖ **~/безузловая** knotenloses Netztuch *m* ‖ **~/двухрядная** doppelt gestricktes Netztuch *n* ‖ **~/однорядная** einfach gestricktes Netztuch *n* ‖ **~/узловая** geknotetes Netztuch *n*
дельта-древесина *f* Preßschichtholz *n*
дельта-железо *n* Delta-Eisen *n*, δ-Eisen *n*
дельта-луч *m (Kern)* Deltastrahl *m*, Deltateilchen *n*, Delta-Elektron *n*, Anstoßelektron *n*
дельта-модуляция *f (Nrt)* Deltamodulation *f*, DM
дельта-оператор *m (Math)* Deltaoperator *m*, Laplacescher Operator *m*
дельта-распределение *n* Deltaverteilung *f*
дельта-связь *f (Ch)* Deltabindung *f*, δ-Bindung *f*
дельта-след *m (Kern)* Deltaspur *f*

дельта-функция *f (Math)* Deltafunktion *f*
дельта-частица *f s.* дельта-луч
дельта-электрон *m s.* дельта-луч
дельтоид *m (Krist)* Deltoid *n*, Rhomboid *n*, Drachenfigur *f*
дельтоид-додекаэдр *m (Krist)* Deltoiddodekaeder *n*
дельтоэдр *m s.* дельтоид-додекаэдр
делювий *m s.* отложения/делювиальные
демантоид *m (Min)* Demantoid *m (Kalkeisengranat)*
деметилирование *n (Ch)* Entmethylierung *f*
деметилировать *(Ch)* entmethylieren
деминерализация *f* Demineralisation *f*, Entmineralisierung *f* ‖ **~ воды** Wasserenthärtung *f*, Wasserentsalzung *f*
демодулировать *(El)* demodulieren, gleichrichten
демодулятор *m (Inf)* Demodulator *m*; *(Rf)* HF-Gleichrichter *m*, Detektor *m (s. a. unter* детектор 2.*)*
демодуляция *f (Rf)* Demodulation *f*, HF-Gleichrichtung *f (s. a. unter* детектирование 2.*)*
демонтаж *m* Demontage *f*, Abbau *m*; Auseinandernehmen *n*
демпфер *m* Dämpfer *m*, Schwingungsdämpfer *m* ‖ **~/воздушный** Luftdämpfer *m* ‖ **~/воздушный поршневой** Luftkolbendämpfer *m* ‖ **~/гидравлический** Hydraulikdämpfer *m* ‖ **~/жидкостный** Flüssigkeitsdämpfer *m* ‖ **~/индукционный** Induktionsdämpfer *m* ‖ **~ колебаний** Schwingungsdämpfer *m*, Schwingungstilger *m* ‖ **~/масляный** Öldämpfer *m* ‖ **~ сухого трения** Reibungsdämpfer *m* ‖ **~/тормозной** Bremsdämpfer *m* ‖ **~/электрический** elektrischer Dämpfer *m* ‖ **~/электромагнитный** elektromagnetischer Dämpfer *m*
демпферный Dämpfer...
демпфирование *n* Dämpfung *f* • **без демпфирования** dämpfungslos, ungedämpft ‖ **~ вихревыми токами** Wirbelstromdämpfung *f* ‖ **~/воздушное** Luftdämpfung *f* ‖ **~/гидравлическое** Hydraulikdämpfung *f* ‖ **~/жидкостное** Flüssigkeitsdämpfung *f* ‖ **~/индукционное** *(El)* Induktionsdämpfung *f* ‖ **~/критическое** *(El)* kritische Dämpfung *f*, Grenzdämpfung *f* ‖ **~/поперечное** *(Eln)* Querfelddämpfung *f* ‖ **~/продольное** *(Eln)* Längsfelddämpfung *f* ‖ **~/электрическое** elektrische Dämpfung *f* ‖ **~/электромагнитное** elektromagnetische Dämpfung *f*
демпфировать dämpfen
денатурат *m (Ch)* denaturierter (vergällter) Spiritus *m*
денатурация *f (Ch)* Denaturierung *f*, Vergällung *f (von Ethanol, Kochsalz)*; Denaturierung *f (nativer Proteine)* ‖ **~/тепловая** Hitzedenaturierung *f*
денатурирование *n s.* денатурация
денатурировать *(Ch)* denaturieren, vergällen *(Ethanol, Kochsalz)*; denaturieren *(native Proteine)*
дендрит *m* 1. *(Geol, Min)* Dendrit *m (Ausscheidung von Mangan und Eisen auf Kluftflächen des Gesteins)*; 2. *(Met)* Dendrit *m*, Tannenbaumkristall *m (Gefüge)*
дендритный dendritisch, Dendriten..., Tannenbaum...
дендролит *m (Geol)* Dendrolith *m*, versteinertes Holz *n*
дендрометрия *f (Forst)* Holzmeßkunde *f*
дендрохронология *f* Dendrochronologie *f*, Baumringdatierung *f*
денитрация *f (Ch)* Denitrieren *n*, Denitrierung *f*
денитрирование *n s.* денитрация
денитрировать *(Ch)* denitrieren
денитрификация *f (Ch)* Denitrifikation *f*
денсиметр *m* Densimeter *n*, Aräometer *n*
денсиметрия *f* Densimetrie *f*, Dichtebestimmung *f*, Dichtemessung *f*
денситограмма *f (Photo)* Densitometerstreifen *m*, Densitogramm *n (z. B. eines Photos)*
денситометр *m (Photo)* Densitometer *n*, Dichtemesser *m*
денситометрия *f (Photo)* Densitometrie *f*, Dichtemessung *f*
денудация *f (Geol)* Denudation *f*, flächenhafte Abtragung *f*, Flächenabtragung *f* ‖ **~/избирательная** selektive Denudation *f* ‖ **~/речная** fluvia[ti]le Denudation *f* ‖ **~/селективная** *s.* ~/избирательная
денье *n (Text)* Denier *n (Faserfeinheits-Maßeinheit)*
депарафинизация *f (Ch)* Entparaffinierung *f*
депланация *f* Wölbung *f*, Beulung *f*
депо *n* 1. Lager *n*, Speicher *m*; 2. *(Eb)* Bahnbetriebswerk *n*, Bw ‖ **~/вагонное** *(Eb)* Bahnbetriebswagenwerk *n*, Bww ‖ **~/веерное** *(Eb)* Ringschuppen-Bahnbetriebswerk *n* ‖ **~/локомотивное** *(Eb)* Bahnbetriebswerk *n* [für Lokomotiven], Bw
деполимеризация *f (Ch)* 1. Depolymerisation *f*, Entpolymerisieren *n*; 2. Polymerzerfall *m*
деполимеризирование *n s.* деполимеризация
деполяризатор *m (Ch)* Depolarisator *m* ‖ **~/катодный** Kathodendepolarisator *m*
деполяризация *f (Ch)* Depolarisation *f* ‖ **~/воздушная** Luftsauerstoffdepolarisation *f* ‖ **~/гальваническая** elektrochemische Depolarisation *f*
деполяризировать *(Ch)* depolarisieren
депрессия *f* 1. *(Meteo)* Tief *n*, Tiefdruckgebiet *n (s. a.* циклон 2.*)*; 2. *(Geol)* Depression *f (unter dem Meeresspiegel liegendes Festland)*; 3. *(Bgb)* Depression *f (Bewetterung)* ‖ **~ видимого горизонта** *s.* понижение видимого горизонта 2. ‖ **~/капиллярная** *(Ch)* Kapillardepression *f*
депрессор *m* regelndes Schwimmittel *n (Aufbereitung)*
депупинизировать *(Nrt)* entpupinisieren
дерево *n* 1. Baum *m*; 2. Holz *n (s. a. unter* древесина, лес *und* лесоматериал*)*; 3. *(Inf)* Netzwerk *n*, Sortiernetzwerk *n* ‖ **~/быстрорастущее** *n* schnellwüchsiger Baum *m* ‖ **~/гваяковое** *n s.* ~/железное ‖ **~/железное** Pockholz *n*, Franzosenholz *n*; Eisenholz *n (Name für verschiedene sehr harte tropische Holzarten)* ‖ **~/карликовое** Zwergbaum *m* ‖ **~/каучуковое** Kautschukbaum *m* ‖ **~/красильное** Farbholz *n* ‖ **~/красное** Rotholz *n*, Mahagoni *n* ‖ **~/лиственное** 1. Laubbaum *m*; 2. Laubholz *n* ‖ **~/отдельное** Einzelstamm *m* ‖ **~ сортировки** *(Inf)* Sortiernetzwerk *n* ‖ **~/хвойное** Nadelbaum *m*
деревобетон *m (Bw)* Holzbeton *m*
деревовал *m* Baumentwurzelungsmaschine *f*
деревообработка *f* Holzbearbeitung *f*

деревоплита *f* Holzplatte *f*, Holztafel *f*
державка *f* 1. Halter *m*, Träger *m (s. a. unter* державка); 2. *(Wkz)* Schaft *m*, Halter *m*, Klemmhalter *m*; Einspannteil *m*; 3. Kittholz *n (Edelsteinbearbeitung)* ‖ **~/барабанная** *(Wkz)* Trommelhalter *m* ‖ **~/быстросменная** *(Wkz)* Schnellwechselhalter *m* ‖ **~ декеля** *(Typ)* Aufzughalter *m (am Druckzylinder)* ‖ **~ инструмента** *(Wkz)* Werkzeughalter *m* ‖ **~/многорезцовая** *(Wkz)* Vielmeißelhalter *m* ‖ **~ отрезного резца** *(Wkz)* Abstechmeißelhalter *m* ‖ **~/плавающая** *(Wkz)* schwimmend gelagerter Halter *m* ‖ **~ полотна пилы** *(Wkz)* Sägeangel *f* ‖ **~ резца** *(Wkz)* 1. Meißelschaft *m (für Schneidplättchen)*; 2. Meißelhalter *m*; Messerhalter *m*
держание *n* **слоя** *(Photo)* Schichthaftung *f*
держатель *m* Halter *m*, Halterung *f*, Träger *m (s. a. unter* державка 1.) ‖ **~ газопоглотителя** *(Eln)* Gettertasche *f*, Getterträger *m* ‖ **~ головки** Tonkopfträger *m* ‖ **~ звукоснимателя** Tonarm *m* ‖ **~ зеркала** *(Opt)* Spiegelhalter *m* ‖ **~ инструмента** *m (Wkz)* Gerätehalter *m*, Werkzeughalter *m* ‖ **~ ИС** *(Inf)* Chip-Carrier-Gehäuse *n* ‖ **~/кольцевой** *(Text)* Ringhalter *m* ‖ **~/образца** *f* Probenhalter *m* ‖ **~ объекта** *(Photo)* Objekthalterung *f* ‖ **~ плавкой вставки** *(El)* Sicherungsgriff *m (bei Rohrpatronensicherungen)*; Schraubkopf *m*, Stöpselkopf *m (bei Stöpselsicherungen)* ‖ **~ подложки** *(Eln)* Substrathalter *m* ‖ **~ пробы** Probenhalter *m* ‖ **~ спирали** *(El)* Glühfadenhalter *m* ‖ **~ трубки** Rohrhalterung *f* ‖ **~ шкалы** Skalenträger *m*
дериват *m (Ch)* Derivat *n*, Abkömmling *m*
дериватограмма *f (Krist)* Derivatogramm *n (Thermoanalyse)*
дериватограф *m (Krist)* Derivatograph *m (Thermoanalyse)*
деривация *f* 1.Ablenkung *f*, Abweichung *f*; 2. *(Hydt)* Umleitung *f*; 3. Derivation *f*, Drallabweichung *f (Ballistik)*
деривограф *m* Abtriftschreiber *m*
дерматометрия *f* Dermatometrie *f*
дернорез *m* Rasenmesser *n*, Rasenstecher *m*
деррик *m* Derrik *m*, Derrikkran *m*, Schwenkkran *m*; Ladebaum *m (s. a.* кран-деррик)
десенсибилизатор *m (Photo)* Desensibilisator *m*
десенсибилизация *f (Photo)* Desensibilisierung *f*
десквамация *f s.* шелушение горных пород
дескремблер *m (Nrt)* Descrambler *m*
десмин *m s.* стильбит
десорбирование *n s.* десорбция
десорбция *f (Ch)* Desorption *f*
дестатизация *f (Photo)* antistatische Ausrüstung *f*
деструкция *f* Abbau *m*, [chemische] Zersetzung *f*, [chemischer] Zerfall *m*; Vercrackung *f (z. B. beim Kunststoffschweißen)*; *(Krist)* Zerstörung *f*, Strukturauflösung ‖ **~ полимеров** Polymerabbau *m*
десульфировать *(Ch)* desulfonieren, entsulfonieren
десульфурация *f (Ch)* Desulfurierung *f*, Entschwefelung *f*
десульфуризатор *m* Entschwefelungsmittel *n*
десульфурирование *n s.* десульфурация
десульфурировать *(Ch)* desulfonieren, entschwefeln
десятивходовой mit zehn Eingängen
десятигнёздный *(Nrt)* 10teilig *(Klinkenstreifen)*
деталь *f* 1. Detail *n*, Einzelheit *f*; 2. Teil *n*, Einzelteil *n*; Bauteil *n*, Bauelement *n* ‖ **~/быстроизнашивающаяся** *(Fert)* Verschleißteil *n* ‖ **~/взаимозаменяемая** Austauschteil *n* ‖ **~/вращающаяся** Laufteil *m* ‖ **~/вставная** Einbauteil *n* ‖ **~/глубокотянутая** *(Schm)* Tiefziehteil *n* ‖ **~/зажимная** *(Wkmz)* Spannteil *n*, Spannstück *n*; Klemmteil *n*, Klemmstück *n* ‖ **~/закладная** *(Bw)* Montagelasche *f*, Montageöse *f* ‖ **~/изнашивающаяся** *(Fert)* Verschleißteil *n* ‖ **~ конструкции** Bauteil *n*; Konstruktionselement *n* ‖ **~/контактная** Kontaktstück *n* ‖ **~/корпусная** 1. *(Masch)* Maschinenkörperteil *n*; 2. *(Fert)* prismatisches Werkstück *n* ‖ **~/крепёжная** Befestigungsteil *n*, Befestigungselement *n* ‖ **~ крепления** *s.* ~/крепёжная ‖ **~/кулачковая** *(Fert)* Kurvenstück *n* ‖ **~/листовая фасонная** Blechformteil *n* ‖ **~/литая** Gußteil *n*, Gußstück *n* ‖ **~/магнитная** magnetisches Bauelement (Bauteil) *n* ‖ **~ машины** Maschinenteil *n*; Maschinenelement *n* ‖ **~/металлокерамическая** metallkeramisches Teil *n*, Sinterteil *n (Pulvermetallurgie)* ‖ **~/миниатюрная** *(Eln)* Miniaturbauelement *n*, Miniaturbauteil *n*, Kleinstbauteil *n* ‖ **~ насыщения** *(Schiff)* Vorausrüstungsteil *n* ‖ **~/обрабатываемая** *(Fert)* Werkstück *n* ‖ **~/отлитая** Gußteil *n*, Gußstück *n* ‖ **~/отштампованная** Gesenkschmiedeteil *n*, Gesenkpreßteil *n*, Gesenkschmiedestück *n*, Preßkörper *m*, Preßteil *n*, Preßling *m* ‖ **~/печатная** *(Eln)* Leiterplattenelement *n*, gedrucktes Bauelement *n* ‖ **~/предохранительная** *s.* ~/разрушаемая ‖ **~/прессованная** Preßteil *n* ‖ **~/пригнанная** *(Fert)* Paßteil *n* ‖ **~/присоединяемая** *(Fert)* Anbauteil *n (Montage)* ‖ **~/разрушаемая** Brechelement *n*, Brechglied *n (z. B. Brechstift in einer Kupplung)* ‖ **~/свариваемая** Schweißteil *n*, geschweißtes Teil *n* ‖ **~/сверхминиатюрная** *(Eln)* Mikrobauteil *n*, Mikrobauelement *n* ‖ **~/скрепляющая** Befestigungsteil *n* ‖ **~/сопряжённая** Gegenstück *n* ‖ **~/стандартная** Normteil *n* ‖ **~/строительная** Bauelement *n* ‖ **~/тормозящая** Bremskörper *m* ‖ **~ управления** Steuerungselement *n* ‖ **~/устанавливаемая** *(Fert)* Anbauteil *n (Montage)* ‖ **~/фасонная** Formstück *n* ‖ **~/формованная** Formteil *n* ‖ **~/штампованная** Gesenkschmiedestück *n*, Gesenkschmiedeteil *n*; Preßteil *n* ‖ **~/эталонная** *(Fert)* Musterwerkstück *n*
детандер *m (Masch, Kält)* Expansionsmaschine *f* ‖ **~/вертикальный [поршневой]** stehende Kolbenexpansionsmaschine *f* ‖ **~/горизонтальный [поршневой]** liegende Kolbenexpansionsmaschine *f* ‖ **~/поршневой** Kolbenexpansionsmaschine *f* ‖ **~/турбинный** Expansionsturbine *f (s. a.* турбодетандер)
детектирование *n (Rf)* Gleichrichtung *f*, Demodulation *f* ‖ **~/амплитудное** Amplitudenmodulation *f*, Amplitudengleichrichtung *f* ‖ **~/анодное** Anodengleichrichtung *f*, Anodendemodulation *f* ‖ **~/высокочастотное** Hochfrequenzgleichrichtung *f* ‖ **~/двухполупериодное** Doppelweggleichrichtung *f*, Gegentaktgleichrichtung *f* ‖ **~/двухтактное** Gegentaktgleichrichtung *f* ‖ **~/диодное** Diodendemodulation *f*, Dioden-

gleichrichtung *f* ‖ **~/катодное** Kathodengleichrichtung *f* ‖ **~/квадратичное** quadratische Gleichrichtung (Demodulation) *f* ‖ **~/когерентное** kohärente Demodulation *f* ‖ **~/линейное** lineare Gleichrichtung (Demodulation) *f*, Lineargleichrichtung *f* ‖ **~/однополупериодное** Einweggleichrichtung *f* ‖ **~/пиковое** Scheitelwertgleichrichtung *f* ‖ **~ сигнала изображения** Bilddemodulation *f*, Bildgleichrichtung *f* ‖ **~/фазовое** Phasendemodulation *f* ‖ **~/частотное** Frequenzdemodulation *f*

детектировать *(Rf)* gleichrichten, demodulieren

детектор *m* 1. Detektor *m*, Nachweisgerät *n*; 2. *(Eln, Rf)* Detektor *m*, Demodulator *m*, Hochfrequenzgleichrichter *m*; 3. *(Reg)* Detektor *m*, Aufnehmer *m*, Fühler *m*; 4. *(Bgb)* Gasdetektor *m*, Gasanzeigegerät *n*; 5. *(Kern) s.* ~ излучения ‖ **~ альфа-излучения (альфа-частиц)** *(Kern)* Alphadetektor *m*, Alphastrahlendetektor *m*, Detektor *m* für Alphastrahlung ‖ **~/амплитудный** *(Eln)* Amplitudendemodulator *m* ‖ **~/анодный** *(Eln)* Anodengleichrichter *m* ‖ **~/балансный** *(Eln)* Doppelgegentaktgleichrichter *m* ‖ **~ бета-излучения** *(Kern)* Betadetektor *m*, Betastrahlendetektor *m*, Detektor *m* für Betastrahlung ‖ **~ бета-частиц** *s.* ~ бета-излучения ‖ **~ быстрых нейтронов** *(Kern)* Detektor *m* für schnelle Neutronen ‖ **~ вторичных электронов** Sekundärelektronendetektor *m* ‖ **~/высокочастотный** Hochfrequenzdetektor *m*; Hochfrequenzgleichrichter *m* ‖ **~ гамма-излучения (гамма-квантов)** *(Kern)* Gammadetektor *m*, Gammastrahlendetektor *m*, Detektor *m* für Gammastrahlung ‖ **~/германиевый** *(Eln)* Germaniumdetektor *m* ‖ **~/гетеродинный** *(Eln)* Überlagerungsdemodulator *m* ‖ **~/двухполупериодный** Doppelweggleichrichter *m* ‖ **~/двухтактный** *(Eln)* Gegentaktdemodulator *m* ‖ **~/диодный** *(Eln)* Diodendemodulator *m* ‖ **~/дробный** *s.* ~ отношения ‖ **~ излучения** *(Kern)* Strahlungsdetektor *m*, Strahlendetektor *m*, Strahlungsnachweisgerät *n*, Detektor *m* ‖ **~/измерительный** *(Meß)* Meßdetektor *m* ‖ **~ ИК-излучения** Infrarotdetektor *m* ‖ **~/импульсный** Pulsdemodulator *m* ‖ **~/кремниевый** *(Eln)* Siliciumdetektor *m* ‖ **~/кристаллический** *(Eln)* Kristalldetektor *m* ‖ **~/купроксный** Kupfer(I)-oxid-Gleichrichter *m* ‖ **~/ламповый** *(Eln)* Röhrendemodulator *m* ‖ **~/линейный** *(Eln)* linearer Hochfrequenzdemodulator *m* ‖ **~ медленных нейтронов** *(Kern)* Detektor *m* für langsame Neutronen ‖ **~/направленный** *(Kern)* Richtungsdetektor *m*, richtungsabhängiger Detektor *m* ‖ **~/нейтронный** *s.* ~ нейтронов ‖ **~ нейтронов** *(Kern)* Neutronendetektor *m*, Neutronennachweisgerät *n* ‖ **~/нелинейный** *(Eln)* nichtlinearer Hochfrequenzdemodulator *m* ‖ **~ Нернста** *(Kern)* Nernst-Detektor *m* ‖ **~/однополупериодный** *(Eln)* Einwegdemodulator *m* ‖ **~ отношения** *(Eln)* Verhältnisdemodulator *m*, Ratiodetektor *m* ‖ **~/полупроводниковый** *(Eln)* Halbleiterdetektor *m* ‖ **~/пороговый** Schwellenwertdetektor *m* ‖ **~/приёмный** *(Eln)* Empfangsdetektor *m* ‖ **~ радиации** *(Kern)* Strahlungsdetektor *m* ‖ **~/сверхвысокочастотный** *(Eln)* Höchstfrequenzdetektor *m* ‖ **~ света** Lichtdetektor *m* ‖ **~/сеточный** *(Eln)* Gittergleichrichter *m* ‖ **~ сигналов изображения** Bildsignalgleichrichter *m*, Videodemodulator *m* ‖ **~/сцинтилляционный** *(Kern)* Szintillationsdetektor *m*, Szintillationszähler *m* ‖ **~/температурный** Temperaturfühler *m* ‖ **~/тепловой** Thermodetektor *m*, Wärmefühler *m* ‖ **~/термоэлектрический** thermoelektrischer Fühler *m* ‖ **~/точечный** *(Eln)* Spitzen[kontakt]demodulator *m*, Punkt[kontakt]demodulator *m* ‖ **~/транзисторный** *(Eln)* Transistordemodulator *m* ‖ **~/триодный** *(Eln)* Triodendemodulator *m* ‖ **~/фазовый** Phasendiskriminator *m* ‖ **~/цифровой фазовый** digitaler Phasendetektor *m* ‖ **~/частотный** Frequenzgleichrichter *m* ‖ **~/электронозахватный** *(Kern)* Elektroneneinfangdetektor *m* ‖ **~/ядерный** *s.* ~ ядерных излучений ‖ **~ ядерных излучений** *(Kern)* Kernstrahlungsdetektor *m*, Kernstrahlungsnachweisgerät *n*, Detektor *m*

детекторный Demodulator..., Demodulations..., Detektor...

детектор-ограничитель *m*/**частотный** *(El)* Verhältnisdemodulator *m*, Ratiodetektor *m*

детектор-смеситель *m (Eln)* Mischdetektor *m*

детектор-фольга *m (Eln)* Foliendetektor *m*

детергент *m* Detergens *n*, Detergent *n*, synthetisches Reinigunsmittel *n*

детерминант *m (Math)* Determinante *f* ‖ **~/адъюнктный** adjungierte Determinante *f* ‖ **~/косой** schiefe Determinante *f* ‖ **~/окаймлённый** geränderte Determinante *f* ‖ **~/ортосимметрический** rekurrierende Determinante *f* ‖ **~/циклический** zyklische Determinante *f*

детерминизм *m* Determinismus *m*

детерминированность *f* Determiniertheit *f*

детонатор *m* Zünder *m*, Detonator *m*, Sprengkapsel *f* ‖ **~ замедленного действия** Verzögerungszünder *m*, Zeitzünder *m* ‖ **~ короткозамедленного действия** Kurzzeitzünder *m*, Kurzverzögerungszünder *m*, Millisekundenzünder *m*

детонация *f* 1. Detonation *f*; 2. Klopfen *n (Verbrennungsmotor)*; 3. Tonhöhenschwankung *f*, Tonfrequenzschwankung *f (Magnettonband)* ‖ **~/медленная** Schlupf *m (Magnettonband)*

детонит *m* Detonit *n (Sprengstoff)*

детонометр *m* Klopfmesser *m (Verbrennungsmotor)*

детрит *m (Geol)* Detrit *m*

дефекат *m* 1. *(Ch)* Scheideschlamm *m (Zuckergewinnung)*; 2. *(Lw)* Scheidekalk *m*

дефекатор *m (Ch)* Scheidepfanne *f*, Scheidegefäß *n (Zuckergewinnung)*

дефекация *f (Ch)* Defäkation *f*, Scheidung *f (Zuckergewinnung)* ‖ **~/главная** Hauptscheidung *f*, Nachscheidung *f (Hauptkalkung)* ‖ **~ известью** Kalkscheidung *f* ‖ **~/мокрая** Naßscheidung *f*, Kalkmilchscheidung *f* ‖ **~/основная** *s.* ~/главная ‖ **~/предварительная** Vorscheidung *f (Vorkalkung)* ‖ **~/сухая** Trockenscheidung *f*

дефекосатурация *f* Scheidesaturation *f (Zuckergewinnung)*

дефект *m* 1. Defekt *m*, Fehler *m*; Beschädigung *f*; 2. Störung *f*; 3. Mangel *m*, Nachteil *m*; 4. *(Krist)* Fehlordnung *f*, Defekt *m*, Gitterdefekt *m*, Störstelle *f* ‖ **~/антиструктурный** *(Eln)* Antisite-

Defekt *m*, Antistrukturdefekt *m (Halbleiter)* ‖ **~/ассоциированный** Assoziationsdefekt *m (Halbleiter)* ‖ **~/атомный** *(Krist)* atomarer Defekt *m* ‖ **~ в изоляции** *(El)* Isolationsfehler *m* ‖ **~ внедрения** *s.* ~/междоузельный ‖ **~ деформированной решётки** *(Krist)* Verformungsdefekt *m*, Verformungsbaufehler *m* ‖ **~ замещения** Substitutionsdefekt *m*, Substitutionsstörstelle *f (Halbleiter)* ‖ **~/«замороженный»** *(Krist)* „eingefrorener Defekt" *m (Punktdefekt im metastabilen Zustand, z. B. nach Abschreckung)* ‖ **~/ионный** Ionenstörung *f (Halbleiter)* ‖ **~/корневой** *(Schw)* Wurzelfehler *m* ‖ **~ кристалла** Kristall[bau]fehler *m*, Kristallbaustörung *f*, Kristalldefekt *m* ‖ **~ кристаллической решётки** *s.* ~ решётки ‖ **~ ленты** Bandfehlstelle *f*, Banddefekt *m* ‖ **~/линейный** *(Krist)* 1. linearer Defekt *m*; 2. Versetzung *f* ‖ **~/литейный** Gußfehler *m*, Fehlstelle *f* (Fehler *m*) im Gußteil ‖ **~ литья** *s.* ~/литейный ‖ **~ массы [ядра]** *(Kern)* Massendefekt *m*, Kernschwund *m* ‖ **~/меж[до]узельный** *(Krist)* Zwischengitterdefekt *m*, Zwischenatom *n*, interstitieller Defekt *m* ‖ **~ межсоединений** *(Eln)* Leit[er]bahndefekt *m* ‖ **~/многозарядный** *(Krist)* mehrfach geladener Defekt *m* ‖ **~ монтажа** Montagefehler *m* ‖ **~/обнаруживаемый программой** *s.* ~/программно-чувствительный ‖ **~/объёмный** *(Krist)* Volumendefekt *m* ‖ **~/опасный** kritischer Fehler *m* ‖ **~ ориентаций** *(Krist)* Orientierungsdefekt *m* ‖ **~ по Френкелю** *s.* ~ Френкеля ‖ **~ по Шотки** *s.* ~ Шотки ‖ **~/поверхностный** Oberflächendefekt *m* ‖ **~/программно-чувствительный** *(Inf)* programmabhängiger Maschinenfehler *m* ‖ **~ прокатки** Walzfehler *m*, Fehlwalzung *f* ‖ **~/радиационный** *(Krist)* Strahlenschaden *m*, Strahlungsdefekt *m*, Strahlungsschaden *m* ‖ **~ решётки** Gitterfehlstelle *f*, Fehlstelle *f*, Fehlordnung *f*, Gitterfehlordnung *f*, Gitterdefekt *m*, Störstelle *f* ‖ **~ решётки/атомный** atomare Fehlstelle (Gitterfehlstelle) *f* ‖ **~ решётки/двухмерный** zweidimensionale Gitterfehlstelle *f*, Planardefekt *m* ‖ **~ решётки/замещающий** Substitutionsstörstelle *f* ‖ **~ решётки/линейный** *s.* ~ решётки/одномерный ‖ **~ решётки/нульмерный** nulldimensionale Gitterfehlstelle *f*, nulldimensionaler Defekt *m*, Punktdefekt *m* ‖ **~ решётки/объёмный** *s.* ~ решётки/трёхмерный ‖ **~ решётки/одномерный** eindimensionale Gitterfehlstelle *f* ‖ **~ решётки/первичный** *(Krist)* Primärdefekt *m*, primärer Defekt *m* ‖ **~ решётки/плоскостный (поверхностный)** *s.* ~ решётки/двумерный ‖ **~ решётки/примесный** *(Krist)* Störstelle *f*, Substitutionsstörstelle *f* ‖ **~ решётки/точечный** *s.* 1. ~ решётки/нульмерный; 2. ~ решётки/атомный ‖ **~ решётки/трёхмерный** dreidimensionale Gitterfehlstelle *f* ‖ **~ решётки/электронный** elektronische Gitterfehlstelle *f*, Elektronenfehlstelle *f* ‖ **~ решётки/энергетический** energetische Gitterfehlstelle *f* ‖ **~/ростовый** *(Krist)* Wachstumsdefekt *m*, eingewachsener Defekt *m*, As-grown-Defekt *m* ‖ **~ смещения** *(Krist)* Verschiebungsdefekt *m*, Verschiebungsfehler *m* ‖ **~/собственный** *(Krist)* Eigenfehlstelle *f*, Eigenfehlordnung *f* ‖ **~/стехиометрический** *(Krist)* Kristallstrukturdefekt *m*, stöchiometrischer Kristallgitterdefekt *m* ‖ **~ строения** *(Krist)* Baufehler *m* ‖ **~/термический** thermischer Defekt *m*, Wärmeausgleich *m* ‖ **~/точечный** *(Krist)* Punktdefekt *m* ‖ **~ упаковки** *(Krist)* Stapelfehler *m*, SF ‖ **~ упаковки/объёмный** Volumenstapelfehler *m*, VSF ‖ **~ упаковки/окислительный** Oxidationsstapelfehler *m*, OSF ‖ **~ упаковки/поверхностный** Oberflächenstapelfehler *m* ‖ **~ Френкеля** *(Krist)* Frenkel-Fehlordnung *f*, Frenkel-Defekt *m*, Frenkel-Leerstelle *f* ‖ **~ Шотки** *(Krist)* Schottky-Fehlordnung *f*, Schottky-Defekt *m*, Schottky-Leerstelle *f*

дефектность *f* 1. Fehlerhaftigkeit *f*; 2. *(Krist)* Defektstörung *f*, Fehlordnung *f* ‖ **~ структуры** *(Krist)* Strukturfehler *m*, Fehlordnung *f*

дефектование *n (Text)* Fehleraufnahme *f*

дефектообразование *n (Krist)* Defektbildung *f* ‖ **~/направленное** Defektengineering *n*, Defektsteuerung *f* ‖ **~/радиационное** *(Kern, Wkst)* Strahlungsdefektentstehung *f*

дефектоскоп *m* 1. Defektoskop *n (Gerät zur zerstörungsfreien Werkstoffprüfung)*; 2. *(Photo)* Filmfehleraussuchgerät *n* ‖ **~/высокочастотный** Hochfrequenzdefektoskop *n* ‖ **~/магнитный** Magnetpulverprüfgerät *n* ‖ **~/ультразвуковой** Ultraschalldefektoskop *n*, Ultraschallmaterialprüfgerät *n*

дефектоскопия *f* Defektoskopie *f (zerstörungsfreie Werkstoffprüfung)* ‖ **~/магнитная** magnetische Defektoskopie *f*, Magnetdefektoskopie *f* ‖ **~/магнитографическая** Magnetographieverfahren *n* ‖ **~/нейтронная** Neutronendefektoskopie *f* ‖ **~ по методу магнитных порошков** trockenes Magnetpulverfahren *n* ‖ **~ по методу магнитных суспензий** nasses Magnetpulververfahren *n* ‖ **~/радиационная** Strahlungsdefektoskopie *f* ‖ **~/рентгеновская** Röntgen[werkstoff]prüfung *f*, Röntgendefektoskopie *f*, [zerstörungsfreie] Werkstoffprüfung *f* mit Röntgenstrahlen ‖ **~/ультраакустическая (ультразвуковая)** Ultraschalldefektoskopie *f* ‖ **~/феррозондовая** Sondenverfahren *n* ‖ **~/эхоимпульсная ультразвуковая** Ultraschall-Impulsechoprüfung *f*

деферент *m* Deferent *m*, deferierender Kreis *m*

дефибрёр *m (Pap)* Holzschleifer *m*, Defibrator *m* ‖ **~/кольцевой** Ringschleifer *m* ‖ **~/магазинный** Magazinschleifer *m* ‖ **~/прессовый** Pressenschleifer *m* ‖ **~/сдвоенный** Zwillings[pressen]schleifer *m* ‖ **~/цепной** Kettenschleifer *m*

дефибриллятор *m (Med)* Defibrillator *m*

дефибрирование *n (Pap)* Schleifen *n*, Holzschliffherstellung *f* ‖ **~ белой древесины** Weißschleifen *n* ‖ **~/горячее** Heißschleifen *n* ‖ **~/горячее жидкое** Dünnheißschleifen *n* ‖ **~ древесины** Holzschleifen *n* ‖ **~/холодное** Kaltschleifen *n*

дефибрировать *(Pap)* schleifen, Holzschliff herstellen

дефицит *m* Defizit *n*, Fehlbetrag *m* ‖ **~ влажности** *(Meteo)* Sättigungsdefizit *n* ‖ **~ кислорода** Sauerstoffmangel *m* ‖ **~ массы** *(Ph)* Massendefizit *n*, Massenunterschuß *m* ‖ **~ мощности** *(En)* Leistungsdefizit *n* ‖ **~ насыщения [воздуха]** *s.* ~ влажности ‖ **~ энергии** *(En)* Energiedefizit *n*

дефлаграция *f* Deflagration *f*, Verpuffung *f*

дефлегматор *m (Ch)* Dephlegmator *m (Rektifikation)* ‖ **~/шариковый** Kugeldephlegmator *m*
дефлегмация *f (Ch)* Dephlegmieren *n*, Dephlegmation *f*
дефлектор *m* 1. Ablenker *m*, Deflektor *m*; 2. *(El)* Ablenkelektrode *f*; 3. Leitblech *n*, Luftleitblech *n (Gasturbine)*; Strahlabweiser *m*, Strahlablenker *m (Wasserturbine)*; 4. *(Schiff)* Drucklüfter *m*, Lüfterkopf *m*, Drucklüfterkopf *m*; 5. *(Lw)* Auswurfbogen *m*, Auswurfkrümmer *m*, Häckslerauswurfbogen *m*; 6. *(Kern)* Deflektor *m*, Auslenkvorrichtung *f*, Ablenkvorrichtung *f (Beschleuniger)*; 7. *(Hydr)* Prallblech *n*, Umlenkblech *n*; Strahlablenker *m* ‖ **~/вдувной** *(Schiff)* Zulüfterkopf *m* ‖ **~/вытяжной** *(Schiff)* Ablüfterkopf *m* ‖ **~/лазерный** Laserablenkvorrichtung *f*
дефлокулировать ausflocken, entflocken *(Aufbereitung)*
дефлокуляция *f* Ausflocken *n*, Ausflockung *f*, Entflockung *f (Aufbereitung)*
дефляция *f (Geol)* Deflation *f*, äolische Erosion *f*, Abblasung *f*, Abhebung *f*
дефожёсткость *f* Defo[meter]härte *f*
дефокусировка *f* Defokussierung *f* ‖ **~ пучка** Strahldefokussierung *f*
дефолиант *m (Ökol)* Entlaubungsmittel *n*, Defoliationsmittel *n*
дефолиация *(Ökol)* Entlaubung *f*
дефометр *m* Defometer *n*, Deformations[meß]gerät *n*
дефо-пластичность *f* Defohärte *f*
дефо-показатель *m* Defoeinheit *f*
деформация *f* 1. Deformation *f*, Verformung *f*, Umformung *f*, Gestaltsänderung *f*; 2. Verzerrung *f*; Formänderung *f*; Verzug *m* ‖ **~ без изменения объёма** reine Gestaltsänderung *f*, Deformation *f* ohne Volumenänderung ‖ **~ взрывом** Explosiv[um]formen *n*, Explosiv[um]formung *f* ‖ **~/высокоскоростная** Hochgeschwindigkeitsumformung *f* ‖ **~ гибкой** Biegeumformung *f* ‖ **~/главная** Haupt[aus]dehnung *f*, Hauptdilatation *f*, Hauptverlängerung *f*; *(Wlz)* Hauptverformung *f* ‖ **~/горячая** Warmumformung *f*, Warmverformung *f* ‖ **~/двухосная** zweiachsige Formänderung *f*, Flächendehnung *f* ‖ **~ закалки** Härtungsdeformation *f*, Härtungsverzug *m* ‖ **~/закалочная** *s.* ~ закалки ‖ **~ зерна** Kornverzerrung *f (Gefüge)* ‖ **~ изгиба** Biegeverformung *f*, Biegung *f* ‖ **~/контактная** Abplattung *f* ‖ **~/критическая** *(Fest)* 1. kritischer Verformungsgrad (Umformungsgrad) *m*; 2. kritische Verformung (Umformung) *f* ‖ **~ кручения** *(Fest)* Verdrehen *n*, Verdrehverformung *f* ‖ **~/неполная горячая** unvollständige Warmumformung *f* ‖ **~/неполная холодная** unvollständige Kaltumformung *f* ‖ **~/объёмная** räumliche Dehnung *f* ‖ **~/однородная** *(Fest)* homogene (gleichmäßige) Verformung *f*, homogene (gleichmäßige) Umformung *f* ‖ **~/осадочная** Schwinden *n*, Schwindverformung *f* ‖ **~/остаточная** Verformungsrest *m (s. a.* ~/пластическая*)* ‖ **~/относительная продольная** relative Längenänderung *f*, Dehnung *f* ‖ **~/пластическая** bleibende (plastische) Verformung (Deformation, Formänderung) *f* ‖ **~/плоская** ebene Formänderung *f* ‖ **~ ползучести** Kriechverfahren *f*, Kriechen *n* ‖ **~/поперечная** Querverformung *f* ‖ **~ при кручении** *s.* ~ скручивания ‖ **~ при растяжении** *s.* ~ растяжения ‖ **~ при сжатии** *s.* ~ сжатия ‖ **~/продольная** Längenänderung *f*, Längsverformung *f* ‖ **~ растяжением** *s.* ~ растяжения ‖ **~ растяжения** Zugverformung *f*, Streckverformung *f*, Dehnverformung *f* ‖ **~ сдвига** Scherverformung *f*, Schubverformung *f* ‖ **~ сжатия** Druckverformung *f*, Stauchung *f* ‖ **~ скручивания** Torsionsverformung *f*, Torsionsverzerrung *f*, Verdreh[ungs]verformung *f* ‖ **~/тепловая** Wärmeverzug *m*, Verzug *m* (Deformation *f*) infolge Wärmeeinwirkung ‖ **~/упругая** elastische Verformung (Deformation, Formänderung) *f* ‖ **~/упруго-пластичная** elastisch-plastische Deformation *f*, elastoplastische Formänderung *f* ‖ **~/холодная** Kaltumformung *f*; Kaltverformung *f* ‖ **~/усадочная** Schwundverformung *f* ‖ **~/частичная** Teilverformung *f* ‖ **~/частичная пластическая** teilplastische Beanspruchung *f* ‖ **~/чистая** reine Formänderung *f*
деформирование *n s.* деформация
деформировать verformen, deformieren, einer Verformung unterziehen
деформируемость *f* Verformbarkeit *f*, Umformbarkeit *f*, Bildsamkeit *f*, Verformungsfähigkeit *f*; Formänderungsvermögen *n*, Deformationsverhalten *n*
деформограф *m*/**кварцевый** *(Geoph)* Quarzstrainmeter *n*
деформометр *m (Geoph)* Strainmeter *m*
дефосфорация *f (Ch)* Entphosphorung *f*
дефосфориз[ир]овать *(Ch)* entphosphoren
дефо-твёрдость *f* Defohärte *f (nach Baader)*
дефростация *f* Auftauen *n (z. B. Nahrungsmittel)*
дефростер Defroster *m*, Auftauanlage *f* ‖ **~/высокочастотный** Hochfrequenzauftauanlage *f*, dielektrische Auftauanlage *f (Fischverarbeitung)* ‖ **~/оросительный** Sprühwasserauftauanlage *f*, hydromechanische Auftauanlage *f (Fischverarbeitung)*
дефростировать auftauen *(Nahrungsmittel)*
дехлоризация *f s.* дехлорирование
дехлорирование *n (Ch)* Entchloren *n*, Entchlorung *f*
дехлорировать *(Ch)* entchloren
децибел *m (Ak)* Dezibel *n*, dB *(Einheit des Pegels L)*
дециметр *m* Dezimeter *n* ‖ **~/кубический** Kubikdezimeter *n*
децинормальный *(Ch)* zehntelnormal
дешифратор *m (Eln)* Dechiffrator *m*, Dechiffriergerät *n*; *(Nrt)* Übersetzer *m*, Umsetzer *m* ‖ **~ адреса** Adressendekoder *m* ‖ **~ группового кода** Gruppenkodedechiffrator *m* ‖ **~ двоичного кода** Dualkodedechiffrator *m* ‖ **~ десятичного кода** Dezimalkodedechiffrator *m* ‖ **~ кода** Kodedechiffrator *m* ‖ **~ команд** Befehlsdekoder *m*
дешифратор-мультиплексор *m* Dekoder-Multiplexer *m*
дешифраторный Dechiffrator...
дешифрация *f*, **дешифрирование** *n s.* декодирование
дешифрировать dekodieren, dechiffrieren, entschlüsseln
дешифровать *s.* дешифрировать
дешифровка *f s.* дешифрирование

дештабелёр *m* Entpalletiermaschine *f*
деэлектризация *f* Entelektrisierung *f*
деэмульгатор *m (Ch)* Demulgator *m*, Emulsionsentmischer *m*
деэмульгирование *n (Ch)* Demulgieren *n*, Dismulgieren *n*, Entemulsionieren *n*
деэмульгировать *(Ch)* demulgieren, dismulgieren, entemulsionieren
деэмульсация *f s.* деэмульгирование
деэмфазис *m (Nrt)* Deemphasis *f*, Nachentzerrung *f*, Deakzentuierung *f*
деятельность *f* **волн** *(Hydr)* Wellentätigkeit *f* ‖ **~/вулканическая** *(Geoph)* vulkanische Tätigkeit (Aktivität) *f* ‖ **~ горячих ключей** Thermaltätigkeit *f* ‖ **~/пятнообразовательная** *(Astr)* Fleckentätigkeit *f*, Sonnenfleckentätigkeit *f* ‖ **~/эоловая** *(Geol)* äolische Abtragung *f* ‖ **~/эрозионная** *(Geol)* Erosionswirkung *f*
Дж *s.* джоуль
Дж/К *s.* джоуль на кельвин
Дж/кг *s.* джоуль на килограмм
Дж/(кг·К) *s.* джоуль на килограмм-кельвин
Дж/м^3 *s.* джоуль на кубический метр
Дж/моль *s.* джоуль на моль
Дж/(моль · К) *s.* джоуль на моль-кельвин
джек *m* 1. *(El)* Druckknopfschalter *m*; 2. *(Nrt)* Klinke *f*; 3. *(Bgb)* leichter Bohrhammer *m*, Handbohrhammer *m*
джеспилит *m (Geol)* Jaspilit *m*
джиггер *m (Text)* Jigger *m (Färbemaschine)*
джин *m s.* волокноотделитель
джинировать *(Text)* egrenieren, entkörnen *(Baumwolle)*
джиттер *m* Zittern *n (unregelmäßige Schwankungen eines Signales)*
джоуль *m* Joule *n*, J ‖ **~ на кельвин** Joule *n* je Kelvin, J/K ‖ **~ на килограмм** Joule *n*/Kilogramm *n*, Joule *n* je Kilogramm, J/kg ‖ **~ на килограмм-кельвин** Joule *n*/Kilogramm *n* · Grad Kelvin, J/(kg · K) ‖ **~ на кубический метр** Joule *n*/Kubikmeter, Joule *n* je Kubikmeter, J/m^2 ‖ **~ на моль** Joule *n*/Mol, Joule *n* je Mol, J/mol ‖ **~ на моль-кельвин** Joule *n* je Mol und Kelvin, J/(mol · K)
джут *m* Jute *f*, Jutehanf *m*
дзета-мезон *m (Kern)* Zeta-Meson *n*
дзета-потенциал *m (Ph)* elektrokinetisches Potential *n*, Zeta-Potential *n*
дзета-функция *f (Math)* Zetafunktion *f*
ДЗУ *s.* 1. устройство/долговременное запоминающее; 2. устройство/дисковой запоминающее
диабаз *m (Geol)* Diabas *m*
диабаз-порфирит *m (Geol)* Diabasporphyrit *m*
диагенез[ис] *m (Geol)* Diagenese *f*
диагенизм *m s.* метаморфизм/статический
диагностика *f* Diagnostik *f* ‖ **~/неразрушающая** zerstörungsfreie Diagnostik *f* ‖ **~ ошибок** Fehlerdiagnostik *f* ‖ **~ плазмы** *(Ph)* Plasmadiagnostik *f* ‖ **~/реакторная** *(Kern)* Reaktordiagnostik *f* ‖ **~/ультразвуковая** Ultraschalldiagnostik *f*
диагональ *f (Math)* Diagonale *f* ‖ **~/главная** Hauptdiagonale *f* ‖ **~ мост[ик]а** *(El)* Brückendiagonale *f* ‖ **~ продольных связей** Diagonale *f* der Längsverbände *(einer Brückenkonstruktion)*
диагональный diagonal, schräglaufend

диаграмма *f* Diagramm *n*, Charakteristik *f (s. a. unter* график, кривая *und* характеристика*)* ‖ **~/адиабатная** *(Ph)* Adiabatendiagramm *n* ‖ **~ алгоритмов** Datenflußplan *m* ‖ **~ базы данных** *(Inf)* Datenbankdiagramm *n* ‖ **~ ближнего поля** Nahfelddiagramm *n (einer Antenne)* ‖ **~ Вейссенберга** *(Krist)* Weissenberg-Aufnahme *f*, Weissenberg-Diagramm *n (Röntgenographie)* ‖ **~/векторная** Vektordiagramm *n*, Vektorschaubild *n*, Zeigerdiagramm *n*, Zeigerschaubild *n* ‖ **~/временная** Zeitdiagramm *n*, Taktdiagramm *n* ‖ **~ время-температура-превращение** *(Therm)* Zeit-Temperatur-Umwandlungs-Schaubild *n*, ZTU-Schaubild *n* ‖ **~ газораспределения** Steuerdiagramm *n (Verbrennungsmotor, Dampfmaschine)* ‖ **~ Герцшпрунга-Ресселa** *(Astr)* [Hertzsprung-]Russell-Diagramm *n*, HRD, Zustandsdiagramm *n*, stellares Hauptdiagramm *n* ‖ **~ «давление-время»** *(Ph)* Druck-Zeit-Schaubild *n* ‖ **~ «давление-объём»** *(Mech)* Druck-Volumen-Diagramm *n*, *p,V*-Diagramm *n* ‖ **~ «давление-температура»** *(Therm)* Druck-Temperatur-Diagramm *n*, *p,T*-Diagramm *n* ‖ **~/двойная** *(Met)* Zweistoff-Zustandsdiagramm *n*, Zustandsdiagramm *n* binärer Legierungen, binäres Zustandsdiagramm *n* ‖ **~ Дебая-Шеррера** *(Krist)* Debye-Scherrer-Aufnahme *f*, Debye-Scherrer-Diagramm *n*, Pulverdiagramm *n (Röntgenographie)* ‖ **~ динамической остойчивости** *(Schiff)* dynamische Hebelarmkurve *f* ‖ **~/дифракционная** *(Opt)* Beugungsdiagramm *n* ‖ **~ дифферентов** *(Schiff)* Trimmkurvenblatt *n* ‖ **~ затвердевания** *(Ph)* Erstarrungsschaubild *n*, Erstarrungskurve *f* ‖ **~/зонная** *(Ph)* Energiebänderdiagramm *n* ‖ **~ избыточных давлений** *(Therm)* Überdruckdiagramm *n (Dampf)* ‖ **~ излучения** Strahlungsdiagramm *n*, Strahlungscharakteristik *f* ‖ **~/индикаторная** Indikatordiagramm *n (Dampfmaschine, Verbrennungsmotor, Hubkolbenverdichter)* ‖ **~ истинных напряжений** *(Wkst)* Spannungs-Dehnungs-Diagramm *n*, bezogen auf den Istquerschnitt ‖ **~ кипения** Siedediagramm *n* ‖ **~ Кремоны[-Максвелла]** *(Mech)* Cremonaplan *m*, Cremonascher (reziproker) Kräfteplan *m* ‖ **~/круговая** Kreisdiagramm *n* ‖ **~ крутящих моментов** Drehmomentkurve *f* ‖ **~ Лауэ** *(Krist)* Laue-Diagramm *n*, Laue-Aufnahme *f*, Einkristallaufnahme *f* ‖ **~ Максвелла-Кремоны** *s.* ~ Кремоны[-Максвелла] ‖ **~ масса-светимость** *(Astr)* Masse-Leuchtkraft-Diagramm *n* ‖ **~/мнимая** imaginäres Diagramm *n* ‖ **~ моментов** *(Mech)* Momentenlinie *f*, Momentenkurve *f*, Momentendiagramm *n* ‖ **~ мощности** Leistungsdiagramm *n*, Leistungsschaubild *n* ‖ **~ нагрузка-осадка** *(Bw)* Last-Setzungs-Diagramm *n*, Last-Setzungskurve *f* ‖ **~ нагрузка-удлинение** *(Wkst)* Belastungs-Dehnungs-Diagramm *n* ‖ **~ нагрузки** Belastungscharakteristik *f*, Belastungsschaubild *n*, Belastungsdiagramm *n*; Lastcharakteristik *f*, Lastkurve *f* ‖ **~/нагрузочная** *s.* ~ нагрузки ‖ **~ направленности** Richtdiagramm *n*, Richtcharakteristik *f* ‖ **~ направленности антенны** Antennenrichtdiagramm *n*, Antennenrichtcharakteristik *f* ‖ **~ направленности излучения** Strahlungsdiagramm *n*, Strahlungscharakteristik *f* ‖ **~ направленности/круговая**

Rundstrahldiagramm *n*, Kugelcharakteristik *f* ‖ ~ **напряжение-время** *(Mech)* Spannungs-Zeit-Diagramm *n* ‖ ~ **напряжение-деформация** *(Mech)* Spannungs-Dehnungs-Kurve *f*, Spannungs-Dehnungs-Linie *f*, Spannungs-Dehnungs-Diagramm *n* ‖ ~ **напряжение-сжатие** *(Mech)* Spannungs-Stauchungs-Diagramm *n* ‖ ~ **напряжение-удлинение** *s.* ~ напряжение-деформация ‖ ~ **напряжений** Spannungsdiagramm ‖ ~ **низкого давления** Niederdruckdiagramm *n* ‖ ~ **остаточных моментов** Restmomentkurve *f* ‖ ~ **отбора** Entnahmediagramm *n* ‖ ~ **охлаждения** *(Ph)* Abkühlungsdiagramm *n*, Abkühlungskurve *f* ‖ ~ **парораспределения** Dampf[steuer]diagramm *n (Dampfmaschine)* ‖ ~ **парораспределения/золотниковая** Schieberdiagramm *n (Dampfmaschine)* ‖ ~ **парораспределения/эллиптическая** Schieberellipse *f (Dampfmaschine)* ‖ ~**/пеленгаторная** *(Rad)* Peildiagramm *n* ‖ ~ **перемещений** Verschiebungsplan *m* ‖ ~ **плавкости** Schmelzdiagramm *n*, Schmelzkurve *f* ‖ ~ **плавления** *s.* ~ плавкости ‖ ~ **полных токов** *(El)* Durchflutungsdiagramm *n* ‖ ~ **поля** *(El)* Felddiagramm *n* ‖ ~ **потоков энергии** *s.* ~ Санки ‖ ~ **предела усталости** *(Wkst)* Dauerfestigkeitsschaubild *n* ‖ ~ **проводимости** *(El)* Leitwertdiagramm *n* ‖ ~ **проводки** Verdrahtungsschema *n*, Schaltschema *n* ‖ ~**/пространственная** Raumdiagramm *n*, räumliches Diagramm *n* ‖ ~**/пространственно-временная** *(Ph)* Zeit-Weg-Diagramm *n*, Zeit-Weg-Schaubild *n* ‖ ~ **процесса** Prozeßablauf *m* ‖ ~ **пути по времени** *(Ph)* Zeit-Weg-Diagramm *n*, Zeit-Weg-Schaubild *n* ‖ ~ **работы/цикловая** *(Text)* Steuerdiagramm *n (Kämmaschine)* ‖ ~**/рабочая** Arbeitskennlinie *f*, Betriebskennlinie *f* ‖ ~ **распределения** *s.* 1. ~ газораспределению; 2. ~ парораспределения ‖ ~ **рассеяния** Streidiagramm *n* ‖ ~ **растворимости** *(Ph)* Löslichkeitsdiagramm *n*, Löslichkeitskurve *f* ‖ ~ **растяжения[-сжатия]** *s.* ~ напряжение-деформация ‖ ~ **расхода пара** *(Wmt)* Dampfverbrauchsdiagramm *n*, Dampfdurchsatzdiagramm *n* ‖ ~ **режимов** *(Wmt)* Entnahmediagramm *n (Kondensationsturbinen mit regelbarer Dampfentnahme)* ‖ ~ **Рессел[л]а** *s.* ~ Герцшпрунга-Рессела ‖ ~ **Санки** Sankey-Diagramm *n*, Energieflußbild *n* ‖ ~ **сжатия** 1. *(Med)* Verdichtungsdiagramm *n*; 2. *(Wkst)* Druckverformungsdiagramm *n*, Stauchkurve *f* ‖ ~ **сил** *s.* ~/силовая ‖ ~**/силовая** *(Mech)* Kräfteplan *n*, Kraftplan *m*, Krafteck *n (s. a.* ~ Кремоны*)* ‖ ~ **скоростей** *(Ph)* Geschwindigkeitsdiagramm *n*, Geschwindigkeitsplan *m* ‖ ~ **скорость-нагрузка** *(Ph)* Geschwindigkeits-Belastungs-Diagramm *n* ‖ ~ **сопротивлений** 1. Festigkeitsdiagramm *n*; 2. Widerstandsdiagramm *n* ‖ ~ **состав-свойство** Zustandsdiagramm *n (Mehrkomponentensystem)* ‖ ~ **состояния** [thermodynamisches] Zustandsdiagramm *n*, Zustands[schau]bild *n*, Phasendiagramm *n*, Gleichgewichtsdiagramm *n* ‖ ~ **состояния железо-углерод** Eisen-Kohlenstoff-Diagramm *n*, Eisen-Kohlenstoff-Zustandsschaubild *n* ‖ ~ **состояния тройных сплавов** *s.* ~/тройная ‖ ~ **спектр-светимость** *s.* ~ Герцшрунга-Рессела ‖ ~**/спиральная** *s.* ~ газораспределения ‖ ~ **статических давлений** statisches Druckdiagramm *n* ‖ ~ **статической остойчивости** *(Schiff)* statische Hebelarmkurve *f* ‖ ~**/столбчатая** Säulendiagramm *n* ‖ ~**/структурная** 1. *(Met)* Gefügeschaubild *n*; 2. *(Geol)* Gefügediagramm *n* ‖ ~ **температура-объём** *(Therm)* Temperatur-Volumen-Diagramm *n*, *T,v*-Diagramm *n* ‖ ~**/температурная** *(Therm)* Temperatur[verteilungs]diagramm *n*, Temperatur[verteilungs]kurve *f* ‖ ~**/тепловая** *s.* ~/энтропийная ‖ ~ **теплосодержания** *s.* ~/энтропийная ‖ ~**/тройная** *(Met)* Dreistoff-Zustandsdiagramm *n*, Zustandsdiagramm *n* ternärer Legierungen, ternäres Zustandsdiagramm *n* ‖ ~ **уровня** *(Nrt)* Pegel[schau]linie *f*, Pegeldiagramm *n* ‖ ~ **усилий** *(Mech)* Kräfteplan *m*, Krafteck *n* ‖ ~ **усталости** *(Wkst)* Dauerfestigkeitsschaubild *n*, Dauerfestigkeitsdiagramm *n*, Grenzspannungsdiagramm *n (z. B. Wöhler-Kurve)* ‖ ~ **устойчивости** Stabilitätsdiagramm *n* ‖ ~ **фаз** *s.* ~ состояния ‖ ~ **фаз газораспределения** Steuerdiagramm *n (Verbrennungsmotor)* ‖ ~**/фазовая** 1. *(El)* Phasendiagramm *n*; 2. *s.* ~ состояния ‖ ~ **холостого хода** Leerlaufdiagramm *n* ‖ ~ **цвет-светимость** *(Astr)* Farben-Helligkeits-Diagramm *n*, FHD ‖ ~ **цветностей** Farbtafel *f* ‖ ~**/частотная** *(El, Eln)* Frequenzdiagramm *n* ‖ ~**/штапельная** *(Text)* Stapeldiagramm *n*, Faserlängendiagramm *n (Faserprüfung)* ‖ ~**/энергетическая** 1. Energieschema *n*, Energie[niveau]diagramm *n*, Termschema *n*; 2. *(Masch)* Diagramm (Schaubild) *n* des Leistungsflusses, Leistungsflußbild *n* ‖ ~ **энтропии** *s.* ~/энтропийная ‖ ~**/энтропийная** *(Therm)* [Temperatur-]Entropie-Diagramm *n*, Wärmediagramm *n*, *T, s*-Diagramm *n*

диада *f* 1. Zweischlag *m (Getriebelehre)*; 2. *(Mech) s.* тензор второго ранга

диадохит *m (Min)* Diadochit *m*

диадохия *f (Krist)* Diadochie *f (gegenseitige Austauschbarkeit einzelner Atome bzw. Ionen in einer Kristallphase)*

диазобумага *f* Diazotypiepapier *n*

диазокомпонента *f (Photo)* Diazokuppler *m*

диазокраситель *m* Diazofarbstoff *m*

диазоматериал *m* Diazokopiermaterial *n*

диазоплёнка *f (Photo)* Diazofilm *m*

диазораствор *m (Ch)* Diazolösung *f*, Diazonium[salz]lösung *f*

диазореакция *f (Ch)* Diazo[tierungs]reaktion *f*

диазослой *m* Diazoschicht *f*

диазосмола *f* Diazoharz *n*

диазосоединение *n (Ch)* Diazoverbindung *f*

диазосоль *f (Ch)* Diazoniumsalz *n*

диазотипия *f (Photo)* Diazoverfahren *n*

диазотирование *n (Ch)* Diazotieren *n*, Diazotierung *f*

диак *m (Eln)* Diac *m*, [bidirektionale] Triggerdiode *f*, Zweiwegschaltdiode *f*, Vollwegschaltdiode *f*

диакаустика *f (Opt)* Diakaustik *f*

диакисдодекаэдр *m s.* дисдодекаэдр

диакоптика *f (Eln)* Diakoptik *f*, Diakoptik-Methode *f*

диализ *m (Ch, Med)* Dialyse *f*

диализат *m (Ch)* Dialysat *n*

диализатор *m (Ch, Med)* Dialysator *m*, Dialysierzelle *f* ‖ ~**/камерный** Kammerdialysator *m*

диаллаг *m (Min)* Diallag *m (Pyroxen)*
диалог *m* **с вычислительной машиной** Rechnerdialog *m*, Computerdialog *m*
диалоговый *(Inf)* Dialog…
диальдегид *m (Ch)* Dialdehyd *m*
диамагнетизм *m* Diamagnetismus *m*
диамагнетик *m* diamagnetischer Stoff *m*, Diamagnetikum *n*
диамагнитность *f* Diagmagnetismus *m*
диамагнитный diamagnetisch
диамагнитометр *m* Diamagnetometer *n*
диаметр *m* Durchmesser *m* ll **~ в свету** lichter Durchmesser *m*, Kaliber *m* ll **~/видимый** *(Astr)* scheinbarer Durchmesser *m (eines Gestirns)* ll **~/внешний** Außendurchmesser *m* ll **~/внутренний** Innendurchmesser *m*; *(Fert)* Kerndurchmesser *m (z. B. Bolzenkerndurchmesser, Gewindekerndurchmesser)* ll **~ гребного винта** *(Schiff)* Propellerdurchmesser *m* ll **~ делительной окужности** Teilkreisdurchmesser *m*, Durchmesser *m* des Erzeugungswälzkreises ll **~ дуги** Lichtbogendurchmesser *m* ll **~ зеркала** *(Opt)* Spiegeldurchmesser *m* ll **~ изделия/наибольший** *(Wkzm)* Schwingdurchmesser *m (beim Schlagen des Werkstücks)* ll **~/истинный** *(Astr)* wahrer (linearer) Durchmesser *m (eines Gestirns)* ll **~ конуса** Kegeldurchmesser *m* ll **~ круга катания** *(Eb)* Laufkreisdurchmesser *m (Rad)* ll **~/наибольший** größter Durchmesser *m* ll **~/наименьший** kleinster Durchmesser *m* ll **~/наружный** Außendurchmesser *m* ll **~ начальной окружности** *(Fert)* Durchmesser *m* des Erzeugungswälzkreises ll **~/номинальный** Nenndurchmesser *m* ll **~/номинальный наружный** Nennmaß *m* des Außendurchmessers (Gewindedurchmessers) ll **~ окружности впадин** *(Masch)* Fußkreisdurchmesser *m (Zahnrad)* ll **~ окружности выступов** *(Masch)* Kopfkreisdurchmesser *m (Zahnrad)* ll **~ основной окружности** *(Masch)* Grundkreisdurchmesser *m (Zahnrad)* ll **~ подшипника** *(Masch)* Lagerdurchmesser *m* ll **~ посадки** *(Masch)* Sitzdurchmesser *m*; Paßdurchmesser *m* ll **~ посадочного отверстия** *s.* ~/посадочный ll **~/посадочный** *(Masch)* Aufnahmedurchmesser *m (Bohrung)*; Anschlußdurchmesser *m* ll **~/рабочий** arbeitender Durchmesser *m* ll **~/равновесный** Gleichgewichtsdurchmesser *m* ll **~ резьбы/внутренний** Kerndurchmesser *m (des Gewindes)* ll **~ резьбы/наружный** Gewinde[außen]durchmesser *m* ll **~ резьбы/приведённый средний** Flankendurchmesser *m (am Gewinde)* ll **~ сердечника** Kerndurchmesser *m (am Gewinde)* ll **~ сердцевины [сверла]** Kerndurchmesser *m (eines Bohrers)* ll **~/средний** *(Astr)* mittlerer Durchmesser *m (z. B. der Galaxie)* ll **~ трубы/внутренний** Rohrinnendurchmesser *m*, Rohrkaliber *n*, Rohrweite *f* ll **~/угловой** *(Astr)* Winkeldurchmesser *m (eines Gestirns)* ll **~/условный** Nenndurchmesser *m (Walze)* ll **~ установившейся циркуляции** *(Schiff)* stabiler Drehkreisdurchmesser *m* ll **~ циркуляции** *(Schiff)* Drehkreisdurchmesser *m* ll **~ экрана** Bildschirmdurchmesser *m*
диаметральный 1. diametral; 2. *(Schiff)* Mittellängs…
диамид *m s.* гидразин
диамикрокарта *f* Mikrofiche *n*
диаминокислота *f* Diaminosäure *f*
диапазон *m* 1. Bereich *m*; Gebiet *n*; 2. *(Meß)* Bereich *m*, Skale *f*; 3. Arbeitsbereich *m (einer Antenne)*; 4. *(Rf)* Band *n (s. a. unter* полоса 1.*)*; 5. *(Inf)* Wertebereich *m* • **с растянутым диапазоном** mit gespreiztem Wellenbereich, bandgespreizt ll **~ адреса** *(Inf)* Adressenbereich *m* ll **~ аккомодации** *(Opt)* Akkommodationsbreite *f* ll **~ амплитуд импульсов** *(Eln)* Impulshöhenbereich *m* ll **~ базы** *(Eln)* Basisbereich *m (Transistoren)* ll **~/видимый** sichtbarer Bereich *m (des Spektrums)* ll **~ волн** *(Rf)* 1. Wellenbereich *m*; 2. Wellenband *n* ll **~ волн/рабочий** Arbeits[wellen]bereich *m*, Betriebswellenbereich *m* ll **~/всеволновый** *(Rf)* Allwellenbereich *m*; Allwellenband *n* ll **~/гектометровый** Hektometerwellenbereich *m* ll **~ гиперзвуковых частот** hoher Überschallbereich *m*, hypersonischer Bereich *m*, Hyperschallbereich *m* ll **~ громкости** Lautstärkebereich *m* ll **~ грубых измерений** Grobmeßbereich *m* ll **~ давлений** Druck[regel]bereich *m* ll **~/декаметровый** Dekameter[wellen]bereich *m* ll **~ декаметровых волн** Dekameter[wellen]bereich *m* ll **~/дециметровый** Dezimeterwellenbereich *m* ll **~/динамический** *(Rf)* Dynamikbereich *m* ll **~/длинноволновый** *(Rf)* 1. Langwellenbereich *m*; 2. Langwellenband *n* ll **~ дозирования** Regelbereich *m (Wägetechnik)* ll **~ задержки** Verzögerungsbereich *m* ll **~ захватывания** *(Fert)* Greifbereich *m* ll **~/звуковой** 1. *(Ak)* Klangumfang *m*; 2. *s.* ~ звуковых частот ll **~ звуковых частот** Tonfrequenzbereich *m*, Hörbereich *m* ll **~ знакопеременной нагрузки** *(Wkst)* Wechsel[last]bereich *m* ll **~ значений** *(Inf)* Wertebereich *m* ll **~ изменения** Änderungsbereich *m*, Variationsbereich *m*, Schwankungsbereich *m* ll **~ измерения** Meßbereich *m* ll **~ измерения/полный** Gesamtmeßbereich *m* ll **~ индикации** Anzeigebereich *m* ll **~ квантования** Quantisierungsbereich *m* ll **~ километровых волн** Kilometer[wellen]bereich *m* ll **~/колебательный** Schwing[ungs]bereich *m* ll **~ контролируемых уровней** Bewertungspegel *m* ll **~/коротковолновый** *(Rf)* 1. Kurzwellenbereich *m*, KW-Bereich *m*; 2. Kurzwellenband *n* ll **~/коротковолновый любительский** Kurzwellenamateurband *n* ll **~ крупности** Korngrößenbereich *m*, Körnungsbereich *m* ll **~/метровый** 1. Meterwellenbereich *m*; 2. Meterband *n* ll **~/механический** *(Masch)* mechanisch verstellbarer Drehzahlbereich *m* ll **~ миллиметровых волн** *(Rf)* Millimeterwellen[längen]bereich *m*, Längstwellenbereich *m* ll **~ мощностей** Leistungsbereich *m* ll **~ на УКВ/радиовещательный** UKW-Rundfunkband *n* ll **~ нагрузки (нагрузок)** *(Wkst)* Belastungsbereich *m*, Lastbereich *m* ll **~ напряжений** *(El)* Spannungsbereich *m* ll **~ напряжения** *(Wkst)* Spannungsbereich *m* ll **~ настройки** Abstimmbereich *m*; Einstellbereich *m* ll **~ непрямого регулирования** relativer Regelbereich *m* ll **~ несущих частот** Trägerfrequenzbereich *m* ll **~/низкочастотный** NF-Bereich *m* ll **~/номинальный** Anzeigebereich *m*, Nennbereich *m* ll **~/оптический** Optische *n* ll **~ освещения** *(Photo)* Beleuchtungsumfang *m*

‖ ~ **отрегулировки** *(Reg)* Verstellbereich *m* ‖ ~ **отсчёта** Anzeigebereich *m* ‖ ~ **ошибок** Fehlerbereich *m* ‖ ~ **передачи** 1. Übertragungsbereich *m*; 2. Übertragungsband *n* ‖ ~ **переключения** Schaltbereich *m (z. B. bei Waagen)* ‖ ~ **поворота** Schwenkbereich *m* ‖ ~ **показаний** Anzeigebereich *m*, Skalenbereich *m* ‖ ~ **показаний по шкале** Skalenbereich *m* ‖ **~/полный** Gesamtbereich *m* ‖ ~ **приёма** *s.* ~ принимаемых волн ‖ ~ **применимых частот** Übertragungsfrequenzbereich *m*, nutzbarer Frequenzbereich *m* ‖ ~ **принимаемых волн** Empfangsbereich *m* ‖ ~ **прозрачности** Durchlaßbereich *m* ‖ **~/пропорциональный** Proportionalbereich *m* ‖ ~ **работы** Betriebsbereich *m*, Arbeitsbereich *m* ‖ ~ **рабочих температур** Betriebstemperaturbereich *m* ‖ ~ **рабочих частот** Arbeitsfrequenzbereich *m* ‖ **~/радиовещательный** Rundfunkband *n* ‖ **~/радиолюбительский** 1. Amateurfunkbereich *m*; 2. Amateur[funk]band *n* ‖ ~ **радиочастот** Funkfrequenzbereich *m*; Radiofrequenzbereich *m*, Hochfrequenzbereich *m* ‖ ~ **разброса** Streubereich *m* ‖ ~ **рассеивания** Streufeld *n* ‖ **~/растянутый** *(Rf)* 1. gespreizter Wellenbereich *m*; 2. gespreiztes Band *n* ‖ ~ **регулирования** Regelbereich *m*, Stellbereich *m* ‖ ~ **регулирования частоты вращения** Drehzahlstellbereich *m* ‖ **~/сантиметровый** Zentimeter[wellen]bereich *m* ‖ ~ **сверхвысоких частот** Höchstfrequenzbereich *m* ‖ **~/сверхдлинноволновый** Myriameterbereich *m*, Längstwellenbereich *m* ‖ ~ **скоростей** Geschwindigkeitsbereich *m* ‖ ~ **собственной чувствительности** *(Photo)* Eigenempfindlichkeitsbereich *m* ‖ ~ **сопротивлений** *(El)* Widerstandsbereich *m* ‖ **~/спектральный** Spektralbereich *m* ‖ **~/средневолновый** *(Rf)* 1. Mittelwellenbereich *m*; 2. Mittelwellenband *n* ‖ **~/субмикронный** *(Eln)* Submikrometerbereich *m* ‖ ~ **субмиллиметровых волн** Submillimeterwellenlängengebiet *n* ‖ **~/телевизионный** 1. Fernsehbereich *m*; 2. Fernsehband *n* ‖ ~ **температур** Temperaturbereich *m*, Temperaturgebiet *n* ‖ ~ **температуры окружающей среды** Umgebungstemperaturbereich *m* ‖ ~ **тока** *(El)* Strombereich *m* ‖ ~ **точных измерений** Feinmeßbereich *m* ‖ ~ **ультразвуковых частот** Ultraschallbereich *m* ‖ **~/ультракоротковолновый** *(Rf)* 1. Ultrakurzwellenbereich *m*, UKW-Bereich *m*; 2. Ultrakurzwellenband *n*, UKW-Band *n* ‖ ~ **упругости** *(Mech)* Elastizitätsbereich *m* ‖ ~ **усиления** *(El)* Verstärkungsbereich *m* ‖ ~ **усилия** *(Wkst)* Beanspruchungsbereich *m* ‖ ~ **установки** Einstellbereich *m* ‖ ~ **частот** 1. Frequenzbereich *m*; 2. Frequenzband *n* ‖ ~ **частот/номинальный** Nennfrequenzbereich *m* ‖ ~ **частот/рабочий** Betriebsfrequenzbereich *m*, Arbeitsfrequenzbereich *m* ‖ **~/частотный** *s.* ~ частот ‖ ~ **чисел оборотов** Drehzahlbereich *m* ‖ ~ **шкалы** Skalenbereich *m* ‖ ~ **экспозиции** *(Photo)* Belichtungsumfang *m* ‖ ~ **энергий** Energiebereich *m*, Energieband *n*

диапазон A A-Band *n (Frequenz)* ‖ ~ **C** C-Band *n (Frequenz)*

диапазонность *f (Rf)* Breitbandigkeit *f*

диапир *m (Geol)* Diapir *m* ‖ **~/соляной** Salzdiapir *m*

диапиризм *m (Geol)* Diapirismus *m*

диапозитив *m (Photo)* Diapositiv *n*, Dia *n*

диапроектор *m* Lichtbildwerfer *m*

диас *m s.* пермь

диаскоп *m* Diaskop *n* ‖ **~/ультразвуковой** *(Med)* Ultraschallbildgerät *n*

диаспор *m (Min)* Diaspor *m (Aluminiumhydroxid)*

диастрофизм *m (Geol)* Diastrophismus *m*

диатексис *m (Geol)* Diatexis *f*

диатермичный diatherm, wärmedurchlässig

диатермометр *m* Diathermometer *n*

диатомит *m (Geol)* Diatomit *m (verfestigter Diatomeenschlamm)*

диатрема *f (Geol)* Explosionsröhre *f*, Diatrem *n*

диафанометр *m* Diaphanometer *n*, Lichtdurchlässigkeitsprüfer *m*

диафрагма *f* 1. *(Ch)* Scheidewand *f (Dialyse)*; poröse Scheidewand *f (bei elektrochemischen Prozessen und beim Filtrieren)*; 2. *(Opt)* Blende *f*; Diaphragma *n*; 3. Schott *n*, Schotte *f*, Scheidewand *f*; 4. *(Bw)* Versteifungswand *f*, Bindeblech *n*, Versteifungsblech *n (z. B. in geschweißten Stahlträgern)*; Querschottwand *f*, Querschott *n (Stahlkonstruktionen)*; 5. Zwischenboden *m (Dampfturbine)*; 6. Membran[e] *f (Lautsprecher)* ‖ **~/анодная** Anodenblende *f* ‖ **~/апертурная** *(Opt)* Aperturblende *f*, Öffnungsblende *f* ‖ **~/вставная** *(Opt)* Steckblende *f*, Einsteckblende *f* ‖ **~/входная** *(Opt)* Eintrittsblende *f* ‖ **~/выходная** *(Opt)* Austrittsblende *f* ‖ ~ **громкоговорителя** Lautsprechermembran *f* ‖ **~/двойная** Doppelblende *f* ‖ ~ **земляной плотины** *(Hydt)* Kernmauer *f*, Dichtungskern *m (Damm)* ‖ **~/измерительная** Meßblende *f*, Blende *f (Meßfühler für die Bestimmung des Volumenstroms nach dem Wirkdruckverfahren)* ‖ **~/ирисовая** *(Opt)* Irisblende *f*, Iris *f* ‖ **~/квадратная** *(Opt)* Rechteckblende *f* ‖ **~/контрастная** *(Opt)* Kontrastblende *f* ‖ **~/круглая** *(Opt)* Lochblende *f* ‖ **~/модовая** Modenblende *f (Laser)* ‖ **~/нормальная** Normblende *f (Wirkdruckgeber)* ‖ **~/полевая** *(Opt)* Feldblende *f*, Sehfeldblende *f*, Gesichtsfeldblende *f* ‖ ~ **поля зрения** *s.* ~/полевая ‖ **~/прыгающая** *(Opt)* Springblende *f* ‖ **~/развёртывающая** Abtastblende *f* ‖ **~/расходомерная** *s.* ~/измерительная ‖ **~/сегментная** Segmentblende *f* ‖ **~/сеточная** *(Eln)* Gitterblende *f* ‖ **~/сменная** *(Opt)* Wechselblende *f* ‖ **~/точечная** *(Opt)* Lochblende *f*, Feinblende *f* ‖ ~ **четверть круга** Viertelkreisblende *f* ‖ **~/щелевая** *(Opt)* Spaltblende *f*, Schlitzblende *f*

диафрагмирование *n* 1. *(Photo)* Abblenden *n*, Abblendung *f*; 2. *(Photo)* Blendeneinstellung *f*; 3. *(Kern)* Ausblenden *n* ‖ ~ **излучения** *(Kern)* Strahl[en]begrenzung *f*, Bündelbegrenzung *f*

диафрагмировать 1. *(Photo)* abblenden; Blende einstellen; 2. *(Kern)* ausblenden

диафторез *m (Geol)* Diaphthorese *f*, retrograde Metamorphose *f*

диваканция *f (Krist)* Divakanz *f*, Doppelleerstelle *f*

дивергентность *f* **скорости** Geschwindigkeitsdivergenz *f*

дивергенция *f* 1. *(Geol)* Divergenz *f*; 2. *(Meteo)* Divergenz *f*; 3. *(Math) s.* расходимость векторного поля ‖ ~ **количества движения** *s.* ~ массы ‖ ~ **линий тока** *(Meteo)* Strömungsdi-

vergenz *f* ‖ ~ **массы** *(Meteo)* Massendivergenz *f* ‖ ~ **направления** *(Geol)* Richtungsdivergenz *f*
дивизор *m (Math)* Divisor *m*
дигиграф *m* Digigraph *m*
дигидрат *m (Ch)* Dihydrat *n*
дигира *f (Krist)* Digyre *f*, digonale Symmetrieachse *f*
дигирный *s.* ромбический
дигрессия *f (Astr)* Digression *f*
дидодекаэдр *m s.* дисдодекаэдр
диен *m (Ch)* Dien *n*, Diolefin *n*
дизамещённое *n (Ch)* Disubstitutionsprodukt *n*
дизамещённый disubstituiert, zweifach substituiert
дизель *m* Dieselmotor *m*, Diesel *m* ‖ **~/автомобильный** Fahrzeugdieselmotor *m* ‖ **~/бескомпрессорный** kompressorloser Dieselmotor *m*, Einspritzdieselmotor *m* ‖ **~/быстроходный** schnellaufender Dieselmotor *m* ‖ **~/вихрекамерный** Wirbelkammerdieselmotor *m* ‖ **~/воздушно-камерный** Luftspeicherdieselmotor *m* ‖ **~/высокооборотный** schnellaufender Dieselmotor *m* ‖ **~/главный** Hauptdieselmotor *m* ‖ **~/двухкамерный** *s.* ~/воздушно-камерный ‖ **~/двухтактный** Zweitaktdieselmotor *m* ‖ **~/катерный** Bootsdieselmotor *m* ‖ **~/компрессорный** Dieselmotor *m* mit Kompressor ‖ **~/корабельный** Schiffsdieselmotor *m* ‖ **~/крупный** Großdieselmotor *m* ‖ **~/малооборотный** langsamlaufender Dieselmotor *m* ‖ **~/малотоксичный** schadstoffarmer (umweltfreundlicher) Dieselmotor *m* ‖ **~/малошумный** geräuscharmer Dieselmotor *m* ‖ **~/многокамерный** Mehrkammerdieselmotor *m* ‖ **~/однокамерный** Einkammerdieselmotor *m* ‖ **~/предкамерный** Dieselmotor *m* mitVorkammer, Vorkammerdieselmotor *m* ‖ **~/реверсивный** umsteuerbarer Dieselmotor *m* ‖ ~ **с наддувом** Dieselmotor *m* mit Aufladung ‖ ~ **с непосредственным впрыском** Dieselmotor *m* mit Direkteinspritzung, kompressorloser Dieselmotor *m* mit Strahlzerstäubung ‖ ~ **с непосредственным впрыском/однокамерный** Dieselmotor *m* mit Strahlzerstäubung, Einkammer-Dieselmotor *m* mit Direkteinspritzung *f* ‖ **~/среднеоборотный** mittelschnellaufender Dieselmotor *m* ‖ **~/стационарный** ortsfester Dieselmotor *m* ‖ **~/судовой** Schiffsdieselmotor *m* ‖ **~/тепловозный** *(Eb)* Bahndieselmotor *m* ‖ **~/тихоходный** langsamlaufender Dieselmotor *m* ‖ **~/тронковый** Tauchkolbendieselmotor *m* ‖ **~/шлюпочный** Bootsdieselmotor *m*
дизель-баба *f* Dieşelramme *f*
дизель-генератор *m* Dieselgenerator *m* ‖ **~/аварийный** Notstromdiesel *m*, Notstromaggregat *n* ‖ **~/вспомогательный** Hilfsdieselgenerator *m* ‖ **~/стояночный** Hafendieselgenerator *m*
дизель-динамо *n s.* дизель-генератор
дизель-компрессор *m* Dieselkompressor *m*, Dieselverdichter *m*, mit Dieselmotor angetriebener Kompressor *m* ‖ **~/поршневой** Dieselkolbenverdichter *m*
дизель-механический dieselmechanisch
дизель-поезд *m (Eb)* Dieseltriebzug *m*
дизель-электрический dieselelektrisch *(Bahnantrieb, Stromerzeugung)*
дизель-электростанция *f (En)* Dieselkraftwerk *n*
дизель-электроход *m* Dieselelektroschiff *n*
дизъюнкция *(Math)* Disjunktion *f*, logische Summe *f*
дикварк *m (Kern)* Diquark *n*
дик[к]ит *m (Min)* Dickit *m (Tonmineral)*
дикторская *f* Sprecherstudio *n*, Ansageraum *m*
диктофон *m* Diktiergerät *n*, Diktaphon *n*
дилататор *m (Med)* Dilatator *m*
дилатация *f* Dilatation *f*, Dehnung *f*; Ausdehnung *f* ‖ **~/времени** [Einsteinsche] Zeitdilatation *f*
дилатометр *m* Dilatometer *n*, Dehnunsgmesser *m*, Wärme[aus]dehnungsmesser *m* ‖ **~/дифференциальный** Differentialdilatometer *n*
дилатометрия *f* Dilatometrie *f*, Dehnungsmessung *f*, dilatometrische Messung *f*
дилювий *m s.* 1. отложения четвертичной системы; 2. плейстоцен
димер *m (Ch)* Dimer[e] *n*
димеризация *f (Ch)* Dimerisation *f*, Dimerisierung *f*
димерность *f (Ch)* Dimerie *f*
диметилировать *(Ch)* dimethylieren
диметрия *f (Math)* Dimetrie *f (darstellende Geometrie)*
димолибдат *m (Ch)* ...dimolybdat *n*
диморфия *f (Krist)* Dimorphie *f*
дин *m s.* дина
дина *f (Mech)* Dyn *n*, dyn *(SI-fremde Einheit der Kraft)*
динама *f* 1. *(Math)* Dyname *f*, Schraube *f*, Vektorschraube *f*; 2. *(Mech)* Dyname *f*, Kraftschraube *f* ‖ ~ **сил** *s.* динама 2.
динамик *m* elektrodynamischer Lautsprecher *m*
динамика *f* 1. Dynamik *f*; 2. *(Nrt)* Dynamikbereich *m* ‖ ~ **автомобиля** Kraftfahrzeugdynamik *f*, dynamische Eigenschaften *fpl* eines Kraftfahrzeugs ‖ ~ **вагонов** *(Eb)* Wagendynamik *f* ‖ ~ **волн** Wellendynamik *f* ‖ ~ **газов/магнитная** Magnetogasdynamik *f* ‖ **~/газовая** Gasdynamik *f* ‖ ~ **гиперзвукового полёта** Hyperschallflugdynamik *f* ‖ **~/гравитационная** Gravitationsdynamik *f* ‖ ~ **движения** Fahrdynamik *f* ‖ ~ **движения частиц** *(Kern)* Teilchendynamik *f* ‖ ~ **жёсткого тела** Dynamik *f* starrer Körper ‖ **~/звёздная** *s.* ~ звёздных систем ‖ ~ **звёздных систем** *(Astr)* Stellardynamik *f*, Dynamik *f* der Sternsysteme ‖ ~ **пластических тел** Dynamik *f* plastischer Körper ‖ ~ **подвижного состава** *(Eb)* Fahrzeugdynamik *f* ‖ ~ **полёта** Flugdynamik *f* ‖ ~ **сооружений** Bauwerksdynamik *f* ‖ ~ **трения/тепловая** Wärmedynamik *f* der Reibung ‖ **~/упругая** *s.* ~ упригих сред ‖ ~ **упругих сред** Elastodynamik *f*
динамит *m* Dynamit *n (Sprengstoff)* ‖ **~/аммиачный** Ammoniakdynamit *m (Sprengstoff)*
динамо *n s.* генератор постоянного тока
динамограф *m* Dynamograph *m*, Registrierdynamometer *n*
динамометаморфизм *m (Geol)* Dynamometamorphose *f*, Dislokationsmetamorphose *f*
динамометр *m* Dynanometer *n*, Kraftmeßgerät *n*, Kraftmesser *m* ‖ ~ **вращательный** Drehmomentenmeßgerät *n* ‖ **~/гидравлический** hydraulische Kraftmeßdose *f* ‖ **~/инструментальный** Schnittkraftmeßgerät *n* ‖ **~/крутильный** Torsionsdynanometer *n*, Verdrehkraftmesser *m*, Torsionskraftmeßgerät *n* ‖ **~/маятниковый** Pendelkraftmesser *m* ‖ ~ **на сжатие** Kraftmeß-

dose *f* ‖ **~/образцовый** Normalkraftmeßgerät *n* ‖ **~/поглощающий** Bremsdynamometer *n* ‖ **~/пьезоэлектрический тяговый** piezoelektrisches Zugkraftmeßgerät *n* ‖ **~/ротационный** Torsionskraftmeßgerät *n* ‖ **~/тормозной** Bremsdynamometer *n* ‖ **~/тяговый** Zugkraftmeßgerät *n* ‖ **~/электрический тяговый** 1. elektrisches Zugkraftmeßgerät *n*, elektrischer Zugkraftmesser *m*; 2. Dehnmeßstreifen *m*

динамометр-самописец *m* Dynanograph *m*, Registrierdynamometer *n*

динамон *m* Dinamon *n (Sprengstoff)*

динамотеория *f (Geoph)* Dynamotheorie *f*

динамоэффект *m (Ph)* Dynamoeffekt *m*

динас *m* Silikastein *m*

динатрон *m (Eln)* Dynatron *n*, Dynatronröhre *f*

динистор *m (Eln)* Dynistor *m*, Dynistordiode *f* ‖ **~/двунаправленный** Diac *m*, Zweirichtungsthyristordiode *f*, [bidirektionale] Triggerdiode *f*

динод *m (Eln)* Dynode *f*, Prallelektrode *f*

диод *m (Eln)* Diode *f* ‖ **~/арсенид-галлиевый** Gallium-Arsenid-Diode *f*, GaAs-Diode *f* ‖ **~/вакуумный** Vakuumdiode *f* ‖ **~/варакторный** Varaktor *m*, Varikap *m* ‖ **~/вентильный** Gleichrichterdiode *f* ‖ **~/видеодетекторный** Videodiode *f*, Leuchtdiode *f* ‖ **~/вспомогательный** Hilfsdiode *f* ‖ **~/выпрямительный** Gleichrichterdiode *f*, Richtdiode *f* ‖ **~/высоковакуумный** Hochvakuumdiode *f* ‖ **~/высоковольтный** Hochspannungsdiode *f* ‖ **~/высокочастотный** Hochfrequenzdiode *f*, HF-Diode *f* ‖ **~/высокочастотный выпрямительный** Richtdiode *f* ‖ **~ Ганна** Gunn-Diode *f*, Gunn-Element *n* ‖ **~/германиевый** Germaniumdiode *f*, Ge-Diode *f* ‖ **~/германиевый плоскостной** Germaniumflächendiode *f*, Ge-Flächendiode *f* ‖ **~/германиевый точечный** Germaniumspitzendiode *f*, Ge-Spitzendiode *f* ‖ **~/двойной** Doppeldiode *f*, Duodiode *f* ‖ **~/двойной инжекционный** Doppelinjektionsdiode *f* ‖ **~/двунаправленный** Zweirichtungsdiode *f* ‖ **~/двусторонний переключающий** Zweiwegschaltdiode *f*, Vollwegschaltdiode *f* ‖ **~/двухбазовый** Doppelbasisdiode *f* ‖ **~/детекторный** Detektordiode *f*, Demodulatordiode *f*, Gleichrichterdiode *f* ‖ **~/диффузионный** Diffusionsdiode *f* ‖ **~/ёмкостный** Kapazitätsdiode *f*, Varaktor *m*, Varikap *m* ‖ **~/жидкокристаллический** Flüssigkristalldiode *f*, LC-Diode *f* ‖ **~/защитный** Schutzdiode *f* ‖ **~ Зенера** *s.* Церена ‖ **~/измерительный** Meßdiode *f* ‖ **~/импульсный** Schaltdiode *f* ‖ **~ инфракрасного излучения/излучающий** Infrarotemitterdiode *f*, IRED ‖ **~/коллекторный** Kollektordiode *f (Kollektor-Basis-Übergang)* ‖ **~/кремниевый** Siliciumdiode *f*, Si-Diode *f* ‖ **~/кремниевый плоскостной** Siliciumflächendiode *f*, Si-Flächendiode *f* ‖ **~/кремниевый точечный** Siliciumspitzendiode *f*, Si-Spitzendiode *f* ‖ **~/кристаллический** Kristalldiode *f*, Halbleiterdiode *f*, Kristallgleichrichter *m* ‖ **~/лавинно-пролётный** *(Eln)* Lawinenlaufzeitdiode *f*, Kurzlaufzeitdiode *f*, Read-Diode *f* ‖ **~/лавинный** Lawinendiode *f*, Avalanche-Diode *f* ‖ **~/лавинный выпрямительный** Avalanche-Gleichrichterdiode *f* ‖ **~/лазерный** Laserdiode *f* ‖ **~/ламповый** Röhrendiode *f*, Diode[nröhre] *f* ‖ **~/люминесцентный** Lumineszenzdiode *f* ‖ **~/магнитный** Magnetdiode *f*, Madistor *m* ‖ **~/маломощный** Kleinleistungsdiode *f* ‖ **~/малошумящий универсальный полупроводниковый лазерный** rauscharme Mehrzweck-Halbleiterlaserdiode *f* ‖ **~/микроминиатюрный** Subminiaturdiode *f* ‖ **~/микроплоскостной** Mesadiode *f* ‖ **~/микросплавной** mikrolegierte Diode *f*, Mikrolegierungsdiode *f* ‖ **~/миниатюрный** Miniaturdiode *f* ‖ **~/мощный** Leistungsdiode *f* ‖ **~ на арсениде галлия/настроечный** Galliumarsenid-Abstimmdiode *f*, GaAs-Abstimmdiode *f* ‖ **~/накопительно-переключательный** Speicherschaltdiode *f* ‖ **~/накопительный** Ladungsspeicherdiode *f* ‖ **~/настроечный** Abstimmdiode *f* ‖ **~ обратного действия** *s.* ~/обратный ‖ **~/обратный (обращённый)** Rückwärtsdiode *f*, Backward-Diode *f* ‖ **~/ограничивающий (ограничительный)** Begrenzerdiode *f*, Begrenzungsdiode *f* ‖ **~/опорный** Referenzdiode *f*, Bezugsspannungsdiode *f* ‖ **~/переключательный (переключающий)** Schaltdiode *f* ‖ **~/планарно-эпитаксиальный** Epitaxie-Planardiode *f* ‖ **~ планарный** Planardiode *f* ‖ **~/плоский** Flächendiode *f* ‖ **~/плоскостной** *s.* ~/плоский ‖ **~/поверхностно-барьерный** Oberflächensperrschichtdiode *f* ‖ **~/полупроводниковый** Halbleiterdiode *f* ‖ **~/полупроводниковый выпрямительный** Halbleitergleichrichterdiode *f* ‖ **~/полупроводниковый лазерный** Halbleiter-Laserdiode *f* ‖ **~/приёмный** Empfangsdiode *f* ‖ **~/пятислойный** Fünfschichtdiode *f*, Synistor *m* ‖ **~/разделительный** Trenndiode *f*, Isolationsdiode *f*, Sperrschichtdiode *f* ‖ **~/регулировочный** Regeldiode *f*, Steuerdiode *f*, Regulatordiode *f*, Z-Diode *f*, Zener-Diode *f* ‖ **~ с барьером Шоттки/выпрямительный** Schottky-Gleichrichterdiode *f* ‖ **~ с двумя основаниями/полупроводниковый** Doppelbasis[-Halbleiter]diode *f* ‖ **~ с изменяющейся ёмкостью** Kapazitäts[variations]diode *f*, Varikap *f* ‖ **~ с объёмным барьером** Bulk-Barrier-Diode *f* ‖ **~ с переменной ёмкостью** Kapazitätsvariationsdiode *f* ‖ **~ с плоскостным контактом** *s.* ~/плоский ‖ **~ с рекомендуемым напряжением** Referenzdiode *f*, Bezugsspannungsdiode *f* ‖ **~ с точечным контактом** Spitzendiode *f* ‖ **~/сверхвысокочастотный** Höchstfrequenzdiode *f*, Mikrowellendiode *f* ‖ **~/светоизлучающий** Lumineszenzdiode *f*, Lichtemissionsdiode *f*, LED ‖ **~/сдвоенный** Doppeldiode *f* ‖ **~/смесительный** Mischdiode *f* ‖ **~/сплавной** Legierungsdiode *f* ‖ **~/тонкоплёночный** Dünnschichtdiode *f* ‖ **~/точечно-контактный** *s.* ~/точечный ‖ **~/точечный** Punkt[kontakt]diode *f*, Spitzendiode *f* ‖ **~/туннельный** Tunneldiode *f*, Esaki-Diode *f* ‖ **~/универсальный** Universaldiode *f*, Allzweckdiode *f* ‖ **~/управляемый** gesteuerte Diode *f* ‖ **~ Ценера** Zener-Diode *f*, Z-Diode *f* ‖ **~/четырёхзонный** *s.* ~/четырёхслойный ‖ **~/четырёхслойный** Vierschichtdiode *f*, Vierzonendiode *f* ‖ **~/шумовой** Rauschdiode *f* ‖ **~/эмиттерный** Emitterdiode *f* ‖ **~/эпитаксиальный** Epitaxiediode *f*, Epitaxialdiode *f* ‖ **~ Эсаки** Tunneldiode *f*, Esaki-Diode *f*

диодный Dioden...

диод-ограничитель *m* Begrenzerdiode *f*, Begrenzungsdiode *f*
диод-пентод *m* Diode-Pentode *f*
диод-тетрод *m* Diode-Tetrode *f*
диод-триод *m* Diode-Triode *f*
диопсид *m (Min)* Diopsid *m (Pyroxen)*
диопсид-жадеит *m (Min)* Diopsidjadeit *m (Pyroxen)*
диоптаз *m (Min)* Dioptas *m (sekundäres Kupfermineral)*
диоптрика *f (Opt)* Dioptrik *f*
диоптрия *f (Opt)* Dioptrie *f*, dpt
диорит *m (Min)* Diorit *m* ‖ **~/кварцевый** Quarzdiorit *m* ‖ **~/слюдяной** Glimmerdiorit *m*
дипирамида *f (Krist)* Dipyramide *f*, Bipyramide *f*, Doppelpyramide *f* ‖ **~/гексагональная** hexagonale Dipyramide *f* ‖ **~/дигексагональная** dihexagonale Dipyramide *f* ‖ **~/дитетрагональная** ditetragonale Dipyramide *f* ‖ **~/дитригональная** ditrigonale Dipyramide *f* ‖ **~/ромбическая** rhombische Dipyramide *f* ‖ **~/тетрагональная** tetragonale Dipyramide *f* ‖ **~/тригональная** trigonale Dipyramide *f*
диплексер *m (Rf)* Diplexer *m*, Brückenweiche *f (der Antenne)* ‖ **~ антенны** Sende-Empfangs-Antennenweiche *f*
диплексный Diplex...
диплот *m (Schiff)* Tiefseelot *n*
диплотлинь *m (Schiff)* Tiefseelotleine *f*
диплоэдр *m (Krist)* Diploeder *n*, Diploid *n*
диполь *m* 1. *(El)* Dipol *m*; 2. *(Hydrod)* Dipolströmung *f*, Quellensenke *f (inkompressible Potentialströmung)* ‖ **~/активный** aktiver (schwingender) Dipol *m*, Strahlungsdipol *m*, Sendedipol *m*, Strahler *m* ‖ **~/акустический** akustischer Dipol *m* ‖ **~/волновой** *s.* ~/одноволновой ‖ **~/встроенный** Gehäusedipol *m* ‖ **~ Герца** Hertzscher Dipol *m* ‖ **~/горизонтальный** Horizontaldipol *m* ‖ **~/двойной** Doppeldipol *m* ‖ **~/двойной петлевой** Doppelschleifendipol *m* ‖ **~/диапазонный** Breitbanddipol *m* ‖ **~ дислокаций** Versetzungsdipol *m* ‖ **~/индуцированный магнитный** induzierter magnetischer Dipol *m* ‖ **~/кольцевой** Ringdipol *m* ‖ **~/крестообразный** Kreuzdipol *m*, gekreuzter Dipol *m* ‖ **~/круглый** Runddipol *m*, Ringdipol *m* ‖ **~/магнитный** magnetischer Dipol *m* ‖ **~/направляющий** Richtdipol *m* ‖ **~/одноволновой** Ganzwellendipol *m*, λ-Dipol *m* ‖ **~/пассивный** passiver (ungespeister) Dipol *m*, Empfangsdipol *m* ‖ **~/передающий** *s.* ~/активный ‖ **~/петлевой** Schleifendipol *m* ‖ **~/полуволновой** Halbwellendipol *m*, λ/2-Dipol *m* ‖ **~/приёмно-передающий** Sende-Empfangs-Dipol *m* ‖ **~/приёмный** *s.* ~/пассивный ‖ **~/сложенный** Faltdipol *m* ‖ **~/ультракоротковолновый** Ultrakurzwellendipol *m*, UKW-Dipol *m* ‖ **~/широкополосный** Breitbanddipol *m* ‖ **~/щелевой** Schlitzdipol *m* ‖ **~/электрический** elektrischer Dipol *m* ‖ **~/элементарный** Elementardipol *m*
дипольметр *m* Dipolmeter *n*
диполь-рефлектор *m* Reflektordipol *m*
дипротон *m (Ph)* Diproton *n*, Doppelproton *n*
диптанк *m (Schiff)* Hochtank *m*
директива *f (Inf)* Anweisung *f (s. a.* описание*)* ‖ **~ операционной системы** Betriebsanweisung *f* ‖ **~ отладки** Testhilfeanweisung *f* ‖ **~ управления заданиями** Jobsteueranweisung *f (Betriebssystem)*
директор *m (Rf)* Direktor *m*, Richtleiter *m* ‖ **~/широкополосный** Breitbanddirektor *m (Antennentechnik)*
директриса *f* 1. *(Math)* Direktrix *f (Leitlinie von Kegelschnitten; Leitkurve von gekrümmten Flächen)*; 2. Spannungsrichtfläche *f*
дирижабль *m* Luftschiff *n* ‖ **~/жёсткий** starres Luftschiff *n* ‖ **~/мягкий** unstarres Luftschiff *n* ‖ **~/полужёсткий** halbstarres Luftschiff *n*
дисахарид *m (Ch)* Disa[c]charid *n*, Zweifachzucker *m*
дисбаланс *m* 1. *(Masch)* Unwucht *f*; 2. *(El)* Abgleichfehler *m*
дисдодекаэдр *m (Krist)* Di[s]dodekaeder *m*
диск *m* 1. Scheibe *f*, [runde] Platte *f*; Teller *m*; Rad *n (s. a. unter* круг *und* шайба 2.*)*; 2. Laufrad *n (Dampfturbine)*; 3. Sägeblatt *n (Kreissäge)*; 4. Rundmesser *m (Schere)*; 5. *(El)* Scheibenkondensator *m*; 6. Schallplatte *f*; 7. Plattenteller *m*; 8. *(Inf)* Disk *f* ‖ **~/абразивный** Schleifscheibe *f* ‖ **~/абразивный прорезной** Trennschleifscheibe *f* ‖ **~/аккреционный** *(Astr)* Akkretionsscheibe *f* ‖ **~/активный** Gleichdruckrad *n (Dampfturbine)* ‖ **~/алмазный торцевой эластичный** *(Wkz)* biegsamer (elastischer) Diamantstirnschleifkörper *m* ‖ **~/алмазный эластичный** *(Wkz)* biegsamer Diamantschleifkörper *m* ‖ **~/анодный** *(El)* Anodenscheibe *f* ‖ **~/боковой** *m* Spulenflansch *m* ‖ **~/ведомый** Deckscheibe *f (Laufrad einer Kreiselpumpe oder eines Kreiselverdichters)* ‖ **~/ведущий** 1. Antriebsscheibe *f (im Reibgetriebe)*; Treibrolle *f*; 2. Nabenscheibe *f (Laufrad einer Kreiselpumpe)* ‖ **~/верхний** Nabenscheibe *f*, Tragscheibe *f (Laufrad einer Kreiselpumpe oder eines Kreiselverdichters)* ‖ **~/вставной** Einsatzscheibe *f* ‖ **~/выпуклый** *(Wkzm)* ballige Scheibe *f* ‖ **~/вырезной** *(Lw)* gezackte Scheibe *f (der Egge)* ‖ **~/вытяжной** *(Text)* 1. Reckgalette *f (Chemiefaserherstellung)*; 2. Schrägverzug-Zahnscheibe *f (Flachsstengel-Schrägverzug vor der Knickwalze)* ‖ **~/гибкий [магнитный]** *(Inf)* Floppy-Disk *f*, Diskette *f* ‖ **~/двухвенечный** zweikränziges Laufrad *n (Dampfturbine)* ‖ **~/делительный** *(Fert)* Teilscheibe *f*, Rastenscheibe *f (Teilkopf)* ‖ **~/диффузионный** *(Photo)* Weichzeichner *m*, Softscheibe *f*, Weichzeichnerscheibe *f* ‖ **~ для запоминания информации** Informationsspeicherplatte *f* ‖ **~ для наматывания** Wickelteller *m* ‖ **~ для правки** *(Wkz)* Abrichtscheibe *f* ‖ **~/доводочный** *(Wkzm)* Läppscheibe *f* ‖ **~/желобчатый** Rillenscheibe *f* ‖ **~/жёсткий [магнитный]** *(Inf)* Festplatte *f* ‖ **~/заводной** *(Nrt)* Wählscheibe *f*, Nummernscheibe *f* ‖ **~/зажимный** 1. *(Fert)* Spannscheibe *f*; 2. *(Text)* Wickel[preß]scheibe *f (Bandwickelmaschine)* ‖ **~ зубчатого колеса** Zahnradscheibe *f* ‖ **~/зубчатый** Zahnscheibe *f* ‖ **~/игольный** *(Text)* Rippscheibe *f*, Nadelteller *m (Jacquard-Rundstrickmaschine)* ‖ **~/измерительный** Meßscheibe *f* ‖ **~/изоляционный** *(El)* Isolierscheibe *f* ‖ **~/индикаторный** *(Text)* Zeigerscheibe *f (Kämmaschine)* ‖ **~/качающийся** Taumelscheibe *f (Taumelscheibengetriebe; Taumelscheibenmotor)* ‖ **~/кодовый** Kodescheibe *f*, kodierte

Scheibe *f* || **~/колеблющийся** *s.* ~/качающийся || **~/компактный** Compact Disk *f*, CD || **~/контактный** Kontaktscheibe *f* || **~/кривошипный** Kurbelscheibe *f* || **~/кулачковый** Kurvenscheibe *f*; Nockenscheibe *f* || **~/литейный** *(Lw)* Gußroderad *n (Rübenerntemaschinen)* || **~/литерный** Typenscheibe *f (Typenraddrucker)* || **~/лунный** Mondscheibe *f* || **~/магазинный** *(Wkzm)* Revolvervorschub *m* || **~/магнитный** *(Inf)* Magnetplatte *f*, MP || **~ муфты** Kupplungsscheibe *f* || **~ на волоконных световодах/прозрачный** strahlendurchlässige Faseroptikscheibe *f* || **~/наборный** *s.* ~/заводной || **~/нажимной** Anpreßscheibe *f* || **~ направляющего колеса** 1. Leitradscheibe *f*, Leitscheibe *f (Dampfturbine)*; 2. *s.* ~/направляющий 2. || **~/направляющий** 1. Führungsscheibe *f*; 2. Führungswalze *f*, Führungsscheibe *f (Stiefelwalzwerk)* || **~/негибкий магнитный** *(Inf)* Festplatte *f* || **~/нижний** Deckscheibe *f (Laufrad einer Kreiselpumpe)* || **~ Нипкова** *(Eln)* Nipkow-Scheibe *f* || **~/ножевой** *(Text)* Schlagnasenplatte *f*, Schlagnasenscheibe *f (Vertikalöffner)* || **~/номеронабирателя** *s.* ~/заводной || **~/основной** Grundkreisscheibe *f (eines Evolventenprüfgerätes)* || **~/пальцевой** *s.* ~/заводной || **~/пильный** *(Wkz)* Kreissägeblatt *n* || **~ Плимсоля** *(Schiff)* Plimsoll-Scheibe *f*, Plimsoll-Marke *f (Lademarke)* || **~/поводковый** Mitnehmerscheibe *f* || **~/поворотный** *(Text)* Umlenkgalette *f (Chemiefaserherstellung)* || **~/постоянный** *(Inf)* Festplatte *f* || **~/правящий** *(Wkzm)* Abrichtscheibe *f* || **~/препарационный** *(Text)* Präparationsscheibe *f* || **~/прессующий** Druckplatte *f (Strangpressen)* || **~/приёмный** Wickelteller *m* || **~/приёмный прядильный** *(Text)* Spinngalette *f*, Abzugspalette *f* || **~/протопланетный** *(Astr)* protoplanetare Scheibe *f (Entstehung des Sonnensystems)* || **~/прядильный** *(Text)* Spinngalette *f*, Galette *f (Chemiefaserherstellung)* || **~ рабочего колеса/ведомый** Deckscheibe *f (Laufrad der Kreiselpumpe)* || **~ рабочего колеса/ведущий (верхний)** Nabenscheibe *f*, Tragscheibe *f (Laufrad der Kreiselpumpe)* || **~ рабочего колеса/нижний** Deckscheibe *f (Laufrad der Kreiselpumpe)* || **~/развёртывающий** *(TV)* Abtastscheibe *f*, Bildabtastscheibe *f* || **~/распределительный** 1. Steuerscheibe *f*; 2. *(Nrt)* Verteilerscheibe *f* || **~/режущий** Trennschleifscheibe *f* || **~/рисунчатый** *(Text)* Musterscheibe *f* || **~ с наклонной осью** 1. Taumelscheibe *f (Wechselgetriebe; Taumelscheibenmotor)*; 2. Taumelsäge *f (Kreissäge)* || **~/системный** *(Inf)* Systemplatte *f* || **~/системный магнитный** System-Magnetplatte *f* || **~/слюдяной** Glimmscheibe *f* || **~ сматывания** Abwickelteller *m (Tonbandgerät)* || **~/сменный** *(Inf)* Wechselplatte *f* || **~/солнечный** Sonnenscheibe *f* || **~/сплошной** Vollscheibe *f* || **~/стационарный** *(Inf)* Festplatte *f* || **~/стопорный** Riegelscheibe *f* || **~/стробоскопический** Stroboskopscheibe *f* || **~ ступицы** Nabenscheibe *f*, Nabenteller *m* || **~/сферический** *(Lw)* gewölbte Scheibe *f (Bodenbearbeitung)* || **~ сцепления** *(Masch)* Kupplungslamelle *f*, Kupplungsscheibe *f* || **~ сцепления/ведомый** Kupplungsmitnehmerscheibe *f* || **~ сцепления/нажимной** Kupplungsdruckscheibe *f*, Kupplungsdruckplatte *f* || **~/тарельчатый** *(Masch)* Tellerscheibe *f* || **~/тормозной** Bremsscheibe *f* || **~/турбинный** Turbinenrad *n* || **~/увлажняющий** *(Text)* Befeuchtungsgalette *f* || **~/узорный (узорообразующий)** *(Text)* Musterrad *n*, Musterscheibe *f (Kettenwirkmaschine)* || **~/упорный** Begrenzungsscheibe *f*, Anschlagscheibe *f*; Druckring *m*, Druckscheibe *f (Drucklager)* || **~/установочный** Stellscheibe *f* || **~/фасонный** Formscheibe *f* || **~/фрикционный** *(Masch)* Reibscheibe *f*; Lamelle *f (Lamellenkupplung)*; Lamellenring *m (Lamellenkupplung)* || **~/холостой** Schlepprolle *f*, Führungswalze *f*, mitlaufende Scheibe *f (Hohlwalzwerk)* || **~/штампованный** *(Lw)* Blechroderad *n (Rübenerntemaschinen)* || **~/эксцентриковый** *(Masch)* Exzenterscheibe *f*, Scheibenkurbel *f*

дискет *s.* дискета

дискета *f (Inf)* Diskette *f* || **~/системная** Systemdiskette *f*, Programmdiskette *f*

дисковод *(Inf)* Laufwerk *n*, Diskettenlaufwerk *n*, Speicherlaufwerk *n* || **~/виртуальный** virtuelles Diskettenlaufwerk *n* || **~ для жёстких [магнитных] дисков** Festplattenlaufwerk *n* || **~/рабочий** Arbeitslaufwerk *n* || **~/физический** physisches Diskettenlaufwerk *n*

дисковый *(Inf)* plattenorientiert

дискодержатель *m* Scheibenträger *m*

дискретизатор *m* **видеосигналов** Video-Digitizer *m*

дискретизация *f (Reg)* Diskretisierung *f*, [zeitliche] Quantelung *f*; *(Nrt)* Diskretisierung *f*, Abtastung *f*

дискретно-прерывный *(Inf)* hybrid

дискретность *f (Math)* Diskretheit *f* || **~ программирования** Auflösung *f* der Programmierung

дискретный *(Math)* diskret, schrittförmig, diskontinuierlich, nichtstetig; *(Inf)* digital, Digital...

дискриминант *m (Math)* Diskriminante *f*

дискриминатор *m (El)* Diskriminator *m* || **~/амплитудный** Amplitudendiskriminator *m* || **~/временной** Zeitdiskriminator *m* || **~/двухтактный** Gegentaktdiskriminator *m* || **~/дифференциальный** Differentialdiskriminator *m* || **~/импульсный** Impulsdiskriminator *m* || **~/многоканальный** Vielkanaldiskriminator *m*, Mehrkanaldiskriminator *m* || **~/одноканальный** Einkanaldiskriminator *m* || **~/фазовый** Phasendiskriminator *m* || **~/частотный** Frequenzdiskriminator *m*

дискриминация *f (Ph)* Diskrimination *f*; *(El)* Unterscheidungsgrad *m*

дислокация *f* 1. Dislokation *f*, Verschiebung *f*; 2. *(Krist)* Versetzung *f (Baufehler)*; 3. *(Geol) s.* нарушение 2. || **~/винтовая** *(Krist)* Schraubenversetzung *f* || **~ Вольтерра** *(Krist)* Volterra-Versetzung *f* || **~ высшего порядка** *(Krist)* Überversetzung *f*, Versetzung *f* höherer Ordnung || **~/дизъюнктивная** *(Geol)* disjunktive Dislokation *f*, Zerrung *f*, Distraktion *f* || **~/единичная** *(Krist)* Einzelversetzung *f* || **~/клиновидная** *(Krist)* Keilversetzung *f* || **~ краевая** *(Krist)* Stufenversetzung *f* || **~/левая винтовая** *(Krist)* Linksschraubenversetzung *f* || **~/линейная** *s.* ~/краевая || **~ Ломер-Котрелла** *(Krist)* [Lomer-]Cotrell-Versetzung *f (nichtgleitfähige*

Versetzung) || **~/неподвижная** *(Krist)* nichtgleitfähige (sessile) Versetzung *f* || **~/неполная** *s.* ~/частичная || **~ несоответствия** Fehlanpassungsversetzung *f*, misfit-Versetzung *f* || **~/одноимённая** *(Krist)* gleichnamige Versetzung *f* || **~/оползневая** *(Geol)* Rutschungsstörung *f* || **~/отрицательная краевая** *(Krist)* negative Stufenversetzung *f* || **~/полная** *(Krist)* vollständige (vollkommene) Versetzung *f* || **~/положительная краевая** *(Krist)* positive Stufenversetzung *f* || **~/правая винтовая** *(Krist)* Rechtsschraubenversetzung *f* || **~/призматическая** *(Krist)* prismatische Versetzung *f* || **~/разноимённая** *(Krist)* ungleichnamige Versetzung *f* || **~/разрывная** *s.* ~/дизъюнктивная || **~/растянутая** *(Krist)* aufgespaltene Versetzung *f* || **~/сидячая** *(Krist)* nichtgleitfähige (sessile) Versetzung *f* || **~/скользящая** *(Krist)* gleitfähige Versetzung *f* || **~/смешанная** *(Krist)* gemischte Versetzung *f (in einfachen kubischen Gittern)* || **~ Сомильяна** *(Krist)* Somigliana-Versetzung *f* || **~/тектоническая** *(Geol)* tektonische Störung *f* || **~/частичная** *(Krist)* Halbversetzung *f*, Teilversetzung *f*, Partialversetzung *f*, unvollständige Versetzung *f* || **~ Шокли** *(Krist)* Shokleysche Versetzung *f*

дисмачивание *n (Schw)* Entnetzen *n*

дисмембратор *m s.* мельница/бильная

дисмутация *f (Ch)* Dismutation *f*, Disproportionierung *f*, Oxidoreduktion *f*

диспергатор *m (Gum, Ch)* Dispergator *m*, Dispergier[ungs]mittel *n*

диспергирование *n (Ch, Ph)* Dispergieren *n*, Dispergierung *f*, Feinverteilung *f* || **~ распылением** Verdüsung *f (Pulverherstellung f; Pulvermetallurgie)*

диспергировать 1. *(Ch, Ph)* dispergieren, feinverteilen; 2. *(Opt)* zerlegen *(Licht)*; 3. *(Math)* streuen *(Wahrscheinlichkeitsrechnung)*

дисперсионно-твердеющий *(Met)* ausscheidungshärtbar

дисперсия *f* 1. *(Ch, Ph)* Dispersion *f (Feinstverteilung eines Stoffes in einem dispersen System)*; 2. *(Ch)* disperses System *n*, Dispersion *f*; 3. *(Opt) s.* ~ света; 4. *(Math)* Streuung *f*, Varianz *f (Wahrscheinlichkeitsrechnung)*; 5. *(Aero)* Streuung *f*, Abweichung *f (von der vorgegebenen Flugbahn)* || **~/аномальная** *(Krist)* anomale Dispersion *f (Lichtbrechung)* || **~/асимметрическая** *(Krist)* asymmetrische Dispersion *f (optische Achsen)* || **~ вещества** *(Opt)* Materialdispersion *f* || **~/волноводная** Wellenleiterdispersion *f (eines Lichtwellenleiters)* || **~/вращательная** *(Opt)* Rotationsdispersion *f* || **~/горизонтальная** *(Krist)* horizontale Dispersion *f (optische Achsen)* || **~ звука** *(Ak)* Schalldispersion *f* || **~/линейная** *(Opt)* lineare Dispersion *f (Spektrograph)* || **~ мод** Modendispersion *f (eines Lichtwellenleiters)* || **~/наклонная** *(Krist)* geneigte Dispersion *f (optische Achsen)* || **~/нормальная** *(Opt)* normale Dispersion *f* || **~/оптическая** optische Dispersion *f* || **~ оптических осей** *(Krist)* Dispersion *f* der optischen Achsen, Achsendispersion *f* || **~/относительная** *(Opt)* relative Dispersion *f (optisches Glas; Kehrwert der Abbeschen Zahl)* || **~/относительная частная** *(Opt)* relative partielle Dispersion *f* || **~/перекрещённая** *(Krist)* gekreuzte Dispersion *f (optische Achsen)* || **~ показателей преломления** *(Krist)* Dispersion *f* der Brechungsindizes || **~ положения главных осей индикатрисы** *(Krist)* Dispersion *f* der Mittellinien || **~ при дифракции (интерференции)** *(Opt)* Beugungsdispersion *f* || **~ при преломлении** *(Opt)* Brechungsdispersion *f* || **~/пространственная** *(Opt)* räumliche Dispersion *f* || **~ света** *(Opt)* Dispersion (Farbzerlegung) *f* des Lichts || **~ силы двупреломления** *(Krist)* Dispersion *f* der Doppelbrechung || **~/скрещённая** *(Opt)* gekreuzte Dispersion *f* || **~/средняя** 1. *(Opt)* mittlere Dispersion *f*, Grunddispersion *f (optisches Glas)*; 2. *(Math)* mittlere Streuung *f* || **~/угловая** *(Opt)* Winkeldispersion *f (Spektrograph)* || **~/частичная (частная)** *(Opt)* partielle Dispersion *f (optisches Glas)*

дисперсность *f (Ph, Ch)* Dispersitätsgrad *m*, Dispersionsgrad *m*

дисперсоид *m* Dispersoid *n*

диспетчер *m* 1. *(Inf)* Dispatcher *m (Programm)*; 2. *(El)* Lastverteiler *m* || **~/районный** Bezirkslastverteiler *m* || **~/центральный** zentraler Lastverteiler *m*, Hauptlastverteiler *m*

диспетчеризация *f (Inf)* Dispatching *n*, Auswahlüberwachung *f*

диспетчеризировать *(Inf)* zuweisen

дисплей *m* Display *n*, Bildschirm[anzeige]gerät *n*, Bildschirmeinheit *f* || **~/виртуальный** virtueller Bildschirm *m* || **~/имеющий высокое разрешение** hochauflösender Bildschirm *m* || **~/мозаичный** Rastersichtgerät *n* || **~/монохромный** monochromatischer Bildschirm *m* || **~/физический** physischer Bildschirm *m* || **~/цветной графический** Farbgraphikbildschirm *m*

диспрозий *m (Ch)* Dysprosium *n*, Dy

диспропорционирование *n s.* дисмутация

диссектор *m* Sondenröhre *f*, Dissektorröhre *f*

диссимиляция *f (Ch)* Dissimilation *f*

диссипативность *f (Ph)* Dissipativität *f*

диссипация *f (Ph)* Dissipation *f*, Zerstreuung *f (von Energie)* || **~ энергии** *(Therm)* Energiedissipation *f*

диссоциация *f* 1. *(Ch)* Dissoziation *f*, Aufspaltung *f*, Spaltung *f (z. B. von Molekülen)*; 2. *(Astr)* Auflösung *f (eines Sternhaufens)*; 3. *(Krist)* Aufspaltung *f (von Versetzungen)* || **~/термическая** thermische Dissoziation *f* || **~/фотохимическая** photochemische Dissoziation *f*, Photodissoziation *f*, Photolyse *f* || **~/электролитическая** elektrolytische Dissoziation *f*

диссоциировать *(Ch)* dissoziieren, [auf]spalten; dissoziieren, zerfallen, sich aufspalten

дистанционный fernbetätigt, Fern... *(Eigenschaft von Schaltungen und Steuerungen)*

дистанция *f* **контактной сети** *(Eb)* Fahrleitungsmeisterei *f* || **~ мостов** *(Eb)* Brückenmeisterei *f* || **~/посадочная** *(Flg)* Landestrecke *f* || **~ пути** *(Eb)* Streckenmeisterei *f*

дистен *m (Min)* Disthen *m*, Cyanit *m*

дистиллер *m (Ch)* Destiller *m (Solvay-Prozeß)*

дистиллирование *n s.* дистилляция

дистиллировать *(Ch)* 1. destillieren; 2. brennen *(Alkohol)*

дистиллят *m (Ch)* 1. Destillat *n*; 2. destilliertes Wasser *n*

дистиллятор *m (Ch)* 1. Destillierapparat *m*, Destillationsapparat *m*; 2. Brennapparat *m (Alkoholdestillation)*
дистилляция *f (Ch)* 1. Destillierung *f*, Destillation *f*; 2. Brennen *n (Alkoholdestillation)*; 3. *s. unter* перегонка ‖ **~/азеотропная** Azeotropdestillation *f* ‖ **~ в равновесии** Gleichgewichtsdestillation *f* ‖ **~/вакуумная** Vakuumdestillation *f*, Unterdruckdestillation *f* ‖ **~/высокотемпературная** Hochtemperaturdestillation *f* ‖ **~/дробная** *s.* ~/фракционированная ‖ **~ за счёт понижения давления** Entspannungsdestillation *f* ‖ **~/многократная** Mehrfachdestillation *f* ‖ **~/молекулярная** Molekulardestillation *f*, Kurzwegdestillation *f* ‖ **~/однократная** einstufige Destillation *f* ‖ **~/периодическая** diskontinuierliche Destillation *f*, Blasendestillation *f*, Chargendestillation *f* ‖ **~/плёночная** Dünnschichtdestillation *f* ‖ **~/повторная** Redestillation *f*, Zweitdestillation *f* ‖ **~ под вакуумом** *s.* ~/вакуумная ‖ **~ под высоким вакуумом** Hochvakuumdestillation *f* ‖ **~/противоточная** Gegenstromdestillation *f*, Rektifikation *f* ‖ **~/прямоточная** Gleichstromdestillation *f*, einfache Destillation *f* ‖ **~ с паром-носителем** Trägerdampfdestillation *f* ‖ **~/фракционированная** fraktionierte (gebrochene) Destillation *f* ‖ **~/экстрактивная** Extraktionsdestillation *f*
дисторсия *f* 1. *(Opt)* Distorsion *f*, Verzeichnung *f (Aberrationsart)*; 2. *(El, Ak)* Verzerrung *f*; 3. *(Mech)* Verzug *m*, Verwerfung *f* ‖ **~/анизотропная** anisotrope Distorsion (Verzeichnung) *f* ‖ **~/бочкообразная** tonnenförmige Distorsion (Verzeichnung) *f* ‖ **~/изотропная** isotrope Distorsion (Verzeichnung) *f* ‖ **~/подушкообразная** kissenförmige Distorsion (Verzeichnung) *f*
дистрибутивность *f (Math)* Distributivität *f*, Verteilbarkeit *f*
дистрибутивный *(Math)* distributiv, Distributiv..., Verteilungs..., verteilbar
дистрибутор *m (Met)* 1. Schichtverteiler *m*, Gichtverteiler *m (Hochofen)*; 2. Steuerorgan *n*, Steuereinrichtung *f (Strangpresse)*
дистрибуция *f (Math)* Distribution *f*, verallgemeinerte Funktion *f*
дисфеноид *m (Krist)* Disphenoid *n*, Bisphenoid *n* ‖ **~/ромбический** *(Krist)* rhombisches Disphenoid *n* ‖ **~/тетрагональный** *(Krist)* tetragonales Disphenoid *n*
дитетрагональный *(Krist)* ditetragonal
дитионовокислый *(Ch)* ...dithionat *n*; dithionsauer
дитригональный *(Krist)* ditrigonal
дитчер *m* Löffeltiefbagger *m*
дифманометр *m* Differenzdruckmesser *m*, Differenzdruckmeßgerät *n* ‖ **~/гидростатический** hydrostatischer Differenzdruckmesser *m* ‖ **~/двухтрубный** U-Rohr-Differenzdruckmesser *m* ‖ **~/жидкостный** Flüssigkeitsdifferenzdruckmesser *m* ‖ **~/колокольный** Tauchglockendifferenzdruckmesser *m* ‖ **~/кольцевой** Ringwaage *f (für Differenzdruckmessungen)* ‖ **~/компенсационный** Differenzdruckmesser *m* mit Kraftkompensation ‖ **~/мембранный** Membrandifferenzdruckmesser *m* ‖ **~/механический** Differenzdruckmesser *m* mit elastischem Meßglied *(Röhrenfeder, Membran, Balgenfeder)* ‖ **~/поплавковый** Schwimmerdifferenzdruckmesser *m* ‖ **~/пружинный трубчатый** Röhrenfederdifferenzdruckmesser *m* ‖ **~/сильфонный** Balgenfederdifferenzdruckmesser *m*, Wellrohrdifferenzdruckmesser *m*
дифрактограмма *f (Krist)* Beugungsaufnahme *f*, Beugungsdiagramm *n*
дифрактометр *m (Opt)* Diffraktometer *n*, Beugungsgerät *n*, Beugungsanalyse *f*
дифрактометрия *f (Krist)* Diffraktometrie *f (Röntgenstrukturanalyse)*
дифракция *f (Ph, Opt)* Beugung *f*, Diffraktion *f* ‖ **~ звука** Schallwellenbrechung *f* ‖ **~ на краю** Kantenbeugung *f* ‖ **~ на кристалле** Kristallbeugung *f* ‖ **~ на остром краю** Kantenbewegung *f* ‖ **~ на порошке** Beugung *f* am Pulver, Pulverbeugung *f* ‖ **~ на решётке** Gitterbeugung *f* ‖ **~ на щели** Beugung *f* am Spalt ‖ **~ нейтронов** Neutronen[strahl]beugung *f*, Neutronendiffraktion *f* ‖ **~ рентгеновских лучей** Beugung *f* von Röntgenstrahlen, Röntgen[strahlen]beugung *f* ‖ **~ света** Lichtbeugung *f*, Diffraktion *f* ‖ **~ Фраунгофера** Frauenhofersche Beugung *f* ‖ **~ Френеля** Fresnelsche Beugung *f*
дифсистема *f (Nrt)* Differentialschaltung *f*, Vierdrahtgabelschaltung *f*
дифферент *m (Schiff)* 1. Trimm *m*; 2. Trimmlage *f* ‖ **~/конструктивный** Kielfall *m* ‖ **~ на корму** hecklastiger Trimm *m*, Hecklastigkeit *f*, Achterlastigkeit *f* ‖ **~ на нос** *(Schiff)* vorlastiger Trimm *m*, Buglastigkeit *f* ‖ **~/нулевой** gleichlastiger Trimm *m*, Nulltrimm *m* ‖ **~/отрицательный** negativer Trimm *m* ‖ **~/положительный** positiver Trimm *m* ‖ **~/строительный** *(Schiff)* Kielfall *m*
дифферентный *(Schiff)* Trimm...
дифферентовать *(Schiff)* trimmen
дифферентовка *f (Schiff)* Trimmen *n*, Trimmung *f*
дифферентовочный *(Schiff)* Trimm...
дифферентометр *m (Schiff)* Trimm[lage]messer *m*
дифференциал *m* 1. *(Math)* Differential *n*; 2. *(Kfz)* Ausgleichgetriebe *n*, Differentialgetriebe *n*, Differential *n*; 3. Schaltdifferenz *f (eines Reglers)* ‖ **~/конический** *(Kfz)* Kegelradausgleichgetriebe *n* ‖ **~/межосевой** *(Kfz)* Zwischenachsausgleichgetriebe *n* ‖ **~/полный** *(Math)* vollständiges Differential *n* ‖ **~/самоблокирующийся** *(Kfz)* selbstsperrendes Ausgleichgetriebe *n* ‖ **~ свободного хода** *(Kfz)* Freilaufausgleichgetriebe *n* ‖ **~/цилиндрический** *(Kfz)* Stirnradausgleichgetriebe *n* ‖ **~/шестерёнчатый** *(Kfz)* Zahnradausgleichgetriebe *n*
дифференциатор *m* 1. *(Math)* Differentiator *m*, Derivimeter *n*, Derivator *m*; 2. *(Reg)* Differenzierglied *n*, Differenzierteil *n*
дифференциация *f* 1. *(Geol)* Differentiation *f*; 2. *(Math, El) s.* дифференцирование ‖ **~/анабантическая** anabantische Differentiation *f*, Abkühlungsdifferentiation *f (s. a.* ~ остывания*)* ‖ **~/асцензионная** *s.* ~ остывания ‖ **~/газовая** pneumatolytische Differentiation *f*, Differentiation *f* durch Pneumatolyse ‖ **~/гравитационная** gravitative Differentiation *f* ‖ **~/интрузивная** intrusive (magmatische) Differentiation *f* ‖ **~/кристаллизационная** Kristallisationsdifferentiation

f ‖ **~/кристалл[изационн]о-гравитационная** gravitative Kristallisationsdifferentiation *f* ‖ **~/ликвационная (ликвационно-гравитационная)** Liquationsdifferentiation *f* ‖ **~/магматическая** magmatische Differentiation *f* ‖ **~ магмы** *s.* ~/магматическая ‖ **~/метаморфическая** metamorphe Differentiation *f* ‖ **~/молекулярная** molekulare Differentiation *f* ‖ **~/молекулярно-гравитационная** molekulare Gravitationsdifferentiation *f* ‖ **~/осадочная [поверхностная]** sedimentäre Oberflächendifferentiation *f* ‖ **~ остывания** Abkühlungsdifferentiation *f*, Intrusionsdifferentiation *f*, Aszensionsdifferentiation *f* ‖ **~ отжимания** Differentiation *f* durch Abpressung von Schmelzanteilen

дифференцирование *n* 1. *(Math)* Differentiation *f*, Ableitung *f*; 2. *(El)* Differentiation *f*, Differenzierung *f (Signale, Impulse)*

дифференцируемость *f (Math)* Differenzierbarkeit *f*

диффракция *f s.* дифракция

диффузант *m (Eln)* Diffusionsstoff *m*, diffundierendes Material *n*, Diffusant *m*

диффузионный Diffusions...

диффузия *f* 1. *(Ph)* Diffusion *f*; 2. Auslaugen *n (Zuckergewinnung)* ‖ **~/амбиполярная** ambipolare Diffusion *f (Laser)* ‖ **~/базовая** Basisdiffusion *f (Halbleiter)* ‖ **~ в газах** Diffusion *f* in Gasen ‖ **~ в жидкостях** Diffusion *f* in Flüssigkeiten ‖ **~ в решётке** Gitterdiffusion *f* ‖ **~ в структуре** Strukturdiffusion *f* ‖ **~ в твёрдой фазе** Festkörperdiffusion *f*, Diffusion *f* in der festen Phase ‖ **~/вакансионная** Leerstellendiffusion *f (Halbleiter)* ‖ **~ вдоль границ зерён** *(Krist)* Korngrenzendiffusion *f* ‖ **~/взаимная** gegenseitige Diffusion *f*; Interdiffusion *f* ‖ **~/виртуальная (вихревая)** *s.* ~/турбулентная ‖ **~/вынужденная** erzwungene Diffusion *f*, Zwangsdiffusion *f (Halbleiter)* ‖ **~ газа** Gasdiffusion *f* ‖ **~/газовая** Gasdiffusion *f* ‖ **~/двойная** Doppeldiffusion *f (Halbleiter)* ‖ **~ заряжённых частиц** Diffusion *f* geladener Teilchen ‖ **~ излучения** *(Opt)* Strahlungsdiffusion *f* ‖ **~/колонная** Turmdiffusion *f*, Turmauslaugung *f (Zuckergewinnung)* ‖ **~/линейная** lineare Diffusion *f (Halbleiter)* ‖ **~/локальная** lokale Diffusion *f (Halbleiter)* ‖ **~ магнитного поля** Felddiffusion *f (z. B. in Elektromagneten)* ‖ **~/междоузельная** *(Krist)* Zwischengitterdiffusion *f* ‖ **~/межзёренная** *(Krist)* Korngrenzendiffusion *f* ‖ **~ меченых атомов** Tracerdiffusion *f* ‖ **~/молекулярная** Molekulardiffusion *f* ‖ **~ нейтронов** Neutronendiffusion *f* ‖ **~ неравновесных носителей** Diffusion *f* der Überschußträger, Nichtgleichgewichtsträger *(Halbleiter)* ‖ **~ носителей заряда** Ladungsträgerdiffusion *f (Halbleiter)* ‖ **~/объёмная** *(Krist)* Volumendiffusion *f* ‖ **~ по вакансиям** *(Krist)* Leerstellendiffusion *f* ‖ **~ по границам зёрен** *(Krist)* Korngrenzendiffusion *f* ‖ **~ по междоузлиям** *(Krist)* Zwischengitterdiffusion *f* ‖ **~/поверхностная** *(Krist)* Oberflächendiffusion *f* ‖ **~ примесей** Störstellendiffusion *f*, Dotandendiffusion *f (Halbleiter)* ‖ **~ примесных атомов** Fremddiffusion *f (Halbleiter)* ‖ **~/селективная** Selektivdiffusion *f (Halbleiter)* ‖ **~/собственная** Selbstdiffusion *f (Halbleiter)* ‖ **~/тепловая (термическая)** *s.* термодиффузия ‖ **~/турбулентная** *(Krist)* turbulente Diffusion *f*, Wirbeldiffusion *f*, Scheindiffusion *f* ‖ **~/ускоренная** stimulierte Diffusion *f (Halbleiter)* ‖ **~/установившаяся** *(Krist)* stationäre Diffusion *f* ‖ **~/эмиттерная** Emitterdiffusion *f (Halbleiter)*

диффузор *m* 1. *(Aero)* Diffusor *m*, Einlaufkanal *m*; 2. Diffuseur *m*, Diffusionsapparat *m*, Auslauger *m (Zuckergewinnung)*; 3. *(Opt)* Diffusor *m*, Lichtdiffusor *m*; Mattscheibe *f*; *(Photo)* Weichzeichner[vorsatz] *m*; 4. *(Kfz)* Lufttrichter *m (Vergaser)*; 5. *(Rf)* Konus *m*, Konusmembran *f (eines Lautsprechers)* ‖ **~/входной** Einlaufdiffusor *m (Triebwerke)* ‖ **~/дозвуковой** *(Aero)* Diffusor *m* für Unterschallströmungen ‖ **~ карбюратора** *(Kfz)* Lufttrichter *m (Vergaser)* ‖ **~/колонный** Einsäulendiffusionsturm *m (Zuckergewinnung)* ‖ **~/криволинейный** *(Aero)* Diffusor *m* mit kurvenförmiger Erweiterung ‖ **~/лопаточный** *(Aero)* beschaufelter Diffusor (Radialdiffusor) *m* ‖ **~/многоскачковый** *(Aero)* Stoßdiffusor *m*, Mehrstoßdiffusor *m* ‖ **~/прямолинейный** *(Aero)* Diffusor *m* mit geradliniger Erweiterung ‖ **~/регулируемый** Verstelldiffusor *m* ‖ **~/сверхзвуковой** *(Aero)* Diffusor *m* für Überschallströmungen, Überschalldiffusor *m* ‖ **~/ступенчатый** *(Aero)* geradlinig erweiterter Diffusor *m* mit Übergangsabsatz ‖ **~/хвостовой** letzter Diffuseur *m* [einer Diffusionsbatterie] *(Zuckergewinnung)*

диффундирование *n* Diffundieren *n*, Durchdringen *n*

диффундировать diffundieren, durchdringen

дихроизм *m (Opt, Min)* Dichroismus *m* ‖ **~/круговой** zirkularer Dichroismus *m*, Rotationsdichroismus *m* ‖ **~/магнитный круговой** magnetischer Dichroismus *m*

дихроика *f (Photo)* dichroitischer Schleier *m*

дихроит *m s.* кордиерит

дихроичный dichroitisch

дихроскоп *m (Min)* Dichroskop *n*, Haidingersche Lupe *f*

диэдр *m (Krist)* Dieder *n*; Doma *n*, Sphenoid *n* ‖ **~/безосный (доматический)** *s.* дома ‖ **~/осевой** *s.* сфеноид ‖ **~/плоскостной** *s.* дома ‖ **~/сфеноидальный** *s.* сфеноид

диэлектрик *m (El)* Dielektrikum *n* ‖ **~/бумажный** Papierdielektrikum *n* ‖ **~/воздушный** Luftdielektrikum *n* ‖ **~/высокочастотный** Hochfrequenzdielektrikum *n* ‖ **~/газообразный** Gasdielektrikum *n* ‖ **~/жидкий** flüssiges Dielektrikum *n* ‖ **~/керамический** Keramikdielektrikum *n* ‖ **~/комбинированный** Mischdielektrikum *n* ‖ **~/лакоплёночный** Lackfilmdielektrikum *n* ‖ **~/многослойный** Mehrschichtdielektrikum *n* ‖ **~/однослойный** Einschichtdielektrikum *n* ‖ **~/пластмассовый** Kunststoffdielektrikum *n* ‖ **~/слоистый** Schichtdielektrikum *n* ‖ **~ стеклянный** Glasdielektrikum *n* ‖ **~/твёрдый** festes Dielektrikum *n* ‖ **~/тонкоплёночный** Dünnschichtdielektrikum *n*, Dünnfilmdielektrikum *n*

диэлектрический *(El)* dielektrisch, Dielektrizitäts...

ДКД *s.* давление/докритическое

ДКС *s.* снаряд/двойной колонковый

длина *f* Länge *f* ‖ **~/базисная** Basislänge *f*; Bezugsstrecke *f* ‖ **~ блока** *(Inf)* Blocklänge *f*,

Datenblocklänge *f* ‖ ~ **блок-участка** *(Eb)* Blockabstand *m* ‖ ~ **в битах** *(Inf)* Bitlänge *f* ‖ ~ **в радианах** Bogenlänge *f* ‖ ~**/вертикальная** *(Bgb)* seigere Länge *f* ‖ ~ **взаимодействия** *s.* ~ пробега взаимодействия ‖ ~ **витка** *(El)* Windungslänge *f* ‖ ~ **волны** 1. Wellenlänge *f*; 2. Wellenabstand *m (bei Rauheitsmessungen)* ‖ ~ **волны блеска** Blazewellenlänge *f* ‖ ~ **волны в вакууме** Vakuumwellenlänge *f* ‖ ~ **волны возбуждения** Anregungswellenlänge *f* ‖ ~ **волны/граничная** Grenzwellenlänge *f* ‖ ~ **волны де-Бройля** De-Broglie-Wellenlänge *f* ‖ ~ **волны/изофотная** isophote Wellenlänge *f* ‖ ~ **волны/комптоновская** Compton-Wellenlänge *f*, Comptonsche Wellenlänge *f* ‖ ~ **волны/критическая** kritische Wellenlänge *f* ‖ ~ **волны/предельная** Grenzwellenlänge *f* ‖ ~ **волны рентгеновских лучей** Röntgenwellenlänge *f* ‖ ~ **волокна** *(Text)* Faserlänge *f*, Stapellänge *f* ‖ ~ **волокна/модальная** Modalfaserlänge *f* ‖ ~ **временного интервала** *(Inf)* Zeitscheibenlänge *f* ‖ ~**/габаритная** Länge *f* über alles ‖ ~**/горизонтальная** *(Bgb)* söhlige Länge *f* ‖ ~**/действительная** Istlänge *f*, wirkliche Länge *f* ‖ ~ **деления шкалы** Teilstrichabstand *m*, Abstand *m* der Teilungsmarken ‖ ~**/диффузионная** Diffusionslänge *f (Halbleiter)* ‖ ~ **дрейфа** Driftlänge *f (Halbleiter)* ‖ ~ **дуги** 1. *(Math)* Bogenlänge *f*; 2. *(El, Schw)* Lichtbogenlänge *f* ‖ ~**/заданная** Sollänge *f* ‖ ~ **замедления** *(Ph, Kern)* Bremslänge *f* ‖ ~ **записи** *(Inf)* Satzlänge *f* ‖ ~ **затухания** *(Ph)* Dämpfungslänge *f* ‖ ~ **зацепления** *(Masch)* Eingriffslänge *f (Zahnrad)*; Eingriffsstrecke *f (Zahnrad)* ‖ ~ **зуба** *(Masch)* Zahnbreite *f (Zahnrad)* ‖ ~**/измерительная** Meßlänge *f* ‖ ~**/измеряемая** Meßlänge *f*, zu messende Länge *f (z. B. an einem Werkstück)* ‖ ~ **искрового промежутка** *(El)* Funkenschlagweite *f* ‖ ~**/кажущаяся** scheinbare Länge *f* ‖ ~ **конуса** Kegellänge *f* ‖ ~**/лавинная** *(Kern)* Strahlungslänge *f (Elektronenlawine)* ‖ ~ **линии** *(El)* Leitungslänge *f* ‖ ~ **линии зацепления [/рабочая]** *(Masch)* Flankeneingrifflänge *f (Zahnrad)* ‖ ~ **между перпендикулярами** *(Schiff)* Länge *f* zwischen den Loten ‖ ~ **миграции** *(Kern)* Migrationslänge *f*, Wanderlänge *f* ‖ ~**/наибольшая** *(Schiff)* Länge *f* über alles ‖ ~**/наклонная** flache Länge *f* ‖ ~**/неопределённая** *(Inf)* undefinierte Länge *f (des Wortes oder Satzes)* ‖ ~**/неправильная** *(Inf)* Längenfehler *m* ‖ ~ **обточки** *(Fert)* Drehlänge *f* ‖ ~**/общая** Gesamtlänge *f* ‖ ~ **общей нормали** *(Meß)* Zahnweite *f* ‖ ~ **окружности** *(Math)* Kreisumfang *m* ‖ ~ **ослабления** *(Kern)* Schwächungslänge *f* ‖ ~ **основной волны** *(Ph)* Grundwellenlänge *f* ‖ ~ **отгона прыжка** *(Hydt)* Sprungweite *f* ‖ ~ **отдачи** *s.* ~ следа отдачи ‖ ~ **откатки** *(Bgb)* Förderweite *f*, Förderweg *m* ‖ ~ **оценки** Auswertelänge *f (Rauheitsmessung)*; Bewertungslänge *f* ‖ ~**/переменная** *(Inf)* veränderliche Länge *f (des Wortes oder Satzes)* ‖ ~ **петли** *(Text)* Maschenlänge *f* ‖ ~ **плато** *(Kern)* Plateaulänge *f (Auslösebereich eines Zählers)* ‖ ~ **поглощения** Absorptionsweglänge *f* ‖ ~ **подпора** *(Hydt)* Staulänge *f* ‖ ~**/полная** Gesamtlänge *f* ‖ ~ **поперечного лезвия** *(Wkz)* Breite *f* der Querschneide *(Spiralbohrer)* ‖ ~ **порции** *(Text)* Abreißlänge *f (Kämmaschine)* ‖ ~**/постоянная** *(Inf)* feste Länge *f (des Wortes oder Satzes)* ‖ ~ **потенциального рассеяния** Potentialstreulänge *f* ‖ ~ **при продольном изгибе/свободная** freie Knicklänge *f* ‖ ~ **пробега** 1. Weglänge *f*; 2. *(Flg)* Landerollstrecke *f*; 3. *(Kern) s.* ~ свободного пробега/средняя ‖ ~ **пробега взаимодействия** [mittlere freie] Wechselwirkungslänge *f* ‖ ~ **пробега распада** *(Kern)* [mittlere freie] Zufallsweglänge *f*, Zufallsweg *m* ‖ ~ **пробега [/средняя] свободная** *s.* ~ свободного пробега/средняя ‖ ~ **продольного изгиба/свободная** freie Knicklänge *f* ‖ ~ **пролёта** 1. *(Bw)* Spannweite *f*; 2. *(El)* Spannfeldlänge *f*; Spannweite *f (Freileitung)* ‖ ~ **пролётного строения/полная** Gesamtlänge *f* des Überbaus *(einer Brücke)* ‖ ~ **промежутка** *(El)* Schlagweite *f* ‖ ~ **профиля** Profillänge *f* ‖ ~ **профиля/опорная** tragende Länge *f (Rauheitsmessung)* ‖ ~ **профиля/относительная** relative Profillänge *f (Bewertungsgröße bei der Rauheitsmessung)* ‖ ~ **профиля/относительная опорная** Profiltraganteil *m* ‖ ~**/рабочая** 1. Arbeitslänge *f*, Traglänge *f*, nutzbare Länge *f*, Arbeitsbreite *f*; 2. Funktionslänge *f*; 3. Prüflänge *f* ‖ ~ **рабочего зазора** Spaltlänge *f (Magnettonbandgerät)* ‖ ~ **разбега [самолёта]** *(Flg)* Startrollstrecke *f* ‖ ~ **разрыва** *(El)* Schaltstrecke *f* ‖ ~**/разрывная** Reißlänge *f (Faserprüfung)* ‖ ~ **разрядного промежутка** *(El)* Schlagweite *f* ‖ ~ **распада** *s.* ~ пробега распада ‖ ~ **рассеяния** *(Ph)* Streulänge *f* ‖ ~ **растяжения** Dehnlänge *f* ‖ ~ **регистра** *(Inf)* Registerlänge *f* ‖ ~ **резания** *(Fert)* Schnittlänge *f (beim Spanen)* ‖ ~ **резки** *(Fert)* Schnittlänge *f (beim Trennen)* ‖ ~ **релаксации** *(Kern)* Relaxations[weg]länge *f*, Relaxationsstrecke *f (Neutronenstrahlung)* ‖ ~ **свободного пробега** *(Ph)* freie Weglänge *f* ‖ ~ **свободного пробега/средняя** *(Kern)* mittlere freie Weglänge *f* ‖ ~ **свободного пробега частиц** *(Kern)* freie Weglänge *f (Elementarteilchen)* ‖ ~ **свободного пути** *s.* ~ свободного пробега ‖ ~ **силовой линии** *(El)* Kraftlinienlänge *f* ‖ ~ **следа отдачи** *(Kern)* Rückstoß[spur]länge *f* ‖ ~ **слова** *(Inf)* Wortlänge *f* ‖ ~ **слова в битах** *(Inf)* Bitlänge *f* ‖ ~ **слова/переменная** variable Wortlänge *f* ‖ ~ **слова/фиксированная** feste Wortlänge *f* ‖ ~ **снования (сновки)** *(Text)* Schärlänge *f*, Zettellänge *f* ‖ ~ **сообщения в битах** *(Inf)* Bitlänge *f* ‖ ~**/средняя** *(Meß)* Mittenmaß *n (an einem Endmaß)* ‖ ~ **стежка** *(Text)* Stichlänge *f* ‖ ~ **судна/регистровая** eingetragene Länge *f* eines Schiffes ‖ ~**/установочная** *(Schw)* Einspannlänge *f (beim Abrennstumpfschweißen)* ‖ ~ **физического маятника/приведённая** reduzierte Pendellänge *f* ‖ ~ **фронта** *(Bgb)* Strossenlänge *f (Tagebau)* ‖ ~ **холостого хода** 1. *(Umf)* Leerhub *m (Presse)*; 2. *(Wkzm)* Leerlauflänge *f* ‖ ~**/штапельная** *(Text)* Stapellänge *f*, Stapel *m*, Faserlänge *f* ‖ ~**/эталонная** Eichstrecke *f*

длинноволновый *(Rf)* langwellig, Langwellen..., LW...

длинноволокнистый 1. langfaserig; 2. *(Text)* langstapelig ‖ ~ **жирный** *(Pap)* langschmierig

длинномерный *(Schiff)* Langgut...

длиномер *m* Längenmesser *m* ‖ **~/вертикальный** Abbe-Längenmesser *m* mit vertikaler Meßanordnung ‖ **~/горизонтальный** Abbe-Längenmesser *m* mit horizontaler Meßanordnung ‖ **~/окулярный вертикальный** Abbe-Senkrechtlängenmesser *m* mit Ablesung am Spiralmikroskop ‖ **~/оптический** optischer Längenmesser *m*; optische Längenmeßmaschine *f* ‖ **~/проекционный вертикальный** Abbe-Senkrechtlängenmesser *m* mit Projektionsanzeige ‖ **~/универсальный** Universallängenmesser *m*

длительность *f* Dauer *f (s. a. unter* время 1. *und* продолжительность*)* ‖ **~ воспроизведения** Spieldauer *f*, Laufzeit *f (eines Magnettonbandes)* ‖ **~ выдержки** 1. Haltezeit *f*; 2. *(Photo)* Belichtungsdauer *f* ‖ **~ задержки** Verzögerungszeit *f* ‖ **~ импульса** Impulsdauer *f*, Impulslänge *f*, Impulsbreite *f* ‖ **~ послесвечения** Nachleuchtdauer *f* ‖ **~ срабатывания** Ansprechdauer *f*, Ansprechzeit *f (Relais)*; *(Eb)* Schaltzeit *f*

ДМВ *s.* волна/дециметровая

ДН *s.* делитель напряжения

ДНА *s.* диаграмма направленности антенны

днище *n* Boden *m (s. a. unter* дно *und* под 2.*)* ‖ **~ конвертера** *(Met)* Konverterboden *m*; Düsenboden *m* ‖ **~ котла/переднее** *(Wmt)* Kopfplatte *f (Kessel)* ‖ **~ люка** *(Bgb)* Rollenboden *m* ‖ **~/набивное** *(Met)* Stampfboden *m*, gestampfter Boden *m (Schmelzofen, Konverter)* ‖ **~ поршня** Kolbenboden *m* ‖ **~ поршня/вогнутое** muldenförmiger (gemuldeter) Kolbenboden *m* ‖ **~ поршня/выпуклое** gewölbter Kolbenboden *m* ‖ **~ поршня/плоское** Flachkolbenboden *m* ‖ **~/решетчатое** Siebboden *m* ‖ **~/фасонное** Glockenboden *m* ‖ **~/фурменное** *(Met)* Düsenboden *m (Konverter)* ‖ **~ шлюза** *(Hydt)* Schleusensohle *f*

дно Boden *m (s. a. unter* днище*)*; Grund *m*; *(Bgb, Bw)* Sohle *f* ‖ **~/внутреннее** *(Schiff)* Innenboden *m* ‖ **~/водонепроницаемое двойное** *(Schiff)* wasserdichter Doppelboden *m* ‖ **~ впадины запила** *(Wkst)* Kerbgrund *m* ‖ **~ впадины зуба** *(Masch)* Zahngrund *m (Zahnrad)* ‖ **~/второе** *(Schiff)* Innenboden *m* ‖ **~/двойное** *(Schiff)* Doppelboden *m* ‖ **~ долины** *(Geol)* Talboden *m*, Talsohle *f*, Talgrund *m* ‖ **~ калибра** *(Wlz)* Kalibergrund *m*, Kaliberboden *m* ‖ **~ канавки** *(Fert)* Nutgrund *m* ‖ **~ котлована** *(Bw)* Baugrubensohle *f* ‖ **~/морское** Meeresgrund *m*, Meeresboden *m* ‖ **~/одинарное** *(Schiff)* Einfachboden *m* ‖ **~/прерывистое двойное** *(Schiff)* unterbrochener Doppelboden *m* ‖ **~ реки** Flußbett *n* ‖ **~ русла** *(Hydt)* Grundbett *n* ‖ **~ ручья** *(Wlz)* Kaliberboden *m*, Kalibergrund *m* ‖ **~/сетчатое** Siebboden *m* ‖ **~/ситчатое** *(Brau)* Keimhorde *f* ‖ **~ стека** *(Inf)* Kellerboden *m*, Stackboden *m* ‖ **~/тройное** *(Schiff)* Dreifachboden *m* ‖ **~/фильтрационное** Läuterboden *m*, Filterboden *m (Aufbereitung)*; *(Brau)* Läuterboden *m (im Läuterbottich)* ‖ **~/цедильное** *(Brau)* Senkboden *m* des Läuterbottichs

дноуглубительный Schwimmbagger..., Naßbagger...

дноуглубление *n* Baggern *n*, Baggerung *f (mit Schwimmbagger)*

дночерпатель *m* 1. Bodengreifer *m*; 2. *s.* дноуглубитель

добавка *f* 1. Zuschlag *m*, Zusatz *m*, Zuschlagmittel *n*, Zusatzmittel *n*; 2. *s.* добавление ‖ **~/активная** aktiver Zusatz *m* ‖ **~/антисептирующая** Fäulnisschutzzusatz *m* ‖ **~/водоотталкивающая** wasserabweisender Zusatz *m* ‖ **~/воздухововлекающая** *(Bw)* luftporenbildender Zusatz *m*, Luftporenbildner *m* ‖ **~/воздухоотводящая** luftabführender Zusatz *m* ‖ **~/вспучивающая** *(Bw)* treibender Zusatz *m*, Treibmittel *n* ‖ **~/выгораающая** Ausbrennstoff *m (Ziegelherstellung)* ‖ **~/газообразующая** *(Bw)* Gasbildner *m* ‖ **~/гидравлическая** *(Bw)* hydraulischer Zuschlag *m*, hydraulischer Zusatz *m* ‖ **~/гидрофобизирующая** *(Bw)* hydrophober Zusatz *m* ‖ **~/главная легирующая** *(Gieß)* Hauptlegierungsbestandteil *m* ‖ **~ для улучшения сцепления** *(Bw)* Haftzusatz *m* ‖ **~/инертная** träges Zusatzmittel *n* ‖ **~/интенсивирующая** Aktivierungsmittel *n*, aktivierendes Mittel *n* ‖ **~/коагулирующая** *(Bw)* ausflockender Zusatz *m* ‖ **~/кристаллизирующая** Kristallisator *m* ‖ **~/легирующая** *(Gieß)* Legierungszusatz *m*, Legierungszuschlag *m* ‖ **~/модифицирующая** *(Gieß)* Modifikator *m*, Modifizierungsmittel *n* ‖ **~/обезвоживающая** *(Bw)* Entwässerungshilfe *f* ‖ **~/осушающая** Trockenzusatz *m* ‖ **~/отощающая** *(Bw)* Magerungsmittel *n* ‖ **~/пенообразующая** *(Bw)* schaumbildender Zusatz *m* ‖ **~/пластифицирующая** *(Bw)* Plastifikator *m*, Weichmacher *m* ‖ **~/плёнкообразующая** *(Bw)* hautbildender Zusatz *m*, Hautbildner *m* ‖ **~/полимерная** Polymerzusatz *m* ‖ **~/помольная** *(Bw)* Zumahlstoff *m* ‖ **~/порообразующая** *(Bw)* porenbildender Zusatz *m* ‖ **~/противоморозная** Frostschutzzusatz *m* ‖ **~/расширяющая** *(Bw)* Quellzusatz *m*, quellender Zusatz *m* ‖ **~/сепарационная** *(Bw)* Trennmittel *n (Zusatz)* ‖ **~ сиккатива** *(Typ)* Trockenstoffzusatz *m (Druckfarbe)* ‖ **~ скрапа** *(Met)* Schrottzugabe *f*, Schrottzusatz *m* ‖ **~/смачивающая** Netzmittel *n* ‖ **~/стабилизирующая** Stabilisator *m* ‖ **~/суперпластифицирующая** *(Bw)* Hochleistungsverflüssiger *m* ‖ **~/тиксотропная** *(Bw)* Thixotropierungsmittel *n* ‖ **~/уплотняющая** Dichtungsmittel *n* ‖ **~/флюсующая** *(Met)* Flußmittel *n*, Fluß *m*, Flußmittelzusatz *m* ‖ **~/шихтовая** *(Met)* Gattierungszuschlag *m*, Gattierungszusatz *m* ‖ **~/шлакообразующая (шлакующая)** *(Met, Gieß)* Schlackenbildner *m*, schlackenbildender Zuschlag[stoff] *m*

добавка-восстановитель *m* Reduktionsmittel *n*

добавка-ингибитор *m* Inhibitor *m*

добавка-наполнитель *m* Füllzusatz *m*

добавка-окислитель *m* Oxidationsmittel *n*

добавка-осветлитель *m* Läuterungsmittel *n*

добавка-разбавитель *m* Verdünnungszusatz *m*

добавки *fpl* Zuschläge *mpl*, Hilfsmittel *npl*

добавление *n* 1. Ergänzung *f*, Hinzufügung *f*; 2. Zugeben *n*, Zusetzen *n*; 3. *s.* добавка; 4. *(Ph, Ch)* Addition *f* ‖ **~ носителя** Trägerzusatz *m* ‖ **~ примесей** Dotieren *n*, Dotierung *f (Halbleitertechnik)*

добавлять 1. hinzufügen, hinzusetzen; beimengen, zusetzen; 2. *(Met)* zuschlagen, nachsetzen *(Schrott)* ‖ **~ примеси** dotieren *(Halbleiter)*

добавочный 1. hinzufügend, hinzukommend, ergänzend; zusätzlich, Zusatz...; 2. *(Ph, Ch)* additiv

добеливание *n (Text)* Nachbleiche *f*
дображивание *n* Nachgärung *f*; Reifung *f (Bier)*
добротность *f* Güte *f*, Gütefaktor *m*, Q-Faktor *m*, Gütegrad *m*, Gütewert *m* **ll ~/нагруженная** *(El)* belasteter Gütewert *m*, Gütefaktor *m* bei Belastung **ll ~/ненагруженная** *(El)* unbelasteter Gütewert *m*, Gütefaktor *m* im Leerlauf **ll ~ резонатора** *(Meß)* Resonatorgüte *f*
добываемость *f* Gewinnbarkeit *f*
добываемый gewinnbar
добывание *n (Bgb)* Gewinnen *n*, Gewinnung *f (s. a. unter* добыча 2.*)*
добывать 1. erwerben; verschaffen; ermitteln; 2. *(Bgb)* [herein]gewinnen, abbauen; fördern; ausbringen; verhauen, aushauen; 3. *(Bgb)* auftreiben, abtreiben, niederbrechen, hereinbrechen *(Gestein, Kohle, Salz)*
добывающий *s.* добычный
добыть *s.* добывать
добыча *f* 1. Erzeugung *f*, Produktion *f*; Ertrag *m*; 2. *(Bgb)* Gewinnung *f*; Förderung *f*; Ausbeute *f (s. a. unter* выемка, выработка 4. *und* разработка 2.*)* **ll ~/валовая** *(Bgb)* Gesamtförderung *f* **ll ~/гидравлическая** *(Bgb)* hydraulische Gewinnung *f* **ll ~/годовая** *(Bgb)* Jahresförderung *f* **ll ~/землесосная** *(Bgb)* Saugbaggerförderung *f* **ll ~/карьерная** Tagebaugewinnung *f* **ll ~/комбайновая** *(Bgb)* Gewinnung *f* mit Kombine **ll ~/мировая** *(Bgb)* Weltförderung *f* **ll ~ нефти** Erdölgewinnung *f*, Erdölförderung *f* **ll ~/открытая** Gewinnung *f* im Tagebau **ll ~ открытым способом** Gewinnung *f* im Tagebau **ll ~/подводная** *(Bgb)* Unterwassergewinnung *f* **ll ~/подземная** Untertagegewinnung *f*, Gewinnung *f* im Tiefbau **ll ~ подземным способом** Untertagegewinnung *f*, Gewinnung *f* im Tiefbau **ll ~/раздельная** *s.* ~/селективная **ll ~ растворением** *(Bgb)* Solgewinnung *f*, Aussolen *n* **ll ~/селективная** *(Bgb)* selektive Gewinnung *f*, Aushalten *n* **ll ~/сменная** Schichtförderung *f* **ll ~/суточная** Tagesförderung *f*
добычный *(Bgb)* Gewinnungs..., Förder[ungs]..., Abbau...
довод *m (Math)* Beweisgrund *m*
доводить 1. *(Fert)* feinbearbeiten *(mit Abrasivmittel oder schneidenlos)*; 2. *(Fert)* maßläppen; 3. *(Fert)* abziehen *(die Werkzeugschneide)*; wetzen *(die Reibahlenschneide)*; 4. *(Met)* garschmelzen, ausgaren, feinen **ll ~ плавку** die Schmelze ausgaren lassen
доводка *f* 1. *(Fert)* Fertigbearbeitung *f*, [abrasive] Feinbearbeitung *f (z. B. Polieren, Glätten)*; 2. *(Fert)* Maßläppen *n*; 3. *(Fert)* Abziehen *n (der Werkzeugschneide)*; Wetzen *n (der Reibahlenschneide)*; 3. *(Met)* Garschmelzen *n*, Ausgaren *n*, Feinen *n*; 4. *(Met)* Hammergarmachen *n (Kupferverhüttung)* **ll ~/абразивная** *(Fert)* Feinbearbeitung *f* mit Abrasivmitteln **ll ~/алмазная** *(Fert)* Feinbearbeitung *f* mit Diamantabrasivmittel **ll ~/внутренняя** *(Fert)* Innenmaßläppen *n* **ll ~/грубая** *(Fert)* Grobmaßläppen *n* **ll ~ и притирка** *f (Fert)* Läppen *n* **ll ~/наружная** *(Fert)* Außenmaßläppen *n* **ll ~ плавки** *(Met)* Feinen *n*, Garschmelzen *n* **ll ~/плоская** *(Fert)* Planmaßläppen *n* **ll ~ стекла** Fertigmachen *n* des Glases **ll ~/черновая** *(Fert)* Schruppmaßläppen *n* **ll ~/чистовая** *(Fert)* Schlichtmaßläppen *n*
доводка-притирка *f (Fert)* Läppen *n*
довулканизация *f* Nachvulkanisation *f*
доггер *m (Geol)* Dogger *m*, Mitteljura *m*
догорание *n* 1. Ausbrennen *n*; 2. Nachbrennen *n*, Nachverbrennung *f*
догружать *(Fert)* zusätzlich auslasten
додаивание *n (Lw)* Nachmelken *n*
додекаэдр *m (Krist)* Dodekaeder *n*, Zwölfflächner *m* **ll ~/пентагональный** *s.* пентагон-додекаэдр **ll ~/пентагональный преломленный** *s.* дидодекаэдр **ll ~/ромбический** *s.* ромбододекаэдр
доделка *f (Fert)* Nacharbeit *f*, Nachbehandlung *f*; Fertigbearbeitung *f*
додрабливание *n* Fertigbrechen *n*, Nachbrechen *n (Brecher)*
додрабливать fertigbrechen *n*, nachbrechen *(Brecher)*
додубливание *n (Led)* Nachgerbung *f*
додубливать nachgerben *(Leder)*
додувать *(Met)* nachblasen, fertigblasen *(Schmelze im Konverter)*
додувка *f (Met)* Nachblasen *n*, Fertigblasen *n (Schmelze im Konverter)*
дождевание *n (Lw)* Beregnung *f* **ll ~ древесины** Sprühimprägnierung *f (des Holzes)* **ll ~/противозаморозковое** Frostschutzberegnung *f* **ll ~/синхронное импульсное** Impulsberegnung *f (absatzweise arbeitende Beregnungsmaschinen)* **ll ~ сточными водами** Abwasserberegnung *f*, Abwasserverregnung *f*
дождеватель *m (Lw)* Regner *m* **ll ~/вращающийся** Drehstrahlregner *m*, Kreisflächenregner *m* **ll ~/дальнеструйный** Weitstrahlregner *m* **ll ~/импульсный** Impulsregner *m*, absatzweise arbeitender Regner *m* **ll ~/колёсный** rollender Regnerflügel *m*, rollende Regnerflügelleitung *f* **ll ~/короткоструйный** Kurzstrahlregner *m* **ll ~ непрерывного действия** kontinuierlich arbeitender Regner *m* **ll ~ периодического действия** *s.* ~/импульсный **ll ~/среднеструйный** Mittelstrahlregner *m* **ll ~/широкозахватный** *s.* ~/дальнеструйный
дождемер *m (Meteo)* Regenmesser *m*
дождемер-самописец *m* Regenschreiber *m* **ll ~/самопишущий** *s.* дождемер-самописец
дождеприёмник *m (Bw)* Straßeneinlauf *m*
дождливый regnerisch, verregnet
дождь *f (Meteo)* Regen *m* **ll ~/грозовой** Gewitterregen *m* **ll ~/грязевой** Schlammregen *m* **ll ~/затяжной** anhaltender Regen *m*, Dauerregen *m*, Landregen *n* **ll ~/звёздный** *(Astr)* Sternschnuppenfall *m*, Meteorschauer *m* **ll ~/зимний** Winterregen *m* **ll ~/искусственный** künstlicher Regen *m* **ll ~/кислотный** *(Ökol)* saurer Regen *m* **ll ~/кислый** *(Ökol)* saurer Regen *m* **ll ~/ледяной** 1. Eisregen *m*; 2. Regen *m* mit Glatteisbildung **ll ~/ливневой** strömender Regen *m*, Regenguß *m* **ll ~/метеоритный** *(Astr)* Meteoritenfall *m* **ll ~/моросящий** Sprühregen *m* **ll ~/муссонный** Monsunregen *m* **ll ~/обложной** Landregen *m*, Dauerregen *m* **ll ~/пассатный** Passatregen *m* **ll ~/проливной** Platzregen *m* **ll ~/радиоактивный** *(Ökol)* radioaktiver Regen *m* **ll ~/сильный** Starkregen *m* **ll ~/тропический** tropischer Regen *m*
дожигание *n* 1. Nachbrennen *n (Feuerungstechnik)*; 2. *(Rak) s.* форсаж

дожигатель *m* **отработавших газов** Nachbrenner *m* der Abgase

доза *f (Kern)* Dosis *f* ‖ **~ гамма-излучения** Gammastrahlendosis *f*, Gammadosis *f* ‖ **~/глубинная** Tiefendosis *f* ‖ **~/диагностическая** diagnostische Dosis *f (bei Röntgendurchleuchtungen und -aufnahmen)* ‖ **~/допустимая** zulässige Dosis (Strahlungsdosis) *f*, verträgliche Dosis (Strahlungsdosis) *f* ‖ **~/ежедневно допустимая** zulässige Tagesdosis *f* ‖ **~ естественного облучения** natürliche Strahlenbelastung *f* ‖ **~ излучения** Strahlendosis *f*, Strahlungsdosis *f* ‖ **~ излучения/поглощённая** Energiedosis *f*, absorbierte Dosis (Strahlungsdosis) *f* ‖ **~/имплантационная** *(Eln)* Implantationsdosis *f (Halbleiter)* ‖ **~/индивидуальная** Individualdosis *f* ‖ **~/индикаторная** Indikatordosis *f (bei Einführung von radioaktiven Substanzen in den Organismus)* ‖ **~/интегральная** Integraldosis *f*, integrale Dosis *f* ‖ **~/ионизационная** Ionisationsdosis *f* ‖ **~/кожная эритемная** Hauterythemdosis *f*, HED, Erythemdosis *f* ‖ **~/кумулятивная** *s.* ~/накопленная ‖ **~ легирования** *(Eln)* Legierungsdosis *(Halbleiter)* ‖ **~/летальная** Letaldosis *f*, tödliche (letale) Dosis *f*, LD ‖ **~/максимально допустимая** *s.* ~/предельно допустимая ‖ **~/максимально переносимая** maximal verträgliche Dosis *f* ‖ **~/минимальная абсолютно летальная** absolut letale Mindestdosis *f* ‖ **~/минимально действующая** minimal wirksame Dosis *f* ‖ **~ на выходе** Austrittsdosis *f* ‖ **~ на поверхности** Oberflächendosis *f* ‖ **~/наивысшая допустимая** höchstzulässige Dosis *f* ‖ **~/накопленная** kumulative (akkumulierte) Dosis *f*, Gesamtdosis *f* ‖ **~/нейтронная** Neutronendosis *f* ‖ **~ облучения** Bestrahlungsdosis *f* ‖ **~ облучения нейтронами** Neutronendosis *f* ‖ **~/объёмная** Volumendosis *f*, Raumdosis *f* ‖ **~ падающего излучения** Einfallsdosis *f* ‖ **~/поверхностная** Oberflächendosis *f* ‖ **~/поглощённая** *s.* ~ излучения/поглощённая ‖ **~ половинной выживаемости** mittlere Letaldosis *f*, LD_{50} ‖ **~/полученная** applizierte (empfangene) Dosis *f* ‖ **~/пороговая** Schwellen[wert]dosis *f* ‖ **~/пороговая летальная** letale Reizschwellendosis *f* ‖ **~/предельно допустимая** maximal zulässige Dosis (Strahlungsdosis) *f*, maximale Strahlungsbelastung *f*, höchstzulässige Dosis (Strahlungsdosis) *f*, MZD ‖ **~ радиоактивного облучения** Bestrahlungsdosis *f*, Strahlenbelastung *f*, Strahlendosis *f*, Strahlungsbelastung *f*, Strahlungsdosis *f*, Belastung *f* ‖ **~/разовая** Einzeldosis *f*; Einzeitdosis *f* ‖ **~/разовая допустимая** einmalige zulässige Dosis *f* ‖ **~ рентгеновского и гамма-излучений/экспозиционная** Exposition *f (Coulomb je Kilogramm)* ‖ **~ рентгеновского излучения** Röntgendosis *f* ‖ **~/сверхлетальная** *(Kern)* hyperletale Dosis *f* ‖ **~/смертельная** *s.* ~/летальная ‖ **~ смешанного облучения** Gemischtstrahlendosis *f (bei gleichzeitiger Einwirkung verschiedener Strahlenarten)* ‖ **~/среднелетальная** *s.* ~ половинной выживаемости ‖ **~/стерилизирующая** Sterilisierungsdosis *f* ‖ **~/сублетальная** subletale Dosis *f* ‖ **~/суммарная** *s.* ~/накопленная ‖ **~/суточная** ganztägige Dosis *f* ‖ **~/терапевтическая** therapeutische Dosis *f* ‖ **~/тканевая** Gewebedosis *f*, Gewebsdosis *f* ‖ **~/токсичная** torische Dosis *f* ‖ **~/толерантная** *s.* ~/допустимая ‖ **~/физическая** physikalische Dosis *f* ‖ **~/эквивалентная** äquivalente Dosis *f* ‖ **~ экспонирования** *(Ph)* Bestrahlungsdosis *f* ‖ **~/эритемная** Erythemdosis *f*, ED

дозаправка *f s.* заправка/повторная ‖ **~ горючим (топливом) в полёте** *s.* заправка топливом в полёте

дозарядка *f (El)* Nachladung *f*, Nachladen *n (Akkumulator)*

дозатор *m* 1. Dosiergerät *n*, Dosiereinrichtung *f*, Dosierapparat *m*, Zuteiler *m*, Speiser *m (s. a. unter* питатель*)*; 2. Füllvorrichtung *f (Pendelbecherwerk)* ‖ **~/барабанный** 1. Trommeldosierer *m*; Zellenradzuteiler *m*, Walzenspeiser *m*; 2. Fülltrommel *f (Pendelbecherwerk)* ‖ **~/бункерный** 1. Gefäßzuteiler *m*, Schleusenzuteiler *m*, Bunkerzuteiler *m*; 2. Zuteiler *m* am Bunkerauslauf ‖ **~/весовой** Dosierwaage *f*, Dosiereinrichtung *f*; Gattierungswaage *f* ‖ **~/весовой ленточный** Dosierbandwaage *f*, Förderbanddosierwaage *f* ‖ **~/весовой расфасовочный** Abfüllwaage *f* ‖ **~ дискретного действия/весовой** intermittierend arbeitende Dosierwaage *f* ‖ **~/звёздчатый** *s.* ~/лопастный ‖ **~/карусельный** *(Text)* Dosierkarussell *n* ‖ **~/коробчатый** Schubwagenzuteiler *m*, Schubwagenspeiser *m* ‖ **~/ленточный** Bandzuteiler *m*, Aufgabeband *n*, Zuteilband *n* ‖ **~/лопастный** Zellenradzuteiler *m*, Zellenradspeiser *m* ‖ **~ непрерывного действия/весовой** kontinuierlich arbeitende Dosierwaage *f* ‖ **~/объёмный** volumetrischer Dosierer *m* ‖ **~/тарелочный** Tellerdosierer *m*, Tellerdosierapparat *m*, Tellerspeiser *m*, Abstreichteller *m*, Abstreifteller *m* ‖ **~/тарельчатый** *s* ~/тарелочный ‖ **~/тележечный** Schubwagenzuteiler *m*, Schubwagenspeiser *m* ‖ **~ фиксированных объёмов** Festvolumendosierer *m* ‖ **~ цветов красителей** *(Text)* Farbstoffdosierungseinrichtung *f* ‖ **~/шлюзовый** Dosierschleuse *f* ‖ **~/шнековый** Dosierschnecke *f*

дозатор-насос *m* Dosierpumpe *f*

дозатор-питатель *m* Zuteiler *m*, Speiser *m (s. a. unter* питатель*)*

дозатор-смеситель *m* Mischdosiereinrichtung *f*

дозвук *m s.* область/дозвуковая

дозвуковой *(Aero)* Unterschall…, Subsonik…

дозиметр *m (Kern)* Dosimeter *n*, Dosis[leistungs]messer *m* ‖ **~/антраценовый** Anthrazendosimeter *n* ‖ **~ бета-излучения** Betadosimeter *n*, Betastrahldosimeter *n* ‖ **~ гамма-излучения** Gammadosimeter *n*, Gammastrahldosimeter *n* ‖ **~/групповой** Raumüberwachungsgerät *n*, Lokalmonitor *m* ‖ **~/индивидуальный** Personendosimeter *n*, individuelles Dosimeter *n* ‖ **~/интегрирующий** integrierendes Dosimeter *n* ‖ **~/ионизационный** Ionisationsdosimeter *n* ‖ **~/карманный** Taschendosimeter *n*, Füllhalterdosimeter *n* ‖ **~/клинический** *(Med)* klinisches Dosimeter *n* ‖ **~/колориметрический** Farbdosimeter *n*, kolorimetrisches Dosimeter *n* ‖ **~/конденсаторный** Kondensatorkammerdosimeter *n* ‖ **~/наручный** Armbanddosimeter *n* ‖ **~/нейтронный** Neutronendosimeter *n*, Neutronendosismesser *m* ‖ **~/переносный** tragbares Dosimeter *n* ‖ **~/плёночный** Filmdosimeter *n* ‖ **~/полупроводниковый** Halbleiterdosimeter *n* ‖ **~ рентгеновского излучения** Röntgen-[strahlen]dosimeter *n* ‖ **~ УФ-излучения** UV-Dosimeter *n* ‖ **~/ферросульфатный** *s.* ~ Фрике ‖ **~ Фрике** Fricke-Dosimeter *n*, Ferrosulfatdosimeter *n*

дозиметрия *f (Kern)* Dosimetrie *f*, Dosismessung *f*, Strahlungsmessung *f*, Strahlen[schutz]messung *f* ‖ **~ альфа-частиц** *(Kern)* Alphastrahldosimetrie *f*, Alphadosimetrie *f* ‖ **~ изотопов** Isotopendosimetrie *f* ‖ **~ местности** Raumüberwachung *f*; Flächenüberwachung *f* ‖ **~/плёночная** Filmdosimetrie *f*

дозирование *n s.* дозировка

дозирователь *m* **клея** *(Eln)* Klebedosiergerät *n*, Klebedosator *m (Chipkleben)*

дозировка *f* 1. Dosieren *n*, Zuteilen *n*; Verteilen; 2. Möllern *n (Hochofen)* ‖ **~ краски** *(Typ)* Farbdosierung *f* ‖ **~ по весу** Dosieren *n* nach Masse, Massendosierung *f* ‖ **~ по объёму** Dosieren *n* nach Schüttvolumen, volumetrische Dosierung *f*

дозревание *n* 1. *(Bw)* Nacherhärtung *f (Beton)*; 2. *(Photo)* Nachreifung *f*, chemische (zweite) Reifung *f*

доизмельчать fertigmahlen, nachmahlen, weitermahlen

доизмельчение *n* Fertigmahlen *n*, Nachmahlen *n*, Weitermahlen *n*

док *m (Schiff)* Dock *n* ‖ **~/главный** Hauptdock *n* **~/двухбашенный плавучий** U-Schwimmdock *n*, Schwimmdock *n* mit zwei Seitenkästen ‖ **~/достроечный** Ausrüstungsdock *n* ‖ **~/однобашенный плавучий** L-Schwimmdock *n*, Schwimmdock *n* mit einem Seitenkasten ‖ **~/плавучий** Schwimmdock *n* ‖ **~/понтонный** Pontondock *n* ‖ **~/ремонтный** Reparaturdock *n* ‖ **~/самодокующийся плавучий** selbstdockendes Schwimmdock *n* ‖ **~/спусковой** Absenkdock *n* ‖ **~/строительный** Baudock *n* ‖ **~/судоподъёмный** Bergungsdock *n* ‖ **~/сухой** Trockendock *n*

доказательство *n* Beweis *m*, Nachweis *m* ‖ **~/геометрическое** geometrischer Beweis *m* ‖ **~/косвенное** indirekter Beweis *m*

докатывать fertigwalzen

док-бассейн *m* 1. Schleusenhafen *m*, Flutbecken *n*, Flutdock *n*; 2. Dockhafen *m*, geschlossener Hafen *m*

докембрий *m (Geol)* Präkambrium *n*

док-камера *f***/наливная** *(Schiff)* Flutbecken *n* ‖ **~/спусковая** *(Schiff)* Stapellaufdock *n*

докование *n (Schiff)* Docken *n*, Eindockung *f* ‖ **~/ежегодное** jährliche Dockung *f* ‖ **~/очередное** Routinedockung *f* ‖ **~ периодическое** periodische Dockung *f*

доковать *(Schiff)* docken

докритический unterkritisch

докрутка *f (Text)* 1. Nachdraht *m (beim Ausspinnen mit dem Wagenspinner)*; 2. Auszwirndraht *m*, Nachzwirn *m (Glattzwirnerei)*

документ *m* Beleg *m* ‖ **~/грузовой** Frachtdokument *n* ‖ **~/закодированный** kodierter Beleg *m* ‖ **~ на магнитной карте** Magnetkontokarte *f* ‖ **~/первичный** Primärbeleg *m*, Urbeleg *m* ‖ **~ с маркерами** Markierungsbeleg *m* ‖ **~/судовой** Schiffspapier *n*

документация *f* Dokumentation *f*, Unterlagen *fpl* ‖ **~ для пользователей** *(Inf)* Anwenderdokumentation *f* ‖ **~/исполнительная** Ausführungsdokumentation *f* ‖ **~/проектная** Projektierungsunterlagen *fpl*, Projekt *n* ‖ **~/проектно-сметная** Entwurfs- und Kostenunterlagen *fpl* ‖ **~/сопроводительная** Begleitpapiere *npl* ‖ **~/техническая** technische Dokumentation *f*, technische Unterlagen *fpl*

долбить 1. aushöhlen; 2. meißeln; 3. *(Fert)* stoßen *(Nuten, Zahnräder)*

долбление *n (Fert)* Stoßen *n* ‖ **~/анодно-механическое** anodenmechanisches Stoßen *n* ‖ **~ зубьев** Verzahnungsstoßen *n* ‖ **~/обкаточное** Wälzstoßen *n* ‖ **~/плоское** Planstoßen *n* ‖ **~/профильное** Formstoßen *n* ‖ **~ шпоночных канавок** Keilnutenstoßen *n*

долбяк *m (Fert)* 1. Stößel *m (einer Stoßmaschine)*; 2. Stoßrad *n*, Schneidrad *n (einer Verzahnungsstoßmaschine)* ‖ **~/дисковый зуборезный** Scheibenschneidrad *n* ‖ **~/зуборезный** Schneidrad *n*, Stoßrad *n* ‖ **~/косозубый зуборезный** schrägverzahntes Schneidrad ‖ **~/чистовой зуборезный** Schlichtschneidrad *n*

долговечность *f* 1. Dauerhaftigkeit *f*; 2. Dauerhaltbarkeit *f*; 3. *(Masch)* Betriebsdauer *f*; 4. Grenznutzungsdauer *f* ‖ **~/расчётная** rechnerische Dauerhaltbarkeit *f*

долговременный dauerhaltbar; Langzeit...

долгоиграющий Langspiel...

долгота *f* Länge *f* ‖ **~/ареографическая** areographische Länge *f (Mars)* ‖ **~ в орбите/истинная** *(Astr)* wahre Länge *f* in der Bahn ‖ **~ в орбите/средняя** *(Astr)* mittlere Länge *f* in der Bahn ‖ **~/восточная** östliche Länge *f* ‖ **~ восходящего узла** Länge *f* des aufsteigenden Knotens, Knotenlänge *f (Bahnelement)* ‖ **~/галактическая** *(Astr)* galaktische Länge *f* ‖ **~/гелиографическая** heliographische Länge *f (Sonne)* ‖ **~/гелиоцентрическая** *(Astr)* heliozentrische Länge *f* ‖ **~/географическая** geographische Länge *f* ‖ **~/геодезическая** gedätische Länge *f* ‖ **~/геоцентрическая** geozentrische Länge *f* ‖ **~ дня** Tageslänge *f (Zeitraum zwischen Auf- und Untergang der Sonne)* ‖ **~/западная** westliche Länge *f* ‖ **~/истинная** wahre Länge *f (Schiffsnavigation)* ‖ **~/небесная** *s.* ~/эклиптическая ‖ **~/обсервованная** beobachtete (observierte) Länge *f (Schiffsnavigation)* ‖ **~ периастра** *(Astr)* Länge *f* des Periastrons ‖ **~ перигелия** *(Astr)* Länge *f* des Perihels, Perihellänge *f* ‖ **~/планетографическая** *(Astr)* planetographische Länge *f* ‖ **~/планетоцентрическая** *(Astr)* planetozentrische Länge *f* ‖ **~/селенографическая** selenographische Länge *f (Mond)* ‖ **~/счислимая** gegißte Länge *f*, gekoppelte Länge *f (Schiffsnavigation)* ‖ **~ узла** *s.* ~ восходящего узла ‖ **~/эклиптическая** *(Astr)* ekliptikale Länge *f (Ekliptikalsystem)* ‖ **~/эфемеридная** *(Astr)* Ephemeridenlänge *f*

долготьё *n* Langhölzer *npl*

долерит *m (Geol)* Dolerit *m*

доливание *n s.* доливка

доливать nachgießen, zugießen; nachfüllen, auffüllen

доливка *f* Nachgießen *n*, Zugießen *n*; Nachfüllen *n*, Auffüllen *n*

до́лина *f (Geol)* Doline *f (Karsterscheinung)*; Karstdoline *f* ‖ **~/карровая** Karrendoline *f*

доли́на *f (Geol)* Tal *n* ‖ **~/антецедентная** Antezedenztal *n*, antezedentes (ursprüngliches) Tal *n* ‖ **~/антиклинальная** Antiklinaltal *n*, Satteltal *n* ‖ **~/асимметричная** asymmetrisches Tal *n* ‖ **~/бессточная** abflußloses Tal *n* ‖ **~/боковая** Seitental *n* ‖ **~/висячая** Hängetal *n* ‖ **~ временного потока/сухая** zeitweilig wasserführendes Trockental *n* ‖ **~ второго порядка** *s.* ~/боковая ‖ **~/главная** Haupttal *n* ‖ **~/диагональная** Diagonaltal *n* ‖ **~/замкнутая** geschlossenes Tal *n* ‖ **~/инсеквентная** atektonisches Tal *n* ‖ **~/консеквентная** konkordantes (konsequentes) Tal *n* ‖ **~/корытообразная** Trogtal *n* ‖ **~/ледниковая** Gletschertal *n* ‖ **~/мёртвая** Trockental *n*, totes Tal *n* ‖ **~/мешкообразная** Sacktal *n* ‖ **~/моноклинальная** Monoklinaltal *n* ‖ **~/надрезная** Kerbtal *n* ‖ **~/наложенная** epigenetisches (aufgesetztes) Tal *n* ‖ **~/нейтральная** atektonisches Tal *n* ‖ **~/U-образная** Kastental *n* ‖ **~/V-образная** Kerbtal *n* ‖ **~/обсеквентная** obsequentes Tal *n* ‖ **~/открытая** offenes Tal *n* ‖ **~/погребённая** überdecktes Tal *n* ‖ **~/подводная** submarines Tal *n* ‖ **~/пойменная** Sohlental *n* ‖ **~/полуоткрытая** halboffenes Tal *n* ‖ **~/поперечная** Quertal *n*, Durchbruchstal *n* ‖ **~/последующая** konkordantes Tal *n* ‖ **~/продольная** Längstal *n* ‖ **~ прорыва** Durchbruchstal *n* ‖ **~/ресеквентная** resequentes Tal *n* ‖ **~/сбросовая** Verwerfungstal *n* ‖ **~/синклинальная** Synklinaltal *n*, Muldental *n* ‖ **~/сквозная** *s.* ~ прорыва ‖ **~/слепая** blindes Tal *n* ‖ **~/согласная** konkordantes (konsequentes) Tal *n* ‖ **~/субсеквентная** subsequentes Tal *n* ‖ **~/сухая** *s.* ~ временного потока/сухая ‖ **~/треугольная** Kerbtal *n* ‖ **~/чечевицеобразная** lentikulares (linsenförmiges) Tal *n* ‖ **~/эпигенетическая** *s.* ~/наложенная ‖ **~/ярусная** vielstufiges Tal *n* ‖ **~/ящикообразная** Kastental *n*

доломит *m (Min)* Dolomit *m (Mineral und Gestein)* ‖ **~/каустический** nichtstabilisierter Dolomit *m* ‖ **~/обожжённый** Sinterdolomit *m* ‖ **~/стабилизованный** stabilisierter Dolomit *m*

доломитизация *f (Geol)* Dolomitisierung *f*

долото *n* 1. *(Wkz)* Stechbeitel *m*, Beitel *m (Holzbearbeitung)*; 2. *(Bgb)* Bohrmeißel *m*, Meißel *m*; 3. *(Lw)* Bodenmeißel *m*; 4. *(Med)* Meißel *m* ‖ **~/алмазное** *(Bgb)* Diamantmeißel *m* ‖ **~/буровое** *(Bgb)* Bohrmeißel *m* ‖ **~/гидромониторное** *(Bgb)* Strahlmeißel *m*, Spülstrahlmeißel *m*, Düsenmeißel *m* ‖ **~/двутавровое** *(Bgb)* Backenmeißel *m* ‖ **~/двухлопастное** *(Bgb)* Zweiblattbohrmeißel *m* ‖ **~/двухшарошечное** *(Bgb)* Zweirollenmeißel *m* ‖ **~/зубное** *(Med)* Zahnmeißel *m* ‖ **~/колонковое** *(Bgb)* Kernbohrmeißel *m* ‖ **~/костное** *(Med)* Knochenmeißel *m* ‖ **~/костное вогнутое** *(Med)* Hohlmeißel *m* ‖ **~/крестовое** *(Bgb)* Kreuzmeißel *m (Bohrung)* ‖ **~/крестообразное** *(Bgb)* Kreuzbohrmeißel *m* ‖ **~/лопастное** *(Bgb)* Flügel[bohr]meißel *m*, Blatt[bohr]meißel *m* ‖ **~/одношарошечное** *(Bgb)* Einrollenmeißel *m* ‖ **~/пикообразное** *(Bgb)* Spitz[bohr]meißel *m*, Schwert[bohr]meißel *m* ‖ **~/плоское** *(Bgb)* Flachmeißel *m (Bohrung)* ‖ **~/режущее** schneidender (spanabhebender) Meißel *n*, Schneidmeißel *m* ‖ **~ РХ** *s.* ~ типа рыбий хвост ‖ **~/самоочищающееся** *(Bgb)* selbstreinigender Bohrmeißel *m* ‖ **~/скалывающее** *(Bgb)* brechender Meißel *m* ‖ **~ сплошного бурения** *(Bgb)* Vollbohrmeißel *m* ‖ **~/сплошное** *(Bgb)* Vollbohrmeißel *m* ‖ **~/струйное** *s.* ~/гидромониторное ‖ **~/ступенчатое** *(Bgb)* Stufenbohrmeißel *m* ‖ **~/твёрдосплавное** *(Bgb)* Hartmetall[bohr]meißel *m* ‖ **~ типа рыбий хвост** *(Bgb)* Fischschwanzmeißel *m* ‖ **~/трёхперовое** *(Bgb)* Dreiblattmeißel *m* ‖ **~/шарошечное** *(Bgb)* Rollenmeißel *m* ‖ **~/штыревое** *(Bgb)* Warzenmeißel *m*, Cobra-Meißel *m (hartmetallbestückter Dreirollenmeißel)* ‖ **~/эксцентричное** *(Bgb)* Exzenter[bohr]meißel *m*

долото-расширитель *n (Bgb)* Erweiterungsbohrer *m*

долотце *n*/**глазное** *(Med)* Augenmeißel *m*

доля *f* Anteil *m*, Quote *f*, Rate *f* ‖ **~/весовая** Masseanteil *m* ‖ **~ краски** *(Typ)* Farbanteil *m* ‖ **~/мольная (молярная)** *(Ch)* Molenbruch *m* ‖ **~ насыщения** Sättigungsanteil *m* ‖ **~/объёмная** Volum[en]anteil *m*, Volum[en]bruch *m* ‖ **~ рассеяния** *(Ph)* Streuanteil *m* ‖ **~/энергетическая** energetischer Anteil *m*

дом *m (Bw)* Haus *n (s. a. unter* зданий*)* ‖ **~/блокированный жилой** Reihenwohnhaus *n* ‖ **~/галерейный** *s.* ~ снаружной галереей ‖ **~ гостиничного типа** Apartmenthaus *n* ‖ **~/деревянный** Holzhaus *n* ‖ **~ деревянный сборный** vorgefertigtes Holzhaus *n*, Fertigteilhaus *n* ‖ **~ для престарелых/квартирный** Wohnhaus *n* mit altersgerechten Wohnungen ‖ **~/жилой** Wohnhaus *n* ‖ **~ коридорного типа** Mittelganghaus *n* ‖ **~/крупнопанельный** Großplattenhaus *n* ‖ **~/многоквартирный** Mehrfamilienhaus *n* ‖ **~/односекционный** Punkthaus *n* ‖ **~/односемейный** Einfamilienhaus *n* ‖ **~/полносборный** Fertigteilhaus *n* ‖ **~ с встроенными и пристроенными предприятиями** Funktionsunterlagerung *f (Geschäfte und Betriebe in den Erdgeschossen von Wohnhäusern)* ‖ **~ с наружной галереей** Laubenganghaus *n*, Außenganghaus *n* ‖ **~/сборно-разборный** Montagehaus *n* ‖ **~/секционный** Sektions[wohn]haus *n* ‖ **~/террасный** Terrassenhaus *n* ‖ **~ точечного типа** Punkthaus *n* ‖ **~/точечный** Punkthaus *n* ‖ **~/угловой** Eckhaus *n*

дома *f (Krist)* Doma *n*

домалывать nachmahlen, fertigmahlen

домен *m (Krist)* Domäne *f*, Bezirk *m (Gitterbereich)* ‖ **~/антиферромагнитный** antiferromagnetische Domäne *f* ‖ **~ Ганна** Gunn-Domäne *f* ‖ **~/ферромагнитный** Weißscher Bezirk (Bereich) *m* ‖ **~/цилиндрический магнитный** Magnetblase *f*, zylindrische Magnetdomäne *f*

домены *mpl (Krist)* Bezirke *mpl*, Domänen *fpl (s. a. unter* домен*)*

домкрат *m* Bockwinde *f*, Hebebock *m*, Hebewinde *f*, Winde; *(Kfz)* Wagenheber *m* ‖ **~/вагонный** Wagenwinde *f* ‖ **~/винтово́й** 1. Schraubstock *m*, Schraubenwinde *f*; 2. *(Bgb)* ausfahrbare Spindel *f*, Spindelheber *m* ‖ **~/гидравлический** 1. hydraulischer Hebebock *m*, Druckwasserhebebock *m*; 2. *(Bw)* Spannpresse *f (Spannbeton)* || **~/кабельный** Kabeltrommelwinde *f* || **~/натяжной** 1. Spannwinde *f*; 2. *(Bw)* Spannpresse *f (Spannbeton)* || **~/пневматический** Druckluftwinde *f*, Drucklufthheber *m* || **~/поддерживающий** Stützwinde *f* || **~/портальный** fahrbares Hubportal *n* || **~/путевой** Gleishebewinde *f* || **~/путеперекладочный** Gleisrückwinde *f* || **~/реечный** Zahnstangenwinde *f* || **~/стоечный** Hebebock *m* || **~/шпиндельный** Spindelhebebock *m*, Schraubenwinde *f*

домна *f s.* печь/доменная

домница *f (Met)* Blasofen *m*, Hochofen *m* mit offener Brust

домостроение *n* 1. Bauweise *f (von Gebäuden)*; 2. Hochbau *m* || **~/крупноблочное** Großblockbauweise *f* || **~/крупнопанельное** Großplattenbauweise *f* || **~/объёмно-блочное** Raumzellenbauweise *f*

донасыщение *n (Ch)* Nachsättigung *f*

донатор *m s.* донор

донаторный *s.* донорный

донейтрализация *f (Ch)* Nachneutralisation *f*

донка *f* Dampf[kolbenspeise]pumpe *f (Kesselspeisung)*

донный 1. Boden…; 2. *(Schiff)* Grund[schleppnetz]…

донор *m* Donator *m*, N-Typ-Verunreinigung *f (Halbleitertechnik)* || **~/кислородный** Thermodonator *m*, Sauerstoffdonator *m* der 1. Art || **~/мелкий** flacher Donator *m* || **~/новый** Thermodonator *m* [der 2. Art], Newdonor *m* || **~ протона** Protonendonator *m*, Dysprotid *n* || **~ электронов** Elektronendonator *m*, [elektronischer] Donator *m*

донорный Donator…

донышко *n* **фильеры** *(Text)* Düsenboden *m (Chemiefaserherstellung)*

доомыление *n (Ch)* Nachverseifung *f*

доомылять *(Ch)* nachverseifen

доосахаривание *n (Ch, Brau)* Nachverzuckerung *f*

доотверждение *n (Kst)* Nachhärtung *f*

доохлаждение *n* Nachkühlung *f*

доочистка *f* Nachreinigung *f* || **~ сточных вод** Abwassernachreinigung *f*

допант *m (Eln)* Dopant *m*, Dotierungsstoff *m*

допирование *n* Dopen *n*, Dotieren *n (Halbleitertechnik)* || **~/обратное** Gegendotierung *f*, Umdotierung *f*

допированный dotiert, gedopt *(Halbleiter)* || **~ противоположно** gegendotieren, umdotieren *(Halbleiter)*

допировать dotieren, dopen *(Halbleiter)*

доплер-эффект *m s.* эффект Доплера

дополнение *n* 1. Ergänzung *f*, Nachtrag *m*; Hinzufügung *f*; 2. *(Math)* Komplement *n*; Supplement *n*; Zusatz *m*; 3. *(Inf)* Komplement *n*, Ergänzung *f* || **~/графическое** *(Inf)* Graphikerweiterung *f* || **~ до двух** *(Inf)* Zweierkomplement *n*, binäres Komplement *n* || **~ до девяти** *(Inf)* Neunerkomplement *n* || **~ до десяти** *(Inf)* Zehnerkomplement *n* || **~ до единицы** *(Inf)* Einerkomplement *n* || **~ по основанию** *(Inf)* Basiskomplement *n*, B-Komplement *n* || **~ по основанию-минус-один** *(Inf)* B-minus-1-Komplement *n* || **~ по основанию/усечённое** *(Inf)* B-minus-1-Komplement *n*

дополнительный 1. zusätzlich, Zusatz…, Ergänzungs…; 2. *(Inf)* Komplement…

доправить nachrichten, richten *(Guß- und Schmiedeteile)*

доправка *f* Nachrichten *n*, Richten *n (Guß- und Schmiedeteile)*

допрессовка *f* 1. *(Gieß)* Nachverdichten *n*, Nachpressen *n (Formstoff)*; 2. Nachverdichten *n*, Nachpressen *n (Pulvermetallurgie)* || **~/горячая** Warmnachpressen *n (Pulvermetallurgie)*

допроявление *n (Photo)* Nachentwicklung *f*, Ausentwicklung *f*

допуск *m (Fert)* Toleranz *f*, Maßtoleranz *f* || **~ биения** Lauftoleranz *f* || **~ в ширине колеи** *(Eb)* Spurerweiterung *f* || **~ дефопоказателей** *(Gum)* Defo-Toleranz *f* || **~ диаметра** Durchmessertoleranz *f* || **~ диаметра конуса** Kegeldurchmessertoleranz *f* || **~ зазора** Spieltoleranz *f* || **~ концентричности** Konzentrizitätstoleranz *f* || **~ круглости** Kreisformtoleranz *f* || **~ на диаметр** Durchmessertoleranz *f* || **~ на длину** Längentoleranz *f* || **~ на ёмкость** *(El)* Kapazitätstoleranz *f* || **~ на изготовление** Fertigungstoleranz *f* || **~ на ковку** Schmiedetoleranz *f* || **~ на отклонение частоты** *(El)* Frequenztoleranz *f* || **~ на прокатку** Walztoleranz *f* || **~ на радиальное биение** Rundlauftoleranz *f* || **~ на размер калибра** Lehren[maß]toleranz *f* || **~ на резьбу** Gewindetoleranz *f* || **~ на толщину зуба** Zahndickentoleranz *f* || **~ на усадку** *(Gieß)* Schwindmaßzugabe *f* || **~ наклона** Winkligkeitstoleranz *f* || **~/неуказанный** nichtangegebene Toleranz *f*, Freimaßtoleranz *f* || **~/основной** Grundtoleranz *f* || **~ параллельности** Parallelitätstoleranz *f* || **~ параллельности осей** Achsneigungstoleranz *f* || **~ перекоса осей** Achsschränkungstoleranz *f* || **~ пересечения осей** Kreuzungstoleranz *f* zweier Achsen || **~ перпендикулярности** Rechtwinkligkeitstoleranz *f* || **~ плоскости** Ebenheitstoleranz *f* || **~/позиционный** Positionstoleranz *f* || **~ посадки** Paßtoleranz *f*, Passungstoleranz *f* || **~/производственный** Fertigungstoleranz *f*, Herstellungstoleranz *f* || **~ процесса** *s.*~/производственный || **~ прямолинейности** Geradheitstoleranz *f* || **~ размера** Maßtoleranz *f* || **~/размерный** Maßtoleranz *f* || **~ расположения** Lagetoleranz *f* || **~ расположения/зависимый** abhängige Lagetoleranz *f* || **~ расположения/независимый** unabhängige Lagetoleranz *f* || **~ симметричности** Symmetrietoleranz *f* || **~ системы** Grundtoleranz *f* || **~ соосности** Koaxialitätstoleranz *f* || **~/стандартный** Grundtoleranz *f* || **~/суммарный** Gesamttoleranz *f*, Summentoleranz *f* || **~ торцового биения** Stirnlauftoleranz *f* || **~/угловой** Winkeltoleranz *f* || **~/указанный в чертеже** Zeichnungstoleranz *f* || **~/установочный** Montagetoleranz *f* || **~ формы** Formtoleranz *f* || **~ формы/зависимый** abhängige Formtoleranz *f* || **~ формы/независимый** unabhängige Formtoleranz *f* || **~ цилиндричности** Zylinderformtoleranz *f* || **~ шага** Steigungstoleranz *f*

допускаемый zulässig

допускомер *m* Toleranzmeßgerät *n*, Toleranzmesser *m*

допустимость *f (Math)* Zulässigkeit *f*

допущение *n* 1. Annahme *f*; 2. Zulassung *f*, Zulassen *n*

доработка *f* Nachbesserung *f*; Nachbearbeitung *f*

доразведка *f (Geol)* Nacherkundung *f*

дорастворитель *m (Text)* Nachlöser *m (Chemiefaserherstellung)*

дорн *m* 1. *(Wlz)* Dorn *m*, Dornstange *f*, Rohreintreibdorn *m*, Walzdorn *m (Rohrwalzwerk)*; 2. *(Schm)* Lochdorn *m*; 3. *(Gum)* Dorn *m*, Kern-[ring] *m* ‖ **~/вулканизационный** *(Gum)* Heizdorn *m* ‖ **~/двойной** *(Wlz)* Doppeldorn *m* ‖ **~/обрезной** *(Schm)* Abscherdorn *m* ‖ **~ пильгерного стана** *(Wlz)* Pilgerdorn *m* ‖ **~/прессовый** *(Schm)* Preßdorn *m* ‖ **~/пустотелый** *(Wlz)* Hohldorn *m* ‖ **~/сдвоенный** *(Schm)* Doppeldorn *m*

дорнование *n* 1. *(Fert)* Preßpolieren *n*; 2. *(Met)* Dornen *n*

дорога *f* Straße *f*; Weg *m* ‖ **~/автомобильная** Autostraße *f* ‖ **~/велосипедная** Radfahrweg *m* ‖ **~/государственная** Bundesstraße *f* ‖ **~/грунтовая** nichtunterhaltene (unbefestigte) Straße *f* ‖ **~ дальнего сообщения** Fernstraße *f* ‖ **~/двухпутная** zweispurige Straße *f* ‖ **~/двухрельсовая подвесная** *(Förd)* Zweischienenhängebahn *f* ‖ **~/железная** Eisenbahn *f* ‖ **~/железная полевая** Feldeisenbahn *f* ‖ **~/заводская железная** Werkbahn *f*, Industriebahn *f* ‖ **~/зубчатая железная** Zahnradbahn *f* ‖ **~/кабинная** Kabinenbahn *f* ‖ **~/кабинная канатная** Kabinenseilbahn *f* ‖ **~/канатная** Seilbahn *f* ‖ **~/канатная подвесная** Drahtseilbahn *f* ‖ **~/кольцевая автомобильная** Autobahnring *m* ‖ **~/кресловая** Sessellift *m*, Sesselbahn *f* ‖ **~/магистральная** Hauptverkehrsstraße *f*; Fern[verkehrs]straße *f* ‖ **~/междугородная** Fernverkehrsstraße *f* ‖ **~/международная** Transitstraße *f* ‖ **~/монорельсовая** Einschienenbahn *f* ‖ **~/монорельсовая подвесная** Einschienenhängebahn *f* ‖ **~/мощённая** gepflasterte Straße *f* ‖ **~ на магнитной подвеске** Magnetkissenbahn *f*, Magnetschwebebahn *f* ‖ **~ на магнитной подвеске/скоростная** Magnetkissenschnellbahn *f* ‖ **~/однопутная** *(Eb)* eingleisige Strecke *f* ‖ **~/однорельсовая подвесная** Einschienenhängebahn *f* ‖ **~ переменного тока** Wechselstrombahn *f* ‖ **~/пешеходная** Fußweg *m*, Gehweg *m* ‖ **~/подвесная** Schwebebahn *f*, Hängebahn *f* ‖ **~/подвесная канатная** Drahtseilbahn *f*, Seilschwebebahn *f* ‖ **~/подвесная рельсовая** Schwebebahn *f*, Hängebahn *f* ‖ **~/подземная** Untergrundbahn *f* ‖ **~/подъездная** Zubringerstraße *f*, Zufahrtsstraße *f* ‖ **~/полевая железная** *(Eb)* Feld-[eisen]bahn *f* ‖ **~ постоянного тока** Gleichstrombahn *f* ‖ **~/проезжая** Fahrstraße *f*, Fahrweg *m* ‖ **~/промышленная железная** Industriebahn *f*, Industrie-Eisenbahn *f* ‖ **~/рулёжная** *(Flg)* Rollbahn *f* ‖ **~/седельная** Sattelbahn *f* ‖ **~/скоростная** Schnellstraße *f (als Teil eines Autodroms für Werksversuche)* ‖ **~/скоростная городская** Stadtschnellstraße *f*; Stadtautobahn *f* ‖ **~ сообщения/сухопутная** Landverkehrsweg *m (Eisenbahnen, Straßen)* ‖ **~/стартовая** *(Flg)* Startbahn *f* ‖ **~/стройплощадочная** Baustraße *f* ‖ **~/трубчатая** Röhrenbahn *f* ‖ **~/узкоколейная железная** Schmalspurbahn *f*, Kleinbahn *f* ‖ **~/частная железнодорожная** Privatbahn *f*, Privat-Eisenbahn *f* ‖ **~/ширококолейная железная** *(Eb)* Breitspurbahn *f* ‖ **~/электрическая подвесная рельсовая** Elektrohängebahn *f* ‖ **~/эстакадная** Hochstraße *f*; *(Eb)* Hochbahn *f*, aufgeständerte Bahn *f* ‖ **~/эстакадная автомобильная** Hochstraße *f*

дорожка *f* 1. Weg *m*, Straße *f*, Bahn *f*; 2. Falz *m*; Nut *f*; 3. *(Wlz)* Spur *f*; 4. Spur *f*, Magnetspur *f* ‖ **~/адресная** *(Inf)* Adreßspur *f*, Adressenspur *f* ‖ **~/альтернативная** *(Inf)* Ersatzspur *f (Magnetplatte)* ‖ **~/беговая** *(Masch)* Laufbahn *f*, Lauffläche *f (Wälzlager)* ‖ **~/вихревая** *(Aerod)* Wirbelstraße *f (s. a.* ~ Кармана/вихревая*)* ‖ **~/глетовая** Glättgasse *f (NE-Metallurgie)* ‖ **~/гонная** *(Lw)* Auslauf *m* ‖ **~/дефектная** schadhafte Spur *f (Magnetplatte)* ‖ **~/желобчатая** *(Masch)* Rille *f (Wälzlager)* ‖ **~ записи** Aufzeichnungsspur *f* ‖ **~/звуковая** Tonspur *f* ‖ **~/звуковая магнитная** Magnettonspur *f* ‖ **~/информационная** Informationsspur *f* ‖ **~ Кармана [/вихревая]** *(Aerod)* Kármánsche Wirbelstraße *f*, Kármánsche Wirbel *mpl* ‖ **~ качения** *(Masch)* Wälzbahn *f* ‖ **~ качения внутреннего кольца** Innenwälzbahn *f* ‖ **~ качения/желобчатая** Laufspur *f (Kugellager)* ‖ **~ качения наружного кольца** Außenwälzbahn *f* ‖ **~/краевая** Randspur *f* ‖ **~/магнитная** Magnetspur *f*; Magnettonspur *f (Tonband)* ‖ **~/мелющая** Mahlbahn *f* ‖ **~/оптическая звуковая** Lichttonspur *f* ‖ **~ переполнения** *(Inf)* Überlaufspur *f* ‖ **~/поперечная** *(TV)* Querspur *f*, Schrägspur *f* ‖ **~/разделяемая** *(Inf)* geteilte Spur *f* ‖ **~/резервная** *(Inf)* Ersatzspur *f*, Ausweichspur *f* ‖ **~/роликовая** 1. *(Förd)* Rollenbahn *f*; 2. *(Masch)* Rollenlaufbahn *f (eines Rollenlagerrings)* ‖ **~/рулёжная** *(Flg)* Rollbahn *f (Anfahrt des Flugzeugs zur Start- und Landebahn bzw. nach Landung zur Abstellfläche)* ‖ **~/синхронизирующая** Taktspur *f* ‖ **~/скреперная** *(Bgb)* Schrappergasse *f* ‖ **~/соседняя** Nachbarspur *f* ‖ **~/спусковая** *(Schiff)* Ablaufbahn *f (Stapellauf)* ‖ **~/токоведущая** [elektrische] Leitbahn *f*, Stromleitbahn *f* ‖ **~/устойчивая вихревая** *(Aerod)* stabile Wirbelspur *f* ‖ **~/фоточувствительная** photoempfindliches Bahnmaterial *n* ‖ **~/центральная килевая** Kielpallenreihe *f*, Mittelpallenreihe *f (Dock)*

ДОС *s.* 1. система/дисковая операционная; 2. датчик обратной связи

доска *f* 1. Brett *n*; Bohle *f*; 2. Tafel *f*, Platte *f* ‖ **~/волочильная** *(Umf)* Drahtzieheisen *n*, Zieheisen *n*, Ziehbrett *n* ‖ **~/выравнивающая** *(Lw)* Schleppe *f* ‖ **~/гипсовая** *(Bw)* Gipsdiele *f* ‖ **~/делительная** 1. *(Text)* Harnischbrett *n*, Chorbrett *n (Jacquardmaschine)*; 2. *(Lw)* Schwadbrett *n* ‖ **~ для насечки** *(Text)* Schlagplatte *f (Weberei; Kartenschlagen)*; Lochplatte *f* ‖ **~/закройная** *(Text)* Zuschneidebrett *n* ‖ **~/игольная** *(Text)* Nadelbrett *n (Jacquardmaschine, Geschlossenfachschaftmaschine)* ‖ **~/кассейная** *(Text)* Chorbrett *n*, Harnischbrett *n*, Gallierbrett *n*, Schnurbrett *n (Jacquardmaschine)* ‖ **~/клеммная** *(El)* Klemm[en]brett *n* ‖ **~/коммутационная** *(El)* Schalttafel *f* ‖ **~/модельная** *(Gieß)* Modellplatte *f* ‖ **~/накладная** *(Typ)* Anlegetisch *m* ‖ **~ настила** *(Bw)* Diele *f*, Dielenbrett *n* ‖

~/необрезная unbesäumtes (baumkantiges) Brett *n* || **~/нестроганная** ungehobeltes (rauhes) Brett *n* || **~/обрезная** besäumtes Brett *n* || **~/операционная** *(El)* Bedienungstafel *f*, Steuer[ungs]tafel *f* *(Flechtmaschine)* || **~/подоконная** Fensterbrett *n* || **~/подоконная сливная** *(Bw)* Sohlbank *f*, Fenstersohlbank *f* || **~/полевая** *(Lw)* Anlage *f* *(Pflug)* || **~/половая** Dielenbrett *n* || **~/приборная** Instrumententafel *f*, Instrumentenbrett *n* || **~/приёмная** *(Wlz)* Führungstisch *m*, Aufnahmetisch *m* || **~/рамная** *(Text)* Platinenboden *m* *(Jacquardmaschine)* || **~/распорная** 1. Kniehebelplatte *f* *(Backenbrecher)*; 2. Seitenscherbrett *n* *(Schleppnetz)* || **~/распределительная** 1. Instrumentenbrett *n*, Armaturenbrett *n*; *(El)* Schalttafel *f*, Schaltbrett *n*; Verteilerbrett *n*; 2. *(Lw)* Staucherbrett *n* || **~/сбежистая** abholziges Brett *n* || **~/сердцевая** Kernbrett *n* || **~/середовая** Kernbrett *n* || **~/сновальная** *(Text)* Schärbrettchen *n* *(Weberei)* || **~/соединительная** Schalttafel *f* || **~/стапельная** *(Typ)* Stapelbrett *n* || **~ теплообменника/трубная** Rohrplatte *f*, Rohrboden *m* *(Rohrwärmeübertrager)* || **~/траловая** Seitenscherbrett *n* *(Schleppnetz)* || **~/трубная** Rohrboden *m* || **~/чертёжная** Zeichenbrett *n* || **~/чистообрезная** parallel besäumtes Brett *n* || **~/щелевая траловая** Düsenscherbrett *n* *(Schleppnetz)*

доставка *f* 1. Anlieferung *f*, Anfuhr *f*; 2. *(Bgb)* Abbauförderung *f*; Förderung *f* || **~/канатная** *(Bgb)* Seilförderung *f* || **~ качающимися конвейерами** Schüttelrutschenförderung *f* || **~/колёсная** *(Bgb)* Zugförderung *f* || **~/конвейерная** Bandförderung *f*, Fließförderung *f* || **~ ленточными конвейерами** Bandförderung *f* || **~/механизированная** *(Bgb)* maschinelle Förderung *f* || **~ по рештакам** Rutschenförderung *f* || **~ по скатам** Rollförderung *f* || **~ по трубопроводу** Rohrleitungstransport *m* || **~/подземная** *(Bgb)* Untertageförderung *f* || **~/промежуточная** *(Bgb)* Zwischenförderung *f* || **~ самотёком** Schwerkraftförderung *f*, Gefälleförderung *f* || **~/самотёчная** *s.* ~ самотёком || **~/скреперная** Schrapperförderung *f* || **~ собственным весом** Schwerkraftförderung *f*

доставлять 1. zustellen, liefern, anliefern; befördern; 2. *(Bgb)* fördern, zubringen *(vom Abbau)*

доставочный *(Bgb)* Förder…

достоверность *f* Zuverlässigkeit *f*; Richtigkeit *f*

достроечный *(Schiff)* Ausrüstungs…

достройка *f* *(Schiff)* Ausrüstung *f*, Ausrüstungsmontage *f*

доступ *m* 1. Zutritt *m*; 2. Zugänglichkeit *f*; Zugriff *m* *(z. B. des Armes des Roboters)*; 3. *(Inf)* Zugriff *m* *(zu einem Datenspeicher)* || **~/базисный** *(Inf)* Basiszugriff *m* || **~/быстрый** *(Inf)* schneller Zugriff *m* || **~ воздуха** Luftzutritt *m* || **~/дистанционный** *(Inf)* Fernzugriff *m* || **~ к виртуальной памяти** *(Inf)* virtueller Speicherzugriff *m* || **~ к данным** *(Inf)* Datenzugriff *m* || **~ к ЗУ/произвольный** *(Inf)* wahlweiser Speicherzugriff *m* || **~ к памяти** *(Inf)* Speicherzugriff *m* || **~ к памяти/прямой** Direktzugriff *m* [zum Speicher], direkter Speicherzugriff *m*, Speicherdirektzugriff *m*, DMA || **~/многоканальный** *s.* ~/многократный || **~/многократный** *(Nrt)* Mehrfachausnutzung *f*; *(Inf)* Mehrfachzugriff *m* || **~/множественный** *(Inf)* Mehrfachzugriff *m* || **~/непосредственный** *s.* ~/прямой || **~/последовательный** *(Inf)* sequentieller Zugriff *m* || **~/произвольный** *(Inf)* wahlfreier Zugriff *m* || **~/прямой** *(Inf)* Direktzugriff *m*, direkter Zugriff *m*, DMA || **~/ручной** *(Inf)* manueller Zugriff *m* || **~/случайный** *(Inf)* wahlweiser Zugriff *m* || **~/телекоммуникативный** *(Inf)* Fernzugriff *m* || **~/удалённый** *(Inf)* Fernzugriff *m* || **~/ускоренный** *(Inf)* schneller Zugriff *m*

доступность *f* 1. Zugänglichkeit *f*; 2. Verfügbarkeit *f*

доступный zugänglich

досушка *f* Nachtrocknung *f*

досягаемость *f* Erreichbarkeit *f*

дотировать *s.* допировать

доумягчение *n* Nachenthärtung *f* *(des Wassers)*

дощечка *f* 1. Brettchen *n*; 2. Schildchen *n*, Plakette *f* || **~/калиберная** *(Fert)* Schablone *f*, Schablonenlehre *f* || **~/номерная** Kennzeichen *n*, Nummernschild *n* || **~/паркетная** Parkettbrettchen *n*, Parkettstab *m*

доюстировка *f* Nachjustierung *f*

доэвтектический *(Krist)* untereutektisch, voreutektisch

доэвтектоидный *(Krist)* untereutektoid, voreutektoid

доэкспонирование *n* *(Photo)* Nachbelichtung *f*

ДП *s.* 1. пункт/диспетчерский; 2. дизель-поезд; 3. датчик перемещения

дП *s.* диоптрия

ДПРМ *s.* радиомаяк/дальний приводной

дравит *m* *(Min)* Dravit *m*, Magnesiumturmalin *m*

драга *f* 1. Schwimmbagger *m*, Naßbagger *m*; 2. *(Hydrol)* Drege *f* *(zur Bodenuntersuchung von Gewässern)* || **~/многоковшовая** Eimerkettennaßbagger *m* || **~/цепная** *(Schiff)* Kettenstapel *m* *(Bremsvorrichtung für Stapellauf)*

драглайн *m* Schleppschaufelbagger *m*, Zugseilbagger *m*, Eimerseilbagger *m*, Dragline *m* || **~/шагающий** Schleppschaufelschreitbagger *m*, Schürfkübelschreitbagger *m*

драёк *m* *(Schiff)* Knebel *m*

дразнение *n* *(Met)* Polen *n* *(NE-Metallurgie)* || **~ на ковкость** Zähpolen *n* *(Kupfer)* || **~ на плотность** Dichtpolen *n* *(Kupfer)* || **~/окончательное** *s.* ~ на ковкость || **~/первое** *s.* ~ на плотность

дразнить polen, schäumen *(NE-Metallurgie)*

драйвер *m* *(Eln, Inf)* Driver *m*, Treiber *m*, Treiberstufe *f* || **~ дисплея** Bildschirm-Driver *m* || **~ физических устройств** physischer Gerätetreiber *m*

драница *f* Spaltlatte *f* || **~/кровельная** Dachdeckerspaltlatte *f* || **~/штукатурная** Gipslatte *f*, Putzleiste *f*

дранка *f* *s.* драница

дрань *f*/**штукатурная** *(Bw)* Rohrgewebe *n* *(Putzträger)*

древесина *f* Holz *n* *(s. a. unter* лесоматериал *und* пиломатериал*)* || **~/абсолютно сухая** darrtrockenes Holz *n* || **~/балансовая** Schleifholz *n* *(Celluloseherstellung)* || **~/бессучковая** astfreies (astreines) Holz *n* || **~/воздушносухая** lufttrockenes Holz *n* || **~/выдержанная** abgelagertes (trockenes) Holz *n* || **~/вязкая**

zähes Holz *n* ‖ **~/гибкая** biegsames Holz *n* ‖ **~/гнилая** faules (morsches) Holz *n* ‖ **~/гнутая** Biegeholz *n*, Formvollholz *n* ‖ **~/деловая** Nutzholz *n* ‖ **~/длинноволокнистая** langfaseriges Holz *n* ‖ **~/здоровая** gesundes (normales) Holz *n* ‖ **~/искусственная** Kunstholz *n* ‖ **~/клеёная** Lagenholz *n* ‖ **~/коротковолокнистая** kurzfaseriges Holz *n* ‖ **~/крупноволокнистая** grobfaseriges Holz *n* ‖ **~/крупномерная** Derbholz *n* ‖ **~/ламинированная** *s.* ~/клеёная ‖ **~/лёгкая** leichtes Holz *n (0,51 bis 0,40 g/cm^3)* ‖ **~ лиственных пород** Laubholz *n* ‖ **~/металлизированная** Metallholz *n* ‖ **~/мягкая** Weichholz *n* ‖ **~/невыдержанная** *s.* ~/свежесрубленная ‖ **~/неделовая** Abfallholz *n* ‖ **~/неокорённая** unentrindetes Holz *n* ‖ **~/неплотная** loses Holz *n* ‖ **~/окаменелая** Dendrolith *m*, versteinertes Holz *n* ‖ **~/окорённая** entrindetes (geschältes) Holz *n*, Schälholz *n* ‖ **~/окорённая набело** weißentrindetes (weißgeschältes) Holz *n* ‖ **~/пересушенная** vertrocknetes (übertrockenes) Holz *n* ‖ **~/поделочная** Holzwerkstoff *m*, Werkholz *n* ‖ **~/пористая** poriges Holz *n* ‖ **~/прессованная** Preßholz *n*, Festholz *n* ‖ **~/пропаренная** gedämpftes Holz *n* ‖ **~/просушенная** gedarrtes Holz *n* ‖ **~/разделанная** abgelängtes Holz *n* ‖ **~/рассеяннопоровая** gestreutporiges (dispersionsporiges) Holz *n* ‖ **~/резонансовая** Klangholz *n* ‖ **~ с пороками** *s.* ~/фаутная ‖ **~ с прожилками** geadertes Holz *n* ‖ **~/свежесрубленная** fasergesättigtes (frischgefälltes) Holz *n* ‖ **~/свилеватая** Maserholz *n* ‖ **~/сердцевинная** Markholz *n*, Mark *n* ‖ **~/слоистая** *s.* ~/клеёная ‖ **~/слоисто-прессованная** Sperrfestholz *n* ‖ **~/смолистая** harziges Holz *n*, Kienholz *n* ‖ **~/стволовая** Stammholz *n* ‖ **~/сухая** *s.* ~/выдержанная ‖ **~/сырая** *s.* ~/свежесрубленная ‖ **~/твёрдая** Hartholz *n* ‖ **~/тонковолокнистая** feinfaseriges Holz *n* ‖ **~/тяжёлая** schweres Holz *n* ‖ **~/умеренно лёгкая** mäßig leichtes Holz *n* ‖ **~/умеренно тяжёлая** mäßig schweres Holz *n* ‖ **~/фанерная** Furnierholz *n* ‖ **~/фаутная** fehlerhaftes Holz *n* ‖ **~ хвойных пород** Nadelholz *n* ‖ **~/хрупкая** brüchiges Holz *n* ‖ **~ ценных пород** Edelholz *n* ‖ **~/ядровая** Kernholz *n*

древесноволокнистый Holzfaser...

древесносмоляной Holzteer...

древесностружечный Holzspan...

древесноугольный Holzkohlen...

древесноуксусный Holzessig...

древовидный 1. baumartig, baumähnlich; 2. *(Met)* dendritisch *(Gefüge)*

древоспуск *m (Forst)* Gleitbahn *f*, Riese *f*, Holzriese *f*, Riesbahn *f*

дрезина *f (Eb)* Draisine *f*, Motordraisine *f*

дрейф *m* 1. *(Eln)* Drift *f*, Wanderung *f*; zeitliche Parameteränderung *f*; 2. *(Schiff)* Abdrift *f* ‖ **~/диффузионный** *(Eln)* Diffusionsdrift *f* ‖ **~/задержанный** *(Eln)* gebremste Drift *f*, Langzeitdrift *f* ‖ **~/замедленный** *s.* ~/задержанный ‖ **~/западный** *(Geoph)* Westdrift *f* ‖ **~ ионов** *(Eln)* Ionenwanderung *f*, Ionendrift *f* ‖ **~/ионосферный** *(Geoph)* Ionosphärendrift *f* ‖ **~/континентальный** *(Geoph)* Kontinentaldrift *f*, Kontinentalverschiebung *f* ‖ **~ континентов** *s.* ~/континентальный ‖ **~ нуля** 1. *(Meß)* Null[punkts]drift *f*, Nullpunkt[s]wanderung *f*; 2. *(Inf)* Null[punkt]verschiebung *f (Analogrechner)* ‖ **~ параметров** *(Reg, Meß)* Parameterdrift *f* ‖ **~/постепенный** *(Eln)* Langzeitdrift *f* ‖ **~/температурный** *(Ph)* Temperaturdrift *f* ‖ **~ уровня** *(Ph)* Pegeldrift *f* ‖ **~ частоты** *(El)* Frequenzdrift *f*, Frequenz[ab]wanderung *f* ‖ **~ электронов** *(Eln)* Elektronenwanderung *f*, Elektronendrift *f*

дрейфовать 1. treiben, driften, abtreiben; 2. *(Eln)* driften, wandern

дректов *m* Treibankerleine *f (Ausrüstung für Rettungsboote)*

дрель *f* Handbohrmaschine *f*

дрена *f* Drän *m*, Sickergraben *m*, Entwässerungsgraben *m*, Rigole *f* ‖ **~/галерейная** Großrohrdrän *m*, Galeriedrän *m* ‖ **~/пластовая** Dränschicht *f* ‖ **~/пристенная** Fundamentschutzdrän *m* ‖ **~/трубчатая** Rohrdrän *m*

дренаж *m* Dränage *f*, Dränung *f*, Entwässerung *f*, Bodenentwässerung *f* ‖ **~ газа** *(Bgb)* Gasabsaugung *f* ‖ **~/закрытый** Dränung *f* ‖ **~/нагорный** Hangdränung *f*, Böschungsdränung *f* ‖ **~/открытый** Grabenentwässerung *f*, Binnenentwässerung *f* ‖ **~/пластовой** *(Bgb)* Flözentwässerung *f* ‖ **~ подземными выработками** *(Bgb)* Streckenentwässerung *f* ‖ **~/электрический** elektrische Dränage *f*, Streustromableitung *f*

дрена-осушитель *f* Saugdrän *n*

дрена-собиратель *f* Sammeldrän *m*, Dränsammler *m*

дренирование *n s.* дренаж

дреноукладчик *m* [grabenherstellende] Dränmaschine *f* ‖ **~/бестраншейный** Maulwurfdränmaschine *f*, grabenlose Dränmaschine *f*

дресва *f (Geol)* Grus *m (Verwitterungsprodukt von Festgesteinen)* ‖ **~/гранитная** Granitgrus *m*

дрессировать *(Wlz)* dressier[walz]en

дрессировка *f* Dressier[walz]en *n*

дрешер *m (Pap)* Drescher *m*, Haderndrescher *m*

дриллометр *m (Bgb)* Zugkraftmesser *m*, Drillometer *n (Bohrung)*

дрильбор *m (Med)* Drillbohrer *m*

дрифтер *m* 1. *(Bgb)* schwerer Bohrhammer *m*; 2. *(Schiff)* Treibnetzfänger *m*, Drifter *m*

дробемёт *m (Gieß)* Schleuderrad *n (Schleuderstrahlanlage)*

дробемётный Schrotschleuderstrahl...

дробеструйка *f (Gieß)* Kugeldruckstrahlen *n*; Schrotdruckstrahlen *n*

дробеструйный *(Gieß)* Schrotdruckluftstrahl...

дробилка *f* 1. Zerkleinerungsmaschine *f*, Brecher *m*, Brechwerk *n*; Mühle *f*; 2. *(Lebm)* Schrotmühle *f*, Schroter *m* ‖ **~/барабанная** Trommelmühle *f*, Kugelmühle *f*, Trommelbrecher *m* ‖ **~/бичевая** Schlagmühle *f* ‖ **~/валковая** Walzenbrecher *m*, Walzenbrechwerk *n*; Brechwalzwerk *n* ‖ **~/валково-зубчатая** Zahnwalzenbrecher *m* ‖ **~/вальцовая** *s.* ~/валковая ‖ **~/вторичная** Nachbrecher *m* ‖ **~ вторичного дробления** Nachbrecher *m* ‖ **~/гирационная** Rundbrecher *m (Sammelbegriff für Kegel- und Walzenbrecher)* ‖ **~/грибовидная** Flachkegelbrecher *m*, Kurzkegelbrecher *m*, Granulator *m* ‖ **~/грибовидная конусная** Kegelgranulator *m* ‖ **~/двухвалковая молотковая** Hammerbrecher *m* mit zwei Hammerwellen, Titanbrecher *m* || **~/двухвальцевая** Zweiwalzenmühle *f* || **~/двухроторная молотковая** Doppelhammerbrecher *m* || **~/дисковая** Tellerbrecher *m*, Scheibenbrecher *m*; Scheibenmühle *f* || **~ для крупного дробления** Grobbrecher *m*, Vorbrecher *m* || **~ для крупного дробления/конусная** Grobrundbrecher *m* || **~ для мелкого дробления** Feinbrecher *m*, Mühle *f* || **~ для первичного дробления** Grobbrecher *m*, Vorbrecher *m* || **~ для среднего дробления** Zwischenbrecher *m*, Nachbrecher *m* || **~/забойная** *(Bgb)* Vorortbrecher *m* || **~/зубчатая [валковая]** Stachelwalzenbrecher *m*, Zahnwalzenbrecher *m* || **~/игольчатая** Stachelwalzenbrecher *m* || **~/конусная** Kegelbrecher *m*, Kegelmühle *f* || **~ кормов** *(Lw)* Futterreißer *m* || **~/короткокорпусная** *s.* ~/грибовидная || **~ крупного дробления** Vorbrecher *m*, Grobbrecher *m* || **~/крыльчатая** Flügelbrecher *m* || **~ мелкого дробления** Feinbrecher *m*, Feinquetsche *f* || **~/многовальцовая** Mehrwalzenmühle *f* || **~/молотковая** Hammerbrecher *m*, Prallbrecher *m*, Flügelbrecher *m*, Hammermühle *f* || **~/молотко-отражательная** Prallhammerbrecher *m* || **~/ножевая** Messerbrecher *m* || **~/одновалковая** Knollenbrecher *m* || **~/однороторная молотковая** Hammerbrecher *m* mit einem Schlagwerk || **~/отражательная** Prallbrecher *m* || **~/первичная** Vorbrecher *m*, Grobbrecher *m* || **~/роторная** Kreiselbrecher *m* || **~ с зубчатыми валками** Stachel[walzen]brecher *m* || **~/угольная** Kohlenbrecher *m* || **~/ударная** Schlagbrecher *m*, Prallbrecher *m* || **~/ударно-отражательная** Schlagprallbrecher *m* || **~/червячная** Schneckenbrecher *m*, Brechschnecke *f* || **~/четырёхвалковая** Doppelwalzenbrecher *m* || **~/четырёхвальцовая** Vierwalzenschrotmühle *f* || **~/шаровая** Kugelmühle *f*, Trommelmühle *f* || **~/щековая** Backenbrecher *m*

дробилка-гребнеотделитель *f* Entrappungsmühle *f (Weinbereitung)*

дробимость *f* Brechbarkeit *f*, Zerkleinerungsverhalten *m (des Nutzminerals)*

дробина *f (Brau)* Treber *pl (Rückstände beim Brauen)* || **~/пивная** Biertreber *pl* || **~/солодовая** Malztreber *pl* || **~/хмелевая** Hopfentreber *pl*

дробить zerkleinern, brechen; granulieren; schroten *(Malz, Futtermittel)* || **~/предварительно** vorbrechen

дробление *n* Zerkleinern *n*, Zerkleinerung *f*, Brechen *n*; Granulieren *n*; Schroten *n (Malz, Futtermittel)* || **~/взрывное** *(Bgb)* Sprengzerkleinerung *f* || **~/вторичное** Sekundärzerkleinerung *f*, Nachbrechen *n*, Nachzerkleinerung *f* || **~/грубое** *s.* ~/крупное || **~/двухстадийное** zweistufiges Brechen *n* || **~/дополнительное** Nachzerkleinerung *f* || **~/крупное** Vorzerkleinerung *f*, Vorbrechen *n*, Grobzerkleinerung *f*, Grobbruch *m* || **~/мелкое** Feinzerkleinerung *f*, Feinbrechen *n*, Feinbruch *m*, Feinmahlen *n* || **~/мокрое** Naßzerkleinern *n*, Naßzerkleinerung *f*; Naßmahlen *n*; *(Brau)* Naßschrotung *f (Malz)* || **~/первичное (первое, предварительное)** *s.* ~/крупное || **~/среднее** Mittel[korn]zerkleinerung *f*, Schroten *n*, Grießmahlen *n* || **~ стружек** *(Fert)* Spänezerkleinerung *f (Späneaufbereitung)* || **~/сухое** Trockenzerkleinerung *f*, Trockenmahlen *f*; *(Brau)* Trockenschrotung *f (Malz)* || **~/тонкое** Feinstzerkleinerung *f (s. a.* ~/мелкое*)* || **~/трёхстадийное** dreistufiges Brechen *n*

дроблёнка *f* Rohstaub *m*, grobgemahlene Kohle *f*

дробопитатель *m (Bgb)* Schrotschleuse *f (Bohrung)*

дробь *f* 1. *(Math)* Bruch *m*; 2. *(Typ)* Bruchziffer *f*; 3. Schrot *m*; 4. *(Met)* Stahlkugeln *fpl*, Granalien *fpl*; 5. *(Gieß)* Stahlsand *m (Gußputzerei)*; Strahlgut *n*, Strahlmittel *n*, Strahlkies *m (Entzunderungsanlage)* || **~/бесконечная** *(Math)* unendlicher Bruch *m* || **~/буровая** *(Bgb)* Bohrschrot *m (Bohrung)* || **~/десятичная** *(Math)* Dezimalbruch *m* || **~/неправильная** *(Math)* unechter Bruch *m* || **~/непрерывная** *(Math)* kontinuierlicher Bruch *m*, Kettenbruch *m* || **~/периодическая** *(Math)* periodischer Bruch *m* || **~/правильная** *(Math)* echter Bruch *m* || **~/стальная** *(Gieß)* Stahlschrot *m*, Stahlkies *m*; Stahldrahtkorn *n*; Strahlmittel *n* auf Stahlbasis || **~/стеклянная** Glasbruch *m* || **~/сходящаяся цепная** *(Math)* konvergenter Kettenbruch *m* || **~/цепная** *(Math)* Kettenbruch *m* || **~/чугунная** *(Gieß)* Hartgußgranulat *n*, Hartgußschrot *m*; Hartgußkies *m*

дровоколка *f* Holzspaltemaschine *f*

дрожание *n* 1. *(Opt)* Tanzen *n*, Zittern *n (eines Bildes)*; 2. Zittern *n*, Zitterbewegung *f (z. B. des Elektrons)*; 3. Tanzen *n (des Reglers)*; 4. Flackern *n (des Lichtbogens)*; 5. Vibration *f*, Schwingung *f* || **~ вала** *(Reg)* Wellendröhnen *n*, Wellenflattern *n* || **~ регулятора** *(Masch)* Reglertanzen *n* || **~ цифрового сигнала электросвязи/фазовое** *(Nrt)* Jitter *m*

дрожжанка *f (Lebm)* Hefewanne *f*

дрожжевание *n* **кормов** *(Lw)* Gärfutterbereitung *f*

дрожжевать *(Lw)* vergären, einsäuern, silieren

дрожжевой Hefe...

дрожжегенератор *m s.* аппарат/дрожжерастительный

дрожжи *pl* Hefe *f* || **~/верхнебродящие** *s.* ~/верховые || **~ верхнего брожения** *s.* ~/верховые || **~/верховые** obergärige Hefe *f*, Oberhefe *f* || **~/винные** Weinhefe *f* || **~/винокуренные** Brennereihefe *f* || **~/задаточные** Anstellhefe *f*, Stellhefe *f* || **~/задаточные густые** dickbreiige Anstellhefe *f* || **~/избыточные** Überschußhefe *f (Versandhefe)* || **~/искусственные** Backpulver *n* || **~/кормовые** *(Lw)* Futterhefe *f* || **~/культурные** Kulturhefe *f* || **~/маточные** Mutterhefe *f* || **~/нижебродящие** *s.* ~/низовые || **~ низового брожения** *s.* ~/низовые || **~/низовые** untergärige Hefe *f*, Unterhefe *f* || **~/отработавшие** Abfallhefe *f*, Althefe *f* || **~/паточные** Melasse[schlempe]hefe *f* || **~/пекарские** Bäcker[ei]hefe *f*, Backhefe *f* || **~/пивные** Bierhefe *f* || **~/пищевые** Nährhefe *f* || **~/прессованные** Preßhefe *f* || **~/семенные** Mutterhefe *f* || **~/семенные густые** *s.* ~/задаточные густые || **~/спиртовые** Brennerhefe *f* || **~/сульфитные** Sulfit[ablauge]hefe *f* || **~/товарные** Versandhefe *f* || **~/хлопьевидные** Bruchhefe *f* || **~/холодостойкие** Kaltgärhefe *f* || **~ чистой культуры** Reinzuchthefe *f*

дропаут *m* Drop-out *n*, Signalausfall *m*
дропин *m* Drop-in *n*, Störsignal *n*
дросселирование *n* Drosseln *n*, Drosselung *f*, Abdrosseln *n* ‖ **~ всасывания** Saugdrosselung *f (Verdichter)* ‖ **~/многоступенчатое** mehrstufige Drosselung *f* ‖ **~ пара** Dampfdrosselung *f*, Dampfdruckminderung *f*
дросселировать [ab]drosseln
дроссель *m* 1. *(El)* Drossel[spule] *f*; 2. *(Hydr)* Drosselventil *n*, Stromventil *n*, Mengenventil *n* ‖ **~/встроенный** *(Hydr)* Drossel *f* für Rohreinbau ‖ **~/высокой частоты** *(El)* Hochfrequenzdrossel *f* ‖ **~/высокочастотный** *(El)* Hochfrequenzdrossel *f* ‖ **~ для подавления помех** *(El)* Entstör[ungs]drossel *f* ‖ **~/заземляющий** *(El)* Erdungsdrossel *f* ‖ **~/закорачивающий** *(El)* Kurzschlußdrossel *f* ‖ **~/игольчатый** *(Hydr)* Nadelventil *n* ‖ **~/коммутационный** *(El)* Schaltdrossel *f* ‖ **~ магнитного усилителя** *(El)* Magnetverstärkerdrossel *f* ‖ **~/модуляционный** *(El)* Modulationsdrossel *f* ‖ **~ на железном сердечнике** *(El)* Eisendrossel *f* ‖ **~ насыщения** *(El)* Sättigungsdrossel *f* ‖ **~/ограничительный** *(Nrt)* Begrenzungsdrossel *f* ‖ **~/осевой** *(Hydr)* Drossel *f* mit Axialkerbe ‖ **~/перепускной** *(Hydr)* Überströmdrosselventil *n* ‖ **~ с винтовой канавкой** *(Hydr)* Drossel *f* mit Wendelkerbe ‖ **~ с воздушным зазором** *(El)* Luftspaltdrossel *f* ‖ **~ с обратным клапаном/игольчатый** *(Hydr)* kombiniertes Nadel- und Rückschlagventil *n* ‖ **~ с регулятором** *(Hydr)* Drosselgleichgangventil *n*, Drossel *f* mit Druckwaage ‖ **~/сглаживающий** *(El)* Glättungsdrossel *f* ‖ **~ смесителя** *(Hydr)* Mischerdrosselklappe *f* ‖ **~ фильтра** *(El)* Siebdrossel *f*
дросоольный Drossel...
дроссы *pl* Krätze *f*, Schaum *m*, Ascho *f (NE-Metallurgie)*
друза *f (Min)* Druse *f*
друмлины *mpl (Geol)* Drumlins *mpl*, Drums *mpl*, Schildberge *mpl*, Rückenberge *mpl*
ДС *s.* 1. сила/диастатическая; 2. свет/дневной
ДТЛ *s.* логика/диодно-транзисторная
ДУ *s.* установка/дизельная
дуализм *m***/корпускулярно-волновой** *(Ph)* Dualismus *m* Welle-Teilchen, Welle-Teilchen-Dualismus *m*
дуальность *f (Ph, Math)* Dualität *f*
дубильный Gerb...
дубильня *f* Gerberei *f*
дубитель *m* 1. Gerbstoff *m*; Gerbmittel *n*; 2. *(Photo)* Härtemittel *n*
дубить 1. gerben; 2. *(Photo)* härten
дубление *n* 1. Gerbung *f*, Gerben *n*; 2. *(Photo)* Härten *n*, Härtung *f* ‖ **~/альдегидное** Aldehydgerbung *f* ‖ **~/барабанное** Faßgerbung *f* ‖ **~/двухванное** Zweibadgerbung *f* ‖ **~/двухванное (двухфазное) хромовое** Zweibandchromgerbung *f* ‖ **~/жировое** Fettgerbung *f* ‖ **~/замшевое** Sämischgerbung *f* ‖ **~/квасцовое** Weißgerbung *f*, Alaungerbung *f* ‖ **~/лайковое** Glacégerbung *f* ‖ **~/минеральное** mineralische Gerbung *f* ‖ **~/несветовое** Dunkelhärtung *f* ‖ **~/однованное** Einbadgerbung *f* ‖ **~/однованное хромовое** Einbadchromgerbung *f* ‖ **~/предварительное** Vorgerbung *f* ‖ **~/растительное** pflanzliche (vegetabilische) Gerbung *f* ‖ **~/световое** Lichthärtung *f* ‖ **~/синтанное** Gerbung *f* mit Syntanen (synthetischen Gerbstoffen) ‖ **~/соково-барабанное** Gruben-Faß-Gerbung *f* ‖ **~/соковое** Brühengerbung *f* ‖ **~/сульфитцеллюлозное** Ligninextraktgerbung *f* ‖ **~/сыпочное** Grubengerbung *f*; Altgrubengerbung *f* ‖ **~/таннидное** pflanzliche Gerbung *f*, Lohgerbung *f* ‖ **~/темновое** Dunkelhärtung *f*, Wärmehärtung *f* ‖ **~/формальдегидное** Formaldehydgerbung *f* ‖ **~/фотографическое** *(Photo)* Härtung *f*, Gerbung *f* ‖ **~/хромовое** Chromgerbung *f* ‖ **~/хромрастительное** chrompflanzliche Gerbung *f*
дублёр *m* 1. *(Wlz)* Blechdoppler *m*, Doppler *m*; 2. Zweiteinrichtung *f* ‖ **~/автоматический** selbständiger Doppler *m*
дублет *m* 1. Dublette *f (Edelsteinimitation)*; 2. *(Kern)* Dublett *n* ‖ **~/неправильный** *s.* ~ экранирования ‖ **~/нерегулярный** irreguläres Dublett *n* ‖ **~ правильный** *s.* ~/релятивистский ‖ **~/регулярный** reguläres Dublett *n* ‖ **~/релятивистский** relativistisches (reguläres) Dublett *n*, reguläres Spindublett *n* ‖ **~/рентгеновский** Röntgendublett *n* ‖ **~/спиновый** Spindublett *n* ‖ **~ экранирования** Abschirm[ungs]dublett *n*
дубликат *m (Photo)* Duplikat *n*, Duplikatfilm *m*
дублирование *n* 1. *(Wlz)* Doppeln *n*, Blechdoppeln *n*, Falten *n (Bleche)*; 2. Duplizierung *f*, Doppeln *n*; 3. *(Text)* Dublieren *n*, Doppeln *n*; 4. Kaschieren *n (Kunstleder)* ‖ **~ листового металла** *s.* дублирование 1.
дубль-киноплёнка *f* Duplikatkinofilm *m*
дубль-негатив *m (Photo)* Duplikatnegativ *n*, Dupnegativ *n*, Zwischennegativ *n*
дубль-позитив *m (Photo)* Duplikatpositiv *n*, Duppositiv *n*
дубьё *n (Led)* Lohmehl *n*
дуга *f* 1. Bogen *m*, Kreisbogen *m*, Kreis *m*; 2. Bügel *m*; 3. Segment *n* ‖ **~/буксирная** *(Schiff)* Schleppbügel *m* ‖ **~/вспомогательная** *(Schw)* Hilfslichtbogen *m*, Pilotlichtbogen *m* ‖ **~/высокоамперная** *(El)* Hochstromlichtbogen *m* ‖ **~/высоковольтная** *(El)* Hochspannungslichtbogen *m* ‖ **~/дежурная** *s.* ~/вспомогательная ‖ **~ зари** *(Astr)* Dämmerungsbogen *m* ‖ **~ захвата** *(Wlz)* Berührungsbogen *m (Walzgut-Walze)* ‖ **~ зацепления** Eingriffsbogen *m (Verzahnung)* ‖ **~ касания** Berührungsbogen *m (z. B. Riementrieb)* ‖ **~ качения** Wälzbogen *m* ‖ **~/коммутационная** *(El)* Schaltlichtbogen *m* ‖ **~/контактная** 1. *(El)* Kontaktbügel *m (Fahrleitung)*; 2. *(Wlz)* Berührungsbogen *m (Walzgut-Walze)*; 3. *(Fert)* Eingriffsbogen *m* ‖ **~ кривой** Kurvenbogen *m* ‖ **~/мощная** *(El)* Hochstromlichtbogen *m* ‖ **~/низковольтная** *(El)* Niederspannungslichtbogen *m* ‖ **~ обхвата** Umschlingungsbogen *m (Riemenscheibe)* ‖ **~ окружности** Kreisbogen *m*, Kreisbogenabschnitt *m* ‖ **~ отключения** *(El)* Abschaltlichtbogen *m* ‖ **~ переменного тока** *(El)* Wechselstromlichtbogen *m* ‖ **~ петли/игольная** *(Text)* Nadelmaschenkopf *m (Wirkerei; Kulierware)* ‖ **~ петли/платинная** *(Text)* Platinenmaschenkopf *m (Wirkerei; Kulierware)* ‖ **~/пилотная** *s.* ~/вспомогательная ‖ **~/плазменная** *(Schw)* Plasmalichtbogen *m* ‖ **~/поворотная контактная** *(El)*

Drehbügel *m (Fahrleitung)* ‖ ~ **постоянного тока** *(El)* Gleichstromlichtbogen *m* ‖ ~ **при коротком замыкании** *(El)* Kurzschlußlichtbogen *m* ‖ ~ **размыкания** *(El)* Öffnungslichtbogen *m (Schalter)* ‖ **~/разрывная** *(El)* Abschaltlichtbogen *m* ‖ **~/ртутная** *(El)* Quecksilberlichtbogen *m* ‖ **~/сварочная** *(Schw)* Schweißlichtbogen *m* ‖ ~ **свода** *(Bw)* Gewölbebogen *m* ‖ **~/сжатая** *(Schw)* eingeschnürter Lichtbogen *m* ‖ **~/скользящая** Schleifbügel *m*; Gleitbogen *m* ‖ **~/сумеречная** *s.* ~ зари ‖ **~/токоприёмная** *(El)* Bügelstromabnehmer *m* ‖ **~/траловая** *(Schiff)* Fischgalgen *m* ‖ **~/угольная** *(El)* Kohlelichtbogen *m* ‖ **~/электрическая** [elektrischer] Lichtbogen *m*

дуговой *(Masch)* als Kreisbogen gemessen, Kreisbogen...

дугогаситель *m (El)* Lichtbogenlöscher *m*

дугообразный bogenförmig, gekrümmt, gewölbt

дугообразование *n (El)* Lichtbogenbildung *f* ‖ **~/двойное** *(Schw)* Doppellichtbogenbildung *f*

дугостойкость *f (El)* Lichtbogenfestigkeit *f*

дужка *f* 1. Bügel *m*; Haken *m*; 2. Kreisstück *n*, Kreisbogen *m*; 3. *(Text)* Bogen *m*, Henkel *m*, Bügel *m (Maschenbildung)* ‖ ~ **бегунка** Bogen *m* des Ringläufers *(Ringspinnmaschine)* ‖ ~ **вьюрка** Drallgeberbügel *m* ‖ **~/падающая** Fallbügel *m*

дуктилометр *m* Duktilometer *n (Gerät zur Messung der Dehnbarkeit)*

дуктильность *f* Duktilität *f*, Ziehbarkeit *f*, Streckbarkeit *f*, Formbarkeit *f*

дуктор *m (Typ)* Duktor *m*

дунит *m* Dunit *m (Gestein)*

дунст *m* 1. Dunstmehl *n*, Dunst *m (Müllerei)*; 2. Vogeldunst *m*, Vogelschrot *m (sehr feiner Schrot für Jagdpatronen)*

дуо *n s.* стан дуо *und* клеть дуо

дуо-клеть *f* Duo-Gerüst *n* ‖ ~ **с верхним неприводным валком** Duo-Schleppwalzgerüst *n*

дуо-стан *m s.* стан дуо

дуплекс *m* 1. *(Nrt)* Gegensprecheinrichtung *f*, Duplexbetrieb *m*; 2. *(Typ)* Duplexdruck *m* ‖ **~/дифференциальный** Gegensprecheinrichtung *f* in Differentialschaltung ‖ **~/мостовой** Gegensprecheinrichtung *f* in Brückenschaltung ‖ **~/полный** *(Nrt)* Vollduplex *m*, Duplex *m*

дуплекс-автотипия *f (Typ)* Duplexautotypie *f*

дуплекс-насос *m* Duplexpumpe *f*

дуплекс-процесс *m (Met)* Duplexverfahren *n*, Verbundverfahren *n*

дуплиграмма *f* Dupligramm *n*

дуплиграмметрия *f* Dupligrammetrie *f*, Dupligrammethode *f*

дуплистый *(Forst)* abhaldig, hohl *(Bäume)*

дуромит-бетон *m (Bw)* Duromitbeton *m*

дуропласт *m s.* пластмасса/термореактивная

дустирование *n (Lw)* Stäuben *n*, Nebeln *n (von Pflanzenschutzmitteln)*

дутики *mpl (Geol)* Lößpuppen *fpl*, Lößkindel *npl (Mergelkonkretion im Löß)*

дуть 1. blasen; wehen *(Wind)*; 2. *(Met)* [er]blasen, windfrischen, verblasen *(z. B. Stahl im Konverter)*

дутьё *n* 1. Blasen *n*; 2. Luftstrom *m*, Luftstrahl *m*; 3. *(Met)* Wind *m*; 4. Gebläsewind *m*, Gebläseluft *f*; Luftzufuhr *f*; 5. Pressen *n*, Pressung *f (Gase)*; 6. Gebläse *n*; 7. *(El)* Beblasung *f*, Beblasen *n*, Blaswirkung *f* ‖ **~/верхнее** 1. *(Met)* Oberwind *m*; 2. Oberluft *f (Feuerungstechnik)* ‖ **~/воздушное** 1. *(El)* Luftbeblasung *f*; 2. *s.* ~горячее 2. ‖ **~/газовое** 1. *(El)* Gasbeblasen *n*; 2. *(Met)* Gasblasen *n* ‖ **~/горячее** 1. *(Met)* Heißwind *m*, heißer Gebläsewind *m*; 2. Blasen *n*, Warmblasen *n (Wassergasgenerator)* ‖ **~/кислородное** *(Met)* Sauerstoffblasen *n*; Sauerstoffaufblasen *n* ‖ **~/магнитное** *(El)* 1. magnetische Beblasung *f*; 2. Magnetgebläse *(eines Lichtbogensenders)* ‖ **~/нагретое** *(Met)* 1. Heißwind *m*, heißer Gebläsewind *m*; 2. Warmluftblasen *n (Ofen)* ‖ **~/нижнее** 1. *(Met)* Unterwind *m*; 2. Unterluft *f*, Unterwind *m (Feuerungstechnik)* ‖ **~/обогащённое кислородом** *(Met)* mit Sauerstoff angereicherter Gebläsewind *m* ‖ **~/острое** Hochdruckluft *f*, Hochdruckwind *m (Feuerungstechnik)* ‖ **~/охлаждающее** Kühlgebläseluft *f* ‖ **~/паровое** *s.* ~/холодное 2. ‖ **~/поверхностное** *(Met)* Aufblasen *n*, Aufblasverfahren *n (Konverterstahlerzeugung)* ‖ ~ **под колосниковую решётку** Unterwind *m (Feuerungstechnik)* ‖ **~/поперечное** *(El)* Querbeblasung *f*; Querbespülung *f* ‖ **~/продольное** *(El)* Längsbeblasung *f*; Längsbespülung *f* ‖ **~/увлажнённое** *(Met)* 1. angefeuchteter Wind *m*; 2. Naßblasen *n* ‖ **~/холодное** *(Met)* 1. Kaltwind *m*, kalter Gebläsewind *m*; 2. Kaltblasen *n (Ofen)*; 3. Gasen *n*, Dampfblasen *n*, Kaltblasen *n (Wassergasgenerator)*

дух *m* Geist *m*, Gittergeist *m (im Beugungsspektrum)*

дучка *f* **[/выпускная]** *(Bgb)* Rolloch *n*, Abzugsöffnung *f*

душ *m* Dusche *f*, Brause *f* ‖ **~/воздушный** Luftdusche *f*

душевая *f* Duschraum *m*

душник *m (Gieß)* 1. Luftspieß *m*; 2. Luftkanal *m (in einer Form)*

дующий *(Bgb)* quellend *(Boden)*

ДШ *s.* шнур/детонирующий

дым *m* Rauch *m*; Qualm *m* ‖ ~ **выпуска** *f* Auspuffqualm *m* ‖ **~/густой** Qualm *m* ‖ **~/сварочный** *(Schw)* Schweißrauch *m*

дымка *f (Meteo)* [trockener] Dunst *m* ‖ **~/атмосферная** Atmosphärenschleier *m*, Dunstschleier *m* der Atmosphäre ‖ **~/приземная** Bodendunst *m*

дымление *n* Rauchentwicklung *f*, Rauchen *n*; Qualmen *n*

дымник *m* Rauchfang *m*, Rauchkammer *f*

дымогенератор *m* Rauchgenerator *m*, Raucherzeuger *m (Fischräucherei)*

дымомер *m* Rauch[gas]dichtemesser *m*

дымоотвод *m* 1. Rauchabführung *f*; 2. Rauchabzug[skanal] *m*

дымосос *m* Saugzuglüfter *m* ‖ ~ **прямого действия** Rauchgasventilator *m* ‖ **~/рециркуляционный** Rauchgasrückführ[ungs]gebläse *n* ‖ **~/эжекционный** Rauchgasejektor *m*

дымоуловитель *m* Rauchfang *m*, Rauchkammer *f*

дымоход *m* 1. Zug *m*, Rauchzug *m*, Abgaszug *m*; Ofenzug *m*, Heizzug *m*, Kesselzug *m*, Feuerzug *m*; 2. Kanal *m*, Rauchkanal *m* ‖ **~/боковой** Seitenzug *m*, Abgaszug *m* ‖ **~/вертикальный** Vertikalzug *m* ‖ **~/верхний** Oberzug *m* ‖ **~/вос-**

ходящий steigender Zug *m* ‖ **~/нижний** Unterzug *m* ‖ **~/отводящий** Rauchabzug *m* ‖ **~/рециркуляционный** Rauchgasrückführungskanal *m*
дыра *f* Loch *n*; Öffnung *f* ‖ **~ озона** Ozonloch *n* ‖ **~/озоновая** Ozonloch *n* ‖ **~/чёрная** *(Astr)* schwarzes Loch *n (Endstadium der Sternentwicklung)*
дырка *f* 1. *(Krist)* Leerstelle *f*, Gitterleerstelle *f*, Gitterlücke *f*, Vakanz *f*, Zwischengitterlücke *f (s. a. unter* вакансия*)*; 2. *s.* ~/электронная ‖ **~/поверхностная** Oberflächenleerstelle *f* ‖ **~ проводимости** Leerstelle *f*, Defektelektron *n (Halbleiter)* ‖ **~/центральная** *(Krist)* zentrale Lücke *f*, Zentrallücke *f* ‖ **~/электронная** Defektelektron *n*, [positives] Loch *n*, Mangelelektron *n*, Elektronenleerstelle *f*, Elektronenfehlstelle *f*
дыропробивной, дыропробивочный Loch[stanz]…, Lochungs…, Perforier…
дыхание *n* **почвы** *(Lw)* Bodendurchlüftung *f*
дэндироль *m s.* равнитель
ДЭЯР *s.* резонанс/двойной электронно-ядерный
дюбель *m* Dübel *m* ‖ **~/модельный** *(Gieß)* Modelldübel *m* ‖ **~/стальной** *(El)* Stahldübel *m* mit Innengewinde *(Überputzverlegung)* ‖ **~/шпальный** *(Eb)* Schwellendübel *m*
дюкер *m (Hydt)* Düker *m* ‖ **~/напорный** Druckrohrdüker *m*
дюмонтит *m (Min)* Dumontit *m (Uranglimmer)*
дюна *f (Geol)* Düne *f* ‖ **~/материковая** Kontinentaldüne *f*, Festlandsdüne *f*, Binnendüne *f*, Innendüne *f* ‖ **~/параболическая** Parabeldüne *f*
дюраль *m s.* дюралюмин
дюралюмин[ий] *m* Dural *n*, Duralumin[ium] *n*
дюрен *m s.* дюрит
дюрит *m* Durit *m*, Mattkohle *f (Mikrolithotyp der Kohle)*
дюрометр *m* Durometer *n*, Härtemesser *m (Härteprüfung von Metallen, Gummi)*

Е

Е *s.* эман
европий *m (Ch)* Europium *n*, Eu
европлата *f (Inf)* Europakarte *f*
ед. ВК *s.* единица Виндиша-Кольбаха
единица *f* 1. *(Math)* Eins *f*, Einselement *n*; 2. *(Meß)* Einheit *f*, Maßeinheit *f*; 3. *(Mech)* Baustein *m*, Baueinheit *f*; Einzelstück *n* ‖ **~/абсолютная** absolute Einheit *f*, CGS-Einheit *f* ‖ **~ активности** *s.* ~ радиоактивности ‖ **~/астрономическая** Astronomische Einheit *f*, AE *(SI-fremde Längeneinheit in der Astronomie)* ‖ **~ атомного веса** Atomgewichtseinheit *f*, Einheit *f* der relativen Atommasse ‖ **~ бинарной информации** binäre Informationseinheit *f*, Bit *n* ‖ **~ величины** Einheit *f* [einer Größe] *(im Meßwesen)* ‖ **~ Виндиша-Кольбаха** *(Brau)* Windisch-Kolbach-Einheit *f*, °WK ‖ **~/внесистемная** systemfremde Einheit *f* ‖ **~ времени** Zeiteinheit *f* ‖ **~ громкости** *(Ak)* Volum[en]einheit *f* ‖ **~/грузовая** Ladeeinheit *f* ‖ **~/двоичная** *(Inf)* Bit *n*, binäre Einheit *f* ‖ **~ длины** Längeneinheit *f* ‖ **~/дольная** Teil *m* einer Einheit ‖ **~/зависимая** Sekundäreinheit *f* ‖ **~ заряда** *(El)* Ladungseinheit *f* ‖ **~ измерения** Maßeinheit *f* ‖ **~ измерения длины** Längeneinheit *f* ‖ **~ информации** Informationseinheit *f*, Nachrichteneinheit *f* ‖ **~/когерентная** kohärente Einheit *f*, Systemeinheit *f* ‖ **~ количества информации/двоичная** *(Inf)* Shannon *n (Maßeinheit)* ‖ **~ количества информации/десятичная** *(Inf)* Hartley *(Maßeinheit)* ‖ **~ количества тепла** Wärme[mengen]-einheit *f* ‖ **~/кратная** Vielfaches *n* einer Einheit ‖ **~/массовая** *s.* ~ массы/атомная ‖ **~ массы** Masseneinheit *f* ‖ **~ массы/атомная** *(Kern)* 1. [atomare] Masseneinheit *f*, ME, Atommasseneinheit *f*, [atomphysikalische] Masseneinheit *f*, Kernmasseneinheit *f*, kernphysikalische Masseneinheit *f*; 2. [vereinheitlichte] Atommassenkonstante *f*; [vereinheitlichte] atomare Masseneinheit *f* ‖ **~ массы/физическая атомная** *s.* ~ массы/атомная 1. ‖ **~/международная** internationale Einheit *f*, SI-Einheit *f* ‖ **~ МКС** MKS-Einheit *f* ‖ **~/мнимая** imaginäre Einheit *f* ‖ **~/монтажная** Montageeinheit *f*, Montageelement *n* ‖ **~ объёма** Volum[en]einheit *f* ‖ **~/основная** Basiseinheit *f*, Grundeinheit *f* ‖ **~/пастеризационная** *(Brau)* Pasteureinheit *f* ‖ **~ плоского угла** Einheit *f* des ebenen Winkels ‖ **~ площади** Flächeneinheit *f* ‖ **~/подвижная снегоуборочная** *(Eb)* Schneeräumeinheit *f*, Schneeräumzug *m* ‖ **~ подвижного состава/тяговая** Triebfahrzeug *n* ‖ **~/производная** abgeleitete Einheit *f* ‖ **~ радиоактивности** Aktivitätseinheit *f*, Einheit *f* der Radioaktivität ‖ **~/сборочная** Baugruppe *f*, Montagebaugruppe *f* ‖ **~/световая** lichttechnische (photometrische) Einheit *f* ‖ **~ СИ** SI-Einheit *f* ‖ **~ системы допусков и посадок** *(Fert)* Toleranzeinheit *f*, Paßeinheit *f* ‖ **~ системы МКС** MKS-Einheit *f* ‖ **~ системы СГС** CGS-Einheit *f*, absolute Einheit *f* ‖ **~ системы СИ** SI-Einheit *f* ‖ **~/согласованная** kohärente Einheit *f*, Systemeinheit *f* ‖ **~ твёрдости** Härteeinheit *f* ‖ **~ тепла** *(Therm)* Maßeinheit *f* der Wärme ‖ **~/тепловая** *s.* ~/тепла ‖ **~ технологического оборудования** *(Fert)* Einzelausrüstung *f*, Einzelstück *n* ‖ **~/узаконенная** gesetzliche Einheit *f* ‖ **~/условная** vereinbarte Einheit *f* ‖ **~/фотометрическая** *s.* ~/световая
единичный 1. Einheits…; 2. direkt, unmittelbar; 3. *(Masch)* Original… *(z. B. Originalkonstruktion, Gegensatz zu Baukastenbauweise)*
единственность *f (Math)* Eindeutigkeit *f*, Unität *f* ‖ **~ решения** Lösungseindeutigkeit *f*
единство *n* Einheit *f*, Einheitlichkeit *f* ‖ **~ меры** Maßeinheitlichkeit *f*
едкий *(Ch)* ätzend, kaustisch, Ätz…
едкость *f (Ch)* Ätzkraft *f*, Kaustizität *f*
ёж *m* Drahtigel *m*, Igel *m*
езда *f* Fahrt *f*
ЕИ *s.* единица информации
ёлка *f***/фонтанная** Eruptionskreuz *n*, Eruptionskopf *m (Erdölbohrung)*
ёмкостный *(El)* kapazitiv, Kapazitäts…
ёмкость *f* 1. Rauminhalt *m*, Volumen *n*, Inhalt *m*; 2. Fassungsvermögen *n*, Kapazität *f*; 3. Kubikinhalt *m*; 4. Geräumigkeit *f*; 5. Kapazität *f (eines Produktionsbetriebes)*; 6. *(El)* [elektrische] Kapazität *f (z. B. eines Kondensators)*; *(Nrt)* Kanalka-

pazität *f*; *(Inf)* Speicherkapazität *f*; 7. Behälter *m* *(s. a. unter* резервуар*)*; 8. *(Bgb)* Kaverne *f*, Speicher *m* ‖ ~ **анод-защитная сетка** *(Eln)* Anoden-Bremsgitter-Kapazität *f* ‖ ~ **анод-катод** *(El)* Anoden-Kathoden-Kapazität *f* ‖ ~ **анод-сетка** *(El)* Anoden-Gitter-Kapazität *f* ‖ ~ **анод-управляющая сетка** *(Eln)* Anoden-Steuergitter-Kapazität *f* ‖ ~ **антенны** Antennenkapazität *f* ‖ ~ **АТС** *(Nrt)* Kapazität (Anschlußkapazität) *f* einer Fernsprechzentrale ‖ ~**/барьерная** Sperrschichtkapazität *f (Halbleiter)* ‖ ~ **бункера** Bunkerinhalt *m*, Bunkervolumen *n* ‖ ~**/буферная** *(Ch)* Pufferkapazität *f* ‖ ~ **вводов** *(Eln)* Zuleitungskapazität *f* ‖ ~**/внутренняя** *(El)* innere Kapazität *f*, Innenkapazität *f* ‖ ~**/внутренняя входная** *(Eln)* innere Eingangskapazität *f* ‖ ~**/входная** *(El)* Eingangskapazität *f* ‖ ~**/выводов** *(El)* Zuleitungskapazität *f* ‖ ~**/выходная** *(El)* Ausgangskapazität *f* ‖ ~ **граничного слоя** *(Eln)* Grenzschichtkapazität *f*, Randschichtkapazität *f*, Übergangskapazität *f (Halbleiter)* ‖ ~**/диффузионная** Diffusionskapazität *f (Halbleiter)* ‖ ~ **дорожки** *(Inf)* Spurkapazität *f* ‖ ~ **запирающего слоя** *(Eln)* Sperrschichtkapazität *f* *(Halbleiter)* ‖ ~ **запирающего слоя коллектора** Kollektorsperrschichtkapazität *f* ‖ ~ **запирающего слоя эмиттера** Emittersperrschichtkapazität *f* ‖ ~**/запоминающая** *(Inf)* Speicherkapazität *f* ‖ ~ **запоминающего устройства** *(Inf)* Speicherkapazität *f* ‖ ~**/зарядная** *(El)* 1. Ladekapazität *f*; 2. Raumladungskapazität *f* *(Halbleiter)* ‖ ~ **затвор-исток** *(Eln)* Gate-Source-Kapazität *f* ‖ ~ **затвор-сток** *(Eln)* Gate-Drain-Kapazität *f* ‖ ~ **ЗУ в знаках** *(Inf)* Speicherkapazität *f* in Zeichen ‖ ~**/измерительная** *(El)* Meßkapazität *f* ‖ ~**/информационная** Informationskapazität *f*, Nachrichtenvolumen *n* ‖ ~ **канала** *(Nrt, Inf)* Kanalkapazität *f* ‖ ~ **катушки** *(El)* Spulenkapazität *f* ‖ ~ **колебательного контура** *(El)* Schwingkreiskapazität *f* ‖ ~ **коллектор-база** Kollektor-Basis-Kapazität *f (Halbleiter)* ‖ ~ **корпуса** *(Eln)* Gehäusekapazität *f* ‖ ~ **линии** *(El, Nrt)* Leitungskapazität *f* ‖ ~ **магнитной ленты** *(Inf)* Magnetbandkapazität *f* ‖ ~**/меж[ду]электродная** *(Eln)* Interelektrodenkapazität *f* ‖ ~ **меню** *(Inf)* Menütiefe *f* ‖ ~ **монтажа** *(El, Eln)* Verdrahtungskapazität *f* ‖ ~ **на единицу длины** *(El, Nrt)* Kapazität *f* je Längeneinheit, Kapazitätsbelag *m* ‖ ~ **на землю** *(El)* Erdkapazität *f*, Kapazität *f* gegen Erde ‖ ~ **накопителя** *(Eln)* Speicherkapazität *f* ‖ ~ **накопления** *(Eln)* Speicherkapazität *f* ‖ ~**/напорная** Druckgefäß *n*; Hochbehälter *m* ‖ ~**/начальная** *(El)* Anfangskapazität *f* ‖ ~**/номинальная** Nennkapazität *f* ‖ ~**/обратная** *(El)* Kehrwert *m* der Kapazität, kapazitiver Blindleitwert *m* ‖ ~**/общая** *(El)* Gesamtkapazität *f* ‖ ~**/оконечная** *(El)* Endkapazität *f* ‖ ~**/основная** *(El)* Grundkapazität *f* ‖ ~**/остаточная** *(El)* Restkapazität *f* ‖ ~ **относительно корпуса [прибора]** *(El)* Körperkapazität *f (Kapazität eines Bauelements gegen Masse)* ‖ ~ **относительно тела [оператора]** *(El)* Körperkapazität *f (Kapazität des menschlichen Körpers gegen Erde)* ‖ ~ **памяти** *(Inf)* Speicherkapazität *f* ‖ ~ **памяти с произвольной выборкой** RAM-Kapazität *f* ‖ ~ **памяти/свободная** freier Speicherplatz *m* ‖ ~**/паразитная** *(El)* parasitäre Kapazität *f*, Störkapazität *f* ‖ ~ **перехода** Übergangskapazität *f*, Sperrschichtkapazität *f (Halbleiter)* ‖ ~**/поверхностная** *(El)* Oberflächenkapazität *f* ‖ ~**/погонная** *(Nrt)* Kapazität *f* je Längeneinheit, Kapazitätsbelag *m* ‖ ~**/полезная** Nutzkapazität *f*; Nutzinhalt *m*, Nutzraum *m* ‖ ~**/полная** Gesamtkapazität *f* ‖ ~**/поперечная** *(El)* Querkapazität *f* ‖ ~**/продольная** *(El)* Längskapazität *f* ‖ ~ **пространственного заряда** *(Eln)* Raumladungskapazität *f (Halbleiter)* ‖ ~ **пространственного заряда на коллекторе** *(Eln)* Kollektorraumladungskapazität *f* ‖ ~**/проходная** *(El)* Durchgriffskapazität *f* ‖ ~**/рабочая** *(Nrt)* Betriebskapazität *f* ‖ ~**/разрядная** *(El)* Entladekapazität *f* ‖ ~**/распределённая** *(Nrt)* verteilte Kapazität *f* *(der Verdrahtung)* ‖ ~ **рассеяния** *(El)* Streukapazität *f* ‖ ~ **связи** *(Nrt)* Kopplungskapazität *f* ‖ ~ **сетки** *(Eln)* Gitterkapazität *f* ‖ ~**/складская** Lagerkapazität *f*, Lagerfassungsvermögen *n* ‖ ~**/собственная** Eigenkapazität *f* ‖ ~**/сосредоточенная** *(El)* punktförmige (konzentrierte) Kapazität *f* ‖ ~ **сток-затвор** *(Eln)* Drain-Gate-Kapazität *f* ‖ ~ **схемы** *(El)* Schaltungskapazität *f* ‖ ~**/транспортная** Transportgefäß *n* ‖ ~**/удельная** *(El)* spezifische Kapazität *f* ‖ ~**/частичная** Teilkapazität *f* ‖ ~**/эквивалентная** *(El)* Ersatzkapazität *f* ‖ ~**/эксплуатационная** *(El)* Betriebskapazität *f (einer Zelle oder Batterie)* ‖ ~ **эмиттер-база** Emitter-Basis-Übergangskapazität *f (Halbleiter)*

ендова *f (Bw)* Kehle *f*, Dachkehle *f*

ЕОС *s.* система/ёмкостная опрашивающая

ерунок *m (Wkz)* Gehrungswinkel *m*

ёрш *m (Bw)* Rundbürste *f* ‖ ~**/ловильный** *(Bgb)* Seilspeer *m*, Seilfangspeer *m (Bohrung)*

естествознание *n* Naturwissenschaften *fpl*

Ж

жад *m (Min)* Jade *m*; Nephrit *m*

жадеит *m (Min)* Jadeit *m (Pyroxen)*

жакет *m* 1. Mantel *m*; 2. *(Gieß)* Formrahmen *m* *(kastenloses Formen)*; Überziehrahmen *m*, Überstreifrahmen *m*

жаккардовый *(Text)* Jacquard...

жалюз *n* **радиатора** *(Kfz)* Kühlerjalousie *f*

жар *m s.* жара

жара *f (Wmt)* Hitze *f* ‖ ~**/белокалильная** Weißglühhitze *f* ‖ ~ **калильная** Glühhitze *f*

жаргон *m (Min)* Jargon *m (Zirkon)*

жаропрочность *f* Warmfestigkeit *f*, Hitzebeständigkeit *f (gegen mechanische Belastungen bei hohen Temperaturen)*

жаропрочный warmfest, hitzebeständig *(gegen mechanische Belastungen bei hohen Temperaturen)*

жаростойкий 1. hitzefest, zunderfest *(metallische Werkstoffe)*; 2. feuerfest, feuerbeständig *(keramische und andere Werkstoffe)*

жаростойкость *f* 1. Hitzefestigkeit *f*, Zunderfestigkeit *f (metallischer Werkstoffe)*; 2. Feuerfestigkeit *f*, Feuerbeständigkeit *f (keramischer und anderer Werkstoffe)*

жароупорность *f s.* жаростойкость 1.

жароупорный *s.* жаростойкий 1.

жатка *f (Lw)* 1. Mäher *m*, Mähmaschine *f*; 2. Mähwerk *n*, Schneidwerk *n* **II ~/безмотовильная** haspelloses Mähwerk *n* **II ~/валковая** Schwadmäher *m*
жатка-самосброска *f (Lw)* Mähmaschine *f* mit Selbstablage
жвака-галс *m (Schiff)* Kettenslipvorrichtung *f (Ankerkette)*
жгут *m* Strang *m*; Litze *f*; *(Med)* Schlauch *m* **II ~/волоконно-оптический** *(Opt)* Lichtleiterfaserbündel *n* **II ~/кабельный** Kabelbaum *m* **II ~/пеньковый** Hanfzopf *m*; Hanfstrick *m (zur Abdichtung von Rohrverbindungen)* **II ~ ткани** Gewebestrang *m* **II ~/эластичный** *(Med)* Schlauchbinde *f*
жгутик *m* 1. *(Wkzm)* Spanbruchstück; 2. *(Text)* Noppe *f (Faserfehler)*
жгуторасправитель *m (Text)* Strangöffner *m*; Strangausbreiter *m*
жгуторезка *f (Text)* Schneidemaschine *f (Chemiefaserherstellung)*
жгутоукладчик *m (Text)* Strangableger *m*, Kabelablegevorrichtung *f (Chemiefaserherstellung)*
ж.д. *s.* дорога/железнодорожная
желатин *m s.* желатина
желатина *f* Gelatine *f* **II ~/беспримесная** *(Photo)* Inertgelatine *f*, begleitstofffreie Gelatine *f* **II ~/взрывчатая** Sprenggelatine *f* **II ~/известковая** *(Photo)* gekälkte Gelatine *f* **II ~/инертная** *s.* ~/беспримесная **II ~/привитая** *(Photo)* Pfropfgelatine *f* **II ~/фотографическая** *(Photo)* photographische Gelatine *f*, Photogelatine *f* **II ~/хромированная** *(Photo)* Bichromatgelatine *f*
желатин-динамит *m* Gelatine-Dynamit *n (Sprengstoff)*
желатин-донарит *m* Gelatine-Donarit *n (Sprengstoff)*
желатинизация *f* Gel[atin]ierung *f*, Gelbildung *f*
желатинирование *n* Gel[atin]ierung *n*, Gelbildung *f*
желваки *mpl* **глины** *(Geol)* Tongallen *fpl* **II ~/рудные** *(Geol)* Erznieren *fpl*, Erzknollen *fpl*
железистокислый *(Ch)* ...ferrit *n*, ...ferrat(III) *n*; eisen(III)-sauer
железистосинеродистый *(Ch)* ...hexazyanoferrat(II) *n*
железистый eisenhaltig, Eisen...
железнение *n* Verstählen *n (galvanisches Überziehen mit Eisen)*
железнодорожный Eisenbahn..., Bahn...
железнокислый *(Ch)* ...ferrat *n*, ...ferrat(VI) *n*; eisen(VI)-sauer
железняк *m (Min)* Eisenstein *m*, Eisenerz *n* **II ~/красный** Roteisenerz *n*, Hämatit *m* **II ~/луговой бурый** Raseneisenerz *n* **II ~/магнитный** *s.* магнетит **II ~/титанистый** *s.* ильменит **II ~/хромистый** *s.* хромит **II ~/шпатовый** *s.* сидерит
железо *n (Ch)* Eisen *n*, Fe; *(Met)* Eisen *n (s. a. unter* сталь*)* **II ~ в порошке** Eisenpulver *n* **II ~ высокой чистоты** Reineisen *n*, technisch reines Eisen *n* **II ~/высокочастотное** *(El)* Hochfrequenzeisen *n* **II ~/губчатое** Eisenschwamm *m* **II ~/динамное** *(El)* Dynamoblech *n* **II ~/закисное** zweiwertiges Eisen *n* **II ~/ковкое** schmiedbares Eisen *n* **II ~/кричное** Luppeneisen *n*, Frischeisen *n* **II ~/листовое** Eisenblech *n* **II ~/метеоритное** Meteoriteisen *n* **II ~/мягкое** Weicheisen *n* **II ~/науглероженное** gekohltes (zementiertes) Eisen *n* **II ~/окисное** dreiwertiges Eisen *n* **II ~/пирофорное** pyrophores Eisen *n* **II ~/самородное** gediegenes Eisen *n* **II ~/технически чистое** technisch reines Eisen *n*, Reineisen *n* **II ~/техническое** technisches Eisen *n (0,05 bis 0,2 % C)* **II ~/трансформаторное** *(El)* Transformatorblech *n*, Trafoblech *n* **II ~/электролитическое** Elektrolyteisen *n*
α-железо *n* α-Eisen *n*, Ferrit *m*
β-железо *n* β-Eisen *n*
γ-железо *n* γ-Eisen *n*, Austenit *m*
δ-железо *n* δ-Eisen *n*
железобетон *m (Bw)* Stahlbeton *m* **II ~/монолитный** monolithischer Stahlbeton *m* **II ~/предварительно-напряжённый** Spannbeton *m*, vorgespannter Stahlbeton *m* **II ~/сборный** Stahlbetonfertigteile *npl*, vorgefertigter Stahlbeton *m*
железоотделитель *m* Eisen[ab]scheider *m*
железорудный Eisenerz...
железосинеродистый *(Ch)* ...hexazyanoferrat(III) *n*
железосодержащий eisenhaltig, eisenführend
железоуглеродистый eisen- und kohlenstoffhaltig, Eisen-Kohlenstoff...
железоцементит *m (Ch)* Eisencarbid *n*; *(Met)* Eisencarbid *n*, Zementit *m*
жёлоб *m* 1. Rinne *f*; Graben *m (s. a. unter* лоток*)*; 2. Gerinne *n*, Mulde *f*, Trog *m*; 3. Schütte *f*, Schurre *f*, Rutsche *f*; 5. *(Bw)* Ablaufleiste *f*; Ablauf *m*, Ablaufblech *n*; 6. *(Masch)* Nut *f*; Rille *f*; Laufbahn *f (Wälzlager)*; 7. *(Bgb)* Spülungsrinne *f (Bohrung)* **II ~/буровой** *(Bgb)* Spülrinne *f (Bohrung)* **II ~/вибрационный** Schwingrinne *f*, Schüttelrinne *f*, Kurzhubschüttelrinne *f* **II ~/водосточный** Dachrinne *f*, Dachtraufe *f*, Traufe *f*; Wasserablaufrinne *f* **II ~/входной** Einstoßrinne *f (Rohrwalzwerk)*; Einführungsrinne *f* **II ~ выливания** *(Met, Gieß)* Gießrinne *f (Ofen)*; Gießschnauze *f (Pfanne)* **II ~/выпускной** *(Met)* Abstichrinne *f*, Stichrinne *f* **II ~/гидравлический** Schwemmrinne *f* **II ~/глубоководный [океанический]** *(Geol)* Tiefseegraben *m*, Tiefseerinne *f* **II ~/грануляционный** Granulierrinne *f*, Granuliertrog *m*, Granulationsrinne *f* **II ~/жомовый** *(Lw)* Schnitzelrinne *f* **II ~/завалочный** *(Met)* Beschick[ungs]rinne *f*, Einsatzrinne *f* **II ~/загрузочный** Aufgabeschurre *f*, Aufgaberutsche *f*, Verladerinne *f* **II ~/заливочный** *(Met, Gieß)* Gießrinne *(Ofen)* **II ~/инерционный** Schwingförderrinne *f* **II ~/качающийся** Schwingrinne *f*, Schüttelrutsche *f*, Schüttelrinne *f*, Pendelrutsche *f*, Pendelrinne *f*, Wurfrinne *f* **II ~ конвейера** Fördertrog *m* **II ~/концентрационный** Gerinne *n*, Rinnenwäsche *f*, Rinnenwäscher *m*, Gefluter *m (Aufbereitung)* **II ~/моечный** Waschtrog *m (Aufbereitung)* **II ~/наклонный** Sturzrinne *f*, Rutsche *f* **II ~/направляющий** *(Wlz)* Schlingenführung *f* **II ~ оправки/направляющий** Dornstangenführungsbett *n (Stopfenwalzwerk)* **II ~/опрокидывающий** Kipprinne *f (Rohrwalzwerk)* **II ~/оросительный** Berieselungsrinne *f* **II ~/отводящий** Abfuhrrinne *f (Rohrwalzwerk)* **II ~/отсадочный** Absetzrinne *f*,

Setzrinne *f* ‖ **~/питательный (питающий)** Zuführmulde *f*, Speiserinne *f* ‖ **~/пневмотранспортный** pneumatische Rinne (Förderrinne) *f* ‖ **~/поворотный** Schwenkschurre *f* ‖ **~/погрузочный** Schüttrinne *f*; Verladeschurre *f* ‖ **~/подающий** Zuführmulde *f*, Zulaufrinne *f*, Aufgabeschurre *f* ‖ **~/подводящий** Zufuhrrinne *f (Rohrwalzwerk)* ‖ **~/подогревательный** Heizrinne *f (Drahtwalzen)* ‖ **~/подхватывающий** Auflaufschurre *f* ‖ **~/приёмный** 1. Einlaufrinne *f*, Auffangrinne *f*; 2. Aufnahmerinne *f (Rohrwalzen)* ‖ **~/промывной** Waschrinne *f*, Waschtrog *m (Aufbereitung)* ‖ **~/промывочный** *s.* ~/промывной ‖ **~/разгрузочный** Entladerinne *f*, Ausladerinne *f*, Entladeschurre *f*, Austragsschurre *f* ‖ **~/разливочный** Gießrinne *f (Schleudergießmaschine)* ‖ **~/самотечный** Rutsche *f*, Schurre *f* ‖ **~/сборный** Sammelmulde *f* ‖ **~/сбросный** *(Hydt)* Sturzrinne *f* ‖ **~/сливной** 1. *(Met)* Abstichrinne *f*, Stichrinne *f*; Überlaufrinne *f (Ofen)*; 2. *s.* ~/сточный 1. ‖ **~/соковый** Saft[ableitungs]rinne *f* ‖ **~/спиральный** *(Masch)* Drallnut *f* ‖ **~/спускной** 1. Schurre *f*, Rutsche *f*; 2. *(Met)* Abstichrinne *f*, Stichrinne *f (Ofen)* ‖ **~/сточный** 1. Abflußrinne *f*, Ablaufrinne *f*, Ausflußrinne *f*; 2. *s.* ~/водосточный ‖ **~/транспортирующий** Förderrinne *f* ‖ **~/транспортный** Förderrinne *f* ‖ **~/уплотняющий** *(Text)* Preßmulde *f* ‖ **~/фильтрационный** *(Brau)* Läutergrant *m*, Würzegrant *m* ‖ **~/центральный** *(Met)* Masselgraben *m (Gießhalle)* ‖ **~/цепной** *(Schiff)* Kettenrutsche *f* ‖ **~/шлаковый** *(Met)* Schlacken[ab]stichrinne *f* ‖ **~/шлакоотделительный** *(Met)* Abstichrinne (Gießrinne) *f* mit Schlackenfang

жёлоб-грохот *m* Siebrutsche *f*

желобок *m (Masch)* Riefe *f*, Rille *f*; Einschnitt *m (Schraubenkopf)* ‖ **~/канатный** Seilrille *f (Seilscheibe)* ‖ **~/клинообразный** Keilrille *f (Keilriemenscheibe)*

жёлоб-спуск *m* Rutsche *f*

желобчатый 1. geriffelt, Rillen...; 2. trogförmig, muldenförmig

желонение *n (Bgb)* Schöpfen *n (eines Bohrlochs)*

желонка *f* Schappe *f*, Schlammlöffel *m (Schürf- und Erdölbohrungen)* ‖ **~/буровая** Ventilbohrer *m*, Schappenbohrer *m* ‖ **~/тартальная** Schöpfbüchse *f*, Schöpfer *m*

желтение *n (Pap)* Gilben *n*

желтозём *m (Geol)* Gelberde *f (Bodentyp)*

желтоломкость *f* Gelbbrüchigkeit *f (Stahl)*

жёлтый *m* Gelb *n* ‖ **~/хромовый** Chromgelb *n*, Bleichromgelb *n*

жёлудь *m (Eln)* Eichelröhre *f*, Acornröhre *f*, Knopfröhre *f*

жемчужинка *f (El)* Perlkondensator *m*

жеода *f (Geol)* Geod *n*, Konkretion *f* in Sedimentiten

жердняк *m (Forst)* Stangenholz *n* ‖ **~/крупный** dickes (derbes) Stangenholz *n* ‖ **~/мелкий** dünnes (geringes) Stangenholz *n*

жердь *f* 1. *(Forst)* Stange *f*, Gerte *f*, Reitel *m*; 2. *(Bw)* Barre *f*

жеребейка *f (Gieß)* 1. Kernstütze *f*, Kernböckchen *n*; 2. Kühleisen *n*, Abschreckeisen *n* ‖ **~/двусторонняя** doppelstegige Kernstütze *f*

жерло *n* Mündung *f*, Ausmündung *f* ‖ **~ вулкана** *(Geol)* Vulkanschlot *m*, Eruptionsschlot *m*, Eruptionskanal *m*

жёрнов *m* Mahlstein *m*, Mühlstein *m* ‖ **~ бегунов** Kollergangsläufer *m*, Läuferstein *m (des Kollergangs)* ‖ **~/верхний** Oberstein *m (eines Mahlgangs)* ‖ **~/нижний** Unterstein *m*, Bodenstein *m (eines Mahlgangs)*

жёсткий 1. rauh *(z. B. Arbeitsbedingungen)*; 2. starr, steif; unnachgiebig; 3. fest, nicht veränderbar *(z. B. Programmierung)*; 4. starr [verkettet] *(Verbindungsart von Maschinenteilen)*

жёсткозаделанный starr eingespannt

жёсткость *f* 1. *(Mech)* Starrheit *f*, Righeit *f (Widerstand gegen elastische Formänderung)*; 2. *(Fest)* Steifigkeit *f*; Biegewiderstand *m*; 3. Härte *f (Strahlungen, Wasser)* ‖ **~/акустическая** Schallhärte *f* ‖ **~/бикарбонатная** *s.* ~/карбонатная ‖ **~ вакуума** Güte *f* des Vakuums ‖ **~ ванны** *(Text)* Starrheit *f* der Tauchwanne *(Chemiefaserherstellung)* ‖ **~ воды** Wasserhärte *f* ‖ **~/временная** *s.* ~/карбонатная ‖ **~/динамическая** dynamische Steife *f* ‖ **~/изгибная** *s.* ~/при изгибе ‖ **~ излучения** *(Kern)* Strahlenhärte *f*, Strahlungshärte *f* ‖ **~ к сдвигу (срезу)** Schubsteifigkeit *f* ‖ **~/кальциевая** Kalkhärte *f* ‖ **~/карбонатная** Karbonathärte *f*, vorübergehende (temporäre) Härte *f* ‖ **~ кручения** *s.* ~ на кручение ‖ **~/магниевая** Magnesiahärte *f* ‖ **~ на изгиб** *s.* ~ при изгибе ‖ **~ на кручение** Torsionssteifigkeit *f*, Verdreh[ungs]steifigkeit *f*, Drill[ungs]steifigkeit *f* ‖ **~ на поперечный сдвиг** *s.* ~/поперечная ‖ **~ на растяжение** Zugsteifigkeit *f* ‖ **~ на сдвиг** Scher[ungs]steifigkeit *f* ‖ **~/некарбонатная** Nichtkarbonathärte *f*, bleibende (permanente) Härte *f* ‖ **~/общая** Gesamthärte *f* ‖ **~/поперечная** Quersteifigkeit *f*, Quersteife *f* ‖ **~/постоянная** 1. bleibende Steifigkeit (Steifheit) *f*; 2. *s.* ~/некарбонатная ‖ **~ при изгибе** Biegesteifigkeit *f*, Biegungssteifigkeit *f*, Biegesteifheit *f* ‖ **~ при кручении** *s.* ~ на кручение ‖ **~ при растяжении** Dehn[ungs]steife *f* ‖ **~ при сдвиге** Scher[ungs]steifigkeit *f* ‖ **~ при сжатии** Drucksteifigkeit *f*, Kompressionssteifigkeit *f* ‖ **~/пространственная** Raumsteifigkeit *f* ‖ **~ рентгеновских лучей** Strahlenqualität *f*, Strahlenhärte *f (Röntgenstrahlen)*, Röntgenstrahlenhärte *f* ‖ **~ рессора** Federhärte *f*, Federsteife *f* ‖ **~ связи** Kopplungssteifigkeit *f* ‖ **~/статическая** statische Steifigkeit *f* ‖ **~/структурная** Struktursteifigkeit *f*, Struktursteifheit *f*

жестчение *n* Härtung *f*, Energieheraufsetzung *f (Strahlung)* ‖ **~ излучения** Strahlenhärtung *f*, Strahlungshärtung *f*

жесть *f* Blech *n*, niedriggekohltes Feinblech *n (s. a.* лист 1. *und* металл/листовой*)* ‖ **~/белая** Weißblech *n* ‖ **~ в рулонах** Rollblech *n* ‖ **~ для глубокой штамповки** Tiefziehblech *n* ‖ **~ для штамповки** Stanzblech *n*, Ziehblech *n* ‖ **~/рулонная** in Bunden gewalztes Feinblech *n* ‖ **~/тонкая** Feinblech *n* ‖ **~/тончайшая** Feinstblech *n* ‖ **~/чёрная** Schwarzblech *n (Halbfabrikat zur Herstellung von Weißblech oder lackiertem Blech)* ‖ **~/штамповочная** Stanzblech *n*

жестянка *f* Büchse *f*, Blechbüchse *f*

жжёнка *f (Brau)* Röstmalz *n* ‖ **~/пивоваренная** Farbmalz *n*, Röstmalz *n*

живец *m (Led)* ungegerbte Innenschicht *f*
живица *f* Terpentin *n(m)* || **~/еловая** Fichtenterpentin *n* || **~/сосновая** Kiefernterpentin *n*
животноводство *n* Tierproduktion *f* || **~/племенное** Herdbuchzucht *f*
живучесть *f* **судна** Havariesicherheit *f* des Schiffes
жидкий 1. flüssig; 2. [dünn]flüssig, schmelzflüssig *(Metall, Schlacke)*; 3. gießfähig, fließfähig, fließbar *(Metall, Schlacke, Formstoff)*
жидкокристаллический kristallin-flüssig, flüssig-fest
жидкомагнитный liquidmagnetisch
жидкоплавкость *f* Dünnflüssigkeit *f (Metall, Schlacke)*
жидкоподвижность *f* 1. *(Gieß)* Fließfähigkeit *f*, Fließbarkeit *f (Formstoff)*; 2. *(Met, Gieß)* Dünnflüssigkeit *f (Schlacke)*
жидкость *f* Flüssigkeit *f*; *(Led)* Flotte *f*, Brühe *f* || **~/агрессивная** angreifende (aggressive) Flüssigkeit *f* || **~/амортизаторная** Schwingungsdämpferflüssigkeit *f* || **~/ассоциированная** *(Ph)* Assoziationsflüssigkeit *f*, angelagerte Flüssigkeit *f* || **~/белильная** Bleichflüssigkeit *f*, Bleichlösung *f* || **~/варочная** Kochflüssigkeit *f* || **~/вязкая** *(Hydrom)* zähe (viskose, reibungsbehaftete) Flüssigkeit *f* || **~/вязкоупругая** viskoelastische Flüssigkeit *f* || **~/диффузионная** Diffusionsflüssigkeit *f (Zuckergewinnung)* || **~/закалочная** Härteflüssigkeit *f*, Härtemittel *n*, Abschreckmittel *n*, Abschreckflüssigkeit *f* || **~/запорная** Sperrflüssigkeit *f* || **~/здоровая синовиальная** *(Hydrod)* gesunde Synovialflüssigkeit *f* || **~/зольная** *(Led)* Äscher *m*, Äscherbrühe *f*, Äscherflotte *f* || **~/идеальная** *(Hydrom)* ideale (reibungslose) Flüssigkeit *f* || **~/изоляционная** Isolierflüssigkeit *f* || **~/иммерсионная** Immersionsflüssigkeit *f*, Einbettungsflüssigkeit *f* || **~/иммерсионная высокопреломляющая** hochbrechende Immersionsflüssigkeit *f* || **~/искусственная синовиальная** *(Hydrod)* künstliche Synovialflüssigkeit *f* || **~/калибровочная** Kalibrierflüssigkeit *f* || **~ Клеричи** *(Krist)* Clericische Lösung *f (Dichtebestimmung)* || **~/культуральная** Kulturflüssigkeit *f*, Kulturlösung *f* || **~/межкристальная** Mutterlösung *f*, Muttersirup *m (Zuckergewinnung)* || **~/моющая** Waschflüssigkeit *f* || **~/мягчильная** *(Led)* Weichwasser *n* || **~/невязкая** *s.* ~/идеальная || **~/незамерзающая** [flüssiges] Frostschutzmittel (Gefrierschutzmittel) *n* || **~/неньютоновская** *(Hydrom)* nicht-Newtonsche Flüssigkeit *f* || **~/неоднородная** *(Hydrom)* inhomogene Flüssigkeit *f* || **~/несжимаемая** *(Hydrom)* inkompressible Flüssigkeit *f* || **~/однородная** *(Hydrom)* homogene Flüssigkeit *f* || **~/охлаждающая** Kühlflüssigkeit *f* || **~/перегретая** überhitzte Flüssigkeit *f* || **~/переохлаждённая** unterkühlte Flüssigkeit *f* || **~/пикельная** *(Led)* Pickel *m*, Pickelbrühe *f* || **~/питательная** Nährflüssigkeit *f*, Nährlösung *f* || **~/поверочная** Prüfflüssigkeit *f*, Prüfgut *n* || **~/поддерживающая** Tragflüssigkeit *f (Kreiselkompaß)* || **~/пробная** Spürflüssigkeit *f (Lecksuche; Vakuumtechnik)* || **~/промывочная** 1. Spülflüssigkeit *f*, Spülung *f (Erdölbohrungen)*; 2. Waschflüssigkeit *f* || **~/противообледенительная** *(Flg)* Enteisungsflüssigkeit *f* || **~/рабочая** 1. Betriebsflüssigkeit *f*; 2. *(Text)* Spinnbad *n (Chemiefaserherstellung)*; 3. *(Hydr)* Drucköl *n* || **~/сдувочная** *(Pap)* Abdrucklauge *f* || **~/сжимаемая** kompressible Flüssigkeit *f* || **~/силиконовая** Silikonflüssigkeit *f*, Silikonöl *n* || **~/смазочная** Schmierflüssigkeit *f* || **~/смазочно-охлаждающая** *(Fert)* Kühl-Schmier-Mittel *n*, Schmier-Kühl-Flüssigkeit *f*, Fertigungshilfsstoff *m*, kühlende Schmierflüsigkeit *f* || **~/смазочно-режущая** *(Fert)* schmierende Schneidflüssigkeit *f* || **~/смачивающаяся** Benetzungsflüssigkeit *f* || **~/тормозная** Bremsflüssigkeit *f* || **~/травильная** Ätzflüssigkeit *f*; Beizflüssigkeit *f* || **~ Туле** *(Min)* Thouletsche Lösung *f (Kaliumquecksilberiodidlösung zur Dichtebestimmung)* || **~/тяжёлая** *(Min)* Schwereflüssigkeit *f*, schwere Lösung *f (Dichtebestimmung)* || **~/уплотняющая** Dichtflüssigkeit *f*, Sperrflüssigkeit *f* || **~/Фелингова** *(Ch)* Fehlingsche Lösung *f* || **~/электроизолирующая (электроизоляционная)** Elektroisolierflüssigkeit *f* || **~/этиловая** Ethylfluid *n (Antiklopfmittel)*
жидкость-носитель *f* Trägerflüssigkeit *f*
жидкотекучесть *f* 1. Dünnflüssigkeit *f*, Flüssigkeit *f*; 2. *(Gieß)* Formfüllungsvermögen *n (Metall)*; 3. *(Gieß)* Fließbarkeit *f (Formstoff)*; 4. Flüssigkeitscharakter *m*, Fluidität *f* || **~ расплавленного металла** *(Gieß)* Formfüllungsvermögen *n* || **~ шлака** *(Met, Gieß)* Schlackenviskosität *f*
жижа *f*/**навозная** *(Lw)* Jauche *f*; Gülle *f*
жижеразбрасыватель *m* Jaucheverteiler *m*; Gülleverteiler *m*
жижесборник *m (Lw)* Güllesammelbehälter *m*, Sammelgrube *f*; Jauchegrube *f*
жизнеобеспечение *n* Lebenserhaltung *f*
жизнеспособность *f* Lebensfähigkeit *f* || **~ зерна** Keimpotenz *f*
жиклёр *m* Düse *f*, Vergaserdüse *f (Vergasermotor)* || **~/воздушный** Luftdüse *f* || **~/главный** Kraftstoffhauptdüse *f*, Hauptdüse *f* || **~/дополнительный** Zusatzdüse *f* || **~/затопленный** unterhalb des Kraftstoffspiegels angeordnete Düse *f* || **~ карбюратора** Vergaserdüse *f* || **~/компенсационный** Korrekturdüse *f*, Ausgleichdüse *f* || **~ малого газа** Leerlaufdüse *f* || **~ мощности** Vollastdüse *f* || **~/незатопленный** oberhalb des Kraftstoffspiegels angeordnete Düse *f* || **~/основной** Hauptdüse *f* || **~ пускового карбюратора/воздушный** Starterluftdüse *f (Startvergaser)* || **~/пусковой** Startdüse *f*, Startkraftstoffdüse *f (Startvergaser)* || **~ системы холостого хода/эмульсионный** Leerlaufmischdüse *f* || **~/топливный** Kraftstoffdüse *f* || **~ холостого хода** Leerlaufdüse *f* || **~ холостого хода/воздушный** Leerlaufdüse *f* || **~ холостого хода/топливный** Leerlaufkraftstoffdüse *f* || **~ экономайзера** Spardüse *f* || **~ экономайзера с механическим приводом** mechanisch betätigte Spardüse *f* || **~ экономайзера с пневматическим приводом** druckluftbetätigte Spardüse *f* || **~ эконостата** *s.* ~ экономайзера || **~/эмульсионный** Mischdüse *f*
жиклёр-корректор *m* Korrekturdüse *f (Vergaser)*
жиклёр-распылитель *m* **ускорительного насоса** Spritzrohr *n* der Beschleunigerpumpe *(Vergasermotor)*

жила *f* 1. *(El)* Ader *f*, Seele *f (z. B. eines Kabels)*; Leiter *m*; 2. *(Geol)* Gang *m*, Gesteinsgang *m*; Ader *f (s. a. unter* жилы*)* ‖ **~/алюминиевая** *(El)* Aluminiumader *f* ‖ **~/бедная** *(Geol)* erzarmer Gang *m*; dürftiger (grober) Gang *m* ‖ **~/безрудная** *(Geol)* erzfreier (tauber, fauler, nicht fündiger) Gang *m* ‖ **~/богатая** *(Geol)* fündiger (edler) Gang *m* ‖ **~/боковая** *(Geol)* Seitengang *m*; Apophyse *f* ‖ **~/ветвящаяся** *(Geol)* verzweigter Gang *m* ‖ **~/водяная** *(Geol)* Wasserader *f*, Quellader *f*, Quellengang *m* ‖ **~/вспомогательная** *(El)* Hilfsader *f* ‖ **~/высокотемпературная** *(Geol)* hypothermaler (hochthermaler) Gang *m* ‖ **~/гибкая многопроволочная** *(El)* Litze *f* ‖ **~/гидротермальная** *(Geol)* hydrothermaler Gang *m* ‖ **~/гипотермальная** *(Geol)* hypothermaler Gang *m* ‖ **~/главная** *(Geol)* Hauptgang *m* ‖ **~/двойная** 1. *(El)* Doppelleiter *m*; Doppelader *f (Kabel)*; 2. *(Geol)* Doppelgang *m*, Zwillingsgang *m* ‖ **~/запасная** *(Nrt)* Vorratsader *f*, Reserveader *f* ‖ **~ замещения** *(Geol)* Verdrängungsgang *m* ‖ **~/золотоносная** *(Geol)* goldführender Gang *m*, Goldader *f* ‖ **~ изверженной породы** *(Geol)* Eruptiv[gesteins]gang *m* ‖ **~/интрузивная** *(Geol)* Intrusionsgang *m*, Intrusivgang *m*; Eruptivgang *m* ‖ **~/инфильтрационная** *(Geol)* Infiltrationsgang *m* ‖ **~/инъекционная** *(Geol)* Injektionsgang *m* ‖ **~/кабельная** *(El)* Kabelader *f*, Kabelseele *f* ‖ **~/камерная** *(Geol)* Kammergang *m* ‖ **~/кварцевая** *(Geol)* Quarzgang *m*, Quarzader *f* ‖ **~/контактная** *(Geol)* Kontaktgang *m* ‖ **~/контрольная** *(El)* Kontrollader *f*, Überwachungsader *f* ‖ **~/крутопадающая** *(Geol)* steiler (steileinfallender) Gang *m* ‖ **~/лавовая** *(Geol)* Lavagang *m* ‖ **~/лестничная** *(Geol)* treppenförmiger (stufenförmiger) Gang *m* ‖ **~/маломощная** *(Geol)* geringmächtiger Gang *m* ‖ **~/медная** *(El)* Kupferader *f* ‖ **~/межпластовая** *(Geol)* Schichtgang *m* ‖ **~/мезотермальная** *(Geol)* mesothermaler Gang *m* ‖ **~ меридионального простирания** *(Geol)* von Nord nach Süd streichender Gang *m* ‖ **~/метасоматическая** *(Geol)* metasomatischer Gang *m* ‖ **~/наклонная** *(Geol)* tonnlägiger (geneigter) Gang *m* ‖ **~/неповреждённая** *(El)* unbeschädigte Ader *f* ‖ **~/непромышленная** *(Geol)* unbauwürdiger Gang *m* ‖ **~/нетронутая** *(Geol)* unverritzter Gang *m* ‖ **~/нулевая** *(El)* Nulleiter *m* ‖ **~/обломочная** *(Geol)* klastischer Gang *m* ‖ **~/одиночная** *(El)* Einzelader *f* ‖ **~/основная** *(Geol)* Hauptgang *m* ‖ **~/отвесная** *(Geol)* seigerer Gang *m* ‖ **~/параллельная** *(Geol)* Nebengang *m*, Beigang *m* ‖ **~/пегматитовая** *(Geol)* Pegmatitgang *m* ‖ **~/пластовая** *(Geol)* Lagergang *m (in den Schichtfugen liegender Gang)* ‖ **~/пневматолитическая** *(Geol)* pneumatolytischer Gang *m* ‖ **~ по простиранию** *(Geol)* Längsspaltengang *m* ‖ **~/побочная** *s.* ~/параллельная ‖ **~/повреждённая** *(El)* beschädigte Ader *f* ‖ **~/погребённая** *s.* ~/слепая ‖ **~/полая** *(El)* Hohlleiter *m* ‖ **~/полог[опадающ]ая** *(Geol)* flacher (flachfallender) Gang *m* ‖ **~/поперечная** *(Geol)* transversaler Gang *m*, Quergang *m*, quergreifender (quer zur Schichtung des Nebengesteins liegender) Gang *m* ‖ **~/продольная** *(Geol)* Längsspaltengang *m* ‖ **~/промышленная** *(Geol)* bauwürdiger (industriell nutzbarer) Gang *m* ‖ **~/простая** *(Geol)* einfacher (eigentlicher) Gang *m* ‖ **~/разрабатываемая рудная** *(Geol)* angenommener (behauener) Gang *m*, in Abbau befindlicher Erzgang *m* ‖ **~/рудная** *(Geol)* Erzgang *m* ‖ **~/световая** *(El)* Lichtwellenleiterader *m* ‖ **~/сдвоенная** *s.* ~/двойная 2. ‖ **~/седловидная** *(Geol)* Sattelgang *m* ‖ **~/секущая** *(Geol)* kreuzender Gang *m* ‖ **~/сетчатая** *(Geol)* Netzgang *m* ‖ **~/скрученная** *(El)* verseilte Ader *f* ‖ **~/слепая** *(Geol)* geheimer (verschütteter) Gang *m* ‖ **~/сложная** *(Geol)* zusammengesetzter Gang *m*, Gang *m* gemischter Zusammensetzung, Gangsystem *n* ‖ **~/согласно-залегающая** *(Geol)* rechtfallender (konkordanter) Gang *m* ‖ **~/сплошная** *(El)* volle (massive) Ader *f* ‖ **~/среднетемпературная** *(Geol)* mesothermaler Gang *m* ‖ **~/ступенчатая** *(Geol)* stufenförmiger (treppenförmiger) Gang *m* ‖ **~/телескопированная** *(Geol)* teleskopischer Gang *m* ‖ **~/телефонная** *(Nrt)* Sprechader *f* ‖ **~/токопроводящая** *(El)* stromführende Ader *f* ‖ **~/тонкая** *(Geol)* geringmächtiger Gang *m* ‖ **~/трещинная** *(Geol)* Spaltengang *m* ‖ **~/флецовая** *s.* ~/пластовая ‖ **~/центральная** *(El)* Innenleiter *m (des Kabels)* ‖ **~/чётковидная** *(Geol)* perlenschnurartiger Gang *m* ‖ **~ широтного простирания** *(Geol)* E-W streichender Gang *m*, Abendgang *m*, Morgengang *m* ‖ **~/экранированная** *(El)* geschirmte Ader *f*

жила-проводник *f (Geol)* [kleiner] Begleitgang *m*

жила-спутник *f s.* 1. жила/параллельная; 2. жила-проводник

жилет *m***/спасательный** Rettungsweste *f*

жилистость *f (Led)* Adrigkeit *f*

жилище *n* Wohnung *f*, Wohnstätte *f*

жилой 1. Wohn..., Wohnungs...; 2. Lebens...

жилы *fpl (Geol)* Gänge *mpl (s. a. unter* жила 2.*)* ‖ **~/пересекающиеся** kreuzende Gänge *mpl* ‖ **~/радиально расходящиеся** Strahlengänge *mpl*, radiale Gänge *mpl*

жильный *(Geol)* gangartig

жимок *m* Klemme *f*

жир *m* Fett *n*; Talg *m*, Speck *m*, Schmalz *n*; Tran *m*; Öl *n* ‖ **~/говяжий** Rindertalg *m* ‖ **~/животный** tierisches Fett *n*, Tierfett *n* ‖ **~/китовый** Waltran *m*, Walöl *n* ‖ **~/копытный** Klauenöl *n*, Klauenfett *n* ‖ **~/костный** Knochenfett *n* ‖ **~/нейтральный** Neutralfett *n* ‖ **~/отверждённый** gehärtetes (hydriertes) Fett (Öl) *n* ‖ **~/печёночный** Lebertran *m*, Leberöl *n* ‖ **~/пищевой** Speisefett *n* ‖ **~/пластический** halbgehärtetes Fett (Öl) *n* ‖ **~/растительный** pflanzliches Öl (Fett) *n*, Pflanzenfett *n* ‖ **~/рыбий** Tran *m*, Fischöl *n* ‖ **~/твёрдый** Hartfett *n* ‖ **~/топлёный** Schmalz *n* ‖ **~/тресковый** Dorschlebertran *m* ‖ **~/шёрстный** Wollfett *n* ‖ **~/шерстяной** Wollfett *n*

жирноразмолотый *(Pap)* schmierig gemahlen

жирность *f* 1. Fettigkeit *f*; 2. *(Pap)* Schmierigkeit *f*

жирный 1. fett[ig]; Fett...; *(Pap)* schmierig

жирование *n* Fetten *n*, Einfetten *n*, Ölen *n*, Schmieren *n*, Einschmieren *n* ‖ **~/эмульсионное** Fettlickern *n*, Lickern *n (Gerberei)*

жировать 1. [ein]fetten; 2. *(Led)* lickern; 3. elastifizieren *(Kunstdärme)*

жировик *m (Min)* Speckstein *m*, Steatit *m (dichter Talk)*
жирозаменитель *m* Fettersatz *m*
жироловка *f* [Öl- und] Fettabscheider *m*, Fettfang *m*
жироловушка *f s.* жироловка
жиронепроницаемость *f* Fettdichtigkeit *f*, Fettundurchlässigkeit *f*
жирообрабатывающий fettverarbeitend
жироотделитель *m s.* жироловка
жироперерабатывающий fettverarbeitend
жиропот *m (Text)* Fettschweiß *m*, Wollschweiß *m*, Schafschweiß *m*
жирорастворимость *f* Fettlöslichkeit *f*
жирорастворимый fettlöslich
жирорастворитель *m* Fettlösungsmittel *n*, Fettlöser *m*
жирорасщепление *n* Fettspaltung *f*
жирорасщепляющий fettspaltend
жиросодержащий fetthaltig
жиротопка *f* Trankochen *n*
жиротопление *n (Lebm)* Ausschmelzen (Auslassen) *n* von Fett **II ~/мокрое** Naßschmelze *f*, Naßschmelz[verfahr]en *n* **II ~/сухое** Trockenschmelze *f*, Trockenschmelz[verfahr]en *n*
жироулавливание *n* [Öl- und] Fettentfernung *f (Abwasserreinigung)*
жироуловитель *m* [Öl- und] Fettabscheider *m*, Fettfang *m*
ЖК, ж.к. *s.* коэффициент/жидкостный
ЖКИ *s.* индикатор/жидкокристаллический
ЖКУ *s.* удобрение/комплексное жидкое
ЖКЯ *s.* ячейка/жидкокристаллическая
ЖМД *s.* диск/жёсткий магнитный
жмых *m* Preßkuchen *m*, Ölkuchen *m*; *(Lw s. a.* ~/хлопьевидный*)* **II ~/конопляный** Hanfkuchen *m* **II ~/льняной** Leinkuchen *m* **II ~/масляный** Ölkuchen *m* **II ~/плодовый** Tresterkuchen *m* **II ~/подсолнечниковый** Sonnenblumenkuchen *m* **II ~/хлопьевидный** Expeller *m*, Schilfer *m*
жмыходробилка *f* Ölkuchenschrotmühle *f (Futtermühle)*
жнейка *f s.* жатка
жом *m* 1. *(Lw)* Rübenschnitzel *npl*, Zuckerrübenschnitzel *npl (Futtermittel)*; 2. *(Met)* Luppenquetsche *f*; 3. Preßkuchen *m (Fischmehlerzeugung)*; 4. *(Med)* Quetschzange *f* **II ~/кислый** *(Lw)* eingesäuerte Zuckerrübenschnitzel *npl* **II ~/мокрый** *s.* ~/свежий **II ~/отжатый (отпрессованный)** *(Lw)* Preßschnitzel *npl* **II ~/свежий** *(Lw)* Naßschnitzel *npl*, Diffusionsschnitzel *npl* **II ~/свекловичный** *s.* жом 1. **II ~/сухой (сушёный)** *(Lw)* Trockenschnitzel *npl*
жомосушение *n (Lw)* Schnitzeltrocknung *f*
жомосушилка *f (Lw)* Schnitzeltrockner *m*, Schnitzeltrocknungsanlage *f*
жомосушка *f s.* жомосушение
жордан *m (Pap)* Jordan-Kegel[stoff]mühle *f*
жорнов *m s.* жёрнов
ЖРД *s.* двигатель/жидкостный ракетный **II ~/кислородно-водородный** Sauerstoff-Wasserstoff-Flüssigkeitsraketen triebwerk *n*
журавчик *m (Geol)* Lößkindel *n*, Lößmännchen *n*, Lößpuppe *f*
журнал *m* : **II ~/бортовой** *(Flg)* Bordbuch *n* **II ~/вахтенный** *(Schiff)* Wachjournal *n*, Wachtagebuch *n* **II ~/геодезический** Vermessungsbuch *n* **II ~ заданий** *(Inf)* Jobnachweis *m* **II ~/корабельный** *s.* ~/судовой **II ~/машинный** *(Schiff)* Maschinentagebuch *n*, Maschinenjournal *n* **II ~/навигационный** Navigationstagebuch *n* **II ~/системный** *(Inf)* Systemprotokoll *n* **II ~ строительных работ** *(Bw)* Bautagebuch *n* **II ~/судовой** Schifftagebuch *n*, Logbuch *n* **II ~ счёта заданий** *(Inf)* Jobabrechnungsprotokoll *n*
ЖФЭ *s.* эпитаксия/жидкофазная

З

заанкерить *s.* заанкеровать
заанкеровать verankern
заармировать bewehren
заатмосферный exoatmosphärisch
забалластированние *n* Ballastung *f*, Anreicherung *f* mit Ballaststoffen
забалластировать ballastieren, mit Ballaststoffen anreichern **II ~ путь** *(Eb)* das Gleis verfüllen
забел *m (Brau)* Ankommen *n (Gärstadium des Jungbieres)*
забеловка *f (Led)* Aufschlitzen *n*
забереги *pl (Hydrol)* Randeis *n*
забетонировать *(Bw)* betonieren, mit Beton ausfüllen; einbetonieren
забивание *n s.* забивка
забивать *f* 1. einschlagen, einrammen; 2. verstopfen, zustopfen *(z. B. ein Stichloch)*; 3. *(Schm)* einschmieden, anschmieden; 4. *(Typ)* zusetzen *(Druckform)*
забивка *f* 1. Einschlagen *n*, Einrammen *n*; 2. Verstopfen *n*, Zustopfen *n*, Stopfen *n (z. B. des Stichloches)*; *(Lw)* Verstopfen *n (von Erntemaschinen)*; 3. *(Schm)* Einschmieden *n*, Anschmieden *n*; 4. *(Typ)* Zusetzen *n (einer Druckform)*; 5. *(Bgb) s.* забойка 2. **II ~ воронки** Verstopfen *n* des Trichters **II ~ колков** *(Text)* Zusetzen (Verstopfen) *n* der Schlagstifte *(Putzerei)* **II ~ сваи** *(Bw)* Pfahleinrammen *n*, Einrammen *n* des Pfahls **II ~ сваи/пробная** Proberammung *f* **II ~ сваи с подмывом** Einspülen *n* des Pfahles **II ~ шпунта** Einrammen *n* von Spundbohlen
забирание *n* Aufnehmen *n*, Erfassen *n*
забирать aufnehmen, erfassen **II ~ мощность из сети** *(El)* dem Netz Leistung entnehmen (entziehen), Leistung vom Netz aufnehmen
заблокирование *n* 1. Absperren *n*, Blockieren *n*; 2. *(Eb)* Blocken *n*, Vorblocken *n*
заблокировать 1. absperren, blockieren; 2. *(El)* [vor]blocken
забоина *f* Beschädigung *f* durch Schlag und Stoß, Einhieb *m*, Scharte *f*, Schramme *f*; *(Text)* Dickstelle *f (im Gewebe)*
забой *m* 1. *(Bgb)* Ort *n*; Ortsstoß *m*, Stoß *m*, Abbaustoß *m*; 2. Sohle *f (Bohrloch)*; 3. *(Inf)* Löschen *n* • **в забое** *(Bgb)* vor Ort **II ~/безлюдный** mannloser Streb *m* **II ~/вскрышной** Abraumstoß *m* **II ~/встречный** Gegenort *n* **II ~/глухой** blindes Ort *n*, Blindort *n* **II ~/диагональный** Diagonalbau *m*, Diagonalstreb *m*, Schrägbau *m*; Schrägstoß *m* **II ~/длинный** Langstoß *m* **II ~/дугообразный** Bogenstreb *m* **II ~/зарубной** Schramort *n* **II ~ лавы** Strebstoß *m*, Strebfront *f* **II ~/лобовой** Kopfböschung *f* **II**

~/механизированный mechanisierter Streb *m* ‖ **~/огневой** Feuerstoß *m*, Feuerabbau *m* *(untertägige Kohlenvergasung)* ‖ **~/очистной** Abbaustoß *m*, Ort *n*, Gewinnungsort *n* ‖ **~/подготовительный** Vorrichtungsort *n*, Vorrichtungsbetrieb *m* ‖ **~/подрубленный** unterschrämter Stoß *m* ‖ **~/продольный** *s.* ~/фронтальный ‖ **~/проходческий** Vortriebsort *n* ‖ **~/прямолинейный** geradliniger Stoß *m* ‖ **~ скважины** Bohrlochsohle *f* ‖ **~/сплошной** durchgehende Abbaufront *f*, Langfrontbau *m* ‖ **~/струговой** Hobelstreb *m* ‖ **~/тупиковый** *s.* ~/глухой ‖ **~/угольный** Kohlenstoß *m*, Kohlenfront *f* ‖ **~/фронтальный** Böschung *f* bei Frontverhieb *(Tagebau)* ‖ **~ шахтного ствола** Schachttiefstes *n* ‖ **~ штрека** Steckenort *n*

забойка 1. *(Fert)* Schlagstelle *f* *(Beschädigung)*; 2. *(Bgb)* Besatz *m*, Verdämmung *f* *(Sprengtechnik)* ‖ **~/внешняя** *(Bgb)* Außenbesatz *m* ‖ **~/внутренняя** *(Bgb)* Innenbesatz *m* ‖ **~/водяная** *(Bgb)* Wasserbesatz *m* ‖ **~/воздушная** *(Bgb)* 1. Luftbesatz *m*; 2. Besetzen *n* mit Druckluft ‖ **~/глиняная (глинистая)** *(Bgb)* Lettenbesatz *m*, Lehmbesatz *m* ‖ **~/промежуточная** *(Bgb)* Zwischenbesatz *m* ‖ **~ шпура** *(Bgb)* Besetzen (Verdämmen) *n* des Sprenglochs

забойник *m* *(Bgb)* Ladestock *m* *(Sprengtechnik)*

забойный *(Bgb)* Stoß..., Ort...; Sohlen...

заболачивание *n* *(Ökol)* Versumpfung *f*

заболонь *f* Splint *m*

забор *m* 1. Entnahme *f*; Aufnahme *f*; 2. Einsaugen *n*; 3. *(Bw)* Zaun *m*, Umzäunung *f*, Bauplanke *f* ‖ **~ воды** Wasserentnahme *f*, Wassernehmen *n* ‖ **~ резца** *(Fert)* Eingriff *m* *(eines Schneidwerkzeugs)*

заборник *m* Eintrittsöffnung *f*, Einströmöffnung *f* ‖ **~ воздуха** Lufteintritt *m*, Ansaugschacht *m*

забороновать *(Lw)* eggen

забортный See..., Außenbord...

забраживание *n* *(Ch)* Angärenlassen *n*, Angärung *f*

забракование *n* Verwerfen *n* *(zu Ausschuß erklären)*

забракованный verworfen, zu Ausschuß erklärt

забраковать verwerfen, zu Ausschuß erklären

забраковка *f* Aussonderung *f* *(von Ausschuß)*

забрало *n* *(Hydt)* Tauchschild *m*

забрасыватель *m*/**механический** mechanischer Wurfbeschicker *m*, Einwurfvorrichtung *f*; Rostbeschicker *m* *(Feuerung)*

забрасывать 1. zuwerfen, zuschaufeln *(Schachtarbeiten)*; 2. einwerfen

забрeд *m* *s.* забел

забродить zu gären anfangen, angären, ankommen

забронированный gepanzert; armiert

заброс *m* *(Reg)* Überschwingung *f*, Überregelung *f*

забуривание *n* *(Bgb)* Anbohren *n*

забуривать *(Bgb)* anbohren *(ein Bohrloch beginnen)*

забурка *f* *(Bgb)* Anbohren *n* *(eines Bohrloches)*

забурник *m* *(Bgb)* Anfangsbohrer *m*, Anbohrinstrument *n*

забутка *f* *(Bw)* 1. Hintermauerung *f*; 2. Innenschicht *f* *(bei zwei- und mehrsteindicken Wänden)*

забутовка *f* 1. *s.* забутка; 2. *(Bgb)* Hinterfüllung *f*, Verfüllung *f*, Verpackung *f*, Hintermörtelung *f* *(Ausbau)*

забучивание *n* *(Bgb)* Hinterfüllen *n*, Verfüllen *n*, Hintermörteln *n*

забучивать *(Bgb)* ausfüllen; hinterfüllen *(Ausbau)*

завал *m* 1. Verschüttung *f*, Verstopfung *f*; 2. *(Bgb)* Bruch *m*, Zusammenbruch *m* *(eines Grubenbaus)*; 3. *(Schiff)* eingezogene Form *f* *(Spanten, Bordwände)*; 4. Abfall *m*, Absinken *n* *(Frequenzen)*

заваливание *n* 1. Zuschütten *n*, Verschütten *n*; 2. *(Schiff)* Einschwenken *n* *(Rettungsboot)*; Einklappen *n* *(Fallreep)*

заваливать 1. zuschütten, verschütten; 2. *(Schiff)* einschwenken *(Rettungsboot)*; einklappen *(Fallreep)*; 3. *(Bgb)* zu Bruch werfen

заваливаться *(Bgb)* zu Bruch gehen *(Grubenbau)*

завалка *f* *(Met)* 1. Einsatz *m*, Gicht *f*; Satz *m*, Charge *f*; 2. Beschicken *n*, Begichten *n*, Chargieren *n*; Setzen *n* *(s. a. unter* засылка 2.*)* ‖ **~/боковая** Seitenbegichtung *f* *(Kupolofen)* ‖ **~/жидкая** Flüssigeinsatz *m* ‖ **~/краевая** Randbeschickung *f*, Randbegichtung *f* *(Schachtofen)* ‖ **~/рабочая** Einsatz *m*, Gicht *f*; Satz *m*, Charge *f* ‖ **~/смешанная** Flüssig-Fest-Einsatz *m* *(Herdofen)* ‖ **~/твёрдая** fester Einsatz *m* ‖ **~/холодная** fester Einsatz *m* ‖ **~/центральная** Zentralbeschickung *f*, Zentralbegichtung *f* *(Schachtofen)*

завалочный *(Met)* Beschickungs..., Chargier..., Einsatz...

завальцовывать einwalzen

заваривание *n* *s.* заварка

заваривать 1. verschweißen, zuschweißen, einschweißen; 2. [auf]kochen, [auf]brühen

заварить *s.* заваривать

заварка *f* 1. Ankochen *n*; Aufkochen *n*; Aufbrühen *n*; 2. Verschweißen *n*, Zuschweißen *n* ‖ **~/горячая** Warm[ver]schweißung *f* ‖ **~ заливкой** Gieß[schmelz]schweißen *n* ‖ **~ кратера** Verschweißen *n* des Kraters *(am Nahtende)* ‖ **~/литейная** Gieß[schmelz]schweißen *n* ‖ **~ переливом жидкого металла** Gieß[schmelz]schweißen *n* ‖ **~/ремонтная** Reparaturschweißen *n* ‖ **~/холодная** Kalt[ver]schweißung *f*

заведение *n* **в лунки** *(Bgb)* Einbühnen *n* *(Schachtausbau)*

завёртка *f* 1. Festschrauben *n*, Anziehen *n* *(Schrauben)*; 2. Schraubenschlüssel *m*; 3. *(Bw)* Einreiberverschluß *m*, Vorreiber *m*, Zungenreiber *m* *(Tür- bzw. Fensterverschluß)*

завёртывать festschrauben, anziehen *(Schrauben)*; zudrehen; einschrauben *(Teile mit Außengewinde)*

завершение *n*/**аварийное** *(Inf)* Abbruch *m*, anormale Beendigung *f* *(Betriebssystem)* ‖ **~ задания** *(Inf)* Jobbeendigung *f* *(Betriebssystem)* ‖ **~/нормальное** *(Inf)* normale Beendigung *f* *(Betriebssystem)* ‖ **~ программы** *(Inf)* Programmbeendigung *f*

завершённость *f*/**функциональная** funktionelle Abgeschlossenheit *f*

завеса *f* 1. Vorhang *m*, Schleier *m*; 2. *(Hydt)* teilweise Dichtung *f* *(Erdstaudamm)* ‖ **~/водяная** *(Bgb)* Wasserschleier *m* *(zur Staubbekämpfung)*;

(Schiff) Wasservorhang *m* ‖ **~/воздушная** Luftschleier *m* ‖ **~/паровая** *(Wmt)* Dampfschleier *m*, Dampfverschluß *m* ‖ **~/противофильтрационная** Dichtungsschürze *f* ‖ **~/солнцезащитная** Sonnenschutzblende *f* ‖ **~/тепловая** Warmluftschleier *m* ‖ **~/цепная** Ketteneinbauten *mpl (Zementdrehofen)*

завивающийся *(Fert)* Schrauben... *(z. B. Schraubenspan)*

завивка *f* **ворса** *(Text)* Ratinieren *n* ‖ **~ кокона** *(Text)* Spinnen *n* des Kokons *(Seide)*

завинчивание *n (Fert)* Festschrauben *n*, Anziehen *n (Schrauben)* ‖ **~ сваи** *(Bw)* Einschrauben *n* des Pfahles

завинчивать einschrauben; anziehen ‖ **~ до отказа** festschrauben

зависание *n* 1. Hängen *n*, Hängenbleiben *n*; Brückenbildung *f*, Gewölbebildung *f (z. B. von Schüttgut in Bunkern oder Schachtöfen)*; 2. Schweben *n*, Schwebeflug *m* ‖ **~ клапанов** *(Masch)* Festfressen (Festgehen) *n* der Ventile

зависимость *f* 1. Abhängigkeit *f*; Beziehung *f*; 2. *(Math)* Abhängigkeit *f*; Zusammenhang *m* ‖ **~/амплитудная** *(Eln)* Amplitudenabhängigkeit *f* ‖ **~/временная** Zeitabhängigkeit *f* ‖ **~/квадратичная** quadratische Abhängigkeit *f* ‖ **~/линейная** lineare Abhängigkeit *f* ‖ **~/маршрутная** *(Reg)* Fahrstraßenabhängigkeit *f* ‖ **~ масса-радиус** *(Astr)* Masse-Radius-Beziehung *f* ‖ **~ масса-светимость** *(Astr)* Masse-Leuchtkraft-Beziehung *f* ‖ **~/нелинейная** *(Reg)* nichtlineare Abhängigkeit *f* ‖ **~ от времени** Zeitabhängigkeit *f* ‖ **~ от направления** *(Rad)* Richtungsabhängigkeit *f* ‖ **~ от напряжения** *(El)* Spannungsabhängigkeit *f* ‖ **~ от тока** *(El)* Stromabhängigkeit *f* ‖ **~ от частоты** Frequenzabhängigkeit *f* ‖ **~ период-светимость** *(Astr)* Perioden-Helligkeits-Beziehung *f*, Perioden-Leuchtkraft-Funktion *f (Delta Cephei-Sterne)* ‖ **~ период-спектр** *(Astr)* Perioden-Spektrum-Beziehung *f* ‖ **~ скорость-расстояние/лучевая** *(Astr)* Radialgeschwindigkeits-Entfernungs-Beziehung *f* ‖ **~ спектр-светимость** *s.* диаграмма Герцшпрунга-Рессела ‖ **~/температурная** Temperaturabhängigkeit *f*, thermische Abhängigkeit *f* ‖ **~/транзитивная** *(Inf)* transitive Abhängigkeit *f* ‖ **~/функциональная** *(Kyb)* funktionale Abhängigkeit *f* ‖ **~ цвет-светимость** *s.* диаграмма цвет-светимость ‖ **~/частотная** Frequenzabhängigkeit *f*

зависимый 1. abhängig *(Zusammensetzungen s. unter* зависящий*)*; 2. *(Inf)* mitlaufend, gekoppelt, angeschlossen

зависящий abhängig ‖ **~ от амплитуды** amplitudenabhängig ‖ **~ от материала** werkstoffabhängig ‖ **~ от напряжения** spannungsabhängig ‖ **~ от [питающей] сети** netzabhängig ‖ **~ от тока** stromabhängig ‖ **~ от частоты** frequenzabhängig

завитки *mpl (Brau)* Kräusen *pl (Gärstadium des Jungbieres)* ‖ **~/белые низкие** Jung- oder Niederkräusen *pl* ‖ **~/[коричневые] высокие** Hochkräusen *pl* ‖ **~/низкие** Niederkräusen *pl*, Jungkräusen *pl* ‖ **~/опадающие** fallende Kräusen *pl*

завитой *(Fert)* gewunden *(Span)*

завиток *m* 1. Windung *f*; 2. *(Text)* Schleife *f (Fehler im Fasergut)* ‖ **~/ростовый** *(Krist)* spiralartige Wachstumsinhomogenität (Swirldefektverteilung) *f*

завихрение *n* Wirbelung *f*, Turbulenz *f*, Aufwirbelung *f*, Aufwirbeln *n*

завихрённость *f* 1. Wirbeligkeit *f*; 2. *(Meteo)* Vorticity *f* ‖ **~ графита** *(Wkst)* Graphitverästelung *f*, Graphitverwirbelung *f*

завихривание *n s.* завихрение

завихритель *m* Drallkörper *m*, Dralleinsatz *m (Ölbrenner)*

завод *m* 1. Fabrik *f*, Werk *n*, Betrieb *m (s. a. unter* цех*)*; 2. Aufziehen *n (Uhrwerk)*; 3. Andrehen *n*, Anlassen *n*, Ankurbeln *n*, Anwerfen *n*, Starten *n (Motor)*; 3. Aufzug *m*; Werk *(Mechanismus)* ‖ **~/авиационный** Flugzeugwerk *n* ‖ **~/автоматизированный** automatisiertes Werk *n* ‖ **~/аммиачный** Ammoniakfabrik *f* ‖ **~/бетонный** Transportbetonwerk *n*, Lieferbetonwerk *n* ‖ **~/брикетный** Brikettfabrik *f* ‖ **~/бумажный** Papierfabrik *f* ‖ **~/вагоноремонтный** *(Eb)* Wagenausbesserungswerk *n* ‖ **~/газовый** Gaswerk *n* ‖ **~/гибкий автоматизированный** *(Fert)* flexibler Fertigungsbetrieb *m* ‖ **~/гидрогенизационный** Hydrierwerk *n* ‖ **~/двигателестроительный** Motorenfabrik *f*, Motorenwerk *n* ‖ **~/доменный** *(Met)* Hochofenwerk *n*, Hochofenbetrieb *m* ‖ **~/инструментальный** Werkzeugfabrik *f* ‖ **~/кабельный** Kabelwerk *n* ‖ **~/калийный** Kaliwerk *n* ‖ **~ качественной металлургии** Edelstahlwerk *n*, Qualitätsstahlwerk *n*; Sonderstahlwerk *n* ‖ **~/кожевенный** *m* Lederwerk *n*, Lederfabrik *f*; Gerberei *f* ‖ **~/коксовый** Kokerei *f*, Kokereibetrieb *m* ‖ **~/крахмальный** Stärkefabrik *f* ‖ **~/лакокрасочный** Lack- und Farbenwerk *n* ‖ **~/ламповый** Lampenwerk *n*, Lampenfabrik *f* ‖ **~/лесопильный** Sägewerk *n* ‖ **~/литейный** Gießerei *f*, Gießereibetrieb *m* ‖ **~/металлургический** Hüttenwerk *n*, Hütte *f* ‖ **~/молочный** Molkerei *f* ‖ **~/нефтеперерабатывающий** *s.* нефтезавод ‖ **~/обогатительный** Aufbereitungswerk *n* ‖ **~/опытный** Versuchswerk *n* ‖ **~/открытый бетонный** offenes Lieferbetonwerk *n* ‖ **~/передвижной бетонный** ortsveränderliches Lieferbetonwerk *n* ‖ **~/перерабатывающий** Verarbeitungsbetrieb *m* ‖ **~/пивоваренный** Bierbrauerei *f*, Brauerei *f* ‖ **~/плавильный** Hütte *f*, Hüttenbetrieb *m*; Schmelzhütte *f* ‖ **~/плавучий рыбоконсервный** Fabrikmutterschiff *n*, schwimmende Fischkonservenfabrik *f* ‖ **~/плавучий рыбомучной** schwimmende Fischmehlfabrik *f* ‖ **~/прокатный** Walzwerk *n* ‖ **~/радиотехнический** Funkwerk *n*; Rundfunkwerk *n*; Werk *n* für Nachrichtenelektronik ‖ **~/растворный** Mörtelwerk *n* ‖ **~/рафинировочный** Frischhütte *f*, Raffinerie *f* ‖ **~регенерационный** *(Kern)* Wiederaufbereitungsanlage *f*, WAA, Kernbrennstoffwiederaufbereitungsanlage *f* ‖ **~/ремонтный** *(Eb)* Ausbesserungswerk *n* ‖ **~/сахарный** Zuckerfabrik *f* ‖ **~/сахарорафинадный** Zuckerraffinerie *f* ‖ **~ сборного железобетона** Betonwerk *n* ‖ **~/сернокислотный** Schwefelsäurefabrik *f* ‖ **~/сталеплавильный** Stahlwerk *n* ‖ **~/стационарный бетонный** stationäres Lieferbetonwerk *n* ‖ **~/стекольный** Glashütte *f*,

Glasfabrik *f* || **~/судоремонтный** Schiffsreparaturbetrieb *m*, Schiffsreparaturwerft *f* || **~/судостроительный** Schiffswerft *f*, Schiffbauwerft *f* || **~/телевизионный** Fernsehgerätewerk *n* || **~/тепловозоремонтный** *(Eb)* Diesellokomotivausbesserungswerk *n* || **~/трубопрокатный** Rohrwalzwerk *n* || **~/туковый** Düngemittelfabrik *f* || **~/тукосмесительный** Mischdüngerwerk *n* || **~/фаянсовый** Steingutfabrik *f* || **~ цветной металлургии** Metallhütte *f* || **~/целлюлозный** Zellstoffabrik *f* || **~/цементный** *(Bw)* Zementwerk *n*, Zementfabrik *f* || **~/цинкоплавильный** Zinkhütte *f* || **~/чугунолитейный** Graugießerei *f*, Eisengießerei *f* || **~/щебёночный** Schotterwerk *n* || **~/электрический** elektrischer Aufzug *m (einer Uhr)* || **~/электровозоремонтный** *(Eb)* Elektrolokomotivausbesserungswerk *n* || **~/электроламповый** Lampenwerk *n*, Lampenfabrik *f* || **~/электромашиностроительный** Elektromaschinenbaubetrieb *m* || **~/электрометаллургический** Elektrostahlwerk *n*, E-Stahlwerk *n*

завод-автомат *m* automatisches Werk *n*

завод-изготовитель *m* Herstellerbetrieb *m*, Herstellerwerk *n*

заводить aufziehen *(Uhrwerk)* || **~ в зацепление** einrasten *(Sperre)*; einrücken *(Kupplung)*; in Eingriff bringen *(Zahnräder)* || **~ в лунки** *(Bgb)* einbühnen *(Schachtausbau)* || **~ затвор** *(Photo)* den Verschluß spannen

заводиться anspringen *(Motor)*

заводка *f s.* завод 1.; 2. || **~ кристаллов** Kristallbildung *f*, Kornbildung *f (Zuckergewinnung)* || **~ кристаллов сахара** Kornfußbildung *f (Zuckergewinnung)*

заводнение *n (Bgb)* Fluten *n* || **~/внутриконтурное** *(Erdöl)* Lagerstättenfluten *n* || **~/законтурное** *(Erdöl)* Randwasserfluten *n*

заводнять *(Bgb)* fluten

завод-поставщик *m* Lieferwerk *n*

заводь *f (Hydt)* Stillwasser *n*, tote Wasserecke *f*, Strömungsschatten *m*

завозить якорь den Anker ausbringen *(Schwimmbagger)*

завозка *f* **якоря** Ausbringen *n* des Ankers *(Schwimmbagger)*

завозня *f* Ankerboot *n*

заворот *m* 1. Einbiegung *f*; 2. *(Typ)* Einschlag *m*, umgeklappter Rand *m (Buchbinderei)* || **~ для склейки** *(Typ)* Kleberand *m (Kartonagen)* || **~ слоя** *(Gum)* Lagenschluß *m (Reifen)*

завороток *m* Rebralänge *f (Handschuhfertigung)*

завуалированный verschleiert

завязка *f* **кристаллов** *s.* заводка кристаллов

загар *m (Schw)* Abbrand *m* || **~/пустынный** *(Geol)* Wüstenlack *m*

загиб *m* 1. Biegung *f*, Abbiegung *f*, Krümmung *f*, Knickung *f*, Falzung *f*; Abknicken *n (einer Kurve)*; 2. Falz *m*; 3. *(Bgb)* Haken *m (Flöze, Gänge)* || **~ вперёд** Vorwärtskrümmung *f (Turbinenschaufeln)* || **~ кромки** *(Fert)* Bördeln *n*, Bördelung *f*, Falzen *n* || **~ назад** Rückwärtskrümmung *f (Turbinenschaufeln)* || **~ характеристики** Kennlinienknick *m*

загибание *n* Falzen *n*

загибать biegen, anbiegen, einbiegen, abbiegen, zusammenbiegen; falzen || **~ кромку** bördeln

загибка *f* Biegen *n*, Anbiegen *n*, Einbiegen *n*, Zusammenbiegen *n (z. B. Blech)*; Falzen *n*; Abkanten *n*, Falten *n*

заглохание *n* **[реактивного] двигателя** Triebwerksausfall *m*, Brennschluß *m* des Triebwerks

заглушать 1. dämpfen *(Schall, Geräusche)*; 2. absperren; drosseln; 3. *(Kfz)* abstellen *(Motor)*; 4. *(El)* unterdrücken; 5. blind flanschen, anflanschen, direkt setzen *(Rohrleitungen)*

заглушение *n* 1. Dämpfung *f*, Dämpfen *n (Schall, Geräusche)*; 2. Absperrung *f*; Drosselung *f*; 3. Verstopfung *f*

заглушить *s.* заглушать

заглушка *f* 1. Blindflansch *m*; Rohrpfropfen *m*, Verschlußklappe *f*; Verschlußschraube *f*; 2. *(Nrt)* Abdichtstöpsel *m (für Kabelkanäle)* || **~/резьбовая** Verschlußschraube *f* || **~/фланцевая** Blindflansch *m*

загнать *s.* загонять

загнивание *n* Faulen *n*

загниватель *m* Faulbecken *n*, Faulkammer *f (Abwasserreinigung)*

загнутый gekrümmt || **~ внутрь** eingekrümmt || **~ назад** zurückgebogen

заголовок *m* **ленты** Magnetbandvorsatz *m* || **~ сообщения** Nachrichtenvorsatz *m* || **~ таблицы** Tabellenkopf *m* || **~ цикла** *(Inf)* Laufangabe *f*

загон *m* 1. *(Typ)* Übersatz *m*; 2. *(Lw)* Hürde *f*, Umzäunung *f (der Viehweide)*

загонять einschlagen *(z. B. Nagel)*; [ein]treiben

загорание *n* Zünden *n*, Entzündung *f*; Aufleuchten *n*

загораться anbrennen; aufleuchten

загореться *s.* загораться

загортач *m (Lw)* Zustreicher *m (Sämaschine)*

заготовка *f* 1. Beschaffung *f*, Bereitstellung *f*; Aufbereitung *f*; 2. Werkstück *n*, Arbeitsstück *n*; Rohling *m*; 3. *(Wlz)* Rohling *m*, Halbzeug *n*, Knüppel *m*; *(Fert)* Ausgangsteil *n*; 4. *(Schm)* Schmiederohling *m*, Schmiedehalbzeug *n*, Stück *n*; 5. *(Gieß)* Gießstrang *m (Stranggießen)*; 6. *(Met)* Ausgangsprofil *n*, Vorprofil *n (beim Ziehen von Stangen, Rohren und Profilen)*; 7. *(Led)* Oberleder *n*, Schaft *m* || **~/закалённая** gehärtetes Werkstück *n* || **~/исходная** *(Fert)* Rohling *m*, Ausgangswerkstück *n* || **~/квадратная** *(Wlz)* Quadratknüppel *m*, Vierkantknüppel *m*, Vierkantbarren *m*, Walzblock *m*, Vorblock *m*, Block *m* || **~/кованая** Schmiederohteil *n* || **~/круглая** *(Wlz)* Rundknüppel *m* || **~/крупная** *(Wlz)* schweres Halbzeug *n* || **~/кузнечная** Schmiederohling *m*, Schmiedehalbzeug *n*, Stück *n*, Schmiedeblock *m* || **~/листовая** Platine *f*, Flachknüppel *m* || **~/литая** Gußrohteil *n*, gegossenes Rohteil *n* || **~/обжатая** *(Wlz)* Vorbramme *f* || **~/обрабатываемая** zu bearbeitendes Werkstück *n* || **~/обработанная** bearbeitetes Werkstück *n* || **~/плоская** *(Fert)* flaches Rohteil *n*; flaches Werkstück *n*; *(Wlz)* Flachknüppel *m*, Bramme *f*, Platine *f* || **~/полая** *(Fert)* Hohlwerkstück *n*, Hohlrohteil *n*; *(Wlz)* Hohlblock *m*, Hohlrohling *m*, Hülse *f*, Luppe *f (Rohrwalzen)* || **~/прессовая** Preßstück *n*, Preßrohling *m*, Preßrohteil *n* || **~/проволочная** *(Wlz)* Drahtknüppel *m* || **~/прокатная** Walzknüppel *m*, Knüppel *m*, Walzstab *m* || **~/прутковая** Rohteil *n* aus Stangenmaterial ‖ **~/сварная** Schweißrohteil *n* ‖ **~/сортовая** *(Wlz)* Knüppel *m (leichtes Halbzeug für Formeisenstraßen)* ‖ **~/сырая** Rohwerkstück *n*, rohes Werkstück *n* ‖ **~/трубная** *(Wlz)* Rohrknüppel *m*, Rohrluppe *f*, Rohrblock *m*, Röhrenstreifen *m*, Streifen *m* ‖ **~/центробежн[олит]ая** *(Gieß)* Schleudergußteil *n* ‖ **~/штампованная** Preßrohteil *n*

заготовочная *f* Vorbereitungsraum *m (Großküche, Restaurant)*

заградитель *m (El, Nrt)* Sperre *f*, Sperrkreis *m* ‖ **~/боновый** *(Schiff)* Ölsperrenleger *m* ‖ **~/высокочастотный** *(Nrt)* Hochfrequenzsperre *f* ‖ **~ обратной связи** *(Nrt)* Rückkopplungssperre *f* ‖ **~/полосовой** *(Nrt)* Bandsperre *f* ‖ **~ помех** *(Nrt)* Krachsperre *f*, Rauschsperre *f* ‖ **~ эха** *(Nrt)* Echosperre *f*

заграждение *n* Sperre *f* ‖ **~/боновое** *(Ökol)* mechanische Ölsperre *f*

загромождать *(Fert)* versperren

загрудить *s.* загружать

загружатель *m* Beschicker *m*, Speiser *m*, Aufgeber *m*, Aufgabevorrichtung *f (s. a. unter* дозатор 1. *und* питатель 1.*)*

загружать 1. beladen, laden; eingeben *(Werkstücke)*; 2. auslasten; belasten; 3. *(Met)* beschicken, chargieren *(Ofen)*; begichten *(Hochofen)*; 4. *(Fert)* aufgeben, einsetzen, eintragen; zuführen *(Werkstücke)*; 5. *(Inf)* laden *(Programm)*

загружение *n s.* загрузка 1.; 2.; 3.; 5.

загруженность *f* Auslastung *f*

загрузить *s.* загружать

загрузка *f* 1. Beladen *n*, Beladung *f*; Zustellung *f*; 2. Belastung *f*, Auslastung *f*; 3. *(Met)* Beschicken *n*, Chargieren *n (des Ofens)*; Begichten *n (des Hochofens)*; Eintragen *n*, Einfüllen *n*, Einsetzen *n*, Einlegen *n (des Beschickungsmaterials) (s. a. unter* засыпка 1.; 2. *und* завалка 2.*)*; 4. *(Met)* Einsatz *m*, Gicht *f*; Charge *f*; 5. *(Inf)* Laden *n (Programme)* ‖ **~/бадьевая** *(Met)* Kübelbeschickung *f*; Kübelbegichtung *f*, Gefäßbegichtung *f* ‖ **~/бескапсельная** *(Ker)* kapselloses Setzen *n* ‖ **~ блок-форм** Beschickung *f* der Gefrierformen *(Gefrierapparat)* ‖ **~/бочная** *(Inf)* Blockladen *n*, zusammenhängendes Laden *n* ‖ **~/бункерная** *(Met)* Beschickung *f* vom Bunker aus ‖ **~ вагранки** *(Met)* Kupolofenbeschickung *f*; Kupolofenbegichtung *f* ‖ **~ вразброс** *(Inf)* gestreutes Laden *n* ‖ **~ врассыпную** *(Inf)* gestreutes Laden *n* ‖ **~ вычислительной машины** Rechnerbelastung *f* ‖ **~/двухъярусная** *(Ker)* doppeltes Setzen *n* ‖ **~ доменной печи** *(Met)* Hochofenbegichtung *f* ‖ **~ колосниковой решётки** Rostbeschickung *f (Feuerung)* ‖ **~ колошника** Beschickung *f*, Begichtung *f (Hochofen)* ‖ **~/магазинная** Beschickung *f* vom Magazin aus ‖ **~ машины** Maschinenauslastung *f* ‖ **~ на колошник** Beschickung *f*, Begichtung *f (Hochofen)* ‖ **~/начальная** *s.* ~ начальной программы ‖ **~ начальной программы** *(Inf)* Anfangs[programm]laden *n*, einmaliges (erstmaliges) Programmladen *n* ‖ **~/одноярусная** *(Ker)* einfaches Setzen *n* ‖ **~ памяти** *(Inf)* Speicherbelegung *f* ‖ **~ пассажирами** *(Flg)* Fluggastzuladung *f* ‖ **~/первоначальная** *(Inf)* Anfangsprogrammladen *n* ‖ **~/периодическая** *(Met)* Chargenbetrieb *m* ‖ **~ печи** *(Met)* 1. Beschicken *n*, Setzen *n*, Begichten *n*, Chargieren *n*; 2. Satz *m*, Gicht *f*, Charge *f* ‖ **~ программы** *(Inf)* Programmladen *n* ‖ **~ реактора** *(Kern)* Reaktorbeschickung *f* ‖ **~ реактора/первая** Reaktorerstbeschickung *f*, Erstbeschickung (Erstbeladung) *f* des Reaktors ‖ **~ регистра** *(Inf)* Registerbelegung *f* ‖ **~/ручная** 1. *(Met)* Handbeschickung *f (Ofen)*; 2. *(Fert)* manuelle Zuführung *f (von Werkstücken)* ‖ **~ сита** *(Brau)* Belegung (Beschickung) *f* der Keimhorde ‖ **~/скиповая** *(Met)* Kippkübelgichtung *f*, Kippgefäßbegichtung *f*, Kippwagenbegichtung *f (Schachtofen)* ‖ **~ смены** Schichtauslastung *f* ‖ **~/тонкослойная** *(Glas)* Einlegen *n* in dünner Schicht, Dünnschichteinlage *f* ‖ **~ трюмов** *(Schiff)* Beladung *f* der Laderäume ‖ **~/частичная** Teilbelastung *f* ‖ **~ шихты** *(Glas)* Gemengeeinlegen *n*

загрузка-разгрузка *f (Fert)* Zu- und Abführung *f (von Werkstücken)*; Be- und Entladen *n (von Werkzeugmaschinen)*

загрузочный *(Met, Gieß)* Beschickungs..., Begichtungs..., Chargier...; Aufgabe...; Einstoß...; Speise...

загрузчик *m* 1. Aufgeber *m*, Chargiervorrichtung *f*; 2. *(Fert)* Zuführeinrichtung *f*, Beschickungseinrichtung *f*, Lader *m*; 3. *(Inf)* Ladeprogramm *n*, Lader *m* ‖ **~/исходный** *(Inf)* Initial-Lader *m*, Initiallader *m* ‖ **~/начальный** *(Inf)* Urlader *m* ‖ **~/первичный** *(Inf)* Urlader *m*, Bootstrap-Lader *m* ‖ **~/прикладной** *(Inf)* Anwendungslader *m*, AL ‖ **~/тонкослойный** *(Glas)* Dünnschichteinlegevorrichtung *f*, Dünnschichtbeschicker *m*

загрязнение *n* 1. Verunreinigung *f*, Verschmutzung *f*; 2. *(Kern)* Kontamination *f*, [radioaktive] Verseuchung *f*; 3. *(Lw)* Schmutzbesatz *m*, Verschmutzung *f (von Erntegut)* ‖ **~/антропогенное** *(Ökol)* anthropogene Verschmutzung *f* ‖ **~/атмосферное** Verunreinigung *f* der Luft, Luftverunreinigung *f*, Luftverschmutzung *f* ‖ **~/бактериальное** *(Ökol)* bakterielle Verunreinigung *f* ‖ **~/биологическое** *(Ökol)* biologische Verunreinigung *f* ‖ **~ биосферы/радиоактивное** *(Kern)* radioaktive Verunreinigung *f* der Biosphäre ‖ **~ воздуха** *s.* ~ атмосферное ‖ **~ воздуха/химическое** chemische Luftverunreinigung *f* ‖ **~/глобальное** *(Ökol)* Globalverschmutzung *f* ‖ **~/естественное** natürliche Verunreinigung *f* ‖ **~/катастрофическое** *(Ökol)* katastrophale Verschmutzung *f* ‖ **~/локальное** *(Ökol)* lokale Verunreinigung *f* ‖ **~/нефтяное** *(Ökol)* Erdölverschmutzung *f* ‖ **~ окружающей среды** Umweltverschmutzung *f* ‖ **~/остаточное** *(Ökol)* Restverschmutzung *f* ‖ **~ поверхностей/снимаемое** *(Kern)* abnehmbare Oberflächenkontamination *f* ‖ **~ поверхностей/фиксированное** *(Kern)* festhaftende Oberflächenkontamination *f* ‖ **~/повседневое** *(Ökol)* alltägliche Verschmutzung *f* ‖ **~ почв** *(Ökol)* Bodenverunreinigung *f* ‖ **~/радиоактивное** *(Kern)* Kontamination *f*, [radioaktive] Verseuchung *f* ‖ **~ радиоактивными веществами** *(Kern)* Kontamination *f*, [radioaktive] Verseuchung *f* ‖ **~/региональное** *(Ökol)* regionale Verschmutzung *f* ‖ **~/ртутное** *(Ökol)* Quecksilberkontamination *f*, Verunreinigung *f* durch Quecksilber ‖ **~/свинцовое** *(Ökol)* Bleikontamination *f* ‖ **~/тепловое** Thermalverunrei-

nigung *f* ‖ ~ **тяжёлыми металлами** *(Ökol)* Schwermetallkontamination *f*
загрязнённость *f* Verschmutzungsgrad *m*, Verunreinigungsgrad *m*
загрязнённый verschmutzt, verunreinigt
загрязнитель *m (Ökol)* Verschmutzer *m*, Verunreiniger *m*
загустевание *n* Eindicken *n*, Verdicken *n (Flüssigkeit)*; Dickflüssigwerden *n*
загустевать eindicken
загустение *n s.* загустевание
загустеть *s.* загустевать
загуститель *m* Eindickungsmittel *n*, Verdickungsmittel *n*
загустка *f s.* загуститель
задаваемый выводами *(Eln)* pinprogrammierbar ‖ ~ **пользователем** *(Inf)* benutzerdefinierbar
задавать 1. aufgeben *(Material)*; 2. beschicken *(Ofen)*; begichten *(Hochofen)*; 3.*(Wlz)* einstechen, [an]stecken; 4. eintragen *(Aufbereitung)*
задание *n* 1. Aufgabe *f*, Auftrag *m*; 2. Soll *n*, Sollwert *m*; Vorgabe *f*; 3. *(Inf)* Job *m*, Aufgabe *f* ‖ ~ **напряжений** *(El)* Spannungsvorgabe *f* ‖ ~**/ненастроенное** *(Inf)* Job *m* ohne Wiedereinlaufmöglichkeit *f* ‖ ~**/техническое** technische Aufgabenstellung *f*
заданный [vor]gegeben, Soll…; geplant; gefordert
задатчик *m (Reg)* Geber *m*, Einsteller *m*; Sollwertgeber *m* ‖ ~**/местный** im Regler eingebauter Sollwertgeber *m* ‖ ~ **регулируемого значения** Sollwertgeber *m*, Sollwert[ein]steller *m*
задача *f* 1. Aufgabe *f*; Problem *n*; *(Inf)* Aufgabe *f*, Task *f*; 2. Aufgabe *f (Material)*; 3. Beschickung *f (Ofen)*; Begichtung *f (Hochofen)*; 4. *(Wlz)* Stich *m*, Einstich *m*, Einstechen *n*, Anstecken *n*, Stecken *n*; 5. Eintragen *n*, Eintrag *m (Aufbereitung)* ‖ ~**/арифметическая** Rechenaufgabe *f* ‖ ~**/вариационная** *(Kyb)* Optimierungsproblem *n*, Variationsaufgabe *f* ‖ ~**/внешняя краевая** *(Math)* äußeres Randwertproblem *n* ‖ ~**/внутренняя краевая** *(Math)* inneres Randwertproblem *n* ‖ ~ **главных осей** Hauptachsenproblem *n* ‖ ~ **двух тел** *(Mech)* Zweikörperproblem *n*; Kepler-Problem *n* ‖ ~ **Дирихле** *(Math)* Dirichletsches Problem (Randwertproblem) *n*, Dirichlet-Problem *n* ‖ ~ **запрещения** *(Inf)* Warteproblem *n* ‖ ~ **Кеплера** *s.* ~ двух тел ‖ ~**/кеплерова** *s.* ~ двух тел ‖ ~ **Коши** *(Math)* Cauchysches Problem *n* ‖ ~**/краевая** *(Math)* Randwertproblem *n*, Randwertaufgabe *f* ‖ ~ **минимума** *(Ph)* Minimumproblem *n* ‖ ~ **многих тел** *(Mech)* Mehrkörperproblem *n*, Vielkörperproblem *n*, *n*-Körper-problem *n* ‖ ~ **многих тел/статистическая** statistisches Mehrkörperproblem *n* ‖ ~ **моментов** *(Mech)* Momentenproblem *n* ‖ ~**/начальная** *(Math)* Anfangswertproblem *n* ‖ ~ **Неймана** *(Math)* Neumannsches Problem (Randwertproblem) *n* ‖ ~**/нелинейная краевая** *(Math)* nichtlineares Randwertproblem *n* ‖ ~**/неоднородная краевая** *(Math)* inhomogenes Randwertproblem *n* ‖ ~**/обратная** *(Math)* inverse Aufgabe *f* ‖ ~ **одного тела** *(Mech)* Einkörperproblem *n* ‖ ~**/однородная краевая** *(Math)* homogenes Randwertproblem *n* ‖ ~ **оптимизации** *(Kyb)* Optimierungsaufgabe *f* ‖ ~**/плоская** *(Mech)* ebenes Problem *n* ‖ ~**/присоединённая** *(Inf)* angeschlossene Aufgabe *f* ‖ ~**/производственная** fertigungstechnisches Problem *n* ‖ ~ **рассеяния** Streuproblem *n* ‖ ~ **Римана-Гильберта** *s.* ~ связи ‖ ~ **связи** *(Math)* Kopplungsproblem *n*, Riemann-Hilbert-Problem *n* ‖ ~ **сейсмики/обратная** *(Geoph)* inverse Aufgabe *f* der Seismik ‖ ~ **сейсмики/прямая** *(Geoph)* direkte Aufgabe *f* der Seismik ‖ ~ **семенных дрожжей** *(Brau)* Anstellen *n* [der Würze] *(Zugabe der Hefe zur Würze)* ‖ ~**/смешанная краевая** *(Math)* gemischtes Randwertproblem *n* ‖ ~**/схемная** *(El)* Schaltungsaufgabe *f* ‖ ~ **теории очередей** *(Inf)* Warteschlangenproblem *n* ‖ ~**/третья краевая** *(Math)* drittes Randwertproblem *n* ‖ ~ **трёх пучков** Dreistrahlproblem *n* ‖ ~ **трёх тел** *(Mech)* Dreikörperproblem *n* ‖ ~ **трёх тел/ограниченная** eingeschränktes Dreikörperproblem *n* ‖ ~ **Штурма-Лиувилля** *(Math)* Sturm-Liouvillesches Problem (Randwertproblem) *n*
задающий частоту frequenzbestimmend
задвижка *f* 1. Riegel *m*, Schubriegel *m (Tür)*; 2. Schieber *m*, Absperrschieber *m (Gas-, Wasser- und Dampfleitungen)*; 3. *(Hydt)* Schieberverschluß *m* ‖ ~**/автоматическая** selbsttätige Schiebersperre *f* ‖ ~**/быстродействующая (быстроходная)** Schnellabsperrschieber *m*, Schnellschlußschieber *m* ‖ ~**/вальцовая** Walzenschieber *m* ‖ ~**/вентиляционная** Lüftungsschieber *m* ‖ ~**/водяная [запорная]** Wasser[absperr]schieber *m* ‖ ~**/воздушная** Startschieber *m (Vergaser)* ‖ ~**/двухходовая** Zweiwegschieber *m* ‖ ~**/запорная** 1. Absperrschieber *m*; 2. *(Eb)* Verschlußriegel *m (Sicherungstechnik)* ‖ ~**/клиновая** Keil[platten]schieber *m (Dampf-, Gas- und Wasserleitungen)* ‖ ~**/кольцевая** Ringschieber *m (Dampf-, Gas- und Wasserleitungen)* ‖ ~**/паровая [запорная]** Dampf[absperr]schieber *m* ‖ ~**/плоская** Flachschieber *m* ‖ ~**/противовыбросовая** *(Bgb)* Explosionsschutz *m*, Eruptionsschieber *m (Erdöl- bzw. Erdgasbohrung)* ‖ ~**/пусковая** Anlaßschieber *m*, Anfahrschieber *m (Dampfturbine)* ‖ ~**/ручная** Handschieber *m* ‖ ~**/трёхходовая** Dreiwegeschieber *m* ‖ ~**/фонтанная** *(Bgb)* Eruptionsschieber *m (Erdöl- bzw. Erdgasbohrung)* ‖ ~**/фурменная** Düsenabsperrschieber *m (Schachtofen, Konverter)*
задвижка-регулятор *f* Regelschieber *m*, Einstellschieber *m*
задел *m* 1. Vorrat *m*; 2. Vorlauf *m* ‖ ~ **деталей** *(Fert)* Werkstückvorrat *m* ‖ ~**/межоперационный** *(Wkzm)* Werkstückzwischenvorrat *m* ‖ ~**/научно-технический** wissenschaftlich-technischer Vorlauf *m*
заделка *f* 1. Abdichten *n*, Abdichtung *f*; Verstopfen *n*, Zumachen *n*, Verschließen *n*; Verkittung *f*; 2. Ausbessern *n*; *(Met)* Ausflicken *n (Ofen)*; *(Gieß)* Abdämmen *n (Form)*; 3. *(Bw)* Einbetonieren *n*, Einbettung *f*; Einspannung *f*; 4. *(Schiff)* Festigkeitsblende *f*, Schubblech *n* ‖ ~ **арки** *(Bw)* Bogenverankerung *f* ‖ ~ **в бетоне** *(Bw)* Einbetonieren *n* ‖ ~ **в стене** *(Bw)* Befestigung *f* im Mauerwerk ‖ ~**/концевая кабельная** *(El)* Kabelendverschluß *m* ‖ ~ **коуша** *(Schiff)* Einspleißen *n* einer Kausch ‖ ~ **кратера** Verschweißen *n* des Kraters ‖ ~ **литья** Guß[teil]ausbesserung *f* ‖

~ металлизацией *(Met)* Zuspritzen *n (z. B. Risse oder Lunker in Gußteilen)* ‖ **~/оконечная** Abspannen *n (von Leitungsdrähten)* ‖ **~ при пахоте** *(Lw)* Einpflügen *n*, Unterpflügen *n* ‖ **~ пробоины** *(Schiff)* Leckabdichtung *f*, Abdichten *n* eines Lecks ‖ **~ семян** *(Lw)* Saatguteinbringung *f*, Einbetten *n* ‖ **~ швов** *(Bw)* Verfugen *n*, Vermörteln *n* der Fugen

задел-накопитель *m (Fert)* Vorratsspeicher *m (für Werkstücke)*

заделывать 1. abdichten, verstopfen, zumachen, verschließen; verkitten; verblenden *(eine Öffnung)*; 2. ausbessern; *(Met)* flicken *(Ofen)*; 3. *(Bw)* einbetonieren, einbetten; einspannen ‖ **~ коуш** *(Schiff)* eine Kausch einspleißen ‖ **~ пробоину** *(Schiff)* ein Leck abdichten

задержать *s.* задерживать

задерживать aufhalten, verzögern, hemmen

задержка *f* 1. Aufenthalt *m*, Halten *n*; 2. Störung *f*, Hemmung *f*; 3. Verzögerung *f*, Aufschub *m (s. a. unter* замедление *und* запаздывание*)* ‖ **~/амплитудная** Amplitudenverzögerung *f* ‖ **~ включения** Einschaltverzögerung *f* ‖ **~ во времени** *s.* ~ времени ‖ **~ воспламенения** Zündverzögerung *f*, Zündverzug *m (Viertaktdiesel)* ‖ **~ времени** *(Reg)* Zeitverzögerung *f*, [zeitliche] Verzögerung *f*, Zeitverzug *m* ‖ **~ выключения** 1. *(El)* Ausschaltverzögerung *f*, Ausschaltverzug *m*, Öffnungszeit *f*; 2. *(Kern)* Abschaltverzögerung *f (Reaktor)* ‖ **~/групповая** Gruppenlaufzeit *f* ‖ **~ зажигания** *s.* ~ воспламенения ‖ **~ импульса** Impulsverzögerung *f* ‖ **~ импульса/временная** Impulszeitverzögerung *f* ‖ **~ кипения** Siedeverzug *m*, Siedeverzögerung *f* ‖ **~ конденсации** Kondensationsverzug *m* ‖ **~ отключения** *s.* ~ выключения 1.; 2. ‖ **~ отпускания** Abfallverzögerung *f (eines Relais)* ‖ **~ поезда** *(Eb)* Zughalt *m*, Anhalten *n* eines Zuges ‖ **~ пролёта** Laufzeitverzögerung *f* ‖ **~ развёртки** Abtastverzögerung *f* ‖ **~ разряда** Entladeverzug *m*, Entladungsverzug *m* ‖ **~/регулируемая** regelbare (einstellbare) Verzögerung *f* ‖ **~ сдвига** Scherverzögerung *f* ‖ **~ срабатывания реле** Ansprechverzögerung *f* eines Relais ‖ **~ счёта [/статистическая]** [statistische] Zählverzögerung *f* ‖ **~/фазовая** *(El)* Phasennacheilung *f*, Phasenverzögerung *f*

задержник *m (Schiff)* Stopper *m (Stapellauf)*

задир *m* 1. *(Masch)* Festlaufen *n*, Festfressen *n*; 2. Anriß *m*, Kratzer *m*; Riefe *f*; Freßstelle *f*; 3. *(Wlz)* Walzgrat *m*, Grat *m* ‖ **~ холста** *(Text)* Schälen *n* des Wickels *(Putzerei)*

задирание *n* 1. *s.* задир 1.; 2.; Riefenbildung *f*; 3. *(Wlz)* Gratbildung *f*

задирать *(Masch)* festgehen

задок *m (Wkz)* Finne *f*, Schmalbahn *f (Hammer)*

задраивание *n (Schiff)* Verschließen *n*, Verriegeln *n (Türen, Klappen)*

задраивать *(Schiff)* verschließen, verriegeln *(Türen, Klappen)*

задрайка *f (Schiff)* Verschluß *m*; Vorreiber *m* ‖ **~/барашковая** Flügelmutterverschluß *m*; Korbmutterverschluß *m* ‖ **~/быстродействующая** Schnellverschluß *m (Lukendeckel)* ‖ **~/индивидуальная клиновая** Einzelvorreiberverschluß *m* ‖ **~/клиновая** Vorreiberverschluß *m* ‖ **~/когтевая** Krallenverschluß *m* ‖ **~ на тягах/клиновая** Stangenvorreiberverschluß *m*

задуб *m/мёртвый* *m (Led)* Totgerbung *f*

задубка *f* 1. Härtung *f*, Gerbung *f (Emulsion)*; 2. *(Led)* Angerbung *f*; Anfärbung *f* ‖ **~/световая** Lichthärtung *f*

задубливать 1. *(Photo)* härten; 2. *(Led)* angerben; anfärben

задувать *(Met)* anblasen, aufheizen *(Schachtofen)*; einblasen *(Hochofen, Kupolofen)*

задувка *f (Met)* Anblasen *n*, Aufheizen *n (Schachtofen)*; Einblasen *n (Hochofen, Kupolofen)*

заедание *n* 1. *(Masch)* Festfressen *n*, Fressen *n (z. B. Lager)*; 2. Anfressung *f (Korrosion)*; 3. *(Wkz)* Einhaken *n (Drehmeißel)* ‖ **~ поршня** *(Masch)* Kolbenfressen *n* ‖ **~ трущихся частей** *(Masch)* Fressen *n* der Gleitflächen

заедать 1. *(Masch)* [fest]fressen *(z. B. Lager)*; 2. anfressen *(Korrosion)*; 3. einhaken *(Drehmeißel)*

зажатие *n* Spannen *n*, Festspannen *n (Werkstück)*; Klemmen *n*, Festklemmen *n* ‖ **~ волокна** *(Text)* Faserklemmung *f* ‖ **~/гидравлическое** *(Wkzm)* hydraulisches Spannen *n* ‖ **~/механическое** *(Wkzm)* mechanisches Spannen *n* ‖ **~/пневматическое** *(Wkzm)* pneumatisches Spannen *n*

зажать *s.* зажимать 1.; 2.

зажгучивание *n (Text)* Verzopfung *f*

зажжение *n* **заряда** Initiierung *f (Sprengladung)*

зажигалка *f* Zündvorrichtung *f*, Anzünder *m* ‖ **~/электрическая** elektrischer Gasanzünder *m*

зажигание *n* 1. Zündung *f*, Zünden *n (Verbrennungsmotoren)*; 2. Entzündung *f*, Anzünden *n* ‖ **~/батарейное** Batteriezündung *f* ‖ **~/верхнее** Oberzündung *f* ‖ **~/вспомогательное** Hilfszündung *f* ‖ **~/двойное** Doppelzündung *f* ‖ **~ дуги** Lichtbogenzündung *f* ‖ **~/запаздывающее** Spätzündung *f* ‖ **~/импульсное** Impulszündung *f* ‖ **~/искровое** Kerzenzündung *f*, Funkenzündung *f* ‖ **~/калоризаторное** Glühkopfzündung *f (Diesel)* ‖ **~ на отрыв** Abreißzündung *f* ‖ **~/начальное** *(Schw)* Zünden *n* bei der ersten Berührung *(der Elektrode mit dem Werkstück)* ‖ **~/неисправное (неправильное)** Fehlzündung *f* ‖ **~/нижнее** Unterzündung *f* ‖ **~/обратное** Rückzündung *f* ‖ **~ обрызгиванием** Spritzzündung *f* ‖ **~ отсечками** Abreißzündung *f* ‖ **~/повторное** *(Schw)* Wiederzünden *n (nach Unterbrechung des Schweißvorgangs)* ‖ **~/позднее** Spätzündung *f* ‖ **~/полуволновое** *(Eln)* Halbwellenzündung *f* ‖ **~/постороннее** Fremdzündung *f* ‖ **~/преждевременное** Frühzündung *f* ‖ **~/прямое** Durchzündung *f* ‖ **~/раннее** Vorzündung *f*; Frühzündung *f* ‖ **~/факельное** Flammenzündung *f* ‖ **~/электрическое** elektrische Zündung *f*; Funkenzündung *f* ‖ **~/электронное** elektronische Zündung *f*

зажигатель *m* Zündelektrode *f*, Ignitor *m* ‖ **~/полупроводниковый** Halbleiterzündelektrode *f* ‖ **~/электромагнитный** Magnetstarter *m*, Magnetzünder *m*

зажигательный Zünd...

зажигать 1. zünden; 2. aufleuchten *(z. B. Signalleuchte)*

зажим *m* 1. Klemme *f*, Klemmstück *n*; Halter *m*; Zwinge *f*; Schelle *f*; 2. Greifer *m*; 3. *(Fert)* Aufspannung *f*, Einspannung *f*, Spannen *n (eines Werkstücks)*; 4. *(Wkz)* Spannschlüssel *m*; Spanner *m*; 5. *(Fert)* Spanneinrichtung *f*; Spannkopf *m*; Spannzeug *n*; Spannmittel *n (für Werkstücke und Werkzeuge)*; 6. *(Schm)* Stich *m (Schmiedefehler)*; 7. Niederhalter *m (Schere)*; 8. *(El)* Klemme *f*, Anschlußklemme *f*; 9. *(Masch)* Klemmgesperre *n*, Klemmeinrichtung *f (für Maschinenteile)* ‖ **~/анкерный** Verankerungsklemme *f* ‖ **~/анодный** Anodenklemme *f* ‖ **~/антенный** Antennenklemme *f* ‖ **~/батарейный** Batterieklemme *f* ‖ **~/боковой** *(Fert)* Seitenspanner *m* ‖ **~/быстродействующий** *(Fert)* Schnellspanner *m* ‖ **~/вакуумный** *(Fert)* Vakuumspanner *m*; Vakuumteller *m* ‖ **~/винтовой** 1. *(Ch)* Quetschhahn *m* [nach Hoffmann], Schraubklemme *f (Laborgerät)*; 2. *(Fert)* Schraubspanner *m*; 3. *(Med)* Schraubenpinzette *f* ‖ **~ волокна** *(Text)* Faserklemmung *f (Streckwerk)* ‖ **~/входной** *(El)* Eingangsklemme *f* ‖ **~/выводной** *(El)* Herausführungsklemme *f* ‖ **~/выходной** *(El)* Ausgangsklemme *f* ‖ **~/гидравлический** *(Fert)* 1. hydraulisches Spannen *n*; 2. Hydraulikspanner *m* ‖ **~ Гофмана** *s.* ~/винтовой 1. ‖ **~/двухсторонний** *(Wkzm)* doppelseitiges Spannen *n* ‖ **~/заземляющий** *(El)* Erd[ungs]klemme *f* ‖ **~/закрепляющий** Befestigungsklemme *f* ‖ **~/зубчатый** *(Med)* Hakenklemme *f* ‖ **~/испытательный** *(Nrt)* Prüfklemme *f* ‖ **~/кабельный** *(El)* Kabelklemme *f* ‖ **~/канатный** Seilklemme *f*, Seilschloß *m* ‖ **~/клиновой** *(Masch)* 1. Keilspannung *f*; 2. Keilspanner *m* ‖ **~/кольцевой** *(Med)* Ringkralle *f* ‖ **~/компактный кольцевой** *(El)* Kompaktklemmring *m (z. B. für Kabel)* ‖ **~ контактного провода/фиксирующий** *(El, Eb)* Fahrdrahtklemme *f* ‖ **~/контактный** *(El)* Kontaktklemme *f* ‖ **~/корпусный** *(El)* Gehäuseklemme *f* ‖ **~/лабораторный** *s.* ~/винтовой 1. ‖ **~/механический** *(Masch)* 1. mechanisches Spannen *n*; 2. mechanischer Spanner *m*, Kraftspanner *m* ‖ **~ Мора** *s.* ~/пружинящий ‖ **~ нагрузки** *(El)* Lastklemme *f* ‖ **~/натяжной** Abspannklemme *f*, Spannklemme *f* ‖ **~/несущий** Tragklemme *f* ‖ **~/ответвительный** *(El)* Abzweigklemme *f* ‖ **~/питающий** Stromzuführungsklemme *f* ‖ **~/пневматический** *(Masch)* 1. pneumatisches Spannen *n*; 2. Pneumatikspanner *m* ‖ **~/потенциальный** *(El)* Potentialklemme *f* ‖ **~/прессуемый тросовый** *(Schiff)* Seilpreßhülse *f* ‖ **~/присоединительный** *(El)* Anschlußklemme *f* ‖ **~/проволочный** Drahthalter *m (Drahtziehen)* ‖ **~/пружинный** Federklemme *f*; *(Wkzm)* Federspanner *m* ‖ **~/пружинящий** *(Ch)* Federklemme *f*, Quetschhahn *m* nach Mohr *(Laborgerät)* ‖ **~/распорный** Spreizklemme *f* ‖ **~/ручной** *(Masch)* Handspannung *f*; manuelles Spannen *n* ‖ **~/соединительный** *(El)* Verbindungsklemme *f* ‖ **~/сосудистый** *(Med)* Gefäßklemme *f* ‖ **~/стопорный** Feststellklemme *f* ‖ **~/токовый** Stromzuführungsklemme *f* ‖ **~/толкающий** *(Wkzm)* Druckspannung *f* ‖ **~/тросовый** *(Schiff)* Trossenklemme *f* ‖ **~/тянущий** *(Wkzm)* Zugspannung *f* ‖ **~ узловязателя** *(Lw)* Fadenhalter *m (Mähbinder)* ‖ **~/фрикционный** Reibungsklemme *f* ‖ **~/цанговый** *(Wkzm)* 1. Zangenspannung *f*; 2. Zangenspanner *m* ‖ **~/эксцентриковый** *(Wkzm)* 1. Exzenterspannung *f*; 2. Exzenterspanner *m* ‖ **~/электродный** Elektrodenklemme *f*

зажимание *n* 1. Klemmen *n*, Einklemmen *n*; 2. *(Fert)* Einspannen *n*, Aufspannen *n*, Spannen *n (s. a.* зажим 3.*)*; 3. *(Bgb)* Festsitzen *n*, Festklemmen *n (des Bohrgestänges im Bohrloch)*

зажимать 1. *(Masch)* [ein]klemmen; 2. *(Wkzm)* spannen *(Werkstücke, Werkzeuge)*

зажимный 1. *(Masch)* klemmend, Klemm...; durch Klemmen wirkend *(Arbeitsweise von Greifern)*; 2. *(Wkzm)* Spann...

зажимодержатель *m* Klemmhalter *m*

зажим-пинцет *m (Med)* Klemmpinzette *f*

зажим-расширитель *(Med)* Klemmsperrer *m*, Spreizklemme *f*

зажор *m (Hydrod)* Eisschlammversetzung *f*, Eisbreiversetzung *f*, Eisstopfung *f*

заземление *n* 1. *(El)* Erdung *f*; Erd[ungs]leitung *f*; 2. *(Nrt)* Erdschluß *m* ‖ **~/грозозащитное** Blitzschutzerdung *f* ‖ **~/защитное** Schutzerdung *f* ‖ **~ на корпус** Masseerdung *f* ‖ **~ нейтрали** Sternpunkterdung *f* ‖ **~/рабочее (эксплуатационное)** Betriebserdung *f*

заземлённый *(El)* geerdet, auf Masse gelegt

заземлитель *m (El)* Erder *m*, Erdelektrode *f* ‖ **~/вспомогательный** Hilfserder *m* ‖ **~/глубинный** Tieferder *m* ‖ **~/грозозащитный** Blitzschutzerder *m* ‖ **~/защитный** Schutzerder *m* ‖ **~/кольцевой** Ringerder *m* ‖ **~/пластинчатый** Plattenerder *m* ‖ **~/поверхностный** Oberflächenerder *m* ‖ **~/стержневой** Staberder *m* ‖ **~/сферический** Kugelerder *m* ‖ **~/трубчатый** Rohrerder *m*

заземлить *s.* заземлять

заземлять *(El)* erden, auf Masse legen ‖ **~ линию** eine Leitung erden ‖ **~ на корпус** an Masse (Erde) legen, erden

заземляющий *(El)* Erd[ungs]...

зазор *n* 1. Spalt *m*, Schlitz *m*; 2. Spiel *n*, Luft *f*; toter Gang *m*; 3. Abstand *m*, Zwischenraum *m*, Spielraum *m*, Lücke *f*; 4. *(Schw)* Nahtspalt *m*; 5. *(Masch)* Spiel *n (einer Passung)* • **без зазора** *(Masch)* spielfrei ‖ **~/аксиальный** *(Masch)* Axialspiel *n*, Längsspiel *n*; Axialluft *f (Wälzlager)* ‖ **~/боковой** *(Masch)* Seitenspiel *n*; Flankenspiel *n (Verzahnung, Gewinde)* ‖ **~ в зацеплении** *(Masch)* Verzahnungsspiel *n*, Eingriffsspiel *n* ‖ **~ в зубчатой передаче** *(Masch)* Zahnspiel *n* ‖ **~ в клапанах** Ventilspiel *n* ‖ **~ в передаче** Getriebespiel *n* ‖ **~ в подшипнике** *(Masch)* Lagerspiel *n*, Lagerluft *f (Wälzlager)* ‖ **~ в сварном соединении** *(Schw)* Stegabstand *m*, Wurzelspalt *m* ‖ **~ в стыке** Stoßlücke *f* ‖ **~ вальцового станка/рабочий** Mahlspalt *m* ‖ **~/воздушный** *(El)* Luftspalt *m*, Luftschlitz *m* ‖ **~/гарантированный боковой** *(Masch)* Mindest-Eingriffsflankenspiel *n* ‖ **~/главный электромашинный** *s.* ~/воздушный ‖ **~/действительный** funktionelles (wirksames) Spiel *n* ‖ **~ клапана** Ventilspiel *n* ‖ **~/клапанный** Ventilspiel *n* ‖ **~/клиновой** Keilspalt *m* ‖ **~/кольцевой** 1. *(El)* Ringspalt *m*, ringförmiger Luftspalt *m*; 2. *(Bgb)* Ringraum *m (Bohrloch)* ‖ **~/контактный** Kontaktabstand *m* ‖ **~/лопаточный** Schaufelspalt *f (Dampfturbine)* ‖ **~ между валками** *(Wlz)* Walzenöffnung *f*, Walzenspalt *m* ‖ **~ между валом и подшипником** Lagerspiel *n (Lager und Welle)*; Lagerspalt *m*; Ölluft *f (Lager und Welle)* ‖ **~ между поршнем и цилин-**

дром Kolbenspiel *n* ‖ **~ между ребордой и рельсом** *(Eb)* Spurspiel *n (Spiel zwischen Spurkranz und Schienenkopf)* ‖ **~/монтажный** Einbauspiel *n*, Montagespiel *n* ‖ **~/наибольший** Größtspiel *n (Welle und Bohrung)* ‖ **~/наименьший** Kleinstspiel *n (Welle und Bohrung)* ‖ **~/нулевой** Nullspiel *n* ‖ **~/осевой** Längsspiel *n*, Axialspiel *n*, Axialluft *f (Wälzlager)* ‖ **~/паяльный** *(Schw)* Lötspalt *m* ‖ **~ по боковой поверхности** Flankenspiel *n (Gewinde)* ‖ **~ при входе профилей в зацепление** Flankeneintrittsspiel *n (Zahnrad)* ‖ **~/рабочий** 1. Magnetkopfspalt *m*, Kopfspalt *m*, Nutspalt *m*; 2. *(Masch)* Arbeitsspiel *n* ‖ **~/рабочий воздушный** *(El)* Arbeitsluftspalt *m*, wirksamer Luftspalt *m* ‖ **~/радиальный** Radialspiel *n*, Radialluft *f (Wälzlager)*; Kopfspiel *n (Zahnrad)* ‖ **~/сборочный** Einbauspiel *n*, Montagespiel *n*; Montagespalt *m* ‖ **~ связи** *(El)* Koppelspalt *m* ‖ **~/стыковой** 1. Stoßfuge *f*, Fuge *f*; 2. *(Eb)* Wärmelücke *f (Schienenstoß)* ‖ **~/тангенциальный боковой** *(Fert)* Verdrehflankenspiel *n* ‖ **~ червяка** *(Masch)* Schneckenspiel *n* ‖ **~/энергетический** *(Eln)* 1. Energiespalt *m*, Energielücke *f*; 2. verbotenes Band *n (Bändermodell)*

зазорник *m (Eb)* Lückeneisen *n (Bau)*

зазубренный *(Masch)* gezackt, gezahnt; geriffelt; schartig

зазубрина *f* Kerbe *f*; Zacke *f*, Scharte *f*

заиление *n (Hydrol)* Verlandung *f*, Verschlammung *f (Seen, Kanäle, Speicher)* ‖ **~ водохранилища** Stauraumauflandung *f*, Stauraumverlandung *f*

заиливание *n s.* заиление

зайчик *m*/**световой** *(Inf)* Lichtzeiger *m*, Lichtmarke *f*

заказник *m (Ökol)* Schutzgebiet *n (s. a. unter* заповедник*)* ‖ **~/долгосрочный** Langzeitschutzgebiet *n* ‖ **~/ландшафтный** Landschaftsschutzgebiet *n* ‖ **~/озёрный** Seenschutzgebiet *n* ‖ **~/орнитологический** Vogelschutzgebiet *n*, ornithologisches Schutzgebiet *n* ‖ **~/фаунистический** faunistisches Schutzgebiet *n*, Tierschutzgebiet *n*

заказной *(Inf)* kundenspezifisch [angepaßt]

закал *m* Härten *n*, Härtung *f (Stahl, Glas)*

закалённый gehärtet, abgeschreckt

закаливаемость *f (Härt)* Härtbarkeit *f*, Härtefähigkeit *f*

закаливание *n s.* закалка

закаливать *(Härt)* härten, abschrecken; *(Glas)* verspannen, härten

закалить *s.* закаливать

закалка *f (Härt)* Härten *n*, Abschrecken *n*, Abschreckhärten *n*; *(Glas)* Verspannen *n*, Härten *n* ‖ **~/бейнитовая** Härten *n* auf Bainitstruktur ‖ **~ в вакууме** Vakuumhärten *n* ‖ **~ в воде** Wasserhärten *n* ‖ **~ в воздухе** Lufthärten *n* ‖ **~ в горячих средах** Warmbadhärtung *f*, Thermalhärtung *f* ‖ **~ в двух средах** gebrochenes (unterbrochenes) Härten *n* ‖ **~ в жидких средах** *(Glas)* Verspannen (Härten) *n* im Ölbad ‖ **~ в масле** Ölhärten *n* ‖ **~ в продольном направлении/последовательная** Linienhärtung *f* ‖ **~ в цианистой ванне** Zyanbadhärten *n* ‖ **~/вакуумная** Vakuumhärten *n* ‖ **~/воздушная** Lufthärten *n* ‖ **~/вторичная** Anlaßhärten *n*, Anlaßhärtung *f* ‖ **~/высокочастотная** Hochfrequenzhärten *n*, HF-Härten *n* ‖ **~/газопламенная** Autogenhärten *n* ‖ **~/газопламенная поверхностная** Brennhärten *n*, Flamm[en]härten *n*, Autogenhärten *n* ‖ **~/двукратная** Doppelhärten *n* ‖ **~/дифференциальная** *s.* ~/местная ‖ **~/изотермическая** isotherme Härtung *f*, isothermes Härten *n*, Warmbadhärten *n*, Warmbadvergüten *n*, Zwischenstufenvergütung *f* ‖ **~/индукционная** induktives Härten *n* ‖ **~/кислородно-ацетиленовая** Flamm[en]härten *n*, Brennhärten *n*, Autogenhärten *n* ‖ **~/корпусная** Mantelhärtung *f* ‖ **~/лазерная** Laserhärtung *f* ‖ **~ лазерным лучом** Laserhärtung *f* ‖ **~/масляная** Ölhärten *n*, Ölabschreckung *f* ‖ **~/местная** örtliches (partielles) Härten *n* ‖ **~ на мартенсит/изотермическая** isotherme Härtung *f* auf Martensitgefüge ‖ **~ на сорбит/изотермическая** isotherme Härtung *f* auf Sorbitgefüge ‖ **~ на троостит/изотермическая** isotherme Härtung *f* auf Troostitgefüge ‖ **~/неполная** unvollständiges Härten *n* ‖ **~/непрерывная** kontinuierliches Härten *n* ‖ **~/объёмная** Durchhärten *n* ‖ **~/обычная** *s.* ~/полная ‖ **~/огневая** *s.* ~/пламенная ‖ **~ оплавлением поверхности** *(Härt)* Schmelzhärtung *f* ‖ **~ оплавлением поверхности/электронно-лучевая** Elektronenstrahl-Schmelzhärtung *f* ‖ **~ охлаждением в металлах** Patentieren *n*, Patentierung *f* ‖ **~/пламенная [поверхностная]** Brennhärten *n*, Flamm[en]härten *n*, Autogenhärten *n* ‖ **~/пламенная поступательная** Vorschubhärten *n* ‖ **~/пламенная стационарная** Brennhärten *n* im stationären Verfahren (Stillstandverfahren) ‖ **~ поверхности/индукционная одновременная** Standhärtung *f*, Stillstand- und Umlaufhärtung *f* ‖ **~/поверхностная** Oberflächenhärten *n* ‖ **~/поверхностная индукционная одновременная** Standhärtung *f*, Stillstand- und Umlaufhärtung *f* ‖ **~ погружением** Tauch[bad]härten *n* ‖ **~ под давлением** Druckhärten *n*, Kalthärten *n* ‖ **~/полная** vollständiges Härten *n* ‖ **~/прерывистая** gebrochenes Härten *n*, Abschreckhärten *n* in zwei Härtemitteln ‖ **~ с отпуском** Vergüten *n* ‖ **~/сварочная** Aufhärten *n* ‖ **~/светлая** Blankhärten *n* ‖ **~/сквозная** Durchhärten *n* ‖ **~/струйная (струйчатая)** Spritzhärten *n* ‖ **~/ступенчатая** gestuftes Härten *n*, Härten *n* bei fallender Hitze ‖ **~/электроконтактная** Härten *n* mit Widerstandserhitzung

закалочная *f* Härterei *f (Betriebsabteilung)*

закапчивание *n* 1. Berußen *n*, Einrußen *n*, Anblaken *n*; 2. Verrußen *n*

закат *m* 1. Walzgrat *m*, Walznaht, Einwalzung *f*, Walzbart *m*, Überwalzung *f*; 2. Bördelung *f*; 3. *(Astr)* Untergang *m (Sonne, Mond)*

закатать 1. *(Wlz)* einwalzen, überwalzen; 2. *(Gum)* rändern *(Tauchartikel)*

закатка *f* 1. Rollen *n*, Einrollen *n*; 2. Ebnen *n*, Glattrollen *n*; 3. *(Glas)* Wälzen *n*, Marbeln *n (eines Glaspostens auf ebener Platte)*; 4. *(Glas)* Wulchern *n*, Motzen *n (eines Glaspostens in einer eiförmig ausgehöhlten Formhälfte)*; 5. Bördelung *f*; 6. *(Gum)* Einwickeln *n*; 7. Einrollverschluß *m (Konservendosen)* ‖ **~ банок** Verschließen *n* der Dosen (Konservendosen)

закатывание *n* **краской** *(Typ)* 1. Einfärben *n (der Schicht in der Druckformenherstellung)*; 2. Einfärben *n (Druckvorgang)*
закатывать 1. einwalzen, überwalzen; 2. Konservendosen verschließen
закачивать [hin]einpumpen
закачка *f* Einpumpen *n*, Hineinpumpen *n*
закваска *f (Lebm)* Sauerteig *m*, Sauer *m*
заквашивание *n (Lebm)* Einsäuern *n*
заквашивать *(Lebm)* [ein]säuern, ansäuern
закипание *n* Siedebeginn *m*, Aufwallen *n* ‖ **~ двигателя** Kochen *n* des Motors ‖ **~ охладителя** *(Kfz)* Kochen *n* der Kühlflüssigkeit
закисание *n* Sauerwerden *n*
закись *f (Ch)* niedrigeres (niederwertiges) Oxid *n*, Oxid der niedrigeren Oxidationsstufe (Wertigkeitsstufe)
закись-окись *f* gemischtes Oxid *n*
закладка *f* 1. Einlegen *n*, Einbringen *n*; Einwurf *m*; 2. *(Bw)* Gründung *f*; 3. *(Bgb)* Versatz *m*; 4. *(Bgb)* Ansetzen *n*, Anlegen *n (Bohrung, Schacht)* ‖ **~ вручную** *(Inf)* manuelle Eingabe *f* ‖ **~/гидравлическая** *(Bgb)* Spülversatz *m*, hydraulischer Versatz *m* ‖ **~/гидропневматическая** *(Bgb)* Spülblasversatz *m* ‖ **~/мокрая** *(Bgb)* Naßversatz *m* ‖ **~/плотная** *(Bgb)* Vollversatz *m* ‖ **~/пневматическая** *(Bgb)* Blasversatz *m* ‖ **~/полная** *(Bgb)* Vollversatz *m* ‖ **~ прутка** *(Text)* Ruteneintrag *m (Weberei)* ‖ **~/ручная** *(Bgb)* Handversatz *m* ‖ **~/самотёчная** *(Bgb)* Fließversatz *m* ‖ **~ скважины** *(Bgb)* Ansetzen *n* einer Bohrung ‖ **~/скреперная** *(Bgb)* Schrapperversatz *m* ‖ **~ судна** *(Schiff)* Kiellegung *f* eines Schiffes ‖ **~/сухая** *(Bgb)* Trockenversatz *m* ‖ **~/твердеющая** *(Bgb)* selbsthärtender Versatz *m* ‖ **~ фундамента** *(Bw)* Grundsteinlegung *f* ‖ **~/частичная** *(Bgb)* Teilversatz *m*
закладной 1. *(Bgb)* Versatz...; 2. *(Schiff)* Kiellegungs...
закладочный *(Bgb)* Versatz...
закладывать 1. einlegen, einbringen; 2. *(Bw)* gründen; 3. *(Bgb)* versetzen; 4. *(Bgb)* ansetzen, anlegen *(Bohrung, Schacht)* ‖ **~ судно** Schiff auf Kiel legen
заклеивать *(Typ)* hinterkleben
заклепать *(Fert)* nieten
заклёпка *f* Niet *m*, Nietstift *m* ‖ **~/взрывная** Sprengniet *m* ‖ **~/винтовая** Nietschraube *f* ‖ **~/двухсрезная** zweischnittiger Niet *m* ‖ **~/декоративная** Ziernagel *m* ‖ **~/многосрезная** mehrschnittiger Niet *m* ‖ **~/односрезная** einschnittiger Niet *m* ‖ **~/полупустотельная** Bördelniet *m* ‖ **~/потайная** Senkniet *m* ‖ **~/пустотельная** Bördelniet *m*, Hohlniet *m* ‖ **~/разрубная** Zweispitzniet *m* ‖ **~ с конической головкой** Kegelkopfniet *m* ‖ **~ с низкой полукруглой головкой** Flachrundniet *m* ‖ **~ с плоской головкой** Flachniet *m* ‖ **~ с полукруглой головкой** Halbrundniet *m* ‖ **~ с полупотайной головкой** Linsenniet *m* ‖ **~ с потайной головкой** Senkniet *m* ‖ **~/сплошная** Vollniet *m* ‖ **~/трубчатая** Rohrniet *m* ‖ **~/цельная** Vollniet *m*
заклёпник *m (Wkz)* Niethammer *m*
заклинённый *(Fert)* verkeilt *(Verbindungsart)*
заклинивание *n* 1. Verkeilen *n*, Verspannung *f*, Verriegelung *f*; 2. Verdrückung *f*; 3. Eintreiben *n*; 4. Blockieren *n* ‖ **~ бурового снаряда** *(Bgb)* Festwerden *n* der Bohrgarnitur ‖ **~ керна** *(Bgb)* Verkiesen *n (des Bohrkernes)* ‖ **~ тормоза** Blockieren *n* der Bremse
заклинивать 1. verkeilen; 2. eintreiben
заклиниваться *(Masch)* festgehen *(Zahnräder)*; sich verkeilen *(Zahnräder)*; sich verklemmen *(Montage)*
заклинка *f* **керна** *(Bgb)* Verkiesen *n (des Bohrkernes)*
заключение *n* **петель** *(Text)* Einschließen *n (Wirkerei; Maschenbildung)*
заключённый в кожух gekapselt
закол *m (Bgb)* Löser *m*, Ablösungskluft *f*
закольцовывать *(Text)* in einen Ring schließen *(Chemiefaserherstellung)*
закон *m* Gesetz *n*; Prinzip *n*; Satz *m* ‖ **~ Авогадро** *(Ch)* Avogadrosches Gesetz *n*, Avogadrosche Regel *f* ‖ **~/альбитовый** *(Krist)* Albitgesetz *n* ‖ **~ Ампера** Ampèresches Gesetz *n* ‖ **~/ассоциативный** *(Math, Ph)* assoziatives Gesetz *n*, Assoziativgesetz *n* ‖ **~/бавенский** *(Krist)* Bavenoer Zwillingsgesetz *n* ‖ **~ Бейс-Балло** *s.* ~ ветра/барический ‖ **~ Био** *(Opt)* Biotsches Gesetz *n*; Biotsche Formel *f (natürliche optische Aktivität)* ‖ **~ Блазиуса** Blasiussches Gesetz *n* ‖ **~ Бойля-Мариотта** *s.* ~ Мариотта ‖ **~ больших чисел** Gesetz *n* der großen Zahlen *(Wahrscheinlichkeitsrechnung)* ‖ **~ Браве** *(Krist)* Bravaissches Gesetz *n* ‖ **~/бразильский** *(Krist)* Brasilianer Gesetz *n* ‖ **~ Брюстера** *(Krist)* Brewstersches Gesetz *n (Erzeugung polarisierten Lichtes durch Reflexion)* ‖ **~ Вант-Гоффа** *(Ph)* RGT-Regel *f*, Reaktionsgeschwindigkeit–Temperatur-Regel *f*, [Avogadro-]van't Hoffsche Regel *f (Osmose)* ‖ **~ Вейса** *(Krist)* Weisssches Gesetz *n*; Zonenverbandsgesetz *n* ‖ **~/вероятностный** Wahrscheinlichkeitsgesetz *n* ‖ **~ ветра/барический** *(Meteo)* barisches Windgesetz *n*, Buys-Ballotsches Gesetz *n* ‖ **~ взаимозаместимости** Reziprozitätsgesetz *n* ‖ **~ взаимосвязи массы и энергии** *(Ph)* Gesetz *n* der Wechselbeziehung von Masse und Energie *(Einsteinsche Energie-Masse-Beziehung)* ‖ **~ Вина** *s.* ~ излучения Вина ‖ **~ возрастания энтропии** *s.* начало термодинамики/второе ‖ **~ всемирного тяготения [Ньютона]** *(Mech)* Newtonsches Gravitationsgesetz *n*, Gravitationsgesetz *n* [von Newton] ‖ **~ Гагена-Пуазейля** Hagen-Poiseuille-Gesetz *n*, Hagen-Poiseuillesches Gesetz *n (Rohrströmungen)* ‖ **~ Галилея** *(Ph)* Galileisches Trägheitsgesetz *n* ‖ **~ Гаюи** *s.* ~ рациональности отношений параметров ‖ **~ Гейгера-Неттола** *(Kern)* Geiger-Nuttalsche Beziehung (Reichweitebeziehung) *f* ‖ **~ Гей-Люссака** *(Ph)* Gay-Lussacsches Gesetz *n* ‖ **~ Гука** *(Mech)* Hookesches Gesetz *n* ‖ **~ Дальтона** *(Ph)* Daltonsches Gesetz *n*, Gesetz *n* der Partialdrücke ‖ **~ движения** Bewegungsgesetz *n* ‖ **~ двойникования** *(Krist)* Zwillingsgesetz *n* ‖ **~ двойникования/альбитовый** Albitgesetz *n* ‖ **~ двойникования/бразильский** Brasilianer Zwillingsgesetz *n* ‖ **~ двойникования/дофинейский** Dauphinéer Gesetz *n* ‖ **~ двойникования/карлсбадский** Karlsbader Gesetz *n* ‖ **~ двойникования/манебахский** Manebacher Gesetz *n* ‖ **~ двойникования/шпинель-**

ный Spinellgesetz *n* || **~/двойниковый** *(Krist)* Zwillingsgesetz *n* || **~ действия и противодействия** *s.* ~ Ньютона/третий || **~ действия масс** Massenwirkungsgesetz *n* || **~ действующих масс** Massenwirkungsgesetz *n* || **~ Джоуля** *(Therm)* Joulesches Gesetz *n* der Thermodynamik *(Abhängigkeit der inneren Energie eines idealen Gases nur von der Temperatur und nicht vom Volumen)* || **~ Джоуля-Ленца** *(El)* Joulesches Gesetz *n (Wärmewirkung des elektrischen Stroms in leitendem Material)* || **~/дистрибутивный** *(Math)* distributives Gesetz *n*, Distributivgesetz *n* || **~/дофинейский** *(Krist)* Dauphinéer Gesetz *n* || **~ Дюлонга и Пти** *(Ph)* Dulong-Petitsches Gesetz *n (Atomwärme)* || **~ зон** Zonen[verbands]gesetz *n* || **~ излучения** *(Ph)* Strahlungsgesetz *n*, Strahlungsformel *f* || **~ излучения Вина** *(Therm)* T^5-Gesetz *n*, *T*-hoch-fünf-Gesetz *n*, Wiensches Gesetz (Strahlungsgesetz) *n* || **~ излучения Кирхгофа** *(Ph)* Kirchhoffsches Gesetz (Strahlungsgesetz) *n* || **~ излучения Планка** *(Ph)* Plancksches Gesetz (Strahlungsgesetz) *n*, Strahlungsformel *f* von Planck || **~ излучения Рэлея-Джинса** *(Ph)* [Rayleigh-]Jeanssches Strahlungsgesetz *n*, Rayleigh-Jeanssche Strahlungsformel *f* || **~ излучения Стефана-Больцмана** *(Ph)* Stefan-Boltzmannsches Gesetz (Strahlungsgesetz) *n* || **~ изображения** *s.* ~ оптического изображения || **~/индукции** *(El)* Induktionsgesetz *n* || **~ инерции** *s.* ~ Ньютона/первый || **~ инерции Галилея** Galileisches Trägheitsgesetz *n* || **~/карлсбадский** *(Krist)* Karlsbader Gesetz *n* || **~ Кеплера/второй** *(Astr)* zweites Keplersches Gesetz *n (Bewegung in der Bahn)*; Flächensatz *m* || **~ Кеплера/первый** *(Astr)* erstes Keplersches Gesetz *n (Bahnform)* || **~ Кеплера/третий** *(Astr)* drittes Keplersches Gesetz *n (Verbindung von Bahngröße und Umlaufzeit)* || **~ Кирхгофа** *(El)* Kirchhoffsches Gesetz *n*, Kirchhoffscher Satz *m* || **~ Кирхгофа/второй** *(El)* zweites Kirchhoffsches Gesetz *n*, Maschenregel *f*, Maschensatz *m* || **~ Кирхгофа/первый** *(El)* erstes Kirchhoffsches Gesetz *n*, Knotenregel *f*, Knoten[punkt]satz *m* || **~ количества движения** *(Mech)* Impulssatz *m* || **~ коммутативности** *(Math)* Kommutativgesetz *n*, kommutatives Gesetz *n*, Vertauschungsregel *f*, Vertauschbarkeitsgesetz *n* || **~/коммутативный** *s.* ~ коммутативности || **~ контуров** *(El)* Maschengesetz *n*, Maschensatz *m* || **~ кратных отношений отрезок** *s.* ~ рациональности отношений параметров || **~ Кулона** *(Ph)* Coulombsches Gesetz *n* || **~ Кюри** *(Ph)* Curiesches Gesetz *n* || **~ Ламберта** 1. *(Math)* Lambertsches Kosinusgesetz *n*; 2. *(Opt)* Lambertsches Gesetz *n (Beleuchtungsstärke)* || **~ Ламберта-Бера** *(Opt)* Lambert-Beersches Gesetz *n (Lichtabsorption)* || **~ лучеиспускания Джинса** *s.* ~ излучения Рэлея-Джинса || **~ лучеиспускания Планка** *s.* ~ излучения Планка || **~ малых чисел** *(Math)* Gesetz *n* der kleinen Zahlen || **~/манебахский** *(Krist)* Manebacher Gesetz *n* || **~ Мариотта** *(Therm)* Boyle-Mariottesches Gesetz *n*, Boylesches Gesetz *n* || **~ Мозли** *(Kern)* Moseleysches Gesetz *n*, Moseleysche Formel *f* || **~ моментов** *(Mech)* allgemeiner Flächensatz (Drehimpulssatz) *m*, Impulsmomentensatz *m*, Drehmomentensatz *m* || **~ накопления погрешностей** *(Meß)* Fehlerfortpflanzungsgesetz *n* || **~ наложения [электрических токов]** *(El)* Überlagerungsgesetz *n*, Superpositionsgesetz *n* || **~ Ньютона/первый** *(Mech)* erstes Newtonsches Gesetz (Axiom) *n*, Beharrungsgesetz *n*, Trägheitsprinzip *n* || **~ Ньютона/третий** *(Mech)* drittes Newtonsches Gesetz (Axiom) *n*, Reaktionsgesetz *n*, Gesetz *n* von der Wirkung und Gegenwirkung || **~ об охране окружающей среды** Umweltschutzgesetz *n* || **~ об охране природы** Naturschutzgesetz *n* || **~ Ома** *(El)* Ohmsches Gesetz *n* || **~ оптического изображения** *(Opt)* Abbildungsgesetz *n* || **~/основной** Grundgesetz *n* || **~ отражения** *(Opt)* Reflexionsgesetz *n* || **~ ошибок** [Gaußsches] Fehlergesetz *n*, Fehlergleichung *f* || **~ падения** Fallgesetz *n* || **~ переместительности** *s.* ~ коммутативности || **~/переместительный** *s.* ~ коммутативности || **~/периклиновый** *(Krist)* Periklingesetz *n* || **~ Планка** *s.* ~ излучения Планка || **~ площадей** 1. *(Mech)* Flächensatz *m*; 2. *s.* ~ Кеплера/второй || **~ погрешностей/гаусов** *s.* ~ ошибок || **~ подобия** 1. Ähnlichkeits-[kenn]zahl *f*, dimensionslose Kennzahl *f*; 2. Ähnlichkeitsregel *f*; 3. Maßstabgesetz *n* || **~ подобия Ньютона** Newtonsches Ähnlichkeitsgesetz *n* || **~ ползучести** *(Mech)* Kriechgesetz *n* || **~ полного потокосцепления (тока)** Durchflutungsgesetz *n (magnetische Feldstärke)* || **~ постоянства углов [кристаллов]** *(Krist)* Stenosches Gesetz *n*, Gesetz *n* der konstanten Flächenwinkel, Stenosche Regel *f* || **~ поясов** *(Krist)* Zonen[verbands]gesetz *n* || **~ преломления** *(Opt)* Brechungsgesetz *n* || **~ радиоактивного распада** *(Kern)* Zerfallsgesetz *n* [der Radioaktivität], Gesetz *n* des radioaktiven Zerfalls || **~ радиоактивного смещения** *(Kern)* radioaktives Verschiebungsgesetz *n* || **~ распределения** Verteilungsgesetz *n* || **~ распределения ошибок (погрешностей)** *s.* ~ ошибок || **~ распределения тока** *(El)* Stromverteilungsgesetz *n* || **~/распределительный** *s.* ~/дистрибутивный || **~ рациональности индексов** *(Krist)* Gesetz *n* der Rationalität der Indizes || **~ рациональности отношений параметров** *(Krist)* Gesetz *n* der rationalen Parameterkoeffizienten, Gesetz *n* von der Rationalität der Achsenabschnitte || **~ Рэлея-Джинса** *s.* ~ излучения Рэлея-Джинса || **~ сил/нелинейный** *(Mech)* nichtlineares Kraftgesetz *n* || **~ сложения погрешностей** Fehlerfortpflanzungsgesetz *n* || **~ сложения скоростей** [Einsteinsches] Additionstheorem *n* der Geschwindigkeiten; Gesetz *n* der Addition der Geschwindigkeiten || **~ смещения [Вина]** *(Ph)* [Wiensches] Verschiebungsgesetz *n* || **~ смещения Содди-Фаянса** *(Kern)* radioaktive Verschiebungssätze *mpl* [von Soddy und Fajans], Fajans-Soddysche Verschiebungsregeln *fpl*, [Soddy-Fajansscher-]Verschiebungssatz *m* || **~ Снеллиуса** *(Opt)* Snelliussches Gesetz, Brechungsgesetz *n* || **~ соответственных состояний** *(Ph)* Theorem *n* der korrespondierenden (übereinstimmenden) Zustände || **~ сохранения** *(Ph)* Erhaltungssatz *m*, Erhaltungsgesetz *n* || **~ сохранения барионного**

заряда *(Kern)* Satz *m* von der Erhaltung der Baryonenzahl, Baryonenzahlerhaltungssatz *m*, Erhaltungssatz *m* der Baryonenzahl ‖ **~ сохранения вещества** *s.* ~ сохранения массы ‖ **~ сохранения движения центра масс** *(Mech)* Schwerpunkt[erhaltungs]satz *m*, Satz *m* von der Erhaltung der Schwerpunktsbewegung, Erhaltungssatz *m* der Schwerpunktsbewegung ‖ **~ сохранения заряда** Satz *m* von der Erhaltung der [elektrischen] Ladung, Ladungserhaltungssatz *m* ‖ **~ сохранения изотопического спина** *(Kern)* Satz *m* von der Erhaltung des Isospins (Isotopenspins, Isobarenspins) ‖ **~ сохранения лептонного заряда** *(Kern)* Satz *m* von der Erhaltung der Leptonenzahl (leptonischen Ladung) ‖ **~ сохранения массы** *(Ph)* Satz *m* (Prinzip *n*) von der Erhaltung der Masse, Massenerhaltungssatz *m* ‖ **~ сохранения странности** *(Kern)* Gesetz *n* (Satz *m* von) der Erhaltung der Strangeness (Seltsamkeit) ‖ **~ сохранения углового момента** *(Mech)* Satz *m* von der Erhaltung des Drehmomentes, Erhaltungssatz *m* des Drehimulses, Drehimpuls[erhaltungs]satz *m* ‖ **~ сохранения чётности** Satz *m* von der Erhaltung der Parität, Paritätserhaltungssatz *m* ‖ **~ сохранения электрического заряда** *s.* ~ сохранения заряда ‖ **~ сохранения энергии** Energie[erhaltungs]satz *m*, Energieprinzip *n*, Satz *m* (Prinzip *n*) von der Erhaltung der Energie, Erhaltungssatz *m* der Energie ‖ **~/сочетательный** *s.* ~/ассоциативный ‖ **~ Стефана-Больцмана** *(Ph)* Stefan-Boltzmannsches Gesetz (Strahlungsgesetz) *n* ‖ **~ Стокса** 1. *(Mech)* Stokessches Gesetz (Widerstandsgesetz, Reibungsgesetz *n*, Stokessche Formel *f*; 2. *(Opt) s.* правило Стокса; 3. *(Math) s.* формула Стокса ‖ **~ столкновения** *(Mech)* Stoßgesetz *n* ‖ **~ термодинамики/второй** *s.* начало термодинамики/второе ‖ **~ термодинамики/первый** *s.* начало термодинамики/первое ‖ **~ тяготения [Ньютона]** *s.* ~ всемирного тяготения ‖ **~ тяготения Эйнштейна** *(Mech)* Einsteinsches Gravitationsgesetz *n* ‖ **~ узлов** *(El)* Knotenpunktgesetz *n*, Knoten[punkt]satz *m* ‖ **~ фаз** *s.* правило фаз ‖ **~ Фарадея** *(El, Ch)* Faradaysches Gesetz *n* ‖ **~ Фика** *(Ph)* Ficksches Gesetz *n (Diffusion)* ‖ **~ Хаббла** *(Astr)* Hubble-Beziehung *f*, Hubblesches Gesetz *n (Rotverschiebung extragalaktischer Nebel)* ‖ **~ Хагена-Пуазейля** *s.* ~ Гагена-Пуазейля ‖ **~ Чайлда-Ленгмюра** Child-Langmuirsches Gesetz *n* ‖ **~ Шперера** *(Astr)* Spörersches Gesetz *n (Verlagerung der Sonnenfleckenbildungszone)* ‖ **~/шпинельный** *(Krist)* Spinellgesetz *n* ‖ **~ эволюции** *(Ph)* Evolutionsgesetz *n*

законность *f* 1. Gesetzlichkeit *f*; 2. Rechtmäßigkeit *f*, Gültigkeit *f*

закономерность *f* Gesetzmäßigkeit *f* ‖ **~/общая** allgemeingültige Gesetzmäßigkeit *f*

закономерный gesetzmäßig

законтривание *n (Masch)* Verkontern *n (durch Gegenschraube feststellen)*

закорачивание *n (El)* Kurzschließen *n*

закорачивать *(El)* kurzschließen

закоротить *s.* закорачивать

закраина *f* Rand *m* ‖ **~ обода** Felgenrand *m*

закрасить 1. färben; 2. *(Bw)* überstreichen, übertünchen

закраска *f* 1. Färben *n*, Färbung *f*; Farbgebung *f*; 2. *(Bw)* Überstreichen *n*, Übertünchen ‖ **~ бумажной массы** *(Pap)* Färben *n* in der Masse, Massefärbung *f*, Holländerfärbung *f* ‖ **~ в роллах** *s.* ~ бумажной массы ‖ **~ [книжных] обрезов** *(Typ)* Schnittfärben *n*

закрахмаливание *n (Text)* Stärken *n*, Appretieren *n*, Zurichten *n*

закрашивать *s.* закрасить

закрепитель *m (Photo)* Fixiermittel *n*, Fixiersalz *n*; Fixierbad *n* ‖ **~/быстроработающий** Schnellfixiersalz *n*; Schnellfixierbad *n* ‖ **~/дубящий** Härtefixierbad *n*, gerbendes (härtendes) Fixierbad *n* ‖ **~ запаха** Fixateur *m (Duftstoffe)* ‖ **~/кислый** saures Fixiersalz *n*; saures Fixierbad *n* ‖ **~/обыкновенный** neutrales Fixiersalz *n*; neutrales Fixierbad *n*

закрепить *s.* закреплять

закрепление *n* 1. Befestigung *f*, Befestigen *n*; Festlegen *n*; 2. *(Bgb)* Ausbau *m*, Ausbauen *n*; 3. *(Fert)* Einspannung *f*, Aufspannung *f*; Klemmen *n*, Festklemmen *n*; 4. Verklammerung *f*; 5. *(Photo)* Fixieren *n*; 6. *(Text)* Fixieren *n*, Verriegeln *n (Veredlung)* ‖ **~/анкерное** *(Bw)* Verankerung *f*, Ankerbefestigung *f* ‖ **~ винтами** Schraubbefestigung *f* ‖ **~ грунта** Bodenstabilisierung *f*, Baugrundverfestigung *f* ‖ **~ грунта нагнетанием** Baugrundinjektion *f* ‖ **~ до конца** *(Photo)* Ausfixieren *n*, Ausfixierung *f* ‖ **~/жёсткое** *(Fert)* feste Einspannung *f* ‖ **~ инструмента** *(Wkzm)* Werkzeugbefestigung *f* ‖ **~ клином** Keilbefestigung *f* ‖ **~/концевое** Endbefestigung *f* ‖ **~ осей** *(Eb)* Achsfestlegung *f* ‖ **~/постоянное** bleibende Befestigung *f* ‖ **~ путей противоугонами** *(Eb)* Gleisverankerung *f* ‖ **~ пути** *(Eb)* Gleisstabilisierung *f* ‖ **~ шва** *(Text)* Nahtverriegelung *f* ‖ **~/шпоночное** 1. *(Bw)* Dübelbefestigung *f*; 2. *(Masch)* Keilbefestigung *f* ‖ **~ штифтами** *(Masch)* Stiftbefestigung *f*

закреплять 1. befestigen, festmachen; 2. sichern, sicherstellen, reservieren *(z. B. einen Platz)*; 3. *(Fert)* [auf]spannen *(Werkstück)*; klemmen *(Teile)*; 4. *(Photo)* fixieren; 5. *(Typ)* fixieren *(Farbe)*; 6. *(Text)* fixieren, verriegeln *(Veredlung)*; 7. *(Bgb)* ausbauen; 8. verfestigen, härten *(Erzbrikett)* ‖ **~ винтами** verschrauben ‖ **~ штифтами** verstiften

закругление *n* 1. Abrundung *f*, Abrunden *n*; 2. Rundung *f*, Biegung *f*; Krümmung *f*, Kurve *f*; Ausrundung *f*; 3. *(Eb)* krummer Strang *m*; 4. *(Eln)* Verrundung *f (Scheibenherstellung)* ‖ **~ края** *(Eln)* Randverrundung *f (Scheibenherstellung)* ‖ **~ кромки** *(Eln)* Kantenverrundung *f (Scheibenherstellung)* ‖ **~ пути** *(Eb)* Bahnkurve *f*, Kurve *f* ‖ **~ реки** *(Hydt)* Stromschlängelung *f*, Mäanderbildung *f*

закруглить *s.* закруглять

закруглять abrunden; *(Fert)* ausrunden

закрутка *f* 1. Verdrehung *f*, Drall *m*, Torsion *f*; 2. Knebel *m* ‖ **~ лопасти** Blattverwindung *f* ‖ **~/лопатки** *(Masch)* Schaufelverwindung *f*

закрученный 1. *(Fert)* gelockt *(Span)*; 2. *(Flg)* verwunden *(Tragflügel)*

закручивание *n* Verdrehung *f*, Verdrehen *n*, Verdrillen *n*, Verdrillung *f*, Drall *m*; Zusammendrehen *n*

закручивать 1. verdrehen, verdrillen; zusammendrehen; 2. anziehen *(Schrauben)*; 3. zudrehen *(Hahn)*

закрывание *n* Schließen *n*, Absperren *n*

закрывать 1. schließen, sperren; 2. auf Halt stellen (legen) *(Signal)*; 3. verdecken; 4. abdecken

закрылок *m* 1. *(Flg)* Klappe *f*, Flügelklappe *f*, Landeklappe *f*; 2. *(Schiff)* Hilfsflosse *f (Flettner-Ruder)* || **~/выдвижной** *(Flg)* Fowler-Klappe *f (ausfahrbare Landeklappe)* || **~/двухщелевой** *(Flg)* Doppelspaltklappe *f* || **~/многозвенный (многосекционный)** *(Flg)* Mehrfachklappe *f* || **~/многощелевой** *(Flg)* Mehrfachspaltklappe *f* || **~/направляющий** Leitblech *n*, Leitschaufel *f (Turbine)* || **~/посадочный** *(Flg)* Landeklappe *f* || **~/тормозной** *(Flg)* Bremsklappe *f* || **~ Фаулера** *s.* ~/выдвижной || **~/щелевой** *(Flg)* Spaltklappe *f*

закрытие *n* 1. Schließen *n*, Schluß *m*; 2. Abdeckung *f*, Verschluß *m* || **~/быстрое** Schnell[ver]schluß *m* || **~ зева** *(Text)* Fachschließen *n*, Fachschluß *m (Weberei)* || **~/люковое** *(Schiff)* Lukenabdeckung *f* || **~/мгновенное** Schnell[ver]schluß *m* || **~/механизированное люковое** *(Schiff)* mechanisch betätigte Lukenabdeckung *f* || **~/наматываемое люковое** *(Schiff)* aufrollbare Lukenabdeckung *f* || **~/откатываемое люковое** *(Schiff)* fahrbare Lukenabdeckung *f*, Rollukenabdeckung *f* || **~/откидное люковое** *(Schiff)* Klapplukenabdeckung *f* || **~ пути** *(Eb)* Gleissperrung *f* || **~/складывающееся люковое** *(Schiff)* Faltlukenabdeckung *f* || **~/съёмное люковое** *(Schiff)* auflegbare Lukenabdeckung *f* || **~ файла** *(Inf)* Dateiabschluß *m*

закрытый 1. verschlossen, geschlossen; 2. gekapselt *(Elektromotor)*; 3. *(Masch)* geschlossen *(Bauweise, z. B. von Getrieben)* || **~ в нормальном положении** *(El)* normal[erweise] geschlossen, Ruhe..., Öffnungs... *(Kontakt)*

закупорка *f* 1. Verstopfung *f (Rohre)*; 2. Verschließen *n (Verpackungsmittel)*

закуривать серой [ein]schwefeln

закусить *s.* закусывать

закусывание *n (Fert)* Anschnäbeln *n*

закусывать *(Fert)* anschnäbeln

зал *m* Saal *m*; Halle *f* || **~/автоматный** *(Nrt)* Wählerraum *m*, Wählersaal *m* || **~/билетный** *(Eb)* Schalterraum *m* || **~/коммутаторный** *(Nrt)* Vermittlungsraum *m* || **~/машинный** Maschinenhalle *f* || **~/многопролётный** vielschiffige (mehrschiffige) Halle *f* || **~ ожидания** *(Eb)* Wartesaal *m* || **~/турбинный** Turbinensaal *m*

залегание *n (Geol)* Lagerung *f (räumliche Anordnung der Gesteine)* || **~/горизонтальное** horizontale (söhlige) Lagerung *f* || **~/изоклинальное** isoklinale Lagerung *f* || **~/ингрессивное** ingressive Lagerung *f* || **~/моноклинальное** monoklinale Lagerung *f* || **~/нарушенное** gestörte (dislozierte) Lagerung *f* || **~/ненарушенное** ungestörte Lagerung *f* || **~/несогласное** diskordante (ungleichförmige, ungleichsinnige) Lagerung *f*, Diskordanz *f* || **~/нормальное** normale Lagerung *f* || **~/облекающее** *s.* ~/плащеобразное || **~/опрокинутое** inverse Lagerung *f* || **~/параллельное** parallele Lagerung *f* || **~/первичное** *s.* ~/ненарушенное || **~/перемежающееся** Wechsellagerung *f* || **~/периклинальное** periklinale Lagerung *f* || **~/плащеобразное** mantelförmige Lagerung *f* || **~/регрессивное** regressive (zurückbleibende) Lagerung *f*, Regressionslagerung *f* || **~/согласное** konkordante (gleichförmige, gleichsinnige) Lagerung *f*, Konkordanz *f* || **~/трансгрессивное** transgredierende (übergreifende) Lagerung *f* || **~/центроклинальное** zentroklinale Lagerung *f*, muldenförmige Einlagerung *f*

залегать *(Bgb)* anstehen *(Gestein)*; *(Geol)* lagern

залежь *f* 1. *(Bgb, Geol)* Lager *n*, Vorkommen *n*, Lagerstätte *f*; 2. *(Lw)* Brachland *n*, Brache *f* || **~/интрузивная** Intrusivlager *m*, intrusiver Lagergang *m* || **~ каменного угля** Steinkohlenlager *n* || **~ каменной соли** Steinsalzlager *m* || **~/линзообразная рудная** linsenförmiges Erzlager *n* || **~/межпластовая** *s.* ~/интрузивная || **~ нефти** Erdöllager *n* || **~/пластовая (пластообразная) рудная** stratiformes (schichtgebundenes) Erzlager *n* || **~/рудная** Erzlager *n* || **~/торфяная** Torflager *n* || **~/штокообразная рудная** stockförmiges Erzlager *n*

залечивание *n* Ausheilen *n*, Ausheilung *f (Halbleitertechnologie)*

залив *m* 1. *(Hydrol)* Bucht *f*; Meerbusen *m*, Golf *m*; 2. *(Gieß)* Gußgrat *m (Gußfehler)*

заливаемость *f* Überflutbarkeit *f*

заливание *n (Schiff)* Überfluten *n*, Überspülen *n (z. B. des Decks) (s. a.* заливка 1. *bis* 4.*)*

заливать 1. überschwemmen, überspülen, überfluten; 2. [be]gießen; vergießen, verschütten; 3. löschen; 4. übergießen; 5. ausgießen *(z. B. Lagerschalen)*; anfüllen

заливина *f (Gieß)* Gußgrat *m*

заливка *f* 1. Eingießen *n*, Einguß *m*; 2. *(Gieß)* Gießen *n*, Guß *m (s. a. unter* литьё 2.*)*; 3. Ausgießen *n (Lagerschalen)*; 4. Vergießen *n (Fundament)*; 5. Vergußmasse *f*, Ausgußmasse *f* || **~/антифрикционная** Gleitschicht *f (Gleitlager)* || **~/баббитовая** Weißmetallausguß *m* || **~ беспузырьковым компаундом** blasenfreie Einbettung *f (elektronischer Baugruppen)* || **~ вкладыша** Lagerschalenausguß *m*, Lagerschalengleitschicht *f* || **~ под силой тяжести** Schwerkraftgießen *n* || **~ подшипников** Lagerausguß *m*, Lagergleitschicht *f* || **~ скважины цементом** *(Bgb)* Zementieren *n* des Bohrloches || **~ формы** Abgießen *n* einer Form, Formfüllung *f* || **~ формы/стопочная** Mündungsgießen *n*, Mündungsguß *m*, Stapelguß *m*

заливщик *m* **швов** Fugenvergußgerät *n*

заличать *(Led)* vorgerben, angerben

заличка *f (Led)* Vorgerbung *f*, Angerbung *f*

заложение *n s.* закладка

заложить *s.* закладывать

залом *m (Text)* Knitter *m*

залуживание *n* Verzinnen *n*, Verzinnung *f*

залуживать verzinnen

зальбанды *mpl (Geol)* Salbänder *npl (Begrenzungsflächen der Gänge)*

замагазинированный *(Bgb)* magaziniert

замагазинировать magazinieren, speichern

замазка *f* 1. Kitten *n*, Verkitten *n*, Verschmieren *n*, Verkleben *n*, Verleimen *n*, Spachteln *n*; 2. Kitt *m*, Klebemittel *n* || **~/асбестовая** Asbestkitt *m* || **~/битумная** Bitumenkitt *m* || **~/железная** Eisenkitt *m*, Rostkitt *m* ‖ **~/железосуриковая** Eisenmennigekitt *m* ‖ **~/каолиновая** Kaolin-Borax-Kitt *m* ‖ **~/каучуковая** Kautschukkitt *m* ‖ **~ на жидком стекле** Wasserglaskitt *m* ‖ **~ на основе жидкого стекла** Wasserglaskitt *m* ‖ **~ на основе окиси металла** Metalloxidkitt *m* ‖ **~/оконная** Glaserkitt *m*, Fensterkitt *m* ‖ **~/смоляная** Teerkitt *m* ‖ **~/стекольная** 1. Glaserkitt *m*; 2. Glaswarenkitt *m* ‖ **~/суриковая** Mennigekitt *m* ‖ **~/цементная** Mastixkitt *m*

замазывание *n s.* замазка 1.

замаривать коконы dörren *(Kokons)*

замасливание *n* 1. Fetten *n*, Einfetten *n*, Ölen *n*; 2. *(Text)* Schmälzen *n*, Einschmälzen *n*, Schmieren *n*

замасливатель *m (Text)* Schmälze *f*, Schmälzmittel *n*, Präparationsmittel *n* ‖ **~/водно-эмульсионный** Wasseremulsionsschmälze *f* ‖ **~/парафиновый** Paraffinschmälze *f*

замасливать 1. ölen, fetten; 2. *(Text)* schmälzen

замаслить *s.* замасливать

замачивание *n* 1. Anfeuchten *n*, Benetzen *n*; Wässern *n*; 2. Quellen *n*, Einquellen *n*; 3. Einweichen *n*, Weichen *n*; 4. Weichverfahren *n*, Weiche *f (Mälzerei)* ‖ **~/водяное** Wasserweiche *f (Mälzerei)* ‖ **~/воздушно-водяное** Luft-Wasser-Weiche *f*, pneumatisches Weichverfahren *n (Mälzerei)* ‖ **~/воздушное** Luftweiche *f*, Trockenweiche *f (Mälzerei)* ‖ **~/воздушно-оросительное** Sprühweiche *f*, Sprühweichverfahren *n (Mälzerei)* ‖ **~ коконов** *(Text)* Kokoneinweichen *n* ‖ **~/сухое** *s.* ~/воздушное

замачивать anfeuchten, benetzen; [ein]wässern; [ein]quellen; [ein]weichen

замедление *n* 1. Verzögerung *f*, Verzug *m*; Verlangsamung *f (s. a. unter* задержка *und* запаздывание*)*; 2. Abbremsung *f*, Bremsung *f*, Hemmung *f*; *(Kern)* Moderation *f* ‖ **~ времени/лоренцово** *s.* ~ хода времени ‖ **~ времени/стробоскопическое** *(Ph)* stroboskopische Zeitdehnung *f* ‖ **~ ионизацией** *(Ph)* Ionisationsbremsung *f* ‖ **~ нейтронов** *(Kern)* Neutronenbremsung *f*, Neutronenverlangsamung *f* ‖ **~ регулировки** Regel[ungs]verzögerung *f* ‖ **~ реле при отпускании** Abfallverzögerung *f (Relais)* ‖ **~ реле при притяжении** Anzug[s]verzögerung *f (Relais)* ‖ **~ реле при срабатывании** Ansprechverzögerung *f (Relais)* ‖ **~ течения времени** *s.* ~ хода времени ‖ **~ хода времени** *(Ph)* Zeitdilatation *f*, Zeitdehnung *f*, Einstein-Dilatation *f*, Einsteinsche Zeitdilatation *f*

замедленный 1. verzögert; verlangsamt; 2. abgebremst ‖ **~ на отпускание** abfallverzögert *(Relais)* ‖ **~ на притяжение** anzug[s]verzögert *(Relais)* ‖ **~ на срабатывание** ansprechverzögert *(Relais)*

замедлитель *m* 1. *(Ch)* Verzögerer *m*, Verzögerungsmittel *n*; Hemmstoff *m*, Inhibitor *m*; 2. *(Kern)* Moderator *m*, Bremsstoff *m* ‖ **~/вагонный** *(Eb)* Gleisbremse *f (Ablaufberg)* ‖ **~/весовой вагонный** *(Eb)* gewichtsabhängige Gleisbremse *f* ‖ **~ вулканизации** *(Gum)* Vulkanisationsverzögerer *m* ‖ **~/графитовый** *(Kern)* Graphitmoderator *m* ‖ **~ коррозии** Korrosionsverzögerer *m*, Korrosionsschutzmittel *n* ‖ **~ нейтронов** *(Kern)* Neutronenmoderator *m* ‖ **~ окисления** Oxidationsinhibitor *m*, Oxidationsverhinderer *m*, Antioxidans *n* ‖ **~ полимеризации** *(Ch)* Polymerisationsverzögerer *m* ‖ **~ схватывания** *(Bw)* Abbindeverzögerer *m*, Bindezeitverzögerer *m* ‖ **~ химического созревания** *(Photo)* Hemmkörper *m* der chemischen Reifung ‖ **~/электродинамический [вагонный]** *(Eb)* elektrodynamische Gleisbremse *f*

замедлить *s.* замедлять

замедлять 1. verzögern, verlangsamen; 2. *(Kern)* abbremsen, bremsen, moderieren *(Neutronen)*

замедляться langsamer werden

замена *f* 1. Substitution *f*, Austausch *m*; Auswechselung *f*, Vertauschung *f*, Ersatz *n (s. a. unter* смена 1.*)*; 2. *(Math)* Kommutation *f*, Vertauschung *f*; Substitution *f (Variabler)* ‖ **~ адреса** *(Inf)* Adressensubsitution *f* ‖ **~ грунта** Bodenaustausch *m* ‖ **~/круговая** *(Inf)* zyklische Vertauschung *f* ‖ **~ ламп/групповая** *(Licht)* Gruppenauswechselung *f* von Lampen ‖ **~ материалов** Materialsubstitution *f* ‖ **~ переменных** *(Math)* Variablentransformation *f (Statistik)*

заменимость *f* Austauschbarkeit *f*, Auswechselbarkeit *f*

заменитель *m* Ersatz[stoff] *m*, Austauschstoff *m*; Substituent *m* ‖ **~ каучука** Synthesekautschuk *m* ‖ **~ кожи** Ledererersatz *m*, Kunstleder *n*

заменять [aus]wechseln, [aus]tauschen; ersetzen

замер *m* Messung *f*, Vermessung *f (s. a. unter* измерение*)*

замерзание *n* 1. Gefrieren *n*; Erstarren *n*, Erstarrung *f*; Einfrieren *n*; 2. Eisbildung *f*

замеривать vermessen

замерять *s.* замеривать

замес *m* Mischerfüllung *f*, Mischgut *n*, Füllung *f (körnige Stoffe)*

заместитель *m (Ch)* Substituent *m* ‖ **~/акцепторный** *s.* ~/электрофильный ‖ **~/анионоидный** *s.* ~/нуклеофильный ‖ **~ в ядре** Kernsubstituent *m* ‖ **~/донорный** *s.* ~/нуклеофильный ‖ **~/катионоидный** *s.* ~/электрофильный ‖ **~/нуклеофильный** nukleophiler (anionoider) Substituent *m*, Elektronendonatorsubstituent *m*, Donatorsubstituent *m* ‖ **~/электроакцепторный** *s.* ~/электрофильный ‖ **~/электродонорный** *s.* ~/нуклеофильный ‖ **~/электрофильный** elektrophiler (kationoider) Substituent *m*, Elektronenakzeptorsubstituent *m*, Akzeptorsubstituent *m*

замесы *mpl (Bw)* Chargen *fpl (Beton)*

замешивание *n* 1. Anrühren *n*, Einrühren *n*; 2. Kneten *n*, Durchkneten *n*

замешивать 1. anrühren, einrühren; 2. [durch]kneten

замещаемый substituierbar, auswechselbar

замещать 1. ersetzen; 2. *(Ch)* substituieren

замещение *n* 1. Ersetzen *n*; 2. Substitution *f*, Substituieren *n* ‖ **~ адреса** *(Inf)* Adressensubstitution *f* ‖ **~/биомолекулярное** *(Ch)* biomolekulare Substitution *f* ‖ **~ в боковой цепи** *(Ch)* Seitenkettensubstitution *f* ‖ **~ в ядре** *(Ch)* Kernsubstitution *f* ‖ **~/гомолитическое** *(Ch)* homolytische Substitution *f* ‖ **~/непосредственное** *(Ch)* direkte Substitution *f* ‖ **~/нуклеофильное** *(Ch)* nukleophile (anionoide) Substitution *f* ‖ **~/радикальное** *(Ch)* radikalische Substitution *f* ‖ **~ узлов решётки** *(Eln, Krist)* Gitterpunktsubstitution *f* ‖ **~/электрофильное** *(Ch)* elektrophile (kationoide) Substitution *f*

замещённое *n (Ch)* Substitutionsprodukt *n*
замещённый substituiert, ersetzt, ausgetauscht
замин *m (Led)* 1. Falte *f*; 2. Preßfalte *f*
замирание *n* 1. Abschwächen *n*, Schwund *m*; 2. Verhallen *n*; 3. *(Rf, Nrt)* Schwunderscheinung *f*, Schwund *m*, Fading *n* • **без замираний** schwundfrei ‖ **~/абсорбционное** Absorptionsschwund *m* ‖ **~/амплитудное** Amplitudenschwund *m*, Amplitudenfading *n* ‖ **~/ближнее** Nahschwung *m* ‖ **~/дальнее** Fernschwund *m* ‖ **~/длительное (долговременное)** Lang[zeit]-schwund *m* ‖ **~/избирательное** selektiver Schwund *m* ‖ **~/интерференционное** Interferenzfading *m*, Interferenzschwund *m* ‖ **~/кратковременное** Kurz[zeit]schwund *m* ‖ **~ несущей [волны]** Trägerschwund *m* ‖ **~/общее** Totalschwund *m* ‖ **~/полное** *s.* ~/общее ‖ **~/поляризационное** Polarisationsfading *n*, Polarisationsschwund *m* ‖ **~ следа** Spurfading *n* ‖ **~/сумеречное** Dämmerungsschwund *m* ‖ **~ сцинтилляций** Szintillationsschwund *m*
замкнутость *f* Abgeschlossenheit *f*
замкнутый geschlossen; gesperrt ‖ **~/многократно** *(El)* vermascht, mehrfach geschlossen *(Leitungsnetz)* ‖ **~/накоротко** *(El)* kurzgeschlossen
замкнуть *s.* замыкать
замок *m* 1. Schloß *n*; 2. *(Mil)* Verschluß *m (Geschütz)*; 3. Schloß *n*; *(Masch)* Schlitz *m (z. B. an Federscheiben, Kolbenringen)*; 4. *(Arch)* Schlußstein *m (eines Bogens)*; 5. *(Schiff)* Laschung *f*, Laschenverbindung *f (Holzverbindung)*; 6. *(Bgb)* Verbinder *m (Bohrgestänge)* ‖ **~ автосцепки** Anhängerkupplung *f* ‖ **~ анкера** *(Bgb)* Ankerschloß *m*, Ankersitz *(Ankerausbau)* ‖ **~ антиклинали** *(Geol)* Scharnier *n* einer Antiklinale, Sattelscheitel *m* ‖ **~ арки** *(Bw)* Bogenscheitel *m* ‖ **~/байонетный** Bajonettverschluß *m* ‖ **~/блокирующий** *(Eb)* Blockschloß *m (Sicherungstechnik)* ‖ **~/буквенный** Buchstabenschloß *n (Safe)* ‖ **~/бурильный** *(Bgb)* Gestängeverbinder *m (Bohrgestänge)* ‖ **~/быстродействующий** 1. Schnellverschluß *m*; 2. *(Wkzm)* Schnellspannschloß *n* ‖ **~/быстроразъёмный** 1. Schnelltrennverschluß *m*, Schnelltrennschloß *n*; 2. *(Bgb)* Schnellverbinder *m (Bohrgestänge)* ‖ **~/висячий** Vorhängeschloß *n*, Vorlegeschloß *n* ‖ **~ внахлёстку** *(Bw)* überlappter Stoß *m (Holzverbindung)* ‖ **~/врезной** *(Bw)* Blindschloß *m*, Einsteckschloß *n* ‖ **~/встроенный** Einbauschloß *m (z. B. im Türgriff eines Kfz)* ‖ **~/гаечный** *(Masch)* Schraubensicherung *f* ‖ **~ зажигания** *(Kfz)* Zündschloß *n* ‖ **~ земляной плотины** *(Hydt)* Deichanker *m* ‖ **~/игольный** *(Text)* Nadelschloß *n*, Strickschloß *n (Großrundstrickmaschine)* ‖ **~/канатный** Seilschloß *m*, Seilklemme *f*, Seilgehänge *n*, Gehänge *n* ‖ **~ капота** *(Kfz)* Motorhaubenverschluß *m*, Motorhaubenschloß *n* ‖ **~/клапанный** *m* Etagenschloß *n* ‖ **~/клиновой** Keilschloß *n*, Keilsicherung *f*, Keilverschluß *m* ‖ **~/кодовый** *(Inf)* Kodierungsschlüssel *m* ‖ **~ кольцевого поршня** Kolbenringstoß *m* ‖ **~/кольцевой** Sprengring *m*, Sicherungsring *m* ‖ **~ купола** *(Arch)* Nabel *m (Kuppelbau)* ‖ **~/лопастный** Schaufelschloß *m (Dampfturbine)* ‖ **~/магнитный** Magnetschloß *n* ‖ **~/маршрутный** *(Eb)* Fahrstraßenschloß *n* ‖ **~/многосувальдный** Schloß *m* mit mehreren Zuhaltungen ‖ **~/накладной** Kastenschloß *n* ‖ **~/однооборотный односувальдный** eintouriges Schloß *n* mit einer Zuhaltung ‖ **~/платинный** *(Text)* Platinenschloß *n (Strickerei)* ‖ **~ поршневого кольца** Kolbenringstoß *m* ‖ **~ поршневого кольца/косой** schräger Kolbenringstoß *m*, Schrägstoß *m (Motorkolben)* ‖ **~ поршневого кольца/прямой** gerader Kolbenringstoß *m*, Geradstoß *m (Motorkolben)* ‖ **~ поршневого кольца/ступенчатый** überlappter Stoß (Kolbenringstoß) *m (Motorkolben)* ‖ **~/приваренный** *(Bgb)* Vorschweißverbinder *m (Bohrgestänge)* ‖ **~/приводной** *(Eb)* Weichenriegel *m* ‖ **~/прирезной** *s.* ~/накладной ‖ **~/проволочный** Drahtverschluß *m* ‖ **~/пружинный** Federverschluß *m* ‖ **~/рамочный** Bügel *m* ‖ **~ ремня** Riemenschloß *m* ‖ **~ ровничной машины** *(Text)* Schaltwerk *n*, Schaltapparat *m*, Kehrapparat *m (Flyer)* ‖ **~/рычажный** Hebelverschluß *m* ‖ **~ с зубом** *(Bw)* Hakenblatt *n (Holzverbindung)* ‖ **~ с коленчатым рычагом** Kniehebelsicherung *f* ‖ **~ с контргайкой/гаечный** Schraubensicherung *f* mit Gegenmutter ‖ **~ свода** *(Met)* Wölbungsschluß *m*, Wölbungskrone *f*, Gewölbekrone *f*, Bogenscheitel *m (Herdofen)* ‖ **~/секретно-перестановочный** Kombinationsschloß *n (Zahlen- bzw. Buchstabenschloß für Safes)* ‖ **~ синклинали** *(Geol)* Scharnier *n* einer Synklinale (Mulde), Muldenscheitel *m* ‖ **~ складки** *(Geol)* Scharnier *n* einer Falte, Faltenscheitel *m* ‖ **~/стержневой** Stangenschloß *n* ‖ **~ стержня** *(Gieß)* Kernmarke *f* ‖ **~ стержня оправки** Dornschloß *n (Pilgerschritt- und Rockright-Walzwerk)* ‖ **~ стойки** *(Bgb)* Stempelschloß *m (Ausbau)* ‖ **~/стрелочный** *(Eb)* Weichenschloß *n* ‖ **~/стрелочный контрольный** *(Eb)* Kontrollschloß *n* ‖ **~/стрелочный приводной контрольный** *s.* ~/приводной ‖ **~/стяжной** Spannschloß *n* ‖ **~/сцепной** Kettenschloß *n*; *(Schiff)* Kupplungsschloß *n (Schubschiffahrt)* ‖ **~ цепи** Kettenschloß *n* ‖ **~/цилиндровый** Zylinderschloß *n*, Sicherheitsschloß *n* ‖ **~/часовой** Uhrwerkschloß *n* ‖ **~/шланговый** Schlauchverbinder *m* ‖ **~/штанговый** *(Bgb)* Gestängeverbinder *m (Bohrgestänge)* ‖ **~/штифтовой** Stiftschloß *n*; Stiftverschluß *m*, Splintverschluß *m*
замок-защёлка *f (Led)* Druckschloß *n*
замок-открывка *f (Led)* Reißschloß *n*
замоноличивание *n (Bw)* Vermörteln *n*; Ausbetonieren *n*
замораживание *n* 1. Gefrieren *n*; Einfrieren *n*; Erstarren *n*; 2. *(Bgb)* Gefrierverfahren *n (künstliche Vereisung wasserführender Bodenschichten beim Abteufen von Schächten)*; 3. Frosten *n*, Einfrieren *n*; Gefrierkonservierung *f (Lebensmittel)* ‖ **~/бесконтактное** indirekte Gefrierkonservierung *f* ‖ **~/быстрое** Schnellgefrierverfahren *n*, Feinfrosten *n* ‖ **~/воздушное** Luftgefrieren *n*, Luftfrosten *n (Fischverarbeitung)* ‖ **~/контактное** Kontaktgefrieren *n*, Kontaktfrosten *n (Fischverarbeitung)* ‖ **~/контактное плиточное** Kontaktplattengefrieren *n*, Kontaktplattenfrosten *n (Fischverarbeitung)* ‖ **~/низкотемпературное** Tiefgefrieren *n*, Tieffrosten *n* ‖ **~ печи** *(Met)* Einfrieren (Erkalten) *n* des Ofens ‖ **~ плавки** *(Met)* Einfrieren (Erstarren) *n* der Schmelze *(im Ofen)*

замораживать 1. gefrieren; 2. frosten, einfrieren *(Lebensmittel)*
заморозок *m*/**радиационный** Strahlungsfrost *m*
замочка *f* 1. *(Text)* Einweichen *n (s. a. unter* замачивание*)*; 2. *(Led)* Gerbbrühe *f* ‖ ~ **целлюлозы** *(Text)* Tauchen *n* des Zellstoffes *(Chemiefaserherstellung)*
замуровать vermauern, einmauern
замша *f* Sämischleder *n* ‖ ~/**искусственная** Velourkunstleder *n*
замыкание *n* 1. Schluß *m*, Abschluß *m*; Schließung *f*; 2. *(Math)* [abgeschlossene] Hülle *f*, Abschließung *f*; 3. *(Masch)* Formschluß *m*; Schluß *m* • **с геометрическим замыканием** formschlüssig • **с силовым замыканием** kraftschlüssig; 4. *(El)* Schluß *m*; Schließen *n*; 5. *(Eb)* Verriegelung *f*, Sperre *f (Sicherungstechnik)* ‖ ~/**близкое короткое** *(El)* Nahkurzschluß *m* ‖ ~ **в обмотке/короткое** *(El)* Wicklungs[kurz]schluß *m* ‖ ~ **в сети/короткое** *(El)* Netzkurzschluß *m* ‖ ~ **витков/короткое** *(El)* Windungs[kurz]schluß *m* ‖ ~ **выходных зажимов/короткое** *(El)* ausgangsseitiger Kurzschluß *m* ‖ ~/**двухполюсное короткое** *(El)* zweipoliger Kurzschluß *m* ‖ ~/**жёсткое** *(Masch)* starrer Schluß (Kraftschluß) *m* ‖ ~/**кинематическое** *(Masch)* Formschluß *m* ‖ ~ **контактов** *(El)* Kontaktschluß *m* ‖ ~/**короткое** *(El)* Kurzschluß *m* ‖ ~/**корпусное** *(El)* Masseschluß *m*, Gehäuseschluß *m* ‖ ~ **маршрута** *s.* ~/маршрутное ‖ ~/**маршрутное** *(Eb)* Fahrstraßenfestlegung *f*, Fahrstraßenverschluß *m (Eisenbahnsicherungswesen)* ‖ ~/**междуэлектродное** *(El)* Elektrodenschluß *m* ‖ ~ **множества** *(Math)* Abschluß *m* (Hülle *f*) einer Menge ‖ ~ **на зажимах/ короткое** *(El)* Klemmenkurzschluß *m* ‖ ~ **на землю** *(El)* Erdschluß *m* ‖ ~ **на землю/двойное** Doppelerdschluß *m* ‖ ~ **на землю/двухфазное** zweiphasiger Erdschluß *m* ‖ ~ **на землю/длительное** Dauererdschluß *m*, bleibender (stehender) Erdschluß *m* ‖ ~ **на землю/множественное** Mehrfacherdschluß *m* ‖ ~ **на землю/неполное** unvollkommener Erdschluß *m* ‖ ~ **на землю/неустойчивое** selbstlöschender Erdschluß *m*‖ ~ **на землю/однофазное** einphasiger Erdschluß *m* ‖ ~ **на землю/устойчивое** *s.* ~ на землю/длительное ‖ ~ **на корпус** *s.* ~/корпусное ‖ ~ **на линии/короткое** *(El)* Leitungskurzschluß *m* ‖ ~/**однополюсное короткое** *(El)* einpoliger Kurzschluß *m* ‖ ~/**постоянное короткое** *(El)* Dauerkurzschluß *m* ‖ ~/**предварительное (предмаршрутное)** *(Eb)* Annäherungsverschluß *m (Eisenbahnsicherungswesen)* ‖ ~ **проводов между собой** *(El)* Leiterschluß *m* ‖ ~ **ротора/короткое** *(El)* Läuferkurzschluß *m* ‖ ~/**секционное [электрическое]** *(Eb)* [elektrische] Teil-Fahrstraßenfestlegung *f (Eisenbahnsicherungswesen)* ‖ ~/**силовое** *(Masch)* energieübertragende Verbindung *f*, Kraftschluß *m* ‖ ~/**сквозное короткое** *(El)* Totalkurzschluß *m* ‖ ~ **складки/периклинальное** *(Geol)* periklinaler Faltenschluß *m* ‖ ~ **складки/центроклинальное** *(Geol)* zentroklinaler Faltenschluß *m* ‖ ~ **стрелки** *(Eb)* Weichenverriegelung *f* ‖ ~ **стрелки от руки** *(Eb)* Handverschluß *m* der Weiche ‖ ~/**трёхполюсное короткое** *(El)* dreipoliger Kurzschluß *m* ‖ ~/**трёхфазное короткое** *(El)* dreiphasiger Kurzschluß *m* ‖ ~/**установившееся (устойчивое) короткое** *(El)* Dauerkurzschluß *m* ‖ ~ **форм** *(Gieß)* Formenschluß *m (Druckgieß- und Kokillengießverfahren)* ‖ ~/**фрикционное** *(Masch)* Reibschluß *m* ‖ ~ **цепи** Schließen *n* des Stromkreises ‖ ~ **через землю/короткое** *(El)* Erdkurzschluß *m* ‖ ~ **шва** *(Schw)* Schließen *n* der Naht
замыкатель *m* 1. *(El)* Kontaktgeber *m*, Schließer *m*; 2. *(Eb)* Verschluß *m*, Verschlußstück *n*, Schloß *n* ‖ ~/**крю[ч]ковый стрелочный** *(Eb)* Hakenspitzenverschluß *m (Weiche)*; Hakenweichenschloß *n* ‖ ~/**распорный стрелочный** *(Eb)* Gelenkspitzenverschluß *m (Weiche)* ‖ ~/**стрелочный** *(Eb)* Spitzenverschluß *m*, Weichenspitzenverschluß *m*, Zungenriegel *m (Weiche)* ‖ ~ **тока** *(El)* Stromschließer *m* ‖ ~ **тока/рельсовый** *(Eb)* Schienenstromschließer *m*
замыкать *(Fert)* schließen; *(El)* [ab]schließen ‖ ~ **на согласованное сопротивление** *(El)* über einen angepaßten Widerstand schließen ‖ ~ **на сопротивление** *(El)* über einen Widerstand kurzschließen ‖ ~ **накоротко** *(El)* kurzschließen ‖ ~ **цепь** den Stromkreis schließen
замычка *f (Eb)* Verriegelung *f*, Verschluß *m*, Sperre *f (Eisenbahnsicherungstechnik)* ‖ ~/**вспомогательная** Hilfsklinke *f* ‖ ~/**запорная** Sperrschloß *n* ‖ ~/**маршрутная** Fahrstraßenriegel *m*, Fahrstraßenklinke *f* ‖ ~/**педальная** [elektrische] Tastensperre *f*, [elektrische] Streckentastensperre *f*, [elektrische] Druckknopfsperre *f* ‖ ~/**противоповторная** Wiederholungssperre *f*
замятие *n* **[перфо]карт** *(Inf)* Kartenstau *m*
занавес *m*/**воздушный** Luftschleier *m*
зандры *mpl (Geol)* Sander *mpl*
заневоливание *n* **[пружины]** *(Masch)* Setzen *n (Feder)*
занесение *n* Verwehen *n*, Zuwehen *n*; Verlanden *n* ‖ ~ **водохранилищ** *(Ökol, Hydrol)* Verlandung *f* des Staugewässers ‖ ~ **селевым потоком** *(Hydt)* Übermurung *f* ‖ ~ **файла в архив** *(Inf)* Dateiarchivierung *f*
занос *m s.* занесение ‖ ~ **снегом** Schneeverwehung *f*
заносить *(Inf)* 1. eingeben, einspeichern *(Daten)*; 2. übertragen *(Daten)*
зануление *n (El)* Nullung *f*, Nullen *n (Schutzmaßnahme gegen Berührungsspannung)*
занятие *n (Nrt, Eb)* Belegen *n*, Belegung *f* ‖ ~/**двойное** *(Nrt)* Doppelbelegung *f* ‖ ~ **маршрута** *(Eb)* Fahrstraßenbelegung *f* ‖ ~/**повторное** *(Nrt)* Doppelbelegung *f* ‖ ~ **пути** *(Eb)* Gleisbelegung *f* ‖ ~ **стрелки** *(Eb)* Weichensperre *f*
занятость *f (Nrt)* Besetztzustand *m*, Belegung *f*; *(Eb)* Besetzung *f*, Sperre *f* ‖ ~ **пути** *(Eb)* Gleisbesetzung *f* ‖ ~ **стрелки** *(Eb)* Weichensperre *f*
занятый belegt, besetzt
заострение *n (Masch)* Spitzenbildung *f (am Zahn eines Zahnrades)*
заоткоска *f* Abböschung *f*
западина *f (Geol)* Steppenpfuhl *m*
запаздывание *n* 1. Verspätung *f*; 2. Verzögerung *f*, Verzug *m (s. a. unter* задержка *und* замедление*)*; 3. Nacheilung *f*, Nacheilen *n*; 4. *(Reg)* Totzeit *f* ‖ ~ **впрыска** Einspritzverzug *m*, Einspritzverzögerung *f (Dieselmotor)* ‖ ~ **закрытия**

(Kfz) Nachschluß *m*, Spätschluß *m (Ventil)* ‖ **~/инерционное** *(El)* Trägheitsverzögerung *f* ‖ **~ коммутации** *(El)* Schaltverzögerung *f*, Schaltverzug *m* ‖ **~ открытия** *(Kfz)* Öffnungsverzug *m (Ventil)* ‖ **~/паразитное** *(Reg)* parasitäre Totzeit *f* ‖ **~/переменное** *(Reg)* veränderliche Totzeit *f* ‖ **~ по фазе** *(El)* Phasennacheilung *f*, Phasennachlauf *m* ‖ **~/постоянное** *(Reg)* konstante Totzeit *f* ‖ **~ регулятора** Totzeit *f* des Reglers ‖ **~ тормоза** *(Eb)* Schließzeit *f* der Bremse ‖ **~/чистое** *(Reg)* reine Verzögerung *f*

запаздывать 1. [sich]verspäten, zu spät kommen; 2. *(El)* nacheilen *(Phase)*

запаивание *n* Verlöten *n*

запаивать verlöten, zulöten

запал *m* 1. Zündung *f*; 2. Zünder *m*; Zündhütchen *n* ‖ **~/искровой** 1. Funkenzündung *f*; 2. Spaltfunkenzünder *m* ‖ **~/тёрочный** Reibzünder *m*

запальник *m* Zünder *m*, Zündhilfe *f*

запань *f* Flößrechen *m*, Fangrechen *m (im Fluß)*

запаривание *n* Dämpfen *n*; Abbrühen *n* ‖ **~ коконов** *(Text)* Kokonkochen *n* ‖ **~ кормов** *(Lw)* Futterdämpfen *n*, Dämpfen *n* von Hackfrüchten

запаривать dämpfen; abbrühen

запарить *s.* запаривать

запарка *f* 1. *s.* запаривание 1.; 2. *(Text)* Dämpfer *m (Apparat zur Dampfbehandlung)*

запарник *m* Dämpfer *m*, Dämpfanlage *f*, Dämpfvorrichtung *f*

запарник-смеситель *m (Lw)* Dämpf- und Mischanlage *f*

запас *m* 1. Vorrat *m*; Bestand *m (s. a. unter* запасы*)*; 2. Ersatz *m*; Reserve *f*; Überschuß *m*; 3. Sicherheit *f* ‖ **~ воды [в атмосфере]** *(Meteo)* Wassergehalt *m* der Luft ‖ **~ горючего/потребный** Kraftstoffbedarf *m*; Brennstoffbedarf *m* ‖ **~ данных** *(Inf)* Datenbestand *m* ‖ **~/излишний** überflüssiger Vorrat *m* ‖ **~/кавитационный** Kavitationssicherheit *f (Pumpe)* ‖ **~/максимальный** Höchstvorrat *m* ‖ **~/минимальный** Mindestvorrat *m* ‖ **~ мощности** Leistungsreserve *f*; Leistungsüberschuß *m* ‖ **~ надёжности** Sicherheitsreserve *f* ‖ **~ напряжения** *(En)* Spannungsreserve *f* ‖ **~ нити** *(Text)* Fadenreserve *f* ‖ **~ плавучести** *(Schiff)* Reserveauftrieb *m*, Auftriebsreserve *f*, Auftriebsüberschuß *m* ‖ **~ прочности** *(Wkst)* Sicherheit *f*, Sicherung *f*; Sicherheitsgrad *m*; Sicherheitsfaktor *m*; Bruchsicherheit *f* ‖ **~ проявления** *(Photo)* Entwicklungsspielraum *m* ‖ **~/складской** Lagervorrat *m* ‖ **~/средний** Durchschnittsbestand *m* ‖ **~/страховой** Sicherheitsvorrat *m* ‖ **~ топлива** Brennstoffvorrat *m*; Kraftstoffvorrat *m*, Treibstoffvorrat *m* ‖ **~ устойчивости** 1. Standsicherheit *f*, Stabilitätsreserve *f*, Stabilitätssicherheit *f*; Kippsicherheitsgrad *m*; 2. *(Nrt)* Pfeifsicherheit *f*, Stabilität *f* ‖ **~ устойчивости по амплитуде** *(Reg)* Amplitudenvorrat *m* ‖ **~ устойчивости по фазе** *(Reg)* Phasenvorrat *m* ‖ **~ экспозиции** *(Photo)* Belichtungsspielraum *m* ‖ **~ энергии** *(En)* Energiereserve *f*

запасение *n* Bevorratung *f*, Speicherung *f*

запасовка *f* Seilführung *f (Hebezeug)*

запасы *mpl (Bgb, Geol)* Vorräte *mpl*; Reserven *fpl (s. a. unter* запас 1., 2.*)* ‖ **~/активные** Aktivvorräte *mpl*, aktive Vorräte *mpl* ‖ **~/балансовые** bauwürdige Vorräte *mpl* ‖ **~/вероятные** wahrscheinliche (mutmaßliche) Vorräte *mpl* ‖ **~/видимые** sichtbare Vorräte *mpl* ‖ **~ водной энергии** *(Hydt)* Wasserkraftreserven *fpl* ‖ **~/возможные** mögliche Vorräte *mpl* ‖ **~/вскрытые** aufgeschlossene (erschlossene, freigelegte) Vorräte *mpl (Tagebau)* ‖ **~/готовые [к выемке]** [zur Gewinnung] fertige Vorräte *mpl* ‖ **~/достоверные** sichere Vorräte *mpl* ‖ **~/забалансовые** Außerbilanzvorräte *mpl* ‖ **~/изученные** bemusterte (erforschte) Vorräte *mpl* ‖ **~/кондиционные** den Konditionen entsprechende Vorräte *mpl*, Bilanzvorräte *mpl* ‖ **~ месторождения** Lagerstättenvorräte *mpl* ‖ **~/подготовленные** vorbereitete (greifbare) Vorräte *mpl* ‖ **~ подземных вод/искусственные** künstliche Grundwasservorräte *mpl* ‖ **~ подземных вод/эксплуатационные** nutzbare Grundwasservorräte *mpl* ‖ **~ полезных ископаемых/вероятные** mutmaßliche Vorräte *mpl* an Bodenschätzen ‖ **~ полезных ископаемых/достоверные** zuverlässige Vorräte *mpl* an Bodenschätzen ‖ **~/предполагаемые** vermutete Vorräte *mpl* ‖ **~/промышленные** [ab]bauwürdige Vorräte *mpl* ‖ **~/разведанные** erkundete Vorräte *mpl* ‖ **~/установленные** festgestellte Vorräte *mpl*

запатентовывать patentieren [lassen]

запатентованный patentiert, patentrechtlich (durch Patent) geschützt

запахивание *n (Lw)* Unterpflügen *n*, Einpflügen *n*

запашка *f s.* запахивание

запашник *(Lw)* Saatpflug *m*

запаянный 1. verlötet, zugelötet; 2. *(Glas)* zugeschmolzen

заперемычить *(Bgb)* abdämmen *(Grubenbrand)*

запил *m* Kerbe *f*, Kerb *m*

запирание *n* Sperren *n*, Blockieren *n*; Verriegeln *n*; Absperren *n* ‖ **~ электронного луча** Strahl[ab]sperrung *f*, Dunkelsteuerung *f*

запирать 1. abschließen, schließen; verriegeln; 2. einklinken; 3. absperren, sperren

записать aufzeichnen, registrieren; *(Inf)* [ein]speichern; *(Inf)* ablegen *(in Puffer)* ‖ **~ на магнитную ленту** auf Magnetband aufnehmen (aufzeichnen, speichern)

записи *fpl (Inf)* Sätze *mpl*, Datensätze *mpl* ‖ **~/итоговые** Summensätze *mpl* ‖ **~/несблокированные** ungeblockte Sätze *mpl* ‖ **~/сблокированные** geblockte Sätze *mpl* ‖ **~/усечённые** Füllsätze *mpl*

записывать *s.* записать

запись *f* 1. Aufzeichnung *f*, Registrierung *f*; 2. *(Ak)* Aufzeichnung *f*, Aufnahme *f*, Speicherung *f*; 3. *(Kine)* Aufnehmen *n*, Aufnahme *f*, Aufzeichnen *n*; 4. *(Inf)* Datensatz *m*, Satz *m (s. a. unter* записи*)*; 5. *(Math)* Schreibweise *f (z. B. einer Formel)* ‖ **~ базы данных** *(Inf)* Datenbasissatz *m* ‖ **~ без возвращения к нулю** *(Inf)* Ohne-Rückkehr-zu-Null-Aufzeichnung *f*, NRZ-Aufzeichnung *f* ‖ **~/бесскобочная** *(Inf)* polnische Notation *f* ‖ **~/бинарное** binäre (duale) Aufzeichnung *f* ‖ **~ в восьмеричном коде** *(Inf)* oktale Schreibweise *f* ‖ **~ в двоичном коде** *(Inf)* binäre Schreibweise *f* ‖ **~ в десятичном коде** *(Inf)* dezimale Schreibweise *f* ‖ **~ в память (запоминающее устройство)** *(Inf)* Speichern *n*, Speicherung *f*, Abspeichern *n*, Abspeicherung *f* || **~ в позиционной системе** *(Inf)* Basisschreibweise *f* || **~ в троичном коде** *(Inf)* ternäre Schreibweise *f* || **~ в шестнадцатеричном коде** *(Inf)* hexadezimale Schreibweise *f* || **~ видеосигнала** Bildsignalaufzeichnung *f*, Video[signal]aufzeichnung *f* || **~ видеосигналов/диагональная** *(TV)* Schrägspuraufzeichnung *f* || **~ видеосигналов/поперечная** *(TV)* Querspuraufzeichnung *f* || **~ во всю ширину ленты** Vollspuraufzeichnung *f* || **~ времени** Zeitregistrierung *f* || **~/главная** *(Inf)* Hauptsatz *m* || **~ голограмм** Hologrammaufzeichnung *f* || **~/граммофонная** Schallplattenaufnahme *f* || **~/групповая** *(Inf)* Gruppenaufzeichnung *f* || **~ данных** *(Inf)* 1. Datensatz *m*; 2. Datenaufzeichnung *f* || **~/двусторонняя поперечная** Biamplitudenschrift *f*, Biamplitudenaufzeichnung *f* || **~/двухдорожечная** Doppelspur[en]aufzeichnung *f*, Zweispuraufzeichnung *f*, Doppelspurbetrieb *m* || **~/заглавная** *(Inf)* Kopfsatz *m* || **~ звука** Schallaufzeichnung *f*, Schallaufnahme *f*, Schallspeicherung *f*; *(Kine)* Tonaufnahme *f* || **~ звука/магнитная** magnetische Schallaufzeichnung (Schallschrift) *f*, Magnettonaufzeichnung *f* || **~ звука [на киноплёнку]** Tonaufzeichnen *n (auf Kinefilm)* || **~ звука/оптическая** [photo-]optisches Schallaufzeichnungsverfahren (Schallspeicherverfahren) *n*, Lichttonaufzeichnung *f*, Lichttonverfahren *n* || **~ звука с изображением/синхронная** bildsynchrone Tonaufzeichnung *f* || **~ звука/фотографическая** *(Photo)* Lichttonschrift *f* || **~ зонами** Gruppenaufzeichnung *f* || **~ изображения** Bildaufzeichnung *f*, Bildspeicherung *f* || **~ информации** Informationsaufzeichnung *f* || **~ информации/объёмная** dreidimensionale Informationsaufzeichnung *f* || **~/итоговая** 1. *(Inf)* Summensatz *m* || **~/каротажная** Bohrlochregistrierung *f*, Bohrlochaufzeichnung *f*, Bohrlochmessung *f* || **~/каталогизированная** Katalogeintrag *m* || **~/корректирующая** *(Inf)* Korrektursatz *m* || **~/логическая** *(Inf)* Satz *m*, logischer Satz (Datensatz) *m* || **~/магнитная** magnetische Aufzeichnung *f*, Magnetaufzeichnung *f* || **~/многодорожечная** Mehrspuraufzeichnung *f* || **~ на магнитной ленте** Magnetbandaufzeichnung *f*, Bandaufnahme *f* || **~ на стальную ленту** Stahlbandverfahren *n (Aufzeichnungsverfahren)* || **~/наклонно-строчная** Schrägspuraufzeichnung *f* || **~/негативная** *(Typ)* Negativaufzeichnung *f* || **~/незашифрованная** *(Typ)* Klarschrift *f* || **~ неопределённой длины** *(Inf)* Satz *m* undefinierter Länge || **~/нулевая** *(Inf)* Spurbeschreibungssatz *m* || **~ об ошибке** *(Inf)* Fehlersatz *m* || **~ описателя дорожки** *(Inf)* Spurbeschreibungssatz *m* || **~/оптическая** optische Aufzeichnung *f* || **~/открытая** *(Typ)* Klarschrift *f* || **~ переменной длины** *(Inf)* Satz *m* variabler Länge || **~ переменной плотности** *(Photo)* Sprossenschrift *f* || **~ переполнения** *(Inf)* Überlaufsatz *m*, Spurverbindungssatz *m* || **~ по всей ширине** Vollspuraufzeichnung *f* || **~/позитивная** *(Typ)* Positivaufzeichnung *f* || **~ полудорожками** Halbspuraufzeichnung *f* || **~/поперечная** Transversalaufzeichnung *f* || **~/поперечная оптическая** Amplitudenschrift *f* || **~/поперечно-строчная** Querspuraufzeichnung *f* || **~/построчная** *(Photo)* Sprossenschrift *f* || **~/продольная** Längsaufzeichnung *f* || **~/расширенная** *(Inf)* segmentierter Satz *m* || **~/ручная** handschriftliche Aufzeichnung *f* || **~ с возвращением к нулю** *(Inf)* Rückkehr-zu-Null-Aufzeichnung *f*, RZ-Aufzeichnung *f* || **~ с микрофона** Mikrofonaufnahme *f* || **~/световая** *s.* ~/оптическая || **~/сейсмическая** seismische Registrierung (Aufzeichnung) *f* || **~ системного вывода/программная** *(Inf)* Systemausgabeprogramm *n* || **~ статистических данных** *(Inf)* Fehlerstatistiksatz *m* || **~ телевизионных изображений/магнитная** magnetische Fernsehbildaufzeichnung (Fernsehspeicherung) *f* || **~/тензорная** Tensorschreibweise *f* || **~/термопластическая** *(Photo)* thermoplastische Aufzeichnung *f* || **~ файла в архив** *(Inf)* Dateiarchivierung *f* || **~/физическая** *(Inf)* Block *m*, physischer Satz *m* || **~ фиксированной длины** *(Inf)* Satz *m* fester Länge || **~/фотографическая** photographische Aufzeichnung *f*

заплавление *n* Einschmelzen *n*

заплести *s.* заплетать

заплетать [основу] *(Text)* ketteln *(Weberei)*

заплечик *m* 1. Ansatz *m*, Nase *f*; 2. Absatz *m*, Schulter *f*, Bund *m (Welle)*; 3. Anschulterung *f* || **~ вала** Wellenbund *m* || **~ втулки** Nabenwulst *m(f)* || **~ коленчатого вала** Kurbelwellenbund *m* || **~/осевой** Achsbund *m* || **~ подшипника** Lagerbund *m* || **~ ступицы** *s.* ~ втулки

заплывание *n* Trübung *f*; *(Photo)* Bildverbreiterung *f*, Konturenverbreiterung *f*

заповедник *m* Hegeforst *m*, Gehege *n*; Schutzgebiet *n*, Naturschutzgebiet *n (s. a. unter* заказник*)* || **~/биосферный** Biosphärennaturschutzgebiet *n* || **~/историко-архитектурный** Denkmalschutzgebiet *n* || **~/международный** internationales Naturschutzgebiet *n* || **~ направленного режима** zielgerichtetes Naturschutzgebiet *n (Gebiet, das einen menschlichen Eingriff zum Erhalt seiner Besonderheiten erfordert)*

заподлицо bündig; *(Schiff)* bündig, glatt, versenkt *(z. B. Lukendeckel)*

запоздавший verzögert

заполнение *n* 1. Auffüllung *f*, Ausfüllung *f*, Füllung *f*; 2. *(Inf)* Besetzung *f* || **~/бетонное** *(Bw)* Betonhinterfüllung *f*, Betonanfüllung *f* || **~ калибра** *(Wlz)* Kaliberfüllung *f*, Füllung *f* des Kalibers || **~ каркаса** *(Bw)* Ausfachung *f (des Gebäudeskeletts)* || **~ кладкой** *(Bw)* Ausmauerung *f* || **~ нулями** *(Inf)* Auffüllen *n* mit Nullen, Nulleinsteuerung *f* || **~ по утку** *(Text)* Schußfüllung *f* || **~/сплошное** *(El)* massive Füllung *f (Kabel)* || **~ стен** *(Bw)* Wandausfachung *f* || **~ ткани** *(Text)* Gewebedichte *f* || **~ фахверка** *s.* ~ каркаса || **~ формы** *(Gieß)* Formenfüllung *f* || **~ швов** *(Bw)* Fugenverschluß *m*, Fugenabdichtung *f*

заполненный gefüllt, voll; *(Krist)* besetzt, belegt || **~ маслом** ölgefüllt *(z. B. Kabel)*

заполнитель *m* 1. *(Bw)* Zuschlag *m*, Zuschlagstoff *m*, Füller *m*, Füllstoff *m*; 2. *(Typ)* Füllstoff *m*; 3. *(Schiff)* Stützschicht *f*, Kernschicht *f (Rettungsboot aus glasfaserverstärktem Kunststoff)*; 4. *(El)* Beilauf *m*, Zwickelfüllung *f (Kabel)* || **~ бетона** Betonzuschlagstoff *m* || **~/волокнистый** faseriger Zuschlagstoff *m* || **~/высокопористый** stark poröser Zuschlagstoff *m* || **~/грубый**

Grobzuschlag[stoff] *m* ‖ **~/искусственный** *(Bw)* künstlicher Zuschlagstoff *m* ‖ **~/крупный** Grobzuschlagstoff *m* ‖ **~/мелкий** Feinzuschlagstoff *m*, Leichtzuschlagstoff *m* ‖ **~/мелкопористый** feinporiger Zuschlagstoff *m* ‖ **~/плотный** dichter Zuschlagstoff *m* ‖ **~/пористый** poröser Zuschlagstoff *m* ‖ **~/природный** natürlicher Zuschlagstoff *m* ‖ **~/тяжёлый** Schwerzuschlagstoff *m*, schwerer Zuschlagstoff *m* ‖ **~/шлаковый** Schlacke[n]zuschlagstoff *m*

заполнить *s.* заполнять

заполнять 1. füllen, auffüllen, ausfüllen, anfüllen; 2. nachholen, vollenden ‖ **~ самотёком** *(Schiff)* fluten *(einen Tank)*

запоминание *n (Inf)* Speicherung *f* ‖ **~/автоматическое** automatische Speicherung *f* ‖ **~/буферное** Pufferspeicherung *f* ‖ **~ информации** Informationsspeicherung *f* ‖ **~ программы** Programmspeicherung *f* ‖ **~/промежуточное** Zwischenspeicherung *f* ‖ **~/рассеянное** gestreute Speicherung *f* ‖ **~/фотографическое** photographische Speicherung *f* ‖ **~/цифровое** digitale Speicherung *f* ‖ **~ экстремума** Extremwertspeicherung *f*

запоминать speichern *(Daten, Programme)*

запомнить *s.* запоминать

запор *m* 1. Verschluß *m*; 2. *(Eb)* Verriegelung *f*, Riegel *m*, Verschluß *m (Sicherungstechnik)* ‖ **~/винтовой** Schraubverschluß *m* ‖ **~/герметический** Luftabschluß *m* ‖ **~ сопла** *(Kfz)* Düsenverstopfung *f*

запорный Sperr…, sperrend, in Sperrichtung

запотевание *n* 1. Beschlagen *n*, Anlaufen *n* *(Scheiben)*, Schwitzen *n*; 2. Schwitzwasserbildung *f*

заправка *f* 1. Vorrichten *n*, Zurichten *n*; *(Met)* Ausflicken *n*, Herrichten *n (Ofen, Gießform)*; 2. *(Text)* Einziehen *n*; 3. Tanken *n*, Betankung *f*, Betanken *n*; Auffüllen *n*, Auftanken *n*; 4. *(Photo)* Einlegen *n*, Laden *n (Film)* ‖ **~ в воздухе** *(Flg)* *s.* ~ топливом в полёте ‖ **~ ванны** *(Text)* Flottenansatz *m (Veredlung)* ‖ **~ горючим** Tanken *n*, Kraftstoffübernahme *f*, Kraftstoffauffüllung *f* ‖ **~ ленты** 1. *(Text)* Anlegen *n* des Bandes; Bandbeschickung *f*; 2. *(Inf)* Bandeinzug *m* ‖ **~ машины** Maschineneinstellung *f*; Maschinenbeschikkung *f* ‖ **~ на патрон** *(Text)* Anspinnen *n* an Hülse *(Flyer)* ‖ **~ нити** *(Text)* Fadenanlegen *n*, Einfädeln *n* ‖ **~ основы на навой** *(Text)* Kettenaufziehen *n* ‖ **~/повторная** Nachtanken *n*, Nachbetankung *f* ‖ **~/принудительная** Druckbetankung *f* ‖ **~ проволоки** Einführen *n* des Spritzdrahtes *(Drahtspritzgerät)* ‖ **~ с резервной бобиной** *(Text)* Doppelaufsteckung *f* von Spulen ‖ **~ топливом в полёте** *(Flg)* Betankung (Auftankung) *f* in der Luft, Luftbetankung *f* ‖ **~ холста** *(Text)* Anlegen *n* des Wickels

заправленный aufgetankt ‖ **~ полностью** vollgetankt

заправлять 1. zurichten, zurechtmachen; 2. *(Met)* ausflicken, herrichten *(Ofen, Gießform)*; 3. *(Fert)* nachsetzen, einsetzen, aufnehmen *(z. B. Drehmeißel)*; 4. *(Text)* aufziehen, einlegen *(Kette; Webstuhl)*; 5. *(Kfz, Flg)* auftanken, betanken; *(Schiff)* bebunkern ‖ **~ ленту** das Band einlegen ‖ **~нить** den Faden anlegen *(Spinnerei)* ‖ **~ торцы пружины** *(Fert)* anbiegen *(Federenden)*

заправщик *m* Tankwagen *m* ‖ **~ горючего** *(Rak)* Brennstofftankwagen *m* ‖ **~ окислителя** *(Rak)* Oxidatortankwagen *m*

запрашивание *n (Inf)* Abfragen *n (Speicher)*

запрессовать einpressen; anpressen; *(Schiff)* voll füllen *(einen Tank unter Druck)*

запрессовка *f* Einpressen *n*, Einpressung *f*; Anpressen *n*; Einbettung *f*

запрет *m* Verbot *n*; Unterdrückung *f* ‖ **~ на полёт** Flugverbot *n* ‖ **~ Паули** *(Eln)* Pauli-Verbot *n*

запретный *(Masch)* unzugänglich, nicht nutzbar *(z. B. Räume bei Industrierobotern)*

запрещение *n s.* запрет

запрещённый verboten

запрограммировать *(Inf)* einprogrammieren

запрос *m* 1. Abfrage *f*; *(Rad)* Kennungsabfrage *f*; 2. *(Inf)* Anfrage *f*, Anforderung *f*, Request *f* ‖ **~ данных** *(Inf)* Datenanforderung *f* ‖ **~ интеррупта** *s.* ~ прерывания ‖ **~ на ввод** *(Inf)* Eingabeanforderung *f* ‖ **~ на вывод** *(Inf)* Datenausgabeanforderung *f* ‖ **~ на обслуживание** *(Inf)* Bedienungsanforderung *f* ‖ **~ на посадку** *(Flg)* Einholen *n* der Landegenehmigung ‖ **~ прерывания** *(Inf)* Unterbrechungsanforderung *f*, Interrupt-Request *f* ‖ **~ тома/специфический** *(Inf)* gezielte Datenträgeranforderung *f*

запросчик *m* 1. Abfragegerät *n*; *(Rad)* Kennungsabfragegerät *n*; 2. *(Inf)* Abfrageplatz *m*, Abfragestelle *f* ‖ **~/бортовой** Bordabfragegerät *n* ‖ **~/наземный** Bodenabfragegerät *n*, Bodenkennungsgerät *n* ‖ **~/радиолокационный** Radarabfragegerät *n* ‖ **~/самолётный** Flugzeugkennungsgerät *n* ‖ **~ «свой-чужой»** Freund-Feind-Kenngerät *n* ‖ **~ системы опознавания** Kennungsabfragegerät *n*

запроявка *f (Photo)* Überentwicklung *f*

запроявление *n (Photo) s.* запроявка

запруда *f (Hydt)* 1. Damm *m*, Deich *m*; Eindämmung *f*, Eindeichung *f*, Deichanlage *f (s. a. unter* дамба, плотина*)*; 2. Sperranlage *f*, Sperre *f* ‖ **~/водосливная поперечная** Überfallquerdamm *m* ‖ **~/главная** Hauptsperre *f* ‖ **~/донная** Grund[wasser]wehr *n*, Stauschwelle *f* ‖ **~/поперечная** Querdamm *m*

запрудить *s.* запружать

запружать *(Hydt)* abdämmen, eindämmen; zudämmen *(Fluß)*; stauen

запруживание *n (Hydt)* Aufstauung *f*

запрядка *f* **оборванных нитей** *(Text)* Anlegen *n* gebrochener Fäden

запуск *m* 1. Anlauf *m*, Anfahren *n*, Inbetriebnahme *f*, Ingangsetzen *n*, Anlassen *n*, Starten *n*, Start *m*; Aussetzen *n (Satelliten)*; 2. Anstoß *m*, Anstoßen *n*; 3. *(El)* Auslösung *f*, Triggerung *f* ‖ **~/внутренний** *(El)* innere Triggerung *f* ‖ **~/дистанционный** Ferneinschaltung *f* ‖ **~/зимний** Kaltstart *m* ‖ **~/импульсный** *(El)* Impulsauslösung *f*, Triggerung *f*, Triggern *n* ‖ **~ на орбиту** *(Rak)* Start *m* in eine Umlaufbahn ‖ **~/повторный** *(Inf)* Wiederanlauf *m* ‖ **~ программы** *(Inf)* Programmstart *m* ‖ **~ ракетного двигателя** *(Rak)* Zündung *f* des Raketentriebwerks ‖ **~ триггера** *s.* ~/импульсный ‖ **~/холодный** Kaltstart *m*

запускать 1. schleudern, werfen; 2. anlassen, anlaufen lassen, anwerfen, in Gang setzen, starten *(z. B. Motoren)*; 3. *(El)* auslösen, triggern; 4.

(Fert) einschleusen *(z. B. Werkstücke in den Fertigungsprozeß)*
запустить *s.* запускать
запчасть *f* Ersatzteil *n*
запылённость *f* Verstaubung *f*, Staubgehalt *m*
запястье *n* Handgelenk *n*, Greiferhandgelenk *n* *(Teil der Werkzeughalterung bei Robotern)*
запятая *f (Inf)* Komma *n* ‖ **~/двоичная** Binärkomma *n* ‖ **~/десятичная** Dezimalkomma *n*, Dezimalpunkt *m* ‖ **~/настраиваемая** einstellbares Komma *n* ‖ **~/плавающая** Gleitkomma *n*, Fließkomma *n* ‖ **~/раздвижная** einstellbares Komma *n* ‖ **~/устанавливаемая** einstellbares Komma *n* ‖ **~/фиксированная** Festkomma *n*
заработка *f* **петель** *(Text)* Maschenanschlag *m* ‖ **~ початка** *(Text)* Anspinnen *n*
заражать радиоактивными веществами *(Kern)* radioaktiv machen, aktivieren
заражение *n* 1. Impfung *f (Schlamm, Kristalle)*; 2. *(Kern)* Kontamination *f*, [radioaktive] Verseuchung *f* ‖ **~ воздуха [/радиоактивное]** *(Kern)* Kontamination *f* der Luft, Luftverseuchung *f* ‖ **~ ила** Impfung *f* des Schlammes ‖ **~ кристаллом** *(Krist)* Animpfen *n*, Impfen *n (mit Impfkristallen)* ‖ **~ местности/радиоактивное** *(Kern)* langfristige indirekte radioaktive Strahlung *f*, Rückstandsstrahlung *f (des Geländes)* ‖ **~ продуктами деления** *(Kern)* Spaltproduktverseuchung *f* ‖ **~/радиоактивное** *(Kern)* [radioaktive] Verseuchung *f*, Kontamination *f* ‖ **~ радиоактивными веществами** *(Kern)* Kontamination *f*, [radioaktive] Verseuchung *f*
зарастание *n (Ökol)* Verlanden *n*, Verkrauten *n*, Zuwachsen *n*, Verwildern *n (Flüsse, Seen)*
зарница *f (Meteo)* Wetterleuchten *n*
зародыш *m (Krist)* Keim *m*, Keimling *m*, Kristallisationskeim *m* ‖ **~ дефекта** *(Eln, Krist)* Defektkeim *m* ‖ **~ звезды** *(Astr)* Sternembryo *m* ‖ **~ ионизации** *(Ph)* Ionisationskern *m* ‖ **~ кристаллизации** *(Krist)* Kristall[isations]keim *m* ‖ **~ проявления** Entwicklungskeim *m*, Vollkeim *m* ‖ **~/субмикроскопический** submikroskopischer Keim *m*, Subkeim *m* ‖ **~/сферический** *(Eln, Krist)* kugelförmiger (sphärischer) Keim *m* ‖ **~ чувствительности** Empfindlichkeitskeim *m*
зародышеобразование *n (Krist)* Keimbildung *f*
зародышеобразователь *m (Krist)* Keimbildner *m* ‖ **~/гетерогенный** heterogener Keimbildner *m* ‖ **~/гомогенный** homogener Keimbildner *m*
зарождение *n (Krist)* Keimbildung *f*
зарубать 1. kerben, auskerben, einkerben; 2. *(Bgb)* schrämen; schlitzen
зарубка *f* 1. Kerbe *f*, Einkerbung *f*; Anschnitt *m*, Einschnitt *m*; 2. Kerben *n*, Einkerben *n*; Ankerben *n*; 3. *(Bgb)* Schrämen *n*, Schrämarbeit *f*; Schrämbetrieb *m* ‖ **~ шпал** *(Eb)* Einschneiden *n*, Dechseln *n* der Plattenauflager *(Schwellen)*
заряд *m* 1. *(El)* Ladung *f*; 2. *(El)* Laden *n*, Aufladen *n*, Ladung *f*, Aufladung *f*; 3. Füllen *n*, Einlegen *n*, Laden *n*; 4. *(Rak)* Treibsatz *m*; 5. *(Bgb)* Schuß *m* ‖ **~ атомного ядра** Kernladungszahl *f*, Ordnungszahl *f* ‖ **~ базы** Basisladung *f (Halbleiter)* ‖ **~/барионный** *(Kern)* Baryonenladung *f*, Baryonenzahl *f* ‖ **~/бедный** kraftstoffarme (luftreiche) Ladung *f (Verbrennungsmotor)* ‖ **~/богатый** kraftstoffreiche (luftarme) Ladung *f (Verbrennungsmotor)* ‖ **~ внутреннего действия** *(Bgb)* Erschütterungsladung *f* ‖ **~/внутренний** *(Bgb)* Innenladung *f* ‖ **~ выброса** *(Bgb)* Ausbruchsladung *f*, Auswurfladung *f* ‖ **~/гиперонный** *(Kern)* Hyperonenladung *f*, Hyperonenzahl *f* ‖ **~/единичный** Einzelladung *f (Halbleiter)* ‖ **~/избыточный** Überschußladung *f (Halbleiter)* ‖ **~ ионов** *(Ph)* Ionenladung *f* ‖ **~/камерный** *(Bgb)* Kammerladung *f (geballte Ladung)* ‖ **~/камуфлетный** *(Bgb)* Erschütterungsladung *f* ‖ **~ конденсатора** *(El)* 1. Kondensatorladung *f*; 2. Kondensatoraufladung *f* ‖ **~/коронный** *(El)* Korona[entladung] *f*, Sprühentladung *f* ‖ **~/котловой** *(Bgb)* Kesselschuß *m* ‖ **~/лептонный** *(Kern)* Leptonenzahl *f*, Leptonenladung *f* ‖ **~/линейный** *(El)* Linienladung *f* ‖ **~/максимальный** *(El)* Höchstladung *f* ‖ **~/минный** *(Bgb)* Minenladung *f (geballte Ladung)* ‖ **~/наведённый** induzierte Ladung *f (Halbleiter)* ‖ **~/накладной** *(Bgb)* Aufleger *m*, Knäpper *m* ‖ **~/накопленный** *(Eln)* Speicherladung *f* ‖ **~/наружный** *(Bgb)* Außenladung *f*; Aufleger *m* ‖ **~/начальный** *(El)* Anfangsladung *f* ‖ **~/неподвижный** *(El)* ruhende Ladung *f* ‖ **~/нуклонный** *(Kern)* Nukleonenladung *f*, nukleare Ladung *f*, Kernladung *f* ‖ **~/общий** *(El)* Gesamtladung *f* ‖ **~/общий поверхностный** *(Eln)* Gesamtoberflächenladung *f* ‖ **~/объёмный** *s.* ~/пространственный ‖ **~/одноимённый** *(El)* gleichnamige Ladung *f* ‖ **~/остаточный** *(El)* Restladung *f* ‖ **~/отрицательный** *(El)* negative Ladung *f* ‖ **~/парный** *(Eln)* Ladungspaar *n (Elektron-Loch)* ‖ **~/первичный** *(El)* Primärladung *f*, Erstladung *f (eines Akkumulators)* ‖ **~/плоский** *(Bgb)* ebene Ladung *f* ‖ **~/поверхностный** *(El)* Oberflächenladung *f* ‖ **~/положительный** *(El)* positive Ladung *f* ‖ **~/пороховой** *(Rak)* Feststofftreibsatz *m* ‖ **~/приповерхностный** *(Eln)* oberflächennahe Ladung *f* ‖ **~/пространственный** *(El)* Raumladung *f* ‖ **~/разноимённый** *(El)* ungleichnamige Ladung *f* ‖ **~ ракеты [/топливный]** *(Rak)* Raketentreibsatz *m* ‖ **~/рассредоточенный** *(Bgb)* geteilte Ladung *f* ‖ **~ рыхления** *(Bgb)* Auflockerungsladung *f* ‖ **~/свежий** Frischladung *f (Verbrennungsmotor)* ‖ **~/связанный** *(El)* gebundene (feste) Ladung *f* ‖ **~/сосредоточенный** *(Bgb)* geballte Ladung *f* ‖ **~/сплошной цилиндрический** *(Rak)* Zylinderaußenbrenner *m* ‖ **~ твёрдого ракетного топлива** *(Rak)* Feststoffraketentreibsatz *m* ‖ **~/точечный** *(El)* Punktladung *f* ‖ **~/трубчатый** *(Rak)* Röhrenbrenner *m*, Zylinderinnenbrenner *m* ‖ **~/удельный** *(El)* spezifische Ladung *f* ‖ **~/удлинённый** *(Bgb)* gestreckte Ladung *f* ‖ **~/шпуровой** *(Bgb)* Bohrlochladung *f* ‖ **~/электрический** elektrische Ladung *f* ‖ **~/элементарный электрический** *(Ph)* elektrische Elementarladung *f*, elektrisches Elementarquantum *n*
заряд-дырка *m (Eln)* Loch *n*, Defektelektron *n*
зарядить *s.* заряжать
зарядка *f* 1. *(El)* Laden *n*, Aufladen *n*, Ladung *f*, Aufladung *f (s. a. unter* заряд 1.; 2.*)*; 2. *(El)* Ladung *f*, Ladungszustand *m*; 3. *(Text)* Füllen *n*, Laden *n*, Aufstecken *n*; 4. *s.* заряд 3. ‖ **~ камеры** *(Photo)* Einlegen *n* des Filmes, Laden *n* einer Kamera, Filmeinlegen *n* ‖ **~ кассеты** *(Schw)* Umspulen *n* des Schweißdrahtes *(auf das richtige Format der Drahtspule)* ‖ **~ ленты**

Bandeinlegen *n*, Einlegen *n (eines Magnettonbandes)* || ~ **плёнки** *f (Photo)* Filmeinlegen *n* || ~ **челнока** *(Text)* Schützenfüllen *n*, Schützenladen *n*

зарядчик *m (Bgb)* Sprengstoffladegerät *n* || ~/**нагнетательный** Druckkesselladegerät *n* || ~/**пневматический** pneumatisches Ladegerät *n* || ~/**порционный** mengenregelndes Ladegerät *n* || ~/**эжекторный** Ejektorladegerät *n*

заряжание *n* 1. Laden *n*, Aufladen *n*; 2. *(Bgb)* Laden *n*, Einbringen *n* von Sprengstoff *(Sprengtechnik)* || ~ **шпуров** *(Bgb)* Laden (Besetzen) *n* der Sprengbohrlöcher (Schüsse) || ~/**электростатическое** *(El)* elektrostatische Aufladung *f*

заряжать 1. *(El)* [auf]laden; 2. einlegen || ~ **до положительного потенциала** positiv aufladen || ~ **фотоаппарат** einen Film einlegen *(in den Fotoapparat)* || ~ **шпур** *(Bgb)* besetzen *(Sprengtechnik)*

заряжаться sich aufladen || ~ **положительно** sich positiv aufladen

заряжённость *f (El)* Ladezustand *m*

заряжённый 1. *(El)* [auf]geladen; 2. *(Bgb)* geladen *(mit Sprengstoff)* || ~/**отрицательно** negativ geladen || ~/**положительно** positiv geladen

заря *f*/**вечерняя** *(Meteo)* Abendrot *n*, Abendröte *f* || ~/**утренняя** *(Meteo)* Morgenrot *n*, Morgenröte *f*

засаживание *n* Verschmieren *n*, Zusetzen *n (z. B. Schleifkörper)*

засаживать *(Lw, Forst)* bepflanzen, anpflanzen, bestellen

засаливать *(Lebm)* einsalzen, pökeln

засасывание *n* 1. Saugen *n*, Ansaugen *n*, Einsaugen *n*; 2. *(Schiff)* Sog *m* || ~/**волновое** Wellensog *m* || ~ **трения** Reibungssog *m*

засасывать [an]saugon, einsaugen

засахаривание *n* Zuckern *n*, Kandieren *n (Früchte)*

засахаривать zuckern, kandieren *(Früchte)*

засахарить *s.* засахаривать

засверливание *n (Fert)* Anbohren *n*

засверливать *(Fert)* anbohren

засветка *f (Photo)* Belichtung *f*, Nachbelichtung *f*, Zweitbelichtung *f (beim Umkehrprozeß)*; 2. *(TV)* Aufhellung *f*; Belichten *n*, Belichtung *f (eines Bildschirms)* || ~/**вторичная** *(Photo)* Zweitbelichtung *f*, Nachbelichtung *f* || ~/**предварительная** *(Photo)* Anbelichtung *f*, Vorbelichtung *f*

засвечивать *(Photo)* nachbelichten, belichten

засев *m (Lw) s.* засевание

засевание *n (Lw)* 1. Aussaat *f*, Säen *n*; 2. Impfen *n*, Impfung *f (Nährböden)*

засевать 1. säen, aussäen; 2. impfen *(Nährböden)*

засекать *(Fert)* 1. auskerben, kerben; ritzen; 2. *(Geod)* anschneiden, einschneiden; 3. *(Rad)* [an]peilen; 4. *(Bgb)* anschlagen, anfahren *(Gebirge bei Vortrieb oder Abbau)*

заселённость *f (Ph)* 1. Population *f*; 2. Besetzung *f (des Niveaus)*, Termbesetzung *f*, Belegung *f (s. a. unter* населённость*)*; 3. *(Fert)* Besetzung *f*, Besetzungsdichte *f*

засечка *f* 1. Kerbe *f*; Ritze *f*; Anriß *m*; 2. *(Geod)* Anschneiden *n*, Einschneiden *n*; Einschnitt *m*; 3. *(Rad)* Peilen *n*, Anpeilen *n*, Peilung *f*; 4. *(Bgb)* Anschlag *m*, Anfahren *n*, Anschneiden *n*; 5. *(Schm)* Kerbeisen *n* || ~/**обратная** *(Geod)* Rückwärtseinschneiden *n*, Rückwärtseinschnitt *m* || ~/**пространственная** *(Geod)* räumlicher Vorwärtseinschnitt *m* || ~/**прямая** *(Geod)* Vorwärtseinschneiden *n*, Vorwärtseinschnitt *m* || ~ **цели** *(Rad)* Zielpeilung *f*

засечь *s.* засекать

заскакивание *n* Einfallen *n*, Einrasten *n*, Einklinken *n (z. B. Sperrklinke)*

заслон *m* 1. Schirm *m*; 2. *(Bgb)* Staubsperre *f*, Sperre *f (Explosionsschutz)* || ~/**водяной** *(Bgb)* Wasser[trog]sperre *f* || ~/**сланцевый** *(Bgb)* Gesteinsstaubsperre *f (Schlagwetterverhütung)*

заслонка *f* 1. Klappe *f*; Zugklappe *f*, Schieber *m*, Register *n (s. a. unter* задвижки 2.*)*; 2. Schornsteinregister *n*; 3. *s.* ~ питателя-смесителя || ~/**воздушная** *(Kfz)* Drosselklappe *f*, Starterklappe *f (des Vergasers)* || ~/**возвратная** Rückschlagklappe *f* || ~/**впускная** Einlaßschieber *m* || ~/**дроссельная** 1. Drosselklappe *f (Kfz-Vergaser)*; 2. Luftklappe *f (Einspritzmotor)* || ~/**дымовая** Rauchschieber *m*, Rauchklappe *f* || ~/**загрузочная** Füllklappe *f* || ~/**обратная** Rückschlagklappe *f* || ~/**отражательная** Prellklappe *f* || ~/**очистительная** *(Text)* Ausstoßklappe *f* || ~/**падающая** Fallklappe *f* || ~ **питателя-смесителя** *(Text)* Regulierblech *n*, Reglerklappe *f (Mischballenöffner)* || ~/**поворотная** Drehklappe *f*, Kreisschieber *m* || ~/**поворотная регулирующая** Regulierklappe *f* || ~/**предохранительная** Sicherheitsklappe *f* || ~/**противопожарная** *(Schiff)* Brandschutzklappe *f*, Feuerschutzklappe *f* || ~/**пусковая** Starterklappe *f (Kfz-Vergaser)* || ~/**разгрузочная** Auslaufschieber *m*, Entleerungsschieber *m* || ~/**регулирующая** Regelschieber *m*, Einstellschieber *m*; Reglerklappe *f*

засмолок *m (Forst)* Verkienung *f*, verharzte Stelle *f*

заснежённый schneebedeckt

засов *m* 1. Sperriegel *m*, Riegel *m*; 2. Barre *f*

засол *m* Salzen *n*, Einsalzen *n*

засоление *n (Lw)* Versalzen *n (des Bodens)*

засоленность *f* Salzhaltigkeit *f*, Salzgehalt *m*

засолить *s.* засаливать

засолка *f* Salzen, Salzung *f*; *(Led auch:* Salzkonservierung*)* || ~ **врасстил** *(Led)* Stapelsalzung *f* || ~/**тузлучная** *(Led)* Salzlakenbehandlung *f*, Salzlakenkonservierung *f* || ~/**штапельная** *(Led)* Stapelsalzung *f*

засорение *n* Verschmutzen *n*, Verschmutzung *f*, Verunreinigen *n*, Verunreinigung; Verstopfen *n*, Verstopfung *f* || ~ **камнями** *(Lw)* Steinbesatz *m (Boden)* || ~ **сорняками** *(Lw)* Unkrautbesatz *m*

засорённость Verschmutzung *f*, Verunreinigungsgrad *m*

застёжка *f* 1. Agraffe *f*, Spange *f*; 2. Falle *f*; 3. *(Text)* Verschluß *m* || ~ **на пуговицы** Knopfverschluß *m*

застёжка-молния *f* Reißverschluß *m*

застекление *n* Verglasen *n*, Verglasung *f*

застеклить *s.* застеклять

застеклять verglasen

застой *m* Stauung *f*, Stagnation *f*, Stillstand *m* || ~ **охлаждающей воды** Kühlwasserstau *m* || ~ **тепла** Wärmestau *m*

застраивать bebauen

застревание *n (El)* Hängenbleiben *n*, Schleichen *n (des Motors beim Hochlaufen)*
застроить *s.* застраивать
застройка *f (Bw)* Bebauung *f* ll **~/жилая** Wohnbebauung *f* ll **~ ленточная** Bandbebauung *f* ll **~/открытая** offene Bebauung *f* ll **~/периметральная** Randstraßenbebauung *f*, perimetrale Bebauung *f* ll **~ по склону** Hangbebauung *f* ll **~ разрывов между зданиями** Baulückenschließung *f* ll **~ с разрывами** halboffene Bebauung *f* ll **~/свободная** offene Bebauung *f* ll **~/смешанная** Mischbebauung *f* ll **~/строчная** Zeilenbebauung *f* ll **~/усадебная** Bebauung *f* auf Gartengrundstücken, Einzelhausbebauung *f*
застропка *f* **груза** *(Schiff)* Anschlagen *n* einer Last
застропливать *(Schiff)* anschlagen *(eine Last)*
застроповка *f* Anbinden *n*, Anschlagen *n (Lasten)*
застудневание *n s.* желатинизация
заступ *m (Text)* Fachvertritt *m (Weberei)*
застывание *n* 1. Erstarren *n*, Erstarrung *f*, Erkaltung *f*; 2. *(Met)* Einfrieren *n (Schmelze im Ofen oder in der Pfanne)*
застывать 1. erstarren, erkalten; stocken; 2. *(Met)* einfrieren *(Schmelze im Ofen oder in der Pfanne)*
засуха *f (Meteo)* Dürre *f*, Trockenheit *f*
засухоустойчивость *f* Dürreresistenz *f*
засушливый arid, trocken *(Klima)*
засылка *f* Übertrag *m*
засыпать 1. [ein]schütten, einsetzen *(Beschickungsmaterial)*; 2. beschicken, chargieren *(Ofen)*; begichten *(Hochofen)*
засыпка *f* 1. Einschütten *n*, Einsatz *m (des Beschickungsmaterials)*; 2. Beschickung *f*, Chargierung *f (des Ofens)*; Begichtung *f (des Hochofens) (s. a. unter* завалка 2. *und* загрузка 3.*)*; 3. Aufschüttung *f*, Schüttung *f* ll **~ боя** *(Glas)* Scherbeneinlage *f* ll **~ дроби** *(Bgb)* Schrotschüttung *f (Schrotbohrung)* ll **~ за подпорной стенкой** Stützmauerhinterfüllung *f* ll **~/обратная** Hinterfüllung *f* ll **~/окислительная** *(Met)* sauerstoffabgebendes Tempermittel (Glühmittel) *n*, Tempererz *n* ll **~ шихты** *(Glas)* Gemengeeinlage *f* ll **~ щебнем** *(Eb)* Beschotterung *f*
засыпь *f* 1. *(Met)* Schüttung *f*, Gicht *f*, Satz *m*, Charge *f*; 2. *(Brau)* Schüttung *f (die für einen Sud aufgewendete Malz- und Rohfruchtmenge)*
заталкиватель *m* 1. *(Wlz)* Einstoßvorrichtung *f*, Speisevorrichtung *f*, Einstoßer *m*, Speiser *m*, Vorholer *m (Pilgerschrittwalzwerk)*; 2. *(Fert)* Einstoßer *m*
заталкивать *(Met, Fert)* einstoßen
затапливать anheizen, einheizen
затаривание *n* Abfüllen *n*, Abpacken *n*
затачивание *n (Fert)* Scharfschleifen *n*, Anschleifen *n (s. a. unter* заточка*)* ll **~/глубинное** Tiefscharfschleifen *n* ll **~/машинное** *s.* ~/станочное ll **~ режущего инструмента** Werkzeugscharfschleifen *n* ll **~/ручное** Freihandscharfschleifen *n* ll **~/станочное** maschinelles Scharfschleifen *n*
затачивать *(Fert)* scharfschleifen, anschleifen
затвердевание *n* 1. Erhärten *n*, Erstarren *n*, Erstarrung *f*, Verfestigung *f*, Festwerden *n*; 2. *(Met)* Einfrieren *n*, Erstarrung *f*; 3. *(Bw)* Abbinden *n*; 4. *(Gieß)* Aushärten *n (Formstoff)* ll **~/диффузионное** *(Gieß)* Diffusionserstarrung *f* ll **~ металла** Metallerstarrung *f*, Metallkristallisation *f* ll **~/направленное** *(Met)* geordnetes (gerichtetes) Erstarren *n* ll **~ под давлением** *(Gieß)* Druckerstarrung *f (von Al-Schmelzen)* ll **~ при точке эвтектики** *(Met)* eutektische Erstarrung *f*
затвердевать 1. erhärten, hart (fest) werden, verhärten, erstarren; 2. *(Bw)* abbinden; 3. *(Gieß)* aushärten *(Formstoff)* ll **~ при точке эвтектики** *(Met)* eutektisch erstarren
затверделость *f* Verhärtung *f*
затвор *m* 1. Verschluß *m*; Verschlußstück *n*; 2. Verschlußpfropfen *m*; Verschlußkappe *f*; 3. *(Eln)* Tor *n*, Gate *n*, Gatter *n*; 4. *(Inf)* Verklemmung *f*, Deadlock *n*; 5. *(Mil)* Verschluß *m (Geschütz)*; Schloß *m (Schützenwaffen)*; 6. *(Hydt)* Schütz *n*, Schütze *f*, Verschluß *m (Wehr)*; 7. *(Schw)* Vorlage *f* ll **~/аварийный** *(Hydt)* Absperrschütz *n* ll **~/байонетный** Bajonettverschluß *m* ll **~/барабанный** *(Bw)* Trommelklappenverschluß *m* ll **~/блендовый** *(Photo)* Blendenanschnittsverschluß *m* ll **~/бродильный** Gäraufsatz *m*, Gärverschluß *m* ll **~/бункерный** Bunkerverschluß *m* ll **~/быстродействующий** Schnellverschluß *m*; Schnellschlußabsperrventil *n* ll **~/быстропадающий** *(Hydt)* Freifallschütz *n* ll **~/вальцовый** *(Hydt)* Walzenverschluß *m (Walzenwehr)* ll **~/взрывобезопасный** explosionssicherer Verschluß *m*, Explosionssicherung *f* ll **~/внутренний** Innenverschluß *m* ll **~ водосброса** *(Hydt)* Entlastungsschütz *n* ll **~/водяной** 1. *(Schw)* Wasservorlage *f*, Sicherheitswasservorlage *f*; 2. *(Bw)* Geruchverschluß *m*, Siphon *m*, Traps *m* ll **~/воздухонепроницаемый** luftdichter Abschluß *m* ll **~/воздушный** Luftverschluß *m* ll **~/газовый** *s.* ~/колошниковый ll **~/герметический** hermetischer Verschluß *m* ll **~/гидравлический** hydraulischer Verschluß *m (automatische Beregnungsanlage)* ll **~/гидравлический бутылочный** *s.* ~/водяной 2. ll **~/глубинный** *(Hydt)* Grundablaßschütz *n* ll **~/горизонтальный шиберный** Horizontalflachschieberverschluß *m* ll **~/гусеничный** *(Hydt)* Raupenschütz *n* ll **~/двойной** *(Eln)* Doppelgate *n*, Doppeltor *n* ll **~ жалюзи** *(Photo)* Jalousieverschluß *m* ll **~/загрузочный** Einführschleuse *f*, Einlaufverschluß *m* ll **~/игольчатый** *(Hydt)* Ringschieber *m*, Nadelverschluß *m* ll **~/изолированный** *(Eln)* isoliertes Gate *n* ll **~/катковый** *(Hydt)* Rollschütz *n* ll **~/клапанный** *(Hydt)* Klappenverschluß *m* ll **~/клинкетный** *(Hydt)* Klappschütz *n* ll **~/колёсный плоский** *(Hydt)* Rollschütz *n* ll **~/колошниковый** *(Met)* Gicht[gas]verschluß *m*, Gasverschluß *m*, Gasfang *m (Hochofen)* ll **~/кольцевой** *(Eln)* Ringsteuerelektrode *f*, Ringtor *n* ll **~/кремниевый** *(Eln)* Siliciumgate *n*, Si-Gate *n* ll **~/крышевидный** *(Hydt)* Doppelklappenverschluß *m*, Zweiklappenverschluß *m (Dachwehr)* ll **~/крышевидный опускной** Senkschütz *n* ll **~/кулисный** *(Hydt)* Registerschütz *n*, Kulissenschütz *n* ll **~/лазовый** Mannlochverschluß *m* ll **~/лепестковый** *(Photo)* Lamellenverschluß *m* ll **~/лопастный** Zellenradschleuse *f* ll **~/люковой** *(Bgb)* Rollenverschluß *m* ll **~/масляный** Ölverschluß *m*, Öl-

vorlage *f* ‖ **~/междулинзовый** *m (Photo)* Zentralverschluß *m* ‖ **~/моментальный** *(Photo)* Momentverschluß *m* ‖ **~ на жидких кристаллах** Flüssigkristallverschluß *m* ‖ **~/напорный** *(Hydt)* Stauschütz *n* ‖ **~/Г-образный** *(Hydt)* Hakenschütz *n* ‖ **~/одинарный** *(Met)* Glocken- und Trichter[gicht]verschluß *m*, Parry-Gichtverschluß *m (eines Hochofens)* ‖ **~/односекторный люковой** *(Bgb)* einteiliger Segmentverschluß *m* ‖ **~/основной** *(Hydt)* Betriebsschütz *n* ‖ **~/откидной** Klapp[en]verschluß *m* ‖ **~/отрывной** Aufreißdeckel *m*, Aufreißverschluß *m (der Verpackung)* ‖ **~/пальцевый** Klinkenverschluß *m*, Krallenverschluß *m* ‖ **~/пальцевый люковой** *(Bgb)* Fingerverschluß *m*, Klinkenverschluß *m* ‖ **~/паровой** Dampfverschluß *m* ‖ **~/паронепроницаемый** dampfdichter Abschluß *m* ‖ **~/песочный** *(Met)* Sandverschluß *m*, Sandtasse *f (z. B. Haubenofen)* ‖ **~/плавучий** 1. *(Hydt)* Schwimmschütz *n*, Schwimmtor *n*, Schleusenbarke *f*, Schiebeponton *n*, Dockverschluß *m*; 2. *(Eln)* Floatinggate *n* ‖ **~/плоский** *(Hydt)* Flachschütz *n*, Tafelschütz *n* ‖ **~/пневматический** Druckluftverschluß *m* ‖ **~/подпорный** Stauverschluß *m* ‖ **~/подъёмный** Hubwehr *n* ‖ **~/предохранительный** *(Schw)* Sicherheitsvorlage *f* ‖ **~/принудительный** Zwangsschluß *m*, zwangsläufiger Verschluß *m* ‖ **~ промывного отверстия** *(Hydt)* Spülschütz *n* ‖ **~/рабочий** *(Hydt)* Betriebsschütz *n* ‖ **~/разгрузочный** Auslaufverschluß *m* ‖ **~/реечный бункерный** Flachschieberverschluß *m* mit Zahnstangentrieb ‖ **~/роторный** *(Photo)* Rotationsverschluß *m* ‖ **~ рудоспуска** *(Bgb)* Erzrollenverschluß *m* ‖ **~/ружейный** Gewehrschloß *n* ‖ **~ с падающей шторой** *(Photo)* Fallverschluß *m* ‖ **~/самосовмещённый** *(Eln)* selbstjustierendes Gate *n* ‖ **~/сдвоенный Г-образный** *(Hydt)* Doppelhakenschütz *n* ‖ **~/сегментный** *(Hydt)* Segmentschütz *n*, Segmentverschluß *m (Segmentwehr)* ‖ **~/секторный** Drehschieberverschluß *m*, Rundschieberverschluß *m*; *(Hydt)* Sektorverschluß *m (Sektorwehr)* ‖ **~/секционный** *(Hydt)* Kulissenschütz *n* ‖ **~/сифонный** *(Hydt)* Heberverschluß *m* ‖ **~ ската** *(Bgb)* Rollochverschluß *m* ‖ **~/скользящий плоский** *(Hydt)* Gleitschütz *n*, Falle *f* ‖ **~/спицевой** *(Hydt)* Nadelverschluß *m (Nadelwehr)* ‖ **~/спускной** Ablaßschieber *m*, Auslaufverschluß *m* ‖ **~/стопорный** *(Met)* Stopfen[stangen]verschluß *m (Gießpfanne)* ‖ **~/сухой [предохранительный]** *(Schw)* Trockenvorlage *f* ‖ **~/тонущий** *(Hydt)* Senkwehr *n*, Senkschütz *n* ‖ **~/трёхпоясный плоский** *(Hydt)* Dreigurtschütz *n* ‖ **~ холостого водосброса** *(Hydt)* Leerlaufschütz *n* ‖ **~/центральный** *(Photo)* Zentralverschluß *m* ‖ **~/центральный междулинзовый** *(Photo)* Objektivverschluß *m* ‖ **~/цилиндрический** *(Hydt)* Ringschieber *m* ‖ **~/челюстной** Doppeldrehschieberverschluß *m*, Doppelrundschieberverschluß *m (Bunker)* ‖ **~/шандорный** *(Hydt)* Dammbalkenverschluß *m (Dammbalkenwehr)* ‖ **~/шаровой** 1. *(Hydt)* Kugelschieber *m*; 2. *(Photo)* Kugellamellenverschluß *m* ‖ **~/шахтный клетьевой** *(Bgb)* Korbsperre *f*, Falle *f* ‖ **~ шахты** *(Bgb)* Schachttür *f*, Schachtverschluß *m* ‖ **~/шиберный** Schieberverschluß *m*; Flachschieberverschluß *m (Bunker)* ‖ **~/шпингалетный** Treibriegelverschluß *m*, Stangenverschluß *m*, Baskülverschluß *m* ‖ **~/шторный** *(Photo)* Rolloverschluß *m*, Schlitzverschluß *m* ‖ **~/штыковой** Bajonettverschluß *m* ‖ **~/щеколдовый** *s.* ~ щеколдой ‖ **~ щеколдой** Riegelverschluß *m* ‖ **~/щелевой** *(Photo)* Schlitzverschluß *m*

затворение *n (Bw)* Anmachen *n (Mörtel, Beton)*

затворённый *(Bw)* angemacht *(Mörtel, Beton)* ‖ **~/пластично** weich angemacht *(Mörtel, Beton)*

затворитель *m* 1. Verdünnungsmittel *n*, Lösungsmittel *n*; 2. Zusatzstoff *m*, Zusatzmittel *n*; Anmachflüssigkeit *f (für Bindemittel)*

затворить *s.* затворять

затвор-обтюратор *m (Photo)* Flügelverschluß *m*, Sektorenverschluß *m*

затворять 1. schließen, verschließen; einschließen; 2. *(Bw)* anmachen *(Mörtel, Beton)*

затекаемость *f (Schw)* Fließvermögen *n*

затекание *n* Fließen *n*, Einfließen *n (z. B. der Schmelze beim Schweißen)*

затемнение *n (Opt)* Verdunklung *f*, Abdunkeln *n*; Abblenden *n*

затенение 1. Beschattung *f*; 2. Schattierung *f*

затереть *s.* затирать

затирание *n* 1. Einmaischen *n*, Maischen *n (Brauerei)*; 2. Anreiben *n (Farbe)* ‖ **~/двухотварочное** Zweimaischverfahren *n* ‖ **~/декокционное** Dekoktionsverfahren *n*, Kochverfahren *n* ‖ **~/инфузионное** Infusionsverfahren *n*, Aufgußverfahren *n* ‖ **~/настойное** *s.* ~/инфузионное ‖ **~/отварочное** *s.* ~/декокционное ‖ **~/предварительное** Vormaischen *n*

затирать 1. auswischen, ausreiben, verwischen; 2. *(Bw)* abreiben *(Putz)*; 3. anreiben *(Farbe)*; 4. *(Brau)* [ein]maischen

затирка *f (Bw)* Glattputz *m*, Glattstrich *m*, verriebener Putz *m* ‖ **~ швов** Fugenverstrich *m* ‖ **~ штукатурки войлоком** Filzen (Abfilzen) *n* des Putzes

затишье *n (Meteo)* Stille *f*, Windstille *f*

затишья *npl***/экваториальные** *(Meteo)* äquatoriale Zone *f* der Windstillen, Mallungen *fpl*, Doldrum *n*

затмение *n (Astr)* Finsternis *f*, Verfinsterung *f* ‖ **~/кольцеобразное** ringförmige Finsternis ‖ **~/кольцеобразное солнечное** ringförmige Sonnenfinsternis *f* ‖ **~/кольцеобразно-полное** ringförmig-totale Finsternis *f* ‖ **~/лунное** Mondfinsternis *f* ‖ **~/оптическое** optische Finsternis *f* ‖ **~/полное** totale Finsternis *f* ‖ **~/полное лунное** totale Mondfinsternis *f* ‖ **~/полное солнечное** totale Sonnenfinsternis *f* ‖ **~/солнечное** Sonnenfinsternis *f* ‖ **~/частное** partielle Finsternis *f* ‖ **~/частное лунное** partielle Mondfinsternis *f* ‖ **~/частное солнечное** partielle Sonnenfinsternis *f*

затопить *s.* 1. затапливать; 2. затоплять

затопление *n* 1. Überschwemmen *n*, Überfluten *n*; 2. Versenken *n (Schiffe)*; 3. *(Schiff)* Fluten *n (z. B. einer Zelle)*; *(Schiff)* Überflutung *f (Schiffsräume)*; 4. *(Bgb)* Ersaufen *n*, Absaufen *n*; Fluten *n (Grubenbau)*; 5. Einheizen *n*, Anheizen *n* ‖ **~/одноотсечное** *(Schiff)* Überflutung *f* einer Abteilung *(Lecksicherheit)* ‖ **~/приливное** Gezeitenüberschwemmung *f* ‖ **~/частичное** *(Schiff)* Teilflutung *f (einer Abteilung)*

затоплять 1. überschwemmen, überfluten; 2. versenken *(Schiffe)*; 3. *(Schiff)* überfluten *(Schiffsräume)*; 4. *(Bgb)* ersaufen, fluten *(Grubenbaue)*
затор *m* 1. Aufstau *m*, Stauung *f*; 2. Stockung *f*, Verkehrsstockung *f*; 3. *(Brau)* Maische *f*; 4. *(Hydrol)* Eisversetzung *f*, Eisstauung *f* ‖ **~/густой** *(Brau)* Dickmaische *f* ‖ **~/жидкий** *(Brau)* Dünnmaische *f* ‖ **~/несоложёный** *(Brau)* Rohfruchtmaische *f* ‖ **~/общий (объединённый)** *(Brau)* Gesamtmaische *f* ‖ **~/основной** *(Brau)* Hauptmaische *f* ‖ **~/солодовый** *(Brau)* Malzmaische *f*
затормаживание *n* Bremsen *n*, Abbremsen *n*, Abbremsung *f*
затормаживать [ab]bremsen
заторфовывание *n (Geol)* Vertorfung *f (Sumpf)*
заточка *f (Fert)* 1. Scharfschleifen *n*, Anschleifen *n*; Hinterschleifen *n (s. a. unter* затачивание*)*; 2. Anschliff *m* ‖ **~/вогнутая** Hohlschliff *m*, hohler Anschliff *m* ‖ **~/выпуклая** Balligschliff *m*, balliger Anschliff *m* ‖ **~/двойная** Doppelanschliff *m*, doppelter Anschliff *m* ‖ **~/косая** Schräganschliff *m* ‖ **~/нормальная (обыкновенная, одинарная)** normaler (gewöhnlicher, einfacher) Anschliff *m* ‖ **~/тонкая** Feinschärfen *n (von Werkzeugen)* ‖ **~/торцовая** Rückenschliff *m*
затравка *f* 1. *(Krist)* Impfkristall *m*, Impfling *m*; Keimbildner *m*, Keim *m (Schmelze)*; 2. *(Gieß)* Anfahrkopf *m*, Anfahrstrang *m (Stranggießen)* ‖ **~ длительного действия (эффекта)** *(Gieß)* Langzeitimpfmittel *n*
затравливание *n* Einimpfen *n*, Impfen *n (Kristallisation)*
затравливать impfen *(mit einem Kristallkeim)*
затрамбовать *(Gieß)* feststampfen, einstampfen, anstampfen *(Modell)*
затрата *f* Aufwand *m*, Bedarf *m*; Verbrauch *m* ‖ **~ времени** Zeitaufwand *m* ‖ **~/дополнительная** Mehraufwand *m* ‖ **~ мощности** Leistungsaufwand *m* ‖ **~ топлива** Treibstoffbrauch *m*, Brennstoffverbrauch *m*, Kraftstoffverbrauch *m* ‖ **~ энергии** Energieaufwand *m*
затраты *fpl* **[машинного] времени** *(Inf)* Maschinenzeitaufwand *m* ‖ **~ на один каналокилометр** *(Nrt)* kilometrische Sprechkreiskosten *pl*, Kosten *pl* pro Kanalkilometer ‖ **~ на программирование** Programmieraufwand *m* ‖ **~ памяти** *(Inf)* Speicheraufwand *m*
затухание *n* Dämpfung *f*; Abklingen *n (einer Schwingung)*; Abschwächung *f*, Abfall *m* • **без затухания** dämpfungslos, ungedämpft • **с затуханием** gedämpft • **с малым затуханием** dämpfungsarm ‖ **~/антенное** Antennen[kreis]-dämpfung *f* ‖ **~/апериодическое** aperiodische Dämpfung *f* ‖ **~/аэродинамическое** Luftdämpfung *f* ‖ **~/балансное** Fehlerdämpfung *f*, Fehlerdämpfungskoeffizient *m* ‖ **~ в антенне** *s.* ~/антенное ‖ **~ в жидкой среде** Flüssigkeitsdämpfung *f* ‖ **~ в кабеле** Kabeldämpfung *f*, Leitungsdämpfung *f* ‖ **~ в линии** Leitungsdämpfung *f* ‖ **~ в свободном пространстве** *(Nrt)* Freiraumdämpfung *f* ‖ **~/вносимое** *(Nrt)* Einfügungsdämpfung *f* ‖ **~ волн** Wellendämpfung *f* ‖ **~ вследствие излучения** *(Ph)* Strahlungsdämpfung *f* ‖ **~ вследствие отражения** *(Nrt)* Reflexionsdämpfung *f* ‖ **~ вследствие поглощения** *(Nrt)* Absorptionsdämpfung *f* ‖ **~ вследствие столкновения** *(Ph)* Stoßdämpfung *f* ‖ **~/встречное переходное** *(Nrt)* Fernnebensprechdämpfung *f* ‖ **~ выше критического** *(Ph)* überkritische Dämpfung *f*, Überdämpfung *f* ‖ **~ гипотетической эталонной цепи** *(Nrt)* Bezugskreisdämpfung *f* ‖ **~/гироскопическое** Kreiseldämpfung *f*, Gyrodämpfung *f* ‖ **~ звука (звуковых волн)** *(Ph)* Schalldämpfung *f* ‖ **~ из-за рассогласования** *(Nrt)* Fehlerdämpfung *f* ‖ **~ излучением** *(Ph)* Strahlungsdämpfung *f* ‖ **~ импульса** Impulsabfall *m* ‖ **~/интермодуляционное** *(Nrt)* Übersprechdämpfung *f* ‖ **~/километрическое** *(Nrt)* kilometrische Dämpfung *f* ‖ **~ колебаний** *(Mech)* Schwingungsdämpfung *f*, Ausschwingen *n* ‖ **~ колебательного контура** *(El)* Schwingkreisdämpfung *f* ‖ **~/критическое** *(Nrt)* kritische Dämpfung *f* ‖ **~ линии** Leitungsdämpfung *f* ‖ **~ местного эффекта** *(Nrt)* Rückhördämpfung *f* ‖ **~ на ближнем конце/переходное** *(Nrt)* Nahnebensprechdämpfung *f* ‖ **~ на дальнем конце/переходное** *(Nrt)* Fernnebensprechdämpfung *f* ‖ **~ на единицу длины** *(Nrt)* Dämpfung *f* je Längeneinheit, Dämpfungsbelag *m* ‖ **~ на участке линии** *(Nrt)* Streckendämpfung *f*, Felddämpfung *f* ‖ **~ нелинейности** Klirrdämpfung *f* ‖ **~ нелинейных искажений** Klirrdämpfung *f* ‖ **~/обратное** *(Nrt)* Rückwärtsdämpfung *f* ‖ **~/общее переходное** *(Nrt)* Gesamtübersprechdämpfung *f* ‖ **~/остаточное** Restdämpfung *f* ‖ **~/относительное** relative Dämpfung *f* ‖ **~ переходного разговора** *s.* ~/переходное ‖ **~/переходное** *(Nrt)* Nebensprechdämpfung *f*; Übersprechdämpfung *f* ‖ **~/полное** *s.* ~/суммарное ‖ **~ потерь** *(El)* Verlustdämpfung *f* ‖ **~/пространственное** Freiraumdämpfung *f*; *(Nrt)* räumliche Dämpfung *f* ‖ **~/прямое** *(Nrt)* Vorwärtsdämpfung *f* ‖ **~/рабочее** *(Nrt)* Betriebsdämpfung *f* ‖ **~/радиационное** *(Ph)* Strahlungsdämpfung *f* ‖ **~ сейсмической энергии** Dämpfung *f* der seismischen Energie ‖ **~/собственное** Eigendämpfung *f* ‖ **~/сравнительное** *(Nrt)* Vergleichsdämpfung *f* ‖ **~ столкновением** *(Ph)* Stoßdämpfung *f* ‖ **~/суммарное** *(Nrt)* Gesamtdämpfung *f*, Summendämpfung *f* ‖ **~ теплопроводности** Wärmeleitungsdämpfung *f* ‖ **~/удельное** spezifische Dämpfung *f* ‖ **~ цепи/собственное** *(El)* Leitungsdämpfung *f*, Gesamtdämpfung *f* der Leitung ‖ **~ четырёхполюсника** *(Nrt)* Vierpoldämpfung *f* ‖ **~/эквивалентное** *(Nrt)* Ersatzdämpfung *f*
затухать 1. erlöschen, abklingen; 2. *(El)* dämpfen; gedämpft werden, ausschwingen, abklingen
затухнуть *s.* затухать
затыкать verstopfen; abdichten; absperren
затылование *n (Fert)* Hinterdrehen *n*; Hinterarbeiten *n* ‖ **~/токарное** Hinterdrehen *n* ‖ **~ фрезерованием** Hinterfräsen *n* ‖ **~ шлифованием** Hinterschleifen *n*
затыловать *(Fert)* hinterdrehen; hinterarbeiten
затылок *m (Wkz)* Zahnrücken *m*
затычка *f* Stöpsel *m*, Pfropfen *m*; Verschlußstopfen *m*
затягивание *n* 1. Hinziehen *n*, Verzögern *n*; 2. Anziehen *n*, Festziehen *n (Schrauben)*; 3. Spannen *n (z. B. Riemen)*; 4. *(Rf)* Ziehen *n*, Fre-

quenzmitziehen *n*; 5. *(Bgb)* Verschalen *n (Ausbau)* ‖ **~ до отказа** Festziehen *n (von Schrauben)* ‖ **~ фурм** Einfrieren *n* der Windformen *(Hochofen)*

затягивать 1. hinziehen, verzögern; 2. anziehen, festziehen *(Schrauben)*; 3. spannen *(Riemen)*; 4. *(Rf)* ziehen, mitziehen *(Frequenzen)*; 5. *(Bgb)* verziehen, verschalen *(Ausbau)*

затяжка *f* 1. Verzögerung *f*; 2. Anziehen *n (Schrauben)*; 3. *(Bw)* Bundbalken *m*, Zugbalken *m*, Zuganker *m*; 4. Klammer *f*; 5. *(Bgb)* Verzug *m (Ausbau)*; 6. Festfahren *n (Bohrgestänge)*; 7. *(Led)* Zwicken *n (Schutzherstellung)*; 8. *(Bw, Wlz)* Zugband *n*, Spannband *n*; 9. *(Text)* Fadenhänger *m*, Fadenzieher *m (Fehler an Geweben oder Gestricken)* ‖ **~ боков** *(Bgb)* Stoßverzug *m* ‖ **~ боковых стенок** *(Bgb)* Stoßverzug *m* ‖ **~ бурового снаряда** *(Bgb)* Festfahren *n* des Bohrstranges ‖ **~ вразбежку** *(Bgb)* Zaunverzug *m* ‖ **~ всплошную** *(Bgb)* Vollverzug *m* ‖ **~/гибкая** *(Bw)* elastisches Zugband *n (Brückenkonstruktion)* ‖ **~ горбылём** *(Bgb)* Schwartenverzug *m* ‖ **~/деревянная** *(Bgb)* Holzverzug *m* ‖ **~/дополнительная** Nachspannung *f (Riemen)* ‖ **~ досками** *(Bgb)* Vertäfelung *f (Getriebezimmerung)* ‖ **~/железобетонная** *(Bgb)* Stahlbetonverzug *m* ‖ **~/жёсткая** *(Bw)* versteiftes Zugband *n (Bogenbrücke)* ‖ **~ забоя** *(Bgb)* Ortsvertäfelung *f (Getriebezimmerung)* ‖ **~ кровли** *(Bgb)* First[en]verzug *m* ‖ **~/нитяная** *(Typ)* Fadenklammer *f* ‖ **~/полная** *(Bgb)* Vollverzug *m* ‖ **~ почвы досками** *(Bgb)* Sohlenverschalung *f*, Sohlenvertäfelung *f* ‖ **~/предварительная** Vorspannung *f (Riemen)* ‖ **~ проволочной сеткой** *(Bgb)* Maschendrahtverzug *m* ‖ **~ пружины** Federspannung *f* ‖ **~ пружины/предварительная** Federvorspannung *f* ‖ **~ распилами** *(Bgb)* Halbholzverzug *m* ‖ **~/сплошная** *(Bgb)* Vollverzug *m*

затянуть *s.* затягивать

заусенец *m* 1. Grat *m*, Bart *m*; 2. *(Wlz)* Walzgrat *m*; 3. Preßgrat *m*; 4. Gußgrat *m*

заформовать 1. *(Fert)* einbetten *(Fügeverfahren)*; 2. *(Gieß)* [ein]formen

зафронтальный *(Meteo)* postfrontal

захват *m* 1. Greifen *n*, Fassen *n*; Mitnahme *f*; 2. *(Masch)* Greifer *m*, Greiforgan *n*, Greiferhand *f (Roboter)*; Greifereinrichtung *f*; *(Wlz)* Mitnehmer *m*; 3. *(Ph)* Einfang *m*; 4. *(Bgb)* Schrämtiefe *f*; 5. *s.* ~/рабочий ‖ **~/адаптивный** adaptiver Greifkopf *m (Roboter)* ‖ **~/балансирный** Lastausgleichstraverse *f (Hebezeuge)* ‖ **~/быстросменный** *(Fert)* Schnellwechselgreifer *m* ‖ **~/вакуумный** Saugheber *m*, Vakuumlasthaftgerät *n (Hebezeuge)*; *(Masch)* Vakuumgreifer *m* ‖ **~/вилочный** Klammergabel *f (Gabelstapler)*; Krangabel *f* ‖ **~/внешний** Außengreifer *m* ‖ **~/внутренний** Innengreifer *m* ‖ **~ воды** *(Hydt)* Wasserfassung *f* ‖ **~/гибкий** *(Fert)* Softgreifer *m* ‖ **~/двупалый** *(Masch)* Zweifingergreifer *m* ‖ **~ дырок** *(Ph)* Lochfang *m*, Defektelektroneneinfang *m* ‖ **~/клещевой** Zangengreifer *m* ‖ **~/магнитный** 1. *(Fert)* Magnetgreifer *m*; 2. *(Förd)* magnetisches Lasthaftgerät *n* ‖ **~/мульдовый** *(Met)* Muldengreifer *m*, Muldengehänge *n*, Muldenzange *f (Muldenkran)* ‖ **~ найтова** *(Schiff)* Dollbordhaken *m* ‖ **~/наружный** Außengreifer *m* ‖ **~ нейтронов/радиационный** *s.* ~/радиационный ‖ **~ носителей [заряда]** *(Ph)* Trägerhaftung *f*, Ladungsträgerhaftung *f* ‖ **~ объекта** *(Rad)* Zielerfassung *f*, Zielmarkierung *f* ‖ **~ орбитального электрона** *(Kern)* E-Einfang *m*, Elektroneneinfang *m* ‖ **~/палочный** *(Masch)* Fingergreifer *m* ‖ **~ позитрона** *(Kern)* Positroneneinfang *m*, β-Einfang *m* ‖ **~/позитронный** *s.* ~ позитрона ‖ **~/рабочий** *(Lw)* Arbeitsbreite *f (Landmaschinen)* ‖ **~/радиационный** *(Kern)* Strahlungseinfang *m*, strahlender Einfang *m*, (x,y)-Prozeß *m* ‖ **~/резонансный** *(Kern)* Resonanzeinfang *m* ‖ **~ резонансных электронов** *(Kern)* Resonanzelektroneneinfang *m* ‖ **~ света** *(Ph)* Lichteinfang *m* ‖ **~ стока** *(Hydt)* Abflußerfassung *f* ‖ **~/телескопический** Teleskopgreifer *m (Hebezeuge)* ‖ **~/траверсный** Traverse *f* ‖ **~/трёхпалый** Dreifingerhand *f*, Dreifingergreifeinheit *f (Roboter)* ‖ **~ частиц** *(Kern)* Teilcheneinfang *m* ‖ **~/челюстной** *(Fert)* Zangengreifer *m*, Greifzange *f* ‖ **~/эксцентриковый** Exzenterklemme *f* ‖ **~/электромагнитный** Magnetheber *m* ‖ **~ электрона** *s.* ~ орбитального электрона ‖ **~/ядерный** *s.* ~ ядром ‖ **~ ядром** *(Kern)* Kerneinfang *m*, Einfangsprozeß *m*, Anlagerungsprozeß *m*

K-захват *m (Kern)* K-Einfang *m*, K-Elektroneneinfang *m*

L-захват *m (Kern)* L-Einfang *m*, L-Elektroneneinfang *m*

захватка *f* 1. Sperrhaken *m*, Sperrklinke *f*; 2. *(Wlz)* Fangarm *m*; 3. *(Met)* Rohrangel *f (beim Ziehen von Rohren)*; abgespitztes Ende *n (beim Ziehen vorher gepreßter Stangen)*; 4. *(Bw)* Arbeitsabschnitt *m*, Arbeitsbereich *m*; Arbeitstakt *m*

захватывание *n* Mitnahme *f*, Mitnehmen *n (s. a. unter* захват 1.; 3.*)* ‖ **~ груза** Lastaufnahme *f* ‖ **~ частоты** *(El)* Frequenzmitnahme *f*

захватывать 1. nehmen, ergreifen; 2. aufnehmen *(ein Werkstück im Spannfutter)*; 3. *(Kern)* einfangen *(Neutronen)*

захлёбывание *n (Ch)* Spucken *n*, Überfluten *n (Fehler in Destillationskolonnen)*

захлёбывать *(Ch)* fluten *(Destillationskolonnen)*

захлёбываться *(Ch)* spucken, überfluten *(von Kolonnen)*

захлёстывание *n* **нити** *(Text)* Fadenschleudern *n*, Fadenverschlingung *f*

захлопка *f* Schnellschlußklappe *f*, Klappenventil *n*, Rückschlagklappe *f* ‖ **~/бортовая (штормовая)** *(Schiff)* Sturmklappe *f*

захлопывание *n* Zusammensturz *m*, Zusammenfallen *n*, Einsturz *m* ‖ **~ полостей** Blasenimplosion *f*, Blaseneinsturz *m (Kavitation)*

заход *m* 1. Untergang *m (Sonne, Mond)*; 2. *(Flg)* Anflug *m*; 3. *(Schiff)* Anlaufen *n (einen Hafen)*; Einlaufen *n (in einen Hafen)*; 4. *(Fert)* Gang *m (des Gewindes)* ‖ **~ в порт** Anlaufen *n* eines Hafens, Einlaufen *n* in einen Hafen ‖ **~/гелиакический** *(Astr)* heliakischer Untergang *m* ‖ **~ на посадку** *(Flg)* Landeanflug *m* ‖ **~ на цель** *(Flg)* Zielanflug *m* ‖ **~ сверху** *(Flg)* Überkurve *f* ‖ **~ снизу** *(Flg)* Unterschneidkurve *f*

заходить в порт einen Hafen anlaufen, einlaufen *(in einen Hafen)*

заходка *f (Bgb)* Feld *n*, Gasse *f (Tiefbau)*; Streifen *m*, Schnitt *m*, Block *m (Tagebau)*

захоранивать *(Ökol)* endlagern
захоронение *n* 1. Lagerung *f*, Beseitigung *f (Abfälle)*; 2. *(Geol)* Einbettung *f*; 3. *(Ökol)* Endlagerung *f* ‖ ~ **отходов** Abfallbeseitigung *f*; Abfallagerung *f* ‖ **~/подземное** unterirdische Endlagerung *f* ‖ ~ **радиоактивных отходов [/окончательное]** Endlagerung *f* radioaktiver Abfälle
зацентровать *s.* зацентровывать
зацентровка *f (Fert)* Zentrieren *n*
зацентровывать *(Fert)* zentrieren
зацепка *f* 1. Sperrhaken *m*, Sperrklinke *f*; 2. Daumen *m*, Mitnehmer *m*; 3. Verhaken *n*, Hängenbleiben *n*
зацепление *n (Masch)* 1. Verzahnung *f*; 2. Eingriff *m (Zahnräder)*; 3. Greifen *n*, Greifvorgang *m (der Walzen)* ‖ **~/беззазорное** spielfreie Verzahnung *f* ‖ **~/внешнее** Außenverzahnung *f* ‖ **~/внутреннее** Innenverzahnung *f* ‖ **~/гипоидное** Hypoidverzahnung *f* ‖ **~/двухточечное** Doppelpunktverzahnung *f* ‖ **~/длительное** Dauereingriff *m* ‖ ~ **звёздочки/зубчатое** Kettenradverzahnung *f* ‖ **~/зубчатое** Verzahnung *f*; Zahneingriff *m*; Kämmen *n*, Kämmung *f (Zahnräder)* ‖ ~ **колёсами с укороченными зубьями** Kurzverzahnung *f* ‖ **~/корригированное** korrigierte Verzahnung *f* ‖ **~/косозубое** Schrägverzahnung *f* ‖ ~ **косозубых конических колёс** Kegelschrägverzahnung *f* ‖ ~ **круговыми зубьями** Bogenverzahnung *f* ‖ **~/кулачковое** *s.* ~/цевочное ‖ **~/нулевое** Nullverzahnung *f* ‖ **~/одиночное** Einzelverzahnung *f* ‖ **~/октоидное** Oktoidenverzahnung *f* ‖ **~/парное** Paarverzahnung *f* ‖ **~/плоское** Planverzahnung *f* ‖ **~/прямозубое** Geradflankenverzahnung *f* ‖ **~/реечное** 1. Zahnstangenverzahnung *f*; 2. Zahnstangeneingriff *m* ‖ **~/рядовое** Satzräderverzahnung *f* ‖ ~ **с неподрезанными зубьями** unterschnittfreie Verzahnung *f* ‖ **~/смешанное** Mischverzahnung *f* ‖ **~/специальное** Sonderverzahnung *f* ‖ **~/точечное** 1. Punktverzahnung *f*; 2. Punkteingriff *m* ‖ **~/цевочное** Daumenverzahnung *f*, Triebstockverzahnung *f*, Zapfenverzahnung *f* ‖ **~/циклоидное** Zykloidenverzahnung *f* ‖ **~/червячное зубчатое** Schneckenradverzahnung *f* ‖ **~/шевронное [зубчатое]** Pfeilverzahnung *f* ‖ **~/эвольвентное** Evolventenverzahnung *f* ‖ **~/эпициклоидное** Epizykloidenverzahnung *f*
зацеплять *(Masch)* eingreifen [ineinander], in Eingriff bringen
зацепляться 1. *(Fert)* im Eingriff stehen, [miteinander] kämmen *(Zahnräder)*; 2. sich verhaken *(Montage)*
зачаливание *n s.* зачалка
зачалка *f (Förd)* Anbinden *n*, Anhängen *n*, Anschlage *n (Last)*
зачаток *m s.* зародыш
зачеканить verstemmen, einstemmen
зачеканка *f (Bw)* Ausfüllen *n*, Ausstopfen *n*, Abdichten *n*, Verschließen *n*
зачистка *f* 1. Reinigen *n*, Reinigung *f*, Säubern *n*; 2. Oberflächenvorbehandlung *f (vor einer galvanischen oder elektrolytischen Bearbeitung)*; 3. *(Wlz)* Entsintern *n*, Entsinterung *f*; 4. Putzen *n*, Verputzen *n*, Nachputzen *n*; Feinputzen *n (Gußteil)*; 5. Nachbearbeitung *f (z. B. von Ausschuß)*; 6. *(Bgb)* Putzen *n (des Kohlehangenden)* ‖ ~ **заусенцев** *(Gieß)* Entgraten *n*, Abgraten *n* ‖ ~ **изоляции** *(El)* Abisolieren *n*, Entisolieren *n* ‖ **~/кислородная** *(Schw)* Brennputzen *n* ‖ ~ **литья** *(Gieß)* Gußputzen *n*, Putzen *n* ‖ **~/мокрая** Naßreinigung *f* ‖ **~/огневая** Flammputzen *n*, Flammhobeln *n*, Brennputzen *n*, Flämmen *n (Guß, Walzgut, Schmiedeteile)* ‖ ~ **отливок** *(Gieß)* Gußputzen *n*, Putzen *n* ‖ **~/сухая** Trockenreinigung *f*
зачищать 1. reinigen, säubern; 2. *(Wlz)* entsintern; 3. nacharbeiten *(fehlerhafte Teile)*; 4. putzen *(Gußteile)* ‖ ~ **изоляцию** *(El)* abisolieren, entisolieren
зашивка *f* Verschalung *f*, Verkleidung *f*; *(Schiff)* Wegerung *f*, Verkleidung *f*
зашлаковка *f s.* зашлаковывание
зашлаковывание *n* Verschlacken *n*, Verschlackung *f*; Schlackenbildung *f*
зашламо[вы]вание *n (Bgb)* Verschlammen *n (des Bohrloches)*
зашплинтовывать *(Fert)* versplinten *(einen Bolzen)*
заштрихованный schraffiert
заштыбовка *f (Bgb)* Verstopfung *f*, Verkeilen *n (der Kohlenschrämmaschine durch Schrämklein)*
зашунтированный *(El)* geshuntet, mit Nebenschluß versehen; parallelgeschaltet, nebengeschaltet
зашунтировать *s.* шунтировать
защёлка *f* 1. Sperrklinke *f*, Sperre *f*, Klinke *f*, Sperrhaken *m*; Falle *f*, Schnapper *m*; 2. *(Masch)* Sperradgetriebe *n*; Gesperre *n*; 3. *(Inf)* Latch *m* ‖ **~/блокировочная** Verriegelungsklinke *f*; Sperrklinke *f*; Riegel *m* ‖ **~/западающая** Einfallklinke *f*, Sperrfalle *f* ‖ **~/предохранительная** Sicherungsklinke *f* ‖ **~/расцепная** Auslöseklinke *f* ‖ **~/храповая** Sperrklinke *f* ‖ **~/шариковая** Kugelraste *f*; Kugelschnapper *m*
защёлкивание *n* Einklinken *n*, Einschnappen *n*
защемление *n* Klemmen *n*, Verklemmen *n*, Festklemmen *n* ‖ ~ **входов** *(Inf)* Latch-up-Effekt *m*
защипать *(Fert)* zusammendrücken
защита *f* 1. Schutz *m*; Abschirmung *f*; Sicherung *f*; 2. Schutzeinrichtung *f*, Schutzvorrichtung *f* ‖ **~/аварийная** *(El)* Schutzschaltung *f* ‖ **~/анодная** anodischer Korrosionsschutz *m*, anodische (elektrochemische) Passivierung *f*; anodische Polarisation *f* ‖ **~/антикоррозионная** Korrosionsschutz *m*; Rostschutz *m* ‖ **~/бетонная** *(Kern)* Betonschutzschicht *f*, Betonabschirmung *f (Reaktor)* ‖ **~/биологическая** *(Kern)* biologische Abschirmung *f*, biologischer Schutz *m* ‖ **~/верхняя** obere Abschirmung *f* ‖ ~ **водоёмов/санитарная** Gewässerschutz *m*, Gewässerhygiene *f* ‖ **~/водометаллическая** *(Kern)* Metall-Wasser-Abschirmung *f*, Metall-Wasser-Schutz *m* ‖ **~/вторичная** *(Kern)* Sekundärstrahlungsschutz *m* ‖ **~/грозовая** *(El)* Gewitterschutz *m*, Blitzschutz *m* ‖ ~ **данных** *(Inf)* Datensicherung *f*, Datenschutz *m* ‖ ~ **данных паролем** Kennwortdatenschutz *m*, Datenschutz *m* über Kennwort ‖ ~ **данных по ключу** Datenschutz *m* über Schlüsselwort ‖ **~/дистанционная** *(El)* Distanzschutz *m* ‖ **~/индукционная** *(El)* Induktionsschutz *m* ‖ **~/катодная** *(El)* Kathodenschutz *m*, kathodischer Schutz *m* ‖ **~/конструктивная противопожарная** baulicher Brand-

schutz *m* ‖ **~/коррозионная** Korrosionsschutz *m*; Rostschutz *m* ‖ **~/ледовая** *(Schiff)* Eisschutz *m* ‖ **~/максимальная токовая** *(El)* Überstromschutz *m* ‖ **~/металловод[ород]ная** *s.* ~/водометаллическая ‖ **~/направленная** *(El)* Richtungsschutz *m* ‖ **~ напряжения** *(El)* Spannungsschutz *m* ‖ **~ напряжения/максимальная** Überspannungsschutz *m* ‖ **~ напряжения/минимальная** Unterspannungsschutz *m*, Spannungsrückgangsschutz *m* ‖ **~ населения** *(Ökol)* Bevölkerungsschutz *m* ‖ **~ объёмных изделий** Hohlraumschutz *m* ‖ **~ окружающей среды** Umweltschutz *m* ‖ **~ оксидными плёнками** Passivierung *f (von Metallen)* ‖ **~ от взрыва** *(El)* Explosionsschutz *m* ‖ **~ от гамма-излучения** *(Kern)* Abschirmung *f* gegen Gammastrahlung; Gammastrahlenabschirmung *f*, Gammastrahlenschutz *m* ‖ **~ от действия рентгеновских лучей** *(Kern)* Röntgen[strahlen]schutz *m* ‖ **~ от замыкания на землю** *(El)* Erdschlußschutz *m* ‖ **~ от звуковых колебаний** Schallschutz *m* ‖ **~ от излучений** *(Kern)* Strahlenschutz *m*, Strahlenabschirmung *f*; Strahlenschild *m*, Strahlungsschild *m* ‖ **~ от излучения/местная** lokaler strahlenschutz *m* ‖ **~ от изменения полярности** *(El)* Verpolungsschutz *m* ‖ **~ от короткого замыкания** *(El)* Kurzschlußschutz *m* ‖ **~ от коррозии** Korrosionsschutz *m*; Rostschutz *m* ‖ **~ от максимального напряжения** *(El)* Überspannungsschutz *m* ‖ **~ от нейтронов** *(Kern)* Neutronenschutz *m*, Neutronenabschirmung *f*, Schutz *m* gegen Neutronen ‖ **~ от неправильной полярности** *(El)* Verpolungsschutz *m* ‖ **~ от обледения** Vereisungsschutz *m* ‖ **~ от окисления** Oxidationsschutz *m* ‖ **~ от ореолов** *(Photo)* Lichthofschutz *m* ‖ **~ от оружия массового поражения** Schutz *m* vor Massenvernichtungswaffen ‖ **~ от перегрузок** *(El)* Überlast[ungs]schutz *m*, Überlastungssicherung *f* ‖ **~ от перенапряжения** *(El)* Überspannungschutz *m* ‖ **~ от повышения частоты** *(El)* Überfrequenzschutz *m* ‖ **~ от подслушивания** *(Nrt)* Mithörschutz *m* ‖ **~ от помех** *(Rf)* Störschutz *m* ‖ **~ от понижения частоты** *(El)* Unterfrequenzschutz *m* ‖ **~ от прикосновения** *(El)* Berührungsschutz *m* ‖ **~ от ржавления** Rostschutz *m* ‖ **~ от сверхтоков** *(El)* Überstromschutz *m* ‖ **~ от столкновения** Kollisionsschutz *m* ‖ **~ от шумов** Lärmschutz *m* ‖ **~ памяти** *(Inf)* Speicherschutz *m (Schreibsperre)* ‖ **~ паролем** *(Inf)* Dateischutz *m* über Kennwort ‖ **~/первичная** *(Kern)* Primärstrahlungsschutz *m* ‖ **~ по записи** *(Inf)* Schreibsperre *f* ‖ **~ по ключу** *(Inf)* Datenschutz *m* über Kennwort ‖ **~ по считыванию** *(Inf)* Lesesperre *f* ‖ **~ поверхности** Oberflächenschutz *n* ‖ **~/полигонная** *(El)* Polygonschutz *m* ‖ **~/поперечная дифференциальная** *(El)* Querdifferentialschutz *m* ‖ **~ почвы от эрозии** *(Lw)* Bodenschutzmaßnahmen *fpl* gegen Erosion ‖ **~ предохранителями** *(El)* Absicherung *f* ‖ **~ природы** Naturschutz *m*, Schutz *m* der Natur ‖ **~ программ[ы]** *(Inf)* Programmschutz *m* ‖ **~ протекторами** *s.* ~/электрохимическая ‖ **~/противодымная** Rauchschutz *m* ‖ **~/противокоррозионная** Korrosionsschutz *m* ‖ **~/противоореольная** *(Photo)* Lichthofschutz *m* ‖ **~/противопаводковая** Schutz *m* gegen Hochwasser, Hochwasserschutz *m* ‖ **~/радиационная** *s.* ~ от излучений ‖ **~ растений** *(Ökol, Lw)* Pflanzenschutz *m* ‖ **~ реактора/аварийная** *(Kern)* Schnellschlußeinrichtung *f*, Schnellschlußsystem *n (Reaktor)* ‖ **~/релейная** *(El)* Relaisschutz *m* ‖ **~/свинцовая** Bleiverkleidung *f* ‖ **~/селективная** *(Inf)* wahlweiser Schutz *m* ‖ **~ сетей** *(El)* Netzschutz *m* ‖ **~/сильноточная** *(El)* Starkstromschutz *m* ‖ **~/тепловая** Wärmeschutz *m*; *(Kern)* Wärmeabschirmung *f (in der Spaltzone des Reaktors)* ‖ **~ тока/минимальная** *(El)* Unterstromschutz *m* ‖ **~/токовая** *(El)* Stromschutz *m* ‖ **~ тома** *(Inf)* Datenträgerschutz *m* ‖ **~/тросовая** *(El)* Erdseilschutz *m*, Blitzseilschutz *m* ‖ **~ файла** *(Inf)* Dateischutz *m* ‖ **~ защита файла с помощью ключа** Dateischutz *m* über Kennwort ‖ **~/электрохимическая** elektrochemischer Schutz *m* ‖ **~ ядерного реактора** *(Kern)* Reaktorabschirmung *f*

защитный Schutz..., Sicherheits...

защищать schützen, sichern; abschirmen ‖ **~ предохранителями** *(El)* absichern

защищающий от коррозии korrosionsschützend, vor korrosivem Angriff schützend

защищённость *f* Schutz *m*, Sicherheit *f* ‖ **~ от переходных разговоров** *(Nrt)* Nebensprechunterdrückung *f* ‖ **~ от помех** Störsicherheit *f*, Störschutz *m*

защищённый geschützt, gesichert; abgeschirmt ‖ **~ от атмосферных влияний** wettergeschützt ‖ **~ от взрыва** explosionsgeschützt, *(Bgb)* schlagwettergeschützt ‖ **~ от излучений** strahlungssicher, strahlungsgeschützt, strahlensicher, strahlengeschützt ‖ **~ от капежа** tropfwassergeschützt ‖ **~ от коррозии** korrosionsgeschützt ‖ **~ от мороза** frostgeschützt ‖ **~ от помех** entstört ‖ **~ от прикосновений** berührungsgeschützt ‖ **~ от пыли** staubgeschützt

заэвтектический übereutektisch, hypereutektisch *(Gefüge)*

заэвтектоидный übereutektoid, hypereutektoid *(Gefüge)*

заявка *f* Anzeige *f*, Anmeldung *f*, Anforderung *f*; *(Nrt)* Gesprächsanmeldung *f*; *(Inf)* Anforderung *f*, Anfrage *f*

ЗВ *s.* звонок

звезда *f (Astr, El, Masch)* Stern *m* ‖ **~/азимутальная** *(Astr)* Azimutstern *m* ‖ **~/азотная** *(Astr)* Stickstoffstern *m* ‖ **~ аннигиляции** *(Kern)* Zerstrahlungsstern *m* ‖ **~ Барнарда [/летящая]** *(Astr)* [Barnardscher] Pfeilstern *m* ‖ **~/близполярная** *(Astr)* Zirkumpolarstern *m* ‖ **~/ведущая** *s.* ~/гидирующая ‖ **~/взрывная переменная** *(Astr)* Eruptionsveränderlicher *m* ‖ **~/визуально-двойная** *(Astr)* visueller Doppelstern *m* ‖ **~ Вольфа-Райе** *(Astr)* Wolf-Rayet-Stern *m* ‖ **~/вспыхивающая** *(Astr)* Flarestern *m* ‖ **~/гидирующая** *(Astr)* Leitstern *m* ‖ **~/главная** *(Astr)* Hauptstern *m*, Hauptkomponente *f* ‖ **~ главной последовательности** *(Astr)* Hauptreihenstern *m (Hertzsprung-Russell-Diagramm)* ‖ **~/двойная** *(Astr)* Doppelstern *m* ‖ **~/долгопериодическая переменная** *(Astr)* langperiodischer Veränderlicher (veränderlicher Stern) *m*

‖ **~/затменная** *(Astr)* Bedeckungsstern *m* ‖ **~/затменная [двойная] переменная** *(Astr)* Bedeckungsveränderlicher *m* ‖ **~/затменно-переменная** *(Astr)* Bedeckungsveränderlicher *m* ‖ **~/карликовая** *(Astr)* Zwergstern *m* ‖ **~/катаклизмическая переменная** *(Astr)* kataklysmischer Veränderlicher *m* ‖ **~/красная полуправильная пульсирующая** *(Astr)* roter halbregelmäßiger Pulsationsveränderlicher *m* ‖ **~/кратная** *(Astr)* Mehrfachstern *m* ‖ **~/магнитная** *(Astr)* magnetischer Stern *m* ‖ **~/магнитно-переменная** *(Astr)* magnetischer Veränderlicher (veränderlicher Stern) *m* ‖ **~ малой светимости** *(Astr)* Stern *m* geringer Leuchtkraft ‖ **~/металлическая** *(Astr)* Metallinienstern *m* ‖ **~/незаходящая** *(Astr)* Zirkumpolarstern *m* ‖ **~/нейтронная** *(Astr)* Neutronenstern *m* ‖ **~/неподвижная** *(Astr)* Fixstern *m* ‖ **~/неправильная переменная** *(Astr)* unregelmäßiger Veränderlicher *m* ‖ **~/неправильная пульсирующая** *(Astr)* unregelmäßiger Pulsationsveränderlicher *m* ‖ **~/новая** *(Astr)* Nova *f*, Neuer Stern *m* ‖ **~/новоподобная [переменная]** *(Astr)* novaähnlicher Veränderlicher *m* ‖ **~/одиночная** *(Astr)* Einzelstern *m* ‖ **~/околополярная** *s.* ~/близполярная ‖ **~/опорная** *(Astr)* Anhaltsstern *m*, Fundamentalstern *m* ‖ **~/оптическая двойная** *(Astr)* optischer Doppelstern *m* ‖ **~/оптическая переменная** *(Astr)* optischer Veränderlicher *m* ‖ **~/падающая** *(Astr)* Sternschnuppe *f* ‖ **~/переменная** *(Astr)* Veränderlicher *m*, veränderlicher Stern *m* ‖ **~/повторная новая** *(Astr)* wiederkehrende Nova *f*, Novula *f* ‖ **~/полуправильная переменная** *(Astr)* halbregelmäßiger Veränderlicher *m* ‖ **~ поля** *(Astr)* Feldstern *m* ‖ **~/полярная** *(Astr)* Polarstern *m*, Nordstern *m*, Stella Polaris ‖ **~/пульсирующая переменная** *(Astr)* Pulsationsveränderlicher *m* ‖ **~ расщепления** *(Kern)* Zertrümmerungsstern *m* ‖ **~/роторная** *(El)* Rotorstrom *m*, Läuferkreuz *n* ‖ **~/рулонная** *(Typ)* Rollenstern *m (Druckmaschine)* ‖ **~ с протяжённой атмосферой** *(Astr)* Hüllenstern *m* ‖ **~/сверхновая** *(Astr)* Supernova *f* ‖ **~/слабая** *(Astr)* lichtschwacher Sterm *m* ‖ **~/спектрально-двойная** *(Astr)* spektroskopischer Doppelstern *m* ‖ **~ сравнения** *(Astr)* Vergleichsstern *m* ‖ **~ типа Миры/переменная** *(Astr)* Mira-Stern *m*, Mira-Veränderlicher *m* ‖ **~ типа Т Тельца** *(Astr)* T-Tauri-Stern *m* ‖ **~/тройная** *(Astr)* Dreifachstern *m* ‖ **~/углеродная** *(Astr)* Kohlenstoffstern *m* ‖ **~/физическая двойная** *(Astr)* physischer Doppelstern *m* ‖ **~/физическая переменная** *(Astr)* physischer Veränderlicher *m* ‖ **~/фотометрическая двойная** *(Astr)* photometrischer Doppelstern *m* ‖ **~/часовая** *(Astr)* Zeitstern *m* ‖ **~/эруптивная переменная** *(Astr)* Eruptionsveränderlicher *m* ‖ **~/якорная** *(El)* Ankerstern *m*, Ankerkreuz *m*

звезда-гигант *f (Astr)* Riesenstern *m*, Riese *m*, Gigant *m*

звезда-карлик *f (Astr)* Zwerg[stern] *m*, Hauptreihenstern *m*

звезда-сверхгигант *f (Astr)* Überriese *m*, Übergigant *m*

звезда-субгигант *f (Astr)* Unterriese *m*, Untergigant *m*

звезда-субкарлик *f (Astr)* Unterzwerg *m*

звёздный Stern[en]..., stellar, Stellar...; siderisch

звездолёт *m* interstellares Raumschiff *n*, interstellarer Raumflugkörper *m*

звездообразование *n (Astr)* Sternbildung *f*, Sternentstehung *f*

звездоподобный sternähnlich, sternartig

звездотрясение *n* Sternbeben *n*

звёздочка *f* 1. *(Masch)* Kettenrad *n*, Kettenstern *m*; Kettennuß *f*, Nuß *f*; 2. *(Masch)* Daumenrad *n*, Daumenrolle *f*; 3. *(Inf)* Schutzstern *m*, Sternzeichen *n*; 4. *(Math)* Stern *m*, Sternchen *n (Symbol)*; 5. *(Schiff)* Kettennuß *f (Ankerwinde)* ‖ **~/ведомая** *(Masch)* angetriebenes Kettenrad *n* ‖ **~/ведущая** *(Masch)* Antriebskettenrad *n* ‖ **~ зубчатой цепи** *(Masch)* Zahnkettenrad *n* ‖ **~/направляющая** *(Masch)* Umlenkkettenrad *n* ‖ **~/натяжная** *(Masch)* Spannkettenrad *n* ‖ **~/отклоняющая** *(Masch)* Ablenkkettenrad *n* ‖ **~/поворотная** *(Masch)* Umlenkkettenrad *n* ‖ **~/разъёмная** *(Masch)* geteiltes Kettenrad *n* ‖ **~ собирателя** *(Typ)* Sammlerstern *m* ‖ **~/ценная** *(Masch)* Kettenrad *n*, Kettenstern *m*; Kettennuß *f*, Nuß *f (Kettentrieb)*

звено *n* 1. Glied *n (z. B. einer Kette)*, Schake *f (einer Kette)*; 2. Strang *m (z. B. einer Rohrleitung)*; 3. Schuß *m (Kessel)*; 4. *(Reg)* Übertragungsglied *n*, Glied *n*; *(Inf)* Verbindungsglied *n*; 5. *(El)* Gleisjoch *n* ‖ **~/активное** *(Reg)* aktives Glied (Element) *n* ‖ **~/апериодическое** *(Reg)* Verzögerungsglied *n*; aperiodisch wirkendes Glied *n* ‖ **~/астатическое** *(Reg)* astatisches Glied *n (s. a.* ~/интегрирующее*)* ‖ **~ без запаздывания** *(Reg)* totzeitfreies Glied *n* ‖ **~/безынерционное** *(Reg)* trägheitsloses Glied *n* ‖ **~/бинарное** *(Reg)* binäres Glied *n* ‖ **~/ведущее** *(Masch)* Antriebsglied *n*, treibendes Glied *n* ‖ **~/время-импульсное** *(Reg)* Impulszeitglied *n* ‖ **~/входное** *(Reg)* Eingangsglied *n* ‖ **~/выходное** *(Reg)* Ausgangsglied *n* ‖ **~/гусеничное** Gleiskettenglied *n* ‖ **~ данных** *(Inf)* Datenverbindung *f* ‖ **~/двухпозиционное** *(Reg)* bistabiles Glied *n* ‖ **~/демпфирующее** *(Kyb)* Dämpfungsglied *n*, Dämpfungselement *n* ‖ **~ дискретного действия/запаздывающее** *(Reg)* unstetiges Totzeitglied *n* ‖ **~/дифференцирующее** *(Reg)* D-Glied *n*, differenzierendes Glied *n*, Differenzier[ungs]glied *n* ‖ **~/задерживающее** *(Reg)* Verzögerungsglied *n*, Verzögerungselement *n* ‖ **~ задержки** *s.* ~/задерживающее ‖ **~/запаздывающее** *(Reg)* Totzeitglied *n*, T_0Glied *n* ‖ **~/запирающее** *(Reg)* Sperrglied *n* ‖ **~/идеальное запаздывающее** *(Reg)* ideales (reines) Totzeitglied *n* ‖ **~/измерительное** 1. *(Reg)* Vergleichsglied *n*; 2. Meßglied *n*, Meßelement *n* ‖ **~/инерционное** *(Reg)* träges (trägheitsbehaftetes) Glied *n*, Trägheitsglied *n* ‖ **~/интегрирующее** *(Reg)* I-Glied *n*, integrierendes Glied *n*, Integrierglied *n*, Integrationsglied *n* ‖ **~/исполнительное** *(Reg)* Stellglied *n*, Stellwerk *n* ‖ **~/компенсирующее** *(Reg)* Kompensationsglied *n* ‖ **~/конечное** *(Reg)* Endglied *n*, Schlußglied *n* ‖ **~/концевое** Endglied *n (Ankerkette)* ‖ **~/корректирующее** *(Reg)* Korrekturglied *n*, Korrektionsglied *n* ‖ **~/линейное** *(Reg)* lineares Glied (Element) *n* ‖ **~/линейное передаточное** lineares Übertragungsglied *n* || ~ **линии задержки** *(Reg)* Laufzeitglied *n* || ~/**логическое** *(Reg)* logisches Glied *n*, Logikglied *n* || ~/**множительное** *(Reg)* Multiplikationsglied *n*, Multiplikator *m* || ~/**нелинейное** *(Reg)* nichtlineares Glied (Element) *n* || ~ **непрерывного действия/запаздывающее** *(Reg)* stetiges Totzeitglied *n* || ~/**неустойчивое** *(Reg)* instabiles Glied *n* || ~/**общее** Normalglied *n (Ankerkette)* || ~/**операционное** *(Reg)* Operationsglied *n*, Operationselement *n* || ~ **опережения** *(Reg)* Vorhalteglied *n* || ~ **оптоэлектроники/элементарное** *(Eln)* Elementaroptron *n*, Optron *n*, op[toelek]tronisches Koppelelement *n* || ~/**передающее** *(Reg)* Übertragungsglied *n* || ~/**пассивное** *(Reg)* passives Glied *n* || ~ **переменного тока/корректирующее** *(Reg)* Wechselstromkorrekturglied *n* || ~/**подвижное** bewegliches Glied *n* || ~/**предваряющее** *(Reg)* Vorhaltglied *n* || ~/**преобразовательное (преобразующее)** *(Reg)* Umform[er]glied *n* || ~/**промежуточное** *(Reg)* Zwischenglied *n* || ~/**пропорциональное** *(Reg)* P-Glied *n*, proportionales (proportionalwirkendes) Glied *n*, Proportionalglied *n* || ~ **пупинизированной линии** *(Nrt)* Spulenfeld *n*, Bespulungsglied *n*, Pupinglied *n* || ~ **регулирования** Regelglied *n* || ~ **регулятора** Reglerglied *n* || ~/**релейное** *(Reg)* Relaisglied *n* || ~/**рельсовое** *(Eb)* Gleisjoch *n* || ~ **с насыщением** *(Reg)* Sättigungsglied *n* || ~ **с опережением** *(Reg)* Vorhaltglied *n* || ~ **с отставанием** *(Reg)* Verzögerungsglied *n* || ~ **связи** *s.* ~/связывающее || ~/**связующее** *s.* ~/связывающее || ~/**связывающее** *(Reg)* Bindeglied *n*; Kopplungsglied *n*, Koppelglied *n* || ~/**симметрирующее** *(Reg)* Symmetrieglied *n* || ~/**следящее** *(Reg)* Folgeglied *n* || ~/**согласующее** *(Reg)* Anpaßglied *n*, Anpassungsglied *n*; Abgleichglied *n* || ~/**соединительное** 1. Kettenschloß *n*; 2. Verbindungsglied *n (Ankerkette)* || ~/**сравнивающее** *(Reg)* Vergleichsglied *n*, Vergleichselement *n* || ~/**стабилизирующее** *(Reg)* Stabilisierungsglied *n* || ~/**статическое** *(Reg)* statisches Glied (Element) *n* || ~/**стопорное** Sicherungsglied *n* || ~/**структурное** 1. *(El)* Bauglied *n*, Bauelement *n*; 2. *(Ch)* Strukturelement *n*, Bauelement *n*; 3. *(Kst)* Grundmolekül *n*, Staudinger-Einheit *f* || ~/**усилительное** *(Reg)* Verstärkerglied *n*, Verstärkungsglied *n* || ~/**успокоительное** *(Reg)* Dämpfungsglied *n* || ~/**устойчивое** *(Reg)* stabiles Glied *n* || ~/**фазовращающее** *(Reg)* Phasendrehglied *n*, Phasenschieberglied *n* || ~/**фазосдвигающее** *s.* ~/фазовращающее || ~/**фиксирующее** *(Reg)* Halteglied *n* || ~ **фильтра** *(El)* Siebglied *n*, Filterglied *n* || ~ **фильтра нижних частот** *(El)* Tiefpaßglied *n* || ~ **холостое** Leerschake *f (Eimerkettenbagger)* || ~ **цепи** Kettenglied *n* || ~ **цепи регулирования** Regelkreisglied *n* || ~ **цепи/соединительное** Kettenschloß *n* || ~/**цифровое** *(Reg)* digitales Glied *n* || ~ **четырёхполюсника** *(Nrt)* Teilvierpol *m*

звеноукладка *f (Eb)* Gleisjochverlegung *n*

звень *f* Gelenkarm *m*

звонить [по телефону] *(Nrt)* [an]rufen

звонок *m* 1. Glocke *f*; 2. *(El)* Wecker *m*, Klingel *f* || ~/**блокировочный** *(Eb)* Blockwecker *m* || ~/**двухчашечный** Zweischalenwecker *m* || ~ **переменного тока** Wechselstromwecker *m* || ~/**электрический** elektrische Klingel *f*

звук *m* Laut *m*, Ton *m*, Schall *m* || ~/**воздушный** Luftschall *m* || ~ **высокой частоты** Hochfrequenzschall *m*, HF-Schall *m* || ~/**контрольный** Pilotton *m* || ~/**материальный** *(Ak, Bw)* Bodenschall *m*, Körperschall *m* || ~/**основной** Grundton *m* || ~/**сложный** Tongemisch *n* || ~/**слышимый** hörbarer Schall *m* || ~/**стереофонический** 3-D-Klang *m*, Raum[ton]klang *m* || ~/**структурный** Körperschall *m* || ~/**ударный** Trittschall *m* || ~/**ультракороткий** Hyperschall *m* || ~ **фильма** Filmton *m*

звуковизуальный audiovisuell

звуковой Schall..., Ton...

звуковоспроизведение *n* Schallwiedergabe *f*; Tonwiedergabe *f*

звуковоспроизводящий Schallwiedergabe...; Tonwiedergabe...

звукозаписывающий Schallaufzeichnungs...; Tonaufzeichnungs...

звукозапись *f* Schallaufzeichnung *f*, Schallaufnahme *f*; Tonaufzeichnung *f*, Tonaufnahme *f* || ~/**амплитудная** Amplitudenschrift *f* || ~/**интенсивная** Intensitätsschrift *f*, Sprossenschrift *f* || ~/**магнитная** magnetische Schallaufzeichnung (Schallschrift) *f*; Magnettonaufzeichnung *f* || ~/**механическая** mechanisches Schallaufzeichnungsverfahren; mechanisches Tonaufzeichnungsverfahren *n*; Nadeltonverfahren *n* || ~/**многодорожечная** Mehrspur[schall]aufzeichnung *f*; Viel[fachton]spuraufzeichnung *f* || ~/**обесшумленная** Tonaufzeichnung *f* ohne Grundrauschen || ~/**оптическая** optisches Schallaufzeichnungsverfahren *n*; Lichttonaufzeichnung *f*, Lichttonverfahren *n* || ~/**поперечная** transversale Tonaufzeichnung *f*, Zackenschrift-Tonaufzeichnung *f* || ~/**трансверсальная** Zackenschrift *f* || ~/**фотографическая** *s.* ~/оптическая

звукоизлучатель *m* Schallstrahler *m*

звукоизлучение *n* Schall[aus]strahlung *f*, akustische Strahlung *f*, Schallabstrahlung *f*

звукоизолятор *m* Schallisolator *m*, Schalldämmstoff *m*

звукоизоляция *f* Schalldämmung *f*; Schallschutz *m*

звуколокатор *m* Schallradar *n*

звуколокация *f* Schallortung *f*

звуколюминесценция *f* Sonolumineszenz *f (bei Anregung durch Ultraschall)*

звукомер *m* Lautstärkemesser *m*

звукометрия *f* Schallmessung *f*, Phonometrie *f*

звукомонтаж *m* Tonmontage *f*, Tonmischung *f*

звуконепроницаемый schalldicht, schalltot

звуконоситель *m* Schallträger *m*, Tonträger *m* || ~/**ленточный** Tonträgerband *n* || ~/**магнитный** Magnettonträger *m* || ~/**проволочный** Tonträgerdraht *m*

звукообразование *n* Schallerzeugung *f*, Schallerregung *f*

звукоотражатель *m* Schallreflektor *m*

звукопеленгация *f* akustische Peilung *f*

звукопередатчик *m* Schallsender *m*

звукопередача *f* Schallübertragung *f*

звукопоглотитель *m* Schallschluckstoff *m*, schallschluckender Stoff *m*, schallschluckendes (schallabsorbierendes) Material *n*

звукопоглощение *n* Schallabsorption *f*
звукоприёмник *m* Schallempfänger *m*
звукопровод *m* Schalleiter *m*; [akustischer] Wellenleiter *m*
звукопроводность *f* 1. Schalleitung *f*; 2. Schallleitfähigkeit *f*
звукопроводный schalleitend
звукопроводящий schalleitend
звукопроницаемость *f* Schalldurchlässigkeit *f*
звукосниматель *m* Tonabnehmer *m* ‖ **~/динамический** dynamischer Tonabnehmer *m* ‖ **~/пьезоэлектрический** Kristalltonabnehmer *m*, piezoelektrischer Tonabnehmer *m*
звукоусилитель *m* Tonverstärker *m*
звукофикация *f* Beschallung *f*
звукочастотный hörfrequent, tonfrequent, Tonfrequenz..., Audiofrequenz...
звучание *n* Schallen *n*; Klang *m*; Tönen *n*; Hall *m* ‖ **~/объёмное** *s.* ~/стереофоническое ‖ **~/стереофоническое** *(Rf)* Raum[ton]klang *m*, 3-D-Klang *m*, 3-D-Raumklang *m*, stereophoner Klangeindruck *m*
звучность *f* Klang *m*; Tonstärke *f*
ЗГ *s.* генератор/звуковой
здание *n* Bau *m*, Gebäude *n*, Haus *n (s. a. unter* дом*)* ‖ **~/административное** Verwaltungsgebäude *n* ‖ **~/башенное** Turmhaus *n* ‖ **~/безоконное** fensterloses Gebäude *n* ‖ **~/бесфонарное** Gebäude *n* ohne Oberlicht ‖ **~/блокированное производственное** Produktionsgebäude *n* in Kompaktbauweise ‖ **~/временное** Behelfsbau *m* ‖ **~/высотное** Hochhaus *n* ‖ **~/двухпролётное** zweischiffiges Gebäude *n (Hallenbauten)* ‖ **~/жилое** Wohnhaus *n*, Wohngebäude *n* ‖ **~/капитальное** langlebiges Gebäude *n*, Massivgebäude *n* ‖ **~/каркасное** Skelettbau *m* ‖ **~/каркасно-панельное** Skelettplattenbau *m* ‖ **~/кирпичное** Ziegelbau *m* ‖ **~/контейнерное** Container-Gebäude *n (z. B. Wohncontainer)* ‖ **~/крупноблочное** Großblockbau *m*, Großblockgebäude *n* ‖ **~/крупнопанельное** Großplattenbau *m*, Großplattengebäude *n* ‖ **~/малоэтажное** weniggeschossiges Gebäude *n (1 bis 2 Geschosse)*, Flachbau *m* ‖ **~/машинное** Maschinenhaus *n* ‖ **~/многопролётное** mehrschiffiges Gebäude *n* ‖ **~ многоцелевого назначения** Mehrzweckgebäude *n* ‖ **~/многоэтажное** mehrgeschossiges Gebäude *n (6 bis 18 Geschosse)* ‖ **~/надшахтное** *(Bgb)* Schachtgebäude *n* ‖ **~/неоштукатуренное кирпичное** Backsteinrohbau *m*, Ziegelrohbau *m* ‖ **~/общественное** Gesellschaftsbau *m*, Gebäude *n* von gesellschaftlichen Einrichtungen ‖ **~/однопролётное** einschiffiges Gebäude *n (Hallenbauten)* ‖ **~ павильонного типа** Hallenbau *m*, Flachbau *m* ‖ **~/пассажирское** Empfangsgebäude *n* ‖ **~/пневматическое складское** Traglufthalle *f (Lager)* ‖ **~ повышенной этажности** Hochhaus *n* ‖ **~/полносборное** Gebäude *n* in Vollmontagebauweise, Fertigteilhaus *n* ‖ **~/производственное** Industriegebäude *n*, Produktionsgebäude *n* ‖ **~/пролётное** Halle *f*, hallenartiges Gebäude *n* ‖ **~/промышленное** *s.* ~/производственное ‖ **~/сборно-монолитное** Gebäude *n* in Mischbauweise ‖ **~/силовое** *s.* ~ электростанции ‖ **~/складское** Speicher *m*, Lagergebäude *n* ‖ **~/среднеэтажное** mehrgeschossiges Gebäude *n (3 bis 5 Geschosse)* ‖ **~ фахверковой конструкции** Fachwerkbau *m* ‖ **~ электростанции** Krafthaus *n*, Kraftwerksgebäude *n*
здание-город *m* Großwohneinheit *f*
здания *npl***/культурно-бытовые** Kultur- und Sozialbauten *pl*, gesellschaftliche Bauten *pl*
здоровый fehlerfrei, gesund *(Werkstoffe)*
зев *m* 1. Öffnung *f*; 2. *(Wkz)* Maul *n (Schraubenschlüssel)*; Rachen *m (Lehre)*; 3. *(Text)* Webfach *n*, Fach *n (Weberei)*; Rachen *m* ‖ **~ валков** *(Wlz)* Walzspalt *m*, Walzenöffnung *f* ‖ **~/верхний** *(Text)* Hochfach *n*; Oberfach *n* ‖ **~/волновой (волнообразный)** *(Text)* Wellenfach *n* ‖ **~/двойной** *(Text)* Doppelfach *n* ‖ **~ дробилки** Brech[er]maul *n (Backenbrecher)* ‖ **~/задний** *(Text)* Hinterfach *n* ‖ **~/закрытый** *(Text)* Geschlossenfach *n* ‖ **~/косой** *(Text)* Schrägfach *n* ‖ **~/нечистый** *(Text)* unreines Fach *n* ‖ **~/нижний** *(Text)* Unterfach *n*, Tieffach *n* ‖ **~/образованный** *(Text)* abgehobenes Fach *n* ‖ **~/открытый** *(Text)* Offenfach *n*, offenes Fach *n* ‖ **~/передний** *(Text)* Vorderfach *n* ‖ **~/полный** *(Text)* Hoch- und Tieffach *n* ‖ **~/прутковый** *(Text)* Rutenfach *n* ‖ **~/полуоткрытый** *(Text)* Halboffenfach *n* ‖ **~ черпака** Eimermaul *n (Bagger)* ‖ **~/чистый** *(Text)* reines Fach *n*
зевообразование *n (Text)* Fachbildung *f (Weberei)* ‖ **~/волнообразное** Wellenfachbildung *f*
зейгерование *n (Met)* 1. Entmischen *n*, Seigern *n*, Zonenseigern *n*; 2. Seigern *n*, Ausseigern *n (NE-Metalle)* ‖ **~ слитка/обратное** umgekehrte Blockseigerung *f*
зейгеровать *(Met)* 1. entmischen, seigern; 2. seigern, ausseigern *(NE-Metalle)*
зелень *f* Grün *n (Farbmittel)*
земледелие *n* Ackerbau *m*, Acker- und Pflanzenbau *m* ‖ **~/орошаемое** Feldbau *m* mit Bewässerung ‖ **~/поливное** *s.* ~/орошаемое
землепользование *n (Ökol)* Bodennutzung *f*, Landnutzung *f* ‖ **~/комплексное** komplexe Bodennutzung *f* ‖ **~/эффективное** effektive Bodennutzung *f*
землеройный Aushub..., Bagger..., Schürf...
землесос *m* 1. Schlammpumpe *f*; Dichtstoffpumpe *f*; 2. Saug[schwimm]bagger *m (s. a. unter* земснаряд*)* ‖ **~/баржевый** Schutensauger *m* ‖ **~/папильонажно-рефулёрный** Schwingsaugbagger *m* mit Schwimmrohrleitung ‖ **~/папильонажный** Schwingsaugbagger *m* ‖ **~/плавучий** Saugschwimmbagger *m* ‖ **~/рефулёрный** Saugschwimmbagger *m* mit Schwimmrohrleitung ‖ **~/самоотвозной** Hopper[saug]bagger *m*, Hoppersauger *m*, Laderaumsaugbagger *m*, Laderaumschwimmbagger *m* ‖ **~/самоотвозящий** *s.* ~/самоотвозной
землетрясение *n (Geol)* Erdbeben *n* ‖ **~/вулканическое** Ausbruchsbeben *n*, vulkanisches (magmatisches) Beben *n* ‖ **~/глубокофокусное** Tiefbeben *n* ‖ **~/денудационное** *s.* ~/обвальное ‖ **~/дислокационное** *s.* ~/тектоническое ‖ **~/континентальное** kontinentales Erdbeben *n* ‖ **~/мелкофокусное (неглубокое)** Flachbeben *n* ‖ **~/обвальное** Einsturzbeben *n*, Einbruchbeben *n* ‖ **~/плутоническое** plutonisches (tiefes) Erdbeben *n*, Tiefenbeben *n* ‖ **~/подводное** submarines Beben *n*, Seebe-

ben *n* ‖ **~/провальное** *s.* ~/обвальное ‖ **~/тектоническое** tektonisches Beben (Erdbeben) *n*, Dislokationsbeben *n*
землечерпалка *f* Eimerschwimmbagger *m*, Naßbagger *m* ‖ **~ с бункером** Hopperbagger *m*
землечерпание *n* Naßbaggerung *f*
землечерпательный Bagger…
земли *fpl***/поливные** *(Lw)* Stauwassergebiete *npl (z. B. Auenwiesen)* ‖ **~ редкие** *(Ch)* seltene Erden *fpl*, Seltenerden *fpl*
землистовлажный *(Bw)* erdfeucht *(Betonmasse)*
Земля *f (Astr)* Erde *f*
земля *f* 1. Erde *f*, Boden *m*, Land *n*; 2. *(El)* Erdschluß *m*, Erde *f*, Masse *f*; 3. *(Gieß)* Sand *m*, Formsand *m*, Formstoff *m*; Formmasse *f* • **под землёй** *(Bgb)* unter Tage ‖ **~/брошенная** *(Ökol)* verlassener Boden *m*, verlassenes Land *n* ‖ **~/выбитая** *(Gieß)* ausgeschlagener (ausgeleerter) Formstoff *m*, Altformstoff *m* ‖ **~/горелая** *(Gieß)* Altformstoff *m*, Altsand *m* ‖ **~/деградированная** *(Ökol)* degradierte Erde *f*, Bodenverschlechterung *f* ‖ **~/диатомовая** Diatomeenerde *f*, Kieselgur *f* ‖ **~/жирная [формовочная]** *(Gieß)* fetter Formsand *m (20 bis 30 % Tongehalt)* ‖ **~/засолённая** *(Ökol)* versalzter Boden *m* ‖ **~/затапливаемая** *(Ökol)* Überschwemmungsboden *m* ‖ **~/квасцовая** *s.* глина/квасцовая ‖ **~/компостная** *(Lw)* Erdkompost *m*, Komposterde *f* ‖ **~/моховая** Moosmoorerde *f* ‖ **~/нарушенная** *(Ökol)* zerstörter Boden *m* ‖ **~/насыпная** *(Bw)* aufgeschütteter Boden *m* ‖ **~/невозделанная** *(Ökol)* brachliegender (unbebauter) Boden *m* ‖ **~/непахотноспособная** Ödland *n (kultivierbar)* ‖ **~/неплодотворная** unergiebiger Boden *m* ‖ **~/неудобная** Unland *n (nicht kultivierbar)* ‖ **~/оборотная [формовочная]** *(Gieß)* Umlaufformstoff *m*; Haufensand *m* ‖ **~/отбеливающая (отбельная)** *(Ch)* Bleicherde *f* ‖ **~/отработанная** *(Gieß)* Altformstoff *m*, Altsand *m* ‖ **~/пастбищная** Weideland *n* ‖ **~/пахотная** Acker *m*, Ackerland *n* ‖ **~/перегнившая (перегнойная)** Düngererde *f*, Humuserde *f* ‖ **~ повторного использования** *(Ökol)* wiederholt genutzter Boden *m* ‖ **~ под паром** Brachland *n* ‖ **~/радиоляриевая** *(Geol)* Radiolarit *m* ‖ **~/садовая** Blumenerde *f*, Gartenerde *f* ‖ **~/свежая** *(Gieß)* 1. Neuformstoff *m*; 2. Frischsand *m*, Neusand *m* ‖ **~/стержневая** *(Gieß)* Kernformstoff *m*, Kernsand *m*; Kernmasse *f* ‖ **~/сырая** *(Gieß)* Grünsand *m* ‖ **~/торфяная** Torferde *f* ‖ **~/тощая [формовочная]** *(Gieß)* magerer Sand *m (2 bis 10 % Tongehalt)* ‖ **~/фарфоровая** *s.* глина/фарфоровая ‖ **~/формовочная** *(Gieß)* Formstoff *m*, Formsand *m*; Formmasse *f* ‖ **~/фуллерова** *(Ch)* Fullererde *f*
земник *m (Bgb)* Sohlenkohle *f*
земснаряд *m* Schwimmbagger *m*, Naßbagger *m (s. a. unter* землесос 2.*)* ‖ **~/грейферный** Greiferschwimmbagger *m* ‖ **~/грейферный самоотвозной** Greifer-Hopperbagger *m* ‖ **~/грейферный трюмный** Greifer-Hopperbagger *m* ‖ **~/многочерпаковый** Eimerketten-[schwimm]bagger *m* ‖ **~/морской** Hochseebagger *m*, seegehender Bagger *m* ‖ **~/морской многочерпаковый** See-Eimerkettenschwimmbagger *m* ‖ **~/одночерпаковый штанговый** Löffelschwimmbagger *m* ‖ **~/самоотвозной** *(Förd)* Hopperbagger *m* ‖ **~/свайный** Schwimmbagger *m* mit Haltepfählen, von Pfählen gehaltener Schwimmbagger *m* ‖ **~/якорный** Ankerschwimmbagger *m*, von Ankern gehaltener Schwimmbagger *m*
зенит *m (Astr)* 1. Zenit *m(n)*; 2. Scheitelpunkt *m*
зенит-телескоп *m (Astr)* Zenitteleskop *n*
зенкер *m (Wkz)* Senker *m*; Aufsenker *m* ‖ **~/двузубый (двуперый, двухлезвийный)** zweischneidiger Senker *m* ‖ **~/конический** *m* Kegelsenker *m* ‖ **~/леворежущий** linksschneidender Senker *m* ‖ **~/многозубый (многолезвийный, многоперый)** mehrschneidiger (vielschneidiger) Senker *m* ‖ **~/насадной** Aufstecksenker *m* ‖ **~/праворежущий** rechtsschneidender Senker *m* ‖ **~ с направляющей цапфой** Senker *m* mit Führungszapfen, Führungssenker *m* ‖ **~ с покрытием** [hartstoff]beschichteter Senker *m* ‖ **~ с цапфой** *s.* ~ с направляющей цапфой ‖ **~ с цилиндрическим хвостовиком** Senker *m* mit Zylinderschaft ‖ **~/сборный** zusammengebauter Senker *m* ‖ **~/спиральный** Spiralsenker *m* ‖ **~/ступенчатый** Stufensenker *m* ‖ **~/твердосплавный** Hartmetallsenker *m* ‖ **~/торцовый** Stirn[schnitt]senker *m* ‖ **~/хвостовой** Schaftsenker *m* ‖ **~/цельный** Vollsenker *m (Schneidenteil und Schaft aus einem Werkstück)* ‖ **~/черновой** Vorsenker *m*, Schruppsenker *m* ‖ **~/чистовой** Fertigsenker *m*, Schlichtsenker *m*
зенкер-зенковка *m (Fert)* Aufsenk-Einsenk-Werkzeug *n*
зенкерование *n (Fert)* Aufsenken *n*, Innenrundsenken *n*
зенкеровать *(Fert)* aufsenken
зенкеровка *f s.* зенкерование
зенкер-сверло *m (Wkz)* Senk-Bohr-Werkzeug *n*
зенкование *n (Fert)* Einsenken *n (von profilierten Vertiefungen)*; Innenformsenken *n*
зенковать *(Fert)* einsenken
зенковка 1. *(Wkz)* Senker *m*, Einsenker *m*; 2. *(Fert)* Einsenkung *f*, Einsenken *n* ‖ **~/насадная** *(Wkz)* Aufsteckeinsenker *m* ‖ **~/центровочная** *(Wkz)* Zentriersenker *m*, Ansenker *m*
зеркалка *f (Photo)* Spiegelreflexkamera *f*
зеркало *n* 1. Spiegel *m*; 2. Spiegel[stand] *m*; 3. *(Med)* Spekulum *n* ‖ **~/автоколлимационное** *(Opt)* Autokollimationsspiegel *m* ‖ **~/алюминированное** *(Opt)* aluminiumbeschichteter Spiegel *m*, Aluminiumspiegel *m* ‖ **~ антикатода** *(Ph)* Antikathodenspiegel *m* ‖ **~/асферическое** *(Opt)* asphärischer Spiegel *m* ‖ **~ ванны** *(Met)* Badspiegel *m (im Ofen)* ‖ **~/внеосевое** *(Opt)* außeraxialer Spiegel *m* ‖ **~/внешнее** Außenspiegel *m* ‖ **~/внутреннее** Innenspiegel *m* ‖ **~/вогнутое** *(Opt)* Hohlspiegel *m*, Konkavspiegel *m* ‖ **~ воды** *(Hydrol)* Wasserspiegel *m* ‖ **~/вращающееся** *(Opt)* Drehspiegel *m* ‖ **~/вторичное** *(Opt)* Sekundärspiegel *m (im Teleskop)* ‖ **~/выпуклое** *(Opt)* Konvexspiegel *m* ‖ **~/главное** *(Opt)* Hauptspiegel *m* ‖ **~/глазное** *(Med)* Augenspiegel *m* ‖ **~/глоточное** *(Med)* Rachenspiegel *m*, Pharyngoskop *n* ‖ **~ горения** Verbrennungsoberfläche *f (Feuerungstechnik)* ‖ **~/гортанное** *(Med)* Kehlkopfspiegel *m*, Laryngoskop *n* ‖ **~ грунтовых вод** *(Hydrol)* Grundwasserspiegel *m* ‖ **~ жидкости** Flüssigkeitsspiegel *m* ‖ **~ заднего вида** *(Kfz)* Rückspiegel

m ‖ **~ заднего вида/внутреннее** Innenrückspiegel *m* ‖ **~ заднего вида/наружное** Außenrückspiegel *m* ‖ **~/заднего вида/панорамное** Panoramarückspiegel *m* ‖ **~ золотника** Schieberspiegel *m (Dampfmaschine)* ‖ **~ испарения** 1. *(Wmt)* Verdampfungsspiegel *m (Dampfkessel)*; 2. *(Meteo)* Verdunstungsspiegel *m*, Verdunstungsoberfläche *f* ‖ **~/качающееся** *(Opt)* Pendelspiegel *m*, Schwingspiegel *m* ‖ **~ коллиматора** *(Opt)* Kollimatorspiegel *m* ‖ **~ лазера** Laserspiegel *m* ‖ **~/металлическое** *(Opt)* Metallspiegel *m* ‖ **~/носовое** *(Med)* 1. Nasenspiegel *m*, Rhynoskop *n*; 2. Nasendilatator *m* ‖ **~/опорное** *(Opt)* Referenzspiegel *m* ‖ **~/оптическое** optischer Spiegel *m* ‖ **~/откидное** *(Opt)* umklappbarer Spiegel *m* ‖ **~/параболическое** *(Opt)* Parabolspiegel *m* ‖ **~/первичное** *(Opt)* Primärspiegel *m* ‖ **~/плоское** *(Opt)* Planspiegel *m* ‖ **~/поворотное** *(Opt)* Umkehrspiegel *m*, Umlenkspiegel *m* ‖ **~/полупрозрачное** *(Opt)* halbdurchlässiger Spiegel *m* ‖ **~/проекционное** *(Opt)* Projektionsspiegel *m* ‖ **~/прожекторное** *(Opt)* Scheinwerferspiegel *m* ‖ **~/разделительное** *(Opt)* Teilerspiegel *m* ‖ **~/резонаторное** *(Opt)* Resonatorspiegel *m* ‖ **~ с прицельным устройством** *(Opt)* Spiegel *m* mit Zielfernrohr ‖ **~/сигнальное** Signalspiegelgerät *n (Ausrüstung für Rettungsboote)* ‖ **~ складчатости** *(Geol)* Faltenspiegel *m* ‖ **~ скольжения** *(Geol)* Harnisch *m (geglättete und häufig Rutschstreifen aufweisende Fläche einer Störung)* ‖ **~ скольжения/гладкое** Spiegelharnisch *m* ‖ **~ скольжения/ложное** Lappenharnisch *m* ‖ **~ скольжения со штрихами** Streifenharnisch *m* ‖ **~ скольжения/штриховатое** gestufter Harnisch *m* ‖ **~/сменное золотниковое** Schieberplatte *f (Dampfmaschine)* ‖ **~/солнечное** *(Opt)* Sonnenspiegel *m* ‖ **~/соляное** *(Geol)* Salzspiegel *m* ‖ **~/стеклянное** *(Opt)* Glasspiegel *m* ‖ **~/сферическое** sphärischer Spiegel *m* ‖ **~/трёхгранное** Tripelspiegel *m* ‖ **~/уголковое** *(Opt)* Winkelspiegel *m* ‖ **~/ушное** *(Med)* Otoskop *n*, Ohrenspiegel *m* ‖ **~/фацетное** *(Opt)* Facettenspiegel *m* ‖ **~/целостатное** *(Astr)* Coelostatenspiegel *m* ‖ **~ цилиндра** *(Kfz)* Zylinderlauffläche *f* ‖ **~/электронное** Elektronenspiegel *m* ‖ **~/эллиптическое** *(Opt)* Ellipsoidspiegel *m*, elliptischer Spiegel *m* ‖ **~/эталонное** *(Opt)* Normalspiegel *m* ‖ **~/юстировочное** Justierspiegel *m*

зеркало-теплофильтр *m* Wärmeschutzfilter *n*, Wärmereflexionsfilter *n*

зеркально-отражённый gespiegelt

зеркально-перевёрнутый seitenverkehrt

зеркальный 1. spiegelbildlich; 2. Spiegel..., spiegelblank

зёрна *npl***/мелкие** *(Lebm)* Ausputz *m* ‖ **~/металла** *(Met)* Metallgranalien *fpl* ‖ **~/проросшие** *(Lebm)* Auswuchs *m* ‖ **~/равнопадающие** Gleichfälligkeitskörner *npl (Aufbereitung)*

зернение *n* Körnung *f*, Körnen *n*, Granulieren *n* ‖ **~/щёточное** *(Typ)* Bürstenkörnung *f (Druckplatten)* ‖ **~/электрохимическое** *(Typ)* elektrochemisches Aufrauhen *n (Druckplatten)*

зернистость *f* 1. Körnung *f*, Granulierung *f*; Korngröße *f*; 2. *(Photo)* Körnigkeit *f*; 3. *(Fert)* Körnung *f*, Körnungsgröße *f*, Korngröße *f*, Körnigkeit *f* ‖ **~/крупная** *(Photo)* Grobkörnigkeit *f*; *(Fert)* grobe Körnung *f* ‖ **~/морщинистая** *(Photo)* Runzelkorn *n* ‖ **~/структурная** *(Photo)* rms-Wert *m*, RMS-Wert *m* ‖ **~/тонкая** *(Photo)* Feinkörnigkeit *f* ‖ **~/цветная** *(Photo)* Farbkörnigkeit *f*

зернить körn[igmach]en, granulieren

зерно *n* 1. Korn *n*; Granalie *f*, Granulum *m*; Kern *m*; 2. Getreide *n*, Korn *n*; Samenkorn *n* ‖ **~/абразивное** *(Wkz)* Abrasiv[mittel]korn *n* ‖ **~/алмазное** *(Wkz)* Diamantkorn *n* ‖ **~/вторичное** *(Met)* Sekundärkorn *n*, Sekundärkristallit *m (Gefüge)* ‖ **~/граничное** *(Bgb)* Grenzkorn *n*, Trennkorngröße *f (Aufbereitung)* ‖ **~/грубое** *(Met)* Grobkorn *n (Gefüge)* ‖ **~/дроблёное** *(Met)* Schrot *m*, Granalien *fpl* ‖ **~/единичное** Einzelkorn *n* ‖ **~/избыточное** Überkorn *n (Grobkorn im Siebdurchgang)* ‖ **~/кормовое** *(Lw)* Futtergetreide *n* ‖ **~/кристаллическое** *(Met)* Kristallkorn *n*, Kristallit *m (Gefüge)* ‖ **~/крупное** *(Met)* Grobkorn *n (Gefüge)* ‖ **~/ледниковое** *(Geol)* Gletscherkorn *n*, Eiskorn *n* ‖ **~/мелкое** *(Met)* Feinkorn *n (Gefüge)*; *(Photo)* Feinkorn *n*, feines Korn *n* ‖ **~/отсеянное** Ausfallkörnung *f* ‖ **~/первичное** *(Met)* Primärkorn *n*, Primärkristallit *m (Gefüge)* ‖ **~/посевное** *(Lw)* Saatkorn *n* ‖ **~/режущее** *(Wkz)* Schneidkorn *n* ‖ **~/свободное** *(Wkz)* nichtgebundenes Abrasivkorn (Läppkorn) *n* ‖ **~/связанное** *(Wkz)* freies (loses) Korn *n* ‖ **~/трудное** trennschwieriges Korn *n (Aufbereitung)* ‖ **~/фирновое** *(Geol)* Firnkorn *n*, körniger Firn *m*

зерноаспиратор *m (Lw)* Aspirateur *m*, Vorreiniger *m*, Grobreiniger *m*, Mähdruschnachreiniger *m*

зерновоз *m* Getreideschiff *n*, Getreidetransporter *m*

зернодробилка *f* Schrotmühle *f (Futtermühle)*

зернонепроницаемый *(Schiff)* getreidedicht, korndicht *(z. B. Schott)*

зерноперегружатель *m (Lw)* Getreide[um]lader *m*

зерноплющилка *f (Lw)* Quetschmühle *f (Futtermühle)*

зернопогрузчик *m (Lw)* Getreidelader *m*, Getreideförderanlage *f*; Zuführelevator *m (z. B. Beizmaschine)*

зернорудовоз *m* Getreide-Erz-Frachtschiff *n*, Getreide-Erz-Transportschiff *n*

зерносушилка *f (Lw)* Getreidetrockner *m*

зернохранилище *n (Lw)* Getreidespeicher *m*

зигзаг-машина *(Text)* Zickzack-Nähmaschine *f*

зиг-машина *f (Fert)* Sickenmaschine *f (Blechbearbeitung)*

зиговать *(Fert)* sicken *(Fügeverfahren)*

зиговка *f (Fert)* Sicken *n (Fügeverfahren)*

зимостойкий winterfest, winterhart

зимостойкость *f* Winterfestigkeit *f*

змеевик *m* 1. Rohrschlange *f*, Schlangenrohr *n*; 2. *(Bgb)* Spiralbohrer *m*; 3. *(Geol)* *s.* серпентинит ‖ **~/вертикальный** hängendes Schlangenrohr *n* ‖ **~/гладкий** Glattrohrschlange *f* ‖ **~/горизонтальный** liegendes Schlangenrohr *n* ‖ **~/греющий** Heizschlange *f* ‖ **~ испарителя** Verdampferschlange *f* ‖ **~/нагревательный** Heizschlange *f* ‖ **~/охлаждающий** Kühlschlange *f* ‖ **~/плоский** ebene Rohrschlange *f* ‖ **~/подогревательный** Vorwärm[er]schlange *f* ‖

~/**пространственный** räumliche Rohrschlange *f* ‖ ~/**ребристый** Rippenrohrschlange *f* ‖ ~/**трубчатый** Rohrschlange *f* ‖ ~/**холодильный** *s.* ~/охлаждающий

змейка *f* Spiraltrieur *m*, Schneckentrieur *m (Getreidereinigung)*

знак *m* 1. Zeichen *n*, Kennzeichen *n*; Anzeichen *n*; Sinn *m*; Merkmal *n*, Spur *f*; 2. *(Ch)* Symbol *n*; 3. *(Math)* Vorzeichen *n (Plus- bzw. Minuszeichen)*; 4. Index *m*; 5. *(Gieß)* Kernmarke *f* ‖ ~/**алфавитно-цифровой** *(Inf)* alphanumerisches Zeichen *n* ~/**алфавитный** *(Inf)* alphabetisches Zeichen *n* ‖ ~/**буквенно-цифровой** *s.* ~/алфавитно-цифровой ‖ ~/**буквенный** *s.* ~/алфавитный ‖ ~/**восьмеричный** *(Inf)* Oktalzeichen *n* ‖ ~ **амперсанда** *(Inf)* kommerzielles UND-Zeichen *n*, Ampersandzeichen *n* ‖ ~/**визуальный** Schauzeichen *n* ‖ ~/**водяной** *(Pap)* Wasserzeichen *n* ‖ ~ **вставки** *(Inf)* Einfügungszeichen *n* ‖ ~ **вычитания** *(Inf)* Subtraktionszeichen *n* ‖ ~ **главной зоны** *(Krist)* Vorzeichen *n* der Hauptzone ‖ ~/**двоичного умножения** *(Inf)* doppeltes Multiplikationszeichen *n* ‖ ~/**двоично-кодированный** *(Inf)* binär kodiertes Zeichen *n* ‖ ~/**двоичный** *(Inf)* Bit *n*, Binärzeichen *n* ‖ ~ **деления** *(Math)* Divisionszeichen *n* ‖ ~ **деления на отсеки** *(Schiff)* Unsinkbarkeitszeichen *n*, Unsinkbarkeitssymbol *n* ‖ ~/**десятичный** *(Math)* Dezimalzeichen *n* ‖ ~/**дорожный [сигнальный]** Verkehrszeichen *n* ‖ ~ **заполнения** *(Inf)* Füllzeichen *n* ‖ ~ **зодиака** *(Astr)* Tierkreiszeichen *n*; Sternzeichen *n* ‖ ~/**иконографический** *(Inf)* ikonisches Zeichen *n* ‖ ~ **интеграла** *(Math)* Integralzeichen *n* ‖ ~ **качества** Gütezeichen *n* ‖ ~/**километровый** *(Eb)* Kilometerstein *m* ‖ ~/**кодовый** Kodezeichen *n* ‖ ~/**контрольный** *(Inf)* Prüfziffer *f* ‖ ~ **корня** *(Math)* Wurzelzeichen *n*, Radikal *n* ‖ ~/**логический** *(Inf)* logisches Zeichen *n* ‖ ~/**маркерный** Justiermarke *f* ‖ ~/**маркшейдерский** *(Bgb)* Markzeichen *n*, Festpunkt *m* ‖ ~/**математический** mathematisches Zeichen (Symbol) *n* ‖ ~/**межевой** *(Geod)* Grenzmarke *f*, Grenzzeichen *n* ‖ ~ **минус** *(Math)* Minus[zeichen] *n* ‖ ~/**младший** *(Inf)* niederwertiges Bit *n*, Bit *n* niedrigster Wertigkeit *f* ‖ ~/**навигационный** Seezeichen *n* ‖ ~ **направления вращения** Drehsinn *m*, Umlaufsinn *m* ‖ ~ **неравенства** *(Math)* Ungleichheitszeichen *n* ‖ ~/**номерной** *(Kfz)* Nummernschild *n*, Kennzeichen *n* ‖ ~/**обратный** umgekehrtes Vorzeichen *n* ‖ ~ **ограждения фарватера** *(Schiff)* Fahrwasserzeichen *n* ‖ ~ **окончания передачи** *(Nrt)* Schlußzeichen *n* ‖ ~ **операции** *(Math, Inf)* Operationszeichen *n* ‖ ~ **отката** *(Inf)* Rücksetzzeichen *n* ‖ ~/**отрицательный** negatives Vorzeichen *n* ‖ ~/**печатный** Druckzeichen *n* ‖ ~ **подчёркивания** *(Inf)* Unterstreichungszeichen *n* ‖ ~/**позывной** *(Nrt)* Rufzeichen *n* ‖ ~/**положительный** positives Vorzeichen *n* ‖ ~ **полярности** *(Ph)* Polaritätsvorzeichen *n*, Polarität *f* ‖ ~ **порядка** Vorzeichen *n* des Exponenten ‖ ~/**предупредительный (предупреждающий)** *(Eb)* Warnzeichen *n* ‖ ~ **присваивания** *(Inf)* Ergibtzeichen *n* ‖ ~ **пробела** Leerzeichen *n* ‖ ~ **пропуска** *(Inf)* Leerzeichen *n* ‖ ~ **рабочего положения** *(Meß)* Gebrauchslagezeichen *n* ‖ ~ **равенства** *(Math)* Gleichheitszeichen *n* ‖ ~ **рода тока** *(El)* Stromartzeichen *n* ‖ ~/**светящийся** *(Schiff)* Leuchtbake *f* ‖ ~/**сигнальный** *(Eb)* Signalbild *n*; *(Schiff)* Signalbake *f* ‖ ~ **сложения** *(Math)* Plus[zeichen] *n* ‖ ~ **соответствия** Übereinstimmungszeichen *n* ‖ ~/**специальный** Sonderzeichen *n* ‖ ~ **сравнения** *(Math)* Vergleichszeichen *n* ‖ ~/**створный** *(Schiff)* Richtbake *f*, Leitbake *f*; *(Flg)* Richtfeuer *n* ‖ ~/**стержневой** *(Gieß)* Kernlager *n*, Kernauflage *f*, Kernmarke *f* am Kern ‖ ~ **стержня** *s.* ~/стержневой ‖ ~/**стёртый** *(Inf)* Löschzeichen *n* ‖ ~/**троичный** *(Inf)* ternäres Zeichen *n* ‖ ~ **удлинения кристалла** *(Krist)* Vorzeichen *n* der Indikatrix; optischer Charakter *m* des Kristalls ‖ ~ **умножения** *(Math)* Multiplikationszeichen *n* ‖ ~/**управляющий** *(Inf)* Steuerzeichen *n* ‖ ~/**химический** chemisches Zeichen *n*, Elementsymbol *n* ‖ ~/**цифровой** *(Inf)* numerisches Zeichen *n* ‖ ~/**чёткий** *(Inf)* lesbares Zeichen *n*

знаки *mpl*/**волноприбойные** *(Geol)* Wellenrippeln *fpl*, Rippelmarken *fpl*, Wellenfurchen *fpl* ‖ ~/**морские навигационные** Seezeichen *npl* ‖ ~ **ряби** *s.* ~/волноприбойные

знаково-ориентированный zeichenorientiert

знакогенератор *m* Zeichengenerator *m*, ZG ‖ ~/**графический** Graphik-Zeichengenerator *m*

знакоопределённость *f (Math)* Definitheit *f*

знакопеременный alternierend

знаменатель *m (Math)* Nenner *m* • **с общим знаменателем** gleichnamig *(Bruch)* • **с разным знаменателем** ungleichnamig *(Bruch)* ‖ ~ **геометрической прогрессии** *(Math)* Stufensprung *m* ‖ ~/**общий** gemeinsamer Nenner *m*, Hauptnenner *m*, Generalnenner *m*

значение *n* 1. *(Math)* Wert *m*; Größe *f*; Betrag *m* *(s. a. unter* величина*)*; 2. Bedeutung *f*; Sinn *m* ‖ ~/**абсолютное** absoluter Betrag (Wert) *m*, Absolutwert *m* ‖ ~/**амплитудное** *(El)* Amplitudenwert *m*, Amplitude *f* ‖ ~ **вектора/численное** absoluter Betrag *m* eines Vektors, wahre Größe *f* eines Vektors ‖ ~ **величины** *(Meß)* Wert *m* einer Größe, Größenwert *m* ‖ ~ **величины/номинальное** Nennwert *m* einer Größe ‖ ~ **выпрямленного напряжения/среднее** *(El)* Gleichspannungsmittelwert *m* ‖ ~/**действительное** *(Meß)* [konventionell] richtiger Wert *m* ‖ ~/**действующее** Effektivwert *m* ‖ ~ **добротности** Gütefaktor *m*, Q-Wert, Gütewert *m* ‖ ~/**допустимое** zulässiger Wert *m* ‖ ~/**задаваемое** Sollwert *m* ‖ ~/**заданное** vorgegebener Wert *m*, Vorgabewert *m*, Sollwert *m* ‖ ~/**замеренное** Meßwert *m*, gemessener Wert *m* ‖ ~/**идеальное** günstigster (idealer) Wert *m* ‖ ~/**измеренное (измеряемое)** Meßwert *m*, gemessener Wert *m* ‖ ~/**истинное** wahrer Wert *m*, Realwert *m* ‖ ~/**комплексное мгновенное** komplexer Augenblickswert *m* ‖ ~/**конечное** Endwert *m*, Grenzwert *m*; Größtwert *m*, Extremwert *m* ‖ ~/**краевое** Grenzwert *m*; Randwert *m* ‖ ~/**критическое** Grenzwert *m*, kritischer Wert *m* ‖ ~/**литеральное** *(Inf)* Literalwert *m* ‖ ~/**логическое** *(Inf)* logistischer Wert *m*, Aussagewert *m* ‖ ~/**максимальное** Maximalwert *m*, Spitzenwert *m*, Höchstwert *m* ‖ ~/**мгновенное** Augenblickswert *m*, Momentanwert *m* ‖ ~/**минимальное** Minimalwert *m*, Mindestwert *m* ‖ ~/**мнимое**

imaginärer Wert *m*, Scheinwert *m* || **~/наибольшее** *s.* ~/максимальное || **~/наименьшее** *s.* ~/минимальное || **~ напряжения** *(El)* Spannungswert *m* || **~ напряжения короткого замыкания/относительное** *(Eln)* bezogene Kurzschlußspannung *f* || **~ напряжённости поля** *(El)* Feldstärkewert *m* || **~/начальное** Anfangswert *m* || **~ непрозрачности** *(Opt)* Opazitätswert *m* || **~/номинальное** Nennwert *m* || **~/нормирующее** normierter Wert *m*; Normalzahl *f* || **~/обратное** reziproker Wert *m*, Kehrwert *m* || **~/опорное** Grundwert *m*, Basiswert *m* || **~/оптимальное** Optimalwert *m*, optimaler Wert *m* || **~/ориентировочное** Richtwert *m*, Orientierungswert *m* || **~/особое** singulärer Wert *m* || **~/относительное** Relativbetrag *m* || **~/отсчитанное** Ablesewert *m* || **~ параметра/максимальное** Größtwert *m*, maximaler Wert *m* der Kenngröße || **~ параметра/минимальное** Kleinstwert *m*, miminaler Wert *m* der Kenngröße || **~/пиковое** Höchstwert *m*, Spitzenwert *m*, Scheitelwert *m* || **~ погрешности/абсолютное** Betrag *m* des Fehlers || **~/пороговое** *(El)* Schwell[en]wert *m*; Ansprechwert *m (eines Relais)* || **~ постоянного тока/среднее** *(El)* Gleichstrommittelwert *m* || **~/постоянное** konstanter Wert *m* || **~/предельное** Grenzwert *m* || **~/преобразованное** transformierter Wert *m* [einer Meßgröße] *(z. B. elektrisches Ausgangssignal eines Druckwandlers)* || **~/приближённое** Näherungswert *m*, angenäherter Wert *m* || **~/приведённое** reduzierter Wert *m* || **~/рабочее** Betriebswert *m*, Arbeitswert *m* || **~ разряда** *(Inf)* Stellenwert *m* || **~ регулируемой величины** Istwert *m* der Regelgröße || **~ регулируемой величины/заданное (требуемое)** Sollwert *m* der Regelgröße || **~/собственное** Eigenwert *m* || **~ сопротивления** *(El)* Widerstandswert *m* || **~/среднее** Mittel[wert *m*] *n*, Durchschnitt[swert] *m* || **~/среднеквадратичное** quadratischer Mittelwert *m*, Effektivwert *m* || **~/текущее** Istwert *m*, Momentanwert *m* || **~ тока** *(El)* Strom[stärke]wert *m* || **~ тока короткого замыкания/установившееся** *(El)* Dauerkurzschlußstromwert *m* || **~/требуемое** Sollwert *m* || **~/фактическое** Istwert *m* || **~/фиксированное** *(Inf)* konstanter (fester) Wert *m*, Festwert *m* || **~ флегмового числа/минимальное** *(Ch)* Mindestrücklaufverhältnis *n (einer Rektifizierkolonne)* || **~ функции/цифровое** *(Inf)* digitaler Funktionswert *m* || **~ частоты** *(El)* Frequenzwert *m* || **~/численное** Zahlenwert *m*, Maßzahl *f*, numerischer Wert *m* || **~ шкалы** Skalenwert *m* || **~ шкалы/конечное** Skalenendwert *m*; Größtwert *m* einer Skale || **~ шкалы/начальное** Skalenanfangswert *m* || **~ шумового напряжения/псофометрическое** *(Rf)* [frequenz]bewertete Störspannung *f*, Geräuschspannung *f* || **~/экспериментальное** experimentell ermittelter Wert *m* || **~/экстремальное** Extremwert *m* || **~ элемента данных** Datenwert *m* || **~/эмпирическое** empirischer Wert *m*, Erfahrungswert *m* || **~/эффективное** Istwert *m*

значение pH *p*H-Wert *m*, Wasserstoff[ionen]exponent *m* || **~ *Q*** *(Kern)* Q-Wert *m* || **~ R_f** R_f-Wert *m*, Verzögerungsfaktor *m*, Rückhaltefaktor *m (Chromatographie)* || **~ rH** *r*H-Wert *m (physikalische Ch)*

значения *npl* **предельно допустимой концентрации** *(Schw)* MAK-Werte *mpl (max. zulässige Konzentration von Schadstoffen am Arbeitsplatz)*

значимость *f (Inf)* Stellenwert *m*; Wertigkeit *f*

Зодиак *m (Astr)* Tierkreis *m*, Zodiak *m (Sternbild)*

зодчество *n* architektonisches Schaffen *n*, Architektentätigkeit *f*

зола *f* Asche *f* || **~/буроугольная** Braunkohlenasche *f* || **~/колосниковая** Rostasche *f* || **~/костяная** Knochenasche *f* || **~/легкоплавкая** niedrigschmelzende Asche *f* || **~/летучая** Flugasche *f* || **~/наносная** Flugasche *f* || **~/спёкшаяся** Aschensinter *m* || **~ фильтров** Filterasche *f*

зола-унос *f* Flugasche *f*

золение *n (Led)* Äschern *n*, Äscherverfahren *n* || **~/обжорное** Kälken *n* || **~/трёхчанное** Dreiäschersystem *n*

золёный *(Led)* geäschert

золильный *(Led)* Äscher...

золистость *f* Asche[n]haltigkeit *f*

золистый asche[n]haltig

золить *(Led)* äschern

золка *f s.* золение

золобетон *m* Aschenbeton *m*

золоотвал *m* Aschehalde *f*

золоотстойник *m* Ascheabsetzbehälter *m*, Ascheabsetzbecken *n*

золоприёмник *m* Ascheaufnehmer *m*

золотник *m* 1. Schieber *m (Steuerelement in Kolbendampfmaschinen)*; 2. *(Hydr)* Wegeventil *n* mit Längsschieber, Längsschieberwegeventil *n* || **~/выпускной** *(Masch)* Auslaßschieber *m (Doppelschiebersteuerung)* || **~/двойной коробчатый** *(Masch)* Doppelmuschelschieber *m* || **~/двойной цилиндрический** *(Masch)* Doppelkolbenschieber *m* || **~/коробчатый** *(Masch)* Muschelschieber *m*, Flachschieber *m* || **~/напорный** *(Hydr)* Druckbegrenzungsventil *n* || **~/плавающий** *(Hydr)* Ventil *n* mit schwimmendem Kolben, Freikolbenventil *n* || **~/плоский** *s.* ~/коробчатый || **~/поворотный** *(Masch)* Drehschieber *m*, Trickschieber *m* || **~/поддерживающий** *(Hydr)* Halteventil *n* || **~/простой коробчатый** *(Masch)* einfacher Muschelschieber , Einzelmuschelschieber *m* || **~/распределительный** *(Masch)* Expansionsschieber *m (oberer Schieber des Doppelmuschelschiebers)* || **~/реверсивный** *(Hydr)* Längsschieber-Umsteuerwegeventil *n*, Reversierventil *n* || **~ следящий** *(Hydr)* Folgeschaltventil *n* || **~/сливной** *(Hydr)* Überströmventil *n* || **~/цилиндрический** *(Masch)* Kolbenschieber *m*, zylindrischer Schieber *m*

золотник-пилот *m (Masch)* Vorsteuerschieber *m*

золотник-поршень *m (Masch)* Steuerkolben *m*

золото *n* Gold *n*, Au; *(Met)* Gold *n* || **~/жильное** *(Min)* Ganggold *n*, Berggold *n* || **~/листовое** Blattgold *n* || **~/россыпное** *(Min)* Seifengold *n*, Waschgold *n*, Schwemmgold *n* || **~/сусальное** Musivgold *n*, Muschelgold *n (Zinndisulfid)* || **~/шлиховое** *(Min)* Waschgold *n*, Goldschlich *m*

золотоносный *(Bgb)* gold[erz]führend, goldhaltig

золоудаление *n* Entaschung *f*, Entaschen *n (Feuerungstechnik) (s. a.* гидрозолоудаление, пневмозолоудаление*)* || **~/гидравлическое** Spülentaschung *f* || **~/механическое** mechanische Entaschung *f* || **~/мокрое** Naßentaschung *f* ‖ **~/пневмовакуумное** Saugluftentaschung *f*, pneumatische Entaschung *f* ‖ **~/ручное** Handentaschung *f*, manuelle Entaschung *f* ‖ **~/скребковое** Kratzerbandentaschung *f* ‖ **~/смывное** Spülentaschung *f* ‖ **~/сухое** Trockenentaschung *f*

золоулавливатель *m s.* золоуловитель

золоуловитель *m* Ascheabscheider *m*, Entstauber *m* ‖ **~/гравитационный** Schwerkraftentstauber *m* ‖ **~/многосекционный** Vielzellenentstauber *m* ‖ **~/сухой** Trockenentstauber *m*

золочение *n* Vergolden *n*, Vergoldung *f* ‖ **~/гальваническое** galvanisches Vergolden *n* ‖ **~/огневое** Feuervergolden *n* ‖ **~/порошковое** Anreibevergolden *n*, kaltes Vergoldeverfahren *n*

золь *m (Ch)* Sol *n*

зольник *m* 1. Aschenkasten *m*; Aschenraum *m*; 2. *(Led)* Äscher *m*, Ascherbrühe *f*, Äscherflotte *f*; 3. *(Led)* Äschergrube *f*, Äscher *m* ‖ **~/гнилой** *(Led)* alter (fauler) Äscher *m* ‖ **~/известковый** *(Led)* Kalkäscher *m* ‖ **~/использованный** *(Led)* Stinkäscher *m* ‖ **~/мышьяковый** *(Led)* Arsenikäscher *m* ‖ **~/обжорный** *m (Led)* reiner Kalkäscher *m*, Weißkalkäscher *m* ‖ **~/обострённый** *m (Led)* angeschärfter Äscher *m* ‖ **~/старый** *s.* ~/использованный

зольность *f* Aschegehalt *m*

зольный 1. asche[n]haltig; 2. *(Led)* Äscher...

зона *f* 1. Zone *f*, Bereich *m*; Gürtel *m (s. a. unter* пояс*)*; 2. *(Inf)* Abschnitt *m (Magnetband)*; Region *f (Speicher)*; 3. *(Krist)* Zone *f*; 4. Energieband *n (s. a. unter* полоса 3.*)* ‖ **~/адсорбционная** Adsorptionszone *f* ‖ **~/активная** aktive Zone *f*, Spaltzone *f (eines Kernkraftwerkreaktors)* ‖ **~/базовая** Basisbereich *m*, Basisgebiet *n (Halbleiter)* ‖ **~ базы** *s.* ~/базовая ‖ **~ Беньоффа** *(Geol)* Benioff-Zone *f*, Subduktionszone *f* ‖ **~/береговая** *(Geol, Hydrol)* Küstenzone *f*, Uferzone *f* ‖ **~ ближнего приёма** *(Rf)* Nahempfangszone *f* ‖ **~ ближних замираний** *(Rf)* Nahschwundzone *f*, Nahschwundgebiet *n* ‖ **~/ближняя** *(Opt)* Nahfeld *n* ‖ **~ Бриллюэна [/поверхностная]** *(Krist)* Brillouin-Zone *f (Halbleiter)* ‖ **~/буферная** *(Inf)* Pufferbereich *m* ‖ **~/валентная** *(Krist)* Valenzband *n* ‖ **~ ввода** *(Inf)* Eingabebereich *m* ‖ **~/ведущая** *(Flg)* Leitweg *m* ‖ **~ ведущего луча** *(Rad)* Leitstrahlzone *f* ‖ **~ взлёта и посадки** Flughafenkontrollzone *f* ‖ **~ вихрей** *(Meteo)* Wirbelzone *f* ‖ **~ водозабора** *(Hydt)* Entnahmefeld *n (Staudamm)* ‖ **~/водоохранная** *(Ökol)* Wasserschutzzone *f*, Gewässerschutzgebiet *n* ‖ **~ возбуждения** *(Eln)* Anregungsband *n*, Anregungszone *f* ‖ **~ возделывания сельскохозяйственных культур** *(Lw)* landwirtschaftliches Anbaugebiet *n* ‖ **~ возрождения/мобильная** *(Geol)* mobile Regenerationszone *f* ‖ **~ воспламенения** Zündzone *f* ‖ **~ воспроизводства** *(Kern)* Brutmantel *m*, Brutzone *f*, Blankett *n (Brutreaktor)*; Brutzone *f*, Brutbereich *m (eines Hybridreaktors)* ‖ **~ воспроизводства/внешняя** *(Kern)* äußere Brutzone *f (Brutreaktor)* ‖ **~ воспроизводства/внутренняя** *(Kern)* innere Brutzone *f (Brutreaktor)* ‖ **~/восстановительная** *(Met, Gieß)* Reduktionszone *f (Schachtofen)* ‖ **~ восстановления** *s.* ~/восстановительная ‖ **~ всасывания** *(Geol)* Subduktionszone *f* ‖ **~ вторичного обогащения** *(Geol)* Zone *f* (Gebiet *n*) sekundärer Anreicherung ‖ **~ выветривания** *(Geol)* Verwitterungszone *f (oberer Teil der Erdkruste)* ‖ **~ вывода** *(Inf)* Ausgabebereich *m* ‖ **~ выдавливания** Ausstoßzone *f*, Pumpzone *f (einer Extruderschnecke)* ‖ **~ выдержки** *(Met)* Haltezone *f*, Verweilzone *f*, Aufheizzone *f (Wärmebehandlungsofen)* ‖ **~ выравнивания температуры** *(Met)* Temperaturausgleichszone *f (Wärmebehandlungsofen)* ‖ **~ высокого давления** *(Meteo)* Hochdruckzone *f*, Hochdruckgürtel *m* ‖ **~ высокого давления/субтропическая** subtropischer Hochdruckgürtel *m*, Roßbreitengürtel *m* ‖ **~/высоколегированная** *(Eln)* hochdotierte Zone *f (Halbleiter)* ‖ **~ вытяжки** *(Text)* Verzugszone *f*, Reckzone *f* ‖ **~ горения** Verbrennungszone *f*, Brennzone *f (Schachtofen)*; Feuerzone *f* ‖ **~/городская** *(Nrt)* Ortsverkehrsbereich *m* ‖ **~ городского тяготения** *(Bw, Ökol)* Einzugsbereich *m* einer Stadt ‖ **~/дальняя** *(Opt)* Fernfeld *n* ‖ **~ действия** Einwirkort *m*, Einwirkzone *f*, Einwirkbereich *m*, , Prozeßort *m* ‖ **~ депрессии** *(Geol)* Depressionszone *f* ‖ **~ деформации** *(Wlz)* Formänderungszone *f*, Umformzone *f*, Umformbereich *m* ‖ **~/дозволенная** erlaubtes Energieband *n (Halbleiter)* ‖ **~ дробления** *(Geol)* Ruschelzone *f*, Zerrüttungszone *f* ‖ **~ дуги** *(Schw)* Lichtbogenschweißzone *f* ‖ **~ дуги захвата** *(Wlz)* Formänderungszone *f*, Umformzone *f*, Umformbereich *m* ‖ **~/дырочная** *s.* ~/дырочной проводимости ‖ **~ дырочной проводимости** *(Eln)* P-Bereich *m*, P-leitender Bereich *m (Halbleiter)* ‖ **~/жилая** *(Bw, Ökol)* Wohnzone *f*, Wohngebiet *n*, Wohnbereich *m (Städtebau)* ‖ **~/заполненная** *(Eln)* vollbesetztes Band (Energieband) *n (Halbleiter)* ‖ **~/запретная (запрещённая)** *(Fert)* unzugänglicher (nicht nutzbarer) Raum *m (des Roboters)* ‖ **~/засушливая** *(Geol)* Trockenzone *f* ‖ **~ затвердевания** *(Met)* Erstarrungszone *f* ‖ **~ затишья** *(Meteo)* Windstillengürtel *m*, Kalmengürtel *m*, Mallungen *fpl*, Doldrum *n* ‖ **~ зацепления** *(Masch)* Eingriffsfeld *n*, Eingriffsgebiet *n (Zahnräder)* ‖ **~ избегания [/галактическая]** *(Astr)* nobelfreie Zone *f* ‖ **~ излучения** 1. *(Ph)* Strahlungszone *f*; 2. *(Met)* Strahlraum *m (Ofen)* ‖ **~ интерференционных искажений** *(Rf)* Verwirrungsgebiet *n*, Zone *f* gestörten Empfangs ‖ **~/капиллярная** *(Geol)* Kapillarsaum *m (Bodenwasser)* ‖ **~/кислородная** *(Met)* Verbrennungszone *f*, Brennzone *f*, Oxidationszone *f (Schachtofen)* ‖ **~/климатическая** Klimagebiet *n (Gebiet auf der Erde mit definiertem Klima)* ‖ **~ ключа** *(Eln)* Kennfeld *n* für Anschlußmarkierung (Kennzeichnung des 1. Anschlusses) *(von IS)* ‖ **~/коллекторная** *(Eln)* Kollektorbereich *m*, Kollektorgebiet *n (Halbleiter)* ‖ **~/кольцевая** Ringzone *f* ‖ **~/коммутационная** *(El)* Kommutierungszone *f*, Stromwendezone *f* ‖ **~ компенсации** *(Eln)* Kompensationszone *f*, Regenerationszone *f* ‖ **~/комфортная** Behaglichkeitsfeld *n (im h,x-Diagramm)* ‖ **~/конвективная** *(Astr)* Konvektionszone *f* ‖ **~ конвергенции/внутритропическая** innertropische Konvergenzzone *f* ‖ **~ конденсации** *(Gieß)* Kondensationszone *f* ‖ **~ контакта** *(Fert)* Kontaktbereich *m*; Kontaktzone *f* ‖ **~/контактово-метаморфическая**

(Geol) Kontakthof *m (bei Metamorphose)* || **~/контактово-метасоматическая** *(Geol)* Kontakthof *m (bei Metasomatose)* || **~ концентрации рабочих мест** *(Bw)* Arbeitsstättengebiet *n (Städtebau)* || **~/краевая** Randzone *f* || **~ кристалла** Kristallzone *f* || **~ кристаллизации** Kristallisationszone *f*, Erstarrungszone *f* || **~ ликвации** *(Met)* Seiger[ungs]zone *f*, Seiger[ungs]stelle *f* || **~/ликвационная** *s.* ~ ликвации || **~/литоральная** *(Geol, Hydrol)* Litoral *n* || **~/маргинальная** *(Ökol)* Randgebiet *n*, Sicherheitszone *f* || **~/междугородная** *(Nrt)* Fernverkehrsbereich *m* || **~/мёртвая** *(Rf)* [empfangs-]tote Zone *f*; Nullstelle *f (einer Antenne)* || **~/мобильная** *(Geol)* mobile Zone *f (Erdkruste)* || **~ молчания** *(Rf)* [empfangs]tote Zone *f* || **~ нагрева** *(Met)* Heizzone *f*; Aufheizzone *f*, Wärmzone *f (Ofen)* || **~ нарушений** *(Geol)* Störungszone *f (Erdkruste)* || **~ насыщения** Sättigungsbereich *m* || **~ науглероживания** *(Met)* Kohlungszone *f (Schachtofen)* || **~/незаполненная** *(Eln)* nicht vollbesetztes Band (Energieband) *n (Halbleiter)* || **~ несплавления** *(Schw)* nichtverschmolzene Zone *f (Spalt zwischen Schweiße und Grundwerkstoff)* || **~ нечувствительности** Unterdrückungsbereich *m*, Unempfindlichkeitsbereich *m*; Totzone *f* || **~/нижняя** *(Eln)* unteres Band (Energieband) *n*, Valenzband *n (Halbleiter)* || **~ обеднения** *(Eln)* Verarmungsbereich *m (Halbleiter)* || **~ обезуглероживания/поверхностная** *(Met)* Randentkohlungszone *f* || **~ обжига** *(Met)* Brennzone *f (Röstofen)* || **~ обнаружения** *(Rad)* Auffaßbereich *m*, Ortungsbereich *m* || **~ обработки** *(Fert)* Bearbeitungszone *f* || **~ обрушения** *(Bgb)* Bruchzone *f*, Nachbruchzone *f* || **~/обслуживаемая** 1. Versorgungsgebiet *n*, Versorgungsbereich *m*; 2. *(Fert)* Bedienraum *m (eines Roboters)* || **~ ограждения** 1. *(Fert)* umzäumter und/oder umwehrter Raum *m*; 2. Sperrzone *f* || **~ окисления** 1. *(Met)* Oxidationszone *f*, Verbrennungszone *f*, Brennzone *f (Schachtofen)*; 2. *(Geol)* Oxidationszone *f* || **~/окислительная** *s.* ~ окисления || **~/околошовная** *(Schw)* Schweißnahtzone *f*, Nahtbereich *m*, Wärmeeinflußzone *f* || **~/оливиновая** *(Geol)* Olivinzone *f*, Olivinschicht *f* || **~/опасная** 1. Gefährdungsbereich *m*; 2. *(Glas)* Kühlbereich *m (Temperaturintervall zwischen oberem und unterem Kühlpunkt)* || **~ опасного сдвижения поверхности** *(Bgb)* Zone *f* gefährlicher Verschiebungen *(Tagesoberfläche)* || **~ опорного давления** *(Bgb)* Kämpferdruckzone *f*; Auflagedruckzone *f* || **~ оседания** *(Bgb)* Senkungszone *f* || **~ ослабленных пород** *(Bgb)* Auflockerungszone *f* || **~ основания** *(Eln)* Basisbereich *m (Halbleiter)* || **~ отдыха** *(Ökol)* Erholungsgebiet *n*, Erholungszone *f* || **~ отжига** *(Met)* Glühzone *f*; Temperzone *f (im Glüh- bzw. Temperofen)* || **~ отложения солей** *(Geol)* Salzablagerungszone *f* || **~ охлаждения** *(Met)* Kühlzone *f*, Kühlbereich *m*; Abkühlzone *f (Wärmebehandlungsofen)* || **~ парообразования** Ausdampfzone *f*, Verdampfungszone *f* || **~ перехода** *(Eln)* 1. Übergangszone *f*; 2. Bereich *m* des PN-Überganges || **~/перигляциальная** *(Geol)* Periglazialgebiet *n* || **~/перовскитовая** *(Geol)* Perovskith-Zone *f*, Perovskith-Schicht *f* || **~ печи/рабочая** *(Met)* Schmelzraum *m (Herdofen)*; Schmelzzone *f (Schachtofen)* || **~ питания** Füllzone *f*, Einzugszone *f (einer Extruderschnecke)* || **~/плавильная** *s.* ~ плавления || **~ плавления** *s.* печи/рабочая || **~/плечевая** Schulterpartie *f*, Schulterbereich *m (der Reifen)* || **~/плоская** *(Eln)* Flachband *n* || **~/поверхностная** *(Eln)* 1. Oberflächenbereich *m*; 2. Oberflächenenergieband *n* || **~ повышенного давления** 1. *(Meteo)* Hochdruckzone *f*, Hochdruckgürtel *m*; 2. *(Bgb)* Zusatzdruckzone *f* || **~ повышенного давления/субтропическая** *(Meteo)* subtropischer Hochdruckgürtel *m*, Roßbreitengürtel *m* || **~/подвижная** *(Geol)* mobile Zone *f (Erdkruste)* || **~ подогрева** Vorwärmzone *f* || **~ подпора** *(Hydt)* Staugebiet *n* || **~ покоя** *(Ökol)* Ruhezone *f* || **~/полумартенситная** *(Met)* Übergangszone *f* (Übergangsgebiet *n*) zwischen Martensit und Troostit *(Gefüge)* || **~ понижения** *(Geol)* Absenkungszone *f* || **~ поперечной прокатки** Querwalzteil *n (Mannesmannwalze)* || **~ предварительного нагрева** *(Met)* Vorwärmzone *f (Schachtofen)* || **~ при реверсе** Umkehrspanne *f* || **~/прибортовая** *(Geol)* Randzone *f* || **~ прибоя** *(Text)* Anschlagzone *f (Weberei)* || **~/пригородная** 1. *(Nrt)* Vorort[s]verkehrsbereich *m*; 2. *(Bw)* Staadtrandzone *f* || **~/призабойная** *(Bgb)* Ortsstoßbereich *m* || **~/приледниковая** *(Geol)* Periglazialgebiet *n* || **~ применения** Anwendungsbereich *m*; Gültigkeitsbereich *m*, Definitionsbereich *m* || **~/примесная** *(Krist)* Stör[stellen]zone *f*; Stör[stellen]band *n*; Verunreinigungszone *f (Halbleiter)* || **~/примесная акцепторная** *(Krist)* Akzeptorstörstelle *f*, Störstelle *f* vom Akzeptortyp || **~/приповерхностная** oberflächennaher Bereich *m* || **~ проводимости** *(Eln)* Leitfähigkeitsband *n*, Leitungsband *n*, L-Band *n (Halbleiter)* || **~ проводимости/примесная донорная** *(Krist)* Donatorstörstelle *f*, Störstelle *f* vom Donatortyp, Überschußstörstelle *f* || **~ прокаливания** *(Härt)* Glühzone *f (im Glühofen)* || **~/промышленная** *(Ökol)* Industriegebiet *n* || **~ проплавления** *(Schw)* Einbrandbereich *m* || **~ пропорциональности** Aussteuerungsbereich *m*, Proportionalitätsbereich *m* || **~ пространственного заряда** *(Eln)* Raumladungsgebiet *n*, Raumladungszone *f*, RLZ *(Halbleiter)* || **~ пуска** *(Rak)* Startzone *f* || **~/пустая** *s.* ~/свободная || **~ пятен (пятнообразования)** *(Astr)* Fleckenzone *f (Sonne)* || **~/рабочая** 1. *(Masch)* Arbeitsraum *m (ohne Einbeziehung der Fahrbewegung)*; 2. *(Reg)* Prozeßort *m* || **~ равной слышимости** *s.* ~/равносигнальная || **~/равносигнальная** *(Rad)* Dauerstrichzone *f*, Leitstrahlzone *f*, Leitstrahl *m* || **~ радиационной опасности** *(Kern)* strahlungsgefährdete Zone *f* || **~ разломов** *(Geol)* Bruchzone *f* || **~ разрежения [ядерного взрыва]** *(Kern)* Unterdruckphase *f*, Sogphase *f (Kernexplosion)* || **~/разрешённая** *(Eln)* erlaubter (zugelassener) Energiebereich *m*, erlaubtes Band (Energieband) *n (Halbleiter)* || **~ разрушения** *(Bgb)* Zertrümmerungszone *f*, Bruchzone *f* || **~ разрыва** *(Mech)* Bruchzone *f*, Bruchstelle *f* || **~ расслоения** *(Bgb)* Aufblätterungszone *f* || **~ растяжения** *(Bgb)* Zerrungszone *f* || **~ реактора/активная** *(Kern)* aktive Zone *f*, Spaltzone *f*, Spaltraum *m*

(Reaktor) || **~/реакционная** *(Ch)* Reaktionszone *f* || **~/режущая** *(Fert)* Schneidzone *f* || **~ реконструкции** *(Bw, Ökol)* Rekonstruktionsgebiet *n* || **~/ректификационная** Fraktionierzone *f* || **~/рифтовая** *(Geol)* Riftzone *f* || **~/свободная** *(Eln)* unbesetztes (leeres) Band *n*, freies Energieband *n (Halbleiter)* || **~ сегрегации** *(Met)* Seiger[ungs]zone *f*, Seiger[ungs]stelle *f* || **~/сейсмическая** *(Geoph)* Erdbebenzone *f* || **~ сейсмической тени** *(Geoph)* seismische Schattenzone *f* || **~/сейсмогенная** *(Geoph)* seismische (seismogene) Zone *f* || **~/сейсмоопасная** *(Geoph)* seismisch gefährdete Zone *f* || **~/селитебная** *(Bw, Ökol)* Wohnbereich *m*, Siedlungszone *f* || **~/сетевой (сетной)** Netzsonde *f (Schleppnetzfischerei)* || **~ сжатия** 1. Kompressionszone *f*, Druckzone *f (einer Extruderschnecke)*; 2. *(Bgb)* Pressionszone *f*; 3. *(Kern)* Überdruckphase *f*, Kompressionsphase *f* || **~ скалывания** *(Geol)* Absicherungszone *f* || **~ скольжения** *(Krist)* Gleitzone *f* || **~ слышимости** Hörbarkeitszone *f*; Hörzone *f* || **~ смятия** 1. *(Kfz)* Walkzone *f (des Reifens)*; 2. *(Geol)* Quetschzone *f* || **~ собственной проводимости** *(Eln)* *i*-Gebiet *n*, I-Bereich *m*, Eigenleitungsgebiet *n*, Eigenleitungsband *n (Halbleiter)* || **~ сортировки** *(Text)* Ecartement *n*; Abreißabstand *m (Kämmaschine)* || **~ сотовых пузырей** *(Met)* Randblasenschicht *f*, Randblasen *fpl (am Gußblock)* || **~ сохранения** *(Inf)* Sicherstellungsbereich *m* || **~ спекания** *(Met)* Sinterungszone *f* || **~ спектральной чувствительности** *(Photo)* Farbempfindlichkeitsbereich *m* || **~ сплавления** *(Schw)* Verschmelzungszone *f*, Schmelzbereich *m* || **~ субдукции** *(Geol)* Subduktionszone *f* || **~/сублиторальная** *(Geol, Hydrol)* Sublitoral *n* || **~/сумеречная** Dämmerungszone *f* || **~/супралиторальная** *(Geol, Hydrol)* Eulitoral *n* || **~ сушки** *(Bgb)* Trocknungszone *f (Untertagevergasung)* || **~ схватывания** Bindezone *f (beim Preßschweißen)* || **~/тарифная** *(Nrt)* Gebührenzone *f*, Tarifzone *f* || **~/теневая** *(Rf)* Abschattungsbereich *m*, Abschattungszone *f*, Funkschatten *m* || **~ термического влияния** *(Schw)* wärmebeeinflußte Zone *f*, Wärmeeinflußzone *f*, WEZ || **~/томильная** *(Met)* Glühzone *f*; Temperzone *f (im Glüh- bzw. Temperofen)* || **~ транскристаллизации** *(Met)* Transkristallisationszone *f*, Transkristallisationsgebiet *n* || **~/тропическая** *(Meteo)* tropische Zone *f*, Tropen *pl*, Tropenzone *f* || **~/умеренная** *(Meteo)* gemäßigte Zone *f* || **~/упругая** *(Wkst)* elastischer Bereich *m* || **~ Френеля** *(Opt)* Fresnelsche Zone *f* || **~/фронтальная** *(Meteo)* Frontalzone *f* || **~/функциональная** Funktionsbereich *m*, Wirkungsbereich *m* || **~/фурменная** *(Met)* Form[en]zone *f (Hochofen)* || **~ цементации** *(Geol)* Zementationszone *f* || **~/шлаковая** *(Met)* Schlackenzone *f*; Schlackenlinie *f*, Schlackenebene *f (Schmelzofen)* || **~/шпинелевая** *(Geoph)* Spinell-Zone *f*, Spinell-Schicht *f* || **~/экстрагляциальная** *(Geol)* Periglazialgebiet *n* || **~ электронной проводимости** *(Eln)* N-[leitender] Bereich *m*, Elektronenleitungsband *n (Halbleiter)* || **~ эмиттера** *(Eln)* Emitterbereich *m (Halbleiter)* || **~/энергетическая** *(Eln)* Energieband *n*, Energiezone *f (Halbleiter)* || **~/эпицентральная** *(Geoph)* Epizentralgebiet *n*, Herdgebiet *n*

зональность *f* Zonalität *f*, Gürtelung *f* || **~ в распределении оруденения** Zonalität *f* in der Vererzungsverteilung || **~/вертикальная** vertikale Zonalität *f* || **~/вторичная** sekundäre Zonalität *f* || **~/гипогенная** hypogene (aszendente) Zonalität *f* || **~/горизонтальная** horizontale Zonalität *f* || **~/первичная** Primärzonalität *f* || **~/супергенная** supergene (deszendente) Zonalität *f*

зонд *m* Sonde *f*, Meßkopf *m*; Fühler *m*, Taster *m*, Tastspitze *f* || **~/акустический** Sondenmikrofon *n* || **~/аэростатный** Ballonsonde *f* || **~/вибрирующий** schwingende Sonde *f* || **~/волоконно-оптический** faseroptische Sonde *f* || **~/вращающийся** rotierende Sonde *f* || **~/глоточный** *(Med)* Rachensonde *f* || **~/гортанный** *(Med)* Kehlkopfsonde *f* || **~/двухточечный** Zweipunktsonde *f* || **~/измерительный** Meßsonde *f*, Meßfühler *m* || **~/импульсный** Impulsfühler *m* || **~/испытательный** Prüfsonde *f*, Prüftaster *m* || **~/корпускулярно-лучевой** Korpuskularstrahlsonde *f* || **~/космический** Raumsonde *f* || **~/лазерный** Lasersonde *f* || **~/магнитный** Magnetsonde *f* || **~/межзвёздный** interstellare Raumsonde *f* || **~/метеорологический** Wettersonde *f*, meteorologische Sonde *f* || **~/многоточечный** Vielfach[punkt]sonde *f* || **~/нейтронный** *(Kern)* Neutronensonde *f*, Neutronenmeßkopf *m* || **~/плазменный** Plasmasonde *f* || **~/ракетный** Raketensonde *f* || **~/сканирующий** Abtastsonde *f* || **~/температурный (термоизмерительный)** Temperaturfühler *m* || **~/точечный** Punktsonde *f* || **~/электронный** Elektronensonde *f*

зондаж *m s.* зондирование

зондирование *n* 1. Sondieren *n*, Sondierung *f*, Messung *f*, Abtasten *n* || **~/аэростатное** *(Meteo)* Ballonsondierung *f* || **~/вертикальное** *(Geoph)* Vertikalsondierung *f* || **~/вертикальное электрическое** elektrische Tiefensondierung *f* || **~/глубинное сейсмическое** *(Geoph)* seismische Tiefensondierung *f* || **~/дистанционное** Fernerkundung *f*, Remote sensing *n*; Fernmessung *f* || **~/магнитотеллурическое** *(Geoph)* magnetotellurische Sondierung *f* || **~/надирное** *(Meteo)* Nadirsondierung *f*, Sondierung *f* in Nadirgeometrie || **~/наклонное** *(Meteo)* Limbsondierung *f*, Sondierung *f* in Limbgeometrie || **~/ракетное** *(Meteo)* Raketensondierung *f* || **~/сейсмическое** *(Geoph)* seismische Sondierung *f* || **~/строительное** *(Bw)* Einteilung *f* in Bauzonen || **~/ультразвуковое** Ultraschall[echo]lotung *f* || **~/функциональное** *(Bw)* Einteilung *f* nach der Flächennutzung || **~/частотное** *(Geoph)* Frequenzsondierung *f (Geomagnetismus)* || **~/электромагнитное** *(Geoph)* elektromagnetische Sondierung *f*

зонт *m* 1. Schirm *m*; Haube *f*; 2. *(Bw)* Vordach *n*, Schutzdach *n* || **~/вытяжной** *(Met)* Abzugshaube *f*, Rauchfang *m*, Schirm *m* || **~ дымовой трубы** *(Bw)* Schornsteinaufsatz *m* || **~/светозащитный** *(Photo)* Sonnenblende *f*

зоны *fpl* **роста** *(Krist)* Wachstumszonen *fpl*; Zonarstruktur *f*

зрачок *m (Opt)* Pupille *f* || **~/входной** Eintrittspupille *f* || **~/выходной** Austrittspupille *f* || **~ объектива** Objektivpupille *f* || **~/окулярный** Okularpupille *f*

зрельник *m (Text)* Dämpfer *m (Veredlung)* ‖ **~ непрерывного действия** Kontinuedämpfer *m*
ЗТВ *s.* зона термического влияния
ЗУ *s.* устройство/запоминающее
зуб *m* 1. *(Masch)* Zahn *m (Zahnrad)*; 2. *(Wkz)* Zahn *m*, Schneidenzahn *m*, Messer *n (z. B. Fräser)*; 3. *(Hydt)* Schürze *f*, Dichtungsschürze *f (Staudamm)*; 4. Zacke *f*; 5. *(Lw)* Zinken *m (einer Egge)* • **на один ~** *(Masch)* bei Drehung um einen Zahn *(Zahnradprüfung)* ‖ **~ бёрда** *(Text)* Rietnagel *m*, Rietstift *m*, Rietstab *m (Weberei)*; Blattrohr *n*, Blattriet *n (Webblatt)* ‖ **~/бетонный** *(Hydt)* Betonherdmauer *f*, Betonschürze *f* ‖ **~/винтовой** Schraubenzahn *m (Zahnrad)* ‖ **~/вставной** eingesetzter Zahn *m (Zahnrad)* ‖ **~/вычёсывающий** *(Text)* Räumzahn *m (Wellenfachweben)* ‖ **~/глубокий** *(Hydt)* Untergrundstauwand *f*, Dichtungsschürze *f*, Sporn *m (Erdstaudamm)* ‖ **~/жёсткий** *(Lw)* starrer Zinken *m* ‖ **~/затылованный** *(Wkz)* hinterarbeiteter Zahn *m (Fräser)*; hinterschliffener Zahn *m (Zahnrad)* ‖ **~ зубчатого соединения** Kupplungszahn *m (Kupplung)* ‖ **~/конусный** Kegelzahn *m* ‖ **~/косой** Schrägzahn *m*, schräger Zahn *m (Zahnrad)* ‖ **~/криволинейный** Kurvenzahn *m*; gekrümmter Zahn *m (Zahnrad)* ‖ **~/круговой** Kreisbogenzahn *m (Zahnrad)* ‖ **~/ледовый** *(Schiff)* Eissporn *m* ‖ **~ муфты** Kupplungszahn *m*, Frosch *m (Kupplung)* ‖ **~/неподрезанный** unterschnittfreier Zahn *m (Zahnrad)* ‖ **~ плотины** *(Hydt)* Herdmauer *f*, Mauersporn *m* ‖ **~/полушевронный** geteilter Pfeilzahn *m (Zahnrad)* ‖ **~/прибойный** *(Text)* Anschlagzahn *m* ‖ **~/прочёсывающий** *(Text)* Räumzahn *m* ‖ **~/пружинный** *(Lw)* Federzinken *m*, federnder Zinken *m* ‖ **~/прямобочный** geradflankiger Zahn *m (Zahnrad)* ‖ **~/прямой** Geradzahn *m*, gerader Zahn *m (Zahnrad)* ‖ **~/разведённый** geschränkter Zahn *m (Säge)* ‖ **~/режущий** *(Wkz)* Schneidzahn *m*, schneidender Zahn *m* ‖ **~/смещённый шевронный** versetzter Pfeilzahn *m (Zahnrad)* ‖ **~/сопряжённый** Gegenzahn *m (Zahnrad)* ‖ **~/соседний** Nachbarzahn *m (Zahnrad)* ‖ **~/спиральный** Spiralzahn *m*, spiralförmiger Zahn *m (Zahnrad)* ‖ **~/ступенчатый** Stufenzahn *m (Zahnrad)* ‖ **~/тангенциальный** Tangentialzahn *m (Zahnrad)* ‖ **~/торцовый** Stirnzahn *m (Zahnrad)* ‖ **~/цевочный** Stiftzahn *m*, Zapfenzahn *m (Triebstockverzahnung)* ‖ **~/черновой** *(Wkz)* Schruppzahn *m* ‖ **~/чистовой** *(Wkz)* Schichtzahn *m* ‖ **~/шевронный** Pfeilzahn *m (Zahnrad)* ‖ **~/эвольвентный** Evolventenzahn *m (Zahnrad)* ‖ **~/эпициклоидный** Epizykloidenzahn *m (Zahnrad)*
зубец *m* 1. Zahn *m*; 2. Zinke *f*; 3. Klaue *f (Kupplung)* ‖ **~/коммутирующий** *(El)* Wendepolzahn *m*
зубило *n* 1. Meißel *m*; 2. *(Schm)* Schröter *m* ‖ **~/канавочное** *(Wkz)* Nutenmeißel *m* ‖ **~/кузнечное** *(Schm)* Schrotmeißel *m*, Schrothammer *m*, Schroteisen *n*, Schröter *m* ‖ **~/обрубное** *(Gieß)* Putzmeißel *m* ‖ **~/одностороннее** *(Schm)* einseitig schräger Schrotmeißel *m* ‖ **~/пневматическое** *(Wkz)* Druckluftmeißel *m* ‖ **~/прямое** *(Wkz)* Meißel *m* mit gerader Schneide ‖ **~/слесарное** Schlossermeißel *m* ‖ **~/фасонное** *(Schm)* Hohlmeißel *m*
зубодолбление *n (Fert)* 1. Verzahnungsstoßen *n*; 2. Zahnradstoßen *n* ‖ **~/черновое** Verzahnungsschruppstoßen *n* ‖ **~/чистовое** Verzahnungsschlichtstoßen *n*
зубозачистка *f (Fert)* Verzahnungsentgraten *n*, Zahnentgraten *n*
зубомер *(Meß)* 1. Zahnmeßgerät *n*, Verzahnungsmeßgerät *n*; 2. Zahnradmeßgerät *n* ‖ **~/тангенциальный** Zahnradmeßgerät *n* zur Bestimmung der Profilverschiebung
зубонакатывание *n (Fert)* 1. Zahnwalzen *n*; 2. Zahnradwalzen *n*
зубонарезание *n (Fert)* 1. spanendes Verzahnen *n*; 2. Zahnradschneiden *n*
зубонарезной *s.* зуборезный
зубообрабатывающий 1. Zahnbearbeitungs…; 2. Zahnradbearbeitungs…
зубообработка *f (Fert)* 1. Verzah[nungs]bearbeitung *f*; 2. Zahnradbearbeitung *f*
зубопритирка *f (Fert)* 1. Verzahnungsläppen *n*; 2. Zahnradläppen *n*
зуборезный *(Fert)* 1. Verzahn…, zum Verzahnen; 2. Zahnradschneide…, zur spanenden Zahnradbearbeitung
зубострогание *n (Fert)* 1. Verzahnungshobeln *n*; 2. Zahnradhobeln *n*
зуботочение *n (Fert)* Wälzschälen *n*
зубофрезерование *n (Fert)* 1. Verzahnungsfräsen *n*; 2. Zahnradfräsen *n*
зубохонингование *n (Fert)* 1. Verzahnungslanghubhonen; 2. Zahnradlanghubhonen *n*
зубошевингование *n (Fert)* 1. Verzahnungsschaben *n*; 2. Zahnradschaben *n*
зубошлифование *n (Fert)* 1. Verzahnungsschleifen *n*; 2. Zahnradschleifen *n*
зубцовый Zahn…
зубчатка *f* 1. *(Masch)* Ritzel *n*, Zahnrad *n*; 2. *(Bw)* Kröneleisen *n*
зубья *mpl (Masch)* Verzahnung *f*, Zähne *mpl* • **с дуговыми зубьями** bogenverzahnt • **с косыми зубьями** schrägverzahnt • **с круговыми зубьями** kreisbogenverzahnt • **с прямыми зубьями** kreuzverzahnt • **с шевронными зубьями** pfeilverzahnt ‖ **~/дуговые** Bogenverzahnung *f* ‖ **~/круговые** Kreisbogenverzahnung *f* ‖ **~ шевронные** Pfeilverzahnung *f*
ЗУМ *s.* устройство микропрограмм/запоминающее
зуммер *m (Nrt)* Summer *m* ‖ **~/гетеродинный** Überlagerungssummer *m*
зуммирование *n (Nrt)* 1. Pfeifen *n (Verstärker)*; 2. Summton *m*
ЗУМП *s.* устройство микропрограмм/запоминающее
зумпф *m* 1. Sumpf *m (Schmelzofen)*; 2. *(Gieß)* Gießtümpel *m*, Eingußtümpel *m*; 3. *(Bgb)* Sumpf *m*, Schachtsumpf *m* ‖ **~/насосный** *(Bgb)* Pumpensumpf *m* ‖ **~ шахты** *(Bgb)* Schachtsumpf *m*, Schachttiefstes *n*
зумпф-штрек *m (Bgb)* Sumpfstrecke *f*
ЗУ ОМТ *s.* устройство обратного магазинного типа/запоминающее
ЗУПВ *s.* устройство с произвольной выборкой/запоминающее
ЗУР *s.* ракета/зенитная управляемая
зябрение *n* Kehlen *n (Fischverarbeitung)*
зябь *f (Lw)* Herbstfurche *f*, Winterfurche *f*

И

«И» UND *n (logische Funktion)*
ИАГ *s.* гранат/иттрий-алюминиевый
ИАФ *s.* фильтр/интегральный аналоговый
ИВ *s.* искатель вызовов
ИВК *s.* комплекс/измерительно-вычислительный
ИВУ *s.* интерфейс внешнего устройства
ИГ *s.* генератор/импульсный
игданит *m (Bgb)* Igdanit *m (Sprengstoff)*
игла *f* 1. Nadel *f*; 2. *(Schm)* Preßdorn *m (Strangpressen)*; 3. *(Wlz)* Rohreintreibdorn *m (Rohrwalzen)* ‖ **~/алмазная** *(Wkz)* Diamantnadelabrichter *m (Abrichten von Gewindeschleifkörpern)* ‖ **~/алмазная гравировальная** *(Wkz)* Gravierdiamant *m*‖ **~/вышивальная** *(Text)* Sticknadel *f* ‖ **~/движковая** *(Text)* Schiebernadel *f* ‖ **~/двойная** *(Text)* Doppelnadel *f* ‖ **~/деккерная** *(Text)* Deckernadel *f* ‖ **~/дисковая** *(Text)* Rippnadel *f (Wirkerei)* ‖ **~ для горячего прессования** *(Schm)* Warmpreßdorn *m (Strangpressen)* ‖ **~ для переноса петель** *(Text)* Nadel *f* für Maschenübertragung *(Wirkmaschine)* ‖ **~ для холодного прессования** *(Schm)* Kaltpreßdorn *m (Strangpressen)* ‖ **~ для штопки** *(Text)* Ausnähnadel *f*, Stopfnadel *f* ‖ **~/дозирующая** *(Kfz)* Düsennadel *f*; Teillastnadel *f* ‖ **~ жаккардовой машины** *(Text)* Jacquardnadel *f (Platinennadel der Jacquardmaschine)* ‖ **~/желобчатая** *s.* ~/пазовая ‖ **~/закладная** *(Text)* Einlegenadel *f (für den Schußfaden)* ‖ **~ иглопробивной машины** *(Text)* Filznadel *f*, Feltingnadel *f* ‖ **~ игольного диска** *(Text)* Nadel *f* der Rippscheibe *f*, Rippnadel *f (Wirkerei; Interlockmaschine)* ‖ **~/изогнутая** gebogene Nadel *f* ‖ **~/индивидуально-подвижная** *(Text)* einzeln bewegliche Nadel *f (Flach- und Rundstrickmaschinen)* ‖ **~/кеттельная** *(Text)* Kettelnadel *f (Kettelmaschine)* ‖ **~ кругловязальной машины** *(Text)* Rundstricknadel *f* ‖ **~/крючковая** *(Text)* Spitzennadel *f*, Hakennadel *f (Wirkerei)* ‖ **~/ощупывающая** *(Meß)* Tastnadel *f*, Abtastnadel *f* ‖ **~/пазовая** *(Text)* Schiebernadel *f*, Rinnennadel *f (Wirkmaschine)* ‖ **~/печатающая** Drucknadel *f* ‖ **~/плоская** *(Text)* Flachnadel *f* ‖ **~ поплавка/запорная** *(Kfz)* Schwimmernadel *f (Vergaser)* ‖ **~/проборная** *s.* крючок/ороборный ‖ **~/проволочная** *(Text)* Drahtnadel *f* ‖ **~/противоположная** *(Text)* Gegenhaltenadel *f* ‖ **~/прошивная** *(Text)* Nähfadennadel *f (Nähwirkmaschine)* ‖ **~/прямая** *(Text)* gerade Nadel *f* ‖ **~/радиоактивная** *(Kern, Med)* radiaoktive Nadel *f* ‖ **~/разметочная** *(Fert)* Reißnadel *f* ‖ **~ риппшайбы** *(Text)* Tellernadel *f (Strickmaschine)* ‖ **~ с высокой пяткой** *(Text)* Hochfußnadel *f* ‖ **~ с короткой пяткой** *(Text)* Niederfußnadel *f* ‖ **~ с круглой колбой** *(Text)* Rundkolbennadel *f* ‖ **~ с плоской колбой** *(Text)* Flachkolbennadel *f* ‖ **~/сбавочная** *(Text)* Decknadel *f*, Mindernadel *f (Wirkerei)* ‖ **~/ступенчатая** abgesetzte Dornspitze *f (beim Rohrpressen)* ‖ **~ трикотажной машины** *(Text)* Wirk[maschinen]nadel *f* ‖ **~/трубчатая** *(Text)* Röhrennadel *f*, Röhrchennadel *f (Wirkmaschine)* ‖ **~/ушковая** *(Text)* Lochnadel *f (Wirkerei: Kettenwirkmaschine, Raschelmaschine)* ‖ **~ форсунки** *s.* ~/форсуночная ‖ **~/форсуночная** *(Kfz)* Düsennadel *f (Einspritzdüse; Dieselmotor)* ‖ **~ цилиндра** *(Text)* Zylindernadel *f (Wirkerei; Interlockmaschine)* ‖ **~/швейная** *(Text)* Nähnadel *f* ‖ **~ штифтовой форсунки/запорная** *(Kfz)* Düsennadel *f* der Zapfendüse *(Einspritzdüse; Dieselmotor)* ‖ **~/штопальная** *(Text)* Stopfnadel *f* ‖ **~/щуповая** Tastnadel *f*, Tastspitze *f* ‖ **~/язычковая** *(Text)* Zungennadel *f*, Löffelnadel *f*, Scharniernadel *f*
игловод *m (Text)* Musterschwinge *f (Wirkerei, Strickerei)*
игловодитель *m (Text)* Nadelführer *m*, Nadelschieber *m*, Nadelträger *m*, Nadelstange *f*, Führungsstange *f (Nähmaschine)*
иглодержатель *m* 1. Nadelbefestigungsteil *n (eines Plattenspielers)*; 2. *(Med)* Nadelhalter *m*
иглопробивание *n (Text)* Vernadelung *f (Nadelvlies)*
иглопрокалывание *n (Text)* Nadeln *n*; Nadeleinstich *m*
иглофильтр *m* Nadelfilter *n*; Filterrohr *n*
игнимбрит *m (Geol)* Ignimbrit *m*, Schmelztuff *m*, Gluttuff *m*
игнитрон *m (Eln)* Ignitron *n*, Ignitronröhre *f* ‖ **~/мощный** Hochleistungsignitron *n*
игольница *f (Text)* Nadelbett *n*, Nadelbarre *f*, Legeschiene *f*, Fontur *f (Wirkerei)* ‖ **~/задняя** hinteres Nadelbett *n* ‖ **~ передняя** vorderes Nadelbett *n* ‖ **~/подвижная** bewegliches Nadelbett *n*
игольчатый Nadel..., nadelförmig
игра *f* 1. *(Masch)* Spiel *n*, Luft *f (s. a. unter* зазор *2.)*; 2. *(Kyb)* Spiel *n* ‖ **~/бескоалиционная** *(Kyb)* nichtkooperatives Spiel *n* ‖ **~ бесконечная** *(Kyb)* unendliches Spiel *n* ‖ **~/боковая** *(Masch)* Seitenspiel *n* ‖ **~ в подшипнике** *(Masch)* Lagerhett *f*, Lagerspiel *n* ‖ **~ клапана** *(Kfz)* Ventilspiel *n* ‖ **~/коалиционная** *(Kyb)* kooperatives Spiel *n* ‖ **~/конечная** *(Kyb)* endliches Spiel *n* ‖ **~/кооперативная** *(Kyb)* kooperatives Spiel *n* ‖ **~/корректная** *(Kyb)* faires Spiel *n* ‖ **~/некорректная** *(Kyb)* unfaires Spiel *n* ‖ **~/несущественная** *(Kyb)* unwesentliches Spiel *n* ‖ **~/осевая** *(Masch)* Längsspiel *n*, Axialspiel *n* ‖ **~ подшипника** *(Masch)* Lagerspiel *n* ‖ **~/продольная** *s.* ~/осевая ‖ **~/радиальная** *(Masch)* Radialspiel *n* ‖ **~ рессоры** *(Masch)* Federspiel *n* ‖ **~ с неполной информацией** *(Kyb)* unbestimmtes Spiel *n* ‖ **~ с нулевой суммой** *(Kyb)* Nullsummenspiel *n* ‖ **~/статистическая** *(Kyb)* statistisches Spiel *n* ‖ **~/стратегическая** *(Kyb)* strategisches Spiel *n* ‖ **~/телевизионная** Videospiel *n* ‖ **~/честная** *(Kyb)* faires Spiel *n*
идемпотент *m (Math)* Idempotent *m*
идентификатор *m* 1. Identifizierungsgerät *n*; 2. *(Inf)* Satzadresse *f*, Bezeichnung *f*, Kennzeichen *n*, Identifier *m* ‖ **~ переменной** *(Inf)* Variablenname *m* ‖ **~ программы** *(Inf)* Programmkennzeichner *m*, Programmidentifizierer *m*
идентификация *f (Inf)* Identifizierung *f*, Identifikation *f*, Kennzeichnung *f* ‖ **~/безошибочная** fehlerfreie Identifikation *f* ‖ **~ метки** Kennsatzidentifizierung *f* ‖ **~ программы** Programmkennzeichnung *f*, Programmidentifikation *f*

идиобластический *s.* идиобластовый
идиобластовый *(Min)* idioblastisch
идиобласты *mpl (Min)* Idioblasten *mpl*
идиогеосинклиналь *f (Geol)* Idiogeosynklinale *f*, Vortiefe *f*, Saumtiefe *f*, Randsenke *f*, Außensenke *f*
идиоморфизм *m (Min)* Idiomorphismus *m*, Eigengestaltigkeit *f*
идиоморфный *(Min)* idiomorph, automorph, eigengestaltig
идиохроматизм *m (Min)* Idiochromatie *f*, Eigenfarbigkeit *f*
идиохроматический *(Min)* idiochromatisch, eigenfarbig
идти вразнос durchgehen *(Motor)*
иерархический hierarchisch
иерархия *f (Inf)* Hierarchie *f*, Rangordnung *f* ‖ **~ данных** Datenhierarchie *f* ‖ **~ запоминающего устройства** Speicherhierarchie *f* ‖ **~ обработки** Verarbeitungshierarchie *f* ‖ **~ памяти** Speicherhierarchie *f* ‖ **~ приоритетов** Prioritätshierarchie *f*, Vorrangsstufung *f* ‖ **~ управления** *(Reg)* Steuerungshierarchie *f*
иероглифы *mpl (Geol)* Hieroglyphen *fpl (Schichtflächenmarken unterschiedlicher Art)* ‖ **~/биогенные** *s.* биоглифы
изаллобара *f (Meteo)* Isallobare *f*
изаллотерма *f (Meteo)* Isallotherme *f*
изанемона *f (Meteo)* Isanemone *f*
изаномала *f (Meteo, Geoph)* Isanomale *f*, Linie *f* gleicher Abweichung vom Normalwert, Linie *f* gleicher Anomalie
избирание *n* 1. Auswählen *n*, Auswahl *f*, Wahl *f*; 2. *(Kyb)* Auslese *f*, Selektion *f*; 3. *(Nrt)* Anwahl *f*, Wählen *n* ‖ **~/групповое** *(Nrt)* Gruppen[an]wahl *f*
избиратель *m (Nrt)* Wähler *m* ‖ **~/частотный** Frequenzwähler *m*
избирательность *f (Nrt, Rf)* Selektivität *f*, Trennschärfe *f* ‖ **~/амплитудная** Amplitudenselektion *f* ‖ **~/временная** Zeitselektion *f*, Zeitauswahl *f* ‖ **~/модовая** Modenselektivität *f* ‖ **~ по соседнему каналу** Nachbarkanalselektivität *f* ‖ **~/предварительная** Vorselektion *f* ‖ **~ приёмника** Empfängertrennschärfe *f* ‖ **~/реальная** wirksame Selektion *f*, Gesamtselektion *f* ‖ **~ фильтра** Selektivität (Trennschärfe) *f* des Filters ‖ **~/частотная** Frequenzselektion *f*
избирательный selektiv, Selektiv...
избыток *m* 1. Überschuß *m*; 2. *(Math, Astr)* Exzeß *m* ‖ **~ амплитуды** *(Ph)* Amplitudenrand *m*, Amplitudenabstand *m* ‖ **~ воздуха** Luftüberschuß *m* ‖ **~ излучения** *(Kern)* Strahlungsüberschuß *m* ‖ **~ кислорода** *(Ch)* Sauerstoffüberschuß *m* ‖ **~ кислоты** *(Ch)* Säureüberschuß *m* ‖ **~ массы** *(Ph)* Massenüberschuß *m* ‖ **~ мощности** Leistungsüberschuß *m* ‖ **~ нейтронов** *(Kern)* Neutronenüberschuß *m* ‖ **~ носителей** *(Eln)* Trägerüberschuß *m* ‖ **~ основания** *(Ch)* Basenüberschuß *m* ‖ **~ протонов** *(Ph)* Protonenüberschuß *m* ‖ **~ радиации** *(Ph)* Strahlungsüberschuß *m* ‖ **~ фазы** *(Ph)* Phasenrand *m*, Phasenabstand *m* ‖ **~ цвета** *(Astr)* Farb[en]exzeß *m (Maß für die Verfärbung eines Sterns)* ‖ **~ щёлочи** *(Ch)* Laugenüberschuß *m*, Alkaliüberschuß *m* ‖ **~ электронов** *(Kern)* Elektronenüberschuß *m* ‖ **~ энергии** Energieüberschuß *m*
избыточность *f* 1. Überschuß *m*, Überfluß *m*; 2. *(Inf)* Redundanz *f* ‖ **~/информационная** Informationsredundanz *f* ‖ **~ кода** Koderedundanz *f* ‖ **~ памяти** Speicherredundanz *f* ‖ **~ сигналов** Signalredundanz *f* ‖ **~ сообщения** Nachrichtenredundanz *f* ‖ **~/схемная** Schaltungsredundanz *f*
избыточный überzählig, überschüssig, Über...; *(Inf)* redundant
извержение *n (Geol)* Erguß *m*, Ausbruch *m*; *(Geol, Astr)* Auswurf *m*, Ejektion *f* ‖ **~ вулкана** *(Geol)* vulkanischer Ausbruch *m*, Eruption *f* ‖ **~/глубинное** *(Geol)* Tiefeneruption *f* ‖ **~/площадное** *(Geol)* Arealeruption *f* ‖ **~/смешанное** *(Geol)* Mischeruption *f* ‖ **~/трещинное** *(Geol)* Spalteneruption *f*, Lineareruption *f* ‖ **~/фотосферное** *s.* эрупция ‖ **~/центральное** *(Geol)* Zentraleruption *f* ‖ **~/экструдивное** *(Geol)* Extrusion *f*, Oberflächeneruption *f*, superkrustale Eruption *f* ‖ **~/эффузивно-эксплозионное** *(Geol)* Ejektion *f*, explosive Eruption *f*
известегасилка *f (Bw)* Kalklöschanlage *f*, Kalklöscher *m*
известемешалка *f (Bw)* Kalkmischanlage *f*, Kalkmischer *m*
известкование *n* 1. *(Bw)* Kalken *n*; 2. *(Lw)* Kalken *n*, Kalkdüngung *f* ‖ **~/избыточное** *(Lw)* Überkalkung *f* ‖ **~ почвы** *(Lw)* Bodenkalkung *f*, Kalkdüngung *f*
известковый *(Geol)* Kalk..., kalkhaltig
известняк *m (Geol)* Kalkstein *m* ‖ **~/асфальтовый** Asphaltkalkstein *m* ‖ **~/биоморфный** biomorpher Kalkstein *m* ‖ **~/битуминозный (вонючий)** bituminöser Kalkstein *m*, Stinkkalk *m* ‖ **~/гидравлический** hydraulischer Kalkstein *m* ‖ **~/глинистый** toniger Kalkstein *m* ‖ **~/доломитизированный** dolomitischer Kalkstein *m* ‖ **~/железистый** Eisenkalkstein *m* ‖ **~/коралловый** Korallenkalk *m* ‖ **~/кремнистый** Kieselkalk[stein] *m* ‖ **~/кристаллический** kristalliner Kalkstein *m* ‖ **~/ленточный** Plattenkalk *m* ‖ **~/мергелистый** Mergelkalkstein *m* ‖ **~/мшанковый** Bryozoenkalk *m* ‖ **~/оолитовый** oolithischer Kalkstein *m*, Kalkoolith *m* ‖ **~/песчанистый** Kalksandstein *m*, sandiger Kalkstein *m* ‖ **~/плитняковый** Plattenkalk[stein] *m*, Kalkschiefer *m* ‖ **~/пресноводный** Süßwasserkalk *m*, Tuffkalk *m*, Kalktuff *m* ‖ **~/пропитанный асфальтом** Asphaltkalkstein *m* ‖ **~/раковинный (раковистый)** Muschelkalk *m* ‖ **~/рифовый** Riffkalk *m* ‖ **~/рифогенный** Korallenkalk *m* ‖ **~/сланцевый** Kalkschiefer *m*, Schieferkalk *m* ‖ **~/флюсовый** Hüttenkalk *m*, Zuschlagkalk *m* ‖ **~/фораминиферовый** Foraminiferenkalk *m*
известняк-ракушечник *m* Muschelkalk *m*
известь *f* Kalk *m* ‖ **~/белая** Weißkalk *m* ‖ **~/белильная** *s.* ~/хлорная ‖ **~/быстрогасящаяся** schnellöschender Kalk *m* ‖ **~/воздушная** Luftkalk *m* ‖ **~/газовая** Gaskalk *m* ‖ **~/гашёная** gelöschter Kalk *m*, Löschkalk *m* ‖ **~/гидравлическая** hydraulischer Kalk *m*, Wasserkalk *m* ‖ **~/доломитная** Graukalk *m*, Dolomitkalk *m* ‖ **~/едкая** Ätzkalk *m* ‖ **~/жжёная** *s.* ~/обожжённая ‖ **~/жирная** Fettkalk *m*, fetter Kalk *m* ‖ **~/кальциевая** Weißkalk *m*, reiner Kalk *m* ‖ **~/карбидная** Carbidkalk *m* ‖ **~/комовая**

Stückkalk *m* ‖ **~/кормовая** Futterkalk *m* ‖ **~/кремнистая** Kieselkalk *m* ‖ **~/кристаллическая** Kristallkalk *m* ‖ **~/магнезиальная** Magnesiakalk *m*, Dolomitkalk *m* ‖ **~/молотая** Feinkalk *m* ‖ **~/натронная** Natronkalk *m* ‖ **~/негашёная** ungelöschter Kalk *m* ‖ **~/негашёная молотая** Staubkalk *m* ‖ **~/обожжённая** gebrannter Kalk *m*, Branntkalk *m* ‖ **~/обожжённая кусковая** Stückkalk *m* ‖ **~/пережжённая** totgebrannter Kalk *m* ‖ **~/предельная** Zementkalk *m* ‖ **~/серая** Graukalk *m*, Schwarzkalk *m* ‖ **~/сильная гидравлическая** hochhydraulischer Kalk *m* ‖ **~/строительная** Baukalk *m* ‖ **~/сухогашёная** trocken gelöschter Kalk *m* ‖ **~/товарная** Industriekalk *m* ‖ **~/тощая** Magerkalk *m*, Graukalk *m* ‖ **~/хлорная** Chlorkalk *m*, Bleichkalk *m* ‖ **~/цементная** Zementkalk *m*

известь-кипелка *f* ungelöschter Kalk *m*, Branntkalk *m*

известь-пушонка *f* Kalkstaub *m*, pulverförmig gelöschter Kalk *m*

извещатель *m (El)* Melder *m* ‖ **~/биметаллический** Bimetallmelder *m* ‖ **~/дифференциальный автоматический** Differentialmelder *m* ‖ **~/максимальный автоматический** Maximalmelder *m* ‖ **~/пожарный** Feuermelder *m* ‖ **~ теплового действия/автоматический** Wärmemelder *m*

извещать melden

ививание *n (Text)* Kräuseln *n*

извилина *f***/речная** Flußschleife *f*; Mäander *m*

извитость *f (Text)* Windung *f (Baumwolle)*; Kräuselung *f (Wolle)* ‖ **~/структурная** Spinnkräuselung *f*

извитый *(Text)* gewunden *(Baumwolle)*; gekräuselt *(Wolle)*

извлекать 1. ausziehen; extrahieren; 2. *(Bgb)* gewinnen; fangen, ziehen *(Kerne, Rohre, Gestänge)*; rauben *(Ausbau)*; 3. ausbringen *(Aufbereitung)*; 4. *(Gieß)* ausheben, ziehen, herausheben *(Modelle aus der Form)*; 5. *(Bw)* ziehen *(Pfähle)*

извлечение *n* 1. Ausziehen *n*, Extraktion *f*; Gewinnung *f (s. a. unter* получение 2.*)*; 2. *(Bgb)* Gewinnen *n*, Fangen *n*; Ziehen *n (Kerne, Rohre, Gestänge)*; Rauben *n (Ausbau)*; 3. Ausbringen *n (Metall aus Erz)*; 4. *(Gieß)* Ausheben *n*, Ziehen *n*, Herausheben *n (eines Modells aus der Form)*; 5. *(Bw)* Ziehen *n (Pfähle)* ‖ **~ волокна** *(Text)* Fasergewinnung *f* ‖ **~ данных** *(Inf)* Datenauszug *m* ‖ **~ из стека** *(Inf)* Entkellern *n* ‖ **~ корня** *(Math)* Radizieren *n*, Wurzelziehen *n* ‖ **~ металлов** Metallgewinnung *f (aus Erzen)* ‖ **~ модели** *(Gieß)* Modellausheben *n*, Modellziehen *n* ‖ **~ по металлу** Metallausbringen *n* ‖ **~ поглощением** absorptive Extraktion *f* ‖ **~ эфиром** Ausethern *n*

изгарь *f* Gekrätz *n (NE-Metallurgie)* ‖ **~/свинцовая** Krätzblei *n*, Bleikrätze *f*, Bleiasche *f*, Bleischlamm *m*, Bleischaum *m* ‖ **~/чёрная свинцовая** Bleischwärze *f*

изгиб *m* 1. *(Wkst, Fest)* Biegung *f (Beanspruchungsart)*; Verbiegung *f*; 2. Biegung *f*, Bogen *m*, Krümmung *f*, Knie *n*, Kröpfung *f (s. a. unter* кривизна*)* ‖ **~ в горячем состоянии** Warmbiegen *n*, Warmbiegung *f* ‖ **~ в области насыщения** *(El)* Sättigungsknick *m* ‖ **~ в пластичной зоне** *(Fert)* Biegung *f* im plastischen Bereich ‖ **~ в холодном состоянии** Kaltbiegen *n*, Kaltbiegung *f* ‖ **~/обычный** *(Fest)* reine Biegung *f* ‖ **~/пластический** *(Fest)* plastische (bleibende) Biegung *f* ‖ **~/плоский** einfache Biegung *f* ‖ **~/поперечный** 1. *(Fest)* Quer[kraft]biegung *f*; 2. Querbiegung *f (des Schiffskörpers)* ‖ **~ при кручении (скручивании)** *(Fest)* Drillknickung *f*, Drehknickung *f* ‖ **~/продольный** 1. *(Fest)* Quer[kraft]biegung *f*; 2. Längsbiegung *f (des Schiffskörpers)*; 3. Knickung *f* ‖ **~ профиля** Profilknick *m*, Profilbeugung *f (Reifen)* ‖ **~/сложный** *(Fest)* zusammengesetzte Biegung *f* ‖ **~/сосредоточенный** Biegung *f* eines Trägers auf zwei Stützen durch symmetrisch angreifende Einzellast ‖ **~/ударный** Biegung *f* durch Schlag (Stoß) ‖ **~/упругий** *(Fest)* elastische Biegung *f* ‖ **~ характеристики** *(Eln)* Kennlinienknick *m* ‖ **~/чистый** *(Fest)* reine Biegung *f* ‖ **~/чистый продольный** *(Fest)* Biegeknickung *f*

изгибание *n* 1. Biegen *n*; 2. Kröpfen *n*, Kröpfung *f*, Abkröpfung *f* ‖ **~ крышек/предварительное** *(Typ)* Vorbrechen *n* der Decken

изгородь *f***/пастбищная** Weidezaun *m* ‖ **~/электрическая** elektrischer Weidezaun *m*, Elektro[weide]zaun *m*

изготовитель *m* Hersteller *m*, Herstellerwerk *n*

изготовить *s.* изготовлять

изготовление *n* Herstellung *f (s. a. unter* производство 2.*)* ‖ **~/заводское** industrielle Fertigung *f*, Werksfertigung *f* ‖ **~ заготовок** Rohteilfertigung *f* ‖ **~/крупносерийное (массовое)** Großserienfertigung *f*, Massenfertigung *f*, Massenproduktion *f* ‖ **~/мелкосерийное** Kleinserienfertigung *f*, Kleinserienproduktion *f* ‖ **~/построечное** *(Bw)* Baustellenfertigung *f* ‖ **~/серийное** Serienfertigung *f*, Serienproduktion *f* ‖ **~/стендовое** *(Bw)* Standfertigung *f*

изготовлять herstellen, fertigen ‖ **~/заранее** vorfertigen

изделие *n* 1. Erzeugnis *n*, Produkt *n*, Fabrikat *n*, Artikel *m*; 2. Werkstück *n (s. a. unter* изделия*)*; 3. *(Fert)* Montageeinheit *f* ‖ **~/бракованное** *(Fert)* Ausschuß *m*, Ausschußteil *n* ‖ **~/гончарное** *(Ker)* Töpferware *f*, Tongut *n*, Irdenware *f* ‖ **~/железобетонное** Stahlbetonfertigteil *n* ‖ **~/кованое** Schmiedestück *n*, Schmiedeteil *n* ‖ **~/комплексное** *(Fert)* Komplex-Montageeinheit *f (enthält Gruppen, Baugruppen, Einzelteile)* ‖ **~/крупногабаритное** *(Bw)* großformatiges Erzeugnis *n* ‖ **~/кузнечное** Schmiedestück *n*, Schmiedeteil *n* ‖ **~/литейное** Gießereierzeugnis *n*, Gußerzeugnis *n* ‖ **~/литое** *(Kst)* Spritzling *m*, Spritzteil *n* ‖ **~/литьевое** *(Kst)* Spritzgußartikel *m* ‖ **~/маканое [резиновое]** *(Gum)* Tauchartikel *m* ‖ **~ массового производства** *(Fert)* Massenartikel *m* ‖ **~/махровое** *(Text)* Frottierware *f* ‖ **~/металлокерамическое** Mischkörper *m*, metallkeramischer Körper *m (Pulvermetallurgie)* ‖ **~/нетканое** *(Text)* nichtgewebtes Flächengebilde *n* ‖ **~/отлитое** Gußteil *n*, Gußstück *n*, Gußerzeugnis *n* ‖ **~/плетельное** *(Text)* Geflecht *n* ‖ **~/прессованное** *(Fert)* Preßteil *n* ‖ **~/прокатное** Walz[werks]erzeugnis *n* ‖ **~/промежуточное** Halbfertigteil *n* ‖ **~/простое** *(Fert)* einfache Montageeinheit *f (nur aus Baugruppen und Einzelteilen bestehende Montage)* ‖ **~/сва-**

риваемое Schweißteil *n*, Schweißstück *n* ‖ **~/светотехническое** *(Licht)* lichttechnisches Erzeugnis *n (Sammelbegriff für Lampen, Leuchten, Beleuchtungssysteme)* ‖ **~/собираемое** *(Fert)* Montageeinheit *f* ‖ **~/фасонное** Formteil *n*, Formstück *n* ‖ **~/формованное** *(Fert)* Formteil *n*, Preßteil *n* ‖ **~/штампованное** 1. Gesenkschmiedeteil *n*; 2. Stanzteil *n*, Stanzerzeugnis *n*; 3. Prägeteil *n* ‖ **~/эбонитовое** Hartgummiartikel *m* ‖ **~/электроустановочное** Elektroinstallationsmaterial *n*

изделия *npl* Erzeugnisse *npl (s. a. unter* изделие*)* ‖ **~/вязально-прошивные** *(Text)* Nähwirkwaren *fpl* ‖ **~/качественные картонажные** Feinkartonagen *fpl* ‖ **~/кожаные** Lederartikel *mpl* ‖ **~ на выброс/текстильные** Wegwerftextilien *pl* ‖ **~/погонные** Meterware *f*, Zuschnittmaterial *n* ‖ **~/скобяные** Eisenwaren *fpl*, Eisenzeug *n (z. B. Tür- und Möbelbeschläge)*; Baubeschläge *mpl* ‖ **~/текстильные** Textilien *pl*, Textilwaren *fpl* ‖ **~/трикотажные** *(Text)* Wirkwaren *fpl*, Strickwaren *fpl*; Trikotagen *fpl*; Maschenware *f*

издержки *pl* Aufwand *m*, Kosten *pl*, Ausgaben *pl* ‖ **~/годовые** Jahreskosten *pl* ‖ **~/косвенные** mittelbare Kosten *pl* ‖ **~/непосредственные** unmittelbare Kosten *pl* ‖ **~/отдельные** Einzelkosten *pl* ‖ **~ производства** Produktionskosten *pl*, Herstellungskosten *pl* ‖ **~/эксплуатационные** Betriebskosten *pl*

изентальпа *f (Therm)* Isenthalpe *f*, Drossellinie *f*

излив *m* **источника** *(Hydt)* Quellschüttung *f*

излишек *m* Überschuß *m*

изложница *f (Met)* Kokille *f*, Blockform *f*, Blockkokille *f*, Stahlwerkskokille *f (s. a. unter* кокиль*)* ‖ **~/глуходонная** Sackkokille *f* ‖ **~/закрытая снизу** Sackkokille *f*

излом *m (Fest)* Bruch *m*; Bruchfläche *f* ‖ **~/волокнистый** *(Fest, Min)* faseriger Bruch *m* ‖ **~/вязкий** *s.* ~/пластический ‖ **~/горячий** *(Fest)* Warmbruch *m*, Warmriß *m*, Heißbruch *m* ‖ **~/грубозернистый** *s.* ~/крупнозернистый ‖ **~/динамический** *s.* ~/усталостный ‖ **~/длительный** *(Fest)* Dauerbruch *m*, Ermüdungsbruch *m* ‖ **~/замедленный** *(Fest)* verzögerter Bruch *m* ‖ **~/занозистый** *(Min)* splittriger Bruch *m* ‖ **~/зернистый** *(Min)* körniger Bruch *m* ‖ **~ коррозионной усталости** *(Fest)* Korrosionsdauerbruch *m* ‖ **~ кривой** Kennlinienknick *m* ‖ **~/крупнозернистый** *(Fest)* grobkörniger Bruch *m* ‖ **~/крючковатый** *(Min)* hakiger Bruch *m* ‖ **~/листоватый** *(Min)* blättriger Bruch *m* ‖ **~/лучистый** *(Fest)* Strahl[en]bruch *m* ‖ **~/неровный** *(Min)* unebener Bruch *m* ‖ **~/остаточный** *(Fest)* Restbruch *m* ‖ **~/пластический** 1. *(Fest)* zäher Bruch *m*, Zähbruch *m*, Verformungsbruch *m*; 2. *(Min)* blättriger Bruch *m* ‖ **~/полухрупкий** *(Fest)* Mischbruch *m* ‖ **~/раковистый** *(Min)* muscheliger Bruch *m* ‖ **~/ровный** *(Min)* ebener Bruch *m* ‖ **~/рыхлый** Faulbruch *m (Tempergußfehler)* ‖ **~/слоистый** *s.* ~/шиферный ‖ **~/ступенчатый** *(Min)* stufenförmiger Bruch *m*; splittriger Bruch *m* ‖ **~ усталости** *s.* ~/усталостный ‖ **~/усталостный** *(Fest)* Dauer[schwingungs]bruch *m*, Ermüdungsbruch *m* ‖ **~ характеристики** Kennlinienknick *m* ‖ **~/хрупкий** *(Fest)* Sprödbruch *m* ‖ **~/чёрный** *(Fest)* Schwarzbruch *m* ‖ **~/шероховатый** *(Min)* rauher Bruch *m* ‖ **~/шиферный** Schieferbruch *m*, schieferiger Bruch *m (Bau-, Werkzeug-, Federstähle)*

излучатель *m (El, Kern)* Strahler *m*; Emitter *m*, Impulsgeber *m* ‖ **~/абсолютно чёрный** absolut schwarzer Strahler (Körper) *m* ‖ **~/активный** aktiver (gespeister) Strahler *m* ‖ **~/антенный** Antennenstrahler *m* ‖ **~/всенаправленный** Rundstrahler *m* ‖ **~/вторичный** Sekundärstrahler *m* ‖ **~/дипольный** Dipolstrahler *m* ‖ **~/звуковой** Schallstrahler *m*, akustischer Strahler *m* ‖ **~/избирательный** *(Licht)* Selektivstrahler *m* ‖ **~/инфракрасный** Infrarotstrahler *m*, IR-Strahler *m* ‖ **~/кольцевой** Ringstrahler *m* ‖ **~ Ламберта** *(Opt)* Lambertscher Strahler *m*, Lambertsche Quelle *f*, Lambert-Strahler *m*; vollkommen matte Fläche *f (Photometrie)* ‖ **~/линейный** Linearstrahler *m* ‖ **~/люминесцентный** Lumineszenzstrahler *m* ‖ **~/направленный** Richtstrahler *m* ‖ **~ нейтронов** Neutronenstrahler *m* ‖ **~/ненаправленный** ungerichteter Strahler *m* ‖ **~/объёмный** Volumenstrahler *m* ‖ **~/одиночный** Einzelstrahler *m* ‖ **~/первичный** Primärstrahler *m* ‖ **~ Планка** Planckscher Strahler *m*, schwarzer Körper (Strahler) *m* ‖ **~/поверхностный** Flächenstrahler *m* ‖ **~ позитронов** Positronenstrahler *m* ‖ **~/полупроводниковый** Halbleiterstrahler *m* ‖ **~/полупроводный диодный** Lumineszenzdiode *f*, Leuchtdiode *f*, Lichtemissionsdiode *f* ‖ **~/полый** Hohlraumstrahler *m*, schwarzer Strahler (Körper) *m* ‖ **~/продольный** Längsstrahler *m* ‖ **~ протонов** Protonenstrahler *m* ‖ **~/рупорный** Hornstrahler *m*, Trichterstrahler *m* ‖ **~/селективный** Selektivstrahler *m*, selektiver Strahler *m* ‖ **~/стержневой** stabförmiger Strahler *m* ‖ **~/сферический** Kugelstrahler *m* ‖ **~/тёмный** Dunkelstrahler *m* ‖ **~/тепловой** Wärmestrahler *m*, thermischer Strahler *m* ‖ **~/точечный** Punktstrahler *m* ‖ **~/трубчатый** Rohrstrahler *m* ‖ **~/ультразвуковой** Ultraschallstrahler *m* ‖ **~/флуоресцентный** Fluoreszenzstrahler *m* ‖ **~ фотоэлектронов** Photoemitter *m* ‖ **~/чёрный** *s.* ~ Планка ‖ **~/широкоугольный** Breitwinkelstrahler *m* ‖ **~/щелевой** Schlitzstrahler *m* ‖ **~/элементарный** Elementarstrahler *m*

излучательность *f (Ph)* [spezifische] Ausstrahlung *f*

излучательный Strahlungs...

излучать [aus]strahlen, abstrahlen

излучение *n (Ph, Kern, Astr, El)* Strahlung *f*, Ausstrahlung *f*, Abstrahlung *f*; Emission *f (s. a. unter* лучи, радиация, радиоизлучение*)* ‖ **~ абсолютно чёрного тела** *(Ph)* Strahlung *f* des absolut schwarzen Körpers, schwarze Strahlung *f*, Hohlraumstrahlung *f* ‖ **~ абсолютно чёрного тела/тепловое** Temperaturstrahlung *f* des absolut schwarzen Körpers ‖ **~/акустическое** akustische Abstrahlung (Strahlung) *f*, Schall[ab]strahlung *f* ‖ **~/анизотропное** anisotrope Strahlung *f* ‖ **~/аннигиляционное** Vernichtungsstrahlung *f*, Annihilationsstrahlung *f* ‖ **~/атмосферное** atmosphärische Strahlung *f (langwellige IR-Strahlung)* ‖ **~ атмосферы/встречное** Gegenstrahlung *f*, langwellige Himmelsstrahlung *f* ‖ **~ атомного взрыва/свето-**

вое Lichtstrahlung *f (einer Kernwaffendetonation)* || **~/бетатронное** Betatronstrahlung *f* || **~ Вавилова-Черенкова** *s.* ~ Черенкова-Вавилова || **~/вакуумное ультрафиолетовое** VUV-Strahlung *f (nichtlineare Optik)* || **~/видимое** sichtbare Strahlung *f*, Licht *n* || **~/внегалактическое** extragalaktische Strahlung *f* || **~/внеземное** außerterrestrische (extraterrestrische) Strahlung *f* || **~/возбуждающее** Anregungsstrahlung *f*, anregende Strahlung *f* || **~ воздуха/радиоактивное** Luftstrahlung *f (radioaktive Strahlung der unteren Luftschichten)* || **~/волновое** Wellen[ab]strahlung *f* || **~ Вселенной/ фоновое** 3K-Hintergrundstrahlung *f* || **~/встречное** *s.* ~ атмосферы/встречное || **~/вторичное** Sekundärstrahlung *f* || **~/вторичное космическое** kosmische Sekundärstrahlung *f* || **~/вынужденное** induzierte (erzwungene) Strahlung *f*, erzwungene (stimulierte) Emission *f* || **~/галактическое** galaktische Strahlung *f* || **~/гомогенное** *s.* ~/однородное || **~/гравитационное** Gravitationsstrahlung *f* || **~/дипольное** Dipolstrahlung *f* || **~/длинноволновое** langwellige Strahlung *f* || **~/жёсткое** harte Strahlung *f* || **~/жёсткое рентгеновское** harte Röntgenstrahlung *f* || **~/захватное** Einfangstrahlung *f (bei Neutroneneinfang durch den Strahlenschutzstoff)* || **~/звуковое** *s.* ~/акустическое || **~/земное** terrestrische Strahlung *f*, Erdstrahlung *f*, [langwellige thermische] Eigenstrahlung *f* der Erdoberfläche || **~/избирательное** selektive Strahlung *f*, Selektivstrahlung *f* || **~/импульсное** Impuls[ab]strahlung *f*, Impulsaussendung *f* || **~/индуцированное** *s.* ~/вынужденное || **~/интегральное** *s.* ~/полное || **~/инфракрасное** Infrarotstrahlung *f*, IR-Strahlung *f*, infrarote Strahlung *f* || **~/ионизирующее** ionisierende Strahlung *f* || **~ источника сравнения** *(Photom)* Bezugslichtart *f* || **~/квадрупольное** Quadrupolstrahlung *f* || **~/квантовое** Quantenstrahlung *f (s. a.* ~/фотонное*)* || **~/когерентное** kohärente Strahlung *f (Laser)* || **~/коротковолновое** kurzwellige Strahlung *f* || **~/коротковолновое рентгеновское** harte (durchdringende) Strahlung *f*; harte Röntgenstrahlung *f* || **~/корпускулярное** Korpuskularstrahlung *f*, Teilchenstrahlung *f*, Partikelstrahlung *f* || **~/космическое** kosmische Strahlung *f*, Höhenstrahlung *f* || **~/космологическое** *s.* ~/реликтовое || **~/лазерное** Laserstrahlung *f* || **~ лазеров** Laserstrahlung *f* || **~ люминесценции** Lumineszenzstrahlung *f* || **~/магнитотормозное** magnetische Bremsstrahlung *f*, Magnetobremsstrahlung *f* || **~ метеора** *s.* свечение метеора || **~/микроволновое фоновое** *(Astr)* Mikrowellenhintergrundstrahlung *f (3K-Strahlung)* || **~/многомодовое** Multimodestrahlung *f* || **~/монохроматическое** monochromatische Strahlung *f (Strahlung einer Wellenlänge)* || **~/моноэнергетическое** *s.* ~/однородное || **~/мультипольное** Multipolstrahlung *f* || **~/мягкое** weiche Strahlung *f* || **~ накачки** Pumpstrahlung *f (Laser)* || **~/направленное** gerichtete Strahlung *f*, Richtstrahlung *f* || **~ неба** Himmelsstrahlung *f* || **~/невидимое** *s.* ~ невидимой части спектра || **~ невидимой части спектра** unsichtbare Strahlung *f*, Strahlung *f* im unsichtbaren Spektralbereich || **~/нейтронное** Neutronenstrahlung *f* || **~/некогерентное** inkohärente (nichtkohärente) Strahlung *f* || **~/немонохроматическое** nichtmonochromatische Strahlung *f* || **~/немоноэнергетическое** *s.* ~ неоднородное || **~/ненаправленное** ungerichtete Strahlung *f*, Rundstrahlung *f* || **~/неоднородное** heterogene Strahlung *f* || **~/непрерывное** kontinuierliche Strahlung *f*, Dauerstrahlung *f* || **~/ночное** nächtliche Ausstrahlung *f*, Effektivstrahlung *f (Erdoberfläche)* || **~/общее** *s.* ~/полное || **~/одномодовое** Einmodenstrahlung *f* || **~/однородное** homogene Strahlung *f* || **~/остаточное** Reststrahlen *mpl*, Reststrahlung *f* || **~/отражённое** reflektierte Strahlung *f*, Reflexionsstrahlung *f* || **~/падающее** einfallende Strahlung *f* || **~/паразитное** *(Rf)* Nebenausstrahlung *f*, Störstrahlung *f* || **~/первичное [космическое]** Primärstrahlung *f* || **~/первичное эталонное** Primäretalonstrahlung *f (für die Darstellung einer Längeneinheit)* || **~ плазмы** Plasmastrahlung *f* || **~ плазмы/рекомбинационное** 1. Rekombinationsstrahlung *f (Plasma)*; 2. *s.* ~/аннигиляционное || **~/позитронное** Positronenstrahlung *f*; Positronenemission *f* || **~/полное** Gesamtstrahlung *f*, Totalstrahlung *f* || **~/поляризованное** polarisierte Strahlung *f* || **~/пространственное** Raumstrahlung *f* || **~/равновесное** Gleichgewichtsstrahlung *f* || **~/радиоактивное** radioaktive Strahlung *f* || **~/радиочастотное** Radio[frequenz]strahlung *f*, hochfrequente Strahlung *f* || **~ разряда** Entladungsstrahlung *f (Gasentladung)* || **~/рамановское** Raman-Strahlung *f* || **~/рассеянное** Streustrahlung *f*, gestreute (diffuse) Strahlung *f* || **~/резонансное** Resonanzstrahlung *f* || **~/рекомбинационное** *s.* ~ плазмы/рекомбинационное || **~/реликтовое** *(Astr)* Reliktstrahlung *f* || **~/рентгеновское** Röntgenstrahlung *f* || **~/самопроизвольное** spontane Strahlung *f* || **~ света** *s.* ~/световое || **~/световое** Licht *n (im ursprünglichen Sinn die vom menschlichen Auge wahrnehmbare elektromagnetische Strahlung)*; Lichtemission *f*, Licht[aus]strahlung *f* || **~/селективное** *s.* ~/избирательное || **~/серое** graue Strahlung *f* || **~/синхротронное** Synchrotronstrahlung *f* || **~/сложное** *s.* ~/смешанное || **~/смешанное** Strahlengemisch *n*, Strahlungsgemisch *n*, Mischstrahlung *f* || **~/собственное** Eigenstrahlung *f* || **~/солнечное** Sonnenstrahlung *f* || **~/сопутствующее корпускулярное** korpuskulare Sekundärstrahlung *f* || **~/составное** Mischstrahlung *f* || **~/спонтанное** spontane Strahlung *f* || **~/стандартное** Normlichtart *f* || **~/стандартное ахроматическое** weißes Licht *n (im farbmetrisch vereinbarten Sinne)* || **~/стимулированное** *s.* ~/вынужденное || **~/суммарное** *s.* ~/полное || **~/тёмное** Dunkelstrahlung *f* || **~/температурное** *s.* ~/тепловое || **~/тепловое** Wärmestrahlung *f*, thermische Strahlung *f*; Wärmeausstrahlung *f*, Wärmeabstrahlung *f* || **~/тепловое тормозное** thermische Bremsstrahlung *f* || **~/тормозное** Bremsstrahlung *f* || **~/тормозное рентгеновское** Bremsstrahlung *f*, Röntgenbremsstrahlung *f*, weiße Röntgenstrahlung *f* || **~/трёхградусное** *(Astr)* 3K-Strahlung *f* || **~ ультрафиолета** *s.* ~/ультрафиолетовое ‖ **~/ультрафиолетовое** Ultraviolettstrahlung *f*, UV-Strahlung *f*, ultraviolette Strahlung *f* ‖ **~ факела** Flammenstrahlung *f* ‖ **флуоресцентное** Fluoreszenzstrahlung *f*, Röntgenfluoreszenzstrahlung *f*, Fluoreszenzröntgenstrahlung *f*, Barkla-Strahlung *f* ‖ **~/фоновое** Untergrundstrahlung *f*, Umgebungsstrahlung *f* ‖ **~/фотонное** Photonenstrahlung *f*, Photonenemission *f* ‖ **~ фотонов** *s.* ~/фотонное ‖ **~/характеристическое [рентгеновское]** charakteristische Röntgenstrahlung *f*, Eigenstrahlung *f*, Fluoreszenzröntgenstrahlung *f*, Röntgenfluoreszenzstrahlung *f* ‖ **~/хроматическое** farbiges Licht *n* ‖ **~/циклотронное** Zyklotronstrahlung *f* ‖ **~ частиц** Teilchenstrahlung *f*, Partikelstrahlung *f* ‖ **~/частичное** Teilstrahlung *f* ‖ **~ Черенкова-Вавилова** Čerenkov-Strahlung *f*, Tscherenkow-Wawilow-Strahlung *f*, Wawilow-Tscherenkow-Strahlung *f* ‖ **~/черенковское** *s.* ~ Черенкова-Вавилова ‖ **~ чёрного тела** schwarze Strahlung *f*, Strahlung *f* des schwarzen Körpers *f* ‖ **~/чёрное** *s.* ~ чёрного тела ‖ **~/электромагнитное** elektromagnetische Strahlung *f* ‖ **~ электронов [в ускорителях]** Elektronenstrahlung *f (Teilchenbeschleuniger)* ‖ **~ энергии** Energie[aus]strahlung *f*, Energieabstrahlung *f* ‖ **~/эффективное** effektive Strahlung *f (Summe der eigenen und reflektierten Strahlung eines Körpers)* ‖ **~ ядер** Kernstrahlung *f* ‖ **~ ядерного взрыва** Lichtstrahlung *f (einer Kernwaffendetonation)* ‖ **~/ядерное** 1. Kernstrahlung *f*; 2. *s.* ~/ионизирующее

К-излучение *n* K-Strahlung *f* ‖ **~/рентгеновское** K-Röntgenstrahlung *f*, Röntgen-K-Strahlung *f*

3°-К-излучение *n s.* фон космических лучей

L-излучение *n*/**рентгеновское** L-Röntgenstrahlung *f*, Röntgen-L-Strahlung *f*

излучина *f (Hydt)* Mäander *m*, Flußwindung *f*, geschlängelter Flußlauf *m*

измельчать 1. zerkleinern, brechen; granulieren; zermahlen; 2. *(Text)* zerfasern *(Viskose)*; 3. *(Met)* feinen, verfeinern *(Metallgefüge)*; 4. einstampfen *(Makulatur)*; 5. *(Bgb)* schroten *(Erze, Kohle)*; 6. *(Lw)* häckseln

измельчение *n* 1. Zerkleinern *n*, Zerkleinerung *f*; Zermahlen *n*; Zerbröckeln *n*, Brechen *n (s. a. unter* дробление*)*; 2. *(Text)* Zerfasern *n*, Zerkleinern *n (Viskose)*; 3. *(Met)* Verfeinern *n (Metallgefüge)*; 4. *(Pap)* Einstampfen *n (Makulatur)*; 5. *(Bgb)* Schroten *n (Erze, Kohle)*; 6. *(Lw)* Häckseln *n* ‖ **~ агломерата** Sinterbrechen *n*, Zerkleinern *n* des Agglomerats ‖ **~/вибрационное** Schwingmahlung *f* ‖ **~/грубое** 1. Grobmahlen *n*, Grobmahlung *f*; 2. Grobbrechen *n*, Grobzerkleinerung *f (Aufbereitung)* ‖ **~/дополнительное** Nachzerkleinerung *f* ‖ **~ зёрен (зерна)** Kornfeinung *f (Metallgefüge)* ‖ **~ зернистости** 1. Kornfeinung *f (Metallgefüge)*; 2. weiteres Zerkleinern *n* durch Brechen oder Mahlen *(Aufbereitung)* ‖ **~/избирательное** selektive Zerkleinerung *f* ‖ **~/крупное** *s.* ~/грубое ‖ **~/мелкое** *s.* ~/тонкое ‖ **~ микроструктуры** Kornfeinung *f (Metallgefüge)* ‖ **~/мокрое** Naßzerkleinerung *f*, Naß[ver]mahlung *f* ‖ **~ на бегунах** Mahlen *n* im Kollergang, Kollern *n* ‖ **~/повторное** Nachbrechen *n*, Nachzerkleinerung *f* ‖ **~/предварительное** Vorzerkleinern *n*, Vorzerkleinerung *f*, Vorbrechen *n* ‖ **~ руды** Erzzerkleinerung *f* ‖ **~/сверхтонкое** Feinstzerkleinerung *f*, Feinmahlung *f* ‖ **~/сухое** Trockenzerkleinerung *f*, Trokken[ver]mahlung *f* ‖ **~ твёрдых тел** Hartzerkleinerung *f (Aufbereitung)* ‖ **~/тонкое** 1. Feinmahlen *n*, Feinmahlung *f*; 2. Feinbrechen *n*, Feinzerkleinerung *f (Aufbereitung)*

измельчитель *m* 1. Mahlwerk *n*, Zerkleinerungsmaschine *f*; Brecher *m*; Mühle *f*; Schroter *m*; 2. *(Text)* Zerfaserer *m (Viskose)*; 3. *(Lw)* Häcksler *m*, Häckselmaschine *f* ‖ **~/вибрационный** Schwingmühle *f*, Vibrationsmühle *f* ‖ **~/дисковый** *(Text)* Scheibenzerfaserer *m (Viskose)* ‖ **~ непрерывного действия** *(Text)* kontinuierlicher Zerfaserer *m (Viskose)* ‖ **~ периодического действия** *(Text)* diskontinuierlicher Zerfaserer *m (Viskose)*

изменение *n* Änderung *f*, Veränderung *f*; Umschlag *m*, Umschlagen *n* ‖ **~ адреса** *(Inf)* Adressenmodifikation *f* ‖ **~ блеска** *(Astr)* Lichtwechsel *m (veränderlicher Stern)* ‖ **~ в пространстве** räumliche Änderung *f* ‖ **~/вековое [геомагнитное]** *(Geoph)* [geomagnetische] Säkularvariation *f (Erdmagnetfeld)* ‖ **~ во времени** zeitliche Änderung *f* ‖ **~ ёмкости с температурой** temperaturabhängige Kapazitätsänderung *f* ‖ **~ знака** Vorzeichenwechsel *m*, Vorzeichenumkehr *f* ‖ **~ климата** *(Meteo)* Klimaänderung *f* ‖ **~ напора** *(Hydt)* Gefällwechsel *m* ‖ **~ напряжения** *(El)* Spannungsänderung *f*; Spannungsschwankung *f* ‖ **~ параметров** Parameteränderung *f* ‖ **~ полного сопротивления** Impedanzänderung *f* ‖ **~ полярности** *(El)* Umpolung *f*, Polaritätsänderung *f*, Pol[aritäts]wechsel *m* ‖ **~/скачкообразное** sprunghafte Änderung *f* ‖ **~ скорости вращения** Drehzahländerung *f* ‖ **~ сопротивления** *(El)* Widerstandsänderung *f* ‖ **~ состояния** Zustandsänderung *f* ‖ **~ среды/необратимое** unumkehrbare Umweltveränderung (Medienveränderung) *f* ‖ **~/структурное** *s.* ~ структуры ‖ **~ структуры** 1. *(Ph)* strukturelle Modifikation *f*; 2. *(Met)* Gefügeänderung *f*, Gefügeumwandlung *f*; 3. Strukturwandel *m* ‖ **~ тока** *(El)* Stromänderung *f* ‖ **~ уклона** Gefällwechsel *m* ‖ **~ формы** Formänderung *f*, Deformation *f*; Gestaltsänderung *f* ‖ **~ цвета** Farbänderung *f* ‖ **~ частоты** *(El)* Frequenzänderung *f* ‖ **~ числа оборотов** *(Masch)* Drehzahländerung *f*

изменить *s.* изменять

изменять [ver]ändern ‖ **~ знак** Vorzeichen ändern, alternieren ‖ **~ полярность** *(El)* umpolen

изменяющийся variabel, veränderlich ‖ **~/равномерно** stetig veränderlich

измерение *n* Messung *f*, Messen *n*, Vermessung *f*, Ausmessen *n* ‖ **~/абсолютное** Fundamentalmeßmethode *f*, Fundamentalmessung *f*; Absolutmessung *f* ‖ **~ аккомодации** Akkommodationsmessung *f*, Akkommodometrie *f* ‖ **~/аналоговое** analoge Messung *f*, Analogmessung *f* ‖ **~ атмосферного давления** Luftdruckmessung *f*, Barometrie *f* ‖ **~ базиса** *(Geod)* Basismessung *f* ‖ **~/базисное** *(Geod)* Basismessung *f* ‖ **~/бесконтактное** berührungslose Messung *f* ‖ **~ биения** *(Masch)* Laufmessung *f (Messung des Rund- oder Stirnlaufs)* ‖ **~ блеска** Glanzmessung *f (an Oberflächen)* ‖ **~/болометриче-**

ское *(Opt)* Bolometermessung *f* ‖ ~ **величины** *р*H *p*H-Wertmessung *f*, *p*H-Messung *f* ‖ ~ **влаги (влажности)** Feuchtemessung *f*, Feuchtigkeitsmessung *f*, Feuchtebestimmung *f* ‖ ~/**внешнее отвесное** Außenlotung *f (geometrische Bestimmung des Fassungsvermögens von Lagermeßbehältern)* ‖ ~/**внутреннее** Innenmessung *f* ‖ ~/**внутреннее отвесное** Innenlotung *f (geometrische Bestimmung des Fassungsvermögens von Lagermeßbehältern)* ‖ ~ **вращающего момента** Drehmomentmessung *f* ‖ ~ **времени** Zeitmessung *f* ‖ ~ **выбросов** *(Ökol)* Emissionsmessung *f* ‖ ~ **выбросов/автоматическое** automatische Emissionsmessung *f* ‖ ~ **выбросов/дистанционное** Distanzemissionsmessung *f*, Fernmessung *f* der Emission ‖ ~/**высоковольтное** Hochspannungsmessung *f* ‖ ~ **высот** Höhenmessung *f*, Hypsometrie *f* ‖ ~ **вязкости** Viskosimetrie *f*, Zähigkeitsmessung *f*, Viskositätsmessung *f* ‖ ~/**геодезическое** Vermessung *f* ‖ ~ **глубины** Lotung *f*; Tiefenmessung *f* ‖ ~ **горизонтальных углов** Horizontalwinkelmessung *f* ‖ ~ **громкости** Lautstärkemessung *f* ‖ ~/**грубое** Grobmessung *f* ‖ ~ **давления** 1. Druckmessung *f*; 2. Tonometrie *f* ‖ ~ **дальности** Entfernungsmessung *f* ‖ ~/**двухточное** Zweipunktmessung *f* ‖ ~ **деформации растяжения** *(Wkst)* Dehnungsmessung *f* ‖ ~ **диаметра отверстия** *(Fert)* Bohrungsmessung *f* ‖ ~/**дилатометрическое** Ausdehnungsmessung *f*, Wärmedehnungsmessung *f* ‖ ~/**динамическое** dynamische Messung *f* ‖ ~ **дисбаланса** Unwuchtmessung *f* ‖ ~/**дискретное** diskrete (diskontinuierliche) Messung *f* ‖ ~/**дистанционное** Fernmessung *f* ‖ ~ **диэлектрической проницаемости** DK-Metrie *f*, Dielektrometrie *f* ‖ ~ **длин** Längenmessung *f*; *(Geod)* Streckenmessung *f* ‖ ~ **длин/оптическое** optische Streckenmessung *f* ‖ ~ **длины волны** Wellenlängenmessung *f* ‖ ~/**дозиметрическое** Strahlenschutzmessung *f*, dosimetrische Messung *f* ‖ ~ **дозы** Dosismessung *f*, Dosimetrie *f* ‖ ~/**дополнительное** zusätzliche Messung *f*, Zusatzmessung *f*, Nachmessung *f* ‖ ~ **ёмкости** Kapazitätsmessung *f* ‖ ~/**ёмкостное линейное** kapazitive Längenmessung *f* ‖ ~ **зазоров** Luftspaltmessung *f*, Spaltmessung *f* ‖ ~ **затухания** Dämpfungsmessung *f* ‖ ~ **зубчатых колёс** Zahnradmessung *f*, Verzahnungsmessung *f*, Zahnradmeßverfahren *n* ‖ ~ **излучений** Strahlungsmessung *f*, Strahlenmessung *f*, Radiometrie *f* ‖ ~ **импеданса** Impedanzmessung *f* ‖ ~/**импульсное** 1. Impulsmessung *f*; 2. Impulsmessungsverfahren *n* ‖ ~/**индуктивное** induktive Messung *f* ‖ ~/**индуктивное линейное** induktive Längenmessung *f* ‖ ~ **индуктивности** Induktivitätsmessung *f* ‖ ~ **интенсивности** Intensitätsmessung *f* ‖ ~/**интерференционное** Interferenzmessung *f* ‖ ~/**комплексное** komplexe Messung *f* ‖ ~/**конечное** Endmessung *f* ‖ ~/**контактное** Berührungsmessung *f*, Messung *f* mit [mechanischem] Kontakt ‖ ~/**контрольное** Kontrollmessung *f*, Überwachungsmessung *f* ‖ ~/**контрольно-испытательное** Kontroll- und Prüfmessung *f* ‖ ~ **конусов** Kegelmessung *f* ‖ ~ **коротких промежутков времени** Kurzzeitmessung *f* ‖ ~/**косвенное** indirekte (mittelbare) Messung *f* ‖ ~ **коэффициента мощности** Leistungsfaktormessung *f* ‖ ~/**линейное** 1. Längenmessung *f*; 2. *(Geod)* Streckenmessung *f* ‖ ~ **малых интервалов времени** Kurzzeitmessung *f* ‖ ~ **методом сравнения** Vergleichsmessung *f* ‖ ~/**механическое** mechanische Messung *f* ‖ ~/**многократное** Mehrfachmessung *f* ‖ ~/**многопозиционное** Mehrstellenmessung *f* ‖ ~/**мостовое** *(El)* Brückenmessung *f*, Messung *f* mittels Brückenschaltung ‖ ~ **мощности** Leistungsmessung *f* ‖ ~ **мутности** Trübungsmessung *f*, Turbidimetrie *f* ‖ ~ **на постоянном токе** *(El)* Gleichstrommessung *f* ‖ ~ **наклона** Neigungsmessung *f* ‖ ~ **напряжений/рентгенографическое** *(Mech)* röntgenographische Spannungsmessung *f* ‖ ~ **напряжения** *(El)* Spannungsmessung *f* ‖ ~/**наружное** Aussenmessung *f* ‖ ~ **наружной резьбы** Außengewindemessung *f* ‖ ~ **наружных конусов** Aussenkegelmessung *f* ‖ ~ **натяжения** Tensometrie *f* ‖ ~/**непосредственное** unmittelbare (direkte) Messung *f* ‖ ~/**непрерывное** kontinuierliche Messung *f* ‖ ~/**неразрушающее** *(Wkst)* zerstörungsfreie Messung *f* ‖ ~ **неразрушающим методом** zerstörungsfreie Messung *f* ‖ ~ **объёма** Volumenmessung *f* ‖ ~/**однократное** Einzelmessung *f*, Einfachmessung *f* ‖ ~ **окружного шага** Teilkreisteilungsmessung *f (an Zahnrädern)* ‖ ~ **осадков** *(Meteo)* Niederschlags[-mengen]messung *f* ‖ ~ **осадков/радиолокационное** Radarniederschlagsmessung *f* ‖ ~ **остаточного затухания** *(Nrt)* Restdämpfungsmessung *f* ‖ ~ **отверстий** *(Fert)* Bohrungsmessung *f* ‖ ~/**отвесное** Lotung *f* ‖ ~/**относительное** relative Messung *f*, Relativmessung *f* ‖ ~ **переменного тока** *(El)* Wechselstrommessung *f* ‖ ~ **плотности** Dichtemessung *f*, Dichtebestimmung *f* ‖ ~ **плотности газа** Gasdichtebestimmung *f* ‖ ~/**повторное** Wiederholungsmessung *f*, Nachmessung *f* ‖ ~ **поглощения** Absorptionsmessung *f*, Absorptiometrie *f* ‖ ~/**полигонное** *(Geod)* Polygonvermessung *f* ‖ ~ **потенциалов/стробоскопическое** stroboskopische Potentialmessung *f* ‖ ~ **потерь** Verlustmessung *f* ‖ ~/**предварительное** Vormessung *f* ‖ ~/**прецизионное** Präzisionsmessung *f*, Feinmessung *f* ‖ ~ **при пульсации потока** Messung *f* pulsierender Strömung *(Durchflußmessung)* ‖ ~ **проводимости** Leitfähigkeitsmessung *f* ‖ ~/**пространственное** räumliche Messung *f*, 3-D-Messung *f* ‖ ~/**прямое** direkte (unmittelbare) Messung *f*, Direktmessung *f* ‖ ~ **прямолинейности с помощью лазера** Laser-Geradheitsmessung *f* ‖ ~/**псофометрическое** *(Nrt)* Geräuschspannungsmessung *f*, psophometrische Bestimmung (Bewertung) *f* ‖ ~/**радиотехническое** radiotechnische (funktechnische) Messung *f* ‖ ~ **разности расстояний** *(Rad)* Entfernungsdifferenzmessung *f* ‖ ~/**разрушающее** zerstörende Messung *f* ‖ ~ **расстояния** Entfernungsmessung *f* ‖ ~ **расхода** Durchflußmengenmessung *f* ‖ ~ **резьбы** Gewindemessung *f* ‖ ~/**реологическое** rheologische Messung *f* ‖ ~ **силы тяжести** Schweremessung *f*, Schwerkraftmessung *f*, Gravimetrie *f* ‖ ~ **скорости** Geschwindigkeitsmessung *f* ‖ ~ **скорости/бесконтактное** berührungslose Geschwindigkeitsmessung *f* ‖ ~ **соб-**

ственных напряжений/рентгенографическое *(Fest)* röntgenographische Eigenspannungsmessung *f* || **~ совокупное** zusammengesetzte Messung *f* || **~ сопротивления** *(El)* Widerstandsmessung *f* || **~ сопряжённых размеров** *(Fert)* Paarungsmessung *f* || **~/специальное отвесное** Sonderlotung *f* || **~/сравнительное** Unterschiedsmessung *f*; Vergleichsmessung *f* || **~/статическое** statische Messung *f* || **~ степени помутнения** *s.* ~ мутности || **~/суммарное** Summenmessung *f* || **~ твёрдости** Härtemessung *f* || **~ твёрдости вдавливанием шарика** Kugeldruckhärteprüfung *f* || **~ твёрдости/ультрамикроскопическое** Ultramikrohärtemessung *f* || **~ температуры** Temperaturmessung *f* || **~/тензометрическое** Dehnungsmessung *f (Kraftmessung)* || **~ тепла** Wärmemessung *f*, Kalorimetrie *f* || **~ теплового излучения** Wärmestrahlungsmessung *f* || **~/тепловое** Wärmemessung *f*, Kalorimetrie *f* || **~ тока** *(El)* Strommessung *f* || **~ толщины** Dickenmessung *f* || **~ толщины неразрушающим методом** zerstörungsfreie Dickenmessung *f* || **~ толщины покрытия (слоя)** Schichtdickenmessung *f* || **~ точки росы** Taupunktsbestimmung *f* || **~/точное** Feinmessung *f*, genaue (exakte) Messung *f* || **~/трёхконтактное** Dreipunktmessung *f* || **~ угла (углов)**Winkelmessung *f* || **~/угловое** Winkelmessung *f* || **~ удлинения** *(Wkst)* Dehnungsmessung *f* || **~ уровня** Niveau[stands]-messung *f*, Pegel[stands]messung *f* || **~ уровня наполнения** Füllstandsmessung *f* || **~ уровня/радиоактивное** radioaktive Füllstandsmessung *f* || **~ усиления** *(Rf)* Verstärkungsmessung *f* || **~ ускорений** Beschleunigungsmessung *f* || **~/фазовое** *(El)* Phasenmessung *f* || **~ цвета** Farbmessung *f* || **~/цифровое** digitale Messung *f*, Digitalmessung *f* || **~ частоты** Frequenzmessung *f* || **~ числа оборотов** Drehzahlmessung *f* || **~ шага [зубчатых колёс]** Teilungsmessung *f (an Zahnrädern)* || **~ шага [резьбы]** Steigungsmessung *f (am Gewinde)* || **~ шероховатости** Rauheitsmessung *f* || **~ эхолотом** [akustische] Echolotung *f* || **~ ядерного излучения** Kernstrahlungsmessung *f*

измеримость *f* Meßbarkeit *f*

измеритель *m* Meßgerät *n*, Meßinstrument *n* || **~ абсолютного давления** Absolutdruckmesser *m* || **~ активной мощности** *(El)* Wirkleistungsmesser *m* || **~ активности** Aktivitätsmesser *m* || **~ вибраций** Schwingungsmesser *m*, Schwingungsmeßgerät *n*, Vibrometer *n* || **~ видимости** *(Meteo)* Sichtmesser *m*; Sichtweitenmesser *m* || **~ вращающего момента** *s.* ~ крутящего момента || **~ времени** Zeitmesser *m*, Zeitmeßgerät *n* || **~ давления** Druckmesser *m* || **~ дальности** Entfernungsmesser *m* || **~ деформации растяжения** Dehnungsmesser *m* || **~/дистанционный** Fernmesser *m (für kürzere Entfernungen)* || **~ добротности** Gütemesser *m*, Q-Meter *m* || **~ допусков** Toleranzmeßgerät *n*, Toleranzmesser *m* || **~ ёмкости** Kapazitätsmesser *m* || **~ заземления** Erdungsmesser *m* || **~ запусков** Toleranzmeßgerät *n*, Toleranzmesser *m* || **~ затухания** Dämpfungsmesser *m* || **~ звуковых давлений** Schalldruckmesser *m* || **~ излучения** *s.* ~ ядерных излучений || **~ импульсов** Impulsmesser *m* || **~ индуктивности** Induktivitätsmesser *m* || **~ интенсивности** Intensitätsmesser *m* || **~ интенсивности звука** Schallstärkemesser *m*, Akustimeter *n* || **~ искажений** Verzerrungsmesser *m* || **~ колебаний** *s.* ~ вибраций || **~ концентрации** Konzentrationsmesser *m* || **~ коротких промежутков времени** Kurzzeitmesser *m* || **~ коэффициента мощности** Leistungsfaktormesser *m*, cos φ-Messer *m* || **~ коэффициента шума** Rauschzahlmesser *m*, Rauschfaktormesser *m* || **~ кривизны** Krümmungsmesser *m*, Kurvimeter *n* || **~ крутящего момента** Drehmoment[en]messer *m*, Torsions[moment]messer *m*, Torsiometer *n* || **~ кручения** Torsionsmesser *m*, Verdrehungsmesser *m* || **~ магнитного поля** Magnetfeldmesser *m* || **~/многодиапазонный (многопредельный)** Vielbereichmeßgerät *n* || **~/мостиковый** *(El)* mit Brücke arbeitendes Meßgerät *n* || **~ мощности** Leistungsmesser *m* || **~ мощности дозы** Dosisleistungsmesser *m* || **~ мощности/калориметрический** Wärmeleistungsmesser *m* || **~ напряжения** Spannungsmesser *m* || **~ напряжения помех** Störspannungsmesser *m* || **~ напряжённости поля** Feldstärkemesser *m* || **~ небаланса** Fehlerdämpfungsmesser *m* || **~ освещённости** Beleuchtungsstärkemesser *m* || **~/первичный** Primärmeßgerät *n*, primäres Meßgerät *n* || **~ периода** 1. Schwingungszeitmesser *m*, Schwingungszeitmeßanlage *f*; 2. Reaktorperiodenmesser *m*, Periodenmesser *m* || **~ пиковой мощности** Spitzenleistungsmesser *m* || **~ плотности** Dichtemesser *m* || **~ поглощения** Absorptiometer *n* || **~ поля** Feldmesser *m* || **~ поля помех** Störfeldmesser *m* || **~ помутнения** Trübungsmesser *m* || **~/поточный** Durchflußmesser *m* || **~ прозрачности** Transparenzmesser *m* || **~ путевой скорости** Weggeschwindigkeitsmesser *m* || **~ радиоактивности** Aktivitätsmesser *m* || **~ радиопомех** Funkstörmeßgerät *n* || **~/радиотехнический** funktechnisches Meßgerät *n* || **~ растяжения** Dehnungsmesser *m*, Dilatometer *n* || **~ реактивного и активного токов** Blind- und Wirkstrommesser *m* || **~ реактивности** Reaktivitätsmesser *m* || **~ связи** Kopplungsmesser *m* || **~ скорости** Geschwindigkeitsmesser *m* || **~ скорости вращения** Drehzahlmesser *m* || **~ скорости/индуктивный** induktiver Beschleunigungsmesser *m* || **~ скорости и сноса/доплеровский** Doppler-Navigator *m* || **~ скорости/лазерный доплеровский** Laser-Doppler-Anemometer *n* || **~ скорости счёта** Impulsdichtemesser *m*, Integrator *m* || **~ скорости течения** Strömungs[geschwindigkeits]messer *m* || **~ сноса** Abtriftmesser *m* || **~ сопротивления** Widerstandsmesser *m* || **~/стрелочный** Zeigermeßgerät *n* || **~ твёрдости** *s.* прибор для испытания твёрдости || **~ температуры** Temperaturmesser *m* || **~ теплопроводности** Wärmeleitfähigkeitsmesser *m*, Kat[h]arometer *n* || **~ течения** Strömungsmesser *m*, Rheometer *n* || **~ тока** Strommesser *m* || **~ тока/электромагнитный** elektromagnetischer Strommesser *m*, Dreheisenstrommesser *m*, Weicheisenstrommesser *m* || **~ толщины** Dickenmesser *m*, Dickenmeßgerät *n* || **~ тол-**

щины слоя Schichtdickenmesser *m* || **~ толщины стенок** Wanddickenmesser *m* || **~ угла** Winkelmesser *m* || **~ удлинения** Dehnungsmesser *m* || **~ уклонов** Neigungsmesser *m*, Gefällemesser *m* || **~ уровня** Niveau[stand]messer *m*; Pegelmesser *m* || **~ уровня воды** Pegelmesser *m*, Pegelzeiger *m* || **~ усиления** Verstärkungs[grad]messer *m* || **~ ускорения** Beschleunigungsmesser *m* || **~ ускорения/ёмкостный** kapazitiver Beschleunigungsmesser *m* || **~ фазы** Phasenmesser *m* || **~/цифровой** digitales Meßgerät *n* || **~ частоты** Frequenzmesser *m* || **~ частоты/резонансный** Resonanzfrequenzmesser *m* || **~ частоты/цифровой** digitaler Frequenzmesser *m* || **~ шума (шумов)** Rauschmesser *m* || **~/электрический** elektrisches Meßgerät *n*, Elektromeßgerät *n* || **~/эталонный** Normalmeßgerät *n* || **~ ядерных излучений** Kernstrahlungsmeßgerät *n*, Strahlungsmesser *m*, Strahlungsmeßgerät *n* || **~ яркости** Leuchtdichtemesser *m* || **~ *p*H** *p*H-Meßgerät *n*, *p*H-Meter *n*, *p*H-Messer *m*

измерительно-технический meßtechnisch

измерительный Meß...

измеритель-преобразователь *m* Meßumformer *m*, Meßgrößenwandler *m* || **~ уровня** Niveau-Meßumformer *m* || **~ уровня/пневматический** pneumatischer Niveau-Meßumformer *m*

измерить *s.* измерять

измерять messen, vermessen, abmessen, durchmessen || **~ на расстоянии** fernmessen

изморозь *f (Meteo)* Nebelfrostablagerung *f* || **~/зернистая** Rauhfrost *m* || **~/кристаллическая** Rauhreif *m*

изнанка *f* 1. Rückseite *f*, Kehrseite *f*, linke Seite *f*; 2. *(Text)* linke Seite des Gewebes

изнашиваемость *f (Fest)* 1. Abnutzbarkeit *f*; Verschleiß *m*; 2. Abnutzungsgrad *m*

изнашивание *n* 1. *(Fest,Trib)* Verschleißen *n*, Verschleiß *m*, Abnutzung *f (s. a. unter* износ 1.*)*; 2. Auslaufen *n (des Lasers)* || **~/абразивное** abrasiver Verschleiß *m*, Abrasivverschleiß *m* || **~/водородное** Wasserstoffverschleiß *m* || **~/газоабразивное** gasabrasiver Verschleiß *m* || **~/гидроабразивное** hydroabrasiver Verschleiß *m* || **~/кавитационное** Kavitationsverschleiß *m* || **~/коррозионно-механическое** korrosionsmechanischer Verschleiß *m* || **~/механическое** mechanischer Verschleiß *m* || **~/молекулярно-механическое** molekularmechanischer Verschleiß *m* || **~/окислительное** Oxidationsverschleiß *m* || **~ при фреттинг-коррозии** Verschleiß *m* bei Reibkorrosion, Reibkorrosionsverschleiß *m* || **~/ударно-абразивное** abrasiver Stoßverschleiß *m* || **~/усталостное** Ermüdungsverschleiß *m* || **~/установившееся** stationärer Verschleiß *m* || **~/эрозионное** Erosionsverschleiß *m*

изнашиваться sich abnützen, sich abarbeiten, verschleißen

износ *m* 1. *(Fest, Trib)* Verschleiß *m*, Abnutzung *f (s. a. unter* изнашивание 1.*)*; 2. *(Met)* Ausbrand *m (Ofenfutter)* || **~/абляционный** Ablationsverschleiß *m* || **~/абразивный** mechanischer Verschleiß *m* || **~/атомарный** atomarer Verschleiß *m* || **~ без смазки** Verschleiß *m* ohne Schmierung || **~/весовой** Masseverschleiß *m* || **~ из-за кавитации** Kavitationsschaden *m*, Kavitationszerstörung *f* || **~ истиранием** reibender Verschleiß *m* || **~/катастрофический** intensiver Verschleiß *m*, Verschleiß *m* großer Verschleißintensität || **~/линейный** linearer Verschleiß *m* || **~/нормальный** normaler Verschleiß *m* || **~ от коррозии** korrosiver Verschleiß *m* || **~ от усталости** Ermüdungsverschleiß *m* || **~/относительный** relativer Verschleiß *m* || **~ подшипников** Lagerverschleiß *m* || **~/предельный** *(Fest)* Grenzverschleiß *m*, zulässiger Verschleiß *m* || **~ при качении** Rollverschleiß *m*, rollender Verschleiß *m* || **~ при микрорезании** Verschleiß *m* bei Mikroschneiden || **~ при пластическом контакте** Verschleiß *m* bei plastischem Kontakt || **~ при упругом контакте** Verschleiß *m* bei elastischem Kontakt || **~/приработоченый** Einlaufverschleiß *m* || **~/смешанный** Mischverschleiß *m* || **~/тепловой** Wärmeverschleiß *m*; thermischer Verschleiß *m* || **~ ударами** Stoßverschleiß *m* || **~ футеровки** *(Met, Gieß)* Futterverschleiß *m*, Futterausbrand *m* || **~ шин** *(Kfz)* Reifenabrieb *m* || **~/электрический** elektrischer Verschleiß *m* || **~/электромеханический** elektromechanischer Verschleiß *m*

износостойкость *f (Fest)* Verschleißwiderstand *m*, Verschleißfestigkeit *m*

изоаврора *f s.* изохазма

изоакустика *f* Is[o]akuste *f (Linie gleicher Lautstärke)*

изоанабаза *f (Geol)* Isoanabase *f*, Isobase *f (Verbindungslinie zwischen Orten gleicher tektonischer Hebung)*

изоанемона *f* Isanemone *f (Linie gleicher mittlerer Windgeschwindigkeit)*

изоаномала *f (Geoph)* Isoanomale *f (Linie, die Punkte gleicher Abweichung von einem Normalwert verbindet)*

изобава *f (Geol)* Isobase *f (Oberbegriff für* изоанабаза *und* изокатабаза*)*

изобар *m* **[/ядерный]** *(Kern)* Isobar *n*, Kernisobar *n*

изобара *f* 1. *(Therm)* Isobare *f*; 2. *s.* резонанс/барионный || **~ адсорбции** Adsorptionsisobare *f* || **~ реакции** Reaktionsisobare *f*

изобара-изостера *f* isobar-isostere Linie *f*, Isobare-Isostere *f*

изобария *f* Isobarie *f*

изобата *f (Geoph)* Isobathe *f*, Linie *f* gleicher Wassertiefe

изобатитерма *f* Isobathytherme *f*

изобозон *m (Kern)* Isoboson *n*

изображение *n* 1. Bild *n*, Abbildung *f*; 2. Darstellung *f*, Projektion *f*; 3. *(Math)* Transformierte *f*, Unterfunktion *f* || **~/автоколлимационное** *(Opt)* Autokollimationsbild *n* || **~/аналоговое** *(Inf)* Analogdarstellung *f* || **~/анаморфированное** *(Opt)* anamorphotisches Bild *n* || **~/астигматическое** *(Opt)* astigmatische Abbildung *f* || **~/афокальное** *(Opt)* afokales Bild *n* || **~/ахроматическое** *(Opt)* achromatische Abbildung *f* || **~/безаберрационное** *(Opt)* aberrationsfreies Bild *n* || **~/бочкообразное** *(Opt)* tonnenförmige Abbildung *f (Aberrationsart)* || **~ в плане** Planansicht *f*, Grundriß *m* || **~ в тепловых ИК-лучах** *(Geol)* Abbildung *f* im thermischen IR ||

~/вертикальное 1. Aufriß *m*; 2. *(Photo)* hochformatiges Bild *n* ‖ **~/вещественное** *(Photo)* materielles Bild *n* ‖ **~/виртуальное** *s.* ~/мнимое ‖ **~/внутреннее** *(Photo)* Innenbild *n* ‖ **~/воздушное** *(Opt)* Luftbild *n* ‖ **~/воспроизводное** *(Inf)* graphische Darstellung *f* ‖ **~/вялое** *(Photo)* flaues Bild *n* ‖ **~/голографическое** *(Opt)* holographische Abbildung *f* ‖ **~/графическое** graphische Darstellung *f* ‖ **~ даты** *(Inf)* Datumsdarstellung *f* ‖ **~/двоичное** *(Inf)* Dualdarstellung *f* ‖ **~/двойное** *(Typ)* Dublieren *n* ‖ **~/действительное** *(Opt)* reelles Bild *n*, reelle Abbildung *f* ‖ **~/дифракционное** *(Opt)* Beugungsbild *n* ‖ **~/зеркальное** *(Opt)* Spiegelbild *n*, Reflexionsbild *n* ‖ **~ знака** *(Inf)* Vorzeichendarstellung *f* ‖ **~/изометрическое** *(Opt)* isometrische (längengetreue) Abbildung *f* ‖ **~/конгруэнтное** *(Opt)* kongruente Abbildung *f* ‖ **~/контрастное** *(Photo)* kontrastreiches Bild *n*, kontrastreiche Abbildung *f* ‖ **~/контрольное** Kontrollbild *n* ‖ **~/красочное** *(Photo)* Farbstoffbild *n* ‖ **~/линейное** lineare Darstellung *f* ‖ **~/малоконтрастное** *(Photo)* flaches (kontrastarmes) Bild *n* ‖ **~/мнимое** *(Opt)* virtuelles Bild *n*, virtuelle Abbildung *f* ‖ **~/многоконтурное (многократное)** Mehrfachbild *n* ‖ **~/многоспектральное** Multispektralbild *n* ‖ **~ на индикаторе дальности** *(Rad)* A-Schirmbild *n* ‖ **~ на экране** Leuchtschirmbild *n*, Schirmbild *n* ‖ **~/негативное** *(Photo)* Negativbild *n*, negatives Bild *n* ‖ **~/неконгруэнтное** seitenverkehrtes Bild *n* ‖ **~/неконтрастное** *(Photo)* kontrastloses (flaues) Bild *n* ‖ **~/неподвижное** *(Photo)* Stehbild *n* ‖ **~/непрозрачное** *(Photo)* Aufsichtsbild *n* ‖ **~/обращённое** *(Photo)* Umkehrbild *n* ‖ **~/объёмное** Raumbild *n*, Stereobild *n*, dreidimensionales Bild *n* ‖ **~/оптическое** optische Abbildung *f* ‖ **~/остаточное** *(Photo)* 1. Nachbild *n (auf Negativen)*; 2. Restbild *n* ‖ **~/паразитное** Echobild *n*, Doppelbild *n*, Geisterbild *n*; Phantombild *n*, Nebenbild *n* ‖ **~/перевёрнутое** *(Photo)* umgekehrte Abbildung *f*, kopfstehendes Bild *n* ‖ **~/плоское** *(Photo)* flaches (kontrastarmes) Bild *n* ‖ **~ по Кельвину** *(Math)* Kelvin-Transformierte *f* ‖ **~ по Лапласу** *(Math)* Laplace-Transformierte *f* ‖ **~/побочное** *s.* ~/паразитное ‖ **~/поверхностное** Oberflächenbild *n* ‖ **~/повторное** *s.* ~/паразитное ‖ **~/подвижное** *(Photo)* Laufbild *n* ‖ **~/подповерхностное** *(Photo)* oberflächennahes Bild *n* ‖ **~/подушкообразное** *(Opt)* kissenförmige Abbildung (Aberrationsart) *f* ‖ **~/позитивное** *(Photo)* Positivbild *n*, positives Bild *n* ‖ **~/полное** *(TV)* Vollbild *n*, vollständiges Bild *n*, Raster *m* ‖ **~/полутоновое** *(Photo)* Halbtonbild *n* ‖ **~ проводников** *(El, Eln)* Leiterbild *n*, Leiterkonfiguration *f* ‖ **~/прозрачное** *(Photo)* Durchsichtsbild *n* ‖ **~/проявленное** entwickelte Abbildung *f* ‖ **~/пузырьковое** *(Photo)* Vesikularbild *n* ‖ **~/радиолокационное** Radar[schirm]bild *n* ‖ **~/растровое** Rasterbild *n* ‖ **~/растянутое** *(Photo)* entzerrtes Bild *n* ‖ **~/рентгеновское** Röntgenbild *n*, Röntgenogramm *n* ‖ **~ с резкими контурами** *(Typ)* randscharfe Wiedergabe *f* ‖ **~/светлопольное** Hellfeldabbildung *f* ‖ **~/световое** Lichtbild *n* ‖ **~/светящееся** Leuchtbild *n* ‖ **~/скрытое** latentes Bild *n*; Latentbild *n* ‖ **~/скрытое внутреннее (глубинное)** latentes Innenbild *n* ‖ **~/скрытое поверхностное** latentes Oberflächenbild *n* ‖ **~/сопряжённое** *(Opt)* konjugiertes Bild *n* ‖ **~/статическое** *s.* ~/неподвижное ‖ **~/стереоскопическое** stereoskopische Abbildung *f* ‖ **~/стигматическое** *(Opt)* stigmatische (punktförmige) Abbildung *f* ‖ **~/телевизионное** Fernsehbild *n*, TV-Bild *n* ‖ **~/темнопольное** *(Opt)* Dunkelfeldabbildung *f* ‖ **~/теневое** *(Opt)* Schattenbild *n*, Schattenabbildung *f* ‖ **~/тестовое** *(TV)* Testbild *n*, Prüfbild *n* ‖ **~/точечное** *s.* ~/стигматическое ‖ **~/трёхцветное** *(TV)* Dreifarbenbild *n* ‖ **~/цветное** *(Photo)* Farbbild *n*, Colorbild *n* ‖ **~/цветное телевизионное** Farbfernsehbild *n* ‖ **~/цветоделённое** *(Photo, Typ)* Farbauszug *m*, Teilfarbenbild *n* ‖ **~/цветоделённое негативное** Teilfarbennegativ *n* ‖ **~/цветоделительное** *s.* ~/цветоделённое ‖ **~/цифровое** Digital[luft]bild *n*, Digitalaufnahme *f* ‖ **~/чёрно-белое** *(TV)* Schwarzweißbild *n* ‖ **~ чисел/двоично-десятичное** *(Inf)* dualdezimale Darstellung *f* ‖ **~ щели** *(Opt)* Spaltbild *n* ‖ **~/эквивалентное** Ersatzdarstellung *f*

изобразительный darstellend, beschreibend, deskriptiv

изобретательство *n* Erfindungswesen *n*

изобретение *n* Erfindung *f*

изобутан *m (Ch)* Isobutan *n*, 2-Methylpropan *n*

изовалентность *f (Ph)* Isovalenz *f*

изогала *f* Isogale *f*

изогалина *f* Isohaline *f*

изогамма *f (Geoph)* Isogamme *f (Linie gleicher Schwerkraftwerte der Erde)*

изогеопотенциаль *f* Isogeopotential[lini]e *f*

изогеотерма *f* Isogeotherme *f (Linie gleicher Erdtemperatur)*

изогиета *f* Isohyete *f (Linie gleicher Niederschlagshöhe)*

изогипса *f (Geod)* Isohypse *f*, Höhenlinie *f*

изогира *f (Opt)* Isogyre *f*, Linie *f* gleicher Drehung (Schwingungsrichtung)

изогнутость *f* **поверхности** Oberflächenverkrümmung *f*

изогнутый gekröpft; gekrümmt, geknickt ‖ **~ вверх** nach oben gekröpft ‖ **~ вниз** nach unten gekröpft

изогона *f* 1. *(Geoph)* Isogone *f (Linie gleicher Werte der magnetischen Ablenkung)*; 2. *(Meteo)* Isogone *f (Linie gleicher Windrichtung)*

изогональность *f (Math)* Isogonalität *f*, Winkeltreue *f*

изогональный isogonal, gleichwinklig

изограда *f* Isograde *f*

изоградиент *m* Isogradient *m*

изодесмический *(Krist)* isodesmisch *(Kristallgitter)*

изодина *f s.* изодинама

изодинама *f* 1. *(Geoph)* Isodyname *f (Linie gleicher Intensität des erdmagnetischen Feldes)*; 2. *(Meteo)* Isodyname *f (Linie gleicher Windgeschwindigkeiten)*

изодинамический isodynamisch

изодоза *f (Kern)* Isodose *f*

изодозограф *m (Kern)* Isodosograph *m*

изодром *m* PI-Glied *n (s. a.* звено/апериодическое*)*

изоинверсия *f* Isospiegelung *f*

изокатабаза *f (Geol)* Isokatabase *f (Verbindungslinie zwischen Orten gleicher tektonischer Senkung)*
изокатанабара *f (Meteo)* Isokatanabare *f*
изоквота *f* Isoquote *f*
изоклина *f* 1. *(Geoph)* Isokline *f (Linie gleicher Inklination; Erdmagnetfeld)*; 2. *(Math)* Isokline *f (graphische Integrierung von Integralgleichungen)*
изоклиналь *f (Geol)* Isoklinalfalte *f*
изоклинотропизм *m* Isoklinotropismus *m*
изоконцентрата *f* Isokonzentrate *f (Linie gleicher Konzentration)*
изокоррелята *f* Isokorrelate *f*
изокосма *f* Isokosme *f (Linie gleicher Intensität der kosmischen Strahlung)*
изолиния *f* Isolinie *f*, Isorithme *f (Sammelbegriff für Verbindungslinien gleicher Werte in der Geophysik, Meteorologie, Chemie)*
изолир *m* Arretierung[seinrichtung] *f*
изолирование *n s.* изолировка 1.
изолировать isolieren; trennen; [ab]dämmen *(Schall)*
изолировка *f* 1. Isolieren *n*, Isolierung *f*, Isolation *f*; 2. Isolierband *n*
изолог *m* Isolog *n*
изолюкса *f (Photo)* Isoluxkurve *f*, Isoluxe *f*
изолятор *m (El)* Isolator *m*, Nichtleiter *m*; Isolierstoff *m* ‖ **~/антенный** Antennenisolator *m* ‖ **~/аппаратный** Geräteisolator *m* ‖ **~/вводный** Einführungsisolator *m*; Durchführungsisolator *m*, Durchführung *f* ‖ **~/входной** Einführungsisolator *m* ‖ **~/выводной** Durchführungsisolator *m*, Durchführung *f* ‖ **~/высоковольтный** Hochspannungsisolator *m* ‖ **~/высокочастотный** Hochfrequenzisolator *m* ‖ **~/гирляндный** Kettenisolator *m* ‖ **~/горшковый** Topfisolator *m* ‖ **~/двухъюбочный** Zweimantelisolator *m*, Doppelglockenisolator *m* ‖ **~/дисковый проходной** Scheibendurchführung *f* ‖ **~/длинностержневой** Langstabisolator *m* ‖ **~/единичный** Einzelisolator *m* ‖ **~/кварцевый** Quarzisolator *m* ‖ **~/керамический** Keramikisolator *m* ‖ **~/колокольный** Glockenisolator *m* ‖ **~/колпачковый** Kappenisolator *m* ‖ **~/кольцевой** Ringisolator *m* ‖ **~/конденсаторный проходной** Kondensatordurchführung *f* ‖ **~/крышевой** Dachisolator *m* ‖ **~/линейный** Leitungsisolator *m* ‖ **~ наружной установки/опорный** Freiluftstützer *m* ‖ **~/натяжной** Abspannisolator *m* ‖ **~/низковольтный** Niederspannungsisolator *m* ‖ **~/опорный** Stützisolator *m* ‖ **~/орешковый** Ei[er]isolator *m*, Isolierei *n* ‖ **~/палочный** Stabisolator *m* ‖ **~/перекрываемый** nicht durchschlagbarer Isolator *m* ‖ **~/пластмассовый длинностержневой** Kunststofflangstabisolator *m* ‖ **~/поворотный** Drehisolator *m* ‖ **~/подвесной** Hängeisolator *m* ‖ **~/подвесной линейный** Freileitungshängeisolator *m* ‖ **~/полый** Hohlisolator *m* ‖ **~/потолочный** Deckenisolator *m* ‖ **~/пробиваемый** durchschlagbarer Isolator *m* ‖ **~/проходной** Durchführungsisolator *m*, Durchführung *f* ‖ **~/проходной антенный** Antennendurchführungsisolator *m*, Antennendurchführung *f* ‖ **~/проходной линейный** Freileitungsdurchführung *f* ‖ **~/проходной фарфоровый** Porzellandurchführung *f* ‖ **~ с двойной юбкой** Zweimantelisolator *m*, Doppelglockenisolator *m* ‖ **~/слюдяной** Glimmerisolator *m* ‖ **~ со сплошным телом** Vollkernisolator *m* ‖ **~/сплошной опорный** Massivstützer *m* ‖ **~/станционный** Stationsisolator *m* ‖ **~/стержневой** Stabisolator *m* ‖ **~/стержневой опорный** Stützer *m* ‖ **~/стержневой подвесной** Freileitungsstabilisator *m* ‖ **~/телеграфный** Telegraphenisolator *m* ‖ **~/телефонный** Telephonisolator *m* ‖ **~/трансформаторный проходной** Transformatordurchführung *f* ‖ **~/участковый** Trennungsisolator *m*, Unterbrechungsisolator *m (bei Fahrleitungen)* ‖ **~/фарфоровый** Porzellanisolator *m* ‖ **~/фарфоровый опорный** Porzellanstützer *m* ‖ **~/штыревой [опорный]** Stützenisolator *m* ‖ **~/юбочный (юбчатый)** Mantelisolator *m*, Manschettenisolator *m*
изоляторостроение *n* Isolatorenbau *m*
изоляция *f* 1. *(El)* Isolieren *n*, Isolierung *f*, Isolation *f*; 2. Isolation *f*, Isolierung *f (Zustand; Einrichtung oder Umhüllung zu Isolierzwecken)*; 3. *(Ak)* Abdämmung *f*, Dämmung *f (Schall)*; 4. Absonderung *f* • **с пластмассовой изоляцией** kunststoffisoliert ‖ **~/бумажная** Papierisolation *f* ‖ **~/вакуумная** Vakuumisolation *f* ‖ **~/влагостойкая** Feuchtigkeitsschutzisolation *f* ‖ **~/внешняя** Außenisolation *f*, äußere Isolation *f* ‖ **~/внутренняя** Innenisolation *f*, innere Isolation *f* ‖ **~/воздушная** Luftisolation *f* ‖ **~/высоковольтная** Hochspannungsisolation *f* ‖ **~/главная** Hauptisolation *f* ‖ **~/диодная** *s.* ~ *pn*-переходом ‖ **~/диэлектрическая** dielektrische Isolation *f* ‖ **~/лаковая** Lackisolation *f* ‖ **~/меж[ду]витковая** Windungsisolation *f* ‖ **~/междукатушечная** Spulenisolation *f* ‖ **~/междуслойная** Lagenisolation *f* ‖ **~/межламельная** Lamellenisolation *f* ‖ **~/пенопластовая** Schaumstoffisolation *f* ‖ **~ *pn*-переходом** Isolation *f* durch PN-Übergang ‖ **~/пластмассовая** Kunststoffisolierung *f* ‖ **~/полихлорвиниловая** PVC-Isolation *f* ‖ **~/проводниковая** Leiterisolation *f* ‖ **~/резиновая** Gummiisolation *f* ‖ **~/слюдяная** Glimmerisolation *f* ‖ **~/сплошная** Vollisolation *f*, Massivisolation *f* ‖ **~/тепловая** Wärmeisolierung *f*, Wärmeschutz *m* ‖ **~/шайбовая** Scheibenisolation *f* ‖ **~/эмалевая** Lackisolation *f*
изомер *m (Ch)* Isomer[e] *n* ‖ **~/вращательный** *s.* ~/поворотный ‖ **~/геометрический** geometrisches Isomer *n*, cis-trans-Isomer *n* ‖ **~/зеркальный (оптический)** *s.* антипод/оптический ‖ **~/поворотный** Rotationsisomer *n* ‖ **~/пространственный** Stereoisomer *n*, Raumisomer *n* ‖ **~/структурный** Strukturisomer *n* ‖ **~/ядерный** *(Kern)* Kernisomer *n*, isomerer Kern *m*
изомераза *f (Ch)* Isomerase *f*
изомеризация *f (Ch)* Isomerisation *f*, Isomerisierung *f*
изомеризование *n s.* изомеризация
изомеризоваться *(Ch)* [sich] isomerisieren
изомерия *f (Ch)* Isomerie *f* ‖ **~ атомного ядра** *(Kern)* Kernisomerie *f*, Isomerie *f* des Atomkerns ‖ **~ валентности** Valenzisomerie *f* ‖ **~/гидратная** Hydratisomerie *f* ‖ **~/ионизационная** Ionisationsisomerie *f* ‖ **~/координационная** Koordinationsisomerie *f* ‖ **~/оптическая** optische

Isomerie *f*, Spiegelbildisomerie *f*, Enantiomorphie *f* ‖ ~ **остова** Kernrumpfisomerie *f* ‖ **~/поворотная** Rotationsisomerie *f* ‖ ~ **положения** Stellungsisomerie *f*, Substitutionsisomerie *f* ‖ **~/пространственная** Stereoisomerie *f*, Raumisomerie *f* ‖ **~/ротационная** *s.* ~/поворотная ‖ ~ **скелета** Kettenisomerie *f*, Kernisomerie *f* der Alkane ‖ **~/структурная** Strukturisomerie *f* ‖ ~ **углеродного скелета** *s.* ~ скелета ‖ ~ **углеродной цепи** *s.* ~ скелета ‖ ~ **цис-транс** Cis-trans-Isomerie *f* ‖ **~/ядерная** *s.* ~ атомного ядра ‖ ~ **ядра** *s.* ~ атомного ядра
изометабола *f* Isometabole *f*
изометрия *f (Math)* Isometrie *f (darstellende Geometrie)*
изоморфизм *m* 1. *(Krist)* Isomorphie *f*, Isomorphismus *m*, Diadochie *f*; 2. *(Math)* Isomorphie *f (Gruppentheorie)* ‖ **~/гетеровалентный** *(Krist)* heterovalente Isomorphie *f* ‖ **~/изовалентный** *(Krist)* isovalente Isomorphie *f* ‖ **~/компензационный** *(Krist)* [monomere und polymere] Diadochie *f* ‖ **~/полярный** *(Krist)* heterovalente Diadochie *f* ‖ **~/смешанослойный (цепной)** *(Krist)* gekoppelte Diadochie *f*
изоморфия *f s.* изоморфизм 1.
изоморфность *f s.* изоморфизм 1.
изоморфный 1. *(Krist, Min)* isomorph, isostrukturell; 2. *(Math)* isomorph
изонефа *f (Meteo)* Isonephe *f (Linie gleicher Bewölkungsmenge)*
изоопака *f (Photo)* Isoopake *f (Kurve gleicher Opazität)*
изопауза *f* Isopause *f*
изопаха *f s.* изопахита
изопахита *f (Geol)* Isopache *f*, Isopachyse *f (Linie gleicher Mächtigkeit)*; Mächtigkeitslinie *f*
изопикна *f (Geoph)* Isopykne *n*, Isophere *f*, isometrische Linie *f (Linie konstanten Volumens)*
изопланатизм *m (Opt)* Isoplanasie *f*
изоплера *f s.* изохора
изоплета *f (Geoph, Meteo)* Isoplethe *f (Linie gleicher Werte)*
изоповерхность *f* Isofläche *f*
изополиморфизм *m* Isopolymorphismus *m*, Isopolymorphie *f*
изополяра *f* Isopolare *f*
изопора *f (Geoph)* Isopore *f (Linie gleicher säkularer Variation)*
изопотенциал *m s.* линия/изопотенциальная
изоптера *f* Isoptere *f*
изорада *f* Isoradlinie *f*, Isoradkurve *f*
изоротация *f* Isorotation *f*
изосвеча *f* Isocandelakurve *f (Linie gleicher Lichtstärke)*
изосейста *f (Geoph)* Isoseiste *f (Linie gleicher Erdbebenintensität)*
изоскаляр *m* Isoskalar *m*
изосклера *f* Isosklere *f (Härtemessung)*
изоспин *m (Ph)* Isospin *m*
изостазия *f (Ph)* Isostasie *f*, Massenkompensation *f*
изостата *f (Mech)* Hauptspannungstrajektorie *f*, Hauptspannungslinie *f*, Spannungstrajektorie *f*
изостера *f s.* изохора
изоструктура *f (Ch)* isotaktische Struktur *f*
изоструктурность *f (Krist)* Stukturgleichheit *f (geometrische Ähnlichkeit)*
изоструктурный *(Krist)* isostrukturell, strukturgleich
изотактический isotaktisch *(Polymere)*
изотаха *f* 1. *(Meteo)* Isotache *f*, Isanemone *f (Linie gleicher Windgeschwindigkeiten im Jahresmittel)*; 2. *(Hydrol)* Isotache *f (Linie gleicher Strömungsgeschwindigkeiten)*
изотерма *f* Isotherme *f*, isothermische Kurve *f (Linie gleicher Temperaturwerte)* ‖ ~ **адсорбции** Adsorptionsisotherme *f* ‖ ~ **десорбции** Desorptionsisotherme *f* ‖ ~ **ликвидус** Liquidusisotherme *f* ‖ ~ **плавления** Schmelzisotherme *f* ‖ ~ **реакции** Reaktionsisotherme *f* ‖ ~ **солидус** Solidusisotherme *f* ‖ ~ **спекания** Sinterisotherme *f*
изотермический isotherm
изотермобата *f* Isothermobathe *f*
изотипичный *(Krist)* isotyp
изотипия *f (Krist)* Isotypie *f (gleicher Bautypus)*
изотон *m (Kern)* Isoton *n*
изотонический isotonisch, isosmotisch
изотоп *m (Kern)* Isotop *n* ‖ **~/долгоживущий** langlebiges Isotop *n* ‖ **~/дочерний** Tochterisotop *n* ‖ **~/материнский** Mutterisotop *n* ‖ **~/нестабильный** instabiles Isotop *n* ‖ **~/радиоактивный** radioaktives Isotop *n*, Radioisotop *n* ‖ **~/стабильный** stabiles Isotop *n*
изотопический isotop, Isotopen..., Isotopie...
изотопия *f (Kern, Math)* Isotopie *f*
изотропия *f (Ph)* Isotropie *f*
изотропность *f s.* изотропия
изофаза *f* Isophase *f (Linie gleicher Phase)*
изофана *f* Isophane *f*
изофота *f* Isophote *f (Linie gleicher Helligkeit)*
изохазма *f (Geoph)* Isochasme *f*
изохалина *f (Geoph)* Isohaline *f*
изохимена *f* Isochimene *f*
изохора *f (Therm)* Isochore *f*, Isoplere *f*, Linie *f* konstanten Volumens
изохроматический isochrom[atisch], gleichfarbig, farbtonrichtig
изохромы *fpl (Krist)* Isochromaten *fpl (Linien gleicher Farbe bei der Untersuchung doppeltbrechender Substanzen mit polarisiertem Licht)*
изохрона *f* 1. *(Geoph, Hydrol)* Isochrone *f (Linie gleicher Zeiten)*; 2. *(Astr) s.* линия равного возраста
изохронизм *m s.* изохронность
изохронность *f* Isochronie *f*, Isochronismus *m*
изохронный isochron, gleichzeitig
изоцикл *m (Ch)* Isocyclus *m*, Homocyclus *m*, isocyclischer (homocylischer) Ring *m*
изоциклический *(Ch)* isocyclisch, carbocyclisch, homocyclisch
изоэлектрический isoelektrisch
изоэнтальпа *f (Therm)* Isenthalpe *f (Linie gleicher Enthalpie)*
изоэнтальпийный *(Therm)* isenthalp
изоэнтропийный *s.* изэнтропический
изразец *m* Kachel *f* ‖ **~/печной** Ofenkachel *f* ‖ **~/сплошной** Vollkachel *f* ‖ **~/угловой** Eckkachel *f*
изреживание *n (Forst)* Ausläuterung *f*, Freistellung *f* ‖ **~/антропогенное** anthropogene Ausläuterung *f*, Durchforstung eines Bestandes *f* ‖ **~/естественное** natürliche Lichtstellung *f*
изрезанность *f (Geol)* Zerfurchung *f*

изумруд *m (Min)* Smaragd *m*
изъян *m* Fehler *m*, Materialfehler *m*; Mangel *m*, Schaden *m*
изыскание *n* 1. Erforschung *f (s. a. unter* исследование 2.*)*; 2. Schürfung *f (Bodenkunde)*; 3. *(Eb)* Streckenplanung *f*, Vorbereitung *f* der Trassenführung
изыскания *npl*/**инженерно-геологические** Baugrunduntersuchungen *fpl* ‖ **~/инженерные** ingenieurtechnische Erkundungen *fpl*
изэнтропа *f (Meteo)* Isentrope *f*
изэнтропический isentrop[isch]
ИИС *s.* система/измерительная информационная
ИК *s.* курс/истинный
ИК *s.* инфракрасный
ИКА *s.* агрегат/испарительно-конденсаторный
ИК-видикон *m (TV)* Infrarot-Vidikon *n*, IR-Vidikon *n*
ИК-излучение *n s.* излучение/инфракрасное
ИК-измерение *n s.* измерение/инфракрасное
ИКМ *s.* модуляция/импульсно-кодовая
ИКО *s.* индикатор кругового обзора
иконоскоп *m (TV)* Ikonoskop *n*
икосаэдр *m (Krist)* Ikosaeder *n*, [regelmäßiger] Zwanzigflächner *m*
икоситетраэдр *m (Krist)* Ikositetraeder *n*
ИК-сушка *f* Infrarottrocknung *f*
ил *m* 1. *(Geol)* Schlamm *m*; Schlick *m*; 2. Trübe *f (Aufbereitung)* ‖ **~/активный** *(Bw)* Belebtschlamm *m*, aktivierter Schlamm *m (Abwasserreinigung)* ‖ **~/анодный** *(El)* Anodenschlamm *m* ‖ **~/вулканический** *(Geol)* vulkanischer Schlamm *m* ‖ **~/глобигериновый** *(Geol)* Globigerinenschlamm *m* ‖ **~/глубоководный** *(Geol)* Tiefseeschlamm *m* ‖ **~/гнилой** *(Geol)* Faulschlamm *m* ‖ **~/гнилостный** *(Geol)* Sapropel *m (Faulschlamm aus tierischen Fett- und Eiweißstoffen)* ‖ **~/голубой** *(Geol)* Blauschlick *m*, Blauschlamm *m* ‖ **~/диатомовый** *(Geol)* Diatomeenschlamm *m*, Diatomeenschlick *m* ‖ **~/зелёный** *(Geol)* Grünschlick *m* ‖ **~/известковый** *(Geol)* Kalkschlamm *m* ‖ **~/континентальный** *(Geol)* Kontinentalschlamm *m*, terrigener Schlamm *m* ‖ **~/красный** *(Geol)* Rottschlick *m* ‖ **~/ледниковый** *(Geol)* Gletscherschlamm *m*, Gletschermehl *n* ‖ **~/морской** *(Geol)* mariner Schlamm *m* ‖ **~/наносный** *(Geol)* angeschwemmter Schlick (Schlamm) *m* ‖ **~/озёрный** *(Geol)* Seeschlamm *m*, Binnenseeschlamm *m* ‖ **~/перегнивший** *(Bw)* ausgefaulter Schlamm *m*, Faulschlamm *m (Abwasserreinigung)* ‖ **~/плавающий** *(Bw)* Schwimmschlamm *m* ‖ **~/прудовой** *(Geol)* Teichschlamm *m* ‖ **~/птероподовый** *(Geol)* Pteropodenschlamm *m* ‖ **~/радиоляриевый** *(Geol)* Radiolarienschlamm *m* ‖ **~/речной** *(Geol)* Flußschlamm *m*, fluviatiler Schlamm *m* ‖ **~/сброженный** *s.* ~/перегнивший ‖ **~ свинцовой камеры** Bleikammerschlamm *m (Schwefelsäureherstellung)* ‖ **~/синий** *s.* ~/голубой
илем *m* Urplasma *n*, Urstoff *m*, Urmaterie *f*, Ylem *n*
илистость *f* Schlammgehalt *m*, Schwebstoffgehalt *m*
ИЛИ-схема *f (Inf)* ODER-Schaltung *f*
иллит *m (Min)* Illit *m*, Hydromuskovit *m*
иллюминатор *m (Schiff)* Schiffsfenster *n* ‖ **~/бортовой** Außenhautfenster *n* ‖ **~/глухой** *(Schiff)* Festfenster *n* ‖ **~/круглый** *(Schiff)* Bullauge *n*, rundes Schiffsfenster *n* ‖ **~/оптический** Sichtfenster *n (Versuchsaufbau für massenspektrometrische Analysen)* ‖ **~/палубный** *(Schiff)* Decksglas *n* ‖ **~/прямоугольный** *(Schiff)* Rechteckfenster *n* ‖ **~/рубочный** *(Schiff)* Schiffsfenster *n* für Aufbauten ‖ **~/створчатый** *(Schiff)* Klappfenster *n*
ильземаннит *m (Min)* Ilsemannit *m*
ильм *m* Ulme *f*, Rüster *f*
ильменит *m (Min)* Ilmenit *m*, Titaneisenerz *n*
ИМ *s.* 1. модуляция/импульсная; 2. механизм/исполнительный
имеджортикон *m (TV)* Image-Orthikon *n*, Superorthikon *n*, Zwischenbildorthikon *n*, Orthikon *n* mit Vorabbildung
имид *m (Ch)* Imid *n*, Imidoverbindung *f*
имин *m (Ch)* Imin *n*, Iminoverbindung *f*
иминокислота *f (Ch)* Iminosäure *f*
иминомочевина *f (Ch)* Iminoharnstoff *m*, Guanidin *n*
имитатор *m* Simulator *m*, Nachbildner *m* ‖ **~ дуги** *(Schw)* Lichtbogensimulator *m* ‖ **~ радиационный** Radarsimulator *m*
имитация *f* Simulation *f*, Nachbildung *f*
иммерсия *f (Opt)* Immersion *f (Mikroskop)* ‖ **~/водная** Wasserimmersion *f* ‖ **~/гомогенная** Homogenimmersion *f* ‖ **~/масляная** Ölimmersion *f*
иммитанс *m (El)* Immittanz *f* ‖ **~ короткого замыкания** Kurzschlußimmittanz *f*
иммитанц *m s.* иммитанс
импактор *m* Impaktor *m* ‖ **~/многоступенчатый** Kaskadenimpaktor *m*
импеданс *m (El)* Impedanz *f* ‖ **~ без нагрузки** Betriebsimpedanz *f* ‖ **~/входной** Eingangsimpedanz *f* ‖ **~/выходной** Ausgangsimpedanz *f* ‖ **~ источника** Quellenimpedanz *f* ‖ **~/передаточный** Übertragungsimpedanz *f* ‖ **~ связи** Kopplungsimpedanz *f* ‖ **~/согласующий** Anpassungsimpedanz *f* ‖ **~ холостого хода** Leerlaufimpedanz *f*, Leerlaufscheinwiderstand *m* ‖ **~ шунта** Querimpedanz *f*; Nebenschlußimpedanz *f*
импеданц *m s.* импеданс
импеллер *m* 1. Laufrad *n (in Kreiselpumpen, Turbokompressoren, Ventilatoren, Turboladern)*; 2. axiales Laufrad *n*; 3. *s.* колесо/насосное
имплантация *f* Implantation *f (Halbleiter)* ‖ **~/ионная** Ionenimplantation *f* ‖ **~ ионов** Ionenimplantation *f* ‖ **~ примесей** Störstellenimplantation *f*
имплантировать implantieren *(Halbleiter)*
импликатор *m* Implikator *m*
импликация *f* Implikation *f* ‖ **~/обратная** inverse Implikation *f*
импост *m (Bw)* 1. Kämpfer *m (einer Säule)*; 2. Kämpferholz *n*, Fensterkämpfer *m*
импрегнат *m* Tränkungsmittel *n*
импрегнирование *n* Imprägnieren *n*, Imprägnierung *f*
импульс *m* 1. Impuls *m*, Anstoß *m*, Stoß *m*; 2. *(Mech)* Impuls *m*; Bewegungsgröße *f*; 3. *(El)* Impuls *m*; 4. Antrieb *m (Unruh des Uhrwerks)* • **в виде импульса** impulsförmig ‖ **~/апериоди-**

ческий *(El)* Einzelimpuls *m*, einmaliger Impuls *m*, Stoß *m* ‖ **~/бланкирующий** *(TV)* Austastimpuls *m*, Löschimpuls *m* ‖ **~/ведущий** Leitimpuls *m* ‖ **~/вертикальный гасящий** *(El)* Vertikalaustastimpuls *m* ‖ **~/вертикальный синхронизирующий** *(El)* Vertikalsynchronimpuls *m* ‖ **~/вобулирующий** *(Rf)* Wobbelimpuls *m* ‖ **~/возмущающий** *(Reg)* Störgröße *f*, Störimpuls *m* ‖ **~/вращательный** *(Mech)* Drehimpuls *m*, Drall *m* ‖ **~ временной селекции** *(Inf)* Zeitselektionsimpuls *m*, Zeitschachtelungsimpuls *m* ‖ **~/вторичный** *(Reg)* Sekundärimpuls *m*, Störimpuls *m* ‖ **~/входной** *(El)* Eingangsimpuls *m* ‖ **~/выпускной** Auspuffstoß *m (Verbrennungsmotoren)* ‖ **~/выравнивающий** *(TV)* Ausgleich[s]impuls *m*, Trabant *m* ‖ **~/высоковольтный** Hochspannungsimpuls *m* ‖ **~/выходной** *(El)* Ausgangsimpuls *m* ‖ **~ вычитания** *(Inf)* Subtraktionsimpuls *m*, Subtrahierimpuls *m* ‖ **~/гасящий** *(TV)* Löschimpuls *m*, Austastimpuls *m* ‖ **~/горизонтальный гасящий** *(TV)* Horizontalaustastimpuls *m*, Zeilenaustastimpuls *m* ‖ **~/горизонтальный согласующий** *(TV)* Horizontalsynchron[isier]impuls *m*, Zeilensynchron[-isier]impuls *m* ‖ **~/ежесекундный** *(Reg)* Sekundenimpuls *m* ‖ **~ замыкания** *(El)* Schließungsimpuls *m* ‖ **~/запирающий** *(El)* Sperrimpuls *m*; Austastimpuls *m* ‖ **~/запросный** *(Rad)* Abfrageimpuls *m* ‖ **~/зарядный** *(El)* Ladeimpuls *m* ‖ **~/звуковой** *(Ak)* Schallimpuls *m* ‖ **~/зондирующий** 1. *(Rad)* Suchimpuls *m*; 2. *(Rf)* Sendeimpuls *m* ‖ **~/игловидный (игольчатый)** *(El)* Nadelimpuls *m* ‖ **~/излучаемый** Sendeimpuls *m (Echolot, Radar)* ‖ **~/измерительный** *(Meß)* Meßimpuls *m* ‖ **~/кадровый** *(TV)* Bildimpuls *m*, Raster[wechsel]impuls *m* ‖ **~/кадровый синхронизирующий** *(TV)* Bildsynchron[isier]impuls *m*, Bildgleichlaufimpuls *m*, Rastersynchron[isations]impuls *m* ‖ **~/качающий** *(Rf)* Wobbelimpuls *m* ‖ **~/колоколообразный** *(El)* Glockenimpuls *m* ‖ **~/командный** *(Inf)* Kommandoimpuls *m*, Befehlsimpuls *m* ‖ **~/короткий (кратковременный)** *(Reg, El)* Kurzzeitimpuls *m*, kurzzeitiger Impuls *m* ‖ **~ корпускулярного излучения** *(Ph)* Teilchenimpuls *m* ‖ **~/ложный** *(Kern)* Pseudoimpuls *m (Zählrohr)* ‖ **~/мешающий** *(El)* Störimpuls *m* ‖ **~ на включение** *(El)* Einschaltimpuls *m* ‖ **~/наборный** *(Rf)* Wählimpuls *m* ‖ **~ напряжения** *(El)* Spannungsimpuls *m* ‖ **~/нарушающий** *(Reg)* Störimpuls *m*, Störgröße *f* ‖ **~/начальный** Anfangsimpuls *m*, Nullimpuls *m*; Initialimpuls *m* ‖ **~/обобщённый** *(Mech)* verallgemeinerter (generalisierter) Impuls *m (Lagrangesche Bewegungsgleichungen)* ‖ **~ опознавания** *(Rad)* Kenn[ungs]impuls *m* ‖ **~ опроса** *(Rad)* Abfrageimpuls *m* ‖ **~/остаточный** *(El)* Restimpuls *m* ‖ **~/ответный** *(Rad)* Antwortimpuls *m* ‖ **~/отпирающий** *(El)* Öffnungsimpuls *m*; Zündimpuls *m* ‖ **~/отражённый** *(Rad)* Echoimpuls *m*, Rückstrahlimpuls *m* ‖ **~/передаваемый** Sendeimpuls *m* ‖ **~/пилообразный** *(El)* Sägezahnimpuls *m* ‖ **~/поджигающий** *(El)* Zündimpuls *m* ‖ **~/поисковый** *(Rad)* Suchimpuls *m* ‖ **~/полукадровый** *(TV)* Halbbildimpuls *m* ‖ **~ предельного значения** *(Reg)* Grenzwertimpuls *m* ‖ **~/приёмный** *(Rad)* Empfangsimpuls *m* ‖ **~/прямоугольный** *(El)* Rechteckimpuls *m* ‖ **~/радиолокационный** Radarimpuls *m* ‖ **~ развёртки** *(TV)* Abtastimpuls *m* ‖ **~ размыкания** *(El)* Öffnungsimpuls *m* ‖ **~ регулирования** Regelimpuls *m* ‖ **~/синусоидальный** *(El)* Sinusimpuls *m* ‖ **~/синхронизирующий** Synchronisierimpuls *m*, Synchron[isations]impuls *m* ‖ **~/стробирующий** Strobimpuls *m*, Auftastimpuls *m* ‖ **~/строчный бланкирующий (гасящий)** *(TV)* Zeilenaustastimpuls *m*, Horizontalaustastimpuls *m* ‖ **~/строчный синхронизирующий (согласующий)** *(TV)* Zeilensynchron[isations]impuls *m*, Horizontalsynchronimpuls *m* ‖ **~/счётный** Zählimpuls *m* ‖ **~/тактовый** Taktimpuls *m* ‖ **~/телеграфный** Telegraphie[r]impuls *m*, Telegrafierschritt *m* ‖ **~ тока** *s.* ~/токовый ‖ **~/токовый** *(El)* Stromimpuls *m*, Stromstoß *m*; *(Nrt)* Stromschritt *m (Telegraphie)* ‖ **~/треугольный** *(El)* Dreieckimpuls *m* ‖ **~/ударный** *(Mech)* Stoßimpuls *m* ‖ **~/ультракороткий световой** *(Eln)* ultrakurzer Lichtpuls *m (Quantenelektronik)* ‖ **~ управления** *s.* ~/управляющий ‖ **~/управляющий** *(Reg)* Steuerimpuls *m*; *(Inf)* Kommandoimpuls *m*, Befehlsimpuls *m* ‖ **~/уравнивающий (уравнительный)** *(El)* Abgleichimpuls *m*; *(TV)* Ausgleich[s]impuls *m*, Trabant *m* ‖ **~/эталонный** *(Reg)* Eichimpuls *m*

импульс-формирователь *m (El)* Impulsformer *m*

импфирование *n* Impfen *n*, Impfung *f (Kesselwasserenthänung)*

ИМС *s.* микросхема/интегральная

имя *n (Inf)* Name *m*; Symbol *n* ‖ **~ библиотеки** Bibliotheksname *m* ‖ **~/внешнее** externes Symbol *n* ‖ **~/индексированное** indizierter Name *m* ‖ **~/мнемоническое** Merkname *m* ‖ **~ набора данных** Dateiname *m* ‖ **~ описания данных** Datendefinitionsname *m* ‖ **~ переменной** Variablensymbol *n* ‖ **~ программы** Programmsymbol *n* ‖ **~/простое** einfacher Name *m* ‖ **~/символическое** symbolischer Name *m* ‖ **~ события** Ereignisname *m* ‖ **~/составное** qualifizierter Name *m* ‖ **~ устройства** Gerätename *m* ‖ **~ файла** Dateiname *m* ‖ **~ функции** Funktionsname *m*

инактивация *f* Inaktivierung *f*, Desaktivieren *n*

инактивировать inaktivieren, desaktivieren

инвар *m* Invar *n (Nickel-Eisen-Legierung)*

инвариант *m (Math)* Invariante *f* ‖ **~ переноса** Translationsinvariante *f*, Schiebungsinvariante *f* ‖ **~/трансляционный** *s.* ~ переноса

инвариантность *f* Invarianz *f*, Unveränderlichkeit *f* ‖ **~/трансляционная** *(Krist)* Translationsinvarianz *f*

инвентаризация земель *(Ökol)* Bodenerfassung *f*, Bodeninventarisierung *f* ‖ **~ лесов** *(Ökol)* Waldinventur *f*, Zustandserfassung *f* des Waldes ‖ **~ природных ресурсов** *(Ökol)* Inventur *f* der Naturressourcen

инвентарная *f* Geräte[abstell]raum *m*

инверсия *f* 1. Inversion *f*, Umkehr[ung] *f*, Umstellung *f*, Gegenläufigkeit *f*; 2. *(Inf)* Negation *f*; Umkehr *f*; 3. *(Math)* Inversion *f (Transformation durch reziproke Radien)*; 4. *(Meteo) s.* ~/температурная; 4. *(Krist)* Inversion *f*, Spiegelung *f (Symmetrieoperation)* ‖ **~ знака** Vorzeichenumkehr *f* ‖ **~/кинематическая** kinematische

Umkehrung *f* ‖ **~ конфигурации** Konfigurationsumkehr *f*, Inversion *f* der Konfiguration ‖ **~ координат** Inversion *f* des Koordinatensystems ‖ **~ оседания** Schrumpfungsinversion *f*, Absinkinversion *f* ‖ **~/приземная** *(Meteo)* Bodeninversion *f* ‖ **~ рельефа** *(Geol)* Reliefumkehr *f*, Inversion *f* ‖ **~ сжатия** *s.* ~ оседания ‖ **~/температурная** *(Meteo)* Inversion *f*, Temperaturinversion *f* ‖ **~ фазы** Phasenumkehr[ung] *f*

инвертирование *n* 1. Invertierung *f*, Inversion *f*, Umkehr *f*; 2. *(El)* Wechselrichtung *f*

инвертировать 1. invertieren, umkehren; 2. *(El)* wechselrichten

инвертный Invers..., Umkehr..., invers

инвертор *m* 1. Wechselrichter *m (zur Umformung von Gleich- in Wechselstrom)*; 2. *(Inf)* Inverter *m*, Negator *m* ‖ **~/автономный** selbstgeführter Wechselrichter *m* ‖ **~/ведомый сетью** netzgeführter Wechselrichter *m* ‖ **~/зависимый (неавтономный)** fremdgeführter Wechselrichter *m* ‖ **~/независимый** *s.* ~/автономный ‖ **~/параллельный** Parallelwechselrichter *m* ‖ **~/параллельный резонансный** Parallelschwingkreiswechselrichter *m* ‖ **~ тока** Stromwechselrichter *m* ‖ **~/транзисторный** Transistorwechselrichter *m*

инволюция *f (Math)* Involution *f*

ингалятор *m (Med)* Inhalator *m*, Inhalationsapparat *m*

ингибирование *n* Inhibition *f*, Verzögerung *f*, Hemmung *f* ‖ **~ проявления** *(Photo)* Entwicklungsverzögerung *f*, Entwicklungshemmung *f*

ингибитор *m (Ch)* Inhibitor *m*, Hemmstoff *m*, Verzögerer *m* ‖ **~ вуали** *(Photo)* Klarhalter *m*, Antischleiermittel *n* ‖ **~ коррозии** Korrosionsinhibitor *m*, Korrosionsverzögerer *m* ‖ **~ окисления** Oxidationsinhibitor *m*, Oxidationsverzögerer *m*, Antioxidans *n* ‖ **~ химического созревания** *(Photo)* Hemmkörper *m* der chemischen Reifung

ингредиент *m (Ch)* Ingredienz *f*, Ingrediens *n*

индекс *m* 1. Index *m*; 2. Nullstrich *m*; 3. Kennzeichnungszahl *f*; 4. Ablesemarke *f*; Meßmarke *f (an Meßgeräten)*; 5. *(Math, Inf, Krist)* Index *m* ‖ **~ аридности** *(Meteo)* Ariditätsindex *m*, Trokkenheitsindex *m* ‖ **~/верхний** Exponent *m* ‖ **~ влажности** *(Ökol)* Feuchtigkeitsindex *m* ‖ **~/вторичный** *(Inf)* Sekundärindex *m* ‖ **~ вязкости** Viskositätsindex *m (Kennzahl für Schmieröle)* ‖ **~/главный** *(Inf)* Hauptindex *m* ‖ **~ загрязнения** *(Ökol)* Verunreinigungsindex *m*, Verschmutzungsindex *m* ‖ **~/ледовый** *(Schiff)* Eisklassezeichen *n*, Eisklassesymbol *n* ‖ **~ на нижнюю линию** [tiefstehender] Index *m* ‖ **~ насыщения** Sättigungsindex *m* ‖ **~ оглавления** Verzeichnisindex *m* ‖ **~ расплава** *(Kst)* Schmelz[fluß]index *m*, Graderwert *m* ‖ **~ шума** *(Ökol)* Lärmindex *m*

индексирование *n (Inf)* Indexierung *f*

индексно-последовательный *(Inf)* indexsequentiell

индекс-регистр *m (Inf)* Indexregister *n*

индексы *mpl (Krist)* Indizes *mpl* ‖ **~ Бравэ** Bravaissche Indizes *mpl* ‖ **~ граней кристалла** Flächenindizes *mpl* ‖ **~ грани** *s.* ~/миллеровские ‖ **~ зоны** Zonenindizes *mpl* ‖ **~ Миллера** *s.* ~/миллеровские ‖ **~/миллеровские** Millersche Indizes *mpl*, Miller-Indizes *mpl*, Flächenindizies *m* ‖ **~ символа** *(Krist)* Symbolindizes *mpl*

индивид *m* **двойника** *(Krist)* Zwillingsindividuum *n*

индиго *n* Indigo *m(n) (Farbstoff)* ‖ **~/белое** Indig[o]weiß *n*, Leuk[o]indigo *m* ‖ **~/красное** Indig[o]rot *n*, Indirubin *n* ‖ **~/синее** Indig[o]blau *n*, Indigotin *n*

индигоид *m* Indigoid *n*, Indigoidfarbstoff *m*

индигоидный indigoid, Indigoid...

индигокраситель *m* Indigofarbstoff *m*

индиголит *m (Min)* Indigolith *m (Turmalin)*

индиготин *m* Indigotin *n*, Indig[o]blau *n*

индий *m (Ch)* Indium *n*, In

индикатор *m* 1. Indikator *m*, Anzeigegerät *n*, Anzeiger *m*; 2. *(Rad)* Sichtgerät *n*, Sichtindikator *m*, Sichtanzeiger *m*; Schirmbild *n*; 3. *(Meß)* Meßuhr *f*; anzeigendes Meßgerät *n*, Zeigermeßgerät *n*; 4. *(Ch)* Indikator *m*; 5. *(Kern)* Indikator *m*, Tracer *m*, markiertes Atom *n* ‖ **~/азимута** Azimut[anzeige]schirm *m* ‖ **~/вакуумный люминесцентный** Vakuum-Fluoreszenz-Display *n* ‖ **~ веса** Masseanzeiger *m*, Drillometer *n (hydraulischer Zugkraftmesser an Erdölbohrtürmen)* ‖ **~/визуальный** Sichtgerät *n*, Sichtindikator *m*, Sichtanzeiger *m* ‖ **~/внешний** *(Inf)* externer Anzeiger *m* ‖ **~/выносной** *(Rad)* Tochtersichtgerät *n* ‖ **~ высоты** *(Rad)* Höhensichtgerät *n*, Höhenanzeigegerät *n* ‖ **~ дальности** *(Rad)* Entfernungssichtgerät *n*, Entfernungsanzeigegerät *n* ‖ **~/динамометрический** Indikator *m (zur Aufzeichnung des Indikatordiagramms von Dampfmaschinen, Hubkolbenmotoren und Hubkolbenverdichtern)* ‖ **~ длины ленты** Bandlängenanzeiger *m* ‖ **~/жидкокристаллический** *(Eln)* LC-Display *n*, LCD-Anzeigegerät *n*, Flüssigkristallanzeigegerät *n*, LCD ‖ **~ загрязнения** *(Ökol)* Verschmutzungsindikator *m* ‖ **~ защиты** *(Inf)* Schutzanzeiger *m* ‖ **~ излучений** *(Kern)* Strahlungsindikator *m*, Strahlungsanzeiger *m* ‖ **~/изотопный** *(Kern)* Leitisotop *n*, Tracerisotop *n*, Indikatorisotop *n*, isotoper Indikator *m* ‖ **~/квазианалоговый** quasianaloge Anzeigeeinrichtung *f* ‖ **~/кварцевый** *s.* ~/пьезокварцевый ‖ **~/кислотно-щелочной** *(Ch)* Säure-Basen-Indikator *m*, *p*H-Indikator *m* ‖ **~ кругового обзора** *(Rad)* Rundsichtgerät *n*, Rundsichtanzeiger *m*, Panoramagerät *n* ‖ **~/крупноформатный жидкокристаллический** großflächiges LC-Display (LCD) *n* ‖ **~ метана** *(Bgb)* Methananzeigegerät *n* ‖ **~/многооборотный** Meßuhr *f* mit großem Meßbereich ‖ **~ на светодиодах** Leuchtdiodenanzeiger *f* ‖ **~ напряжения** Spannungsindikator *m* ‖ **~ настройки** *(Rf)* Abstimmanzeiger *m* ‖ **~/нулевой** Nullindikator *m*, Null[an]zeiger *m* ‖ **~ окиси углерода** *(Bgb)* CO-Anzeigegerät *n* ‖ **~/окислительно-восстановительный** Redoxindikator *m* ‖ **~/оптический** optischer Indikator *m*, Schwingspiegelindikator *m* ‖ **~ переполнения** *(Inf)* Überlaufanzeiger *m* ‖ **~ положения** *(Reg)* Positionsanzeiger *m* ‖ **~ положения стержня [реактора]** *(Kern)* Steuerstab-Stellungsanzeiger *m*, Stabstandanzeiger *m (Reaktor)* ‖ **~/посадочный курсовой** *(Rad)* Landekurs-Sichtgerät *n* ‖ **~ последней записи** *(Inf)* Dateiendeanzeiger *m* ‖ **~ потока** Strömungsanzeiger *m* ‖

~ **приближения** Sensor *m* ‖ **~/пружинный** Federindikator *m* ‖ **~/пьезокварцевый (пьезоэлектрический)** piezoelektrischer Indikator *m*, Quarzindikator *m*, elektrischer Indikator *m* mit Quarzgeber ‖ **~ радиоактивности** *(Kern)* Strahlungsindikator *m*, Strahlungsanzeiger *m* ‖ **~/радиоактивный** *(Kern)* radioaktiver Indikator (Tracer) *m*, Radioindikator *m*, radioaktives Leitisotop *n*, Radiotracer *m* ‖ **~ радиолокационной обстановки (станции)***(Rad)* Radarsichtgerät *n* ‖ **~/радиолокационный** *(Rad)* Bildschirmeinheit *f* ‖ **~ рудничного газа** *s.* ~ метана ‖ **~ рыбопоисковой станции** Fischsichtgerät *n*, Fischlupe *f* ‖ **~/рычажно-зубчатый** mechanischer Feinzeiger *m* ‖ **~/светодиодный** Leuchtdiodenanzeige *f* ‖ **~ ситуаций** *(Schiff)* Kollisionsverhütungssichtgerät *n*, Kollisionsverhütungsradar *n* ‖ **~/стрелочный** Zeigerindikator *m*; Meßuhr *f*, Feinzeiger *m* ‖ **~/сцинтилляционный** *(Kern)* Szintillationszähler *m* ‖ **~ тока** *(El)* Stromindikator *m* ‖ **~ уровня записи** Aussteuerungsanzeige *f*, Aussteuerungskontrolle *f* ‖ **~/фазовый** Phasenindikator *m* ‖ **~/цветной** Farb[stoff]indikator *m* ‖ **~/цифровой** Digitalanzeiger *m* ‖ **~ часового типа** Meßuhr *f* ‖ **~ частоты** Frequenzanzeiger *m* ‖ **~ экологического стресса** ökologischer Streßindikator *m* ‖ **~/электрический** elektrisches Anzeigegerät *n*, elektrischer Indikator *m* ‖ **~ pH** *s.* ~/кислотно-щелочной

индикаторный Indikator..., Anzeige...

индикатриса *f (Math, Opt, Krist)* Indikatrix *f* ‖ **~/оптическая** *s.* эллипсоид Коши ‖ **~ рассеяния** *(Opt)* Streuindikatrix *f*; Streudiagramm *n*, Strahlendiagramm *n* ‖ **~ яркости** Leuchtdichteindikatrix *f*

индикация *f* 1. Indikation *f*; 2. Anzeige *f* ‖ **~/аналоговая** Analoganzeige *f* ‖ **~/визуальная** Sichtanzeige *f* ‖ **~ глубины/световая** *(Schiff)* Rotlichtanzeige *f (Echolot)* ‖ **~/десятичная** Dezimalanzeige *f* ‖ **~/жидкокристаллическая** Flüssigkristallanzeige *f* ‖ **~/информации** Informationsanzeige *f* ‖ **~ истинного движения** *(Schiff)* Absolutanzeige *f*, Absolutdarstellung *f (Radar)* ‖ **~ кругового обзора** *(Rad)* Rundsicht[bild]darstellung *f* ‖ **~/многоразрядная** mehrstellige Anzeige *f* ‖ **~ на светодиодах** Lumineszenzdiodenanzeige *f*, LED-Anzeige *f* ‖ **~ напряжения** Spannungsanzeige *f* ‖ **~ напряжённости поля** Feldstärkeanzeige *f* ‖ **~ настройки** *(Rf)* Abstimm[ungs]anzeige *f* ‖ **~/одноразрядная** einstellige Anzeige *f* ‖ **~ относительного движения** *(Schiff)* Relativanzeige *f*, Relativdarstellung *f (Radar)* ‖ **~/панорамная** *s.* ~ кругового обзора ‖ **~ тока** Stromanzeige *f* ‖ **~/цифровая** Digitalanzeige *f*

индикт *m* Indiktion *f*, Jahreszirkel *m*

индирубин *m* Indirubin *n*, Indig[o]rot *n (Farbstoff)*

индуктанс *m (El)* Induktanz *f*

индуктанц *m s.* индуктанс

индуктивность *f (El)* 1. Induktivität *f*, Induktionskoeffizient *m*; Selbstinduktivität *f*, Selbstinduktionskoeffizient *m*; 2. Induktivität *f (Gegenstand)*, Spule *f* ‖ **~ вводов** Zuleitungsinduktivität *f* ‖ **~/взаимная** Gegeninduktivität *f* ‖ **~/изменяющаяся** veränderliche Induktivität *f* ‖ **~/километрическая** kilometrische Induktivität *f*, Induktivität *f* je Kilometer ‖ **~ колебательного контура** Schwingkreisinduktivität *f* ‖ **~/корректирующая** 1. Abgleichinduktivität *f*; Korrekturinduktivität *f*; 2. Abgleichspule *f*; Korrekturspule *f* ‖ **~ линии** Leitungsinduktivität *f* ‖ **~ на единицу длины [линии]** *s.* ~/погонная ‖ **~/общая** Gesamtinduktivität *f* ‖ **~/погонная** Induktivitätsbelag *m*, Induktivität *f* je Längeneinheit ‖ **~ рассеяния** Streuinduktivität *f* ‖ **~ связи** Kopplungsinduktivität *f* ‖ **~/суммарная** Gesamtinduktivität *f* ‖ **~/частичная** Teilinduktivität *f* ‖ **~ цепи возбуждения** Erregerkreisinduktivität *f*

индуктивный 1. *(El)* induktiv; 2. *(Masch)* Leit... *(z. B. Leitlinie, Leitdraht für leitliniengeführte Transportroboter)*

индуктор *m* 1. *(El)* Induktor *m*, Induktionsapparat *m*; 2. *(El) s.* ~/нагревательный ; 3. *(Nrt) s.* ~/телефонный ‖ **~/блокировочный** *(Eb)* Blockinduktor *m*, Kurbelinduktor *m* ‖ **~/вызывной** *(Nrt)* Rufinduktor *m* ‖ **~/высоковольтный** Hochspannungsinduktor *m* ‖ **~/закалочный** *(Härt)* Härteinduktor *m*, Härtungsinduktor *m* ‖ **~/нагревательный** *(El)* Heizinduktor *m* ‖ **~/путьевой** *(Eb)* Gleisinduktor *m* ‖ **~/телефонный** Fernsprechinduktor *m*

индуктор-нагреватель *m s.* индуктор/закалочный

индукционный 1. *(El)* Induktions...; 2. *(Masch)* Leit... *(z. B. Leitlinie, Leitdraht für leitliniengeführte Transportroboter)*

индукция *f (El, Math)* Induktion *f* ‖ **~/взаимная** gegenseitige Induktion *f*, Gegeninduktion *f* ‖ **~/магнитная** magnetische Induktion *f* ‖ **~/максимальная остаточная** Remanenz *f*, Sättigungsremanenz *f* ‖ **~ насыщения** Sättigungsinduktion *f* ‖ **~/остаточная** wahre Remanenz *f*, remanente Induktion *f* ‖ **~/поверхностная** Oberflächeninduktion *f* ‖ **~/средняя** mittlere Induktion *f* ‖ **~/электромагнитная** elektromagnetische Induktion *f* ‖ **~/электростатическая** elektrostatische (elektrische) Induktion *f*, Influenz *f*

индулин *m* Indulin *n*, Indulinfarbstoff *m*

иней *m (Meteo)* Reif *m*

инертность *f s.* 1. инерция; 2. инерционность ‖ **~/реакционная** Reaktionsträgheit *f*

инертный 1. inert, träge, inaktiv; 2. *(El)* verzögert, träge *(Sicherung)*

инерционность *f* 1. *(Mech)* Trägheit *f*, Trägheitsverhalten *n*, Beharrungszustand *n*; Inaktivität *f*; 2. *(El)* Einstelldauer *f*, Einstellzeit *f*; Nachlauf *m (Relais)* ‖ **~ системы** Systemträgheit *f*

инерция *f* 1. *(Mech)* Trägheit *f*, Beharrungsvermögen *n*; 2. *s.* инерционность ‖ **~/вращательная** Rotationsträgheit *f*, Drehungsträgheit *f* ‖ **~ масс[ы]** Massenträgheit *f* ‖ **~ реактора/тепловая** *(Kern)* Wärmeträgheit *f*, thermische Trägheit *f (Reaktor; Kehrwert der Temperaturanstiegsraten)* ‖ **~ судна** *(Schiff)* Stoppstrecke *f*, Stoppweg *m* ‖ **~/тепловая** Wärmebeharrungsvermögen *n (s. a.* ~ реактора/тепловая*)* ‖ **~/фотографическая** photographische Trägheit *f (Sensitometrie)*

инжектировать injizieren *(Halbleiter)*

инжектор *m* 1. Strahlpumpe *f*, Dampfstrahlpumpe *f*, Wasserstrahlpumpe *f*, Injektor *m*; 2. Dampfstrahl-Flüssigkeitsförderer *m (Dampfkesselspei-*

sepumpe); 3. *(Text)* Injektor *m* ‖ **~ горелки** *(Schw)* Injektor *m*, Druckdüse *f (Saugbrenner)*

инжекция *f* 1. Injektion *f*; 2. *(Kern)* Einschießen *n*, Einschuß *m*, Injektion *f*, Einschleusen *n (von Teilchen in den Beschleuniger)*; 3. *(Eln)* Injektion *f (Halbleiter)* ‖ **~ дырок** Defektelektroneninjektion *f*, Löcherinjektion *f (Halbleiter)* ‖ **~ носителей заряда** Ladungsträgerinjektion *f*, Trägerinjektion *f (Halbleiter)* ‖ **~ цемента (цементного молока)** *(Bw)* Zementinjektion *f*, Zementeinspritzung *f*, Zementeinpressung *f* ‖ **~ частиц** *(Kern)* Einschuß *m*, Einbringen *n (der Teilchen in den Beschleuniger)* ‖ **~ электронов** *(Kern)* Elektroneneinschuß *m*, Elektroneninjektion *f*, Elektroneneinschleusung *f (in den Beschleuniger)*

инженерия *f*/**генная** Gentechnik *f* ‖ **~/космическая** Weltraumtechnologie *f*, Weltraumtechnik *f (Bauten im Weltall)*

инженерный ingenieurmäßig, ingenieurtechnisch

инициатор *m* **отверждения** *(Kst)* Härtekatalysator *m* ‖ **~ полимеризации** *(Ch)* Polymerisationsanreger *m*, Polymerisationsinitiator *m* ‖ **~ эмульсионной полимеризации** Initiator *m* der Emulsionspolymerisation

инициатор-терминатор *m (Inf)* Programmlauforganisator *m*

инициация *f* **программ[ы]** *(Inf)* Programmstart *m*

инициирование *n* 1. *(Ch)* Einleitung *f*, Initiierung *f (einer Reaktion)*; 2. *(Inf)* Initialisierung *f*; 3. *(Bgb)* Initiierung *f (Sprengtechnik)*

инициировать 1. *(Ch)* einleiten *(Reaktionen)*; 2. *(Bgb)* initiieren *(Sprengstoff)*

инклинатор *m* **[/стрелочный]** *(Geoph)* Inklinatorium *n (Messung der erdmagnetischen Inklination)*

инклинограмма *f (Bgb)* Inklinogramm *n (Bohrung)*

инклинограф *m (Schiff)* Inklinograph *m (Krängungsmeßgerät)*

инклинометр *m (Bgb)* Inklinometer *n*, Neigungsmesser *m (für Bohrlöcher)*

инклинометрия *f (Bgb)* Inklinometrie *f*, Neigungsmessung *f (Bohrung)*

инклюзы *pl (Min)* Inklusen *pl (organische Einschlüsse)*

инкорпорация *f* **радиоактивных веществ** *(Kern)* Inkorporation *f*, Inkorporierung *f (Aufnahme radioaktiver Stoffe durch den menschlichen, tierischen und pflanzlichen Organismus)*

инкрементор *m (Inf)* Inkrementierer *m*, Inkrementer *m*

инкрустация *f* Verkrustung *f*, Krustenbildung *f*, Inkrustierung *f*

инкубатор *m* Inkubator *m*

инопланетный außerirdisch *(von einem anderen Planeten)*

иносиликаты *mpl (Krist)* Inosilikate *npl*, Kettensilikate *npl*

ИНС *s.* система/инерциальная навигационная

инсектицид *m* Insektizid *n*, Insektenvertilgungsmittel *n*, Insektengift *n* ‖ **~/контактный** insektizides Berührungsgift *n*, Kontaktinsektizid *n*

инсинератор *m* Müllverbrennungsanlage *f*

инсоляция *f (Meteo)* Insolation *f*, direkte Sonnenstrahlung *f*

инспекция *f* **по технике безопасности** Sicherheitsinspektion *f*

институт *m* Institut *n*; Hochschule *f* ‖ **~/научно-исследовательский** Forschungsinstitut *n*

инструкция *f* 1. Instruktion *f*, Unterweisung *f*; 2. *(Inf)* Befehl *m*, Instruktion *f (s. a. unter* команда 2.*)*; 3. Gebrauchsanweisung *f*; 4. Vorschrift *f*, Dienstvorschrift *f*, Verfügung *f*, Anordnung *f* ‖ **~/абсолютная** *(Inf)* absoluter Befehl *m* ‖ **~ испытания** Prüfungsvorschrift *f* ‖ **~ к пользованию** Bedienungsanweisung *f* ‖ **~/начальная** *(Inf)* Anfangsanweisung *f*, Bandbefehl *m* ‖ **~ по использованию** Gebrauchsanweisung *f* ‖ **~ по испытанию** Prüfanweisung *f* ‖ **~ по монтажу** Montageanweisung *f* ‖ **~ по обслуживанию** Bedienungsvorschrift *f* ‖ **~ по поверке** Eichanweisung *f* ‖ **~ по применению** Gebrauchsanweisung *f* ‖ **~ по смазке** *(Masch)* Schmieranweisung *f* ‖ **~ по уходу** Bedienungsvorschrift *f*, Gebrauchsanweisung *f* ‖ **~ по эксплуатации** Betriebsanweisung *f* ‖ **~/производственная** Betriebsvorschrift *f* ‖ **~/пустая** *(Inf)* Leeranweisung *f* ‖ **~/рабочая** Arbeitsvorschrift *f* ‖ **~/служебная** Dienstanweisung *f*, Dienstvorschrift *f*, Betriebsvorschrift *f* ‖ **~/технологическая** Arbeitsunterweisung *f* ‖ **~/холостая** *(Inf)* Scheinbefehl *m*, Blindbefehl *m* ‖ **~/эксплуатационная** 1. Betriebsanweisung *f*; 2. *(Nrt)* Dienstanweisung *f*

инструмент *m* 1. Werkzeug *n*; 2. Instrument *n (s. a. unter* прибор*)* ‖ **~/абразивный** *(Wkz)* Abrasivwerkzeug *n* ‖ **~/аварийный** *(Bgb)* Fangwerkzeug *n (Bohrung)* ‖ **~/алмазный** *(Wkz)* Diamantwerkzeug *n* ‖ **~/бурильный (буровой)** *(Bgb)* Bohrwerkzeug *n* ‖ **~/быстрорежущий** *(Wkz)* Schnellarbeitsstahlwerkzeug *n*, Werkzeug *n* aus Schnellarbeitsstahl ‖ **~/волочильный** *(Wkz)* Ziehwerkzeug *n* ‖ **~/вставной** *(Wkz)* Einsatzwerkzeug *n* ‖ **~/вырубной** *(Wkz)* Stanzwerkzeug *n* ‖ **~/высокопроизводительный** *(Wkz)* Hochleistungswerkzeug *n* ‖ **~/гибочный** *(Schm)* Biegewerkzeug *n* ‖ **~ для глубокой вытяжки** *(Wkz)* Tiefziehwerkzeug *n* ‖ **~ для правки** *(Wkz)* Abrichtwerkzeug *n* ‖ **~/доводочный** *(Wkz)* 1. Maßläppwerkzeug *n*; 2. Abziehwerkzeug *n* ‖ **~/дыропробивной** *(Wkz)* Lochwerkzeug *n*, Perforierwerkzeug *n* ‖ **~/зажимный** *(Wkz)* Spannwerkzeug *n*, Spannmittel *n* ‖ **~/затыловочный** *(Wkz)* Hinterdrehwerkzeug *n* ‖ **~/измерительный** Meßinstrument *n*, Meßzeug *n* ‖ **~/ковочно-штамповочный** Gesenkschmiedewerkzeug *n* ‖ **~/контрольно-измерительный** Kontrollmeßinstrument *n* ‖ **~/крепёжно-зажимный** *s.* ~/зажимный ‖ **~/кромкозагибочный** *(Wkz)* Bördelwerkzeug *n*, Umbördelwerkzeug *n*; Falzwerkzeug *n*, Abkantwerkzeug *n* ‖ **~/кузнечный** Schmiedewerkzeug *n*, Freiformschmiedewerkzeug *n* ‖ **~/листогибочный** *(Wkz)* Blechbiegewerkzeug *n* ‖ **~/ловильный** *(Bgb)* Fangwerkzeug *n*, Fanggerät *n (Bohrung)* ‖ **~/машинный** *(Wkz)* Maschinenwerkzeug *n* ‖ **~/многопроходный** *(Wkz)* Mehrschnittwerkzeug *n* ‖ **~/модельный** *(Gieß)* Urformwerkzeug *n*, UFW ‖ **~/нагревательный** *(Schw)* Heizelement *n*, Heizspiegel *m* ‖ **~/накатный** *(Wkz)* Walzwerkzeug *n*, Glättwerkzeug *n* ‖ **~/насадной** *(Wkz)* Aufsteckwerkzeug *n* ‖ **~/обкатной** *(Wkz)* Wälzwerkzeug *n* ‖ **~/отделочный** *(Wkz)* Feinbearbeitungswerkzeug *n* ‖ **~/отклоняющий** *(Bgb)* Ablenkvorrichtung *f (Bohrung)* ‖ **~/пассажный** *(Astr)* Passageinstrument *n*, Durchgangsfernrohr *n* ‖ **~/пневматический** Druckluftwerkzeug *n* ‖ **~/поверочный** *(Wkz)* Kontrollwerkzeug *n*, Prüfwerkzeug *n*, Kontrollkaliber *n*, Prüfkaliber *n* ‖ **~/правящий** Abrichtwerkzeug *n* ‖ **~/пробивной** *(Wkz)* Lochwerkzeug *n*; Perforierwerkzeug *n* ‖ **~/протяжной** *(Wkz)* Ziehräumwerkzeug *n* ‖ **~/разметочный** *(Wkz)* Anreißwerkzeug *n* ‖ **~/расточный** *(Wkz)* Ausdrehwerkzeug *n* ‖ **~/режущий** *(Wkz)* spanendes Werkzeug *n*, Spanungswerkzeug *n* ‖ **~/резьбонакатный** *(Wkz)* Gewindewalzwerkzeug *n* ‖ **~/ручной** Handwerkzeug *n* ‖ **~/самопишущий** Registriergerät *n*, Schreiber *m* ‖ **~/сверлильный** *(Wkz)* Bohrwerkzeug *n* ‖ **~/слесарный** Schlosserwerkzeug *n* ‖ **~/столярный** Tischlerwerkzeug *n* ‖ **~/твердосплавный** *(Wkz)* Hartmetallwerkzeug *n* ‖ **~/токарный** *(Wkz)* Drehwerkzeug *n* ‖ **~/точный** 1. *(Meß)* Präzisionsinstrument *n*; 2. *(Wkz)* Präzisionswerkzeug *n* ‖ **~/угломерный** *(Geod)* Winkelmeßinstrument *n*, Winkelmesser *m*, Feldwinkelmesser *m* ‖ **~/универсальный** 1. *(Astr, Geod)* Universalinstrument *n (Winkelmeßinstrument)*; 2. *(Wkz)* Universalwerkzeug *n*, universelles Werkzeug *n* ‖ **~/фасонный** *(Wkz)* Formwerkzeug *n* ‖ **~/формовочный** *(Gieß)* Formerwerkzeug *n* ‖ **~/фрезерный** *(Wkz)* Fräswerkzeug *n* ‖ **~/хонинговальный** *(Wkz)* Langhubhonwerkzeug *n* ‖ **~/чашечный** *(Wkz)* Formmeißel *m* mit gekrümmter *(konkaver oder konvexer)* Schneide ‖ **~/черновой** *(Wkz)* Schruppwerkzeug *n* ‖ **~/чистовой** *(Wkz)* Schlichtwerkzeug *n* ‖ **~/шлифовальный (шлифующий)** *(Wkz)* Schleifwerkzeug *n* ‖ **~/штамповочный** *(Schm)* Stanzwerkzeug *n* ‖ **~/электронный музыкальный** elektronisches Musikinstrument *n*

инструментодержатель *m (Wkzm)* Werkzeughalter *m*

инструментоноситель *m (Wkzm)* Werkzeugträger *m*

интеграл *m (Math)* Integral *n* ‖ **~ Абеля** Abelsches Integral *n* ‖ **~ активации** *(Kern)* Aktivierungsintegral *n* ‖ **~ вектора/контурный** Umlaufintegral *n*, Randintegral *n (Vektor)* ‖ **~ вероятности** Wahrscheinlichkeitsintegral *n* ‖ **~ во времени** Zeitintegral *n* ‖ **~ Гамильтона** *s.* действие по Гамильтону ‖ **~/двойной** Doppelintegral *n* ‖ **~ действия** *s.* действие по Гамильтону ‖ **~/контурный** Kurvenintegral *n*, Linienintegral *n* ‖ **~/неопределённый** unbestimmtes Integral *n* ‖ **~/обменный** *(Ph)* Austauschintegral *n (Austauschwechselwirkung)* ‖ **~ обращения** Umkehrintegral *n* ‖ **~/определённый** bestimmtes Integral *n* ‖ **~ перекрытия** *(Ph)* Überlappungsintegral *m (Austauschwechselwirkung)* ‖ **~ по контуру** Umlaufintegral *n*, Randintegral *n (Vektor)* ‖ **~ по поверхности** Flächenintegral *n* ‖ **~ Пуассона** Poissonsches Integral *n* ‖ **~/статистический** *(Ph)* Zustandsintegral *n* ‖ **~/тригонометрический** *s.* ~ Фурье ‖ **~ Фурье** Fourier-Integral *n*

интегральный 1. integriert; 2. *(Math)* integral, Integral...

интегратор *m* 1. *(Inf)* Integrator *m*, Integrierer *m*; 2. *(Eln)* Integrierglied *n*; 3. *(Meß)* Integrator *m*, integrierendes Meßgerät *n* ‖ **~/аналоговый** analoger Integrator *m* ‖ **~/запоминающий** Speicherintegrator *m* ‖ **~ ионного тока** Ionenstromintegrator *m* ‖ **~/сеточный** Netzintegrator *m* ‖ **~/считывающий** Leseintegrator *m* ‖ **~/цифровой** digitaler Integrator *m* ‖ **~/электромеханический** elektromechanischer Integrator *m* ‖ **~/электронный** elektronischer Integrator *m*

интеграция *f (Eln)* Integration *f* ‖ **~/большая** Großintegration *f*, hohe Integration *f*, hoher Integrationsgrad *m*, LSI ‖ **~/вертикальная** Vertikalintegration *f* ‖ **~/горизонтальная** Horizontalintegration *f* ‖ **~/крупномасштабная** *s.* ~/большая ‖ **~/малая** Kleinintegration *f*, geringe Integration *f*, SSI ‖ **~ малой степени** *s.* ~/малая ‖ **~/сверхбольшая (сверхвысокая)** Höchstintegration *f*, VLSI ‖ **~ со степенью выше сверхвысокой** Super-LSI *f* ‖ **~/среднемасштабная** *s.* ~/средняя ‖ **~/средняя** mittlere Integration *f*, mittlerer Integrationsgrad *m*, MSI ‖ **~/схемная** Schaltungsintegration *f* ‖ **~/элементная** Bauelementeintegration *f* ‖ **~ элементов** Bauelementeintegration *f*

интегриметр *m* Integrimeter *n*

интегрирование *n (Math, Inf)* Integration *f*, Integrieren *n* ‖ **~/графическое** graphische Integration *f* ‖ **~/двойное** Doppelintegration *f* ‖ **~ импульсов** Impulsintegration *f* ‖ **~ напряжения** Spannungsintegration *f* ‖ **~ по частям** partielle Integration *f*, Teilintegration *f* ‖ **~/приближённое** Näherungsintegration *f* ‖ **~/численное** numerische Integration *f*

интегрировать integrieren

интегрируемость *f (Math)* Integrabilität *f*, Integrierbarkeit *f* ‖ **~/равномерная** gleichmäßige Integrierbarkeit *f*

интегрируемый/абсолютно *(Math)* unbeschränkt integrabel

интегрирующий integrierend, Integrier..., Integrations...

интеллект *m*/**искусственный** künstliche Intelligenz *f*, KI

интеллигенция *f*/**искусственная** künstliche Intelligenz *f*, KI

интенсивность *f* 1. Intensität *f*; Stärke *f*, Kraft *f*; 2. Ergiebigkeit *f* ‖ **~ ассимиляции** Assimilationsrate *f* ‖ **~ в эпицентре** *(Geoph)* Epizentralintensität *f* ‖ **~ взаимодействия** Stärke *f* der Wechselwirkung ‖ **~ вихря** *(Hydrod)* Wirbelstärke *f*, Wirbelintensität *f* ‖ **~ движения** Verkehrsdichte *f* ‖ **~ звука** Schallintensität *f*, Schallstärke *f* ‖ **~ излучения** 1. Energieflußdichte *f*; 2. Strahlungsintensität *f*; Emissionsstärke *f* ‖ **~ изнашивания** Verschleißintensität *f* ‖ **~ импульса** Impulsstärke *f* ‖ **~ контроля** Prüfungsgrad *m* ‖ **~/макросейсмическая** *(Geoph)* makroseismische Intensität *f*, Erschütterungsintensität *f* ‖ **~ нагрузки** *(Nrt)* Verkehrsintensität *f*, Verkehrsstärke *f* ‖ **~ намагничивания** Magnetisierungsintensität *f*, Magnetisierungsstärke *f* ‖ **~ напряжений** Spannungsintensität *f* ‖ **~ облучения** Bestrahlungsstärke *f*, Bestrahlungsintensität *f* ‖ **~ осадков** *(Meteo)* Niederschlagsintensität *f* ‖ **~ освещения** Lichtintensität *f*, Lichtstärke *f* ‖ **~ отказов** Ausfallintensität *f*, Ausfallrate *f (Zu-*

verlässigkeitstheorie) || **~ охлаждения** *(Met, Gieß, Härt)* Abkühlungsintensität *f*, Abkühl[ungs]geschwindigkeit *f*; Abschreckintensität *f* || **~ разгона** *(Flg, Rak)* Beschleunigungsvermögen *n* || **~ распада** *(Kern)* Zerfallsintensität *f* *(Anzahl der zerfallenden Atome je Zeiteinheit)* || **~ рассеяния** *(Ph)* Streuintensität *f* || **~/сейсмическая** *(Geoph)* seismische Intensität *f*, Erschütterungsintensität *f* || **~ сотрясения** *s.* ~/сейсмическая || **~/спектральная** Spektraldichte *f*, Spektrumsdichte *f* || **~ фототона/аномальная** Grautonanomalie *f*

интенсиметр *m* 1. *(Ak)* Intensimeter *n*; 2. *s.* рентгенметр

интервал *m* 1. Intervall *n*, Zwischenraum *m*, Abstand *m*; 2. Abschnitt *m*, Bereich *m*, Zone *f* || **~/бланкирующий** *(TV)* Austastlücke *f* || **~/видимый** 1. scheinbarer Teilstrichabstand *m*; 2. sichtbares Intervall *n* || **~ времени** *s.* ~/временной || **~/временной** Zeitablauf *m*, Zeitintervall *n*, Zeitspanne *f* || **~ выкипания** Siedebereich *m*, Siedepunktsintervall *n* || **~ дискретизации** *(Nrt)* Abtastschritt *m* || **~ диффузии** *(Ph)* Diffusionsbereich *m* || **~/доверительный** Vertrauensbereich *m* || **~/закрытый (замкнутый)** *(Math)* abgeschlossenes Intervall *n* || **~ замедления** *(Geol)* Verzögerungsintervall *n* *(Sprungtektonik)* || **~ затемнения** *(Ph)* Verdunklungsintervall *n* || **~ застывания (затвердевания)** *(Met)* Erstarrungsbereich *m*, Erstarrungsintervall *n* *(s. a.* ~ кристаллизации*)* || **~/измерительный** Anzeigespanne *f* [eines Meßgerätes], Umfang *m* des Anzeigebereichs || **~ кипения** *s.* ~ выкипания || **~ класса** Klassenintervall *n* || **~ контрастности объекта съёмки** *(Photo)* Objektumfang *m* || **~ кристаллизации** *(Met)* Kristallisationsbereich *m*, Kristallisationsintervall *n* *(s. a.* ~ застывания*)* || **~/критический** *(Wkst)* Umwandlungsgebiet *n* || **~ между дефектами** Störstellenabstand *m* *(Halbleiter)* || **~/межповерочный** Eichfrist *f* || **~ напряжений цикла** *(Wkst)* Belastungsbereich *m*, Spannungsausschlag *m* || **~ оптических плотностей** 1. Dichteumfang *n*; 2. *(Photo)* Schwärzungsumfang *m* || **~ плавления** *(Met)* Schmelzbereich *m*, Schmelzintervall *n*, Solidus-Liquidus-Bereich *m* || **~ плотностей** *s.* ~ оптических плотностей || **~ плотностей/полезный** *(Photo)* nutzbarer Dichteumfang *m* || **~ превращения** Umschlagintervall *n*, Umschlagbereich *m* *(eines Indikators)* || **~ размягчения** Erweichungsintervall *n*, Erweichungsbereich *m* *(der Temperatur)* || **~ регулирования** Regelungsintervall *n* || **~ температур** Temperaturbereich *m*, Temperaturintervall *n* || **~ температур застывания (затвердевания)** *s.* ~ застывания || **~/частотный** Frequenzintervall *n*, Frequenzlücke *f* || **~ шкалы** Skalenteil *m* || **~ экспозиций** *(Photo)* Belichtungsumfang *m* || **~ экспозиций/полезный** nutzbarer Belichtungsumfang *m* || **~/энергетический** *(Eln)* Bandabstand *m* || **~ яркостей** *(Photo)* Leuchtdichteumfang *m*

интервалометр *m* Zeitfolgeregler *m*, Bildfolgeregler *m*, Intervallometer *n*

интергляциал *m s.* межледниковье

интергранулярный *(Krist)* intergranular

интеркостельный *(Schiff)* interkostal

интеркристаллитный *(Krist)* interkristallin

интерлиньяж *m (Typ)* Zeilenabstand *m*

интермодуляция *f (Nrt)* Übersprechen *n*

интермолекулярный *s.* межмолекулярный

интерниды *pl (Geol)* Interniden *pl*

интерполирование *n s.* интерполяция

интерполятор *m* Interpolator *m* || **~/внешний** Außeninterpolator *m* || **~/встроенный** Inneninterpolator *m* || **~/круговой** Kreisinterpolator *m*, zirkular arbeitender Interpolator *m* || **~/линейный** Linearinterpolator *m*, linearer Interpolator *m* || **~/параболический** parabolisch arbeitender Interpolator *m*, Parabelinterpolator *m*

интерполяция *f (Math)* Interpolation *f*, Einschaltung *f* || **~/круговая** Kreisinterpolation *f*, Zirkularinterpolation *f*, zirkulare (kreisförmige) Interpolation *f* || **~/линейная** Linearinterpolation *f*, lineare Interpolation *f* || **~/параболическая** parabolische Interpolation *f*, Parabelinterpolation *f* || **~/трёхмерная линейная** 3D-Linearinterpolation *f*

интерпретатор *m (Inf)* Systemeingabeprogramm *n*; Interpreter *m*, Interpretierprogramm *n*, interpretierendes Programm *n* || **~ ввода** Eingabeinterpreter *m* || **~ входного языка** Interpreter *m* der Eingabesprache || **~ ошибки** Fehleranalyseprogramm *n*

интерпретация *f* Interpretation *f*, Deutung *f*, Auslegung *f* || **~ программы** *(Inf)* Programminterpretation *f* || **~ языка** Spracheninterpretation *f*

интерстадиал *m (Geol)* Interstadial *n*, Interstadialzeit *f*

интерфейс *m (Inf)* Interface *n*, Schnittstelle *f* || **~ ввода** Eingabeinterface *n* || **~ внешнего устройства** Peripherieschnittstelle *f* || **~ вывода** Ausgabeinterface *n* || **~ вызова** Aufrufschnittstelle *f* || **~/графический** graphische Schnittstelle *f* || **~/оптический** otische Schnittstelle *f* ||**~/параллельный** Parallelinterface *n* || **~/периферийный** Peripherieschnittstellenadapter *m* || **~/программируемый периферийный** programmierbarer Anschlußbaustein *m* || **~/стандартный** Standardinterface *n*, SI

интерференция *f* 1. Wechselwirkung *f*, Beeinflussung *f*; 2. *(Opt)* Interferenz *f* *(Wellenlehre)* || **~ боковых полос [частот]** Seitenbandinterferenz *f* || **~/двухлучевая** Zweistrahlinterferenz *f* || **~ Лауэ** Laue-Interferenz *f*, Röntgenstrahlinterferenz *f* nach Laue || **~/многолучевая** Mehrstrahlinterferenz *f* || **~/муаровая** Moiréinterferenz *f* || **~/однолучевая** Einstrahlinterferenz *f* || **~ пользователя** nutzerspezifischer Anschluß *m*, nutzerspezifische Schnittstelle *f* || **~ равного наклона** Interferenz *f* gleicher Neigung || **~ равной толщины** Interferenz *f* gleicher Dicke || **~ рентгеновских лучей** Röntgenstrahl[en]interferenz *f* || **~ света** Lichtinterferenz *f* || **~ электронов** Elektroneninterferenz *f*

интерферировать interferieren

интерферограмма *f (Opt)* Interferogramm *n*

интерферометр *m* 1. *(Opt)* Interferometer *n*, Interferenzgerät *n*; 2. *(Astr)* Interferometer *n*, Radiointerferometer *n*; 3. *(Rad)* Interferometer *n* || **~/акустический** Schallinterferometer *n* || **~/двухлучевой** Zweistrahlinterferometer *n* || **~ Жамена** Jamin-Interferometer *n* || **~/звёздный** Sterninterferometer *n* || **~ интенсив-**

ностей Intensitätsinterferometer *n* || ~ **Кёстерса** Interferenzkomparator *m* nach Kösters, Kösters-Interferometer *n* || **~/контактный** Kontaktinterferometer *n* || **~/космический** Weltrauminterferometer *n* || **~/лазерный** Laserinterferometer *n* || ~ **Майкельсона** Michelson-Interferometer *n* || ~ **Маха-Цендера** Mach-Zehnder-Interferometer *n* || **~/многоантенный** Mehrfachanteneninterferometer *n* || **~/поляризационный** Polarisationsinterferometer *n* || ~ **Рождественского** Roshdestwenski-Interferometer *n* || ~ **Рэлея** Rayleigh[-Haber-Löwe]-Interferometer *n*, Interferometer *n* nach Rayleigh-Haber-Löwe || ~ **Тваймана** Twyman-Interferometer *n* || **~/ультразвуковой** Ultraschallinterferometer *n* || ~ **Фабри-Перо** Fabry-Perot-Interferometer *n* || **~/фазовый** Phaseninterferometer *n* || ~ **Физо** Fizeau-Interferometer *n*

интерферометрия *f (Opt)* Interferometrie *f* || **~/голографическая** Interferenzholographie *f* || **~/лазерная** Laserinterferometrie *f* || **~/ультразвуковая** Ultraschallinterferometrie *f* || **~/электронная** Elektroneninterferometrie *f*

интерьер *m (Bw)* Innenraum *m*, Interieur *n*

интрамолекулярный *s.* внутримолекулярный

интринзик-концентрация *f (Eln)* Intrinsic-Dichte *f*, Eigenleitungsträgerdichte *f (Halbleiter)*

интрузив *m (Geol)* Intrusivkörper *m*

интрузия *f (Geol)* 1. Intrusion *f (magmatischer Prozeß)*; 2. Intrusivkörper *m (magmatischer Körper)* || **~/абиссальная** abyssische Intrusion *f* || **~/аккордантная** akkordante (pseudokonkordante) Intrusion *f* || **~/гипабиссальная** hypabyssische Intrusion *f* || **~/диапировая** diapirische Intrusion *f* || **~/дискордантная** diskordante Intrusion *f* || **~/доорогенная** präorogene Intrusion *f* || **~/кольцевая** Ringintrusion *f* || **~/конкордантная** konkordante Intrusion *f* || **~/межформационная** interformationelle Intrusion *f* || **~/многократная** mehrfache Intrusion *f* || **~/многофазная** *s.* ~/сложная || **~/несогласная** diskordante Intrusion *f* || **~/пластовая** Intrusivlager *n*, intrusiver Lagergang *m* || **~/позднеорогенная** serorogene (spätorogene) Intrusion *f* || **~/послеорогенная (посторогенная)** postorogene Intrusion *f* || **~/протыкающая** *s.* ~/диапировая || **~/синкинематическая** synkinematische Intrusion *f* || **~/синорогенная** synorogene (primorogene) Intrusion *f* || **~/сложная** Intrusion *f* unterschiedlicher stofflicher und zeitverschiedener Zusammensetzung || **~/согласная** konkordante Intrusion *f* || **~/субвулканическая** subvulkanische Intrusion *f* || **~/трещинная** Spaltenintrusion *f*

интубатор *m (Med)* Intubator *m*

инфильтрация *f* Infiltration *f*

инфлюация *f (Geol)* Versinkung *f (Eindringen von Wasser durch weite Hohlräume in den Untergrund)*

информатика *f* Informatik *f*

информационно-перерабатывающий informationsverarbeitend, Informationsverarbeitungs...

информация *f* 1. Information *f*, Nachricht *f*; 2. *(Inf)* Information *f* || **~/алфавитно-цифровая** alphanumerische Information *f* || **~/априорная** A-priori-Information *f* || **~/бинарная** *s.* ~/двоичная || **~/буквенная** Buchstabeninformation *f* || **~/буквенно-цифровая** alphanumerische Information *f* || **~/вводимая** Eingabeinformation *f* || **~/визуальная** visuelle Information *f* || **~/входная** Eingabeinformation *f* || **~/выводимая** Ausgabeinformation *f* || **~/выходная** Ausgabeinformation *f* || **~/двоичная** Binärinformation *f*, binäre Information *f* || **~/дискретная** diskrete Information *f* || **~/достоверная** wahre Information *f* || **~/задающая** Leitinformation *f* || **~/закодированная** kodierte Information *f*, Kodeinformation *f* || **~/заранее накопленная** vorgespeicherte Information *f* || **~/измерительная** Meßinformation *f* || **~/импульсно-модулированная** impulsmodulierte Information *f* || **~/иррелевантная** irrelevante (belanglose) Information *f* || **~/искажённая** verstümmelte Information *f* || **~/исходная** Ausgangsinformation *f*, Primärinformation *f* || **~/кодовая** Kodeinformation *f* || **~/командная** Befehlsinformation *f* || **~/контрольная** Kontrollinformation *f*, Testinformation *f* || ~ **о перемещении** Bewegungsinformation *f (Roboter)* || ~ **об остойчивости** *(Schiff)* Stabilitätsinformation *f* || **~/первичная входная** Primäreingabeinformation *f* || **~/переменная** veränderliche Information *f* || **~/полезная** Nutzinformation *f* || **~/путевая** Weginformation *f* || **~/радиолокационная** Radarinformation *f* || **~/секретная** konfidentielle Information *f* || **~/семантическая** semantische Information *f* || **~/справочная** Bezugsinformation *f* || **~/структурная** strukturelle Information *f* || **~/тактильная** taktile Information *f* || **~/текстовая** Textinformation *f* || ~ **телеизмерения** Fernmeßinformation *f* || **~/тестовая** Testinformation *f*, Prüfinformation *f* || **~/управляющая** Steuerinformation *f* || **~/учётная** Abrechnungsinformation *f* || **~/цветовая** *(TV)* Farbinformation *f* || **~/цифровая** digitale Information *f*, Digitalinformation *f* || **~/числовая** numerische Information *f*

инфразвук *m (Ak)* Infraschall *m*

инфракрасный infrarot, Infrarot..., IR-...

инфранизкий infraniedrig, Tiefst...

инфраплёнка *f (Photo)* Infrarotfilm *m*

инфраструктура *f (Bw)* Infrastruktur *f (Städtebau, Gebietsplanung)*

инфрасъёмка *f (Photo)* Infrarotaufnahme *f*

инфрахроматический infrarotempfindlich *(Filme)*

инъекция *f s.* инжекция

ИО *s.* 1. орган/исполнительный; 2. интенсивность отказов; 3. оптика/интегральная

иоганнит *m (Min)* Johannit *m*, Uranvitriol *m*

иод *m (Ch)* Iod *n*, J || **~/радиоактивный** *(Kern)* radioaktives Iod *n*, Radioiod *n*

иодаргирит *m (Min)* Jodargyrit *m*, Jodit *m*, Jodsilber *n*

иодат *m* Iodat *n*, Iodat(V) *n*

иодид *m (Ch)* Iodid *n*

иодистый *(Ch)* ...iodid *n*; iodhaltig

иодит *m s.* иодаргирит

иодкрахмальный Iodstärke...

иодноватистокислый *(Ch)* ...hypoiodit *n*, ...iodat(I) *n*; hypoiodigsauer

иодноватокислый *(Ch)* ...iodat *n*, ...iodat(V) *n*; iodsauer

иоднокислый *(Ch)* ...periodat *n*, ...iodat(VII) *n*; periodsauer

иодобромит *m (Min)* Jodobromit *m*, Jodbromchlorsilber *n*
иодоводород *m (Ch)* Iodwasserstoff *m*, Hydrogeniodid *n*
иодометрия *f (Ch)* Iodometrie *f*
иол *m (Schiff)* Yawl *f*; Yawl-Takelung *f*
иолит *m s.* кордиерит
ион *m (Ph, Ch)* Ion *n* ‖ **~/адсорбированный** Adion *n*, Haftion *n* ‖ **~/активный** aktives Ion *n* ‖ **~/акцепторный** Akzeptorion *n* ‖ **~/амфотерный** Zwitterion *n*, Ampho-Ion *n*, Dipol-Ion *n* ‖ **~ внедрения** Zwischengitterion *n* ‖ **~/внедрённый** *s.* ~ внедрения ‖ **~/водородный** Wasserstoffion *n* ‖ **~/вторичный** Sekundärion *n* ‖ **~/диполярный** *s.* ~/амфотерный ‖ **~/донаторный** Donatorion *n* ‖ **~ донора** Donatorion *n* ‖ **~/комплексный** Komplexion *n*, komplexes Ion *n* ‖ **~/мешающий** Störion *n* ‖ **~/многозарядный** mehrfach geladenes Ion *n* ‖ **~/молекулярный** Molekülion *n*, Molekelion *n* ‖ **~/обменный** Austauschion *n*, austauschfähiges Ion *n* ‖ **~/однозарядный** einfach geladenes Ion *n* ‖ **~/осколочный** Fragmention *n* ‖ **~/остаточный** Restion *n* ‖ **~ отдачи** Rückstoßion *n* ‖ **~/отрицательный** Anion *n*, negatives Ion *n* ‖ **~/положительный** positives Ion *n*, Kation *n* ‖ **~/посторонний** Fremdion *n* ‖ **~ примеси** Fremdion *n* ‖ **~/сложный** *s.* ~/комплексный ‖ **~/центральный** Zentralion *n*
ионизатор *m* Ionisator *m*
ионизация *f (Ph)* Ionisation *f*, Ionisierung *f* ‖ **~ атмосферы** *s.* ~ воздуха ‖ **~ внутренних оболочек [атома]** Ionisation *f* innerer Elektronenschalen ‖ **~ воздуха** Luftionisierung *f*, Luftionisation *f*, atmosphärische Ionisation *f* ‖ **~ газа** Gasionisation *f*, Gasionisierung *f* ‖ **~ давлением** Druckionisation *f* ‖ **~/колонная** Kolonnenionisation *f* ‖ **~/контактная** *s.* ~/поверхностная ‖ **~/кумулятивная** *s.* ~/ступенчатая ‖ **~/многократная** Mehrfachionisation *f* ‖ **~/объёмная** Volumenionisation *f* ‖ **~/поверхностная** Oberflächenionisation *f*, Kontaktionisation *f*, Grenzflächenionisation *f* ‖ **~/полная** totale Ionisation *f* ‖ **~/посторонняя** Fremdionisation *f* ‖ **~/предварительная** Autoionisation *f*, Präionisation *f*, Selbstionisation *f* ‖ **~ при столкновении** *s.* ~/ударная ‖ **~ с диссоциацией** dissoziative Ionisation *f* ‖ **~ светом** Photoionisation *f* ‖ **~ столкновением ионов** Ionenstoßionisierung *f* ‖ **~ столкновениями** *s.* ~/ударная ‖ **~/ступенчатая** Stufenionisation *f* ‖ **~/термическая** thermische Ionisation *f*, Temperaturionisation *f* ‖ **~/ударная** Stoßionisation *f*, Stoßionisierung *f* ‖ **~/удельная** 1. spezifische Ionisation *f*, Ionisationsstärke *f*; 2. *s.* плотность ионизации/линейная ‖ **~/фотоэлектрическая** Photoionisation *f* ‖ **~ электронным ударом** Elektronenstoßionisation *f*
ионизирование *n s.* ионизация
ионизируемость *(Ph) f* Ionisierbarkeit *f*
ионий *m (Ch)* Ionium *n*, Io
ионит *m (Ch)* Ionenaustauscher *m*, Ionit *m*
ионно-имплантационный *(Eln, Krist)* Ionenimplantations…
ионно-имплантированный *(Eln, Krist)* ionenimplantiert
ионно-лучевой Ionenstrahl…
ионно-оптический ionenoptisch
ионность *f (Ch, Ph)* Ionengehalt *m*
ионный Ionen…
ионогенный ionogen
ионограмма *f (Ph)* Ionogramm *n*
ионозонд *m* Ionosonde *f*, Ionosphärensonde *f*
ионоколориметр *m* Ionisationskolorimeter *n*
ионолитография *f* Ionenlithographie *f (als Teilgebiet der Mikrolithographie)*
ионолюминесценция *f* Ionenlumineszenz *f*
ионообмен *m* Ionenaustausch *m*
ионообменник *m s.* ионит
ионопровод *m (Kern)* Ionenleiter *m (Beschleuniger)*
ионосфера *f (Ph)* Ionosphäre *f*, Thermosphäre *f*, Heaviside-Schicht *f*
ионотропный ionotrop
ионоуничтожение *n s.* рекомбинация ионов
ионофон *m* Ionophon *n*
ионтрон *m* Iontron *n*
ИП *s.* 1. преобразователь/измерительный; 2. пеленг/истинный; 3. источник питания; 4. искатель повреждений
ИПС *s.* система/информационно-поисковая
иразер *m* Iraser *m*, Infrarotmaser *m*, IR-Maser *m*
иридий *m (Ch)* Iridium *n*, Ir ‖ **~/осмистый** *(Min)* Osmiridium *n*, Newjanskit *m*
иридосмин *m (Min)* Iridosmin *m*, Iridosmium *n*
иризация *f (Opt, Min)* Irisieren *n*
иризирование *n s.* иризация
ирис-ножницы *pl (Med)* Irisschere *f*
ИРП *s.* радиопеленг/истинный
иррадиация *f (Opt)* Irradiation *f*, Überstrahlung *f*
иррациональность *f (Math)* Irrationalität *f*
ирригатор *m* 1. *(Med)* Irrigator *m*, Spülapparat *m*; 2. *(Lw)* Berieselungsmaschine *f*
ирригация *f (Lw)* Bewässerung *f*, Berieselung *f*
ИС *s.* 1. система/измерительная; 2. схема/интегральная; 3. источник света
ИСЗ *s.* спутник Земли/искусственный
искажать 1. verzerren; 2. *(Meß)* verfälschen *(Ergebnisse)*
искажение *n* Verzerrung *f*, Entstellung *f*; *(TV)* Verzeichnung *f* ‖ **~/амплитудное** *(El)* Amplitudonverzerrung *f*; *(Nrt)* Dämpfungsverzerrung *f* ‖ **~/бочкообразное** *(TV)* Tonnenverzeichnung *f* ‖ **~ затухания** *(El)* Dämpfungsverzerrung *f* ‖ **~ изображения** *(TV)* Bildverzerrung *f*, Verzeichnung *f* ‖ **~/импульсное** *(El)* Impulsverzerrung *f* ‖ **~ коэффициента третьей гармоники/нелинейное** *(El)* kubische Verzerrung *f* ‖ **~/линейное** *(Nrt)* lineare Verzerrung *f* ‖ **~/нелинейное** *(Nrt)* nichtlineare Verzerrung *f*; Klirrverzerrung *f*, Klirr *m* ‖ **~ оптического изображения** Verzerrung *f* der optischen Abbildung ‖ **~ от обратной связи** *(Nrt)* Rückkopplungsverzerrung *f* ‖ **~ передачи** Übertragungsverzerrung *f* ‖ **~/перспективное** Schrägverzerrung *f* ‖ **~/подушкообразное** *(TV)* Kissenverzeichnung *f* ‖ **~ при передаче** *(El)* Übertragungsverzerrung *f* ‖ **~ профиля** 1. *(Flg)* Profilverzerrung *f*; 2. *(Wlz)* Profilverzug *m*, Querschnittsverzug *m* ‖ **~/рабочее** *(Nrt)* Betriebsverzerrung *f* ‖ **~/результирующее** Gesamtverzerrung *f* ‖ **~/рельефное** Bildverzerrung *f* durch Relief ‖ **~ решётки** *(Krist)* Gitterverzerrung *f*, Gitterversetzung *f* ‖ **~ сигнала** Signalverzerrung *f*, Signalverstüm-

melung *f*; Zeichenverzerrung *f* ‖ **~ сканерного изображения** Verzerrung *f* der Scannerabbildung ‖ **~ слов [при передаче]** *(Nrt)* Wortverstümmelung *f* ‖ **~ снимка/рельефное** *(TV)* Bildverzerrung *f* durch Relief, Radialverzerrung *f* ‖ **~/фазовое** *(El)* Phasenverzerrung *f* ‖ **~/фотографическое** photographische Verzerrung *f* ‖ **~/характеристическое** *(Nrt)* charakteristische Verzerrung *f*, Einschwingverzerrung *f* ‖ **~ цвета** *(Photo)* Farbverfälschung *f*, Farbfehler *m* ‖ **~/частотное** *(El)* Frequenzverzerrung *f*

исказить *s.* искажать

искание *n* 1. Suchen *n*, Suche *f*; 2. *(Nrt)* Wahl *f* ‖ **~/групповое** *(Nrt)* Gruppenwahl *f* ‖ **~/дальнее** *(Nrt)* Fernwahl *f* ‖ **~ импульсами переменного тока/дальнее** *(Nrt)* Wechselstromfernwahl *f* ‖ **~ импульсами постоянного тока/дальнее** *(Nrt)* Gleichstromfernwahl *f* ‖ **~ импульсами тональной частоты/дальнее** *(Nrt)* Tonfrequenzfernwahl *f* ‖ **~/предварительное** *(Nrt)* Vor[stufen]wahl *f* ‖ **~/прямое** *(Nrt)* unmittelbare Wahl *f*, Direktwahl *f* ‖ **~/прямое предварительное** *(Nrt)* Vorwärtswahl *f*, Verteilerwahl *f* ‖ **~/свободное** *(Nrt)* freie Wahl *f*, Freiwahl *f* ‖ **~ синусоидальными импульсами/дальнее** *(Nrt)* Einfrequenzfernwahl *f* ‖ **~/шаговое** *(Nrt)* Schrittwahl *f*

искатель *m* 1. *(Nrt)* Wähler *m*; 2. Sucher *m*; Prüfer *m*; 3. *(Astr)* Sucher *m*, Suchfernrohr *n*; 4. *(Photo)* Sucher *m* ‖ **~/вращательный** *(Nrt)* Drehwähler *m* ‖ **~/вращательный шаговый** Schrittschaltdrehwähler *m* ‖ **~/вращающийся** *(Nrt)* Drehwähler *m* ‖ **~ вызовов** *(Nrt)* Anrufsucher *m*, AS ‖ **~/гидравлический шаговый** *(Lw)* Schrittschaltwerk *n (z. B. in automatischer Beregnungsanlage)* ‖ **~/групповой** *(Nrt)* Gruppenwähler *m*, GW ‖ **~/декадно-шаговый** *(Nrt)* [dekadischer] Hebdrehwähler *m* ‖ **~/контрольный** *(Nrt)* Steuerwähler *m* ‖ **~/круговой** *(Nrt)* Rotary-Wähler *m* ‖ **~/линейно-групповой** *(Nrt)* Leitungsgruppenwähler *m*, LGW ‖ **~/линейный** *(Nrt)* Leitungswähler *m*, LW ‖ **~/машинный** *(Nrt)* Wähler *m* mit Maschinenantrieb (Gruppenantrieb) ‖ **~/меридианный** *(Geod)* Sucher *m*, Meridiansucher *m* ‖ **~/моторный** *(Nrt)* Motorwähler *m* ‖ **~/панельный** *(Nrt)* Flachwähler *m* ‖ **~ повреждений** Fehlerortungssucher *m*, Fehlersuchgerät *n* ‖ **~/подъёмно-вращательный** *(Nrt)* Hebdrehwähler *m* ‖ **~/предварительный** *(Nrt)* Vorwähler *m*, VW ‖ **~/приёмный** *(Nrt)* Empfangswähler *m* ‖ **~/приёмный шаговый** *(Nrt)* Empfangsschrittwähler *m* ‖ **~/регистровый** *(Nrt)* Registerwähler *m* ‖ **~/релейный** *(Nrt)* Relaiswähler *m* ‖ **~ Ротари** *(Nrt)* Rotary-Wähler *m* ‖ **~ с двумя движениями щёток** *(Nrt)* Wähler *m* mit zwei Bewegungsrichtungen ‖ **~ с одним движением щёток** *(Nrt)* Wähler *m* mit einer Bewegungsrichtung ‖ **~/служебный** *(Nrt)* Dienstwähler *m* ‖ **~/смешивающий** *(Nrt)* Mischwähler *m*, MW ‖ **~ станции** *(Nrt)* Amtswähler *m* ‖ **~/телефонный шаговый** Fernsprechschritt[schalt]wähler *m* ‖ **~ утечки** Lecksucher *m* ‖ **~/шаговый** *(Nrt)* Schritt[schalt]wähler *m*, Schrittschaltwerk *n*

исключать 1. ausschließen, ausscheiden, aussondern; 2. eliminieren

исключение *n* 1. Ausnahme *f*; 2. Ausschluß *m*, Ausscheiden *n*, Aussondern *n*; 3. Eliminieren *n* ‖ **~ незначащих нулей** *(Inf)* Nullenunterdrückung *f*

ископаемое *n (Geol)* Fossil *n* ‖ **~/руководящее** Leitfossil *n*

ископаемые *pl*/**полезные** *(Geol)* Bodenschätze *mpl*, nutzbare Mineralien *npl*

ископаемый *(Geol)* fossil

искра *f* Funke[n] *m* ‖ **~/вакуумная** Vakuumfunke *m* ‖ **~/высоковольтная** Hochspannungsfunke *m* ‖ **~ зажигания** Zündfunke *m* ‖ **~/зажигающая (запальная)** Zündfunke *m* ‖ **~ затухающая** Löschfunke *m* ‖ **~/импульсная** Impulsfunke *m* ‖ **~ отключения** Schaltfunke *m* ‖ **~/первичная** Einsatzfunke *m* ‖ **~ послеразряда** Nachentladungsfunke *m* ‖ **~ прерывания** *s.* размыкания ‖ **~ пробоя** Schließungsfunke *m* ‖ **~ размыкания** Abreißfunke *m*, Öffnungsfunke *m*, Unterbrechungsfunke *m* ‖ **~/разрядная** Entladungsfunke *m* ‖ **~/скользящая** Gleitfunke *m*

искрение *n* 1. Funkenbildung *f*; 2. *(El, Fert)* Funkensprühen *n*, Feuern *n*; Funkenflug *m* ‖ **~/брызгающее** Spritzfeuer *n* ‖ **~ коллектора** *(El)* Bürstenfeuer *n* ‖ **~ под щётками** *(El)* Bürstenfeuer *n*

искривление *n* 1. Biegung *f*, Krümmung *f*, Verkrümmung *f*; Knickung *f*; 2. Verzerrung *f*; Verwerfung *f*, Verzug *m*; 3. Inflexion *f*, Kurvatur *f* ‖ **~/азимутальное** *s.* азимут искривления ‖ **~ изображения** *(Opt)* Bildfeldwölbung *f* ‖ **~ лучей** Strahl[en]krümmung *f* ‖ **~ провода** Leiterdurchbiegung *f* ‖ **~/тепловое** Wärmeverzug *m*, Warmverzug *m* ‖ **~ траектории** Bahnkrümmung *f*

искривлённость *f* Verwindung *f*

искрить funken, feuern

искробезопасность *f* Funkensicherheit *f*

искробезопасный funkensicher

искровой Funken...

искрогаситель *m* 1. *(El)* Funkenlöscher *m*; 2. *s.* искроуловитель

искрогасительный Funkenlösch...

искрогасящий Funkenlösch...

искрогашение *n* Funkenlöschung *f*

искрозащищённый funkengeschützt

искроловитель *m s.* искроуловитель

искронепроницаемый funkendurchschlagsicher

искротушитель *m s.* искроуловитель

искроудержатель *m s.* искроуловитель

искроуловитель *m* Funkenfänger *m (Feuerungstechnik)*; Funkenkammer *f (Schachtofen)*

испарение *n* Verdampfung *f*; Verdunstung *f (unterhalb des Siedepunktes)* ‖ **~/автоэлектронное** Feldverdampfung *f* ‖ **~/вакуумное** Vakuumverdampfung *f* ‖ **~/вторичное** Rückverdampfung *f* ‖ **~/двухступенчатое** Zweistufenverdampfung *f* ‖ **~/катодное** Kathodenzerstäubung *f* ‖ **~ металла** Metallverdampfung *f* ‖ **~ нейтронов** Neutronenverdampfung *f* ‖ **~/непосредственное** direkte Verdampfung *f* ‖ **~/однократное (одноступенчатое)** einfache (einstufige) Verdampfung *f*, Einfachverdampfung *f* ‖ **~/плёночное** Dünnschichtverdampfung *f* ‖ **~/равновесное** Gleichgewichtsverdampfung *f*, geschlossene Verdampfung *f* ‖ **~ электронным лучом** Elektronenstrahlverdampfung *f* ‖ **~/электростатическое** Feldverdampfung *f* ‖

~ **ядра** *(Kern)* Verdampfung *f* des Kerns, Kernverdampfung *f*
испаритель *m* 1. *(Kält)* Verdampfer *m*; 2. Verdampferteil *m (Dampferzeuger)*; 3. Treibmittelbad *n*, Heiztopf *m*, Siedekolben *m (Dampfstrahlvakuumpumpe)*; 4. Vergasungsrüssel *m*, Gasvorwärmer *m (Flüssiggasmotor)*; 5. *(Meteo)* Evaporimeter *n*, Verdunstungsmesser *m* ‖ **~/аммиачный** *(Kält)* Ammoniakverdampfer *m* ‖ **~/вакуумный** Vakuumverdampfer *m* ‖ **~/вертикальнотрубный** *(Kält)* Steilrohrverdampfer *m*, Vertikalrohrverdampfer *m* ‖ **~/гладкотрубный** *(Kält)* Glattrohrverdampfer *m* ‖ **~/двухтрубный** *(Kält)* Doppelrohrverdampfer *m* ‖ **~/дисковый** Scheibenverdampfer *m* ‖ **~/затопленный** *(Kält)* überfluteter Verdampfer *m* ‖ **~/змеевиковый** *(Kält)* Rohrschlangenverdampfer *m* ‖ **~/каскадный** *(Kält)* Kaskadenverdampfer *m* ‖ **~/кожухозмеевиковый** *(Kält)* Rohrschlangenkesselverdampfer *m*, Tauchverdampfer *m* ‖ **~/кожухотрубный** *(Kält)* Rohrbündelverdampfer ‖ **~/листотрубный** *(Kält)* Plattenrohrverdampfer *m* ‖ **~/многоходовой** *(Kält)* mehrzügiger Verdampfer *m* ‖ **~/оросительный** *(Kält)* Berieselungsverdampfer *m*, Rieselverdampfer *m* ‖ **~/плиточный** *(Kält)* Plattenverdampfer *m* ‖ **~/поверхностный** Oberflächenverdampfer *m* ‖ **~/ребристый** *(Kält)* Rippenrohrverdampfer *m*, berippter Verdampfer *m* ‖ **~/сухой** *(Kält)* trockener Verdampfer *m* ‖ **~/трубчатый** Röhrenverdampfer *m*, Rohrverdampfer *m* ‖ **~/фреоновый** *(Kält)* Frigenverdampfer *m* ‖ **~/циркуляционный** *(Wmt)* Umlaufverdampfer *m* ‖ **~/шнековый** *(Kält)* Schneckenverdampfer *m* ‖ **~/электронно-лучевой** Elektronenstrahlverdampfer *m*
испарить[ся] *s.* испарять[ся]
испаряемость *f* 1. Verdampfbarkeit *f*, Verdampfungsfähigkeit *f*; Verdampfungsvermögen *n*; 2. Verdunstungsvermögen *n*; 3. Evaporabilität *f*, Verdunstbarkeit *f*; 4. Verdunstungszahl *f*; 5. *(Meteo)* potentielle Evapotranspiration *f*
испарять 1. verdampfen; 2. verdunsten lassen
испаряться 1. verdampfen; 2. verdunsten
исподник *m (Schm)* Gesenkamboß *m*, Untergesenk *n* ‖ ~ **обжимки** Untergesenk *n*
исполнение *n* Ausführung *f*; Bauform *f*, Bauweise *f* ‖ **~/бескорпусное** gehäuselose Ausführung *f* ‖ **~/взрывобезопасное (взрывозащищённое)** *(Bgb)* explosionssichere Ausführung *f (von Grubenausrüstungen)* ‖ **~/закрытое** geschlossene Ausführung *f* ‖ **~/компактное** kompakte Ausführung (Bauweise) *f*, Kompaktbauweise *f* ‖ **~/микромодульное** *(Eln)* Mikromodulbauweise *f*, Mikromodulausführung *f* ‖ **~/моноблочное** Monoblockbauart *f (von Kreiselpumpen)* ‖ **~/пылезащищённое** staubgeschützte Ausführung *f* ‖ **~/стандартное** Standardbauweise *f* ‖ **~/теплозащищённое** wärmegeschützte Ausführung *f*
исполнитель *m* Entzerrer *m*
использование *n* Ausnutzung *f*, Benutzung *f*, Nutzung *f*, Gebrauch *m*; Nutzbarmachung *f*; Inanspruchnahme *f*; Verbrauch *m*; Auslastung *f* • **многоразового использования** *(Raumf)* wiederverwendbar • **с использованием ЭВМ** rechnergestützt, rechnerunterstützt ‖ ~ **вод/промышленное** *(Ökol)* industrielle Wassernutzung *f* ‖ ~ **водной энергии** Wasserkraftnutzung *f* ‖ **~/высокочастотное уплотнённое** *(Nrt)* Mehrfachausnutzung *f* mit Trägerfrequenzsystem, trägerfrequente Mehrfachausnutzung *f* ‖ **~/многократное** *(Nrt)* Mehrfachausnutzung *f* ‖ ~ **отходов** *(Ökol)* Abfallverwertung *f*, Abproduktnutzung *f* ‖ ~ **отходящего тепла** *(Wmt)* Abwärmeverwertung *f*, Abwärmenutzung *f* ‖ ~ **природных ресурсов** *(Ökol)* Naturressourcennutzung *f* ‖ ~ **пространства** Raumausnutzung *f* ‖ ~ **тепла** Wärmenutzung *f* ‖ ~ **фантомных цепей** *(Nrt)* Phantomausnutzung *f*, Phantomkreisnutzung *f*
исправить *s.* исправлять
исправление *n* 1. Verbesserung *f*, Berichtigung *f*, Korrektur *f (s. a. unter* коррекция 1.*)*; 2. Ausbesserung *f*, Reparatur *f*, Instandsetzung *f* ‖ **~/автоматическое** *(Inf)* automatische Berichtigung *f* ‖ ~ **дефектов** Beseitigung *f* (Abstellen *n*, Beheben *n*) einer Störung, Störungsbeseitigung *f*; Fehlerausbesserung *f*, Fehlerbeseitigung *f* ‖ ~ **импульсов** Impulskorrektur *f* ‖ ~ **ошибок (погрешностей)** Fehlerkorrektur *f*, Fehlerausgleichung *f*
исправлять 1. reparieren, ausbessern; 2. korrigieren
исправность *f* einwandfreier Zustand (Betriebszustand) *m*
испускание *n* Emission *f*; Abstrahlung *f*; Strahlung[semission] *f*, Strahlenemission *f*; Aussendung *f* [von Strahlen] *(s. a. unter* эмиссия*)* ‖ ~ **бета-лучей** Betaemission *f*; Betastrahlung *f* ‖ ~ **гамма-лучей** Gammaemission *f*; Gammastrahlung *f* ‖ ~ **позитронов** Positronemission *f* ‖ **~/резонансное** *(Ph)* Resonanzstrahlung *f* ‖ ~ **света** *(Opt)* Lichtausstrahlung *f*, Lichtemission *f* ‖ ~ **фотонов** Photonenemission *f*, Photonenstrahlung *f* ‖ ~ **электронов** Elektronenausstrahlung *f*, Elektronenemission *f*
испускать aussenden, emittieren, ausstrahlen
испустить *s.* испускать
испытание *n* 1. Prüfung *f*, Erprobung *f*; Versuch *m*; Test *m*; 2. *(Math)* Versuch *m (Wahrscheinlichkeitsrechnung)* ‖ ~ **без разрушения [образца]** zerstörungsfreie Werkstoffprüfung (Materialprüfung) *f*, Defektoskopie *f* ‖ **~/буксировочное** *(Schiff)* Schleppversuch *m (eines Modells)* ‖ ~ **в аэродинамическом канале (трубе)** Windkanalversuch *m (Strömungslehre)* ‖ ~ **водопроницаемости** *(Geol)* Wasserdurchlässigkeitsprüfung *f* ‖ **~/выборочное** Stichprobenprüfung *f* ‖ ~ **высоким напряжением** Hochspannungsprüfung *f* ‖ **~/граничное** Grenzwertprüfung *f* ‖ ~ **давлением** Abdrücken *n*, Druckversuch *m*, Abdrückversuch *m*, Dichtheitsprüfung *f* ‖ **~/динамическое** dynamische Prüfung *f* ‖ **~/длительное** Dauerversuch *m*; Dauererprobung *f* ‖ ~ **длительным нагружением** Dauerprüfung *f* ‖ ~ **знакопеременной ударной нагрузкой** Wechselschlagversuch *m* ‖ ~ **знакопеременным ударом** Wechselschlagversuch *m* ‖ ~ **Изода** Isod-Kerbschlag[biege]versuch *m* ‖ **~/имитационное** Blindprüfung *f* ‖ ~ **качества** Güteprüfung *f*, Qualitätsprüfung *f*; Qualitätskontrolle *f* ‖ **~/контрольное** 1. Gegenprobe *f*, Gegenversuch *m*; Überprüfung *f*; 2. Abnahme-

prüfung *f* || **~/коррозионное** Korrosions[widerstands]prüfung *f*, Korrosionsversuch *m* || **~/кратковременное** Kurzzeitprüfung *f* || **~ купелированием** Kapellenprobe *f (NE-Metallurgie)* || **~/лабораторное** Laborversuch *m*, Kleinversuch *m* || **~ материалов** Werkstoffprüfung *f*, Materialprüfung *f* || **~ материалов без разрушения** zerstörungsfreie Werkstoffprüfung *f* || **~ материалов/износоусталостное** Verschleißermüdungsversuch *m* || **~ материалов/неразрушающее** zerstörungsfreie Werkstoffprüfung *f* || **~/мокроразрядное** *(El)* Überschlagprüfung *f* unter Regen *(von Isolatoren)* || **~ мощности** Leistungsversuch *m (Kraftmaschinen)* || **~ на безотказность** Zuverlässigkeitsprüfung *f* || **~ на бортование** Bördelprobe *f* || **~ на вибрационную выносливость** Dauerschwing[ungs]festigkeitsprüfung *f*, Dauerwechselfestigkeitsprüfung *f*, Schwingungsprüfung *f*, Wechselfestigkeitsprüfung *f* || **~ на вибропрочность** Vibrationsfestigkeitsprüfung *f* || **~ на выдёргивание** Ausziehversuch *m* || **~ на выносливость** *s.* ~ на усталость || **~ на вытягиваниенити** *(Text)* Faden[verzugs]probe *f* || **~ на вытяжку** Tiefungsversuch *m* || **~ на вытяжку по Эриксену** Tiefungsversuch *m* [nach Erichsen], Erichsen-Tiefungsversuch *m*, Erichsen-Tiefung *f* || **~ на герметичность** *s.* ~ на утечку || **~ на глубокую вытяжку** Tiefziehprüfung *f*, Tiefziehversuch *m* || **~ на горячее растяжение** Warmzugversuch *m* || **~ на горячее скручивание** Warmverdreh[ungs]versuch *m*, Warmtorsionsversuch *m* || **~ на горячий изгиб** Warmbiegeversuch *m* || **~ на горячую осадку** Warmstauchversuch *m* || **~ на динамическое растяжение** *s.* ~ прочности при ударном растяжении || **~ на длительную прочность** *s.* ~ на усталость || **~ на долговечность** Lebensdauerprüfung *f* || **~ на жидкотекучесть** *(Gieß)* Probe *f* auf Formfüllungsvermögen, Fließprobe *f*, Vergießprobe *f (Gießspirale)* || **~ на загиб** Faltversuch *m*, Biege-versuch *m* || **~ на закалку** Härteversuch *m* || **~ на закрутку** Verwindeversuch *m* || **~ на затвердевание** *(Bw)* Erhärtungsprüfung *f (Beton)* || **~ на изгиб** Biegeversuch *m* || **~ на изгиб над-резанного образца** Kerbbiegeversuch *m* || **~ на изгиб/ударное** Schlagbiegeversuch *m* || **~ на излом** Bruchversuch *m* || **~ на износ** Verschleiß[festigkeits]prüfung *f*, Verschleißversuch *m* || **~ на истирание** Verschleiß[festigkeits]prüfung *f*; Prüfung *f* auf Abriebfestigkeit, Abreibungsversuch *m* || **~ на качку** *(Schiff)* Schlingerprüfung *f* || **~ на ковкость** Schmiedeversuch *m* || **~ на коксуемость** Verkokungsprobe *f* || **~ на короткое замыкание** *(El)* Kurzschlußprüfung *f* || **~ на коррозии** Korrosionsprüfung *f* || **~ на коррозионную усталость** Korrosions[dauer]versuch *m*, Korrosionsprüfung *f* || **~ на кручение** *s.* ~ на скручивание || **~ на кубиковую прочность** Würfelprobe *f* || **~ на микротвёрдость** Mikrohärteprüfung *f* || **~ на мощность** Leistungsprüfung *f (Kraftmaschinen)* || **~ на навивание [проволоки]** Wickelversuch *m (Draht)* || **~ на надёжность** Zuverlässigkeitsprüfung *f* || **~ на непроницаемость** Dichtheitsprüfung *f*, Dichtigkeitsprüfung *f* || **~ на обжатие труб** Aufweiteversuch *m (Rohre)* || **~ на обрабатываемость** Bearbeitbarkeitsprüfung *f* || **~ на окисляемость [при высокой температуре]** Verzunderungsversuch *m* || **~ на осадку** Stauchversuch *m* || **~ на осадку труб** Aufweitversuch *m (Rohre)* || **~ на отбортование (отбортовку)** Bördelversuch *m* || **~ на перегиб [в холодном состоянии]** Hin- und Herbiegeversuch *m* || **~ на переменный изгиб** Wechselbiegeversuch *m*, Wechselbiegeprüfung *f* || **~ на плавкость** Schmelzversuch *m* || **~ на плотность** Abdrücken *n*, Druckversuch *m*, Abdrückversuch *m*, Dichtprüfung *f (z. B. Gußteile)* || **~ на плотный загиб** Faltversuch *m* um 180° || **~ на плющение** Stauchversuch *m* || **~ на ползучесть** Dauerstandversuch *m*, Zeitstandversuch *m* || **~ на ползучесть при изгибе** Biege-Dauerstandversuch *m*, Dauerbiegeversuch *m* || **~ на ползучесть при кручении** Torsions-Dauerstandversuch *m*, Dauertorsionsversuch *m* || **~ на ползучесть при растяжении** Zug-Dauerstandversuch *m*, Dauerzugversuch *m* || **~ на пригодность** überschlägige Prüfung *f*; Bewertungsprüfung *f* || **~ на пробиваемость (пробивку)** 1. Durchschlagversuch *m*, Loch[ungs]-versuch *m*; 2. Aufweitversuch *m (z. B. Rohre)*; 3. *(Gieß)* Prüfung *f* auf Ausschlagbarkeit *(Formstoff)* || **~ на пробой** *(El)* Durchschlagsprüfung *f* || **~ на продольный изгиб** Knickversuch *m* || **~ на прочность** Festigkeitsprüfung *f*, Festigkeitsuntersuchung *f* || **~ на развальцовку** Aufweiteversuch *m (Rohre)* || **~ на раздавливание** Quetschversuch *m* || **~ на раздачу** 1. Aufweiteversuch *m (z. B. Rohre)*; 2. Breitungsversuch *m* || **~ на раздробление** Brechversuch *m*, Zerquetsch[ungs]probe *f (stückiges Gut)* || **~ на разрушение** 1. Bruchversuch *m*; 2. Bruchfestigkeitsuntersuchung *f* || **~ на разрыв** *s.* ~на растяжение 2. || **~ на расплющивание** Breitungsversuch *m* || **~ на растрескивание [/коррозионное]** Prüfung *f* auf innere Spannungen, Spaltversuch *m (feuerfester Werkstoffe)* || **~ на растяжение** 1. Dehnungsversuch *m*, Reckversuch *m*; 2. Zugversuch *m*, Zugprüfung *f*, Zerreißversuch *m*, Zerreißprüfung *f* || **~ на растяжение/динамическое** Schlagzugversuch *m* || **~ на растяжение/ударное** *s.* ~ прочности при ударном растяжении || **~ на режущую способность** Schneidfähigkeitsprüfung *f (Schneidwerkzeuge)* || **~ на свариваемость** Prüfung *f* auf Schweißbarkeit, Schweißbarkeitspüfung *f* || **~ на сдвиг** 1. Schubfestigkeitsprüfung *f*, Schubversuch *m*; 2. *(Geol)* Scherprüfung *f (für tonige Gesteine)* || **~ на сжатие** Druckfestigkeitsprüfung *f*, Druckversuch *m* || **~ на сжатие/динамическое (ударное)** Schlagdruckversuch *m* || **~ на синеломкость** Blaubruchversuch *m* || **~ на скалывание** Spaltprobe *f (Feuerfeststoff)* || **~ на склероскопическую твёрдость** Rücksprunghärteprüfung *f (nach Shore)* || **~ на скручивание** Torsionsversuch *m*, Verdreh[ungs]versuch *m* || **~ на слабые места** Schwachstellenprüfung *f*, Schwachstellenermittlung *f* || **~ на сплющивание** Faltversuch *m* || **~ на срез** Scherversuch *m*, Abscherversuch *m* || **~ на срок службы** Lebensdauerprüfung *f* || **~ на старение** Alterungsversuch *m*, Alterungsprüfung *f* || **~ на стойкость против атмосферных влияний** Wetterbeständigkeitsprüfung *f* || **~ на твёрдость** *s.*

~ твёрдости ‖ **~ на удар** Schlagversuch *m* ‖ **~ на ударное растяжение** Schlagzugversuch *m* ‖ **~ на ударное сжатие** Schlagdruckversuch *m* ‖ **~ на ударную выносливость** Dauerschlagversuch *m* ‖ **~ на ударную вязкость** Kerbschlag[biege]versuch *m* ‖ **~ на ударный изгиб** Schlagbiegeversuch *m* ‖ **~ на ударный предел выносливости** Dauerschlagfestigkeitsversuch *m* ‖ **~ на усталость** [dynamische] Dauerfestigkeitsprüfung *f*, Dauerversuch *m*, Dauerprüfung *f* ‖ **~ на усталость изгибом** Dauerbiegeversuch *m* ‖ **~ на усталость при знакопеременном цикле** Dauerschwingversuch *m*, Schwingungsversuch *m* ‖ **~ на усталость при пульсирующих напряжениях** 1. Schwellfestigkeitsprüfung *f*; 2. Dauerwechselfestigkeitsprüfung *f* ‖ **~ на усталость при сжатии** Drukkermüdungsversuch *m* ‖ **~ на усталость при статической нагрузке** Dauerversuch *m* mit ruhender Belastung (Beanspruchung) ‖ **~ на усталость при ударе** Dauerschlagversuch *m* ‖ **~ на утечку** Leckprüfung *f*, Dicht[igkeits]prüfung *f* ‖ **~ на фальцевание** Falzversuch *m* ‖ **~ на хладноломкость** Kaltbruchversuch *m* ‖ **~ на холодную вытяжку** Kaltstreckversuch *m* ‖ **~ на холодную осадку** Kaltstauchversuch *m* ‖ **~ на холостом ходу** Leelaufprüfung *f* ‖ **~ на штампуемость** Stanzversuch *m* ‖ **~ на эмиссию** Emissionsprüfung *f* ‖ **~ нагрузкой** Belastungsprüfung *f* ‖ **~ надрезанных образцов/ударное** Kerbschlagversuch *m* ‖ **~ напряжением** *(El)* Spannungsprüfung *f* ‖ **~/неразрушающее** zerstörungsfreie Prüfung *f* ‖ **~ обрабатываемости** Bearbeitbarkeitsprüfung *f* ‖ **~/образцовое** Musterprüfung *f* ‖ **~ осадкой** Stauchversuch *m* ‖ **~/перекрёстное** *(Gum)* Ringversuch *m* ‖ **~ пластов** *(Geol)* Schichttest *m* ‖ **~ по методу Вёлера** Wöhler-Versuch *m*, Dauerfestigkeitsprüfung *f* nach Wöhler ‖ **~/повторное** Überprüfung *f*, nochmalige (wiederholte) Prüfung *f* ‖ **~ под нагрузкой** Belastungsprüfung *f* ‖ **~/полевое** Feldversuch *m* ‖ **~ ползучести** Dauerstandversuch *m* ‖ **~ ползучести по сокращённому методу** Zeitstandversuch *m* ‖ **~ породы на размокание** *(Geol)* Untersuchung *f* des Quellverhaltens der Gesteine ‖ **~ породы на сжатие** *(Geol)* Kompressionsprüfung *f*, Zusammendrückbarkeitsprüfung *f* ‖ **~ породы на трёхосное сжатие** *(Geol)* Triaxialversuch *m*, triaxialer Druckversuch *m* ‖ **~/последовательное** Folgetest *m* *(statistische Qualitätskontrolle)* ‖ **~/поштучное** Einzelprüfung *f* ‖ **~/приёмное (приёмочное)** Abnahmeprüfung *f*, Abnahmeversuch *m*, Übernahmeprüfung *f* ‖ **~/пробеговое** *(Kfz)* Fahrerprobung *f* *(Reifen)* ‖ **~/проверочное** Gegenprobe *f*, Kontrollprobe *f*, Überprüfung *f* ‖ **~/продолжительное** Dauerprüfung *f*; Dauerversuch *m* ‖ **~/производственное** Betriebsprüfung *f*, Prüfung *f* unter Betriebsbedingungen ‖ **~ прочности при кручении** *s.* ~на скручивание ‖ **~ прочности при ударном растяжении** Schlagzugversuch *m* ‖ **~/пусковое** Anfahrprüfung *f*; Startversuch *m* ‖ **~ растяжением-сжатием** Zug-Druck-Versuch *m* ‖ **~/реологическое** rheologische Untersuchung *f* ‖ **~/речевое** Sprech-Hör-Versuch *m* ‖ **~ с падающим шариком** Kugelfallversuch *m* ‖ **~ с разрушением образца** zerstörende Prüfung *f* ‖ **~/самоходное** Propulsionsversuch *m* *(eines Schiffsmodells)* ‖ **~/сдаточное** Abnahmeprüfung *f* ‖ **~/серийное** Serienprüfung *f*, Reihenprüfung *f* ‖ **~/склерометрическое** Ritzhärteversuch *m*, Ritzhärteprüfung *f* ‖ **~ скорости хода судна** *(Schiff)* Fahrtprobe *f*, Geschwindigkeitsprobe *f* ‖ **~/скоростное** *(Bw)* Schnellprüfung *f* ‖ **~/специальное** Sonderprüfung *f*, Spezialprüfung *f* ‖ **~/сравнительное** Vergleichsprüfung *f* ‖ **~ сравнительными методами** Vergleichsprüfung *f* ‖ **~/статическое** statische Prüfung *f* ‖ **~/стендовое** Prüfstand[s]erprobung *f*, Prüfstand[s]untersuchung *f* ‖ **~/стройплощадочное** *(Bw)* Baustellenprüfung *f* ‖ **~ схемы** *(El)* Schaltungsprüfung *f* ‖ **~ твёрдости** Härtebestimmung *f*, Härteprüfung *f* ‖ **~ твёрдости динамическим вдавливанием** Schlaghärteprüfung *f* ‖ **~ твёрдости по Бринеллю** Brinellhärteprüfung *f*, Härteprüfung *f* nach Brinell ‖ **~ твёрдости по Виккерсу** Vickershärteprüfung *f*, Härteprüfung *f* nach Vickers ‖ **~ твёрдости по методу царапания** Ritzhärteprüfung *f* ‖ **~ твёрдости по Роквеллу** Rockwellhärteprüfung *f*, Härteprüfung *f* nach Rockwell ‖ **~ твёрдости по Шору** Shorehärteprüfung *f*, Härteprüfung *f* nach Shore, Rücksprunghärteprüfung *f* ‖ **~ твёрдости/склероскопическое** *s.* ~ твёрдости по Шору ‖ **~ твёрдости царапанием** Ritzhärteprüfung *f* ‖ **~/тензометрическое** Tensometerprüfung *f* ‖ **~/типовое** Typenteilprüfung *f* ‖ **~ торможением** Bremsprobe *f*; Abbremsversuch *m* ‖ **~/тормозное** Abbremsung *f*, Bremsversuch *m* *(Maschinenleistung)* ‖ **~ тормозов** *(Kfz)* Bremsprüfung *f*, Bremsenerprobung *f* ‖ **~/точностное** Genauigkeitsprüfung *f* ‖ **~ травлением** Ätzversuch *m* ‖ **~/ударное** Schlagversuch *m* ‖ **~ уплотнённости породы** *(Geol)* Verdichtungsprüfung *f* ‖ **~/ускоренное** Kurz[zeit]prüfung *f*, Kurzzeitversuch *m* ‖ **~/ускоренное дорожное** beschleunigte Straßenerprobung *f* *(Reifen)* ‖ **~ усталости** *s.* ~ на усталость ‖ **~/усталостное** *s.* ~ на усталость ‖ **~ формовочных смесей** *(Gieß)* Formstoffprüfung *f* ‖ **~/ходовое** *(Schiff)* Probefahrt *f* ‖ **~ циклическим растяжением** Schwellfestigkeitsprüfung *f* auf Zug; Zugfestigkeitsprüfung *f* im Schwellbereich ‖ **~ циклическим сжатием** Schwellfestigkeitsprüfung *f* auf Druck; Druckfestigkeitsprüfung *f* im Schwellbereich ‖ **~/швартовное** *(Schiff)* Standerprobung *f* ‖ **~/эксплуатационное** 1. Betriebsprüfung *f*; 2. Straßenerprobung *f* *(Reifen)*

испытатель *m* Prüfer *m*, Prüfgerät *n* ‖ **~ ёмкостей** *(El)* Kapazitätsprüfer *m* ‖ **~ изоляции** *(El)* Isolationsprüfer *m* ‖ **~/линейный** *(El)* Leitungsprüfer *m*

испытать *s.* испытывать

испытывать prüfen, testen; erproben ‖ **~ давление** Druck prüfen ‖ **~ давлением** abdrücken *(Hohlräume)* ‖ **~ на эмиссию** auf Emission[sfähigkeit] prüfen

исследование *n* 1. Untersuchung *f*, Prüfung *f*; 2. Forschung *f*, Erforschung *f* ‖ **~ грунтов** Bodenuntersuchung *f* ‖ **~/демографическое** *(Ökol)* demographische Forschung *f* ‖ **~ загрязнения воздуха** *(Ökol)* Untersuchung *f* der Luftverschmutzung *f* || ~ **космического пространства** Weltraumforschung *f*, Raumforschung *f* || ~ **космоса** *s.* ~ космического пространства || ~ **макроструктуры** *(Wkst)* Grobgefügeuntersuchung *f*, Makrogefügeuntersuchung *f* || ~ **микроструктуры** *(Wkst)* Feingefügeuntersuchung *f*, Mikrogefügeuntersuchung *f* || ~ **надёжности/ускоренное** zeitraffende Zuverlässigkeitsuntersuchung *f* || ~ **окружающей природной среды** *(Ökol)* Untersuchung *f* der natürlichen Umwelt || ~ **операций** Unternehmensforschung *f*, Operationsforschung *f* || ~**/основное** Grundlagenforschung *f* || ~ **по основаниям** Grundlagenforschung *f* || ~ **рынка** Marktforschung *f* || ~ **структуры** *(Wkst)* Gefügeuntersuchung *f* || ~ **структуры кристаллов** Kristallstrukturuntersuchung *f* || ~ **усталостной прочности** Dauerfestigkeitsuntersuchung *f* || ~ **шлифа** *(Wkst)* Schliffuntersuchung *f*, metallographische Untersuchung *f* || ~**/экологическое** ökologische Untersuchung *f* || ~ **эксплуатационной прочности** Betriebsfestigkeitsuntersuchung *f* || ~**/электронно-микроскопическое** elektronenmikroskopische Untersuchung *f*

истечение *n* Ausströmen *n*, Auslaufen *n*, Ausfließen *n*; Ausfluß *m*, Abfluß *m*

истираемость *f* Zerreiblichkeit *f*, Abreibbarkeit *f*; *(Pap)* Radierfestigkeit *f*

истирание *n* 1. Zermahlen *n*, Zerkleinern *n*, Zerreiben *n*; 2. Abrieb *m*, Verschleiß *m*, Abnutzung *f* durch Verschleiß

истираться verschleißen; sich abnutzen

исток *m* Quelle *f*, Source *f*, S-Pol *m (Halbleiter)*

источник *m* 1. Quelle *f (allgemein)*; 2. *(Hydrol)* Quelle *f (Wasserquelle)*; 3. *(Hydrod)* Quelle *f (als Strömungsbegriff)* || ~ **альфа-частиц** *(Kern)* Alphastrahlungsquelle *f*, Alphaquelle *f* || ~ **атомного пучка** *(Kern)* Atomstrahl[licht]quelle *f* || ~**/барьерный** *(Hydrol)* Barrierequelle *f*, Stauquelle *f* || ~ **бета-излучения** *(Kern)* Betastrahlungsquelle *f*, Betaquelle *f* || ~ **ввода** *(Inf)* Quelldatei *f*, Eingabequelle *f* || ~**/взрывной** Explosionsquelle *f* || ~ **вибрационного типа** Vibrationsquelle *f* || ~ **вихрей** Wirbelquelle *f* || ~**/воображаемый** Bildquelle *f*, virtuelle Quelle *f* || ~**/восходящий** *(Hydrol)* aufsteigende Quelle *f* || ~ **гамма-излучения** *(Kern)* Gammastrahlungsquelle *f*, Gammaquelle *f* || ~**/горячий** heiße Quelle *f*, Therme *f* || ~ **данных** *(Inf)* Datenquelle *f* || ~ **дейтеронов** *(Kern)* Deuteronenquelle *f (Teilchenbeschleuniger)* || ~ **доставки** Bezugsquelle *f* || ~ **жёсткого излучения** harter Strahler *m* || ~**/изливающийся** *(Geol)* Überlaufquelle *f*, Überfallquelle *f* || ~ **излучения** Strahlenquelle *f*, Strahlungsquelle *f*, Strahler *m* || ~ **инфракрасного излучения** Infrarotstrahler *m*, Infrarotlichtquelle *f*, IR-Strahler *m* || ~**/ионный** *(Kern)* Ionenquelle *f* || ~ **когерентного излучения** *s.* лазер || ~ **молекулярного пучка** Molekularstrahlenquelle *f* || ~ **накачки** Pumpquelle *f (Lasertechnik)* || ~**/напорный** *(Geol)* Stauquelle *f*, Barrierequelle *f* || ~ **напряжения** *(El)* Spannungsquelle *f* || ~ **напряжения/радиоактивный** radioaktive Spannungsquelle *f*, Radionuklidbatterie *f*, Isotopenbatterie *f*, Kernbatterie *f* || ~ **нейтронов** *(Kern)* Neutronenquelle *f* || ~ **нейтронов/пусковой** Neutronenquelle *f* für den Reaktoranlauf || ~**/нисходящий** *(Hydrol)* absteigende Quelle *f* || ~**/переливающийся** *(Hydrol)* Überfallquelle *f* || ~ **переменного напряжения** *(El)* Wechselspannungsquelle *f* || ~ **переменного тока** *(El)* Wechselstromquelle *f* || ~ **питания** *(El)* Speisungsquelle *f*, Speisequelle *f*; Speisepunkt *m* || ~ **питания/автономный** netzunabhängige Stromquelle *f* || ~ **питания/высоковольтный** Hochspannungsspeisepunkt *m* || ~ **питания/многопостовой** *(Schw)* Mehrstellenstromquelle *f* || ~ **питания/однопостовой** *(Schw)* Einzelstromquelle *f*, Einstellenstromquelle *f* || ~ **питания/резервный** Notstromversorgung *f* || ~ **питания/универсальный** *(Schw)* VC-Stromquelle *f* || ~**/пластовый** *(Geol)* Schichtquelle *f* || ~ **погрешности** Fehlerquelle *f* || ~ **помех** Störquelle *f*; Rauschquelle *f*; Geräuschquelle *f* || ~ **протонов** *(Kern)* Protonenquelle *f (Teilchenbeschleuniger)* || ~**/пусковой нейтронный** *(Kern)* Neutronenanfahrquelle *f* || ~ **радиоизлучения** Radio[strahlungs]quelle *f* || ~ **радиоизлучения/внегалактический** *(Astr)* extragalaktische Radioquelle *f* || ~ **радиоизлучения/галактический** *(Astr)* galaktische Radioquelle *f* || ~ **радиоизлучения/дискретный** *(Astr)* diskrete Radioquelle *f* || ~ **радиоизлучения/квазизвёздный** *s.* квазар || ~**/рентгеновский** *(Astr)* Röntgenquelle *f* || ~**/сбросовый** *(Geol, Hydrol)* Verwerfungsquelle *f* || ~ **света** Lichtquelle *f*, Lampe *f* || ~ **света/вторичный** Sekundärlichtquelle *f*, Fremdleuchter *m* || ~ **света/ газоразрядный** Gasentladungslichtquelle *f* || ~ **света/первичный** Primärlichtquelle *f*, Selbstleuchter *m* || ~**/сейсмический** *(Geoph)* seismische Quelle *f*, seismischer Herd *m* || ~**/соляной** *(Geol)* Salzquelle *f*, Solquelle *f* || ~ **сырья** Rohstoffquelle *f* || ~ **тепла** Wärmequelle *f* || ~ **теплового излучения** Wärmestrahlungsquelle *f* || ~ **тепловой** Wärmequelle *f* || ~ **тока** *(El)* Stromquelle *f* || ~ **тока/зарядный** Ladestromquelle *f* || ~**/точечный** Punktquelle *f* || ~**/щелочной** alkalische Quelle *f* || ~ **электронов** Elektronenquelle *f*, Elektronenspender *m*, Don[at]or *m* || ~ **электронов/сильноточный** Hochstromelektronenquelle *f* || ~ **электроэнергии/вспомогательный** elektrische Hilfsenergiequelle *f* || ~**/эманирующий** *(Kern)* Emanationsquelle *f* || ~ **энергии** Energiequelle *f* || ~ **эталонного напряжения** *(El)* Normalspannungsquelle *f* || ~ **ядерных излучений** *(Kern)* Kernstrahlenquelle *f*

истощение *n (Eln)* Aufzehrung *f*, Erschöpfung *f*, Verarmung *f (Halbleiter)* || ~ **акцепторов** Akzeptorenerschöpfung *f*, Akzeptorverarmung *f* || ~ **доноров** Donatorerschöpfung *f*, Donatorverarmung *f* || ~ **примесей** *s.* ~ примесных уровней || ~ **примесных уровней** Störstellenerschöpfung *f*, Störstellenverarmung *f*

истребитель *m* Jagdflugzeug *n* || ~**/всепогодный** Allwetterjagdflugzeug *n* || ~ **дальнего действия** Fernjagdflugzeug *n* || ~**/многоцелевой** Mehrzweckjagdflugzeug *n* || ~**/реактивный** Strahljagdflugzeug *n* || ~**/сверхзвуковой** Überschalljagdflugzeug *n*

истребитель-бомбардировщик *m* Jagdbombenflugzeug *n*

истребитель-перехватчик *m* Abfangjagdflugzeug *n*
истребитель-ракетоносец *m* raketentragendes Jagdflugzeug *n*
истребитель-торпедоносец *m* torpedotragendes Jagdflugzeug *n*
истребитель-штурмовик *m* Erdkampfflugzeug *n*
истребление *n* **вредителей** *(Lw)* Schädlingsvertilgung *f*
исходный Ausgangs…
исходящий abgehend, Abgangs…
исчезновение *n* **порядка** *(Inf)* Exponentenunterschreitung *f* ‖ **~ рабочего напряжения** *(El)* Betriebsspannungsausfall *m* ‖ **~ скрытого изображения** *(Photo)* Repression *f* des latenten Bildes
исчисление *n (Math)* Rechnen *n* ‖ **~ бесконечно малых** Infinitesimalrechnung *f*, Differential- und Integralrechnung *f* ‖ **~/вариационное** Variationsrechnung *f* ‖ **~ вероятностей** Wahrscheinlichkeitsrechnung *f* ‖ **~/операционное** Operatorenrechnung *f* ‖ **~ предикатов** Prädikatenkalkül *n*
ИТ *s.* трансформатор/импульсный
итерация *f (Math)* Iteration *f* ‖ **~/подпространственная** Subspace-Iteration *f (Schwingungslehre)*
итерирование *n (Math)* Iterieren *n*
иттербий *m (Ch)* Ytterbium *n*, Yb
иттрий *m (Ch)* Yttrium *n*, Y
иттрогранат *m (Min)* Yttriumgranat *m*, Yttergranat *m*
иттротанталит *m (Min)* Yttertantalit *m*, Yttrotantalit *m*
иттрофлюорит *m (Min)* Yttro-Flußspat *m*
ИУ *s.* устройство/исполнительное
ИУУ *s.* устройство/измерительно-управляющее
ифзанит *m (Bgb)* Ifsanit *m (Sprengstoff)*
ИЧПТ *s.* транзистор/ионно-чувствительный полевой

Й

йовиграфический iovigraphisch *(auf Jupiter)*
йонструпит *m (Min)* Johnstrupit *m (Mineral seltener Erden)*

К

К *s.* 1. катод; 2. кельвин
КА *s.* аппарат/космический
кА *s.* килоампер
кабелевоз *m* Kabeltransportwagen *m*
кабелеискатель *m* Kabelsuchgerät *n*
кабелеиспытательный Kabelprüf…
кабелепровод *m* Kabelführung *f*
кабелестроение *n* Kabelfertigung *f*, Kabelherstellung *f*
кабелеукладчик *m* Kabellegemaschine *f*
кабель *m* 1. *(El)* Kabel *n*; 2. *(Bw)* Tragseil *n (bei Hängebrücken)* ‖ **~/абонентский** Teilnehmerkabel *n*, Anschlußkabel *n* ‖ **~/аварийный** Havariekabel *n* ‖ **~/алюминиевый** Aluminiumkabel *n* ‖ **~/антенный** Antennenkabel *n* ‖ **~/арматурный** Bewehrungsseil *n* ‖ **~/армированный** *s.* ~/бронированный ‖ **~/асфальтированный** Asphaltkabel *n*, Kabel *n* mit Asphaltumhüllung ‖ **~/береговой** Küstenkabel *n* ‖ **~ большой ёмкости** hochpaariges (mehrpaariges) Kabel *n* ‖ **~/бронированный** bewehrtes (armiertes) Kabel *n* ‖ **~/вводный** Einführungskabel *n* ‖ **~/ведущий** Leitkabel *n* ‖ **~/внутренний** Innenkabel *n* ‖ **~/воздушный** Luftkabel *n* ‖ **~/волоконно-оптический** Lichtleitfaserkabel *n*, faseroptisches Kabel *n* ‖ **~/входной** Eingangskabel *n* ‖ **~/высоковольтный** Hochspannungskabel *n* ‖ **~ высокого напряжения** Hochspannungskabel *n* ‖ **~/высокоомный** hochohmiges Kabel *n* ‖ **~/высокочастотный** Hochfrequenzkabel *n*, HF-Kabel *n*; Trägerfrequenzkabel *n*, TF-Kabel *n* ‖ **~/высокочастотный телефонный** Trägerfrequenzfernsprechkabel *n* ‖ **~/выходной** Ausgangskabel *n* ‖ **~/газонаполненный** Gasdruckkabel *n*, Druckgaskabel *n* ‖ **~/гибкий** biegsames (flexibles) Kabel *n* ‖ **~/гибкий полый** flexibles Hohlkabel *n* ‖ **~/голый** blankes Kabel *n* ‖ **~/глубоководный** Tiefseekabel *n* ‖ **~/городской** Ortskabel *n*, Ok ‖ **~/городской телефонный** Ortsfernsprechkabel *n* ‖ **~/грозозащитный** Blitzschutzkabel *n* ‖ **~ дальней связи** Weitverkehrskabel *n*, Fernkabel *n*, Fk ‖ **~/двухжильный (двухпроводной)** zweiadriges Kabel *n*, Zweileiterkabel *n* ‖ **~/запасной** Reservekabel *n*, Vorratskabel *n* ‖ **~/измерительный** Meßkabel *n* ‖ **~/изолированный** isoliertes Kabel *n* ‖ **~/каротажный** Bohrlochmeßkabel *n* ‖ **~/коаксиальный** Koax[ial]kabel *n*, Koaxialleitung *f*, konzentrisches (koaxiales) Kabel *n* ‖ **~/концентрический** *s.* ~/коаксиальный ‖ **~/крарупизированный** Krarup-Kabel *n* ‖ **~/круглый** Rundkabel *n* ‖ **~/лентобронированный** Bandpanzerkabel *n* ‖ **~/ленточный** Bandkabel *n* ‖ **~/линейный** Verbindungskabel *n* ‖ **~/магистральный** Hauptkabel *n* ‖ **~/малоёмкостный** *s.* ~ малой ёмкости ‖ **~ малой ёмкости** niedrigpaariges Kabel *n* ‖ **~/маслонаполненный** Ölkabel *n* ‖ **~/междугородный** Fernkabel *n*, Fk ‖ **~/мелкий** *s.* ~ малой ёмкости ‖ **~ местной связи** Ortskabel *n*, Ok ‖ **~/местный** *s.* ~ местной связи ‖ **~/микрофонный** Mikrophonkabel *n* ‖ **~/многожильный** mehradriges Kabel *n*, Mehrleiterkabel *n* ‖ **~/многопарный** mehrpaariges Kabel *n* ‖ **~/многослойный коаксиальный** geschichtetes Koax[ial]kabel *n* ‖ **~/монтажный** Schaltkabel *n* ‖ **~/морской** Seekabel *n* ‖ **~/надземный** oberirdisch verlegtes Kabel *n* ‖ **~/направляющий** Leitkabel *n* ‖ **~/наружный** Außenkabel *n* ‖ **~/небронированный** unbewehrtes Kabel *n* ‖ **~/незащищённый** blankes Kabel *n* ‖ **~/непупинизированный** unpupinisiertes (unbespultes) Kabel *n* ‖ **~/неэкранированный** ungeschirmtes Kabel *n* ‖ **~/низковольтный** Niederspannungskabel *n* ‖ **~ низкого напряжения** Niederspannungskabel *n* ‖ **~/низкочастотный** Niederfrequenzkabel *n*, NF-Kabel *n* ‖ **~/обратный** *s.* ~/отсасывающий ‖ **~ обычной пупинизации** normal pupinisiertes Kabel *n* ‖ **~/оголённый** blankes Kabel *n* ‖ **~/одножильный** einadriges Kabel *n*, Einleiterkabel *n* ‖ **~/оптико-волоконный** *s.* ~/волоконно-оптический ‖ **~/оптический** optisches Kabel *n*, Lichtleitkabel

n, Lichtwellenleiterkabel *n*, LWL-Kabel *n* ‖ **~/освинцованный** Blei[mantel]kabel *n* ‖ **~/ответвительный** Abzweigkabel *n* ‖ **~/отсасывающий** Stromrückleitungskabel *n*, Rückleitungskabel *n* ‖ **~ парной скрутки** paarverseiltes Kabel *n* ‖ **~/питающий** Speisekabel *n*, Versorgungskabel *n* ‖ **~/плоский** Flachkabel *n* ‖ **~ повышенной гибкости** hochflexibles Kabel *n* ‖ **~ под давлением** Druckkabel *n* ‖ **~/подводный** Unterwasserkabel *n* ‖ **~/подводящий** Zuführungskabel *n* ‖ **~/подземный** Erdkabel *n* ‖ **~/полевой** Feldkabel *n* ‖ **~/полый** Hohlkabel *n* ‖ **~ приёмопередатчика** Transceiverkabel *n* ‖ **~/пропитанный компаундом** Massekabel *n* ‖ **~/пупинизированный** Pupin-Kabel *n*, pupinisiertes (bespultes) Kabel *n* ‖ **~/радиотрансляционный** Rundfunkkabel *n*, Drahtfunkkabel *n* ‖ **~/радиочастотный** Funkfrequenzkabel *n* ‖ **~/распределительный** Verteilungskabel *n* ‖ **~/речной** Flußkabel *n* ‖ **~ с вязкой пропиткой** Massekabel *n* ‖ **~ с потерями** verlustbehaftetes Kabel *n* ‖ **~/световодный** Lichtleitkabel *n* ‖ **~ связи** Fernmeldekabel *n*, Nachrichten[übertragungs]kabel *n* ‖ **~ связи высокой частоты** Trägerfrequenzkabel *n*, TF-Kabel *n* ‖ **~ связи/междугородный** Nachrichtenfernkabel *n* ‖ **~ связи тональной частоты** Niederfrequenzkabel *n*, NF-Kabel *n* ‖ **~/сигнальный** Signalkabel *n* ‖ **~/силовой [электрический]** [elektrisches] Leistungskabel *n* ‖ **~/сильноточный** Starkstromkabel *n* ‖ **~/симметричный** symmetrisches Kabel *n* ‖ **~/скрученный** verseiltes Kabel *n* ‖ **~/скрученный двойной звездой** Doppelsternkabel *n* ‖ **~/скрученный парами** paarverseiltes Kabel *n* ‖ **~/скрученный четвёрками** viererverseiltes Kabel *n* ‖ **~/слаботочный** Schwachstromkabel *n* ‖ **~ со скруткой звездой** sternverseiltes Kabel *n*, Sternkabel *n*, St-Kabel *n* ‖ **~ со скрученными жилами** verseiltes Kabel *n* ‖ **~/соединительный** Verbindungskabel *n*, Anschlußkabel *n* ‖ **~/станционный** Innenkabel *n (für Vermittlungsstellen)* ‖ **~/стекловолоконный** Glasfaserkabel *n* ‖ **~/стеклянный волоконно-оптический** Glasfaserkabel *n* ‖ **~/сухопутный** Landkabel *n* ‖ **~/телевизионный** Fernsehkabel *n* ‖ **~/телеграфный** Telegraphenkabel *n* ‖ **~/телефонный** Fernsprechkabel *n*, Telephonkabel *n* ‖ **~/телефонный абонентский** Fernsprechanschlußkabel *n* ‖ **~/телефонный многожильный** vieladriges Fernsprechkabel *n* ‖ **~/токоподводящий** Stromkabel *n* ‖ **~ трала** Jager *m (Schleppnetz)* ‖ **~/трансокеанский** Überseekabel *n* ‖ **~/трёхжильный (трёхпроводный)** dreiadriges Kabel *n*, Dreileiterkabel *n* ‖ **~/трёхфазный** Dreiphasenkabel *n* ‖ **~/фидерный** Speisekabel *n*, Versorgungskabel *n* ‖ **~ четвёрочной скрутки** viererverseiltes Kabel *n* ‖ **~/четырёхжильный (четырёхпроводный)** vieradriges Kabel *n*, Vierleiterkabel *n* ‖ **~/шахтный** Bergwerkskabel *n*; Schachtkabel *n* ‖ **~/широкополосный** Breitbandkabel *n* ‖ **~/шланговый** Schlauchkabel *n*; Gummischlauchkabel *n* ‖ **~/экранированный** [ab]geschirmtes Kabel *n*, Abschirmkabel *n* ‖ **~/экранированный ленточный** geschirmtes Bandkabel *n*

кабель-буксир *m* Schleppkabel *n*

кабель-кран *m s.* кран/кабельный

кабельтов *m (Schiff)* Kabellänge *f (0,1 Seemeile oder 185,2 m)*

кабина *f* Kabine *f*; Zelle *f* ‖ **~ видеотелефона** Bildfernsprechzelle *f* ‖ **~ водителя** Fahrerkabine *f*, Fahrerhaus *n* ‖ **~/герметическая** *(Flg)* Druckkabine *f*, Überdruckkabine *f* ‖ **~/дикторская** Sprech[er]kabine *f* ‖ **~/застеклённая** *(Flg)* Vollsichtkanzel *f* ‖ **~ лётчика** Flugzeugführerkabine *f*, Cockpit *n* ‖ **~/лунная** *(Raumf)* Mondkabine *f* ‖ **~ машиниста** *(Eb)* Führerhaus *n*, Führerstand *m* ‖ **~/переговорная** Fernsprechzelle *f* ‖ **~ подъёмника** Fahrstuhlkabine *f*; *(Bgb)* Fahrkorb *m* ‖ **~/посадочная** *(Raumf)* Landekabine *f*, Landekapsel *f* ‖ **~ радиста** Funk[er]kabine *f*, Funk[er]raum *m* ‖ **~ распыления** *s.* ~/распылительная ‖ **~/распылительная** Sprühkabine *f (für Oberflächenbearbeitungsverfahren)* ‖ **~/телефонная** Fernsprechzelle *f* ‖ **~ управления** 1. *(Eb)* Steuerabteil *n (Wendezug)*; 2. *(Rak)* Leitkabine *f*

каблирование *n (El)* Verkabelung *f*, Verkabeln *n*

каболка *f (Schiff)* Seilfaden *m*, Seilgarn *n (Seil)*

каботаж *m (Schiff)* Küstenfahrt *f* ‖ **~/большой** große Küstenfahrt *f* ‖ **~/малый** kleine Küstenfahrt *f*

каботажник *m* Küstenschiff *n*

каботажный Küsten[schiffahrts]...

кабрирование *n (Flg)* Hochziehen *n*, Hochreißen *n*

кавальдер *m (Bw)* Dammkippe *f*, Halde *f*

кавернограмма *f* Kavernogramm *n (Bohrlochgeophysik)*

кавернозность *f* **горных пород** *(Geol)* Hohlraumbildungen *fpl* im Gestein

кавернозный *(Geol)* kavernös *(Gesteine)*

каверномер *m* Kalibermesser *m (Bohrlochgeophysik)*

кавернометрия *f* Kavernometrie *f*, Kalibermessung *f (Bohrlochgeophysik)*

каверны *fpl (Geol)* Kavernen *fpl*, Hohlräume *mpl (im Gestein)* ‖ **~ выщелачивания** *(Geol)* Lösungshohlräume *mpl*

кавитация *f (Hydr)* Kavitation *f*, Hohlraumbildung *f* ‖ **~/парциальная** partielle Kavitation *f* ‖ **~/плоскостная** Flächenkavitation *f* ‖ **~/ультразвуковая** Ultraschallkavitation *f* ‖ **~/щелевая** Spaltkavitation *f*

кагат *m (Lw)* Miete *f (für Rüben)*

кагатирование *n*, **кагатировка** *f (Lw)* Einmietung *f (von Rüben)*

кадастр *m (Ökol)* Kataster *m(n)* ‖ **~/ландшафтный** Landschaftskataster *m* ‖ **~/лесной** Forstkataster *m*, Waldkataster *m* ‖ **~ особо охраняемых природных объектов и территорий** Kataster *m* der besonders geschützten Naturobjekte und Territorien

кадмий *m (Ch)* Cadmium *n*, Cd ‖ **~/жёлтый** Cadmiumgelb *n*, Cadmiumocker *m(n)* ‖ **~/красный** Cadmiumrot *n*

кадмийорганический cadmiumorganisch, Organocadmium...

кадмирование *n (Met)* Verkadmen *n*, Kadmieren *n*, Kadmierung *f*

кадмировать *(Met)* verkadmen, kadmieren

кадр *m* 1. *(TV)* Vollbild *n*, [vollständiges] Bild *n*, Raster *m*; 2. *(Inf)* Frame *n*; 3. *(Photo)* Filmbild *n*, Einzelbild *n* ‖ **~ данных** *(Inf)* Datenfenster *n* *(auf dem Bildschirm)* ‖ **~ стереопары** *(Opt)* [stereoskopisches] Halbbild *n* ‖ **~/телевизионный** *s.* кадр 1. ‖ **~/цветной** *(TV)* mehrfarbiges Vollbild *n*, Farbraster *m*

казеин *m (Ch)* Casein *n*

казённик *m* Verschlußstück *n*

казолит *m (Min)* Kasolit *m (Uransilikat)*

каинит *m (Min)* Kainit *m (Kalisalz)*

кайла *f (Bgb)* Keilhaue *f*, Lettenhaue *f*, Schramhaue *f*

кайма 1. Randzone *f*, Saum *m*; 2. *(Text)* Leiste *f*, Gewebekante *f*, Bordüre *f* ‖ **~/капиллярная** *(Geol)* Kapillarsaum *m (Bodenwasser)* ‖ **~/обезуглероженная** *(Met)* entkohlte Randzone *f* ‖ **~/окислённая** *(Met)* oxidierte Randzone *f* *(Temperguß)* ‖ **~/перлитная** *(Met)* perlitische Randzone *f (Temperguß)* ‖ **~ с зубчиками** Zackenrand *m* ‖ **~/цветная** Farbsaum *m*

кайнозой *m (Geol) Kurzwort für* 1. эратема/кайнозойская; 2. эра/кайнозойская

кайнофит *m (Geol)* Känophytikum *n*

какирит *m (Geol)* Kakirit *m*, Bruchbrekzie *f*

какоксен *m (Min)* Kakoxen *n (Eisenphosphat)*

кал *s.* калория

калаверит *m (Min)* Calaverit *m (Goldmineral)*

каламин *m (Min)* Kieselzinkerz *n*, Kieselgalmei *m*, Hemimorphit *m*

каландр *m* Kalander *m*, Kalanderwalze *f* ‖ **~/бумажный** Papierkalander *m*, Satinierkalander *m* ‖ **~/высокоточной** *s.* ~/прецизионный ‖ **~/гофрировальный** Gaufrierkalander *m* ‖ **~/двухвальный** Zweiwalzenkalander *m* ‖ **~ для тиснения** Prägekalander *m* ‖ **~/дублирующий (дублировочный)** Dubliorkalander *m* ‖ **~/запарной** *(Text)* Dämpfkalander *m* ‖ **~/листовальный** Plattenkalander *m*, Glättkalander *m* ‖ **~/листовой** *(Pap)* Bogenkalander *m* ‖ **~/лощильный** *(Text)* Friktionskalander *m*, Hochglanzkalander *m* ‖ **~/машинный** *(Pap)* Glättwerk *n* ‖ **~/многовальный** *(Pap)* Mehrwalzenkalander *m* ‖ **~/мокрый** *(Pap)* Feuchtglättwerk *n*, Naßglättwerk *n* ‖ **~/мокрый двухвальный** *(Pap)* Zweiwalzenfeuchtglättwerk *n* ‖ **~/отделочный** *(Text)* Finish-Kalander *m*, Veredlungskalander *m* ‖ **~/плёночный** Folienkalander *m*, Feinfolienkalander *m*, Bogenkalander *m* ‖ **~/подогревательный** Vorwärmkalander *m* ‖ **~/прецизионный** Präzisionskalander *m* ‖ **~/промазочный** *(Pap)* Streichkalander *m*, Streicher *m* ‖ **~/протекторный (профильный)** *(Gum)* Profilkalander *m* ‖ **~ с рельефными валиками** *(Pap)* Prägekalander *m* ‖ **~ с сукном** *(Text)* Filzkalander *m* ‖ **~/сатинировальный** *(Pap)* Satinagekalander *m* ‖ **~/сушильный** Trockenkalander *m* ‖ **~/тиснильный** Prägekalander *m* ‖ **~/трёхвалковый** Dreiwalzenkalander *m* ‖ **~/фрикционный** Friktionskalander *m*

каландрировать *s.* каландровать

каландрование *n* Kalandrieren *n*, Kalandern *n*; *(Pap)* Satinieren *n*

каландровать kalandrieren, kalandern; *(Pap)* satinieren

каландры *mpl*/**спаренные** Tandemkalander *m* *(Gummiindustrie)*

каление *n (Härt, Schm)* Glühen *n*; Glut *f* ‖ **~/белое** Weißglut *f*; Weißglühen *n* ‖ **~/вишнёво-красное** Kirschrotglut *f* ‖ **~/жёлтое** Gelbglut *f* ‖ **~/красное** Rotglut *f*, Rothitze *f*; Rotglühen *n* ‖ **~/ослепительно белое** blendende Weißglut *f* ‖ **~/светло-жёлтое** Hellgelbglut *f* ‖ **~/светло-красное** Hellrotglut *f* ‖ **~/светло-оранжевое** Hellorangeglut *f* ‖ **~/тёмно-красное** Dunkelrotglut *f* ‖ **~/тёмно-оранжевое** Dunkelorangeglut *f*

кали *n (Ch)* Kali *n*, Kalium[mon]oxid *n*; Kalisalz *n*; Kalidüngesalz *n* ‖ **~/едкое** Ätzkali *n (Kaliumhydroxid)*

калибр *m* 1. *(Wlz)* Kaliber *n*, Walzenkaliber *n*; 2. *(Meß)* Lehre *f*, Maßlehre *f*; 3. *(Met)* Dicke *f* *(Blech)*; 4. Durchmesser *m (Ankerkette)* ‖ **~/балочный** *(Wlz, Bw)* Trägerkaliber *n* ‖ **~/валковый** *(Wlz)* Walzenkaliber *n* ‖ **~/выпускной** *(Wlz)* Austrittskaliber *n* ‖ **~/выступающий** *(Wlz)* Patrizenkaliber *n*, erhabenes Kaliber *n* ‖ **~/вытяжной** 1. *(Fert)* Ziehkaliber *n*; 2. *(Wlz)* Vor[streck]kaliber *n*, Streckkaliber *n*, Vorwalzkaliber *n*, Blockkaliber *n* ‖ **~/глубокий** *(Wlz)* Matrizenkaliber *n* ‖ **~/двусторонний** *(Meß)* zweiseitig ausgebildete Lehre *f (Gut- und Ausschußlehre liegen auf je einer Seite)* ‖ **~/двухпредельный** *(Meß)* Lehre *f* mit Gut- und Ausschußseite *(Verkörperung beider Grenzmaße)* ‖ **~ для [контроля] вала** *(Meß)* Wellenlehre *f* ‖ **~ для [контроля] отверстия** *(Meß)* Bohrungslehre *f* ‖ **~ для контроля уступов** *(Meß)* Absatzlehre *f* ‖ **~/жёсткий** *(Meß)* feste (nichtverstellbare) Lehre *f* ‖ **~/закрытый** *(Wlz)* geschlossenes Kaliber *n* ‖ **~/исходный** *s.* ~/начальный ‖ **~/квадратный** Quadratkaliber *n* ‖ **~/кольцевой** *(Meß)* Ringlehre *f*, Lehrring *m* ‖ **~/комплексный** *(Meß)* Mehrfachlehre *f (wird zur gleichzeitigen Prüfung mehrerer tolerierter Kenngrößen eingesetzt)* ‖ **~/конический** *(Meß)* Kegellehre *f* ‖ **~/контрольный** *(Meß)* Prüflehre *f (wird zur Überwachung der Lehrenabnutzung und zum Nachstellen verstellbarer Lehren eingesetzt)* ‖ **~/конусный** *(Meß)* Kegellehre *f* ‖ **~/краевой** *(Wlz)* Randkaliber *n* ‖ **~/круглый** *(Wlz)* Rundkaliber *n* ‖ **~/кузнечный** *(Schm)* Schmiedelehre *f* ‖ **~/многоступенчатый** *(Meß)* Stufenlehre *f* ‖ **~/начальный** *(Wlz)* Anstichkaliber *n*, Anfangskaliber *n* ‖ **~/недовыполненный** *(Wlz)* leergehendes (schlecht gefülltes) Kaliber *n* ‖ **~/непроходной** *(Meß)* Ausschußlehre *f* ‖ **~/нерегулируемый** *(Meß)* feste (nichtverstellbare) Lehre *f* ‖ **~/обжимный** *s.* ~/черновой ‖ **~ обратного пропуска** *(Wlz)* Rücklaufkaliber *n*, Rückwärtskaliber *n* ‖ **~/овальный** *(Wlz)* Ovalkaliber *n* ‖ **~/однопредельный** *(Meß)* Grenzlehre *f*, die nur ein Grenzmaß verkörpert ‖ **~/односторонний** *(Meß)* einseitige Lehre *f (Gut- und Ausschußlehre auf einer Seite)* ‖ **~/осаживающий** *(Wlz)* Stauchkaliber *n*, Kantkaliber *n* ‖ **~/отделочный** Schlichtkaliber *n*, Schlußkaliber *n*, Fertigkaliber *n*, Polierkaliber *n* ‖ **~/периодический** *(Wlz)* periodisches Kaliber *n* ‖ **~/плоский** 1. *(Meß)* Flachlehre *f*; 2. *(Wlz)* Flachkaliber *n* ‖ **~/поверочный** *s.* ~/контрольный ‖ **~/подготовительный** *s.* ~/черновой ‖ **~/полировочный** *(Wlz)* Glättkaliber *n*, Polierkaliber *n* ‖ **~/предварительный** *(Wlz)* Vorkaliber *n* ‖ **~/предельный** *(Meß)* Grenzlehre *f*, Toleranzlehre *f* ‖ **~/предельный угловой** *(Meß)* Winkellehre *f* ‖ **~/предотделочный (предчистовой)** *(Wlz)* Vorschlichtkaliber *n*, Schlichtkaliber *n* ‖ **~/приёмный** *(Meß)* Abnahmelehre *f* ‖ **~/проволочный** 1. *(Meß)* Drahtlehre *f*; 2. *(Wlz)* Drahtkaliber *n* ‖ **~/прокатный** *s.* ~ прокатных валков ‖ **~ прокатных валков** *(Wlz)* Walzenkaliber *n*, Kaliber *n*, Walzspalt *m* *(bei Profilwalzen)* ‖ **~/проходной** *(Meß)* Gutlehre *f* ‖ **~/прямоугольный** *(Wlz)* Rechteckkaliber *n*, Vierkantkaliber *n*, Kastenkaliber *n* ‖ **~/рабочий** *(Meß)* Arbeitslehre *f* ‖ **~/ребровый** *(Wlz)* Stauchkaliber *n*, Kantkaliber *n*, Hochkantkaliber *n* ‖ **~/регулируемый** *(Meß)* einstellbare Lehre *f* ‖ **~/резьбовой** *(Meß)* Gewindelehre *f* ‖ **~/рельсовый** *(Wlz)* Schienenkaliber *n* ‖ **~/роликовый** *(Fert)* Rollenkaliber *n* *(Ziehen)* ‖ **~/ромбический** *(Wlz)* Spießkantkaliber *n*, rhombisches Kaliber *n*, Rautenkaliber *n* ‖ **~/ромбический черновой** *(Wlz)* Rautenvorwalzkaliber *n* ‖ **~ с индикатором** *(Meß)* anzeigende Lehre *f* ‖ **~/слепой** *s.* ~/холостой ‖ **~/сменный** auswechselbares Kaliber *n* *(Rockright-Walzwerk)* ‖ **~/стрельчатый** *(Wlz)* Spitzbogenkaliber *n* ‖ **~/твердосплавный** *(Meß)* Hartmetallehre *f* ‖ **~/точный** *(Wlz)* Präzisionskaliber *n* ‖ **~/трапецеидальный** *(Wlz)* Trapezkaliber *n* ‖ **~/углублённый** *(Wlz)* eingeschnittenes Kaliber *n*, Matrizenkaliber *n* ‖ **~/универсальный** *(Meß)* Mehrfachlehre *f* ‖ **~/установочный** *(Meß)* Einstelllehre *f* *(Normallehre als Maßverkörperung für die Einstellung anzeigender Meßgeräte)* ‖ **~/фасонный** 1. *(Wlz)* Profilkaliber *n*, Formkaliber *n*, Kaliber *n*; 2. Ziehprofil *n*, Ziehkaliber *n*; 3. *(Meß)* Formlehre *f* ‖ **~/холостой** *(Wlz)* Blindkaliber *n*, Totkaliber *n* ‖ **~/цилиндрический** *(Meß)* Lehrdorn *m* ‖ **~/черновой** *(Wlz)* Vor[streck]kaliber *n*, Streckkaliber *n*, Vorwalzkaliber *n*, Blockkaliber *n* ‖ **~/чистовой** *(Wlz)* Fertigkaliber *n*, Polierkaliber *n*, Schlichtkaliber *n*, Endkaliber *n*, Schlußkaliber *n* ‖ **~/шведский овальный** *(Wlz)* Schwedenoval *n* ‖ **~/шлицевой** *(Meß)* Keilnutenlehre *f* ‖ **~/эталонный** *(Meß)* Vergleichskaliber *n*, Urlehre *f* ‖ **~/ящичный** *(Wlz)* *s.* ~/прямоугольный

калибратор *m* Kalibrator *m*, Kalibrierinstrument *n*, Einmeßgerät *n*; *(El)* Kalibriergenerator *m*, Kalibrator *m* ‖ **~/кварцевый** *(El)* Quarzkalibriergenerator *m* ‖ **~/прецизионный** *(El)* Präzisionskalibriergenerator *m* ‖ **~/частотный** *(El)* Frequenzkalibriergenerator *m*

калибр-втулка *f*/**конусная** *(Meß)* Kegellehrhülse *f*

калибрирование *n s.* калибровка

калибр-кольцо *m* *(Meß)* Lehrring *m* ‖ **~/конусный** Kegellehrring *m* ‖ **~/непроходной** Ausschußlehrring *m* ‖ **~/проходной** Gutlehrring *m* ‖ **~/резьбовой** Gewindelehrring *m*

калиброванне *n s.* калибровка

калиброванный 1. *(Meß)* kalibriert; justiert; 2. *(Wlz)* kalibriert, formgewalzt; prägegewalzt; 3. genau geschmiedet; 4. geprägt, maßgeprägt; 5. gezogen ‖ **~ по частоте** *(El)* frequenzkalibriert

калибровать 1. *(Meß)* kalibrieren, einmessen; justieren; 2. *(Wlz)* kalibrieren, formwalzen; prägewalzen; 3. genau schmieden; 4. [maß]prägen; 5. ziehen ‖ **~ вхолодную** *(Wlz)* kaltprofilieren

калибровка *f* 1. *(Meß)* Kalibrieren *n*, Kalibrierung *f*; Justieren *n*; 2. *(Meß)* Absolutprüfung *f*, Prüfung *f* in sich *(z. B. eines Spiegelpolygons)*; 3. *(Meß)* Lehrung *f*; 4. *(Wlz)* Kalibrieren *n*, Formwalzen *n*; Prägewalzen *n*; 5. *(Wlz)* Kaliberfolge *f*, Kaliberanordnung *f*; 6. Genauschmieden *n*; 7. Prägen *n*, Maßprägen *n*; 8. Ziehen *n*; 9. Kalibrieren *n*, Genaupressen *n*, Kalibrierung *f* *(Pulvermetallurgie)* ‖ **~/американская** *(Wlz)* amerikanische Blockwalzenkalibrierung *f* ‖ **~ валков** *(Wlz)* Walzenkalibrierung *f* ‖ **~/дополнительная** Zusatzkalibrierung *f*, zusätzliche Kalibrierung *f*, zusätzliche Einmessung *f* ‖ **~/европейская** *(Wlz)* europäische Blockwalzenkalibrierung *f* ‖ **~ квадрат-квадрат** *(Wlz)* Kaliberfolge *f* Quadrat-Quadrat ‖ **~ квадрат-овал** *(Wlz)* Kaliberfolge *f* Quadrat-Oval ‖ **~ квадрат-ромб** *(Wlz)* Kaliberfolge *f* Quadrat-Spießkant ‖ **~/круглая** *(Wlz)* Rundkalibrieren *n*, Rundkalibrierung *f* ‖ **~/обжимная** *(Wlz)* Vorstreckkalibrieren *n*, Vorstreckkalibrierung *f* ‖ **~/объёмная** *(Schm)* Kalibrieren *n* im Gesenk, Gesenkkalibrierung *f* ‖ **~ овал-круг** *(Wlz)* Kaliberfolge *f* Oval-Rund ‖ **~ по размеру** Kalibrieren *n*, Kalibrierung *f* *(Pulvermetallurgie)* ‖ **~ по стенке** *(Wlz)* Glattwalzen *n*, Fertigwalzen *n* *(Rohrwalzen)* ‖ **~ по форме** Prägen *n* *(Pulvermetallurgie)* ‖ **~ ромб-квадрат** *(Wlz)* Kaliberfolge *f* Raute-Quadrat ‖ **~/частотная** Frequenzkalibrierung *f* ‖ **~ электросчётчиков** Elektrizitätszählerkalibrierung *f*

калибр-пробка *m* *(Meß)* Lehrdorn *m* ‖ **~/комплексный** Mehrfachlehrdorn *m* *(z. B. Keilnabenlehre)* ‖ **~/конический** Kegellehrdorn *m* ‖ **~/непроходной** Ausschußlehrdorn *m* ‖ **~/проходной** Gutlehrdorn *m* ‖ **~/регулируемый** einstellbarer Lehrdorn *m* ‖ **~/резьбовой** Gewindelehrdorn *m* ‖ **~/шлицевой** Keilnabenlehre *f*, Keilnabenlehrdorn *m*

калибр-скоба *m* *(Meß)* Rachenlehre *f* ‖ **~/гребенчатый** Grenzrachenlehre *f* mit Spitzen *(Gewindeprüfung)* ‖ **~/непроходной** Ausschußrachenlehre *f* ‖ **~/предельный** Grenzrachenlehre *f* ‖ **~/проходной** Gutrachenlehre *f* ‖ **~/регулируемый** einstellbare Rachenlehre *f*

калибры *mpl*/**сопряжённые** zusammenarbeitende Kaliber *npl* *(übereinanderliegende Kaliber im Triowalzwerk)*

калий *m* *(Ch)* Kalium *n*, K ‖ **~/марганцовокислый** Kaliumpermanganat *n*, Kaliummanganat(VII) *n* ‖ **~/углекислый** Kaliumcarbonat *n*, Pottasche *f*

калильный *(Wmt)* Glüh...

калоризатор *m* Glühkopf *m* *(Glühkopfmotor)*

калорийность *f* 1. Heizwert *m* *(eines Brennstoffes)* *(s. a. unter* теплотворность*)*; 2. Energiegehalt *m*, Energieinhalt *m*, physiologischer Brennwert *m* *(eines Nahrungsmittels)*

калорийный 1. heizwertreich, heizkräftig *(Brennstoffe)*; 2. energiereich *(Nahrungsmittel)*

калориметр *m* *(Meß)* Kalorimeter *n*, Wärmemengenmesser *m* ‖ **~/адиабатический** adiabatisches Kalorimeter *n* ‖ **~/бунзеновский** *s.* ~/ледяной ‖ **~/вакуумный** Vakuumkalorimeter *n* ‖ **~/высокотемпературный** Hochtemperaturkalorimeter *n* ‖ **~/газовый** Gaskalorimeter *n* ‖ **~/двойной** *s.* ~/дифференциальный ‖ **~/двойной массивный** Zwillingsmetallkalorimeter *n* || **~/дифференциальный** Differentialkalorimeter *n*, Zwillingskalorimeter *n* || **~/дыхательный** *(Med)* Respirationskalorimeter *n* || **~/жидкостный** Flüssigkeitskalorimeter *n*, Misch[ungs]kalorimeter *n* || **~/изотермический** isothermes Kalorimeter *n* || **~/испарительный** Verdampfungskalorimeter *n* || **~/конденсационный** *s.* ~/паровой || **~/ледяной** Eiskalorimeter *n* [nach Bunsen], Bunsensches Eiskalorimeter *n* || **~/массинвый** Metallkalorimeter *n* || **~ Нернста** Nernstsches Kalorimeter (Metallkalorimeter) *n* || **~/обыкновенный** *s.* ~/жидкостный || **~/паровой** Dampfkalorimeter *n*, Kondensationskalorimeter *n* || **~/проточный** Strömungskalorimeter *n* || **~/радиационный** Strahlungskalorimeter *n* || **~ с испарением** Verdampfungskalorimeter *n* || **~ смешения** *s.* ~/жидкостный

калориметрический kalorimetrisch

калориметрия *f (Therm)* Kalorimetrie *f*, Wärme[mengen]messung *f*

калорифер *m* Lufterhitzer *m*; *(Eb)* Heizkörper *m (Wagen)* || **~ второго подогрева** Nachwärmer *m (Klimaanlage)* || **~/огневоздушный** *(Wmt)* Feuerlufterhitzer *m* || **~/огневой** *(Wmt)* fremdbeheizter Lufterhitzer (Winderhitzer) *m* || **~/паровой** *(Wmt)* dampfbeheizter Lufterhitzer (Winderhitzer) *m* || **~/пластинчатый** *(Wmt)* Plattenlufterhitzer *m* || **~/трубчатый** Röhrenlufterhitzer *m* || **~/электрический** elektrischer Lufterhitzer *m*

калория *f* Kalorie *f*, cal *(SI-fremde Einheit der Wärmemenge und Energie)*

кальдера *f (Geol)* Caldera *f*, Krater *m* || **~/взрывная** Explosionscaldera *f*, Explosionskrater *m* || **~ обрушения** Einsturzcaldera *f*, Einsturzkrater *m* || **~/эксплозивная** Explosionscaldera *f*, Explosionskrater *m* || **~/эрозионная** Erosionscaldera *f*, Verwitterungscaldera *f*

калька *f* 1. Pause *f (Zeichnung)*; 2. Pauspapier *n* || **~/бумажная** Pauspapier *n* || **~/полотняная** Pausleinwand *m* || **~/чертёжная** Pauspapier *n*

калькировать durchpausen

кальций *m (Ch)* Calcium *n*, Ca || **~/безводный хлористый** entwässertes Calciumchlorid *n (Trockenmittel)* || **~/углеродистый** Calciumcarbid *n*, Carbid *n*

кальцинатор *m* Kalzinieranlage *f*

кальцинация *f* Kalzinieren *n*, Kalzination *f*

кальцит *m (Min)* Kalkspat *m*, Calcit *m*

камбуз *m (Schiff)* Kombüse *f*

камвольный *(Text)* Kammgarn...

камедь *f* Gummi *n* || **~/арабийская** Gummiarabikum *n* || **~/древесная** Holzgummi *n*

камедь-смола *f* Gummiharz *n*

каменоломня *f* Steinbruch *m*

камень *m* 1. Stein *m*; Felsen *m*; 2. *(Pap)* Schleif[er]stein *m*; 3. *(Glas)* Stein *m*, Steinchen *n (Fehler)* || **~/адский** Höllenstein *m (Silbernitrat)* || **~/амазонский** *s.* амазонит || **~/бегунный** Läufer[stein] *m*, Mahlstein *m* || **~/бетонный** Betonstein *m*, Betonwerkstein *m*, Betonbaustein *m* || **~/булыжный** Feldstein *m* || **~/бутовый** *(Bw)* Bruchstein *m* || **~/верхний** Oberstein *m (eines Mahlgangs)* || **~/винный** Weinstein *m (Kaliumhydrogentartrat)* || **~/гороховый** *(Geol)* Erbsenstein *m* || **~/горшечный** *(Geol)* Topfstein *m* || **~/дефибрерный** Defibratorstein *m*, Schleif[er]stein *m* || **~/драгоценный** Edelstein *m* || **~/дырчатый** *(Bw)* Lochstein *m* || **~/естественный** Naturstein *m* || **~/замковый** *(Arch)* Schlußstein *m*, Knopf *m*, Knauf *m (eines Gewölbes oder Bogens)* || **~/звенящий** *s.* фонолит || **~/икряной** *(Geol)* Rogenstein *m* || **~/искусственный** *(Bw)* Kunststein *m* || **~/карьерный** *(Bw)* Bruchstein *m* || **~/квасцовый** *(Geol)* Alaunstein *m* || **~/километровый** *(Eb)* Kilometerstein *m* || **~/клинчатый** *(Bw)* Wölbstein *m* || **~/колотый** *(Bw)* Spaltstein *m*, gespaltener Stein *m* || **~/кровавый** *s.* гематит 1. || **~/кулисный** *(Masch)* Gleitstein *m (Kurbelschleife)*; Kulissenstein *m* || **~/литой шлаковый** *(Bw)* Gußschlackenstein *m* || **~/лунный** *(Min)* Mondstein *m (Feldspat)* || **~/лучистый** *(Min)* Aktinolith *m*, Strahlstein *m* || **~/мостовой** Pflasterstein *m* || **~/нижний** Bodenstein *m*, Unterstein *m (eines Mahlgangs)* || **~/облицовочный** *(Bw)* Vormauerungsstein *m*, Verblendstein *m* || **~/оловянный** *s.* касситерит || **~/поделочный** *(Arch)* Dekorationsstein *m*; Schmuckstein *m* || **~/полудрагоценный** Halbedelstein *m* || **~/пробирный** *(Ch)* Probierstein *m* || **~/пустотелый** *(Bw)* Hohlstein *m* || **~/пятовый** Widerlagerstein *m (Ofengewölbe)* || **~/рвотный** *(Ch)* Brechweinstein *m* || **~/сводовый** *(Bw)* Wölbstein *m*, Wölber *m* || **~/синтетический** *(Min)* synthetischer Stein *m* || **~/скользящий** *(Masch)* Gleitstein *m* || **~/смоляной** *(Geol)* Pechstein *m* || **~/солнечный** *(Min)* Sonnenstein *m*, Aventurinfeldspat *m* || **~/стеновой** *(Bw)* Wandstein *m* || **~/тёсанный** *(Bw)* behauener Stein *m*, Werkstein *m* || **~/точильный** *(Wkz)* Schleifstein *m*, Wetzstein *m* || **~/трахитовый смоляной** *(Geol)* Trachytpechstein *m* || **~/фасонный** *(Bw)* Profilstein *m* || **~/фильтровальный** *(Ch)* Filtrierstein *m* || **~/шамотный** Schamottestein *m* || **~/шлаковый** *(Bw)* Schlackenstein *m* || **~/ювелирный** Juwel *m*, Edelstein *m*

камера *f* 1. Kammer *f*; Raum *m*; Gehäuse *f*; Zelle *f*; 2. *(Kfz)* Schlauch *m (Bereifung)*; 3. *(Photo, Kine)* Kamera *f* || **~ агитации** Rühr[werks]zelle] *f*, Rührwerkskammer *f* || **~/агитационная** *s.* ~ агитации || **~/анодная** Anodenschutzglocke *f (NE-Metallurgie)* || **~/аппаратная** *(Kine)* Bildwerferraum *m* || **~/аэрофотограмметрическая** Luftbild[meß]kamera *f*, Meß[bild]kammer *f* || **~/аэрофотосъёмочная** Luftbildaufnahmegerät *n* || **~/бетонная** *(Kern)* Betonbunker *m (als Schutz gegen Strahlung)* || **~/борная** *(Kern)* Bor[trifluorid]kammer *f* || **~/буровая** *(Bgb)* Bohrkammer *f* || **~/вакуумная** 1. *(Kern)* Vakuumkammer *f*; 2. *(Pap)* Saugkasten *m* || **~/варочная** *(Gum)* Heizschlauch *m*, Wasserheizschlauch *m*, Reifenvulkanisierschlauch *m* || **~/велосипедная** Fahrradschlauch *m* || **~/вентиляторная** *(Bgb)* Lüfterkammer *f* || **~ визирования** Visierfernrohr *n* || **~ Вильсона** *(Kern)* Wilson-Kammer *f*, Nebelkammer *f*; Expansionsnebelkammer *f*, Wilsonsche Nebelkammer *f* || **~/вихревая** Wirbelkammer *f (Wirbelkammer-Dieselmotor)* || **~/водяная** *(Hydt)* Wasserkammer *f*, Wasserstube *f* || **~/воздухоэквивалентная ионизационная** Luftwändekammer *f*, [luftäquivalente] Ionisationskammer *f (Ionisationskammer mit dünner Gehäusewandung aus* *luftäquivalentem Stoff)* || **~/воздушная** 1. Luftkammer *f (Ofen)*; 2. Luftschleuse *f*; 3. *(Schiff)* Windkammer *f*, Luftkammer *f (Luftkissenfahrzeug)* || **~/воздушная регенеративная** *(Met)* Luft[vorwärm]kammer *f*, Windkammer *f (SM-Ofen)* || **~/воздушно-вспомогательная** Luftspeicher *m (Luftspeicher-Dieselmotor)* || **~/воздушно-эквивалентная ионизационная** *s.* ~/воздухоэквивалентная ионизационная || **~ впуска** Eintrittskammer *f*, Einströmgehäuse *n (Dampfturbine)* || **~/впускная** Dampfeinströmkammer *f (Dampfmaschine)*; Zulaufkammer *f (Wasserturbine)* || **~ вращения** Rotationskammer *f*, Umlaufkammer *f* || **~/выемочная** *(Bgb)* Abbaukammer *f* || **~ выпуска** Austrittskammer *f (Dampfturbine)* || **~/высоковольтная** *(Eb)* Hochspannungskammer *f*, Hochspannungsschrank *m (Lok)* || **~ высокого давления** Hochdruckkammer *f (Dampfturbine)* || **~ высокого давления/ионизационная** *(Kern)* Hochdruckionisationskammer *f* || **~/газовая регенеративная** Gas[vorwärm]kammer *f (SM-Ofen)* || **~ гашения энергии** *(Hydt)* Bremskammer *f*; Beruhigungskammer *f (Stauwerk)* || **~ горания (горения)** *s.* ~ сгорания || **~/горячая** *(Kern)* heiße Kammer (Zelle) *f* || **~ гофрирования** *(Text)* Stauchkammer *f*, Kräuselkammer *f* || **~/гофрировочная** *s.* ~ гофрирования || **~ грохочения** *(Bgb)* Brecherkammer *f* || **~/грязевая** *(Pap)* Schmutzkammer *f* || **~/двойная поплавковая** *(Kfz)* Doppelschwimmergehäuse *n (Vergaser)* || **~ двойного изображения** *s.* ~/стереофотограмметрическая || **~ деления** *(Kern)* Spalt[ungs]kammer *f*, Fissionskammer *f* || **~/делительная** *s.* ~ деления || **~/дифференциальная ионизационная** *(Kern)* Differential[ionisations]kammer *f*, differentielle Ionisationskammer *f* || **~/длиннофокусная** *(Photo)* langbrennweitige Kamera *f* || **~ для серийной съёмки** *(Photo)* Reihen[bild]kamera *f* || **~ дожигания** *(Flg)* Nachbrenner *m*, Nachbrennraum *m* || **~/дробемётная** *(Met)* Strahlkabine *f (Entzunderung)*; *(Gieß)* Schleuderstrahlputzkabine *f*, Schleuderstrahlputzkammer *f* || **~/дробеструйная** *(Met)* Druckluftstrahlkabine *f (Entzunderung)*; *(Gieß)* Druckluftstrahlputzkabine *f*, Druckluftstrahlputzkammer *f* || **~ дробления** *(Bgb)* Brechraum *m*, Brecherraum *m* || **~/дугогасительная** *(El)* Lichtbogenlöschkammer *f* || **~ завихрения** Wirbelkammer *f* || **~/заглушённая** schalltoter (reflexionsfreier) Raum *m* || **~/загрузочная** Beladekammer *f (Preßform)* || **~/закалочная** Härteraum *m* || **~/запарная** *(Text)* Dämpfkammer *f* || **~/зарядная** *s.* ~/загрузочная || **~/зеркальная** Spiegelreflexkamera *f* || **~/импульсная [ионизационная]** *(Kern)* Impuls[ionisations]kammer *f*, zählende Ionisationskammer *f* || **~/интегрирующая ионизационная** *(Kern)* integrierende Ionisationskammer *f*, Integrationskammer *f* || **~/ионизационная** *(Kern)* Ionisations[meß]kammer *f*, Ionenkammer *f* || **~/искровая** Funkenkammer *f* || **~/искрогасительная** *(El)* Funkenlöschkammer *f* || **~/карманная ионизационная** *(Kern)* Taschen[ionisations]kammer *f* || **~/киносъёмочная** Filmkamera *f*, Filmaufnahmekamera *f* || **~/классифицирующая** Klassierzelle *f (Aufbereitung)* || **~ коксования** Verkokungskammer *f*, Koks[ofen]kammer *f* || **~/кольцевая** Ringkammer *f (z. B. zur Druckentnahme an Wirkdruckdurchflußmeßgeräten)* || **~/кольцевая поплавковая** *(Kfz)* Ringschwimmergehäuse *n (Vergaser)* || **~ комбайна/приёмная** *(Lw)* Einlegekammer *f (Mähdrescher)* || **~/компенсационная (компенсированная) ионизационная** *(Kern)* kompensierte Ionisationskammer *f*, Kompensationskammer *f* || **~ конденсаторного типа/ионизационная** *(Kern)* Kondensator[ionisations]kammer *f* || **~/конденсационная** *s.* ~ Вильсона || **~/контактная** Kontaktkammer *f*, Kontaktraum *m* || **~/кривошипная** *(Masch)* Kurbelkasten *m*, Kurbelkammer *f* || **~ Ланова** Lanova-Brennkammer *f (Typ eines Diesel-Luftspeichers)* || **~/лебедочная** *(Bgb)* Haspelkammer *f* || **~/малогабаритная** kleinformatige Kamera *f* || **~ малого формата** Kleinbildkamera *f* || **~/малоформатная** Kleinbildkamera *f* || **~ масляного выключателя/дугогасительная** *(El)* Ölschalterlöschkammer *f* || **~/многозональная** Multispektralkamera *f*, Multispektralkammer *f* || **~/морозильная** *(Kält)* Gefrierraum *m* || **~/нагнетательная** Druckkammer *f*, Druckraum *m* || **~/нагревательная** Vorwärmkammer *f*, Anwärmkammer *f*; Heizkammer *f (Ofen)* || **~/напёрстковая ионизационная** *(Kern)* Fingerhut[ionisations]kammer *f* || **~/напорная** Druckraum *m*, Druckkammer *f* || **~ насоса** 1. Pumpenraum *m*; 2. Pumpengehäuse *n* || **~/нейтронная** *(Kern)* Neutronen[ionisations]kammer *f* || **~ низкого давления** Unterdruckkammer *f* || **~/низкотемпературная** *(Kält)* Tiefkühlraum *m* || **~/нормальная [ионизационная]** *(Kern)* normale Ionisationskammer *f*, Normal[ionisations]kammer *f* || **~/обжигательная (обжиговая)** Röstkammer *f (Erzröstofen)* || **~/обогреваемая** Heizkammer *f* || **~/оросительная** Befeuchtungskammer *f* || **~ орошения** Befeuchtungskammer *f* || **~/осадительная** Setzkammer *f*, Niederschlagskammer *f*, Abscheidekammer *f*, Absetzkammer *f* || **~/отжигательная** Glühkammer *f*, Glühraum *m (Ofen)*; *(Glas)* Kühlkammer *f* || **~/отсасывающая** Absaugekammer *f* || **~/отстойная** Absetzkammer *f*, Absetzraum *m* || **~/охлаждающая** Kühlkammer *f* || **~/очистная** *(Bgb)* Abbaukammer *f* || **~/паровая** Dampfraum *m* || **~ пассивирования** *(Schiff)* Passivierkabine *f (Vorkonservierung)* || **~/передающая телевизионная** Fernsehaufnahmekamera *f* || **~/пескоструйная** *(Gieß)* Sandstrahlkabine *f* || **~/печная** Ofenkammer *f*, Ofenraum *m* || **~/плавильная** Schmelzraum *m (Herdofen)* || **~/пластинчатая ионизационная** *(Kern)* Plattenionisationskammer *f* || **~/плёночная** Filmkamera *f*, Kamera *f* || **~/плоская ионизационная** *s.* ~/нормальная ионизационная || **~/подводная телевизионная** Unterwasserfernsehkamera *f* || **~ подводного телевидения** Unterwasserfernsehkamera *f* || **~/подземная** *(Geol)* Kaverne *f* || **~/помольная** Mahlkammer *f*, Mahlraum *m* || **~/помольно-разделительная** Mahl- und Sichtraum *m (einer Strahlmühle)* || **~/поплавковая** *(Kfz)* Schwimmergehäuse *n (Vergaser)* || **~/потоконаправляющая** *(Schiff)* Strömungsleitkammer *f* || **~/предварительная** Vorkammer *f (Dieselmotor)* ‖ **~ прессования** Preßkammer *f (Druckgießmaschine)* ‖ **~ прецессии** *(Krist)* Präzessionsretigraph *m*, Buergerscher Retigraph *m* ‖ **~/призменная** *(Astr)* Prismenkamera *f* ‖ **~ прикладного телевидения** Industriefernsehkamera *f* ‖ **~/провизионная** *(Schiff)* Proviantraum *m* ‖ **~ промышленного телевидения** Industriefernsehkamera *f* ‖ **~/прядильная** *(Text)* Spinnkammer *f*, Spinnrotor *m*, Spinnturbine *f* ‖ **~/пузырьковая** *(Kern)* Blasenkammer *f* ‖ **~/пусковая ионизационная** *(Kern)* Ionisationsanfahrquelle *f* ‖ **~ пучка** *(Kern)* Strahlenemissionskammer *f* ‖ **~/пылевая (пылеосадительная)** *s.* ~/пылесобирательная ‖ **~/пылеотделительная** Entstaubungskammer *f* ‖ **~/пылесобирательная (пылеуловительная)** *(Met)* Staubkammer *f*, Staubtasche *f*; Sackkammer *f (z. B. des Hochofens)* ‖ **~/рабочая** 1. *(Bw)* Arbeitskammer *f (Caisson)*; 2. *(Text)* Füllkammer *f (Ballenöffner)* ‖ **~/радиационная** Strahlungsraum *m (Feuerung)* ‖ **~ разделения** Schwimmzelle *f (Flotation)* ‖ **~/размольная** Mahlkammer *f*, Mahlraum *m* ‖ **~ разрежения** Unterdruckkammer *f*, Barokammer *f*; *(Met)* Saugkammer *f*, Saugkasten *m (Sinterband)* ‖ **~/разрядная** *(El)* Entladungskammer *f* ‖ **~ рассеяния** *(Ph)* Streukammer *f* ‖ **~ расширения** *(Therm)* Expansionskammer *f*, Expansionsraum *m* ‖ **~/реакционная** Reaktionsraum *m*, Reaktionskammer *f* ‖ **~/реверберационная** *(Ak)* Nachhallraum *m*, Hallraum *m*, Echoraum *m* ‖ **~/регенеративная** *(Met)* Regenerativkammer *f*, Regeneratorkammer *f*, Kammer *f (SM-Ofen)* ‖ **~/регенераторная** *s.* ~/регенеративная ‖ **~/редукционная** Reduktionskamera *f* ‖ **~ рукава** *(Gum)* Schlauchseele *f* ‖ **~/ручная** Handkamera *f* ‖ **~ с дутьём/дугогасительная** *(El)* Strömungslöschkammer *f (für Lichtbögen)* ‖ **~ с масляным заполнением/дугогасительная** *(El)* ölgefüllte Lichtbogenlöschkammer *f* ‖ **~ с откидной крышкой** *(Photo)* Klappkamera *f* ‖ **~/сберегательная** *(Hydt)* Sparkammer *f*, Sparbecken *n*, Sparraum *m (Sparschleuse)* ‖ **~/сверхдлиннофокусная** Telekamera *f* ‖ **~/свинцовая** Bleikammer *f (Schwefelsäureherstellung)* ‖ **~ сгорания** Brennkammer *f*, Verbrennungskammer *f*, Verbrennungsraum *m*, Feuerungsraum *m (eines brennstoffbeheizten Ofens)*; Brennkammer *f*, Verbrennungskammer *f*, Brennschacht *m (Winderhitzer)* ‖ **~ сгорания/вихревая** Wirbelkammer *f (Dieselmotor)* ‖ **~ сгорания/воздушно-камерная** Luftspeicherbrennraum *m* ‖ **~ сгорания высокого давления** Hochdruckbrennkammer *f (Gasturbine)* ‖ **~ сгорания/газотурбинная** Turbinenbrennkammer *f* ‖ **~ сгорания дизеля/дополнительная** Nebenbrennraum *m (Dieselmotor)* ‖ **~ сгорания дизеля/неразделённая** ungeteilter Brennraum *m* des Dieselmotors für Direkteinspritzung *(Brennraum ohne Vorkammer, Wirbelkammer oder Luftspeicher)* ‖ **~ сгорания дизеля/основная** Hauptbrennraum *m (Dieselmotor)* ‖ **~ сгорания дизеля/разделённая** geteilter Brennraum *m* des Dieselmotors *(bestehend aus Hauptbrennraum und Vorkammer, Wirbelkammer oder Luftspeicher)* ‖ **~ сгорания/индивидуальная** Einzelbrennkammer *f (Turbinenluftstrahltriebwerk)* ‖ **~ сгорания/кольцевая** Ringbrennkammer *f (Turbinenluftstrahltriebwerk)* ‖ **~ сгорания/многокамерная** Mehrkammerbrennraum *m (Verbrennungsmotor)* ‖ **~ сгорания непосредственного впрыска** *s.* ~ сгорания дизеля/неразделённая ‖ **~ сгорания низкого давления** Niederdruckbrennkammer *f (Gasturbine)* ‖ **~ сгорания/Г-образная** Brennraum *m* mit L-Kopf *(Kolbenmotor)* ‖ **~ сгорания/Т-образная** Brennraum *m* mit T-Kopf *(Kolbenmotor)* ‖ **~ сгорания/отдельная** Einzelbrennkammer *f (Turbinenluftstrahltriebwerk)* ‖ **~ сгорания/плоская** Brennraum *m* mit flachem Kopf *(Kolbenmotor)* ‖ **~ сгорания/полусферическая** Brennraum *m* mit halbkugelförmigem Kopf *(Kolbenmotor)* ‖ **~ сгорания/трубчатая** Rohrbrennkammer *f (Turbinenluftstrahltriebwerk)* ‖ **~ сгорания/шатровая** Brennraum *m* mit kegelförmigem Kopf *(Kolbenmotor)* ‖ **~ сжатия** 1. Verdichtungsraum *m*, Kompressionsraum *m (Verbrennungsmotor)*; 2. Druckkammer *f*, Preßkammer *f*, Füllkammer *f (Druckgießmaschine)* ‖ **~/скороморозильная** *(Kält)* Schnellgefrierraum *m* ‖ **~/смесительная** 1. Mischdüse *f (Injektorschneidbrenner)*; 2. Mischkammer *f*; 3. Mischgehäuse *n (Vergasermotor)* ‖ **~ смешения** 1. Mischkammer *f (Mischung von qualitativ unterschiedlichen Luftvolumenströmen)*; 2. *(Schw)* Mischkammer *f (Gleichdruckbrenner)* ‖ **~/сопловая** Düsenkammer *f*, Einströmkammer *f (Dampfturbine)* ‖ **~/спутниковая** Satellitenkamera *f* ‖ **~/стандартная [ионизационная]** *s.* ~/нормальная ионизационная ‖ **~/стереоскопическая (стереосъёмочная)** *(Photo)* Stereokamera *f* ‖ **~/стереофотограмметрическая** *(Photo)* Raumbild[meß]kammer *f*, Stereo[meß]-kammer *f*, Doppelkammer *f*, Zweibildkammer *f* ‖ **~/стержневая сушильная** *(Gieß)* Kerntrokkenkammer *f* ‖ **~/студийная** Studiokamera *f*; Atelierkamera *f* ‖ **~/судовозная** *(Hydt)* Trogschleuse *f (Schiffshebewerk)* ‖ **~ судоподъёмника** Schiffstrog *m (Schiffshebewerk)* ‖ **~/сухая** *(Kern)* Trockenbox *f*, Trockenkammer *f* ‖ **~/сушильная** 1. Darrkammer *f*, Trockenkammer *f*, Trockenboden *m*; 2. Kammertrockner *m*; 3. Trockenraum *m (Ofen)* ‖ **~/счётная** Zählkammer *f* ‖ **~/телевизионная** Fernseh[aufnahme]-kamera *f*, Videokamera *f* ‖ **~/тёмная** Dunkelkammer *f* ‖ **~/топочная** Feuerkammer *f*, Feuerraum *m*, Brennkammer *f* ‖ **~/трансформаторная** *(El)* Transformator[en]raum *m*, Traforaum *m* ‖ **~ турбины/впускная** Turbineneintrittsgehäuse *n*; Turbinen[einlauf]kammer *f (Wasserturbine)* ‖ **~/увлажнительная** *(Text)* Befeuchtungskammer *f* ‖ **~/угарная** *(Text)* Abfallkasten *m*, Abfallkammer *f* ‖ **~/узкоплёночная съёмочная** *(Photo)* Schmalfilmkamera *f* ‖ **~/универсальная холодильная** *(Kält)* Mehrzweckkühlraum *m* ‖ **~/уравнительная** Beruhigungskammer *f*, Ausgleichkammer *f* ‖ **~/ускорительная** *(Kern)* Beschleunigungskammer *f* ‖ **~/успокоительная** Beruhigungsraum *m*, Beruhigungskammer *f* ‖ **~/форсажная** Nachbrennkammer *f*, Nachbrenner *m (Gasturbine, Turbinenluftstrahltriebwerk)* ‖ **~/форсуночная** Befeuchter *m (Klimaanlage)* ‖ **~/фотограмметрическая** *(Photo)*

Meßkammer *f*, Meßbild[aufnahme]kammer *f* ‖ **~/фотограмметрическая базисная** *(Photo)* Bodenmeßkammer *f* ‖ **~/холодильная** Kühlkammer *f* ‖ **~ хранения** 1. Lagerraum *m*; 2. Gepäckaufbewahrung *f*, Handgepäckaufbewahrung *f* ‖ **~ хранения/низкотемпературная** *(Kält)* Gefrierlagerraum *m* ‖ **~ цветного телевидения** Farbfernseh[aufnahme]kamera *f* ‖ **~/шлюзная** *(Hydt)* Schleusenkammer *f* ‖ **~/экранированная** *(Kern)* Abschirmkammer *f* ‖ **~/эластичная** *(Masch)* Luftkörper *m (im druckluftbetätigten Beugefinger eines IR)* ‖ **~/ящичная** *(Photo)* Box *f*

камера-зеркалка *f (Photo)* Spiegelreflexkamera *f*

камера-обскура *f* Lochkamera *f*, Camera *f* obscura

камера-убежище *f (Bgb)* Fluchtkammer *f*

камерно-столбовой *(Bgb)* Kammer-Pfeiler-...

камертон *m (Ak)* 1. Kammerton *m*, Kammertonhöhe *f*; 2. Stimmgabel *f*

камин *m* Kamin *m*, Schwadenrohr *n*

камнебетон *m (Bw)* Beton *m* mit Steinzuschlagstoffen

камнедробилка *f (Bw)* Steinbrecher *m* ‖ **~/валковая** Walzenbrecher *m*, Walzwerk *n* ‖ **~/конусная** Kreiselbrecher *m*, Kegelbrecher *m* ‖ **~/ударная** Schlagbrecher *m*, Prallbrecher *m* ‖ **~/челюстная (щековая)** Backenbrecher *m*, Maulbrecher *m*

камнедробитель *m (Med)* Lithotripter *m*, Steinzertrümmerungszange *f*

камнеломня *f* Steinbruch *m*

камнеотделитель *m (Lw)* Steintrenneinrichtung *f*

камнепад *m* Steinschlag *m*

камнерезный Steinschneide...

камнеуловитель *m (Lw)* Steintrenneinrichtung *f*, Steinfänger *m*

камнещуп *m (Med)* Steinsonde *f*

кампания *f* 1. Kampagne *f*; 2. *(Met)* Reise *f (Ofen)* ‖ **~ горючего** *(Kern)* Brennstofflebensdauer *f* ‖ **~/отопительная** Heizperiode *f* ‖ **~ печи** *(Met)* Ofenreise *f*, Ofengang *m* ‖ **~ реактора** *(Kern)* Reaktorbetriebsperiode *f*

кампилит *m (Min)* Kampylit *m*

камфора *f (Ch)* Kampfer *m*, Campher *m* ‖ **~/японская** Japancampher *m*

камы *mpl (Geol)* Kames *pl*

камышекосилка *f* Schilfmähmaschine *f*

камышит *m* Schilfbauplatte *f*

канава *f* 1. *(Bw, Hydt)* Graben *m*; Rigole *f*; Rinne *f*; 2. *(Bgb)* Rösche *f*, Längsrösche *f* ‖ **~ вдоль насыпи** *(Bw)* Böschungsmulde *f* ‖ **~/водоотводная (водоотливная)** 1. *(Bw)* Abzugsgraben *m*, Rigole *f*; 2. *(Bgb)* Wasserrösche *f*, Rösche *f*, Wasserseige *f*; 3. *(Eb)* Wasserabflußgraben *m (an der Strecke)* ‖ **~/водоприёмная** *(Hydt)* Auffanggraben *m* ‖ **~/водосборная** *(Hydt)* Wassersammelgraben *m* ‖ **~/водосточная** *s.* ~/водоотводная ‖ **~/выпускная сточная** *(Bw)* Abstichgraben *m* ‖ **~/дренажная** *(Bw)* Entwässerungsgraben *m*, Sickergraben *m* ‖ **~/кабельная** *(El)* Kabelgraben *m* ‖ **~/литейная** *(Gieß)* Gießgrube *f* ‖ **~/ловчая** *(Hydt)* Einfanggraben *m*, Fanggraben *m*, Saumgraben *m* ‖ **~/нагорная** *(Hydt)* Abfanggraben *m* ‖ **~/оросительная** *(Hydt)* Bewässerungsgraben *m*; Beetgraben *m* ‖ **~/осушительная** *(Hydt)* Entwässerungsgraben *m*, Drängraben *m* ‖ **~/разведочная** *(Bgb)* Schürfgraben *m* ‖ **~/ремонтная** Reparaturgrube *f*; *(Eb)* Reparaturkanal *m* ‖ **~/сборная** *(Hydt)* Fanggraben *m* ‖ **~/смотровая** *(Eb)* Gleisgrube *f*, Besichtigungsgrube *f* ‖ **~/сточная** 1. *(Bw, Hydt)* Abflußgraben *m*, Siel *m*; 2. *(Bgb)* Abgraben *m* ‖ **~/чугунная** Roheisenrinne *f*, Roheisenbett *n (Hochofen)* ‖ **~/шлаковая** Schlackenrinne *f*, Schlackenbett *n (Hochofen)*

канавка *f* 1. *(Fert)* Nut *f*, Rille *f*; Riefe *f*; Einstich *m*, Einschnitt *m*, Aussparung *f (s. a. unter* канава 1., желоб[ок], паз*)*; 2. Lauffläche *f (Kugellager)* ‖ **~ в форме ласточкина хвоста** Schwalbenschwanznut *f* ‖ **~ вала** Wellennut *f* ‖ **~/винтовая** Wendelnut *f*, Drallnut *f (Spiralbohrer, Fräser)* ‖ **~/замкнутая** Auslaufrille *f (Schallplatte)* ‖ **~/заусеночная** *(Schm)* Gratrinne *f*, Gratbahn *f (Gesenk)* ‖ **~/звуковая** Tonrille *f*, Schallrille *f (Schallplatte)* ‖ **~/канатная** Seilrille *f* ‖ **~/кольцевая** Ringnut *f* ‖ **~/маслоотводная** Ölableitungsnut *f* ‖ **~/маслоподводящая** Ölzuleitungsnut *f* ‖ **~/маслораспределительная** Ölverteilungsnut *f* ‖ **~/маслоулавливающая (маслоуловительная)** Fangnut *f*, Ölfangnut *f* ‖ **~/V-образная** V-Nut *f* ‖ **~/полукруглая** Rundrille *f* ‖ **~/поперечная** Quernut *f* ‖ **~/поршневая** Kolbenringnut *f* ‖ **~/посадочная** *(Lw)* Pflanzrille *f* ‖ **~/продольная** Längsnut *f* ‖ **~/промывочная** *(Bgb)* Spülkanal *m (Bohrwerkzeug)* ‖ **~/резьбовая** Gewindenut *f* ‖ **~/сборная** Fangrille *f* ‖ **~/слиповая** Slipgraben *m*, Stroppgraben *m (Hecktrawler)* ‖ **~/смазочная** Schmiernut *f* ‖ **~/спиральная** *s.* ~/винтовая ‖ **~/стружечная** *(Wkz)* Spannut *f* ‖ **~/стружколомающая (стружкоразделительная)** *(Wkz)* Spanbrechernut *f*, Spanteilungsnut *f* ‖ **~/уплотняющая** Dichtungsrille *f* ‖ **~ шкива** Seilrille *f* einer Seilscheibe, Scheibenrille *f* ‖ **~/шпоночная** *(Masch)* 1. Federnut *f*, Paßfedernut *f*; 2. Keilnut *f*; 3. Langloch *n*

канавокопатель *m (Bw)* Grabenbagger *m*, Grabenpflug *m*, Grabenzieher *m*; Dränmaschine *f* ‖ **~/многоковшовый** Eimerkettengrabenbagger *m*, Trencher *m* ‖ **~/одноковшовый** Grabenlöffelbagger *m (Löffeltiefbagger)* ‖ **~/плунжерный** Grabenpflug *m* ‖ **~/фрезерный** Grabenfräse *f*

канал *m* 1. Kanal *m*; Leitung *f*, Rinne *f*; 2. Zug *m*; 3. *(Bw)* Lochung *f (Lochstein)*; 4. *(Text)* Lumen *n (Baumwollfaser)*; 5. *(Nrt)* Kabelrohrstrang *m*; Kabelkanal *m*; Kanal *m*; 6. *(TV, Inf)* Kanal *m*, Übertragungskanal *m*; 7. *(Inf)* Spur *f* ‖ **~/аналоговый** *(Inf)* Analogkanal *m* ‖ **~/вентиляционный** 1. *(Bw)* Abzug *m*, Lüftungskanal *m*; 2. *(Gieß)* Entlüftungskanal *m*; Entlüftungssteiger *m*; 3. *(Bgb)* Wetterkanal *m* ‖ **~/вертикальный воздушный** *(Met)* Luftzug *m*, Luftkanal *m (SM-Ofen)* ‖ **~ верхнего бьефа** *(Hydt)* Oberkanal *m*, Ober[wasser]graben *m* ‖ **~/верховой** *(Hydt)* Oberkanal *m*, Obergraben *m* ‖ **~/водозаборный** *(Hydt)* Entnahmekanal *m* ‖ **~/водоотводный** *(Hydt)* Flutgraben *m*; Wasserabzugsgraben *m*, Wasserableitungskanal *m* ‖ **~/водоподводящий** *(Hydt)* Wasserzuleitungsgraben *m* ‖ **~/водопроводный** *(Hydt)* Wasserleitungskanal *m*, Wasserversorgungskanal *m* ‖ **~/водосборный** *(Hydt)* Einfanggraben *m* ‖ **~/водосбросный (водосливный)** *(Hydt)* Überlaufkanal *m*, Überfallkanal *m* ‖ **~/водоспускной** *(Hydt)* Flutgerinne *n* ‖ **~/возвратный** Rückführkanal *m (Kreiselpumpe)* ‖ **~/воздухоподводный (воздухоподводящий)** Luftzufuhrkanal *m*, Zuluftkanal *m* ‖ **~/воздухораспределительный** Luftverteilungskanal *m* ‖ **~/волноводный** *(Eln)* Wellenleiterkanal *m* ‖ **~/впусковой** *(Kst)* Anschnittkanal *m* ‖ **~/встроенный** *(Eln)* Verarmungskanal *m*, Depletion-Kanal *m* ‖ **~ вторичного воздуха** Oberluftkanal *m*, Oberwindkanal *m*, Primärluftkanal *m (Feuerungstechnik)* ‖ **~ вулкана** *(Geol)* Förderröhre *f*, Förderschlot *m* ‖ **~/входной** Eintrittskanal *m*, Einlaßkanal *m* ‖ **~/выпускной** Auslaßkanal *m*, Auspuffkanal *m*, Auspuffleitung *f* ‖ **~/высокочастотный** Trägerfrequenzkanal *m*, TF-Kanal *m* *(s. a.* ~ несущей частоты*)* ‖ **~/высокочастотный телефонный** Fernsprechträgerfrequenzkanal *m* ‖ **~/вытяжной** Absaugkanal *m*, Abzugskanal *m*, Abluftkanal *m*, Abzugsschacht *m* ‖ **~/газовый** *(Met)* Gaskanal *m*, Gaszug *m (SM-Ofen)* ‖ **~/газоотводный** *s.* ~/дымовой ‖ **~/газораспределительный** Gasverteil[ungs]kanal *m* ‖ **~ дальней связи** *(Nrt)* Weitverkehrskanal *m* ‖ **~/двусторонний** Fernmeldeleitung *f*, Fernsprechkreis *m* ‖ **~/деривационный** *(Hydt)* 1. Abzweigkanal *m*; 2. *s.* ~/подводящий ‖ **~/дренажный** *s.* ~/осушительный ‖ **~/дуплексный частотный** *(Nrt)* Duplexfrequenzkanal *m*, Zweirichtungsfrequenzkanal *m* ‖ **~/дутьевой** Frischluftkanal *m*, Windkanal *m (Feuerung)* ‖ **~/дымовой** Abgaskanal *m*, Abgasleitung *f*, Rauch[gas]kanal *m*, Rauchgasleitung *f*; Fuchs *m (eines brennstoffbetriebenen Ofens)* ‖ **~/замковый** Schloßkanal *m* ‖ **~/запасной** Reservekanal *m* ‖ **~ записи** Aufzeichnungskanal *m*, Aufsprechkanal *m* ‖ **~ захвата** *(Kern)* Einfangkanal *m* ‖ **~/звуковой** Tonkanal *m* ‖ **~/измерительный** Meßkanal *m* ‖ **~ изображения** *(TV)* Bildkanal *m*, Videokanal *m* ‖ **~/импульсный** Impulskanal *m* ‖ **~ индукционной печи** *(Gieß)* Induktionsrinne *f*, Induktor *m*, Schmelzrinne *f*, Rinne *f (des Rinneninduktionsofens)* ‖ **~/индуцированный** *(Eln)* Anreicherungskanal *m*, Enhancement-Kanal *m* ‖ **~/интерфейсный** *(Inf)* Interfacekanal *m* ‖ **~/информационный** *(Inf)* Informationskanal *m* ‖ **~/кабельный** Kabelkanal *m* ‖ **~/каптажный** *(Hydt)* Fassungskanal *m* ‖ **~ карбюратора/входной** Vergasersaugkanal *m* ‖ **~/кольцевой** 1. Ringkanal *m*; Umführungskanal *m (Dampfturbine)*; 2. Ringspalt *m*, *(Kst)* Düsenspalt *m*; 3. *(Met)* Induktionsrinne *f*, Schmelzrinne *f (des Rinneninduktionsofens)* ‖ **~ коммуникации** *(Inf)* Informationsübertragungskanal *m*, Datenübertragungskanal *m* ‖ **~ лидера** *(El)* Leader[entladungs]kanal *m* ‖ **~/литниковый** 1. *(Gieß)* Einlauf[kanal] *m (Gießsystem)*; 2. *(Kst)* Angußkanal *m* ‖ **~ между лопатками** Schaufelzwischenraum *f*, Leitkanal *m (Strömungsmaschinen)* ‖ **~ молнии** Blitz[entladungs]kanal *m* ‖ **~/морской портовый** Seehafenkanal *m* ‖ **~/мультиплексный** *(Inf)* Multiplexkanal *m* ‖ **~/наведённый** *s.* ~/индуцированный ‖ **~/навозосборный** *(Lw)* Güllekanal *m*, Staukanal *m*; Sammelkanal *m* ‖ **~/нагорный** *(Hydt)* Randgraben *m*, Abfanggraben *m* ‖ **~/направляющий** Leitkanal *m (Strömungsmaschinen)* ‖ **~ несущей частоты** *(Nrt)* Trägerfrequenzkanal *m*, TF-Kanal *m* ‖ **~ нижнего бьефа** *(Hydt)* Unterkanal *m*, Unter[wasser]graben *m* ‖ **~/низкочастотный** *(Nrt)* Niederfrequenzkanal *m*, NF-Kanal *m* ‖ **~/низовой** *s.* ~ нижнего бьефа ‖ **~/обводной** Begehkanal *m (Ofen)* ‖ **~/обводной судоходный** Umführungskanal *m* ‖ **~ обратной связи** Rückkopplungskanal *m* ‖ **~/обратный** *(Pap)* Wendekanal *m*, Rücklaufkanal *m* ‖ **~/обходный** *(Hydt)* Umlauf *m*, Umkehrkanal *m*, Seitenkanal *m*, Umgehungskanal *m* ‖ **~/односторонний** *(Nrt)* Simplexübertragungskanal *m* ‖ **~ оптической связи** *(Nrt)* optischer Übertragungskanal *m* ‖ **~/оросительный** *(Hydt)* Bewässerungskanal *m* ‖ **~/осушительный** *(Hydt)* Entwässerungskanal *m* ‖ **~/отводный** 1. *(Hydt)* Abzug[skanal] *m*; 2. Abluftkanal *m*, Absaugkanal *m* ‖ **~/отводящий** *(Hydt)* Unter[wasser]kanal *m* ‖ **~/отжигательный** *(Glas)* Kühlkanal *m* ‖ **~/отопительный** Feuerzug *m*, Heizzug *m (Ofen)* ‖ **~/паровпускной** Einlaßkanal *m*, Eintrittskanal *m (Dampfmaschinen-Schiebersteuerung)* ‖ **~/парораспределительный** *(Wmt)* Dampfverteilungskanal *m* ‖ **~/переводной** Überleitkanal *m*, Überströmkanal *m (Kreiselpumpe)* ‖ **~ передачи** *(Nrt, Inf)* Übertragungskanal *m*, Übertragungsweg *m* ‖ **~ передачи данных** Datenübertragungskanal *m* ‖ **~ передачи информации (сообщения)** Nachrichtenübertragungskanal *m* ‖ **~ передачи/цифровой** *(Rf)* digitaler Übertragungsweg *m* ‖ **~/перепускной** Überströmkanal *m* ‖ **~/плавильный** Schmelzrinne *f*, Induktorrinne *f*, Induktionsrinne *f (des Rinneninduktionsofens)* ‖ **~/подводящий** *(Hydt)* Ober[wasser]kanal *m*, Zuführungskanal *m*, Zulaufkanal *m*, Zuflußkanal *m*, Zugangskanal *m (s. a.* ~/рабочий 1.*)* ‖ **~/подовый** *(Met)* Sohlkanal *m (Koksofen)* ‖ **~/подходный** *(Hydt)* Zugangskanal *m*; Zufahrtskanal *m* ‖ **~ приёма** *(Nrt)* Empfangskanal *m*, Aufnahmekanal *m* ‖ **~/приёмный** *s.* ~ приёма ‖ **~ *n*-проводимости** *(Eln)* N-Kanal *m* ‖ **~ *p*-проводимости** *(Eln)* P-Kanal *m* ‖ **~/проводной** Leitungskanal *m* ‖ **~/промывной** *(Hydt)* Schwemmkanal *m*, Spülkanal *m*, Spülrinne *f* ‖ **~ рабочего колеса** Laufradkanal *m*, Laufschaufelkanal *m (Strömungsmaschinen)* ‖ **~/рабочий** 1. *(Hydt)* Werkgraben *m*, Werkkanal *m*; 2. *(Kern)* Brennelement[kühl]kanal *m (des Reaktors)*; 3. *(Kern)* Druckrohr *n*, Druckröhre *f (eines Druckröhrenreaktors)* ‖ **~/радиовещательный** Rundfunkkanal *m* ‖ **~/радионавигационный** Funkortungskanal *m* ‖ **~ радиосвязи** Funkkanal *m* ‖ **~/радиотелефонный** Funksprechkanal *m* ‖ **~/разводящий литниковый** *(Kst)* Anguß-Verteilerkanal *m*; *(Kst)* Verteilerkreuz *n*, Angußspinne *f (bei Mehrfachspritzgießwerkzeugen)* ‖ **~/разрядный** *(El)* Entladekanal *m*, Entladungskanal *m* ‖ **~ распада** *(Kern)* Zerfallskanal *m*, Zerfallsweg *m* ‖ **~/распределительный** 1. *(Nrt)* Verteilungskanal *m*; 2. Steuerbohrung *f (einer Einspritzpumpe)* ‖ **~ рассеяния** Streukanal *m* ‖ **~ реактора** *(Kern)* Reaktorkanal *m* ‖ **~ реактора/рабочий** *s.* ~/рабочий 2.; 3. ‖ **~ реакции** *(Kern)* Reaktionskanal *m*, Reaktionsweg *m (einer Kernreaktion)* ‖ **~ с помехами** *(Eln)* gestörter (verrauschter) Kanal *m* ‖

~/самотёчный *(Lw)* Fließkanal *m*; Schwemmkanal *m (Entmistung)* ‖ **~/сборный** Sammelkanal *m (Entwässerung)* ‖ **~ связи** 1. Nachrichten[übertragungs]kanal *m*; 2. *(Inf)* Bus *m*, Bussystem *n* ‖ **~ связи/выделенный** *(Inf)* Standleitung *f* ‖ **~ связи/коммутируемый** *(Inf)* Wählleitung *f* ‖ **~ связи/некоммутируемый** *(Inf)* Standleitung *f* ‖ **~ связи/оптоэлектронный** optoelektronischer Nachrichten[übertragungs]kanal *m* ‖ **~ связи/проводной** leitungsgebundener Nachrichtenkanal *m* ‖ **~/сейсмический** *(Geoph)* seismischer Kanal *m* ‖ **~/селекторный** *(Inf)* Selektorkanal *m* ‖ **~/смазочный** Ölkanal *m*, Schmierbohrung *f* ‖ **~/смежный** Nachbarkanal *m* ‖ **~/соединительный** Verbindungskanal *m* ‖ **~ сопла** Düsenkanal *m (Vergaser, Strömungsmaschinen)* ‖ **~/соседний** Nachbarkanal *m* ‖ **~/сточный** *(Hydt)* Abflußkanal *m*, Abzugskanal *m* ‖ **~/судоходный** Schiffahrtskanal *m* ‖ **~ телевизионной передачи** Fernsehkanal *m* ‖ **~/телевизионный** Fernsehkanal *m* ‖ **~ телеграфной передачи (связи)** *s.* ~/телеграфный ‖ **~/телеграфный** Telegraphie[übertragungs]kanal *m* ‖ **~/телемеханический** Fernwirkkanal *m* ‖ **~ телефонной связи** *s.* ~/телефонный ‖ **~/телефонный** Fernsprechkanal *m*, Telephoniekanal *m* ‖ **~/телефонный высокочастотный** Fernsprechträgerfrequenzkanal *m*, trägerfrequent betriebener Fernsprechübertragungsweg *m* ‖ **~/технологический** *s.* ~ реактора/рабочий ‖ **~ тонального телеграфа (телеграфирования)** Wechselstromtelegraphiekanal *m*, WT-Kanal *m*, Tontelegraphiekanal *m* ‖ **~ тональной частоты** Niederfrequenzkanal *m*, NF-Kanal *m* ‖ **~/тональный** *s.* ~ тональной частоты ‖ **~ ТРД/входной** Einlaufkanal *m*, Diffusor *m (Turbostrahltriebwerk, Strömungsmaschine)* ‖ **~ трубопровода** Kanalzug *m*, Zug *m (eines Kabelkanals)* ‖ **~/тупиковый** *(Hydt)* Kanalstumpf *m* ‖ **~/уравнительный** Überströmkanal *m*, Ausgleichkanal *m (Strömungsmaschine)* ‖ **~/фильмовый** Filmkanal *m* ‖ **~/фототелеграфный** Bildtelegraph[ie]übertragungskanal *m* ‖ **~ холостого хода** *(Kfz)* Leerlaufbohrung *f (Vergaser)* ‖ **~ цветности** *(TV)* Farbkanal *m* ‖ **~/частотный [односторонний]** *(Nrt)* Frequenzkanal *m* ‖ **~/четырёхпроводной** Vierdrahtkanal *m* ‖ **~ шлюза/донный** *(Hydt)* Sohlenkanal *m (Schleuse)* ‖ **~ шлюза/подходной** *(Hydt)* Schleusenkanal *m* ‖ **~ шлюзного водопровода/поперечный** *(Hydt)* Stichkanal *m (Schleuse)* ‖ **~/шлюзный** *(Hydt)* Schleusenkanal *m* ‖ **~/экспериментальный** *(Kern)* Versuchskanal *m*

канализация *f* 1. *(Bw)* Entwässerung *f*, Abwasserbeseitigung *f*; 2. *(Nrt)* Kabelkanal *m*; Kabelanlage *f*; Leitungsführung *f*; 3. *(El)* Kanalanlage *f* ‖ **~/блочная** *s.* ~/кабельная ‖ **~/внутренняя (внутридомовая)** Gebäudeentwässerung *f* ‖ **~/внутриквартальная** Grundstücksentwässerung *f* ‖ **~/городская** Stadtentwässerung *f* ‖ **~/дворовая** *s.* ~/внутриквартальная ‖ **~/домовая** Hausentwässerung *f* ‖ **~/кабельная** Kabelkanalanlage *f*, Kabelkanal *m* ‖ **~/ливневая** Regenwasserableitung *f* ‖ **~/многоотверстная** *(Nrt)* Mehrlochkanal *m (Kabelkanal mit mehreren Einzelrohrzügen)* ‖ **~/наружная** Stadtentwässerung *f*, Ortsentwässerung *f* ‖ **~/общесплавная** *(Bw)* Mischentwässerung *f*, Mischsystem *n* ‖ **~/полураздельная** kombinierte Entwässerung *f* ‖ **~/производственная** Betriebsentwässerung *f*, Industrieentwässerung *f*, Industrieabwasserableitung *f* ‖ **~/раздельная** Trennentwässerung *f*, Trennsystem *n* ‖ **~/хозяйственно-фекальная** Brauchwasserableitung *f*

каналокопатель *m* Grabenpflug *m*; Grabenbagger *m*

каналоочиститель *m* Grabenräumer *m*, Grabenräummaschine *f*

канат *m* Seil *n*, Tau *n*, Trosse *f (s. a. unter* трос*)* ‖ **~/боковой** Seitentau *n (Schwimmbagger)* ‖ **~/буксирный** Schleppseil *n*, Schlepptau *n*; Schlepptrosse *f* ‖ **~/вожжевой** Kupplungsdraht *m (Schubschiffahrt)* ‖ **~/грузоподъёмный** Hubseil *n*, Lastseil *n*, Förderseil *n* ‖ **~/задний боковой** hinteres Seitentau *n (Schwimmbagger)* ‖ **~/задний становой** *s.* ~/кормовой становой ‖ **~ квадратного сечения** *s.* ~/квадратный ‖ **~/квадратный** [geflochtenes] Vierkantseil *n (Verflechtung von 8, 12 oder 16 Litzen)* ‖ **~ комбинированной свивки** kombiniertes rechts- und linksgängiges Seil *n* ‖ **~/кормовой боковой** hinteres Seitentau *n (Schwimmbagger)* ‖ **~/кормовой становой** Hintertau *n*, Achtertau *n*, Hecktau *n (Schwimmbagger)* ‖ **~ крестовой свивки** Kreuzschlagseil *n* ‖ **~/круглопрядный** Rundlitzenseil *n* ‖ **~/направляющий** *(Bgb)* Führungsseil *n (Förderung)* ‖ **~/натяжной** Spannseil *n* ‖ **~/некрутящийся** drallfreies (drallfestes) Seil *n* ‖ **~/носовой боковой** vorderes Seitentau *n (Schwimmbagger)* ‖ **~/носовой становой** Vortau *n (Schwimmbagger)* ‖ **~/овальнопрядный (овальный)** Ovallitzenseil *n*, Flachlitzenseil *n* mit elliptischen Litzenquerschnitten ‖ **~ односторонней (параллельной) свивки** Gleichschlagseil *n* ‖ **~/передний боковой** vorderes Seitentau *n (Schwimmbagger)* ‖ **~/передний становой** Vortau *n (Schwimmbagger)* ‖ **~/плоский** Flachseil *n*, Bandseil *n* ‖ **~/плоскопрядный** Flachlitzenseil *n (mit rechteckigem Litzenquerschnitt)* ‖ **~/подъёмный** Hubseil *n*, Förderseil *n* ‖ **~/порожняковый** *(Bgb)* Leerseil *n (Förderung)* ‖ **~/приводной** Antriebsseil *n* ‖ **~/причальный** Anlegetau *n*, Anlegetrosse *f* ‖ **~/проволочный** Drahtseil *n* ‖ **~ прямой свивки** Gleichschlagseil *n* ‖ **~/спиральный** Spiralseil *n* ‖ **~/тормозящий** Fangseil *n (Schachtförderung)* ‖ **~/трёхграннопрядный** Dreikantlitzenseil *n* ‖ **~/тяговый** Zugseil *n* ‖ **~/уравновешивающий** *(Bgb)* Unterseil *n*, Ausgleichsseil *n (Schachtförderung)*

канатик *m (El)* Litze *f*, Litzendraht *m* ‖ **~/антенный** Antennenlitze *f* ‖ **~/проволочный** Drahtlitze *f* ‖ **~/щёточный** Bürstenlitze *f*

канатоёмкость *f* Seilfassungsvermögen *n*, Seilfassung *f (Windentrommel)*

канатоукладчик *m* Seilaufspulvorrichtung *f*, Trossenaufspuleinrichtung *f*

кандела *f* Candela *f*, cd ‖ **~ на квадратный метр** Candela *f* pro Quadratmeter, cd/m²

канифас-блок *m (Schiff)* Klappblock *m*, Fußblock *m*, Umlenkblock *m*

канифоль *f* Kolophonium *n*

канкринит *m (Min)* Cancrinit *m (Feldspatvertreter)*
кант *m* 1. *(Led)* Rand *m*, Schnitt *m*; 2. Kante *f*, Einfassung *f*, Bordüre *f*; 3. *(Forst)* Saum *m*
кантование *n s.* кантовка 1. bis 5.
кантователь *m* 1. *(Fert)* Wendeeinrichtung *f*; 2. *(Wlz)* Kantvorrichtung *f*, Kanter *m*; 3. *(Schm)* Wendevorrichtung *f*, Wender *m* ‖ **~/барабанный** *(Wlz)* Profilstahlkantvorrichtung *f*, Profilstahlkanter *m* ‖ **~/крючковый** *(Wlz)* Hakenkanter *m* ‖ **~/кузнечный** *(Schm)* Wendevorrichtung *f*, Manipulator *m* ‖ **~/роликовый** *(Wlz)* Rollenkantvorrichtung *f*, Rollenkanter *m*
кантовать 1. kippen, kanten; 2. *(Fert)* wenden *(Werkstücke)*; 3. *(Masch)* waagerecht pendeln *(Bewegung des Greifers im Greiferhandgelenk)*; 4. *(Wlz)* kanten *(Block)*; 4. abkanten *(umbiegen)*; 6. abgraten, abstoßen *(Blechkante)*
кантовка *f* 1. Kippen *n*, Kanten *n*; 2. *(Fert)* Wenden *n (Werkstücke)*; 3. *(Masch)* Pendeln *n (waagerechte Bewegung des Greifers im Greiferhandgelenk)*; 4. *(Wlz)* Kanten *n*; 5. *(Typ)* Fälzeln *n (Einband)*; 6. *(Typ)* Falz *m (schmaler Streifen)*, Fälzel *m*
канфильдит *m (Min)* Canfieldit *m (Germaniummineral)*
каньон *m (Geol)* Cañon *m (Kerbtal mit gestuftem Profil)*; Talschlucht *f*, Tobel *m* ‖ **~/подводный** submariner Cañon *m*
канюля *f (Med)* Kanüle *f*
канюляр *m (Med)* Kanülenträger *m*
каолин *m (Geol)* Kaolin *m*, Porzellanerde *f*; [technisches] Kaolin *n*, Schlämmkaolin *n*, Feinkaolin *n*
каолинизация *f (Geol)* Kaolinisierung *f*
каолинит *m (Min)* Kaolinit *m*
каон *m (Kern)* Kaon *n*, *K*-Meson *n*
кап *m (Schiff)* Niedergangskappe *f* ‖ **~ машинного отделения** Maschinenoberlicht *n* ‖ **~/машинный** Maschinenoberlicht *n*
капанье *n* Tropfen *n*, Tröpfeln *n*
капацитрон *m (Ph)* Kapazitron *n*
капёж *m* Tropfwasser *n*
капель *f* Scheidekapelle *f*, Kapelle *f (NE-Metallurgie)*
капелька *f* **жидкости** Flüssigkeitströpfchen *n*
капельница *f* 1. Tropfflasche *f*, Tropfglas *n*, Tropfgefäß *n*; 2. Tropföler *m*, Tropfdüse *f*; 3. Tropfenzähler *m*
капилляр *m* Kapillare *f*, Kapillarröhrchen *n*, Haarröhrchen *n*
капиллярность *f* Kapillarität *f*
капилляроскоп *m* Kapillarmikroskop *n*
капилляроскопия *f* Kapillarmikroskopie *f*
капиллятор *m* Kapillator *m*
капиталовложение *n* Investitionen *fpl*
капитальность *f* **[здания]** Bewertungsstufe *f (eines Gebäudes)* nach der Lebensdauer
капитель *f* 1. *(Arch)* Kapitell *n*, Kapitäl *n*; 2. *(Typ)* Kapitälchen *n* ‖ **~ колонный** Säulenkapitell *n*, Säulenkopf *m*
капкан *m* Falle *f*; Tellereisen *n*, Fußeisen *n*; Klappfalle *f*
каплезащищённый tropfwassergeschützt, mit Tropfwasserschutz
капленепроницаемый tropfwasserfest, tropfwassersicher
каплеобразование *n* Tropfenbildung *f*, Tröpfchenbildung *f*
каплеотделитель *m* Tropfenabscheider *m*
каплер *m* Kescher *m (Seiner)*
каплеуказатель *m* Tropfanzeiger *m (Schmierung)*
капля *f* Tropfen *m*; Perle *f*, Kügelchen *n*, Pille *f* ‖ **~ индия** Indianerperle *f*, Indianerkügelchen *n* ‖ **~ росы** Tautropfen *m* ‖ **~/стекла** Glasperle *f*
капор *m* **сифонного водосброса** *(Hydt)* Saughaube *f (Heberwehr)*
капот *m (Flg, Kfz)* Haube *f*, Schutzhaube *f*, Verkleidung *f* ‖ **~ двигателя** *(Kfz)* Motorhaube *f*; *(Flg)* Triebwerkhaube *f*, Triebwerksverkleidung *f* ‖ **~/носовой** *(Flg)* Bugverkleidung *f* ‖ **~/обтекаемый** Stromlinienverkleidung *f* ‖ **~ радиатора** *(Kfz)* Kühlerverkleidung *f*
капотирование *n (Flg)* Kopfstand *m*, Überschlag *m*
каппа-мезон *m* s. каон
капремонт *m* Generalüberholung *f*
капролактам *m (Ch)* Caprolaktam *n*
капсель *m (Ker)* Kapsel *f* ‖ **~/шамотный** Schamottekapsel *f*
капсулировать [ver]kapseln, verkappen
капсулотом *m (Med)* Kapselmesser *n*
капсюлирование *n* Kapselung *f*, Verkapselung *f*
капсюль *m* 1. Kapsel *f*, Verschlußkapsel *f*; 2. Zündhütchen *n* ‖ **~/микрофонный** *(Nrt)* Sprechkapsel *f*, Mikrophonkapsel *f* ‖ **~/телефонный** Hörkapsel *f*, Telephonkapsel *f*
капсюль-детонатор *m* Sprengkapsel *f*, Zünder *m*
каптаж *m (Hydt)* Fassung *f*, Wasserfassung *f*, Wasserfassungsmaßnahme *f* ‖ **~ газа** *(Bgb)* Gasabsaugung *f*, Entgasung *f* ‖ **~ галереями** Stollenfassung *f* ‖ **~ грунтовых вод** Grundwasserfassung *f* ‖ **~ источника** Quellenfassung *f* ‖ **~ штольнями** Stollenfassung *f*
каптал *m (Typ)* Kapital[band] *n*, Kaptal[band] *n*
кар *m* 1. *(Geol)* Kar *n*; 2. *s.* карат
карабин *m* 1. Karabiner *m (Schußwaffe)*; 2. Karabinerhaken *m*
карабинчик *m (Text)* Karabinerhaken *m (Weberei)*
карабура *f (Bw)* Reisigfaschinenpackung *f* mit Steinbeschwerung, Senkfaschine *f*
караван *m*/**буксирный** *(Schiff)* Schleppzug *m*, Schleppverband *m* ‖ **~/палубный** *(Schiff)* Holzdecksladung *f*
карамель *f (Lebm)* Karamel *m*; Zuckerkulör *f (gelöster Karamel)*
карандаш *m* Bleistift *m* ‖ **~/алмазный** *(Wkz)* Diamantvielkornabrichter *m*, Diamantabrichtstift *m* ‖ **~/оптический** *s.* ~/световой ‖ **~/световой** Lichtstift *m*, Lichtgriffel *m* ‖ **~/химический** Kopierstift *m* ‖ **~/цветной** Buntstift *m*
карасик *m (Wkz)* Vogelzunge *f (Feile)*
карат *m* [metrisches] Karat *n*, k, Kt *(SI-fremde, aber noch gültige Einheit der Masse)*
карбаминовокислый *(Ch)* ...carbamat *n*; carbamidsauer
карбид *m (Ch, Wkst)* Carbid *n* ‖ **~ бора** Borcarbid *n (Schleifmittel)* ‖ **~/вторичный** *(Wkst)* Sekundärcarbid *n*, Sekundarzementit *m* ‖ **~ выделяющийся по границам зёрен** *(Wkst)* Korngrenzencarbid *n* ‖ **~ железа** *(Wkst)* Eisencarbid *n*;

(Wkst) Zementit *m* ‖ **~/зелёный** grünes Siliciumcarbid *n* *(Schleifmittel)* ‖ **~ кальция** Calciumcarbid *n*, Carbid *n* ‖ **~/комплексный** *(Wkst)* Komplexcarbid *n*, Mischcarbid *n* ‖ **~ кремния** Siliciumcarbid *n*, Carborundum *n*, Karborund *m* *(Schleifmittel)* ‖ **~/ледебуритный** *(Wkst)* ledeburitischer Zementit *m*, Ledeburit *m* ‖ **~/первичный** *(Wkst)* Primärcarbid *n*, Primärzementit *m* ‖ **~/сложный** *(Wkst)* Mischcarbid *n*, Komplexcarbid *n* ‖ **~/чёрный** schwarzes Siliciumcarbid *n* *(Schleifmittel)*

карбидизация *f* *(Wkst)* Carbidbildung *f*

карбидообразователь *m* *(Wkst)* Carbidbildner *m*

карбидообразующий *(Wkst)* carbidbildend

карбидостабилизирующий *(Wkst)* carbidstabilisierend

карбоксил *m* *(Ch)* Carboxyl *n*, Carboxylgruppe *f*

карбоксилирование *n* *(Ch)* Carboxylierung *f*

карбоксилсодержащий *(Ch)* carboxylgruppenhaltig

карбон *m* *(Geol)* *Kurzbezeichnung für* 1. период/каменноугольный; 2. система/каменноугольная

карбонадо *n* 1. *(Min)* Carbonado *m* *(polykristalliner Natur- oder synthetischer Diamant)*; 2. *(Fert)* Karbonado *m* *(Bohr- und Schleifmittel aus schwärzlichen Diamantsplittern)*

карбонат *m* *(Ch)* Carbonat *n* ‖ **~ калия** Kaliumcarbonat *n* *(Pottasche)* ‖ **~ натрия** Natriumcarbonat *n* *(Soda)*

карбонатит *m* *(Geol)* Karbonatit *m* *(Eruptivgestein)*

карбонатность *f* **[горных пород]** *(Geol)* Carbonatgehalt *m* *(der Gesteine)*

карбонизатор *m* 1. *(Ch)* Karbonisieranlage *f*, Karbonisator *m*; 2. *(Met)* Kohlungsmittel *n*

карбонизация *f* 1. *(Ch)* Karbonisieren *n*, Karbonisation *f* *(Soda-, Phenol- oder Getränkeherstellung)*; 2. Umwandlung *f* in Kohlenstoff; Kohlenstoffanreicherung *f*; Verkokung *f*, Entgasung *f* *(von Kohle)*; Verkohlung *f*, Entgasung *f* *(von Holz)*; 3. *(Text)* Karbonisieren *n*, Karbonisation *f*, Auskohlen *n*, Entkletten *n* *(von Wolle)*; 4. *(Geol)* Inkohlung *f*, Kohlenreifung *f*; 5. *(Bw)* Karbonisierung *f* *(Behandlung kalkhaltiger Baustoffe mit Kohlensäure zwecks Beschleunigung der Trocknung)*; 6. *(Met)* Aufkohlung *f* ‖ **~/предварительная** Vorkarbonisieren *n*

карбонизировать 1. *(Ch)* karbonisieren *(Soda-, Phenol- oder Getränkeherstellung)*; 2. in Kohlenstoff umwandeln; mit Kohlenstoff anreichern; verkoken, entgasen *(Kohle)*; verkohlen, entgasen *(Holz)*; 3. *(Text)* karbonisieren, auskohlen, entkletten *(Wolle)*; 4. *(Met)* aufkohlen

карбонил *m* *(Ch)* Carbonyl *n*

карбонилирование *n* Carbonylierung *f* *(Acetylenchemie)*

карборунд *m* *s.* карбид кремния

карбоциклический *(Ch)* carbocyclisch, isocyclisch, homocyclisch

карбуран *m* *(Min)* Carburan *n* *(pechartige Substanz mit etwa 5 % Uranoxid)*

карбюратор *m* *(Kfz)* Vergaser *m* *(Vergasermotor)* ‖ **~/авиационный** Flugmotorenvergaser *m* ‖ **~/автомобильный** Kraftfahrzeugvergaser *m* ‖ **~/бензиновый** Benzinvergaser *m* ‖ **~/бесплавковый** schwimmloser Vergaser *m* ‖ **~/впрыскивающий** Einspritzvergaser *m* ‖ **~/всасывающий** Saugvergaser *m*, Unterdruckvergaser *m* ‖ **~/вспомогательный** Zusatzvergaser *m* ‖ **~/гоночный** Vergaser *m* für Rennmotoren ‖ **~/двухзолотниковый** Doppelschiebervergaser *m* ‖ **~/двухкамерный** Zweikammervergaser *m* ‖ **~/жиклёрный** Spritzdüsenvergaser *m* ‖ **~/золотниковый** Schiebervergaser *m* ‖ **~/малогабаритный** Kleinvergaser *m* ‖ **~/многокамерный** Mehrfachvergaser *m* ‖ **~/наклонный** Schräg[strom]vergaser *m* ‖ **~/одножиклёрный** Eindüsenvergaser *m* ‖ **~/основной** Hauptvergaser *m* ‖ **~/поплавковый [всасывающий]** Schwimmervergaser *m* ‖ **~/пусковой** Startvergaser *m*, Hilfsvergaser *m* ‖ **~ с восходящим потоком** Steigstromvergaser *m*, Vertikalvergaser *m* ‖ **~ с горизонтальным потоком** Flachstromvergaser *m*, Horizontalvergaser *m* ‖ **~ с дозирующей иглой/золотниковый** Düsennadelvergaser *m* ‖ **~ с дроссельной заслонкой** Drosselklappenvergaser *m* ‖ **~ с наклонно расположенными жиклёрами** Schrägdüsenvergaser *m* ‖ **~ с нисходящим (падающим) потоком** Fallstromvergaser *m* ‖ **~ с падающим потоком/двухкамерный** Zweikammer-Fallstromvergaser *m* ‖ **~/сдвоенный** Doppelvergaser *m* ‖ **~/трёхжиклёрный золотниковый** Dreidüsenvergaser *m* ‖ **~ тяжёлого топлива** Schwerölvergaser *m*

карбюратор-смеситель *m* Vergaser *m* mit Gas-Luft-Mischer

карбюрация *f* 1. *(Kfz)* Kraftstoffzerstäubung *f*, Vergasung *f*; 2. *(Härt)* Zementierung *f*, Einsatzhärtung *f*; Aufkohlung *f*

карбюризатор *m* *(Härt)* Aufkohlungsmittel *n*, Kohlungsmittel *n*, Einsatzhärter *m*, Einsatzmittel *n*, Zementationsmittel *n* ‖ **~/жидкий** flüssiges Einsatzmittel *n*, Badhärtemittel *n*; feuerflüssiges Einsatzmittel *n*, Badhärtemittel *n* *(geschmolzene cyanidhaltige Salze)* ‖ **~/порошкообразный** Aufkohlungspulver *n*, Zementationspulver *n*, Einsatzpulver *n* ‖ **~/твёрдый** festes Einsatzmittel (Aufkohlungsmittel) *n*

карбюрировать 1. karburieren *(Gase)*; 2. vergasen *(Kraftstoff im Motor)*

карга *f* *(Schiff)* Teufelsklaue *f* *(Ankerzurrung)*

каргоплан *m* *(Schiff)* Ladeplan *m*

кардан *m* Kardangelenk *n*, Kupplungsgelenk *n* ‖ **~/жёсткий** starres Gelenk *n* ‖ **~/закрытый** geschlossenes Wellengelenk (Kardangelenk) *n* ‖ **~/мягкий** elastisches Gelenk *n* ‖ **~/открытый** offenes Wellengelenk (Kardangelenk) *n* ‖ **~ равных угловых скоростей** Gleichlaufgelenk *n* ‖ **~/разборный** *s.* ~ с подшипниками скольжения ‖ **~ с игольчатыми подшипниками** Kreuzgelenk *n* mit Nadellagern ‖ **~ с крестовиной/жёсткий** Zapfenkreuzgelenk *n* ‖ **~ с подшипниками скольжения** Kreuzgelenk *n* mit Gleitlagern ‖ **~ с резиновыми втулками/мягкий** Gummigelenk *n*, Silentblockgelenk *n* ‖ **~ с упругими дисками/мягкий** Scheibengelenk *n*, Gewebescheibengelenk *n* ‖ **~ с упругими пластинками/мягкий** Laschengelenk *n*, Gewebelaschengelenk *n* ‖ **~/синхронный** Gleichlaufgelenk *n*, homokinetisches Gelenk *n*

кардинал *m* *(Math)* Kardinalzahl *f*

кардиограф *m***/ультразвуковой** *(Med)* Ultraschallkardiograph *m*, Echokardiograph *m*
кардиоида *f (Math)* Kardioide *f*, Herzkurve *f*, herzförmige Kurve *f*
кардиостимулятор *m (Med)* Herzschrittmacher *m*, HSM
кардиосфигмограф *m (Med)* Kardiosphygmograph *m*, Herzpulsschreiber *m*
кардиотокограф *m (Med)* Kardiotokograph *m*
кардочесание *n (Text)* Kardieren *n*, Krempeln *n*
каретка *f* 1. *(Masch)* Schlitten *m*; Wagen *m (s. a. unter* салазки*)*; *(Wkzm)* Bettschlitten *m (Drehmaschine)*; 2. *(Fert)* Verfahreinheit *f (Roboter)*; 3. *(Typ)* Karren *m*, Schlitten *m (Druckmaschine)*; 4. Schreib[maschinen]wagen *m*; 5. Laufkatze *f*, Katze *f (Kreiskettenförderer)* ll **~/буровая** *(Bgb)* Bohrwagen *m* ll **~ верхнего зева/ремизоподъёмная** *(Text)* Hochfach-Schaftmaschine *f* ll **~/верхняя** 1. *(Wkzm)* Oberschlitten *m (Drehmaschine)*; 2. *s.* ~ ровничной машины/верхняя ll **~/волочильная** *(Fert)* Ziehwagen *m*, Ziehschlitten *m* ll **~ гребнечесальной машины** *(Text)* Wagen *m*, Zangenapparat *m (Kämmaschine)* ll **~/двухподъёмная ремизная** *(Text)* Doppelhub-Schaftmaschine *f* ll **~ для полного зева/ремизоподъёмная** *(Text)* Hoch- und Tieffach-Schaftmaschine *f* ll **~ закрытого зева/ремизоподъёмная** *(Text)* Geschlossenfach-Schaftmaschine *f* ll **~/замковая** *s.* ~ плоской фанговой машины/замковая ll **~/измерительная** Meßschlitten *m* ll **~/катушечная** *s.* ~ ровничной машины/верхняя ll **~ косого зева** *(Text)* Schrägfach-Schaftmaschine *f* ll **~ нижнего зева/ремизоподъёмная** *(Text)* Tieffach-Schaftmaschine *f* ll **~/нижняя** *s.* ~ ровничной машины/нижняя ll **~/одноподъёмная ремизная** *(Text)* Einhub-Schaftmaschine *f* ll **~ отвесов** *(Meß)* Lotwagen *m* ll **~ открытого зева/ремизоподъёмная** *(Text)* Offenfach-Schaftmaschine *f* ll **~ плоской фанговой машины/замковая** *(Text)* Schlitten *m*, Schloßschieber *m (Flachstrickmaschine)* ll **~ подачи** *(Fert)* Zubringerschlitten *m (Ziehbank)* ll **~/подающая** *(Fert)* Zubringerschlitten *m (Ziehbank)* ll **~/подъёмная** *(Masch)* Führungsgetriebe *n* für Senkrechtbewegung *(eines Industrieroboters)* ll **~/резцовая** *(Wkzm)* Oberschlitten *m* mit Drehmeißelhalter ll **~/ремизная** *s.* ~/ремизоподъёмная ll **~/ремизоподъёмная** *(Text)* Schaftmaschine *f (Schaftwebstuhl)* ll **~ ровничной машины/верхняя** *(Text)* Spulenbank *f*, Spulenwagen *m (Flyer)* ll **~ ровничной машины/нижняя** *(Text)* Spindelbank *f (Flyer)* ll **~/рычажная ремизоподъёмная** *(Text)* Zugstangen-Schaftmaschine *f* ll **~ сельфактора** *(Text)* Wagen *m*, Selfaktorwagen *m*, Spinnwagen *m*, fahrbarer Spindelträger *m (Selfaktor)* ll **~/талерная** *(Typ)* Karren *m*, Druckkarren *m (Flachdruckmaschine)* ll **~ ткацкого станка** *s.* ~/ремизоподъёмная ll **~/узловязальная** *(Text)* Wanderknoter *m* ll **~ центрального зева/ремизоподъёмная** *(Text)* Hoch- und Tieffach-Schaftmaschine *f* ll **~/циркулирующая** *(Text)* umlaufender Wagen *n (Flachstrickautomat)* ll **~ щёткодержателя** *(El)* Bürstenwagen *m*, Kontaktschlitten *m* ll **~/эджерная** *(Wlz)* Stauchwalzenschlitten *m (Bandagen- und Radscheibenwalzwerk)* ll **~/эксцентрисковая ремизоподъёмная** *(Text)* Exzenterschaftmaschine *f*
кариокинез *m (Kern)* Karyokinese *f*, Mitose *f (indirekte Kernteilung)*
кариоплазма *f (Ph)* Karyoplasma *n*
каркас *m* 1. Gerüst *n*, Gestell *n (Stahlkonstruktion, z. B. eines Ofens)*; Gerippe *n*; Skelett *n*; 2. Fachwerk *n*; 3. *(Gieß)* Gerüst *n (eines Kerns)*; 4. *(Text)* Trägerschicht *f (Nadelvlies)*; 5. *(Gum)* Karkasse *f (Reifen)* ll **~/арматурный** *(Bw)* Bewehrungskorb *m*, Bewehrungsskelett *n* ll **~ вагона** *(Eb)* Wagenkastengerippe *n* ll **~/внутренний** *(Bw)* Innengerippe *n*, Innenskelett *n* ll **~ здания** Gebäudeskelett *n* ll **~/карбидный** Hartstoffskelettkörper *m (Pulvermetallurgie)* ll **~ катушки** *(El)* Spulenkörper *m*, Spulenträger *m*, Spulenrahmen *m* ll **~ катушки/керамический** keramischer Spulenkörper *m* ll **~ ковра** *(Text)* Teppichgrund *m* ll **~ ленты/тканевый** Bandgewebekern *m*, Gurtgewebekern *m (Förderband)* ll **~/многоярусный** *(Bw)* mehrgeschossiges Skelett *n* ll **~/несущий** *(Bw)* Traggerüst *n*, tragendes Gerippe *n*, Traggerippe *n* ll **~ печи** Ofengerüst *n*, Ofengerippe *n* ll **~ покрышки** *(Gum)* Karkasse *f (Reifen)* ll **~/рамносвязевый** *(Bw)* Skelett *n* mit kombinierter Aussteifung ll **~/рамный** *(Bw)* Rahmenskelettkonstruktion *f* ll **~/связевый** *(Bw)* [durch Verbände] ausgesteiftes Skelett *n* ll **~/силовой** Triebwerksgerüst *n* ll **~/стержневой** *(Gieß)* Kernarmierung *f*, Kerneisen *n*, Kernbewehrung *f* ll **~ стержня** *s.* ~/стержневой ll **~ топки** Feuerungsgerüst *n*
карлик *m (Astr)* Zwerg *m*, Zwergstern *m* ll **~/белый** weißer Zwerg (Stern) *m* ll **~/жёлтый** gelber Zwerg (Stern) *m* ll **~/красный** roter Zwerg (Stern) *m* ll **~/чёрный** schwarzer Zwerg *m*
карлингс *m (Schiff)* Unterzug *m*
карман *m* Tasche *f*; Kammer *f*; *(Inf)* Ablegefach *n* ll **~/анодный** Anodensack *m (NE-Metallurgie)* ll **~ брака** *(Inf)* Rückweisungsfach *n* ll **~/бункерный** Bunkertasche *f*, Bunkerzelle *f* ll **~/загрузочный (засыпочный)** *(Glas)* Einlegevorbau *m*, Gemengetasche *f* ll **~/лопаточный** Schaufelkammer *f*, Schaufeltasche *f (Dampfturbine)* ll **~/масляный** Ölfangtasche *f* ll **~/передний** *(Glas)* Vorherd *m* ll **~/переливной** Ablaufschacht *m (einer Rektifizierkolonne)* ll **~/петлевой** Schlingentieflauf *m*, Schlingengrube *f*, Schlingenkanal *m (Feinwalzwerk)* ll **~/погрузочный** *(Wlz)* Verladetasche *f* ll **~/подающий** *(Inf)* Kartenzuführungsmagazin *n* ll **~/подпалубный** *(Schiff)* Unterstau *m* ll **~/пылевой** Staub[sammel]tasche *f*, Staubsack *m* ll **~/собирательный** Sammeltasche *f*, Auffangtasche *f* ll **~/уборочный** Verladetasche *f*
кармин *m* Karmin[rot] *n*
карналлит *m (Min)* Karnallit *m (Kalisalz)*
карнеол *m (Min)* Karneol *m (Chalzedon)*
карнеолоникс *m (Min)* Karneolonyx *m (Achat)*
карниз *m (Bw)* Gesims *n*, Sims *m*, Karnies *n* ll **~/венчающий (главный)** Kranzgesims *n* ll **~/ленточный** Bandgesims *n* ll **~/оконный** Fenstersims *m* ll **~/соляной** *(Geol)* Salzüberhang *m*; Salzpilz *m* ll **~/цокольный** Sockelgesims *n*
карнизник *m (Wkz)* Simshobel *m*

карнотит *m (Min)* Carnotit *m (Uranylvanadat)*
каротаж *m (Bgb, Geol)* Karot[t]age *f*, Bohrlochmessung *f*, Bohrlochaufnahme *f (Bohrlochgeophysik)* ‖ **~/акустический** akustische Karotage (Bohrlochmessung) *f*, Akustiklog *n* ‖ **~/боковой** seitliche Korotage (Bohrlochmessung) *f*, Laterologmessung *f* ‖ **~/газовый** Gasanalyse *f* der Spülung, Spülungsbefund *m* auf Gas ‖ **~/геотермический** thermische Bohrlochmessung *f* ‖ **~/индукционный** Induktionslog *n* ‖ **~ методом собственных естественных потенциалов** Eigenpotentialmessung *f* ‖ **~ методом сопротивления** Widerstandsmessung *f* ‖ **~/нейтрон-нейтронный** Neutron-Neutron-Bohrlochmessung *f* ‖ **~/радиоактивный** radioaktive Bohrlochmessung *f*, radioaktives (kernphysikalisches) Verfahren (Meßverfahren) *n* ‖ **~/сейсмический** seismische Karotage (Bohrlochmessung) *f* ‖ **~ скважин** *s.* каротаж ‖ **~ стратометром** Strata- und Neigungsmessung *f* ‖ **~/электрический** elektrische Bohrlochmessung *f*
карры *pl (Geol)* Karren *fpl*, Schratten *fpl (Karsterscheinung)*
карсинотрон *n* Karzinotron *n*, Rückwärtswellenröhre *f*
карст *m (Geol)* Karst *m*
карт *m* K-Wagen *m*
карта *f* Karte *f*; Lochkarte *f* ‖ **~/апертурная** Mikrofilmkarte *f* ‖ **~/астрономическая** *(Astr)* Sternkarte *f* ‖ **~ аэрофотосъёмки** Luftbildplan *m*, Luftbildkarte *f* ‖ **~/батиметрическая** *(Geod)* Tiefenkarte *f*, Isobathenkarte *f*, bathymetrische Karte *f* ‖ **~/бумажная** *(Text)* Pappkarte *f*, Papierkarte *f* ‖ **~ в горизонталях** *s.* ~/гипсометрическая ‖ **~ в изобатах** *s.* ~/батиметрическая ‖ **~/генеральная** Übersichtskarte *f* ‖ **~/географическая** Landkarte *f*, Karte *f* ‖ **~/геотермическая** *(Geoph)* geothermische Karte *f* ‖ **~/гипсометрическая** *(Geod)* Höhen[linien]karte *f*, Höhenschicht[en]karte *f*, Schicht[lini]enplan *m*, Umrißkarte *f* ‖ **~/гравиметрическая** *(Geoph)* Schwerekarte *f* ‖ **~/дорожная** Wegekarte *f*, Verkehrskarte *f* ‖ **~/дуальная** Verbundlochkarte *f* ‖ **~/жаккардовая** *(Text)* Jacquardkarte *f* ‖ **~/завершающая** *(Inf)* Folgekarte *f*, Endekarte *f* ‖ **~/звёздная** *(Astr)* Sternkarte *f*, Himmelskarte *f* ‖ **~ изобар** *(Meteo)* Isobarenkarte *f* ‖ **~ изогамм** *(Geoph)* Isogammenkarte *f* ‖ **~ изогипс** *s.* ~/гипсометрическая ‖ **~ изолиний** *s.* ~/гипсометрическая ‖ **~ изосейст** *(Geoph)* Isoseistenkarte *f* ‖ **~/информационная** Lochkarte *f* ‖ **~ классификации** Klassifizierungskarte *f* ‖ **~/контурная** *s.* ~/гипсометрическая ‖ **~/конформная** winkeltreue Karte *f* ‖ **~ Луны** Mondkarte *f* ‖ **~/магнитная** Magnetkarte *f* ‖ **~/маршрутная** 1. *(Fert)* Arbeitsplan *m*; 2. *(Flg)* Streckenkarte *f* ‖ **~/метеорологическая** Wetterkarte *f* ‖ **~/морская** Seekarte *f* ‖ **~/навигационная** Navigationskarte *f* ‖ **~ намыва** *(Hydt)* Spülfläche *f* ‖ **~ неба** *s.* ~/звёздная ‖ **~/обзорная** Übersichtskarte *f* ‖ **~/перфорационная (перфорированная)** Lochkarte *f* ‖ **~/программная** *(Inf)* Programmkarte *f* ‖ **~ продолжения** *(Inf)* Fortsetzungskarte *f* ‖ **~/путевая** Segelkarte *f*, Kurskarte *f (Seekarte)* ‖ **~ путей сообщения** Verkehrskarte *f* ‖ **~/радиолокационная** Radarkarte *f* ‖ **~/радиолокационная метеорологическая** Radarwetterkarte *f* ‖ **~ радиопеленгов** Funkpeilungskarte *f* ‖ **~/рыболовная** Fischereikarte *f* ‖ **~ с горизонталями** *s.* ~/гипсометрическая ‖ **~ сборки/технологическая** *(Fert)* Montagekarte *f* ‖ **~ сейсмического районирования** *(Geoph)* seismische Rayonierungskarte *f* ‖ **~/синоптическая** *(Meteo)* Wetterkarte *f* ‖ **~ счёта/магнитная** *(Inf)* Magnetkontokarte *f* ‖ **~/тематическая** thematische Karte *f* ‖ **~ теплового потока** *(Geoph)* Wärmestromkarte *f*, Heat-flow-Karte *f* ‖ **~/технологическая** *(Fert)* Arbeitsplanstammkarte *f* ‖ **~/топографическая** topographische Karte *f* ‖ **~/узорная** *(Text)* Musterkarte *f* ‖ **~/управляющая** *(Reg)* Steuerkarte *f* ‖ **~/циркумполярная** Zirkumpolarkarte *f* ‖ **~/частная** Teilkarte *f (Seekarte)*; Sonderkarte *f*
карта-шаблон *f (Inf)* Indexkarte *f*, Leitkarte *f*
картер *m (Kfz, Masch)* Gehäuse *n*, Käfig *m*; Kurbelgehäuse *n (s. a. unter* коробка 2.*)* ‖ **~ ведущего моста** Antriebsachsgehäuse *n* ‖ **~ главной передачи** Hinterachsgehäuse *n (für Achsantrieb und Ausgleichgetriebe)* ‖ **~ двигателя** Kurbelgehäuse *n (Verbrennungsmotor)* ‖ **~ заднего моста [автомобиля]** Differentialgehäuse *n* der Hinterachse ‖ **~ кардана** Gelenkgehäuse *n* ‖ **~ коробки передач [скоростей]** Getriebegehäuse *n (Schaltgetriebe)* ‖ **~ маховика** Schwungradgehäuse *n (Verbrennungsmotor)* ‖ **~ подшипника** Lagergehäuse *n* ‖ **~ редуктора** *s.* ~ главной передачи ‖ **~ рулевого механизма** Lenkvorrichtungsgehäuse *n* ‖ **~ рулевой передачи** Lenkgetriebegehäuse *n*
картина *f*/**интерференционная** Interferenzbild *n* ‖ **~ магнитного поля** magnetisches Feldbild *n* ‖ **~ мира** Weltbild *n (Kl)* ‖ **~/муаровая** Moiré[bild] *n* ‖ **~/проекционная** *(Opt)* Projektionsbild *n*, Projektionsabbildung *f* ‖ **~ течения** Strömungsbild *n*, Stromlinienbild *n* ‖ **~ чисел оборотов** Drehzahlschaubild *n* ‖ **~ шумов** Rauschbild *n*
картирование *n* Kartierung *f (Geographie)*
картограмма *f (Krist)* Kartogramm *n*
картограф *m* Kartograph *m*, Bildkartiergerät *n*, Kartiergerät *n*
картографирование *n* Kartierung *f*
картография *f* Kartographie *f*
картон *m* Karton *m (150 bis 500 g/m²)*; Pappe *f (500 bis 2000 g/m²)* ‖ **~/асбестовый** Asbestpappe *f* ‖ **~/бурый древесный** Braunholzpappe *f* ‖ **~/волнистый** Wellpappe *f* ‖ **~/вулканизированный** Vulkanfiber *f*, Fiber *f* ‖ **~/высокосортный** Feinpappe *f* ‖ **~/глянцевый** Glanzkarton *m* ‖ **~/гофрированный** Wellpappe *f* ‖ **~/жаккардовый** *(Text)* Jacquardkarton *m*, Karten *fpl*, Jacquardkartenkette *f (Jacquardwebstuhl)* ‖ **~/кашированный блестящей плёнкой** glanzfolienkaschierte Pappe *f* ‖ **~/клеёный** geklebter Karton *m* ‖ **~/коробочный** Faltschachtelkarton *m* ‖ **~/кровельный** Dachpappe *f* ‖ **~/макулатурный** Schrenzpappe *f (Abfall)* ‖ **~/многослойный машинный** mehrlagiger Karton *m* ‖ **~/обувной** Schuhpappe *f (ohne Lederfasergehalt)* ‖ **~/одинарный** Naturkarton *m* ‖ **~/опорный** *(Brau)* Filterschicht *f (pappeähnliche Stützschicht)* ‖ **~/переплётный** Buch-

binderpappe *f* ‖ **~/прокладочный** Dichtungskarton *m*; *(Text)* Glanzpappe *f (Pressen von Tuch)* ‖ **~ ремизоподъёмной каретки** *(Text)* Karten *fpl (Schaftwebstuhl)* ‖ **~/рисовальный** Zeichenkarton *m* ‖ **~/трёхслойный** dreischichtige Pappe *f*

картон-основа *m* Rohpappe *f*

картон-триплекс *m* dreischichtige Pappe *f*

картопечатание *n (Typ)* Landkartendruck *m*, Kartendruck *m*

картосхема *f* Kartenskizze *f*

картотека *f* Kartei *f* ‖ **~/рентгенографическая** *(Krist)* ASTM-Index *m*, ASTM-Pulverdaten *pl*

картоукладчик *m (Wlz)* Tafelstapler *m*, Tafelablagevorrichtung *f*

картофелезапарник *m (Lw)* Kartoffeldämpfer *m*, Kartoffeldämpfanlage *f* ‖ **~/опрокидывающийся** Kippdämpfer *m*, Kartoffelkippdämpfer *m*

картофелекопатель *m (Lw)* Kartoffelroder *m* ‖ **~/барабанно-сетчатый** Siebtrommelkartoffelroder *m* ‖ **~ швыряльного типа** Schleuderradroder *m*, Breitwurfroder *m (Fließarbeitsroder)*

картофелекопатель-валкоукладчик *m (Lw)* Vorratsroder *m*

картофелемойка *f (Lw)* Kartoffelwäsche *f*

картофелемялка *f (Lw)* Kartoffelquetsche *f (Futterbereitung)*

картофелесажалка *f (Lw)* Kartoffellegemaschine *f*

картофелесортировка *f (Lw)* Fraktionierung *f*, Sortierung *f*

картофелехранилище *n (Lw)* Kartoffellager *n*, Kartoffellageranlage *f*, Kartoffellagerhaus *n*

картушка *f* Kompaßrose *f*

карусель *f* Karussell *n* ‖ **~ автомата** *(Wkzm)* Automatenkarussell *n*

карусельный *(Wkzm)* Karussell... *(Bauweise)*

карцинотрон *m s.* карсинотрон

карьер *m* Tagebau *m* ‖ **~/буроугольный** Braunkohlentagebau *m* ‖ **~/глиняный** Lehmgrube *f* ‖ **~/глубокий** Tieftagebau *m* ‖ **~/горнорудный** Erztagebau *m* ‖ **~/гравийный** Kiesgrube *f*, Schottergrube *f* ‖ **~/железорудный** Eisenerztagebau *m* ‖ **~/каменный** Bruch *m*, Steinbruch *m* ‖ **~/мраморный** Marmorbruch *m* ‖ **~/песчаниковый** Sandsteinbruch *m* ‖ **~/песчаный** Sandgrube *f* ‖ **~/рудный** Erztagebau *m* ‖ **~/сланцевый** Schiefer[stein]bruch *m*, Schiefergrube *f* ‖ **~/угольный** Steinkohlentagebau *m*, Kohlentagebau *m*

касательная *f (Math)* Tangente *f* ‖ **~ в вершине** Scheiteltangente *f* ‖ **~ в точке перегиба** Wendetangente *f* ‖ **~/геодезическая** geodätische Tangente *f* ‖ **~/каноническая** kanonische Tangente *f* ‖ **~/общая** gemeinsame Tangente *f*

касательный tangential, Tangential...; *(Eb)* am Radumfang *(Zugkraft, Leistung)*

каска *f (Bgb)* Helm *m*, Grubenhelm *m*

каскад *m* Kaskade *f*; Treppe *f*; Stufe *f* ‖ **~/балансный** *(Rf)* Balancestufe *f* ‖ **~/буферный** *(Rf)* Pufferstufe *f* ‖ **~ видеосигнала/ выходной** *(TV)* Bildendstufe *f* ‖ **~/видеоусилительный** *(TV)* Videoverstärkerstufe *f* ‖ **~ видеоусилителя/оконечный** *(TV)* Videoendstufe *f* ‖ **~ видеочастоты/усилительный** *(TV)* Videoverstärkerstufe *f* ‖ **~ вобуляции** *(Rf)* Wobbelstufe *f* ‖ **~ водохранилищ** *(Hydt)* Speicherkette *f*; Haltungstreppe *f* ‖ **~/возбуждающий** *(Rf)* Erregerstufe *f* ‖ **~/входной** *(Rf)* Eingangsstufe *f* ‖ **~/входной усилительный** Eingangsverstärkerstufe *f* ‖ **~/выпрямительный** *(Rf)* Gleichrichterstufe *f* ‖ **~ высокой частоты/усилительный** *(Rf)* Hochfrequenzverstärkerstufe *f* ‖ **~/высокочастотный** *(Rf)* Hochfrequenzstufe *f*, HF-Stufe *f* ‖ **~/выходной** *(Rf)* Ausgangsstufe *f*, Endstufe *f* ‖ **~/выходной усилительный** Ausgangsverstärkerstufe *f* ‖ **~ гамма-квантов** *(Kern)* Gamma-[Gamma-]Kaskade *f* ‖ **~ гидроустановок** *(Hydt)* Werktreppe *f* ‖ **~ гидроэлектростанции** *(En)* Kraftwerkskaskade *f* ‖ **~/двойной** *(Rf)* Doppelstufe *f* ‖ **~ двойных совпадений** *(Ph)* Zweifachkoinzidenzstufe *f* ‖ **~/двухтактный** *(Rf)* Gegentaktstufe *f* ‖ **~/двухтактный оконечный** Gegentaktendstufe *f* ‖ **~/детекторный** *(Rf)* Demodulatorstufe *f*, Detektorstufe *f* ‖ **~/дифференциальный** *(Rf)* Differentialstufe *f*, Differentialkaskade *f* ‖ **~/задающий** *(Rf)* Vorendstufe *f*, Treiber *m*, Treiberstufe *f* ‖ **~ заземлённого анода** *(Rf)* Anodenbasisstufe *f*, AB-Stufe *f* ‖ **~ заземлённого катода** *(Rf)* Kathodenbasisstufe *f*, KB-Stufe *f* ‖ **~ заземлённой сетки** *(Rf)* Gitterbasisstufe *f*, GB-Stufe *f* ‖ **~/запоминающий** *(Eln)* Speicherstufe *f*, Speicherkaskade *f* ‖ **~/измерительный** Meßstufe *f* ‖ **~/импульсный** *(Rf)* Impulsstufe *f* ‖ **~/инвертирующий** *(Inf)* Umkehrstufe *f* ‖ **~ кадровой развёртки** *(TV)* Bildablenkstufe *f* ‖ **~ канала изображения/оконечный** *(TV)* Videoendstufe *f* ‖ **~ качания [частоты]** *(Rf)* Wobbelstufe *f* ‖ **~/компенсирующий** *(Rf)* Kompensationsstufe *f* ‖ **~/манипуляторный** *(Rf)* Taststufe *f* ‖ **~/модулирующий (модуляторный)** *(Rf)* Modulationsstufe *f* ‖ **~/мощный** *(Rf)* Leistungsstufe *f* ‖ **~/мощный оконечный** Leistungsendstufe *f* ‖ **~/накопительный** *(Eln)* Speicherstufe *f*, Speicherkaskade *f* ‖ **~/начальный** *(Rf)* Anfangsstufe *f* ‖ **~ низкой частоты/усилительный** *(Rf)* Niederfrequenzverstärkerstufe *f* ‖ **~/низкочастотный** *(Rf)* Niederfrequenzstufe *f*, NF-Stufe *f* ‖ **~/ограничительный** *(Rf)* Begrenzerstufe *f*, Begrenzungsstufe *f* ‖ **~/однотактный** *(Rf)* Eintaktstufe *f* ‖ **~/однотактный оконечный** Eintaktendstufe *f* ‖ **~/однотактный смесительный** Eintaktmischstufe *f* ‖ **~/однотактный усилительный** Eintaktverstärkerstufe *f* ‖ **~/оконечный** *(Rf)* Endstufe *f*, Ausgangsstufe *f* ‖ **~/оконечный отклоняющий** Ablenkendstufe *f* ‖ **~/отклоняющий** *(TV)* Ablenkstufe *f* ‖ **~ передатчика/мощный** *(Rf)* Sende[r]leistungsstufe *f*, Senderendstufe *f*, Endstufe *f* ‖ **~ передатчика/усилительный** *(Rf)* Sende[r]verstärkerstufe *f* ‖ **~/предварительный** Vorstufe *f* ‖ **~/предоконечный** *(Rf)* Vorendstufe *f*, Treiberstufe *f* ‖ **~/преобразовательный** *(El)* Umformerstufe *f*; Umsetzerstufe *f* ‖ **~ приёмника/входной** *(Rf)* Empfängereingangsstufe *f* ‖ **~ промежуточной частоты** *(Rf)* Zwischenfrequenzstufe *f*, ZF-Stufe *f* ‖ **~/промежуточный** *(Rf)* Zwischenstufe *f* ‖ **~ радиоприёмника** Empfangsstufe *f* ‖ **~ радиоприёмника/входной** Empfängereingangsstufe *f* ‖ **~/разделительный** *(Rf)* Trennstufe *f* ‖ **~/разрядный** *(El)* Entladestufe *f* ‖ **~/реактивный** *(Rf)* Reaktanzstufe *f* ‖ **~ с общей сеткой** *(Rf)* Gitterbasisstufe *f*, GB-Stufe *f* ‖ **~/смесительный** *(TV)* Mischstufe *f* ‖ **~ совпадений** *(El)* Koinzidenzstufe *f* ‖ **~ соединения** *(El)* Koppelstufe *f* ‖ **~ строчной развёртки/выходной** *(TV)* Zeilenendstufe *f* ‖ **~/транзисторный усилительный** *(Rf)* Transistorverstärkerstufe *f* ‖ **~ удвоения** *(El)* Verdopplerstufe *f* ‖ **~ умножения** *(Rf)* Multiplikationsstufe *f*, Vervielfacherstufe *f* ‖ **~ усиления** *(Rf)* Verstärkerstufe *f*, Verstärkungsstufe *f*, Verstärkerkaskade *f* ‖ **~ усиления/двухтактный** Gegentaktverstärkerstufe *f* ‖ **~ усиления/дроссельный** drosselgekoppelte Verstärkerstufe *f*, Drosselverstärkerstufe *f*, LC-Verstärkerstufe *f* ‖ **~ усиления/предварительный** Vorverstärkerstufe *f* ‖ **~ усиления/реостатный** Verstärkerstufe *f* mit veränderbarem Widerstand ‖ **~/усилительный** *s.* ~ усиления ‖ **~ усилителя низкой частоты/предварительный** *(Rf)* Niederfrequenzvorverstärkerstufe *f*, NF-Vor[verstärker]stufe *f* ‖ **~/фазоинверсный (фазоинверторный, фазоопрокидывающий, фазопереворачивающий)** *(Rf)* Phasenumkehrstufe *f* ‖ **~/электромашинный** *(En)* Maschinenkaskade *f*

каскадирование *n* Kaskadenbildung *f*; Kaskadierung *f*

каскад-ограничитель *m (Rf)* Begrenzerstufe *f*, Begrenzungsstufe *f*

каскод *m (Eln)* Kaskode *f* ‖ **~ реакторов** Reaktorkaskode *f*

касса *f*/билетная *(Eb)* Fahrkartenschalter *m*, Fahrkartenausgabe *f*

кассета *f* 1. *(Photo)* Kassette *f*; Plattenhalterung *f*; 2. *(Gum)* Lage *f (eines Reifens)*; 3. Tonbandspule *f*, Bandspule *f*; 4. *(Wkzm)* Ladekäfig *m* ‖ **~/барабанная** Trommelkassette *f (eines Schleifenoszillographen)* ‖ **~/взаимозаменяемая** *(Photo)* austauschbare Kassette *f* ‖ **~/двойная** *(Photo)* Doppelkassette *f* ‖ **~ дисков** *(Inf)* Magnetplattenkassette *f* ‖ **~ для зарядки на свету** *(Photo)* Tageslichtkassette *f* ‖ **~/магазинная** Kassettenmagazin *n* ‖ **~/магнитофонная** Tonbandspule *f*, Tonbandkassette *f* ‖ **~/многоместная ячеистая** *(Eln)* Vielfachchipkassette *f* ‖ **~/пластиночная** Plattenkassette *f* ‖ **~/плёночная** *f (Photo)* Filmkassette *f* ‖ **~/подающая** Vorratskassette *f*; Abwickelkassette *f (Magnettonband)* ‖ **~/приёмная** Aufwickelkassette *f* ‖ **~ проволоки** *(Schm)* Drahtspule *f*, Drahtkassette *f* ‖ **~ проектора** Feuerschutztrommel *f (Projektor)* ‖ **~ «Рапид»** *(Photo)* Schnelladekassette *f*, SL-Kassette *f* ‖ **~/рентгеновская** Röntgenfilmkassette *f* ‖ **~/рулонная** Ablaufkassette *f (eines Schleifenoszillographen)* ‖ **~ с литерным диском** Typenradkassette *f* ‖ **~ с магнитной лентой** Magnetbandkassette *f* ‖ **~/сменная** *(Photo)* Wechselkassette *f* ‖ **~/сушильная** *(Lw)* Hordenkasten *m (Dreschmaschine)* ‖ **~ тепловыделяющих элементов** *(Kern)* Brennelementbündel *n* ‖ **~ типа «Смена»** *(Photo)* Schnelladekassette *f*, SL-Kassette *f* ‖ **~/формовочная** *(Bw)* Batterieform *f*

кассетировать *(Fert)* Kassette *(mit Teilen)* füllen

касситерит *m (Min)* Cassiterit *m*, Zinnstein *m*

кастор *m (Text)* Kastor *m*, Coating *m*, Flaus *m*, Fries *m*

катабатический *(Meteo)* absteigend, katabatisch *(Wind)*

катаболизм *m* Katabolismus *m*, Dissimilation *f*

катавотра *f s.* понор

катадиоптрика *f (Opt)* Katadioptrik *f*

катадиоптрический *(Opt)* katadioptrisch

катакаустика *f (Opt)* 1. katakaustische Linie *f*, Kaustik *f*; 2. katakaustische Fläche *f*, Katakaustik *f*

катаклаз *m (Geol)* Kataklase *f*

катаклазиты *mpl (Geol)* Kataklasite *mpl*

катакустика *f* Echolehre *f*, Katakustik *f*

катализ *m (Ch)* Katalyse *f* ‖ **~/адсорбционный** Adsorptionskatalyse *f* ‖ **~/антиокислительный** Antioxidationskatalyse *f* ‖ **~/газовый** Gaskatalyse *f* ‖ **~/гетерогенный** heterogene Katalyse *f*, Oberflächenkatalyse *f*, Kontaktkatalyse *f* ‖ **~/гомогенный** homogene Katalyse *f* ‖ **~/кислотно-основный** Säure-Base[n]-Katalyse *f* ‖ **~/кислотный** *s.* ~ кислотой ‖ **~ кислотой** Säurekatalyse *f* ‖ **~/контактный** *s.* ~/гетерогенный ‖ **~/неоднородный** *s.* ~/гетерогенный ‖ **~/однородный** *s.* ~/гомогенный ‖ **~/окислительный** katalytische Oxidation *f* ‖ **~ основанием** Basenkatalyse *f* ‖ **~/отрицательный** negative Katalyse *f*, Antikatalyse *f*, Inhibition *f*

катализатор *m (Ch)* Katalysator *m*; Kontaktkatalysator *m*, Kontakt[stoff] *m (bei heterogener Katalyse)* ‖ **~/ванадиевый** Vanadiumkatalysator *m* ‖ **~ восстановления** Reduktionskatalysator *m* ‖ **~ гидрогенизации** Hydrier[ungs]katalysator *m* ‖ **~ горения** Verbrennungskatalysator *m* ‖ **~/дегидратирующий** Dehydratisierungskatalysator *m* ‖ **~/дегидрирующий** Dehydrierungskatalysator *m* ‖ **~/железный** Eisenkatalysator *m* ‖ **~/кобальтовый** Kobaltkatalysator *m* ‖ **~/медно-никелевый** Kupfer-Nickel-Katalysator *m* ‖ **~/металлический** Metallkatalysator *m* ‖ **~/никелевый** Nickelkatalysator *m* ‖ **~ окисления** Oxidationskatalysator *m* ‖ **~/окисный** Oxidkatalysator *m* ‖ **~/отработавший** Altkatalysator *m*, gebrauchter (erschöpfter) Katalysator *m* ‖ **~/отрицательный** negativer Katalysator *m*, Antikatalysator *m*, Inhibitor *m* ‖ **~/псевдоожиженный** Wirbelbettkatalysator *m*, Fließbettkatalysator *m*, quasi-flüssiger (fluidisierter) Katalysator *m* ‖ **~/пылевидный** staubförmiger Katalysator *m*, Katalysatorstaub *m*, Kontaktstaub *m* ‖ **~ сгорания** Verbrennungsbeschleuniger *m* ‖ **~/скелетный** Skelettkatalysator *m*, Legierungsskelettkatalysator *m* ‖ **~/скелетный никелевый** Nickelskelettkatalysator *m* ‖ **~/смешанный** Mischkatalysator *m*, Mehrstoffkatalysator *m* ‖ **~/сплавный** *s.* ~/скелетный ‖ **~/стационарный** Festbettkatalysator *m*, festliegender (ruhender) Katalysator *m* ‖ **~/таблетированный** gekörnter Katalysator *m* ‖ **~ Фишера-Тропша** Fischer-Tropsch-Synthesekatalysator *m* ‖ **~/флюидизированный** *s.* ~/псевдоожижённый

каталка *f (Glas)* Marbel[platte] *f*, Wälzplatte *f* ‖

каталог *m* Katalog *m* ‖ **~/абсолютный [звёздный]** *(Astr)* Absolutkatalog *m* ‖ **~ двойных звёзд** *(Astr)* Doppelsternkatalog *m* ‖ **~ запасных частей** Ersatzteilkatalog *m* ‖ **~/звёзд-**

ный *(Astr)* 1. Sternkatalog *m*, Sternverzeichnis *n* *(als Sammelbegriff)*; 2. Positionskatalog *m* ‖ ~ **звёздных величин** *(Astr)* Helligkeitskatalog *m* ‖ ~ **звёздных положений** *(Astr)* Positionskatalog *m* ‖ ~ **звёздных спектов** *(Astr)* Spektralkatalog *m* ‖ ~ **звёздных яркостей** *(Astr)* Helligkeitskatalog *m* ‖ ~ **землетрясений** *(Geoph)* Erdbebenkatalog *m* ‖ **~/зонный звёздный** *(Astr)* Zonenkatalog *m* ‖ ~ **лучевых скоростей** *(Astr)* Radialgeschwindigkeitskatalog *m* ‖ ~ **набора данных** *(Inf)* Dateikatalog *m* ‖ **~/обзорный звёздный** *(Astr)* Durchmusterungskatalog *m*, Durchmusterung *f* ‖ ~ **параллаксов [звёзд]** *(Astr)* Parallaxenkatalog *m* ‖ ~ **переменных звёзд** *(Astr)* Veränderlichenkatalog *m* ‖ ~ **положений** *(Astr)* Positionskatalog *m* ‖ **~/системный** *(Inf)* Systemkatalog *m* ‖ ~ **слабых звёзд** *(Astr)* Katalog *m* schwacher Sterne ‖ ~ **собственных движений [звёзд]** *(Astr)* Eigenbewegungskatalog *m* ‖ ~ **спектральных характеристик [звёзд]** *(Astr)* Spektralkatalog *m* ‖ **~/точный** *(Astr)* Präzisionskatalog *m* ‖ ~ **туманностей** *(Astr)* Nebelkatalog *m* ‖ **~/фундаментальный [звёздный]** *(Astr)* Fundamentalkatalog *m*

каталогизация *f* Katalogisierung *f*

катальник *m* *(Glas)* Wallholz *n*, Wälzklotz *m*

катамаран *m* *(Schiff)* Katamaran *m*, Doppelrumpfschiff *n*; Doppelrumpfboot *n*

катанка *f* Walzdraht *m*; Drahtstab *m* ‖ **~/протягиваемая** Ziehgut *n*, zu ziehender Walzdraht *m*

катаный gewalzt

катапульта *f* Katapult *m(n)*

катаракт *m* Katarakt *m*, Ölkatarakt *m*, Öldämpfer *m* ‖ **~/масляный** Ölbremse *f*

катарометр *m* Kat[h]arometer *n*, Wärmeleitfähigkeitsmesser *m*

катарометрия *f* Kat[h]arometrie *f*, Wärmeleitfähigkeitsmessung *f*

катастрофа *f*/**азотная** *(Ph)* Stickstoffkatastrophe *f* ‖ **~/инфракрасная** *(Kern)* Ultrarotkatastrophe *f*, Ultrarotdivergenz *f*, Infrarotdivergenz *f* ‖ **~/резонансная** Resonanzkatastrophe *f*

кататермометр *m* *(Meteo)* Katathermometer *n*

катать walzen ‖ ~ **на ребро** hochkant walzen, stauchen

катафактор *m* Kataindex *m*

катафорез *m* Kataphorese *f* *(physikalische Ch)*

катафот *m* *(Kfz)* Rückstrahler *m*

катафронт *m* *(Meteo)* Katafront *f*, Abgleitfläche *f*, Abgleitfront *f*

категория *f* Kategorie *f*, Klasse *f* ‖ ~ **волн** Wellenkategorie *f* ‖ ~ **запасов** *(Bgb)* Vorratsklasse *f* ‖ ~ **защищённости** Schutzart *f* *(elektrischer Erzeugnisse)* ‖ ~ **средств измерений** Meßmittelart *f*

катеноид *m* *(Math)* Katenoid *n*, Kettenfläche *f*

катер *m* Boot *n*, Kutter *m*, Pinasse *f* *(s. a. unter* лодка*)* ‖ **~/беспалубный** offenes Boot *n* ‖ **~/буксирный** Schleppboot *n*, Schleppbarkasse *f* ‖ **~/водоизмещающий** Verdrängungsboot *n*, Verdrängerboot *n* ‖ **~/глиссирующий** Gleitboot *n* ‖ **~/гоночный** Rennboot *n* ‖ **~/гребной** Ruderboot *n*, Ruderkutter *m* ‖ **~/каютный** Kajütboot *n* ‖ **~/лоцманский** Lotsen[versetz]boot *n* ‖ **~/мореходный** seegehendes Fahrzeug *n*; Schwerwetterboot *n* ‖ **~/моторный** Motorboot *n* ‖ ~ **на подводных крыльях** Tragflügelboot *n* ‖ **~/парусный** Segelkutter *m* ‖ **~/патрульный** Patrouillenboot *n* ‖ **~/пожарный** Feuerlöschboot *n* ‖ **~/портовый** Hafenbarkasse *f* ‖ **~/прогулочный** Ausflugsboot *n*, Tourenboot *n* ‖ **~/разъездной** Verkehrsboot *n* ‖ **~/служебно-разъездной** Dienst- und Verkehrsboot *n*

катер-искатель *m* **мин** Minensuchboot *n*

катеростроение *n* Bootsbau *m*

катер-ракетоносец *m* Raketenschnellboot *n*

катер-тральщик *m* Räumboot *n*

катет *m* **сварного шва** Schweißnahtschenkel *m* ‖ ~ **углового шва** *(Schw)* Kehlnahthöhe *f*

катетер *m* *(Med)* Katheter *m*

катион *m* *(Ch, Ph)* Kation *n* ‖ **~/обменный** Austauschkation *n*, austauschbares Kation *n*

катионирование *n* **[воды]** Wasserenthärtung *f* durch Kationenaustausch

катионировать Wasser durch Kationenaustauscher enthärten

катионит *m* Kationenaustauscher *m*

катод *m* *(El, Eln)* Kathode *f* ‖ **~/активированный** aktivierte Kathode *f* ‖ **~/бифилярный [спиральный]** Bifilarkathode *f*, Kehrwendelkathode *f* ‖ **~/болточный** *(Schw)* Bolzenkathode *f* ‖ **~/быстродействующий** Schnellheizkathode *f* ‖ ~ **Венельта** Wehnelt-Kathode *f* ‖ **~/внешний** Außenkathode *f* ‖ **~/вольфрамовый** Wolframkathode *f* ‖ **~/вспомогательный** Hilfskathode *f* ‖ **~/вторично-электронный (вторично-эмиссионный)** Sekundäremissionskathode *f*, Dynode *f* ‖ **~/главный** Hauptkathode *f* ‖ **~/горячий** heiße Kathode *f* ‖ **~/двойной** Doppelkathode *f* ‖ **~/дуговой** Bogenkathode *f* ‖ **~/железный** Eisenkathode *f* ‖ **~/жидкий** flüssige Kathode *f*, Flüssigkeitskathode *f* ‖ **~/калящийся** Glühkathode *f* ‖ **~/капельный** Tropfkathode *f* ‖ **~/кольцевой** Ringkathode *f* ‖ ~ **косвенного накала** indirekt geheizte Kathode *f* ‖ **~/круглый** Rundkathode *f* ‖ **~/ленточный** Bandkathode *f* ‖ **~/медный** Kupferkathode *f* ‖ **~/металлокапиллярный** Metallkapillarkathode *f*, MK-Kathode *f* ‖ **~/металлокерамический** metallkeramische Kathode *f* ‖ **~/металлоплёночный** Metallfilmkathode *f* ‖ **~/мозаичный** Mosaikkathode *f* ‖ **~/мощный** Hochleistungskathode *f* ‖ **~/накалённый (накаливаемый)** Glühkathode *f* ‖ **~/нитевидный** Fadenkathode *f* ‖ **~/оксидный** Oxidkathode *f* ‖ **~/основной** Hauptkathode *f* *(einer Dekadenzählröhre)* ‖ **~/плоский** Flachkathode *f* ‖ **~/плоский спиральный** Spiralkathode *f* ‖ **~/поджигающий** Hilfskathode *f* ‖ **~/подогреваемый** geheizte Kathode *f* ‖ **~/полупроводниковый** Halbleiterkathode *f* ‖ **~/полый** Hohlkathode *f* ‖ **~/проволочный** Drahtkathode *f* ‖ ~ **прямого накала** direktgeheizte Kathode *f* ‖ ~ **прямого накала/петлевой** direktbeheizte Haarnadelkathode *f* ‖ ~ **прямого накала с большой поверхностью/проволочный** direktbeheizte Großflächen-Drahtkathode *f* ‖ ~ **прямого накала с малой поверхностью/проволочный** direktgeheizte Kleinflächen-Drahtkathode *f* ‖ **~/прямонакальный** direktgeheizte Kathode *f* ‖ **~/ртутный** Quecksilberkathode *f* ‖ ~ **с большой поверхностью/ массивный** Großflächen-Massivkathode *f*, großflächige Massivkathode *f* ‖ ~ **с большой поверхностью [эмиссии]** Großflächenkathode *f* ‖ ~ **с малой поверхностью [эмиссии]** Kleinflächenkathode *f* ‖ ~ **с малой поверхностью/массивный** Kleinflächen-Massivkathode *f*, kleinflächige Massivkathode *f* ‖ ~/**сетчатый** Netzkathode *f*, Maschenkathode *f* ‖ ~/**сложный** zusammengesetzte Kathode *f* ‖ ~/**спечённый** Sinterkathode *f* ‖ ~/**спиральный** Wendelkathode *f* ‖ ~/**стержневой** Stabkathode *f* ‖ ~/**сферический** Kugelkathode *f* ‖ ~/**торированный** thorierte Kathode *f* ‖ ~/**точечный** punktförmige Kathode *f* ‖ ~/**туннельный** Tunnelkathode *f* ‖ ~/**фольговый** Folienkathode *f* ‖ ~/**фотоэлектронный** Photokathode *f* ‖ ~/**фотоэмиссионный** Photoemissionskathode *f* ‖ ~/**холодный** kalte Kathode *f*, Kaltkathode *f* ‖ ~/**цилиндрический** Zylinderkathode *f* ‖ ~/**щелочной** Alkalikathode *f* ‖ ~/**экономический** Sparkathode *f*

катодный kathodisch, Kathoden...

катододержатель *m* Kathodenhalter *m*; Kathodenträger *m (NE-Metallurgie)*

катодолюминесценция *f* Kathodolumineszenz *f*, Kathodenlumineszenz *f*

катодофосфоресценция *f* Kathodophosphoreszenz *f*

каток *m* Rolle *f*; Walze *f*; Laufrolle *f* ‖ ~/**ведомый** *(Masch)* Abtriebsscheibe *f (Reibradgetriebe)*; angetriebene Laufrolle *f* ‖ ~/**ведущий** *(Masch)* Antriebsscheibe *f (Reibradgetriebe)*; Treibrolle *f* ‖ ~/**гладильный** *(Text)* Wäschemangel *f*, Wäscherolle *f (Veredlung)* ‖ ~/**гладкий [дорожный]** *(Bw, Lw)* Glattwalze *f* ‖ ~/**дорожный** *(Bw)* Straßenwalze *f* ‖ ~/**кольчато-зубчатый** *(Lw)* Cambridgewalze *f* ‖ ~/**кольчато-шпоровый** *(Lw)* Croskillwalze *f* ‖ ~/**кольчатый** *(Lw)* Ringelwalze *f* ‖ ~/**кулачковый [дорожный]** *(Bw)* Schaffußwalze *f* ‖ ~/**моторный [дорожный]** *(Bw)* Motorstraßenwalze *f* ‖ ~ **на пневматическом ходу** Gummiradwalze *f* ‖ ~ **на пневмошинах** Gummiradwalze *f* ‖ ~/**направляющий** Laufrolle *f*, Führungsrolle *f* ‖ ~/**полевой** *(Lw)* Ackerwalze *f* ‖ ~/**прикатывающий** *(Lw)* Druckrolle *f (z. B. Sämaschine)* ‖ ~/**рифлёный** *(Lw)* Rauhwalze *f* ‖ ~ **с падающими грузами** *(Bw)* Fallgewichtswalze *f* ‖ ~/**сдвоенный** Tandemwalze *f* ‖ ~/**уплотняющий** *(Lw)* Packer *m*

каток-комкодробитель *m (Lw)* Krümelwalze *f*

католит *m* Katolyt *m*, kathodischer Elektrolyt *m (Elektrolyse)*

катоптрический *(Opt)* katoptrisch

катофорит *m (Min)* Katophorit *m (Amphibol)*

каточек *m*/**боевой** *(Text)* Schlagrolle *f (Webstuhl, Unterschlag)*

катушечный Spulen...

катушка *f* 1. *(El)* Spule *f*; 2. *(Text)* Spule *f*, Garnrolle *f (s. a. unter* шпуля*)*; Wickelrolle *f (Bandwickelmaschine)*; 3. *(Photo)* Spule *f*, Filmspule *f*; 4. *(Wlz)* Ablaufhaspel *f*, Ablaufkrone *f* ‖ ~/**анодная** *(El)* Anodenspule *f* ‖ ~/**антенная** Antennenspule *f* ‖ ~/**антенная удлинительная** Antennenverlängerungsspule *f* ‖ ~/**безопасная** *(Schiff)* Sicherheitsspill *n* ‖ ~/**бескаркасная** *(El)* freigewickelte (rahmenlose) Spule *f* ‖ ~/**бочкообразная** *(Text)* ballige (bauchige) Spule *f* ‖ ~ **вертикального отклонения** *s.* ~/кадровая ‖ ~ **возбуждения** *(El)* Erregerspule *f* ‖ ~/**вращающаяся** *(El)* Drehspule *f* ‖ ~/**вспомогательная** *(El)* Hilfsspule *f* ‖ ~/**вторичная** *(El)* Sekundärspule *f* ‖ ~/**втягивающаяся** *(El)* Tauchspule *f* ‖ ~/**входная** *(El)* Eingangsspule *f* ‖ ~/**высевающая** *(Lw)* Särad *n (Drillmaschine)* ‖ ~/**высевающая стандартная** Einheitssärad *n* ‖ ~ **высокой частоты** *(El)* Hochfrequenzspule *f*, HF-Spule *f* ‖ ~/**высокочастотная** *(El)* Hochfrequenzspule *f*, HF-Spule *f* ‖ ~/**гасительная** *(El)* Löschspule *f* ‖ ~ **гашения** *(El)* Löschspule *f* ‖ ~/**гетеродинная** *(El)* Überlagererspule *f* ‖ ~/**гибридная** *(El)* Hybridspule *f* ‖ ~/**главная** *(El)* Hauptspule *f* ‖ ~ **горизонтального отклонения** *(TV)* Horizontalablenkspule *f*, Zeilenablenkspule *f* ‖ ~/**громоотводная** *(El)* Blitzableiterspindel *f* ‖ ~/**грунтропная** Klotje *f (Grundschleppnetz)* ‖ ~/**двойная** *(El)* Doppelspule *f* ‖ ~/**двухконусная** *(Text)* Doppelkegelspule *f* ‖ ~/**двухслойная** *(El)* doppellagige Spule *f* ‖ ~/**двухфланцевая** *(Text)* Doppelrandspule *f* ‖ ~/**демпферная** *(El)* Dämpfungsspule *f* ‖ ~/**дисковая** *(El)* Scheibenspule *f* ‖ ~ **для намотки** Aufwickelspule *f* ‖ ~ **для размотки** Abwickelspule *f* ‖ ~/**дроссельная** *(El)* Drossel[spule] *f* ‖ ~/**дугогасительная (дугогасящая)** *(El)* 1. Lichtbogenlöschspule *f*; 2. Erdschluß[drossel]spule *f*, Petersen-Spule *f* ‖ ~ **зажигания** Zündspule *f (Verbrennungsmotor)* ‖ ~/**заземляющая дугогасящая** *s.* ~/дугогасительная 2. ‖ ~/**запасная** Reservespule *f* ‖ ~/**звуковая** Sprechspule *f* ‖ ~/**измерительная** Meßspule *f* ‖ ~ **индуктивности** *(El)* Induktivitätsspule *f*, Induktivität *f* ‖ ~/**индукционная** 1. *(El)* Induktionsspule *f*; 2. Zündspule *f (Verbrennungsmotor)* ‖ ~/**искательная** *(El)* Suchspule *f* ‖ ~/**искрогасительная (искрогасящая)** *(El)* Funkenlöschspule *f* ‖ ~/**кадровая [отклоняющая]** *(TV)* Raster[ablenk]spule *f*, Bildablenkspule *f*, Vertikalablenkspule *f* ‖ ~/**каркасная** *(El)* Spule *f* mit Tragkörper, Rahmenspule *f* ‖ ~/**кольцевая** *(El)* Ring[kern]spule *f*, Toroidspule *f* ‖ ~/**компенсирующая** *(El)* Kompensationsspule *f*, Ausgleichspule *f* ‖ ~/**контурная** *(Rf)* Schwingkreisspule *f* ‖ ~/**концевая** *(Rf)* Endspule *f* ‖ ~/**концентрирующая** *(El)* Konzentrier[ungs]spule *f* ‖ ~/**корректирующая** *(El)* Korrekturspule *f*, Korrektionsspule *f* ‖ ~/**крестообразная** *(El)* Kreuzspule *f* ‖ ~/**круглая** Rundspule *f* ‖ ~/**магнитная** *(El)* Magnetspule *f* ‖ ~/**многослойная** *(El)* mehrlagige Spule *f*, Mehrlagenspule *f* ‖ ~/**молниеотводная** *s.* ~/громоотводная ‖ ~/**нагревательная** *(El)* Heizspule *f*, Induktor *m* ‖ ~/**наматывающая** Aufwickelspule *f* ‖ ~/**направляющая** *(El)* Richtspule *f* ‖ ~ **напряжения** *(El)* Spannungsspule *f* ‖ ~ **настройки** *(Rf)* Abstimmspule *f* ‖ ~ **настройки антенны** *(Rf)* Antennenabstimmspule *f* ‖ ~/**неподвижная** *(El)* Festspule *f*, fest[stehend]e Spule *f* ‖ ~ **ниток** *(Text)* Fadenrolle *f (Nähmaschine)* ‖ ~ **нулевого напряжения** *(El)* Nullspannungsspule *f* ‖ ~/**одновитковая** *(El)* Spule *f* mit einer Windung ‖ ~/**односекционная** *(El)* Spule *f* mit einer Spulenseite je Nut ‖ ~/**опережающая** *(Text)* voreilende Spule *f* ‖ ~/**отклоняющая** *(Eln)* Ablenkspule *f* ‖ ~/**отсасывающая** *(El)* Saugdrossel[spule] *f* ‖ ~/**параллельная** *(El)* Parallelspule *f*, Nebenschlußspule *f* ‖ **~/первичная** *(El)* Primärspule *f* ‖ **~/передающая** *(Rf)* Sende[r]spule *f* ‖ **~ Петерсена** *s.* ~/дугогасительная 2. ‖ **~/петлевая** *(El)* Schleifenspule *f* ‖ **~/печатная** *(El)* gedruckte Spule *f* ‖ **~/питающая** *(El)* Speisespule *f* ‖ **~/плоская** *(El)* Flachspule *f* ‖ **~/подающая** *(Photo)* Abwickelspule *f*, Vorratsspule *f* ‖ **~/поисковая** *(El)* Suchspule *f* ‖ **~/полевая** *(El)* Feldspule *f* ‖ **~/полная** *(Text)* volle Spule *f*, gefüllte Spule *f* ‖ **~/полосовая** Bandspule *f* ‖ **~/полюсная** *(El)* Polspule *f* ‖ **~/последовательная** *(El)* Reihenschlußspule *f*, Hauptschlußspule *f* ‖ **~/приёмная** 1. *(Rf)* Empfangsspule *f*; 2. *(Text)* Auflaufspule *f*; 3. *s.* ~/наматывающая ‖ **~/проволочная** *(El)* Drahtspule *f* ‖ **~ Пупина** *(El)* Pupin-Spule *f* ‖ **~/пупиновская** *(El)* Pupin-Spule *f* ‖ **~/реактивная** *(El)* Drosselspule *f* ‖ **~ реле** *(El)* Relaisspule *f* ‖ **~/ровничная** *(Text)* Flyerspule *f*, Vorgarnspule *f* ‖ **~/роторная** Rotorspule *f*, Suchspule *f (eines Radiogoniometers)* ‖ **~ Румкорфа** *(El)* Ruhmkorff-Induktor *m*, Ruhmkorffscher Funkeninduktor *m* ‖ **~ с воздушным сердечником** *(El)* Luftspule *f* ‖ **~ с железным сердечником** *(El)* Eisenkernspule *f* ‖ **~ с магнитным сердечником** *(El)* Magnetkernspule *f* ‖ **~ с малыми потерями** *(El)* verlustarme Spule *f* ‖ **~ с нитками** *(Typ)* Fadenrolle *f* ‖ **~ с потерями** *(El)* verlustbehaftete Spule *f* ‖ **~ с ферритовым сердечником** *(El)* Ferritkernspule *f* ‖ **~ самоиндукции** *(El)* Selbstinduktionsspule *f*, Drossel[spule] *f* ‖ **~ связи** *(El)* Koppelspule *f*, Kopplungsspule *f* ‖ **~/сглаживающая** *(El)* Glättungsdrossel[spule] *f* ‖ **~/секционированная** *(El)* Mehrkammerspule *f* ‖ **~/секционная** *(Text)* Teilkettbaum *m* ‖ **~/силовая** *(El)* Leistungsspule *f*, Starkstromspule *f* ‖ **~ сопротивления/измерительная** *(El)* Widerstandsmeßspule *f* ‖ **~/статорная** *(El)* Statorspule *f*, Festspule *f (eines Radiogoniometers)* ‖ **~/строчная отклоняющая** *(Eln)* Zeilenablenkspule *f*, Horizontalablenkspule *f* ‖ **~/термическая** *(El)* Hitz[draht]spule *f* ‖ **~/тороидальная** *(El)* Toroidspule *f*, Ring[kern]spule *f* ‖ **~/тростильная** *(Text)* Dublierspule *f (Fachmaschine)* ‖ **~/удлинительная** *(El)* Verlängerungsspule *f* ‖ **~/уравнительная** *(El)* Ausgleichspule *f*, Kompensationsspule *f* ‖ **~/фасонная** *s.* ~/шаблонная ‖ **~/фланцевая** *(Text)* Scheibenhülse *f*, Scheibenspule *f*, Flanschenhülse *f* ‖ **~/фокусирующая** *(El)* Fokussier[ungs]spule *f*, Sammelspule *f* ‖ **~ центровки телевизионного изображения** *(TV)* Bildeinstellspule *f* ‖ **~/цилиндрическая** *(El)* Zylinderspule *f* ‖ **~/шаблонная** *(El)* Formspule *f*, Schablonenspule *f* ‖ **~/эквивалентная** *(El)* Ersatzspule *f* ‖ **~/экранированная** *(El)* abgeschirmte Spule *f* ‖ **~ электрического сопротивления** *(El)* Widerstandsspule *f* ‖ **~/эталонная** *(El)* Normalspule *f*, Spulennormal *n* ‖ **~/якорная** *(El)* Ankerspule *f*

катушка-искатель *f* Suchspule *f*, Rotorspule *f (eines Radiogoniometers)*

катушка-рамка *f (El)* rähmchenförmige Spule *f*

каупер *m (Met)* Cowper-Winderhitzer *m*, Regenerativwinderhitzer *m*, Cowper *m*

каустизатор *m (Ch)* Kaustifikator *m*, Kausti[fi]zierbehälter *m*

каустизация *f (Ch)* Kausti[fi]zierung *f*

каустизировать *(Ch)* kausti[fi]zieren

каустик *m (Ch)* Ätznatron *n*, kaustische Soda *f*; Kaustikum *n*, Ätzmittel *n*

каустика *f (Opt)* Kaustik *f*

каустификация *f s.* каустизация

каустицирование *n s.* каустизация

каустичность *f (Ch)* Kaustizität *f*

каустобиолиты *mpl (Geol)* Kaustobiolithe *mpl*, brennbare Biolithe *mpl*

каутер *m*/**высокочастотный** *(Med)* Hochfrequenzkauter *m*

каучук *m* Kautschuk *m(n)* ‖ **~/бутадиен-нитрилакриловый** Butadien-Akrylnitril-Kautschuk *m* ‖ **~/бутадиеновый** Butadienkautschuk *m* ‖ **~/бутадиен-стирольный** Butadien-Styrol-Kautschuk *m* ‖ **~/дивиниловый** Butadienkautschuk *m* ‖ **~/диметилбутадиеновый** Methylkautschuk *m* ‖ **~/изопреновый** Isoprenkautschuk *m* ‖ **~/кремнийорганический** Silikonkautschuk *m* ‖ **~/маслонаполненный** ölplastizierter (ölgestreckter) Kautschuk *m* ‖ **~/натуральный** Naturkautschuk *m* ‖ **~/низкотемпературный** *s.* ~/холодный ‖ **~/нитрильный** Nitrilkautschuk *m* ‖ **~/олефиновый** Olefinkautschuk *m* ‖ **~/отстоявшийся** Latexrahm *m* ‖ **~/плантационный** Plantagenkautschuk *m*, Pflanzungskautschuk *m* ‖ **~/плиточный** Blockkautschuk *m* ‖ **~/полисульфидный** Polysulfidkautschuk *m*, Thiokautschuk *m* ‖ **~/регенерированный** Regeneratkautschuk *m* ‖ **~/роговой** Hartkautschuk *m*, Hartgummi *m* ‖ **~/силиконовый (силоксановый)** Silikonkautschuk *m* ‖ **~/синтетический** Synthesekautschuk *m* ‖ **~/сырой** Rohkautschuk *m* ‖ **~/хлорированный** Chlorkautschuk *m* ‖ **~/хлоропреновый** Chloroprenkautschuk *m* ‖ **~/холодный** kalt polymerisierter Kautschuk *m*, Kaltkautschuk *m*

каучуконосный kautschukhaltig, kautschukführend

каучукоподобный kautschukartig

кафель *m* Kachel *f*

кахолонг *m (Min)* Cacholong *m*, Kascholong *m*

качалка *f* 1. Wippe *f*; Schaukel *f*; 2. Pumpenbock *m*, Pumpenantrieb *m (Erdölförderung)*

качание *n* 1. Pendelung *f*, Pendeln *n*, Schwankung *f*, Schwanken *n (periodisch)*; 2. *(El)* Wobbeln *n*, Wobbelung *f* ‖ **~/вынужденное** erzwungene Pendelung *f* ‖ **~ импульсов** *(El)* Impulswobbelung *f* ‖ **~ луча** Strahlschwankung *f* ‖ **~ мощности** Leistungspendelung *f* ‖ **~ регулятора** Reglerpendelung *f* ‖ **~ частоты** *(El)* Frequenzwobbelung *f*

качать pendeln (wippen, schaukeln) lassen

качаться pendeln, wippen, schaukeln; schlingern; *(Fert)* [senkrecht] pendeln *(Arm eines Industrieroboters)*

качающийся Taumel..., Pendel..., Schwenk...

качение *n* 1. Rollen *n*, Wälzen *n*, Wälzung *f*; 2. Abwälzung *f*, Abrollen *n*; 3. *s.* ~/взаимное ‖ **~/взаимное** *(Typ)* Abwicklung *f (der Zylinderoberflächen)* ‖ **~ с проскальзыванием** *(Trib)* Wälzen *m* mit Schlupf ‖ **~ цилиндра** *(Typ)* Zylinderabwicklung *f* ‖ **~/чистое** *(Trib)* reines Wälzen *)*

качества *npl* Eigenschaften *fpl* ‖ **~/взлётные** *(Flg)* Starteigenschaften *fpl*, Startvermögen *n* ‖ **~/выпрямительные** *(El)* Gleichrichtereigenschaften *fpl* || **~/динамические** *(Kfz)* dynamische Fahreigenschaften *fpl* || **~/ездовые** *(Kfz)* Fahreigenschaften *fpl* || **~/изолирующие** Isoliereigenschaften *fpl* || **~/лавировочные** *(Schiff)* Kreuzeigenschaften *fpl*, Eigenschaften *fpl* auf der Kreuz || **~/лётно-технические** flugtechnische Eigenschaften *fpl* || **~/лётные** *(Flg)* Flugeigenschaften *fpl*, Flugleistungen *fpl* || **~/манёвренные** *(Schiff)* Manövereigenschaften *fpl*, Manövriereigenschaften *fpl* || **~/мореходные** See-Eigenschaften *fpl*, seegehende Eigenschaften *fpl*, Seeverhalten *n (eines Schiffes)* || **~/пропульсионные** *(Schiff)* Vortriebseigenschaften *fpl*, Propulsionseigenschaften *fpl* || **~/пусковые** Startfreudigkeit *f*, Startwilligkeit *f*, Starteigenschaften *fpl (Verbrennungsmotor)* || **~/тормозные** Bremseigenschaften *fpl* || **~/усилительные** *(El)* Verstärkereigenschaften *fpl* || **~/ходовые** *(Schiff)* Fahr[t]eigenschaften *fpl*, Fahrverhalten *n*; *(Eb)* Laufeigenschaften *fpl (Fahrzeuge)* || **~/эксплуатационно-технические** betriebstechnische Eigenschaften *fpl* || **~/эксплуатационные** Betriebseigenschaften *fpl*, Betriebsverhalten *n*

качественный 1. qualitativ; qualitätsgerecht; 2. Güte..., Qualitäts..., wertvoll

качество *n* Güte *f*, Qualität *f*; Beschaffenheit *f*, Eigenschaft *f* || **~/антидетонационное** Klopfeigenschaft *f*, Klopffestigkeit *f* || **~/гарантийное** Qualitätsgarantie *f* || **~ звука** Tonqualität *f* || **~ звуковоспроизведения** Tonwiedergabequalität *f* || **~ звучания** Klanggüte *f* || **~ изготовления** Herstellungsqualität *f*, Herstellungsgüte *f*, Fertigungsqualität *f*, Fertigungsgüte *f* || **~ освещения** *(Licht)* Beleuchtungsqualität *f*, Beleuchtungsniveau *n* || **~ передачи** *(Nrt, Rf)* Übertragungsgüte *f* || **~ поверхности** *(Fert)* Oberflächenqualität *f*, Oberflächengüte *f* || **~ поставляемой продукции** Lieferqualität *f* || **~ приёма** *(Nrt, Rf)* Empfangsgüte *f* || **~ продукции** Erzeugnisqualität *f*, Produktqualität *f*, Herstellungsqualität *f* || **~ проекта** Entwurfsqualität *f* || **~ разговора** *(Nrt)* Sprachgüte *f* || **~ разделения** Trenngüte *f (Chromatographie)* || **~/среднее выходное** Durchschnittsqualität *f* || **~/торговое** handelsübliche Qualität *f* || **~/эксплуатационное** 1. Betriebsverhalten *n*, Funktionsverhalten *n*; 2. Gebrauchseigenschaft *f*

качка *f* 1. Schaukeln *n*, schwingende Bewegung *f*; 2. Pumpen *n (Wasser)*; 3. *(Schiff)* Schiffsbewegung *f*, Schlingern *n (mitunter im Sinne von „Rollen" verwendet)* || **~/боковая** *(Eb)* Wanken *n*, Wankbewegung *f*, Rollen *n*; *(Schiff)* Schlingern *n* || **~/бортовая** *(Schiff)* Rollen *n*, Rollbewegung *f*, Rollschwingungen *fpl* || **~/вертикальная** *(Schiff)* Tauchen *n*, Tauchbewegung *f*, Tauchschwingungen *fpl* || **~/килевая** *(Schiff)* Stampfen *n*, Stampfbewegung *f*, Stampfschwingungen *fpl* || **~/поперечная** *(Eb)* Wanken *n (Lok)*; *(Schiff)* Schwingen *n* in Querrichtung, seitliches Schwingen *n* || **~/продольная** *(Eb)* Nicken *n (Lok)*; *(Schiff)* Schwingen *n* in Fahrtrichtung (Längsrichtung), Längsschwingung *f*

каше *n s.* кашета

кашета *f* Abdeckmaske *f*, Abdeckblende *f*, Maske *f*; *(Kine)* Kameramaske *f*

кашерование *n* Walzenschmelzen *n (Kunstleder)*

кашировать блестящей плёнкой *(Typ)* mit Glanzfolie kaschieren

каштан *m* Kastanie *f*

каюта *f (Schiff)* Kabine *f*, Kammer *f*; Kajüte *f* || **~/блочная** Appartementkabine *f*

кают-компания *f (Schiff)* Offiziersmesse *f*

КБ *s.* конец блока

кбайт *s.* килобайт

кбит *s.* килобит

КВ *s.* коэффициент вскрыши

кВ *s.* киловольт

кв. *s.* квадрат

квадр *m (Bw)* Quader *m*, Quaderstein *m*

квадрант *m* 1. Quadrant *m*; 2. Neigungshebel *m (Waage)*; 3. Lochbrett *n (Edelsteinbearbeitung)* || **~/оптический** Winkellibelle *f* mit Mikroskop

квадрат *m* 1. *(Math)* Quadrat *n (Fläche)*; 2. *(Math)* Quadrat *n*, zweite Potenz *f*; 3. *(Wlz)* Vierkantkaliber *n*, Quadratkaliber *n*; 4. *(Bgb)* Mitnehmerstange *f*, Kelly *n (Rotarybohren)* || **~/внутренний** Innenvierkant *m (z. B. eines Schraubenkopfes)* || **~/отделочный** Schlichtquadrat *n (Kaliber)* || **~/предотделочный** Vorschlichtquadrat *n*

квадратно-гнездовой *(Lw)* Quadratdibbel..., Quadratnest...

квадратный quadratisch, Vierkant...

квадратура *f* 1. *(Math)* Quadratur *f*; 2. *(Astr)* Quadratur *f (Konstellation)*; 3. *(TV)* Quadraturmodulation *f* || **~/восточная** *(Astr)* östliche Quadratur *f* || **~/западная** *(Astr)* westliche Quadratur *f* || **~ круга** Quadratur *f* des Kreises

квадрика *f (Math)* Quadrik *f*, Fläche *f* zweiter Ordnung

квадруплет *m (Ph)* Quadruplett *n*

квадруполь *m (Ph)* Quadrupol *m* || **~/акустический** *(Ak)* akustischer Quadrupol *m* || **~/электрический** elektrischer Quadrupol *m*

квадрупольный Quadrupol...

квазаг *m s.* галактика/квазизвёздная

квазар *m (Astr)* Quasar *m*, quasistellare Radioquelle *f*

квазиадиабатический quasiadiabatisch

квазибаротропный quasibarotrop

квазивероятность *f* Quasiwahrscheinlichkeit *f*

квазиволна *f* Quasiwelle *f*

квазигеоид *m* Quasigeoid *n*

квазидиэлектрик *m* Quasidielektrikum *n*

квазимолекула *f* Quasimolekül *n*

квазинасыщение *n* Quasisättigung *f*

квазипроводник *m* Quasileiter *m*

квазиравновесие *n* Quasigleichgewicht *n*

квазисовпадение *n* Quasikoinzidenz *f*

квазистационарный quasistationär

квазичастица *f* Quasiteilchen *n*

квалиметр *m* Qualitätsmesser *m*, Qualimeter *n*, Penetrometer *n (für Röntgenstrahlung)*

квалиметрия *f* Qualimetrie *f*

квант *m (Ph)* Quant *n* || **~ акустических колебаний** Phonon *n*, Schallquant *n* || **~ действия** [Plancksches] Wirkungsquantum *n* || **~ излучения** Strahlungsquant *n*, Lichtquant *n*, Photon *n* || **~ поля** Feldquant *n* || **~ света** *s.* фотон || **~/световой** *s.* фотон || **~ тормозного излучения** Bremsstrahlungsquant *n* || **~ тяготения** *s.* гравитон || **~ энергии** Energiequant *n*

γ-квант *m* Gammaquant *n*

квантизация *f* Quantisierung *f*

квантиль *m* Quantil *n (mathematische Statistik)*
квантификация *f (Math)* Quantifizierung *f*
квантование *n* 1. *(Ph)* Quantisierung *f*, Quantelung *f*; 2. *s.* дискретизацио; 3. *(Nrt)* Quantisierung *f (eines Nachrichtensignals)* ‖ **~ во времени** Zeitquantisierung *f*, Zeitquantelung *f*; *(Inf)* Zeitzuteilung *f*, Zeitscheibentechnik *f* ‖ **~/временное** *s.* ~ во времени ‖ **~/вторичное** *(Ph)* zweite Quantelung *f*, Hyperquantelung *f* ‖ **~ по амплитуде** Amplitudenquantisierung *f*, Amplitudenquantelung *f* ‖ **~ по времени** *s.* ~ во времени ‖ **~/пространственное** Raumquantelung *f* ‖ **~ энергии** Energiequantelung *f*
квантованный по амплитуде amplitudenquantisiert, amplitudengequantelt
квантовать *(Ph)* quantisieren, quanteln
квантовомеханический quantenmechanisch
квантовотеоретический quantentheoretisch, Quanten…
квантометр *m* Quantometer *n (Spektroskopie)*
квантор *m (Math)* Quant[ifikat]or *m*
кварк *m (Kern)* Quark *n (Grundbestandteil der Elementarteilchen)*
квартира *f* Wohnung *f* ‖ **~/благоустроенная** Komfortwohnung *f* ‖ **~ в двух уровнях** Maisonnettewohnung *f*, Wohnung *f* über zwei Geschosse ‖ **~/двухэтажная** *s.* ~ в двух уровнях ‖ **~/мансардная** Mansardenwohnung *f* ‖ **~ повышенной комфортности** Komfortwohnung *f* ‖ **~ с гибкой планировкой** Wohnung *f* mit flexiblem Grundriß
кварто *n s.* стан-кварто *und* клеть кварто
кварто-стан *m s.* стан-кварто
квартроп *m* Knüppeltau *n (Schleppnetz)*
кварц *m (Min)* Quarz *m* ‖ **~/дымчатый** Rauchquarz *m* ‖ **~/жильный** Gangquarz *m* ‖ **~/звёздчатый** Sternquarz *m* ‖ **~/левый** Linksquarz *m* ‖ **~/молочный** Milchquarz *m* ‖ **~/правый** Rechtsquarz *m* ‖ **~/пылевидный** Quarzmehl *m*, Marschallit *m* ‖ **~/пьезоэлектрический** Piezoquarz *m* ‖ **~/розовый** Rosenquarz *m* ‖ **~/скипетровидный** Szepterquarz *m* ‖ **~/эталонный** Eichquarz *m*, Normalquarz *m*
α-кварц α-Quarz *m*, Tiefquarz *m*
β-кварц β-Quarz *m*, Hochquarz *m*
кварцедержатель *m* Quarzhalter *m*
кварцит *m (Geol)* Quarzit *m* ‖ **~/железистый** Eisenquarzit *m* ‖ **~/сланцеватый** *s.* сланец/кварцитовый
кварцкалибратор *m (El, Eln)* Quarzeichgenerator *m*
квасцевание *n (Led)* Alaungerbung *f*, Weißgerbung *f*
квасцевать *(Led)* alaungerben, weißgerben
квасцование *n s.* квасцевание
квасцовый alaunen, alaun[halt]ig, Alaun…
квасцы *pl (Ch)* Alaun *m* ‖ **~/жжёные** gebrannter Alaun *m*
кватернион *m (Math)* Quaternion *n (viergliedrige komplexe Zahl)*
квашение *n* Säuern *n*, Einsäuern *n*; Silieren *n*, Silierung *f*
квебрахо *n (Led)* Quebracho *n*, Quebrachoextrakt *m*, Quebrachogerbstoff *m*
квершлаг *m (Bgb)* Querschlag *m* ‖ **~/вентиляционный** Wetterquerschlag *m* ‖ **~/главный (горизонтный, капитальный)** Hauptquerschlag *m* ‖ **~/откаточный** Förderquerschlag *m* ‖ **~/подэтажный (промежуточный)** Teilsohlenquerschlag *m* ‖ **~/соединительный** Verbindungsquerschlag *m* ‖ **~/участковый** Abteilungsquerschlag *m* ‖ **~/этажный** Sohlenquerschlag *m*
квинтет *m (Ph)* Quintett *n*
квинтиль *m* Quintil *n (mathematische Statistik)*
КВЛ *s.* ватерлиния/конструктивная
КВП *s.* воздухоподогреватель/каскадный
кВТ *s.* киловатт
КГ *s.* генератор/кварцевый
кгс *s.* килограмм-сила
кГц *s.* килогерц
кд *s.* кандела
КДП *s.* пост/командно-дальномерный
кедер *m (Brau)* Fülleinlage *f*
кейпер *m (Geol)* Keuper *m (oberste Abteilung der germanischen Trias)*
кек *m* Filterkuchen *m*, Filterrückstand *m*
кельвин *m* 1. *(Thermod)* Kelvin *n (Basiseinheit der Temperatur)*; 2. *(Ph)* Kelvin *n*, K *(Einheit der Temperaturdifferenz oder des Temperaturintervalls)*
кельма *f (Bw)* Mau[r]erkelle *f*
кембрий *m (Geol)* Kambrium *n*
кенотрон *m (Eln)* Kenotron *n*
керамзит *m* Keramsit *m*, Porensinter *m*
керамзитобетон *m (Bw)* Keramsitbeton *m*
керамзитопенобетон *m (Bw)* Keramsitschaumbeton *m*
керамика *f* Keramik *f*, keramische Erzeugnisse *npl* ‖ **~/высокочастотная** *(El)* Hochfrequenzkeramik *f* ‖ **~/глинистая** tonhaltige Keramik *f* ‖ **~/глинозёмистая** tonerdehaltige Keramik *f* ‖ **~/инструментальная** *(Wkz)* Schneidkeramik *f* ‖ **~/ковровая** Mosaikkeramik *f* ‖ **~/конденсаторная** *(El)* Kondensator[en]keramik *f* ‖ **~/конструкционная** *(Bw)* Konstruktionskeramik *f*, konstruktive Keramik *f* ‖ **~/облицовочная** Wandkeramik *f*, Keramikverkleidung *f* ‖ **~/оксидная** Oxidkeramik *f* ‖ **~/пенистая** *(Bw)* Schaumkeramik *f* ‖ **~/полупроводниковая** keramische Werkstoffe *mpl* mit Halbleitereigenschaften ‖ **~/радиотехническая** funktechnische (radiotechnische) Keramik *f* ‖ **~/режущая** *(Wkz)* Schneidkeramik *f* ‖ **~/сантехническая** Sanitärkeramik *f* ‖ **~/установочная** Armaturenkeramik *f*, Installationskeramik *f* ‖ **~/фасадная** Verblendkeramik *f* ‖ **~/электротехническая** Elektrokeramik *f* ‖ **~/ячеистая** Porenkeramik *f*
керамит *m* Keramit *n*
кераргирит *m s.* хлораргирит
кератин *m* Keratin *n*, Hornsubstanz *f*
кератофир *m (Geol)* Keratophyr *m*
керма *f (Ph)* Kerma *f (ionisierende Strahlung)*
кермезит *m (Min)* Kermesit *m*, Rotspießglanz *m*, Antimonblende *f*; Pyrostibit *m*
кермет *m (Wkz)* Cermet *m (metallkeramischer Werkstoff)*
керн *m* 1. *(Bgb)* Kern *m*, Bohrkern *m (bei Gesteinsprobenentnahmen im Kernbohrverfahren)*; 2. *(Fert)* Körner *m*, Körnungspunkt *m*, Körnermarke *f*; 3. *(Eln)* Kathodenkörper *m*; 4. Spitze *f*, Zapfen *m*; 5. Kerndraht *m* • **на кернах** spitzengelagert, mit Spitzenlagerung ‖ **~/буровой** *(Bgb)* Bohrkern *m* ‖ **~/вольфрамовый** Wolframkörper *m*

(in Elektronenröhren) || **~/стальной** Stahlspitze *f (in Elektronenröhren)*
кернение *n (Fert)* Körnen *n*, Ankörnen *n*
кернер *m (Wkz)* Körner *m (Werkzeug)* || **~/двойной** Doppelkörper *m*, doppelseitiger Körner *m* || **~/разметочный** Anreißkörner *m* || **~/центровочный** Zentrierkörner *m*
кернит *m (Min)* Kernit *m (Bormineral)*
кернодержатель *m (Bgb)* Kernhalter *m (Bohrung)*
керноловитель *m (Bgb)* Kernfänger *m (Bohrung)*
керноотборник *m (Bgb)* Bohrlochkernentnahmegerät *n*
кернорватель *m (Bgb)* Kernfangvorrichtung *f*, Kernfangeinrichtung *f*, Kernziehgerät *n* || **~/кольцевой** Kernfangring *m*, Kernfanghülse *f* || **~/пружинный** Kernfangfeder *f*
кернохранилище *n (Bgb)* Kernlager *n*
керн-функция *f* Kernfunktion *f (Laplace-Transformation)*
керосин *m* 1. Petroleum *n*, Leuchtöl *n*; 2. Kerosin *n (Raketenflüssigtreibstoff)* || **~/осветительный** Leuchtpetroleum *n*
керосинорез *m (Schw)* Petroleumschneidgerät *n*
керсантит *m (Geol)* Kersantit *m*
кессон *m* 1. *(Hydt, Bw)* Caisson *m*, Senkkasten *m (Herstellung von Unterwassergründungen)*; 2. *(Hydt, Bw)* Druckluftsenkkasten *m (für Unterwasserarbeiten)*; 3. *(Schiff)* Hebeprahm *m (zur teilweisen Hebung eines Schiffes, z. B. bei Reparaturarbeiten an der Schraube)* || **~/опускной** Druckluftsenkkasten *m* || **~/плавучий** Schwimmkasten *m* || **~/спасательный** *(Schiff)* Rettungscaisson *m*, Tiefseerettungscaisson *m*
кетен *m (Ch)* Keten *n*
кетогруппа *f (Ch)* Ketogruppe *f*, Carbonylgruppe *f*, Oxogruppe *f*
кетоза *f (Ch)* Ketose *f*, Ketonzucker *m*
кетокислота *f (Ch)* Ketonsäure *f*, Keto[carbon]säure *f*
кетон *m (Ch)* Keton *n*
кетонокислота *f (Ch)* Ketonsäure *f*, Keto[carbon]säure *f*
кетосахар *m (Ch)* Ketonzucker *m*, Ketose *f*
кетоспирт *m (Ch)* Ketonalkohol *m*, Ketol *n*, Hydroxyketon *n*
кеттлёвка *f (Text)* Ketteln *n*, Anketteln *n*
Ки *s.* кюри
кианизация *f* Kyanisierung *f (Holzschutz)*
кианит *m s.* дистен
кибернетика *f* Kybernetik *f* || **~/прикладная техническая** angewandte technische Kybernetik *f* || **~/промышленная** industrielle Kybernetik *f* || **~/техническая** technische Kybernetik *f*
кизельгур *m (Geol)* Kieselgur *f*, Infusorienerde *f*
кизерит *m (Min)* Kieserit *m*
килевание *n* Kielholen *n (eines Schiffes)*
килевой *(Schiff)* Kiel...
килектор *m (Schiff)* Ankerleichter *m*, Kettenschute *f*, Vertäuleichter *m*
килоампер *m (El)* Kiloampere *n*, kA
килоамперметр *m (El)* Kiloamperemeter *n*
килобайт *m (Inf)* Kilobyte *n*, kbyte
килобит *(Inf)* Kilobit *n*, kbit
киловар *m (El)* Kilovar *n*, kvar
киловар-час *m (El)* Kilovarstunde *f*, kvar-h
киловаттметр *m (El)* Kilowattmeter *n*
киловатт-час *m (El)* Kilowattstunde *f*, kWh
киловебер *m (El)* Kiloweber *n*, kWb
киловольт *m (El)* Kilovolt *n*, kV
киловольтметр *m (El)* Kilovoltmeter *n*
килогерц *m (El)* Kilohertz *n*, kHz
килограмметр *m* Kilogrammeter *n*
килограмм-сила *f* Kilopond *n*, kp *(SI-fremde Einheit der Kraft)*
килоджоуль *m* Kilojoule *n*, kJ
килолюкс *m (Licht)* Kilolux *n*, klx
килолюмен *m (Licht)* Kilolumen *n*, klm
километр *m* **пробега порожних вагонов** *(Eb)* Leerwagenkilometer *m* || **~/тарифный** *(Eb)* Tarifkilometer *m*
километраж *m (Eb, Geod)* Kilometrierung *f* || **~ пробега [/дорожный]** zurückgelegte Fahrstrecke *f*, Reifenfahrstrecke *f (Kfz-Reifen)* || **~ шины** Reifenlaufzahl *f*; Reifenfahrstrecke *f*
киломоль *m* Kilo[gram]mol *n*, Kilogrammolekül *n*
килоом *m (El)* Kiloohm *n*, kΩ
килоэлектрон-вольт *m* Kiloelektronenvolt *n*
киль *m* 1. *(Schiff)* Kiel *m*; 2. *(Flg, Rak)* Stabilisierungsflosse *f* || **~ антиклинали** *(Geol)* Sattelfirste *f*, Firstlinie *f (einer Antiklinale)* || **~/боковой (бортовой)** *(Schiff)* Schlingerkiel *m* || **~/брусковый** *(Schiff)* Balkenkiel *m* || **~/вертикальный** *(Schiff)* Mittelträger *m (Doppelboden)*; Mittelkielschwein *n (Einfachboden)* || **~/горизонтальный** *(Schiff)* Flachkiel *m* || **~/опускной** *(Schiff)* Kielschwert *n*, Schwertkiel *m* || **~/плавниковый** *(Schiff)* Flossenkiel *m* || **~/ровный** *(Schiff)* ebener Kiel *m*, gerader Kiel *m* || **~ синклинали** *(Geol)* Muldentiefstes *n*, Kiellinie *f (einer Synklinale)* || **~ складки** *s.* 1. ~ антиклинали; 2. ~ синклинали || **~ скуловой** *(Schiff)* Schlingerkiel *m* || **~/туннельный** *(Schiff)* Tunnelkiel *m*
кильблок *m (Schiff)* 1. Kielpallung *f*, Kielstapel *m*, Pallung *f*; 2. Bootsklampe *f (Rettungsboot)* || **~/доковый** Dockpallung *f* || **~/скуловой** Kimmpallung *f* || **~/шлюпочный** Bootsklampe *f*
кильн *m* Kiln[ofen] *m*
кильсон *m (Schiff)* Kielschwein *n*
КИМ *s.* машина/координатная измерительная
кимберлит *m (Geol)* Kimberlit *m*
кингстон *m (Schiff)* Seeventil *n*; Flutventil *n*, *auch:* Seekasten *m*
кинематика *f (Mech)* Kinematik *f* || **~ механизмов** technische Kinematik *f*, Getriebelehre *f*
кинематография *f* Kinematographie *f* || **~/высокоскоростная** Hochfrequenzkinematographie *f*
кинескоп *m (Eln, TV)* Fernseh[bild]röhre *f*, Bild-[wiedergabe]röhre *f* || **~/масочный** Lochmaskenröhre *f*, Schattenmaskenröhre *f*, Dreistrahlmaskenröhre *f* || **~/проекционный** Projektions-[bild]röhre *f* || **~ с прямоугольным экраном** Rechteck[bild]röhre *f* || **~ с теневой маской [/трёхлучевой]** *s.* ~/масочный || **~/цветной** Farb[fernseh]bildröhre *f*, Farbbildwiedergaberöhre *f* || **~/чёрно-белый** Schwarzweiß-Bildröhre *f*
кинестат *m* Kinestat *m*
кинетика *f (Mech)* Kinetik *f* || **~ реакции** [chemische] Reaktionskinetik *f*, chemische Kinetik *f* || **~/физическая** physikalische Kinetik *f*, kinetische Theorie *f*, Statistik *f* irreversibler Prozesse || **~/химическая** *s.* ~ реакции || **~ химических реакций** *s.* ~ рекации

кинетокардиотокограф *m (Med)* Kinetokardiotokograph *m*
киноателье *n* Filmatelier *n*
киноварь *f (Min)* Zinnober *m*, Cinnabarit *m*
кинокадр *m (Kine)* Einzelbild *n*, Phasenbild *n*; Laufbild *n*, Kinebild *n*
кинокамера *f* Filmkamera *f*, Kinekamera *f*
кинолаборатория *f (Photo)* Entwicklungs- und Kopieranstalt *f*
киноплёнка *f* Kinefilm *m* ‖ **~/бесфильтровая** filterschichtfreier Kinefilm *m* ‖ **~ 8-мм/двойная** Doppel-8-Film *m*, Doppelachtfilm *m* ‖ **~/звуковая** Tonfilm *m* ‖ **~/негативная** Negativfilm *m* ‖ **~/негорючая** Sicherheitsfilm *m* ‖ **~/нормальная** Normalfilm *m* ‖ **~/неэкспонированная** Rohfilm *m* ‖ **~/обратная** Umkehrfilm *m* ‖ **~ 8-мм/одинарная** Single-8-Film *m*, Singleachtfilm *m* ‖ **~/ортохроматическая** orthochromatischer Film *m* ‖ **~/позитивная** Positivfilm *m* ‖ **~/сырая** Rohfilm *m* ‖ **~/узкая** Schmalfilm *m* ‖ **~/чёрно-белая** Schwarzweiß-Kinefilm *m*
кинопроектор *m* Filmprojektor *m* ‖ **~/звуковой** Tonfilmprojektor *m* ‖ **~/немой** Stummfilmprojektor *m* ‖ **~/узкоплёночный** Schmalfilmprojektor *m* ‖ **~/универсальный** Universalfilmprojektor *m* ‖ **~/широкоплёночный** Breitfilmprojektor *m*
кинопроекционная *f s.* проекционная
кинопроекция *f* Filmprojektion *f*, Kinoprojektion *f*
кинопрожектор *m* Filmscheinwerfer *m*
кинопрокат *m* Filmverleih *m*
киноспектрометр *m s.* спектрометр/скоростной
киносъёмка *f (Kine)* Filmaufnahme *f* ‖ **~/высокоскоростная** Hochfrequenzaufnahme *f* ‖ **~/замедленная** Zeitrafferaufnahme *f* ‖ **~/комбинированная** Kombinationsaufnahme *f* ‖ **~/нормальная** Normal[bild]aufnahme *f* ‖ **~/подводная** Unterwasseraufnahme *f* ‖ **~/покадровая** Einzelbildaufnahme *f* ‖ **~/сверхскоростная** *s.* ~/высокоскоростная ‖ **~/скоростная** *s.* ~/ускоренная ‖ **~/стандартная** *s.* ~/нормальная ‖ **~/трюковая** Trickaufnahme *f* ‖ **~/ускоренная** Zeitdehneraufnahme *f*, Zeitlupenaufnahme *f* ‖ **~/цветная** Farbfilmaufnahme *f* ‖ **~ шлирен-методом** Schlierenkinematographie *f*
кинотеодолит *m* Kinotheodolit *m*
киноустановка *f* Filmwiedergabeanlage *f*
кинофильм *m (Kine)* Film *m* ‖ **~/документальный** Dokumentarfilm *m* ‖ **~/звуковой** Tonfilm *m* ‖ **~/короткометражный** Kurzfilm *m* ‖ **~/мультипликационный** Trickfilm *m* ‖ **~/научно-популярный** populärwissenschaftlicher Film *m* ‖ **~/немой** Stummfilm *m* ‖ **~/стереоскопический** Stereofilm *m*, plastischer Film *m* ‖ **~/телевизионный** Fernsehfilm *m* ‖ **~/учебный** Lehrfilm *m* ‖ **~/художественный** Spielfilm *m* ‖ **~/цветной** Farbfilm *m* ‖ **~/чёрно-белый** Schwarzweißfilm *m*
киноэкран *m* Filmbildwand *f (Zusammensetzungen s. unter* экран*)*
киоск *m* 1. Kiosk *m*; 2. *(Nrt)* Linienverzweiger *m*, LV ‖ **~/распределительный** *(El)* Schalthäuschen *n* ‖ **~/трансформаторный** *(El)* Transformator[en]häuschen *n*, Umspannerzelle *f*
КИП *s.* 1. прибор/контрольно-измерительный; 2. комплект измерительных приборов
кип *m* 1. Aufwallen *n*, Wallen *n*, Wallung *f (Metallbad)*; 2. *(Met)* Kochperiode *f*; 3. *(Schiff)* Keep *f*, Rille *f*; 4. *(Schiff)* Klampe *f*, Klüse *f*
кипа *f* Ballen *m* ‖ **~ хлопка** *(Text)* Baumwollballen *m*
кипелка *f (Bw)* gebrannter Kalk *m*, Branntkalk *m*
кипение *n* 1. Kochen *n*, Sieden *n*; Gasen *n*; 2. *(Met)* Frischreaktion *f*; Rohfrischperiode *f*; Schäumen *n*; 3. Verdampfen *n (Kältetechnik)* ‖ **~/бурное** Aufwallen *n (Metallbad)* ‖ **~ мартеновской ванны** Frischreaktion *f (SM-Ofen)* ‖ **~/непосредственное** *(Kält)* direkte Verdampfung *f* ‖ **~/плёночное** *(Kält)* Filmverdampfung *f*, Filmsieden *n*
кипеть sieden; gasen *(z. B. Akkumulator während des Ladens)*
кипоразборщик *m (Text)* Ballenfräse *f*
кипоразрыхлитель *m s.* разрыхлитель
кипп-генератор *m (Eln, TV, Meß)* Kipp[schwingungs]generator *m*
кипп-реле *n (Reg)* Kipprelais *n*
кип-процесс *(Met)* Erzfrischreaktion *f*
кипрегель *m (Geod)* Kippregel *f*, Meßtischaufsatz *m*
кипс *m (Led)* Kips *m*
кипятильник *m* 1. Sieder *m*, Siedekessel *m*, Heißwasserbereiter *m*, Wassererhitzer *m*; 2. *(Kält)* Austreiber *m (von Sorptionskältemaschinen)* ‖ **~/электрический погружаемый** Tauchsieder *m*
кипячение *n* **под давлением** Druckkochung *f*
кир 1. *(Geol)* 1. Kir *m (mit Sand oder Ton vermischte Ablagerungen von verdicktem Erdöl oder Asphalt an Erdölaustritten)*; 2. *s.* озокерит
кирза *f* 1. *(Typ)* Druckfilm *m*; 2. Kirsa-Ledersatz *m*
кирка *f (Bw)* Hacke *f*, Keilhacke *f*
кирковщик *m (Bw)* Aufreißer *m (Straßenpflug)*
кирпич *m* Ziegel[stein] *m*, Backstein *m*, Stein *m* ‖ **~/алый** Weichbrandstein *m* ‖ **~/алюмосиликатный** Tonerdesilikatstein *m* ‖ **~/арочный** Wölber *m*, Wölbstein *m*, Gewölbestein *m (Ofenauskleidung)* ‖ **~/воздушный** Luftziegel *m* ‖ **~/высокоглинозёмистый** tonerdereicher Stein *m* ‖ **~/глазурованный** glasierter Ziegel *m* ‖ **~/глинозёмистый (глиняный)** Tonerdestein *m* ‖ **~/голландский** Klinker *m*, Verblendstein *m* ‖ **~/диатомитовый** Diatomitstein *m* ‖ **~/динасовый** Silikastein *m*, Silikaziegel *m*, Dinasstein *m*, Dinasziegel *m*, Tondinasstein *m* ‖ **~ для насадок** Gitterstein *m*, Kammerstein *m* ‖ **~/доломитовый** Dolomitstein *m* ‖ **~/дорожный** Straßenbauklinker *m*, Klinker *m* ‖ **~/дырчатый** Lochstein *m* ‖ **~/забутовочный** *s.* ~/рядовой ‖ **~/известково-песчаный** *s.* ~/силикатный ‖ **~/кислотоупорный** säurefester Stein *m* ‖ **~/кислый** saurer Feuerfeststein *m* ‖ **~/клинкерный** Klinker[ziegel] *m* ‖ **~/клиновой** 1. *(Bw)* Keilstein *m*, Wölbstein *m*; 2. *s.* ~/арочный ‖ **~/клинчатый** *s.* ~/клиновой 1. ‖ **~/ковшовый** *(Met)* Pfannenstein *m* ‖ **~/корундовый** Korundstein *m* ‖ **~/красный** Mauerziegel *m* ‖ **~/легковесный** Leichtstein *m*, Leichtziegel *m* ‖ **~/лекальный** Ringziegel *m*, Radialziegel *m*, Radialstein *m*, Formstein *m*, Brunnenstein *m*, Schachtstein *m* ‖ **~/магнезитовый** Magnesitstein *m*, Magnesitziegel *m*, Magnesiastein *m* ‖

~/многодырчатый Lochziegel *m*, Hohlstein *m* ‖ **~/насадочный** *(Met)* Gitterstein *m*, Kammerstein *m* ‖ **~/нейтральный** neutraler Feuerfeststein *m* ‖ **~/нормальный** Norm[al]stein *m* ‖ **~/обезвоздушенный** entlüfteter Ziegel *m* ‖ **~/облицовочный** Blendstein *m*, Verblender *m*, Verblendstein *m* ‖ **~/обыкновенный** Norm[al]stein *m* ‖ **~/огнеупорный** feuerfester Ziegel (Stein) *m*, Feuerfeststein *m* ‖ **~/основный** basischer Feuerfeststein *m* ‖ **~/отформованный** Formling *m* ‖ **~/песчано-глинистый** Sandtonstein *m* ‖ **~ полной длины/сводовый** Ganzwölber *m*, Wölber *m*, Wölbstein *m*, Gewölbestein *m (Ofenauskleidung)* ‖ **~/пористый** poröser Stein *m* ‖ **~/пустотелый** Lochstein *m*, Hohlziegel *m* ‖ **~/пятовый клиновой** Anfangsstein *m (Ofengewölbe)* ‖ **~/радиальный** *s.* ~/лекальный ‖ **~ ручной формовки** Handschlagziegel *m*, Schlemmziegel *m* ‖ **~/рядовой** Hintermauerungsziegel *m*, Hintermauerungsstein *m* ‖ **~ сводовый** Ganzwölber *m*, Wölber *m*, Wölbstein *m*, Gewölbestein *m (Ofenauskleidung)* ‖ **~/сводовый клиновой** Querwölber *m*, Quergewölbestein *m (Ofenauskleidung)* ‖ **~/сводчатый** *s.* ~/сводовый ‖ **~/силикатный** Kalksandziegel *m*, Kalksandstein *m*, Silikatstein *m* ‖ **~/силикокарбидный** Karborundstein *m*, Siliciumcarbidstein *m* ‖ **~/сифонный** Kanalstein *m (Kokillengespann)* ‖ **~/скошенный** Schrägstein *m* ‖ **~/слабообожжённый** Schwachbrandziegel *m* ‖ **~/сплошной** Vollstein *m* ‖ **~/стандартный** Normalziegel *m*, Norm[al]stein *m* ‖ **~/стеновой** Mauerziegel *m* ‖ **~/твердообожжённый** Hartbrandziegel *m* ‖ **~/трепельный** Kieselgurziegel *m* ‖ **~/трёхчетвертной** Dreiviertelstein *m*, Dreiquartier *n* ‖ **~/углеродистый** Kohlenstoffstein *m*, Kohlenstoffziegel *m* ‖ **~/фасонный** Formstein *m*, Profilstein *m*, Formziegel *m* ‖ **~/хромистый** *s.* ~/хромитовый ‖ **~/хромитовый** Chromerzstein *m*, Chromeisenstein *m*, Chromitstein *m* ‖ **~/хромито-магнезитовый** *s.* ~/хромомагнезитовый ‖ **~/хромомагнезитовый** Chromerz-Magnesitstein *m*, Chrom[it]-Magnesiastein *m* ‖ **~/цельный** ganzer Stein *m*, Vierquartier *n* ‖ **~/цирконовый** Zirkonstein *m* ‖ **~/шамотный** Schamottestein *m*, Schamotteziegel *m* ‖ **~/шлаковый** Schlackenstein *m*, Schlackenziegel *m* ‖ **~/шлакоуловительный** *(Met)* Schlacken[stau]stein *m*, Schlackenschütze *f*, Schlackenstauer *m*

кирпич-сырец *m* Rohziegel *m*, Formling *m*

киселевание *n (Led)* Beizen *n*, Beizprozeß *m*

кислород *m (Ch)* Sauerstoff *m*, O ‖ **~/активный** aktiver Sauerstoff *m* ‖ **~/атмосферный** Luftsauerstoff *m* ‖ **~/атомарный** atomarer Sauerstoff *m*, Monosauerstoff *m* ‖ **~/газообразный** Sauerstoffgas *n* ‖ **~/жидкий** flüssiger (verflüssigter) Sauerstoff *m* ‖ **~/молекулярный** molekularer Sauerstoff *m* ‖ **~/обычный** *s.* ~/природный ‖ **~/природный** natürliches Sauerstoffisotopengemisch *n* ‖ **~/режущий** Schneidsauerstoff *m (Schneidbrenner)* ‖ **~/синглетный** Singulettsauerstoff *m*

кислородомер *m* Sauerstoffanalysator *m*

кислородсодержащий sauerstoffhaltig

кислота *f* Säure *f* ‖ **~/азотистая** salpetrige Säure *f* ‖ **~/азотная** Salpetersäure *f* ‖ **~/азотноватистая** hyposalpetrige Säure *f* ‖ **~/аккумуляторная** Akkumulatorensäure *f* ‖ **~/аминоуксусная** Aminoessigsäure *f*, Glykokoll *n*, Glycin *n* ‖ **~/башенная** Turmsäure *f (Schwefelsäureherstellung)* ‖ **~/безводная уксусная** wasserfreie Essigsäure *f*, Eisessig *m* ‖ **~/бензойная** Benzoesäure *f*, Benzolcarbonsäure *f* ‖ **~/бескислородная** Wasserstoffsäure *f* ‖ **~/борная** Borsäure *f* ‖ **~/варочная** *(Pap)* Kochsäure *f* ‖ **~/галлодубильная** Gallusgerbsäure *f*, Tannin *n* ‖ **~/галогенводородная** Halogenwasserstoffsäure *f* ‖ **~/галогензамещённая** Halogensäure *f* ‖ **~/гидросернистая (гипосернистая)** dithionige Säure *f* ‖ **~/гипофосфористая** hypophosphorige Säure *f* ‖ **~/гипофосфорная** Hypophosphorsäure *f* ‖ **~/гловерная** Gloversäure *f (Schwefelsäureherstellung)* ‖ **~/гремучая** Knallsäure *f*, Fulminsäure *f* ‖ **~/двухосновная** zweibasige Säure *f* ‖ **~/дезоксирибонуклеиновая** Desoxyribonucleinsäure *f*, DNS ‖ **~/дейтеросерная** deuterierte (schwere) Schwefelsäure *f* ‖ **~/дубильная** Gerbsäure *f* ‖ **~/дымящая азотная** rauchende Salpetersäure *f* ‖ **~/дымящая серная** rauchende Schwefelsäure *f*, Oleum *n* ‖ **~/дымящая соляная** rauchende Salzsäure *f* ‖ **~/жирная** Fettsäure *f* ‖ **~/иодистоводородная** Iodwasserstoffsäure *f* ‖ **~/камерная** Kammersäure *f* ‖ **~/карболовая** Carbolsäure *f (wäßrige Lösung von Phenol)* ‖ **~/карбоновая** Carbonsäure *f* ‖ **~/кислородная** Sauerstoffsäure *f*, Oxosäure *f* ‖ **~/контактная [серная]** Kontakt[schwefel]säure *f* ‖ **~/кремнёвая** Kieselsäure *f* ‖ **~/крепкая** *(Pap)* Starksäure *f*, hochkonzentrierte (hochprozentige) Kochsäure *f* ‖ **~/лимонная** Zitronensäure *f* ‖ **~/масляная** Buttersäure *f*, Butansäure *f* ‖ **~/метановая** Methansäure *f*, Ameisensäure *f* ‖ **~/многоосновная** mehrbasige Säure *f* ‖ **~/молочная** Milchsäure *f* ‖ **~/монофтороуксусная** Fluoressigsäure *f* ‖ **~/мочевая** Harnsäure *f* ‖ **~/муравьиная** Ameisensäure *f*, Methansäure *f* ‖ **~/насыщенная жирная** gesättigte Fettsäure *f*, Paraffinmonocarbonsäure *f* ‖ **~/нитрующая** Nitriersäure *f (Salpetersäure-Schwefelsäure-Mischung)* ‖ **~/обменная** Austauschsäure *f* ‖ **~/одноосновная** einbasige Säure *f* ‖ **~/олеиновая** Ölsäure *f*, Oleinsäure *f* ‖ **~/орошающая** Rieselsäure *f* ‖ **~/ортофосфористая** [ortho]phosphorige Säure *f* ‖ **~/ортофосфорная** Orthophosphorsäure *f*, Phosphorsäure *f* ‖ **~/отработанная** Abfallsäure *f*, Rückstandssäure *f*, verbrauchte Säure *f* ‖ **~/парная** gepaarte (gekuppelte) Säure *f* ‖ **~/пиросерная** Pyroschwefelsäure *f*, Dischwefelsäure *f* ‖ **~/пиросернистая** pyroschweflige (dischweflige) Säure *f* ‖ **~/пирофосфористая** pyrophosphorige (diphosphorige) Säure *f* ‖ **~/пирофосфорная** Pyrophosphorsäure *f*, Diphosphorsäure *f* ‖ **~/плавиковая** Flußsäure *f*, Fluorwasserstoffsäure *f* ‖ **~/предельная** gesättigte Säure *f* ‖ **~/продукционная** Produktionssäure *f (Schwefelsäureherstellung)* ‖ **~/рибонуклеиновая** Ribonucleinsäure *f* ‖ **~/салициловая** Salicylsäure *f* ‖ **~/серная** Schwefelsäure *f* ‖ **~/сернистая** schweflige Säure *f* ‖ **~/серноватистая**

Thioschwefelsäure *f* ‖ **~/синильная** Blausäure *f*, Zyanwasserstoffsäure *f* ‖ **~/соляная** Salzsäure *f*, Chlorwasserstoffsäure *f* ‖ **~/сопряжённая** konjugierte (korrespondierende) Säure *f (Säure-Base-Theorie)* ‖ **~ средней силы** mäßig starke Säure *f* ‖ **~/сырая** Rohsäure *f* ‖ **~/тиосерная** Thioschwefelsäure *f* ‖ **~/тиосернистая** thioschweflige Säure *f* ‖ **~/трёхосновная** dreibasige Säure *f* ‖ **~/турменная** Turmsäure *f (Schwefelsäureherstellung)* ‖ **~/угольная** Kohlensäure *f* ‖ **~/уксусная** Essigsäure *f*, Ethansäure *f* ‖ **~/уксусная лесохимическая** Holzessig *m*, Rohholzessig *m* ‖ **~/фосфористая** [ortho]phosphorige Säure *f* ‖ **~/фосфорная** Phosphorsäure *f*, Orthophosphorsäure *f* ‖ **~/фосфорноватая** Hypophosphorsäure *f* ‖ **~/фосфорноватистая** hypophosphorige Säure *f* ‖ **~/фтористоводородная** Fluorwasserstoffsäure *f*, Flußsäure *f* ‖ **~/хлористоводородная** Chlorwasserstoffsäure *f*, Salzsäure *f* ‖ **~/цианистоводородная** Zyanwasserstoffsäure *f*, Blausäure *f* ‖ **~/циановая** Zyansäure *f* ‖ **~/чернильноорешкова** Gallussäure *f* ‖ **~/щавелевая** Oxalsäure *f*, Kleesäure *f* ‖ **~/экстракционная фосфорная** Naßphosphorsäure *f* ‖ **~/яблочная** Äpfelsäure *f*, Apfelsäure *f* ‖ **~/янтарная** Bernsteinsäure *f*

кислотно-растворимый säurelöslich

кислотнореагирующий *(Ch)* sauer reagierend

кислотность *f (Ch)* Säuregehalt *m*, Azidität *f*, Säuregrad *m* ‖ **~/обменная** Austauschazidität *f* ‖ **~/общая** Gesamtsäuregehalt *m*, Gesamtazidität *f* ‖ **~ почвы** *(Lw)* Bodenazidität *f*

кислотный Säure...

кислотооборот *m* Säurekreislauf *m*

кислотообразование *n* Säurebildung *f*

кислотопонижение *n (Lebm)* Entsäuerung *f*

кислоторастровимость *f* Säurelöslichkeit *f*, Löslichkeit *f* in Säuren

кислоторастровимый säurelöslich

кислотостойкий säurefest, säurebeständig, widerstandsfähig gegen Säuren

кислотостойкость *f* Säurefestigkeit *f*, Säurebeständigkeit *f*, Säurewiderstandsfähigkeit *f*

кислотоупорность *f s.* кислотостойкость

кислотоупорный *s.* кислотостойкий

кислотоупоры *mpl* säurefeste (säurebeständige) Materialien *npl*

кислотоустойчивость *f s.* кислотостойкость

кислотоустойчивый *s.* кислотостойкий

кислый sauer ‖ **~/мышьяковистокислый** *(Ch)* ...hydrogenarsenit *n*, ...hydrogenarsenat(III) *n* ‖ **~/мышьяковокислый** *(Ch)* ...hydrogenarsenat *n*, ...hydrogenarsenat(V) *n* ‖ **~/сернистокислый** *(Ch)* ...hydrogensulfit *n* ‖ **~/сернистый** *(Ch)* ...hydrogensulfid *n* ‖ **~/сернокислый** *(Ch)* ...hydrogensulfat *n* ‖ **~/углекислый** *(Ch)* ...hydrogencarbonat *n*

кисть *f* 1. Pinsel *m*; 2. Hand *f*, Greiferhand *f (des Manipulators)*; 3. *(Fert)* Werkzeughalterung *f* ‖ **~ захвата** Greiferhand *f* ‖ **~ руки** *s.* кисть 2.

китобаза *f* Walfangmutterschiff *n*

китобоец *m* Walfänger *m*

КИУ *s.* устройство/контрольно-измерительное

КК *s.* 1. корабль/космический; 2. курс/компасный

КЛ *s.* линия/килевая

Кл *s.* кулон

КЛА *s.* аппарат/космический летательный

клавиатура *f* 1. Klaviatur *f*, Tastatur *f*, Tastenfeld *n (Klavier, Orgel, Schreibmaschine, Computer)*; 2. Tastenbrett *n* ‖ **~/десятичная** *(Inf)* numerische Tastatur *f* ‖ **~ обслуживания** *(Inf)* Bedienertastatur *f* ‖ **~/полн[оклавишн]ая** *(Inf)* alphanumerische Tastatur *f* ‖ **~/тембровая** *(Rf)* Klangregister *n* ‖ **~/узкая** Schmaltastatur *f* ‖ **~/широкая** Volltastatur *f*

клавиш *m s.* клавиша

клавиша *f* 1. Taste *f*, Drucktaste *f*, Tastenschalter *m*; 2. *(Lw)* Horden *fpl*, Laden *fpl (Strohschüttler)* ‖ **~/виртуальная** *(Inf)* virtuelle Funktionstaste *f* ‖ **~ возврата каретки** *(Inf)* Carriage-Return-Taste *f*, Wagenrücklauftaste *f* ‖ **~/звонковая** Klingeltaste *f* ‖ **~/крючковая** *(Text)* Platinentaste *f (Schaftmaschine)* ‖ **~ обратного хода** Rücklauftaste *f*, Wagenrücklauftaste *f* ‖ **~/переводная** *(El)* Umschalttaste *f* ‖ **~/прерывания** Unterbrechungstaste *f* ‖ **~/пустая** Leertaste *f*

кладка *f* 1. Legen *n (Rohre, Leitungen)*; 2. *(Bw)* Mauern *n*; 3. *(Bw)* Mauerwerk *n*; 4. Ausmauerung *f*, Zustellung *f*, Futter *n (Ofen)*; 5. *(Text)* Legung *f (Faden)* ‖ **~/армированная** bewehrtes Ziegelmauerwerk *n* ‖ **~/бутовая** 1. Bruchsteinmauerwerk *n*; 2. *(Bgb)* Bergemauerung *f* ‖ **~/графитовая** *(Kern)* Graphitkonstruktion *f*, Graphitstruktur *f (Reaktor)* ‖ **~ заплечиков** Rastmauerung *f*, Rastmauerwerk *n (Hochofen)* ‖ **~/каменная** Gemäuer *n*, Mauerwerk *n* ‖ **~/кирпичная** Backsteinmauerwerk *n*, Ziegelmauerwerk *n* ‖ **~/облицовочная** Verblendmauerwerk *n* ‖ **~/огнеупорная** *(Met)* Feuerfestausmauerung *f (Ofen, Pfanne)*; Gittermauerwerk *n*, Ziegelmauerwerk *n*, Ziegelausgitterung *f (Regenerator)* ‖ **~ печи [/внутренняя]** *(Met)* Ofenausmauerung *f*, Ofenmauerwerk *n* ‖ **~ пода** *(Met)* Herdfutter *n*, Herdzustellung *f* ‖ **~ свода** *(Bw)* Einwölbung *f* ‖ **~/смешанная** *(Bw)* gemischtes Mauerwerk *n* ‖ **~/сухая** *(Bw)* Trockenmauerwerk *n* ‖ **~/тёсовая** *(Bw)* Quadermauerwerk *n* ‖ **~ шахты** *(Met)* Schachtmauerwerk *n*, Schachtgemäuer *n (Schachtofen)*

кладовая *f (Schiff)* Storeraum *m*, Store *m (im Maschinenbereich)*; Last *f*, Hellegatt *n (im Decksbereich)*; Last *f*, Raum *m (im Wirtschaftsbereich)* ‖ **~/малярная** Farbenlast *f* ‖ **~/механическая** Maschinenstore *m*, Maschinenstoreraum *m* ‖ **~/провизионная** Proviantraum *m*, Proviantlast *f* ‖ **~/рефрижераторная** Kühlraum *m* ‖ **~/сетевая** Netzraum *m*, Netzstore *m* ‖ **~/шкиперская** Bootsmannslast *f* ‖ **~/электромеханическая** Elektrostore *m*, Elektrostoreraum *m*

клапан *m* 1. Ventil *n*; Klappe *f (s. a. unter* заслонка*)*; 2. *s.* вентиль 3. ‖ **~/аварийный** Schnellschlußventil *n* ‖ **~/аварийный сбросный** Notablaßventil *n* ‖ **~/автоматический** Selbstschlußventil *n*, selbsttätiges Ventil *n* ‖ **~/автоматический створчатый** Selbstschlußklappenventil *n* ‖ **~/байпасный** Nebenschlußventil *n*, Überströmventil *n*, Bypaßventil *n* ‖ **~/балластный** *(Schiff)* Ballastventil *n* ‖ **~/беспружинный** federloses (freigehendes, unbefedertes) Ventil *n* ‖ **~/боковой** *s.* ~/нижний ‖ **~/быстродействующий** Schnellöffnungsventil *n* ‖ **~/быстрозапорный** Schnellschlußventil *n*

(Dampfturbine) || **~/быстрооткрывающийся** Schnellöffnungsventil *n* || **~ верхнего продувания** *(Schiff)* Abschäumventil *n (Kesselanlage)* || **~/верхний** hängendes Ventil *n (Verbrennungsmotor)* || **~/вибрирующий** Flatterventil *n* || **~/вихревой** Wirbelstromventil *n* || **~/возвратный** Rückschlagventil *n* || **~/воздухорегулирующий** Luftregelventil *n*, Luftsteuerventil *n* || **~/воздушный** Luftventil *n* || **~/впускной** Einlaßventil *n*, Einströmventil *n*, Einlaufventil *n* || **~/всасывающий** Saugventil *n (Kolbenpumpe, Kolbenverdichter)* || **~/всасывающий воздушный** Luftansaugventil *n* || **~/вспомогательный** Hilfsventil *n* || **~/встроенный** Einbauventil *n* || **~/встроенный двухходовой** Zweiwege-Einbauventil *n* || **~/вызывной** *(Nrt)* Anrufklappe *f* || **~/выпускной** Auslaßventil *n* || **~ высокого давления** Hochdruckventil *n* || **~/выхлопной** Auspuffventil *n*, Auslaßventil *n (Verbrennungsmotor)* || **~/газовый** Gasventil *n* || **~/газораспределительный** Steuerventil *n*, Gaswechselsteuerventil *n (Verbrennungsmotor)* || **~/гидравлический** Hydraulikventil *n* || **~/главный** Hauptventil *n* || **~/главный пусковой** Hauptauslaßventil *n* || **~/грунтовой** Wechselklappe *f*, Schüttklappe *f (Eimerkettenschwimmbagger)* || **~/групповой** Düsengruppenventil *n (Dampfturbine)* || **~/грязевой** *(Pap)* Schmutzventil *n* || **~ давления** Druckventil *n* || **~ давления/регулируемый** Druckregelventil *n* || **~ давления/управляемый** Drucksteuerventil *n* || **~/двойной** 1. Doppelventil *n*; 2. Doppelsitzventil *n* || **~/двойной предохранительный** Doppelsicherheitsventil *n* || **~/двухпоршневой тормозной** Zweikolbenbremsventil *n* || **~/двухседельный регулирующий** Doppelsitzregelventil *n* || **~/двухтарельчатый** Doppelsitztellerventil *n* || **~/двухходовой** Zweiwegeventil *n* || **~/диафрагменный регулирующий** Membranregelventil *n* || **~/дифферентовочный** *(Schiff)* Trimmventil *n* || **~/дозирующий** Dosierventil *n*, Zuflußsteuerventil *n* || **~/донный** Bodenklappe *f* || **~/дыхательный** *(Kfz)* Entlüfter *m (Kurbelgehäuse des Motors)* || **~/желоночный** Schlammbüchsenventil *n*, Schöpfbüchsenventil *n* || **~/жидкостный** Flüssigkeitsventil *n* || **~/забортный** *(Schiff)* Seeventil *n*, Flutventil *n* || **~/запорный** Absperrventil *n*, Verschlußventil *n*; Verschlußkappe *f*; Rückhaltventil *n* || **~/золотниковый** Schieberventil *n* || **~/игольчатый** Nadelventil *n (Vergaser)* || **~/исполнительный** Stellventil *n* || **~/качающийся** 1. Pendelklappe *f*; 2. massebelastetes Ventil *n* || **~/кингстонный** *(Schiff)* Seeventil *n*, Flutventil *n* || **~/колпачковый** Glockenventil *n* || **~/кольцевой** Ringventil *n* || **~/компрессорный** Verdichterventil *n* || **~/конический** Kegel[sitz]ventil *n* || **~/конусный** *(Met)* Glockenventil *n (SM-Ofen)* || **~/короткоходовый** Niederhubventil *n* || **~/котельный** Kesselventil *n* || **~/ленточный** Blattfederventil *n*, Lamellenventil *n* || **~/магнитный** Magnetventil *n* || **~/магнитоэлектрический регулирующий** Magnetregelventil *n* || **~/малогабаритный** Miniaturventil *n* || **~/мембранный** Membranventil *n* || **~ микрорегулирования** Feinregelventil *n* || **~/миниатюрный** *s.* ~/малогабаритный || **~/нагнетательный** 1. Druckventil *n (Kolbenpumpe, Hubkolbenverdichter)*; 2. Förderventil *n* || **~/наливной** Füllventil *n*, Einlaufventil *n* || **~/напорный** Druckventil *n* || **~ направления потока** Sperrventil *n (Gruppenbegriff für Rückschlag-, Überström-, Gegendruck-, Halte- und Rohrbruchventile)* || **~/невозвратно запорный** absperrbares Rückschlagventil *n* || **~/невозвратный** Rückschlagventil *n*, Rückschlagklappe *f* || **~/неразгруженный** unentlastetes Ventil *n* || **~/нижний** stehendes Ventil *n (Verbrennungsmotor)* || **~ нитепроводника** *(Text)* Fadenführerklappe *f* || **~/обводный** Bypaßventil *n*, Umgehungsventil *n*, Überströmventil *n* || **~/обратный** Rückschlagventil *n*, Rücklaufventil *n* || **~/обратный дроссельный** Drosselrückschlagventil *n* || **~/обратный питательный** Rückspeiser *m*, Rückspeisevorrichtung *f* || **~/обратный подъёмный** Rückschlagventil *n* || **~/обходный** *s.* ~/обводный || **~/односедельный** Einsitzventil *n* || **~/односедельный регулирующий** Einsitzregelventil *n* || **~/осушительный** *(Schiff)* Lenzventil *n* || **~/отбойный** *(Nrt)* Schlußklappe *f* || **~/откидной** Klappenventil *n (Kolbenpumpe)* || **~/отливной** Ausgußventil *n* || **~/отсечный** Schnellschlußventil *n* || **~ парового байпаса** Dampfbeipaßventil *n* || **~/паровой** Dampfventil *n* || **~/паровой редукционный** Dampfdruckminderer *m* || **~/паровпускной** Dampfeinströmventil *n*, Dampfturbinenregelventil *n* || **~/паровыпускной** Dampfentnahmeventil *n* || **~/парозапорный** Dampfabsperrventil *n* || **~/парораспределительный** Dampfsteuerventil *n* || **~ перегретого пара** Heißdampfventil *n* || **~ перегрузки** Überlastventil *n* || **~/перекидной** Umstellklappe *f*, Umsteuerklappe *f*; *(Met)* Wechselklappe *f*, Siemens-Klappe *f (SM-Ofen)* || **~/переключающий** Umschaltventil *n* || **~/переливной** Überlaufventil *n*, Überströmventil *n*; Bypaßventil *n* || **~/перепускной** Nebenschlußventil *n* || **~/переходный** Wechselklappe *f* || **~/питательный** Speise[wasser]ventil *n (Kessel)* || **~/пневматический** Pneumatikventil *n* || **~/пластинчатый** Plattenventil *n* || **~/поворотный** Umführungsventil *n*, Umlenkventil *n* || **~ подачи топлива/игольчатый** Schwimmernadelventil *n (Vergaser)* || **~/подвесной** *s.* ~/верхний || **~/подпорный** Gegendruckventil *n*; Stauklappe *f (Bunkerverschluß)* || **~/подъёмный** Hubventil *n* || **~/полноподъёмный** Vollhubventil *n* || **~/полосовой** Lamellenventil *n*, Plattenventil *n* || **~/поплавковый** Schwimmerventil *n* || **~/поршневой** Kolbenventil *n* || **~ постоянного давления/редукционный** *(Hydr)* Druckregulierventil *n*, Druckminderventil *n* || **~/предохранительный** Sicherheitsventil *n* || **~/приёмный** Saugventil *n* || **~/принудительный** zwangsgesteuertes Ventil *n* || **~/продувной** *s.* ~/продувочный || **~/продувочный** 1. Durchblaseventil *n*, Belüftungsventil *n*; 2. Abschlammventil *n (Dampfkessel)* || **~/пропорциональный ходовой** Proportional-Wegeventil *n* || **~ противодавления** Gegendruckventil *n* || **~/проходной** Durchgangsventil *n*, Ventil *n* in Durchgangsform || **~/пружинный** federbelastetes Ventil *n*, Federventil *n* || **~/пружинный предохранительный** Federsicherheitsventil *n* || **~/пусковой** Anlaßventil *n (Verbrennungsmotor)*; Anfahrventil *n*

(Turbine) ‖ **~/пустотелый** Hohl[körper]ventil *n* ‖ **~/рабочий** Arbeitsventil *n* ‖ **~/разгрузочный** Entlastungsventil *n* ‖ **~/разделительный** Verteilerventil *n* ‖ **~/распределительный** 1. Steuerventil *n*; 2. Umstellklappe *f* ‖ **~/раструбный** Muffenventil *n* ‖ **~/расширительный** Drosselventil *n*, Entspannungsventil *n*, Expansionsventil *n* ‖ **~/реверсивный** 1. Umsteuerventil *n*; 2. *(Met)* Wechselklappe *f*, Siemens-Klappe *f (SM-Ofen)* ‖ **~/регулирующий** Regelventil *n* ‖ **~/регулирующий питательный** Speiseregelventil *n* ‖ **~/редукционный** Druckminderventil *n*, Reduzierventil *n* ‖ **~/ручной пусковой** Handanfahrventil *n (Turbine)* ‖ **~ с задержкой времени** *(Reg)* Zeitverzögerungsventil *n* ‖ **~ с краном/питающий** Speisekopf *m*, Speiseventil *n* ‖ **~ с регулятором/редукционный** vorgesteuertes Druckminderventil *n* ‖ **~/самозакрывающийся вызывной** *(Nrt)* [automatische] Rückstellklappe *f* ‖ **~/световой** Lichtschleuse *f* ‖ **~/сегментный (секторный)** Segmentventil *n* ‖ **~ Сименса** *s.* ~/реверсивный 2. ‖ **~/сливной** Entleerungsventil *n*; Abflußventil *n*; *(Schiff)* Ausgußventil *n* ‖ **~/смесительный** Mischventil *n* ‖ **~/соленоидный** Magnetventil *n*, Solenoidventil *n* ‖ **~/сопловой** Düsenventil *n* ‖ **~/спускной** *s.* сливной ‖ **~/створчатый откидной** Klappenventil *n* ‖ **~/стопорный** 1. Absperrventil *n*; 2. Schnellschlußventil *n (Turbine)*; 3. *(Schiff)* Hauptdampfventil *n* ‖ **~/сточный** Ablaufverschluß *m*, Ablaufventil *n* ‖ **~/тарельчатый** Tellerventil *n* ‖ **~/тарельчатый регулирующий** Tellerregelventil *n* ‖ **~/телефонный** *(Nrt)* Fallklappe *f* ‖ **~/термоуправляемый** Temperatursteuerventil *n* ‖ **~/топливный** Kraftstoffventil *n*, Brennstoffventil *n* ‖ **~/тормозной** Bremsventil *n* ‖ **~/трёхходовой** Dreiwegeventil *n* ‖ **~/трубчатый** Rohrventil *n* ‖ **~/управляемый** Steuerventil *n* ‖ **~/уравнительный** Druckausgleichventil *n* ‖ **~/уравновешивающий** Entlastungsventil *n* ‖ **~/ускорительный** Beschleunigungsventil *n* ‖ **~/фланцевый** Flanschventil *n* ‖ **~/ходовой** Fahrventil *n* ‖ **~ холодного дутья** *(Met)* Kaltwindschieber *m*, Kaltwindventil *n (Ofen)* ‖ **~/цилиндровый** Kolbenventil *n* ‖ **~/шариковый** Kugelventil *n* ‖ **~/шариковый возвратный** Kugelrückschlagventil *n*, Rückschlagkugelventil *n* ‖ **~/шарнирный** Klappenventil *n* ‖ **~/шаровой** Kugelventil *n* ‖ **~/шпиндельный** Spindelventil *n* ‖ **~/шунтовой** Nebenschlußventil *n* ‖ **~/экранированный** Ventil *n* mit Abschirmblech (Ablenkblech)

клапан-золотник *m* Schieberventil *n*; Kolbenventil *n*

клапан-мигалка *m* Pendelklappe *f*

клапанный Ventil...; *(Nrt)* Klappen...

клапаноокрыватель *m (Text)* Nadelzungenöffner *m*

клапан-регулятор *m* Regelventil *n*

кларен *m s.* кларит

кларит *m* Clarit *m (Mikrolithotyp der Kohle)*

класс *m* 1. Klasse *f*; Sorte *f*;Gattung *f*; 2. Kristallklasse *f*, Symmetrieklasse *f (Zusammensetzungen s. unter* вид симметрии*)* ‖ **~ вагона** *(Eb)* Wagenklasse *f* ‖ **~/верхний** *s.* ~/крупный 2. ‖ **~ волны** *(Ph)* Wellenklasse *f* ‖ **~ вычетов** *(Math)* Restklasse *f (eines Rings)* ‖ **~/гранулометрический** *s.* ~ крупности 1. ‖ **~ дивизоров** *(Math)* Divisorklasse *f* ‖ **~ зернистости** *(Wkst)* Kornklasse *f* ‖ **~ идеалов** *(Math)* Idealklasse *f* ‖ **~ изоляции** *(El)* Isolationsklasse *f* ‖ **~ исполнения** Ausführungsklasse *f* ‖ **~ климатических испытаний** Klimaprüfklasse *f* ‖ **~ крупности** 1. Korn[größen]klasse *f (körniges Gut)*; 2. *(Wkst)* Kornklasse *f* ‖ **~/крупный** 1. Grobkornklasse *f (körniges Gut)*; 2. Überkorn *n*, Grobkorn *n (Siebklassierung)* ‖ **~/мелкий** 1. Feinkornklasse *f (körniges Gut)*; 2. Unterkorn *n*, Feinkorn *n (Siebklassierung)* ‖ **~/модовый** Modenklasse *f* ‖ **~ напряжения** *(El)* Spannungsklasse *f* ‖ **~/нижний** Durchlauf *m*, Unterkorn *n*, Durchfall *m (Siebung)* ‖ **~ по равнопадаемости** Gleichfälligkeitsklasse *f (Siebung)* ‖ **~ погрешности** Fehlerklasse *f* ‖ **~/поздний спектральный** *(Astr)* späte Spektralklasse *f (kalte Sterne)* ‖ **~ прерываний** *(Inf)* Unterbrechungsklasse *f* ‖ **~ прибора** Geräteklasse *f* ‖ **~/ранний спектральный** *(Astr)* frühe Spektralklasse *f (heiße Sterne)* ‖ **~ светимости** *(Astr)* Leuchtkraftklasse *f* ‖ **~ симметрии** *(Krist)* Symmetrieklasse *f (Zusammensetzungen s. unter* вид симметрии*)* ‖ **~/смежный** *(Math)* Nebenklasse *f*, Nebengruppe *f* ‖ **~/спектральный** *(Astr)* Spektralklasse *f*, Spektraltyp *m* ‖ **~/средний** Mittelkornklasse *f (körniges Gut)* ‖ **~ точности** Genauigkeitsklasse *f*, Meßgenauigkeitsklasse *f*; Toleranzgruppe *f*, Klasse *f (bei Bauelementen)* ‖ **~/тяговый** *(Lw)* Zugkraftklasse *f (Schlepper)* ‖ **~ шероховатости** *(Fert)* Rauheitsklasse *f*, Güteklasse *f (Oberflächenbeschaffenheit)* ‖ **~ эквивалентности** *(Math)* Äquivalenzklasse *f*, Abstraktionsklasse *f*

классировка *f* Klassieren *n*, Klassierung *f*

классификатор *m* Klassierer *m*, Klassierapparat *m*, Klassiersieb *n*, Sichter *m (Aufbereitung)* ‖ **~/барабанный** Trommelklassierer *m*, Trommelsichter *m* ‖ **~/винтовой** Schraubenklassierer *m* ‖ **~/воздушный** Windsichter *m* ‖ **~/гидравлический** Naßklassierer *m*, Stromklassierer *m* ‖ **~/гравитационный** Schwerkraftsichter *m* ‖ **~/двухспиральный** Doppelschraubenklassierer *m* ‖ **~/дражный** Kratz[er]bandklassierer *m* ‖ **~/конический (конусный)** Klassierkegel *m* ‖ **~/механический** mechanischer Klassierer *m* ‖ **~/механический гидравлический** mechanischer Naßklassierer *m* ‖ **~/многореечный** Mehrfachrechenklassierer *m* ‖ **~/обезвоживающий** Entwässerungsklassierer *m* ‖ **~/одногребковый** Einfachrechenklassierer *m*, Simplexrechenklassierer *m* ‖ **~/однокамерный** Einfachklassierer *m* ‖ **~/однореечный** Einfachrechenklassierer *m* ‖ **~/односпиральный** Einschraubenklassierer *m* ‖ **~/пирамидальный** Spitzkasten *m* ‖ **~/плоский** Flächenklassierer *m* ‖ **~/пневматический** Windsichter *m* ‖ **~/противоточный** Gegenstromklassierer *m* ‖ **~/реечный** Rechenklassierer *m* ‖ **~ с восходящей струёй воды** Aufstromklassierer *m* ‖ **~/скребковый цепной** Kratz[band]klassierer *m* ‖ **~/спиральный** Schraubenklassierer *m* ‖ **~/трубчатый** Rohrklassierer *m* ‖ **~/центробежный** Zentrifugalsichter *m* ‖ **~/циркуляционный воздушный** Streuwindsichter *m* ‖ **~/чашечный** Schüsselklassierer *m* ‖ **~/четырёхреечный** Doppelduplexklassierer *m* || **~/шнековый** Schraubenklassierer *m*

классификация *f* 1. Klassifizieren *n*, Klassifikation *f*, Einteilung *f*, Einstufung *f*, Einordnung *f*; 2. Klassieren *n*, Klassierung *f* *(Trennung nach Korngröße)*; Sortieren *n* *(Trennung nach physikalischen Eigenschaften)*; Sichten *n*, Windsichten *n* *(Trennung im Gasstrom)*; 3. *(Math)* Klasseneinteilung *f* || **~ в водной среде** Naßstromklassierung *f* || **~ в воздушной среде** Windsichtung *f* || **~ в восходящем потоке** Aufstromklassierung *f*, Klassierung *f* im aufsteigenden Strom || **~ в горизонтальном потоке** Horizontalstromklassierung *f* || **~/водная** *s.* ~/мокрая || **~/воздушная** Windsichtung *f*, Windsichten *n*, Luftstromsichtung *f*, Windseparation *f* || **~/гидравлическая [бесситовая]** Hydroklassieren *n*, Naßklassieren *n* || **~/гравитационная** Schwerkraftklassierung *f*, Schwerkraftsichtung *f* || **~ звёзд/спектральная** *(Astr)* Spektralklassifikation *f* || **~/мокрая** Naßklassierung *f* || **~/первичная** Vorklassieren *n*, Vorklassierung *f* || **~/пневматическая** *s.* ~/воздушная || **~/ситовая** Siebklassierung *f* || **~ со свободным падением** *s.* ~/гравитационная || **~/сухая** Trokkenklassierung *f* || **~/центробежная** Zentrifugalsichtung *f*, Fliehkraftklassierung *f*

классифицировать 1. klassifizieren, einteilen, einstufen, einordnen; 2. klassieren *(nach Korngröße)*; sortieren *(nach physikalischen Eigenschaften)*; sichten *(im Gasstrom)*

кластер *m* 1. *(Ph)* Cluster *m*, Schwarm *m*, Haufen *m*; *(Kern auch:)* Schwarm *m*; 2. *(Photo)* Cluster *m*, Kornzusammenballung *f*; 3. *(Krist)* Leerstellencluster *m*; 4. *(Kern)* Molekülcluster *m*, Molekülschwarm *m*

клатрат *m* *(Ch)* Klathrat *n*, Klathratverbindung *f*, Käfigeinschlußverbindung *f*

клаудетит *m* *(Min)* Claudetit *m*, Rhombarsenid *n*

клевеит *m* *(Min)* Cleveit *m* *(uranhaltiges Mineral)*

клеверотёрка *f* *(Lw)* Kleereiber *m*, Saatgutreiber *m*

клеемешалка *f* *(Gum)* Lösungsmaschine *f*

клеёнка *f* Wachstuch *n*

клей *m* Leim *m*, Klebstoff *m* || **~/альбуминный (альбуминовый)** Albuminleim *m* || **~/высокосмоляной** *(Pap)* hochfreiharzreicher Leim *m* || **~/глютеновый** Glutinleim *m* || **~ горячего отверждения** heißhärtender Leim *m*, Warmleim *m* || **~/декстриновый** Dextrinleim *m* || **~/животный** tierischer Leim *m* || **~/жидкий** flüssiger Leim *m*, Klärleim *m* || **~/зазорозаполняющий** spaltfüllender Klebstoff *m* *(Fügetechnik)* || **~/казеиновый** Kaseinleim *m* || **~/канифольно-парафиновый** *(Pap)* Harz-Paraffin-Leim *m* || **~/конструкционный** aushärtender (festwerdender) Klebstoff *m* || **~/костяной** Knochenleim *m* || **~/крахмальный** Stärkeleim *m* || **~/неконструкционный** elastischer (elastisch bleibender) Klebstoff *m* || **~/парафиновый** *(Pap)* Paraffinleim *m* || **~/подмыльный** Leimniederschlag *m* *(Seifenherstellung)* || **~/полностью омылённый** *(Pap)* vollverseifter Leim *m* || **~/растительный** Pflanzenleim *m* || **~/резиновый** Gummilösung *f*, Kautschuklösung *f* || **~/рыбный** Fischleim *m* || **~/синтетический** synthetischer Leim *m*, Kunstharzleim *m* || **~/смоляной** Harzleim *m* || **~/столярный** Tischlerleim *m*; Warmleim *m* || **~/токопроводящий** Leitkleber *m*, Leitklebstoff *m* || **~ холодного отверждения** kalthärtender Leim *m*, Kaltleim *m* || **~/холодный** *s.* ~ холодного отверждения

клейкий leimig, klebrig

клейковина *f* Kleber *m*, Klebereiweiß *n*, Gluten *n*

клейковинность *f* Klebergehalt *m*

клейкость *f* Klebrigkeit *f*

клеймение *n* Markierung *f*, Signierung *f*, Stempelung *f*

клеймить 1. stempeln, markieren, signieren; 2. *(Meß)* aufbringen des Eichstempels (Eichzeichens)

клеймление *n* Stempeln *n* *(Gütekontrolle)*

клеймо *n* 1. Marke *f*, Stempelung *f*; Stempel *m* *(Gütekontrolle)*; 2. Schlagstempel *m* || **~/главное поверительное** Hauptstempel *m* *(zur Bestätigung einer gültigen Eichung)* || **~/поверительное** Eichzeichen *n*, Eichstempel *m* || **~/предохранительное** Sicherungsstempel *n*, Sicherungszeichen *n* *(zur Sicherung der Unversehrtheit gültig geeichter Meßmittel)* || **~/приёмочное** Abnahmestempel *m* || **~/фабричное** Warenzeichen *n* || **~/фирменное** Firmenzeichen *n*

клейнит *m* *(Min)* Kleinit *m* *(sekundäres Quecksilbermineral)*

клейстеризация *f* Verkleisterung *f*

клемма *f* *(El, Nrt)* Klemme *f*, Anschlußklemme *f* *(Zusammensetzungen s. unter* зажим*)*

клеммник *m* *(El)* Klemm[en]leiste *f*, Klemm[en]brett *n*, Klemm[en]streifen *m*

клепать *(Fert)* nieten

клёпка *f* *(Fert)* 1. Nieten *n* *(Verfahren)*; 2. Nietung *f* *(Ergebnis)* || **~ внахлёстку** Überlapptnieten *n* || **~/горячая** Warmnieten *n* || **~/двусторонняя** zweiseitiges Nieten *n* || **~/машинная** Maschinennieten *n* || **~/многорядная** mehrschnittiges Nieten *n* || **~/обратная** indirektes Nieten *n* || **~/однорядная** einschnittiges Nieten *n* || **~/орбитальная** Nieten *n* durch Taumeln *(des Werkzeuges)* || **~/прямая** direktes Nieten *n* || **~/ручная** Handnieten *n* || **~/холодная** Kaltnieten *n* || **~/шахматная** Zickzacknietung *f*

клеровка *f* Kläre *f* *(Zuckergewinnung, Lösegut)*

клерс *m* Deckkläre *f*, Klärsel *n* *(Zuckergewinnung)*

клети *fpl* *(Wlz)* Gerüst *n* *(s. a. unter* клеть 2.*)* || **~ проволочного стана/предчистовые** Mittelstaffel *f* der Drahtstraße || **~ проволочного стана/черновые** Vorstaffel *f* der Drahtstraße || **~ проволочного стана/чистовые** Fertigstaffel *f* der Drahtstraße || **~ прокатного стана/предчистовые** Mittelstaffel *f* der Walzstraße || **~ прокатного стана/черновые** Vorstaffel *f* der Walzstraße || **~ прокатного стана/чистовые** Fertigstaffel *f* der Walzstraße

клетка *f* 1. Käfig *m*; 2. *(Schiff)* Kielstapelung *f*, Aufklotzung *f* || **~/балочная** Trägerrost *m* || **~/беличья** *(El)* Kurzschlußkäfig *m* || **~/двойная [беличья]** *(El)* Doppelkäfig *m* || **~/доковая** *(Schiff)* Trockengräting *f*, Rost *m* || **~/кильблочная** *(Schiff)* Kielpalle *f*, Kielpallung *f* || **~/короткозамкнутая** *(El)* Kurzschlußkäfig *m* || **~ проезжей части моста/балочная** *(Bw)* Fahrbahnrost *m* *(einer Brücke)* || **~/пусковая**

(El) Anlaufkäfig *m* || ~ **ротора/беличья** *(El)* Läuferkäfig *m* || ~**/спусковая** *(Schiff)* Ablaufpalle *f*, Ablaufpallung *f (Querablauf)* || ~ **Фарадея** *(Ph, El)* Faradayscher Käfig *m* || ~**/экранирующая** *(El)* Abschirmkäfig *m*

клеточка *f***/откидная** *(Text)* Riemchenkäfig *m (Ringspinnmaschine)* || ~ **патрона/закрашенная** Bindepunkte *mpl (in der Patrone)*

клетчатка *f* Cellulose *f*

клетчатый *(Text)* kariert

клеть *f* 1. *(Bgb)* Gestell *n*, Fördergestell *n*, Korb *m*, Förderkorb *m*; 2. *(Wlz)* Gerüst *n*, Walzgerüst *n*; Walzwerk *n (s. a. unter* клети*)* || ~ **блюминга** Blockwalzgerüst *n*, Blockwalzwerk *n* || ~ **бремсберга** Bremsberggestell *n* || ~**/валковая** Walz[en]gerüst *n* || ~**/ведомая** Antriebsgerüst *n (offene Straße)* || ~**/вертикальная** Vertikal[walzen]gerüst *n*, Senkrecht[walzen]gerüst *n* || ~**/вспомогательная** Nebengerüst *n*, Ausgleichsgerüst *n* || ~**/главная** Hauptgerüst *n* || ~**/горизонтальная** Horizontal[walz]gerüst *n*, Waagerecht[walz]gerüst *n*, Hauptgerüst *n* || ~**/грузовая** Fahrkorb *m (Bauaufzug)* || ~**/грузолюдская** Gestell *n* für Förderung und Seilfahrt || ~ **двойное дуо** Doppelduo[walz]gerüst *n*, Doppelduo *n* || ~**/двухвалковая** Doppel[walzen]gerüst *n*, Zweiwalzengerüst *n*, Duo[walz]gerüst *n*, Duo *n* || ~**/двухэтажная** zweietagiger Förderkorb *m* || ~ **для подкатки** Nachwalzgerüst *n* || ~ **для поперечно-винтовой прокатки** Schrägwalzgerüst *n (Rohrwalzen)* || ~ **для прокатки труб** Rohrwalzgerüst *n* || ~ **для рифления** Riffel[walz]gerüst *n* || ~**/дрессировочная** Dressier[walz]gerüst *n*, Nachwalzgerüst *n* || ~ **дуо** Duo *n*, Duo[walz]gerüst *n*, Zweiwalzengerüst *n*, Doppel[walzen]gerüst *n* || ~ **дуо/горизонтальная** Horizontalduo[walz]gerüst *n* || ~ **дуо для рифления листов** Duoriffelblechwalzgerüst *n* || ~ **дуо/листовая** Duoblech[walz]gerüst *n* || ~ **дуо/отделочная** Duofertiggerüst *n* || ~ **дуо/реверсивная** Umkehrduo *n*, Reversierduo *n*, Duoreversiergerüst *n*, Duoumkehrgerüst *n* || ~ **дуо/реверсивная толстолистовая** Grobblech-Duoreversiergerüst *n*, Umkehr-Grobblechduo[walzgerüst] *n* || ~ **дуо/реверсивная черновая** Duoreversierstreckgerüst *n*, Umkehr-Streckduo[walzgerüst] *n* || ~ **дуо снеприводными валками** Schleppduo[walzgerüst] *n* || ~ **дуо/толстолистовая** Duogrobblechwalzgerüst *n* || ~ **дуо/универсальная** Universalduo[walzgerüst] *n* || ~ **дуо/чистовая** Duofertig[walz]gerüst *n* || ~ **заготовочного стана** Knüppel[walz]gerüst *n* || ~**/калибровочная** Kalibriergerüst *n* || ~ **калибровочного стана** Maßwalzgerüst *n (Rohrwalzen)* || ~ **кварто** Quarto *n*, Quarto[walz]gerüst *n*, Vierwalzengerüst *n* || ~ **кварто/дрессировочная** Dressierquarto[gerüst] *n*, Nachwalz-Quarto[gerüst] *n* || ~ **кварто/реверсивная** Umkehrquarto *n*, Reversierquarto *n*, Quartoreversiergerüst *n*, Quartoumkehrgerüst *n* || ~ **кварто/уширительная** Quartobreitungsgerüst *n*; Quartovorstauchgerüst *n* || ~ **кварто холодной прокатки** Kaltwalzquarto[gerüst] *n* || ~**/косовалковая** Schrägwalzengerüst *n (Rohrwalzen)* || ~ **Лаута** Lautsches Trio[walz]gerüst *n*, Lautsches Trio *n* || ~**/левая** Linksgerüst *n* || ~**/лёгкая** Leichtgerüst *n* || ~**/листовая** Blech[walz]gerüst *n* || ~ **листового стана** Blech[walz]gerüst *n* || ~ **листового стана/отделочная [чистовая]** Blechfertig[walz]gerüst *n* || ~ **листопрокатного стана** Blech[walz]gerüst *n* || ~**/людская** *(Bgb)* Seilfahrtgestell *n* || ~ **маятникового действия** Pendelgerüst *n* || ~**/мелкосортная** Feinstahl[walz]gerüst *n* || ~ **мелкосортного стана** Feinstahl[walz]gerüst *n* || ~**/многовалковая** Mehrwalzengerüst *n* || ~**/многоэтажная** mehrgeschossiges Fördergestell *n* || ~**/обжимная** *s.* ~ обжимного стана || ~ **обжимного стана** Block[walz]gerüst *n*, Vor[block]gerüst *n*, Vorwalzgerüst *n*, Vorstreckgerüst *n* || ~**/однокалибровая** Einkaliber[walz]gerüst *n*, Einkaliberwalzwerk *n* || ~**/опрокидная** Kippgestell *n* || ~**/отделочная** Fertiggerüst *n*, Poliergerüst *n*, Schlichtgerüst *n*, Endkalibergerüst *n*, Nachwalzgerüst *n*, Dressiergerüst *n* || ~**/отдельная** Einzelgerüst *n* || ~**/пильгерная** Pilgerwalzwerk *n*, Pilgergerüst *n* || ~ **пильгерного стана** Pilgerwalzwerk *n*, Pilgergerüst *n* || ~**/подготовительная** Vor[walz]gerüst *n*, Vor[walz]werk *n* || ~**/подъёмная** *(Bgb)* Fördergestell *n*, Förderkorb *m* || ~**/полировочная** Poliergerüst *n*, Fertiggerüst *n* || ~ **полосового стана** Flachstahl[walz]gerüst *n*; Langblech[walz]gerüst *n* || ~**/последняя** Endgerüst *n* || ~**/предварительная** Vorprofil[walz]gerüst *n* || ~**/предотделочная (предчистовая)** Vorschlicht[walz]gerüst *n* || ~**/прицепная** Folgegerüst *n* || ~**/прокатная** *s.* ~ прокатного стана || ~ **прокатного стана** Walzgerüst *n*, Gerüst *n*; Walzwerk *n* || ~ **прокатного стана дуо** Duo *n*, Duo[walz]gerüst *n*, Zweiwalzengerüst *n* || ~**/промежуточная [рабочая]** Zwischengerüst *n*, Mittelgerüst *n* || ~**/рабочая** Walzgerüst *n* || ~**/реверсивная [рабочная]** Umkehrwalzgerüst *n*, Reversierwalzgerüst *n* || ~ **реверсивного стана дуо** Umkehrduo *n*, Reversierduo *n*, Duorevesiergerüst *n*, Duoumkehrgerüst *n* || ~**/редукционная** Reduziergerüst *n* || ~**/ручьевая** Formgerüst *n*, Profilgerüst *n*, Kalibergerüst *n* || ~ **с вытяжным калибром** Streck[kaliber]gerüst *n* || ~ **с горизонтальными валками** Horizontal[walz]gerüst *n*, Waagerecht[walz]gerust *n*, Hauptgerüst *n* || ~ **с калиброванными валками** Formgerüst *n*, Profilgerüst *n*, Kalibergerüst *n* || ~ **с колонками** Säulengerüst *n* || ~ **с плоскими калибрами** Flach[walz]gerüst *n* || ~ **с ящичными калибрами** Kastenprofil[walz]gerüst *n* || ~**/сортовая** Formgerüst *n*, Profilgerüst *n*, Kalibergerüst *n*; Stabstahlgerüst *n* || ~ **сортового стана** Formgerüst *n*, Profilgerüst *n*, Kalibergerüst *n*; Stabstahlgerüst *n* || ~ **сортового стана трио** Stabstahltrio[walzgerüst] *n* || ~ **среднелистового стана** Mittelblech[walz]gerüst *n* || ~**/толстолистовая** Grobblechgerüst *n* || ~ **тонколистового стана** Feinblechgerüst *n* || ~**/трёхвалковая** *s.* ~ трио || ~ **трио** Trio *n*, Trio[walz]gerüst *n*, Dreiwalzengerüst *n* || ~ **трио Лаута** *s.* ~ трио с плавающими валками || ~ **трио/рабочая** Trioarbeitsgerüst *n* || ~ **трио с неприводными валками** Schlepptrio[walzgerüst] *n* || ~ **трио с плавающими валками** Lautsches Trio[walz]gerüst *n*, Lauthsches Trio *n* || ~ **трио/универсальная** Universaltrio[walzgerüst] *n* || ~ **трио/черновая**

Triovorwalzgerüst *n*, Vorwalztrio *n* ‖ **~ трио/чистовая** Triofertig[walz]gerüst *n* ‖ **~ трубопрокатного агрегата Штифеля** Stiefel-Gerüst *n*, Stiefel-Walzgerüst *n* ‖ **~/универсальная** Universal[walz]gerüst *n (mit Horizontal- und Vertikalwalzen)*; Stechwalzengerüst *n* ‖ **~/универсальная отделочная (чистовая)** Universalfertig[walz]gerüst *n* ‖ **~/уширительная** Breitungsgerüst *n*, Vorstauchgerüst *n*; Aufweitwalzwerk *n (Blechwalzen)* ‖ **~/фольгопрокатная** Folienwalzgerüst *n*, Folienwalzwerk *n* ‖ **~/холостая** Blindgerüst *n* ‖ **~/черновая** Vor[walz]gerüst *n*, Vorwalzwerk *n*, Vorprofilgerüst *n* ‖ **~ чернового [прокатного] стана трио** Triovorwalzgerüst *n*, Vorwalztrio *n* ‖ **~/четырёхвалковая** Quarto *n*, Quarto[walz]gerüst *n*, Vierwalzengerüst *n* ‖ **~/чистовая** Fertiggerüst *n*, Poliergerüst *n*, Endgerüst *n*, Polierwalzwerk *n*, Nachwalzwerk *n* ‖ **~/шведская** Schwedengerüst *n* ‖ **~/шестерённая** Kammwalzengerüst *n* ‖ **~ штрипсового стана** Flachstahlgerüst *n*, Flachbandgerüst *n (für Rohrstreifen)* ‖ **~/эджерная** Stauchgerüst *n*

клещевина *f (Schm)* Aufnahmezapfen *m (für die Manipulatorzange)*

клещевой *(Masch)* Zangen... *(Bauweise z. B. von Greifern)*

клещи *pl* 1. *(Wkz)* Zange *f*, Kneifzange *f*; 2. *(Wlz, Met)* Ziehzange *f*, Schleppzange *f*; Tragzange *f* ‖ **~/болваночные** *(Wlz)* Blockzange *f* ‖ **~/волочильные** Drahtschleppzange *f*, Schleppzange *f*, Ziehzange *f (Ziehbank)* ‖ **~/горловые** *(Glas)* Kopfformzange *f*, Mundstückzange *f* ‖ **~/горновые** *s.* ~/кузнечные ‖ **~ для точечной сварки** Punktschweißzange *f* ‖ **~/дыропробивочные** Lochzange *f* ‖ **~/кузнечные** Schmiedezange *f* ‖ **~/пломбировочные** Plombierzange *f* ‖ **~/подъёмные** Hubzange *f* ‖ **~/разводные** *pl* Schränkzange *f* ‖ **~ с трансформатором/сварочные** Trafo-Schweißzange *f (eines Schweißroboters)* ‖ **~/сварочные** Schweißzange *f* ‖ **~/стрипперные** *(Met)* Blockabstreifzange *f* ‖ **~/тигельные** *(Gieß)* Tiegelzange *f* ‖ **~/токоизмерительные** *(El)* Strommeßzange *f*, Zangenstrommesser *m* ‖ **~/электроизмерительные** Elektromeßzange *f*

клещи-кусачки *pl (Wkz)* Beißzange *f*

кливаж *m* 1. *(Geol)* Spaltbarkeit *f*, Schieferung *f*, Schieferungsfähigkeit *f*, Spaltung *f*, Clivage *f*; 2. *(Bgb)* Schlechten *fpl* ‖ **~/веерообразный** Schieferungsfächer *m*, Fächerstellung *f* der Schieferung ‖ **~/волнистый** Runzelschieferung *f (nach Born)*; Schubklüftung *f (nach Scholtz)*; S_2-Schieferung *f* ‖ **~/вторичный** *s.* кливаж 1. ‖ **~ истечения** *s.* ~ течения ‖ **~напластования** Linearschieferung *f* ‖ **~ осевой плоскости** Achsenflächenschieferung *f*, Transversalschieferung *f*, S_1-Schieferung *f* ‖ **~/параллельный** Parallelschieferung *f*, Linearschieferung *f*, parallele Spaltbarkeit *f* ‖ **~/первичный** Kristallisationsschieferung *f* ‖ **~/пластинчатый** S_1-Schieferung *f* ‖ **~ разлома** Bruchschieferung *f*, Schubklüftung *f* ‖ **~ размятия** *s.* ~ течения ‖ **~ скалывания** Gleitschieferung *f*, zur Verwerfung gleichlaufende Spaltung *f (Übergangsform zwischen Druck- und Bruchschieferung)* ‖ **~ скольжения** *s.* ~/волнистый ‖ **~ смещения** *s.* ~ скалывания ‖ **~ течения** Druckschieferung *f*, Quetschschieferung *f*, Fließschieferung *f*

клидонограмма *f (El)* Klydonogramm *n*

клидонограф *m (El)* Klydonograph *m*, Wellenschreiber *m* ‖ **~/трёхфазный** Dreiphasenklydonograph *m*

климаграмма *f* Klimagramm *n*

климат *m (Meteo)* Klima *n* ‖ **~/аридный** arides Klima *n* ‖ **~/высокогорный** Hochgebirgsklima *n* ‖ **~/городской** Stadtklima *n* ‖ **~/гумидный** humides Klima *n* ‖ **~/континентальный** Kontinentalklima *n*, Landklima *n* ‖ **~/морской** maritimes Klima *n*, Seeklima *n* ‖ **~/муссонный** Monsunklima *n* ‖ **~/океанический** ozeanisches Klima *n* ‖ **~/рудничный** *(Bgb)* Grubenklima *n* ‖ **~/солнечный (солярный)** Solarklima *n* ‖ **~/сухой** Trockenklima *n (Oberbegriff für Steppen- und Wüstenklima)* ‖ **~/тропический** tropisches Klima *n* ‖ **~/умеренный** gemäßigtes Klima *n*

климатизация *f* Klimatisierung *f*

климатология *f* Klimatologie *f*, Klimakunde *f*

климаустойчивость *f* Klimabeständigkeit *f*

климограмма *f* Klimogramm *n*

клин *m* 1. Keil *m*; Keilstück *n*; 2. *(Wkzm)* Keilleiste *f*; 3. *(Schiff)* Paßstück *n (Hauptmaschinenfundament)*; 4. Schlupf *m (Schuhproduktion)*; 5. *(Text) s.* ~/замковый 1. ‖ **~/буксовый** *(Eb)* Achslagerstellkeil *m*, Radsatzlagerstellkeil *m (Lokomotive)* ‖ **~ высокого давления** *(Meteo)* Hochdruckkeil *m* ‖ **~/гидродинамический** *(Trib)* hydrodynamischer Schmierkeil *m* ‖ **~/двойной** Doppelkeil *m* ‖ **~/двухскосный** Keil *m* mit doppeltem Anzug, zweiseitiger Keil *m* ‖ **~/забивной** 1. Abtreibekeil *m*; 2. *(Bgb)* Setzkeil *m (Stempelausbau)* ‖ **~/закладной** Einlegekeil *m* ‖ **~/заключающий** *(Text)* Einschließteil *n (Strickmaschine)* ‖ **~ замка** *s.* ~/замковый ‖ **~/замковый** 1. *(Text)* Schloßteil *n*, Schloßdreieck *n (Wirkmaschine, Großrundstrickmaschine)*; 2. *(Bgb)* Schloßkeil *m (Stempelausbau)* ‖ **~/затяжной** *(Bgb)* Schleppkeil *m (Stempelausbau)* ‖ **~/измерительный** Meßkeil *m* ‖ **~/кварцевый** *(Krist)* Quarzkeil *m (Kompensator)* ‖ **~/кольцевой** *m (Photo)* Drehkeil *m* ‖ **~/компенсирующий** *(Photo)* Ausgleichskeil *m* ‖ **~/конический** konischer Keil *m* ‖ **~/круговой** Kreiskeil *m* ‖ **~/кулирный** *(Text)* Kulierteil *n*, Abzugsteil *n* ‖ **~/ледяной** *(Geol)* Eiskeil *m* ‖ **~/масляный** *(Trib)* Schmierkeil *m)* ‖ **~/направляющий** *(Text)* Führungsteil *n (Großrundstrickmaschine)* ‖ **~/натяжной** Anzugkeil *m*, Spannkeil *m*; Befestigungskeil *m*, Setzkeil *m* ‖ **~/нейтрально-серый** *(Opt)* Graukeil *m* ‖ **~/нейтральный** *s.* ~/нейтрально-серый ‖ **~/обратный** Gegenkeil *m* ‖ **~/односкосный** Keil *m* mit einseitigem Anzug; einseitiger Keil *m* ‖ **~/оптический** *(Opt)* [optischer] Keil *m* ‖ **~/отбойный** *(Text)* Abschlagteil *n* ‖ **~/отклоняющий** *(Bgb)* Ablenkkeil *m (Bohrung)* ‖ **~/плавный** *(Photo)* Verlaufskeil *m*, kontinuierlicher Keil *m* ‖ **~/поворотный** *(Bgb)* Schwenkkeil *m (Stempelausbau)* ‖ **~/поглощающий** Absorptionskeil *m* ‖ **~/подвижный оптический** *(Opt)* Schiebekeil *m* ‖ **~/подкладной** Unterlegkeil *m* ‖ **~/подъёмный** *(Text)* Nadelheber *m*, Nadelaustriebsteil *n* ‖ **~/поперечный** Querkeil *m* ‖ **~/предохранительный**

(Text) Sicherheitsschloßteil *n* ‖ **~/продольный** Längskeil *m* ‖ **~/распорный** Distanzkeil *m*, Spreizkeil *m*; *(Bgb)* Setzkeil *m (Stempelausbau)* ‖ **~/регулировочный** Nachstellkeil *m*, Stellkeil *m* ‖ **~/сбрасывающий** *(Text)* Abschlagteil *n (Großrundstrickmaschine)* ‖ **~/сенситометрический** *(Opt)* Sensitometerkeil *m* ‖ **~/серый** *(Opt)* Graukeil *m* ‖ **~/смазочный** *(Trib)* Schmierkeil *m* ‖ **~/стеклянный** *(Opt)* Glaskeil *m* ‖ **~/ступенчатый** *(Opt)* Stufenkeil *m* ‖ **~/упорный** Fangkeil *m* ‖ **~/установочный** Einstellkeil *m*, Stellkeil *m*, Unterlegekeil *m* ‖ **~/фанговый** *(Text)* Fangteil *n* ‖ **~/фотометрический** *(Opt)* Vergleichskeil *m*, Graukeil *m* ‖ **~/цветовой** *(Typ)* Farbkeil *m*

клин-баба *m* Rammkeil *m (Bodenauflockerung)*

клинец *m* Splitt *m*

клинкер *m* Klinker *m*, Hartbrandstein *m*; Klinkerstein *m*, Klinkerziegel *m* ‖ **~/дорожный** Pflasterziegel *m* ‖ **~/портландцементный** Portlandklinker *m* ‖ **~/цементный** Zementklinker *m*

клинкерование *n* Klinkerbildung *f*, Klinkerung *f (Zementherstellung)*

клинкет *m* Schieber *m*, Absperrschieber *m*

клиногеотропизм *m* Klinogeotropismus *m*

клинок *m* 1. Klinke *f*; 2. Klinge *f*

клиноклаз *m (Min)* Klinoklas *m*, Strahlerz *n*

клинометр *m* Neigungsmesser *m*; *(Schiff)* Krängungsmeßgerät *n*, Krängungsmesser *m*

клиноось *f (Krist)* Klinoachse *f*

клиностат *m* Klinostat *m*

клинохлор *m (Min)* Klinochlor *m (Chlorit)*

клиноцоизит *m (Min)* Klinozoisit *m*

клиноэнстатит *m (Min)* Klinoenstatit *m (Pyroxen)*

клинья *mpl (Bgb)* Abfangkeile *mpl (Bohrung)*

клипс *m* 1. *(Text)* Klips *m (Deckelstab)*; 2. *(Text)* Käfigstütze *f (Riemchenkäfig)*; 3. *(Med)* Klammer *f*; Klipp *m*

клирфактор *m (Nrt, Rf)* Klirrfaktor *m*, Klirrgrad *m*

клирфакторметр *m* Klirrfaktormesser *m*

клистрон *m (Eln)* Klystron *n*, Triftröhre *f* ‖ **~/двухконтурный** *s.* ~/двухрезонаторный ‖ **~/двухконтурный усилительный** Zweikammerverstärkerklystron *n*, Zweikreisverstärkerklystron *n* ‖ **~/двухполостный (двухрезонаторный)** Zweikammerklystron *n*, Zweikreisklystron *n*, Zweiresonatorklystron *n* ‖ **~/импульсный** Impulsklystron *n* ‖ **~/многоконтурный (многорезонаторный)** Mehrkammerklystron *n*, Mehrkreisklystron *n*, Kaskadenklystron *n* ‖ **~/мощный** Hochleistungsklystron *n*, Leistungsklystron *n* ‖ **~/однорезонаторный** Einkammerklystron *n*, Einkreisklystron *n*, Einresonatorklystron *n* ‖ **~/отражательный** Reflex[ions]klystron *n* ‖ **~/пролётный** Triftröhre *f*, Klystron *n* ‖ **~/рефлексный** *s.* ~/отражательный ‖ **~/трёхрезонаторный** Dreikammerklystron *n*, Dreikreisklystron *n*, Dreiresonatorklystron *n* ‖ **~/узкодиапазонный** Schmalbandklystron *n* ‖ **~/умножительный** Vervielfacherklystron *n* ‖ **~/усилительный** Verstärkerklystron *n* ‖ **~/частотоумножительный** Frequenzvervielfacherklystron *n* ‖ **~/широкодиапазонный** Breitbandklystron *n*

клистрон-генератор *m (Eln)* Generatorklystron *n*, Oszillatorklystron *n*

клистрон-усилитель *m (Eln)* Verstärkerklystron *n*

клифф *m (Geol)* Kliff *n*, Steilufer *n*

клк *s.* килолюкс

клм *s.* килолюмен

клот[ик] *m (Schiff)* Flaggenknopf *m (am Mast oder Flaggenstock)*

клочок *m (Text)* Flocke *f* ‖ **~ волокон** Faserflocke *f* ‖ **~ хлопка** Baumwollflocke *f*

клубок *m (Text)* 1. Knäuel *m*; 2. Bandwickel *m*, Kreuzwickel *m (Wollspinnereivorbereitung)*

клупп *m* 1. *(Wkz)* Gewinde[schneid]kluppe *f*, Schneidkluppe *f (Gewindeschneiden)*; 2. *(Text)* Kluppe *f* ‖ **~/игольчатый** *(Text)* Nadelkluppe *f*

клюв *m* **платины** *(Text)* Platinenschnabel *m*, Schnabel *m (Wirkerei)*

клюз *m (Schiff)* Klüse *f* ‖ **~/бортовой** Seitenklüse *f* ‖ **~/буксирный** Schleppklüse *f* ‖ **~/кормовой** Heckklüse *f* ‖ **~/палубный** Decksklüse *f* ‖ **~/панамский** Panamaklüse *f* ‖ **~/швартовный** Verholklüse *f* ‖ **~/якорный** Ankerklüse *f*

ключ *m* 1. Schlüssel *m (Türschloß)*; 2. *(Nrt)* Taste *f (Telegraphie)*; Schalter *m (Telephonie)*; 3. *(Wkz)* Schlüssel *m (Schraubenschlüssel)*; *im Russischen auch* Zange *f (bestimmte Rohrzangen)*; 4. *(Bw)* Scheitel *m* ‖ **~ арки** *(Bw)* Bogenscheitel *m* ‖ **~ базы данных** *(Inf)* Datenbasisschlüssel *m* ‖ **~/буровой** *(Erdöl)* Gestängezange *f*, Maschinenzange *f (Bohrung)* ‖ **~/вторичный** *(Inf)* Sekundärschlüssel *m* ‖ **~/вызывной** *(Nrt)* Rufschalter *m*, Ruftaste *f* ‖ **~/гаечный** *(Wkz)* Maulschlüssel *m* ‖ **~/гаечный односторонний** *(Wkz)* Einmaulschlüssel *m* ‖ **~/двухпозиционный** *(Nrt)* Zweistellungsschalter *m*, Zweipunktschalter *m* ‖ **~/двухсторонний гаечный** *(Wkz)* Doppelmaulschlüssel *m* ‖ **~/двухсторонний торцовый** *(Wkz)* Doppelsteckschlüssel *m* ‖ **~/динамометрический** *(Wkz)* Drehmomentenschlüssel *m* ‖ **~/замкнутый** *s.* ~/накидной ‖ **~ защиты [памяти]** *(Inf)* Speicherschutzschlüssel *m*, Schutzschlüssel *m* ‖ **~/испытательный** Prüfschalter *m*, Prüftaste *f* ‖ **~/квитирующий** *(Nrt)* Quittier[ungs]schalter *m* ‖ **~/командный** *(Inf)* Befehlsschlüssel *m* ‖ **~/контрольный** *(Nrt)* Überwachungsschalter *m* ‖ **~/логический** Logikschalter *m* ‖ **~/машинный** *s.* ~/буровой ‖ **~/микрометренный** *(Wkz)* Feinbewegungsschlüssel *m* ‖ **~/многоконтактный наборный** *(Nrt)* Mehrfachwählerschalter *m* ‖ **~ Морзе** *(Nrt)* Morsetaste *f* ‖ **~/наборный** *(Nrt)* Wählerschalter *m*, Wählertaste *f* ‖ **~/накидной** *(El)* geschlossener Schraubenschlüssel *m* ‖ **~ обратного вызова** *(Nrt)* Rückrufschalter *m* ‖ **~/объектный** Anlagenschalter *m* ‖ **~/односторонний гаечный** *(Wkz)* einfacher Schraubenschlüssel *m*, Einmaulschlüssel *m* ‖ **~/опросно-вызывной** *(Nrt)* Abfrage-Ruf-Umschalter *m*, AR-Umschalter *m* ‖ **~/опросный** *(Nrt)* Abfrageschalter *m*, Abfragetaste *f* ‖ **~/оптоэлектронный** optoelektronischer Schalter *m* ‖ **~/отбойный** *(Erdöl)* Hakenschlüssel *m (Bohrung)* ‖ **~/открытый** *(Wkz)* offener Schraubenschlüssel *m* ‖ **~/поисковый** *(Inf)* Suchschlüssel *m* ‖ **~/предельный** *(Wkz)* Drehmomentenschlüssel *m* ‖ **~/разговорно-вызывной** *s.* ~/опросно-вызывной ‖ **~/разговорный** *(Nrt)* Sprechschalter *m*, Sprechtaste *f* ‖ **~/раздвиж-**

ной гаечный *(Wkz)* verstellbarer Schraubenschlüssel (Maulschlüssel) *m* ‖ **~/размыкающий (разъединяющий)** *(Nrt)* Trennschalter *m*, Trenntaste *f* ‖ **~ с трещёткой** *(Wkz)* Ratschenschlüssel *m*, Knarrenschlüssel *m* ‖ **~ свода** *(Bw)* Gewölbescheitel *m*, Scheitel *m*, Gewölbeschluß *m* ‖ **~/стрелочный** *(Wkz)* Weichenschlüssel *m (Weichenschloß)* ‖ **~/телеграфный** Telegraphentaste *f* ‖ **~/телефонный роликовый** Kipp[hebel]schalter *m* ‖ **~/тиристорный** *(El)* Thyristorschalter *m* ‖ **~/токовый** *(El)* Stromschalter *m* ‖ **~/торцовый гаечный** *(Wkz)* Steckschlüssel *m*, Ringschlüssel *m* ‖ **~/транзисторный** *(Eln)* Transistorschalter *m* ‖ **~/трёхпозиционный** *(Nrt)* Dreistellungsschalter *m*, Dreipunktschalter *m* ‖ **~/универсальный гаечный** *(Wkz)* Universalschraubenschlüssel *m* ‖ **~ управления** *(Reg)* Steuerschalter *m* ‖ **~/цепной** *(Erdöl)* Kettenzange *f (Bohrung)* ‖ **~/четырёхгранный гаечный** *(Wkz)* Vierkantschlüssel *m (Schraubenschlüssel)* ‖ **~/шарнирный** *(Bgb)* Gliederzange *f (Bohrung)* ‖ **~/шестигранный гаечный** *(Wkz)* Sechskantschlüssel *m (Schraubenschlüssel)*

ключ-манипулятор *m* Taste *f*

ключ-мастер *m* Generalschlüssel *m*

кляpен *m s.* кларит

клячёвка *f* Joch *n (Schleppnetz)*

КМДП-микросхема *f (Eln)* CMIS-Mikroschaltung *f*, CMIS-Mikroschaltkreis *m*

КМДП-микросхема *f (Eln)* CMIS-Mikroschaltung *f*, CMIS-Mikroschaltkreis *m*

КМДП-структура *f (Eln)* CMIS-Struktur *f*, komplementäre CMIS-Struktur *f*

КМДП-схема *f (Eln)* CMIS-Schaltung *f*, CMIS-Schaltkreis *m*, komplementärer CMIS-Schaltkreis *m*

КМОП-схема *f (Eln)* CMOS-Schaltung *f*, CMOS-Schaltkreis *m*

КМОП-технология *f (Eln)* CMOS-Technologie *f*

КМОП-транзистор *m (Eln)* CMOS-Transistor *m*

КН *s.* конец носителя

кнебелит *m (Min)* Knebelit *m (Eisenmanganolivin)*

кнехт *m (Schiff)* Poller *m* ‖ **~/буксирный** Schlepppoller *m* ‖ **~/двойной** Doppelpoller *m* ‖ **~/крестовый** Kreuzpoller *m* ‖ **~/одинарный** Einfachpoller *m* ‖ **~/швартовный** Festmachpoller *m*, Vertäupoller *m*

книга/красная *(Ökol)* rotes Buch *n (Liste der vom Aussterben bedrohten Tier- und Pflanzenarten)*

КНИ-технология *f s.* технология «кремний на изоляторе»

кница *f (Schiff)* Knieblech *n* ‖ **~/бимсовая** Balkenknie *n*, Decksbalkenknieblech *n* ‖ **~/вертикальная** Stehblech *n*, Stehplatte *f*, Stehknie *n* ‖ **~/отфланцованная** geflanschtes Knieblech *n* ‖ **~/скуловая** Kimmstützplatte *f*

КНК-технология *f s.* технология «кремний на кварце»

КНС-технология *f s.* технология «кремний на сапфире»

кнопка *f* 1. *(El)* Knopf[schalter] *m*, Druck[knopf]schalter *m*, Druckknopf *m*; 2. *(Nrt)* Taste *f*, Drucktaste *f*; Drucktastenschalter *m* ‖ **~/аварийная** Notausschaltknopf *m*; Notdruckknopf[-schalter] *m* ‖ **~ бдительности** *(Eb)* Wachsamkeitstaste *f*, Sicherheitsfahrschalter *m* ‖ **~/блокировочная (блокирующая)** *(Nrt)* Halteschalter *m*, Sperrschalter *m*; Werktaste *f* ‖ **~ «быстрая остановка»** Schnellstopptaste *f (Magnettongerät)* ‖ **~/вызывная** *(Nrt)* Ruftaste *f* ‖ **~ для воспроизведения** Wiedergabetaste *f (Magnettongerät)* ‖ **~ для записи** Aufnahmetaste *f (Magnettongerät)* ‖ **~ для обратного хода** Rücklauftaste *f (Magnettongerät)* ‖ **~ запроса** *(Inf)* Abruftaste *f* ‖ **~ запуска** Anlaßtaste *f*, Starttaste *f (Magnettongerät)* ‖ **~ интервалов** Leertaste *f*, Zwischenraumtaste *f* ‖ **~/испытательная** *(Nrt)* Prüfknopf *m*, Prüftaste *f* ‖ **~/нажимная** Druck[knopf]schalter *m*, Knopfschalter *m* ‖ **~/нажимная звонковая** *(Nrt)* Klingeldrücker *m*, Klingelknopf *m* ‖ **~ настройки** *(Rf)* Abstimmknopf *m* ‖ **~ обратного хода** Rücklauftaste *f (Magnettongerät)* ‖ **~ обратной намотки** Rückspultaste *f (Magnettongerät)* ‖ **~/отбойная** *(Nrt)* Schlußtaste *f* ‖ **~ прерывания на консоли** *(Inf)* Taste *f* für externe Unterbrechungen ‖ **~ прямого хода** Vorlauftaste *f (Magnettongerät)* ‖ **~ «пуск»** Anlaßdruckknopf *m*; Starttaste *f*; Ein-Drucktaste *f*, Ein-Taste *f* ‖ **~/размыкающая (разъединяющая)** *(Nrt)* Trenntaste *f*, Trennschalter *m* ‖ **~ регулировки** Einstellknopf *m* ‖ **~/сигнальная** *(Nrt)* Signaltaste *f* ‖ **~ «стоп»** Haltdruckknopf *m*; Halttaste *f*; Aus-Drucktaste *f*, Aus-Taste *f* ‖ **~ управления** Bedienknopf *m*, Betätigungsknopf *m*, Steuer[ungsdruck]knopf *m*

КНС *s.* кремний на сапфире

князёк *m (Bw)* Dachfirst *m*, First *m*

КО *s.* камера орошения

коагулирование *n (Ch)* Koagulieren *n*, Koagulation *f*, Gerinnen *n*, Ausflocken *n*

коагулировать *(Ch)* koagulieren, gerinnen lassen, zur Ausflockung bringen

коагулироваться *(Ch)* koagulieren, gerinnen, sich zusammenflocken, [aus]flocken

коагулянт *m s.* коагулятор 1.

коагулят *m (Ch)* Koagulat *n*, Koagulum *n*

коагулятор *m (Ch)* 1. Koagulant *m*, Ausflockungsmittel *n*, Koagulationsmittel *n*; 2. Koagulator *m (Apparat zur Ausflockung kolloidaler Stoffe)*

коагуляция *f (Ch)* Koagulation *f*, Koagulieren *n*, Gerinnung *f*, Ausflockung *f* ‖ **~ карбидов** Carbidausscheidung *f (an den Korngrenzen)* ‖ **~/электролитная** Elektrolytkoagulation *f*

коалесценция *f (Ch)* Koaleszenz *f*

коацерват *m (Ch)* Koazervat *n*

коацервация *f (Ch)* Koazervation *f*, Koazervierung *f*

кобальт *m (Ch)* Kobalt *n*, Co ‖ **~/шпейсовый** *s.* скуттерудит

кобальтин *m (Min)* Cobaltin *m*, Kobaltglanz *m*, Glanzkobalt *m*

кобальтовый Kobalt…

кобальтокальцит *m s.* сферокобальтит

кобальторганический *(Ch)* kobaltorganisch, Organokobalt…

ковалентность *f (Ch)* Kovalenz *f*, kovalente Wertigkeit *f*

ковалентный *(Ch)* kovalent, homöopolar

ковариант *m (Math)* Kovariante *f*

ковариантность *(Math)* Kovarianz *f*

ковариантный *(Math)* kovariant

ковариация *f (Math)* Kovarianz *f*
ковать schmieden ‖ **~ в горячем состоянии** warmschmieden ‖ **~ в холодном состоянии** kaltschmieden, hartschmieden ‖ **~ в штампах (штампе)** gesenkschmieden, schmieden im Gesenk ‖ **~ вгорячую** warmschmieden ‖ **~ вручную** handschmieden
ковеллин *m (Min)* Kupferindig *m(n)*, Covellin *m*
ковёр *m*/**кровельный** Dacheindeckung *f*
ковка *f* 1. Schmieden *n*; 2. Freiformschmieden *n*; 3. Schmiedearbeit *f* ‖ **~ в штампах (штампе)** Gesenkschmieden *n* ‖ **~/вторичная** Nachschmieden *n* ‖ **~/горячая** Warmschmieden *n*, Schmieden *n* oberhalb der Rekristallisationstemperatur ‖ **~/грубая** Grobschmieden *n* ‖ **~/косая** Schrägschmieden *n* ‖ **~/круговая** Rundschmieden *n* ‖ **~/машинная** Schmieden *n* mit Maschinenhammer; maschinelles Schmieden *n*, Maschinenschmieden *n* ‖ **~ на кругу** Rundschmieden *n* ‖ **~/окончательная** Fertigschmieden *n* ‖ **~ от прутка** Freiformschmieden *n* von der Stange ‖ **~/повторная** Nachschmieden *n* ‖ **~ под молотом** [maschinelles] Freiformschmieden *n*, Schmiedehämmern *n*, Hämmern *n* ‖ **~ под прессом** Schmiedepressen *n*, Preßschmieden *n*, Warmpreßschmieden *n* ‖ **~/получистовая** Grobschmieden *n* ‖ **~/прецизионная** *s.* ~/точная ‖ **~/ручная** Handschmieden *n*, Schmieden *n* von Hand ‖ **~/свободная** Freiformschmieden *n* ‖ **~/точная** Genauschmieden *n*, Präzisionsschmieden *n*, Feinschmieden *n* ‖ **~/фасонная** Formschmieden *n*, Fassonschmieden *n* ‖ **~/холодная** Kaltschmieden *n*, Schmieden *n* unterhalb der Rekristallisationstemperatur ‖ **~/черновая** Vorschmieden *n* ‖ **~/чистовая** Fertigschmieden *n*
ковка-штамповка *f* 1. Vorschmieden *n* auf Sätteln und Fertigschmieden *n* im Gesenk; 2. *Sammelbezeichnung für Freiform- und Gesenkschmieden*
ковкий schmiedbar
ковкость *f* Schmiedbarkeit *f*; Warmbildsamkeit *f*
ковроткачество *n (Text)* Teppichweberei *f*
ковш *m* 1. Kübel *m*, Trog *m*; 2. Pfanne *f (Gießpfanne)*; Eimer *m (Eimerkettenbagger)*; Löffel *m (Löffelbagger)*; Becher *m (Becherwerk)*; 3. *(Schiff)* geschützter Anlegeplatz *m (für kleinere Schiffe und Boote)*; 4. *(Met)* Pfanne *f*, Gießpfanne *f*; Kübel *m* ‖ **~/барабанный** *(Gieß)* Trommel[gieß]pfanne *f* ‖ **~/вакуумный** Vakuum[gieß]pfanne *f* ‖ **~/волокушный** Schürfkübel *m*, Zugschaufel *f (Schürfkübelbagger)* ‖ **~/грейферный** Greiferkübel *m* ‖ **~/двухчелюстной** Zweischalengreifer *m* ‖ **~ драглайна** *s.* ~/волокушный ‖ **~/загрузочный** 1. Einwurftrichter *m*, Schüttkasten *m*; Aufgabetasche *f*; 2. *(Bw)* Ladelöffel *m*, Ladeschaufel *f (Betonmischer)*; 3. *(Lw)* Einlegelade *f (Silohäcksler)* ‖ **~/заливочный** *(Gieß)* Gießpfanne *f*, Pfanne *f* ‖ **~/засыпной** *(Lw)* Zulaufbehälter *m (Saatgutbereiter)* ‖ **~/качающийся** 1. Pendelbecher *m (Pendelbecherwerk)*; 2. *(Gieß)* Schüttelpfanne *f* ‖ **~/крановый [литейный]** Kran[gieß]pfanne *f* ‖ **~/литейный** *(Gieß)* Gießpfanne *f*, Pfanne *f*; Kelle *f* ‖ **~/мелкий** Flachbecher *m (Becherwerk)* ‖ **~/наклоняемый** *s.* ~/опрокидывающийся ‖ **~/обезвоживающий** Entwässerungsbecher *m (Becherwerk)* ‖ **~/опрокидывающийся** kippbarer Kübel *m (eines Innenmischers)*; *(Gieß)* Kipppfanne *f* ‖ **~/переносный** *(Gieß)* Gabelpfanne *f*, Scherenpfanne *f*; Handpfanne *f*; Gießlöffel *m* ‖ **~/питательный** *(Lw)* Schöpfraum *m (Kartoffellegemaschine)* ‖ **~/поворотный** Kipppfanne *f* ‖ **~/погрузочный** Ladeschaufel *f*, Ladekübel *m* ‖ **~/подвесной** *(Gieß)* Hängebahnpfanne *f* ‖ **~/раздаточный** *(Met)* Verteilerpfanne *f*, Sammelpfanne *f* ‖ **~/разливочный** *(Met)* Gießpfanne *f*, Pfanne *f* ‖ **~/скреперный** Schrapperkübel *m* ‖ **~/сталеразливочный** Stahlgießpfanne *f* ‖ **~/створчатый** Klappkübel *m* ‖ **~/стопорный** Stopfenpfanne *f*, Gießpfanne *f* mit Stopfenverschluß ‖ **~/тележечный** Gießpfanne *f* auf einem Fahrgestell, fahrbare Gießpfanne *f*, Gieß[pfannen]wagen *m* ‖ **~/чайниковый** *(Gieß)* Teekesselpfanne *f*, Kipppfanne *f* mit Schlackenfang ‖ **~/черпальный** Schöpfer *m*, Schöpfbecher *m (Becherwerk)* ‖ **~/чугунный** Roheisenpfanne *f* ‖ **~/чугуновозный** Roheisenpfannenwagen *m* ‖ **~/шлаковозный** *(Met)* Schlackentransportpfanne *f* ‖ **~/шлаковый** *(Met)* Schlackenpfanne *f*, Schlackenkübel *m* ‖ **~ экскаватора** Eimer *m (Eimerkettenbagger)*; Löffel *m (Löffelbagger)*
ковш-автоклав *m (Met, Gieß)* Druckpfanne *f*
ковш-ложка *m (Gieß)* Gießlöffel *m*, Handgießlöffel *m*; Handgießpfanne *f*; Handgießtiegel *m*
ковш-миксер *m (Met)* Mischerpfanne *f*
ковшовый 1. *(Met, Gieß)* Pfannen...; 2. *(Förd)* Kübel...
когезия *f (Ph)* 1. Kohäsion *f*; 2. *s.* адгезия
когерентность *f (Ph, Opt)* Kohärenz *f* ‖ **~/временная** zeitliche Kohärenz *f* ‖ **~ лазерного излучения** Kohärenz *f* der Laserstrahlung ‖ **~ по фазе** Phasenkohärenz *f* ‖ **~/пространственная** räumliche Kohärenz *f* ‖ **~/частичная** partielle Kohärenz *f*
когти *pl* **[/монтёрские]** Klettereisen *n*, Steigeisen *n*
код *m (Inf)* Kode *m*, Schlüssel *m*; Kennzahl *f* ‖ **~ адреса** Adressenkode *m* ‖ **~ Айкена** Aiken-Kode *m* ‖ **~/алфавитно-цифровой** alphanumerischer Kode *m* ‖ **~/алфавитный** alphabetischer Kode *m* ‖ **~/безопасный** Sicherheitskode *m* ‖ **~/бинарный** Binärkode *m* ‖ **~ Бодо** Baudot-Alphabet *n* ‖ **~/буквенно-цифровой** alphanumerischer Kode *m* ‖ **~/буквенный** Buchstabenkode *m* ‖ **~/быстродействующий** Schnellkode *m* ‖ **~/взвешенный** gewichteter (stellenbewerteter) Kode *m* ‖ **~/внешний** externer Kode *m* ‖ **~/внешний машинный** externer Maschinenkode *m* ‖ **~/внутренний** interner Kode *m* ‖ **~/внутренний машинный** interner Maschinenkode *m* ‖ **~ возврата** Rückkehrkode *m* ‖ **~/восьмеричный** oktaler Kode *m* ‖ **~/временной** Zeitkode *m* ‖ **~ выбора** Auswahlkode *m*, Wahlkode *m* ‖ **~ выбора группы** Gruppenwahlkode *m* ‖ **~/вызывной** Rufkode *m*, Kennzahl *f* ‖ **~ выполнения** Maschinenkode *m* ‖ **~ вычисления** *s.* ~ вычислительной машины ‖ **~ вычислительной машины** Rechnerkode *m*, Maschinenkode *m* ‖ **~ Грея** Gray-Kode *m* ‖ **~/групповой** Gruppenkode *m* ‖ **~ Грэя** *s.* ~ Грея ‖ **~ «два из пяти»** 2-aus-5-Kode *m* ‖ **~/двоично-десятичный** binär-dezimaler (dezimal-binärer) Kode *m*, BCD-Kode *m* ‖ **~/двоич-**

но-пятеричный *(Inf)* Biquinärkode *m*, biquinärer Kode *m* ‖ **~/двоично-четверичный** binärtetradischer Kode *m* ‖ **~/двоичный** Binärkode *m*, binärer Kode *m*; Dualkode *m*, dualer Kode *m* ‖ **~/двоичный импульсный** binärer Impulskode *m* ‖ **~/двоичный телеграфный** Telegraphenalphabet *n* mit zwei Kennzuständen ‖ **~/двоичный цифровой** dualer Ziffernkode *m* ‖ **~/двухадресный** Zweiadressenkode *m* ‖ **~/декадный** *s.* ~/десятичный ‖ **~ дескриптора** Beschreibungskode *m* ‖ **~/десятичный** dezimaler Kode *m*, Dezimalkode *m*, Zehnerkode *m* ‖ **~/десятичный цифровой** dezimaler Ziffernkode *m* ‖ **~/дополнительный** Zusatzkode *m*, Komplement[är]kode *m* ‖ **~ доступа** Zugriffskode *m* ‖ **~/дуальный** Dualkode *m* ‖ **~/единичный** unitärer Kode *m* ‖ **~/единый** Einheitskode *m* ‖ **~ завершения** Beendigungskode *m* ‖ **~ запроса** Abfragekode *m* ‖ **~ знака** Zeichenkode *m* ‖ **~ зоны** Bereichskennzahl *f* ‖ **~/избирающий** Auswahlkode *m*, Wahlkode *m* ‖ **~/избыточный** redundanter Kode *m* ‖ **~/импульсный** Impulskode *m*, Pulskode *m* ‖ **~ инструкций** Befehlskode *m*, Operationskode *m*, Instruktionskode *m* ‖ **~ ИСО** ISO-Kode *m* ‖ **~/каскадный** Kaskadenkode *m* ‖ **~/командный** Kommandokode *m*, Befehlskode *m* ‖ **~ команды** *s.* ~/командный ‖ **~/комплектарный** vollständiger Kode *m* ‖ **~/корректирующий** korrigierender Kode *m*, Korrekturkode *m* ‖ **~/личный** unbenannter Programmabschnitt *m* ‖ **~/машинный** Maschinenkode *m*, Rechnerkode *m* ‖ **~/междугородный** Kennzahl *f* ‖ **~/международный телеграфный** zwischenstaatlicher (internationaler) Telegraphenkode *m* ‖ **~/мнемонический** mnemonischer Kode *m* ‖ **~/многоадресный** Mehradressenkode *m* ‖ **~/многочастотный** Multifrequenzkode *m*, MFC ‖ **~/модифицированный** modifizierter Kode *m* ‖ **~/модифицированный двоичный** zyklisch-binärer Kode *m* ‖ **~/модифицированный дополнительный** modifizierter Komplementkode *m* ‖ **~/модифицированный обратный** modifizierter inverser Kode *m* ‖ **~ Морзе** Morsekode *m* ‖ **~ назначения** Zielkode *m* ‖ **~ направления** Leitkode *m* ‖ **~/некомплектарный** unvollständiger Kode *m* ‖ **~ обмена** Austauschkode *m* ‖ **~/обратный** inverser Kode *m*, Rückkode *m* ‖ **~/одноадресный** Einadressenkode *m* ‖ **~ операций** Operationskode *m* ‖ **~/оптимальный** Optimalkode *m* ‖ **~ ответа** Antwortkode *m* ‖ **~ ошибки** Fehlerkode *m* ‖ **~/параллельный** Parallelkode *m*, paralleler Kode *m* ‖ **~ передачи** Übertragungskode *m* ‖ **~/перестановочный** Permutationskode *m* ‖ **~ пользователя** Benutzerkode *m*, Anwenderkode *m* ‖ **~/помехозащитный** Störbefreiungskode *m* ‖ **~/помехоустойчивый** störfester Kode *m* ‖ **~/попарно сбалансированный** alternierender Kode *m* ‖ **~/последовательный** sukzessiver Kode *m* ‖ **~ прерывания** Unterbrechungskode *m* ‖ **~ программы/исходный** Quelltext *m* des Programms, Quellkode *m* ‖ **~/прогрессивный двоичный** progressiver Dualkode *m* ‖ **~/прямой** direkter Kode *m*, Direktkode *m* ‖ **~/пятерично-двоичный** Quibinärkode *m* ‖ **~/пятизначный [телеграфный]** Fünfertelegraphenkode *m*, Fünfschrittkode *m* ‖ **~/рабочий** *s.* ~ инструкций ‖ **~/радиолюбительский** Funkschlüssel *m* für den Amateurfunkverkehr ‖ **~/расширенный** erweiterterter Kode *m* ‖ **~ с автоматической коррекцией ошибок** selbstkorrigierender Kode *m* ‖ **~ с избытком (излишком) три** Drei-Exzess-Kode *m*, Drei-[er]exzeßkode *m*, Drei-Überschuß-Kode *m*, Stibitz-Kode *m* ‖ **~ с исправлением ошибок** fehlerkorrigierender Kode *m*, Fehlerkorrekturkode *m* ‖ **~ с контролем ошибок** Fehlerprüfkode *m* ‖ **~ с минимальным кодовым расстоянием** Kode *m* mit minimalem Abstand ‖ **~ с обнаружением искажений (ошибок)** Fehlererkennungskode *m*, fehlererkennender Kode *m* ‖ **~ с самопроверкой** selbstprüfender Kode *m* ‖ **~/самокорректирующийся** selbstkorrigierender Kode *m* ‖ **~/сбалансированный** symmetrischer Kode *m* ‖ **~/семиразрядный** siebenstelliger Kode *m* ‖ **~/синоптический** Wetterschlüssel *m*, Wetterkode *m* ‖ **~/станционный** Amtskennzahl *f* ‖ **~/стартстопный** *s.* ~/телетайпный ‖ **~/телеграфный** Telegraphenalphabet *n*, Telegraphenkode *m* ‖ **~/телетайпный** Fernschreibalphabet *n*, Fernschreibkode *m* ‖ **~ типа устройства** Gerätetypkode *m* ‖ **~/троичный** Ternärkode *m* ‖ **~/унитарный** unitärer Kode *m* ‖ **~/управляющий** Steuerkode *m* ‖ **~/условный** Pseudokode *m* ‖ **~ Хемминга** Hamming-Kode *m* ‖ **~/циклический** zyklischer Kode *m* ‖ **~/цифровой** numerischer (digitaler) Kode *m*, Zahlenkode *m*, Ziffernkode *m* ‖ **~/частотный** Frequenzkode *m* ‖ **~/четверичный** Quarternärkode *m* ‖ **~/четырёхразрядный** vierstelliger Kode *m* ‖ **~/числовой** Zahlenkode *m*, numerischer Kode *m* ‖ **~/число-импульсный** Impulszahlkode *m* ‖ **~/шестнадцатеричный** Hexadezimalkode *m* ‖ **~/штриховой** Strichkode *m*

кода *f* **[/сейсмическая]** *(Geoph)* [seismische] Coda *f*, Codawellen *fpl*

кодек *s.* кодер-декодер

кодер-декодер *m (Nrt)* Kodierer-Dekodierer *m*, Codec *m*

кодирование *n (Inf)* Kodierung *f*, Verschlüsselung *f* ‖ **~/абсолютное** absolute Kodierung *f* ‖ **~/алфавитное** alphabetische Kodierung *f* ‖ **~/алфавитно-цифровое** alphanumerische Kodierung *f* ‖ **~/буквенное** Buchstabenkodierung *f* ‖ **~/двоичное** binäre Kodierung *f*, Binärkodierung *f*; duale Kodierung *f*, Dualkodierung *f* ‖ **~/десятичное** dezimale Kodierung *f*, Dezimalkodierung *f* ‖ **~ двоичным кодом** Binärkodierung *f* ‖ **~ знаков** Zeichenverschlüsselung *f* ‖ **~/избыточное** redundante Kodierung *f* ‖ **~/импульсно-временное** Impulsabstandskodierung *f* ‖ **~/импульсно-групповое** Impulsgruppenkodierung *f* ‖ **~ информации** Informationskodierung *f* ‖ **~ команды** Befehlskodierung *f* ‖ **~/местное** Speicherfolgekodierung *f* ‖ **~ с сокращением избыточности** redundanzarme Kodierung *f* ‖ **~/сжатое** komprimierte Kodierung *f* ‖ **~ сообщения** Nachrichtenkodierung *f* ‖ **~/цветовое** Farbkodierung *f* ‖ **~/цифровое** Digitalkodierung *f*, digitale Kodierung *f* ‖ **~/число-буквенное** alphanumerische Kodierung *f* ‖ **~/числовое** Zahlenkodierung *f*, numerische Kodierung *f*

кодировать *(Inf)* kodieren II **~/оптимально** optimal kodieren
кодировка *f s.* кодирование
кодово-импульсный Impulskode..., Pulskode...
кодовый Kode...
кодограмма *f* kodierter (verschlüsselter) Funkspruch *m*
кодоимпульсный *s.* кодово-импульсный
кодообразование *n* Kodebildung *f*
кодопреобразователь *m* Kodewandler *m*
кожа *f* 1. Leder *n*; 2. Haut *f (unter histologischem Aspekt)*; 3. Schale *f*, Hülse *f* II **~/выделанная** unzugerichtetes Leder *n (bei den meisten Lederarten ein Halbfabrikat)* II **~/галантерейная** Galanterie- und Täschnerleder *n* II **~/жёсткая** 1. Hartleder *n (Ledertyp, z. B. Leder für Schuhsohlen und diverse technische Zwecke)*; 2. [zu] hartes Leder *n* II **~/замшевая** Sämischleder *n* II **~/искусственная** Kunstleder *n*, Lederersatz[-stoff] *m* II **~/каблучная** Absatzleder *n* II **~/краснодубная** *s.* ~ таннидного дубления II **~/лаковая** Lackleder *n* II **~/лицевая** genarbtes Leder *n* II **~/нарезная** gepreßtes (genarbtes) Leder *n* II **~/натуральная** Leder *n*; echt Leder *n (im betonten Unterschied zu Kunstleder)* II **~/обивочная** Polsterleder *n* II **~/одёжная** Bekleidungsleder *n* II **~/переплётная** Buchbinderleder *n* II **~/перчаточная** Handschuhleder *n* II **~/плотная** kerniges Leder *n* II **~/подкладочная** Futterleder *n*, Innenschaftleder *n* II **~/подошвенная** Sohlleder *n* II **~/пористая искусственная** Schaumkunstleder *n* II **~/свиная** Schweinsleder *n* II **~/стелечная** Brandsohlleder *n* II **~/сыромятная** Weißleder *n* II **~ таннидного дубления** lohgares Leder *n*, pflanzlich gegerbtes Leder *n* II **~/телячья** Kalbleder *n* II **~/техническая** technisches Leder *n* II **~/хребтовая** Kernleder *n* II **~/хромовая** *s.* ~ хромового дубления II **~ хромового дубления** Chromleder *n*, chromgares Leder *n* II **~/цельная** *s.* ~/лицевая II **~/эластичная** 1. geschmeidiges Leder *n*; 2. Softy-Leder *n* II **~/яловая** Kalbinnenhaut *f*
кожаный Leder..., ledern
кожгалантерея *f* Lederwaren *fpl*
кожевенный Gerberei..., Leder... *(auf den Lederherstellungsprozeß bezogen)*
кожевня *f* Gerberei *f (Handwerksbetrieb)*
кожзавод *m* Lederwerk *n*, Lederfabrik *f*, Gerberei *f*
кожзаменитель *m* Lederaustausch[werk]stoff *m*, Ledersubstitut *n*
кожица *f* **хлопкого семечка** *(Text)* Samenschale *f*
кожный Haut...
кожсырьё *n* Rohhäute *fpl*; Rohware *f*
кожтовары *mpl* Leder *npl (Erzeugnisse)*
кожух *m* 1. Gehäuse *n*, Käfig *m (s. unter* картер, коробка*)*; Kapsel *f*; Tasche *f*; Kasten *m*; Behälter *m*; 2. Mantel *m*, Hemd *n (s. a. unter* рубашка*)*; Haube *f*; Panzer *m*; Außenmantel *m*; Verkleidung *f* II **~/вакуумный** Vakuummantel *m* II **~ вентилятора** Ventilatorgehäuse *n* II **~/входной** Eintrittsgehäuse *n* II **~/защитный** Schutzummantelung *f*, Schutzmantel *m*, Schutzgehäuse *n*, Verkleidung *f* II **~/металлический** Metallmantel *m*, Metallummantelung *f* II **~/обогревающий** Heizmantel *m* II **~/охлаждающий** Kühlmantel *m* II **~/пылезащитный** Staubschutzmantel *m* II **~/светозащитный** Lichtschutzhaube *f* II **~/стальной** Stahlmantel *m*, Stahlgehäuse *n* II **~/теплоизоляционный** *(Wmt)* Wärmeschutzmantel *m* II **~/экранирующий** *s.* кожух-экран
кожух-экран *m* Abschirmgehäuse *n*, Abschirmmantel *m*
козёл *m* 1. Bock *m*; 2. *(Met)* Ofensau *f*, Bodensau *f*
козлина *f* Ziegenleder *n*
козлы *pl* 1. Gerüst *n*, Gestell *n*; 2. *(Bgb)* Kreuzbock *m (Bohrgeräte)* II **~/подъёмные** *(Eb)* Hebebock *m*
козырёк *m* 1. Schild *m*, Schirm *m*; Schutzblech *n*, Spritzblech *n*; 2. *(Bw)* Vordach *n (über Außentüren)*; 3. *(Met)* aufgerissenes hinteres Rohrende *n (Defekt beim Rohrziehen)* II **~/защитный** Schutzschild *m*, Schutzschirm *m* II **~/напорный** *s.* ~/передний II **~/откидной** *(Hydt)* Aufsatzklappe *f (Walzenwehr)* II **~/передний** *(Hydt)* Stauschild *m (Walzenwehr)* II **~/противосолнечный** *(Kfz)* Sonnenschutzblende *f*
коинцидентность *f* Koinzidenz *f*, Deckung *f*, Zusammenfallen *n*, Zusammentreffen *n*
койка *f (Schiff)* Koje *f* II **~/двухъярусная** Doppelstockkoje *f*
койлер *m (Text)* Drehwerk *n*, Drehtopfeinrichtung *f*
кокиль *m (Met, Gieß)* Kokille *f*, Blockform *f*, Blockkokille *f* II **~/вращающийся** Schleudergußkokille *f*, Schleudergießkokille *f* II **~ для непрерывной разливки** Stranggußkokille *f*, Stranggießkokille *f*, Kristallisator *m* II **~ для слитков** Blockkokille *f*, Blockform *f* II **~ для слябов** Brammenkokille *f* II **~ для центробежного литья** Schleudergußkokille *f*, Schleudergießkokille *f* II **~/литейный** Kokille *f*, Dauerform *f* II **~/многоместный** Mehrfachkokille *f* II **~/многопозиционный** Mehrfachkokille *f* II **~/облицованный** ausgekleidete Kokille *f* II **~/однопозиционный** Einfachkokille *f* II **~/открытый** offene Kokille *f*, Halbkokille *f* II **~/разъёмный** mehrteilige Kokille *f* II **~/фасонный** Formgußkokille *f*
кокколиты *mpl (Geol)* Kokkolithen *mpl (Kalkkörperchen organischen Ursprungs in den Ablagerungen der Tiefsee)*
коклюшка *f (Text)* Fadenträger *m*, Klöppel *m*
кокон *m* Kokon *m*, Galette *f (Seide)* II **~/двойной** Doppelkokon *m* II **~/племенной** Aufzuchtkokon *m*
кокономорилка *f*/**паровая** *(Text)* Trockenkammer *f* (Trockenraum *m*) zum Abtöten der Kokons durch Dampf
кокономотание *n (Text)* Seidenhaspelei *f*, Haspeln *n*, Abhaspeln *n (der Kokons)*
коконосушилка *f (Text)* Trockenkammer *f* (Trockenraum *m*) zum Abtöten der Kokons durch Heißluft
кокора *f* 1. *(Forst)* Rodestamm *m*; 2. *(Schiff)* Knieholz *n*
кокпит *m (Schiff)* Cockpit *n*, Plicht *f* II **~/самоотливной** selbstlenzendes Cockpit *n*, selbstlenzende Plicht *f*

кокс *m* Koks *m* || **~/антрацитный** Anthrazitkoks *m* || **~/буроугольный** Braunkohlenkoks *m* || **~ в обломках** Bruchkoks *m* || **~/высокотемпературный** Hochtemperaturkoks *m* || **~/газовый** Gaskoks *m*, Retortenkoks *m* || **~/генераторный** Generator[en]koks *m* || **~/горновой** Schmiedekoks *m* || **~/грохочёный** Siebkoks *m* || **~/доменный** Hüttenkoks *m*, metallurgischer Koks *m*, Zechenkoks *m*, Hochofenkoks *m* || **~/задувочный** Füllkoks *m*, Bettkoks *m*, Koksbett *n (Schachtofen)* || **~/каменноугольный** Steinkohlenkoks *m* || **~/крупнокусковой** grobstückiger (großstückiger) Koks *m* || **~/крупный** Großkoks *m* || **~/кузнечный** Schmiedekoks *m* || **~/литейный** Schmelzkoks *m*, Gießerei[schmelz]koks *m* || **~/мелкий** Kleinkoks *m* || **~/мелкокусковой** feinstückiger (kleinstückiger) Koks *m* || **~/металлургический** metallurgischer Koks *m*, Hüttenkoks *m*, Zechenkoks *m* || **~/низкотемпературный** Tieftemperaturkoks *m* || **~/пековый** Pechkoks *m*, Teerkoks *m* || **~/плавильный** Schmelzkoks *m* || **~/порошкообразный** Koksmehl *n* || **~ рабочей колоши** Satzkoks *m* || **~/ретортный** Gaskoks *m*, Retortenkoks *m* || **~/торфяной** Torfkoks *m* || **~/тощий** Magerkoks *m* || **~ швелевания** Schwelkoks *m*

коксик *m* Kleinkoks *m*, Koksklein *n*, Koksgrus *m*

коксобатарея *f* Koks[ofen]batterie *f*, Verkokungsbatterie *f*

коксовальный Verkokungs..., Kokungs..., Koks...

коксование *n* Verkoken *n*, Verkokung *f* || **~/высокотемпературное** Hochtemperaturverkokung *f* || **~/низкотемпературное** Tieftemperaturverkokung *f* || **~ под давлением** Druckverkokung *f* || **~/среднетемпературное** Mitteltemperaturverkokung *f*

коксовать verkoken

коксовыталкиватель *m* Koksausstoßvorrichtung *f*, Koks[aus]drückmaschine *f*

коксодробилка *f* Koksbrecher *m*

коксосортировка *f* Kokssortieranlage *f*

коксуемость *f* Verkokungsfähigkeit *f*, Verkokbarkeit *f*

коксующийся verkokungsfähig, verkokbar

кол *m* 1. Pflock *m*, Stange *f*, Pfahl *m*; 2. *(Gieß)* Führungspflock *m*, Führungspfahl *m*; 3. *(Geod)* Pflock *m*, Absteckpflock *m*, Absteckpfahl *m* || **~/нивелирный** *(Geod)* Nivellierpflock *m* || **~/пикетный** *(Geod)* Absteckpflock *m* || **~/трассировочный** *(Geod)* Markscheiderstock *m*

колба *f (Ch, El)* Kolben *m* || **~/грушеобразная** birnenförmiger Kolben *m* || **~/двугорлая** Zweihalskolben *m* || **~/дистилляционная** Destillierkolben *m* || **~ для перегонки** *s.* ~/дистилляционная || **~/зеркализированния (зеркальная)** verspiegelter Kolben *m* || **~/измерительная** *s.* ~/мерная || **~/кварцевая** Quarz[glas]kolben *m* || **~/керамическая** Keramikkolben *m* || **~/коническая** Erlenmeyer-Kolben *m* || **~/круглодонная** Rundkolben *m* || **~/ламповая** Lampenkolben *m*; Röhrenkolben *m* || **~ лампы накаливания** Glühlampenkolben *m* || **~/матированная (матовая)** Mattglaskolben *m* || **~/мерная** Meßkolben *m*, Meßflasche *f* || **~/низкогорлая** Kurzhalskolben *m* || **~/перегонная** Destillierkolben *m* || **~/плоскодонная** Stehkolben *m* || **~/стеклянная** Glaskolben *m* || **~/трёхгорлая** Dreihalskolben *m* || **~/трёхгорлая круглодонная** Dreihals-Rundkolben *m* || **~/узкогорлая** Enghalskolben *m* || **~/широкогорлая** Weithalskolben *m*

колбодержатель *m (Ch)* Haltevorrichtung *f* für Kolben *(Laborgerät)*

колбонагреватель *m (Ch)* Kolbenerhitzer *m*, Kolbenheizaggregat *n (Laborgerät)*

колебание *n* 1. *(Ph)* Schwingung *f*, Oszillation *f* *(s. a. unter* гармоника *und* колебания*)*; 2. Schwankung *f (s. a. unter* флуктуация*)* || **~/акустическое** akustische Schwingung *f* || **~/амплитудно-модулированное** amplitudenmodulierte Schwingung *f*, AM-Schwingung *f* || **~/ангармоническое** anharmonische Schwingung *f* || **~/апериодическое** aperiodische Schwingung *f* || **~/атомное** Atomschwingung *f* || **~/беспорядочное** regellose Schwingung *f* || **~/бетатронное** Betatronschwingung *f*, Kerst-Schwingung *f* || **~ блуждающей волны** Wanderwellenschwingung *f* || **~/боковое** Seitenschwingung *f* || **~/валентное** *(Ch)* Valenzschwingung *f* || **~/вековое** *(Meteo)* säkulare Schwankung *f* || **~/возбуждённое** angefachte Schwingung *f* || **~/возрастающее** anklingende (aufklingende, wachsende, anwachsende) Schwingung *f* || **~/вынужденное** erzwungene Schwingung *f*, Zwangsschwingung *f* || **~/вынужденное радиально-фазовое (синхротронное)** *(Kern)* erzwungene Synchrotronschwingung *f* || **~/высокочастотное** Hochfrequenzschwingung *f*, HF-Schwingung *f* || **~ высоты полюса** Polhöhenschwankung *f* || **~ высоты тона** Tonhöhenschwankung *f* || **~/гармоническое** harmonische Schwingung *f* || **~ географических широт** Polhöhenschwankung *f* || **~/главное** *s.* ~/нормальное || **~ давления** Druckschwankung *f* || **~/двухполосное** Zweiseitenbandschwingung *f* || **~/деформационное** *(Mech)* Deformationsschwingung *f*, Biegeschwingung *f*, Biegungsschwingung *f* || **~ зазора** *(Masch)* Spielschwankung *f* || **~/затухающее** abklingende (gedämpfte) Schwingung *f* || **~/звуковое** Schallschwingung *f* im Tonfrequenzbereich, tonfrequente Schwingung *f*, Tonfrequenzschwingung *f* || **~ звуковых частот** *s.* ~/звуковое || **~/изгибное** *s.* ~/деформационное || **~ измерительного усилия** Meßkraftschwankung *f* || **~/ионно-звуковое** Ionenschallschwingung *f*, Ionenschall *m (Plasma)* || **~/квадрупольное** Quadrupolschwingung *f* || **~/квазистационарное** quasistationäre Schwingung *f* || **~ Керста** *s.* ~/бетатронное || **~ климата** *(Meteo)* Klimaschwankung *f* || **~/когерентное** kohärente Schwingung *f* || **~/комбинационное** Kombinationsschwingung *f* || **~/крутильное** *(Mech)* Torsionsschwingung *f*, Verdreh[ungs]schwingung *f* || **~ Ленгмюра** Langmuir-Schwingung *f*, longitudinale Elektronenschwingung *f* || **~/ленгмюровское** *s.* ~ Ленгмюра || **~/линейное** *s.* ~/плоскополяризованное || **~/линейное гармоническое** lineare harmonische Schwingung *f* || **~/линейное механическое** lineare mechanische Schwingung *f* || **~/линейно-поляризованное** *s.* ~/плоскополяризованное || **~/ма-**

гнитострикционное Magnetostriktionsschwingung *f* ‖ **~/маятниковое** Pendelschwingung *f* ‖ **~/механическое** mechanische Schwingung *f* ‖ **~/модулированное** modulierte Schwingung *f* ‖ **~/модулирующее** Modulationsschwingung *f* ‖ **~/молекулярное** Molekülschwingung *f* ‖ **~ мощности** 1. *(El)* Leistungsschwankung *f*; 2. *(Kern)* Leistungsschwingung *f (des Reaktors)* ‖ **~/наводимое** induzierte Schwingung *f* ‖ **~ нагрузки** Belastungsschwankung *f*, Lastschwankung *f* ‖ **~ напряжения** Spannungsschwankung *f* ‖ **~ напряжения [в] сети** Netz[spannungs]schwankung *f* ‖ **~ напряжённости поля** Feldstärkeschwankung *f* ‖ **~/нарастающее** ansteigende (anklingende) Schwingung *f* ‖ **~/негармоническое** *s.* ~/ангармоническое ‖ **~/незатухающее** ungedämpfte (kontinuierliche) Schwingung *f* ‖ **~/нелинейное** nichtlineare Schwingung *f* ‖ **~/непрерывное** kontinuierliche Schwingung *f* ‖ **~/несинусоидальное** nichtsinusförmige Schwingung *f* ‖ **~ несущей частоты** Träger[frequenz]schwingung *f* ‖ **~/низкочастотное** Niederfrequenzschwingung *f*, NF-Schwingung *f* ‖ **~/нормальное** Normalschwingung *f*, Eigenschwingung *f*, Hauptschwingung *f*, Fundamentalschwingung *f* ‖ **~/однополосное** Einseitenbandschwingung *f* ‖ **~/основное** Grundschwingung *f* ‖ **~/паразитное** parasitäre (wilde) Schwingung *f*, Störschwingung *f* ‖ **~/периодическое** periodische Schwingung *f* ‖ **~/пилообразное** Sägezahnschwingung *f* ‖ **~/плазменное** Plasmaschwingung *f* ‖ **~ плазмы** Plasmaschwingung *f* ‖ **~/плоскополяризованное** linear polarisierte Schwingung *f*, lineare (geradlinige) Schwingung *f* ‖ **~ по энергии** Energieschwingung *f* ‖ **~/поперечное** Querschwingung *f*, Transversalschwingung *f* ‖ **~ постоянного напряжения** Gleichspannungsschwankung *f* ‖ **~/предельное** Grenzschwingung *f* ‖ **~/продольное** Längsschwingung *f*, Longitudinalschwingung *f* ‖ **~/противофазное** gegenphasige Schwingung *f*, Gegentaktschwingung *f* ‖ **~/прямолинейное** Translationsschwingung *f* ‖ **~/прямоугольное** Rechteckschwingung *f* ‖ **~/радиально-фазовое** *s.* ~/синхротронное ‖ **~/радиационное** *(Kern)* Strahlungsschwankung *f* ‖ **~ реактивности** Reaktivitätsoszillation *f* ‖ **~/резонансное** Resonanzschwingung *f*, Mitschwingung *f* ‖ **~/релаксационное** Relaxationsschwingung *f*, Kippschwingung *f* ‖ **~ решётки** Gitterschwingung *f* ‖ **~/самовозбуждённое** selbsterregte Schwingung *f* ‖ **~ сверхвысокой частоты** *s.* ~/сверхвысокочастотное ‖ **~/сверхвысокочастотное** Höchstfrequenzschwingung *f*; Superhochfrequenzschwingung *f*, SHF-Schwingung *f* ‖ **~ сверхзвуковой частоты** überhörfrequente Schwingung *f*, Ultraschallschwingung *f* ‖ **~/световое** Lichtschwingung *f* ‖ **~/свободное** freie Schwingung *f* ‖ **~ сжатия** Verdichtungsschwingung *f*, Vibrationsschwingung *f*, Druckschwingung *f* ‖ **~ силы** Kraftschwankung *f* ‖ **~/синусоидальное** Sinusschwingung *f* ‖ **~/синфазное** gleichphasige Schwingung *f*, Gleichtaktschwingung *f* ‖ **~/синхротронное** *(Kern)* Synchrotronschwingung *f* ‖ **~ скорости вращения** Drehzahlschwankung *f* ‖ **~/сложное** zusammengesetzte Schwingung *f* ‖ **~/собственное** *(Mech)* Eigenschwingung *f* ‖ **~/суточное геомагнитное** geomagnetische Tagesvariation *f (Erdmagnetfeld)* ‖ **~/сфероидальное** sphäroidale Schwingung *f (Mode der Eigenschwingung der Erde)* ‖ **~ температуры** 1. Temperaturschwankung *f*; 2. Temperaturschwingung *f* ‖ **~ тока** Stromschwankung *f* ‖ **~/тороидальное** toroidale Schwingung *f (Mode der Eigenschwingung der Erde)* ‖ **~/угловое** Drehschwingung *f* ‖ **~/ультравысокочастотное** Ultrahochfrequenzschwingung *f*, UHF-Schwingung *f* ‖ **~/ультразвуковое** *s.* ~ сверхвысокой частоты ‖ **~ уровня** 1. Niveau[stand]schwankung *f*; 2. Pegelschwankung *f*; 3. Amplitudenschwankung *f (Magnettontechnik)* ‖ **~ уровня воды** *(Hydt)* Wasserspiegelschwankung *f* ‖ **~/фазовое** *(Kern)* Phasenschwingung *f* ‖ **~/фазово-модулированное** phasenmodulierte Schwingung *f* ‖ **~/циклотронное** *(Kern)* Zyklotronschwingung *f* ‖ **~/частотно-модулированное** frequenzmodulierte Schwingung *f*, FM-Schwingung *f* ‖ **~ частоты** Frequenzschwankung *f* ‖ **~/электромагнитное** elektromagnetische Schwingung *f* ‖ **~/электронное** Elektronenschwingung *f* ‖ **~/эталонное** Normalschwingung *f*, Eichschwingung *f* ‖ **~ яркости** Helligkeitsschwankung *f*

колебания *npl* Schwingungen *fpl (s. a. unter* колебание*)* ‖ **~ Баркгаузена-Курца** *(El)* Barkhausen-Kurz-Schwingungen *fpl*, Bremsfeldschwingungen *fpl* ‖ **~ заряжённых частиц/фазовые** *(Kern)* Phasenschwingungen *fpl* ‖ **~ Земли/собственные** Eigenschwingungen *fpl* der Erde ‖ **~ земной коры/вековые** *(Geol)* säkulare Hebungen (Senkungen) *fpl (der Erdrinde)*; epirogenetische Bewegungen *fpl* ‖ **~/нестационарные случайные** *(Mech)* instationäre Zufallsschwingungen *fpl* ‖ **~/параметрические** *(Ph)* parametrische Schwingungen *fpl* ‖ **~/связанные** *(Ph)* gekoppelte Schwingungen *fpl*, Koppelschwingungen *fpl* ‖ **~ сети** *(El)* Netzschwankungen *fpl* ‖ **~/фрикционные** *(Trib)* Reibungsschwingungen *fpl* ‖ **~/циркулярно-поляризованные** *(Ph)* zirkular polarisierte Schwingungen *fpl* ‖ **~/эллиптические** elliptische Schwingungen *fpl* ‖ **~/эллиптически-поляризованные** *(Ph)* elliptisch polarisierte Schwingungen *fpl*

колебательность *f* Schwingneigung *f*, Schwingfähigkeit *f*; *(Masch)* Schwankung *f (Antriebe)* ‖ **~ системы** *(Kyb)* Schwingfähigkeit *f* des Systems

колебательный Schwingungs..., oszillierend, Oszillations...

колебаться 1. schwingen; 2. schwanken

колеблющийся schwingend, oszillierend

колеманит *m (Min)* Colemanit *m (Bormineral)*

колено *n* 1. Knie *n*; Krümmer *m (Rohr)*; Kröpfung *f (Kurbelwelle)*; Anschlußstück *n*, Schenkel *m*; 2. Krümmung *f*, Biegung *f (eines Flusses)* ‖ **~ вала** Wellenkröpfung *f*, Kurbelkröpfung *f* ‖ **~/впускное** Ansaugkrümmer *m*, Einlaßkrümmer *m* ‖ **~/всасывающее** Saugkrümmer *m* ‖ **~/входное** Eintrittskrümmer *m* ‖ **~/выпускное** Auslaßkrümmer *m*, Auspuffkrümmer *m* ‖ **~/двойное** Doppelkrümmer *m*, Doppelbogen *m* ‖ **~/литое** Gußkrümmer *m* ‖ **~/S-образное** S-

Krümmer *m* ‖ **~/V-образное** V-Rohr *n*, Doppelkrümmer *m* ‖ **~/отводное** Abflußkrümmer *m* ‖ **~/переходное** Übergangsbogen *m* ‖ **~/раструбное** Doppelmuffenkrümmer *m* ‖ **~/сдвоенное** Doppelkrümmer *m* ‖ **~ со стойкой** Fußkrümmer *m* ‖ **~ трубы** Rohrknie *n*, Rohrkrümmer *m* ‖ **~/фланцевое** Flanschkrümmer *m*

коленчатый gekröpft *(Kurbelwelle)*

колёса *npl* Räder *npl (s. a. unter* колесо*)* ‖ **~ рядового зацепления/зубчатые** Satzräder *npl* ‖ **~/рядовые** Satzräder *npl* ‖ **~/спаренные** *(Eb)* Kuppelradsätze *mpl*, gekuppelte Radsätze *mpl*

колёсный Rad...

колесо *n* Rad *n (s. a. unter* шестерня *und* колёса*)* ‖ **~/активное** Aktionsrad *n*, Gleichdruckrad *n (Dampfturbine)* ‖ **~/активное свободноструйное** Freistrahlrad *n*, Peltonlaufrad *n (Wasserturbine)* ‖ **~ активной турбины** *s.* ~/активное ‖ **~/анкерное** Ankerrad *n* ‖ **~/бандажное** *(Eb)* bandagiertes (bereiftes) Rad *n* ‖ **~ без гребня** *(Eb)* Rad *n* ohne Spurkranz, spurkranzloses Rad *n* ‖ **~/блочное** Blockrad *n* ‖ **~/большое** Großrad *n*, großes Rad *n (eines Zahnradpaares)* ‖ **~/бороздное** *(Lw)* Schleifsohle *f*, Furchenrad *n (Pflug)* ‖ **~/быстроходное рабочее** schnelläufiges Laufrad *n* ‖ **~/ведомое** Abtriebsrad *n*, getriebenes Rad *n*; getriebenes Zahnrad *n* ‖ **~/ведущее** Antriebsrad *n*, treibendes Rad *n*; treibendes Zahnrad *n*; *(Eb)* Treibrad *n (Lok)* ‖ **~/ведущее переднее** Frontantriebsrad *n* ‖ **~/верхнебойное водяное** oberschlächtiges Wasserrad *n* ‖ **~/ветряное** Windrad *n*, Flügelrad *m* ‖ **~/винтовое зубчатое** Schraubenrad *n* ‖ **~ внешнего зацепления/цилиндрическое зубчатое** Außenstirnrad *n* ‖ **~ внутреннего зацепления/цилиндрическое зубчатое** Innenstirnrad *n*, Hohlrad *n* ‖ **~/водоподъёмное** Heberad *n*, Wasserschöpfrad *n* ‖ **~/водяное** Wasserrad *n* ‖ **~/гиперболоидальное** Hyperboloidrad *n*, Hyperbelrad *n* ‖ **~/гипоидное** *(Masch)* Hypoidzahnrad *n* ‖ **~/гипоидное коническое** Hypoidkegelrad *n* ‖ **~/глобоид[аль]ное** Globoidrad *n*, globoidförmiges Rad *n* ‖ **~/горловое** Kehlrad *n (bei Hyperbelradverzahnung)* ‖ **~/двойное зубчатое** Doppelzahnrad *n* ‖ **~/двухвенечное рабочее** zweikränziges Laufrad *n (Dampfturbine)* ‖ **~/двухребортное** Doppelkranzlaufrad *n* ‖ **~/двухскатное** zweikränziges Laufrad *n (Dampfturbine)* ‖ **~/двухстороннее рабочее** Laufrad *n* mit zweiseitigem Einlauf, zweiflutiges Laufrad *n (Kreiselradpumpe)* ‖ **~/двухшевронное [зубчатое]** Doppelpfeilrad *n* ‖ **~/делительное [зубчатое]** Teilungsrad *n*, Teilzahnrad *n* ‖ **~/диагональное рабочее** Diagonal[lauf]rad *n (Kreiselpumpe; Wasserturbine)* ‖ **~/дисковое** Scheibenrad *n*, Vollrad *n* ‖ **~/желобчатое фрикционное** Rillenreibrad *n* ‖ **~/жёсткое** starres Rad *n* ‖ **~/заднее** *(Kfz)* Hinterrad *n* ‖ **~/задне-наливное водяное** oberschlächtiges Wasserrad *n (von oben beaufschlagt)* ‖ **~/заключающее** *(Text)* Einschließrad *n (französische Rundwirkmaschine)* ‖ **~/закрытое рабочее** geschlossenes Laufrad *n (Kreiselpumpe)* ‖ **~/запасное** Reserverad *n* ‖ **~/зеркальное** *(TV)* Spiegelradabtaster *m*, Spiegelrad *n* ‖ **~/зубчатое** 1. Zahnrad *n*; 2. Großrad *n (im Zahnradtrieb)* ‖ **~/измерительное** Lehrzahnrad *n* ‖ **~/импульсное** Impulsrad *n* ‖ **~ Кертиса** Curtisrad *n (Dampfturbine)* ‖ **~/клинчатое** Keilrad *n* ‖ **~/ковшовое** Löffelrad *n*, Schaufelrad *n* ‖ **~/кодовое** Impulsscheibe *f (eines Fernmelders)* ‖ **~/коническое [зубчатое]** Kegelrad *n* ‖ **~/консольное рабочее** fliegendes Laufrad *n* ‖ **~/корончатое зубчатое** Kronenrad *n* ‖ **~/косозубое [зубчатое]** Schrägzahnrad *n*, schrägverzahntes Rad *n* ‖ **~/косозубое коническое** Schrägzahnkegelrad *n*, schrägverzahntes Kegelrad *n* ‖ **~/кривозубое [зубчатое]** Kurvenzahnrad *n*, kurvenverzahntes Rad *n* ‖ **~/кривозубое коническое** Kurvenzahnkegelrad *n*, kurvenverzahntes Kegelrad *n* ‖ **~/круговое** Schleifrad *n* ‖ **~/крыльчатое** Schaufelrad *n*, Flügelrad *n* ‖ **~/кулисное** Kulissenrad *n* ‖ **~ левого вращения/рабочее** linksgängiges Laufrad *n (Kreiselradpumpe)* ‖ **~/лентопротяжное** Vorschubrad *n* ‖ **~/лобовое** Schildrad *n* ‖ **~ лопастного насоса/рабочее** Laufrad *n (Kreiselradpumpe)* ‖ **~/лопастное** Flügelrad *n*, Schaufelrad *n* ‖ **~/магнитное** Polrad *n*, Magnetrad *n* ‖ **~/малое [зубчатое]** Kleinrad *n*, Ritzel *n*, Zahnritzel *n* ‖ **~/маховое** Schwungrad *n* ‖ **~/мелющее** Schlagrad *n* ‖ **~/минутное** Minutenrad *n (elektrischer Uhren)* ‖ **~/многовенцовое** Radblock *m* ‖ **~/многоступенчатое турбинное** mehrstufiges Turbinenlaufrad *n* ‖ **~/наборное** Impulszählrad *n* ‖ **~/наливное водяное** *s.* ~/верхнебойное водяное ‖ **~/направляющее** 1. Lenkrad *n*; 2. Leitrad *n (Turbine; Kreiselpumpe)* ‖ **~/насосное** Pumpenlaufrad *n* ‖ **~/натяжное** Spannrad *n* ‖ **~/неполное зубчатое** Aussetzzahnrad *n* ‖ **~/неприводное** antriebsloses Rad *n* ‖ **~/нижнебойное водяное** unterschlächtiges Wasserrad *n* ‖ **~ низкого давления** Niederdrucklaufrad *n (Dampfturbine)* ‖ **~/обкаточное [зубчатое]** Wälz[zahn]rad *n* ‖ **~/однопоточное рабочее** einflutiges (einseitig beaufschlagtes) Laufrad *n (Kreiselpumpe)* ‖ **~/одностороннее рабочее** Laufrad *n* mit einseitigem Einlauf, einflutiges Laufrad *n (Kreiselpumpe)* ‖ **~/одноступенчатое турбинное** einstufiges Turbinenlaufrad *n (Turbine; Strömungswandler)* ‖ **~/опорное** *(Lw)* Stelzrad *n (Pflug)*; Stützrad *n (Schlepper)* ‖ **~/осевое** Axialrad *n (Strömungsmaschine)* ‖ **~/открытое рабочее** offenes Laufrad *n (Kreiselpumpe)* ‖ **~/паразитное [зубчатое]** Zwischen[zahn]rad *n* ‖ **~ Пельтона** Peltonrad *n*, Löffelrad *n (Peltonturbine)* ‖ **~ перебора/зубчатое** Vorgelegerad *n* ‖ **~/передаточное** Getrieberad *n* ‖ **~ передачи** Getrieberad *n* ‖ **~/передвижное [зубчатое]** Schiebe[zahn]rad *n*, verschiebbares Rad (Zahnrad) *n* ‖ **~/переднее** *(Kfz)* Vorderrad *n* ‖ **~/печатающее литерное** Typenrad *n*, Druckrad *n* ‖ **~/планетарное [зубчатое]** Planeten[zahn]rad *n*, Umlaufrad *n* ‖ **~/плоское [зубчатое]** Plan[zahn]rad *n* ‖ **~ подачи/зубчатое** Vorschubritzel *n* ‖ **~ подачи/сменное** Vorschubwechselrad *n* ‖ **~/подающее** Vorschubrad *n* ‖ **~/поддерживающее** *(Bw)* tragendes Rad *n (einer Drehbrücke)* ‖ **~/подливное водяное** *s.* ~/нижнебойное водяное ‖ **~/подрессоренное** [ab]gefedertes Rad *n* ‖ **~/подъёмное** *(Hydt)* Heberad *n*

II ~ покоя Ruherad *n (Uhr)* II **~/полевое** *(Lw)* Landrad, Stützrad *n (Pflug)* II **~/полое** Hohlrad *n* II **~/полуосевое рабочее** halbaxiales Laufrad *n*, Diagonalrad *n* II **~ правого вращения/рабочее** rechtsgängiges Laufrad *n (Kreiselpumpe)* II **~/прессовое** *(Text)* Preßrad *n (französische Rundwirkmaschine)* II **~/прецизионное зубчатое** Präzisions[zahn]rad *n* II **~/приводное [зубчатое]** Antriebs[zahn]rad *n* II **~/приводящее [зубчатое]** Erzeugungsrad *n*, erzeugendes Rad *n* II **~/промежуточное [зубчатое]** Zwischen-[zahn]rad *n* II **~/промежуточное сменное** Zwischenwechselrad *n* II **~/пропеллерное рабочее** Propeller[lauf]rad *n (Propellerturbine; Axialpumpe)* II **~/прямозубое [зубчатое]** Geradzahnrad *n*, geradverzahntes Rad *n* II **~/рабочее** 1. Arbeitsrad *n*; 2. *(Hydr)* Laufrad *n (Sammelbegriff für Pumpen-, Verdichter- und Turbinenlaufräder)*; 3. Prüfrad *n* II **~/рабочее зубчатое** Arbeitsrad *n* II **~/рабочее лопастное** Schleuderrad *n (Pumpe)* II **~/радиальное** Radialrad *n (Strömungsmaschine)* II **~/радиальное рабочее** Laufradgitter *n* radialer Bauart II **~/радиально-осевое** Francis-Laufrad *(Wasserturbine)* II **~/разъёмное** geteiltes Rad *n* II **~/реактивное** Überdrucklaufrad *n*, Reaktionsrad *n (Überdruckturbine)* II **~ реактивной турбины/рабочее** Überdruckturbinenlaufrad *n* II **~/реечное [зубчатое]** Zahnstangenrad *n* II **~/рулевое** *(Kfz)* Lenkrad *n* II **~ с внешними зубьями** außenverzahntes Zahnrad *n*, Außen[zahn]rad *n* II **~ с внутренними зубьями** innenverzahntes Zahnrad *n*, Innen[zahn]rad *n* II **~ с выштампованными спицами/дисковое** *(Kfz)* Scheibenspeichenrad *n* II **~ с зацеплением Новикова/зубчатое** Zahnrad *n* mit Novikov-Verzahnung II **~ с кольцевыми прорезями/дисковое** *(Kfz)* Schlitzscheibenrad *n*, Lochscheibenrad *n* II **~ с отрицательным смещением профиля/зубчатое** Zahnrad *n* mit negativer Profilverschiebung II **~ с паллоидным зацеплением/коническое** Palloidkegelrad *n* II **~ с положительным смещением профиля/зубчатое** Zahnrad *n* mit positiver Profilverschiebung II **~ с проволочными спицами** *(Kfz)* Drahtspeichenrad *n* II **~ с эвольвентной линией зуба/коническое зубчатое** Klingelnberg-Palloidspiralkegelrad *n* II **~/сателлитное** Planeten[zahn]rad *n* II **~/сегнерово** *(Brau)* schottisches Drehkreuz *n (Überschwänzvorrichtung im Läuterbottich)* II **~/секторное** Segmentrad *n* II **~/сменное [зубчатое]** Wechselrad *n* II **~ со смещением** Rad *n* mit Profilverschiebung, profilverschobenes Rad *n*, V-Rad *n* II **~ со спиральными зубьями/коническое** *s.* ~/спирально-коническое II **~ со съёмным ободом/литое спицевое** *(Kfz)* Stahlgußspeichenrad *n* mit lösbarer Felge II **~/солнечное** *s.* ~/центральное [зубчатое] II **~/сопряжённое [зубчатое]** Gegen[zahn]rad *n*, gepaartes Rad (Zahnrad) *n* II **~/составное** geteiltes Rad *n* II **~/спаренное** Kuppelrad *n* II **~/спирально-коническое** Spiral[zahn]kegelrad *n*, spiralverzahntes Kegelrad *n* II **~/спицевое** *(Eb, Kfz)* Speichenrad *n* II **~/сплошное дисковое** *(Kfz)* Vollscheibenrad *n* II **~/спусковое** Sperrad *n* II **~/среднебойное водяное** mittelschlächtiges Wasserrad *n* II **~/среднее** Mittelrad *n*, mittleres Rad *n* II **~/ступенчатое зубчатое** stufenverzahntes Zahnrad *n*, Stufenzahnrad *n* II **~/счётное** Zählrad *n* II **~/тарельчатое коническое [зубчатое]** Plankegelrad *n* II **~ типа моноблок** *(Eb)* Vollrad *n*, Monoblockrad *n* II **~/типовое** Typenrad *n (Drucker)* II **~/тихоходное радиально-осевое** langsamläufiges Radialrad *n*, Francis-Langsamläufer *m (Wasserturbine)* II **~/тормозное** Bremsrad *n* II **~/турбинное** *(Hydr)* Turbinenlaufrad *n (Turbinen; Strömungskupplung, Strömungswandler)* II **~/тяговое** Haspelrad *n* II **~/узорообразующее** *(Text)* Musterrad *n* II **~ Френсиса/тихоходное** Francis-Langsamläuer *m (Wasserturbine)* II **~/фрикционное** Reibrad *n* II **~/фрикционное коническое** Kegelreibrad *n* II **~/ходовое** Gangrad *n*, Laufrad *n* II **~/холостое** leer mitlaufendes Rad *n* II **~/храповое** Sperrad *n*, Schaltrad *n (Klinkenschaltwerk)* II **~/цевочное** Triebstock-[zahn]rad *n* II **~/цельное** Vollrad *n (aus einem Stück gefertigt)* II **~/цельнокатаное** *(Eb)* Vollrad *n* II **~/центральное [зубчатое]** Zentral-[zahn]rad *n*, Sonnenrad *n* II **~/ценное** Kettenrad *n*, Kettenstern *m* II **~/цилиндрическое [зубчатое]** Stirnrad *n* II **~/цилиндрическое косозубое [зубчатое]** schrägverzahntes Stirnrad *n*, Schrägstirnrad *n* II **~/цилиндрическое кривозубое [зубчатое]** bogenverzahntes Stirnrad *n* II **~/цилиндрическое круговое** kreisbogenverzahntes Stirnrad *n* II **~/цилиндрическое прямозубое** geradverzahntes Stirnrad *n*, Geradstirnrad *n* II **~/часовое** Stundenrad *n (elektrischer Uhren)* II **~/червячное [зубчатое]** Schneckenrad *n* II **~/черпальное** Schöpfrad *n*, Heberad *n* II **~/швыряльное** *(Lw)* Schleuderrad *n*, Wurfrad *n* II **~/шевронное [зубчатое]** Pfeil-[zahn]rad *n*, pfeilverzahntes Rad *n* II **~/шевронное коническое** Pfeil[zahn]kegelrad *n*, pfeilverzahntes Kegelrad *n* II **~/шевронное цилиндрическое** Pfeil[zahn]stirnrad *n*, pfeilverzahntes Stirnrad *n* II **~/штурвальное** *(Schiff)* Steuerrad *n* II **~/эвольвентное [зубчатое]** Evolventen[zahn]rad *n* II **~/эталонное [зубчатое]** Meister[zahn]rad *n*

колесо-сателлит *m (Masch)* Umlaufrad *n*, Planeten[zahn]rad *n*

колея *f (Eb)* Fahrspur *f*; *(Kfz)* Spur *f*, Spurweite *f* II **~/дорожная** Radspur *f* II **~/метровая** *(Eb)* Meterspur *f* II **~/нормальная** *(Eb)* Normalspur *f (1435 mm)* II **~/рельсовая** Gleis *n* II **~/технологическая** *(Lw)* Regelspur *f*, Leitspur *f*, Fahrgasse *f*, Fahrspur *f* II **~/узкая** *(Eb)* Schmalspur *f (unter 1435 mm)* II **~/широкая** *(Eb)* Breitspur *f (über 1435 mm)*

количественный quantitativ, mengenmäßig, Mengen…

количество *n* Anzahl *f*, Menge *f*, Quantum *n*, Quantität *f*, Betrag *m*; Größe *f* II **~ вещества** *s.* ~ молей II **~ витков** *(El)* Windungszahl *f* II **~ включений** *(El)* Schaltzahl *f* II **~ данных** Datenmenge *f* II **~ движения** *(Mech)* Bewegungsgröße *f*, Impuls *m* II **~ движения/обобщённое** generalisierte Bewegungsgröße *f*, generalisierter Impuls *m* II **~ движения системы** Bewegungsgröße *f* eines Systems II **~ информации** Nachrichtenvolumen *n*, Nachrichtenmenge *f* II **~ кислот/общее** Gesamtsäure *f* II **~ конденсата**

(Wmt) Kondensatmenge *f* ‖ **~/максимально-допустимое** maximal erreichbare Menge *f* ‖ **~ молей** *(Ch, Ph)* Stoffmenge *f*, Molmenge *f* ‖ **~/недостаточное** unzureichende Menge *f*, Unterschuß *m* ‖ **~ осадков** *(Meteo)* Niederschlagsmenge *f*, Niederschlagshöhe *f* ‖ **~/отбираемое** Entnahmemenge *f (z. B. Dampf)* ‖ **~ переключений** *(El)* Schaltzahl *f* ‖ **~ переключений в единицу времени** Schaltzahl *f* je Zeiteinheit, Schalthäufigkeit *f* ‖ **~ разрядов** *(Inf)* Stellenanzahl *f* ‖ **~ света** Lichtmenge *f*, Lichtarbeit *f*, Lichtenergie *f (Photometrie)* ‖ **~/следовое** Spur *f (sehr geringe Menge)* ‖ **~/среднее** Durchnittsmenge *f*; durchschnittliche (mittlere) Anzahl *f* ‖ **~ строк [разложения]** *(TV)* Zeilenzahl *f* ‖ **~ стружки** *(Fert)* Spanmenge *f* ‖ **~ тепла** Wärmemenge *f* ‖ **~ флегмы** Rücklaufmenge *f (Destillation)* ‖ **~/эквивалентное** Äquivalentmenge *f* ‖ **~ энергии** Energiemenge *f*

колкость *f* Spaltbarkeit *f (Holz)*

коллапс *m* Zusammensturz *m*, Einsturz *m*, Kollaps *m* ‖ **~/гравитационный** Gravitationskollaps *m*

коллектор *m* 1. Kollektor *m*, Sammler *m*; 2. Sammelbehälter *m*, Sammelkasten *m*; Sammelgefäß *n*, Sammelbottich *m*; 3. Sammelleitung *f*, Sammelrohr *n*; *(El)* Sammelkanal *m*, begehbarer Leitungstunnel *m*; 4. *(El)* Kommutator *m*, Stromwender *m*; Ladungsabnehmer *m (beim Bandgenerator)*; 5. *(Eln)* Kollektor *m*, Kollektorelektrode *f*, Elektronenauffänger *m*, Auffangelektrode *f (Lauffeldröhre)*; Kollektorzone *f (Halbleiter)*; Kollektoranschluß *m (Halbleiter)*; 6. *(Bw, Hydt)* Sammelleitung *f*, Sammelrohr *n*; Sammelkanal *m*, Kollektor *m (Kanalisation)*; 7. *(Geol)* Speichergestein *n (Erdöl, Erdgas)*; 8. Dampfsammler *m (Kesselanlage)* ‖ **~/водяной** Wassersammler *m*; Untertrommel *f (Dampfkessel)* ‖ **~/воздушный** Windring *m*, Windmantel *m*, Windkorb *m (Gießereischachtofen)* ‖ **~/впускной** Ansaugtopf *m*, Ansaugsammelleitung *f (Verbrennungsmotor)* ‖ **~/входной** Eintrittssammler *m (Dampfkessel)* ‖ **~/выпускной** Auspufftopf *m (Verbrennungsmotor)* ‖ **~/газовый** 1. Gassammelleitung *f*, Gassammelkanal *m*, Gasfang *m*; Gasverteilerleitung *f*; 2. *(Bgb)* Gasspeicher *m*, Gasspeichergestein *n*; 3. *s.* ~/распределительный ‖ **~/газосборный** *s.* газосборник ‖ **~ горячей смеси** Gemischverteiler *m (Verbrennungsmotor)* ‖ **~/зернистый** *(Geol)* granularer Speicher *m (Erdöl, Erdgas)* ‖ **~/кабельный** *(El)* Kabelsammelkanal *m* ‖ **~/канализационный** *(Bw)* Kanalisationssammelkanal *m* ‖ **~нефти** *(Geol)* Erdölspeicher *m*, Erdölspeichergestein *n*, Erdölkollektor *m* ‖ **~/общий** *(Bw)* Sammelkanal *m (Bewässerung)* ‖ **~/паровой** Dampfsammler *m*; Obertrommel *f (Dampfkessel)* ‖ **~ пыли** Staubsammler *m*, Staubfänger *m*, Staubfang *m* ‖ **~/распределительный** Verteilerleitung *f*, Verteiler *m* ‖ **~/сборный** Sammelleitung *f* ‖ **~/сточный** *(Bw)* Abwasserkanal *m*, Abwasserkollektor *m* ‖ **~/точечный** *(El)* Spitzenkollektor *m*

коллектор-коммутатор *m (El)* Unterbrecherkommutator *m*

коллиматор *m* 1. *(Opt, Astr)* Sucherfernrohr *n*, Sucher *m*; 2. *(Kern)* Kollimator *m*

коллимация *f (Opt, Kern)* Kollimation *f*, Bündelung *f*, Ausblendung *f (eines Strahlenbündels)*

коллинеарность *f (Math)* Kollinearität *f*

коллинеация *f (Math)* Kollineation *f*

коллоид *m (Ch)* Kolloid *n* ‖ **~/защитный** Schutzkolloid *n* ‖ **~/молекулярный** Molekülkolloid *n* ‖ **~/необратимый** irresolubles (irreversibles) Kolloid *n* ‖ **~/обратимый** resolubles (reversibles) Kolloid *n* ‖ **~/почвенный** Bodenkolloid *n*

коллоидно-дисперсный *(Ch)* kolloiddispers

коллоидно-растворимый *(Ch)* kolloidlöslich

коллоидный *(Ch)* kolloid[al], Kolloid...

коллоидообразование *n (Ch)* Kolloidbildung *f*

коллювий *m (Geol)* Kolluvium *n (Ablagerungen bei Hangabtragung)*

коловорот *m (Wkz)* Bohrwinde *f*

кологарифм *m (Math)* negativer Logarithmus *m*

колода *f* 1. *(Inf)* Stapel *m*, Packen *m (Lochkarten)*; 2. *(Led)* Gerberbaum *m* ‖ **~/объектная** Objektkartensatz *m*

колодец *m* 1. Brunnen *m*; Schacht *m*; 2. *(Nrt)* Kabelschacht *m*; 3. Tiefofen *m* ‖ **~/абиссинский** *(Hydt)* Abessinierbrunnen *m*, Rammbrunnen *m* ‖ **~/артезианский** *(Hydt)* artesischer Brunnen *m* ‖ **~/береговой** *(Hydt)* Uferbrunnen *m (unmittelbare Brauchwasserentnahme am Ufer fließender und stehender Gewässer)* ‖ **~/вводный кабельный** *(El)* Einführungskabelschacht *m* ‖ **~/вертлюжный** *(Bgb)* Rattenloch *n*, Kellyloch *n (Bohrung)* ‖ **~/водобойный** *(Hydt)* Tosbecken *n*, Sturzbecken *n (Wehr)* ‖ **~/водозаборный** *(Hydt)* Wasserhaltungsbrunnen *m*; Entnahmebrunnen *m* ‖ **~/водосборный коллекторный** *(Hydt)* Sammelschacht *m* ‖ **~/грунтовой** Schüttbrunnen *m (Eimerkettenschwimmbagger)* ‖ **~/естественный** *s.* ~/карстовый ‖ **~/забивной** *s.* ~/абиссинский ‖ **~/кабельный** *(El)* Kabelschacht *m* ‖ **~/карстовый** *(Geol)* Karstbrunnen *m* ‖ **~ картера** Ölsumpf *m (Verbrennungsmotor)* ‖ **~/компенсационный** Steigrohr *n* (Brunnen *m*) der Korrektionseinrichtung *(Vergaser)* ‖ **~/мелкотрубчатый** *s.* ~/абиссинский ‖ **~/многоместный** *(Met)* Kammertiefofen *m*, Herdtiefofen *m*, Mehrzellentiefofen *m* ‖ **~/нагревательный** *(Met)* Tiefofen *m*, Ausgleichsofen *m*, Schachtglühofen *m* ‖ **~/[нагревательный] неотапливаемый** *(Met)* unbeheizter Tiefofen *m*, Wärmeausgleichsgrube *f*, Durchweichgrube *f* ‖ **~/неполный (несовершенный)** *(Hydt)* unvollkommener Brunnen *m* ‖ **~/одноместный** *(Met)* Zellentiefofen *m*, Einzellentiefofen *m* ‖ **~/опускной** *(Hydt)* Senkbrunnen *m* ‖ **~/осадочный** *(Hydt)* Absetzbrunnen *m*, Klärbrunnen *m* ‖ **~/осушительный** *(Schiff)* Lenzbrunnen *m* ‖ **~/отапливаемый [нагревательный]** *(Met)* beheizter (heizbarer) Tiefofen *m* ‖ **~/перепадной** *(Hydt)* Absturzschacht *m*; Überfallbauwerk *n* ‖ **~/петлевой** *(Wkz)* Schlingengrube *f*, Schlingenschacht *m* ‖ **~/поглотительный (поглощающий)** *(Hydt)* Sickerbrunnen *m*, Sickergrube *f* ‖ **~/полный** *s.* ~/совершенный ‖ **~/промывной** Spülschacht *m* ‖ **~/разветвительный кабельный** *(El)* Abzweigkabelschacht *m*, abzweigender Kabelschacht *m* ‖ **~/регенеративный [нагревательный]** *(Met)* Regenerativ-Tiefofen *m*, Tiefofen *m* mit Regenerativfeuerung ‖ **~/рекуперативный нагревательный** *(Met)* Rekuperativ-Tiefofen *m*, Tiefofen *m* mit Rekuperativfeuerung ‖ **~/сборный** *(Hydt)* Sammelbrunnen *m* ‖ **~/смотровой** Revisionsschacht *m*, Kanalschacht *m*, Kontrollschacht *m* ‖ **~/совершенный** *(Hydt)* vollkommener Brunnen *m* ‖ **~/сточный** 1. Abflußschacht *m*; 2. *(Schiff)* Lenzbrunnen *m* ‖ **~/томильный** 1. *(Met)* Tiefofen *m*; 2. *(Gieß)* Schachtglühofen *m* ‖ **~/трубчатый** *(Hydt)* Bohrbrunnen *m*, Rohrbrunnen *m* ‖ **~/угловой кабельный** *(El)* Kabelschacht *m* an Winkelpunkten ‖ **~ холостого хода** *(Kfz)* Leerlaufrohr *n (Vergaser)* ‖ **~/шахтный** Schachtbrunnen *m*, Kesselbrunnen *m* ‖ **~/эмульсионный** *(Kfz)* Gemischraum *m (Verbrennungsmotor)* ‖ **~/эмшерский** *(Bw)* Emscherbrunnen *m*, Imhoffbrunnen *m (Abwasserkläranlage)*

колодец-печь *m (Met)* Tiefofen *m*

колодец-фильтр *m (Hydt)* Filterbrunnen *m*

колодка *f* 1. Klotz *m*; Knagge *f*; 2. *(Masch)* Bakken *m*, Backe *f*; 3. *(Text)* Halter *m (Hechelmaschine)*; 4. Halterung *f* ‖ **~/висячая штепсельная** *(El)* Hängesteckdose *f* ‖ **~/зажимная** 1. *(Masch)* Klemmbacke *f*; 2. *(El)* Klemmenleiste *f*, Klemmenbrett *n* ‖ **~/контактная** *(El)* Kontaktklotz *m* ‖ **~ подшипника** *(Masch)* Lagerklotz *m (Gleitlager)*; Lagersegment *n* ‖ **~/прессовая** *(Gieß)* Preßhaupt *n*, Preßholm *m*, Preßklotz *m*, Preßplatte *f* ‖ **~ с гнёздами** *(El)* Steckbuchsenleiste *f*, Buchsenleiste *f* ‖ **~ с зажимами** *s.* ~/зажимная 2. ‖ **~/самоустанавливающаяся** *(Masch)* Kippsegment *n (Drucklager)* ‖ **~/скользящая** *(Masch)* Gleitbacke *m* ‖ **~/тормозная** 1. *(Kfz)* Bremsbacken *m*; 2. *(Eb)* Bremsklotz *m* ‖ **~/упорная** *(Masch)* Druckklotz *m (Lager)*

колодочка *f (Led)* 1. Formschablone *f*; 2. Tischschere *f (für Handbetrieb)*

колок *m (Text)* Schlagstift *m (Putzerei)*

колокол *m* Glocke *f* ‖ **~/водолазный** Tauch[-er]glocke *f* ‖ **~ громкого боя** *(Schiff)* Alarmglocke *f* ‖ **~/измерительный** Meßglocke *f* ‖ **~/ловильный** *(Bgb)* Fangglocke *f (Bohrung)* ‖ **~ погружения** *(Gieß)* Tauchglocke *f*, Tauchbehälter *m (Modifizieren, Reinigen)* ‖ **~/погружной** *s.* ~/погружения ‖ **~/разделительный** Abscheideglocke *f* ‖ **~/судовой** Schiffsglocke *f*

колонка *f* 1. Säule *f*; Ständer *m (s. a. unter* колонна*)*; 2. *(Bgb)* Kern *m*, Bohrkern *m*; 3. *(Typ)* Spalte *f*; 4. *(Led)* Säulennähmaschine *f* ‖ **~/бензозаправочная (бензораздаточная)** Tanksäule *f* ‖ **~ Бруна/тарельчатая** *(Ch)* Bodenkolonne *f* nach Bruun, Bruun-Kolonne *f* ‖ **~ Видмера** *(Ch)* Glasspiralkolonne *f* nach Widmer, Widmer-Kolonne *f* ‖ **~/винтовая** *s.* ~/распорная ‖ **~/винторулевая** *(Schiff)* Schwenkpropelleranlage *f*, Ruderpropeller *m* ‖ **~/гидравлическая** *(Eb)* Wasserkran *m* ‖ **~ громкоговорителей** *(Rf)* Lautsprecherbox *f* ‖ **~/грузовая** *(Schiff)* Ladepfosten *m* ‖ **~/заправочная** Tanksäule *f* ‖ **~ изоляторов** Isolatorsäule *f* ‖ **~/ионная** Ionenkomplex *m* ‖ **~/ионообменная** Ionenaustauschsäule *f* ‖ **~/капиллярная** Kapillarsäule *f (Chromatographie)* ‖ **~/керновая** *(Bgb)* Kernrohr *n (Tiefbohrtechnik)* ‖ **~/коммутационная** *(El)* Schaltsäule *f* ‖ **~/лабораторная** *(Ch)* Labor[atoriums]kolonne *f* ‖ **~/направляющая** *(Wkzm)* Führungssäule *f* ‖ **~/насадочная** gepackte (gefüllte) Trennsäule *f (Chromatographie)* ‖ **~/плёночная** *(Ch)* Dünnschichtdestillator *m* ‖ **~/поворотная** *(Schiff)* Lenkpropeller *m*, Ruderpropeller *m*, Lenksäule *f*, Z-Antrieb *m*, Wendepropeller *m* ‖ **~/поворотно-винтовая** *s.* ~/винторулевая ‖ **~/поглотительная** *(Ch)* Absorptionsturm *m*, Chlorcalciumtrockenturm *m (Laborgerät)* ‖ **~ продолжения** *(Inf)* Fortsetzungsspalte *f* ‖ **~/прямая** gestreckte Trennsäule *f (Chromatographie)* ‖ **~/рабочая** Meßsäule *f (Chromatographie)* ‖ **~/распорная [буровая]** *(Bgb)* Bohrspreize *f*, Spannsäule *f (für Bohrhämmer)* ‖ **~/реакционная** *(Ch)* Reaktionsturm *m*; Reaktionsofen *m (Bergius-Verfahren)* ‖ **~/ректификационная лабораторная** *(Ch)* Laborrektifizierkolonne *f* ‖ **~/рулевая** 1. *(Schiff)* Steuersäule *f*, Steuerstand *m*; 2. *(Kfz)* Lenksäule *f* ‖ **~ с насадкой** *(Ch)* Füllkörperkolonne *f*; Füllkörpersäule *f* ‖ **~/спиральная** spiralige Trennsäule *f*, Säulenspirale *f (Chromatographie)* ‖ **~/сравнительная** Vergleichssäule *f (Chromatographie)* ‖ **~ станины** *(Masch)* Ständersäule *f* ‖ **~/топливораздаточная** Kraftstoffzapfsäule *f* ‖ **~/храповичная буровая** *(Bgb)* Ratschenbohrsäule *f* ‖ **~/хроматографическая** chromatographische Säule *f*, Chromatographiesäule *f*, Trennsäule *f* ‖ **~ штурвала** *s.* ~/штурвальная ‖ **~/штурвальная** 1. *(Schiff)* Steuersäule *f*, Steuerstand *m*; 2. *(Flg)* Steuersäule *f* ‖ **~/экстракционная** *(Ch)* Extraktionskolonne *f*

колонна *f* 1. Säule *f (s. a. unter* колонка*)*; Pfeiler *m*; 2. *(Wkzm)* Säule *f*; Ständer *m*; Kastenständer *m*; 3. *(Ch)* Kolonne *f*, Turm *m*; 4. *(Bgb)* Rohrtour *f*, Rohrstrang *m (Bohren)* ‖ **~/абсорбционная** *(Ch)* Absorptionskolonne *f*, Absorptionsturm *m* ‖ **~/аммиачная** *(Ch)* Ammoniakwäscher *m*; Ammoniaksyntheseofen *m*, Ammoniakkontaktofen *m (Haber-Bosch-Verfahren)* ‖ **~/бражная** *(Ch)* Maischekolonne *f*, Maischesäule *f* ‖ **~/бурильная** *(Bgb)* Bohr[gestänge]-strang *m*, Bohrgestänge *n* ‖ **~ бурильных труб** *s.* ~/бурильная ‖ **~/буровая** *s.* ~/бурильная ‖ **~ буровых труб** *s.* ~/бурильная ‖ **~/вакуумдистилляционная** *(Ch)* Vakuumdestillationskolonne *f* ‖ **~/витая** *(Bw)* Schlangensäule *f* ‖ **~/водозакрывающая** *(Bgb)* wassersperrende Rohrtour *f (Bohrung)* ‖ **~/гибкая** *(Bw)* schlanke Säule *f*, schlanker Pfeiler *m* ‖ **~/грузовая** *(Schiff)* Ladepfosten *m* ‖ **~/двухветвенная** *(Bw)* zweistielige Stütze *f*, Gliederstütze *f* ‖ **~/дистилляционная** *(Ch)* Destillationskolonne *f*, Destillierkolonne *f*, Destilliersäule *f* ‖ **~/диффузионная** Diffusionsturm *m (Zuckergewinnung)* ‖ **~/защемлённая** *(Bw)* eingespannte Stütze *f* ‖ **~/ионообменная** *(Ch)* Ionenaustauschsäule *f* ‖ **~/исчерпывающая** *(Ch)* Abtriebskolonne *f* ‖ **~/карбонизационная** *(Ch) s.* ~/осадительная ‖ **~/колпачковая** *(Ch)* Glockenbodenkolonne *f* ‖ **~/конденсаторная** *(El)* Kondensatorsäule *f* ‖ **~/консольная** *(Bw)* Konsolstütze *f* ‖ **~ коробчатой формы** *(Wkzm)* Kastenständer *m* ‖ **~/крайняя** *(Bw)* Randstütze *f* ‖ **~/круглая** Rundsäule *f* ‖ **~/люттерная** *(Ch)* Lutterkolonne *f* ‖ **~/многокамерная** *(Ch)* Mehrkammerkolonne *f* ‖ **~/многотрубчатая** *(Ch)* Rohrbündelkolonne *f* ‖ **~/направляющая** *(Bgb)* Leitrohrtour *f (Bohrung)* ‖ **~/насадочная** *(Ch)* Füllkörperkolonne *f* ‖ **~/обсадная** *(Bgb)* Rohrtour *f*; Futterrohrtour *f*, Verrohrung *f (Bohrung)* || **~/опережающая** *(Bgb)* vorauseilende Verrohrung *f (Schlagbohren)* || **~/опорная** *(Bw)* Stütze *f*, Tragsäule *f* || **~/осадительная** *(Ch)* Fällkolonne *f*, Karbonisierungskolonne *f* || **~/отбелочная** *(Ch)* Bleichkolonne *f* || **~/отмывочная** *(Ch)* Waschturm *m*, Waschkolonne *f*, Wäscher *m*, Wascher *m* || **~/перегонная** *(Ch)* Destillationskolonne *f*, Destillierkolonne *f*, Destilliersäule *f* || **~/поворотная** Drehsäule *f (Säulendrehkran)* || **~/поглотительная** *(Ch)* Absorptionskolonne *f*, Absorptionsturm *m* || **~/поглотительная насадочная** *(Ch)* Absorptionsfüllkörperkolonne *f* || **~/подающая** *(Wkzm)* Vorschubsäule *f* || **~/подкрановая** Kranbahnstütze *f*; Kransäule *f* || **~/подъёмная** Hubsäule *f* || **~/потайная** *(Erdöl)* verlorene Rohrtour *f (Bohrung)* || **~ предкатализа** *(Ch)* Vorkatalysekolonne *f* || **~/промежуточная** *(Erdöl)* Zwischenrohrtour *f*; technische Rohrtour *f (Bohrung)* || **~/пучковая** *(Bw)* Bündelsäule *f*, Bündelpfeiler *m* || **~/разделительная** *(Ch)* Trennkolonne *f*, Trennsäule *f* || **~/распылительная** *(Ch)* Sprühkolonne *f*, Sprühturm *m* || **~/реакционная** *(Ch)* Reaktionsturm *m* || **~/ректификационная** *(Ch)* Rektifizierkolonne *f*, Rektifiziersäule *f* || **~/решетчатая** 1. *(Ch)* Gitterbodenkolonne *f*, Turbogridkolonne *f*; 2. *(Bw)* Fachwerkstütze *f* || **~/решетчатая безраскосная** *(Bw)* strebenlose Fachwerkstütze *f* || **~/роторная** *(Ch)* Kolonne *f* mit rotierendem Einsatz, Drehscheibenkolonne *f* || **~ с колпачковыми тарелками** *(Ch)* Glockenbodenkolonne *f* || **~/сплошная** *(Bw)* Vollprofilstütze *f* || **~/средняя** *(Bw)* Mittelstütze *f* || **~/тампонажная** *(Bgb)* wassersperrende Rohrtour *f (Bohrung)* || **~/тарельчатая** *(Ch)* Bodenkolonne *f* || **~/тепловая [графитовая]** *(Kern)* thermische Säule (Grube) *f*, Graphitsäule *f* || **~/техническая** *(Bgb)* technische Rohrtour *f*; Zwischenrohrtour *f (Bohrung)* || **~/тюбинговая** *(Bgb)* Tübbingsäule *f (Schachtausbau)* || **~/укрепляющая** *(Ch)* Verstärkungskolonne *f* || **~/ходовая** *(Bgb)* nacheilende Verrohrung *f (Bohrung)* || **~/шарнирная** *(Bw)* Pendelstütze *f* || **~/щелевая** Engspaltkolonne *f (Destillation)* || **~/эксплуатационная** *(Erdöl)* Förderkolonne *f*, Förder[rohr]tour *f*, Produktionsrohrtour *f (Bohrung)* || **~/экстракционная** *(Ch)* Extraktionskolonne *f* || **~/эпюрационная** 1. *(Ch)* Vorlaufkolonne *f*; 2. *(Gum)* Scheidungskolonne *f*

колонна-стабилизатор *f (Erdöl)* Stabilisationskolonne *f*

колонштейн *m* Hebestift *m (einer mechanischen Uhr)*

колориметр *m* 1. *(Ch)* Kolorimeter *n*; 2. *(Opt)* Chrom[at]ometer *n*, Farbmesser *m*, Farbmeßgerät *n* || **~/дифференциальный фотоэлектрический** lichtelektrisches Differentialkolorimeter *n* || **~/компенсационный** Kompensationskolorimeter *n* || **~ погружения** Tauchkolorimeter *n* || **~/трёхцветный** Dreifarbenmeßgerät *n* || **~/фотоэлектрический** lichtelektrisches Kolorimeter *n*

колориметрировать kolorimetrieren, kolorimetrisch bestimmen

колориметрия *f* 1. *(Ch)* Kolorimetrie *f*; 2. *(Opt)* Farbmetrik *f*; Farbmeßtechnik *f*

колор-индекс *m (Astr)* Farb[en]index *m*

колор-эксцесс *m s.* избыток цвета

колосник *m* Rost *m*; Roststab *m (Feuerung)* || **~/балочный** *s.* ~/брусчатый || **~/брусчатый** balkenförmiger Roststab *m*, gerader Planroststab *m* || **~/двойной** Doppelroststab *m*, Zwillingsroststab *m* || **~/дожигательный** Ausbrennroststab *m* || **~/змеевиковый** Schlangenroststab *m* || **~/качающийся** Schwingroststab *m*; Kipprost *m* || **~/крайний** Endroststab *m* || **~/маятниковый** Pendelrost *m* || **~/опрокидной** Kipproststab *m* || **~/плитчатый** Planroststab *m*; Rostplatte *f* || **~/поворотный** Kipproststab *m* || **~/пустотелый** Hohlrost *m* || **~/ребристый** Rippenroststab *m* || **~/шлаковый** Schlackenroststab *m*

колотушка *f* 1. Klopfer *m*, Schlägel *m*; 2. *(Text)* Botthammer *m (Flachsbearbeitung)*

колоша *f (Met)* Satz *m*, Gicht *f*, Charge *f*, Beschickung *f*, Möller *m*, Beschickungsgut *n*, Ofengicht *f* || **~/доменная** Hochofenmöller *m*, Hochofensatz *m*, Möller *m*, Hochofengicht *f* || **~/коксовая** Kokssatz *m*, Koksgicht *f*, Kokscharge *f* || **~/коксовая холостая** Füllkokssatz *m* || **~/рабочая** Satz *m*, Möller *m*, Betriebsgicht *f*, Betriebscharge *f*, Beschickung *f* || **~/рудная** Erzsatz *m*, Erzgicht *f*, Erzcharge *f* || **~/самоплавкая** selbstgehende Gicht *f*, selbstgehender Möller *m (Hochofen)* || **~/топливная** Kokssatz *m*, Koksgicht *f*, Kokscharge *f* || **~/холостая** Füllkoks *m*, Bettkoks *m*, Füllgicht *f*, Koksbett *n*; Füllkokssatz *m* || **~ чугуна** Roheisensatz *m*, Roheisengicht *f (Kupolofen)*

колошник *m (Met)* 1. Gichtboden *m*, Gichtbühne *f*, Ofengicht *f (Schachtofen)*; 2. Gichtöffnung *f*, Gicht *f (Schachtofen)*; oberer Kegel *m (Hochofen)*

колпак *m* 1. Kappe *f*, Haube *f*, Deckel *m*, Glocke *f*, Schale *f (s. a. unter* колпачок*)*; 2. *(Kfz)* Rad[naben]kappe *f*; 3. *(Licht)* Leuchtenschale *f*, Leuchtenglocke *f*, Leuchtenschirm *m* || **~/вентиляционный** Belüftungshaube *f* || **~/воздушный** Windkessel *m (in Kolbenpumpen)* || **~/всасывающий [воздушный]** Saugwindkessel *m (in Kolbenpumpen)* || **~/вытяжной** Abzugshaube *f*, Dunsthaube *f*, Brüdenfang *m* || **~/защитный** Schutzkappe *f* || **~ колеса** Rad[naben]kappe *f* || **~/нагнетательный воздушный** Druckwindkessel *m (in Kolbenpumpen)* || **~/предохранительный** Schutzkappe *f*, Schutzhaube *f*, Schutzglocke *f* || **~/пропарочный** *(Bw)* Dampfhaube *f*, Bedampfungshaube *f* || **~/стеклянный** Glasglocke *f*

колпачок *m* Kappe *f*, Hut *m*; Glocke *f (s. a. unter* колпак 1.*)* || **~/анодный** *(Eln)* Anodenkappe *f* || **~/защитный** Schutzkappe *f*; Schutzglocke *f* || **~/круглый** Rundglocke *f* || **~/прямоугольный** *s.* ~/туннельный || **~/пылепредохранительный** Staubschutzkappe *f* || **~/регулирующий** Einstellkappe *f* || **~/сеточный** *(Eln)* Gitterkappe *f* || **~/туннельный** *(Ch)* Tunnelglocke *f* || **~/шпульный** *(Text)* Spulenkapsel *f (Nähmaschine)* || **~/экранирующий** 1. Abschirmkappe *f*; 2. *(Eln)* Entstörkappe *f*

колумбит *m (Min)* Columbit *m (Mineral seltener Erden)*

колун *m (Wkz)* Schrotaxt *f*

колчедан *m (Min)* Kies *m (Erz)* || **~/белый никелевый** *s.* хлоантит || **~/железный** *s.* пирит ||

~/железокобальтовый *s.* саффлорит || **~/железоникелевый** *s.* пентландит || **~/кобальтовый** Kobaltkies *m*; Linneit *m* || **~/кобальто-мышьяковый** *s.* глаукодот || **~/кобальто-никелевый** Kobaltnickelkies *m*, Siegenit *m* || **~/лучистый** *s.* марказит || **~/магнитный** *s.* пирротин || **~/медный** *s.* халькопирит || **~/мышьяковистый** *s.* леллингит || **~/мышьяково-кобальтовый** *s.* скуттерудит || **~/мышьяково-никелевый** *s.* хлоантит || **~/мышьяковый** *s.* арсенопирит || **~/никелево-мышьяковый** *s.* герсдорфит || **~/никелевый** *s.* миллерит || **~/оловянный** *s.* станнин || **~/серебряный** Silberkies *m* || **~/серный** *s.* пирит

колчеданистый *(Min)* kiesig, kieshaltig

колышек *m* 1. *(Geod)* Pflock *m*, Absteckpflock *m*, Absteckpfahl *m (Zusammensetzungen s. unter* кол*)*; 2. *(Text)* Warze *f*

кольматаж *m* 1. *(Geol)* Kolmation *f*, Kolmatage *f*, Auflandung *f*; 2. *(Erdöl)* Kolmatation *f*

кольпомикроскоп *m (Med)* Kolpomikroskop *n*

кольпоскоп *m (Med)* Kolposkop *n*

кольца *npl* Ringe *mpl (s. a. unter* кольцо 1.*)* || **~/каменные** *(Geol)* Steinringe *mpl*, Steinkränze *mpl* || **~/конденсированные** *(Ch)* kondensierte Ringe *mpl*, kondensiertes Ringsystem *n* || **~ Лизеганга** *(Min)* Liesegangsche Ringe *mpl (kolloide Mineralien)* || **~ Ньютона** *(Opt)* Newtonsche Ringe *mpl*

кольцедержатель *m (Text)* Ringhalter *m*

кольцо *n* 1. Ring *m (s. a. unter* кольца*)*; 2. *(Wkz)* Schleifring *m*; 3. *(Photo)* Filmschleife *f*; Bandschleife *f*, endlose Schleife *f (Magnetband)*; 4. *s.* волока || **~/антибаллонное (баллоноограничительное)** *(Text)* Ballon[einengungs]ring *m (Ringspinnmaschine)* || **~/бензольное** *(Ch)* Benzenring *m*, Benzolring *m* || **~/блокирующее** Sperring *m* || **~/боевое** *(Bw)* Rammkopf *m* || **~/бортовое** 1. Bordring *m*, Bordscheibe *f*; 2. *(Kfz)* Drahtkern *m (Bereifung)* || **~ включения** *(Masch)* Ausrückring *m (Kupplung)* || **~/внешнее** 1. Außenring *m*, äußerer Ring *m*; 2. *(Astr)* äußerer Ring *m*, A-Ring *m (Saturn)* || **~/внутреннее** 1. Innenring *m*, innerer Ring *m*; 2. *(Astr)* Innenring *m*, B-Ring *m (Saturn)* || **~/воздухораспределительное** Windringleitung *f (Schachtofen)* || **~/волочильное** *(Met)* Ziehring *m*, Ziehwerkzeug *n* || **~/вставное** Einsatzring *m* || **~/вытяжное** *(Flg)* Zugring *m (Fallschirm)* || **~ вычетов** *(Math)* Restklassenring *m*, Faktorring *m* || **~/газоуплотнительное** Verdichtungsring *m*, Kompressionsring *m* || **~/гибкое** flexibler (elastischer) Ring *m* || **~ главных идеалов** *(Math)* Hauptidealring *m* || **~/графитовое** Graphitring *m* || **~ дальности/неподвижное** fester Entfernungs[meß]ring *m (Schiffsradar)* || **~ дальности/подвижное** variabler Entfernungs[meß]ring *m (Schiffsradar)* || **~/двойное пружинное** Doppelfederring *m* || **~/декоративное** Zierring *m* || **~/делительное** Teilring *m* || **~ Диксона** *(Ch)* Dixon-Ring *m (Füllkörper)* || **~/дистанционное** Distanzring *m*, Abstandsring *m* || **~/дифракционное** *(Opt)* Beugungsring *m* || **~ для вала/стопорное** Sicherungsring *m* für Welle || **~ для отверстия/стопорное** Sicherungsring *m* für Bohrung || **~/жаровое поршневое** Feuerring *m (oberster Kolbenring)* || **~/жёсткое** Versteifungsring *m*, starrer Ring *m* || **~/зажимное** Druckring *m*, Spannring *m*, Klemmring *m*; Anpreßring *m* || **~/замковое** Schließring *m*; Haltering *m*, Sprengring *m* || **~/запорное** Verschlußring *m*; Absperring *m (Stopfbuchse)* || **~/защитное** Schutzring *m* || **~ защиты файла** *(Inf)* Schreibring *m (Magnetband)* || **~/индольное** *(Ch)* Indolring *m* || **~/интерференционное** *(Opt)* Interferenzring *m* || **~/калиберное** 1. Kaliberring *m (Ziehen)*; 2. *s.* калибр-кольцо || **~/карданное** Kardanring *m* || **~ катания** Drehkranz *m*, Rollkranz *m (Krandrehwerk)* || **~/кодовое** Kodering *m*, Kodierring *m* || **~/колеблющееся** Taumelscheibe *f* || **~/колосниковое** Rostring *m* || **~/компрессионное** Verdichtungsring *m* || **~/компрессионное поршневое** Verdichtungskolbenring *m*, Kompressionskolbenring *m* || **~ конвертера/опорное** *(Met)* Konverterstützring *f*, Konverter[trag]ring *m*, Birnen[trag]ring *m* || **~/конвертерное** *s.* ~ конвертера/опорное || **~/контактное** *(El)* Kontaktring *m*; Schleifring *m* || **~/контрольное** Lehrring *m (s. a.* калибр-кольцо*)* || **~/короночное** *(Bgb)* Kronenkörper *m (Bohrkrone)* || **~/короткозамыкающее** *(El)* Kurzschlußring *m* || **~ крепи** *(Bgb)* Ausbauring *m* || **~/креповое** *(Astr)* Kreppring *m*, Florring *m*, C-Ring *m (Saturn)* || **~/крутильное** *(Text)* Zwirnring *m* || **~/лабиринтное** Labyrinthring *m* || **~/лактонное** *(Ch)* Lactonring *m* || **~ лимба** Skalenring *m* || **~/мараторное** *(Met)* Hochofentragring *m*, Tragring *m*, Tragkranz *m* || **~/маслозащитное** Ölabspritzring *m*, Ölabweiser *m (Lagerabdichtung)* || **~/маслоотражательное** Ölabstreifring *m (Schmierung)* || **~/маслосбрасывающее [поршневое]** Ölabstreifring *m (Kolben)* || **~/маслосъёмочное [поршневое]** *(Kfz)* Ölabstreifring *m (Kolben)* || **~/маслоудерживающее** Ölring *m (Stopfbuchse)* || **~/маслоуловительное** Ölfangring *m* || **~/масляное** Öl[abstreif]ring *m (Kolben)*; Schmierring *m (Ringschmierlager)* || **~ многочленов** *(Math)* Polynomring *m* || **~ набивки** *s.* ~/набивочное || **~/набивочное** *(Masch)* Packungsring *m (Stopfbuchse)* || **~/наварное** [aufgeschweißter] Bund *m (z. B. einer Welle)* || **~/нажимное** Druckring *m* || **~/направляющее** *(Masch)* Führungsring *m* || **~/наружное** *(Masch)* Außenring *m (Wälzlager)* || **~/насадочное** Füllring *m (Destillation)* || **~/образцовое коническое** Kegellehrhülse *f* || **~/ограничительное** Begrenzungsring *m*; Abstand[s]ring *m* || **~/одинарное пружинное** einfacher Federring *m* || **~/опорное** 1. Tragring *m*, Auflagerring *m*; 2. Drehkranz *m*, Stützring *m (Drehkran)*; 3. *(Bgb)* Tragring *m (Schachtausbau)* || **~ отношений** *(Math)* Quotientenring *m* || **~/охранное** Schutzring *m* || **~ Паля** *(Ch)* Pall-Ring *m (Füllkörper)* || **~/паро-уплотнительное** Dampfdichtungsring *m* || **~/передвижное** Schiebering *m* || **~/поводковое** Mitnehmerring *m* || **~/подкрепляющее** Verstärkungsring *m*, Versteifungsring *m* || **~/поднабивочное** Packungsgrundring *m (Stopfbuchse)* || **~/подпорное** Stauring *m* || **~ подпятника/упорное** Spurring *m* || **~/подслеживающее** Nachführungsring *m* || **~ подшипника** *(Masch)* Lagerring *m* || **~ подшипни-**

ка/внутреннее Lagerinnenring *m* ‖ ~ **подшипника/наружное** Lageraußenring *m* ‖ ~ **подшипников качения** Wälzlagerring *m* ‖ ~ **полиномов** *(Math)* Polynomring *m* ‖ **~/поршневое** *(Kfz)* Kolbenring *m* ‖ **~/потенциальное** *(El)* Potentialring *m* ‖ **~/предохранительное** Schutzring *m* ‖ **~/пригнанное** Paßring *m* ‖ **~/прижимное** Andrückring *m*, Druckring *m* ‖ ~ **Прим** *(Ch)* Prym-Ring *m (Füllkörper)* ‖ **~/принудительно вращающееся** *(Text)* angetriebener Ring *m* ‖ **~/притирочное** *(Wkz)* Läppring *m* ‖ **~/причальное** Festmacherring *m* ‖ **~/проволочное** Drahtring *m* ‖ **~/прокладочное** Dichtungsring *m* ‖ **~/промасленное** Fettpackungsring *m* ‖ **~/промежутогное** Zwischenring *m* ‖ **~/проставное** *(Wkzm)* Abstandsring *m*, Zwischenring *m* ‖ **~/протяжное** *(Met)* Ziehring *m (Ziehen)* ‖ **~/пружинное** Federring *m* ‖ **~/пружинящее** Überstreifring *m* ‖ **~/прядильное** *(Text)* Spinnring *m* ‖ ~ **прядильной машины** *(Text)* Spinnring *m* ‖ **~/пылезащитное** Staubschutzring *m*, Staubkragen *m* ‖ **~/пятичленное** *(Ch)* Fünf[er]ring *m* ‖ **~/радиального шарикоподшипника/внутренее** *(Masch)* Rillenkugellager-Innenring *m* ‖ ~ **радиального шарикоподшипника/наружное** *(Masch)* Rillenkugellager-Außenring *m* ‖ **~/радиальное уплотняющее** *(Masch)* Radialdichtring *m* ‖ **~/разбрызгивающее** Spritzring *m (Schmierung)* ‖ **~/разгрузочное** Entlastungsring *m* ‖ **~/разжимное** Spreizring *m*, Sprengring *m* ‖ **~/разрезное** Schlitzring *m* ‖ **~/разрезное поршневое** offener (geschlitzter) Kolbenring *m* ‖ ~ **разрешения записи** Schreibring *m*, Schreiberlaubnisring *m (Magnettonband)* ‖ **~/распорное** 1. Abstandsring *m*, Distanzring *m*; 2. *(Eb)* Sprengring *m (Rad)*; 3. Spreizring *m* ‖ **~/распределительное** Prallschürze *f (Hochofen)* ‖ ~ **Рашига** *(Ch)* Raschig-Ring *m (Füllkörper)* ‖ **~/рвательное** *(Bgb)* Kernfangring *m (Bohrung)* ‖ **~/резиновое** Gummiring *m*, Gummidichtung *f* ‖ ~ **роликоподшипника** *(Masch)* Rollenlagerring *m* ‖ ~ **с делениями** *(Masch)* Teilring *m*, Gradring *m* ‖ ~ **с дорожкой качения** Rollbahnring *m (Wälzlager)* ‖ ~ **с наплавом** *(Gum)* Lippenring *m* ‖ ~ **с прорезью** *(Masch)* Schlitzring *m* ‖ ~ **с резьбой** *(Masch)* Gewindering *m* ‖ **~/самопружинящее** *(Masch)* selbstspannender Ring *m* ‖ **~/самопружинящее поршневое** selbstspannender Kolbenring *m* ‖ **~/самосмазывающееся** selbstschmierender Ring *m* ‖ **~/свободное смазочное** loser Schmierring *m* ‖ ~ **свода** *(Met)* Gewölbering *m (Lichtbogenofen)* ‖ ~ **скольжения** Gleitring *m* ‖ **~/смазочное** *(Masch)* Schmierring *m*, Ölring *m (Lager)* ‖ **~/сопловое** Düsenring *m*; Düsenkranz *m* ‖ **~/составное смазочное** *(Masch)* geteilter Schmierring *m* ‖ **~/спасательное** *(Schiff)* Rettungswurfring *m* ‖ **~/стопорное** Sperring *m*, Feststellring *m*, Sicherungsring *m*; Haltering *m* ‖ **~/стяжное** 1. Schrumpfband *n*; Schrumpfring *m*; 2. *(Wkzm)* zweiteiliger Klemmring *m*; 3. *(El)* Klemmring *m (Kollektor)*; 4. Wadenring *m (Ringwade; Fischfangtechnik)* ‖ **~/съёмочное** Abstreifring *m* ‖ **~/токособирательное (токосъёмное)** *(El)* Schleifring *m* ‖ **~/тормозящее** Bremsring *m* ‖ **~/трёхчленное** *(Ch)* Drei[er]ring *m* ‖ ~ **тюбингов** *(Bgb)* Tübbingring *m*, Cuvelagekranz *m (Schachtausbau)* ‖ **~/углеродное** *(Ch)* Kohlenstoffring *m* ‖ **~/уплотнительное (уплотняющее)** *(Masch)* Dicht[ungs]ring *m*; Packungsring *m (Stopfbuchse)*; Verdichtungsring *m (Kolben)* ‖ **~/упорное** *(Masch)* Stoßring *m*, Anschlagring *m*, Druckring *m (z. B. Lager)*; Gleitdruckring *m* ‖ **~/упорное наружное** Sprengring *m* ‖ **~/упругое** elastischer Ring *m* ‖ **~/установочное** 1. Stellring *m*, Einstellring *m*; 2. Laufring *m (Reibfläche)*; 3. Abstandsring *m*, Zwischenring *m (Fräsmaschine)* ‖ **~/ферритовое** *(El)* Ferritring *m* ‖ **~/фетровое** Filzring *m* ‖ **~/фрикционное** Reibring *m* ‖ **~/фурменное** *(Met)* Form[en]zonenring *m*, Windformzonenring *m (Hochofen, andere Schachtschmelzöfen)* ‖ ~ **частных** *(Math)* Quotientenring *m* ‖ ~ **шарикоподшипника** *(Masch)* Kugellagerring *m* ‖ **~/шестичленное** *(Ch)* Sechs[er]ring *m* ‖ **~/шлифовальное** *(Fert)* Schleifring *m* ‖ **~/юстирующее** Justierring *m*

кольцо А *s.* ~/внешнее 2.

кольцо В *s.* ~/внутреннее

кольцо С *s.* кольцо/креповое

кольцо-анод *n (El)* Ringanode *f*

кольцованный vermascht, mehrfach geschlossen *(Leitungsnetz)*

кольцо-секция *n (Bgb)* Senkkörper *m (Senkschachtverfahren)*

кольцо-счётчик *n* Zählring *m*

колья *mpl* **забивной крепи** *(Bgb)* Triebpfähle *mpl*, Getriebepfähle *mpl (Getriebezimmerung)*

колюр *m (Astr)* Kolur *m* ‖ ~ **равноденствий** Äquinoktialkolur *m* ‖ ~ **солнцестояний** Solstitialkolur *m*

коляска *f* **мотоцикла** Seitenwagen *m*, Beiwagen *m (Motorrad)*

колясочная *f* Kinderwagenabstellraum *m*

кОм *s.* килоом

кома *f* 1. *(Opt)* Koma *f (Aberrationsart)*; 2. *(Astr)* Koma *f (eines Kometen)* ‖ **~/анизотропная** *(Opt)* anisotrope Koma *f* ‖ **~/изотропная** *(Opt)* isotrope Koma *f* ‖ ~ **линзы** *(Opt)* Linsenkoma *f* ‖ **~/меридиональная** *(Opt)* meridionale Koma *f* ‖ ~ **отклонения** *(Opt)* Ablenkkoma *f* ‖ **~/сагиттальная** *(Opt)* sagittale Koma *f*, Rinnenfehler *m*

команда *f* 1. Mannschaft *f*; Besatzung *f (z. B. eines Schiffes)*; 2. *(Inf)* Befehl *m*, Anweisung *f (s. a. unter* инструкция 2. *und* операция 4.*)* ‖ **~/абсолютная** absoluter Befehl *m* ‖ **~/адресная** Adressenbefehl *m*, speicherbezogener Befehl *m* ‖ **~/арифметическая** arithmetischer Befehl *m*, Arithmetikbefehl *m* ‖ ~ **ассемблера** Assemblerbefehl *m*, Assemblerinstruktion *f* ‖ **~/безадресная** Nulladreßbefehl *m*, adressenloser Befehl *m* ‖ ~ **безусловного перехода** unbedingter Sprungbefehl *m* ‖ **~/блокирующая** Blockierungsbefehl *m* ‖ ~ **ввода** Eingabebefehl *m* ‖ ~ **ввода-вывода** Eingabe-Ausgabe-Befehl *m* ‖ **~/вводная** Eingabebefehl *m* ‖ **~/видоизменённая** modifizierter Befehl *m* ‖ ~ **возврата** Rückkehrbefehl *m*, Rücksprungbefehl *m* ‖ ~ **вывода** Ausgabebefehl *m* ‖ **~/выводная** Ausgabebefehl *m* ‖ ~ **вызова** Rufbefehl *m*, Aufruf *m* ‖ **~/выходная** Ausgangsbefehl *m* ‖ **~/групповая** Komplexbefehl *m* ‖ **~/двухадресная** Zweiadreßbefehl *m*, Zweiadressenbefehl *m* ‖ ~ **за-**

грузки Ladebefehl *m* ‖ **~ задания/управляющая** Jobsteueranweisung *f* ‖ **~ записи** Schreibbefehl *m* ‖ **~/импульсная** Impulsbefehl *m* ‖ **~ исполнения** Ausführungsbefehl *m*; Stellbefehl *m* ‖ **~/исполнительная** Ausführungsbefehl *m*; Stellbefehl *m* ‖ **~/логическая** Logikbefehl *m*, logischer Befehl *m* ‖ **~/ложная** falscher Befehl *m*, Falschbefehl *m* ‖ **~/машинная** Maschinenbefehl *m*, Maschinenanweisung *f* ‖ **~/многоадресная** Mehradreßbefehl *m*, Mehradressenbefehl *m* ‖ **~/начальная** Anfangsbefehl *m* ‖ **~/нулевая** Nullbefehl *m* ‖ **~ обмена** Kommunikationsbefehl *m* ‖ **~ обработки** Verarbeitungsbefehl *m* ‖ **~/общая** Gesamtbefehl *m* ‖ **~/одноадресная** Einadreßbefehl *m*, Einadressenbefehl *m* ‖ **~ оператора** Bedienerkommando *n*, Operatorkommando *n* ‖ **~/операционная** Operationsbefehl *m* ‖ **~ опроса** Abfragebefehl *m* ‖ **~/основная** Basisbefehl *m* ‖ **~ останова** Stoppbefehl *m*, Haltbefehl *m* ‖ **~ отвергнута** Kommando verworfen ‖ **~ перерыва/условная** bedingter Haltbefehl *m* ‖ **~ пересылки** Transferbefehl *m*, Übertragungsbefehl *m* ‖ **~ перехода** Sprungbefehl *m* ‖ **~/предварительная** Vorbefehl *m* ‖ **~/привилегированная** privilegierter Befehl *m* ‖ **~ программы** Programmbefehl *m* ‖ **~ пропуска** Leerbefehl *m* ‖ **~/пустая** Leerbefehl *m* ‖ **~/рабочая** Arbeitsbefehl *m* ‖ **~ разблокировки** Freigabekommando *n* ‖ **~ регулирования** Regelbefehl *m* ‖ **~/сдаточная** *(Schiff)* Erprobungskommando *n* ‖ **~ сдвига** Schiebebefehl *m* ‖ **~ снятия резервирования** Freigabekommando *n* ‖ **~/телемеханическая** Fernwirkbefehl *m* ‖ **~ телеуправления (ТУ)** Fernsteuerbefehl *m* ‖ **~ управления** Steuerbefehl *m* ‖ **~ управления программой** Programmsteuerbefehl *m* ‖ **~ условного останова** bedingter Haltbefehl *m* ‖ **~ условного перехода** bedingter Sprungbefehl *m* ‖ **~/фиктивная (холостая)** Scheinbefehl *m*, Blindbefehl *m*

командоаппарат *m* 1. Kommandogerät *n*, Befehlsgerät *n*; 2. *s.* командоконтроллер ‖ **~ управления производством** *(Reg, Fert)* Produktionssteuereinheit *f* ‖ **~/цикловой программируемый** *(Reg)* [programmierbarer] Folgeregler *m*

командование *n (Inf)* Befehlsgabe *f*, Befehlsgebung *f*

командоконтроллер *m (El, Reg)* Befehlsschalter *m*, Steuerschalter *m*, Kommandoschalter *m*; Meisterschalter *m* ‖ **~/барабанный** Walzensteuerschalter *m*; Meisterwalze *f*, Meisterschalter *m* ‖ **~/кулачковый** Nockensteuerschalter *m*; Nockenmeisterschalter *m*

комбайн *m* 1. *(Lw)* Kombine *f*, Vollerntemaschine *f*; 2. *(Bgb)* Kombine *f*, Abbaumaschine *f*; Schrämlader *m* ‖ **~/барабанный [выемочный]** *(Bgb)* Schrämwalzenlader *m* ‖ **~/баровый [выемочный]** *(Bgb)* Auslegerschrämlader *m* ‖ **~/буровой [выемочный]** *(Bgb)* Bohrschrämlader *m* ‖ **~/буровой проходческий** *(Bgb)* Vortriebsmaschine *f* mit bohrendem Arbeitsorgan ‖ **~/выемочный** *(Bgb)* Gewinnungskombine *f* ‖ **~/горный** *(Bgb)* Bergbaukombine *f*, Schrämlademaschine *f*, Schrämlader *m* ‖ **~/двухбарабанный [выемочный]** *(Bgb)* Doppelwalzenschrämlader *m* ‖ **~/дисковый [выемочный]** *(Bgb)* Scheibenschrämlader *m* ‖ **~/добычный** *s.* ~/выемочный ‖ **~/зерноуборочный** *(Lw)* Mähdrescher *m* ‖ **~/зерноуборочный косогорный** *(Lw)* Hangmähdrescher *m* ‖ **~/картофелеуборочный** *(Lw)* Kartoffelsammelroder *m*, Kartoffelvollerntemaschine *f*, Kartoffelkombine *f* ‖ **~/коноплеуборочный** *(Lw)* Hanfvollerntemaschine *f*, Hanfkombine *f* ‖ **~/кормоуборочный** *(Lw)* Feldhäcksler *m (Mäh- oder Aufsammelhäcksler für Halmfrüchte)* ‖ **~/корнеуборочный** *(Lw)* Wurzelgemüse-Vollerntemaschine *f*; Rübenvollerntemaschine *f* ‖ **~/кукурузоуборочный** *(Lw)* Maisvollerntemaschine *f*, Maiskombine *f* ‖ **~/льноуборочный** *(Lw)* Flachsvollerntemaschine *f*, Flachskombine *f* ‖ **~/очистной** *s.* ~/выемочный ‖ **~/проходческий** *(Bgb)* Vortriebskombine *f*, Streckenvortriebsmaschine *f* ‖ **~/самоходный** *(Lw)* selbstfahrende Vollerntemaschine *f* ‖ **~/свеклоуборочный** *(Lw)* Rübenvollerntemaschine *f*, Rübenkombine *f* ‖ **~/свеклоуборочный бункерный** Zuckerrüben-Bunkerkombine *f* ‖ **~/силосоуборочный** *s.* ~/кормоуборочный ‖ **~/угольный** *(Bgb)* Kohlenkombine *f*, Kohlenschrämlader *m* ‖ **~/узкозахватный** *(Bgb)* Schmalschnittschrämlader *m* ‖ **~/широкозахватный** *(Bgb)* Breitschrämlader *m* ‖ **~/шнековый** *(Bgb)* Schrämschneckenlader *m*

комбайнирование *n*/**прямое** *(Lw)* Einphasenernte *f* ‖ **~/раздельное** *(Lw)* Zweiphasenernte *f*

комбайн-погрузчик *m*/**картофелеуборочный** *(Lw)* Verladeroder *m*, Rodelader *m*

комбикорм *m (Lw)* Mischfuttermittel *n*, Mischfutter *n (industriell hergestellt)*

комбинаторика *f (Math)* Kombinatorik *f*, Kombinationslehre *f*

комбинация *f* Kombination *f* ‖ **~ знака** Zeichenkombination *f* ‖ **~ излучателей** Strahlerkombination *f* ‖ **~/кодовая** *(Inf, Nrt)* Kodekombination *f*, Zeichenkombination *f*; *(Nrt)* Strom[schritt]kombination *f* ‖ **~/служебная** *(Inf)* Funktionsbefehl *m*

комета *f (Astr)* Komet *m* ‖ **~ Галлея** Halleyscher Komet *m* ‖ **~/долгопериодическая** langperiodischer Komet *m* ‖ **~/короткопериодическая** kurzperiodischer Komet *m* ‖ **~/родительская** *s.* комета-родоначальница

комета-родоначальница *f* erzeugender Komet *m*, Mutterkomet *m*

кометограф *m* Kometograph *m*

кометоискатель *m (Astr)* Kometensucher *m (lichtstarkes Fernrohr)*

комингс *m (Schiff)* Süll *n* ‖ **~ люка** Lukensüll *n* ‖ **~/люковый** Lukensüll *n* ‖ **~/поперечный** Quersüll *n* ‖ **~/продольный** Längssüll *n*

комки *mpl*/**почвенные** *(Lw)* Erdklumpen *mpl*, Erdballen *mpl*, Kluten *pl*

комкование *n* 1. Klumpen *n*, Verklumpen *n*, Klumpigwerden *n*, Klumpenbildung *f*; 2. Konglomerieren *n (Pulvermetallurgie)*

комковатость *f* Klumpigkeit *f*, Stückigkeit *f (z. B. Erz, Agglomerat)*

комкодавитель *m (Lw)* Klutenballon *m*, Klutenwalze *f*

комкодробитель *m (Lw)* Klutenrost *m*, Rollenrost *m*, Reinigungsrost *m (Rübenerntemaschinen)*

коммуникации *fpl***/инженерные** *(Bw)* Versorgungsleitungen *fpl*

коммуникация *f* 1. Verbindung *f*; 2. Verkehr *m*; 3. Verbindungsweg *m*; Verkehrsweg *n*; 4. Nachrichtenmittel *n* || **~/морская** Seeverbindungsweg *m*, See[verkehrs]verbindung *f*, Seeweg *m* || **~/прибрежная** küstennaher Seeverbindungsweg *m*

коммутант *m (Math)* 1. Kommutator *m*; 2. Kommutant *m*, Ableitung *f*, abgeleitete Gruppe *f*

коммутативность *f (Math)* Kommutativität *f*

коммутатор *m* 1. *(Nrt)* Vermittlung *f*, Vermittlungsstelle *f*; 2. *(Nrt)* Umschalteschrank *m*, Vermittlungsschrank *m*; 3. *(El)* Kommutator *m*, Stromwender *m*, Kollektor *m*; 4. *(Math)* Kommutator *m (Gruppentheorie, Ringtheorie)*; 5. Kommutator *m (Vertauschungsrelation; Quantenmechanik)* || **~/адресный** Adressenwähler *m*, Adressenwahlschalter *m* || **~/антенный** Antennenwahlschalter *m* || **~/групповой** Gruppen[um]schalter *m* || **~/диспетчерский [телефонный]** Dispatcher-Fernsprechvermittlungsschrank *m*, Dispatcher-Vermittlungszentrale *f* || **~/заказной** Meldeplatz *m* || **~/клапанный** Klappenschrank *m* || **~/междугородный** Fernschrank *m*, Fernplatz *m* || **~/междугороднный входящий** Ankunftsplatz *m*, B-Platz *m* || **~/междугороный исходящий** Meldefernplatz *m*, Abgangsplatz *m*, A-Platz *m* || **~ местной связи** *s.* ~/местный || **~/местный** Vermittlungsschrank *m* für Ortsverkehr || **~/одинарный элементный** Einfachzellenschalter *m* || **~ операторов** Operatorenkommutator *m (Operatorenvertauschungsrelation)* || **~ операции** Operationskommutator *m* || **~/передаточный** Fernvermittlungsschrank *m*, Vorschaltplatz *m*, V-Platz *m* || **~/программный** Programmkommutator *m*, Programmschalter *m* || **~/распределительный** Verteiler[schalter] *m*; A-Platz *m*, Abgangsplatz *m*, Meldefernplatz *m* || **~ ручного обслуживания** Vermittlungseinrichtung *f* für Handbedienung || **~/ручной** *s.* ~ ручного обслуживания || **~/рычажный** Kurbelschalter *m*, Drehschalter *m* || **~ с клапанной сигнализацией** Schauzeichenschrank *m* || **~ с многократным полем** Vielfachumschalter *m* || **~ сберегательных бассейнов** *(Hydt)* Sparbeckenwähler *m* || **~/соединительный** Ankunftsplatz *m*, B-Platz *m* || **~ телеграфной связи** Fernschreibvermittlungsschrank *m* || **~/телефонный** Fernsprechvermittlungsschrank *m* || **~ токов** Stromkommutator *m (Vertauschungsrelation der Ströme)* || **~ центральной батареи** Vermittlungseinrichtung *f* für ZB-Betrieb, ZB-Schrank *m* || **~/шнуровой** Schnurvermittlungsschrank *m* || **~/штепсельный** Stöpsel[um]schalter *m* || **~/электронно-лучевой** Elektronenstrahlschalter *m* || **~/электронный** elektronischer Umschalter (Schalter) *m*, Elektronen[um]schalter *m* || **~/элементный** Zellenschalter *m*

коммутационный 1. Umschalt..., Schalt...; 2. *(El)* Kommutierungs..., Stromwende...; 3. *(Nrt)* Vermittlungs...

коммутация *f* 1. Umschalten *n*, Schalten *n*; 2. *(El)* Kommutierung *f*, Kommutation *f*, Stromwendung *f*; 3. *(Nrt)* Vermittlung *f* || **~/адресная** Adressenauswahl *f* || **~/безыскровая** *(El)* funkenlose (funkenfreie) Stromwendung *f* || **~/временная** *(Nrt)* zeitgeteilte Vermittlung *f*, Zeit-Vielfach *n* || **~/жёсткая** *(Inf)* Festverdrahtung *f* || **~/многокоординатная** *(Nrt)* Mehrfachkoordinatenschaltervermittlung *f* || **~/однокоординатная** *(Nrt)* Einfachkoordinatenschaltervermittlung *f* || **~ пакетов** *(Nrt)* Paketvermittlung *f* || **~/пространственная** *(Nrt)* raumgeteilte Vermittlung *f*, Raum-Vielfach *n* || **~/пространственно-временная** *(Nrt)* raum-zeitgeteilte Vermittlung *f*, Raum-Zeit-Vielfach *n* || **~/ручная** *(Nrt)* Handvermittlung *f*, handbediente Vermittlung *f* || **~ сообщений** *(Nrt)* Paketvermittlung *f* || **~ сопротивлением** *(El)* Widerstandsstromwendung *f* || **~/телефонная** Fernsprechvermittlung *f* || **~ тока** *(El)* Stromwendung *f*, Kommutierung *f* || **~ частот** *(El)* Frequenzumtastung *f*

коммутирование *n s.* коммутация

коммутировать 1. [um]schalten; 2. *(El)* kommutieren, die Stromrichtung ändern, den Strom wenden

коммутирующий 1. Umschalt..., Schalt...; 2. *(El)* kommutierend, stromwendend, Kommutierungs..., Stromwende...

комната *f* Zimmer *n*, Raum *m* || **~/весовая** Wägeraum *m*, Wägezimmer *n* || **~/измерительная** Meßraum *m*, Meßzimmer *n* || **~/контрольная** Regieraum *m*, Kontrollraum *m* || **~/светлая** Hellraum *m* || **~/чистая** *(Eln)* Cleanroom *m*, Reinstraum *m*

комната-эхо *f (Ak)* Hallraum *m*

компакт *m s.* множество/компактное

компакт-диск *m* Kompaktdisk *m*, CD *f*

компактность *f* 1. *(Math)* Kompaktheit *f*; 2. Packungsdichte *f* || **~ нити** *(Text)* Fadenschluß *m (Chemieseidenherstellung)*

компактный 1. kompakt, fest, gedrängt; 2. *(Math)* kompakt

компандер *m* **сигнала электросвязи** *(Nrt)* Signalkompander *m*, Kompander *m*

компандирование *n* Kompandierung *f* || **~ сигнала электросвязи** *(Nrt)* Kompandierung *f* des Nachrichtensignals *(Kompression + Expandierung)*

компаратор *m (Opt)* Komparator *m* || **~ длин волн** Wellenlängenkomparator *m* || **~/интерференционный** Interferenzkomparator *m* || **~/оптико-механический** optisch-mechanischer Komparator *m* || **~/оптический** optischer Kompensator *m*, Kompensationsplatte *f* || **~/поперечный** Transversalkomparator *m* || **~/продольный** Longitudinalkomparator *m* || **~ согласования** *(El)* Anpassungskomparator *m* || **~/фазовый** *(El)* Phasenkomparator *m*, Phasenvergleicher *m* || **~ цветов** Farb[en]komparator *m*

компарирование *n* Vergleich *m*, Komparierung *f*; Gegenüberstellung *f*

компас *m* Kompaß *m* || **~/авиационный** Flugzeugkompaß *m*, Bordkompaß *m* || **~/аэронавигационный** Flugnavigationskompaß *m* || **~/висячий** Hängekompaß *m* || **~/гироиндукционный** Kreiselinduktionskompaß *m* || **~/гиромагнитный** Magnetkreiselkompaß *m* || **~/гироскопический** Kreiselkompaß *m* || **~/главный** Peilkompaß *m* || **~/главный магнитный** Magnetpeilkompaß *m* || **~/двухгироскопный** Zweikreiselkompaß *m* || **~/индукционный** Induktionskompaß *m* ‖ **~/магнитный** Magnetkompaß *m* ‖ **~/магнитный путевой** Magnetsteuerkompaß *m* ‖ **~/одногироскопный** Einkreiselkompaß *m* ‖ **~/основной** Mutterkompaß *m* ‖ **~/пеленгаторный** Peilkompaß *m* ‖ **~/путевой** Steuerkompaß *m* ‖ **~/путевой магнитный** Magnetsteuerkompaß *m* ‖ **~/судовой** Schiffskompaß *m* ‖ **~/шахтный** Grubenkompaß *m*

компас-репитер *m* Tochterkompaß *m*

компаунд *m* 1. Mischung *f*, Gemisch *n*; Kompoundmasse *f*; 2. *(El)* Kompoundmaschine *f*, Verbundmaschine *f*, Doppelschlußmaschine *f* ‖ **~/заливочный** Vergußmasse *f*, Ausgußmasse *f*, Füllmasse *f* ‖ **~/изоляционный** Isoliermasse *f* ‖ **~/пропиточный** Tränkmasse *f*

компаунд-генератор *m (El)* Kompoundgenerator *m*, Verbundgenerator *m*, Doppelschlußgenerator *m*

компаундирование *n (El)* Kompoundierung *f (1. Beeinflussung der Erregung durch den Laststrom; 2. Kabelisolierung durch Kompoundmasse)*

компаундировать kompoundieren, mit Kompoundmasse isolieren; kompoundieren

компаунд-масса *f* Kompoundmasse *f*

компаунд-машина *f s.* компаунд 2.

компаунд-мельница *f* Verbundmühle *f*

компаунд-мотор *m (El)* Kompoundmotor *m*, Verbundmotor *m*, Doppelschlußmotor *m*

компаунд-ядро *n s.* ядро/промежуточное

компенсатор *m* 1. Kompensator *m*, Kompensationsapparat *m*; 2. *(El)* Phasenschieber *m*; 3. [selbsttätige] Nachspannvorrichtung *f*, Spannwerk *n (für Fahrdrähte)*; 4. *(Wmt)* Ausdehnungsgefäß *n*, Ausgleichsgefäß *n*, Expansionsgefäß *n*; Ausgleicher *m*, Ausgleichvorrichtung *f*, Ausgleichstück *n*; Kompensator *m*, Ausdehnungsbogen *m (in Rohrleitungen)*; 5. *(Rf)* Ausgleicher *m*; 6. Vorspanner *m* ‖ **~/асинхронный** *(El)* asynchrone Blindleistungsmaschine, asynchroner Phasenschieber *m* ‖ **~ Бабине** *(Krist)* Babinet-Kompensator *m (Quarzkeilkompensator)* ‖ **~ Береке** *(Krist)* Berek-Kompensator *m (Kalkspatkompensator)* ‖ **~/биметаллический** Bimetallkompensator *m* ‖ **~ высоты** *(Bgb)* Anhebevorrichtung *f (für Förderwagen am Füllort)* ‖ **~/грузовой** Gewichtsnachspannung *f (für Fahrdrähte)* ‖ **~/двухклиновой** *(Opt)* Doppelkeilkompensator *m* ‖ **~/измерительный** Meßkondensator *m* ‖ **~ искажений** Entzerrer *m* ‖ **~ искажений/дифференциальный** Differenzierentzerrer *m* ‖ **~/кристаллический** Kristallkompensator *m* ‖ **~/линзовый** *(Opt)* Linsenkompensator *m* ‖ **~/лирообразный** *(Wmt)* Kompensationsrohr *n*, Ausgleichschleife *f*, Lyra *f (Ausgleich der Wärmeausdehnung in Rohrleitungen)* ‖ **~/маятниковый** Pendelkompensator *m* ‖ **~ натяжения нити** *(Text)* Fadenspannungsausgleichsvorrichtung *f* ‖ **~ объёма** *s.* бак/компенсационный ‖ **~ переменного тока** Wechselstromkompensator *m* ‖ **~/полутеневой** Halbschattenkompensator *m* ‖ **~ постоянного тока** Gleichstromkompensator *m* ‖ **~/проволочный** Schleifdrahtkompensator *m*, Meßdrahtkompensator *m* ‖ **~/пружинный** Federnachspannungsvorrichtung *f*, Federausgleicher *m* ‖ **~ с оптическим клином** *(Opt)* Drehkeilpaar *n*, Herschelsches Doppelprisma *n* ‖ **~/сальниковый** Stopfbuchsenausgleicher *m*, Ausgleichstopfbuchse *f*, Stopfbuchsenrohr *n* ‖ **~/сигнальный** *(Eb)* Signalspannwerk *n* ‖ **~/синхронный** *(El)* synchroner Phasenschieber *m*, Synchronphasenschieber *m* ‖ **~ Солейля** Soleil-Kompensator *m*, Soleilscher Kompensator *m* ‖ **~ температуры** *(Wmt)* Temperaturkompensator *m*, Temperaturausgleicher *m* ‖ **~/трубчатый** *(Wmt)* Ausgleichrohr *n* ‖ **~/фазовый** *(El)* Phasenschieber *m* ‖ **~/шарнирно-шаровой** Kugelgelenkausgleicher *m* ‖ **~/электромашинный** *(El)* umlaufender Phasenschieber *m*, Blindleistungsmaschine *f* ‖ **~/эталонный** *(El)* Normalkompensator *m*

компенсатор-баллоноограничитель *m (Text)* Ballonkompensator *m*

компенсация *f* 1. Kompensierung *f*, Kompensation *f*, Abgleichen *n*, Abgleich *m*, Ausgleichung *f*, Ausgleich *m*; 2. Deckung *f (von Verlusten)*; 3. *(Reg)* Stabilisierung *f*, Kompensation *f*, Korrektion *f* ‖ **~/автоматическая** automatische Kompensation *f*, Selbstausgleich *m* ‖ **~ астигматизма** *(Opt)* Astigmatismuskompensation *f* ‖ **~ времени пролёта** Laufzeitkompensation *f*, Laufzeitausgleich *m* ‖ **~/динамическая** dynamische Kompensation *f* ‖ **~/диодная** Diodenkompensation *f* ‖ **~ длины** Längenausgleich *m* ‖ **~/ёмкостная** *(El)* Kapazitätsausgleich *m* ‖ **~ затухания** Dämpfungsausgleich *m*, Dämpfungsentzerrung *f*, Entdämpfung *f* ‖ **~ искажений** Entzerrung *f* ‖ **~ крутящего момента** Drehmomentenausgleich *m* ‖ **~ нулевого напряжения** Nullspannungskompensation *f (Hallgenerator)* ‖ **~ ошибок** *s.* ~ погрешности ‖ **~ перекрёстной наводки** *(Nrt)* Nebensprechausgleich *m* ‖ **~ переходного разговора** *(Nrt)* Nebensprechausgleich *m* ‖ **~ погрешности** Fehlerkompensation *f*, Fehlerausgleich *m* ‖ **~ помех** *(Nrt)* Störkompensation *f* ‖ **~/поперечная** *(El)* Querkompensation *f* ‖ **~/последовательная** *s.* ~/продольная ‖ **~ потерь/активная** *(Rf)* aktive Verlustkompensation *f (bei Frequenzfiltern)* ‖ **~ предыскажений** *(El)* Deakzentuierung *f*, Deemphasis *f*, Nachentzerrung *f* ‖ **~/продольная** *(El)* Längskompensation *f*, Reihenkompensation *f* ‖ **~ раствора** *(Photo)* Badregenerierung *f* ‖ **~ реактивного сопротивления** *(El)* Blindwiderstandskompensation *f* ‖ **~ сдвига фаз** *(El)* Phasenkompensation *f*, Phasenentzerrung *f* ‖ **~/температурная** Temperaturausgleich *m*, Temperaturkompensation *f* ‖ **~ фазы** *(Opt)* Phasenkompensation *f* ‖ **~/частотная** *(El)* Frequenzkompensation *f* ‖ **~ чёрного пятна** *(TV)* Störsignalkompensation *f* ‖ **~/широкополосная** *(El)* Breitbandkompensation *f* ‖ **~ шума** Rauschunterdrückung *f*, Rauschkompensation *f* ‖ **~ шума способом Дольби** Dolby-Rauschunterdrückung *f*

компенсировать 1. abgleichen, ausgleichen, kompensieren; 2. *(Eb)* nachspannen *(Fahrdrähte, Zugdrähte für Weichen und Signale)*; 3. stabilisieren, kompensieren

компенсограф *m* Kompensograph *m*, Kompensationsschreiber *m*

компилирование *n s.* компиляция

компилировать kompilieren *(Programme)*

компилятор *m (Inf)* Kompilierer *m*, Kompiliererprogramm *n*, Compiler *m*, Compilerprogramm *n*
компиляция *f (Inf)* Kompilieren *n*, Kompilation *f*
компланарность *f (Math)* Ko[m]planarität *f*
компланарный *(Math)* ko[m]planar
комплекс *m* 1. Komplex *m*, Gesamtheit *f*; Umfang *m*; 2. *(Math)* Komplex *m (Topologie)*; 3. Gerätegruppe *f* || **~/бурозакладочный** *(Bgb)* Bohr-Versatz-Komplex *m* || **~/винторулевой** *(Schiff)* Propeller-Ruder-Komplex *m* || **~/водоносный** *(Hydrol)* Grundwasserstockwerk *n* || **~/врубонавалочный** *(Bgb)* Schrämkomplex *m* || **~/вскрышной** *(Bgb)* Abraumkomplex *m (Tagebau)* || **~/выемочно-отвальный** *(Bgb)* Kombination *f* von Gewinnungs-, Verlade- und Absetzgeräten *(Tagebau)* || **~/выемочный** *(Bgb)* Abbaukomplex *m* || **~/вычислительный** Rechnergruppe *f* || **~/газово-пылевой** *(Astr)* Gas-Staub-Komplex *m*, Gas-Staub-Wolke *f (interstellar)* || **~/гибкий** *(Fert)* flexibler Komplex *m* || **~/гибкий производственный** flexibler Fertigungskomplex *m* || **~/движительно-рулевой** *(Schiff)* Propulsions- und Ruderkomplex *m*, Komplex *m* der Propulsions- und Ruderanlage || **~/движительный** *(Schiff)* Propulsionskomplex *m*, Komplex *m* der Propulsionsanlage || **~/добычной** *s.* ~/выемочный || **~/измерительно-вычислительный** Meß- und Rechenanlage *f* || **~/измерительный** Meß[geräte]komplex *m*, Meß[geräte]einheit *f* || **~/интрузивный** *(Geol)* Intrusivkomplex *m* || **~ ледниковых отложений** *(Geol)* glazialer Ablagerungskomplex *m* || **~/молочный** *(Lw)* Milchproduktionsanlage *f*, Milchviehanlage *f* || **~/обратный** *(Math)* inverser Komplex *m* || **~/орбитальный** *(Raumf)* Orbitalkomplex *m* || **~/очистной** *s.* ~/выемочный || **~/подъёмный** Luftkissenerzeugungsanlage *f (Luftkissenschiff)* || **~ показателей точности** Prüfkomplex *m* || **~/производственный** Fertigungskomplex *m* || **~/проходческий** *(Bgb)* Vortriebskomplex *m*, Abteufkomplex *m* || **~/пусковой** *(Bw)* übergabefertiger Bauwerkskomplex *m* || **~/ракетнокосмический** kosmischer Raketenkomplex *m* || **~/ракетный** Raketenkomplex *m* || **~/роботизированный** *(Fert)* Einzelausrüstung *f* mit Industrieroboter, roboterbestückter Komplex *m* || **~/роботизированный технологический** *(Fert)* Fertigungszelle *f* mit Industrieroboter (IR) || **~/робото-технологический** *(Eln)* robotertechnologischer Komplex *m (für Verkappung bzw. Hermetisierung von Gehäusen)* || **~/скреперный** *(Bgb)* Schrapperbandanlage *f* || **~/теплообменный** Wärmeübertragerkomplex *m* || **~/транспортно-отвальный** *(Bgb)* Förder- und Absetzkomplex *m (Tagebau)* || **~/управляющий вычислительный** Steuer-Rechner-Einheit *f* || **~ вычислительных машин** Rechnerkopplung *f*
комплексно-механизированный komplexmechanisiert
комплексно-насыщенный *(Schiff)* voll ausgerüstet *(z. B. Sektion)*
комплексно-сопряжённый konjugiert komplex
комплексометрия *f s.* хелатометрия
комплексообразование *n (Ch)* Komplexbildung *f*
комплексообразователь *m (Ch)* Komplexbildner *m*
комплект *m* Garnitur *f*, Satz *m*, Gruppe *f (s. a. unter* набор 1.*)* || **~ бурильных (буровых) труб (штанг)** *(Bgb)* Gestängesatz *m (Bohrung)* || **~ деталей** *(Masch)* Montagesatz *m*, Teilesatz *m* || **~/запасной** Reservesatz *m* || **~/измерительный** Meßbaukasten *m* || **~ измерительных приборов** Meß[geräte]satz *m* || **~ контактов** Kontaktsatz *m* || **~ лопаток** Schaufelsatz *m*, Beschaufelung *f (Turbine)* || **~ мер** Maßverkörperungssatz *m* || **~/модельный** *(Gieß)* Modelleinrichtung *f*, Urformwerkzeug *n*, UFW || **~ образцовых мер** Satz *m* von Normalen, Normalsatz *m (z. B. Härtenormalplattensatz, Normalendmaßsatz, Satz von Massenormalen)* || **~ объективов** *(Photo)* Objektivsatz *m* || **~ призм** *(Opt, Photo)* Prismensatz *m* || **~ программ** *(Inf)* Softwareunterstützung *f* || **~ пупинизации** *(Nrt)* Pupin-Spulensatz *m* || **~ пупиновских катушек** *s.* ~ пупинизации || **~ рабочих лопаток** Laufschaufelsatz *m (Turbine)* || **~/сборочный** Montagesatz *m* || **~/стержневой** *(Gieß)* Kernpaket *n* || **~/фильерный** *(Text)* Düsenpaket *n*, Düseneinsatz *m*, Spinndüsenpaket *n (Chemiefaserherstellung)* || **~ фильтров** *(Opt)* Filtersatz *m* || **~ шаров** Kugelfüllung *f (Kugelmühle)* || **~ шестерён** Radsatz *m*
комплектация *f* Komplettierung *f*; *(Eln)* Bestükkung *f* || **~ печатных плат** Leiterplattenbestükkung *f*, Bestücken *n* von Leiterplatten || **~ сборных конструкций** *(Bw)* Komplettierung *f (Vorfertigung)* || **~/строительно-технологическая** *(Bw)* bautechnologische Versorgung *f*
комплектность *f* Komplettheit *f*, Vollständigkeit *f*, Vollzähligkeit *f*
комплектование *n s.* комплектация
комплектовать komplettieren; *(Fert)* zusammenstellen *(z. B. Teile zum Fügen)*; *(Eln)* bestücken
композит *m* 1. *(Wkz)* Komposit *n (Schneidwerkstoff)*; 2. *(Met)* Verbund *m (Pulvermetallurgie)*
композиция *f* 1. Komposition *f*, Zusammensetzung *f*; 2. Mischung *f*, Masse *f*, Gemisch *n*; 3. Verbundwerkstoff *m (NE-Metallurgie; Pulvermetallurgie)*; 4. *(Math)* Verknüpfung *f*, Komposition *f*; 5. *(Math)* Komposition *f*, Zergliederung *f*, Zerfällung *f* || **~/градостроительная** *(Bw)* städtebauliche Komposition *f* || **~ объёмов/архитектурная** *(Bw)* Baukörpergestaltung *f* || **~ фасада/архитектурная** *(Bw)* Fassadengestaltung *f*
компонент *m* 1. *(Ch)* Komponente *f*, Anteil *m*, Bestandteil *m*; 2. *(Mech)* Bauteil *n*, Bauelement *n*, Konstruktionsteil *n*; 3. *(Eln)* [aktives] Bauelement *n*, Teil *n* || **~/активный** aktive Komponente *f* || **~/аппаратный** Gerätekomponente *f* || **~ аппаратных средств** *(Inf)* Hardwarekomponente *f* || **~ волокна** Faserkomponente *f* || **~/высококипящий** hochsiedende (schwersiedende) Komponente *f*, Schwer[er]siedende *n* || **~/дискретный** diskrete Komponente *f* || **~/избыточный** ausgeschiedene Komponente *f (Sekundärausscheidung)* || **~/интегральный (интегрированный)** *(Eln)* integriertes Bauelement *n* || **~ легирования** *s.* ~ сплава || **~/легкоплавкий** niedrigschmelzende (leichtschmelzende) Komponente *f*, niedrigschmelzender (leichtschmelzender) Legierungsbestandteil (Mischungsbestandteil) *m* || **~/логический** *(Math)* logische Komponente *f* || **~/микроминиатюрный** *(Eln)*

Mikro[miniatur]bauelement *n* ‖ **~/низкокипящий** leicht[er]siedende Komponente *f*, Leicht[er]-siedende *n* ‖ **~/основной** Hauptkomponente *f*, Grundkomponente *f* ‖ **~/пассивный** passive Komponente *f* ‖ **~/печатный** *(Eln)* gedruckte Komponente *f* ‖ **~/плёночный** *(Eln)* Schichtbauelement *n*, Filmbauelement *n* ‖ **~ программного обеспечения** Softwarekomponente *f* ‖ **~ расплава** Schmelzkomponente *f* ‖ **~ раствора** Lösungskomponente *f* ‖ **~ реакции** Reaktionskomponente *f*, reagierende Komponente *f* ‖ **~/рудный** Erzbestandteil *m*, Haltiges *n* ‖ **~/системный** Systemkomponente *f* ‖ **~ смеси** Mischungsbestandteil *m*, Mischungskomponente *f* ‖ **~ сплава** Legierungskomponente *f*, Legierungsbestandteil *m* ‖ **~ схемы** *(El)* Schaltungskomponente *f*, Schaltungselement *n*, Schaltkreiselement *n* ‖ **~/тонкоплёночный** Dünnschichtbauelement *n*, Dünnfilmbauelement *n* ‖ **~ топлива** *(Rak)* Treibstoffkomponente *f* ‖ **~/тугоплавкий** hochschmelzende (schwerschmelzende) Komponente *f*, hochschmelzender (schwerschmelzender) Legierungsbestandteil (Mischungsbestandteil) *m* ‖ **~ шихты** *(Met)* Gattierungskomponente *f*, Gattierungsbestandteil *m*; *(Glas)* Gemengebestandteil *m*, Gemengekomponente *f*

компонента *f* 1. *(Math)* Komponente *f (s. a. unter* составляющая*)*; 2. *(Photo)* Kuppler *m* ‖ **~/бесцветная** *(Photo)* Farbloskuppler *m*, Weißkuppler *m* ‖ **~/главная** Hauptkomponente *f* ‖ **~/голубая** *f (Photo)* Blaugrünkuppler *m* ‖ **~ двойной звезды** *(Astr)* Doppelsternkomponente *f* ‖ **~/двухэквивалентная** *(Photo)* Zweiäquivalentkuppler *m* ‖ **~ деформации** *(Mech)* Formänderungskomponente *f*, Verzerrungskomponente *f* ‖ **~/жёлтая** *(Photo)* Gelbkuppler *m* ‖ **~/защищаемая (защищённая)** *(Photo)* geschützter Kuppler *m*, Fettrestkuppler *m* ‖ **~/краскообразующая** *(Photo)* Farbkuppler *m*, Farbbildner *m* ‖ **~/маскирующая** *(Photo)* Maskenkuppler *m* ‖ **~ напряжения** *(Mech)* Spannungskomponente *f* ‖ **~/неокрашенная** *s.* ~/бесцветная ‖ **~ нулевой последовательности/индуктивная** *(Eln)* induktive Nullkomponente *f* ‖ **~/пурпурная** *(Photo)* Purpurkuppler *m* ‖ **~ силы** *(Mech)* Kraftkomponente *f* ‖ **~ скорости** *(Mech)* Geschwindigkeitskomponente *f* ‖ **~/цветная** *(Photo)* Farbkuppler *m* ‖ **~ цветного проявления** *s.* ~/цветная ‖ **~/цветообразующая** *s.* ~/цветная ‖ **~/четырёхэквивалентная** *(Photo)* Vieräquivalentkuppler *m*

компонент-модуль *m* Baugruppe *f (von konkreten Gegenständen)*; Baustein *m (z. B. von Systemen, Programmen)*

компонентоустойчивость *f (Photo)* Kupplerfestigkeit *f*, Kupplerbeständigkeit *f*

компоненты *fpl* **цвета/трёхцветные** Normfarbwerte *mpl*, Farbmaßzahlen *fpl (Photometrie)*

компоновка *f* 1. Bauart *f*, Anordnung *f*, Ausführung *f*; 2. Aufmachung *f*, Ausstattung *f* ‖ **~ схем** *(Eln)* Schaltungstechnik *f*

компост *m (Lw)* Kompost *m*

компостер *m (Eb)* Fahrkartenlocher *m*

компостирование *n (Lw)* Kompostierung *f* ‖ **~ отходов** Abfallkompostierung *f*

компрессия *f* 1. *(Mech)* Kompression *f*, Verdichtung *f*, Verdichten *n*; 2. *(El, Ak)* Dynamikpressung *f*, Pressung *f* ‖ **~ речи** Sprachkompression *f*

компрессор *m (Masch)* 1. Verdichter *m (s. a. unter* вентилятор *und* воздуходувка*)*; 2. Lader *m*, Ladeverdichter *m (s. a. unter* нагнетатель*)* ‖ **~/авиационный** Ladeverdichter *m*, Ladepumpe *f (Flugzeugtriebwerk)* ‖ **~/активный** Verdichter *m* mit innerer Verdichtung ‖ **~/аммиачный** Ammoniakverdichter *m* ‖ **~/бескрейцкопфный [поршневой]** Hubkolbenverdichter *m* mit Kurbelwellen- und Pleuelantrieb, kreuzkopfloser Verdichter *m*, Tauchkolbenverdichter *m (stehende Bauart)* ‖ **~/бескривошипный** *s.* двигатель-компрессор ‖ **~/бесползунный** *s.* ~/бескрейцкопфный ‖ **~/бессальниковый [поршневой]** halbhermetischer Verdichter (Hubkolbenverdichter) *m*, Hermetikverdichter *m* ‖ **~/вакуумный** Vakuumverdichter *m* ‖ **~/веерообразный [поршневой]** Fächerverdichter *m* ‖ **~/вертикальный [поршневой]** stehender Verdichter (Hubkolbenverdichter) *m* ‖ **~/винтовой** Schraubenverdichter *m* ‖ **~/водокольцевой [ротационный]** Wasserringverdichter *m*, Flüssigkeitsringverdichter *m* ‖ **~/водородный** Wasserstoffverdichter *m* ‖ **~ воздуха для хознужд** *(Schiff)* Arbeitsluftkompressor *m*, Arbeitsluftverdichter *m* ‖ **~/воздушный** Luftverdichter *m* ‖ **~ высокого давления** Hochdruckverdichter *m* ‖ **~/газовый** Gasverdichter *m* ‖ **~/газотурбинный** Gasturbinenverdichter *m* ‖ **~/герметический [поршневой]** hermetischer Verdichter (Hubkolbenverdichter) *m*, Hermetikverdichter *m* ‖ **~/горизонтальный [поршневой]** liegender Verdichter (Hubkolbenverdichter) *m* ‖ **~ двойного действия** doppeltwirkender Verdichter *m* ‖ **~/двухкривошипный** Zweikurbelverdichter *m* ‖ **~/двухпоточный** doppelflutiger Verdichter *m* ‖ **~/двухступенчатый** Zweistufenverdichter *m*, zweistufiger Verdichter *m* ‖ **~/диафрагменный** Membranverdichter *m (Hubkolbenverdichter)* ‖ **~ динамического диапазона** *(Ak)* Dynamikpresser *m* ‖ **~ динамического сжатия** Kreiselverdichter *m* ‖ **~/зарядный** Ladeverdichter *m*, Lader *m*, Ladepumpe *f* ‖ **~/звездообразный [поршневой]** Sternverdichter *m*, Hubkolbensternverdichter *m* ‖ **~/звездообразный четырёхцилиндровый** Vierzylindersternverdichter *m*, X-Verdichter *m* ‖ **~/звездообразный шестицилиндровый** Sechszylindersternverdichter *m*, Boxerverdichter *m* ‖ **~/звездчатый** Sternverdichter *m* ‖ **~/комбинированный** Axial-Radial-Verdichter *m*, Radiaxverdichter *m* ‖ **~/крейцкопфный [поршневой]** Kreuzkopfverdichter *m*, Hubkolbenverdichter *m* mit Kreuzkopf, Verdichter *m* mit Kurbelwellen- und Kreuzkopfantrieb *(vorwiegend liegende Bauart)* ‖ **~/лопаточный** Kreiselverdichter *m*, Turboverdichter *(Radial- oder Axialverdichter)* ‖ **~/мембранный** Membranverdichter *m* ‖ **~/многокорпусный** Mehrgehäuseverdichter *m* ‖ **~/многокривошипный** Mehrkurbelverdichter *m* ‖ **~/многооборотный** schnellaufender Verdichter *m* ‖ **~/многоступенчатый** 1. mehrstufiger Verdichter *m*; 2. Verbundverdichter *m* ‖ **~/многоцилиндровый** Mehrzylinderverdichter *m* ‖ **~/непрямоточный [поршневой]** Gegenstromhubkolbenverdichter *m* ‖ **~ низкого**

давления Niederdruckverdichter *m* || **~/V-образный [поршневой]** V-Verdichter *m*, Hubkolbenverdichter *m* mit V-förmiger Anordnung der Zylinder || **~/VV-образный [поршневой]** Fächerformverdichter *m* || **~/W-образный [поршневой]** W-Verdichter *m*, Hubkolbenverdichter *m* mit W-förmiger Zylinderanordnung || **~/объёмный** Kolbenverdichter *m (Verdrängerbauart)* || **~/однокривошипный** Einkurbelverdichter *m* || **~/одноступенчатый** Einstufenverdichter *m*, einstufiger Verdichter *m* || **~/одноцилиндровый** Einzylinderverdichter *m* || **~/осевой** Axialverdichter *m* || **~/осецентробежный** Axial-Radial-Verdichter *m (Turboverdichterkombination von zwei Bauarten)* || **~/пароструйный** Dampfstrahlverdichter *m* || **~/пластинчатый** Zellenverdichter *m* || **~/пластинчатый ротационный** Drehschieberverdichter *m*, Rotationskompressor *m* mit Schieberplatten || **~/поджимающий поршневой** Hubkolben-Vorschaltverdichter *m*, Booster-Verdichter *m* || **~/поджимающий ротационный** Umlaufkolben-Vorschaltverdichter *m* || **~/поджимающий центробежный** Radial-Vorverdichter *m* || **~/поршневой** Kolbenverdichter *m*, Kolbenkompressor *m*; Hubkolbenverdichter *m (Gruppenbegriff)* || **~ простого действия** einfachwirkender Verdichter (Hubkolbenverdichter) *m* || **~/прямоточный [поршневой]** Gleichstrom-Hubkolbenverdichter *m* || **~ пускового воздуха** Anlaßkompressor *m*, Anlaßluftverdichter *m* || **~/пусковой** Anlaßverdichter *m* || **~/радиальный** *s.* ~/центробежный || **~/рефрижераторный** *s.* ~/холодильный || **~/ротационный** Umlaufkolbenverdichter *m* || **~/ротационный пластинчатый** Zellenverdichter *m* || **~/роторный** Kreiskolbengebläse *n*, Wälzkolbenverdichter *m* || **~/рядный [поршневой]** Reihenverdichter *m*, Hubkolbenreihenverdichter *m (stehende oder liegende Bauart mit Anordnung der Zylinder nebeneinander)* || **~ с вращающимся поршнем (ротором)** Drehkolbenverdichter *m* || **~ с дифференциальным поршнем/двухступенчатый [поршневой]** zweistufiger Verdichter (Hubkolbenverdichter) *m* mit Differentialkolben || **~ с катящимся поршнем/ротационный** Wälzkolbenverdichter *m*, Rollkolbenverdichter *m* || **~ с качающимся поршнем (ротором)** Rollkolbenverdichter *m* || **~ с ползуном** *s.* ~/крейцкопфный || **~ с ротором/ротационный** Wälzkolbenverdichter *m*; Rollkolbenverdichter *m* || **~/сальниковый [поршневой]** Hermetikverdichter *m* || **~/свободнопоршневой** Freiflugkolbenverdichter *m*, Flugkolbenverdichter *m* || **~ среднего давления** Mitteldruckverdichter *m* || **~ статического сжатия** Kolbenverdichter *m (Verdrängerbauart)* || **~/строенный** Drillingsverdichter *m* || **~/струйный** Strahlverdichter *m* || **~ телескопии** *(Schiff)* Belüftungskompressor *m*, Belüftungsverdichter *m*, Belüftungspumpe *f (Posaunenrohre der Hauptmaschine)* || **~/термический** thermischer Verdichter *m* || **~/тронковый** Tauchkolbenverdichter *m* || **~/турбинный** Turboverdichter *m* || **~/угловой [поршневой]** Winkelverdichter *m (Hubkolbenverdichter in Winkelbauart)* || **~ умеренного давления** *s.* ~ среднего давления || **~/фреоновый** Frigenverdichter *m (Kältemittelverdichter)* || **~/холодильный** Kühlkompressor *m*, Kühlverdichter *m*, Kältemittelverdichter *m* || **~/холодильный центробежный** Turbokältemittelverdichter *m* || **~/центробежный** Kreiselverdichter *m*, Turboverdichter *m*, Radialverdichter *m* || **~/центробежный двухколёсный** zweistufiger Radialverdichter *m*

компропорционирование *n* Komproportionierung *f*, Komproportionierungsreaktion *f*

комптон-эффект *m (Ph)* Compton-Effekt *m*

компьютер Computer *m (s. a. unter* машина/вычислительная*)* || **~/персональный** Personalcomputer *m*, PC

компьютеризация *f* Computerisierung *f*

комфортный *(Inf)* anwenderfreundlich, bedienerfreundlich

конвейер *m* 1. Fließband *n*, Gurtband *n*, Rollenbahn *f*; 2. Fördermaschine *f*, Förderwerk *n*; Stetigförderer *m (Becherwerk, Förderband, Zubringer von Massengut)*; 3. *(Bgb)* Rutsche *f* || **~/аккумулирующий** *(Bgb)* Sammelförderer *m* || **~/бортовой [глубокий]** Trogbandförderer *m* || **~/бремзберговый** *(Bgb)* Bremsförderer *m* || **~/вертикальный винтовой** Steilschneckenförderer *m* || **~/взвешивающий** Wägeband *n (Förderbandwaage)* || **~/вибрационный** Schwingförderer *m*, Vibrationsförderer *m*; Wuchtförderer *m* || **~/винтовой** Schneckenförderer *m* || **~/волочильный** Schlepper *m* || **~/волочильный ленточный** Schleifgurtförderer *m* || **~/волочильный цепной** Schleppkettenförderer *m* || **~/врубово-навалочный** *(Bgb)* Schrämförderer *m* || **~/врубово-цепной** *(Bgb)* Schrämkettenförderer *m* || **~/выносной** Austragförderer *m*, Austragband *n* || **~/горизонтальный** Waagerechtbandförderer *m* || **~/грабельный** Rechenförderer *m*, Förderrechen *m* || **~/гравитационный** Schwerkraftförderer *m* || **~/двухвинтовой** Doppelschnecke *f*, Doppelschneckenförderer *m* || **~/двухцепной** *(Bgb)* Doppelkettenförderer *m*, Zweikettenförderer *m* || **~/двухцепной скребковый** Zweiketten[kratz]förderer *m*, Zweikettenstegförderer *m* || **~/двухцепной тормозной** Zweikettenbremsförderer *m* || **~/доильный** *(Lw)* Fließbandmelkanlage *f* || **~/желобчатый** Rinnenförderer *m* || **~/забойный** *(Bgb)* Strebförderer *m*, Abbauförderer *m* || **~/загрузочный винтовой** Aufgabeschnecke *f*, Beschickungsschnecke *f* || **~/загрузочный ленточный** *(Bgb)* Zwischenförderband *n*; Aufgabeband *n* || **~/заливочный** *(Gieß)* Gießconveyor *m*, Gießband *n* || **~/зарубный** Schrämförderer *m* || **~/звеньевой** Gliederförderer *m*, Gliederbandförderer *m* || **~/изгибающийся** *(Bgb)* Kurvenband *n* || **~/инерционный** Schwingförderer *m*, Rüttelförderer *m*, Wurfförderer *m*, Wuchtförderer *m* || **~/инспекционный** Auslesefließband *n* || **~/канатно-ленточный** Seilgurtförderer *m*, Seilbandförderer *m* || **~/карманный** Taschenförderer *m* || **~/качающийся** Schwing[förder]rinne *f*, Schüttelrinne *f*; Schüttelrutsche *f*, Schwingförderer *m*, Rüttelförderer *m* || **~/ковшовый** Pendelbecherwerk *n*, Becherförderer *m* || **~/кольцевой** Rundfließband *n* || **~/ленточно-канатный** *(Bgb)* Seilgurtförderer *m*, Seilbandförderer *m* || **~/ленточно-цепной** Gliederkettenförderer *m*; Kettengurtförderer *m* || **~/ленточный** Bandförderer *m*, Gurt[band]förderer *m*, Bandförderanlage *f* ‖ **~/литейный** *s.* ~/разливочный ‖ **~/лотковый ленточный** Troggurtförderer *m*, Muldengurtförderer *m* ‖ **~/люлечно-ковшовый** Pendelbecherwerk *n*, Schaukelbecherwerk *n* ‖ **~/люлечный** Schaukelförderer *m*, Schaukelelevator *m*; Paternosteraufzug *m* ‖ **~/магистральный** *(Bgb)* Hauptstreckenförderband *n* ‖ **~/маятниковый ковшовый** Pendelbecherwerk *n* ‖ **~/метательный** Abwurfbandförderer *m*, Trimmer *m* ‖ **~/метательный ленточный** *(Bgb)* Schleuderband *n* ‖ **~ моста** *(Bgb)* Brückenband *n* ‖ **~/наклонный** Schrägbandförderer *m* ‖ **~/одноцепной скребковый** Einkettenkratzförderer *m*, Stegkettenförderer *m* ‖ **~/одноцепной тормозной** Einkettenförderer *m* ‖ **~ отвального уступа** *(Bgb)* Kippenstrossenband *n* ‖ **~/отвальный** *(Bgb)* Haldenförderer *m* ‖ **~/отливочный** *s.* ~/разливочный ‖ **~/охладительный** Kühlförderer *m*, Kühlband *n* ‖ **~/панцирный скребковый** *(Bgb)* Panzerförderer *m* ‖ **~/перегрузочный** Übergabeband *n*, Übergabeförderer *m* ‖ **~/передвижной качающийся** Schieberutsche *f* ‖ **~/плавучий** Schwimmförderer *m* ‖ **~/пластинчато-ковшовый** Troggliederbandförderer *m* ‖ **~/пластинчатый** Plattenband *n*, Plattenbandförderer *m* ‖ **~/пневматический качающийся** Druckluftschüttelrutsche *f* ‖ **~/погрузочный** Aufgabeförderer *m*, Aufgabeband *n* ‖ **~/подвесной** Hängeförderer *m*, Kreisförderer *m*, Umlaufförderer *m*, Gehängeförderer *m* ‖ **~/подъёмный** Steilförderer *m* ‖ **~/поперечный** Querförderer *m*, Querband *n* ‖ **~/промежуточный** Zwischenförderer *m* ‖ **~/просеивающий винтовой** Siebschneckenförderer *m* ‖ **~/разливочный** *(Gieß)* Gießconveyor *m*, Gießband *n* ‖ **~/расфасовочный** Verpackungsfließband *n* ‖ **~/реверсивный** umsteuerbarer Bandförderer *m*, Reversierförderer *m* ‖ **~/роликовый качающийся** Rollenrutsche *f* ‖ **~/рыборазделочный** Fischbearbeitungsband *n*, Schlachtband *n (für Fisch)* ‖ **~/сборный** Sammelförderband *n*, Zubringerförderer *m* ‖ **~/секционный** *s.* ~/звеньевой ‖ **~/скребковый** Kratzer[förderer] *m*, Kratzband *n*, Kratz[band]förderer *m* ‖ **~/сортировочный** Sortierband *n* ‖ **~/тележечный** Kastenbandförderer *m* ‖ **~/тормозной** Bremsförderer *m* ‖ **~/транспортный винтовой** Förderschnecke *f*, Schneckenförderer *m* ‖ **~/уступный** *(Bgb)* Strossenband *n* ‖ **~/цепной** Kettenförderer *m* ‖ **~/червячный** Schneckenförderer *m* ‖ **~/шатунный** Schubstangenförderer *m* ‖ **~/шнековый** Schneckenförderer *m*

конвейер-грохот *m* Siebförderer *m*

конвейер-метатель *m* Schleuderband *n*

конвейер-отвалообразователь *m (Bgb)* Bandabsetzer *m*, Bandabwurfgerät *n*

конвейер-питатель *m* Aufgabeförderer *m*; Dosierförderer *m*; Überladeförderer *m*

конвейер-стрела *m* Bandausleger *m*

конвектор *m* Konvektorheizkörper *m*

конвекция *f (Hydrom)* Konvektion *f*, Mitführung *f* ‖ **~/вынужденная** Zwangskonvektion *f*, erzwungene Konvektion *f* ‖ **~/естественная** natürliche (freie) Konvektion *f* ‖ **~ жидкости/ячеистая** Zellularkonvektion *f* ‖ **~/свободная** natürliche (freie) Konvektion *f* ‖ **~/тепловая** Wärmekonvektion *f*, Wärmeströmung *f*

конвергенция *f* 1. *(Meteo)* Konvergenz *f*; 2. *(Bgb)* Konvergenz *f (Verkleidung von Grubenbauen)*; 3. *s.* схождение морских течений

конверсия *f (Ch)* Konvertierung *f*, Umwandlung *f*; *(Kern)* Konversion *f* ‖ **~/внутренняя** *(Kern)* innere Konversion (Umwandlung) *f (Gammastrahlen)* ‖ **~ водяного газа** *(Ch)* Wassergaskonvertierung *f* ‖ **~ пары** *(Kern)* Paarkonversion *f*, Paarumwandlung *f*

конвертер *m* 1. *(Rf, TV)* Konverter *m*; *(El)* Stromrichter *m*, statischer Umformer *m*; 2. *(Kern)* Konverter *m*; Neutronenwandler *m*, Neutronen[fluß]konverter *m*; 3. *(Met)* Konverter *m*, Birne *f*, Windfrischkonverter *m*; 4. Konvertierungsofen *m*, Reaktionsofen *m* ‖ **~/барабанный** *(Met)* Trommelkonverter *m*, liegender Konverter *m* ‖ **~ Бессемера** *s.* ~/бессемеровский ‖ **~/бессемеровский** *(Met)* Bessemerkonverter *m*, Bessemerbirne *f*, saurer Konverter *m* ‖ **~/вертикальный** *(Met)* birnenförmiger Konverter *m*, Konverterbirne *f* ‖ **~ гидролиза** *(Ch)* Hydrolyseofen *m*, Reaktionsofen *m* für die Hydrolyse ‖ **~/горизонтальный** *(Met)* liegender Konverter *m*, Trommelkonverter *m* ‖ **~/грушевидный** *s.* ~/вертикальный ‖ **~/кислородный** *(Met)* Sauerstoff-Blaskonverter *m* ‖ **~/кислый** *s.* ~/бессемеровский ‖ **~/коротковолновый** *(El)* Kurzwellenkonverter *m*, KW-Konverter *m* ‖ **~/лежащий** *s.* ~/горизонтальный ‖ **~/малый бессемеровский** *(Met)* Kleinkonverter *m*, Klein[bessemer]birne *f*, Bessemer-Kleinkonverter *m* ‖ **~/опрокидывающийся** *(Met)* kippbarer Konverter *m*, Konverterbirne *f* ‖ **~/основной** *s.* ~/томасовский ‖ **~/томасовский** *(Met)* Thomaskonverter *m*, Thomasbirne *f*, basischer Konverter *m* ‖ **~/ультракоротковолновый** Ultrakurzwellenkonverter *m*, UKW-Konverter *m*

конвертирование *n (Met)* 1. Windfrischen *n*, Verblasen *n (Roheisen)*; 2. Konvertieren *n (Stein)* ‖ **~ чугуна** Roheisenfrischen *n* im Konverter ‖ **~ штейна** Kupfersteinverblasen *n*, Kupferbessemern *n* ‖ **~ штейнов** Steinfrischen *n (NE-Metallurgie)*

конвертировать 1. *(Ch)* konvertieren, umwandeln; 2. *(Met)* windfrischen, im Konverter verblasen, bessemern

конвертоплан *m* Wandelflugzeug *m*, Konvertiplan *m*, Convertiplan *m*

конвертор *m s.* конвертер

конгломерат *m* 1. Konglomerat *n*, Gemenge *n*, Gemisch *n (aus verschiedenen Dingen)*; Haufwerk *n*; 2. *(Geol)* Konglomerat *n (Trümmergestein aus gerundeten Bruchstücken)*; Menggestein *n* ‖ **~/базальный** *(Geol)* Basalkonglomerat *n* ‖ **~/мономиктовый** *(Geol)* monomiktes (monogenes) Konglomerat *n* ‖ **~/основной** *(Geol)* Basalkonglomerat *n* ‖ **~/полимиктовый** *(Geol)* polymiktes (polygenes) Konglomerat *n*

конго-краситель *m* Kongofarbstoff *m*

конгрев *m (Typ)* 1. Congrevedruck *m (Farbendruckverfahren)*; 2. Prägedruck *m*, Reliefdruck *m (auf Bucheinbänden)*

конгруэнтность *f (Math)* Kongruenz *f (Planimetrie)*

конгруэнтный seitenrichtig

конгруэнция *f (Math)* Kongruenz *f (gerader Linien)*

конденсат *m* Kondensat *n* ‖ **~/атмосферный** Niederschlagswasser *n* ‖ **~/обратный** Rück[lauf]kondensat *n*

конденсатоотводчик *m* Kondenswasserableiter *m*

конденсатопровод *m* Kondenswasserleitung *f*

конденсатор *m* 1. *(El, Wmt)* Kondensator *m*; 2. *(Kält)* Verflüssiger *m* ‖ **~/абсорбционный** *(Wmt)* Absorptionskondensator *m* ‖ **~/аварийный** *(Kern)* Störungskondensator *m* ‖ **~/автомобильный** Kfz-Entstörkondensator *m* ‖ **~/антенный** Antennenkondensator *m* ‖ **~/барометрический** *(Wmt)* offener Kondensator *m*, Fallrohrkondensator *m* ‖ **~/безындукционный** induktionsloser (induktionsfreier) Kondensator *m* ‖ **~/блокировочный (блокирующий)** Blockierkondensator *m*, Blockkondensator *m*, Sperrkondensator *m* ‖ **~/блочный** Blockkondensator *m* ‖ **~/бочоночный** Hütchenkondensator *m* ‖ **~/бумажно-масляный** Ölpapierkondensator *m* ‖ **~/бумажный** *(El)* Papierkondensator *m*, Pko ‖ **~/вакуумный** Vakuumkondensator *m* ‖ **~/вертикально-трубный** 1. *(Kält)* Steilrohrverflüssiger *m*; 2. *(Wmt)* Steilrohrkondensator *m* ‖ **~/вибрационный (вибрирующий)** Schwingkondensator *m* ‖ **~/воздушный** 1. *(El)* Luftkondensator *m*; 2. *(Wmt)* luftgekühlter Kondensator (Verflüssiger) *m* ‖ **~/воздушный переменный** Luftdrehkondensator *m*, Drehkondensator *m* mit Luftdielektrikum ‖ **~/высоковольтный** Hochspannungskondensator *m* ‖ **~/высокочастотный** Hochfrequenzkondensator *m*, HF-Kondensator *m* ‖ **~/гасящий** Löschkondensator *m*, Kommutierungskondensator *m* ‖ **~/гетинаксовый** Hartpapierkondensator *m* ‖ **~/гладкотрубный** *(Kält)* Glattrohrverflüssiger *m* ‖ **~/горшковый** Topfkondensator *m* ‖ **~/двухпластинчатый** Zweiplattenkondensator *m* ‖ **~/двухтрубный** *(Kält)* Doppelrohrverflüssiger *m*, Doppelrohrkondensator *m* ‖ **~/делительный** *(Wmt)* Spannungsteilerkondensator *m* ‖ **~/дисковый** Scheibenkondensator *m* ‖ **~/дисковый керамический** Keramikscheibenkondensator *m* ‖ **~/дисковый подстроечный** Scheibentrimmer[kondensator] *m* ‖ **~/диффузионный** 1. Sperrschichtkapazität *f*; 2. eindiffundierter Kondensator *m* ‖ **~/жидкостный электролитический** Flüssigkeits[elektrolyt]kondensator *m*, Naßelko *m* ‖ **~/заградительный** *s.* ~/блокировочный ‖ **~/зарядный** Ladekondensator *m* ‖ **~/защитный** Schutzkondensator *m* ‖ **~/змеевиковый** *(Kält)* Rohrschlangenverflüssiger *m* ‖ **~/измерительный** Meßkondensator *m* ‖ **~/искрогасящий** Funkenlöschkondensator *m* ‖ **~/испарительный** *(Kält)* Verdunstungsverflüssiger *m* ‖ **~/керамический** Keramikkondensator *m* ‖ **~/керамический плёночный** Keramik-Schichtkondensator *m* ‖ **~/керамический подстроечный** Keramiktrimmer[kondensator] *m* ‖ **~/коаксиальный фольговый** koaxialer Folienkondensator *m* ‖ **~/кожухозмеевиковый** *(Kält)* Rohrschlangenkesselverflüssiger *m*, Tauchkondensator *m* ‖ **~/кожухотрубный** *(Kält)* Rohrbündelverflüssiger *m* ‖ **~/компенсирующий** Kompensationskondensator *m*, Phasenschieberkondensator *m* ‖ **~/контурный** Schwingkreiskondensator *m* ‖ **~/лакоплёночный** Lackfilmkondensator *m* ‖ **~/лакофольговый** Lackfolienkondensator ‖ **~/листотрубный** *(Kält)* Plattenrohrverflüssiger *m* ‖ **~/мал[огабаритн]ый** Kleinkondensator *m* ‖ **~/масляный** Ölkondensator *m* ‖ **~/металлобумажный** Metallpapierkondensator *m*, MP-Kondensator *m*, MPko ‖ **~/многопластинчатый** Mehrplattenkondensator *m* ‖ **~/многосекционный** Mehrfachkondensator *m*, Vielfachkondensator *m* ‖ **~/многослойный** Mehrschichtkondensator *m*, Vielschichtkondensator *m* ‖ **~/мокрый электролитический** Flüssigkeits[elektrolyt]kondensator *m* ‖ **~/мощный** Hochleistungskondensator *m* ‖ **~/настроечный** Abstimmkondensator *m* ‖ **~/низковольтный** Niederspannungskondensator *m* ‖ **~/низковольтный постоянный** Niederspannungsfestkondensator *m* ‖ **~ обратной связи** Rückkopplungskondensator *m* ‖ **~/однофазный** Einphasenkondensator *m* ‖ **~/оксидно-полупроводниковый** *(El)* Elektrolytkondensator *m* mit halbleitenden Elektrolyten, Festelektrolytkondensator *m*, Festelko *m* ‖ **~ опреснителя** *(Wmt)* Destillierkondensator *m (Seewasserverdampfer)* ‖ **~/оросительный** *(Wmt)* Rieselkondensator *m* ‖ **~/орошаемый** *(Kält)* Berieselungsverflüssiger *m*, Rieselkondensator *m* ‖ **~/основной** *(Wmt)* Hauptkondensator *m* ‖ **~/отклоняющий** Ablenkkondensator *m* ‖ **~/параллельно точный** *(Wmt)* Gleichstromkondensator *m* ‖ **~/параллельный** Parallelkondensator *m* ‖ **~ переменной ёмкости** veränderbarer Kondensator *m*; Drehkondensator *m*, Drehko *m* ‖ **~/переменный** *s.* ~ переменной ёмкости ‖ **~/переходный** Kopplungskondensator *m*, Koppelkondensator *m* ‖ **~/пластинчатый** Plattenkondensator *m* ‖ **~/плёночный** Folienkondensator *m*, Kunstfolienkondensator *m* ‖ **~/плоский** Flachkondensator *m* ‖ **~/поверхностный** *(Wmt)* Oberflächenkondensator *m* ‖ **~/подстроечный** Abgleichkondensator *m* ‖ **~/полупроводниковый** Halbleiterkondensator *m*‖ **~/помехоподавляющий** Entstörkondensator *m*, Störschutzkondensator *m*‖ **~/последовательный** Serienkondensator *m*, Reihenkondensator *m* ‖ **~ постоянной ёмкости** Festkondensator *m* ‖ **~/предварительный** *(Wmt)* Vorkondensator *m* ‖ **~/предвключаемый** *(El)* Vor[schalt]kondensator *m* ‖ **~/проволочный подстроечный** Drahttrimmer[kondensator] *m* ‖ **~/промежуточный** *(Wmt)* Zwischenkondensator *m* ‖ **~/противопомеховый** *s.* ~/помехоподавляющий ‖ **~/противоточный** *(Wmt)* Gegenstromkondensator *m* ‖ **~/противофоновый** Entbrummkondensator *m* ‖ **~/проточный** *(Wmt)* Durchlaufkondensator *m* ‖ **~/проходной** Durchführungskondensator *m* ‖ **~/пружинный подстроечный** Quetschkondensator *m*, Quetschtrimmer *m* ‖ **~/прямоволновый [переменный]** *(Rf)* wellen[längen]gerader Druckkondensator *m*, Nierenplattendrehkondensator *m* ‖ **~/прямоёмкостный [переменный]** kapazitätsgerader Drehkondensator *m*, Kreisplattendrehkondensator *m* ‖ **~/прямоточный** *(Wmt)* Gleichstromkondensator *m* ‖ **~/прямочастотный [переменный]** frequenzgerader Drehkondensator *m*, Sichelplattendrehkondensator *m* ‖ **~/пуговичный** Knopfkondensator *m* ‖ **~/пусковой** Anlaßkondensator *m* ‖ **~/радиотехнический** Funkfrequenzkondensator *m* ‖ **~/развязывающий** Entkopplungskondensator *m* ‖ **~/разделительный** Trennkondensator *m* ‖ **~/ребристый** *(Kält)* Rippenrohrverflüssiger *m* ‖ **~/регулируемый** Regelkondensator *m*, regelbarer (verstellbarer) Kondensator *m* ‖ **~/рулонный** Wickelkondensator *m* ‖ **~ связи** Koppelkondensator *m* ‖ **~/сглаживающий** Siebkondensator *m* ‖ **~/сдвоенный переменный** Zweifachdrehkondensator *m* ‖ **~/сериесный** *s.* ~/последовательный ‖ **~/сеточный** Gitterkondensator *m* ‖ **~/сеточный блокировочный** Gitterblockkondensator *m* ‖ **~/сильноточный** Starkstromkondensator *m* ‖ **~/симметрирующий** Symmetrierkondensator *m* ‖ **~/слюдяной** Glimmerkondensator *m* ‖ **~/смешивающий** *(Wmt)* Einspritzkondensator *m* ‖ **~/спиральный** Wickelkondensator *m* ‖ **~/стеклокерамический** Glaskeramikkondensator *m* ‖ **~/стеклоэмалевый** Glasemaillekondensator *m* ‖ **~/стеклянный** Glaskondensator *m* ‖ **~/строенный переменный** Dreifachdrehkondensator *m* ‖ **~/субминиатюрный** Subminiaturkondensator *m* ‖ **~/сухой электролитический** Trocken[elektrolyt]kondensator *m*, Trockenelko *m* ‖ **~/трёхфазный** Dreiphasenkondensator *m*, Drehstromkondensator *m* ‖ **~/трубчатый** Röhrchenkondensator *m*, Rohrkondensator *m* ‖ **~/трубчатый подстроечный** Rohrtrimmer[kondensator] *m* ‖ **~/укорачивающий** Verkürzungskondensator *m* ‖ **~ утечки** Ableitkondensator *m*, Siebkondensator *m* ‖ **~/фазодвигающий (фазорегулирующий)** Phasenschieberkondensator *m* ‖ **~/фарфоровый** Porzellankondensator *m* ‖ **~/фольговый** Folienkondensator *m* ‖ **~/цилиндрический** Zylinderkondensator *m* ‖ **~/шайбовый подстроечный** Scheibentrimmer[kondensator] *m* ‖ **~/шунтирующий** Nebenschlußkondensator *m* ‖ **~/электролитический** Elektrolytkondensator *m*, Elko *m* ‖ **~/эталонный** Normalkondensator *m*

конденсатор вымораживатель *m* Ausfrierkondensator *m*

конденсаторостроение *n* Kondensatorbau *m*

конденсатор-охладитель *m* Kühlkondensator *m*

конденсация *f* 1. Kondensation *f*, Kondensierung *f*, Verdichtung *f*; 2. Verflüssigung *f*; 3. *(Mech)* Verdichtung *f*, Kondensation *f* ‖ **~ Бозе-Эйнштейна** *(Ph)* [Bose-]Einstein-Kondensation *f* ‖ **~/вакуумная** *(Ch)* Vakuumkondensation *f* ‖ **~/внутренняя (внутримолекулярная)** *(Ch)* intramolekulare (innere) Kondensation *f* ‖ **~/дегидратационная** *(Ch)* Dehydratisierungskondensation *f* ‖ **~/дегидрогенизационная** *(Ch)* Dehydrierungskondensation *f* ‖ **~/капельная** *(Ch)* Tropfenkondensation *f*, Tröpfchenkondensation *f* ‖ **~/капиллярная** Kapillarkondensation *f* ‖ **~ колец** *(Ch)* Ringkondensation *f* ‖ **~/корональная** *(Astr)* koronale Kondensation *f (Sonnenkorona)* ‖ **~/межмолекулярная** *(Ph)* intermolekulare Kondensation *f*, Autokondensation *f*, Selbstkondensation *f* ‖ **~/обратная** *(Ph)* rückläufige Kondensation *f*, retrograde Verdampfung *f* ‖ **~ пар** *(Ph)* Paarkondensation *f* ‖ **~/плёночная** *(Ph)* Filmkondensation *f* ‖ **~/совместная** *(Ch)* Kokondensation *f* ‖ **~/фракционированная** *(Ch)* fraktionierte Kondensation *f* ‖ **~ циклов** *(Ch)* Ringkondensation *f* ‖ **~/частичная** *(Ch)* Teilkondensation *f*, Dephlegmation *f (Destillation)*

конденсер *m (Text)* Kondenser *m*, Abscheider *m (Putzerei)*

конденсировать 1. kondensieren; 2. *(Mech)* niederschlagen, verdichten; 3. verflüssigen; 4. *(Ch)* kondensieren *(Ringsysteme)*

конденсор *m (Opt)* Kondensor *m*, Kondensorlinse *f* ‖ **~/зеркальный** Spiegelkondensor *m* ‖ **~ косого освещения** Schräglichtkondensor *m* ‖ **~/линзовый** Linsenkondensor *m* ‖ **~/поляризационный** Polarisationskondensor *m* ‖ **~ с кольцевой линзой** Ringlinsenkondensor *m*, Ringlinse *f* ‖ **~ с кольцевым зеркалом** Ringspiegel[kondensor] *m*, sammelnder Ringspiegel *m* ‖ **~/сменный** Wechselkondensor *m* ‖ **~/темнопольный** Dunkelfeldkondensor *m*

конденсородержатель *m (Photo, Opt)* Kondensorhalter *m*, Kondensorträger *m*

кондиционер *m* 1. Klimaanlage *f*, Klimagerät *n*; 2. *(Lebm)* Konditionierapparat *m*, Konditioneur *m*; 3. *(Ch)* Zusatzstoff *m (zur besseren Handhabung einer Chemikalie)* ‖ **~/автономный** Einzelklimagerät *n*, Klimagerät *n* ‖ **~/вагонный** *(Eb)* Klimaanlage *f* für Reisezugwagen ‖ **~/комнатный** Zimmerklimaanlage *f* ‖ **~/комфортный** Komfortklimaanlage *f* ‖ **~/круглогодичный** Sommer-Winter-Klimaanlage *f*, Vollklimaanlage *f* ‖ **~/местный** Dezentralklimaanlage *f* ‖ **~/оконный** Fensterklimagerät *n* ‖ **~/подвесной** Deckenklimagerät *n* ‖ **~/подоконный неавтономный** Klimatruhe *f* ‖ **~/промышленный** Industrieklimaanlage *f* ‖ **~ рабочей среды** hydraulisches (pneumatisches) Fluidaufbereitungsgerät *n* ‖ **~/шкафной** Klimatruhe *f*, Klimaschrank *m*

кондиционер-доводчик *m*/**эжекционный** Induktionsklimaanlage *f*

кондиционер-светильник *m* Klimaleuchte *f*

кондиционирование *n* 1. Klimatisierung *f (durch Klimaeinflüsse)*; 2. Konditionieren *n (durch chemische Einwirkung)*; 3. *(Text)* Konditionieren *n (Prüfverfahren)* ‖ **~ воздуха/зимнее** Klimatisierung *f* für den Winterfall ‖ **~ воздуха/летнее** Klimatisierung *f* für den Sommerfall ‖ **~ воздуха/полное** Vollklimatisierung *f (Luftaufbereitung ohne Einschränkung)* ‖ **~ воздуха/ частичное** Teilklimatisierung *f (spezielle Luftaufbereitung, wie z. B. Be- oder Entfeuchten, Kühlen usw.)* ‖ **~/горячее** *(Ch)* Warmkonditionieren *n*

кондуктанц *m (El)* Konduktanz *f*, Wirkleitwert *m*

кондуктометрический *(Ch)* konduktometrisch

кондуктометрия *f (Ch)* Konduktometrie *f*

кондуктор *m* 1. Leiter *m*, Konduktor *m (z. B. für elektrischen Strom)*; 2. *(Eln)* Leiterbahn *f*, Leiterzug *m*; 3. *(Fert)* Führungsteil *m (für Werkzeuge)*; 4. *(Fert)* Führungsschablone *f*, Führungslehre *f*; 5. *(Met)* Führung *f (Richtvorrichtung für gepreßte Rohre)*; 6. *(Schiff)* Lehrgerüst *n*; 7. *(Bw)* Montagelehre *f*; 8. *(Bgb)* Leitrohrtour *f*, Konduktor *m (Bohrung)*

кондуктор-шаблон *m (Fert)* Führungsschablone *f*, Führungslehre *f*
конёк *m (Bw)* First *m (Dach)*
конец *m* 1. Ende *n*, Schluß *m*; 2. Spitze *f*; 3. Auslauf *m (einer Bewegung)*; 4. *(Schiff)* Seil *n*, Leine *f*, Tau *n* ‖ **~ блока** *(Inf)* Blockende *n* ‖ **~/бросательный** *(Schiff)* Wurfleine *f* ‖ **~/буксирный** *(Schiff)* Schleppleine *f*, Schlepptrosse *f* ‖ **~/вытяжной** *(Schiff)* Beihiever *m (Trawler)* ‖ **~/грузонесущий** *(Masch)* Lastaufnahmeteil *m (z. B. eines Armes eines Industrieroboters)* ‖ **~/загрузочный** Aufgabeende *n*, Beladeende *n*; Einlaufende *n* ‖ **~ записи** *(Inf)* Satzende *n* ‖ **~/заправочный** Bandvorsatz *m*, Vorspannband *n (Magnetband)* ‖ **~/зарядный** *(Photo)* Filmzunge *f*, Allonge *f* ‖ **~ зоны** *(Inf)* Bereichsende *n* ‖ **~/коренной** *(Schiff)* feste (stehende) Part *f (eines Taljenläufers)* ‖ **~/кормовой** *(Schiff)* Achterleine *f* ‖ **~/кутковый** Steertleine *f (Schleppnetzfischerei; Übergabesteert)* ‖ **~ набора данных** *(Inf)* Dateiende *n* ‖ **~ носителя** *(Inf)* Datenträgerende *n* ‖ **~ обмотки** *(El)* Wicklungsende *n (Spule)* ‖ **~ обмотки/выведенный** herausgeführtes Wicklungsende *n*, Wicklungs[außen]anschluß *m* ‖ **~ передачи** *(Inf)* Übertragungsende *n* ‖ **~/передающий** *(Rf)* Sende[r]seite *f* ‖ **~/переходной** *(Schiff)* Umgehungsstander *m (Schleppnetz)* ‖ **~/питающий** *(El)* Speiseseite *f* ‖ **~/прибыльный** *(Met)* verlorener Kopf *m* ‖ **~/приёмный** *(Rf)* Empfangsseite *f*, Empfängerseite *f* ‖ **~ работы [двигателя]** *(Rak)* Brennschluß *m* ‖ **~ работы канала** *(Inf)* Kanalende *n* ‖ **~/разгрузочный** *(Ch)* Austrag[s]ende *n*, Abzugsende *n*, Entnahmeende *n*; Ablaufende *n*, Auslaufende *n* ‖ **~ связи** *(Inf)* Kommunikationsende *n* ‖ **~ секции** *(El)* Spulenende *n* ‖ **~ секции/выведенный** herausgeführtes Spulenende *n* ‖ **~ сообщения** *(Inf)* Nachrichtenende *n* ‖ **~/спасательный** Manntau *n (Rettungsboot)* ‖ **~/ступенчатый закруглённый** Ansatzkuppe *f (Schraube)* ‖ **~/сферический** Linsenkuppe *f*, Rundkuppe *f (Schraubenende)* ‖ **~ текста** *(Inf)* Textende *n* ‖ **~ тома** *(Inf)* Datenträgerende *n* ‖ **~ топенанта/ходовой** *(Schiff)* Baumaufholer *m*, "Faulenzer" *m (Ladegeschirr)* ‖ **~ файла** *(Inf)* Dateiende *n* ‖ **~/ходовой** *(Schiff)* holende (laufende) Part *f (eines Taljenläufers)* ‖ **~/швартовный** *(Schiff)* Festmacher *m*, Festmachertrosse *f*, Verholtrosse *f*
конечный 1. begrenzt, endlich; 2. *(Forst)* gipfelständig
коника *f s.* сечение/коническое
кониметрия *f* Konimetrie *f*, Staub[gehalts]messung *f*
кони[о]скоп *m* Koniskop *n*
конкреции *fpl***/мергельные** *(Geol)* Lößpuppen *fpl*, Lößkindl *npl*
конкреция *f (Min, Geol)* Konkretion *f (Hohlraumausscheidung)* ‖ **~/железистая** Eisenkonkretion *f* ‖ **~/марганцовая** *(Geol)* Manganknolle *f*, Mangankonkretion *f* ‖ **~ пирита** Pyritkonkretion *f*, Eisenkieskonkretion *f*
конлок *m (Schiff)* Staustück *n (Containerzurrung)*
коннода *f (Ch, Ph)* Kon[n]ode *f (Linie im Phasendiagramm)*
коноид *m (Text)* Konoid *m*, Konustrommel *f (Flyer)*
конопатить kaltfatern, [mit Werg] abdichten
коноплекомбайн *m s.* комбайн/коноплеуборочный
коноплесноповязалка *f (Lw)* Hanf[mäh]binder *m*
конормаль *f* Konormale *f*
коноскоп *m (Opt)* Konoskop *n (Polarisationsmikroskop mit konvergentem Licht)*
коноскопия *f (Opt)* Konoskopie *f*
консерв *m***/стерилизованный** Vollkonserve *f*, Sterilkonserve *f*
консервант *m* Konservierungsmittel *n (für Nahrungs- und Futtermittel)*
консерватор *m (El)* Ausdehnungsgefäß *n*, Ölkonservator *m (eines Transformators)*
консервация *f s.* консервирование
консервирование *n* Konservierung *f* ‖ **~/влажное** Naßkonservierung *f* ‖ **~/длительное** Dauerkonservierung *f* ‖ **~ замораживанием** Tiefkühlung *f*, Frosten *n*, Gefrierkonservierung *f* ‖ **~/сухое** Trockenkonservierung *f*
консервировать 1. konservieren; 2. speichern *(Fernsehprogramme)* ‖ **~ замораживанием** frosten, gefrierkonservieren
консистентность *f s.* консистенция
консистенция *f* Konsistenz *f*
консистометр *m* Konsistometer *n*
консолидация *f (Bw)* Konsolidierung *f*, Verdichtung *f (Baugrund)* ‖ **~ грунта/вторичная** Sekundärsetzung *f* ‖ **~ грунта/начальная** Initialsetzung *f*
консоль *f* 1. *(Bw, Masch)* Konsole *f*, Krage *f*, Tragarm *m*; Auskragung *f*; 2. *(Bw)* Kragarm *m*, Kragstütze *f*; Ausleger *m (Stahlbau)*; Konsolträger *m*, Freiträger *m (einseitig eingespannter Träger)*; 3. *(Nrt)* Konsole *f*, Ausleger *m*, Stütze *f*, Träger *m (Verlegung von Freileitungen)*; 4. *(El)* Kabelhalter *m (in Kabelschächten)*; 5. *(Wkzm)* Winkeltisch *m (einer Fräsmaschine)*; 6. *(Inf)* Bedieneinheit *f*; 7. *s. unter* кронштейн *und* стрела ‖ **~/двухпутная** *(Eb)* Ausleger *m* für zweigleisige Strecke, Zweigleisausleger *m* ‖ **~/конвейерная** Förderbandausleger *m* ‖ **~/многопутная** *(Eb)* Ausleger *m* für mehrgleisige Strecke ‖ **~ моста** Förderbrückenausleger *m* ‖ **~/наклонная** Schrägausleger *m* ‖ **~/однопутная** *(Eb)* Ausleger *m* für eingleisige Strecke ‖ **~/опорная** Tragkonsole *f* ‖ **~/отвальная** *(Bgb)* Abwurfausleger *m (Absetzer)* ‖ **~/поворотная** Drehausleger *m*; Schwenkarm *m*
константа *f (Math, Ph, Ch)* Konstante *f*, Festwert *m*, gleichbleibende Größe *f (s. a. unter* постоянная*)* ‖ **~/адресная** *(Inf)* Adreßkonstante *f*, Adressenkonstante *f* ‖ **~ вещества** Materialkonstante *f*, Stoffkonstante *f* ‖ **~ взаимодействия** *(Ph)* Wechselwirkungskonstante *f* ‖ **~ взаимодействия Ферми** *(Kern)* Kopplungskonstante *f* für den Beta-Zerfall, Fermi-Konstante *f* ‖ **~/восьмеричная** *(Inf)* oktale Konstante *f* ‖ **~/двоичная** *(Inf)* binäre Konstante *f* ‖ **~/десятичная** *(Inf)* dezimale Konstante *f* ‖ **~ кристалла/геометрическая** *s.* ~/кристаллографическая ‖ **~/кристаллографическая** kristallographische Konstante (Kristallkonstante) *f*, geometrische Kristallkonstante *f* ‖ **~/магнитоупругая** *(Ph)* magnetoelastische Konstante *f* ‖ **~ магнитоупругой связи** *(Ph)* magnetoelastische Kopp-

lungskonstante *f* ‖ ~ **Максвелла** Maxwell-Konstante *f*, Maxwellsche Konstante *f* ‖ ~ **метки** *(Inf)* Marke *f* ‖ **~/оптическая** *(Krist)* optische Konstante *f* ‖ ~ **преломления** Refraktionskoeffizient *m*, Refraktionskonstante *f* ‖ ~ **пропорциональности** Proportionalitätskonstante *f* ‖ ~ **равновесия** *(Ch)* Gleichgewichtskonstante *f*, Massenwirkungskonstante *f (Massenwirkungsgesetz)* ‖ ~ **с плавающей запятой** *(Inf)* Gleitkommakonstante *f* ‖ ~ **с повышенной точностью** *(Inf)* Konstante *f* mit doppelter Genauigkeit ‖ ~ **с удвоенной точностью** *(Inf)* Konstante *f* mit erhöhter Genauigkeit ‖ ~ **с фиксированной запятой** *(Inf)* Festkommakonstante *f* ‖ ~ **связи** Kopplungskonstante *f* ‖ ~ **скорости** Geschwindigkeitskonstante *f* ‖ ~ **скорости реакции** *(Ch)* Reaktionsgeschwindigkeitskonstante *f* ‖ ~ **трения** Reibungskonstante *f* ‖ ~ **упругости** Elastizitätskonstante *f* ‖ **~/целочисленная** *(Inf)* ganzzahlige Konstante *f* ‖ **~/шестнадцатеричная** *(Inf)* hexadezimale Konstante *f*

константан *m (Met)* Konstantan *n*

конструкции *fpl*/**гидротехнические** Wasserbauten *pl*

конструкция *f* Konstruktion *f*, Bauform *f*, Bauart *f*, Ausführung *f*; Bau *m*, Aufbau *m* ‖ **~/агрегатная** Aggregatbauweise *f* ‖ **~/армокаменная** bewehrte Mauerwerkskonstruktion *f*, Stahlsteinkonstruktion *f* ‖ **~/балочно-стоечная** Mastenbauweise *f* ‖ **~/бетонная** Betonkonstruktion *f* ‖ **~/блочная** Blockkonstruktion *f*, Blockbauweise *f* ‖ **~/большепролётная** weitgespannte Konstruktion *f* ‖ **~/вантовая** Seilnetzwerk *n*, Seilnetzkonstruktion *f* ‖ **~/висячая** Hänge[trag]werk *n* ‖ **~/двухстоечная** *(Masch)* Zweiständerkonstruktion *f* ‖ **~/железобетонная** Stahlbetonkonstruktion *f* ‖ **~/железобетонная предварительно напряжённая** vorgespannte Stahlbetonkonstruktion *f*, Spannbetonkonstruktion *f* ‖ **~/закрытая** *(El)* geschlossene Bauart *f*, Kapselung *f* ‖ **~/защищённая** *(El)* geschützte Bauart *f* ‖ **~/изолирующая (изоляционная)** *(El)* Isolationsaufbau *m* ‖ ~ **кабеля** *(El)* Kabelaufbau *m* ‖ **~/каменная** Steinkonstruktion *f*, Ziegelkonstruktion *f*, Mauerwerk *n* ‖ **~/каркасная** Skelettbau *m*, Ständerbau *m* ‖ **~/каркасно-панельная** Skelettplattenkonstruktion *f*, Skelettplattenbauweise *f* ‖ **~/кирпичная** Ziegelkonstruktion *f*, Ziegelmauerwerk *n* ‖ **~/клеёная** Holzleimkonstruktion *f* ‖ **~/клёпаная** Nietkonstruktion *f* ‖ **~/консольная** Kragkonstruktion *f*; auskragende Konstruktion *f* ‖ **~/коробчатая** *(Masch)* Kastenkonstruktion *f* ‖ **~/крупноблочная** Großblockkonstruktion *f*, Großblockbauweise *f* ‖ **~/крупнопанельная** Großplattenkonstruktion *f*, Großplattenbauweise *f* ‖ **~/купольная** Kuppel *f*, Kuppelkonstruktion *f* ‖ **~/литая** *(Masch)* Gußkonstruktion *f* ‖ **~/металлическая лёгкая** Metalleichtbaukonstruktion *f*, Metalleichtbau *m* ‖ **~/многослойная** Mehrschichtkonstruktion *f*, Sandwichkonstruktion *f* ‖ **~/моноблочная** *(Masch)* Monoblockkonstruktion *f* ‖ **~/монолитная** monolithische Konstruktion *f* ‖ **~/несущая** 1. *(Bw)* tragende Konstruktion *f*, Tragwerk *n*; 2. *(Flg)* Tragwerk *n*, Tragsystem *n* ‖ **~/облегчённая** Leichtbaukonstruktion *f* ‖ **~/оболочная** Schalenkonstruktion *f* ‖ **~/объединённая** Verbundbau *m* ‖ **~/ограждающая** Umfassungskonstruktion *f*, Umhüllungskonstruktion *f*, Gebäudehülle *f* ‖ **~/одностоечная** *(Masch)* Einständerkonstruktion *f* ‖ **~/основная** Grundkonstruktion *f* ‖ **~/открытая** *(El)* offene Bauart *f*; *(Masch)* offene Konstruktion *f* ‖ ~ **перекрытий/неразрезная** durchlaufende Deckenkonstruktion *f* ‖ **~/пластинчатая** Scheibenkonstruktion *f* ‖ **~/плоская несущая** ebenes Tragwerk *n*, Flächentragwerk *n* ‖ **~/плоскостная** Flächentragwerk *n* ‖ **~/подвесная** *(Masch)* Hängekonstruktion *f* ‖ ~ **пролётных строений** *(Bw)* Überbaukonstruktion *f* ‖ **~/пространственная несущая** räumliches Tragwerk *n*, Raumtragwerk *n* ‖ **~/пространственно-искривлённая** räumlich gekrümmtes Tragwerk *n* ‖ **~/противопожарная** *(Schiff)* Brandschutztrennfläche *f* ‖ **~/раздельная** *(Bw)* zweischalige Konstruktion *f* ‖ **~/рамная** Rahmenkonstruktion *f*, Rahmenbauweise *f* ‖ **~/рамная несущая** *(Bw)* Rahmentragwerk *n* ‖ **~/решётчатая** Fachwerkkonstruktion *f*, Fachwerk *n* ‖ **~/сборная** *(Bw)* vorgefertigte Konstruktion *f*, Fertigteilkonstruktion *f*; *(Masch)* zusammengebaute Konstruktion *f* ‖ **~/сборно-монолитная** *(Bw)* Verbundkonstruktion *f* ‖ **~/сборно-монолитная бетонная** Betonverbundkonstruktion *f* ‖ **~/сдвоенная** *(Masch)* Zwillingskonstruktion *f* ‖ **~/сейсмостойкая** *(Bw)* erdbebensichere Konstruktion *f* ‖ **~/сквозная** Fachwerkkonstruktion *f*, Fachwerk *n* ‖ **~/складчатая** *(Bw)* Faltwerk *n* ‖ **~/смешанная** *(Bw)* Konstruktion *f* in Mischbauweise ‖ **~/составная** *(Bw)* Verbundkonstruktion *f*, Konstruktion *f* in Verbundbauweise ‖ **~/стальная** Stahlkonstruktion *f* ‖ **~/стержневая** *(Bw)* Stabkonstruktion *f*, Stabtragwerk *n* ‖ **~/строительная** Baukonstruktion *f* ‖ **~/технологичная** technologiegerechte Konstruktion *f* ‖ **~/тонкостенная** *(Bw)* Leichtbau *m* ‖ ~ **Эвальда** *(Krist)* Ewaldsche Konstruktion *f* ‖ **~/ячеечная** *(Masch)* Zellenkonstruktion *f*

контакт *m* 1. Kontakt *m*, Berührung *f*; 2. Kontaktschicht *f*, Berührungsschicht *f*; 3. *(El)* Kontaktstück *n*, Kontaktglied *n*, Schaltstück *n*; 4. *(El)* Anschluß *m*, 5. *(Geol)* Kontaktzone *f*, Kontakthof *m*; 6. *(Ch)* Katalysator *m*; 7. *(Fert)* Eingriff *m* *(z. B. eines Fräsers)* ‖ **~/базовый** Basiskontakt *m (Halbleiter)* ‖ ~ **базы** *s.* ~/базовый ‖ **~/блокировочный (блокирующий)** *(El)* Sperrkontakt *m*, Haltekontakt *m* ‖ ~ **в полу** *(El)* Fußbodenkontakt *m* ‖ **~/вакуумный** Vakuumkontakt *m* ‖ **~/вилочный** *(El)* Steckkontakt *m* ‖ **~/винтовой** *(El)* Schraubkontakt *m* ‖ **~/водонефтяной** *(Erdöl)* Öl-Wasser-Grenze *f* ‖ **~/временно замыкающий** *(El)* Zeitarbeitskontakt *m*, Wischkontakt *m* ‖ **~/временно размыкающий** *(El)* Zeitruhekontakt *m*, Wischkontakt *m* ‖ **~/вспомогательный** Hilfskontakt *m*, Nebenkontakt *m* ‖ **~/встречный** Gegenkontakt *m* ‖ **~/входной** *(El)* Eingangskontakt *m* ‖ **~/выпрямительный** Gleichrichterkontakt *m* ‖ **~/выходной** *(El)* Ausgangskontakt *m* ‖ **~/главный** *(El)* Hauptkontakt *m* ‖ **~/дверной** Türkontakt *m* ‖ **~/дугогасительный** *(El)* Lichtbogenlöschkontakt *m* ‖ **~/заземляющий** *(El)* Erd[ungs]kontakt *m* ‖ **~/замыкающий** Schließkontakt *m*, Arbeits[strom]kontakt *m*, Einkontakt *m (Relais)* ‖ **~/защитный** *(El)*

Schutzkontakt *m* || **~/золотой** *(Eln)* Goldkontakt *m* || **~/золочёный** *(Eln)* vergoldeter Kontakt *m* || **~ зуба** *(Masch)* Zahnkontakt *m*, Zahnberührung *f* || **~/интрузивный** *(Geol)* intrusiver Kontakt *m* || **~/искрогасительный** *(El)* Funkenlöschkontakt *m* || **~/катящийся** *(El)* Wälzkontakt *m*, Abwälzkontakt *m* || **~/клиновой** *(El)* Keilkontakt *m* || **~/кнопочный** *(El)* Drucktastenkontakt *m* || **~/коллекторный** Kollektorkontakt *m (Halbleiter)* || **~/конечный (концевой)** *(El)* Endkontakt *m* || **~/магнитоуправляемый** *(El)* Magnetsteuerkontakt *m*, magnetgesteuerter Kontakt *m* || **~/максимальный** Oberwertkontakt *m* || **~/мгновенный** *(El)* Momentankontakt *m*, Sofortkontakt *m* || **~/медный** *(El)* Kupferkontakt *m* || **~ металл-полупроводник** *(Eln)* Metall-Halbleiter-Kontakt *m* || **~/многоточечный** *(El)* Mehrpunktkontakt *m* || **~/монетный** *(Nrt)* Münz[fühl]-kontakt *m* || **~/нажимной** *(El)* Druckkontakt *m* || **~/ненадёжный** *(El)* schlechter Kontakt *m*; Wackelkontakt *m* || **~/несогласный** *(Geol)* diskordanter Kontakt *m* || **~/ножевой** *(El)* Messerkontakt *m* || **~/ножной** *(El)* Fußkontakt *m* || **~ номеронабирателя** *(Nrt)* Nummernschalterkontakt *m* || **~/нормально закрытый** *(El)* normal geschlossener Kontakt *m*, Öffnungskontakt *m*, Ruhe[strom]kontakt *m* || **~/нормально открытый** *(El)* normal offener Kontakt *m*, Schließkontakt *m*, Arbeits[strom]kontakt *m* || **~/обгорающий** *(El)* Abbrennkontakt *m* || **~/одноточечный** *(El)* Einpunktkontakt *m* || **~/омический** *(El)* ohmscher Kontakt *m* || **~/оптический** *(Meß)* optischer Kontakt *m* || **~/педальный** *(El)* Fußkontakt *m* || **~/перекидной** *(El)* Umschalt[e]kontakt *m* || **~/перемыкающий** Umschalt[e]kontakt *m* ohne Unterbrechung, unterbrechungsloser Umschalt[e]kontakt *m* || **~/пластинчатый** *(El)* Lamellenkontakt *m* || **~/плоский** *(El)* Flachkontakt *m* || **~/плотный** *(El)* inniger Kontakt *m* || **~/плохой** *s.* ~/ненадёжный || **~/поверхностный** *(El)* Flächenkontakt *m* || **~ подъёма** *(Nrt)* Kopfkontakt *m (bei Hebdrehwählern)* || **~ покоя** *s.* ~/нормально закрытый || **~/прерывистый** intermittierender Kontakt *m* || **~ прохода поля** *(Nrt)* Durchdrehkontakt *m*, dk-Kontakt *m* || **~/пружинный (пружинящий)** *(El)* Federkontakt *m* || **~/рабочий** *s.* ~/нормально открытый || **~/разделяющий** *(El)* Trennkontakt *m* || **~/размыкающий** *s.* ~/нормально закрытый || **~/разрывной** *(El)* Ausschaltkontakt *m*; Abreißkontakt *m* || **~/расцепительный** *(El)* Trennkontakt *m* || **~/рекомбинационный** Rekombinationskontakt *m (Halbleiter)* || **~/рельсовый** Schienenkontakt *m*, Schienenstromschließer *m*, Radtaster *m* || **~/роликовый** *(Eln)* Rollenkontakt *m* || **~/рубящий** *(El)* Messerkontakt *m* || **~/сильноточный** Starkstromkontakt *m* || **~/скользящий** *(El)* Schleifkontakt *m*, Gleitkontakt *m* || **~/сплавной** Legierungskontakt *m (Halbleiter)* || **~/спокойный** *s.* ~/нормально закрытый || **~/стыковый** *s.* ~/торцовый || **~/тектонический** *(Geol)* tektonischer Kontakt *m*, tektonische Grenzfläche (Diskordanz) *f* || **~/тепловой** thermischer Kontakt *m*, Wärmekontakt *m* || **~/торцовый** *(El)* Stirnkontakt *m*, Kopfkontakt *m* || **~/точечный** Punktkontakt *m*, punktförmiger Kontakt *m*; *(Eln)* Spitzenkontakt *m (Halbleiter)*; *(Fert)* Punktkontakt *m*, punktförmiger Kontakt *m*; *(Masch)* punktförmiger Eingriff *m (Getriebe)* || **~/трансгрессивный** *(Geol)* transgressiver Kontakt *m*, Transgressionskontakt *m* || **~/угольный** *(El)* Kohlekontakt *m* || **~/управляющий** *(Reg)* Steuerkontakt *m* || **~/упругий** *(Fert)* elastischer Eingriff *m* || **~/фрикционный** *(Trib)* Reibkontakt *m* || **~ холостого хода** *(El)* Nummernschalterruhekontakt *m*, Überbrückungskontakt *m*, nsr-Kontakt *m* || **~/холостой** *(El)* Leerkontakt *m* || **~/штепсельный** *(El)* Steckkontakt *m*, Stöpselkontakt *m* || **~/штифтовой** *(El)* Stiftkontakt *m*; Kontaktstift *m* || **~/штыревой** *(El)* Stiftkontakt *m*; Steckkontakt *m* || **~/шунтирующий** *(El)* Überbrückungskontakt *m* || **~/щёточный** *(El)* Bürstenkontakt *m*

контактирование *n* 1. Kontaktgabe *f*; 2. *(El)* Kontaktieren *n (mit einem Kontaktwerkstoff versehen)* || **~/проволочное** *(Eln)* Drahtbonden *n*

контактно-каталитический kontaktkatalytisch

контактный 1. taktil *(Sensoren)*; 2. kontaktbehaftet, Kontakt...

контактово-метаморфический *(Geol)* kontaktmetamorph

контактодержатель *m (El)* Kontaktarm *m*, Kontaktträger *m*

контактор *m (El)* 1. Schütz *n*, Schaltschütz *n*; 2. Kontaktgeber *m* || **~/воздушный** Luftschütz *n* || **~/главный** Hauptschaltschütz *m* || **~/линейный** Linienschütz *n* || **~/масляный** Ölschütz *n* || **~/нормально закрытый** Schütz *n* mit Ruhekontakt || **~/нормально открытый** Schütz *n* mit Arbeitskontakt || **~ переменного тока** Wechselstromschütz *n* || **~ постоянного тока** Gleichstromschütz *n* || **~/пусковой** Anlaßschütz *n* || **~/реверсирующий** Wendeschütz *n* || **~ с выдержкой времени** verzögertes Schütz *n* || **~/токовый** Stromschütz *n* || **~/тормозной** Bremsschütz *n* || **~/трёхфазный** Drehstromschütz *n* || **~ управляющего напряжения** Steuerspannungsschütz *m*

контейнер *m* 1. Container *m*, Behälter *m*, Transportbehälter *m*; 2. *(Met)* Rezipient *m (Strangpresse)* || **~ большой грузоподъёмности** Schwergutbehälter *m* || **~/вентилируемый** belüfteter Container *m* || **~/засыпной** *(Gieß)* Schüttbehälter *m (für Maskenformverfahren)* || **~/изотермический** Isoliercontainer *m*, Thermocontainer *m*, isothermischer Container *m* || **~ международного стандарта** ISO-Contalner *m* || **~/морозильный** Tiefkühlcontainer *m* || **~ на катках** Rollbehälter *m* || **~/невозвратный** Einwegcontainer *m* || **~/плавучий** Schwimmcontainer *m* || **~/порожний** Leercontainer *m* || **~/пусковой** *(Rak)* Startbehälter *m* || **~/рефрижераторный** Kühlcontainer *m*, Maschinenkühlcontainer *m* || **~/решетчатый** Gitterbehälter *m* || **~/свинцовый** *(Kern)* Bleicontainer *m* || **~/специальный** Einzweckcontainer *m* || **~/универсальный** Mehrzweckcontainer *m* || **~/холодильный** Kühlcontainer *m*

контейнеровместимость *f* Containerladefähigkeit *f*, Containerkapazität *f (eines Schiffes)* || **~ в грузовых трюмах** Containerkapazität *f* in den Laderäumen || **~ на главной палубе** Containerkapazität *f* auf Hauptdeck || **~ на палубе** Containerkapazität *f* unter Deck || **~ на трейлерах** Con-

tainerkapazität *f* auf Trailern ‖ ~ **под палубой** Containerkapazität *f* auf Deck
контейнеровоз *m* [Voll-]Containerschiff *n* ‖ **~/безлюковый** offenes Containerschiff *n* ‖ ~ **внутреннего плавания** Binnencontainerschiff *n* ‖ **~/комбинированный** Teil-Containerschiff *m* ‖ **~/универсальный** Mehrzweck-Containerschiff *n* ‖ **~/фидерный** Containerzubringerschiff *n* ‖ ~ **ячеистой конструкции** Containerzellenschiff *n*
контейнеровоз-доставщик *m* Containerzubringerschiff *n*
контейнероопрокидыватель *m* Containerkippvorrichtung *f*
контейнер-пусковая труба *m (Rak)* Transport- und Startbehälter *m*
контейнер-цистерна *f* Tankcontainer *m*, Flüssiggutcontainer *m*
контекст *m* **аппаративного обеспечения** *(Inf)* Hardware-Kontext *m* ‖ ~ **программного обеспечения** *(Inf)* Software-Kontext *m*
контекстуальный *(Inf)* textabhängig
континуанта *f (Math)* Kontinuante *f*, Kettenbruchdeterminante *f*
континуум *m (Math)* Kontinuum *n (s. a.* спектр/сплошной *und* среда/сплошная*)* ‖ **~/диссоциационный** *(Ph)* Dissoziationskontinuum *n* ‖ **~/ионизационный** *(Kern)* Ionisationskontinuum *n*, Ionisierungskontinuum *n* ‖ **~/рекомбинационный** *(Kern)* Rekombinationskontinuum *n*
контражур *m (Photo)* Gegenlicht *n*
контрапозиция *f (Math)* Kontraposition *f*
контраполяризация *f* Gegenpolarisation *f*
контраст *m* 1. Kontrast *m*, Gegensatz *m*, Unterschied *m*; 2. *(Opt, Photo, TV)* Kontrast[umfang] *m*, Bildkontrast *m* ‖ **~/амплитудный** Amplitudenkontrast *m* ‖ ~ **деталей** Detailkontrast *m* ‖ **~/дифракционный** Beugungskontrast *m* ‖ ~ **изображения** Bildkontrast *m*; Abbildungskontrast *m* ‖ **~/краевой** Randkontrast *m* ‖ ~ **печати/относительный** *(Typ)* relativer Druckkontrast *m* ‖ ~ **печатного изображения** *(Typ)* Druckkontrast *m* ‖ **~/пороговый** Schwellenkontrast *m*, Kontrastschwelle *f* ‖ **~/последовательный** Nachkontrast *m* ‖ **~/фазовый** Phasenkontrast *m* ‖ **~/цветовой** Farbkontrast *m* ‖ **~/яркостный** 1. *(Photo)* Helligkeitskontrast *m*; 2. *(Licht)* Leuchtdichtekontrast *m*
контрастирование *n* Kontrastierung *f*; *(TV)* Abhebung *f*
контрастность *f* Kontrastwirkung *f*, Kontrast *m*, Kontrastschärfe *f*; *(Photo)* Kontrastgrad *m*, Härte *f* ‖ **~/предельная** *(Photo)* Grenzgradation *f*
контрастный kontrastreich; *(Photo auch)* hart
контрастор *m (TV)* Gammaentzerrer *m*
контратип *m (Photo)* Zwischennegativ *n*, Internegativ *n*, Duplikat[film] *m*
контратипирование *n (Photo)* Dupen *n*, Dubeln *n*, Duplikatherstellung *f* ‖ **~/прямое** Direktduplikatherstellung *f*
контрвинт *m s.* контрпропеллер
контргайка *f* 1. Gegenmutter *f*, Kontermutter *f*; 2. *(Meß)* Überwurfmutter *f (Meßschraube)*
контргруз *m* Gegenmassestück *n*
контрдопирование *n* Gegendotierung *f*, Umdotierung *(Halbleiter)*
контрейлер Contrailer *m*, fahrbarer Container *m*
контрить kontern, durch Gegenmutter feststellen
контркалибр *m* Kontrollehre *f*, Prüflehre *f*, Gegenlehre *f*
контрклин *m* Gegenkeil *m*
контркривошип *m (Masch)* Gegenkurbel *f*; Schwingenkurbel *f*
контрлегирование *n s.* контрдопирование
контроллер *m* 1. *(El, Eb)* Fahrschalter *m*, Kontroller *m*; Steuerschalter *m*; 2. *(Reg, Inf)* Steuergerät *n*; 3. *(Eln)* Steuereinheit *f* ‖ **~/барабанный** Walzensteuerschalter *m*, Walzen[stufen]-schalter *m*, Steuerwalze *f* ‖ **~/вынесенный программируемый** intelligente Remote-Steuerung *f* ‖ **~/главный** Meisterschalter *m* ‖ **~/двойной ступенчатый** Doppelstufenschalter *m* ‖ **~/контакторный** Schützenfahrschalter *m* ‖ **~/крановый** Kranfahrschalter *m*; Kransteuerschalter *m* ‖ **~/кулачковый** Nocken[steuer]-schalter *m*; Nockenfahrschalter *m* ‖ ~ **локальной сети** Lokalnetzkontroller *m* ‖ **~/педальный** Fußschalter *m* ‖ **~/подъёмно-крановый** Hubkranfahrschalter *m* ‖ **~/программируемый** programmierbare Steuerung *f* ‖ **~/пускоездовой** Anlaßfahrschalter *m* ‖ **~/реверсивный** Wendefahrschalter *m* ‖ **~/тормозной** Bremskontroller *m*
контроль *m* 1. Kontrolle *f*, Prüfung *f*, Nachprüfung *f*; 2. Überwachung *f*, Aufsicht *f*, Beaufsichtigung *f* ‖ **~/активный** 1. aktive Kontrolle *f (statistische Qualitätskontrolle)*; 2. Meßsteuerung *f* ‖ **~/аппаратный** *(Inf)* Hardwarekontrolle *f*, Hardwareprüfung *f* ‖ ~ **бдительности** *(Eb)* Wachsamkeitskontrolle *f* ‖ ~ **без разбраковки** nichtsortierende Prüfung *f (statistische Qualitätskontrolle)* ‖ **~/визуальный** Sichtkontrolle *f* ‖ **~/внутриреакторный** *(Kern)* Incoremessung *f* ‖ **~/входной** Eingangskontrolle *f* ‖ **~/выборочный** Stichprobenprüfung *f*, Stichprobenkontrolle *f* ‖ **~/выходной** Ausgangskontrolle *f* ‖ ~ **данных/автоматический** *(Inf)* automatische Datenüberwachung *f* ‖ **~/двойной** Doppelkontrolle *f* ‖ **~/двухступенчатый выборочный** Doppelstichprobenprüfung *f (statistische Qualitätskontrolle)* ‖ **~/диспетчерский** *(Eb)* Zuglaufüberwachung *f* ‖ **~/дистанционный** Fernkontrolle *f*, Fernüberwachung *f* ‖ **~/дозиметрический** *(Kern)* Strahlenschutzüberwachung *f*, Kernstrahlungskontrolle *f* ‖ ~ **за обеспечением качества** Gütesicherung *f*; Qualitätskontrolle *f* ‖ ~ **за состоянием среды** Umweltkontrolle *f* ‖ ~ **загрязнения** *(Ökol)* Verschmutzungskontrolle *f* ‖ ~ **заряда** Ladekontrolle *f* ‖ **~/избыточный** *(Inf)* Redundanzprüfung *f* ‖ **~/индивидуальный дозиметрический** *(Kern)* individuelle Strahlenschutzüberwachung *f* ‖ **~/инспекционный** Befundprüfung *f* ‖ ~ **исправности** Störungsüberwachung *f* ‖ ~ **качества** Qualitätskontrolle *f*, Qualitätsprüfung *f*, Gütekontrolle *f*, Güteprüfung *f* ‖ ~ **качества/автоматизированный** rechnergestützte Qualitätskontrolle *f* ‖ ~ **качества поверхности** Oberflächenprüfung *f*, Oberflächenprüfverfahren *n* ‖ ~ **качества/статистический** statistische Qualitätskontrolle *f* ‖ **~/летучий** Laufprüfung *f (Prüfung zu einem zufälligen Zeitpunkt)* ‖ ~ **материалов/неразрушающий** zerstörungsfreie Werkstoffprüfung *f* ‖ **~/межоперационный** Betriebskontrolle *f* ‖ **~/многоступен-**

чатый выборочный Mehrfachstichprobenprüfung *f (statistische Qualitätskontrolle)* ‖ **~ на нечётность** *(Inf)* ungeradzahlige Paritätsprüfung *f* ‖ **~ на поперечную чётность** *(Inf)* Vertikalprüfung *f* ‖ **~ на расстоянии** *s.* ~/дистанционный ‖ **~ на чётность** *(Inf)* Paritätsprüfung *f* ‖ **~ на чётность/вертикальный** vertikale Paritätsprüfung *f* ‖ **~ на чётность/поперечный** Querparitätsprüfung *f* ‖ **~ на чётность/продольный** Längsparitätsprüfung *f* ‖ **~/неразрушающий** zerstörungsfreie Prüfung *f* ‖ **~ нечётности** *(Inf)* ungeradzahlige Paritätsprüfung *f* ‖ **~/одноступенчатый выборочный** Einfachstichprobenprüfung *f (statistische Qualitätskontrolle)* ‖ **~/ожесточённый** verschärfte Prüfung *f (statistische Qualitätskontrolle)* ‖ **~/окончательный** Endprüfung *f*, Endkontrolle *f* ‖ **~ окружающей среды** Umgebungsüberwachung *f* ‖ **~/оперативный** operative Steuerung *f* ‖ **~/ослабленный** reduzierte Prüfung *f* ‖ **~ отказов** Ausfallüberwachung *f* ‖ **~/параллельный** Paralleltest *m* ‖ **~/первичный** Erstprüfung *f* ‖ **~ по альтернативному признаку** Attributprüfung *f* ‖ **~ по непроходному пределу** *(Meß)* Ausschußprüfung *f (z. B. durch Lehren)* ‖ **~ по сопряжённому пределу/активный** Paarungsmeßsteuerung *f* ‖ **~/пооперационный** Zwischenprüfung *f* ‖ **~/последовательный** Folgestichprobenprüfung *f (statistische Qualitätskontrolle)* ‖ **~ посылки вызова** *(Nrt)* Rufstromkontrolle *f* ‖ **~/предельный** *(Meß)* Toleranzprüfung *f* ‖ **~ пригодности** Güteprüfung *f*; Eignungsprüfung *f* ‖ **~ пригодности/предварительный** Vorprüfung *f* ‖ **~/приёмочный** Abnahmeprüfung *f*, Annahmeprüfung *f* ‖ **~/программ[ирован]ный** *(Inf)* programmierte Prüfung (Testung) *f (des Rechners)* ‖ **~ продукции** Erzeugnisprüfung *f* ‖ **~ продукции/входной** Wareneingangskontrolle *f*, Wareneingangsprüfung *f* ‖ **~/производственный** Fertigungsprüfung *f*, Fertigungskontrolle *f*; Betriebskontrolle *f* ‖ **~/промежуточный** Zwischenkontrolle *f* ‖ **~/промышленный** Verfahrenskontrolle *f* ‖ **~/профилактический** prophylaktische (vorbeugende) Kontrolle *f* ‖ **~ прохождения** *(Fert)* Durchlaufkontrolle *f* ‖ **~/радиационный** *(Kern)* Strahlenschutzüberwachung *f* ‖ **~/радиографический** Durchstrahlungsprüfung *f* ‖ **~/радиологический** *(Kern)* Strahlenschutzüberwachung *f* ‖ **~/радиолокационный** Radarüberwachung *f* ‖ **~/радиометрический** *(Kern)* radiometrische Kontrolle *f* ‖ **~/разрушающий** *(Wkst)* zerstörende Prüfung *f* ‖ **~/рентгеновский** Röntgenprüfung *f* ‖ **~/сейсмический** *(Geoph)* seismische Kontrolle (Überwachung) *f* ‖ **~/секундный** *(Astr)* Sekundenkontrolle *f (Fernrohrnachführung)* ‖ **~/сквозной** *(Nrt)* Durchkontrolle *f*, Durchprüfung *f* ‖ **~/статистический приёмочный** statistische Annahmeprüfung *f* ‖ **~/схемный** schaltungstechnische Kontrolle *f*, Schaltungskontrolle *f* ‖ **~/технический** betriebstechnische Kontrolle *f* ‖ **~ технологического процесса** Prozeßüberwachung *f*, Prozeßsteuerung *f* ‖ **~/ультразвуковой** Ultraschallprüfung *f* ‖ **~ уровня излучения** Strahlungskontrolle *f*, Strahlenkontrolle *f* ‖ **~ уровня шума** *(Ökol)* Lärmpegelkontrolle *f* ‖ **~/усечённый** abgebrochene Prüfung *f (statistische Qualitätskontrolle)* ‖ **~/усиленный** verschärfte Prüfung *f* ‖ **~/централизованный** *(Schiff)* zentrale Maschinenüberwachung *f* ‖ **~ чётности** *(Inf)* geradzahlige Paritätsprüfung *f* ‖ **~/эхоимпульсный** Echo-Impulsprüfung *f*

контрольник *m* Kontrollgerät *n*, Prüfgerät *n*; Lochprüfer *m*

контропора *f (Masch)* Gegenlagerung *f*

контроттяжка *f (Schiff)* Preventer *m*

контрпар *m* Gegendampf *m*

контрпоршень *m* Gegenkolben *m*

контрпривод *m (Masch)* Vorgelege *n* ‖ **~/планетарный** Planetenvorgelege *n*

контрпропеллер *m (Schiff)* Gegenpropeller *m*, Kontrapropeller *m*, Leitpropeller *m*

контрпружина *f* Gegenfeder *f*

контррезервуар *m (Hydt)* Gegenbehälter *m*

контррельс *m (Eb)* Führungsschiene *f*, Leitschiene *f*, Gegenschiene *f*, Flügelschiene *f*

контрруль *m (Schiff)* Kontraruder *n*, Gegenruder *n*

контрслой *m (Photo)* Rückschicht *f* ‖ **~/желатиновый** NC-Schicht *f* ‖ **~/противоореольный** Lichthofschutz-Rückschicht *f*, Lichthofschutzschicht *f*

контртрепало *n (Text)* Gegenschläger *m (Wollkämmaschine)*

контрфланец *m* Gegenflansch *m*

контрфорс *m* 1. *(Bw)* Gegenpfeiler *m*, Pfeiler *m*, Widerlagspfeiler *m*, Widerlager *n*; Strebepfeiler *m*, Strebe *f*; 2. *(Schiff)* Steg *m*, Kettensteg *m* ‖ **~ арки** Kämpferpfeiler *m* ‖ **~/арочный** Strebebogen *m* ‖ **~ плотины** *(Hydt)* Sperrmauerpfeiler *m*

контршаблон *m (Schiff)* Lehrspant *n*, Gegenschablone *f*

контршкив *m (Masch)* Gegenscheibe *f (Transmission)*

контрштамп *m (Schm)* Gegenschnitt *m*, Gegen[schnitt]werkzeug *n*, Gegenschneide *f*

контршток *m (Masch)* Führungsstange *f (deckelseitiges Ende einer rückwärtig verlängerten Kolbenstange)*; Rücklaufregelstange *f*

контур *m* 1. Kontur *f*, Umriß *m*; Kreis *m*; 2. *(El)* [unverzweigter] Stromkreis *m*, Kreis *m*; Strommasche *f (von Leitern gebildeter geschlossener Kurvenzug)*; *(Reg)* Kreis *m*, Netzwerk *n*; 3. *(Masch)* Masche *f (Untergruppe von Gliedern einer kinematischen Kette, die ihrerseits eine geschlossene kinematische Kette bilden)* ‖ **~/активный** *(El)* aktives Netzwerk *n* ‖ **~/анодный** Anoden[strom]kreis *m* ‖ **~/анодный колебательный** Anodenschwing[ungs]kreis *m* ‖ **~/антенный** Antennen[strom]kreis *m* ‖ **~/апериодический** *(Rf)* aperiodischer Kreis *m* ‖ **~/балансный** *(Nrt)* Leitungsnachbildung *f* ‖ **~ воды/краевой** *(Erdöl)* Randwasserlinie *f* ‖ **~/возбуждающий** *(El)* Erreger[strom]kreis *m* ‖ **~/вспомогательный** *(El)* Hilfs[strom]kreis *m* ‖ **~/вторичный** 1. *(El)* Sekundär[strom]kreis *m*; 2. Sekundär[kühl]kreislauf *m (eines Kraftwerkreaktors)* ‖ **~/входной** *(El)* Eingangs[strom]kreis *m*, Vorkreis *m* ‖ **~ выработки** *(Bgb)* Grubenbaukontur *f* ‖ **~/высокочастотный** *(El)* Hochfrequenzkreis *m*, HF-Kreis *m* ‖ **~/выходной** *(El)* Ausgangs[strom]kreis *m* ‖ **~ газоносности** *(Bgb, Geol)* Grenze *f* der Gasführung ‖ **~/гася-**

щий *(El)* Löschkreis *m* ‖ ~ **генератора/колебательный** Oszillatorschwing[ungs]kreis *m* ‖ ~/**горшкообразный** *(El)* Topfkreis[resonator] *m* ‖ ~/**дифференцирующий** *(El)* differenzierendes Netzwerk *n*, Differenzier[ungs]netzwerk *n* ‖ ~/**заглушающий** *(El)* Löschkreis *m* ‖ ~/**заграждающий** *(Rf)* Sperrkreis *m* ‖ ~ **задающего генератора** *(El)* Erreger[strom]kreis *m* ‖ ~/**замкнутый** 1. geschlossener Linienzug *m*; geschlossener Kreis *m*; 2. *(El)* geschlossener [unverzweigter] Stromkreis *m*; geschlossene Strommasche *f*; 3. *(Masch)* geschlossene Form *f* ‖ ~/**запирающий** *(Rf)* Sperrkreis *m* ‖ ~ **затухания** *(Rf)* Dämpfungskreis *m* ‖ ~/**избирательный** *(Rf)* selektiver Kreis *m*, Trennkreis *m* ‖ ~/**измерительный** Meßkreis *m* ‖ ~ **изображения** *(TV)* Bildkontur *f* ‖ ~/**интегрирующий** *(El)* integrierendes Netzwerk *n*, Integriernetzwerk *n* ‖ ~/**исходный** Bezugskontur *f*, Bezugsprofil *n* *(Zahnrad)* ‖ ~ **карьерного поля** *(Bgb)* Tagebaukante *f* ‖ ~/**катодный колебательный** Kathodenschwing[ungs]kreis *m* ‖ ~/**колебательный** *(Rf)* Schwing[ungs]kreis *m*, Resonanzkreis *m* ‖ ~/**компенсирующий** *(El)* Kompensationskreis *m*, Kompensationsnetzwerk *n* ‖ ~/**коротковолновый** *(El)* Kurzwellenschwing[ungs]kreis *m*, Kurzwellenkreis *m* ‖ ~/**короткозамкнутый** *(El)* Kurzschlußkreis *m* ‖ ~ **многократной настройки** *(Rf)* Mehrfachabstimmkreis *m* ‖ ~/**нагревательный** *(El)* Heizkreis *m* ‖ ~/**настраиваемый (настраивающийся)** *(Rf)* Abstimmkreis *m* ‖ ~/**незамкнутый** *(Masch)* offene Form *f* ‖ ~ **обратной связи** 1. Rückkopplungskreis *m*, Rückkoppelnetzwerk *n*; 2. *(Reg)* Rückführ[ungs]kreis *m*, Rückführ[ungs]netzwerk *n*; Rückkopplungsschleife *f* ‖ ~/**объёмный [колебательный]** Hohlraumresonator *m*, Hohlraum[resonanz]kreis *m* ‖ ~/**одночастотный** *(Rf)* Einfrequenzkreis *m* ‖ ~/**основной** 1. *(El)* Hauptkreis *m*, Hauptschleife *f*; 2. *(Hydr)* Arbeitsleitung *f*, Hauptleitung *f* ‖ ~ **отпечатка** Eindruckkontur *f* *(Härtemessung)* ‖ ~/**отсасывающий** *(El)* Saugkreis *m*, Absorptionskreis *m* ‖ ~ **охлаждения** Kühlkreis[lauf] *m* ‖ ~/**параллельный** *(El)* Parallelkreis *m* ‖ ~/**параллельный колебательный (резонансный)** Parallelschwing[ungs]kreis *m*, Parallelresonanzkreis *m* ‖ ~/**пассивный** *(El)* passives Netzwerk *n* ‖ ~/**первичный** 1. *(El)* Primär[strom]kreis *m*; 2. Primär[kühl]kreislauf *m*, Kühlkreislauf *m* *(eines Kraftwerkreaktors)* ‖ ~ **питания** *(Erdöl)* Begrenzung *f* des Zuflußgebietes ‖ ~/**последовательный** *(El)* Serienkreis *m*, Reihenkreis *m* ‖ ~/**приёмный** *(El)* Empfangskreis *m* ‖ ~ **радиоприёмника/входной** Funkempfängereingangskreis *m* ‖ ~/**радиочастотный** Funkfrequenzkreis *m* ‖ ~/**расстроенный** *(El)* verstimmter Kreis *m* ‖ ~ **регулирования** Regelkreis *m* ‖ ~/**регулирующий** Regelkreis *m* ‖ ~/**резонансный** Resonanz[strom]kreis *m* ‖ ~ **сверхвысокой частоты** Höchstfrequenzkreis *m*; Superhochfrequenzkreis *m*, SHF-Kreis *m* ‖ ~ **сетки** *s.* ~/сеточный ‖ ~/**сеточный** *(El)* Gitter[strom]kreis *m* ‖ ~/**смесительный** *(El)* Mischkreis *m* ‖ ~/**согласующий** *(El)* Anpassungskreis *m*, Anpassungsnetzwerk *n* ‖ ~ **теплоносителя** Kreislauf *m* des Wärmeträgers *(eines Kraftwerkreaktors)* ‖ ~ **тока/последовательный** Serienstromkreis *m* ‖ ~/**торцовый** *(Masch)* Stirnprofil *n* *(Zahnrad)* ‖ ~/**ударный** *(El)* Stoßkreis *m* ‖ ~ **управления** Regelkreis *m* ‖ ~/**фазирующий** *(El)* phasendrehender (phasenrichtender) Kreis *m*, Phasenrichtkreis *m* ‖ ~/**фазовыравнивающий** *(El)* Phasenentzerrer *m* ‖ ~/**частотный** *(El)* Frequenzkreis *m* ‖ ~/**чёткий** scharfe Kontur *f* ‖ ~/**эквивалентный** *(El)* Ersatzkreis *m* ‖ ~/**электрический** 1. unverzweigter Stromkreis *m*; Strommasche *f*; 2. *(Reg)* elektrischer Kreis *m*, elektrisches Netzwerk *n* ‖ ~ **энергетического реактора/вторичный** Sekundär[kühl]kreislauf *m* *(eines Kraftwerkreaktors)* ‖ ~ **энергетического реактора/первичный** Primär[kühl]-kreislauf *m*, Kühlkreislauf *m* *(eines Kraftwerkreaktors)*

контурирование *n* *(Led)* Trimmen *n*

контурный 1. Kontur..., Umriß...; 2. *(El)* Kreis...; Maschen...; 3. *(Fert)* Bahn..., bahngesteuert

контуры *mpl* **с ёмкостной связью** *(El)* kapazitiv gekoppelte Kreise *mpl* ‖ ~ **с индуктивной связью** *(El)* induktiv gekoppelte Kreise *mpl* ‖ ~ **с трансформаторной связью** *(El)* transformatorgekoppelte Kreise *mpl* ‖ ~/**связанные [колебательные]** *(El)* gekoppelte Schwing[ungs]kreise *mpl*

конус *m* 1. Kegel *m*, Konus *m*; 2. *(Met)* Glocke *f*, Gichtglocke *f*, Begichtungsglocke *f* *(Hochofen)*; 3. Klassierkegel *m*, Klassierspitze *f* *(Aufbereitung)* ‖ ~/**асимптотический** Asymptotenkegel *m* ‖ ~/**ведомый** getriebener Kegel *m* ‖ ~/**ведущий** treibender Kegel *m* ‖ ~/**верхний** Oberglocke *f*, oberer Kegel *m* *(Hochofen)* ‖ ~/**ветровой** *(Meteo)* Windsack *m* ‖ ~/**внешний** *(Wkz)* Außenkegel *m*, äußerer Kegel *m* ‖ ~/**внутренний** *(Wkz)* Innenkegel *m*, innerer Kegel *m* ‖ ~/**воздушный** Luftsack *m* ‖ ~ **впадин** 1. Kernkegel *m* *(Kegelgewinde)*; 2. Fußkegel *m* *(Zahnrad)* ‖ ~/**встречный** Gegenkegel *m* ‖ ~/**вулканический** *(Geol)* Vulkankegel *m* ‖ ~/**входной** *(Wlz)* Einführungskonus *m*, Zentrierkonus *m* *(Mannesmannwalze)* ‖ ~ **выноса** *(Geol)* Schuttkegel *m* ‖ ~ **выпуска** *(Wlz)* Austrittskegel *m* *(Mannesmannwalze)* ‖ ~ **выступов** *(Masch)* Kopfkegel *m* *(Kegelrad)* ‖ ~ **герполодии** *(Mech)* Rastpolkegel *m*, Herpolhodiekegel *m*, Spurkegel *m* *(kräftefreier Kreisel)* ‖ ~/**гидравлический** Klassierkegel *m*, Klassierspitze *f* *(Aufbereitung)* ‖ ~/**грязевой** *(Geol)* Schlammkegel *m* ‖ ~ **давления** *(Masch)* Druckkegel *m*; Verspannungskegel *m*; Spannungskegel *m* *(Schraubenverbindung)* ‖ ~/**делительный** *(Masch)* Teilkegel *m* ‖ ~/**дополнительный** *(Masch)* Ergänzungskegel *m*, Rückenkegel *m* *(Kegelzahnrad)* ‖ ~/**дробящий** Brechkonus *m*, Brechkegel *m* *(Kegelbrecher)* ‖ ~/**заборный** *(Wkz)* 1. Anschnittkegel *m*; 2. Bohrerspitze *f* *(Spiralbohrer)* ‖ ~/**загрузочный** Gichtglocke *f*, Begichtungsglocke *f* *(Hochofen)* ‖ ~/**зажимный** *(Wkz)* Spannkegel *m*, Klemmkegel *m* *(Spannfutter, Spannzange, Spanndorn)* ‖ ~ **Зегера** Segerkegel *m*, Brennkegel *m*, Seger-Schmelzkegel *m*, Schmelzkegel *m* *(Temperaturmessung im keramischen Ofen)* ‖ ~/**земляной** *s.* ~/откосный ‖ ~ **и воронка [Парри]** Parry-Verschluß *m*, Parry-Trichter *m*, Parryscher Trichter *m*, Parry-Glocke *f* *(Hoch-*

ofen) || **~/инструментальный** *(Wkz)* Werkzeugkegel *m* || **~ касательных напряжений** *(Masch)* Schubspannungskegel *m* || **~ качения** *(Masch)* Wälzkegel *m (Kegelrad)* || **~ колошникового затвора** Gichtglocke *f*, Begichtungsglocke *f (Hochofen)* || **~/колошниковый** Begichtungsglocke *f*, Gichtglocke *f (Hochofen)* || **~ Маха** *(Aero)* Machscher Kegel *m* || **~ мельницы** Mahlkegel *m*, Brechkegel *m (Kegelbrecher)* || **~ молчания** Schweigekegel *m* || **~ Морзе** Morse-Kegel *m* || **~/наклонный** *(Math)* schiefer Kegel *m* || **~/направляющий** 1. *(Fert)* Führungskegel *m*; 2. *(Bgb)* Führungskonus *m (Bohrung)* || **~/наружный** *(Wkz)* Außenkegel *m*, äußerer Kegel *m* || **~/начальный** *(Masch)* Erzeugungswälzkegel *m*, Rollkegel *m*, Wälzkegel *m (Kegelrad)* || **~/несущий** Tragkegel *m (Kegelbrecher)* || **~/носовой** *(Rak)* ballistische Haube *f* || **~ нутации** *(Mech)* Nutationskegel *m (Kreisel)* || **~ облучения** Bestrahlungskegel *m* || **~/обратный** 1. *(Math)* Gegenkegel *m*; 2. *(Masch)* Rückenkegel *(am Kegelrad)* || **~/осадительный** Klassierkegel *m*, Klassierspitze *f (Aufbereitung)* || **~/основной** Grundkegel *m* || **~/откосный** *(Bw)* Böschungskegel *m (Uferpfeiler)* || **~ Парри** *s.* ~ и воронка Парри || **~/передний** *(Wlz)* Kaliberwalze *f (Pilgerwalze)* || **~/переходный** 1. *(Rak)* Übergangskonus *m*; 2. *(Wkz)* Reduzierhülse *f* || **~/пирометрический** *s.* ~ Зегера || **~/пологий** *(Masch)* schlanker Kegel *m* || **~ полодии** *(Mech)* Gangpolkegel *m*, Laufkegel *m*, Polhodiekegel *m* || **~/посадочный** Aufnahmekegel *m* || **~ потока** Strömungskegel *m* || **~ прецессии** *(Mech)* Präzessionskegel *m* || **~/рабочий** *(Umf)* Reduktionskegel *m*, Reduzierkegel *m*, Formabschnitt *m*, Fassonabschnitt *m (Ziehen)* || **~ раскатки** *(Wlz)* Auswalzkegel *m (Pilgerwalze)* || **~ рассеяния** Streu[ungs]kegel *m* || **~/реактивный** *(Flg, Rak)* Schubdüsenkegel *m* || **~/световой** Lichtkegel *m* || **~ сдвига** *(Mech)* Scherungskegel *m* || **~ сжатия** *(Mech)* Kompressionstubus *m* || **~/солифлюкционный** *(Geol)* Solifluktionskegel *m* || **~/ступенчатый** Stufenkegel *m* || **~ течения** Strömungskegel *m* || **~ ТРД/подвижный (регулирующий)** Reguliereinsatz *m* der Schubdüse, Schubdüsenkegel *m (Regeldüse des Turbinen-Luftstrahltriebwerks)* || **~/усечённый** *(Math)* Kegelstumpf *m* || **~/фрикционный** Reib[ungs]kegel *m (Kegelreibradgetriebe)* || **~/центрирующий** *(Wkz)* Zentrierkegel *m*, Körnerspitze *f*, Zentrierspitze *f*

конус-воронка *m (Met)* Gichtverschluß *m*, Gasverschluß *m (Hochofen)*

конус-гранулятор *m* Granulierkonus *m (Schlackengranulierung)*

конус-калибр *m (Fert)* Lehrenkegel *m*

конус-классификатор *m* Klassierkegel *m*, Klassierspitze *f (Aufbereitung)*

конусность *f* 1. Konizität *f*, Keg[e]ligkeit *f*; 2. Kegelform *f*; 3. [kegelige] Verjüngung *f*; 4. *(Wkzm)* Kegelverhältnis *n (beim Drehen)* || **~/модельная** *(Gieß)* Modellschräge *f* || **~/формовочная** *(Gieß)* Formschräge *f*, Aushebeschräge *f*, Gußschräge *f*

конусомер *m* Kegelmeßgerät *n*, Kegelprüfgerät *n*, Kegelmeßeinrichtung *f*

конусообразность *f* Kegelform *f*, Kegelförmigkeit *f*, Keg[e]ligkeit *f*

конференцсвязь *f*, **конференц-связь** *(Nrt)* Telekonferenz *f*, Konferenzverbindung *f*, Konferenzschaltung *f* || **~/телефонная** Telephonkonferenz *f*, Fernsprechkonferenz[verbindung] *f*, Konferenzschaltung *f*, Konferenzverbindung *f*

конфигурация *f* 1. Konfiguration *f*, Bildung *f*, Gestaltung *f*; 2. *(Math)* Konfiguration *f (Geometrie)*; 3. *(Astr) s.* ~ планет || **~ доменов** Domänenmuster *n* || **~ машины** *(Inf)* Maschinenkonfiguration *f* || **~ оборудования** *(Inf)* Hardware-Konfiguration *f*, Gerätekonfiguration *f* || **~/основная** Grundkonfiguration *f (von Geräten)* || **~ памяти** *(Inf)* Speicherkonfiguration *f* || **~ планет** *(Astr)* Konstellation *f* || **~/пространственная** *(Ch)* sterische (räumliche) Konfiguration *f* || **~ сети** Netzkonfiguration *f* || **~ системы** *(Inf)* Systemkonfiguration *f* || **~ схемы** *(El)* Schaltungskonfiguration *f* || **~ технических средств** *(Inf)* Gerätekonfiguration *f* || **~/унифицированная** *(Inf)* Standardkonfiguration *f* || **~/электронная** *(Kern)* Elektronenkonfiguration *f*

конфокальный *(Opt)* konfokal, homofokal

конформация *f (Ch)* Konformation *f*, Konstellation *f*

конформность *f (Math)* Konformität *f*

конформный 1. *(Math)* konform, formengleich; 2. *(Geod)* winkeltreu

конфузор *m (Aero)* Düse *f (s. a. unter* сопло *und* форсунка*)* || **~ аэродинамической трубы** Kontraktionsdüse *f (des Windkanals)*

конхоида *f (Math)* Konchoide *f*, Muschellinie *f*

концевание *n* Abspannung *f*, Verankerung *f*

концентрат *m* 1. Konzentrat *n*; 2. Konzentrat *n*, Anreicherungsprodukt *n*, Erzkonzentrat *n (Aufbereitung)*; 3. *(Lw)* Kraftfutter *n*; 4. Einkochung *f* || **~/готовый** abnahmefähiges Konzentrat *n (Aufbereitung)* || **~/грубый** Vorkonzentrat *n (Aufbereitung)* || **~/коллективный** kollektives Konzentrat *n*, Mischkonzentrat *n*, Sammelkonzentrat *n (Aufbereitung)* || **~/кондиционный** *s.* ~/готовый || **~/конечный** fertiges Konzentrat *n*, Endkonzentrat *n (Aufbereitung)* || **~/магнитный** Magnetscheidungskonzentrat *n* || **~/мелкий** Feinkonzentrat *n (Aufbereitung)* || **~ обогащения** Anreicherungskonzentrat *n*, Konzentrat *n (Aufbereitung)* || **~/окислённый** oxidisches Konzentrat *n (NE-Metallurgie)* || **~/отсадочный** Setzkonzentrat *n (Aufbereitung)* || **~/пенный** Schaumkonzentrat *n (Flotation)* || **~ первичной флотации** *s.* ~/первичный || **~/первичный** Vorkonzentrat *n*, Rohkonzentrat *n (Aufbereitung)* || **~/пиритный (пиритовый)** Pyritkonzentrat *n*, Schwefelkieskonzentrat *n (NE-Metallurgie)* || **~/предварительный** Vorkonzentrat *n (Aufbereitung)* || **~/рудный** Erzkonzentrat *n*, Erzschlick *m* || **~/селективный** selektives Konzentrat *n (Aufbereitung)* || **~/сульфидный** sulfidisches Konzentrat *n (NE-Metallurgie)* || **~/суммарный** *s.* ~/коллективный || **~/флотационный** Flotationskonzentrat *n*, Schaumkonzentrat *n*, Schwimmkonzentrat *n (Schwimmaufbereitung)* || **~/цинковый** Zinkkonzentrat *n (NE-Metallurgie)* || **~/черновой** *s.* ~/первичный

концентратор *m* 1. Anreicherungsapparat *m*, Konzentrationsapparat *m*, Konzentrator *m (Auf-*

bereitung); 2. Reiniger *m*; 3. *(Opt)* Fokussier[ungs]einrichtung *f*; 4. *(Nrt)* Umschalter *m*; 5. *(Nrt)* Vorfeldeinrichtung *f* ‖ **~/барабанный** Trommelkonzentrator *m*, Drumkonzentrator *m* ‖ **~/башенный** Keßler-Konzentrator *m*, Turmkonzentrator *m* ‖ **~ напряжений** *(Mech)* Spannungskonzentrator *m*, spannungserhöhende Unstetigkeitsstelle *f* ‖ **~/штепсельный** *(Nrt)* Klinkenumschalter *m*

концентрация *f* 1. Konzentration *f*, Anreicherung *f*, Sättigung *f*, Gehalt *m*; 2. Eindickung *f*, Anreicherung *f (Aufbereitung)* ‖ **~ акцепторных примесей** *(Eln)* Akzeptor[en]konzentration *f*, Akzeptor[en]dichte *f* ‖ **~ в воздухе/предельно допустимая** *(Kern)* maximale Arbeitsplatzkonzentration *f*, Grenzkonzentration *f*, MAK-Wert *m* ‖ **~ в щёлоке/предельная** *(Ch)* Grenzlaugenkonzentration *f* ‖ **~/весовая** Massekonzentration *f* ‖ **~ водородных ионов** *(Ch)* Wasserstoffionenkonzentration *f* ‖ **~ вырождения** *(Eln)* Entartungskonzentration *f (Halbleiter)* ‖ **~/галактическая** *(Astr)* galaktische Konzentration *f* ‖ **~ дон[ат]орных примесей** *(Eln)* Donatorkonzentration *f*, Donatordichte *f (Halbleiter)* ‖ **~/допустимая** zulässige (verträgliche) Konzentration *f*, Toleranzkonzentration *f* ‖ **~ дырок** *(Eln)* Defektelektronenkonzentration *f*, Löcherkonzentration *f*, Löcherdichte *f (Halbleiter)* ‖ **~ дырок проводимости/критическая** kritische Defektelektronendichte *f*, kritische Leitungslöcherdichte *f (Halbleiter)* ‖ **~ загрязняющих веществ** *(Ökol)* Schmutzstoffkonzentration *f* ‖ **~/избыточная** *(Eln)* Überschußkonzentration *f* *(Halbleiter)* ‖ **~ избыточных носителей** *(Eln)* Überschußladungsträgerdichte *f (Halbleiter)* ‖ **~/ионная** Ionenkonzentration *f* ‖ **~ ионов** Ionenkonzentration *f* ‖ **~ ионов водорода** Wasserstoffionenkonzentration *f* ‖ **~ кислоты** *(Ch)* Säuredichte *f*, Säurekonzentration *f* ‖ **~/конечная** *(Ch)* Endkonzentration *f* ‖ **~/критическая** *(Eln)* kritische Konzentration *f*, Entartungskonzentration *f (Halbleiter)* ‖ **~/максимально допустимая** *s.* ~/предельно допустимая ‖ **~/массовая** Massenkonzentration *f* ‖ **~/молекулярная (мольная)** *s.* ~/полярная ‖ **~/мольно-объёмная** *s.* ~/молярная ‖ **~/моляльная** *(Ch)* molale Konzentration *f*, Molalität *f*, Kilogramm-Molalität *f* ‖ **~/молярная** *(Ch)* Stoffmengenkonzentration *f*, Molarität *f*, molare Konzentration *f* ‖ **~ напряжений** *(Mech)* Spannungskonzentration *f* ‖ **~ насыщения** *(Ch)* Sättigungskonzentration *f* ‖ **~/начальная** Anfangskonzentration *f* ‖ **~ неосновных носителей** *(Eln)* Minoritätsträgerdichte *f (Halbleiter)* ‖ **~/нормальная** *(Ch)* Normalität *f* ‖ **~ носителей [заряда]** *(Eln)* Ladungsträgerkonzentration *f*, Ladungsträgerdichte *f (Halbleiter)* ‖ **~ носителей [заряда]/избыточная** *(Eln)* Überschuß[ladungs]trägerkonzentration *f*, Überschuß[ladungs]trägerdichte *f* *(Halbleiter)* ‖ **~ обработки** *(Fert)* Prozeßstufenintegration *f* ‖ **~/объёмная** *(Ch)* Volum[en]konzentration *f* ‖ **~/объёмно-молекулярная** *s.* ~/молярная ‖ **~ основных носителей** Majoritätsträgerdichte *f (Halbleiter)* ‖ **~ переходов обработки** *(Fert)* Arbeitsstufenintegration *f* ‖ **~/поверхностная** Oberflächenkonzentration *f*, Oberflächendichte *f* ‖ **~/полная** Gesamtkonzentration *f* ‖ **~/пороговая** *(Ökol)* Schwellenwertkonzentration *f* ‖ **~/предельная** Grenzkonzentration *f* ‖ **~/предельно допустимая** maximal zulässige Konzentration *f*, höchstzulässige Konzentration *f*, MZK, zulässige Grenzwertkonzentration *f* ‖ **~ примесей** *(Eln)* Störstellenkonzentration *f*, Störstellendichte *f (Halbleiter)* ‖ **~ примесных атомов** *(Eln)* Fremdatomkonzentration *f* ‖ **~ пыли/малая** *(Eln)* geringe Staubkonzentration *f* ‖ **~ равновесия** Gleichgewichtsdichte *f* ‖ **~ раствора** *(Ch)* Lösungskonzentration *f*, Lösungsstärke *f* ‖ **~/собственная** *(Eln)* Eigenleitungsdichte *f*, Intrinsic-Dichte *f*, I-Dichte *f (Halbleiter)* ‖ **~/электронная** *(Eln)* Elektronenkonzentration *f*, Elektronendichte *f (Halbleiter)* ‖ **~ электронов/критическая** *(Eln)* kritische Elektronendichte *f*, Elektronenzünddichte *f*

концентрирование *n (Ch)* Konzentrieren *n*, Konzentrierung *f*, Konzentration *f*, Anreicherung *f*; Einengen *n* ; Einengung *f*, Eindicken *n (einer Lösung)*; Verdichten *n*, Eindicken *n (einer Suspension)*; Anreichern *n (von Isotopen)*

концентрировать konzentrieren, anreichern; einengen *(Lösungen)*; verdichten, eindicken *(Suspensionen)*; anreichern *(Isotope)*

концентрический konzentrisch

концентричность *f* Konzentrizität *f*

концентричный konzentrisch

концепция *f* **виртуальной памяти** *(Inf)* virtuelles Speicherkonzept *n* ‖ **~ испытаний** Prüfkonzept *n*

концкорм *m s.* корм/концентрированный ‖ **~ с высоким содержанием белка** *(Lw)* Eiweißkonzentrat *n*

концы *mpl* 1. Putzwolle *f*; 2. *(Wlz)* Knüppelenden *npl*; 3. *(El)* Verbindungsleitung *f (zwischen Geräten)* ‖ **~/шлихтовальные** *(Text)* Schlichtfäden *mpl*

кончик *m* 1. Spitze *f*; 2. *(Typ)* Schlußlinie *f* ‖ **~ зерна** Kornspitze *f*

конш *m (Lebm)* Konche *f*, Längsreibe[maschine] *f* *(temperierte Reibemaschine zur Veredlung von Schokoladenmassen)*

концширование *n (Lebm)* Konchieren *n*, Konchierung *f*

коншировать *(Lebm)* konchieren

коншмашина *f s.* конш

коньюнктивный konjunktiv

коньюнктор *m* Konjunktor *m*

коньюнкция *f (Math)* Konjunktion *f*, logisches Produkt *n*

координата *f* Koordinate *f (s. a. unter* координаты*)* ‖ **~ времени** Zeitkoordinate *f* ‖ **~/переменная** Bewegungskoordinate *f (Roboter)* ‖ **~/поперечная** Breitenkoordinate *f* ‖ **~/продольная** Längskoordinate *f* ‖ **~/угловая** Winkelkoordinate *f* ‖ **~/циклическая** zyklische Koordinate *f*

координатограф *m* Koordinatograph *m*, Koordinatenschreiber *m*, X-Y-Schreiber *m*

координатор *m* **[/навигационный]** *(Flg)* Koordinatenrechner *m*

координаты *fpl* Koordinaten *fpl (s. a. unter* координата*)* ‖ **~/ареографические** *(Astr)* areographische Koordinaten *fpl* ‖ **~/астрономические** *(Astr)* astronomische Koordinaten *fpl* ‖ **~/безразмерные** *(Math)* dimensionslose Koordinaten *fpl* ‖ **~/видимые** *(Astr)* scheinbare Koordinaten *fpl* ‖ **~/галактические** *(Astr)* galaktische Koordinaten *fpl* ‖ **~/гелиографические** *(Astr)* heliographische Koordinaten *fpl* ‖ **~/гелиоцентрические** *(Astr)* heliozentrische Koordinaten *fpl (bezogen auf den Sonnenmittelpunkt)* ‖ **~/географические** geographische Koordinaten *fpl* ‖ **~/геодезические** geodätische Koordinaten *fpl* ‖ **~/геодезические полярные** geodätische Polarkoordinaten *fpl* ‖ **~/геоцентрические** *(Astr)* geozentrische Koordinaten *fpl (bezogen auf den Erdmittelpunkt)* ‖ **~/горизонтальные** Horizontalkoordinaten *fpl* ‖ **~/декартовы** *(Math)* kartesische Koordinaten *fpl* ‖ **~/дифференциальные** *(Astr)* differentielle Koordinaten *fpl* ‖ **~/естественные** *(Math)* natürliche Koordinaten *fpl* ‖ **~/идеальные** *(Astr)* Idealkoordinaten *fpl*, theoretische Koordinaten *fpl* ‖ **~/косоугольные** *(Math)* schiefwinklige Koordinaten *fpl* ‖ **~/криволинейные** *(Phys)* krummlinige Koordinaten *fpl*, Kurvenkoordinaten *fpl* ‖ **~ Лагранжа** *s.* ~/обобщённые ‖ **~/лагранжевые** *s.* ~/обобщённые ‖ **~ механической системы** Systemkoordinaten *fpl* ‖ **~ Минковского** Minkowskische Raum- und Zeitkoordinaten *fpl*, Minkowskische Koordinaten *fpl* ‖ **~/небесные** *(Astr)* Koordinaten *fpl* [am Himmel]; astronomisches Koordinatensystem *n* ‖ **~/нормальные** Normalkoordinaten *fpl* ‖ **~/нормированные нормальные** *(Mech)* normierte Normalkoordinaten *fpl* ‖ **~/обобщённые** *(Mech)* verallgemeinerte (generalisierte) Koordinaten *fpl*, Lagrangesche Koordinaten *fpl* ‖ **~/орбитальные** *(Astr)* Bahnkoordinaten *fpl* ‖ **~/относительные** *(Astr)* relative Koordinaten *fpl* ‖ **~/планетографические** *(Astr)* planetographische Koordinaten *fpl* ‖ **~/плоские** *(Math)* ebene Koordinaten *fpl* ‖ **~/полярные** *(Math)* Polarkoordinaten *fpl* ‖ **~/полярные сферические** Kugelkoordinaten *fpl* ‖ **~/пространственные** *(Math)* räumliche Koordinaten *fpl*, Koordinaten *fpl* im Raum; *(Geod)* Raumkoordinaten *fpl* ‖ **~/прямоугольные** *(Math)* rechtwinklige Koordinaten *fpl* ‖ **~/прямоугольные пространственные** kartetische Koordinaten *fpl* ‖ **~/селенографические** *(Astr)* selenographische Koordinaten *fpl (Mondoberfläche)* ‖ **~ симметрии** Symmetriekoordinaten *fpl* ‖ **~ скорости** Geschwindigkeitskoordinaten *fpl* ‖ **~/сферические** *(Math)* Kugelkoordinaten *fpl*, räumliche Polarkoordinaten *fpl* ‖ **~/топографические** [relative] Geländekoordinaten *fpl* ‖ **~/топоцентрические** *(Astr)* topozentrische Koordinaten *fpl (bezogen auf den Beobachtungsort als Mittelpunkt)* ‖ **~ точек на аэроснимке** Bildkoordinaten *fpl* ‖ **~/фотографические** photographische Koordinaten *fpl* ‖ **~ цвета** *(Licht)* Farbkoordinaten *fpl*, Farbmeßzahlen *fpl*, Normfarbwerte *mpl* ‖ **~/цилиндрические** Zylinderkoordinaten *fpl* ‖ **~/экваториальные** *(Astr)* Äquatorialkoordinaten *fpl* ‖ **~/экваториальные прямоугольные** rechtwinklige (orthogonale) Äquatorialkoordinaten *fpl* ‖ **~/экваториальные сферические** sphärische Äquatorialkoordinaten *fpl* ‖ **~/эклиптические** *(Astr)* Ekliptikalkoordinaten *fpl*

координация *f***/модульная** *(Bw)* Maßordnung *f*

копание *n* Baggern *n*, Graben *n*, Schürfen *n* ‖ **~/верхнее** Hochschnitt *m (Bagger)* ‖ **~/горизонтальное** Baggern *n* auf Planum ‖ **~/нижнее** Tiefschnitt *m (Bagger)*

копатель *m (Bw)* Schachtgerät *n*, Schürfgerät *n*, Bagger *m*

копатель-подборщик *m (Lw)* Sammelroder *m*

копать 1. graben, [aus]schachten; 2. roden *(Hackfrüchte)*

копач *m (Lw)* Rodewerkzeug *n (an der Rübenerntemaschine)* ‖ **~/вибрационный** Polderschar *n* ‖ **~/вильчатый** Rodespitze *f*, Rodezinken *m* ‖ **~/дисковый** Roderad *n* ‖ **~/ротационно-вильчатый** *s.* ~/вильчатый

копёр *m* 1. *(Bw)* Ramme *f*, Fallwerk *n*, Fallhammer *m*, Pfahlramme *f*; Rammgerät *n*; 2. *(Bgb)* Fördergerüst *n*, Förderturm *m*; 3. *(Bgb)* Bohrturm *m*, Bohrgerüst *n (s. a. unter* вышка, башня*)*; 4. *s.* ~/маятниковый ‖ **~/бадейный** *(Bgb)* Kübelfördergerüst *n* ‖ **~/башенный** *(Bgb)* Förderturm *m* ‖ **~/вертикальный** 1. Fallwerk *n*, Fallhammer *m*; 2. *(Schm)* Senkrechtfallhammer *m* ‖ **~/гидравлический** *(Bw)* Hydropfahltreiber *m* ‖ **~/гравитационный** *s.* ~/вертикальный 1. ‖ **~/консольный** *(Bw)* Auslegeramme *f* ‖ **~/маятниковый** *(Wkst)* Pendelschlagwerk *n*, Pendelhammer *m (zur Bestimmung der Kerbschlagzähigkeit)* ‖ **~/надшахтный** *(Bgb)* Fördergerüst *n (Oberbegriff für endgültige und Abteufördergerüste)* ‖ **~/наклонный** Schrägramme *f* ‖ **~/А-образный** *(Bgb)* Bockfördergerüst *n* ‖ **~/плавучий** *(Bw)* Schwimmramme *f* ‖ **~/постоянный** *s.* ~/эксплуатационный ‖ **~/проходческий** *(Bgb)* Abteuf[förder]gerüst *n* ‖ **~/ручной** *(Bw)* Zugramme *f*, Handzugramme *f* ‖ **~/свайный** *(Bw)* Pfahlramme *f* ‖ **~/скиповой** *(Bgb)* Skipfördergerüst *n* ‖ **~ со свободнопадающей бабой** *(Bw)* Freifallramme *f* ‖ **~/четырёхстоечный** *(Bgb)* vierbeiniges Fördergerüst *n* ‖ **~ Шарпи** *(Wkst)* Pendelschlagwerk *n* nach Charpy, Charpy-Hammer *m* ‖ **~/шатровый** *(Bgb)* Doppel[bock]fördergerüst *n* ‖ **~/шахтный** *(Bgb)* Fördergerüst *n*, Schachtgerüst *n* ‖ **~/эксплуатационный** *(Bgb)* endgültiges Fördergerüst *n*

копиапит *m (Min)* Copiapit *m*, Ihleit *m (Eisensulfat)*

копилка *f* Münzkassette *f*, Kassierbehälter *m (am Münzfernsprecher)*

копильник *m* 1. *(Gieß)* Sammler *m*, Vorherd *m (Kupolofen)*; 2. Roheisenmischer *m* ‖ **~ вагранки** Kupolofenvorherd *m* ‖ **~/качающийся** *s.* ~/опрокидывающийся ‖ **~/обогреваемый** 1. *(Gieß)* beheizbarer Vorherd *m*; 2. *(Met)* beheizbarer Roheisenmischer *m* ‖ **~/опрокидывающийся** 1. *(Gieß)* kippbarer Vorherd *m*; 2. *(Met)* Rollmischer *m (Roheisen)*

копир *m* 1. Schablone *f*, Nachformschablone *f*; 2. *(Fert)* Nachformstück *n*, Formstück *n*; Richtungsschablone *f*, Leitschablone *f (Nachformdrehen, Nachformfräsen)*; 3. Kurvenschablone *f (in Automaten)*; 4. *(Lw)* Tastrad *n*, Taster *m (Erntemaschine)*; 5. *(Math)* Kurvenkörper *m*; 6. Kopierer *m* ‖ **~/вращающийся** *(Fert)* rotierende Nachformschablone *f* ‖ **~/многоцветный** Farb[graphik]kopierer *m* ‖ **~/накладный** *(Wkzm)* auflegbare Kurvenscheibe *f* ‖ **~/объёмный** Stereo-Kopierer *m* ‖ **~/резьбовой** *(Wkzm)* Leitpatrone *f (Revolverdrehmaschine)* ‖ **~/эвольвентный** *(Wkzm)* Evolventenschablone *f*

копир-линейка *f (Fert)* Kopierlineal *n*, Kopierschiene *f (Nachformvorrichtung)*
копировальный *(Wkzm)* Nachform…, Kopier… *(Zusatz zur Maschinenbezeichnung)*
копирование *n* 1. Kopieren *n*; 2. *(Fert)* Nachformen *n* ll **~/автоматическое** *(Fert)* automatisches Nachformen *n* ll **~/контурное** *(Fert)* Umrißnachformen *n* ll **~/механическое** *(Fert)* mechanisches Nachformen *n* ll **~/негативное** Negativkopierverfahren *n*, Negativkopieren *n* ll **~/объёмное** *(Fert)* räumliches Nachformen *n* ll **~/позитивное** Positivkopieren *n* ll **~ программы** Programmkopieren *n* ll **~/продольное** *(Fert)* Längsnachformen *n* ll **~/прямое** *(Fert)* Direktnachformen *n* ll **~/строчечное** *(Fert)* Zeilennachformfräsen *n* ll **~/трёхмерное** *(Fert)* räumliches Nachformen *n* ll **~/фотоэлектронное** lichtelektrische (photoelektrische) Abtastung *f (einer lichtelektronisch gesteuerten Brennschneidmaschine)*
копировать 1. kopieren; 2. *(Fert)* nachformen
копирующий *(Masch)* handgeführt *(Industrieroboter)*
копир-шаблон *m (Fert)* Nachformschablone *f*
копирэффект *m (Ak)* Kopiereffekt *m*
копия *f* 1. Kopie *f*, Duplikat *n*; 2. Nachbildung *f* ll **~/вспомогательная** Lichtpause *f* ll **~/контактная** Kontaktkopie *f* ll **~/пигментная** Pigmentkopie *f* ll **~/фильмотечная** *(Kine)* Archivkopie *f* ll **~/чёрно-белая** Schwarz-Weiß-Kopie *f*
копланарность *f s.* компланарность
копланарный *s.* компланерный
копнитель *m (Lw)* Strohsammler *m (des Mähdreschers)*
коптильня *f* Räucherei *f (Betrieb)*
коптить 1. *(Lebm)* räuchern; 2. mit Ruß schwärzen; 3. rußen, Ruß absondern
копчение *n (Lebm)* 1. Räuchern *n*, Räucherei *f*; 2. Räucherwaren *fpl* ll **~/горячее** Warmräucherei *f* ll **~/холодное** Kalträucherei *f*
копыл *m (Schiff)* Aufklotzstempel *m*, Schiffsabstützung *f (Stapellaufschlitten)*, Stapellaufschlittenstütze *f* ll **~/кормовой** Achterschiffsaufklotzstempel *m*, Achterschiffsabstützung *f*, achtere Stapellaufschlittenstütze *f* ll **~/носовой** Vorschiffsaufklotzstempel *m*, Vorschiffsabstützung *f*, vordere Stapellaufschlittenstütze *f*
копылья *mpl (Schiff)* Stempelaufklotzung *f*, Aufklotzstempel *mpl*
копьё *n***/кислородное** *(Met)* Sauerstoff[einblas]lanze *f*, Lanze *f*
кора *f* Rinde *f*; Kruste *f*; Baumrinde *f*, Borke *f* ll **~ выветривания** *(Geol)* Verwitterungskruste *f* ll **~ выветривания/каолиновая** Kaolinisierungskruste *f*, kaolinitische Verwitterungskruste *f* ll **~ выветривания/латеритная** lateritische Verwitterungskruste *f*, Lateritkruste *f* ll **~ выветривания/наложенная** überlagernde Verwitterungskruste (Verwitterungsdecke) *f* ll **~ выветривания/остаточная** Kruste *f* aus Verwitterungsrückständen ll **~ выветривания/перемытая** ausgewaschene Verwitterungskruste *f* ll **~ выветривания/размытая** erodierte Verwitterungskruste *f* ll **~/древесная** Baumrinde *f*, Borke *f* ll **~/земная** *(Geol)* Erdkruste *f*, Lithosphäre *f* ll **~/континентальная** kontinentale Erdkruste *f* ll **~/мыльная** Seifenrinde *f* ll **~/океаническая** ozeanische Erdkruste *f* ll **~/чешуйчатая** Schuppenborke *f*, Schuppenrinde *f*
кораблевождение *n* Schiffsführung *f*, Navigation *f*
кораблестроение *n* Schiffbau *m*
кораблестроительный Schiffbau…, schiffbaulich
корабль *m* 1. Schiff *n (vorwiegend Kriegsschiff) (s. a. unter* судно*)*; 2. Raumschiff *n*; 3. *(Bw) s.*неф ll **~/боевой** Kampfschiff *n* ll **~/военный** Kriegsschiff *n* ll **~/десантный** Landungsschiff *n* ll **~/дозорный** Vorpostenschiff *n* ll **~/конвойный** Geleitschiff *n* ll **~/космический** Raumfahrzeug *n*, Raumschiff *n* ll **~/линейный** Schlachtschiff *n* ll **~ многоразового действия/космический** Raumfähre *f*, wiederverwendbares Raumfahrzeug *n* ll **~/многоразовый космический** *s.* ~ многоразового действия/космический ll **~/многоразовый транспортный космический** [wiederverwendbarer] Raumtransporter *m* ll **~/надводный** Überwasserschiff *n* ll **~/подводный** Unterwasserschiff *n*, U-Schiff *n* ll **~/противоракетный** Raketenabwehrschiff *n* ll **~/ракетный** Raketenschiff *n* ll **~ типа «шаттл»/космический** Space Shuttle *n* ll **~/тральный** Räumschiff *n* ll **~/транспортный космический** Raumtransporter *m*, Transportraumfahrzeug *n* ll **~/эскортный** Geleitschiff *n*
корабль-конвоир *m* Geleitschiff *n*
корабль-ракетоносец *m* Raketenträger[schiff *n*] *m*
коразмерность *f (Math)* Kodimension *f*
кордиерит *m (Min)* Cordierit *m*, Dichroit *m*
корень *m* 1. Wurzel *f*; 2. *(Math)* Wurzel *f*, Radix *f* ll **~ зуба** *(Masch)* Zahngrund *m*; Zahnwurzel *f (nichtaktiver Teil des Zahnfußes)* ll **~/комплексно-сопряжённый** *(Math)* konjugiertkomplexe Wurzel *f* ll **~/комплексный** *(Math)* komplexe Wurzel *f* ll **~ лопатки** Schaufelfuß *m*, Schaufelwurzel *f (Turbine)* ll **~ покрова** *s.* ~ шарьяжа ll **~/целочисленный** *(Math)* ganzzahlige Wurzel *f* ll **~ шарьяжа** *(Geol)* Deckenwurzel *f* ll **~ шва** *(Schw)* Nahtwurzel *f*
корешок *m* 1. *(Typ)* Rücken *m*, Buchrücken *m*; Bund *m*; 2. Talon *m (z. B. eines Quittungsblockes)*
коридор *m* Gang *m*, Korridor *m*, *(Flg auch)* Schneise *f* ll **~/бортовой** Wallgang *m (Zweihüllenschiff)* ll **~ взлёта** *(Flg)* Ausflugschneise *f*, Abflugschneise *f* ll **~/воздушный** Luftkorridor *m* ll **~ гребного вала** *(Schiff)* Wellentunnel *m* ll **~ заходана посадку** *(Flg)* Anflugschneise *f* ll **~ обслуживания** Bedienungsgang *m* ll **~/подпалубный [бортовой]** *(Schiff)* Wallgang *m (Zweihüllenschiff)* ll **~/сушильный** Trockenkanal *m*
корка *f* 1. Rinde *f*, Schale *f*, Haut *f*; 2. Kruste *f*; 3. *(Met)* Randschicht *f*, Randzone *f* ll **~/глинистая** *(Bgb)* Tonkruste *f (Bohrloch)* ll **~/почвенная** *(Lw)* Bodenkruste *f*
корм *m (Lw)* Futtermittel *npl*, Futterstoffe *mpl*, Futter *n* ll **~/грубый** Grobfutter *n*, Hartfutter *n*, Rauhfutter *n* ll **~/зелёный** Grünfutter *n* ll **~/квашеный** *s.* ~/силосованный ll **~/комбинированный** *s.* комбикорм ll **~/концентрированный** Kraftfutter *n*, Mastfutter *n*; Konzentratfutter *n* ll **~/объёмистый** *s.* ~/грубый ll **~/подножный**

Weidefutter *n*, Grünfutter *n*, Grasfutter *n* ‖ **~/силосованный** Silofutter *n*, Sauerfutter *n*, Gärfutter *n*, Silage *f* ‖ **~/сочный** Saftfutter *n* *(zusammenfassende Bezeichnung für Futterhackfrüchte, Gärfutter, Biertreber, Pülpe, Naßschnitzel, Schlempe)* ‖ **~/сухой** Trockenfutter *n*, Raufenfutter *n* ‖ **~/травяной** Grasfutter *n*, Halmfutter *n* ‖ **~/формованный** *(Lw)* Preßfutter *n*, Preßlinge *mpl*, Pellets *npl*

корма *f (Schiff)* Heck *n*; Gatt *n* ‖ **~/вельботная** Waalbootheck *n* ‖ **~/заостренная** Spitzgattheck *n* ‖ **~/крейсерская** Kreuzerheck *n* ‖ **~/откидная** Klappheck *n*

кормовой *(Schiff)* achter, hinter, Achter..., Hinter...

кормозапарник *m (Lw)* Futterdämpfer *m*, Futterdämpfanlage *f*

кормокухня *f (Lw)* Futterküche *f*

кормоплющилка *f (Lw)* Futterquetsche *f*

кормопровод *m (Lw)* Futterrohrleitung *f (Rohrkettenförderer)*

кормопроизводство *n (Lw)* Futtermittelproduktion *f* ‖ **~/полевое** *(Lw)* Futterbau *m*, Ackerfutterbau *m*

кормораздатчик *m (Lw)* Futterverteilungswagen *m* ‖ **~/ленточный** dosierender Futterverteilungswagen *m* mit Bandförderer

корморезка *f (Lw)* Futterreißer *m*; Futtermuser *m*

кормоцех *m (Lw)* Futterhaus *n*

кормушка *f (Lw)* Krippe *f*, Futtertrog *m*, Futterkasten *m*, Futterraufe *f*, Raufe *f* ‖ **~/автоматическая** Futterautomat *m*, Selbstfütterer *m*

корнезаборник *m (Lw)* Förderrad *n (Rübenerntemaschinen)*

корнеклубнемойка *f (Lw)* Hackfruchtwaschmaschine *f*

корнеплод *m (Lw)* Hackfrucht *f*; Wurzelfrucht *f*

корнеплодохранилище *n (Lw)* Bergeraum (Lagerraum) *m* für Hackfrüchte

корнерезка *f (Lw)* Schnitzelmaschine *f* für Hackfrüchte, Wurzelfruchtschneider *m*; Rübenschneider *m*

корнерупин *m (Min)* Kornerupin *m*, Prismatin *m*

короб *m* 1. Korb *m*, Kiepe *f*; 2. Transportbehälter *m* ‖ **~/томильный** *(Gieß)* Glühtopf *m*, Glühkasten *m*, Glühbehälter *m (meist zum Tempern)*

коробиться *(Fert)* sich verziehen, sich werfen *(z. B. Bleche)*

коробка *f* 1. Schachtel *f*, Dose *f*; 2. Gehäuse *n*, Mantel *m (s. a. unter* картер, кожух *und* корпус 1.*)* ‖ **~ блока** Flasche *f (Flaschenzug)* ‖ **~/весовая** Waageschale *f* ‖ **~/воздушная** *(Met)* Windkasten *m*, Windring *m*, Windmantel *m (Kupolofen)* ‖ **~/впускная клапанная** Einlaßventilgehäuse *n* ‖ **~/всасывающая** Saugkorb *m (Pumpe)* ‖ **~/выводная** *(El)* Klemmenkasten *m* ‖ **~/выпускная клапанная** Auslaßventilgehäuse *n* ‖ **~ главных предохранителей** *(El)* Hauptsicherungskasten *m* ‖ **~/гребенная** *(Text)* Hackerkasten *m*, Hackergehäuse *n (Deckelkarde)* ‖ **~/грязевая** Schlammkasten *m* ‖ **~/дверная** *(Bw)* Türzarge *f* ‖ **~/дифференциальная** *(Kfz)* Differentialgehäuse *n*, Gehäuse *n* des Ausgleichsgetriebes ‖ **~/загрузочная** Aufgabekasten *m*, Füllkasten *m* ‖ **~ здания** *(Bw)* Rohbau *m*, Gebäudehülle *f* ‖ **~/золотниковая** Schieberkasten *m*, Schiebergestänge *n (Dampfmaschine)* ‖ **~/индивидуальная клапанная** Einzelventilgehäuse *n* ‖ **~/инструментальная** *(Kfz)* Werkzeugkasten *m* ‖ **~/клапанная** 1. Ventileinsatz *m*, Ventilkammer *f*; 2. Einströmkasten *m*, Einströmgehäuse *n (Dampfturbine)* ‖ **~ конвертера/воздушная (фурменная)** *(Met)* Konverterwindkasten *m* ‖ **~/набивочная** *(Masch)* Packungsraum *m (Stopfbüchse)* ‖ **~/направляющая** *(Masch)* Leitgehäuse *n*, Führungsgehäuse *n*; *(Wlz)* Führungskasten *m* ‖ **~ Нортона** *(Masch)* Norton-Getriebe *n*, Norton-Getriebekasten *m* ‖ **~/огневая** *(Met)* Heizkammer *f*, Feuerkammer *f (Ofen)* ‖ **~/оконная** *(Bw)* Fensterzarge *f* ‖ **~ отбора мощности** *(Masch)* Zapfwellengetriebe *n* ‖ **~/ответвительная** *(El)* Abzweigdose *f*; Abzweigkasten *m* ‖ **~/отсасывающая** Saugkasten *m*, Absaugkammer *f* ‖ **~/паровая** Dampfeinströmkasten *m*, Einströmkasten *m*, Einströmgehäuse *n (Dampfturbine)* ‖ **~/пароразборная** Dampfentnahmesammler *m (Dampfturbine)* ‖ **~/парораспределительная клапанная** Ventilgehäuse *n* der Frischdampfregelung *(Dampturbine)* ‖ **~ передач** *(Masch, Kfz)* Getriebe *n*, Schaltgetriebe *n*, Wechselgetriebe *n* ‖ **~ передач/бесступенчатая** stufenloses Getriebe *n* ‖ **~ передач/гидравлическая** Strömungsgetriebe *f* ‖ **~ передач/двухскоростная** Zweigangschaltgetriebe *n*, Zweigang[wechsel]getriebe *n* ‖ **~ передач/дополнительная** Zusatzgetriebe *n* ‖ **~ передач/зубчатая** Zahnradgetriebe *n* ‖ **~ передач/планетарная** Planetenwechselgetriebe *f*, Umlaufwechselgetriebe *n* ‖ **~ передач/пятиступенчатая** Fünfgang[wechsel]getriebe *n*, Fünfgang[schalt]getriebe *n* ‖ **~ передач/раздаточная** Verteilergetriebe *n (Mehrachsantrieb)* ‖ **~ передач/реверсивная** Umsteuergetriebe *n*, Wende[schalt]getriebe *n* ‖ **~ передач/синхронизированная (синхронная)** Synchrongetriebe *n*, Getriebe *n* mit Gleichlaufeinrichtung ‖ **~ передач/трёхступенчатая** Dreigangschaltgetriebe *n*, Dreigang[wechsel]getriebe *n* ‖ **~ передач/четырёхступенчатая** Viergangschaltgetriebe *n*, Viergang[wechsel]getriebe *n* ‖ **~ переключения скоростей** *(Wkzm)* Schalteinrichtung *f (für Drehzahlen)* ‖ **~ питания** *(Text)* Speiserost *n (Wollkämmaschine)* ‖ **~ подач** 1. *(Wkzm)* Vorschubgetriebe *n*; 2. *(Masch)* Einströmgehäuse *n (Dampfturbine; Dampfmaschine)*; 3. *(Masch)* Vorschubgetriebe *n* ‖ **~ подач/зубчатая** *(Masch)* Zahnradvorschubgetriebe *n* ‖ **~ подач/реверсивная** *(Masch)* Vorschubumsteuergetriebe *n* ‖ **~/подъёмная [челночная]** *(Text)* Steigkasten *m (Schützenwechsel; Webstuhl)* ‖ **~/предохранительная** 1. *(El)* Sicherungsdose *f*; 2. *(Wlz)* Brechtopf *m* ‖ **~/приёмная** *(Wlz)* Aufnahmekasten *m*, Führungskasten *m*, Einführungskasten *m*, Einführungstrichter *m* ‖ **~ проводки** *(Wlz)* Einführungskasten *m*, Führungskasten *m*, Aufnahmekasten *m* ‖ **~/проводковая** *s.* ~ проводки ‖ **~/просасывающая** Saugkasten *m*, Saughaube *f (Sinterband)* ‖ **~/разветвительная** *s.* ~/ответвительная ‖ **~/разгрузочная** Austragkammer *f (Aufbereitung)* ‖ **~/распределительная** 1. Verteilerkopf *m*, Verteilergehäuse *n (Drehofen)*; 2. *(El)* Verteilerdose *f*; Verteilerkasten *m*; 3. *(Masch)* Verteilergehäuse *n*; Steuergetriebe *n* ‖ ~ **реверса** *(Wkzm)* Umsteuergetriebe *n (für Drehrichtung)* ‖ ~/**револьверная [челночная]** *(Text)* Revolverkasten *m (Schützenwechsel; Webstuhl)* ‖ ~ **с откидной крышкой** Klappschachtel *f* ‖ ~ **сальника** Stopfbuchsengehäuse *n* ‖ ~ **скоростей** *(Masch)* Hauptgetriebe *n*, Getriebe *n* zur Geschwindigkeitsstufung *(s. a. unter* ~ передач*)* ‖ ~/**сменная [челночная]** *(Text)* Wechselkasten *m*, Schützenwechselkasten *m (Webstuhl)* ‖ ~/**соединительная** *(El)* Anschlußdose *f* ‖ ~/**сопловая** *(Flg)* Düsenkammer *f* ‖ ~/**топочная** Heizkammer *f*, Feuerkammer *f (Ofen)* ‖ ~ **узорообразующего механизма** *(Text)* Musterbandgehäuse *f (Jacquard-Rundstrickmaschine)* ‖ ~/**фурменная** *(Met)* Windkasten *m*, Windring *m*, Windmantel *m (Schachtofen, Konverter)* ‖ ~/**челночная** *(Text)* Schützenkasten *m (Weberei)* ‖ ~/**червячная** Schneckengetriebe *n* ‖ ~/**шестерённая** *(Wlz)* Kammwalzengetriebe *n* ‖ ~/**шпиндельная** Spindelkasten *m*

коробка-рама *f*/**ножевая** *(Text)* Messerkasten *m (Jacquardmaschine)*

коробление *n* Verwerfen *n*, Verwinden *n*, Verziehen *n*; Querkrümmung *f*, Hohlkrümmung *f*, Verwölbung *f* ‖ ~/**продольное** Längskrümmung *f*

коробленность *f* Querkrümmungsgrad *m*

коробоватость *f* Verzug *m*, Verwerfung *f*, Unebenheit *f*; Welligkeit *f (Walzgut)*

коробчатый *(Masch)* kastenförmig

коровник *m (Lw)* Rinderstall *m*

королёк *m* Regulus *m*

король *m (Hydt)* Drempel *m*

коромысло *n* 1. Schwengel *m*; 2. Hebelstange *f*, Ausgleichhebel *m*; 3. Balancier *m*; Schwinghebel *m*, Schwinge *f*, Wippe *f*; 4. Lenker *m*, Kreuzlenker *m*; 5. Waagebalken *m*; Haupthebel *m (Waage)*; 6. Propeller *m (Regner)* ‖ ~/**клапанное** Kipphebel *m*, Ventilhebel *m (Verbrennungsmotor)*

корона *f* 1. *(Astr)* Korona *f*, Sonnenkorona *f*; 2. *(Astr)* Korona *f*, Halo *m (der Galaxis)*; 3. *(El)* Korona *f*, Koronaentladung *f*, Sprühentladung *f* ‖ ~/**галактическая** *(Astr)* galaktische Korona *f (Radiostrahlung)* ‖ ~/**отрицательная** *(El)* negative Korona *f* ‖ ~ **покрышки** *(Gum)* Reifenkorona *f* ‖ ~/**положительная** *(El)* positive Korona *f* ‖ ~/**солнечная** *s.* ~ 1. ‖ ~/**фраунгоферова** *s.* F-корона

F-корона *f (Astr)* F-Komponente *f* [der Sonnenkorona], Fraunhofer-Komponente *f*

K-корона *f (Astr)* K-Komponente *f*, kontinuierliche Komponente *f*

L-корона *f (Astr)* L-Komponente *f* der Koronastrahlung, L-Korona *f*

корональный *(Astr)* koronal *(auf Sonnenkorona bezogen)*

коронирование *n (El)* Koronaerscheinung *f*

коронировать *(El)* sprühen

коронка *f* 1. *(Bgb)* Bohrkrone *f*; 2. Oberteil *n (eines Edelsteins)* ‖ ~/**алмазная [буровая]** *(Bgb)* Diamant[bohr]krone *f* ‖ ~/**алмазная кольцевая** *(Wkz)* Diamantbohrkrone *f*, Diamanthohlbohrkrone *f* ‖ ~/**буровая** *(Bgb)* Krone *f*, Bohrkrone *f* ‖ ~/**дробовая** *(Bgb)* Schrotbohrkrone *f* ‖ ~/**зубчатая** *(Bgb)* Zahnbohrkrone *f*, Stiftbohrkrone *f* ‖ ~/**импрегнированная алмазная** *(Bgb)* imprägnierte Diamantbohrkrone *f* ‖ ~/**мелкоалмазная** *(Bgb)* Diamantsplitterkrone *f* ‖ ~/**ребристая** *(Bgb)* Rippenbohrkrone *f* ‖ ~/**самозатачивающаяся** *(Bgb)* selbstschärfende Bohrkrone *f* ‖ ~/**твердосплавная** *(Bgb)* Hartmetallbohrkrone *f*

коронограф *m (Astr)* Koronograph *m (zur Beobachtung der Sonnenkorona)*

короностойкость *f (El)* Koronafestigkeit *f*

корообдирка *f (Pap)* Entrindungsmaschine *f*, Schälmaschine *f* ‖ ~/**барабанная** Trommelschälmaschine *f*, Entrindungstrommel *f*, Schältrommel *f* ‖ ~/**водоструйная (гидравлическая)** Waserstrahlschälmaschine *f*, Streambarker *m* ‖ ~/**дисковая** *s.* ~/ножевая ‖ ~ **для длинника** Langholzschälmaschine *f*, Langholzschäler *m* ‖ ~ **для доокорки** Nachschälmaschine *f*, Nachschäler *m* ‖ ~ **для коротья** Kurzholzschälmaschine *f*, Kurzholzschäler *m* ‖ ~/**ножевая** Messer[scheiben]entrinder *m*, Messerschälmaschine *f* ‖ ~ **трения** Schälmaschine *f* für Naßentrindung (Reibungsentrindung) ‖ ~/**цепная** Kettenentrinder *m*

короткий жирный *(Pap)* kurzschmierig

коротковолновик[-любитель] *m* Kurzwellenamateur *m*

коротковолновый *(Rf)* kurzwellig, Kurzwellen…

коротковолокнистый 1. kurzfaserig; 2. *(Text)* kurzstapelig

короткогорлый Kurzhals…, kurzhalsig

короткодействующий von geringer Reichweite, kurzreichweitig, Nahwirkungs…, nahwirkend

короткозамкнутый *(El)* kurzgeschlossen, Kurzschluß…

короткозамыкатель *m (El)* Kurzschlußbügel *m*

короткозамыкающий *(El)* Kurzschluß…

короткоствольный *(Forst)* kurzstämmig, kurzschäftig, geringschäftig *(Bäume)*

короткофокусный kurzbrennweitig *(Objektive)*

корпус *m* 1. Gehäuse *n*, Mantel *m*; 2. Ständer *m*, Gestell *n*; 3. *(Wkz)* Körper *m*, Grundkörper *m*, Tragkörper *m (eines Werkzeugs)*; 4. *(Masch)* Führungsgehäuse *n (eines Führungsgetriebes)*; 5. *(Bw)* Block *m*, Gebäudeblock *m*; 6. *(Schiff)* Spantenriß *m (Teil des Linienrisses)* ‖ ~/**безвыводной** *(El)* anschlußloses Gehäuse *n* ‖ ~ **буксы** *(Eb)* Achslagergehäuse *n*, Radsatzlagergehäuse *n* ‖ ~/**винтовой** *(Lw)* Wendelkörper *m (Pflug)* ‖ ~/**впускной** *(Masch)* Eintrittsgehäuse *n*, Einströmgehäuse *n* ‖ ~ **выпарки** Verdampferkörper *m*, Verdampferstufe *f* ‖ ~/**выступающий** Aufbaugehäuse *n* ‖ ~/**дробящий** Brechmantel *m (Kegelbrecher)* ‖ ~/**дублированный** zweiflutiges Gehäuse *n (Dampfturbine; Turboverdichter)* ‖ ~ **карбюратора** Vergasergehäuse *n* ‖ ~/**керамический** Keramikgehäuse *n* ‖ ~ **коллектора** *(El)* Kommutatorkörper *m* ‖ ~ **конденсатора** Kondensatorgehäuse *n*, Kondensatorbecher *m* ‖ ~ **корабля** Schiffskörper *m*, Schiffsrumpf *m* ‖ ~ **коробки передач** *(Masch)* Getriebegehäuse *n*; *(Fert)* Vorschubgetriebegehäuse *n* ‖ ~ **котла** *(Wmt)* Kesselkörper *m*, Kesselgerüst *n* ‖ ~/**литой** Gußgehäuse *n* ‖ ~/**металлокерамический** Metall-Keramik-Gehäuse *n* ‖ ~/**металлопластмассовый** Metall-Kunststoff-Gehäuse *n* ‖ ~/**металлостеклянный** Metall-Glas-Gehäuse *n* ‖ ~/**многослойный керами-**

ческий *(Eln)* Mehrlagenkeramikgehäuse *n*, MK-Gehäuse *n* ‖ **~/монтажно-испытательный** 1. *(Rak)* Montageturm *m (Aufrüstung und Startvorbereitung von Trägerraketen)*; 2. *(Fert)* Montagebereich *m* und Versuchsfeld *n* ‖ **~ насоса** Pumpengehäuse *n*, Pumpenkörper *m* ‖ **~/отмаркированный лазером** *(Eln)* lasermarkiertes Gehäuse *n* ‖ **~/печной** Ofenmantel *m*, Ofengehäuse *n*, Ofenpanzer *m* ‖ **~/пластмассовый** Kunststoffgehäuse *n* ‖ **~/плоский** *(Eln)* Flachgehäuse *n*, Flat-Pack[-Gehäuse] *n (für integrierte Schaltkreise)* ‖ **~ подшипника** *(Masch)* Lagergehäuse *n*; Lagerkörper *m* ‖ **~ подшипника/разъёмный** geteiltes Lagergehäuse *n* ‖ **~ подшипников распределительного вала** *(Kfz)* Nockenwellenlagergehäuse *n* ‖ **~/полувинтовой** *(Lw)* Halbwendelkörper *m (Pflug)* ‖ **~/получашечный керамический** *(Eln)* Zweischalenkeramikgehäuse *n*, Keramikhalbschalengehäuse *n* ‖ **~ приёмника** *(Rf, TV)* Empfängergehäuse *n* ‖ **~/разъёмный** geteiltes Gehäuse *n* ‖ **~ реактора** *(Kern)* Reaktorbehälter *m*, Reaktorgefäß *n*; Reaktordruckgefäß *n* ‖ **~ с двухрядным расположением выводов** *(Eln)* DIL-Gehäuse *n*, Dual-in-line-Gehäuse *n*, DIP ‖ **~/сварной** geschweißtes Gehäuse *n* ‖ **~ судна** Schiffskörper *m*, Schiffsrumpf *m* ‖ **~/теоретический** *(Schiff)* Spantenriß *m* ‖ **~ теоретического чертежа** *(Schiff)* Spantenriß *m* ‖ **~ типа ДИП** *(Eln)* Dual-in-line-Gehäuse *n*, DIL-Gehäuse *n*, DIP ‖ **~/утопленный** Einbaugehäuse *n* ‖ **~/фарфоровый** Porzellankörper *m* ‖ **~/цельносварной** vollgeschweißter Schiffskörper *m* ‖ **~ червячной передачи** *(Masch)* Schneckengetriebegehäuse *n* ‖ **~ штепселя** *(El)* Stöpselkörper *m*

корпусирование *n (Eln)* Verkappen *n*, Verkapseln *n*

корпускула *f (Ph)* Korpuskel *n*

корпусостроение *n* Schiffskörperbau *m*

корразия *f (Geol)* Korrasion *f*, Windschliff *m*, Sandschliff *m*

корректирование *n s.* коррекция

корректировать korrigieren; ausgleichen, kompensieren ‖ **~ искажения** *(El)* entzerren

корректор *m* 1. Korrektor *m*, Korrektureinrichtung *f*, Korrekturglied *n*; 2. *(El)* Entzerrer *m*; 3. Nullsteller *m (eines Meßgerätes)* ‖ **~/амплитудный** *(El)* Amplitudenentzerrer *m* ‖ **~/высотный** *(Flg)* Höhenregler *m* ‖ **~/фазовый** *(El)* Phasenentzerrer *m* ‖ **~/частотный** *(El)* Frequenzkorrektor *m*

коррекция *f* 1. Korrektion *f*, Berichtigung *f*, Ausgleich *m*; 2. Korrektur *f (s. a. unter* поправка 1.*)*; 3. *(El)* Entzerrung *f* ‖ **~/амплитудная** *(El)* Amplitudenkorrektur *f*, Amplitudenentzerrung *f* ‖ **~ временных искажений** Korrektur *f* von Zeitbasisfehlern ‖ **~/высотная** *(Masch)* Profilhöhenverschiebung *f*, Höhenverschiebung *f (Verzahnung)* ‖ **~/динамическая** *(El)* Dynamikentzerrung *f* ‖ **~ замирания** Schwundausgleich *m*, Fadingausgleich *m* ‖ **~ зубчатого зацепления** *(Masch)* Profilverschiebung *f*, Zahnkorrektur *f (Zahnrad)* ‖ **~ импульса** Impulsentzerrung *f* ‖ **~ искажений** 1. Korrektur *f* der Abweichungen, Fehlerkorrektur *f*; 2. *(El)* Entzerrung *f* ‖ **~ нуля** *(El)* Null[punkt]korrektur *f* ‖ **~ нуля/автоматическая** automatischer Nullabgleich *m* ‖ **~/обратная** *(Eln)* reziproke Entzerrung *f*, Deemphasis *f*, Deakzentuierung *f* ‖ **~/отрицательная** *(Masch)* Minuskorrektur *f* ‖ **~/подстроечная** *(Eln)* Nachstimmkorrektur *f* ‖ **~/положительная** *(Masch)* Pluskorrektur *f* ‖ **~/предварительная** *(El)* Vorentzerrung *f*, Preemphasis *f*, Akzentuierung *f* ‖ **~/предыскажения** *s.* ~/обратная ‖ **~ резьбы** *(Fert)* Gewindekorrektur *f* ‖ **~ тембра** *(Ak)* Klangfarbenregelung *f* ‖ **~ траектории** *(Rak)* Bahnkorrektur *f* ‖ **~/фазовая** *(El)* Phasenentzerrung *f*, Phasenkorrektur *f* ‖ **~/частотная** *(El)* Frequenz[gang]korrektur *f*, Frequenz[gang]entzerrung *f*, Frequenz[gang]kompensation *f* ‖ **~ шага винта** *(Fert)* Spindelsteigungs[fehler]korrektur *f*

коррелограмма *f* Korrelogramm *n*

коррелограф *m* Korrelograph *m* ‖ **~/низкочастотный** Niederfrequenzkorrelograph *m*

коррелометр *m* Korrelationsmesser *m*

коррелята *f* Korrelate *f*

коррелятивный korrelativ, korrelat, aufeinander bezogen

коррелятор *m (El)* Korrelator *m* ‖ **~/высокочастотный** Hochfrequenzkorrelator *m* ‖ **~/гетеродинный** Überlagerungskorrelator *m* ‖ **~/микроволновый** Mikrowellenkorrelator *m* ‖ **~/низкочастотный** Niederfrequenzkorrelator *m*

корреляция *f* 1. Korrelation *f*, Wechselbeziehung *f*, gegenseitige Beziehung (Abhängigkeit) *f*; 2. *(Math)* Korrelation *f (Statistik)*; 3. *(Geol) s.* ~ пластов ‖ **~/взаимная** Kreuzkorrelation *f*, gegenseitige Korrelation *f* ‖ **~/встречная** *s.* ~/взаимная ‖ **~/кадровая** *(TV)* Rasterkorrelation *f* ‖ **~/каноническая** *(Kern)* kanonische Korrelation *f* ‖ **~/кратковременная** *(TV)* Kurzzeitkorrelation *f* ‖ **~/линейная** *(Math)* lineare Korrelation *f* ‖ **~/ложная** *(Math)* Scheinkorrelation *f* ‖ **~/множественная** *(Math)* Mehrfachkorrelation *f*, multiple Korrelation *f* ‖ **~/нелинейная** *(Math)* nichtlineare Korrelation *f* ‖ **~/нормальная** *(Math)* Korrelation *f* zwischen normal verteilten Größen ‖ **~ пластов** *(Geol)* Schichtenparallelisierung *f*, Schichtenkorrelation *f* ‖ **~ по времени** zeitliche Korrelation *f*, Zeitkorrelation *f* ‖ **~/полная** *(Math)* totale (vollkommene) Korrelation *f* ‖ **~/положительная** *(Math)* positive Korrelation *f* ‖ **~/ранговая** *(Math)* Rangkorrelation *f* ‖ **~/сериальная** *(Math, Kyb)* Reihenkorrelation *f*, Serienkorrelation *f*, Autokorrelation *f*, Eigenkorrelation *f* ‖ **~/спиновая** *(Kern)* Spinkorrelation *f* ‖ **~/строчная** *(TV)* Zeilenkorrelation *f* ‖ **~/схоластическая** *(Math)* Scheinkorrelation *f* ‖ **~ точки изображения** *(TV)* Bildpunktkorrelation *f* ‖ **~/угловая** *(Kern)* Winkelkorrelation *f*, Richtungskorrelation *f* ‖ **~/электронно-нейтринная** *(Kern)* Elektron-Neutrino-Winkelkorrelation *f*, Elektron-Neutrino-Richtungskorrelation *f*

корригирование *n* **зубчатого зацепления** *(Masch)* Verzahnungskorrektur *f (Zahnrad)*

корродирование *n s.* коррозия

корродировать korrodieren, angreifen *(Metall)*

корродироваться korrodieren, der Korrosion unterliegen (ausgesetzt sein)

корродируемость *f* Korrodierbarkeit *f*, Korrosionsempfindlichkeit *f*, Korrosionsanfälligkeit *f*

корродируемый korrodierbar, korrosionsempfindlich, korrosionsanfällig
коррозиеустойчивость *f* Korrosionsbeständigkeit *f*, Korrosionsfestigkeit *f*; Rostbeständigkeit *f*
коррозиеустойчивый korrosionsbeständig, korrosionsfest; rostbeständig
коррозийность *f* Korrosivität *f*, korrodierende Wirkung *f*
коррозиметр *m* Korrosimeter *n*
коррозионно-агрессивный korrosionsaggressiv
коррозионно-активный korrosionsaktiv
коррозионно-защитный Korrosionsschutz...
коррозионно-инертный korrosionsträge
коррозионно-опасный korrosionsgefährdet
коррозионно-стойкий korrosionsbeständig, korrosionsfest; rostbeständig
коррозия *f* Korrosion *f*, Korrodieren *n*; Rosten *n*, Verrosten *n* ‖ **~/атмосферная** atmosphärische Korrosion *f*, Korrosion *f* durch Witterungseinflüsse ‖ **~/биметаллическая** bimetallische Korrosion *f* ‖ **~/биологическая** biologische Korrosion *f*, Biokorrosion *f* ‖ **~ блуждающим током** Streustromkorrosion *f* ‖ **~ в щелях** Spaltkorrosion *f* ‖ **~/влажная** Feuchtigkeitskorrosion *f*, Korrosion *f* durch Feuchtigkeit ‖ **~/высокотемпературная** Hochtemperaturkorrosion *f* ‖ **~/газовая** Gaskorrosion *f*, Korrosion *f* durch Gase ‖ **~/застойная** Stillstandskorrosion *f* ‖ **~/избирательная** selektive (teilweise) Korrosion *f* ‖ **~/интеркристаллитная** *s.* ~/межкристаллитная ‖ **~/кавитационная** Kavitationskorrosion *f* ‖ **~/кислотная** Säurekorrosion *f*, Säureangriff *m* ‖ **~/контактная** Berührungskorrosion *f*, Kontaktkorrosion *f* ‖ **~/котельная** Kesselkorrosion *f* ‖ **~/локальная** *s.* ~/местная ‖ **~/межкристаллитная** interkristalline Korrosion *f*, Korngrenzenkorrosion *f*, Kornzerfall *m* ‖ **~/местная** örtliche (lokale) Korrosion *f*, Lokalkorrosion *f* ‖ **~/морская** Seewasserkorrosion *f* ‖ **~/начальная** Anfangskorrosion *f* ‖ **~/питтинговая** *s.* 1. ~/точечнао; 2. ~/местная ‖ **~ по границам зёрен** *s.* ~/межкристаллитная ‖ **~/поверхностная** Oberflächenkorrosion *f* ‖ **~ под действием излучения** Strahlungskorrosion *f* ‖ **~ под защитным покровом** *s.* ~/подплёночная ‖ **~ под напряжением** Spannungs[riß]korrosion *f* ‖ **~/подводная** Unterwasserkorrosion *f* ‖ **~/подземная** Erdbodenkorrosion *f*, Bodenkorrosion *f*, unterirdische Korrosion *f* ‖ **~/подплёночная** Unterkorrosion *f*; Unterrosten *n*, Unterrostung *f* ‖ **~/послойная** Schichtkorrosion *f* ‖ **~/почвенная** *s.* ~/подземная ‖ **~ при трении** Reiboxidation *f*, Reibkorrosion *f*, Tribokorrosion *f* ‖ **~/равномерная** gleichmäßige (gleichförmige, ebenmäßige) Korrosion *f* ‖ **~/радиационная** Strahlungskorrosion *f* ‖ **~/селективная** selektive (teilweise) Korrosion *f* ‖ **~/сильная** starke Korrosion *f* ‖ **~/сквозная** durchgehende Korrosion *f*, durchgehender Lochfraß *m* ‖ **~/солевая** Korrosion *f* durch Salze ‖ **~/сплошная** Gesamtkorrosion *f*, Vollkorrosion *f* ‖ **~/средняя** mittlere Korrosion *f* ‖ **~ стали** Rosten *n*, Rostung *f* ‖ **~/структурная** Gefügekorrosion *f*, Mikrokorrosion *f* ‖ **~/сульфатная** Sulfatkorrosion *f*, Sulfatangriff *m* ‖ **~/сухая** trockene Korrosion *f*, Trokkenkorrosion *f* ‖ **~/точечная** punktförmige (grübchenförmige, lochförmige) Korrosion *f*, Punktkorrosion *f*, Grubenkorrosion *f*, Lochfraßkorrosion *f* ‖ **~/транскристаллитная** transkristalline Korrosion *f* ‖ **~/фрикционная** *s.* ~ при трении ‖ **~/химическая** chemische Korrosion *f* ‖ **~/щелевая** Spaltkorrosion *f* ‖ **~/электрохимическая** elektrochemische Korrosion *f*
корунд *m* Korund *m* *(Schleifmittel)* ‖ **~/красный** roter Korund *m*, Rubin *m* ‖ **~/природный** Naturkorund *m* *(Schleifmittel)* ‖ **~/синий** blauer Korund *m*, Saphir *m* ‖ **~/спечённый** Sinterkorund *m*
корундофиллит *m* *(Min)* Korundophilit *m* *(Magnesiumchlorit)*
корчеватель *m* **[пней]** Stockrodemaschine *f*, Stubbenroder *m*
корчеватель-собиратель *m* *(Forst)* Stockrode- und -räummaschine *f*; *(Lw)* Stubbenrode- und Steinsammelgerät *n*
корыто *n* Trog *m*, Mulde *f*; Wanne *f* ‖ **~/балластное** *(Eb)* 1. Kieskoffer *m*, Bettungskoffer *m* *(im Oberbau)*; 2. Fahrbahntrog *m* *(zur Aufnahme der Bettung auf Eisenbahnbrücken)* ‖ **~/загрузочное** Schöpftrog *m* ‖ **~ конвейера** Fördertrog *m* ‖ **~/красочное** *(Typ)* Farbwanne *f* ‖ **~/опрокидывающееся** Kipptrog *m* ‖ **~/отсадочное** Setztrog *m* ‖ **~ плюсовки** *(Text)* Klotztrog *m*, Foulardtrog *m* *(Veredlung)* ‖ **~/шлихтовальное** *(Text)* Schlichtetrog *m*
корьё *n* [geschälte] Rinde *f* ‖ **~/дубильное** Gerbrinde *f*, Gerblohe *f*, Lohe *f* ‖ **~/дубовое** Eichenlohe *f* ‖ **~/еловое** Fichtenlohe *f*
корьедробилка *f* *(Led)* Lohmühle *f*
корьерезка *f* Rindenschneider *m*
корявина *f* *(Schm)* Narbigkeit *f* *(Schmiedefehler)*
КОС *s.* станция/космическая орбитальная
коса *f* 1. *(Lw)* Sense *f*; 2. *(Geol)* Landzunge *f*; 3. *(Led)* Streicheisen *n*, Streichmesser *n* ‖ **~/песчаная** *(Geol)* Sand[riff]nehrung *f*
косвенный 1. indirekt, mittelbar; 2. schief
косеканс *m* *(Math)* Kosekans *m*, cosec
косилка *f* *(Lw)* Mäher *m*, Mähmaschine *f*; Mähwerk *n* *(Halmfruchtmahd)* ‖ **~/валковая** Schwadmäher *m* ‖ **~/двухножевая беспальцевая** fingerloses Doppelmesserschneidwerk *n* ‖ **~/ротационная** Scheibenmähwerk *n*, Rotationsmäher *m*, Kreiselmäher *m*, Flügelmäher *m*, Sichelmäher *m* ‖ **~/самоходная** Motormäher *m*
косилка-измельчитель *f*/**роторная** Schlegelfeldhäcksler *m*, Schlegelhäcksler *m*, Schlegelernter *m* ‖ **~/самоходная** selbstfahrender Feldhäcksler *m*
косилка-плющилка *f*/**валковая** Schwadmäher *m* ‖ **~ с гладкими вальцами** Mähquetscher *m* ‖ **~ с рифлёными вальцами** Mähknicker *m* ‖ **~/самоходная** selbstfahrender Schwadmäher *m*
косилка-погрузчик *f* *(Lw)* Mählader *m* *(Elevatorlader)*
косилка-подборщик-измельчитель *f* *(Lw)* Aufsammelhäcksler *m*
косинус *m* *(Math)* Kosinus *m*, cos ‖ **~/направляющий** Richtungskosinus *m* ‖ **~/обратный гиперболический** Areakosinus *m*, Areacosinus *m* hyperbolicus ‖ **~ фи** *(El)* Leistungsfaktor *m*, cos j_
косинусоида *f* *(Math)* Kosinuslinie *f*, Kosinuskurve *f*

космический 1. kosmisch; 2. Weltraum..., Raum... *(in der Raumfahrt)*; 3. weltraumgestützt
космогенный kosmogen
космогонический kosmogonisch
космогония *f (Astr)* Kosmogonie *f* ‖ **~/звёздная** Stellarkosmogonie *f* ‖ **~/планетная** Kosmogonie *f* des Planetensystems
космодром *m* Raketenstartplatz *m*, Weltraumbahnhof *m*, Kosmodrom *n*
космология *f* Kosmologie *f* ‖ **~/ньютонианская** Newtonsche (nichtrelativistische) Kosmologie *f* ‖ **~/релятивистская** relativistische (Einsteinsche) Kosmologie *f*
космонавт *m* Raumfahrer *m*, Kosmonaut *m*
космонавтика *f* Weltraumfahrt *f*
космонавт-исследователь *m* Forschungskosmonaut *m*
космос *m* Kosmos *m*, Weltraum *m* ‖ **~/далёкий** erdferner [kosmischer] Raum *m* ‖ **~/околосолнечный** Sonnenumgebung *f* ‖ **~/открытый** *(Raumf)* freier Weltraum *m*
космофотосъёмка *f* Fernerkundungs[photo]aufnahme *f*
космохимия *f* Kosmochemie *f*
косовичник *m (Bgb)* Begleitstrecke *f*
косогор *m* Bergabhang *m*, Abhang *m*, Hang *m*, Berglehne *f*, Bergseite *f*
косозубый schrägverzahnt
кососвет *m (El)* Schrägstrahler *m*
косослоистость *f (Geol)* Schrägschichtung *f*, Diagonalschichtung *f*
косоур *m (Bw)* Treppenwange *f*, Wange *f*
коспас *s.* система/космическая спасательная
коссирит *m (Min)* Cossyrit *m*
костёр *m (Bgb)* Kasten *m*, Kastenpfeiler *m*, Pfeiler *m* ‖ **~/металлический** Stahlkastenpfeiler *m* *(aus Schienen oder Doppel-T-Trägern)* ‖ **~/породный** Bergekasten *m*
костыль *m* 1. Hakenstift *m*, Hakennagel *m*; 2. *(Eb)* Schienennagel *m*; 3. *(Flg)* Sporn *m* ‖ **~/винтовой** *(Eb)* Schwellenschraube *f* ‖ **~/пружинный** *(Eb)* Federnagel *m* ‖ **~/путевой (рельсовый)** *(Eb)* Schienennagel *m* ‖ **~/хвостовой** *(Flg)* Hecksporn *m*
костюм *m*/**высотный [компенсационный]** *(Flg, Raumf)* Druckanzug *m* ‖ **~/обогреваемый** *(Flg, Raumf)* beheizbarer Schutzanzug *m* ‖ **~/противоперегрузочный** *(Flg, Raumf)* Druckanzug *m*, Anti-g-Anzug *m*, Beschleunigungsschutzanzug *m* ‖ **~/штормовой** Ölzeug *n*
косынка *f (Bw)* Knotenblech *n*, Eckblech *n*, Schrägblech *n*, Versteifungsblech *n*
косяк *m* 1. *(Bw)* Gewände *n*, Pfosten *m*, Pfeiler *m* *(Türen, Fenster)*; 2. *(Bgb)* Türstock *m (Zimmerung)* ‖ **~/дверной** *(Bw)* Türpfeiler *m*, Türpfosten *m* ‖ **~/оконный** *(Bw)* Fensterpfosten *m*, Setzholz *n* ‖ **~ рыбы** Fischschwarm *m*
котангенс *m (Math)* Kotangens *m*, cotg, ctg ‖ **~/обратный гиперболический** Areakotangens *m*, Areacotangens *m* hyperbolicus
котёл *m* 1. Kessel *m*; 2. Dampfkessel *m*, Dampferzeuger *m* ‖ **~/барабанный** Trommelkessel *m* ‖ **~/безбарабанный** Zwangdurchlaufkessel *m* ‖ **~/бинарный** Zweistoffkessel *m* ‖ **~/битумоплавильный** Bitumenkocher *m* ‖ **~/бучильный** *(Text)* Beuchkessel *m* ‖ **~/варочный** 1. Kochkessel *m*, Siedekessel *m*; Kocher *m*; 2. *(Pap)* Zellstoffkocher *m* ‖ **~/вертикально-водотрубный** Steilrohrkessel *m* ‖ **~/вертикальный газотрубный** stehender Rauchrohrkessel *m* ‖ **~/вертикальный паровой** Stehkessel *m* ‖ **~/водогрейный** Warmwasserkessel *m* ‖ **~/водотрубный** Wasserrohrkessel *m*, Siederohrkessel *m* ‖ **~/водотрубный судовой** Schiffswasserohrkessel *m* ‖ **~/вращающийся шаровой варочный** *(Pap)* Kugeldrehkocher *m* ‖ **~/вулканизационный** *(Gum)* Vulkanisationskessel *m* ‖ **~ высокого давления** Hochdruckkessel *m* ‖ **~/высоконапорный паровой** Hochdruckdampfkessel *m* ‖ **~/газотрубный** Rauchrohrkessel *m* ‖ **~/горизонтально-водотрубный** Schrägrohrkessel *m* ‖ **~/горизонтальный** liegender Kessel *m* ‖ **~/двухбарабанный** Zweitrommelkessel *m* ‖ **~/двухжаротрубный** Zweiflammrohrkessel *m* ‖ **~/двухконтурный** Zweikreiskessel *m* ‖ **~/двухходовой** Zweizugkessel *m* ‖ **~/девулканизационный** *(Gum)* Regenerierkessel *m*, Devulkanisierkessel *m* ‖ **~/дефекационный** Scheidepfanne *f* *(Zuckergewinnung)* ‖ **~/древопарочный** *(Pap)* Braunholzkocher *m*, Braunholzdämpfer *m* ‖ **~/жаротрубный** Flammrohrkessel *m* ‖ **~/запарной** Dämpfkessel *m*, Dekatierkessel *m* ‖ **~/запечный** Abhitzekessel *m* ‖ **~/заторно-сусловарочный** *(Brau)* Maisch- und Würzepfanne *f* ‖ **~/заторный** *(Brau)* Maischbottichkessel *m*, Maischpfanne *f* ‖ **~/инвертный** Kessel *m* mit Deckenfeuerung ‖ **~исполинов** *(Geol)* Strudelloch *n* ‖ **~/камерный** Kammerkessel *m* ‖ **~/клеровальный (клеровочный)** Klärepfanne *f*, Lösepfanne *f (Zuckergewinnung)* ‖ **~/лаковарочный** Lack[koch]kessel *m*, Lacksiedekessel *m* ‖ **~/ледниковый** *(Geol)* Gletschertopf *m*, Gletscherkessel *m* ‖ **~/мазутный** Ölfeuerungskessel *m*, ölgefeuerter Kessel *m* ‖ **~/малогабаритный** Kleinkessel *m* ‖ **~/мыловаренный** Seifensiedekessel *m* ‖ **~/наклонно водотрубный** Schrägrohrkessel *m* ‖ **~/нефтяной** *(Schiff)* ölgefeuerter Kessel *m* ‖ **~ низкого давления** Niederdruckkessel *m* ‖ **~/огнетрубный** Behälterkessel *m*, Heizrohrkessel *m*, Flammrohrkessel *m*, Rauchrohrkessel *m* ‖ **~/однобарабанный** Eintrommelkessel *m*, Trommelkessel *m* ‖ **~/одножаротрубный** Einflammrohrkessel *m* ‖ **~/однокамерный** Einkammerkessel *m* ‖ **~/однотрубный** Einrohrkessel *m* ‖ **~/одноходовой** Einzugkessel *m* ‖ **~/осветлительный** Abwasserklärkessel *m* ‖ **~/отварочный** *(Brau)* Sudpfanne *f* ‖ **~/отопительный** Heizkessel *m* ‖ **~ паровой** Dampfkessel *m*, Damperzeuger *m* ‖ **~/пиковый** Spitzen[last]kessel *m*, Bereitschaftskessel *m* ‖ **~/плавильный** Schmelzkessel *m* ‖ **~/полимеризационный** Polymerisationskessel *m* ‖ **~/полуэкранный** Halbstrahlungskessel *m* *(Verdampfungsfläche ist nur teilweise der Strahlung der Flamme ausgesetzt)* ‖ **~/производственно-отопительный** Betriebsheizkessel *m* ‖ **~/прямоточный** Zwangdurchlaufkessel *m* *(z. B. Benson-Kessel, Ramsin-Kessel)* ‖ **~/прямотрубный** Geradrohrkessel *m* ‖ **~/реакционный** Reaktionskessel *m* ‖ **~/сатурационный** *s.* сатуратор ‖ **~ сверхвысокого давления** Höchstdruckkessel *m* ‖ **~/сверхмощный** Höchstleistungskessel *m* ‖

~/сдвоенный Verbundkessel *m*; Doppelkessel *m* ‖ **~/секционный** Sektionskessel *m*, Teilkammerkessel *m (Schrägrohrkessel)* ‖ **~ среднего давления** Mitteldruckkessel *m* ‖ **~/стационарный** ortsfester Kessel *m* ‖ **~/судовой** Schiffskessel *m* ‖ **~/сусловарочный** *(Brau)* Würzepfanne *f*, Braupfanne *f* ‖ **~/трёхбарабанный** Dreitrommelkessel *m* ‖ **~/трёхжаротрубный** Dreiflammrohrkessel *m* ‖ **~/трёхходовой** Dreizugkessel *m* ‖ **~/трубный** Röhrenkessel *m* ‖ **~/угольный** kohlegefeuerter Kessel *m* ‖ **~/утилизационный** Abgaskessel *m* ‖ **~/цилиндрический** Großwasserraumkessel *m (Walzenkessel)* ‖ **~/цилиндрический вращающийся варочный** *(Pap)* Drehkocher *m* ‖ **~/шаровой** *(Pap)* Kugelkocher *m* ‖ **~/экра[нирова]нный** Strahlungskessel *m* ‖ **~/энергетический** Kraftwerkkessel *m*

котёл-аккумулятор *m* Speicherkessel *m*

котёл-газогенератор *m*/**паровой** Dampfkesselgaserzeuger *m*

котёл-испаритель *m* Verdampferkessel *m*

котёл-утилизатор *m* Abhitzekessel *m* ‖ **~/вертикально-трубный** Steilrohrabhitzekessel *m* ‖ **~/водогрейный** Warmwasserabhitzekessel *m* ‖ **~/отопительный** Abwärmeheizkessel *m*

котельная *f* Kesselhaus *n* ‖ **~/отопительная** Heizungskesselanlage *f*, Heizhaus *n* ‖ **~/районная** Heizwerk *n (für ein Wohngebiet)*

котлоагрегат *m* Kesseleinheit *f*, Kesselaggregat *n* ‖ **~/прямоточный** Durchlaufkesselaggregat *n*

котлован *m* 1. *(Bw)* Baugrube *f*, Grube *f*; 2. *(Hydt)* Graben *m*; 3. *(Bgb)* Vorschacht *m* ‖ **~ зуба плотины** *(Hydt)* Herdgraben *m* ‖ **~/креплёный** abgestützte Baugrube *f* ‖ **~/ограждаемый** umschlossene Baugrube *f* ‖ **~ с откосами** geböschte Baugrube *f* ‖ **~ фундамента** Fundamentgraben *m*

котлованокопатель *m* Baugrubenaushubmaschine *f*

котловина *f (Geol)* Becken *n (mehr oder weniger geschlossene Einsenkung der Erdoberfläche, auch des Meeresbodens)*; Talkessel *m*, Kessel *m (bei rundlichem Grundriß)*; Wanne *f (bei länglicher Form)* ‖ **~/бессточная** geschlossener (abflußloser) Talkessel *m* ‖ **~ выдувания** Deflationskessel *m*, Hohlkehle *f (durch Windeinwirkung entstandener Talkessel)* ‖ **~/замкнутая** *s.* ~/бессточная ‖ **~/межгорная** Bergkessel *m*, Gebirgskessel *m* ‖ **~/эрозионная** Erosionskessel *m*

котлонадзор *m* Kesselüberwachung *f*

котлостроение *n* Kesselbau *m*

котонизация *f (Text)* Kotonisieren *n*

котонизирование *n (Text)* Kotonisieren *n*

котонизировать *(Text)* kotonisieren

котрель *m* Siemens-Lurgi-Cottrell-Elektrofilter *n (für elektrische Entstaubung)*

коттон-машина *f s.* машина/плоскочулочная

коуш *m* Kausch[e] *f* ‖ **~/круглый** runde Kausch[e] *f*, Rundkausch[e] *f* ‖ **~/продолговатый** Herzkausch[e] *f*

кофактор *m (Math)* Kofaktor *m*, Adjunkte *f*, Adjungierte *f*

кофермент *m (Ch)* Koferment *n*, Koenzym *n*

коффердам *m (Schiff)* Kofferdamm *m*

кочегарка *f* Heizraum *m* einer Kesselanlage

кочерга *f* Schürstange *f*, Feuerhaken *m*

кочка *f (Geol, Lw)* Höcker *m*, Bülte *f*, Bult *m*

кочкорез *m (Lw)* Wiesenhobel *m*

кочубеит *m (Min)* Kotschubeit *m (Chromchlorit)*

кошельковый Ringwaden... *(Fischereinetz)*

кошка *f* 1. Laufkatze *f*, Katze *f (s. a. unter* тележка 3.*)*; 2. *(Schiff)* Dragg[en] *m*, Dragganker *m*; Suchanker *m*; 3. Steigeisen *n*, Klettereisen *n*

коэрцитивность *f* Koerzitivkraft *f*

коэффициент *m* Koeffizient *m*, Faktor *m*, Kennzahl *f*, Kennziffer *m*; Wert *m*, Beiwert *m*; Grad *m (s. a. unter* показатель*)* ‖ **~ абсорбции** *(Ph)* Absorptionsgrad *m* ‖ **~/адмиралтейский** *(Schiff)* Admiralitätskonstante *f*, Admiralitätsformel *f (zur Ermittlung der Wellenleistung)* ‖ **~ адсорбции** *(Ch)* Adsorptionskoeffizient *m* ‖ **~ аккомодации** *(Ph)* Akkommodationskoeffizient *m* ‖ **~ активности** *(Ph)* Aktivitätskoeffizient *m* ‖ **~ амплитудных искажений** *(El)* Amplitudenverzerrungsfaktor *m* ‖ **~ аридности** Ariditätsindex *m*, Trockenheitsindex *m* ‖ **~ армирования** *(Bw)* Bewehrungsziffer *f* ‖ **~ асимметрии** *(Ph)* Asymmetriebeiwert *m*, Asymmetriefaktor *m* ‖ **~/ассимиляционный** Assimilationsquotient *m* ‖ **~/аэродинамический** *(Aero)* aerodynamischer Beiwert *m* ‖ **~ бегущей волны** *(El)* Wanderwellenkoeffizient *m* ‖ **~ безопасности** Sicherheitsfaktor *m*, Sicherheitsgrad *m* ‖ **~/биномиальный** *(Math)* Binomialkoeffizient *m*, Binomialzahl *f* ‖ **~ блокирования** *(Inf)* Blockungsfaktor *m* ‖ **~ Больцмана** *(Ph)* Boltzmann-Konstante *f*, Boltzmann-Faktor *m* ‖ **~ быстроходности** spezifische Drehzahl *f*, Laufzahl *f (einer Strömungsmaschine)* ‖ **~ валентности** Wertigkeitsfaktor *m* ‖ **~ вариации** *(Ph)* Variationskoeffizient *m*, Variabilitätskoeffizient *m*, Variationsbeiwert *m* ‖ **~ величины возмущения** *(Reg)* Störquotient *m* ‖ **~ вертикальной полноты** *(Schiff)* vertikaler Zylinderkoeffizient *m* ‖ **~ взаимной диффузии** *(Ph)* Interdiffusionskoeffizient *m* ‖ **~ взаимной корреляции** *(Ph)* Kreuzkorrelationskoeffizient *m*, gegenseitiger Korrelationskoeffizient *m* ‖ **~ взаимной модуляции** *(El)* Intermodulationsfaktor *m* ‖ **~ взаимных отражений** *(Ph)* Interreflexionswirkungsgrad *m* ‖ **~ взаимодействия** Wechselwirkungsfaktor *m* ‖ **~ взаимоиндукции** *(El)* Gegeninduktionskoeffizient *m* ‖ **~ влияния** *(Ph)* [Maxwellsche] Einflußzahl *f* ‖ **~ влияния корпуса** *(Schiff)* Gütegrad *m* des Schiffskörpers, Schiffsgütegrad *m* ‖ **~ вместимости** Füllvolumenkennwert *m (Mengenmessung von Flüssigkeiten mit Lagermeßbehältern)* ‖ **~ внутреннего поглощения** *(El, Opt)* [spektraler] Reinabsorptionsgrad *m* ‖ **~ внутреннего пропускания** *(El, Opt)* [spektraler] innerer Transmissionsgrad *m* ‖ **~ внутреннего трения** *s.* ~ вязкости ‖ **~ внутренней конверсии** *(Kern)* Konversionskoeffizient *m*, Umwandlungsfaktor *m*, Koeffizient *m* der inneren Konversion (Umwandlung) ‖ **~ внутренней теплопроводности** *s.* ~ теплопроводности ‖ **~ вобуляции** *(El)* Wobbelfaktor *m* ‖ **~ возврата** 1. *(Kern)* Rückgewinnungsfaktor *m*; 2. *(El)* Rückgangsverhältnis *n (Relais)* ‖ **~ волнистости** *(Fert)* Welligkeitszahl *f (Oberflächengüte bearbeiteter Werkstücke)* ‖ **~ волнового сопротивления** *(Aero)* Wellenwiderstandsbeiwert *m* ‖ **~ вос-**

производства [ядерного топлива] *(Kern)* Brutverhältnis *n*, Brutfaktor *m*; Konversionskoeffizient *m*, Konversionsgrad *m (Brutreaktor)* ‖ **~ воссоединения** *(Eln)* Wiedervereinigungskoeffizient *m*, Rekombinationskoeffizient *m* ‖ **~ восстановления** *(Mech)* Wiederherstellungskoeffizient *m*, Restitutionskoeffizient *m* ‖ **~ вскрыши** *(Bgb)* Abraumkennziffer *f*, Abraum-Kohle-Verhältnis *n* ‖ **~ вскрыши/граничный** ökonomische Grenzteufe *f (Tagebau)* ‖ **~ вскрыши/эксплуатационный** Betriebsverhältnis *n (Tagebau)* ‖ **~ выигрыша** *(Kern)* optimales Bestrahlungsverhältnis *n*, Adventagefaktor *m* ‖ **~ выключения** *(El)* Schaltfaktor *m* ‖ **~ выпрямления** 1. *(El)* Gleichrichtungsfaktor *m*, Gleichrichtungskoeffizient *m*; 2. *(Eln)* Richtfaktor *m (Halbleiter)* ‖ **~ выпучивания** Ausbauchungsfaktor *m* ‖ **~ вытеснения тока** *(El)* Stromverdrängungsfaktor *m* ‖ **~ вытяжки** 1. *(Wlz)* Abnahmekoeffizient *m*, Streckungskoeffizient *m*; 2. *(Umf)* Ziehverhältnis *n (Ziehen)* ‖ **~ вытяжки/общий (суммарный)** 1. *(Wlz)* Gesamtabnahmekoeffizient *m*, Gesamtstreckungskoeffizient *m*; 2. *(Umf)* Gesamtziehverhältnis *n (Ziehen)* ‖ **~ вязкости** *(Hydrom)* [dynamische] Zähigkeit *f*, [dynamische] Viskosität *f*, Koeffizient *n* der inneren Reibung, [innerer] Reibungskoeffizient *m*, Viskositätskoeffizient *m*, Viskositätskonstante *f* ‖ **~ вязкости/динамический** *s.* ~ вязкости ‖ **~ вязкости/кинематический** *(Hydrom)* kinematische Viskosität (Zähigkeit) *f* ‖ **~/вязкостно-температурный** *(Ph)* Viskositäts-Temperaturkoeffizient *m* ‖ **~ газового усиления** *(Kern)* Gasverstärkungskoeffizient *m* ‖ **~ гамма** *s.* ~ контрастности ‖ **~ гармоник** *(El, Ak)* Klirrfaktor *m*, Oberschwingungsgehalt *m*, Klirrgrad *m* ‖ **~ гашения** Extinktionskoeffizient *m* ‖ **~ Генри** *(Ph, Ch)* Henryscher Koeffizient (Löslichkeitskoeffizient) *m*, Henry-Koeffizient *m* ‖ **~ гетеродиффузии** Heterodiffusionskoeffizient *m* ‖ **~ гибкости** *(Mech)* Schlankheitsgrad *m* ‖ **~ гидравлического (гидродинамического) сопротивления** *(Hydr)* Widerstandsbeiwert *m*, Strömungswiderstandsbeiwert *m* ‖ **~ гистерезиса** *(El)* Hysteresiskoeffizient *m* ‖ **~ давления** Druckkoeffizient *m*, Druckbeiwert *m*; Druckverteilungsverhältnis *n (eindimensionaler Gasstrom)* ‖ **~ давления/температурный** *(Therm)* Spannungskoeffizient *m* ‖ **~ деления** Teilungsfaktor *m*, Teilungsverhältnis *n* ‖ **~ деления напряжения** *(El)* Spannungsteilungsverhältnis *n* ‖ **~ деления/нечётный** ungeradzahliges Teilungsverhältnis *n* ‖ **~ деления тока** *(El)* Stromteilungsverhältnis *n* ‖ **~ деления частоты** *(El)* Frequenzteilungsverhältnis *n* ‖ **~ демпфирования** *(Ph)* Dämpfungskennwert *m*, Dämpfungsfaktor *m* ‖ **~ деформации** *(Umf)* Umformgrad *m*, Formänderungskoeffizient *m* ‖ **~ Джоуля** *(Ph)* Joule-Koeffizient *m*, Joulescher Koeffizient *m* ‖ **~ Джоуля-Томсона** Joule-Thomson-Koeffizient *m* ‖ **~ динамической вязкости** *s.* ~ вязкости ‖ **~ дисперсии** *(Opt)* 1. Dispersionskoeffizient *m*; 2. reziproke relative Dispersion *f*, Abbesche Zahl *f*, Abbe-Zahl *f* ‖ **~ диффузии** *(Ph)* Diffusionskoeffizient *m*, Diffusionskonstante *f* ‖ **~ диффузии пара** Dampfdurchlaßzahl *f* ‖ **~/диэлектрический** *(El)* Dielektrizitätskonstante *f*, DK ‖ **~ диэлектрических потерь** dielektrischer Verlustfaktor *m* ‖ **~ добротности** Gütefaktor *m*, Güte[zahl] *f* ‖ **~ доверия** *(Meß)* Vertrauenskoeffizient *m*, Konfidenzkoeffizient *m* ‖ **~ долговечности** Lebensdauerfaktor *m* ‖ **~ дрейфа** *(Eln)* Driftfaktor *m* ‖ **~ дрейфового поля** Driftfeldfaktor *m* ‖ **~ дубности** *(Led)* Durchgerbungszahl *f* ‖ **~ ёмкости** *(El)* Kapazitätskoeffizient *m*, Kapazitätsfaktor *m* ‖ **~ ёмкости/температурный** Kapazitätstemperaturkoeffizient *m* ‖ **~ естественной освещённости** *(Licht)* Tageslichtquotient *m*, Tageslichtfaktor *m* ‖ **~ жёсткости** *(Mech)* Steifigkeitskoeffizient *m*, Steifekoeffizient *m*; Federkonstante *f* ‖ **~ жёсткости стержня** Steifigkeitsziffer *f*, Steifigkeitsbeiwert *m* ‖ **~/жидкостный** *(Led)* Flottenverhältnis *n* ‖ **~ заводнения** *(Bgb)* Flutungskoeffizient *m (Erdölbohrung)* ‖ **~ загрузки** *(El)* Belastungsfaktor *m*, Belastungsgrad *m*, Lastfaktor *m (eines Kraftwerks)* ‖ **~ замедления** 1. *(Ch)* Verzögerungsfaktor *m*, Retentionsfaktor *m*, R_f-Faktor *m (Chromatographie)*; 2. Retardierungsfaktor *m*; 3. *(Kern)* Bremsverhältnis *n (Moderator)* ‖ **~ запаса** *(Fest)* Sicherheitsgrad *m* ‖ **~ запаса прочности** Sicherheitsfaktor *m*, Sicherheitsgrad *m*, Sicherheitszahl *f* ‖ **~ запила** Kerbwirkungszahl *f* ‖ **~ заполнения** 1. Füllkoeffizient *m*, Füllfaktor *m*; 2. *(Bgb)* Verfüllungsgrad *m (Versatz)*; 3. *(Schiff)* Füllfaktor *m (Berechnung der Windangriffsfläche)*; 4. *(Wlz, Schm)* Füll[ungs]grad *m* ‖ **~ заполнения медью** *(El)* Kupferfüllfaktor *m* ‖ **~ зарядки** *(El)* Ladekoeffizient *m*, Ladefaktor *m* ‖ **~ заряжания** *(Bgb)* Füllungsgrad *m (Sprengloch)* ‖ **~ засасывания** *(Schiff)* Sogziffer *f* ‖ **~ затухания** 1. *(El)* Dämpfungskoeffizient *m*, Dämpfungsbelag m, Dämpfungskonstante *f (einer Übertragungsleitung)*; 2. *(Kern, Licht)* Schwächungskoeffizient m; 3. Dämpfungsfaktor *m*, Abklingfaktor *m*, Abklingkoeffizient *m* ‖ **~ затухания звука** *(Ak)* Schalldämpfungskonstante *f* ‖ **~ затухания четырёхполюсника [/характеристический]** *(Nrt)* Vierpoldämpfungskoeffizient *m* ‖ **~ захвата** *(Kern)* Einfangfaktor *m*, Einfangkoeffizient *m* ‖ **~ звукоотражения** *(Ak)* Reflexionskoeffizient *m*, Schallreflexionsgrad *m*, Schallreflexionskoeffizient *m* ‖ **~ звукопоглощения** *(Ak)* Schallabsorptionskoeffizient *m*, Schallabsorptionsgrad *m*, Schallschluckgrad *m*; Dämmfaktor *m*, Dämmzahl *f* ‖ **~ звукопроводности (звукопроницаемости)** *(Ak)* Schalltransmissionsgrad *m*, Schalldurchlaßgrad *m*, Schalltransmissionskoeffizient *m* ‖ **~ Зеебека** *(Ph)* Seebeck-Koeffizient *m* ‖ **~ зонда** *(Bgb)* Sondenfaktor *m (Erdölbohrung)* ‖ **~ избирательности** Selektivitätskoeffizient *m*; Trennschärfefaktor *m* ‖ **~ избытка воздуха** Luftbedarfszahl *f*, Luftüberschußzahl *f*, Luftverhältnis *n (Verbrennungsmotoren; Feuerung)* ‖ **~ извлечения** *(Ch)* Extraktionskoeffizient *m*; *(Bgb)* Ausbeutekoeffizient *m*, Ausbringen *n* ‖ **~ излучения** *(Ph)* Strahlungsleitwert *m*; *(Wmt)* Strahlungszahl *f*, Strahlungsfaktor *m* ‖ **~ износа** *(Trib)* Verschleißzahl *f*, Verschleißkoeffizient *m*; Abtragsrate *f (Korrosion)*; *(Met)* Ausbrandrate *f (Futter)* ‖ **~ изотермической сжимаемости** *(Therm)* Kompressibilitätskoeffizient *m* ‖ **~ изотопного обмена** *(Kern)* Austauschfaktor *m*,

Austauschquotient *m* ‖ ~ **импульса** *(El, Fmt)* Impulsfaktor *m*, Impulsverhältnis *n* ‖ ~ **инверсии** Inversionsfaktor *m* ‖ ~**/индуктивности** *(El)* Induktivitätskoeffizient *m* ‖ ~ **индуктивности/температурный** Induktivitätstemperaturkoeffizient *m* ‖ ~ **инерции** Trägheitskoeffizient *m* ‖ ~ **инжекции** Injektionswirkungsgrad *m*, Emitterwirkungsgrad *m (Halbleiter)* ‖ ~ **интеллектуальности** *(Kyb)* Intelligenzquotient *m*, IA ‖ ~ **ионизации** *(Kern)* Ionisierungskoeffizient *m* ‖ ~ **искажения** 1. Verzerrungskoeffizient *m*, Verzerrungsfaktor *m*; 2. *s.* ~ гармоник ‖ ~ **использования** Nutz[ungs]faktor *m*; Ausnutzungsfaktor *m*, Ausnutzungsgrad *m* ‖ ~ **использования напряжения** *(El)* Spannungsausnutzungsfaktor *m* ‖ ~ **использования объёма** Volum[en]auslastungsziffer *f* ‖ ~ **использования светового потока** *(Licht)* Beleuchtungswirkungsgrad *m*, beleuchtungstechnischer Nutzfaktor *m* ‖ ~ **использования станка** *(Wkzm)* Maschinenausnutzungsgrad *m* ‖ ~ **истечения** *(Hydt)* Ausflußkoeffizient *m*, Ausflußzahl *f*, Ausflußbeiwert *m*, Mengenkoeffizient *m* ‖ ~ **калибровки** *(Meß)* Kalibrierfaktor *m* ‖ ~ **Калье** *(Photo)* Callier-Quotient *m (photographische Schwingung)* ‖ ~ **канального эффекта** *(Ph)* Kanal[effekt]faktor *m*, Kanalverlustfaktor *m* ‖ ~**/качественный** Gütezahl *f*, Gütefaktor *m* ‖ ~ **когерентного рассеяния** *(Ph)* kohärenter Streukoeffizient *m* ‖ ~ **комптоновского рассеяния** *(Kern)* Comptonscher Streukoeffizient *m*, Compton-Streukoeffizient *m* ‖ ~ **конвективного теплообмена** *(Wmt)* Wärmeübertragungskoeffizient *m* ‖ ~ **конверсии** *s.* ~ внутренней конверсии ‖ ~ **конденсации** *(Therm)* Kondensationskoeffizient *m* ‖ ~ **контрастности** *(Photo)* Gamma *n*, Gammawert *m*, Kontrastfaktor *m* ‖ ~ **контрастности/монохроматический** monofrequenter Gammawert *m* ‖ ~ **контрастности/предельный** Grenzgradation *f*, Gammaunendlich *n* ‖ ~ **концентрации напряжений [в надрезе]** *(Wkst)* Kerbwirk[ungs]zahl *f*, Kerbeinflußzahl *f*, Kerbziffer *f*, Formzahl *f*, Formziffer *f* ‖ ~ **концентрации примесей** *(Eln)* Dotierungsfaktor *m*, Dotierungsgrad *m (Halbleiter)* ‖ ~ **корреляции** Korrelationskoeffizient *m*, Korrelationsfaktor *m (Statistik)* ‖ ~ **кратности** *(Inf)* Wiederholungsfaktor *m* ‖ ~ **крепости** *(Bgb)* Härtegrad *m (Gestein)* ‖ ~ **крутизны** *(Ph)* Steilheitskonstante *f* ‖ ~ **крутки (кручения)** *(Text)* Drehungskoeffizient *m*, Drehungsfaktor *m* ‖ ~ **линейного расширения** *(Therm)* linearer Ausdehnungskoeffizient (Wärmeausdehnungskoeffizient) *m*, Längenausdehnungskoeffizient *m* ‖ ~ **линейного сжатия** linearer Kompressibilitätskoeffizient *m* ‖ ~ **магнитной анизотропии** Anisotropiefaktor *m* ‖ ~ **массообмена** *s.* ~ переноса массы ‖ ~ **массопередачи/общий** totale Stoffübergangszahl *f*, Gesamtstoffübergangszahl *f* ‖ ~ **массопроводимости** *(Ph)* Massenleitzahl *f* ‖ ~ **масштаба** Skalenfaktor *m*, Maßstabsfaktor *m* ‖ ~ **множественности** 1. *(Krist)* Formfaktor *m*; 2. *(El)* Gangzahl *f (bei Wicklungen)* ‖ ~ **модуляции** *(Nrt, Eln)* Modulationsfaktor *m*, Modulationsgrad *m*, Aussteuerungskoeffizient *m* ‖ ~ **момента** *(Aero)* Momentenbeiwert *m*, Momentenzahl *f*; *(Mech)* Impulsbeiwert *m* ‖ ~ **момента крена** *(Flg)* Rollmomentenbeiwert *m*; *(Schiff)* Krängungsmomentenbeiwert *m* ‖ ~ **момента рыскания** *(Flg)* Giermomentenbeiwert *m* ‖ ~ **мометна тангажа** *(Flg)* Kippmomentenbeiwert *m*; *(Schiff)* Stampfmomentenbeiwert *m* ‖ ~ **мощности** 1. *(El)* Leistungsfaktor *m*, Wirkfaktor *m*; 2. *(Kern)* Leistungskoeffizient *m* [der Reaktivität]; 3. Leistungsbeiwert *m (einer Strömungsmaschine)* ‖ ~ **нагрузки** Belastungsverhältnis *n*, Lastverhältnis *n*; Belastungszahl *f*, Belastungsfaktor *m* ‖ ~ **надёжности** Zuverlässigkeitsfaktor *m*, Zuverlässigkeitskennzahl *f* ‖ ~ **накопления** *(Kern)* Zuwachsfaktor *m*, Energieaufbaufaktor *m* ‖ ~ **наплавки** *(Schw)* Abschmelzfaktor *m*, Abschmelzkoeffizient *m* ‖ ~ **напластования** *(Geol)* Schichtungskoeffizient *m* ‖ ~ **направленности** Richt[ungs]faktor *m*, Richtwirkungsfaktor *m (einer Antenne)* ‖ ~ **насыщения** Sättigungskoeffizient *m*, Sättigungsgrad *m* ‖ ~ **насыщения известью** *(Bw)* Kalkstandard *m (Bindemittel)* ‖ ~ **нелинейных искажений** *s.* ~ гармоник ‖ ~ **необнаруженных ошибок** *(Inf)* Restfehlerrate *f* ‖ ~ **неопределённости** *(Math)* Unbestimmtheitsmaß *n* ‖ ~ **неплотности** *(Ström)* Undichtigkeitszahl *f*, Leckbeiwert *m* ‖ ~ **непрозрачности** *(Opt)* Opazität *f*, reziproker Durchlaßgrad *m* ‖ ~ **неравномерности** Ungleichförmigkeitsgrad *m*, Ungleichförmigkeitszahl *f* ‖ ~ **нефтеотдачи** Entölungsgrad *m*, Entölungsfaktor *m (Erdölbohrung)* ‖ ~ **обжатия** *(Wlz)* Abnahmekoeffizient *m*, Abnahmebeiwert *m*, Abnahmezahl *f*, Stauchfaktor *m*, Stauchungskoeffizient *m* ‖ ~ **облучения** 1. *(Kern)* Expositionsfaktor *m*; 2. Einstrahlzahl *f* ‖ ~ **обмена** Austauschkoeffizient *m*; *(Bgb)* Austauschwert *m (Bewetterung)* ‖ ~**/обмоточный** *(El)* Wicklungsfaktor *m* ‖ ~ **обогащения** Anreicherungskoeffizient *m*, Anreicherungsfaktor *m*; Fraktionierfaktor *m (Destillation)*; Anreicherungsverhältnis *n (Aufbereitung)* ‖ ~ **образования пар[ы]** *(Kern)* Paarbildungskoeffizient *m* ‖ ~ **обратимости** *(Ph)* Reversibilitätskoeffizient *m* ‖ ~ **обратного рассеяния** *(Ph)* Rückstreufaktor *m* ‖ ~ **обратной связи** *(El)* Rückwirkungsfaktor *m*, Rückkopplungskoeffizient *m*; *(Reg)* Rückführ[ungs]koeffizient *m* ‖ ~ **общей полноты** *(Schiff)* Blockkoeffizient *m*, Völligkeitsgrad *m* der Verdrängung ‖ ~ **объёмного расширения** Volumenausdehnungskoeffizient *m* ‖ ~ **объёмной концентрации** Volumenfüllfaktor *m (einer Magnetschicht)* ‖ ~ **одновременности** Gleichzeitigkeitsfaktor *m* ‖ ~ **омыления** *(Ch)* Verseifungszahl *f* ‖ ~ **опережения** Vorhaltfaktor *m* ‖ ~ **ориентации** Ausrichtungsquotient *m (Magnetband)* ‖ ~ **ориентирования волокон** Faserorientierungsfaktor *m (z. B. bei Stahlfaserbeton)* ‖ ~ **орошения** Befeuchtungswirkungsgrad *m* ‖ ~ **ослабления** 1. Dämpfungskonstante *f*; 2. *(Licht)* Extinktionskoeffizient *m*; 3. *(Kern)* Schwächungskoeffizient *m (Strahlungsdosis)*; 4. *(Wmt)* Abschwächungsfaktor *m (Kesselfeuerungen)*; 5. *(Opt)* Dämpfungskoeffizient *m*, Dämpfungsbelag *m* ‖ ~ **ослабления/атомный** *(Ph)* atomarer Schwächungskoeffizient *m* ‖ ~ **ослабления гамма-лучей** *s.* ~ поглощения 2. ‖ ~ **ослабления/массовый** *(Ph)* Massenschwächungskoeffizient *m (Strahlung)* ‖ ~ **основности** *(Met, Gieß)* Basizitätsgrad *m*, Schlakkenziffer *f* ‖ ~ **отдачи** *(El)* Strom[mengen]wirkungsgrad *m*, Gütegrad *m (eines Akkumulators)* ‖ ~ **отклонения** *(Reg)* dynamischer Regelfaktor *m* ‖ ~**/отопительный** Leistungszahl *f* für Wärmepumpen ‖ ~ **отравления** *(Kern)* Vergiftungsfaktor *m*, Vergiftungskoeffizient *m* ‖ ~ **отражения** *(Opt)* Reflexionsgrad *m*; [Fresnelscher] Reflexionskoeffizient *m*; *(El)* Reflexionskoeffizient *m*, Reflexionsfaktor *m* ‖ ~ **отталкивания** Abstoßungskoeffizient *m* ‖ ~**/оценочный** Bewertungsfaktor *m* ‖ ~ **паропроводности** Dampfleitzahl *f* ‖ ~ **первого порядка/температурный** Temperaturkoeffizient *m* erster Ordnung, linearer Temperaturkoeffizient *m* ‖ ~ **перегрузки** *(Masch)* Überlastungsfaktor *m* ‖ ~**/передаточный** Übertragungsfaktor *m* ‖ ~ **передачи** Übertragungsfaktor *m* ‖ ~ **передачи контраста** *(Photo)* Kontrastübertragungsfaktor *m* ‖ ~ **передачи мощности** Leistungsübertragungsfaktor *m* ‖ ~ **передачи напряжения** *(El)* Spannungsübertragungsfaktor *m*, Spannungsübertragungsmaß *n* ‖ ~ **передачи/характеристический** Übertragungsfaktor *m* ‖ ~ **передачи энергии** Energieübertragungskoeffizient *m* ‖ ~ **перекрёстной модуляции** Kreuzmodulationsfaktor *m* ‖ ~ **перекрытия [зубчатой передачи]** *(Masch)* Eingriffsdauer *f*, Profilüberdeckung *f*, Überdeckungsgrad *m (Zahnräder)* ‖ ~ **перемещения** *(Inf)* Verschiebungsfaktor *m* ‖ ~ **перенапряжения** *(El)* Überspannungsfaktor *m* ‖ ~ **переноса массы** *(Ph)* Austauschzahl *f*, Stoffaustauschzahl *f*, Stoffübergangszahl *f*, Massenübergangszahl *f* ‖ ~ **пересчёта** *(Kern)* Untersetzungsfaktor *m*, Untersetzung *f*, Zählfaktor *m* ‖ ~ **пересыщения** *(Ch)* Übersättigungszahl *f*, Übersättigungskoeffizient *m* ‖ ~**/переходный** *(Hydt)* Übergangsfaktor *m*, Übergangszahl *f (Hydrometrie)* ‖ ~ **переэкскавации** *(Bgb)* Umsetzungsfaktor *m (Tagebau)* ‖ ~ **печати** Kopierfaktor *m* ‖ ~ **поверхностного трения** Oberflächenreibungskoeffizient *m* ‖ ~ **повторения** *(Inf)* Wiederholungsfaktor *m* ‖ ~ **погасания** *(Photo)* Extinktionskoeffizient *m* ‖ ~ **поглощения** 1. *(Ph)* Absorptionskoeffizient *m*, [natürliche] Absorptionskonstante *f*; 2. *(Kern)* Absorptionskoeffizient *m (Energie)*; 3. *(Opt)* Absorptionskoeffizient *m*; 4. *(Wmt)* Absorptionskoeffizient *m*, Absorptionsindex *m*; 5. *(Krist)* Absorptionsfaktor *m*; 6. *(Bgb)* Koeffizient *m* des Spülungsverlustes *(Bohrung)*; 5. *s.* ~ звукопоглощения ‖ ~ **поглощения/атомный** *(Ph)* atomarer Absorptionskoeffizient *m* ‖ ~ **поглощения/линейный** *(Kern)* linearer Absorptionskoeffizient *m (Gammastrahlenabsorption)* ‖ ~ **поглощения энергии** *(Kern)* Energieabsorptionskoeffizient *m* ‖ ~ **поглощения энергии/массовый** *(Kern)* Massenabsorptionskoeffizient *m*, Massen-Energieabsorptionskoeffizient *m* ‖ ~ **подавления** Unterdrükkungsfaktor *m*, Unterdrückungsverhältnis *n* ‖ ~ **подачи** *(Hydt)* Liefer[ungs]grad *m (Pumpe)* ‖ ~ **подобия** Ähnlichkeitsverhältnis *n*; Ähnlichkeitsfaktor *m* ‖ ~ **подъёмной силы** *(Aero)* Auftriebsbeiwert *m*, Auftriebszahl *f* ‖ ~ **полезного действия** Wirkungsgrad *m*, Nutzeffekt *m* ‖ ~ **полезного действия/гидравлический** hydraulischer Wirkungsgrad *m (Pumpe)*; Strömungswirkungsgrad *m* ‖ ~ **полезного действия/механический** mechanischer Wirkungsgrad *m (Arbeits- und Kraftmaschinen)* ‖ ~ **полезного действия на обходе** Laufradwirkungsgrad *m*, Schaufelwirkungsgrad *m (Strömungsmaschinen)* ‖ ~ **полезного действия/номинальный** Nennwirkungsgrad *m*, Wirkungsgrad *m* bei Nennbetrieb ‖ ~ **полезного действия/объёмный** Liefergrad *m*, volumetrischer Wirkungsgrad *m (Pumpe, Verdichter)* ‖ ~ **полезного действия/относительный лопаточный** Laufradwirkungsgrad *m*, Schaufelwirkungsgrad *m (Strömungsmaschine)* ‖ ~ **полезного действия/полный** Gesamtwirkungsgrad *m* ‖ ~ **полезного действия/тепловой (термический)** 1. *(Therm)* thermischer Wirkungsgrad , Carnot-Faktor *m*; 2. Wärmewirkungsgrad *m (einer Wärmepumpe)* ‖ ~ **полезного действия цикла Карно** *(Therm)* Carnotscher Wirkungsgrad *m*, Carnot-Wirkungsgrad *m* ‖ ~ **полезного действия/энергетический** *(Therm)* energetischer Wirkungsgrad *m* ‖ ~ **ползучести** *(Mech)* Kriechzahl *f* ‖ ~ **полноты** *(Schiff)* Völligkeitsgrad *m* ‖ ~ **полноты водоизмещения** *(Schiff)* Blockkoeffizient *m*, Völligkeitsgrad *m* der Verdrängung ‖ ~ **полноты диаграммы** Völligkeitsgrad *m*, Gütegrad *m (Indikatordiagramm; Verbrennungsmotor; Kolbenverdichter)* ‖ ~ **полноты конструктивной ватерлинии** *(Schiff)* Völligkeitsgrad *m* der Konstruktionswasserlinie ‖ ~ **полноты/призматический** *(Schiff)* Völligkeitsgrad *m* des Hauptspantzylinders, Zylinderkoeffizient *m*, Längenschärfegrad *m*, prismatischer Koeffizient *m* ‖ ~ **полноты сгорания** Verbrennungswirkungsgrad *m (Gasturbine)* ‖ ~ **полюсного перекрытия** *(El)* Polbedeckungsfaktor *m* ‖ ~ **поляризации** Polarisationsgrad *m* ‖ ~ **поперечной деформации** *(Fest)* Querdehnzahl *f* ‖ ~ **поперечной силы** *(Mech)* Querkraftbeiwert *m* ‖ ~ **поперечной чувствительности** Querrichtungsfaktor *m* ‖ ~**/поправочный** Korrekturfaktor *m*, Korrekturkoeffizient *m* ‖ ~ **попутного потока** *(Schiff)* Nachstromziffer *f*, Mitstromziffer *f* ‖ ~ **пористости** *(Bw, Hydt, Met)* Porenziffer *m*, Porositätsgrad *m*, Porositätszahl *f* ‖ ~ **потерь** Verlustfaktor *m* ‖ ~ **потерь в диэлектрике** *(El)* dielektrischer Verlustfaktor *m* ‖ ~ **потерь на гистерезис** *(El)* Hysteresekoeffizient *m*, Hysteresefaktor *m* ‖ ~ **потерь/общий** Gesamtverlustfaktor *m* ‖ ~ **превращения энергии** *(El)* Energieumwandlungskoeffizient *m* ‖ ~ **преломления** *(Opt)* Brechungskoeffizient *m*, Brechungsindex *m*, Brech[ungs]zahl *f* ‖ ~ **преобразования** *(Eln)* Transformationskoeffizient *m (elektrische Maschinen)*; *(Eln)* Modulationsübertragungsfaktor *m* ‖ ~ **проводимости** *(El)* Leitwertkoeffizient *m* ‖ ~ **продольного изгиба** *(Fest)* Knickbeiwert *m*, Knickzahl *f* ‖ ~ **производительности** Leistungsziffer *f*, Leistungszahl *f* ‖ ~ **проницаемости температуры** Temperaturleitfähigkeit *f* ‖ ~ **пропорциональности** Proportionalitätsfaktor *m* ‖ ~ **пропускания** Durchlaßkoeffizient *m*, Durchlässigkeitskoeffizient *m (Wellen)*; *(Opt)* Transmissionskoeffizient *m*, Transmissionsgrad *m*, Durchlaßgrad *m*; Durchlässigkeitsfaktor *m (Kristalle)* ‖ ~ **прочности** Festigkeitsgrad *m*, Sicherheitsfaktor *m* ‖ ~ **прямоугольности** Rechteckigkeitsfaktor *m*, Rechteckigkeitsverhältnis *n* ‖ ~ **Пуассона** *(Ph)* Poissonsche Zahl (Konstante) *f*, Quer[kontraktions]-zahl *f* ‖ ~ **пульсации** *(Eln)* Pulsationskoeffizient *m*, Welligkeitsfaktor *m* ‖ ~ **равномерности** Gleichmäßigkeitskoeffizient *m* ‖ ~ **равнопадаемости** *(Bgb)* Gleichfälligkeitsfaktor *m (Aufbereitung)* ‖ ~ **разборчивости** Verständlichkeitsfaktor *m* ‖ ~ **разделения** 1. *(Kern)* Trennfaktor *m*, Isotopentrennfaktor *m*; 2. Zentrifugenzahl *f (Trennfaktor bei der Zentrifugierung)* ‖ ~ **разделения/общий** Fraktionierfaktor *m (Destillation)* ‖ ~ **различимости** *(El)* Rauschabstand *m* ‖ ~ **разложения** *(Ph)* Zerlegungsfaktor *m*; *(Ch)* Zersetzungskoeffizient *m (organischer Substanzen)* ‖ ~ **размагничивания** Entmagnetisierungsfaktor *m* ‖ ~ **размножения** *(Kern)* Neutronenvermehrungsfaktor *m*, Multiplikationsfaktor *m*, *k*-Faktor *m* ‖ ~ **размножения на быстрых нейтронах** *(Kern)* Schnellspalt[ungs]faktor *m* ‖ ~ **размножения/эффективный** *(Kern)* effektiver Vermehrungsfaktor *m*, effektiver Multiplikationsfaktor *m*, k_{eff} ‖ ~ **разряда** *(El)* Entladungsfaktor *m* ‖ ~ **разубоживания [руды]** *(Bgb)* Verdünnungsziffer *f*, Verdünnungskoeffizient *m* ‖ ~ **распределения** *(Ch)* Verteilungskoeffizient *m* ‖ ~ **распространения** *(Nrt)* Fortpflanzungskonstante *f*, Fortpflanzungszahl *f* ‖ ~ **рассеяния** 1. *(Ak)* Schalldissipationsgrad *m*, Dissipationsgrad *m*; 2. *(El, Opt)* Streufaktor *m*, Streuziffer *f*, Streugrad *m*; 3. *(Ph)* Streukoeffizient *m (der Strahlung)*; 4. *s.* ~ дисперсии ‖ ~ **рассеяния нейтронов** *(Kern)* Neutronenstreukoeffizient *m* ‖ ~ **растворимости** *(Ph)* Löslichkeitszahl *f*, Löslichkeitskoeffizient *m* ‖ ~ **расхода** Durchflußzahl *f*, Durchflußbeiwert *m* ‖ ~**/расходный** Verbrauchskennziffer *f* ‖ ~ **расширения** Ausdehnungskoeffizient *m*, Dehnungskoeffizient *m* ‖ ~ **расширения сопла** *(Rak)* Erweiterungsverhältnis (Entspannungsverhältnis) *n* der Düse ‖ ~ **расширения/температурный** Temperaturausdehnungskoeffizient *m*, Wärmeausdehnungskoeffizient *m* ‖ ~ **реактивной мощности** *(El)* Blindleistungsfaktor *m* ‖ ~ **реактивности/температурный** *(Kern)* Temperaturkoeffizient *m* der Reaktivität, Reaktivitätstemperaturkoeffizient *m* ‖ ~ **регрессии** *(Math)* Regressionskoeffizient *m* ‖ ~ **регулирования** Regelfaktor *m*, Regelgrad *m* ‖ ~**/редукционный** *(Hydr)* Reduktionsfaktor *m*, Reduktionsbeiwert *m* ‖ ~ **режима** Betriebsfaktor *m* ‖ ~ **резонанса** Resonanzfaktor *m* ‖ ~ **рекомбинации** *(Eln)* Rekombinationskoeffizient *m (Halbleiter)* ‖ ~ **рефракции** *s.* ~ преломления ‖ ~ **самодиффузии** *(Ph)* Selbstdiffusionskoeffizient *m* ‖ ~ **самоиндукции** *(El)* Selbstinduktionskoeffizient *m*, Induktionskoeffizient *m* ‖ ~ **светопоглощения** *(Opt)* Selbstabsorptionskoeffizient *m* ‖ ~ **связи** *(Rf)* Koppelfaktor *m*, Kopplungsfaktor *m*, Kopplungskoeffizient *m* ‖ ~ **сглаживания** *(Eln)* Glättungsfaktor *m*, Filterfaktor *m* ‖ ~ **сдвига** *(Fest)* Schubgröße *f*, Schubkoeffizient *m*, reziproker Schubmodul *m (s. a.* ~ смещения*)* ‖ ~ **сдвинутой вязкости** *(Hydrom)* Scherviskosität *f* ‖ ~ **сегрегации** Segregationskoeffizient *m* ‖ ~ **селективности [сепаратора]** Trenngrad *m*, Trennschärfe *f* ‖ ~ **сжатия** Kontraktionskoeffizient *m*, Kontraktionsziffer *f*, Kontraktionsgrad *m* ‖ ~ **сжижения** Verflüssigungsgrad *m* ‖ ~ **скорости [истечения]** *(Hydr)* Durchflußzahl *f*, Ausströmgeschwindigkeitsbeiwert *m*, Düsenbeiwert *m (Ausströmgeschwindigkeit)* ‖ ~ **скоростного напора** *(Hydr)* Staudruckkoeffizient *m* ‖ ~ **слышимости** *(Nrt)* Hörbarkeitsfaktor *m*, Hörbarkeitsgrad *m* ‖ ~ **смачивания** Benetzungskoeffizient *m*, Benetzungsgrad *m* ‖ ~ **смещения** *(El)* Verschiebungsfaktor *m*, Grundschwingungsleistungsfaktor *m* ‖ ~ **смещения/суммарный** Gesamtverschiebungsfaktor *m* ‖ ~ **согласия** *(Math)* Konkordanzkoeffizient *m* ‖ ~ **сопротивления** 1. *(El)* Widerstandskoeffizient *m*; 2. *s.* ~ гидравлического сопротивления ‖ ~ **сопротивления воздуха** *(Aero)* Luftwiderstandsbeiwert *m* ‖ ~ **сопротивления профиля** *(Aero)* Formwiderstandsbeiwert *m* ‖ ~ **сопротивления/температурный** *(El)* Widerstandstemperaturkoeffizient *m* ‖ ~ **спектрального отражения** *(Opt)* spektraler Remissionsgrad *m*, spektraler Reflexionsgrad *m* ‖ ~ **спектральной прозрачности** *(Opt)* spektraler Transmissionsgrad *m* ‖ ~ **стока** *(Hydrol)* Abflußbeiwert *m*, Abflußverhältnis *n* ‖ ~ **стоячей волны** *(El)* Stehwellenverhältnis *n*, Welligkeitsfaktor *m* ‖ ~ **строчной корреляции** *(TV)* Zeilenkorrelationsfaktor *m* ‖ ~ **сужения** *(Fest)* Einschnürungskoeffizient *m* ‖ ~**/суммарный пропульсивный** *(Schiff)* Gütegrad *m* der gesamten Propulsion ‖ ~ **сходимости** *(Math)* Konvergenzfaktor *m* ‖ ~ **сцепления** 1. *(Ph)* Adhäsionszahl *f*, Adhäsionsbeiwert *m*; 2. *(Eb)* Haftreibwert *m (Rad-Schiene)* ‖ ~ **текучести** *(Ph)* Fluidität *f*, Fließbarkeit *f (Kehrwert der Viskosität)* ‖ ~**/температурный** Temperaturkoeffizient *m* ‖ ~ **температуропроводности** *(Wmt)* Temperaturleitfähigkeitskoeffizient *m*, Temperaturleitzahl *f* ‖ ~ **теплового расширения** *(Wmt)* Wärmeausdehnungskoeffizient *m*, Wärmeausdehnungszahl *f* ‖ ~ **теплообмена** *(Therm)* Wärmeübertragungszahl *f*; Wärmeübertragungskoeffizient *m* ‖ ~ **теплоотдачи** *s.* ~ теплообмена ‖ ~ **теплопередачи** Wärmedurchgangskoeffizient *m* ‖ ~ **теплопоглощения** Wärmeabsorptionskoeffizient *m* ‖ ~ **теплопроводности** Wärmeleitfähigkeit *f*, Wärmeleitkoeffizient *m* ‖ ~ **термического расширения** *s.* ~ теплового расширения ‖ ~ **термического сопротивления** *(Bw)* Wärmedämmwert *m*, Wärmedämmkoeffizient *m* ‖ ~ **термодиффузии** Thermodiffusionskoeffizient *m* ‖ ~ **термоупругости** Thermoelastizitätskoeffizient *m* ‖ ~ **трансформации** *(El)* Transformationsfaktor *m*, Transformationskoeffizient *m*; Übersetzungsfaktor *m*, Übersetzungsverhältnis *n* ‖ ~ **трансформации по напряжению** *(El)* Spannungsübersetzungsfaktor *m* ‖ ~ **трансформации пропускного направления** *(Eln)* Durchlaßspannungsübersetzungsfaktor *m* ‖ ~ **трения** *(Hydr, Aero)* Reibungskoeffizient *m*, Reibungsbeiwert *m*, Reibungszahl *f* ‖ ~ **трения катания (качения)** *(Mech)* Rollreibungszahl *f*, Koeffizient *m* der rollenden Reibung ‖ ~ **трения покоя** *(Mech)* Haftreibungszahl *f*, Haftreibungskoeffizient *m* ‖ ~ **трения скольжения** *(Mech)* Gleitreibungszahl *f*, Gleitreibungskoeffizient *m* ‖ ~ **трещиноватости** *(Bgb, Geol)* Klüftigkeitszahl *f* ‖ ~ **турбулентного обмена/кинематический** *(Hydt)* Austauschgröße *f*, Austauschkoeffizient *m* ‖ ~ **увеличения** Vergrößerungsfaktor *m*; *(Opt)* Vergrößerung *f*, Vergrößerungszahl *f* ‖ ~ **угленосности** *(Geol)* Kohlenführung *f*, Kohlenführungskoeffizient *m* *(Verhältnis der Kohlenmächtigkeit zur Gesamtschichtmächtigkeit)* ‖ ~ **удлинения** Dehn[ungs]zahl *f*, Dehnungskonstante *f* ‖ ~ **удлинения/температурный** linearer Wärmeausdehnungskoeffizient *m* ‖ ~ **ужирнения** *(Pap)* Schmierigkeitskoeffizient *m* ‖ ~ **укорочения** *(Eln)* Verkürzungsfaktor *m* ‖ ~ **укрепления** Verstärkungsverhältnis *n* *(Destillation)* ‖ ~ **уплотнения** *(Bgb)* Verdichtungsziffer *f* *(Versatz)* ‖ ~ **упругости** 1. Elastizitätskoeffizient *m*; 2. *s.* ~ удлинения ‖ ~ **усадки** 1. Schwindungszahl *f*, Schwindungskoeffizient *m*; 2. *(Bgb)* Versatzfaktor *m*, Mächtigkeitsschwund *m* ‖ ~ **усадки при сушке** Trokkenschwindungszahl *f* ‖ ~ **усиления** Verstärkungsfaktor *m*, Verstärkungskoeffizient *m* ‖ ~ **усиления антенны** *(Rf, TV)* Antennenverstärkungsfaktor *m*, Antennengewinn *m* ‖ ~ **усиления антенны по мощности** Leistungsgewinn *m* *(der Antenne)* ‖ ~ **усиления антенны по напряжению** Spannungsgewinn *m* *(der Antenne)* ‖ ~ **усиления мощности** *(El)* Leistungsverstärkungsfaktor *m*, Leistungsgewinn *m* ‖ ~ **усиления напряжения** *(El)* Spannungsverstärkungsfaktor *m* ‖ ~ **усиления/общий** *(El)* Gesamtverstärkungsfaktor *m* ‖ ~ **усиления по мощности** Leistungsverstärkungsfaktor *m*, Leistungsgewinn *m* ‖ ~ **усиления по напряжению** *(El)* Spannungsverstärkungsfaktor *m* ‖ ~ **усиления по току** *(El)* Stromverstärkungsfaktor *m* ‖ ~ **успокоения** *(Ph)* Dämpfungskoeffizient *m*, Dämpfungsfaktor *m* ‖ ~ **устойчивости** *(Mech)* Stabilitätskoeffizient *m* ‖ ~ **устойчивости/расчётный** rechnerische Standsicherheit *f* ‖ ~ **утолщения** Schlankheitsgrad *m* *(Antennen)* ‖ ~ **уширения** *(Met, Wlz)* Breitungskoeffizient *m*, Breitungszahl *f* ‖ ~**/фазовый** *(Nrt)* Phasenfaktor *m*, Phasenkonstante *f* ‖ ~ **фильтрации** 1. *(Hydt)* Durchlässigkeitszahl *f*, Durchlässigkeitsfaktor *m* *(Erdboden)*; 2. *(Rf)* Filterfaktor *m*, Glättungsfaktor *m* ‖ ~ **формы** 1. Formzahl *f* *(Dauerschwingversuch)*; 2. *(Nrt)* Formfaktor *m* ‖ ~ **формы антенны** Schlankheitsgrad *m* *(Antenne)* ‖ ~ **формы зуба** *(Masch)* Zahnformfaktor *m* ‖ ~ **фотоупругости** spannungsoptischer (photoelastischer) Koeffizient *m* ‖ ~ **фотоэлектрического поглощения** *(Kern)* photoelektrischer Absorptionskoeffizient *m* ‖ ~ **Фурье** *(Math)* Fourier-Koeffizient *m* ‖ ~ **Фурье/обобщённый** verallgemeinerter Fourierkoeffizient *m* ‖ ~ **Холла** *(Eln)* Hall-Koeffizient *m*, Hall-Konstante *f* ‖ ~**/холодильный** *(Kält)* Leistungszahl *f* des Kälteprozesses, Kälteleistungszahl *f*, E-Wert *m* ‖ ~ **числа зубьев** Zähnezahlfaktor *m* *(Zahnrad)* ‖ ~**/числовой** Zahlenfaktor *m* ‖ ~ **чувствительности** *(Fert)* Empfindlichkeitsziffer *f*, Kerbempfindlichkeitszahl *f* ‖ ~**/шаговый обмоточный** *(El)* Sehnungsfaktor *m*, Schrittverkürzungsfaktor *m* *(Wicklung)* ‖ ~ **Шварцшильда** *(Opt)* Schwarzschild-Exponent *m* ‖ ~ **шероховатости** *(Hydr)* Rauhigkeitsbeiwert *m*, Rauhigkeitszahl *f*, Rauhigkeitsgrad *m* *(Kanalwände, Rohrleitungen, Flußbett)* ‖ ~ **шума** *(Eln)* Rauschzahl *f*, Rauschfaktor *m* ‖ ~ **шума/общий** Gesamtrauschzahl *f* ‖ ~ **шума/спектральный** spektrale Rauschzahl *f* ‖ ~ **экранирования** Schirmfaktor *m*, Abschirmfaktor *m* ‖ ~ **эксплуатации** *(Bgb)* Betriebskoeffizient *m*, Ausbeutungsfaktor *m* ‖ ~ **экспонирования** *(Photo)* Belichtungsfaktor *m* ‖ ~ **экстинкции** *(Geoph, Meteo)* Extinktionskoeffizient *m* ‖ ~**/эмпирический** Erfahrungskoeffizient *m* ‖ ~ **яркости** 1. *(Glas)* Glanzkoeffizient *m*, Glanzzahl *f*; 2. *(Opt, Photo)* Remissionsgrad *m*, Helligkeitsfaktor *m*

КП *s.* 1. *(Inf)* конец передачи; 2. *(Inf)* подпрограмма/контролирующая; 3. *(Schiff)* пеленг/компасный; 4. *(Schiff)* перпендикуляр/ кормовой; 5. коэффициент пульсации

КПБ *s.* клапан парового байпаса

КПД *s.* 1. коэффицент полезного действия; 2. пункт/командно-диспетчерский; 3. домостроение/крупнопанельное

к.п.д. *s.* коэффициент полезного действия

КПН *s.* коэффицент передачи напряжения

Кр *s.* ремонт/капитальный

краболов *m* *(Schiff)* Krabbenfänger *m*

край *m* 1. Rand *m*; Kante *f* *(s. a. unter* кромка 1.*)*; Grat *m*; 2. Grenze *f*, Saum *m* ‖ ~**/базовый** Bezugskante *f* ‖ ~ **бочки** Ballenbund *m* *(Walze)* ‖ ~ **головки рельса/верхний** *(Eb)* Schienenoberkante *f* ‖ ~**/закатанный** Bördel *m*, Saum *m* ‖ ~ **зоны** *s.* граница зоны ‖ ~ **обреза** *(Typ)* Schnittkante *f* ‖ ~**/обрезаемый** *(Typ)* abfallender Rand *m* ‖ ~**/обрезной** *(Typ)* Schnittkante *f* ‖ ~ **отражения** *(Opt)* Reflexionskante *f* ‖ ~ **[полосы] поглощения** *(Ph)* Absorptionskante *f* ‖ ~ **полюса** *(El)* Polkante *f* ‖ ~ **полюса/набегающий** auflaufende Polkante *f* ‖ ~ **полюса/сбегающий** ablaufende Polkante *f* ‖ ~**/раздавленный** *(Typ)* Quetschrand *m* ‖ ~ **щётки/набегающий** *(El)* auflaufende Bürstenkante *f*, Bürstenauflaufkante *f* ‖ ~ **щётки/сбегающий** *(El)* ablaufende Bürstenkante *f*, Bürstenablaufkante *f*

крайний слева *(Typ)* linksbündig ‖ ~ **справа** *(Typ)* rechtsbündig

кран *m* 1. Hahn *m*; Ventil *n*; 2. Kran *m* ‖ ~ **аварийного торможения** *(Eb)* Notbremsventil *n* ‖ ~**/аварийный** Bergungskran *m*, Unfallkran *m*; *(Eb)* Aufgleiskran *m* ‖ ~**/аварийный плавучий** Bergungsschwimmkran *m* ‖ ~**/автомобильный** Autokran *m* ‖ ~**/автомобильный поворотный** Autodrehkran *m* ‖ ~**/башенный [поворотный]** Turmdrehkran *m* ‖ ~**/береговой** Uferkran *m* ‖ ~**/большегрузный** Schwerlastkran *m* ‖ ~**/большегрузный кабельный** Schwerlastkabelkran *m* ‖ ~**/большегрузный стреловой** Schwerlastauslegerkran *m* ‖ ~**/вантово-мачтовый** Derrick[kran] *m* ‖ ~**/вездеходный** Geländefahrkran *m* ‖ ~**/велосипедный** Velozipedkran *m*, Deckenführungskran *m* ‖ ~**/вентиляционный** Entlüftungshahn *m* ‖ ~**/водомерный** Wasserstandshahn *m* ‖ ~**/водопроводный** Wasser[leitungs]hahn *m* ‖ ~**/водоспускной** Entwässerungshahn *m*, Wasserablaßhahn *m* ‖ ~**/воздухозапорный** Luftabsperrhahn *m* ‖ ~**/воздушный** Entlüftungshahn *m* ‖ ~**/впускной** Einlaßhahn *m* ‖ ~**/высотный строительный** Hochbaukran *m* ‖ ~**/газовый** Gashahn *m* ‖ ~**/грейферный** Greiferkran *m*, Krangreifer *m* ‖ ~**/грейферный кабельный** Greiferkabelkran *m* ‖ ~**/грейферный поворотный** Greiferdrehkran *m* ‖ **~/грузовой** Ladekran ‖ **~/грузоподъёмный** Kran *m* ‖ **~/грязевой** Schmutzventil *n* ‖ **~/гусеничный** Raupenkran *m* ‖ **~/гусеничный поворотный** Raupendrehkran *m* ‖ **~/двуногий** Schwenkkran *m* ‖ **~/двухфланцевый проходной** Doppelflanschhahn *m* ‖ **~/двухходовой** Einweghahn *m*, Durchgangshahn *m* ‖ **~ для слитков** *s.* ~/стрипперный ‖ **~/дроссельный** Drosselhahn *m* ‖ **~/железнодорожный** *(Eb)* Eisenbahnkran *m* ‖ **~/железнодорожный поворотный** Eisenbahndrehkran *m* ‖ **~/завалочный** *s.* ~/загрузочный 1. ‖ **~/загрузочный** 1. *(Met)* Setzkran *m*, Chargierkran *m*, Beschick[ungs]kran *m*; 2. Füllhahn *m* ‖ **~/заливочный** Gießkran *m* ‖ **~/запорный** Absperrhahn *m* ‖ **~/звеносборочный** *(Eb)* Gleisjochmontagekran *m* ‖ **~/кабельный** Kabelkrananlage *f*, Kabelkran *m* ‖ **~/клапанный** Hahnventil *n* ‖ **~/козловой** Bockkran *m* ‖ **~/козловой плавучий** Schwimmbockkran *m* ‖ **~/колодцевый** *(Met)* Tiefofenkran *m*, Block[auszieh]kran *m* ‖ **~/кольцевой передвижной кабельный** kreisfahrbarer Kabelkran *m* ‖ **~/консольный** Konsolkran *m* ‖ **~/консольный передвижной** Konsollaufkran *m* ‖ **~/контейнерный** Containerkran *m*, Portainer *m* ‖ **~/контрольный** Kontrollhahn *m*, Probierhahn *m* ‖ **~/кюбельный** Kübelkran *m* ‖ **~/литейный** Gießereikran *m*; Gießkran *m* ‖ **~/магнитно-грейферный** *(Met)* Magnetgreiferkran *m* ‖ **~/магнитный** Magnetkran *m* ‖ **~/маслоспускной** Ölablaßhahn *m*, Ölabflußhahn *m*, Ölablaufhahn *m* ‖ **~/мачтово-стреловой** *s.* ~/мачтовый ‖ **~/мачтовый** Mastenkran *m*, Derrick[kran] *m* ‖ **~ машиниста** *(Eb)* Führerbremsventil *n* ‖ **~/монтажный** Montagekran *m* ‖ **~/многоходовой** Mehrwegehahn *m* ‖ **~/мореходный плавучий** seegängiger Schwimmkran *m* ‖ **~/мостовой** Brückenkran *m*, Laufkran *m* ‖ **~/мостовой кабельный** Brükkenkabelkran *m* ‖ **~/моторный** Motorkran *m* ‖ **~/мульдо-загрузочный** *(Met)* Muldenbeschickkran *m*, Muldensetzkran *m*, Chargierkran *m* ‖ **~ на пневмоколёсном ходу** *s.* ~/пневмоколёсный ‖ **~/набережный** Hafenkran *m*, Kaikran *m*, Uferkran *m* ‖ **~/наполнительный** Füllhahn *m* ‖ **~/однобалочный** Einträgerlaufkran *m* ‖ **~/операторский** *(TV, Kine)* Kamerakran *m* ‖ **~/паровой запорный** Dampfabsperrhahn *m* ‖ **~/перегрузочный** Umladekran *m*, Überladekran *m*, Umschlagkran *m* ‖ **~/перегрузочный кабельный** Verladekabelkran *m* ‖ **~/передвижной** fahrbarer Kran *m* ‖ **~/переключающий** Umschalthahn *m* ‖ **~/переливной** Überlaufhahn *m* ‖ **~/перепускной** Überströmhahn *m* ‖ **~/плавучий** Schwimmkran *m* ‖ **~/пневмоколёсный** Mobilkran *m*; Autokran *m* ‖ **~/поворотный** Drehkran *m* ‖ **~/поворотный настенный** Wanddrehkran *m* ‖ **~/поворотный стреловой** Auslegerdrehkran *m* ‖ **~/погрузочный** Verladekran *m*, Ladekran *m* ‖ **~/погрузочный кабельный** Ladekabelkran *m*, Verladekabelkran *m* ‖ **~/погрузочный козловой** Verladebockkran *m* ‖ **~/подвесной** Hängekran *m* ‖ **~/подвижной кабельный** fahrbarer Kabelkran *m* ‖ **~/подъёмный** Kran *m* ‖ **~/ползучий** Kletterkran *m* ‖ **~/полноповоротный** Drehkran *m (360°-Schwenkbereich)* ‖ **~/полноповоротный башенный** Turmdrehkran *m* ‖ **~/полнопортальный** Vollportalkran *m* ‖ **~/полуповоротный** Halbportalkran *m* ‖ **~/портальный** Portalkran *m* ‖ **~/портовый** Hafenkran *m*, Kaikran *m* ‖ **~/портовый плавучий** Hafenschwimmkran *m* ‖ **~/посадочный** *s.* ~/загрузочный 1. ‖ **~/причальный** Kaikran *m* ‖ **~/пробковый** Kükenhahn *m* ‖ **~/пробный** Probe[nehmer]hahn *m*, Probierhahn *m* ‖ **~/продувательный** Durchblasehahn *m*, Durchblaseventil *n* ‖ **~/проходной** Durchgangshahn *m*, Einweghahn *m* ‖ **~/путевой** *(Eb)* Gleiskran *m*, Gleisverlegekran *m* ‖ **~/радиальный кабельный** schwenkbarer Kabelkran *m* ‖ **~/разборный** Entnahmehahn *m* ‖ **~/разливочный** Gießkran *m* ‖ **~/рельсоукладочный** *(Eb)* Gleisverlegekran *m* ‖ **~/руднокозловый** *s.* ~/рудный ‖ **~/рудный** Erzverladekran *m*, Erzverladebrücke *f* ‖ **~ с переменным вылетом** Wippkran *m* ‖ **~ с поворотной платформой** Scheibendrehkran *m* ‖ **~/сальниковый** Stopfbuchsenhahn *m* ‖ **~/самоподъёмный [ползучий]** Kletterkran *m* ‖ **~/самоходный** Fahrzeugkran *m* ‖ **~/сборочный** Montagekran *m* ‖ **~/сдвоенный** Doppelkran *m* ‖ **~/сливной** Ablaßhahn *m*; Überlaufhahn *m*, Entleerungshahn *m* ‖ **~/смесительный** Mischhahn *m* ‖ **~ со стрелой** Auslegerkran *m* ‖ **~/спаренный** Doppelkran *m* ‖ **~/спускной** Ablaßhahn *m*, Zapfhahn *m* ‖ **~/стационарный кабельный** feststehender (ortsfester) Kabelkran *m* ‖ **~/стапельный** *(Schiff)* Hellingkran *m* ‖ **~/стопорный** Absperrhahn *m*, Abstellhahn *m* ‖ **~/сточный** Abflußhahn *m* ‖ **~/стреловой** Auslegerkran *m* ‖ **~/стреловой поворотный** Auslegerdrehkran *m* ‖ **~/стреловой самоходный** Mobilkran *m* ‖ **~/стрипперный** *(Met)* Blockziehkran *m*, Blockabstreif[er]kran *m*, Stripperkran *m*, Abstreifkran *m* ‖ **~/судовой поворотный** Schiffsdrehkran *m* ‖ **~/сусловой** *(Brau)* Läuterwechsel *m*, Läuterhahn *m* ‖ **~/тормозной** *(Eb)* Bremsventil *n* ‖ **~/трёхходовой** Dreiwegehahn *m* ‖ **~/угловой** Eckhahn *m*; Eckventil *n* ‖ **~ управления** *(Hydr)* Wegeventil *n* mit Drehschieber, Drehschieberwegeventil *n*, Drehschieber *m* ‖ **~ управления/двухпозиционный** *(Hydr)* Drehschieberwegeventil *n* mit zwei Stellungen (Schaltstellungen) ‖ **~ управления/трёхпозиционный** *(Hydr)* Drehschieberwegeventil *n* mit drei Stellungen (Schaltstellungen) ‖ **~/фильтрационный** Läuterhahn *m* ‖ **~/четырёхходовой** Vierwegehahn *m* ‖ **~/шихтовый** *s.* ~/загрузочный 1. ‖ **~ экстренного торможения** *(Eb)* Notbremsventil *n*

кран-балка *m (Schiff)* Davit *m* ‖ **~/люковая** Lukendavit *m*

кран-деррик *m* Derrick[kran] *m*, Mastenkran *m* ‖ **~/вантовый** verspannter Derrickkran (Mastenkran) *m* ‖ **~/жёсткий** unverspannter Derrickkran (Mastenkran) *m*

кран-дозатор *m* Dosierhahn *m*

кранец *m* 1. *(Schiff)* Fender *m*; 2. *(Led)* Randversteifungsleiste *f* ‖ **~/мягкий** Tau[werk]fender *m*, Wulstfender *m*, Wieling *f* ‖ **~/носовой** Bugfender *m* ‖ **~/оплетённый (плетёный)** geflochtener Fender *m*, Mattenfender *m* ‖ **~/пневматический** aufblasbarer Gummifender *m* ‖ **~/проб-**

ковый Korkfender *m* || **~/шлюпочный** Bootsfender *m*

краностроение *n* Kranbau *m*

кран-смеситель *m* Mischhahn *m*

кран-тележка *m***/операторский** *(TV, Kine)* Dolly *m*, Kamerawagen *m*

кран-штабелёр *m***/мостовой** Brückenstapelkran *m*

крапп *m* Krapp *m*, Färberröte *f*

крарупизация *f (Nrt)* Krarup[is]isierung *f (von Kabelleitungen)*

краситель *m* Farbstoff *m* || **~/ализариновый** Alizarinfarbstoff *m* || **~/анилиновый** Anilinfarbstoff *m* || **~/бензидиновый** Benzidinfarbstoff *m* || **~/десенсибилизирующий** *(Photo)* Desensibilisierungsfarbstoff *m* || **~/диазотируемый (диазотирующийся)** diazotierbarer Farbstoff *m*, Diazotierungsfarbstoff *m* || **~/диазотирующийся прямой** diazotierbarer Direktfarbstoff *m* || **~/индигоидный** Indigoidfarbstoff *m*, Indigoid *n* || **~/кислотный** Säurefarbstoff *m*, sauerziehender (saurer) Farbstoff *m* || **~/кислотный протравной** saurer Beizenfarbstoff *m* || **~/кислотный хромирующийся** Säurechromfarbstoff *m* || **~/кубовый** Küpenfarbstoff *m* || **~/лазерный** Laserfarbstoff *m* || **~/лаковый** Lackfarbstoff *m* || **~/ледяной** Eisfarbstoff *m*, Kältefarbstoff *m* || **~/однохромовый** Einbadchromierfarbstoff *m* || **~/омедняемый прямой** kupferbarer Direktfarbstoff *m* || **~/основный** basischer Farbstoff *m* || **~/пигментный** Pigmentfarbstoff *m* || **~/природный** Naturfarbstoff *m* || **~/противоореольный** Lichthofschutzfarbstoff *m*, Schirmfarbstoff *m* || **~/протравной** Beizenfarbstoff *m*, Beize *f*, heterochromer Farbstoff *m* || **~/прочный** Echtfarbstoff *m* || **~/проявляющийся** Entwicklungsfarbstoff *m* || **~/прямой** *s.* ~/субстантивный || **~/растительный** Pflanzenfarbstoff *m* || **~/ровнокроющий** Egalisierungsfarbstoff *m* || **~/светопрочный** lichtechter Farbstoff *m* || **~/сенсибилизирующий** Sensibilisierungsfarbstoff *m*, spektraler Sensibilisator *m* || **~/субстантивный** substantiver (direktziehender) Farbstoff *m*, Direktfarbstoff *m* || **~/фильтровый** Filterfarbstoff *m*, Schirmfarbstoff *m* || **~/холодный** Kältefarbstoff *m*, Eisfarbstoff *m* || **~/хромированный комплексный** Chromkomplexfarbstoff *m* || **~/хромировочный** Chromierfarbstoff *m* || **~/хромовый протравной** Chrombeizenfarbstoff *m* || **~/хромовый прочный** Chromechtfarbstoff *m* || **~/эгализирующий** Egalisierungsfarbstoff *m* || **~/экранирующий** *s.* ~/фильтровый

красить 1. färben; 2. streichen

краска *f* 1. Farbe *f*; Anstrichfarbe *f*; 2. *(Gieß)* Schlichte *f*, Schwärze *f*, Lack *m* || **~/акварельная** Aquarellfarbe *f* || **~/алюминиевая** Aluminium[bronze]farbe *f* || **~/анилиновая** Anilinfarbe *f* || **~/антикоррозийная (антикоррозионная)** Korrosionsschutz[anstrich]farbe *f*, Antikorrosionsfarbe *f*; Rostschutzfarbe *f* || **~/битуминозная антикоррозионная** Bitumenrostschutzfarbe *f* || **~/бронзовая** Bronzefarbe *f* || **~/водопрочная** wasserfeste Farbe *f* || **~/водорастворимая** wasserlösliche Farbe *f* || **~/водостойкая** waschechte Farbe *f* || **~/водяная** Wasserfarbe *f* || **~/вязкая** *(Typ)* strenge Farbe *f* || **~/глубокопечатная** *(Typ)* Tiefdruckfarbe *f* || **~/глянцевая** Glanzfarbe *f* || **~ горячей сушки/эмалевая** ofentrocknende Lackfarbe *f* || **~/грунтовая** 1. Grundfarbe *f*; 2. *(Typ)* Unterdruckfarbe *f* || **~/густотёртая** Farbpaste *f* || **~/диазотирующаяся** Diazotierfarbe *f* || **~/жирная** fetthaltige Farbe *f* || **~/земляная** Erdpigment *n*, natürliches anorganisches Pigment *n* || **~/известковая** Kalkfarbe *f* || **~/известково-устойчивая** kalkechte Farbe *f* || **~/клеевая** Leimfarbe *f* || **~/кокильная** *(Gieß)* Kokillenschlichte *f*, Kokillenschwärze *f*, Kokillenlack *m* || **~/кроющая** Deckfarbe *f* || **~/лаковая** Lackfarbe *f* || **~/люминесцентная** Lumineszenzfarbe *f* || **~/магнитная типографская** magnetische Druckfarbe *f* || **~/малярная** Anstrichstoff *m*, Anstrichfarbe *f* || **~/малярная масляная** Öl[anstrich]farbe *f* || **~/минеральная** Mineralpigment *n*, künstliches anorganisches Pigment *n* || **~/надглазурная** *(Ker)* Aufglasurfarbe *f*, Emailfarbe *f* || **~/натуральная** *s.* ~/земляная || **~/необрастающая** *(Schiff)* Antifoulingfarbe *f* || **~/нескользящая** *(Schiff)* rutschfeste Farbe *f* || **~/нитроцеллюлозная покровная** Nitrocellulosedeckfarbe *f* || **~/нитроэмалевая** Nitro[lack]farbe *f* || **~/огнезащитная** Feuerschutzanstrichfarbe *f*, Flammschutz[anstrich]farbe *f* || **~/огнеупорная** 1. feuerfeste Farbe (Anstrichfarbe) *f*; 2. Kokillenlack *m (s. a.* ~/кокильная *und* ~/формовочная*)* || **~/основная** basische Anstrichfarbe *f* || **~/отделочная** Deckfarbe *f* || **~/переводная** *(Typ)* Fettfarbe *f*, Umdruckfarbe *f* || **~/печатная** Druckfarbe *f*, Druckerschwärze *f* || **~/подглазурная** *(Ker)* Unterglasurfarbe *f* || **~/полноцветная** *(Typ)* volltonige Farbe *f* || **~/прозрачная печатная** *(Typ)* lasierende Druckfarbe *f* || **~/противокоррозионная** *s.* ~/антикоррозионная || **~/противообрастающая** *(Schiff)* Antifoulingfarbe *f* || **~/противорадиолокационная** Radartarnfarbe *f* || **~ с красноватым оттенком** *(Typ)* rotanteilige Farbe *f* || **~/самополирующаяся** selbstpolierende (selbstglättende) Farbe *f* || **~/светопрочная** lichtechte Farbe *f* || **~/светостойкая** lichtechte Farbe *f* || **~/светящаяся** Leuchtfarbe *f* || **~/свинцовая** Bleifarbe *f* || **~/силикатная** Wasserglasfarbe *f* || **~/стержневая** *(Gieß)* Kernschlichte *f*, Kernschwärze *f* || **~/строительная** Bauten[anstrich]farbe *f* || **~/сухая** Trockenfarbe *f*, Farbpulver *n* || **~/текстовая** *(Typ)* Werkfarbe *f* || **~/термопластическая печатная** thermoplastische Druckfarbe *f* || **~/термочувствительная** hitzeanzeigende Farbe *f*, Temperaturmeßfarbe *f* || **~/тёртая** angeriebene Farbe *f* || **~/типографская** Buchdruckfarbe *f* || **~/углеродная** Kohlenstoffarbe *f* || **~/флексографская** Flexodruckfarbe *f* || **~/фоновая** *(Typ)* Unterdruckfarbe *f* || **~/формовочная** *(Gieß)* Formschlichte *f*, Formschwärze *f* || **~/цветная** bunte Farbe *f*, Buntfarbe *f* || **~/церусситовая** *s.* ~/свинцовая || **~/эластографская** Flexodruckfarbe *f* || **~/эмалевая** [hochglänzende] Lackfarbe *f*

краска-грунтовка *f* Grund[anstrich]farbe *f*, Grundierfarbe *f*

краски *fpl***/литейные** *(Gieß)* flüssige Formschutzüberzüge *mpl (Sammelbegriff für alle Formschlichten, -schwärzen und -lacke)*

красковосприимчивость *f* Farbfreudigkeit *f*; *(Typ)* Farbannahme *f*
краскооттиск *m (Typ)* Farbdruck *m*
краскопульт *m* Druckluftaggregat *n* für Farbspritzarbeiten, Farbspritzapparat *m*
краскораспылитель *m* Farbspritzgerät *n*, Farbsprühgerät *n*, Farbspritzpistole *f*, Farbsprühpistole *f*; Farbzerstäuber *m* || **~ безвоздушного распыления** Airless-Spritzpistole *f*; Airless-Spritzgerät *n* || **~/ручной** Handspritzpistole *f*
краскотёрка *f* Farbreibwerk *n* || **~/вальцовая** Walzenfarbreibwerk *n* || **~/многовалковая (многовальцовая)** Vielwalzenfarbreibwerk *n*
красноватый rötlich
краснодубный lohgar
красно-жёлтый rotgelb
краснозём *m (Geol)* Roterde *f*, Rotlatosol *m*
краснолом *m (Met)* Warmbruch *m*, Rotbruch *m*
красноломкий *(Met)* warmbrüchig, rotbrüchig
красноломкость *f (Met)* Warmbrüchigkeit *f*, Warmsprödigkeit *f*, Warmversprödung *f*, Rotbrüchigkeit *f*
красностойкость *f (Fert)* Warmfestigkeit *f* *(Schnellarbeitsstahl, Hartmetall)*
краснота *f* rote Verfärbung *f*
красочница *f (Typ)* Farbkasten *m*
кратер *m* 1. *(Geol)* Krater *m (Vulkan)*; 2. *(El)* Krater *m (Bogenlampe)* || **~/адвентивный** *(Geol)* Adventivkrater *m* || **~ взрыва** 1. *(Astr)* Explosionskrater *m*; 2. Sprengkrater *m*, Explosionstrichter *m* || **~/концевой** Endkrater *m (Schweißnaht)* || **~/латеральный** *(Geol)* Nebenkrater *m* || **~/лунный** Mondkrater *m* || **~/метеоритный** Meteoritenkrater *m* || **~/наложенный** *(Geol)* aufgesetzter Krater *m* || **~/паразитический** *(Geol)* Nebenkrater *m*, Parasitärkrater *m*
кратковременный kurzzeitig, kurz[dauernd], Kurzzeit...
кратное *n (Math)* Vielfache[s] *n* || **~ единицы** Vielfaches *n* einer Einheit || **~/наименьшее общее** kleinstes gemeinschaftliches Vielfaches *n*
кратность *f* 1. *(Math)* Multiplizität *f*, Vielfachheit *f*; Verhältnis *n*; 2. *(Krist)* Zähligkeit *f* || **~/алгебраическая** algebraische Vielfachheit *f* || **~ воздухообмена** Luftwechselzahl *f*, Luftrate *f* || **~ вспенивания** Verschäumungsgrad *m* || **~ вырождения** *(Kern)* Entartungsgrad *m*, Grad *m* der Entartung || **~ вытяжки** *(Text)* Reckverhältnis *n (Chemieseidenherstellung)* || **~ деления напряжения** *(El)* Spannungsteilungsverhältnis *n* || **~ набухания** *(Text)* Quellgrad *m* *(Chemiefaser)* || **~/общая** *(Math)* Gesamtvielfachheit *f* || **~ перенапряжения** *(El)* Überspannungsverhältnis *n* || **~ светофильтра** *(Photo)* Filterfaktor *m* || **~ состояния** *s.* ~ вырождения || **~ циркуляции наружного воздуха** Außenluftwechselkoeffizient *m* || **~ циркуляции приточного воздуха** Zuluftwechselkoeffizient *m* || **~ шлака** *(Met, Gieß)* Schlackenziffer *f*, Basizitätsgrad *m*
крато[ге]н *m (Geol)* Krato[ge]n *n* || **~/континентальный** Hochkraton *n* || **~/океанический** Tiefkraton *n*
крафтцеллюлоза *f* Kraftzellstoff *m*
крахмал *m* Stärke *f* || **~/ассимиляционный** Assimilationsstärke *f* || **~/грязевой** Schlammstärke *f*, Sekundastärke *f* || **~/декстринизированный** Dextrinstärke *f* || **~/запасный** Reservestärke *f* || **~/картофельный** Kartoffelstärke *f* || **~/кукурузный** Maisstärke *f* || **~/ловушечный** Stärkeschlamm *m*; Schlammstärke *f*, Sekundastärke *f* || **~/маисовый** *s.* ~/кукурузный || **~/растворимый** lösliche Stärke *f* || **~/резервный** Reservestärke *f* || **~/рисовый** Reisstärke *f* || **~/сухой** Trockenstärke *f* || **~/сырой** Rohstärke *f*, Grünstärke *f*
крахмаление *n (Text)* Stärken *n*
крахмалистость *f* Stärkegehalt *m*
крахмалистый stärkehaltig, stärkereich
крахмалить *(Text)* stärken, steifen
крахмалорасщепляющий stärkespaltend
крахмал-сырец *m* Rohstärke *f*, Grünstärke *f*
крацевание *n (Fert)* Bürsten *n*
крацер *m* Drahtbürste *f*
крашение *n* 1. *(Text)* Färben *n*, Färbung *f*, Färbeverfahren *n*; 2. *(Bw, Pap)* Streichen *n* || **~/аппаратное** *(Text)* Apparatefärberei *f* || **~/барабанное** *(Led)* Weißfaßfärbung *f*, Faßfärbung *f* || **~ в волокне** *(Text)* Flockenfärberei *f* || **~ в жгуте** *(Text)* Strangfärberei *f* || **~ в кусках** *(Text)* Stückfärberei *f* || **~ в массе** 1. *(Pap)* Färben *n* in der Masse, Massefärbung *f*, Holländerfärbung *f*; 2. *(Text)* Spinnfärbung *f*, Erspinnfärbung *f*, Düsenfärbung *f* || **~ в роллах** *s.* ~ массе 1. || **~ вразправку** *(Text)* Breitfärberei *f* || **~/высокотемпературное** Hochtemperaturfärben *n*, Hochtemperaturfärberei *f* || **~ гранулята** *(Text)* Granulatfärberei *f* || **~/двуванное** *(Text)* Zweibad[färb]verfahren *n* || **~/двустороннее** *(Pap)* doppelseitiges Streichen *n*, doppelseitiger Streichfarbenauftrag *m* || **~ жгутом** *(Text)* Strangfärberei *f* || **~ кампешем** *(Text)* Blauholzfärben *n* || **~ кислотными красителями** Färben *n* mit Säurefarbstoffen, saure Färbung *f*, Sauerfärbung *f* || **~/кубовое** Küpenfärbung *f*, Küpenfärberei *f* || **~ кубовыми красителями** *s.* ~/кубовое || **~/ледяное** Eisfärbung *f*, Kaltfärbung *f*, kalte Färbung *f* || **~ на каландрах** *(Pap)* Kalanderfärbung *f*, Oberflächenfärbung *f* im Kalander || **~/непрерывное** kontinuierliches Färben *n*, Kontinuefärberei *f* || **~/одностороннее** *(Pap)* einseitiges Streichen *n*, einseitiger Streichfarbenauftrag *m* || **~/основное** *s.* ~ основными красителями || **~ основными красителями** Färben *n* mit basischen Farbstoffen, basische Färbung *f*, basisches Färben *n* || **~/паковочное** Packfärberei *f* || **~ погружением** Tauchfärben *n*, Färben *n* im Tauchverfahren || **~/покровное** *(Text)* Deckfärbung *f* || **~/протравное** *s.* ~/протравными красителями || **~ протравными красителями** *(Text)* Beiz[en]färben *n*, Beizenfärberei *f* || **~/прямое** *s.* ~ прямыми красителями || **~ прямыми красителями** *(Text)* direktes Färben *n*, Direktfärbung *f*, Direktfärberei *f* || **~/сернистое** Schwefelfärbung *f*, Färben *n* mit Schwefelfarbstoffen || **~/субстантивное** *s.* ~/прямыми красителями || **~/ходовое** *s.* ~/непрерывное || **~/холодное** *s.* ~/ледяное || **~/хромировочное** Chromfärbung *f*, Färben *n* mit Chromfarbstoffen || **~/штучное** Stückfärben *n* || **~ щёткой** *(Led)* Bürstfärbung *f*
крейсер *m* Kreuzer *m* || **~/ракетный** Raketenkreuzer *m*
крейсер-ракетоносец *m* Raketenkreuzer *m*

крейцкопф *m s.* ползун 1.
крейцмейсель *m (Wkz)* Kreuzmeißel *m*
крекинг *m* 1. Kracken *n*, Krackung *f*; 2. Krackanlage *f* ‖ **~ в смешанной фазе** Gemischtphasenkracken *n* ‖ **~/высокоскоростной контактный** Kontaktschnellkrackung *f* ‖ **~/гидрирующий (гидрогенизационный)** *s.* гидрокрекинг ‖ **~/жидкофазный** Flüssigkeitsphasenkracken *n* ‖ **~/каталитический** katalytisches Kracken *n*, Katkracken *n* ‖ **~/парофазный** Dampfphasenkracken *n*, Gasphasenkracken *n* ‖ **~ с подвижным катализатором** Bewegtbettkracken *n* ‖ **~/термический** thermisches Kracken *n*
крекинг-бензин *m* Krackbenzin *n*, Spaltbenzin *n*
крекинг-газ *m* Krackgas *n*, Spaltgas *n*
крекинг-насос *m* Pumpe *f* für Erdölprodukte und Erdölrückstände *(thermische Krackanlage)*
крекинговый Krack…
крекинг-остаток *m (Erdöl)* Krackrückstand *m*, Spaltrückstand *m*
крекинг-процесс *m (Erdöl)* Krackverfahren *n*
крекирование *n (Erdöl)* Kracken *n*, Krackung *f*
крекированный gekrackt, Krack…
крекировать kracken *(Erdöl)*
кремальера *f* 1. Zahnstange *f*, Zahnstangentrieb *m (Feinmechanik)*; 2. Feintrieb *m*, Feinstellschraube *f*
кремень *m (Min)* Feuerstein *m*, Flint *m*
кремневодород *m (Ch)* Siliciumwasserstoff *m*, Siliciumhydrid *n*, Silan *n*
кремневый Kiesel…; Kieselsäure…
кремнезём *m (Geol)* Kieselerde *f*
кремнекаучук *m* Siliconkautschuk *m*
кремнекислота *f (Ch)* Kieselsäure *f*; Metakieselsäure *f*
кремнекислый …silikat *n*; …metasilikat *n*; kieselsauer
кремнефторист[оводородн]ый …[hexa]fluorosilikat *n*
кремниевый Silicium…
кремний *m (Ch)* Silicium *n*, Si ‖ **~/аморфный** amorphes Silicium *n* ‖ **~ на сапфире** *(Eln)* Silicium *n* auf Saphir, SOS *(Halbleiter)* ‖ **~/нейтронно-легированный** *(Eln)* neutronendotiertes Silicium *n (Halbleiter)* ‖ **~/необработанный** Rohsilicium *n*
кремнийорганический siliciumorganisch, Organosilicium…
кремнистый …silicid *n*; siliciumhaltig
крен *m* 1. *(Schiff)* Krängung *f*, Schräglage *f*; 2. *(Flg)* Rollen *n (Drehbewegung um die Längsachse)* ‖ **~/большой** 1. *(Schiff)* starke Schlagseite *f*; 2. *(Flg)* starke Querlage *f* ‖ **~ на левый борт** *(Schiff)* Backbordschlagseite *f* ‖ **~ на правый борт** *(Schiff)* Steuerbordschlagseite *f* ‖ **~/небольшой** *(Schiff)* leichte Schlagseite *f* ‖ **~ самолёта** *s.* крен 2.
кренгельс *m (Schiff)* Rundkausche *f*, Ringkausche *f*
кренгование *n (Schiff)* 1. Kielholen *n (eines Schiffes)*; 2. *s.* кренование
кренить *(Schiff)* zum Krängen bringen, krängen
крениться *(Schiff)* krängen, sich auf die Seite legen
креннерит *m (Min)* Krennerit *m*, Weißtellurerz *n*
кренование *n (Schiff)* Krängung *f*, Krängen *n* ‖ **~/опытное** Krängungsversuch *m*
креновый *(Schiff)* Krängungs…
кренодифферентометр *m (Schiff)* Krängungs- und Trimmeßgerät *n*
креномер *m s.* кренометр
кренометр *m* Neigungsmesser *m*; *(Schiff)* Krängungsmesser *m*, Krängungsmeßgerät *n* ‖ **~/гироскопический** Kreiselkrängungsmesser *m* ‖ **~/продольный** Längsneigungsmesser *m*
креозот *m (Ch)* Kreosot *n*
крепёжный *(Bgb)* Ausbau…
крепеукладчик *m (Bgb)* Ausbausetzgerät *n*
крепеустановщик *m (Bgb)* Ausbausetzgerät *n*
крепитель *m (Gieß)* 1. Binder *m*, Bindemittel *n*, Binderwerkstoff *m*; 2. Härter *m* ‖ **~/быстродействующий стержневой** Erstarrungskernbinder *m* ‖ **~/литейный** Binder *m*, Bindemittel *n*, Binderwerkstoff *m* ‖ **~/органический** organischer Binder *m* ‖ **~/самотвердеющий** *(Gieß)* Erstarrungsbinder *m*, kalthärtender Binder *m* ‖ **~/смоляной** *(Gieß)* Harzbinder *m* ‖ **~/стержневой** Kernbinder *m*, Kernbindemittel *n*, Kernbinderwerkstoff *m* ‖ **~/эмульсионный** Emulsions[kern]binder *m*
крепить 1. stärken, festigen; versteifen; befestigen; 2. *(Bw)* abstützen, absteifen; 3. *(Bgb)* ausbauen *(Schacht, Strecke)*; verzimmern *(Holzausbau)*; 4. festbinden, zurren *(Schiffe)* ‖ **~ по-походному** seefest verzurren *(Schiffe)* ‖ **~ подкосами (раскосам)** *(Bw)* abstreben, verstreben ‖ **~ распорками** *(Bw)* abspreizen
крепление *n* 1. Befestigung *f*, Halterung *f*; 2. *(Bgb)* Ausbauen *n*; Ausbau *m (s. a. unter* крепь*)* ‖ **~/арочное** *(Bgb)* Bogenausbau *m*, Stahlbogenausbau *m* ‖ **~ бетонитами** *(Bgb)* Formsteinausbau *m* ‖ **~ верхняками** *(Bgb)* Kappenausbau *m* ‖ **~/временное** *(Bgb)* provisorischer (vorläufiger) Ausbau *m* ‖ **~ дверными окладами** *(Bgb)* Türstockausbau *m* ‖ **~/изменяемое** variable Halterung *f* ‖ **~/каменное** *(Bgb)* Steinausbau *m*, Ausbau *m* in Trockenmauerung ‖ **~/кирпичное** *(Bgb)* Ziegelausbau *m*, Ziegelmauerung *f* ‖ **~/консольное** 1. Kragbefestigung *f*; 2. *(Bgb)* Firstenzimmerung *f* ‖ **~ котла** *(Eb)* Kesselsattel *m*, Kesselauflager *m*, Kesselabstützung *f (Kesselwagen)* ‖ **~ котлована** *(Bw)* Baugrubenverbau *m*, Baugrubenbefestigung *f* ‖ **~ кровли** *(Bgb)* Firstenausbau *m* ‖ **~/найтовное** *(Schiff)* Zurrung *f (mit Zurrseil, Zurrkette oder Zurrstange)* ‖ **~ одиночными стойками** *(Bgb)* Einstempelbau *m* ‖ **~ очистного забоя** *(Bgb)* Strebausbau *m* ‖ **~ подкосами** *(Bw)* Schrägabstützung *f* ‖ **~ по-походному** *(Schiff)* seefeste Zurrung *f*, seefeste Verzurrung *f* ‖ **~/походное** *(Schiff)* seefeste Zurrung *f* ‖ **~ по-штормовому** *s.* ~ по-походному ‖ **~ распорками** *(Bw)* Verstrebung *f*, Versteifung *f* ‖ **~/сводчатое** *(Bgb)* Gewölbeausbau *m* ‖ **~ скважин/телескопическое** *(Erdöl)* Teleskopverrohrung *f (Bohrtechnik)* ‖ **~ скобами** *(El)* Anschellen *n (eines Kabels)* ‖ **~ срубом** *(Bgb)* Vollschrotzimmerung *f* ‖ **~ стойками** *(Bgb)* Stempelausbau *m* ‖ **~/трёхточечное** Dreipunktbefestigung *f*, Dreipunktlagerung *f* ‖ **~ туннеля** *(Bw)* Tunnelzimmerung *f* ‖ **~ штангами** *(Bgb)* Ankerausbau *m* ‖ **~/штормовое**

(Schiff) seefeste Zurrung *f* || **~ щитами** *(Bgb)* Schildausbau *m*

крепость *f* 1. Festung *f*; 2. Festigkeit *f*, Stärke *f* *(Widerstandsfähigkeit)*; 3. Grädigkeit *f*, Gradstärke *f* *(z. B. von Alkohol)* || **~ грунта** Bodenfestigkeit *f* || **~/диэлектрическая** *(El)* dielektrische Festigkeit *f* || **~/пробивная** *(El)* Durchschlag[s]festigkeit *f*

крепь *f* *(Bgb)* Ausbau *m* *(s. a. unter* крепление 2.*)* || **~/агрегатная** mechanischer Ausbau *m* *(in Gewinnungskomplexen)* || **~/анкерная** Ankerausbau *m* || **~/бесстоечная** stempelloser Ausbau *m* || **~/бетонная** Ausbau *m* in Beton, Betonausbau *m* *(massiver Ausbau)* || **~/венцовая** Geviertzimmerung *f* *(Schachtausbau, Sammelbegriff für Vollschrot- und Bolzenschrotzimmerung)* || **~/венцовая подвесная** Unterhängezimmerung *f* *(Bolzenschrotausbau)* || **~/венцовая сплошная (срубовая)** Vollschrotzimmerung *f*, ganze Schrotzimmerung *f* || **~/водонепроницаемая** Cuvelage *f* || **~/гидравлическая** hydraulischer Ausbau *m* || **~/горная** Grubenausbau *m* || **~/деревянная** Holzausbau *m*, Zimmerung *f* || **~/железобетонная** Stahlbetonausbau *m* *(massiver Ausbau)* || **~/жёсткая** starrer Ausbau *m*, steifer Ausbau || **~/забивная** Getriebezimmerung *f* || **~/замкнутая** geschlossener Ausbau *m* || **~/извлекаемая** raubbarer Ausbau *m* || **~/индивидуальная** Einzelausbau *m* || **~/кольцевая** Ringausbau *m* || **~/комбинированная** Verbundausbau *m* || **~/костровая** Ausbau *m* mit Holzkästen, Holzpfeilerausbau *m*, Wanderpfeilerausbau *m* || **~/кустовая** Stempelbündelausbau *m*; Ausbauverband *m* || **~/металлическая** Stahlausbau *m* || **~/многоугольная** Vieleckausbau *m*, Polygonausbau *m* || **~ на бабках (стойках)/венцовая** Bolzenschrotzimmerung *f* *(Schachtausbau)* || **~/незамкнутая** offener Ausbau *m* || **~/неизвлекаемая** verlorener Ausbau *m* || **~/ограждающая** Schildausbau *m* || **~/опережающая** voreilender Ausbau *m*, Vorpfändung *f* || **~/опускная** Senkkörper[ausbau] *m* *(Senkschachtverfahren)* || **~/органная** Reihenstempel *mpl*, Reihenstempelausbau *m* || **~/передвигающаяся** schreitender Ausbau *m* || **~/передвижная механизированная** mechanisch rückbarer (wandernder) Ausbau *m* || **~/передовая** Vorpfändung *f* || **~/переносная костровая** Wanderkastenausbau *m* || **~/погружная** *s.* ~/опускная || **~/податливая** nachgiebiger Ausbau *m* || **~/подвесная венцовая** Unterhängezimmerung *f* *(Schachtausbau)* || **~/полигональная (полигонная)** Polygonausbau *m*, Vieleckausbau *m*, vieleckiger Ausbau *m* || **~/портальная** Portalausbau *m* || **~/посадочная** Ausbau *m* an der Bruchkante, Ausbau *m* am Strebbruch, Bruchkantensicherung *f* *(Strebbruchbau)* || **~/постоянная** endgültiger Ausbau *m* || **~/потерянная** verlorener Ausbau *m* || **~/потолочная** Kappenausbau *m* || **~/предварительная** vorläufiger Ausbau *m*, provisorischer Ausbau *m* || **~/призабойная** Ortsausbau *m*; Strebausbau *m* || **~/рамная** Rahmenausbau *m* || **~/распорная** Spreizenausbau *m*, Spreizenzimmerung *f* || **~/рудничная** Grubenausbau *m* || **~/сборная железобетонная** Stahlbetonausbau *m* || **~/секционная** *s.* ~/опускная || **~/смешанная** gemischter Ausbau *m* || **~/сплошная** Vollausbau *m* || **~/сплошная венцовая** Vollschrotzimmerung *f*, Schrotzimmerung *f* || **~/срубовая** *s.* ~/сплошная венцовая || **~/станковая** Rahmengeviertzimmerung *f*, Geviertausbau *m* || **~/стоечная** Stempelausbau *m* || **~/стропильная** Türstockausbau *m* mit Spreizen, K-Ausbau *m* || **~/трапецевидная** Trepezausbau *m* || **~/тюбинговая** Tübbingausbau *m* || **~/усиленная** verstärkter Ausbau *m* || **~/шагающая** Schreitausbau *m* || **~/шарнирная** Gelenkausbau *m* || **~/шарнирная арочная** Gelenkbogenausbau *m* || **~/шарнирно-арочная** Gelenkbogenausbau *m* || **~/шахтная** Grubenausbau *m* || **~/штанговая** *s.* ~/анкерная || **~/щитовая** Schildausbau *m*

кресло *n* Sitz *m* || **~/катапультное** *(Flg)* Schleudersitz *m*

кресло-каталка *n* Krankenfahrstuhl *m*, Krankenrollstuhl *m*

кресло-кровать *n* in ein Bett umwandelbares Sitzmöbel *n*

крест *m* Kreuz *n* || **~/визирный** Visierstrichkreuz *n* || **~/мальтийский** *(Masch)* Malteserkreuz *n* || **~ нитей** *(Opt)* Fadenkreuz *n* || **~/световой** *(Opt)* Lichtkreuz *n*

крест-накрест überkreuz *(angeordnet)*

крестовина *f* 1. *(Masch)* Kreuz[stück] *n*, Querhaupt *n*, Kreuzkopf *m*; 2. *(Bgb)* Strebebalken *m*, Kreuzstück *n* *(Bohrturm)*; 3. Vierwegestück *n* *(einer Rohrverbindung)*; 4. *(Bw)* Kreuzstempel *m*; Querhaupt *n*; 5. *(Eb)* Herzstück *n* *(einer Weiche)*, Weichenherzstück *n*; 6. *(Schiff)* Kreuzbalken *m*, Pollerkreuz *n*; 7. *(Gieß)* Schere *f*, Scherengitter *n* || **~/воздушная** *(El)* Luftkreuzung *f* *(Fahrleitung)* || **~/глухая** *(Eb)* Doppelherzstück *n*, doppeltes Herzstück *n* *(einer Weiche)* || **~/двойная** Doppelkreuz *n* || **~/опорная** Fundamentkreuz *n* || **~ ротора** *(El)* Läuferkreuz *n*, Rotorstern *m* || **~/стрелочная** *(Eb)* Weichenkreuz *n* || **~/тупая** *(Eb)* Doppelherzstück *n* *(einer Weiche)* || **~/якорная** *(El)* Ankerkreuz *n*, Ankerstern *m*

кривая *f* 1. Kurve *f*, Bogen *m*; 2. *(Math)* Kurve *f*; 3. *(Eb)* Gleisbogen *m*; 4. Kennlinie *f*, Linie *f*, Kurve *f* *(s. a. unter* диаграмма, характеристика, эпюра*)* || **~ адаптации** Adaptionskurve *f* || **~/адиабатная** *(Ph, Therm)* Adiabate *f* || **~/амплитудная** Amplitudenkurve *f* || **~/баллистическая** *(Mech)* ballistische Kurve *f* || **~ блеска** *(Astr)* Lichtkurve *f* *(z. B. veränderlicher Sterne)* || **~ Брэгга** *(Ph)* Braggsche Kurve *f* *(Ionisation)* || **~ Вёлера** Wöhler-Kurve *f* *(Dauerschwingversuch)* || **~/верёвочная** *(Fest)* Seillinie *f* *(Seileck)* || **~ вероятности** *s.* ~ Гаусса || **~ Вина** Wiensche Kurve *f* || **~ водоизмещения** *(Schiff)* Verdrängungskurve *f* || **~ возбуждения** *(El)* Anregungskurve *f* || **~/вольтамперная** *(El)* Spannungs-Strom-Kurve *f*, U-I-Kurve *f* || **~ впуска пара** Dampfeinströmlinie *f* *(Dampfturbine)* || **~/вспомогательная** *(Math)* Hilfskurve *f* || **~ выносливости** *s.* ~ Велера || **~ высшая шатунная** *(Mech)* höhere Koppelkurve *f* || **~ выхода** Ausbeutekurve *f* || **~/выходная** Austrittskurve *f* *(Chromatographie)* || **~ Гаусса** Gauß-Kurve *f*, Gaußsche Kurve *f*, [Gaußsche] Fehlerkurve *f* || **~/геодезическая** geodätische Kurve *f*

|| ~ **гистерезиса** *(El)* Hysteresekurve *f* || ~ **гистерезиса по индукции** Induktionskurve *f* || ~ **градуировки** Einmeßkurve *f* || ~ **гранулометрического состава** Korn[größen]mischungslinie *f*, Kornverteilungskurve *f*, Kornverteilungslinie *f*, Körnungslinie *f*, Korn[größen]spektrum *n*; Sieblinie *f*, Siebkurve *f* || ~ **громкости** *(Ak, Med)* Audiogramm *n* || ~ **Гюгоньо** *(Aero)* Hugoniot-Kurve *f*, Rankine-Hugoniotsche Kurve *f* || ~ **давление-температура** Temperatur-Druck-Kurve *f* || ~ **давления** Druckkurve *f*, Druckkennlinie *f* || ~ **давления/обратимая** Gleichgewichtsdruckkurve *f* || ~ **депрессии** *(Hydt)* Depressionslinie *f*, Absenkungskurve *f*, Senkungskurve *f* || ~**/депрессионная** *s.* ~ депрессии || ~**/дисперсионная** Disperionskurve *f (von Oberflächenwellen)* || ~**/дифференциальная термическая** *(Min)* Kurve *f* der Differentialthermoanalyse, DTA-Kurve *f* || ~**/дифференциальная термовесовая (термогравиметрическая)** *(Min)* Kurve *f* der Differentialthermogravimetrieanalyse, DTG-Kurve *f* || ~ **ДТА** *s.* кривая/дифференциальная термическая || ~ **ДТГ** *s.* кривая/дифференциальная термовесовая || ~ **зависимости скорости от момента** Drehzahl-Drehmoment-Kurve *f* || ~ **затвердевания** Erstarrungsschaubild *n*, Erstarrungsdiagramm *n*, Erstarrungskurve *f*, Erstarrungslinie *f* || ~ **затухания** Dämpfungskurve *f*, Abklingkurve *f* || ~**/звездовидная** *(Math)* Sternkurve *f*, Astroide *f* || ~**/зернового состава** *s.* ~ гранулометрического состава || ~ **изгиба** Biegelinie *f* || ~ **изменения блеска** *s.* ~ блеска || ~ **изменения веса** *s.* ~/термовесовая || ~ **изменения напряжения** *(El)* Spannungskurve *f* || ~ **изменения тока** *(El)* Stromkurve *f* || ~ **инверсии** *s.* ~/инверсионная || ~**/инверсионная** Inversionslinie *f (Joule-Thomson-Effekt)* || ~ **истощения стока** *(Hydrol)* Rückgangskurve *f*, Trockenwetterganglinie *f* || ~**/калибровочная** Eichkurve *f*, Eichfunktion *f* || ~**/каноническая** *(Math)* kanonische Kurve *f* || ~**/каротажная** Bohrlochmeßkurve *f* || ~ **качения** *(Masch)* Abwälzkurve *f*, Wälzkurve *f* || ~ **кипения** Siedekurve *f*, Siedelinie *f*, Verdampfungskurve *f* || ~ **конденсации** Kondensationslinie *f* || ~ **консистенции** Konsistenzkurve *f* || ~ **контрастно-временной зависимости** *(Photo)* Gamma-Zeit-Kurve *f* || ~**/конфокальная** *(Math)* konfokale Kurve *f* || ~**/координатная** Ortskurve *f* || ~ **коэффициента полезного действия** Wirkungsgradkurve *f* || ~ **крупности** *s.* ~ гранулометрического состава || ~ **кручения** *s.* ~ скручивания || ~ **Ландаля** Landahl-Kurve *f* || ~**/лекальная** *(Schiff)* strakende Kurve *f*, Strak *m* || ~ **Ленгмюра** Langmuir-Diagramm *n*, Langmuir-Kurve *f* || ~ **ликвидуса** Liquiduskurve *f*, Liquiduslinie *f* || ~ **лопатки** Schaufelkrümmung *f (Strömungsmaschine)* || ~ **Лоренца** Lorentz-Kurve *f* || ~ **лучевой скорости** *(Astr)* Radialgeschwindigkeitskurve *f* || ~ **магнитной индукции** Feldkurve *f* || ~ **магнитной проницаемости** Permeabilitätskurve *f* || ~**/мнимая** *(Math)* imaginäre Kurve *f* || ~ **набегания** Anlaufkurve *f* || ~ **нагрева** Erhitzungskurve *f*, Anheizkurve *f* || ~ **«нагрузка-осадка»** *(Bw)* Last-Setzungslinie *f*, Last-Setzungsdiagramm *n* || ~ **нагрузки** Lastkurve *f*, Belastungsdiagramm *n*; Belastungskurve *f*; Belastungsverlauf *m* || ~ **накопленной частоты** Summenkurve *f* || ~ **намагничивания** Magnetisierungskurve *f* || ~ **намагничивания/начальная (первоначальная)** Neukurve *f*, Erstmangetisierungskurve *f* || ~**/направляющая** *(Math)* Leitkurve *f* || ~ **напряжения** *(El)* Spannungskurve *f* || ~ **нарастания** *(Kern)* Anstiegskurve *f*, Nachbildungskurve *f* || ~ **насыщения** Sättigungskurve *f*, Sättigungslinie *f* || ~ **начала плавления** Soliduskurve *f*, Soliduslinie *f* || ~ **неровностей** *(Fert)* Profillinie *f* des Istprofils *(Rauhigkeit)* || ~ **нулевой скорости** Nullgeschwindigkeitskurve *f*, Hillsche Grenzkurve *f* || ~ **обеспеченности** *(Hydrol)* Wahrscheinlichkeitsverteilung *f (Wasserstände/Durchflüsse)* || ~**/С-образная** *(Wkst)* Zeit-Tempratur-Umwandlungs-Schaubild *n*, ZTU-Schaubild *n*, ZTU-Diagramm *n* || ~ **объёмов отсека** *(Schiff)* Tankinhaltskurve *f* || ~**/огибающая** Hüllkurve *f* || ~ **осаждения** *s.* ~/седиментационная || ~ **остаточного намагничивания** Remanenzkurve *f* || ~ **отказа** Versagungskriterium *n* || ~ **оттока** *(Hydt)* Ablaufkurve *f* || ~ **охлаждения** Abkühl[ungs]kurve *f* || ~ **ошибок [Гаусса]** *s.* ~ Гаусса || ~ **пара/предельная** Dampfgrenzkurve *f* || ~ **первоначального намагничивания** Neukurve *f*, Erstmagnetisierungskurve *f* || ~**/переводная** *(Eb)* Weichenbogen *m* || ~**/переходная** 1. Übergangskurve *f*, Transitionskurve *f*; 2. *(Eb)* Übergangsbogen *m* || ~ **плавления** Schmelzkurve *f* || ~**/плавная** 1. *(Math)* strakende (stetige) Kurve *f*; 2. *(Schiff)* strakende Kurve *f*, Strak *m* || ~**/плоская** Flachkurve *f*, ebene (flache) Kurve *f* || ~ **повторяемости** *(Hydt)* Häufigkeitskurve *f*, Häufigkeitslinie *f* || ~ **повторяемости одинаковых горизонтов (уровней)** *(Hydt)* Wasserstandsdauerlinie *f*, Benetzungsdauerlinie *f* || ~ **поглощения** Absorptionskurve *f* || ~ **погони** *(Rak, Flg)* Verfolgungskurve *f* || ~**/пограничная** Grenzkurve *f* || ~ **погрешностей** Fehlerkurve *f* || ~ **подачи** Vorschubkurve *f* || ~ **подпора** *(Hydt)* Staulinie *f*, Staukurve *f* || ~ **ползучести** Kriechkurve *f* || ~**/пологая** *(Math)* flache Kurve *f* || ~ **поля** *(El)* Feldkurve *f* || ~ **поляризации** Polarisationskurve *f* || ~**/полярографическая** Polarogramm *n*, polarographische Kurve *f* || ~ **поправок** Korrektionskurve *f* || ~**/потенциальная** Potentialkurve *f* || ~ **почернения** *(Photo)* Schwärzungskurve *f*, Gradationskurve *f (Emulsion)* || ~ **превращения** Umwandlungskurve *f* || ~**/предельная** Grenzkurve *f* || ~ **преследования** *s.* ~ погони || ~ **приливов** Tide[n]kurve *f* || ~ **притока** *(Hydt)* Anlaufkurve *f* || ~ **притока/интегральная** *(Hydrol)* Zuflußsummenlinie *f* || ~ **продолжительности** *(Hydrol)* Dauerlinie *f (Wasserstände/Durchflüsse)* || ~ **проницаемости** Permeabilitätskurve *f* || ~ **пропускания** 1. *(El)* Durchlaßkurve *f*; 2. *(Opt)* Durchlässigkeitskurve *f* || ~ **просеивания** Sieblinie *f* || ~**/профильная** 1. Profilbild *n*, Profilkurve *f*; 2. Rauhtiefenkurve *f*, Rauhtiefenschaubild *n* || ~ **профиля/опорная** *(Masch)* Profilstückkurve *f* || ~ **пути** *(Eb)* Gleisbogen *m*, Gleiskrümmung *f* || ~**/рабочая** Betriebskurve *f*, Arbeitskurve *f* || ~ **равной освещённости** *(Photom)* Kurve *f* gleicher Beleuchtungsstärke *f* || ~ **радиоактивного распада**

(Kern) Zerfallskurve *f*, Aktivitätskurve *f* ‖ ~ **развёртки** *(Eln)* Abtastkurve *f* ‖ ~ **разгонки** Siedekurve *f* ‖ ~ **разгрузки** Entlastungskurve *f* ‖ ~ **разделения** Separationskurve *f*, Trennungskurve *f* ‖ ~ **размагничивания** *(El)* Entmagnetisierungskurve *f* ‖ ~ **разряда** *(El)* Entladungskurve *f* ‖ ~ **распада** *(Kern)* Zerfallskurve *f*, Aktivitätskurve *f* ‖ ~ **распределения** *(Math)* [kumulative] Verteilungskurve *f*, Häufigkeitskurve *f* ‖ ~ **распределения гранулометрического состава** *s.* ~ гранулометрического состава ‖ ~ **распределения поля** *(El)* Feldverteilungskurve *f* ‖ ~ **распределения размеров зёрен** *(Photo)* Korngrößenverteilungskurve *f* ‖ ~ **распределения светового тока** Lichtstromverteilungskurve *f* ‖ ~ **распределения силы света** Licht[stärke]verteilungskurve *f* ‖ ~ **распределения тока** Stromverteilungskurve *f* ‖ ~ **рассева** Siebkurve *f*, Sieblinie *f (s. a.* ~ гранулометрического состава*)* ‖ ~ **растворимости** Löslichkeitslinie *f*, Löslichkeitskurve *f*, Grenzkurve *f* der Löslichkeit ‖ ~ **расхода воды** *(Hydrol)* Durchflußkurve *f* ‖ ~ **расходов** *(Hydt)* Abflußmengen[gang]linie *f*, Abflußmengenkurve *f* ‖ **~/рассчётная** rechnerische Kurve *f* ‖ ~ **расширения** Ausdehnungskurve *f*, Expansionskurve *f*, Expansionslinie *f* ‖ ~ **регрессии** *(Math)* Regressionskurve *f* ‖ **~/резонансная** Resonanzkurve *f* ‖ ~ **роста** *(Astr)* Wachstumskurve *f (Spektroskopie)* ‖ ~ **светового потока** Lichtstromverteilungskurve *f* ‖ ~ **сгорания** Verbrennungslinie *f (Feuerung; Gasturbine)* ‖ **~/седиментационная** Sedimentationskurve *f* ‖ ~ **сжатия** Verdichtungskurve *f* ‖ ~ **сил веса** *(Schiff)* Gewichtskurve *f* ‖ ~ **сил поддержания** *(Schiff)* Auftriebskurve *f* ‖ **~/синусоидальная** Sinuskurve *f* ‖ ~ **скручивания** Torsionskurve *f*, Verdreh[ungs]kurve *f* ‖ ~ **солидуса** Soliduslinie *f*, Soliduskurve *f* ‖ ~ **состояния** Zustandskurve *f* ‖ **~/софокусная** *(Math)* konfokale Kurve *f* ‖ ~ **спада** Senkungslinie *f*, Senkungskurve *f*, Abfallkurve *f* ‖ **~/спектральная** *(Opt)* Spektralkurve *f* ‖ ~ **спектральной чувствительности** 1. *(Opt)* Spektralempfindlichkeitskurve *f*; 2. Farbempfindlichkeitskurve *f* ‖ **~/спектрорадиометрическая** *(Opt)* Kurve *f* der spektralen Energieverteilung ‖ ~ **стока** *(Hydt)* Wasserfrachtlinie *f* ‖ ~ **стока/интегральная** *(Hydrol)* Abflußsummenlinie *f* ‖ ~ **стрелки (стрелочного перевода)** *(Eb)* Weichenbogen *m* ‖ ~ **сумм** Summenlinie *f*, Summenkurve *f* ‖ ~ **схватывания** *(Bw)* Abbindeverlauf *m* ‖ ~ **ТГА** *s.* ~/термовесовая ‖ ~ **температура-время** Temperatur-Zeit-Kurve *f* ‖ ~ **температура-состав** Temperatur-Konzentrations-Kurve *f* ‖ **~/термовесовая (термогравиметрическая)** *(Min)* Kurve *f* der Thermogravimetrieanalyse, TGA-Kurve *f* ‖ ~ **ток-напряжение** *(El)* Strom-Spannungs-Kurve *f*, I-U-Kurve *f* ‖ ~ **тока** *(El)* Stromkurve *f* ‖ **~/трансцендентная** *(Math)* transzendente Kurve *f*, Transzendente *f* ‖ ~ **уклона** Gefällekurve *f* ‖ ~ **уплотнения** *(Gieß)* Verdichtungskurve *f*, Verdichtungsdiagramm *n*, Verdichtungsschaubild *n* ‖ **~/управляющая** Steuerkurve *f* ‖ ~ **ускорения** Beschleunigungskurve *f* ‖ ~ **усталости** *s.* ~ Вёлера ‖ ~ **устойчивости** Stabilitätskurve *f*, Stabilitätslinie *f* ‖ ~ **фазового равновесия** Phasengleichgewichtskurve *f* ‖ **~/фотометрическая** *s.* ~ блеска ‖ **~/характеристическая** 1. charakteristische Kurve *f*, Kennlinie *f*, Charakteristik *f*; 2. *(Photo)* Schwärzungskurve *f*; Gradationskurve *f* ‖ ~ **хода уровней воды** *(Hydt)* Wasserstandskurve *f* ‖ ~ **холостого хода** Leerlaufkurve *f* ‖ ~ **центров величины** *(Schiff)* Formschwerpunktskurve *f* ‖ ~ **чувствительности** Empfindlichkeitskurve *f* ‖ **~/эвтектическая** *(Met)* eutektische Linie *f* ‖ **~/эквивалентная** Ersatzkurve *f*

С-кривая *f* Zeit-Temperatur-Umwandlungsschaubild *n*, ZTU-Diagramm *n*

кривизна *f* Krümmung *f*; Durchbiegung *f* ‖ **~/гауссова** *(Math)* Gaußsche Krümmung *f*, Gaußsches Krümmungsmaß *n* ‖ **~/геодезическая** *(Math)* geodätische Krümmung *f* ‖ **~/главная** *(Math)* Hauptkrümmung *f* ‖ ~ **земной поверхности** Erdkrümmung *f* ‖ ~ **изображения** Bildkrümmung *f* ‖ **~/нормальная** *(Math)* Normalkrümmung *f* ‖ ~ **поверхности** Flächenkrümmung *f* ‖ **~/полная** *(Math)* Integralkrümmung *f*, Gesamtkrümmung *f*, Totalkrümmung *f* ‖ ~ **поля зрения (изображения)** Bildfeldkrümmung *f*, Bild[feld]wölbung *f* ‖ ~ **пути** *(Eb)* Gleiskrümmung *f*, Gleisbogen *m* ‖ ~ **скважины** *(Bgb)* Bohrlochkrümmung *f*, Bohrlochabweichung *f* ‖ **~/средняя** *(Math)* mittlere Krümmung *f* ‖ ~ **траектории** Bahnkrümmung *f*

криволинейный *(Masch)* 1. ungeradlinig; 2. Kurven…, Bogen…, bogenverzahnt *(z. B. Verzahnung)*

кривошип *m (Masch)* Kurbel *f*; Kurbelkröpfung *f* ‖ **~/ведомый** getriebene Kurbel *f* ‖ **~/ведущий** treibende Kurbel *f* ‖ **~/главный** Hauptkurbel *f* ‖ **~/концевой** Stirnkurbel *f* ‖ **~/коренной (основной)** Hauptkurbel *f* ‖ **~/эксцентриковый** Exzenterkurbel *f*

кривошипно-коленный *(Wkzm)* Kniehebel…

кривошипно-шатунный *(Masch)* Schubkurbel…

кривые *fpl***/гидростатические** *(Schiff)* Formkurven *fpl*, Formkurvenblatt *n*

кризис *m***/экологический** ökologische Krise *f* ‖ **~/энергетический** Energiekrise *f*

криогения *f* 1. Kryogenik *f*, Tieftemperaturforschung *f*; 2. Kryotechnik *f*, Tieftemperaturtechnik *f*

криогенный krygen[isch], Kryogen…, Tieftemperatur…

криогидрат *m* Kryohydrat *n*

криоконит *m (Geol)* Kryokonit *m*

криокристалл *m* Kryokristall *m*

криолит *m (Min)* Kryolith *m*, Eisstein *m*

криолюминесценция *f* Kryolumineszenz *f*

криометрия *f* Kryometrie *f*, Tieftemperaturmessung *f*

крионасос *m* Kryopumpe *f*, kryogene Pumpe *f*

криопедология *f* Kryopedologie *f*, Lehre *f* vom Frostboden

криопедометр *m* Kryopedometer *n*, Bodenfrostmesser *m*

криосар *m* Kryosar *n (Tiefsttemperaturbauteil)*

криоскоп *m* Kryoskop *n*, Gefrierpunktmesser *m*

криоскопический kryoskopisch

криоскопия *f* Kryoskopie *f*

криостат *m* Kryostat *m (Thermostat für tiefe Temperaturen)* ‖ **~/вакуумный** Vakuumkryostat *m*

криосушка *f* Gefriertrocknung *f*, Lyophilisierung *f*, Sublimationstrocknung *f*
криосфера *f* Kryosphäre *f*
криотрон *m* Kryotron *n* *(Tiefsttempreaturbauteil)* || **~/плёночный** Schichtkryotron *n*, Filmkryotron *n* || **~/проволочный** Drahtkryotron *n*
криофизика *f* Kryophysik *f*, Tieftemperaturphysik *f*
криоэлектроника *f* Kryo[elek]tronik *f*
крип *m s.* ползучесть
крипоустойчивость *f* Kriechbeständigkeit *f*, Kriechfestigkeit *f*
крипоустойчивый kriechbeständig
криптокристаллический *(Min)* kryptokristallin
криптон *m* Krypton *n*
кристалл *m* 1. Kristall *m*; 2. *(Eln)* Chip *m* || **~/анизотропный** anisotroper Kristall *m* || **~/бочковидный** tonnenförmiger Kristall *m (mineralogische Kristallform)* || **~/вакантный** Lückenfehlkristall *m* || **~/валентный** Kristall *m* mit kovalenter Bindung || **~/волосистый** haarförmiger Kristall *m (mineralogische Kristallform)* || **~/вторичный** Sekundärkristall *m*, Zweitkristall *m* || **~/выпрямляющий** Gleichrichterkristall *m* || **~/гемиморфный** hemimorpher Kristall *m*, Hemimorphiekristall *m* || **~/германиевый** Germaniumkristall *m* || **~/гетеродесмический** heterodesmischer Kristall *m* || **~/гетерополярный** heteropolarer Kristall *m* || **~/гомодесмический** homodesmischer Kristall *m* || **~/двойниковый** Zwilling *m*, Zwillingskristall *m* || **~/двоякопреломляющий** doppelbrechender Kristall *m* || **~/двуосный** zweiachsiger Kristall *m* || **~/дендритовый** Dendritekristall || **~/депозитный** Depositkristall *m* || **~/детекторный** Detektorkristall *m* || **~/жидкий** flüssiger Kristall *m*, kristalline (anisotrope) Flüssigkeit *f* || **~/замаркированный** geinkter Chip *m* || **~/затравочный** Impfkristall *m* || **~/игольчатый** Nadelkristall *m*, nadelförmiger Kristall *m* || **~/идеальный** Idealkristall *m*, Idealstruktur *f* des Kristalls || **~/избыточный** *s.* ~/вторичный || **~/изогнутый** gebogener Kristall *m (bei Polygonisation)* || **~/изогональный** isogonaler Kristall *m* || **~/изоморфный** isomorpher Kristall *m* || **~/изотипичный** isotyper Kristall *m* || **~/изотропный** isotroper Kristall *m* || **~/ионный** Ionenkristall *m* || **~/искажённый** verzerrter Kristall *m* || **~ кварца** *s.* ~/кварцевый || **~/кварцевый** Quarzkristall *m* || **~/колеблющийся** Schwingkristall *m* || **~/кремниевый** Siliciumkristall *m* || **~ кремния** Siliciumkristall *m* || **~/лазерный** Laserkristall *m* || **~/листоватый** blättriger Kristall *m (mineralogische Kristallform)* || **~/ложный** Pseudokristall *m* || **~/магнитный** magnetischer Kristall *m* || **~/мозаичный** Mosaikkristall *m* || **~/молекулярный** Molekülkristall *m*, Molekularkristall *m* || **~/нарастающий** aufwachsender (aufgewachsener) Kristall *m (Epitaxie)* || **~/немагнитный** unmagnetischer Kristall *m* || **~/нематический жидкий** nematischer Flüssigkristall *m*, nematische Phase *f* || **~/непоглощающий** nichtabsorbierender Kristall *m* || **~/неполярный** nichtpolarer (unpolarer) Kristall *m* || **~/непроводящий** nichtleitender Kristall *m* || **~/нитевидный** Nadelkristall *m*, Haarkristall *m*, Whisker *m* || **~/одиночный** Ein[zel]kristall *m*, Monokristall *m* || **~/одноосный** einachsiger Kristall *m* || **~/однопреломляющий** einfachbrechender Kristall *m* || **~/основной** *s.* кристалл-хозяин || **~ основы** *s.* кристалл-хозяин || **~/отрицательный [одноосный]** optisch negativer Kristall *m* || **~/первичный** Primärkristall *m*, Erstkristall *m* || **~/пластинчатый** plattenförmiger (plattiger) Kristall *m (mineralogische Kristallform)* || **~/сегнетоэлектрический** ferroelektrischer Kristall *m* || **~/скаленоэдрический** skalenoedrischer Kristall *m (mineralogische Kristallform)* || **~/скелетный** Kristallskelett *n* || **~/слоистый** Schichtkristall *m* || **~/смектический жидкий** smektische Phase *f*, smektischer Flüssigkristall *m* || **~/смешанный** Mischkristall *m* || **~/совершенный** *s.* ~/идеальный || **~/стабилизирующий** Steuerkristall *m* || **~/столбчатый** Stengelkristall *m*; säulenförmiger Kristall *m (mineralogische Kristallform)* || **~/табличный** tafeliger Kristall *m (mineralogische Kristallform)* || **~ твёрдого раствора** Mischkristall *m* || **~ холестерического типа/жидкий** cholesterische (cholesterinische) Phase *f*, cholesterischer Flüssigkristall *m* || **~/чешуйчатый** schuppiger Kristall *m (mineralogische Kristallform)* || **~/шестоватый** stengeliger Kristall *m (mineralogische Kristallform* || **~/энантиоморфный** enantiomorpher Kristall *m*
кристалл-зародыш *m* Keimkristall *m*, Kristallkeim *m*, Keim *m* || **~/посторонний** Fremdkeim *m*
кристалл-затравка *m* Impfkristall *m*
кристаллизатор *m* 1. *(Ch)* Kristallisator *m*, Kristallisierapparat *m*, Kristallisationsgefäß *n*; 2. *(Ch)* Kristallierschale *f (Laborgerät)*; 3. *(Met)* Stranggußkokille *f*, Stranggießkokille *f*, Kristallisator *m*, Gleitkokille *f*, Kühlkokille *f* || **~/барабанный** Rohrkristallisator *m (Stranggießen; Gießwalzen)* || **~/барабанный вращающийся** *(Ch)* Drehrohrkristallisator *m* || **~/башенный** *(Ch)* Kristallisierturm *m*, Sprühkristallisator *m* || **~/вальцовый** *(Ch)* Kristallisierwalze *f* || **~/водоохлаждаемый** *s.* кристаллизатор 3. || **~/качающийся** *(Ch)* Kristallisierwiege *f* || **~/лабораторный** *(Ch)* Kristallisierschale *f (Laborgerät)* || **~/медный** Kupferkokille *f (Stranggießen)* || **~/многоручьевой** Mehrstrangkokille *f*, Mehrstrangkristallisator *m (Stranggießverfahren)* || **~ овального типа/криволинейный** Ovalbogenkokille *f*, Ovalbogenkristallisator *m (Stranggießen)* || **~/радиальный** Kreisbogenkokille *f*, Kreisbogenkristallisator *m (Stranggießen)* || **~ с мешалкой** *(Ch)* Rühr[werks]kristallisator *m* || **~/сборный** Aufbaukokille *f*, Aufbaukristallisator *m (Stranggießen)* || **~/трубчатый** *s.* ~/барабанный вращающийся || **~/шнековый** *(Ch)* Schlämmschnecke *f*, Kühlschnecke *f (Kristallisierapparat)* || **~/ящичный** *(Ch)* Kastenverdunstungskristallisator *m*
кристаллизация *f* Kristallisieren *n*, Kristallisation *f*, Kristallbildung *f*, Kornbildung *f*, Kristallausscheidung *f* || **~ в колонке** Kolonnenkristallisieren *n* || **~/вторичная** Sekundärkristallisation *f*, Sekundärausscheidung *f*, sekundäre Kristallisation *f* || **~ выпариванием** Verdampfungskristallisation *f* || **~/массовая** Massenkristallisation *f* || **~/мелкая** feinkörnige Kristallisation *f* || **~ методом зонной плавки** *(Met)* Zonenschmelzverfahren

n ‖ **~/осевая** Achsenkristallisation *f* ‖ **~/первичная** Primärkristallisation *f*, Primärkornbildung *f*, Primärausscheidung *f*, primäre Kristallisation *f* ‖ **~/принудительная** Zwangskristallisation *f* ‖ **~/раздельная** fraktionierte Kristallisation *f* ‖ **~/регулируемая** geleitete Kristallisation *f* ‖ **~/собирательная** Sammelkristallisation *f* ‖ **~/смешанная** Mischkristallisation *f* ‖ **~/столбчатая** Stengelkristallisation *f* ‖ **~/фракционированная** *s.* ~/раздельная

кристаллиз[ир]овать auskristallisieren, zur Kristallisation bringen

кристаллиз[ир]оваться [aus]kristallisieren, Kristalle bilden

кристаллизуемость *f* Kristallisationsfähigkeit *f*, Kristallisationsvermögen *n*, Kristallbildungsvermögen *n*, Kristallisierbarkeit *f*

кристаллит *m* Kristallit *m*, Kristallkorn *n*

кристаллобластез *m (Geol)* Kristalloblastese *f*, Kristallsprossung *f*

кристаллогидраты *mpl* Kristallwasser *npl*

кристаллография *f* Kristallographie *f* ‖ **~/рентгеновская** Röntgen[strahlen]kristallographie *f* ‖ **~/структурная** Kristallstrukturanalyse *f*

кристаллодержатель *m* 1. Kristallhalterung *f*, Kristallhalter *m*, Kristallträger *m*; 2. *(Eln)* Chip-Carrier-Gehäuse *n*; 3. *(Eln)* Mittelinsel *f (im Trägerstreifen)*

кристаллоид *m* Kristalloid *n*

кристаллолюминесценция *f* Kristall[ol]]lumineszenz *f*

кристаллометр *m* Kristallmesser *m*

кристаллометрия *f* Kristallmessung *f*

кристалломорфология *f* Kristallmorphologie *f*

кристаллообразование *n* Kristallbildung *f*, Kristallisieren *n*, Kristallisation *f*

кристаллооптика *f* Kristalloptik *f*

кристаллоспектрограф *m* Kristall[gitter]spektrograph *m*

кристаллофизика *f* Kristallphysik *f*

кристаллофосфоресценция *f* Kristall[o]phosphoreszenz *f*

кристаллохимический kristallchemisch

кристаллохимия *f* Kristallchemie *f*

кристалл-подложка *m (Eln)* Substratkristall *m*

кристалл-рефрактометр *m (Krist)* Kristallrefraktometer *n*, Kugelrefraktometer *n*, Abbé-Refraktometer *n*

кристалл-хозяин *m* Wirt[s]kristall *m*, Grundkristall *m*

кристаллы *mpl*/**мелкие** Feinkorn *n*, Kristallmehl *n (Zuckergewinnung)*

кристобалит *m (Min)* Cristobalit *m* (SiO_2-Modifikation)

критерии *mpl*/**оценочные** Bewertungskriterien *npl*

критерий *m* 1. Kriterium *n*; 2. [statistischer] Test *m (Statistik)*; 3. Testgröße *f*, Prüfzahl *f (Statistik)* ‖ **~/вероятностный** Wahrscheinlichkeitskriterium *n* ‖ **~ вырождения** *(Krist)* Entartungskriterium *n* ‖ **~ Гурвица** *(Reg)* Hurwitz-Kriterium *n* ‖ **~ заедания** *(Trib)* Freßkriterium *n* ‖ **~ знаков** Vorzeichentest *m*, Zeichentest *m* ‖ **~ значимости** Signifikanztext *m* ‖ **~ Маха** Machsches Kriterium *n* ‖ **~ неустойчивости** Labilitätskriterium *n* ‖ **~ нормальности** Normal[itäts]test *m* ‖ **~ Нуссельта** *(Aero)* Nußelt-Zahl *f*, Nußeltsche Kennzahl *f*, Nußeltsche Zahl *f*, *Nu*, Biot-Zahl *f*, *Bi* ‖ **~ оптимальности** Optimalitätskriterium *n* ‖ **~ Пекле** *(Aero)* Péclet-Zahl *f*, Pécletsche Kennzahl *f*, *Pe* ‖ **~ подобия** Ähnlichkeits[kenn]zahl *f*, [dimensionslose] Kennzahl *f* ‖ **~ прочности** Festigkeitskriterium *n* ‖ **~ равновесия** Gleichgewichtskriterium *n* ‖ **~ рассеяния** Streuungstest *m* ‖ **~ случайности** Zufälligkeitstest *m* ‖ **~ согласия** Anpassungstest *m* ‖ **~ Стантона** *(Aero)* Stanton-Zahl *f*, Stantonsche Kennzahl *f*, *St*, Margoulis-Zahl *f*, *Mg* ‖ **~ устойчивости** Stabilitätskriterium *n* ‖ **~ Фруда** *(Aero)* Froude-Zahl *f*, Froudesche Zahl (Kennzahl) *f*, *Fr* ‖ **~ хи-квадрат** *(Meß)* Chi-Quadrat-Test *m*

критический/почти *(Kern)* fast kritisch

кричный *(Met)* Frisch..., Fein..., Gar...; Luppen..., Renn...

кровавик *m s.* гематит

кровля *f* 1. *(Bw)* Dacheindeckung *f*, Dachhaut *f*, Dach *n*; 2. *(Bgb)* Firste *f*, Hangende[s] *n* ‖ **~/бесшовная** *(Bw)* fugenlose Dacheindeckung *f* ‖ **~/висячая** *(Bw)* Hängedach *n* ‖ **~/водонаполненная** *(Bw)* Flachdach *n* mit Wasserkühlschicht ‖ **~/водоупорная** *(Hydrol)* Grundwasserdeckfläche *f* ‖ **~/жёсткая** *(Bw)* harte Dachdeckung *f* ‖ **~/крепкая** *(Bgb)* gesundes (festes) Hangendes *n* ‖ **~/ложная** *(Bgb)* falsches Hangendes *n*, Nachfallpacken *m* ‖ **~/мягкая** *(Bw)* weiche Dachdeckung *f* ‖ **~/неисправная** *(Bw)* defektes (undichtes) Dach *n* ‖ **~/непосредственная** *(Bgb)* unmittelbares Hangendes *n* ‖ **~/обнажённая** *(Bgb)* freigelegtes Hangendes *n* ‖ **~/основная** *(Bgb)* Haupthangendes *n* ‖ **~/плоская** *(Bw)* Flachdach *n* ‖ **~/противоштормовая** *(Bw)* Sturm[dach]deckung *f* ‖ **~/рулонная** *(Bw)* Pappeindeckung *f* mit Rollenmaterial ‖ **~/скатная** *(Bw)* Schrägdach *n* ‖ **~/слабая** *(Bgb)* gebräches (schwaches) Hangendes *n* ‖ **~/стеклянная** Glasdach *n* ‖ **~/толевая** *(Bw)* Pappdach *n (Teerpappe)* ‖ **~/устойчивая** *(Bgb)* standfestes (gutes) Hangendes *n* ‖ **~/черепичная** *(Bw)* Ziegeldach *n*, Ziegeleindeckung *f* ‖ **~/шиферная** *(Bw)* Schieferdach *n*

крокидолит *m (Min)* Krokydolith *m*, Blaueisenstein *m (Amphibol)*

крокоит *m (Min)* Krokoit *m*, Rotbleierz *n*

кромка *f* 1. Kante *f*; Rand *m*; Saum *m (s. a. unter* край 1.*)*; 2. Grat *m (Rippe)*; 3. Bord *m*, Bördel *m*, Krempe *f*, Wulst *m(f)*; 4. *(Text)* Kante *f*, Webleiste *f*, Leiste *f*, Borte *f*; 5. *(Wkz)* Schneide *f*, Schneidkante *f* • **с острой кромкой** scharfkantig ‖ **~/безударная входная** stoßfreier Eintritt *m* an der Schaufeleintrittskante ‖ **~/вспомогательная [режущая]** *(Wkz)* Nebenschneide *f* ‖ **~/входящая** Eintrittskante *f (an der Schaufel von Strömungsmaschinen)* ‖ **~/выходная** Austrittskante *f (an der Schaufel von Strömungsmaschinen)* ‖ **~/главная [режущая]** *(Wkz)* Hauptschneide *f* ‖ **~ забоя** *(Bgb)* Abbaukante *f*, Strebkante *f* ‖ **~/задняя** Hinterkante *f*, Austrittskante *f (Strömungsmaschinen)* ‖ **~ золотника** Schieberkante *f* ‖ **~ клина** Keilkante *f* ‖ **~/лобовая** Stirnkante *f* ‖ **~ лопасти/входная** Schaufeleintrittskante *f (Lauf- und Leitrad von Strömungsmaschinen)* ‖ **~ лопасти/выходная** Schaufelaustrittskante *f (Lauf- und Leitrad von Strömungsmaschinen)* ‖ **~/передняя** Vorderkante *f*, Eintrittskante *f (Strömungsmaschinen)* ‖ **~/переходная [режущая]** Übergangsschneide *f* ‖ **~/поперечная [режущая]** *(Wkz)* Querschneide *f (Spiralbohrer)* ‖ **~/предохранительная** *(Wkz)* Schutzkante *f*, Schutzfase *f* ‖ **~/пылеуловительная** Staublippe *f (Manschettendichtung)* ‖ **~/режущая** 1. *(Wkz)* Schneide *f*; 2. Schürfschneide *f (Bagger)* ‖ **~/сварная** *(Schw)* Fugenflanke *f* ‖ **~/скошенная** gebrochene Kante *f* ‖ **~/срезанная** abgefaste Kante (Ecke) *f* ‖ **~/торцовая [режущая]** *(Wkz)* Stirnschneide *f* ‖ **~/угловая [режущая]** *(Wkz)* abgewinkelte Hauptschneide *f (Stirnfräser, Messerkopf)*

кромкокрошитель *m (Wkz)* Häckselschere *f*, Hilfsschere *f (zum Kleinschneiden des Saumschrotts)*

кромкоулавливатель *m (Text)* Kantenwächter *m*

крон *m* 1. Chrom[at]farbe *f*; 2. *(Opt)* Kronglas *n* ‖ **~/лёгкий** Leichtkronglas *n* ‖ **~/тяжёлый** Schwerkronglas *n* ‖ **~/фосфатный** Phosphatkronglas *n*

кронблок *m (Bgb)* Kronenblock *m*, Oberblock *m*, Turmrollenblock *m (Bohrturm)*

кронглас *m s.* крон 2.

кронинг-процесс *m (Gieß)* Maskenformverfahren *n*, Croning-Verfahren *n*

кронциркуль *m* 1. Außentaster *m*, Meßzirkel *m*; 2. Greifzirkel *m*; 3. Nullenzirkel *m*

кронштедтит *m (Min)* Cronstedtit *m*, Chlormelan *m*

кронштейн *m* 1. Halterung *f*; 2. *(Bw)* Konsole *f*, Kragstein *m*, Kragstütze *f*; 3. *(Masch)* Konsole; Lagerkonsole *f*; Bock *m*, Stütze *f*, Tragstütze *f*; Träger *m*; Auflagesockel *m*; Ausleger *m* ‖ **~ гребного вала** *(Schiff)* Wellenbock *m* ‖ **~ копира** *(Wkzm)* Kopierbock *m (Nachformvorrichtung)* ‖ **~/опорный** Auflage *f*, Bock *m*, Tragarm *m*, Traggerüst *n*, Stützlager *n* ‖ **~ перебора** *(Masch)* Vorgelegearm *m* ‖ **~/передвижной** Stellarm *m* ‖ **~/поворотный** Schwenkarm *m* ‖ **~/рессорный** *(Kfz)* Federbock *m*, Federstütze *f (Federaufhängung)* ‖ **~/рулевой** *(Schiff)* Ruderträger *m (Halbschweberuder)* ‖ **~/стенной** Wandarm *m*, Wandkonsole *f* ‖ **~/токоприёмный (токосъёмный)** *(El)* Stromabnehmerarm *m*

кросс *m (Nrt)* 1. Verteiler *m*; 2. Verteilerraum *m* ‖ **~/главный** Hauptverteiler *m* ‖ **~/промежуточный** Zwischenverteiler *m*

кроссинг *m (Bgb)* Wetterkreuz *n*, Wetterbrücke *f (Bewetterung)*

кроссинг-симметрия *f (Ph)* Kreuzsymmetrie *f (Hochenergiephysik)*

кроссит *m (Min)* Crossit *m (Amphibol)*

кросс-корреляция *f s.* корреляция/взаимная

кросс-коунтри *m (Wlz)* Zick-Zack-Anordnung *f*, Cross-country-Anordnung *f (der Walzgerüste)*

кросс-модуляция *f (El)* Kreuzmodulation *f*

кросс-релаксация *f (Kern)* Kreuzrelaxation *f*

кросс-система *f (Inf)* Cross-System *n*

кросс-трейдер *m* Cross-Trade-Schiff *n*

кротователь *m (Lw)* Maulwurfpflug *m*; Maulwurfdränmaschine *f*, grabenlose Dränmaschine *f*

крошение *n* **почвы** *(Lw)* Krümelung *f (des Bodens)*

крошка *f (Text)* Schnitzel *n*, Granulat *n (Chemiefaserherstellung)* ‖ **~/хмелевая** *(Brau)* Hopfenabrieb *m*

КРУ *s.* устройство/комплектное распределительное

круг *m* 1. *(Math)* Kreis *m*, Kreisfläche *f*, Kreisscheibe *f (s. a. unter* окружность 1.*)*; 2. Scheibe *f (s. a. unter* диск 1.*)*; 3. *(Wlz)* Rundkaliber *n* ‖ **~/абразивный** *m (Wkz)* Schleifkörper *m*, Schleifscheibe *f* ‖ **~/абразивный чашечный** *(Wkz)* Topfschleifkörper *m*, Topfschleifscheibe *f* ‖ **~/азимутальный** *(Geod)* Azimutalkreis *m* ‖ **~/алмазный** *(Wkz)* Diamantschleifkörper *m*, Diamantschleifscheibe *f* ‖ **~/алмазный отрезный** *(Wkz)* Diamanttrennschleifkörper *m* ‖ **~/ведущий** *(Wkz)* Regelkörper *m*, Regelscheibe *f (Spitzenlosschleifen)* ‖ **~/вертикальный** 1. Vertikalkreis *m*, Höhenkreis *m (Instrument zur Messung der Zenitdistanz von Gestirnen)*; 2. *s.* вертикал 2. ‖ **~/войлочный полировальный** *(Wkz)* Filz[ringpolier]scheibe *f (Metallpolieren)* ‖ **~/высотный** *s.* вертикал 2. ‖ **~ высоты** *s.* вертикал 2. ‖ **~/гончарный** Töpferscheibe *f* ‖ **~ дальности/неподвижный** fester Entfernungs[meß]ring *m (Schiffsradar)* ‖ **подвижный** variabler Entfernungs[meß]ring *m (Schiffsradar)* ‖ **~/делительный** *(Wkz)* Teilscheibe *f (des Teilkopfes)* ‖ **~/засаленный** *(Wkz)* verschmierte Scheibe *f* ‖ **~/заточный** *(Wkz)* Scharfschleifscheibe *f* ‖ **~ Зодиака** *(Astr)* Tierkreis *m*, Zodiakus *m* ‖ **~ инерции Мора[-Ланда]** *(Fest)* Mohr-Landscher Trägheitskreis *m* ‖ **~ катания** *(Eb)* Laufkreis *m (Rad)* ‖ **~/кожаный полировальный** *(Wkz)* Leder[polier]scheibe *f*, Pließtscheibe *f* ‖ **~/корундовый** *(Wkz)* Korundscheibe *f* ‖ **~ кривизны** *(Math)* Krümmungskreis *m (Kurve)* ‖ **~/крупнозернистый** *(Wkz)* grobkörnige Scheibe *f* ‖ **~/мелкозернистый** *(Wkz)* feinkörnige Scheibe *f* ‖ **~/меридианный** Meridiankreis *m (astronomisches Instrument)* ‖ **~/многониточный [резьбошлифовальный]** *(Wkz)* Mehrprofilschleifscheibe *f*, mehrrillige Schleifscheibe (Gewindeschleifscheibe) *f* ‖ **~ Мора** *(Fest)* Mohrscher Spannungskreis *m* ‖ **~ на керамической связке** *(Wkz)* keramisch gebundene Scheibe *f* ‖ **~/наждачный** *(Wkz)* Schmirgelscheibe *f*, Schleifscheibe *f*, Schleifkörper *m* ‖ **~ напряжений [Мора]** *s.* ~ Мора ‖ **~/обдирочно-шлифовальный** *(Wkz)* Schälschleifscheibe *f* ‖ **~/однониточный [резьбошлифовальный]** *(Wkz)* Einprofilschleifscheibe *f*, einrillige Schleifscheibe (Gewindeschleifscheibe) *f* ‖ **~/отделочный** *(Wlz)* Schlichtrund *n*, Schlichtrundkaliber *n* ‖ **~/отрезной** *(Wkz)* Trennscheibe *f* ‖ **~/отрезной шлифовальный** *(Wkz)* Trennschleifscheibe *f* ‖ **~/пальцевой шлифовальный** *(Wkz)* Schleifstift *m* ‖ **~/плоский** *(Wkz)* Flachscheibe *f* ‖ **~/плоский наращённый** *(Wkz)* gerader Schleifkörper *m* mit Stahlblechauflage ‖ **~/плоский рифлёный** *(Wkz)* gerader Schleifkörper *m* mit einseitigen Ringnuten ‖ **~/поворотный** 1. *(Wlz)* Drehscheibe *f*, Drehboden *m*; 2. *(Eb)* Drehscheibe *f* ‖ **~/подающий** Vorschubscheibe *f* ‖ **~/полировальный** *(Wkz)* Polierscheibe *f* ‖ **~/полярный** Polarkreis *m* ‖ **~/правящий** *(Wkz)* Abrichtscheibe *f* ‖ **~/предчистовой** *(Wlz)* Vorschlichtrund[kaliber] *n* ‖ **~ прицепа/поворотный** *(Kfz)* Drehkranz *m (Anhänger)* ‖ **~/профилированный шлифовальный** *(Wkz)* Profilschleifscheibe *f*, Profilschleifkörper *m* ‖ ~ **прямого профиля** *(Wkz)* gerade Scheibe *f* ‖ ~ **прямого профиля/плоский** *(Wkz)* gerader Umfangsschleifkörper *m* ‖ ~ **равной высоты** *s.* ~ равных высот ‖ ~ **равных высот** *(Astr)* Horizontalkreis *m*, Azimutalkreis *m*, Almukantarat *m* ‖ ~**/рабочий** *(Wkz)* Arbeitsscheibe *f* ‖ ~**/резьбовой (резьбошлифовальный)** *(Wkz)* Gewindeschleifscheibe *f* ‖ ~**/роликовый** Rollenkreuz *n* ‖ ~**/сегментный** *(Wkz)* Segment[schleif]scheibe *f* ‖ ~**/сегментный отрезной** *(Wkz)* Segmenttrennscheibe *f* ‖ ~ **склонений** *s.* ~/часовой ‖ ~ **склонения [светила]** *s.* ~/часовой ‖ ~ **склонения телескопа** *(Astr)* Deklinations[teil]kreis *m (am Fernrohr)* ‖ ~**/скоростной шлифовальный** *(Wkz)* Schnellschleifscheibe *f* ‖ ~**/соприкасающийся** *(Math)* Schmiegekreis *m* ‖ ~**/спасательный** *(Schiff)* Rettungsring *m* ‖ ~ **сходимости** *(Math)* Konvergenzkreis *m* ‖ ~ **телескопа/часовой** *(Astr)* Stunden[teil]kreis *m (am Fernrohr)* ‖ ~ **теодолита/вертикальный** *(Geod)* Vertikalkreis *m (Theodolit)* ‖ ~ **теодолита/горизонтальный** *(Geod)* Teilkreis *m*, Horizontalkreis *m*, Limbus *m (Theodolit)* ‖ ~**/тканевый [полировальный]** *(Wkz)* Tuch[polier]scheibe *f*, Schwabbelscheibe *f* ‖ ~**/точильный** *(Wkz)* Werkzeugschärfscheibe *f* ‖ ~**/тригонометрический** *(Math)* Einheitskreis *m (Kreis vom Radius r = 1)* ‖ ~**/фасонный шлифовальный** *(Wkz)* Profilschleifscheibe *f*, Formschleifscheibe *f* ‖ ~**/фетровый [полировальный]** *(Wkz)* Filz[ringpolier]scheibe *f* ‖ ~**/часовой** *(Astr)* Stundenkreis *m* ‖ ~**/чашечный** *(Wkz)* Topfscheibe *f*, topfförmige Scheibe *f* ‖ ~**/чистовой** *(Wlz)* Schlichtrund[kaliber] *n* ‖ ~**/шлифовальный** *(Wkz)* Schleifkörper *m*, Schleifscheibe *f*

круг-кольцо *m (Wkz)* ringförmige Scheibe *f* ‖ ~**/шлифовальный** Schleifring *m*, Stirnschleifring *m*

кругление *n* Runden *n*, Abrunden *n* ‖ ~ **корешка** *(Typ)* Rückenrunden *n (Buchrücken)*

круглить runden, abrunden

круглограмма *f* Kreisformdiagramm *n*, Rundheitsdiagramm *n*

круглогубцы *pl (Wkz)* Rundzange *f*

кругломер *m* Kreisformmeßgerät *n*, Kreisformprüfgerät *n*, Rundheitsmeßgerät *n*

круглоплетение *(Text)* Rundflechten *n*

круглость *f* Kreisform *f*, Rundheit *f*

круговой 1. kreisförmig; 2. *(Masch)* kreisbogenverzahnt *(Zahnräder)*; 3. *(Masch)* Rund..., Rundteil...

круговорот *m* Kreislauf *m*, Umlauf *m*, Zirkulation *f* ‖ ~ **воды [в природе]** *(Hydrol)* Wasserkreislauf *m*

кругообращение *n* Zirkelbewegung *f*, Kreisdrehung *f*; Kreislauf *m*

круг-тарелка *m (Wkz)* Tellerscheibe *f*, tellerförmige Scheibe *f* ‖ ~**/шлифовальный** Tellerschleifscheibe *f*

круг-чашка *m (Wkz)* Topfscheibe *f*, topfförmige Scheibe *f* ‖ ~**/конический** keglige Topfschleifscheibe *f* ‖ ~**/цилиндрический** zylindrische Topfschleifscheibe *f* ‖ ~**/шлифовальный** Topfschleifscheibe *f*, topfförmige Schleifscheibe *f*

кружала *npl (Bw)* Lehrgerüst *n*, Bogengerüst *n*, Wölbgerüst *n*

кружево *n (Text)* Spitze *f*

кружка *f* Krug *m*; Kanne *f* ‖ ~**/прядильная** *(Text)* Spinntopf *m* ‖ ~ **центрифуги** *(Text)* Spinntopf *m (Chemiefaserherstellung)*

кружок *m* kleiner Kreis *m*; Scheibchen *n*; *(Met)* Ronde *f* ‖ ~**/дифракционный** *(Opt)* Beugungsscheibchen *n*, Beugungsscheibe *f* ‖ ~ **[наименьшего] рассеяния** *(Opt)* Unschärfe[n]kreis *m*, Streu[ungs]kreis *m*, Streuscheibchen *n* ‖ ~ **Эри** Airy-Scheibchen *n (Beugungsscheibchen)*

круиз *m (Schiff)* Kreuzfahrt *f*

крук[е]сит *m (Min)* Crookesit *m (Thalliummineral)*

крупинка *f* Körnchen *n*, Kügelchen *n*

крупка *f* 1. Grieß *m*, Schrot *m*; 2. *(Lebm)* Grieß *m* ‖ ~**/пробковая** Korkschrot *m*

крупновейка *f* Grießputzmaschine *f*

крупногабаритный groß, Groß... *(mit großen Abmessungen)*

крупнозернистость *f* Grobkörnigkeit *f (Gefüge)* ‖ ~**/наследственная** Grobkörnigkeit *f* infolge Wärmebehandlung *(Metall)*

крупнозернистый grobkörnig *(Gefüge)*

крупнозубый *(Masch)* grobgezahnt, grobverzahnt

крупнокалиберный großkalibrig

крупноклетчатый grobzellig

крупнокристаллический makrokristallin, grobkristallin *n*, grobkörnig *(Gefüge)*

крупномодульный *(Fert)* mit großem Modul, großmodulig

крупнопористый grobporig

крупносортный Grobstahl...

крупносортовой Grobstahl...

крупность *f* 1. Größe *f*; 2. *(Met)* Stückgröße *f*; 3. Körnung *f*, Korngröße *f*; 4. Feinheit *f*, Feinheitsgrad *m (eines Mahlproduktes)* ‖ ~ **зёрен** Körnung *f*, Korngröße *f* ‖ ~ **зерна/предельная** Grenzkorngröße *f* ‖ ~ **частиц** Teilchengröße *f*, Körnung *f*, Korngröße *f*, Kornfeinheit *f (körniges Gut, Metall)*

крупнота *f* Feinheit *f*, Feinheitsgrad *m*

крупноячеистый grobmaschig, weitmaschig *(z. B. Netz)*

крупон *m (Led)* Knupon *m*, Croupon *m*, Kernstück *n*

крупонирование *n (Led)* Knuponieren *n*, Crouponieren *n*

крупорушка *f* 1. Graupenmühle *f*, Grützmühle *f)*; 2. Schälmaschine *f (Gruppenbegriff für Buchweizen- und Hirseschälmaschinen)*

крустификация *f (Geol)* Inkrustierung *f*, Inkrustation *f*

крутизна *f* 1. *(El)* Steilheit *f*; 2. *(Geol)* Absturz *m* ‖ ~**/динамическая** *(El)* dynamische Steilheit *f* ‖ ~ **напряжения** *(El)* Spannungssteilheit *f* ‖ ~**/начальная** *(El)* Anfangssteilheit *f* ‖ ~ **преобразования [частоты]** *(El)* Konversionssteilheit *f*, Mischsteilheit *f* ‖ ~**/рабочая** *(El)* Arbeitssteilheit *f*, Betriebssteilheit *f* ‖ ~ **ската** *(Geol)* Böschungsgrad *m*, Fallwinkel *m* ‖ ~ **управления** *(El)* Steuersteilheit *f* ‖ ~ **фронта** *(El)* Flankensteilheit *f (eines Impulses)*; Stirnsteilheit *f (einer Welle)* ‖ ~ **фронта импульса** *(El)* Impulsflankensteilheit *f* ‖ ~ **характеристики** *(El)* Kennliniensteilheit *f* ‖ ~ **характеристики/динамическая** *s.* ~/рабочая

крутильно-жёсткий torsionssteif

крутильный 1. *(Ph, Mech)* Torsions…, Dreh…, Drillungs…; 2. *(Text)* Zwirn…

крутить drehen; verdrehen, verwinden, verdrillen ‖ ~ **шёлк** *(Text)* m[o]ulieren

крутка *f* 1. *(Text)* Draht *m*, Drehung *f (beim Zwirnen; s. a. unter* кручение*)*; 2. Schlag *m (Seilerei)*; 3. *(Flg)* Verwindung *f (Tragflügel; s. a.* закручивание 2.*)* ‖ **~/высокая** *(Text)* harter Draht *m*; Kreppzwirnen *n* ‖ **~/дополнительная** *(Text)* Nachrehung *f*, Nachdraht *m (beim Spinnen)* ‖ ~ **каната** Seilschlag *m* ‖ **~/креповая** Kreppdrehung *f* ‖ **~/крестовая** Kreuzschlag *m (Seil)* ‖ **~/круглая** Rundschlag *m (Seil)* ‖ **~/левая** 1. *(Text)* S-Draht *m*, S-Drehung *f*; 2. Linksschlag *m (Seil)* ‖ **~/ложная** *(Text)* falscher Draht *m*, Falschdraht *m*; Falschdrehung *f* ‖ ~ **накрест** *s.* ~/крестовая ‖ **~/низкая** *(Text)* lose Drehung *f*, weiche Drehung *f* ‖ **~/окончательная** *(Text)* Auszwirnen *n* ‖ **~/параллельная** Gleichschlag *m*, Längsschlag *m (Seil)* ‖ **~/правая** 1. *(Text)* Z-Draht *m*, Z-Drehung *f*; 2. Rechtsschlag *m (Seil)* ‖ **~/прямая** *s.* ~/параллельная ‖ **~/слабая** *(Text)* loser (weicher) Draht *m*

круткомер 1. Torsionsmesser *m*, Verdrehungsmesser *m*; 2. *(Text)* Fadendrehungsmesser *m*, Drehungsprüfer *m*

крутонарастающий steil ansteigend

кручение *n* 1. Verdrehung *f*, Torsion *f*, Drall *m*; 2. *(Text)* Drehungserteilung *f*, Drehen *m*, Torsion *f*, Zwirnen *n*; 3. *(Math)* Torsion *f*, Schmiegung *f*, zweite Krümmung *f (einer Raumkurve)* ‖ **~/вторичное** *(Text)* Auszwirnen *n*, Nachzwirnen *n* ‖ **~/двойное** *(Text)* Doppeldrahtzwirnen *n* ‖ **~/дополнительное** *(Text)* Nachzwirnen *n* ‖ **~/изгибное** *(Fest)* Biegeverdrehung *f*, Biegetorsion *f* ‖ **~/мокрое** *(Text)* Naßzwirnen *n* ‖ **~/окончательное** *(Text)* Nachzwirnen *n*; Auszwirnen *n* ‖ **~/первое (предварительное, приготовительное)** *(Text)* Vorzwirnen *n* ‖ ~ **с вытягиванием** *(Text)* Reckzwirnen *n* ‖ **~/свободное** *s.* ~/чистое ‖ **~/стеснённое** *s.* ~/изгибное ‖ **~/сухое** *(Text)* Trockenzwirnen *n* ‖ **~/фасонное** *(Text)* Effektzwirnen *n* ‖ **~/чистое** *(Fest)* freie Torsion *f*, de Saint-Venantsche Torsion *f*

кручёный *(Text)* gedreht, gezwirnt

крыло *n* 1. Flügel *m*; 2. *(Flg)* Flügel *m*, Tragflügel *m*, Tragfläche *f*; 3. *(Geol)* Flügel *m*, Flanke *f*, Schenkel *m*; 4. *(Kfz)* Kotflügel *m*; 5. *(Bw)* Flügel *m* ‖ ~ **антиклинали** *(Geol)* Antiklinalflanke *f*, Sattelflanke *f*, Sattelschenkel *m* ‖ **~/бипланное** *(Flg)* Doppeldeckerflügel *m* ‖ **~/верхнее** *s.* ~ лежачей складки/верхнее ‖ ~ **водослива** *(Hydt)* Überfallrand *m*, Wehrschwelle *f* ‖ **~/двойное** Doppelwulstkern *m (Reifen)* ‖ **~/двухлонжеронное** *(Flg)* Zweiholmtragflügel *m*, zweiholmiger Tragflügel *m* ‖ **~/дельтавидное** *(Flg)* Delta[trag]flügel *m*, Dreieckflügel *m* ‖ **~/дождевальное** *(Lw)* Regnerflügel *m* ‖ **~/заднее** *(Kfz)* hinterer Kotflügel *m* ‖ ~ **лежачей складки/верхнее** *(Geol)* Hangendflügel *m*, hangender Schenkel *m (liegende Falte)* ‖ ~ **лежачей складки/нижнее** *(Geol)* Liegendflügel *m*, liegender Schenkel *m (liegende Falte)* ‖ **~/летающее** Nurflügelflugzeug *n*, Nurflügler *m* ‖ **~/многолонжеронное** *(Flg)* Mehrholmtragflügel *m*, vielholmiger Tragflügel *m* ‖ ~ **мостика** *(Schiff)* Brückennock *f* ‖ **~/неразъёмное** *(Flg)* nicht unterteilter (zerlegbarer) Tragflügel *m* ‖ **~/нижнее** *s.* ~ лежачей складки/нижнее ‖ **~/однолонжеронное** *(Flg)* einholmiger Tragflügel *m* ‖ **~/откосное** *(Hydt)* Flügelmauer *f (Einkammerschleuse)* ‖ **~/переднее** *(Kfz)* vorderer Kotflügel *m* ‖ ~ **плотины** *(Hydt)* Dammflügel *m* ‖ **~/подводное** *(Schiff)* Tragfläche *f*, Tragflügel *m (Tragflächenschiff)* ‖ ~ **покрышки** Wulst *m(f) (Reifendecke)* ‖ **~/противоположное** *(Geol)* Gegenflanke *f*, Gegenflügel *m (einer Mulde)* ‖ **~/прямое** *(Flg)* gerader Tragflügel *m (Oberbegriff für Rechteck- und Trapezflügel)* ‖ **~/прямоугольное** *(Flg)* Rechteck[trag]flügel *m* ‖ **~/разъёмное** *(Flg)* unterteilter (zerlegbarer) Tragflügel *m* ‖ ~ **с двойной стреловидностью** *(Flg)* Tragflügel *m* mit doppelter Pfeilung ‖ ~ **с обратной стреловидностью** *(Flg)* Tragflügel *m* mit negativer Pfeilung ‖ ~ **с прямой стреловидностью** *(Flg)* Tragflügel *m* mit positiver Pfeilung ‖ ~ **с центропланом/разъёмное** *(Flg)* zerlegbarer Tragflügel *m* mit Flügelmittelstück *(häufig bei Kleinflugzeugen)* ‖ ~ **сброса** *(Geol)* Verwerfungsflügel *m* ‖ ~ **сброса/верхнее** Hangendflügel *m (einer Verwerfung)* ‖ ~ **сброса/нижнее** Liegendflügel *m (einer Verwerfung)* ‖ ~ **сброса/опущенное** gesunkener Flügel *m (einer Verwerfung)* ‖ ~ **сброса/[при]поднятое** gehobener Flügel *m (einer Verwerfung)* ‖ **~/свободнонесущее** *(Flg)* freitragender Tragflügel *m* ‖ ~ **синклинали** *(Geol)* Muldenflügel *m*, Muldenschenkel *m*, Synklinalflügel *m* ‖ ~ **складки** *(Geol)* Faltenschenkel *m*, Faltenflanke *f*, Faltenflügel *m* ‖ ~ **складки/крутое** *(Geol)* steile Faltenflanke *f*, steiler Faltenflügel (Faltenschenkel) *m* ‖ ~ **складки/нижнее** *(Geol)* liegender Schenkel *m (einer Falte)* ‖ ~ **складки/опрокинутое** *(Geol)* überkippter Schenkel *m*, überkippte Flanke *f (einer Falte)* ‖ ~ **соляного штока** *(Geol)* Salzstockflanke *f* ‖ **~/стреловидное** *(Flg)* Pfeilflügel *m*, gepfeilter Tragflügel *m* ‖ ~ **типа «обратная чайка»** *(Flg)* umgekehrter (negativer) Knickflügel *m (der Innenflügel bildet mit dem Flugzeugrumpf ein umgekehrtes V)* ‖ ~ **типа «чайка»** *(Flg)* Knickflügel *m (der Innenflügel bildet mit dem Rumpf des Flugzeugs ein V)* ‖ ~ **трала** Flügel *m* des Schleppnetzes ‖ **~/трапециевидное** *(Flg)* Trapezflügel *m* ‖ **~/треугольное** *(Flg)* Delta[trag]flügel *m* ‖ **~/управляемое подводное** *(Schiff)* verstellbare Tragfläche *f*, verstellbarer Tragflügel *m (Tragflächenboot)* ‖ ~ **флексуры** *(Geol)* Flexurflügel *m* ‖ **~/цельное** *(Flg)* durchgehender Tragflügel *m* ‖ ~ **шахтного поля** *(Bgb)* Grubenfeldflügel *m*

крыльчатка *f* Flügelrad *n* ‖ ~ **компрессора** Verdichterlaufrad *n (Kreiselverdichter)* ‖ ~ **насоса** Pumpenlaufrad *n (Kreiselpumpe)*

крыша *f* 1. *(Bw)* Dach *n (s. a. unter* кровля 1.*)*; 2. *(Bgb) s. unter* кровля 2. ‖ **~/бесчердачная** *(Bw)* einschaliges Dach *n* ‖ **~/бесчердачная утеплённая** Warmdach *n* ‖ **~/вальмовая** *(Bw)* Walmdach *n* ‖ **~/двускатная** *(Bw)* Satteldach *n*, Giebeldach *n* ‖ **~/коническая** *(Bw)* Kegeldach *n*, rundes Zeltdach *n* ‖ **~/купольная** *(Bw)* Kuppeldach *n* ‖ **~/мансардная** *(Bw)* Mansardendach *n* ‖ **~/односкатная** *(Bw)* Pultdach *n* ‖ **~/пилообразная** *(Bw)* Sägedach *n*, Sheddach *n* || **~/пирамидальная** *(Bw)* Pyramidendach *n*, Zeltdach *n* || **~/плоская** *(Bw)* Flachdach *n* || **~/полувальмовая** *(Bw)* Halbwalmdach *n*, Krüppelwalmdach *n* || **~/свисающая** *(Bw)* überstehendes Dach *n* || **~/сводчатая** *(Bw)* Bogendach *n*, Wölbdach *n* || **~/скатная** *(Bw)* Steildach *n* || **~/складчатая** *(Bw)* Falt[schalen]dach *n* || **~/совмещённая** *(Bw)* einschaliges Dach *n* || **~/чашеобразная** *(Bw)* schalenförmiges Dach *n* || **~/чердачная** *(Bw)* zweischaliges Dach *n* || **~/четырёхскатная** *(Bw)* Walmdach *n* || **~/шатровая** *s.* ~/пирамидальная || **~/шедовая** *(Bw)* Sheddach *n*, Sägedach *n* || **~/щипцовая** *s.* ~/двускатная

крыша-терраса *f (Bw)* 1. Terrassendach *n*; 2. Dachterrasse *f*

крышка *f* Abdeckung *f*, Deckelplatte *f*, Deckel *m*; Haube *f*, Kappe *f* || **~/аркообразная** Gewölbedeckel *m (Herdofen)* || **~ багажника** Kofferraumhaube *f* || **~/бумажная переплётная** Papierbanddecke *f* || **~/вдавливаемая** Eindrückdeckel *m (Verpackung)* || **~ выключателя** *(El)* Schalterdeckel *m* || **~/выпрямленная** *(Typ)* ausgebogene Decke *f* || **~/декоративная** Blende *f (z. B. am Armaturenbrett für späteren Einbau eines Radios)* || **~/запорная** Verschlußdeckel *m* || **~/защитная** Schutzdeckel *m* || **~/золотниковая** Schiebergehäusedeckel *m* || **~/клюзовая** *(Schiff)* Klüsendeckel *m*, Klüsenblende *f* || **~ колодца** *(Nrt)* Schachtabdeckung *f (Kabelschacht)* || **~ корпуса** Gehäusedeckel *m* || **~/литая ребристая** Rippengußdeckel *m* || **~/люковая** *(Schiff)* Lukendeckel *m* || **~/наматываемая люковая** *(Schiff)* aufrollbarer Lukendeckel *m* || **~/откатываемая люковая** *(Schiff)* fahrbarer Lukendeckel *m*, Rollukendeckel *m* || **~/откидная люковая** *(Schiff)* Klappenlukendeckel *m* || **~/откидная складывающаяся люковая** *(Schiff)* Faltlukendeckel *m* || **~/очистительная** *(Text)* Ausstoßklappe *f* || **~/переплётная** *(Typ)* Einbanddecke *f*, Buchdecke *f*, Bucheinband *m* || **~/подовая** Bodenklappe *f (z. B. Gießereischachtofen)* || **~ подшипника** Lagerdeckel *m* || **~/понтонная люковая** *(Schiff)* Pontonlukendeckel *m* || **~/сдвижная люковая** *(Schiff)* Schiebelukendeckel *m* || **~/складная (складывающаяся) люковая** *(Schiff)* Faltlukendeckel *m* || **~ станины** *(Wlz)* Ständerquerhaupt *n*, Ständerkappe *f* || **~/створчатая люковая** *(Schiff)* Klapplukendeckel *m* || **~ счётчика** Zählerkappe *f* || **~/съёмная** *(Wlz)* abnehmbares Querhaupt *n*, Kappe *f* || **~ чесальной машины/передняя** *(Text)* Ausstoßklappe *f* || **~/четырёхсекционная люковая** *(Schiff)* vierteiliger Lukendeckel *m* || **~/шедовая** *(Bw)* Sheddach *n* || **~ шпарутки** *(Text)* Breithalterdeckel *m* || **~/штормовая** *(Schiff)* Seeschlagblende *f*

крюйс-пеленг *m (Schiff)* Kreuzpeilung *f*

крюк *m* 1. Haken *m (s. a. unter* крючок*)*; 2. *(Nrt)* Hakenstütze *f*, Stütze *f*, Träger *m* || **~/буксирный** Schlepphaken *m* || **~ винтовой стяжки** *(Eb)* Zughaken *m (Schraubenkupplung)* || **~/грузовой (грузоподъёмный)** Lasthaken *m* || **~/двойной (двурогий)** Widderkopf *m* || **~/захватывающий** *(Eb)* Überfallhaken *m (Kupplung)* || **~ изолятора** *(El)* gebogene Isolatorenstütze *f* || **~/кантовальный** *(Wlz)* Kantklaue *f*, Kanthaken *m* || **~ кантователя** *s.* ~/кантовальный || **~/ковшоподъёмный** *(Gieß)* Pfannenhaken *m*, Gießpfannenhaken *m* || **~/ловильный** *(Bgb)* Glückshaken *m*, Fanghaken *m (Bohrung)* || **~/натяжной** Spannhaken *m* || **~/однорогий грузовой** einfacher Lasthaken *m* || **~/отводной** *(Bgb)* Zentrierhaken *m (Bohrung)* || **~/отпорный** Bootshaken *m* || **~/пластинчатый** Lamellenhaken *m* || **~/подъёмный** *(Bgb)* Förderhaken *m*, Bohrhaken *m* || **~/прицепной** *(Kfz)* Anhängerhaken *m*, Zughaken *m* || **~ с проушиной** Ösenhaken *m* || **~ с цепным шкивом** Kettenhaken *m (Flaschenzug)* || **~/тяговый (упряжной)** *(Eb)* Zughaken *m* || **~/шлюпочный** Bootshaken *m*

крючок *m* Haken *m (s. a. unter* крюк 1.*)* || **~ для рыбинса** *(Schiff)* Schweißlattenhalterung *f* || **~ жаккардовой машины** *(Text)* Jacquardplatine *f* || **~/замыкающий** *(Text)* Schließdraht *m (Nähwirkmaschine)* || **~/карабинный** *(Text)* Karabinerhaken *m (Jacquardmaschine)* || **~/нитенаправительный** *(Text)* Fadenführerhaken *m (französische Rundwirkmaschine)* || **~/поворотный** *(Text)* Wendehaken *m* || **~/проборный** *(Text)* Blattstecher[haken] *m*, Einziehhaken *m*, Einziehnadel *f*, Fädelhaken *m (Weberei)* || **~/проволочный** *(Text)* Drahthaken *m* || **~/ремизный** *(Text)* Geschirrhaken *m*, Schafthaken *m (Weberei)* || **~ ремизоподъёмной каретки** *(Text)* Schaftplatine *f*, Hakenplatine *f (Schaftmaschine)* || **~/рыболовный** Angelhaken *m* || **~/упорный** Anschlaghaken *m*

крючок-зонд *m (Med)* Hakensonde *f*

крючок-подъёмник *m (Med)* Hakenelevator *m*

кряж *m* 1. Blockholz *n*, Block *m*, Klotz *m*, Abschnitt *m*; 2. *(Geol)* Gebirgskette *f*, Bergkette *f*, Gebirgszug *m* || **~/фанерный** Furnierblock *m*, Schälfurnierblock *m*, Schälholz *n* || **~/шпальный** Schwellenholz *n*

КС *s.* 1. камера смешенио; 2. сеть/кабельная

кс *s.* коэффициент сцепления

ксантат *m s.* ксантогенат

ксантат-барабан *m (Text)* Sulfidiertrommel *f*, Knetapparat *m (Chemiefaserherstellung)*

ксантат-смеситель *m* Xanthatkneter *m (Chemiefaserherstellung)*

ксантогенат *m (Ch)* Xanth[ogen]at *n*

ксантогенатор *m* Xanthatmaschine *f*

ксантогенирование *n* Xanthogenierung *f*, Sulfidierung *f*, Xanthogenatverfahren *n (Chemiefaserherstellung)*

ксантогеновокислый *(Ch)* …xanthogenat *n*, …xanthat *n*; xanthogensauer

ксантогеновый *(Ch)* Xanthogen…

ксантофиллит *m (Min)* Xantophyllit *m (Sprödglimmer)*

ксенокристалл *m (Geol)* Xenokristall *m*

ксенолит *m (Geol)* Xenolith *m*

ксеноморфный *(Min)* xenomorph, allotriomorph, fremdgestaltig

ксенон *m (Ch)* Xenon *n*, Xe

ксенотим *m (Min)* Xenotim *m*, Ytterspat *m*

ксерографирование *n* Herstellung *f* xerographischer Aufnahmen

ксерография *f* Xerographie *f*

ксерокопирование *n* xerographisches Kopieren *n*
ксерорадиография *f* Xeroradiographie *f*, Röntgenxerographie *f*
ксилолит *m (Bw)* Xylolith *m*, Steinholz *n*
КСС *s.* степень сбраживания
КТ *s.* конец текста
КТА *s.* аппарат/кожухотрубный теплообменный
КТВ *s.* телевидение/кабельное
КТП *s.* подстанция/комплектная трансформаторная
КУ *s.* угол/курсовой
куб *m* 1. *(Math)* Kubus *m*, Würfel *m*; 2. *(Math)* Kubikzahl *f*, dritte Potenz *f*; 3. *(Krist)* Kubus *m*, Würfel *m*, Hexaeder *n*; 4. *(Ch)* Küpe *f (alkalische Lösung des Küpenfarbstoffs)*; 5. *(Ch)* Küpe *f (Färbebottich)*; 6. *(Geol)* quaderförmige Absonderung *f*; 7. *s.* ~/перегонный ‖ **~/красильный** *(Text)* Färbekufe *f*, Färbeküpe *f* ‖ **~/перегонный** Destillationsblase *f*, Blase *f* ‖ **~/пирамидальный** *s.* тетрагексаэдр ‖ **~/разделительный** *(Opt)* Teilerwürfel *m (z. B. im Autokollimationsfernrohr)*
кубатура *f (Math)* 1. Kubatur *f (Rauminhaltsberechnung)*; 2. Kubikinhalt *m*, Rauminhalt *m*, Raum *m* ‖ **~ грузовых трюмов** *(Schiff)* Laderauminhalt *m* ‖ **~ здания** *(Bw)* umbauter Raum *m* ‖ **~/потребная** Raumbedarf *m* ‖ **~/удельная погрузочная** *(Schiff)* Staufaktor *m*, Staukoeffizient *m (der Ladung)*
кубик *m* Würfel *m* ‖ **~/мостовой** Pflasterwürfel *m*
кубический *(Krist)* kubisch
кубометр *m (Forst)* Kubikmeter *m* ‖ **~/плотный** Festmeter *n* ‖ **~/складочный** Raummeter *n*, Schichtfestmeter *n*
кубооктаэдр *m (Krist)* Kubooktaeder *n (Koordinationspolyeder)*
кубрик *m (Schiff)* Logisraum *m*, Mannschaftsraum *m*
кувалда *f* Vorschlaghammer *m*; *(Schm)* Zuschlaghammer *m*
кудель *f (Text)* Werg *n* ‖ **~/прочёсанная** kardiertes Werg *n*
кудель-спут *f (Text)* Bärtelwerg *n*
кузнечно-прессовый *(Umf)* Umform- und Zerteil..., zum Umformen und Zerteilen
кузница *f* Schmiede[werkstatt] *f*; Eisenhammerwerk *n*, Hammerwerk *n* ‖ **~/штамповочная** Gesenkschmiede *f*
кузов *m* 1. *(Eb)* Aufbau *m*, Wagenkasten *m*, Kasten *m*; 2. *(Kfz)* Karosserie *f*, Aufbau *m*; 3. Einhängebehälter *m*, Bunker *m (von Schüttgutcontainern)* ‖ **~/бескаркасный** *(Kfz)* gerippeloser Aufbau *m* ‖ **~ вагонного типа** *(Kfz)* Waggonkarosserie *f (Autobus)* ‖ **~/грузо-пассажирский** *(Kfz)* Kombi[nations]kraftwagenkarosserie *f* ‖ **~/закрытый** *(Kfz)* geschlossene Karosserie *f* ‖ **~/закрытый четырёхместный** geschlossene viersitzige Karosserie *f* ‖ **~/каркасный** *(Kfz)* Gerippeaufbau *m*, Karosserie *f* in Spantenbauweise *(Autobus)* ‖ **~/несущий** *(Kfz)* selbsttragende Karosserie *f* ‖ **~/опрокидывающийся** Kippkasten *m* ‖ **~/открытый** *(Kfz)* offene Karosserie *f* ‖ **~/открытый четырёхместный** offene viersitzige Karosserie *f* ‖ **~/самосвальный** *(Kfz)* Kipperaufbau *m* ‖ **~/сетчатый** *(Lw)* Häckselaufbau *m* ‖ **~ типа фургон/закрытый** *(Kfz)* geschlossener Kastenaufbau *m* ‖ **~/цельнометаллический** *(Kfz)* Ganzmetallkarosserie *f*, Karosserie *f* in Ganzmetallbauweise ‖ **~/четырёхдверный** *(Kfz)* viertürige Karosserie *f*
кукурузодробилка-сортировка *f* kombinierte Mahl- und Sortiermaschine *f* für Mais
кулак *m* 1. Kreuzkopf *m (s. a. unter* кулачок 3.*)*; 2. Würfelanthrazit *m (Anthrazit in Stücken von 50 bis 100 mm)* ‖ **~/боевой** *(Text)* Schlagscheibe *f (Webstuhl; Knickschlageinrichtung)* ‖ **~/двухпараллельный симметричный** [in Bezug auf die Zylinderachse] symmetrischer Zweigleitbahnkreuzkopf *m (Dampfmaschine)* ‖ **~/однопараллельный** Eingleitbahnkreuzkopf *m (Dampfmaschine)* ‖ **~ с параллелью** Kreuzkopf *m* mit Gleitbahn *(Dampfmaschine)*
кулаки *mpl***/посадочные** *(Bgb)* Aufsetzvorrichtung *f (Fördergestell)*
кулачковый *(Masch)* 1. nockenbetätigt, Nocken...; 2. kurvenbetätigt, mit Kurve *(z. B. Zuführeinrichtung, Vorschubeinrichtung)*
кулачок *m* 1. *(Wkzm)* Backe *f*, Futterbacke *f*, Spannbacke *f*; 2. *(Wkzm)* Kurvenstück *n (am Drehautomaten)*; 3. *(Masch)* Nocken *m*; Steuerkurve *f*, Kurventräger *m*; Kurvenkörper *m*, Kurvenglied *n (Kurvengetriebe)*; 4. *(Masch)* Klaue *f*, Daumen *m (Kupplung)* ‖ **~/барабанный** Trommelkurve *f*, Trommelzylinder *m* ‖ **~ быстрого хода** Eilgangkurve *f* ‖ **~/впускной** Einlaßnocken *m (Nockenwelle; Verbrennungsmotor)* ‖ **~/вращающийся** 1. Umlaufkurve *f*; 2. umlaufender (rotierender) Kurvenkörper *m* ‖ **~/выпускной** Auslaßnocken *m (Nockenwelle; Verbrennungsmotor)* ‖ **~/делительный** Teilungskurve *f* ‖ **~/дисковый** *(Masch)* Kurvenscheibe *f*, Kurvenstück *n* ‖ **~/зажимный** Spannbacke *f* ‖ **~/закрытый** geschlossene Kurve *f* ‖ **~ затылования** Hinterdrehkurve *f* ‖ **~/качающийся** 1. Schwingdaumen *m*; 2. Pendelbacke *f* ‖ **~/конический** Kurvenkegel *m* ‖ **~/контактный** Kontaktnocken *m* ‖ **~ люнета** Setzstockbacke *f* ‖ **~/мерительный** Meßbacke *f* ‖ **~/наборный** *(Nrt)* Wählnocken *m* ‖ **~/насадный** Aufsetzbacke *f (Zweibackenfutter)* ‖ **~/незакалённый** ungehärtete Backe *f* ‖ **~/основной** Grundbacke *f (Zweibackenfutter)* ‖ **~ патрона** Futterbacke *f* ‖ **~/плоский** 1. ebener Kurvenkörper *m*; 2. flache Backe *f* ‖ **~/подвижный** bewegliche Backe *f* ‖ **~ постоянного диаметра** *(Masch)* Kurvenscheibe *f* konstanten Durchmessers ‖ **~/поступательно-движущийся** Schubkurve *f (Kurvenplatte)* ‖ **~/пространственный** räumlicher Kurvenkörper *m (Oberbegriff für Kurvenzylinder, Kurvenkegel und Kurvengloboid)* ‖ **~ распределительного вала** Steuernocken *m (Nockenwelle; Verbrennungsmotor)* ‖ **~ с кинематическим замыканием/дисковый** Kurvenscheibe *f* mit Formschluß ‖ **~ с силовым замыканием/дисковый** Kurvenscheibe *f* mit Kraftschluß ‖ **~/сферический** *(Masch)* Kurvensphäroid *n* ‖ **~ тормозных колодок/раздвижной** Bremsnocken *m (Backenbremse)* ‖ **~/торцевой (торцовый)** *(Masch)* Wulstkurvenscheibe *f*, Nutkurvenscheibe *f*, Stirnkurve *f* ‖ **~/узорный** *(Text)* Musterkurvenscheibe *f* ‖ **~/упорный** Anschlag-

nocken *m*, Anschlag *m* ‖ **~ управления** 1. Steuerkurve *f*; 2. Steuernocken *m* ‖ **~/цилиндрический** Zylinderkurve *f*, Kurvenzylinder *m*
кулирование *n (Text)* Kulieren *n (Wirkerei)*
кулиса *f (Masch)* Kulisse *f*, Kurbelschleife *f*, Schleife *f*, Schwinge *f* ‖ **~/вращающаяся** Umlaufschleife *f*, umlaufende (rotierende) Schleife *f* ‖ **~/качающаяся** Schwingschleife *f*, Kurbelschwinge *f* ‖ **~/крестовая** Kreuzschleife *f* ‖ **~/поперечная** Kreuzschleife *f*
кулисный *s.* кулисообразный
кулисообразный *(Geol)* kulissenförmig, Kulissen... *(z. B. Kulissenfaltung)*; en échelon *(Verwerfungen, Falten, Bruchzonen)*
кулич *m (Text)* Kuchen *m* ‖ **~/прядильный** Spinnkuchen *m (Chemiefaserherstellung)*
куличедержатель *m***/складной** *(Text)* zusammenlegbarer Spinnkuchenhalter *m (Chemiefaserherstellung)*
кулометр *m (El)* Coulo[mb]meter *n* ‖ **~/весовой** *s.* ~/массовый ‖ **~/водородный** Wasser[stoff]-coulometer *n*, Knallgascoulometer *n* ‖ **~/массовый** Massecoulometer *n* ‖ **~/объёмный** Volumencoulometer *n* ‖ **~/точный** Feincoulometer *n* ‖ **~/электролитический газовый** *s.* ~/водородный
кулон *m (El)* Coulomb *n*, C
кулон[о]метр *m s.* кулометр
кулонометрия *f* Coulometrie *f*, coulometrische Analyse *f*
кулуары *pl (Bw)* Wandelgang *m*, Verbindungsgang *m*
кульм *m (Geol)* Kulm *m*
кульминация *f (Astr)* Kulmination *f* ‖ **~/верхняя** obere Kulmination *f* ‖ **~ небесного светила** Kulmination *f* ‖ **~/нижняя** untere Kulmination *f*
кульминировать *(Astr)* kulminieren
кульсонит *m (Min)* Coulsonit *m*, Vanadiumspinell *m*
культиватор *m (Lw)* Grubber *m*, Kultivator *m* ‖ **~/дисковый** Scheibenegge *f* ‖ **~/лёгкий** Feingrubber *m* ‖ **~/междурядный** Reihenkultivator *m (Federzinkengrubber)* ‖ **~/паровой** Brachlandgrubber *m* ‖ **~/пропашной** Hackgrubber *m*, Hackgerät *n*, Pflegegerät *n*
культиватор-окучник *m (Lw)* Häufelgrubber *m*, Grubber *m* mit Häufelvorrichtung
культиватор-плоскорез *m (Lw)* Breitschargrubber *m*, Flachkultivator *m*
культиватор-растениепитатель *m (Lw)* Grubber *m* mit Reihendüngungsvorrichtung
культивировать *(Lw)* grubbern *(Boden)*
культура *f* 1. Kultur *f*, Pflanze *f*, Gewächs *n*; Frucht *f*; 2. Anbau *m* ‖ **~/водяная** Hydroponik *f*, Hydrokultur *f* ‖ **~/зимнестойкая** überwinternde Kultur *f* ‖ **~/кормовая** Futteranbau *m* ‖ **~/кормовая стеблевая** Halmfutter *n*, Halmfutterpflanze *f*, Halmfutterkultur *f* ‖ **~/легкоосыпаемая** ausfallgefährdete Kultur *f* ‖ **~/масличная** Ölfrucht *f* ‖ **~/овощная** Gemüsekultur *f* ‖ **~/озимая** Winterfrucht *f*; Wintersaat *f* ‖ **~/плодово-ягодная** Beerenobstkultur *f* ‖ **~/побочная** Nebenkultur *f* ‖ **~/пожнивная** Stoppelfrucht *f*, Stoppelkultur *f* ‖ **~/последующая** Folgefrucht *f* ‖ **~/предшествующая** Vorfrucht *f* ‖ **~/промежуточная** Zwischenfrucht *f* ‖ **~/ранняя** Frühkultur *f* ‖ **~/смешанная** Mischkultur *f*, Gemenge *n* ‖ **~/яровая** Sommerfrucht *f*, Sommersaat *f*

куметр *m* Güte[faktor]messer *m*, Q-Meter *n*
кумуляция *f* **загрязняющих веществ** *(Ökol)* Schmutzstoffanhäufung *f*
купажирование *n* Verschnitt *m (von Weinen aus verschiedenen Traubensorten)*
купажировать verschneiden, vermischen *(Wein)*
купелирование *n (Met)* Treibarbeit *f*, Treiben *n*, Abtreiben *n*, Treibprozeß *m*, Kupellation *f*, Kupellieren *n (NE-Metallurgie)* ‖ **~/непрерывное** kontinuierliches (ununterbrochenes) Treiben *n* ‖ **~/окончательное** Reichtreiben *n* ‖ **~/периодическое** periodisches (diskontinuierliches) Treiben *n*
купелировать *(Met)* kupellieren, kapellieren, [ab]-treiben *(NE-Metallurgie)*
купеляция *f s.* купелирование
куперит *m (Min)* Cooperit *m (Platinmineral)*
купол *m* 1. Kuppe *f*, Kuppel *f*; 2. Gewölbe *n*; 3. *(Geol)* Kuppel *f*, Dom *m* ‖ **~/вращающийся** *(Astr)* drehbare Kuppel *f (Sternwarte)* ‖ **~/вулканический** *(Geol)* Quellkuppe *f*, vulkanische Kuppel *f* ‖ **~ лампы** Kolbendom *m (Glühlampe)* ‖ **~/ледниковый** *(Geol)* Gletscherkuppel *f* ‖ **~/магматический** *(Geol)* Dom *m (rundlich gewölbter Pluton)* ‖ **~ набухания** *s.* ~/вулканический ‖ **~/надувной** Traglufthalle *f* ‖ **~/неподвижный** *(Astr)* feststehende Kuppel *f (Planetarium)* ‖ **~/соляной** *(Geol)* Salzdom *m* ‖ **~/стержневой сетчатый** *(Bw)* Stabnetzwerkkuppel *f*
куприт *m (Min)* Kuprit *m*, Rotkupfererz *n*
купрокс 1. *(Ch)* Vitriol *m*; 2. *(El)* Kupfer(I)-oxidelement *n*, Kuproxelement *n* ‖ **~/медный** *(Ch)* Kupfervitriol *m* ‖ **~/урановый** *s.* иоганнит
купрошеелит *m (Min)* Cuproscheelit *m*
купферштейн *m* Kupfer[konzentrations]stein *m*
курвиметр *m* Kurvimeter *n*, Kurvenmesser *m*; Krümmungsmesser *m*
курлатирование *n (Pap)* Curlatieren *n*, Kräuseln *n (des Faserstoffs)*
курлатор *m (Pap)* Curlator *m (Maschine zum Kräuseln des Faserstoffs)*
куроводство *n (Lw)* Hühnerhaltung *f*
курок *m* Hahn *m (Jagdgewehr, Revolver, Pistole)*; Schlagstück *n (Gewehr)* ‖ **~/спусковой** *(Schiff)* Stopper *m*, Klinkenstopper *m (Stapellauf)*
курс *m* Kurs *m (Navigation)* ‖ **~/встречный** Gegenkurs *m* ‖ **~/генеральный** *(Schiff)* Generalkurs *m*, Hauptkurs *m* ‖ **~ гонки** *(Schiff)* Regattakurs *m* ‖ **~ захода по посадку** Landeanflugkurs *m* ‖ **~/зигзагообразный** Zickzackkurs *m* ‖ **~/истинный** *(Schiff)* rechtweisender Kurs *m* ‖ **~/компасный** *(Schiff)* Kompaßkurs *m* ‖ **~/магнитный** mißweisender Kurs *m*; *(Flg auch)* magnetischer Kurs *m* ‖ **~ на столкновение** Kollisionskurs *m* ‖ **~/обратный** Gegenkurs *m* ‖ **~/обратный посадочному** Landegegenkurs *m* ‖ **~/переменный** Wechselkurs *m* ‖ **~ подхода** Anflugkurs *m*, Einflugkurs *m* ‖ **~/посадочный** Landekurs *m*
курсограф *m* Kursschreiber *m*
курсозадатчик *m* Kursgeber *m*
курсомер *m* Kursmesser *m*, Auswanderungsmesser *m*
курсопрокладчик *m s.* автопрокладчик
курсор *m (Inf)* Cursor *m*

курсоуказатель *m* Kursanzeiger *m*, Kursweiser *m*
курум *m (Geol)* Blockstrom *m*, Blockmeer *n*, Steinstrom *m*
курчатовий *m (Kern)* Kurtschatovium *n*, Rutherfordium *n*
кусачки *pl (Wkz)* Zange *f*, Kneifzange *f* ‖ **~/боковые** *pl* Seitenschneider *m* ‖ **~/шарнирно-рычажные** Bolzenschneider *m*
куски *mpl* **кабеля** Fertigungslängen *fpl (eines Kabels)*
кусковатость *f (Met)* Stückigkeit *f*
кусковатый stückig
кусковой stück[enförm]ig, in Stücken, Stück...
кусочно-линейный stückweise linear
кусочно-непрерывный stückweise stetig
куст *m* 1. Zweig *m (eines Netzwerks)*; Bündel *n*; 2. *(Bw)* Pfahlbündel *n*; 3. *(Bgb)* Stempelbündel *n*, Stempelbatterie *f*
кустовой verzweigt
куток *m (Schiff)* Netzsteert *m* ‖ **~/дрейфующий (плавучий)** Übergabesteert *m (Fischfang)*
куфта *f (Text)* Docke *f*
кухня-ниша *f (Bw)* Kochnische *f*
кухня-рабочая *f (Bw)* Arbeitsküche *f*, Küche *f* ohne Eßplatz
кухня-столовая *f (Bw)* Wohnküche *f*
кухтыль *m* Auftriebskugel *f*, Schwimmkörper *m*, Auftriebskörper *m (Schleppnetz)*
куча *f* Haufen *m*; Stapel *m*
кущение *n (Lw)* Bestockung *f*, Bestocken *n*
куэста *f (Geol)* Cuesta *f*, Landstufe *f*, Schichtstufe *f*
КШ *s.* шина/кодовая
КЭС *s.* электростанция/конденсационная
кэт *m (Schiff)* Kat *f*, Cat *f*; Kat-Takelung *f*
кэч *m (Schiff)* Ketsch *f*; Ketschtakelung *f*
кэш-память *f (Inf)* Cache *m*, Daten-Cache *m (Speichertyp)*
кюбель *m* Kübel *m*, Gefäß *n (s. a. unter* бадья *und* ковш 1.)
кювет *m* 1. *(Bw)* Straßengraben *m*; Entwässerungsrinne *f (Asphaltstraße)*; 2. *(Eb)* Seitenrinne *f*; Böschungsmulde *f (Bahnkörper)* ‖ **~/дорожный** Straßengraben *m* ‖ **~/открытый** offener Entwässerungsgraben *m*
кювета *f* Küvette *f*; *(Photo)* Schale *f*, Entwicklungsschale *f*, Entwicklerschale *f*, Photoschale *f* ‖ **~ поливного устройства** *(Photo)* Gießerschale *f*
кюветокопатель *m***/плужный** *(Bw)* Grabenpflug *m*
кюветоочиститель *m (Bw)* Grabenräumer *m*, Grabenreiniger *m*
кюретка *f (Med)* Kürette *f*
кюри *m (Ph)* Curie *n*, Ci *(SI-fremde Einheit der Aktivität)*
кюрий *m (Ch)* Curium *n*, Cm
кюрит *m (Min)* Curit *m (Uranoxid)*

Л

Л *s.* марка/летняя грузовая
л *s.* литр
ЛА *s.* 1. аппарат/летательный; 2. линия/автоматическая

лабаз *m (Text)* Kammer *f*, Behälter *m* ‖ **~/смесительный** Mischkammer *f*, Mischfach *n*
лабильность *f* Labilität *f*
лабиринт *m* 1. *(Ak)* Labyrinth *n*; 2. Labyrinth *n*, Labyrinthdichtung *f* ‖ **~/световой** *(Photo)* lichtdichte Filmschleuse *f*
лаборатория *f* Labor[atorium] *n*; Versuchsfeld *n* ‖ **~/высоковольтная** Hochspannungslabor[atorium] *n* ‖ **~/высоковольтная испытательная** Hochspannungsprüffeld *n* ‖ **~/горячая** *(Kern)* heißes Labor[atorium] *n* ‖ **~/заводская** Betriebslabor[atorium] *n* ‖ **~/измерительная** Meßraum *m*, Meßlabor[atorium] *n* ‖ **~/испытательная** Prüfraum *m*, Prüflabor[atorium] *n*; Prüffeld *n* ‖ **~/космическая** Weltraumlabor *n* ‖ **~/[научно-]исследовательская** Forschungslabor[atorium] *n* ‖ **~/поверочная** Prüflabor *f*, Eichlabor *f* ‖ **~/производственная** Industrielabor[atorium] *n* ‖ **~/фотографическая** Photolabor *n*
лабрадор *m (Min)* Labrador *m (Feldspat)*
лава *f* 1. *(Geol)* Lava *f*; 2. *(Bgb)* Streb *m* ‖ **~/агломератовая** *(Geol)* Agglomeratlava *f* ‖ **~/базальтовая** *(Geol)* Basaltlava *f* ‖ **~/безлюдная** mannloser Streb *m* ‖ **~/волнистая** *(Geol)* Fladenlava *f*, Gekröselava *f* ‖ **~/вязкая** *(Geol)* zähflüssige Lava *f* ‖ **~/глыбовая** *(Geol)* Blocklava *f*, Schollenlava *f* ‖ **~/диагональная** *(Bgb)* Diagonalstreb *m* ‖ **~/длинная** *(Bgb)* Langfrontbetrieb *m* ‖ **~/дренажная** *(Bgb)* Entwässerungsstreb *m* ‖ **~/дугообразная** *(Bgb)* Bogenstreb *m* ‖ **~/канатная** *(Geol)* Seillava *f*, Stricklava *f* ‖ **~/кислая** *(Geol)* saure (kieselsäurereiche) Lava *f* ‖ **~/комбайновая** *(Bgb)* Schrämladerstreb *m* ‖ **~/машинная** Schrämmaschinenstreb *m* ‖ **~/механизированная** *(Bgb)* mechanisierter Streb *m* ‖ **~/одиночная** *(Bgb)* Einzelstreb *m*, einflügeliger Streb *m* ‖ **~/основная** *(Geol)* basische Lava *f* ‖ **~/остановленная** *(Bgb)* gestundeter Streb *m* ‖ **~/подушечная** *(Geol)* Kissenlava *f*, Pillowlava *f* ‖ **~/сдвоенная (спаренная)** *(Bgb)* Doppelstreb *m*, zweiflügeliger Streb *m* ‖ **~/струговая** *(Bgb)* Hobelstreb *m* ‖ **~/текучая** *(Geol)* leichtflüssige Lava *f* ‖ **~/шаровая** *(Geol)* Kugellava *f*
лава-этаж *f (Bgb)* Langstrebbau *m*
лавёр *m* Laveur *m (ein Waschapparat)*; Gaswascher *m*, Gaswäscher *m*
лавина *f* Lawine *f* ‖ **~/ионная** *(Ph)* Ionenlawine *f* ‖ **~ носителей [заряда]** *(Eln)* Trägerlawine *f*, Ladungsträgerlawine *f* ‖ **~/пылевая** *s.* сухого снега ‖ **~ сухого снега** Trockenschneelawine *f* ‖ **~/электронная** *(Eln)* Elektronenlawine *f*
лавирование *n* Kreuzen *n (Segelschiff)*
лавировать kreuzen *(Segelschiff)*
лавировка *f* Kreuzen *n (Segelschiff)*
лавобрекчия *f (Geol)* Lavabrekzie *f*, lavazementierte Brekzie *f*
лаг *m (Schiff)* Log *n*, Fahrtmeßanlage *f* • **лагом** *(Schiff)* zur Seite, seitlich, längseits • **~ лагом к ветру** quer zum Wind • **~ лагом к волнению** *(Schiff)* quer zur Welle ‖ **~/вертушечный** Patentlog *n* ‖ **~/гакабортный** Heckrelingslog *n* ‖ **~/гидродинамический** hydrodynamisches Log *n*, Staudrucklog *n* ‖ **~/донный** Grundlog *n*, Bodenlog *n* ‖ **~/индукционный** Induktionslog *n*, elektrodynamisches (elektromagnetisches) Log *n* ‖ **~/механический** Schlepplog *n* ‖ **~/су-**

довой Schiffslog *n* ‖ **~/штевневой** Stevenlog *n* ‖ **~/электромеханический** *s.* ~/индукционный

лага *f (Bw)* Lagerholz *n (Dielenfußboden)*

лаглинь *m (Schiff)* Logleine *f*

лагранжиан *m* 1. *(Mech)* Lagrange-Funktion *f*, kinetisches Potential *n*; 2. Lagrange-Funktion *f (Feldtheorie)*; 3. *s.* плотность лагранжиана

лагуна *f (Geol)* Lagune *f*

ЛАД *s.* двигатель/линейный асинхронный

лаз *m* Mannloch *n*, Einsteigeloch *n*, Einsteigeöffnung *f*, Einstieg *m*, Aussteigeöffnung *f*; Luke *f* ‖ **~/ремонтный** Reparatureinstieg *m* ‖ **~/смотровой** Revisionseinstieg *m*

лазер *m* Laser *m*, Laserstrahler *m*, optischer Maser *m* ‖ **~/азотный** Stickstofflaser *m* ‖ **~/аргоновый [ионный]** Argon[ionen]laser *m* ‖ **~ видимого диапазона** Laser *m* im sichtbaren Spektralbereich ‖ **~/волноводный** Wellenleiterlaser *m* ‖ **~/вспомогательный** Hilfslaser *m* ‖ **~ высокой энергии** Hochenergielaser *m* ‖ **~/высокоэнергетический** Hochleistungslaser *m*, Hochenergielaser *m* ‖ **~/газовый** Gaslaser *m* ‖ **~/газовый импульсный** Impuls[gas]laser *m* ‖ **~/газовый ионный** Ionengaslaser *m* ‖ **~/газодинамический** gasdynamischer Laser *m* ‖ **~/газоразрядный** Gas[entladungs]laser *m* ‖ **~/гелий-неоновый** Helium-Neon-Laser *m*, He-Ne-Laser *m* ‖ **~ гигантских импульсов** Riesenimpulslaser *n* ‖ **~/двухчастотный** Zweifrequenzlaser *m* ‖ **~/диодный** Diodenlaser *m* ‖ **~/жидкостный** Flüssigkeitslaser *m* ‖ **~/импульсный** Impulslaser *m*, gepulster Laser *m* ‖ **~/импульсный четырёхуровневый** Vierniveauimpulslaser *m* ‖ **~/инжекционный** Injektionslaser *m* ‖ **~ инфракрасного диапазона** Infrarotlaser *m*, Iraser *m* ‖ **~/инфракрасный** Infrarotlaser *m*, Iraser *m* ‖ **~/ионный [газовый]** Ionen[gas]laser *m* ‖ **~/кадмиевый** Kadmium-[dampf]laser *m* ‖ **~/кислородный** Sauerstofflaser *m* ‖ **~/кольцевой** Ringlaser *m* ‖ **~/компактный газовый** kompakter Gaslaser *m* ‖ **~/криптоновый** Kryptonlaser *m* ‖ **~/кристаллический** Kristallaser *m* ‖ **~/ксеноновый** Xenonlaser *m* ‖ **~/малошумящий** rauscharmer Laser *m* ‖ **~ малошумящий многоцелевой** rauscharmer Mehrzwecklaser *m* ‖ **~/многомодовый** Vielmodenmaser *m* ‖ **~/многоцелевой** Mehrzwecklaser *m* ‖ **~/молекулярный [газовый]** Molekül[gas]laser *m* ‖ **~/мощный** Hochleistungslaser *m* ‖ **~ на азоте** Stickstofflaser *m* ‖ **~ на антимониде галлия** Galliumantimonidlaser *m*, GaSb-Laser *m* ‖ **~ на арсениде галлия/инжекционный** Galliumarsenid-Injektionslaser *m*, GaAs-Injektionslaser *m* ‖ **~ на газовой смеси** Mischgaslaser *m* ‖ **~ на гетеропереходах/инжекционный** Heteroinjektionslaser *m*, Mehrschichthalbleiterlaser *m* ‖ **~ на ионах** Ionen[gas]laser *m* ‖ **~ на красителях** Farbstofflaser *m* ‖ **~ на неодимовом стекле** Neodym[glas]laser *m* ‖ **~ на органических красителях** [organischer] Farbstofflaser *m* ‖ **~ на парах кадмия** Kadmiumdampflaser *m* ‖ **~ на парах металла** Metalldampflaser *m* ‖ **~ на *p-n* переходе** Laser *m* mit PN-Übergang ‖ **~ на полупроводнике** Halbleiterlaser *m* ‖ **~ на полупроводниковом диоде** Halbleiterdiodenlaser *m* ‖ **~ на рубине (рубиновом кристалле)** Rubinlaser *m* ‖ **~ на свободных электронах** Freie-Elektronenlaser *m*, FEL ‖ **~ на стекле** Glaslaser *m* ‖ **~ на стеклянном волокне** Glasfaserlaser *m* ‖ **~ на твёрдом теле** Festkörperlaser *m* ‖ **~ на твёрдом теле/импульсный** Festkörper-Impulslaser *m* ‖ **~ на углекислом газе** Kohlendioxidlaser *m*, CO_2-Laser *m* ‖ **~ на центрах окраски** Farbzentrenlaser *m* ‖ **~ на эксимерах** Excimer-Laser *m* ‖ **~ на эксимерах аргона-фтора/газовый** Argon-Fluor-Excimer-Gaslaser *m* ‖ **~ на CO_2** *s.* на углекислом газе ‖ **~ на CO_2**/мощный CO_2-Hochleistungslaser *m* ‖ **~ на KrF/эксимерный** Kryptonfluoridlaser *m*, KrF-Laser *m* ‖ **~ на XeCl/эсимерный** Xenonchloridlaser *m*, XeCl-Laser *m* ‖ **~/неодимовый** Neodym[glas]laser *m* ‖ **~ непрерывного излучения на красителях** Dauerstrich-Farbstofflaser *m* ‖ **~ непрерывного режима работы** *s.* ~/непрерывный ‖ **~/непрерывный** Dauerstrichlaser *m*, kontinuierlich strahlender Laser *m* ‖ **~/одномодовый** Einmodenlaser *m* ‖ **~/перестраиваемый** durchstimmbarer (abstimmbarer) Laser *m* ‖ **~/полупроводниковый** Halbleiterlaser *m* ‖ **~/рамановский** Raman-Laser *m* ‖ **~/рентгеновский** Röntgenlaser *m* ‖ **~/рубиновый** Rubinlaser *m* ‖ **~ с конфокальным резонатором** Laser *m* mit konfokalem Resonator ‖ **~ с модулированной добротностью** gütemodulierter Laser *m* ‖ **~ с оптической накачкой** optisch gepumpter Laser *m* ‖ **~ с плоскими зеркалами** Planspiegellaser *m* ‖ **~ с сихронизацией мод** modensynchronisierter Laser *m* ‖ **~ с химическим возбуждением на хлористом водороде** chemisch angeregter Chlorwasserstofflaser *m* ‖ **~ с ядерной накачкой/рентгеновский** nuklear gepumpter Laser *m* ‖ **~/сканируемый** *s.* ~/перестраиваемый ‖ **~/стеклянный** Glaslaser *m* ‖ **~/твердотельный** Festkörperlaser *m* ‖ **~/трёхуровневый** Dreiniveaulaser *m* ‖ **~ ультрафиолетового диапазона** Ultraviolettlaser *m*, UV-Laser *m* ‖ **~/ультрафиолетовый** *s.* ~ ультрафиолетового диапазона ‖ **~/химический** chemisch angeregter Laser (Glaslaser) *m* ‖ **~/хирургический** chirurgischer Laser *m* ‖ **~/частотно-модулированный** frequenzmodulierter Laser *m* ‖ **~/четырёхуровневый** Vierniveaulaser *m* ‖ **~/эксимерный** Excimerlaser *m* ‖ **~/юстировочный** Justierlaser *m*

CO_2-лазер *m* CO_2-Laser *m*, Kohlendioxidlaser *m* ‖ **~/волноводный** CO_2-Wellenleiterlaser *m*

лазер-гранулометр *m* Laser-Granulometer *n (zur Korngrößenbestimmung)*

лазерно-генерированный lasererzeugt

лазерный Laser...

лазпорт *m (Schiff)* Außenhautpforte *f*, Ladepforte *f* ‖ **~/бортовой** Seitenpforte *f* ‖ **~/грузовой** Ladepforte *f* ‖ **~/кормовой** Heckpforte *f*

лазулит *m (Min)* Lazulith *m*, Blauspat *m*

лазурит *m (Min)* Lasurit *m*, Lasurstein *m*; Lapislazuli *m*, Ultramarin *n*

лазурь *f* Lasur *f*, Lasurfarbe *f*

лайка *f* Glacé[leder] *n*

лайнер *m* 1. im Liniendienst eingesetztes Schiff *n*, Linienschiff *n*; 2. *(Bgb)* verlorene Rohrtour *f (Bohrung)* ‖ **~/грузовой** Linienfrachter *m*, Linienfrachtschiff *n* ‖ **~/круизный** Kreuzfahrt-Linienschiff *n* ‖ **~/пассажирский** Linienfahrgastschiff *n*, Fahrgastliner *m*

лак *m* Lack *m* ‖ **~/алкидный** Alkydharzlack *m* ‖ **~/антикоррозионный** Korrosionsschutzlack *m* ‖ **~/бесцветный** Klarlack *m* ‖ **~/битумный** Bitumenlack *m* ‖ **~ воздушной сушки** lufttrocknender (kalthärtender) Lack *m* ‖ **~ горячей сушки** ofentrocknender (heißhärtender) Lack *m*, Ofenlack *m* ‖ **~/защитный** Schutzlack *m* ‖ **~/изоляционный** Isolationslack *m* ‖ **~/кислотостойкий** säurebeständiger (säurefester) Lack *m* ‖ **~/кокильный** *(Gieß)* Kokillenschlichte *f*, Kokillenlack *m* ‖ **~/красильный (красочный)** Farblack *m* ‖ **~/кремнийорганический** Siliconlack *m* ‖ **~/летучий** flüchtiger Lack *m* ‖ **~/лодочный** Bootslack *m* ‖ **~/магнитный** magnetische Suspension *f*, Magnetitlösung *f (für Magnettonbänder)* ‖ **~/масляный** Öllack *m* ‖ **~/нитроцеллюлозный** Nitro[cellulose]lack *m* ‖ **~/печной** *s.* ~ горячей сушки ‖ **~ печной сушки** *s.* ~ горячей сушки ‖ **~/подмазочный** Grund[ier]lack *m* ‖ **~/покрывной** Decklack *m*, Überzugslack *m* ‖ **~/полихлорвиниловый** Polyvinylchloridlack *m*, PVC-Lack *m* ‖ **~/прозрачный** Klarlack *m* ‖ **~/противоореольный** *(Photo)* Lichthofschutzschicht *f* ‖ **~/противоразрядный** *(Photo)* Antistatikschicht *f* ‖ **~/противоскручивающий** *(Photo)* NC-Schicht *f* ‖ **~ скольжения** Gleitlack *m (für Oberflächenbeschichtungen)* ‖ **~/смоляной** Harzlack *m* ‖ **~/токопроводящий** *(El)* Leitlack *m*, leitender Lack *m* ‖ **~ холодной сушки** *s.* ~ воздушной сушки ‖ **~/цапоновый** Zaponlack *m* ‖ **~/шлифовальный** Schleiflack *m* ‖ **~/электроизолирующий (электроизоляционный)** Elektroisolierlack *m* ‖ **~/эпоксидный** Epoxidharzlack *m*

лакирование *n* Lackieren *n*, Lackierung *f* ‖ **~ окунанием** Tauchlackierung *f* ‖ **~ пульверизацией (распылением)** Spritzlackierung *f*

лакировка *f s.* лакирование

лакколит *m (Geol)* Lakkolith *m*

лакмус *m (Ch)* Lackmuspapier *n*

лакобумага *f* Lackpapier *n*

лаковарка *f* 1. Lackkochen *n*, Lacksieden *n*; 2. Lackküche *f*, Lacksiederei *f*

лакокрасочный Lack- und Farben..., Anstrich...

лакообразование *n* Lackbildung *f*

лакоткань *f* Lackgewebe *n*, Lacktuch *n*

лактам *m (Text)* Laktam *n (Chemiefaserherstellung)*

лактат *m (Ch)* Lactat *n*

лактид *m (Ch)* Lactid *n*

лактоденсиметр *m* Laktodensimeter *n*, Milchspindel *f (Milchprüfung)*

лактоза *f (Ch)* Lactose *f*, Milchzucker *m*

лактометр *m s.* лактоденсиметр

лактон *m (Ch)* Lacton *n*

лактонизация *f (Ch)* Lactonisierung *f*

лактоскоп *m* Laktoskop *n (Milchprüfung)*

лакуна *f (Math)* Lücke *f (z. B. in einer Potenzreihe)*

ламберт *m* Lambert *n*, la, *(SI-fremde Einheit der Leuchtdichte)*

ламель *f* Lamelle *f* ‖ **~/контактная** Kontaktlamelle *f* ‖ **~ основонаблюдателя** *(Text)* Kettfadenwächterlamelle *f*

ламинарный *(Hydr)* laminar *(wirbelfrei in parallelen Schichten fließend)*

ламинирование *n (Kst)* Laminieren *n*

лампа *f* 1. *(El)* Lampe *f (s. a. unter* лампочка*)*; 2. *(Eln)* Röhre *f (s. a. unter* трубка 2.*)* • **на [электронных] лампах** röhrenbestückt, Röhren... ‖ **~/автомобильная** Autolampe *f*, Kraftfahrzeuglampe *f* ‖ **~/аргоновая** Argonlampe *f* ‖ **~/бактерийубивающая (бактерицидная)** Entkeimungslampe *f*, Entkeimungsstrahler *m* ‖ **~ бегущей волны** Wanderfeldröhre *f* ‖ **~ белого света** Weißlichtlampe *f* ‖ **~/биспиральная** Doppelwendellampe *f* ‖ **~ в молочной колбе** Milchglaslampe *f* ‖ **~ в прозрачной колбе** Klarsichtlampe *f* ‖ **~/вакуумная** 1. Vakuum[glüh]lampe *f*; 2. Vakuumröhre *f* ‖ **~/велосипедная** Zwerglampe *f* für Fahrradbeleuchtung, Fahrradlampe *f* ‖ **~/вибростойкая** vibrationsfeste (erschütterungsfeste) Lampe *f* ‖ **~/виброударостойкая** stoßfeste (stoßgesicherte) Lampe *f* ‖ **~ включения габаритных огней/контрольная** *(Kfz)* Kontrolleuchte *f* für Außenbeleuchtung ‖ **~ включения дальнего света фар/контрольная** *(Kfz)* Fernlichtkontrolleuchte *f* ‖ **~ включения ручного тормоза/контрольная** *(Kfz)* Kontrolleuchte *f* für angezogene Handbremse ‖ **~ включения указателей поворота/контрольный** *(Kfz)* Blinkkontrolleuchte *f* ‖ **~/водородная** Wasserstofflampe *f* ‖ **~/вольфрамовая** Wolframdrahtlampe *f* ‖ **~/входная** Eingangsröhre *f* ‖ **~/вызывная** Anruflampe *f* ‖ **~/выпрямительная [электронная]** Gleichrichterröhre *f* ‖ **~/высоковакуумная** Hochvakuumröhre *f* ‖ **~/высоковольтная** 1. Hochspannungslampe *f*; 2. Hochspannungsröhre *f* ‖ **~/высоковольтная выпрямительная** Hochspannungsgleichrichterröhre *f* ‖ **~ высокого давления** Hochdrucklampe *f* ‖ **~ высокого давления/газосветная** Hochdruckgasentladungslampe *f* ‖ **~ высокого давления/ксеноновая** Xenonhochdrucklampe *f* ‖ **~ высокого давления/натриевая** Natriumdampf-Hochdrucklampe *f* ‖ **~ высокого давления/ртутная** Quecksilber[dampf]hochdrucklampe *f*, Hg-Hochdrucklampe *f* ‖ **~ высокого давления/ртутно-галоидная** Quecksilberdampf-Hochdrucklampe *f* mit Halogenidzusätzen ‖ **~ высокого напряжения** *s.* ~/высоковольтная ‖ **~/высокочастотная** Hochfrequenzröhre *f* ‖ **~/выходная** End[stufen]röhre *f* ‖ **~/газонаполненная** gasgefüllte Glühlampe *f*, Gasfüllungslampe *f* ‖ **~/газоразрядная** 1. Gasentladungslampe *f*, Entladungslampe *f*; 2. Gasentladungsröhre *f*, Entladungsröhre *f* ‖ **~/газосветная** Gasentladungslampe *f* ‖ **~/галогенная** Halogenlampe *f* ‖ **~/гелиевая** Heliumröhre *f* ‖ **~/генераторная** Generatorröhre *f*, Oszillatorröhre *f* ‖ **~/двухсветная автомобильная** *(Kfz)* Biluxlampe *f* ‖ **~/декадная счётная** Dekadenzählröhre *f*, Dekatron *n* ‖ **~/декоративная** Zierformlampe *f* ‖ **~/динатронная** Dynatronröhre *f*, Dynatron *n* ‖ **~/длинноволновая генераторная** Langwellensenderöhre *f* ‖ **~ дневного света** Tageslichtlampe *f* ‖ **~ дневного света/[фото]люминесцентная** Tageslichtleuchtstofflampe *f* ‖ **~ дневной сигнализации** *(Schiff)* Tagessignalscheinwerfer *m*

II ~/долговечная 1. Langlebensdauerlampe *f*; 2. Langlebensdauerröhre *f* **II ~/дуговая** Bogenlampe *f*, Lichtbogenlampe *f* **II ~/дуговая ртутная** Quecksilberbogenlampe *f* **II ~/дуговая угольная** Kohlebogenlampe *f* **II ~ дугового разряда** Bogenlampe *f* **II ~ дугового разряда/газосветная** Bogenentladungslampe *f* *(Oberbegriff für Edelgas- und Metalldampflampen)* **II ~ дугового разряда/люминесцентная** Leuchtstofflampe *f* **II ~/ёлочная** Kerzenkleinlampe *f*, Lampe *f* für Weihnachtsbaumbeleuchtung *f* **II ~ заливающего света** Flutlichtlampe *f* **II ~ занятости** Besetztlampe *f*, Belegtlampe *f* **II ~/запирающая** Sperröhre *f* **II ~ заряда аккумуляторной батареи/контрольная** *(Kfz)* Ladekontrolleuchte *f* **II ~/зарядная** Laderöhre *f* **II ~/зеркальная** verspiegelte Lampe *f* **II ~/измерительная** Meßlampe *f* **II ~/импульсная [газосветная]** Impulslampe *f* **II ~/импульсная генераторная** Impulsgeneratorröhre *f* **II ~/индикаторная** Anzeigelampe *f*; Signallampe *f* **II ~/интенсивная дуговая** Intensiv[kohlen]bogenlampe *f* **II ~/инфракрасная** Infrarotlampe *f* **II ~ инфракрасного излучения** Infrarotlampe *f*, Infrarotstrahler *m* **II ~/испытательная** Prüflampe *f* **II ~/кадмиевая** Kadmium[dampf]lampe *f*, Cd-Lampe *f* **II ~/калиевая** Kaliumlampe *f* **II ~/кварцевая** Quarzlampe *f* **II ~/кварцевая галогенная** Halogenglühlampe *f* [mit Kieselglaskolben] **II ~/кварцевая ртутная** Quarzquecksilber[dampf]lampe *f* **II ~/кинопроекционная** Kinoprojektionslampe *f* **II ~/кольцевая люминесцентная** ringförmige Leuchtstofflampe *f*, LR **II ~/коммутирующая** Schaltröhre *f* **II ~/контрольная** Kontrollampe *f*, Überwachungslampe *f* **II ~/контрольная вызывная** Anrufkontrollampe *f*, Rufüberwachungslampe *f* **II ~/контрольная отбойная** Schlußkontrollampe *f* **II ~/контрольная сигнальная** Anzeigelampe *f*, Signallampe *f*, Kontrollampe *f* **II ~/коротковолновая** Kurzwellenröhre *f* **II ~/криптоновая** Kryptonlampe *f*, Kr-Lampe *f* **II ~/ксеноновая** Xenonlampe *f*, Xe-Lampe *f* **II ~/ленточная** Bandlampe *f* **II ~/люминесцентная** Leuchtstofflampe *f*, L-Lampe *f* **II ~/магнетитовая дуговая** Magnetitbogenlampe *f* **II ~/малогабаритная** 1. Kleinlampe *f*; 2. Kleinröhre *f* **II ~/матированная** Mattglaslampe *f* **II ~/матированная изнутри** innenmattierte Lampe *f* **II ~/матированная снаружи** außenmattierte Lampe *f* **II ~/матовая** *s.* ~/матированная **II ~/миниатюрная** 1. Miniaturlampe *f*; 2. Miniaturröhre *f* **II ~/моноспиральная** Einfachwendellampe *f* **II ~/мощная** 1. Hochleistungslampe *f*; 2. Hochleistungsröhre *f* **II ~/мощная прожекторная** Hochleistungsscheinwerferlampe *f* **II ~ накаливания** Glühlampe *f* **II ~ накаливания/безвоздушная (вакуумная)** Vakuumglühlampe *f* **II ~ накаливания/зеркальная** Reflektorglühlampe *f* **II ~ накаливания/осмиевая** Osmiumglühlampe *f* **II ~ накаливания с металлической нитью** Metallfadenglühlampe *f* **II ~ накаливания с прямой нитью** Langdrahtglühlampe *f* **II ~ накаливания/свечеобразная** Kerzenglühlampe *f* **II ~ накаливания/угольная** Kohlefadenglühlampe *f* **II ~ накаливания/универсальная** Allgebrauchslampe *f*, Vielzwecklampe *f* **II ~ накаливания/цилиндрическая** Röhren[form]lampe *f* **II ~ накачки** Pumplichtquelle *f* *(Laser)* **II ~/накопительная** Speicherröhre *f* **II ~ наличия в баке резервного топлива/контрольная** *(Kfz)* Anzeigelleuchte *f* für Kraftstoffreserve **II ~/натриевая [паросветная]** Natrium[dampf]lampe *f* **II ~/натриевая спектральная** Natriumspektrallampe *f* **II ~/неоновая [газосветная]** Neonlampe *f* **II ~/неоновая дуговая** Neonbogenlampe *f* **II ~/неоновая тлеющая** Neonglimmlampe *f* **II ~/неслепящая** Blendschutzlampe *f* **II ~/низковольтная** 1. Niederspannungslampe *f*; 2. Niederspannungsröhre *f* **II ~ низкого давления** Niederdrucklampe *f* **II ~ низкого давления/натриевая** Natriumdampf-Niederdruckentladungslampe *f* **II ~ низкого давления/ртутная** Quecksilber[dampf]niederdrucklampe *f*, Hg-Niederdrucklampe *f* **II ~ низкого давления/фотолюминесцентная ртутная** Quecksilberdampf-Niederdruckleuchtstoffröhre *f* **II ~ низкого напряжения** *s.* ~/низковольтная **II ~/низкочастотная** Niederfrequenzröhre *f*, NF-Röhre *f* **II ~ обратной волны** Karzinotron *n*, Rückwärtswellenröhre *f* **II ~ общего применения** Allgebrauchslampe *f*, Vielzwecklampe *f* **II ~/ограничительная** Begrenzerröhre *f* **II ~/односпиральная** Einfachwendellampe *f* **II ~/окрашенная** Lampe *f* mit gefärbtem Kolben **II ~/опаловая** Opal[glas]lampe *f* **II ~ освещения багажника** *(Kfz)* Kofferraumleuchte *f* **II ~ освещения вещевого ящика** *(Kfz)* Handschuhfachleuchte *f* **II ~ освещения гнезда электроприкуривтеля** *(Kfz)* Zigarrenanzünderleuchte *f* **II ~ освещения щитка приборов** Instrumentenbrettleuchte *f*; *(Kfz)* Armaturenbrettleuchte *f* **II ~/отбойная** Schlußlampe *f* **II ~/открытая дуговая** offene Bogenlampe *f* **II ~ падения давления масла/контрольная** *(Kfz)* Kontrolleuchte *f* für Öldruck, Öldruckkontrolleuchte *f* **II ~/парометаллическая** Metalldampflampe *f* **II ~/парортутная** *s.* ~/ртутная **II ~/паросветная** Metalldampflampe *f* **II ~/паяльная** Lötlampe *f* **II ~/передающая** Senderöhre *f* **II ~ переменного тока** Wechselstromlampe *f* **II ~/подкапотная** *(Kfz)* Motorraumleuchte *f* **II ~ продолжительного горения** Dauerbrandlampe *f* **II ~/проекционная** Projektionslampe *f* **II ~/прожекторная** Scheinwerferlampe *f* **II ~/прозрачная** Klarglaslampe *f* **II ~/пролётная** Triftröhre *f* **II ~/пустотная** *s.* ~/вакуумная **II ~ рабочего места/контрольная** Platzlampe *f* **II ~/разрядная** Entladungslampe *f* **II ~ резерва топлива/контрольная** *(Kfz)* Kraftstoffkontrolleuchte *f* **II ~/резонансная** Resonanzlampe *f* **II ~/релейная** Relaisröhre *f* **II ~/релейная дуговая** Relaisbogenlampe *f* **II ~/ртутная** Quecksilber[dampf]lampe *f* **II ~/ртутная спектральная** Quecksilberspektrallampe *f* **II ~/рубидиевая** Rubidiumlampe *f*, Rb-Lampe *f* **II ~/рубидиевая спектральная** Rubidiumspektrallampe *f* **II ~ с вольфрамовой нитью** Wolframfadenlampe *f* **II ~ с двумя нитями [накала]** Zweifadenglühlampe *f*, Doppelfadenglühlampe *f* **II ~ с натриевыми парами/газосветная** Natrium[dampf]lampe *f* **II ~ с парами металлов/газосветная** Metalldampflampe *f* **II ~ с тлеющим разрядом** Glimmlampe *f* **II ~ сверх-**

высокого давления Höchstdrucklampe *f* || **~ сверхвысокого давления/газовая** Edelgashöchstdrucklampe *f* || **~ сверхвысокого давления/ксеноновая** Xenonhöchstdrucklampe *f*, Xe-Höchstdrucklampe *f* || **~ сверхвысокого давления/ртутная** Quecksilber[dampf]-höchstdrucklampe *f*, Hg-Höchstdrucklampe *f* || **~/сверхвысокочастотная** Höchstfrequenzröhre *f* || **~/сверхвысокочастотная генераторная** Höchstfrequenzgeneratorröhre *f* || **~/сверхминиатюрная** Subminiaturröhre *f* || **~/сверхмощная** 1. Höchstleistungslampe *f*; 2. Höchstleistungsröhre *f* || **~/сверхмощная генераторная** Höchstleistungsgeneratorröhre *f* || **~/светокопировальная** Lichtpauslampe *f* || **~/свечеобразная** Kerzenglühlampe *f* || **~/сериесная дуговая** Hauptstrombogenlampe *f* || **~/сигнальная** Signallampe *f* || **~/сигнальная тлеющая** Signalglimmlampe *f* || **~ силы света/образцовая светоизмерительная** Lichtstärkenormal *n*, Lichtstärkenormallampe *f* || **~/синхронизирующая** Synchronisierungslampe *f* || **~ смешанного света** Mischlichtlampe *f* || **~ со спиральнойнитью** Spiraldrahtlampe *f*, Wendeldrahtlampe *f* || **~/софитная** Soffittenlampe *f* || **~/спектральная** Spektrallampe *f* || **~ сравнения** Vergleichslampe *f* || **~/субминиатюрная** Subminiaturröhre *f* || **~/счётная** Zählröhre *f* || **~/таллиевая** Thalliumlampe *f*, Tl-Lampe *f* || **~/таллиевая спектральная** Thalliumspektrallampe *f* || **~/танталовая** Tantallampe *f* || **~/тёмная** Dunkellampe *f* || **~ тлеющего разряда** Glimm[entladungs]lampe *f*, Glimm[entladungs]-röhre *f* || **~ тлеющего разряда/аргоновая** Argonglimmlampe *f* || **~ тлеющего разряда/газосветная** Glimmentladungslampe *f* || **~ тлеющего разряда/люминесцентная** Leuchtstoffglimmlampe *f* || **~/точечная** Punkt[licht]lampe *f* || **~/трёхспиральная** Dreifachwendellampe *f* || **~/трёхэлектродная дуговая** Dreielektrodenbogenlampe *f*, Dreikohlebogenlampe *f* || **~/триспиральная** Dreifachwendellampe *f* || **~/трубчатая** Röhren[form]lampe *f*, röhrenförmige Lampe *f* || **~/увиолевая** Uviolglaslampe *f* || **~/угольная** Kohlefaden[glüh]lampe *f* || **~/ультрафиолетовая** Ultraviolettlampe *f* || **~ ультрафиолетового излучения** Ultraviolettstrahler *m*, UV-Strahler *m* || **~/универсальная** Allgebrauchslampe *f*, Vielzwecklampe *f* || **~/управляющая** Steuerröhre *f* || **~/усилительная** Verstärkerröhre *f* || **~/фазоиндикаторная** Phasen[anzeige]lampe *f* || **~/фарная** Scheinwerferlampe *f* || **~/фотографическая** Photolampe *f* || **~/фотолюминесцентная** Leuchtstofflampe *f*, L-Lampe *f* || **~/цезиевая** Caesiumlampe *f*, Cs-Lampe *f* || **~/цезиевая спектральная** Caesiumspektrallampe *f* || **~/цинковая** Zinklampe *f* || **~/цинковая спектральная** Zinkspektrallampe *f* || **~/цифровая [индикаторная]** Ziffernanzeigeröhre *f* || **~/читающая** Ionaufnahmelampe *f* *(beim Lichttonverfahren)* || **~/шаровая** Kugellampe *f*, kugelförmige Lampe *f* || **~/шунтовая дуговая** Nebenschlußbogenlampe *f* || **~/щёлочеразрядная** Alkalidampflampe *f* || **~/электролюминесцентная** Elektrolumineszenzlampe *f*, Kondensatorlampe *f* || **~/электронная** Elektronenröhre *f* || **~/электронно-лучевая** Elektronenstrahlröhre *f*, Kathodenstrahlröhre *f* || **~/эритемная люминесцентная** Erythemstrahler *m* || **~/эталонная [светоизмерительная]** Normallampe *f*, Standardlampe *f*

лампа-абажур *f* Lampen-Leuchte *f*, Kegelstumpfzierformlampe *f*

лампа-вспышка *f (Photo)* Blitzlichtlampe *f*, Blitzgerät *n* || **~/электронная** Elektronenblitzlampe *f*

лампа-выпрямитель *f* Gleichrichterröhre *f*

лампа-гетеродин *f* Oszillatorröhre *f*

лампа-индикатор *f* Anzeigelampe *f*; Signallampe *f*

лампа-манипулятор *f* Taströhre *f*, Austaströhre *f*

лампа-регулятор *f* Regelröhre *f*

лампа-усилитель *f* Verstärkerröhre *f*

ламповая *f (Bgb)* Lampenstation *f*

ламповый 1. Lampen…; 2. Röhren…; mit Röhrenbestückung, röhrenbestückt

ламподержатель *m* Lampenfassung *f*

лампоризация *f* Kurzzeiterhitzung *f (Wein)*

лампочка *f* [kleine] Lampe *f*, Lämpchen *n (s. a. unter* лампа 1.*)* || **~ занятости** *(Nrt)* Besetztlampe *f*, Belegtlampe *f* || **~/осветительная** Beleuchtungslämpchen *n* || **~/сигнальная** Signallämpchen *n* || **~/шкальная** Skalenlämpchen *n*

лампрофир *m (Geol)* Lamprophyr *m*

ланаметр *m (Text)* Lanameter *n (Gerät zum Messen der Wollfaserfeinheit)*

лангбейнит *m (Min)* Langbeinit *m (Salzmineral)*

ландшафт *m* Landschaft *f*

лантан *m (Ch)* Lanthan *n*, La

лантаниды *pl* Lanthaniden *npl*

ланцет *m (Med)* Lanzette *f*, Lanzenmesser *n*

ЛАП *s.* линия/автоматическая переналаживаемая

лапа *f* 1. *(Masch)* Fuß *m*, Tragfuß *m (Gehäuse)*; Pratze *f*, Klaue *f*; Lasche *f*; Ansatz *m*; 2. *(Lw)* Zinke *f*; Schar *n (Grubber)* || **~/буксовая** *(Eb)* Achsgabel *f*, Achshalter *m* || **~/двойная** *(Lw)* Doppelschar *n* || **~/контактная** Kontaktfinger *m* || **~ кронштейна гребного вала** *(Schiff)* Wellenbockflansch *m* || **~/культиваторная** *(Lw)* Grubberzinken *m*; Grubberschar *n* || **~/рыхлительная** *(Lw)* Lockerungswerkzeug *n (Bodenbearbeitung)* || **~/рыхлящая** *(Lw)* Spurlockerer *m*, Radspurlockerer *m* || **~ станины** *(Wlz)* Ständerfuß *m* || **~/стрельчатая** *(Lw)* Gänsefußschar *n (Grubber)*; Gänsefußmesser *n (Hackmaschine)* || **~/чизельная долотообразная** *(Lw)* Meißelschar *n*, Herzschar *n (Untergrundlockerer)* || **~/чизельная стрельчатая** *(Lw)* Breitschar *n (Untergrundlockerer)* || **~ якоря** *(Schiff)* Ankerflunke *f*

лапа-окучник *f (Lw)* Häufelschar *n*

лапилли *pl (Geol)* Lapilli *pl (nußgroße Lavateilchen)*

лапка *f (Wkz)* Mitnehmer *m*, Klemme *f*; Lappen *m* || **~ замочного механизма** *(Text)* Stechfinger *m* || **~/нажимная** *(Text)* Preßfinger *m (Flyerflügel)* || **~/поддерживающая** *(Text)* Spulendrücker *m (Wellenfachweben)* || **~ рогульки** *(Text)* Preßfinger *m (Flyerflügel)* || **~ хвоста** *(Wkz)* Mitnehmerlappen *m (Spiralbohrer)* || **~ швейной машины** *(Text)* Nähfuß *m*

лапка-затягиватель *m (Text)* Nähfuß *m* mit Faltvorrichtung; Doppelkappfuß *m (Nähmaschine)*

лапка-рубильник *m (Text)* Saumfuß *m (Nähmaschine)*
лапка-суташер *m (Text)* Soutacheurfuß *m*
лапки *fpl (Schiff)* Hahnepot *m* ‖ **~ распорной доски** Scherbretthahnepot *m (Schleppnetz)*
ларингоскоп *m (Med)* Kehlkopfspiegel *m*, Laryngoskop *n*
ларингофон *m (Nrt)* Kehlkopfmikrophon *n*
ларь *m***/низкотемпературный** *(Kält)* Tiefkühltruhe *f*, Gefriertruhe *f*
ластик *m (Text)* 1. Rand *m (Wirkerei)*; 2. Ränderware *f*, Rippware *f*
ластичный *(Text)* gerippt
латекс *m (Gum)* Latex *m*, Kautschuksaft *m* ‖ **~/вулканизованный** [vor]vulkanisierter Latex *m* ‖ **~/натуральный** Natur[kautschuk]latex *m* ‖ **~/товарный** handelsüblicher Latex *m*
латеризация *f (Geol)* Lateritbildung *f*, lateritische Verwitterung *f*
латерит *m (Geol)* Laterit *m*
латунелитейная *f* Messinggießerei *f*
латунирование *n* Überziehen *n* mit Messing
латуннолитейная *f* Messinggießerei *f*
латунь *f* Messing *n* ‖ **~/деформируемая** Messingknetlegierung *f* ‖ **~/катаная** gewalztes Messing *n*, Walzmessing *n* ‖ **~/ковкая** Schmiedemessing *n* ‖ **~/красная** Rotguß *m* ‖ **~/листовая** Messingblech *n* ‖ **~/литейная** Gußmessing *n*, Messinggußlegierung *f* ‖ **~/морская** seewasserbeständiges Messing *n*, Marinelegierung *f* ‖ **~/прокатная (прокатываемая)** walzbares Messing *n*, Walzmessing *n* ‖ **~/рольная** Walzmessing *n* ‖ **~/специальная** Sondermessing *n* ‖ **~/спечённая** Sintermessing *n (Pulvermetallurgie)* ‖ **~/твёрдая** Hartmessing *n*
лаурит *m (Min)* Laurit *m (Rutheniummineral)*
лауэграмма *f (Krist)* Laue-Diagramm *n*, Laue-Aufnahme *f*
лафет *m (Mil)* Lafette *f* ‖ **~/самоходный** Selbstfahrlafette *f*
лахар *m (Geol)* Lahar *m (vulkanischer Schutt- und Schlammstrom)*
лацпорт *m (Schiff)* Außenhautpforte *f*, Ladepforte *f* ‖ **~/бортовой** Seitenpforte *f* ‖ **~/грузовой** Ladepforte *f* ‖ **~/кормовой** Heckladepforte *f* ‖ **~/носовой** Bugladepforte *f*
ЛБ *s.* борт/левый
ЛБВ *s.* лампа бегущей волны
ЛБТ *s.* трубая/легкосплавная бурильная
ЛВС *s.* сеть/локальная вычислительная
ЛД *s.* диод/лавинно-пролётный
ЛДИС *s.* измеритель скорости/лазерный доплеровский
ЛДПТ *s.* двигатель постоянного тока/линейный
лебёдка *f* 1. Winde *f*; Windwerk *n*; 2. *(Schiff)* Winde *f*, Winch *f*, Winsch *f*; 3. *(Bgb)* Haspel *f(m)* ‖ **~/авантовая** Vortauwinde *f (Schwimmbagger)* ‖ **~/автоматическая швартовная** *(Schiff)* automatische Verholwinde *f* ‖ **~/барабанная** Trommelwinde *f* ‖ **~/барабанная тяговая** Trommelfahrwinde *f (Kabelkran)* ‖ **~/безопасная канатная** Sicherheitsseilwinde *f* ‖ **~/безредукторная** getriebelose Winde *f* ‖ **~/боковая** Seitentauwinde *f (Schwimmbagger)* ‖ **~/буксирная** *(Schiff)* Schleppwinde *f* ‖ **~/буровая** *(Bgb)* Tiefbohrwinde *f*, Hebewerk *n* ‖ **~/ваерная** Kurrleinenwinde *f (Trawler)* ‖ **~/вспомогательная** Hilfswinde *f* ‖ **~ вспомогательного подъёма** Hilfshubwerk *n* ‖ **~/вытяжная** Beihieverwinde *f (Trawler)* ‖ **~/гиневая** Gienwinde *f (Trawler)* ‖ **~ гинь-талей** Gienwinde *f (Trawler)* ‖ **~/главная** Hauptwinde *f* ‖ **~/грейферная** Greiferwinde *f* ‖ **~/грузовая** Ladewinde *f* ‖ **~/грузолюдская** *(Bgb)* Förderhaspel *f(m)* ‖ **~/грузоподъёмная** Hubwinde *f*, Lastwinde *f* ‖ **~ грунтовых лотков** Schüttrinnenwinde *f (Eimerkettenbagger)* ‖ **~/двухбарабанная** Zweitrommelwinde *f* ‖ **~/задняя боковая** hintere Seitentauwinde *f (Schwimmbagger)* ‖ **~/задняя становая** *s.* ~/кормовая становая ‖ **~/инструментальная** *(Bgb)* Schlagtrommel *f (Schlagbohranlage)* ‖ **~/кабельная** Jagerwinde *f (Trawler)* ‖ **~/кабельно-вытяжная** Jager- und Beihieverwinde *f (Trawler)* ‖ **~ кабельного крана** Kabelkranwinde *f* ‖ **~/канатная** Kabelwinde *f*, Seilwinde *f* ‖ **~/канатно-барабанная** Seiltrommelwinde *f* ‖ **~ канатных откаток** *(Bgb)* Schlepperwinde *f*, Streckenförderhaspel *f(m)* ‖ **~ [колошникового] конуса** Gichtglockenwinde *f*, Glockenwinde *f (Hochofen)* ‖ **~/кормовая боковая** hintere Seitentauwinde *f (Schwimmbagger)* ‖ **~/кормовая становая** Hintertauwinde *f*, Achtertauwinde *f*, Hecktauwinde *f (Schwimmbagger)* ‖ **~/корчевальная** *(Forst)* Stumpfzieher *m (Rodevorrichtung)* ‖ **~/крановая** Kranwindwerk *n* ‖ **~/лифтовая** Aufzugswinde *f* ‖ **~/лоткоподъёмная** Schüttrinnenwinde *f (Eimerkettenschwimmbagger)* ‖ **~/маневровая** Rangierwinde *f*, Rangierhapsel *f* ‖ **~/механическая** Motorwinde *f* ‖ **~/многобарабанная** Mehrtrommelwinde *f* ‖ **~/моторная** Motorwinde *f* ‖ **~/намоточная** Wickelhaspel *f(m)* ‖ **~/настенная** Wandwinde *f* ‖ **~/нераздельная траловая** Kombifischereiwinde *f* ‖ **~/носовая боковая** vordere Seitentauwinde *f (Schwimmbagger)* ‖ **~/носовая становая** Vortauwinde *f (Schwimmbagger)* ‖ **~/однобарабанная** Eintrommelwinde *f* ‖ **~/откаточная** 1. *(Eb)* Rangierwinde *f*; 2. *(Bgb)* Schlepperhaspel *f(m)*, Förderhaspel *f(m)* ‖ **~ оттяжки** *(Schiff)* Geienwinde *f*, Geerenwinde *f* ‖ **~/папильонажная** Schwingwinde *f (Schwimmbagger)* ‖ **~/передняя боковая** vordere Seitentauwinde *f (Schwimmbagger)* ‖ **~/передняя становая** Vortauwinde *f (Schwimmbagger)* ‖ **~/поворотная** Schwenkwinde *f* ‖ **~/погрузочная** Beladevorrichtung *f* ‖ **~/подъёмная** 1. Hubwinde *f*, Hebewinde *f*; 2. *(Bgb)* Förderhaspel *f*, Aufzughaspel *f* ‖ **~/промысловая** Fischereiwinde *f(m)*, Fischnetzwinde *f(m)* ‖ **~/проходческая** *(Bgb)* Abteufwinde *f* ‖ **~/рабочая** Antriebswinde *f*, Windwerk *n* ‖ **~/рамоподъёмная** Baggerleiterwinde *f (Schwimmbagger)* ‖ **~/ручная** Handkurbelwinde *f*, Kurbelwinde *f* ‖ **~/ручная монтажная** Montagehandwinde *f* ‖ **~/сейнерная** Seinerwinde *f*, Ringwaden[einhol]winde *f (Seiner)* ‖ **~/скиповая** Gefäßaufzugswinde *f*; Kippkübelaufzugswinde *f (z. B. am Schachtofen)* ‖ **~/складская** Speicherwinde *f* ‖ **~/скоростная** Schnellwinde *f*, Winde *f* mit großer Arbeitsgeschwindigkeit ‖ **~/скреперная** *(Bgb)* Schrapperhaspel *f* ‖ **~/тартальная** *(Bgb)* Schöpfwinde *f*, Schöpftrommel *f (Bohrgerät)* ‖ **~/топенантная** *(Schiff)* Hangerwinde *f* ‖ **~/траловая** *(Schiff)* Schlepp-

netzwinde *f* ‖ **~/тралово-сейнерная** kombinierte Schleppnetz-Ringwadenwinde *f* ‖ **~/трёхбарабанная** Dreitrommelwinde *f* ‖ **~/тягальная** *(Bgb)* Schlepperhaspel *f(m)*, Zugwinde *f* ‖ **~/тяговая** Zughaspel *f(m)* ‖ **~/фрикционная** 1. Reibradwinde *f*; 2. Reibungshaspel *f(m)* ‖ **~/ходовая** Fahrwinde *f* ‖ **~/червячная** Schneckenwinde *f* ‖ **~/четырёхбарабанная** Viertrommelwinde *f* ‖ **~/шаландо-перетяжная** Schutenverholwinde *f (Schwimmbagger)* ‖ **~/швартовная** *(Schiff)* Verholwinde *f*, Vertäuwinde *f* ‖ **~/якорная** *(Schiff)* Ankerwinde *f* ‖ **~/якорно-швартовная** *(Schiff)* Ankerverholwinde *f* ‖ **~/ярусная** Langleinenwinde *f (Fischfang)* ‖ **~/ярусовыборочная (ярусоподъёмная)** Langleinenwinde *f (Fischereifahrzeug)*

лебёдки *fpl*/**оперативные** Baggerwinden *fpl (Schwimmbagger)* ‖ **~/пооперационные** *(Schiff)* separate Fischereiwinden *fpl* für die einzelnen Arbeitsvorgänge *(Kurrleinen-, Jager- und Beihieverwinde; Trawler)*

левеит *m (Min)* Loeweit *m*, Löweit *m (Salzmineral)*

левиафан *m (Text)* Leviathan *m*, Wollwaschmaschine *f*

левовращающийся linksdrehend

левозаходный linksgängig, linkssteigend *(Gewinde)*

левополяризованный *(Opt)* linkspolarisiert, linksdrehend polarisiert

леворежущий *(Fert)* linksschneidend

левоходовой *s.* левозаходный

левулёза *f (Ch)* Lävulose *f*, Fruchtzucker *m*, D-Fructose *f*

легирование *n* 1. *(Met)* Legieren *n*; Zulegieren *n*, Auflegieren *n*, Nachlegieren *n*; 2. *(Eln)* Legierung *f*, Dotierung *f*, Dopen *n*, Fremdstoffbeimischung *f (Halbleiter)* ‖ **~/газовое** *(Eln)* Gasphasendotierung *f* ‖ **~/диффузионное** *(Eln)* Diffusionslegierung *f*, Diffusionsdotierung *f* ‖ **~/ковшовое** *(Met)* Pfannenlegieren *n*, Legieren *n* in der Gießpfanne ‖ **~/комплексное** *(Eln)* Komplexlegieren *n*, Legieren *n* mit Komplexlegierungsmitteln ‖ **~ наплавлением** *(Met)* Aufschmelzlegieren *n* ‖ **~/обратное** *(Eln)* Gegendotierung *f* ‖ **~ переливанием** *(Met)* Übergieß-legieren *n*, Übergieß-Legierverfahren *n* ‖ **~/поверхностное** *(Eln)* Oberflächendotierung *f* ‖ **~ подложки** *(Eln)* Substratdotierung *f* ‖ **~/последующее** *(Met)* Zulegieren *n*, Auflegieren *n*, Nachlegieren *n* ‖ **~ примесью** *s.* легирование 2. ‖ **~/радиакционное** *(Eln)* strahlungsinduzierte Legierung *f* ‖ **трансмутационное** Transmutationsdotierung *f (Halbleiter)*

легированный 1. *(Met)* legiert; 2. *(Eln)* legiert, dotiert, gedopt *(Halbleiter)* ‖ **~ марганцем** *(Eln)* mangandotiert *(Halbleiter)*

легировать 1. *(Met)* legieren; zulegieren; 2. *(Eln)* legieren, dotieren, dopen *(Halbleiter)* ‖ **~/противоположно** *(Eln)* gegendotieren, umdotieren *(Halbleiter)*

легируемость *f (Met, Eln)* Legierbarkeit *f*

легковес *m (Bw, Met)* Leichtstein *m*

легковоспламеняющийся zündfreudig, leichtentzündlich

легколетучий leichtflüssig, volatil

легкоокисляемый leicht oxidierbar (oxidabel)

легкоплавкий niedrigschmelzend, leichtschmelzend

легкоплавкость *f (Met)* Leichtschmelzbarkeit *f*; Leichtgängigkeit *f*

легкорастворимость *f* Leichtlöslichkeit *f*

легкорастворимый leichtlöslich

легкость *f* **изготовления** leichte Herstellbarkeit *f* ‖ **~ обслуживания** leichte Bedienbarkeit *f*

легумин *m (Ch)* Legumin *n*

лёд *m* Eis *n* ‖ **~/битый** *(Schiff)* gebrochenes Eis *n* ‖ **~/блочный** Blockeis *n* ‖ **~/внутриводный** *(Hydrol)* Eis *n* im unterkühlten Wasser ‖ **~/глетчерный** Gletschereis *n* ‖ **~/донный** Grundeis *n* ‖ **~/дрейфующий** Treibeis *n* ‖ **~/естественный** Natureis *n* ‖ **~/зернистый** Firn *m*, Firnschnee *m* ‖ **~/искусственный** Kunsteis *n* ‖ **~/кристаллический** Kristalleis *n* ‖ **~/крупнобитый** *(Schiff)* grob gebrochenes Eis *n* ‖ **~/ледниковый** *(Geol)* Gletschereis *n* ‖ **~/материковый** Festlandeis *n*, Inlandeis *n* ‖ **~/мелкобитый** *(Schiff)* fein gebrochenes Eis *n* ‖ **~/мёртвый** Toteis *n* ‖ **~/многолетний** mehrjähriges Alteis *n*, Packeis *n* ‖ **~/мутно-молочный (мутный)** Trübeis *n* ‖ **~/натуральный** Natureis *n* ‖ **~/осевший** abgesetztes Eis *n* ‖ **~/паковый** Packeis *n* ‖ **~/плавучий** Treibeis *n* ‖ **~/пластинчатый (плиточный, плитный)** Platteneis *n* ‖ **~/пресноводный** Süßwassereis *n* ‖ **~/прозрачный** Klareis *n*, Kristalleis *n* ‖ **~/речной** Flußeis *n* ‖ **~/сплошной** Festeis *n* ‖ **~/сухой** Trockeneis *n*, Kohlensäureschnee *m* ‖ **~/чешуйчатый** Schuppeneis *n*

ледебурит *m* Ledeburit *m (Gefüge)*

ледник *m* Gletscher *m* ‖ **~/альпийский** alpiner Gletscher[typ] *m* ‖ **~/аляскинский** Gletscher *m* vom Alaskatyp ‖ **~/висячий** Hängegletscher *m*, Hanggletscher *m* ‖ **~ висячих долин** Hängetalgletscher *m* ‖ **~ возвышенностей** Hochlandeis *n*, Plateaugletscher *m* ‖ **~/возрождённый** neuformierter Gletscher *m (nach einem Abbruch)* ‖ **~ вулканического конуса** Vulkankegelgletscher *m* ‖ **~ высокогорий** Hochgebirgsgletscher *m* ‖ **~/горный** Gebirgsgletscher *m* ‖ **~/дендритовый** dendritischer (baumförmig verzweigter) Gletscher *m* ‖ **~/долинный** Talgletscher *m* ‖ **~/каровый** Kargletscher *m* ‖ **~/древовидный** *s.* ~ дендритовый ‖ **~ маляспина** Malaspinagletscher *m* ‖ **~/материковый** Inlandeis *n* ‖ **~/мёртвый** Toteis *n* ‖ **~/остаточный** Restgletscher *m* ‖ **~/перемётный** Jochgletscher *m* ‖ **~ плоских вершин** Plateaugletscher *m*, Hochflächengletscher *m* ‖ **~ подножия** *s.* ~/предгорный ‖ **~/предгорный** Piedmontgletscher *m*, Malaspinagletscher *m*, Vorlandgletscher *m* ‖ **~/регенерированный** neuformierter Gletscher *m (nach einem Abbruch)* ‖ **~/рудиментарный** Restgletscher *m* ‖ **~/фирновый** Firn[feld]gletscher *m (alpiner Gletschertyp)*

ледниковье *n (Geol)* Kaltzeit *f*, Eiszeit *f*, Glazialzeit *f*

ледогенератор *m s.* льдогенератор

ледокол *m* Eisbrecher *m* ‖ **~/атомный** Atomeisbrecher *m* ‖ **~/вспомогательный** Hilfseisbrecher *m* ‖ **~/линейный** Linieneisbrecher *m* ‖ **~/портовый** Hafeneisbrecher *m*

ледопад *m (Geol)* Gletscherfall *m*, Gletscherbruch *m*

ледопроходимость *f (Schiff)* Eisfahrteigenschaften *fpl*

ледорез *m* 1. *(Hydt)* Eisbrecherpfeiler *m*, Pfeilerschutz *m*, Pfeilerkopf *m (Brückenbau)*; 2. *(Schiff)* Eisschneider *m*

ледосброс *m (Hydt)* Eisablaß *m*

ледостав *m (Hydrol)* Eisstand *m*

ледоход *m (Hydrol)* Eisgang *m (auf Flüssen)*

леер *m (Schiff)* 1. Reling *f*; 2. Strecktau *n*; 3. Durchzug *m*, Handleiste *f*, Handlauf *m (Geländer)* ‖ **~/бортовой** Reling *f* ‖ **~/кормовой** Achtergeländer *n* ‖ **~/спасательный** Greifleine *f*, Handhalt *m (am Rettungsboot, am Rettungsring u. a.)* ‖ **~/штормовой** Strecktau *n*

лежащий навалом *(Fert)* ungeordnet *(Lage gespeicherter Teile)*

лежень *m* 1. *(Bgb)* Schwelle *f*, Fußholz *n (Türstockausbau)*; 2. *(Bw)* Grundbalken *m*, Schwelle *f (Holzbrückenbau)* ‖ **~/двойной** *(Eb)* Doppelschwelle *f* ‖ **~/мёртвый красный** *(Geol)* Rotliegendes *n* ‖ **~/поперечный** *(Bgb)* Querschwelle *f (Türstock)* ‖ **~/продольный** *(Bgb)* Längsschwelle *f (Türstock)*

лёжка *f (Gieß)* Lagern *n*, Auslagern *n (Legierung, Formstoff)*

лезвие *n* 1. *(Wkz)* [geometrisch bestimmte] Schneide *f*, Regelschneide *f*; 2. Rasierklinge *f* ‖ **~/вспомогательное** *(Wkz)* Nebenschneide *f* ‖ **~/главное** *(Wkz)* Hauptschneide *f* ‖ **~ лемеха** *(Lw)* Scharschneide *f (Pflug)* ‖ **~/поперечное** *(Wkz)* Querschneide *f* ‖ **~/разметочное** *(Wkz)* Anreißschneide *f* ‖ **~ ракли** *(Text)* Rakelblatt *n* ‖ **~/режущее** *s.* лезвие 1. ‖ **~ резца [/режущее]** Meißelschneide *f (Drehmeißel)*; Messerschneide *f (Messerkopf)* ‖ **~ сверла [/режущее]** *(Wkz)* Bohrerschneide *f* ‖ **~/скошенное** *(Wkz)* schräge Schneide *f* ‖ **~ топора** Axtblatt *n* ‖ **~/торцовое** *(Wkz)* Stirnschneide *f* ‖ **~ фрезы [/режущее]** *(Wkz)* Fräserschneide *f*

лезвийный *(Wkz)* mit geometrisch bestimmter Schneide

лейас *m (Geol)* Lias *m*

лейка *f (Schiff)* Ösfaß *n*, Ösfatt *n*, Ötzfatz *n (Schöpfgerät)*

лейкометр *m* Leukometer *n*

лейкооснование *n (Ch)* Leukobase *f*

лейкопирит *m (Min)* Leukopyrit *m*

лейкосоединение *n (Ch)* Leukoverbindung *f*

лейна-селитра *f (Lw)* Leunasalpeter *m*, Montansalpeter *m*, Ammonsulfatsalpeter *m*

лейхтенбергит *m (Min)* Leuchtenbergit *m*, Mauleonit *m (Chlorit)*

лейцит *m (Min)* Leucit *m (Feldspatvertreter)*

лейцитофир *m (Geol)* Leuzitophyr *m*

лекало *n* 1. Kurvenlineal *n*; 2. *(Schiff)* Formblech *n (Bauvorrichtung)*; 3. *(Text)* Schablone *f*, Schnittmusterbogen *m* ‖ **~ для раскроя** *(Text)* Zuschneideschablone *f* ‖ **~/откосное** *(Bw)* Schnürbock *m*, Lattenprofil *n*

лекальность *f (Schiff)* strakende Form *f*

лекальный *(Schiff)* strakend

лёллингит *m (Min)* Arsenikalkies *m*, Löllingit *m*, Arseneisen *n*, Leukopyrit *m*

лемех *m* 1. *(Lw)* Schar *n*, Pflugschar *n*; 2. *(Bgb)* Kippenpflug *m*, Planierschar *n* ‖ **~/вибрационный** Schwingschar *n* ‖ **~/долотообразный** Meißelschar *n* ‖ **~/лущильный** Schälsech *n*

лемма *f (Math)* Lemma *n*, Hilfssatz *m*

лемниската *f (Math)* Lemniskate *f*, Schleifenlinie *f*; *(Krist)* Lemniskate *f (bei konoskopischen Untersuchungen)*

лемпач *m (Bw)* roher, getrockneter Lehmziegel *m*, Lehmpatzen *m*

лён *m* Lein *m*; Flachs *m*

лён-долгунец *m* Faserlein *m*

леникс *m (Masch)* Spannrolle *f*, Riemenspannrolle *f*, Spannrad *n (Riemenantrieb)*

лента *f* Band *n*; Streifen *m*; Bahn *f* ‖ **~/абразивная** *(Wkz)* mit Abrasivmittel beschichtetes Band *n* ‖ **~/агломерационная** Sinterband *n*, Bandsinteranlage *f*, Sinterrost *m (Aufbereitung)* ‖ **~/алмазная полировальная** *f* Diamantpolierband *n* ‖ **~/алмазная шлифовальная бесконечная** endloses Diamantschleifband *n* ‖ **~/альтернативная** *(Inf)* Wechselband *n* ‖ **~/асбестовая** Asbestband *n* ‖ **~ барографа** *(Meteo)* Barographenstreifen *m* ‖ **~/бесконечная** endloses Band *n* ‖ **~/биметаллическая** Bimetallband *n*, Bimetallstreifen *m* ‖ **~ бумаги** Papierbahn *f* ‖ **~/бумажная** Papierstreifen *m*, Papierband *n* ‖ **~/главная** *(Inf)* Stammband *n* ‖ **~/гребенная** *(Text)* Kammzug *m (Spinnerei)* ‖ **~/гусеничная** Gleiskette *f*, Kette *f* ‖ **~ двойной длительности звучания** Doppelspielband *n (Magnettonband)* ‖ **~/двухслойная** Zweischichtband *n (Magnettonband)* ‖ **~ дефектов упаковки** Stapelfehlerband *n* ‖ **~/дистрибутивная** *(Inf)* Urband *n* ‖ **~ для видеозаписи** Videoband *n* ‖ **~ для звукозаписи** Tonband *n*, Audioband *n* ‖ **~/долгоиграющая [магнитофонная]** Langspiel[ton]band *n* ‖ **~/желобчатая** Muldengurt *m*, Muldenband *n* ‖ **~/загрузочная** Aufgabeband *n* ‖ **~/записанная** bespieltes (besprochenes) Band *n* ‖ **~/защитная** Schutzband *n* ‖ **~/звуковая** Tonband *n*, Magnet[ton]band *n* ‖ **~/иглонесущая** *(Text)* Nadeltragstreifen *m (Kämmaschine)* ‖ **~/игольчатая** *(Text)* Kratzenbeschlag *m*, Kratzenband *n*, Kratzengarnitur *f (Krempel)* ‖ **~/идентификационная** Hartband *n*, Identifizierungsband *n* ‖ **~/измерительная** Bandmaß *n*, Meßband *n*; Bezugsband *n* ‖ **~/изоляционная** *(El)* Isolierband *n* ‖ **~/исходная** *(Inf)* Urband *n* ‖ **~/кардная** *s.* ~/игольчатая ‖ **~/кассетная магнитная** Kassettenmagnetband *n* ‖ **~/клейкая** Klebeband *n*; Klebestreifen *m* ‖ **~/конвейерная** Fördergurt *m*, Band *n (Bandförderer)* ‖ **~/контрольная** Kontrollstreifen *m* ‖ **~/корытообразная** Trogband *n*, Troggurt *m* ‖ **~/красящая** Farbband *n (Schreibmaschine)* ‖ **~/лавсановая** Polyesterband *n*, PETP-Band *n* ‖ **~/лидерная** Startband *n*, Verspannband *n* ‖ **~/липкая** Klebeband *n*; Klebestreifen *m* ‖ **~/лотковая** Muldenband *n*, Muldengurt *m*, muldenförmiger Gurt *m (Bandförderer)* ‖ **~/лотковая конвейерная** Muldenfördergurt *m*, Muldenförderband *n* ‖ **~/магнитная** Magnetband *n* ‖ **~/магнитная перфорированная** Magnetfilm *m* ‖ **~/магнитофонная** Magnet[ton]band *n*, Tonband *n* ‖ **~/малошумная** rauscharmes Band *n*, LN-Band *n*, Low-noise-Band *n (Magnettonband)* ‖ **~/маркерная** Schaltband *n (Magnettonband)* ‖ **~/медная**

Kupferband *n* ‖ **~/мерная** *(Geod)* Meßband *n* ‖ **~/металлизированная магнитная** metallbeschichtetes Magnetband *n* ‖ **~/метательная** *(Bgb)* Schleuderband *n* ‖ **~/многослойная** *f* Mehrschichtband *n*, Schichtband *n (Magnettonband)* ‖ **~/нагревательная** *(Met)* Heizband *n (Widerstandsofen)* ‖ **~/наклонная** Schrägband *n* ‖ **~/натяжная** Spannband *n* ‖ **~/неперфорированная бумажная** ungelochtes Papierband *n* ‖ **~/непомеченная магнитная** kennsatzloses Magnetband *n* ‖ **~/нормальная** Normalband *n (Magnettonband)* ‖ **~/ободная** *(Kfz)* Felgenband *n (Tiefbettfelge)*; Wulstband *n (Flachbettfelge)* ‖ **~/однородная массивная** Masseband *n (Magnettonband)* ‖ **~/однослойная** Einschichtband *n (Magnettonband)* ‖ **~/ориентированная** *f* Magnetband *n* mit orientierter Magnetschicht *(Magnettonband)* ‖ **~/основная** *(Inf)* Stammband *n* ‖ **~/очёсочная** *(Text)* Ausstoßbelag *m (Putzwalze der Krempel)* ‖ **~/первичная** Primärlochstreifen *m* ‖ **~/перфораторная** *s.* ~/перфорационная ‖ **~/перфорационная** Lochstreifen *m*, Lochband *n* ‖ **~/перфорированная магнитная** Magnetfilm *m*, Magnettonfilm *m* ‖ **~/пильчатая** *(Text)* Sägezahndraht *m*, Sägezahnbeschlag *m (Vorreißer der Deckelkarde)* ‖ **~/плакированная** *(Wlz)* plattierter Bandstahl *m*, Bimetallband *n* ‖ **~/пластинчатая** *(Förd)* Plattenband *n* ‖ **~/пластинчатая стальная** *(Förd)* Stahlgliederband *n* ‖ **~/пластмассовая** Kunststoffband *n* ‖ **~/плоская конвейерная** *(Förd)* Flachband *n*, Flachgurt *m* ‖ **~/поворотная** Schwenkband *n* ‖ **~/погрузочная** *(Förd)* Ladeband *n* ‖ **~/подкрученная** *(Text)* vorgedrehtes Band *n* ‖ **~/полировальная** *(Wkz)* Polierband *n*, Schleifband *n* für die Finishbearbeitung ‖ **~/породоотборная** *(Bgb)* Leseband *n (Aufbereitung)* ‖ **~ [приёмного валика]/пильчатая** *(Text)* Sägezahnbeschlag *m (Krempel; Vorreißer)* ‖ **~/проволочная бортовая** *(Kfz)* Drahtwulstband *n (Bereifung)* ‖ **~/проволочная конвейерная** Drahtfördergurt *m* ‖ **~/промежуточная** *(Inf)* Zwischenspeicherband *n* ‖ **~/пропитанная (проявляюще-фиксирующая)** *(Photo)* mit Entwickler- und Fixierlösung getränktes Band *n* ‖ **~/пружинная** Federbandstahl *m* ‖ **~/разгрузочная** Austragband *n* ‖ **~/ракордная** *(MB)* Vorspannband *n*, Endband *n*, Kennband *n (Magnettonband)* ‖ **~/распределительная** Verteilerband *n* ‖ **~/ребристая** Rippengurt *m* ‖ **~/резиновая** Gummigurt *m* ‖ **~/рудоразборная (рудосортировочная)** Leseband *n*, Klaubeband *n (Aufbereitung)* ‖ **~ с ленточной машины** *(Text)* Streckenband *n* ‖ **~ с металлическим пигментом** Metallpigmentband *f (Magnettonband)* ‖ **~ с переслежинами** *(Text)* schnittiges Band *n* ‖ **~ самописца** *(Meß)* Registrierstreifen *m*, Diagrammstreifen *m* ‖ **~/сбрасывающая** *(Bgb)* Abwurfband *n* ‖ **~/скребковая** Kratzband *n (Kratzförderer)* ‖ **~/сновальная** *(Text)* Schärband *n (Blockschärmaschine)* ‖ **~/сплошная** *s.* ~/однородная массивная ‖ **~/стальная** 1. *(Wlz)* Bandstahl *m*; 2. *(Förd)* Stahlband *n* ‖ **~/стальная пластинчатая** *(Förd)* Stahlgliederband *n* ‖ **~/стяжная** Spannband *n* ‖ **~/типовая** Vergleichsband *n* ‖ **~/тканевая [конвейерная]** Gewebefördergurt *m* ‖ **~ тройной длительности звучания** Dreifachspielband *n (Magnettonband)* ‖ **~/убирающая** Abnahmeband *n (Bandscheider)* ‖ **~/угарная** *s.* ~/очёсочная ‖ **~/узкая** *(Wlz)* Schmalband *n* ‖ **~/управляющая** Steuerlochstreifen *m* ‖ **~/ферромагнитная** Magnet[ton]band *n*, Tonband *n* ‖ **~/холоднокатаная** Kalt[walz]band *n* ‖ **~/холоднокатаная стальная** kaltgewalztes Stahlband *n* ‖ **~ хронографа** Chronographenstreifen *m* ‖ **~/цветная** Farbband *n* ‖ **~/чесальная** *(Text)* Kardenband *n*, Krempelband *n (Spinnerei)* ‖ **~/чистая** Leerband *n*, Frischband *n*, unbespieltes Band *n (Magnettonband)* ‖ **~/широкая** *(Wlz)* Breitband *n* ‖ **~/шлифовальная** *(Wkz)* Schleifband *n* ‖ **~/шлифовальная бесконечная** endloses Schleifband *n* ‖ **~/штапелированная** *(Förd)* Konverterband *n* ‖ **~ электрического нагревательного прибора** bandförmiger Heizleiter *m* ‖ **~/эталонная** Typband *n*, Bezugsband *n (Magnettonband)*

лентонаправитель *m (Text)* Bandführer *m*

лентообразование *n (Text)* Bandbildung *f*

лентопротяжка *f* 1. Bandvorschub *m*; 2. Magnetbandlaufwerk *n*, MBL

лентоукладчик *m (Text)* Drehwerk *n*, Bandableger *m (Spinnereivorbereitung)*

лентоcразделитель *m (Text)* Bandteiler *m*

лентоткачество *n (Text)* Bandweberei *f*

ленточка *f* 1. Bändchen *n*; 2. *(Fert)* Fase *f (am Drehmeißel oder Spiralbohrer)*; 3. *(Text)* Schmalband *n* ‖ **~/направляющая** Führungsfase *f*

ленточка-фазка *f s.* ленточка 2.

ленточный Band...

леонгардит *m (Min)* Leonhardit *m*, Starkeyit *m (Zeolith)*

леонит *m (Min)* Leonit *m*, Kali-Astrakanit *m (Salzmineral)*

лепесток *m* 1. Keule *f*, Antennenkeule *f (eines Richtdiagramms, Radioteleskops)*; 2. *(Opt)* Verschlußsegment *n*, Lamelle *f* ‖ **~/боковой** Nebenkeule *f*, Seitenkeule *f*, Nebenzipfel *m (des Antennendiagramms)* ‖ **~/главный** Hauptkeule *f (des Antennendiagramms)* ‖ **~ диаграммы направленности излучения** Strahlungskeule *f (des Antennendiagramms)* ‖ **~ для припайки [контактный]** Lötfahne *f* ‖ **~/контактный** Kontaktstreifen *m* ‖ **~/подсоединительный (присоединительный)** Anschlußstreifen *m*, Anschlußfahne *f*

лепёшка *f* 1. Fladen *m*; Filterkuchen *m*, Preßkuchen *m*, Kuchen *m*; 2. *(Gieß)* Ansteckteil *n (Modell)* ‖ **~/фильтрационная** Filterkuchen *m*

лепидокрокит *m (Min)* Lepidokrokit *m*, Rubinglimmer *m*

лепидолит *m (Min)* Lepidolith *m (Lithionglimmer)*

лепидомелан *m (Min)* Lepidomelan *m*, Eisenbiotit *m*, Eisenglimmer *m*

лепнина *f (Bw)* Stuckplastik *f*

лептохлориты *mpl (Min)* Leptochlorite *mpl (Fereiche Chlorite)*

лерка *f (Wkz)* Gewindeschneideisen *n*

лес *m* 1. Wald *m*; Forst *m*; 2. Holz *n (s. a. unter* древесина *und* лесоматериал*)* ‖ **~/высокоствольный** Hochwald *m* ‖ **~/защитный** Schutzwald *m* ‖ **~/низкоствольный** Niederwald *m* ‖ **~/прорежённый** durchforsteter Wald (Forst) *m*

|| **~/редкостойный** lichter Wald *m* || **~/смешанный** Mischwald *m* || **~/хвойный** Nadelwald *m*
ле́са *f* Angelschnur *f*
леса́ *pl (Bw)* 1. Gerüst *n*, Baugerüst *n (s. a. unter* подмости*)*; 2. Rüstholz *n* || **~/висячие** Hängerüstung *f*; Hängegerüst *n* || **~/выпускные** Auslegergerüst *n*, fliegendes Gerüst *n* || **~/консольные** Konsolgerüst *n* || **~/коренные** Stangengerüst *n* || **~/лестничные** Leitergerüst *n* || **~/металлические трубчатые** Metallrohrgerüst *n* || **~/монтажные** Montagegerüst *n* || **~/опалубочные** Schalungsgerüst *n* || **~/опорные** Stützgerüst *n* || **~/передвижные** Fahrgerüst *n* || **~/подвесные** *s.* ~/висячие || **~/подвижные** Wanderrüstung *f* || **~/стапельные** *(Schiff)* Hellinggerüst *n* || **~/стоечные** Ständerrüstung *f* || **~/трубчатые** Rohrgerüst *n*
леска *f s.* ле́са
лесной 1. forstlich, Wald...; Forst...; 2. Holz...
лесоведение *n* Waldkunde *f*
лесоводство *n* 1. Forstwissenschaft *f*; 2. Forstwesen *n*, Forstwirtschaft *f*, Waldbau *m*
лесовоз *m* Holzfrachter *m*, Holzfrachtschiff *n*
лесовосстановление *n* Forstregenerierung *f*
лесозаготовки *fpl* Holzgewinnung *f*, Holzwerbung *f*
лесозащита *f* Forstschutz *m*, Waldschutz *m*
лесоматериал *m* Holz *n (s. a. unter* древесина *und* пиломатериал*)* || **~/бракованный** Ausschußholz *n*, Fehlholz *n* || **~/длинномерный** Langholz *n* || **~/комлевый** Stammware *f* || **~/крепёжный** *(Bgb)* Grubenholz *n*, Ausbauholz *n* || **~/круглый** Rundholz *n* || **~/крупномерный** Derbholz *n* || **~ лиственных пород** Laubholz *n* || **~/обзолистый** waldkantiges Holz *n* || **~/пилёный** Schnittholz *n* || **~/поделочный** Nutzholz *n*, Werkholz *n* || **~/рудничный** Grubenholz *n* || **~/строительный** Bauholz *n* || **~/сучковатый** astreiches Holz *n* || **~/сырой** grünes Holz *n* || **~/сырьевой** Rohholz *n* || **~/тёсаный** behauenes Holz *n* || **~ хвойных пород** Nadelholz *n*
лесомелиорация *f* Forstmelioration *f*
лесонасаждение *n* 1. Aufforstung *f*, Waldanpflanzung *f*; 2. Holzbestand *m*, Baumbestand *m*
лесоохрана *f* Waldschutz *m*, Schutz *m* des Waldes *(z. B. vor schädigenden Umwelteinflüssen)*
лесопарк *m* Waldpark *m*
лесопилка *f* 1. Sägewerk *n*, Schneidemühle *f*, Sägemühle *f*, Gatterwerk *n*; 2. Sägemaschine *f*, Gatter *n*
лесоразведение *n* Aufforstung *f*, Holzanbau *m*, Waldanbau *m* || **~/полезащитное** Schutzwaldanbau *m*, Schutzwaldanlegung *f*
лесосека *f (Forst)* Hiebsfläche *f*, Schlagfläche *f*, Gehau *n*, Hau *m*, Geräumte *n*
лесоскат *m s.* лесоспуск
лесосплав *m* Flößerei *f*
лесоспуск *m (Forst)* Riese *f*, Riesbahn *f*, Riesweg *m*
лесосушилка *f* Holztrockenanlage *f*
лесотаска *f (Holz)* Blockaufzug *m*
лесохимия *f* Forstchemie *f*; Holzchemie *f*
лёсс *m (Geol)* Löß *m*
лессировать lasieren, mit Lasur überziehen
лессировка *f* Lasieren *n*, Lasur *f*
лестница *f* 1. *(Bw)* Treppe *f*; 2. Leiter *f*; 3. *(Bgb)* Fahrt *f* || **~/аваритная** Nottreppe *f* || **~/верёвочная** Strickleiter *f* || **~/винтовая** Wendeltreppe *f* || **~/висячая** freitragende Treppe *f* || **~/встроенная** eingebaute Treppe *f* || **~/выдвижная** ausziehbare Leiter *f* || **~/двухмаршевая** zweiläufige Treppe *f* || **~/криволинейная** gewundene Treppe *f* || **~ на косоурах** Wangentreppe *f (Stein, Beton)* || **~ на тетивах** Wangentreppe *f (Holz)* || **~/одномаршевая** einläufige Treppe *f* || **~/основная** Haupttreppe *f* || **~/открытая** Freitreppe *f* || **~/подвижная** Rolltreppe *f*, Fahrtreppe *f* || **~/пожарная** Feuerwehrleiter *f* || **~/предгорная** *(Geol)* Piedmonttreppe *f*, Rumpftreppe *f* || **~/приставная** Anstellleiter *f* || **~ роста** Wachstumstreppe *f* || **~/рыбная (рыбоходная)** *(Hydt)* Fischleiter *f*, Fischtreppe *f* || **~/складная** Klappleiter *f* || **~/спасательная** *(Bgb)* Notfahrt *f* || **~/ходовая** Steigleiter *f* || **~/шахтная** *(Bgb)* Fahrt *f*
лестничка *f* Treppenkurve *f*
лестничный 1. *(Bw)* Treppen...; 2. *(Bgb)* Fahrt[en]...
летание *n***/безмоторное** motorloser Flug *m*, Segelflug *m*, Gleitflug *m*
лететь fliegen || **~ визуально** nach Sicht fliegen || **~ на встречных курсах** auf Gegenkurs fliegen
лётка *f (Met)* Abstich *m*, Abstichloch *n*, Abstichöffnung *f*, Stich *m*, Stichloch *n*, Stichöffnung *f* || **~/запасная** Notstich *m*, Notstichloch *n (Schmelzofen)* || **~/чугунная** Eisen[ab]stich *m*, Eisenabstichloch *n*; Roheisenstichloch *n*, Roheisenabstich *m* || **~/шлаковая** Schlacken[ab]stich *m*, Schlackenstichloch *n*, Schlackenauge *n*, Abschlacköffnung *f*
лётно-технический flugtechnisch
летоисчисление *n* Zeitrechnung *f*, Chronologie *f*
летучесть *f* Flüchtigkeit *f* || **~/лёгкая** Leichtflüchtigkeit *f* || **~/малая** Schwerflüchtigkeit *f* || **~/относительная** relative Flüchtigkeit *f*, Trennfaktor *m (Destillation)*
летучие *npl* flüchtige Bestandteile *mpl*, Flüchtiges *n*
летучий 1. flüchtig, volatil; 2. fliegend; 3. verwehbar *(Sand, Boden)*
лётчик *m* Flieger *m*
лётчик-инструктор *m* Fluglehrer *m*
лётчик-испытатель *m* Testpilot *m*
лётчик-космонавт *m* Fliegerkosmonaut *m*
лещадь *f (Met)* Herd[boden] *m*, Herdsohle *f*, Boden *m (Schachtofen)*; Gestellboden *m*, Bodenstein *m (Hochofen)* || **~ печи** Ofensohle *f*, Ofenboden *m*, Ofenherd *m*
ЛЗ *s.* 1. линия задержки; 2. марка/лесная зимняя грузовая
ЛЗУ *s.* устройство/лазерное запоминающее
ЛИ *s.* искатель/линейный
либетенит *m (Min)* Libethenit *m*
либрация *f (Astr)* Libration *f (Mond)* || **~/оптическая** optische Libration *f* || **~/параллактическая** parallaktische Libration *f* || **~ по долготе** Libration *f* in [selenographischer] Länge || **~ по широте** Libration *f* in [selenographischer] Breite || **~/суточная** tägliche Libration *f* || **~/физическая** physische Libration *f*
ливень *m* 1. *(Meteo)* Schauer *m*, Starkregen *m*, 2. *(Kern)* Schauer *m (kosmische Strahlung)* ||

~/каскадный *(Kern)* Kaskadenschauer *m* ‖ **~ мезонов** *(Kern)* Mesonenschauer *m* ‖ **~ неустойчивости** *(Kern)* Instabilitätsschauer *m* ‖ **~ с градом** *(Meteo)* Hagelschauer *m* ‖ **~ частиц** *(Kern)* Teilchenschauer *m*
ливер *m* 1. Stechheber *m*; 2. Faßpumpe *f*
ливнеприёмник *m s.* дождеприёмник
ливнеспуск *m (Hydt)* Regenflutrinne *f*
ливносток *m* Regenablauf *m*, Regenabfluß *m*
лигамент *m (Geol)* Ligament *n*
лиганд *m (Ch, Ph)* Ligand *m*, Addend *m*
лигатура *f* 1. *(Met)* Vorlegierung *f*, Zusatzlegierung *f*, Zwischenlegierung *f (Produkt)*; 2. *(Met)* Zusatzmetall *n* zu Edelmetallen *(z. B. Kupfer zu Gold)*; 3. *(Typ)* Ligatur *f*
лигатура-раскислитель *f (Met)* Desoxidationslegierung *f*
лигнин *m (Ch)* Lignin *n*
лигнит *m (Geol)* Lignit *m (Weichbraunkohle mit erkennbarer Holzstruktur)*
лигроин *m* Testbenzin *n (Siedebereich 140 bis 230 °C)*; Schwerbenzin *n (Siedebereich 110 bis 200 °C)*; Ligroin *n (Siedebereich 60 bis 80 °C)*
ЛИД *s.* линия истинного движения
лидер *m* 1. *(El)* Leaderentladung *f*, Leitentladung *f (Blitzentladung)*; 2. Vorspann *m*, Hartband *n (Film, Magnettonband)*; 3. *(Mil)* Großzerstörer *m* ‖ **~ конца ленты** Endband *n* ‖ **~ молнии** Blitzbahn *f*
лидер-пилот *m (El)* Leaderpilotentladung *f*
лидит *m (Geol)* Lydit *m (Kieselschieferart)*
лиеврит *m (Min)* Lievrit *m*, Ilvait *m*
лизиметр *m (Hydrol, Meteo)* Lysimeter *n*
лизолоид *m s.* эмульсия/твёрдая
ликват *m (Met)* Liquat *n*, Ausseigerung *f*, ausseigernder Bestandteil *m*
ликвация *f* 1. *(Met)* Ausseigerung *f*, Seigern *n*, Entmischen *n*, Ausseigern *n (einer Komponente in der Schmelze)*; 2. *(Geol)* Liquation *f*, liquide Entmischung *f (Form der magmatischen Differentiation)* ‖ **~ в кристаллах** *s.* ~/дендритная ‖ **~ в слитке** *s.* ~/зональная ‖ **~/внутрикристаллитная** *s.* ~/дендритная ‖ **~/газовая** *(Met)* Gasblasenseigerung *f*, Seigerung *f* im Bereich von Gasblasen ‖ **~/дендритная** *(Met)* Dendritenseigerung *f*, interdendritische Seigerung *f*, Mikroseigerung *f*, Korn[grenzen]seigerung *f*, Kristallseigerung *f* ‖ **~ зёрен** *s.* ~/дендритная ‖ **~/зональная** *(Met)* Blockseigerung *f*, Zonenseigerung *f*, Makroseigerung *f* ‖ **~/капельная** *s.* ~/газовая ‖ **~/макроскопическая** *s.* ~/зональная ‖ **~/межкристаллическая (микроскопическая)** *s.* ~/дендритная ‖ **~/нормальная** *(Met)* normale Seigerung *f*; normale Blockseigerung *f* ‖ **~/обратная** *(Met)* umgekehrte Blockseigerung *f* ‖ **~/первичная** *(Met)* Primärseigerung *f* ‖ **~ по удельному весу** *(Met)* Schwereseigerung *f* ‖ **~/прямая** *(Met)* normale Blockseigerung *f* ‖ **~/цементная** *(Met)* Zementierung *f*
ликвидация *f* **завала** *(Bgb)* Aufwältigen *n* eines Bruches ‖ **~ обрыванити** *(Text)* Fadenbruchbeseitigung *f (Ringspinnmaschine)*
ликвидус *m (Met)* Liquiduslinie *f*, Liquiduskurve *f (Zustandsdiagramm)*
ликвировать *(Met)* [aus]seigern, entmischen
лимб *m* 1. Limbus *m*, Gradbogen *m*; Horizontalkreis *m*; Teilkreis *m*; 2. Skale *f*, Skalenscheibe *f*; 3. *(Astr)* Rand *m (z. B. der Sonne)*; 4. *(Astr)* Limbus *m (Teilkreis)* ‖ **~ антенны** Antennenanzeigeskale *f* ‖ **~ грубой установки** Grobteilung *f (z. B. am Außenring eines Winkelmeßgerätes)*; Teilkreis *m* zur [visuellen] Grobeinstellung ‖ **~/делительный** *(Wkz)* Teilscheibe *f* ‖ **~ Луны** *(Astr)* Mondrand *m* ‖ **~/образцовый** Normal[teil]kreis *m* ‖ **~/оптический** Glasteilkreis *m*; optischer Teilkreis *m* ‖ **~ угломера** Teilkreis *m* eines Winkelmeßgerätes
лимбургит *m (Geol)* Limburgit *m (Alkalibasalt)*
лимниграмма *f (Hydrol)* Schreibpegeldiagramm *n*, Schreibpegelbogen *m*
лимниграф *m (Hydrol)* Limnimeter *n*, Limnograph *m*
лимнический *(Geol)* limnisch, lakustrisch
лимнокальцит *m s.* известняк/пресноводный
лимнология *f (Hydrol)* Limnologie *f*, Seenkunde *f*, Binnengewässerkunde *f*
лимонит *m (Min)* Limonit *m*, Brauneisenerz *n*, Brauneisenstein *m*
лимоннокислый *(Ch)* ...citrat *n*; zitronensauer
линатрон *m* Linatron *n*
лингвистика *f*/**математическая** mathematische Linguistik *f*
линеамент *m s.* разлом/глубинный
линеаризатор *m (Reg)* linearisierendes Glied *n*
линеаризация *f* Linearisierung *f* ‖ **~/вибрационная** Vibrationslinearisierung *f* ‖ **~/гармоническая** harmonische Linearisierung *f* ‖ **~/принудительная** Zwangslinearisierung *f*
линеаризовать linearisieren
линейка *f* 1. Lineal *n*; 2. Leiste *f*; 3. *(Typ)* Filet *n (Einband)*; 4. Schaumlatte *f*, Schaumleiste *f (Papiermaschine)*; 5. *s.* ~/металлическая 2. ‖ **~/запорная** Sperrschiene *f* ‖ **~/измерительная** Prüflineal *n* ‖ **~/измерительная стальная** Stahlmaßstab *m* ‖ **~/исправляющая** Korrekturlineal *n* ‖ **~ катания** Wälzlineal *n (am Zahnradmeßgerät)* ‖ **~/кодовая** Kodelineal *n*, kodiertes Lineal *n* ‖ **~/комбинаторная** *(Nrt)* Sendewählschiene *f*, Wählschiene *f* ‖ **~/контрольная** Prüflineal *n* ‖ **~/конусная** *(Wkz)* Leitlineal *n (zum Kegeldrehen)*; Kegeldrehlineal *n* ‖ **~/копирная** *(Wkz)* Kopierlineal *n*, Kopierschiene *f (Nachformvorrichtung)* ‖ **~/корректирующая** Korrekturlineal *n* ‖ **~/лекальная** Haarlineal *n* ‖ **~/масштабная** Maßstablineal *n*, Maßstab *m*, Lineal *n* mit Teilung, Skale *f*, Strichmaßstab *m* ‖ **~/металлическая** 1. Metallineal *n*; 2. *(Gieß)* Streicheisen *n*, Streichlineal *n*, Streichschiene *f*, Abstreifeisen *n* ‖ **~/металлическая измерительная** Stahlmaßstab *m* ‖ **~/направляющая** Gleitschiene *f*, Führungslineal *n (z. B. an Bandsäge-, Kreissäge- und Abrichthobelmaschinen)* ‖ **~ обката** *s.* ~ катания ‖ **~/образцовая** Normallineal *n* ‖ **~/ограничительная** 1. Begrenzungsleiste *f (Papiermaschine)*; 2. *(Photo)* Gießerlineal *n*, Gießerstab *m* ‖ **~/оптическая** optisches Lineal *n* ‖ **~ параллаксов** Parallaxenlineal *n* ‖ **~/параллельная** Parallellineal *n* ‖ **~/плоская** Flachlineal *n* ‖ **~/поверочная** Prüflineal *n*; Tuschierlineal *n* ‖ **~ прямоугольного сечения** Lineal *n* mit rechteckigem Querschnitt ‖ **~ с диоптрами** *(Geod)* Diopterlineal *n*

|| ~/светодиодная Leuchtdiodenzeile *f* || ~/селекционная *(Nrt)* Empfängerwählschiene *f* || ~/синусная Sinuslineal *n* || ~/складная Gliedermaßstab *m* || ~/сменная bewegliches (auswechselbares) Lineal *n* || ~/стальная Stahllineal *n* || ~/стальная измерительная Stahlmaßstab *m* || ~/стеклянная Glasmaßstab *m* || ~/счётная Rechenschieber *m* || ~/тангенсная Tangenslineal *n* || ~/трёхгранная Dreikantlineal *n* || ~/усадочная *(Gieß)* Schwindmaß[stab *m*] *n* || ~ формовщика *(Gieß)* Abstreicher *m*, Abstreichholz *n*, Abstreichlatte *f (Formerei)* || ~/четырёхгранная Vierkant[haar]lineal *n*

линейка-мостик *f* **[/поверочная]** Tuschierbrücke *f*

линейно-возрастающий linear ansteigend

линейно-изменяющийся linear veränderlich

линейно-ломаный *(Mech)* geradlinig geknickt

линейно-поляризованный *(Opt)* linear polarisiert

линейность *f* 1. Linearität *f*, Geradlinigkeit *f*; 2. *(TV)* Linearität *f* || ~ **изображения** *(TV)* Bildlinearität *f* || ~ **настройки** *(TV)* Abstimmlinearität *f* || ~ **по вертикали** *(TV)* Bildlinearität *f* || ~ **по горизонтали** *(TV)* Zeilenlinearität *f* || ~ **развёртки** *(TV)* Ablenklinearität *f*, Abtastlinearität *f*

линейно-убогвающий linear abfallend

линейный 1. linear, geradlinig; linienförmig; 2. *(El)* Leitungs…, Freileitungs…; 3. *(Math)* linear, eindeutig; 4. *(Schiff)* Linien… || ~ **во времени** zeitlinear

линза *f* 1. *(Opt)* Linse *f*; 2. *(Geol)* Linse *f (linsenförmige Schicht)* || **~/акустическая** akustische Linse *f* || **~/апохроматическая** apochromatische Linse *f* || **~/асферическая** asphärische Linse *f* || **~/афокальная** afokale Linse *f* || **~/ахроматическая** achromatische Linse *f* || **~ Бертрана** Bertrand-Linse *f (Konoskop)* || **~/бифокальная** bifokale Linse *f* || **~/вогнутая** Konkavlinse *f* || **~/вогнуто-выпуклая** konkavkonvexe Linse *f*, Konkavkonvexlinse *f* || **~/волноводная** Wellenleiterlinse *f (Lichtwellenleitertechnik)* || **~/волоконная** Faserlinse *f* || **~/выпуклая** Konvexlinse *f* || **~/выпукло-вогнутая** konvexkonkave Linse *f*, Konvexkonkavlinse *f* || **~/высоковольтная** Hochspannungslinse *f* || **~/газовая** Gaslinse *f* || **~/гиперхроматическая** hyperchromatische Linse *f* || **~/главная** Hauptlinse *f* || **~/главная собирательная** Hauptsammellinse *f* || **~/двойная** Doppellinse *f*; Bilinse *f* || **~/двояковогнутая** bikonkave Linse *f*, Bikonkavlinse *f* || **~/двояковыпуклая** bikonvexe Linse *f*, Bikonvexlinse *f* || **~/двухэлектродная** Zweielektrodenlinse *f* || **~/дисковая** Scheibenlinse *f (Antennentechnik)* || **~/дифракционная** Beugungslinse *f* || **~/диэлектрическая** dielektrische Linse *f* || **~/длиннофокусная** langbrennweitige Linse *f* || **~/дырчатая** Lochlinse *f* || **~/жидкостная** Flüssigkeitslinse *f* || **~/замедляющая** Verzögerungslinse *f (Antennentechnik)* || **~/зеркальная** Spiegellinse *f* || **~/зональная (зонированная)** Zonenlinse *f (Antennentechnik)* || **~/иммерсионная** Immersionslinse *f* || **~/интраокулярная** intraokulare Linse *f* || **~/катодная** Kathodenlinse *f* || **~/квадрупольная** Quadrupollinse *f* || **~/коллиматорная** Kollimatorlinse *f* || **~/компенсирующая** Kompensationslinse *f* || **~/конденсорная** Kondensorlinse *f* || **~/контактная** Kontaktlinse *f*, Kontaktglas *n*; Haftschale *f (Augenoptik)* || **~/короткофокусная** kurzbrennweitige Linse *f* || **~/корректирующая** Korrekturlinse *f*, Ausgleichslinse *f* || **~/магнитная** magnetische Linse *f*, Magnetlinse *f* || **~/магнитостатическая** magnetostatische Linse *f* || **~/менисковая** Meniskuslinse *f* || **~/металлическая** Metallinse *f (Antennentechnik)* || **~/металлопластинчатая** Metallplattenlinse *f* || **~/мягкорисующая** Weichzeichnerlinse *f* || **~/насадочная** Zusatzlinse *f*, Vorsatzlinse *f* || **~/оборачивающая** Umkehrlinse *f* || **~ объектива/задняя** Hinterlinse *f (Objektiv)* || **~ объектива/передняя** Frontlinse *f (Objektiv)* || **~/объективная** Objektivlinse *f* || **~/одиночная** Einzellinse *f* || **~/осветительная** Beleuchtungslinse *f* || **~/отображающая** Abbildungslinse *f* || **~/отрицательная** *s.* ~/рассеивающая || **~/очковая** Brillenglas *n* || **~/перископическая** periskopische Linse *f* || **~/планарная волноводная** planare Wellenleiterlinse *f (Lichtwellenleitertechnik)* || **~/пластинчатая** Plattenlinse *f (Antennentechnik)* || **~/плоско-вогнутая** plankonkave Linse *f*, Plankonkavlinse *f* || **~/плоско-выпуклая** plankonvexe Linse *f*, Plankonvexlinse *f* || **~/полевая** Feldlinse *f*, Kollektivlinse *f* || **~/полеспрямляющая** Ebnungslinse *f* || **~/положительная** *s.* ~/собирательная || **~/послеускоряющая** Nachbeschleunigungslinse *f* || **~/пригоночная** Anpassungslinse *f* || **~/проекционная** Projektionslinse *f* || **~/промежуточная** Zwischenlinse *f* || **~/пустотелая** Hohlkörperlinse *f* || **~/рассеивающая** Zerstreuungslinse *f* || **~/растровая** Rasterlinse *f* || **~/расширяющая** Aufweitlinse *f* || **~/собирательная** Sammellinse *f*, Fokussierungslinse *f* || **~/собирающая** *s.* ~/собирательная || **~/стеклянная** Glaslinse *f* || **~/ступенчатая** Stufenlinse *f (Antennentechnik)* || **~/сферическая** sphärische Linse *f*, Kugellinse *f* || **~/толстая** dicke Linse *f* || **~/тонкая** dünne Linse *f* || **~/торическая** torische Linse *f* || **~/трёхэлектродная** Dreielektrodenlinse *f* || **~/трубчатая** Rohrlinse *f* || **~/тубусная** Tubuslinie *f* || **~/увеличивающая** Vergrößerungslinse *f* || **~/увеличительная** *s.* ~/увеличивающая || **~/ультразвуковая** Ultraschallinse *f* || **~/уменьшающая** Verkleinerungslinse *f* || **~/ускоряющая** Beschleunigungslinse *f (Antennentechnik)* || **~/фокусирующая** *s.* ~/собирательная || **~ Френеля** Fresnel-Linse *f*, [Fresnelsche] Gürtellinse *f*, Stufenlinse *f* || **~/фронтальная** Frontlinse *f (Objektiv)* || **~/цветная** Farblinse *f* || **~/цилиндрическая** Zylinderlinse *f* || **~/шайбовая** Scheibenlinse *f (Antennentechnik)* || **~/шар[ик]овая** Kugellinse *f (Antennentechnik)* || **~/электромагнитная** elektromagnetische Linse *f* || **~/электронная** Elektronenlinse *f* || **~/электронная собирательная** Elektronensammellinse *f*, elektronische Konkavlinse *f* || **~/электростатическая** elektrische (elektrostatische) Linse *f*

линза-сверхпроводник *f* supraleitende Linse *f*

линза-фильтр *f* Filterlinse *f*

линзообразный linsenförmig

линии *fpl* 1. Linien *fpl*; Streifen *mpl*; 2. *(Nrt, El)* Leitungen *fpl (s. a. unter* линия 3.*)* || ~ **высту-**

пов и впадин [микропрофиля] *(Fert)* Hülllinien *fpl (am Rauhtiefenprofil einer Oberfläche)* || **~ Гартмана** *s.* ~ Людерса || **~ деформации** *s.* ~ Людерса || **~/котидальные** Linien *fpl* gleicher Hochwasserzeit, Flutstundenlinien *fpl* || **~ Людерса** *(Wkst)* Lüderssche Linien *fpl*, Fließfiguren *fpl*, Tschernowsche Linien *fpl*, Hartmannsche Linien *fpl* || **~/остановочные** *(Wkst)* Rastlinien *fpl (Dauerschwingversuch)* || **~/пересекающиеся** sich schneidende Linien *fpl* || **~/растровые** Rasterlinien *fpl* || **~ серии Лаймана [/спектральные]** *(Astr)* Lymann-Linien *fpl* || **~/силовые** *(Ph)* Feldlinien *fpl*, Kraftlinienbild *n* || **~ течения** *(Wkst)* Fließfiguren *fpl*, Lüderssche (Tschernowsche, Hartmannsche) Linien *fpl* || **~ Чернова** *s.* ~ Людерса || **~ Шмидта** *(Kern)* Schmidt-Linien *fpl*, Schmidt-Grenzen *fpl*

линия *f* 1. Linie *f*; Strich *m*; Zeile *f*; 2. Strecke *f*, Strang *m*; 3. *(Nrt, El)* Linie *f*; Strecke *f*; Leitung *f*; 4. *(Masch)* Straße *f*; Maschinenstraße *f*, Werkzeugmaschinenstraße *f*; Maschinenreihe *f*; 5. *(Wlz)* Straße *f*, Strecke *f*, Strang *m* || **~ абонента** *s.* ~/абонентская || **~/абонентская** Teilnehmer[anschluß]leitung *f*, Anschlußleitung *f* || **~/абонентская телеграфная** Fernschreibanschlußleitung *f* || **~/абонентская телефонная** Fernsprechanschlußleitung *f* || **~/абсорбционная** *(Ph)* Absorptionslinie *f* || **~/аварийная** *(El)* Havarieleitung *f* || **~/автоматизированная** *(Masch)* automatisierte Linie *f*; *(Fert)* Fertigungslinie *f*, Fertigungsstraße *f* || **~/автоматическая** *(Fert)* Taktstraße *f*, automatische (automatisch arbeitende) Straße *f* || **~/автоматическая переналаживаемая** flexible Taktstraße *f* || **~/автоматическая станочная** Automatenstraße *f* || **~/агрегатная** *(Fert)* Baukastenstraße *f*, baukastenmäßig angelegte Straße *f* || **~/аккумуляторная** *(Hydr)* Druckspeicherleitung *f* || **~/анодная** *(El)* Anodenleitung *f* || **~/антистоксова** Anti-Stoker-Linie *f*, antistokessche Linie *f* *(Laser)* || **~ апсид** *(Astr)* Apsidenlinie *f* || **~/асимптотическая** *(Math)* Asymptotenlinie *f*, Haupttangentenlinie *f* || **~/атмосферная** Atmosphärenlinie *f*, Linie *f* des atmosphärischen Drukkes *(Indikatordiagramm von Verbrennungsmotor, Hubkolbenverdichter und Dampfmaschine)* || **~/базисная** 1. Basislinie *f*; 2. Grundlinie *f*, Bezugslinie *f* || **~/базовая** 1. Basislinie *f*; 2. *(Fert)* Mittelprofil *n*, Mittelprofillinie *f (Rauhigkeitsprofil)* || **~/байпасная** Beipaß[leitung *f*] *m*, Umgehungsleitung *f* || **~/балансная** *(El)* Eichleitung *f* || **~/бальмеровская** *(Ph)* Balmer-Linie *f* || **~ без потерь** verlustfreie (verlustlose) Leitung *f* || **~/береговая** *(Geol)* Strandlinie *f*, Küstenlinie *f* || **~/бункерная** *(Fert)* Linie *f* mit Bunker || **~ вала** *(Schiff)* Wellenleitung *f* || **~ валков/средняя** Walzenmittellinie *f* || **~ валов** *(Masch)* Wellenleitung *f*, Wellenstrang *m (Transmission)* || **~ валов/главная** Hauptwellenstrang *m*, Hauptwellenleitung *f (Transmission)* || **~/векторная** *(Math)* Vektorlinie *f*, Feldlinie *f (Vektorfeld)* || **~ Вёлера** *(Wkst)* Wöhler-Linie *f*, Wöhler-Kurve *f* *(Dauerschwingversuch)* || **~/верхняя контактная** Fahrdrahtoberleitung *f* || **~ ветвления** Verzweigungslinie *f* || **~ видимого горизонта** Kimmlinie *f* || **~/визирная** *s.* ~ визирования || **~ визирования** *(Geod)* Visierlinie *f*, Sehlinie *f* || **~/винтовая** *(Math)* Schraubenlinie *f* || **~/вихревая** *(Hydrod)* Wirbellinie *f* || **~ влияния** 1. *(El)* beeinflussende (störende) Leitung *f*; 2. *(Mech, Fest)* Einflußlinie *f* || **~/влияющая** *s.* ~ влияния || **~ водорода** *(Opt)* Wasserstofflinie *f (Spektrum)* || **~/возбуждающая** Erregerlinie *f (Laser)* || **~ воздействия** Wirkungslinie *f* || **~/воздушная** 1. *(El)* oberirdische (oi) Linie *f*, Freileitung[slinie] *f*; 2. *(Flg)* Fluglinie *f*; 3. Luftlinie *f* || **~/воздушная высоковольтная** *(El)* Hochspannungsfreileitung *f* || **~/воздушная кабельная** *(Nrt)* Kabelfreileitung *f* || **~/воздушная медная** *(Nrt)* Kupfer[draht]freileitung *f* || **~/воздушная местная** *(Flg)* örtliche Fluglinie *f* || **~/воздушная низковольтная** *(El)* Niederspannungsfreileitung *f* || **~/воздушная телефонная** Fernsprechfreileitung *f* || **~ возмущений** *s.* ~ Маха || **~/волнистая** Wellenlinie *f* || **~ волнистости/базовая** Welligkeitsbezugsprofil *n*, Bezugsprofil *n* der Welligkeit *(Rauhtiefenprofil einer Oberfläche)* || **~/волноводная** *(El)* Hohl[rohr]leitung *f* || **~ впадин** 1. Fußlinie *f (Zahnstange)*; 2. Grund[profil]linie *f (Rauhtiefenprofil einer Oberfläche)* || **~ впуска пара** Dampfeinströmlinie *f (Indikatordiagramm)* || **~/вращательная** Rotationslinie *f* || **~ вращающего момента** Drehmomentenlinie *f* || **~ времени** Zeitlinie *f* || **~/всасывающая** *(Erdöl)* Saugleitung *f (Bohrlochspülung)* || **~/вспомогательная** *(Hydr)* Nebenleitung *f* || **~/вторая срединная** *(Krist)* zweite Mittellinie *f*, stumpfe (zweite) Bisektrix *f* || **~/вторичная** *(El)* Nebenleitung *f* || **~/входящая** *(Nrt)* ankommende Leitung *f* || **~/входящая соединительная** *(Nrt)* ankommende Amtsleitung *f* || **~/выделенная** *(Nrt)* Standleitung *f* || **~/вызываемая** *(Nrt)* angerufene Leitung *f* || **~/вызывающая** *(Nrt)* anrufende Leitung *f* || **~/выкидная** *(Erdöl)* Druckleitung *f* *(Bohrlochspülung)* || **~ выносливости** *s.* ~ Вёлера || **~/высоковольтная** *(El)* Hochspannungsleitung *f* || **~ высокого напряжения** *(El)* Hochspannungsleitung *f* || **~/высокочастотная** Hochfrequenzleitung *f*, HF-Leitung *f*; Trägerfrequenzleitung *f*, TF-Leitung *f* || **~/высокочастотная кабельная** *(El)* Hochfrequenzkabelleitung *f*; Trägerfrequenzkabelleitung *f* || **~/высокочастотная коаксиальная** Hochfrequenz-Koaxialleitung *f* || **~/высокочастотная телефонная** Trägerfrequenzleitung *f*, TF-Leitung *f* || **~ высокочастотной пупинизации** *(Nrt)* kurzbespulte Leitung *f* || **~ выступов** 1. *(Masch)* Zahnkopflinie *f*, Kopflinie *f (Zahnstange)*; Hüllinie *f*; 2. *(Fert)* Spitzenlinie *f (Rauhigkeitsprofil)* || **~ газовой резки [/поточная]** Brennschneidfließstraße *f*, Brennschneidfließreihe *f* || **~/газорезательная** *s.* ~ газовой резки || **~ гальванического лужения** galvanische Verzinnlinie *f* || **~/геодезическая** *(Math)* geodätische Linie *f*, kürzeste Linie *f* || **~/гибкая** *(Fert)* flexible Straße *f* || **~/гибкая автоматизированная** flexible Fertigungslinie *f (zum Umformen und Zerteilen)*; flexible Fertigungsstraße *f* *(zum Spanen und Abtragen)* || **~/гибкая автоматическая** *(Fert)* flexible Taktstraße *f* || **~/главная** Hauptleitung *f* || **~/головоотсекающая** Köpflinie *f*, Köpfstraße *f (Fischverarbeitung)* || **~ горизонта** 1. *(Math)* Horizont *m*; 2. *(Geod)*

Horizontallinie *f*; 3. Kimm *f* ‖ **~/городская кабельная** *(Nrt)* Ortskabelleitung *f* ‖ **~ городской телефонной сети** *(Nrt)* Orts[verbindungs]leitung *f*, OVL ‖ **~ горячего лужения** Heißverzinnlinie *f*, Heißverzinnanlage *f* ‖ **~/грузовая** *s.* ~ нагрузки ‖ **~/групповая поточная** *(Fert)* Gruppenfließstraße *f* ‖ **~ давления** Drucklinie *f*, Verdichtungslinie *f (Indikatordiagramm)* ‖ **~ дальнего абонента/абонентская** *(Nrt)* Fern[teilnehmer]leitung *f* ‖ **~ дальней связи/воздушная** *(El)* Freileitung *f* für Weitverkehr ‖ **~ дальней связи/кабельная** Fern[kabel]leitung *f* ‖ **~/дальняя** *(El)* Fernleitung *f*, Weitverkehrsleitung *f* ‖ **~ даты** *(Astr)* Datum[s]grenze *f* ‖ **~ движения уровня** *s.* ~ изменения уровня ‖ **~/двусторонняя соединительная** *(Nrt)* Amtsleitung *f* für ankommenden und abgehenden Verkehr ‖ **~/двухканальная радиотелефонная** Zweikanalfunksprechstrecke *f* ‖ **~/двухпроводная** *(Nrt)* Doppelleitung[slinie] *f*, Zweidrahtleitung *f* ‖ **~/двухпроводная кабельная** *(El)* Zweidrahtkabelleitung *f* ‖ **~/двухпроводная контактная** *(El)* Doppelfahrleitung *f* ‖ **~/двухпроводная соединительная** *(Nrt)* zweiadrige Ortsverbindungsleitung *f* ‖ **~ депрессии** *(Hydt)* Sickerlinie *f* ‖ **~ дислокации** *(Krist)* Versetzungslinie *f* ‖ **~/добавочная** *(El)* Nebenleitung *f* ‖ **~/дренажная** *(Hydr)* Leckölleitung *f* ‖ **~/дуплексная** *(Nrt)* Duplexleitung *f*, Gegensprechleitung *f* ‖ **~/железнодорожная** *(Eb)* Eisenbahnlinie *f*, Eisenbahnstrecke *f* ‖ **~/жёсткая** *(Wkzm)* starre Straße *f* ‖ **~ забоя** *(Bgb)* Abbaufront *f*, Abbaulinie *f*, Abbaukante *f* ‖ **~ задержки** *(El)* Verzögerungsleitung *f* ‖ **~ задержки/акустическая** akustische Verzögerungsleitung *f* ‖ **~ задержки/корректирующая** Korrekturverzögerungsleitung *f* ‖ **~ задержки/магнитная** magnetische Verzögerungsleitung *f* ‖ **~ зажима** *(Text)* Klemmlinie *f (Streckwerk)* ‖ **~/заземлённая** *(El)* geerdete Leitung *f* ‖ **~/заказная** *(Nrt)* Meldeleitung *f* ‖ **~/закороченная** *(El)* kurzgeschlossene Leitung *f* ‖ **~ замка свода** *(Bw)* Scheitellinie *f (Gewölbe)* ‖ **~/замкнутая** *(Fert)* geschlossene Straße *f*, Fertigungsstraße *f* in geschlossener Bauform ‖ **~/запрещённая [спектральная]** *(Ph)* verbotene Spektrallinie *f* ‖ **~ зацепления** *(Masch)* Eingriffslinie *f (Zahnrad)* ‖ **~ зацепления головки** *(Masch)* Kopfeingriffslinie *f (Zahnrad)* ‖ **~/зигзагообразная** Zickzacklinie *f* ‖ **~/зимняя грузовая** *(Schiff)* Winterladelinie *f* ‖ **~ зрения** *(Geod)* Sichtlinie *f* ‖ **~ изгиба** *(Fest)* Biegelinie *f* ‖ **~ излучения** *(Kern)* Emissionslinie *f* ‖ **~ изменения даты** Datum[s]grenze *f* ‖ **~ изменения уровня** *(Hydt)* Spiegelganglinie *f* ‖ **~ измерений** Meßachse *f*; Meßrichtung *f*; Meßlinie *f* ‖ **~/измерительная** *(El)* Meßleitung *f* ‖ **~/измерительная волноводная** Hohlrohrmeßleitung *f* ‖ **~/изогнутая** gekrümmte Leitung *f* ‖ **~/изопотенциальная** *(Ph)* Isopotentiallinie *f*, Isopotentiale *f* ‖ **~/изотермическая** *s.* изопикна ‖ **~/индуктинвая** *(Masch)* Leitlinie *f (Roboter)* ‖ **~/индукционная** 1. *(Masch)* Leitdraht *m (für leitliniengeführte Transportroboter)*; 2. *(El)* magnetische Induktionslinie (Flußlinie) *f* ‖ **~/инфлюэнтная** *s.* ~ влияния ‖ **~/искровая** Funkenlinie *f* ‖ **~/искусственная** *(Nrt)* künstliche Leitung *f*, Leitungsnachbildung *f* ‖ **~ испускания** *(Kern)* Emissionslinie *f* ‖ **~/испытательная** *(Nrt)* Prüfleitung *f* ‖ **~ истинного движения** *(Schiff)* Absolutkurs *m*, Absolutkurslinie *f (Radar)* ‖ **~/исходная** 1. *(Nrt)* abgehende Leitung *f*, Abgangsleitung *f*; 2. Ablauflinie *f*; 3. *(Fert)* Bezugslinie *f (bei Rauhigkeitsmessungen)* ‖ **~ исходного контура [зубчатой рейки]/средняя** *(Masch)* Profilmittellinie *f (Zahnstange)* ‖ **~/исходящая** *(Nrt)* abgehende Leitung *f*, Abgangsleitung *f* ‖ **~/исходящая соединительная** abgehende Amtsleitung *f* ‖ **~/кабельная** *(El)* 1. Kabelleitung *f*; 2. Kabelstrecke *f* ‖ **~/кабельная высоковольтная** Hochspannungskabelleitung *f* ‖ **~/кабельная низковольтная** Niederspannungskabelleitung *f* ‖ **~/кабельная сухопутная** Landkabelleitung *f* ‖ **~ калибра/нейтральная** *(Wlz)* Kalibermittellinie *f*, Schwerpunktlinie *f* des Kalibers ‖ **~/калибрированная измерительная** *(El)* Eichleitung *f* ‖ **~ касания зубьев** *(Masch)* Berührungslinie *f (Zahnräder)* ‖ **~/килевая** *(Schiff)* Kiellinie *f* ‖ **~ клетей** *(Wlz)* Straße *f*, Walzstraße *f*, Strecke *f*, Gerüststrang *m*, Walzwerk *n* ‖ **~ клетей дуо/чистовая** Duofertigstraße *f*, Duofertigstrecke *f*, Duofertigstaffel *f* ‖ **~ ключа свода** *s.* ~ замка свода ‖ **~/коаксиальная** *(Nrt)* Koaxialleitung *f*, Koax[ial]kabel *n* ‖ **~/коаксиальная высокочастотная** koaxiale HF-Leitung *f* ‖ **~/колебательная** Schwingungslinie *f (Laser)* ‖ **~/коллективная** *(Nrt)* Gemeinschaftsanschluß *m*, Gemeinschaftsleitung *f* ‖ **~ коллективного пользования** *s.* ~/коллективная ‖ **~/кольцевая** 1. *(Fert)* ringförmige Straße (Fertigungsstraße) *f*, ringförmig angeordnete Straße *f*; 2. *(El)* Ringleitung *f* ‖ **~ комбинационного рассеяния** *(Ph)* Raman-Linie *f* ‖ **~/комплексная** *(Fert)* komplexe Straße (Fertigungsstraße) *f* ‖ **~/конвейерная** Förderstrang *m*; Bandstraße *f* ‖ **~ конвергенции** *(Ph)* Konvergenzlinie *f* ‖ **~/консервная** Konserven[produktions]straße *f (Fischverarbeitung)* ‖ **~/контактная** *(El, Eb)* Fahrleitung *f* ‖ **~ контура** Werkstückkante *f*; Umrißlinie *f (z. B. in technischen Zeichnungen)* ‖ **~ концентрации возмущения** *s.* ~ Маха ‖ **~/корональная** *(Astr)* Koronalinie *f (Sonnenkorona)* ‖ **~/короткозамкнутая** *(El)* kurzgeschlossene Leitung *f* ‖ **~/крарупизированная** *(El)* Krarup-Leitung *f* ‖ **~/красная** *(Bw)* Baufluchtlinie *f*, Fluchtlinie *f* ‖ **~ криптона** *(Opt)* Kryptonlinie *f (im Spektrum)* ‖ **~/круговая** *(Fert)* kreisförmig angeordnete Straße (Fertigungsstraße) *f* ‖ **~/лазерная** Laserlinie *f* ‖ **~ Лайман альфа** *(Astr)* L_α (Lyman-Alpha)-Linie *f (Wasserstofflinie)* ‖ **~ лёгкой пупинизации** *(Nrt)* leicht bespulte (pupinisierte) Leitung *f* ‖ **~ лентопрокатного (ленточного) стана/чистовая** *(Wlz)* Bandfertigstraße *f* ‖ **~/ленточная** *(El)* Bandleitung *f* ‖ **~/летняя грузовая** *(Schiff)* Sommerladelinie *f* ‖ **~ Лехера** *(El)* Lecher-Leitung *f* ‖ **~ ликвидуса** *(Met)* Liquiduslinie *f*, Liquiduskurve *f* ‖ **~/линейная** *(Fert)* linienförmig angeordnete Straße (Fertigungsstraße) *f* ‖ **~ ложбины** *(Meteo)* Troglinie *f* ‖ **~/ломаная** *(Math)* gebrochene Linie *f* ‖ **~/лопастная** *(Geol)* Lobenlinie *f*, Sutur *f* ‖ **~ лужения** *(Eln)* Verzinnlinie *f*, Tauchbelotungsanlage *f* ‖ **~/лучевая** *(Astr)* Sichtlinie *f* ‖

~/магистральная 1. *(El)* Hauptleitung *f*, Stammleitung *f*; 2. *(Hydr)* Arbeitsleitung *f*, Hauptleitung *f* ‖ **~/магнитная силовая** magnetische Kraftlinie (Feldstärkelinie) *f* ‖ **~ магнитной индукции** *(El)* magnetische Induktionslinie *f* ‖ **~ Маха** *(Aero)* Machsche Linie *f (Machsche Welle in ebener Strömung)* ‖ **~ машин** *(Lw)* Maschinenlinie *f*, MaL ‖ **~/медная** *(El)* Kupferleitung *f* ‖ **~/медная воздушная** Kupfer[draht]freileitung *f* ‖ **~/междугородная** *(Nrt)* Fernleitung *f*, Weitverkehrsleitung *f* ‖ **~/междугородная кабельная** Fernkabelleitung *f* ‖ **~ междугородной связи** *(Nrt)* Fernleitung *f*, Weitverkehrsleitung *f* ‖ **~/межевая** *(Geod)* Grenzlinie *f* ‖ **~ межзвёздного покраснения** *(Astr)* Verfärbungslinie *f*, Verfärbungsgerade *f (im Zweifarbendiagramm)* ‖ **~/межсистемная** *(El)* Kuppelleitung *f (Energieaustausch)* ‖ **~/межстанционная городская** *(Nrt)* Orts[verbindungs]leitung *f*, OVL ‖ **~/межстанционная соединительная** *(Nrt)* Verbindungsleitung *f* zwischen Vermittlungsstellen ‖ **~ мелкосортного стана** *(Wlz)* Fein[stahl]-straße *f*, Fein[stahl]strecke *f* ‖ **~ мелкосортного стана/черновая** *(Wlz)* Feineisenvorstaffel *f*, Feineisenvorstraße *f*, Feinstahlvorstraße *f* ‖ **~ мелкосортного стана/чистовая** *(Wlz)* Feinstahlfertigstaffel *f*, Feinstahlfertigstraße *f* ‖ **~/мерная** *(Schiff)* Meßmeile *f* ‖ **~/местная** *(Nrt)* Orts[verbindungs]leitung *f*, OVL ‖ **~ местного абонента** *(Nrt)* Ortsteilnehmerleitung *f* ‖ **~ местной телефонной связи** *(Nrt)* Orts[verbindungs]leitung *f*, OVL ‖ **~/мешающая** *(El)* störende (beeinflussende) Leitung *f* ‖ **~/мировая** Weltlinie *f*, Linie (Kurve) *f* in der vierdimensionalen Raum-Zeit-Welt ‖ **~/многоканальная** *(Nrt)* Mehrkanalstrecke *f*, mehrkanalige Leitung *f* ‖ **~/многоканальная радиорелейная** *(Nrt)* Mehrkanalrichtfunkstrecke *f* ‖ **~/многоканальная радиотелефонная** *(Nrt)* Mehrkanalfunksprechstrecke *f* ‖ **~/многократная резонансная** *(Nrt)* Mehrfachresonanzleitung *f* ‖ **~/многопроводная** *(El)* Mehrdrahtleitung *f* ‖ **~ наведения** *(Rak)* Leitlinie *f* ‖ **~/нагнетательная** Druckleitung *f* ‖ **~ нагрузки** *(Mech)* Belastungskurve *f*, Belastungsdiagramm *n* ‖ **~ надвига** *(Geol)* Überschiebungslinie *f* ‖ **~/на[д]земная** oberirdische Leitung *f* ‖ **~/напорная** *s.* ~ энергии ‖ **~ направленной радиосвязи** Richtfunkstrecke *f* ‖ **~/направляющая** *(Math)* Leitlinie *f* ‖ **~насыщения** *s.* криваянасыщения ‖ **~ натрия** *(Opt)* Natriumlinie *f (Spektrum)* ‖ **~/нейтральная** *(Fest)* neutrale Linie *f*, Neutrale *f*, Nullinie *f* ‖ **~/неоднородная** *(El)* inhomogene Leitung *f* ‖ **~/непупинизированная** *(Nrt)* unbespulte (nichtpupinisierte) Leitung *f*, U-Leitung *f* ‖ **~/несимметричная** *(El)* unsymmetrische Leitung *f* ‖ **~/неуплотнённая** *(Nrt)* einfach ausgenutzte Leitung *f* ‖ **~/нивелирная (нивелировочная)** *(Geod)* Nivellierlinie *f* ‖ **~/низковольтная** *(El)* Niederspannungsleitung *f* ‖ **~ низкой частоты/кабельная** *(El)* Niederfrequenzkabelleitung *f* ‖ **~/нодальная** *(Geoph)* Nodallinie *f* ‖ **~/обводная** Umgehungsleitung *f* ‖ **~ обезглавливания и потрошения** Köpf- und Entweidestraße *f*, Schlachtstraße *f (Fischverarbeitung)* ‖ **~ обреза кровли** *(Bgb)* Bruchkante *f*, Bruchlinie *f* ‖ **~ обрушения** *s.* ~ обреза кровли ‖ **~/обходная** Umgehungsleitung *f* ‖ **~/огибающая** *(Fert)* Hüllinie *f (bei der Rauheitsmessung)* ‖ **~/одиночная** *s.* ~/однопроводная ‖ **~/однопроводная** *(El)* Einfachleitung *f*, Einzelleitung *f*, Eindrahtleitung *f* ‖ **~/однородная** *(El)* homogene Leitung *f* ‖ **~/однофазная** *(El)* Einphasenleitung *f* ‖ **~ оползня** *(Bgb)* Rutschlinie *f (Böschung)* ‖ **~ опорная** 1. Bezugslinie *f*, Basislinie *f*; 2. Bezugsleitung *f*, Referenzleitung *f* ‖ **~/опытная** *(El)* Versuchsleitung *f* ‖ **~/осветительная** *(El)* Lichtleitung *f* ‖ **~/осевая** Mittellinie *f* ‖ **~/основная** 1. *(El)* Hauptleitung *f*, Stammleitung *f*; 2. Basis *f*, Basislinie *f*; 3. *(Geod)* Grundlinie *f*, Hauptlinie *f* ‖ **~ основного аппарата** *(Nrt)* Hauptanschlußleitung *f*, Amtsleitung *f* ‖ **~ отвеса** *s.* ~/отвесная ‖ **~/отвесная** *(Ph)* Lotlinie *f (Schwerkraft)* ‖ **~ ответвления** *(El, Fmt)* Zweigleitung *f* ‖ **~/отдельная** *(El, Fmt)* Einzelleitung *f* ‖ **~ относительного движения** *(Schiff)* Relativkurs *m*, Relativkurslinie *f (Radar)* ‖ **~/отходящая** *(Nrt)* Abgangsleitung *f*, abgehende Leitung *f* ‖ **~ очень лёгкой пупинизации** *(Nrt)* sehr leicht bespulte (pupinisierte) Leitung *f*, S-Leitung *f* ‖ **~ падения** *(Geol)* Fallinie *f* ‖ **~/палубная** *(Schiff)* Decksstrich *m* ‖ **~ параллельных вибраторов** Dipolgruppe *f (Antenne)* ‖ **~ перегиба** *(Geol)* Scheitellinie *f*, Kammlinie *f* ‖ **~/переговорная** *(Nrt)* Verständigungsleitung *f* ‖ **~ передачи** *(El, Nrt)* Übertragungsleitung *f* ‖ **~ передачи/беспроводная** leitungslose Übertragungsstrecke *f* ‖ **~ передачи высокого напряжения** Hochspannungs[übertragungs]leitung *f* ‖ **~ передачи данных/лазерная** Laserdatenübertragungsleitung *f* ‖ **~ передачи/оптическая** *s.* ~ передачи/световодная ‖ **~ передачи радиовещания** Rundfunkübertragungsleitung *f* ‖ **~ передачи/световодная** Lichtwellenleiterübertragungsstrecke *f*, LWL-Übertragungsstrecke *f* ‖ **~ передачи/световодная двунаправленная** bidirektionale LWL-Übertragungsstrecke *f* ‖ **~ передачи электрической энергии** Elektroenergie-Übertragungsleitung *f* ‖ **~ переменного тока** Wechselstromleitung *f* ‖ **~ «переменное трио»** *(Wlz)* Wechseltrio[walz]-straße *f*, Wechseltrio[walz]strang *m* ‖ **~ перемены даты** *(Astr)* Datum[s]grenze *f* ‖ **~ пересечения** 1. Schnittlinie *f*; 2. *(Masch)* Durchdringungslinie *f (bei Durchdringung zweier geometrischer Körper; technisches Zeichnen)* ‖ **~/питательная (питающая)** Energieleitung *f*, Speiseleitung *f*, Feeder *m* ‖ **~ планирования** *(Flg)* Gleitweg *m*, Gleitbahn *f* ‖ **~ поверхностной волны** Oberflächenwellenleitung *f* ‖ **~/поглощающая** *(Nrt)* Schluckleitung *f* ‖ **~ поглощения** Absorptionslinie *f (Laser)* ‖ **~ поглощения/межзвёздная** *(Astr)* interstellare Absorptionslinie *f* ‖ **~/подводящая** Zuführungsleitung *f*, Zubringerleitung *f* ‖ **~/подземная** unterirdische Leitung *f*, Erdleitung *f* ‖ **~/подключённая** *(El)* Zuführungsleitung *f* ‖ **~/полевая кабельная** *(Nrt)* Feldkabelleitung *f* ‖ **~ положения** *(Flg, Schiff)* Standlinie *f (Peilung)* ‖ **~ положения/высотная** Höhenstandlinie *f* ‖ **~ полосового (полосопрокатного) стана/чистовая** *(Wlz)* Bandfertigstaffel *f*, Bandfertigstraße *f* ‖ **~/полуволновая** *(El)* Halbwellenleitung *f*, $\lambda/2$-Leitung *f* ‖ **~/полуденная** *(Astr)* Mittagslinie *f* ‖ **~/пол-**

юсная *(Masch)* Wälzachse *f (Zahnradtrieb)* || **~ поля [силы]** *s.* ~/силовая || **~ потенциальной энергии** 1. Drucklinie *f*; 2. Druckleitung *f* || **~ потока** Flußlinie *f* || **~/поточная** *(Fert)* Fließstraße *f*, Fließreihe *f*, Fertigungslinie *f* || **~/предохранительная** Leitung (Ölleitung) *f* zum Sicherheitsventil || **~ прибоя** *(Text)* Anschlaglinie *f (Weberei)* || **~/пригородная** *(Eb)* Vorortstrecke *f* || **~/присоединительная** *(El, Nrt)* Anschlußleitung *f* || **~/проводная** *(El)* Drahtleitung *f* || **~ проволочного стана** *(Wlz)* Draht[walz]straße *f*, Drahtstrecke *f* || **~ проволочного (проволочно-прокатного) стана/чистовая** *(Wlz)* Drahtfertigstaffel *f*, Drahtfertigstraße *f* || **~ прогиба** *s.* ~/упругая || **~ прокатки** *(Wlz)* Walzlinie *f*, Walzachse *f* || **~/прокатная** *(Wlz)* Walzstraße *f*, Straße *f*, Walzstrecke *f* || **~ прокатного стана дуо** Duowalzstraße *f*, Duowalzstrecke *f* || **~ прокатных валков** *(Wlz)* Walzlinie *f* || **~ прокатных валков/средняя** Walz[en]mittellinie *f* || **~ прокатных клетей** *s.* ~ клетей || **~/промежуточная** *(El)* Zwischenleitung *f* || **~/простая контактная** *(El)* selbsttragende Fahrleitung *f* || **~ простирания** *(Geol)* Streichlinie *f* || **~ простирания пласта** *(Geol)* Streichlinie *f* (Streichen *n*) einer Schicht || **~/простирания складки** *(Geol)* Streichlinie (Streichrichtung) *f* einer Falte || **~ профиля** *(Geol)* Profillinie *f*, Schnittlinie *f* || **~ профиля/средняя** *(Fert)* Mittellinie *f* des Profils, Profilmittellinie *f (am Rauhigkeitsprofil)* || **~/прямая** *(Math)* gerade Linie *f*, Gerade *f* || **~/пунктирная** punktierte Linie *f* || **~/пупинизированная** *(Nrt)* pupinisierte (bespulte) Leitung *f*, Pupin-Leitung *f*, Spulenleitung *f* || **~ пути** Weglinie *f* || **~ пути/заданная** beabsichtigte Weglinie *f* || **~/пьезометрическая** *s.* ~ потенциальной энергии || **~ пят** *(Bw)* Kämpferlinie *f (Bogen)* || **~/рабочая** Arbeitslinie *f (Einheit von Motor, Getriebe, Kammwalzengerüst, Kuppelspindeln und Arbeitsgerüst eines Walzwerks)* || **~ рабочих клетей листового (листопрокатного) стана** *(Wlz)* Blech[walz]straße *f* || **~ рабочих клетей [прокатного] стана** Walzstraße *f*, Gerüststrang *m* || **~ рабочих клетей среднесортного [прокатного] стана** *(Wlz)* Mittel[stahl]straße *f*, Mittelstrecke *f (Sortiment)* || **~ рабочих клетей широкополосового [прокатного] стана** *(Wlz)* Breitbandstraße *f* || **~ равного возраста** Linie *f* gleichen Alters, Isochrone *f (z. B. Sternentwicklung)* || **~ равного потенциала** Äquipotentiallinie *f*, Linie *f* gleichen Potentials || **~/равносигнальная** *(Radar)* Leitstrahl *m*, Leitstrahlachse *f* || **~ равных расстояний** Linie *f* gleicher Entfernungen || **~/радиовещательная** Rundfunk[übertragungs]leitung *f* || **~/радиорелейная телевизионная** Fernsehrelaisstrecke *f*, Fernsehübertragungsstrecke *f* || **~/радиоретрансляционная** Richtfunkstrecke *f*, Ballempfangsstrecke *f* || **~ радиосвязи** *(Nrt)* Funk[verkehrs]linie *f*, Funkverbindungsstrecke *f* || **~ радиосвязи/ультракоротковолновая** Ultrakurzwellen-Funkverkehrslinie *f*, UKW-Funkstrecke *f* || **~/радиотелефонная** *(Nrt)* Funksprechverbindung *f*, Funksprechstrecke *f* || **~/радиотрансляционная** *s.* ~ радиотрансляционной сети || **~ радиотрансляционной сети** Rundfunk[übertragungs]leitung *f* || **~ раздела кадров** *(Photo)* Bildstrich *m* || **~ разделки рыбы** Fischbearbeitungsstraße *f*, Fischschlachtstraße *f (Fischverarbeitung)* || **~ разлома** *(Geol)* Bruchlinie *f*, Störungsspur *f*, Störungslinie *f* || **~/размерная** Maßlinie *f (technische Zeichnungen)* || **~ разреза** *s.* ~ профиля || **~ разъёма** Trennlinie *f* || **~/рамановская** *(Ph)* Raman-Linie *f* || **~/распределительная** Verteilungsleitung *f* || **~/реактивная** *(El)* Reaktanzleitung *f*, Blindleitung *f* || **~ регулирования застройки** *(Bw)* Baufluchtlinie *f* || **~ резания** *(Bgb)* Schrämlinie *f* || **~/роторная** *(Fert)* Rotor[fließ]straße *f* || **~/ртутная** *(Opt)* Quecksilberlinie *f (im Spektrum)* || **~ рубки** *(Typ)* Schneidlinie *f* || **~/рыбообрабатывающая (рыбоперерабатывающая)** Fischverarbeitungsstraße *f* || **~/рыборазделочная** Fischbearbeitungsstraße *f*, Fischschlachtstraße *f* || **~ с гибкой связью** *(Fert)* lose verkettete Straße *f*, Straße (Fertigungsstraße) *f* in loser Verkettung || **~ с жёсткой связью** *(Fert)* starr verkettete Straße *f*, Straße (Fertigungsstraße) *f* in starrer (fester) Verkettung || **~ с потерями** *(El)* verlustbehaftete Leitung *f* || **~/сборочно-автоматическая** *(Masch)* Montagestraße *f* || **~ сброса** *(Geol)* Verwerfungslinie *f*, Verwerfungsspur *f* || **~/свободная** *(Nrt)* freie [unbesetzte] Leitung *f* || **~ свободной поверхности** *s.* ~ уреза воды || **~ связи** Verbindungsleitung *f*, Übertragungsleitung *f*; Übertragungskanal *m*; Verbundleitung *f (eines Verbundsystems)*; Fernmeldeleitung *f*, Fernmeldelinie *f*, Nachrichtenverbindung[sleitung] *f* || **~ связи/воздушная** Fernmeldefreileitung *f*, oberirdische (oi) Fernmeldelinie *f* || **~ связи/волноводная** Hohlleiter-Nachrichtenverbindungsstrecke *f* || **~ связи/волоконно-оптическая** *(Nrt)* Lichtwellenleiternachrichtenübertragungsstrecke *f*, LWL-Nachrichtenübertragungsstrecke *f*, faseroptische Übertragungsleitung *f* || **~ связи/кабельная** *(Nrt)* unterirdische (ui) Fernmeldelinie *f*; Fernmeldekabelleitung *f* || **~ связи/магистральная** *(Nrt)* Hauptverkehrslinie *f* || **~ связи/многоканальная** *(Nrt)* Mehrfachnachrichtenstrecke *f* || **~ связи/неисправная** gestörte Leitung *f* || **~ связи/оптическая** *(Nrt)* optische Nachrichtenstrecke *f* || **~ связи/подвесная** *(Nrt)* Fernmeldefreileitung *f* || **~ связи/проводная** *(Nrt)* Drahtübertragungsleitung *f* || **~ связи/радиорелейная** Funkrelaislinie *f* || **~ сдвига** *(Wkst)* Gleitlinie *f*, Fließfigur *f* || **~ сжатия** Verdichtungslinie *f*, Verdichtungskurve *f (Indikatordiagramm des Verbrennungsmotors)* || **~/силовая** *(El)* Feld[stärke]linie *f*, Kraftlinie *f* || **~ сильного тока** Starkstromleitung *f* || **~/сильноточная** Starkstromleitung *f* || **~/симметричная** *(El)* symmetrische Leitung *f* || **~ ската** *(Geod)* Gefällinie *f*, Bergstrich *m* || **~ скольжения** 1. *(Bgb)* Gleitlinie *f (Böschung)*; 2. *(Krist)* Gleitlinie *f (bei Verzerrung des Kristallgitters durch Stufenversetzung)* || **~ скрещения** Kreuzungslinie *f (Schraubgetriebe)* || **~ слабого тока/кабельная** Schwachstromkabelleitung *f* || **~/слаботочная** Schwachstromleitung *f* || **~/служебная** *(Nrt)* Dienstleitung *f* || **~/снеговая** *(Meteo)* Schneegrenze *f* || **~ со сдвоенным контактным проводом** *(El, Eb)* Doppelfahrleitung *f* ||

~/соединительная 1. *(Nrt)* Verbindungsleitung *f*, Anschlußleitung *f*; Amtsleitung *f*; 2. *(El)* Verbindungsleitung *f*, Kuppelleitung *f (Verbindung zweier Kraftwerke)* ‖ **~/соединительная служебная** *(Nrt)* Sammeldienstleitung *f* ‖ **~ солидус** *(Fest)* Soliduslinie *f*, Soliduskurve *f* ‖ **~/спектральная** Spektrallinie *f* ‖ **~/спиральная** *(Nrt)* Wendelleitung *f* ‖ **~/сплошная** ausgezogene (volle) Linie *f*, Vollinie *f (technische Zeichnung)* ‖ **~/справочная** *(Nrt)* Auskunftleitung *f*, Bescheidleitung *f* ‖ **~ средней пупинизации** *(Nrt)* mittelschwer bespulte (pupinisierte) Leitung *f* ‖ **~ срыва** *(Bgb)* Abrißkante *f (Böschung)* ‖ **~/станочная** Werkzeugmaschinenstraße *f*, Maschinenfließstraße *f*, Maschinenfließreihe *f*, MFR ‖ **~/стационарная** ruhende Linie *f (interstellare Absorption)* ‖ **~/створная** *(Schiff)* Deckpeillinie *f*, Deckpeilung *f (Schiffsnavigation)* ‖ **~/стоксова** *(Ph)* Stokessche Linie *f* ‖ **~/сутурная** *(Geol)* Lobenlinie *f*, Sutur *f* ‖ **~ сходимости** *(Ph)* Konvergenzlinie *f* ‖ **~/тактовая** Taktstraße *f* ‖ **~/тектоническая** *(Geol)* tektonische Linie *f* ‖ **~/телевизионная** Fernsehleitung *f* ‖ **~/телевизионная радиорелейная** Fernsehübertragungsstrecke *f*, Fernsehrelaisstrecke *f* ‖ **~/телеграфная** Telegraphenleitung *f* ‖ **~ телеизмерения** Fernmeßleitung *f*, Telemetrieleitung *f* ‖ **~/телефонная** Fernsprechleitung *f*, Telephonleitung *f* ‖ **~/теллурическая** *(Opt)* terrestrische (tellurische) Linie *f (Spektrum)* ‖ **~ течения** *(Wkst)* Fließfiguren *fpl* ‖ **~ тока** *(Hydrod)* Stromlinie *f*, Strömungslinie *f*; *(Astr)* Stromlinie *f* ‖ **~/токоведущая** *(El)* Strompfad *m* ‖ **~/транзитная** 1. *(El)* Transitleitung *f (Elektroenergie)*; 2. *(Eb)* Transitverkehrsbahn *f* ‖ **~/трёхфазная** *(El)* Drehstromleitung *f*, Dreiphasenstromleitung *f* ‖ **~ трубы/визирная** Visierlinie *f*, Sehachse *f (Fernrohr)* ‖ **~/тупиковая** *(El)* Stichleitung *f* ‖ **~ удара** *(Mech)* Stoßlinie *f (zweier Körper)* ‖ **~/узкоколейная** *(Eb)* Schmalspurstrecke *f* ‖ **~ узлов** *s.* ~/узловая ‖ **~/узловая** Nodalline *f*, Knotenlinie *f* ‖ **~/уплотнённая** *(Nrt)* mehrfach ausgenutzte Leitung *f* ‖ **~ управления** *(Hydr)* Steuerleitung *f* ‖ **~/упругая** *(Fest)* elastische Linie *f*, Biegelinie *f* ‖ **~ уреза воды** *(Hydt)* Wasserspiegellinie *f* ‖ **~ уровня** *(Math)* Niveaulinie *f (skalarer Felder)* ‖ **~/фазирующая** *(El)* Umwegleitung *f* ‖ **~/фидерная** *s.* ~/питательная ‖ **~/филейная** Filetstraße *f*, Filetierstraße *f (Fischverarbeitung)* ‖ **~ филетирования** *s.* ~/филейная ‖ **~/филетировочная** *s.* ~/филейная ‖ **~ фильтрации** *s.* ~ депрессии ‖ **~/фокальная** *(Opt)* Brennlinie *f*, Fokallinie *f* ‖ **~/хребтовая** *(Led)* Rückenlinie *f* ‖ **~/цепная** *(Math)* Kettenlinie *f* ‖ **~/цепная контактная** *(Eb)* Kettenfahrleitung *f* ‖ **~ частой пупинизации** *(Nrt)* kurzbespulte Leitung *f*, K-Leitung *f* ‖ **~/черновая** *(Wlz)* Vorstaffel *f*, Vor[walz]straße *f*, Vor[walz]strecke *f* ‖ **~/четырёхпроводная** *(El)* Vierdrahtleitung *f* ‖ **~/чистовая** *(Wlz)* Fertigstaffel *f*, Fertig[walz]straße *f*, Fertig[walz]strecke *f* ‖ **~ шкалы/базовая** Bezugslinie *f* einer Skale ‖ **~ шквалов** *(Meteo)* Böenlinie *f* ‖ **~/шлейфовая** *(El)* Schleifenleitung *f* ‖ **~/шовная** *(Geol)* Lobenlinie *f*, Sutur *f* ‖ **~/эвтектическая** *(Fest)* eutektische Linie *f* ‖ **~/эквипотенциальная** Äquipotentiallinie *f*, Linie *f* gleichen Potentials ‖ **~/экранированная** *(El)* [ab]geschirmte Leitung *f* ‖ **~/экситонная** *(Krist)* Exzitonlinie *f* ‖ **~/электрифицированная** *(Eb)* elektrifizierte Strecke *f* ‖ **~/электрическая** elektrische Leitung *f* ‖ **~ электропередачи** Elektroenergieübertragungsleitung *f*, elektrische Übertragungsleitung *f*, Fernleitung *f* ‖ **~ электропередачи/высоковольтная** Hochspannungs[übertragungs]leitung *f* ‖ **~/эмиссионная** Emissionslinie *f* ‖ **~ энергии** *(Hydr)* 1. Energieleitung *f*; 2. Energielinie *f*

линкор *m* Schlachtschiff *m*

линт *m s.* пух/хлопковый

Линц-Донавиц-процесс *m (Met)* LD-Blasstahlverfahren *n*, LD-Verfahren *n*, Linz-Donawitz-Verfahren *n*

линь *m (Schiff)* Leine *f* ‖ **~/бросательный** Wurfleine *f* ‖ **~/плетёный** geflochtene Leine *f* ‖ **~/пусковой** Reißleine *f (z. B. am Rettungsfloß)* ‖ **~/спасательный** Rettungsleine *f (am Rettungsring)*

лиофилизация *f* Lyophilisierung *f*, Gefriertrocknung *f*, Sublimationstrocknung *f*

липа *f* 1. Linde *f*; 2. *s.* липучка

липарит *m (Geol)* Liparit *m*, Rhyolith *m*

липкость *f* 1. Klebrigkeit *f*; 2. Schmierfähigkeit *f*, Schmiergüte *f*, Schmierwert *m (eines Schmieröls)*; 3. Klebfähigkeit *f*, Haftfähigkeit *f (zäher Flüssigkeiten an festen Körpern)*

липохром *m (Ch)* Lipochrom *n*

липтобиолиты *mpl (Geol)* Liptobiolithe *pl*

липучка *f* Klettverschluß *m*

лира *f (Wmt)* Ausgleichschleife *f (Rohrleitungen)*

лист *m* 1.*(Met)* Platte *f*; Blech *n*; 2. Blatt *n (Papier)*; 3. *(Typ)* Bogen *m*, Druckbogen *m* ‖ **~/бракетный** Stützplatte *f*, Stützblech *n* ‖ **~/броневой** Panzerplatte *f* ‖ **~/вкладной** *(Typ)* Einsteckbogen *m* ‖ **~/волнистый** Wellblech *n* ‖ **~/гладкополированный** Hochglanzblech *n* ‖ **~/горизонтальный поясной** *(Bw)* horizontale Gurtlamelle *f* ‖ **~/готовый** Fertigblech *n* ‖ **~/гофрированный** Wellblech *n* ‖ **~/динамный** Dynamoblech *n* ‖ **~/днищевый** Bodenplatte *f* ‖ **~/дублирующий** Doppelung *f* ‖ **~/железный** Stahlblech *n* ‖ **~/забойный** *(Schiff)* Paßplatte *f*, Paßblech *n* ‖ **~/запечатанный** *(Typ)* Druckbogen *m* ‖ **~/зеркально-полированный** Hochglanzblech *n* ‖ **~/интеркостельный** *(Schiff)* interkostale Platte *f* ‖ **~/катодный** Kathodenblech *n (Elektrolyse)* ‖ **~/килевой** *(Schiff)* Kielplatte *f* ‖ **~/книжный** *(Typ)* Satzbogen *m* ‖ **~/кормовой** Heckplatte *f* ‖ **~/крайний междудонный** *(Schiff)* Randplatte *f* ‖ **~/лобовой** Bugplatte *f* ‖ **~/матричный** *s.* ~/катодный ‖ **~/металлический** Tafelblech *n*, Blechtafel *f*, Blech *n* ‖ **~/накладной** Doppelung *f*, Blechdopplung *f* ‖ **~/направляющий** Leitblech *n* ‖ **~/необработанный** Rohblech *n* ‖ **~/нефальцованный** *(Typ)* Planobogen *m* ‖ **~/отбойный** *(Schiff)* Schlagschott *n*, Schlagplatte *f*; Decksmittelträger *m (Tanker)* ‖ **~/отбортованный** gebördeltes Blech *n*, Bördelblech *n* ‖ **~/переплётный** *(Typ)* Buchbinderbogen *m* ‖ **~/перфорированный** gelochtes Blech *n*, Siebblech *n* ‖ **~/печатный** *(Typ)* Druckbogen *m* ‖ **~/плакированный** plattiertes Blech *n*, Bimetallblech *n* ‖ **~/поясной** *(Bw)* Gurtlamelle *f (Brückenbau)* ‖ **~/разрезной** *(Schiff)* interkostale Platte *f* ‖ **~/ребристый** *s.* ~/рифлёный ‖ **~/рессорный**

Federblatt *n* ‖ **~/рифлёный** Riffelblech *n*, Rippenblech *n* ‖ **~ сердечника** *(El)* Kernblech *n* ‖ **~ сердечника ротора** *(El)* Läuferblech *n* ‖ **~ сердечника статора** *(El)* Ständerblech *n* ‖ **~ сердечника якоря** *(El)* Ankerblech *n* ‖ **~/стальной** Stahlblech *n* ‖ **~/толстый** Grobblech *n* ‖ **~/тонкий** Feinblech *n* ‖ **~/травлёный** dekapiertes (gebeiztes, entzundertes, gestrahltes) Blech *n* ‖ **~/транцевый** *(Schiff)* Transomplatte *f* ‖ **~/узловой фасонный** *s.* ~/фасонный ‖ **~/универсальный** *(Wlz)* Breitblech *n* ‖ **~/фасонный** *(Bw)* Knotenblech *n*, Versteifungsblech *n* ‖ **~/флорный** *(Schiff)* Bodenwrangenplatte *f* ‖ **~/холоднокатаный** kaltgewalztes Blech *n* ‖ **~/штамповочный** Stanzblech *n* ‖ **~/штрипсовый** *(Wlz)* Streifenblech *n*, Rohrstreifenblech *n*

листинг *m (Inf)* Listing *n*, Protokoll *n*, Übersetzungsprotokoll *n* ‖ **~ ассемблера** Assemblerlisting *n*, Assemblerauflistung *f*, Assemblerprotokoll *n* ‖ **~ программы** Programmlisting *n*, Programmauflistung *f*, Programmprotokoll *n* ‖ **~ ссылок** Ausdruck *m* des Symbolnachweises

листодержатель *m* Blechhalter *m*, Blechhaltevorrichtung *f*, Niederhalter *m (Blechpressen)* ‖ **~/верхний** oberer Blechhalter *m* ‖ **~/нижний** unterer Blechhalter *m*

листок *m* Blättchen *n*, Plättchen *n*

листоотделочная *f* Blechzurichterei *f*

листопроводка *f (Typ)* Bogenanleger *m*

листопрокатка *f (Wlz)* Blechwalzen *n*

листоукладчик *m (Wlz)* Blechstapelvorrichtung *f*

литейная *f* Gießerei *f*, Gießereibetrieb *m* ‖ **~ ковкого чугуна** Tempergießerei *f* ‖ **~ лёгких металлов** Leichtmetallgießerei *f* ‖ **~ по отливке слитков** Blockgießerei *f* ‖ **~ стального литья** Stahlgießerei *f* ‖ **~ тяжёлых металлов** Schwermetallgießerei *f* ‖ **~ цветных металлов** Nichteisenmetallgießerei *f*, NE-Metallgießerei *f*; Buntmetallgießerei *f* ‖ **~ чугуна** Eisengießerei *f*, Graugießerei *f*

литейный Gießerei…

литерал *m (Inf)* Literal *n*, Direktoperand *m* ‖ **~ адресов** Adressenliteral *n* ‖ **~ постоянных** Konstantenliteral *n*

литий *m (Ch)* Lithium *n*, Li

литийорганический *(Ch)* lithiumorganisch, Organolithium…

литийсодержащий lithiumhaltig

литионит *m (Min)* Lithionit *m (Bezeichnung für Lithiumglimmer)*

литник *m* Gießtrichter *m*, Einguß[kanal] *m*; Einlauf *m*; Anschnitt *m*, Auslauf *m*; 2. *(Kst)* Anguß[kegel] *m (am Spritzteil)*; 3. Angußkanal *m (am Spritzgießwerkzeug)* ‖ **~/вилкообразный** *(Gieß)* Gabeleinguß *m* ‖ **~/дождевой** *(Gieß)* Siebeinlauf *m*, Siebeinguß *m* ‖ **~/змеевидный** *(Gieß)* Schlangeneinlauf[kanal] *m*, Schlangeneinguß[kanal] *m* ‖ **~/клинообразный** *s.* ~/щелевой ‖ **~/кольцеобразный** *(Gieß)* Ringeinlauf *m*, Ringeinguß *m* ‖ **~/ножевой** *s.* ~/щелевой ‖ **~/распределительный** *(Kst)* Angußverteilerkanal *m*; Verteilerkreuz *n*, Verteilerspinne *f*, Angußspinne *f* ‖ **~/рожковый** *(Gieß)* Horneinlauf *m*, Horneinguß *m* ‖ **~/сифонный** *(Gieß)* 1. Einguß *m* für das steigende Gießen, Einguß *m* für Bodenguß; 2. Steigrohr *n*, Steigkanal *m* ‖ **~/ступенчатый** *(Gieß)* Stufeneinlauf *m*, Stufenanschnitt *m* ‖ **~/центральный** *(Met)* Gespanneinguß *m (Kokillengespann)* ‖ **~/щелевой** *(Gieß)* Keileinlauf *m*, Keileinguß *m*, Schlitzeinlauf *m*, Schlitzeinguß *m*

литники *mpl (Gieß)* Trichterschrott *m*

литогенез[ис] *m (Geol)* Lithogenese *f (Bildung bei Sedimentgesteinen)*

литография *f* Lithographie *f* ‖ **~/ионно-лучевая** Ionenstrahllithographie *f* ‖ **~/оптическая** optische Lithographie *f*, Photolithographie *f* ‖ **~/рентгенолучевая** Röntgenstrahllithographie *f* ‖ **~/электронно-лучевая** Elektronenstrahllithographie *f*

литоидит *m (Geol)* Lithoidit *m*

литоклаза *f (Geol)* Lithoklase *f*, Gesteinskluft *f*

литология *f (Geol)* Lithologie *f*, Sedimentpetrologie *f*

литораль *f (Geol)* Litoral *n*

литоральный *(Geol)* litoral

литосфера *f (Geol)* Lithosphäre *f*, Erdkruste *f*, Gesteinshülle *f* der Erde

литр *m* Liter *n*, l *(SI-fremde Einheit des Volumens)*

литраж *m* Hubraum *m*, Hubvolumen *n (Verbrennungskolbenmotor; Hubkolbenverdichter)* ‖ **~ двигателя** Gesamthubraum *m*

литца *f s.* литцендрат

литцендрат *m (El)* Litze *f*

лить *(Gieß)* [ab]gießen

литьё *n (Met, Gieß)* 1. Guß *m*, Gußteile *npl*, Gußstücke *npl*; 2. Gießen *n*, Abgießen *n*, Abguß *m*, Guß *m*; Gießverfahren *n* ‖ **~/алюминиевое** Aluminiumguß *m* ‖ **~ блоков** Blockguß *m*, Blockgießen *n* ‖ **~/бронзовое [фасонное]** Bronze[form]guß *m* ‖ **~/бронзовое художественное** Bronzekunstguß *m* ‖ **~/бумажное** *(Pap)* Papp[en]guß *m* ‖ **~ в кокиль** Kokillengießerei *f*, Kokillenguß *m* ‖ **~ в кокиль под противодавлением** Gegendruck-Kokillengießverfahren *n* ‖ **~ в оболочковые формы** *(Gieß)* Maskenformverfahren *n*, Croningverfahren *n*, Formmaskenverfahren *n*, Maskenformguß *m*, Formmaskenguß *m* ‖ **~ в опоках** Gießen *n* in Formkästen, Kastenguß *m* ‖ **~ в песок** *s.* ~ в песчаные формы ‖ **~ в песчаные формы** Gießen *n* in Sandformen, Sandguß *m* ‖ **~ в постоянные формы** Gießen *n* in Dauerformen, Dauerformguß *m*; Gießen *n* in Kokille, Kokillenguß *m*, Kokillengießverfahren *n* ‖ **~ в формы** Formgießverfahren *n*, Formguß *m* ‖ **~ в формы ручной формовки** Handformgießverfahren *n*, Handformguß *m* ‖ **~/вакуумное** Vakuumgießen *n*, Vakuumguß *m*, Saugguß *m*, Vakuumgießverfahren *n* ‖ **~/вакуумное прецизионное** Vakuumpräzisionsguß *m*, Vakuumpräzisionsgießverfahren *n*, Vakuumfeinguß *m* ‖ **~ всухую** *s.* по-сухому ‖ **~ всырую** *s.* ~ по-сырому ‖ **~/годное** Gußausbringen *n*, guter Guß *m* ‖ **~/гравитационное** Schwerkraftgießen *n*, Schwerkraftguß *m* ‖ **~/двухслойное** Verbundgießverfahren *n*, Verbundgießen *n*, Verbundguß *m* ‖ **~ деталей сложной формы/центробежное** *(Gieß)* Schleuderformgießverfahren *n*, Schleuderformguß *m* ‖ **~ заготовок** Formatguß *m*, Formatgießen *n* ‖ **~/закалённое** Hartguß *m* ‖ **~/каменное** Steinguß *m*, Steingußerzeugnis *n* ‖ **~ кокилей под низким давлением** Niederdruckkokillengießverfahren *n* ‖ **~/кокильное** Kokillenguß *m* ‖ **~/корковое** Maskenformguß *m* ‖ **~/красное** Rotguß *m* ‖ **~/крупное** Großguß *m* ‖ **~/латунное** Messingguß *m* ‖ **~ лёгких металлов** Leichtmetallguß *m* ‖ **~/машинное** Maschinenformgießverfahren *n*; Maschinenformguß *m* ‖ **~ машинной формовки** *s.* ~/машинное ‖ **~/мелкое** Kleinguß *m* ‖ **~/металлическое** Metallguß *m* ‖ **~/необработанное (необрубленное)** *s.* ~/неочищенное ‖ **~/неотожжённое** ungeglühter Guß *m* ‖ **~/неочищенное** Rohguß *m*, ungeputzter (unbearbeiteter) Guß *m* ‖ **~/непрерывное** Stranggießen *n*, Strangguß *m*; kontinuierliches Stranggießen *n*, kontinuierlicher Strangguß *m*, Stranggießverfahren *n* ‖ **~/оболочковое** Maskenformguß *m* ‖ **~/опочное** *s.* ~ в опоках ‖ **~/отбелённое** Hartguß *m*; Temperrohguß *m* ‖ **~ по выплавляемым моделям** Modellausschmelzverfahren *n*, Wachsausschmelzverfahren *n*; Feinguß *m*, Präzisionsguß *m* ‖ **~ по-сухому** Gießen *n* in Trockengußformen (trockene Sandformen), Trockenguß *m*, Trockengießverfahren *n* ‖ **~ по-сырому** Gießen *n* in Naßgußformen (Grünformen), Naßguß *m*, Naßgießverfahren *n* ‖ **~ под вакуумом** *s.* ~/вакуумное ‖ **~ под давлением** Druckgießverfahren *n*, Druckgießen *n*, Druckguß *m*; *(Kst)* Spritzgußverfahren *n* ‖ **~ под давлением в вакуумированные пресс-формы** Vakuumdruckgießen *n*, Vakuumdruckguß *m*, Vakuumdruckgießverfahren *n* ‖ **~ под давлением/кокильное** Druck-Kokillengießverfahren *n* ‖ **~ под низким давлением** Niederdruck[kokillen]gießverfahren *n*, Niederdruckguß *m* ‖ **~ под противодавлением** Gegendruckgießverfahren *n*, Gegendruckguß *m* ‖ **под противодавлением/кокильное** Gegendruckkokillengießverfahren *n*, Gegendruckkokillenguß *m* ‖ **~/полунепрерывное** diskontinuierliches Stranggießen *n* ‖ **~/полустальное** Halbstahlguß *m*, Schnelltemperguß *m* ‖ **~/последовательное непрерывное** Sequenz[strang]gießen *n* ‖ **~ прессованием** Preßgießen *n*, Preßguß *m*, Verdrängungsgießen *n* ‖ **~/прецизионное** *s.* ~ по выплавляемым моделям ‖ **~/рыночное** Handelsguß *m* ‖ **~ слитков в кокиль** Kokillenblockgießen *n*, Kokillenblockguß *m* ‖ **~/стальное** Stahl[form]guß *m* ‖ **~/стержневое** Guß *m* mit Kernen, Kernguß *m* ‖ **~/стопочное** Stapelgießen *n*, Stapelgießverfahren *n*, Stapelguß *m* ‖ **~/ступенчатое [стопочное]** unechter Stapelguß *m*, unechtes Stapelgießverfahren *n* ‖ **~/термообработанное стальное** Vergütungsstahl[form]guß *m* ‖ **~/точное** *s.* ~ по выплавляемым моделям ‖ **~/тяжёлое цветное** Schwermetallguß *m*, Buntmetallguß *m* ‖ **~/улучшенное стальное** Vergütungsstahl[form]guß *m* ‖ **~/фасонное** Formguß *m* ‖ **~ фасонных деталей/центробежное** Schleuderformgießverfahren *n*, Schleuderformguß *m* ‖ **~/хозяйственное** Handelsguß *m* ‖ **~/художественное** Kunstguß *m* ‖ **~/цветное** *s.* ~ цветных металлов ‖ **~ цветных металлов** Nichteisenmetallguß *m*, NE-Metallguß *m*; Buntmetallguß *m* ‖ **~/центробежное** Schleudergießverfahren *n*, Schleuderguß *m*, Schleudergießen *n* ‖ **~/чугунное** Grauguß *m*, Gußteile *npl* aus grauem Gußeisen, Eisenguß *m* ‖ **~/шликерное** Schlickergießen *n*, Schlickerguß *m (Pulvermetallurgie)* ‖ **~/этажное** *s.* стопочное

лит-эффект *m (Photo)* Lith-Effekt *m*

лифт *m* Fahrstuhl *m*, Aufzug *m*, Lift *m (s. a. unter* подъёмник 1.*)* ‖ **~/быстроходный** Schnellaufzug *m* ‖ **~/газовый** *(Erdöl)* Gaslift *m (Bohrung)* ‖ **~/грузовой** Lastenaufzug *m* ‖ **~/малогрузовой** Kleinlastenaufzug *m* ‖ **~/пассажирский** Personenaufzug *m* ‖ **~/фасадный** Fassadenlift *m*

лифтостроение *n* Aufzugbau *m*

лихтер *m (Schiff)* Leichter *m* ‖ **~/портовый** Hafenleichter *m* ‖ **~/спасательный** Bergungsleichter *m* ‖ **~/сухогрузный** Trockenfrachtleichter *m*

лихтеровоз *m* Leichterträgerschiff *n*, Lash-Schiff *n* ‖ **~/фидерный** Zubringer-Leichterträgerschiff *n*, Feeder-Lash-Schiff *n*

лица *f (Text)* Harnischlitze *f*, Litze *f (Jacquardmaschine)* ‖ **~/жаккардовая** Jacquardlitze *f* ‖ **~/перевивочная** Dreherlitze *f*

лицевой *(Led)* Narben...

лицо *n* Stirn[seite] *f*, Ansichtsfläche *f*; *(Led)* Narben *m* ‖ **~ кожи** *(Led)* Narben *m* ‖ **~ молотка** *(Schm)* Hammerfinne *f* ‖ **~ наковальни** *(Schm)* Amboßbahn *f* ‖ **~/облагороженное** *(Led)* korrigierter Narben *m* ‖ **~/отдушистое** *(Led)* loser Narben *m*, Losnarbigkeit *f* ‖ **~/стянутое** *(Led)* gezogener Narben *m*, Narbenzug *m*; Schrumpfnarben *m* ‖ **~ ткани** *(Text)* Grund *m (Gewebe)*; rechte Seite *f* des Gewebes

личинка *f***/монетная** Geldeinwurf *m*, Münzeinwurf *m (am Münzfernsprecher)*

лишённый потерь verlustfrei, verlustlos

лк *s.* люкс

ЛЛ *s.* 1. марка/лесная летняя грузовая; 2. лампа/люминесцентная

ЛМ *s.* микроанализ/лазерный

лм *s.* люмен

ЛМК *s.* конструкция/металлическая лёгкая

лоб *m* Stirn *f* ‖ **~ молотка** *(Schm)* Hammerfinne *f*

лобзик *m* 1. Laubsäge *f*; 2. *(Wkzm)* Dekupiersägemaschine *f*; 3. *(Wkz)* Sägeblatt *n (für Dekupier- und Laubsägen)*

лобовина *f* Stirnwand *f*, Kopfwand *f*; Kopfstück *n*

лов *m* Fischen *n*, Fischerei *f*, Fang *m* ‖ **~/автономный** autonomer Fang *m*, autonome Fischerei *f* ‖ **~/близнецовый** Tucken *n*, Tuckfischerei *f*, Gespannfischerei *f*, Gespannschleppnetzfischerei *f* ‖ **~/глубинный (глубоководный)** Tiefenfischerei *f* ‖ **~/донный** Grundfischerei *f* ‖ **~/дрифтерный** Treibnetzfischerei *f*, Treibnetzfang *m* ‖ **~/кошельковый** Ringwadenfischerei *f*, Ringwadenfang *m* ‖ **~ на [электро]свет** Lichtfischerei *f* ‖ **~/одиночный** Scheren *n*, Scherbrettfischerei *f*, Einspännerfischerei *f* ‖ **~/океанический** transozeanische Fischerei *f* ‖ **~/парный** *s.* ~/близнецовый ‖ **~/пелагический** pelagisches Fischen *n*, pelagische Fischerei *f*, pelagischer Fang *m* ‖ **~/подлёдный** Fang *m* unter dem Eis, Eisfischerei *f* ‖ **~/прибрежный** Küstenfischerei *f*, Küstenfang *m* ‖ **~/придонный** halbpelagische Fischerei *f*, halbpelagisches Fischen *n*, halbpelagischer Fang *m* ‖ **~/прицельный** gezielter Fang *m*, gezieltes Fischen *n*, gezielte Fischerei *f* ‖ **~/разноглубинный** *s.*

~/пелагический || **~/снюрреводный** Snurrewadenfischerei *f*, Snurrewadenfang *m* || **~/траловый** Schleppnetzfischerei *f*, Schleppnetzfang *m*, Schleppnetzfischen *n* || **~/экспедиционный** Flotillenfischerei *f*, Flotillenfang *m* || **~/ярусный** Langleinenfischerei *f*, Langleinenfang *m*

ловец *m (Schiff)* Fangschiff *n*, Zubringer *m*

ловитель *m* Fangvorrichtung *f*; Fänger *m (Förderkorb, Aufzug)* || **~/клещевой** Zangenfangvorrichtung *f (Aufzug)* || **~ кокономотального таза** *(Text)* Fadenanleger *m*, Fadenanlage *f* || **~/магнитный** *(Bgb)* Magnetfänger *m (Bohrung)* || **~/скользящий** Gleitfangvorrichtung *f (Aufzug)*

ловушка *f* 1. Falle *f*; Fischnetz *n*; 2. Fänger *m*; Abscheider *m*, Auffänger *m*; 3. *(Pap)* Zeugfänger *m*, Stoffänger *m*, Stoffang *m*; 4. *(Vak)* Kühlfalle *f*, Baffle *m*; 5. Trap *m*, Falle *f*, Haftstelle *f*, Fangstelle *f (Halbleiter)*; 6. *(Met)* Scheider *m*, Abscheider *m*, Fänger *m (z. B. Staub, Schlacke)* || **~/вакуумная** Vakuumfalle *f* || **~/глубокая** *(Eln)* tiefliegende Haftstelle *f (Halbleiter)* || **~/дырочная** *(Eln)* Löcherhaftstelle *f*, Löchertrap *m (Halbleiter)* || **~/ионная** *(Kern)* Ionenfalle *f* || **~/катодная** *(Eln)* Kathodenfalle *f* || **~/коническая** *(Pap)* Trichterstoffänger *m* || **~/магнитная** Magnetfalle *f* || **~/массная** *(Pap)* Faserabscheider *m* || **~/мелкая** *(Eln)* flachliegende Haftstelle *f (Halbleiter)* || **~/многоразрядная** *(Eln)* Mehrfachhaftstelle *f (Halbleiter)* || **~/нефтяная** Ölabscheider *m*, Ölfang *m*, Ölfänger *m* || **~ носителей [заряда]** *(Eln)* Trägerfalle *f*, Ladungsträgerfalle *f (Halbleiter)* || **~/осадительная** *(Pap)* Sedimentationsstoffänger *m*, Absetzstoffänger *m* || **~/отстойная** *s.* ~/осадительная || **~/охлаждаемая** Kühlfalle *f*, Ausfrierfalle *f* || **~/радиолокационная** *(Mil)* Funkmeßköder *m* || **~/рекомбинационная** *(Eln)* Rekombinationshaftstelle *f*, Rekombinationstrap *m (Halbleiter)* || **~/скребковая** *(Pap)* Kratzerstoffänger *m* || **~ фильтрующего типа** *(Pap)* Filterstoffänger *m* || **~/флотационная** *(Pap)* Flotationsstoffänger *m*, Schwimmstoffänger *m* || **~/электронная** *(Eln)* Elektronenhaftstelle *f (Halbleiter)*

логарифм *m (Math)* Logarithmus *m*

логатом *m (Nrt)* Logatom *n*, zusammenhanglose Silbe *f*

логгер *m* 1. *(Inf)* Logger *m*, Datenlogger *m*; 2. *(Schiff)* Logger *m*, Heringslogger *m*

логика *f (Math, Kyb, Inf)* Logik *f* || **~/быстродействующая** Hochgeschwindigkeitslogik *f* || **~/вероятностная** Wahrscheinlichkeitslogik *f* || **~/внешняя** äußere Logik *f* || **~/входная** Eingangslogik *f*, Ansteuerlogik *f* || **~ высказываний** Aussagenlogik *f*, Aussagenkalkül *m* || **~/двоичная (двузначная)** zweiwertige (binäre) Logik *f* || **~/диодная** Diodenlogik *f* || **~/диодно-транзисторная** Dioden-Transistor-Logik *f*, DTL || **~/интегральная инжекционная** integrierte Injektionslogik *f*, IIL || **~/конструктивная** konstruktive Logik *f* || **~/магнитная** Magnetkernlogik *f* || **~/мажоритарная** Majoritätslogik *f* || **~/многозначная** mehrwertige Logik *f* || **~/отрицательная** negative Logik *f* || **~ переключения** Schaltlogik *f* || **~/положительная** positive Logik *f* || **~/помехоустойчивая** störsichere Logik *f* || **~ предикатов** Prädikatenlogik *f*, Prädikatenkalkül *m*, Funktionenkalkül *m* || **~/резистивная одноквантовая** Einquanten-Widerstand-Logik *f* || **~/резисторно-транзисторная** Widerstands-Transistor-Logik *f*, RTL || **~ с эмиттерной связью** emitter[strom]gekoppelte Logik *f*, ECL || **~ системного проектирования** *(Inf)* Systementwicklungslogik *f* || **~/суперинжекционная** Superinjektionslogik *f* || **~ схемы** Schaltungslogik *f* || **~/транзисторно-транзисторная** Transistor-Transistor-Logik *f*, TTL || **~/троичная** dreiwertige Logik *f* || **~ управления** Steuerlogik *f* || **~/формальная** formale Logik *f* || **~/эмиттерно-связанная** emitter[strom]gekoppelte Logik *f*, ECl || **~/эмиттерно-связанная транзисторная** emitter[strom]gekoppelte Transistorlogik *f*, ECTL

логический logisch, Logik...

логометр *m (El)* Quotientenmesser *m* || **~/магнитоэлектрический двухрамочный** Doppeldrehspulquotientenmesser *m* || **~ со скрещёнными катушками** Kreuzspulquotientenmesser *m* || **~/электромагнитный** Dreheisenquotientenmesser *m*

логометр-омметр *m (El)* Quotientenwiderstandsmesser *m*, Ohmmeter *n* mit Quotientenmeßwerk

логометр-фарадометр *m (El)* Quotientenkapazitätsmesser *m*

логон *m (Inf)* Logon *n*

ЛОД *s.* линия относительного движения

лодка *f* Boot *n (s. a. unter* катер *und* шлюпка*)* || **~/атомная подводная** kernkraftgetriebenes U-Boot *n*, U-Boot *n* mit Kernkraftantrieb, *(umgangssprachlich)* Atom-U-Boot *n* || **~/десантная** Landungsboot *n* || **~/летающая** Flugboot *n* || **~/надувная** Schlauchboot *n* || **~/подводная** Unterseeboot *n*, U-Boot *n* || **~/ракетная подводная** Lenkwaffen-U-Boot *n* || **~/резиновая надувная** Gummischlauchboot *n* || **~/рыбачья** Fischerboot *n* || **~/рыболовная** Fischerboot *n*, Fischkutter *m* || **~/спасательная** Rettungsboot *n* || **~/стеклопластиковая** Boot *n* aus glasfaserverstärktem Kunststoff

лодка-ракетоносец *f***/подводная** Lenkwaffen-U-Boot *n*

лодка-транспорт *f***/подводная** Transport-U-Boot *n*

лодка-цель *f***/подводная** Ziel-U-Boot *n*

лодочка *f* 1. Schiffchen *n (Laborgerät)*; 2. *(Glas)* Ziehdüse *f* || **~/фарфоровая** Porzellanschiffchen *n (Laborgerät)*

ложа *f* Schaft *m (einer Handfeuerwaffe)*

ложбина *f* 1. *(Geol)* Senke *f*, Trog *m*; 2. *s.* ~/барическая || **~/барическая** *(Meteo)* Tiefdruckrinne *f*, Tiefdrucktrog *m*

ложе *n (Hydrol)* Bett *n* || **~/водоупорное** Grundwassersohle *f* || **~ ледника** *(Geol)* Gletscherbett *n*, Gletscherunterlage *f* || **~ реки** Flußbett *n*, Strombett *n*

ложечка *f* Schöpflöffel *m*, Schöpfgreifer *m (Kartoffellegemaschine)*

ложка *f* 1. *(Met)* Löffel *m*, Probenlöffel *m*; 2. *(Gieß)* Gießlöffel *m*, Schöpflöffel *m*, Handlöffel *m*; Abstreichlöffel *m (Schlacke, Schaum)*; 3. *(Flg)* Winddelle *f (Ballon)* || **~/буровая** Bohrlöffel *m*

ложок *m (Bw)* Läufer[stein] *m*, Langbinder *m*

локализация *f* Ortsbestimmung *f*, Ortung *f*, Lokalisierung *f*; Eingrenzung *f* || **~ неисправностей**

(ошибок)/быстрая *(Inf)* schnelle Fehlerlokalisierung *f* || **~ повреждения** Fehlereingrenzung *f*; Fehlerortsbestimmung *f*

локализуемость *f* Lokalisierbarkeit *f*

локатор *m* Ortungsgerät *n* || **~/инфракрасный** Infrarotortungsgerät *n* || **~/лазерный** Laserradar *n(m)*

локация *f* Ortung *f*; Positionsbestimmung *f* || **~ глубины** Tiefenlotung *f* || **~/звуковая** Schallortung *f*, akustische Ortung *f* || **~/инфракрасная** Infrarotortung *f* || **~/лазерная** Laserortung *f*, Laserradar *n(m)* || **~/ультразвуковая** Ultraschallortung *f*

локомотив *m (Eb)* Lokomotive *f*, Lok *f (s. a. unter* тепловоз, электровоз*)* || **~/горочный** Abdrücklokomotive *f*, Berglokomotive *f* || **~/грузовой** Güterzuglokomotive *f* || **~ зубчатой железной дороги** Zahnradlokomotive *f* || **~/магистральный** Streckenlokomotive *f* || **~/маневровый** Rangierlokomotive *f*, Verschiebelokomotive *f* || **~ нормальной колеи** Normalspurlokomotive *f* || **~/откаточный** *(Bgb)* Hauptstreckenlok *f* || **~/пассажирский** Reisezuglokomotive *f* || **~ пассажирских поездов** Reisezuglokomotive *f* || **~/подталкивающий** Schiebelokomotive *f* || **~/рудничный** *(Bgb)* Grubenlokomotive *f* || **~/сборочный** *(Bgb)* Zubringerlok *f* || **~/сдвоенный** Doppellokomotive *f* || **~ скорого поезда** Schnellzuglokomotive *f* || **~/скоростной** Schnellfahrtlokomotive *f* || **~/сочлённый** Gelenklokomotive *f*, Duplexlokomotive *f* || **~/тележечный** Drehgestellokomotive *f* || **~/тендерный** Tenderlokomotive *f* || **~/товарный** Güterzuglokomotive *f* || **~/узкоколейный** Schmalspurlokomotive *f* || **~/шахтный** *(Bgb)* Grubenlok *f*

локомотив-толкач *m (Eb)* Schiebelokomotive *f*

локоть *f (Fert)* Ellbogen *m (Roboter)*

локсодрома *f (Math)* Loxodrome *f*

локтевой Ellbogen... *(Roboter)*

локус-диаграмма *f (Reg)* Ortskurve *f*

лом *m* 1. *(Wkz)* Hebeeisen *n*, Brecheisen *n*, Brechstange *f*; 2. Bruch *m*; 3. Schrott *m*; 4. *(Met)* Absticheisen *n* || **~/бетонный** Betonbruch *m* || **~/валковый** 1. Walzenbruch *m (Bruchstücke)*; 2. Walzenschrott *m* || **~/гипсовый** Gips[form]bruch *m* || **~/кирпичный** Ziegelbruch *m*, Ziegelsplitt *m* || **~/литейный** Gußbruch *m*, Gußschrott *m* || **~/медный** Altkupfer *n* || **~/металлический** Metallschrott *m*, Metallbruch *m*, Schrott *m*, Bruch *m*, Altmetall *n* || **~/покупной** Fremdschrott *m*, Kaufschrott *m* || **~/свинцовый** Altblei *n* || **~/стальной** Stahlschrott *m* || **~/стекольный** Glasbruch *m* || **~/цинковый** Altzink *n* || **~/чугунный** Gußbruch *m*, Gußeisenschrott *m*

ломание *n* **стружки** *(Fert)* Spanbrechen *n*

ломатель *m* Masselbrecher *m*, Blockbrecher *m*, Brecher *m*

ломать brechen *(Erz, Masseln)*

ломик *m (Wkz)* Brecheisen *n*

ломка *f* Brechen *n (z. B. Erze; Substrate)*

ломкость *f* Sprödigkeit *f*, Zerbrechlichkeit *f*, Brüchigkeit *f*

ломонтит *m s.* леонгардит

лонгкулуар *m* Baggergutrutsche *f*, Baggergutrinne *f*

лонжерон *m (Flg)* Holm *m*, Längsträger *m* || **~/балочный** Vollwandträgerholm *m* || **~/главный** Hauptholm *m* || **~/двухстеночный** zweistegiger Holm *m*, Kastenholm *m* || **~/коробчатый** Kastenholm *m* || **~/ложный** Zwischenholm *m* || **~/многостеночный** vielstegiger Holm *m* || **~/несущий** Tragholm *m* || **~/поперечный** Querholm *m* || **~/сплошной** Voll[wand]holm *m* || **~ стабилизатора** Flossenträger *m* || **~/тавровый** Doppel-T-Holm *m* || **~/ферменно-балочный** Fachwerk-Vollwandträgerholm *m* || **~/ферменный** Fachwerk[träger]holm *m* || **~ фюзеляжа** Rumpfholm *m* || **~/швеллерный** Holm *m* mit U-Profil, U-Profil-Holm *m*

лонжерон-пояс *m* Holmgurt *m (Fachwerkrumpf)*

лопарь *m (Schiff)* Läufer *m (Talje)*

лопасть *f* 1. Schaufel *f*, Blatt *n*, Flügel *m*, Schaufelblatt *n (Mischer)*; 2. *(Wlz)* Blattzapfen *m (Walze und Kuppelspindel)*; 3. *(Gum)* Knetarm *m (einer Lösungsmaschine)*; 4. *(Schiff)* Radschaufel *f* || **~ батана** *(Text)* Ladenschwinge *f*, Ladenarm *m*, Ladenstelze *f (Weblade)* || **~/батанная** *s.* ~ батана || **~ битера** *(Lw)* Auswerferflügel *m (Landmaschinen)* || **~ валка** Blattzapfen *m (Walze)* || **~/вентиляционная** Lüfterflügel *m*, Lüfterschaufel *f* || **~ всасывания** Saugflügel *m* || **~ гребного винта** *(Schiff)* Propellerflügel *m* || **~/месильная** Knetflügel *m (Knetmaschine)* || **~ мешалки** Rührarm *m*, Rührflügel *m (Rührwerk)* || **~ нагнетания** Förderflügel *m* || **~/направляющая** Leitschaufel *f*, Leitblech *n* || **~/поворотная** drehbarer Propellerflügel *m (Verstellpropeller)* || **~/разгрузочная** Austragschaufel *f*, Hubschaufel *f (Läutertrommel)* || **~/съёмная** *(Schiff)* angeschraubter Propellerflügel *m*

лопата *f* 1. Schaufel *f*, Schippe *f*; 2. *s. unter* лопатка || **~/вскрышная** *(Bgb)* Abraumlöffelbagger *m* || **~/метательная** Wurfschaufel *f (z. B. Sandslinger)* || **~/обратная [механическая]** Tieflöffel *m (Löffelbagger)* || **~/пневматическая** *(Bw, Bgb)* Spatenhammer *m* || **~/погрузочная** *(Bw)* Ladeschaufel *f* || **~/прямая [механическая]** Hochlöffel *m (Löffelbagger)* || **~/штыковая** Spaten *m*

лопатка *f* 1. *(Wkz)* Schaufel *f*; Spaten *m*; 2. Radschaufel *f*; 3. *(Masch)* Flügel *m*; 4. *(Arch)* Lisene *f (hervortretender Mauerstreifen)*; 5. Schaufel *f (Mischer)*; 6. *s. unter* лопата || **~/активная** Gleichdruck[profil]schaufel *f (Dampfturbine; Gasturbine)* || **~/винтовая** verwundene Schaufel *f (Dampfturbine; Gasturbine)* || **~/направляющая** Leitschaufel *f (Strömungsmaschine)* || **~ направляющего колеса** Leitradschaufel *f (Strömungsmaschine)* || **~/неподвижная направляющая** Umlenkschaufel *f*, Umkehrschaufel *f*, Rückführschaufel *f (Strömungsmaschine)* || **~/рабочая** Laufschaufel *f (Strömungsmaschinen)* || **~/радиальная** Radialschaufel *f (Laufrad, Strömungsmaschinen)* || **~/реактивная** Überdruckschaufel *f (Dampfturbine)* || **~ с верховой посадкой** Schaufel *f* mit Reiterfuß, Reiterfußschaufel *f (Dampfturbine)*

лорандит *m (Min)* Lorandit *m (Thalliummineral)*

лоренц-инвариантность *f (Math)* Lorentz-Invarianz *f*

лоск *m (Text)* Glanz *m (Veredlung)*

лоскут *m* Abfallstücke *npl*, Ausschußstücke *npl*

лот *m* Lot *n*, Senklot *n*, Senkblei *n*
лотковый Rinnen..., Mulden..., Trog...
лоткообразный muldenförmig
лоток *m* 1. Schurre *f*, Förderrinne *f*; Rutsche *f*, Fülltrog *m*; Mulde *f (s. a. unter* жёлоб*)*; 2. *(Bw)* Straßenrinne *f*, Gosse *f* ll **~/вибрационный** Schwingrinne *f* ll **~/вилообразный** *(Bgb)* Hosenschurre *f* ll **~/выгрузной** *(Lw)* Ballenschurre *f*, Ballenrutsche *f (Sammelpressen)* ll **~/выгрузочный** Austragrinne *f* ll **~/выпускной** Auslaufrinne *f*; *(Bw)* Austragrutsche *f (Steinbrecher)* ll **~/гидродинамический** Umlaufversuchskanal *m (für Schiffsmodellversuche)* ll **~/грунтоотводный** Schüttrinne *f (Eimerkettenschwimmbagger)* ll **~/дренажный** *(Hydt)* Rigole *f* ll **~/испытательный** *(Hydt)* Versuchsgerinne *n* ll **~/качающийся** Schüttelrutsche *f* ll **~/маслосборный** Tropfschale *f*, Tropfbehälter *m (Schmierung)* ll **~/направляющий** *(Text)* Gleitblech *n*, Leitblech *n* ll **~/опытовый** *(Hydt)* Versuchsgerinne *n* ll **~/отводной (отводящий)** *(Hydt)* Ableitungsrinne *f* ll **~/перегрузочный** *(Bgb)* Übergabeschurre *f* ll **~/промывной** *(Hydt)* Spülrinne *f* ll **~/разветвляющий** *(Bgb)* Hosenschurre *f* ll **~/разгрузочный** 1. *(Bw)* Ausfallrinne *f (Betonmischer)*; 2. Auslaufrinne *f*, Austrageschnauze *f*; 3. Austragschurre *f*, Austragrinne *f* ll **~/роликовый** *(Masch)* Rollenbahn *f* ll **~/сливной** *(Met)* Stichrinne *f*, Abstichrinne *f*, Abflußrinne *f* ll **~/сотрясательный** 1. Schwingrinne *f*, Schüttelrinne *f*; 2. Schüttelspeiser *m* ll **~/спускной** Schurre *f* ll **~/сточный** Ablaufrinne *f*, Abflußrinne *f* ll **~/транспортный** Förderrinne *f* ll **~/фильтрационный** *(Brau)* Läutergrant *m*, Würzegrant *m*
лоток-быстроток *m (Hydt)* Schußrinne *f*
лоток-чищалка *m (Bgb)* Krätzer *m (Sprengtechnik)*
лоция *f (Schiff)* 1. Lotsen *n*; 2. Seehandbuch *n*, nautisches Handbuch *n*
лощение *n* 1. Glätten *n*, Polieren *n*; 2. *(Led)* Glanzstoßen *n*; Glanzschleifen *n*; 3. *(Pap)* Satinieren *n*; 4. *(Text)* Glätten *n*, Kalandern *n (Veredlung)*
лощило *n* 1. Glättwerkzeug *n*, Poliereisen *n*; 2. *(Led)* Gerbstahl *m*
лощина *f (Geol)* Bodensenkung *f*
лощить 1. glätten, polieren; 2. glanzstoßen *(Leder)*; 3. *(Pap)* satinieren, kalandrieren; 4. *(Text)* glätten, kalandrieren
ЛП *s.* 1. линия положения; 2. программирование/линейное
ЛПМ *s.* механизм/летопротяжённый
ЛПЭ *s.* потеря энергии/линейная
ЛС *s.* линия связи
ЛСА *s.* схема алгоритма/логическая
ЛТ *s.* трансформатор/линейный
лубрикатор *m* Schmiervorrichtung *f*; Schmierpresse *f*
луговодство *n (Lw)* Grünlandwirtschaft *f*, Wiesenanbau *m*, Wiesenwirtschaft *f*
лудить verzinnen, überzinnen
лужение *n* Verzinnen *n*, Verzinnung *f* ll **~/гальваническое** galvanisches Verzinnen *n* ll **~/горячее** Feuerverzinnen *n*, Feuerverzinnung *f*, Heißverzinnen *n* ll **~ погружением** Tauchverzinnen *n*, Tauchverzinnung *f* ll **~/электролитическое** elektrolytisches Verzinnen *n*, elektrolytische Verzinnung *f*
лузга *f (Lebm)* Hülse *f*, Schale *f*, Spelze *f*
луковица *f (Arch)* Zwiebeldach *n*, Zwiebelkuppel *f*
Луна *f* Mond *m (Erdmond)*
луна *f (Astr)* Mond *m* ll **~/ложная** Nebenmond *m*
лунация *f (Astr)* Lunation *f (vollständiger Ablauf aller Mondphasen)*
лунка *f* 1. [kleine] runde Grube *f*, Aushöhlung *f*; 2. *(Wkst)* Eindruckfläche *f*, Kugelkalotte *f*, Kalotte *f*, Eindruck *m (Brinellprüfung)*; 3. *(Wkst)* Rondell *n (Ziehprobe)*; 4. Sumpf *m (Stranggießen)*; 5. *(Fert)* Hohlkehle *f*; [eingeschliffene] Spanleitrille *f (z. B. am Bohrer, Drehmeißel)*; 6. *(Wkz)* Kolkmulde *f*, Kolk *m*, Auskolkung *f (Verschleißerscheinung an Schneidwerkzeugen)*; 7. *(Lw)* Loch *n (Pflanzloch)*; 8. *(Bgb)* Bühnloch *n (Türstockzimmerung)*; 9. *(Astr)* Krater *m*, Kratergrube *f (Mond)*; 10. Zweieck *n* ll **~/заводная** *(Bgb)* Bühnloch *n (Ausbau)* ll **~ износа** *(Wkst)* Verschleißmulde *f* ll **~/посадочная** Pflanzloch *n*
лункокопатель *m (Lw)* Pflanzlochstern *m*, Pflanzlochgerät *n*, Pflanzlochmaschine *f*
лункообразователь *m s.* лункокопатель
лункообразование *n (Fert)* Kolkbildung *f*, Auskolkung *f*
лунник *m (Raumf)* Mondsonde *f*
лунотрясение *n* Mondbeben *n*
луноход *m (Raumf)* Lunochod *n*, Mondfahrzeug *n*, Mondmobil *n* ll **~/пилотируемый** bemanntes Mondfahrzeug *n*
лупа *f (Opt)* Lupe *f*, Vergrößerungslinse *f* ll **~/апланатическая** aplanatische Linse *f* ll **~/бинокулярная** binokulare Lupe *f* ll **~/дихроскопическая** *s.* дихроскоп ll **~/измерительная** Meßlupe *f* ll **~/монокулярная** *s.* лупа ll **~ Хайдингера** *s.* дихроскоп
луппер *m (Wlz)* Schlingenhalter *m*
луч *m* Strahl *m (s. a. unter* лучи*)* ll **~/ведущий** *(Rad)* Leitstrahl *m* ll **~/ведущий лазерный** Laserleitstrahl *m* ll **~/визирный** Zielstrahl *m* ll **~/главный** *(Opt)* Hauptstrahl *m (z. B. im Interferometer)* ll **~/глиссадный** *(Rad)* Gleit[weg-leit]strahl *m* ll **~/гомоцентрический** *(Opt)* homozentrischer Strahl *m* ll **~ Декарта** *(Opt)* Descartesscher (mindestgedrehter) Strahl *m*, Grenzstrahl *m* der Brechung ll **~/записывающий** Schreibstrahl *m* ll **~/звуковой** *(Ak)* Schallstrahl *m* ll **~/земной** *(Rf)* Bodenstrahl *m* ll **~/зондирующий** Teststrahl *m (Laser)* ll **~ зрения** 1. *(Opt)* Sehstrahl *m*; 2. *(Astr)* Sichtlinie *f* ll **~/краевой** *(Opt)* Randstrahl *m* ll **~/лазерный** Laserstrahl *m* ll **~/меридиональный** *(Opt)* Meridionalstrahl *m* ll **~/направленный** Richtstrahl *m*; *(Rad)* Leitstrahl *m* ll **~/нулевой** *s.* ~/параксиальный ll **~/опорный** Bezugsstrahl *m*, Vergleichsstrahl *m*, Referenzstrahl *m* ll **~/осевой** *(Opt)* Axialstrahl *m* ll **~/отражённый** reflektierter Strahl *m* ll **~/параксиальный** *(Opt)* Paraxialstrahl *m*, achsennaher Strahl *m* ll **~/посадочный** *(Rad)* Anflugleitstrahl *m*, Landeleitstrahl *m* ll **~/приосевой** *s.* ~/параксиальный ll **~/радиолокационный** Radarstrahl *m* ll **~/развёртывающий** Abtaststrahl *m* ll **~/развёртывающий световой** Abtast[licht]strahl *m* ll **~/развёртывающий электронный** Abtast[elektronen]strahl *m* ll **~/сагиттальный** *(Opt)* Sagittalstrahl *m* ll **~/световой** Lichtstrahl *m* ll **~/сопряжённый** *(Math)* konjugierter Strahl *m* ll

~**/стирающий** Löschstrahl *m* ‖ ~**/считывающий** Lesestrahl *m* ‖ ~**/тепловой** Wärmestrahl *m* ‖ ~**/фокальный** Brennstrahl *m* ‖ ~**/электронный** Elektronenstrahl *m* ‖ ~**/юстировочный** *(Opt)* Justierstrahl *m*
лучевидный strahlenförmig
лучеиспускание *n* Strahlenemission *f*, Ausstrahlung *f*
лученепроницаемый strahlenundurchlässig
лучеобразный strahlenförmig
лучепоглощение *n* Strahlenabsorption *f*, Strahlungsabsorption *f*
лучепреломление *n* Strahlenbrechung *f*, Refraktion *f* ‖ ~ **в потоке/двойное** *(Opt)* Strömungsdoppelbrechung *f* ‖ ~**/двойное** Doppelbrechung *f*, doppelte Strahlenbrechung *f*
лучепреломляемость *f* Strahlenbrechungsvermögen *n*
лучи *mpl* Strahlen *mpl*, Strahlung *f* *(s. a. unter* луч, излучение *und* радиация*)* ‖ ~**/анодные** Anodenstrahlen *mpl* ‖ ~**/вторичные космические** [kosmische] Sekundärstrahlung *f* ‖ ~**/жёсткие рентгеновские** harte (kurzwellige) Röntgenstrahlung *f* ‖ ~**/инфракрасные** Infrarotstrahlen *mpl*, IR-Strahlen *mpl* ‖ ~**/каналовые** Kanalstrahlen *mpl* ‖ ~**/катодные** Kathodenstrahlen *mpl* ‖ ~**/космические** kosmische Strahlung *f*, Höhenstrahlung *f*, Ultrastrahlung *f* *(Teilchen)* ‖ ~**/молекулярные** Molekülstrahlen *mpl*, Molekularstrahlen *mpl* ‖ ~**/мягкие рентгеновские** weiche (langwellige) Röntgenstrahlung *f* ‖ ~**/первичные космические** [kosmische] Primärstrahlung *f* ‖ ~**/рентгеновские** Röntgenstrahlen *mpl*, Röntgenstrahlung *f* ‖ ~**/рентгеновы** *s.* ~/рентгеновские ‖ ~**/тепловые** Wärmestrahlen *mpl* ‖ ~**/ультрафиолетовые** Ultraviolettstrahlen *mpl*, UV-Strahlen *mpl* ‖ ~**/характеристические [рентгеновские]** charakteristische Röntgenstrahlung *f*, Eigen[röntgen]strahlung *f*
лучинка *f* Spanholz *n*
лучистость *f* Strahl[ungs]dichte *f*
лучистый 1. Strahlungs…; 2. strahlig *(z. B. Gefüge)*
лущение *n* 1. *(Lebm)* Aushülsen *n*, Enthülsen *n*, Ausschoten *n*; 2. Stoppelfurche *f*, Schälfurche *f*, Schälschnitt *m*
лущильник *m (Lw)* Schälpflug *m* ‖ ~**/дисковый** Scheibenschälpflug *m*
лущить 1. *(Lebm)* schälen, enthülsen, aushülsen, ausschoten; 2. *(Lw)* schälen, stürzen *(Stoppelfeld)*
лыж[к]а *f (Flg)* Kufe *f*
лыска *f (Fert)* Abflachung *f*
льдогенератор *m (Kält)* Eiserzeuger *m*, Eisgenerator *m* ‖ ~**/вакуумный** Vakuumeiserzeuger *m* ‖ ~**/оросительный** Berieselungseiserzeuger *m* ‖ ~**/погружной** Taucheiserzeuger *m* ‖ ~ **чешуйчатого льда** Schuppeneiserzeuger *m* *(Fischverarbeitung)*
льноводство *n* Flachsbau *m*, Leinbau *m*
льнокомбайн *m (Lw)* Flachsvollerntemaschine *f*
льномолотилка *f (Lw)* Flachsdreschmaschine *f*
льномялка *f (Text)* Flachsknicke *f*, Flachsknickmaschine *f*
льноподборщик *m* Flachshebe- und Bindemaschine *f*, Flachsaufnehmer *m*
льнопрядение *n (Text)* Flachs[garn]spinnerei *f*
льнопрядильный *(Text)* Flachsspinn…
льноснопoвязалка *f (Lw)* Flachsbindemaschine *f*
льносушилка *f (Text)* Flachsdarre *f*
льнотеребилка *f* Flachsraufmaschine *f*, Flachsraufe *f*
льнотёрка *f (Text)* Flachsreiber *m*
льнотрепалка *f* Flachsschwingmaschine *f*, Flachsschwinge *f*
льночесалка *f (Text)* Flachshechel *f*
льяло *n (Schiff)* Bilge *f*
льяльный *(Schiff)* Bilgen…
ЛЭ *s.* элемент/логический
ЛЭП *s.* линия электропередачи
люк *m* 1. Luke *f*, Einsteig[e]öffnung *f*, Mannloch *n*; 2. *(Bgb)* Rolloch *n*, Rolle *f*; Rollenschnauze *f* ‖ ~**/аварийно-спасательный** *(Schiff)* Rettungsluke *f* ‖ ~**/арочный** *(Eb)* gewölbte Bodenentladeklappe *f* *(Güterwagen)* ‖ ~**/глухой** *(Schiff)* Blindluke *f* ‖ ~**/грузовой** *(Schiff)* Ladeluke *f* ‖ ~**/загрузочный** 1. *(Met)* Beschickungsöffnung *f*, Chargieröffnung *f* *(SM-Ofen)*; Gichtöffnung *f* *(Kupolofen)*; 2. *(Schiff)* Beladungsluke *f* *(in Tanks für Getreide)* ‖ ~ **колодца** Einstiegöffnung *f*, Mannloch *n* ‖ ~**/кормовой** *(Schiff)* Heckluke *f* ‖ ~**/одинарный** *(Schiff)* Einzelluke *f* ‖ ~**/рыбный** *(Schiff)* Fischluke *f* *(Trawler)* ‖ ~**/светлый (световой)** *(Schiff)* Oberlicht *n* ‖ ~**/сдвижной** *(Schiff)* Schiebeluke *f* ‖ ~**/сетевой** Netzluke *f* *(Fischereifahrzeug)* ‖ ~**/смотровой** Schauluke *f*, Beobachtungstür *f*, Schautür *f*, Schauloch *n* ‖ ~**/сходной** *(Schiff)* Einstiegluke *f*, Niedergangsluke *f* ‖ ~**/центральный** *(Schiff)* Zentralluke *f* ‖ ~**/чердачный** *(Bw)* Bodenluke *f*
люки *mpl* **Кирквуда** *s.* окна Кирквуда
люковый *(Schiff)* Luken…
люкс *m* Lux *n*, lx *(Einheit der Beleuchtungsstärke)*
люксметр *m* Beleuchtungsmesser *m*, Luxmeter *n*
люксон *m s.* троланд
люкс-секунда *f* Luxsekunde *f*, lx · s
люкс-час *m* Luxstunde *f*, lx · h
люлька *f* 1. Hängegerüst *n*; Hängebühne *f*, Hängepodest *n*; 2. Förderschale *f*; 3. *(Masch)* Wiege *f* *(z. B. einer Zahnradwälzmaschine)*; 4. *(Eb)* Wiege *f*, Wiegenbalken *m* *(Drehgestell eines Fahrzeugs)* ‖ ~**/подвесная** Hängegerüst *n*, hängende Arbeitsbühne *f*
люмен *m* Lumen *n*, lm *(SI-fremde Einheit des Lichtstroms)*
люмен[о]метр *m* Lichtstrommesser *m*, integrierendes Photometer *n*
люмен-секунда *f* Lumensekunde *f*, lm · s
люмен-час *m* Lumenstunde *f*, lm · h
люминесцентный Lumineszenz…, Leuchtstoff…
люминесценция *f* Lumineszenz *f* ‖ ~**/антистоксовая** Anti-Stokes-Lumineszenz *f* ‖ ~**/вынужденная** stimulierte Lumineszenz *f* ‖ ~**/инжекционная** Injektionslumineszenz *f* ‖ ~**/поляризованная** polarisierte Lumineszenz *f* ‖ ~**/резонансная** Resonanzfluoreszenz *f* ‖ ~**/рекомбинационная** Rekombinationsleuchten *n* ‖ ~**/спонтанная** spontane Lumineszenz *f*
люминоген *m (Fest)* Aktivator *m*, Lumineszenzaktivator *m*, Lumineszenzerreger *m*
люминофор *m (Fest)* Luminophor *m*, Lumineszenzstoff *m*; Leuchtstoff *m*

люнет *m (Wkzm)* Setzstock *m*, Lünette *f* ‖ **~/неподвижный** feststehender Setzstock *m* ‖ **~/подвижный** mitgehender Setzstock *m* ‖ **~/токарный** Drehsetzstock *m*
люнетодержатель *m (Wkzm)* Setzstockhalter *m*
люрекс *m (Text)* Lurexfaden *m*
люстр *m* Lüster *m*, Lüsterglasur *f*
лютеций *m (Ch)* Lutetium *n*, Lu
люфт *m s.* зазор 2.
лючок *m* Rohrverschluß *m (Wasserrohrkessel)* ‖ **~/досыпной** *(Schiff)* Trimmluke *f*, Nachfüllöffnung *f (Getreidefrachter)*
лягушка *f* 1. *(Bw)* Abstandshalter *m (Betonbewehrung)*; 2. *(Nrt)* Kniehebelklemme *f*, Froschklemme *f*; 3. *(Schiff)* Stahlbetonanker *m (Bojenanker)*; 4. *s.* насос/мембранный
ляда *f* 1. *(Schiff)* Bodenklappe *f (Klappschute)*; 2. *(Bgb)* Schachtklappe *f*
ляды *fpl*/**противопожарные** *(Bgb)* Brandschutzklappen *fpl (Schacht)*
лямбда-гиперон *f (Kern)* Lambda-Hyperon *n*
лямбда-переход *f (Ph)* Lambda-Übergang *m*, λ-Übergang *m*
лямбда-удвоение *f (Kern)* Lambda-Aufspaltung *f*
льбда-частица *f s.* лямбда-гиперон
лямка *f*/**подвесная** *(Flg)* Traggurt *m (Fallschirm)*
ляпис *m (Ch)* Höllenstein *m (Silbernitrat)*
ляпис-лазурь *f s.* лазурит

М

МА *s.* мегаампер
мА *s.* миллиампер
маар *m (Geol)* Maar *n*
магазин *m* 1. Magazin *n*; 2. *(El)* Kasten *m (Maßverkörperungsumsatz)* • **с инструментальным магазином** *(Wkzm)* mit Magazin ‖ **~/барабанный** *(Wkzm)* Trommelmagazin *n*, trommelförmiges Magazin *n* ‖ **~/бункерный** Bunkermagazin *n* ‖ **~/быстросменный** *(Wkzm)* Schnellwechselmagazin *n* ‖ **~/входной** *(Inf)* Eingabemagazin *n* ‖ **~/выходной** *(Inf)* Ausgabemagazin *n* ‖ **~/дисковый** *(Wkzm)* Scheibenmagazin *n* ‖ **~ ёмкостей** *(El)* Kapazitätskasten *m* ‖ **~ загрузки** *(Inf)* Zufuhrmagazin *n*, Zufuhrfach *n* ‖ **~/загрузочный** *(Photo)* Vorlaufschrank *m*, Vorlaufmagazin *n* ‖ **~ запаса** *(Photo)* Filmspeicher *m*, Schleifenzieher *m* ‖ **~ индуктивностей** *(El)* Induktivitätskasten *m* ‖ **~/инструментальный** *(Fert)* Magazin *n*, Werkzeugmagazin *n* ‖ **~/кассетный** *(Wkzm)* Kassettenmagazin *n* ‖ **~/плавучий** Versorgungsschiff *n*, schwimmende Versorgungseinrichtung *f* ‖ **~/разгрузочный** 1. *(Wkzm)* Entlademagazin *n*; Abführmagazin *n*; 2. *(Photo)* Nachlaufschrank *m*, Nachlaufmagazin *n* ‖ **~ резисторов** *(El)* Widerstandskasten *m* ‖ **~/сменный** *(Wkzm)* Wechselmagazin *n* ‖ **~ сопротивлений** *s.* ~ резисторов ‖ **~/трубчатый** *(Wkzm)* Rohrmagazin *n*, Stangenmagazin *n* ‖ **~/цепной** *(Wkzm)* Kettenmagazin *n*
магазинирование *n (Bgb)* Speicherbau *m*, Magazinbau *m*
магазинированный *(Bgb)* magaziniert
маганизировать *(Bgb)* magazinieren
магазин-накопитель *m (Wkzm)* Speichermagazin *n*
магазин-транспортёр *m (Wkzm)* Fördermagazin *n*
маггемит *m (Min)* Maghemit *m*, Oxymagnetit *m*
магистраль *f* 1. Hauptstraße *f*, Magistrale *f*, Hauptverkehrsader *f*; 2. *(Eb)* Hauptstrecke *f*, Magistrale *f*; 3. *(El)* Hauptleitung *f*; Hauptlinie *f*; Hauptkabel *n*; 4. *(Inf)* Bus *m*; 5. Hauptleitung *f*, Hauptleitungsrohr *n*; 6. *(Schw)* Ringleitung *f (zur Gasversorgung der Schweißplätze)* ‖ **~ адреса** *(Inf)* Adreßbus *m* ‖ **~/балластная** *(Schiff)* Hauptballastleitung *f* ‖ **~/воздушная** *(Eb)* Bremsluftleitung *f*, Hauptluftleitung *f* ‖ **~/всасывающая** *(Hydr)* Saugleitung *f*, Eintrittsleitung *f (Pumpe)* ‖ **~/вспомогательная** *(Hydr)* Nebenleitung *f* ‖ **~/вылетная** Ausfallstraße *f* ‖ **~/газовая** Hauptgasleitung *f* ‖ **~/горячая** Heißwasserhauptleitung *f* ‖ **~/грузовая** *(Schiff)* Frachtroute *f* ‖ **~ давления** Hauptdruckleitung *f* ‖ **~ данных** *(Inf)* Datenbus *m* ‖ **~/исполнительная** *(Hydr)* Steuerkreisleitung *f (Leitung vom Steuerorgan zum Hydromotor und zurück)* ‖ **~/командная** *(Inf)* Befehlsleitung *f* ‖ **~/масляная** Schmiermittelverteilerleitung *f*, Ölverteilerleitung *f (Verbrennungsmotor; Kolbenverdichter)* ‖ **~/нагнетательная** 1. Druckhauptleitung *f*; 2. Verdichterhauptleitung *f*; 3. Pumpenhauptdruckleitung *f* ‖ **~/напорная** Druckleitung *f*, Austrittsleitung *f (Pumpe)* ‖ **~/осушительная** *(Schiff)* Hauptlenzleitung *f* ‖ **~/отопительная** Heizstrang *m*, Hauptheizleitung *f* ‖ **~/рабочая** *(Hydr)* Arbeitsleitung *f*, Hauptleitung *f* ‖ **~/распределительная** Verteilungsleitung *f* ‖ **~/сливная** *(Hydr)* Rückölleitung *f* ‖ **~ слов** *(Inf)* Datenbus *m* ‖ **~/судоходная** Schiffahrtsstraße *f* ‖ **~/тормозная воздушная** *(Eb)* Bremsluft[haupt]leitung *f*
магма *f (Geol)* Magma *n* ‖ **~/анатектическая** anatektisches Magma *n* ‖ **~/базальтовая** Basaltmagma *n* ‖ **~/вторичная** sekundäres (palingenes) Magma *n* ‖ **~/гибридная** hybridisches Magma *n* ‖ **~/глубинная** Tiefenmagma *n* ‖ **~/гранитная** Granitmagma *n* ‖ **~/жидкая** liquides (schmelzflüssiges) Magma *n* ‖ **~/кислая** saures Magma *n* ‖ **~/материнская** Muttermagma *n*, Stammmagma *n*, Urmagma *n* ‖ **~/несамостоятельная** Ganggefolgemagma *n* ‖ **~/основная** basisches Magma *n* ‖ **~/остаточная** Restmagma *n* ‖ **~/первичная** primäres (juveniles) Magma *n* ‖ **~/перидотитовая** Peridotitmagma *n* ‖ **~/прототектическая** primäres (juveniles) Magma *n* ‖ **~/родоначальная** *s.* ~/материнская ‖ **~/сателлитовая** Ganggefolgemagma *n* ‖ **~/сиалическая** sialisches Magma *n* ‖ **~/симатическая** simatisches Magma *n* ‖ **~/синтектическая** syntektisches Magma *n* ‖ **~/ультраосновная** ultrabasisches Magma *n* ‖ **~/щелочная** alkalisches Magma *n* ‖ **~/щёлочноземельная** erdalkalisches Magma *n* ‖ **~/эффузивная** Effusivmagma *n*
магматизм *m (Geol)* Magmatismus *m*
магнавольт *m (El)* Magnavolt *n*, Magnavolt[verstärker]maschine *f*
магнезит *m (Min)* Magnesit *m*, Bitterspat *m* ‖ **~/гидравлический** *(Bw)* Magnesiahydraulit *m* ‖ **~/необожжённый** Rohmagnesit *m* ‖ **~/обожжённый (спёкшийся, спечённый)** Sintermagnesit *m*

магнезия *f (Ch)* Magnesia *f* ‖ **~/жжёная** gebrannte Magnesia *f* ‖ **~/каустическая** kaustische Magnesia *f*
магнесин *m (El)* Magnesyn *n*
магнесин-датчик *m* Gebermagnesyn *n*, Magnesyngeber *m*
магнескоп *m (El)* Magneskop *n*, Vorsatzlinse *f*
магнетизм *m* Magnetismus *m* ‖ **~/земной** Erdmagnetismus *m* ‖ **~/индуктированный** induzierter Magnetismus *m* ‖ **~/остаточный** remanenter Magnetismus *m*, Remanenz *f*, Restmagnetismus *m* ‖ **~/постоянный** permanenter Magnetismus *m* ‖ **~/судовой** Schiffsmagnetismus *m* ‖ **~/ядерный** Kernmagnetismus *m*
магнетик *m* 1. Magnetikum *n*, magnetisches Medium *n*; 2. magnetischer Werkstoff *m*
магнетит *m (Min)* Magnetit *m*, Magneteisenstein *m*
магнето *n (Kfz, El)* Magnetzünder *m*, Zündmagnet *m*
магнетодинамика *f* Magnetodynamik *f*
магнетометр *m (El)* Magnetometer *n*, Magnetflußmeßgerät *n* ‖ **~/астатический** astatisches Magnetometer *n* ‖ **~/квантовый** Quantenmagnetometer *n* ‖ **~/крутильный** Torsionsmagnetometer *n* ‖ **~/протонный** Protonenmagnetometer *n* ‖ **~/сверхпроводящий** supraleitendes Magnetometer *n*
магнетометрический Magnetometer...
магнетон *m* Magneton *n (Maßeinheit für atomare magnetische Momente)* ‖ **~ Бора** Bohrsches Magneton *n* ‖ **~/протонный (ядерный)** Kernmagneton *n*
магнетоплазмодинамика *f* Magnetoplasmadynamik *f*
магнетостартер-генератор *m* Dynastartanlage *f*, Dynastarter *m*
магнетостатика *f* Magnetostatik *f*
магнетосфера *f* Magnetosphäre *f*
магнетохимический magnetochemisch
магнетохимия *f* Magnetochemie *f*
магнетоэлектроника *f* Magnetikaelektronik *f*
магнетрон *m (Eln)* Magnetron *n*, Magnetronröhre *f* ‖ **~ бегущей волны** Wanderfeldmagnetron *n* ‖ **~/импульсный** Impulsmagnetron *n* ‖ **~/мощный** Hochleistungsmagnetron *n* ‖ **~/настраиваемый** abstimmbares (durchstimmbares) Magnetron *n* ‖ **~/разрезной** Schlitzanodenmagnetron *n* ‖ **~/электронно-волновой** Elektronenwellenmagnetron *n* ‖ **~/электронно-лучевой** Elektronenstrahlmagnetron *n* ‖ **~/ядерный** Kernmagnetron *n*
магниевый Magnesium...
магний *m (Ch)* Magnesium *n*, Mg ‖ **~/основный углекислый** basisches Magnesiumcarbonat *n (Magnesiaweiß)* ‖ **~/первичный** Hüttenmagnesium *n*
магнийорганический magnesiumorganisch, Organomagnesium...
магнит *m* Magnet *m* ‖ **~/барабанный** Trommelmagnet *m* ‖ **~/броневой** Mantelmagnet *m* ‖ **~/включающий** Einschaltmagnet *m* ‖ **~/вращающийся** Drehmagnet *m* ‖ **~/грузовой (грузоподъёмный)** Hebemagnet *m*, Hubmagnet *m*; Lasthebemagnet *m* ‖ **~/записывающий** Schreibmagnet *m* ‖ **~/звездообразный** Sternmagnet *m* ‖ **~/измерительный** Meßmagnet *m* ‖ **~/кольцевой** Ringmagnet *m* ‖ **~/компенсирующий** Kompensationsmagnet *m* ‖ **~/ленточный** Bandmagnet *m* ‖ **~/литой** Gußmagnet *m* ‖ **~/маршрутно-затворный** *(Eb)* Fahrstraßenfestlegemagnet *m* ‖ **~/металлокерамический** Sintermagnet *m* ‖ **~/направляющий** Richtmagnet *m* ‖ **~/освобождающий (отбойный)** Auslösemagnet *m* ‖ **~/отклоняющий** Ablenkmagnet *m* ‖ **~/отключающий** Ausschaltmagnet *m*, Abschaltmagnet *m* ‖ **~/передвигающийся (питающий)** Nachschubmagnet *m* ‖ **~/пишущий** Schreibmagnet *m* ‖ **~/пластинчатый** Flachmagnet *m* ‖ **~/плоский** Flachmagnet *m* ‖ **~/поворотный** Drehmagnet *m* ‖ **~/подающий** Nachschubmagnet *m* ‖ **~/подковообразный** Hufeisenmagnet *m* ‖ **~ подъёма** *s.* ~/грузовой ‖ **~/подъёмный** *s.* ~/грузовой ‖ **~/полюсный** Feldmagnet *m* ‖ **~/постоянный** Dauermagnet *m*, Permanentmagnet *m* ‖ **~/сверхпроводящий** supraleitender Magnet *m* ‖ **~/стержневой** Stabmagnet *m* ‖ **~/стирающий** Löschmagnet *m* ‖ **~/сцепляющий** Kupplungsmagnet *m* ‖ **~/тормозной** Bremsmagnet *m* ‖ **~/удерживающий** Haltemagnet *m* ‖ **~/фокусирующий** Fokussiermagnet *m*
магнитик *m* kleiner Magnet *m*
магнитно-жёсткий hartmagnetisch, magnetisch hart
магнитно-мягкий weichmagnetisch, magnetisch weich
магнитность *f* magnetisches Verhalten *n*
магнитогазодинамика *f* Magnetogasdynamik *f*, MGD, Magnetodynamik *f* der Gase
магнитогидродинамика *f* Magnetohydrodynamik *f*, MHD, Hydromagnetik *f*
магнитогидродинамический magnetohydrodynamisch, hydromagnetisch, MHD...
магнитограмма *f* Magnetogramm *n*
магнитограф *m* Magnetograph *m* ‖ **~/двойной** Doppelkanalmagnetograph *m*
магнитодиод *m* Magnetdiode *f*
магнитодиэлектрик *m* Magnetodielektrikum *n*, ferromagnetischer Isolator *m*
магнитометр *m s.* магнетометр
магнитомеханический magnetomechanisch
магнитомоторный Magnetmotor...
магнитомягкий weichmagnetisch, magnetisch weich
магнитооптика *f* Magnetooptik *f*
магнитооптический magnetooptisch
магнитопауза *f* Magnetopause *f*
магнитопирит *m (Min)* Magnetkies *m*, Pyrrotin *m*
магнитоплазма *f* magnetisch aktives Plasma *n*, Magnetoplasma *n*
магнитопоглощение *n* Magnetoabsorption *f*
магнитопровод *m (El)* 1. Magnetleiter *m*; 2. Magnetkern *m*, Eisenkern *m (bei Transformatoren)* ‖ **~ статора** Ständerblechpaket *n (einer elektrischen Maschine)* ‖ **~/ферромагнитный** Ferromagnetleiter *m* ‖ **~/шихтованный** geschichteter Eisenkern *m*
магнитопроницаемый magnetisch durchlässig
магниторазведка *f (Bgb, Geol)* Magnetik *f*, Geomagnetik *f*, magnetometrisches Prospektieren *n*, magnetometrische Erkundung *f* ‖ **~/скважинная** Bohrlochmagnetik *f (geophysikalische Erkundung)*

магниторезистор *m (El)* Magnet[o]widerstand *m (Bauelement)*
магнитоскоп *m* Magnetoskop *n*
магнитоскопия *f s.* дефектоскопия/магнитная
магнитосопротивление *n* 1. magnetischer Widerstand *m*, Reluktanz *f (physikalische Größe)*; 2. *s.* магниторезистор
магнитостатика *f* Magnetostatik *f*
магнитостатический magnetostatisch
магнитостриктор *m (Bgb)* Magnetostriktionstauchhammer *m (Bohrung)*
магнитострикционный magnetostriktiv, Magnetostriktions...
магнитострикция *f* Magnetostriktion *f*
магнитосфера *f (Astr)* Magnetosphäre *f (z. B. der Erde)*
магнитотвёрдый hartmagnetisch, magnetisch hart
магнитотеллурика *f (Geoph)* Magnetotellurik *f*
магнитотранзистор *m* Magnetotransistor *m*
магнитотропизм *m* Magnetotropismus *m*
магнитоупорядоченный magnetorientiert
магнитоуправляемый magnetgesteuert
магнитоупругий magnetoelastisch
магнитоупругость *f* Magnetoelastizität *f*
магнитофон *m* Magnet[ton]bandgerät *n*, Tonbandgerät *n* ‖ **~/бытовой** Heimmagnetbandgerät *n* ‖ **~/двухкассетный** Doppelkassettenrecorder *m* ‖ **~/диктовальный** Banddiktiergerät *n* ‖ **~/кассетный** Kassettentonbandgerät *n*, Kassettenrecorder *m* ‖ **~/катушечный** Spulentonbandgerät *n* ‖ **~/ленточный** Magnetbandgerät *n* ‖ **~/любительский** Amateurtonbandgerät *n* ‖ **~ переносного типа** Koffertonbandgerät *n* ‖ **~/портативный** Koffertonbandgerät *n* ‖ **~/студийный** Studiomagnetbandgerät *n*
магнитофон-приставка *m* Kassettendeck *n*, Tonbanddeck *n*
магниточувствительность *f* Magnetfeldempfindlichkeit *f*
магниточувствительный magnetfeldempfindlich
магнитоэлектрический magnet[o]elektrisch, permanentelektrisch, Dauermagnet...
магнитуда *f* Magnitude *f*
магнит-успокоитель *m* Dämpfungsmagnet *m*
магнон *m (Ph)* Magnon *n (Spinwellen)*
мадистор *m (Eln)* Madistor *m*, Magnetdiode *f*
мажоранта *f (Math)* Majorante *f*, Oberreihe *f*
мазер *m* Maser *m*, Molekularverstärker *m* ‖ **~/аммиачный** Ammoniakmaser *m* ‖ **~ бегущей волны** Wanderwellenmaser *m*, Wanderfeldmaser *m* ‖ **~ бегущей волны оптического диапазона** optischer Wanderwellenmaser (Wanderfeldmaser) *m*, Wanderwellenlaser *m* ‖ **~/газовый** Gasmaser *m* ‖ **~/импульсный** Impulsmaser *m* ‖ **~/многоуровневый** Mehrniveaumaser *m* ‖ **~/молекулярный** Molekularstrahlmaser *m* ‖ **~ на молекулярном пучке** Molekularstrahlmaser *m* ‖ **~ на твёрдом теле** Festkörpermaser *m* ‖ **~/оптический** optischer Maser *m*, Laser *m* ‖ **~ оптического диапазона** optischer Maser *m*, Laser *m* ‖ **~/резонаторный** Resonatormaser *m* ‖ **~/рубиновый** Rubinmaser *m* ‖ **~ с оптической накачкой** optisch gepumpter Maser *m* ‖ **~/трёхуровневый** Dreiniveaumaser *m*
мазер-генератор *m* Maseroszillator *m*
мазер-усилитель *m* Maserverstärker *m*
мазут *m* Schweröl *n*, Masut *n*, Dunkelöl *n* ‖ **~ прямой перегонки** Destillationsmasut *n* ‖ **~/смазочный** Masutschmieröl *n* ‖ **~/топочный** Masutheizöl *n*
мазутопровод *m* Heizölleitung *f*
мазь *f* Paste *f*, Schmiere *f* ‖ **~/графитная** Graphitschmiermittel *n* ‖ **~/притирочная** *(Fert)* Läppaste *f* ‖ **~/смазочная** konsistentes Schmiermittel *n*; Schmierfett *n*, Starrschmiere *f*
майон *m* Zwischenschake *f (Eimerkettenschwimmbagger)*
макадам *m (Bw)* Makadam *m(n)*, Kleinschlagpflaster *m* ‖ **~/пропитанный** Tränkmakadam *m* ‖ **~/смешанный** Mischmakadam *m* ‖ **~/щебёночный** Schottermakadam *n*
макание *n (Gum, Kst)* Tauchen *n*
макать *(Gum, Kst)* tauchen
макет *m* 1. Muster *n*, Modell *n*; Funktionsmuster *n*; 2. *(Typ)* Entwurf *m*; 3. *(Typ)* Musterband *m*, Probeband *m*, Blindband *m*; 4. *(Typ)* Makette *f*; Skizze *f*; Layout *n* ‖ **~/архитектурный** *(Bw)* Modell *n (in verkleinertem Maßstab vor- oder nachgebildetes Bauwerk)* ‖ **~/действующий** Funktionsmodell *n* ‖ **~ схемы** *(El)* Musterschaltkreis *m*
макро *n (Inf)* Makro *m*, Makrodefinition *f*
макроанализ *m (Wkst)* Grobstrukturuntersuchung *f*, Grobgefügeuntersuchung *f* ‖ **~/рентгеновский** Röntgen-Grobstrukturuntersuchung *f*
макроассемблер *m (Inf)* Makroassembler *m*
макроатом *m (Ph)* Makroatom *n*
макробиблиотека *f (Inf)* Makrobibliothek *f*
макроблок *m (Inf)* Makroblock *m*
макровключение *n (Met)* Makroeinschluß *m (Gefüge)*
макровызов *m (Inf)* Makroaufruf *m*
макровязкость *f (Ph)* Makroviskosität *f*
макрогенерация *f (Inf)* Makrogenerierung *f*
макрогеометрия *f* Makrogeometrie *f*; *(Fert)* Form-, Lage- und Maßgenauigkeit *f*
макрография *f (Met)* Makrographie *f*
макрозейгерование *n s.* макроликвация
макрозернистость *f (Photo)* Grobkörnigkeit *f*
макроинструкция *f (Inf)* Makrobefehl *m*, Makroanweisung *f*
макроисследование *n (Wkst)* Grobstrukturuntersuchung *f*, Grobgefügeuntersuchung *f*
макрокиносъёмка *f* Makrokinematographie *f*
макроклимат *m* Makroklima *n*, großräumiges Klima *n*
макрокод *m (Inf)* Makroprogrammier[ungs]sprache *f*
макрокоманда *f (Inf)* Makrobefehl *m*, Makroanweisung *f*
макрокоррозия *f (Met)* Makrokorrosion *f*, Oberflächenkorrosion *f*
макрокристаллический makrokristallin, grobkristallin *(Gefüge)*
макроликвация *f (Met)* Makroseigerung *f*, Blockseigerung *f*, Zonenseigerung *f*
макромодель *f (Inf)* Makromodell *n*
макромолекула *f (Ch)* Makromolekül *n*
макромолекулярный *(Ch)* makromolekular
макрооперация *f (Inf)* Makrooperation *f*
макроопределение *n (Inf)* Makrodefinition *f*

макроотклонение *n (Fert)* Makroabweichung *f*, makrogeometrische Abweichung *f*
макроплазма *f (Ph)* Makroplasma *n*
макропора *f* Makropore *f*, Großpore *f*
макропористость *f* Makroporosität *f*, Großporigkeit *f*
макропризма *f (Krist)* Prisma *n* II. Stellung, Querprisma *n*, Makroprisma *n*
макропрограмма *f (Inf)* Makroprogramm *n*
макропрограммирование *n (Inf)* Makroprogrammierung *f*
макропроцессор *m (Inf)* Makroprozessor *m*
макрорадиография *f* Makroradiographie *f*
макрорасширение *n (Inf)* generierte Anweisungsfolge *f (eines Makros)*
макрорегулирование *n* Makroregelung *f*
макрорельеф *m (Geol)* Makrorelief *n*, Großrelief *n*
макрорешение *n (Inf)* Makroentscheidung *f*
макросейсмика *f* Makroseismik *f*
макросернистость *f (Photo)* Grobkörnigkeit *f (des Films)*
макросимвол *m*/**растровый** *(Inf)* gerastertes Makrozeichen *n*
макроскопия *f (Wkst)* Grobstrukturuntersuchung *f*, Grobgefügeuntersuchung *f*
макроснимок *m s.* макрофотоснимок
макросостояние *n (Ph)* Makrozustand *m (Maxwell-Boltzmann-Statistik)*
макроструктура *f* Makrogefüge *n*, Grobstruktur *f*
макросъёмка *f s.* макрофотосъёмка
макротвёрдость *f (Wkst)* Makrohärte *f*
макротравление *n (Wkst)* Grobätzen *n*, Grobätzung *f (Grobschliff)*
макротрещина *f (Wkst)* Makroriß *m*
макротурбулентность *f* Makroturbulenz *f*
макроудобрение *n (Lw)* 1. Makronährstoffdüngung *f*; 2. Makronährstoffdüngemittel *n*
макроуправление *n (Reg)* Makrosteuerung *f*
макрофотоснимок *m* Makroaufnahme *f*, Makro[photo]graphie *f*
макрофотосъёмка *f* Makro[photo]graphie *f*
макрочастица *f (Ph)* Makroteilchen *n*
макрошлиф *m (Wkst)* Grobschliff *m*, Schliff *m* für Grobstrukturuntersuchungen
макроязык *m (Inf)* Makrosprache *f*
максвелл *m* Maxwell *n*, Mx *(SI-fremde Einheit des magnetischen Flusses)*
максимум *m* 1. Maximum *n*; Höchstwert *m*, Größtwert *m*, Spitzenwert *m*; 2. *(Meteo) s.* антициклон ‖ **~/боковой** Nebenmaximum *n* ‖ **~/главный** Hauptmaximum *n*; *(Rf auch)* Hauptkeule *f (Antennentechnik)* ‖ **~/годовой** *(Meteo)* Jahresmaximum *n* ‖ **~/дифракционный** *(Opt)* Diffraktionsmaximum *n* ‖ **~ излучения** *(Kern)* Strahlungsmaximum *n* ‖ **~/интерференционный** *(Opt)* Interferenzmaximum *n* ‖ **~ контура** *(Opt)* Linienmaximum *n* ‖ **~ нагрузки** Belastungsmaximum *n*, Lastmaximum *n* ‖ **~ напряжения** *(El)* Spannungsmaximum *n* ‖ **~ обратного рассеяния** *(Ph)* Rückstreumaximum *n*, Rückstreupeak *m* ‖ **~/побочный** *(Opt)* Nebenmaximum *n* ‖ **~ солнечных пятен** Fleckenmaximum *n*, Sonnenfleckenmaximum *n* ‖ **~/суточный** Tagesmaximum *n* ‖ **~ тока** *(El)* Strommaximum *n*
максимумы *mpl* **профиля/наибольшие** *(Fert)* höchste Punkte *mpl (Rauhigkeitsprofil)*

макси-пресс *m* 1. *(Schm)* Starrpresse *f*, vertikale Gesenkschmiedekurbelpresse *f*, Gesenkschmiedepresse *f* geschlossener Ausführung
млакон *m (Min)* Malakon *m (uranhaltiges Mineral; Abart des Zirkons)*
малахит *m (Min)* Malachit *m*
малка *f (Schiff)* Schmiege *f*
малковать *(Schiff)* schmiegen
малковка *f (Schiff)* Schmiegen *n*
малогабаритный klein, Klein..., in Kleinbauweise
малодебитный 1. *(Hydt)* von geringer Ergiebigkeit *(Quelle, Brunnen)*; 2. *(Bgb)* ertragsarm
малоёмкостный *(El)* kapazitätsarm; niedrigpaarig *(Kabel)*
малоинерционный trägheitsarm
малокалиберный Kleinkaliber..., KK-..., kleinkalibrig
малокалорийный kalorienarm
малокислотный schwach sauer, wenig säurehaltig
малоконтрастный kontrastarm
малолегированный *(Met)* leichtlegiert, niedriglegiert, schwachlegiert
маломощный 1. leistungsschwach, leistungsarm, [mit] kleiner Leistung, Kleinleistungs...; 2. *(Bgb)* geringmächtig
малонасыщенный schwach gesättigt
малообогащённый schwachangereichert, leichtangereichert *(z. B. Kernbrennstoff)*
малоомный *(El)* niederohmig, Niederohm...
малоотходный abproduktarm *(Produktion)*
малопроизводительный wenig produktiv, von geringer Leistung *(Produktivität)*
малопроцентный geringhaltig
малорастворимый schwerlöslich, wenig löslich, schlecht löslich
малореакционный reaktionsträge, reaktionsschwach
малосветосильный lichtschwach
малосеребряный silberarm, mit geringem Silbergehalt
малосернистый schwefelarm, mit geringem Schwefelgehalt *(Stahl)*
малосминаемый *(Text)* bügelarm, knitterarm
малоуглеродистый kohlenstoffarm, niedriggekohlt *(Stahl)*
малоупругий schwachelastisch
малоусадочность *f (Text)* Schrumpfarmut *f*, Krumpfarmut *f*
малоустойчивый wenig standfest
малоформатный kleinformatig; Kleinbild...
малофосфористый phosphorarm, mit geringem Phosphorgehalt *(Stahl)*
малочник *m (Schiff)* Schmiege *f*, Schmiegestock *m*
малошумный 1. geräuscharm; 2. *(Eln)* rauscharm
малощелочной alkaliarm, mit geringem Alkaligehalt
мальгогер *m* Rollenklampe *f (auf Fischereifahrzeugen)*
мальеза *f (Text)* Mailleuse *f*, Platinenrad *n*, Maschenrad *n (Rundwirkmaschine)*
мальм *m (Geol)* Malm *m*
мальтоза *f* Maltose *f*, Malzzucker *m*
малярная *f (Schiff)* Farbenraum *m*, Farbenlast *f*
малярно-технический anstrichtechnisch

маммография *f (Med)* Mammographie *f*
маммут-насос *m s.* насос/пневматический
маммут-растворитель *m* Mammutrührwerk *n*, Mammutrühranlage *f (Kaliindustrie)*
манганат *m (Ch)* Manganat *n*, Manganat(VI) *n*
манганит *m (Min)* Manganit *m*, Braunmanganerz *n*
манганозит *m (Min)* Manganosit *m (oxidisches Manganerz)*
манганокальцит *m (Min)* Manganokalcit *m*
манганофиллит *m (Min)* Manganophyllit *m (Abart von Biotit)*
манёвр *m* Manöver *n* ‖ **~ встречи** *(Raumf)* Rendezvousmanöver *n* ‖ **~ на расхождение** *(Schiff)* Raumgebemanöver *n*, Ausweichmanöver *n* ‖ **~ на сближение** Annäherungsmanöver *n* ‖ **~ по направлению** *(Flg)* Kursmanöver *n* ‖ **~ по скорости** *(Flg)* Geschwindigkeitsmanöver *n* ‖ **~ рулём** *(Schiff)* Rudermanöver *n* ‖ **~ стыковки** *s.* ~ встречи ‖ **~ швартовки** *(Schiff)* Anlegemanöver *n*
манёвренность *f* Manövrierfähigkeit *f*, Beweglichkeit *f*, Wendigkeit *f (eines Fahrzeuges)*; *(Schiff)* Manövrierfähigkeit *f*, Manövereigenschaften *fpl*
манекен *m*/**паровоздушный** *(Text)* Garderobenformer *m*, Dampfbügelpuppe *f*
манжета *f* 1. Manschette *f*; 2. Schutzhülle *f*, Umschlag *m* ‖ **~/изолирующая** Isoliermanschette *f*, Isolierkappe *f* ‖ **~/кожаная** Ledermanschette *f* ‖ **~ поршня** Kolbenmanschette *f* ‖ **~/резиновая** Gummimanschette *f* ‖ **~/уплотнительная** Dichtmanschette *f*
манипулирование *n s.* маниpуляция
манипулировать *(Masch)* 1. handhaben *(Gegenstände, z. B. Werkstücke)*; 2. bewegen *(Werkzeuge beim Bearbeiten)*; 3. *(Nrt)* tasten
манипулятивный *(Masch)* bestimmfähig *(Arbeitsorgane eines IR)*
манипулятор *m* 1. Manipulator *m*, Manipuliervorrichtung *f*, Handhabungsgerät *n*, Handler *m*; 2. *(Nrt)* Taster *m*, Tastgerät *n*; 3. *(Schw)* Manipulator *m*, Schweißmanipulator *m*; 4. *(Kern)* Manipulator *m (der heißen Kammer)*; 5. *(Fert)* Handhabeeinrichtung *f (Oberbegriff)*; Manipulator *m (handgesteuert)*; Industrieroboter *m*, IR *(automatisch gesteuert)*; 6. *(Wlz)* Kant- und Verschiebevorrichtung *f*, Blockwender *m*, Kanter *m (Walzwerk)* ‖ **~/автоматический** Industrieroboter *m*, IR ‖ **~/автономный** autonomer (autonom arbeitender) Manipulator *m* ‖ **~/адаптивный** flexibel programmierbarer Manipulator *m* ‖ **~/антигравитационный** *(Masch)* Ausgleichsheber *m* ‖ **~/гидравлический** hydraulisch betätigter Fernmanipulator *m* ‖ **~/двурукий** zweiarmiger Manipulator *m* ‖ **~/двусторонний** Kant- und Verschiebevorrichtung *f* mit zweiseitigem Antrieb ‖ **~/дистанционно управляемый** ferngesteuerter Manipulator *m* ‖ **~/задающий** [steuerungs-]führender Manipulator *m*, Mastermanipulator *m* ‖ **~/импульсный** *(Radar)* Impulshochtastgerät *n*, Hochtastgerät *n* ‖ **~/инструментальный** Werkzeugmanipulator *m*, technologischer Manipulator *m* ‖ **~/ковочный** Schmiedemanipulator *m* ‖ **~/копирующий** mechanisch betätigter Fernmanipulator *m* mit allseitig beweglichem Greifer ‖ **~/кузнечный** Schmiedemanipulator *m* ‖ **~ листового стана** *(Wlz)* Blechmanipulator *m* ‖ **~/механический щипцевидный** mechanisch betätigter Zangenmanipulator *m* ‖ **~/многозвенный** Manipulator *m* mit mehreren Gelenkfreiheitsgraden ‖ **~/многорукий** mehrarmiger Manipulator *m* ‖ **~/многосуставный [антропоморфный]** *s.* ~/многозвенный ‖ **~/монтажный** Montagemanipulator *m* ‖ **~/мостовой** Brückenmanipulator *m (mit Längs-, Quer- und Hubbewegung ähnlich einem Laufkran)* ‖ **~/напольный** flurgebundener Manipulator *m*, Bodenmanipulator *m* ‖ **~/однорукий** einarmiger Manipulator *m* ‖ **~/передвижной** mobiler (fahrbarer) Manipulator *m* ‖ **~/программно-управляемый** programmgesteuerter Manipulator *m* ‖ **~/промышленный** Industriemanipulator *m* ‖ **~/прямолинейный** Manipulator *m* mit geradliniger dreidimensionaler Greiferbewegung ‖ **~ с интерактивным управлением** teilweise handgesteuerter Industrieroboter *m*, Handhabeautomat *m* ‖ **~ с кантователем** *(Wlz)* Kant- und Verschiebevorrichtung *f* ‖ **~ с несколькими степенями подвижности** *s.* ~/многозвенный ‖ **~ с программным управлением** programmgesteuerter Manipulator *m*, Industrieroboter *m* ‖ **~ с ручным управлением** manuell gesteuerter Manipulator *m* ‖ **~ с силовым управлением** Manipulator *m* mit Greifkraftregelung ‖ **~ с силомоментным управлением/многозвенный** Manipulator *m* mit Greifkraftregelung und mehreren Freiheitsgraden
манипулятор-накопитель *m* Manipulator *m*
манипуляция *f* Manipulation *f*; Handhaben *n*, Handhabung *f*; *(Nrt)* Tasten *n*, Tastung *f* • **с импульсной манипуляцией** impulsgetastet ‖ **~/двухтональная** Doppeltontastung *f* ‖ **~/дистанционная** Ferntastung *f* ‖ **~/жёсткая** Harttastung *f* ‖ **~/импульсная** Impulstastung *f* ‖ **~/многократная** Mehrfachtastung *f* ‖ **~/мягкая** Weichtastung *f* ‖ **~/сеточная** Gittertastung *f* ‖ **~/телеграфная** Telegraphietastung *f* ‖ **~/тональная** Tonfrequenztastung *f* ‖ **~ тональной частоты** Tonfrequenztastung *f* ‖ **~/частотная** Frequenztastung *f* ‖ **~/яркостная** Helltastung *f*
манифест *m*/**пассажирский** *(Flg)* Passagierliste *f*, Fluggastliste *f*
манифольд *m* Verteiler *m*, Verteilungsstück *n* ‖ **~ насоса** Manifold *n*, Pumpenleitung *f*
манодетандер *m s.* редуктор
манометр *m* Manometer *n*, Druckmesser *m*, Druckmeßgerät *n*; *manchmal auch:* Vakuummeter *n* ‖ **~/альфа-ионизационный** Alphatron *n* ‖ **~/бета-ионизационный** Beta-Ionisationsmanometer *n (für Hoch- und Höchstdruckmessungen)* ‖ **~/вакуумный** Vakuummeter *n* ‖ **~/водяной** Wassermanometer *n* ‖ **~/воздушный** Druckluftmesser *m (z. B. in Eisenbahnbremssystemen)* ‖ **~/вязкостный** *s.* ~/динамический ‖ **~/газовый** Gasmanometer *n* ‖ **~/гамма-ионизационный** Gamma-Ionisationsmanometer *n (für Hoch- und Höchstdruckmessungen)* ‖ **~/гидравлический** hydraulisches Manometer *n*, Flüssigkeitsmanometer *n* ‖ **~/грузопоршневой** *s.* ~/поршневой ‖ **~/двухтрубный [жидкостный]** *s.* ~/U-образный ‖ **~/демпферный вязкостный** Schwingungsvakuummeter *n*, Reibungsvakuummeter *n* mit schwingendem Quarzfaden ‖ **~/деформационный** Manometer *n* mit

elastischem Meßglied, Federmanometer *n (Gruppenbegriff für Membran- und Röhrenfedermanometer)* ‖ **~/деформационный трубчатый** Röhrenfedervakuummeter *n* ‖ **~/динамический** Reibungsvakuummeter *n*, Quarzfadenvakuummeter *n* ‖ **~/дифференциальный** Differenzdruckmeßgerät *n*, Differenzdruckmesser *m* ‖ **~/ёмкостный** kapazitives Membranmanometer *n* ‖ **~/жидкостный** Flüssigkeitsmanometer *n*, hydraulisches Manometer *n* ‖ **~/ионизационный** Glühkathoden[ionisations]manometer *n* ‖ **~ Кнудсена** *s.* ~/радиометрический ‖ **~/колебательный вязкостный** *s.* ~/демпферный вязкостный ‖ **~/колокольный** Tauchglockenmanometer *n* ‖ **~/кольцевой** Rohrfedermanometer *n (mit ringförmiger oder U-förmiger Rohrfeder)* ‖ **~/компрессионный** Kompressionsvakuummeter *n* [nach McLeod], McLeodsches Manometer (Vakuummeter) *n*, Leod-Vakuummeter *n* ‖ **~/котловый** Dampfdruckmesser *m (Dampfkessel)* ‖ **~ Ленгмюра** *s.* ~/динамический ‖ **~/магнитный электроразрядный** Philips-Manometer *n*, Penning-Manometer *n*, Gasentladungsmanometer *n* [nach Penning], Philips-Ionisationsvakuummeter *n*, Philips-Vakuummeter *n*, Penning-Vakuummeter *n* ‖ **~/магнитострикционный** magnetostriktives Manometer *n* ‖ **~/магнитоупругий** *s.* ~/магнитострикционный ‖ **~ Мак-Леода** *s.* ~/компрессионный ‖ **~/масляный** Ölmanometer *n* ‖ **~/мембранный** Plattenfedermanometer *n*, Membranmanometer *n*, Kapselmanometer *n*, Aneroidmanometer *n* ‖ **~/мембранный пружинный** Membranfedermanometer *n*, Plattenfedermanometer *n* ‖ **~/механический [пружинный]** *s.* ~/деформационный ‖ **~/молекулярный** *s.* ~/динамический ‖ **~/наклонный [трубный]** Schrägrohrmanometer *n* ‖ **~/U-образный** U-Rohrmanometer *n* ‖ **~ Пеннинга** *s.* ~/магнитный электроразрядный ‖ **~ Пирани** Pirani-Manometer *n* ‖ **~ Пирани/теплоэлектрический** Pirani-Vakuummeter *n* ‖ **~/поплавковый** Flüssigkeitsmanometer *n* mit Schwimmer, Schwimmermanometer *n* ‖ **~/поршневой** Kolbenmanometer *n*, Druckwaage *f* ‖ **~/пружинный** *s.* ~/деформационный ‖ **~/пьезоэлектрический** piezoelektrisches Manometer *n*, Kristallmanometer *n* ‖ **~/радиоактивный [ионизационный]** Alphatron *n* ‖ **~/радиометрический** Radiometervakuummeter *n* nach Knudsen, Molvakuummeter *n*, Molekulardruckvakuummeter *n* ‖ **~/резистивный** [elektrisches] Widerstandsmanometer *n* ‖ **~/ртутный** Quecksilbermanometer *n* ‖ **~/ртутный компрессионный** *s.* ~/компрессионный ‖ **~ с винтовой трубкой** Schraubenrohrfedermanometer *n* ‖ **~ с пьезосопротивлением** *s.* ~/пьезоэлектрический ‖ **~ с сильфоном/пружинный** *s.* ~/сильфонный ‖ **~/самопишущий** schreibendes Manometer *n*, Registriermanometer *n*, Schreibmanometer *n* ‖ **~/сильфонный** Balgenfedermanometer *n*, Wellrohr[feder]manometer *n* ‖ **~ сопротивления** Widerstandsvakuummeter *n*, Hitzdrahtvakuummeter *n*, Pirani-Vakuummeter *n* ‖ **~/статический** statisches Manometer *n* ‖ **~/статический U-образный** U-Rohrmanometer *n* ‖ **~/тепловой** Wärmeleitungsvakuummeter *n (Gruppenbegriff für Pirani-, Widerstands- und thermoelektrische Vakuummeter)* ‖ **~/теплоэлектрический** *s.* ~/тепловой ‖ **~/термисторный** Thermistorvakuummeter *n (Wärmeleitungsvakuummeter in Verbindung mit einem Thermistor)* ‖ **~/термопарный (термоэлектрический)** Thermoelementmanometer *n*, thermoelektrisches Manometer *n* ‖ **~/трубчатый пружинный** Röhrenfedermanometer *n*, Bourdon-Röhre *f* ‖ **~ Филипса** *s.* ~/магнитный электроразрядный ‖ **~/чашечный [однотрубный]** Einschenkelmanometer *n* ‖ **~/шинный** Reifenluftdruckmeßgerät *n*, Reifendruckprüfer *m* ‖ **~/электрический** elektrisches Manometer *n* ‖ **~/электронный ионизационный** Ionisationsvakuummeter *n* ‖ **~/электроразрядный** Gasentladungsvakuummeter *n* ‖ **~/эталонный** Normalmanometer *n*

манометр-датчик *m* Druckgeber *m*, druckempfindliches Meßglied *n*

маностат *m* Manostat *m*, Druckhalter *m*

мансарда *f (Bw)* Mansarde *f*; Dachgeschoß *n*

мантель *m***/замковый** *(Text)* Schloßmantel *m (Interlock-Rundstrickmaschine)*

мантисса *f (Math)* Mantisse *f* ‖ **~ переменной длины** *(Inf)* variable Mantissenlänge *f* ‖ **~ числа** *(Inf)* Mantisse *f*

мантия *f (Geol)* Mantel *m*, Hülle *f* ‖ **~/верхняя** oberer Mantel *m* ‖ **~ Земли** Erdmantel *m* ‖ **~/нижняя** unterer Mantel *m*

мантыль *m (Schiff)* Stander *m (z. B. an einer Gei)* ‖ **~ оттяжки** Geienstander *m*

маншон *m (Led)* Filzärmel *m (an der Walze der Abwelkmaschine)* ‖

маратор *m (Mech)* Tragring *m*, Stützring *m (des Schmelzofens)*; Schachtring *m (des Kupolofens)* ‖ **~/доменной печи** Hochofentragring *m*, Hochofenstützring *m*

марблит *m* Trübglas *n*, Opalglas *n*

марганец *m (Ch)* Mangan *n*, Mn

марганцевый Mangan...

марганцовистокислый *(Ch)* ...manganat *n*; mangansauer

марганцовистый manganhaltig; Mangan...

марганцовка *f (Ch)* Kaliumpermanganat *n*

марганцовокислый *(Ch)* ...permanganat *n*; permangansauer

маргарит *m (Min)* Margarit *m*, Kalkglimmer *m*, Perlglimmer *m*

марена *f s.* крапп

мареограф *m (Schiff)* Mareograph *m*, selbstregistrierender Flutmesser *m* ‖ **~/навигационный** Schiffahrtspegel *m* ‖ **~/самопишущий** selbstschreibender (selbstregistrierender) Gezeitenpegel *m*, Mereograph *m*

мареограф-самописец *m s.* мареограф/самопишущий

марзан *m (Typ)* Steg *m* ‖ **~/головной** Kopfsteg *m* ‖ **~/корешковый** Bundsteg *m* ‖ **~/нижний** Fußsteg *m*

мариалит *m (Min)* Marialith *m*, Natronskapolith *m*

марикультура *f (Ökol)* Meereskultur *f*, Seekultur *f*

марка *f* 1. Marke *f*, Sorte *f*, Gattung *f*; 2. Marke *f (Begrenzungszeichen)* ‖ **~ времени** Zeitmarke *f* ‖ **~/грузовая** *(Schiff)* Lademarke *f*, Freibordmarke *f* ‖ **~/зимняя грузовая** *(Schiff)* Winterlademarke *f* ‖ **~/лесная зимняя грузовая**

(Schiff) Winter-Holzlademarke *f* || **~/лесная летняя грузовая** *(Schiff)* Sommer-Holzlademarke *f* || **~/лесная тропическая грузовая** *(Schiff)* Tropenholzlademarke *f* || **~/летняя грузовая** *(Schiff)* Sommerlademarke *f* || **~ осадки** *(Schiff)* Tiefgangsmarke *f*, Ahming *f* || **~ осадки в средней части судна** Tiefgangsmarke *f* mittschiffs, Ahming *f* mittschiffs || **~ осадки кормой** Tiefgangsmarke *f* achtern, Ahming *f* achtern || **~ осадки носом** Tiefgangsmarke *f* vorn, Ahming *f* vorn || **~/тоннажная** *(Schiff)* Tonnagemarke *f*, IMCO-Marke *f*, Vermessungsmarke *f* || **~/тропическая грузовая** *(Schiff)* Tropenlademarke *f* || **~ углубления** *s.* ~ осадки

марказит *m (Min)* Markasit *m*, Strahlkies *m*, Speerkies *m*, Leberkies *m*, Kammkies *m*

маркёр *m* 1. Markierer *m*, Markierung *f*, Marke *f*; *(Photo)* Kennmarke *f*; 2. *(Flg)* Markierungssender *m*; 3. *(Lw)* Spurreißer *m* || **~ адреса** *(Inf)* Adreßmarke *f*, Adressenmarke *f* || **~/адресный** *s.* ~ адреса || **~ конца [ленты]** *(Inf)* Endmarke *f* || **~ ленты** *(Inf)* Bandmarke *f* || **~ начала [ленты]** *(Inf)* Anfangsmarke *f* || **~/общий** *(Nrt)* zentraler Markierer *m*, Zentralmarkierer *m* || **~/отражающий** *(Photo)* Reflexionsmarke *f* || **~ файла** *(Inf)* Dateimarke *f*

маркёрный Markierungs..., Kennzeichnungs...

маркёр-отражатель *m* Reflektormarke *f (Magnetband)*

маркетка *f (Met)* Ziehkissen *n*

маркировка *f* Markierung *f*, Beschriftung *f*, Etikettierung *f*; *(Eln)* Kennzeichnen *n*, Stempeln *n (z. B. Schaltkreise)* || **~ времени** Zeitmarkierung *f*, Zeitmarkengebung *f* || **~/световая** *(Photo)* Lichtsignierung *f*

маркость *f (Led)* Abfärben *n*

маркшейдерия *f (Bgb)* Markscheidewesen *n*

маркшейдерский *(Bgb)* Markscheide...

марсианский *(Astr)* Mars...

мартенование *n (Met)* Siemens-Martin-Verfahren *n*, SM-Verfahren *n*, Herdfrischen *n*

мартенсит *m (Wkst)* Martensit *m* || **~/бесструктурный** strukturloser (feinnadeliger) Martensit *m* || **~/игольчатый** Nadelmartensit *m*, nadeliger Martensit *m*, Martensitnadeln *fpl* || **~/остаточный** Restmartensit *m* || **~ отпуска** Anlaßmartensit *m* || **~/пластинчатый** lamellarer (lamellenförmiger Martensit *m*

мартенситный *(Met)* martensitisch, Martensit...

мартингал *m (Math)* Martingal *n (Wahrscheinlichkeitsrechnung)*

мартит *m (Min)* Martit *m (Hämatit)*

марш *m*/**лестничный** *(Bw)* Treppenlauf *m*

марши *pl* Marschen *fpl (Geographie)*

маршрут *m* 1. Marschroute *f*, Fahrroute *f*; 2. *(Eb)* Fahrstraße *f*, Fahrweg *m*; 3. Flugstrecke *f*, Route *f*; 4. Streifen *m*, Flugstreifen *m (Luftmeßbild)*; 5. *(Fert)* Bearbeitungsablauf *m* || **~ аэросъёмки** *(Flg)* Bildstrecke *f*, Luftbildstrecke *f* || **~/выходной** *(Eb)* Ausfahrstraße *f* || **~/ломаный** *(Flg)* Wechselkurs *m* || **~/маневровый** *(Eb)* Rangierfahrstraße *f* || **~/обратный** Gegenflugstrecke *f*, Rückflugroute *f* || **~ отправления** *(Eb)* Ausfahrstraße *f* || **~ подхода** Anflugstrecke *f* || **~ полёта** Flugstrecke *f*, Route *f* || **~ полёта/обратный** Rückflugstrecke *f* || **~/полярный** *(Flg)* Polar[flug]route *f* || **~ приёма** *(Eb)* Einfahrstraße *f* || **~ сборки** Montageverlauf *m* || **~ сквозного пропуска (прохода)** *(Eb)* Durchfahrstraße *f* || **~/технологический** *(Fert)* Arbeitsfolge *f*, Bearbeitungsfolge *f* || **~/транспортный** festgelegter Förderweg *m* || **~/туристский** *(Schiff)* Touristenroute *f*

маршрутизация *f (Eb)* Ganzzugbildung *f*

маска *f* Maske *f*, Abdeckung *f*, Abdeckblende *f*; Schablone *f*; *(Kine)* Kamerakasch *m* || **~/блуждающая** *(Photo)* Wandermaske *f* || **~/бумажная** *(Eln)* Lötmaske *f* || **~/движущаяся** *(Photo) s.* ~/блуждающая || **~ для вакуумного напыления** Vakuumaufdampfmaske *f* || **~/лаковая** *(Eln)* Lackmaske *f*, Resistmaske *f* || **~/металлическая** *(Eln)* Metallmaske *f* || **~/ограничительная** Bild[feldbegrenzungs]maske *f* || **~/паяльная** *(Eln)* Lötmaske *f* || **~ прерывания** *(Inf)* Interruptmaske *f* || **~ программы** *(Inf)* Programmmaske *f* || **~/рабочая** Arbeitsmaske *f (einer Leiterplatte)* || **~/резистная** *(Eln)* Resistmaske *f*, Lackmaske *f* || **~/системная** *(Inf)* Systemmaske *f* || **~ системы** *s.* ~/системная || **~/теневая** *(TV)* Schattenmaske *f*, Lochmaske *f* || **~ файла** *(Inf)* Datenbestandsmaske *f* || **~/фоторезистивная** *(Eln)* Photolackmaske *f*, Photoresistmaske *f*

маскирование *n s.* маскировка

маскировка *f* 1. Maskieren *n*, Maskierung *f*; 2. *(Ak)* Maskieren *n*, Abdecken *n*

маслёнка *f* Öler *m*, Ölkanne *f*, Schmiergefäß *n* || **~/групповая** Gruppenöler *m* || **~/игольчатая** Nadelöler *m* || **~/индивидуальная** Einzelöler *m* || **~/капельная** Tropföler *m* || **~/колпачковая** Helmöler *m* || **~/многоточечная** Öler *m* für mehrere Schmierstellen || **~/ручная** Handöler *m* || **~ с шариком** Kugelöler *m* || **~/фительная** Dochtöler *m* || **~/штифтовая** Stiftöler *m*

масличность *f* Ölgehalt *m*

масло *n* 1. Öl *n*; 2. Butter *f* || **~/авиационное** Flug[zeug]motorenöl *n* || **~/автотракторное** Auto- und Traktorenöl *n* || **~/анилиновое** Anilinöl *n*, technisches Anilin *n* || **~/антикоррозийное (антикоррозионное)** Korrosionsschutzöl *n*; Rostschutzöl *n* || **~/антискачковое** Anti-Stick-slip-Schmierstoff *m* || **~/аппретурное** Appretieröl *n* || **~/арктическое** Arktisöl *n* || **~/белое** Weißöl *n* || **~/бескислотное** säurefreies Öl *n* || **~/буроугольное** Braunkohlen[teer]öl *n* || **~/вазелиновое** Vaselinöl *n*, Paraffinöl *n* || **~/вакуумное** Vakuumöl *n* || **~/веретённое** Spindelöl *n* || **~/высоковакуумное** Hochvakuumöl *n* || **~/высыхающее** trocknendes Öl *n* || **~/газовое** Gasöl *n* || **~/графитное** Graphitöl *n* || **~/дегтярное** Teeröl *n* || **~/дизельное** Dieselmotorenöl *n*, Dieselschmieröl *n*, Dieselzylinderöl *n* || **~/дистиллятное** Destillatöl *n* || **~/жирное** fettes Öl *n* || **~/закалочное** Härteöl *n* || **~/затворное** Sperröl *n* || **~/зимнее** Winteröl *n* || **~/изоляционное** Isolieröl *n* || **~/индустриальное** Industrieöl *n*, technisches Öl *n* || **~/кабельное** Kabelöl *n* || **~/каменноугольное** Steinkohlen[teer]öl *n* || **~/компаундированное** Compoundöl *n*, compoundiertes (gefettetes) Öl *n* || **~/компрессорное** Verdichteröl *n*, Kompressor[en]öl *n* || **~/конденсаторное** Kondensatoröl *n* || **~/купоросное** [wasserhaltige] konzentrierte Schwefelsäure *f* ‖ **~/лёгкое** Leichtöl *n* ‖ **~/летнее** Sommeröl *n* ‖ **~/машинное** Maschinenöl *n* ‖ **~/минеральное** Mineralöl *n* ‖ **~/минеральное смазочное** Mineralschmieröl *n* ‖ **~/напорное** Drucköl *n* ‖ **~/насосное** Pumpenöl *n* ‖ **~/нафталиновое** Naphthalenöl *n* ‖ **~/невысыхающее** nichttrocknendes Öl *n* ‖ **~/неочищенное** Rohöl *n* ‖ **~/нефтяное смазочное** Schmieröl *n* aus Erdöl, Schmieröl *n* auf Erdölbasis ‖ **~/оксидированное** oxidiertes (geblasenes) Öl *n*, Blasöl *n* ‖ **~/осветительное** Leuchtöl *n* ‖ **~/остаточное** Rückstandsöl *n* ‖ **~/остаточное смазочное** Rückstandsschmieröl *n* ‖ **~/отработанное** Altöl *n*, Aböl *n*, Gebrauchtöl *n* ‖ **~/охлаждающее** Kühlöl *n* ‖ **~/очищенное** gereinigtes (raffiniertes) Öl *n* ‖ **~/подшипниковое** Lageröl *n* ‖ **~/полимеризованное** polymerisiertes Öl *n*, Standöl *n* ‖ **~/полувысыхающее** halbtrocknendes Öl *n* ‖ **~/приборное** Instrumentenöl *n* ‖ **~/приработочное** Einlauföl *n* ‖ **~/продутое** geblasenes (oxidiertes) Öl *n*, Blasöl *n* ‖ **~/пропитывающее** Imprägnieröl *n* ‖ **~/рафинированное** raffiniertes (gereinigtes) Öl *n* ‖ **~/регенерированное трансформаторное** Transformatorölregenerat *n* ‖ **~/силиконовое** Siliconöl *n* ‖ **~/силовое** Drucköl *n*, Kraftöl *n* ‖ **~/синтетическое** Syntheseöl *n* ‖ **~/скипидарное** Terpentinöl *n* ‖ **~/сланцевое** Schieferöl *n* ‖ **~/сланцевое смазочное** Schmieröl *n* aus Schiefer ‖ **~/смазочное** Schmieröl *n* ‖ **~/смоляное** Harzöl *n*, Grünöl *n*, Pechöl *n* ‖ **~/сосновое** Kienöl *n* ‖ **~/среднее** Mittelöl *n* ‖ **~/стержневое** Kernbinder *m* auf Ölbasis, Kern[binder]öl *n* ‖ **~/сточное** Ablauföl *n* ‖ **~/сульфированное** sulf[at]iertes (sulfuriertes) Öl *n* ‖ **~/топочное** Heizöl *n* ‖ **~/трансформаторное** Transformator[en]öl *n* ‖ **~/тунговое** Tungöl *n*, Holzöl *n* ‖ **~/тяжёлое** Schweröl *n* ‖ **~ холодного прессования** kaltgepreßtes (kaltgeschlagenes) Öl *n* ‖ **~/цилиндровое** Zylinderöl *n* ‖ **~/швейное** Nähmaschinenöl *n* ‖ **~/шиферное** Schieferöl *n* ‖ **~/экстракционное** Extraktionsöl *n* ‖ **~/эфирное** etherisches Öl *n*

маслобак *m* Ölbehälter *m* ‖ **~/напорный** Druckölbehälter *m*

маслобойка *f s.* маслоизготовитель

маслобойня *f* Ölmühle *f*, Ölfabrik *f*, Ölschlägerei *f*

масловодоотделитель *m* Öl- und Wasserabscheider *m (Verdichteranlage)*

масловспрыскивание *n* Öleinspritzung *f (Schmierung von Schraubenverdichtern)*

маслоделие *n* Buttererzeugung *f*

маслоёмкость *f* Ölaufnahmefähigkeit *f*; Ölbedarf *m*

маслоизготовитель *m* Butterfertiger *m*, Butter[herstell]ungsmaschine *f*

масломанометр *m* Öldruckmanometer *n*

маслонаполненный *(Gum)* ölgestreckt, ölplastiziert

маслонасос *m* Ölpumpe *f* ‖ **~/аварийный** Notölpumpe *f* ‖ **~/дренажный** Leckölpumpe *f* ‖ **~/зубчатый** Zahnradölpumpe *f* ‖ **~/поршневой** Kolbenölpumpe *f* ‖ **~/циркуляционный** Umlaufölpumpe *f* ‖ **~/шестерёночный** Zahnradölpumpe *f*

маслонепроницаемость *f* Öldichtheit *f*, Ölundurchlässigkeit *f*

маслонепроницаемый öldicht

маслоотделение *n* Entölung *f*, Ölabscheidung *f*

маслоотделитель *m (Masch)* Ölabscheider *m*, Entöler *m*

маслоотражатель *m* Ölabstreifring *m*, Ölabstreifer *m*, Abstreifring *m*; Ölabweiser *m*

маслоотстойник *m* Ölabsetzbehälter *m*, Ölabsetzkammer *f*

маслоохладитель *m* Ölkühler *m* ‖ **~/пластинчатый** Lamellenölkühler *m* ‖ **~/сотовый** Wabenölkühler *m* ‖ **~/трубчатый** Röhrenölkühler *m*

маслоочиститель *m* Ölreiniger *m*, Ölfilter *n*

маслоочистка *f* Ölreinigung *f*, Ölaufbereitung *f*

маслоподогреватель *m* 1. Ölvorwärmer *m (Verbrennungsmotor; Kolbenverdichter)*; 2. Ölheizer *m*, Ölheizelement *n*

маслоприёмник *m* Ölsaugkopf *m (Umlaufschmierung)*

маслопровод *m* Öl[rohr]leitung *f*, Schmierleitung *f* ‖ **~/напорный** Druckölleitung *f* ‖ **~/смазочный** Schmierölleitung *f*

маслорадиатор *m* Ölkühler *m*

маслораспылитель *m* Ölzerstäuber *m*, pneumatischer Nebelöler *m*

маслорастворимый öllöslich

маслосборник *m* Ölsammelbehälter *m*, Ölauffangbehälter *m*, Ölbehälter *m*

маслосбрасыватель *m* Ölabweiser *m*

маслосодержащий ölhaltig

маслостойкий ölfest, ölbeständig, ölecht

маслостойкость *f* Ölbeständigkeit *f*

маслотурбонасос *m* Turboölpumpe *f*

маслоуказатель *m* Ölstand[s]anzeiger *m*, Ölstandsglas *m* ‖ **~/поплавковый** Schwimmerölstand[s]anzeiger *m*

маслоуловитель *m* Ölfang *m*, Ölfänger *m*

маслоупорность *f* Ölfestigkeit *f*, Ölbeständigkeit *f*

маслофильтр *m* Ölfilter *n*

маслохранилище *n* Ölvorratsbehälter *m*

масляник *m (El)* Öl[leistungs]schalter *m*

маслянистость *f* 1. Fettigkeit *f*; Schmierfähigkeit *f (eines Schmiermittels)*; 2. *s.* липкость 2.

маслянистый ölhaltig, ölig, buttrig

маслянокислый *(Ch)* ...butyrat *n*; buttersauer

масляный Fett..., fettig; Öl..., ölig

масочно-программируемый *(Inf)* maskenprogrammierbar

масса *f* 1. Masse *f (kg)*; 2. *(El)* Masse *f (als Erdpunkt)*; 3. Masse *f*, Mittel *n*, Stoff *m (als Werkstoff)* ‖ **~ атома** *(Ph)* Masse *f* des Atoms, Atommasse *f* ‖ **~ атома/абсолютная** absolute Atommasse *f* ‖ **~/атомная** *s.* ~ атома ‖ **~/белая древесная** *(Pap)* Weißschliff *m* ‖ **~/бумажная** *(Pap)* Ganzstoff *m*, Zeug *n*, Ganzzeug *n*, Papierganzstoff *m* ‖ **~/бурая древесная** *(Pap)* Braunschliff *m* ‖ **~/взорванная** *(Bgb)* hereingesprengtes Haufwerk *n* ‖ **~/возвратно-поступательно движущаяся** *(Masch)* hin- und hergehende Masse *f*, oszillierende Masse *f* ‖ **~/воздушная** *(Meteo)* Luftmasse *f* ‖ **~/волокнистая** *(Pap)* Faserbrei *m* ‖ **~/вращающаяся** *(Masch)* Schwungmasse *f*, umlaufende (rotierende) Masse *f* ‖ **~/газоочист[итель]ная** Gasreinigungsmasse *f* ‖ **~/горная** *(Bgb)* Haufwerk *n*,

Rohhaufwerk *n* || ~ **для набивки** 1. *(Met)* Stampfmasse *f*, Zustell[ungs]masse *f*, Auskleidungsmasse *f (Ofenfutter)*; 2. *(Gieß)* Hinterstampfmasse *f* || ~ **для формовки** *(Gieß)* Formmasse *f* || **~/древесная** *(Pap)* Holzschliff *m*, Holzstoff *m*, Holzmasse *f*, Schleifmasse *f* || **~/жильная** *(Geol)* Gangfüllung *f*, Gangmasse *f* || **~/жирная** *s.* ~ жирного помола || ~ **жирного помола** *(Pap)* schmieriger (schmierig gemahlener) Stoff *m* || **~/заливочная** Vergußmasse *f*, Ausgußmasse *f*, Füllmasse *f* || **~/заливочная кабельная** *(El)* Kabel[verguß]masse *f* || **~/заправочная** *(Met)* Flickmasse *f*, Ausflickmasse *f (Ofenfutter)* || **~/заторная** *(Brau)* Maische *f* || **~/изолирующая (изоляционная)** *(El)* Isoliermasse *f* || **~/инертная** *(Mech)* träge Masse *f* || **~/кабельная** *(El)* Kabel[verguß]masse *f* || **~/керамическая** *(Gieß)* Keramikmasse *f (Modellausschmelzverfahren)* || **~/компаундная** *(El)* Kompoundmasse *f* || **~/контактная** 1. Kontaktmasse *f (Zusatz bei der Wasserenthärtung)*; 2. Katalysator *m (Gastechnik)* || **~/критическая** *(Kern)* kritische Masse *f (Kettenreaktion)* || **~/ловушечная** *(Pap)* Fangstoff *m* || **~/магнезитовая набивная** *(Met)* Magnesitstampfmasse *f*, Magnesiastampfmasse *f (Ofenfutter)* || **~/механическая древесная** *(Pap)* mechanischer Holzschliff *m* || **~/молекулярная** *(Ph, Ch)* Molmasse *f*, molare Masse *f* || **~/молекулярная средневесовая** gewichtsmittlere Molmasse *f* || **~/молекулярная среднечисловая** zahlenmittlere Molmasse *f* || **~/молярная** *s.* ~/молекулярная || ~ **на единицу тяги** *(Rak, Flg)* Masse-Schub-Verhältnis *n*, Schubmasse *f* || ~ **на смоляной связке/доломитовая** *(Met)* Teer-Dolomit-Stampfmasse *f*, Teer-Dolomit-Gemisch *n (Ofenfutter)* || **~/набивная** *(Met)* Stampfmasse *f*, Zustell[ungs]masse *f*, Auskleidungsmasse *f (Ofenfutter)* || **~/наполнительная** Füllmasse *f*, Füllstoff *m*, Füll[ungs]mittel *n* || **~/начальная** *(Rak)* Startmasse *f* || **~/неуравновешенная** *(Masch)* Unwuchtmasse *f* || ~ **носителя заряда** *(Eln)* Ladungsträgermasse *f* || **~/огнеупорная** Feuerfestmasse *f* || **~/отбитая** *(Bgb)* Haufwerk *n* || **~/отсортированная** *(Pap)* Feinstoff *m*, Gutstoff *m*, büttenfertiger Stoff *m* || **~/очистная** *(Ch)* Reinigungsmasse *f* || **~/очищенная** *s.* ~/отсортированная || ~ **перевозимых грузов** Transportmenge *f* || **~/пластическая** 1. Kunststoff *m*; 2. plastische Masse *f* || **~/подрессорная** *(Eb)* abgefederte Masse *f (Fahrzeug)* || ~ **покоя** *(Ph)* Ruh[e]masse *f* || ~ **покоя электрона** Ruhemasse *f* des Elektrons, Elektronenruhemasse *f* || ~ **покоя ядра** Ruhemasse *f* des Atomkerns || **~/полимеризационная** *(Ch)* Polymerisationsmasse *f* || **~/прессовочная** *(Kst)* Preßmasse *f* || **~/приведённая** *(Masch)* reduzierte Masse *f* || **~/провяленная** *(Lw)* Welkgut *n* || **~/пропиточная кабельная** *(El)* Kabeltränkmasse *f* || ~ **ракеты/стартовая** *(Rak)* Startmasse *f* || **~/реакционная** *(Ch)* Reaktionsmasse *f*, Reaktionsgemisch *n* || **~/рудная** Haufwerk *n*, Rohhaufwerk *n* || **~/сгущённая** *(Pap)* Dickstoff *m* || **~/служебная** *(Eb)* Dienstmasse *f (Lok)* || **~/собственная** *s.* ~ покоя || **~/соломенная** *(Pap)* Stroh[zell]stoff *m* || **~/спекающаяся** *(Met)* Sintermasse *f* || **~/стартовая** *(Rak)* Startmasse *f* || **~/стеклянная** Glasmasse *f*; Glasschmelze *f* || **~/стержневая** *(Gieß)* Kernmasse *f*, Kernformstoff *m* || ~ **судна/доковая** Dockmasse *f* [eines Schiffs] || **~/сухая** Trockensubstanz *f* || **~/сучковая** *(Pap)* Ästestoff *m*, Knotenstoff *m* || **~/термопластичная пластическая** Thermoplast *m*, thermoplastischer (nichthärtbarer) Kunststoff *m* || **~/термореактивная пластическая** Duroplast *m*, duroplastischer (härtbarer, härtender) Kunststoff *m* || **~/тонкая высококачественная древесная** *(Pap)* Feinschliff *m* || **~/тощая** *(Pap)* röscher Stoff *m* || **~/трамбовочная** Stampfmasse *f* || ~ **тысячи зёрен** Tausendkornmasse *f*, TKM || **~/удельная** 1. *(Ph)* Massendichte *f*, spezifische Masse *f*; 2. *(Rak, Flg)* Masse-Schub-Verhältnis *n*, Schubmasse *f* || **~/уравновешенная** *(Masch)* ausgeglichene Masse *f* || **~/уравновешивающая** *(Masch)* Ausgleichmasse *f*, Auswuchtmasse *f*, Gegenmasse *f* || **~/утфельная** Füllmasse *f (Zuckergewinnung)* || **~/формовочная** *(Gieß)* Formmasse *f*, Masse *f*, fetter Formsand *m* || **~/химическая древесная** *(Pap)* chemischer Schliff (Holzschliff) *m*, Chemieschliff *m* || **~/шамотная** Schamottemasse *f* || **~/электродная** Elektrodenmasse *f* || ~ **электрона/эффективная** *(Ph)* effektive Elektronenmasse *f*

массив *m* 1. Massiv *n*; Massenkörper *m*; 2. *(Bw)* Quaderunterstützung *f*; Feld *n*, Massiv *n*; 3. *(Inf)* Datei *f*, Datenfeld *n*; 4. *(Bgb, Geol)* Massiv *n*, Anstehendes *n*; Schild *m* || **~/горный** *(Geol)* Gebirgsmassiv *n*, Gebirgskörper *m*, Gebirgsstock *m* || ~ **горных пород** *(Bgb, Geol)* Gebirgsverband *m*, Gebirge *n*, Gesteinsmassiv *n* || ~ **данных** *(Inf)* Datenbestand *m*, Datenblock *m*, Datenbereich *m*; Datei *f*, File *n* || ~ **данных/описательный** Datenbeschreibungsdatei *f*, DBD || ~ **данных/последовательный** sequentieller Datenbestand *m* || **~/жилой** Wohngebiet *n* || **~/закладочный** *(Bgb)* Versatzmassiv *n*, Versatzkörper *m* || **~/интрузивный** *(Geol)* Intrusivkörper *m* || ~ **информации** *(Inf)* Informationsmassiv *n* || **~/исходный** *(Inf)* Quelldatei *f* || **~/каменный** *(Geol)* Gesteinsmassiv *n*, Steinmassiv *n*, Felsmassiv *n* || ~ **констант** *(Inf)* Konstantenbereich *m* || **~/лесной** Waldkomplex *m*, Waldung *f* || **~/ненарушенный (нетронутый)** *(Bgb)* unverritztes Gebirge *n*, Unverritztes *n* || **~/основной** *(Inf)* Stammdatei *f*, Hauptmassiv *n*, Bestandsdatei *f* || **~/программный** *(Inf)* Befehlsblock *m*, Programmblock *m* || ~ **результатов** *(Inf)* Ergebnisfeld *n* || **~/рудный** *(Bgb)* anstehendes Erz *n* || **~/справочный** *(Inf)* Auskunftsdatei *f* || **~/угольный** *(Bgb)* anstehende Kohle *f* || **~/экзотический** *(Geol)* exotische Klippe *f* || ~ **ячеек памяти** *(Inf)* Speicherbereich *m*, Bereich *m* von Speicherzellen

массикот *m (Min)* Bleiglätte *f*, Bleiocker *m*, Massicot *m*, Massicotit *m*

массогон *m (Pap)* Stofftreiber *m*

массоловка *f s.* массоловушка

массоловушка *f (Pap)* Stoffänger *m*, Stoffang *m* || **~/фильтрационная** Filterstoffänger *m*

массомялка *f (Pap)* Masseknetmaschine *f*

массообмен *m (Ph, Ch)* Stoffaustausch *m*, Massenaustausch *m*, Stofftransport *m*

массопередача *f s.* массообмен

массоперенос *m (Eln)* Massentransport *m*
массосодержание *n* Gehalt *m* in Masseeinheiten, Masse[n]gehalt *m*
масс-сепаратор *m (Kern)* Massenseparator *m*, Massentrenner *m* ll **~ по времени полёта** Laufzeitmassentrenner *m*, Flugzeitmassentrenner *m*
масс-спектр *m (Kern)* Massenspektrum *n*
масс-спектрограмма *f (Kern)* Massenspektrogramm *n*
масс-спектрограф *m (Kern)* Massenspektrograph *m* ll **~ Маттауха-Герцога** Mattauch-Herzogscher Massenspektrograph *m* ll **~ по времени пролёта** Laufzeitmassenspektrograph *m*
масс-спектрографический massenspektrographisch
масс-спектрография *f (Kern)* Massenspektrographie *f*
масс-спектрометр *m (Kern)* Massenspektrometer *n* ll **~ вторичных ионов** Sekundärionenmassenspektrometer *n*, SIMS ll **~ Демпстера** Dempstersches Massenspektrometer *n*, Massenspektrometer *n* nach Dempster ll **~/импульсный** Impulsmassenspektrometer *n* ll **~/импульсный прямоточный** Impulslaufzeitmassenspektrometer *n* ll **~/квадрупольный** Quadrupolmassenspektrometer *n* ll **~ Нира** Niersches Massenspektrometer *n* ll **~ по времени пролёта** Laufzeitmassenspektrometer *n* ll **~/радиочастотный** Funkfrequenzlaufzeitspektrometer *n*
масс-спектрометрия *f (Kern)* Massenspektrometrie *f* ll **~/лазерная** Lasermassenspektrometrie *f*
масс-спектроскоп *m* Massenspektroskop *n*
масс-спектроскопия *f* Massenspektroskopie *f* ll **~/вторично-ионная** Sekundärionen-Massenspektroskopie *f*, SIMS
массы *fpl* **воды/присоединённые** *(Schiff)* mitschwingende Wassermassen *fpl*, hydrodynamische Massen *fpl (Schiffsschwingungen)* ll **~/вскрышные** *(Bgb)* Abraummassen *fpl*
мастер-колесо *n (Masch)* Meisterzahnrad *n*
мастер-модель *f (Gieß)* Muttermodell *n*, Urmodell *n*
мастерок *m* Maurerkelle *f*
мастерская *f* Werkstatt *f* ll **~/авторемонтная** Kfz-Reparaturwerkstatt *f*, Autoreparaturwerkstatt *f* ll **~/заводская** Betriebswerkstatt *f* ll **~/механическая** *(Schiff)* Maschinenwerkstatt *f* ll **~/модельная** *(Gieß)* Modelltischlerei *f*, Modellbauwerkstatt *f*, Urformwerkzeugbau *m*, UFW-Bau *m* ll **~/плавучая** Werkstattschiff *n* ll **~/ремонтная** Reparaturwerkstatt *f* ll **~/сборочная** Montagewerkstatt *f* ll **~/слесарная** Schlosserwerkstatt *f*, Schlosserei *f* ll **~/столярная** Tischlerwerkstatt *f*, Tischlerei *f* ll **~/электромеханическая** Elektrowerkstatt *f* ll **~/электроремонтная** Elektroreparaturwerkstatt *f*
мастер-станок *m (Wkzm)* Werkzeugmaschine *f* höchster Genauigkeit, Meistermaschine *f*
мастер-штамп *m* Meistergesenk *n*, Mustergesenk *n*, Einschlaggesenk *n*, Urgesenk *n*
мастика *f* 1. Mastix *m*, Mastixharz *n*; 2. *(El)* Compound *n (Füllmasse)*; 3. Bohnerwachs *n* ll **~/асфальтовая** *(Bw)* Asphaltmastix *m* ll **~/горячая битумная** Heißbitumenklebemasse *f* ll **~/уплотняющая** Dichtungsmasse *f*, Dichtungskitt *m* ll **~/холодная битумная** Kaltbitumenklebemasse *f*
масштаб *m* 1. Maßstab *m*; Skale *f*, Teilung *f*; 2. Maßstab *m (auf Plänen, Karten, Zeichnungen)* • **в естественном (истинном, реальном) масштабе времени** Echtzeit..., Realzeit... ll **~ аэрофотографирования** Luftbildmaßstab *m* ll **~/вертикальный** vertikaler Maßstab *m* ll **~ времени** Zeitmaßstab *m* ll **~ времени/истинный (реальный)** *(Inf)* Echtzeit *f*, Realzeit *f*; Echtzeitbetrieb *m* ll **~ выпуска** Produktionsumfang *m*, Produktionszahlen *fpl* ll **~/горизонтальный** horizontaler Maßstab *m* ll **~ заложения склона** *(Geod)* Böschungsmaßstab *m* ll **~ изображения** Bildmaßstab *m*, Abbildungsmaßstab *m* ll **~/линейный** lineare Teilung *f*, Längenmaßstab *m* ll **~/мезометеорологический** *(Geoph)* mesometeorologischer Maßstab *m*, mesometeorologische Skale *f* ll **~/микрометеоролочический** *(Geoph)* mikrometeorologischer Maßstab *m*, mikrometeorologische Skale *f* ll **~ площадей** Flächenmaßstab *m* ll **~/поперечный** Quermaßstab *m*, Transversalmaßstab *m* ll **~/продольный** Längsmaßstab *m*, Longitudinalmaßstab *m* ll **~ производства** Produktionsumfang *m*, Produktionszahlen *fpl* ll **~ увеличения** Vergrößerungsmaßstab *m* ll **~ уменьшения** Verkleinerungsmaßstab *m* ll **~/усадочный** *(Gieß)* Schwindmaßstab *m*, Schwindmaß *n*
масштабирование *n* 1. Skalierung *f*, Scaling *n*, Skalierungsverhalten *n*; 2. Dimensionierung *f*, Anpassung *f (von Meßwerten)* ll **~/вертикальное** vertikale Skalierung *f*
масштабировать 1. skalieren; maßstabsgerecht ändern; 2. dimensionieren, anpassen *(Meßwerte)*
мат *m* Matte *f* ll **~/изоляционный** *(Text)* Isoliermatte *f (Nähwirktechnik)* ll **~/наступный** *(Fert)* Kontaktplatte *f (Sicherheitseinrichtung)* ll **~/шпигованный** *(Schiff)* gesteppte Havariematte *f*
математика *f* Mathematik *f* ll **~/высшая** höhere Mathematik *f* ll **~/прикладная** angewandte Mathematik *f* ll **~/элементарная** Elementarmathematik *f*
материал *m* 1. Material *n*, Stoff *m*, Gut *n (s. a. unter* вещество*)*; 2. Werkstoff *m*, Material *n* ll **~/абразивный** *(Fert)* Schleifmittel *n*, Abrasivwerkstoff *m*, abrasiver Werkstoff *m* ll **~/акустический** *(Bw)* Material *n* (Werkstoffe *mpl*) für Schallschutz und Raumakustik ll **~/антикоррозионный** korrosionsbeständiger Werkstoff *m* ll **~/антифрикционный** *(Masch)* Lagerwerkstoff *m*, Werkstoff *m* mit guten Gleiteigenschaften ll **~/базовый** *(Eln)* Substratmaterial *n (Halbleiter)* ll **~/безопасный плёночный** Sicherheitsfilm *m* ll **~/беспористый** dichter (porenfreier) Werkstoff *m (Pulvermetallurgie)* ll **~/валунный** *(Geol)* Geschiebematerial *n* ll **~/взрывчатый** Sprengmittel *n* ll **~/виброизоляционный** *(Bw)* Schwingungsdämmstoff *m* ll **~/влажный** Naßgut *n (Aufbereitung)* ll **~/возгоняемый** *(Ch)* Sublimationsgut *n* ll **~/войлочный** Filz *m*, Filzmaterial *n* ll **~/волокнистый** Faserstoff *m*, Fasermaterial *n*, Fasergut *n* ll **~/волокнистый композиционный** faserverstärkter Verbundwerkstoff *m (Pulvermetallurgie)*

‖ **~/высокоочищенный** hochreines Material *n*, hochreiner Werkstoff *m* ‖ **~/высокочастотный изоляционный** Hochfrequenzisolierstoff *m* ‖ **~/высушенный** Trockengut *n* ‖ **~/высушиваемый** *s.* ~/просушиваемый ‖ **~/выщелачиваемый** *(Ch)* Laugegut *n* ‖ **~/вяжущий** Bindemittel *n* ‖ **~/вязально-прошивной** *(Text)* Nähgewirke *n* ‖ **~/гидроизоляционный** *(Bw)* Sperrstoff *m* ‖ **~/делящийся** *(Kern)* Spaltmaterial *n* ‖ **~/диамагнитный** diamagnetischer Werkstoff *m* ‖ **~/дистиллируемый** *(Ch)* Destilliergut *n* ‖ **~/диэлектрический** dielektrischer Werkstoff *m* ‖ **~ для диффузионного процесса** *(Photo)* Diffusionsübertragungsmaterial *n* ‖ **~/древесный** Holzwerkstoff *m* ‖ **~/дробимый** Brechgut *n*, Mahlgut *n* ‖ **~/дублированный** *(Text)* Verbundstoff *m* ‖ **~/дырочный** *(Eln)* P-leitendes (P-dotiertes) Material *n*, P-Material *n (Halbleiter)* ‖ **~/жирующий** *(Led)* Fettungsmittel *n* ‖ **~/забоечный** *(Bgb)* Besatz *m (Sprengtechnik)* ‖ **~/загружаемый** 1. Aufgabegut *n (Aufbereitung)*; 2. *s.* ~/шихтовый ‖ **~/закладочный** *(Bgb)* Versatzmaterial *n*, Versatzgut *n* ‖ **~/замачиваемый** Weichgut *n (Mälzerei)* ‖ **~/заменный** Austauschstoff *m*, Austauschmaterial *n* ‖ **~/заправочный** *(Met)* Flickmasse *f*, Ausflickmasse *f (Ofenfutter)* ‖ **~/звукоизоляционный** *(Bw)* Schalldämmstoff *m*, schalldämmendes Material *n* ‖ **~/звукопоглощающий** *(Bw)* Schallschluckstoff *m*, Schalldämmstoff *m*, Schallabsorptionsstoff *m* ‖ **~/измельчаемый** Zerkleinerungsgut *n*, Mahlgut *n* ‖ **~/измельчённый** Mahlprodukt *n* ‖ **~/износостойкий** verschleißfester Werkstoff *m* ‖ **~/изолировочный (изолирующий, изоляционный)** 1. *(El)* Isolier[werk]stoff *m*; Isoliermaterial *n*, Isolationsmaterial *n*; 2. *(Ak)* Dämmstoff *m*; 3. *(Bw)* Sperrstoff *m* ‖ **~/инструментальный** *s.* режущий ‖ **~/испытываемый** 1. Prüfwerkstoff *m*, Prüfmaterial *n*; 2. Probe *f*, Prüfgegenstand *m* ‖ **~/исходный** Ausgangswerkstoff *m*, Ausgangsmaterial *n* ‖ **~/каркасный** *(Text)* Grundware *f* ‖ **~/керамикометаллический [режущий]** *(Wkz)* metallkeramischer Spanungswerkstoff *m*, Cermet *n* ‖ **~/кислотоупорный** *(Ch)* säurebeständiger Werkstoff *m* ‖ **~/классифицированный** klassierter Austrag *m*, klassiertes Gut *n (Aufbereitung)* ‖ **~/классифицируемый** Klassiergut *n*, Sichtgut *n* ‖ **~/композитный** Verbundwerkstoff *m (Pulvermetallurgie)* ‖ **~/композиционный** Verbundstoff *m*; Schichtpreßstoff *m* ‖ **~/конструктивный (конструкционный)** Baumaterial *n*, Baustoff *m* ‖ **~/кровельный** *(Bw)* Dachdeckstoff *m* ‖ **~/крупный** Grobgut *n* ‖ **~/кусковой** stückiges Material (Gut) *n* ‖ **~/лазерный** Lasermaterial *n* ‖ **~/лакокрасочный** Anstrichstoff *m* ‖ **~/легирующий** *(Eln)* Dotierungsstoff *m (Halbleiter)* ‖ **~/ленточный** *(Typ)* Bahnmaterial *n*, Rollenmaterial *n* ‖ **~/линейно-вязкоупругий** viskoelastisches Material *n* ‖ **~/листовой** Blech *n*, Bleche *npl*, Plattenmaterial *n*, Platten *fpl* ‖ **~/литейный волокноусиленный** *(Gieß)* faserverstärkter Gußwerkstoff *m* ‖ **~/литой** Gußwerkstoff *m* ‖ **~/литьевой** Spritzgußmasse *f* ‖ **~/магнитный** magnetischer Werkstoff *m*, Magnetwerkstoff *m* ‖ **~/магнитомягкий** weichmagnetischer Werkstoff *m* ‖ **~/магнитострикционный** magnetostriktiver Werkstoff *m* ‖ **~/магнитотвёрдый** hartmagnetischer Werkstoff *m* ‖ **~/местный строительный** Baumaterial *n* aus örtlichen Vorkommen ‖ **~/минералокерамический режущий** *(Wkz)* oxidkeramischer Spanungswerkstoff *m* ‖ **~/мокрый** Naßgut *n (Aufbereitung)* ‖ **~/молотый** Mahlprodukt *n* ‖ **~/моренный** *(Geol)* Moränenmaterial *n* ‖ **~/набивочный** Packungswerkstoff *m*, Dichtungsstoff *m*, Packung *f (Stopfbuchse)* ‖ **~/наплавочный** Auftragschweißwerkstoff *m* ‖ **~/наполненный** *(Kst)* verstrecktes Material *n* ‖ **~/наполнительный** *(Gieß)* Füllmaterial *n*, Füllmasse *f (z. B. in Kernen)*; Hinterfüllmaterial *n*, Hinterfüllmasse *f* ‖ **~/напылённый** Spritzgut *n*, Spritzwerkstoff *m* ‖ **~/насыпной** Schüttgut *n* ‖ **~/непроводящий** *(El)* nichtleitender Werkstoff *m*, Nichtleiterwerkstoff *m* ‖ **~/нетканый** nichtgewebtes Flächengebilde *n (Nähgewirke)* ‖ **~/неэлектропроводный** elektrisch nichtleitender Werkstoff *m* ‖ **~/обжигаемый** Röstgut *n (NE-Metallurgie)* ‖ **~/облицовочный** *(Bw)* Verkleidungsmaterial *n*, Verblendmaterial *n* ‖ **~/обогащённый** Anreicherungsgut *n*, Aufbereitungsgut *n*, Konzentrat *n* ‖ **~/обожжённый** *(Met)* Röstprodukt *n* ‖ **~/оборотный** Kreislaufmaterial *n*, Umlaufmaterial *n*; Umlaufgut *n*, Rückgut *n* ‖ **~/обрезной** Beschnittholz *n*, Beschnittmaterial *n* ‖ **~/огнеупорный** feuerfester Baustoff *m*, Feuerfeststoff *m*, feuerfester Werkstoff *m* ‖ **~/оседающий** Sinkgut *n (Aufbereitung)* ‖ **~/основной** *(Schw)* Grundwerkstoff *m* ‖ **~/отбираемый** Klaubegut *n (Berge bzw. Haltiges)*; Ausschläge *mpl (Kupferschiefer)* ‖ **~/отделочный** Ausbauwerkstoff *m*, Ausbaumaterial *n* ‖ **~/отжигаемый** *(Met)* Glühgut *n* ‖ **~/открытоячеистый** offenzelliger (offenporiger) Schaum[kunst]stoff *m*, Schwammstoff *m* ‖ **~/отощающий** *(Ker)* Magerungsmittel *n* ‖ **~/отсеиваемый** Siebgut *n* ‖ **~/охлаждаемый** Kühlgut *n* ‖ **~/парамагнитный** Paramagnetikum *n*, paramagnetischer Stoff *m* ‖ **~/пароизоляционный** Dampfsperrstoff *m* ‖ **~/пенистый пластический** geschlossenporiger (geschlossenzelliger) Schaum[kunst]stoff *m* ‖ **~/перегоняемый** *(Ch)* Destilliergut *n* ‖ **~/перемешиваемый** Mischgut *n* ‖ **~/переплавляемый** *(Met)* Umschmelzgut *n* ‖ **~/переплётный** *(Typ)* Einbandstoff *m*, Bindematerial *n* ‖ **~/печатный** *(Typ)* Bedruckstoff *m* ‖ **~/поглощающий** *(Ph)* Absorbermaterial *n (Kernreaktor)* ‖ **~ подложки** *(Eln)* Scheibenmaterial *n*, Scheibensubstrat *n (Halbleiter)* ‖ **~/подшипниковый** *(Masch)* Lagerwerkstoff *m* ‖ **~/подшихтовочный** *(Met)* Zuschlagmaterial *n*, Zuschläge *mpl (Schmelzofen)* ‖ **~/полимерный** Polymerwerkstoff *m* ‖ **~/полупроводниковый** Halbleiter[werk]stoff *m*, Halbleitermaterial *n* ‖ **~/пористый пластический** offenporiger (offenzelliger) Schaum[kunst]stoff *m*, Schwamm[stoff] *m* ‖ **~/порошковый контактный** Sinterkontaktwerkstoff *m (Pulvermetallurgie)* ‖ **~/порошковый магнитомягкий** weichmagnetischer Sinterwerkstoff *m (Pulvermetallurgie)* ‖ **~/посевной** *(Lw)* Saatgut *n* ‖ **~/посевной дражированный** pilliertes Saatgut *n* ‖ **~/пошивочный** *(Text)* Nähmaterial *n*, Nähgut *n* ‖ **~/прессовочный** Preßstoff *m* ‖ **~/прессуемый** *(Met)* Preßwerkstoff *m*, Preßmaterial *n*, Preßgut *n (Strangpressen, Flüssigpressen)* ‖ **~/прикладной** Zutatenmaterial *n* ‖ **~ примеси** Dotierungsmaterial *n*, Dotant *m (Halbleitertechnik)* ‖ **~/природный скальный** *(Bw)* Naturstein *m* ‖ **~/присадочный** 1. Zuschlagmaterial *n*, Zuschläge *mpl (Schmelzofen)*; 2. Schweißzusatzwerkstoff *m* ‖ **~/проводниковый** *(El)* Leiterwerkstoff *m* ‖ **~/проводящий** *(El)* leitender Werkstoff *m*, Leiterwerkstoff *m* ‖ **~/n-проводящий** *(Eln)* N-leitender Werkstoff *m (Halbleiter)* ‖ **~/прокатываемый** Walzgut *n*, Walzmaterial *n* ‖ **~/прокладочный** Dichtungsmaterial *n* ‖ **~/проклеенный** *(Typ)* kaschiertes Material *n* ‖ **~/промываемый** Waschgut *n (Aufbereitung)* ‖ **~/проращиваемый** *(Brau)* Keimgut *n (Mälzerei)* ‖ **~/просеиваемый** Siebgut *n* ‖ **~/просушиваемый** zu trocknendes Gut *n*, Trocknungsgut *n*, Trockneraufgabegut *n* ‖ **~/протравливаемый** *(Met)* Beizgut *n* ‖ **~/протягиваемый** *(Umf)* Ziehgut *n (Ziehen)* ‖ **~/профильный** Profilstahl *m*, Profile *npl* ‖ **~/прутковый** *(Wlz)* Stabmaterial *n*, Stangenmaterial *n* ‖ **~/прутковый круглый** *(Wlz)* Rundstabmaterial *m* ‖ **~ прямого почернения** *(Photo)* direktschwärzendes Material *n* ‖ **~/прямой обращаемый** *(Photo)* Direktpositivmaterial *n* ‖ **~/радиокерамический** keramischer Hochfrequenzisolierstoff *m* ‖ **~/разгружаемый** Austrag *m*, Austraggut *n (Aufbereitung)* ‖ **~/раздробляемый** Brechgut *n* ‖ **~/размалываемый** Mahlgut *n* ‖ **~/размолотый** Mahlgut *n* ‖ **~/разрезаемый** Schneidgut *n* ‖ **~/расплавленный** Schmelzgut *n*, Schmelze *f*, Gießgut *n* ‖ **~/режущий** *(Wkz)* Spanungswerkstoff *m*, Schneid[werk]stoff *m*, Werkzeugwerkstoff *m* ‖ **~/режущий сверхтвёрдый** superharter Spanungswerkstoff *m* ‖ **~/резистивный** *(Eln)* Resist *n (Halbleiter)* ‖ **~/рентгеновский резистивный** *(Eln)* Röntgenresist *n* ‖ **~/рулонный** 1. *(Bw)* bahnenförmiges Material *n*, Bahnenbelag *m*; 2. *(Typ, Pap)* Rollenmaterial *n*, Bahnmaterial *n* ‖ **~ с заданными свойствами** Werkstoff *m* nach Maß, Werkstoff *m* mit vorgegebenen Eigenschaften ‖ **~/самосмазывающийся** selbstschmierender Werkstoff *m* ‖ **~/сварочный** Schweißzusatzwerkstoff *m* ‖ **~/сверхпроводящий** *(Eln)* supraleitender Werkstoff *m* ‖ **~/сверхтвёрдый** Superhartstoff *m*, superharter Werkstoff *m* ‖ **~/сверхтвёрдый инструментальный** *(Wkz)* superharter Schneidwerkstoff *m* ‖ **~/сверхчистый** Material *n* von (mit) höchstem Reinheitsgrad ‖ **~/светотехнический** Werkstoff *m* für die Lichttechnik, lichttechnischer Werkstoff *m (Sammelbegriff für Metalle, Legierungen, Kunststoffe, Glas, Keramik u. a. für Lampen und Leuchten)* ‖ **~/сепарируемый** Scheidegut *n*, Sichtgut *n (Aufbereitung)* ‖ **~/слоистый прессовочный** Schichtpreßstoff *m* ‖ **~/смазочный** Schmierstoff *m*, Schmiermittel *n* ‖ **~/смешиваемый** Mischgut *n* ‖ **~/сортовой** Formstahl *m*, Profilmaterial *n* ‖ **~/спекаемый** Sinterwerkstoff *m*, Werkstoff *m* zum Sintern *(Pulvermetallurgie)* ‖ **~/спечённый** Sinterwerkstoff *m*, gesinterter Werkstoff *m (Pulvermetallurgie)* ‖ **~/стачиваемый** *(Text)* Nähmaterial *n*, Nähgut *n* ‖ **~/стекловолокнистый** Glasfaserwerkstoff *m* ‖ **~/стеновой** *(Bw)* Wandbaustoff *m* ‖ **~/строительный** Baumaterial *n*, Baustoff *m* ‖ **~/сухой** Trockengut *n* ‖ **~/сушильный** Trockengut *n* ‖ **~/сшиваемый** *(Text)* Nähmaterial *n*, Nähgut *n* ‖ **~/сшитый** *(Kst)* vernetztes Material *n* ‖ **~/сыпучий** Schüttgut *n*, Schüttstoff *m* ‖ **~/твёрдый смазочный** *(Trib)* Festkörperschmierstoff *m* ‖ **~/твёрдый электроизоляционный** *(El)* fester Isolierstoff *m* ‖ **~/теплоизоляционный** Wärmeisolierstoff *m*, Wärmeisolationsstoff *m*, Wärmeisolationsmaterial *n*, Wärmedämmstoff *m* ‖ **~/термоизоляционный** *s.* ~/теплоизоляционный ‖ **~ i-типа** *(Eln)* I-leitendes (eigenleitendes) Material *n*, I-Material *n* ‖ **~ n-типа** *s.* ~/электронный ‖ **~ p-типа** *s.* ~/дырочный ‖ **~/транспортируемый** Fördergut *n* ‖ **~ трения** Reibwerkstoff *m* ‖ **~/упаковочный** 1. Einbettmaterial *n (Pulvermetallurgie)*; 2. *(Gieß)* Packmittel *n (Temperguß)* ‖ **~/уплотняющий** Dichtungsmaterial *n* ‖ **~/установочный** Installationsmaterial *n* ‖ **~/фасонный листовой** Formblech *n* ‖ **~/ферромагнитный** ferromagnetischer Werkstoff *m*, Ferromagnetikum *n* ‖ **~/фильтруемый** Filtergut *n* ‖ **~/фильтрующий** Filtermittel *n*, Filtermedium *n* ‖ **~/флотирующийся** Schwimmgut *n (Flotation)* ‖ **~/флюсующий** Flußmittel *n*, Schmelzmittel *n*; *(Met)* Zuschlag[s]material *n*, Zuschlag *m* ‖ **~/формовочный** *(Gieß)* Formstoff *m*, Formmaterial *n* ‖ **~/фотографический** *(Photo)* Photomaterial *n (s. a.* фотоматериал*)* ‖ **~/фрикционный** Reibwerkstoff *m* ‖ **~/футеровочный** *(Met)* Stampfmasse *f*, Zustell[ungs]masse *f*, Auskleidungsmasse *f* ‖ **~/цветной многослойный** *(Photo)* Mehrschichtenfarbmaterial *n* ‖ **~/цементирующий** *(Härt)* Einsatzmaterial *n*, Einsatzgut *n (Einsatzhärtung)* ‖ **~/центрифугируемый** Schleudergut *n* ‖ **~/шихтовый** *(Met)* Einsatz *m*, Einsatzgut *n*, Beschickungsgut *n*, Beschickung *f*, Charge *f* ‖ **~/шлакующий** *(Met)* Zuschlagstoff *m*, Zuschlagmaterial *n*, schlackenbildendes Material *n* ‖ **~/штучный** 1. Stückgut *n*; 2. stückiges Material *n* ‖ **~/экстрагируемый** Extraktionsgut *n* ‖ **~/электроизолирующий (электроизоляционный)** Elektroisolierstoff *m* ‖ **~/электронно-резистивный** *(Eln)* Elektronenstrahlresist *n* ‖ **~/электронный** N-leitendes (elektronenleitendes) Material *n*, N-Material *n* ‖ **~/эталонный** Fixpunktmaterial *n (für die Darstellung der Temperaturskale)*

материаловедение *n* Werkstoffkunde *f*

материалоёмкий materialaufwendig, materialintensiv

материк *m* Kontinent *m*, Festland *n*

матирование *n* 1. *(Fert)* Mattieren *n*, Mattierung *f*; 2. *(Glas)* Mattätzen *n* ‖ **~/внешнее** Außenmattierung *f* ‖ **~/внутреннее** Innenmattierung *f*

матировка *f s.* матирование

матка *f (Gum)* Vormischung *f*, Masterbatch *m* ‖ **~/сажевая** Rußvormischung *f* ‖ **~/ускорительная** Beschleunigervormischung *f* ‖ **~/цинковая** Zinkweißvormischung *f*

матобеспечение *n (Inf)* Systemunterlagen *fpl*, Software *f* ‖ **~/машинно-ориентированное** maschinenorientierte Systemunterlagen *fpl* (Software *f*) ‖ **~/проблемно-ориентированное**

problemorientierte Systemunterlagen *fpl* (Software *f*)

матование *n (Glas)* Mattierung *f*, Mattieren *n* ‖ **~/пескоструйное** Sandstrahlmattierung *f*

матовость *f (Text)* Matteffekt *m*, Mattigkeit *f*

матовый blendfrei; matt

маточник *m* Mutterlauge *f*

матрица *f* 1. *(Math)* Matrix *f*; 2. *(El, Eln)* Array *n*; Netzwerk *n*; 3. *(Typ)* Mater *f*, Matrize *f*; 4. *(Umf)* Matrize *f*, Stanzmatrize *f*, Stanzform *f*; 5. Preßring *m*; 6. Prägeform *f*, Modell *n (Prägen)*; 7. *(Umf)* Ziehform *f*, Ziehdüse *f*, Zieheisen *n (Ziehen)*; 8. Niederschlagform *f (Galvanisieren)*; 9. *(Fert)* Schnittwerkzeug *n*, Schnitt *m*; Matrize *f*, Unterstempel *m* ‖ **~/алмазная** *(Umf)* Diamantziehform *f*, Diamantziehdüse *f*, Diamantziehstein *m (Ziehen)* ‖ **~/вентильная** *(Eln)* Gate-Array *n*, Gatteranordnung *f*, Gatterfeld *n* ‖ **~/верхняя** *(Schm)* Obergesenk *n (Presse)* ‖ **~ возмущений** *(Ph)* Störungsmatrix *f* ‖ **~ волновой проводимости** Wellenleitwertmatrix *f (Wellenleiter)* ‖ **~/волочильная** *(Umf)* Drahtziehform *f*, Drahtziehdüse *f*, Drahtziehdorn *m*, Hohlziehwerkzeug *n* ‖ **~/декодирующая** *(Eln)* Dekodiermatrix *f* ‖ **~/диагональная** *(Math)* Diagonalmatrix *f* ‖ **~/диодная** *(Eln)* Dioden-Array *n*, Diodenmatrix *f*, Diodennetzwerk *n* ‖ **~ доступа** Zugriffsmatrix *f* ‖ **~/единичная** Einheitsmatrix *f* ‖ **~ жёсткости** *(Mech)* Streifigkeitsmatrix *f* ‖ **~/жидкокристаллическая** Flüssigkristalldisplay *n* ‖ **~ запоминающего устройства** *(Inf)* Speichermatrix *f* ‖ **~/индикаторная** Anzeigematrix *f (Flüssigkristallanzeige)* ‖ **~ когерентности** *(Opt)* Kohärenzmatrix *f* ‖ **~/кодирующая** *(Eln, Inf)* Kodiermatrix *f* ‖ **~/комплексно-сопряжённая** *(Math)* konjugiert komplexe Matrix *f* ‖ **~ коэффициентов** Koeffiziontenmatrix *f* ‖ **~/лазерная** Lasermatrix *f* ‖ **~/логическая** *(Eln, Inf)* Logikanordnung *f*, Logik-Array *n*, Schaltungsanordnung *f* ‖ **~/металлическая** *(Met)* Legierungsträger *m*, Grundmetall *n* (Grundmasse *f*) einer Legierung ‖ **~/многомерная** *(Math)* mehrdimensionale Matrix *f* ‖ **~/многоочковая** Mehrlochmatrize *f (Pulvermetallurgie)* ‖ **~/накопительная** *(Inf)* Speichermatrix *f* ‖ **~/насосная** *(Pap)* Pumpmatrize *f* ‖ **~/некоммутируемая логическая** *(Eln)* unverdrahtete Logikanordnung *f*, ULA ‖ **~/нижняя** *(Schm)* Untergesenk *n* ‖ **~/обратная** *(Inf)* inverse Matrix *f* ‖ **~/обрезная** *(Fert)* Abgratschnittwerkzeug *n*, Abgratschnitt *m*, Entgrateschnittwerkzeug *n*, Entgrateschnitt *m* ‖ **~/оптоэлектронная** *(Eln)* optoelektronische Matrix *f* ‖ **~/осадочная** *(Umf)* Vormatrize *f (Rohrziehen)* ‖ **~ памяти** *(Inf)* Speichermatrix *f* ‖ **~ Паули** *s.* ~ Паули/спиновая ‖ **~ Паули/спиновая** *(Kern)* [Paulische] Spinmatrix *f*, Pauli-Matrix *f*, Paulische Matrix *f* ‖ **~/передаточная** *(El)* Übertragungsmatrix *f* ‖ **~/переключательная** *(El)* Umschaltmatrix *f*, Schaltmatrix *f* ‖ **~ переходов** *(Inf)* Übergangsmatrix *f* ‖ **~/подвижная** Schwebemantelmatrize *f (Pulvermetallurgie)* ‖ **~/подсосная** *(Pap)* Saugmatrize *f* ‖ **~ правильного штампа** *(Schm)* Planiermatrize *f*; Richtgesenk *n* ‖ **~ преобразования** *(Math)* Transformationsmatrix *f* ‖ **~/присоединённая** *(Math)* adjungierte Matrix *f* ‖ **~ проводимостей** *(El)* Leitwert[s]matrix *f (Vierpol)* ‖ **~/программируемая логическая** *(Inf)* programmierbare Logik-Matrix *f*, PLM ‖ **~ программируемого запоминающего устройства** *(Inf)* Festwertspeichermatrix *f* ‖ **~/протяжная** Ziehbrett *n (Ziehen)* ‖ **~/рабочая** 1. Matrize *f*, Untergesenk *n*; 2. Schnitt *m*, Schnittwerkzeug *n*; 3. Schnittplatte *f* ‖ **~/разъёмная** *(Schm)* Einsatzgesenk *n* ‖ **~ распознавания** *(Inf)* Erkennungsmatrix *f* ‖ **~ рассеяния** Streumatrix *f* ‖ **~ рихтовочного штампа** *(Schm)* Planiermatrize *f*; Richtgesenk *n* ‖ **~/самосканирующая** selbstabtastende Matrix *f* ‖ **~/сенсорная** *(Eln)* Sensor[en]matrix *f* ‖ **~/систологическая** *(Inf)* systologische Matrix *f* ‖ **~ сопротивления** *(El)* Widerstandsmatrix *f* ‖ **~ сопряжения** *(Eln)* Koppelmatrix *f* ‖ **~/спиновая** *s.* ~ Паули/спиновая ‖ **~/столбцовая** *(Math)* Spaltenmatrix *f* ‖ **~ столкновений** *(Ph)* Stoßmatrix *f* ‖ **~/транзисторная** *(Eln)* Transistor-Array *n* ‖ **~/транспонированная** *(Math)* transponierte (gestürzte) Matrix *f* ‖ **~/унитарная** unitäre Matrix *f* ‖ **~/ферритовая** Ferritkernmatrix *f* ‖ **~/фотодиодная** Photodiodenmatrix *f* ‖ **~/фотоприёмная** Photo[zellen]matrix *f*, *oft:* CCD-Matrix *f* ‖ **~/фотопроводящая** *(Eln)* photoleitende Matrix *f* ‖ **~/функциональная** *(Math)* Funktionalmatrix *f* ‖ **~/цеп[оч]ная** Kettenmatrix *f* ‖ **~ четырёхполюсника** *(El)* Vierpolmatrix *f* ‖ **~ штырьковых выводов** *(Eln)* Anschlußstiftmatrix *f*

RC-матрица *f (El, Eln)* RC-Matrix *f*, RC-Netzwerk *n*

S-матрица *f* S-Matrix *f*, Streumatrix *f (Quantenmechanik)*

матрица-вставка *f* Matrizeneinsatz *m*, Matrizenauskleidung *f (Pulvermetallurgie)*

матрица-накопитель *f (Inf)* Speichermatrix *f*

матрица-образец *f (Schm)* Mustergesenk *n*, Meistergesenk *n*

матрица-столбец *f (Math)* Spaltenmatrix *f*

матрица-строка *f (Math)* Zeilenmatrix *f*, Zeilonvektor *m*

матрицедержатель *m* 1. Schnittplattenhalter *m*, Matrizenhalter *m*; 2. *(Schm)* Mundring *m*, Mundringhalter *m (Horizontalstrangpresse)*; 3. Matrizenhalter *m (Pulvermetallurgie)*

матрицирование *n* Matrizierung *f*

мах *m* 1. Schwung *m*, Schwingung *f*; 2. Flügolholm *m (Windrad)*; 3. *s.* число Маха

маховик *m* 1. *(Masch)* Schwungrad *n*; 2. *(Wkzm)* Handrad *m (Bedienelement)* ‖ **~/дисковый** Scheibenschwungrad *n*; Schwungradscheibe *f* ‖ **~ регулирования** Stellglied *n* ‖ **~/спицовый** Speichenschwungrad *n*

маховик-шкив *m* **канатной передачи** Seilscheibenschwungrad *n*

маховичок *m (Masch)* Handrad *n* ‖ **~ с лимбом** Handrad *n* mit Anzeigeskale

мацерировать mazerieren

мачта *f* Mast *m*; Turm *m*; Säule *f (s. a. unter* колонна 1. *und* стойка*)* ‖ **~/ажурная** Gittermast *m* ‖ **~/антенная** Antennenmast *m* ‖ **~/буровая** *(Bgb)* Bohrmast *m* ‖ **~/выдвижная** ausfahrbarer Mast *m* ‖ **~/грузовая** *(Schiff)* Lademast *m* ‖ **~/двуногая** Zweibeinmast *m*, A-Mast *m* ‖ **~/железная ферменная** Stahlgittermast *m* ‖ **~/заваливающаяся** *(Schiff)* Klappmast *m* ‖ **~/кабельная** *(Rak)* Kabelmast *m* ‖ **~/мон-**

тажная *(Bw)* Aufstellmast *m*, Rüstmast *m*, Montagemast *m* ‖ **~/Л-образная** A-Mast *m*, Zweibeinmast *m* ‖ **~/одинарная (одиночная)** Einzelmast *m* ‖ **~/опорная** Trägermast *m*, Stützmast *m* ‖ **~/П-образная** Portalmast *m* ‖ **~/поворотная** Drehsäule *f (eines Krans)* ‖ **~/поддерживающая** Stützmast *m* ‖ **~/радиолокационная** Radarmast *m* ‖ **~/решетчатая** Gittermast *m* ‖ **~ с оттяжками** abgespannter Mast *m* ‖ **~/семафорная (сигнальная)** *(Eb)* Signalmast *m* ‖ **~/составная** *(Schiff)* gebauter Mast *m* ‖ **~/треногая (трёхногая)** Dreibeinmast *m* ‖ **~/трубчатая** Rohrmast *m*

мачта-антенна *f* selbstschwingender (selbststrahlender) Antennenmast *m*, Mastantenne *f*

мачта-многодеревка *f s.* мачта/составная

мачта-тренога *f* Dreibeinmast *m*

машина *f* Maschine *f* ‖ **~/абсорбционная холодильная** Absorptionskältemaschine *f* ‖ **~/абстрактная** *(Kyb)* abstrakte Maschine *f* ‖ **~/абстрактная вычислительная** abstrakter Rechner *m*, Pseudorechner *m* ‖ **~/авиадесантная** *(Mil)* Luftlandefahrzeug *n* ‖ **~/автогенная сварочная** Autogenschweißmaschine *f*, Gas[schmelz]schweißmaschine *f* ‖ **~/автоматическая бухгалтерская** Buchungsautomat *m* ‖ **~/автоматическая вычислительная** Rechenautomat *m* ‖ **~/автоматическая контактная** automatische Widerstandsschweißmaschine *f*, Widerstandsschweißautomat *m* ‖ **~/автоматическая стыковая** automatische Widerstandsstumpfschweißmaschine *f* ‖ **~ автоматического монтажа** *(Eln)* Bestückungsautomat *m* ‖ **~/автономная** Maschine *f* mit Eigenantrieb ‖ **~/авторемонтная** Kfz-Reparaturwerkstatt *f*, Autoreparaturwerkstatt *f*, Kfz-Instandsetzungswerkstatt *f* ‖ **~/агломерационная** Sintermaschine *f*, Sinteranlage *f*, Sinterapparat *m*, Sintergerät *n (Aufbereitung)* ‖ **~/агрегатная ротационная [печатная]** *(Typ)* Aggregatrotationsmaschine *f* ‖ **~/алфавитно-цифровая вычислительная** alphanumerischer Rechner *m* ‖ **~/аммиачная холодильная** Ammoniakkältemaschine *f* ‖ **~/аналоговая вычислительная** Analogrechner *m* ‖ **~/аналоговая управляющая [вычислительная]** analoger Prozeßrechner *m*, analoge Prozeßrechenanlage *f* ‖ **~/аналого-цифровая вычислительная** Analog-Digital-Rechner *m*, Hybridrechner *m* ‖ **~/аппретурная** *(Led)* Appreturmaschine *f* ‖ **~/арквольная врубовая** *(Bgb)* Bogenstrebschrämmaschine *f* ‖ **~/арматурная** *(Bw)* Bewehrungsmaschine *f* ‖ **~/асинхронная** *(El)* Asynchronmaschine *f* ‖ **~/асинхронная вычислительная** Asynchronrechner *m*, asynchrone Rechenmaschine *f* ‖ **~/асинхронная короткозамкнутая** *(El)* Asynchronmaschine *f* mit Kurzschlußläufer (Kurzschlußanker) ‖ **~/асинхронная трёхфазная** *(El)* Drehstromasynchronmaschine *f* ‖ **~/асинхронная цифровая вычислительная** digitaler Asynchronrechner *m* ‖ **~/асинхронная электрическая** *(El)* Asynchronmaschine *f* ‖ **~/базовая вычислительная** Basisrechenmaschine *f* ‖ **~/балансировочная** *(Masch)* Auswuchtmaschine *f* ‖ **~/банкомоечная** Dosenwaschmaschine *f (Konservenherstellung)* ‖ **~/барабанная подъёмная** *(Bgb)* Trommelfördermaschine *f* ‖ **~/барабанная стиральная [электрическая]** Trommelwaschmaschine *f* ‖ **~/барабанная шлихтовальная** *(Text)* Zylinderschlichtmaschine *f*, Sizingmaschine *f* ‖ **~/баровая** *(Bgb)* Schrämmaschine *f* ‖ **~/баровая врубовая** *(Bgb)* Kerbmaschine *f* ‖ **~/басонная** *(Text)* Posamentiermaschine *f*, Galonmaschine *f* ‖ **~/безопочная формовочная** *(Gieß)* Formmaschine *f* für das kastenlose Formen ‖ **~/безредукторная подъёмная** getriebelose Fördermaschine *f* ‖ **~ бельевого производства/вязальная** Untertrikotagenwirkmaschine *f* ‖ **~/бёрдовязальная** *(Text)* Blattbindemaschine *f* ‖ **~/бёрдоочистительная** *(Text)* Blattputzmaschine *f* ‖ **~/бёрдопроборная** *(Text)* Webblatteinziehmaschine *f*, Blattstechmaschine *f* ‖ **~/бёрдочная** *(Text)* Blattbindemaschine *f* ‖ **~/бесколлекторная** *(El)* kommutatorlose Maschine *f* ‖ **~ бесшвейного скрепления** *(Typ)* Klebebindemaschine *f* ‖ **~/бетоноотделочная** Betondeckenfertiger *m*, Betonstraßenfertiger *m* ‖ **~/бетоноукладочная** Betoniermaschine *f*, Betonverteiler *m* ‖ **~/биговальная** *(Typ)* Rillen[biege]maschine *f* ‖ **~/бительная** *(Text)* 1. Beetlemaschine *f (Faseraufbereitung)*; 2. Stoßkalander *m*; Stampfkalander *m* ‖ **~/бланшировочная** *(Led)* Blanchiermaschine *f* ‖ **~/бобинажная** *(Text)* Spulmaschine *f* ‖ **~/бобинажно-перемоточная** *(Text)* Bobinenumspulmaschine *f (Kreuzspulmaschine)* ‖ **~/бобинетовая** *(Text)* Bobinetmaschine *f* ‖ **~/бобинная подъёмная** *(Bgb)* Bobinenfördermaschine *f* ‖ **~/болтоковочная** Bolzenschmiedepresse *f*, Bolzenschmiedemaschine *f* ‖ **~/большая вычислительная** Mainframe *m*, Großrechner *m* ‖ **~/бортовая цифровая вычислительная** Bordrechner *m*, Bordcomputer *m* ‖ **~/борторезательная** *(Gum)* Wulstschneidemaschine *f*, Entwulstmaschine *f* ‖ **~/ботвоуборочная** *(Lw)* Krauterntemaschine *f (Kartoffeln)*; Köpflader *m (Rüben)* ‖ **~/браковочная** *(Text)* Warenschaumaschine *f* ‖ **~/браковочномерильная** *(Text)* Warenschau- und Meßmaschine *f* ‖ **~/брошюровочная** *(Typ)* Broschiermaschine *f (zum Leimen, Einhängen, Anreiben und Pressen von Broschüren)* ‖ **~/брызгальная** *(Text)* Spritzmaschine *f* ‖ **~/брызгозащищённая [электрическая]** *(El)* spritzwassergeschützte Maschine *f* ‖ **~/буквенно-цифровая вычислительная** alphanumerischer Rechner *m* ‖ **~/бумагоделательная** Papiermaschine *f* ‖ **~/бумагокрасильная** *(Pap)* Streichmaschine *f* ‖ **~/бумагорезательная** Papierschneidemaschine *f* ‖ **~/бумагорезательная трёхножевая** *(Typ)* Dreischneider *m*, Dreiseitenbeschneidemaschine *f* ‖ **~/бунтовязальная** *(Wlz)* Bundbindemaschine *f* ‖ **~/буровая** *(Bgb)* Bohrgerät *n*, Bohrmaschine *f (s.* станок/буровой*)* ‖ **~/буро[по]грузочная** *(Bgb)* Bohr- und Lademaschine *f* ‖ **~/бутыломоечная** Flaschenwaschmaschine *f* ‖ **~/бутылочная** *(Glas)* Flaschenblasmaschine *f* ‖ **~/бухгалтерская** Buchungsmaschine *f* ‖ **~/быстродействующая вычислительная** Schnellrechner *m* ‖ **~/быстроходная** Schnelläufer *m*, hochtourige Maschine *f*, Maschine *f* mit hoher Drehzahl ‖ **~/бытовая стиральная** Haushaltwaschmaschine *f* ‖

~/бытовая швейная Haushaltnähmaschine *f* ‖ **~/вакуум-закаточная** Vakuum-Dosenverschließmaschine *f (Konservenherstellung)* ‖ **~/вакуумная холодильная** Vakuumkältemaschine *f* ‖ **~/вакуумно-выдувная** *(Glas)* Saugblasemaschine *f* ‖ **~/вакуум-упаковочная** Evakuierungsvorrichtung *f*, Evakuierungsgerät *n (für Verpackungszwecke)* ‖ **~/вакуум-формовочная** *(Kst)* Vakuumformmaschine *f* ‖ **~/валиковая меловальная** *(Pap)* Walzenstreichmaschine *f*, Glättwalzenstreichmaschine *f* ‖ **~/валичная отжимная** *(Led)* Walzenabwelkmaschine *f* ‖ **~/валичная разводная** *(Led)* Walzenausreckmaschine *f* ‖ **~/валичная сукновальная** *(Text)* Walzenwalke *f* ‖ **~/валичная чесальная** *(Text)* Walzenkrempel *f*, Walzenkarde *f* ‖ **~/валичная чистильная** *(Led)* Walzenentfleischmaschine *f* ‖ **~/валяльная** *s.* ~/сукновальная ‖ **~/ваточная чесальная** *(Text)* Mittelkrempel *f*, Wattekrempel *f* ‖ **~/вертикальная** Maschine *f* in vertikaler (stehender) Bauart, Vertikalmaschine *f* ‖ **~/вертикально-ковочная** Senkrechtschmiedemaschine *f* ‖ **~/ветросиловая** Windkraftmaschine *f*, Windrad *n* ‖ **~/взрывозащищённая** *(El)* explosionsgeschützte Maschine *f*; *(Bgb)* schlagwettergeschützte Maschine *f* ‖ **~/вибрационная** 1. Rüttelmaschine *f*, Schüttelmaschine *f*; 2. Schwing[ungs]prüfmaschine *f* ‖ **~/вибрационная формовочная** *(Gieß)* Vibrationsformmaschine *f*, Vibroformmaschine *f*, Vibrorüttler *m* ‖ **~/винтозавёртывающая** *(Wkzm)* Schrauber *m* für Außengewindeteile ‖ **~/виртуальная** *(Inf)* virtuelle Maschine *f* ‖ **~/вкладочно-швейная** *(Typ)* Zusammentrag- und Heftmaschine *f* ‖ **~/водозащищённая [электрическая]** *(El)* strahlwassergeschutzte Maschine *f*; schwallwassergeschützte Maschine *f* ‖ **~/водочерпательная** Wasserschöpfwerk *n* ‖ **~/воздуходувная** *(Met)* Gebläsemaschine *f*, Windmaschine *f*, Gebläse *n (Hochofen)* ‖ **~/воздухоохладительная** *(Bgb)* Wetterkühlmaschine *f* ‖ **~/воздушная холодильная** Kaltluftkältemaschine *f* ‖ **~/войлочно-ворсовальная** *(Text)* Filzrauhmaschine *f* ‖ **~/волокноотделительная** *(Text)* Egreniermaschine *f*, Entkörnungsmaschine *f* ‖ **~/волокноочистительная** *s.* волокноочиститель ‖ **~/волососгонная** Enthaarmaschine *f* ‖ **~/вольтодобавочная электрическая** *(El)* spannungserhöhende Boostermaschine *f* ‖ **~/вольтопонижающая электрическая** *(El)* spannungserniedrigende Boostermaschine *f*, Boostermaschine *f* in Gegenschaltung ‖ **~/ворсовальная** *(Text)* Rauhmaschine *f* ‖ **~ врасправку/промывная** *(Text)* Breitwaschmaschine *f* ‖ **~/вращательная бурильная** *(Bgb)* Drehbohrmaschine *f* ‖ **~/вращательно-ударная бурильная** *(Bgb)* Drehschlagbohrmaschine *f* ‖ **~/врубовая** *(Bgb)* Schrämmaschine *f* ‖ **~/врубово-навалочная (врубо-погрузочная)** *(Bgb)* Schrämmlader *m*, Schrämlademaschine *f* ‖ **~/врубо-отбойная** *(Bgb)* Schrämmaschine *f* ‖ **~/вскрышная** *(Bgb)* Abraumgerät *n* ‖ **~/вспомогательная вычислительная** Satellitenrechner *m* ‖ **~/вспомогательная подъёмная** Nebenfördermaschine *f* ‖ **~/встряхивающая** *(Gieß)* Rüttelmaschine *f*, Rüttler *m* ‖ **~/встряхивающая стержневая** *(Gieß)* Rüttelkernformmaschine *f*, Kernrüttler *m* ‖ **~/встряхивающая формовочная** Rüttelformmaschine *f*, Rüttler *m* ‖ **~ второго поколения/вычислительная** Rechner *m* der zweiten Generation ‖ **~/выгрузочная** Entlademaschine *f*, Entlader *m* ‖ **~/выдувная** Blas[e]maschine *f* ‖ **~/выемочная** *(Bgb)* Gewinnungsgerät *n* ‖ **~/выемочно-погрузочная** *(Bgb)* Gewinnungs- und Ladegerät *n* ‖ **~/высадочная** *(Schm)* Stauchmaschine *f* ‖ **~/высоковольтная** *(El)* Hochspannungsmaschine *f* ‖ **~ высокого давления/формовочная** *(Gieß)* Hochdruck-Preßformmaschine *f* ‖ **~ высокой вытяжки/ленточная** *(Text)* Hochverzugsstrecke *f* ‖ **~ высокой вытяжки/тазово-перегонная ровничная** *(Text)* Hochverzugsmittelflyer *m* ‖ **~ высокой вытяжки/тазово-тонкая ровничная** *(Text)* Hochverzugsfeinflyer *m* ‖ **~ высокой печати** *(Typ)* Hochdruckmaschine *f*, Buchdruckmaschine *f* ‖ **~ высокой частоты** *(El)* Hochfrequenzmaschine *f* ‖ **~/высокопроизводительная** Hochleistungsmaschine *f* ‖ **~/высокотемпературная красильная** Hochtemperaturfärbemaschine *f* ‖ **~/высокочастотная** *(El)* Hochfrequenzmaschine *f* ‖ **~/вытяжная** Ziehmaschine *f* ‖ **~/вычислительная** Rechner *m*, Computer *m* ‖ **~/вышивальная** *(Text)* Stickmaschine *f* ‖ **~/вязальная** 1. *(Met)* Bindemaschine *f*, Bundbindemaschine *f*; 2. *(Text)* Strickmaschine *f*, Wirkmaschine *f* ‖ **~/вязально-прошивная** *(Text)* Nähwirkmaschine *f* ‖ **~/газетная печатная** Zeitungsdruckmaschine *f* ‖ **~/газетная ротационная** Zeitungsrotationsmaschine *f* ‖ **~/газовая холодильная** Kaltgaskältemaschine *f* ‖ **~/газодувная** *s.* газодувка ‖ **~/газонепроницаемая [электрическая]** *(El)* gasdicht gekapselte Maschine *f* ‖ **~/газоопаливающая** *(Text)* Gassengmaschine *f*, Gasiermaschine *f* ‖ **~/газопрессовая [сварочная]** Gaspreßschweißmaschine *f* ‖ **~/газорежущая (газорезательная)** Brennschneidmaschine *f* ‖ **~/газосварочная** Gasschmelzschweißmaschine *f*, Autogenschweißmaschine *f* ‖ **~/гайкозавёртывающая** *(Wkzm)* Schrauber *m* für Innengewindeteile ‖ **~/гвоздильная** Nagelpresse *f*, Nagelmaschine *f (Herstellung von Nägeln)* ‖ **~/герметически закрытая [электрическая]** *(El)* gas- und wasserdicht gekapselte Maschine *f* ‖ **~/гибочная** Biegemaschine *f*, Umbiegemaschine *f*; Abbiegemaschine *f (Stranggießen)* ‖ **~/гибочно-профилировочная** *(Met)* Profilier- und Sickenmaschine *f*, Profilbiegemaschine *f* ‖ **~/гибридная вычислительная** Hybridrechner *m* ‖ **~/гидравлическая рулевая** *(Schiff)* hydraulische Rudermaschine *f* ‖ **~/гидравлическая формовочная** *(Gieß)* hydraulische Formmaschine *f* ‖ **~/гипотетическая вычислительная** abstrakter Rechner *m*, Pseudorechner *m* ‖ **~/главная вычислительная** Hostcomputer *m*, Hostrechner *m* ‖ **~/главная подъёмная** *(Bgb)* Hauptschachtfördermaschine *f* ‖ **~/гладильная** *(Text)* Plättmaschine *f*, Bügelmaschine *f (Veredlung)* ‖ **~/глазировочная** Glasiermaschine *f (Fischverarbeitung)* ‖ **~ глубокой печати/листовая** Bogentiefdruckmaschine *f*, Tiefdruckbogenmaschine *f* ‖ **~ глубокой печати/листовая ро-**

тационная Bogenrotationstiefdruckmaschine *f*, Tiefdruckbogenrotationsmaschine *f* ‖ **~ глубокой печати/ротационная** Rotationstiefdruckmaschine *f*, Tiefdruckrotationsmaschine *f* ‖ **~ глубокой печати/рулонная** Rollentiefdruckmaschine *f*, Tiefdruckrollenmaschine *f* ‖ **~ глубокой печати/рулонная ротационная** Rollenrotationstiefdruckmaschine *f*, Tiefdruckrollenrotationsmaschine *f* ‖ **~/головоотрезающая (головоотсекающая, головорубочная)** Köpfmaschine *f (Fischverarbeitung)* ‖ **~/горизонтальная** Maschine *f* in horizontaler (liegender) Bauart, Horizontalmaschine *f* ‖ **~/горизонтально-высадочная** *(Schm)* Horizontalstauchmaschine *f* ‖ **~/горизонтально-гибочная** Horizontalbiegepresse *f* ‖ **~/горизонтально-ковочная** Waagerechtschmiedemaschine *f* ‖ **~/горная** *(Bgb)* Berg[bau]maschine *f* ‖ **~/горнодобывающая** *(Bgb)* Gewinnungsmaschine *f* ‖ **~/горнопроходческая** *(Bgb)* Vortriebsgerät *n*, Vortriebsmaschine *f* ‖ **~/гофрировочная** *(Text)* Stauchkräuselmaschine *f* ‖ **~/гребенная ленточная** *(Text)* Nadelstabstrecke *f*, Hechelfeldstrecke *f* ‖ **~/гребковая погрузочная** *(Bgb)* Zughakenlader *m* ‖ **~/гребнечесальная** Kämmaschine *f (Spinnerei)* ‖ **~/грейферная погрузочная** *(Bgb)* Greifer *m (Schachtabteufen)* ‖ **~/грубая ленточная** *(Text)* Grobstrecke *f* ‖ **~/грубая чесальная** *(Text)* Grobkrempel *f*, Vorkrempel *f*, Vorkarde *f*, Reißkrempel *f* ‖ **~/грузоподъёмная** Hebemaschine *f (Sammelbegriff für Krane und andere Hebezeuge)* ‖ **~/грунтосмесительная** *(Bw)* Bodenfräse *f*, Bodenvermischer *m* ‖ **~/грунтоуплотнительная** *(Bw)* Bodenverdichtungsmaschine *f* ‖ **~/гусеничная** Kettenfahrzeug *n* ‖ **~/гусеничная буровая** *(Bgb)* Raupenbohrgerät *n* ‖ **~/гусеничная врубовая** *(Bgb)* Kettenschrämmaschine *f* ‖ **~/дальнеструйная дождевальная** *(Lw)* Weitstrahlberegnungsmaschine *f* ‖ **~/двоильная** *(Led)* Spaltmaschine *f* ‖ **~/двоильно-мерильная** *(Text)* Gewebefalt- und Meßmaschine *f*, Meß-Dublier-Legemaschine *f*, Meß-Dublier-Wickelmaschine *f* ‖ **~/двойная круглая трикотажная** zweifonturige Rundwirkmaschine *f* ‖ **~/двойная кругловязальная** zweifonturige Rundstrickmaschine *f* ‖ **~/двойная основовязальная** Doppelkettenwirkmaschine *f* ‖ **~/двойная плоская фанговая** zweifonturige Flachstrickmaschine *f* ‖ **~/двойная ротационная [печатная]** *(Typ)* Zwillingsrotationsmaschine *f* ‖ **~ двойного действия/паровая** doppeltwirkende Dampfmaschine *f* ‖ **~ двойного кручения [/крутильная]** *(Text)* Doppeldrahtzwirnmaschine *f* ‖ **~ двойного расширения/паровая** Dampfmaschine *f* mit doppelter Expansion, Doppelexpansionsmaschine *f* ‖ **~/двусторонняя гребнечесальная** *(Text)* Doppelkämmaschine *f* ‖ **~ двусторонняя льнотрепальная** *(Text)* doppelseitige Flachsschwingmaschine *f* ‖ **~/двусторонняя печатная** *(Typ)* Schön- und Widerdruckmaschine *f* ‖ **~/двухадресная вычислительная** Zweiadreßrechner *m* ‖ **~/двухбарабанная круглочесальная** *(Text)* Rundkämmaschine *f* mit zwei Kammtrommeln *(Seidenspinnerei)* ‖ **~/двухбарабанная офсетная** *(Typ)* Zweizylinderoffsetmaschine *f* ‖ **~/двухбарабанная трепальная** *(Text)* Doppeltrommelschlagmaschine *f* ‖ **~/двухбарабанная чесальная** *(Text)* Tandemkarde *f* ‖ **~/двухкамерная пневматическая закладочная** *(Bgb)* Zweikammer-Blasversatzmaschine *f* ‖ **~/двухкатушечная офсетная** *(Typ)* Zweirollenoffsetmaschine *f* ‖ **~/двухкрасочная двухоборотная печатная** *(Typ)* Zweifarben-Zweitourenmaschine *f* ‖ **~/двухкрасочная листовая офсетная** Zweifarben-Offsetbogendruckmaschine *f* ‖ **~/двухкрасочная офсетная печатная** Zweifarben-Offsetdruckmaschine *f* ‖ **~/двухкрасочная печатная** *(Typ)* Zweifarbendruckmaschine *f* ‖ **~/двухкрасочная ротационная [печатная]** Zweifarbenrotationsmaschine *f* ‖ **~/двухкрыльчатая трепальная** *(Text)* doppelte Schlagmaschine *f*, Doppelschlagmaschine *f* ‖ **~/двухнакладная** *(Typ)* Doppelbogenanlage *f* ‖ **~/двухниточная кеттельная** *(Text)* zweifädige Kettelmaschine *f* ‖ **~/двухоборотная** *(Typ)* Zweitourenmaschine *f* ‖ **~/двухоборотная печатная** *(Typ)* Zweitouren[druck]maschine *f* ‖ **~/двухоборотная плоскопечатная** *(Typ)* Zweitouren-Flachdruckmaschine *f* ‖ **~/двухподъёмная жаккардовая** *(Text)* Doppelhub-Jacquardmaschine *f* ‖ **~/двухпольная гребенная ленточная** *(Text)* Doppelnadelstabstrecke *f*, Doppelnetzfeldstrecke *f* ‖ **~/двухпроходная** *(Typ)* Winkelkreisschere *f* ‖ **~/двухрулонная ротационная [печатная]** *(Typ)* Zweirollenrotationsmaschine *f* ‖ **~/двухтетрадная фальцевальная** *(Typ)* Doppelbogenfalzmaschine *f* ‖ **~/двухточечная [электросварочная]** Doppelpunktschweißmaschine *f* ‖ **~/двухфонтурная кулирная** *(Text)* zweifonturige Kulierwirkmaschine *f* ‖ **~/двухфонтурная основовязальная трикотажная** *(Text)* Doppelkettenwirkmaschine *f* ‖ **~/двухфонтурная трикотажная** *(Text)* zweifonturige Rundwirkmaschine *f* ‖ **~/двухцилиндровая офсетная** *(Typ)* Zweizylinderoffsetmaschine *f* ‖ **~/декатировочная (декатирующая)** *(Text)* Dekatiermaschine *f (Gewebeausrüstung)* ‖ **~/делительная** Teilmaschine *f (Herstellung von Skalen für Meßzeuge)*; *(Opt)* Gitterteilmaschine *f* ‖ **~/деревянно-шпилечная** *(Led)* Holznagelmaschine *f (Schuhherstellung)* ‖ **~/диагностическая вычислительная** Rechenanlage *f* für Diagnoseaufgaben ‖ **~/диагональная лопаточная** Strömungsmaschine *f* mit Diagonallaufrad ‖ **~/диагонально-резательная** *(Pap)* Diagonalschneidemaschine *f* ‖ **~/диафрагмовая отсадочная** *(Bgb)* Membran[kolben]setzmaschine *f*, Diaphragmasetzmaschine *f* ‖ **~/дисковая ворсовальная** *(Text)* Postiermaschine *f* ‖ **~/дисковая врубовая** *(Bgb)* Radialschrämmaschine *f*, Scheibenschrämmaschine *f* ‖ **~/дисковая метательная** Wurfrad *n*, Schleuderrad *n* ‖ **~/дискретная** *(Inf)* diskrete Maschine *f*, Maschine *f* diskreter Arbeitsweise ‖ **~/дискретная вычислительная** diskreter (diskret arbeitender) Rechner *m* ‖ **~/дискретно-непрерывная вычислительная** Digital-Analog-Rechner *m* ‖ **~/длинносеточная бумагоделательная** *(Pap)* Langsieb[papier]maschine *f* ‖ **~/длинносеточная картонная** *(Pap)* Langsiebkartonmaschine *f* ‖ **~/длинноситовая обезвоживающая** *(Pap)* Langsiebentwässerungsmaschine *f* || **~/длинноситовая отливная** *(Pap)* Fourdriniermaschine *f* || **~ для газовой резки** Autogenbrennschneidmaschine *f* || **~ для горячей правки** Warmrichtmaschine *f* || **~ для дробемётной очистки** *(Gieß)* Schleuderstrahlputzmaschine *f* || **~ для испытания** *(Wkst)* Prüfmaschine *f (s. a. unter ~* для испытания на …*)* || **~ для испытания длительной прочности** Dauerstandprüfmaschine *f* || **~ для испытания материалов** Werkstoffprüfmaschine *f* || **~ для испытания на вибропрочность (вибрационную выносливость)** Schwing[ungs]festigkeitsprüfmaschine *f*, Wechselfestigkeitsprüfmaschine *f*, Schwing[ungs]prüfmaschine *f (Dauerschwingversuch)* || **~ для испытания на знакопеременное скручивание (кручение)** Wechseltorsions[prüf]maschine *f* || **~ для испытания на знакопеременный изгиб** Wechselbiege[prüf]maschine *f* || **~ для испытания на изгиб** Biegeprüfmaschine *f* || **~ для испытания на износ (истирание)** Verschleißprüfmaschine *f* || **~ для испытания на кручение** Verdreh[prüf]maschine *f*, Torsionsmaschine *f* || **~ для испытания на ползучесть** Dauerstandprüfmaschine *f* || **~ для испытания на прочность** Festigkeitsprüfmaschine *f* || **~ для испытания на растяжение** Zugprüfmaschine *f*, Zerreißmaschine *f* || **~ для испытания на растяжение-сжатие** Zug-Druck-Prüfmaschine *f* || **~ для испытания на сжатие** Druckprüfmaschine *f* || **~ для испытания на скручивание** Torsions[prüf]maschine *f* || **~ для испытания на твёрдость** Härteprüfmaschine *f* || **~ для испытания на усталость** Dauerversuchsmaschine *f*, Dauerschwingprüfmaschine *f* || **~ для испытания на усталость при переменном изгибе** Dauerbiegemaschine *f* || **~ для испытания пульсирующими усилиями** Wechseldruck[prüf]maschine *f* || **~ для контактной [электро]сварки** Widerstandsschweißmaschine *f* || **~ для коротких волокон/прядильная** Kurzfaserspinnmaschine *f* || **~ для косого зева/жаккардовая** *(Text)* Schrägfach-Jacquardmaschine *f* || **~ для крашения в кусках** *(Text)* Stückfärbemaschine *f* || **~ для крашения врасправку** *(Text)* Breitfärbemaschine *f* || **~ для литья в постоянные формы** *(Met)* Kokillengießmaschine *f* || **~ для литья под давлением** Druckgießmaschine *f*, Druckgußmaschine *f* || **~ для литья с противодавлением** Gegendruckgießmaschine *f* || **~ для многокрасочной высокой печати** Mehrfarbenbuchdruckmaschine *f* || **~ для многократной крутки** *(Text)* Mehrfachzwirnmaschine *f* || **~ для наматывания клубков** *(Text)* Knäuelwickelmaschine *f* || **~ для обкатки труб** *(Wlz)* Rohrabrollmaschine *f* || **~ для оболочковых форм** *(Gieß)* Maskenformmaschine *f* || **~ для обработки данных [/вычислительная]** Datenverarbeitungsanlage *f* || **~ для огневой зачистки** 1. Brennputzmaschine *f*; 2. *(Gieß)* Flämmhobler *m* || **~ для очистки литья** *(Gieß)* Gußputzmaschine *f* || **~ для поверхностной проклейки бумаги** *(Pap)* Oberflächenleimungspresse *f* || **~ для потрошения** Entweidemaschine *f*, Ausweidemaschine *f (Fischverarbeitung)* || **~ для правки** Richtmaschine *f* || **~ для промывки мотков** *(Text)* Strangwaschmaschine *f* || **~ для протравливания** *(Lw)* Beizmaschine *f* || **~ для рельефной [электро]сварки** Buckelschweißmaschine *f* || **~ для рихтовки пути** *(Eb)* Gleisrichtmaschine *f*, Gleisrichtaggregat *n* || **~ для роликовой сварки** Rollennahtschweißmaschine *f* || **~ для сварки** Schweißmaschine *f* || **~ для сварки труб** Rohrschweißmaschine *f* || **~ для стыковой сварки** Stumpfschweißmaschine *f* || **~ для стыковой сварки оплавлением [/электросварочная]** Abbrennstumpfschweißmaschine *f* || **~ для тиснения** *(Typ)* Prägemaschine *f* || **~ для тканей/стригальная** *(Text)* Tuchschermaschine *f*, Gewebeschermaschine *f* || **~ для точечной сварки** Punktschweißmaschine *f* || **~ для ультразвуковой [точечной] сварки** Ultraschallpunktschweißmaschine *f (Kunststoffschweißen)* || **~ для ультразвуковой шовной сварки** Ultraschallrollennahtschweißmaschine *f* || **~ для флексографской печати** Flexodruckmaschine *f* || **~ для хлопка/гребнечесальная** *(Text)* Baumwollkämmaschine *f* || **~ для центробежного литья** Schleudergießmaschine *f*, Schleudergußmaschine *f* || **~ для шерсти/гребнечесальная** *(Text)* Wollkämmaschine *f* || **~ для шитья** *(Text)* Nähmaschine *f* || **~ для шитья термонитками** *(Typ)* Fadensiegelmaschine *f* || **~ для шлифования ленты (полосы)** *(Wlz)* Bandschleifmaschine *f* || **~ для шовной сварки [/сварочная]** 1. Nahtschweißmaschine *f*; 2. Rollenschrittschweißmaschine *f* || **~ для штапельного волокна/прядильная** Zellwollspinnmaschine *f* || **~ для электродуговой сварки/сварочная** Lichtbogenschweißmaschine *f* || **~/добычная** *(Bgb)* Gewinnungsgerät *n* || **~/добычно-погрузочная** *(Bgb)* Gewinnungs- und Lademaschine *f* || **~/дождевальная** *(Lw)* Regner *m* || **~/дозировочная** Dosiermaschine *f* || **~/доильная** *(Lw)* Melkmaschine *f* || **~/дорожно-строительная** Straßenbaumaschine *f* || **~/доставочная** *(Bgb)* Abbaufördergerät *n* || **~/дробильно-размольная** Grob- und Feinzerkleinerungsmaschine *f (Aufbereitung)* || **~ Жаккарда** *s.* ~/жаккардовая || **~/жаккардовая** *(Text)* Jacquardmaschine *f*, Jacquard-Maschine *f (Weberei, Wirkerei)* || **~/жгутовая промывная** *(Text)* Strangwaschmaschine *f (Gewebeausrüstung)* || **~/жгутовая шлихтовальная** *(Text)* Strangschlichtmaschine *f* || **~/жгутомойная** *(Text)* Strangwaschmaschine *f* || **~/жгутоотжимная** *(Text)* Strangquetsche *f* || **~/завалочная** *(Met)* Setzmaschine *f*, Beschick[ungs]maschine *f*, Chargiermaschine *f* || **~/заварочная** *(El)* Verschmelzmaschine *f (Glühlampenherstellung)* || **~/завёрточная** Einwickelmaschine *f* || **~/загрузочная** *(Met)* Setzmaschine *f*, Beschick[ungs]maschine *f*, Chargiermaschine *f* || **~/задненавесная** *(Lw)* Heckanbaumaschine *f* || **~/задняя** *(El)* Hintermaschine *f* || **~/закалочная** Härtemaschine *f*, Härtevorrichtung *f* || **~/закаточная** 1. [Konserven-]Dosenverschlußmaschine *f*; 2. *(Gum)* Wickelmaschine *f* || **~/закладочная** *(Bgb)* Versatzmaschine *f* || **~/заключительная декатировочная** *(Text)* Nachdekatiermaschine *f*, Finish-Dekatiermaschine *f*

(Gewebeausrüstung) || **~/закройно-ленточная** Bandmessermaschine *f* || **~/закрытая** *(El)* geschlossene (gekapselte) Maschine *f*, Maschine *f* geschlossener Bauart (Ausführung) || **~/закрытая паровая** Kapseldampfmaschine *f* || **~/заливочная** Gießmaschine *f*, Vergießeinrichtung *f* || **~/запаечная** *(E!)* Einschmelzmaschine *f* || **~/заправочная** Richtmaschine *f* || **~/затяжная** *(Led)* Zwickmaschine *f (Schuhherstellung)* || **~/землеройная** *(Bw)* Erdbaumaschine *f*, Schürfmaschine *f* || **~/землеройно-транспортная** Bodengewinnungs- und -bewegungsmaschine *f* || **~/землеройно-фрезерная** Bodenfräse *f* || **~/землечерпательная** Naßbagger *m* || **~/зерномоечная** Getreidewaschmaschine *f (Mühlenindustrie)* || **~/зерноочистительная** Getreidereinigungsmaschine *f*, Getreidereiniger *m* || **~/игловорсовальная** *(Text)* Kratzenrauhmaschine *f*, Nadelrauhmaschine *f* || **~/иглонаборная** *(Text)* Kratzensetzmaschine *f* || **~/иглопробивная** *(Text)* Nadelmaschine *f*, Nadelfilzmaschine *f* || **~/измерительная** Meßmaschine *f* || **~/изобароразливочная** Gegendruckfüllmaschine *f*, Gegendruckfüller *m* || **~/импульсная конденсаторная** Kondensator-Impulsschweißmaschine *f* || **~/индукционная** *(El)* Induktionsmaschine *f* || **~/интеллектуальная вычислительная** intelligenter Rechner *m* || **~ интерлок** Interlock[rundwirk]maschine *f*, Interlockrundstrickmaschine *f* || **~/интерлочная** *s.* ~ интерлок || **~/информационная** Informationsmaschine *f* || **~/испытательная** Prüfmaschine *f* || **~/кабелепрокладочная** *(El)* Kabellegemaschine *f* || **~/камнерезная** Steinfräsmaschine *f*, Steinfräse *f* || **~/камнеуборочная** *(Lw)* Steinsammelmaschine *f* || **~/канатная врубовая** *(Bgb)* Seilschrämmaschine *f* || **~/кантовальная** *(Wlz)* Kantvorrichtung *f*, Kanter *m* || **~/каплезащищённая** *(El)* tropfwassergeschützte Maschine *f* || **~/карасная крутильная** *(Text)* Karaßmaschine *f (Seidenzwirnerei)* || **~/кардонаборная** *(Text)* Kratzensetzmaschine *f* || **~/кардочесальная** *(Text)* Krempel *f*, Karde *f* || **~/кардочесальная валичная** *(Text)* Walzenkarde *f* || **~/кардочесальная двухбарабанная** *(Text)* Tandemkarde *f* || **~/кардочесальная малогабаритная** *(Text)* Kleinkarde *f* || **~/кардочесальная шляпочная** *(Text)* Deckelkarde *f* || **~/карликовая** Kleinstmaschine *f* || **~/карманная счётная** Taschenrechner *m* || **~/картовязальная** *(Text)* Kartenbindemaschine *f* || **~/картокопировальная** *(Text)* Kartenkopiermaschine *f*, Repetiermaschine *f (Weberei)* || **~/картонасекальная** *(Text)* Kartenschlagmaschine *f*, Kartenlochmaschine *f (Weberei)* || **~/картонасекальная и копировальная** Kartenschlag- und Kopiermaschine *f (Weberei)* || **~/картофелепосадочная** *(Lw)* Kartoffellegemaschine *f* || **~/картофелесортировальная** *(Lw)* Kartoffelsortierer *m*, Sortiereinrichtung *f* || **~/картофелеуборочная** *(Lw)* Kartoffelerntemaschine *f*, Kartoffelroder *m* || **~/карусельная разливочная** 1. Rundfüller *m*; 2. *(Gieß)* Gießkarussell *n* || **~/карусельная стеклоформовочная** *(Glas)* Drehtischmaschine *f*, Karussellmaschine *f* || **~ карусельного типа/кокильная** *(Gieß)* Kokillengießkarussell *n* || **~/каскадная холодильная** Kaskadenkältemaschine *f* || **~/кассетная фальцевальная** *(Typ)* Taschenfalzmaschine *f*, Stauchfalzmaschine *f* || **~/катушечномотальная** *(Text)* Scheibenspulmaschine *f* || **~/кеттельная** *(Text)* Kettelmaschine *f* || **~/клеепромазочная** *(Gum)* Streichmaschine *f* || **~/клепальная** *(Masch)* Nietmaschine *f* || **~/клетевая подъёмная** *(Bgb)* Gestellfördermaschine *f* || **~/клубочная** *(Text)* Knäuelwickelmaschine *f*, Knäuelwickler *m* || **~/книговставочная** *(Typ)* Buch[block]einhängemaschine *f* || **~/ковочная** Schmiedemaschine *f* || **~/ковочно-осаживающая** Schmiedestauchmaschine *f* || **~/ковочно-штамповочная** Freiform- und Gesenkschmiedemaschine *f* || **~/коклюшечная оплёточная** Klöppelmaschine *f (Kabelherstellung)* || **~/кокономотальная** *(Text)* Kokonhaspelmaschine *f (Seide)* || **~/колёсная врубовая** *(Bgb)* Radschrämmaschine *f* || **~ коллективного пользования/вычислительная** Rechner *m* mit Vielfachzugriff, Mehrfachzugriffsrechner *m* || **~/коллекторная** *(El)* Kommutatormaschine *f*, Stromwendermaschine *f* || **~/колонковая бурильная** *(Bgb)* Säulenbohrmaschine *f* || **~/колонковая врубовая** *(Bgb)* Säulenschrämmaschine *f* || **~/колпачная крутильная** *(Text)* Glockenzwirnmaschine *f* || **~/колпачная прядильная** *(Text)* Glockenspinnmaschine *f* || **~/кольцевая крутильная** *(Text)* Ringzwirnmaschine *f* || **~/кольцевая прядильная** *(Text)* Ringspinnmaschine *f* || **~/кольцевая тростильно-крутильная** *(Text)* Ringfach- und Zwirnmaschine *f* || **~/кольцекрутильная** *(Text)* Ringzwirnmaschine *f* || **~/кольцепрядильная** *(Text)* Ringspinnmaschine *f* || **~/комбинированная вычислительная** Hybridrechner *m* || **~/компаундная** *(El)* Kompoundmaschine *f*, Doppelschlußmaschine *f*, Verbundmaschine *f* || **~/компрессионная холодильная** Kompressionskältemaschine *f* || **~/конденсационная паровая** Kondensationsdampfmaschine *f* || **~/контактная сварочная** Widerstandsschweißmaschine *f* || **~/контактная электросварочная** Widerstandsschweißmaschine *f* || **~/конторская** Büromaschine *f* || **~/контрольно-измерительная** Kontrollmeßmaschine *f* || **~/конусная сновальная** *(Text)* Konusschärmaschine *f* || **~/концервальная** *(Text)* Reißer *m*, Reißmaschine *f*, Reißwolf *m (Reißwollspinnerei)* || **~/координатная измерительная** Koordinatenmeßmaschine *f* || **~/корнеуборочная** *(Lw)* Rübenerntemaschine *f*; Rübenrodelader *m* || **~/корообдирочная** *(Pap)* Entrindungsmaschine *f*, Schälmaschine *f* || **~/корчевальная** *(Forst)* Stockrodemaschine *f*, Stubbenrodemaschine *f* || **~/котонная** *(Text)* Cotton-Maschine *f* || **~/краеобмёточная швейная** *(Text)* Overlock[näh]maschine *f* || **~/красильная** Färbemaschine *f* || **~/красильная роликовая** *(Text)* Färbejigger *m*, Jigger *m* || **~/красильная сопловая (эжекторная)** *(Text)* Düsenfärbemaschine *f*, Jet-Färbemaschine *f* || **~/краскотёрочная** Farb[en]reibwerk *n* || **~ крестовой мотки** *(Text)* Kreuzspulmaschine *f* || **~/крестомотальная** *(Text)* Kreuzspulmaschine *f* || **~/кривошипная сукновальная** *(Text)* Kurbelwalke *f* || **~/кромко[за]гибочная** 1. Bördelma-

schine *f*; 2. Abkantpresse *f*, Abkantmaschine *f* || **~/кромкообрезная** *(Wlz)* Kantenbesäummaschine *f* || **~/кромкостригальная** *(Text)* Kantenschermaschine *f* || **~/круглая жаккардовая фанговая** Jacquard-Rundstrickmaschine *f* || **~/круглая кеттельная** *(Text)* Rundkettelmaschine *f*, Kettelmaschine *f* mit Nadelkranz || **~/круглая кулирная** *(Text)* Rundkulierwirkmaschine *f* || **~/круглая трикотажная** *(Text)* Rundwirkmaschine *f*, Rundstuhl *m* || **~/круглая фанговая** *(Text)* Rundränder[strick]maschine *f* || **~/круглая чулочная** *(Text)* Rundstrumpfwirkmaschine *f* || **~/кругловязальная** *(Text)* Rundstrickmaschine *f*, Großrundstrickmaschine *f* || **~/кругловязальная оборотная** *(Text)* Links/Links-Rundstrickmaschine *f* || **~/кругловязальная однофонтурная** *(Text)* Rechts/Links-Großrundstrickmaschine *f* || **~/кругловязальная тонколастичная** *(Text)* Feinripp-Rundstrickmaschine *f*, Feinripp-Großrundstrickmaschine *f*, Feinrippmaschine *f* || **~/кругложаккардовая** *(Text)* Jacquard-Rundstrickmaschine *f* || **~/круглооборотная** *(Text)* Links/Links-Rundstrickmaschine *f* || **~/круглосеточная бумагоделательная** *(Pap)* Rundsieb[papier]maschine *f* || **~/круглосеточная картонная** *(Pap)* Rundsiebkartonmaschine *f* || **~/круглоситовая обезвоживающая** *(Pap)* Rundsiebentwässerungsmaschine *f* || **~/круглотрикотажная** *(Text)* Rundwirkmaschine *f* || **~/круглофанговая** *(Text)* Rund[ränder]strickmaschine *f* || **~/круглочесальная** *(Text)* Rundkämmmaschine *f* *(Seidenspinnerei)* || **~/круглочулочная** *(Text)* Rundstrumpfstrickmaschine *f*, Rundstrickstrumpfmaschine *f* || **~/круговая делительная** Kreisteilmaschine *f* || **~/круговая измерительная** Teilkreismeßmaschine *f*, Kreisteilmeßmaschine *f* || **~ кругового действия/широкозахватная дождевальная** *(Lw)* Kreisberegnungsanlage *f*, Beregnungsanlage *f* mit kreisförmiger kontinuierlicher Vorwärtsbewegung || **~/кружевная** *(Text)* Spitzenstuhl *m*, Spitzenmaschine *f* || **~/крупная** Großmaschine *f* || **~/крутильная** 1. *(Text)* Zwirnmaschine *f*; 2. *(El)* Kabelverseilmaschine *f* || **~/крутильная двухъярусная (двухэтажная)** *(Text)* Etagenzwirnmaschine *f* || **~/крутильная рогулечная** *(Text)* Flügelzwirnmaschine *f* || **~/крутильная этажная** *(Text)* Etagenzwirnmaschine *f* || **~/крутильно-вытяжная** *(Text)* Reckzwirnmaschine *f* || **~/крышкоделательная** *(Typ)* Buchdecken[herstellungs]maschine *f* || **~/куделеприготовительная** *(Text)* Wergveredlungsmaschine *f* || **~/кузнечно-прессовая** *(Wkzm)* Werkzeugmaschine *f* zum Umformen und Zerteilen || **~/кукурузоуборочная** *(Lw)* Maiserntemaschine *f* || **~/кулирная [трикотажная]** *(Text)* Kulierwirkmaschine *f* || **~/кюветная поливная** *(Photo)* Tauchbegießmaschine *f* || **~/лазерная вычислительная** Laserrechner *m*, Laserdatenverarbeitungsanlage *f* || **~/лазерная гравировальная** Lasergraviermaschine *f* || **~/лазерная резальная** Laserschneidmaschine *f* || **~/ламелепроборная** *(Text)* Lamellensteckmaschine *f* || **~/ластичная** *(Text)* Ränderwirkmaschine *f*, Rippmaschine *f*; Rechts/Rechts-Strickmaschine *f* || **~/леворукавная** Zickzacknähmaschine *f* *(Schuhherstellung)* || **~/лентодублирующая** *(Text)* Banddubliermaschine *f* || **~/лентосоединительная** *(Text)* Bandwickelmaschine *f*, Bandwickler *m*, Bandvereinigungsmaschine *f* *(Spinnerei)* || **~/ленточная** *(Text)* Strecke *f*, Walzenstrecke *f* *(Spinnerei)* || **~/ленточная агломерационная** Sinterband *n*, Bandsinteranlage *f*, Bandsinterapparat *m* *(Aufbereitung)* || **~/ленточная двухпольная** *(Text)* Doppelnadelstabstrecke *f*, Intersekting *f* || **~/ленточная отливочная** *(Photo)* Bandgießmaschine *f* || **~/ленточная питательная** Bandaufgeber *m*, Bandspeiser *m* || **~/ленточная полировочная** *(Wlz)* Bandpoliermaschine *f* || **~/ленточная разливочная** *(Met)* Bandgießmaschine *f*, Masselgießband *n* || **~/ленточная разрывно-штапелирующая** *(Text)* Reißkonverter *m* || **~/ленточная резально-штапелирующая** *(Text)* Schneidkonverter *m* || **~/ленточная сновальная** *(Text)* Bandschärmaschine *f* || **~/ленточная шлифовальная** *(Wlz)* Bandschleifmaschine *f* || **~/ленточно-штапелирующая** *(Text)* Konverter *m* || **~/линейно-роликовая** *s.* ~/шовная || **~/линовальная** *(Typ)* Liniermaschine *f* || **~/листовая офсетная** *(Typ)* Offsetbogendruckmaschine *f* || **~/листовая печатная** Bogen[druck]maschine *f*, Druckmaschine *f* mit Bogenanlage || **~/листовая ротационная офсетная** *(Typ)* Offset-Rotationsmaschine *f* mit Bogenanlage, Offset-Bogenrotationsmaschine *f* || **~/листогибочная** Blechbiegemaschine *f*, Blechprofiliermaschine *f*, Plattenbiegemaschine *f* || **~/листоподборочная** *(Typ)* Bogenzusammentragmaschine *f*, Zusammentragmaschine *f* || **~/листоправильная** *(Wlz)* Blechrichtmaschine *f*, Plattenrichtmaschine *f* || **~/листопрофилировочная** *(Wlz)* Blechprofiliermaschine *f*, Sickenmaschine *f* || **~/листорезальная** *(Typ)* Bogen[durch]schneidemaschine *f* || **~/листосчётная** *(Typ)* Bogenzählmaschine *f* || **~/листоформовочная** *(Bw)* Plattenformmaschine *f* *(Asbestzementplatten)* || **~/литейная** Gießereimaschine *f*; Gießmaschine *f* || **~/литьевая** *(Gieß)* Gießmaschine *f*; *(Kst)* Spritzgießmaschine *f*, Spritzgußmaschine *f* || **~/лопастная** *s.* ~/лопаточная || **~/лопастная рулевая** *(Schiff)* Drehflügelrudermaschine *f* || **~/лопаточная** Strömungsmaschine *f*, Turbomaschine *f* || **~/лощильная** *(Led)* Glanzstoßmaschine *f* || **~/льнообрабатывающая** Flachsaufbereitungsmaschine *f* || **~/льноотжимная** Flachsquetsche *f* || **~/льнопрядильная** Flachsspinnmaschine *f* || **~/льнотеребильная** Flachsraufmaschine *f* || **~/льнотрепальная** Flachsschwingmaschine *f*, Flachsschwingturbine *f*, Flachsbrechmaschine *f* , Flachsknickmaschine *f* || **~/льноуборочная** Flachserntemaschine *f* || **~/льночесальная** Flachshechelmaschine *f* || **~/малая** Kleinmaschine *f* || **~/малая вычислительная** Kleinrechner *m*, Kleincomputer *m* || **~/малая подъёмная** Förderhaspel *f* || **~/малая холодильная** Kleinkältemaschine *f* || **~/малая электронная вычислительная** Kleinrechner *m*, Kleincomputer *m* || **~/малогабаритная вычислительная** Kleinrechner *m*, Kleincomputer *m* || **~/маркировочная** *(Led)* Stempelmaschine *f* || **~/мездрильная** *(Led)*

Entfleischmaschine *f* ‖ **~/мелкосортная правильная** Feineisenrichtmaschine *f* ‖ **~/мерейная** *(Led)* 1. Narbenpreßmaschine *f*; 2. Chagriniermaschine *f* ‖ **~/мерильная** *(Text)* Meßmaschine *f*, Gewebemeßmaschine *f* ‖ **~/мерсеризационная** *(Text)* Merzerisiermaschine *f* ‖ **~/месильная** Knetmaschine *f*, Kneter *m* ‖ **~/мешальная** Mischmaschine *f* ‖ **~/многокамерная флотационная** Mehrzellenflotationsmaschine *f*, Mehrzellenflotator *m (Aufbereitung)* ‖ **~/многоканатная подъёмная** *(Bgb)* Mehrseilfördermaschine *f* ‖ **~/многокрасочная [печатная]** *(Typ)* Mehrfarben[druck]maschine *f* ‖ **~/многокрасочная плоскопечатная** *(Typ)* Mehrfarbenflachdruckmaschine *f* ‖ **~/многооперационная рыборазделочная** Fischbearbeitungsmaschine *f* für mehrere Arbeitsgänge ‖ **~/многороликовая правильная** *(Wlz)* Mehrrollenrichtmaschine *f* ‖ **~/многоситовая бумагоделательная** *(Pap)* kombinierte Papiermaschine *f* ‖ **~/многотетрадная фальцевальная** *(Typ)* Mehrbogenfalzmaschine *f* ‖ **~/многоточечная [электросварочная]** Vielfachpunktschweißmaschine *f* ‖ **~/многофазная коллекторная** *(El)* Mehrphasen-Kommutatormaschine *f* ‖ **~/многоцилиндровая** Mehrzylindermaschine *f* ‖ **~/многоцилиндровая паровая** Mehrzylinderdampfmaschine *f* ‖ **~/многоярусная [печатная]** *(Typ)* Etagendruckmaschine *f* ‖ **~/мобильная сельскохозяйственная** mobile Landmaschine *f* ‖ **~/моечная** *(Text)* Waschmaschine *f* ‖ **~/мозаично-шлифовальная** *(Bw)* Terrazzoschleifmaschine *f* ‖ **~ мокрого кручения/кольцекрутильная** *(Text)* Naßringzwirnmaschine *f* ‖ **~ мокрого прядения** *(Text)* Naßspinnmaschine *f* ‖ **~ мокрого прядения/кольцевая прядильная** *(Text)* Naßringspinnmaschine *f* ‖ **~/молотовая валяльная** *(Text)* Hammerwalke *f*, Hammerwalkmaschine *f* ‖ **~/мотальная** *(Text)* 1. Spulmaschine *f*; 2. Haspelmaschine *f* ‖ **~/мягчительная** 1. *(Text)* Batschmaschine *f*, Softener *m (Jute)*; 2. *(Led)* Stollmaschine *f* ‖ **~/мяльная** *(Text)* Knickmaschine *f (Flachs, Hanf)* ‖ **~/мяльно-трепальная** *(Text)* kombinierte Brech- und Schwingmaschine *f*, Brechschwinge *f*, Schwingaggregat *n*, Flachsaufbereitungsanlage *f (Vereinigung von Brech- und Schwingprozeß)* ‖ **~ на ...** *s. a. unter* ~ для испытания [на] ... ‖ **~ на переменный изгиб** *(Wkst)* Dauerbiegemaschine *f* ‖ **~ на растяжение-сжатие** *(Wkst)* Zug-Druck-Maschine *f*, Zug-Druck-Prüfmaschine *f* ‖ **~ на усталость/крутильная** *(Wkst)* Torsionsschwingungsmaschine *f* ‖ **~ на усталость при кручении** *(Wkst)* Dauerschwingungsmaschine *f* ‖ **~/набойко-прибивная** *(Led)* Oberfleckaufnagelmaschine *f (Schuhherstellung)* ‖ **~/наборная** *(Typ)* Setzmaschine *f* ‖ **~/накатная** 1. *(Text)* Wickelmaschine *f*, Aufrollmaschine *f*; 2. *(Led)* Krispelmaschine *f* ‖ **~/намазная** 1. Einstreichmaschine *f*; 2. Auftragmaschine *f (für Klebstoffe)*; 3. *(Led)* Schwödemaschine *f* ‖ **~/намёточная** *(Text)* Heft[naht]maschine *f*; Pikiermaschine *f* ‖ **~/намоточная** 1. *(Wlz)* Haspel *f*, Aufwickelmaschine *f*, Wickelmaschine *f*, Wickelvorrichtung *f*, Aufwickelvorrichtung *f*; 2. *(Text)* Aufspulmaschine *f* ‖ **~/намоточная роликовая** Rollenwickelmaschine *f (ohne Trommel)* ‖ **~/нанизочная** Spittmaschine *f (Fischverarbeitung)* ‖ **~/насекальная** *s.* ~/картонасекальная ‖ **~/настилочная** *(Text)* Legemaschine *f*, Auflegemaschine *f* ‖ **~/настольная вычислительная** [elektronischer] Tischrechner *m*, Tischrechenmaschine *f* ‖ **~/научно-информационная** wissenschaftliche Informationsmaschine *f* ‖ **~/неводовыборочная** Zugnetzeinholmaschine *f (Seiner)* ‖ **~/независимая** Alleinmaschine *f* ‖ **~ непрерывного действия** Maschine *f* kontinuierlicher Arbeitsweise; Analog[ie]maschine *f* ‖ **~ непрерывного действия/гребнечесальная** *(Text)* kontinuierliche Kämmaschine *f (Spinnerei)* ‖ **~ непрерывного действия/интегрирующая** *(Inf)* analoge Integrieranlage *f* ‖ **~ непрерывного действия/копировальная** *(Photo)* Durchlaufkopiermaschine *f* ‖ **~ непрерывного действия/проявочная** *(Photo)* Durchlaufentwicklungsmaschine *f* ‖ **~/непрямоточная паровая** Gegenstromdampfmaschine *f* ‖ **~/неявнополюсная** *(El)* Vollpolmaschine *f* ‖ **~/низковольтная** *(El)* Niederspannungsmaschine *f* ‖ **~ низкого давления/паровая** Niederdruckdampfmaschine *f* ‖ **~/низкооборотная** langsamlaufende Maschine *f*, Langsamläufer *m* ‖ **~/низкотемпературная** Tieftemperaturkältemaschine *f*, Kaskadenkältemaschine *f*, Kältemaschine *f* mit mehrstufiger Verdichtung ‖ **~/нитепроборная** *(Text)* Fadeneinziehmaschine *f* ‖ **~/ниткошвейная** *(Typ)* Fadenheftmaschine *f* ‖ **~/ножевая фальцевальная** *(Typ)* Schwertfalzmaschine *f*, Messerfalzmaschine *f* ‖ **~/обдуваемая** *(El)* oberflächenbelüftete Maschine *f* ‖ **~/обезрепеивающая** *(Text)* Klettenwolf *m (mechanisches Entkletten der Rohwolle)* ‖ **~/обеспыливающая** 1. Entstaubungsmaschine *f*; 2. *(Text)* Abfallreinigungsmaschine *f* ‖ **~/обкат[оч]ная** *(Wlz)* Reelingmaschine *f*; Friemelmaschine *f*, Abrollwalzwerk *n* ‖ **~/обогатительная** Aufbereitungsmaschine *f*; Agglomerisationsmaschine *f* ‖ **~/обоечная** Schälmaschine *f (Mühlenindustrie)* ‖ **~/оборотная** Links/Links-Strickmaschine *f* ‖ **~/обрезная** *(Led)* Eckenausstoßmaschine *f (Herstellung von Schaftmodellen)* ‖ **~/обтяжная** *(Led)* Überholmaschine *f (Schuhherstellung)* ‖ **~/обучающая** *(Inf)* lehrende Maschine *f*, Lehrmaschine *f* ‖ **~/обучающаяся** [selbst]lernende Maschine *f*, Lernmaschine *f* ‖ **~ общего назначения** Universalmaschine *f*, universell einsetzbare Maschine *f* ‖ **~ общего назначения/вычислительная** Universalrechner *m*, Universalrechenmaschine *f* ‖ **~ «оверлок»/швейная** *(Text)* Overlock[näh]maschine *f* ‖ **~/огневая** *(Met)* Heißflammstrahlmaschine *f (Putzerei)* ‖ **~ огневой чистки** Brennputzmaschine *f*, Flämmmaschine *f* ‖ **~ одиночного расширения/паровая** Dampfmaschine *f* mit einfacher Expansion, Einfachexpansionsmaschine *f* ‖ **~/одноадресная вычислительная** Einadreßrechenmaschine *f* ‖ **~/однобарабанная подъёмная** Eintrommelfördermaschine *f* ‖ **~/одноигольная вязальная** Einnadelstrickmaschine *f*, Einnadelstuhl *m* ‖ **~/одноигольная швейная** Einnadelnähmaschine *f* ‖ **~/однокамерная закладочная** *(Bgb)* Einkammerversatzmaschine *f* ‖ **~/одноканатная подъёмная** *(Bgb)* Einseilfördermaschine *f* ‖ **~/однокрасочная офсетная** *(Typ)* Einfarbenoffsetmaschine *f* ‖ **~/однокрасочная печатная** *(Typ)* Einfarbendruckmaschine *f* ‖ **~/однокрасочная плоскопечатная** *(Typ)* Einfarbenflachdruckmaschine *f* ‖ **~/однокривошипная** *(Masch)* Einkurbelmaschine *f* ‖ **~/однокрыльчатая трепальная** *(Text)* einfache Schlagmaschine *f* ‖ **~/однониточная кеттельная** *(Text)* einfädige Kettelmaschine *f* ‖ **~/одноножевая резальная** *(Typ)* Einmesser[schneide]maschine *f* ‖ **~/однооборотная** *(Typ)* Eintourenmaschine *f* ‖ **~/одноплатная электронная вычислительная** Einkartenrechner *m*, Einkartencomputer *m*, Einplatinenrechner *m*, Single-Board-Computer *m* ‖ **~/однопроцессная трепальная** *(Text)* einfache Schlagmaschine *f*, Einprozeßschlagmaschine *f* ‖ **~/односгибная фальцевая** *(Typ)* Einbruchfalzmaschine *f* ‖ **~/односеточная бумагоделательная** *(Pap)* Einsiebpapiermaschine *f* ‖ **~/односторонняя печатная** *(Typ)* Maschine *f* für den Schöndruck, Schöndruckmaschine *f* ‖ **~/одноточечная [электросварочная]** Ein[zel]punktschweißmaschine *f* ‖ **~/однофазная асинхронная** *(El)* Einphasenasynchronmaschine *f* ‖ **~/однофазная последовательная** *(El)* Einphasen-Reihenschlußmaschine *f*, Einphasen-Hauptschlußmaschine *f* ‖ **~/однофонтурная круглая трикотажная** einfache (einfonturige) Rundwirkmaschine *f* ‖ **~/однофонтурная кругловязальная** *(Text)* Rechts/Links-Großrundstrickmaschine *f* ‖ **~/однофонтурная основовязальная (трикотажная)** einfache (einfonturige) Kettenwirkmaschine *f* ‖ **~/одноформовая** *(Glas)* Einformmaschine *f* ‖ **~/одноцилиндровая паровая** Einzylinderdampfmaschine *f* ‖ **~/окантовочная** *(Typ)* Fälzelmaschine *f* ‖ **~/опаливающая** *(Text)* Sengmaschine *f* ‖ **~/оплёточная** Flechtmaschine *f* *(Kabelherstellung)* ‖ **~/оптическая аналоговая вычислительная** optischer Computer (Analogrechner) *m* ‖ **~/опытная** Versuchsmaschine *f* ‖ **~/осадочная** *(Schm)* Stauchmaschine *f* ‖ **~/осевая лопаточная** *(Masch)* Axialmaschine *f* ‖ **~/осецентробежная лопаточная** *(Masch)* Diagonalmaschine *f* ‖ **~/основовязальная [трикотажная]** *(Text)* Kettenwirkmaschine *f* ‖ **~/основомотальная** Kett[garn]spulmaschine *f* *(Weberei)* ‖ **~/основопроборная** *s.* ~/проборная ‖ **~/острильная** *(Wlz)* Anspitzmaschine *f* ‖ **~/отбельная** *(Text)* Bleichmaschine *f* ‖ **~/отбельно-моечная** *(Text)* Strangbleich- und Waschmaschine *f* ‖ **~/отбойная** *(Bgb)* Gewinnungsgerät *n*, Gewinnungsmaschine *f* ‖ **~/отвалообразующая** *(Bgb)* Kippgerät *n*, Abraumgerät *n*, Absetzer *m* *(Tagebau)* ‖ **~/отделочная** *(Text)* Veredlungsmaschine *f*; Gewebeausrüstungsmaschine *f* ‖ **~/отжимная** *(Led)* Abwelkmaschine *f* ‖ **~/отжимная разводная** kombinierte Ausreck- und Abwelkmaschine *f* ‖ **~/отколочная** *(Glas)* Absprengmaschine *f* ‖ **~/открытая** *(El)* offene Maschine *f*, Maschine *f* offener Bauart (Ausführung) ‖ **~/отливочная** *(Photo)* Gießmaschine *f* ‖ **~/отопочная** *(Glas)* Verschmelzmaschine *f* ‖ **~/отсадочная** Setzmaschine *f* *(Aufbereitung)* ‖ **~ Оуэнса/стеклоформующая** *(Glas)* Owens-Flaschenblasmaschine *f* ‖ **~/офсетная** *(Typ)* Offset[druck]maschine *f* ‖ **~/очистная** *(Bgb)* Gewinnungsgerät *n*, Gewinnungsmaschine *f* ‖ **~/паголеночная** *(Text)* Längenmaschine *f* *(Strumpfwirkerei)* ‖ **~/паголеночноследовая** *(Text)* Längenfußmaschine *f* *(Strumpfwirkerei)* ‖ **~/пакеторасформирующая** Entpalletiermaschine *f* ‖ **~/пакетоформирующая** Palettiermaschine *f* ‖ **~/панировочная** Paniermaschine *f* *(Fischverarbeitung)* ‖ **~/папочная** *(Pap)* Pappenmaschine *f* ‖ **~/параллелограммная газорезательная** Pantographenbrennschneidmaschine *f* ‖ **~/параллельная** *(El)* Nebenschlußmaschine *f* ‖ **~/параллельная вычислительная** Parallelrechner *m*, Parallelrechenmaschine *f* ‖ **~ параллельного возбуждения** *(El)* Nebenschlußmaschine *f* ‖ **~ параллельного действия/вычислительная** Parallelrechner *m*, Parallelrechenmaschine *f* ‖ **~ параллельного действия/цифровая вычислительная** Paralleldigitalrechner *m* ‖ **~ параллельной мотки/мотальная** *(Text)* Parallelspulmaschine *f* ‖ **~/параллельно-последовательная вычислительная** Parallel-Serien-Rechner *m* ‖ **~ параллельно-последовательного возбуждения** *(El)* Reihenschlußmaschine *f* mit Nebenschlußverhalten ‖ **~ параллельно-последовательного действия/[цифровая] вычислительная** kombinierter Parallel- und Serien-Digitalrechner *m* ‖ **~/паровая** Dampfmaschine *f* ‖ **~/паровая холодильная** Kaltdampfkältemaschine *f* *(alle Kältemaschinen mit Kaltdampf als Arbeitsmittel)* ‖ **~/пароводяная холодильная** Wasserdampfkältemaschine *f*, Kältemaschine *f* mit Wasserdampf als Arbeitsmittel ‖ **~/парокомпрессионная холодильная** Kompressionskältemaschine *f*, Verdichter[kaltdampf]kältemaschine *f* ‖ **~/паронепроницаемая [электрическая]** *(El)* dampfdicht gekapselte Maschine *f* ‖ **~/пароструйная холодильная** Dampfstrahlkältemaschine *f* ‖ **~/пароэжекторная холодильная** Dampfstrahlkältemaschine *f* ‖ **~/партионная сновальная** *(Text)* Zettelmaschine *f* ‖ **~/паяльная** Lötmaschine *f* ‖ **~/первая чесальная** *s.* ~/грубая чесальная ‖ **~ первого поколения/вычислительная** Rechner *m* der ersten Generation ‖ **~/переводная** *(Inf)* Übersetzungsmaschine *f* ‖ **~/перегонная** *(Text)* Bäummaschine *f* ‖ **~/перегонная ровничная** *(Text)* Mittelflyer *m* ‖ **~/перегрузочная** Verladegerät *n*, Umschlaggerät *n* ‖ **~/передняя** *(El)* Vordermaschine *f* ‖ **~ переменного изгиба/испытательная** *(Wkst)* Wechselbiegemaschine *f* ‖ **~ переменного тока** *(El)* Wechselstrommaschine *f* ‖ **~/переменно-полюсная** *(El)* Wechselpolmaschine *f* ‖ **~/перемоточная** Umspulmaschine *f* ‖ **~/переносная** transportable Maschine *f* ‖ **~ периодического действия/гребнечесальная** *(Text)* periodische Kämmaschine *f* *(Spinnerei)* ‖ **~ периодического действия/прядильная** *(Text)* periodische Spinnmaschine *f*, Wagenspinnmaschine *f*, Wagenspinner *m*, Selfaktor *m*, Selbstspinner *m*, Mulemaschine *f* ‖ **~/периферийная вычислительная** Satellitenrechner *m* ‖ **~/персональная электронная вычислительная** Personalcomputer *m*, PC ‖ **~/перфорацион-**

ная Perforiermaschine *f* ‖ **~/пескодувная** *(Gieß)* Sandstrahlmaschine *f* ‖ **~/пескодувная стержневая** *(Gieß)* Kernblasmaschine *f*, Blasmaschine *f* ‖ **~/пескодувная формовочная** *(Gieß)* Blasformmaschine *f* ‖ **~/пескострельная стержневая** *(Gieß)* Kernschießmaschine *f*, Schießmaschine *f* ‖ **~/петельная** Knopfloch-[näh]maschine *f* ‖ **~/печатная** Druckmaschine *f* ‖ **~/плазморежущая** Plasmaschneidmaschine *f* ‖ **~ планетарного типа/печатная** *(Typ)* Satellitendruckwerk *n* ‖ **~/плетельная** *(Text)* Flechtmaschine *f* ‖ **~/плиссировочная** *(Text)* Plissiermaschine *f* ‖ **~/плоская жаккардовая** *(Text)* Jacquard-Flachstrickmaschine *f* ‖ **~/плоская кеттельная** *(Text)* Flachkettelmaschine *f*, Kettelmaschine *f* mit flacher Nadelbarre ‖ **~/плоская кулирная** *(Text)* Flachkulierwirkmaschine *f* ‖ **~/плоская оборотная** *(Text)* Links/Links-Flachstrickmaschine *f* ‖ **~/плоская офсетная** *(Typ)* Offsetflachdruckmaschine *f* ‖ **~/плоская фанговая** *(Text)* Flachstrickmaschine *f* ‖ **~/плоская чесальная** *(Text)* Flachkämmaschine *f (Seidenspinnerei)* ‖ **~/плоская чулочная** *s.* ~/плоскочулочная ‖ **~/плосковязальная** *(Text)* Flachstrickmaschine *f* ‖ **~/плосковязальная карусельная** *(Text)* Flachstrickmaschine *f* mit umlaufendem Schlitten ‖ **~/плоскокулирная** *(Text)* Flachkulierwirkmaschine *f* ‖ **~/плосколастичная** *(Text)* Flachränderwirkmaschine *f* ‖ **~/плоскопечатная** Flachformbuchdruckmaschine *f*, Zylinderdruckmaschine *f*, Schnellpresse *f* ‖ **~/плоскофанговая** *(Text)* Flachstrickmaschine *f* ‖ **~/плоскофанговая** *(Typ)* **жаккардовая** Jacquard-Flachstrickmaschine *f* ‖ **~/плоскофанговая оборотная** Links/Links-Flachstrickmaschine *f* ‖ **~/плоскочулочная** *(Text)* Flachstrumpfwirkmaschine *f*, Cottonmaschine *f* ‖ **~/плунжерная рулевая** *(Schiff)* Tauchkolbenrudermaschine *f* ‖ **~/плюсовальная** *(Text)* Foulard *m*, Färbefoulard *m* ‖ **~/плющильная** *(Schm)* Stauchmaschine *f* ‖ **~/пневматическая встряхивающая формовочная** *(Gieß)* Druckluftrüttelformmaschine *f*, Druckluftrüttler *m* ‖ **~/пневматическая закладочная** *(Bgb)* Blasversatzmaschine *f* ‖ **~/пневматическая отсадочная** *(Bgb)* Luftsetzmaschine *f* ‖ **~/пневматическая подъёмная** Drucklufthebezeug *n* ‖ **~/пневматическая разгрузочная** pneumatischer Entlader *m*, Saugluftentlader *m* ‖ **~/пневматическая сверлильная ручная** Druckluftbohrmaschine *f* ‖ **~/пневматическая формовочная** *(Gieß)* Druckluftformmaschine *f* ‖ **~/поворотно-баровая врубовая** *(Bgb)* Schwenkkerbmaschine *f* ‖ **~ повышенной проходимости** Geländefahrzeug *n* ‖ **~/погрузочная** Lademaschine *f*, Ladegerät *n*, Lader *m (s. a. unter* погрузчик*)* ‖ **~/погрузочно-доставочная** *(Bgb)* Fahrlader *m* ‖ **~/погрузочно-разгрузочная** Be- und Entlademaschine *f*, Be- und Entladegerät *n* ‖ **~/подбивочная** *(Eb)* Gleisstopfmaschine *f* ‖ **~/подборочная** *(Typ)* Zusammentragmaschine *f* ‖ **~/подборочно-швейная** *(Typ)* Zusammentrag- und Heftmaschine *f* ‖ **~/подметательная** Straßenkehrmaschine *f* ‖ **~/подметательно-уборочная** Straßenkehr- und -reinigungsmaschine *f* ‖ **~/подъёмная** Hebezeug *n*; *(Bgb)* Fördermaschine *f (Schachtförderung)* ‖ **~/поливально-моечная** Straßenspreng- und -reinigungsmaschine *f* ‖ **~/поливочная** *(Kst)* Gießmaschine *f* ‖ **~/полиграфическая** *(Typ)* polygraphische Maschine *f* ‖ **~/полировочная** 1. Poliermaschine *f*; 2. *(Wlz)* Friemelmaschine *f*, Reeling-Maschine *f (Rohre)* ‖ **~/полугусеничная** Halbkettenfahrzeug *n* ‖ **~/полузакрытая** *(El)* Maschine *f* halbgeschlossener Bauart (Ausführung) ‖ **~/полунавесная** *(Lw)* Aufsattelmaschine *f* ‖ **~/поперечная стригальная** *(Text)* Querschermaschine *f* ‖ **~/поперечно-баровая врубовая** *(Bgb)* Querschrämmaschine *f* ‖ **~/поперечно-вязальная трикотажная** *(Text)* Kulierwirkmaschine *f* ‖ **~/поперечно-стригальная** *(Text)* Querschermaschine *f* ‖ **~/портальная газорезательная** Portalbrennschneidmaschine *f* ‖ **~/портативная электрическая швейная** elektrische Koffernähmaschine *f* ‖ **~/поршневая** Kolbenmaschine *f* ‖ **~/поршневая газовая** Kolbengasmaschine *f* ‖ **~/поршневая паровая** Kolbendampfmaschine *f* ‖ **~/поршневая расширительная** Kolbenexpansionsmaschine *f* ‖ **~/поршневая холодильная** Kältemaschine *f* mit Kolbenkompressor ‖ **~/посадочная** 1. *(Schm)* Wärmeofeneinsetzmaschine *f* für Schmiedestücke; 2. *(Lw)* Pflanzmaschine *f*; Legemaschine *f (für Kartoffeln)* ‖ **~/последовательная** *s.* 1. ~ последовательного действия/вычислительная; 2. последовательного возбуждения ‖ **~ последовательного возбуждения** *(El)* Reihenschlußmaschine *f*, Hauptschlußmaschine *f* ‖ **~ последовательного действия/вычислительная** Serienrechner *m*, seriell arbeitender Rechner *m* ‖ **~ последовательного действия/цифровая вычислительная** Seriendigitalrechner *m*, seriell arbeitender Digitalrechner *m* ‖ **~ последовательно-параллельного возбуждения** *(El)* Nebenschlußmaschine *f* mit Reihenschlußverhalten ‖ **~ постоянного тока** *(El)* Gleichstrommaschine *f* ‖ **~ постоянного тока последовательного возбуждения** Gleichstromreihenschlußmaschine *f*, Gleichstromhauptschlußmaschine *f* ‖ **~ постоянного тока/шунтовая** Gleichstromnebenschlußmaschine *f* ‖ **~/потрошильная** Entweidemaschine *f*, Schlachtmaschine *f (Fischverarbeitung)* ‖ **~/почвообрабатывающая** *(Lw)* Bodenbearbeitungsmaschine *f*; Bodenbearbeitungsgerät *n* ‖ **~/прави́льная** *(Wlz)* Richtmaschine *f* ‖ **~/прави́льно-гибочная** *(Wlz)* Richt- und Biegemaschine *f* ‖ **~/прави́льно-тянущая** *(Wlz)* Richtmaschine *f* mit Abzugsvorrichtung, Richt- und Abzugsmaschine *f* ‖ **~/предварительная чесальная** *s.* ~/грубая чесальная ‖ **~ предварительной крутки** *(Text)* Vorzwirnmaschine *f* ‖ **~ прерывного действия/копировальная** *(Photo)* Schrittkopiermaschine *f* ‖ **~/прессовая стержневая** *(Gieß)* Kernpreßmaschine *f* ‖ **~/прессовая формовочная** *(Gieß)* Preßformmaschine *f* ‖ **~/прессовыдувная** *(Glas)* Preßblasmaschine *f* ‖ **~/прессующая закладочная** *(Bgb)* Preßversatzmaschine *f* ‖ **~/приводная** Antriebsmaschine *f* ‖ **~/приготовительная ленточная** *(Text)* Grobstrecke *f* ‖ **~/приёмно-намоточная** *(Text)* Aufspulmaschine *f (Chemieseidenherstellung)* ‖

~/присучальная *(Text)* Andrehmaschine *f (Andrehen der Kettfäden)* || **~/прицепная** *(Lw)* Anhängemaschine *f* || **~/пробивная** *s.* ~/насекальная || **~/проборная** *(Text)* Einziehmaschine *f (Einziehen der Kettfäden)* || **~/проволокошвейная** *(Typ)* Drahtheftmaschine *f* || **~/программируемая вычислительная** programmierbarer Rechner *m* || **~/продольная стригальная** *(Text)* Langschermaschine *f* || **~/продольно-баровая врубовая** *(Bgb)* Längsschrämmaschine *f* || **~/продольно-стригальная** *(Text)* Längsschermaschine *f* || **~/промазочная** *(Led)* Einstreichmaschine *f*, Flächenzementiermaschine *f (Schuhherstellung)* || **~/промасливающая** *(Wlz)* Einfettvorrichtung *f*, Einfettmaschine *f* || **~/промывная** *(Text)* Waschmaschine *f* || **~/промывная широкополотенная** Breitwaschmaschine *f* || **~/промывочная** Wascher *m*, Wäscher *m*, Waschanlage *f*, Waschvorrichtung *f (Aufbereitung)* || **~/пропашная** *(Lw)* Hackmaschine *f* || **~/пропиточная** *(El)* Imprägniermaschine *f*, Tränkmaschine *f (Kabelherstellung)* || **~/просеивающая** Siebmaschine *f*, Sichter *m*, Sichtmaschine *f* || **~ простого действия/паровая** einfachwirkende Dampfmaschine *f* || **~/противокомпаундная** *(El)* gegenkompoundierte Maschine *f*, Gegenverbundmaschine *f* || **~/протирочная** *(Lebm)* Passiermaschine *f* || **~/профилировочная** *(Fert)* Profiliermaschine *f (für Bleche und Bänder)* || **~/профилировочно-гибочная** *(Fert)* Profilier- und Sickenmaschine *f*, Profilbiegemaschine *f* || **~/проходная формовочная** *(Gieß)* Durchlaufformmaschine *f* || **~/проходческая** *(Bgb)* Streckenvortriebsmaschine *f*, Vortriebsmaschine *f* || **~/проходческая подъёмная** *(Bgb)* Abteufördermaschine *f* || **~/проявочная** *(Photo)* Entwicklungsmaschine *f* || **~/прядильная** *(Text)* Spinnmaschine *f* || **~/прядильная аэродинамическая** Open-End-Luftspinnmaschine *f*, OE-Luftspinnmaschine *f* || **~/прядильная бобинная** Spulenspinnmaschine *f* || **~/прядильная пневмомеханическая (роторная)** Open-End-Spinnmaschine *f*, OE-Spinnmaschine *f*, Rotorspinnmaschine *f* || **~/прядильная центрифугальная** Zentrifugenspinnmaschine *f* || **~/прядильно-крутильная** *(Text)* kombinierte Spinn-, Fach- und Zwirnmaschine *f* || **~/прямоточная паровая** Gleichstromdampfmaschine *f* || **~/пуговичная** Knopfannähmaschine *f* || **~/пульсаторная** *(Bgb)* Pulsator[setz]maschine *f*, Pulsator *m* || **~/путевая** *(Eb)* Gleisbaumaschine *f*, Gleisbaugerät *n* || **~/путепередвижная (путепереукладочная)** *(Eb)* Gleisrückmaschine *f* || **~/путеукладочная** *s.* ~/путевая || **~/пылезащищённая [электрическая]** *(El)* staubgeschützte Maschine *f* || **~/пятивалковая правúльная** *(Fert)* Richtmaschine *f* mit fünf Richtwalzen || **~/пяточная** *(Text)* Fersenmaschine *f (Strumpfwirkerei)* || **~/рабочая** Arbeitsmaschine *f* || **~/радиальная лопаточная** Radialmaschine *f (Pumpe, Verdichter, Turbine)* || **~/радиально-осевая лопаточная** Diagonalmaschine *f* || **~/разборная** *(Typ)* Ableger *m*, Ablegemechanismus *m* || **~/разводная** *(Led)* Ausstoßmaschine *f*; Ausreckmaschine *f* || **~/разводная барабанная** *(Led)* Trommelausstoßmaschine *f* || **~/разводная столовая** *(Led)* Tafelausstoßmaschine *f* || **~/разгибочно-правúльная** *(Met)* Aufbiege- und Richtmaschine *f* || **~/разгрузочная** Entlademaschine *f*, Entlader *m* || **~/разделочная** Fischbearbeitungsmaschine *f*; Schlachtmaschine *f (Fischverarbeitung)* || **~/разливочная** 1. *(Met)* Masselgießmaschine *f*; 2. *(Gieß)* Gießmaschine *f* || **~/разливочная рядовая** *(Lebm)* Reihenfüller *m* || **~/разливочно-укупорочная** Abfüll- und Verschließmaschine *f (für Flaschen)* || **~/разметочная** 1. Signiermaschine *f*; 2. *(Fert)* Anreißmaschine *f* || **~/размоточная** Entrollmaschine *f* || **~/разрабатывающая** *(Bgb)* Gewinnungsmaschine *f*, Abbaugerät *n* || **~/разрывная** *(Wkst)* Zerreißmaschine *f*; Zugfestigkeitsprüfmaschine *f* || **~/разрывная универсальная** Universal[werkstoff]prüfmaschine *f* || **~/разрывная штапелирующая** *(Text)* Reißkonverter *m* || **~/разрыхлительная** *(Text)* Auflösungsmaschine *f*, Öffnungsmaschine *f* || **~/рантовшивная** *(Led)* Einstechmaschine *f*, Rahmeneinstechmaschine *f (Schuhherstellung)* || **~/раскатная** *(Wlz)* Schrägwalzenglättmaschine *f* || **~/раскладочная** Legemaschine *f*, Anlegemaschine *f (Flachsspinnerei)* || **~/распилочная** *(Led)* Spaltmaschine *f* || **~/распускная** Riemenschneidemaschine *f* || **~/рассадопосадочная** Pflanzmaschine *f*, Setzlingspflanzmaschine *f* || **~/растяжная правúльная** *(Schm)* Reckrichtmaschine *f*, Streckrichtmaschine *f* || **~/расфасовочно-упаковочная** Paketiermaschine *f* || **~/расширительная** Expansionsmaschine *f* || **~/расшифровочная (расшифровывающая)** *(Inf)* Lochschriftübersetzer *m* || **~/ратинирующая** *(Text)* Ratiniermaschine *f*, Kräuselmaschine *f* || **~/реактивная синхронная** *(El)* Reaktionsmaschine *f*, Reluktanzmaschine *f* || **~/реверсивная [плоскопечатная]** *(Typ)* Schwingzylindermaschine *f* || **~/резальная** *(Typ)* Schneidemaschine *f*, Beschneidemaschine *f* || **~/рельефная [сварочная]** Buckelschweißmaschine *f* || **~/рельефно-сварочная** Buckelschweißmaschine *f* || **~/рельсоправúльная** *(Eb, Wlz)* Schienenrichtmaschine *f* || **~/рельсосварочная** Schienenschweißmaschine *f* || **~/ровничная** *(Text)* Vorspinnmaschine *f*, Flyer *m* || **~/рогульчатая крутильная** *(Text)* Flügelzwirnmaschine *f* || **~/рогульчатая прядильная** *(Text)* Flügelspinnmaschine *f* || **~/рогульчатая ровничная** *(Text)* Flügelvorspinnmaschine *f*, Flyer *m* || **~/рогульчато-прядильная** *(Text)* Flügelspinnmaschine *f* || **~/ролевая печатная** *(Typ)* Rollenmaschine *f* || **~/ролевая ротационная офсетная** *(Typ)* Offsetrollenmaschine *f* || **~/роликовая** *s.* ~/шовная || **~/роликовая гибочная** *(Wlz)* Roll[en]biegemaschine *f* || **~/роликовая листогибочная** *(Wlz)* Bördelmaschine *f*; Sickenmaschine *f* || **~/роликовая правúльная** *(Wlz)* Rollenrichtmaschine *f* || **~/роликовая разгибочная** *(Wlz)* Rollenaufbiegemaschine *f* || **~/ролико-правльная** *(Wlz)* Rollenrichtmaschine *f* || **~/росткоотбивная** *(Brau)* Malzentkeimungsmaschine *f* || **~/ротационная газетная печатная** Zeitungsrotationsmaschine *f* || **~/ротационная гибочная** *(Met)* Karussellbiegemaschine *f* || **~/ротационная листовая печатная** Bogenrotationsmaschine *f* || **~/рота-**

ционная многорулонная офсетная Offsetrotationsrollenmaschine *f* ‖ **~/ротационная печатная** *(Typ)* Rotationsmaschine *f* ‖ **~/ротационная рулонная печатная** Rollenrotationsmaschine *f* ‖ **~/ротационная холодильная** Kältemaschine *f* mit Rotationskompressor ‖ **~/роторно-поршневая** Rotationskolbenmaschine *f* ‖ **~/рубительная** *(Pap)* Hackmaschine *f* ‖ **~/рубительная дисковая** Messerscheibenzerspaner *m*, Flachscheibenzerspaner *m* ‖ **~/рулевая** *(Schiff)* Rudermaschine *f* ‖ **~/рулонная печатная** *(Typ)* Rollenmaschine *f* ‖ **~/рулонная ротационная офсетная** *(Typ)* Offsetrollenmaschine *f* ‖ **~/рулоноразвёртывающая** *(Wlz)* Bundentrollmaschine *f* ‖ **~/ручная бурильная** Handbohrmaschine *f* ‖ **~/рыбомоечная** Fischwaschmaschine *f* *(Fischverarbeitung)* ‖ **~/рыборазделочная** Fischbearbeitungsmaschine *f*; Fischschlachtmaschine *f* ‖ **~ с двойным кожухом [/электрическая]** *(El)* Maschine *f* mit Mantelkühlung ‖ **~ с зигзагообразной строчкой/швейная** *(Text)* Zickzacknähmaschine *f* ‖ **~ с независимым возбуждением** *(El)* Maschine *f* mit Fremderregung, fremderregte Maschine *f* ‖ **~ с независимым охлаждением** *(El)* Maschine *f* mit Fremdkühlung, fremdgekühlte (fremdbelüftete) Maschine *f* ‖ **~ с перекидыванием** *(Gieß)* Schwenkformmaschine *f*, Umschwenkformmaschine *f*, Umlegeformmaschine *f*, Umrollformmaschine *f* ‖ **~ с плоской платформой/швейная** *(Text)* Flachbettnähmaschine *f* ‖ **~ с повторением решения/аналоговая вычислительная** Analogrechner *m* mit periodischer Wiederholung der Lösung, repetierender Analogrechner *m* ‖ **~ с поперечным полем** *(El)* Querfeldmaschine *f* ‖ **~ с поразрядной организацией [памяти]/вычислительная** Stellenrechenmaschine *f* ‖ **~ с программным управлением/вычислительная** programmgesteuerte Rechenmaschine *f* ‖ **~ с противодавлением/разливочная** Gegendruckfüllmaschine *f*, Gegendruckfüller *m* ‖ **~ с роторным питанием** *(El)* läufergespeiste Maschine *f* ‖ **~ с самовозбуждением [/электрическая]** *(El)* selbsterregte Maschine *f* ‖ **~ с самоохлаждением [/электрическая]** *(El)* eigenbelüftete Maschine *f* ‖ **~ с шунтовой характеристикой** *(El)* Maschine *f* mit Nebenschlußverhalten ‖ **~/садочная** *(Met)* Beschick[ungs]maschine *f*, Chargiermaschine *f* ‖ **~/самообучающаяся** *(Inf)* lernende Maschine *f*, Lernautomat *m* ‖ **~/самосъёмочная бумагоделательная** Selbstabnahme[papier]maschine *f*, Yankee-Maschine *f* ‖ **~/самоходная** *(Lw)* selbstfahrende Maschine *f*, Selbstfahrmaschine *f*, Selbstfahrer *m* ‖ **~/самоходная сельскохозяйственная** selbstfahrende Landmaschine *f* ‖ **~/сварочная** Schweißmaschine *f* ‖ **~/свекломоечная** Rübenwaschmaschine *f* ‖ **~/свеклоуборочная** *(Lw)* Rübenerntemaschine *f* ‖ **~/свёртывающая** *(Wlz)* Aufwickelmaschine *f*, Haspel *f*, Wickelmaschine *f* ‖ **~/свечеотливная** Kerzengießmaschine *f* ‖ **~/свободнопоршневая** Freikolbenmaschine *f*, Flugkolbenmaschine *f* ‖ **~/сдвоенная паровая** Zwillingsdampfmaschine *f* ‖ **~/сдвоенная ротационная** *(Typ)* Zwillingsrotationsmaschine *f* ‖ **~/сдвоенная формовочная** *(Gieß)* Zwillingsformmaschine *f* ‖ **~/сдувоподметательная** Kehr-Blas-Gerät *n* ‖ **~/секторная рулевая** *(Schiff)* Quadrantrudermaschine *f* ‖ **~/секционная сновальная** *(Text)* Teilbaumschärmaschine *f* ‖ **~/сельскохозяйственная** Landmaschine *f* ‖ **~/семеочистительная** *(Lw)* Saatgutbereiter *m*, Saatgutreinigungsanlage *f* ‖ **~/сеноуборочная** *(Lw)* Heuwerbungsmaschine *f* ‖ **~/сериесная** *(El)* Reihenschlußmaschine *f*, Hauptschlußmaschine *f* ‖ **~/серийная** Serienmaschine *f* ‖ **~/сетевыборочная** Netzeinholmaschine *f* ‖ **~/сетевязальная** Netz[wirk]maschine *f* *(Wirkerei)* ‖ **~/сигнально-вызывная** *(Nrt)* Ruf- und Signalmaschine *f*, RSM *f* ‖ **~/синхронная** *(El)* Synchronmaschine *f*, synchrone Maschine *f* ‖ **~/синхронная вычислительная** Synchronrechner *m*, synchroner Rechner *m* ‖ **~/синхронная цифровая вычислительная** digitaler Synchronrechner *m* ‖ **~/синхронная электрическая** *(El)* Synchronmaschine *f* ‖ **~/синхронная явнополюсная** *(El)* Schenkelpol[synchron]maschine *f* ‖ **~/ситцепечатная** *(Text)* Zeugdruckmaschine *f* ‖ **~/скатывающая ленточная** *(Text)* Nitschelstrecke *f* ‖ **~ скипового подъёма/подъёмная** *(Bgb)* Skipfördermaschine *f* ‖ **~/складальная** *(Text)* Legemaschine *f*, Faltmaschine *f* ‖ **~/складально-мерильная** *(Text)* Meß-Legemaschine *f* ‖ **~/скоростная ленточная** *(Text)* Schnelläuferstrecke *f* ‖ **~/следовая** *(Text)* Fußmaschine *f* *(Strumpfwirkerei)* ‖ **~/смесовая** *(Text)* Mischmaschine *f* ‖ **~ смешанного возбуждения** *(El)* Kompoundmaschine *f*, Doppelschlußmaschine *f*, Verbundmaschine *f* ‖ **~/сновальная** *(Text)* Schärmaschine *f*, Zettelmaschine *f* *(Weberei, Wirkerei)* ‖ **~ со статорным питанием** *(El)* ständergespeiste Maschine *f* ‖ **~/солодополировочная** *(Brau)* Malzpoliermaschine *f*, Malzputzmaschine *f* ‖ **~/сорбционная холодильная** Sorptionskältemaschine *f* ‖ **~/сортировальная (сортировочная, сортирующая)** Sortiermaschine *f* ‖ **~/сортогибочная** *(Wlz)* Profilstahlbiegemaschine *f* ‖ **~/сортоправильная** *(Wlz)* Formstahlrichtmaschine *f*, Profilstahlrichtmaschine *f* ‖ **~/спекательная** Sintermaschine *f* *(Aufbereitung)* ‖ **~/специализированная вычислительная** Spezialrechner *m*, Spezialrechenmaschine *f* ‖ **~/спиральная ленточная** *(Text)* Schraubenstrecke *f* ‖ **~/средняя вычислительная** mittlere Rechenanlage *f* ‖ **~/средняя ровничная** *(Text)* Mittelflyer *m* ‖ **~/ссучивающая ленточная** *(Text)* Nitschelstrecke *f* ‖ **~/стабилизационная сушильно-ширильная** *(Text)* Spannrahmenfixiermaschine *f* ‖ **~/сталкивательная** *(Typ)* Schüttelmaschine *f* ‖ **~/стандартная** Standardmaschine *f* ‖ **~/стационарная** ortsfeste (stationäre) Maschine *f* ‖ **~/стегальная** *(Text)* Steppmaschine *f* ‖ **~/стеклоделательная** Glasverarbeitungsmaschine *f* ‖ **~/стеклоформующая** Glasformmaschine *f* ‖ **~/стержневая [формовочная]** *(Gieß)* Kernformmaschine *f* ‖ **~/стиральная** *(Text)* Waschmaschine *f* ‖ **~/стоп-цилиндровая печатная** Stoppzylinderdruckmaschine *f* ‖ **~/стрейнирующая червячная** *(Kst, Gum)* Strainer *m*, Siebkopf-Spritzmaschine *f* ‖ **~/стри-**

гальная Schermaschine *f* ‖ **~/строгальная** *(Led)* Falzmaschine *f*, Egalisiermaschine *f* ‖ **~/строенная паровая** Drillingsdampfmaschine *f* ‖ **~/строительная** Baumaschine *f* ‖ **~/строительно-дорожная** Straßenbaumaschine *f* ‖ **~/стыковая [электросварочная]** Stumpfschweißmaschine *f*, Widerstandsstumpfschweißmaschine *f* ‖ **~/судовая паровая** Schiffsdampfmaschine *f* ‖ **~/сукновальная** *(Text)* Walkmaschine *f*, Walke *f* ‖ **~ сухого кручения/кольцекрутильная** *(Text)* Trockenringzwirnmaschine *f* ‖ **~ сухого прядения [/прядильная]** Trockenspinnmaschine *f* ‖ **~/сушильная** Trockner *m*, Trocknungsmaschine *f*, Trockenmaschine *f* ‖ **~/сушильная барабанная** Trommeltrockner *m* ‖ **~/сушильная барабанная сетчатая** *(Text)* Durchlüftungstrockner *m* ‖ **~/сушильная воздушно-роликовая** *(Text)* Hotfluetrockner *m* ‖ **~/сушильная конвейерная** Bandtrocknungsmaschine *f* ‖ **~/сушильно-гладильная** *(Text)* Trocken- und Plättmaschine *f* ‖ **~/сушильно-ширильная** *(Text)* Spann- und Trockenmaschine *f*, Spannrahmentrockner *m* *(Gewebeausrüstung)* ‖ **~/счётная** Rechenmaschine *f*, Rechner *m* ‖ **~/счётно-цифровая** Digitalrechner *m*, digitaler Rechner *m* ‖ **~/таблетировочная** Tablettiermaschine *f* ‖ **~/табулирующая** Tabelliermaschine *f* ‖ **~/тазовая ровничная** *(Text)* Kannenflyer *m* ‖ **~/тазово-перегонная ровничная** *(Text)* Mittelflyer *m* ‖ **~/тазово-тонкая ровничная** *(Text)* Feinflyer *m* ‖ **~/тамбурная вышивальная** *(Text)* Kettenstickmaschine *f* ‖ **~/тамбурная швейная** Kettenstichnähmaschine *f* ‖ **~ тандем-компаунд** Tandemverbunddampfmaschine *f* ‖ **~/тахометрическая [электрическая]** *(El)* Tacho[meter]maschine *f* ‖ **~/текстурирующая** *(Text)* Texturiermaschine *f* *(Chemieseidenbearbeitung)* ‖ **~/темперирующая** *(Lebm)* Temperiermaschine *f* ‖ **~/теплофикационная паровая** Anzapfdampfmaschine *f* ‖ **~/термоэлектрическая холодильная** thermoelektrische Kältemaschine *f* ‖ **~/тесёмочная плетельная** Litzenflechtmaschine *f* ‖ **~/тестоделительная** *(Lebm)* Teigteilmaschine *f* ‖ **~/тестозакаточная** *(Lebm)* Teigrollmaschine *f* ‖ **~/тестомесильная** *(Lebm)* Teigknetmaschine *f* ‖ **~/тестоформовочная (тестоформующая)** *(Lebm)* Teigformmaschine *f* ‖ **~/типографская [печатная]** *(Typ)* Hochdruckmaschine *f*, Buchdruckmaschine *f* ‖ **~/тихоходная** langsamlaufende Maschine *f*, Langsamläufer *m* ‖ **~/ткацкая многозевная** *(Text)* Wellenfachwebmaschine *f*, Mehrphasenwebmaschine *f* ‖ **~/толстая ровничная** *(Text)* Grobflyer *m* ‖ **~/тонкая ленточная** *(Text)* Feinstrecke *f* ‖ **~/тонкая ровничная** *(Text)* Feinflyer *m* ‖ **~/тонкая чесальная** *(Text)* Feinkrempel *f*, Feinkarde *f* ‖ **~/тоннелепроходческая** *(Bgb, Bw)* Tunnelvortriebsmaschine *f* ‖ **~/топсовая ленточная** *(Text)* Ausstrecke *f*, Endstrecke *f* ‖ **~/точечная** Punktschweißmaschine *f* ‖ **~/точечная [электро]сварочная** Punktschweißmaschine *f* ‖ **~/точная крестомотальная** *(Text)* Präzisionskreuzspulmaschine *f* ‖ **~ точной ковки** Feinschmiedemaschine *f*, Genauschmiedemaschine *f*, Präzisionsschmiedemaschine *f* ‖ **~/трамбовочная (трамбующая)** Stampfmaschine *f* *(Straßenbau)* ‖ **~/транспортная** 1. Transportgerät *n*; 2. *(Förd)* Fördermaschine *f* *(Hebezeuge, Krane, Förderbänder)* ‖ **~/траншейная** Grabenbagger *m* ‖ **~/трепальная** *(Text)* 1. Schlagmaschine *f*, Batteur *m* *(Spinnerei)*; 2. Schwingmaschine *f*, Schwingturbine *f* *(Flachsaufbereitung)* ‖ **~ третьего поколения/вычислительная** Rechner *m* der dritten Generation ‖ **~/трёхадресная** *(Inf)* Dreiadreßrechner *m* ‖ **~/трёхбарабанная офсетная** *(Typ)* Dreizylinderoffsetmaschine *f* ‖ **~/трёхбарабанная чесальная** *(Text)* [Kammwoll-]Dreifachkrempel *f* ‖ **~/трёхвалковая [листо]гибочная** *(Wlz)* Dreiwalzenbiegemaschine *f* ‖ **~/трёхниточная кеттельная** *(Text)* dreifädige Kettelmaschine *f* ‖ **~/трёхножевая (трёхсторонняя) резальная** *(Typ)* Dreimessermaschine *f*, Dreischneider *m* ‖ **~/трёхсгибная фальцевая** *(Typ)* Dreibruchfalzmaschine *f* ‖ **~/трёхфазная** *(El)* Drehstrommaschine *f*, Dreiphasenmaschine *f* ‖ **~/трёхфазная асинхронная** *(El)* Drehstromasynchronmaschine *f* ‖ **~/трёхфазная последовательная** Drehstromreihenschlußmaschine *f*, Drehstromhauptschlußmaschine *f* ‖ **~/трёхфазная шунтовая** Drehstromnebenschlußmaschine *f* ‖ **~ трёхфазного [переменного] тока** *s.* ~/трёхфазная ‖ **~/трикотажная** *(Text)* Wirkmaschine *f* ‖ **~/трикотажная ворсовая** Polwirkmaschine *f* ‖ **~/трикотажно-вязальная** *(Text)* Wirk- und Strickmaschine *f* ‖ **~ тройного расширения/паровая** Dampfmaschine *f* mit dreifacher Expansion, Dreifachexpansionsmaschine *f* ‖ **~/тростильная** *(Text)* Fachmaschine *f* ‖ **~/тростильная крестомотальная** *(Text)* Kreuz[spul]fachmaschine *f* ‖ **~/тростильно-крутильная** *(Text)* Fachzwirnmaschine *f* *(Seidengarn)* ‖ **~/трубоволочильная** Rohrziehmaschine *f* ‖ **~/трубогибочная** Rohrbiegemaschine *f* ‖ **~/труболитейная центробежная** Rohrschleudergießmaschine *f* ‖ **~/трубоправильная** Rohrrichtmaschine *f* ‖ **~/трубосварочная [контактная]** Rohrstumpfschweißmaschine *f* ‖ **~ трубосварочного стана/трубоформовочная** Streifenrollmaschine *f* *(Rohrschweißanlage)* ‖ **~/трубоформовочная** 1. *(Wlz)* Streifenrollmaschine *f*; 2. *(Gieß)* Rohrformmaschine *f* ‖ **~/трясильная** *(Text)* Schüttelmaschine *f* *(Flachs- und Hanfaufbereitung)* ‖ **~/тряскоформовочная** *(Gieß)* Rüttelformmaschine *f* ‖ **~/турбовоздуходувная** Turbogebläse *n* ‖ **~/турбокомпрессорная холодильная** Kältemaschine *f* mit Turbokompressor ‖ **~ Тьюринга** *(Inf, Kyb)* Turing-Maschine *f* ‖ **~/тюлевая** *(Text)* Bobinetmaschine *f* ‖ **~/тяговая** Fahrmaschine *f* ‖ **~/тянульная (тянульно-мягчильная)** *(Led)* Stollmaschine *f* ‖ **~/уборочная** 1. *(Lw)* Erntemaschine *f*, Erntebergungsmaschine *f*; 2. *(Bgb)* Torfgewinnungsmaschine *f* ‖ **~/увлажнительная** *(Text)* Einsprengmaschine *f*, Anfeuchtmaschine *f*, Sprühanfeuchtmaschine *f* *(Gewebeausrüstung)* ‖ **~/угароочистительная (угароочищающая)** *(Text)* Abfallreinigungsmaschine *f* *(Streichgarnspinnerei)* ‖ **~/углепогрузочная** Kohlenlademaschine *f*, Kohlenlader *m* ‖ **~/ударная врубовая** *(Bgb)* Schlagkerbmaschine *f* ‖ **~/ударная клепальная** Schlagnietmaschine *f*

‖ **~/ударно-поворотная бурильная** *(Bgb)* Drehschlagbohrmaschine *f* ‖ **~/узкозахватная выемочная** *(Bgb)* Schmalschnittmaschine *f* ‖ **~/узловязальная** *(Text)* Anknotmaschine *f*, Andrehmaschine *f*, Webkettenanknüpfmaschine *f* ‖ **~/укупорочная** Verschließmaschine *f* ‖ **~/ультразвуковая зубоврачебная** *(Med)* Ultraschallbohrmaschine *f* ‖ **~/ультразвуковая сварочная** Ultraschallschweißmaschine *f* ‖ **~/ультразвуковая точечная** Ultraschallpunktschweißmaschine *f* ‖ **~/ультразвуковая шовная** Ultraschallrollennahtschweißmaschine *f* ‖ **~/универсальная бытовая швейная** Universal-Haushaltnähmaschine *f* ‖ **~/универсальная врубовая** *(Bgb)* Schräm- und Kerbmaschine *f*, Universalschrämmaschine *f* ‖ **~/универсальная вычислительная** Universalrechner *m* ‖ **~/универсальная испытательная** Universalwerkstoffprüfmaschine *f* ‖ **~/универсальная цифровая вычислительная** universeller Digitalrechner *m* ‖ **~/универсально-гибочная** Universalbiegemaschine *f* ‖ **~/униполярная** *(El)* Unipolarmaschine *f* ‖ **~/упаковочная** Einschlagmaschine *f (Verpackung)* ‖ **~/управляющая [цифровая] вычислительная** Prozeßrechner *m*, PR, Prozeßrechenanlage *f* ‖ **~/уравнительная** *(El)* Ausgleichmaschine *f* ‖ **~/уточно-мотальная (уточно-шпульная)** *(Text)* Schuß[garn]spulmaschine *f* ‖ **~/утюжно-мерейная** *(Led)* Chagrinier- und Bügelmaschine *f* ‖ **~/фактурная** Fakturiermaschine *f* ‖ **~/фактурно-бухгалтерская** Buchungs- und Fakturierautomat *m* ‖ **~/фактурно-счётная** Fakturiermaschine *f* ‖ **~/фальцевальная** *(Typ)* Falzmaschine *f* ‖ **~/фанговая** Strickmaschine *f* ‖ **~/фасовочная** Abfüllmaschine *f* ‖ **~/фасонная крутильная** *(Text)* Effektzwirnmaschine *f* ‖ **~/фасонно-крутильная** *(Text)* Effektzwirnmaschine *f* ‖ **~/фестонная поливная** *(Photo)* Hängebegießmaschine *f* ‖ **~/фидерная стеклоформующая** *(Glas)* Speisermaschine *f* ‖ **~/филейная** *s.* ~/филетировочная ‖ **~/филетировочная** Filetiermaschine *f (Fischverarbeitung)* ‖ **~/флотационная** Flotationsapparat *m (Aufbereitung)* ‖ **~/фонарная крутильная** Korbverseilmaschine *f (Kabelherstellung)* ‖ **~/форзацприклеечная** *(Typ)* Vorsatzklebemaschine *f* ‖ **~/формовочная** *(Gieß)* Formmaschine *f* ‖ **~/формовочная импульсная** Impulsformmaschine *f* ‖ **~/фотонаборная** *(Typ)* Lichtsetzmaschine *f*, Photosetzmaschine *f* ‖ **~/фрезерная почвообрабатывающая** *(Lw)* Bodenfräse *f* ‖ **~/фронтальная навесная** *(Lw)* Frontanbaumaschine *f* ‖ **~/хлопкоочистительная** *(Text)* Entkörnungsmaschine *f*, Entkörner *m* ‖ **~/хлопкоуборочная** *(Text)* Baumwollpflückmaschine *f* ‖ **~/ходовая** Fahrmotor *m*, Fahrantriebsmaschine *f*, Propulsionsmaschine *f* ‖ **~/холодильная** Kältemaschine *f* ‖ **~/холодновысадочная** *(Umf)* Kaltstauchmaschine *f* ‖ **~/холстовая чесальная** *(Text)* Mittelkrempel *f*, Vlieskrempel *f* ‖ **~/холстовытяжная** *(Text)* Wickelstrecke *f*, Kehrstrecke *f* ‖ **~/холстосоединительная** *(Text)* Wattenmaschine *f (Seidenfasern)* ‖ **~/ценонаборная** *(Text)* Fadenkreuzeinlesemaschine *f (Weberei)* ‖ **~/центральная вычислительная** Zentralrechner *m* ‖ **~/центрифугальная прядильная** *(Text)* Zentrifugalspinnmaschine *f* ‖ **~/центробежная** *(Gieß)* Schleudergießmaschine *f* ‖ **~/центробежная закладочная** *(Bgb) (Masch)* Schleuderversatzmaschine *f* ‖ **~/центробежная лопаточная** Radialströmungsmaschine *f (das Medium strömt radial von innen nach außen)* ‖ **~/центростремительная лопаточная** *(Masch)* Zentripetal-Radialströmungsmaschine *f (das strömende Medium strömt radial von außen nach innen)* ‖ **~/цепевязальная** *(Fert)* Kettengliederpreß- und Kettenwickelmaschine *f* ‖ **~/цепная врубовая** *(Bgb)* Kettenschrämmaschine *f* ‖ **~/цепная ширильная** *(Text)* Kettenbreitstreckmaschine *f* ‖ **~ цепного стежка/швейная** *(Text)* Kettenstichnähmaschine *f* ‖ **~/цилиндрическая сукновальная** *(Text)* Zylinderwalke *f* ‖ **~/цифровая вычислительная** Digitalrechner *m*, Digitalrechenmaschine *f*, digitaler Rechner *m* ‖ **~/цифровая управляющая вычислительная** digitaler Prozeßrechner *m*, digitale Prozeßrechenanlage *f* ‖ **~/чеканочная** *(Lw)* Schnittmaschine *f (Weinbau)* ‖ **~/червячная ленточная** *(Text)* Schraubenstrecke *f* ‖ **~/черпальная** *(Pap)* Schöpfpapiermaschine *f* ‖ **~/чертёжная** Plotter *m*, Zeichenmaschine *f* ‖ **~/чесальная** *(Text)* 1. Krempel *f*, Karde *f (Wolle, Baumwolle)*; 2. Hechelmaschine *f (Flachs)* ‖ **~/чесальная двухбарабанная** Doppelkarde *f*, Doppelkrempel *f*, Tandemkarde *f* ‖ **~/чесальная малогабаритная** Kleinkarde *f* ‖ **~/чесальная четырёхбарабанная** *(Text)* [Kammwoll-]Vierfachkrempel *f* ‖ **~/чесальная шляпочная** Deckelkarde *f* ‖ **~ четвёртого поколения/вычислительная** Rechner *m* der vierten Generation *f* ‖ **~/четырёхвалковая гибочная** Vierwalzenbiegemaschine *f* ‖ **~/четырёхвалковая листогибочная** Vierwalzenblechbiegemaschine *f* ‖ **~/четырёхмолотовая кузнечная** Vierhammerschmiedemaschine *f* ‖ **~/четырёхцилиндровая ленточная** *(Text)* Vierwalzenstrecke *f* ‖ **~/четырёхшариковая** *(Trib)* Vierkugelapparat *m (Schmierstoffprüfung* ‖ **~/чешуеочистительная (чушесъёмочная)** Entschuppungsmaschine *f (Fischverarbeitung)* ‖ **~/чистильная** *(Led)* Streichmaschine *f* ‖ **~/чистильно-щёточная** *(Wlz)* Reinigungs- und Bürstmaschine *f* ‖ **~ чистовой ковки** *s.* ~ точной ковки ‖ **~/читающая** Klarschriftleser *m* ‖ **~/швейная** 1. *(Typ)* Heftmaschine *f*; 2. *(Text)* Nähmaschine *f* ‖ **~/швейная бытовая** Haushaltnähmaschine *f* ‖ **~/швейная выпушковая** Biesennähmaschine *f* ‖ **~/швейная двухлинейная** Zweiliniennähmaschine *f* ‖ **~/швейная длиннорукавная** Langarmnähmaschine *f* ‖ **~/швейная колонковая** Säulennähmaschine *f* ‖ **~/швейная короткорукавная** Kurzarmnähmaschine *f* ‖ **~/швейная краеобмёточная** Überwendlichnähmaschine *f* ‖ **~/швейная многоигольная** Mehrnadelnähmaschine *f* ‖ **~/швейная одноигольная** Einnadelnähmaschine *f* ‖ **~/швейная однолинейная** Einliniennähmaschine *f* ‖ **~/швейная плоская** Flachbettnähmaschine *f* ‖ **~/швейная промышленная** Industrienähmaschine *f* ‖ **~/швейная регулярная** Regulärnähmaschine *f* ‖ **~/шёлкокрутильная** *(Text)* Seidenzwirnmaschine *f* ‖

~/шелушильная Schälmaschine *f (Mühlenindustrie)* ‖ **~/шерстомойная** *(Text)* Wollwaschmaschine *f*, Wollspülmaschine *f* ‖ **~/шерстосгонная** *(Led)* Enthaarmaschine *f* ‖ **~/ширильная** *(Text)* Breitstreckmaschine *f*, Gewebestreckmaschine *f (Gewebeausrüstung)* ‖ **~/широкозахватная** *(Bgb)* Breitschnittmaschine *f* ‖ **~/шкуросъёмная** Enthäutungsmaschine *f (Fischverarbeitung)* ‖ **~/шлифовальная** *(Led)* Schleifmaschine *f*, Dolliermaschine *f (Lederzurichtung)* ‖ **~/шлихтовальная** *(Text)* Schlichtmaschine *f* ‖ **~/шляпочная чесальная** *(Text)* Deckelkrempel *f*, Deckelkarde *f* ‖ **~/шнековая плавильная** *(Text)* Schmelzextruder *m* ‖ **~/шнуроплетельная (шнурочная плетельная)** *(Text)* Kordelflechtmaschine *f*, Rundflechtmaschine *f* ‖ **~/шовная** Rollennahtschweißmaschine *f* ‖ **~/шовная импульсная конденсаторная** Kondensator-Impuls-Rollennahtschweißmaschi ne *f* ‖ **~/шовная [электро]сварочная** Rollennahtschweißmaschine *f* ‖ **~/шпалоподбивочная** *(Eb)* Gleisstopfmaschine *f* ‖ **~/штамповочная** Stanzmaschine *f*, Stanze *f* ‖ **~/штанговая врубовая** *(Bgb)* Stangenschrämmaschine *f* ‖ **~/штифтовая сновальная** *(Text)* Stiftschärmaschine *f* ‖ **~/шунтовая** *(El)* Nebenschlußmaschine *f* ‖ **~/щебнеочистительная** *(Eb)* Schotterreinigungsmaschine *f*, Bettungsreinigungsmaschine *f* ‖ **~/щетинодёргательная** Borstenrupfmaschine *f* ‖ **~/щёточная** *(Text, Led)* Bürstmaschine *f* ‖ **~/щёточная бумагокрасильная** *(Typ)* Bürstenstreichmaschine *f* ‖ **~/щёточная ворсовальная** *(Text)* Bürstenrauhmaschine *f* ‖ **~/щёточно-чистильная** *(Wlz)* Bürstenreinigungsmaschine *f*, Bürstmaschine *f*; Blockbürstmaschine *f* ‖ **~/щипальная** *(Text)* Krempelwolf *m* ‖ **~/щипально-смешивающая** *(Text)* Krempelwolf *m* ‖ **~/экстратолстая ровничная** *(Text)* Extragrobflyer *m* ‖ **~/экстратонкая ровничная** *(Text)* Extrafeinflyer *m* ‖ **~/экструзионная** Extruder *m*, Schneckenpresse *f* ‖ **~/электрическая** elektrische Maschine *f*, Elektromaschine *f (Sammelbegriff für Generatoren und Motoren)* ‖ **~/электрическая полотёрная** elektrische Bohnermaschine *f* ‖ **~/электрогидравлическая рулевая** *(Schiff)* elektrohydraulische Rudermaschine *f* ‖ **~/электродуговая сварочная** Lichtbogenschweißmaschine *f*, Elektro[schmelz]schweißmaschine *f* ‖ **~/электронная вычислительная** elektronischer Rechner *m*, Elektronenrechner *m*, Computer *m (s. a. unter* ЭВМ*)* ‖ **~/электросварочная** Elektroschweißmaschine *f*, elektrische Schweißmaschine *f (s. a. unter* ~/электродуговая сварочная*)* ‖ **~/электростатическая** Elektrisiermaschine *f* ‖ **~/электростиральная** elektrische Waschmaschine *f* ‖ **~/этажная крутильная** *(Text)* Etagenzwirnmaschine *f* ‖ **~/этикетировочная** Etikettiermaschine *f* ‖ **~/явнополюсная** *(El)* Einzelpolmaschine *f*, Schenkelpolmaschine *f* ‖ **~/ящикомоечная** Kastenwaschmaschine *f*

машина-автомат *f***/контактная** vollautomatische Widerstandsschweißmaschine *f*, Widerstandsschweißautomat *m* ‖ **~/стиральная** Waschautomat *m*

машина-двигатель *f* Kraftmaschine *f* ‖ **~/первичная** primäre Kraftmaschine *f (Wärme-, Wasser-, Gaskraftmaschine)*

машина-каталог *f***/электронная справочная** elektronische Auskunftsanlage *f*

машина-компаунд [/паровая] Verbunddampfmaschine *f*

машина-переводчик *f* Übersetzungsmaschine *f*, Sprachübersetzungsmaschine *f*

машина-пресс *f***/контактная** Schweißpresse *f (Buckelschweißmaschine mit großflächigen Elektroden)*

машинизация *f* Computerisierung *f*

машинка *f* **взрывная** Zündmaschine *f* ‖ **~/консольная пишущая** 1. *(Inf)* Abfrageeinheit *f*; 2. Schreibmaschinenkonsole *f* ‖ **~/пишущая** Schreibmaschine *f* ‖ **~/подрывная** *s.* ~/взрывная ‖ **~/рулевая** *(Schiff, Flg)* Rudermaschine *f*

машинно-независимый *(Inf)* maschinenfern

машинно-ориентированный rechnerorientiert, rechnerabhängig

машинный 1. Maschinen…; maschinell; 2. rechnerintern

машиноведение *n* Maschinenkunde *f*

машиностроение *n* Maschinenbau *m* ‖ **~/сельскохозяйственное** Landmaschinenbau *m* ‖ **~/судовое** Schiffsmaschinenbau *m* ‖ **~/тяжёлое** Schwermaschinenbau *m*

машины *fpl* **на стоянке** *(Kfz)* ruhender Verkehr *m*

маяк *m* 1. *(Schiff, Flg)* Leuchtturm *m*, Leuchtfeuer *n*; 2. *(Geod)* Richtpunkt *m*; 3. Putzleiste *f* ‖ **~/аэродромный** *(Flg)* Platzfeuer *n*, Platzeinflugzeichen *n* ‖ **~/береговой** Küstenleuchtturm *m*, Küstenleuchtfeuer *n* ‖ **~/ближний приводной** *(Flg)* Platzeinflugzeichen *n* ‖ **~/вращающийся** Drehfeuer *n* ‖ **~/всенаправленный** Rundstrahlbake *f* ‖ **~/глиссадный [посадочный]** *(Flg)* Gleitwegbake *f* ‖ **~/дальний приводной** Voreinflugzeichen *n* ‖ **~/кодовый** *(Flg)* Kodeleuchtfeuer *n* ‖ **~/маркерный** Markierungsfeuer *n* ‖ **~/мигающий** Blinkfeuer *n* ‖ **~/плавучий** Feuerschiff *n* ‖ **~/пограничный** *(Flg)* Grenzlinienbake *f* ‖ **~/портовый** Hafenfeuer *n* ‖ **~/посадочный** Landefeuer *n* ‖ **~/приводной** *(Flg)* Ansteuerungsfeuer *n (NDB oder VOR)* ‖ **~/промежуточный маркерный** *(Flg)* Haupteinflugzeichen *n* ‖ **~/равносигнальный** *(Rad)* Leitstrahlsender *m* ‖ **~/радиолокационный** Radarbake *f (s. a. unter* радиомаяк*)*; *(Schiff auch)* Ramark-Bake *f*, Ramark-Funkfeuer *n* ‖ **~/световой** Leuchtfeuer *n* ‖ **~/створный** Richtfeuer *n*, Leitfeuer *n*

маяк-ответчик *m***/радиолокационный** Radarwiederholerbake *f*; *(Schiff auch)* Racon-Bake *f*, Radarantwortbake *f*

маятник *m (Mech)* Pendel *n* ‖ **~/гироскопический** Kreiselpendel *n*, gyroskopisches Pendel *n* ‖ **~/компенсационный** Kompensationspendel *n* ‖ **~/конический** Kegelpendel *n* ‖ **~/круговой** Kreispendel *n* ‖ **~/крутильный** Torsionspendel *n* ‖ **~/математический** mathematisches Pendel *n* ‖ **~/оборотный** Reversionspendel *n* ‖ **~/пружинный** Federpendel *n (geradliniger Schwinger)* ‖ **~/секундный** Sekundenpendel *n* ‖ **~/физический** physikalisches Pendel *n* ‖ **~ Фуко** Foucaultsches Pendel *n*, Foucault-Pen-

del *n* ‖ **~/центробежный** Fliehkraftpendel *n* *(Fliehkraftregler)*
МБ *s.* 1. барабан/магнитный; 2. батарея/местная
Мбайт *s.* мегабайт
Мбит *s.* мегабит
МБР *s.* ракета/межконтинентальная баллистическая
МВ *s.* 1. мегавольт; 2. модуль/вычислительный; 3. волна/метровая
мВ *s.* милливольт
МВЛ *s.* линия/воздушная местная
МВт *s.* мегаватт
мВт *s.* милливатт
МГ *s.* головка/магнитная
мГ *s.* миллигенри
МГД *s.* 1. магнитогидродинамический; 2. гидродинамика/магнитная
МГДГ *s.* генератор/магнитогидродинамический
МГДУ *s.* установка/магнитогидродинамическая
МГДЭС *s.* электростанция/магнитогидродинамическая
мгновенный/почти *(Kern)* fast promt
МГц *s.* мегагерц
МД *s.* магнитодиод
МДж *s.* мегаджоуль
МДМ-диод *m (Eln)* MIM-Diode *f*, Metall-Isolator-Metall-Diode *f*
МДМ-структура *f (Eln)* MIM-Struktur *f*, Metall-Isolator-Metall-Struktur *f*
МДПДМ-структура *f (Eln)* MISIM-Struktur *f*, Metall-Isolator-Halbleiter-Isolator-Metall-Struktur *f*
МДП-структура *f (Eln)* MIS-Struktur *f*, Metall-Isolator-Halbleiter-Struktur *f*
МДП-технология *f (Eln)* MIS-Technologie *f*, Metall-Isolator-Halbleiter-Technologie *f*
МДП-транзистор *m (Eln)* MIS-Transistor *m*, MIS-Feldeffekttransistor *m*, MISFET ‖ **~/*n*-канальный** N-Kanal-MIS-Feldeffekttransistor *m* ‖ **~/*p*-канальный** P-Kanal-MIS-Feldeffekttransistor *m*
МДС *s.* сила/магнитодвижущая
меандр *m* 1. *(Arch)* Mäander *m (Ornamentleiste)*; 2. *(Masch)* Mäandergetriebe *n (Zahnradschaltgetriebe in Werkzeugmaschinen)*; 3. *(El)* Mäanderimpuls *m*
меандрообразный mäanderförmig
мегаампер *m (El)* Megaampere *n*, MA
мегабайт *m (Inf)* Megabyte *n*, Mbyte *n*
мегабит *m (Inf)* Megabit *n*, Mbit *n*
мегаватт *m (El)* Megawatt *n*, MW
мегаватт-час *m (El)* Megawattstunde *f*, MW · h
мегавольт *m (El)* Megavolt *n*, MV
мегагерц *m (El)* Megahertz *n*, MHz
мегаджоуль *m (El)* Megajoule *n*, MJ
мегаом *m (El)* Megaohm *n*, MΩ
мегаомметр *m (El)* Megaohmmeter *n*
мегасименс *m (El)* Megasiemens *n*, MS
меггер *m s.* мегаомметр
мегом *m s.* мегаом
мегомметр *m s.* мегаомметр
медведка *f* 1. *(Schm)* Lochhammer *m*, Locheisen *n*; 2. Stanze *f*; 3. Zweiradkarren *m*
меделитейная *f* Kupfergießerei *f*
меденосный kupferführend, kupferhaltig
медиана *f (Math)* 1. Seitenhalbierende *f (Geometrie, Dreieck)*; 2. Medianwert *m (Wahrscheinlichkeitsrechnung)* ‖ **~ выборки** Stichprobenzentralwert *m (statistische Qualitätskontrolle)*
медистый Kupfer...
медленность *f (Ökol)* Slowness *f*, inverse Scheingeschwindigkeit *f*, „Langsamkeit" *f*
меднение *n* Verkupfern *n*
меднить verkupfern
меднолитейная *f* Kupfergießerei *f*
медный Kupfer...
медогонка *f (Lw)* Honigschleuder *f*
медь *f (Ch)* Kupfer *n*, Cu; *(Met)* Kupfer *n* ‖ **~/анодная** Anodenkupfer *n*, Elektrolytkupfer *n* ‖ **~/волосатая** Haarkupfer *n* ‖ **~/вторичная** Altkupfer *n*; regeneriertes Kupfer *n* ‖ **~/гранулированная** Kornkupfer *n*, Kupfergranalien *fpl* ‖ **~/губчатая** Schwammkupfer *m*, Kupferschwamm *m* *(Pulvermetallurgie)* ‖ **~/деревянистая** *(Min)* Holzkupfererz *n (Abart von Olivenit)* ‖ **~/жёлтая** Messing *n*, Gelbkupfer *n* ‖ **~/зейгерованная** Darrkupfer *n* ‖ **~/катодная** Kathodenkupfer *n*, Elektrolytkupfer *n* ‖ **~/конвертерная** Konverterkupfer *n*, Schwarzkupfer *n*, Rohkupfer *n* ‖ **~/красная** Rotkupfer *n*, reines Kupfer *n* ‖ **~/листовая** Kupferblech *n*, Walzkupfer *n*; Blattkupfer *n* ‖ **~/литая** Gußkupfer *n* ‖ **~/нагартованная** Hartkupfer *n* ‖ **~/неочищенная** Schwarzkupfer *n* ‖ **~/обмоточная** Wickelkupfer *n* ‖ **~/полосовая** Bandkupfer *n*, Flachkupfer *n* ‖ **~/прутковая** Stangenkupfer *n* ‖ **~/пузырчатая** Blasenkupfer *n* ‖ **~/рафинированная** Raffinatkupfer *n*, Hüttenkupfer *n*, Garkupfer *n*, Zähkupfer *n* ‖ **~/самородная** gediegenes Kupfer *n*, Bergkupfer *n* ‖ **~/сортовая** Profilkupfer *n* ‖ **~/стандартная** Normkupfer *n* ‖ **~/сырая** *s.* ~/чёрная ‖ **~/цементная** Zementkupfer *n* ‖ **~/чёрная** Schwarzkupfer *n*, Konverterkupfer *n*, Rohkupfer *n*, rohgares Kupfer *n* ‖ **~/черновая** *s.* ~/чёрная ‖ **~/чушковая** Barrenkupfer *n* ‖ **~/шинная** Stabkupfer *n* ‖ **~/штыковая** Blockkupfer *n* ‖ **~/электролитная** Elektrolytkupfer *n*
меж... *s. a. unter* между...
межатомный interatomar
межбазовый Zwischenbasis... *(Halbleiter)*
межгалактический *(Astr)* intergalaktisch
межгорсвязь *f (Nrt)* Fernverkehr *m*, Weitverkehr *m*, Fernverbindung *f*
междолинный Zwischental... *(Halbleiter)*
междоузельный *(Krist)* Zwischengitter..., interstitiell
междоузлие *n (Eln)* Zwischengitterplatz *m*
между... *s. a. unter* меж...
междувитковый *(El)* zwischen den Windungen [befindlich], Windungs...
междугородный *(Nrt)* Fern..., Weit...
междудонный *(Schiff)* Doppelboden...
междукаскадный *(El)* zwischen den Stufen [befindlich], zwischen den Stufen liegend, Zwischenstufen...
междуполюсный *(El)* zwischen den Polen [befindlich, zwischen den Polen liegend]
междупутье *n (Eb)* Gleisabstand *m*
междустрочный Zwischenzeilen...
межень *f (Hydrol)* Niedrigwasserperiode *f*
межзвёздный *(Astr)* interstellar
межзернистый intergranular
межзонный Interband... *(Halbleiter)*
межкристаллический interkristallin

межледниковье *n (Geol)* Warmzeit *f*, Interglazial *n* ‖ **~/ваальское** Waal-Warmzeit *f* ‖ **~/гольштинское** Holstein-Warmzeit *f*, Holsteininterglazial *n* ‖ **~/гюнц-миндельское** Günz-Mindel-Warmzeit *f*, Günz-Mindel-Interglazial *n* ‖ **~/кромерское** Cromer-Warmzeit *f* ‖ **~/лихвинское** Lichwin-Warmzeit *f* ‖ **~/мазовецкое (мазурское)** masovische Warmzeit *f*, Masovien *n* ‖ **~/микулинское** Mikulino-Warmzeit *f (Osteuropa)* ‖ **~/миндель-рисское** Mindel-Riß-Warmzeit *f (Alpengebiet)* ‖ **~/рисс-вюрмское** Riß-Würm-Warmzeit *f (Alpengebiet)* ‖ **~/сангамонское** Sangamon-Warmzeit *f (Nordamerika)* ‖ **~/сандомирское** Sandomierz-Warmzeit *f*, Sandomivien *n (Polen)* ‖ **~/тегеленское** Tegelen-Interglazial *n*, Tegelen-Warmzeit *f* ‖ **~/эемское** Eem-Warmzeit *f*, Eem-Interglazial *n* ‖ **~/эльстер-заальское** Elster-Saale-Warmzeit *f*, Elster-Saale-Interglazial *n* ‖ **~/ярмаусское** Yarmouth-Warmzeit *f (Nordamerika)*

межмолекулярный intermolekular, zwischenmolekular

межопорный *(Masch)* zwischen zwei Lagern [angeordnet]

межотраслевой mehrere Industriezweige umfassend

межпланетный *(Astr)* interplanetar

межрайонный überregional *(Verbundsystem)*

межсистемный zwischensystemig, Zwischensystem…

межсоединение *n (El)* Zwischenverbindung *f*

межстаночный *(Fert)* zwischen Werkzeugmaschinen [angeordnet], Zwischen…

межферменный *(Bw)* im Binderzwischenraum gelegen, zwischen Binderober- und -untergurt gelegen

межцентромер *m* Zweiflankenwälzprüfgerät *n*, Achsabstandsprüfgerät *n*

межэлектронный interelektronisch

мезадиод *m (Eln)* Mesadiode *f*

мезаобласть *f (Eln)* Mesabereich *m*

мезаспособ *m (El)* Mesaverfahren *n*

мезаструктура *f (Eln)* Mesastruktur *f*

мезатехнология *f (Eln)* Mesatechnologie *f (Halbleiter)*

мезатранзистор *m (Eln)* Mesatransistor *m* ‖ **~/германиевый** Germaniummesatransistor *m* ‖ **~/диффузионо-сплавной** diffundiert-legierter Mesatransistor *m* ‖ **~/эпитаксиальный** Epitaxie-Mesatransistor *m*

мезатриод *m s.* мезатранзистор

меза-фотодиод *m (Eln)* in Mesastruktur ausgeführte Photodiode *f*

мезга *f* Pulpe *f*, Maische *f*, Fruchtbrei *m*; Saatbrei *m (zur Ölgewinnung vorzerkleinertes und gewärmtes Saatgut)*; *(Lw)* Maische *f*, Treber *m*, Trester *m*, Pülpe *f (als Futtermittel)* ‖ **~/густая** Dickmaische *f* ‖ **~/крупная** Grobfaser *f (Stärkeherstellung)* ‖ **~/мелкая** Feinfaser *f (Stärkeherstellung)* ‖ **~/сухая** Trockenpulpe *f* ‖ **~/сырая** Naßpulpe *f*

мезголовушка *f* Pulpefänger *m*

мездра *f (Led)* 1. Leimleder *n*; 2. Fleischseite *f*

мездрение *n (Led)* Entfleischen *n*

мездрить *(Led)* entfleischen

мездровый aus Leimleder hergestellt; *(Led)* Fleisch…, Aas…

мездряк *m (Led)* Scherdegen *m*

мезиты *mpl (Geol)* Mesite *mpl*

мезо… *(Ch)* Meso…, meso…

мезоатом *m (Kern)* Meson[en]atom *n*, Mesoatom *n*

мезодинамика *f* Meson[en]dynamik *f*

мезозой *m s.* 1. эратема/мезозойская; 2. эра/мезозойская

мезоклимат *m* Mesoklima *n*

мезолит *m (Min)* Mesolith *m (Zeolith)*

мезомерия *f (Ch)* Mesomerie *f*, Resonanz *f*, Strukturresonanz *f*

мезометеорология *f* Mesometeorologie *f*

мезомолекула *f* Meso[nen]molekül *n*, Mesonmolekül *n*

мезон *m (Kern)* Meson *n*

К-мезон *m (Kern)* K-Meson *n*, k-Meson *n*, Kappa-Meson *n*

мезоний *(Kern)* Mesonium *n*

мезонин *m (Bw)* Mezzanin *n*, Zwischengeschoß *n*

мезосидерит *m* Mesosiderit *m (Meteorit)*

мезоскаф *m* Mesoskaph *m*

мезосоединение *n* Mesoform *f*

мезосфера *f* Mesosphäre *f*

мезоторий *m (Ch)* Mesothorium *n*

мезофит *m (Geol)* Mesophytikum *n*

мейонит *m (Min)* Mejonit *m*, Meionit *m*, Calcio-Cankrinit *m (Calciumskapolith)*

мел *m (Geol)* 1. Kreide *f (Gestein, petrographischer Begriff)*; 2. Kreide *f (stratigraphischer Begriff; siehe hierzu:* система/меловая *und* период/меловой*)* ‖ **~/дезинтегрированный** feinstgemahlene Kreide *f (ohne kristalline Bestandteile, für kosmetische und medizinische Zwecke)* ‖ **~/жирный** Fettkreide *f* ‖ **~/искусственный** künstliche Kreide *f* ‖ **~/комовой (кусковой)** Stückkreide *f* ‖ **~/молотый** gemahlene Kreide *f* ‖ **~/мягкий** Weichkreide *f* ‖ **~/озёрный** Seekreide *f* ‖ **~/отмученный** Schlämmkreide *f* ‖ **~/писчий** Schreibkreide *f* ‖ **~/плавленый** *s.* ~/отмученный ‖ **~/природный** Naturkreide *f* ‖ **~/химический** *s.* ~/искусственный ‖ **~/чёрный** schwerer schreibfähiger Schieferton *m*, Griffelschiefer *m*

молаконит *m (Min)* Melakonit *m*, Schwarzkupfererz *n*

меланж *m* Melange *f*, Gemisch *n*

меланжер *m (Med)* Mischpipette *f*

меланжир *m (Text)* Mischstrecke *f*, Melangeuse *f*

меланит *m (Min)* Melanit *m (Granat)*

мелантерит *m (Min)* Melanterit *m*, Eisenvitriol *n(m)*

меласса *f* Melasse *f (Zuckergewinnung)* ‖ **~/остаточная** Restmelasse *f* ‖ **~/свекловичная** Rübenmelasse *f*

мелассообразование *n* Melassebildung *f*

мелассообразователь *m* Melassebildner *m*

мелафир *m (Geol)* Melaphyr *m*

мелеть *(Geol)* seicht werden, versanden *(Fluß)*

мелинит *m* 1. *(Ch)* Melinit *n*, Picrinsäure *f*, Trinitrophenol *n (Sprengstoff)*; 2. *(Min)* Melinith *m (Feldspatvertreter)*

мелиорация *f (Lw)* Melioration *f* ‖ **~/агролесотехническая** Melioration *f* durch forstwirtschaftliche Maßnahmen ‖ **~/гидротехническая** Melioration *f* durch Be- und Entwässerungsanlagen

мелитоза *f (Ch)* Melit[ri]ose *f*, Raffinose *f*

мелководье *n (Hydt)* Minimalwasser *npl*, flache Wasser *npl*, niedriger Wasserstand *m*, Seichtheit *f*, Untiefe *f*, Flachwasser *n*
мелкодроблёный feingebrochen
мелкозернистость *f* Feinkörnigkeit *f*, Kornfeinheit *f* || **~/наследственная** Feinkörnigkeit *f* infolge Wärmebehandlung
мелкозернистый feinkörnig
мелкозубчатый feingezähnt; mit kleinem Modul *(Zahnrad)*; feingekerbt
мелкокалиберный Kleinkaliber…, KK-…, kleinkalibrig
мелкокомковатый kleinklumpig, in kleinen Klumpen, kleinstückig, in kleinen Stücken
мелкокристаллический feinkristallin, feinkörnig
мелкокусковой feinstückig, kleinstückig
мелколесье *n* Kleingehölz *n*, niedrige Waldung *f*
мелкомасштабный in kleinem Maßstab, maßstäblich klein
мелкомолотый feingemahlen
мелкопетлистый feinmaschig
мелкопластинчатый feinstreifig *(Gefüge)*
мелкопористый engporig, feinporig
мелкораздробленный fein zerkleinert; fein gemahlen
мелкоразмолотый feingemahlen
мелкосерийный Kleinserien…
мелкосопочник *m (Geol)* Hügelland *n*
мелкосортный *(Wlz)* Feinprofil…, Feinstahl…
мелкосортовой *s.* мелкосортный
мелкотёрка *f* Kreidemühle *f*
мелкоячеистый feinmaschig, engmaschig
мелование *n (Pap)* Streichen *n*, Strich *m*; Beschichten *n* || **~/машинное** *(Pap)* Streichen *n* in der Papiermaschine, maschinelles Streichen *n*, Maschinenstrich *m*
меловой *(Geol)* 1. kretaz[e]isch *(zum Kreidesystem bzw. zur Kreideperiode gehörig)*; 2. Kreide… *(petrographische Bezeichnung, z. B. меловой туфф Kreidetuff)*
мелонит *m (Min)* Melonit *m*, Tellurnickel *n*
мелочь *f* 1. Feines *n*, Feingut *n*, Grus *m*; 2. *(Pap)* Mehlstoff *m* || **~/буровая** *(Bgb)* Bohrklein *n* || **~/зарубная** *(Bgb)* Schrämklein *n* || **~/рудная** Kleinerz *n*, Grießerz *n*, Grieß *m*
мель *f* Untiefe *f*
мелькание *n* Flimmern *n (s. a. unter* мерцание)
мельниковит *m (Min)* Melnikowit *m (Gelform des Eisendisulfids)*
мельница *f* Mühle *f*; Mahlwerk *n*; *(Pap)* Stoffmühle *f* || **~/барабанно-шаровая** Trommelkugelmühle *f* || **~/бегунная** Kollergang *m*, Kollermühle *f* || **~/бильная** Schlägermühle *f*, Schleudermühle *f* || **~/бичевая** Schlägermühle *f*, Schlagmühle *f* || **~/быстроходная** Schnelläufer *m*, Schnelläufermühle *f* || **~/валковая (вальцовая)** Walzenmühle *f*, Walzenstuhl *m* || **~/ветряная** Windmühle *f* || **~/вибрационная [шаровая]** Schwingmühle *f*, Vibrationsmühle *f*, Vibromühle *f* || **~/вихревая** Wirbelstrommühle *f* || **~/гравитационная** Schwerkraftmühle *f* || **~/гребенчатая** *(Pap)* Walzenkammerzerfaserer *m* || **~/двухвальцовая** Zweiwalzenmühle *f* || **~ Джордана** *s.* ~ Жордана || **~/дисковая** *(Pap)* Scheibenmühle *f*, Diskusmühle *f* || **~ для мокрого дробления (измельчения, помола, размола)** Naßmühle *f* || **~/домалывающая** *(Pap)* Feinmühle *f* || **~/дробильная** Brechmühle *f (Bezeichnung für alle Trommel- und Kugelbrecher)* || **~/жерновая** Steinmühle *f* || **~ Жордана [/коническая]** *(Pap)* Jordan-Kegel[stoff]mühle *f* || **~/качающаяся** Schwingmühle *f* || **~/коллоид[аль]ная** Kolloidmühle *f* || **~/колокольная** Glockenmühle *f*, Kegelmühle *f* || **~/кольцевая** Wälzmühle *f*, Ringmühle *f*, Ringzellen[wälz]mühle *f (Gruppenbegriff für Pendelrollen- und Fliehkraftmühlen)* || **~/коническая (конусная)** Kegelmühle *f*, Glockenmühle *f*; *(Pap)* Kegelstoffmühle *f* || **~/крестовая** *(Pap)* Drehkreuzmühle *f* || **~/кулачковая** *s.* ~/молотковая || **~/лабораторная** Labormühle *f* || **~/маятниковая [ролико-кольцевая]** Pendel[rollen]mühle *f*, Fliehkraftpendelmühle *f*, Fliehkraftwalzenmühle *f* || **~/маятниковая центробежная** *s.* ~/маятниковая || **~/многовалковая (многовальцовая)** Mehrwalzenmühle *f* || **~/многокамерная трубная** Mehrkammer[rohr]mühle *f*, Verbundrohrmühle *f* || **~/молотковая** Hammermühle *f*, Schlägermühle *f* || **~/мукомольная** Getreidemühle *f (Betrieb)* || **~/нориевая** Becherwerksumlaufmühle *f* || **~/однокамерная трубная** Einkammerrohrmühle *f* || **~/отражательная** Prallmühle *f* || **~/пневматическая** Prallmühle *f*, Prallzerkleinerer *m (Kohlenstaubfeuerung)* || **~/пружинная** Federrollen[wälz]mühle *f* || **~/прутковая** *(Pap)* Stabmühle *f*, Stangenmühle *f*, Stiftmühle *f* || **~/роликовая** *s.* ~/кольцевая || **~/роликовая центробежная** *s.* ~/маятниковая || **~/рудоразмольная** Erzmühle *f* || **~ с ситами/шаровая** Siebtrommelmühle *f* || **~/сепараторная** Stromsichtermühle *f*, Sichtermühle *f* || **~/смешивающая** Mischmühle *f* || **~/смешивающая шаровая** Mischkugelmühle *f* || **~ средней скорости** Mittelläufermühle *f* || **~/среднеходная** Mittelläufer *m*, Mittelläufermühle *f* || **~/струйная** Strahlmühle *f* || **~/струйно-ударная** Strahlprallmühle *f* || **~/тихоходная** Langsamläufer *m*, Langsamläufermühle *f* || **~/трёхвальцовая** Dreiwalzenmühle *f* || **~/трёхкамерная комбинированная** Dreikammerverbund[rohr]mühle *f* || **~/трубчатая** Rohrmühle *f* || **~/ударная** 1. Schlagmühle *f (Gruppenbegriff für Schlägermühlen, Hammermühlen, Kreuzschlagmühlen, Desintegratoren)*; 2. *(Gieß)* Prallmühle *f (zur Formstoffaufbereitung)* || **~/ударно-дисковая [штифтовая]** Schlagstiftmühle *f* || **~/ударно-крестовая** Schlagkreuzmühle *f* || **~/ударно-отражательная** Prallmühle *f*, Schlagprallmühle *f* || **~/центробежная** Fliehkraftmühle *f* || **~/цилиндрическая** *(Pap)* Zylindermühle *f* || **~/цилиндроконическая шаровая** Konusmühle *f*, Doppelkegelmühle *f* || **~/четырёхвальцовая** Vierwalzenmühle *f* || **~/шаровая** Kugelmühle *f (Abart der Trommelmühle)* || **~/шаровая центробежная** Fliehkraftkugelmühle *f* || **~/шахтная [бильная]** Schachtmühle *f* || **~/шелушильная** Schälmaschine *f*
мельница-гидрофайнер *f*/**коническая** *(Pap)* Hydrofiner *m*, Hydromühle *f (schnellaufende Kegelstoffmühle)*
мельчить zermahlen, [fein]zerkleinern *(z. B. Erze)*; pochen; zerstampfen
мельштоф *m (Pap)* Mehlstoff *m*

мембрана *f* Membran[e] *f* || **~/воздушная** Luftmembran *f (Einspritzvergaser)* || **~ громкоговорителя** Lautsprechermembran *f* || **~/коническая (конусная)** Konusmembran *f* || **~/плоская** Flachmembran *f* || **~/полупроницаемая** Diaphragma *n* || **~/сдвоенная** Doppelmembran *f* || **~/топливная** Kraftstoffmembran *f (Einspritzvergaser)* || **~/угольная** Kohlemembran *f*
мемоскоп *m* Memoskop *n*
менделевий *m (Ch)* Mendelevium *n*, Md
мензула *f (Geod)* Meßtisch *m*, Mensel *f*
мениск *m* 1. *(Ph)* Meniskus *m (gekrümmte Flüssigkeitsoberfläche in Kapillaren)*; 2. *(Opt)* Meniskus *m*, Meniskuslinse *f* || **~/вогнутый** konkaver (vertiefter) Meniskus *m (bei benetzender Flüssigkeit)* || **~/выпуклый** konvexer (nach oben gewölbter) Meniskus *m (bei nicht benetzender Flüssigkeit, z. B. Quecksilber)* || **~ жидкости** *s.* мениск 1. || **~/отрицательный** *(Opt)* negativer Meniskus *m* || **~/положительный** *(Opt)* positiver Meniskus *m* || **~ равной кривизны** *(Opt)* Nullinse *f* || **~/рассеивающий** *s.* ~/отрицательный || **~/собирательный** *s.* ~/положительный
меню *(Inf)* Menü *n* • **с управлением меню** menügesteuert
мера *f* 1. Maßnahme *f*; 2. Maß *n*; Maßverkörperung *f* || **~/вероятностная** Wahrscheinlichkeitsmaß *n* || **~ взаимоиндуктивности** *(El)* Gegeninduktivitätsmaßverkörperung *f* || **~ времени** Zeitmaß *n* || **~/вспомогательная** Hilfsmaß *n* || **~/градусная** Gradmaß *n* || **~ деформации** Verformungsmaß *n*, Verzerrungsmaß *n* || **~ длины** Längenmaßverkörperung *f*; Längenmaß *n* || **~ длины волны/образцовая** Wellenlängennormal *n* || **~ длины/концевая** Endmaß *n* || **~ длины/многозначная штриховая** Strichmaß[stab *m*] *n* mit durchgehender Teilung *(mehrere Teillängen verkörpernd)* || **~ длины/однозначная штриховая** Strichmaß[stab *m*] *n* mit zwei Endstrichen *(eine Länge verkörpernd)* || **~ длины/плоскопараллельная концевая** Parallelendmaß *n* || **~ длины/штриховая** Strichmaß[stab *m*] *n* || **~ ёмкости** *(El)* Kapazitätsmaßverkörperung *f* || **~/жёсткая угловая** feste Winkelmaßverkörperung *f*; festes Winkelmaß *n (z. B. Winkelendmaß, Spiegelpolygon und Stahlwinkel)* || **~/защитная концевая** Schutzendmaß *n* || **~/зубоизмерительная** Maßverkörperung (Formverkörperung) *f* für die Verzahnung || **~ индуктивности** *(El)* Induktivitätsmaßverkörperung *f* || **~ искажения** *(El)* Verzerrungsmaß *n* || **~/исходная** Bezugsmaß *n*; Ausgangsmaß *n* || **~/клиновая** Meßkeil *m* || **~/контрольная** Prüfnormal *n* || **~/концевая** Endmaß *n* || **~ Лебега** *(Math)* Lebesguesches Maß *n* || **~/метрическая** metrisches Maß *n* || **~/многозначная** mehrfache Maßverkörperung *f* || **~ мутности** Trübungsmaß *n* || **~/образцовая** Normalmaßverkörperung *f*; Vergleichsmaß *n* || **~/образцовая угловая** Normalwinkelmaßverkörperung *f* || **~/образцовая штриховая** Vergleichsstrichmaß *n* || **~/однозначная** einfache Maßverkörperung *f (z. B. Endmaß und Winkelendmaß)* || **~/одноштриховая** Strichendmaß *n* || **~ по роликам** Prüfmaß *n (bei der Zahnradmessung)* || **~ помутнения** Trübungsmaß *n* || **~/преимущественная** Vorzugsmaß *n* || **~/рабочая** Arbeitsmaß *n* || **~/радианная** Bogenmaß *n* || **~ разброса** Streuungsmaß *n* || **~ рассеяния** Streuungsmaß *n* || **~/резьбоизмерительная** Gewindemaßverkörperung *f* || **~ сопротивления** *(El)* Widerstandsmaßverkörperung *f* || **~/сотенная угловая** Winkelmaß *n* mit Neugradteilung || **~/стеклянная** Glasmaßstab *m* || **~ твёрдости** Härtenormalplatte *f* || **~/типографская** *(Typ)* typographisches Maß *n* || **~ точности** Genauigkeitsmaß *n* || **~/угловая** Winkelmaß *n*; Winkelmaßverkörperung *f* || **~/угловая концевая** Winkelendmaß *n* || **~/установочная** Einstellmaß *n* || **~ шероховатости** Rauheitsmaß *n* || **~/штриховая** Strichmaß *n*, Strichmaßstab *m*, Strichmaßverkörperung *f* || **~/электрическая** elektrische Maßverkörperung *f* || **~ электродвижущей силы** *(El)* Maßverkörperung *f* der EMK (elektromotorischen Kraft), EMK-Maßverkörperung *f* || **~/эталонная** Etalon *n*, Normal *n*
мергель *m (Geol)* Mergel *m* || **~/битуминозный** bituminöser Mergel *m* || **~/гипсовый** Gipsmergel *m* || **~/глауконитовый** Glaukonitmergel *m*, glaukonitischer Mergel *m* || **~/глинистый** Tonmergel *m* || **~/доломитовый** Dolomitmergel *m*, dolomitischer Mergel *m* || **~/известковый** Kalkmergel *m* || **~/каменистый** Steinmergel *m* || **~/луговой** Wiesenmergel *m* || **~/озёрный** Seemergel *m* || **~/песчаный (песчанистый)** Sandmergel *m* || **~/пламенный** Flammenmergel *m* || **~/пресноводный** Süßwassermergel *m* || **~/пятнистый** Fleckenmergel *m* || **~/роговый** Hornmergel *m* || **~/слюдистый (слюдяной)** Glimmermergel *m* || **~/суглинистый** lehmiger Mergel *m* || **~/цементный** Zementmergel *m*
мерейный *(Led)* genarbt, Narben...
мерея *f (Led)* Narben *m*, Narbenbild *n*
мерзлота *f (Geol)* Gefrornis *f*, Verfrostung *f* || **~/активная** aktive Verfrostung *f* || **~/вечная** ewige Gefrornis *f*, Dauerfrostboden *m*, Permafrost *m* || **~/реликтовая** relikte Gefrornis *f* || **~/сезонная** jahreszeitlich bedingte Gefrornis *f* || **~/сухая** trockene Verfrostung *f*
мерзлотоведение *n* Frostbodenkunde *f*
мёрзнуть gefrieren, einfrieren, zufrieren
меридиан *m* Meridian *m*, Meridianlinie *f* || **~/астрономический** astronomischer Meridian *m* || **~/географический** geographischer Meridian || **~/гринвичский** Meridian *m* von Greenwich || **~/истинный** rechtweisender Meridian *m* || **~/магнитный** *(Geoph)* magnetischer Meridian *m* || **~/небесный** *(Astr)* Meridian *m*, Himmelsmeridian *m*
меридиональный meridional, in N-S-Richtung, nordsüdlich gerichtet
мерительный 1. Meß...; 2. Peil... *(Füllstand von Tanks)*
мерка *f* Maß *n*
мерник *m* Meßgefäß *n*, Meßkolben *m*, Meßtank *m* || **~/образцовый** Eichkolben *m (Mengenmessung von Flüssigkeiten)*; Normalmeßkolben *m*
мерность *f* Dimension *f*
мерный maßgebunden, maßabhängig
***n*-мерный** *n*-dimensional
мероопределение *n* Maßbestimmung *f*

мероприятие *n* Maßnahme *f* ‖ **~/антисейсмическое** Maßnahme *f* zur Bebenresistenz ‖ **~/защитное** Schutzmaßnahme *f*
мероэдр *m (Krist)* Meroeder *n*
мероэдрия *f (Krist)* Meroedrie *f (Kristallklassensymmetrie)*
мерсеризация *f (Text)* Merzerisieren *n*, Merzerisation *f*
мерсеризировать *(Text)* merzerisieren
мертвообожжённый totgebrannt
мерцание *n* Flimmern *n*, Flackern *n*, Schlieren *n*; *(Astr)* Szintillation *f*; *(Eln)* Funkeln *n*, Funkeleffekt *m* ‖ **~ звёзд** *(Astr)* Szintillation *f* ‖ **~ изображения** *(TV)* Bildflimmern *n* ‖ **~/меж[ду]строчное** *(TV)* Zwischenzeilenflimmern *n* ‖ **~ строк** *s.* ~/междустрочное ‖ **~/цветное (цветовое)** *(TV)* Farb[en]flimmern *n* ‖ **~ цветов** *(TV)* Farb[en]flimmern *n*
мерцать flimmern
месдоза *f s.* мессдоза
месилка-взвивалка *f* Knet- und Rührmaschine *f*
меситель-смеситель *m* Mischkneter *m*
месить kneten
мессдоза *f* Meßdose *f*, Kraftmeßdose *f* ‖ **~/индуктивная** induktive Meßdose *f* ‖ **~/пьезоэлектрическая** piezoelektrische Meßdose *f*
местность *f* Örtlichkeit *f*; Gegend *f* ‖ **~/заселённая** besiedeltes Gebiet *n*
местный 1. örtlich, lokal, Orts...; 2. einheimisch, bodenständig
место *n* 1. Ort *m*, Stelle *f*; 2. *(Flg, Schiff)* Standort *m*, Position *f*; *(Schiff)* Besteck *n* ‖ **~/автоматизированное рабочее** automatisierter (rechnergestützter) Arbeitsplatz *m* ‖ **~/астрономически определённое** *(Schiff)* astronomischer Schiffsort *m*; astronomisches Besteck *n* ‖ **~ включения** *(El, Nrt)* Anschlußstelle *f* ‖ **~ водозабора** *(Hydt)* Zapfstelle *f* ‖ **~/возвышенное** Geländeerhebung *f* ‖ **~ вскрытия** *(Bgb, Geol)* Aufschlußpunkt *m* ‖ **~/вспомогательное рабочее** *(Nrt)* Hilfsplatz *m* ‖ **~/входящее рабочее** *(Nrt)* Ankunftsplatz *m*, B-Platz *m* ‖ **~ горячего спая** Heißlötstelle *f* ‖ **~/горячее** *(Gieß)* thermisches Zentrum *n* ‖ **~/грузовое** Kollo *n* ‖ **~ для лежания** *(Eb)* Liegeplatz *m*, Bett *n (im Schlafwagen)*; Bettplatz *m*, Schlafwagenplatz *m* ‖ **~ для сидения** *(Eb)* Sitzplatz *m* ‖ **~ добычи** *(Bgb)* Gewinnungspunkt *m* ‖ **~ замыкания на землю** *(El)* Erdschlußstelle *f* ‖ **~ запуска** *(Rak)* Startplatz *m* ‖ **~ звезды** *(Astr)* Ort *m* (Position *f*) eines Gestirns ‖ **~ звезды/видимое** *(Astr)* scheinbarer Ort *m* eines Gestirns ‖ **~ измерения** Meßstelle *f* ‖ **~/исправленное** *(Schiff)* beschickter Schiffsort *m*; beschicktes Besteck *n* ‖ **~/истинное** *(Schiff)* wahrer Schiffsort; wahres Besteck *n* ‖ **~/исходящее рабочее** *(Nrt)* Abgangsplatz *m*, A-Platz *m* ‖ **~ короткого замыкания** *(El)* Kurzschlußort *m* ‖ **~ надреза** Kerbstelle *f (einer Probe zur Prüfung auf Kerbschlagbiegezähigkeit)* ‖ **~ назначения** *(Eb)* Bestimmungsort *m* ‖ **~/ночное рабочее** *(Nrt)* Nachtplatz *m* ‖ **~ обгона** *(Eb)* Überholstelle *f* ‖ **~/обсервованное** *(Schiff)* beobachteter Schiffsort *m*; beobachtetes Besteck *n* ‖ **~/опасное** Gefahrenstelle *f* ‖ **~/опорное** Lagerstelle *f*, Auflagerstelle *f* ‖ **~ опоры** *s.* ~/опорное ‖ **~ отбора** Anzapfstelle *f (Dampf)*; Entnahmestelle *f* ‖ **~ ответвления** 1. *(Eb)* Abzweig *m*, Abzweigstelle *f*; 2. *(El)* Abzweigstelle *f*; Anzapfpunkt *m*, Abgreifpunkt *m* ‖ **~ передачи** *(Rf, Nrt)* Sende[r]ort *m*, Sendestelle *f* ‖ **~/построечное** *(Schiff)* Hellingplatz *m* ‖ **~ приёма** *(Rf, Nrt)* Empfangsort *m*, Empfangsstelle *f* ‖ **~ приёма/рабочее** *(Nrt)* Aufnahmeplatz *m* ‖ **~/пропущенное** *(Lw)* Fehlstelle *f (bei Aussaat, Setzen und Legen)* ‖ **~/рабочее** 1. Arbeitsplatz *m*, Arbeitsstelle *f*; 2. *(Nrt)* Platz *m*, Vermittlungsplatz *m*; Bedienungsplatz *m* ‖ **~/расчётное** Rechenstandort *m*, berechneter Standort *m* ‖ **~/свободное** *(Eln)* Gitterfehlstelle *f*, Gitterleerplatz *m*, Leerstelle *f (Halbleiter)* ‖ **~/складское** Lagerplatz *m*, Lagerort *m*; Ablage *f*, Ablagestelle *f* ‖ **~/спальное** *(Eb)* Bettplatz *m*, Schlafwagenplatz *m* ‖ **~/стапельное** *(Schiff)* Hellingplatz *m* ‖ **~ стоянки** *(Schiff)* Ankerplatz *m*, Ankerliegeplatz *m* ‖ **~ судна** Schiffsort *m*; Besteck *n* ‖ **~/счислимое** *(Schiff)* gegißter Ort *m*; gegißtes Besteck *n* ‖ **~/укрупнённое грузовое** *(Schiff)* Ladeeinheit *f* ‖ **~/унифицированное грузовое** *(Schiff)* Einheitskollo *n* ‖ **~ холодного спая** *(El)* kalte Lötstelle *f*, Kaltlötstelle *f* ‖ **~ якорной стоянки** *(Schiff)* Ankerliegeplatz *m*
местонахождение *n* 1. Ort *m (s. a. unter* место*)*; 2. *s.* месторождение
местоположение *n* 1. Lage *f*; Ortslage *f*, Standort *m*; 2. *(Ch)* Stellung *f*, Position *f*
месторождение *n (Bgb, Geol)* Lagerstätte *f*, Vorkommen *n* ‖ **~/биметасоматическое** bimetasomatische Lagerstätte *f* ‖ **~/буроугольное** Braunkohlenlagerstätte *f* ‖ **~/вскрытое** aufgeschlossene Lagerstätte *f* ‖ **~/вторичное** sekundäre Lagerstätte *f* ‖ **~ выветривания** Verwitterungslagerstätte *f* ‖ **~/выработанное** erschöpfte Lagerstätte *f* ‖ **~/высокотемпературное** katathermale Lagerstätte *f* ‖ **~/гидротермальное** hydrothermische Lagerstätte *f* ‖ **~/гипотермальное** katathermale Lagerstätte *f* ‖ **~/гистеромагматическое** hysteromagmatische (spätmagmatische) Lagerstätte *f* ‖ **~/горизонтальное (горизонтально залегающее)** horizontal lagernde (söhlige) Lagerstätte *f* ‖ **~/гравийное** Kiesvorkommen *n* ‖ **~/диалитическое** *s.* ~/поверхностное ‖ **~ железной руды** *s.* ~/железорудное ‖ **~/железорудное** Eisenerzlagerstätte *f*, Eisenerzvorkommen *n* ‖ **~/жильное** gangartige Lagerstätte *f*, Ganglagerstätte *f* ‖ **~/инфильтрационное** Infiltrationslagerstätte *f*, deszendente Lagerstätte *f* ‖ **~/инъекционное** Injektionslagerstätte *f* ‖ **~/истощённое** erschöpfte Lagerstätte *f* ‖ **~/каменноугольное** Steinkohlenlagerstätte *f* ‖ **~/карстовое** Karstlagerstätte *f*, Lagerstätte *f* vom Karsttyp ‖ **~/комплексное** Komplexlagerstätte *f* ‖ **~/конкреционное** konkretionäre Lagerstätte *f* ‖ **~/контактное (контактовое)** Kontaktlagerstätte *f* ‖ **~/контактово-метаморфическое** kontaktmetamorphe Lagerstätte *f* ‖ **~/контактово-метасоматическое** kontaktmetasomatische Lagerstätte *f* ‖ **~/коренное** primäre (ursprüngliche) Lagerstätte *f* ‖ **~/криптомагматическое** kryptomagmatische Lagerstätte *f* ‖ **~/крутопадающее** steil (stark) einfallende Lagerstätte *f* ‖ **~/ликвационное** liquidmagmatische Lagerstätte *f* ‖ **~/магматическое** magma-

tische Lagerstätte *f*, Lagerstätte *f* der magmatischen Abfolge || **~/магматогенное** magmatogene Lagerstätte *f* || **~/мезотермальное** mesothermale Lagerstätte *f* || **~/метаморфизованное** metamorphisierte Lagerstätte *f* || **~/метаморфическое** metamorphe Lagerstätte *f*, Lagerstätte *f* der metamorphen Abfolge || **~/метасоматическое** metasomatische Lagerstätte *f* || **~/нерудное** Nichtmetalllagerstätte *f* || **~/нетронутое** unverritzte Lagerstätte *f* || **~/нефтяное** Erdöllagerstätte *f*, Erdölvorkommen *n* || **~/низкотемпературное** epithermale Lagerstätte *f*, Niedrigtemperaturlagerstätte *f* || **~/обводнённое** wasserführende (verwässerte) Lagerstätte *f* || **~/обломочное рудное** Trümmererzlagerstätte *f* || **~/обнажённое** Lagerstätte *f* mit Ausbiß an der Erdoberfläche || **~ осадочного ряда** *s.* ~/осадочное || **~/осадочное** sedimentäre Lagerstätte *f*, Lagerstätte *f* der sedimentären Abfolge || **~/остаточное** Residuallagerstätte *f* || **~/пегматитовое** pegmatitische Lagerstätte *f* || **~/первичное** *s.* ~/коренное || **~/перимагматическое** perimagmatische Lagerstätte *f* || **~/перспективное** höffige Lagerstätte *f* || **~/пластовое** Flözlagerstätte *f*, Schichtlagerstätte *f* || **~/пневматолитическое (пневматолитовое)** pneumatolytische Lagerstätte *f* || **~/поверхностное** ausgehende Lagerstätte *f*, Oberflächenlagerstätte *f* *(an der Oberfläche bzw. unter geringer Lockergesteinsbedeckung ausstreichende Lagerstätte)* || **~/подводно-морское** submarine Lagerstätte *f* || **~/позднемагматическое** spätmagmatische (hysteromagmatische) Lagerstätte *f* || **~ полезных ископаемых** Lagerstätte *f* nutzbarer Minerale || **~/полиметаллическое** polymetallische Lagerstätte *f* || **~/послемагматическое** postmagmatische Lagerstätte *f* || **~ природного газа** Erdgaslagerstätte *f* || **~/промышленное** abbauwürdige Lagerstätte *f* || **~/протомагматическое** *s.* ~/сегрегационное || **~/разрабатываемое** in Abbau (Nutzung) befindliche Lagerstätte *f* || **~/россыпное** Seife *f*, Seifenlagerstätte *f* *(s. a. unter* россыпь*)* || **~/рудное** Erzlagerstätte *f* || **~/сегрегационное** eumagmatische Lagerstätte *f* || **~/секреционное** sekretionäre Lagerstätte *f* || **~/сингенетическое (сингенетичное)** syngenetische Lagerstätte *f* || **~/скарновое** Skarnlagerstätte *f* || **~/скрытое** verdeckte (verborgene) Lagerstätte *f* *(nicht an der Erdoberfläche ausstreichende Lagerstätte)* || **~/слепое** *s.* ~/скрытое || **~/сложное** komplizierte Lagerstätte *f* || **~/соляное** Salzlagerstätte *f* || **~/среднетемпературное** mesothermale Lagerstätte *f* || **~ твёрдых горючих ископаемых** Lagerstätte *f* fester Brennstoffe || **~/телемагматическое** telemagmatische Lagerstätte *f* || **~/телетермальное** telethermale Lagerstätte *f* || **~/трубообразное (трубчатое)** röhrenförmige Lagerstätte *f* || **~/угольное** Kohlenlagerstätte *f*, Kohlenlager *n*, Kohlenvorkommen *n* || **~/фузивное** *s.* ~/позднемагматическое || **~/цементационное** Zementationslagerstätte *f* || **~/штокверковое** Stockwerklagerstätte *f* || **~/эвмагматическое** eumagmatische Lagerstätte *f* || **~/экзогенное** exogene Lagerstätte *f* || **~/эксгаляционное** Exhalationslagerstätte *f* || **~/эндогенное** endogene Lagerstätte *f* || **~/эпигенетическое** epigenetische Lagerstätte *f* || **~/эпитермальное** epithermale Lagerstätte *f*

месяц *m* 1. Monat *m*; 2. Mond *m*, Mondsichel *f* *(kleiner als Halbmond)* || **~/аномалистический** anomalistischer Monat *m* || **~/драконический** drakonitischer Monat *m* || **~/звёздный** siderischer Monat *m* || **~/лунный** synodischer Monat *m* || **~/сидерический** siderischer Monat *m* || **~/синодический** synodischer Monat *m* || **~/средний календарный** mittlerer Kalendermonat *m* *(1/12 gregorianisches Jahr)* || **~/тропический** tropischer Monat *m* *(1/12 tropisches Jahr)*

метабластез *m* *(Geol)* Metablastese *f*

метагалактика *f* *(Astr)* beobachtbares Weltall *n*, Metagalaxis *f*

метадин *m* *(El)* Metadyne[maschine] *f* *(eine Querfeldmaschine)*

метадин-генератор *m* *(El)* Metadyn[e]generator *m*, Generatormetadyne *f*

метадин-преобразователь *m* *(El)* Metadyn[e]umformer *m*, Umformermetadyne *f*

метазамещённый *(Ch)* meta-substituiert, *m*-substituiert

металимнион *m* *(Hydrol)* Metalimnion *n*

металл *m* Metall *n* || **~/антифрикционный** Lagermetall *n*, Antifriktionsmetall *n* || **~/белый** Weißmetall *n* || **~/благородный** Edelmetall *n* || **~ в слитках** Barrenmetall *n*, Metallbarren *mpl*; Masselmetall *n* || **~/вторичный** Altmetall *n*; Umschmelzmetall *n*, Sekundärmetall *n* || **~/вторичный чёрный** Eisenschrott *m*, Eisenbruch *m* || **~/выплавленный (выплавляемый)** Schmelze *f*, Metallschmelze *f*, Schmelzgut *n*, flüssiges Metall *n* || **~ высокой чистоты** Reinmetall *n*, hochreines Metall *n* || **~/гранулированный** Granalien *fpl* || **~/двухслойный** Verbundmetall *n*; Bimetall *n* || **~/дефицитный** Sparmetall *n*, Defizitmetall *n*, defizitäres Metall *n* || **~/деформируемый** Knetmetall *n*, Preßmetall *n* || **~/драгоценный** Edelmetall *n* || **~/жидкий** Schmelze *f*, Schmelzgut *n*, flüssiges Metall *n* || **~/загружаемый** Einsatz *m*, Einsatzgut *n* *(Wärmeofen)*; Satz *m*, Einsatzmaterial *n*, Einsatzgut *n* *(Kupolofen)*; Charge *f*, Chargenmaterial *n* *(Schmelzofen)* || **~/земельный** Erdmetall *n* || **~/зеркальный** Spiegelmetall *n* || **~/зернистый** Schrot *m*, Metallgranalien *fpl* || **~/исходный** Ausgangsmetall *n* || **~/легирующий** Legierungsmetall *n*, Legierungszusatz *m*, Zusatzmetall *n* || **~/лёгкий** Leichtmetall *n* || **~/легкоплавкий** niedrigschmelzendes (leichtschmelzendes) Metall *n* || **~/листовой** Tafelblech *n*, Blech *n* || **~/многослойный** Verbundmetall *n* || **~/мягкий** Weichmetall *n* || **~/нагреваемый** Wärmegut *n*, Einsatz *m*, Einsatzgut *n* *(Wärmeofen)* || **~/наплавленный** *(Schw)* 1. reines Schweißgut *n*; 2. Auftragsschweißgut *n*, Auftragsschweiße *f* || **~/нежелезный** Nichteisenmetall *n*, NE-Metall *n*; Buntmetall *n* || **~/неочищенный (нераскислённый)** Rohmetall *n* || **~/оборотный** 1. Umlaufmetall *n*, Umlaufschrott *m*; 2. Kreislaufmetall *n*, Rücklaufmetall *n* || **~/основной** 1. Basismetall *n*, Grundmetall *n* *(einer Legierung, auch in der Pulvermetallurgie)*; 2. *(Schw)* Grundwerkstoff *m* || **~/первичный** Primärmetall *n*, Neumetall *n*, Hüttenmetall *n* ‖ **~/переплавленный** Umschmelzmetall *n* *(s. a.* ~/вторичный*)* ‖ **~/плакированный** plattiertes Metall *n* ‖ **~/плакирующий** Plattiermetall *n* *(Auftragsmetall)* ‖ **~/подшипниковый** Lagermetall *n*; Lagerweißmetall *n* ‖ **~/полупроводниковый** Halbleitermetall *n* ‖ **~/порошковый** Sintermetall *n* ‖ **~/присадочный** 1. Zuschlagmetall *n* *(z. B. Ferrolegierungen)*; 2. Schweißdraht *m*; Schweißstab *m*; 3. *(Schw)* Zusatzwerkstoff *m* ‖ **~/протравливаемый** Beizgut *n*; zu ätzendes Metall *n* ‖ **~/раскисляющий** Desoxidationsmetall *n* ‖ **~/расплавленный** Schmelze *f*, Metallschmelze *f*, Schmelzgut *n*, flüssiges Metall *n* ‖ **~/рассеянный** Spurenmetall *n* ‖ **~/рафинированный** Feinmetall *n*, gefeintes Metall *n*, Reinmetall *n* ‖ **~/связующий** Bindemetall *n* *(Pulvermetallurgie)* ‖ **~/смешанный** Mischmetall *n* ‖ **~/сопутствующий** Begleitmetall *n*, Beimetall *n* ‖ **~/спечённый** Sintermetall *n* ‖ **~/технически чистый** technisch reines Metall *n* *(Reinheitsgrad 99,00 bis 99,99 %)* ‖ **~/тонколистовой** Feinblech *n* ‖ **~/тугоплавкий** hochschmelzendes (schwerschmelzbares) Metall *n* ‖ **~/тяжёлый** Schwermetall *n* ‖ **~/химически чистый** chemisch reines Metall *n* *(Reinheitsgrad von 99,99 bis 99,999 %)* ‖ **~/хрупкий** sprödes Metall *n* ‖ **~/цветной** Buntmetall *n*; Nichteisenmetall *n*, NE-Metall *n* ‖ **~/черновой** Rohmetall *n* ‖ **~/чёрный** Eisenmetall *n*, Schwarzmetall *n* ‖ **~/чистый** Reinmetall *n*, Feimetall *n*, gefeintes Metall *n* ‖ **~/щёлочноземельный** Erdalkalimetall *n* ‖ **~/щелочной** Alkalimetall *n* ‖ **~/электролитический** Elektrolytmetall *n*

металл-восстановитель *m* Reduktionsmetall *n*

металл-диэлектрик-полупроводник *m* *(Eln)* Metall-Isolator-Halbleiter *m*, MIS

металл-заменитель *m* Substitutionsmetall *n*, Ersatzmetall *n*

металл-изолятор-полупроводник *m* *(Eln)* Metall-Isolator-Halbleiter *m*, MIS

металлизатор *m* Metallspritzgerät *n*, Metallspritzpistole *f* *(Metallspritzverfahren)* ‖ **~/газовый** Flammspritzgerät *n* ‖ **~/газовый проволочный** Flamm-Drahtspritzgerät *n* ‖ **~/газопламенный** Flammspritzgerät *n* ‖ **~/порошковый** Pulverspritzgerät *n* ‖ **~/электрический** Lichtbogenspritzgerät *n*

металлизация *f* Metallspritzen *n*, Metallisieren *n*, Metallisierung *f*, Metallaufbringung *f*; *(Eln auch:)* Metallhinterlegung *f* *(Röhrentechnik)* ‖ **~ алюминием** Spritzaluminieren *n* ‖ **~/вакуумная** Vakuummetallisierung *f* ‖ **~/газовая (газопламенная)** Flammspritzen *n* ‖ **~/гальваническая** galvanisches Metallisieren *n* ‖ **~/двухслойная** Zweischichtmetallisierung *f* ‖ **~/двухуровневая** *(Eln)* Zweiebenenmetallisierung *f* ‖ **~/диффузионная** Diffusionsmetallisierung *f*, Diffusionsmetallisieren *n* ‖ **~/дуговая** Lichtbogenspritzen *n* ‖ **~/многоуровневая** *(Eln)* Mehrebenenmetallisierung *f* ‖ **~/плазменная** Plasmaspritzen *n* ‖ **~ распылением** Spritzmetallisierung *f*, Metallspritzverfahren *n* ‖ **~ сталью** Spritzverstählen *n* ‖ **~/термическая** Thermometallisierung *f*, Thermometallisieren *n* ‖ **~ тигельным аппаратом** Schmelzbadspritzen *n* ‖ **~ цинком** Spritzverzinken *n* ‖ **~/электрическая (электродуговая)** *s.* ~/дуговая

металлизировать metallisieren; Metall aufspritzen

металлмикроскоп *m* Metallmikroskop *n*

металл-нитрид-полупроводник *m* *(Eln)* Metall-Nitrid-Halbleiter *m*, MNS

металловедение *n* Metallkunde *f*

металловедческий metallkundlich

металловидный metallartig

металловключение *n* *(Met, Gieß)* metallischer Einschluß *m*

металловыделение *n* Metallabscheidung *f*

металлографический metallographisch

металлография *f* *(Wkst)* Metallographie *f*, Gefügelehre *f* ‖ **~/высокотемпературная** Hochtemperaturmetallographie *f* ‖ **~/интерференционная** Interferenzschichtenmetallographie *f* ‖ **~/низкотемпературная** Tieftemperaturmetallographie *f*

металлодобавка *f* Metallzuschlag *m*

металлоид *m* Metalloid *n*, Nichtmetall *n*

металлоискатель *m* Metallsuchgerät *n*

металлокерамика *f* 1. Pulvermetallurgie *f*, Sintermetallurgie *f*; 2. metallkeramischer (keramometallischer) Werkstoff *m*

металлокерамический pulvermetallurgisch, sintermetallurgisch

металл-окисел-полупроводник *m* *(Eln)* Metall-Oxid-Halbleiter *m*, MOS

металлолом *m* Schrott *m*, Bruch *m*, Altmetall *n*

металлоносность *f* *(Geol)* Metallführung *f*, Metallhaltigkeit *f*

металлообрабатывающий metallbearbeitend, Metallbearbeitungs...

металлообработка *f* Metallbearbeitung *f*

металлооптика *f* Metalloptik *f*

металлоорганический metallorganisch, Organometall...

металлоподаватель *m* Metallzuführung *f*

металлопокрытие *n* 1. metallische Schutzschicht *f*, Metallüberzug *m*; 2. Aufbringen *n* einer metallischen Schutzschicht ‖ **~/горячее** Tauchmetallisieren *n*, Auftragen *n* einer metallischen Schutzschicht durch Tauchen

металлоприёмник *m* 1. Vorherd *m*, Sammler *m*; Unterherd *m* *(Schachtofen)*; 2. Gestell *n*, Unterherd *m*; 3. Roheisenmischer *m*

металлорежущий spanend, Spanungs..., zum Spanen und (oder) Abtragen

металлорезание *n* *(Fert)* Metallspanen *n*

металл-основа *m* Trägermetall *n*, Basismetall *n* *(einer Legierung)*

металлофизика *f* Metallphysik *f*

металл-примесь *m* Spurenmetall *n*, Nebenmetall *n*

металл-спутник *m* Begleitmetall *n*, Beimetall *n*

металлургия *f* 1. Metallurgie *f*, Hüttenwesen *n*; 2. Hüttenkunde *f* ‖ **~/вакуумная** Vakuummetallurgie *f* ‖ **~/вторичная** Sekundärmetallurgie *f*, Metallurgie *f* sekundärer Rohstoffe ‖ **~/огневая** Pyrometallurgie *f*, Thermometallurgie *f* ‖ **~/плазменная** Plasmametallurgie *f* ‖ **~/порошковая** 1. Pulvermetallurgie *f*, Sintermetallurgie *f*; 2. Metallpulverkunde *f* ‖ **~/цветная** *s.* ~ цветных металлов ‖ **~ цветных металлов** 1. Nichteisenmetallurgie *f*, NE-Metallurgie *f*; Buntmetallur-

gie *f*; 2. Metallhüttenkunde *f* ‖ **~/чёрная** *s.* ~ чёрных металлов ‖ **~ чёрных металлов** 1. Eisenmetallurgie *f*, Schwarzmetallurgie *f*; 2. Eisenhüttenkunde *f*
метамерия *f (Ch)* Metamerie *f*
метаморфиды *pl (Geol)* Metamorphiden *pl (Gebirgsstränge, die im zentralen Bereich von Geosynklinalen entstanden sind)*
метаморфизация *f* Metamorphisierung *f*
метаморфизм *m (Geol)* Metamorphose *f*, Metamorphismus *m* ‖ **~/аддитивный [контактный]** additive Metamorphose *f* ‖ **~/геотермальный** geothermischer Metamorphismus *m* ‖ **~/гидатотермический** Hydatomorphose *f*; hydatothermische Metamorphose *f* ‖ **~/гидротермальный [контактный]** hydrothermale Metamorphose *f* ‖ **~/глубинный** [regionale] Tiefenmetamorphose *f*, [regionaler] Tiefenmetamorphismus *m*, [regionale] Versenkungsmetamorphose *f* ‖ **~ давления** *(Geol)* durch [erhöhten] Druck hervorgerufene Metamorphose *f* ‖ **~/динамический** Dynamometamorphose *f* ‖ **~/динамотермальный** regionale Dynamothermometamorphose *f*; *i. e. S.* Regionalmetamorphose *f* ‖ **~/дислокационный** Dislokationsmetamorphose *f*, Dynamometamorphose *f*, Reibungsmetamorphose *f* ‖ **~/импрегнационный** Imprägnationsmetamorphose *f* ‖ **~/инъекционный** Injektionsmetamorphose *f* ‖ **~/катакластический** kataklastische Metamorphose *f* ‖ **~/каустический** kaustische Metamorphose *f* ‖ **~/кинетический** kinetische Metamorphose *f* ‖ **~/контактный (контактовый)** Kontaktmetamorphose *f* ‖ **~/локальный (местный)** lokale Metamorphose *f (Gruppenbegriff für Kontakt- und Dislokationsmetamorphose)* ‖ **~/механический** mechanische Metamorphose *f* ‖ **~ нагрузки** Belastungsmetamorphose *f* ‖ **~/плутонический** Tiefengesteinsmetamorphose *f* ‖ **~/пневматолитический [контактный]** pneumatolytische Metamorphose *f* ‖ **~/повторный** Diaphthorese *f* ‖ **~/попятный** *s.* ~/регрессивный ‖ **~/прогрессивный** progressive Metamorphose *f* ‖ **~/региональный** 1. regionale Metamorphose *f (im Deutschen i.w.S. Gruppenbegriff für regionale Versenkungsmetamorphose und regionale Dynamothermometamorphose)*; 2. *s.* ~/глубинный; 3. ~/динамотермальный ‖ **~/регрессивный (ретроградный)** regressive (retrograde) Metamorphose *f*, Retromorphose *f*, Diaphthorese *f* ‖ **~/статический** statische Metamorphose *f*, Belastungsmetamorphose *f* ‖ **~/термальный [контактный]** Thermometamorphose *f* ‖ **~ трения** *s.* ~/дислокационный ‖ **~/фрикционный** *s.* ~/дислокационный
метаморфиты *mpl (Geol)* Metamorphite *mpl (metamorphe Gesteine)*
метамышьяковистокислый *(Ch)* …metaarsenit *n*, …metaarsenat(III) *n*; metaarsenigsauer
метамышьяковокислый *(Ch)* …metaarsenat *n*, …metaarsenat(V) *n*; metaarsensauer
метан *m (Ch)* Methan *n*
метаналь *m (Ch)* Methanal *n*, Formaldehyd *m*
метановоз *m (Schiff)* Methantanker *m*
метановыделение *n (Bgb)* Methanaustritt *m*, Methanausscheidung *f*
метанодобываемость *f (Bgb)* Methangewinnbarkeit *f*
метаноёмкость *f (Bgb)* Methangehalt *m (Wetter)*
метанол *m (Ch)* Methanol *n*, Methylalkohol *m*
метаномер *m (Bgb)* Methanmeßgerät *n*
метаноносность *f (Bgb)* Methanführung *f*
метаноносный *(Bgb)* methanführend
метанообильность *f (Bgb)* Methananreicherung *f (Wetter)*
метантенк *m* Abwasserfaulraum *m*, geschlossener Faulraum *m (Abwasserklärung)*
метаположение *n (Ch)* Metastellung *f*, *m*-Stellung *f*, 1,3-Stellung *f*
метареология *f* Metarheologie *f*
метасиликат *m (Ch)* Metasilikat *n*
метасимвол *m (Inf)* Metasymbol *n*, Superzeichen *n*
метасоматизм *m (Geol, Min)* Metasomatose *f*
метасоматиты *fpl (Geol)* Metasomatite *pl*
метасоматический *(Geol)* metasomatisch, Verdrängungs…
метасоматоз *m (Geol)* Metasomatose *f* ‖ **~/гидротермальный** Hydrothermalmetasomatose *f* ‖ **~/контактный** Kontaktmetasomatose *f*
метасостояние *n (Ph)* Metazustand *m*
метастабильный metastabil
метаструктура *f s.* структура/вторичная
метасурьмянистокислый *(Ch)* …metaantimonit *n*, …metaantimonat(III) *n*; metaantimonigsauer
метасурьмянокислый *(Ch)* …metaantimonat *n*, …metaantimonat(V) *n*; metaantimonsauer
метатексис *m (Geol)* Metatexis *f*
метатель *m* Wurfrad *n*, Wurfförderer *m*; *(Bgb)* Schleuder *f (zum Versatzeinbringen)*
метафайл *m (Inf)* Zwischendatei *f*
метафосфористокислый *(Ch)* …metaphosphit *n*; metaphosphorigsauer
метафосфорнокислый *(Ch)* …metaphosphat *n*; metaphosphorsauer
метацентр *m (Schiff)* Metazentrum *n* ‖ **~/начальный** Anfangsmetazentrum *n*, Metazentrum *n* bei kleinen Neigungen ‖ **~/поперечный** Breitenmetazentrum *n* ‖ **~/продольный** Längenmetazentrum *n*
метацентрический metazentrisch
метаязык *m (Inf)* Metasprache *f*, Zwischensprache *f*
метельник *m (Eb)* Bahnräumer *m (Lokomotive)*
метеор *m (Astr)* Meteor *m(n)* ‖ **~ потока** Strommeteor *m* ‖ **~/спорадический** sporadischer Meteor *m*
метеорадиолокатор *m* Wetterradargerät *n*, Wetterradar *n*
метеорадиолокация *f* Wetterfunkortung *f*
метеорит *m (Astr)* Meteorit *m* ‖ **~/железный** Eisenmeteorit *m* ‖ **~/железокаменный** Stein-Eisen-Meteorit *m*, Siderolith *m* ‖ **~/каменный** Steinmeteorit *m*, Meteorstein *m*, Aerolith *m*
метеоритика *f* Meteoritenkunde *f*, Meteoritenastronomie *f*
метеорный Meteor…
метеорограмма *f (Meteo)* Meteorogramm *n*
метеорограф *m (Meteo)* Meteorograph *m*
метеороид *m (Astr)* Meteoroid *m*
метеорология *f* Meteorologie *f*, Wetterkunde *f* ‖ **~/авиационная** Flugmeteorologie *f* ‖ **~/динамическая** dynamische Meteorologie *f* ‖ **~/ме-**

дицинская Medizinmeteorologie *f* ‖ **~/морская** maritime Meteorologie *f* ‖ **~/прикладная** angewandte Meteorologie *f* ‖ **~/радиолокационная** Radarmeteorologie *f* ‖ **~/синоптическая** Synoptik *f*, synoptische Meteorologie *f* ‖ **~/спутниковая** Satellitenmeteorologie *f* ‖ **~/теоретическая** theoretische Meteorologie *f* ‖ **~/экспериментальная** experimentelle Meteorologie *f*

метеоротропизм *m* Meteorotropismus *m*

метеосводка *f* Wetterbericht *m*

метеослужба *f* Wetterdienst *m* ‖ **~/авиационная** Flugwetterdienst *m*, flugmeteorologischer Dienst *m*, AWS ‖ **~/морская** Seewetterdienst *m*

метеостанция *f* Wetterwarte *f*, Wetterstation *f* ‖ **~/авиационная** Flugwetterwarte *f* ‖ **~/морская** Seewetterwarte *f*

метизы *mpl* Metallwaren *fpl*; Kleineisenzeug *n* *(z. B. Schrauben, Muttern, Bolzen)*

метик *m (Forst)* Kernriß *m*, Markriß *m*, Kernkluft *f*

метил *m (Ch)* Methyl *n*

метилзамещённый methylsubstituiert

метилирование *n (Ch)* Methylierung *f* ‖ **~/дополнительное** Nachmethylierung *f* ‖ **~/исчерпывающее** erschöpfende Methylierung *f*

метилировать *(Ch)* methylieren

метилкаучук *m* Methylkautschuk *m*

метиловый Methyl…

метилцеллюлоза *f* Methylcellulose *f*

метка *f* 1. Markierung *f*, Marke *f*, Zeichen *n*; Kerbe *f*; 2. *(Fert)* Ankörnung *f (Anreißen)*; 3. *(Inf)* Kennsatz *m*, Marke *f*, Merkmal *n* ‖ **~ адреса** *(Inf)* Adressenmarke *f* ‖ **~/адресная** *(Inf)* Adressenmarke *f* ‖ **~/визирная** Visiermarke *f*; Sichtmarke *f* ‖ **~/внешняя** *(Inf)* externe Kennzeichnung *f*, externer Kennsatz *m* ‖ **~/внутренняя** *(Inf)* interner Kennsatz *m* ‖ **~ времени** Zeit[meß]marke *f* ‖ **~/головная** Vorsatz *m (Magnetband)* ‖ **~/градуировочная** Eichmarke *f*, Eichstrich *m* ‖ **~/грубая** Grobpositioniermarke *f* ‖ **~ дальности** Entfernungsmarke *f* ‖ **~ деления** Teilstrich *m* ‖ **~ заголовка** Vorsatz *m (Magnetband)* ‖ **~/задняя** *(Inf)* Hintergrundmarke *f*, Bildhintergrundmarke *f* ‖ **~ записи** *(Inf)* Satzmarke *f* ‖ **~ идентификации** Identifizierungskennzeichen *n* ‖ **~/измерительная** Meßmarke *f* ‖ **~/кольцевая** Ringmarke *f (an Meßkolben)* ‖ **~/конечная** Nachsatz *m (Magnetband)* ‖ **~/контрольная** *(Typ)* Paßzeichen *n* ‖ **~/маркерная** Markierungspunkt *m* ‖ **~ набора данных** *(Inf)* Dateikennsatz *m* ‖ **~ набора данных/конечная** Dateinachsatz *m* ‖ **~/начальная** *(Inf)* Anfangsmarke *f*, Vorsatz *m* ‖ **~/нестандартная** *(Inf)* Nichtstandardkennsatz *m* ‖ **~ пользователя** *(Inf)* Benutzerkennsatz *m* ‖ **~/приводочная** *(Typ)* Paßzeichen *n* ‖ **~/световая** Lichtmarke *f*; *(Photo)* Lichtmarkierung *f*, Lichtsignierung *f* ‖ **~/стандартная** *(Inf)* Standardkennsatz *m* ‖ **~ тома** *(Inf)* Datenträgerkennsatz *m* ‖ **~/точная** Feinmarke *f* ‖ **~/трейлерная** *(Inf)* Traileretikett *n* ‖ **~ уровня воды** *(Hydt)* Wasserstandsmarke *f* ‖ **~ файла** *(Inf)* Datei[en]kennsatz *m* ‖ **~/яркостная** Helligkeitsmarke *f*

метка-крест *f (Typ)* Paßkreuz *n*

метод *m* Verfahren *n*, Methode *f (s. a. unter* способ*)* ‖ **~/абсолютный** absolute Methode *f*, Absolutmethode *f* ‖ **~/агрегатный** *(Fert)* Baukastenmethode *f* ‖ **~/аддитивный** Additivverfahren *n*, additives Verfahren *n* ‖ **~ адресации** *(Inf)* Adressierungsart *f*, Adressierungsmethode *f* ‖ **~/азотнокарбонатный** *(Lw)* Nitrokarbonatverfahren *n* ‖ **~/азотнокислый** *(Pap)* Salpetersäure[aufschluß]verfahren *n* ‖ **~/азотносернокислотный** *(Lw)* Nitrosulfatverfahren *n* ‖ **~/азотнофосфорно-кислотный** *(Lw)* Nitrophosphatverfahren *n* ‖ **~/амальгамный** *(Ch)* Amalgamverfahren *n* ‖ **~ амперметра** *(El)* Amperemeterverfahren *n*, Strommesserverfahren *n* ‖ **~/аналитический** Analysenverfahren *n*, analytisches Verfahren *n* ‖ **~ аналогий** Analogieverfahren *n*, Ähnlichkeitsmethode *f* ‖ **~/анодно-механический** *(Fert)* anodenmechanisches Verfahren *n* ‖ **~ аппроксимации** *(Math)* Näherungsverfahren *n* ‖ **~ атомных орбиталей** *(Kern)* Atomorbitalmethode *f*, AO-Methode *f* ‖ **~ базирования** *(Wkzm)* Bestimmethode *f*, Bestimmverfahren *n* ‖ **~/балансный** Abgleichverfahren *n* ‖ **~/баритовый** Barytverfahren *n*, Bariumsaccharatverfahren *n (Zuckergewinnung)* ‖ **~/бесконтактный** berührungsloses Verfahren *n* ‖ **~ бестигельной зонной плавки** *(Krist)* Zonenschmelzen *n*, Zonen-Floating-Verfahren *n* ‖ **~ биений** *(El)* Schwebungs[ton]verfahren *n*, Schwebungsmethode *f* ‖ **~/бинарный** *(Wmt)* Zweistoffverfahren *n (Dampfturbine)* ‖ **~ Борда** *s.* ~ взвешивания замещением ‖ **~ Бриджмена** *(Krist)* Bridgman-Verfahren *n (Kristallzüchtung)* ‖ **~ Бриджмена-Стокбаргера** *(Krist)* Verfahren *n* nach Bridgman und Stockbarger *(Kristallzüchtung)* ‖ **~ Бринелля** *(Wkst)* Brinell-Härteprüfverfahren *n* ‖ **~ Брэгга** *s.* ~ Вульфа-Брэгга ‖ **~ Брэгга-Брентано** *(Krist)* Bragg-Brentano-Methode *f (Röntgenstrukturanalyse; fokussierende Pulvermethode)* ‖ **~ Бургера** *(Krist)* Buergersches Präzessionsretigraphverfahren *n (Röntgenstrukturanalyse)* ‖ **~ бурения** *(Bgb)* Bohrverfahren *n* ‖ **~/быстрый** Schnellmethode *f* ‖ **~ Бюргера** *s.* ~ Бургера ‖ **~ вакуумного напыления** Vakuumaufdampfverfahren *n* ‖ **~/вакуумный прессовыдувной** *(Glas)* Saug-Preß-Blas-Verfahren *n* ‖ **~ валентных связей (схем)** Valenzstrukturmethode *f*, VB-Methode *f (Quantenchemie)* ‖ **~ ван Аркеля-де-Бора** *(Krist)* Van-Arkel-de-Boer-Verfahren *n*, Aufwachs-Verfahren *n (Kristallzüchtung)* ‖ **~/вариационный** Variationsmethode *f* ‖ **~/вариационный иммерсионный** *(Krist)* Variationsimmersionsmethode *f (Brechungsindex)* ‖ **~/ваттметровый** *(El)* Wattmeterverfahren *n*, Leistungsmessermethode *f* ‖ **~ ввода** *(Inf)* Eingabemethode *f*, Eingabeart *f* ‖ **~ вдавливания** *(Wkst)* Härteprüfung *f* mit Eindringkörper ‖ **~ вдавливания конуса** *(Wkst)* Kegeleindringverfahren *n (Härtemessung)* ‖ **~ вдавливания пирамидального наконечника** *(Wkst)* Pyramideneindringverfahren *n (Härtemessung)* ‖ **~ вдавливания шарика** *(Wkst)* Kugeleindringverfahren *n (Härtemessung)* ‖ **~ ведущего луча** *(Rad)* Leitstrahlverfahren *n* ‖ **~ Вейссенберга** *(Krist)* Weissenberg-Methode *f (Röntgenographie)* ‖ **~ Вёлера** *(Wkst)* Wöhler-Verfahren *n (Dauerschwingver-*

such) || ~ **Вернейля** *(Krist)* Verneuil-Verfahren *n (Edelsteinsynthese)* || **~/вероятностный выборочный** Wahrscheinlichkeitsstichprobenverfahren *n* || ~ **вертикального вытягивания** *(Glas)* Vertikalziehverfahren *n* || ~ **вертикальной бестигельной зонной плавки** *(Krist)* Zonen-Floating-Verfahren *n* || **~/весовой** *(Ch)* massenanalytisches (gravimetrisches) Verfahren *n* || ~ **взвешивания замещением** Substitutionsmethode *f (Bordasche Wägung)* || ~ **взвешивания перестановкой** Vertauschungsmethode *f (Doppelwägung nach Gauß)* || **~/вибросейсмический** *(Geoph)* Vibroseisverfahren *n* || ~ **Виккерса** *(Wkst)* Vickers-Härteprüfverfahren *n* || ~ **Вина** *(Ph)* Durchströmungsmethode *f* [von Wien] *(Kanalstrahlen)* || ~ **вихревых токов** Wirbelstromverfahren *n* || ~ **ВКБ** *s.* приближение/квазиклассическое || ~ **возвратной работы** Rückarbeitsverfahren *n (Ermittlung des Wirkungsgrades)* || **~/возвратный преобразовательный** Reziprozitätsmethode *f* || ~ **вольтметра** *(El)* Voltmeterverfahren *n*, Spannungsmesserverfahren *n* || ~ **вращательного вытягивания** *(Krist)* Dreh-Zieh-Verfahren *n (Kristallzüchtung)* || ~ **вращения кристалла** *(Krist)* Drehkristallverfahren *n*, Drehkristallmethode *f (Röntgenographie)* || **~/врезной** *(Wkzm)* Einstechverfahren *n* || ~ **временного разделения** *(Nrt)* Zeitteilungsverfahren *n* || ~ **временного уплотнения** *(Nrt)* Zeitmultiplexverfahren *n* || ~ **временной многоканальности** *(Nrt)* Zeitmultiplexverfahren *n* || **~/встречного включения** *(El)* Gegenschaltungsverfahren *n* || ~ **Вульфа-Брэгга** *(Krist)* Drehkristallmethode *f*, Braggsche Methode *f*, Braggsches Verfahren *n* || ~ **вывода** *(Inf)* Ausgabemethode *f*, Ausgabetechnik *f* || ~ **выравнивания зон** *(Eln)* Zonenhomogenisierung *f (Halbleiter)* || ~ **выравнивания ошибок** Fehlerabgleichmethode *f* || ~ **выращивания** *(Krist)* Züchtungsverfahren *n*, Ziehverfahren *n* || ~ **выращивания кристаллов** Kristallzüchtungsverfahren *n*, Kristallziehverfahren *n* || ~ **выращивания кристаллов/ бестигельный** *(Krist)* tiegelfreies Verfahren *n (Kristallzüchtung)* || ~ **выращивания кристаллов по Чохральскому** *s.* ~ Чохральского || **~/высокочастотный** Hochfrequenzverfahren *n* || **~/вытеснительный хроматографический** Verdrängungstechnik *f (Chromatographie)* || ~ **вытягивания** *(Krist)* Ziehverfahren *n*, Züchtungsverfahren *n (s. a. unter* ~ выращивания*)* || ~ **вытягивания диффузией** *(Krist)* Diffusionsziehverfahren *n (Kristallzüchtung)* || ~ **вытягивания кристаллов по методу Чохралького** *s.* ~ Чохральского || **~/вычислительный** Rechenmethode *f*, Rechenverfahren *n* || ~ **Габера-Боша** *(Ch)* Haber-Bosch-Verfahren *n (Ammoniaksynthese)* || **~/газодуговой** Plasmastrahlverfahren *n* || **~/газофазный** Gasphasenmethode *f*, Gasphasenverfahren *n* || ~ **Гаусса** *s.* ~ взвешивания перестановкой || **~/гелиевый** *s.* ~ определения абсолютного возраста/ гелиевый || **~/гетеродинный** *(El)* Überlagerungsverfahren *n* || ~ **гетероэпитаксиального наращивания** *(Krist)* Heteroepitaxie *f* || ~ **гидравлического разрыва** *(Bgb)* Aufreißmethode *f*, Frac-Behandlung *f (Erdölförderung)* || **~/гидрометаллургический** naßmetallurgisches Verfahren *n* || ~ **гидротермального синтеза** *s.* ~/гидротермальный || **~/гидротермальный** *(Krist)* Hydrothermalverfahren *n (Edelsteinsynthese)* || ~ **Гинье** *(Krist)* Guinier-Methode *f (Röntgenstrukturanalyse)* || ~ **гомоэпитаксиального выращивания** *(Krist)* Homoepitaxie *f* || **~/гравиметрический** *(Ch)* gravimetrisches (massenanalytisches) Verfahren *n* || ~ **градуирования** Eichverfahren *n* || **~/графический** graphisches Verfahren *n* || **~/дальномерный** Entfernungsmeßverfahren *n*, Streckenmeßverfahren *n* || ~ **двойного интегрирования** *(Eln)* Dual-Slope-Verfahren *n*, Zweiflankenverfahren *n*, Zweirampenverfahren *n* || ~ **двойного тона** *(Ak)* Doppeltonverfahren *n* || ~ **двойного экспонирования** *(Photo)* Doppelbelichtungsmethode *f* || ~ **двойной диффузии** Doppeldiffusionsverfahren *n* || ~ **двойной записи** Doppelaufzeichnungsverfahren *n* || **~/двухзондовый** Zweisondenverfahren *n*, Zweispitzenverfahren *n* || **~/двухлучевой** Zweistrahlmethode *f*, Zweistrahlverfahren *n* || **~/двухполюсный двухпроводный** *(Nrt)* Zweidraht-Getrenntlageverfahren *n* || **~/двухпоточный (двухструйный)** *(Photo)* Doppeleinlaufmethode *f* || **~/двухтональный** *(Ak)* Doppeltonverfahren *n* || ~ **де Ионг-Боумана** *(Krist)* de-Jong-Bouman-Rotationsretigraphverfahren *n (Röntgenstrukturanalyse)*; Goniometerverfahren *n* von Bouman-de Jong || ~ **Дебая-Шеррера** *(Krist)* Debye-Scherrer-Verfahren *n*, Debye-Scherrer-Methode *f*, Pulvermethode *f*, Pulverfahren *n (Röntgenstrukturanalyse)* || **~/декадный** dekadisches Verfahren *n* || ~ **декорирования** *(Krist)* Dekorierungsverfahren *n* || ~ **деления** Teilungsmethode *f* || ~ **деления длины** *(Fert)* Aufteilung *f* in Teilwege *(des Aufmaßes)* || ~ **деления припуска** *(Fert)* Aufteilung *f* in Teilaufmaße || ~ **дефектоскопии/ультразвуковой** *(Wkst)* Impuls-Echo-Verfahren *n* || ~ **деформаций** Formänderungsverfahren *n*, Drehwinkelverfahren *n* || ~ **динамического программирования** *(Inf)* dynamisches Programmierverfahren *n* || ~ **динамической отладки** *(Inf)* dynamisches Testverfahren *n* || **~/дифференциальный** Differentialverfahren *n* || ~ **диффузии** Diffusionsverfahren *n*, Diffusionsmethode *f* || ~ **диффузии в газоносителе** *(Eln)* Trägergasdiffusionsverfahren *n* || ~ **диффузионного легирования** *(Eln)* Diffusionsdotierung *f (Halbleiter)* || **~/диффузионный** *s.* ~ диффузионного легирования || ~ **добычи** *(Bgb)* Gewinnungsverfahren *n* || ~ **дополнения** *(Meß)* Ergänzungsmeßmethode *f* || ~ **дополнительного канала промежуточной частоты** *(TV)* Paralleltonverfahren *n*, Paralleltonbetrieb *m* || ~ **дополнительной плавки** *(Krist)* Nachschmelzverfahren *n (Kristallzüchtung)* || ~ **доступа** *(Inf)* Zugriffsmethode *f* || ~ **доступа/базисный** Basiszugriffsmethode *f*, einfache Zugriffsmethode *f* || ~ **доступа/базисный индексно-последовательный** einfache indexsequentielle Zugriffsmethode *f* || ~ **доступа/базисный последовательный** einfache sequentielle Zugriffsmethode *f* || ~ **доступа/базисный разделённый** einfache Zugriffsmethode *f* für untergliederte Dateien ||

~ доступа/базисный телекоммуникационный einfache Zugriffsmethode *f* für Datenfernverarbeitung ‖ **~ доступа/графический** Zugriffsmethode *f* für Bildschirmgeräte ‖ **~ доступа/дистанционный** *s.* ~ доступа/телекоммуникационный ‖ **~ доступа/индексно-последовательный** indexsequentielle Zugriffsmethode *f* ‖ **~ доступа/последовательный** sequentielle Zugriffsmethode *f* ‖ **~ доступа с буферизацией** gepufferte Zugriffsmethode *f* ‖ **~ доступа с очередями** erweiterte Zugriffsmethode *f* ‖ **~ доступа с очередями/индексно-последовательный** erweiterte indexsequentielle Zugriffsmethode *f* ‖ **~ доступа/телекоммуникационный** Datenfernverarbeitungszugriffsmethode *f* ‖ **~ жидкостной (жидкофазной) рекристаллизации (эпитаксии)** *(Krist, Eln)* Flüssigphasenepitaxie *f*, Flüssigphasenepitaxieverfahren *n*, Flüssigphasenrekristallisation *f*, Schmelzlösungsepitaxie *f*, LPE ‖ **~ закалки** *(Glas)* Abschreck[ungs]methode *f*, polythermische Methode *f* ‖ **~ замещения** 1. Substitutionsmethode *f*, Substitutionsverfahren *n*, Ersatzverfahren *n*; 2. *s.* ~/двухлучевой ‖ **~ записи** *(Inf)* Aufzeichnungsverfahren *n*; Speicherverfahren *n* ‖ **~ записи/глубинный** Tiefenschriftverfahren *n*, Edison-Schriftverfahren *n* ‖ **~ записи изображения** Bildaufzeichnungsverfahren *n* ‖ **~ затылования** *(Fert)* Hinterdrehverfahren *n* ‖ **~ защиты** Schutzverfahren *n* ‖ **~ звукозаписи** Schallaufzeichnungsverfahren *n*, Tonaufzeichnungsverfahren *n* ‖ **~ звукозаписи/магнитный** Magnettonaufzeichnungsverfahren *n* ‖ **~ звукозаписи/механический** mechanisches Tonaufzeichnungsverfahren *n*, Nadeltonverfahren *n* ‖ **~ звукозаписи/фотографический** [photo]optisches Tonaufzeichnungsverfahren *n*, Lichttonverfahren *n* ‖ **~ Зеемана-Болина** *(Krist)* Seemann-Bohlin-Methode *f (Röntgenstrukturanalyse; fokussierende Pulvermethode)* ‖ **~/зондовый** *(Eln)* Sondenverfahren *n* ‖ **~ зонного выращивания** *(Eln)* Zonen-Levelling-Verfahren *n* ‖ **~ зонного рафинирования** *(Krist)* Zonenreinigungsverfahren *n (Kristallzüchtung)* ‖ **~ зонной бестигельной плавки** *(Krist)* Fließzonentechnik *f (Kristallzüchtung)* ‖ **~ зонной кристаллизации** *(Krist)* Zonenschmelzverfahren *n (Kristallzüchtung)* ‖ **~ зонной очистки** *(Krist)* Zonenreinigungsverfahren *n (Kristallzüchtung)* ‖ **~ зонной плавки** *(Krist)* Zonenschmelzverfahren *n*, Zonenfloating *n (Kristallzüchtung)* ‖ **~ избирания** *(Nrt)* Auswahlverfahren *n*, Auswahlmethode *f* ‖ **~ избирания/групповой** *(Nrt)* Gruppen[an]wahlverfahren *n* ‖ **~ избирания/двухчастотный** *(Nrt)* Zweifrequenzanwahlverfahren *n* ‖ **~ избирания/частотный** *(Nrt)* Frequenzanwahlverfahren *n* ‖ **~ изготовления** Fertigungsverfahren *n* ‖ **~ измерений** *s.* ~ измерения ‖ **~ измерения** Meßverfahren *n*, Meßmethode *f* ‖ **~ измерения/абсолютный** Absolut[meß]methode *f (z. B. Prüfung einer Kreisteilung in sich ohne Normal)*; fundamentales Meßverfahren *n* ‖ **~ измерения/баллистический** ballistisches Meßverfahren *n* ‖ **~ измерения/бесконтактный** berührungsfreie Meßmethode *f* ‖ **~ измерения/вероятностный** statistische Meßmethode *f* ‖ **~ измерения/высокочастотный** *(El)* Hochfrequenzmeßverfahren *n* ‖ **~ измерения/дефиниционный** definitionsgemäßes Meßverfahren *n (Meßverfahren, das mit der Definition der Einheit dieser Größe übereinstimmt)* ‖ **~ измерения/динамический** dynamische Meßmethode *f* ‖ **~ измерения/дифференциальный** Differenzmeßmethode *f*; Vergleichsmethode *f*, Vergleichsverfahren *n* ‖ **~ измерения длины/интерференционный** interferentielles Längenmeßverfahren *n*, Interferenz-Längenmeßverfahren *n* ‖ **~ измерения компарированием** vergleichendes Meßverfahren *n* ‖ **~ измерения/контактный** Meßmethode *f* mit mechanischem Kontakt ‖ **~ измерения/косвенный** indirektes Meßverfahren *n* ‖ **~ измерения/мостовой** *(El)* Brückenmeßverfahren *n* ‖ **~ измерения/нулевой** Nullmeßverfahren *n*; Nullabgleichmeßmethode *f* ‖ **~ измерения обратного рассеяния** Rückstreumeßverfahren *n* ‖ **~ измерения переменного перепада давления** Wirkdruckverfahren *n (Durchflußmessung von Flüssigkeiten und Gasen)* ‖ **~ измерения по двухлучевой схеме** *(Photometrie)* Zweistrahlverfahren *n*, Zweikanalprinzip *n* ‖ **~ измерения/прямой** direktes Meßverfahren *n* ‖ **~ измерения расхода/парциальный** Durchflußmessung *f* nach dem Teilstromverfahren ‖ **~ измерения/резонансный** Resonanzmeßverfahren *n* ‖ **~ измерения/сравнительный** Relativ[meß]methode *f (z. B. Vergleich des Prüflings mit einem Normal wie Teilkreis oder Spiegelpolygon)* ‖ **~ измерения/статистический** statistische Meßmethode *f* ‖ **~ измерения углов** Winkelmeßverfahren *n*, Winkelmeßmethode *f* ‖ **~ измерения частоты** Frequenzmeßverfahren *n* ‖ **~ измерения/электрический** elektrisches Meßverfahren *n* ‖ **~ изолиний** *(Geoph)* Äquipotentiallinienverfahren *n (elektrisches Prospektionsverfahren)* ‖ **~ изохромат** Isochromatenmethode *f* ‖ **~/иммерсионный** *(Krist)* Immersionsmethode *f*, Einbettungsmethode *f* ‖ **~ импульсной пеленгации** Impulspeilverfahren *n*, Impulspeilung *f* ‖ **~/импульсно-кодовый** Impulskodeverfahren *n*, Pulskodeverfahren *n* ‖ **~/импульсно-частотный** Impulsfrequenzverfahren *n*, Pulsfrequenzverfahren *n* ‖ **~/импульсный** Impulsverfahren *n* ‖ **~ инверсии** Inversionsmethode *f* ‖ **~/индикаторный** *s.* ~ меченых атомов ‖ **~ индукции** *(Geoph)* Induktionsverfahren *n (elektrisches Prospektionsverfahren)* ‖ **~/индукционно-зарядовый** *(Eln)* EBIC-Verfahren *n* ‖ **~ интегрирования** *(Inf, Math)* Integrationsmethode *f*, Integrationsverfahren *n* ‖ **~ интенсивности [магнитного поля]** *(Geoph)* Intensitätsmethode *f (elektrisches Prospektionsverfahren nach Sundberg)* ‖ **~ интервалов времени** *(Reg)* Zeitintervallverfahren *n* ‖ **~/интерполяционный** *(Math)* Interpolationsverfahren *n* ‖ **~/интерпретирующий** *(Inf)* interpretierende (andeutende) Methode *f* ‖ **~/интерференционный** *(Ph)* Interferenzverfahren *n (Mikroskopie)* ‖ **~ искажённых волн** Störwellenmethode *f* ‖ **~ испытания** Prüf[ungs]verfahren *n* ‖ **~ испытания/магнитный** *(Wkst)* Magnetpulverprüfverfahren *n*, Magnetpulverprüfung *f* ‖ **~ испытания/неразрушающий** *(Wkst)* zerstörungsfreies Prüfverfahren *n* ‖ **~ испыта-**

ния погружением Tauchverfahren *n*, Tauchmethode *f* II **~/ионизационный** *(Ph)* Ionisationsverfahren *n* II **~ испытательных строк** *(TV)* Prüfzeilenverfahren *n* II **~ исследования напряжений/оптический** Spannungsoptik *f*, spannungsoptisches (photoelastisches) Verfahren *n* II **~ итерации [Пикара]** *(Math)* iteratives Näherungsverfahren *n*, Methode *f* (Verfahren *n*) der sukzessiven Approximationen II **~/итерационный** *s.* ~ итерации II **~/кадровый** *(TV)* Rasterfolgeverfahren *n*, Rasterwechselverfahren *n* II **~ каналовых лучей** Kanalstrahlmethode *f* II **~/капельный** *(Ch)* Tüpfelmethode *f*, Tüpfelanalyse *f* II **~ капилляра** Kapillarmethode *f* II **~ Карле-Хауптмана** *(Krist)* Karle-Hauptmann-Methode *f (Röntgenstrukturanalyse; direkte Methode)* II **~ квитирования** *(Inf)* Rückmeldeverfahren *n* II **~ Киропулоса** *(Krist)* Kyropoulos-Verfahren *n*, Nacken-Kyropoulos-Verfahren *n (Kristallzüchtung)* II **~ кодирования** *(Inf)* Kodier[ungs]verfahren *n* II **~ компарирования** Vergleichsmethode *f* II **~ компенсации** Kompensationsverfahren *n*, Ausgleichverfahren *n* II **~ компенсации погрешности** Fehlerkompensationsverfahren *n* II **~ конвергенции** Konvergenzverfahren *n* [von Kratky] II **~ конгруэнтности** *(Math)* Kongruenzmethode *f* II **~ конечных моментов** *(Math)* Methode *f* der finiten Momente II **~ конечных разностей** *(Math)* Differenzenmethode *f*, Differenzenverfahren *n* II **~ конечных элементов** *(Math)* Elementenmethode *f*, Finit-Element-Methode *f* II **~ контактирования** *(Eln)* Kontaktierungsverfahren *n* II **~/контактный** 1. *(Eln)* Tastverfahren *n*, Kontaktverfahren *n*; 2. *(Ch)* Kontakt[schwefelsäure]-verfahren *n*; 3. *(Fert)* Abtastverfahren *n (Bestimmung der Oberflächengüte mit dem Rauhtiefeprofilmesser)* II **~ контроля** Prüfverfahren *n*, Testverfahren *n*; Kontrollmethode *f* II **~ контроля/капиллярный** *(Wkst)* Eindringprüfverfahren *n* II **~ коррекции** Korrekturverfahren *n* II **~/корреляционно-измерительный** Korrelationsmeßverfahren *n* II **~/косвенный** indirektes (mittelbares) Verfahren *n* II **~ косого опыления** Schrägbedampfung *f*, Schrägaufdampfung *f* II **~ косого отражения** Schrägreflexionsverfahren *n* II **~ Крарупа** *(El)* Krarup-Verfahren *n (Kabel)* II **~ кристаллизации** *s.* ~ выращивания II **~ кристаллизации/бестигельный** *(Krist)* tiegelfreies Verfahren *n (Kristallzüchtung)* II **~ критического пути** Methode *f* des kritischen Weges. CPM II **~ купания** *(Photo)* Tauchverfahren *n* II **~ Лауэ** *(Krist)* Laue-Verfahren *n (röntgenographisches Einkristallverfahren)* II **~ легирования** Dotierungsverfahren *n (Halbleiter)* II **~ линейного измерения/пневматический** pneumatisches Längenmeßverfahren *n* II **~/линейный** lineare Methode *f* II **~/логометрический** Quotienten[meß]verfahren *n* II **~ ломаных** *(Math)* Polygonzugverfahren *n* II **~/лучевой** *(Geoph)* Strahlenverfahren *n (Berechnungs- und Modellierungsverfahren in der Seismik)* II **~ Лэнга** *(Krist)* Lang-Methode *f (Röntgenstrukturanalyse)* II **~ магнитного порошка** *(Wkst)* [trockenes] Magnetpulververfahren *n (zerstörungsfreie Werkstoffprüfung)* II **~ магнитной звукозаписи** Magnetton[aufzeichnungs]verfahren *n* II **~ магнитной суспензии** *(Wkst)* Magnafluxverfahren *n*, nasses Magnetpulververfahren *n (zerstörungsfreie Werkstoffprüfung)* II **~ максимального правдоподобия** *(Math)* Maximum-Likelihood-Methode *f (Wahrscheinlichkeitsrechnung)* II **~ математической оптимизации** mathematische Optimierungsmethode *f* II **~/маятниковый** Pendelverfahren *n (Härtemessung)* II **~ медиан и крайних значений** Median-Grenzwert-Verfahren *n (statistische Qualitätskontrolle)* II **~ меченых атомов** *(Kern)* Tracer-Methode *f*, Tracer-Verfahren *n*, Indikatorverfahren *n*, Indikatormethode *f*, Leitisotopenmethode *f*, Isotopenmethode *f* II **~/микроволновый** Mikrowellentechnik *f*, Mikrowellenmethode *f* II **~ минимизации** Minimierungsverfahren *n* II **~ многоканальности во (по) времени** *(Nrt)* Zeitmultiplexverfahren *n*, Zeitmultiplex *m*, zeitgeteiltes Verfahren *n* II **~ многоканальности по частоте** *(Nrt)* Frequenzmultiplexverfahren *n*, Frequenzmultiplex *m* II **~ многократного интегрирования** *(Inf)* Mehrfachrampenverfahren *n* II **~/многолучевой** Mehrstrahlverfahren *n* II **~ многолучевой интерференции** *(Eln)* Mehrstrahlinterferenzverfahren *n* II **~ многочленов** *(Math)* Polynommethode *f* II **~ мо (молекулярных орбиталей)** *(Ch)* Mo-Methode *f*, Molekularorbitalmethode *f* II **~ модуляции** *(Eln)* Modulationsverfahren *n* II **~ моментов** *(Math)* Momentenmethode *f (Wahrscheinlichkeitsrechnung)* II **~ монтажа** *(Bw)* Montageverfahren *n* II **~ Монте-Карло** *(Ph)* Monte-Carlo-Methode *f*, Monte-Carlo-Verfahren *n*, Monte-Carlo-Technik *f* II **~/мостовой** *(El)* Brückenverfahren *n* II **~ муаровых картин** *(Eln)* Moiré-Bild-Verfahren *n (Ebenheitskontrolle)* II **~ мультиплексирования** *(Eln)* Multiplexmethode *f* II **~ наведённого тока** *s.* ~/индукционно-зарядовый II **~ наибольшего ската** *s.* ~ перевала II **~ наименьших квадратов** *(Math)* Methode *f* der kleinsten Quadrate (Quadratsummen) II **~ наложения** *(Eln)* Überlagerungsverfahren *n* II **~ нанесения/вихревой** *(Kst)* Wirbelsinterverfahren *n* II **~ нанесения/газопламенный** Flamm[en]spritzverfahren *n*, Flammsprühverfahren *n* II **~ нанесения/переносный** Umkehrverfahren *n (Kunstleder)* II **~ нанесения/электростатический** elektrostatisches Spritzverfahren *n* II **~ наращивания** *(Krist)* Stufenziehverfahren *n*, Stufenziehen *n (Kristallzüchtung)* II **~/натронный** *(Pap)* Natron[aufschluß]verfahren *n* II **~/нелинейный** nichtlineare Methode *f* II **~ неопределённых коэффициентов** *(Math)* Methode *f* der unbestimmten Koeffizienten II **~ непосредственного измерения** direktes Meßverfahren *n* II **~ непосредственного отсчёта** direktanzeigende Methode *f* II **~ непосредственного сравнения** Vergleichs-Meßmethode *f* II **~ непосредственной оценки** direktanzeigenes Verfahren *n* II **~/непосредственный** direkte Methode *f*, direktes Verfahren *n* II **~ непрерывного литья** *(Gieß)* Stranggießverfahren *n*, Stranggußverfahren *n* II **~/непрерывный** kontinuierliches Verfahren *n*; Analogverfahren *n* II **~/неразрушающий** *(Wkst)* zerstörungsfreie Methode *f* II **~/нулевой** Nullmethode *f*; Nullabgleich[meß]methode *f* II **~ нулевых биений**

Nullschwebungsmethode *f*, Schwebungsnullverfahren *n* ‖ **~ нулевых моментов** Nullmoment[en]methode *f* ‖ **~ обката (обкатки, обкатывания)** *(Wkzm)* 1. Wälzverfahren *n*, Abwälzverfahren *n*; 2. Außenglattwalzverfahren *n* ‖ **~ обогащения** Anreicherungsverfahren *n* ‖ **~ обработки** 1. Bearbeitungsverfahren *n*; 2. Verarbeitungsmethode *f*; 3. Auswertverfahren *n*; 4. *(Pap)* Aufschlußverfahren *n*, Kochverfahren *n* ‖ **~ обработки жидкого металла** *(Gieß)* 1. Flüssigmetallbehandlungsverfahren *n*; 2. Modifzierungsverfahren *n*, Impfverfahren *n* ‖ **~ обработки/отделочный (финишный)** Feinbearbeitungsverfahren *n* ‖ **~ обратного плавления** *(Krist)* Rückschmelzverfahren *n (Kristallzüchtung)* ‖ **~ обратного рассеяния** Rückstreuverfahren *n*, Reflexionsverfahren *n* ‖ **~ обратной связи** Rückkopplungsverfahren *n*; *(Reg)* Rückführungsmethode *f* ‖ **~/обратный** *(Met)* Hohlstempelverfahren *n*, indirektes Verfahren *n (Strangpressen)* ‖ **~ обращения** *(Photo)* Umkehrverfahren *n* ‖ **~/объёмный** volumetrisches (maßanalytisches) Verfahren *n* ‖ **~ оврагов** *(Eln)* Grabenverfahren *n* ‖ **~ огибания** *(Fert)* Hüllschnittverfahren *n* ‖ **~ одной боковой полосы** *(Eln)* Einseitenbandverfahren *n* ‖ **~/однополосный двухпроводный** *(Nrt)* Zweidrahtgleichlageverfahren *n* ‖ **~ однотактного [аналого-цифрового] преобразования** *(Eln)* Einrampenverfahren *n*, Single-Slope-Prinzip *n* ‖ **~ озонирования** Ozon[auf]spaltung *f*; Ozonlüftung *f*, Ozonisierungsverfahren *n (zur Wasserentkeimung)* ‖ **~ определения абсолютного возраста/гелиевый** *(Geol)* Heliummethode *f* [der absoluten Altersbestimmung] *(von Gesteinen)* ‖ **~ определения абсолютного возраста/иониевый** *(Geol)* Ioniummethode *f* [der absoluten Altersbestimmung] *(von Gesteinen)* ‖ **~ определения абсолютного возраста/калий-аргоновый** *(Geol)* Kalium-Argon-Methode *f* [der absoluten Altersbestimmung] *(von Gesteinen)* ‖ **~ определения абсолютного возраста/калий-кальциевый** *(Geol)* Kalium-Calcium-Methode *f* [der absoluten Altersbestimmung] *(von Gesteinen)* ‖ **~ определения абсолютного возраста/рубидиево-стронциевый** *(Geol)* Rubidium-Strontium-Methode *f* [der absoluten Altersbestimmung] *(von Gesteinen)* ‖ **~ определения абсолютного возраста/свинцовый** *(Geol)* Bleimethode *f* [der absoluten Altersbestimmung] *(von Gesteinen)* ‖ **~ определения абсолютного возраста/тритиевый** *(Geol)* Tritiummethode *f* [der absoluten Altersbestimmung] *(von Gesteinen)* ‖ **~ определения абсолютного возраста/углеродный радиоактивный** *(Geol)* Radiocarbonmethode *f* [der absoluten Altersbestimmung] *(von Gesteinen)* ‖ **~ оптического сечения** *(Eln)* Lichtschnittverfahren *n* ‖ **~ оптической звукозаписи** [photo]optisches Tonaufzeichnungsverfahren *n*, Lichttonverfahren *n* ‖ **~ осевого сечения** Achsenschnittverfahren *n (z. B. bei der Gewindemessung)* ‖ **~ остаточной активности** *(Kern)* Reaktivitätsmethode *f* ‖ **~ остаточных лучей** *(Kern)* Reststrahl[en]methode *f* ‖ **~ отвесных измерений** Lot[meß]verfahren *n (geometrische Bestimmung des Volumens von Behältern)* ‖ **~/отделочный** *s.* ~ обработки/отделочный ‖ **~ отклонения** Ausschlag[s]verfahren *n*; Ablenkverfahren *n* ‖ **~ отладки [программ]** *(Inf)* Testverfahren *n* ‖ **~ относительных измерений** Verhältnismeßmethode *f* ‖ **~ отпечатка** Abdruckverfahren *n*, Abdrucktechnik *f* ‖ **~ отражения** *(Hydr)* Spiegelungsmethode *f* ‖ **~ отражённых импульсов** Impulsreflexionsverfahren *n*, Impulsechoverfahren *n* ‖ **~ отражённых [сейсмических] волн** *(Geoph)* Reflexionsverfahren *n*, reflexionsseismisches Verfahren (Prospektionsverfahren) *n*, Reflexionsseismik *f* ‖ **~ очистки** Reinigungsverfahren *n* ‖ **~ очистки/сернокислотный** Schwefelsäureraffination *f*, Raffination *f* mit Schwefelsäure ‖ **~ падающего шарика** Kugelfallmethode *f (Viskositätsbestimmung)* ‖ **~ падающих капель** Tropfenfallmethode *f*, Methode *f* der fallenden Tropfen ‖ **~/палеомагнитный** paläomagnetisches Verfahren *n*, paläomagnetische Methode *f* ‖ **~ параллельного преобразования** Parallel[umsetz]verfahren *n* ‖ **~ параллельного сечения** Parallelschnittverfahren *n* ‖ **~ парциальных волн** Partialwellenmethode *f*, Teilwellenmethode *f* ‖ **~ пассивации** Passivierungsverfahren *n* ‖ **~ Паттерсона** *(Krist)* Patterson-Methode *f (Röntgenstrukturanalyse)* ‖ **~ Паунда** *(Kern)* Pound-Methode *f (Kernpolarisation)* ‖ **~ перевала** *(Math)* Sattelpunktmethode *f*, Paßmethode *f* ‖ **~ передачи** *(El)* Übertragungsverfahren *n* ‖ **~ передачи двух боковых полос** *(Eln)* Zweiseitenbandverfahren *n* ‖ **~ передачи единицы** Anschlußmethode *f* der Einheit, Methode *f* zur Weitergabe der Einheit ‖ **~ переменного тока** Wechselstromverfahren *n* ‖ **~ перемещений** *s.* ~ деформации ‖ **~ переноса изображения** Bildübertragungsverfahren *n* ‖ **~ переплавки** *(Krist)* Nachschmelzverfahren *n (Kristallzüchtung)* ‖ **~ перераспределения моментов** Momentenausgleichverfahren *n* ‖ **~ перераспределения углов поворота** Drehwinkelausgleichverfahren *n* ‖ **~ перестановки** Vertauschungsmeßmethode *f* ‖ **~/пескоструйный** Sandstrahlverfahren *n* ‖ **~ петли** *(El)* Schleifenverfahren *n* ‖ **~ печатания/термический** *(Text)* Thermodruckverfahren *n* ‖ **~ плавающего тигля** *(Krist)* Schwimmtiegelverfahren *n*, Schwimmtiegelmethode *f (Kristallzüchtung)* ‖ **~ плавающих капель** Methode *f* der schwebenden Tropfen ‖ **~ плавки** Schmelzverfahren *n* ‖ **~/плазмалучевой** Plasmastrahlverfahren *n* ‖ **~/планарный** Planarverfahren *n (Halbleiter)* ‖ **~/плюсовочно-запарной** *(Text)* Klotzdämpfverfahren *n*, Pad-Steam-Verfahren *n* ‖ **~/плюсовочный** *(Text)* Klotzverfahren *n*, Foulardierverfahren *n* ‖ **~ поверки** Prüfmethode *f*, Eichmethode *f* ‖ **~ подобия** *s.* ~ аналогий ‖ **~ подстановки** Substitutionsmethode *f* ‖ **~ подъёма** Hubverfahren *n* ‖ **~ подъёма перекрытий** *(Bw)* Deckenhubverfahren *n* ‖ **~ подъёма этажей** *(Bw)* Geschoßhebeverfahren *n* ‖ **~ поиска** *(Inf)* Suchverfahren *n* ‖ **~ полей времён** *(Geoph)* Zeitfeldmethode *f (Seismik)* ‖ **~ полиномов** *(Math)* Polynommethode *f* ‖ **~ поляризации ядер Гортера-Розе** *(Kern)* Rose-Gorter-Methode *f*, Rose-Gortersche Methode *f* ‖ **~ поправок** *s.* ~ релаксационный

‖ ~ **порошка** *(Krist)* Pulverfahren *n (Röntgenstrukturanalyse)* ‖ ~ **последовательной передачи цветов** *(TV)* Farbwechselverfahren *n*, Farbfolgeverfahren *n* ‖ ~ **последовательной подстановки** *(Math)* Methode *f* der sukzessiven Substitution, sukzessive Substitution *f* ‖ ~ **последовательных исключений** *(Math)* Methode *f* der schrittweisen Eliminierung ‖ ~ **последовательных приближений** *(Math)* Verfahren *n* (Methode *f*) der sukzessiven Näherung, schrittweise Näherung *f*, schrittweises Näherungsverfahren *n* ‖ ~ **послойного анализа** Schichtentrennungsverfahren *n*, Serienschnittverfahren *n* ‖ ~**/послойный** Lagenverfahren *n (Reifenherstellung)* ‖ ~ **постоянного тока** *(Geoph)* Gleichstrom[prospektions]verfahren *n*, geoelektrische Gleichstromsondierung *f* ‖ ~ **постоянных волн** Konstantwellenmethode *f* ‖ ~ **постройки/островной** *(Schiff)* Inselbauweise *f* ‖ ~ **постройки/пирамидальный** *(Schiff)* Pyramidenbauweise *f* ‖ ~**/поточно-скоростной** *(Bw)* Schnellbaufließfertigung *f* ‖ ~ **поштучного испытания** Einzelprüfmethode *f (statistische Qualitätskontrolle)* ‖ ~ **представления [чисел]** *(Inf)* Zahlenschreibweise *f* ‖ ~ **преломлённых [сейсмических] волн** *(Geoph)* Refraktionsverfahren *n*, refraktionsseismisches Verfahren (Prospektionsverfahren) *n*, Refraktionsseismik *f* ‖ ~ **преломлённых [сейсмических] волн/корреляционный** *(Geoph)* korrelatives refraktionsseismisches Verfahren (Prospektionsverfahren) *n*, korrelative Refraktionsseismik *f* ‖ ~ **преобразования** *(Inf)* Umformungsverfahren *n* ‖ ~ **приближения** *(Math)* Näherungsverfahren *n*, Näherungsmethode *f*, Approximationsverfahren *n* ‖ ~ **приближённого расчёта** *s.* ~ приближения ‖ ~**/приближённый** *(Math)* Näherungsverfahren *n* ‖ ~ **приправки порошком** *(Typ)* Streupulververfahren *n* ‖ ~ **проверки** Prüfverfahren *n*, Testverfahren *n* ‖ ~ **программирования** *(Inf)* Programmier[ungs]verfahren *n* ‖ ~ **программирования/трёхточечный** Dreipunktprogrammierung *f* ‖ ~ **проектирования** *(Bw)* Projektierungsverfahren *n* ‖ ~ **прозвучивания** Durchschallungsprüfung *f*, Schalldurchstrahlungsverfahren *n* ‖ ~ **производства/поточный** Fließfertigung *f* ‖ ~ **пропускания** *(Kern)* Durchstrahlungsverfahren *n*, Durchstrahlungsmethode *f* ‖ ~ **просвета** Lichtspaltmethode *f (z. B. bei der Prüfung von Haarlinealen)* ‖ ~ **просвечивающей электронной микроскопии** Transmissionselektronenmikroskopie *f*, TEM-Verfahren *n* ‖ ~ **простого взвешивания** Proportionalmethode *f*, einfache Wägung *f* ‖ ~ **противовключения** *(El)* Gegenschaltungsmethode *f* ‖ ~ **протока** Strömungsmethode *f (Kalorimetrie)* ‖ ~ **прохождения** *s.* ~ пропускания ‖ ~ **прямого доступа/базисный** *(Inf)* einfache Direktzugriffsmethode *f* ‖ ~ **прямого дублирования** *(Photo)* Direktduplikatverfahren *n* ‖ ~**/прямой** direktes (unmittelbares) Verfahren *n*, direkte (unmittelbare) Methode *f* ‖ ~ **прямых** Streckenzugverfahren *n* ‖ ~ **прямых измерений** direkte Meßmethode *f* ‖ ~ **Раби** Rabi-Verfahren *n*, Rabi-Methode *f*, Molekularstrahlresonanzmethode *f (Methode der Hochfrequenzspektroskopie)* ‖ ~ **работы** Arbeitsmethode *f* ‖ ~ **равносигнальной зоны** *(Rad)* Dauerstrichzonenverfahren *n* ‖ ~ **радиодальнометрии** Radarentfernungsmaßverfahren *n*, Radarentfernungsmessung *f* ‖ ~**/радиолокационный** Radarverfahren *n*, Rückstrahl[ortungs]verfahren *n* ‖ ~ **радиопеленгации** Funkpeilverfahren *n* ‖ ~ **разведки/геофизический** *(Geoph)* geophysikalisches Prospektionsverfahren (Prospektieren) *n* ‖ ~ **разведки/радиоактивный** *(Geoph)* Radiometrie *f* ‖ ~ **развёртки** Abtastverfahren *n* ‖ ~ **разделения** Trennungsverfahren *n*, Trennungsmethode *f* ‖ ~ **разделения времени** *(Inf)* Zeitteilverfahren *n* ‖ ~ **разделения каналов/временной** *(Nrt)* Zeitmultiplexverfahren *n*, Zeitmultiplex *m* ‖ ~ **разделения каналов/частотный** *(Nrt)* Frequenzmultiplexverfahren *n*, Frequenzmultiplex *m* ‖ ~ **разложения** Abtastverfahren *n* ‖ ~ **разностного тона** *(Ak)* Differenztonverfahren *n* ‖ ~ **разностной факторизации** *(Math)* Methode *f* der Differenzenfaktorisierung, Differenzenfaktorisierungsmethode *f* ‖ ~**/разностный** 1. Differenzmeßmethode *f*, Differenzenverfahren *n*; 2. *(Math)* Differenzverfahren *n*, Differenzmethode *f*, Gitterpunktmethode *f* ‖ ~ **разработки** *(Bgb)* Abbauverfahren *n*, Abbaumethode *f* ‖ ~ **рассеяния** Streuverfahren *n*, Streumethode *f* ‖ ~ **рассеянного света** Streulichtmethode *f*, Streulichtverfahren *n* ‖ ~ **расчёта** Rechenmethode *f*, Rechenverfahren *n* ‖ ~ **расчёта/эмпирический** empirisches Berechnungsverfahren *n* ‖ ~ **рафинирования** *(Met, Gieß)* Veredelungsverfahren *n* ‖ ~ **регенерации/кислотный** *(Ch)* Säure[regenerier]verfahren *n* ‖ ~ **регенерации/щелочной** *(Ch)* Alkali[regenerier]verfahren *n* ‖ ~ **регулирования** Regelverfahren *n* ‖ ~ **резонанса в атомном пучке** *(Kern)* Atomstrahlresonanzmethode *f (Hochfrequenzspektroskopie)* ‖ ~**/резонансно-мостовой** *(El)* Resonanzbrückenverfahren *n* ‖ ~**/релаксационный** Relaxationsmethode *f*, Korrektionsverfahren *n*, Korrekturverfahren *n* ‖ ~**/рентгеногониометрический** *(Krist)* Röntgengoniometerverfahren *n*; Drehkristallmethode *f* nach Weissenberg ‖ ~**/рентгено-дифракционный** Röntgen-Diffraktionsmethode *f* ‖ ~ **рентгеноструктурного анализа/прямой** *(Krist)* direkte Methode *f (Röntgenstrukturanalyse)* ‖ ~ **реплик** *s.* ~ отпечатка ‖ ~ **Розе-Гортера** *(Kern)* Rose-Gorter-Methode *f*, Rose-Gortersche Methode *f* ‖ ~ **Роквелла** *(Wkst)* Rockwell-Härteprüfverfahren *n* ‖ ~**/рубидиево-стронциевый** *s.* ~ определения абсолютного возраста/рубидиево-стронциевый ‖ ~ **Рунге-Кутта** *(Math)* Runge-Kutta-Verfahren *n* ‖ ~**/ручной** manuelle Methode *f*, manuelles Verfahren *n* ‖ ~ **с движущейся плёнкой** *(Krist)* Bewegtfilmmethode *f (Röntgenstrukturanalyse)* ‖ ~ **самообучения** *(Kyb)* Lernverfahren *n*, Lernprozeß *m* ‖ ~ **самосовмещения** Selbstjustierungsverfahren *n* ‖ ~ **Саутера** *(Krist)* [Schieber-]Sauter-Methode *f (Röntgenstrukturanalyse; Bewegtfilmmethode)* ‖ ~ **сверхвысоких частот** Höchstfrequenzmethode *f* ‖ ~ **светлого поля** *(Opt)* Hellfeldverfahren *n*, Hellfeldmethode *f* ‖ ~ **светлого поля в проходящем свете** Hellfeldverfahren *n* im durchfallenden Licht *(Mikro-*

skopie) || **~ светового сечения** *(Meß)* Lichtschnittverfahren *n*, Lichtschnittechnik *f* || **~ световой щели** *(Fert)* Lichtspaltverfahren *n (Prüfen der Ebenheit von bearbeiteten Flächen mit dem Haarlineal)* || **~ светокопирования** *(Photo)* Lichtpausverfahren *n* || **~ свилей** Schlierenverfahren *n* || **~/свинцовый** *s.* ~ опеределения абсолотного возраста/свинцовый || **~ сдвига** *(Opt)* Verdopplungsverfahren *n*, Shearingverfahren *n* || **~ седловых точек** *s.* ~ перевала || **~ сеток** *s.* ~/разностный 2. || **~ сжатых отображений** *(Math)* Methode *f* der kontraktiven Abbildung || **~/силикотермический** *(Ch)* silicothermisches Verfahren *n*, Silicothermie *f* || **~ симметрирования** Ausgleichsverfahren *n* || **~/скоростной** Schnellverfahren *n* || **~ случайных испытаний** *s.* ~ Монте-Карло || **~ смещения** Mischungsmethode *f* || **~ совмещения** *s.* ~ совпадений || **~ совокупных измерений** Meßmethode *f* der serienweisen Kombination || **~ совпадений** *(Ph)* Koinzidenzmethode *f*, Koinzidenzverfahren *n* || **~ совпадений/измерительный** Koinzidenzmeßmethode *f* || **~ сопротивлений** *(Geoph)* Widerstands[meß]verfahren *n (elektrisches Prospektionsverfahren)* || **~ сопутствующих частиц** *(Kern)* Methode *f* der assoziierten Teilchen || **~ сортировки** Sortierverfahren *n* || **~/спектрографический** spektrographisches Verfahren *n* || **~/спектрометрический** spektrometrisches Verfahren *n* || **~ спинового эха** *(Kern)* Spin-Echo-Verfahren *n*, Impuls-Echo-Verfahren *n (magnetische Kernresonanz)* || **~ сплавления** Legierungsverfahren *n* || **~ сравнения** Vergleichsmethode *f*, Vergleichsverfahren *n* || **~ средних значений и средних квадратических отклонений** Mittelwert-Standardabweichung-Verfahren *n (statistische Qualitätskontrolle)* || **~ средних значений размахов** Mittelwert-Spannweiten-Verfahren *n (statistische Qualitätskontrolle)* || **~/статистический** statistisches Verfahren *n* || **~ статистических испытаний** *s.* ~ Монте-Карло || **~ статических расчётов** statische Berechnungsmethode *f* || **~/стереоконоскопический** *(Krist)* Stereokonoskopmethode *f* || **~ Стокбаргера** *(Krist)* Stockbarger-Verfahren *n (Kristallzüchtung)* || **~ строчной развёртки** *(TV)* Zeilenverfahren *n* || **~ суммирования** *(Math)* Summationsverfahren *n*, Summationsmethode *f*, Summierungsverfahren *n* || **~ Супер-Роквелла** *(Wkst)* Super-Rockwell-Härteprüfverfahren *n* || **~ счёта** Zählmethode *f*; Zähltechnik *f* || **~ счёта импульсов** Impulszähltechnik *f* || **~ телеграфирования/дуплексный** Duplexbetrieb *m*, Duplextelegraphie *f* || **~ телеграфирования/полудуплексный** Halbduplexbetrieb *m*, Wechselverkehr *m*, Semiduplex-Telegraphie *f* || **~ телеизмерения/частотно-импульсный** Impulsfrequenz-Fernmeßverfahren *n* || **~ тёмного зонда** *(Eln)* Dunkelsondenverfahren *n* || **~ тёмного поля** *(Opt)* Dunkelfeldverfahren *n*, Dunkelfeldmethode *f* || **~ тёмного поля в проходящем свете** Dunkelfeldverfahren *n* im durchfallenden Licht *(Mikroskopie)* || **~/теневой** 1. *(Meß)* Schattenbildverfahren *n*; 2. *(Opt)* Schlierenmethode *f*; 3. *(Eln)* schattenoptisches Verfahren *n* || **~ термокомпрессии** *s.* ~/термокомпрессионный || **~/термокомпрессионный** *(Eln)* Thermokompressionsverfahren *n*, Warmdruckverfahren *n* || **~ точечно-перемежающейся развёртки** *s.* ~ чересточечной развёртки || **~ травления** Ätzverfahren *n* || **~ транзитного соединения** *(Nrt)* Durchschaltungsverfahren *n* || **~ трафаретной печати** Siebdruckverfahren *n (Halbleitertechnologie)* || **~ трёх проволочек** Dreidrahtmethode *f (bei der Gewindemessung)* || **~ ударного отпечатка** Schlagverfahren *n (Härtemessung)* || **~ узловых напряжений** *(Masch)* Knotenspannungsmethode *f*, Methode *f* der Knotenspannungen || **~ узловых поворотов** *s.* ~ деформаций || **~ упругого отскока** *(Wkst)* Rücksprunghärteprüfverfahren *n* || **~ уравновешивания** Abgleichverfahren *n* || **~ уранового свинца** Uranbleimethode *f*, Radium-G-Methode *f (Bestimmung des absoluten Alters)* || **~ ускорения частиц/резонансный** *(Kern)* Teilchenbeschleunigung *f* nach dem Resonanzverfahren || **~ фазового контраста** Phasenkontrastverfahren *n (Mikroskopie)* || **~ фазовой диаграммы** Phasendiagrammmethode *f* || **~/фазоконтрастный** Phasenkontrastmethode *f*, Phasenkontrastverfahren *n (Mikroskopie)* || **~/феносольвановый** Phenosolvanverfahren *n (Abwaserreinigung)* || **~ формовки/магнитный** *(Gieß)* Magnetformverfahren *n* || **~ фотографирования обратной решётки** *(Krist)* retigraphische Methode *f (Röntgenstrukturanalyse)* || **~ фотоупругости** spannungsoptisches Verfahren *n*, Spannungsoptik *f* || **~ хэш-адресации** *(Inf)* HASH-Verfahren *n (zum Suchen von Einträgen in Großspeichern)* || **~ царапания** Ritzhärteprüfverfahren *n*, Ritzhärtemeßverfahren *n* || **~ цветного телевидения** Farbfernsehverfahren *n* || **~ цветного телевидения/одновременный** Simultan[farbfernseh]verfahren *n* || **~ цветного телевидения с последовательной передачей точек** *(TV)* Punktfolge[farben]verfahren *n*, Punktwechselverfahren *n* || **~ цветной иммерсии** Farbimmersionsmethode *f* || **~ цифровой сортировки** digitales Sortierverfahren *n* || **~ частотного разделения (уплотнения)** *(Nrt)* Frequenzmultiplexverfahren *n*, Frequenzmultiplex *m* || **~/частотно-импульсный** Impulsfrequenzverfahren *n* || **~ частотной модуляции** Frequenzmodulationsverfahren *n*, FM-Verfahren *n* || **~ чересстрочной развёртки** *(TV)* Zeilensprungverfahren *n* || **~ чересточечной развёртки** *(TV)* Punktsprungverfahren *n*, Zwischenpunktverfahren *n* || **~/черновой** *(Fert)* Schruppbearbeitungsverfahren *n* || **~/четырёхзондовый** *(Eln)* Vierspitzenverfahren *n*, Vierspitzenmethode *f* || **~/числовой** numerisches Verfahren *n* || **~/чистовой** *(Fert)* Schlichtbearbeitungsverfahren *n* || **~ Чохральского** *(Krist)* Czochralski-Verfahren *n*, Czochralski-Methode *f*, Ziehen *n* von Kristallen nach dem Czochralski-Verfahren, Kristallzüchtung *f* aus der Schmelze nach dem Czochralski-Verfahren || **~/шариковый** Kugelfallmethode *f (Viskositätsbestimmung)* || **~ шелкографии** Siebdruckverfahren *n* || **~ Шибольда[-Саутера]** *(Krist)* Schiebold-Sauter-Methode *f (Röntgenstrukturanalyse)* || **~ шлейфа** *(El)* Schleifenverfahren *n* ‖ ~ **Шора** *(Wkst)* Rücksprungverfahren *n* (Rückprallhärteprüfung *f*) nach Shore ‖ **~/штриховой** *(Pap)* Federstrichmethode *f* ‖ **~ щупов** *(Meß)* Ausfühlmethode *f* ‖ **~/эбуллиметрический** Siedepunktmethode *f* ‖ **~/экстракционный** *(Ch)* Extraktionsverfahren *n* ‖ **~ электрических аналогий** elektrisches Analogieverfahren *n* ‖ **~ электрических сеток** elektrisches Netz[werk]verfahren *n* ‖ **~/электроискровой** *(Fert)* Funkenerosionsverfahren *n*, funkenerosives Verfahren *n* ‖ **~/электрофизикохимический** *(Fert)* Abtragverfahren *n*, abtragendes Verfahren *n* ‖ **~/электроэрозионный** *(Fert)* Elektroerosionsverfahren *n*, elektroerosives Verfahren *n* ‖ **~/эманационный** *(Kern)* Emaniermethode *f*, Emanierverfahren *n* *(Untersuchung der Eigenschaften fester Stoffe entsprechend ihrer Emanierfähigkeit)* ‖ **~ Эммонса** *(Krist)* Emmons-Methode *f*, Doppelvariationsmethode *f* *(Brechungsindex)* ‖ **~ эпитаксиального наращивания** *s.* ~/эпитаксиальный ‖ **~/эпитаксиальный** *(Krist)* Epitaxieverfahren *n*, Epitaxialverfahren *n* *(Verfahren des orientierten Aufwachsens)* ‖ **~/эталонный** Normalverfahren *n* ‖ **~ ядерных эмульсий** Kernemulsionstechnik *f*, Emulsionstechnik *f*

методика *f* 1. Technologie *f* *(schriftlich festgelegte Herstellungsvorschrift)*; 2. Methodik *f* *(z. B. Prüfmethodik)* ‖ **~ измерений** Meßmethodik *f*, Meßmethode *f* ‖ **~ исследования** Untersuchungsmethodik *f*, Untersuchungsmethode *f* ‖ **~/типовая** Rahmentechnologie *f*

метр *m* 1. Meter *m(n)*; 2. Maßstab *m*; 3. Meßgerät *n*, Messer *m* ‖ **~ в минус первой степени** Eins *f* je Meter, 1/m *(Wellenzahl)* ‖ **~ в секунду** Meter *m* je Sekunde, m/s *(abgeleitete Einheit der Geschwindigkeit)* ‖ **~/квадратный** Quadratmeter *m*, m^2 *(abgeleitete Einheit der Fläche)* ‖ **~/кубический** Kubikmeter *m*, m^3 *(abgeleitete Einheit des Volumens)* ‖ **~ на килограмм/кубический** Kubikmeter *m* je Kilogramm, m^3/kg *(abgeleitete Einheit der Dichte)* ‖ **~ на секунду в квадрате** Meter *m* je Quadratsekunde, m/s^2 *(abgeleitete Einheit der Beschleunigung)* ‖ **~ на секунду/квадратный** Quadratmeter *m* je Sekunde, m^2/s ‖ **~/погонный** laufender Meter *m* ‖ **~/складной** Metermaß *n*, Gliedermaßstab *m* ‖ **~/усадочный** *(Gieß)* Schwindmaßstab *m*, Schwindmaß *n*

***p*H-метр** *m* *p*H-[Wert-]Meßgerät *n*, *p*H-Meter *n*

Q-метр *m* Q-Meter *m*, Q-Meßgerät *n*, Gütemesser *m*

метраж *m* 1. Meterzahl *f*, Länge *f* in Metern; 2. Vermessung *f* nach Metern

метризовать *(Math)* metrisieren

метрика *f* Metrik *f* ‖ **~/евклидова** *(Math)* euklidische Metrik *f* ‖ **~ площадей** Flächenmetrik *f* ‖ **~ пространства-времени** Raum-Zeit-Metrik *f*, raumzeitliche Metrik *f*

***p*H-метрия** *f* *p*H-Messung *f*

метро *n* U-Bahn *f*, Untergrundbahn *f*, Metro *f*

метрология *f* Metrologie *f*, Meßwesen *n* ‖ **~/законодательная** gesetzliches Meßwesen *n* ‖ **~/общая** allgemeines Meßwesen *n* ‖ **~/отраслевая** angewandtes Meßwesen *n*

метромер *m* *(Photo, Kine)* Zählwerk *n*, Filmzähler *m*, Filmmeterzähler *m*

метрополитен *m* Metro *f*, U-Bahn *f*, Untergrundbahn *f*

метростроение *n* Untergrundbahnbau *m*, U-Bahnbau *m*

метр-угол *m* Meterwinkel *m*, mw

метчик *m* *(Wkz)* Gewinde[schneid]bohrer *m*, Schneidbohrer *m* ‖ **~/гаечный** Mutter[n]gewindebohrer *m* ‖ **~/комплектный** Satzgewindebohrer *m* ‖ **~/леворежущий (левоходовой)** linksschneidender (linkslaufender) Gewindebohrer *m* ‖ **~/маточный** Meistergewindebohrer *m* ‖ **~/машинный** Maschinengewindebohrer *m* ‖ **~/одинарный** Einzelgewindebohrer *m*, Einzelschneider *m* ‖ **~/окончательный** Fertigschneider *m* ‖ **~/плашечный** Schneideisen[gewinde]-bohrer *m*; Schneidbackengewindebohrer *m* ‖ **~/праворежущий (правоходовой)** rechtsgängiger (rechtslaufender) Gewindebohrer *m* ‖ **~/предварительный** Vorschneider *m* ‖ **~/промежуточный** Mittelschneider *m* ‖ **~/ручной** Handgewindebohrer *m* ‖ **~/сборный** zusammengebauter Gewindebohrer *m* ‖ **~/составной** zusammengesetzter Gewindebohrer *m* ‖ **~/средний** Mittelschneider *m* ‖ **~/станочный** Maschinengewindeschneider *m* ‖ **~/трубный** Rohrgewindebohrer *m* ‖ **~/черновой** Schruppgewindebohrer *m*, Vorschneider *m* ‖ **~/чистовой** Schlichtgewindebohrer *m*, Fertigschneider *m*

метчикодержатель *m* *(Wkzm)* Gewindebohrerhalter *m*

мех *m* 1. Balg *m*, Blasebalg *m*; 2. Balgen *m* *(einer Kamera)* ‖ **~/гармоникообразный** Faltenbalg *m*, Harmonikabalg *m* ‖ **~/дыхательный** *(Med)* Beatmungsbalg *m*, Atembalg *m* ‖ **~/лабораторный** Gebläse *n*

механизация *f* Mechanisierung *f* ‖ **~/комплексная** komplexe Mechanisierung *f*, Komplexmechanisierung *f* ‖ **~/полная** Vollmechanisierung *f*, vollständige Mechanisierung *f*

механизировать mechanisieren ‖ **~/комплексно** komplexmechanisieren ‖ **~/полностью** vollmechanisieren, vollständig mechanisieren ‖ **~/частично** teilmechanisieren, teilweise mechanisieren

механизм *m* 1. Mechanismus *m*, Vorrichtung *f*, Werk *n* *(s. a. unter* приспособление *und* устройство*)*; Getriebe *n*; 2. Mechanismus *m* *(eines Ablaufs)*; 3. Apparat *m* ‖ **~ адсорбции** *(Ph)* Adsorptionsmechanismus *m* ‖ **~/алфавитно-цифровой печатающий** *(Inf)* alphanumerisches Druckwerk *n* ‖ **~/батанный** *(Text)* Ladenbewegungsgetriebe *n* ‖ **~/батанный беззамочный** Losblattvorrichtung *f* ‖ **~/блокировочный** Verriegelungsvorrichtung *f*, Verriegelungsmechanismus *m* *(Sicherheitsvorrichtung an Werkzeugmaschinen)* ‖ **~/боевой** *(Text)* Schlageinrichtung *f*, Schützenschlageinrichtung *f* *(Webstuhl)* ‖ **~/буквопечатающий** Druckmechanismus *m*, Druckwerk *n* ‖ **~/бумагопротяжный** Papiervorschubmechanismus *m* ‖ **~/быстроходный** Schnellgangmechanismus *m* ‖ **~/вакансионный** *(Eln)* Leerstellenmechanismus *m* ‖ **~ верхнего боя** *(Text)* Oberschlageinrichtung *f*, Oberschlag *m* *(Oberschlagwebstuhl)* ‖ **~ верхней подачи** *(Text)* Obertransport *m* *(Nähmaschine)* ‖ **~/весовой рычажный** Hebelwerk *n* *(Wägetechnik)* ‖ **~/винтовой** *(Masch)* Schraubtrieb *m*, Schraubmechanismus *m* || **~/винтовой рулевой** Schraubenlenkgetriebe *n* || **~/включающий** *(Masch)* Schaltmechanismus *m*, Einrückvorrichtung *f*; *(El)* Einschaltmechanismus *m* || **~ включения** *s.* ~/включающий || **~ возбуждения** *(Ph)* Anregungsmechanismus *m* || **~ вращения** *(Masch)* Drehgestell *n* || **~ вращения хобота** *(Met)* Auslegerdrehwerk *n*, Schwengeldrehwerk *n (Chargierkran)* || **~/вспомогательный** Hilfsmechanismus *m*; Hilfswerk *n* || **~/встряхивающий** Abklopfvorrichtung *f*, Rüttler *m (z. B. am Bunker)*; Rüttelvorrichtung *f* || **~ выдержки времени** *(Reg)* Verzögerungswerk *n*, Verzögerungsmechanismus *m*, Zeitverzögerungsmechanismus *m* || **~/выключающий** Ausschaltmechanismus *m* || **~/вытяжной** *(Gieß)* Aushebevorrichtung *f (einer Formmaschine)* || **~ газораспределения** Steuerung *f*, Ladungswechselsteuerung *f (Verbrennungsmotor)* || **~/гидравлический исполнительный** *(Reg)* hydraulischer Stellantrieb *m* || **~/гидравлический шагающий** Hydraulikschreitwerk *n* || **~/глобоидальный (глобоидный) кулачковый** *(Masch)* Globoidkurvengetriebe *f* || **~/гребковый** Krählwerk *n*, Krähler *m (NE-Metallurgie)* || **~/грузоподъёмный** Hydraulik[haupt]kraftheber *m* || **~/движущий** 1. Bewegungsmechanismus *m*; 2. *s.* ~/лентопротяжной || **~/двухкривошипный** *(Masch)* Doppelkurbel *f* || **~/двухрамочный измерительный** Doppelspulmeßwerk *n* || **~/двухсистемный измерительный** Zweisystemmeßwerk *n* || **~/двухэлементный измерительный** Zweisystemmeßwerk *n* || **~/деблокирующий** *(Eb)* Freigaberegister *n*, Freigabewerk *n (Sicherungstechnik)* || **~/делительный** Teilmechanismus *m*; *(Masch)* Teilgetriebe *n* || **~/диафрагменный измерительный** Membranmeßwerk *n* || **~/дисковый** 1. *(Text)* Musterrad *n (Jacquard-Rundstrickmaschine)*; 2. *(Inf)* Plattenspeichergerät *n* || **~/дистанционный счётный** *(Reg)* Fernzählwerk *n* || **~ дифференциальной подачи** *(Text)* Differentialtransport *m (Nähmaschine)* || **~/дифференциальный** Differentialmechanismus *m*; Ausgleichvorrichtung *f*; *(Kfz)* Ausgleichgetriebe *n*, Differential[getriebe] *n* || **~ диффузии** *(Ph)* Diffusionsmechanismus *m* || **~ диффузии/вакансионный** Leerstellendiffusionsmechanismus *m* || **~ диффузии/междоузельный** interstitieller Diffusionsmechanismus *m* || **~ диффузии/эстафетный** Kick-out-Mechanismus *m* || **~/добавочный колёсный** Kontaktlaufwerk *n (elektrischer Uhren)* || **~ доступа** *(Inf)* Zugriffsmechanismus *m* || **~/завалочный (загрузочный)** *(Met)* Beschickungsanlage *f*, Chargiervorrichtung *f* || **~/задающий** Führungsmechanismus *m*, [steuerungs]führender Mechanismus *m*; Sollwertgebermechanismus *m* || **~ зажима** *(Fert)* Spannmechanismus *m*; Klemmechanismus *m* || **~ зажима/цанговый** Zangenspannmechanismus *m* || **~/зажимный** *s.* ~ зажима || **~ залечивания** *(Eln)* Ausheilmechanismus *m* || **~/замочный** *(Text)* Stecherschützenwächter *m*, Stechereinrichtung *f* || **~/замыкающий** 1. Schließmechanismus *m*, Schließsystem *n (z. B. an Druckgießmaschinen)*; 2. *(Eb)* Verschlußregister *n*, Verschlußschieber *m* || **~ записи** Schreibvorrichtung *f* || **~/зевообразовательный** *(Text)* Fachbildungseinrichtung *f (Weberei)* || **~/зубчато-кривошипный** *(Masch)* Zahnradkurbelgetriebe *n* || **~/зубчатый** *(Masch)* Zahnradgetriebe *n*, Zahntrieb *m* || **~/зубчатый включающий** *(Masch)* Zahnschaltwerk *n* || **~/зубчатый храповой** *(Masch)* Zahnsperrwerk *n*, Klinkengesperre *n* || **~ изменения шага** *(Schiff)* Verstellanlage *f*, Verstelleinrichtung *f (Verstellpropeller)* || **~/измерительный (измеряющий)** Meßwerk *n (eines Geräts)* || **~/индукционный измерительный** Induktionsmeßwerk *n* || **~/исполнительный** Ausführungsmechanismus *m*; Stellmechanismus *m*; *(Masch)* Führungsgetriebe *n (eines Industrieroboters)* || **~/карданный** *(Masch)* Kardangelenk *n*, Kreuzgelenk *n* || **~/кассирующий** *(Nrt)* Kassiervorrichtung *f (eines Automaten)* || **~/клапанный** Ventiltrieb *m*, Ventilmechanismus *m* || **~/клиновой** Keilmechanismus *m*; *(Masch)* keilbetätigter Trieb *m*, Keiltrieb *m* || **~/кодовый** *(Inf)* Kodiereinrichtung *f* || **~/конический кулачковый** *(Masch)* Kurvenkegelgetriebe *n* || **~ контактной машины/педальный** *(Schw)* Fußhebelschalter *m (Widerstandsstumpfschweißmaschine)* || **~/кривошипно-коромысловый** *(Masch)* Kurbelschwinge *f* || **~/кривошипно-кулисный** *s.* ~/кулисный || **~/кривошипно-ползунный** *(Masch)* Schubkurbel *f*; Geradschubkurbel *f* || **~/кривошипно-рычажный** *(Masch)* Kurbelhebelgetriebe *f (Oberbegriff für kinematische Ketten von der Art Kurbelschwinge, Kurbelschleife, Schubkurbel)* || **~/кривошипно-шатунный** *(Masch)* Schubkurbel *f*; Kurbelgetriebe *n*; Kurbeltrieb *m*, Kurbeltriebwerk *n* || **~/кривошипный** Kurbeltrieb *m*, Schubkurbeltrieb *m* || **~/крутильно-мотальный** *(Text)* Fortschaltung *f (Ringspinnmaschine)* || **~/кулачково-рычажный** *(Masch)* Kurvenhebelgetriebe *n* || **~/кулачковый** *(Masch)* Kurvenmechanismus *m*; Kurvengetriebe *n* || **~/кулисный** *(Masch)* Kulissenmechanismus *m*, Kurbelschleifenmechanismus *m*; Kurbelschleife *f*, Koppelschleife *f*, Kurbelschleifengetriebe *n* || **~/лентопротяжный** Bandtransportmechanismus *m*, Bandvorschubmechanismus *m*; Laufwerk *n*, Bandantrieb *m*, Bandzugmechanismus *m*; Antriebsanordnung *f (für Magnettongeräte)*; *(Inf)* Magnetbandtransporteinrichtung *f*; *(Kine)* Filmtransportmechanismus *m*, Laufwerk *n (Bild-/Ton-Aufnahme-, Bearbeitungs- und Wiedergabegeräte)*; Kassettenlaufwerk *n* || **~/логометрический измерительный** Quotientenmeßwerk *n* || **~/магнитоэлектрический измерительный** magnetelektrisches Meßwerk *n*, Dauermagnetmeßwerk *n*; magnetelektrisches Drehspulmeßwerk *n* || **~/мальтийский** Malteserkreuzgetriebe *n* || **~ мальтийского креста** Malteserkreuzgetriebe *n* || **~/многозвенный** mehrgliedriger Mechanismus *m* || **~/многокамерный измерительный** Vielkammermeßwerk *n*, Multizellularmeßwerk *n* || **~/мульдозахватный** *(Met)* Muldeneinhängevorrichtung *f*, Muldengreifvorrichtung *f (Muldenkran)* || **~/нагружающий** Belastungsvorrichtung *f*, Belastungseinrichtung *f* || **~ нажатия** *(Masch)* Schaltmechanismus *m (Reibkupplung)* || **~ накачки** Pumpmechanismus *m (Lasertechnik)* || ~ **наматывания** Aufwickeleinrichtung *f* || **~/напорный** Vorstoßwerk *n*, Vorschubwerk *n (Löffelbagger)* || ~ **нижней подачи** *(Text)* Untertransport *m (Nähmaschine)* || ~ **Нортона** *(Masch)* Nortongetriebe *n* || ~ **обгона** *(Masch)* Freilauf *m*; Überholmechanismus *m* || ~ **обрезания ниток** *(Text)* Fadenabschneider *m (Nähmaschine)* || **~/опрокидный** Kippmechanik *f*, Kippwerk *n* || ~ **ориентации** Ordnungsmechanismus *m*; Ausrichtmechanismus *m* || ~ **осадки** *s.* ~/осадочный || **~/осадочный** *(Schw)* Stauchvorrichtung *f (Widerstandsstumpfschweißmaschine)* || ~ **отказа** Ausfallmechanismus *m* || ~ **откидного бёрда** *(Text)* Losblattvorrichtung *f* || **~/отключающий** Abschaltmechanismus *m* || **~/отмеривающий** *(Text)* Abmeßvorrichtung *f (Konfektion)* || ~ **оттягивания (оттяжки) полотна** *(Text)* Warenabzug *m*, Abzugsvorrichtung *f (Wirk- und Strickmaschinen)* || ~ **очага** *(Geoph)* Herdvorgang *m*, Herdmechanismus *m* || **~/палубный** *(Schiff)* Decksmaschine *f* || **~/параллелограммный** *(Lw)* Parallelogrammhebel *m* || **~/параллельный кривошипный** *(Masch)* Parallelkurbelgetriebe *n*; Parallelkurbeltrieb *m* || ~ **парораспределения/длинноходовой** Langhubsteuerung *f (Dampfmaschine)* || **~/педальный** Fußhebelschalter *m* || **~/передаточный** *(Masch)* Übertragungsmechanismus *m* || ~ **передачи усилия** Kraftübertragungseinrichtung *f*, kinematische Kette *f* || ~ **переключения передач** Gangschalteinrichtung *f (Wechselgetriebe)* || **~/перемещающий** *s.* ~ перемещения || ~ **перемещения** 1. *(Reg)* Bewegungsmechanismus *m*; 2. *(Masch)* Führungsmechanismus *m*; Führungsgetriebe *n* für nicht senkrechte geradlinige Bewegungen *(eines Industrieroboters)* || **~/перестановочный** Verstellmechanismus *m*, Stellmechanismus *m* || ~ **петлеобразования** *(Text)* maschenbildendes Werkzeug *m (Wirk- und Strickmaschine)* || ~ **петлителя** *(Text)* Greiferantrieb *m (Nähmaschine)* || **~/печатающий** Druckwerk *n*, Schreibwerk *n* || **~/печатающий предохранительный** Sicherheitsdruckwerk *n* || **~/пилигримношаговый** *(Masch)* Pilgerschrittgetriebe *n* || **~/пишущий** Schreibwerk *n* || **~/планетарный [зубчатый]** *(Masch)* Umlauf[räder]getriebe *n*, Planetengetriebe *n* || **~/плоский** *(Masch)* ebenes Getriebe *n*, ebener Mechanismus *m* || **~/плоский шарнирный** ebenes Gelenkgetriebe *n* || **~/плоский шестизвенный шарнирный** ebenes sechsgliedriges Drehgelenkgetriebe *n* || ~ **плотины/приводной** *(Hydt)* Schützenwindwerk *n* || **~/пневматический грузоподъёмный** Drucklufthebezeug *n* || **~/пневматический исполнительный** *(Reg)* pneumatischer Stellantrieb *m* || **~/пневматический мембранный исполнительный** *(Reg)* pneumatischer Membranstellantrieb *m* || **~/пневматический поршневой исполнительный** *(Reg)* pneumatischer Kolben[stell]antrieb *m* || ~ **поворота** *(Masch)* Drehgestell *n*; Schwenkmechanismus *m* || ~ **поворота крана** Drehwerk *n (Kran)*; Krandrehwerk *n* || ~ **поворота лопастей** *(Schiff)* Schaufelradverstelleinrichtung *f*, Verstelleinrichtung *f*, Verstellanlage *f (Verstellpropeller)* || **~/поворотный исполнительный** *(Reg)* Drehstellantrieb *m* || ~ **подачи** *(Wkzm)* Vorschubgetriebe *n*, Vorschubmechanismus *m* || ~ **подъёма** 1. *(Masch)* Führungsgetriebe *n* für geradlinige Senkrechtbewegung *(des Industrieroboters)*; 2. *(Förd)* Hubwerk *n (eines Krans)* || **~/подъёмно-транспортный** Hebezeug *n* || **~/подъёмный** Hubmechanismus *m*, Hubwerk *n*; Hebevorrichtung *f*, Hebegerät *n* || ~ **положения/исполнительный** *(Reg)* Positionssteller *m* || **~/предохранительный** Sperrwerk *n*, Sicherheitsmechanismus *m*, Sicherheitsvorrichtung *f*; *(Text auch:)* Wächtervorrichtung *f* || **~/предохранительный монетный** Münzsperrwerk *n* || **~/приводной** Antriebsmechanismus *m*, Antrieb *m* || **~/приёмно-намоточный** *(Text)* Wickeleinheit *f*, Wickler *m* || ~ **прокатных станов/вспомогательный** Walzwerkshilfsausrüstung *f (Scheren, Richtmaschinen usw.)* || ~ **пропуска резов** *(Wlz)* Schnittfolgeregler *m (fliegende Schere)* || **~/пространственный** *(Masch)* räumliches Getriebe *n*; Raumgetriebe *n*; räumlicher Mechanismus *m* || **~/проступной зевообразовательный** *(Text)* Trittvorrichtung *f (Weberei)* || **~/пружинный** *(Masch)* Federgetriebe *n* || **~/пружинный измерительный** Federmeßwerk *n* || **~/разливочный** Gießvorrichtung *f*, Gießgerät *n* || **~/размалывающий** Mahlgeschirr *n*, Mahlwerk *n* || **~/размыкающий** Auslöser *m* || **~/разъединительный** *(Typ)* Ausrückvorrichtung *f* || **~/раскладочный** *(Text)* Changiervorrichtung *f*, Changiergetriebe *n* || **~/распределительный** 1. Steuermechanismus *m*, Steuereinrichtung *f*; 2. Verteilereinrichtung *f* || **~/расцепляющий** Ausrückvorrichtung *f*, Ausrückmechanismus *m*, Auslösevorrichtung *f* || **~/расцепной** *s.* ~/расцепляющий || ~ **реакции** *(Ch)* Reaktionsmechanismus *m* || **~/реверсивный** 1. *(Masch)* Umsteuer[ungs]mechanismus *m*; 2. *(Wkzm)* Wendeherz *n*; 3. *(Text)* Kehrtrieb *m*, Wendegetriebe *n (Flyer)* || **~/регулировочный** Regelwerk *n* || **~/регулируемый** *(Masch)* einstellbarer Mechanismus *m* || ~ **регулятора/исполнительный** *(Reg)* Stellglied *n* || **~/реечный** *(Masch)* Zahnstangentrieb *m* || **~/режущий** *(Wlz)* Schneidwerk *n (Schere)* || **~/резальный** Schneidvorrichtung *f* || ~ **рейки** *(Text)* Hüpfertransport *m (Nähmaschine)* || **~/ремизоподъёмный** *(Text)* Schaftgetriebe *n (Webstuhl)* || **~/роликовый счётный** Rollenzählwerk *n* || ~ **роста** *(Krist)* Wachstumsmechanismus *m* || **~/рулевой** *(Kfz)* Lenkvorrichtung *f*; Lenkgetriebe *n* || **~/рычажный** *(Masch)* Hebelgestänge *n*, Gestänge *n*, Hebelwerk *n*; Gelenkkette *f* || ~ **самозаработки** *(Text)* fester Anfang *m (Strickerei)* || ~ **самоликвидации** *(Rak)* Selbstzerleger *m* || **~/самотормозящий** *(Masch)* selbstsperrender (selbsthemmender) Mechanismus *m*, selbstsperrendes (selbsthemmendes) Getriebe *n*, Richtgesperre *n* || **~/сбавочный** *(Text)* Deckvorrichtung *f*, Deckeinrichtung *f (Cottonmaschine)* || ~ **свободного хода** Freilauf *m* || ~ **связи** Koppelmechanismus *m* || ~ **синхронизации** Synchronisierungsgestänge *f*, unbelastetes Zwangslaufgestänge *n (Freikolbenverdichter)* || **~/скачковый** *(Kine)* Schaltwerk *n* || ~ **складывания** *(Lw)* Einklappmechanismus *m (Straßentransport von Landmaschi-*

nen) || **~/следящий** *(Reg)* Nachlaufwerk *n*; Nachlaufsteuerung *f*; Folgemechanismus *m*, Folgewerk *n* || **~/соединительный** *(Reg)* Schaltwerk *n*, Schaltglied *n* || **~/сопряжённый** *(Masch)* Koppelgetriebe *n* || **~/спусковой** *(Masch)* Hemmwerk *n* || **~/стержневой** *s.* ~/рычажный || **~/стопорный** *(Masch)* Gesperre *n*; *(Eb)* Drahtbruchsperre *f (Weiche)* || **~/стрелочный переводной** *(Eb)* Stellvorrichtung *f (Weiche)*, Weichenstellvorrichtung *f* || **~/стripперный** *(Met)* Blockabstreif[er]werk *n*, Stripperwerk *n*, Strippervorrichtung *f* || **~/сферический** sphärischer Mechanismus *m*; sphärisches Getriebe *n* || **~/счётный** Zählmechanismus *m*, Zählwerk *n* || **~/съёмный** *(Text)* Abzugvorrichtung *f* || **~/трясочный** Schütteleinrichtung *f* || **~/ударный** *(Wkst)* Schlagwerk *n* || **~/узловязальный** *(Text)* Knoter *m* || **~/узорообразующий** *(Text)* Mustereinrichtung *f*, Mustergetriebe *n (Jacquard-Rundstrickmaschine)* || **~ управления** Steuergetriebe *n*, Steuervorrichtung *f*, Steuermechanismus *m* || **~ управления золотником** Schieberantrieb *m* || **~/уравновешивающий** 1. Ausgleichsmechanismus *m*; *(Rak)* Federausgleicher *m (Startrampe)* || **~ установки** *s.* ~/установочный || **~/установочный** Einstellmechanismus *m*; Zustellmechanismus *m*; Einstellwerk *n* || **~/фильмопротяжный** *(Kine)* Filmtransportmechanismus *m*, Laufwerk *n (Bild-/Ton-Aufnahme-, Bearbeitungs- und Wiedergabegeräte)* || **~/фрикционный** nach dem Reibungsprinzip arbeitender Mechanismus *m* || **~ хода/колёсный** Räderwerk *n*, Laufwerk *n (elektrischer Uhren)* || **~/ходовой** Laufwerk *n*, Fahrwerk *n*; Gangwerk *n* || **~/храповой** *(Masch)* Klinkengesperre *n*; Sperrwerk *n*, Klinkensperrwerk *n*, Sperrklinkenmechanismus *m*; *(Wkzm)* Vorschubzahngesperre *n (Bohrmaschine)* || **~/централизационный сигнальный** *(Eb)* Signalstellwerk *n* || **~/цилиндрический кулачковый** *(Masch)* Zylinderkurvengetriebe *n*, Kurvenzylinder *m* mit Schieber || **~ часов/ходовой** Hemmung *f (Uhr)* || **~/часовой** Uhrwerk *n* || **~/червячный** Schneckenmechanismus *m* || **~/четырёхзвенный** *(Masch)* Viergelenkkette *f* || **~/четырёхзвенный рычажный** Viergelenkkette *f* || **~/четырёхзвенный шарнирный** viergliedriges Gelenkgetriebe *n*; Gelenkviereck *n* || **~/шаговый** *(Masch)* Schrittmechanismus *m*; Schrittgetriebe *n* || **~/шарнирный** Gelenkgetriebe *n*; Gelenkmechanismus *m* || **~/швартовный** *(Schiff)* Verholmaschine *f* || **~/щёткоподъёмный** *(El)* Bürstenabhebemechanismus *m*, Bürstenabheber *m* || **~/эксцентриковый** Exzentermechanismus *m*; *(Text)* Trittvorrichtung *f (Weberei)* || **~/эксцентриковый боевой** *(Text)* Exzenterschlageinrichtung *f (Crompton-Buckskinwebstuhl)* || **~/эксцентриковый кривошипно-шатунный** *(Masch)* exzentrische Schubkurbel *f* || **~/электрический исполнительный** *(Reg)* elektrischer Stellantrieb *m* || **~/электрогидравлический исполнительный** *(Reg)* elektrohydraulischer Stellantrieb *m* || **~/электродвигательный исполнительный** *(Reg)* elektromotorischer Stellantrieb *m* || **~/электроизмерительный** elektrisches Meßwerk *n* || **~/электромагнитный измерительный** elektromagnetisches Meßwerk *n*, Dreheisenmeßwerk *n* || **~/электромагнитный исполнительный** *(Reg)* elektromagnetischer Stellantrieb *m* || **~/электростатический измерительный** elektrostatisches Meßwerk *n* || **~/якорный** *(Schiff)* Ankermaschine *f*

механизмы *mpl*/**вспомогательные** *(Schiff)* Hilfsmaschinen *fpl*

механика *f* Mechanik *f* || **~/волновая** Wellenmechanik *f* || **~ горных пород** *(Geol, Bgb)* Gesteinsmechanik *f*; Gebirgsmechanik *f* || **~ грунтов** Bodenmechanik *f*, Baugrundmechanik *f* || **~/квантовая** Quantenmechanik *f* || **~/классическая** klassische (Newtonsche) Mechanik *f* || **~ материальных точек** Punktmechanik *f*, Massenpunktmechanik *f* || **~/небесная** Himmelsmechanik *f* || **~/ньютоновская** *s.* ~/классическая || **~/орбитальная** *(Raumf)* Bahnmechanik *f* || **~ полёта** Flugmechanik *f* || **~/прикладная** angewandte Mechanik *f* || **~ разрушения** *(Wkst)* Bruchmechanik *f* || **~ разрушения от трещин** Rißbruchmechanik *f* || **~/релятивистская** relativistische Mechanik *f*, Relativitätsmechanik *f* || **~ сплошных сред** Kontinuumsmechanik *f*, Mechanik *f* der Kontinua || **~/статистическая** statistische Mechanik *f*; statistische Physik *f* || **~/строительная** Baumechanik *f* || **~ сыпучей среды** Schüttgutmechanik *f* || **~ твёрдых тел** Mechanik *f* der festen Körper || **~/теоретическая** theoretische Mechanik *f* || **~/тканеформирующий** *(Text)* Webvorrichtung *f (Wellenfachwebmaschine)* || **~ точки** Punktmechanik *f*, Massenpunktmechanik *f* || **~/точная** Feinmechanik *f*; Feingerätetechnik *f*

механовооружённость *f* Mechanisierungsgrad *m*, Mechanisierungsumfang *m*

механоглифы *mpl (Geol)* Hieroglyphen *fpl* anorganischen Ursprungs

механострикция *f (Ph)* Mechanostriktion *f*

механотроника *f* „Mechanotronik" *f (Kunstwerk, bestehend aus den russischen Bildungselementen механика, электроника, программирование)*

механохимический mechanochemisch

механохимия *f* Mechanochemie *f*

механоэлектрический mechanisch-elektrisch, elektromechanisch

механоэлектронный mechanisch-elektronisch

мечение *n* Markierung *f* || **~ изотопом** *(Ph)* [isotope] Markierung *f* || **~ отдачей** *(Ph)* Rückstoßmarkierung *f*

меченый gekennzeichnet, markiert

меш *m* Masche *f*, Siebmasche *f*, Sieböffnungen *fpl (auf 25 mm Länge; Maßeinheit für Drahtsiebe)*

мешалка *f* 1. Mischer *m*, Mischwerk *n*; 2. Rührer *m*, Rührstange *f*, Rührwerk *n*; 3. Kneter *m*, Knetwerk *n*; 4. Agitator *m (Aufbereitung)* || **~/барабанная** Trommelmischer *m* || **~/бегунковая** Kollergangmischer *m* || **~/быстроходная** Schnellmischer *m* || **~/быстроходная противоточная** Gegenstromschnellmischer *m* || **~/винтовая** Schraubenmischer *m*, Schraubenquirl *m* || **~/геликоидальная** Schneckenmischer *m*; Schneckenrührer *m* || **~/гребковая** Krählwerk *n*, Krähler *m* || **~/двухлопастная** Zweischaufelrührer *m* || **~/дисковая** Scheibenrührer *m* || **~/импеллерная** Impellerrührer *m* ||

~/кольцевая *(Pap)* Ringrührwerk *n* || **~/листовая** Blattrührer *m*, Plattenrührer *m* || **~/лопастная** Flügelmischer *m*, Schaufelmischer *m*; Schaufelrührer *m* || **~/магнитная** Magnetrührer *m* || **~/маятниковая** Pendelrührer *m* || **~/непрерывно действующая** stetiger (kontinuierlich arbeitender) Mischer *m*; Durchlaufmischer *m* || **~ непрерывного действия** *s.* ~/непрерывно действующая || **~ периодического действия** Chargenmischer *m* || **~/планетарная** Planetenmischer *m*; Planetenrührwerk *n* || **~/пропеллерная** *(Pap)* Propellermischgerät *n*; Propellerrührwerk *n*, Propellerrührer *m* || **~/рамная** Gitterrührer *m*, Rahmenrührwerk *n* || **~/скоростная** Schnellmischer *m* || **~/скребковая** Schaberrührwerk *n* || **~/смесительная** Mischkneter *m* || **~/тарельчатая** Tellermischer *m* || **~/турбинная** Turbomischer *m*; Turborührer *m* || **~/центробежная** Zentrifugalrührer *m* || **~/циркуляционная** Kreiselmischer *m*; Kreiselrührer *m* || **~/червячная** Schneckenmischer *m*, Mischschnecke *f* || **~/четырёхлопастная** Vierschaufelrührer *m* || **~/якорная** Ankerrührer *m*

мешать 1. mischen; rühren; 2. stören

мешковыколачиватель *m* Sackklopfmaschine *f*, Sackentstaubungsmaschine *f*

мешок *m* Sack *m*; Beutel *m* || **~/бумажный** Papiersack *m* || **~/пылевой** Staubsack *m*, Staubtasche *f*, Staub[ab]scheider *m* || **~/сетный** Netzsack *m (Schleppnetz)* || **~/траловый** Schleppnetzsack *m* || **~/фильтровальный (фильтрующий)** Filtersack *m*

МЗУ *s.* устройство/магнитное запоминающее

миаргирит *m (Min)* Miargyrit *m*, Silberantimonglanz *m*

мигание *n* Flimmern *n*, Flackern *n*, Blinken *n*

мигать flimmern, flackern, blinken

мигма *f (Geol)* Migma *n*

мигматизация *f (Geol)* Migmatisierung *f*

мигматит *m (Geol)* Migmatit *m*, Mischgestein *n*

мигнуть *s.* мигать

миграция *f* 1. *(Geol)* Migration *f*, Wanderung *f*; 2. Migration *f (Transformation in der Tiefenseismik, um die wahre Lage von Reflektoren zu ermitteln)*; 3. *(Eln)* Migration *f*, Wanderung *f* || **~ вакансий** *(Eln)* Leerstellenwanderung *f*, Vakanzenmigration *f (Halbleiter)* || **~ границ зёрен** *(Krist)* Korngrenzenwanderung *f*, Korngrenzenverschiebung *f* || **~ дислокации** *(Krist)* Versetzungswanderung *f* || **~/ионизационно-стимулированная** *(Eln)* strahleninduzierte Diffusion *f (Halbleiter)* || **~ ионов** *(Eln)* Ionenwanderung *f*, Ionendrift *f*, Ionenmigration *f (Halbleiter)* || **~ нефти** *(Geol)* Migration *f* (Wandern *n*) des Erdöls || **~ электронов** *(Ph)* Elektronenwanderung *f*, Elektronenmigration *f* || **~ энергии** Energiewanderung *f*

мидель[-шпангоут] *m (Schiff)* Hauptspant *n*

МИК *s.* корпус/монтажно-испытательный

микроавтобус *m* Minibus *m*

микроавтоколлиматор *m (Opt)* Mikroautokollimationsfernrohr *n*

микроавторадиограмма *f s.* микроавторадиограф

микроавторадиограф *m (Kern)* Mikroautoradiogramm *n*

микроавторадиография *f* Mikroautoradiographie *f*

микроампер *m (El)* Mikroampere *n*, μA

микроамперметр *m (El)* Mikroamperemeter *n*

микроанализ *m* Mikroanalyse *f* || **~/лазерный** Laser-Mikroanalyse *f*, LMA || **~/рентгеноструктурный (рентгеновский структурный)** Röntgenfeinstrukturuntersuchung *f*, Röntgen[kristall]-strukturanalyse *f*

микроанализатор *m* Mikroanalysator *m*, Mikroanalysengerät *n* || **~/ионный** Sekundärionenmassenspektrometer *n*, SIMS || **~/лазерный** Lasermikroanalysator *m* || **~/рентгеновский** Röntgenmikroanalysator *m* || **~/электронно-лучевой** Elektronenstrahlanalysator *m*

микроаналитический mikroanalytisch

микробар *m (Ak)* Mikrobar *n*, μbar, μb

микробарограмма *f* Mikrobarogramm *n*

микробарограф *m* Mikrobarograph *m*, Variograph *m*

микробарометр *m* Mikrobarometer *n*, Variometer *n*

микроватт *m (El)* Mikrowatt *n*, μW

микроваттметр *m (El)* Mikrowattmeter *n*

микровебер *m (El)* Mikroweber *n*, μWb

микровесы *pl* mikrochemische Waage *f*

микровиброграф *m* Mikrovibrograph *m*

микровихрь *m (Ph)* Mikrowirbel *m*

микроволна *f* Mikrowelle *f*

микроволнистость *f (Eln)* Mikrowelligkeit *f (ein Defekt)*

микроволновый Mikrowellen...

микровольт *m (El)* Mikrovolt *n*, μV

микровольтметр *m (El)* Mikrovoltmeter *n*

микровыключатель *m (El)* Mikroschalter *m*

микровязкость *f* Mikroviskosität *f*

микрогенри *m (El)* Mikrohenry *n*, μH

микрогеометрия *f* Mikrogeometrie *f*

микрогорелка *f* Mikrobrenner *m*

микрография *f (Kern)* Mikrographie *f*; *(Wkst)* Metallmikroskopie *f*, Mikrogefügeuntersuchung *f*

микродвигатель *m* Mikromotor *m* || **~ переменного тока** Wechselstrommikromotor *m* || **~/поляризованный синхронный** polarisierter Synchron-Kleinstmotor *m* || **~ постоянного тока** Gleichstrommikromotor *m* || **~/электрический** elektrischer Klein[st]motor *m*

микроденситометр *m* Mikrodensitometer *n*, Mikrophotometer *n*, Mikrodensograph *m*, Mikroschwärzungsmesser *m*

микроденситометрия *f* Mikrodensitometrie *f*, Mikroschwärzungsmessung *f*

микродефект *m (Krist)* Mikrodefekt *m* || **~/ростовый** eingewachsener (grown-in, züchtungsbedingter) Mikrodefekt *m*

микродеформация *f* Mikrodehnung *f*

микродиод *m (Eln)* Mikrodiode *f*, Subminiaturdiode *f*

микродифракция *f* Mikrobeugung *f*

микрозагрязнитель *m (Ökol)* Mikroverschmutzer *m*

микроземлетрясение *n (Geoph)* Mikrobeben *n*

микрозернистость *f (Photo)* Fein[st]körnigkeit *f*

микрозернистый fein[st]körnig

микрозонд *m (Ph)* Mikro[elektronen]sonde *f*, Elektronenstrahlmikroanalysator *m*

микрозондирование *n* Mikrosondierung *f*

микроизмеритель *m (Meß)* Feinmeßzeug *n*, Feinmeßeinrichtung *f (Mikrometer, Minimeter, Feinmeßuhren)*
микроизображение *n (Eln)* Mikroabbildung *f*
микроиндикатор *m (Meß)* Feinmeßuhr *f*; Feinzeiger *m*
микроинтерферометр *m (Opt)* Mikrointerferometer *n*, Interferenzmikroskop *n* ‖ **~ Линника** *(Meß)* Mikrointerferometer *n* nach Linnik *(optische Rauhtiefenbestimmung)*
микрокалориметр *m* Mikrokalorimeter *n* ‖ **~/адиабатический** adiabatisches Mikrokalorimeter *n*
микрокалькулятор *m* Taschenrechner *m* ‖ **~/инженерный** wissenschaftlicher Taschenrechner *m* ‖ **~/программируемый** programmierbarer Taschenrechner *n*
микрокалориметрия *f* Mikrokalorimetrie *f*
микроканавка *f* Mikrorille *f*
микрокапилляр *m* mikrokapillarer Raum *m*
микрокарта *f* Mikrofiche *f*
микрокатор *m s.* микромер/пружинный
микроклапан *m* Mikroventil *n*
микроклимат *m (Meteo)* Mikroklima *n*
микроклиматология *f* Mikroklimatologie *f*
микроклин *m (Min)* Mikroklin *m*
микрокод *m (Inf)* Mikro[befehls]kode *m*
микроколебание *n* Mikroschwingung *f*
микрокоманда *f (Inf)* Mikrobefehl *m*
микрокомпонент *m (Eln)* Mikrokomponente *f* ‖ **~/дискретный** diskrete Mikrokomponente *f*
микрокомпьютер *m* Mikrorechner *m*, MR
микроконденсатор *m (El)* Mikrokondensator *m*
микроконтактирование *n (Eln)* Mikrokontaktierung *f*
микроконтроллер *m*/**шестнадцатиразрядный** 16-Bit-Mikrokontroller *m*
микрокорпус *m* Mikrogehäuse *n*
микрокоррозия *f* Mikrokorrosion *f*, interkristalline Korrosion *f*, Gefügekorrosion *f*, innere Korrosion *f (inter- und transkristalline Korrosion)*
микрокремнезём *m (Bw)* Silikastaub *m*
микрокристалл *m* Mikrokristall *m* ‖ **~/эмульсионный** *(Photo)* Emulsionskorn *n*, Emulsionsmikrokristall *m*
микрокулон *m (El)* Mikrocoulomb *n*, μC
микролегирование *n* Mikrolegieren *n*
микролегированный *(Gieß)* mikrolegiert, niedrigstlegiert
микроликвация *f (Wkst)* Mikroseigerung *f*, Korngrenzenseigerung *f*, Kristallseigerung *f*, Dendritenseigerung *f*, interdendritische Seigerung *f*
микролит *m (Min)* Mikrolith *m*, Niob-Tantal-Pyrochlor *n*
микролитражка *f* Kleinstauto *n*
микролюкс *m (Meß)* Mikrolux *n (Spiegellehre nach Werner)*
микроманипулятор *m (Opt)* Mikromanipulator *m (Zusatzgerät zum Mikroskop)*
микроманометр *m* Mikromanometer *n*, Mikrodruckmesser *m*
микромашина *f (El)* Kleinstmaschine *f*, Mikromaschine *f* ‖ **~/асинхронная** Asynchronmikromaschine *f* ‖ **~/синхронная** Synchronmikromaschine *f*
микромер *m (Meß)* Feinzeiger *m*; Feinmeßgerät *n*, Feinmeßzeug *n* ‖ **~/индуктивный** Induktionsmikrometer *n (Eltas-Prüfverfahren)* ‖ **~/пневматический** Druckluftmikrometer *n (Solex-Prüfverfahren)* ‖ **~/пружинный** Mikrokator *m*, Torsionsfühlhebel *m* ‖ **~/рычажный** Fühlhebel *m*
микрометеорит *m (Astr)* Mikrometeorit *m*
микрометеорология *f* Mikrometeorologie *f*
микрометр *m (Meß)* 1. Meßschraube *f*; 2. Mikrometer *n*, μm *(Teileinheit der Länge)* ‖ **~/винтовой** Meßschraube *f* ‖ **~/винтовой окулярный** Okularmeßschraube *f* ‖ **~/встроенный** Einbaumeßschraube *f* ‖ **~/гладкий** Bügelmeßschraube *f* ‖ **~/зубомерный** 1. Zahnweiten[feinzeiger]meßschraube *f*; 2. optisches Zahndickenmeßgerät *n* ‖ **~/клиновой** Schiebeteilmikrometer *n* ‖ **~/кольцевой** Ringmikrometer *n* ‖ **~/контактный** *(Astr)* unpersönliches Mikrometer *n*; Kontaktmikrometer *n* ‖ **~/листовой** Blechdickenmeßschraube *f* ‖ **~/настольный** Ständermeßschraube *f*, Meßschraube *f* mit Ständer ‖ **~/нитяной** Fadenmikrometer *n* ‖ **~/[оптический] окулярный** Okularmeßmikrometer *n* ‖ **~/поляризационный** Doppelbildmikrometer *n* ‖ **~/предметный** Objektmikrometer *n* ‖ **~/рычажный** Feinzeigermeßschraube *f* ‖ **~ с отсчётным устройством** Feinzeigermeßschraube *f* ‖ **~ с цифровым отсчётом** Meßschraube *f* mit digitaler Anzeige ‖ **~/спиральный** Spiralmikrometer *n*
микромеханизм *m* Mikromechanismus *m*
микроминиатюризация *f (Eln)* Mikrominiaturisierung *f*, Subminiaturisierung *f*
микромодуль *m (Eln)* Mikromodul[baustein] *m*, Kompaktbaustein *m*
микрон *m s.* микрометр 2.
микронапряжение *n* Mikrospannung *f*
микронейр *m (Text)* Micronaire *m (Faserfeinheitsprüfer)*
микронеровность *f* mikroskopische Unebenheit *f* ‖ **~ поверхности** *(Wkst)* Rauhtiefe *f*, Oberflächenrauhtiefe *f*
микронивелир *m* Kleinnivelliergerät *n*
микрообработка *f* Mikrobearbeitung *f*, Feinstbearbeitung *f* ‖ **~/лазерная** Laserstrahlenmikrobearbeitung *f* ‖ **~/электронно-лучевая** Elektronenstrahlmikrobearbeitung *f*
микрообъектив *m (Photo)* Mikroobjektiv *n*
микроом *m (El)* Mikroohm *n*, μΩ
микроомметр *m (El)* Mikroohmmeter *n*
микроопределение *n (Ch)* Mikrobestimmung *f*
микрооптика *f* **щелевого типа** Spaltoptik *f*
микропалеонтология *f* Mikropaläontologie *f*
микропереключатель *m (El)* Mikro[um]schalter *m*
микропипетка *f* Mikropipette *f*
микропирометр *m* Mikropyrometer *n*
микроплазма *f (Ph)* Mikroplasma *n*
микроплата *f (Eln)* Mikromodulplatte *f*
микроплёнка *f* Mikroschicht *f*; *(Photo)* Mikrofilm *m*
микроподача *f* Feinvorschub *m*, Feinbewegung *f*
микрополость *f* Mikrohohlraum *m*
микропора *f* Mikropore *f*
микропористость *f* Mikroporosität *f*, interkristalline Porosität *f*
микропорок *m* Fehler *m* im Feingefüge *(z. B. Mikroriß, Mikrolunker)*

микропорошок *m (Wkz)* Mikro[schleif]pulver *n*, Mikroschleifgranulat *n*, Schleifpulver *n* mit µ-Körnung
микропоток *m* Mikroströmung *f*
микропривод *m* Mikroantrieb *m*
микропримесь *f (Ch)* Spur[ensubstanz] *f*, Spurenverunreinigung *f*
микропрограмма *f (Inf)* Mikroprogramm *n*
микропрограммирование *n (Inf)* Mikroprogrammierung *f*
микропроектор *m* Mikroprojektionsgerät *n*, Mikroprojektor *m*
микропроцессор *m* Mikroprozessor *m*, MP ‖ **~/ассоциативный** Assoziativmikroprozessor *m* ‖ **~/32-битный** 32-Bit-Mikroprozessor *m* ‖ **~/быстродействующий 16-разрядный** schneller 16-Bit-Mikroprozessor *m* ‖ **~/многокристальный** Multichipmikroprozessor *m*, Mehrchipmikroprozessor *m* ‖ **~/однокристальный** Einchipmikroprozessor *m*; CPU-Schaltkreis *m* ‖ **~/однокристальный сигнальный** Einchipsignalprozessor *m* ‖ **~/одноплатный** Einplatinenmikroprozessor *m* ‖ **~/разрядно-секционный** Bitslice-Mikroprozessor *m* ‖ **~/32-рядный** 32-Bit-Mikroprozessor *m*, 32-Bit-MP *m* ‖ **~/секционн[о-наращиваем]ый** Bitslice-Mikroprozessor *m* ‖ **~/сигнальный** Signalprozessor *m*
микропроцессорно-ориентированный mikroprozessororientiert
микропроцессорно-совместимый mikroprozessorkompatibel
микропустота *f* Mikrohohlraum *m*
микропучок *m* Feinstrahl *m*, Mikrostrahl *m*
микрорадиоавтограмма *f s.* микроавторадиограф
микрорадиоавтограф *m s.* микроавторадиограф
микрорадиоволна *f* Mikrowelle *f*, Höchstfrequenzwelle *f*
микрорадиограмма *f* mikroradiographische Aufnahme *f*, Mikroradiogramm *n*, Mikroröntgenogramm *n*
микрорадиография *f* Mikroradiographie *f*, Radiographie *f* von Dünnschliffen
микрорадиометр *m* Mikroradiometer *n*
микрорадиоприёмник *m (Rf)* Mikrofunkempfänger *m*
микрорайон *m* Wohnkomplex *m*
микрорайонирование *n*/сейсмическое *(Geoph)* seismische Mikrorayonierung *f*
микрораковина *f (Met)* Mikrolunker *m*
микрорегулирование *n (Fert)* Feinzustellung *f* *(z. B. eines Werkzeugs)*
микрорез *m* Dünnschnitt *m*
микрорезание *n (Masch)* Mikroschneiden *n* *(abrasiver Verschleiß)*
микрорезистор *m (Eln)* Mikrowiderstand *m (Bauelement)*
микрорентгенография *f s.* микрорадиография
микрорентгеноснимок *m* Röntgenmikroaufnahme *f*
микрореология *f* Mikrorheologie *f*
микросборка *f (Eln)* 1. Mikromontage *f*; 2. Mikromodul[baustein] *m*; Hybridbaustein *m*, Hybridschaltkreis *m*
микросварка *f* 1. *(Schw)* Mikroschweißen *n*; 2. *(Eln)* Mikrokontaktierung *f*
микросейсм *m (Geoph)* leichtes Erdbeben *n*, Kleinbeben *n*, mikroseismische Bodenunruhe *f*
микросекундный Mikrosekunden…
микросименс *m (El)* Mikrosiemens *n*, µS
микросин *m (El)* Mikrosyn *n*, Kleinstselsyn *n*
микроскольжение *n (Trib)* Mikrogleiten *n*
микроскоп *m* Mikroskop *n* ‖ **~/автоионный** Feldionenmikroskop *n*, Felddesorptionsmikroskop *n* ‖ **~/автоэлектронный** Feldelektronenmikroskop *n*, Spitzen[über]mikroskop *n* ‖ **~/бинокулярный** Doppelmikroskop *n*, Stereomikroskop *n* ‖ **~ в инфракрасных лучах** Infrarotmikroskop *n*, IR-Mikroskop *n* ‖ **~ в ультрафиолетовых лучах** Ultra[violett]mikroskop *n*, UV-Mikroskop *n* ‖ **~/визирный** Visiermikroskop *n*, Zielmikroskop *n* ‖ **~/двойной** 1. Lichtschnittgerät *n*, Lichtschnittmikroskop *n*; 2. Doppelmikroskop *n* [nach Linnik] ‖ **~/зеркально-растровый** Spiegelrastermikroskop *n* ‖ **~/зеркальный электронный** Elektronenspiegelmikroskop *n*, Spiegelelektronenmikroskop *n* ‖ **~/измерительный** Meßmikroskop *n* ‖ **~/инструментальный** Werkzeugmikroskop *n* ‖ **~/интерференционный** Interferenzmikroskop *n* ‖ **~/инфракрасный** Infrarotmikroskop *n*, IR-Mikroskop *n* ‖ **~/ионный** Ionenmikroskop *n* ‖ **~/исследовательский** Forschungsmikroskop *n* ‖ **~/координатный измерительный** Koordinatenmeßmikroskop *n* ‖ **~/лазерный** Lasermikroskop *n* ‖ **~/лазерный растровый** Raster-Lasermikroskop *n* ‖ **~/лазерный сканирующий** Laserscanmikroskop *n* ‖ **~ Ле Шателье** Le-Chatelier-Mikroskop *n*, gestürztes Mikroskop *n* ‖ **~/люминесцентный** Lumineszenzmikroskop *n*, Fluoreszenzmikroskop *n* ‖ **~/магнитный** magnetisches Elektronenmikroskop *n* ‖ **~/металлографический** Metallmikroskop *n* ‖ **~/мигающий** *(Astr)* Blinkmikroskop *n* ‖ **~/направляющий** Leitmikroskop *n* ‖ **~/настольный электронный** Tischelektronenmikroskop *n* ‖ **~/оптический** optisches Mikroskop *n* ‖ **~/отражательный электронный** Reflexionselektronenmikroskop *n* ‖ **~/отсчётный** Ablesemikroskop *n* ‖ **~/поляризационный** Polarisationsmikroskop *n* ‖ **~/проекционный** Projektionsmikroskop *n* ‖ **~/промышленный электронный** kommerzielles Elektronenmikroskop *n* ‖ **~/просвечивающий электронный** Transmissionselektronenmikroskop *n*, TEM ‖ **~/рабочий** Arbeitsmikroskop *n* ‖ **~/растровый** *s.* ~/растровый электронный ‖ **~/растровый акустический** akustisches Rastermikroskop *n* ‖ **~/растровый ионный** Rasterionenmikroskop *n* ‖ **~/растровый туннельный** Raster-Tunnelmikroskop *n* ‖ **~/растровый электронный** Raster[elektronen]mikroskop *n*, REM, Scanningmikroskop *n* ‖ **~/рентгеновский** Röntgen[strahlen]mikroskop *n* ‖ **~/рентгеновский теневой** Röntgenschattenmikroskop *n* ‖ **~/ретикульный** Reticlemikroskop *n* ‖ **~ с автоэлектронной эмиссией** *s.* ~/автоэлектронный ‖ **~ с дистанционным управлением** Fernbedienungsmikroskop *n* ‖ **~ светового сечения** Lichtschnittmikroskop *n* ‖ **~/световой** Lichtmikroskop *n* ‖ **~/сканирующий электронный** *s.* ~/растровый электрон-

ный ‖ **~/спиральный [окулярный]** Spiralmikroskop *n* ‖ ~ **сравнения** Vergleichsmikroskop *n* ‖ **~/стереоскопический** Stereomikroskop *n*, Präpariermikroskop *n* ‖ **~/телевизионный** Fernsehmikroskop *n* ‖ ~ **теневого сечения** *s.* ~ светового сечения ‖ **~/теневой [электронный]** Elektronenschattenmikroskop *n*, Schattenmikroskop *n* ‖ **~/ультразвуковой** Ultraschallmikroskop *n* ‖ **~/ультрафиолетовый** Ultra[violett]mikroskop *n*, UV-Mikroskop *n* ‖ **~/универсальный** Universalmikroskop *n* ‖ **~/универсальный измерительный** Universalmeßmikroskop *n* ‖ **~/фазоконтрастный** Phasenkontrastmikroskop *n* ‖ **~/флюоресцентный** Fluoreszenzmikroskop *n*, Lunineszenzmikroskop *n* ‖ **~/фотоэлектрический** photoelektrisches (lichtelektrisches) Mikroskop *n* ‖ **~/шкаловый** Ablesemikroskop *n*, Skalenmikroskop *n* ‖ **~/электронный** Elektronenmikroskop *n* ‖ **~/электронный растровый** *s.* ~/растровый электронный ‖ **~/электростатический ионный** *s.* ~/автоионный ‖ **~/электростатический электронный** elektrostatisches Elektronenmikroskop *n* ‖ **~/эмиссионный электронный** Emissions[elektronen]mikroskop *n*

микроскоп-верньер *m* Noniusmikroskop *n*

микроскопирование *n* Mikroskopierung *f*

микроскопия *f* Mikroskopie *f* ‖ **~/автоэмиссионная** Feldemissionsmikroskopie *f* ‖ ~ **в инфракрасных лучах** Infrarotmikroskopie *f*, IR-Mikroskopie *f* ‖ ~ **в отражённом свете** Auflichtmikroskopie *f* ‖ ~ **в ультрафиолетовых лучах** Ultraviolettmikroskopie *f*, UV-Mikroskopie *f* ‖ **~/высоковольтная** Hochspannungsmikroskopie *f* ‖ **~/высоковольтная просвечивающая электронная** Hochspannungs-Transmissionselektronenmikroskopie *f*, HVEM, High-voltage-TEM *f* ‖ ~ **высокого разрешения/просвечивающая электронная** hochauflösende Transmissionselektronenmikroskopie *f*, HREM, High-resolution-TEM *f* ‖ **~/интерференционная** Interferenz[kontrast]mikroskopie *f* ‖ ~ **интерференционного контраста** *s.* ~/интерференционная ‖ **~/инфракрасная** *s.* ~ в инфракрасных лучах ‖ **~/ионная** Ionenmikroskopie *f* ‖ **~/люминесцентная** Lumineszenzmikroskopie *f* ‖ **~/поляризационная** Polarisationsmikroskopie *f* ‖ **~/просвечивающая** Transmissionsmikroskopie *f*, Durchstrahlungsmikroskopie *f* ‖ **~/просвечивающая электронная** Transmissionselektronenmikroskopie *f*, TEM ‖ **~/протонная** Protonenmikroskopie *f* ‖ **~/растровая туннельная** Rastertunnelmikroskopie *f*, STM ‖ **~/растровая электронная** Rasterelektronenmikroskopie *f* ‖ **~/рентгеновская** Röntgenmikroskopie *f* ‖ **~/теневая рентгеновская** Röntgenschattenmikroskopie *f* ‖ **~/теневая электронная** Schattenelektronenmikroskopie *f* ‖ **~/ультрафиолетовая** Ultra[violett]mikroskopie *f*, UV-Mikroskopie *f* ‖ **~/фазоконтрастная** Phasenkontrastmikroskopie *f* ‖ **~/флюоресцентная** Fluoreszenzmikroskopie *f* ‖ **~/электронная** Elektronenmikroskopie *f*

микроскоп-микрометр *m* Ablesemikroskop *n*, Mikrometermikroskop *n*

микроскоп-угломер *m* Winkelmeßmikroskop *n*

микрослоистость *f* Mikroschichtung *f*, mikroskopischer Zustand *m*

микроснимок *m s.* микрофотоснимок

микросостояние *n* Mikrozustand *m*

микроспектрометрия *f* Mikrospektroskopie *f*, Mikrospektrometrie *f*

микроспектроскопия *f* **s.** микроспектрометрия

микроспектрофотометрия *f* Mikrospektrophotometrie *f*

микросплавной mikrolegiert, Mikrolegierungs...

микрострип *m (Eln)* Mikrostrip *m*, Mikrofilmstreifen *m*

микростроение *n (Fert)* Feingestalt *f (Oberflächengüte)*

микростружка *f* Mikrospan *m*

микроструктура *f (Wkst, Krist)* Feingefüge *n*, Mikrogefüge *n*, Mikrostruktur *f*; Gefügeaufbau *m*

микроструктурирование *n (Eln)* Mikrostrukturierung *f*

микросхема *f (Eln)* integrierte Schaltung *f*, integrierter Schaltkreis *m*; Mikroschaltung *f*, Mikroschaltkreis *m* ‖ **~/аналоговая** Analogschaltkreis *m* ‖ **~/аналоговая интегральная** integrierter Analogschaltkreis *m* ‖ **~/бескорпусная** Nacktchip *m*, gehäuseloser Schaltkreis *m* ‖ **~/биполярная** bipolarer Mikroschaltkreis *m* ‖ **~/биполярная аналоговая** bipolarer analoger Schaltkreis (Mikroschaltkreis) *m* ‖ **~/биполярная большая интегральная** bipolarer LSI-Schaltkreis *m* ‖ **~/биполярная цифровая интегральная** bipolarer digitaler Schaltkreis (Mikroschaltkreis) *m* ‖ **~/бистабильная интегральная** bistabiler Schaltkreis (Mikroschaltkreis) *m* ‖ **~/большая гибридная интегральная** Hybrid-LSI-Schaltkreis *m* ‖ **~/большая интегральная** LSI-Schaltkreis *m (3. und 4. Integrationsstufe)* ‖ **~/вставляемая интегральная** steckbarer Schaltkreis *m* ‖ **~/высоковольтная интегральная** Hochvolt[mikro]schaltkreis *m*, Schaltkreis *m* in Hochvolttechnologie ‖ **~/гибридная интегральная** integrierter Hybridschaltkreis *m* ‖ **~/заказная [интегральная]** Kundenschaltkreis *m*, Vollkunden-IS *m* ‖ ~ **запоминающего устройства** Speicherschaltkreis *m*, Speicher-IS *m* ‖ **~/интегральная** [integrierter] Schaltkreis *m*, IS, IC ‖ ~ **интерфейса/интегральная** Interfaceschaltkreis *m*, Schnittstellenschaltkreis *m* ‖ **~/комбинационная интегральная** kombinatorischer Schaltkreis (Mikroschaltkreis) *m* ‖ **~/линейная [интегральная]** Analogschaltkreis *m* ‖ **~/логическая [интегральная]** Logikschaltkreis *m* ‖ **~/малая интегральная** Schaltkreis *m* geringer Packungsdichte *(1. und 2. Integrationsstufe)* ‖ **~/маломощная интегральная** Schaltkreis *m* mit geringer Leistungsaufnahme, leistungsarmer Schaltkreis *m*, Low-power-IC *m* ‖ **~/матричная** Matrixschaltkreis *m* ‖ **~/многокристальная интегральная** Multichipschaltkreis *m* ‖ **~/многофункциональная интегральная** Mehrfunktionsschaltkreis *m*, Mehrzweckschaltkreis *m* ‖ **~/монолитная интегральная** monolithisch integrierter Schaltkreis *m*, Festkörperschaltkreis *m* ‖ ~ **на дополняющих структурах** CMOS-Schaltkreis *m* ‖ ~ **на КМОП-структурах** CMOS-Schaltkreis *m* ‖ ~ **на МОП-**

структурах MOS-Schaltkreis *m* ‖ **~ на сапфировой подложке** SOS-Schaltkreis *m* ‖ **~ на твёрдом теле** Festkörperschaltkreis *m*, FKS ‖ **~/оптоэлектронная интегральная** optoelektronischer Schaltkreis *m* ‖ **~/периферийная интегральная** Peripherieschaltkreis *m* ‖ **~/плёночная интегральная** integrierter Schichtschaltkreis *m* ‖ **~/полузаказная интегральная** semikundenspezifischer Schaltkreis *m*, Semikunden-IS *m*, ASIC ‖ **~/полупроводниковая интегральная** Festkörperschaltkreis *m*, FKS, monolithisch integrierter Schaltkreis *m* ‖ **~ с зарядовой связью** CCD-Schaltkreis *n* ‖ **~/сверхбольшая интегральная** VLSI-Schaltkreis *m (5. Integrationsstufe)* ‖ **~ сверхвысокой степени интеграции** *s.* ~/сверхбольшая интегральная ‖ **~/сенсорная интегральная** Sensorschaltkreis *m* ‖ **~ сопряжения/интегральная** Interfaceschaltkreis *m*, Schnittstellenschaltkreis *m* ‖ **~ средней мощности/интегральная** Smart-power-Schaltkreis *m* ‖ **~/средняя интегральная** Schaltkreis *m* mittlerer Packungsdichte *(3. Integrationsstufe)* ‖ **~/стандартная интегральная** Standardschaltkreis *m*, Standard-IC *m* ‖ **~/твёрдая интегральная** Festkörperschaltkreis *m*, FKS ‖ **~/твёрдотельная** Festkörperschaltkreis *m*, FKS ‖ **~/толстоплёночная [интегральная]** Dickschichtschaltkreis *m* ‖ **~/тонкоплёночная интегральная** Dünnschichtschaltkreis *m* ‖ **~ управления/интегральная** Steuerschaltkreis *m* ‖ **~ управления памятью/интегральная** Speichersteuerschaltkreis *m* ‖ **~/усилительная интегральная** Verstärkerschaltkreis *m*, Verstärker-IS *m* ‖ **~/цифровая интегральная** Digitalschaltkreis *m*, digitaler integrierter Schaltkreis *m*

микросхема-фантом *f* Phantomschaltkreis *m*

микросхемотехника *f (Eln)* Mikroschaltungstechnik *f*

микротвёрдомер *m* Mikrohärtemesser *m*

микротвёрдость *f* Mikrohärte *f*

микротелескоп *m* Kleinfernrohr *n*

микротелефон *m (Nrt)* Handapparat *m*, Mikrotelephon *n*

микротолчок *m* leichtes Beben *n*, leichte Erschütterung *f*

микротравление *n (Wkst)* Mikroätzung *f*

микротранзистор *m* Mikrotransistor *m* ‖ **~/сплавной** Mikrolegierungstransistor *m*

микротрансформатор *m* **тока** *(El)* Zwergstromwandler *m*

микротрещина *f* Mikroriß *m*, mikroskopischer Riß *m*, Haarriß *m*

микротрон *m (Kern)* Mikrotron *n*, Elektronenzyklotron *n (Beschleuniger)*

микротурбулентность *f* Kleinturbulenz *f*, Mikroturbulenz *f*, kleinräumige Turbulenz *f*

микроудлинение *(Mech)* Mikrodehnung *f*

микроудобрение *n* 1. Mikronährstoffdüngung *f*; 2. Mikronährstoffdüngemittel *n*

микроузел *m (Eln)* Mikrobaugruppe *f*

микроуправление *n* Mikrosteuerung *f*

микрофарада *f (El)* Mikrofarad *n*, μF

микрофарад[о]метр *m (El)* Mikrofaradmeter *n*

микрофильмирование *n* Mikrofilmtechnik *f*, Mikrofilmherstellung *f*, Mikroverfilmung *f*

микрофильтр *m* Mikrofilter *n*

микрофиша *f* Mikrofiche *n*

микрофиширование *n* Mikrofichesverfilmung *f*

микрофон *m* Mikrophon *n* ‖ **~ давления** Druckmikrophon *n*, Druckempfänger *m* ‖ **~ давления/ленточный** Bändchen-Druckgradientenmikrophon *n* ‖ **~/двуполосный** Zweiwegemikrophon *n* ‖ **~/двусторонний угольный** Doppelkohlemikrophon *n* ‖ **~/измерительный** Meßmikrophon *n* ‖ **~/индукционный** elektrodynamisches Mikrophon *n* ‖ **~/капсюльный** Kapselmikrophon *n* ‖ **~/катушечный [динамический]** Tauchspulmikrophon *n* ‖ **~/конденсаторный** Kondensatormikrophon *n* ‖ **~/контактный** Kontaktmikrophon *n* ‖ **~/кристаллический** Kristallmikrophon *n* ‖ **~/ленточный** Bändchenmikrophon *n* ‖ **~/нагрудный** Brustmikrophon *n* ‖ **~/направленный** Richtmikrophon *n* ‖ **~/наручный** Armbandmikrophon *n* ‖ **~/настольный** Tischmikrophon *n* ‖ **~/петличный** Knopflochmikrophon *n* ‖ **~/подвесной** Hängemikrophon *n* ‖ **~/пьезоэлектрический** Kristallmikrophon *n*, piezoelektrisches Mikrophon *n* ‖ **~ с подвижной катушкой** Tauchspulmikrophon *n* ‖ **~/стерео[фонический]** Stereomikrophon *n* ‖ **~/студийный** Studiomikrophon *n* ‖ **~/телефонный** Fernsprechmikrophon *n* ‖ **~/угольный** Kohlemikrophon *n* ‖ **~/электретный** Elektretmikrophon *n* ‖ **~/электродинамический** elektrodynamisches Mikrophon *n* ‖ **~/эталонный** Normalmikrophon *n*, Eichmikrophon *n*

микрофотогравировка *f* Photolithographie *f*

микрофотографирование *n* Mikrophotographie *f*, Photomikrographie *f*, Mikroverfilmung *f*

микрофотография *f s.* 1. микрофотографирование; 2. микрофотоснимок ‖ **~ шлифа** *(Wkst)* Mikroschliffbild *n* ‖ **~/электронная** *(Photo)* elektronenmikroskopische Aufnahme *f*

микрофотодиод *m* Mikrophotodiode *f*

микрофотокопирование *n* Mikro[photo]kopieren *n*, Mikro[film]reproduktion *f*

микрофотокопия *f* Mikro[photo]kopie *f*, Mikroaufnahme *f*

микрофотолитография *f* Mikrophotolithographie *f*

микрофотометр *m* Mikrophotometer *n*

микрофотометрия *f* Mikrophotometrie *f*

микрофотоснимок *m (Photo)* Mikrophotographie *f*, Mikrobild *n*, Mikroaufnahme *f*

микрофотосъёмка *f (Photo)* Mikroaufnahme *f*, Mikrophotographie *f*

микрохимия *f* Mikrochemie *f*, Spurenchemie *f*

микрочастица *f (Kern)* Mikroteilchen *n (Teilchen von sehr geringer Masse)*

микрочелнок *(Text)* Greiferschützen *m (Weberei)*

микрошероховатость *f* **[поверхности]** Oberflächenfeinstruktur *f*, Mikrorauheit *f*

микрошлиф *m (Wkst)* Mikroschliff *m*, Schliff *m*

микро-ЭВМ *f* Mikrocomputer *m*, Mikrorechner *m* ‖ **~ на одном кристалле** Einchipmikrorechner *m* ‖ **~ на одном кристалле/16-разрядная** 16-Bit-Einchipmikrorechner *m* ‖ **~/однокристальная** Einchipmikrorechner *m*, Einchipcomputer *m*, Single-Chipmikrocomputer *m* ‖ **~/одноплатная** Einplatinen-Mikrorechner *m* ‖ **~/одночипная** Einchipmikrorechner *m* ‖ **~/...-разрядный** ...-Bit-Mikrorechner *m* ‖ **~/специализированная** anwendungsspezifischer Mikrorechner *m*

микроэлектрокаротаж *m (Geoph)* Mikrologmessung *f (Verfahren der Bohrlochmessung)*

микроэлектроника *f* Mikroelektronik *f* ‖ **~/инженерная** angewandte Mikroelektronik *f* ‖ **~/интегральная** integrierte Mikroelektronik *f* ‖ **~/полупроводниковая** Halbleitermikroelektronik *f* ‖ **~/промышленная** industrielle Mikroelektronik *f* ‖ **~/толстоплёночная** Dickschichtmikroelektronik *f* ‖ **~/тонкоплёночная** Dünnschichtmikroelektronik *f*

микроэлемент *m (Eln)* Mikro[bau]element *n*; Mikromoduleinheit *f*

микроядро *n (Kern)* Mikronukleus *m*, Kleinkern *m*

миксер *m (Met)* Mischer *m*, Mixer *m*, Roheisenmischer *m*, Kippmischer *m*; Mischpfanne *f* ‖ **~/активный** Vorfrischer *m*, beheizter (beheizbarer) Roheisenmischer (Mixer) *m* ‖ **~/индукционный** induktiv beheizter Ausgleichsofen (Abstehofen) *m* ‖ **~/качающийся** Rollmischer *m*, Kippmischer *m*, Schaukelmischer *m* ‖ **~/неактивный** nicht beheizter (beheizbarer) Roheisenmischer *m*

микшер *m (Ak)* Mischer *m*

микшерная *f (Ak)* Mischraum *m*

микширование *n* Mischen *n*, Mischung *f* ‖ **~ звука** *(Kine)* Tonmischung *f* ‖ **~ изображения** *(TV)* Bildmischung *f* ‖ **~ наплывом** *(TV)* Überblenden *n*, Überblendung *f*

миланез-машина *f (Text)* Milanese-Wirkmaschine *f*

миллерит *m (Min)* Millerit *m*, Haarkies *m*, Nickelkies *m*

миллиампер *m (El)* Milliampere *n*, mA

миллиамперметр *m (El)* Milliamperemeter *n* ‖ **~/выпрямительный (детекторный)** Gleichrichtermilliamperemeter *n* ‖ **~/многопредельный** Vielbereichsmilliamperemeter *n* ‖ **~/образцовый (эталонный)** Normalmilliamperemeter *n*

миллиампер-секунда *f (El)* Milliamperesekunde *f*, mA · s

миллибар *m (Meteo)* Millibar *n*, mbar

милливатт *m (El)* Milliwatt *n*, mW

милливаттметр *m (El)* Milliwattmeter *n*

милливебер *m (El)* Milliweber *n*, mWb

милливеберметр *m (El)* Milliwebermeter *n*

милливольт *m (El)* Millivolt *n*, mV

милливольтметр *m (El)* Millivoltmeter *n* ‖ **~/широкополосный** Breitbandmillivoltmeter *n*

миллигал *m (Geoph)* Milligal *n*, mGal

миллигенри *m (El)* Millihenry *n*, mH

милликулон *m (El)* Millicoulomb *n*, mC

миллилюмен *m (Photom)* Millilumen *n*, mlu

миллиметр *m* Millimeter *n*, mm

миллимикрон *m* Nanometer *n*

миллиом *m (El)* Milliohm *n*, mΩ

миллиомметр *m (El)* Milliohmmeter *n*

миллисекунда *f* Millisekunde *f*, ms

миллисекундный Millisekunden…, ms…

миллистильб *m (Photom)* Millistilb *n*

миллифарада *f (El)* Millifarad *n*, mF

миллифот *m (Photom)* Milliphot *n*

милонит *m (Geol)* Mylonit *m*, Knetgestein *n*

милонитизация *f (Geol)* Mylonitisierung *f*

миля *f* Meile *f (SI-fremde Einheit der Länge)* ‖ **~/английская** englische Meile *f*, Meile *f (1609,344 m)* ‖ **~/морская** [internationale] Seemeile *f*, sm *(1852 m)*

миндалина *f (Min, Geol)* Mandel *f (Hohlraumminerаlfüllung)*

миндель *m (Geol)* Mindel *n*, Mindeleiszeit *f*

минераграфия *f (Geol)* Auflichtmikroskopie *f (mikroskopische Untersuchung von Gesteinsschliffen mittels Auflichtmikroskop)*

минерал *m* Mineral *n (s. a. unter* минералы*)* ‖ **~/вторичный** sekundäres Mineral *n* ‖ **~/глинистый** Tonmineral *n* ‖ **~/железорудный** Eisenmineral *n* ‖ **~/контактный** Kontaktmineral *n* ‖ **~/нерудный** Nichterzmineral *n* ‖ **~/первичный** primäres Mineral *n* ‖ **~/породообразующий** gesteinsbildendes Mineral *n* ‖ **~/рудный (рудообразующий, рудосодержащий)** erzführendes Mineral *n*, erzhaltiges Gestein *n*; Erzmineral *n* ‖ **~/руководящий** Leitmineral *n* ‖ **~ тяжёлой фракции** Schwermineral *n* ‖ **~/шлакообразующий** Schlackenbildner *m*, Flußmittel *n*, schlackenbildendes Mineral *n*

минерализатор *m (Geol)* Mineralisator *m*, Mineralbildner *m*

минерализация *f* Mineralisation *f*, Mineralisierung *f*; Mineralführung *f*

минераловата *f* Mineralwatte *f*

минералогия *f* Mineralogie *f*

минералокерамика *f* Oxidkeramik *f* ‖ **~/режущая** *(Wkz)* oxidische Schneidkeramik *f*, Oxidkeramik *f*

минералокерамический oxidkeramisch, Oxidkeramik…

минералообразование *n* Mineralbildung *f*, Mineralentstehung *f*

минералы *mpl* Minerale *npl (s. a. unter* минерал*)* ‖ **~/акцессорные** *(Min)* akzessorische Minerale *npl*, Nebengemengteile *npl* ‖ **~/антиферромагнитные** antiferromagnetische Minerale *npl* ‖ **~/жильные** Gangminerale *npl* ‖ **~/ферримагнитные** ferrimagnetische Minerale *npl* ‖ **~/ферромагнитные** ferromagnetische Minerale *npl*

минералы-спутники *mpl* Begleitminerale *npl*

минетта *f (Min)* Minette *f (Brauneisenerz)*

мини-АТС *f (Nrt)* Kleinstvermittlungszentrale *f*

миниатюризация *f (Eln)* Miniaturisierung *f*

миниатюрный *(Eln)* Miniatur…, Kleinst…, in Miniaturausführung, in Miniaturbauweise

мини-диск *m* Minidiskette *f*

минидисковод *m* Minidiskettenlaufwerk *n*

миникомпьютер *m* Minicomputer *m*, Minirechner *m*

минимально-разрешаемый minimal zulässig

миниметр *m (Meß)* Minimeter *n*, Fühlhebel *m*

минимизация *f* Minimierung *f*

минимум *m* 1. Minimum *n*, Minimalwert *m*, Kleinstwert *m*; 2. Kleinstmaß *n* ‖ **~/абсолютный** absolutes Minimum *n* ‖ **~/дифракционный** *(Opt)* Diffraktionsminimum *n* ‖ **~/интерференционный** *(Opt)* Interferenzminimum *n* ‖ **~/локальный** lokales Minimum *n* ‖ **~ мощности электростанции/технический** technische Kraftwerksmindestleistung *f* ‖ **~ напряжения** *(El)* Spannungsminimum *n* ‖ **~/относительный** relatives lokales Minimum *n* ‖ **~ приёма** *(Rf)* Empfangsminimum *n* ‖ **~ солнечных пятен** Sonnenfleckenminimum *n*, Fleckenminimum *n* ‖ **~ тока** Stromminimum *n* ‖ **~/условный** bedingtes Minimum *n*

минимумы *mpl* **профиля/наибольшие** *(Fert)* tiefste Punkte *mpl (Rauhigkeitsprofil)*
мини-процессор *m* Miniprozessor *m*
миноносец *m* Torpedoboot *n*
минор *m (Math)* Subdeterminante *f*, Unterdeterminante *f*, Minor *m (einer Matrix)*
миноранта *f (Math)* Minorante *f*, Unterreihe *f*
минус *m* 1. *(Math)* Minus *n*, Minuszeichen *n*; 2. *(El)* Minuspol *m*, Minus *n*
минута *f* 1. Minute *f* [im Bogenmaß], Winkelminute *f*, Bogenminute *f (Winkelmaß)*; 2. Minute *f (Teil der Zeiteinheit)* ‖ **~ дуги** *s.* ~ 1. ‖ **~/угловая** *s.* ~ 1.
минуто-занятие *n (Nrt)* Belegungsminute *f*
миогеосинклиналь *f (Geol)* Miogeosynklinale *f*
миоцен *m s.* отдел/миоценовый
МИП *(Eln)* Metall-Isolator-Halbleiter *m*, MIS
МИП-транзистор *m* MIS-Transistor *m*
мира *f* 1. Mire *f*; Testmarke *f*; 2. *(Opt)* Sehprobentafel *f*, Testplatte *f*; 3. *(Opt)* Testobjekt *n* ‖ **~/штриховая** *(Photo)* Strichmire *f*
мираж *m (Geoph)* Luftspiegelung *f*, Fata Morgana *f* ‖ **~/верхний** obere Luftspiegelung *f*, Luftspiegelung *f* nach oben ‖ **~/нижний** untere Luftspiegelung *f*, Luftspiegelung *f* nach unten
МИС *s.* станция/машинно-испытательная
мисцелла *f (Lebm)* Miszella *f (Öl-Lösungsmittel-Gemisch)*
мисцеллосборник *m (Lebm)* Miszellasammler *m*
мисцеллофильтр *m (Lebm)* Miszellafilter *n*
миццонит *m (Min)* Mizzonit *m (Skapolith)*
МИШ *s.* механизм изменения шага
мишень *f* 1. *(Eln)* Zielscheibe *f*, Target *n*, Treffplatte *f*; 2. *(Geod)* Zielscheibe *f (bei Vermessungen)*; 3. *(Kern)* Target *n*; 4. *(TV)* Speicherplatte *f*, Speicherelektrode *f*, Mosaikelektrode *f* ‖ **~/перебегающая** laufende Scheibe *f* ‖ **~/появляющаяся** auftauchende Scheibe *f* ‖ **~ пропускания** *(Kern)* Transmissionstarget *n* ‖ **~ ускорителя** *(Kern)* Treffplatte *f (Vakuumkammer des Teilchenbeschleunigers)*
мишень-отражатель *f (Kern)* Reflexionstarget *n*
МК *s.* 1. микрокоманда; 2. микрокомпьютер; 3. канал/мультиплексный; 4. карта/маршрутная 2.; 5. куро/магнитный; 6. контакт/монетный
мкА *s.* микроампер
МКБР *s.* ракета/межконтинентальная баллистическая
мкВ *s.* микровольт
мкВт *s.* микроватт
мкГ *s.* микрогенри
мкл *s.* маркёр конца ленты
МКО *s.* отделение/машинно-котельное
мкОм *s.* микроом
МКП *s.* микропроцессор
МКС *s.* 1. система единиц МТС; 2. соединитель/многократный координатный
Мкс *s.* максвелл
МКСА *s.* система единиц МКСА
мкФ *s.* микрофарада
МКЭ *s.* метод конечних элементов
МЛ *s.* лента/магнитная
Млечный Путь *m (Astr)* Milchstraße *f*; Milchstraßensystem *n*
МЛЭ *s.* эпитаксия/молекулярно-лучевая
ММ *s.* модель/математическая
ММС *s.* система/мультимикропроцессорная
мнемокод *m (Inf)* mnemonischer (mnemotechnischer) Kode *m* ‖ **~/расширенный** erweiterter mnemonischer Kode *m*
мнемоника *f (Inf)* Mnemonik *f*
мнемосхема *f* Blindschaltbild *n*; mnemonisches Schema *n* ‖ **~/световая** Leucht[schalt]bild *n*
мнимый scheinbar, virtuell; imaginär
МНЛ *s.* маркёр начала ленты
многоадресный Mehradreß..., Mehradressen...
многоанодный mehranodig, Mehranoden...
многоатомность *f (Ch)* Vielatomigkeit *f*, Mehratomigkeit *f*
многоатомный *(Ch)* vielatomig, mehratomig
многовалентность *f (Ch)* Mehrwertigkeit *f*
многовалентный *(Ch)* mehrwertig, polyvalent
многоваловый *(Masch)* Mehrwellen...
многоволновость *f* Mehrwelligkeit *f*
многовходовый mit mehreren Eingängen *(Schaltung)*
многовыводной hochpolig, mit mehreren Anschlüssen *(Schaltung)*
многогоризонтный *(Bgb)* Mehrsohlen...
многогранник *m* 1. Polyeder *n*, Vielflächner *m*; 2. *(Fert)* Mehrkant *m*, Vielkant *m*; 3. *s.* многогранники ‖ **~/выпуклый** konvexes Polyeder *n* ‖ **~/координационный** *(Krist)* Koordinationspolyeder *n* ‖ **~/однородный** homogenes Polyeder *n*
многогранники *mpl (Geol)* [mehrflächige] Windkanter *mpl*, Windschliffe *mpl (durch Windschliff geformte Gesteinsbrocken)*
многодиапазонный Vielbereich..., Mehrbereich..., mit vielen Bereichen (Meßbereichen)
многодорожечный Mehrspur..., Vielspur..., mehrspurig, vielspurig
многожильный *(El)* mehradrig, vieladrig, Mehrleiter...
многозадачный *(Inf)* multitaskingfähig
многозарядный mehrfach geladen
многозахватный Mehrfachgreifer... *(Roboter)*; Mehrteile... *(Greifer)*
многозаходный mehrgängig *(Gewinde)*
многозначность *f (Math)* Vieldeutigkeit *f*, Mehrdeutigkeit *f*; Mehrstelligkeit *f*
многозначный 1. *(Eb)* mehrbegriffig *(Signal)*; 2 *(Math)* vieldeutig, mehrdeutig; mehrstellig
многозольность *f* hoher Aschegehalt *m*
многоимпульсный Mehrfachimpuls...
многоинструментальный *(Wkzm)* Mehrfachwerkzeug... *(Bauweise)*
многокамерный Mehrkammer..., Vielkammer...; Multizellular...
многоканальный Mehrkanal..., Vielkanal..., mehrkanalig, vielkanalig
многокаскадный mehrstufig, Mehrstufen...
многоквартирный *(Bw)* Mehrfamilien...
многокислотный *(Ch)* mehrsäurig
многоклетевой *(Wlz)* mehrgerüstig
многоковшовый *(Förd)* Eimerketten...
многоколенный mehrfach gekröpft *(z. B. Kurbelwelle)*
многокомпонентный *(Ch)* Mehrkomponenten..., Mehrstoff...
многоконтактный vielkontaktig, Vielkontakt..., Mehrfachkontakt...

многоконтурный *(Reg)* mehrkreisig, mehrschleifig, Mehrkreis…
многокорпусный mehrgehäusig; Mehrkörper…
многократный vielfach, mehrfach, multipel; wiederholt
многокристальный *(Eln)* Multichip…, Multischaltkreis…
многолемешный *(Lw)* mehrscharig, vielscharig, Vielschar… *(Pflug)*; mehrfurchig, Mehrfurchen…
многолучевой Mehrstrahl…
многомерность *f (Math)* Mehrdimensionalität *f*
многомерный mehrdimensional, vieldimensional
многоместный 1. mehrsitzig *(Fahrzeuge)*; 2. *(Wkzm)* für mehrere Werkstücke; Mehrstellen…
многомодовый Multimode[n]…, Mehrmoden… *(Lichtwellenleiter)*
многониточный mehrrillig, Mehrrillen…
многообразие *n* 1. Vielgestaltigkeit *f*, Vielfältigkeit *f*; 2. *(Math)* Mannigfaltigkeit *f* ‖ **~/алгебраическое** *(Math)* algebraische Mannigfaltigkeit *f* ‖ **~/гомологическое** *(Math)* Homologiemannigfaltigkeit *f* ‖ **~/интегральное** *(Math)* Integralmannigfaltigkeit *f* ‖ **~/характеристическое** *(Math)* charakteristische Mannigfaltigkeit *f*
многоопорный mehrfach gelagert *(z. B. Kurbelwellen)*
многоосновный *(Ch)* mehrbasig
многопарный mehrpaarig *(Kabel)*
многоплан *m (Flg)* Mehrdecker *m*, Vieldecker *m*
многоподовый mehrherdig *(Ofen)*
многопозиционный 1. *(Wkzm)* Mehrfach… *(Bauweise, z. B. von Revolverköpfen)*; 2. *(Wkzm)* Stufen… *(Bauweise von Pressen)*; 3. *(Masch)* Transfer… *(Bauweise z. B. von Pressen)*; 4. *(Masch)* mit mehreren Greiferhänden, Mehrfach… *(Bauweise von Greifern)*; 5. *(Wkzm)* Mehrstationen… *(Bauweise von Werkzeugmaschinen)*
многопользовательский *(Inf)* multiuserfähig
многополюсник *m (El)* Mehrpol *m*, Vielpol *m*
многополюсный *(El)* Mehrpol…, Vielpol…, mehrpolig, vielpolig
многопредельный Vielbereich…, Mehrbereich…, mit vielen Bereichen (Meßbereichen)
многопредметный *(Masch)* für mehrere Werkstücke *(Merkmal von Fertigungsausrüstungen)*
многопроводный *(El)* Mehrdraht…, Mehrleiter…
многопроволочный mehrdrähtig, Mehrdraht…; gelitzt, Litzen…
многопролётный *(Bw)* 1. mehrfeldrig *(Brücke)*; 2. mehrschiffig *(Halle)*
многопутный *(Eb)* mehrgleisig
многоразрядный vielstellig, mehrstellig
многорезцовый *(Wkz)* Mehrmeißel…, Vielmeißel…
многосекционный *(Eb)* mehrteilig *(Zug)*
многосеточный *(Eln)* Mehrgitter…
многословность *f* Weitschweifigkeit *f*, Redundanz *f*
многослойный mehrlagig, Mehrlagen…, mehrschichtig, Mehrschicht[en]…
многосрезной *(Masch)* mehrschnittig *(Niet)*
многостаночный *(Fert)* mit Mehrmaschinenbedienung *(Fertigungsart)*
многоствольный mehrläufig *(Gewehr)*; mehrrohrig *(Geschütz)*
многоступенчатый mehrstufig, Mehrstufen…
многоточечный Mehrpunkt…
многоугольник *m (Math)* Polygon *n*, Vieleck *n* ‖ **~ векторов** Vektorpolygon *n* ‖ **~/верёвочный** Seilpolygon *n*, Seileck *n* ‖ **~/потенциальный** Spannungspolygon *n*, Spannungsvieleck *n* ‖ **~ сил** *s.* ~/силовой ‖ **~/силовой** Kräftepolygon *n*, Krafteck *n*, Kräfteplan *m*, Kräftezug *m* ‖ **~ частот** Häufigkeitspolygon *n*
многоуровневый 1. mehrstufig; 2. Mehrlagen…, Mehrebenen…
многофазный *(El)* mehrphasig, Mehrphasen…
многофункциональность *f (Masch)* Vielseitigkeit *f*
многоходовой mehrgängig *(Schraube)*
многоцелевой Mehrzweck…, Vielzweck…
многочастотный mehrfrequent, Mehrfrequenz…
многочерпаковый Eimerketten…
многочлен *m (Math)* Polynom *n*, ganze rationale Funktion *f* ‖ **~ Бернулли** Bernoullisches Polynom *n* ‖ **~ Лагранжа** Lagrangesches Polynom *n* ‖ **~/постоянный** konstantes Polynom *n*
многошинный *(Inf)* Multibus…
многошпиндельный *(Wkzm)* Mehrspindel…
многоштыревой *(El)* Mehr[fach]stift…
многоштырьковый *(El)* Mehr[fach]stift…
многощелочной alkalireich
многоэлектродный Mehrelektroden…
многоэтажный *(Bgb)* Mehrsohlen…
многофункциональный multifunktional
множества *npl (Math)* Menge *f (s. a. unter* множество*)* ‖ **~/непересекающиеся** elementfremde (disjunkte) Mengen *fpl* ‖ **~/попарно непересекающиеся** paarweise elementfremde Mengen *fpl* ‖ **~/равномощные** gleichmächtige (äquivalente) Mengen *fpl*, Mengen *fpl* gleicher Mächtigkeit *(Kardinalzahl)* ‖ **~/равноупорядоченные** gleichgeordnete Mengen *fpl* ‖ **~/эквивалентные** *s.* ~/равномощные
множество *n (Math)* Menge *f (Mengenlehre)* ‖ **~/аналитическое** analytische Menge *f* ‖ **~/бесконечное** unendliche Menge *f* ‖ **~/бикомпактное** bikompakte Menge *f* ‖ **~/более чем счётное** überabzählbare Menge *f* ‖ **~/борелевское** Borelsche Menge *f* ‖ **~/в себе плотное** in sich dichte Menge *f* ‖ **~/вполне упорядоченное** wohlgeordnete Menge *f* ‖ **~ всех множеств** Menge *f* aller Mengen ‖ **~/всюду плотное** überall dichte Menge *f* ‖ **~/выпуклое** konvexe Menge *f* ‖ **~/дискретное** diskrete Menge *f* ‖ **~/дополнительное** komplementäre Menge *f* ‖ **~/замкнутое** abgeschlossene Menge *f* ‖ **~ значений** Wertmenge *f* ‖ **~/измеримое** meßbare Menge *f* ‖ **~ Кантора** Cantorsche Menge *f* ‖ **~/канторово** Cantorsche Menge *f* ‖ **~/компактное** kompakte Menge *f* ‖ **~/конечное** endliche Menge *f* ‖ **~/критическое** kritische Menge *f* ‖ **~ меры нуль** Menge *f* vom Maß Null ‖ **~/не более чем счётное** höchstens abzählbare Menge *f* ‖ **~/нигде не плотное** nirgends dichte Menge *f* ‖ **~/нормальное** normale Menge *f* ‖ **~ нулевой меры** Menge *f* vom Maß Null ‖ **~/ограниченное** beschränkte Menge *f* ‖ **~/одноэлементное** einelementige Menge *f* ‖ **~/основное** Fundamentalmenge *f* ‖ **~/открытое** offene Menge *f* ‖ **~/плотно упорядоченное** dichtgeordnete Menge *f* ‖ **~/плотное** dichte Menge *f* ‖ **~/проективное** projektive Menge *f* ‖

~/пустое leere Menge *f* ‖ **~/рекурсивно перечислимое** rekursiv abzählbare Menge *f* ‖ **~/связное** zusammenhängende Menge *f* ‖ **~/совершенное** perfekte Menge *f* ‖ **~/счётное** abzählbare Menge *f* ‖ **~ точек** Punktmenge *f* ‖ **~/точечное** Punktmenge *f* ‖ **~/упорядоченное** [an]geordnete Menge *f* ‖ **~/частично упорядоченное** halbgeordnete (teilweise geordnete) Menge *f*

множимое *n (Math)* Multiplikand *m*

множитель *m (Math)* Multiplikator *m* ‖ **~/интегрирующий** integrierender Faktor *m* ‖ **~ Лагранжа** Lagrangescher Multiplikator *m*, Lagrange-Faktor *m* ‖ **~ Ланде** [Landéscher] g-Faktor *m*, Landé-Faktor *m (Spektroskopie)*; g-Faktor *m*, gyromagnetischer Faktor *m*, Landé-Faktor *m* ‖ **~/масштабный** Skalierungsfaktor *m*, Maßstabsfaktor *m*, Untersetzungsfaktor *m* ‖ **~/нормирующий** normierender Faktor *m*, Normierungsfaktor *m* ‖ **~ Симпсона** *(Schiff)* Simpson-Koeffizient *m* ‖ **~/упаковочный** *(Kern)* Pakkungsanteil *m (Verhältnis des Massendefektes eines Nukleons zu seiner Massenzahl)*

множить 1. vermehren, vervielfältigen; 2. *(Math)* multiplizieren

МНОП *(Eln)* Metall-Nitrid-Oxid-Halbleiter *m*, MNOS

МНОП-технология *f (Eln)* MNOS-Technologie *f*

МНОП-транзистор *m (Eln)* MNOS-Transistor *m*

МО *s.* отделение/машинное

мобилизм *m (Geol)* Mobilismus *m*

мобильность *f (Masch)* 1. Geschwindigkeitsverhalten *n (eines Getriebes)*; 2. Beweglichkeit *f*, Verfahrbarkeit *f*

мобильный *(Masch)* ortsveränderlich, beweglich, verfahrbar

МОВ *s.* метод отражённых [сейсмических] волн

МОВА *s.* авария/максимально опасная восможная

МОД *s.* дизель/малооборотный

мода *f* 1. wahrscheinlichster (dichtester) Wert *m*, Modus *m (Statistik und Wahrscheinlichkeitsrechnung)*; 2. *(Eln, Opt)* Mode *f*, Modus *m*; 3. *s.* ~ резонатора ‖ **~/аксиальная** *(Eln)* axiale Mode *f* ‖ **~ волновода** Hohlleitermode *f* ‖ **~ колебаний** Schwing[ungs]mode *f* ‖ **~ лазера** Lasermode *f* ‖ **~/локализированная** *(Eln)* lokalisierte Mode *f* ‖ **~/основная** Grundmode *f* ‖ **~/поперечная** Transversalmode *f* ‖ **~/продольная** Longitudinalmode *f* ‖ **~/радиальная** radiale Mode *f* ‖ **~ резонатора** Resonanzmode *f* ‖ **~/световодная** Lichtwellenleitermodus *m*, LWL-Modus *m*, LWL-Mode *f*

моделирование *n* 1. *(Ph, Kyb)* Modellieren *n*, Modellierung *f*, Simulation *f*; 2. Modellversuch *m* ‖ **~/аналоговое** analoge Simulation *f* ‖ **~/дискретное** digitale Simulation *f* ‖ **~/игровое** Spielsimulation *f* ‖ **~/математическое** mathematische Simulation *f* ‖ **~/непрерывное** analoge Simulation *f* ‖ **~/программное** Programmodellierung *f* ‖ **~/статистическое** statistische Simulation *f* ‖ **~/стохастическое** stochastische Simulation *f* ‖ **~ технологического процесса** Prozeßsimulation *f* ‖ **~/цифровое** digitale Simulation *f* ‖ **~/электрическое** elektrische Modellierung (Nachbildung) *f*, Elektromodellierung *f* ‖ **~ электросетей** Modellierung *f* elektrischer Netze, Elektronetzmodellierung *f*

модель *f* Modell *n*; Schablone *f*, Form *f*; Baumuster *n* ‖ **~/автоматная** *(Reg)* Automatenmodell *n* ‖ **~/аналоговая** *(Kyb)* analoges Modell *n* ‖ **~ атмосферы** Modellatmosphäre *f* ‖ **~ атома** *(Kern)* Atommodell *n* ‖ **~ атома Бора** Bohrsches Atommodell *n* ‖ **~ атома Бора-Зоммерфельда** Bohr-Sommerfeldsches Atommodell *n* ‖ **~ атома/векторная** Vektormodell (Vektorgerüst) *n* des Atoms ‖ **~ атома/волномеханическая** wellenmechanisches (undulatorisches) Atommodell *n* ‖ **~ атома Кельвина** Kelvinsches Atommodell *n (Modifikation des Thomsonschen Modells)* ‖ **~ атома/планетарная** *s.* ~ атома Резерфорда ‖ **~ атома Резерфорда** Rutherfordsches Atommodell *n* ‖ **~ атома/статистическая** statistisches Atommodell *n* ‖ **~ атома/тетраэдрическая** Tetraedermodell *n* des Atoms ‖ **~ атома Томаса-Ферми** Thomas-Fermi-Modell *n*, Thomas-Fermi-Atommodell *n* ‖ **~ атома Томсона** Thomsonsches Atommodell *n* ‖ **~/атомная** *(Kern)* Atommodell *n* ‖ **~/базовая** Basismodell *n* ‖ **~/винтовая** *(Gieß)* Schraubmodell *n* ‖ **~ воздух-земля/двухслойная** *(Rf)* Zweischichtmodell *n* Luft-Erde *(Antennentechnik)* ‖ **~/воронковая** Trichtermodell *n (Strukturmodell)* ‖ **~/восковая** *(Gieß)* Wachsmodell *n* ‖ **~ вращающегося ядра** *(Kern)* Rotationsmodell *n* des Atomkerns ‖ **~ вселенной** *(Astr)* Weltmodell *n*, Modell *n* des Weltalls ‖ **~/выжигаемая** *(Gieß)* ausbrennbares Modell *n* ‖ **~/выплавляемая** *(Gieß)* Ausschmelzmodell *n*, ausschmelzbares Modell *n* ‖ **~/высокочастотная** *(Eln)* Hochfrequenzmodell *n* ‖ **~/вязкоупругая** *(Ph)* viskoelastisches Modell *n* ‖ **~/газифицируемая** *(Gieß)* ausbrennbares Modell *n* ‖ **~/гидравлическая** *(Hydr)* Strömungsmodell *n* ‖ **~/гидродинамическая** *(Kern)* hydrodynamisches Modell (Kernmodell) *n* ‖ **~/гипсовая** *(Gieß)* Gipsmodell *n* ‖ **~ данных** *(Inf)* Datenmodell *n* ‖ **~/двухмерная** zweidimensionales Modell *n* ‖ **~/деревянная** *(Gieß)* Holzmodell *n* ‖ **~/динамическая** *(Inf)* dynamisches Modell *n* ‖ **~/дифференциальная** Differentialmodell *n* ‖ **~/дополнительная** Zusatzmodell *n* ‖ **~/замкнутая** *(Astr)* geschlossenes Weltmodell *n* ‖ **~ запрещённой зоны** *(Ph)* Energielückenmodell *n* ‖ **~ Земли** Erdmodell *n* ‖ **~/зонная** *(Eln)* Bändermodell *n*, Zonenmodell *n*, Niveauschema *n (Halbleiter)* ‖ **~/иерархическая** *(Inf)* hierarchisches Modell *n* ‖ **~ инфляционной вселенной** *(Astr)* inflationäres Weltmodell *n* ‖ **~/испарительная** *s.* ~ ядра/статистическая ‖ **~/исходная** *(Gieß)* Muttermodell *n*, Urmodell *n* ‖ **~/капельная** *(Kern)* Tröpfchenmodell *n (des Atomkerns)* ‖ **~ кварков** *(Kern)* Quarkmodell *n* ‖ **~/кибернетическая** kybernetisches Modell *n* ‖ **~/кластёрная** *(Kern)* Clustermodell *n* ‖ **~/колебательная** Schwingungsmodell *n* ‖ **~/количественная** *(Kyb)* quantitatives Modell *n* ‖ **~/коллективная** *s.* ~ ядра/обобщённая ‖ **~/космическая** *s.* ~ вселенной ‖ **~/литейная** Gießereimodell *n* ‖ **~ литника** *(Gieß)* Eingußmodell *n* ‖ **~ ловушек** *(Kern)* Trapmodell *n* ‖ **~/малосигнальная** *(Eln)* Kleinsignalmodell *n* ‖ **~/математико-экономическая** mathematisch-ökonomisches Modell *n* ‖ **~/математиче-**

ская mathematisches Modell *n*, mathematische Nachbildung *f* ‖ **~/матричная** Matrixmodell *n* ‖ **~/металлическая** *(Gieß)* metallisches Modell *n*, Metallmodell *n* ‖ **~/многосекционная** *(Eln)* Multichipmodell *n*, Chip-Satz-Modell *n* ‖ **~ молекулы/векторная** *(Kern)* Vektormodell *n* des Moleküls ‖ **~/молекулярная** *(Kern)* Molekülmodell *n* ‖ **~/начальная** *(Gieß)* Muttermodell *n*, Urmodell *n*, Ausgangsmodell *n* ‖ **~/негативная** *(Gieß)* Negativmodell *n* ‖ **~ независимых частиц** *(Kern)* Modell *n* unabhängiger Teilchen ‖ **~ нейтронов/многогрупповая** *(Kern)* Vielgruppenmodell *n* ‖ **~/неразъёмная** *(Gieß)* einteiliges (unzerlegbares, ungeteiltes) Modell *n* ‖ **~/обобщённая** verallgemeinertes Modell *n* ‖ **~ оболочек** *(Kern)* Schalenmodell *n* ‖ **~/обучаемая** *(Kyb)* belehrbares Modell *n* ‖ **~ обучения** *(Kyb)* Lernmodell *n* ‖ **~/объёмная молекулярная** *(Kern)* räumliches Molekülmodell *n* ‖ **~/одномерная** eindimensionales Modell *n* ‖ **~/одноэлектронная** *(Kern)* Einelektronenmodell *n* ‖ **~/оптическая** *(Kern)* optisches Modell *n* ‖ **~/основная** Grundmodell *n* ‖ **~/открытая** *(Astr)* offenes Weltmodell *n* ‖ **~ парных корреляций** *(Kern)* Paarkorrelationsmodell *n* ‖ **~/первичная (первоначальная)** *(Gieß)* Muttermodell *n*, Urmodell *n*, Ausgangsmodell *n* ‖ **~/позитивная** *(Gieß)* Positivmodell *n* ‖ **~ потенциального барьера** *(Ph)* Potentialwallmodell *n* ‖ **~ потенциальной ямы** *(Ph)* Potentialtopfmodell *n* ‖ **~ приграничного слоя** *(Ph)* Sperrschichtmodell *n* ‖ **~ прямых ядерных реакций** *(Kern)* Modell *n* der direkten Kernreaktionen ‖ **~/пустотелая** *(Gieß)* Hohlmodell *n*; hohlverleimtes Modell *n* ‖ **~/рабочая** *(Gieß)* Formmodell *n* *(Gegensatz zum Urmodell)* ‖ **~/разовая** *(Gieß)* verlorenes Modell *n* ‖ **~/разъёмная** *(Gieß)* geteiltes (mehrteiliges) Modell *n* ‖ **~ с протяжкой** *(Gieß)* Durchziehmodell *n* ‖ **~ сверхпроводимости** *(Ph)* Supraleitungsmodell *n*, Supraleitfähigkeitsmodell *n* ‖ **~ сгустков** *(Kern)* Clustermodell *n* ‖ **~/сетевая** Netzwerkdiagramm *n* ‖ **~ сетей переменного тока** Wechselstromnetzmodell *n* ‖ **~/сеточная** Netzmodell *n* ‖ **~/скелетная** *(Gieß)* Rippenmodell *n*, Skelettmodell *n* ‖ **~/сложная** *(Gieß)* verwickelt gestaltetes Modell *n* ‖ **~ составного ядра/статистическая** *(Kern)* Compoundkernmodell *n* ‖ **~/статическая** statisches Modell *n* ‖ **~/структурная** *(Krist)* Strukturmodell *n* ‖ **~ структуры кристаллов/ионная** *(Krist)* Ionenkristallmodell *n* ‖ **~/теоретическая** theoretisches Modell *n* ‖ **~ Томаса-Ферми** *s.* ~ Ферми-газа ‖ **~ трёх носителей** *(Ph)* Dreiladungsträgermodell *n* ‖ **~ турбулентности** *(Mech)* Turbulenzmodell *n* ‖ **~ Ферми-газа** *(Kern)* Fermi-Gas-Modell *n*, Thomas-Fermi-Modell *n* *(Kernmodell)* ‖ **~ Хартли-Робинсона/молекулярная** *(Kern)* Hartley-Robinsonsches Molekülmodell *n* ‖ **~ циклона** *(Meteo)* Zyklonenmodell *n* ‖ **~/цифровая** digitales Modell *n* ‖ **~ шаровой молнии** *(Kern)* Feuerballmodell *n* ‖ **~/шарово-сегментная** *(Krist)* Kalottenmodell *n* ‖ **~/эконометрическая** ökonometrisches Modell *n* ‖ **~ электронных оболочек** *(Kern)* Elektronenschalenmodell *n* ‖ **~ электроэнергетической системы** Elektroenergiesystemmodell *n* ‖ **~/эталонная** Vergleichsmodell *n* ‖ **~/ядерная** *(Kern)* Kernmodell *n* ‖ **~ ядра** *(Kern)* Kernmodell *n* ‖ **~ ядра/альфа-частичная** Alphateilchenmodell *n (des Atomkerns)*; Alphateilchenkernmodell *n* ‖ **~ ядра/капельная** *(Kern)* Tröpfchenmodell *n (des Atomkerns)* ‖ **~ ядра/обобщённая** *(Kern)* kombiniertes (vereinigtes) Kernmodell *n*, Kollektivmodell *n* ‖ **~ ядра/оболочечная** *(Kern)* Schalenmodell *n* ‖ **~ ядра/оптическая** *(Kern)* optisches Modell *n* ‖ **~ ядра/статистическая** *(Kern)* statistisches Kernmodell (Compoundkernmodell) *n* ‖ **~/ячеечная** Zellenmodell *n*

модем *m* Modem *m(n)*, Modulator-Demodulator *m* ‖ **~ передачи** Sendemodem *n* ‖ **~ передачи данных** Datenmodem *n*, Datenübertragungsmodem *n*

модератор *m* Geschwindigkeitsregler *m*

модификатор *m* 1. Modifikator *m*, Modifizierungsmittel *n*; 2. *(Gum)* Regler *m*, Kettenüberträger *m*; 3. Modifikator *m*, Impfmittel *n*, Impfstoff *m*; 4. *(Inf)* Modifizierungssymbol *n* ‖ **~/графитизирующий** *(Gieß)* graphitbildendes (graphitisierendes) Impfmittel *n* ‖ **~ длины** *(Inf)* Längenfaktor *m* ‖ **~ длительного действия (эффекта)** *(Gieß)* Langzeitimpfmittel *n* ‖ **~/комплексный** *(Gieß)* Komplexímpfmittel *n*, Komplexmodifikator *m*, Komplexmodifizierungsmittel *n* ‖ **~ порядка [числа]** *(Inf)* Exponentenfaktor *m*

модификация *f* Abänderung *f*, Modifikation *f*, Modifizierung *f*, Abwandlung *f* ‖ **~ адреса** *(Inf)* Adressenänderung *f* ‖ **~/высокотемпературная** *(Krist)* Hochtemperaturmodifikation *f* ‖ **~ команды** *(Inf)* Befehlsmodifikation *f* ‖ **~ кристалла** *(Krist)* Modifikation *f* ‖ **~/лабильная** *(Krist)* instabile Modifikation *f* ‖ **~/метастабильная** *(Krist)* metastabile Modifikation *f (Polymorphie)* ‖ **~/монотропная** *(Krist)* monotrope Modifikation *f* ‖ **~/низкотемпературная** *(Krist)* Niedertemperaturmodifikation *f* ‖ **~/полиморфная** *(Krist)* polymorphe Modifikation *f* ‖ **~ электропроводности** Leitfähigkeitsbeeinflussung *f* ‖ **~/энантиоморфная** *(Krist)* enantiomorphe Modifikation *f* ‖ **~/энантиотропная** *(Krist)* enantiotrope Modifikation *f*

модифицирование *n* Modifizieren *n*, Modifizierung *f*, Abänderung *f*; *(Gieß)* Impfen *n*, Modifizieren *n*, Modifizierung *f (Schmelze)* ‖ **~/двойное** *(Gieß)* Doppelmodifizierung *f*, Doppelimpfung *f* ‖ **~ магнием** *(Gieß)* Magnesiumbehandlung *f (von flüssigem Gußeisen)*

модифицированный серой *(Gum)* schwefelmodifziert

модоселективный *(Nrt)* modenselektiv

модулирование *n s.* модуляция

модулированный *(El)* moduliert, gemodelt; *(Ak)* ausgesteuert ‖ **~ по длительности** pulsbreitenmoduliert, pulslängenmoduliert ‖ **~ по плотности** dichtemoduliert ‖ **~ по скорости** geschwindigkeitsmoduliert ‖ **~ по яркости** helligkeitsmoduliert ‖ **~ шумами** rauschmoduliert

модулировать *(Eln)* modulieren, modeln; *(Ak)* aussteuern ‖ **~ в противофазе** gegenphasig modulieren ‖ **~ голосом** sprachmodulieren, mit Sprache modulieren ‖ **~ звуковой частотой** tonmodulieren, mit Tonfrequenz modulieren ‖ **~ напряжением** spannungsmodulieren ‖ **~ по амплитуде** amplitudenmodulieren ‖ **~ по фазе**

phasenmodulieren ‖ ~ **по частоте** frequenzmodulieren ‖ ~ **полностью** durchmodulieren

модулометр *m* Modulations[grad]messer *m*; *(Ak)* Aussteuerungs[grad]messer *m*

модуль *m* 1. Modul *m*, Zahl *f*, Ziffer *f*; 2. *(Math)* Modul *m (einer komplexen Zahl bzw. eines elliptischen Integrals)*; 3. *(Eln)* Modul *m*, Baustein *m*, Modulbaustein *m*; 4. *(Meß)* Einheit *f (eines Maßsystems)*; 5. *(Masch)* Modul *m (Zahnräder)*; 6. *(Masch)* Baueinheit *f (Baugruppe im Baukastensystem)*; 7. *(Bw)* Modul *m*, Rastermaß *n*; 8. *(Arch)* Modul *m (Säule)* ‖ **~/абсолютный** *(Inf)* Lademodul *m* ‖ **~/автоматизированный производственный** automatische Fertigungszelle *f* ‖ **~/вертикальный** *(Bw)* Höhenraster *m* ‖ **~/вычислительный** Rechnermodul *m*, Rechnerbaugruppe *f* ‖ **~/гибкий производственный** *(Masch)* 1. flexible Fertigungszelle *f*; 2. technologische Einheit *f (Ausrüstung mit Industrieroboter)* ‖ **~/гибкий производственный станочный** *(Wkzm)* flexible Fertigungszelle *(aus Werkzeugmaschinen)* zum Spanen und/oder Abtragen ‖ **~/гидравлический** hydraulischer Modul *m*, Hydromodul *m (des Zements)* ‖ **~/горизонтальный** *(Bw)* Grundrißraster *m* ‖ **~/дополнительный** *(Inf)* Erweiterungssteckplatz *m*, Erweiterungsmodul *m* ‖ **~/дробный** *(Bw)* Kleinrastermaß *n* ‖ ~ **жёсткости** Steifigkeitsmodul *m* ‖ **~/загрузочный** *(Inf)* Lademodul *m* ‖ **~/запоминающий** *(Inf)* Speichermodul *m* ‖ ~ **затвердевания** *(Gieß)* geometrischer Modul *m*, Erstarrungsmodul *m*, Gußteilmodul *m* ‖ ~ **зацепления** *(Masch)* Modul *m* ‖ ~ **ЗУ/дополнительный** *(Inf)* Speichererweiterung *f* ‖ ~ **зубьев колёса** *(Masch)* Modul *m*, Durchmesserteilung *f* ‖ **~/индивидуальный** Personality-Board *n*, Pesonality-Karte *f*, Personality-Modul *m* ‖ **~/интегральный** *(Eln)* integrierter Baustein *m* ‖ **~/интерфейсный** *(Eln)* Schnittstellenmodul *m*, Schnittstellenbaustein *m* ‖ **~/исходный** *(Inf)* Quellmodul *m*; Ursprungsmodul *m* ‖ ~ **коэффициента затухания** Dämpfungsmodul *m* ‖ ~ **коэффициента преломления** Refraktionsmodul *m* ‖ **~/кремнезёмный** *(Bw)* Silikatmodul *m* ‖ ~ **крупности** *(Bw)* Körnungsziffer *f* ‖ **~/лазерный** Laserbaustein *m* ‖ **~/логический** *(Inf)* Logikmodul *m*, Logikbaustein *m* ‖ **~/микроминиатюрный** Mikromodul[baustein] *m* ‖ **~/микроэлектронный** mikroelektronisches Bauelement *n* ‖ **~/многокристальный** *(Inf)* Multichip-Modul *m* ‖ **~/начальный** *(Masch)* Modul *m* auf dem Wälzkreis *(Zahnrad)* ‖ ~ **нормальной упругости** *s.* ~ Юнга ‖ **~/нормальный** *(Masch)* Normalmodul *n (Zahnrad)* ‖ **~/объектный** *(Inf)* Objektmodul *m* ‖ ~ **объёмной упругости** *(Mech)* Volum[en]elastizitätsmodul *m*, Volum[en]elastizität *f*, Kompressionsmodul *m*, Volum[en]kompressibilität *f* ‖ **~/оверлейный** *(Inf)* Überlagerungsmodul *m* ‖ **~/основной** *(Bw)* Modul *m*, Grundmodul *m* ‖ ~ **памяти** *(Inf)* Speichermodul *m*, Speicherbaustein *m* ‖ ~ **FIFO-памяти** *(Inf)* FIFO-Baustein *m* ‖ **~/перемещаемый** *(Inf)* verschiebbarer Modul *m* ‖ ~ **периодичности** Perioditätsmodul *m* ‖ **~/планировочный** *s.* ~/горизонтальный ‖ ~ **по делительной окружности** *(Masch)* Modul *m* auf dem Teilkreis *(Zahnrad)* ‖ ~ **подземного стока** *(Hydrol)* Grundwasserabflußspende *f* ‖ ~ **поперечного сжатия** *s.* коэффициент Пуассона ‖ ~ **поперечной упругости** *s.* ~ сдвига ‖ ~ **потерь** Verlustmodul *m* ‖ ~ **представления** *(Math)* Darstellungsmodul *m* ‖ **~/программный** Programmbaustein *m*, Programmodul *m* ‖ ~ **продольной упругости** *s.* ~ Юнга ‖ **~/производный** *(Bw)* abgeleitetes Rastermaß *n* ‖ **~/производственный** *(Wkzm)* 1. Fertigungszelle *f (ohne Industrieroboter)*; 2. technologische Einheit *f (Ausrüstung mit Industrieroboter)* ‖ ~ **процессора** Prozessorbaustein *m* ‖ ~ **прочности** *s.* ~ растяжения 1. ‖ **~/пьезоэлектрический** piezoelektrischer Modul *m*, Piezomodul *m* ‖ ~ **расстояния** *(Astr)* Entfernungsmodul *m* ‖ ~ **растяжения** 1. *(Wkst)* Bruchfestigkeit *f*, Bruchgrenze *f*, statische Zerreißgrenze *f*; 2. *s.* ~ Юнга ‖ **~/релаксационный** Relaxationsmodul *m* ‖ ~ **связи** Koppelmodul *m* ‖ ~ **сдвига** *(Mech)* Schubmodul *m*, Schubelastizitätsmodul *m*, Gleitmodul *m*, zweiter Elastizitätsmodul *m* ‖ ~ **сдвиговой упругости** *s.* ~ сдвига ‖ **~/силовой полупроводниковый** *(Eln)* Leistungs-Halbleitermodul *m* ‖ **~/системный** Systembaustein *m* ‖ ~ **скольжения** *s.* ~ сдвига ‖ ~ **сопротивления** *(Wkst)* Festigkeitswert *m*, Festigkeitszahl *f*, Festigkeitsziffer *f* ‖ ~ **специализации** *s.* ~/индивидуальный ‖ ~ **сравнения** *(Math)* Kongruenzmodul *m (Zahlentheorie)* ‖ ~ **среза** *s.* ~ сдвига ‖ **~/ставной** Bausatz *m* ‖ ~ **стока** *(Hydrol)* Abflußspende *f* ‖ **~/текстовый** *(Inf)* Textbaustein *m* ‖ **~/температурный** Temperaturmodul *m* ‖ **~/технологический** *(Masch)* Fertigungszelle *f* ‖ **~/торцовый** *(Masch)* Stirnmodul *m (Zahnrad)* ‖ **~/укрупнённый** *(Bw)* Großraster *m* ‖ ~ **управления** Ansteuerbaustein *m*, Steuermodul *n* ‖ ~ **упрочнения** Verfestigungskoeffizient *m*, Verfestigungskennwert *m* ‖ ~ **упругости** *s.* ~ Юнга ‖ ~ **упругости/объёмный** *s.* ~ объёмной упругости ‖ ~ **упругости основания** Bettungs[flächen]zahl *f* ‖ ~ **эластичности** *s.* ~ Юнга ‖ ~ **электропитания** Stromversorgungsmodul *m*, STM ‖ ~ **Юнга** *(Mech)* [linearer] Elastizitätsmodul *m*, [linearer] E-Modul *m*, Youngscher Elastizitätsmodul (Modul) *m*, Dehnungsmaß *n*, Dehnungsmodul *m*

модульность *f* 1. *(Masch)* Baukastenbauweise *f (von Maschinen)*; 2. Bausteinausführung *f (bei Programmen)*

модульный Modul..., in Modulbauweise, modular

модуль-привод *m* Antriebsmodul *m*

модулятор *m* Modulator *m*, Modler *m* ‖ **~/амплитудный** *(Nrt)* Amplitudenmodulator *m* ‖ **~/акустооптический** akustooptischer Modulator *m (Laser)* ‖ **~/временной** Zeitmodulator *m* ‖ **~/групповой** Gruppenmodulator *m* ‖ **~/двухтактный** Gegentaktmodulator *m* ‖ **~/диодный** Diodenmodulator *m* ‖ ~ **добротности** Gütemodulator *m*, Güteschalter *m*, Q-Schalter *m (Laser)* ‖ **~/импульсный** Impulsmodulator *m*, Pulsmodulator *m* ‖ **~/кольцевой** Ringmodulator *m* ‖ **~/контактный** Kontaktmodulator *m* ‖ **~/магнитооптический** magnetooptischer Modulator *m* ‖ **~/магнитный** Magnetmodulator *m* ‖ **~/мембранный** Membranmodulator *m* ‖ **~/мостовой** Brückenmodulator *m* ‖ ~ **незатухающих коле-**

баний Dauerstrichmodulator *m* ‖ **~/однополосный** Einseitenbandmodulator *m* ‖ **~/однополупериодный** Einwegmodulator *m* ‖ **~/однотактный** Eintaktmodulator *m* ‖ **~ света** Licht[strom]modulator *m* ‖ **~/фазовый** Phasenmodulator *m* ‖ **~/частотный** Frequenzmodulator *m* ‖ **~/широтно-импульсный** Pulslängenmodulator *m* ‖ **~/электрооптический** elektrooptischer Modulator *m*

модулятор-демодулятор *m s.* модем

модуляция *f* Modulation *f*, Modulieren *n*, Modeln *n*; *(Ak)* Aussteuerung *f*, Aussteuern *n* • **без модуляций** unmoduliert • **с амплитудной модуляцией** amplitudenmoduliert, AM-... • **с сеточной модуляцей** gittermoduliert • **с частотной модуляцей** frequenzmoduliert, FM-... ‖ **~/амплитудная** Amplitudenmodulation *f*, AM ‖ **~/амплитудно-импульсная** Pulsamplitudenmodulation *f*, PAM ‖ **~/амплифазовая** Ampliphasenmodulation *f* ‖ **~/анодная** Anoden[spannungs]modulation *f* ‖ **~/балансная** Gegentaktmodulation *f* ‖ **~/взаимная** Intermodulation *f*, Kreuzmodulation *f* ‖ **~ видеосигналом** Videosignalmodulation *f* ‖ **~/внешняя** Fremdmodulation *f* ‖ **~/внутренняя** Eigenmodulation *f* ‖ **~/временная** Zeitmodulation *f* ‖ **~/вспомогательная** Hilfsmodulation *f* ‖ **~/групповая** Gruppenmodulation *f* ‖ **~/двойная** Doppelmodulation *f* ‖ **~/двухполосная** Zweiseitenbandmodulation *f* ‖ **~/двухтактная** Zweitaktmodulation *f*, Gegentaktmodulation *f* ‖ **~/диодная** Diodenmodulation *f* ‖ **~/звуковая** Tonmodulation *f* ‖ **~/импульсная** Pulsmodulation *f*, PM ‖ **~/импульсно-кодовая** Pulskodemodulation *f*, PCM ‖ **~/катодная** Kathoden[spannungs]modulation *f* ‖ **~/квадратурная** *(TV)* Quadratur[amplituden]modulation *f* ‖ **~/кодовая импульсная** Pulskodemodulation *f*, PCM ‖ **~/кодово-импульсная** Pulskodemodulation *f*, PCM ‖ **~/мешающая** Störmodulation *f* ‖ **~/многократная** Mehrfachmodulation *f* ‖ **~/негативная** *(TV)* Negativmodulation *f* ‖ **~ несущей изображения** Bildträgermodulation *f* ‖ **~/обратная** Gegenmodulation *f* ‖ **~/однополосная** Einseitenbandmodulation *f* ‖ **~/однотактная** Eintaktmodulation *f* ‖ **~/отрицательная** *(TV)* Negativmodulation *f* ‖ **~/паразитная** Störmodulation *f* ‖ **~/перекрёстная** Kreuzmodulation *f*, KM, Quermodulation *f* ‖ **~ поглощением** Absorptionsmodulation *f* ‖ **~/позитивная** *(TV)* Positivmodulation *f* ‖ **~/положительная** *(TV)* Positivmodulation *f* ‖ **~/помеховая** Störmodulation *f* ‖ **~/посторонняя** Fremdmodulation *f* ‖ **~/предварительная** Vormodulation *f* ‖ **~/световая** Lichtmodulation *f* ‖ **~/сеточная** Gitter[spannungs]modulation *f* ‖ **~/синусоидальная** Sinusmodulation *f* ‖ **~/скоростная** Geschwindigkeitsmodulation *f* ‖ **~ смещением/сеточная** Gittergleichstrommodulation *f*, Gittervorspannungsmodulation *f* ‖ **~/сопутствующая** Mitmodulation *f* ‖ **~/телеграфная** Telegraphiermodulation *f* ‖ **~ толщины базы** Basisdickenmodulation *f* *(Transistorherstellung)* ‖ **~/тональная** Tonmodulation *f* ‖ **~/угловая** Winkelmodulation *f* ‖ **~/узкополосная частотная** Schmalbandfrequenzmodulation *f*, NFM ‖ **~/фазовая** Phasenmodulation *f*, PM ‖ **~/фазово-импульсная** Pulsphasenmodulation *f*, PPM ‖ **~/частотная** Frequenzmodulation *f*, FM ‖ **~/частотно-импульсная** Pulsfrequenzmodulation *f*, PFM, Impulsfrequenzmodulation *f*, IFM ‖ **~/чрезмерная** *(Rf)* Übermodulation *f*; *(Eln)* Übersteuerung *f* ‖ **~ ширины базы** *s.* ~ толщины базы ‖ **~/широкополосная частотная** Breitbandfrequenzmodulation *f* ‖ **~/широтно-импульсная** Pulsbreitenmodulation *f*, Pulslängenmodulation *f*, PLM, Pulsdauermodulation *f*, PDM ‖ **~/шумовая** Rauschmodulation *f* ‖ **~/яркостная** Helligkeitsmodulation *f*

мозаика *f* 1. Mosaik *n*; 2. *(TV)* Mosaikelektrode *f*, Speicherelektrode *f*, Speicherplatte *f* ‖ **~/многомерная** mehrdimensionale Mosaikanordnung *f*

мозаичность *f* Mosaikstruktur *f*

мозандрит *m (Min)* Mosandrit *m*

мозг *m***/электронный** *(Kyb)* Elektronenhirn *n*

мойка *f* 1. Waschen *n*; 2. Wäscher *m*, Wascheinrichtung *f*; Waschmaschine *f*; 3. Wäscherei *f*, Waschwerk *n*, Wäschereibetrieb *m*; 4. Abwaschtisch *m*, Spülbecken *n (z. B. in Küchen)*; 5. Läutern *n*, Läuterung *f (Aufbereitung)*; 6. Wäsche *f*, Waschanlage *f*, Läuteranlage *f (Aufbereitung)* ‖ **~/барабанная** Trommelwäscher *m*, Waschtrommel *f*, Läutertrommel *f* ‖ **~/барабанно-реечная** Waschtrommel *f* mit Rechenklassierer ‖ **~/башенная** Turmwäscher *m*, Waschturm *m* ‖ **~/корытная** Trogwäscher *m*, Waschtrog *m* ‖ **~/кулачная** 1. Quirlwäsche *f*; 2. Quirlwäscher *m* ‖ **~/кухонная** Geschirrspüle *f* ‖ **~/обогатительная** Setzwäsche *f* ‖ **~ оборудования/безразборная** *(Brau)* CIP-Reinigung *f* der Anlagen *(cleaning-in-place)* ‖ **~/элеваторная** *(Lw)* 1. Elevatorwäsche *f*; 2. Spiralflutwäsche *f (Kartoffelwäsche)*

мойка-измельчитель *f* **корнеплодов** *(Lw)* Wasch- und Zerkleinerungsmaschine *f* für Wurzelfrüchte *(Rüben und Wurzelgemüse)*

мойка-корнерезка *f (Lw)* Rübenwasch- und -zerkleinerungsmaschine *f*

мокнуть 1. [ein]wässern, einweichen, durchfeuchten; 2. rösten, rotten *(Flachs)*

мокромолотый naßgemahlen

мокросоление *n* 1. Naßsalzen *n*; 2. *(Led)* Salzen *n*, Lakenkonservierung *f*; Stapelsalzung *f (frischer Häute)*

мокросолёный 1. naßgesalzen; 2. *(Led)* lakenkonserviert

мол *m (Hydt)* Mole *f*, Damm *m*

моласса *f (Geol)* Molasse *f*

молеедина *f* Mottenfraß *m*

молектроника *f* Molekularelektronik *f*, Molelektronik *f*

молектронный molekularelektronisch

молекула *f (Ch, Ph)* Molekül *n* ‖ **~/активированная** aktiviertes Molekül *n* ‖ **~/активная** aktives Molekül *n* ‖ **~/ван-дер-ваальсова** Van-der-Waals-Molekül *n* ‖ **~/возбуждённая** angeregtes Molekül *n* ‖ **~/вторичная** Tochtermolekül *n (in Kometen)* ‖ **~/горячая** „heißes" Molekül *n* ‖ **~/несчётная** Molekül *n* mit ungerader Elektronenzahl ‖ **~/нитевидная** Fadenmolekül *n* ‖ **~/родительская** Muttermolekül *n (in Kometen)* ‖ **~/цепочечная** Kettenmolekül *n*

молекула-волчок *f* Kreiselmolekül *n*

молекула-гигант *f (Ch)* Makromolekül *n*

молекула-основа *f (Ch)* Stammolekül *n*
молекулярно-дисперсный molekulardispers
молекулярность *f* Molekularität *f*
молекулярный molekular, Molekular..., Molekül...
молибден *m (Ch)* Molybdän *n*, Mo
молибденит *m (Min)* Molybdänit *m*, Molybdänglanz *m*
молибденовокислый *(Ch)* ...molybdat *n*; molybdänsauer
молибденовый *(Ch)* Molybdän...
молибдит *m (Min)* Molybdit *m*, Molybdänocker *m*
моллирование *n (Glas)* Senken *n*
моллисол *m* Auftauboden *m*, Mollisol *m*
молниевидный blitzartig, blitzähnlich
молниезащита *f* Blitzschutz *m*
молниеотвод *m* Blitzableiter *m* ‖ **~/пластинчатый** Plattenblitzableiter *m* ‖ **~/стержневой** Blitzableiterstange *f*, Blitzauffangstange *f* ‖ **~/угольный** Kohleblitzableiter *m*
молниеуловитель *m s.* молниеотвод
молния *f* Blitz *m*; Blitzentladung *f* ‖ **~/линейная** Linienblitz *m* ‖ **~/плоская** Flächenblitz *m* ‖ **~/шаровая** Kugelblitz *m*
молоко *n* Milch *f* ‖ **~/известковое** *(Bw)* Kalkmilch *f*, Weiße *f* ‖ **~/крахмальное** Stärkemilch *f* ‖ **~/распылительное** Sprühmilch *f*, Zerstäubungsmilchpulver *n* ‖ **~/цементное** *(Bw)* Zementbrühe *f*, Zementmilch *f*
молокомер *m (Lw)* Milchmeßgerät *n*, Milchmesser *m*
молокоохладитель *m* Milchkühler *m* ‖ **~/круглый оросительный** Rundrieselmilchkühler *m* ‖ **~/оросительный** Berieselungsmilchkühler *m* ‖ **~/пластинчатый** Plattenmilchkühler *m* ‖ **~/плоский оросительный** Flächenrieselmilchkühler *m*
молокоочиститель *m***/центробежный** Milchreinigungszentrifuge *f*
молокопровод *m (Lw)* Milchleitung *f (Melkanlage)*
молот *m (Schm)* Hammer *m (Maschinenhammer; s. a. unter* молоток*)* ‖ **~/арочный** Portalhammer *m* ‖ **~/балансирный** Brusthammer *m*, Stielhammer *m*, Schwanzhammer *m* ‖ **~/бесшаботный** Gegenschlaghammer *m* ‖ **~/быстродействующий штамповочный** Schnellgesenkhammer *m* ‖ **~/быстроходный** Schnellschlaghammer *m* ‖ **~/винтовой фрикционный** Reibspindelpresse *f* ‖ **~/воздушный** Drucklufthammer *m* ‖ **~/газовый** gasbetriebener Oberdruckhammer *m* ‖ **~/гидравлический** hydraulischer Hammer *m*, Hydraulikhammer *m* ‖ **~/гладильный** Planhammer *m* ‖ **~ двойного действия** Druckhammer *m*, Oberdruckhammer *m*, Oberlaufhammer *m* ‖ **~/двухстоечный** Doppelständerhammer *m* ‖ **~ для свободной ковки** Freiformschmiedehammer *m* ‖ **~/ковочно-штамповочный** Gesenkschmiedehammer *m* ‖ **~/ковочный** Schmiedehammer *m (Freiformschmieden)* ‖ **~/кривошипный** Kurbelhammer *m* ‖ **~/кузнечный** Schmiedehammer *m* ‖ **~/кулачково-рычажный** Stielhammer *m* mit Nockenantrieb ‖ **~/листоштамповочный** Kümpelhammer *m* ‖ **~/лобовой** Stirnhammer *m* ‖ **~/машинный (механический)** Maschinenhammer *m* ‖ **~/мостовой** Brückenhammer *m* ‖ **~/одностоечный** Einständerhammer *m*, einhüftiger Hammer *m* ‖ **~/падающий** Fallhammer *m* ‖ **~/педальный** Tritthammer *m* ‖ **~/пестовой** Fallhammer *m* ‖ **~/плющильный** Breithammer *m*, Flachhammer *m*, Reck[schmiede]hammer *m*, Ausschmiedehammer *m* ‖ **~/приводной** Maschinenhammer *m* ‖ **~/приводной пневматический** Drucklufthammer *m* ‖ **~/пружинно-рессорный** *s.* ~/пружинный ‖ **~/пружинный** Blattfederhammer *m*, Federhammer *m*, Bogenfederhammer *m* ‖ **~/разгонно-штамповочный** Kümpelhammer *m* ‖ **~/разгонный** Treibhammer *m* ‖ **~/расковочный** *s.* ~/плющильный ‖ **~/рессорн[о-пружинн]ый** *s.* ~/пружинный ‖ **~/рихтовальный** Flachhammer *m*, Richthammer *m* ‖ **~/рубильный** *(Gieß)* Putzhammer *m*, Stemmhammer *m*, Druckluftmeißel *m* ‖ **~/рычажный** Hebelhammer *m*, Stielhammer *m* ‖ **~/сваебойный** *(Bw)* Rammbär *m* ‖ **~/свайный** *(Bw)* Pfahlhammer *m* ‖ **~/сварочный** Schweißhammer *m* ‖ **~/свободнопадающий** Fallhammer *m* ‖ **~/толчейный** Quetschhammer *m* ‖ **~/фрикционный** Friktionshammer *m*, Reib[fall]hammer *m* ‖ **~/штамповочный** Gesenk[schmiede]hammer *m*
молотилка *f (Lw)* Dreschmaschine *f* ‖ **~/бильная (бичевая)** Schlagleistendreschmaschine *f* ‖ **~/зубовая (штифтовая)** Stiftendreschmaschine *f*
молотобоина *f (Schm)* Hammerschlag *m*, Schmiedeschlacke *f*, Zunder *m*
молоток *m (Wkz)* Hammer *m (Handhammer; s. a. unter* молот*)* ‖ **~/бурильный** *(Bgb)* Bohrhammer *m* ‖ **~/гладильный** Treibhammer *m*; Schlichthammer *m* ‖ **~/заклёпочный** Niethammer *m* ‖ **~/кузнечный** Schmiedehammer *m* ‖ **~/неврологический** *(Med)* Reflexhammer *m* ‖ **~/осадочный** Stauchhammer *m*, Setzhammer *m* ‖ **~/отбойный** *(Bgb)* Abbauhammer *m*, Pickhammer *m* ‖ **~/разгонный** Treibhammer *m* ‖**~/телескопный бурильный** *(Bgb)* Teleskopbohrhammer *m* ‖ **~/чеканочный** Stemmhammer *m*
молоток-кирочка *m* Maurerhammer *m*
молоток-клеймо *m (Forst)* Numerierhammer *m*, Waldeisen *n*
молоточек *m* **звонка** *(El)* Klöppel *m (Klingel)* ‖ **~ прерывателя** Unterbrecherhammer *m (Zündung eines Verbrennungsmotors)*
молоточек-прерыватель *m* Hammerunterbrecher *m*
молоть mahlen, zerkleinern
молотьба *f (Lw)* Dreschen *n*, Drusch *m*
молочко *n***/канифольное** *(Pap)* Harzmilch *f*, Leimmilch *f* ‖ **~/каолиновое** *(Pap)* Kaolinmilch *f*, Kaolintrübe *f*
молочнокислый *(Ch)* ...lactat *n*; milchsauer
моль *m* Mol *n*, Grammol[ekül] *n* ‖ **~ на кубический метр, моль/м^3** Mol *n* je Kubikmeter, mol/m^3
моляльность *f* Molalität *f*, Kilogramm-Molarität *f*, molale Konzentration *f (Konzentrationsmaß)*
моляризация *f (Ch)* Wiedervereinigung *f*, Rekombination *f*, Molekelbildung *f*
молярность *f (Ch)* [Liter-]Molarität *f*, molare Konzentration (Volumenkonzentration) *f (Konzentrationsmaß)*

момент *m* 1. Moment *m*, Zeitpunkt *m*; 2. *(Mech)* Moment *n* ‖ **~/абсолютный** absolutes Moment *n* ‖ **~ введения** *s.* ~ инжекции ‖ **~/ветровой** *(Bw)* Windmoment *n* ‖ **~/внутренний** inneres Moment *n* ‖ **~ возврата** *s.* ~/направляющий ‖ **~/возмущающий** Störmoment *n* ‖ **~/волновой изгибающий** *(Schiff)* Wellenbiegemoment *n* ‖ **~ воспламенения** *(Kfz)* Zündmoment *n* ‖ **~/восстанавливающий** *(Aero)* aufrichtendes (rückdrehendes) Moment *n*, Aufrichtmoment *n*, Rückdrehmoment *n*; *(Schiff auch:)* Stabilitätsmoment *n* ‖ **~/вращательный (вращающий)** *s.* ~ вращения ‖ **~ вращения** Drehmoment *n*, Rotationsmoment *n* ‖ **~ вращения/начальный** Anfangsdrehmoment *n* ‖ **~ вращения/номинальный** Nenndrehmoment *n* ‖ **~/вспомогательный вращающий** Hilfsdrehmoment *n* ‖ **~/встречный вращающий** Gegendrehmoment *n* ‖ **~/втягивающий** Zugmoment *n* ‖ **~ выделения** *(Ch)* Entstehungszustand *m*, Status nascendi *m* ‖ **~ выключения двигателя [ракеты]** *(Rak)* Brennschluß *m (Strahltriebwerk)* ‖ **~/гироскопический** Kreiselmoment *n* ‖ **~ двигателя** Motormoment *n* ‖ **~/движущий** Bewegungsmoment *n*, antreibendes (motorisches) Moment *n* ‖ **~/демпфирующий** Dämpfungsmoment *n* ‖ **~/динамический** dynamisches Moment *n* ‖ **~/дипольный** Dipolmoment *n* ‖ **~ диполя** Dipolmoment *n* ‖ **~/дифферентующий** *(Schiff)* Trimmoment *n* ‖ **~/дополнительный** Zusatzmoment *n* ‖ **~ зажигания** Zündeinsatzpunkt *m*, Zündzeitpunkt *m* ‖ **~/закручивающий** *s.* ~/крутящий ‖ **~ запала** *(Kfz)* Zündmoment *n*, Zündzeitpunkt *m* ‖ **~/изгибающий** Biegemoment *n* ‖ **~ инерции** Trägheitsmoment *n*, Massenträgheitsmoment *n* ‖ **~ инерции/главный** [zentrales] Hauptträgheitsmoment *n* ‖ **~ инерции линии** Linienträgheitsmoment *n* ‖ **~ инерции/осевой** axiales (äquatoriales) Trägheitsmoment *n* ‖ **~ инерции/поверхностный** Flächenträgheitsmoment *n*, Moment *n* erster Ordnung ‖ **~ инерции/полярный** polares (Binetsches) Trägheitsmoment *n* ‖ **~ инерции/приведённый** reduziertes Trägheitsmoment *n* ‖ **~ инерции/продольный** *(Schiff)* Längenträgheitsmoment *n* ‖ **~ инерции/центробежный** Zentrifugalmoment *n*, Deviationsmoment *n* ‖ **~ инерции/экваториальный** *s.* ~ инерции/осевой ‖ **~ инжекции** *(Kern)* Einschußmoment *m*, Einschußzeitpunkt *m*, Injektionsmoment *m (Beschleuniger)* ‖ **~/квадрупольный** Quadrupolmoment *n* ‖ **~ количества движения** Drehimpuls *m*, Impulsmoment *n*, Drall *m* ‖ **~ количества движения/орбитальный** *(Astr)* Bahndrehimpuls *m* ‖ **~ количества движения/полный** Gesamtdrehimpuls *m* ‖ **~ короткого замыкания** *(El)* Kurzschlußmoment *n* ‖ **~/корректирующий** Korrekturmoment *n* ‖ **~ крена** *(Flg)* Querneigungsmoment *n*, Rollmoment *n*; *(Schiff)* Krängungsmoment *n* ‖ **~/кренящий** *(Schiff)* Krängungsmoment *n* ‖ **~/критический** kritisches Moment *n* ‖ **~/крутильный** *s.* ~/крутящий ‖ **~/крутящий** Torsionsmoment *n*, Verdrehmoment *n*, Drillmoment *n*, Drehmoment *n* [bei Torsionsbeanspruchung] ‖ **~ кручения** *s.* ~/крутящий ‖ **~/линейный** lineares Moment *n* ‖ **~ магнитного диполя** magnetisches Dipolmoment *n* ‖ **~/магнитный** magnetisches Moment *n* ‖ **~/магнитный спиновый** *(Kern)* [magnetisches] Spinmoment *n* ‖ **~/максимальный** 1. größtes (maximales) Moment *n*, Größtmoment *n*, Höchstmoment *n*; 2. *s.* ~/максимальный вращающий ‖ **~/максимальный вращающий** maximales Drehmoment *n*, Kippmoment *n* ‖ **~ массы** Massenmoment *n* ‖ **~/мультипольный** Multipolmoment *n* ‖ **~ на волнении/изгибающий** *(Schiff)* Wellenbiegemoment *n* ‖ **~/нагрузочный** Belastungsmoment *n*, Lastmoment *n* ‖ **~/направляющий** Richtmoment *n*, Winkelrichtgröße *f*, Direktionsmoment *n (Verdrillung von Stäben oder Drähten)* ‖ **~/номинальный вращающий** Nenndrehmoment *n* ‖ **~/обратный вращающий** rückführendes Drehmoment *n*, Rückdrehmoment *n*, Rückführmoment *n*; *(Meß)* Richtmoment *n* ‖ **~/опорный** *(Bw)* Pfeilermoment *n*, Auflagermoment *n* ‖ **~/опрокидывающий** Kippmoment *n*, maximales Drehmoment *n* ‖ **~/орбитальный** *(Kern)* Bahnmoment *n (eines Teilchens)* ‖ **~/осевой** axiales Moment *n*, axial wirkendes Moment *n* ‖ **~/остаточный** Restmoment *n* ‖ **~/отклоняющий** Ablenkmoment *n*, Auslenkmoment *n*, ablenkendes (auslenkendes) Moment *n* ‖ **~ первого порядка** *s.* ~/статический ‖ **~/перегибающий** *(Schiff)* Aufbiegemoment *n* ‖ **~/перегрузочный** Überlastmoment *n* ‖ **~/переменный** Wechselmoment *n* ‖ **~/пиковый** Spitzenmoment *n* ‖ **~ по высоте** *(Schiff)* Höhenmoment *n* ‖ **~ по длине** *(Schiff)* Längenmoment *n* ‖ **~ полной нагрузки** Vollastmoment *n* ‖ **~/полный** Gesamtmoment *n* ‖ **~/поправочный** *(Schiff)* Korrekturmoment *n* ‖ **~/постоянный** konstantes (invariables) Moment *n* ‖ **~ потерь** Verlustmoment *n* ‖ **~/предельный** Grenzmoment *n* ‖ **~ прецессии** Präzessionsmoment *n* ‖ **~/приведённый** reduziertes Moment *n* ‖ **~/прогибающий** *(Schiff)* Durchbiegemoment *n* ‖ **~/продольный** Längsmoment *n*, Kippmoment *n*; *(Schiff)* Längenmoment *n* ‖ **~/продольный изгибающий** *(Schiff)* Längsbiegemoment *n* ‖ **~ прокручивания** Anlaufdrehmoment *n* ‖ **~/пролётный** *(Bw)* Feldmoment *n* ‖ **~/противодействующий [вращающий]** entgegenwirkendes Moment *n*, Gegen[dreh]moment *n*; Rückdrehmoment *n*, Rückstellmoment *n*; *(Meß)* Richtmoment; *(Reg)* Einstellmoment *n* ‖ **~ прохождения через перигелий** *(Astr)* Perihelzeit *f (Bahnelement)* ‖ **~/пусковой** Anzugsmoment *n*, Anfahrmoment *n*, Startmoment *n* ‖ **~/разрушающий** Bruchmoment *n* ‖ **~/расчётный** rechnerisches Moment *n* ‖ **~/реактивный** Reaktionsmoment *n* ‖ **~ сдвига** Schermoment *n* ‖ **~/сейсмический** seismisches Moment *n (Maß für die Stärke bzw. Energie eines seismischen Ereignisses)* ‖ **~ силы** Kraftmoment *n* ‖ **~/синхронизирующий** Synchronisationsmoment *n* ‖ **~ системы/главный** Hauptmoment *n* ‖ **~ скачка** Sprungmoment *n* ‖ **~ скольжения** Schlupfmoment *n* ‖ **~/скручивающий** *s.* ~/крутящий ‖ **~ сопротивления** Widerstandsmoment *n* ‖ **~ сравнения** Koinzidenzzeitpunkt *m* ‖ **~/средний вращающий** mittleres Drehmoment *n* ‖

~/статический statisches (lineares) Moment *n*, Moment *n* erster Ordnung ‖ **~ съёма** Abtastmoment *n*, Abtastzeitpunkt *m* ‖ **~ тангажа** *s.* ~/продольный ‖ **~ тока** *(El)* Strommoment *n* ‖ **~/тормозящий** Bremsmoment *n* ‖ **~ трения** Reibungsmoment *n* ‖ **~ трения/демпфирующий** dämpfendes Reibungsmoment *n* ‖ **~ трения качения** Rollreibungsmoment *n* ‖ **~ трения скольжения** Gleitreibungsmoment *n* ‖ **~/угловой** *s.* ~ количества движения ‖ **~/удельный** spezifisches Moment *n* ‖ **~/удерживающий** Haltemoment *n* ‖ **~/узловой** Knoten[punkt]moment *n* ‖ **~/управляющий** Steuermoment *n*, Stellmoment *n* ‖ **~/уравнительный** Ausgleichsmoment *n* ‖ **~/ускоряющий** Beschleunigungsmoment *n* ‖ **~/успокаивающий** Dämpfungsmoment *n* ‖ **~/устанавливающий** Einstellmoment *n* ‖ **~/центробежный** Fliehmoment *n*, Zentrifugalmoment *n* ‖ **~ цифрового сигнала/значащий** *(Nrt)* Kennzeitpunkt *m* eines digitalen Signals ‖ **~/электрический** elektrisches Moment *n* ‖ **~/электромагнитный** elektromagnetisches Moment *n* ‖ **~/электромеханический** elektromechanisches Moment *n* ‖ **~/ядерный** *s.* ~ ядра ‖ **~ ядра** *(Kern)* Kernmoment *n* ‖ **~ ядра/квадрупольный** Kernquadrupolmoment *n* ‖ **~ ядра/магнитный** magnetisches Kernmoment *n* ‖ **~ ядра/магнитный дипольный** magnetisches Kerndipolmoment *n* ‖ **~ ядра/магнитный квадрупольный** magnetisches Kernquadrupolmoment *n* ‖ **~ ядра/электрический** elektrisches Kernmoment *n* ‖ **~ ядра/электрический дипольный** elektrisches Kerndipolmoment *n* ‖ **~ ядра/электрический квадрупольный** elektrisches Kernquadrupolmoment *n*

монаднок *m (Geol)* Monadnock *m*, Härtling *m*

монацит *m (Min)* Monazit *m*, Urdit *m*

мондхальдеит *m (Geol)* Mondhaldeit *m*

монель[-металл] *m* Monel[metall] *n*

монетница *f* Rückgabebecher *m (eines Münzfernsprechers)*

монетоприёмник *m* Münzeinwurf[schlitz] *m*

монетопровод *m* Münzschacht *m (eines Münzfernsprechers)*

монжус *m (Ch)* Montejus *n*, Druckheber *m*, Druckbirne *f* ‖ **~/автоматический** Laurentsches Pulsometer *n*, selbsttätig arbeitender Druckheber *m* ‖ **~/автоматический кислотный** Säureautomat *m* ‖ **~/кислотный** Säuremontejus *n*, Säureheber *m*

монжю *n (Brau)* Hefewaschapparat *m*

монитор *m* 1. *(TV)* Monitor *m*, Kontrollbildgerät *n*, Bildkontrollgerät *n*; 2. *(Inf)* Monitor *m*, Monitorprogramm *n*; 3. *(Kern)* Monitor *m*, Kontroll- und Überwachungsgerät *n*, Strahlungskontrollgerät *n*, Kontrollgerät *n*, Kontrollinstrument *n*; 4. *(Hydt)* Hydromonitor *m*, Spülstrahlrohr *n*, Strahlrohr *n*, Wasserwerfer *m* ‖ **~/диалоговый** Dialogmonitor *m* ‖ **~ оперативного контроля** On-line-Monitor *m* ‖ **~/отладочный** *(Inf)* Debug[ging]-monitor *m* ‖ **~ реального времени** Echtzeitmonitor *m* ‖ **~/цветной** Farbmonitor *m*

мониторинг *m (Ökol)* Monitoring *n (Beobachtung, Bewertung und Prognose des Zustandes der Umwelt)*, Umweltkontrolle *f*, Warn- und Kontrollsystem *n* ‖ **~/авиационный** Flugmonitoring *n*, Luftbildmonitoring *n* ‖ **~/атмосферный** Atmosphärenmonitoring *n* ‖ **~/глобальный** globales Umweltmonitoring *n* ‖ **~/дистанционный** Distanzmonitoring *n*, Entfernungsmonitoring *n*, Fernmonitoring *n (z. B. Umweltkontrolle durch Luft- und Kosmosbild)* ‖ **~ загрязнения воды** Monitoring *n* der Wasserverschmutzung ‖ **~ качества воздуха** Luftqualitätskontrolle *f*, Monitoring *n* der Luftqualität ‖ **~/космический** kosmisches Monitoring *n*, kosmische Umweltkontrolle *f* ‖ **~ окружающей среды** Umweltmonitoring *n*, Umweltkontrolle *f* ‖ **~/региональный** Regionalmonitoring *n* ‖ **~/сейсмический** seismische Überwachung *f*

моновариантный univariant, monovariant

моноволокно *n* Einzelfaser *f (Lichtwellenleiter)*

монозамещение *n (Ch)* Monosubstitution *f*, Einfachsubstitution *f*

монозамещённое *n (Ch)* Monosubstitutionsprodukt *n*

моноклиналь *f (Geol)* Monokline *f*, Flexur *f*

моноклинный *(Krist)* monoklin

моноклиноэдрический *(Krist)* monoklinoedrisch

монокль *m (Opt)* Monokel *n*, Monokellinse *f*

монокорунд *m (Wkz)* Monokorund *m (Schleifmittel)*

монокристалл *m (Krist)* Einkristall *m* ‖ **~/бездислокационный** versetzungsfreier Einkristall *m* ‖ **~/полупроводниковый** Halbleitereinkristall *m* ‖ **~/примесный** dotierter Einkristall *m* ‖ **~/профилированный** profilierter Einkristall *m*

монокуляр *m (Opt)* Monokular *n*

монокулярный monokular, einäugig

монолит *m* Monolith *m*

монолитный monolithisch

моном *m (Math)* Monom *n*

мономер *m (Ch)* Monomer[es] *n*, monomere Substanz *f*; *(Kst)* Grundmolekül *n*

мономерный *(Ch)* monomer

мономолекулярный *(Ch)* monomolekular

мономорфизм *m (Math)* Monomorphismus *m*

мононить *f* Monofil *n*, Monofilseide *f*, Monofilfaden *m*

монооокись *f (Ch)* Monoxid *n*

моноплан *m (Flg)* Eindecker *m* ‖ **~/высококрылый** Hochdecker *m* ‖ **~/низкокрылый** Tiefdecker *m* ‖ **~/среднекрылый** Mitteldecker *m*

монополярность *f* Unipolarität *f*

монополярный unipolar

монорельс *m* Tragschiene *f*, Laufschiene *f (Einschienenhängebahn)*; *(Masch)* Portalgestell *n* ‖ **~/заливочный** Gießhängebahn *f*

моносахарид *m (Ch)* Monosaccharid *n*, Einfachzucker *m*

моноскоп *m (TV)* Monoskop *n*

монослой *m* monomolekulare Schicht (Adsorptionsschicht) *f*, Monomolekularfilm *m*, Monoschicht *f*

моноспираль *f (El)* Einfachwendel *f*

моностабильный monostabil

монотектика *f (Met)* Monotektikum *n*, monotektische Legierung *f*

монотонность *f* Monotonie *f*

монотропия *f (Ch)* Monotropie *f*

монотропный monotrop

монохроизм *m (Opt)* Monochroismus *m*, isotrope Lichtabsorption *f*
монохромат *m (Opt)* Monochromat *n*
монохроматический *(Opt)* monochromatisch, einfarbig, spektralrein
монохроматичность *f* Monochromasie *f (Laser)*
монохроматор *m (Opt)* Monochromator *m* ‖ **~/вакуумный** Vakuummonochromator *m* ‖ **~ двойного разложения** Doppel[spiegel]monochromator *m*; Prismendoppelmonochromator *m* ‖ **~/дифракционный** Gittermonochromator *m* ‖ **~/зеркальный** Spiegelmonochromator *m* ‖ **~/инфракрасный** Infrarotmonochromator *m*, IR-Monochromator *m* ‖ **~/нейтронный кристаллический** *(Kern)* Kristallmonochromator *m* ‖ **~/призменный** Prismenmonochromator *m* ‖ **~/пульсирующий** *(Kern)* Chopper *m* zur Erzeugung von Teilchenimpulsen ‖ **~ рентгеновского излучения** Röntgenstrahlenmonochromator *m*, Monochromator *m* für Röntgenstrahlen
моноэдр *m s.* педион
монтаж *m* 1. Montage *f*, Zusammenbau *m*; 2. *(El)* Verdrahtung *f*; Beschaltung *f*; 3. *(Eln)* Bestückung *f (Leiterplatten)*; 4. *(Astr, Opt)* Montierung *f*, Aufstellung *f (s. a. unter* монтировка 2.*)* ‖ **~ аэрофотоснимков** Luftbildmosaik *n*, Luftbildmontage *f* ‖ **~/беспроволочный** drahtlose Montage *f (von Schaltkreisen)* ‖ **~/блочный** Blockmontage *f* ‖ **~/жёсткий** *(El)* starre Verdrahtung *f* ‖ **~/заводской** Werksmontage *f* ‖ **~ из лицевой поверхности к подложке** *(Eln)* Flip-Chip-Technologie *f* ‖ **~ интегральных схем** *(Eln)* IC-Montage *f* ‖ **~ кристаллов** *(Eln)* Chip-Kontaktierung *f*, Chip-Montage *f* ‖ **~/мягкий** *(Eln)* flexible Verdrahtung *f* ‖ **~ на клей** *(Eln)* Chipkleben *n* ‖ **~ на поверхности печатной платы** *(Eln)* Aufsetztechnik *f*, SMT, Aufsetzmontage *f*, Surface mounting, SM ‖ **~ на эвтектику** *(Eln)* eutektisches Bonden *n* ‖ **~/навесной** 1. *(Eln)* Durchstecktechnik *f*, Durchsteckmontage *f (bedrahtete Bauelemente)*; 2. *(Bw)* Freivorbaumontage *f* ‖ **~ накруткой** *(Eln)* Wire-Wrap-Verdrahtung *f* ‖ **~ наращиванием** *(Bw)* Bestücken *n (Montage)* ‖ **~/объёмный** *(El)* dreidimensionale Verdrahtung *f* ‖ **~/печатный** [gedruckte] Leiterplatte *f*, LP, gedruckte Verdrahtung *f*, [gedruckte] Platine *f* ‖ **~/поверхностный** 1. Oberflächenmontage *f (von Schaltkreisen)*; 2. *s.* ~ на поверхность печатной платы‖ **~ поворотом** *(Bw)* Eindrehen *n (Montage)* ‖ **~/полносборный** *(Bw)* Fertigteilmontage *f (Montage unter ausschließlicher Verwendung von Fertigteilen)* ‖ **~/предварительный** Vormontage *f* ‖ **~/принудительный** Zwangsmontage *f* ‖ **~ проводов** *(El)* Leitungsverlegung *f* ‖ **~ с колёс** *(Bw)* Montage *f* direkt vom Transportfahrzeug ‖ **~ скольжением** *(Bw)* Gleitmontage *f* ‖ **~ стержней** *(Gieß)* Kernmontage *f*, Kernzusammenbau *m* ‖ **~/укрупнительный** *(Bw)* Fertigteilvormontage *f* ‖ **~ фильма** *(Kine)* Schnitt *m*, Montage *f* ‖ **~ форм** *(Gieß)* Formenzusammenbau *m* ‖ **~/электрический** elektrische Montage *f*, Verdrahtung *f*; gedruckte Verdrahtung (Leitungsführung) *f*
монтанселитра *f (Lw)* Montansalpeter *m*, Leunasalpeter *m*, Ammonsulfatsalpeter *m*
монтирование *n* 1. Montage *f*, Zusammenbau *m*; 2. *(El)* Verdrahten *n*, Verdrahtung *f*
монтировать 1. montieren; 2. *(El)* verdrahten
монтировка *f* 1. *s.* монтирование; 2. *(Astr)* Montierung *f* ‖ **~/азимутальная** azimutale (horizontale) Montierung *f* ‖ **~/азимут-угломестная** [alt-]azimutale Montierung *f* ‖ **~/английская** englische Montierung *f* ‖ **~/вилочная** Gabelmontierung *f* ‖ **~/немецкая** deutsche Montierung *f* ‖ **~/параллактическая** parallaktische Montierung *f* ‖ **~ с рамой/английская** englische Rahmenmontierung *f* ‖ **~/экваториальная** äquatoriale Montierung *f*
монтичеллит *m (Min)* Monticellit *m (Olivin)*
монтмориллонит *m (Min)* Montmorillonit *m (Tonmineral)*
МОП *(Eln)* Metall-Oxid-Halbleiter *m*, MOS
МОП БИС MOS-LSI-Schaltkreis *m*
мопед *m* Moped *n*
МОП зу *(Eln)* MOS-Speicher *m*
МОП ЗУП MOS-Speicher *m* mit wahlfreiem Zugriff, MOS-RAM
МОП ЗУПВ/динамическое *(Eln)* dynamischer MOS-Speicher *m*, MOS-DRAM
МОП ИС *(Eln)* MOS-Schaltkreis *m*
МОП-кристалл *m (Eln)* MOS-Element *n*, MOS-Chip *m*
МОП-логика *f (Inf)* MOS-Logik *f*
МОП-резистор *m (Eln)* MOS-Widerstand *m*
МОП-ПТ *s.* транзистор на МОП-приборах/полевой
МОП СБИС *(Eln)* MOS-VLSI-Schaltkreis *m*
МОП-структура *f (Eln)* MOS-Struktur *f* ‖ **~/комплементарная** *(Eln)* CMOS-Bauelement *n* ‖ **~/*n*-канальная** N-MOS-Schaltkreis *m* ‖ **~/*p*-канальная** P-MOS-Schaltkreis *m*
МОП-технология *f (Eln)* MOS-Technologie *f*
МОП-транзистор *m* MOS-Transistor *m*, MOS-Feldeffekttransistor *m*, MOSFET ‖ **~/биполярный** Bipolar-MOS-Transistor *m*, BIFET ‖ **~/двухзатворный** Doppelgate-MOSFET *m*, Dualgate-MOSFET *m* ‖ **~/мощный планарный** planarer MOSFET-Leistungstransistor *m* ‖ **~ с запирающим слоем** Sperrschicht-FET *m*, SFET‖ **~/силовой полевой** Leistungs-MOSFET *m*
море *n* Meer *n*, See *f* ‖ **~/внутреннее** Binnenmeer *n* ‖ **~/внутриматериковое** Binnenkontinentalmeer *n* ‖ **~/лунное** *(Astr)* Mare *n* ‖ **~/междуматериковое** Interkontinentalmeer *n* ‖ **~/окраинное** Randmeer *n*
морена *f (Geol)* Moräne *f* ‖ **~/абляционная** Ablationsmoräne *f* ‖ **~/береговая [отложенная]** [abgelagerte] Seitenmoräne *f* ‖ **~/боковая [перемещаемая]** Seitenmoräne *f* [in Bewegung], Randmoräne *f* ‖ **~/внутренняя** Innenmoräne *f* ‖ **~/движущаяся** *s.* ~/перемещаемая ‖ **~/донная [перемещаемая]** Grundmoräne *f* [in Bewegung] ‖ **~/конечная (краевая)** Endmoräne *f*, Stirnmoräne *f* ‖ **~/локальная (местная)** Lokalmoräne *f* ‖ **~ нагромождения** Stapelmoräne *f* ‖ **~ напора** Staumoräne *f*, Stauchmoräne *f* ‖ **~/нижняя** *s.* ~/донная ‖ **~/основная [отложенная]** [abgelagerte] Grundmoräne *f* ‖ **~/перемещаемая** Wandermoräne *f* ‖ **~/поверхностная** Obermoräne *f*, Oberflächenmoräne *f* ‖ **~/поддонная** *s.* ~/основная ‖ **~/продольная [отложенная]** [ab-

gelagerte] Mittelmoräne *f* ‖ **~/срединная [перемещаемая]** Mittelmoräne *f* [in Bewegung] ‖ **~/фронтальная** Stirnmoräne *f*
моретрясение *n* Seebeben *n*
мореходность *f (Schiff)* Seetüchtigkeit *f*, Seefähigkeit *f*, Seeverhalten *n*, seegehende Eigenschaften *fpl*
мореходный *(Schiff)* seegehend, seetüchtig; Seefahrts...
морилка *f (Bw)* Holzbeize *f*
морион *m (Min)* Morion *m (schwarzer Quarz)*
мороженица *f* Eismaschine *f*
морозилка *f* Kühlkammer *f*, Kühlzelle *f*, Kühlraum *m*
морозильник Gefrierschrank *m*, Tiefkühltruhe *f*
морозобоина *f (Forst)* Frostriß *m*, Frostleiste *f*, Frostspalte *f*; *(Bw)* Frostaufbruch *m (Straßendecke)*
морозостойкость *f* Frostbeständigkeit *f*, Frosthärte *f*; *(Lw)* Frostresistenz *f*
морозоустойчивость *f s.* морозостойкость
моросить *(Meteo)* nieseln
морось *f (Meteo)* Nieseln *n*; Sprühregen *m*
морской See...; Hochsee...; Meer[es]...; Übersee...; maritim
мортира *f (Schiff)* Wellenrohr *n (Wellenhose)*
морфий *m s.* морфин
морфин *m (Ch)* Morphium *n*, Morphin *n*
морфография *f (Geol)* Morphographie *f*, Orographie *f*
морфометрия *f (Geol)* Morphometrie *f*, Morphoskopie *f*, Orometrie *f*
морфотропизм *s.* морфотропия
морфотропия *f (Krist)* Morphotropie *f (Änderung des Typs der Kristallstruktur durch Änderung der chemischen Zusammensetzung)*
морщение *n (Typ)* Faltenbildung *f*
морщина *f (Text)* Falte *f*; *(Geol)* Runzel *f*, Furche *f*
морщинистость *f (Pap)* Welligwerden *n*, Welligliegen *n*
моссит *m (Min)* Mossit *m (Mineral seltener Erden)*
мост *m* 1. *(Bw, Eb)* Brücke *f*; 2. *(El)* [elektrische] Brücke *f*; 3. *(Kfz)* Achsbrücke *f*; Achse *f* ‖ **~/автодорожный** Straßenbrücke *f*; Autobahnbrücke *f* ‖ **~/арочный** Bogenbrücke *f* ‖ **~/арочный распорный** eingespannte Bogenbrücke *f* ‖ **~/балансный** *(El)* Abgleichbrücke *f*, Balancebrücke *f* ‖ **~/балочно-вантовый** seilverspannte Balkenbrücke *f*, Schrägseilbrücke *f* ‖ **~/балочно-консольный** auskragende Balkenbrücke *f* ‖ **~/балочный** Balkenbrücke *f* ‖ **~/балочный неразрезной** durchlaufende Balkenbrücke *f*, Mehrfeldbalkenbrücke *f* ‖ **~/балочный разрезной** Einfeldbalkenbrücke *f* ‖ **~/болометрический** *(El)* Bolometerbrücke *f* ‖ **~/вантовый** Tragseilbrücke *f*, verankerte Kabelbrücke *f*, Seilwerkbrücke *f*; seilverspannte Balkenbrücke *f* ‖ **~/ведущий** *(Kfz)* Antriebsachse *f*, Triebachse *f* ‖ **~/вентиляционный** *(Bgb)* Wetterbrücke *f*, Wetterkreuz *n* ‖ **~/вертикально-подъёмный** Senkrechthubbrücke *f* ‖ **~ Вина** *(El)* Wiensche Brücke *f* ‖ **~ Вина-Робинсона** *(El)* Wien-Robinson-Brücke *f* ‖ **~/висячий** Hängebrücke *f* ‖ **~ Витстона** *s.* ~ Уитстона ‖ **~/волноводный** *(El)* Wellenleiterbrücke *f* ‖ **~/временный** Behelfsbrücke *f*, Notbrücke *f* ‖ **~/вспомогательный** *(El)* Hilfsbrücke *f* ‖ **~/выпрямительный** *(El)* Gleichrichterbrücke *f* ‖ **~/высоководный** Hochbrücke *f* ‖ **~/высоковольтный** *(El)* Hochspannungs[meß]brücke *f* ‖ **~/высокочастотный [измерительный]** *(El)* Hochfrequenz-[meß]brücke *f*, HF-Meßbrücke *f* ‖ **~ Греца** *(El)* Graetz-Brücke *f* ‖ **~/двойной [измерительный]** *(El)* Doppel[meß]brücke *f* ‖ **~/двойной несимметричный поворотный** doppelte unsymmetrische Drehbrücke *f* ‖ **~/двойной симметричный поворотный** doppelte symmetrische Drehbrücke *f* ‖ **~/двойной Т-образный** Doppel-T-Brücke *f* ‖ **~/двукрылый поворотный** zweiflügelige (zweiarmige) Drehbrücke *f* ‖ **~/двукрылый раскрывающийся** zweiflügelige Klappbrücke *f* ‖ **~/двухбалочный** Zweiträgerbrücke *f* ‖ **~/двухплечий** *(El)* zweiarmige Brücke *f* ‖ **~/двухпутный** zweigleisige (zweispurige) Brücke *f* ‖ **~/двухшарнирный арочный** Zweigelenkbogenbrücke *f* ‖ **~/двухъярусный** Doppelstockbrücke *f (Brücke mit zwei übereinanderliegenden Fahrbahnen)* ‖ **~/деревянный** Holzbrücke *f* ‖ **~/ёмкостный [измерительный]** *(El)* Kapazitäts[meß]brücke *f* ‖ **~/железнодорожный** *(Eb)* Eisenbahnbrücke *f* ‖ **~/железобетонный** Stahlbetonbrücke *f* ‖ **~/задний** *(Kfz)* Hinterachse *f* ‖ **~/задний ведущий** Hinterachsbrücke *f (Hinterachsantrieb)* ‖ **~/закрытый** geschlossene Brücke *f* ‖ **~/измерительный** *(El)* Meßbrücke *f* ‖ **~/импедансный** *(El)* Impedanzbrücke *f* ‖ **~/индикаторный** *(El)* Anzeigebrücke *f* ‖ **~/интегральный пьезорезисторный** *(El)* integrierte piezoresistive Widerstandsbrücke *f* ‖ **~/кабельный** 1. Kabelbrücke *f (Hängebrückenart)*; 2. *(El)* Kabelmeßbrücke *f* ‖ **~/каменный** Steinbrücke *f* ‖ **~/колейный** Spur[tafel]brücke *f*, Spurbahnbrücke *f* ‖ **~/компенсационный** *(El)* Kompensationsbrücke *f* ‖ **~/конвейерный** Bandbrücke *f (Tagebau)* ‖ **~/консольный** Auslegerbrücke *f*, Kragbrücke *f* ‖ **~/контрольный измерительный** *(El)* Kontrollmeßbrücke *f* ‖ **~/коромысловый** Zugklappbrücke *f (Klappbrücke mit Hebelarm)* ‖ **~/короткозамыкающий** *(El)* Kurzschlußbrücke *f* ‖ **~/корытный** Trogbrücke *f* ‖ **~/линейный** *(El)* Leitungsbrücke *f* ‖ **~ лучевой системы/вантовый** Tragseilbrücke *f* mit strahlenförmiger Anordnung der Tragseile ‖ **~ Максвелла** *(El)* Maxwell-Brücke *f* ‖ **~/малогабаритный измерительный** *(El)* Kleinmeßbrücke *f* ‖ **~/массивный** Massivbrücke *f* ‖ **~/металлический** Stahlbrücke *f* ‖ **~/многопролётный** mehrfeldrige Brücke *f*, Mehrfeldbrücke *f* ‖ **~/многопролётный висячий** Hängebrücke *f* mit mehreren Öffnungen ‖ **~/монтажный** Montagebrücke *f* ‖ **~ на винтовых домкратах** Hubspindelbrücke *f* ‖ **~ на выдвижных стойках** Brücke *f* auf Hubstützen ‖ **~ на выдвижных стойках/вертикально-подъёмный** Senkrechthubbrücke *f* auf Hubstützen ‖ **~ на пилонах** Pylonenbrücke *f* ‖ **~/наплавной** Schwimmbrücke *f (Ponton-, Schiffs- oder Floßbrücke)* ‖ **~/нейтрализующий** *(El)* Brückenschaltung *f* zur Neutralisation, Neutralisationsbrücke *f* ‖ **~/неразрезной балочный** durchlaufende Balkenbrücke *f* ‖ **~/несимметрический поворотный** unsymmetrische Drehbrücke *f* ‖ **~/неуравновешенный [измерительный]** *(El)*

nichtabgeglichene (unabgeglichene) Meßbrücke *f* ‖ **~/низкочастотный [измерительный]** *(El)* Niederfrequenz[meß]brücke *f*, NF-Meßbrücke *f* ‖ **~/одинарный** *s.* ~ Уитстона ‖ **~/однобалочный** Einträgerbrücke *f* ‖ **~/однокрылый** einflügelige Brücke *f* ‖ **~/однокрылый поворотный** einflügelige (einarmige) Drehbrücke *f* ‖ **~/однокрылый раскрывающийся** einflügelige Klappbrücke *f* ‖ **~/однопролётный** einfeldrige Brücke *f*, Einfeldbrücke *f* ‖ **~/однопролётный балочный** einfeldrige Balkenbrücke *f* ‖ **~/однопутный** eingleisige (einspurige) Brücke *f* ‖ **~/однорукавный поворотный** einarmige Drehbrücke *f* ‖ **~/отвальный** Förderbrücke *f* *(Tagebau)* ‖ **~/откатной** Schubbrücke *f* ‖ **~/откатно-раскрывающийся** Rollklappbrücke *f* ‖ **~/открытый** Trogbrücke *f* ‖ **~/перегрузочный** *(Förd)* Verladebrücke *f* ‖ **~/передний** *(Kfz)* Vorderachse *f* ‖ **~/передний ведущий** Vorderachsbrücke *f* *(Vorderradantrieb)* ‖ **~ переменного тока [/измерительный]** *(El)* Wechselstrom[meß]brücke *f* ‖ **~/пешеходный** Fußgängerbrücke *f* ‖ **~/плашкоутный** *(Schiff)* Schiffsbrücke *f* ‖ **~/плотовой** Floßbrücke *f* ‖ **~/поворотный** Drehbrücke *f* ‖ **~/подкосный** Sprengwerkbrücke *f* ‖ **~/подъёмный** Zugbrücke *f* ‖ **~/показывающий** *(El)* Anzeigebrücke *f* ‖ **~/полууравновешенный [измерительный]** *(El)* halbabgeglichene Meßbrücke *f* ‖ **~/понтонный** Pontonbrücke *f* ‖ **~ постоянного тока [/измерительный]** *(El)* Gleichstrom[meß]brücke *f* ‖ **~ постоянный** feste Brücke *f* *(Oberbegriff für Holz-, Stein-, Stahlbeton-, Bogen- und Hängebrücken)* ‖ **~/проводящий** *(El)* Leiterbrücke *f* ‖ **~/проволочный** *(El)* Drahtbrücke *f* ‖ **~/промежуточный** *(Kfz)* Zwischenachse *f* ‖ **~/простой электрический** *s.* ~ Уитстона ‖ **~/разбалансированный [измерительный]** *(El)* verstimmte Meßbrücke *f* ‖ **~/разводной** bewegliche Brücke *f* ‖ **~/разрезной** *(Kfz)* geteilte Achse *f*, Achse *f* mit Einzelradaufhängung ‖ **~/рамный** Rahmenbrücke *f* ‖ **~/раскрывающийся** Klappbrücke *f* ‖ **~/резонансный [измерительный]** *(El)* Resonanz[meß]brücke *f* ‖ **~/реохордный** *(El)* Schleifdraht[meß]brücke *f* ‖ **~ с балками коробчатого сечения** Kastenträgerbrücke *f* ‖ **~ с балочной клеткой** Trägerrostbrücke *f* ‖ **~ с двумя несущими кабелями/кабельный** Kabelbrücke *f* mit zwei Tragkabeln ‖ **~ с двумя пролётами/висячий** Hängebrükke *f* mit zwei Öffnungen ‖ **~ с ездой поверху** Brücke *f* mit obenliegender Fahrbahn, Deckbrücke *f* ‖ **~ с ездой по середине/арочный** Bogenbrücke *f* mit halbversenkter Fahrbahn ‖ **~ с ездой поверху/арочный** Bogenbrücke *f* mit obenliegender Fahrbahn ‖ **~ с ездой понизу** Brücke *f* mit untenliegender Fahrbahn, Trogbrücke *f* ‖ **~ с ездой понизу/арочный** Bogenbrücke *f* mit untenliegender Fahrbahn ‖ **~ с заделкой стоек/многопролётный рамный** mehrfeldrige Rahmenbrücke *f* mit eingespannten Stützen ‖ **~ с наклонными подвесками/кабельный** Kabelbrücke *f* mit schrägen Hängestangen ‖ **~ с неразрезной балкой жёсткости/висячий** Hängebrücke *f* mit durchlaufendem Versteifungsträger ‖ **~ с несколькими пролётами/висячий** Hängebrücke *f* mit mehreren Öffnungen ‖ **~ с несущим кабелем и вертикальными подвесками/кабельный** Kabelbrücke *f* mit einem Tragkabel und vertikalen Hängestangen ‖ **~ с несущим кабелем и наклонными подвесками** Kabelbrücke *f* mit einem Tragkabel und schrägen Hängestangen ‖ **~ с одним пролётом/висячий** Hängebrücke *f* mit einer Öffnung ‖ **~ с однопролётной балкой жёсткости/висячий** Hängebrücke *f* mit einfeldrigem Versteifungsträger ‖ **~ с параллельными подвесками/кабельный** Kabelbrücke *f* mit parallelen Hängestangen ‖ **~ с подвесной проезжей частью/арочный** Bogenbrücke *f* mit angehängter Fahrbahn ‖ **~ с подъёмной проезжей частью/вертикально-подъёмный** Senkrechthubbrücke *f* mit Hubfahrbahn ‖ **~ с проезжей частью на стойках/арочный** Bogenbrücke *f* mit aufgeständerter Fahrbahn ‖ **~ с противовесом** Brücke *f* mit Gegengewicht ‖ **~ с противовесом/вертикально-подъёмный** Senkrechthubbrücke *f* mit Gegengewicht ‖ **~ с решётчатыми фермами** Fachwerk[träger]brücke *f*, Gitterbrücke *f* ‖ **~ с тремя пролётами/висячий** Hängebrücke *f* mit drei Öffnungen ‖ **~ с центральной пятой** Brücke *f* mit Zentralkämpfer ‖ **~ с центральным барабаном** Brücke *f* mit Zentraltrommel ‖ **~ с шарнирами в стойках/многопролётный рамный** mehrfeldrige Rahmenbrücke *f* mit Pendelstützen ‖ **~/самоуравновешивающийся** *(El)* automatische Abgleichbrücke *f* ‖ **~/сбалансированный [измерительный]** *(El)* abgeglichene Meßbrücke *f* ‖ **~/симметричный поворотный** symmetrische Drehbrücke *f* ‖ **~ системы «арфа»/вантовый** Tragseilbrücke *f* mit harfenförmiger Anordnung der Tragseile ‖ **~ смешанной конструкции** Verbundbrücke *f*, Brücke *f* in Verbundbauweise ‖ **~ со сквозными фермами** Fachwerk[träger]brücke *f*, Gitterbrücke *f* ‖ **~ со сквозными фермами/арочный** Fachwerkbogenbrücke *f* ‖ **~ со сквозными фермами/балочно-консольный** auskragende Fachwerkbalkenbrücke *f* ‖ **~ со сплошной стенкой/балочный** Vollwandbalkenbrücke *f* ‖ **~ со сплошными стенками/балочный** vollwandige Balkenbrücke *f*, Balkenbrücke *f* mit Vollwandträger ‖ **~ со сплошными фермами** Vollwandbrücke *f* ‖ **~ со стойками/арочный** Bogenbrücke *f* mit aufgeständerter Fahrbahn ‖ **~/совмещённый** kombinierte Verkehrsbrücke *f* ‖ **~/стальной** Stahlbrücke *f* ‖ **~/струнный** *s.* ~/реохордный ‖ **~/телеизмерительный** *(El)* Fernmeßbrücke *f* ‖ **~/температурный** *(El)* Temperaturmeßbrücke *f* ‖ **~/тензометрический** *(El)* Dehnungsmeßbrücke *f* ‖ **~/термисторный [измерительный]** *(El)* Thermistor[meß]brücke *f* ‖ **~ Томсона** *(El)* Thomson-Brücke *f* ‖ **~/точный измерительный** *(El)* Präzisionsmeßbrücke *f*, Feinmeßbrücke *f* ‖ **~/транспортно-отвальный** Abraumförderbrücke *f* *(Tagebau)* ‖ **~/трёхплечий** *(El)* dreiarmige Brücke *f* ‖ **~ Уитстона** *(El)* Wheatstone-Brücke *f*, Wheatstonesche Brücke *f* ‖ **~/управляемый [передний]** *(Kfz)* [starre] Vorderradlenkachse *f* ‖ **~/уравновешенный [измерительный]** *(El)* abgeglichene Meßbrücke *f* ‖ **~/фазовращательный (фа-**

зовращающий) *(El)* Phasendrehbrücke *f* ‖ **~/фазовый** *(El)* Phasenbrücke *f* ‖ **~/цельный** *(Kfz)* Starrachse *f*, ungeteilte Achse *f* ‖ **~/цельный ведущий** ungeteilte (starre) Antriebsachse *f* ‖ **~/цельный задний** Banjoachse *f (starre Hinterachse)* ‖ **~/цепной** Kettenbrücke *f* ‖ **~/частотный** *(El)* Frequenzbrücke *f* ‖ **~/частотомерный** *(El)* Frequenzmeßbrücke *f* ‖ **~ Шеринга** Schering-Brücke *f* ‖ **~/электроизмерительный** elektrische Meßbrücke *f* ‖ **~ RC** *(El)* RC-Brücke *f*

мост-водовод *m s.* акведук

мостик *m* 1. *(Ch)* Brücke *f*, Atombrücke *f*, Strukturbrücke *f*; 2. *(Bw)* Steg *m*; 3. *(Bw)* Laufbohle *f (s. a. unter* мостки*)*; 4. *(El)* Brücke *f (s. a. unter* мость 2.*)*; 5. *(El)* Brückendraht *m (eines Hitzdrahtmeßwerks)*; 6. *(Schiff)* Brücke *f (i.e.S. Kurzbezeichnung für Kommandobrücke; i.w.S. Grundbezeichnung für verschiedene brückenartige Decksaufbauten, wie Signalbrücke, Achterbrücke usw.)* ‖ **~/акустический** Schallbrücke *f (Schallausbreitung)* ‖ **~/верхний** *(Schiff)* Peildeck *n* ‖ **~/водородный** *(Ch)* Wasserstoffbrükke *f*, H-Brücke *f* ‖ **~/вторичный** *(Ch)* sekundäre Brücke *f*, Nebenbrücke *f* ‖ **~/капитанский** *(Schiff)* Kommandobrücke *f* ‖ **~/кислородный** *(Ch)* Sauerstoffbrücke *f* ‖ **~/командный** *(Schiff)* Kommandobrücke *f* ‖ **~/кормовой** *(Schiff)* Achterbrücke *f* ‖ **~/навигационный** *(Schiff)* Peildeck *n* ‖ **~/носовой** *(Schiff)* vordere Brücke *f* ‖ **~/основной** *(Ch)* Hauptbrücke *f* ‖ **~/пеленгаторный** *(Schiff)* Peildeck *n* ‖ **~/перегрузочный** *(Schiff)* Ladebrücke *f* ‖ **~/перекидной** Überladebrücke *f (Lagerwirtschaft)* ‖ **~/причальный** *(Schiff)* Anlegebrücke *f* ‖ **~/сигнальный [железнодорожный]** *(Eb)* Signalbrücke *f* ‖ **~/тралмейстерский** *(Schiff)* Trawlbrücke *f (Hecktrawler)* ‖ **~/ходовой** *(Schiff)* Kommandobrücke *f*, Brücke *f*

мостикообразующий *(Ch)* brückenbildend

мостить *(Bw)* pflastern

мост-канал *m s.* акведук

мостки *pl (Bw)* 1. Laufgerüst *n*, Brettersteg *m*, Laufsteg *m*; 2. Arbeitsbrücke *f*, Arbeitsbühne *f* ‖ **~/приёмные** *(Bgb)* Gestängerampe *f*, Gestängeablage *f (Bohrung)*

мостовая *f (Bw)* Pflaster *n* ‖ **~/брусчатая** Prismenpflaster *n*, Reihenpflaster *n* ‖ **~/булыжная** Rundsteinpflaster *n*, Katzenkopfpflaster *n* ‖ **~/мозаичная** Mosaikpflaster *n*

мостостроение *n* Brückenbau *m*

мост-трансбордер *m (Bw)* Schwebefähre *f (Brückenkonstruktion)*

моталка *f* 1. *(Wlz)* Haspel *f*, Bundhaspel *f*, Drahthaspel *f*; Wickeltrommel *f*; 2. Umwickelgerät *n*, Rückspulgerät *n*, Aufroller *m*, Umroller *m (für Filme, Magnettonbänder, Videobänder)*; 3. *(Text)* Spulvorrichtung *f*, Spuler *m* ‖ **~/вертикальная полосовая** *(Wlz)* Vertikalbandhaspel *f* ‖ **~ Гаррета** *(Wlz)* Garret-Haspel *f* ‖ **~/горизонтальная полосовая** *(Wlz)* Horizontalbandhaspel *f* ‖ **~ Кладно** *(Wlz)* Kladno-Haspel *f* ‖ **~/ленточная** *(Wlz)* Bandhaspel *f* ‖ **~/листовая** *(Wlz)* Blechhaspel *f* ‖ **~/мелкосортная** *(Wlz)* Haspel *f* für Feinprofile ‖ **~/натяжная [барабанная]** *(Wlz)* Wickeltrommel *f*, Wickelvorrichtung *f (zur Erzeugung von Bandzug)* ‖ **~/отдающая** *(Wlz)* Ablaufhaspel *f* ‖ **~/печная** *(Wlz)* Ofenhaspel *f* ‖ **~/принимающая** *(Wlz)* Auflaufhaspel *f* ‖ **~/проволочная** *(Wlz)* Drahthaspel *f* ‖ **~/разматочная** *(Wlz)* Ablaufhaspel *f* ‖ **~/роликовая** *(Wlz)* Wickeltrommel *f* mit Andrückrollen ‖ **~/спускная** *(Wlz)* Ablaufhaspel *f* ‖ **~/штрипсовая** *(Wlz)* Streifenhaspel *f* ‖ **~ Эденборна** *(Wlz)* Edenborn-Haspel, Edenborn-Drahthaspel *f*, Drehrohrhaspel *f*

моталки *fpl*/**сортовые** Haspeln *fpl* für Draht, Band und Feineisen

мотание *n* 1. Haspeln *n*, Spulen *n*, Winden *n*; 2. *(Text)* Weifen *n (Garn)*

мотать 1. haspeln, spulen, winden; aufwickeln; 2. *(Text)* weifen *(Garn)*

мотка *f* Haspeln *n*, Wickeln *n*

мотня *f* **[трала]** Bauchstück *n*, Belly *m (Schleppnetz)*

мотобот *m* Motorboot *n* ‖ **~/водолазный** Tauchermotorboot *n* ‖ **~/спасательный** Motorrettungsboot *n*

мотовило *n* 1. Haspel *f*; 2. Drahthaspel *f (s. a. unter* моталка*)*; 3. *(Text)* Garnwinde *f*, Weife *f*, Haspel *f* ‖ **~ для крестовой намотки** Kreuzhaspel *f* ‖ **~ для проволоки** Drahthaspel *f* ‖ **~/перегонное** Ablaufhaspel *f* ‖ **~/поворотное** Wendehaspel *f* ‖ **~/съёмное** Ansteckhaspel *f*

мотовоз *m (Eb)* Kleinlokomotive *f*

мотозавозня *f* Motorankerboot *n*

моток *m* 1. Rolle *f*; Bund *n*, Drahtbund *n*; 2. *(Text)* Strang *m*, Strähn *m (Garn)* ‖ **~ пряжи** *(Text)* Strähn *m*, Garndocke *f*, Docke *f*

мотокомпрессор *m* Motorverdichter *m*

мотолодка *f* Motorboot *n*

мотоперфоратор *m* Bohrhammer *m*

мотопланёр *m (Flg)* Motorsegler *m*, Motorgleiter *m*, Motorgleitflugzeug *n*

мотопокрышка *f (Kfz)* Motorraddecke *f*

мотор *m s.* 1. двигатель; 2. электродвигатель; 3. гидродвигатель ‖ **~/бортовой подвесной** Seitenbordmotor *m (Bootsmotor)* ‖ **~/кормовой подвесной** Heckaußenbordmotor *m (Bootsmotor)* ‖ **~/подвесной [лодочный]** Außenbordmotor *m (Bootsmotor)*

мотор-вагон *m s.* вагон/моторный

мотор-вентилятор *m* Lüftermotor *m*

мотор-генератор *m (El)* Motorgenerator *m*

моторесурс *m* Betriebszeit (Lebensdauer) *f* eines Motors *(bis zur Generalüberholung)*

моторизация *f* Motorisierung *f*

мотор-насос *m*/**погружной** Unterwasser-Motorpumpe *f (Erdölgewinnung)*

мотороллер *m* Motorroller *m*

мотор-редуктор *m* Getriebemotor *m*

моторчик *m* Kleinmotor *m*

мотостартер *m* Startermotor *m*

мотоцикл *m* Motorrad *n* ‖ **~ с коляской** Motorrad *n* mit Beiwagen

моттрамит *m (Min)* Mottramit *m*, Cuprodescloizit *m (sekundäres Vanadiummineral)*

мотыга *f (Lw)* Hacke *f*, Hackgerät *n*; Hackmaschine *f* ‖ **~/вращающаяся (ротационная)***)* Rotationshackmaschine *f*; Rotorhacke *f*, Drehhacke *f*

мотыль *m (Masch)* Kurbel *f*; Kurbelkröpfung *f (im Lokomotiv- und Schiffsmaschinenbau)*

мохо *s.* поверхность/Мохоровичича

мочажина *f (Geol)* Sumpflache *f*, Senke *f* im Moor

мочевина *f (Ch)* Harnstoff *m*, Carbamid *n*
мочевокислый *(Ch)* ...urat *n*; harnsauer
мочение *n* Anfeuchten *n*, Einweichen *n*, Einwässern *n*, Wässern *n*; Rösten *n*, Rotten *n*; Röste *f*, Rotte *f (des Flachses)*
мочило *n* Röstbecken *n*, Röstkasten *m*
мочить 1. anfeuchten, einweichen, [ein]wässern; quellen; 2. rösten, rotten *(Flachs)*
мочка *f* 1. Wässerung *f*, Einweichen *n*; Quellen *n*; 2. *(Text)* Rösten *n*; Röste *f*, Rotte *f (Flachs)* || **~/биологическая** biologische (natürliche) Röste *f (Oberbegriff für Fluß-, Teich- und Rasenröste)* || **~/водная (водяная)** Wasserröste *f*, Kaltwasserröste *f (Flachs)* || **~/паровая** Dampfröste *f (Flachs)* || **~/предварительная** Vorröste *f (Flachs)* || **~/росовая (росяная)** Tauröste *f* || **~/тепловодная** Heißwasserröste *f (Flachs)* || **~/химическая** chemische (künstliche) Röste *f (Flachs; Oberbegriff für Röstverfahren mittels Heißwasser, Dampf und Zusatz von Chemikalien)* || **~/холодноводная** Kaltwasserröste *f (Flachs)*
мошка *f (Glas)* Gipse *f*, Gasbläschen *n*
мощение *n (Bw)* Pflastern *n*
мощность *f* 1. Leistung *f*; 2. Kapazität *f*, Leistungsfähigkeit *f*; 3. *(Geol)* Mächtigkeit *f*; Dicke *f (einer Schicht)*; 4. *(Math)* Kardinalzahl *f*; Mächtigkeit *f (Mengenlehre)*; 5. *(El)* Leistung *f*, Energiefluß *m (Watt)*; 6. Macht *f (Statik)* || **~/активная** *(El)* Wirkleistung *f* || **~/анодная** *(El)* Anodenleistung *f* || **~ антенны** Antennenleistung *f* || **~/безваттная** *(El)* Blindleistung *f* || **~/буксировочная** *(Schiff)* Schleppleistung *f* || **~/буферная** *(Ch)* Pufferkapazität *f* || **~ в воздушном зазоре** *(El)* Luftspaltleistung *f* || **~/ваттная** *(El)* Wirkleistung *f* || **~/взлётная** *(Flg)* Startleistung *f* || **~/внешняя** äußere Leistung *f* || **~/внутренняя** *(El)* innere Leistung *f*; *(Masch)* induzierte Leistung *f (Verbrennungsmotor; Kolbendampfmaschine; Hubkolbenverdichter)* || **~ возбуждения** *(El)* Erregerleistung *f*; Anregungsleistung *f* || **~ воздушного винта** *(Flg)* Luftschraubenleistung *f* || **~ вскрыши** *(Bgb)* Abraummächtigkeit *f* || **~/вторичная** *(El)* Sekundärleistung *f* || **~/входная** *(El)* Eingangsleistung *f* || **~/вынимаемая** *(Bgb)* abgebaute Mächtigkeit *f* || **~/высотная** *(Flg)* Höhenleistung *f* || **~/выходная** *(El)* Ausgangsleistung *f*, Endleistung *f* || **~/гарантийная** Garantieleistung *f*, vertraglich garantierte Leistung *f* || **~/годовая производственная** *(Bgb)* Jahresförderung *f* || **~ двигателя/взлётная** *(Flg)* Startleistung *f (Triebwerk)* || **~ двигателя/высотная** *(Flg)* Höhenleistung *f (Triebwerk)* || **~ двигателя/крейсерская** *(Flg)* Reisefluggeschwindigkeit *f (Triebwerk)* || **~ двигателя/литровая** Literleistung *f*, spezifische Leistung *f (Verbrennungsmotor)* || **~/действительная** Istleistung *f*, tatsächliche Leistung *f* || **~/действующая** Effektivleistung *f*, effektive Leistung *f* || **~/длительная** Dauerleistung *f* || **~/договорная** vertraglich garantierte Leistung *f* || **~ дозы [излучения]** *(Kern)* Dosisleistung *f* || **~/звуковая** *s.* ~ звуковой энергии || **~ звуковой энергии** Schalleistung *f*, akustische Leistung *f*, Leistung *f* der Schallquelle || **~/избыточная** Überschußleistung *f*, Leistungsüberschuß *m* || **~/излучаемая** *(Rf, TV)* Strahlungsleistung *f*, Sendeleistung *f* || **~/излучаемая антенной** Antennensendeleistung *f* || **~ излучения** *s.* ~/излучаемая || **~/имеющаяся** verfügbare Leistung *f* || **~/импульсная** Impulsleistung *f* || **~/импульсная выходная** Impulsausgangsleistung *f* || **~/индикаторная** indizierte Leistung *f (Kolbenkraftmaschinen)* || **~ ионной дозы** *(Kern)* Ionendosisleistung *f* || **~ искажения** Verzerrungsleistung *f* || **~ источника** *(Kern)* 1. Stärke (Ergiebigkeit) *f* der Strahlungsquelle; 2. Quell[en]stärke *f* || **~ источника нейтронов** *(Kern)* Neutronenquell[en]stärke *f* || **~/кажущаяся** *(El)* Scheinleistung *f (Wechselstrom)* || **~/каталожная** Katalogleistung *f* || **~ кермы** *(Kern)* Kermaleistung *f*, Kermarate *f* || **~/коммутируемая** *(El)* Schaltleistung *f* || **~ короткого замыкания** *(El)* Kurzschlußleistung *f* || **~/крейсерская** Reiseleistung *f*, Marschleistung *f* || **~ критерия** 1. Macht *f (Statik)*; 2. Trennschärfe *f* des Tests, Teststärke *f (Statik)* || **~ летника** *(Geol)* Gletschertiefe *f* || **~/литровая** *(Kfz)* Hubraumleistung *f*, Literleistung *f* || **~/максимальная** Maximalleistung *f*, Höchstleistung *f* || **~ машины/производственная** Maschinenleistung *f (Produktionsmaschine)* || **~/мгновенная** Momentanleistung *f*, Augenblicksleistung *f* || **~/минимальная** Minimalleistung *f*, Mindestleistung *f* || **~ множеств** *(Math)* Mächtigkeit *f* der Mengen *(Mengenlehre)* || **~/модуляционная** *(Eln)* Modulationsleistung *f* || **~ на валу** *(Masch)* Wellenleistung *f* || **~ на винте** *(Schiff)* Propellerleistung *f* || **~ на гребном валу** *(Schiff)* Wellenleistung *f* || **~ на зажимах** *(El)* Klemmenleistung *f* || **~ на земле/тормозная** *(Flg)* Bodenbremsleistung *f* || **~ на полном газе** *(Flg)* Vollgasleistung *f* || **~ накачки** Pumpleistung *f (Lasertechnik)* || **~/наличная** verfügbare Leistung *f* || **~ насоса** Pumpen[antriebs]leistung *f* || **~ насоса/полезная** Nutzleistung *f* der Pumpe || **~/начальная** Anfangsleistung *f*, Anfahrleistung *f* || **~/недостаточная** Minderleistung *f* || **~/непрерывная** Dauerleistung *f* || **~/номинальная** Nennleistung *f* || **~/номинальная активная** *(El)* Nennwirkleistung *f* || **~/обменная** Austauschleistung *f*, Kupplungsleistung *f* || **~/обратная** *(El)* Rück[lauf]leistung *f* || **~ обратных потерь** *(Eln)* Sperrverlustleistung *f (Halbleiterdiode)* || **~ обратных потерь/импульсная** nichtperiodische Sperrverlustleistung *f (Halbleiterdiode)* || **~ обратных потерь/периодическая** periodische Sperrverlustleistung *f (Halbleiterdiode)* || **~/общая** Gesamtleistung *f*; Gesamtanschlußwert *m* || **~ оптического излучения** optische Strahlungsleistung *f* || **~/отдаваемая** *(El)* abgegebene Leistung *f* || **~ отключения** *(El)* Abschaltleistung *f*, Ausschaltleistung *f* || **~/первичная** *(El)* Primärleistung *f* || **~ передатчика** *(Rf)* Sende[r]leistung *f* || **~ передачи** 1. *(El)* Übertragungsleistung *f*, Transferleistung *f*; 2. Sendeleistung *f* || **~/переключаемая** *(El)* Schaltleistung *f* || **~ переключения** *(El)* Schaltleistung *f* || **~ печи** *(Met)* 1. Ofenkapazität *f*, Ofenfassungsvermögen *n*, Ofenfassung *f*; 2. Ofenleistung *f* || **~/пиковая** *(El)* Spitzenleistung *f* || **~/плавильная** *(Met)* 1. Schmelzkapazität *f*; 2. Schmelzleistung *f* || **~ пласта** *(Geol, Bgb)* Flözmächtigkeit *f* ||

~ пласта/истинная wahre Mächtigkeit *f* ‖ **~ пласта/минимальная промышленная** geringste abbauwürdige Mächtigkeit *f* ‖ **~ пласта/промышленная** abbauwürdige Mächtigkeit *f* ‖ **~ пласта/средняя** mittlere Mächtigkeit *f* ‖ **~/полезная** Nutzleistung *f* ‖ **~/полная** 1. Gesamtleistung *f*; 2. [elektrische] Scheinleistung *f*; 3. volle Leistung *f*, Vollastleistung *f (eines Motors, Triebwerks)* ‖ **~ помех** *(El)* Rauschleistung *f* ‖ **~/постоянная** konstante (gleichbleibende) Leistung *f* ‖ **~ потерь** Verlustleistung *f* ‖ **~ потерь/номинальная** Nennverlustleistung *f* ‖ **~/потребляемая (потребная)** erforderliche Leistung *f*, Leistungsbedarf *m*; *(El)* aufgenommene Leistung *f*, Aufnahmeleistung *f*, Leistungsaufnahme *f* ‖ **~/предельная** Grenzleistung *f* ‖ **~ привода насоса** *s.* ~ насоса ‖ **~ приёмника** *(El)* Abnehmerleistung *f*; *(Rf)* Empfängerleistung *f* ‖ **~ приёмника/выходная** Empfängerausgangsleistung *f* ‖ **~/принимаемая** 1. *(Rf)* Empfangsleistung *f*; 2. Anschlußleistung *f* ‖ **~/присоединённая** *(El)* Anschlußleistung *f* ‖ **~/продолжительная** Dauerleistung *f* ‖ **~/производственная** Produktionskapazität *f*, Leistungsfähigkeit *f* ‖ **~/пропускная** *(El)* Übertragungsleistung *f (einer Leitung)* ‖ **~ прямых потерь** Durchlaßverlustleistung *f (Halbleiterdiode)* ‖ **~ пучка** *(Ph)* Strahlleistung *f* ‖ **~/рабочая** *(Bgb)* bauwürdige Mächtigkeit *f* ‖ **~ радиоприёмника** *(Rf)* Empfängerleistung *f* ‖ **~/разрывная** *(El)* Abschaltleistung *f*, Ausschaltleistung *f* ‖ **~/располагаемая** verfügbare Leistung *f* ‖ **~/рассеиваемая** *(El)* Verlustleistung *f* ‖ **~ рассеивания (рассеяния)** *(El)* Verlustleistung *f* ‖ **~ рассеяния в канале** Kanalverlustleistung *f* ‖ **~/реактивная** *(El)* Blindleistung *f* ‖ **~ реактора** *(Kern)* Reaktorleistung *f* ‖ **~/резервная** Reserveleistung *f* ‖ **~ слоя** *s.* ~ пласта ‖ **~ собственного расхода** *(En)* Eigenbedarfsleistung *f* ‖ **~/средняя** durchschnittliche Leistung *f*, Normalleistung *f* ‖ **~/суммарная** 1. *(Geo, Bgb)* Gesamtmächtigkeit *f*; 2. Gesamtanschlußwert *m (einer Maschine)* ‖ **~/тепловая** Wärmeleistung *f* ‖ **~ токоприёмника** Elektroenergieabnehmerleistung *f* ‖ **~ топки** Feuerraumleistung *f* ‖ **~/тормозная** Bremsleistung *f* ‖ **~ трансформатора** *(El)* Transformatorleistung *f* ‖ **~ трения** *(Trib)* Reibungsleistung *f* ‖ **~/трёхфазная** Dreiphasenleistung *f*, Drehstromleistung *f* ‖ **~/тяговая** 1. *(Eb)* Zugförderleistung *f*, Traktionsleistung *f*; 2. *(Flg, Rak)* Schubleistung *f*, Vortriebsleistung *f* ‖ **~/установленная** installierte Leistung *f* ‖ **~/фактическая** Istleistung *f*, tatsächliche Leistung *f* ‖ **~ холостого хода** Leerlaufleistung *f* ‖ **~/часовая** Stundenleistung *f* ‖ **~ шахты** *(Bgb)* Förderkapazität *f (eines Schachtes)* ‖ **~ экспозиционной дозы** *(Kern)* Expositionsleistung *f (ionisierende Strahlung)* ‖ **~/электрическая** elektrische Leistung *f* ‖ **~ электрической цепи/активная** elektrische Wirkleistung *f* ‖ **~ электрической цепи/реактивная** elektrische Blindleistung *f* ‖ **~/электромагнитная** *(El)* elektromagnetische Leistung *f* ‖ **~ электроприёмника** Elektroenergieabnehmerleistung *f*, Verbraucherleistung *f* ‖ **~ электростанции** *(En)* Kraftwerksleistung *f* ‖ **~ электростанции/резервная** Kraftwerksreserveleistung *f* ‖ **~ электростанции/установленная** installierte Kraftwerksleistung *f* ‖ **~/эффективная** tatsächliche (effektive) Leistung *f*, Effektivleistung *f*, Nutzleistung *f*

мощный 1. stark, kräftig, leistungsfähig, leistungsstark; Hochleistungs..., [mit] großer Leistung; 2. *(Geol)* mächtig, dick *(Schichten)*; tiefgründig *(Boden)*

моющийся waschbar

МП *s.* 1. микропроцессор; 2. *(Eln)* полупроводник/магнитный; 3. пеленг/магнитный; 4. *(El)* переключатель/мощный; 5. *(Bw)* метод подъёма

МПД *s.* 1. мультиплексор передачи данных; 2. метод преломлённых волн

МПЛ *s.* механизм поворота лопастей

МПП *s.* плата/многослойная печатная

МПС *s.* система/микропроцессорная

МПСУ *s.* система управления/микропроцессорная

МПТ *s.* техника/микропроцессорная

МП-техника *f* Mikroprozessortechnik *f*

МПУ *s.* 1. управление/микропрограммное; 2. управление/микропроцессорное

МПЭ *s.* эпитаксия/молекулярно-пучковая

мрамор *m* Marmor *m* ‖ **~/белый** weißer Marmor *m* ‖ **~/мелкокристаллический** feinkristalliner Marmor *m* ‖ **~/однотонный** einfarbiger Marmor *m (meist weißer, seltener schwarzer oder farbiger Marmor)* ‖ **~/цветной** farbiger Marmor *m* ‖ **~/чёрный** schwarzer Marmor *m*

мраморировка *f* Marmorisierung *f*, Äderung *f*

МРЛ *s.* радиолокатор/метеорологический

МРМ *s.* радиомаяк/маркёрный

МРП *s.* радиопеленг/магнитный

МРТР *s.* траулер/малый рыболовный рефрижераторный

МС *s.* 1. система/манипуляционная; 2. масс-спектрометр; 3. система/микропроцессорная; 4. микросхема

м/с *s.* метр в секунду

м/с² *s.* метр на секунду в квадрате

м²/с *s.* метр на секунду/квадратный

МСВИ *s.* масс-спектрометр вторичных ионов

МСИ *s.* интерфейс/многосистемный

МТА *s.* агрегат/машинно-тракторный

МТКК *s.* корабль/многоразовый транспортный космический

МТС *s.* 1. станция/междугородная телефонная; 2. сеть/междугородная телефонная

МТС-система *f* **единиц** *s.* система единиц МТС

МУ *s.* 1. усилитель/магнитный; 2. усилитель/микрофонный

муар *m* 1. Moiré *m(n) (Überlagerungsstörung im Fernsehbild)*; 2. *(Typ)* Moiré *m(n)*, Moirébildung *f (Raster)*; 3. *(Text)* Moiré *m(n) (Gewebe)*; 4. *(Opt)* Moiré *m(n)*, Moirémuster *n*; 5. *(Photo)* Moiréstreifen *mpl*, Moirémuster *n*

муассанит *m (Min)* Moissanit *m (Meteoritenmineral)*

мука *f* Mehl *n* ‖ **~/буровая** *(Bgb)* Bohrmehl *n*, Bohrklein *n* ‖ **~/древесная** Holzmehl *n* ‖ **~/кварцевая** Quarzmehl *n* ‖ **~/кириичная** Ziegelmehl *n* ‖ **~/кормовая** *(Lw)* Futtermehl *n* ‖ **~/крахмальная** Stärkemehl *n* ‖ **~/ледниковая** *(Geol)* Gletschermehl *n*; Gletscherschlamm *m* ‖ **~/магнезитовая** Magnesitmehl *n* ‖ **~/ро-**

говая *(Lw)* Hornmehl *n (Düngemittel)* ‖ **~/рудная** Mehlerz *n* ‖ **~/томасов[ск]ая** *f (Lw)* Thomasmehl *n (Düngemittel)*
мукомешалка *f* Mehlmischmaschine *f*
мукопросеиватель *m* Mehlsichter *m*
мукосмеситель *m* Mehlmischmaschine *f*
мулинетка *f* 1. Windflügel *m*, Windschraube *f*; 2. *(Flg)* Luftwirbelbremse *f*
муллит *m (Min)* Mullit *m*, Porcellanit *m (Tonmineral)*
мульда *f* 1. *(Met)* Einsatzmulde *f*, Beschick[ungs]mulde *f (SM-Ofen)*; 2. *(Gieß)* Masselgießform *f (Masselgießmaschine)*; 3. *(Geol)* Synklinale *f*, Synkline *f*, Mulde *f (s. a. unter* складка 1.*)* ‖ **~/завалочная (загрузочная)** *(Met)* Beschickungsmulde *f*, Einsatzmulde *f*, Chargiermulde *f* ‖ **~/наложенная** *(Geol)* Überlagerungsmulde *f*, überlagernde Mulde *f* ‖ **~ оседания** 1. *(Bgb)* Senkungsmulde *f*, Senkungstrog *m*; 2. *(Geol)* Kessel *m*
мультивектор *m (Math)* Multivektor *m*, vollständig alternierender Tensor *m*, *p*-Vektor *m*
мультивибратор *m (Eln)* Multivibrator *m* ‖ **~/бистабильный** bistabiler Multivibrator *m*, Multivibrator *m* mit zwei Gleichgewichtslagen ‖ **~/ждущий** *s.* ~/моностабильный ‖ **~/задающий** Steuermultivibrator *m* ‖ **~/задерживающий (запертый)** *s.* ~/моностабильный ‖ **~/моностабильный** monostabiler Multivibrator *m*, Multivibrator *m* mit einer Gleichgewichtslage ‖ **~/однотактный (одноходовой)** *s.* ~/моностабильный ‖ **~ свободных колебаний** freischwingender Multivibrator *m*
мультивибратор-триггер *m (Eln)* Flipflop-Multivibrator *m*
мультидоступ *m (Inf)* Mehrfachzugriff *m*, Vielfachzugriff *m*
мультиметр *m* Vielfachmesser *m*
мультиобработка *f (Inf)* Mehrfachverarbeitung *f*
мультиплан *m (Flg)* Vieldecker *m*
мультиплекс *m* Multiplex *n* ‖ **~/временной** Zeitmultiplex *n*
мультиплекс-интерферометр *m (Opt)* Multiplexinterferometer *n*
мультиплексирование *n* Multiplexen *n* ‖ **~/временное** Zeitmultiplexen *n* ‖ **~/частотное** Frequenzmultiplexen *n*
мультиплексировать multiplexen
мультиплексор *m (Inf)* Multiplexer *m*, MUX, MPX, Multiplexsteuergerät *n*, Mehrfachkoppler *m* ‖ **~/адресный** Adreßmultiplexer *m* ‖ **~ ввода-вывода** E/A-Multiplexer *m* ‖ **~ передачи данных** Multiplexsteuergerät *n*, Multiplexer *m*, MPD
мультиплет *m (Kern)* Multiplett *n*, Linienkomplex *m* ‖ **~/зарядовый** Ladungsmultiplett *n* ‖ **~/интеркомбинационный** verkettetes Multiplett *n* ‖ **~/нормальный** normales Multiplett *n* ‖ **~/обратный** umgekehrtes Multiplett *n* ‖ **~ по спину** Spinmultiplett *n* ‖ **~/регулярный** *s.* ~/нормальный ‖ **~ симметрии** Symmetriemultiplett *n* ‖ **~/спиновый** Spinmultiplett *n* ‖ **~ термов** Termmultiplett *n*
мультиплетность *f (Kern)* Multiplizität *f*, Vielfachheit *f*
мультипликатор *m* 1. Multiplikator *m*, Multiplizierer *m*, Multipliziergerät *n*; 2. *(Photo)* Multiplikator *m*, Belichtungsreihenschieber *m*; 3. *(Masch)* Druckumformer *m*, Druckübersetzer *m*, Treibapparat *m (hydraulische Pressen)* ‖ **~/винтовой** Druckumformer *m* mit Spindelantrieb; Spindelantrieb *m* ‖ **~/гидравлический** hydraulischer Druckumformer; Hydraulikantrieb *m* ‖ **~/кривошипный** Kurbelantrieb *m* ‖ **~/реечный** Zahnstangenantrieb *m*
мультипликационный Trickfilm...
мультипликация *f* 1. Vervielfachung *f*; 2. *(Photo)* Trickaufnahme *f*
мультиполь *m (Ph)* Multipol *m*
мультипольность *f (Ph)* Multipolordnung *f*, Multipolarität *f*
мультипрограмматор *m (Inf)* Mehrfachprogrammer *m*, Multiprogrammer *m*
мультипрограммирование *n (Inf)* Multiprogrammierung *f*, Multiprogrammbetrieb *m* ‖ **~ с переменным числом задач** Multiprogrammierung *f* mit einer variablen Anzahl von Aufgaben, Multiprogrammbetrieb *m* mit variabler Aufgabenanzahl ‖ **~ с фиксированным числом задач** Multiprogrammierung *f* mit einer festen Anzahl von Aufgaben, Multiprogrammbetrieb *m* mit fester Aufgabenanzahl
мультипроцессор *m (Eln)* Multiprozessor *m*
мультиротация *f (Opt)* Multirotation *f*, Mutarotation *f*
мультиустойчивость *f (Mech)* Multistabilität *f*
мультициклон *m* Multi[zy]klon *m*
мультфильм *m* Trickfilm *m*
мульча *f (Lw)* Mulch *m*, Mulchschicht *f*
мульчирование *n (Lw)* Mulchen *n*, Mulchverfahren *n*, Bodenbedeckung *f*
мундштук *m* 1. *(Schw)* Mundstück *n*, Düse *f (Brenner)*; 2. Preßring *m*, Mundstück *(Strangpressen und Flüssigpressen)* ‖ **~/внутренний** Schneiddüse *f (Schneidbrenner)*; Düse *f* für das Schneidgas ‖ **~ волочильной оправки** *(Wlz)* Einschraubende *n* des Ziehdorns *(Rohrziehen)* ‖ **~/многосопловой** *(Schw)* Mehrloch[ring]düse *f (Schneidbrenner)* ‖ **~/наружный** *(Schw)* Heizdüse *f (Schneidbrenner)*; Düse *f* für das Heizgas ‖ **~ сварочной горелки** *(Schw)* Mundstück *n*, Gasdüse *f* ‖ **~/токоподводящий** *(Schw)* Stromkontaktdüse *f (im Schweißkopf)* ‖ **~/щелевой** *(Schw)* Ringdüse *f (Schneidbrenner)*
МУП *s.* память/микропрограммная управляющая
муравьинокислый *(Ch)* ...formiat *n*; ameisensauer
мусковит *m (Min)* Muskovit *m*
мускулоход *m* „Muskelfahrzeug" *n (durch Muskelkraft betriebenes zwei- oder mehrrädriges Fahrzeug)*
мусор *m* 1. Abfall *m*, Müll *m*; 2. Bauschutt *m*
мусоровоз *m* Müllwagen *m*, Entsorgungsfahrzeug *n*
мусородробилка *f* Müllzerkleinerer *m*, Müllwolf *m*
мусорокамера *f* Müllraum *m*
мусоропровод *m* Müllschlucker *m*
мусоросборник *m* Müllbunker *m*; Mülltonne *f*
мусоросжигание *n* Müllverbrennung *f*
мусоросжигатель *m* Müllverbrennungsanlage *f*
муссон *m (Meteo)* Monsun *m* ‖ **~/зимний** Wintermonsun *m* ‖ **~/летний** Sommermonsun *m*

мутатор *m (El)* Stromrichter *m*, Mutator *m*
мутить trüben
мутномер *m* Trübungsmesser *m*
мутность *f* Trübungsgrad *m*, Trübung *f* || **~ атмосферы** Atmosphärentrübung *f*, Lufttrübung *f* || **~ воды** Wassertrübung *f*, Gewässertrübung *f*
муть *f* 1. Trübung *f*; Bodensatz *m*, Satz *m*, Niederschlag *m*, Schlamm *m*; 2. *(Bgb)* Durchlaßschlamm *m*, Trübe *f*, Aufschlämmung *f (Aufbereitung)* || **~/белковая** *(Brau)* Eiweißtrübung *f* || **~/буровая** Bohrschmant *m* || **~/дрожжевая** Hefetrübung *f*, Hefetrub *m* || **~/моечная** Waschtrübe *f (Aufbereitung)* || **~/холодная** *(Brau)* Kältetrübung *f*
МУУ *s.* устройство управления/микропрограммное
муфта *f* 1. Muffe *f*, Hülse *f*; 2. *(Masch)* Kupplung *f* || **~/быстродействующая** Schnellkupplung *f* || **~/вставная** Einsatzhülse *f* || **~/втулочная** Muffenkupplung *f* || **~/втулочно-пальцевая упругая** elastische Bolzenkupplung *f* || **~/гибкая** elastische Kupplung *f* || **~/гидравлическая** Strömungskupplung *f*, hydrodynamische Kupplung *f*, Hydrokupplung *f*, Flüssigkeitskupplung *f* || **~/гидродинамическая** *s.* гидромуфта || **~/гистерезисная управляемая** *(Reg)* Hysterese-Steuerkupplung *f* || **~/глухая** starre Kupplung *f* || **~/двухдисковая [фрикционная]** Zweischeibenkupplung *f* || **~/дисковая фрикционная** Reibscheibenkupplung *f* || **~/жёсткая** starre Kupplung *f* || **~/защитная** Schutzmuffe *f* || **~/зубчатая** Zahnkupplung *f* || **~/кабельная** Kabelmuffe *f* || **~/кабельная концевая** Kabelendverschluß *m* || **~/кабельная ответвительная** Kabelabzweigmuffe *f* || **~/карданная** Kreuzgelenkkupplung *f*, Kardangelenkkupplung *f* || **~/колодочная [фрикционная]** Backenkupplung *f* || **~/компенсирующая** Ausgleichskupplung *f* || **~/конусная** Kegelkupplung *f* || **~/конусная фрикционная** Kegelreibkupplung *f* || **~/концевая** 1. Endverschluß *m*, Abschlußmuffe *f (eines Kabels)*; 2. Endmuffe *f (Seilbefestigung)* || **~/концевая наружная** Freiluftendverschluß *m* || **~/концевая однофазная** Einleiterendverschluß *m* || **~/концевая резиновая** Gummiendverschluß *m* || **~/концевая трёхфазная** Dreiphasenendverschluß *m* || **~/кулачковая** Klauenkupplung *f* || **~/ленточная** Bandkupplung *f* || **~/магнитная** Magnetkupplung *f* || **~/магнитно-порошковая** Magnetpulverkupplung *f* || **~/мачтовая** Mastendverschluß *m* || **~/многодисковая** Lamellenkupplung *f*; Mehrscheibenkupplung *f* || **~/многошпоночная** Vielnutkupplung *f* || **~/надвижная** Überschiebmuffe *f (Rohrverschraubung)* || **~/нарезная** Gewindemuffe *f* || **~/неподвижная** starre Kupplung *f* || **~/обгонная** Überholkupplung *f*, Freilaufkupplung *f* || **~/однодисковая** Einscheibenkupplung *f* || **~ Ольдгама** Oldham-Kupplung *f*, Oldham-Kreuzscheibenkupplung *f* || **~/ответвительная** Abzweigmuffe *f (eines Kabels)* || **~/пальцевая** Bolzenkupplung *f* || **~/переходная** Übergangsmuffe *f*, Reduziermuffe *f*, Reduzierstück *n* || **~/планетарная** Planetenkupplung *f* || **~/подвижная** bewegliche Kupplung *f* || **~/подвижная зубчатая** bewegliche Zahnkupplung *f (winkelbeweglich)*; verzahnte Schaltmuffe *f* || **~/подвижная кулачковая** bewegliche Klauenkupplung *f*; Schubklauenmuffe *f* || **~/поперечно-компенсирующая** querbewegliche Kupplung *f* || **~/поперечно-свёртная** Flanschkupplung *f*; Scheibenkupplung *f (starre Kupplung)* || **~/порошковая** Pulverkupplung *f* || **~/постоянная** Dauerkupplung *f* || **~/предохранительная** Sicherheitskupplung *f*, Überlast[ungs]kupplung *f* || **~/предохранительная многодисковая [фрикционная]** Sicherheitslamellenkupplung *f* || **~/предохранительная многодисковая обгонная** Lammellenüberholkupplung *f* || **~/предохранительная фрикционная** Rutschkupplung *f*; Sicherheitsrutschkupplung *f*; Sicherheitsreibkupplung *f* || **~/продольно-компенсирующая** *s.* ~/расширительная || **~/продольно-свёртная** Schalenkupplung *f* || **~/распределительная** Verzweigungsmuffe *f*; Verteilmuffe *f* || **~/расширительная** längsbewegliche Kupplung *f*, Ausdehnungskupplung *f* || **~/реверсивная** Reversierkupplung *f*, Umkehrkupplung *f*, Umsteuerkupplung *f* || **~ регулятора** Reglermuffe *f* || **~/резьбовая** Gewindemuffe *f* || **~ с воздушным замыканием** druckluftgeschaltete Kupplung *f* || **~ с кинематическим замыканием** formschlüssige Kupplung *f* || **~ с поворотной шпонкой** Drehkeilkupplung *f* || **~ с промежуточным диском/крестовая** Kreuzscheibenkupplung *f* || **~ с разрушаемым штифтом (пальцем)/предохранительная** Brechkupplung *f* mit Scherbolzen || **~ с разрушаемым элементом/предохранительная** Brechkupplung *f*, Zerreißkupplung *f* || **~ с силовым замыканием** kraftschlüssige Kupplung *f* || **~ с торцовым зубчатым зацеплением/глухая** Plankerbverzahnungskupplung *f* || **~ с угловой компенсацией** winkelbewegliche Kupplung *f* || **~ с фрикционным диском/электромагнитная** elektromagnetische Reibscheibenkupplung *f* || **~/свинцовая** Bleimuffe *f (eines Kabels)* || **~ свободного хода** Freilaufkupplung *f*, Überholkupplung *f* || **~/синхронная** Synchronisierkupplung *f* || **~ скольжения** Schlupfkupplung *f* || **~ скольжения/электромагнитная** elektromagnetische Schlupfkupplung *f* || **~/соединительная** 1. Verbindungsmuffe *f (Kabel, Seile)*; 2. Kupplung *f* || **~/соединительная кабельная** Kabelverbindungsmuffe *f* || **~/стопорная** Sperrmuffe *f* || **~/стяжная** Spannschloß *n*; Spannmuffe *f* || **~/сухая** Trockenkupplung *f* || **~ сцепления** *(Masch)* Reibkupplung *f* || **~/сцепная** schaltbare Kupplung *f*, Schaltkupplung *f*, ausrückbare (lösbare) Kupplung *f* || **~/сцепная зубчатая** Zahnrückkupplung *f*, schaltbare Zahnkupplung *f* || **~/сцепная кулачковая** Klauenrückkupplung *f*, schaltbare Klauenkupplung *f* || **~/сцепная пальцевая** Bolzenrückkupplung *f*, schaltbare Bolzenkupplung *f* || **~/тормозная** Bremskupplung *f* || **~ трения** Reibungskupplung *f* || **~ трения/электромагнитная** elektromagnetische Reibungskupplung *f* || **~/тройниковая** T-Muffe *f* || **~/трубная** *(Bgb)* Rohrmuffe *f*, Gestängemuffe *f (Bohrung)* || **~/уплотнительная** Dichtungsmuffe *f* || **~/управляемая** Steuerkupplung *f* || **~/упругая** elastische Kupplung *f* || **~/упругая кулачковая** elastische Klauenkupplung *f* ||

~/фланцевая Flanschkupplung *f*, Scheibenkupplung *f* ‖ **~/фрикционная** Reibkupplung *f*, Reibungskupplung *f*, reibschlüssige Kupplung *f* ‖ **~/фрикционная ленточная** Schraubenbandkupplung *f* ‖ **~/фрикционная предохранительная** Sicherheitsrutschkupplung *f* ‖ **~/храповая** Klinkensperrkupplung *f* ‖ **~/центробежная** Fliehkraftkupplung *f* ‖ **~/электромагнитная** elektromagnetische (elektromagnetisch schaltbare) Kupplung *f*, Elektromagnetkupplung *f* ‖ **~/электромагнитная пусковая порошковая** Magnetpulver-Anlaßkupplung *f* ‖ **~/электромагнитная фрикционная** Elektromagnetkupplung *f* ‖ **~/шарнирная** Gelenkkupplung *f*, Kupplungsgelenk *n*

муфта-маховик *f* Schwungradkupplung *f*

мучка *f (Lw)* Futtermehl *n*, Kleie *f*

мучнистость *f* **[зерна]** Mehligkeit *f*, Mehlkörperbeschaffenheit *f*

мушка 1. *(Text)* Fluse *f*, Dickstelle *f*; 2. Korn *n (einer Waffe)*

мушкель *m (Schiff)* Holzhammer *m* ‖ **~/конопатный** Kalfaterhammer *m*

мФ *s.* миллифарада

мыкание *n (Text)* Riffeln *n*, Riffelung *f (Flachs)*

мыканица *f (Text)* Riffelkamm *m*

мыло *n* Seife *f* ‖ **~/известковое** Kalkseife *f* ‖ **~/мазеобразное** Schmierseife *f* ‖ **~/полуядровое** Halbkernseife *f* ‖ **~/твёрдое** Hartseife *f* ‖ **~/хозяйственное** Haushaltseife *f* ‖ **~/ядровое** Kernseife *f*

мыловарение *n* Seifensieden *n*, Seifensiederei *f*

мыловка *f (Text)* Avivieren *n (Viskoseherstellung)*

мылорезка *f* Seifenschneidemaschine *f*

мычка *f (Text)* Lunte *f*; Faserbändchen *n (Spinnerei, Flyer)*

мышь *(Inf)* Maus *f*

мышьяк *m (Ch)* Arsen *n*, As

мышьяковистокислый *(Ch)* ...arsenit *n*, ...arsenat(III) *n*; arsenigsauer

мышьяковистый *(Ch)* ...arsenid *n*; arsenhaltig

мышьяководород *m (Ch)* Arsenwasserstoff *m*, Arsin *n*

мышьяковокислый *(Ch)* ...arsenat *n*, ...arsenat(V) *n*; arsensauer

мышьяковый Arsen...

мышьякорганический arsenorganisch, Organoarsen...

МЭМ *s.* модель/математико-экономическая

МЭС *s.* схема/многоэтажная

мюль-машина *f s.* машина периодического действия/прядильная

мю-мезон *m (Kern)* Mü-Meson *n*, μ-Meson *n*

мюмезоний *m (Kern)* Myonium *n*

мюметалл *m* Mümetall *n*, μ-Metall *n*

мюметр *m (El)* Permeameter *n*, Permeabilitätsmesser *m*

мюоний *m (Kern)* Myonium *n*

мю-пространство *n (Ph)* Molekülraum *m*, μ-Raum *m*, My-Raum *m*

мю-фотомезон *m (Kern)* Photomyon *n*, My-Photomeson *n*, μ-Photomeson *n*

мягкость *f* Weichheit *f* ‖ **~ на ощупь** *(Text)* Weichgriffigkeit *f* ‖ **~ характеристики** Weichheit *f* einer Kennlinie

мягчение *n* 1. Weichmachung *f*; Weichmachen *n*; 2. Weicherwerden *n (Röntgenröhre, Elektronenröhre)*; 3. *(Led)* Beizen *n*; 4. *(Kst)* Plasti[fi]zieren *n*; 5. Enthärten *n (Wasser)* ‖ **~ воды** Wasserenthärtung *f*

мягчитель *m* 1. Weichmacher *m*, Weichmachungsmittel *n*, Plastifikator *m*; 2. *(Led)* Beize *f*, Beizmittel *n* ‖ **~/кожевенный** Gerberbeize *f*

мягчить 1. *(Ch)* weich machen; enthärten *(Wasser)*; 2. *(Led)* beizen

мязга *f s.* мезга

мякина *f (Lw)* Spreu *f*, Kaff *n*

мялка 1. *(Text)* Knickmaschine *f*, Brechmaschine *f (Flachs)*; 2. *(Led)* Walke *f* ‖ **~/кулачная** *(Led)* 1. Kurbelwalke *f*; 2. Hammerwalke *f* ‖ **~/льняная** *(Text)* Flachsbreche *f* ‖ **~/ударная молотковая** *(Led)* Hammerwalke *f*

мясига *f* Maschinenleimleder *n*

мясорубка *f* Fleischwolf *m*

мясохладобойня *f* Schlachthof *m* mit Kühlhaus

мятие *n* Drosseln *n (Dampf)*

мять 1. hämmern; 2. brechen, knicken *(Flachs)*; 3. walken *(Leder)*; 4. kneten; 5. quetschen; 6. zerknittern; 7. drosseln *(Dampf)*

мятьё *n* 1. Hämmern *n*; 2. Brechen *n*, Knicken *n (Flachs)*; 3. Walken *n (Leder)*; 4. Kneten *n*; 5. Quetschen *n*; 6. Zerknittern *n*; 7. Drosseln *n*, Drosselung *f (Dampf)*

Н

Н *s.* ньютон

набег *m s.* набегание

набегание *n* 1. Auflauf *m*, Auflaufen *n*; 2. *(Eb)* Anlaufen *n (Rad an Schiene)* ‖ **~ потока** *(Hydt)* Anströmung *f*

набегать 1. anlaufen, auflaufen; 2. *(Eb)* anlaufen, aufklettern

набережная *f* 1. Kai *m*; Kaimauer *f*; 2. Uferstraße *f* ‖ **~/достроечная** *(Schiff)* Ausrüstungskai *m* ‖ **~/портовая** Hafenkai *m* ‖ **~/ремонтная** *(Schiff)* Reparaturkai *m*

набивание *n s.* набивка 1.

набивать 1. [voll]füllen, [voll]stopfen; 2. ausstopfen, [aus]polstern; 3. einschlagen *(Nägel)*; 4. *(Masch)* packen, [ab]dichten *(Stopfbuchsen)*; lidern; 5. *(Met)* [aus]stampfen, feststampfen, ausfüttern *(Ofen)*; 6. *(Text)* [be]drucken *(Gewebe)* ‖ **~ футеровку** *(Met, Gieß)* zustellen, ausfüttern, auskleiden, ausstampfen *(Öfen, Pfannen)*

набивка *f* 1. Füllen *n*, Füllung *f*; 2. Füllmasse *f*, Füllkörper *m*, Füllung *f*; 3. Polstern *n*, Polsterung *f*; 4. Polstermaterial *n*, Polsterung *f*; 5. *(Masch)* Packen *n*, Dichten *n*, Lidern *n*; 6. Packmasse *f*, Packung *f*, Dichtungsmasse *f*, Dichtung *f*, Liderung *f*; 7. *(Met)* Feststampfen *n*, Stampfen *n*, Ausstampfen *n*; 8. Stampfmasse *f (Ofen)*; 9. *(Text)* Bedrucken *n (Gewebe)*; 10. *(Text)* Druck *m (Gewebe)* ‖ **~/асбестовая** *(Masch)* Asbestdichtung *f* ‖ **~/кожаная** *(Masch)* Lederdichtung *f*, Lederpackung *f* ‖ **~/кольцевая** *(Masch)* Dicht[ungs]ring *m*, Packungsring *m* ‖ **~/металлическая** *(Masch)* Metallpackung *f* ‖ **~/мягкая** *(Masch)* Weichpackung *f* ‖ **~ на рамы** *(Led)* Aufnageln *n* ‖ **~/пеньковая** *(Masch)* Hanfdichtung *f*, Hanfpackung *f* ‖ **~ пода** *(Met)* 1. Herdaufstampfen *n*; 2. Herdfutter *n*, Herdzustellung *f*

(Herdofen) ‖ **~/резиновая** *(Masch)* Gummidichtung *f*, Gummipackung *f* ‖ **~ сальника/мягкая** *(Masch)* Stopfbuchsenweichpackung *f* ‖ **~/сальниковая** *(Masch)* Stopfbuchsendichtung *f*, Stopfbuchsenpackung *f* ‖ **~/угольная** *(Met)* 1. Kohlenstoffausstampfung *f*; 2. Kohlenstoffstampfmasse *f* ‖ **~/фетровая** *(Masch)* Filzpakkung *f* ‖ **~ формы** *(Gieß)* Einformen *n*, Aufstampfen *n* einer Form ‖ **~ футеровки** *(Met)* Zustellen *n*, Auskleiden *n* mit Stampfmasse *(Ofen)* ‖ **~/хлопчатобумажная** *(Masch)* Baumwolldichtung *f*, Baumwollpackung *f*

набирать 1. sammeln; 2. wählen; 3. *(Nrt)* vorwählen; 4. *(Typ)* setzen *(den Satz herstellen)*; 5. *(Schiff)* konstruieren *(in Längs- oder Querspantbauweise)*; 6. *(Glas)* anfangen *(Posten)* ‖ **~ вразрядку** *(Typ)* sperren ‖ **~ высоту** *(Flg)* steigen, Höhe gewinnen ‖ **~ нагрузку** Last aufnehmen ‖ **~ номер** *(Nrt)* [eine Nummer] wählen

набить *s.* набивать

наблюдать beobachten; überwachen, beaufsichtigen

наблюдение *n* Beobachten *n*, Beobachtung *f*; Überwachung *f*, Kontrolle *f*, Beaufsichtigung *f* ‖ **~ в светлом поле** *(Opt)* Hellfeldbeobachtung *f* ‖ **~ в тёмном поле** *(Opt)* Dunkelfeldbeobachtung *f* ‖ **~/дистанционное** Fernbeobachtung *f* ‖ **~ за сооружениями** Bauwerksüberwachung *f* ‖ **~/меридианное** *(Astr)* Meridianbeobachtung *f* ‖ **~ на просвет** *(Opt)* Durchlichtbeobachtung *f* ‖ **~/наземное** *(Astr, Geoph)* terrestrische (erdgebundene) Beobachtung *f* ‖ **~ под углом** *(Opt)* Schrägbeobachtung *f* ‖ **~ под широким углом** *(Opt)* Weitwinkelbeobachtung *f* ‖ **~/радиолокационное** Radarbeobachtung *f*, Funkmeßbeobachtung *f* ‖ **~/радиолокационное метеорологическое** Radarwetterbeobachtung *f* ‖ **~/скважинное** *(Geol)* Bohrlochbeobachtung *f*, Bohrlochmessung *f* ‖ **~/стробоскопическое** *(Opt)* stroboskopische Beobachtung *f* ‖ **~/телевизионное** Fernsehbeobachtung *f* ‖ **~/широтное** *(Astr)* Polhöhenbeobachtung *f (Polschwankungsdienst)*

набойка *f* 1. *(Met)* Stampfmasse *f*; Ausstampfung *f*; Futter *n*, Stampffutter *n (des Ofens)*; 2. *(Text)* bedruckter Stoff *m*, Druckware *f*; 3. *(Led)* Oberfleck *m (Schuhabsatz)*; 4. *(Gieß)* Stampfer *m* ‖ **~ горна** Gestübbe *n (Hochofen)* ‖ **~/кварцевая** *(Gieß)* Quarzstampfmasse *f* ‖ **~/угольная** *(Met)* Kohlengestübbe *n*, Kohlenfutter *n* ‖ **~/шамотная** *(Met, Gieß)* Schamottestampfmasse *f*

набор *m* 1. Satz *m*, Garnitur *f*, Sortiment *n (Gruppe zusammenhängender Gegenstände; s. a. unter* комплект*)*; 2. Aufnahme *f*, Übernahme *f*; 3. *(Typ)* Satz *m*, Schriftsatz *m*; 4. *(El)* Matrix *f*, Array *n*, Netzwerk *n*; 5. *(Nrt)* Wahl *f*, Wählen *n*; 5. *(Schm)* Stauchen *n*, Anstauchen *n*; 6. *(Glas)* Posten *m*; 7. *(Glas)* Anfangen *n* [des Postens]; 8. *(Glas)* Satz *m*, Ansatz *m (Rohstoffrezept des Glasgemenges)*; 9. [schiffbaulicher] Verband *m*, [schiffbauliche] Verbände *mpl* ‖ **~/бортовой** *(Schiff)* Seitenverband *m*, Seitenverbände *mpl* ‖ **~ в столбцах** *(Typ)* Spaltensatz *m* ‖ **~ вперебивку** *(Typ)* durchschossener Satz *m* ‖ **~ вразрядку** *(Typ)* gesperrter Satz *m* ‖ **~ высоты** *(Flg)* 1. Steigflug *m*; 2. Höhengewinn *m* ‖ **~/гребенчатый** *(Schiff)* durch Ausschnittschweißung befestigter Verband *m* ‖ **~/дальний** *(Nrt)* Fernwahl *f* ‖ **~ данных** *(Inf)* Datensatz *m*, Datei *f* ‖ **~ данных/библиотечный** untergliederte Datei *f* ‖ **~ данных/индексно-последовательный** indexsequentielle Datei *f* ‖ **~ данных/каталогизированный** katalogisierte Datei *f* ‖ **~ данных/многотомный** Datei *f* auf mehreren Datenträgern ‖ **~ данных/обновлённый** Fortschreibungsdatei *f* ‖ **~ данных/основной** Stammdatei *f*, Bestandsdatei *f* ‖ **~ данных/ последовательный** sequentielle Datei *f* ‖ **~ данных/присоединённый** gekettete Datei *f* ‖ **~ данных промежуточной памяти** Zwischenspeicherdatei *f* ‖ **~ данных/рабочий** Arbeitsdatei *f* ‖ **~ данных/разгруженный** Dateikopie *f*, Dateiabzug *m* ‖ **~ данных с прямым доступом** Direktzugriffsdatei *f* ‖ **~/данных/совместно используемый** gemeinsam benutzte Datei *f* ‖ **~ данных/сцепленный** gekettete Datei *f* ‖ **~ данных/фиктивный** Pseudodatei *f*, Dummy-Datei *f* ‖ **~/двухколонный** *(Typ)* zweispaltiger Satz *m* ‖ **~/диодный** *(Eln)* 1. Diodenarray *n*, Diodenmatrix *f*; 2. Diodensortiment *n* ‖ **~/днищевый** *(Schiff)* Bodenverband *m*, Bodenverbände *mpl* ‖ **~/жировой** Fettansatz *m*, Fettmischung *f (Margarineherstellung)* ‖ **~ задачи** *(Inf)* Problem[ein]stellung *f (Analogrechner)* ‖ **~ знаков** *(Inf)* Zeichensatz *m*, Zeichenvorrat *m* ‖ **~ зубчатых колёс** *(Masch)* Räderpaar *n*, Radsatz *m* ‖ **~ зубчатых колёс/ступенчатый** Räderblock *m*, Rädernest *n*, Stufenrad *n* ‖ **~ игл** *(Text)* Nadelsetzen *n*; Benadelung *f* ‖ **~ измерительных приборов** Meßgerätesatz *m* ‖ **~ измерительных трансформаторов** *(El)* Meßwandlersatz *m* ‖ **~/импульсный** *(Nrt)* Impulswahl *f*, Impulswählverfahren *n* ‖ **~ инструментов** *(Wkz)* Werkzeugsatz *m* ‖ **~ калибров/контрольный** *(Meß)* Lehrensatz *m* ‖ **~ катушек индуктивности** *(El)* Induktivitätssatz *m* ‖ **~ клавишей** Tastenreihe *f* ‖ **~/колонковый** *(Bgb)* Kernbohrgarnitur *f* ‖ **~ команд** *(Inf)* Befehlsvorrat *m*, Befehlssatz *m* ‖ **~/компактный** *(Typ)* kompresser (nichtdurchschossener) Satz *m* ‖ **~ конденсаторов** *(El)* Kondensator[en]satz *m* ‖ **~ концевых мер** *(Meß)* Endmaßsatz *m* ‖ **~ координат** *(Wkzm)* Koordinatenwahl *f* ‖ **~ лопаток** Schaufelsatz *m*, Beschaufelung *f (Strömungsmaschine)* ‖ **~/междудонный** *(Schiff)* Doppelbodenverband *m*, Doppelbodenverbände *mpl* ‖ **~ мер** *(Meß)* Maßverkörperungssatz *m* ‖ **~ микрокоманд** *(Inf)* Mikrokodebefehlssatz *m* ‖ **~/многоколонный** *(Typ)* Spaltensatz *m* ‖ **~/многочастотный** *(Nrt)* Mehrfrequenzkodewahl *f*; Mehrfrequenzkodewählverfahren *n* ‖ **~/многочастотный тастатурный** MFC-Tastwahl *f* ‖ **~ номера** *(Nrt)* Nummernwahl *f*, Rufnummernwahl *f* ‖ **~ номера/сквозной** *(Nrt)* Durchwahl *f* ‖ **~ номера/сокращённый** *(Nrt)* Kurzwahl *f* ‖ **~/палубный** *(Schiff)* Decksverband *m*, Decksverbände *mpl* ‖ **~/повторный** *(Typ)* Neusatz *m* ‖ **~/полосный** *(Typ)* Kolumnensatz *m* ‖ **~ поперечной системы** *(Schiff)* Querverband *m*, Querverbände *mpl* ‖ **~/поперечный** *(Schiff)* Querverband *m*, Querverbände *mpl* ‖ **~/предварительный** Vorwahl *f* ‖ **~/пробный** *(Typ)* Satzprobe *f*, Probesatz *m* ‖ **~ продольной системы** *(Schiff)*

Längsverband *m*, Längsverbände *mpl* ‖ **~/продольный** *(Schiff)* Längsverband *m*, Längsverbände *mpl* ‖ **~ пружин** *(Masch)* Federsatz *m* ‖ **~/прямой** direkte Wahl *f*, Direktwahl *f* ‖ **~/силовой** *(Flg)* [tragendes] Gerippe *n* ‖ **~ символов** *(Inf)* Zeichensatz *m* ‖ **~ скорости** Geschwindigkeitszunahme *f* ‖ **~ судна** *(Schiff)* Schiffsverband *m*, Schiffsverbände *mpl* ‖ **~/тональный** tonfrequente Wahl *f*, Tonfrequenzwahl *f* ‖ **~/транзисторный** *(Eln)* 1. Transistormatrix *f*, Transistorarray *n*; 2. Transistorsortiment *n* ‖ **~ угловых плиток** *(Meß)* Winkelendmaßsatz *m* ‖ **~ фрез** *(Wkz)* Fräsersatz *m* ‖ **~ фюзеляжа** *(Flg)* Rumpfgerippe *n*, Rumpftragwerk *n* ‖ **~/холодный** *(Typ)* kalter Satz *m (Lichtsatz)* ‖ **~/цельнополосный** *(Typ)* Ganzseitensatz *m* ‖ **~ шестерён** *(Masch)* Räderpaar *n (Zahnräder)* ‖ **~ шлифовальных кругов** *(Wkz)* Schleifscheibensatz *m* ‖ **~ щёток** *(El)* Bürstensatz *m* ‖ **~/электроизмерительный чемоданный** Elektromeßkoffer *m* ‖ **~/эталонный** *(Meß)* Gruppennormal *n (Satz von Primär- oder Sekundärnormalen)*

наборка *f (Glas)* 1. Posten *m*; 2. Anfangen *n* [des Postens]

наброс *m* 1. *(Bw)* Auftrag *m*, Bewurf *m*; 2. *(El)* Aufschaltung *f* ‖ **~ мощности** *(El)* Leistungsaufschaltung *f*

наброска *f* 1. *(Bw)* Rauhputz *m*; 2. *(Hydt)* Schüttung *f* ‖ **~/веерная** *(Bw)* Fächerputz *m* ‖ **~/каменная** 1. *(Hydt)* Steinschüttung *f*, Felsschüttung *f*; 2. Steinschüttdamm *m* ‖ **~ кельмой** *(Bw)* Kellenwurf *m*

набросок *m* Skizze *f*, Entwurf *m*, Kroki *n*

набрызг *m* Aufspritzen *n*

набрызгбетон *m* Spritzbeton *m*

набухаемость *f* Quellvermögen *n*, Quellbarkeit *f*, Quellfähigkeit *f* ‖ **~/удельная** *(Photo)* spezifische Quellbarkeit *f*, Quellzahl *f*

набухание *n* Quellen *n*, Quellung *f*, Aufquellen *n*; Schwellen *n*, Anschwellen *n*

набухать [auf]quellen; [an]schwellen

наваливать *(Bgb)* wegfüllen, laden

навалка *f (Bgb)* Wegfüllen *n*

навалом lose, als Schüttgut

навалоотбойка *f (Bgb)* Verhau- und Wegfüllarbeit *f*

навалочник *m (Schiff)* Massengutfrachter *m*, Schüttgutfrachter *m*, Massengutschiff *n*, Schüttgutschiff *n*, Bulkcarrier *m*

навалочный *(Schiff)* Schüttgut..., Schütt..., Massengut...

наваривание *n s.* наварка

наваривать 1. aufschweißen; 2. anschweißen

наварить *s.* наваривать

наварка *f* 1. Anschweißen *n*; 2. Aufschweißen *n*, Auftragschweißen *n* ‖ **~/многослойная** Mehrlagenschweißen *n* ‖ **~ футеровки** *(Met, Gieß)* Futterausbesserung *f*

наварыш *m* 1. Aufschweißflansch *m*, Anschweißflansch *m*; 2. Schweißwarze *f*, Schweißraupe *f*

наведение *n* 1. Ansteuern *n*, Leiten *n*, Führen *n*, Lenken *n*; Lenkung *f (z. B. von Raketen)*; 2. Auftragen *n (z. B. Farben)*; 3. *(El)* Induzieren *n*, Induzierung *f*, Induktion *f*; 4. *(Reg)* Nachführen *n*, Nachführung *f* ‖ **~/автономное** *(Rak)* Selbstlenkung *f* ‖ **~/астроинерционное** *(Rak)* Astroträgheitslenkung *f* ‖ **~/астронавигационное** *(Rak)* Astronavigationslenkung *f* ‖ **~/инерциальное (инерционное)** *(Rak)* Trägheitslenkung *f* ‖ **~/инфракрасное** *(Rak)* Infrarotlenkung *f* ‖ **~ на штрих** Stricheinstellung *f*, Einfangen *n* eines Teilstrichs ‖ **~ по [радио]лучу** *(Rak)* Leitstrahllenkung *f* ‖ **~/программное** *(Rak)* Programmlenkung *f* ‖ **~/радиоинерциальное** *(Rak)* Funkträgheitslenkung *f* ‖ **~/радиокомандное** *(Rak)* Funkkommandolenkung *f* ‖ **~/радиолокационное** *(Rak)* Funkmeßlenkung *f* ‖ **~/радионавигационное** *(Rak)* Funknavigationslenkung *f* ‖ **~ справок** Rückfrage *f* ‖ **~ шлака** *(Met)* Schlackenarbeit *f*, Schlackemachen *n*

навёртывать 1. aufschrauben, anschrauben; 2. aufwickeln; umwickeln

навес *m* 1. Überhang *m (Felsen)*; 2. *(Bw)* Auslegerdach *n*, Kragdach *n*, Klebedach *n*, Vordach *n*; 3. Schutzdach *n*, Wetterdach *n*; Überdachung *f*; Schuppen *m (ohne Wände)*; 4. *(Bgb)* Grubenkaue *f* ‖ **~/багажный** *(Eb)* Güterschuppen *m* ‖ **~/консольный** *(Bw)* Kragdach *n* ‖ **~/многопролётный** *(Bw)* mehrfeldriges Dach (Schutzdach) *n* ‖ **~/однопролётный** *(Bw)* einfeldriges Dach (Schutzdach) *n* ‖ **~/перегрузочный** *(Eb)* Umladehalle *f*, Umladeschuppen *n* ‖ **~/передвижной** verschiebbares Wetterschutzdach *n* ‖ **~/складчатый** *(Bw)* Faltdach *n* ‖ **~/соляной** *(Geol)* Salzüberhang *m*

навесить *s.* навешивать

навеска *f* 1. Aufhängung *f*, Einhängung *f*; 2. Einwaage *f*, eingewogene Menge *f*; 3. *(Bw)* Türband *n*, Fensterband *n*, Band *n* ‖ **~/аналитическая** Analyseneinwaage *f* ‖ **~/трёхточечная** *(Lw)* Dreipunktaufhängung *f (Schlepper)*

навесной Anbau...

наветренный Luv..., luvseitig

навешивание *n* 1. Einhängen *n*, Aufhängen *n*; 2. Einwägen *n*

навешивать 1. aufhängen, einhängen; 2. einwägen

навивание *n* 1. Aufwickeln *n*, Aufwinden *n*, Wikkeln *n*, Aufrollen *n*, Haspeln *n*, Aufhaspeln *n (s. a. unter* навивка*)*; 2. *(Text)* Bäumen *n (Weberei)* ‖ **~ на барабан** Auftrommeln *n* ‖ **~ на катушку** Aufspulen *n* ‖ **~ основы** *(Text)* Aufbäumen *n* der Kette *(Weberei)* ‖ **~ ткани** *(Text)* Gewebeaufwicklung *f*

навивать [auf]wickeln, [auf]haspeln, aufwinden, aufrollen ‖ **~ в виде спирали** spiralförmig wickeln, wendeln ‖ **~ на ребро** hochkant wikkeln ‖ **~ основу** *(Text)* aufbäumen *(Weberei)* ‖ **~ спирально** gewendelt, als Wendel aufgewickelt

навивка *f s.* навивание ‖ **~/двухслойная** Zweilagenwicklung *f* ‖ **~/однослойная** Einlagenwicklung *f* ‖ **~/трёхслойная** Dreilagenwicklung *f*

навигация *f* 1. Navigation *f*, Schiffsführung *f*; Schiffahrt *f*; 2. Schiffahrtsperiode *f*, Navigationsperiode *f*; 3. *(Flg)* Navigation *f* ‖ **~/астрономическая** Astronavigation *f* ‖ **~/ближняя** Kurzstreckennavigation *f*, Nahstreckennavigation *f* ‖ **~ в полёте** Flugnavigation *f* ‖ **~/визуальная** Sichtnavigation *f* ‖ **~/гиперболическая** Hyperbelnavigation *f* ‖ **~/дальняя** Weitstreckennavigation *f*, Langstreckennavigation *f* || **~/доплеровская** Doppler-Navigation *f* || **~ инерциальная** Trägheitsnavigation *f* || **~/комплексная** Koppelnavigation *f* || **~/круглогодичная** das ganze Jahr über andauernde Schiffahrt *f* || **~/маршрутная** Streckennavigation *f* || **~/межпланетная** interplanetare Navigation *f* || **~ по ведущему лучу** Leitstrahlennavigation *f* || **~ по наземным ориентирам** terrestrische Navigation *f* || **~/погодная** Wetternavigation *f* || **~/пропорциональная** Proportionalnavigation *f* *(Raketensteuerung)* || **~/разностно-дальномерная** Hyperbelnavigation *f*

навиграф *m* Luftwegzeichner *m*

навинтить *s.* навинчивать

навинчивание *n* Aufschrauben *n*

навинчивать aufschrauben, anschrauben

нависать überhängen

навить *s.* навивать

наводить 1. auftragen, aufbringen *(z. B. Farben)*; überziehen *(mit Farbe)*; 2. hinführen, richten *(Fernrohr)*; 3. *(El)* induzieren

наводка *f* 1. Einstellen *n*, Einstellung *f*; Justieren *n*, Justierung *f*; 2. Richten *n* *(Fernrohre)*; 3. *(Glas)* Anlaufen *n*, Anlassen *n* || **~ на нуль** Null[punkt]einstellung *f* || **~ на резкость (фокус)** *(Opt)* Scharfeinstellen *n*, Scharfeinstellung *f* || **~/резкая** *s.* на резкость

наводнение *n* Überschwemmung *f*; Beflutung *f*, Überflutung *f*

наводораживание *n* 1. *(Met)* Wasserstoffaufnahme *f*; 2. Hydrierung *f*, Aufladung *f* mit Wasserstoff *(Pulvermetallurgie)*

навоз *m* *(Lw)* Dung *m*, Stalldung *m*, Mist *m*, Stalldünger *m*

навозопогрузчик *m* *(Lw)* Dunglader *m*, Stalldunglader *m*

навозопровод *m* *(Lw)* Dungleitung *f*, Gülleleitung *f*, Güllekanal *m*

навозоразбрасыватель *m* *(Lw)* Stalldungstreuer *m*, Düngerstreuer *m*, Düngerstreumaschine *f* || **~/рядовой** Reihendüngerstreuer *m*

навозораспределитель *m* *s.* навозоразбрасыватель

навозосборник *m* *(Lw)* Güllesammelbehälter *m*, Sammelgrube *f*

навозохранилище *n* *(Lw)* Dungstätte *f*, Dungplatte *f*, Stapelplatte *f*; Dunggrube *f*

навой *m* *(Text)* Kettbaum *m* || **~/секционный** Teilkettenbaum *m*

нагар *m* Kruste *f*, Rußansatz *m*, Pulverschleim *m* || **~/масляный** Ölkohle *f* *(Zündkerze, Kolben von Verbrennungsmotoren)*

нагарообразование *n* *(Kfz)* Ölkohlebildung *f* *(am Kolben)*

нагароотложение *n* Ölkohleablagerung *f*

нагартованный [kalt]verfestigt *(Stahl)*

нагартовка *f* Verfestigung *f*, Erhärtung *f*, Kaltverfestigung *f* *(Stahl)*

нагель *m* Nagel *m*, Bolzen *m*, Stift *m*

нагиагит *m* *(Min)* Nagyagit *m*, Blättererz *n*, Blättertellur *n*

наглазник *m* 1. *(Med)* Augenklappe *f*; 2. *(Opt)* Okularmuschel *f*

нагнести *s.* нагнетать

нагнетание *n* Drücken *n*, Zusammendrücken *n*, Pressen *n*; Einpressen *n*; Fördern *n* || **~ воды/внутриконтурное** *(Erdöl)* Lagerstättenfluten *n* || **~ воды/законтурное** *(Erdöl)* Randwasserfluten *n*

нагнетатель *m* 1. Verdichter *m*, Gebläse *n*; 2. Ladepumpe *f*, Lader *m*, Vorverdichter *m* *(in Verbrennungsmotoren)*; 3. *(Hydr)* *s.* колесо/насосное || **~/аксиальный** Axialgebläse *n*; Axialverdichter *m* || **~/высотный** Höhenlader *m* *(Flugmotor)* || **~/газовый** Gasverdichter *m* || **~/газотурбинный** Turbolader *m* || **~ двигателя** Lader *m*, Motorladepumpe *f* || **~/двухлопастный двухроторный** zweiflügeliges Drehkolbengebläse *n*, Wälzkolbengebläse *n*, Roots-Gebläse *n* || **~/коловратный** *s.* ~/однороторный ротационный || **~/лопаточный** Kreiselgebläse *n* || **~/многокорпусный** Mehrgehäuseverdichter *m* || **~/наддувочный** Aufladegebläse *n*, Lader *m* || **~/объёмный** Verdrängerlader *m*, Verdrängergebläse *n* *(Gruppenbegriff für Drehkolben- und Sternkolbenlader)* || **~/однопоточный** einflutiges Gebläse *n* || **~/однопоточный радиальный** einflutiger Radialverdichter *m* || **~/однороторный ротационный** 1. Zellenverdichter *m*; 2. Drehschieberverdichter *m* || **~/осевой** Axialgebläse *n* || **~/поршневой** Kolbenladepumpe *f*; Kolbengebläse *n*, Hubkolbengebläse *n* || **~/приводной** Lader *m* mit Antrieb von der Nocken- oder Kurbelwelle || **~/приводной центробежный** Kreiselgebläse *n* mit Antrieb von der Kurbelwelle || **~/радиальный** Radialgebläse *n* || **~/ротационный** Drehkolbengebläse *n*, Umlaufkolbengebläse *n* || **~/ротационный двухроторный** Drehkolbenlader *m*, Wälzkolbengebläse *n*, Wälzkolbenlader *m*, Roots-Lader *m* || **~/роторный** Kapselgebläse *n*, Kreiskolbengebläse *n* || **~/трёхлопастный двухроторный** dreiflügeliger Drehkolbenlader *m* || **~/турбонаддувочный** Abgasturbolader *m* || **~/центробежный** Turbolader *m*, Kreiselgebläse *n*

нагнетать drücken, [zusammen]pressen; fördern *(Flüssigkeiten)*; aufladen, vorverdichten

наговаривать aufsprechen *(Text auf Tonspeicher)*; besprechen *(Tonspeicher)*

наговорить *s.* наговаривать

нагон *m* Aufstau *m*, Auflauf *m* || **~/ветровой** Windstau *m* *(Anstieg des Wasserspiegels durch Wind)*

нагорье *n* *(Geol)* Hochland *n*

нагрев *m* 1. Erwärmen *n*, Erwärmung *f*, Anwärmen *n*; Erhitzen *n*, Erhitzung *f* *(s. a. unter* нагревание*)*; 2. Heizen *n*, Heizung *f*, Beheizen *n*, Beheizung *f*; 3. Erwärmung *f*, Erhitzung *f* *(Zustand)*; 4. Glut *f*, Hitze *f*; 5. *(Masch)* Heißlaufen *n*; 6. Heizfläche *f* || **~/аэродинамический** *(Kosm)* aerodynamische Aufheizung *f* *(kosmischer Flugkörper beim Eintritt in die Atmosphäre)* || **~/белый** Weißglut *f* || **~/высокочастотный** Hochfrequenzerwärmung *f*, HF-Erwärmung *f*, Hochfrequenzerhitzung *f*, HF-Erhitzung *f*; Hochfrequenzbeheizung *f*, HF-Beheizung *f* || **~/газовый** Gas[be]heizung *f* || **~ гамма-излучением** *(Ph)* Gamma-Aufheizung *f* || **~/диэлектрический** dielektrische (kapazitive) Erwärmung *f* || **~/дуговой** Lichtbogenerhitzung *f* || **~/индукционный** 1. induktive Erwärmung *f*, Induktionserwärmung *f*; 2. Induktionsheizung *f*, induktive Beheizung *f* || **~/инфракрасный**

Infrarotbeheizung *f*, IR-Beheizung *f*, Infraroterwärmung *f*, IR-Erwärmung *f* ‖ **~/ковочный** Schmiedewärme *f*, Schmiedehitze *f* ‖ **~/конвекционный** direkte Erwärmung *f (mit offener Flamme)* ‖ **~ контакта** *(El)* Kontakterwärmung *f* ‖ **~/контактный** *s.* ~ сопротивлением ‖ **~/косвенный** indirekte (mittelbare) Erwärmung *f* ‖ **~/кратковременный** Kurzzeiterhitzung *f* ‖ **~/лучистый** *(Kern)* Strahlungsaufheizung *f*, Strahlungserwärmung *f* ‖ **~/методический** Erwärmung (Erhitzung) *f* im Gegenstromverfahren ‖ **~ нейтронами** *(Kern)* Neutronenaufheizung *f* ‖ **~/непродолжительный** Kurzzeiterhitzung *f* ‖ **~/нижний** *(Met)* Bodenbeheizung *f*, Herdbeheizung *f (Elektroofen)*; *(Met)* Unterbrennerbeheizung *f* ‖ **~/нормализационный** *(Härt, Wkst)* Spannungsfreiglühen *n* ‖ **~ плавки** *(Met)* Schmelzguterhitzung *f*, Schmelzguterwärmung *f*; *(Met)* Gang *m (Schachtofen)* ‖ **~ под нагрузкой** Erwärmung *f* bei Belastung; Anwärmung *f*, Eigenerwärmung *f (von Meßgeräten)* ‖ **~/предварительный** Vorwärmen *n*, Vorwärmung *f*, Vorheizen *n (von Elektroden)* ‖ **~ прокатки** Walzhitze *f* ‖ **~/проточный** Durchlauferhitzung *f* ‖ **~/прямой** direkte (unmittelbare) Erwärmung *f* ‖ **~/радиационный** indirekte Erwärmung *f (mit indirekter Flamme)* ‖ **~/сварочный** *(Schw)* Schweißhitze *f* ‖ **~/собственный** Eigenerwärmung *f* ‖ **~ сопротивлением** Widerstandserwärmung *f*, Widerstandserhitzung *f*, Widerstands[be]heizung *f* ‖ **~/среднечастотный** Mittelfrequenzerwärmung *f* ‖ **~/ударный** *(Mech)* Stoßaufheizung *f* ‖ **~/электрический** 1. elektrische Erwärmung *f*; 2. Elektroheizung *f* ‖ **~/электронно-лучевой** Elektronenstrahlerwärmung *f*, Elektronenstrahlheizung *f*

нагревание *n s.* нагрев 1., 2. ‖ **~ водяным паром** Wasserdampfbeheizung *f* ‖ **~ голым пламенем** Erhitzen *n* über offener Flamme ‖ **~/лучистое** *(Kern)* Strahlungsaufheizung *f*, Strahlungserwärmung *f* ‖ **~/микроволновое** Mikrowellenerwärmung *f* ‖ **~ отобранным паром** Anzapfdampfvorwärmung *f* ‖ **~ под давлением** Druckerhitzung *f* ‖ **~ столкновением** *(Mech)* Stoßaufheizung *f* ‖ **~/ударное** *(Mech)* Stoßaufheizung *f*

нагреватель *m* 1. Heizelement *n*, Heizleiter *m*; 2. Erwärmungseinrichtung *f*, Heizgerät *n*, Heizkörper *m*, Erhitzer *m*; 3. Heizer *m*, Heizdraht *m* ‖ **~/ввинчивающий** Einschraubheizkörper *m* ‖ **~ высокой частоты** Hochfrequenzerwärmungseinrichtung *f* ‖ **~/графитовый** Graphitheizelement *n*, Graphitstab *m* ‖ **~/зонный** Heizschlinge *f*, Heizring *m (beim Zonenschmelzen)* ‖ **~/индукционный** Induktionserwärmungseinrichtung *f*, Induktionsheizung *f* ‖ **~/пластиночный** Flächenheizer *m*, Plattenheizer *m* ‖ **~/проволочный** *(El)* Heizdraht *m* ‖ **~/проточный** Durchlauferhitzer *m* ‖ **~/радиационный** Strahlungsheizer *m* ‖ **~/ребристо-трубчатый** *(Wmt)* Rippenrohrheizer *m* ‖ **~/спиральный** *(El)* Heizspirale *f*, Heizwendel *f* ‖ **~/стержневой** *(El)* Heizstab *m* ‖ **~/трубчатый** 1. Rohrheizer *m*, Rohrblasenofen *m (Destillation)*; 2. Rohrheizkörper *m* ‖ **~/электрический** *(El)* 1. Heizelement *n*, Heizleiter *m*; 2. elektrischer Heizkörper *m*, elektrisches Heizgerät *n* ‖ **~/электрический проточный** Elektro-Durchlauferhitzer *m*

нагревать [er]wärmen, anwärmen, erhitzen; [be]heizen, aufheizen ‖ **~ до кипения** zum Sieden bringen ‖ **~ докрасна** bis zur Rotglut erhitzen ‖ **~/предварительно** vorheizen

нагревостойкий wärmebeständig, hitzebeständig, hitzefest, thermostabil

нагревостойкость *f* Wärmebeständigkeit *f*, Hitzebeständigkeit *f*, thermische Beständigkeit *f*

нагреть *s.* нагревать

нагрудник *m*/**спасательный** 1. *(El)* Traggestell *n*, Tragplatte *f (für Brustmikrophone)*; 2. *(Schiff)* Rettungskragen *m*

нагружаемость *f* Belastbarkeit *f*

нагружать 1. belasten, beanspruchen *(Geräte, Maschinen)*; beschweren *(Gießform)*; 2. *(Met)* setzen, beschicken, begichten, chargieren; 3. verladen; befrachten

нагружение *n* Belastung *f*, Beanspruchung *f (s. a. unter* нагрузка*)*

нагруженный belastet, unter Last; beansprucht ‖ **~ ёмкостью** *(El)* kapazitiv belastet, kapazitätsbelastet ‖ **~ по току** *(El)* strommäßig belastet ‖ **~ пружиной** federbelastet

нагрузить *s.* нагружать

нагрузка *f* 1. Laden *n*, Beladen *n*; 2. Beschicken *n*, Beschickung *f*, Chargieren *n (Öfen)*; 3. *(Mech)* Belastung *f*, Last *f*; Beanspruchung *f (Geräte, Material)*; 4. *(El)* [elektrische] Belastung *f*, Last *f*; 5. *(Nrt)* Verkehr *m* • **без нагрузки** *(El)* belastungsfrei, lastfrei, unbelastet • **под нагрузкой** *(El)* belastet, unter Last • **с ёмкостной нагрузкой** *(El)* kapazitiv belastet, kapazitätsbelastet • **с несколькими нагрузками** mehrfach belastet ‖ **~/аварийная** Havarielast *f* ‖ **~/активная** *(El)* Wirkbelastung *f*, Wirklast *f* ‖ **~/базисная (базовая)** *(El)* Grundbelastung *f*, Grundlast *f (Kraftwerk)* ‖ **~/безындукционная** *(El)* induktionsfreie Belastung *f* ‖ **~/боковая** *(Fest)* Seitenkraft *f* ‖ **~/бытовая** *(El)* Belastung *f* durch Haushalte ‖ **~/ветровая** *(Fest)* Windlast *f*, Windbelastung *f*; Windangriff *m* ‖ **~/вибрационная** *(Mech)* Rüttelbeanspruchung *f* ‖ **~/внезапная** *(Fest)* plötzlich aufgebrachte Last *f*; Stoßbelastung *f*, Stoßbeanspruchung *f* ‖ **~/внецентренная** *(Fest)* außermittige (exzentrische) Belastung *f* ‖ **~/водяная** Wasserlast *f*, Wasserbelastung *f* ‖ **~/возрастающая** *(Mech)* anwachsende Belastung *f* ‖ **~/временная** *(Fest)* vorübergehende (zeitweilige) Belastung *f*; Nutzlast *f* ‖ **~/высокочастотная** *(Eln)* Hochfrequenzbelastung *f*, Hochfrequenzlast *f*, HF-Last *f* ‖ **~/выходная** *(El)* Ausgangsbelastung *f* ‖ **~/годовая** Jahresbelastung *f* ‖ **~/гололедная** *(Bw)* Eislast *f (durch Eisablagerungen hervorgerufene Last auf Bauwerken)* ‖ **~/двигательная** Motorbelastung *f* ‖ **~/действующая** effektive Belastung *f* ‖ **~/динамическая** *(Fest)* Schlagbelastung *f*, Schlagbeanspruchung *f*, dynamische Belastung (Beanspruchung) *f* ‖ **~/длительная** Dauerbelastung *f*, Dauerlast *f*, Dauerbeanspruchung *f* ‖ **~/длительная динамическая** *(Fest)* dynamische Dauerbeanspruchung *f* ‖ **~/добавочная [статическая]** *(Fest)* zusätzliche Belastung *f*, Zusatzlast *f* ‖ **~/дополнительная** 1. *(Wkst)* Zusatzbeanspruchung *f (Dauerschwingversuch)*;

2. *(Fest)* zusätzliche Belastung *f*, Zusatzlast *f* || **~/допускаемая (допустимая)** *(Fest)* zulässige Belastung (Last) *f*, Belastbarkeit *f* || **~/допустимая токовая** Strombelastbarkeit *f* || **~/ёмкостная** *(El)* kapazitive Belastung (Last) *f* || **~/знакопеременная** *(Fest)* Wechselbelastung *f*, Schwing[ungs]belastung *f*, Wechsellast *f* || **~/знакопостоянная** *(Fest)* Schwellbeanspruchung *f*, Schwellbelastung *f* || **~/избыточная** *(Fest)* Überbelastung *f* || **~/изгибающая** *(Fest)* Biegebeanspruchung *f*; Biegebelastung *f* || **~/изменяющаяся** *s.* ~/переменная || **~/индуктивная** *(El)* induktive Belastung (Last) *f* || **~/инерционная** *(Bw)* Trägheitslast *f* || **~/испытательная** Prüfbelastung *f*, Prüflast *f* || **~/колебательная** *s.* ~/знакопеременная || **~/контактная** *(El)* Kontaktbelastung *f* || **~/косвенная** *(Fest)* mittelbare Belastung *f* || **~/кратковременная** *(Fest)* Kurzzeitbelastung *f*, Kurzzeitbeanspruchung *f* || **~/критическая** *(Fest)* 1. Grenzlast *f*, Grenzbelastung *f*; 2. Knicklast *f* || **~/крутящая** *s.* ~/скручивающая || **~/ледовая** *(Schiff)* Eislast *f* || **~/линейная токовая** Strombelag *m (elektrische Maschinen)* || **~/максимальная** Höchstbelastung *f*, Höchstlast *f*, Maximalbelastung *f*, Maximallast *f* || **~/малоциклическая** *(Fest)* niederzyklische Beanspruchung *f* || **~/меняющаяся** veränderliche Belastung *f* || **~/минимальная** Mindestbelastung *f*, Mindestlast *f*, Minimalbelastung *f*, Minimallast *f* || **~ на единицу площади** *(Mech)* Einheitslast *f*, Last *f* je Flächeneinheit || **~ на окружающую среду** Umweltbelastung *f* || **~ на поверхность** *(Fest)* Flächenbelastung *f* || **~/начальная** Anfangsbelastung *f*, Anfangslast *f* || **~/неподвижная** *(Fest)* statische (ruhende) Belastung *f* || **~/непосредственная** *(Fest)* unmittelbare Belastung *f* || **~/неравномерно распределённая** *(Fest)* ungleichmäßig verteilte Belastung *f* || **~/низкочастотная** *(El)* Niederfrequenzbelastung *f*, Niederfrequenzlast *f*, NF-Last *f* || **~/номинальная** Nennbelastung *f*, Nennlast *f* || **~/нормальная** *(Fest)* Regellast *f*, Regelbelastung *f* || **~/нормативная** Normlast *f* || **~/нулевая** Nullast *f* || **~/общая** *s.* ~/суммарная || **~/объёмная** *(Fest)* Raumbelastung *f* || **~/однократная** 1. einmalige Belastung *f*; 2. statische Belastung *f* || **~/омическая** *(El)* ohmsche Belastung (Last) *f* || **~/осветительная** Licht[netz]belastung *f* || **~/осевая** *(Fest)* axiale Belastung *f*, in Achsrichtung wirkende Last (Belastung) *f* || **~/основная** *(Fest)* Grundbelastung *f*, Grundlast *f* || **~ от гололеда** Eisbelastung *f*, Eislast *f (einer Freileitung)* || **~ от собственного веса** *(Fest)* Eigenlast *f*, Eigenmassebelastung *f* || **~ от усадки** *(Bw)* Schwindlast *f* || **~/отопительная** Heizlast *f* || **~/переменная** *(Fest)* 1. Wechselbeanspruchung *f*, Wechsellast *f*, Schwingbeanspruchung *f*; 2. Schwellbeanspruchung *f* || **~/периодическая переменная** *s.* ~/переменная || **~/пиковая** Spitzenbelastung *f*, Spitzenlast *f* || **~ по заеданию/предельная** Freßlastgrenze *f (z. B. beim Zahnradgetriebe)* || **~ по переменному току** *(El)* Wechselstrombelastung *f*, Wechselstromlast *f* || **~ по размаху** *(Flg)* Spannweitenbelastung *f* || **~/поверхностная** *(Fest)* Flächenbelastung *f* || **~/повторно-кратковременная** *(Fest)* intermittierende (aussetzende) Belastung *f* || **~/погонная [равномерная]** *(Fest)* Streckenlast *f* || **~/подвижная** 1. *(Fest)* bewegliche Last *f*; 2. Verkehrslast *f* || **~/полезная** 1. Nutzbelastung *f*, Nutzlast *f*; 2. *(Flg)* Zuladung *f* || **~/полная** *(Fest)* Vollbelastung *f*, Vollast *f* || **~/половинная** *(Fest)* Halblast *f*, halbe Belastung *f* || **~/полупиковая** *(Fest)* Mittellast *f* || **~/поперечная** *(Fest)* seitliche Belastung *f*, Querbelastung *f* || **~/постоянная** *(Fest)* Dauerlast *f*, Dauerbelastung *f*, ständige (konstante) Belastung *f* || **~/поступающая** *(Nrt)* Verkehrsangebot *n* || **~ потребителей** Verbraucherbelastung *f* || **~/предварительная** Vorlast *f (Rockwell-Härteprüfung)* || **~ предела прочности** *(Fest)* Bruchlast *f* || **~ предела текучести** *(Fest)* Belastung *f* an der Streckgrenze || **~/предельная** 1. Höchstbelastung *f*, Grenzbelastung *f*; 2. *(Fest)* Bruchlast *f*, Grenzlast *f*, Höchstlast *f*, Höchstbelastung *f*; 3. Traglast *f* || **~/предельно-допустимая** zulässige Grenzlast *f*, [maximal] zulässige Last *f* || **~/предполагаемая** voraussichtliche Belastung *f* || **~ при коротком замыкании** *(El)* Kurzschlußbelastung *f* || **~ при растяжении** *(Fest)* Zugbelastung *f*, Belastung *f* durch äußere Zugkräfte || **~ при сжатии** *(Fest)* Druckbelastung *f*, Druckbeanspruchung *f* || **~/приведённая** *(Fest)* reduzierte (zurückgeführte) Belastung *f* || **~/присоединённая** *(El)* angeschlossene Belastung *f* || **~/продолжительная** Dauerbelastung *f*, Dauerlast *f* || **~/прямая** *(Fest)* unmittelbare Belastung *f* || **~/пульсирующая** *(Fest)* Schwellbeanspruchung *f*, Schwellbelastung *f* || **~/рабочая** Arbeitsbelastung *f*, Betriebslast *f* || **~/равномерная (равномерно распределённая)** 1. *(El)* gleichmäßige Belastung *f*; 2. *(Fest)* gleichmäßig verteilte Belastung *f*, Flächenlast *f* || **~/радиальная** *(Fest)* Radialbelastung *f*, Radiallast *f* || **~/разрушающая** *(Fest)* Bruchbelastung *f*, Bruchlast *f* || **~/разрывающая (разрывная)** *(Fest)* Bruchlast *f*; Reißlast *f*; Höchstlast *f* || **~/распределённая** *(Fest)* [stetig] verteilte Last *f*, Streckenlast *f* || **~/растягивающая** *s.* ~ при растяжении || **~/расчётная** berechnete (rechnerische) Belastung *f* || **~/реактивная** *(El)* Blindbelastung *f*, Blindlast *f* || **~/рычажная** *(Text)* Druckarmbelastung *f (Streckwerk)* || **~/сдвиговая** *(Fest)* Scherbelastung *f*; Schublast *f* || **~/сейсмическая** *(Geoph)* seismische Last *f* || **~/сеточная** *(Eln)* Gitterbelastung *f* || **~/сжимающая** *(Fest)* Druckbelastung *f* || **~/скручивающая** *(Fest)* Torsionsbeanspruchung *f*, Verdreh[ungs]beanspruchung *f*, Verdrehbelastung *f*, Torsionsbelastung *f* || **~/сложная** *(Fest)* zusammengesetzte Belastung *f* || **~/снеговая** *(Fest)* Schneelast *f* || **~/сосредоточенная** *(Fest)* Einzellast *f*, Punktlast *f* || **~/сплошная** *(Fest)* [stetig] verteilte Last *f* || **~/сплошная равномерная** *s.* ~/равномерная || **~/средняя** Durchschnittsbelastung *f*, mittlere Belastung *f* || **~/средняя эксплуатационная** mittlere Betriebslast *f* || **~/срезывающая** *(Fest)* Scherbelastung *f*; Schublast *f* || **~/статическая** *(Fest)* statische (ruhende) Belastung (Last) *f* || **~/суммарная** Gesamtlast *f*, Gesamtbelastung *f*, Summenlast *f*, summarische Belastung *f* || **~/суточная** Tagesbelastung *f* || **~/телефонная**

Fernsprechverkehr[swert] *m* ‖ **~/тепловая** *(Wmt)* Wärmebelastung *f*, thermische Belastung (Beanspruchung) *f*, Wärmelast *f* ‖ **~/тепловлажностная** Wärme- und Feuchtelast *f (Klimatechnik)* ‖ **~/технологическая ударная** technologische Stoßbeanspruchung *f* ‖ **~/токовая** *(El)* Strombelastung *f* ‖ **~/трапецеидальная** *(Fest)* Trapezlast *f* ‖ **~/ударная** *(Wkst)* Schlagbelastung *f*, Schlagbeanspruchung *f*; Stoßbelastung *f*, Stoßbeanspruchung *f* ‖ **~/удельная** *(Fest)* spezifische (bezogene) Belastung *f (Belastung je Längen-, Flächen- oder Raumeinheit)* ‖ **~/фактическая** tatsächliche Belastung *f*, Istbelastung *f*, Istlast *f* ‖ **~/центральная** *(Fest)* mittige Belastung *f* ‖ **~/циклическая** *(Fest)* Schwingbelastung *f*, Wechselbeanspruchung *f*; Schwingungsbeanspruchung *f*; zyklische Belastung *f* ‖ **~/частичная** *(Fest)* Teilbelastung *f* ‖ **~/чисто активная** *(El)* reine Wirkbelastung *f* ‖ **~/эквивалентная** *(Fest)* Lastersatzwert *f* ‖ **~/эксплуатационная** Betriebslast *f* ‖ **~/эксцентричная** *(Fest)* exzentrische (außermittige) Belastung *f* ‖ **~/электрическая** elektrische Belastung *f* ‖ **~/электронная** elektronische Belastung *f (z. B. pro Anschluß)*

нагрузочный *(El)* Belastungs..., Last...

НАГЭС *s.* гидроэлектростанция/насосно-аккумулирующая

надавливание *n* Drücken *n*, Pressen *n*

надатмосферный exoatmosphärisch

надбавка *f* Aufschlag *m*, Zuschlag *m*; Zuschuß *m* ‖ **~/гарантийная** Sicherheitszuschlag *m* ‖ **~ на шероховатость** Zuschlag *m* für Oberflächenrauhigkeit

надбегунник *m (Text)* obere Läuferputzwalze *f*, oberer Putzwender *m (Krempelsatz)*

надвиг *m* 1. *(Geol)* Aufschiebung *f*; Überschiebung *f*; 2. *(Geol)* Vorstoß *m (Vereisung)*; 3. *(Bgb)* Wechsel *m*; 4. *(Eb)* Ablauf *m*, Wagenablauf *m (Rangierbetrieb)* ‖ **~/глыбовый** *(Geol)* Schollenüberschiebung *f* ‖ **~/параллельный** *(Eb)* Parallelablauf *m (Wagen)* ‖ **~/пластовой** *(Geol)* Schichtüberschiebung *f*; Flözaufschiebung *f* ‖ **~ покрова** *s.* ~/покровный ‖ **~/покровный** *(Geol)* Deckenüberschiebung *f*, tektonische Decke *f* ‖ **~ разлома (разрыва)** *(Geol)* Aufschiebung *f* ‖ **~ растяжения** *(Geol)* Extensionsüberschiebung *f* ‖ **~ скалывания** *(Geol)* Abscherungsüberschiebung *f* ‖ **~/складчатый** *(Geol)* Faltenüberschiebung *f*, Faltenaufschiebung *f* ‖ **~/чешуйчатый** *(Geol)* Schuppung *f*, schuppenartige Überschiebung *f* ‖ **~/шотландский** *s.* ~ скалывания ‖ **~/эрозионный** *(Geol)* Reliefüberschiebung *f*

надвигание *n* 1. Aufschieben *n*; Zuschiebung *f*; 2. *s.* надвиг 1.; 2.

надвигать 1. [hin]aufschieben; 2. *(Geol)* überschieben, aufschieben

надвижка *f* Einfahren *n* ‖ **~/плавучая** Einschwimmen *n (Brückenbau)*

надвинутый 1. aufgeschoben; 2. *(Geol)* überschoben

надвинуть *s.* надвигать

надводный *(Schiff)* Überwasser...

надвязка *f* **[концов нитей]** *(Text)* Knüpffaden *m*

надгруппа *f (Math)* Übergruppe *f*, Obergruppe *f*

наддув *m* Aufladung *f (Verbrennungsmotor)* ‖ **~/автономный** Fremdaufladung *f* ‖ **~/высокий** Hochaufladung *f* ‖ **~/газотурбинный** Abgasturboaufladung *f* ‖ **~/повышенный** Hochaufladung *f* ‖ **~/полный** Vollaufladung *f* ‖ **~/турбокомпрессорный** Abgasturboaufladung *f* ‖ **~/частичный** Teilaufladung *f*

надевание *n* Aufsetzen *n*, Aufschieben *n*, Aufstecken *n*

надевать aufsetzen; aufstecken; aufziehen *(z. B. eine Kette)*

надёжность *f* Zuverlässigkeit *f* ‖ **~/аппаратурная** Gerätezuverlässigkeit *f* ‖ **~ данных** *(Inf)* Datenzuverlässigkeit *f* ‖ **~ действия** Betriebszuverlässigkeit *f* ‖ **~/долговременная** Langzeitzuverlässigkeit *f* ‖ **~ контакта** *(El)* Kontaktzuverlässigkeit *f* ‖ **~/общая** Gesamtzuverlässigkeit *f* ‖ **~/повышенная** hohe Zuverlässigkeit *f* ‖ **~ прибора** Gerätezuverlässigkeit *f* ‖ **~ программного обеспечения** *(Inf)* Softwarezuverlässigkeit *f* ‖ **~/производственная** Betriebszuverlässigkeit *f* ‖ **~ пуска** *(Kfz)* Anspringsicherheit *f (Verbrennungsmotor)* ‖ **~ работы** Betriebszuverlässigkeit *f* ‖ **~ снабжения** Versorgungszuverlässigkeit *f* ‖ **~ срабатывания** Ansprechzuverlässigkeit *f (Relais)* ‖ **~/схемная** *(El)* Schaltungszuverlässigkeit *f* ‖ **~/эксплуатационная** Betriebszuverlässigkeit *f*, Funktionsfähigkeit *f* ‖ **~ электроснабжения** Elektroenergieversorgungszuverlässigkeit *f* ‖ **~ энергоснабжения** Energieversorgungszuverlässigkeit *f*

надёжный zuverlässig ‖ **~/эксплуагационно** betriebszuverlässig, betriebssicher

наделка *f* Ansatz *m* ‖ **~/бульбовая** *(Schiff)* Wulstansatz *m*, Wulst *m* ‖ **~/ледовая** *(Schiff)* Eissporn *m* ‖ **~/пропульсивная** *(Schiff)* Propulsionsbirne *f (Aktivruder)*

надземный 1. oberirdisch; 2. *(Bgb)* über Tage, übertägig, Übertage...

надзор *m* Beaufsichtigung *f*, Aufsicht *f*, Überwachung *f*, Kontrolle *f* ‖ **~/горный** *(Bgb)* Bergaufsicht *f*, Bergbehörde *f* ‖ **~ за загрязняющими веществами** Schmutzstoffinspektion *f*, Schmutzstoffkontrolle *f* ‖ **~ за составом сточных вод** Abwasserinspektion *f* ‖ **~ за средствами измерений** Meßmittelüberwachung *f* ‖ **~/котельный** Kesselkontrolle *f*, Kesselüberwachung *f* ‖ **~/медицинский** Gesundheitsinspektion *f*, medizinische Aufsicht *f* ‖ **~/метрологический** metrologische Inspektion *f* ‖ **~/портовый** Hafenaufsicht *f* ‖ **~/санитарный** Gesundheitsinspektion *f*, Sanitätsinspektion *f* ‖ **~/строительный** Bauaufsicht *f* ‖ **~/технический** technische Überwachung *f*; Wartung *f*

надир *m* 1. *(Fert)* Schramme *f*, Streifen *m (Fertigungsfehler)*; 2. *(Geod)* Nadir *m*

надкислота *f (Ch)* Peroxosäure *f*

надкритический *(Kern)* überkritisch

надкритичность *f (Kern)* überschüssige Reaktivität *f (eines Reaktors)*

надлом *m* Bruch *m*, Anbruch *m*, Knick *m*

надмолекулярный *(Ch)* übermolekular

надниточник *m (Text)* Aufwinder *m (Selfaktor)*

надперекись *f (Ch)* Hyperoxid *n*

надпиливать ansägen; anfeilen, einfeilen

надпирофосфорнокислый *(Ch)* ...peroxodiphosphat *n*; peroxodiphosphorsauer

надпись Aufschrift *f*
надпороговый *(Ph)* oberschwellig; überschwellig
надрабатывать *(Bgb)* überbauen
надработка *f (Bgb)* Überhauen *n*, Überfahren *n*
надрамник *m* Hilfseimerleiter *f (Eimerkettenschwimmbagger)*
надрез *m* 1. Einschnitt *m*, Kerbe *f*, Einkerbung *f*; Ritz *m*; 2. Einkerben *n*, Ritzen *n*; 3. *(Eb)* Anschnitt *m (Streckenbau)*; 3. *s.* надрезка
надрезать *s.* надрезывать
надрезка *f* 1. Einkerben *n*, Ankerben *n*, Kerben *n*, Einkerbung *f*; 2. *(Gieß)* Einschneiden *n*, Anschneiden *n (Formen)*
надрезывать 1. einkerben, [an]kerben, einschneiden, ritzen; 2. *(Gieß)* anschneiden *(Form)*
надрубать anhauen, ankerben, einkerben
надрубить *s.* надрубать
надрыв *m* Anriß *m*, Einriß *m*
надрывать einreißen
надсернокислый *(Ch)* ...peroxo[di]sulfat *n*; peroxo[di]schwefelsauer
надсинхронный *(El)* übersynchron
надставка *f* 1. Aufsatz *m*, Haube *f*; Aufbau *m*; Vorbau *m*; 2. Ansatzstück *n*, Verlängerungsstück *n* II **~/прибыльная** 1. *(Gieß)* Speiserhaube *f*, Speiseraufsatz *m*; 2. *(Met)* Blockhaube *f*, Kokillenhaube *f*, Haube *f (Kokille)*; Kokillenwärmhaube *f*
надставной aufsetzbar, ansteckbar, Aufsatz..., Ansatz...; Vorbau...
надстройка *f* 1. *(Bw)* Aufbau *m*; Überbau *m*; 2. *(Schiff)* Aufbau *m*, Aufbauten *mpl* II **~/жилая** *(Schiff)* Wohnaufbau *m*, Wohnaufbauten *pl* II **~/палубная** *(Schiff)* Decksaufbau *m*, Decksaufbauten *mpl* II **~/поддонная** *(Bw)* Aufsetzrahmen *m* II **~/фонарная** *(Bw)* Dachoberlichtaufbau *m* II **~ этажа** *(Bw)* Aufstockung *f*
надстройки *fpl (Bw)* Zubauten *pl*, Aufbauten *pl*
надтепловой *(Kern)* epithermisch
надувание *n* Aufblasen *n*
надувать aufblasen
надувка *f* Aufblasen *n*
надуглекислый *(Ch)* ...peroxo[di]carbonat *n*; peroxo[di]kohlensauer
надуть *s.* надувать
надфиль *m (Wkz)* Nadelfeile *f* II **~/алмазный** Diamantennadelfeile *f* II **~/баретный** Barettfeile *f* II **~/квадратный** Vierkantnadelfeile *f* II **~/круглый** Rundnadelfeile *f* II **~/ножовочный** Messernadelfeile *f* II **~/овальный** Vogelzunge[nnadelfeile] *f* II **~/полукруглый** Halbrundnadelfeile *f* II **~/ромбический** Schwertnadelfeile *f* II **~/трёхгранный** Dreikantnadelfeile *f* II **~/трёхгранный односторонний** einseitige Dreikantnadelfeile *f*
надхромовокислый *(Ch)* ...peroxochromat *n*; peroxochromsauer
надшахтный *(Bgb)* Tages..., Schacht...
наезжать *(Masch)* auffahren; anfahren
наехать *s.* наезжать
нажатие *n* 1. Druck *m*; 2. Drücken *n*, Anpressen *n*; Druckausübung *f*; 3. Anschlagen *n (Tasten)* II **~ изнутри** Innenandruck *m* II **~/контактное** Kontaktdruck *m* II **~ контактов** Kontaktdruck *m*
нажать *s.* нажимать
наждак *m (Wkz)* Schmirgel *m (Schleifmittel)*
наждачный Schmirgel...
наживка *f* Köder *m (zum Fangen von Fischen)* II **~/искусственная** künstlicher Köder *m*
наживление *n* **яруса** Beködern *n* einer Langleine
наживлять *(Fert)* anfädeln *(von Gewindeteilen beim Zusammenschrauben)* II **~ ярус** beködern *(eine Langleine)*
нажим *m* 1. Druck *m*, Andruck *m*; Pressen *n (s. a.* нажатие*)*; 2. Druckstück *n*
нажимать [auf]drücken; anpressen; aufpressen
нажимный Druck...
нажор *m* Schwellung *f*, Prallwerden *n*
название *n* Name *m*, Benennung *f (chemische Nomenklatur)* II **~/групповое** Gruppenname *m* II **~/заместительное** Substitutionsname *m* II **~/полусистематическое** halbsystematischer Name *m* II **~/присоединительное** Additivname *m*, additiver Name *m* II **~ радикала** Radikalname *m*, Radikalbenennung *f* II **~/рациональное** rationeller Name *m* II **~/систематическое** systematischer Name *m*, systematische Benennung *f* II **~/сложное** komplexer Name *m* II **~/сокращённое** gekürzter Name *m*, Kurzname *m* II **~/тривиальное** Trivialname *m*
наземный *(Astr)* terrestrisch, erdgebunden
назначение *n* 1. Bestimmung *f*, Festsetzung *f*; 2. Verwendungszweck *m*, Zweck *m* II **~/временное** *(Inf)* temporäre Zuordnung *f* II **~/постоянное** *(Inf)* konstante Zuordnung *f* II **~ размеров** Bemessung *f*, Dimensionierung *f* II **~ устройства** *(Inf)* Gerätezuweisung *f* II **~ файла** *(Inf)* Dateizuordnung *f*, Dateikennzeichnung *f*
наименование *n* Benennung *f (s. a. unter* название*)* II **~ вывода** *(Eln)* Pin-Bezeichnung *f*, Anschlußbezeichnung *f*
найтов *m (Schiff)* Zurrelement *n*, Zurrung *f (Zurrseil, Zurrkette oder Zurrstange)* II **~/якорный** Ankerzurrung *f*
накал *m* 1. Glühen *n*; 2. Glut *f*, Gluthitze *f*, Hitze *f*; 3. *(Eln)* Heizung *f (Elektronenröhre)* • **с косвенным накалом** *(Eln)* indirekt geheizt • **с непосредственным накалом** *(Eln)* direkt geheizt II **~/белый** Weißglut *f*, Weißglühhitze *f* II **~/косвенный** induktive Heizung *f* II **~/красный** Rotglut *f*, Rotglühhitze *f* II **~/непосредственный** direkte Heizung *f* II **~ постоянным током** Gleichstromheizung *f* II **~/предварительный** Vorheizung *f* II **~/прямой** direkte Heizung *f* II **~/тёмно-красный** Dunkelrotglut *f*
накаливание *n* 1. Glühen *n*, Glühendmachen *n*, Erhitzung *f*; 2. *(Eln)* Heizen *n*
накаливать 1. glühen, glühend machen, erhitzen; 2. *(Eln)* heizen 3. [auf]heizen II **~ добела** weißglühen II **~/предварительно** vorheizen
накалить *s.* накаливать
накалять *s.* накаливать
накапливание *n* Aufspeichern *n*, Ansammeln *n*
накапливать [auf]speichern, ansammeln, anhäufen, akkumulieren
накат *m* 1. *(Pap)* Rollapparat *m (Papiermaschine)*; 2. *(Kfz)* Auslauf *m*; 3. *(Led)* [natürlicher] Narben *m*; 4. *(Bw)* Blendboden *m*, Einschubdecke *f*; 5. *(Bw)* Füllkörper *m (Decke)* II **~/барабанный** *(Pap)* Tragtrommelrollapparat *m*, Tragwalzenroller *m* II **~/гипсовый** *(Bw)* Gipsfüllkörper *m* II **~ краски** *(Typ)* Einfärben *n*, Farbauftrag *m* II **~ краски/избыточный** Überfärbung *f* II **~ краски на форму** Einfärben *n* der Druckform II

~/фрикционный *(Pap)* Friktionsrollapparat *m* ‖ ~ чёрного пола *(Bw)* Fehlboden *m*, Einschub *m*

накатать, накатить *s.* накатывать

накатка *f* 1. *(Fert)* Kordieren *n*, Kordeln *n*, Rändeln *n (Vorgang)*; 2. *(Fert)* Kordel *f*, Riffelung *f*, Kordierung *f*, Rändelung *f (Zustand)*; 3. Walzprägewerkzeug *n (zur Herstellung der Kordierung)*; 4. *(Fert)* Rollen *n (Gewinde)*; 5. *(Wkz)* Rollwerkzeug *n*; 6. Auftragen *n (Farbe, Leim)*; 7. Prägepolieren *n*, Druckhärten *n*; 8. *(Led)* Krispeln *n*; 9. *(Wlz)* Einwalzen *n*, Einwalzung *f*; 10. *(Text)* Aufwickeln *n*, Aufrollen *n* ‖ **~/горизонтальная** *(Schiff)* Roll-on-roll-off-Verkehr *m* ‖ **~/листовая** Sicken *n* ‖ **~ мереи** *(Led)* Krispeln *n*, Krausen *n* ‖ **~ резьбы** *(Fert)* Gewinderollen *n*, Gewindewalzen *n* ‖ **~ резьбы/холодная** *(Fert)* Gewindeformung *f* durch Kaltrollen

накатывание *n* 1. *(Fert)* Walzen *n*; 2. *s.* накатка 1.; 3. *(Fert)* Einrollen *n (Abrichten)*; 4. *(Text)* Aufwickeln *n*, Aufrollen *n*

накатывать 1. aufrollen; 2. aufwalzen; einwalzen; 3. *(Fert)* kordeln, kordieren, rändeln; 4. *(Text)* molettieren; 5. *(Led)* krispeln; 6. druckhärten, prägepolieren ‖ **~ краску** *(Typ)* einfärben, Farbe auftragen ‖ **~ резьбу** *(Fert)* Gewinde walzen

накачать *s.* накачивать

накачивать 1. pumpen *(Laser)*; 2. *(Kfz)* aufpumpen *(Reifen)*

накачка *f* 1. Pumpen *n*, Anregung *f (Laser)*; 2. *(Kfz)* Aufpumpen *n (Reifen)* ‖ **~/высокочастотная** Hochfrequenzpumpen *n* ‖ **~/импульсная** Impulspumpen *n*, gepulstes Pumpen *n* ‖ **~/когерентная** kohärentes Pumpen *n* ‖ **~ лазера** Laserpumpen *n*, Laseranregung *f* ‖ **~/многоуровневая** Multiniveaupumpen *n* ‖ **~/многочастотная** Mehrfrequenzpumpen *n* ‖ **~/оптическая** optisches Pumpen *n*, optische Anregung *f (Laser)* ‖ **~/поперечная** Transversalpumpen *n*, Querpumpen *n* ‖ **~/пороговая** Schwellenanregung *f* ‖ **~/предварительная** Vorpumpen *n* ‖ **~/прямая** direktes Pumpen *n*, direkte Anregung *f* ‖ **~ светом** *s.* ~/оптическая ‖ **~/химическая** chemisches Pumpen *n*, chemische Anregung *f* ‖ **~/широкополосная** Breitbandanregung *f*

накернение *n (Fert)* Körnen *n*, Ankörnen *n*

накернивать *(Fert)* [an]körnen

накернить *s.* накернивать

накипеобразование *n* Inkrustation *f (Rohrleitungen)*; Kesselsteinbildung *f*

накипеобразователь *m* Kesselsteinbildner *m*

накипеотложение *n* Kesselsteinablagerung *f*

накипь *f* 1. Kruste *f*, Sinter *m*, Ansatz *m*, Inkrustation *f*; 2. Kesselstein *m*; 3. Niederschlag *m* des Kühlwasser; 4. Schlammablagerung *f*; 5. Abschaum *m*, Schaum *m*; 6. Schaum *m*, Krätze *f*, Gekrätz *n (NE-Metallurgie)* ‖ **~/карбонатная** Carbonat[kessel]stein *m* ‖ **~/котельная** Kesselstein *m* ‖ **~/силикатная** Silikat[kessel]stein *m* ‖ **~/сульфатная** Sulfat[kessel]stein *m*

накладка *f* 1. Auflage *f*, Bedeckung *f*; 2. Lasche *f*; *(Eb)* Stoßlasche *f*, Lasche *f*; 3. *(Bw)* Blatt *n (Holzverbindung)*; Decklasche *f*; 4. *(Typ)* Bogenanlage *f*; 5. *(Typ)* Anlegebrett *n*; Anlegetisch *m*, Auflegetisch *m*, Einlegetisch *m*; 6. *(Schiff)* Doppelung *f* ‖ **~/верхняя** *(Bw)* obere Decklasche *f* ‖ **~/вилообразная стыковая** Gabellasche *f* ‖ **~/контактная** Schleifleiste *f*; Schleifstück *n*, Kontaktplatte *f* ‖ **~/переходная** *(Eb)* Übergangslasche *f* ‖ **~/продольная** *(Bw)* Längslasche *f* ‖ **~/рельсовая** *(Eb)* Schienenlasche *f* ‖ **~/стыковая** *(Eb)* Stoßlasche *f*, Stoßeisen *n*; *(Bw)* Decklasche *f* ‖ **~ сцепления** *(Kfz)* Kupplungsbelag *m* ‖ **~/теплоизоляционная** Temperaturschutzbelag *m*, Wärmeschutzbelag *m* ‖ **~/тормозная** *(Kfz)* Bremsbelag *m* ‖ **~/узловая** Knotenblech *n* ‖ **~/упругая рельсовая** *(Eb)* Federlasche *f* ‖ **~/фрикционная** *(Masch)* Reibbelag *m*

накладная *f* 1. Frachtbrief *m*; 2. Warenbegleitschein *m*, Lieferschein *m* ‖ **~/багажная** *(Eb)* Gepäckschein *m* ‖ **~/железнодорожная** *(Eb)* Frachtbrief *m*

накладной aufgelegt, Auflage...; auflegbar, Auflege...

накладывание *n* 1. Auflegen *n*; 2. *(Typ)* Anlegen *n*, Bogenanlage *f*

накладывать 1. auflegen; 2. überlagern; 3. *(Typ)* anlegen

наклейка *f* 1. Aufkleben *n*, Anleimen *n*; Aufkitten *n*; *(Led)* Aufkleben *n*, Pasting *n*; 3. Etikett *n*, Aufschrift *f* ‖ **~ на пластины** *(Led)* Aufkleben (Aufstoßen) *n* auf die Trockenplatten ‖ **~ этикеток** *(Brau)* Andrücken (Fixieren) *n* der Etiketten *(an der Flasche)*

наклёп *m (Met)* Kaltverfestigung *f*, Oberflächenverfestigung *f*, Kalthärtung *f*, Verfestigung *f*, Erhärtung *f* ‖ **~/дробеструйный** Kugelstrahlhärten *n*, Kugelstrahlhärtung *f*, Kugelstrahlverfestigen *n*, Kugelstrahlverfestigung *f* ‖ **~ обкаткой** Oberflächenhärten *n* (Oberflächenhärtung *f*) durch Prägepolieren, Wälzdruckhärten *n*, Wälzdruckhärtung *f* ‖ **~/поверхностный** Oberflächenverfestigung *f*, Kaltverfestigung *f* ‖ **~ при ковке** Schmiedehärte *f* ‖ **~/холодный** Kaltverfestigung *f*, Oberflächenverfestigung *f* ‖ **~ шариками** Kugelstrahlhärten *n*, Kugelstrahlhärtung *f*

наклёпанный 1. kaltverfestigt, verfestigt; 2. aufgenietet

наклон *m* 1. Neigung *f*, Schrägung *f (s. a. unter* наклонение*)*; Steigung *f*; 2. Rampe *f (einer Kurve, eines Impulses)*; 3. *(Bw)* Steigung *f (Straße)*; 4. *(Bgb)* Tonnlage *f*, Flaches *n*, Flachort *n*; 5. *(Fert)* Winklichkeit *f* ‖ **~ балластной постели** *s.* ~ земного полотна ‖ **~ динамической характеристки** dynamische Steilheit *f*, Arbeitssteilheit *f*, Betriebssteilheit *f* ‖ **~ земного полотна** *(Eb)* Abdachung (Schräge) *f* des Planums ‖ **~ зуба** *(Masch)* Zahnschräge *f*, Zahnschrägung *f*, Zahnneigung *f* ‖ **~ зуба/левый** Linkssteigung *f (Zahnrad)* ‖ **~ зуба/правый** Rechtssteigung *f (Zahnrad)* ‖ **~/критический** kristisches Gefälle *n* ‖ **~/крутой** steile Schräglage (Neigung) *f* ‖ **~/литейный** *(Gieß)* Formschräge *f*, Gießschräge *f* ‖ **~ орбиты** *(Astr, Rak)* Bahnneigung *f* ‖ **~ плато [/относительный]** *(Geol)* Plateauneigung *f*, Plateauanstieg *m* ‖ **~ плоскости орбиты** *(Astr)* Neigung *f* der Bahnebene ‖ **~/равный** *(Opt)* gleiche Neigung *f (bei Interferenzen)* ‖ **~/средний** *(Astr)* mittlere Neigung *f* ‖ **~ эклиптики** *(Astr)* Schiefe *f* der Ekliptik

наклонение *n* 1. Neigung *f*; Schrägstellung *f*; 2. *(Astr)* Neigung *f* der Bahnebene, Inklination *f*; 3. [magnetische] Inklination *f*; 4. *(Schiff)* Krängung *f* ‖ **~/магнитное** magnetische Inklination *f* ‖ **~ магнитной стрелки** Magnetnadelneigung *f* ‖ **~/поперечное** Querneigung *f* ‖ **~/продольное** Längsneigung *f* ‖ **~ эклиптики** *s.* наклон эклиптики

наклонённый geneigt, schief, schräg

наклонность *f* Neigung *f*; Inklination *f*

наклонный 1. geneigt, schief, schräg; abfallend, einfallend; 2. *(Bgb)* schwebend; tonnlägig; 3. *(El)* rampenartig, rampenförmig *(Impulse)*

наклономер *m* Neigungsmesser *m*, Klinometer *n*; *(Bgb, Geol)* Schichtneigungsmesser *m* ‖ **~ с уровнем** Libellenneigungsmesser *m*

наклоняемый schwenkbar *(in der Vertikalebene)*

наковальня *f* Amboß *m* ‖ **~/клепальная** Nietamboß *m* ‖ **~/кузнечная** Schmiedeamboß *m*, Hammeramboß *m* ‖ **~/пра́вильная** Richtamboß *m*

наконечник *m* 1. Endstück *n*, Abschlußstück *n*; Spitze *f*, Kuppe *f*; 2. Mundstück *n*; Stutzen *m*; 3. Meßeinsatz *m*, Meßaufsatz *m*; 4. Eindringkörper *m (Härtemessung)* ‖ **~/буровой** *(Bgb)* Bohrwerkzeug *n* ‖ **~/измерительный** 1. Meßeinsatz *m*; 2. Meßaufsatz *m* ‖ **~/кабельный** *(El)* Kabelschuh *m* ‖ **~/капиллярный** *(Eln)* Bondkanüle *f*, Sonotrode *f* ‖ **~/конический** kegelförmiger Eindringkörper *m (Härtemessung)* ‖ **~ мундштука** *(Schw)* Endstück *n*, Verschleißteil *n* der Stromkontaktdüse ‖ **~/ножевой** Schneidenmeßaufsatz *m* ‖ **~/пирамидальный** pyramidenförmiger Eindringkörper *m (Härtemessung)* ‖ **~/полюсный** *(El)* Polschuh *m* ‖ **~/сварочный** *(Schw)* Schwingwerkzeug *m* ‖ **~/сосуновый** Saugkopf *m*, Baggerkopf *m* ‖ **~/сферический (шаровой)** kugelförmiger Eindringkörper *m (Härtemessung)* ‖ **~/экранированный** *(El)* Entstörstecker *m* ‖ **~/эталонный** Etaloneindringkörper *m (Härtemessung)*

накопитель *m* 1. *(Inf)* Speicher *m*; Speichereinheit *f*; Speicherblock *m (s. a. unter* память *und* устройство/запоминающее*)*; 2. *(Fert)* Speicher *m*; Zwischenspeicher *m* ‖ **~/варакторный** Ladungsspeicher *m* auf Varaktordiodenbasis ‖ **~ деталей** *(Fert)* Teilespeicher *m*, Werkstückspeicher *m* ‖ **~ зарядов** Ladungsspeicher *m* ‖ **~ импульсов** Impulsspeicher *m* ‖ **~ информации** Informationsspeicher *m* ‖ **~/кассетный** *(Fert)* Kassettenspeicher *m* ‖ **~/кольцевой** *(Fert)* Ringspeicher *m* ‖ **~ команд** Befehlsspeicher *m* ‖ **~/магнитофонный** Magnettonspeicher *m* ‖ **~/маршрутный** *(Eb)* Fahrstraßenspeicher *m*, Fahrtenspeicher *m* ‖ **~ на гибких [магнитных] дисках** Floppy-Disk-Speicher *m*, Diskettenspeicher *m* ‖ **~ на жёстком [магнитном] диске** Festplattenspeicher *m* ‖ **~ на интегральных схемах** Halbleiterspeicher *m* ‖ **~ на линиях задержки** Laufzeitspeicher *m* ‖ **~ на магнитном барабане** Magnettrommelspeicher *m*, MTS ‖ **~ на магнитных лентах** Magnetbandspeicher *m* ‖ **~ на постоянных магнитных дисках** Festplattenspeicher *m*, FPS ‖ **~ на сменных магнитных дисках** Wechselplattenspeicher *m*, WPS ‖ **~ плёнки** *(Photo)* Schleifenzieher *m* ‖ **~/реальный** Realspeicher *m* ‖ **~ сигнала** Signalspeicher *m* ‖ **~/стендовый** *(Fert)* ortsfester Speicher *m* ‖ **~ уточной нити** *(Text)* Schußfadenspeicher *m* ‖ **~/ферритовый** Ferritkernspeicher *m* ‖ **~ энергии** Energiespeicher *m*

накопительный Speicher...

накопить *s.* накапливать

накопление *n* 1. Anhäufung *f*, Häufung *f*, Ansammlung *f*; 2. *(Inf)* Speichern *n*, Speicherung *f*; 3. *(Krist)* Akkumulation *f*, Anhäufung *f* ‖ **~/вертикальное** *(Geol)* Vertikalstapelung *f*, Anreicherung *f* in vertikaler Richtung *f (Lithologie)* ‖ **~/горизонтальное** *(Geol)* Horizontalstapelung *f*, horizontale Anreicherung *f (Lithologie)* ‖ **~ данных на магнитной плёнке** magnetische Speicherung *f* ‖ **~ заряда в базе** Überschuß[ladungs]trägerspeicherung *f* ‖ **~ зарядов** Ladungsspeicherung *f* ‖ **~ импульсов** Impulsspeicherung *f* ‖ **~ информации** Informationsspeicherung *f* ‖ **~ информации/оптическое** optische Informationsspeicherung *f* ‖ **~/межоперационное** *(Fert)* Zwischenspeicherung *f* ‖ **~ на магнитном барабане** Magnettrommelspeicherung *f* ‖ **~ ошибок** Fehlerhäufung *f* ‖ **~ продуктов деления** *(Kern)* Anhäufung *f* von Spaltprodukten *(im Reaktor)* ‖ **~ пространственного заряда** Raumladungsanhäufung *f* ‖ **~ пучка** *(Kern)* Strahlspeicherung *f* ‖ **~ сигналов** Signalspeicherung *f* ‖ **~ тепла** Wärme[auf]speicherung *f*, Wärmestau *m*, Wärmestauung *f* ‖ **~ энергии** Energiespeicherung *f*

накоплять *s.* накапливать

накрахмаливание *n* Stärken *n*

накрахмали[ва]ть stärken

накрашиваемость *f (Text)* Einfärbbarkeit *f*, Anfärbbarkeit *f*

накренение *n s.* кренование

накрит *m (Min)* Nakrit *m (Tonmineral)*

накрывание *n (Gieß)* Zulegen *n*, Abdecken *n (Form)*

накрывка *f (Bw)* Oberputz *m*, Deckputz *m*

нактоуз *m (Schiff)* Kompaßsäule *f*, Kompaßgehäuse *n*, Kompaßhaus *n*

налагаемость *f* Zusammenfallen *n*; Kongruenz *f*

налагаемый aufeinanderlegbar, kongruent; abwickelbar

налагаться sich decken

наладить *s.* налаживать

наладка *f* 1. Einrichten *n*, Einrichtung *f (Maschinen)*; 2. Einstellen *n*, Einregulieren *n*, Justieren *n*; 3. *(El)* Abgleich *m*, Abgleichen *n (Schaltungen)*; 4. Störungsbeseitigung *f*, Fehlerbeseitigung *f*; Funktionskontrolle *f*; 5. Ingangsetzen *n*, Inbetriebnahme *f*; 6. *s.* ~/сменная ‖ **~/групповая** *(Fert)* gruppenweises Einrichten *n* ‖ **~ зева** *(Text)* Facheinstellung *f (Weberei)* ‖ **~ программы** *(Inf)* Programmtest *m*, Programmerprobung *f*, Austesten *n (von Programmen)* ‖ **~/сменная** *(Wkzm)* Wechselbacke *f*, auswechselbare Backe *f*

налаживать 1. einrichten *(Maschinen)*; 2. einstellen, einregulieren, justieren; 3. *(El)* abgleichen *(Schaltungen)*; 4. in Gang bringen (setzen); in Ordnung bringen; betriebsfertig machen; Störungen (Fehler) beseitigen

налаживание *n s.* наладка

налегание *n (Geol)* Auflagerung *f*

наледь *f (Hydrol)* Aufeis *n*
налёт *m* 1. Belag *m*, Film *m*, dünne Schicht *f*; 2. *(Opt)* Beschlag *m (auf Linsen)*; 3. Ansatz *m*; 4. *(Led)* Ausschlag *m* ‖ **~/жировой** *(Led)* 1. Fettausschlag *m*; 2. Fettausharzung *f* ‖ **~ ржавчины** Rostfilm *m*, Rosthaut *f* ‖ **~ сажи** Rußansatz *m* ‖ **~/твёрдый** 1. *(Meteo)* Rauheis *n*; 2. Inkrustation *f*
налетать sich ansetzen, einen Belag (Überzug, Film) bilden
налететь *s.* налетать
налив *m* 1. Eingießen *n*, Füllen *n*, Vollgießen *n*; 2. Spundloch *n* ‖ **~/главный** *(Brau)* Hauptguß *m*
наливание *n s.* налив 1.
наливать eingießen, füllen, vollgießen
налипание *n* 1. Anhaften *n*; 2. *(Met)* Anfritten *n*
налить *s.* наливать
наличие *n* Vorhandensein *n*; Bestand *m*
наличник *m* 1. *(Bw)* Verkleidungsbrett *n*, Verkleidungsleiste *f*; Putz[deck]leiste *f*, Beistoß *m*; Beischub *m*; 2. *(Masch)* Gleitstück *n* ‖ **~/буксовый** *(Eb)* Achslagerleitplatte *f* ‖ **~/дверной** *(Bw)* Türverkleidung *f* ‖ **~ наковальни** *(Schm)* Amboßbahn *f* ‖ **~/оконный** *(Bw)* Fensterverkleidung *f*
наложение *n* 1. Auflegen *n*; Aufbringen *n*; 2. Anlegen *n*, Anlegung *f*; 3. *(El)* Überlagerung *f*; Überlappung *f*; 4. *(Geol)* Überlagerung *f*, Superposition *f* ‖ **~ волн** Wellenüberlagerung *f* ‖ **~ высокочастотного поля** *(El)* Hochfrequenzüberlagerung *f* ‖ **~ импульсов** 1. Impulsüberlagerung *f*; 2. Impulsüberlappung *f* ‖ **~ колебаний** Schwingungsüberlagerung *f* ‖ **~ оболочки** Aufpressen (Umpressen) *n* des Mantels *(eines Kabels)* ‖ **~ оплётки** Umflechten *n (eines Kabels)* ‖ **~ полос** Bandüberlagerung *f* ‖ **~ протектора** *(Kfz)* Runderneuerung *f* ‖ **~ резонансов** Resonanzüberlagerung *f* ‖ **~ тока** Stromüberlagerung *f*
наложенный überlagert
намагничение *n s.* намагничивание
намагниченность *f* Magnetisierung *f (Zustand)* ‖ **~/действительная остаточная** wahre Remanenz *f* ‖ **~/кажущаяся остаточная** scheinbare Remanenz *f* ‖ **~ ленты** Bandmagnetisierung *f* ‖ **~ насыщения** Sättigungsmagnetisierung *f* ‖ **~ насыщения/остаточная** Sättigungsremanenz *f* ‖ **~/нелинейная** nichtlineare Magnetisierung *f* ‖ **~/остаточная** Remanenz *f*, Restmagnetisierung *f*, remanente Magnetisierung *f* ‖ **~/относительная остаточная** relative Remanenz *f* ‖ **~/поперечная** Quermagnetisierung *f* ‖ **~/продольная** Längsmagnetisierung *f* ‖ **~/равновесная** Gleichgewichtsmagnetisierung *f* ‖ **~/удельная остаточная** spezifische Remanenz *f*
намагниченный magnetisiert ‖ **~/предварительно** vormagnetisiert
намагничиваемость *f* Magnetisierbarkeit *f*
намагничивание *n* Magnetisierung *f*, Magnetisieren *n (Vorgang)* ‖ **~ до насыщения** Sättigungsmagnetisierung *f* ‖ **~/естественное** freie Magnetisierung *f* ‖ **~/первоначальное** Erstmagnetisierung *f* ‖ **~/перпендикулярное** *s.* ~/поперечное ‖ **~/поперечное** Quermagnetisierung *f* ‖ **~ постоянным током** Gleichstrommagnetisierung *f* ‖ **~/предварительное** Vormagnetisierung *f* ‖ **~/продольное** Längsmagnetisierung *f* ‖ **~ продольным полем** Grenzfeldmagnetisierung *f*
намагничивать [auf]magnetisieren
намагничиваться magnetisch werden
намагничивающийся magnetisierbar
намазка *f* 1. Bestreichen *n*, Einschmieren *n*; Aufstreichen *n*; Einreiben *n*; 2. Streichmasse *f*; Einreibung *f*
намазывание *n s.* намазка 1.
намазывать 1. bestreichen, einschmieren; aufstreichen; 2. *(Led)* schwöden
наматывание *n s.* намотка
наматывать 1. aufhaspeln, [auf]wickeln, aufspulen, aufwinden; 2. *(Text)* spulen *(Garn)*; 3. *(Fert)* umwickeln *(Montageverfahren)* ‖ **~ в один слой** *(El)* einlagig wickeln ‖ **~ на ребро** *(El)* hochkant wickeln ‖ **~ с перекрытием витков** *(El)* überlappt wickeln
намачивание *n* 1. Benetzen *n*; Einweichen *n*; Wässern *n*; 2. Rösten *n (Flachs)*
намачивать 1. anfeuchten; einweichen; wässern; 2. rösten *(Flachs)*
намёт *m (Bw)* Bewurf *m*, Anwurf *m* ‖ **~ кельмой/штукатурный** Kellenwurfputz *m* ‖ **~/штукатурный** Mörtelbewurf *m*, Anwurf *m*, Bewurf *m*
намётка *f (Schm)* Ausstanzen *n* [von Vertiefungen], Ankerben *n (Arbeitsgang vor dem Gesenkschmieden durchbrochener Teile)*
намин *m (Led)* fixierte Falte *f*
намокаемость *f (Led)* Wasseraufnahme *f*
намокание *n* Feuchtwerden *n*, Naßwerden *n*; Durchfeuchten *n*, Durchfeuchtung *f*
намокать durchfeuchten, anfeuchten
намораживание *n* Auffrieren *n*
намот *m (Text)* Wickelbildung *f (Störung beim Funktionsablauf)*
намотать *s.* наматывать
намотка *f* 1. Aufwicklung *f*, Wicklung *f*; 2. *(Text)* Aufwindung *f*, Aufwinden *n*, Spulen *n*; 3. Aufrollen *n*, Einrollen *n*; *(Wlz)* Aufhaspeln *n*, Aufwickeln *n*, Aufspulen *n*; 4. *(El)* Wickeln *n (von Spulen)* ‖ **~/автоматическая** selbsttätiges Aufwickeln *n (z. B. einer Leitung auf eine Spule)* ‖ **~/бифилярная** *(El)* bifilare Wicklung *f*, Bifilarwicklung *f*, Zweifadenwicklung *f* ‖ **~ в слой** *(El)* Lagenwicklung *f* ‖ **~/дифференциальная** *(Text)* Differentialwindung *f* ‖ **~/жгутовая** *(Text)* Bildwicklung *f* ‖ **~/крестовая** *(Text)* Kreuzwicklung *f* ‖ **~/многослойная** *(El)* Mehrlagenwicklung *f* ‖ **~ на ребро** *(El)* 1. Hochkantwickeln *n*; 2. Hochkantwicklung *f* ‖ **~/нарядная** Lage-Lage-Wicklung *f* ‖ **~ нити** *(Text)* Fadenaufwindung *f* ‖ **~/однослойная** *(El)* Einlagenwicklung *f* ‖ **~/перекрёстная** *(El)* Kreuzwicklung *f* ‖ **~ плашмя** *(El)* 1. Flachkantwickeln *n*; 2. Flachkantwicklung *f* ‖ **~ початков** *(Text)* Kopswicklung *f* ‖ **~/прецизионная** *(Text)* Präzisionswicklung *f* ‖ **~/резервная** *(Text)* Reservewicklung *f* ‖ **~/сплошная** *(El)* konzentrierte Wicklung *f*, dichte (abstandlose, gedrängte) Wicklung *f* ‖ **~/фильма/фрикционная** *(Kine)* Friktionsaufwicklung *f*
намоты *pl* **[ленты] на валики** *(Text)* Wickelbildung *f* auf Walzen; Walzenwickel *m (Störung beim Funktionsablauf)*
намочить *s.* намачивать
намушник *m* Kornschutz *m (Schützenwaffe)*

намыв *m* 1. Anschwemmung *f*, Aufspülung *f*, Schwemmland *n*; 2. Spülversatz *m* ‖ **~ грунта** 1. Bodenanschwemmung *f*; 2. Aufspülen *n* *(Baggergut)* ‖ **~ основного слоя** Grundanschwemmung *f* *(Kieselgurfiltration)*
намывание *n* Anschwemmen *n*
намывать 1. anschwemmen; 2. durch Auswaschen gewinnen ‖ **~ грунт** aufspülen *(Baggergut)*
нанесение *n* Auftragen *n*, Aufbringen *n*; Auftrag *m*, Auftragung *f* ‖ **~ аппрета** *(Text)* Appretieren *n* ‖ **~ гальванических покрытий тампоном** Tampongalvanisieren *n* ‖ **~ гальванического покрытия** Galvanisieren *n*, Galvanisierung *f* ‖ **~ глазури маканием** Tauchglasieren *n* ‖ **~ испарением** Aufdampfen *n*, Bedampfen *n* ‖ **~/капельное** Tropfbeschichtung *f* ‖ **~ краски** *(Typ)* Einfärben *n* ‖ **~ магнитной дорожки** magnetische Beschichtung *f*, Magnetbeschichtung *f* ‖ **~ на карту** *(Geod)* Karteneintragung *f* ‖ **~ петель** *(Text)* Auftragen *n* *(Maschenbildung; Wirkerei)* ‖ **~ печатной краски** *(Typ)* Einfärben *n* ‖ **~ покрытий (покрытия)** 1. Beschichtung *f*, Beschichten *n*; 2. Ummanteln *n* *(Kabel)* ‖ **~ порошковых покрытий** Pulverbeschichten *n* *(z. B. von Werkstücken)* ‖ **~ распылением** Spritzbeschichtung *f*, Spritzauftrag *m*
нанести *s.* наносить
нанизка *f* **рыбы** Spitten *n* von Fischen *(Fischverarbeitung)*
нанизывать рыбу Fisch spitten *(Fischverarbeitung)*
нановатт *m* Nanowatt *n*, nW
нановольтметр *m* *(El)* Nanovoltmeter *n*
наногенри *m* Nanohenry *n*, nH
нанокулон *m* *(El)* Nanocoulomb *n*, nC
нанолитография *f* *(Eln)* Nanometerlithographie *f*
нанометр *m* Nanometer *n*, nm
нанос *m* Anschwemmung *f*, Schwemmland *n*
наносекунда *f* Nanosekunde *f*, ns
наносить auftragen, aufbringen ‖ **~ покрытие** 1. beschichten; 2. ummanteln *(Kabel)*
наносообразование *n* Schwemmlandbildung *f*
наносоудержатели *mpl* *(Hydt)* Verlandungsbau *m*
наносы *mpl* 1. *(Hydrol)* Feststoffe *mpl*; Sinkstoffe *mpl*; Schwemmstoffe *mpl*; 2. *(Geol)* quartäre Sedimente *npl*; 3. *(Bgb)* Deckgebirge *n*; Abraum *m* ‖ **~/взвешенные** *(Hydrol)* Schweb *n*, Schmelzstoff *m*, Flußtrübe *f* ‖ **~/донные** *(Hydrol)* Geschiebe *n*
нанофарада *f* Nanofarad *n*, nF
напаивать *(Fert)* auflöten, anlöten
напайка *f* Auflöten *n*, Anlöten *n*
напаять *s.* напаивать
напечатать *s.* печатать
напильник *m* *(Wkz)* Feile *f* ‖ **~/алмазный** Diamantfeile *f* ‖ **~/баретный** Barettfeile *f*, Dachfeile *f* ‖ **~/бархатный** Feinschlichtfeile *f* ‖ **~/вращающийся** rotierende Feile *f*, Rotorfeile *f* ‖ **~/грубый** Grobfeile *f*, grobhiebige Feile *f* ‖ **~/дисковый [машинный]** Feilscheibe *f* ‖ **~/драчовый** Schruppfeile *f* ‖ **~/квадратный** Vierkantfeile *f* ‖ **~/костный** *(Med)* Knochenfeile *f*; Knochenschaber *m* ‖ **~/круглый** Rundfeile *f* ‖ **~/линзовый** Vogelzungenfeile *f* ‖ **~/личной** Schlichtfeile *f* ‖ **~/наждачный** Schmirgelfeile *f* ‖ **~/ножевой (ножовочный)** Messerfeile *f* ‖ **~/овальный** 1. ovale Feile *f*; 2. Vogelzungenfeile *f* ‖ **~/остроносый** spitze Feile *f* ‖ **~/пазовый** Nutenfeile *f* ‖ **~/пересечённый** aufgehauene Feile *f*, Aufhaufeile *f* ‖ **~/плоский** Flachfeile *f* ‖ **~/полукруглый** Halbrundfeile *f* ‖ **~/ромбический** Schwertfeile *f*, Rhombusfeile *f* ‖ **~/ротативный** *s.* ~/вращающийся ‖ **~/слесарный** Schlosserfeile *f* ‖ **~/трёхгранный** Dreikantfeile *f* ‖ **~/фрезерованный** gefräste Feile *f* ‖ **~/четырёхгранный** Vierkantfeile *f* ‖ **~/шаровой** Kugelfeile *f* ‖ **~/широкий овальный** Vogelzungenfeile *f*
напильник-брусовка *m* *(Wkz)* Armfeile *f*
напильник-рифлуар *m* *(Wkz)* Riffelfeile *f* *(für Bildhauer, Graveure, Ziseleure)*
наплавить *s.* наплавлять
наплавка *f* 1. Aufschmelzen *n*; 2. Gießschweißen *n*; 3. Aufschweißen *n*, Aufschweißung *f*; Auftragschweißen *n*, Auftragschweißung *f* ‖ **~ в защитных газах** Schutzgasauftragschweißen *n* ‖ **~/вибродуговая** Schwingungsauftragschweißung *f*, Vibrationsauftragsschweißung *f* ‖ **~/газопорошковая** Flamm-Pulver-Auftragschweißen *n* ‖ **~/многослойная** Mehrlagenauftragschweißen *n* ‖ **~ под флюсом** UP-Autragschweißen *n* ‖ **~ расщеплённым электродом** Doppeldrahtauftragschweißen *n*
наплавление *n s.* наплавка
наплавлять 1. aufschmelzen; 2. auftragschweißen
напластование *n* *(Geol)* Schichtung *f*, Schichtenbildung *f*, Schichtenaufbau *m*; Aufschichtung *f*; Überlagerung *f*; Anlagerung *f* ‖ **~/закономерное** regelmäßige Überlagerung *f* ‖ **~/незакономерное** unregelmäßige Schichtung *f* ‖ **~/несогласное** diskordante (abweichende) Schichtung *f*; diskordante (ungleichförmige) Überlagerung *f* ‖ **~/параллельное** Parallelschichtung *f* ‖ **~/правильное (равномерное)** regolmäßige Schichtung *f* ‖ **~/согласное** konkordante (gleichförmige) Schichtung *f*; konkordante Überlagerung *f*
наплёскивать schleudern *(Emulsion)*
наплыв *m* 1. Anschwemmung *f*; 2. *(TV)* Überblenden *n*, Überblendung *f*; 3. *(Forst)* Maserholz *n*, Maserknollen *n*, Maserknoten *m*, Boule *f*, Knorren *m*, Kallus *m* *(an Bäumen)*; 4. Farbnase *f*; 5. Grat *m*, Stich *m* *(Schmiedefehler)* ‖ **~ при киносъёмке** *(Kine)* Überblendung *f* *(Aufnahme)* ‖ **~/сильный** *(TV)* hartes (scharfes) Überblenden *n* ‖ **~/слабый** *(TV)* weiches Überblenden *n*
наполнение *n* 1. Anfüllen *n*, Füllen *n*, Einfüllung *f*, Füllung *f*, Beschickung *f*; 2. Beschweren *n*, Beschwerung *f*; 3. Aufnahme *f*; 4. Ladung *f* *(Verbrennungsmotor)* ‖ **~ азотом** Stickstoffüllung *f* ‖ **~/водородное** Wasserstoffüllung *f* ‖ **~ газом** Gasfüllung *f* ‖ **~ гелием** Heliumfüllung *f* ‖ **~/долевое** Teillastfüllung *f* *(Verbrennungsmotor)* ‖ **~ инертным газом** Edelgasfüllung *f* ‖ **~ неоном** Neonfüllung *f* ‖ **~ носителями [заряда]** Ladungsträgernachschub *m* ‖ **~ по уровню** Höhenfüllung *f* *(Abfüllung auf Flaschen)*
наполнитель *m* 1. Füllstoff *m*, Füllmittel *n*, Füllkörper *m*, Füllmaterial *n*, Füllmasse *f*; 2. Füllmaschine *f*, Füller *m* ‖ **~/активный** aktiver Füllstoff *m* ‖ **~/волокнистый** faserförmiger (faseriger)

Füllstoff *m* ‖ **~/карусельный** Rundfüller *m* ‖ **~ кипящего слоя** Bettmaterial *n*, Inertmaterial *n*, Inertbett[material] *n* ‖ **~/круговой** *s.* ~/карусельный ‖ **~/неактивный (пассивный)** inaktiver Füllstoff *m* ‖ **~/ротационный** *s.* ~/карусельный ‖ **~/сухой** Trockenfüllstoff *m*

наполнить *s.* наполнять

наполняемость *f* Füllungsgrad *m*

наполнять [ein]füllen; auffüllen; verfüllen; beschicken; speisen *(Kessel)*

напольный flurgebunden *(Bauweise von Maschinen)*

напор *m* 1. Druck *m*, Druckhöhe *f*; Förderhöhe *f (von Pumpen)*; 2. *(Pap)* Stau *m*, Stauhöhe *f (in Stoffauflauf)*; 3. *(Hydr)* Fallhöhe *f (bei Wasserkraftanlagen)*; Gefälle *n*, Druckgefälle *n (in Rohrleitungen)* ‖ **~ брутто** Bruttofallhöhe *f*, Gesamtfallhöhe *f*, Rohfallhöhe *f (Wasserkraftwerk)* ‖ **~/вентиляционный** *(Bgb)* Depression *f (Bewetterung)* ‖ **~ ветра** Winddruck *m* ‖ **~ ветра/скоростной** Windstaudruck *m* ‖ **~ гидростанции** Stationsfallhöhe *f*, Stationsgefälle *n (Wasserkraftwerk)* ‖ **~/гидростатический** Ruhedruck *m* ‖ **~/действующий** Konstruktionsfallhöhe *f (Wasserkraftwerk)* ‖ **~/динамический** *(Aero, Hydr)* Staudruck *m*, dynamischer Druck *m*, Geschwindigkeitsdruck *m* ‖ **~/дифференциальный** Differenzdruck *m*, Stufendruck *m* ‖ **~/добавочный** Zusatzdruck *m (Wasserkraftwerk)* ‖ **~ дутья** 1. Gebläsedruck *m*; 2. Winddruck *m*, Staudruck *m* ‖ **~/манометрический** manometrische Förderhöhe *f (Pumpe)* ‖ **~ на водосливе** *(Hydt)* Überfallhöhe *f*, Stauhöhe *f* ‖ **~ насоса** Förderhöhe *f*, spezifische Nutzarbeit *f (Pumpe)* ‖ **~ насоса/конечный** Pumpenenddruck *m* ‖ **~ насоса/теоретический** theoretische Förderhöhe *f (Pumpe)* ‖ **~ насосной установки** Förderhöhe *f* der Pumpanlage ‖ **~ нетто** Nettofallhöhe *f*, Nutzfallhöhe *f (Wasserkraftwerk)* ‖ **~/остаточный** Restgefälle *n* ‖ **~ подачи** Förderhöhe *f* ‖ **~/полезный** Nutzgefälle *n*; Nutzförderhöhe *f*; nutzbares Druckgefälle *n* ‖ **~/полный** Gesamt[druck]höhe *f* ‖ **~ при рулевой подаче насоса** Nullförderhöhe *f*, Förderhöhe *f* beim Volumenstrom Null *(Pumpe)* ‖ **~/пьезометрический** Piezometerdruck *m*, piezometrischer (statischer) Druck *m* ‖ **~/рабочий** Nennfallhöhe *f (Wasserkraftwerk)* ‖ **~/располагаемый** verfügbare Fallhöhe *f*; verfügbares Druckgefälle *n (Wasserkraftwerk)* ‖ **~/скоростной** 1. *(Hydrod)* Geschwindigkeitshöhe *f*; 2. *(Aero, Flg)* Staudruck *m* ‖ **~/статический** *s.* ~/пьезометрический ‖ **~/температурный (тепловой)** *(Ph)* Temperaturgefälle *n (Temperaturunterschied zweier aneinandergrenzender Medien)* ‖ **~/частичный** Teildruckgefälle *n*

напорный Druck...; Stau...

направитель *m* Leitvorrichtung *f*, Leitapparat *m (Turbinen, Pumpen, Strömungsmaschinen)*

направить *s.* направлять

направление *n* 1. Richtung *f*; Sinn *m (z. B. Drehsinn)*; Führung *f (eines Radars)*; 2. *(Bgb)* Stunde *f (Markscheiderei)* • **в поперечном направлении** in Querrichtung • **в продольном направлении** in Längsrichtung • **одинакового направления** gleichsinnig, gleichgerichtet ‖ **~/блокирующее** Sperrichtung *f (Transistor)* ‖ **~/валентное** *(Ch)* Valenzrichtung *f* ‖ **~ вдоль оси** Axialrichtung *f* ‖ **~ воздействия** Wirkungsrichtung *f* ‖ **~ вращающегося поля** Drehfeldrichtung *f* ‖ **~ вращения** Rotationsrichtung *f*, Drehrichtung *f*, Drehsinn *m* ‖ **~ вращения винта** Schraubendrehrichtung *f* ‖ **~/встречное** Gegenrichtung *f*, gegenläufige Richtung *f* ‖ **~ выращивания** *(Krist)* Wachstumsrichtung *f* ‖ **~ вытягивания** *(Krist)* Ziehrichtung *f*, Züchtungsrichtung *f* ‖ **~/главное** Hauptrichtung *f* ‖ **~ движения** 1. Bewegungsrichtung *f*; 2. Richtungssinn *m*, Sinn *m*; 3. Fahrtrichtung *f* ‖ **~ двойникования** *(Krist)* Zwillingsrichtung *f*, Verwachsungsrichtung *f* ‖ **~ действия** *(Mech)* Angriffsrichtung *f (der Kraft)* ‖ **~ действия сил** Kraftwirkungsrichtung *f* ‖ **~ действия тяги** *(Flg)* Schubkraftrichtung *f* ‖ **~ замера** Meßrichtung *f* ‖ **~ запирания** Sperrichtung *f (Transistor)* ‖ **~/запирающее (запорное)** Sperrichtung *f (Transistor)* ‖ **~ затвердевания** *(Met, Gieß)* Erstarrungsrichtung *f (des flüssigen Metalls)* ‖ **~ зрения** Blickrichtung *f* ‖ **~ излучения** Abstrahl[ungs]richtung *f*, Strahlungsrichtung *f* ‖ **~ излучения/главное** Hauptstrahlungsrichtung *f* ‖ **~ крутки (кручения)** *(Text)* Drehungsrichtung *f* ‖ **~ ленты** Bandrichtung *f* ‖ **~ луча** Strahlrichtung *f* ‖ **~ лучом** Strahlführung *f* ‖ **~/машинное** *(Pap)* Maschinenrichtung *f*, Arbeitsrichtung *f* ‖ **~ мощности** Leistungsrichtung *f* ‖ **~ намагниченности (намагничивания)** *(Ph)* Magnetisierungsrichtung *f* ‖ **~ напряжения** *(El)* Spannungsrichtung *f* ‖ **~/непроводящее (непропускное)** Sperrichtung *f (Transistor)* ‖ **~/обратное** Gegenrichtung *f*, Rückwärtsrichtung *f*; *(Eln)* Sperrichtung *f* ‖ **~ обхода** Umfahrungssinn *m* ‖ **~ отклонения** Ablenkrichtung *f* ‖ **~ отлива** *(Pap)* Laufrichtung *f* ‖ **~ падения** *(Geol)* Einfallrichtung *f* ‖ **~ передачи** *(Nrt)* Verkehrsrichtung *f*, Übertragungsrichtung *f*; *(Rf)* Senderichtung *f* ‖ **~/переключательное** *(El)* Schaltrichtung *f* ‖ **~ перекоса** *(Masch)* Richtungssinn *m (z. B. bei Schrägverzahnung)* ‖ **~ перемещения** Bewegungsrichtung *f*, Bewegungssinn *m* ‖ **~ подачи** 1. Vorschubrichtung *f (Werkzeugmaschine)*; 2. Förderrichtung *f* ‖ **~ поля** *(Ph, El)* Feldrichtung *f* ‖ **~ поляризации** Polarisationsrichtung *f* ‖ **~ потока** *(Aero)* Strömungsrichtung *f* ‖ **~ приёма** *(Rf, TV)* Empfangsrichtung *f* ‖ **~ приёма/главное** Hauptempfangsrichtung *f* ‖ **~ притекания** Anströmrichtung *f* ‖ **~ прокатки** *(Wlz)* Walzrichtung *f* ‖ **~/пропускное** *(Eln)* Durchlaßrichtung *f*, Flußrichtung *f* ‖ **~ простирания** *(Geol)* Streichrichtung *f* ‖ **~ прохождения** Leitweg *m*; Durchgangsrichtung *f* ‖ **~ пусков** *(Rak)* Startrichtung *f* ‖ **~/равносигнальное** *s.* ~ равносигнальной зоны ‖ **~ равносигнальной зоны** *(Rad)* Dauerstrichrichtung *f*, Leitstrahlrichtung *f* ‖ **~/радиорелейное** Richtfunktstrecke *f* ‖ **~ развёртки** *(TV)* Ablenkrichtung *f*; Abtastrichtung *f* ‖ **~ распространения** Fortpflanzungsrichtung *f*, Ausbreitungsrichtung *f (Schall, Licht)* ‖ **~ растяжения** *(Mech)* Zugrichtung *f* ‖ **~ сдвига** *s.* ~ скольжения ‖ **~ скольжения** *(Krist)* Gleitrichtung *f*, Translationsrichtung *f* ‖ **~ спина** *(Kern)* Spinrichtung *f* ‖ **~ съёмки** Aufnahmerichtung *f* ‖ **~ тока** *(El)* Stromrichtung *f*

направления *npl* **/полярные** *(Krist)* polare Richtungen *fpl (Kristallsymmetrie)* ‖ **~/симметрично равные** *(Krist)* symmetrisch äquivalente Richtungen *fpl (Kristallsymmetrie)*

направленность *f* 1. Richtwirkung *f*, Richteffekt *m*, Richtschärfe *f*; 2. Gerichtetheit *f*, Richtungsgebundenheit *f*; 3. Richtfähigkeit *f*, Richtvermögen *n*; 4. Bündelung *f (Laser)* ‖ **~ излучения** Strahlungsbündelung *f (Laser)*

направлять lenken, leiten, orientieren; führen ‖ **~ запросы на прерывание** *(Inf)* Unterbrechungen verlangen

направляющая *f* 1. *(Math)* Leitkurve *f*; 2. *(Masch)* Führung *f*, Führungsschiene *f*, Gleitschiene *f*, Führungsbahn *f (s. a.* направляющие*)*; 3. *(Rak)* Führungsschiene *f*, Startschiene *f* ‖ **~/боковая** Seitenführung *f*, Seitenführungsbahn *f*, seitliche Führungsbahn *f* ‖ **~/винтовая** Schraubführungsbahn *f* ‖ **~ золотника** Schieberführung *f* ‖ **~ качения** Wälzführung[sbahn] *f* ‖ **~/кольцевая** Ringbahn *f*, ringförmige Führungsbahn *f* ‖ **~ колонны** Säulenführungsbahn *f* ‖ **~/коническая** kegelförmige Führungsbahn *f* ‖ **~ консоли** Auslegerführungsbahn *f*, Konsolführungsbahn *f* ‖ **~ крейцкопфа** Kreuzkopf[gleit]führung *f* ‖ **~/криволинейная** Kurvenführungsbahn *f* ‖ **~/круглая** runde Führungsbahn *f* ‖ **~/круговая** kreisförmige Führungsbahn *f* ‖ **~/V-образная** V-Führungsbahn *f* ‖ **~/основная** Grundführungsbahn *f* ‖ **~/плоская** Flach[führungs]bahn *f* ‖ **~ плунжера** Stößelführungsbahn *f* ‖ **~ ползуна** Kreuzkopf[gleit]führung *f* ‖ **~ поршня** Kolbenführungsbahn *f* ‖ **~/призматическая** Prismenführung[sbahn] *f*, prismatische Führung[sbahn] *f* ‖ **~/продольная** Längsführung [-sbahn] *f*, Führung[sbahn] *f* für die Längsbewegung ‖ **~/прямолинейная** Geradführung[sbahn] *f*, Führung[sbahn] *f* für die Geradbewegung ‖ **~/роликовая** Rollenführung[sbahn] *f* ‖ **~ скольжения** Gleitführung[sbahn] *f* ‖ **~ салазок** Schlittenführung[sbahn] *f* ‖ **~/сменная** auswechselbare Führungsbahn *f* ‖ **~ стола** Tischführung [-sbahn] *f* ‖ **~/шарнирная** Gelenkführung [-sbahn] *f*

направляющие *fpl* 1. *(Masch)* Führung *f (mehrere Führungsbahnen) (s. a. unter* направляющее*)*; 2. *(Bgb)* Spurlatten *fpl* ‖ **~/боковые** seitliche Führung *f*, Seitenführung *f* ‖ **~/горизонтальные** Waagerechtführung *f*, waagerecht angeordnete Führung *f* ‖ **~ задней бабки** Reitstockführung *f* ‖ **~ качения** Wälzführung *f* ‖ **~/клиновые** Keilführung *f* ‖ **~/кольцевые** Ringführung *f* ‖ **~/конические** kegelförmige Führung *f* ‖ **~/круговые** Kreisführung *f*, kreisförmige Führung *f* ‖ **~/охватываемые** umhüllte Führung *f (Profilform von Führungen)* ‖ **~/охватывающие** umhüllende Führung *f (Profilform von Führungen)* ‖ **~ ползуна** Stößelführung *f* ‖ **~/поперечные** Querführung *f*, Führung *f* für die Querbewegung ‖ **~ поступательного перемещения** Führung *f* für die Translationsbewegung, Geradführung *f* ‖ **~/спусковые** Ablaufführung *f* ‖ **~ станка** Werkzeugmaschinenführung *f* ‖ **~/станочные** *s.* ~ станка ‖ **~ суппорта** Supportführung *f* ‖ **~ толкателя** Stößelführung *f* ‖ **~/цилиндрические** Zylinderführung *f*, zylindrische Führung *f*

напрягать 1. spannen; 2. beanspruchen

напряжение *n* 1. *(El, Fest)* Spannung *f*; 2. Spannkraft *f*; Intensität *f*; 3. Beanspruchung *f*, Inanspruchnahme *f*, Belastung *f* ‖ **~/активное** *(El)* Wirkspannung *f* ‖ **~ анода** *s.* ~/анодное ‖ **~/анодное** *(Eln)* Anodenspannung *f* ‖ **~/антенное** Antennenspannung *f* ‖ **~ база-эмиттер** *(Eln)* Basis-Emitter-Spannung *f* ‖ **~/базисное** *(Eln)* Basisspannung *f* ‖ **~/базовое** *(Eln)* Basisspannung *f* ‖ **~/базово-коллекторное** *(Eln)* Kollektor-Basis-Spannung *f* ‖ **~ батареи** *(El)* Batteriespannung *f* ‖ **~ биений** *(El)* Schwebungsspannung *f* ‖ **~ блокировки** *(Eln)* Blockier[ungs]-spannung *f*, Sperrspannung *f*, Verriegelungsspannung *f* ‖ **~/блокировочное** *s.* ~ блокировки ‖ **~/боковое** *(Fest)* Randspannung *f* ‖ **~ в антенне** Antennenspannung *f* ‖ **~ в контактной сети** *(Eb)* Fahrleitungsspannung *f* ‖ **~ в крайнем волокне** *(Fest)* Randspannung *f* ‖ **~ в пропускном (прямом) направлении** *(Eln)* Durchlaßspannung *f* ‖ **~ в роторе** *(El)* Läuferspannung *f* ‖ **~ в сети** *(El)* Netzspannung *f* ‖ **~ в спокойном состоянии** *(Fest)* Ruhespannung *f* ‖ **~/вертикально отклоняющее** *(TV)* Vertikalablenkspannung *f*, Y-Spannung *f* ‖ **~/верхнее [предельное]** *(Fest)* Oberspannung *f* ‖ **~ вихря** *(Hydrol)* Wirbelstärke *f*, Wirbelintensität *f* ‖ **~ включения** *(El)* Einschaltspannung *f*; *(Eln)* Zündspannung *f (Halbleiter)* ‖ **~/внешнее** *(El)* Fremdspannung *f* ‖ **~/внутреннее** *(Fest)* Eigenspannung *f* ‖ **~ возбудителя** *(El)* Erregerspannung *f* ‖ **~ возбуждения** *(El)* Erregungsspannung *f* ‖ **~/вольтодобавочное** *(El)* Boosterspannung *f* ‖ **~ впадины** *(Eln)* Talspannung *f* ‖ **~ вращающего поля** *(El)* Drehfeldspannung *f* ‖ **~/вспомогательное** *(El)* Hilfspannung *f* ‖ **~/встречное** *(El)* Gegenspannung *f* ‖ **~/вторичное** *(El)* Sekundärspannung *f* ‖ **~ втягивания** *(El)* Anzugsspannung *f* ‖ **~/входное** *(El)* Eingangsspannung *f* ‖ **~/входное переменное** *(El)* Steuerspannung *f* ‖ **~/выдерживаемое** *(El)* Stehspannung *f* ‖ **~ выносливости/верхнее [предельное]** *(Fest)* Oberspannung *f* der Dauerfestigkeit ‖ **~/выпрямленное** *(El)* gerichtete Spannung *f*, Richtspannung *f* ‖ **~/высокое** *(El)* Hochspannung *f* ‖ **~/высокочастотное** *(El)* hochfrequente Spannung *f*, Hochfrequenzspannung *f* ‖ **~/высшее** *(El, Fest)* Oberspannung *f* ‖ **~ высших гармоник** *(El)* Oberzellenspannung *f* ‖ **~/выходное** *(El)* Ausgangsspannung *f* ‖ **~ гашения** *(El)* Löschspannung *f* ‖ **~/гидростатические** *(Geoph)* hydrostatische Spannungen *fpl* ‖ **~ главного возбудителя** *(El)* Haupterregerspannung *f* ‖ **~/главное** *(Fest)* Hauptspannung *f* ‖ **~ горения** *(El)* Brennspannung *f* ‖ **~/горизонтально отклоняющее** *(TV)* Horizontalablenkspannung *f*, X-Spannung *f* ‖ **~ гудения** *(Eln)* Brummspannung *f* ‖ **~ гудения/сеточное** Gitterbrummspannung *f* ‖ **~ давления** *(Fest)* Druckspannung *f* ‖ **~/действительное** 1. *(El)* tatsächliche Spannung *f*, Ist-Spannung *f*; 2. *(Fest)* effektive Spannung *f*, Arbeitsspannung *f* ‖ **~/действующее** *(El, Fest)* effektive (wirksame) Spannung *f*, Effektivspannung *f* ‖ **~ деформации** *(Fest)* Formänderungsspannung *f*, Umformwiderstand *m* ‖ **~ диффузии** *(Eln)* Diffusionsspannung *f* ‖ **~/диффузионное** *(Eln)* Diffusionsspannung *f* ‖ **~/добавочное** *(El, Fest)* Zusatzspannung *f* ‖ **~/дополнительное** *(El, Fest)* Zusatzspannung *f* ‖ **~/ допускаемое (допустимое)** *(Fest)* zulässige Spannung *f*; zulässige Beanspruchung *f* ‖ **~ дрейфа** *(Eln)* Driftspannung *f* ‖ **~ дуги** *(El)* Lichtbogenspannung *f* ‖ **~/задаваемое (заданное)** *(El)* vorgegebene Spannung *f*, Sollspannung *f* ‖ **~ зажигания** *(El)* Zündspannung *f* ‖ **~/закалочное** *(Fest)* Härtespannung *f* ‖ **~ запирания** *s.* ~/запирающее ‖ **~/запирающее** *(Eln)* Verriegelungsspannung *f*, Sperrspannung *f* ‖ **~/заряда** *(El)* Ladespannung *f*, Aufladespannung *f* ‖ **~ затвора** *(Eln)* Gatespannung *f*, Torspannung *f* ‖ **~ затвор-исток** *(Eln)* Gate-Source-Spannung *f* ‖ **~ затухания** *(El)* Löschspannung *f*, Abklingspannung *f* ‖ **~ Зинера** *(Eln)* Z-Spannung *f*, Zener-Spannung *f* ‖ **~/зинеровское** *s.* ~ Зинера ‖ **~/знакопеременное** *(Fest)* Wechselspannung *f*; Wechselbeanspruchung *f* ‖ **~ знакопеременными циклами** *(Fest)* Dauerschwingspannung *f*, Wechselspannung *f*; Dauerschwing[ungs]beanspruchung *f*, Wechselbeanspruchung *f* ‖ **~ изгиба** *(Fest)* Biegespannung *f*; Biegebeanspruchung *f* ‖ **~/изгибающее** *s.* ~ изгиба ‖ **~/измерительное** *(El)* Meßspannung *f* ‖ **~/импульсное** *(Eln)* Impulsspannung *f*, Stoßspannung *f* ‖ **~/импульсное обратное** Spitzensperrspannung *f*; Impulssperrspannung *f* ‖ **~/индуктивное** *(El)* induktive Spannung *f* ‖ **~/индуктированное** *(El)* induzierte Spannung *f* ‖ **~ ионизации** *(Eln)* Ionisationsspannung *f* ‖ **~/ионизирующее** *(Eln)* Ionisationsspannung *f* ‖ **~/искровое** *(El)* Funkenspannung *f* ‖ **~/испытательное** *(El)* Prüfspannung *f* ‖ **~/истинное** *(Fest)* wahre (effektive) Spannung *f* ‖ **~ истока** *(Eln)* Sourcespannung *f* ‖ **~ исток-сток** *(Eln)* Source-Drain-Spannung *f* ‖ **~ источника** *(El)* Quellenspannung *f*, Urspannung *f* ‖ **~/исходное** 1. *(Fest)* Anfangsspannung *f*, Ausgangsspannung *f*; Ausgangsbeanspruchung *f*; 2. *(El)* Grundspannung *f*; Urspannung *f* ‖ **~/итоговое** *(Fest)* Gesamtspannung *f*, summarische Spannung *f*, Integralspannung *f* ‖ **~/касательное** *(Fest)* Tangentialspannung *f*, tangentiale Spannung *f*; Schubspannung *f* ‖ **~/клеммное** *(El)* Klemmenspannung *f* ‖ **~ коллектора** 1. *(El)* Kommutatorspannung *f (einer elektrischen Maschine)*; 2. *(Eln)* Kollektorspannung *f (eines Transistors)* ‖ **~ коллектор-база** *(Eln)* Kollektor-Basis-Spannung *f* ‖ **~/коллекторное** *s.* ~ коллектора ‖ **~ коллектор-подложка** *(Eln)* Kollektor-Substrat-Spannung *f* ‖ **~ коллектор-эмиттер** *(Eln)* Kollektor-Emitter-Spannung *f* ‖ **~/компенсационное** *(El)* Kompensationsspannung *f* ‖ **~ конденсатора** *(Eln)* Kondensatorspannung *f* ‖ **~ контактного провода** *(Eb)* Fahrdrahtspannung *f*, Fahrleitungsspannung *f* ‖ **~/контактное** 1. *(El)* Kontaktspannung *f*; 2. *(Wlz)* Walzenpressung *f* ‖ **~/контрольное** *(El)* Kontrollspannung *f* ‖ **~ контура** *(El)* Maschenspannung *f* ‖ **~/коронное** *(El)* Koronaspannung *f* ‖ **~ короткого замыкания** *(El)* Kurzschlußspannung *f* ‖ **~/краевое** *(Fest)* Randspannung *f* ‖ **~/критическое** 1. *(El)* kritische Spannung *f*; 2. *(Fest)* Bruchspannung *f*; Knickspannung *f*, kritische Druckspannung *f* ‖ **~/крутящее** *s.* ~ на кручение ‖ **~ кручения** *s.* ~ на кручение ‖ **~ кручения/касательное** *(Fest)* Verdrehspannung *f* ‖ **~ лавинного пробоя** *(Eln)* Lawinendurchbruchspannung *f*, Avalanche-Spannung *f* ‖ **~ лампы** *(El)* Lampenspannung *f*, Lampenbetriebsspannung *f* ‖ **~/линейное** *(El)* 1. Übertragungsspannung *f*; 2. Leiter-Leiter-Spannung *f*, Leiterspannung *f*, Linienspannung *f* ‖ **~/литейное** *(Fest)* Gußspannung *f* ‖ **~/литостатическое** *(Geoph)* lithostatische Spannung *f* ‖ **~/максимально-допустимое** *(Eln)* maximal zulässige Spannung *f*, Grenzspannung *f* ‖ **~/максимальное** 1. *(El, Fest)* Höchstspannung *f*, Maximalspannung *f*; 2. *(Fest)* Höchstbeanspruchung *f*; Maximalbeanspruchung *f* ‖ **~/максимальное ускоряющее** *(El)* maximale Beschleunigungsspannung *f* ‖ **~ материала** Werkstoffbeanspruchung *f* ‖ **~/межбазовое** *(Eln)* Zwischenbasisspannung *f* ‖ **~ между базой и эмиттером** *(Eln)* Basis-Emitter-Spannung *f* ‖ **~ между затвором и истоком** *(Eln)* Gate-Source-Spannung *f* ‖ **~ между коллектором и базой** *(Eln)* Kollektor-Basis-Spannung *f* ‖ **~ между эмиттером и базой** *(Eln)* Emitter-Basis-Spannung *f* ‖ **~/междуэмиттерное** *(Eln)* Emitter-Emitter-Spannung *f* ‖ **~/межламельное** *(El)* Lamellenspannung *f*, Stegspannung *f* ‖ **~/механическое** *(Fest)* mechanische Spannung *f*; mechanische Beanspruchung *f* ‖ **~/мешающее** *(El)* Störspannung *f* ‖ **~/минимальное** 1. *(El, Fest)* Mindestspannung *f*, Minimalspannung *f*; 2. *(Fest)* Mindestbeanspruchung *f*, Minimalbeanspruchung *f* ‖ **~/модулирующее** *(Eln)* Modulationsspannung *f* ‖ **~/мокроразрядное** *(El)* Regenüberschlagspannung *f* ‖ **~ моста** *(El)* Brückenspannung *f* ‖ **~ на аноде** *(El)* Anodenspannung *f* ‖ **~ на входе** *(El)* Eingangsspannung *f* ‖ **~ на выходе** *(El)* Ausgangsspannung *f* ‖ **~ на зажимах** *(El)* Klemmenspannung *f* ‖ **~ на зажимах якоря** Ankerspannung *f* ‖ **~ на защитной сетке** *(Eln)* Bremsgitterspannung *f* ‖ **~ на изгиб** *(Fest)* Biegespannung *f*; Biegebeanspruchung *f* ‖ **~ на клеммах** *s.* ~ на зажимах ‖ **~ на коллекторе** *s.* ~ коллектора ‖ **~ на кручение** *(Fest)* Verdrehspannung *f*, Torsionsspannung *f*, Drillspannung *f*; Verdrehbeanspruchung *f*, Drehbeanspruchung *f*, Torsionsbeanspruchung *f* ‖ **~ на нити накала** *(El)* Heizfadenspannung *f* ‖ **~ на обмотке** *(El)* Wicklungsspannung *f* ‖ **~ на отражательном электроде** *(Eln)* Reflektorspannung *f* ‖ **~ на первичной обмотке** *(El)* Primärspannung *f* ‖ **~ на первичных зажимах** *(El)* primäre Klemmenspannung *f*, Primärklemmenspannung *f* ‖ **~ на продольный изгиб** *(Fest)* Knickspannung *f*; Knickbeanspruchung *f* ‖ **~ на растяжение** *(Fest)* Zugspannung *f*; Zugbeanspruchung *f* ‖ **~ на реле** *(El)* Relaisspannung *f* ‖ **~ на роторе** *(El)* Läuferspannung *f* ‖ **~ на сдвиг** *(Fest)* Schubspannung *f*, Scherspannung *f*; Schubbeanspruchung *f*, Scherbeanspruchung *f* ‖ **~ на сетке** *(Eln)* Gitterspannung *f* ‖ **~ на скалывание** *s.* ~ на сдвиг ‖ **~ на смятие** *(Fest)* Pressung *f* ‖ **~ на срез** *(Fest)* Scherbeanspruchung *f* ‖ **~ на стоке-истоке** *(Eln)* Source-Drain-Spannung *f* ‖ **~ на тиристоре** *(El)* Thyristorspannung *f* ‖ **~ на управляющей сетке** *(Eln)* Steuergitterspannung *f* ‖ ~ **на электродах** *(El)* Elektrodenspannung *f* ‖ ~ **на эмиттере** *(Eln)* Emitterspannung *f* ‖ ~ **на якоре** *(El)* Ankerspannung *f* ‖ **~/наведённое** *(El)* induzierte Spannung *f* ‖ **~/наибольшее** *(El)* Höchstspannung *f*, Maximalspannung *f* ‖ ~ **насыщения** *(Eln)* Sättigungsspannung *f* ‖ ~ **насыщения сток-исток** Drain-Source-Sättigungsspannung *f* ‖ **~/начальное** *(Fest)* Ausgangsspannung *f*, Anfangsspannung *f*, Ursprungsspannung *f*, Eigenspannung *f*; *(El)* Anfangsspannung *f*, Einsatzspannung *f* ‖ **~/неподвижное** *(Fest)* Ruhespannung *f*, Spannung *f* bei statischer Belastung ‖ **~/неполное** *(Fest)* Teilspannung *f* ‖ **~/нестесняющее предварительное** zwängungsfreie Vorspannung *f (Spannbeton)* ‖ **~/нижнее [предельное]** *(Fest)* Unterspannung *f* ‖ **~/низкое** *(El)* Niederspannung *f* ‖ **~/низкочастотное** *(El)* niederfrequente Spannung *f*, Niederfrequenzspannung *f* ‖ **~/низшее** *(El)* Unterspannung *f (eines Transformators)* ‖ **~/низшее [предельное]** *(Fest)* Unterspannung *f* ‖ **~/номинальное** *(El, Fest)* Nennspannung *f* ‖ **~/нормальное** *(El, Fest)* Normalspannung *f* ‖ **~/нулевое** *(El)* Nullspannung *f* ‖ **~/обратное** *(Eln)* Sperrspannung *f*, Rückspannung *f* ‖ **~/обратное пробивное** *(El)* Durchbruchsperrspannung *f* ‖ ~ **обратной связи** *(El)* Rückkopplungsspannung *f*; Rückführspannung *f* ‖ ~ **обхода** *(El)* Umlaufspannung *f* ‖ **~/общее** *(El)* Gesamtspannung *f* ‖ **~/объёмное напряжённое** *(Fest)* räumlicher (dreiachsiger) Spannungszustand *m* ‖ ~ **ограничения** *(El)* Begrenzungsspannung *f* ‖ **~/опасное** *(El)* Gefährdungsspannung *f* ‖ **~/опорное** *(El)* Bezugsspannung *f*, Referenzspannung *f* ‖ **~/осевое** *(Fest)* Axialspannung *f* ‖ **~/остаточное** 1. *(El)* Restspannung *f*; 2. *(Fest)* remanente (bleibende) Spannung *f*, Restspannung *f* ‖ **~/остающееся** *(El)* Restspannung *f* ‖ ~ **от ползучести** *(Fest)* Kriechspannung *f* ‖ ~ **от удара** *(Fest)* Schlagbeanspruchung *f* ‖ ~ **отклонения** *(El)* Ablenkspannung *f* ‖ ~ **отключения** *(El)* Abschaltspannung *f* ‖ **~/паразитное** *(Eln)* Störspannung *f* ‖ **~/первичное** *(El)* Primärspannung *f* ‖ **~/первоначальное** *(El)* Urspannung *f* ‖ ~ **перекрытия** *(El)* Überschlag[s]spannung *f*, Pinch-off-Spannung *f* ‖ ~ **переменного изгиба** *(Fest)* Wechselbiegespannung *f* ‖ **~/переменного тока** *(El)* Wechselspannung *f* ‖ **~/переменное** *(El)* Wechselspannung *f* ‖ **~/переменное сеточное** *(Eln)* Gitterwechselspannung *f* ‖ **~/переменное управляющее** *(El)* Steuerwechselspannung *f* ‖ ~ **перестройки** *(Eln)* Durchstimmspannung *f* ‖ **~/переходное** *(El)* Übergangsspannung *f*, transiente Spannung *f* ‖ **~/пиковое** *(El)* Spitzenspannung *f*, Scheitelspannung *f*, Höckerspannung *f* ‖ **~/пиковое обратное** Spitzensperrspannung *f* ‖ **~/пиковое рабочее** Betriebsspitzenspannung *f*, Arbeitsspitzenspannung *f* ‖ **~/пилообразное** *(El)* Sägezahnspannung *f* ‖ ~ **питания** *(El)* Speisespannung *f*, Versorgungsspannung *f*; Betriebsspannung *f* ‖ **~/питающее** *s.* ~ питания ‖ ~ **питающей сети** *(El)* Netzspannung *f* ‖ **~/поверхностное** *(Fest)* Oberflächenspannung *f* ‖ **~/повышенное** *(Fest)* 1. Oberspannung *f*; 2. erhöhte Spannung *f*; erhöhte Beanspruchung *f* ‖ ~ **погасания** *(El)* Löschspannung *f* ‖ ~ **под щётками** *(El)* Bürstenspannung *f* ‖ ~ **пода** Herd[flächen]-belastung *f (Herdofen)* ‖ **~/подводимое** *(El)* Aufschaltspannung *f* ‖ **~/поджигающее** *(El)* Zündspannung *f* ‖ ~ **подложки** *(Eln)* Substratspannung *f* ‖ ~ **покоя** *(El)* Ruhespannung *f* ‖ **~/полезное** *(El)* Nutzspannung *f* ‖ **~/полное** *(El)* Gesamtspannung *f* ‖ ~ **полной нагрузки** *(El)* Vollastspannung *f* ‖ ~ **помех** *(El)* Störspannung *f* ‖ **~/пониженное** 1. *(El, Fest)* Unterspannung *f*; 2. *(Fest)* verringerte Spannung *f*; verringerte Beanspruchung *f* ‖ **~/поперечное** *(El, Fest)* Querspannung *f* ‖ **~/пороговое** *(Eln)* Schwell[en]spannung *f (Transistor)* ‖ ~ **послеускорения** *(El)* Nachbeschleunigungsspannung *f* ‖ **~/постороннее** *(El)* Fremdspannung *f* ‖ ~ **постоянного тока** *(El)* Gleichspannung *f* ‖ **~/постоянное** *(El)* 1. Gleichspannung *f*; 2. konstante Spannung *f* ‖ **~/постоянное анодное** *(Eln)* Anodengleichspannung *f* ‖ **~/постоянное сеточное** *(Eln)* Gittergleichspannung *f* ‖ **~/постоянное управляющее** *(El)* Steuergleichspannung *f* ‖ ~ **потребителей** *(El)* Verbraucherspannung *f* ‖ **~/предварительное** 1. *(Fest)* Vorspannung *f*; 2. *(Bw)* Vorspannung *f (Stahlbeton)* ‖ **~/предельное** 1. *(Fest)* Bruchspannung *f*, Grenzspannung *f*; Grenzbeanspruchung *f*, Höchstbeanspruchung *f*; 2. *(El)* Grenzspannung *f* ‖ ~ **при изгибе** *(Fest)* Biegespannung *f*; Biegebeanspruchung *f* ‖ ~ **при кручении** *s.* ~ на кручение ‖ ~ **при продольном изгибе [/критическое]** *(Fest)* Knickspannung *f*; Knickbeanspruchung *f* ‖ ~ **при разрыве** *(Fest)* Zerreißspannung *f*, Bruchspannung *f*, Bruchbeanspruchung *f* ‖ ~ **при растяжении** *(Fest)* Zugspannung *f*, Dehnungsspannung *f*, positive Spannung *f*; Zugbeanspruchung *f* ‖ ~ **при сжатии** *(Fest)* Druckspannung *f*, negative Spannung *f*; Druckbeanspruchung *f* ‖ ~ **при скручивании** *s.* ~ на кручение ‖ ~ **при холостом ходе** *(El)* Leerlaufspannung *f* ‖ **~/приведённое** *(Fest, El)* reduzierte Spannung *f* ‖ ~ **приёмника/входное** *(Eln)* Empfängereingangsspannung *f* ‖ ~ **приёмника/выходное** *(Eln)* Empfängerausgangsspannung *f* ‖ **~/приёмное** *(Eln)* Empfangsspannung *f* ‖ ~ **прикосновения** *(El)* Berührungsspannung *f* ‖ **~/приложенное** *(El)* angelegte Spannung *f* ‖ **~/пробивное** *s.* ~ пробоя ‖ ~ **пробоя** *(El)* Durchschlag[s]spannung *f*, Durchbruch[s]spannung *f*; Überschlag[s]spannung *f* ‖ ~ **пробоя на коллекторе** *(Eln)* Kollektordurchbruchsspannung *f* ‖ ~ **продольного разрыва** *(Fest)* Knickspannung *f*; Knickbeanspruchung *f* ‖ **~/продольное** *(El, Fest)* Längsspannung *f* ‖ ~ **прокола** *(Eln)* Durchgriffsspannung *f* ‖ **~/пропускное** *(Eln)* Durchlaßspannung *f* ‖ **~/противодействующее** *(El)* Gegenspannung *f* ‖ **~/противоположное** *(El)* Gegenspannung *f* ‖ **~/прямое** *(Eln)* Durchlaßspannung *f*, Flußspannung *f* ‖ **~/прямоугольное** *(El)* Rechteckspannung *f* ‖ ~ **пульсаций** *(Eln)* Brummspannung *f*; pulsierende Spannung *f*; Impulsspannung *f* ‖ **~/пульсирующее** 1. *(Fest)* Schwellbeanspruchung *f*; 2. *s.* ~ пульсаций ‖ **~/рабочее** 1. *(El)* Betriebsspannung *f*, Arbeitsspannung *f*; 2. *(Licht)* Brennspannung *f* ‖ **~/радиальное** *(Fest)* Radialspannung *f* ‖ ~ **радиопомех** Funkstörspannung *f* ‖

~ развёртки *(Eln)* Ablenkspannung *f*; Abtastspannung *f* ‖ **~ развёртки времени** *(Eln)* Zeitablenkspannung *f* ‖ **~ разложения** Zersetzungsspannung *f (Elektrolyse)* ‖ **~/разностное** *(El)* Differenzspannung *f* ‖ **~/разрушающее** *(Fest)* Bruchspannung *f*, Grenzspannung *f*; Zerreißspannung *f*; Bruchbeanspruchung *f* ‖ **~ разрыва** *s.* ~/разрушающее ‖ **~/разрывное** *s.* ~/разрушающее ‖ **~ разряда** *(El)* Entladespannung *f*, Entladungsspannung *f* ‖ **~ разряда/конечное** Entladeschlußspannung *f* ‖ **~/разрядное** *(El)* Entladespannung *f*, Entladungsspannung *f (s. a.* ~ пробоя*)* ‖ **~ рассеяния** *(El)* Streuspannung *f* ‖ **~/растягивающее** *s.* ~ при растяжении ‖ **~ растяжения** *s.* ~ при растяжении ‖ **~ реагирования** *(El)* Ansprechspannung *f* ‖ **~/реактивное** *(El)* Blindspannung *f* ‖ **~/регулируемое** *(El)* regelbare Spannung *f*; zu regelnde Spannung *f* ‖ **~/регулирующее** *(El)* Regelspannung *f* ‖ **~/резонансное** *(El)* Resonanzspannung *f* ‖ **~ ротора** *(El)* Läuferspannung *f* ‖ **~ с знакопеременными циклами** *(Fest)* Dauerschwingspannung *f*; Dauerschwingbeanspruchung *f* ‖ **~/сверхвысокое** *(El)* Höchstspannung *f* ‖ **~ сверхвысокой частоты** *(El)* Höchstfrequenzspannung *f*, Mikrowellenspannung *f* ‖ **~ сдвига** *s.* ~ на сдвиг ‖ **~/сдвигающее** *s.* ~ на сдвиг ‖ **~/сетевое** *(El)* Netzspannung *f* ‖ **~ сети** *(El)* Netzspannung *f* ‖ **~/сеточное** *(Eln)* Gitterspannung *f* ‖ **~/сеточное управляющее** Gittersteuerspannung *f* ‖ **~ сжатия** *(Fert)* Druckspannung *f*; Druckbeanspruchung *f* ‖ **~/сжимающее** *(Fest)* Druckspannung *f*; Druckbeanspruchung *f*, Druckbelastung *f* ‖ **~/симметрическое знакопеременное** *(Fest)* Schwingspannung *f* bei gleicher Ober- und Unterlast; Schwingbeanspruchung *f* bei gleicher Ober- und Unterlast ‖ **~/синусоидальное** *(El)* Sinus[oidal]spannung *f*, sinusförmige Spannung *f* ‖ **~/синфазное входное** *(Eln)* Gleichtakteingangsspannung *f* ‖ **~/синхронизирующее** *(Eln)* Synchronisier[ungs]spannung *f*, Synchronisationsspannung *f* ‖ **~ скалывания** *s.* ~ на сдвиг ‖ **~/скалывающее** *s.* ~ на сдвиг ‖ **~ скручивания** *s.* ~ на кручение ‖ **~/сложное** *(Fest)* zusammengesetzte Spannung *f*; zusammengesetzte Beanspruchung *f* ‖ **~ смещения** *(Eln)* Vorspannung *f*, Bias-Spannung *f* ‖ **~ смещения на основании** *(Eln)* Basisvorspannung *f* ‖ **~ смещения на эмиттере** *(Eln)* Emittervorspannung *f* ‖ **~ смещения подложки** *(Eln)* Substratvorspannung *f* ‖ **~ смыкания** *(Eln)* Durchgriffspannung *f*, Punch-through-Spannung *f* ‖ **~ смятия** *(Fest)* Pressung *f* ‖ **~/снятое** *(Geoph)* Spannungsabfall *m*, Stressdrop *m* ‖ **~/собственное** *(Fest)* Eigenspannung *f* ‖ **~/сопряжённое** *(El)* verkettete Spannung *f* ‖ **~ срабатывания** *(El)* Ansprechspannung *f* ‖ **~ сравнения** *(El)* Vergleichsspannung *f* ‖ **~/среднее** *(Fest)* Mittelspannung *f*; Vorspannung *f* ‖ **~/срезывающее** *s.* ~ на сдвиг ‖ **~ стабилизации** *(Eln)* Stabilisierungsspannung *f*; Z-Spannung *f (einer Z-Diode)* ‖ **~/стандартное** *(El)* Standardspannung *f*, genormte Spannung *f* ‖ **~/статическое** *(Fest)* statische Spannung *f* ‖ **~ стока** *(Eln)* Drain-Spannung *f* ‖ **~ сток-затвор** *(Eln)* Drain-Gate-Spannung *f* ‖ **~ сток-исток** *(Eln)* Drain-Source-Spannung *f* ‖ **~ сток-исток/пробивное** Drain-Source-Durchbruchspannung *f* ‖ **~/суммарное** 1. *(Fest)* Gesamtspannung *f*, Integralspannung *f*; 2. *(El)* Summenspannung *f*, Gesamtspannung *f* ‖ **~ сцепления** *(Fest)* Haftspannung *f* ‖ **~/тангенциальное** *(Fest)* Tangentialspannung *f*, Randspannung *f*, Umfangsspannung *f*; Tangentialbeanspruchung *f* ‖ **~/тектоническое** *(Geoph)* tektonische Spannung *f* ‖ **~ текучести** *(Fest)* Streckgrenze *f*, Fließgrenze *f* ‖ **~ текучести/конечное** untere Streckgrenze *f* ‖ **~ текучести/начальное** obere Streckgrenze *f* ‖ **~/тепловое** *(Wmt)* Wärmespannung *f*, thermische Spannung *f* ‖ **~/тепловое пробивное** *(El)* Wärmedurchschlagspannung *f* ‖ **~/термическое** *s.* ~/тепловое ‖ **~ трансформатора** *(El)* Transformatorspannung *f* ‖ **~/требуемое** *(El)* Spannungsbedarf *m*, erforderliche Spannung *f* ‖ **~/ударное** *(Fest)* Schlagbeanspruchung *f* ‖ **~/управляющее** *(El)* Steuerspannung *f* ‖ **~/уравновешивающее** *(El)* Ausgleichspannung *f* ‖ **~/усадочное** *(Fest)* Schwindspannung *f*, Schrumpfspannung *f*, Gußspannung *f (Gießerei)* ‖ **~/ускоряющее** Beschleunigungsspannung *f* ‖ **~/условное** *(Fest)* Nennspannung *f*, auf den Ausgangsquerschnitt bezogene Spannung *f* ‖ **~/фазное (фазовое)** *(El)* Phasenspannung *f* ‖ **~ фона [переменного тока]** *(Eln)* Brummspannung *f* ‖ **~ Холла** *(Eln)* Hall-Spannung *f* ‖ **~ холостого хода** *(El)* Leerlaufspannung *f* ‖ **~ цикла** *(Wkst)* Spannung *f* innerhalb eines Lastspiels (Spannungsspiels) ‖ **~ цикла выносливости/наибольшее** Oberspannung *f* der Dauerfestigkeit *(Dauerschwingversuch)* ‖ **~ цикла выносливости/наименьшее** Unterspannung *f* der Dauerfestigkeit *(Dauerschwingversuch)* ‖ **~ цикла выносливости/предельное** Grenzspannung *f* der Dauerfestigkeit beim Dauerschwingversuch *(Ober- oder Unterspannung)* ‖ **~ цикла/максимальное** Oberspannung *f (Wechselbeanspruchung)* ‖ **~ цикла/минимальное** Unterspannung *f (Wechselbeanspruchung)* ‖ **~ цикла/наибольшее** Oberspannung *f (Wechselbeanspruchung)* ‖ **~ цикла/наименьшее** Unterspannung *f (Wechselbeanspruchung)* ‖ **~ цикла/начальное** Vorspannung *f*, Mittelspannung *f (Wechselbeanspruchung)* ‖ **~ цикла/среднее** Vorspannung *f*, Mittelspannung *f (Wechselbeanspruchung)* ‖ **~ цикла усталости/наибольшее** Oberspannung *f* der Dauerfestigkeit *(Dauerschwingversuch)* ‖ **~ цикла усталости/наименьшее** Unterspannung *f* der Dauerfestigkeit *(Dauerschwingversuch)* ‖ **~ цикла усталости/предельное** Grenzspannung *f* der Dauerfestigkeit beim Dauerschwingversuch *(Ober- oder Unterspannung)* ‖ **~/циклическое** *(Fest)* Wechselspannung *f*, Schwingungsspannung *f* ‖ **~/частичное** *(El, Fest)* Teilspannung *f* ‖ **~/частичное предварительное** Teilvorspannung *f*, stufenweises Vorspannen *n (Spannbeton)* ‖ **~/шаговое** *(El)* Schrittspannung *f* ‖ **~/шлюзовое** *(Eln)* Schleusenspannung *f* ‖ **~/шумовое** *(El)* Rauschspannung *f* ‖ **~/эквивалентное** *(El)* Ersatzspannung *f* ‖ **~/эквивалентное постоянное** *(El)* Ersatzgleichspannung *f* ‖ **~/электрическое** elektrische Spannung *f* ‖ **~ элек-**

тросети *(El)* Netzspannung *f* ‖ **~ эмиттера** *(Eln)* Emitterspannung *f* ‖ **~ эмиттер-база** *(Eln)* Emitter-Basis-Spannung *f* ‖ **~/эмиттерное** *(Eln)* Emitterspannung *f* ‖ **~/эталонное** *(El)* Eichspannung *f*, Bezugsspannung *f* ‖ **~/эффективное** *(El, Fest)* effektive (wirksame) Spannung *f*, Effektivspannung *f*

напряжённость *f* Stärke *f*, Intensität *f*; Beanspruchung *f*, Belastung *f* ‖ **~/задерживающая** Koerzitivkraft *f (Magnetismus)* ‖ **~ магнитного поля** 1. *(El)* magnetische Feldstärke *f*; 2. Intensität *f* des Magnetfeldes ‖ **~ намагничивания** Magnetisierungsstärke *f* ‖ **~ поля** *(El, Ph)* Feldstärke *f* ‖ **~ поля/аксиальная** *(El)* axiale Feldstärke *f* ‖ **~ поля/действующая** *(El)* effektive Feldstärke *f* ‖ **~ поля короны** *(El)* Koronafeldstärke *f* ‖ **~ поля/критическая** *(El)* kritische Feldstärke *f* ‖ **~ поля/максимальная** *(El)* Höchstfeldstärke *f*, Maximalfeldstärke *f* ‖ **~ поля/минимальная** *(El)* Mindestfeldstärke *f* ‖ **~ поля/начальная** *(El)* Anfangsfeldstärke *f* ‖ **~ поля передатчика** *(El)* Senderfeldstärke *f* ‖ **~ поля помех** *(El)* Störfeldstärke *f* ‖ **~ поля/пробивная** *(El)* Durchschlag[s]feldstärke *f*, Durchbruch[s]feldstärke *f* ‖ **~ поперечного поля** *(El)* Querfeldstärke *f* ‖ **~ продольного поля** *(El)* Längsfeldstärke *f*

напряжённый gespannt; intensiv; beansprucht; belastet ‖ **~/предварительно** vorgespannt *(Beton)*

напуск *m (Fert)* Aufmaß *n (zum Schruppen)*

напыление *n* 1. Aufsprühen *n*, Aufstäuben *n*; Aufdampfen *n*, Bedampfen *n*; Aufspritzen *n*; 2. *(Kst)* Pulverbeschichtung *f*, Auftrag *m* (Auftragen *n*) in Pulverform ‖ **~ в высоком вакууме** Aufstäuben *n* im Hochvakuum ‖ **~ в кипящем слое** *s.* ~/вихревое ‖ **~/вакуумное** Vakuumaufdampfen *n (s. a.* ~ в высоком вакууме) ‖ **~/вихревое** *(Kst)* Wirbelsintern *n (Beschichtungsverfahren)* ‖ **~/газопламенное** 1. Aufdampfen *n*; 2. *(Kst)* Flamm[en]spritzen *n*, Wärmespritzen *n* ‖ **~/ионно-лучевое** Ionenstrahlaufstäuben *n* ‖ **~/катодное** kathodisches Aufstäuben *n* ‖ **~/косое** Schrägbedampfung *f* ‖ **~ металла** Metallaufdampfen *n*; Metallaufstäuben *n*; Metallaufsprühen *n* ‖ **~/огневое** *s.* ~/газопламенное 2. ‖ **~/плазменное** Plasmaaufdampfen *n*, Plasmaaufstäuben *n* ‖ **~/пламенное** *s.* ~/газопламенное 2. ‖ **~/электронно-лучевое** Elektronenstrahlaufdampfen *n*

напылённый в вакууме vakuumaufgedampft

напылить *s.* напылять

напыльник *m (Met)* Haube *f*, Konverterhaube *f*

напылять aufdampfen; aufstäuben; *(Kst)* aufspritzen, aufsprühen ‖ **~/катодно** kathodisch aufstäuben ‖ **~/реактивно** reaktiv aufstäuben

наработка *f* Nutzungsdauer *f* ‖ **~/максимальная** Mindestnutzungsdauer *f*; Grenznutzungsdauer *f* ‖ **~ на отказ/средняя** mittlere Betriebszeit *f* zwischen zwei Ausfällen, mittlere Betriebsdauer (Funktionsdauer) *f*, mittlerer Ausfallabstand *m*, MTBF-Wert *m* ‖ **~ на сбой** mittlerer Fehlfunktionsabstand *m* ‖ **~/эксплуатационная** Ist-Nutzungsdauer *f*

наральник *m (Lw)* Schmalschar *n (Drillmaschine)*

нарастание *n* 1. Anwachsen *n*, Zunehmen *n*, Zunahme *f*, Steigerung *f*; 2. *(Geol, Min)* Aufwachsen *n*, Anlagerung *f* ‖ **~ давления** *(Mech)* Druckanstieg *m* ‖ **~ импульса** *(El, Mech)* Impulsanstieg *m* ‖ **~ колебания** *(Mech)* Schwingungsaufschaukelung *f*, Schwingungsanstieg *m* ‖ **~ напряжения** *(El, Mech)* Spannungsanstieg *m* ‖ **~ поля** *(El)* Feldaufbau *m* ‖ **~ тока** *(El)* Stromanstieg *m* ‖ **~ фронта импульса** *(El)* Impulsflankenanstieg *m*

нарастать anwachsen, ansteigen, steigen, zunehmen

нарасти *s.* нарастать

нарастить *s.* наращивать

наращивание *n* 1. Ansetzen *n*, Anstücken *n*; 2. *(Krist)* Wachsen *n*, Aufwachsen *n*, Züchten *n*, Züchtung *f*; 3. *(El)* Kaskadierung *f*; 4. *(Lw, Forst)* Pfropfen *n*, Pfropfung *f*; 5. *(Bgb)* Nachsetzen *n (Bohrgestänge)* ‖ **~/гетероэпитаксиальное** *(Krist)* Heteroepitaxie *f* ‖ **~/гомоэпитаксиальное** *s.* ~/эпитаксиальное ‖ **~ памяти** *(Inf)* Speichererweiterung *f* ‖ **~/эпитаксиальное** *(Krist)* epitaktisches Aufwachsen *n*, epitaktische Aufwachsung *f*, Epitaxie *f*

наращивать 1. ansetzen, anstücken; 2. aufwachsen *(Kristalle)*; 3. *(Lw, Forst)* [auf]pfropfen

нарез *m s.* нарезка 5.

нарезание *n* 1. Schneiden *n (s. a. unter* резка 1.; 3.*)*; 2. Einschneiden *n* ‖ **~ внутренней резьбы** *(Fert)* spanende Innengewindebearbeitung *f*, Innengewindeschneiden *n* ‖ **~ гаек** *(Fert)* Muttergewindeschneiden *n* ‖ **~ зубчатых колёс** *(Fert)* spanende Zahnradbearbeitung *f* ‖ **~ зубьев** *(Fert)* 1. spanendes Verzahnen *n*; 2. spanende Zahnradbearbeitung *f* ‖ **~ левой резьбы** *(Fert)* Linksgewindeschneiden *n* ‖ **~ правой резьбы** *(Fert)* Rechtsgewindeschneiden *n* ‖ **~ резьбы** *(Fert)* Gewindeschneiden *n* ‖ **~ шестерён** *s.* ~ зубчатых колёс

нарезать 1. schneiden *(Zahnräder)*; verzahnen; 2. *(Bgb)* anfahren, anschneiden *(Gebirge)* ‖ **~ зубья** *(Fert)* spanend verzahnen ‖ **~ резьбу** *(Fert)* Gewinde schneiden *(spanend bearbeiten)*

нарезка *f* 1. Schneiden *n (s. a. unter* резка *und* нарезание*)*; 2. *(Fert)* Gewinde *n (s. a. unter* резьба 1.*)*; 3. *(Fert)* Verzahnung *f*, Verzahnen *n (s. a. unter* нарезание*)*; 4. *(Bgb)* Anschnitt *m*; Vorrichtung *f*; 5. Züge *mpl*, Drall *m (einer Waffe)* ‖ **~ блока** *(Bgb)* Blockvorbereitung *f* ‖ **~ забоя** *(Bgb)* Schlitzen *n* des Stoßes ‖ **~ мереи** *(Led)* Narbenpressen *n*, Charginieren *n* ‖ **~ метчиком** *(Fert)* Gewindeschneiden *n* mit dem Gewindebohrer ‖ **~/многозаходная резьбовая** *(Fert)* mehrgängiges Gewinde *n* ‖ **~/однозаходная резьбовая** *(Fert)* eingängiges Gewinde *n* ‖ **~/полная** *(Fert)* Schneiden *n* des vollen Gewindeprofils ‖ **~ слоя** *(Bgb)* Scheibeneinbruch *m* ‖ **~ уступа** *(Bgb)* Anschneiden *n* der Strosse ‖ **~/цокольная** Sockelgewinde *n (Glühlampe)* ‖ **~ Эдисона** *(El)* Edison-Gewinde *n*

нарезчик *m* **швов** Fugenschneider *m*, Fugenschneidgerät *n*

нарост *m* 1. Ansatz *m*, Kruste *f*; 2. *(Wkz)* Schneidenansatz *m*, Aufbauschneide *f*; 3. *(Krist)* Überwachung *f*; 4 *(Forst)* Maserknoten *m*, Maserknollen *m (Holz)*

наростообразование *n (Wkz)* Schneidenansatzbildung *f*

нарушать stören ‖ **~ сцепление** *(Masch)* außer Eingriff bringen
нарушение *n* 1. Störung *f*; Defekt *m*; 2. *(Geol)* Störung *f*, Dislokation *f* ‖ **~ движения** *(Eb)* Betriebsstörung *f* ‖ **~/дизъюнктивное** *(Geol)* Zerrung *f* ‖ **~/мягкое радиационное** *(Eln)* strahlungsbedingter reversibler Betriebsfehler *m*, Soft-error *m* ‖ **~/остаточное** Reststörung *f* ‖ **~/пликативное** *s.* ~/складчатое ‖ **~/постоянное обратное** *(Eln)* Sperrgleichspannung *f* ‖ **~ работы** Betriebsstörung *f* ‖ **~ равновесия** Gleichgewichtsstörung *f* ‖ **~/радиационное** *s.* повреждение/радиационное ‖ **~ разгрузки** Austragstörung *f (Silo)* ‖ **~/разрывное** *(Geol)* disjunktive Dislokation (Störung) *f*, Distraktion *f*, Bruchstörung *f*; Zerrung *f* ‖ **~ регулярности** Regularitätsdefekt *m* ‖ **~ решётки** *(Krist)* Gitterdefekt *m*, Gitterstörung *f*, Gitterfehlstelle *f*, Kristallbaufehler *m (Halbleiter)* ‖ **~ связи** *(Nrt)* Verbindungsstörung *f* ‖ **~ силы тяжести** *(Ph)* Schwerestörung *f* ‖ **~ синхронности** Gleichlaufmangel *m (Film- bzw. Bandtransport)* ‖ **~/складчатое** *(Geol)* kompressive (plikative) Dislokation *f*, Pressung *f* ‖ **~/скрытое** *(Eln)* vergrabene Störung *f (Halbleiter)* ‖ **~ устойчивости** *(Mech)* Stabilitätsstörung *f*
нарушенность *f* **месторождения** *(Geol)* Störung *f* der Lagerstätte
нарушить *s.* нарушать
наряд *m* Arbeitsauftrag *m*
нарядная *f (Bgb)* Kaue *f*
насадить *s.* насаживать
насадка *f* 1. Aufsatz *m*, Einsatz *m*; Einbau *m*, Aufbau *m*; 2. Aufsetzen *n*, Aufschieben *n*, Aufziehen *n*; 3. Ausmündung *f*; Ansatzrohr *n*; 4. Düse *f (zur Durchflußmessung)*; Mundstück *n*; 5. Füllmasse *f (eines Regenerators, einer Füllkörperkolonne usw.)*; Füllkörper *m (aus dem die Füllmasse besteht)*; 6. *(Met)* Gitterwerk *n (Regenerativofen)*; 7. *(Wlz)* Dorn *m (Rohrwalzen)*; 8. *(Bw)* Kopfbalken *m*, Kappbaum *m*, Holm *m*; Sattelschwelle *f*, Längsschwelle *f* ‖ **~ бандажа** Aufschrumpfen *n* des Radreifens ‖ **~/башенная** Füllkörper *m* ‖ **~ гребного винта** *(Schiff)* 1. Propellerdüse *f*, Kortdüse *f*; 2. Aufziehen *n* des Propellers ‖ **~ гребного винта/неповоротная** *(Schiff)* feste Propellerdüse *f*, feste Kortdüse *f* ‖ **~/дистилляционная** Destillationsaufsatz *m* ‖ **~ игл** *(Text)* Benadelung *f* ‖ **~/инструментальная** *(Wkzm)* Aufsatzwerkzeugeinheit *f* ‖ **~/кирпичная** *(Met)* Gitter[mauer]werk *n*, Gitterkammer *f*, Gitter *n*, Gitterung *f (Regenerativofen)* ‖ **~/кольцевая** Füllring *m* ‖ **~/коническая** konischer Dorn *m (Rockright-Walzwerk)* ‖ **~/короткоструйная** *(Lw)* Kurzstrahlregner *m* ‖ **~/короткоструйная дефлекторная** *(Lw)* Kurzstrahlregner *m* mit Prallteller, Kurzstrahldeflektorregner *m* ‖ **~/направляющая** *(Schiff)* Propellerdüse *f*, Kortdüse *f* ‖ **~/неподвижная [направляющая]** *(Schiff)* feste Propellerdüse *f*, feste (feststehende) Kortdüse *f* ‖ **~/огнеупорная** *(Met)* Gittermauerwerk *n*, Ziegelausgitterung *f (Regenerativofen)* ‖ **~/поворотная [направляющая]** *(Schiff)* Ruderdüse *f*, schwenkbare Propellerdüse *f* ‖ **~/подпорная** Staudüse *f* ‖ **~/проекционная** Projektionsaufsatz *m* ‖ **~/разрызгивающая** Spritzdüse *f* ‖ **~/регенеративная** *s.* ~/регенератора ‖ **~ регенератора** *(Met)* Kammerfüllung *f*, Kammermauerwerk *n*, Kammergitterung *f*, Gitterkammer *f*, Gitter *n (SM-Ofen)* ‖ **~/сверлильная** *(Wkzm)* Aufsatzbohreinheit *f* ‖ **~/смесительная** Mischdüse *f (Brenner)* ‖ **~/сопловая** Düsenmundstück *n* ‖ **~/стационарная [направляющая]** *(Schiff)* feste (feststehende) Propellerdüse *f*, feste (feststehende) Kortdüse *f* ‖ **~/суперобтекаемая направляющая** *(Schiff)* superstromlinienförmige Propellerdüse *f* ‖ **~/фракционирующая** Fraktionieraufsatz *m*
насадной, насадный *(Wkzm)* Aufsatz..., Aufsetz..., aufsetzbar; aufsteckbar
насадок *m* Verlängerungsstück *n*, Ansatzstück *n*; Stützen *m*
насаждение *n (Lw, Forst)* Anpflanzen *n*, Anpflanzung *f*; *(Forst)* Bestand *m (Wald- bzw. Forstbestand)* ‖ **~/ветрозащитное** *(Forst)* Windschutzbestand *m*, Windschutzanpflanzung *f* ‖ **~/защитное** Schutzpflanzung *f* ‖ **~/полезащитное** Feldschutzbestand *m*, Feldschutzanpflanzung *f*
насаждённость *f (Forst)* Bestockung *f*
насаживание *n* Aufsetzen *n*; Ansetzen *n*; Aufstecken *n*
насаживать 1. aufsetzen; aufstecken, aufschieben; ansetzen; 2. *(Lw, Forst)* [an]pflanzen ‖ **~ на оправку** aufdornen *(Rohrwalzen)*
насаливать *(Schiff)* einfetten, schmieren *(Ablaufbahn)*
насалка *f (Schiff)* Stapellauffett *n*
насекание *n (Fert)* Hauen *n (einer Feile)*
насекать *(Fert)* 1. einkerben, einschneiden; 2. hauen *(Feilen)* ‖ **~ валки** *(Wlz)* Walzen aufrauhen (riffeln) ‖ **~ камень** *(Bw)* kröneln
население *n* Population *f* ‖ **~/звёздное** *(Astr)* Sternpopulation *f*, Population *f*
населённость *f (Ph, Eln)* Besetzung[sdichte] *f (eines Energieniveaus; Quantenelektronik)* ‖ **~/избыточная** Überschußbesetzung *f* ‖ **~/инверсная** inverse Besetzung *f* ‖ **~/равновесная** Gleichgewichtsbesetzung *f*, Intrinsic-Dichte *f* ‖ **~ уровня** *s.* насёленность
насечка *f* 1. Kerbe *f*, Einkerbung *f*, Einschnitt *m*; 2. *(Fert)* Hieb *m (einer Feile)*; 3. Riffelung *f*, Aufrauhung *f*; Schraffierung *f (einer Walze)*; 4. *(Text)* Kartenschlag *m (Weberei)*; 5. *(Schm)* Kerbeisen *n* ‖ **~/бархатная** *(Fert)* Feinschlichthieb *m* ‖ **~/верхняя** *(Fert)* Oberhieb *m*, oberer Hieb *m* ‖ **~/грубая** *(Fert)* Grobhieb *m* ‖ **~/двойная** *(Fert)* Doppelhieb *m* ‖ **~ карт** *(Text)* Kartenschlag *m*, Kartenschlagen *n (Weberei)* ‖ **~/личная** *(Fert)* Schlichthieb *m* ‖ **~/маркшейдерская** *(Bgb)* Markscheiderstufe *f*, Marke *f* ‖ **~/мелкая** *(Fert)* Feinhieb *m* ‖ **~/перекрёстная** *(Fert)* Kreuzhieb *m*
насечь *s.* насекать
наслаивание *n* Aufschichten *n*, schichtenweises Auftragen (Aufbringen) *n*, Beschichten *n*, Beschichtung *f*
наслаивать 1. [auf]schichten, schichtweise auftragen (aufbringen); 2. in Schichten zerlegen
наследовать *(Fert)* nachbilden, kopieren
наслоение *n* 1. Schichtung *f*, Aufschichtung *f*; 2. *(Geol)* Schichtung *f*, Lagerung *f*; Lamination *f*; 3. *(Typ)* Aufbauen *n (der Farbschicht)*; 4. *(Typ)* Pelzen *n (auf der Farbwalze)*

насос *m* Pumpe *f* ‖ **~/аварийный осушительный** *(Schiff)* Notlenzpumpe *f* ‖ **~/аварийный пожарный** *(Schiff)* Notfeuerlöschpumpe *f* ‖ **~/адсорбционный** Adsorptionspumpe *f (Hochvakuumpumpe)* ‖ **~/аксиально-поршневой** Axialkolbenpumpe *f*, Kolbenzellenpumpe *f* axialer Bauart ‖ **~/активный** Gleichdruckpumpe *f* ‖ **~/аспираторный** Wasserstrahlluftpumpe *f* ‖ **~/багерный** Baggerpumpe *f (einstufige Kreiselpumpe zur Abförderung grobstofführender Flüssigkeiten, z. B. für hydraulischen Kiestransport)* ‖ **~/балластный** *(Schiff)* Ballastpumpe *f* ‖ **~/безвальный поршневой** direktwirkende (schwungradlose) Kolbenpumpe *f* ‖ **~/безроторный** *s.* ~/поршневой ‖ **~/бензиновый** *(Kfz)* Kraftstoffpumpe *f*, Benzinpumpe *f* ‖ **~/бескривошипный** Taumelscheibenpumpe *f* ‖ **~/бражный** Maischepumpe *f* ‖ **~/бункеровочный** *(Schiff)* Bunkerpumpe *f* ‖ **~/буровой** Spülpumpe *f (Erdölbohrung)* ‖ **~/бустерный** Vakuumvorschaltpumpe *f*, Boosterpumpe *f*, Booster *m (Vakuumpumpe)* ‖ **~/быстроходный** Schnellläuferpumpe *f* ‖ **~ быстрых ходов** Eilgangpumpe *f* ‖ **~/вакуумный** Vakuumpumpe *f* ‖ **~/вальный поршневой** Rollkolbenpumpe *f*, Umlaufkolbenpumpe *f* ‖ **~/вертикальный** vertikale Pumpe *f* ‖ **~/вертикальный лопастный** Kreiselpumpe *f* mit vertikalem Laufrad ‖ **~/вертикальный центробежный** vertikale Kreiselpumpe *f* ‖ **~/вибрационный** Schwingpumpe *f* ‖ **~/винтовой** Schraubenpumpe *f*, Spindelpumpe *f*, Schneckenpumpe *f* ‖ **~/винтовой двухпоточный** zweiflutige Spindelpumpe *f* ‖ **~/винтовой однопоточный** einflutige Spindelpumpe *f* ‖ **~/винтовой осевой** Schraubenaxialpumpe *f* ‖ **~/вихревой** Sternradpumpe *f*, Seitenkanalpumpe *f* ‖ **~/водокольцевой [ротационный]** Wasserringpumpe *f (Hochvakuumpumpe)* ‖ **~/водоотводный** Entwässerungspumpe *f* ‖ **~/водоотливной** *(Schiff)* Notlenzpumpe *f*, Havarielenzpumpe *f* ‖ **~/водоподъёмный** Schöpfwerkspumpe *f* ‖ **~ водоснабжения** Wasserwerkspumpe *f* ‖ **~/водоструйный** 1. Wasserstrahlluftpumpe *f (Vakuumpumpe)*; 2. *s.* гидроэлеватор ‖ **~/водяной** Wasserpumpe *f* ‖ **~/воздушный** Luftpumpe *f* ‖ **~/впрыскивающий [ускорительный]** Einspritzpumpe *f (Beschleunigerpumpe; Vergasermotor)* ‖ **~/вращательный** Turbopumpe *f*, Rotationskolbenpumpe *f*, Umlaufkolbenpumpe *f (mechanische Vakuumpumpe mit rotierendem Verdränger)* ‖ **~/вращательный поршневой** Wälzkolbenpumpe *f*, Umlaufkolbenpumpe *f* ‖ **~/всасывающий** Saugpumpe *f* ‖ **~/вспомогательный** Nebenpumpe *f*, Hilfspumpe *f* ‖ **~ выравнивания крена** *(Schiff)* Krängungsausgleichspumpe *f* ‖ **~/высоковакуумный** Hochvakuumpumpe *f* ‖ **~ высокого давления** Hochdruckpumpe *f* ‖ **~ высокого давления/питательный** Hochdruckspeisepumpe *f* ‖ **~ высокого давления/поршневой** Hochdruckkolbenpumpe *f* ‖ **~ высокого давления/топливный** Einspritzpumpe *f* ‖**~ высокого давления/шестерённый** Hochdruckzahnradpumpe *f* ‖ **~ высокого разрежения** Hochvakuumpumpe *f* ‖ **~/высоконапорный** Hochdruckpumpe *f* ‖ **~ вытеснения** Verdrängerpumpe *f*, Pumpe *f* mit Verdrängerwirkung ‖ **~/газобалластный** Gasballastpumpe *f (Vakuumpumpe)* ‖ **~/газовый** 1. Flüssiggaspumpe *f*; 2. Kohlensäurepumpe *f (Zuckergewinnung)* ‖ **~/герметический** Hermetikpumpe *f* ‖ **~/геттерно-ионный** *s.* ~/сорбционно-ионный ‖ **~/гидравлический** Hydraulikpumpe *f* ‖ **~/гидростатический** Verdrängerpumpe *f* ‖ **~/главный** Hauptpumpe *f* ‖ **~/главный циркуляционный** Hauptumwälzpumpe *f* ‖ **~/глубинный** 1. *(Erdöl)* Tief[brunnen]pumpe *f*; 2. *s.* ~/погружной ‖ **~/глубинный поршневой** *(Erdöl)* Tiefbrunnenkolbenpumpe *f* ‖ **~/глубинный штанговый** *(Erdöl)* Gestängetiefbrunnenpumpe *f* ‖ **~ Гольвека** *s.* ~/молекулярный ‖ **~/горизонтальный** horizontale Pumpe *f* ‖ **~/горизонтальный лопастный** Kreiselradpumpe *f* mit horizontalem Läufer ‖ **~ горячей воды/циркуляционный** Heißwasserumwälzpumpe *f* ‖ **~/горячий** Pumpe *f* für heiße Medien ‖ **~/грузовой** *(Schiff)* Ladepumpe *f*, Ladeölpumpe *f* ‖ **~/грунтовой (грунтовый)** Baggerpumpe *f (Saugbagger)* ‖ **~/грязевой** Schmutzwasserpumpe *f*; *(Erdöl)* Spülpumpe *f* ‖ **~ двигателя/продувочный** Motorspülpumpe *f (Verbrennungsmotor)* ‖ **~ двигателя-компрессора/продувочный** Spülluftkolbenpumpe *f (Freikolbenverdichter)* ‖ **~ двойного всасывания** zweiflutige Pumpe *f*, zweiseitig ansaugende Pumpe *f* ‖ **~ двойного действия** doppeltwirkende Pumpe *f*, Stufenkolbenpumpe *f* ‖ **~/двухвинтовой** Zweispindelpumpe *f* ‖ **~/двухкорпусный** Zweigehäusepumpe *f* ‖ **~/двухкорпусный питательный** Zweigehäusespeisepumpe *f* ‖ **~/двухлопастный двухроторный** zweiflügelige Wälzkolbenpumpe (Roots-Pumpe) *f (Vakuumpumpe)* ‖ **~/двухпластинчатый вакуумный** zweistufige Drehschieberpumpe *f (Hochvakuumpumpe)* ‖ **~/двухпоточный** doppelflutige Pumpe *f* ‖ **~/двухроторный винтовой** Zweispindelpumpe *f*, Schraubenpumpe *f* ‖ **~/двухроторный ротационный** *s.* ~/двухскоростной вакуумный ‖ **~/двухсекционный пластинчатый** doppeltwirkende Zellenpumpe *f* ‖ **~/двухскоростной вакуумный** Feinvakuumpumpe *f*, Wälzkolbenpumpe *f*, Roots-Pumpe *f* ‖ **~/двухступенчатый** zweistufige (doppelstufige) Pumpe *f* ‖ **~/двухступенчатый пластинчато-роторный вакуумный** zweistufige Drehschiebervakuumpumpe *f* ‖ **~/двухцилиндровый** Zwillingspumpe *f* ‖ **~/диагональный центробежный** Diagonalpumpe *f*, Kreiselpumpe *f* diagonaler Bauart ‖ **~/диафрагменный** Membranpumpe *f*, Diaphragmapumpe *f* ‖ **~/диафрагменный ускорительный** Membranbeschleunigerpumpe *f (Vergasermotor)* ‖ **~/диафрагмовый** *s.* ~/диафрагменный ‖ **~/дизельный топливный** Dieseleinspritzpumpe *f* ‖ **~/дифферентовочный** *(Schiff)* Trimmpumpe *f* ‖ **~/ дифференциального действия** Differential[kolben]pumpe *f* ‖ **~/дифференциальный** Differential[kolben]pumpe *f* ‖ **~/диффузионно-конденсационный** Diffusionspumpe *f (Hochvakuumpumpe)* ‖ **~/диффузионный** Diffusionspumpe *f (Hochvakuumpumpe)* ‖ **~/диффузионный пароструйный** Diffusionstreibdampfpumpe *f (Hochvakuumpumpe)* ‖ **~/дозировочный (дозирующий)** Dosierungspumpe *f*

|| **~/дренажный** Entwässerungspumpe *f*, Leckagepumpe *f* || **~/жестколопастный осевой** Axialpumpe *f* mit feststehenden (nichtverstellbaren) Schaufeln || **~/жидкостно-кольцевой** Flüssigkeitsringpumpe *f (Vakuumpumpe)* || **~/жидкоструйный [вакуумный]** Flüssigkeitsstrahlpumpe *f (Vakuumpumpe)* || **~/жомовый** Flüssigkeits-Feststoff-Gemischpumpe *f*, Zuckerrübenschnitzelpumpe *f* || **~ забортной воды** *(Schiff)* Seewasserpumpe *f* || **~/загрузочный** Beschickungspumpe *f*, Füllpumpe *f* || **~/затопленный** *s.* ~/погружной || **~/заторный** Maischepumpe *f* || **~/зачистной** *(Schiff)* Restlenzpumpe *f* || **~/золотниковый** Drehkolbenpumpe *f* mit Gleitschiebersteuerung *(Vakuumpumpe)* || **~/золотниковый топливный** Drehkolbeneinspritzpumpe *f*, Drehstempelpumpe || **~ золоудаления/багерный** Entaschungspumpe *f (s. a.* ~/багерный*)* || **~/зубчатый** Zahnradpumpe *f* || **~/инфузионный** *(Med)* Infusionspumpe *f* || **~/ионный** Ionenpumpe *f* || **~/испарительный** Verdampferpumpe *f*, Sorptionspumpe *f (Hochvakuumpumpe)* || **~/испарительный сорбционно-ионный** Ionenverdampferpumpe *f (Hochvakuumpumpe)* || **~/канализационный** Schmutzwasserpumpe *f*, Abwasserpumpe *f* || **~/капельный** Zerstäuberpumpe *f (Vakuumpumpe)* || **~ карбюратора/ускорительный** Beschleunigerpumpe *f (Verbrennungsmotor)* || **~/керамический кислотный** Steinzeugsäurepumpe *f* || **~/кислотный** Säurepumpe *f* || **~/кислотоупорный** Säurepumpe *f*, Pumpe *f* aus säurefestem Werkstoff || **~/клапанный топливный** ventilgesteuerte Einspritzpumpe *f* || **~/коловратный** Kreiskolbenpumpe *f* || **~/коловратный масляный** Exzenterschmierölpumpe *f (Verbrennungsmotor)* || **~/коловратный продувочный** Drehkolbenspülgebläse *n (Zweitakt-Verbrennungsmotor)* || **~/коловратный топливоподающий** Exzenterkraftstofförderpumpe *f* || **~/коловратный топливоподкачивающий** Drehkolbenkraftstoffpumpe *f*, Exzenterkolbenkraftstoffpumpe *f (Dieselmotor)* || **~/колодезный** Schachtbrunnenpumpe *f* || **~/конденсатный** Kondensatpumpe *f* || **~/конденсационный** Dampfstrahlpumpe *f* || **~/консольный** Lagerträgerpumpe *f* || **~/корпусной** Gehäusepumpe *f* || **~ котельного топлива** Heizölpumpe *f* || **~/котельно-питательный** Kesselspeise[wasser]pumpe *f* || **~ котла/питательный** Kesselspeisepumpe *f* || **~/креновый** *(Schiff)* Krängungspumpe *f* || **~/кривошипно-камерный продувочный** Kurbelkammerspülpumpe *f (Verbrennungsmotor)* || **~/кривошипный поршневой** Kolbenpumpe *f* mit Kurbelantrieb, Schwungraddampfpumpe *f* || **~/криогенный** Kryopumpe *f* || **~/крыльчатый** Flügel[kolben]pumpe *f* || **~/кулачковый поршневой** Stößel[kolben]pumpe *f*, Nockenpumpe *f*, Kolbenpumpe *f* mit Stößelantrieb (Nockenantrieb) der Kolben || **~/кулисный** Pumpe *f* mit Taumelscheibenantrieb *f* || **~/лабиринтный** Labyrinthpumpe *f* || **~ Ленгмюра** *s.* ~/пароструйный вакуумный || **~/лопастный** Kreiselradpumpe *f (Oberbegriff für Zentrifugal-, Axial-, Radial-, Diagonal- und Seitenkanalpumpen)* || **~ льяльных вод** *(Schiff)* Bilgenlenzpumpe *f* || **~/магнитный электроразрядный** Ionenzerstäuberpumpe *f (Hochvakuumpumpe)* || **~/мазутный** Heizölpumpe *f* || **~/маслокольцевой** Öldiffusionspumpe *f*, Ölringpumpe *f (Vakuumpumpe)* || **~/маслоподающий** Ölförderpumpe *f* || **~/масляно-воздушный** Ölluftpumpe *f* || **~/масляно-диффузионный** Öldiffusionspumpe *f* || **~/масляный** Ölpumpe *f (im Schmiersystem)*; Druckölpumpe *f* || **~/масляный пароструйный** Öldampfstrahlpumpe *f*, Öldiffusionspumpe *f (Hochvakuumpumpe)* || **~/массный (массовый)** *(Pap)* Stoffpumpe *f* || **~/мембранный** Membranpumpe *f* || **~/металлический диффузионный** Metalldiffusionspumpe *f* || **~/механический** mechanische Pumpe *f*, Pumpe *f* mit mechanischem Antrieb || **~/механический вакуумный** mechanische Vakuumpumpe *f* || **~/многокамерный** mehrstufige Pumpe *f* || **~/многопоршеньковый роторный** umlaufende Kolbenkapselpumpe *f* || **~/многопоточный лопастный** mehrströmige Kreiselpumpe *f* || **~/многоступенчатый вакуумный** mehrstufige Vakuumpumpe *f* || **~/многоступенчатый лопастный** mehrstufige Kreiselpumpe *f* || **~/многоступенчатый секционный центробежный** mehrstufige Gliederkreiselpumpe *f (Gliederbauart der Stufen)* || **~/многоцилиндровый** Mehrzylinderpumpe *f* || **~/мокровоздушный** Naßluftpumpe *f* || **~/молекулярный [вращательный]** Molekularpumpe *f (Hochvakuumpumpe)* || **~/молочный** Milchpumpe *f* || **~/моноблочный** Monoblockpumpe *f (Pumpe und Motor zu einem Block vereinigt)* || **~/моторный** motorgetriebene Pumpe *f* || **~/нагнетательный** Ladepumpe *f (Verbrennungsmotor)*; Ladegebläse *n* || **~/нагнетательный воздушный** Druckluftpumpe *f* || **~/наддувочный** Ladepumpe *f*, Lader *m (Verbrennungsmotor)* || **~/напорный водяной** Druckwasserpumpe *f* || **~/нерегулируемый** nicht stellbare Pumpe *f* || **~ нефтеотходов** *(Schiff)* Ölrückständepumpe *f* || **~/нефтепромысловый** Erdölpumpe *f* || **~/нефтяной глубинный** Erdölbohrlochpumpe *f* || **~ низкого давления** Niederdruckpumpe *f* || **~ давления/шестерённый** Niederdruckzahnradpumpe *f* || **~ обтекания** *s.* ~/лопастный || **~/объёмный** hydraulische Verdrängerpumpe *f* || **~/объёмный вращательный** Drehkolbenpumpe *f (Vakuumpumpe)* || **~/общий** gemeinsame Pumpe *f* || **~/однокорпусный** Eingehäusepumpe *f* || **~/однокорпусный многоступенчатый** mehrstufige Eingehäuse[kreisel]pumpe *f* || **~/однокорпусный питательный** Eingehäusespeisepumpe *f* || **~ однократного действия/пластинчатый** einfachwirkende Drehschieberpumpe *f* || **~/однороторный [пластинчатый]** *s.* ~/пластинчатый || **~/однороторный пластинчатый ротационный** einstufige Drehschieberpumpe *f* || **~/одноструйный шестерёнчатый** einströmige Zahnradpumpe *f* || **~/одноступенчатый** einstufige Pumpe *f* || **~/одноступенчатый вакуумный** einstufige Vakuumpumpe *f* || **~/одноступенчатый лопастный** einstufige Kreiselradpumpe *f* || **~/одноступенчатый пластинчато-роторный вакуумный** einstufige Drehschiebervakuumpumpe *f* || **~/одноступенчатый самовсасывающий цен-**

тробежный einstufige selbstansaugende Kreiselpumpe f || **~/одноступенчатый центробежный** einstufige Kreiselpumpe f || **~/одноцилиндровый** Einzylinderpumpe f || **~/оросительный** Bewässerungspumpe f; Berieselungspumpe f || **~/осевой** Axialpumpe f, Kreiselpumpe f axialer Bauart, Propellerpumpe f || **~/осевой погружной** Axialpumpe f in Tauchausführung *(mit Einlaufbauwerk)* || **~/осевой поршеньковый** Axialkolbenpumpe f || **~/осевой поршневой** Axialkolbenpumpe f || **~/осушительный** *(Schiff)* Lenzpumpe f || **~/откачивающий** Entwässerungspumpe f, Wasserhaltungspumpe f || **~/отсасывающий** selbstansaugende Pumpe f, Saugpumpe f || **~ охлаждающей воды/циркуляционный** Kühlwasserumwälzpumpe f || **~ охлаждающей забортной воды** *(Schiff)* Seekühlwasserpumpe f || **~/охлаждающий** Kühlmittelpumpe f, Kühlflüssigkeitspumpe f || **~/паровой** Dampfpumpe f || **~/паровой питательный** Dampfspeisepumpe f || **~/паромасляный** Öldiffusionspumpe f *(Hochvakuumpumpe)* || **~/пароперекачивающий** Umwälzpumpe f für Dampferzeuger || **~/парортутный** Quecksilberdiffusionspumpe f *(Hochvakuumpumpe)* || **~/пароструйный** Dampfstrahlpumpe f || **~/пароструйный бустерный** Dampfstrahl-Boosterpumpe f *(Hochvakuumpumpe)* || **~/пароструйный вакуумный** Diffusionspumpe f *(Hochvakuumpumpe)* || **~/пароструйный эжекторный** Dampfstrahlpumpe f *(Vakuumpumpe)* || **~/перекачивающий** 1. Umwälzpumpe f, Zubringerpumpe f; 2. *(Schiff)* Lenzpumpe f || **~/песковый** Flüssigkeits-Feststoff-Gemischpumpe f, Sandpumpe f, Kiespumpe f *(s. a. unter* ~/багерный*)* || **~/питательный** Speise[wasser]pumpe f *(Kessel)*; Kesselspeisepumpe f || **~ питьевой воды** Trinkwasserpumpe f || **~/пластинчато-роторный** Einfachflügelzellenpumpe f || **~/пластинчато-статорный** Sperrschieberpumpe f || **~/пластинчатый** Zellenpumpe f, Drehschieberpumpe f; Flügel[zellen]pumpe f || **~/пластинчатый вакуумный** Drehschiebervakuumpumpe f || **~/плунжерный** Tauchkolbenpumpe f, Plungerpumpe f || **~/плунжерный масляный** Kolbenschmierölpumpe f *(Verbrennungsmotor)* || **~/пневматический** Mammutpumpe f; Druckluft[wasser]heber m, Air-lift-Pumpe f || **~/поворотно-лопастный осевой** Axialpumpe f mit verstellbaren Schaufeln || **~/погружной** Tauchpumpe f *(Brunnenpumpe)* || **~/погружной артезианский** *(Erdöl)* Unterwasserpumpe f, Tauchpumpe f || **~ подачи** Vorschubpumpe f || **~/подающий** Förderpumpe f || **~/пожарный** Feuerlöschpumpe f || **~/поливочный** Bewässerungspumpe f || **~/портовый** Hafenpumpe f || **~/поршеньковый** Kolbenzellenpumpe f || **~/поршневой** Kolbenpumpe f, Hubkolbenpumpe f || **~/поршневой продувочный** Kolbenspülpumpe f, Kolbenspülgebläse n *(Zweitakt-Verbrennungsmotor)* || **~/поршневой топливоподкачивающий** Hubkolbenkraftstoffpumpe f *(Dieselmotor)* || **~/поршневой ускорительный** Hubkolbenbeschleunigerpumpe f *(Vergasermotor)* || **~ предварительного разрежения** Vorvakuumpumpe f || **~ пресной воды** *(Schiff)* Frischwasserpumpe f || **~ пресной охлаждающей воды** *(Schiff)* Frischkühlwasserpumpe f || **~/прецизионный дозирующий** Präzisionsdosierpumpe f || **~/приводной поршневой** Umlaufkolbenpumpe f || **~/приёмный** Übernahmepumpe f || **~/продувочно-наддувочный** Spül- und Ladepumpe f *(Verbrennungsmotor)* || **~/продувочный** Spülpumpe f, Spülgebläse n *(Zweitakt-Verbrennungsmotor)* || **~/продувочный нагнетательный** Ladepumpe f *(Spülluftversorgung des Zweitakt-Dieselmotors)* || **~/промойный** Absüß[wasser]pumpe f *(Zuckergewinnung)* || **~/промывной** Waschpumpe f, Filterwaschpumpe f || **~/промывочный** *(Bgb)* Spülpumpe f *(Bohrung)* || **~/пропеллерный** *s.* ~/осевой || **~ простого действия** einfachwirkende Pumpe f || **~/проходческий** *(Bgb)* Abteufpumpe f || **~/прядильный** *(Text)* Spinnpumpe f *(Chemiefaserherstellung)* || **~/прямодействующий поршневой** direktwirkend (schwungradlose) Kolbenpumpe f || **~/прямозубый шестерённый** geradverzahnte Zahnradpumpe f || **~/рабочий** Arbeitspumpe f || **~/радиально-поршневой** Radialkolbenpumpe f, Kolbenzellenpumpe f radialer Bauart || **~/радиальный** Radialpumpe f, Zentrifugalpumpe f, Kreiselpumpe f || **~/радиальный роторно-поршневой** Radialkolbenpumpe f *(Ölhydraulikpumpe)* || **~/радиальный центробежный** Radialpumpe f, Kreiselpumpe f radialer Bauart || **~/разгоночный** selbstfraktionierende Öldiffusionspumpe f, Öldiffusionspumpe f mit Fraktioniereinrichtung *(Vakuumpumpe)* || **~/разрежающий** Vakuumpumpe f || **~/распределительный** Steuerpumpe f; Verteilerpumpe f *(Hydraulik)* || **~/растопочный** Anfahrpumpe f || **~/регулируемый** stellbare Pumpe f || **~/рециркуляционный** Rückführpumpe f || **~/роликовый** Rollkolbenpumpe f || **~/ротативный** *s.* ~/роторный *und* ~/вращательный || **~/ротационно-поршневой** Umlaufkolbenpumpe f || **~/ротационный** Rotationspumpe f, Umlaufpumpe f || **~/ротационный продувочный** Umlaufkolbenspülpumpe f, Umlaufkolbenspülgebläse n *(Zweitakt-Verbrennungsmotor)* || **~/роторно-поршневой** *s.* ~/поршеньковый || **~/роторно-поступательный** *s.* ~/кулисный || **~/роторный** Umlaufkolbenpumpe f || **~/ртутно-диффузионный (ртутный)** Quecksilberdiffusionspumpe f || **~/ртутный пароструйный** Quecksilberdampfstrahlpumpe f || **~/рудничный** *(Bgb)* Grubenpumpe f, Wasserhaltungspumpe f || **~ Рутса** *s.* ~/двухскоростный вакуумный || **~/ручной** Handpumpe f || **~/рыбный** Fischpumpe f || **~ с внешним зацеплением/шестерённый** außenverzahnte Zahnradpumpe f, Zahnradpumpe f mit Außenverzahnung || **~ с внутренним зацеплением/шестерённый** innenverzahnte Zahnradpumpe f, Zahnradpumpe f mit Innenverzahnung || **~ с дросселирующей иглой/топливный** Einspritzpumpe f mit Drosselregelung *(Dieselmotor)* || **~ с косозубыми шестернями** schrägverzahnte Zahnradpumpe f || **~ с нереверсивным потоком** Pumpe f mit nichtumkehrbarer Förderrichtung f || **~ с отоплением/центробежный** beheizbare Kreiselpumpe f || **~ с реверсивным потоком** Pumpe f mit umkehrbarer Förderrichtung f || **~ с тремя порш-**

нями Drillingspumpe *f* ‖ **~ с шевронными шестернями** pfeilverzahnte Zahnradpumpe *f* ‖ **~/самовсасывающий** selbstansaugende Pumpe *f* ‖ **~ санитарной забортной воды** *(Schiff)* Sanitärseewasserpumpe *f* ‖ **~/сатураторный** Kohlensäurepumpe *f (Zuckergewinnung)* ‖ **~/сдвоенный** *s.* насос-дуплекс ‖ **~/сдвоенный лопастный** Zwillingsflügelradpumpe *f* ‖ **~/секционный [центробежный]** Gliederkreiselpumpe *f*, mehrstufige Kreiselpumpe *f* in Gliederbauart ‖ **~/сетевой** Netzumlaufpumpe *f*, Heißwasserumwälzpumpe *f (Kreiselpumpe im Warmwasserfernversorgungsnetz)* ‖ **~/скальчатый** *s.* ~/плунжерный ‖ **~/скважинный** Tiefbrunnenpumpe *f*, Bohrlochpumpe *f* ‖ **~ смазки** Schmier[mittel]pumpe *f* ‖ **~ смазки/шестерённый** Zahnradschmiermittelpumpe *f* ‖ **~/соковый** Saftpumpe *f* ‖ **~/сорбционно-ионный** Ionengetterpumpe *f (Hochvakuumpumpe)* ‖ **~/сорбционный** Sorptionspumpe *f (Vakuumpumpe)* ‖ **~/спиральный** Spiralgehäusepumpe *f* ‖ **~/стояночный** *(Schiff)* Hafenpumpe *f* ‖ **~/стоячий** stehende Pumpe *f* ‖ **~/строённый** Dreifachpumpe *f* ‖ **~/струйный** Strahlpumpe *f*, Treibmittelpumpe *f* ‖ **~/судовой** Schiffspumpe *f* ‖ **~/сухой воздушный** Trockenluftpumpe *f* ‖ **~/тепловой** 1. Pumpe *f* für heiße Medien; 2. Wärmepumpe *f* ‖ **~/топливный** 1. Einspritzpumpe *f (Dieselmotor)*; 2. Kraftstoffpumpe *f (Ottomotor)* ‖ **~/топливоперекачивающий (топливоподающийся, топливоподкачивающий)** Kraftstofförderpumpe *f* ‖ **~/торфяной** Torfschlammpumpe *f (Hydrotorfverfahren)* ‖ **~/трёхвинтовой** Dreispindelpumpe *f* ‖ **~ трёхкратного действия** dreifachwirkende Flügelzellenpumpe *n* ‖ **~ трёхкратного действия/пластинчатый** dreifachwirkende Drehschieberpumpe *f* ‖ **~/трёхлопастный двухроторный** dreiflügelige Kreiskolbenpumpe *f* mit zwei Umlaufkolben ‖ **~/трёхплунжерный** Drillingspumpe *f* ‖ **~/трёхступенчатый** dreistufige Pumpe *f* ‖ **~/трёхцилиндровый** Drillingspumpe *f* ‖ **~/трюмный** *(Schiff)* Bilgenlenzpumpe *f* ‖ **~ трюмных вод** *(Schiff)* Bilgenlenzpumpe *f* ‖ **~/турбинный регенеративный** *s.* ~/вихревой ‖ **~/турбомолекулярный** Turbomolekularpumpe *f* ‖ **~ увлечения** *s.* ~/вихревой ‖ **~ уровня** Heberpumpe *f* ‖ **~ уровня/ускорительный** Niveaubeschleunigerpumpe *f (Verbrennungsmotor)* ‖ **~/ускорительный** Beschleunigerpumpe *f (Verbrennungsmotor)* ‖ **~/фановый** *(Schiff)* Abwasserpumpe *f* ‖ **~/фекальный** Fäkalienpumpe *f* ‖ **~/форвакуумный** Vorvakuumpumpe *f* ‖ **~/форсуночный** Einspritzpumpe *f*; Zerstäuberpumpe *f* ‖ **~/фракционирующий (фракционный)** *s.* ~/разгоночный ‖ **~/центробежный** Kreiselpumpe *f*, Zentrifugalpumpe *f* ‖ **~/центробежный пивной** Zentrifugal[druck]regler *m (in Brauereien verwendete Pumpe)* ‖ **~/центробежный пожарный** Kreiselpumpe *f* der Feuerwehr ‖ **~/центробежный продувочный** Radialspülgebläse *f (Zweitakt-Verbrennungsmotor)* ‖ **~/центростремительный** Zentripetalpumpe *f* ‖ **~/циркуляционный** Umlaufpumpe *f*, Umwälzpumpe *f*, Zirkulationspumpe *f* ‖ **~/циркуляционный паровой** Dampfkesselumwälzpumpe *f* ‖ **~/червячный** *s.* ~/винтовой ‖ **~/шахтный** *s.* ~/рудничный ‖ **~/шестерённый** Zahnradpumpe *f* ‖ **~/шестерённый масляный** Zahnradschmierölpumpe *f (Verbrennungsmotor)* ‖ **~/шестерёночный (шестерёнчатый)** Zahnradpumpe *f* ‖ **~/шиберный** *s.* ~/пластинчатый ‖ **~/шламовый** Dickstoffpumpe *f*; Schlammpumpe *f (Wasserspülentaschung von Kesselfeuerungen)* ‖ **~/штанговый [глубинный]** *(Erdöl)* Gestängetiefkolbenpumpe *f*, Tiefkolbenpumpe *f* ‖ **~/щёлочестойкий** Laugenpumpe *f* ‖ **~/эксцентриковый винтовой** Exzenterschneckenpumpe *f (Umlaufkolbenpumpe)* ‖ **~/эксцентриковый поршневой** *s.* ~/кулачковый поршневой ‖ **~/электромагнитный** elektromagnetische Pumpe *f (Kernreaktor)* ‖ **~/электроразрядный сорбционный** Gasentladungssorptionspumpe *f*, Ionenzerstäuberpumpe *f (Hochvakuumpumpe)*

насос-бустер *m* Boosterpumpe *f*, Vorschaltpumpe *f*

насос-дозатор *m* Dosierpumpe *f* ‖ **~/мембранный** *(Brau)* Membrandosierpumpe *f*

насос-дуплекс *m* Duplexpumpe *f*, doppeltwirkende Pumpe (Tauchkolbenpumpe) *f*

насосик *m (Text)* Pumpe *f* ‖ **~/дозирующий** *(Text)* Spinnpumpe *f (Viskose)* ‖ **~/зубчатый прядильный** *(Text)* Zahnradspinnpumpe *f* ‖ **~/поршневой прядильный** *(Text)* Kolbenspinnpumpe *f* ‖ **~/прядильный** *(Text)* Spinnpumpe *f*

насос-мешалка *m* Mischpumpe *f*, Rührpumpe *f*, Aufbereitungspumpe *f*

насос-мотор *m* hydraulische Verdrängermaschine *f* mit umkehrbarem Wirkprinzip *(Maschine, die als Verdrängerpumpe oder Verdrängermotor arbeitet)*

насосная *f* Pumpenhaus *n*; Pumpenstation *f*

насосостроение *n* Pumpenbau *m*

насос-регулятор *m* Pumpenregler *m*

насос-тандем *m* Zwillingspumpe *f*, Tandempumpe *f*

насос-турбина *m s.* гидромашина/обратимая лопастная

насос-ускоритель *m* Beschleunigerpumpe *f* ‖ **~/вакуумный** Niveaupumpe *f (Verbrennungsmotor)* ‖ **~/поршневой** Kolbenbeschleunigerpumpe *f (Verbrennungsmotor)*

насос-форсунка *m* [kombinierte] Pumpendüse *f (Dieselmotor)*

наставка *f* Ansatz *m*, Ansatzstück *n*, Vorstoß *m*

настаивание *n* Aufguß *m*

настенный *(Masch)* in Wandanordnung

настил *m* 1. Belag *m*, Auflage *f*; Decke *f*; Teppich *m*; 2. *(Text)* Lage *f*, Auflage *f*, Mischbett *n (Putzerei)*; 3. *(Schiff)* Beplattung *f*, Beplankung *f (Deck)* ‖ **~ второго дна** *(Schiff)* Innenbodenbeplattung *f* ‖ **~/двойной** *(Bw)* Doppelboden *m*, Doppelbelag *m* ‖ **~/деревянный** 1. *(Bw)* Holzbelag *m*, Bretterbelag *m*; 2. *(Schiff)* Beplankung *f* ‖ **~/дощатый** *(Bw)* Bretterbelag *m*, Bohlenbelag *m* ‖ **~/мостовой** *(Bw)* Brückenbelag *m* ‖ **~ на лесах** *(Bw)* Rüstbrett *n* ‖ **~/палубный** Decksbeplattung *f (Stahlschiff)*; Decksbeplankung *f (Holzschiff)* ‖ **~ палубы** *s.* ~/палубный ‖ **~/плиточный** *(Bw)* Plattenbelag *m* ‖ **~ проезжей части** *(Bw)* Fahrbahndecke *f*, Fahrbahnabdeckung *f*, Fahrbahnbelag *m* ‖ **~/пустотный** *(Bw)*

Hohlraumdeckenplatte *f* || **~/ребристый** *(Bw)* Rippendeckenplatte *f* || **~ ростверка** *(Bw)* Rostdecke *f*, Rostbelag *m* || **~/стальной** *(Schiff)* Beplattung *f (Stahlschiffdecks)* || **~/чёрный** *(Bw)* Blindboden *m*

настилать 1. *(Bw)* dielen; 2. beplatten *(Stahlschiffe)*; beplanken *(Holzschiffe)* || **~ досками** *(Schiff)* beplanken || **~ листами** *(Schiff)* beplatten

настильность *f* **траектории** Flugbahnrasanz *f (äußere Ballistik)*

настильный rasant, flach, gestreckt *(Flugbahn)*

настольный *(Wkzm)* in Tischausführung

настраивать *(Rf, TV, Reg)* abstimmen; einstellen || **~ в резонанс** auf Resonanz abstimmen || **~ вручную** von Hand abstimmen || **~ на размер** maßgerecht (nach Maß) einstellen

настраиваться [на приём] *(Rf)* auf Empfang gehen

настроить *s.* настраивать

настроиться *s.* настраиваться

настройка *f* Einstellung *f*, Einstellen *n*, Abstimmung *f*, Abstimmen *n*, Justierung *f* • **с ёмкостной настройкой** *(El)* kapazitiv abgestimmt || **~ антенны** Antennenabstimmung *f* || **~/бесшумная** *(Rf)* Stummabstimmung *f* || **~ в резонанс** *(Rf)* Resonanzabstimmung *f* || **~ валков** *(Wlz)* Walzeneinstellung *f* || **~/визуальная** optische Abstimmung *f* || **~/грубая** Grobeinstellung *f*; Grobabstimmung *f* || **~/двухконтурная** *(Rf)* Zweikreisabstimmung *f* || **~/дистанционная** *(Rf)* Fernabstimmung *f*; Ferneinstellung *f* || **~/ёмкостная** *(Rf)* kapazitive Abstimmung *f*, C-Abstimmung *f* || **~/индуктивная** *(Rf)* induktive Abstimmung *f*, L-Abstimmung *f* || **~/кнопочная** Druckknopfabstimmung *f*, Drucktastenabstimmung *f* || **~/ложная** Fehlabstimmung *f* || **~/многократная** Mehrfachabstimmung *f* || **~ на размер** Maßeinstellung *f*, maßgerechte Einstellung *f* || **~/неправильная** Fehlabstimmung *f* || **~ нуля/автоматическая** automatische Null[punkt]einstellung *f* || **~/острая** *(Rf)* Scharfabstimmung *f* || **~ передатчика** Senderabstimmung *f* || **~/плавная** stetige (stufenlose) Abstimmung *f* || **~/поисковая** *(Rf)* Sendersuchlauf *m* || **~/предварительная** *(Rf)* Vorabstimmung *f* || **~ приёмника** Empfängerabstimmung *f* || **~ программы** *(Inf)* Anpassung *f*, Generierung *f* || **~ регулятора** Reglereinstellung *f* || **~/ручная** Handabstimmung *f*; Handeinstellung *f* || **~/ступенчатая** gestaffelte Abstimmung *f* || **~/тонкая (точная)** *(Rf)* Feinabstimmung *f* || **~ требуемого значения** Sollwerteinstellung *f* || **~/цветовая** *(Photo)* Farbabstimmung *f* || **~/электрическая автоматическая** elektrische Druckknopfabstimmung (Drucktastenabstimmung) *f*

наступный *(Fert)* Tritt..., Kontakt... *(Bauweise von Sicherheitseinrichtungen)*

настуран *m s.* уранинит

настыль *f* 1. Ansatz *m*, Kruste *f*; *(Met)* Bär *m*, Sau *f*, Wolf *m*; 2. *(Met)* Gekrätz *n* || **~/оловосодержащая** *(Met)* Zinngekrätz *n* || **~/печная** *(Met)* Ansatz *m*, Kruste *f*; Ofensau *f*, Ofenbär *m*, Ofenwolf *m*, Ofenanbrand *m* || **~/цинковая** *(Met)* Zinkgekrätz *n*, Zinkschlicker *m* || **~/шлаковая** *(Met)* Schlackendecke *f*, Schlackenansatz *m*

насыпка *f (Bw)* Aufschüttung *f*; Damm *m* || **~ песка** Sandschüttung *f*

насыпной 1. aufgeschüttet; Damm...; 2. *(Förd)* Schütt[gut]...

насыпь *f* Aufschüttung *f*, Schüttung *f*, Aufwurf *m*, Auftrag *m*, Anschüttung *f*, Damm *m* || **~/береговая** Uferdamm *m* || **~/гравийная** Kiesschüttung *f* || **~/земляная** Erdschüttung *f*, Erddamm *m* || **~/намытая** angespülter Damm *m* || **~/отвальная** Dammkippe *f (Tagebau)* || **~/передовая** Vorkippe *f (Tagebau)*

насытить *s.* насыщать

насыщать 1. *(Ch)* [auf]sättigen, saturieren *(Lösungen)*; 2. [ab]sättigen *(Valenzen)*; 3. *(El)* sättigen; 4. tränken, imprägnieren; 5. *(Schiff)* vorausrüsten *(Sektion, Blocksektion)* || **~ секцию** *(Schiff)* eine Sektion vorausrüsten || **~ углеродом** *(Met)* aufkohlen

насыщение *n* 1. *(Ch)* Sättigen *n*, Aufsättigen *n*, Saturieren *n*, Saturation *f (von Lösungen)*; 2. *(Ch)* Sättigen *n*, Absättigen *n (Valenzen)*; 3. *(El)* Sättigung *f*; 4. Tränken *n*, Imprägnieren *n*; 5. *(Schiff)* Vorausrüsten *n (Sektionen, Blocksektionen)* || **~ водой** Wassersättigung *f*, Wasseraufnahme *f* || **~/газовое** Gasanreicherung *f*, Gasaufnahme *f (flüssiges Metall)* || **~ газом** *s.* ~/газовое || **~ кислородом** Sauerstoffanreicherung *f*, Sauerstoffsättigung *f* || **~ кремнием** *(Met)* Aufsilizieren *n*, Aufsilizierung *f* || **~/магнитное** magnetische Sättigung *f* || **~ секции** *(Schiff)* Vorausrüsten *n* (Vorausrüstung *f*) einer Sektion || **~ серой** *(Met)* Aufschwefeln *n*, Aufschwefelung *f* || **~ спинов** *(Kern)* Spinabsättigung *f* || **~ углеродом** *(Met)* Aufkohlen *n*, Aufkohlung *f*, Kohlenstoffaufnahme *f*, Kohlenstoffanreicherung *f*

насыщенность *f* 1. Sättigungsgrad *m*; 2. *(Schiff)* Vorausrüstungsgrad *m* || **~ цвета** *(Photo)* Farbsättigung *f*

насыщенный 1. [ab]gesättigt, satt, angereichert; 2. Naß... *(Dampf)*; 3. *(Schiff)* vorausgerüstet *(z. B. Sektionen)* || **~ валентностями** valenzgesättigt || **~ водой** wassergesättigt || **~ пылью** staubreich || **~ хлором** chlorgesättigt

натекание *n (Hydr)* Anströmung *f*

натёки *mpl (Geol)* Sinter *m (kristalliner oder amorpher Mineralabsatz an Quellen, Bächen und in Tropfsteinhöhlen)*

натирание *n* Reiben *n*

натиск *m (Typ)* Anpreßdruck *m*

натр *m (Ch)* Natrium[mon]oxid *n* || **~/едкий** Ätznatron *n (Natriumhydroxid)*

натриевый Natrium...; Natron...

натрий *m (Ch)* Natrium *n*, Na || **~/хлористый** Natriumchlorid *n (Kochsalz)*

натровый Natron...

натролит *m (Min)* Natrolith *m*, Nadelzeolith *m*

натронный *s.* натровый

натура *f* **зерна** *(Brau)* Schüttdichte *f (des Getreides)*

натурный in situ

натяг *m* 1. *(Fert)* Anzug *m (z. B. eines Keils)*; 2. *(Wkz)* Böttcherzange *f*, Fügestange *f*, Reifzwinge *f*, Reifzange *f*; 3. Verspannung *f*; 4. *(Fert)* Übermaß *n (Passungen)* || **~/действительный** *(Fert)* Istübermaß *n (Passungen)* || **~/минимальный** *s.* ~/наименьший || **~/наибольший** *(Fert)* Größtübermaß *n (Passungen)* || **~/наи-**

~/меньший *(Fert)* Kleinstübermaß *m (Passungen)* ‖ **~/осевой** axiale Verspannung *f*, Axialverspannung *f* ‖ **~/предварительный** *(Fert)* Vorspannung *f* ‖ **~/фактический** *(Fert)* Istübermaß *n*, tatsächliches (faktisches) Übermaß *n (Passungen)*

натягивание *n (Fert)* 1. Anziehen *n*; 2. Aufspannen *n*; Aufziehen *n*

натягивать *(Fert)* 1. [an]spannen, anziehen; 2. aufspannen, aufziehen, aufzwicken

натяжение *n* 1. Spannen *n*, Anspannen *n*, Spannung *f*, Zug *m*; mechanische Spannung *f*, Beanspruchung *f (Material)*; Verspannung *f*; 2. Zugkraft *f*; Zugspannung *f* ‖ **~ арматуры навивкой** *(Bw)* Wickeln *n (Bewehrung)* ‖ **~ арматуры/повторное** Nachspannen *n (Bewehrung)* ‖ **~ арматуры/постепенное** *(Bw)* stufenweise Vorspannung *f (Bewehrung)* ‖ **~ арматуры скручиванием** *(Bw)* Verdrillen *n (Bewehrung)* ‖ **~ арматуры/термическое** *(Bw)* thermisches Vorspannen *n (Bewehrung)* ‖ **~ баллона** *(Text)* Ballonzug *m*, Fadenballonzug *m (Ringspinnmaschine)* ‖ **~ бегунка** *(Text)* Läuferzug *m (Ringspinnmaschine)* ‖ **~ верёвки** Seilspannung *f* ‖ **~/заднее** *(Wlz)* Rückwärtszug *m*, rückwärtiger Bandzug *m*, Bremszug *m* ‖ **~ каната** Seilspannung *f* ‖ **~ контактного провода** *(Eb)* Fahrdrahtzug *m* ‖ **~ ленты** Bandzug *m*, Gurtzug *m (Fördertechnik)*; Bandzug *m*, Bandspannung *f (Magnettonband)* ‖ **~/неравномерное** ungleichmäßige Spannung *f* ‖ **~ нити** 1. *(Mech)* Fadenspannung *f*; Saitenspannung *f*; 2. *(Text)* Fadenzug *m*, Fadenspannung *f (Ringspinnmaschine)* ‖ **~ основы** *(Text)* Kett[en]spannung *f (Webstuhl)* ‖ **~/переднее** *(Wlz)* Bandzug *m* in Walzrichtung ‖ **~ плёнки** *(Photo)* Filmzug *m*, Filmspannung *f* ‖ **~/поверхностное** Oberflächenspannung *f* ‖ **~ покоя** *(Mech)* Ruhespannung *f* ‖ **~ почвенной воды** Bodenwasserspannung *f* ‖ **~/предварительное** Vorspannung *f (z. B. Riemen)* ‖ **~ ремешков** *(Text)* Riemchenspanner *m*, Riemchenspannvorrichtung *f (Ringspinnmaschine)* ‖ **~ ремня** Riemenspannung *f*, Riemenzug *m* ‖ **~ ровницы** *(Text)* Vorgarnspannung *f (Spinnerei)*

натяжной Abspann...

науглероживание *n* 1. *(Met)* Kohlenstoffaufnahme *f*, Kohlen *n*, Aufkohlen *n*; 2. *(Härt)* Einsatzhärten *n*, Einsetzen *n* ‖ **~/вторичное** Rückkohlen *n*, Rückkohlung *f* ‖ **~ газом** Gasaufkohlen *n* ‖ **~/поверхностное** Oberflächenaufkohlen *n* ‖ **~ порошком** Pulveraufkohlen *n (Einsatzhärten)*

науглероживатель *m (Met, Gieß)* Kohlungsmittel *n*

науглероживать 1. *(Met)* [auf]kohlen; einsetzen; 2. *(Härt)* einsatzhärten

наугольник *m* 1. Winkelmaß *n*, Winkelmesser *m*; 2. Winkellasche *f*

наука *f* Wissenschaft *f* ‖ **~/прикладная** angewandte Wissenschaft *f*

науковедение *n* Wissenschaftsforschung *f*

науманнит *m (Min)* Naumannit *m*, Selensilber *n*

наушники *mpl* Kopfhörer *m* ‖ **~/противошумные** Lärmschutzkopfhörer *mpl*

нафталин *m (Ch)* Naphthalen *n*

нафтен *m (Ch)* Naphthen *n*

нафтеновый *(Ch)* naphthen[bas]isch, Naphthen...

нахлёстка *f* Überdeckung *f*, Überlappung *f*

нахождение *n* 1. Vorkommen *n (in der Natur)*; 2. Verweilen *n*, Aufenthalt *m*

нацедить *s.* нацеживать

нацеживать tropfenweise eingießen

наценка *f* Handelsspanne *f*

начало *n* 1. Beginn *m*, Anfang *m*, Ausbruch *m*; Ursprung *m*, Entstehung *f*; 2. Prinzip *n (s. a. unter* принцип*)*; 3. Anfangspunkt *m*, Ausgangspunkt *m*; 4. *(Wlz)* Anstich *m* ‖ **~ координат** *(Math)* Anfangspunkt *m*, Leitpunkt *m*, Ursprung *m (Koordinaten)* ‖ **~/красящее** färbendes Prinzip *n*, färbender Bestandteil *m* ‖ **~ [круговой] кривой** Bogenanfang[spunkt] *m (Straßen- und Gleisbau)* ‖ **~ отсчёта** Bezugspunkt *m*; *(Inf)* Benchmark *f* ‖ **~ прилива** *(Hydrol)* 1. Vorflut *f*; 2. Zuflußbeginn *m* ‖ **~ термодинамики** Hauptsatz *m* der Thermodynamik ‖ **~ термодинамики/второе** zweiter Hauptsatz *m* [der Thermodynamik], Entropiesatz *m* ‖ **~ термодинамики/первое** allgemeiner Hauptsatz *m* der Thermodynamik, erstes Postulat *n* der Thermodynamik ‖ **~ термодинамики/третье** dritter Hauptsatz *m* der Thermodynamik, Nernstscher Wärmesatz *m*, Nernstsches Wärmetheorem *n*

начерно *(Fert)* Grob... *(Zusatzbezeichnung zu Verfahren)*

начертание *n* Entwurf *m*, Konzept *n* ‖ **~ шрифта** *(Typ)* Schriftbild *n*

начертить *s.* чертить

начёс *m (Text)* Aufrauhung *f*

начесать *s.* начёсывать

начёсывание *n (Text)* Aufrauhen *n*, Rauhen *n*

начёсывать *(Text)* [auf]rauhen

нашатырь *m (Ch)* Salmiak *m (Ammoniumchlorid)*

нащельник *m (Bw)* Fugendeckleiste *f*

нащупывание *n* Abfühlen *n*, Abtasten *n*

НАЭС *s.* электростанция/насосно-аккумулирующая

НБ *s.* бьеф/нижний

нВт *s.* нановатт

НГ *s.* 1. газ/неконденсирующийся; 2. лампа/газополная

нГ *s.* наногенри

НГМД *s.* накопитель на гибких магнитных дисках

НЕ NICHT *n*; INVERT *n (logische Operation)*

неавтоматизированный handbedient, handgesteuert, nichtautomatisiert

неавтоматический nichtautomatisch, nichtselbsttätig

неавтономный nichtautonom; *(Inf)* on-line, angeschlossen, mitlaufend

неадиабатический *(Meteo)* nichtadiabatisch

неактивность *f (Ch)* Inaktivität *f*, Reaktionsträgheit *f*

неактивный *(Ch)* inaktiv, reaktionsträge, inert

небаланс *m* 1. *(Masch)* Unwucht *f*; 2. Abgleichfehler *m*; 3. Ungleiche *f*, Ungleichheit *f*; Ungleichgewicht *n* ‖ **~ двоичного кода** *(Nrt)* Disparität *f* des Binärkodes ‖ **~/динамический** *(Masch)* dynamische Unwucht *f* ‖ **~ моста** *(El)* Brückenungleiche *f*, Brückenverstimmung *f* ‖ **~/статический** *(Masch)* statische Unwucht *f*

небалансный *(El)* nichtabgleichend, nichtabgeglichen

небо *n* 1. Himmel *m*; 2. Decke *f (einer Feuerung)* ‖ **~ топки** Feuerraumdecke *f*
небосвод *m* Himmelsgewölbe *n*, Himmel *m*, Firmament *n*
небронированный unbewehrt, ohne Bewehrung *(Kabel)*
небулий *m (Astr)* Nebulium *n*
небьющийся unzerbrechlich
невесомость *f* 1. *(Ph)* Schwerelosigkeit *f*; 2. Unwägbarkeit *f*
невесомый 1. *(Ph)* schwerelos; masselos; 2. unwägbar, Spuren...
невзаимодействующий nichtwechselwirkend, nicht in Wechselwirkung stehend
невзрывоопасный explosionssicher, explosionsgeschützt; nichtexplosiv
невзрывчатый nichtexplosiv
невключённый nichteingeschaltet
невод *m* Wade *f (Fischereinetz)* ‖ **~/близнецовый** Gespannschleppnetz *n*, Zweischiff-Schwimmnetz *n (Hochseefischerei)* ‖ **~/двухсадковый ставной** Zweikammerreuse *f* ‖ **~/донный** Grundwade *f* ‖ **~/закидной** Zugnetz *n*, Zugwade *f* ‖ **~/кольцевой** Snurrewade *f*, Schnurwade *f (Hochseefischerei)* ‖ **~/кошельковый** Ringwade *f (Hochseefischerei)* ‖ **~/морской закидной** Strandwade *f (Zugnetz)* ‖ **~/односадковый ставной** Einkammerreuse *f* ‖ **~/распорный** Zugnetz *n* mit Scherbrettern *(Hochseefischerei)* ‖ **~/ставной** Reuse *f*
неводный nichtwäßrig
невозбуждённый nichterregt, unangeregt, nichtangeregt
невозделанный *(Lw)* unbebaut, brachliegend, nicht kultiviert
невоспламеняемость *f* Unentzündbarkeit *f*, Unentflammbarkeit *f*
невоспроизводимость *f* Nichtreproduzierbarkeit *f*
невосстанавливающий *(Ch)* nichtreduzierend
невращающийся nichtrotierend; *(Masch)* drehfest
неврон *m* Neuron *n*
невскрытый *(Bgb)* unaufgeschlossen
невуалируемость *f (Photo)* Schleierfreiheit *f*
невыпрямленный *(El)* ungerichtet, nicht gleichgerichtet
невычет *m (Math)* Nichtrest *m*
невьянскит *m (Min)* Newjanskit *m*, Osmiridium *n*
невязка *f* 1. *(Geod)* Abweichung *f*, Abschlußfehler *m*; 2. *(Schiff)* Besteckversetzung *f (Navigation)* ‖ **~ в направлении** *(Geod)* Seitenabweichung *f* ‖ **~ времени пробега** *(Geoph)* Laufzeitresiduum *n* ‖ **~/высотная** *(Geod)* Höhenabweichung *f* ‖ **~/линейная** *(Geod)* Linienabweichung *f*, lineare Abweichung *f* ‖ **~ магнитуды** *(Geoph)* Magnitudenresiduum *n* ‖ **~ по высоте** *(Geod)* Höhenabweichung *f*, Höhenfehler *m* ‖ **~/поперечная** *(Geod)* Querabweichung *f* ‖ **~/продольная** *(Geod)* Längsabweichung *f* ‖ **~ сети** Netzfehler *m* ‖ **~/угловая** Winkelabweichung *f*, Winkelfehler *m*
негабарит *m* Übergröße *f*
негабаритный überdimensional
негатив *m (Photo)* Negativ *n* ‖ **~/вялый** flaues Negativ *n* ‖ **~/линейный** Strichnegativ *n* ‖ **~/мягкий** weiches Negativ *n* ‖ **~/недодержанный** unterbelichtetes Negativ *n* ‖ **~/передержанный** überbelichtetes Negativ *n* ‖ **~/перепроявленный** überentwickeltes Negativ *n* ‖ **~/плотный** dichtes Negativ *n* ‖ **~/промежуточный** Zwischennegativ *n* ‖ **~/цветной** Farbnegativ *n* ‖ **~/цветоделённый** Farbauszugsnegativ *n*, Teilauszugsnegativ *n*
негатив-оригинал *m (Photo)* Originalnegativ *n*
негатрон *m (Ph)* Negatron *n*, negatives Elektron *n*
негибкий starr, unbiegsam
негистор *m (Eln)* negativer Widerstand *m*
негорючесть *f* Un[ver]brennbarkeit *f*
негорючий un[ver]brennbar, unverbrennlich
неделимый unteilbar
недетонирующий 1. nicht explodierend; 2. klopffest *(Kraftstoff)*
недеформируемость *f* Formbeständigkeit *f*
недеятельный *(Ch)* inaktiv, reaktionsträge, inert; *(Ch)* optisch inaktiv, razemisch
недиффундирующий diffusionsfest
недоброкачественный minderwertig, schlecht, von schlechter Qualität
недовар *m (Pap)* Unterkochung *f*, unvollständige Kochung *f*
недовес *m* Untergewicht *n*, Mindergewicht *n*
недовозбудить *s.* недовозбуждать
недовозбуждать *(Eln)* untererregen
недовозбуждение *n (Eln)* Untererregung *f*
недовулканизация *f (Gum)* Untervulkanisation *f*
недогрев *m* ungenügende Erwärmung *f*
недоделки *fpl (Bw)* 1. Restarbeiten *fpl*; 2. mangelhafter Abschluß *m* von Arbeiten
недодержанный *(Photo)* unterbelichtet
недодержка *f (Photo)* Unterbelichtung *f*
недожог *m* 1. Unverbranntes *n*; 2. *(Ker)* Unterbrand *m*
недокал *m* zu geringe Erwärmung *f (z. B. bei Stahlvergütung)*
недокат Walzrest *m*, Walzschrott *m*, Saumschrott *m*
недокись *f (Ch)* Suboxid *n*
недокоммутация *f* Unterkommutierung *f*
недокомпаундирование *n* Unterkompoundierung *f*
недокомпаундированный unterkompoundiert
недокрутка *f (Text)* Drahtverlust *m*, unvollständige Drehung *f*
недолговечность *f* Kurzlebigkeit *f*; geringe Haltbarkeit *f*
недолив *m* 1. *(Gieß)* nichtausgelaufenes Gußstück *n*, nicht voll ausgelaufene Stelle *f* des Gußstücks; 2. Unterfüllung *f (Flasche)*
недомачивание *n (Brau)* Unterweiche *f (Malz)*
недомер *m* Untermaß *n*
недомол *m* Grieß *m*, Grobkorn *n*
недомочка *f s.* недомачивание
недонапряжение *n (Mech)* Unterbeanspruchung *f*, Unterbelastung *f*
недонасыщенный *(Ch)* untersättigt
недополировка *f* Polierfehler *m (Linsen)*
недопроявление *n (Photo)* Unterentwicklung *f*
недоразрядка *f* Teilaufladung *f*
недосатурация *f*, **недосатурирование** *n* Untersaturation *f (Zuckergewinnung)*
недосатурированный nicht genügend aussaturiert, untersaturiert *(Zuckergewinnung)*
недосмазка *f (Trib)* Mangelschmierung *f*

недостаток *m* 1. Mangel *m*, Fehler *m*, Fehlstelle *f*, Defekt *m*; 2. Nachteil *m*; 3. Defizit *n*, Mangel *m*, unzureichende Menge *f* ‖ **~ массы** *(Kern)* Massendefekt *m*, Kernschwund *m* ‖ **~ мощности** Leistungsmangel *m* ‖ **~ нейтронов** *(Kern)* Neutronendefizit *n* ‖ **~ электронов** *(Kern)* Elektronenmangel *m*, Elektronendefizit *n*, Elektronenunterschuß *m*
недостоверность *f* **измерения** Meßunsicherheit *f*
недоступность *f* Unzugänglichkeit *f*
недосыщение *n (Ch)* Untersättigung *f*
недоток *m (El)* Unterstrom *m*
недотравленность *f (Eln)* Unterätzung *f (Halbleiter)*
недофокусировка *f* Unterfokussieren *n*
недоэкспонированный *s.* недодержанный
недра *pl* **[Земли]** Erdinneres *n*
недублёный ungegerbt
нежёсткий 1. unstarr, schlaff; 2. härtefrei, weich *(Wasser)*
независимость *f* Unabhängigkeit *f* ‖ **~ данных** *(Inf)* Datenunabhängigkeit *f* ‖ **~/линейная** *(Kyb, Math)* lineare Unabhängigkeit *f* ‖ **~ от напряжения** *(El)* Spannungsunabhängigkeit *f* ‖ **~ от [питающей] сети** *(El)* Netzunabhängigkeit *f* ‖ **~ от температуры** Temperaturunabhängigkeit *f* ‖ **~/функциональная** *(Math)* funktionale Unabhängigkeit *f*
независящий unabhängig ‖ **~ от времени** zeitunabhängig ‖ **~ от нагрузки** lastunabhängig ‖ **~ от направления** richtungsunabhängig, ungerichtet ‖ **~ от напряжения** spannungsunabhängig ‖ **~ от [питающей] сети** netzunabhängig ‖ **~ от частоты** frequenzunabhängig
незавуалированный *(Photo)* unverschleiert
незадержанный unverzögert
незадубленный *(Photo)* ungehärtet
незаземлённый *(El)* ungeerdet, nichtgeerdet, nicht auf Masse liegend
незакрученный drehungsfrei
незанятый 1. *(Nrt)* unbesetzt, frei; 2. *(Kern)* unbesetzt, nicht besetzt
незаписанный unbetönt, unbespielt *oder* unbesprochen, ohne Aufzeichnung *(Magnettonband)*
незаполненный *(Kern)* leer, vakant; *(Krist)* unbesetzt
незаряжённый *(Ph)* ungeladen, ladungslos, [elektrisch] neutral
незатаренный unverpackt, lose
незатухающий ungedämpft, nicht gedämpft, dämpfungsfrei
незащищённый ungeschützt
незистор *m (Eln)* Nesistor *m*, Zweipolfieldistor *m*
незосиликаты *mpl (Krist)* Nesosilikate *npl*, Inselsilikate *npl*; Orthosilikate *npl*
неизвестная *f (Math)* Unbekannte *f*
неизменная *f (Math)* Unveränderliche *f*
неизменность *f* Unveränderlichkeit *f*, Dauerhaftigkeit *f*, Beständigkeit *f*; Permanenz *f*, Konstanz *f*
неизменяемость *f s.* неизменность
неизолированный unisoliert, nichtisoliert, blank *(Draht)*
неимеющий потерь verlustlos, verlustfrei
неиндуктивный *(Mech)* induktionsfrei
неискажённый *(Opt)* verzerrungsfrei, unverzerrt
неискрящий *(Fert)* funkenfrei, funkenlos
неисправность *f* Defekt *m*, Störung *f*, Funktionsstörung *f*; Fehler *m* ‖ **~ в работе** Betriebsstörung *f* ‖ **~ в схеме** Schaltungsfehler *m* ‖ **~ фокусировки** *(Opt)* Fokussierungsfehler *m*
неисправный fehlerbehaftet, fehlerhaft, schadhaft, defekt
нейзильбер *m (Met)* Weißkupfer *n*; Neusilber *n*, Argentan *n (Cu-Ni-Zn-Legierung)*
нейристор *m (Eln)* Neuristor *m*
нейроинформатика *f* neuronale Informatik *f*
нейрокомпьютер *m* Neurocomputer *m*
нейрочип *m (Eln)* Neurochip *m*
нейтрализатор *m (Lebm)* Neutralisator *m*, Neutralisationskessel *m*
нейтрализация *f* 1. Neutralisation *f*, Neutralisieren *n*; 2. *(Led)* Entsäuerung *f* ‖ **~ кожи** *(Led)* Entsäuerung *f*, Neutralisation *f*
нейтрализовать neutralisieren; *(Led)* entsäuern
нейтраль *f (El)* Nulleiter *m*; Neutralleiter *m*, Sternpunktleiter *m*
нейтретто *n (Ph)* neutrales Meson *n*, Neutretto *n*
нейтрино *n (Kern)* Neutrino *n*
нейтрон *m (Kern)* Neutron *n* ‖ **~/быстрый** schnelles Neutron *n* ‖ **~/высокоэнергетичный** sehr schnelles Neutron *n* ‖ **~ деления** Spaltneutron *n* ‖ **~/запаздывающий** verzögertes Neutron *n* ‖ **~/мгновенный** promptes Neutron *n* ‖ **~/медленный** langsames Neutron *n* ‖ **~/надтепловой** epithermisches Neutron *n* ‖ **~/промежуточный** intermediäres (mittelschnelles, epithermisches) Neutron *n* ‖ **~/резонансный** Resonanzneutron *n* ‖ **~/сверххолодный** ultrakaltes Neutron *n* ‖ **~/тепловой** thermisches Neutron *n* ‖ **~/холодный** kaltes Neutron *n*
нейтронно-легированный neutronendotiert *(Halbleiter)*
нейтронно-облучённый neutronenbestrahlt
нейтронно-упорный neutronendicht, neutronenundurchlässig
нейтронный Neutronen...
нейтроновод *m* Neutronenleiter *m*
нейтронограмма *f (Fest)* Neutronenbeugungsbild *n*, Neutronenbeugungsaufnahme *f*, Neutronogramm *n*
нейтронограф *m (Fest)* Neutronendiffraktometer *n*, Neutronenbeugungsgerät *n*
нейтранография *f (Kern)* Neutronenradiographie *f*; *(Wkst)* Neutronendefektoskopie *f*
неквантованный *(Ph)* nichtgequantelt, ungequantelt
некк *m (Geol)* Neck *m*
некогерентность *f* Inkohärenz *f*, Nichtkohärenz *f*
некодированный nicht verschlüsselt, unverschlüsselt, offen
неколебательный nichtschwingend, nichtoszillierend, schwingungsfrei
некоммутативность *f* Nichtvertauschbarkeit *f*, Nichtkommutativität *f*
некомпенсированный 1. nichtkompensiert, unkompensiert; 2. nichtnachgespannt *(Fahrdrähte)*
некорродируемый, некоррозийный, некоррозионный korrosionsbeständig, korrosionsfrei, nichtkorrosiv, nichtangreifbar; rostsicher, nichtrostend
некристаллический nichtkristallin[isch], amorph

некруглость *f* Unrundheit *f*
некрутящийся drallfrei
нелетучесть *f* Nichtflüchtigkeit *f*
нелетучий nichtflüchtig
нелинейность *f* Nichtlinearität *f* **|| ~/гистерезисная** *(El)* Hysteresenichtlinearität *f*
нелинейный nichtlinear
неломкий unzerbrechlich, nicht zerbrechlich
неломкость *f* Unzerbrechlichkeit *f*
немагнитный unmagnetisch
неметалл *m* Nichtmetall *n*, Metalloid *n*
немигающий flimmerfrei
немодулированный unmoduliert, ungemodelt
ненабухающий quellfest
ненагруженный 1. unbelastet; 2. leer, unbeladen
ненадёжность *f* Störanfälligkeit *f*, Unzuverlässigkeit *f*
ненадёжный unzuverlässig, unsicher, störanfällig
ненаполненный *(Ch)* füllstofffrei, ungefüllt
ненаправленный ungerichtet, richtwirkungsfrei
ненарушенный ungestört
ненастраиваемый nicht abstimmbar, nicht regelbar, nicht einstellbar
ненастроенный nichtabgestimmt, unabgestimmt
ненасыщенность *f* Ungesättigtsein *n*, ungesättigter Zustand *m*
ненасыщенный un[ab]gesättigt, nichtgesättigt
ненатянутость *f* Schlaffheit *f*
ненормальность *f* Abnorm[al]ität *f*
необесцвечивающийся farbecht, farbbeständig
необработанный unbearbeitet
необратимость *f* Nichtumkehrbarkeit *f*, Irreversibilität *f*
необратимый nicht umkehrbar, irreversibel
необсаженный *(Bgb)* unverrohrt *(Bohrloch)*
необслуживаемый ohne Bedienungspersonal; unbesetzt; unbemannt
неоген *m (Geol)* Neogen *n*, Jungtertiär *n*
неогнеопасный feuersicher
неодим *m (Ch)* Neodym *n*, Nd
неоднозначность *f* Mehrdeutigkeit *f*
неоднородность *f* Inhomogenität *f*, Heterogenität *f*, Ungleichartigkeit *f* **|| ~/зонная** *s.* ~/ростовая **|| ~/литейная** Inhomogenität (Heterogenität, Ungleichmäßigkeit) *f* des Gußgefüges **|| ~ поля** *(El)* Feldinhomogenität *f* **|| ~/ростовая** *(Krist)* Wachstumsinhomogenität *f* **|| ~/спиральная** *(Krist)* spiralförmige Inhomogenität *f*
неоднородный inhomogen, heterogen; ungleichartig
неокисляемость *f* Nichtoxidierbarkeit *f*,Oxidationsbeständigkeit *f*
неокисляемый nicht oxidierbar, oxidationsbeständig
неокисный nichtoxidisch
неолит *m (Geol)* Neolithikum *n*, Jungsteinzeit *f*
неомылённый *(Ch)* unverseift
неомыляемость *f (Ch)* Unverseifbarkeit *f*
неомыляемые *npl (Ch)* Unverseifbares *n*, unverseifbare Begleitstoffe *mpl*
неомыляемый *(Ch)* unverseifbar
неон *m (Ch)* Neon *n*, Ne
неопределённость *f* 1. *(Math)* Unbestimmtheit *f*; 2. Indeterminiertheit *f*; 3. *(Ph)* Unsicherheit *f*, Ungenauigkeit *f*, Unbestimmtheit *f*; 4. *(Opt)* Unschärfe *f* **|| ~ направления** Richtungsunschärfe *f* **|| ~ энергии** *(Kern)* Energieunbestimmtheit *f*
неопределённый *(Math)* unbestimmt, indefinit
неопределимый/статически statisch unbestimmt
неопрокидываемый unkenterbar *(Schiff)*
неорганический anorganisch
неориентированность *f* Unorientiertheit *f*
неосаждаемый *(Ch)* nicht [aus]fällbar
неосахаренный *(Ch)* unverzuckert
неосахариваемый *(Ch)* unverzuckerbar
неосевой außeraxial
неотверждаемый nichthärtend, thermoplastisch *(Kunststoffe)*
неотключаемый nichtabschaltbar
неотожжённый ungetempert *(Metalle)*; unausgeteilt *(Halbleiter)*
неотражающий nichtreflektierend, reflexionsfrei
неочищенный ungereinigt, roh, Roh...
непараллельность *f* Parallelitätsfehler *m*, Parallelitätsabweichung *f* **|| ~ осей** *(Masch)* Neigung *f* der Achsen
непер *m (Math)* Neper *n*, Np
неперепрограммируемый *(Inf)* festprogrammiert
неперестановочность *f (Math)* Nichtvertauschbarkeit *f*, Nichtkommutativität *f*
неперметр *m* Nepermeter *n*
неперпендикулярность *f* Nichtrechtwinkligkeit *f*
непит *m (Inf)* Nepit *n*, nepit, nit
неплавкий *(Met)* unschmelzbar, unverhüttbar
неплавкость *f* Unschmelzbarkeit *f*
неплавность *f* Unstetigkeit *f*, Ungleichmäßigkeit *f* **|| ~/хода** Laufunruhe *f*
неплавный unstetig, unruhig
непластифицированный weichmacherfrei, unplastifiziert
непластичный unplastisch, nicht bildsam (verformbar)
неплодородный *(Lw)* unfruchtbar, unergiebig
неплоскостность *f* Ebenheitsfehler *m*; Unebenheit *f*
неплотность *f* Undichtigkeit *f*, geringe Dichte *f*; Leckage *f*
неплотный 1. undicht; leck; 2. *(Geol)* lose, leicht *(Gestein)*
неподатливый unnachgiebig
неподвергающийся коррозии rostbeständig, rostsicher, nichtrostend **|| ~ старению** alterungsbeständig
неподвижность *f* Unbeweglichkeit *f*, Starrheit *f*
неподвижный unbeweglich, ortsfest; stationär, stillstehend; unbewegbar, unverrückbar; bewegungslos, unbewegt
неподрессоренный ungefedert
неполадка *f* Betriebsstörung *f*; Schaden *m* **|| ~ в работе** Betriebsstörung *f*
неполномерность *f* Untermaß *n*
неполнота *f* Unvollständigkeit *f*
неполноценность *f* Minderwertigkeit *f*
неполяризованный nichtpolarisiert, unpolarisiert; ungepolt
неполярный *(Ch)* unpolar, homöopolar
непостоянный nichtkonstant, inkonstant
непостоянство *n* Nichtkonstanz *f*, Inkonstanz *f* **|| ~ во времени** zeitliche Inkonstanz *f* **|| ~ частоты** Frequenzinkonstanz *f*
непотопляемость *f (Schiff)* Lecksicherheit *f*, Unsinkbarkeit *f* **|| ~/одноотсечная** Lecksicherheit (Unsinkbarkeit) *f* bei Überflutung einer Abteilung

непредельность *f (Ch)* Nichtsättigung *f*, ungesättigter Zustand *m*
непредельный *(Ch)* ungesättigt *(Kohlenwasserstoff)*
непрерывно stetig, kontinuierlich, stetig arbeitend
непрерывность *f* 1. Pausenlosigkeit *f*; Fortdauer *f*; 2. Stetigkeit *f*; 3. *(Masch)* Kontinuität *f*, Stetigkeit *f* ‖ **~/равномерная** *(Math)* gleichmäßige Stetigkeit *f* ‖ **~ состояний** Zustandskontinuität *f*
непрерывный 1. ununterbrochen, fortlaufend, durchgehend, durchlaufend; kontinuierlich [arbeitend]; 2. *(Math)* stetig, kontinuierlich
неприводимый *(Math)* irreduzibel
неприводка *f (Typ)* Paßfehler *m*
неприступность *f* Unzugänglichkeit *f*
непровар *m* 1. *(Glas)* unvollständiges Durchschmelzen *n (des Gemenges)*; 2. *(Glas)* Ungeschmolzenes *n*, ungeschmolzener Gemengebestandteil *m*; 3. *(Schw)* Bindefehler *m*
непроводник *m (El)* Nichtleiter *m*
непроводящий nichtleitend
непроволочный drahtlos
непродолжительный во времени kurzzeitig, kurz[dauernd], Kurzzeit...
непродуктивный *(Erdöl)* nicht fündig *(Bohrung)*; nicht ergiebig
непрозрачность *f (Opt)* Undurchsichtigkeit *f*, Opazität *f*
непрозрачный *(Opt)* undurchsichtig, opak
непрокрут *m (Text)* nichtgedrehtes Garn *n*
непромокаемый wasserdicht, undurchlässig *(für Flüssigkeiten)*
непромышленный *(Bgb)* nicht bauwürdig *(Vorräte)*
непроницаемость *f* 1. Undurchlässigkeit *f*, Dichthalten *n*; 2. Impermeabilität *f*
непроницаемый 1. undurchlässig, undurchdringlich, dicht; 2. impermeabel
непропай *m (Schw)* Bindefehler *m*
непропечатка *f (Typ)* Wolkigkeit *f (ungleichmäßiger Druck)*
непропрядка *f (Text)* Noppe *f*, Faserknötchen *n*
непрореагировавший *(Ch)* nicht in Reaktion getreten, nichtreagiert, nichtumgesetzt
непросвечивающий lichtundurchlässig; adiaphan, nicht durchscheinend
непротиворечивость *f* **[данных]** *(Inf)* Widerspruchsfreiheit *f*
непротравленность *f (Eln)* Unterätzung *f (Halbleiter)*
непрочный unbeständig, instabil, labil; unecht ‖ **~ к свету** lichtunecht, nicht lichtecht
непрядомый *(Text)* unverspinnbar
непрямозонный *(Eln)* mit indirekter (nicht direkter) Bandlücke *(Halbleiter)*
непрямой 1. ungerade, nicht geradlinig; 2. mittelbar, indirekt
непрямолинейность *f* Ungeradlinigkeit *f*, Ungeradheit *f*
непсофометрический nicht [frequenz]bewertet
нептуний *m (Ch)* Neptunium *n*, Np
непупинизированный *(El)* unbespult, nichtpupinisiert
неработоспособность *f* Funktionsuntüchtigkeit *f*, Arbeitsunfähigkeit *f*
нерабочий nichtarbeitend; *(Masch)* nicht übertragend *(z. B. Zahnflanke)*; Rück... *(z. B. Rückflanke)*
неравенство *n* 1. Ungleichheit *f*; 2. *(Math)* Ungleichung *f*; 3. *(Astr)* Ungleichheit *f*, Ungleichung *f* *(Störung der Mondbahn)* ‖ **~ Бернулли** *(Math)* Bernoullische Ungleichung *f* ‖ **~ Бесселя** *(Math)* Besselsche Ungleichung *f* ‖ **~/вековое** *(Astr)* säkulare Ungleichheit *f (Störung der Mondbahn)* ‖ **~/годичное** *(Astr)* jährliche Ungleichheit *f* *(Mondbewegung)* ‖ **~ треугольника** *(Math)* Dreiecksungleichung *f*
неравновесие *n* Nichtgleichgewicht *n*
неравномерность *f* Ungleichmäßigkeit *f*, Ungleichförmigkeit *f*
неравномерный ungleichmäßig, ungleichförmig
неравноплечий ungleicharmig *(Hebel)*
неравносторонний ungleichseitig
неразведанный *(Bgb)* nicht erkundet
неразветвлённый *(Ch)* unverzweigt, geradlinig, geradkettig
нераздельнокипящий konstant siedend, mit konstantem Siedepunkt
неразличимость *f* Ununterscheidbarkeit *f*, Nichtunterscheidbarkeit *f*
неразличимый ununterscheidbar
неразложимый unzerlegbar, unzersetzbar
неразрезной durchgehend, durchlaufend; kontinuierlich
неразрешимость *f* Unlösbarkeit *f*
неразрушаемый zerstörungsfrei
неразрушимость *f* Unzerstörbarkeit *f*
неразрыв *m* Blindgänger *m*
неразрывный kontinuierlich, stetig, ununterbrochen
неразъедаемый korrosionsfest, nichtrostend
неразъеденный unangegriffen *(von Rost, Säure usw.)*
неразъёмный ungeteilt, einteilig, nicht zerlegbar
нераскалывающийся nicht spaltbar
нераскручивающийся drallfrei, drallarm *(Seil)*
нерастворённый un[auf]gelöst
нерастворимость *f* Unlöslichkeit *f*, Nichtlöslichkeit *f*
нерастворимый unlöslich, nicht löslich
нерастворитель *m* Nichtlösungsmittel *n*, Nichtlöser *m*, inaktives Lösungsmittel *n*
нерасщепляемый nicht spaltbar
нервюра *f (Flg)* Rippe *f* ‖ **~/блочная** Vollwandrippe *f* ‖ **~/концевая** Endrippe *f* ‖ **~/крылевая** Flügelrippe *f*, Tragflügelrippe *f*, Tragflächenrippe *f* ‖ **~/носовая** Nasenrippe *f* ‖ **~ со стенкой** Stegrippe *f* ‖ **~/сплошная** Vollwandrippe *f* ‖ **~/ферменная** Gitterrippe *f*
нерезкость *f (Photo)* Unschärfe *f* ‖ **~ изображения** Bildunschärfe *f* ‖ **~ изображения по краям** Randunschärfe *f* ‖ **~/хроматическая** Farbsaum *m*
нержавеющий nichtrostend, rostbeständig, rostfrei
неровность *(Fert)* Unebenheit *f (Oberflächenform)* ‖ **~/островершинная** Unebenheit *f* mit spitzen Kuppen ‖ **~/плосковершинная** Unebenheit *f* mit abgeflachten Kuppen
неровнота *f (Text)* Ungleichmäßigkeit *f (z. B. beim Garn)*
несамоходный *(Schiff)* ohne Eigenantrieb

несахар *m (Ch)* Nichtzucker[stoff] *m*
несбалансированность *f (Masch)* Unausgeglichenheit *f*, Unwucht *f*
несбраживаемый *(Ch)* unvergärbar, nichtvergärbar
несброженный *(Ch)* unvergoren
несвязный locker, lose, nicht bindig, kohäsionslos
несгибаемость *f* Steifigkeit *f*, Steife *f*
несгибаемый steif, unbiegsam, starr
несгораемость *f* Un[ver]brennbarkeit *f*
несгораемый un[ver]brennbar, feuerfest
несгоревший unverbrannt
несеребряный silberfrei *(Filme)*
несетевой *(El)* netzunabhängig
несжимаемость *f* Inkompressibilität *f*, Nichtzusammendrückbarkeit *f*, Nichtkomprimierbarkeit *f*; Raumbeständigkeit *f*, Volumenbeständigkeit *f*
несжимаемый nichtzusammendrückbar, inkompressibel; raumbeständig, volumenbeständig
несимметричность *f* Asymmetrie *f*, Nichtsymmetrie *f*, Unsymmetrie *f*, Lageabweichung *f* von der Symmetrie
несимметричный asymmetrisch, nichtsymmetrisch, unsymmetrisch
несимметрия *f s.* несимметричность
несинфазный *(El)* phasenungleich, phasenvertauscht
несинхронный *(El)* nichtsynchron, asynchron
нескользящий *(Masch)* schlupflos, schlupffrei
неслепящий blendungsfrei
неслоистый ungeschichtet, massig
несмачиваемость *f* Unbenetzbarkeit *f*
несмачиваемый unbenetzbar; wasserabweisend, hydrophob
несмачивание *n (Ph)* Nichtbenetzung *f*
несмешиваемость *f* Nichtmischbarkeit *f*, Unmischbarkeit *f*
несминаемость *f (Text)* Knitterechtheit *f*, Knitterfreiheit *f*, knitterarme Ausrüstung *f*
несминаемый *(Text)* knitterecht, knitterfrei
несовершенство *n* Unvollkommenheit *f*, Imperfektion *f*, Fehler *m*
несовместимость *f* Inkompatibilität *f*, Nichtkompatibilität *f*, Unvereinbarkeit *f*, Unverträglichkeit *f*
несовместимый inkompatibel, nichtkompatibel, unvereinbar, unverträglich
несогласие *n (Geol)* Diskordanz *f* ‖ **~/гетеролитологическое** [hetero]lithologische Diskordanz *f* ‖ **~/дислокационное** *s.* контакт/тектонический ‖ **~/дисперсионное** *s.* ~/рассеянное ‖ **~/краевое** Randdiskordanz *f*, Marginaldiskordanz *f* ‖ **~/литологическое** *s.* ~/гетеролитологическое ‖ **~/ложное** Scheindiskordanz *f* ‖ **~/ложноугловое** Pseudowinkeldiskordanz *f* ‖ **~/локальное (местное)** lokale Diskordanz *f* ‖ **~/рассеянное** Dispersionsdiskordanz *f* ‖ **~/региональное** Regionaldiskordanz *f* ‖ **~/скрытое** Akkordanz *f*, Pseudokonkordanz *f* ‖ **~/стратиграфическое** stratigraphische Diskordanz *f* ‖ **~/структурное** strukturelle Diskordanz *f* ‖ **~/тектоническое** tektonische Diskordanz *f* ‖ **~/трансгрессивное** Transgressionsdiskordanz *f* ‖ **~/угловое** Winkeldiskordanz *f* ‖ **~/эрозионное** Erosionsdiskordanz *f*, Anlagerungsdiskordanz *f*
несогласно-залегающий *(Geol)* diskordant [lagernd]
несоизмеримость *f (Math)* Inkommensurabilität *f*
несоизмеримый *(Math)* inkommensurabel
несократимый *(Math)* unkürzbar
несоосность *f* Achsabweichung *f*; *(Masch)* Außermittigkeit *f*; Achsfluchtungsfehler *m*
несоосный nicht fluchtend
несоответствие *n* 1. Mißverhältnis *n*; 2. *(Krist)* Fehlanpassung *f*
несопротивляющийся nicht widerstandsfähig [gegen], anfällig [für]
несплавление *n* Bindefehler *m*, Ungänze *f (beim Schweißen)*
нестабильность *f* Instabilität *f*, Inkonstanz *f*, Labilität *f*, Unbeständigkeit *f* ‖ **~ [реактора]/тепловая** *(Kern)* thermische Instabilität *f* [des Reaktors] ‖ **~ частоты** Frequenzinstabilität *f*
нестареющий alterungsfrei *(Werkstoffe)*
нестационарность *f* nichtstationärer Zustand *m*
нестационарный nichtstationär, instationär
нестойкий unbeständig, flüchtig ‖ **~/химически** chemisch unbeständig (instabil)
нестойкость *f* Unbeständigkeit *f* ‖ **~ на воздухе** Luftempfindlichkeit *f*
несущая *f* Träger *m*, Trägerfrequenz *f*, TF ‖ **~/высокочастотная** Hochfrequenzträger *m* ‖ **~ изображения** *(TV)* Bildträger *m* ‖ **~ сигнала** Signalträger *m* ‖ **~/фототелеграфная** Bildtelegraphieträger *m*
несущий Trag..., tragend ‖ **~ ток** stromführend
несферический nichtsphärisch, nichtkugelförmig, asphärisch
несферичность *f* Deformation *f*, Abweichung *f* von der Kugelfläche
несходство *n* Diskrepanz *f*, Nichtübereinstimmung *f*
нетепловой athermisch
нетеплопроводный nichtwärmeleitend, wärmeisolierend
нетеплопроницаемый atherman, adiatherman, wärmeundurchlässig, wärmedicht
нетоковедущий nichtstromführend, stromlos
неточность *f* Ungenauigkeit *f* ‖ **~ изготовления** Fertigungsungenauigkeit *f* ‖ **~ измерения** Meßungenauigkeit *f* ‖ **~ положения** Lageungenauigkeit *f* ‖ **~ регулирования** Regel[ungs]fehler *m* ‖ **~ согласования** 1. Fehlanpassung *f*; 2. Anpassungsungenauigkeit *f*
неточный ungenau
нетронутый *(Geol)* unbeschädigt, intakt; *(Bgb)* unverritzt *(Gebirge)*
неуверенность *f* **измерения** Meßunsicherheit *f* *(statistischer Anteil des Fehlers)*
неуничтожаемость *f* Unzerstörbarkeit *f*
неупакованный *(Inf)* ungepackt
неуплотнённый 1. *(Nrt)* einfach ausgenutzt, ohne Multiplex; 2. nichtverdichtet
неупорядоченность *f* 1. Ungeordnetheit *f*; 2. Zufälligkeit *f*, Zufallscharakter *m* ‖ **~/структурная** strukturelle Unordnung *f*
неупорядоченный 1. chaotisch, ungeordnet; 2. zufällig
неуправляемый ungesteuert, ungelenkt; nichtsteuerbar; *(Rak)* ungelenkt
неупроченный unverfestigt
неупругий *(Mech, Kern)* unelastisch, inelastisch, nichtelastisch

неупругость *f* 1. Inelastizität *f*, inelastisches Verhalten *n*; 2. Anelastizität *f*, anelastische Erscheinung *f*
неуравновешенность *f* 1. Unausgeglichenheit *f*, Unbalance *f*; 2. *(Masch)* Unwucht *f* ‖ **~/динамическая** dynamische Unwucht *f* ‖ **~/остаточная** Restunwucht *f* ‖ **~/силовая** Schwerpunktsunwucht *f* ‖ **~/статическая** statische Unwucht *f*
неуравновешенный unausgeglichen, nichtausbalanciert; unabgeglichen, nichtabgeglichen
неуспокоенный unberuhigt *(Stahl)*
неустановившийся *(El)* nicht eingeschwungen, nicht stationär
неустойчивость *f* Unbeständigkeit *f*, Instabilität *f*, Inkonstanz *f*, Labilität *f*
неустойчивый 1. unbeständig, unsicher, instabil, labil; 2. *(Geol)* nicht durchgehend *(geologischer Horizont)* ‖ **~ против коррозии** korrosionsanfällig, korrosionsgefährdet ‖ **~/статически** statisch instabil
неутомляемый ermüdungsfest, ermüdungsbeständig *(Werkstoffe)*
неф *m (Arch)* Schiff *n*
нефелин *m (Min)* Nephelin *m*
нефелинит *m (Geol)* Nephelinit *m*
нефелометр *m (Ch)* Nephelometer *n*, Trübungsmesser *m*
нефелометрический *(Ch)* nephelometrisch
нефелометрия *f (Ch)* Nephelometrie *f*, nephelometrische Analyse *f*
нефограф *m (Meteo)* Nephograph *m*
нефология *f (Meteo)* Wolkenkunde *f*
нефоме[т]р *m (Meteo)* Nephometer *n*, Bewölkungsmengenmesser *m*
нефоскоп *m (Meteo)* Nephoskop *n*; Wolkenspiegel *m* ‖ **~ Бессона/грабельный** Wolkenrechen *m* ‖ **~/зеркальный** Wolkenspiegel *m*
нефрит *m (Min)* Nephrit *m*, Jade *n*; Jadeit *m*
нефтебаза *f* Öltanklager *n*
нефтеводосепаратор *m (Schiff)* Bilgenwasserentöler *m*
нефтевоз *m* Erdöltanker *m*, Rohöltanker *m*
нефтегаз *m* Erdgas *n* aus Erdölvorkommen
нефтегазоносность *f* Erdöl- und Erdgasführung *f*
нефтегазоносный erdöl- und erdgasführend
нефтегазопроявления *npl* Erdöl- und Erdgasanzeichen *npl*, Erdöl- und Erdgasaustritte *mpl*
нефтеденсиметр *m* Erdöldensimeter *n*, Mineralöläräometer *n*
нефтедобывающий Erdölgewinnungs…, erdölgewinnend
нефтедобыча *f* Erdölförderung *f*, Erdölgewinnung *f*
нефтеёмкость *f* Erdölaufnahmefähigkeit *f (eines Gesteins)*
нефтезавод *m* Erdölraffinerie *f*, Raffinerie *f*, Erdölverarbeitungswerk *n*
нефтезалежь *f* Erdöllagerstätte *f*, Erdölvorkommen *n*
нефтеловушка *f* Ölabscheider *m*, Ölfänger *m*
нефтемусоросборщик *m* Öl- und Abfallentsorgungsschiff *n*
нефтенакопление *n* Ölanreicherung *f*, Ölansammlung *f*
нефтенасыщенность *f* Erdölsättigung *f*
нефтенепроницаемый *(Schiff)* öldicht *(z. B. Schott)*
нефтеносность *f (Geol)* Erdölführung *f*, Erdölhaltigkeit *f* ‖ **~/предполагаемая** Ölhöffigkeit *f*
нефтеносный [erd]ölführend, erdölfündig
нефтеотдача *f (Bgb)* Erdölabgabe *f (einer Schicht)*
нефтеочистка *f* Erdölraffination *f*
нефтеперегонка *f* Erdöldestillation *f*
нефтеперерабатывающий erdölverarbeitend
нефтепереработка *f* Erdölverarbeitung *f*
нефтепровод *m* Erdölleitung *f*, Pipeline *f*
нефтепродукт *m* Erdölprodukt *n*
нефтепромысел *m* Erdölfeld *n*, Erdölförderbetrieb *m*
нефтепромышленность *f* Erdölindustrie *f*
нефтепроток *m (Schiff)* Öllaufloch *n (Tanker)*
нефтепроявления *npl* Erdölanzeichen *npl*, Erdölaustritt *m*
нефтеразведка *f* Erdölerkundung *f*
нефтерудовоз *m (Schiff)* Erz-Öl-Frachter *m*
нефтесбор *m* Erdölsammelanlage *f*
нефтесборник *m* Erdöl[sammel]behälter *m*, Erdöl[sammel]tank *m*
нефтескважина *f* Erdölbohrung *f* ‖ **~/продуктивная** fördernde Erdölbohrung *f*
нефтесодержание *n***/остаточное** *(Schiff)* Restölgehalt *m (Bilgenwasser)*
нефтестойкий erdölbeständig
нефтетопливо *n* Kraftstoff *m* aus Erdöl; Rohöltreibstoff *m*; Heizöl *n* aus Erdöl
нефтетрубопровод *m s.* нефтепровод
нефтехимикат *m* Petrochemikalie *f (aus Erdöl bzw. Erdgas)*
нефтехимический petrochemisch *(die Erzeugung von Chemiekalien auf Erdöl- bzw. Erdgasbasis betreffend)*; erdölchemisch
нефтехимия *f* Petrochemie *f (Erzeugung von Chemikalien auf Erdöl- bzw. Erdgasbasis)*; Erdölchemie *f*
нефтехимовоз *m* Erdöl- und Chemietanker *m*
нефтехранилище *n* Erdölbehälter *m*, Erdöltank *m*
нефть *f* Erdöl *n*, Naphtha *n(f)* ‖ **~/ароматическая** aromatisches (benzenoides) Erdöl *n* ‖ **~ асфальтового основания** asphalt[bas]isches Erdöl *n*, Asphalt[basis]öl *n* ‖ **~/беспарафинистая (беспарафиновая)** paraffinfreies Erdöl *n* ‖ **~/высокопарафинистая (высокопарафиновая)** hochparaffinhaltiges (paraffinreiches) Erdöl *n* ‖ **~/лёгкая** Leichtöl *n* ‖ **~/малопарафинистая (малопарафиновая)** paraffinarmes Erdöl *n* ‖ **~/метановая** *s.* ~ парафинового основания ‖ **~/нафтеновая** *s.* ~ нафтенового основания ‖ **~ нафтенового основания** naphthen[bas]isches Erdöl *n*, Naphten[basis]öl *n* ‖ **~/обводнённая** verwässertes Erdöl *n*, Naßöl *n* ‖ **~/обеспарафиненная** entparaffiniertes Öl *n* ‖ **~/остаточная** im Erdinneren verbliebenes Öl *n*, Restöl *n* ‖ **~/отбензиненная** abgetopptes Rohöl *n*, atmosphärischer Rückstand *m*, [atmosphärischer] Topprückstand *m* ‖ **~/очищенная** raffiniertes Erdöl *n* ‖ **~/парафиновая** *s.* ~ парафинового основания ‖ **~ парафинового основания** paraffin[bas]isches Erdöl *n*, Paraffin[basis]öl *n*, Methan[erd]öl *n* ‖ **~/пенящаяся** schaumiges Erdöl *n* ‖ **~/сернистая** schwefelhaltiges Rohöl *n* ‖ **~/синтетическая** synthetisches Rohöl *n* ‖ **~/смешанная** *s.* ~ смешанного основания ‖ **~ смешанного**

основания gemischtbasisches Erdöl *n* ‖ **~/сырая** Erdöl *n*, Rohöl *n* ‖ **~/сырая лёгкая** leichtes Rohöl *n* ‖ **~/сырая тяжёлая** schweres Rohöl *n* ‖ **~/фонтанная** eruptives Rohöl *n*
нефтяной Erdöl…; erdölführend, erdölhaltig, Naphtha…
нехватка *f* Mangel *m*, Fehlbetrag *m* ‖ **~ в зародышах** *(Met, Gieß)* Keimmangel *m* ‖ **~ воздуха** Luftmangel *m*
нечёткость *f (Photo)* Unschärfe *f* ‖ **~ изображения** Bildunschärfe *f* ‖ **~ изображения по краям** Randunschärfe *f*
нечётность *f* Ungeradzahligkeit *f*
нечётный ungerade *(Zahl)*, ungeradzahlig
нечувствительно к переменному току wechselstromimmun *(z. B. Relais)*
нечувствительность *f* Unempfindlichkeit *f* ‖ **~ к помехам** Störunempfindlichkeit *f*
нечувствительный unempfindlich ‖ **~ к помехам** störunempfindlich ‖ **~ к тряске** erschütterungsunempfindlich
нешифрованный unverschlüsselt
нешумящий rauschfrei; geräuschlos
неэкранированный nichtgeschirmt, un[ab]geschirmt
неэластичный *(Mech)* unelastisch, inelastisch, nichtelastisch
неэлектрифицированный nichtelektrifiziert
неэлектрический nichtelektrisch
неэлектролит *m* Nichtelektrolyt *m*, Anelektrolyt *m*
неэлектролитный nichtelektrolytisch
неэлектронный nichtelektronisch
неэлектропроводный elektrisch nichtleitend
неявный *(Math)* implizit
неядовитый ungiftig, nichttoxisch
НЖК *s.* кристалл/нематический жидкий
нивация *f s.* выветривание/снеговое
нивелир *m (Geod)* Nivellier[instrument] *n* ‖ **~/гидростатический** Kanalwaage *f* ‖ **~/прецизионный** Feinnivellier *n*
нивелирование *n (Geod)* Nivellierung *f*, Nivellement *n*, Höhenaufnahme *f*, Einwägung *f* ‖ **~/барометрическое** barometrische Höhenmessung (Einwägung) *f* ‖ **~/геометрическое** geometrische Höhenmessung *f* ‖ **~ местности** Geländeeinwägung *f* ‖ **~ площадей (поверхности)** Flächeneinwägung *f* ‖ **~/точное** genaues (präzises) Nivellement *n* ‖ **~/тригонометрическое** trigonometrische Höhenmessung *f* ‖ **~ участка** Grundeinwägung *f*
нивелировать *(Geod)* nivellieren, einwägen
нивелировка *f s.* нивелирование
нивенит *m (Min)* Nivenit *m (Uraninit)*
нигрин *m (Min)* Nigrin *m*, Eisenrutil *m*
нижележащий *(Bgb, Geol)* tiefergelegen, unterlagernd
нижесинхронный *(El)* untersynchron
нижник *m (Schm)* Unterteil *m (Schnittwerkzeug)* ‖ **~ обжимки** Untergesenk *n*, Schlichtlage *f* ‖ **~ штампа** Gesenkunterteil *n*
низ *m* Unterteil *n*; Boden *m*; *(Gieß)* Form[en]unterteil *n* ‖ **~ колонны** Kolonnensumpf *m*, Kolonnenboden *m* ‖ **~ конструкции** *(Bw)* Konstruktionsunterkante *f* ‖ **~/тяжёлый** *(Bgb)* Schwerstangenstrang *m (Bohrung)*
низкобортный *(Schiff)* niederbordig, niedrigbordig
низковольтный *(El)* Niederspannungs…, Niedervolt…
низкогорье *n* flaches Gebirge *n*, lockeres (niedriges) Bergland *n*
низкокипящий niedrig (leicht) siedend
низкоконтрастный kontrastarm
низкокремнистый siliciumarm *(Stahl)*
низколегированный 1. *(Met)* niedriglegiert, leichtlegiert, schwachlegiert; 2. *(Eln)* schwachdotiert *(Halbleiter)*
низколетящий *(Flg)* tieffliegend
низкомарганцовистый manganarm *(Stahl)*
низконапорный mit niedrigem Druck, Niederdruck…
низкоомный *(El)* niederohmig, Niederohm…
низкоплавкий niedrigschmelzend, leichtschmelzend
низкоплавкость *f* Leichtschmelzbarkeit *f*
низкоплан *m (Flg)* Tiefdecker *m* ‖ **~/подкосный** abgestrebter Tiefdecker *m* ‖ **~/расчалочный** verspannter Tiefdecker *m* ‖ **~/свободнонесущий** freitragender Tiefdecker *m*
низкополимер *m (Ch)* Niederpolymer[e] *n*
низкопробный *(Bgb)* geringhaltig *(Erz)*
низкосернистый schwefelarm *(Stahl)*
низкосимметричный *(Krist)* mit niedriger Symmetrie
низкоствольник *m (Forst)* Niederwald *m*
низкотемпературный Tieftemperatur…; tiefgekühlt
низкоуглеродистый *(Met)* kohlenstoffarm, niedriggekohlt, mit niedrigem (geringem) Kohlenstoffgehalt
низкофосфористый phosphorarm *(Stahl)*
низкочастотный *(El)* niederfrequenz, Niederfrequenz…, NF-…
низкочувствительный niedrigempfindlich *(Film)*
низкоэнергетический *(Kern)* energiearm, Niederenergie…
низменность *f* Tiefebene *f*, Tiefland *n*, Flachland *n* ‖ **~/речная** Flußniederung *f*, Stromflachland *n*
низовье *n* 1. Unterlauf *m (eines Flusses)*; 2. Gegend *f* am Unterlauf eines Flusses, Unterland *n*, Mündungsgebiet *n*
никелевый Nickel…
никелин *m (Min)* Nickelin *m*, Rotnickelkies *m*, Kupfernickel *n*, Arsennickel *m*
никелирование *n* Vernickeln *n* ‖ **~/контактное** Kontaktvernickelung *f*
никелировать vernickeln
никель *m (Ch)* Nickel *n*, Ni; *(Met)* Nickel *n* ‖ **~ в форме гранули** Granaliennickel *n*, Nickelgranalien *fpl* ‖ **~/гранулированный** Granaliennickel *n*, Nickelgranalien *fpl* ‖ **~/губчатый** Nickelschwamm *m* ‖ **~/катодный** *s.* ~/электролитический ‖ **~/лигой** Rohnickel *n* ‖ **~/первичный** Hüttennickel *n*, Rohnickel *m* ‖ **~/теллуристый** *s.* мелонит ‖ **~/черновой** Rohnickel *n* ‖ **~/чистый** Reinnickel *n* ‖ **~/электролитический (электролитный)** Elektrolytnickel *n*, E-Nickel *n*
никельантигорит *m (Min)* Nickelantigorit *m*
николи *mpl*/**скрещённые** *(Opt)* gekreuzte Nicols *npl (mpl)*
николь *m (Opt)* Nicolsches Prisma *n*, Nicol *n(m)*
нильпотентность *m (Math)* Nilpotenz *f*
ниобий *m (Ch)* Niob *n*, Nb

ниобит *m (Min)* Niobit *m*; Columbit *m*
ниппель *m* Nippel *m*, Stutzen *m*; Anschlußstück *n* ‖ **~/двойной** Doppelnippel *m* ‖ **~/конечный** Einschraubstutzen *m (Rohrverschraubung)* ‖ **~/проходной** Verbindungsstutzen *m (Rohrverschraubung)* ‖ **~ с зажимом** Klemmnippel *m* ‖ **~/смазочный** *(Trib)* Schmiernippel *m* ‖ **~/электродный** Elektrodennippel *m*
НИСЗ *s.* спутник Земли/навигационный искусственный
нисходящий 1. absteigend, deszendent, abfallend; 2. *(Meteo)* katabatisch, absteigend *(Luftstrom, Wind)*; 3. *(Bgb)* einziehend *(Wetterstrom)*
нит *m* 1. *(Inf)* Nit *n*, nit; 2. *s.* кандела на квадратный метр
нитевидный fadenförmig
нитевод *m s.* нитеводитель
нитеводитель *m (Text)* Fadenführer *m* ‖ **~/вращающий** rotierender Fadenführer *m* ‖ **~/крыльчатый** Flügelfadenführer *m* ‖ **~/трубчатый** Fadenführerröhrchen *n*
нитенаблюдатель *m (Text)* Fadenwächter *m (Zettelmaschine)* ‖ **~/уточный** Schußwächter *m (Webstuhl)*
нитенаблюдение *n (Text)* Fadenbewächterung *f*
нитенакопитель *m (Text)* Fadenspeicher *m*
нитенатяжитель *m (Text)* Fadenspanner *m (Zettelmaschine)*
нитеобразователь *m (Text)* Fadenbildner *m*
нитеотделитель *m (Text)* Fadenklauber *m*, Fadenabweiser *m (Wirkmaschine)*
нитеоттягиватель *m (Text)* Fadenauszieher *m (Nähmaschine)*
нитеподаватель *m (Text)* Fadenzubringer *m*, Fournisseur *m (französische Rundwirkmaschine)*
нитеподача *f (Text)* Fadenzuführung *f*
нитепритягиватель *m (Text)* Fadenhebel *m*, Fadengeber *m (Nähmaschine)*
нитепроводник *m (Text)* Fadenführer *m (Ringspinnmaschine)*
нитеразделитель *m (Text)* Ballonfänger *m*, Ballontrenner *m (Ringspinnmaschine)*
нитераскладчик *m (Text)* Fadenchangierer *m*, Fadenleger *m*, Fadenführer *m*
нитка *f* 1. *(Text)* Faden *m*, Garn *n (s. a. unter* нить*)*; 2. *(Eb)* Schienenstrang *m*; 3. *(Glas)* Fadenschliere *f* ‖ **~/верхняя** *(Text)* Oberfaden *m* ‖ **~/двухкраточная** *(Text)* doppelter (zweidrähtiger) Zwirn *m* ‖ **~/дублированная** doublierter Zwirn *m* ‖ **~ каната** Seilstrang *m*, Seilzug *m* ‖ **~/кручёная** Zwirn *m* ‖ **~/лицевая** *(Text)* Faden *m* der Ansichtsseite ‖ **~/многокруточная** mehrfacher (mehrdrähtiger) Zwirn *m* ‖ **~ нарезки** Gewindegang *m*, Schraubengang *m* ‖ **~/нижняя** *(Text)* Unterfaden *m* ‖ **~/однокруточная** *(Text)* einfacher (eindrähtiger) Zwirn *m* ‖ **~/покровная** *(Text)* Legefaden *m* ‖ **~/рельсовая** *(Eb)* Schienenstrang *m* ‖ **~/сетная** Netzfaden *m* ‖ **~/челночная** *(Text)* Greiferfaden *m* ‖ **~/швейная** Nähgarn *n*, Nähfaden *m*
нитки *fpl* **для шитья** *(Typ)* Heftzwirn *m (Buchbinderei)*
нитковдеватель *m (Text)* Einfädler *m*
нитометр *m (Opt)* Nitometer *n*, Helligkeitsmesser *m*, Leuchtdichtemesser *m*
нитрат *m (Ch)* Nitrat *n* ‖ **~ аммония** Ammoniumnitrat *n (Sprengstoff)*
нитратный *(Ch)* Nitrat…
нитратор *m (Ch)* Nitrierer *m*, Nitriergefäß *n*
нитрация *f s.* нитрование
нитрид *m (Ch)* Nitrid *n* ‖ **~ бора** *(Wkz)* Bornitrid *m (Schleifmittel)* ‖ **~ бора/кубический** kubisches Bornitrid *m (Schleifmittel)*
нитрил *m (Ch)* Nitril *n*
нитрирование *n (Härt)* Nitrieren *n*, Nitrierhärten *n*, Aufsticken *n (s. a. unter* азотирование*)* ‖ **~/антикоррозионное** Rostschutznitrieren *n* ‖ **~ в жидких средах** Badnitrieren *n* ‖ **~/газовое** Gasnitrieren *n*, Gasnitrierhärten *n* ‖ **~ газом** *s.* ~/газовое
нитрировать *(Härt)* nitrier[härt]en, aufsticken
нитрит *m (Ch)* Nitrit *n*
нитритный *(Ch)* Nitrit…
нитрификация *f (Lw)* Nitrifikation *f*, Nitrifizierung *f*, Nitratbildung *f*
нитрифицировать *(Lw)* nitrifizieren, in Nitrat umwandeln
нитроазокраситель *m (Ch)* Nitroazofarbstoff *m*
нитробензол *m (Ch)* Nitrobenzen *n*, Nitrobenzol *n*
нитрование *n (Ch)* Nitrierung *f*, Nitrieren *n* ‖ **~/жидкофазное** Flüssigphase[n]nitrierung *f* ‖ **~/парофазное** Dampfphase[n]nitrierung *f*, Gasphase[n]nitrierung *f*
нитровать *(Ch)* nitrieren
нитрогликоль *m* Nitroglykol *n*, Glykoldinitrat *n (Sprengstoff)*
нитроглицерин *m (Ch)* Glyceroltrinitrat *n (Sprengstoff)*
нитрогруппа *f (Ch)* Nitrogruppe *f*
нитроза *f (Ch)* Nitrose *f*, nitrose Säure *f*
нитрозность *f (Ch)* Nitrosekonzentration *f*, Nitrosität *f*
нитрозный *(Ch)* nitros
нитрозобензол *m (Ch)* Nitrosebenzen *n*, Nitrosebenzol *n*
нитрозогруппа *f (Ch)* Nitrosogruppe *f*
нитрозокраситель *m (Ch)* Nitrosofarbstoff *m*
нитрозосоединение *n (Ch)* Nitrosoverbindung *f*
нитроклетчатка *f (Ch)* Cellulosenitrat *n*
нитрокраситель *m (Ch)* Nitrofarbstoff *m*
нитрокраска *f (Ch)* Nitro[lack]farbe *f*
нитролак *m (Ch)* Nitro[cellulose]lack *m*
нитромасса *f (Ch)* Nitrier[ungs]masse *f*
нитроме[т]р *m (Ch)* Nitrometer *n*, Azotometer *n*
нитроолеум *m (Ch)* Nitriersäure *f (Salpetersäure-Schwefelsäure-Mischung)*
нитропарафин *m (Ch)* Nitroparaffin *n*, Nitroalkan *n*
нитросмесь *f (Ch)* Nitrier[ungs]gemisch *n*, Nitriermischung *f*; Nitriersäure *f (Salpetersäure-Schwefelsäure-Mischung)*
нитросоединение *n (Ch)* Nitroverbindung *f*
нитрофос *m* Nitrophosphat *n (stickstoffhaltiger Phosphatdünger)*
нитроцеллюлоза *f (Ch)* Cellulosenitrat *n*
нитроцементация *f (Härt)* Karbonitrieren *n*, Nitrierhärten *n*, Zyanieren *n* ‖ **~ в солевых расплавах** Salzbad-Nitrocarburierung *f (zur Erhöhung der Verschleiß- und Korrosionsbeständigkeit)*
нитроцементировать *(Härt)* karbonitrieren, zyanieren
нитроэмаль *f (Ch)* Nitro[lack]farbe *f*
нитрующий *(Ch)* nitrierend, Nitrier[ungs]…

нить *f* 1. *(Text)* Faden *m (s. a. unter* нитка*)*; 2. *(Opt)* Haarlinie *f*; 3. *(El)* Faden *m*, Draht *m*, Wendel *f* ‖ **~/армированная** Kernmantelfaden *m* ‖ **~/ацетатная** Acetatfaden *m (Chemiefaser)* ‖ **~/бикомпонентная** Bikomponentenfaden *m* ‖ **~/бисерная** Perlfaden *m* ‖ **~/биспиральная** *(El)* doppelt gewendelter Draht *m*, Doppelwendel *f* ‖ **~/боковая** Seitenfaden *m (optische Instrumente)* ‖ **~/болометрическая** Bolometerstreifen *m* ‖ **~/вводная** Futterfaden *m* ‖ **~/вертикальная** Vertikalfaden *m (optischer Instrumente)* ‖ **~/вихревая** *(Hydrod)* Wirbelfaden *m* ‖ **~/волластоновская** Wollaston-Draht *m* ‖ **~/вольфрамовая** Wolframdraht *m*, Wolframfaden *m* ‖ **~/ворсовая** Polfaden *m* ‖ **~/вспомогательная** Hilfsfaden *m* ‖ **~/высокообъёмная** Hochbauschfaden *m* ‖ **~/вытянутая комплексная** Reckseide *f* ‖ **~/горизонтальная** Horizontalfaden *m (optischer Instrumente)* ‖ **~/гофрированная** stauchtexturierte Seide *f (Chemiefaserherstellung)* ‖ **~/грунтовая** Grundfaden *m* ‖ **~/двойная** Doppelfaden *m* ‖ **~ двойного кручения** Doppeldrahtzwirn *m* ‖ **~/двухцветная** Jaspéfaden *m* ‖ **~/добавочная** Verstärkungsfaden *m* ‖ **~/измерительная** Meßfaden *m (optischer Instrumente)* ‖ **~/калильная** *(El)* Glühfaden *m*, Glühdraht *m (bei Glühlampen)* ‖ **~/кварцевая** Quarzfaden *m* ‖ **~/коконная** Kokonfaden *m (Seide)* ‖ **~/комбинированная** Verbundfaden *m*, Kombinationsfaden *m* ‖ **~/комплексная** polyfile Seide *f*, Polyfilseide *f*, Polyfil *n* ‖ **~/коренная** Grundfaden *m (Zwirnerei)* ‖ **~/кромочная** Leistenfaden *m* ‖ **~/кручёная** Zwirn *m* ‖ **~ накала** 1. *(El)* Glühfaden *m*, Glühdraht *m (von Glühlampen)*; 2. *(Eln)* Heizfaden *m (von Elektronenröhren)* ‖ **~ накала/активированная** aktivierter Heizfaden *m* ‖ **~ накала/бифилярная** bifilarer Heizfaden *m*, Bifilarwendel *f* ‖ **~/направляющая** *(Opt)* Leitfaden *m (in optischen Instrumenten)* ‖ **~/невытянутая комплексная** Spinnseide *f* ‖ **~/непрерывная** Seide *f (aus einem oder mehreren Elementarfäden bestehender Faden)* ‖ **~/нитратная комплексная** Nitratchemieseide *f*, Nitratkunstseide *f* ‖ **~/обвивочная** Umwindungsfaden *m* ‖ **~/оборванная** gebrochener Faden *m* ‖ **~/объёмная** Bauschfaden *m* ‖ **~/односпиральная** *(El)* einmalgewendelter Draht *m*, Einfachwendel *f* ‖ **~/опалённая** gesengter Faden *m* ‖ **~/оплетённая** umwundener (geflochtener) Faden *m* ‖ **~/основная** Kettfaden *m*, Kette *f*, Zettel *m (Weberei)*; Grundfaden *m (Zwirnerei)* ‖ **~/перевивочная** Dreherfaden *m* ‖ **~/переслежистая** schnittiger Faden *m* ‖ **~/петлистая** Schlingenfaden *m*, Schleifengarn *n*, Loopgarn *n* ‖ **~/платировочная** *s.* ~/покровная ‖ **~/подкладочная** Futterfaden *m* ‖ **~/покровная** Legefaden *m*, Plattierfaden *m (Nähmaschine)* ‖ **~/полиамидная комплексная** Polyamidseide *f* ‖ **~/полиэфирная комплексная** Polyesterseide *f* ‖ **~/полиэфирная текстурированная** texturierte Polyesterseide *f* ‖ **~/препарированная** präparierter Faden *m* ‖ **~/провисающая** lockerer (schlaffer) Faden *m* ‖ **~/пропитанная** imprägnierter Faden *m (für Fischfangnetze)* ‖ **~/разнообразно переплетающаяся** verschiedenbindender Faden *m (Weberei)* ‖ **~/разрезная** Schnittfaden *m* ‖ **~/рельсовая** *(Eb)* Schienenstrang *m* ‖ **~ с узелками** Knotenfaden *m* ‖ **~/связующая** *(Text)* Bindefaden *m* ‖ **~/сердцевинная** Seele *f (Seil)* ‖ **~/скрученная** gedrehter Faden *m*, Zwirn *m* ‖ **~/слабая** lockerer Faden *m* ‖ **~/спиральная** *(El)* gewendelter Draht *m*, Wendeldraht *m* ‖ **~/стеклянная** Glasfaden *m* ‖ **~/стержневая** Kernfaden *m*, Grundfaden *m (Zwirnerei)* ‖ **~/текстурированная** texturierte Seide *f*, strukturierter Faden *m* ‖ **~/трощёная** gefachter Faden *m* ‖ **~ трубопровода** Rohrstrang *m* ‖ **~/угольная** *(El)* Kohlefaden *m* ‖ **~/узорчатая** Musterfaden *m* ‖ **~/украшающая** Lurexfaden *m* ‖ **~/усилительная** Verstärkungsfaden *m* ‖ **~/уточная** Schußfaden *m*, Schuß *m (Weberei)* ‖ **~/фасонная** Effektzwirn *m*, Effektfaden *m*; Zierfaden *m* ‖ **~ фасонной крутки** Effektzwirn *m* ‖ **~/фасонно-кручёная эпонж** Frottézwirn *m*, Flammenzwirn *m* ‖ **~/фибриллированная** Folienfaden *m* ‖ **~/фиброиновая** Fibroinfaden *m* ‖ **~ фона** Grundfaden *m* ‖ **~/футерная** Futterfaden *m* ‖ **~/химическая комплексная** Chemieseide *f* ‖ **~/челночная** Greiferfaden *m (Nähmaschine)* ‖ **~/шёлковая** Seidenfaden *m (Naturseide)* ‖ **~/шероховатая** rauher Faden *m* ‖ **~/эластичная** elastischer Faden *m*, Elastikfaden *m* ‖ **~/эластомерная** Elastomerfaden *m* ‖ **~/элементарная** Elementarfaden *m (nichtlängenbegrenztes Gebilde eines Textilfaserstoffs)*

нифе *n (Geol)* Nife-Kern *m* [Nickel-Eisen-]Erdkern *m*

нихром *m (Met)* Nichrom *n (Nickel-Chrom-Legierung)*

ниша *f* 1. *(Geol)* Nische *f*, Halbkammer *f*, Einbruch *m*; 2. *(Bw)* Nische *f*; Alkoven *m* ‖ **~/оконная** *(Bw)* Fensternische *f* ‖ **~/экологическая** *(Geol)* ökologische Nische *f* ‖ **~/якорная** *(Schiff)* Ankertasche *f*

НК *s.* каучук/натуральный

нКл *s.* нанокулон

НКП *s.* кольцо дальности/неподвижное

НЛГ *s.* нормы лётной годности

НЛК *s.* кремний/нейтронно-легированный

НЛО *s.* оптика/нелинейная

нм *s.* нанометр

Н/м *s.* ньютон на метр

Н м *s.* ньютон-метр

НМБ *s.* накопитель на магнитном барабане

НМД *s.* накопитель на магнитных дисках

НМЛ *s.* накопитель на магнитных лентах

НМТ *s.* точка/нижняя мёртвая

НН *s.* напряжение/низкое

ННК *s.* каротаж/нейтрон-нейтронный

нобелий *m (Ch)* Nobelium *n*, No

новая *f s.* звезда/новая

новолуние *n (Astr)* Neumond *m*

новообразование *n* Neubildung *f*

нога *f* Bein *n*; Fuß *m (s. a. unter* ножка 1.*)*

нож *m* 1. Messer *n*; Schneide *f*; Meißel *n*; 2. *(Typ)* Farbmesser *n (Schnellpresse)*; 3. *(Lw)* Sech *n*, Messer *n*; 4. *(Wlz) s.* ~/проводковый ‖ **~/боковой** *(Typ)* Seitenmesser *n (Dreischneider)* ‖ **~/верхний** *(Typ)* Obermesser *n (z. B. einer Pappschere)* ‖ **~/вращающийся фальцевальный** *(Typ)* rotierendes Falzmesser *n (Rota-*

tionsmaschine) || **~/врубовый** *(Bgb)* Schrämmesser *n* || **~/высекальный** *(Typ)* Ausstanzmesser *n*, Stanzmesser *n (für Papier)* || **~/головоотсекающий** Köpfmesser *m (Fischverarbeitung)* || **~/дисковый** 1. Rundmesser *n*, Kreismesser *n (Kreismesserscheren)*; 2. *(Lw)* Scheibensech *n (Pflug)* || **~/зубчатый** *(Typ)* Perforiermesser *n*, gezahntes Messer *n*, Zackenmesser *n (Rotationsmaschine)* || **~/измерительный** Meßschneide *f* || **~/копьевидный** *(Med)* lanzenförmiges Messer *n* || **~/копулировочный** *(Lw)* Kopuliermesser *n* || **~ косилки** *(Lw)* Mähmesser *n (Mähmaschine)* || **~/кососкользящий** *(Typ)* Zugschnittmesser *n*, Diagonalschnittmesser *n (Papierschneidemaschine)* || **~/красочный** *(Typ)* Farbmesser *n*, Farblineal *n*, Duktorlineal *n (Farbapparat)* || **~/наклонный** Schrägmesser *n* || **~/нарезающий** *(Typ)* Ritzmesser *n* || **~/нижний** *(Typ)* Untermesser *n (z. B. einer Pappschere)* || **~/обоюдоострый** *(Med)* Inzisionsmesser *n* || **~/окулировочный** *(Lw)* Okuliermesser *n* || **~/опорный** *(Wkzm)* Stützschiene *f*, Auflageschiene *f*; Führungsleiste *f*, Werkstückträger *m* || **~/отбойный** *(Text)* Abstreifmesser *n (Deckelkarde)* || **~ плуга** *(Lw)* Sech *n*, Pflugsech *n* || **~/поддерживающий** *s.* ~/опорный || **~/прививочный** *(Lw)* Veredlungsmesser *n* || **~/проводковый** *(Wlz)* Abstreifmeißel *m*, Hund *m*, Abstreifer *m (Walzarmatur)* || **~/рабочий** *(El)* Trennmesser *n*, Schaltmesser *n (eines Trennschalters)* || **~/ракельный** *(Typ)* Rakelmesser *n* || **~/ручной дисковый** Rundmessermaschine *f* || **~/садовый** *(Lw)* Gartenmesser *n*, Gärtnermesser *n*, Hippe *f* || **~ соломорезки** *(Lw)* Häckselmesser *n (Strohhäcksler)* || **~/стригальный** Schermesser *n (Textilveredlung)* || **~/сухожильный** *(Med)* Tenotom *n*, Sehnenmesser *n* || **~/съёмочный** Abstreifmesser *n* || **~/такелажный** *(Schiff)* Taklermesser *n* || **~/тарельчатый** Tellermesser *n* || **~/упорный** *(Pap)* Bodenmesser *n*, Grundmesser *n*, Stockmesser *n (Holländer)* || **~/фальцевальный** *(Typ)* Einschlagmesser *n (Kartonagenmaschine)*; Falzmesser *n (Rotationsmaschine)*; Falzmesser *n*, Falzschwert *n*, Schwert *n*, Falzlineal *n (Falzmaschine)* || **~/черенковый** Messersech *n (Pflug)* || **~/черпаковый** Eimermesser *n (Bagger)* || **~/чистильный** Abstreifer *m*, Abstreifmesser *n* || **~/штанцевальный** *(Typ)* Stanzmesser *n*, Stanzeisen *n*, Stempel *m*

ножедержатель *m* Messerträger *m*, Messerhalter *m*

ножеочиститель *m (Typ)* Messerputzer *m*, Messerputzfahne *f*

ножка *f* 1. Fuß *m*; Sockel *m (z. B. einer Lampe)*; 2. *(El)* Anschlußstift *m*; 3. *(Meß)* Schenkel *m (eines Tasters)* || **~/вильчатая** Gabelfuß *m (Turbinenschaufel)* || **~/гребешковая** *(El)* Quetschfuß *m* || **~/девятиштырьковая** *(Eln)* Neunstiftsockel *m*, Novalsockel *m* || **~ зуба** *(Masch)* Zahnfuß *m (Zahnrad)* || **~/зубчатая** Sägezahnfuß *m (Turbinensschaufel)* || **~/измерительная** *(Meß)* Meßschnabel *m*, Meßschenkel *m* || **~/керамическая** *(El)* Keramikfuß *m* || **~ лампы** *(Eln)* Röhrenfuß *m*; *(El)* Lampenfuß *m* || **~ лопатки** *(Masch)* Schaufelfuß *m (Dampfturbine)* || **~/опорная** Stützenfuß *m* || **~/плоская** *(El)* Preßfuß *m*, Scheibenfuß *m* || **~ рабочей лопатки** Laufschaufelfuß *m (Turbine)* || **~/стеклянная** *(El)* Glasfuß *m*

нож-коросним *m (Lw)* Schälmesser *n*

ножницы *pl* Schere *f (als Werkzeug und Werkzeugmaschine)* || **~/аллигаторные** Alligatorschere *f*, Backenschere *f*, Hebelschere *f*; Maschinenhebelschere *f* mit offenem Maul *(Schrott- und Knüppelschere)* || **~/барабанные** Trommelschere *f* || **~ блюминга** *(Met)* Blockschere *f* || **~/вибрационные** Vibrationsschere *f*, Vibroschere *f* || **~/вращающиеся** Trommelschere *f*, umlaufende Schere *f* || **~/высечные** Aushauschere *f* || **~/гильотинные** *(Wkzm)* Tafelschere *f* || **~/гильотинные листовые** Blechschlagschere *f* || **~ горячей резки [металла]** Warmschere *f* || **~/двойные** Doppelschere *f*, Zweistrangschere *f*, fliegende Schere *f* für zwei Walzgutstränge || **~/двойные кромкообрезные** Doppelbesäumschere *f* || **~/двухбарабанные** Zweitrommelschere *f* || **~/двухдисковые** rotierende Schere *f* mit einem Messerpaar, Kreisschere *f* || **~/двухстоечные** Zweiständerschere *f* || **~/дисковые** Kreismesserschere *f*, Rundmesserschere *f*, Rollenschere *f*, umlaufende (rotierende) Schere *f (Gruppenbegriff für Kreis-, Kurven-, Besäum- und Streifenscheren)* || **~/заготовочные** *(Met)* Knüppelschere *f* || **~/коленно-рычажные** Kniehebelschere *f* || **~/комбинированные** Blech- und Formstahlschere *f (kombinierte Schere zum Abziehen, Richten, Fetten und Abschneiden von Bändern)* || **~/кривошипно-коленные** Kniehebelschere *f* || **~/кривошипные** Kurbelschere *f* || **~/кромкообразные** Besäumschere *f*, Säumschere *f*, Beschneideschere *f* || **~/кулачковые** Nockenschere *f*, Einkurbelschere *f* || **~/летучие** fliegende Schere *f* || **~/летучие двухбарабанные** fliegende Zweitrommelschere *f* || **~/листовые** Blech[besäum]schere *f*, Tafel[messer]schere *f* || **~/ловильные** *(Erdöl)* Fallfangschere *f*, Fangschere *f (Bohrung)* || **~/маятниковые** Pendelschere *f* || **~/обрезные** Beschneideschere *f* || **~/одинарные** Einstrangschere *f*, fliegende Schere *f* für einen Walzgutstrang || **~/однобарабанные** Eintrommelschere *f*, Trommelschere *f* || **~/однобарабанные летучие** Eintrommelschlagschere *f* || **~/однокривошипные** Einkurbelschere *f*, Nockenschere *f* || **~/парнодисковые** Kreismesserschere *f* mit einem Kreismesserpaar || **~ прессового типа** Warmschere *f*, Blockschere *f*, Brammenschere *f* || **~/профильные** Formstahlschere *f*, Profilstahlschere *f* || **~/роликовые** Rollenschere *f* || **~/ротационные** fliegende Kurbelschere *f*, umlaufende Schere *f* || **~/ручные** Handschere *f* || **~/ручные рычажные** Handhebelschere *f* || **~/ручные слесарные** Hand[blech]schere *f* || **~/рычажно-коленные** Kniehebelschere *f* || **~/рычажные** Alligatorschere *f*, Backenschere *f*, Hebelschere *f* || **~ с вылетом** Auslegerschere *f* || **~/садовые** Gartenschere *f*, Baumschere *f* || **~/скрапные** Schrottschere *f* || **~/сортовые** Formstahlschere *f*, Profilstahlschere *f*, Stabstahlschere *f* || **~/стуловые** Stockblechschere *f* || **~/сутуночные** Brammenschere *f* || **~/универсальные** Universalschere *f*, Kombinationsschere *f* || **~/уточные**

(Text) Schußfadenschere *f* ‖ **~/фанерные** Furnierschere *f*, Furnierabschneider *m* ‖ **~ холодной резки** Kaltschere *f* ‖ **~/шпаруточные** *(Text)* Breithalterschere *f* ‖ **~/эксцентриковые** Exzenterschere *f*, Kurbelschere *f* ‖ **~/эксцентриковые листовые** Exzentertafelschere *f*

ножовка *f* Bügelsäge *f* ‖ **~/садовая** Baumsäge *f* ‖ **~/столярная** Handsäge *f*, Fuchsschwanz *m* *(Holzsäge)*

нож-скобель *m (Lw)* Schälmesser *n*

нож-скребок *m* Abschabemesser *n*, Abstreifermesser *n*, Abnahmeschaber *m*

ноздреватость *f (Gieß)* Porigkeit *f*, Blasigkeit *f*, Lunkrigkeit *f*

ноздреватый 1. schwammig, porig, porös; 2. löcherig *(Holz)*; 3. *(Gieß)* porig, lunkrig, luckig, blasig *(Blöcke)*

нозеан *m (Min)* Nosean *m (Feldspatvertreter)*

нок *m (Schiff)* Nock *f (Ende von Rundhölzern)*

нокметр *m* Knockmeter *n*, Klopfstärkemesser *m* *(Verbrennungsmotor)*

номер *m* 1. Nummer *f (bei Aufzählungen)*; 2. Nummer *f*, Größe *f*, Kaliber *n* ‖ **~/английский** *(Text)* englische Nummer *(Feinheitsangabe für Garn, Zwirn)* ‖ **~/атомный** *(Ch)* Ordnungszahl *f*, Atomnummer *f (der chemischen Elemente)* ‖ **~ зернистости** Körnungsnummer *f*, Kornzahl *f* ‖ **~/коллективный** *(Nrt)* Sammelnummer *f*, Mehrfachanschlußnummer *f* ‖ **~/метрический** *(Text)* metrische Nummer *f (Feinheitsangabe für Garne, Zwirne)* ‖ **~/низкий** *(Text)* grobe Nummer *f (Feinheitsangabe für Garne, Zwirne)* ‖ **~ носителя данных/архивный** *(Inf)* Datenträgerarchivnummer *f* ‖ **~/порядковый** 1. Reihenfolgenummer *f*, Folgenummer *f*, laufende Nummer *f*; 2. *s.* ~/атомный ‖ **~/последовательный** *s.* ~/порядковый 1. ‖ **~/программный** *(Inf)* Programmnummer *f* ‖ **~ пряжи** *(Text)* Garnnummer *f* ‖ **~/регистрационный** *(Inf)* Archivnummer *f (Datenträger)* ‖ **~/серийный** *(Nrt)* Sammelnummer *f*, Mehrfachanschlußnummer *f* ‖ **~ сетки** Siebnummer *f*, Maschenzahl *f* *(Anzahl der Maschen je Zoll linear)* ‖ **~ сита** Siebgröße *f*, Siebmaschenweite *f*, Maschenweite *f* ‖ **~ тома/архивный** *(Inf)* Datenträgerarchivnummer *f* ‖ **~ тома/порядковый** *(Inf)* Datenträgerfolgenummer *f*

номеровать *s.* нумеровать

номеронабиратель *m (Nrt)* Nummernwähler *m* ‖ **~/дисковый** Nummernschalter *m*, Drehnummernschalter *m* ‖ **~/кнопочный** Tastenwähler *m*

номероуказатель *m (Nrt)* Nummernanzeiger *m*, Nummernanzeigeeinrichtung *f*

номинал *m* Nennwert *m* ‖ **~ сопротивления** *(El)* Nennwiderstandswert *m*

номограмма *f* Nomogramm *n* ‖ **~ времени резания** *(Fert)* Schnittzeittafel *f* ‖ **~ скорости резания/лучевая** *(Fert)* Strahlentafel *f* zur Ermittlung der Schnittgeschwindigkeit

номография *f (Math)* Nomographie *f*

нонвариантный nonvariant

нониус *m s.* верньер

нонтронит *m (Min)* Nontronit *m*, Ferri-Montmorillonit *m (Tonmineral)*

норит *m (Geol)* Norit *m* ‖ **~/оливиновый** Olivinnorit *m*, Olivingabbro *m*

нория *f* Becherwerk *n*, Elevator *m* ‖ **~/ленточная** Gurtbecherwerk *n*

норма *f* 1. Norm *f*; Satz *m*, Rate *f*; Menge *f (s. a. unter* нормы*)*; 2. *(Math)* Norm *f (Funktionalanalysis)* ‖ **~ времени** Zeitnorm *f* ‖ **~ высева** *f (Lw)* Aussaatmenge *f*, Saatmenge *f*, Aussaatstärke *f*, Saatstärke *f* ‖ **~ гидрологических величин** *(Hydrol)* langjähriger hydrologischer Mittelwert *m* ‖ **~ загрязнения/допустимая** *(Ökol)* zulässige Verschmutzungsnorm *f*, Grenzwert *m* der zulässigen Verschmutzung ‖ **~ отведения сточных вод** Abwasserbelastung *f* ‖ **~ радиационной безопасности** *(Ökol)* Sicherheitsnorm des Strahlenschutzes *f* ‖ **~ расхода** Verbrauchsnorm *f* ‖ **~/суточная** Tagessatz *m* ‖ **~ точности** Genauigkeitsnorm *f* ‖ **~ удобрения** *f (Lw)* Düngergabe *f*

нормалемер *m* Zahnweitenmeßgerät *n (Zahnradmessung)* ‖ **~/накладной** Zahnweitenreitermeßgerät *n*

нормализация *f* 1. *(Met)* Normal[isierungs]glühen *n*, Normalisieren *n*, Lufthärten *n*, Härten *n* im Luftstrom; 2. *(Gum)* Normalisieren *n*

нормализовать 1. *(Met)* normalglühen, normalisieren; 2. *(Gum)* normalisieren

нормаль *f* 1. *(Math)* Normale *f*, Senkrechte *f*; 2. Normenblatt *n* ‖ **~ поверхности** *(Math)* Flächennormale *f* ‖ **~/ультрафиолетовая** Ultraviolettstandard *m*, UV-Standard *m*

нормирование *n* Normung *f*; Normierung *f*

нормировать normen, Normen festlegen

нормы *fpl* Vorschriften *fpl*, Bestimmungen *fpl (s. a. unter* норма 1.*)* ‖ **~ и правила** *npl***/строительные** *(Bw)* Bauordnung *f*, Baunormen- und Bauvorschriften *fpl* ‖ **~ испытание** Prüfnormen *fpl* ‖ **~ лётной годности** Flugtüchtigkeitsnormen *fpl* ‖ **~ передачи** *(Nrt)* Übertragungsnormen *fpl* ‖ **~/противопожарные** Brandschutzbestimmungen *fpl*

нос *m* 1. Nase *f (s. a. unter* носок 1.*)*; 2. *(Schiff)* Bug *m* ‖ **~/бульбовый** *(Schiff)* Wulstbug *m* ‖ **~/грозовой** *(Meteo)* Gewitternase *f*, Böennase *f* ‖ **~/клиперский** *(Schiff)* Klipperbug *m* ‖ **~/ледокольный** *(Schiff)* Eisbrecherbug *m* ‖ **~/ложкообразный** *(Schiff)* Löffelbug *m* ‖ **~/наклонный** *(Schiff)* ausfallender Bug *m* ‖ **~/прямой** senkrechter Bug *m*

носик *m* **борта** *(Gum)* Wulstspitze *f*, Wulstzehe *f* ‖ **~ петлителя** *(Text)* Hakengreifer *m* ‖ **~ платины** *(Text)* Nase *f*, Platinennase *f (Wirkerei)* ‖ **~ челнока** *(Text)* Greiferspitze *f*

носилка-измельчитель *f (Lw)* Feldhäcksler *m*

носилки *pl* **[/санитарные]** *(Med)* Krankentrage *f*

носильщик *m (Eb)* Gepäckträger *m*

носитель *m* Träger *m*; Trägersubstanz *f* ‖ **~/адгезивный** *(Eln)* Folienrahmen *m (für Bonder)* ‖ **~ данных** *(Inf)* Datenträger *m* ‖ **~ данных/буферный** Pufferdatenträger *m* ‖ **~ данных/внешний** externer Datenträger *m* ‖ **~ данных/входной** Eingabedatenträger *m* ‖ **~ данных/ленточный** bandförmiger Informationsspeicher *m* ‖ **~ данных/магнитный** magnetischer Datenträger *m* ‖ **~ данных/машинно-считываемый** maschinenlesbarer (maschinell lesbarer) Datenträger *m* ‖ **~ данных/промежуточный** Zwischendatenträger *m* ‖ **~ данных/сменный**

wechselbarer Datenträger *m*, auswechselbares Speichermedium *n* ‖ ~ **данных/стандартный** einheitlicher Datenträger *m* ‖ ~ **данных/цифровой** digitaler Datenträger *m* ‖ ~ **записи** Informationsträger *m*, Aufzeichnungsträger *m* ‖ ~ **заряда** *(Eln)* Ladungsträger *m* ‖ ~ **заряда/возбуждённый** angeregter Ladungsträger *m* ‖ ~ **заряда/горячий** heißer Ladungsträger *m* ‖ ~ **заряда/избыточный** Überschußladungsträger *m* ‖ ~ **заряда/инжектированный (инъецированный)** injizierter Ladungsträger *m* ‖ ~ **заряда/неосновной** *(Eln)* Minoritäts[ladungs]träger *m (Halbleiter)* ‖ ~ **заряда/неравновесный** Nichtgleichgewichtsladungsträger *m*, Überschußladungsträger *m* ‖ ~ **заряда/основной** Majoritätsladungsträger *m*, Hauptladungsträger *m* ‖ ~ **заряда/отрицательный** negativer Ladungsträger *m* ‖ ~ **заряда/подвижный** freier (frei beweglicher) Ladungsträger *m* ‖ ~ **заряда/положительный** positiver Ladungsträger *m*, Defektelektron *n*; Loch *n* ‖ ~ **заряда/равновесный** Gleichgewichtsladungsträger *m* ‖ ~ **заряда/связанный** gebundener Ladungsträger *m* ‖ ~ **заряда/собственный** Ladungsträger *m* in einem Eigenhalbleiter ‖ ~ **изображения** Bildträger *m* ‖ ~ **информации** 1. *(Inf)* Informationsträger *m*, Datenträger *m*; 2. *(Kine)* Aufzeichnungsträger *m* ‖ ~ **информации в виде карты** blattförmiger Datenträger *m* ‖ ~ **информации/дисковый эластичный** elastischer scheibenförmiger Datenträger *m* ‖ ~ **информации/оптически считываемый** optisch auslesbarer Informationsträger *m* ‖ ~ **информации с высокой плотностью записи** Informationsträger *m* hoher Speicherdichte ‖ ~ **информации с дискретной средой накопления** Informationsträger *m* mit digitalem Speicherungsmedium ‖ ~ **информации с непрерывной средой накопления** Informationsträger *m* mit stetigem (kontinuierlichem) Speicherungsmedium ‖ ~ **кислорода** Sauerstoffträger *m* ‖ ~ **краски** *(Typ)* Farbträger *m* ‖ ~ **кристалла** *(Eln)* Chipträger *m* ‖ ~ **магнитной записи** Magnettonträger *m* ‖ ~ **магнитной записи/металлический** Metallschichtband *n (Magnettonband)* ‖ ~ **магнитной записи/порошковый** Pulverschichtband *n (Magnettonband)* ‖ ~**/программный** *(Inf)* Programmträger *m* ‖ ~ **сигнала** Tonfrequenzsignal *n*, Signalträger *m* ‖ ~ **термопластической записи** thermoplastischer Aufzeichnungsträger *m* ‖ ~ **тока/неосновной** Minoritätsladungsträger *m* ‖ ~ **тока/основной** Majoritätsladungsträger *m*

носовой *(Schiff)* Vor[der]..., Bug...

носок *m* 1. Hals *m*, Nase *f*, Spitze *f*; 2. Schnauze *f*, Ausguß *m (z. B. einer Pfanne)*; 3. *(Led)* Blattkappe *f (Schuh)* ‖ ~**/водосливный** *(Hydt)* Sprungnase *f* ‖ ~ **ковша/[сливной]** *(Met)* Pfannenschnauze *f* ‖ ~ **коленчатого вала** Zapfen *m* für Kurbelwellenrad *(zum Antrieb der Nockenwelle von Verbrennungsmotoren)* ‖ ~ **крыла/отклоняющийся** Kippnase *f (am Tragflügel)* ‖ ~ **литейного ковша** Gießpfannenschnauze *f* ‖ ~**/переливной** Überlaufschnauze *f (Gießpfanne)* ‖ ~ **проводки** *(Wlz)* Führungsbackenspitze *f* ‖ ~**/сливной** *(Met)* 1. Schnauze *f*, Gießschnauze *f*, Pfannenschnauze *f*, Ausguß *m*; 2. Gießrinne *f*, Ausgießrinne *f (Tiegel)*

носок-трамплин *m (Hydt)* Sprungschnauze *f*

нотопечатание *n (Typ)* Notendruck *m*

НП *s.* 1. положение/нижнее; 2. перпендикуляр/носовой; 3. *s.* предел/нижний

НПМД *s.* накопитель на постоянных магнитных дисках

НПУ *s.* устройство/носовое подруливающее

НРЧ *s.* часть/нижняя радиационная

нс *s.* наносекунда

НСМД *s.* накопитель на сменных магнитных дисках

НСТЛ-схема *f (Eln)* DCTL-Schaltkreis *m*, direktgekoppelter Transistorlogikschaltkreis *m*

НТА *s.* абсорбция/низкотемпературная

нувистор *m (Eln)* Nuvistor *m*, Nuvistorröhre *f*

нужды *fpl (En)* Bedarf *m* ‖ ~ **блока/собственные** Blockeigenbedarf *m* ‖ ~**/электрические собственные** elektrischer Eigenbedarf *m* ‖ ~ **электростанции/собственные** Kraftwerkseigenbedarf *m*

нуклеин *m* Nuklein *n*

нуклеон *m s.* нуклон

нуклеоника *f* Nukleonik *f*, [angewandte] Kernforschung *f* und Kerntechnik *f*

нуклеосинтез *m s.* синтез ядер

нуклеофил *m (Ch)* Nucleophil *n*, nucleophiles (elektronenabgebendes) Reagens *n*

нуклеофильность *f* Nucleophilie *f*

нуклид *m (Kern)* Nuklid *n*, Kernart *f*, Kernsorte *f*, Atomart *f*

нуклон *m (Kern)* Nukleon *n*

нуклор *m (Kern)* Nukleor *n*, Nukleonkern *m*

нуллипоры *pl (Geol)* Nulliporen *pl*, Lithothamnien *pl*

нуллод *m (Eln)* Nullode *f (eine Sperröhre)*

нуль *m* 1. *(Math)* Null *f*; Nullwert *m*; 2. *(Math)* Nullstelle *f*; 3. Nullpunkt *m (s. a.* точка/нулевая*)*; 4. *s.* элемент/нулевой ‖ ~**/абсолютный** *(Ph)* absoluter Nullpunkt *m (der Temperatur)* ‖ ~**/ведущий** *(Inf)* Vornull *f*, führende Null *f* ‖ ~ **водомерного поста** *(Hydt)* Nullpunkt *m* des Pegels ‖ ~**/жёсткий** fester Nullpunkt *m* ‖ ~ **карты** *(Schiff)* Kartennull *n* ‖ ~**/нормальный** *(Geod)* Normalnull *n*, Normalnullpunkt *m*, NN ‖ ~**/машинный** Maschinennull *f* ‖ ~**/плавающий** gleitender Nullpunkt *m* ‖ ~**/электрический** elektrischer Nullpunkt *m*

нуль-индикатор *m* Nullindikator *m*, Null[an]zeiger *m* ‖ ~**/детекторный** Gleichrichternullindikator *m*

нуль-инструмент *m* Nullinstrument *n*

нуль-орган *m* Nullindikator *m*

нуль-прибор *m* Nullgerät *n*, Nullinstrument *n*

нуль-реле *n* Nullrelais *n*

нуль-система *f (Math)* Nullsystem *n*, Nullkorrelation *f*

нуль-указатель *m s.* нуль-индикатор

нуме[а]ит *m (Min)* Numeait *m*, Garnierit *m*

нумер *m s.* номер

нумератор *m (Typ)* Numerierapparat *m*

нумерация *f* Numerierung *f* ‖ ~**/закрытая** *(Nrt)* verdeckte Numerierung *f* ‖ ~**/открытая** *(Nrt)* offene Numerierung *f* ‖ ~ **пряжи** *(Text)* Numerierung *f (Garne)* ‖ ~ **страниц** *(Typ)* Seitennumerierung *f*, Paginierung *f*

нумеровать numerieren; abzählen
нуммулиты *pl (Geol)* Nummuliten *pl*
нунатак *m (Geol)* Nunatak *m (aus dem Inlandeis herausragende Berge und Felsen)*
НУР *s.* ракета/неуправляемая
нутация *f (Astr)* Nutation *f* ‖ **~ в долготе** Nutation *f* in Länge ‖ **~ в наклоне [эклиптики]** Nutation *f* in Schiefe
нутромер *m* Innenmeßgerät *n*, Innentaster *m* ‖ **~/индикаторный** 1. Innenfeinzeiger *m*; 2. Stichmaß *n* mit Meßuhr ‖ **~/микрометрический** 1. Innenmeßschraube *f*; 2. Stichmaß *n* mit Feinmeßschraube
нутч[-фильтр] *m (Ch)* Nutsche *f*, Filternutsche *f*
НЧ *s.* 1. низкочастотный; 2. частота/низкая; 3. низкочувствительный
НЧ-усилитель *m* NF-Verstärker *m*, Niederfrequenzverstärker *m* ‖ **~ мощности** *(Rf, TV)* NF-Leistungsverstärker *m*
НЧ-фильтр *m (Eln)* Tiefpaß *m*
нырнуть *s.* нырять
ныряло *n* Tauchkolben *m*, Plunger[kolben] *m (Verdränger der Tauchkolbenpumpe)*
ныряние *n* 1. Untertauchen *n*, Tauchen *n*; 2. *(Eb)* Tauchen *n (Fahrzeug)*
нырять 1. [unter]tauchen; 2. *(Eb)* tauchen *(Fahrzeug)*
ньютон *m* Newton *n*, N *(SI-Einheit der Kraft)* ‖ **~ на квадратный метр** Newton/Quadratmeter, N/m^2 *(Einheit des Drucks)* ‖ **~ на метр** Newton *n* pro Meter, N/m
ньютон-метр *m* Newtonmeter *n*, [absolutes] Joule *n*

О

ОАПС *s.* сигнализация/обобщённая аварийно-предупредительная
обборка *f (Bgb)* Bereißen *n*, Berauben *n*, Beräumen *n (der Grubenbaukontur)*
обвал *m* 1. *(Geol)* Bergsturz *m*, Felssturz *m*; 2. *(Bgb)* Einsturz *m*, Einbruch *m*; Nachfall *m* ‖ **~ берега** *(Hydt)* Uferabbruch *m* ‖ **~ кровли [выработки]** *(Bgb)* Firstenbruch *m*, Firsteinbruch *m* ‖ **~ [обломков] породы** *(Bgb)* Nachfall *m*, Steinfall *m*
обваливаться 1. einstürzen, zusammenfallen; 2. *(Bgb)* hereinbrechen, nachfallen
обвалование *n (Hydt)* Eindeichung *f*, Abdeichung *f*
обваловать *(Hydt)* umdämmen, umdeichen
обварка *f* Umschweißen *n*, Umschweißung *f*, Schweißen *n* entlang einer geschlossenen Kontur
обвести *s.* обводить
обветшалость *f (Bw)* Baufälligkeit *f (Gebäude)*
обвивание *n* 1. Umwinden *n*, Umwindung *f*; 2. Umspinnen *n*, Umspinnung *f*
обвивать 1. umwinden; 2. umspinnen
обвитый 1. umwunden, umrankt; 2. umsponnen, besponnen
обвить *s.* обвивать
обвод *m* 1. Umleitung *f*, Umgehungsleitung *f*, Bypass *m*; 2. Überströmleitung *f*
обводить 1. umgehen, umziehen; 2. umreißen; 3. beipassen ‖ **~ контур** *(Fert)* abfahren *(eine Bewegungsbahn)*
обводка *f* 1. Umreißen *n*, Umriß *m*; 2. Herumführen *n (z. B. Seile um die Rolle)*; 3. *(Wlz)* Schlingenführung *f*, Umführung *f* ‖ **~/вертикальная** *(Wlz)* Rücklaufapparat *m*, Rücklaufführung *f* ‖ **~/круговая** *(Wlz)* horizontale Umführung *f (von Gerüst zu Gerüst)* ‖ **~/роликовая** *(Wlz)* Rollenrücklaufapparat *m*
обводнение *n* 1. Bewässerung *f*, Berieselung *f*, Irrigation *f*; 2. Wasseranreicherung *f*, Wasseraufnahme *f*; 3. *(Bgb)* Verwässerung *f*
обводнённый 1. bewässert; 2. *(Bgb)* verwässert
обводнить *s.* обводнять
обводнять *(Lw)* bewässern, berieseln
обводы *mpl (Schiff)* Umrißlinien *fpl*, Konturen *mpl*, Konturenverlauf *m*, Form *f* ‖ **~/миделевые** *(Schiff)* Hauptspantkonturen *fpl*, Hauptspantform *f* ‖ **~/округлые** *(Schiff)* Rundspantform *f* ‖ **~/остроскулые** *(Schiff)* Knickspantform *f* ‖ **~/теоретические** Schiffsform *f* (Schiffskonturen *fpl*) im Linienriß
обволакивание *n* Umhüllung *f*, Ummantelung *f*
обволакивать umhüllen, ummanteln
обвязка *f* 1. Umwicklung *f*; 2. *(Bw)* Rahmenwerk *n*, Fries *m*; Träger *m*; *(Bgb)* Druckleitung *f*, Manifold *n (Bohrung)* ‖ **~/верхняя** 1. *(Bw)* Rähm *m*, Rahmenholz *n*, Bundbalken *m*, Kappholz *n (Fachwerk)*; Sattelschwelle *f*; 2. *(Eb)* Oberrahmen *m*, Obergurt *m (Fahrzeug)* ‖ **~/дверная** Türfries *m*, Friesrahmen *m* ‖ **~/нижняя** *(Bw)* Schwelle *f*, Saumschwelle *f (Fachwerk)*; Saumbalken *m* ‖ **~/оконная** Fensterrahmen *m*, Flügelrahmen *m* ‖ **~/продольная** *(Bw)* Längsschwelle *f*
обгар *m (Gieß)* Abbrand *m (z. B. eines Metalls im Schmelzofen)*
обгон *m* Überholung *f*, Überholen *n*; Vorbeifahren *n* ‖ **~ поезда** *(Eb)* Überholung *f* von Zügen
обгонять überholen; vorbeifahren
обгорание *n* 1. Abbrennen *n*, Abbrand *m (z. B. von Elektroden)*; 2. *(El)* Verschmoren *n (von Kontakten)*; 3. *(Met)* Abbrand *m*, Abbrennen *n*, Ausbrand *m (Legierungsbestandteile)*
обгорать 1. abbrennen *(z. B. Elektroden)*; 2. *(El)* verschmoren *(Kontakte)*; 3. *(Met)* abbrennen, ausbrennen *(Legierungsbestandteile)*
обгореть *s.* обгорать
обделка *f* 1. Bearbeitung *f*; Behandlung *f*; 2. Vorschalung *f*, Verkleidung *f*, Ummantelung *f* ‖ **~/бетонная** Betonummantelung *f* ‖ **~/сборная** Fertigteilauskleidung *f*, Fertigteilummantelung *f*
обделывать ummanteln, auskleiden
обдирание *n s.* обдирка
обдирать 1. bestoßen; 2. *(Fert)* schälen
обдирка *f* 1. *(Fert)* Schälen *n*; 2. Vorhecheln *n (Flachs)*; 3. Grauen *n*; Reiben *n (Diamantbearbeitung)*; 4. Entrinden *n*, Abschälen *n*, Schälen *n* ‖ **~ коры** Entrinden *n* ‖ **~/предварительная** *(Fert)* Vorschälen *n*
обдирочный *(Fert)* Schäl... *(Bearbeitungsart, Grobbearbeitung)*
обдув *m* 1. Anströmung *f*, Anblasen *n*; 2. *(El)* Belüftung *f* ‖ **~/внешний (наружный)** Oberflächenbelüftung *f*
обдуваемый oberflächenbelüftet
обдувание *n (El)* Beblasung *f*; Bespülung *f* ‖ **~/поперечное** Querbeblasung *f*; Querbespü-

lung *f* ‖ **~/продольное** Längsbeblasung *f*; Längsbespülung *f*
обдувать beblasen; bespülen; ausblasen *(z. B. Hohlraum mit Druckluft)*
обдувка *f* 1. Anblasen *n*; 2. Bespülen *n*; *(Gieß)* Abblasen *n*, Ausblasen *n (Gießform)*; 3. *(Gieß)* Strahlen *n (Gußputzen)* ‖ **~ дробью** *(Gieß)* Strahlen *n* mit metallischen Strahlmitteln *(Gußputzen)* ‖ **~/косая** Schräganblasung *f* ‖ **~ песком** *(Gieß)* Sandstrahlen *n (Gußputzen)*
обдукция *f (Geol)* Obduktion *f*
обдуть *s.* обдувать
обегание *n* Abtasten *n*, Abtastung *f*
обегать umlaufen
обеднение *n* 1. Verarmung *f*; Erschöpfung *f*; 2. *(Kern)* Abreicherung *f*; 3. *(Bgb)* Vertaubung *f*, Verarmung *f (Erzgänge)* ‖ **~ носителями заряда (тока)** *(Eln)* Trägerverarmung *f*, Ladungsträgerverarmung *f* ‖ **~ смеси** Gemischabmagerung *f (Kraftstoff)* ‖ **~ электронами** *(Eln)* Elektronenverarmung *f*
обеднённый 1. verarmt; 2. *(Bgb)* vertaubt, verarmt ‖ **~ носителями тока** *(Eln)* trägerverarmt, ladungsträgerverarmt
обеднять 1. verarmen; 2. *(Kern)* abreichern; 3. *(Bgb)* verarmen, vertauben *(Erzgänge)*
обезводороживание *n* Wasserstoffentfernung *f*
обезвоженный entwässert
обезвоживание *n* Entwässern *n*, Entwässerung *f*; Dehydratisieren *n*; Wasserentzug *m* ‖ **~/частичное** Teilentwässerung *f*
обезвоживать entwässern; dehydratisieren; Wasser entziehen
обезволашивание *n (Led)* 1. Haarlockerung *f*; 2. Enthaarung *f* ‖ **~/механическое** maschinelles Enthaaren *n*, Maschinenenthaaren *n*
обезволашивать *(Led)* enthaaren
обезволосить *s.* обезволашивать
обезвреживание *n* 1. Unschädlichmachen *n*; 2. Entschärfung *f (Munition)*
обезвреживать 1. unschädlich machen; 2. entschärfen *(Munition)*
обезгаживание *n* Entgasung *f*, Entgasen *n*, Gasaustreibung *f*
обезглавливание *n* Köpfen *n (Fischverarbeitung)*
обезглавливать [рыбу] köpfen *(Fischverarbeitung)*
обезжелезивание *n* Enteisenung *f*, Eisenausscheidung *f*
обезжиренный 1. entfettet; entölt; 2. entrahmt *(Milch)*
обезжиривание *n* 1. Entfetten *n*, Entfettung *f*; Entölung *f*; 2. Entrahmen *n (Milch)*
обезжириватель *m* Entfettungsmittel *n*
обезжиривать 1. entfetten; entölen; 2. entrahmen *(Milch)*
обезжирить *s.* обезжиривать
обеззараживание *n* 1. Desinfektion *f*, Desinfizierung *f*, Entseuchung *f*; 2. *(Kern)* Entaktivierung *f*, Dekontamination *f*; 3. *(Mil)* Entgiftung *f (Kampfstoffe)* ‖ **~ воды** Entkeimung *f* des Wassers ‖ **~ сточных вод** Abwasserentkeimung *f*
обеззараживать 1. desinfizieren, entkeimen, keimfrei machen; entseuchen; 2. *(Kern)* dekontaminieren, entaktivieren; 3. *(Mil)* entgiften
обеззаразить *s.* обеззараживать
обеззоливание *n* 1. Entaschung *f*; 2. *(Led)* Entäschen *n*, Entkälken *n*
обеззоливать 1. entaschen; 2. *(Led)* entäschern, entkälken
обеззолить *s.* обеззоливать
обезлесение *n (Forst)* Entwaldung *f*
обезлесить *(Forst)* entwalden
обезмасливание *n* Entölen *n*, Entölung *f*
обезрепеивание *n (Text)* Entkletten *n (Rohwolle)*
обезрепеивать [шерсть] *(Text)* entkletten *(Rohwolle)*
обезуглеродить *s.* обезуглероживать
обезуглероживание *n (Met)* 1. Entkohlen *n*, Entkohlung *f*; 2. Frischen *n* ‖ **~/поверхностное** *(Met)* Oberflächenentkohlung *f (allgemein)*; Randentkohlung *f (z. B. eines Gußteils)*
обезуглероживать 1. *(Met)* entkohlen, dekarbonisieren; 2. frischen
обёртка *f* 1. Umwickelung *f*, Umhüllung *f*; 2. Schutzumschlag *m (Buch)*; Umschlag *m*; 3. Einschlagpapier *n*, Einwickelpapier *n*
обертон *m (Ak)* Oberton *m*, Oberschwingung *f* ‖ **~/гармонический** Harmonische *f* ‖ **~/основной** Grundton *m*
обертух *m (Pap)* Abnahmefilz *m*, Obertuch *n*
обёртывающая *f (Math)* Hüllkurve *f*, Einhüllende *f*, Enveloppe *f*
обескислороживание *n* Sauerstoffentzug *m*; Sauerstoffaustreibung *f*
обескоривание *n* Entrindung *f*, Schälung *f*
обескоривать *s.* окоривать
обескорить *s.* окоривать
обескремнивание *n* Entkieselung *f*, Entsilisierung *f*
обескремнивать entkieseln
обеспечение *n* Sicherung *f*, Sicherstellung *f*, Gewährleistung *f*; Versorgung *f* ‖ **~/аппаратное** *s.* ~/техническое ‖ **~/базовое программное** *(Inf)* Basissoftware *f*, Basisprogrammunterstützung *f*, BPU ‖ **~ безопасности полётов** *(Flg)* Flugsicherung *f* ‖ **~/внутреннее программное** *(Inf)* Firmware *f* ‖ **~/геометрическое программное** *(Inf)* geometrische Software *f* ‖ **~/графическое программное** *(Inf)* graphische Software *f* ‖ **~/диагностическое программное** *(Inf)* Diagnosesoftware *f* ‖ **~/информационное** Informationsbereitstellung *f* ‖ **~ качества** Qualitätssicherung *f* ‖ **~ качества/автоматизированное** rechnergestützte Qualitätssicherung *f* ‖ **~ качества и надёжности** Qualitäts- und Zuverlässigkeitssicherung *f* ‖ **~ качества программ с помощью ЭВМ** computergestützte Software-Qualitätssicherung *f* ‖ **~/математическое** *s.* ~/программное ‖ **~/метрологическое** metrologische Sicherung *f* ‖ **~ надёжности** Zuverlässigkeitssicherung *f* ‖ **~/общее математическое** *(Inf)* maschinenorientierte Systemunterlagen *fpl* (Software *f*), MOS, Systemsoftware *f* ‖ **~/общее программное** *(Inf)* allgemeine Software *f* ‖ **~ пользователя/программное** *(Inf)* Anwendersoftware *f*, Nutzersoftware *f* ‖ **~/прикладное программное** *(Inf)* Anwendungssoftware *f* ‖ **~/проблемно-ориентированное программное** *(Inf)* problemorientierte Software *f*, POS, problemorientierte Softwareunterlagen *fpl* ‖ **~/программное** *(Inf)* Systemunterlagen *fpl*, Programmunterstützung *f*,

Software *f* || **~/процессорное** *(Inf)* Prozessorsupport *m* || **~/резидентное программное** *(Inf)* residente Software *f*, Residentsoftware *f* || **~/сетевое програмное** *(Inf)* Netzsoftware *f* || **~/системное программное** *(Inf)* Systemunterlagen *fpl*, Systemsoftware *f* || **~/техническое** *(Inf)* Hardware *f*, gerätetechnische Mittel *fpl* (Ausstattung *f*) || **~/фирменное программное** *(Inf)* Firmware *f* || **~ энергией** Energieversorgung *f*

обеспечивать 1. sichern, gewährleisten; 2. versorgen *(mit etwas)*

обеспыливание *n* Entstauben *n*, Entstaubung *f*, Staubabscheidung *f*

обеспыливать entstauben

обессахаривание *n* Entzuckern *n*, Auslaugen *n* [der Rübenschnitzel]

обессахаривать entzuckern, [Rübenschnitzel] auslaugen

обессеривание *n (Met)* Entschwefelung *f*, Entschwefeln *n*, Abschwefelung *f*, Desulfurieren *n*

обессериватель *m (Met)* Entschwefelungsmittel *n*

обессеривать *(Met)* entschwefeln, desulfurieren

обессмоливание *n* Entharzen *n*

обессоливание *n* Entsalzen *n*, Entsalzung *f* || **~ воды** Wasserentsalzung *f*

обессоливать entsalzen

обессолить *s.* обессоливать

обесточение *n (El)* Abschalten *n*, Abschaltung *f*, Stromlosmachen *n* || **~ судна** *(Schiff)* Bordnetzausfall *m*, Black-out *n*

обесточенный *(El)* abgeschaltet, stromlos

обесточивание *n s.* обесточение

обесточивать stromlos machen, Strom wegnehmen (sperren, abschalten)

обесточить *s.* обесточивать

обесфосфоривание *n (Ch, Met)* Entphosphoren *n*, Entphosphorung *f*

обесхлорить *(Ch)* entchloren

обесцвеченный verblaßt, ausgebleicht

обесцвечивание *n* 1. Entfärben *n*, Entfärbung *f*; 2. *(Text)* Bleichen *n*; 3. *(Lebm, Brau)* Aufhellen *n*; 4. *(Pap)* Deinken *n*, Deinking *n (Entfärben von bedrucktem Altpapier)*

обесцвечиватель *m* Entfärbungsmittel *n*

обесцвечивать 1. entfärben; 2. *(Text)* bleichen; 3. *(Lebm, Brau)* aufhellen; 4. deinken *(Entfärben von bedrucktem Altpapier)*

обесценение *n* **тепла** Wärmeabwertung *f (qualitativ durch Verringern von Druck und Temperatur)* || **~ энергии** Abwertung (Entwertung) *f* der Energie

обесцинкование *n* Zinkabtragung *f*, Entzinkung *f*

обесшкуривание *n* **рыбы** Enthäuten *n* (Enthäutung *f*) des Fisches *(Fischverarbeitung)*

обесшкуривать рыбу Fisch enthäuten *(Fischverarbeitung)*

обесшламывание *n* Entschlammen *n*, Entschlammung *f*

обечайка *f* 1. Zarge *f*; 2. Schuß *m*, Mantelschuß *m*, Stoß *m (Behälterfertigung)* || **~ котла** Kesselschuß *m* || **~/листовая** Blechschuß *m*

обжаривать rösten

обжарить *s.* обжаривать

обжатие *n* 1. Zusammendrücken *n*, Zusammenpressen *n*, Komprimieren *n*; 2. *(Wlz)* Höhenabnahme *f*, Abnahme *f*; Verformung *f*; 3. *(Wlz)* Vorwalzen *n*, Blocken *n*, Herunterwalzen *n*; 4. *(Schm)* Stauchen *n*, Stauchung *f*, Herunterstauchen *n*, Stauchschmieden *n* || **~/абсолютное** *(Wlz)* [absolute] Höhenabnahme *f* || **~/боковое** *(Schm)* Flankenstauchung *f (s. a.* ~ по ширине 2.*)* || **~/горячее** *(Schm)* Warmstauchen *n*, Warmstauchung *f* || **~ за пропуск** *(Wlz)* Stichabnahme *f* || **~/линейное** *(Schm)* lineare (axiale, einachsige) Stauchung *f* || **~/относительное** *(Wlz)* bezogene (relative) Höhenabnahme (Stichabnahme) *f* || **~ по высоте** 1. *(Wlz)* Höhenabnahme *f*; 2. *(Schm)* Stauchung *f*, Höhenverformung *f*; Abnahme *f* durch Stauchung || **~ по диаметру** Durchmesserabnahme *f* || **~ по сечению** Querschnittsabnahme *f*, Flächenabnahme *f (z. B. Formprofile)* || **~ по толщине** Dickenabnahme *f* || **~ по ширине** 1. Breitenabnahme *f*; 2. *(Schm)* Querstauchen *n*, Querstauchung *f*, Breitenstauchung *f*, Breitenverformung *f*; Abnahme *f* durch Querstauchung || **~/поперечное** *(Schm)* Querstauchen *n*, Querstauchung *f* || **~/суммарное** *(Schm)* Gesamtstauchung *f*, Gesamt[höhen]abnahme *f*

обжечь *s.* обжигать

обжиг *m* 1. *(Met)* Rösten *n*, Röstung *f (Erze)*; Röstarbeit *f (NE-Metallurgie)*; 2. *(Ker)* Brennen *n*, Brand *m* || **~/агломерационный** *(Met)* Sinterrösten *n*, Sinterröstung *f (feinkörnige Erze)*; Pulverrösten *n*, Pulverröstung *f (pulverförmige Erze)* || **~/агломерирующий** *s.* ~/агломерационный || **~/бисквитный** *(Ker)* Schrühbrand *m*, Verglühbrand *m*, Rohbrand *m*, Bisquitbrand *m* || **~/быстрый** Schnellbrand *m* || **~ во взвешенном состоянии** *(Met)* Schweberösten *n*, Schweberöstung *f*, Suspensionsrösten *n*, Suspensionsröstung *f* || **~/восстановительный** *(Met)* reduzierendes Rösten *n*, Reduktionsröstung *f*; *(Ker)* reduzierendes Brennen *n*, Reduktionsbrand *m* || **~/двойной** *(Met)* Doppelrösten *n*, Doppelröstung *f*, doppeltes Rösten *n*; *(Ker)* Doppelbrand *m* || **~/двухфазный** Zweibrandverfahren *n* || **~/диссоциирующий** *(Met)* dissoziierendes Rösten *n*, dissoziierende Röstung *f* || **~/дистилляционный** *(Met)* Destillationsrösten *n (bei der Gewinnung von Quecksilber, Wolfram und Molybdän)* || **~/кальцинирующий** *(Met)* Kalzination *f*, Kalzinieren *n (NE-Metallurgie, z. B. Zink)* || **~ кирпича** Ziegelbrennen *n* || **~ клинкера** Klinkerbrand *m* || **~/магнетизирующий** *(Met)* magnetisierendes Rösten *n*, Magnetisierröstverfahren *n* || **~/мокрый** Naßbrennverfahren *n* || **~/муфельный** *(Ker)* Muffelbrand *m* || **~ на порошок** *(Met)* Pulverrösten *n*, Pulverröstung *f*, Staubrösten *n*, Staubröstung *f* || **~ намертво** *(Met)* Totrösten *n*, Totröstung *f*; *(Ker)* Totbrennen *n* || **~/однофазный** Einbrandverfahren *n* || **~/окислительно-восстановительный** *(Met)* reduzierendes Rösten *n* mit Wideroxidation *(bei der Gewinnung von Zinn, Arsen und Antimon)* || **~/окислительный** *(Met)* oxidierendes Rösten *n*, oxidierende Röstung *f*, Röstreaktionsverfahren *n*; *(Ker)* oxidierendes Brennen *n* || **~/окончательный** *(Met)* Garbrennen *n*, Garbrand *m* || **~/перв[ичн]ый** *(Met)* Rohbrand *m*, Vorrösten *n* || **~/повторный** *(Met)* Nachrösten *n*; *(Ker)* Nachbrand *m*, Nachbrennen *n* || **~/политой**

(Ker) Glasurbrand *m*, Gutbrand *m*, Glattbrand *m* ‖ **~/полувзвешенный** *(Met)* Schweberöstung *f* ‖ **~/полусухой** Halbtrockenbrennverfahren *n* ‖ **~/предварительный** *(Met)* Vorrösten *n*, Vorröstung *f*; *(Ker)* Vorbrand *m*, Glühbrand *m* ‖ **~ с плавлением** *(Met)* Röstschmelzen *n* ‖ **~/сильный** *(Met)* Scharfbrand *m*, Starkbrand *m* ‖ **~/слабый** *(Met)* Schwachbrand *m*, Leichtbrand *m* ‖ **~/спекающий** *(Met)* Sinterrösten *n*, Sinterröstung *f* ‖ **~/сульфати[зи]рующий** *(Met)* sulfatisierendes Rösten *n*, sulfatisierende Röstung *f*, Blenderösten *n* ‖ **~/сухой** Trockenbrennverfahren *n* ‖ **~/хлорирующий** *(Met)* chlorierendes Rösten *n*, chlorierende Röstung *f* ‖ **~/частичный** *(Met)* Teilrösten *n*, Teilröstung *f* ‖ **~/шлакующий** Schlackenrösten *n*, Schlackenröstung *f*

обжигание *n s.* обжиг

обжигательный 1. *(Met)* Röst…; 2. *(Ker)* Brenn…

обжигать 1. *(Met)* rösten, abrösten; kalzinieren; 2. *(Ker)* brennen

обжиговый *s.* обжигательный

обжим *m* 1. Stauchen *n*, Stauchung *f (durch Walzen, Schmieden, Pressen)*; 2. Engen *n*, Einengen *n (von Hohlkörpern im Preßgesenk)* ‖ **~ корешка** *(Typ)* Abpressen *n (Buchblock)*

обжимать 1. zusammenpressen, quetschen; 2. *(Wlz)* vorblocken, vorstrecken; verformen; herunterblocken, herunterwalzen; 3. *(Typ)* abpressen *(Buchblöcke)*

обжимка *f* 1. *(Schm)* Rundgesenk *n (für Freihandschmieden, bestehend aus Gesenkhammer und Schlichtlage)*; Untergesenk *n*; 2. *(Wkz)* Kopfsetzer *m*, Schellhammer *m*, Döpper *m (Handnietung)*; 4. *s.* обжим ‖ **~/верхняя** *(Schm)* Gesenkhammer *m*, Obergesenk *n* ‖ **~/квадратная** *(Schm)* Vierkantgesenk *n* ‖ **~/круглая** *(Schm)* Rundgesenk *n* ‖ **~/нижняя** *(Schm)* Untergesenk *n*, Schlichtlage *f* ‖ **~/плоская** *(Schm)* Setzhammer *m*, Stauchhammer *m* ‖ **~/поддерживающая** Anpreßstempel *m (Nietmaschine)* ‖ **~ фальца** *(Typ)* Abpressen *n*, Falzeinpressen *n* ‖ **~/фасонная** *(Schm)* Formgesenk *n*

обзол *m* Fehlkante *f*, Waldkante *f*, Baumkante *f*, Schalkante *f*, Schalrand *m (Holz)*

обзор *m* 1. Beobachtung *f*; 2. Überblick *m*, Übersicht *f*; 3. *(Rad)* Abtastung *f* ‖ **~ воздушного пространства** *(Rad)* Luftraumabtastung *f*, Luftraumüberwachung *f* ‖ **~/звёздный** *(Astr)* Durchmusterung *f* ‖ **~/зональный** *(Rad)* Zonenabtastung *f* ‖ **~/конический** *(Rad)* Kegelabtastung *f* ‖ **~/круговой** *(Rad)* Rundsuche *f*, Rund[um]sicht *f* ‖ **~/радиолокационный** Radarabtastung *f*, Radarüberwachung *f* ‖ **~/секторный** *(Rad)* Sektor[en]abtastung *f*

обивка *f* Belag *m*, Überzug *m*; Umflechtung *f*, Umwindung *f*

обилие *n* **электронов** Elektronenüberschuß *m*

обитаемый *(Kosm)* 1. bewohnbar; 2. bemannt

обкатать *s.* обкатывать

обкатка *f* 1. Rollen *n*, Wälzen *n*, Umwälzung *f*; 2. *(Fert)* Abwälzung *f*, Abwälzbewegung *f*; 3. *(Schm)* Freiformschmieden *n* runder Querschnitte, Rundschmieden *n*; 4. *(Wkz)* Außenglattwalzwerkzeug *n*; 5. *(Wlz)* Glattwalzen *n*, Glättwalzen *n*, Friemeln *n (Friemelwalzwerk)*; Abrollen *n (Abrollwalzwerk)*; 6. Einfahren *n*, Erproben *n*; Probelauf *m*, Probefahrt *f (von Maschinen oder Fahrzeugen)*; 7. *(Typ)* Druckabwicklung *f* ‖ **~ прутков круглого сечения** Rundstrangglattwalzen *n* ‖ **~ роликами** Glattwalzen *n*

обкатывание *n* 1. *(Fert)* Wälzen *n*, Abwälzen *n*; 2. *(Fert)* Außenglattwalzen *n*; 3. *s. unter* обкатка ‖ **~ валиков** *(Typ)* Einfärben *n* der Walzen ‖ **~ зубьев** Verzahnungsglattwalzen *n* ‖ **~ со скольжением** relatives Gleiten *n*, Wälzgleiten *n*

обкатывать 1. *(Fert)* abwälzen; 2. *(Fert)* außenglattwalzen; 3. *(Wlz)* abrollen, friemeln *(Friemelwalzwerk)*; 4. *(Typ)* einfärben *(Druckwalzen)*; 5. *(Masch)* zur Probe laufen lassen, einfahren *(Maschinen oder Fahrzeuge)*

обкатываться *(Fert)* sich abwälzen

обкладка *f* 1. Belegung *f*, Belegen *n*; 2. Umlegen *n*, Einfassen *n*; Besetzen *n*; 3. Belag *m*; Auflage *f*; Abdeckung *f*; Futter *n*, Ausfütterung *f*; 4. Einfassung *f*; Besatz *m* ‖ **~/металлическая** Metallbelag *m* ‖ **~/предохранительная** Schutzhülle *f*, Schutzumhüllung *f* ‖ **~/проводящая** *(El)* leitender Belag *m*, Kontaktbelag *m* ‖ **~/свинцовая** Bleiauskleidung *f* ‖ **~/фрикционная** Reibbelag *m*

обкладывание *n (Met)* Ausfüttern *n*, Auskleiden *n*, Zustellen *n*

облавливать fischen, befischen

облагораживание *n* 1. Veredeln *n*, Veredelung *f*; 2. *(Met)* Ausscheidungshärten *n*, Ausscheidungshärtung *f* ‖ **~ кожи** *(Led)* Narbenkorrektur *f* ‖ **~ тканей** *(Text)* Webwarenveredelung *f*

облагораживать veredeln

облагородить *s.* облагораживать

обладающий потерями verlustbehaftet

облака *npl* Wolken *fpl*, Bewölkung *f (s. a. unter* облако*)* ‖ **~/кучево-дождевые** Gewitterwolken *fpl* ‖ **~/кучевообразные** Haufenwolken *fpl* ‖ **~/Магеллановы** Magellansche Wolken *fpl (extragalaktische Sternsysteme)* ‖ **~/перистые** Federwolken *fpl* ‖ **~/светящиеся** *(Astr)* leuchtende Nachtwolken *fpl* ‖ **~/серебристые** *s.* ~/светящиеся

облако *n* Wolke *f (s. a. unter* облака*)* ‖ **~ взрыва** Detonationswolke *f* ‖ **~ дислокаций** Versetzungswolke *f* ‖ **~/допланетное** *s.* ~/протопланетное ‖ **~/дымовое** Rauchwolke *f* ‖ **~/звёздное** *(Astr)* Sternwolke *f* ‖ **~/ионное** *(Kern)* Ionenwolke *f* ‖ **~ капель** Tröpfchenwolke *f* ‖ **~ конденсации** Kondenswolke *f* ‖ **~/межзвёздное пылевое** *(Astr)* interstellare Staubwolke *f* ‖ **~ Оорта** *(Astr)* Oortsche Kometenwolke *f* ‖ **~ пространственного заряда** *(Eln)* Raumladungswolke *f* ‖ **~/протонное** *(Kern)* Protonenwolke *f* ‖ **~/протопланетное** *(Astr)* protoplanetare Wolke *f (Sternentstehung)* ‖ **~/радиоактивное** *(Kern)* radioaktive Wolke *f* ‖ **~ частиц** *(Kern)* Teilchenwolke *f* ‖ **~/электронное** Elektronenwolke *f* ‖ **~ электронов** Elektronenwolke *f*

область *f* 1. Gebiet *n*, Bereich *m*; Region *f*; Gegend *f (s. a. unter* диапазон *und* зона*)*; 2. *(Math)* Gebiet *n*, Bereich *m (Mengenlehre)* ‖ **~ абляции** *(Geoph)* Ablationsgebiet *n (Gletscher)* ‖ **~/активная** *(Astr)* Aktivitätsgebiet *n (z. B. auf der Sonne)* ‖ **~/анодная** *s.* ~ анодного падения || **~ анодного падения** Anoden-[fall]gebiet *n*, Anodenfallraum *m* || **~/аридная** *(Geol)* Trockengebiet *n* || **~/асейсмическая** *(Geoph)* erdbebenfreies Gebiet *n* || **~/бессточная** *(Hydrol)* abflußloses Gebiet *n* || **~ ближнего замирания** *(Rf, TV)* Nahschwundgebiet *n*, Nahschwundzone *f* || **~ ближнего приёма** *(Rf, TV)* Nahempfangsbereich *m*, Nahempfangszone *f* || **~ блокировки** *(Eln)* Sperrbereich *m* || **~ ввода** *(Inf)* Eingabebereich *m* || **~ ведущего луча** *(Rad)* Leitstrahlbereich *m*, Dauerstrichzone *f* || **~ Вейса** *(Krist)* Weißscher Bezirk *m*, Elementarbezirk *m (ferro- und ferrimagnetische Kristalle)* || **~ взаимодействия** Wechselwirkungsbereich *m*, Wechselwirkungszone *f* || **~/видимая** sichtbarer Bereich *m (des Spektrums)* || **~ Вина** *(Ph)* Wienscher Bereich *m*, Wien-Bereich *m* || **~/виртуальная адресная** *(Inf)* virtueller Adreßbereich *m* || **~/вихревая** *(Ph)* Wirbelbereich *m*, Wirbelgebiet *n* || **~/вторая катодная тёмная** Hittorfscher (Crookesscher) Dunkelraum, innerer Dunkelraum *m* || **~ выбега** *(Ph)* Nachlaufgebiet *n* || **~ высоких частот** *(El)* Hochfrequenzgebiet *n*, HF-Gebiet *n* || **~ гамма-фазы** *(Ph)* γ-Gebiet *n*, Gammagebiet *n*, γ-Bereich *m*, Gammabereich *m (z. B. im Eisen-Kohlenstoff-Diagramm)* || **~ Гаусса** *s.* ~/параксиальная || **~/геосинклинальная** *s.* геосинклиналь || **~/гетерогенная** *(Ph)* Zweiphasenbereich *m*, Zweiphasengebiet *n* || **~ гидравлического прыжка** *(Hydt)* Sprungschwallgebiet *n* || **~/гиперзвуковая** hoher Überschallbereich *m*, hypersonischer Bereich *m*, Hyperschallbereich *m* || **~ гистерезиса** *(El)* Hysteresegebiet *n* || **~ граничных лучей** *(Kern)* Grenzstrahlgebiet *n* || **~ дальнего приёма** *(Rf, TV)* Fernempfangsbereich *m*, Fernempfangszone *f* || **~ данных** *(Inf)* Datenbereich *m* || **~ действия** Gültigkeitsbereich *m* || **~ деформации** Umformbereich *m*, Formänderungszone *f* || **~ диагностического сканирования** *(Inf)* Diagnosebereich *m* || **~/динамическая** *(Inf)* dynamischer Bereich *m* || **~ диффузии** *s.* ~/диффузионная || **~/диффузионная** Diffusionsgebiet *n*, Diffusionszone *f (Halbleiter)* || **~/длинноволновая** *(Rf)* langwelliger Bereich *m* || **~/дозвуковая** *(Aero)* Unterschallbereich *m*, Unterschallgebiet *n*, Subsonikgebiet *n* || **~ дозвуковых скоростей** *s.* ~/дозвуковая || **~/допустимая** zulässiger Bereich *m* || **~ допустимых нагрузок** *(Wkst)* Belastungsbereich *m* || **~ жёстких лучей** *(Kern)* Hauptstrahlgebiet *n* || **~ жидкости** Flüssigkeitsgebiet *n* || **~ зависимости** Abhängigkeitsgebiet *n*, Abhängigkeitszone *f* || **~ завихренности** *s.* ~/вихревая || **~/заданная** vorgegebener Bereich *m* || **~ запирания** *(Eln)* Sperrbereich *m* || **~ записи** *(Inf)* Satzbereich *m* || **~ запоминающего устройства** *s.* ~ памяти || **~/запретная (запрещённая)** *(Eln)* verbotener (nicht zugelassener) Energiebereich *m*; Energielücke *f*; verbotene Zone *f (Bändermodell)* || **~/застойная** *(Hydrod)* Totwasser *n*, Totraum *m* || **~/засушливая** *(Geol)* Trockengebiet *n* || **~ затухания** *(El)* Dämpfungsbereich *m* || **~ захвата (захватывания)** *(Kern)* Fangbereich *m*, Einfangbereich *m*, Einfangzone *f* || **~/защищённая** *(Inf)* geschützter Speicherplatz *m* || **~ Зейделя** *(Ph)* Seidelsches Gebiet *n*, Seidelscher Raum *m* || **~ значений** *(Math)* Wertebereich *m* || **~ излучения** *(Kern)* Strahlungsbereich *m* || **~ измерений** Meßbereich *m* || **~/индексная** *(Inf)* Indexbereich *m* || **~ интегрирования** Integrationsgebiet *n*, Integrationsbereich *m* || **~ интерференции** *(Opt)* Interferenzzone *f* || **~/инфразвуковая** *(Ak)* Infraschallbereich *m* || **~/инфракрасная** Infrarotbereich *m*, IR-Bereich *m*, infrarotes Gebiet *n*, IR-Gebiet *n* || **~/искажённая** verzerrter (gestörter) Bereich *m* || **~ истощения** *(Eln)* Erschöpfungsgebiet *n* || **~/катодная** *s.* ~ катодного падения || **~ катодного падения** *(Eln)* Kathoden[fall]gebiet *n*, Katodenfallraum *m* || **~ коллектора** *(Eln)* Kollektorgebiet *n*, Kollektorbereich *m*, Kollektorzone *f (Halbleiter)* || **~ команд** *(Inf)* Befehlsebene *f* || **~ констант** *(Inf)* Konstantenbereich *m* || **~/кормовая** *(Ph)* Nachlaufgebiet *n* || **~ корректировки** *(Inf)* Korrekturbereich *m* || **~ коррекции** *(Nrt)* Entzerrungsbereich *m* || **~ кристаллизации** Kristallisationsbereich *m*, Kristallisationsgebiet *n* || **~/магнитно-возмущённая** magnetisches Störungsgebiet *n* || **~ максимальной чувствительности** *(Opt)* Hauptempfindlichkeitsbereich *m* || **~ малых энергий** Niederenergiegebiet *n* || **~ меток** *(Inf)* Kennsatzbereich *m* || **~ мягких лучей** *(Kern)* Weichstrahlgebiet *n* || **~ нагрузки** *(Wkst)* Belastungsbereich *m*; Beanspruchungsbereich *m* || **~ накала** *(Met)* Glühbereich *m*, Glühzone *f* || **~/наносекундная** Nanosekundenbereich *m* || **~ накопления** Speicherbereich *m* || **~ наложения** *(Inf)* Überlagerungsbereich *m* || **~ напряжения** *(Wkst)* Spannungsbereich *m*; *(El)* Spannungsgebiet *n* || **~ насыщения** Sättigungsgebiet *n*, Sättigungsbereich *m* || **~ неопределённости** Unbestimmtheitsbereich *m* || **~ неприятия** Ungültigkeitsbereich *m* || **~ нерезкости** Unschärfezone *f* || **~ несмешиваемости** *(Krist)* Mischungslücke *f* || **~ несрабатывания** Nichtansprechbereich *m*, Ruhebereich *m (eines Relais)* || **~/нефтеносная** *(Geol)* ölführendes Gebiet *n* || **~ низких частот** *(El)* Niederfrequenzgebiet *n*, NF-Gebiet *n* || **~ низкого давления** Niederdruckbereich *m*, Niederdruckgebiet *n* || **~/нулевая** *s.* ~/параксиальная || **~ образования звёзд** Sternentstehungsgebiet *n* || **~ обслуживания** Versorgungsgebiet *n* || **~ объёмного заряда** *s.* ~ пространственного заряда || **~ оледенения** *(Geol)* Vereisungsgebiet *n* || **~ операторов** *(Math)* Operatorenbereich *m*, Operatorenmenge *f*, Multiplikatorenbereich *m* || **~ определения** *(Math)* Definitionsbereich *m*, Variabilitätsbereich *m* || **~ осадков** *(Meteo)* Niederschlagsgebiet *n* || **~ отжига** Glühbereich *m*, Glühzone *f (Wärmebehandlung)* || **~ отрыва/конечная** endliches Ablösegebiet *n (Strömungslehre)* || **~ памяти** *(Inf)* Speicherbereich *m* || **~ памяти/динамическая** dynamischer Speicherbereich *m* || **~/параксиальная** *(Opt)* Paraxialgebiet *n*, achsennahes Gebiet *n*, Gaußsches Gebiet *n* || **~/первая катодная тёмная** *(El)* Astonscher Dunkelraum *m* || **~ перевозбуждения** *(Eln)* Übersteuerungsbereich *m* || **~ перекрытия** Überlappungsbereich *m*, Überlappungsgebiet *n* || **~ переменной нагрузки натяжением** *(Wkst)* Zug-Schwell-Bereich *m (Dauerschwingversuch)* || **~ переменных**

(Math) Variablenbereich *m* || **~ переполнения** *(Inf)* Überlaufbereich *m* || **~/перлитная** *(Met)* Perlitstufe *f (im Eisen-Kohlenstoff-Diagramm)* || **~ перлитного превращения** *s.* ~/перлитная || **~ питания [ледника]** *(Geol)* Nährgebiet *n* *(Gletscher)* || **~ плавления** Schmelzbereich *m*, Schmelzgebiet *n* || **~ пластичности** *(Mech)* plastischer (unelastischer) Bereich *m*, Plastizitätsbereich *m*, Plastizitätsgebiet *n* || **~/плейстосейстовая** *(Geoph)* pleistoseistische Zone *f* *(bei Erdbeben am stärksten erschüttertes Gebiet)* || **~/пограничная** Randgebiet *n*, Randbereich *m* || **~ подпора** *(Hydt)* Staubereich *m*, Staugebiet *n* || **~ полутени** Halbschatten[gebiet *n*] *m* || **~ предпочтения** Entscheidungsbereich *m*; Entscheidungszone *f* || **~ приёма** *(Rf, TV)* Empfangsgebiet *n* || **~ применения** Anwendungsbereich *m*, Anwendungsgebiet *n* || **~/примесная** *(Eln)* Störstellenbereich *m (Halbleiter)* || **~ принятия** Gültigkeitsbereich *m* || **~/программная** *(Inf)* Programmbereich *m*, Instruktionsspeicherbereich *m* || **~ происхождения** Ursprungsgebiet *n* || **~ пропорциональности** 1. *(Kern)* Proportionalbereich *m (des Zählrohrs)*; 2. *(Reg)* Proportionalitätsbereich *m*; 3. *(Math)* Intervall *m* der Proportionalität || **~ пропускания** *(Eln)* Durchlaßbereich *m*, Durchgangsbereich *m* || **~ пространственного заряда** *(Eln)* Raumladungsgebiet *n*, Raumladungsbereich *m*, Raumladungszone *f* || **~/прямая** *(Eln)* Vorwärtsgebiet *n (der Diodenkennlinie)* || **~/рабочая** Arbeitsbereich *m* || **~ рабочих температур** Betriebstemperaturbereich *m* || **~ разрежённого пространства** Unterdruckraum *m*, Vakuumraum *m*, evakuierter Raum *m* || **~ разупорядочения** *(Krist)* Fehlordnungsgebiet *n* || **~ рассеивания** Streu[ungs]bereich *m*, Streuungszone *f* || **~ расслаивания** 1. *(Krist)* Entmischungsgebiet *n*; 2. *(Ch)* Mischungslücke *f* || **~ регулирования** Regel[ungs]bereich *m* || **~/резонансная** Resonanzbereich *m*, Resonanzgebiet *n* || **~ роста** *(Meteo)* Steiggebiet *n (Luftdruck)* || **~ сверхвысоких частот** *(El)* Höchstfrequenzgebiet *n*; Ultrahochfrequenzgebiet *n*, UHF-Gebiet *n* || **~ связи** *(Inf)* Verständigungsbereich *m* || **~/сейсмическая** *(Geoph)* Erdbebengebiet *n* || **~ сжижения** Verflüssigungsbereich *m* || **~ слышимости (слышимых звуков)** 1. Hörbarkeitsgebiet *n*, Hörbarkeitszone *f*; 2. Hörbereich *m*, hörbarer Frequenzbereich *m*; Hörfläche *f* || **~/собственная** *s. i*-область || **~ соляризации** *(Photo)* Solarisationsbereich *m* || **~ спектра** *s.* ~/спектральная || **~ спектра/видимая** sichtbarer Spektralbereich *m* || **~ спектра/инфракрасная** Infrarotgebiet *n*, Infrarot[e] *n* || **~/спектральная** Spektralgebiet *n*, Spektralbereich *m* || **~ спонтанного намагничения** *(Krist)* Bezirk *m* spontaner Magnetisierung, Magnetisierungsdomäne *f (Ferromagnetismus)* || **~ срабатывания** Ansprechbereich *m*, Arbeitsbereich *m (eines Relais)* || **~ средних частот** *(Rf)* Mittelfrequenzbereich *m* || **~ стока [ледника]** *(Geol)* Zehrgebiet *n (des Gletschers)* || **~ стягивания тока** *(El)* Stromengegebiet *n* || **~ схватывания** *(El)* Mitnahmebereich *m* || **~ сходимости** *(Math)* Konvergenzbereich *m* || **~ счётчика** Zählerbereich *m* || **~ температуры** Temperaturbereich *m* || **~/теневая** Schattenbereich *m* || **~/транзитная** *(Inf)* Transientbereich *m* || **~/трёхмерная рабочая** dreidimensionaler Arbeitsraum *m (Roboter)* || **~ уверенного приёма** *(TV, Rf)* Versorgungsgebiet *n*, Versorgungsbereich *m* || **~/ультрафиолетовая** Ultraviolettbereich *m*, UV-Bereich *m*, ultraviolettes Gebiet *n*, UV-Gebiet *n* || **~ уменьшения остаточного напряжения** *(Eln)* Übersteuerungsbereich *m* || **~ усиления** *(El)* Verstärkungsbereich *m* || **~ усилия** *(Wkst)* Beanspruchungsbereich *m* || **~ устойчивости** Stabilitätsbereich *m*, Stabilitätsgebiet *n* || **~ фазовой устойчивости** stabiler Phasenbereich *m*, phasenstabiler Bereich *m* || **~/фарадеева тёмная** *s.* пространство/фарадеево тёмное || **~/физическая** *(Inf)* physischer Bereich *m* || **~/фиксированная** *(Inf)* fester Bereich *m* || **~/фундаментальная** *(Math)* Fundamentalbereich *m* || **~ шума** Rauschgebiet *n* || **~/электронная** *s. n*-область || **~/эмиттерная** Emitterzone *f*, Emitterbereich *m (Halbleiter)*

c-область *f* kompensierte Zone *f*, *c*-Zone *f* *(Halbleiter)*

i-область *f (Eln)* I-Gebiet *n*, I-Bereich *m*, Eigenleitungsgebiet *n*, Intrinsic-Leitungsbereich *m* *(Halbleiter)*

n-область *f (Eln)* N-Gebiet *n*, N-Bereich *m*, N-leitende Zone *f*, Elektronengebiet *n (Halbleiter)*

p-область *f (Eln)* P-Gebiet *n*, P-Bereich *m*, P-leitende Zone *f*, Löchergebiet *n (Halbleiter)*

γ-область *f s.* область гамма-фазы

облачность *f* 1. *(Meteo)* Bewölkung *f*; 2. *(Pap)* Wolkigkeit *f*

облачный 1. *(Meteo)* bewölkt; 2. *(Pap)* wolkig

облегчение *n* Erleichterung *f*; Masseverminderung *f*

обледенение *n* Vereisung *f*, Eisansatz *m*

облесение *n (Forst)* Aufforstung *f*

облесить aufforsten

облёт *m* Umfliegen *n*; Vorbeifliegen *n*, Vorbeiflug *m*, Flyby *m*

облик *m (Krist)* Tracht *f*

облицовка *f* 1. Ummantelung *f*, Umkleidung *f*; Abdeckung *f*; Verkleidung *f (Außenflächen)*; 2. Auskleidung *f*; Auskleiden *n*, Ausfüttern *(Innenflächen)*; *(Met)* Zustellen *n (Ofen)*; 3. *(Gieß)* Anlegen *n (Modellsand an das Modell)*; 4. *(Gieß)* Anlegesand *n*, Modellsand *n*; 5. Plattierungsschicht *f (plattierter Bleche)* || **~ вала/сплошная** *(Schiff)* durchgehender Wellenbezug *m* || **~/внутренняя** Innenverkleidung *f*, Innenauskleidung *f* || **~/водонепроницаемая** wasserdichte Ummantelung *f* || **~/защитная** 1. Schutzauskleidung *f*; 2. Schutzummantelung *f* || **~ котла** Kesselverkleidung *f* || **~/набивная** *(Met)* Stampfauskleidung *f*, Zustellung *f* mit Stampfmasse *f*, Stampffutter *n (Ofen, Pfanne)* || **~/наружная** Außenverkleidung *f* || **~/огнеупорная** Feuerfestauskleidung *f* || **~/резиновая** Gummiverkleidung *f*, Gummiüberzug *m (einer Walze)* || **~ стены** Wandverkleidung *f*, Wandtäfelung *f*, Täfelung *f* || **~/теплоизоляционная** Wärmeschutzverkleidung *f*, Wärmedämmummantelung *f*

облицовывание *n* 1. Verkleiden *n (von Außenflächen)*; 2. Auskleiden *n*, Ausfüttern *n (von Innenflächen)*

облицовывать 1. verkleiden *(Außenflächen)*; 2. auskleiden, ausfüttern *(Innenflächen)*
облов *m* Fischen *n*, Befischen *n*
обложка *f (Typ)* Buchumschlag *m*, Schutzumschlag *m*
обложной *(Meteo)* anhaltend *(Niederschläge)*
облой *m* 1. *(Met, Gieß, Schm)* Grat *m*, Abgrat *m*, Bart *m*; Walzgrat *m*; Schmiedegrat *m*; Gußgrat *m*; Preßgrat *m*; 2. *(Met)* Butzen *m*; 3. *(Eln)* Grat *m*, Flash *m (Kunststoffgrat an Trägerstreifen)*
облом *m (Forst)* Bruch *m*
обломки *mpl* Bruchstücke *npl*, Schutt *m*, Trümmer *pl* || **~/строительные** Bauschutt *m*
облопатывать beschaufeln *(Turbinen)*
облопачивание *n* 1. Beschaufeln *n (Einbau der Schaufeln in Turbinen)*; 2. Beschaufelung *f (Schaufelsystem)* || **~/радиальное** Radialbeschaufelung *f* || **~/реактивное** Überdruckbeschaufelung *f* || **~/сверхзвуковое** *(Flg)* Überschallbeschaufelung *f (Turbinen)*
облопачивать beschaufeln *(Turbinen)*
облуживание *n* Verzinnen *n*
облучаемость *f (Kern)* Bestrahlungsstärke *f*
облучатель *m* Strahler *m*, Strahlerquelle *f*, Strahlungsquelle *f (eine Bestrahlungsanlage)*; *(Med)* Bestrahlungsgerät *n*, Strahler *m* || **~/вибраторный** *(El)* Dipolerregerstrahler *m* || **~/конвергентный** *(Med)* Konvergenzstrahler *m* || **~/линейный** Linearstrahler *m* || **~/светолечебный** *(Med)* Strahler *m* für Heliotherapie || **~/точечный** Punktstrahler *m*
облучать bestrahlen || **~/предварительно** vorbestrahlen
облучение *n* Bestrahlung *f*, Exponierung *f*, Strahlenexponierung *f*; Einstrahlung *f* || **~ гамма-излучением** *(Kern)* Gamma-Bestrahlung *f* || **~/инфракрасное** Infrarotbestrahlung *f*, IR-Bestrahlung *f* || **~ инфракрасными лучами** Infrarotbestrahlung *f*, IR-Bestrahlung *f* || **~/кратковременное полное** *(Kern)* kurzzeitige Ganzkörperbestrahlung *f* || **~/лазерное** Laserbestrahlung *f* || **~ лазером** Laserbestrahlung *f* || **~ летальное** *(Kern)* letale Bestrahlung *f (Bestrahlung mit tödlicher Wirkung)* || **~/локальное** *(Kern)* lokale (örtliche) Bestrahlung *f* || **~/малоинтенсивное** *(Kern)* Schwachbestrahlung *f* || **~ нейтронами** *(Kern)* Neutronenbestrahlung *f*; Neutronenbeschuß *m* || **~ рентгеновскими лучами** *(Kern)* Röntgenbestrahlung *f* || **~/рентгеновское** *(Kern)* Röntgenbestrahlung *f* || **~/слабое** *(Kern)* Schwachbestrahlung *f* || **~/сублетальное** *(Kern)* subletale Bestrahlung *f* || **~/ультразвуковое** Ultraschallbestrahlung *f*, Ultrabeschallung *f* || **~/ультрафиолетовое** Ultraviolettbestrahlung *f*, UV-Bestrahlung *f* || **~ ультрафиолетовыми лучами** Ultraviolettbestrahlung *f*, UV-Bestrahlung *f* || **~/хроническое** *(Kern)* chronische Strahlenbelastung (Bestrahlung) *f (dauernde Strahleneinwirkung auf den Organismus)*
облучённость *f (Kern)* Bestrahlungsstärke *f*
облучить *s.* облучать
обмазка *f* 1. Bestreichen *n*; 2. Anstrich *m*; 3. *(Bw)* Bewurf *m*, Anwurf *m*; Rauhputz *m*; Putzgrund *m*; 4. Umhüllen *n*, Ummanteln *n (Elektroden)*; 5. Ummantelung *f*, Mantel *m (Elektroden)*; 6. Auskleidung *f*, Verkleidung *f* || **~/битумная** Bitumenanstrich *m* || **~ изложницы** *(Met)* Kokillenauskleidung *f* || **~ ковша** *(Met)* Pfannenauskleidung *f*, Pfannenfutter *n* || **~/огнеупорная** Feuerfestanstrich *m* || **~ смолой** Teeren *n*
обмазывать 1. anstreichen, bestreichen; 2. einschmieren
обман *m*/**оптический** optische Täuschung *f*
обманка *f (Min)* Blende *f* || **~/жёлтая мышьяковая** *s.* аурипигмент || **~/кадмиевая** *s.* гринокит || **~/лучистая цинковая** *s.* вюртцит|| **~/марганцовая** *s.* алабандин|| **~/мышьяковая серебряная** *s.* прустит || **~/обожжённая** Röstblende *f* || **~/роговая** Hornblende *f* || **~/серебряная** *s.* прустит; пираргирит; сильванит || **~/скорлуповатая цинковая** *s.* сфалерит || **~/смоляная** Pechblende *f*, Uranpecherz *n*, Uraninit *m* || **~/сурьмяная** *s.* кермезит || **~/урановая смоляная** *s.* уранинит || **~/флотационная** Flotationsblende *f* || **~/цинковая** *s.* сфалерит
обматывание *n s.* обмотка 1., 2., 3.
обматывать 1. umwickeln, bewickeln; umhüllen *(Elektroden)*; umspinnen *(Kabel)*; 2. *(Bw)* umschnüren *(Betonfertigteile)*
обмен *m* 1. Tausch *m*, Austausch *m*; Wechsel *m*; 2. *(Inf)* Austausch *m (von Informationen)*; 3. Umsatz *m*; 4. *(Nrt)* Verkehr *m* || **~/абонентский** *(Nrt)* Teilnehmerverkehr *m* || **~/анионный** *(Ch)* Anionenaustausch *m* || **~/белковый** Eiweißstoffwechsel *m* || **~ веществ** Stoffwechsel *m* || **~/водородный** Wasserstoffaustausch *m* || **~ воздуха** Luftwechsel *m*; Lufterneuerung *f* || **~/входящий** *(Nrt)* ankommend[gerichtet]er Verkehr *m* || **~ данными** *(Inf)* Datenaustausch *m* || **~/дейтериевый** *(Ch)* Deuteriumaustausch *m* || **~ зарядами** *(Ph)* Ladungsaustausch *m* || **~/изотопный** *(Kern)* Isotopenaustausch *m* || **~ информацией** Informationsaustausch *m* || **~/ионный** *(Ch)* Ionenaustausch *m* || **~/исходящий** *(Nrt)* abgehender Verkehr *m* || **~/катионный** *(Ch)* Kationonaustausch *m* || **~ количеством движения** *(Ph)* Impulsaustausch *m* || **~/междугородный** *(Nrt)* Fernverkehr *m* || **~ местами** Platzwechsel *m* || **~/местный** *(Nrt)* Ortsverkehr *m* || **~ мощностью** Leistungsaustausch *m* || **~/оконечный** *(Nrt)* Endverkehr *m* || **~ опытом** Erfahrungsaustausch *m* || **~/радиолюбительский** Amateur[funk]verkehr *m* || **~/радиотелеграфный** Funktelegraphieverkehr *m* || **~/радиотелефонный** Funkfernsprechverkehr *m*, Funktelephonieverkehr *m* || **~ состояниями** *(Ph)* Zustandsaustausch *m* || **~ спина** *(Kern)* Spinaustausch *m* || **~/телеграфный** Telegraphieverkehr *m* || **~/телефонный** Fernsprechverkehr *m* || **~/тепловой** Wärmeübertragung *f* || **~/транзитный** *(Nrt)* Durchgangsverkehr *m* || **~/углеводный** Kohlenhydratstoffwechsel *m* || **~ фононами** *(Kern)* Phononenaustausch *m* || **~/электронный** *(Kern)* Elektronenaustausch *m* || **~/энергетический** 1. Energieaustausch *m*; Energiewechsel *m*; 2. Energieumsatz *m*
обменивать [aus]tauschen, wechseln
обменить *s.* обменивать
обменник *m* Austauscher *m*
обменять *s.* обменивать
обмер *m* Ausmessen *n*, Vermessen *n*, Vermessung *f*, Messen *n*, Messung *f* || **~ судна** Schiffsvermessung *f*

обмерить *s.* обмерять
обмерный Vermessungs… *(Schiffe)*
обмерять 1. vermessen; 2. abtasten
обметать *s.* обмётывать
обмётка *f (Text)* Umstechen *n*, Umnähen *n*
обмётывание *n* **петель** *(Text)* Umstechen *n* von Knopflöchern; Nähen *n* von Knopflöchern
обмётывать *(Text)* umstechen
об/мин *s.* обороты в минуту
обмолачивание *n (Lw)* Ausdreschen *n*, Dreschen *n*, Drusch *m*
обмолачивать *(Lw)* dreschen, ausdreschen
обмолот *m (Lw)* 1. Ausdrusch *m*, Drusch *m*, Dreschen *n*; 2. Dreschgut *n* ‖ **~/повторный** Nachdrusch *m* ‖ **~/полный** Reindrusch *m*
обмолотить *s.* обмолачивать
обмотать *s.* обматывать
обмотка *f* 1. Umwickeln *n*, Wickeln *n*, Umspinnen *n (z. B. Kabel)*; 2. Umhüllung *f (z. B. von Elektroden)*; Umwicklung *f*; 3. *(Eln)* Wicklung *f (elektrischer Maschinen, Transformatoren)*; 4. Wicklung *f*, Windung *f (z. B. von Filmen)*; 5. *(Text)* Spulen *n*; 6. *(Bw)* Umschnüren *n (Betonfertigteile)* ‖ **~/балансная** Abgleichwicklung *f* ‖ **~/барабанная** Trommelwicklung *f* ‖ **~/безындукционная** induktionsfreie Wicklung *f* ‖ **~/бифилярная** Bifilarwicklung *f* ‖ **~/блокирующая** Blockierungswicklung *f* ‖ **~/бумажная** Papierumwicklung *f* ‖ **~ возбуждения** Erregerwicklung *f*, Feldwicklung *f* ‖ **~ возбуждения/сверхпроводниковая** supraleitende Erregerwicklung *f* ‖ **~/волновая** Wellenwicklung *f* ‖ **~/волновая стержневая** Wellenstabwicklung *f* ‖ **~/вспомогательная** Hilfswicklung *f* ‖ **~/встречная** Gegenwicklung *f* ‖ **~/всыпная** Träufelwicklung *f* ‖ **~/вторичная** Sekundärwicklung *f* ‖ **~/входная** Eingangswicklung *f* ‖ **~/высоковольтная** Hochspannungswicklung *f* ‖ **~ высокого напряжения** Hochspannungswicklung *f* ‖ **~/высокоомная** hochohmige Wicklung *f*, Hochohmwicklung *f* ‖ **~ высшего напряжения** Oberspannungswicklung *f* ‖ **~/выходная** Ausgangswicklung *f* ‖ **~/главная** Hauptwicklung *f* ‖ **~/двухпазная** Zweilochwicklung *f* ‖ **~/двухслойная** Zweischichtwicklung *f*, Zweilagenwicklung *f* ‖ **~/двухслойная волновая** Zweischicht[en]wellenwicklung *f* ‖ **~/двухстержневая** Zweistabwicklung *f* ‖ **~/двухфазная двухслойная** zweisträngige Zweischicht[en]wicklung *f* ‖ **~/двухходовая** zweigängige Wicklung *f* ‖ **~/демпферная** Dämpferwicklung *f* ‖ **~/демпфирующая** Dämpfungswicklung *f* ‖ **~/диаметральная** Durchmesserwicklung *f* ‖ **~/дисковая** Scheibenwicklung *f* ‖ **~/дифференциальная** Differentialwicklung *f* ‖ **~/дополнительная** Zusatzwicklung *f* ‖ **~/измерительная** Meßwicklung *f* ‖ **~/кабельная** Kabelwicklung *f* ‖ **~/катушечная** Spulenwicklung *f* ‖ **~/клеточная** Käfigwicklung *f* ‖ **~/коллекторная** Kommutatorwicklung *f*, Stromwenderwicklung *f* ‖ **~/кольцевая** Ringwicklung *f* ‖ **~/коммутационная** Wendefeldwicklung *f*, Wendepolwicklung *f* ‖ **~/компаундная** Kompoundwicklung *f*, Doppelschlußwicklung *f* ‖ **~/компенсационная (компенсирующая)** Kompensationswicklung *f*, Ausgleichswicklung *f* ‖ **~/концентрическая** konzentrische Wicklung *f* ‖ **~/короткозамкнутая** Kurzschlußwicklung *f* ‖ **~/ле[вохо-до]вая** linksgängige Wicklung *f* ‖ **~/лягушечья** Froschbeinwicklung *f* ‖ **~/многократнозамкнутая** mehrfach geschlossene Wicklung *f* ‖ **~/многополюсная** mehrpolige Wicklung *f* ‖ **~/многослойная** Mehrschicht[en]wicklung *f*, Mehrlagenwicklung *f* ‖ **~/многоходовая** mehrgängige Wicklung *f* ‖ **~/накальная** Heizwicklung *f* ‖ **~/незамкнутая** offene Wicklung *f* ‖ **~/неперекрещённая (неперекрещивающаяся)** ungekreuzte Wicklung *f* ‖ **~/низковольтная** Niederspannungswicklung *f* ‖ **~ низкого напряжения** Niederspannungswicklung *f (Transformator)* ‖ **~ низшего напряжения** Unterspannungswicklung *f (Transformator)* ‖ **~/однопазная** Einlochwicklung *f* ‖ **~/однослойная** Einschichtwicklung *f*, Einlagenwicklung *f* ‖ **~/одностержневая** Einstabwicklung *f* ‖ **~/однофазная** Einphasenwicklung *f* ‖ **~/одноходовая** eingängige (einfache) Wicklung *f* ‖ **~/основная** Hauptwicklung *f* ‖ **~/параллельная** Parallelwicklung *f* ‖ **~/параллельно-последовательная** Reihenparallelwicklung *f*, Serienparallelwicklung *f* ‖ **~/первичная** Primärwicklung *f* ‖ **~/перекрёстная (перекрещённая)** gekreuzte Wicklung *f* ‖ **~/петлевая** Schleifenwicklung *f* ‖ **~/печатная** gedruckte Wicklung *f* ‖ **~/полношаговая** Durchmesserwicklung *f* ‖ **~/поляризующая** Polarisationswicklung *f (eines Relais)* ‖ **~/последовательная** Reihenwicklung *f*, Serienwicklung *f* ‖ **~/последовательно-параллельная** Reihenparallelwicklung *f*, Serienparallelwicklung *f* ‖ **~ постоянного тока** Gleichstromwicklung *f* ‖ **~/прав[оходов]ая** rechtsgängige Wicklung *f* ‖ **~/проволочная** Drahtwicklung *f* ‖ **~/простая** eingängige (einfache) Wicklung *f* ‖ **~/противокомпаундная** Gegenverbundwicklung *f*, Gegenkompoundwicklung *f* ‖ **~/протяжная** Fädelwicklung *f*, Durchzugswicklung *f*, Durchziehwicklung *f* ‖ **~/пусковая** Anlaßwicklung *f*, Anlaufwicklung *f* ‖ **~/равнокатушечная (равносекционная)** Gleichweitwicklung *f* ‖ **~/разомкнутая** offene Wicklung *f* ‖ **~/разрез[ан]ная** aufgeschnittene Wicklung *f* ‖ **~/распределённая** verteilte Wicklung *f* ‖ **~ ребром** Hochkantwicklung *f* ‖ **~/регулировочная (регулирующая)** Stellwicklung *f*, Regelwicklung *f* ‖ **~ ротора** Läuferwicklung *f* ‖ **~/роторная** Läuferwicklung *f* ‖ **~ самовозбуждения** Selbsterregerwicklung *f* ‖ **~/сериесная** Serienwicklung *f*, Reihenwicklung *f* ‖ **~/сетевая** Netzwicklung *f* ‖ **~/сеточная** Gitterwicklung *f* ‖ **~/силовая** Leistungswicklung *f* ‖ **~/синусная** Sinuswicklung *f* ‖ **~/сложно-волновая** mehrgängige Wellenwicklung *f* ‖ **~/сосредоточенная** konzentrierte Wicklung *f* ‖ **~/спиральная** Spiralwicklung *f* ‖ **~/стабилиз[ир]ующая** Stabilisierungswicklung *f* ‖ **~/статорная** Ständerwicklung *f* ‖ **~/стержневая** Stabwicklung *f* ‖ **~/ступенчатая** Stufenwicklung *f*, Treppenwicklung *f* ‖ **~/токовая** stromführende Wicklung *f* ‖ **~/третичная** Tertiärwicklung *f (Transformator)* ‖ **~/трёхпазная** Dreilochwicklung *f* ‖ **~/трёхфазная** Dreiphasenwicklung *f*, Drehstromwicklung *f* ‖ **~/трёхходовая** dreigängige Wicklung *f* ‖ **~/удерживающая** Haltewicklung *f* ‖ **~/управляющая** Steuerwicklung *f* ‖ **~/уравнитель-**

ная Ausgleichswicklung *f* ‖ **~/усилительная** Verstärkerwicklung *f* ‖ **~/успокоительная** Dämpferwicklung *f* ‖ **~/фазная (фазовая)** Phasenwicklung *f* ‖ **~/хордовая** Sehnenwicklung *f*, gesehnte Wicklung *f* ‖ **~/цилиндрическая** Zylinderwicklung *f* ‖ **~/шаблонная** Schablonenwicklung *f* ‖ **~/шунтовая** Nebenschlußerregerwicklung *f*, Shuntwicklung *f* ‖ **~/эквивалентная** Ersatzwicklung *f* ‖ **~/якорная** Ankerwicklung *f*
обмоткодержатель *m (El)* Wicklungsträger *m*
обмоточный Wicklungs..., Wickel...
обмуровать *s.* обмуровывать
обмуровка *f (Bw)* Ummauerung *f*, Vermauerung *f*, Einmauerung *f (Kessel)*; *(Met)* Ausmauerung *f*, Zustellung *f (Öfen, Pfannen)* ‖ **~ кладкой** Ausmauerung *f* ‖ **~ котла** Kesseleinmauerung *f*, Kesselummantelung *f* ‖ **~/магнезиальная** Magnesitausmauerung *f* ‖ **~/набивная** Stampfausmauerung *f* ‖ **~/огнеупорная** Feuerfestausmauerung *f* ‖ **~/шамотная** Schamotteausmauerung *f*
обмуровывать vermauern, ummauern; ausmauern, verkleiden; ummanteln; *(Met)* zustellen *(Öfen)*
обмывать abwaschen, abspülen; abläutern
обмыть *s.* обмывать
обнажать 1. *(Bgb, Geol)* aufschließen, freilegen; 2. *(El)* blank machen *(einen Leiter)*
обнажение *n* 1. Freilegen *n*, Freilegung *f*, Bloßlegen *n*, Bloßlegung *f*; 2. *(Bgb, Geol)* Aufschluß *m*
обнажённый 1. freigelegt, bloßgelegt; 2. *(Bgb, Geol)* aufgeschlossen
обнажить *s.* обнажать
обнаружение *n* 1. Entdecken *n*, Entdeckung *f*, Auffinden *n*, Auffindung *f*; 2. *(Rad)* Ortung *f*; Erfassung *f*, Erfassen *n (Ziele)* ‖ **~/ближнее** *(Rad)* Nahortung *f* ‖ **~/визуальное** *(Rad)* Sichtortung *f* ‖ **~/дальнее** *(Rad)* Fernortung *f* ‖ **~ объекта** *(Rad)* Zielortung *f* ‖ **~ ошибок** Fehlersuche *f*, Fehlererkennung *f*, Fehlerermittlung *f*, Fehlerortung *f* ‖ **~/радиолокационное** Radarerfassung *f* ‖ **~ течи** Lecksuche *f* ‖ **~ цели** *(Rad)* Zielortung *f*
обнаружимость *f* Nachweisbarkeit *f*
обнаружитель *m* Detektor *m*, Nachweisgerät *n* ‖ **~ волн** Wellendetektor *m* ‖ **~ излучения** Strahlungsnachweisgerät *n*, Strahlennachweisgerät *n*, Strahlungsdetektor *m*, Detektor *m* ‖ **~ ошибки** Fehlerdetektor *m*, Fehlererkennungsgerät *n*
обновление *n* 1. Erneuerung *f*; 2. *(Met)* Auskleiden *n*, Zustellen *n*, Füttern *n (Ofen, Pfanne)*; 3. Fortschreibung *f*, Aktualisierung *f* ‖ **~ данных** *(Inf)* Datenfortschreibung *f*, Datenaktualisierung *f*, Ergänzung (Erneuerung) *f* der Daten ‖ **~ памяти** *(Inf)* Speichererneuerung *f*
обноска *f (Bw)* Schnurgerüst *n*
обнуление *n (Inf)* Nullen *n*, Nulleinstellung *f*
обобщение *n (Math)* Verallgemeinerung *f*, Erweiterung *f*
обогатимость *f* Aufbereitbarkeit *f*, Anreicherungsfähigkeit *f*
обогатитель *m* Anreicherungsmittel *n*
обогатительный Aufbereitungs..., Anreicherungs...
обогатить *s.* обогащать
обогащаемость *f* Anreicherungsfähigkeit *f*; Aufbereitbarkeit *f*
обогащать anreichern, aufbereiten, trennen *(Erz)*
обогащение *n* 1. *(Bgb)* Aufbereiten *n*, Aufbereitung *f*, Anreichern *n*, Anreicherung *f*; Konzentrieren *n*, Konzentration *(Erz)*; 2. Trennen *n*, Trennung *f*, Scheiden *n*, Scheidung *f (Taubes vom Haltigen)*; 3. Veredlung *f*, Vergütung *f* ‖ **~/гравитационное** Schwerkraftaufbereitung *f*; Dichtesortierung *f* ‖ **~/механическое** mechanische Aufbereitung *f* ‖ **~/мокрое** Naßaufbereitung *f* ‖ **~/мокрое гравитационное** nasse Schwerkraftaufbereitung *f* ‖ **~/мокромеханическое** Naßaufbereitung *f* ‖ **~ мокрым способом** Naßaufbereitung *f* ‖ **~ на столах** Herdaufbereitung *f* ‖ **~ отсадкой** Setzaufbereitung *f* ‖ **~ по удельному весу** Massenkraftaufbereitung *f*, Massenkraftanreicherung *f*, Schwerkraftaufbereitung *f* ‖ **~/предварительное** Voranreicherung *f* ‖ **~/противоточное** Gegenstromklassierung *f* ‖ **~/сухое** Trockenaufbereitung *f* ‖ **~/флотационное** Flotation *f*
обогрев *m* 1. Erwärmen *n*, Erwärmung *f*; Heizen *n*, Heizung *f*; Beheizen *n*; 2. Erwärmung *f*, Erhitzung *f (als Zustand)* ‖ **~/боковой** Seitenbeheizung *f*, Seitenfeuerung *f* ‖ **~/внешний** Außen[be]heizung *f* ‖ **~/газовый** Gas[be]heizung *f*, Gasfeuerung *f* ‖ **~ глухим паром** indirekte Dampfheizung *f* ‖ **~ жидким топливом** Öl[be]heizung *f*, Ölfeuerung *f* ‖ **~/инфракрасный** Infraroterwärmung *f*, IR-Erwärmung *f*; Infrarotheizung *f*, IR-Heizung *f* ‖ **~/масляный** Öl[be]heizung *f*, Ölfeuerung *f* ‖ **~/наружный** Außen[be]heizung *f* ‖ **~/огневой** direkte Feuerung *f* ‖ **~/открытый** *(Gum)* Freiheizung *f*, Freivulkanisation *f* ‖ **~/паровой** Dampfheizung *f* ‖ **~/печной** Ofen[be]heizung *f* ‖ **~ стрелки** *(Eb)* Weichenheizung *f* ‖ **~/циркуляционный** Umlaufheizung *f*, Zirkulationsheizung *f*
обогревание *n s.* обогрев 1.
обогреватель *m* Heizer *m*, Heizelement *n* ‖ **~/пластиночный** Plattenerhitzer *m*, Plattenheizer *m* ‖ **~/стрелочный** *(Eb)* Weichenheizung[sanlage] *f* ‖ **~/электрический инфракрасный** elektrischer Infrarotstrahler *m*, IR-Strahler *m*
обогревать anwärmen, beheizen
обогреть *s.* обогревать
обод *m* 1. Felge *f (Fahrzeugräder)*; 2. Kranz *m (Zahnräder)*; 3. Abschlußring *m* ‖ **~/глубокий** *(Kfz)* Tiefbettfelge *f* ‖ **~/двухребордный** *(Eb)* Doppelspurkranz *m* ‖ **~/зубчатый** Zahnkranz *m (Zahnrad)* ‖ **~/канатный** Seilrillenkranz *m* ‖ **~ колеса** 1. Radfelge *f*, Felgenkranz *m (Fahrzeugräder)*; 2. Radkranz *m (Zahnräder)* ‖ **~/колёсный** Felge *f (Fahrzeugräder)* ‖ **~/кособортный** *(Kfz)* Schrägschulterfelge *f* ‖ **~ маховика** Schwungradkranz *m* ‖ **~/плоский** *(Kfz)* Flachbettfelge *f* ‖ **~/полуплоский** *(Kfz)* Halbflachfelge *f* ‖ **~/прямобортный** *(Kfz)* Geradeseitfelge *f* ‖ **~ рабочего колеса** Schaufelkranz *m (Turbine; Laufrad)* ‖ **~/разбортный [плоский]** *(Kfz)* Flachbettfelge *f* mit abnehmbarem Seitenring ‖ **~/составной** *(Kfz)* geteilte Felge *f* ‖ **~/съёмный [плоский]** *(Kfz)* abnehmbare Flachbettfelge *f (Speichenräder)* ‖ **~/тормозной** Bremsscheibenkranz *m* ‖ **~ цевочного колеса** *(Masch)* Triebkranz *m (Kronrad)* ‖ **~/червячный** *(Masch)* Schneckenradkranz *m* ‖ **~ шкива**

(Masch) Riemenbahn *f*, Scheibenkranz *m* *(Riemenscheibe)*
ободрать *s.* обдирать
обожжённый gebrannt ‖ **~/намертво** totgebrannt ‖ **~/предварительно** vorgebrannt
обозначать bezeichnen, markieren, kennzeichnen
обозначение *n* 1. Bezeichnen *n*, Bezeichnung *f*, Kennzeichnen *n*, Kennzeichnung *f*; 2. Zeichen *n*, Bezeichnung *f*, Kurzzeichen *n*, Symbol *n* ‖ **~/буквенное** Buchstabenbezeichnung *f* ‖ **~/глобальное символическое** *(Inf)* globales Symbol *n* ‖ **~ допуска** *(Fert)* Toleranzkennzeichnung *f* ‖ **~ единицы** *(Meß)* 1. Einheitenzeichen *f*; 2. Bezeichnung *f* der Einheit ‖ **~ зажимов** *(El)* Klemmenbezeichnung *f* ‖ **~/кодированное** kodierte Bezeichnung *f* ‖ **~/краткое** Kurzzeichen *n*, Kurzbezeichnung *f* ‖ **~/матричное** Matrixbezeichnung *f* ‖ **~/основное** Grundzeichen *n* ‖ **~/символическое** Symbol *n* ‖ **~/сокращённое** Kurzzeichen *n*, Kurzbezeichnung *f* ‖ **~/стандартное** Standardbezeichnung *f* ‖ **~/схемное** Schaltzeichen *n* ‖ **~/торговое** Handelsbezeichnung *f* ‖ **~/условное** Zeichen *n*; Kurzzeichen *n*, Kurzbezeichnung *f*
обозначить *s.* обозначать
обозрение *n* *(Astr)* Durchmusterung *f* *(Sternkatalog)*
обои *pl* Tapete *f* ‖ **~/звукопоглощающие** schallschluckende Tapete *f* ‖ **~/моющиеся** abwaschbare Tapete *f* ‖ **~/нагревательные** Heiztapete *f* ‖ **~/печатные** bedruckte Tapete *f* ‖ **~/светостойкие** lichtbeständige Tapete *f* ‖ **~/текстильные** Textiltapete *f*, textile Tapete *f* ‖ **~/тиснёные** gaufrierte Tapete *f* ‖ **~/фоновые** einfarbige Tapete *f*, Unitapete *f*
обойма *f* 1. Rahmen *m*, Fassung *f*, Gehäuse *n*; 2. Bügel *m*, Spange *f*, Wange *f*, Schelle *f*; Streifen *m*; 3. Hülse *f*; Ring *m*; 4. *(Masch)* Laufring *m* *(eines Wälzlagers)*; Leitring *m* *(einer Radialkolbenpumpe)*; 5. *(Wlz)* Rahmen *m*, Wechselrahmen *m* *(beim Walzenumbau)* ‖ **~/верхняя** Oberflasche *f* *(Rollenzug)* ‖ **~/внешняя** *(Hydr)* Schwenkrahmen *m* *(Radialkolbenpumpe oder -motor)* ‖ **~ крюка** Hakenflasche *f*, Unterflasche *f* *(Rollenzug)* ‖ **~/многоблочная** mehrfache Rollenflasche *f* ‖ **~/нажимная** Druckschelle *f* ‖ **~/подвижная** lose Rollenflasche *f*, Unterflasche *f* *(Rollenzug)* ‖ **~/полиспастовая** Rollenflasche *f* *(Flaschenzug)* ‖ **~/рессорная** *(Eb)* Federbund *m*
обойти *s.* обходить
оболочка *f* 1. Hülle, Haut *f*, Umhüllung *f*, Überzug *m*; Umwicklung *f*; 2. Mantel *m*, Hemd *n*; 3. Schale *f*, Kapsel *f*; 4. *(Bw)* Schale *f*, Schalenkonstruktion *f*; 5. *(Ph)* Schale *f*, Hülle *f* *(des Atoms)*; 6. *(Geol)* Hülle *f*, Erdmantel *m* ‖ **~/алюминиевая** Aluminiummantel *m* ‖ **~/армированная** *(Bw)* bewehrte Schale *f* ‖ **~ атома/электронная** *(Kern)* Elektronenschale *f* [des Atomkerns], Atomhülle *f* ‖ **~/атомная** *s.* ~ атома/электронная ‖ **~/базальтовая** *(Geol)* Basaltschale *f*, Gabbroschale *f* *(Aufbau der Erdkruste)* ‖ **~/бетонная** *(Bw)* Betonschale *f* ‖ **~/валентная** *s.* ~ валентных электронов ‖ **~ валентных электронов** *(Ph)* Valenzschale *f*, Außenschale *f*, äußere Schale (Elektronenschale) *f* ‖ **~/внешняя [электронная]** *s.* ~ валентных электронов ‖ **~/вогнутая** *(Bw)* konkave Schale *f* ‖ **~/воздушная** Luftmantel *m*, Lufthülle *f* ‖ **~/восьмиэлектронная** *s.* L-оболочка ‖ **~ вращения** Rotationsschale *f* ‖ **~/выпуклая** *(Bw)* konvexe Schale *f* ‖ **~/газовая** Gashülle *f*, Gasmantel *m* ‖ **~/гиперболическая** *(Bw)* Hyperbolschale *f*, HP-Schale *f* ‖ **~/гранитовая** *(Geol)* Granitschale *f*, Gneisschale *f* *(Aufbau der Erdkruste)* ‖ **~/двойная** *(Schiff)* Doppelhülle *f* ‖ **~ двоякой кривизны** *(Bw)* doppelt gekrümmte Schale *f* ‖ **~/железобетонная** *(Bw)* 1. Stahlbetonschale *f*; 2. Stahlbetonmantel *m* ‖ **~/защитная** Schutzmantel *m*, Schutzhülle *f*, Schutzumhüllung *f* ‖ **~ Земли** *(Geol)* Erdmantel *m* ‖ **~ Земли/промежуточная** *(Geol)* Siderosphäre *f* *(äußerer Erdkern mit vorherrschend siderophylen Elementen)* ‖ **~/кабельная** Kabelhülle *f*, Kabelmantel *m* ‖ **~/керамическая** *(Gieß)* Keramikform *f*, Keramikschale *f* *(Feingießverfahren)* ‖ **~/коническая** *(Bw)* Kegelschale *f* ‖ **~/коноидальная** *(Bw)* Konoidschale *f* ‖ **~/купольная** *(Bw)* Kuppelschale *f*, Kugelschale *f* ‖ **~/металлическая** 1. Metallmantel *m*, Metallhülle *f*; 2. Metallkolben *m* ‖ **~/многопролётная** *(Bw)* mehrfeldrige Schale *f* ‖ **~/однопролётная** *(Bw)* einfeldrige Schale *f* ‖ **~/осадочная** *(Geol)* Sedimenthülle *f* *(Aufbau der Erdkruste)* ‖ **~ переноса** *(Bw)* Translationsschale *f* ‖ **~/пневматическая** *(Bw)* Tragluftschale *f* ‖ **~/пологая** *(Bw)* flach gekrümmte Schale *f* ‖ **~/полусферическая** *(Bw)* Halbkugelschale *f* ‖ **~ реактора** *(Kern)* Reaktormantel *m* ‖ **~/ребристая** *(Bw)* Rippenschale *f* ‖ **~/салическая** *s.* ~/сиалическая ‖ **~/свинцовая** Bleihülle *f*, Bleimantel *m* *(außen)*; Bleiauskleidung *f* *(innen)* ‖ **~/сиалическая** *(Geol)* Sial *n*, Sal *n*, Erdkruste *f* ‖ **~/силикатная** *(Geol)* Eklogitschale *f*, Eklogitzone *f*, Griquaitschale *f* *(ein zwischen Silikathülle und Sulfid-Oxid-Schale der Erde liegender Bereich)* ‖ **~/симатическая** *(Geol)* Sima *n* ‖ **~/складчатая** *(Bw)* Faltwerk *n* ‖ **~/сульфидная (сульфидно-окисная)** *(Geol)* Chalkosphäre *f*, Sulfid-Oxid-Schale *f* *(Teil des unteren Erdmantels)* ‖ **~/сферическая** *(Bw)* Kugelschale *f* ‖ **~/твёрдая** feste Hülle *f* ‖ **~ тепловыделяющего элемента** *(Kern)* Brennstoffhülle *f* *(Reaktor)* ‖ **~/теплозащитная** Wärmeschutzhülle *f* ‖ **~/цилиндрическая** *(Bw)* Zylinderschale *f* ‖ **~/экранирующая** Abschirmung *f* ‖ **~/электронная** *(Ph)* Elektronenschale *f*, Elektronenhülle *f* *(des Atoms)* ‖ **~/эллиптическая** *(Bw)* elliptische Schale *f* ‖ **~/ядерная** *(Kern)* Kernschale *f* ‖ **~ ядра/заполненная** *(Kern)* abgeschlossene (aufgefüllte) Schale *f* ‖ **~ ядра/незаполненная** *(Kern)* nichtaufgefüllte (offene) Schale *f*
L-оболочка *f* *(Ph)* L-Schale *f*, Achterschale *f*, Oktett *n*
оборачиваемость *f* Umlaufdauer *f*, Umschlagsgeschwindigkeit *f* ‖ **~ вагона** *(Eb)* Wagenumlaufzeit *f* ‖ **~ варницы** *(Brau)* Sudfolge *f* *(Anzahl der Sude)*
оборачивание *n* *(Opt)* Bildumkehrung *f*, Bildumkehr *f* *(Umkehrsystem)*
оборачивать [пласт] *(Lw)* wenden *(Boden, Schwaden)*

оборот *m* 1. *(Masch)* Umdrehung *f*, Umlauf *m*; 2. Umsatz *m*, Umschlag *m (Waren)*; Umlauf *m (Geld)*; 3. Umkehrung *f*, Wendung *f (Bewegung)*; 4. Rückseite *f*; 5. *(Eb)* Umlauf *m (Fahrzeuge; Container)* ‖ **~ вагонов** *(Eb)* Wagenumlauf *m* ‖ **~ воды** Wasserumlauf *m*, Wasserzirkulation *f* ‖ **~/неполный** Teildrehung *f* ‖ **~ пласта** *(Lw)* Wenden *n*, Wendung *f (der Bodenschicht)* ‖ **~ поддонов** Palettenumlauf *m* ‖ **~ поездов** *(Eb)* Zugumlauf *m* ‖ **~/полный** 1. Gesamtdrehung *f*; 2. *(Inf)* zyklische Adreßfolge *f* ‖ **~ помола/внутренний** innerer Mahlgutumlauf *m (in der Mühle)* ‖ **~ ролла** *(Pap)* Holländerturnus *m*

обороты *mpl* **в минуту** Umdrehungen *fpl* pro Minute ‖ **~ в секунду** Umdrehungen *fpl* pro Sekunde

оборудование *n* 1. Ausrüstung *f*, [technische] Einrichtung *f*; Apparatur *f*; Geräte *npl*, Gerätetechnik *f*; 2. Ausrüsten *n*, Einrichtung *f*, Ausstattung *f*, Ausbau *m* ‖ **~/буровое** Bohrausrüstung *f* ‖ **~/вагонное** *(Eb)* Wagenausstattung *f*, Wagenausrüstung *f* ‖ **~/вентиляционное** Belüftungseinrichtung *f*, Lüfteranlage *f* ‖ **~/внешнее** *s.* ~/периферийное ‖ **~/вспомогательное** Hilfseinrichtung *f* ‖ **~/встроенное** *(Bw)* Einbauten *mpl* ‖ **~/высоковольтное** *(El)* Hochspannungsausrüstung *f* ‖ **~/высотное** Höhenflugausrüstung *f* ‖ **~/вычислительное** Rechentechnik *f* ‖ **~/вязальное** *(Text)* Strickereiausrüstung *f* ‖ **~/гидравлическое** Hydraulikausrüstung *f* ‖ **~/горнодобывающее** *(Bgb)* Gewinnungsgeräte *npl* ‖ **~/горное** Bergbauausrüstung *f*, Grubenausrüstung *f* ‖ **~/горнопроходческое** *s.* ~/проходческое ‖ **~/горноспасательное** *(Bgb)* Grubenrettungsausrüstung *f* ‖ **~ для герметизации** *(Eln)* Verschließpresse *f*, Spritzpreßmaschine *f*, Verkappungsmaschine *f (für Schaltkreise, Transistoren)* ‖ **~ для озеленения** *(Bw)* Maschinen (Anlagen) *fpl* für den Grünanlagenbau ‖ **~/дождевальное** *(Hydt)* Regnergerät *n* ‖ **~/дренчерное** Regenanlage *f (selbsttätige oder handbetätigte Feuerlöscheinrichtung)* ‖ **~/забойное** *(Bgb)* Abbauausrüstung *f* ‖ **~/заводское** Betriebseinrichtung *f*; Fertigungs- und Betriebsmittel *npl* ‖ **~/закладочное** *(Bgb)* Versatzanlage *f* ‖ **~ зданий/инженерное** technische Gebäudeausrüstung *f* ‖ **~/измерительное** meßtechnische Ausrüstung *f*, Meßausrüstung *f* ‖ **~/испытательное** Prüftechnik *f*, Prüfgeräte *npl*, Prüfanlagen *fpl* ‖ **~/карьерное** Tagebauausrüstung *f*; Tagebaugeräte *npl* ‖ **~/ковочное (ковочно-штамповочное)** Schmiedeausrüstungen *fpl*, Schmiedemaschinen *fpl (Freiform- und Gesenkschmiedeausrüstungen)* ‖ **~/коммутаторное (коммутационное)** *(Nrt)* Vermittlungseinrichtungen *fpl* ‖ **~/контрольно-измерительное** Kontroll- und Meßausrüstungen *fpl* ‖ **~/кузнечное** Schmiedeausrüstung *f*, Schmiedemaschinen *fpl* ‖ **~/кузнечно-прессовое** Schmiedepressen *fpl*, Schmiede-Preß-Ausrüstung *f* ‖ **~/кузнечно-штамповочное** Gesenkschmiedemaschinen *fpl*, Gesenkschmiedeausrüstung *f (Hämmer und Pressen)* ‖ **~/линейное** *(El)* Leitungsausrüstung *f* ‖ **~/литейное** Gießereimaschinen *fpl*; Gießereiausrüstung *f* ‖ **~/машинное** Maschinenpark *m* ‖ **~/металлообрабатывающее** Metallbearbeitungsmaschinenanlagen *fpl*, Werkzeugmaschinenanlagen *fpl* zur Metallbearbeitung ‖ **~/металлургическое** metallurgische Ausrüstung *f*, Hüttenmaschinen *fpl*, Hüttenausrüstung *f* ‖ **~/монтажное** Montageausrüstung *f* ‖ **~/навесное** Anbaugerät *n*, Anhängegerät *n* ‖ **~/навигационное** Navigationsausrüstung *f* ‖ **~/наземное** *(Bgb)* Tagesanlage *f* ‖ **~ ночного освещения** *(Flg)* Nachtbefeuerungsanlage *f* ‖ **~/обогатительное** *(Met, Bgb)* Aufbereitungsanlage *f* ‖ **~/обслуживающее** Wartungsausrüstung *f*, Wartungseinrichtung *f*; Bedienungseinrichtung *f*; Versorgungsausrüstung *f* ‖ **~/оконечное** *(Nrt)* Endeinrichtungen *fpl* ‖ **~/основное** Grundausstattung *f* ‖ **~/отделочное** *(Text)* Veredlungsanlage *f* ‖ **~/перегрузочное** Umschlageinrichtungen *fpl* ‖ **~/периферийное** Peripherieausrüstungen *fpl*, Peripherieeinrichtungen *fpl*, periphere Ausrüstung *f* (Geräte *npl*, Einrichtungen *fpl*) ‖ **~/печное** Ofenausrüstung *f* ‖ **~/пилотажно-навигационное** Flugüberwachungsausrüstung *f* ‖ **~/пневматическое** Pneumatikausrüstung *f* ‖ **~/подъёмно-транспортное** Hebezeuge *npl* und Fördereinrichtungen *fpl*, Hub- und Transporteinrichtungen *fpl*, Fördertechnik *f* ‖ **~ помещений/модульное** *(Schiff)* Einrichtung *f* der Räume nach einem Rastersystem ‖ **~/проверочно-пусковое** *(Rak)* Prüf- und Startausrüstung *f* ‖ **~/производственное** Produktionseinrichtungen *fpl*, Produktionsanlagen *fpl*; Fertigungskomplex *m* ‖ **~/прокатное** Walzwerkausrüstung *f*; Walzwerksmaschinen *fpl* ‖ **~/промысловое** *(Schiff)* Fangausrüstung *f* ‖ **~/проходческое** *(Bgb)* Vortriebsausrüstung *f*, Abteufausrüstung *f* ‖ **~/прядильное** *(Text)* Spinnereiausrüstung *f* ‖ **~/рабочее** Arbeitsausrüstung *f*, Arbeitsgerät *n* ‖ **~/разрыхлительно-очистительное** *(Text)* Putzereiausrüstung *f* ‖ **~/сборочное** Montageausrüstung *f (für Schaltkreise)* ‖ **~/светосигнальное** Lichtsignalanlage *f* ‖ **~/смазочное** Schmiereinrichtungen *fpl* ‖ **~/сменное** auswechselbare Ausrüstung *f*, Wechselgerät *n* ‖ **~/спасательное** Rettungsausrüstung *f*, Rettungsanlagen *fpl* ‖ **~/спринклерное** Sprinkleranlage *f (selbsttätige Feuerschutzeinrichtung)* ‖ **~/стационное** *(Nrt)* Amtseinrichtung *f*, ortsfeste Einrichtung *f* ‖ **~/стартовое** *(Rak)* Startausrüstung *f* ‖ **~ стройплощадки** *(Bw)* Baustelleneinrichtung *f* ‖ **~/студийное** *(TV, Rf)* Studioeinrichtung *f* ‖ **~/технологическое** *(Fert)* Fertigungsausrüstung *f* ‖ **~/ткацкое** *(Text)* Webereiausrüstung *f* ‖ **~/трикотажное** *(Text)* Wirkereiausrüstung *f* ‖ **~/упаковочное** Verpackungsausrüstung *f*, Packmaschine *f* ‖ **~/усилительное** *(El)* Verstärkereinrichtung *f* ‖ **~/цеховое** Betriebseinrichtung *f* ‖ **~/шахтное** *(Bgb)* Grubenausrüstung *f* ‖ **~/электрическое** Elektroausrüstung *f*, elektrische Ausrüstung *f*

оборудовать ausrüsten *(mit Geräten)*; ausstatten; installieren *(Geräte)*; einrichten *(Räume)*

обостритель *m* Anschärfmittel *n*

обочина *f* 1. *(Bw)* Schrammbord *n (Brücke)*; Randbankett *n*; 2. *(Eb)* Planumskante *f (Oberbau)*

обрабатываемость *f* Bearbeitbarkeit *f*, Verarbeitbarkeit *f* ‖ **~ резанием** *(Fert)* Spanbarkeit *f*,

Schneidbarkeit *f* ‖ **~/черновая** *(Fert)* Schruppbarkeit *f* ‖ **~/чистовая** *(Fert)* Schlichtbarkeit *f*

обрабатывать 1. bearbeiten, verarbeiten; 2. *(Ch)* behandeln; 3. *(Lw)* bebauen, bestellen *(Felder)*; 4. *(Inf)* verarbeiten *(Daten)*; 5. auswerten *(Meßergebnisse)* ‖ **~ кислотой** mit Säure behandeln; säuern ‖ **~ начерно** *(Fert)* schruppen ‖ **~ начисто** *(Fert)* schlichten ‖ **~ окончательно** fertigbearbeiten, endbearbeiten ‖ **~/параллельно** *(Fert)* parallelbearbeiten ‖ **~ паром** dämpfen ‖ **~ полностью** vollständig bearbeiten, komplettbearbeiten ‖ **~/последовательно** nacheinanderbearbeiten, hintereinanderbearbeiten ‖ **~/предварительно** vorbearbeiten ‖ **~ рашпилем** raspeln ‖ **~ резанием** *(Fert)* spanend (spanabhebend) bearbeiten

обрабатывающий информацию informationsverarbeitend

обработка *f* 1. Bearbeitung *f*; Gestaltung *f*; 2. Aufbereitung *f*, Behandlung *f*; 3. *(Fert)* Umformung *f*, Formung *f*, Formgebung *f*, Bearbeitung *f*; Behandlung *f*; Verarbeitung *f*; 4. Auswertung *f* *(Versuchsergebnisse)*; 5. *(Inf)* Verarbeitung *f* *(von Daten)*; 6. *(Lw)* Bestellen *n*, Bestellung *f* *(Felder)* ‖ **~/абразивная** *(Fert)* Abrasivbearbeitung *f*, abrasive Bearbeitung *f* ‖ **~/абразивноструйная** *s.* ~/гидроабразивная ‖ **~/автоклавная** *(Bw)* Autoklavbehandlung *f* *(Beton)* ‖ **~/алмазная** *(Fert)* Feinstbearbeitung *f* ‖ **~/аналитическая** rechnerische Auswertung *f* *(von Versuchsergebnissen)* ‖ **~/анодно-механическая** *(Fert)* anodenmechanische Bearbeitung *f*, Form-Elysieren *n* ‖ **~/анодно-химическая** *(Fert)* elektrochemisches Abtragen *n* ‖ **~/антикоррозионная** Rostschutzbehandlung *f* ‖ **~/антистатическая** *(Text)* Antistatikausrüstung *f* ‖ **~ аэрофотоснимков** Luftbildauswertung *f* ‖ **~ бентонитом** *(Lebm)* Bentonitschönung *f* ‖ **~/бесстружковая** *(Fert)* spanlose Bearbeitung *f* ‖ **~/бесцентровая** *(Fert)* spitzenlose Bearbeitung *f* ‖ **~ буквенно-цифровых данных** alphanumerische Datenverarbeitung *f* ‖ **~ в барабане** *(Led)* Walken *n* [im Faß] ‖ **~ в горячем состоянии** *s.* ~ давлением/горячая ‖ **~ в незатемнённом помещении** *(Photo)* Hellraumverarbeitung *f* ‖ **~ в пакетном режиме** *(Inf)* Stapelverarbeitung *f* ‖ **~ в реальном масштабе времени** *(Inf)* Echtzeitverarbeitung *f* ‖ **~/вакуумня** Vakuumbehandlung *f* ‖ **~/весенняя** *(Lw)* Frühjahrsbestellung *f* ‖ **~/влажно-тепловая** *(Text)* Naßveredlung *f* ‖ **~ влажным паром** *(Bw)* Naßdampfbehandlung *f* *(Beton)* ‖ **~ воды** Wasseraufbereitung *f* ‖ **~ воздуха** Luftaufbereitung *f* *(in Klimaanlagen)* ‖ **~ вросправку** *(Text)* Breitbehandlung *f* ‖ **~/высокопроизводительная** Hochleistungsbearbeitung *f* ‖ **~/высокотемпературная** Hochtemperaturbehandlung *f* ‖ **~/гальваническая** Galvanik *f* ‖ **~/гидроабразивная** *(Fert)* Bearbeitung *f* durch Strahlspanen, spanende Bearbeitung *f* nach dem Strahlverfahren ‖ **~/горячая** 1. Wärmebehandlung *f*; 2. *(Met)* Wärmebearbeitung *f*; 3. *(Fert, Wlz)* Umformen *n*, spanlose Formung *f* *(durch Walzen, Schmieden, Warmpressen usw.; s. a.* ~ давлением/горячая*)* ‖ **~ горячим воздухом** *(Bw)* Warmluftbehandlung *f* *(Beton)* ‖ **~/графитизирующая** *(Met)* Tempern *n*, Temperglühen *n* ‖ **~/графическая** zeichnerische (graphische) Auswertung *f* *(von Versuchsergebnissen)* ‖ **~ графической информации** graphische Datenverarbeitung *f* ‖ **~/грубая [механическая]** Vorbearbeitung *f*; Grobbearbeitung *f* ‖ **~/групповая** *(Fert)* Gruppenbearbeitung *f*; *(Inf)* Stapelverarbeitung *f* ‖ **~ давлением** *(Fert)* umformende Bearbeitung *f*, Umformbearbeitung *f* ‖ **~ давлением/горячая** *(Fert)* Warmumformung *f*, Warmumformen *n* ‖ **~ давлением/холодная** *(Fert)* Kaltumformen *n*, Kaltumformung *f* ‖ **~ данных** Datenverarbeitung *f* ‖ **~ данных/автоматизированная** automatisierte Datenverarbeitung *f* ‖ **~ данных/автономная** Off-line-Datenverarbeitung *f*, indirekte Datenverarbeitung *f* ‖ **~ данных в реальном масштабе времени** Echtzeit[daten]verarbeitung *f* ‖ **~ данных в режиме разделения времени** Zeitteilverfahren *n*, Time-Sharing *n* ‖ **~ данных/децентрализованная** dezentralisierte Datenverarbeitung *f* ‖ **~ данных/дистанционная** Datenfernverarbeitung *f* ‖ **~ данных/интегрированная** integrierte Datenverarbeitung *f* ‖ **~ данных/машинная** maschinelle Datenverarbeitung *f* ‖ **~ данных/местная** lokale Datenverarbeitung *f* ‖ **~ данных/непосредственная** direkte Datenverarbeitung *f* *(On-line)* ‖ **~ данных/непрямая** indirekte Datenverarbeitung *f* *(Off-line)* ‖ **~ данных/пакетная** Stapelverarbeitung *f* ‖ **~ данных/первичная** Primärdatenverarbeitung *f* ‖ **~ данных/поблочная** Blockverarbeitung *f*, blockweise Datenverarbeitung *f* ‖ **~ данных/пословная** Wortbearbeitung *f* ‖ **~ данных/пошаговая** schrittweise Abarbeitung *f* ‖ **~ данных/централизованная** zentralisierte (integrierte) Datenverarbeitung *f* ‖ **~ данных/цифровая** digitale Datenverarbeitung *f* ‖ **~ данных/электронная** elektronische Datenverarbeitung *f* ‖ **~/дистанционная пакетная** *(Inf)* Stapelfernverarbeitung *f* ‖ **~/доводочно-притирочная** *(Fert)* Läppbearbeitung *f* ‖ **~ документов** *(Inf)* Belegverarbeitung *f* ‖ **~ долблением** *(Fert)* Stoßbearbeitung *f* ‖ **~/дополнительная** zusätzliche Bearbeitung *f* ‖ **~/дробеструйная** *(Fert)* Schrotstrahlen *n* ‖ **~/жгутовая** *(Text)* Strangbehandlung *f* ‖ **~ жидкого металла** *(Met, Gieß)* Flüssigmetallbehandlung *f*, Schmelz[e]behandlung *f* ‖ **~ запросов** *(Inf)* Anfragenbearbeitung *f* ‖ **~ звуковых сигналов** *(Rf)* Tonsignalverarbeitung *f* *(Studiotechnik)* ‖ **~/зеркальная** *(Fert)* spiegelbildliche Bearbeitung *f* ‖ **~ излучением** *(Fert)* Abtragen *n* mit Strahlen *(z. B. Elektronenstrahlen)* ‖ **~ измерений** Meßwertverarbeitung *f* ‖ **~ измеряемых величин** Meßwertverarbeitung *f* ‖ **~ изображения** Bildverarbeitung *f*, Bildbearbeitung *f* ‖ **~ изображения/оптическая** optische Bildverarbeitung *f* ‖ **~ изображения/оптоэлектронная** optoelektronische Bildbearbeitung *f* ‖ **~ изображения/цифровая** digitale Bildbearbeitung *f* ‖ **~/интерпретирующая** interpretative Abarbeitung *f* *(von Programmen)* ‖ **~ информации** Informationsverarbeitung *f* ‖ **~ информации/оптическая** optische Informationsbearbeitung *f* ‖ **~ ионным лучом** Ionenstrahlbearbeitung *f* ‖ **~/кислородная** *s.* строжка/кислородная ‖ **~/кислотная** Säurebehandlung *f*, Säuern *n* ‖ ~ **коммерческих данных** kommerzielle Datenverarbeitung *f* ‖ **~/консольная** *(Fert)* freitragende (fliegende) Bearbeitung *f* ‖ ~ **конусов** *(Fert)* Kegelbearbeitung *f* ‖ **~/копировальная** *(Fert)* Nachformbearbeitung *f*, Nachformen *n*, Kopieren *n* ‖ **~/кратковременная термическая** *(Eln)* Kurzzeit-Thermobehandlung *f*, RTA ‖ **~/кузнечная** Schmieden *n*, Bearbeitung *f* durch Schmieden ‖ **~/лазерная (лазерно-механическая)** *(Fert)* Laser[strahl]-bearbeitung *f*, Photonenstrahlbearbeitung *f*, Photonieren *n* ‖ ~ **лазерным лучом** *s.* ~/лазерная ‖ ~ **литья** Gußbearbeitung *f* ‖ **~/лучевая** Strahlbearbeitung *f* ‖ ~ **лучистым теплом** *(Bw)* Strahlungswarmbehandlung *f (Beton)* ‖ ~ **массива** *s.* ~/матричная ‖ ~ **материалов** Werkstoffbearbeitung *f* ‖ **~/матричная** *(Inf)* Feldverarbeitung *f* ‖ **~/междурядная** *(Lw)* Zwischenreihenbearbeitung *f* ‖ ~ **металлов давлением** *(Fert)* Umformen *n* und Zerteilen *n* ‖ ~ **металлов резанием** *(Fert)* spanende (spanabhebende) Metallbearbeitung *f*; Spanen *n*; Abtragen *n* ‖ ~ **металлов/электроискровая** *(Fert)* funkenerosives Abtragen *n* ‖ ~ **металлов/электрохимическая** *(Fert)* elektrochemisches Abtragen *n* ‖ ~ **металлов/электроэрозионная** *(Fert)* funkenerosives Abtragen *n* ‖ ~ **меток** *(Inf)* Kennsatzbehandlung *f* ‖ **~/микропрограммная** *(Inf)* Mikro[programm]verarbeitung *f* ‖ ~ **микроструктур/нетермическая электронно-лучевая** nichthermische Elektronenstrahlbearbeitung *f* von Mikrostrukturen ‖ **~/многованная** *(Photo)* Mehrbadverarbeitung *f* ‖ **~/многоместная** *(Fert)* Mehrstellenbearbeitung *f* ‖ **~/многопозиционная** *(Fert)* Mehrstationenbearbeitung *f* ‖ **~/многорезцовая** *(Fert)* Mehrmeißelbearbeitung *f* ‖ **~/мокрая** Naßbehandlung *f*; Naßverarboitung *f* ‖ ~ **молотом** *(Schm)* Hämmern *n* ‖ **~/мультипрограммная** *(Inf)* Multiprogrammverarbeitung *f* ‖ ~ **на оправке** Dornen *n (Rohrwalzen)* ‖ ~ **на твёрдый раствор** *(Met)* Lösungsglühen *n*, Homogenisieren *n*, Homogenisierung *f* ‖ **~/непосредственная** *(Inf)* On-line-Betrieb *m*, On-line-Verarbeitung *f* ‖ **~/нетермическая** nichtthermische Bearbeitung *f* ‖ **~/низкотемпературная** *(Härt)* Tieftemperaturbehandlung *f*, Niedrigtemperaturbehandlung *f*, Kältebehandlung *f* ‖ **~/обдирочная** *(Fert)* Schälbearbeitung *f*, Schruppbearbeitung *f*, Schruppen *n* ‖ ~ **облучением** Strahlenbehandlung *f*, Bestrahlung *f* ‖ **~/объёмная** *(Fert)* räumliche Bearbeitung *f (dreidimensional)* ‖ **~/огнезащитная** Feuerschutzbehandlung *f* ‖ **~/од875нованная** *f (Photo)* Einbadverarbeitung *f* ‖ **~/одновременная** 1. *(Inf)* simultane Verarbeitung *f*; 2. *(Fert)* simultane Bearbeitung *f*, Simultanbearbeitung *f* ‖ **~/однопозиционная** *(Fert)* Einstationenbearbeitung *f* ‖ **~/однорастворная** *s.* ~/однованная ‖ **~/окончательная** *(Fert)* Fertigbearbeitung *f* ‖ **~/осевая** *(Fert)* axiale Bearbeitung *f* ‖ **~/особо тонкая** Feinstbearbeitung *f* ‖ **~/отделочная** *(Fert)* Feinbearbeitung *f*, Endbearbeitung *f* ‖ ~ **отжигом** *(Härt)* Glühen *n*, Glühbehandlung *f*; Tempern *n*, Temperglühen *n* ‖ **~/ошибок** *(Inf)* Fehlerbehandlung *f* ‖ **~/пакетная** *(Inf)* Stapelverarbeitung *f* ‖ **~/параллельная** *(Fert)* Parallelbearbeitung *f*, Mehrfachbearbeitung *f*; *(Inf)* Parallelverarbeitung *f*, Simultanverarbeitung *f* ‖ ~ **параллельных программ** Parallelverarbeitung *f* von Programmen ‖ ~ **паром** Dampfbehandlung *f*, Dämpfen *n* ‖ ~ **партиями** *(Inf)* Stapelverarbeitung *f* ‖ **~/первичная** 1. Vorbearbeitung *f*, Vorbehandlung *f*; 2. Primär-[daten]verarbeitung *f* ‖ ~ **переплавкой** *(Gieß)* Umschmelzen *n*, Umschmelzbehandlung *f* ‖ ~ **песком** Sandstrahlen *n* ‖ **~/пескоструйная** Sandstrahlen *n* ‖ ~ **питательной воды** Speisewasserbehandlung *f* ‖ **~/плазменная** Plasmastrahlbearbeitung *f* ‖ ~ **по копиру** *(Fert)* Nachformbearbeitung *f* ‖ ~ **поверхности** *s.* ~/поверхностная ‖ **~/поверхностная** Oberflächenbehandlung *f*; Oberflächenbearbeitung *f* ‖ **~/повторная** Nachbearbeitung *f*, Wiederverarbeitung *f* ‖ ~ **полей** *(Lw)* Feldbestellung *f*, Ackerbestellung *f* ‖ **~/полная** Komplettbearbeitung *f* ‖ **~/получистовая** *(Fert)* Halbschlichtbearbeitung *f*, Halbschlichten *n* ‖ **~/поочерёдная** abwechselndes Bearbeiten *n* ‖ **~/последовательная** *(Fert)* Reihenbearbeitung *f*; *(Inf)* sequentielle Verarbeitung *f* ‖ **~/последующая** Folgebearbeitung *f*; Nachbehandlung *f*, Nachbearbeitung *f*, nachfolgende Behandlung *f* ‖ **~/послеуборочная** *(Lw)* Vermarktung *f*, Aufbereitung *f (des Ernteguts)*; Nachernteaufbereitung *f (Obst, Gemüse)* ‖ **~/поточная** *(Fert)* Fließbearbeitung *f* ‖ ~ **почвы** *(Lw)* Bodenbearbeitung *f* ‖ ~ **почвы/безотвальная** *(Lw)* pfluglose Bodenbearbeitung *f* ‖ ~ **почвы/междурядная** *(Lw)* Zwischenreihenbearbeitung *f* ‖ ~ **почвы/минимальная** *(Lw)* Minimalbodenbearbeitung *f* ‖ ~ **почвы/основная** *(Lw)* Grundbodenbearbeitung *f* ‖ ~ **почвы/предпосевная** *(Lw)* Oberflächenbodenbearbeitung *f*, Saatbettbereitung *f* ‖ ~ **почвы/сплошная** *(Lw)* durchgängige Bodenbearbeitung *f*, Flächenbearbeitung *f* ‖ **~/предварительная** *(Fert)* Vorbearbeiten *n*, Vorbearbeitung *f*; Vorbehandlung *f*; *(Inf)* Vorverarbeitung *f* ‖ ~ **прерываний** *(Inf)* Unterbrechungsbehandlung *f* ‖ **~/прерывистая** *(Fert)* intermittierende (unterbrochene) Bearbeitung *f* ‖ **~/приоритетная** *(Inf)* Verarbeitung *f* nach Prioritäten, Vorrangverarbeitung *f* ‖ **~/промежуточная** Zwischenbearbeitung *f* ‖ **~/радиационная** Strahlenbehandlung *f*, Bestrahlung *f* ‖ **~/раздельная** *(Inf)* Off-line-Betrieb *m*, Off-line-Verarbeitung *f* ‖ **~/размерная** *(Fert)* Maßbearbeitung *f* ‖ ~ **резанием** spanende (spanabhebende) Bearbeitung *f*, Spanen *n* ‖ ~ **резанием/скоростная** Schnellspanen *n*, Hochgeschwindigkeitsspanen *n* ‖ ~ **резания/копировальная** Nachformspanen *n* ‖ ~ **результатов** Auswertung *f (von Meßergebnissen)* ‖ **~/ручная** manuelle Bearbeitung *f*, Bearbeitung *f* von Hand ‖ ~ **сверлением** *(Fert)* Bohrbearbeitung *f* ‖ **~/сверлильная** *(Fert)* Bohrbearbeitung *f* ‖ **~/сверхчистовая** *(Fert)* Feinstschlichtbearbeitung *f* ‖ **~/светолучевая** *s.* ~/лазерная ‖ ~ **серой** Schwefeln *n* ‖ ~ **сигналов** Signalverarbeitung *f* ‖ ~ **сигналов/цифровая** digitale Signalverarbeitung *f (Funkmeßtechnik)* ‖ ~ **скважины** Bohrlochbehandlung *f (Erdölbohrung)* ‖ **~/скоростная** *s.* ~ резанием/скоростная ‖ ~ **списков** *(Inf)* Listenverarbeitung *f* ‖ ~ **сточных вод** Abwasserbehandlung *f*, Abwasserverwertung *f* ‖ **~/струй-**

ная Strahlen *n (z. B. Sandstrahlen)* ‖ **~ судна** Abfertigung *f* eines Schiffes *(Laden oder Löschen)* ‖ **~/суперфинишная** *(Fert)* Kurzhubhonbearbeitung *f*, Superfinishbearbeitung *f* ‖ **~ текстов** *(Inf)* Textverarbeitung *f* ‖ **~/тепловая** *s.* ~/термическая ‖ **~/тепловлажностная** *(Bw)* Wärmebehandlung *f (Beton)* ‖ **~/термическая** *(Härt)* thermische Behandlung *f*, Wärmebehandlung *f*; *(Härt)* Vergüten *n*, Vergütung *f* ‖ **~/термическая индуктивная** *(Bw)* induktive Warmbehandlung *f (Beton)* ‖ **~/термомеханическая** thermomechanische Bearbeitung (Behandlung) *f (Wärmebehandlung zur Beseitigung unerwüschter Erscheinungen infolge vorangegangener Umformung)* ‖ **~ технологических данных** Prozeßdatenverarbeitung *f* ‖ **~ типа лит** *(Photo)* Lith-Verarbeitung *f* ‖ **~/товарная** *(Lw)* Vermarktung *f (Kartoffeln)* ‖ **~/токарная** *(Fert)* Drehbearbeitung *f*, Drehen *n* ‖ **~/тонкая** *(Fert)* Feinbearbeitung *f* ‖ **~ торцевой фрезой** *(Fert)* Stirnfräsen *n* ‖ **~ точением** *s.* ~/токарная ‖ **~/точная** *(Fert)* Genaubearbeitung *f* ‖ **~ травлением** *(Met)* Beizen *n*, Beizbehandlung *f* ‖ **~/удалённая пакетная** *(Inf)* Stapelfernverarbeitung *f* ‖ **~/ультразвуковая** *(Fert)* Ultraschallbearbeitung *f*; Stoßläppen *n*, Schwingläppen *n* ‖ **~/файла** *(Inf)* Dateiverarbeitung *f* ‖ **~/фасонная** *(Fert)* Formbearbeitung *f* ‖ **~ фасонных поверхностей/токарная** *(Fert)* Formdrehbearbeitung *f*, Formdrehen *n* ‖ **~/финишная** *(Fert)* Feinbearbeitung *f* ‖ **~/фотоннолучевая** *s.* ~/лазерная ‖ **~/фрезерная** *(Fert)* Fräsbearbeitung *f* ‖ **~/химико-термическая** *(Härt)* Warmbehandlung *f (von Stahl)* in einem chemischen Mittel *(Nitrieren, Zyanieren, Zementieren)* ‖ **~/химическая электронно-лучевая** strahlenchemische Behandlung (Bearbeitung) *f* ‖ **~/хищническая** *(Lw)* Raubbau *m* ‖ **~/холодная** Kältebehandlung *f*, Kältebearbeitung *f (z. B. des Stahls nach dem Härten)* ‖ **~ холодом** *s.* ~/холодная ‖ **~ цифровых данных** numerische Datenverarbeitung *f* ‖ **~ цифровых изображений** digitale Bildbearbeitung *f* ‖ **~/черновая** *(Fert)* Schruppbearbeitung *f*, Schruppen *n* ‖ **~/черновая токарная** Schruppdrehbearbeitung *f* ‖ **~/чистовая** *(Fert)* Schlichtbearbeitung *f*, Schlichten *n* ‖ **~ шлака** *(Met)* Schlackenbehandlung *f*, Schlackenarbeit *f (Herd- und Tiegelofen)* ‖ **~ шлаком** *(Met)* Schmelz[e]behandlung *f* durch Schlacke ‖ **~/шлифовальная** *(Fert)* Schleifbearbeitung *f*, schleifende Bearbeitung *f* ‖ **~/щелочная** Alkalibehandlung *f*, Laugenbehandlung *f* ‖ **~/электроискровая** *(Fert)* Funkenabtragen *n*, Funkenerodieren *n*, funkenerosives Abtragen *n* ‖ **~/электроконтактная** *(Fert)* Elektrokontaktbearbeitung *f* ‖ **~/электронно-лучевая** *(Fert)* Elektronenstrahlbearbeitung *f*, Elektronieren *n* ‖ **~/электротермическая** *(Fert)* elektrothermische Bearbeitung *f* ‖ **~/электрохимическая** *(Fert)* elektrochemische Bearbeitung *f*, Elysieren *n* ‖ **~/электроэрозионная** *(Fert)* elektroerosive Bearbeitung *f*, Elektroerosivbearbeitung *f*, Elektroerodieren *n*

обработочный Bearbeitungs…

образ *m* 1. Art *f*, Weise *f*; 2. Form *f*, Gestalt *f*; 3. *(Math)* Bild *n*, Gebilde *n* ‖ **~/двоичный** *(Inf)* Bitmuster *n* ‖ **~ действия** Wirkungsweise *f* ‖ **~/обратный** *(Math)* inverses Bild *n* ‖ **~/поисковый** *(Inf)* Suchmuster *n*

образец *m* 1. Muster *n*, Probe *f*, Probestück *n*; 2. *(Wkst)* Probestab *m*, Probekörper *m*, Probe *f*, Prüfling *m*; 3. *(Meß)* Referenznormal *n*; 4. *(Meß)* Einstellnormal *n*; Vergleichsstück *n (z. B. Oberflächenvergleichsstück)*; 5. *(Bgb)* Stufe *f* ‖ **~ для горячих испытаний** *(Wkst)* Probestab *m* für Warmversuche ‖ **~ для испытаний** *s.* ~/испытуемый ‖ **~/испытуемый (испытываемый)** Probestab *m*, Prüfkörper *m*, Prüfstück *n*, zu prüfende (untersuchende) Probe *f* ‖ **~/исходный** *(Meß)* Einstellnormal *n*; Ausgangsmuster *n* ‖ **~/кварцевый** *(Meß)* Quarznormal *n*, Normalquarz *n* ‖ **~/клинообразный** *(Gieß)* Keilprobe *f*, Gießkeilprobe *f* ‖ **~/кольцевой (кольцеобразный)** ringförmige Probe *f*, Ringprobe *f* ‖ **~/контрольный** *(Meß)* Kontrollstab *m*, Eichstab *m* ‖ **~/лабораторный** Labormuster *n* ‖ **~/нормальный** *(Wkst)* Normal[probe]stab *m*, Normalprobe *f* ‖ **~/опытный** Versuchsmuster *n*, Funktionsmuster *n* ‖ **~/плоский** *(Wkst)* Flachprobestab *m*, Flach[stab]probe *f* ‖ **~ породы** *(Bgb)* Gesteinsprobe *f* ‖ **~ прибора** Mustergerät *n*, Funktionsmuster *n* ‖ **~ прибора/экспериментальный** Labormuster[gerät] *n*; Versuchsmustergerät *n* ‖ **~/прилитый [к отливке]** *(Gieß)* angegossene Probe *f*, angegossener Probestab *m* ‖ **~/пропорциональный** *(Wkst)* Proportional[probe]stab *m (Zerreißversuch)* ‖ **~ просвета** *(Meß)* Vergleichslichtspalt *m*, Normallichtspalt *m* ‖ **~/разрывной** *(Wkst)* Zerreiß[probe]stab *m*, Zerreißprobe *f* ‖ **~ с запилом (надрезом)** Kerbschlag[biege]probe *f*, Kerb[probe]stab *m*, Kerbprobe *f* ‖ **~ сравнения** Vergleichsmuster *n*, Eichmaß *n* ‖ **~/стандартный** 1. Normalprobe *f (als Vergleichsmuster für die Bestimmung von Stoffdaten und -eigenschaften)*; 2. *(Wkst)* Normalstab *m (z. B. für Zugversuche)* ‖ **~/тавровый** T-Probe *f* ‖ **~/типовой разрывной** *(Wkst)* Normzerreißprobestab *m* ‖ **~/угловой** *(Meß)* Winkel[referenz]normal *n* ‖ **~ утверждённого типа** Mustergerät *n* einer zugelassenen Bauart ‖ **~/цилиндрический** Rundprobestab *m*, Rundprobe *f* ‖ **~/эвольвентный** *(Meß)* Evolventennormal *n* ‖ **~/эталонный** 1. *(Meß)* Vergleichsmuster *n*, Bezugsmuster *n*, Urmuster *n*; 2. *(Wkst)* Vergleichsstab *m*

образец-изделие *m (Fert)* Musterwerkstück *n*

I-образный *(Bw)* I-förmig *(Träger)*

C-образный *(Masch)* C-förmig, offen *(Bauweise von Maschinengestellen)*

образование *n* Bildung *f*, Erzeugung *f* • **в момент образования** *(Ch)* in statu nascendi, im Entstehungszustand, im Moment des Entstehens

образовать *s.* образовывать

образовывать 1. bilden, erzeugen; 2. gestalten

образующая *f (Math)* Erzeugende *f (erzeugende Linie einer gekrümmten Fläche)* ‖ **~ конуса** Kegelmantellinie *f* ‖ **~/криволинейная** gekrümmte Mantellinie *f*

образующий erzeugend, Erzeugungs…, Erzeuger…

обрамление *n* Einfassung *f*, Umrahmung *f*, Umrandung *f* ‖ **~ краёв** Randeinfassung *f*

обрастание *n (Schiff)* Bewuchs *m*, Bewachsen *n*
обрастать *(Schiff)* bewachsen
обрат *m (Text)* wiederverspinnbare Abfälle *mpl*
обратимость *f* 1. Reversibilität *f*, Umkehrbarkeit *f*; 2. Gegenseitigkeit *f*, Wechselseitigkeit *f* ‖ **~/термодинамическая** Umkehrbarkeit (Reversibilität) *f* thermodynamischer Prozesse ‖ **~ хода лучей** *(Opt)* Umkehrbarkeit *f* des Strahlenganges
обратимый Umkehr..., umkehrbar, reversibel; umfunktionierbar ‖ **~/ограниченно** begrenzt umfunktionierbar ‖ **~/полностью** vollständig umfunktionierbar
обратный umgekehrt, entgegengesetzt, reziprok, umkehrbar, Umkehr..., reversibel, invers ‖ **~ по фазе** gegenphasig, mit entgegengesetzter Phase
обращение *n* 1. Handhabung *f*, Bedienung *f* *(eines Geräts)*; 2. Umkehr[ung] *f*, Invertierung *f*; 3. Umlauf *m*, Kreislauf *m*, Zirkulation *f*; 4. *(Photo)* Umkehrung *f*, Umkehrentwicklung *f*; 5. *(Inf)* Zugriff *m*; 6. *(Inf)* Konvertierung *f*, Umkehrung *f* ‖ **~/адресное** *(Inf)* Adressenzugriff *m* ‖ **~ в нуль** *(Math)* Nullwerden *n* ‖ **~ времени** Zeitumkehr *f* ‖ **~ геомагнитного поля** *(Geoph)* Inversion *f* des geomagnetischen Feldes, geomagnetische Feldinversion *f* ‖ **~/двойное** *(Inf)* Doppelzugriff *m* ‖ **~ диффузионным способом** *(Photo)* Umkehrung *f* durch Diffusionsübertragung ‖ **~ знака** *(Inf)* Umkehrung *f* des Vorzeichens, Vorzeichenumkehr *f*, Vorzeichenwechsel *m* ‖ **~ изображения** *(Photo)* Bildumkehrung *f*, Bildumkehr *f* ‖ **~ к ЗУ (запоминающему устройству)** *(Inf)* Speicherzugriff *m* ‖ **~ к ЗУ/непосредственное (прямое)** *(Inf)* Speicherdirektzugriff *m*, direkter Speicherzugriff *m*, DMA ‖ **~ к памяти** *(Inf)* Speicherzugriff *m* ‖ **~ к подпрограмме** *(Inf)* Unterprogrammaufruf *m*, Unterprogrammzugriff *m* ‖ **~ к программе** *(Inf)* Programmaufruf *m*, Programmzugriff *m* ‖ **~/многократное** *(Inf)* Mehrfachzugriff *m* ‖ **~/непосредственное** *(Inf)* Direktzugriff *m*, direkter Zugriff *m* ‖ **~/произвольное** *(Inf)* wahlfreier (beliebiger) Zugriff *m* ‖ **~/прямое** *(Inf)* Direktzugriff *m*, direkter Zugriff *m* ‖ **~ фаз[ы]** Phasenumkehr[ung] *f*
обрез *m* 1. *(Bgb)* Bruchkante *f (Strebbau)*; 2. *(Bw)* Randstreifen *m (der Straße)*; 3. *(Typ)* Schnitt *m*; 4. Stutzen *m (Gewehrtyp)* ‖ **~/верхний** *(Typ)* Farboberschnitt *m* ‖ **~/внешний** *(Typ)* Außenschnitt *m* ‖ **~/головочный** *(Typ)* Kopfschnitt *m* ‖ **~/золотой** *(Typ)* Goldschnitt *m* ‖ **~ книги** *(Typ)* Schnitt *m*, Beschnitt *m* ‖ **~/нижний** *(Typ)* Fußschnitt *m* ‖ **~/позолоченный** *(Typ)* Goldschnitt *m* ‖ **~ фундамента** *(Bw)* Oberkante *f* des Gründungskörpers *(eines Widerlagers)* ‖ **~/цветной** *(Typ)* Farbschnitt *m*
обрезать *(Fert)* beschneiden, besäumen ‖ **~ кромки** besäumen *(Blech)*
обрезиновать belegen *(Kord; Reifenherstellung)*
обрезка *f* 1. Abschneiden *n*, Beschneiden *n*, Ablängen *n*; Schnitt *m*; 2. Besäumen *n (Holz)*; 3. *(Wlz)* Schopfen *n*, Abstechen *n (Gußblöcke)*; 4. *(Lw)* Schnitt *m*, Obstbaumschnitt *m*; 5. *(Lw)* Beschneiden *n*, Schneiden *n (Klauen)* ‖ **~ бортов** Entwulsten *n (Reifen)* ‖ **~/горячая** *(Met)* Warmabgraten *n*, Warmentgraten *n* ‖ **~ заусенцев** *(Met)* Entgraten *n*, Abgraten *n (auf der Abgratpresse)* ‖ **~ концов заготовки** *(Met)* Schopfen *n (Halbzeug)* ‖ **~ прибыльной части [слитка]** *(Met)* Schopfen *n (Gußblock)* ‖ **~/холодная** *(Met)* Kaltabgraten *n*, Kaltentgraten *n* ‖ **~/четырёхсторонняя** *(Typ)* Rundumbeschnitt *m*, vierseitiger Beschnitt *m*
обрезки *fpl* Endenabfall *m*, Saumschrott *m* ‖ **~/листовые** Blechschrott *m*, Blechabfall *m*
обрезок *m (Met)* 1. Endenabfall *m*, Schopf *m*, Ende *n*; 2. Saumschrott *m*
обрезывать *s.* обрезать
обрезь *f* Beschnitt *m*, Schnitzel *npl*
обрешетина *f (Bw)* Dachlatte *f*
обрешётка *f (Bw)* Belattung *f*, Lattung *f (eines Daches)* ‖ **~ кузова** Aufbaugerippe *n*, Aufbauskelett *n (eines Fahrzeugs)*
обрешечивать *(Bw)* 1. belatten *(Dachsparren)*; 2. mit Spalierlatten benageln *(Spalierlattenputz)*
обрубать 1. behauen, abhauen, abschlagen; 2. *(Text)* [be]säumen; 3. *(Schm)* abschrotten, trennen ‖ **~ зубилом** abschroten, abmeißeln, trennen
обрубить *s.* обрубать
обрубка *f* 1. Behauen *n*; 2. *(Schm)* Abschroten *n*, Trennen *n*; 3. *(Gieß)* Putzen *n (Trennen der Gieß- und Speisesysteme von den Gußteilen)*; 4. *(Text)* Besäumen *n* ‖ **~ зубилом** Abschroten *n*, Abmeißeln *n*, Trennen *n* ‖ **~ литья** *(Gieß)* Gußputzen *n (nur Trennen von Gieß- und Speisesystemen)* ‖ **~ сучьев** Ausästung *f*
обрубки *fpl (Met)* Schnittabfälle *mpl*, Verschnitt *m*, Schrott *m*
обруб[оч]ная *f (Gieß)* Putzerei *f*, Gußputzerei *f*
обруч *m* Reif[en] *m*, Band *n*, Bandreif *m*, Ring *m*, Abschlußring *m*
обрушаемость *f* **горных пород** *(Bgb)* Neigung *f* zum Hereinbrechen, Bruchfähigkeit *f*
обрушать *(Bgb)* zu Bruch werfen
обрушаться *(Bgb)* 1. einstürzen, zu Bruch gehen; 2. verbrechen, hereinbrechen
обрушение *n (Bgb)* 1. Einsturz *m*, Einbruch *m*, Zusammenbruch *m*; 2. Zubruchgehen *n*; 3. Zubruchwerfen *n*; 4. Bruchbau *m* ‖ **~/блоковое** Blockbruchbau *m* ‖ **~ выработки** Bruch *m* des Grubenbaus ‖ **~/искусственное** künstliches Zubruchwerfen *n* ‖ **~ кровли** Hereinbrechen *n* des Hangenden; Zubruchwerfen *n* des Hangenden ‖ **~ откоса** Böschungsbruch *m* ‖ **~/подэтажное** Teilsohlen[pfeiler]bruchbau *m* ‖ **~/полное** vollständiges Zubruchwerfen *n* ‖ **~ пород кровли** Hereinbrechen *n* der Dachschicht ‖ **~/принудительное** provoziertes Zubruchwerfen *n* ‖ **~/слоевое** Scheibenbruchbau *m* ‖ **~/управляемое** gelenktes Zubruchgehen *n* ‖ **~/частичное** teilweises Zubruchwerfen *n* ‖ **~/этажное** Etagenbruchbau *m*
обрушивать *s.* обрушать
обрушиваться *s.* обрушаться
обрушить *s.* обрушать
обрушиться *s.* обрушаться
обрыв *m* 1. Abreißen *n*; 2. Bruch *m*; 3. *(Geol)* Steilhang *m* ‖ **~/береговой** *(Geol)* Steilufer *n*, Kliff *n* ‖ **~ жилы** *(El)* Aderbruch *m* ‖ **~ контактной проволоки** *(Eln)* Bonddrahtabriß *m* ‖ **~ ленты** *(Text)* Bandbruch *m (Strecke)* ‖ **~ линии** *(El)* Leitungsbruch *m* ‖ **~ нити** *(Text)* Fadenbruch *m* ‖ **~ нити накала** *(El)* Heizfaden-

bruch *m* ‖ ~ **основной нити** *(Text)* Kettfadenbruch *m* ‖ ~ **петель** *(Text)* Maschenbruch *m* ‖ ~ **ровницы** *(Text)* Luntenriß *m*, Vorgarnriß *m*, Luntenbruch *m*, Vorgarnbruch *m* ‖ ~ **утка (уточной нити)** *(Text)* Schußfadenbruch *m* ‖ ~ **цепи** *(Ch)* Kettenabbruch *m*
обрывать[ся] abreißen; brechen
обрывки *mpl* **облаков** Wolkenfetzen *m* ‖ ~ **тумана** Nebelschwaden *m*
обрывность *f (Text)* Bruchhäufigkeit *f*, Fadenbruchzahl *f* ‖ ~ **нити** Fadenbrüchigkeit *f*
обрызг *m (Bw)* Bespritzen *n*
обрызгивание *n* Sprühen *n*, Besprühen *n*
об/с *s.* обороты в секунду
обсадить *s.* обсаживать
обсадка *f* 1. *(Lw, Forst)* Bepflanzung *f*; 2. *(Bgb)* Verrohrung *f (Bohrung)*
обсадный *(Bgb)* Futterrohr..., Rohr... *(Bohrung)*
обсаженный *(Bgb)* verrohrt *(Bohrung)*
обсаживать 1. *(Lw, Forst)* bepflanzen, umpflanzen; 2. *(Bgb)* verrohren *(Bohrung)*
обсерватория *f* Observatorium *n*, Warte *f* ‖ **~/астрономическая** Sternwarte *f* ‖ **~/аэрологическая** aerologisches Observatorium *n* ‖ **~/геофизическая** geophysikalisches Observatorium *n* ‖ **~/космическая** Raumobservatorium *n* ‖ **~/метеорологическая** meteorologisches Observatorium *n* ‖ **~/морская** Seewarte *f* ‖ **~/сейсмическая** seismisches Observatorium *n* ‖ **~/стратосферная** Stratosphärenobservatorium *n*
обсервация *f* Beobachtung *f (Schiffsnavigation)*
обсечка *f***/прямоугольная** *s.* раскатка/плоская
обсечки *fpl (Met)* Trennabfälle *mpl*, Stanzabfälle *mpl*
обсидиан *m (Min)* Obsidian *m (vulkanisches Glas)*
обследование *n* Erhebung *f (Statistik)*
обслуживаемость *f* Bedienbarkeit *f*
обслуживаемый 1. wartbar; gewartet *(Anlagen)*; 2. bedient *(mit Bedienungspersonal)*
обслуживание *n* 1. Bedienung *f*; Betrieb *m*; 2. Wartung *f*, Instandhaltung *f*; 3. [nachrichtentechnische] Versorgung *f* ‖ **~/автоматическое** *(Nrt)* Wählbetrieb *m*, Wählverkehr *m* ‖ **~/аэродромное** Flugplatzwartung *f*; Flugplatzwartungsdienst *m* ‖ **~/береговое** *(Schiff)* 1. landseitige Wartung *f*; 2. landseitige Abfertigung *f* ‖ ~ **библиотеки** *(Inf)* Bibliotheksverwaltung *f* ‖ **~/бытовое** Dienstleistungen *fpl* ‖ ~ **дальней связи/автоматическое** *(Nrt)* Selbstwählfernverkehr *m*, SWF-Verkehr *m* ‖ **~/двустороннее** *(Masch)* Zweiseitenbedienung *f* ‖ **~/дистанционное** Fernbedienung *f* ‖ ~ **заявок** *(Inf)* Auftragsbearbeitung *f* ‖ **~/машинное** Maschinenausrüstung *f*; Maschinenpark *m* ‖ **~/многоверетённое** *(Text)* Mehrspindelbedienung *f* ‖ **~/многостаночное** *(Fert)* Mehrmaschinenbedienung *f* ‖ ~ **прерываний** *(Inf)* Unterbrechungsbehandlung *f*, Unterbrechungsverwaltung *f* ‖ ~ **программного обеспечения/техническое** Software-Wartung *f* ‖ **~/ручное** Handbedienung *f*, Handbetätigung *f*; *(Nrt)* Handbetrieb *m* ‖ ~ **списков** *(Inf)* Listenverwaltung *f* ‖ **~/текущее** Wartung *f*, laufende Wartung *f*, laufende Instandhaltung *f* ‖ **~/техническое** [technische] Wartung *f*
обслуживать 1. bedienen, warten *(Geräte)*; betreuen; 2. versorgen *(z. B. mit Fernsehprogrammen)*
обстановка *f* 1. Einrichtung *f*, Ausstattung *f*; 2. Lage *f*, Verhältnisse *npl* ‖ **~/навигационная** Navigationszeichen *npl* ‖ **~/судоходная** *(Schiff)* Seezeichen *npl (Seeschiffahrt)*; Wasserstraßenkennzeichnung *f (Binnenschiffahrt)*
обстановщик *m (Schiff)* Bojenleger *m*; Bojenwartungsschiff *n*
обстрагивать behobeln, abhobeln *(Holz)*
обстрел *m (Mil)* 1. Beschuß *m*; 2. Schwenkbereich *m (Geschütz)*
обстрогать *s.* обстрагивать
обстройка *f* **помещений/модульная** *(Schiff)* Ausbau *m* der Räume nach einem Rastersystem
обстругать *s.* обстрагивать
обстругивать *s.* обстрагивать
обстукать *s.* обстукивать
обстукивать abklopfen *(z. B. Bunker, Formmaschinen)*
обстучать *s.* обстукивать
обсуждение *n* **функции** *(Math)* Kurvendiskussion *f*
обсыпка *f* Überschütten *n*, Beschütten *n*; Zuschütten *n*
обтачивание *n (Fert)* 1. Außendrehen *n*; 2. Abdrehen *n* ‖ ~ **конусов** Außenkegeldrehen *n*, Außenkegeligdrehen *n* ‖ **~/многорезцовое** Mehrmeißelaußendrehen *n*, Vielmeißelaußendrehen *n* ‖ ~ **наружных поверхностей** Außendrehen *n* ‖ **~/обдирочное** Außenschäldrehen *n* ‖ **~/окончательное** Außenfertigdrehen *n* ‖ **~/отделочное** Außenfeindrehen *n* ‖ ~ **по копиру** Außennachformdrehen *n* ‖ **~/получистое** Außenhalbschichtdrehen *n* ‖ **~/поперечное** Außenquerdrehen ‖ **~/предварительное** Außenvordrehen *n* ‖ **~/продольное** Außenlangdrehen *n* ‖ **~/тонкое** Außenfeindrehen *n* ‖ **~/черновое** Außenschruppdrehen *n* ‖ **~/чистовое** Außenschichtdrehen *n*
обтачивать *(Fert)* 1. außendrehen; 2. abdrehen *(Radreifen)*; 3. langdrehen ‖ ~ **окончательно** außenfertigdrehen ‖ ~ **предварительно** außenvordrehen
обтекаемость *f* Windschlüpfigkeit *f*
обтекаемый 1. umströmt; 2. stromlinienförmig verkleidet, Stromlinien...; 3. windschnittig ‖ ~ **током** stromdurchflossen, stromführend
обтекание *n* 1. Umfließen *n*, Umströmen *n*; Anströmen *n*; 2. Abfließen *n* ‖ **~/безотрывное** ablösungsfreie Umströmung *f* ‖ **~/лобовое** vordere Umströmung *f* ‖ **~/поперечное** Queranströmung *f* ‖ **~/продольное** Längsanströmung *f* ‖ ~ **током** *(El)* Stromführung *f*
обтекатель *m* 1. strömungsgünstige Verkleidung *f*; 2. *(Schiff)* Propellerkappe *f*; 3. ballistische Haube *f (Munition)* ‖ **~/антенный** Antennenverkleidung *f* ‖ **~/головной** *(Rak)* Bughaube *f*, Bugverkleidung *f*
обтекать umfließen, umströmen
обтесать *s.* обтёсывать
обтёска *f* **[бревна]** *(Bw)* Behacken *n*, Behauen *n*
обтёсывание *n s.* обтёска
обтёсывать behauen, behacken *(Holz)* ‖ ~ **начерно** grob zurechthauen
обтиратель *m* Abstreifer *m*

обточить *s.* обтачивать
обточка *f s.* обтачивание
обтюратор *m (Opt)* Blende *f*, Verschlußblende *f*; Umlaufverschluß *m*, Umlaufblende *f* ‖ **~/двухлопастный** Zweiflügelblende *f* ‖ **~/дисковый** Scheibenblende *f*, Sektorenblende *f* ‖ **~/зеркальный** Spiegelblende *f* ‖ **~/конический** Kegelblende *f* ‖ **~/крыльчатый** Flügelblende *f* ‖ **~/немигающий** *(Kine)* flimmerfreier Umlaufverschluß *m* ‖ **~/трёхлопастный** *(Kine)* dreiteiliger Umlaufverschluß *m* ‖ **~/цилиндрический** Trommelblende *f* ‖ **~/шторный** schwingende Blende *f*
обтягивание *n s.* обтяжка 1.
обтягивать 1. beziehen, überziehen, bespannen; 2. *(Fert)* nachziehen *(z. B. Schrauben)*; *3. (Led)* überholen *(Schuhherstellung)*
обтяжка *f* 1. Beziehen *n*, Bespannen *n*; 2. Bezug *m*, Überzug *m*, Bespannung *f*, Bekleidung *f*; 3. *(Led)* Überholen *n (des Oberleders bei der Schuhherstellung)*; 4. *(Flg)* Außenhaut *f*; 5. *(Umf)* Reckziehen *n*, Reckzug *m*, Streckziehen *n*, Streckzug *m*; Reckbiegen *n*, Reckbiegung *f* ‖ **~/кожаная** Lederbespannung *f*
обуглероживание *n (Met)* Kohlen *n*, Aufkohlen *n*, Kohlung *f*, Aufkohlung *f*, Einsetzen *n*, Zementieren *n (z. B. von Stahl in aufkohlender Atmosphäre)*
обуглероживать *(Met)* [auf]kohlen, einsetzen, zementieren *(Stahl)*
обугливание *n* Verkohlung *f*, Verkohlen *n (organischer Stoffe an der Oberfläche, ohne zu verbrennen)*; *(Geol)* Inkohlung *f*, Kohlenreifung *f* ‖ **~/мокрое** *(Text)* Naßverkohlung *f*, nasse Karbonisation *f* ‖ **~/сухое** *(Text)* Trockenverkohlung *f*, trockene Karbonisation *f*
обуривание *n (Bgb)* Überbohren *n (Bohrlochhavarie)*; Abbohren *n*
обуривать *(Bgb)* überbohren *(Bohrlochhavarie)*; abbohren
обух *m (Schiff)* Auge *n*, Augplatte *f* ‖ **~/грузовой** Ladeblockauge *n* ‖ **~ оттяжки** Geienauge *n*, Geerenauge *n* ‖ **~/палубный** Decksauge *n*, Decksaugplatte *f* ‖ **~ топенанта** Hangerauge *n*
обучаемость *f (Inf)* Belehrbarkeit *f*
обучаемый *(Inf)* belehrbar
обучать *(Inf)* [be]lehren
обучаться lernen
обучающий *(Inf)* lehrend, Lehr...
обучающийся *(Inf)* lernend, Lern...
обучение *n (Inf)* 1. Lehren *n*; 2. Lernen *n* ‖ **~/программированное** 1. programmiertes Lehren *n*; 2. programmiertes Lernen *n* ‖ **~ робота** Roboterteaching *n* ‖ **~/ручное** direkte Lernprogrammierung *f*
обучить[ся] *s.* обучать[ся]
обушок *m (Bgb)* Keilhaue *f*
обхват *m* 1. Umschlingung *f*, Umfassung *f*; 2. Umschlingen *n*, Umfassen *n* ‖ **~ линзы** *(Opt)* Linsenumfassung *f* ‖ **~/наспинный** Rückengurt *m (Fallschirm)* ‖ **~/ножной** Schenkelgurt *m (Fallschirm)* ‖ **~/плечевой** Schultergurt *m (Fallschirm)*
обхватывать umfassen
обход *m* 1. Begehung *f*, Rundgang *m*; 2. Umleitung *f*, Umführung *f*; Umgehungsleitung *f*, Bypass *m*; 3. *(El)* Umlauf *m (einer Wicklung)*; 4. *(Forst)* Belauf *m*; 5. *(Bgb)* Befahrung *f* ‖ **~/высокочастотный** *(El)* Hochfrequenzumgehung *f* ‖ **~ препятствий** Ausweichen *n* von Hindernissen ‖ **~ участка/сторожевой** *(Eb)* Streckenbegehung *f*
обходить 1. umlaufen; 2. *(Fert)* abfahren *(z. B. eine Bewegungsbahn)*
обходная *f (Bgb)* Umfahrung *f*
обшивать 1. verkleiden, umkleiden, bespannen; 2. säumen, benähen, besetzen; 3. *(Schiff)* beplatten, beplanken *(Außenhaut, Schott)* ‖ **~ досками** *(Schiff)* beplanken *(Außenhaut, Schott)* ‖ **~ листами** *(Schiff)* beplatten *(Außenhaut, Schott)*
обшивка *f* 1. Auskleidung *f*, Verschalung *f*; 2. Verkleidung *f*, Umkleidung *f*, Bespannung *f*; 3. *(Schiff)* Wegerung *f*; Beplattung *f (Stahlschiffe)*; Beplankung *f (Holzschiffe)*; 4. *(Eb)* Beblechung *f*, Verkleidung *f (Wagen)*; 5. *(Bw)* Anblendung *f*; 6. *(Flg)* Beplankung *f*, Außenhaut *f*; 7. *(Bgb)* Verschalung *f (Holzbau)*; 8. *(Text)* Benähen *n* ‖ **~/бортовая** *(Schiff)* Seitenbeplattung *f*; Seitenbeplankung *f* ‖ **~/брусчатая** Bohlenbelag *m* ‖ **~ внакрой (внахлёстку)** *(Schiff)* Klinkerbeplankung *f* ‖ **~/внутренняя** *(Schiff)* Innenbeplattung *f*; Innenbeplankung *f*; Wegerung *f* ‖ **~/диагональная** *(Schiff)* Diagonalbeplankung *f* ‖ **~/днищевая** *(Schiff)* Bodenbeplattung *f*; Bodenbeplankung *f* ‖ **~/досчатая** *(Bw)* Schalung *f*, Einschalung *f* ‖ **~/защитная** Schutzverkleidung *f* ‖ **~/ледовая** *(Schiff)* eisverstärkte Außenhaut *f* ‖ **~/листовая** *(Schiff)* Beplattung *f* ‖ **~/наружная** Außenhaut *f* ‖ **~/несущая** tragende Außenhaut *f* ‖ **~/работающая** *(Flg)* tragende Außenhaut *f* ‖ **~/рифлёная** *(Text)* Riffelbeschlag *m (Warenbaum des Webstuhls)* ‖ **~/скуловая** *(Schiff)* Kimmbeplattung *f*; Kimmbeplankung *f* ‖ **~/стальная** *(Schiff)* Beplattung *f*, Stahlbeplattung *f*
общежитие *n* Wohnheim *n*, Internat *n*
общность *f* Allgemeingültigkeit *f*
объединение *n* 1. Vereinigung *f*, Verband *m (Organisation)*; 2. Verbindung *f*, Kopplung *f*; 3. *(El)* Zusammenschaltung *f*; 4. *(Math)* Vereinigungsmenge *f* ‖ **~/временное** *(Inf)* Multiplexbetrieb *m* ‖ **~ вычислительных машин** *(Inf)* Rechnerkopplung *f* ‖ **~ дорожек** *(Inf)* Spurverbindung *f* ‖ **~ с отбором** Mischen *n* mit Aussteuern ‖ **~ системой управления** *(Fert)* steuerungstechnische Kopplung *f* ‖ **~ цифровых сигналов/временное** *(Nrt)* zeitliche Verschachtelung *f*, Zeitmultiplexen *n* der digitalen Signale ‖ **~ электростанций** *(En)* Kraftwerkszusammenschluß *m*, Kraftwerkekopplung *f*
объединитель канальных цифровых сигналов *(Nrt)* Kanal-Multiplexer *m*
объединить *s.* объединять
объединять *(El)* zusammenschalten; *(Nrt)* vielfach schalten, parallelschalten; *(Inf)* mischen
объект *m* 1. Objekt *n*; Gegenstand *m*; 2. Anlage *f*, Einheit *f*, Einrichtung *f*; 3. *(Reg)* Regelstrecke *f*, Regel[ungs]objekt *n* ‖ **~/амплитудный** Amplitudenobjekt *n (Phasenkontrastverfahren; Mikroskopie)* ‖ **~/геометрический** geometrisches Objekt *n* ‖ **~/двухмерный** *(Inf)* zweidimensionales Objekt *n* ‖ **~/излучающий** strahlendes Objekt *n* ‖ **~/измеряемый** Meßobjekt *n*, Meß-

gegenstand *m* ‖ **~/искусственный космический** Raumflugkörper *m* ‖ **~/испытуемый** Prüfobjekt *n*, Prüfgegenstand *m* ‖ **~/исследуемый** Untersuchungsobjekt *n* ‖ **~/квазизвёздный** *(Astr)* quasistellares Objekt *n*, Quasar *m* ‖ **~/малоконтрастный** kontrastarmes Objekt *n* ‖ **~/неопознанный летающий** UFO *n* ‖ **~/непрозрачный** undurchsichtiges Objekt *n* ‖ **~/неустойчивый регулируемый** instabile Regelstrecke *f* ‖ **~/обучаемый** belehrbares Objekt *n* ‖ **~/оптически однородный** optisch homogenes Objekt *n* ‖ **~/прозрачный** durchsichtiges (transparentes) Objekt *n* ‖ **~/промышленный** industrielles Objekt *n*, Industrieobjekt *n* ‖ **~/пусковой** *(Bw)* übergabefertiges Objekt *n* ‖ **~ регулирования** *(Reg)* Regelstrecke *f*, Regel[ungs]objekt *n* ‖ **~ регулирования/линейный** lineare Regelstrecke *f* ‖ **~ регулирования/промышленный** industrielle Regelstrecke *f* ‖ **~/регулируемый** *s.* ~ регулирования ‖ **~/сканируемый** Abtastobjekt *n* ‖ **~/сосредоточенный** zentralisiertes Objekt *n* ‖ **~ телеизмерения** Fernmeßobjekt *n* ‖ **~/трёхмерный** *(Inf)* dreidimensionales Objekt *n* ‖ **~ управления** *(Reg)* Steuer[ungs]objekt *n*, zu steuerndes Objekt *n*, Steuerstrecke *f*, zu steuernde Strecke *f* ‖ **~ управления второго ранга (порядка)** Steuerstrecke *f* zweiter Ordnung ‖ **~/управляемый** *s.* ~ управления ‖ **~/фазовый** Phasenobjekt *n (Phasenkontrast; Mikroskopie)*

объектив *m (Opt)* Objektiv *n* ‖ **~/ахроматический** achromatisches Objektiv *n* ‖ **~/аэрофотосъёмочный** Objektiv *n* für Luftaufnahmen ‖ **~/безаберрационный** aberrationsfreies Objektiv *n* ‖ **~/вариофокальный** *s.* ~/панкратический ‖ **~/двухкомпонентный** Doppelobjektiv *n* ‖ **~/длиннофокусный** langbrennweitiges Objektiv *n*, Objektiv *n* mit langer Brennweite, Teleobjektiv *n* ‖ **~/дополнительный** Zusatzobjektiv *n* ‖ **~/зеркально-линзовый** Spiegellinsenobjektiv *n* ‖ **~/зеркальный** Spiegelobjektiv *n* ‖ **~/зондовый** Sondenobjektiv *n (Lithographie)* ‖ **~ Зонненфельда** Sonnenfeld-Objektiv *n* ‖ **~/изображающий** abbildendes Objektiv *n* ‖ **~/иммерсионный** Immersionsobjektiv *n* ‖ **~/камерный** Kameraobjektiv *n* ‖ **~/кинопроекционный** Wiedergabeobjektiv *n* ‖ **~/коллиматорный** Kollimatorobjektiv *n*, Kollimatorlinse *f* ‖ **~/короткофокусный** kurzbrennweitiges Objektiv *n* ‖ **~/малосветосильный** lichtschwaches Objektiv *n* ‖ **~/многолинзовый** mehrlinsiges Objektiv *n* ‖ **~/мягкорисующий** Weichzeichnerobjektiv *n*, Weichzeichnerlinse *f*, Weichzeichner *m*, Soft-Fokus-Objektiv *n* ‖ **~/непросветлённый** unvergütetes Objektiv *n* ‖ **~/нормальноугольный** Normalwinkelobjektiv *n* ‖ **~/нормальный проекционный** Normalprojektionsobjektiv *n* ‖ **~/панкратический** Varioobjektiv *n*, Gummilinse *f*, Zoomobjektiv *n*, Objektiv *n* mit veränderlicher Brennweite ‖ **~/призменный** Prismenobjektiv *n* ‖ **~/проекционный** Projektionsobjektiv *n* ‖ **~/просветлённый** vergütetes Objektiv *n* ‖ **~/резкорисующий** scharfzeichnendes Objektiv *n* ‖ **~ с переменным фокусным расстоянием** *s.* ~/панкратический ‖ **~ с постоянным фокусом** Objektiv *n* mit unveränderlicher Brennweite ‖ **~/сверхсветосильный** besonders lichtstarkes Objektiv *n* ‖ **~/сверхширокоугольный** Ultraweitwinkelobjektiv *n* ‖ **~/светосильный** lichtstarkes Objektiv *n* ‖ **~/склеенный** verkittetes Objektiv *n*, Mehrlinser *m* ‖ **~/сложный** *s.* ~/многолинзовый ‖ **~/сменный** auswechselbares Objektiv *n*, Wechselobjektiv *n* ‖ **~/съёмочный** Aufnahmeobjektiv *n* ‖ **~/узкоугольный** Schmalwinkelobjektiv *n* ‖ **~/фазовый** Phasenobjektiv *n* ‖ **~/фазоконтрастный** Phasenkontrastobjektiv *n (Mikroskop)* ‖ **~/фотографический** Photoobjektiv *n* ‖ **~/хроматический** chromatisches Objektiv *n* ‖ **~/широкоугольный** Weitwinkelobjektiv *n*

объектив-анастигмат *m (Opt)* Anastigmat *m*

объектив-апланат *m (Opt)* Aplanat *m*

объектив-апохромат *m (Opt)* Apochromat *m*

объектив-ахромат *m (Opt)* Achromat *m*

объект-микрометр *m* Objektmikrometer *n*

объектодержатель *m (Opt)* Objektträger *m*, Objekthalter *m* ‖ **~/перемещаемый** verstellbarer Objekthalter *m*

объём *m* 1. Umfang *m*, Raum *m*, Kapazität *f*; 2. Rauminhalt *m*, Volumen *n*, Inhalt *m*, Kubikinhalt *m*, Kubatur *f* • **по объёму** quantitativ, volumetrisch, raummäßig ‖ **~/активный** aktives Volumen *n* ‖ **~/архитектурный** *(Bw)* Baukörperform *f* ‖ **~/атомный** Atomvolumen *n* ‖ **~/балластный** Ballastvolumen *n* ‖ **~/башенный архитектурный** *(Bw)* Turmform *f (Architektur)* ‖ **~ водоизмещения** *(Schiff)* Verdrängungsvolumen *n* ‖ **~ водохранилища** *(Hydt)* Wehrstauraum *m*, Stauvolumen *n*, Stauinhalt *m* ‖ **~ воды** Wasservolumen *n*, Wasserinhalt *m* ‖ **~ воды/мёртвый** *(Hydrol)* strömungsloses Wasservolumen *n* ‖ **~ выборки** Stichprobenumfang *m*, Stichprobengröße *f* ‖ **~ вытесненного воздуха** Luftverdrängung *f*, verdrängtes Luftvolumen *n* ‖ **~ вычисления** Rechenaufwand *m* ‖ **~/габаритный** Raumbedarf *m* ‖ **~ данных** Datenmenge *f* ‖ **~ добычи** *(Bgb)* Fördermenge *f*, Förderumfang *m* ‖ **~ жидкости/вытесненный** verdrängtes Flüssigkeitsvolumen *n* ‖ **~ замеса** Fassungsvermögen *n* ‖ **~/занимаемый** Raumbedarf *m* ‖ **~ заполнения** Füllvolumen *n* ‖ **~ здания/строительный** umbauter Raum *m*, Kubatur *f* ‖ **~ зоны обслуживания** Arbeitsraum *m (eines Roboters)* ‖ **~ информации** *(Inf)* Informationsmenge *f*, Informationsumfang *m*, Informationsgehalt *m* ‖ **~ контролируемой выборки** Prüfumfang *m* ‖ **~ масла** Ölvolumen *n (eines Transformators)* ‖ **~ мёртвой полости** Sumpfvolumen *n (bei Lagermeßbehältern)* ‖ **~/мол[екул]ярный** *(Ch)* Molvolumen *n*, molares Volumen *n* ‖ **~ наполнения** Füllvolumen *n* ‖ **~/насыпной** Schüttvolumen *n* ‖ **~/номинальный** Nennvolumen *n* ‖ **~/общий** Gesamtvolumen *n* ‖ **~ памяти** *(Inf)* Speicherkapazität *f*, Speicherumfang *m* ‖ **~ памяти/адресуемый** adressierbarer Speicherbereich *m* ‖ **~ партии [продукции]** Losumfang *m*, Umfang *m* der Charge, Postenumfang *m* ‖ **~/первоначальный** Anfangsvolumen *n* ‖ **~ перевозки** Beförderungsmenge *f* ‖ **~ печи/рабочий** Ofenraum *m*; Ofenkammer *f* ‖ **~/пластинчатый архитектурный** *(Bw)* Scheibenform *f (Architektur)* ‖ **~/полезный** Nutzraum *m* ‖ **~/полный** Gesamtvolumen *n* ‖ **~/приведённый** Bezugsvolumen *n* ‖ **~ пробы** Probenumfang *m* ‖ **~ производства** Produktionsvolumen *n*, Produktionsumfang *m* ‖ **~ пространства сжатия** Verdichtungsraum *m*, Kompressionsraum *m (Verbrennungsmotor; Hubkolbenverdichter)* ‖ **~/рабочий** Hubraum *m (Verbrennungsmotor; Hubkolbenverdichter)* ‖ **~ разрежённого пространства** Unterdruckraum *m*, Vakuumraum *m* ‖ **~ раскалывания** Spaltvolumen *n* ‖ **~ резонатора** Resonatorraum *m* ‖ **~ сжатия** *s.* ~ пространства сжатия ‖ **~/складочный** *(Forst)* Rauminhalt *m* ‖ **~ смеси** Mischungsvolumen *n* ‖ **~ снимаемой стружки** *(Fert)* Spanleistung *f* ‖ **~ стока** *(Hydrol)* Abflußsumme *f*, Abflußvolumen *n* ‖ **~ счётчика/чувствительный** *(Kern)* empfindliches Zählervolumen *n* ‖ **~ топки** Feuerraumvolumen *n*, Brennkammervolumen *n* ‖ **~/удельно-погрузочный** *(Schiff)* Staufaktor *m*, Staukoeffizient *m (Ladung)* ‖ **~/удельный** *(Mech)* spezifisches Volumen *n* ‖ **~/удельный погрузочный** *(Schiff)* Staufaktor *m*, Staukoeffizient *m (Ladung)* ‖ **~/удерживаемый** Retentionsvolumen *n*, Verzögerungsvolumen *n (Chromatographie)* ‖ **~ утряски** Klopfdichte *f*, Klopfvolumen *n* ‖ **~/циклический** zyklisches Volumen *n* ‖ **~ цилиндра двигателя/рабочий** Hubraum *m (Verbrennungsmotor; Hubkolbenverdichter)* ‖ **~ цилиндра/полный** Zylindervolumen *n*, Gesamtvolumen *n* des Zylinders *(Summe des Verdichtungs- und Hubraums eines Verbrennungsmotors; Summe des Hubraums und Schadraums eines Hubkolbenverdichters)*

объёмно-аналитический maßanalytisch, titrimetrisch, volumetrisch, Titrations...

объёмно-пористый geschlossene Poren enthaltend

объёмность *f* **изображения** *s.* пластика изображения

объёмно-центрированный *(Krist)* raumzentriert

объёмный räumlich, dreidimensional; volumetrisch, umfassend

объёмомер *m* Volum[en]ometer *n*, Volumenmesser *m*

объявление *n* 1. Vereinbarung *f (s. a. unter* описание*)*; 2. *(Typ, Inf)* Anzeige *f*

объячеивание *n* **[рыбы]** Maschen *n*, Vermaschen *n (Fischfang)*

объячеивать maschen, vermaschen *(Fischfang)*

овал *m* 1. Oval *n*, Eirund *n*; 2. *(Wlz)* Ovalkaliber *n* ‖ **~/вытяжной** Streckoval *n (Kaliber)* ‖ **~/плоский** Schwedenoval *n (Kaliber)* ‖ **~/предчистовой** Vorschlichtoval *n (Kaliber)*

овал-круг *m (Wlz)* Oval-Rund *n (Kaliberfolge)*

овалоид *m* Ovaloid *n*, Rotationsovaloid *n*

овальность *f (Fert)* Ovalform *f*, Ovalität *f*

овальный oval

оверлок *m (Text)* Overlocknähmaschine *f*

овершот *m (Bgb)* Overshot *m*, Fangglocke *f (Bohrung)*

овёс *m (Lw)* Hafer *m* ‖ **~/фуражный** *(Lw)* Futterhafer *m*

ови *s.* огни высокой интенсивности

овощеводство *n* Gemüsebau *m*, Gemüseproduktion *f* ‖ **~/полевое** *(Lw)* Feldgemüsebau *m*

овощевоз *m* Gemüsetransportschiff *n*, Gemüsetransporter *m*

овощезапарник *m* Gemüsedämpfer *m*

овощерезка *f* Gemüseschneider *m*

овощехранилище *n (Lw)* Gemüselager *n*

овощечистка *f* Gemüseputzmaschine *f*

овощи *pl (Lw)* Gemüse *n*

овраг *m (Geol)* Owrag *m*, Schluchtensystem *n (in Steppen- und Waldsteppengebieten)*; Hohlweg *m*

оврагообразование *n* Erosionsbildung *f*, Rinnen- und Hangbildung *f* durch Oberflächenwasserabfluß

ОВС *s.* среда/однородная вычислительная

овсодробилка *f* Haferbrechmaschine *f*

ОВЧ *s.* частота/очень высокая

огарки *mpl (Met)* Abbrände *mpl (s. a. unter* огарок*)*

огарок *m* Abbrand *m*, Abbrände *mpl (NE-Metallurgie)* ‖ **~/анодный** Anodenrest *m (NE-Metallurgie)* ‖ **~/железный** Pyritabbrände *mpl*, Schwefelkiesabbrände *mpl* ‖ **~/колчеданный** Eisenkiesabbrand *m*, Schwefelkiesabbrand *m*, Pyritabbrand *m* ‖ **~/медный** Kupferrösterz *n* ‖ **~/оловянный** Zinnasche *f* ‖ **~/пиритовый** Eisenkiesabbrand *m*, Schwefelkiesabbrand *m*, Pyritabbrand *m* ‖ **~/цинковый** Zinkrösterz *n*

огибание *n* Umschlingen *n (z. B. Seil um Rolle)*; Umhüllen *n*, Einhüllen *n*

огибать 1. umschlingen *(Seil um Rolle)*; 2. einhüllen, umhüllen; 3. *(Math)* einhüllen *(Kurven)*

огибающая *f (Math)* Einhüllende *f*, Enveloppe *f (Hüllkurve)* ‖ **~ сейсмических амплитуд** *(Geoph)* Enveloppe *f* der seismischen Amplitude, seismische Amplitudeneinhüllende *f* ‖ **~ сейсмической трассы** *(Geoph)* seismische Enveloppe *f*, Enveloppe (Einhüllende) *f* der seismischen Registrierung

огивы *fpl (Geol)* Ogiven *pl (Gletscher)*

оглавление *n* Verzeichnis *n*; Inhaltsverzeichnis *n* ‖ **~ библиотеки** *(Inf)* Bibliotheksverzeichnis *n* ‖ **~ тома** *(Inf)* Datenträgerverzeichnis *n*

оглеение *n (Geol)* Gleybildung *f*, Vergleyung *f*

огнегасительный feuererstickend, feuerwidrig

огненно-полированный feuerpoliert

огнеопасность *f* Feuergefährlichkeit *f*

огнеопасный feuergefährlich

огнепровод *m* Zündschnur *f*

огнестойкий feuerfest, feuerbeständig, hitzebeständig

огнестойкость *f* Feuerfestigkeit *f*, Feuerbeständigkeit *f*, Hitzebeständigkeit *f*

огнетушитель *m* Feuerlöschapparat *m*, Feuerlöscher *m* ‖ **~/газовый** *s.* ~/углекислотный ‖ **~/жидкостный** Naß[feuer]löscher *m* ‖ **~/пенный** Schaumlöscher *m* ‖ **~/порошковый** *s.* ~/сухой ‖ **~/сухой** Trocken[feuer]löscher *m* ‖ **~/углекислотный** Kohlensäureschneelöscher *m*

огнеупор *m* feuerfestes Erzeugnis (Material) *n*, feuerfester Stein (Baustoff, Werkstoff) *m*, Feuerfestmaterial *n*, Feuerfest[bau]stoff *m* ‖ **~/глиноземистый** tonerdehaltiger Feuerfeststoff *m*, Feuerfeststoff *m* (Feuerfestmaterial *n*) auf Aluminiumoxidbais (Tonerdebasis) ‖ **~/динасовый** Silikastein *m* ‖ **~/динасовый легковесный** Silika[feuer]leichtstein *m* ‖ **~/доломитовый** [feuerfester] Dolomitstein *m*; Feuerfestmaterial *n* auf Dolomitbasis ‖ **~/карборундовый** Siliciumcarbidstein *m* || **~/кислый** saurer Feuerfeststoff *m* || **~/корундовый** Korund[-Feuerfeststoff] *m* || **~/кремнезёмистый** Silica[t]feuerfeststoff *m* || **~/легковесный** Feuerleichtstein *m*, feuerfester Leichtstein (Leichtbaustoff) *m* || **~/магнезитовый** Magnesitfeuerfeststoff *m*, [feuerfester] Magnesitstein *m*, Magnesiterzeugnis *n* || **~/основной** basischer Feuerfeststoff *m* || **~/силлиманитовый** Sillimanit[-Feuerfeststoff] *m*, Sillimanitstein *m*

огнеупорность *f s.* огнестойкость

огнеупорный *s.* огнестойкий

огни *mpl s. unter* огонь || **~/аэронавигационные** Positionslampen *fpl (Flughafen)* || **~ высокой интенсивности** hochintensive Befeuerung *f*, System *n* der hochintensiven Befeuerung *(Flughafen)* || **~/задние габаритные** *(Kfz)* hintere Begrenzungsleuchten *fpl* || **~ зоны приземления** Markierung *f* der Aufsetzzone *f (Flughafen)* || **~/контурные** Konturenleuchten *fpl (Flughafen)* || **~ малой интенсивности** niederintensive Befeuerung *f*, System *n* der niederintensiven Befeuerung *f (Flughafen)* || **~/осевые** Mittellinienbefeuerung *f (Flughafen)* || **~/передние габаритные** *(Kfz)* vordere Begrenzungsleuchten *fpl* || **~ препятствий** Hindernisbefeuerung *f (Flughafen)* || **~ приближения** Befeuerung *f* der Anfluggrundlinie *f (Flughafen)* || **~ световых горизонтов** *m* Befeuerung *f* der Querhorizonte *m (Anflugbefeuerung)* || **~/ходовые** *(Schiff)* Positionslichter *npl*, Positionslaternen *fpl*

оголение *n* 1. Entblößung *f*, Freilegung *f*; 2. *(Schiff)* Austauchen *n* || **~/днища** *(Schiff)* Slamming *n*

оголённый unisoliert, abisoliert, blank *(Leiter)*

оголовок *m* 1. Kopf *m*, Kopfstück *n*; 2. *(Hydt)* Einlauf *m*, Eintrittsöffnung *f* || **~/входной** *(Hydt)* Dükereinlauf *m* || **~/выходной** *(Hydt)* Dükerauslauf *m* || **~ плотины** *(Hydt)* Kopf *m* der Staumauer || **~ стрелы** Auslegerspitze *f (Kran)*

оголовье *n* Kopfbügel *m*

оголяться *(Schiff)* austauchen

огон *m (Schiff)* [gespleißtes] Auge *n (an einem Seil)*

огонь *m* 1. Feuer *n*; 2. *(Schiff, Eb)* Licht *n*, Laterne *f (s. a. unter* огни*)* || **~/аварийный** Seenotlicht *n* || **~ аэродрома/рулёжный** *(Flg)* Rollbahnfeuer *n*, Rollbahnbefeuerung *f* || **~/аэродромный** Flughafenleuchtfeuer *n*, Flughafenbefeuerung *f*, Flugplatz[leucht]feuer *n* || **~/аэронавигационный** *(Flg)* Positionsfeuer *n*, Positionslicht *n* || **~/береговой** *(Schiff)* Küstenfeuer *n*, Landfeuer *n (Leuchtturm)* || **~/бортовой** *(Schiff)* Seitenlicht *n*, Seitenlaterne *f* || **~/буксирный** Schlepplicht *n* || **~/верхний** *(Met)* Oberfeuer *n (Schachtröstofen)* || **~/водолазный** Taucherlaterne *f* || **~/вращающийся** *(Schiff)* Drehfeuer *n (Leuchtturm)* || **~/встречный** Gegenfeuer *n (Waldbrandbekämpfung)* || **~/габаритный** *(Kfz)* Begrenzungsleuchte *f* || **~/гакабортный** *(Schiff)* Hecklicht *n*, Hecklaterne *f* || **~/гакабортный якорный** *(Schiff)* Heckankerlicht *n*, Heckankerlaterne *f* || **~/глиссадный** *(Flg)* Anflugwinkelfeuer *n* || **~/клотиковый** *(Schiff)* Morselicht *n*, Morselaterne *f* || **~/кодовый** Kodefeuer *n* || **~/контрольный** *(Eb)* Kontrollicht *n*, rückwärtiges Signallicht *n*, Rücklicht *n (Signal)* || **~/кормовой** *(Schiff)* Hecklicht *n*, Hecklaterne *f* || **~ левого борта/отличительный** *(Schiff)* Backbordlicht *n*, Backbordlaterne *f* || **~/левый бортовой** *(Schiff)* Backbordlicht *n*, Backbordlaterne *f* || **~/маячный** *(Schiff)* Leuchtfeuer *n (Leuchtturm)* || **~/мигающий проблесковый** Blinkfeuer *n* || **~ на коллекторе/круговой** Bürstenfeuer *n*, Rundfeuer *n* || **~/низовой** *(Forst)* Bodenfeuer *n (Waldbrand)* || **~/направляющий** *(Flg)* Leitfeuer *n* || **~/оградительный** Hindernisfeuer *n* || **~/отличительный** *(Schiff)* Positionslicht *n*, Positionslaterne *f* || **~ подхода** Anflugfeuer *n* || **~/посадочный** *(Flg)* Landebahnfeuer *n*, Landebahnbefeuerung *f*, Landungsfeuer *n* || **~ правого борта/отличительный** *(Schiff)* Steuerbordlicht *n*, Steuerbordlaterne *f* || **~/правый бортовой** *(Schiff)* Steuerbordlicht *n*, Steuerbordlaterne *f* || **~/путевой мигающий** *(Kfz)* Blinklicht *n* || **~ самолёта/аэронавигационный** *(Flg)* Stellungslicht *n*, Positionslicht *n* || **~/секторный** *(Schiff)* Leitfeuer *n (Leuchtturm)* || **~/сигнально-проблесковый** *(Schiff)* Morselicht *n*, Morselaterne *f* || **~/спасательно-поисковый** *(Schiff)* Nachtrettungslicht *n (Schwimmweste)* || **~/створный** Steuerlicht *n*, Steuerlaterne *f (Schiff)*; Richtfeuer *n (Leuchtbaken)* || **~/стояночный** *(Kfz)* Parkleuchte *f*, Standlicht *n* || **~/топовый** *(Schiff)* Topplicht *n*, Topplaterne *f* || **~/углублённый** Unterflurfeuer *n* || **~/фарватерный** *(Schiff)* Fahrwasserlicht *n*, Fahrwasserfeuer *n* || **~/хвостовой** *(Flg)* Hecklicht *n* || **~/ходовой** *(Schiff)* Fahrtlaterne *f* || **~ Эльма** Elmsfeuer *n*

ограда *f* 1. Sperre *f*, Barriere *f*; 2. *s.* ограждение || **~/противоснежная** Schneezaun *m*

оградить *s.* ограждать

ограждать einhegen, umzäunen; schützen

ограждение *n* 1. Einzäunung *f*; Umfriedung *f*, Einfriedung *f*; 2. *(Bw)* Geländer *n*; Schutzgeländer *n (z. B. um Maschinen)*; 3. *(Schiff)* Betonnung *f*; 4. Verdeck *n*, Verkleidung *f (an Maschinen)*; 5. *(Bgb)* Verzug *m (Ausbau)* || **~/водозащитное** *(Hydt)* Umspundung *f* || **~/гибкое** flexible Schürze (Randschürze) *f (Luftkissenschiff)* || **~/защитное** 1. Umzäunung *f*; Umwehrung *f*; 2. Schutzgeländer *n*; 3. Schutzverkleidung *f (an Maschinen)*; 4. Schutzraum *m (z. B. beim Roboterbetrieb)* || **~ котлована** Baugrubenabschluß *m*, Baugrubenumfriedung *f* || **~/леерное** *(Schiff)* Reling *f*, Geländer *n* || **~/подвижное** bewegliche Schürze (Randschürze) *f (Luftkissenschiff)* || **~ поезда** *(Eb)* Zugdeckung *f*, Zugsicherung *f (durch Signale)* || **~ рогулек/защитное** *(Text)* Flügelschutzverdeck *n (Flyer)* || **~ с жалюзи** *(Fert)* durchbrochene Umzäunung *f (mit Jalousie)* || **~ с отверстиями** *(Fert)* durchbrochene Umzäunung *f* || **~/сплошное** *(Fert)* volle Umzäunung *f (ohne Durchbrüche)* || **~ типа барьеры (перил)** *(Fert)* Umwehrung *f* || **~ фарватера** *(Schiff)* Fahrwasserbetonnung *f*

ограничение *n* Begrenzung *f*, Beschränkung *f*, Beschneidung *f*; Einschränkung *f* || **~/автоматическое** *(Eln)* selbsttätige Begrenzung *f* || **~/амплитудное** Amplitudenbegrenzung *f* || **~/анодное** *(Eln)* Anodenstrombegrenzung *f* || **~ видимости** Sichtbehinderung *f* || **~ выбросов** *(Ökol)* Auswurfbegrenzung *f*, Ausstoßbegrenzung *f* ‖ **~ габарита погрузки** *(Eb)* Lademaßbegrenzung *f*, Lademaßeinschränkung *f* ‖ **~ длительности импульса** Impulslängenbegrenzung *f*, Impulsbreitenbegrenzung *f* ‖ **~ импульса** Impulsbegrenzung *f* ‖ **~ максимального значения** Maximalwertbegrenzung *f*, Oberwertbegrenzung *f* ‖ **~ максимального числа оборотов** Höchstdrehzahlbegrenzung *f* ‖ **~ минимального значения** Minimalwertbegrenzung *f*, Unterwertbegrenzung *f* ‖ **~ минимального числа оборотов** Drehzahlbegrenzung *f* nach unten, Mindestdrehzahlbegrenzung *f* ‖ **~ мощности** Leistungsbegrenzung *f* ‖ **~ напряжения** *(El)* Spannungsbegrenzung *f* ‖ **~ по максимуму** Maximumbegrenzung *f* ‖ **~ по минимуму** Minimumbegrenzung *f* ‖ **~ повышения давления** Überdruckbegrenzung *f* ‖ **~ полосы частот** *(Rf)* Frequenz[band]begrenzung *f*, Frequenzbandbeschneidung *f* ‖ **~ помех** Störbegrenzung *f* ‖ **~ понижения давления** Niederdruckbegrenzung *f* ‖ **~ пространственным зарядом** Raumladungsbegrenzung *f* ‖ **~ пучка** *(Ph)* Strahlbegrenzung *f* ‖ **~ скорости** Geschwindigkeitsbegrenzung *f* ‖ **~ тока** *(El)* Strombegrenzung *f* ‖ **~ удара** *(Mech)* Stoßbegrenzung *f* ‖ **~ хода** Hubbegrenzung *f* ‖ **~ ширины полосы** *(Rf)* Bandbreite[n]begrenzung *f*

ограниченность *f (Math)* Beschränktheit *f*

ограниченный объёмными зарядами *(Eln)* raumladungsbegrenzt

ограничивать begrenzen, beschneiden

ограничивающий begrenzend, einschränkend, Begrenzungs…

ограничитель *m* 1. Begrenzer *m*, Begrenzungseinrichtung *f*; Wächter *m*; Sperre *f*; 2. Anschlag *m (z. B. eines Relais)*; 3. *(Inf)* Begrenzungszeichen *n* ‖ **~/амплитудный** Amplitudenbegrenzer *m* ‖ **~ движения** *(Masch)* Sperrwerk *n*, Gesperre *n* ‖ **~ движения/зубчатый** Klinkengesperre *n*; Zahngesperre *n* ‖ **~ движения/фрикционный** Reibgesperre *n* ‖ **~ максимального давления** Überdruckwächter *m*, Überdrucksicherheitsschalter *m* ‖ **~ максимального числа оборотов** Drehzahlwächter *m*, Höchstdrehzahlbegrenzer *m* ‖ **~ мощности** Leistungsbegrenzungsregler *m (Turbinen)* ‖ **~ нагрузки** Lastbegrenzer *m* ‖ **~ напряжения** *(El)* Spannungsbegrenzer *m* ‖ **~ обратного хода** Rücklaufsperre *f* ‖ **~ открытия** Öffnungsbegrenzer *m (Ventil)* ‖ **~ переподъёма** *(Bgb)* Übertreibsicherung *f (Schachtförderung)*; Turmendschalter *m (Bohrturm)* ‖ **~ по максимуму** Maximumbegrenzer *m* ‖ **~ по минимуму** Minimumbegrenzer *m* ‖ **~ подъёма** Hubendschalter *m*, Hubbegrenzungsschalter *m* ‖ **~ поля** Randsteller *m (Schreibmaschine)* ‖ **~ помех** Störungsbegrenzer *m*, Entstöreinrichtung *f* ‖ **~ предельной мощности** Höchstleistungsbegrenzer *m (Turbine)* ‖ **~ сеточного тока** *(Eln)* Gitterstrombegrenzer *m* ‖ **~ скорости** Geschwindigkeitsbegrenzer *m*; *(Bgb)* Fahrtregler *m (einer Fördermaschine)* ‖ **~ тока** *(El)* Strombegrenzer *m* ‖ **~ хода** Grenzschalter *m*, Endschalter *m* ‖ **~ хода/аварийный** Notschalter *m* ‖ **~ хода пружины** Federwegbegrenzer *m* ‖ **~ числа оборотов** Drehzahlwächter *m* ‖ **~ числа оборотов двигателя** Drehzahlbegrenzer *m (Vergasermotor)*

ограничительный Begrenzer…, Begrenzungs…

ограничить *s.* ограничивать

огранка *f* 1. *(Meß)* Gleichdick *n*, Gleichdickform *f*; 2. Schliff *m*; Schliffform *f (Edelstein)*; 3. Feinschleifen *n*; Facettieren *n (Edelsteinbearbeitung)* ‖ **~ кабошоном** Cabochon-Schliff *m (Edelstein)* ‖ **~ кристалла** Kristalltracht *f*, Kristallhabitus *m* ‖ **~/круглая бриллиантовая** Brillantschliff *m (Edelstein)* ‖ **~/ступенчатая** Treppenschliff *m (Edelstein)*

огрунтовка *f* Grundierung *f*, Vorstreichen *n*

огузок *m (Led)* 1. Schild *m (z. B. bei Schweinshäuten)*; 2. Kratze *f*

ОДГ *s.* головка/оптическая делительная

одежда *f* 1. *(Text)* Kleidung *f*, Bekleidung *f*; 2. *(Bw)* Decke *f*, Belag *m (Straßenbau)* ‖ **~/дорожная** *(Bw)* Fahrbahndecke *f*, Straßendecke *f* ‖ **~/защитная** Schutzbekleidung *f* ‖ **~/штормовая** Ölzeug *n* ‖ **~/щебёночная** Steinschlagdecke *f*, Schotterdecke *f (Straße)*

одерживание *n (Schiff)* Stützen *n*, Stützrudergeben *n*, Gegenrudergeben *n*

одерживать *(Schiff)* stützen, Stützruder geben, Gegenruder geben

одерновка *f* Rasenbekleidung *f*, Deckrasen *m*

ОДМР *s.* резонанс/оптический детектируемый магнитный

одноадресный *(Inf)* Einadreß…, Einadressen…

одноанодный *(Eln)* einanodig, Einanoden…

одноатомный *(Ch)* einatomig, monoatomar

однобайтовый *(Inf)* Einbyte…

однобортный *(Text)* einreihig

однобромистый *(Ch)* …monobromid *n*; Monobrom…

одновалентность *f (Ch)* Einwertigkeit *f*

одновалентный *(Ch)* einwertig, monovalent

однованна *f (Photo)* Einbad *n*

одновариантный univariant, monovariant

одновибратор *m (Eln)* Univibrator *m*, Monovibrator *m*; monostabiler Multivibrator *m*; Monoflop *m*

одновинтовой *(Schiff)* Einschrauben…

одноводный *(Ch)* …-1-Wasser *n*; …monohydrat *n*

одновременность *f* Gleichzeitigkeit *f*; Gleichlauf *m*

одновременный gleichzeitig

одногорбость *f* Einhöckerigkeit *f (einer Kurve)*

одногорбый einhöckerig *(Kurven)*

однодиапазонный Einbereich…, mit einem Bereich (Meßbereich)

однодорожечный Einspur…, einspurig *(Magnettonband)*

одножильный *(El)* einadrig, Einleiter…

однозамещённый einfachsubstituiert

однозахватный *(Masch)* zum Greifen eines Teils mit einer Greiferhand, Einteil… *(Bauweise von Greifern)*

однозаходный eingängig *(Gewinde)*

однозначность *f* 1. *(Math)* Eindeutigkeit *f*; 2. Einwertigkeit *f*

одноизотопный *(Kern)* einisotopig, isotopenrein

одноимённый 1. *(Math)* gleichnamig, gleichen Vorzeichens; 2. *(Fert)* gleichgerichtet, gleichsinnig *(Bewegungen)*

одноканальный Einkanal…

однокаскадный einstufig, Einstufen…
однокислотный *(Ch)* einsäurig *(Basen)*
одноклетьевой *(Wlz)* eingerüstig
одноколонный *(Typ)* einspaltig
одноконтурный *(El)* einkreisig, Einkreis…; einschleifig, Einschleifen…
однокристальный einkristallin, Einkristall…; Einchip…
однокромочный *(Wkz)* einschneidig
однокрылый *(Eb)* einflügelig, einarmig *(Signal)*
одноламповый 1. *(El)* Einlampen…; 2. Einröhren…, mit einer Röhre [bestückt]
однолезвийный *(Wkz)* einschneidig
однолемешный einfurchig, Einfurchen…, einscharig *(Pflug)*
одномаршевый *(Bw)* einläufig, einarmig *(Treppe)*
одномерный eindimensional
одноместный *(Flg)* einsitzig
одномодовый Monomode[n]…, Einmoden… *(Lichtwellenleiter)*
одномолекулярный *(Ch)* monomolekular
одноокись *f (Ch)* Monoxid *n*
одноосновный *(Ch)* einbasig *(Säuren)*
одноосный [оптически] [optisch] einachsig
одноплатный *(Eln)* Einplatinen…
одноподовый *(Met)* einherdig *(Ofen)*
однопозиционный *(Masch)* 1. Einstation[en]…; 2. mit einer Greiferhand, einfach *(Bauweise von Industrierobotern)*
однополосно-модулированный *(Rf)* einseitenbandmoduliert
однополосный *(Rf)* Einseitenband…; *(Nrt)* Gleichlage…
однополье *n* Einfelderwirtschaft *f*
однополюсный einpolig, Einpol…
однопредметный *(Fert)* … für ein Werkstück *(Merkmal für Fertigungseinrichtungen)*
однопроводной eindrähtig, Eindraht…; Einleiter…
однопроволочный *(El)* eindrähtig, Eindraht…
однопутный *(Eb)* eingleisig
однораздельный *(Bgb)* eintrümig
одноразовый nicht wiederverwendbar, Einweg…
одноразрядный *(Inf)* einstellig
однородность *f* Homogenität *f*, Gleichartigkeit *f* ‖ ~ **времени** *(Mech)* Homogenität *f* der Zeit *(Symmetrie in der theoretischen Mechanik)* ‖ **~/оптическая** optische Homogenität *f* ‖ ~ **пространства** *(Mech)* Homogenität *f* des Raumes *(Symmetrie in der theoretischen Mechanik)* ‖ ~ **толщины слоёв** *(Eln)* Schichtdickenhomogenität *f*
однородный homogen, gleichartig
односеточный *(Eln)* Eingitter…
однослойный einschichtig, Einschicht…
одностабильный *(Eln)* monostabil
одностворчатый *(Bw)* einflügelig *(Tür, Fenster)*
одностоечный *(Wkzm)* Einständer… *(Bauweise)*
однотактный Eintakt…
однотипность *f* Typeneinheitlichkeit *f*
одноукосный *(Lw)* einmähig, einschnürig *(Wiese)*
однофазный *(El)* einphasig, Einphasen…
однохлористый *(Ch)* …monochlorid *n*; Monochlor…
одноцветность *f* Einfarbigkeit *f*, Monochromatizität *f*
одноцветный einfarbig, monochromatisch
одноцелевой Einzweck…
одночипный Einchip…
одночлен *m (Math)* Monom *n*
одношпиндельный *(Wkzm)* Einspindel… *(Bauweise)*
одноядерный *(Kern)* einkernig
одноякорный *(El)* Einanker…
одноярусный einetagig, Einetagen…
одонтоскоп *m (Med)* Mundspiegel *m*, Zahnspiegel *m*
одорант *m* Odorans *n*, Odorier[ungs]mittel *n*
ОДП *s.* проводимость/отрицательная дифференциальная
ОДС *s.* стол/оптический делительный
ОДУ *s.* дефект упаковки/окислительный
ожеледь *f* Vereisung *f*, Eisbehang *m*
оже-переход *m (Kern)* Auger-Übergang *m*, strahlungsloser Übergang *m*
оже-рекомбинация *f (Kern)* Auger-Rekombination *f*
оже-спектроскопия *f* Auger-[Elektronen-]Spektroskopie *f*
оже-электрон *m (Kern)* Auger-Elektron *n*
оже-эффект *m (Kern)* Auger-Effekt *m*
ожидание *n* 1. Erwartung *f*; 2. [mathematischer] Erwartungswert *m*
ожижение *n* Verflüssigung *f* ‖ ~ **газа** Gasverflüssigung *f*, Gasverdichtung *f* ‖ ~ **угля** Kohleverflüssigung *f*
ожижитель *m* Verflüssiger *m*
ожог *m* 1. Verbrennung *f*; 2. Einbrandstelle *f*
озвучение *n (Ak)* Beschallung *f*
озвучивание *n* Vertonung *f (Tonfilm)*
оздоровление *n (Bw)* Sanierung *f* ‖ ~ **города** Stadtsanierung *f* ‖ ~ **зданий** Gebäudesanierung *f* ‖ ~ **местности** Geländesanierung *f* ‖ ~ **окружающей среды** Umweltgesundung *f*, Umweltsanierung *f*
озеленение *n (Bw)* Begrünung *f* ‖ **~/вертикальное** Vertikalbegrünung *f*, Fassadenbegrünung *f* ‖ ~ **территории** Begrünungsarbeiten *fpl*, landschaftsgärtnerische Arbeiten *fpl*
озеро *n* See *m* ‖ **~/анциловое** *(Geol)* Ancylussee *m (Entwicklungsstufe der Ostsee)* ‖ **~/ледниковое** *(Geol)* Gletschersee *m* ‖ **~/прибрежное** *(Geol)* Strandsee *m* ‖ ~ **холодного воздуха** Kaltluftsee *m*
озероведение *n* Seenkunde *f*, Limnologie *f*
озимые *pl (Lw)* Wintergetreide *n*
озокерит *m (Geol)* Ozokerit *m*, Bergwachs *m*, Erdwachs *n*
озоление *n* Veraschen *n*, Veraschung *f*
озолить *s.* озолять
озолять veraschen
озон *m (Ch)* Ozon *n*
озонатор *m (Ch)* Ozongenerator *m*, Ozonapparat *m*; Ozonisierungsmittel *n*
озонид *m (Ch)* Ozonid *n*
озонизация *f (Ch)* Ozonisierung *f*
озонирование *n (Ch)* Ozonisierung *f*
озонолиз *m (Ch)* Ozonspaltung *f*, Ozonolyse *f*
озонометр *m* Ozonmesser *m*
озоностойкий *(Ch)* ozonbeständig, ozonfest
озоностойкость *f* Ozonbeständigkeit *f*, Ozonfestigkeit *f*
озоносфера *f* Ozonosphäre *f*, Ozonschicht *f (der Atmosphäre)*

ОЗУ *s.* 1. устройство/оперативное запоминающее; 2. устройство/оптическое запоминающее
озы *mpl (Geol)* Oser *pl*, Oscer *pl*, Esker *pl*, Wallberge *mpl (Erhebungen in Moränenlandschaften)*
ОИО-схема *f s.* схема обнаружения и исправления ошибок
ОК *s.* 1. выход/открытый коллекторный; 2. коллектор/общий
окаймление *n* Umrandung *f*
окаливание *n (Met)* Verzunderung *f*
окалина *f (Met)* Zunder *m*, Sinter *m*, Abbrand *m* ‖ **~/воздушная** Zunder *m*; Walzsinter *m*; Hammerschlag *m* ‖ **~/вторичная** Ofensinter *m*, Ofenzunder *m*, Ofenabbrand *m*, Glühspan *m* ‖ **~/кузнечная** *s.* ~/молотобойная ‖ **~/медная** Kupferhammerschlag *m (beim Hämmern)*; Kupferglühspan *m (beim Glühen)* ‖ **~/молотовая (молотобойная)** Schmiedesinter *m*, Hammerschlag *m* ‖ **~/первичная** Walzsinter *m*, Straßensinter *m* ‖ **~/печная** Ofensinter *m*, Ofenzunder *m*, Ofenabbrand *m*, Glühspan *m* ‖ **~/прокатная** Walzzunder *m*, Walzsinter *m*
окалиноломатель *m (Met)* Zunderbrecher *m*, Entzunderungsgerüst *n*, Entzunderungswalzwerk *n*, Entzunderungsmaschine *f*
окалинообразование *n* Verzundern *n*, Verzunderung *f*, Zundern *n*, Zunderbildung *f*, Sintern *n*, Sinterbildung *f*, Abbrand *m*
окалиностойкий zunderfest, zunder[ungs]beständig
окалиностойкость *f* Zunderbeständigkeit *f*, Sinterbeständigkeit *f*
окалывание *n* **судна** *(Schiff)* Loseisen *n* des Schiffes
окаменелость *f (Geol)* Fossil *n*; Versteinerung *f*
окаменение *n (Geol)* Petrifikation *f*, Versteinerung *f (Vorgang)*
окантовать *(Text)* einfassen *(Saum)*
окантовка *f* 1. *(Led)* Einfaß *m*; 2. *(Typ)* Fälzeln *n* ‖ **~ в загибку** *(Led)* französischer Einfaß *m*
окантовывать *(Typ)* fälzeln
окатать *(Met)* pelletieren
окатка *f* **рубчика** *(Typ)* Falzeinbrennen *n*
окатывание *n (Met)* Pelletieren *n*
окатыш *m* Pellet *n* ‖ **~/рудный** Erzpellet *n* ‖ **~/самоковкий** selbstgängiges Pellet *n*
окварцевание *n (Geol)* Verquarzung *f*
ОКГ *s.* лазер
океанография *f* Ozeanographie *f*; Meereskunde *f*
океанология *f* Meeresforschung *f*
окисел *m (Ch)* Oxid *n (s. a.* закись *und* окись*)* ‖ **~/амфотерный** amphoteres Oxid *n* ‖ **~/безразличный** indifferentes Oxid *n* ‖ **~/высший** *s.* окись ‖ **~ затвора** Gateoxid *n* ‖ **~/индифферентный** indifferentes Oxid *n* ‖ **~/кислотный** saures Oxid *n* ‖ **~/маскирующий** Maskenoxid *n* ‖ **~/подзатворный** Gateoxid *n* ‖ **~/низший** *s.* закись ‖ **~/основный** basisches Oxid *n* ‖ **~/полевой** Feldoxid *n* ‖ **~/полуторный** Sesquioxid *n* ‖ **~/термический** thermisches Oxid *n* ‖ **~/толстый** Feldoxid *n* ‖ **~/туннельный** tunnelierbare Oxidschicht *f*
окисление *n* 1. *(Ch)* Oxidation *f*, Oxidieren *n*; 2. *(Met)* Frischen *n*, Windfrischen *n*; 3. *(Met)* Abbrand *m* ‖ **~/анодное** anodische (elektrolytische, elektrochemische) Oxidation *f*, Anodisieren *n* ‖ **~/влажное** Feuchtoxidation *f* ‖ **~ воздухом** Luftoxidation *f* ‖ **~/вторичное** *s.* ~/повторное ‖ **~/высокотемпературное** Hochtemperaturoxidation *f* ‖ **~/низкотемпературное** Niedertemperaturoxidation *f* ‖ **~/повторное** Rückoxidation *f*, Reoxidation *f* ‖ **~/полное** Totaloxidation *f* ‖ **~/предварительное** *(Met)* Voroxidation *f (der Schmelze)* ‖ **~ примесей** *(Met)* Frischen *n*, Frischwirkung *f (z. B. im SM-Ofen)* ‖ **~ стали/вакуумное** *(Met)* Vakuumfrischen *n*, VOD-Verfahren *n* ‖ **~/сухое** Trockenoxidation *f* ‖ **~/термическое** thermische Oxidation *f* ‖ **~/фотостимулированное** lichtinduzierte Oxidation *f*, schnelle thermische Oxidation *f*, RTO ‖ **~/фотохимическое** Photooxidation *f* ‖ **~/частичное** Partialoxidation *f* ‖ **~/электролитическое (электрохимическое)** *s.* ~/анодное
окисление-восстановление *n (Ch)* Oxidations-Reduktions-Reaktion *f*, Redoxreaktion *f*
окислённость *f (Ch)* Oxidationsgrad *m*
окислённый *(Ch)* oxidiert
окислитель *m* 1. *(Ch)* Oxidationsmittel *n*, Frischmittel *n*, Oxidans *n*, Sauerstoff abgebendes Mittel *n*; 2. *(Met)* Tempererz *n*; 3. *(Rak)* Oxidator *m*, Sauerstoffträger *m* ‖ **~/пластинчатый** *(Bw)* Plattenkörper *m (Abwasserreinigung)*
окислительно-восстановительный *(Ch)* Oxidations-Reduktions..., Reduktions-Oxidations..., Redox...
окислительный *(Ch)* oxidativ, Oxidations...
окислить *s.* окислять
окисляемость *f (Ch)* Oxidierbarkeit *f*; Oxidationsvermögen *n*
окисляемый *(Ch)* oxidierbar, oxidabel
окислять 1. *(Ch)* oxidieren; 2. *(Met)* frischen
окиснослойный Oxidschicht...
окисный *(Ch)* oxidisch, Oxid...
окись *f (Ch)* [höherwertiges] Oxid *n*, Oxid *n* der höheren Oxidationsstufe (Wertigkeitsstufe) ‖ **~ дейтерия** Deuteriumoxid *n*, schweres Wasser *n*
окклюзия *f (Meteo)* Okklusion *f*
оклад *m***/дверной** *(Bgb)* Türstock *m (Türstockausbau)*
оклеивать 1. schönen *(Wein)*; 2. *(Typ)* fälzeln
оклеить *s.* оклеивать
оклейка *f (Lebm)* Schönen *n*, Schönung *f (des Weins)* ‖ **~ обоями** Tapezieren *n*
оклетнёвывать *(Schiff)* betakeln *(eine Trosse)*
окна *npl* **Кирквуда** *(Astr)* Kommensurabilitätslücken *fpl (in Verbindung der Umlaufszeiten der Planetoiden)*
окно *n* 1. *(Bw)* Fenster *n*; 2. *(Bw)* Tür *f*; 3. *(Opt)* Fenster *n*, Blende *f*; 4. *(Inf)* Fenster *n*, Window *n*; 5. *(Eb)* Sperrpause *f (Gleisbau)* ‖ **~/атмосферное** *(Meteo)* atmosphäriches Fenster *n* ‖ **~/бериллиевое** *(Kern)* Berylliumfenster *n* ‖ **~/бесперeплётное** *(Bw)* flügelloses Fenster *n* ‖ **~/боковое** Seitenfenster *n* ‖ **~/брюстеровское** *(Opt)* Brewster-Fenster *n*, unter dem Brewster-Winkel angeordnetes Fenster *n* ‖ **~/вентиляционное** *(Bgb)* Wetterfenster *n*, Drossel *f (an Wettertüren oder -dämmen)* ‖ **~/впускное** Einlaßschlitz *m (Zweitaktmotor)* ‖ **~/входное** 1. Eintrittsöffnung *f*, Eintrittsfenster *n*; 2. Eintrittsluke *f* ‖ **~ выдачи** *(Met)* Ziehtür *f (Ofen)* ‖ **~/вы-**

пускное Auslaßschlitz *m*, Auslaßkanal *m*; Austragsöffnung *f* ‖ **~/выработочное** *(Glas)* Arbeitsöffnung *f*, Arbeitsloch *n* ‖ **~/выхлопное** Auspuffschlitz *m (Zweitaktmotor)* ‖ **~/выходное** 1. Austrittsöffnung *f*; 2. Austrittsluke *f* ‖ **~/газовое** *(Met)* Gaszugmüdnung *f (SM-Ofen)* ‖ **~/глухое** *(Bw)* blindes Fenster *n* ‖ **~/двойное** *(Bw)* Doppelfenster *n* ‖ **~/двухстворное** *(Bw)* zweiflügeliges Fenster *n* ‖ **~/завалочное** *s.* ~/загрузочное ‖ **~/загрузочное** *(Met)* Beschikkungsöffnung *f*, Eintragsöffnung *f*, Chargieröffnung *f*, Schafftür *f (SM-Ofen)*; Begichtungsöffnung *f (Hochofen)*; Arbeitstür *f (Schmiedeofen)* ‖ **~/звукоизолирующее** *(Bw)* Schallschutzfenster *n* ‖ **~/золотниковое** Schieberöffnung *f (Dampfmaschine)* ‖ **~ изображения** Plotfenster *n (Plotter)* ‖ **~/кадровое** *n* Bildfenster *n*, Filmfenster *n* ‖ **~/колошниковое** *(Met)* Beschikkungsöffnung *f*, Gichtöffnung *f*, Begichtungstür *f*, Begichtungsöffnung *f (Hochofen)* ‖ **~/копировальное** *(Kine)* Kopierfenster *n* ‖ **~/ленточное** *(Bw)* Langfenster *n*, Lichtband *n*, Fensterband *n* ‖ **~/магазинное** *(Bw)* Schaufenster *n* ‖ **~/наблюдательное** *s.* ~/смотровое ‖ **~/наружное** *(Bw)* Außenfenster *n* ‖ **~/нейтронное** *(Kern)* Neutronenaustrittsfenster *n* ‖ **~ обмотки** *(Eln)* Wickelfenster *n*, Kernfenster *n* ‖ **~/одинарное** *(Bw)* Einfachfenster *n* ‖ **~/одностворное** *(Bw)* einflügeliges Fenster *n* ‖ **~/открывающееся** *(Bw)* Klappfenster *n* ‖ **~/передаточное** *(Bw)* Durchreiche *f (Küche)* ‖ **~/пламенное** Feuerbrücke *f (eines Schmelzflammofens)* ‖ **~/подъёмное** *(Bw)* Schiebefenster *n* ‖ **~/посадочное** Einsatztür *f*, Beschickungsöffnung *f (Wärmofen)* ‖ **~/продувочное** Spülschlitz *m (Zweitaktmotor)* ‖ **~/проекционное** *(Kine)* Projektionsbildfenster *n* ‖ **~/рабочее** Arbeitsöffnung *f*, Arbeitsloch *n (Glasschmelzofen)*; Arbeitstür *f (Schmiedeofen)* ‖ **~/разгрузочное** Austragsöffnung *f* ‖ **~/раздвижное** *(Bw)* Schiebefenster *n* ‖ **~/распределительное** Steuerschlitz *m (Zweitaktmotor)* ‖ **~ с верхнеподвесными створками** *(Bw)* Klappflügelfenster *n* ‖ **~ с нижеподвесными створками** *(Bw)* Kippflügelfenster *n* ‖ **~ с поворотными створками** *(Bw)* Drehflügelfenster *n* ‖ **~/садочное** Einsatztür *f*, Arbeitstür *f (Schmelzflammofen)* ‖ **~ связи** Koppelfenster *n*, Kopplungsloch *n* ‖ **~ сердечника** *(El)* Kernfenster *n*, Wickelfenster *n* ‖ **~/слуховое** *(Bw)* Dachfenster *n*, Bodenfenster *n*, Bodenluke *f*, Aussteigefenster *n* ‖ **~/смотровое** Sichtfenster *n*, Beobachtungsfenster *n*, Schauloch *n*, Schauöffnung *f*, Beobachtungsloch *n*; Kontrollfenster *n* ‖ **~/спаренное** *(Bw)* Verbundfenster *n* ‖ **~/створное** *(Bw)* Flügelfenster *n* ‖ **~/тектоническое** *(Geol)* tektonisches Fenster *n*, Fenster *n (einer Deckenüberschiebung)* ‖ **~/трёхстворное** *(Bw)* dreiflügeliges Fenster *n* ‖ **~/тройное** *(Bw)* Dreifachfenster *n* ‖ **~/экспозиционное** *(Kine)* Kamerabildfenster *n*

оковка *f* Beschlag *m* ‖ **~ валка** Umschlingen *n* der Walze *(durch Anhaften des Walzgutes)* ‖ **~ судна** *(Schiff)* Loseisen *n* des Schiffes

околозвёздный *(Astr)* zirkumstellar

околозвуковой *(Flg)* schallnah, transsonisch

околоземный erdnah *(z. B. Umlaufbahn)*

околозенитный *(Astr)* zirkumzenital

околокритический *(Kern)* fastkritisch

окололунный *(Astr)* mondnah

околомагматический *(Geol)* fastmagmatisch

околопланетный *(Astr)* zirkumplanetar

околополярный *(Astr)* zirkumpolar

околосолнечный *(Astr)* sonnennah

околоток *m (Eb)* Bahnmeisterei *f*; Bahnmeisterbezirk *m*

окомкование *n* 1. Klumpenbildung *f*, Klümpchenbildung *f*; 2. Granulierung *f*, Granulation *f*; 3. *s.* окускование

окомкователь *m (Met)* Pellet[is]iergerät *n*

оконечность *f* Schiffsende *n*, Vorder- oder Hinterteil *n* des Schiffes ‖ **~/бульбовая носовая** Wulstbug *m* ‖ **~/кормовая** Achterende *n*, hinteres Schiffsteil *n* ‖ **~/носовая** Vorschiff *n*, vorderes Schiffsteil *n* ‖ **~/подъёмная кормовая** *(Schiff)* Heckklappe *f (Fährschiff, Ro-Ro-Schiff)* ‖ **~/подъёмная носовая** Bugklappe *f (Fährschiff, Ro-Ro-Schiff)* ‖ **~ судна** *s.* оконечность

оконечный End...

оконтуривание *n (Bgb)* Umgrenzung *f*, Begrenzung *f*, Konturierung *f* ‖ **~/кабельное** *(El)* Kabelendverschluß *m*

оконцованный mit Kabelschuhen versehen

окончание *n* Beendigung *f*, Beenden *n*, Ende *n*, Schluß *m* ‖ **~ выполнения задания** *(Inf)* Jobbeendigung *f*, Jobende *n (Betriebssystem)* ‖ **~ работы** Betriebsschluß *m*, Arbeitsschluß *m*; *(Rak)* Brennschluß *m* ‖ **~ работы с устройством** *(Inf)* Einheitenende *n (Betriebssystem)* ‖ **~ события** *(Inf)* Abschluß *m* eines Ereignisses *(Betriebssystem)*

окоривать [древесину] *(Pap)* entrinden *(Schleifholz)*

окорка *f (Pap)* Entrinden *n*, Schälen *n (Schleifholz)* ‖ **~/барабанная** Trommelentrindung *f*, Trommelschälung *f* ‖ **~/водоструйная (гидравлическая)** hydraulische Entrindung *f*, Wasserstrahlentrindung *f* ‖ **~/мокрая** Naßentrindung *f*, Reibungsschälung *f* ‖ **~/ножевая** Messerentrindung *f*, Messerschälung *f*

окошечко *n***/прозрачное** *(Kern)* Strahlenaustrittsfenster *n*

окошко *n* Fenster *n*; *(Opt)* Blende *f*, Eintrittsöffnung *f* ‖ **~/входное** Einlaßfenster *n* ‖ **~/кварцевое** Quarzfenster *n* ‖ **~/контрольное** Kontrollfenster *n*

окраска *f* 1. Anstrich *m*; Färben *n*, Färbung *f*; 2. Färbung *f*, Farbe *f*; 3. Anfärbung *f*; Einfärbung *f* ‖ **~/алкидная** Alkydfarbanstrich *m* ‖ **~/антикоррозионная** Rostschutzfarbe *f*, Rostschutzanstrich *m* ‖ **~ звука** *(Ak)* Klangfarbe *f*

окрашенный gefärbt; eingefärbt ‖ **~/интерференционная** *(Krist)* Interferenzfarbe *f*, Polarisationsfarbe *f* ‖ **~/казеиновая** Kaseinfarbanstrich *m* ‖ **~/кислотостойкая (кислотоупорная)** Säureschutzanstrich *m*, säurefester Anstrich *m* ‖ **~/клеевая** Leimfarbenanstrich *m* ‖ **~/лаковая** Lackanstrich *m* ‖ **~ литья** Gußgrundierung *f*; Gußkonservierung *f* ‖ **~/маркировочная** *s.* ~/условная ‖ **~/масляная** *(Bw)* Ölanstrich *m* ‖ **~/огнезащитная** Feuerschutzanstrich *m* ‖ **~/огнестойкая** feuerfester Anstrich *m* ‖ **~/окончательная** Fertiganstrich *m*, Deckanstrich *m* ‖ **~/поверхностная** Aufsichtfarbe *f* ‖ **~/условная** Kennfarbe *f* ‖ **~/цемент-**

ная Zementanstrich *m* ‖ ~ **в куске** *(Text)* stückgefärbt ‖ ~ **в массе** *(Text)* [er]spinngefärbt, düsengefärbt ‖ ~ **в мотках** *(Text)* stranggefärbt
окрашиваемость *f* Einfärbbarkeit *f*, Anfärbbarkeit *f*, Färbbarkeit *f*
окрашивание *n* Anstreichen *n*; Färben *n (s. a. unter* окраска*)* ‖ ~ **в роллах** *(Pap)* Färben *n* in der Masse, Massefärbung *f*, Holländerfärbung *f*
окрашивать färben; einfärben
окремнение *n (Geol)* Verkieselung *f*, Silifikation *f*, Einkieselung *f*
окрестность *f* Umgebung *f*
округление *n* 1. Abrundung *f*, Abrunden *n (z. B. Ecken, Kanten)*; 2. Abrundung *f (Resultat)*; 3. *(Math, Inf)* Rundung *f* ‖ ~ **сверху** *(Math)* Aufrundung *f*, Rundung *f* nach oben, Aufrunden *n* ‖ ~ **снизу** *(Math)* Abrundung *f*, Rundung *f* nach unten, Abrunden *n*
окружность *f* 1. *(Math)* Kreis *m*, Kreislinie *f*, Kreisperipherie *f*, Kreisumfang *m (s. a. unter* круг 1.*)*; 2. Umgegend *f*, Umgebung *f (z. B. einer Stadt)* ‖ ~ **впадин** Fußkreis *m (Zahnrad)* ‖ **~/вписанная** *(Math)* Inkreis *m*, Innenkreis *m* ‖ ~ **выступов** *(Masch)* Kopfkreis *m (Zahnrad)* ‖ **~/граничная** Grenzkreis *m* ‖ **~/делительная** *(Masch)* Teilkreis *m (Zahnrad)* ‖ ~ **качения** Rollkreis *m*, Wälzkreis *m (Wälzkörper)* ‖ ~ **качения/рабочая** Betriebswälzkreis *m (Wälzkörper)* ‖ **~/контрольная** Prüfkreis *m (am Zahnrad)* ‖ ~ **конуса плоского зацепления/основная** *(Masch)* Kegelgrundkreis *m* der Planverzahnung ‖ **~/начальная** *(Masch)* Erzeugungswälzkreis *m*, Wälzkreis *m (Zahnrad)* ‖ ~ **обкатки** *s.* ~ качения ‖ **~/описанная** *(Math)* Umkreis *m* ‖ **~/основная** *(Masch)* Grundkreis *m (Zahnrad mit Evolventenverzahnung)* ‖ ~ **потерь** *(El)* Verlustkreis *m* ‖ **~/прилегающая** angrenzender Kreis *m* ‖ **~/производящая** *(Masch)* Erzeugungswälzkreis *m*, Rollkreis *m* ‖ ~ **ротора** *(El)* Läuferumfang *m* ‖ **~/соприкасающаяся** *(Math)* Krümmungskreis *m*, Schmiegkreis *m*, Oskulationskreis *m* ‖ ~ **статора** *(El)* Ständerumfang *m*
оксалат *m (Ch)* Oxalat *n*
оксибензол *m (Ch)* Hydroxybenzen *n*, Hydroxybenzol *n*, Phenol *n*
оксигруппа *f (Ch)* Hydroxygruppe *f*
оксид *m s.* окисел
оксидиметрия *f* Oxidimetrie *f*, Redoxanalyse *f*
оксидирование *n (Met)* Oxidierung *f*, Oxidationsbehandlung *f*; Oxidieren *n (Aufbringen einer künstlichen Oxidschicht auf Metalle)* ‖ ~ **алюминия/анодное** Eloxieren *n*, Aloxidverfahren *n*, Aloxidieren *n*, Eloxalverfahren *n* ‖ **~/анодное** anodische (elektrolytische, elektrochemische) Oxidation *f*, Anodisieren *n*; Passivieren *n*, anodisches Oxidieren *n (meist Eloxieren)* ‖ **~/термическое** *(Eln)* thermische Oxidation *f (Schaltkreisfertigung)*
оксидировать oxidieren *(eine künstliche Oxidschicht auftragen)*
оксидоредук[т]аза *f (Ch)* Oxidoreduk[t]ase *f*, Redoxase *f*
оксидоредукция *f (Ch)* Oxidoreduktion *f*, Disproportionierung *f*, Dismutation *f*
оксизамещённый *(Ch)* hydroxysubstituiert
оксикислота *f (Ch)* Hydroxy[carbon]säure *f*
оксиметрия *f* Oxymetrie *f*, Sauerstoffmessung *f (im Blut)*
оксисоединение *n (Ch)* Hydroxyverbindung *f*
оксихлорид *m (Ch)* Oxidchlorid *n*, Oxychlorid
октаэдр *m (Krist)* Oktaeder *m*, Achtflächner *m* ‖ **~/пирамидальный** Tri[aki]soktaeder *m*, Pyramidenoktaeder *m*
октаэдрит *m (Astr)* Oktahedrit *m (Eisenmeteorit)*
октет *m (Kern)* Oktett *n (Supermultiplett aus acht Teilchen)*
октод *m (Eln)* Oktode *f*, Achtpolröhre *f*, Achtelektrodenröhre *f*
октод-смеситель *m (Eln)* Mischoktode *f*
октуполь *m (Kern)* Oktupol *m*, Oktopol *m*
ОКУ *s.* усилитель/оптический квантовый
окуляр *m (Opt)* Okular *n* ‖ **~/автоколлимационный** Autokollimationsokular *n* ‖ **~/астрономический** astronomisches Okular *n* ‖ ~ **Гаусса** Gaußsches Okular *n* ‖ ~ **Гюйгенса** Huygens-Okular *n*, Huygenssches Okular *n* ‖ **~/земной** terrestrisches Okular *n* ‖ **~/зенитный** Steilsichtokular *n* ‖ **~/измерительный** Meßokular *n*, Feinmeßokular *n* ‖ **~/компенсационный** Kompensationsokular *n* ‖ **~/короткофокусный** kurzbrennweitiges Okular *n* ‖ **~/ортоскопический** orthoskopisches (verzerrungsfreies) Okular *n* ‖ **~/отрицательный** *s.* ~ Гюйгенса ‖ **~/отсчётный** Zählokular *n* ‖ ~ **Райта** Wrightsches Okular (Mikroskopokular) *n* ‖ ~ **Рамсдена** Ramsden-Okular *n*, Ramsdensches Okular *n* ‖ ~ **с перекрестием** Fadenkreuzokular *n* ‖ **~/солнечный** Sonnenokular *n* ‖ **~/сравнительный** Vergleichsokular *n*
окуляр-гониометр *m (Opt)* Goniometerokular *n*
окуляр-куб *m (Opt)* Teilerwürfel *m*, Okularteilerwürfel *m*
окуляр-микрометр *m (Opt)* Okularmikrometer *n*, Meßschraubenokular *n*
окуляр-планиметр *m (Opt)* Planimeterokular *n*
окунание *n* Tauchung *f*
окуривание *n* 1. *(Lw)* Begasung *f (Bekämpfung von Pflanzen- und Bodenschädlingen)*; 2. Begasung *f (Bruthygiene in Geflügelhaltung)*; 3. *(Ker) s.* шмаухование
окускование *n* Stückigmachen *n*, Stückmachung *f*, Zusammenballen *n (Aufbereitung)*
окучивание *n (Lw)* Häufeln *n*, Anhäufeln *n*, Hochhäufeln *n*
окучка *f s.* окучивание
окучник *m (Lw)* Häufelpflug *m*
ОЛ *s.* линия/основная
олеат *m (Ch)* Oleat *n*
оледенение *n (Geol)* 1. Vergletscherung *f*, Vereisung *f*; 2. Kaltzeit *f* ‖ **~/айовское** Iova-Kaltzeit *f (Nordamerika; erstes Stadium der Wisconsin-Kaltzeit)* ‖ **~/апшеронское** Apscheron-Kaltzeit *f (Kaukasus; entspricht der Günz-Kaltzeit)* ‖ **~/архейское** archäische Kaltzeit *f (Kanada, Südafrika)* ‖ **~/брюггенское** Bruggenkaltzeit *f*, Prätelegen *n (Niederlande, Niederrheingebiet)* ‖ **~/валдайское** Waldaikaltzeit *f (Russische Ebene)* ‖ **~/вартинское** Warthestadium *n (Norddeutschland, Polen; Stillstandslage eines bedeutenden Vorstoßes des nordeuropäischen Inlandeises des Quartärs, mitunter als selbständige Kaltzeit gedeutet)* ‖ **~/варшавское I** Warschau-I-Kaltzeit *f (dritte Kaltzeit in Polen; entspricht der*

Rißkaltzeit || **~/варшавское ||** Warschau-II-Kaltzeit *f (vierte Kaltzeit in Polen; entspricht der Würmkaltzeit)* || **~/вейбурнское** Weybourne-Kaltzeit *f (England)* || **~/висконсинское** Wisconsin-Kaltzeit *f (Nordamerika)* || **~/вислинское** Weichsel[kalt]zeit *f (nördliches Mitteleuropa)* || **~/вюрмское** Würmkaltzeit *f*, Würmzeit *f* || **~/глючское** Glütschkaltzeit *f (Alpen; Stadium der Rißkaltzeit)* || **~/гондванское** *s.* ~/позднепалеозойское || **~/гуронское** Huronkaltzeit *f (Nordamerika)* || **~/гюнцское** Günz[kalt]zeit *f (Alpen)* || **~ дагу** Dagu-Kaltzeit *f (China; entspricht der Mindelkaltzeit)* || **~/днепровское** Dnjeprkaltzeit *f (Russische Ebene; entspricht der Rißkaltzeit)* || **~/дочетвертичное** pleistozäne Kaltzeit *f (Gruppenbezeichnung für Kaltzeiten des älteren Quartärs)* || **~/дунайское** Donaukaltzeit *f* || **~/заальское** Saale[kalt]zeit *f* || **~/зыранское** Syranka-Kaltzeit *f (Nordsibirien; entspricht der Moskaukaltzeit)* || **~/иллинойское** Illionian-Kaltzeit *f (Nordamerika)* || **~/калининское** Kalininkaltzeit *f (Russische Ebene: zeitlich zwischen Waldai- und Moskaukaltzeit)* || **~/кандерское** Kanderkaltzeit *f (Alpen; erste Hochgebirgsvereisung nach der Mindel-Rißwarmzeit)* || **~/канзасское** Kansankaltzeit *f (Nordamerika)* || **~/карпатское** *s.* ~/краковское || **~/континентальное** *s.* ~/материковое || **~/краковское** Krakaukaltzeit *f*, Karpatenkaltzeit *f (Polen; entspricht der Mindelkaltzeit)* || **~/лихвинское** *s.* ~/окское || **~/лушанское** Luschankaltzeit *f (China; entspricht der Dnjeprkaltzeit)* || **~/материковое** Festlandsvergletscherung *f*, Kontinentalvergletscherung *f* || **~/миндельское** Mindel-[kalt]zeit *f* || **~/московское** Moskaukaltzeit *f (Russische Ebene; entspricht dem Warthestadium)* || **~/небрасское** Nebraskakaltzeit *f (Nordamerika)* || **~/окское** Okakaltzeit *f (Russische Ebene; im Russischen zuweilen als Lichwinkaltzeit bezeichnet; entspricht der Mindelkaltzeit)* || **~/осташовское** *s.* ~/валдайское || **~/поздневисконсинское** Spätstadium *n* der Wisconsin-Kaltzeit || **~/позднепалсозойское** präkambrische Kaltzeit *f* || **~/позднепротерозойское** *s.* ~/гуронское || **~/раннепротерозойское** *s.* ~/тимискаминское || **~/рисское** Riß[kalt]zeit *f (Alpen)* || **~/сартанское** Sartankaltzeit *f (Nordsibirien)* || **~/среднепольское** mittelpolnische Kaltzeit *f (entspricht dem Warthestadium)* || **~/тимискаминское** Timiskamin-Kaltzeit *f* || **~/центральнопольское** *s.* ~/варшавское I || **~/эбуронское** Eburon-Kaltzeit *f (Niederlande, Rheingebiet; zweite Kälteperiode des Altpleistozäns; entspricht der Donaukaltzeit)* || **~/эльстерское** Elsterkaltzeit *f* || **~/южнопольское** südpolnische Kaltzeit *f (entspricht der Rißkaltzeit)* || **~/ярославское** Jaroslawkaltzeit *f (Polen; entspricht der Elsterkaltzeit)*

олеин *m (Ch)* Olein *n*, Ölsäure *f*

олеиновокислый *(Ch)* ...oleat *n*; ölsauer

олеомаргарин *m (Lebm)* Oleomargarin *n*

олеометр *m* Oleometer *n*, Ölaräometer *n*

олеум *m (Ch)* rauchende Schwefelsäure *f*, Oleum *n*

олефин *m (Ch)* Olefin *n*, Alken *n*, Ethylenkohlenwasserstoff *m*

оливенит *m (Min)* Olivenit *m*, Leukochalcit *m*

оливин *m (Min)* Olivin *m*, Peridot *m*, Chrysolith *m*

олигоклаз *m (Min)* Oligoklas *m (ein Kalknatronfeldspat)*

олигомер *m (Ch)* Oligo[poly]mer[e] *n*

олигоцен *m s.* отдел/олигоценовый

олистострома *f (Geol)* Olisthostrom *n*, Olisthostroma *n*

олифа *f* Firnis *m* || **~/лаковая** Lackfirnis *m* || **~/льняная** Leinölfirnis *m* || **~/масляная** Ölfirnis *m* || **~/натуральная** reiner Firnis *m* || **~/оксидированная** oxidierter (geblasener) Firnis *m*, Blasölfirnis *m* || **~/оксиполимеризованная** geblasener Standölfirnis *m* || **~/печатная** Druckfirnis *m* || **~/полимеризованная** polymerisierter Firnis *m*, Standölfirnis *m* || **~/смоляная** Harzfirnis *m* || **~/типографская** Druckfirnis *m*

олово *n (Ch)* Zinn *n*, Sn; *(Met)* Zinn *n* || **~/вторичное** Altzinn *n*, regeneriertes (wiedergewonnenes) Zinn *n* || **~/гранулированное** Körnerzinn *n*, Zinngranalien *fpl*, Zinnkörner *npl* || **~/губчатое** Zinnschwamm *m* || **~/деревянистое** *(Min)* Holzzinn *n (Abart von Kassiterit)* || **~/зернёное** *s.* ~/гранулированное || **~/листовое** *s.* ~/рольное || **~/малаккское** Bankazinn *n* || **~/прутковое** Stangenzinn *n* || **~/рольное** Walzzinn *n*, Zinnblech *n* || **~/техническое** Hüttenzinn *n* || **~/черновое** Rohzinn *n* || **~/чистое** Reinzinn *n* || **~/чушковое** Barrenzinn *n*, Blockzinn *n*

оловяннокислый *(Ch)* ...stannat *n*, ...stannat(IV) *n*; zinnsauer

оловянный Zinn...

олоэдрический *(Krist)* holoedrisch, vollflächig

ОЛС *s.* 1. линия связи/оптическая; 2. система/оптическая локационная

ОНС *s.* отжиг некогерентным светом

ом *m* Ohm *n*, W

омброграф *m (Meteo)* Ombrograph *m*, registrierender Regenmesser *m*

омброметр *m (Meteo)* Ombrometer *n*, Regenmesser *m*

омегатрон *m* Omegatron *n (Massenspektroskopie)*

омеднение *n* Verkupfern *n*

омеднить *s.* омеднять

омеднять verkupfern

ОМИ *s.* огни малой интенсивности

омметр *m (El)* Ohmmeter *n*, Widerstandsmesser *m* || **~/ламповый** Röhrenwiderstandsmesser *m* || **~/логометрический** Quotientenwiderstandsmesser *m*, Widerstandsmesser *m* mit Quotientenmeßwerk || **~/магнитоэлектрический** magnetelektrischer Widerstandsmesser *m* || **~/многопредельный** Vielbereichswiderstandsmesser *m* || **~ переменного тока** Wechselstromwiderstandsmesser *m* || **~ постоянного тока** Gleichstromwiderstandsmesser *m* || **~ прямого отсчёта** direktablesbarer Widerstandsmesser *m* || **~/прямопоказывающий** direkt[an]zeigender Widerstandsmesser *m* || **~/самопишущий** selbstschreibender Widerstandsmesser *m* || **~/цифровой** Digitalwiderstandsmesser *m*

омметр-логометр *m (El)* Quotientenwiderstandsmesser *m*, Widerstandsmeser *m* mit Quotientenmeßwerk

омолаживание *n s.* омоложение

darkennung *f* ‖ ~ **«свой-чужой»** Freund-Feind-Kennung *f*, Freund-Feind-Identifizierung *f*

опознаватель *m* Identifizierer *m*

опознавать identifizieren; erkennen

опознание *n s.* опознавание

опознать *s.* опознавать

опока *f* 1. *(Geol)* Opoka *f*, Kieselkalkton *m*; 2. *(Gieß)* Kasten *m*, Formkasten *m*, Kasten[guß]-form *f* ‖ **~/верхняя** *(Gieß)* Oberkasten *m* ‖ **~/крановая** *(Gieß)* Kranformkasten *m*, Formkasten *m* mit Gehängezapfen ‖ **~/нижняя** *(Gieß)* Unterkasten *m*, Unterform *f* ‖ **~/откидная** *s.* ~/разъёмная ‖ **~/профильная** *(Gieß)* Profil-[form]kasten *m* ‖ **~/разъёмная** *(Gieß)* Abschlag-[form]kasten *m*, Abzieh[form]kasten *m*, Klapp-formkasten *m*, Abstreifkasten *m* ‖ **~/составная** *(Gieß)* mehrteiliger Formkasten *m* ‖ **~/съёмная** *s.* ~/разъёмная ‖ **~/фальшивая** *(Gieß)* Sparhälfte *f (Formen)*

оползание *n* Rutschung *f*, Abrutschen *n* ‖ ~ **берега** *(Hydt, Bw)* Böschungsrutschung *f* ‖ ~ **откосов [земляной плотины]** *(Hydt, Bw)* Dammrutschen *n*, Dammrutschung *f*, Dammbewegung *f*

оползень *m* Erdrutsch *m*, Bergrutsch *m* ‖ ~ **борта** *(Bgb)* Böschungsrutschung *f* ‖ ~ **карьера** *(Bgb)* Tagebaurutschung *f* ‖ ~ **отвала** *(Bgb)* Kippenrutschung *f* ‖ ~ **откоса** *(Bgb)* Böschungsrutschung *f* ‖ **~/подводный** *(Geol)* subaquatische Gleitung *f* ‖ ~ **проседания** *(Bgb)* Setzungsfließen *n*

опора *f* 1. Stütze *f*, Stützpunkt *m*; Unterstützung *f*; Abstützung *f*; Träger *m*, Lager *n*, Lagerung *f*; 2. *(Bw)* Auflager *n*, Widerlager *n*; 3. *(El)* Mast *m*; Gestänge *n (Freileitungen)*; 4. *(Nrt)* Gestänge *n*, Tragwerk *n* ‖ **~/анкерная** Abspannmast *m (einer Freileitung)* ‖ **~/балансирная** *(Bw)* Kipplager *n* ‖ **~/береговая** *(Bw)* Endauflage *f (Brücke)* ‖ **~/боковая** Seitenstütze *f* ‖ ~ **вала** *(Masch)* Wellenlagerung *f*, Wellenlager *n* ‖ **~/воздушная** *(Masch)* Luftlagerung *f* ‖ ~ **воздушной линии** *(El)* Freileitungsmast *m* ‖ **~/двойная качающаяся** *(Bw)* Zweipendellager *n* ‖ **~/двухветвенная** *(Bw)* zweistielige Stütze *f* ‖ **~/деревянная** Holzmast *m* ‖ **~/железобетонная** Stahlbetonmast *m* ‖ **~/жёсткая** starre Lagerung *f*, Feststütze *f* ‖ **~/защемлённая неподвижная** *(Bw)* starr eingespannte Stütze *f* ‖ **~/защемлённая подвижная** *(Bw)* beweglich eingespannte Stütze *f* ‖ ~ **изолятора** Isolatorstütze *f* ‖ **~/катковая** *(Bw)* Rollenlager *n*, Walzenlager *n*, Rollenauflagerung *f* ‖ **~/качающаяся** Pendellager *n*, Pendelträger *m*, Pendelstütze *f*, Pendelpfeiler *m* ‖ **~/керновая** Spitzenlager *n* ‖ ~ **клети** *(Wlz)* Gerüstsäule *f* ‖ **~/козловая** Stützbock *m*, Auflagebock *m (Trailer)* ‖ **~/колпачковая** Hutstütze *f* ‖ **~/концевая** Endstütze *f* ‖ **~/коническая** kegelförmige Lagerung *f*, Kegellagerung *f* ‖ ~ **контактной сети** *(Eb)* Fahrleitungsmast *m* ‖ **~/концевая** *(El)* Endgestänge *n*; Endmast *m* ‖ **~/линейная** *(El)* Flachmast *m* ‖ **~/линейно-подвижная** *(Bw)* allseitig bewegliches Auflager *n* ‖ **~/массивная** *(Bw)* massiver Pfeiler *m (Brückenbau)* ‖ ~ **моста** *(Bw)* Brückenjoch *n* ‖ ~ **моста/ряжевая** Steinkastenbrückenpfeiler *m* ‖ ~ **моста/свайная** Pfahljoch *n* ‖ ~ **на высоком свайном ростверке** Pfeiler *m (einer Brücke)* auf hohem Pfahlrost ‖ ~ **на естественном основании** Pfeiler *m (einer Brücke)* auf Flachgründung ‖ ~ **на естественном основании/рамная** Rahmenpfeiler *m (einer Brücke)* auf Flachgründung ‖ ~ **на естественном основании с ригелем/массивная** massiver Pfeiler *m* auf Flachgründung mit Pfeilerriegel *(Brückenbau)* ‖ ~ **на низком свайном ростверке** Pfeiler *m (einer Brücke)* auf niedrigem Pfahlrost ‖ ~ **на свайном ростверке/рамная** Rahmenpfeiler *m (einer Brücke)* auf Pfahlrost ‖ ~ **на торце катка** *(Masch)* Rollenspurlager *n* ‖ ~ **на шпиле** Spitzenlagerung *f* ‖ **~/начальная** Anfangsmast *m*, Aufführungsmast *m* ‖ **~/неподвижная** *(Bw)* Festlager *n*, festes Lager *n* ‖ **~/А-образная** *(El)* A-Mast *m* ‖ **~/Н-образная** *(El)* H-Mast *m* ‖ **~/одностоечная** *(El)* Einfachmast *m* ‖ **~/оконечная** *(El)* Endmast *m*; Abspannmast *m* ‖ ~ **оси** Achshalter *m* ‖ **~/передвижная** *(Wkzm)* Wechsellager *n (Schere der Drehmaschine)* ‖ **~/переходная** Kreuzungsmast *m* ‖ **~/плоская** *(El)* Flachmast *m* ‖ **~/подвижная** 1. *(Bw)* Gleitlager *n*; 2. *(Masch)* Fahrgestell *n (z. B. eines Industrieroboters)* ‖ **~/портальная** *(Bw)* Portalstütze *f*; *(El)* Portalmast *m* ‖ **~/промежуточная** Zwischenlager *n*; *(El)* Tragmast *m*, Streckenmast *m* ‖ **~/простая** *(El)* Einfachmast *m* ‖ **~/рамная** *(Bw)* Rahmenstütze *f* ‖ **~/распределительная** *(El)* Verteilungsmast *m* ‖ **~/решётчатая** *(El)* Gittermast *m*; Fachwerkmast *m* ‖ **~/роликовая** 1. Rollenbock *m (Drehkran)*; 2. Rollenstuhl *m (Schüttelrutsche)*; 3. Trag[rollen]-station *f (Gurtförderer)* ‖ ~ **с утяжкой** *s.* ~/анкерная ‖ ~ **свода** *(Met)* Gewölbepfeiler *m (Ofen)* ‖ **~/сдвоенная** *(El)* Doppelmast *m* ‖ **~/скользящая** *s.* ~/подвижная ‖ **~/стальная решётчатая** *(El)* Stahlgittermast *m* ‖ **~/стенная** Wandstütze *f (einer Freileitung)* ‖ **~/тангенциальная** *(Bw)* Tangentiallager *n (Brücke)* ‖ **~/тангенциальная балансирная** Tangentialkipplager *n (Brücke)* ‖ **~/трубчатая** Rohrmast *m* ‖ **~/угловая** Winkelmast *m*; Winkelstütze *f* ‖ ~ **цапфы** *(Masch)* Zapfenlagerung *f*, Zapfenlager *n* ‖ **~/цилиндрическая балансирная** *(Bw)* Zylinderkipplager *n* ‖ **~/шариковая** *(Masch)* Kugellagerung *f* ‖ **~/шарнирная** *(Bw)* Gelenkstütze *f* ‖ **~/шарнирная неподвижная** Festauflagergelenk *n (Brücke)* ‖ **~/шаровая** Kugelstütze *f*

опоражнивать entleeren

опорный tragend

опорожнение *n* Entleeren *n*, Entleerung *f*

опорожнить *s.* опоражнивать

оппозиция *f (Astr)* Opposition *f* ‖ ~ **фаз** *(El)* Phasenopposition *f*, entgegengesetzte Phasenlage *f*

оправа *f* 1. Auflage *f*; 2. Halterung *f*, Aufnahme *f*; 3. Einspannung *f (z. B. eines Meßaufsatzes)*; 4. Beschlag *m*; Fassung *f*, Einfassung *f* ‖ **~/коррекционная** *(Opt)* Korrektionsfassung *f (Mikroskop)* ‖ ~ **линзы** *(Opt)* Linsenfassung *f* ‖ ~ **объектива** *(Opt)* Objektivfassung *f* ‖ ~ **окуляра** *(Opt)* Okularfassung *f* ‖ ~ **очков** Brillenfassung *f*, Brillengestell *n*

оправка *f* 1. Fassung *f*, Einfassung *f (s. a. unter* оправа*)*; Gehäuse *n*; 2. *(Wlz)* Dorn *m*, Walzdorn *m*, Spanndorn *m*, Aufspanndorn *m*, Lochdorn *m*,

омолаживать *(Lw, Forst)* verjüngen

омоложение *n (Lw, Forst)* Verjüngung *f*

омоложить *s.* омолаживать

ОМП *s.* оружие массового поражения

ОМ-приёмник *m (Eln)* Einseitenbandempfänger *m*, ESB-Empfänger *m*, SSB-Empfänger *m*

ОМ-система *f (Eln)* Einseitenbandsystem *n*, ESB-System *n*

омфацит *m (Min)* Omphacit *m (Klinopyroxen)*

омы *pl (El)* Ohmwerte *mpl*

омываемый водой 1. *(Hydt)* wasserbenetzt, wasserbespült; 2. *(Wmt)* wasserbenetzt, wasserbespült *(Heizfläche eines Dampfkessels)* ‖ ~ **паром** *(Wmt)* dampfbenetzt *(Heizfläche)* ‖ ~ **пламенем (факелом)** direktberührt *(Heizfläche)*

омывание *n* Umspülung *f*

омыватель *m* **ветрового стекла** *(Kfz)* Scheibenwaschanlage *f*

омыление *n (Ch)* Verseifung *f* ‖ **~/кислое** saure Verseifung *f* ‖ ~ **сложных эфиров** Esterverseifung *f* ‖ **~/щелочное** alkalische Verseifung *f*

онгстрём *m s.* ангстрем

ондограф *m (El)* Ondograph *m*, Wellen[linien]-schreiber *m*

ондулятор *m (Nrt)* Undulator *m (Telegraphie)*

оникс *m (Min)* Onyx *m (Chalzedon)*

ОНЧ *s.* частота/очень низкая

оолит *m (Geol)* Oolith *m* ‖ **~/железный** Eisenoolith *m* ‖ **~/мелкозернистый (плотный)** Hornmergel *m*

оолитовый *(Geol)* oolithisch

ООС *s.* связь/отрицательная обратная

ОП *s.* 1. память/оперативная; 2. плоскость/основная

опаздывание *n (Eb)* Verspätung *f*

опаивать verlöten

опак-иллюминатор *m (Opt)* Auflichtilluminator *m*, Vertikalilluminator *m*, Opakilluminator *m*

опал *m (Min)* Opal *m* ‖ **~/благородный** edler Opal *m*, Edelopal *m* ‖ **~/водяной** Hydrophan *m*, Wasseropal *m* ‖ **~/восковой** Wachsopal *m* ‖ **~/деревянистый (древесный)** Holzopal *m*; Starstein *m* ‖ **~/молочный** Milchopal *m*; Hydrophan *m* ‖ **~/моховой** Moosopal *m* ‖ **~/натёчный** Geyserit *m*, Kieselsinter *m* ‖ **~/обыкновенный** gemeiner Opal *m* ‖ **~/огненный** Feueropal *m* ‖ **~/яшмовый** Jaspopal *m*, Eisenopal *m*

опалесценция *f* 1. *(Opt)* Opaleszenz *f*; Opalisieren *n*; 2. *(Min)* Opalisieren *n (Farbwirkung des edlen Opals)* ‖ **~/критическая** *(Opt)* kritische Opaleszenz *f*

опалесцирующий opaleszent, opaleszierend

опаливание *n* Sengen *n* ‖ **~/газовое** *(Text)* Gasieren *n*, Gassengen *n* ‖ **~/плитное** *(Text)* Plattensengen *n* ‖ ~ **тканей** *(Text)* Sengen *n (Ausrüstung der Gewebe)*

опаливать газом *(Text)* gasieren

опалка *f s.* опаливание

опалубить *(Bw)* einschalen

опалубка *f (Bw)* Schalung *f*, Verschalung *f* ‖ **~/внутренняя** Innenschalung *f* ‖ **~/горизонтальная** Horizontalschalung *f* ‖ **~/греющая** Heizschalung *f* ‖ **~/деревянная** Holzschalung *f* ‖ **~/инвентарная** wiederverwendbare Schalung *f* ‖ **~/катучая** rollende Wanderschalung *f*, Fahrschalung *f* ‖ **~/консольная** Kragschalung *f* ‖ **~/конструктивная** verlorene Schalung *f* ‖ **~/лобовая** Stirnschalung *f* ‖ **~/металлическая** Stahlschalung *f* ‖ **~/наружная** Außenschalung *f* ‖ **~/несущая** tragende Schalung *f* ‖ **~/оборачиваемая** wiederverwendbare Schalung *f* ‖ ~ **перекрытия** Deckenschalung *f* ‖ **~/переставная** Kletterschalung *f* ‖ **~/подвижная** Gleitschalung *f*; Kletterschalung *f* ‖ **~/сборно-разборная** Wanderschalung *f (aus wiederverwendbaren Elementen bestehend)* ‖ **~/сетчатая** Netzwerkschalung *f* ‖ **~/скользящая** Gleitschalung *f* ‖ **~/стационарная** verlorene Schalung *f (für nur ein Bauwerk angefertigt, bei bedingter Weiterverwendung des Materials)* ‖ **~/телескопическая** Teleskopschalung *f* ‖ **~/торцовая** Stirnschalung *f* ‖ **~/туннельная** Tunnelschalung *f* ‖ **~/шагающая** Schreitschalung *f*, Kletterschalung *f*

опалубливание *n (Bw)* Verschalen *n*

опасность *f* Gefahr *f*, Gefährlichkeit *f* ‖ ~ **взрыва** Explosionsgefahr *f* ‖ ~ **загрязнения** Verschmutzungsgefahr *f* ‖ ~ **лучевого поражения** *s.* ~/радиационная ‖ ~ **отказа** *(Math)* Ausfallintensität *f*, Ausfallrate *f* ‖ **~/пожарная** Brandgefahr *f* ‖ ~ **пробоя** *(El)* Durchschlagsgefahr *f* ‖ **~/производственная** arbeitsbedingte Gesundheitsgefährdung *f* ‖ **~/радиационная** *(Kern)* Strahlungsrisiko *n*, Strahlenrisiko *n*, Strahlungsgefährdung *f*, Strahlengefährdung *f* ‖ **~/сейсмическая** seismische Gefährdung *f* ‖ ~ **столкновения** Kollisionsgefahr *f* ‖ ~ **эрозии** Erosionsgefahr *f*

опасный в отношении взрыва explosionsgefährlich, explosiv; explosionsgefährdet ‖ **~/в отношении пожара** brandgefährlich, feuergefährlich; brandgefährdet, feuergefährdet

опаять *s.* опаивать

операнд *m (Math, Inf)* Operand *m* ‖ **~/инвертированный** *(Inf)* invertierter (negierter) Operand *m* ‖ **~/ключевой** *(Inf)* Schlüsselwortoperand *m*, Kennwortoperand *m* ‖ **~/непосредственный** *(Inf)* Direktoperand *m* ‖ **~/позиционный** *(Inf)* Stellungsoperand *m*

оператор *m (Math)* Operator *m*; *(Inf)* Operator *m*, Anweisung *f* ‖ **~/арифметический** *(Math)* arithmetischer Operator *m* ‖ **~/ассоциированный** *(Math)* assoziierter Operator *m* ‖ **~/безусловный** *(Inf)* unbedingte Anweisung *f* ‖ **~/булев** *(Math)* Boolescher Operator *m* ‖ ~ **ввода** *(Inf)* Eingabeanweisung *f* ‖ ~ **взаимодействия** *(Math)* Wechselwirkungsoperator *m* ‖ ~ **возмущения** *(Math)* Stör[ungs]operator *m* ‖ **~/вполне непрерывный** *(Math)* vollstetiger Operator *m* ‖ ~ **входа** *(Inf)* Eintrittsanweisung *f* ‖ ~ **вывода** *(Inf)* Ausgabeanweisung *f* ‖ ~ **вызова** *(Inf)* Abrufanweisung *f* ‖ **~/выполнимый** *(Inf)* ausführbare Anweisung *f* ‖ **~/вычислительный** Rechenbefehl *m*, Rechenanweisung *f* ‖ ~ **Гамильтона** *(Math)* Hamilton-Operator *m*, Hamiltonscher Operator *m* ‖ ~ **Гейзенберга** *(Math)* Heisenberg-Operator *m*, Ladungsaustauschoperator *m* ‖ **~/диссипативный** *(Math)* dissipativer Operator *m* ‖ **~/дифференциальный** *(Math)* Differentialoperator *m* ‖ ~ **дифференцирования** *(Math)* Differentiationsoperator *m* ‖ **~/единичный** *(Math)* Einheitsoperator *m* ‖ ~ **завершения** *(Inf)* Endeanweisung *f* ‖ ~ **загрузки** *(Inf)*

Ladeanweisung f ‖ ~ **задания/управляющий** (Inf) Jobsteueranweisung f ‖ ~**/замкнутый** (Math) abgeschlossener Operator m ‖ ~ **импульса** (Mech) Impulsoperator m ‖ ~**/интегральный** (Math) Integraloperator m ‖ ~**/инфинитезимальный** (Math) infinitesimaler Operator m ‖ ~ **комментария** (Inf) Kommentaranweisung f ‖ ~**/коммутирующий** (Math) kommutierender Operator m ‖ ~**/компактный** (Math) kompakter Operator m ‖ ~ **конца** (Inf) Endeanweisung f ‖ ~ **Лапласа** (Math) Laplace-Operator m, Laplacescher Operator m, Deltaoperator m ‖ ~**/левый обратный** (Math) links inverser Operator m ‖ ~**/линейный** (Math) linearer Operator m ‖ ~**/логический** (Inf) logischer Operator m ‖ ~**/максимальный** (Math) maximaler Operator m ‖ ~ **матрицы плотности** Dichtematrix f, Dichteoperator m, statistischer Operator m (Quantenstatistik) ‖ ~ **матрицы рассеяния** (Math) Streumatrix f, S-Matrix f, Streuoperator m, S-Operator m ‖ ~ **момента количества движения** Drehimpulsoperator m (Quantentheorie) ‖ ~ **набла** (Math) Nabla n, Nabla-Operator m, Nabla-Vektor m (Differentialoperator) ‖ ~**/нелинейный** (Math) nichtlinearer Operator m ‖ ~**/неограниченный** (Math) unbeschränkter Operator m ‖ ~**/непрерывный** (Math) stetiger Operator m ‖ ~**/неприводимый** (Math) irreduzibler Operator m ‖ ~**/нормальный** (Math) normaler Operator m ‖ ~**/обобщённый** (Math) verallgemeinerter Operator m ‖ ~**/обратимый** (Math) umkehrbarer Operator m ‖ ~**/обратный** (Math) inverser Operator m ‖ ~**/ограниченный** (Math) beschränkter Operator m ‖ ~**/однородный** (Math) homogener Operator m ‖ ~ **описания** (Inf) Definitionsanweisung f ‖ ~ **описания данных** Datendefinitionsanweisung f ‖ ~ **описания файла** Dateidefinitionsanweisung f ‖ ~**/описательный** (Inf) beschreibende Anweisung f ‖ ~ **определения** (Inf) Definitionsanweisung f ‖ ~ **отладки** (Inf) Testhilfeanweisung f ‖ ~ **отношения** (Inf) Vergleichsanweisung f ‖ ~ **Паули** (Ph) Pauli-Operator m, Paulischer Operator m ‖ ~ **переадресации** (Inf) Adressenänderungsoperator m ‖ ~ **переноса** (Inf) Übertragungsoperator m; Umwandlungsoperator m ‖ ~ **перестановок** (Math) Austauschoperator m, Vertauschungsoperator m, Permutationsoperator m (Teilchensysteme) ‖ ~**/перестановочный** s. ~/коммутирующий ‖ ~ **перехода** (Math) Übergangsoperator m; (Inf) Sprunganweisung f ‖ ~ **плотности** (Math) Dichteoperator m, Dichtematrix f ‖ ~**/повелительный** (Inf) befehlende Anweisung f, Befehl m ‖ ~ **положения** (Math) Ortsoperator m, Koordinatenoperator m ‖ ~**/положительно-определённый** (Math) positivdefiniter Operator m ‖ ~**/положительный** (Math) positiver Operator m ‖ ~**/полуограниченный** (Math) halbbeschränkter Operator m ‖ ~ **поля** (Ph) Feldoperator m ‖ ~**/правый обратный** (Math) rechts inverser Operator m ‖ ~**/преобразующий** Transformationsoperator m (Quantenmechanik) ‖ ~ **присваивания** (Inf) Ergibtanweisung f ‖ ~ **проектирования** (Math) Projektionsoperator m, Projektor m ‖ ~**/проекционный** s. ~ проектирования ‖ ~ **прототипа** (Inf) Musteranweisung f ‖ ~**/пустой** (Inf) Leeranweisung f ‖ ~ **рождения [частиц]** (Ph) Erzeugungsoperator m (Quantentheorie) ‖ ~**/самосопряжённый** (Math) selbstadjungierter Operator m ‖ ~ **сил Гейзенберга** (Ph) Heisenberg-Operator m, Ladungsaustauschoperator m ‖ ~**/симметричный** (Math) symmetrischer Operator m; hermitescher Operator m ‖ ~ **скорости** Geschwindigkeitsoperator m ‖ ~ **сопротивления** (El) Widerstandsoperator m ‖ ~**/сопряжённый** (Math) konjugierter Operator m ‖ ~**/составной** (Inf) Verbundanweisung f, zusammengesetzte Anweisung f ‖ ~ **спецификации** (Inf) Vereinbarungsanweisung f ‖ ~ **спина** (Ph) Spinoperator m (Quantenmechanik) ‖ ~ **спина ядра** (Kern) Kernspinoperator m ‖ ~ **сравнения** (Inf) Vergleichsoperator m ‖ ~ **умножения** (Math) Multiplikationsoperator m ‖ ~**/унитарный** (Math) unitärer Operator m ‖ ~**/управляющий** (Inf) Steueranweisung f ‖ ~**/усредняющий** (Math) Mittelungsoperator m ‖ ~ **формирования** (Inf) Formierungsoperator m ‖ ~ **Фредгольма** (Math) Fredholmscher Operator m, linearer Integraloperator m ‖ ~ **цикла** (Inf) Laufanweisung f ‖ ~ **Шрёдингера** (Math, Ph) Schrödinger Operator m ‖ ~ **энергии** s. ~ Гамильтона ‖ ~**/эрмитов** (Math) hermitescher Operator m ‖ ~ **языка [программирования]** (Inf) Sprachanweisung f

операции fpl**/вспомогательные** 1. (Fert) Hilfsarbeiten fpl; 2. (Fert) Beschickungsarbeiten fpl; 3. (Inf) Hilfsoperationen fpl ‖ ~**/грузовые** (Schiff) Lade- und Löschbetrieb m ‖ ~**/заготовительные** Vorkonfektionieren n (Reifenherstellung) ‖ ~**/погрузочно-разгрузочные** (Schiff) Lade- und Löschbetrieb m ‖ ~**/спуско-подъёмные** (Bgb) Ein- und Ausbauoperationen fpl (Bohrung) ‖ ~**/швартовные** (Schiff) Verholarbeiten fpl

операция f 1. Operation f, Arbeit f, Verrichtung f (s. a. unter операции); 2. (Fert) Arbeitsgang m; 3. (Math) [algebraische] Operation f, Komposition f; 4. (Math, Inf) Operation f, Rechenoperation f • **операции (число операций) в минуту** (Inf) Operationen pro Minute ‖ ~**/адресная** (Inf) Adressenoperation f ‖ ~**/арифметическая** Rechenoperation f, arithmetische Operation f ‖ ~**/битовая** (Inf) Bitoperation f ‖ ~**/брошюровочно-переплётная** (Typ) buchbinderische Weiterverarbeitung f ‖ ~**/булева** (Inf) Boolesche Verknüpfung f ‖ ~ **ввода** (Inf) Eingabeoperation f ‖ ~ **ввода-вывода** (Inf) Ein-Ausgabe-Operation f ‖ ~**/второстепенная** Nebenoperation f ‖ ~ **вывода** (Inf) Ausgabe f, Ausgabeoperation f ‖ ~ **высокотемпературной обработки** Hochtemperaturschritt m (Scheibenherstellung) ‖ ~**/вычислительная** (Inf) Rechenoperation f ‖ ~ **вычислительной машины** Rechneroperation f ‖ ~**/двоичная арифметическая** (Inf) Binäroperation f ‖ ~ **дизъюнкции** (Inf) Disjunktionsoperation f ‖ ~**/дополняющая** (Inf) komplementäre Operation (Verknüpfung) f ‖ ~**/жидкостная** (Led) Wasserwerkstattarbeit f, Naßarbeit f ‖ ~**/завершённая** (Inf) vollständige Operation f ‖ ~ **изготовления** Fertigungsoperation f ‖ ~**/канальная** (Inf) Kanaloperation f ‖ ~**/коммутационная** (El) Schaltoperation f, Schalthandlung f ‖ ~**/контрольная** Kontrolloperation f ‖ ~ **конъюнкции** (Inf) Konjuntionsoperation f ‖ ~**/линейная** (Math) lineare Operation f ‖ ~**/ло-**

вильная (Erdöl) Fangarbeit f (Bohrlochhavarie) ‖ ~**/логическая** (Inf) logische (Boolesche) Operation f, Logikooperation f ‖ ~**/машинная** (Inf) Rechneroperation f ‖ ~**/мероэдрическая** (Krist) meroedrische Operation f (Symmetrieoperation mit Kristallformen) ‖ ~**/многозначная** (Math) mehrdeutige Operation f ‖ ~ **над данными** (Inf) Datenoperation f ‖ ~ **над стеком** (Inf) Kelleroperation f ‖ ~ **над числами с плавающей запятой** (Inf) Gleitkommaoperation f ‖ ~ **над числами с фиксированной запятой** (Inf) Festkommaoperation f ‖ ~ **обмена** (Inf) Austausch m, Wechsel m, Umspeicherung f (der Information) ‖ ~ **обработки** Bearbeitungsoperation f, Bearbeitungsgang m ‖ ~**/основная** Grundoperation f ‖ ~ **отношения** (Inf) Vergleichsoperation f ‖ ~ **отрицания** (Inf) Negationsoperation f ‖ ~ **перехода** (Inf) Sprungoperation f ‖ ~ **поиска** (Inf) Suchoperation f ‖ ~**/поразрядная** (Inf) bitweise Operation f ‖ ~**/предварительная** (Fert) Voroperation f ‖ ~**/привилегированная** (Inf) privilegierte Operation f ‖ ~ **присоединения** (Inf) Verkettungsoperation f ‖ ~**/проверочная** Kontrolloperation f ‖ ~ **сдвига** (Inf) Verschiebeoperation f ‖ ~ **сканирования** (Inf) Durchmusterung f ‖ ~**/складская** Lagerprozeß m ‖ ~ **сравнения** (Inf) Vergleichsoperation f ‖ ~ **считывания** (Inf) Leseoperation f ‖ ~**/технологическая** (Fert) Arbeitsgang m ‖ ~ **управления** Steueroperation f (des Rechners) ‖ ~ **условного перехода** (Inf) bedingte Sprungoperation f ‖ ~**/швейная** (Text) Näharbeitsgang m ‖ ~**/элементарная** Elementaroperation f

опередающий (Masch) voreilend

опередить s. опережать

опережать vor[aus]eilen (z. B. Phasen)

опережение n Vor[aus]eilen n, Vor[aus]eilung f; (Reg) Vorhalt m ‖ ~ **впуска** 1. Voreinströmung f (Dampfmaschine); 2. Voreinlaß m (Verbrennungsmotor) ‖ ~ **выпуска** 1. Vorausströmung f (Dampfmaschine); 2. Vorauslaß m (Verbrennungsmotor) ‖ ~ **зажигания** Frühzündung f, Vorzündung f (Verbrennungsmotor) ‖ ~ **открытия** Voröffnung f (Steuerventil eines Verbrennungsmotors) ‖ ~ **по фазе** (El) Phasenvoreilung f ‖ ~**/угловое** (El) Winkelvoreilung f

оперение n (Flg) Leitwerk n; (Rak auch:) Stabilisierungsflächen fpl ‖ ~**/вертикальное** Seitenleitwerk n ‖ ~**/горизонтальное** Höhenleitwerk n ‖ ~**/двухкилевое** doppeltes Seitenleitwerk n ‖ ~**/крестовидное (крестообразное)** Kreuzleitwerk n ‖ ~**/трёхкилевое** dreifaches Seitenleitwerk n ‖ ~**/хвостовое** Leitwerk n, Heckleitwerk n

опереть s. опирать

опереться s. опираться

опёртый unterstützt, aufliegend ‖ ~ **в отдельных точках** punktgelagert ‖ ~**/свободно** frei aufliegend

опечек m (Glas) Muffelkühlofen m, Kammerkühlofen m

ОПЗ s. 1. область пространственного заряда; 2. заряд/общий поверхностный

опий m Opium n

опиливание n (Fert) Feilen n ‖ ~**/грубое** Grobfeilen n ‖ ~**/окончательное** Fertigfeilen n ‖ ~**/отделочное** Feinfeilen n ‖ ~**/чистовое** Schlichtfeilen n

опиливать (Fert) feilen

опилить s. опиливать

опилки pl 1. Sägespäne mpl (Holz); 2. (Fert) Feilspäne mpl, Feilstaub m ‖ ~**/древесные** Sägemehl n, Sägespäne mpl

опиловка f s. опиливание

опирание n Aufliegen n, Lagerung f; Abstützung f ‖ ~ **плит** Plattenauflagerung f ‖ ~ **стержня** (Gieß) Kernlagerung f (in der Form)

опирать [ab]stützen, [auf]lagern; absetzen

опираться lagern, sich abstützen, sich stützen; sich absetzen

описание n (Inf) Vereinbarung f; Beschreibung f ‖ ~**/аналитическое** analytische Beschreibung f ‖ ~ **данных** Datenbeschreibung f ‖ ~ **длины** Längeneintragung f ‖ ~**/контекстуальное** textabhängige Vereinbarung f ‖ ~ **массива** Feldvereinbarung f, Feldbeschreibung f ‖ ~ **поля** Feldbeschreibung f ‖ ~ **процедуры** Prozedurvereinbarung f ‖ ~**/стандартное** Standardvereinbarung f ‖ ~**/техническое** technische Beschreibung f ‖ ~ **типа** Typvereinbarung f ‖ ~ **файла** Dateibeschreibung f, Dateidefinition f ‖ ~ **формата** Formatierung f, Formatangaben fpl ‖ ~**/явное** explizite Vereinbarung f

описатель (Inf) Attribut n, Beschreibungswort n, Vereinbarungssymbol n

описка f Schreibfehler m

описывать пространственные траектории (Masch) eine räumliche Bewegung ausführen (Glieder eines Mechanismus)

оплавиться s. оплавляться

оплавление n 1. (Met) Schmelzen n, Verschmelzen n; Abschmelzen n; 2. (El) Schmoren n (von Kontakten) ‖ ~ **огнеупоров** Sintern n, Verglasen n, Sinterung f (feuerfester Stoffe)

оплавляемость f (Met) Schmelzbarkeit f, Aufschmelzbarkeit f

оплавлять schmelzen, erschmelzen; abschmelzen

оплавляться (El) schmoren (Kontakte)

оплести s. оплетать

оплетать umflechten; umspinnen

оплётка f 1. Umspinnung f; Umflechtung f, Geflecht n; 2. Umspinnen n; Umflechten n ‖ ~**/медная** Kupfergeflecht n, Kupferumflechtung f ‖ ~**/проволочная** Drahtgeflecht n, Drahtumflec[...]tung f

оплывание n**/откоса** (Bgb) Böschungsfließen

ОПО s. обеспечение/общее программное

оповещение n Warnung f; Benachrichtigung ‖ ~**/аварийное** Havariebenachrichtigung f

оподзоливание n (Lw) Podsolierung f (Bo[...]

опоек m (Led) 1. Kalbfell n; 2. Kalbleder n ‖ ~ **хромового дубления** Boxkalb n

опоздание n (Eb) Verspätung f ‖ ~ **поез[...]** verspätung f

опознавание n 1. (Rad, Inf) Kennung f, [...]nung f; Identifizierung f, Identifikation [...] **[...]ков** (Inf) Zeichenerkennung f ‖ ~ **зна[...]** **[...]матическое** automatische Zeichen[...] ‖ ~ **передающей радиостанции** [...] **[...]ное** elektronische Senderidentifika[...] **[...]вижных единиц/автоматичес[...]** [...]genidentifikation f ‖ ~**/радиоло[...]**

Rohreintreibdorn *m (Rohrwalzen)*; 3. *(Umf)* Ziehdorn *m*, Stopfen *m*, Pfropfen *m (Ziehen)*; 4. *(Schm)* Dorn *m*, Aufnahmedorn *m*, Aufweitdorn *m (Aufnahmevorrichtung für zu schmiedende Hohlkörper und Aufweitwerkzeuge)* ‖ **~/бочкообразная** *(Schm)* balliger Auftreibedorn (Auftreiber) *m* ‖ **~/волочильная** *(Umf)* Ziehdorn *m* ‖ **~/гидравлическая зажимная** *(Fert)* hydraulischer Spanndorn *m* ‖ **~/двухрезцовая** *f (Wkz)* Zweischneider *m*, zweischneidige Bohrstange *f*, zweischneidiges Ausbohrwerkzeug *n* ‖ **~/длинная** Dorn *m*, Langdorn *m (Pilgerschritt- und Rockrightwalzwerk)* ‖ **~/зажимная** 1. *(Wlz)* Aufnahmedorn *m*, Spanndorn *m*; Spannvorrichtung *f*; 2. *(Schm)* Aufnahmedorn *(Gesenk)* ‖ **~/калибров[очн]ая** *(Schm)* Auftreiber *m*, Aufweitdorn *m (Aufweiten und Glätten von Löchern)* ‖ **~/качающаяся** *f (Wkz)* Pendeldorn *m* ‖ **~/консольная** *(Wkz)* freifliegender (freitragender) Dorn *m* ‖ **~/контрольная** *(Wkz)* Kontrolldorn *m* ‖ **~/концевая** *(Wkzm)* [einfacher] Dorn *m (mit ebener, rechtwinkliger Stirnfläche)* ‖ **~/короткая** Stopfen *m (Hohl- und Stopfenwalzwerk)* ‖ **~/круглая** *(Wkzm)* Runddorn *m* ‖ **~/кулачковая** *(Wkzm)* Dorn *m* mit Spannbacken ‖ **~/обрезная** *(Schm)* Abscherdorn *m* ‖ **~/однорезцовая** *(Wkz)* Einschneider *m*, einschneidige Bohrstange *f*, einschneidiges Ausbohrwerkzeug *n* ‖ **~/поводковая** *(Schm)* Mitnehmerdorn *m* ‖ **~/посадочная** *(Wkz)* Aufnahmedorn *m* ‖ **~/пружинная** Federdorn *m* ‖ **~/пустотелая** *(Schm)* Hohldorn *m* ‖ **~/разгоночная** *(Schm)* Streckdorn *m (Strecken von Hohkörpern über dem Dorn)* ‖ **~/разжимная** *(Wkz)* Spreizdorn *m* ‖ **~/расточная** *(Wkz)* Ausdrehdorn *m*; Bohrstange *f* ‖ **~/самозаклинивающаяся** *(Wkz)* selbstspannender Dorn *m* ‖ **~/самоцентрирующая** *(Wkz)* selbstzentrierender Dorn *m* ‖ **~/токарная** *(Wkz)* Drehdorn *m* ‖ **~/точная** *(Wkz)* Genauigkeitsdorn *m* ‖ **~/установочная** *(Wkz)* Aufnahmedorn *m*, Stelldorn *m* ‖ **~/фасонная** *(Schm)* Formdorn *m*, Fassondorn *m (Einschmieden von Nuten u.dgl. in Hohlkörper)* ‖ **~/фрезерная** *(Wkz)* Fräserdorn *m* ‖ **~/цанговая** *(Wkz)* Dorn *m* mit Spannzange ‖ **~/центровая** *(Wkz)* Spitzen[spann]dorn *m*, Zentrierdorn *m* ‖ **~/шлифовальная** *(Wkz)* Schleif[scheiben]dorn *m*, Schleifkörperaufnahme *f*

оправкоизвлекатель *m* Dornstangen-Ausziehvorrichtung *f*, Dornauszieher *m (Rohrwalzen)*

опрашивание *n (Inf)* Abfrage *f*

опрашивать *(Inf)* abfragen

определение *n* 1. Bestimmung *f*, Festlegung *f*; Begriffserklärung *f*, Definition *f*; Ermittlung *f (von Werten)*; 2. *(Nrt)* Identifizierung *f*; 3. *(Math, Inf)* Definition *f* ‖ **~ абсолютного возраста** absolute Altersbestimmung *f* ‖ **~ аналитическим путём** analytische Bestimmung *f* ‖ **~ возраста** Altersbestimmung *f*, Datierung *f* ‖ **~ времени** Zeitbestimmung *f* ‖ **~ высоты** Höhenbestimmung *f*, Höhenmessung *f* ‖ **~ дальности** Entfernungsmessung *f*, Entfernungsbestimmung *f* ‖ **~ данных** *(Inf)* Datendefinition *f* ‖ **~ дебита** *(Hydt)* Ergiebigkeitsbestimmung *f* ‖ **~ конечной точки** *(Ch)* Endpunktbestimmung *f (bei der Titration)* ‖ **~ коэффициента полезного действия** Wirkungsgradbestimmung *f* ‖ **~ места повреждения** *(Nrt)* Fehlerort[sbestimm]ung *f*, Störungseingrenzung *f*, Störungslokalisierung *f* ‖ **~ местоположения** Ortsbestimmung *f*; Lagebestimmung *f*; Standortbestimmung *f* ‖ **~ мощности** Leistungsbestimmung *f* ‖ **~ мощности торможением** Leistungsbestimmung *f* durch Abbremsen *(Kraftmaschinen; Elektromotoren)* ‖ **~ направления** Richtungsbestimmung *f*; *(Rad)* Peilung *f*, Funkpeilung *f* ‖ **~ нуля** Nullpunktbestimmung *f* ‖ **~/объёмное** *(Ch)* volumetrische (maßanalytische) Bestimmung *f* ‖ **~ плотности** Dichtebestimmung *f*, Dichtemessung *f* ‖ **~ понятия** Begriffsbestimmung *f* ‖ **~ предельных значений** *(Reg)* Grenzwerterfassung *f* ‖ **~ прочности** Festigkeitsbestimmung *f* ‖ **~ размеров** *(Meß)* Maßbestimmung *f*, Dimensionierung *f*, Bemessung *f* ‖ **~/расчётное** rechnerische Bestimmung *f* ‖ **~ сечения** Querschnittsbestimmung *f* ‖ **~ твёрдости** *(Wkst)* Härtebestimmung *f*, Härteprüfung *f* ‖ **~ твёрдости вдавливанием шарика** Kugeldruckhärteprüfung *f*, Kugeldruckversuch *m* ‖ **~ твёрдости методом отскока** Rückprallhärteprüfung *f*, Rücksprunghärteprüfung *f* ‖ **~ твёрдости по Мартенсу** Martens-Härteprüfung *f*, Kugeldruckhärteprüfung *f* nach Martens ‖ **~ твёрдости по Шору** Shore-Härteprüfung *f*, Kugeldruckhärteprüfung *f* nach Shore ‖ **~/ускоренное** *(Ch)* Schnellbestimmung *f* ‖ **~/экспрессное** *(Ch)* Schnellbestimmung *f* ‖ **~ экстремальной величины** *(Reg)* Extremwertbestimmung *f* ‖ **~ экстремума** *(Reg)* Extremwertbestimmung *f*

определённость *f* Definiertheit *f*, Eindeutigkeit *f*, Bestimmtheit *f* ‖ **~/статическая** statische Bestimmtheit (Bestimmbarkeit) *f*

определимый статически statisch bestimmt

определитель *m* 1. *(Math)* Determinante *f*; 2. *(Nrt)* Identifizierer *m* ‖ **~/абонентский** *(Nrt)* Identifizierer *m* ‖ **~ бесконечного порядка** unendliche Determinante *f*, Determinante *f* von unendlicher Ordnung ‖ **~ коэффициентов** Koeffizientendeterminante *f* ‖ **~ системы** Systemdeterminante *f* ‖ **~ тока** Stromdeterminante *f* ‖ **~/функциональный** Funktionsdeterminante *f* ‖ **~ четырёхполюсника** *(El)* Vierpoldeterminante *f* ‖ **~/электронный абонентский** *(Nrt)* elektronischer Identifizierer *m*

определяемый пользователем *(Inf)* benutzerdefinierbar

опреснение *n* Entsalzen *n*, Entsalzung *f (des Wassers)*

опреснитель *m* Frischwassererzeuger *m*, Verdampferanlage *f* ‖ **~/вакуумный** Vakuumverdampferanlage *f*

опробование *n* 1. Prüfung *f*, Prüfen *n*, Erprobung *f*, Probieren *n*; 2. Probe[ent]nahme *f*; 3. *(Masch)* Probelauf *m*; 4. *(Geol)* Bemusterung *f (beinhaltet Entnahme, Vorbereitung und Untersuchung von Proben zur Bestimmung der Qualitätsmerkmale des Rohstoffes)* ‖ **~ на занятость** *(Nrt)* Besetztprüfung *f* ‖ **~ руды/радиометрическое** radiometrisches Testen *n* von Erzen *(auf Urangehalt)* ‖ **~ скважины** Bohrlochtest *m (Erdölbohrung)* ‖ **~ тормозов** *(Eb)* Bremsprobe *f*

опробовать 1. prüfen, erproben; 2. bemustern, eine Probe entnehmen

опровержение *n* Widerlegung *f*, Gegenbeweis *m*
опрокид *m s.* опрокидыватель
опрокидывание *n* 1. Kippung *f*, Kippen *n*; Umkippen *n*; Umklappen *n*; 2. *(Schiff)* Kentern *n*; 3. *(Geol)* Überkippung *f*, Kippung *f* ‖ ~ **волны** Umkippen *n* der Welle ‖ ~ **грузовой стрелы** *(Schiff)* Überkippen *n* des Ladebaums ‖ ~ **течения** Strömungsumkehr *f* ‖ ~ **фазы** *(El)* Phasenumkehr[ung] *f*
опрокидыватель *m* Wipper *m*, Kipper *m*, Kippvorrichtung *f*; *(Eb)* Waggonkipper *m* ‖ **~/боковой** Seitenkipper *m*; Kreiselkipper *m* ‖ ~ **вагонов** *(Eb)* Waggonkipper *m* ‖ **~/двусторонний** Zweifachkipper *m* ‖ **~/лобовой** Stirnkipper *m* ‖ **~/односторонний** Einfachkipper *m* ‖ **~/рудничный** Wipper *m*, Grubenwagenkipper *m*; Erz[waggon]kipper *m*, Erz[waggon]kippvorrichtung *f* ‖ ~ **рулонов** *(Wlz)* Bundkipper *m*, Rollenkipper *m (Blech, Draht)* ‖ ~ **слитков** *(Wlz)* 1. Blockwendevorrichtung *f*, Blockwender *m*; 2. Blockkippvorrichtung *f*, Blockkipper *m* ‖ **~/торцовый** *(Eb)* Stirnkipper *m*
опрокидывать 1. kippen; 2. *(Schiff)* zum Kentern bringen
опрокидываться 1. kippen, umkippen; 2. *(Schiff)* kentern
опрокинуть *s.* опрокидывать
опрокинуться *s.* опрокидываться
опрос *m (Inf)* Abruf *m*, Abrufen *n*; *(Nrt, Inf)* Abfrage *f*, Abfragen *n* ‖ **~/циклический** *(Inf)* zyklische Abfrage *f*
опросчик *m (Rad)* Abfragegerät *n*, Kennungsabfragegerät *n* ‖ **~/бортовой** Bordabfragegerät *n* ‖ **~/наземный** Bodenabfragegerät *n*, Bodenkennungsgerät *n* ‖ **~/радиолокационный** *s.* опросчик ‖ ~ **системы опознавания «свой-чужой»** *(Rad)* Freund-Feind-Kenn[ungs]gerät *n*
опрыскивание *n (Lw)* Spritzen *n*, Spritzung *f* *(Pflanzenschutz, Teilchengröße > 150 µm)*; Sprühen *n (Teilchengröße 50 bis 250 mm)* ‖ **~/мелкокапельное** Feinsprühen *n (Pflanzenschutz)* ‖ **~/ранневесеннее** Frühjahresspritzung *f*
опрыскиватель *m (Lw)* Spritzmaschine *f*, Spritzgerät *n*, Spritze *f*, Spritzeinrichtung *f*; Sprühmaschine *f*, Sprüher *m (Pflanzenschutz)* ‖ **~/авиационный** aviochemische Spritzanlage *f*; aviochemische Sprühanlage *f (Agrarflug)* ‖ **~/автомобильный** Spritzaufsatz *m* für Kraftfahrzeuge *(Pflanzenschutz)* ‖ **~/аэрозольный** Sprühmaschine *f*, Sprühgerät *n*, Sprüher *m* ‖ **~/вентиляторный** Spritzmaschine *f* mit [Axial-]Lüfter *(Pflanzenschutz)* ‖ **~/ленточный** Bandspritzeinrichtung *f* ‖ **~/малообъёмный** LV-Spritzmaschine *f*, Spritzmaschine *f* für geringe Aufwandmengen *(Pflanzenschutz)* ‖ **~/мелкокапельный** Sprühmaschine *f*, Sprüher *m (Feinsprühen)* ‖ **~/монтируемый** Aufbauspritzgerät *n (Pflanzenschutz)* ‖ **~/моторизированный ранцевый** Motorrückenspritze *f* ‖ **~/моторный** Motorspritze *f* ‖ **~/полевой** Feldspritzmaschine *f* *(Pflanzenschutz)* ‖ **~/ранцевый** Rückenspritze *f* ‖ **~/ручной переносный** tragbares Handspritzgerät *n* ‖ **~/ручной пневматический** Handdruckluftspritze *f*, Eimerspritze *f* ‖ **~/ручной ранцевый** Handrückenspritze *f* ‖ **~/тракторный навесной** Spritzgerät *n* für Schlepperanbau ‖ **~/ультрамалообъёмный** UVL-Spritzmaschine *f*, Spritzmaschine *f* für extrem kleine Aufwandmengen *(Pflanzenschutz)* ‖ **~/штанговый** Spritzmaschine *f* mit Rohraufhängung *(Pflanzenschutz)*
опрыскиватель-опыливатель *m* **[/комбинированный]** [kombiniertes] Sprüh- und Stäubegerät *n* ‖ **~/тракторный прицепной комбинированный** kombiniertes Sprüh- und Stäubegerät *n* für Traktorenzug
оптика *f* Optik *f* ‖ **~/анаморфотная** anamorphotische Optik *f* ‖ **~/асферическая** asphärische Optik *f* ‖ **~/ахроматическая** achromatische Optik *f* ‖ **~/волновая** Wellenoptik *f* ‖ **~/волоконная** Faseroptik *f*, Fiberoptik *f* ‖ **~/геометрическая** geometrische Optik *f* ‖ ~ **движущихся сред** Optik *f* bewegter Medien ‖ **~/зеркальная** Spiegeloptik *f* ‖ **~/интегральная** integrierte Optik *f*, IO ‖ **~/ионная** Ionenoptik *f* ‖ **~/квантовая** Quantenoptik *f* ‖ **~/кинематографическая** kinematographische Optik *f* ‖ **~/когерентная** Kohärenzoptik *f* ‖ ~ **коллоидов** Kolloidoptik *f* ‖ **~/конденсорная** Kondensoroptik *f* ‖ **~/линейная** lineare Optik *f* ‖ **~/линзовая** Linsenoptik *f* ‖ **~/лучевая** *s.* ~/геометрическая ‖ ~ **металлов** Metalloptik *f* ‖ **~/молекулярная** Molekularoptik *f* ‖ **~/нелинейная** nichtlineare Optik *f* ‖ **~/обычная** Lichtoptik *f* ‖ **~/отражательная** Reflexionsoptik *f* ‖ **~/прикладная** angewandte Optik *f* ‖ **~/проекционная** Projektionsoptik *f* ‖ **~/просветленная** Transparenzoptik *f* ‖ **~/растровая** Rasteroptik *f* ‖ ~ **рентгеновских лучей** Röntgenoptik *f* ‖ **~/световая** Lichtoptik *f* ‖ **~/светосильная** lichtstarke Optik *f* ‖ **~/стекловолоконная** Glasfaseroptik *f* ‖ ~ **тонких слоёв** Dünnschichtoptik *f* ‖ **~/физическая** physikalische Optik *f* ‖ **~/фотографическая** Photooptik *f* ‖ **~/электронная (электронно-волновая)** Elektronenoptik *f*
оптико-акустический optoakustisch, optisch-akustisch
оптико-электронный optoelektronisch, optisch-elektronisch
оптимальность *f* Optimum *n*, Optimalität *f*
оптимальный optimal, Optimal... ‖ ~ **по времени** zeitoptimal
оптиметр *m (Meß)* Optimeter *n (Lehrenprüfgerät)*
оптимизатор *m (Reg)* Optimator *m*, Optimierungsgerät *n* ‖ **~/дискретный** diskreter Optimator *m* ‖ ~ **качества** Güteoptimator *m* ‖ **~/многоканальный** Mehrkanaloptimator *m* ‖ **~/электронный автоматический** elektronischer automatischer Optimator *m*
оптимизация *f* Optimierung *f* ‖ ~ **многокритериальных задач** Polyoptimierung *f* ‖ ~ **раскроя** Verschachtelung *f (zur maximalen Nutzung der Bleche beim Zuschneiden von Halbzeug)* ‖ ~ **систем регулирования** Regelkreisoptimierung *f* ‖ **~/целочисленная** ganzzahlige Optimierung *f*
оптоакустический optoakustisch, optisch-akustisch
оптоакустика *f* Optoakustik *f*
оптограмма *f* Optogramm *n*
оптоизолированный optoisoliert
оптоизолятор *m (El)* Optoisolator *m*
оптометр *m (Med)* Optometer *n*

оптомеханический optomechanisch
оптопара *f* optoelektrischer Koppler *m*, Optokoppler *m* || **~/закрытая** optoelektronischer geschlossener Koppler *m* || **~/интегральная** integrierter Optokoppler *m* || **~/открытая** optoelektronischer offener Koppler *m* || **~/резисторная** Widerstandsoptokoppler *m* || **~/тиристорная** Thyristoroptokoppler *m*
оптотиристор *m* Optothyristor *m*, Photothyristor *m*
оптофон *m (El)* Optophon *n*
оптоэлектроника *f* Op[toelek]tronik *f*
оптоэлектронный op[toelek]tronisch
оптрон *m (Eln)* Optokoppler *m*, optischer Koppler *m*, Optron *n* || **~/диодный** Optron *n* mit Photodiodenausgang || **~/изолирующий** optoelektronische Trennstufe *f* || **~/интегральный** integriertes Optron *n* || **~/лазерный** Laseroptokoppler *m*, Laserschranke *f* || **~ с прямой связью** direktgekoppeltes Optron *n* || **~ с составным транзистором** Optron *n* mit Darlington-Ausgang || **~/согласующий** Anpassungsoptron *n* || **~/тиристорный** Optron *n* mit Thyristorausgang || **~/транзисторный** Optron *n* mit Phototransistorausgang || **~/элементарный** Optron *n*, op[toelek]tronisches Koppelelement *n*, Elementaroptron *n*
оптроника *f s.* оптоэлектроника
оптронно-развязанный optoentkoppelt
оптронный *s.* оптоэлектронный
опускание *n* 1. Niedergang *m*, Abwärtsbewegung *f*; 2. Senkung *f*; Absenkung *f*, Absenken *n*; Sinken *n*, Absinken *n*; 3. Auslassen *n*, Übergehen *n*; 4. *(Met)* Niedergehen *n*, Niedergang *m (Gicht)*; 5. *(Geol)* Senkung *f*, Depression *f*; 6. *(Math)* Herunterziehen *n (Index)*
опускать 1. [ab]senken, herunterlassen; 2. auslassen, übergehen; 3. *(Met)* niedergehen *(Gicht)* || **~ перпендикуляр** *(Math)* das Lot fällen, die Senkrechte fällen
опускаться sich senken, sinken; niedergehen, sich abwärts bewegen
опустить *s.* опускать
опуститься *s.* опускаться
опустынивание *n (Ökol)* Wüstenbildung *f*
опушка *f* 1. Einfassung *f*, Rand *m*; 2. Besatz *m*
опыливание *n (Lw)* Stäuben *n (von Pflanzenschutzmitteln)*
опыливатель *m (Lw)* Stäub[e]gerät *n*, Stäuber *m*, Stäubemaschine *f (Pflanzenschutz)* || **~/авиационный** aviochemische Stäubeanlage *f (Agrarflug)* || **~/автомобильный** *(Lw)* Stäubeaufsatz *m* für Kraftfahrzeuge *(Pflanzenschutz)* || **~/газовый тракторный** *(Lw)* Traktorstäuber *m (Pflanzenschutz)* || **~/ранцевый ручной** *(Lw)* Rückenstäuber *m* || **~/ручной** *(Lw)* Handstäubegerät *n* || **~/тракторный навесной** *(Lw)* Anbaustäub[e]gerät *n* für Schlepper || **~/тракторный прицепной** *(Lw)* Stäub[e]gerät *n* für Traktorenzug
опыливатель-дефолиатор *m*/**навесной** *(Lw)* Anbau-Defoliator-Stäubegerät *n (Baumwolle, Leguminosen)*
опыливатель-культиватор *m (Lw)* kombinierte Grubber-Stäubeeinrichtung *f*
опыливатель-опрыскиватель *m (Lw)* [kombiniertes] Sprüh- und Stäub[e]gerät *n* || **~/универсальный навесной** universelles Anbau-Sprüh- und Stäubegerät *n*
опыт *m* 1. Erfahrung *f*; Empirie *f*; 2. Versuch *m*, Experiment *n* || **~/контрольный** Vergleichsversuch *m* || **~ короткого замыкания** *(El)* Kurzschlußversuch *m* || **~ кренования** *(Schiff)* Krängungsversuch *m* || **~ Майкельсона** *(Ph)* Michelson-Versuch *m (spezielle Relativitätstheorie)* || **~/производственный** 1. Betriebserfahrung *f*; 2. Betriebsversuch *m*, großtechnischer Versuch *m* || **~ холостого хода** Leerlaufversuch *m* || **~/холостой** Blindversuch *m*, Nullversuch *m* || **~ Штерна-Герлаха** *(Kern)* Stern-Gerlach-Versuch *m* || **~ эксплуатации** Betriebserfahrung *f*
опытный 1. erfahren; 2. Versuchs..., experimentell, empirisch
OP *s.* область разупорядочения
орбита *f (Astr, Kosm)* Bahn *f*, Umlaufbahn *f*, Orbit *m* || **~/близкая к круговой** kreisähnliche Umlaufbahn *f* || **~/вариационная** [Hillsche] Variationsbahn *f* || **~/возмущённая** gestörte Bahn (Umlaufbahn) *f* || **~ вокруг Луны** Mondumlaufbahn *f* || **~ встречи [космических аппаратов]** Rendezvousbahn *f* || **~/геостационарная** geostationäre Umlaufbahn (Bahn) *f* || **~/геоцентрическая** geozentrische Bahn (Umlaufbahn) *f* || **~/гиперболическая** hyperbolische Bahn *f*, Hyperbelbahn *f* || **~/земная** Erd[umlauf]bahn *f* || **~/истинная** wahre Bahn *f* || **~/квантовая** Quantenbahn *f* || **~/Кеплерова** Kepler-Bahn *f* || **~/круговая** Kreisbahn *f* || **~/лунная** Mondbahn *f* || **~/межпланетная** interplanetare Umlaufbahn *f* || **~/невозмущённая** ungestörte Bahn *f* || **~ ожидания** Parkbahn *f* || **~/околоземная** erdnahe Bahn (Umlaufbahn) *f* || **~/окололунная** Mondumlaufbahn *f* || **~/окончательная** definitive Bahn (Umlaufbahn) *f* || **~/оскулирующая** oskulierende Bahn *f* || **~/параболическая** parabolische Bahn *f*, Parabelbahn *f* || **~/перелётная** Flugbahn *f (z. B. einer Raumsonde)* || **~/полярная** polare Bahn (Umlaufbahn) *f*, Polarbahn *f* || **~/промежуточная** Parkbahn *f* || **~/резонансная** Resonanzbahn *f (Planetoiden)* || **~ сближения** Rendezvousbahn *f* || **~ стыковки** Kopplungsbahn *f* || **~/электронная** Elektronen[umlauf]bahn *f* || **~/эллиптическая** elliptische Bahn *f*, Ellipsenbahn *f*
орбиталь *f (Ph, Ch)* Orbital *n(m)* || **~/атомная** Atomorbital *n*
орбитальный *(Astr)* Bahn...
óрган *m* Organ *n*, Glied *n* || **~/балансный** *(Reg)* Abgleichorgan *n* || **~/блокирующий** *(Reg)* Sperrglied *n* || **~/верхний рабочий** Oberwerkzeug *n (eines Schweißroboters)* || **~/воспринимающий** 1. Fühlorgan *n*, Fühler *m*; 2. Empfangsteil *m (eines Relais)* || **~/грузовой (грузоподъёмный)** *(Förd)* Lastorgan *n*, Huborgan *n* || **~/грунтозаборный** Grundsaugorgan *n*, Grundsauggerät *n (Saugschwimmbagger)* || **~/дистанционный** *(Reg)* Distanzmeßglied *n* || **~/заделывающий** *(Lw)* Zustreichwerkzeug *n*, Zustreicher *m* || **~/замедляющий** *(Reg)* Verzögerungsglied *n (eines Relais)* || **~/запорный** Sperrglied *n*; Absperrorgan *n* || **~/захватывающий** Mitnehmerorgan *n*, Mitnehmer *m* || **~/защитный** *(Reg)* Schutzorgan *n* || **~/измерительный** *(Reg)* 1. Meßglied *n*; 2. Meßfühler *m* ||

~/исполнительный 1. *(Reg)* Stellorgan *n*, Stellglied *n*; 2. Schaltteil *m (eines Relais)* ‖ **~/коммутационный** *(El)* Schaltorgan *n* ‖ **~/крутильный** *(Text)* Drallkammer *f* ‖ **~/нулевой** *(Reg)* Nullorgan *n* ‖ **~/петлеобразующий** *(Text)* Maschenbildungsorgan *n* ‖ **~/пневматический исполнительный** *(Reg)* pneumatisches Leistungsteil *n* ‖ **~/подкапывающий рабочий** *(Lw)* Rodewerkzeug *n* ‖ **~/подъёмный** *s.* ~/грузовой ‖ **~/предохранительный** *(Reg)* Sicherungsorgan *n* ‖ **~/приводной** *(Masch)* Antriebsmittel *n*, Antriebsorgan *n* ‖ **~/промежуточный** *(Reg)* Zwischenglied *n* ‖ **~/пусковой** Startorgan *n*, Anlaßorgan *n* ‖ **~/рабочий** *(Masch)* 1. Wirkorgan *n*; 2. Arbeitsorgan *n*; 3. Funktionsgruppe *f* ‖ **~ равновесия** Gleichgewichtsorgan *n* ‖ **~/распределительный** *(Reg)* Steuer[ungs]organ *n*, Steuerelement *n* ‖ **~/регулировочный (регулирующий)** *(Reg)* Regelorgan *n*, Regelglied *n*; Stellglied *n*, Stellorgan *n* ‖ **~/рулевой** Ruderorgan *n* ‖ **~ сравнения** *(Reg)* Vergleichsorgan *n*, Vergleichsglied *n* ‖ **~/сравнивающий** *s.* ~ сравнения ‖ **~/тяговой** Zugmittel *n*; Zugorgan *n* ‖ **~ управления** *s.* ~/управляющий ‖ **~/управляющий** Steuer[ungs]organ *n*, Steuerelement *n* ‖ **~/уравнивающий** *(Reg)* Abgleichorgan *n* ‖ **~/чувствительный** *(Reg)* Fühlorgan *n*, Fühlglied *n*

оргáн/электронный elektronische Orgel *f*, Elektronenorgel *f*

организация *f* 1. Organisation *f*; 2. Büro *n*, Betrieb *m* ‖ **~/байтовая** *(Inf)* Bytestruktur *f*, byteweise Organisation *f* ‖ **~/библиотечная** *(Inf)* untergliederte Organisation *f* ‖ **~/битовая** *(Inf)* Bitstruktur *f* ‖ **~ данных** *(Inf)* Datenorganisation *f* ‖ **~ данных/естествечная** natürliche Datenstruktur *f* ‖ **~ заданий** *(Inf)* Joborganisation *f* ‖ **~/индексно-последовательная** *(Inf)* indexsequentielle Dateiorganisation *f* ‖ **~ набора данных** *(Inf)* Dateiorganisation *f* ‖ **~ памяти** *(Inf)* Speicherorganisation *f*, Speicherstruktur *f* ‖ **~/первичная** *(Inf)* Primärorganisation *f* ‖ **~/поразрядная** *(Inf)* Bitstruktur *f* ‖ **~/последовательная** *(Inf)* sequentielle Dateiorganisation *f* ‖ **~/пословная** *(Inf)* Wortorganisation *f*, Wortstruktur *f* ‖ **~/прямая** *(Inf)* Direktzugriffsorganisation *f* ‖ **~ разделами** *(Inf)* untergliederte Organisation *f* ‖ **~/разрядная** *s.* ~/поразрядная

организм-индикатор *m (Ökol)* Indikatororganismus *m (z. B. für Verschmutzung)*

органка *f (Bgb)* Reihenstempel *mpl*, Reihenstempelausbau *m*

ордер/архитектурный *(Bw)* Säulenordnung *f*

ординар *m (Hydt)* Normalniveau *n* des Wassers

ордината *f (Math)* Ordinate *f* ‖ **~ центра тяжести** *(Schiff)* Lage *f* des Schwerpunkts der Breite nach, „Breitenschwerpunkt" *m*

ордовик *m (Geol)* Ordovizium *n* ‖ **~/верхний** *s.* отдел/верхнеордовикский ‖ **~/нижний** *s.* отдел/нижнеордовикский

оребрение *n* Berippung *f*; Verrippung *f*

ореол *m* 1. *(Astr)* Kranz *m*; 2. *(Meteo)* Aureole *f (kleiner Hof um Sonne oder Mond)*; 3. *(Opt)* Kranz *m*, Kranzerscheinung *f*; 4. *(Bgb)* Aureole *(Grubenlampe)*; 5. *(Photo)* [photographischer] Lichthof *m* ‖ **~/диффузионный** *(Photo)* Diffusionslichthof *m* ‖ **~/контактовый** *(Geol)* Kontakthof *m*, Kontaktaureole *f* ‖ **~ отражения** *(Photo)* Reflexionslichthof *m* ‖ **~ рассеяния** 1. *(Geol)* Dispersionshof *m*; 2. *(Photo)* Diffusionslichthof *m*

ореолообразование *n (Photo)* Lichthofbildung *f*

орешек *m (Text)* Samenkapselteil *m*, Schalenrest *m*

орешки *mpl*/**чернильные** *(Led)* Gallen *fpl*

ориентация *f* Ordnen *n*, Ordnung *f*; Ausrichten *n*; Orientierung *f* ‖ **~/гравитационная** *(Astr)* Schwerkraftorientierung *f* ‖ **~ двойника** *(Krist)* Zwillingsorientierung *f* ‖ **~/меридиональная** Nord-Süd-Orientierung *f* ‖ **~ по времени** Zeitsinn *m* ‖ **~/широтная** Ost-West-Orientierung *f* ‖ **~ ядер** Kernorientierung *f*

ориентир *m* Orientierungspunkt *m*, Orientierungszeichen *n*, Orientierungsmarke *f* ‖ **~/береговой** Landmarke *f (Schiffsnavigation)* ‖ **~ видимости** Sichtmarke *f* ‖ **~/вспомогательный** *(Flg)* Hilfsorientierungszeichen *n*‖ **~/земной** *(Flg)* Bodenorientierungspunkt *m* ‖ **~/световой** *(Flg)* Lichtorientierungspunkt *m*

ориентир-буссоль *m (Geoph)* Orientierbussole *f*

ориентирование *n* Orientierung *f* ‖ **~/абсолютное внешнее** absolute äußere Orientierung *f*

ориентированный 1. *(Masch)* lagebestimmt; 2. *(Fert)* geordnet *(Lage von Teilen)*; 3. gerichtet *(Gefüge nach Erstarrung)* ‖ **~ в пространстве** raumgeordnet, räumlich geordnet ‖ **~ на диски** *(Inf)* plattenorientiert ‖ **~ на дисплей** *(Inf)* bildschirmorientiert ‖ **~ на заказчика** *(Inf)* kundenorientiert ‖ **~ на массив данных** *(Inf)* dateiorientiert ‖ **~ на пользователя** *(Inf)* anwenderorientiert ‖ **~ на список** *(Inf)* listenorientiert ‖ **~ на стек** *(Inf)* stackorientiert ‖ **~ на файл** *(Inf)* dateiorientiert

орентировать 1. ordnen; ausrichten; 2. *(Fert)* [Lage] bestimmen; 3. *(Math)* orientieren

ориентировка *f* 1. Orientierung *f (s. a.* ориентация*)*; 2. *(Geol)* Einregelung *f (Gefüge)* ‖ **~/астрономическая** *(Astr)* Orientierung *f* nach Gestirnen ‖ **~/линейная (линейнопараллельная)** *(Geol)* lineare Streckung *f*, Faserung *f (Gefüge)* ‖ **~/план-параллельная** *(Geol)* Streckung *f* flächenhafter Gefüge

ориентометр *m* Orientometer *n*

орлец *m (Min)* Kieselmangan *n*, Rhodonit *m*

орнитоптер *m* Schlagflügelflugzeug *n*, Schwingenflugzeug *n*, Ornithopter *m*

ороген *m (Geol)* Orogen *n*

орогенез[ис] *m (Geol)* Orogenese *f*, Tekto[no]genese *f*

орография *f* 1. *(Meteo)* Orographie *f*; 2. *(Geol) s.* морфография

орометрия *f s.* морфометрия

ороситель *m (Lw)* Regner *m*; Beregnungsanlage *f*; Bewässerungsanlage *f* ‖ **~/передвижной** Wanderregner *m*

орошать 1. benetzen, befeuchten, begießen, sprengen; 2. bewässern, berieseln, *(künstlich)* beregnen

орошение *n (Lw)* Berieselung *f*, Bewässerung *f*, Beregnung *f*, Verregnung *f*; Benetzen *n*, Befeuchten *n* ‖ **~/внутрипочвенное** *s.* ~/подземное ‖ **~ затоплением** Stauberieselung *f*, Überstaubewässerung *f* ‖ **~ земель** Bodenbewässerung *f* ‖ **~/искусственное** künstliche Bewässerung *f* || **~/капельное** Tröpfchenbewässerung *f* || **~/наземное** Oberflächenberieselung *f*, Oberflächenbewässerung *f* || **~/нерегулируемое** wilde Berieselung *f* || **~/поверхностное** *s.* ~/наземное || **~/подземное** Untergrundbewässerung *f*, Unterflurbewässerung *f* || **~/подпахотное** *s.* ~/подземное || **~/подпорное** Staubewässerung *f* || **~/подпочвенное** *s.* ~/подземное || **~ полей** Ackerbewässerung *f* || **~/самотёчное** Rieselbewässerung *f*, Berieselung *f* || **~ сточными водами** Bewässerung *f* mit Abwasser, Abwasserverregnung *f* || **~/увлажнительное** anfeuchtende Bewässerung *f* || **~/удобрительное** düngende Bewässerung *f*

орт *m* 1. *(Bgb)* Ort *n*; 2. *(Math)* Einheitsvektor *m*, normierter Vektor *m*

ортикон *m (TV)* Orthikon *n*

ортиконоскоп *m* Orthikonoskop *n*

ортит *m (Min)* Orthit *m*, Allanit *m*

ортогеосинклиналь *f* Orthogeosynklinale *f*

ортогеотропизм *m* Orthogeotropismus *m*

ортогнейс *m (Geol)* Orthogneis *m* || **~/щелочной** Alkaliorthogneis *m*

ортогональность *f* Orthogonalität *f*

ортогональный orthogonal, rechtwinklig

ортодрома *f (Geod)* Orthodrome *f*, Großkreisbogen *m*

ортодромия *f (Geod)* Orthodrome *f*, Großkreis *m*

ортозамещённый *(Ch)* ortho-substituiert, *o*-substituiert

ортокислота *f (Ch)* Orthosäure *f*

ортоклаз *m (Min)* Orthoklas *m (Kalifeldspat)*

орто-пара-превращение *n (Ph)* Ortho-Para-Umwandlung *f*

ортопозитроний *m (Ph)* Orthopositronium *n*

ортоположение *n (Ch)* Orthostellung *f*, *o*-Stellung *f*, 1,2-Stellung *f*

орторадиоскопия *f* Orthoröntgenoskopie *f*

ортосиликат *m (Ch)* Orthosilikat *n*

ортоскоп *m (Krist)* Orthoskop *n (Polarisationsmikroskop mit parallelem Licht)*

ортотерм *m (Ph)* Orthoterm *m*

ортотест *m* Mikrotastmesser *m* mit Fühlhebel und Zahntrieb *(Ablesung 0,001 und 0,002 m)*

ортофир *m (Geol)* Orthophyr *m*

ортофосфат *m (Ch)* Orthophosphat *n*, Phosphat *n*

ортофосфит *m (Ch)* Orthophosphit *n*

ортофосфористокислый *(Ch)* ...orthophosphit *n*; orthophosphorigsauer

ортофосфорнокислый *(Ch)* ...orthophosphat *n*; orthophosphorsauer

ортохлориты *mpl (Min)* Orthochlorite *mpl*

ортохроматический *(Photo)* orthochromatisch

ортохроматичность *f (Photo)* Orthochromasie *f*

ортоцентр *m (Math)* Höhenpunkt *m*; Höhenschnittpunkt *m*, Orthozentrum *n*

ортоцеракон *m (Geol)* Orthoceras *m (Fossil des Silurs)*

ортоэфир *m (Ch)* Orthoester *m*

ортштейн *m (Geol)* Ortstein *m*

оруденение *n (Geol)* Vererzung *f*

орудие *n* Gerät *n*, Werkzeug *n*, Instrument *n* || **~ задней навески** *(Lw)* Heckgerät *n*, gezogenes Gerät *n* || **~/крючковое рыболовное** Angelgerät *n* || **~ лова** Fanggerät *n (Fischfang)* || **~ лова/накидное** stülpendes Fanggerät *n* || **~ лова/наносящее ранение** verwundendes Fanggerät *n (Fischfang)* || **~ лова/обкидное** Umschließungsfanggerät *n*, Umschließungsnetz *n* || **~ лова/объячеивающее** maschendes Fanggerät *n* || **~ лова/отцеживающее** seihendes Fanggerät *n* || **~ лова/сетное** Netzfanggerät *n* || **~ навесное** *(Lw)* Anbaugerät *n* || **~/полунавесное** *(Lw)* Aufsattelgerät *n* || **~/почвообрабатывающее** *(Lw)* Bodenbearbeitungsgerät *n* || **~/прицепное** *(Lw)* Anhängegerät *n* || **~ производства** *(Fert)* Produktionsausrüstung *f* || **~/рыболовное** Fischfanggerät *n* || **~/сельскохозяйственное** *(Lw)* landwirtschaftliches Gerät *n* || **~/универсальное** *(Lw)* Vielfachgerät *n* || **~ фронтальной навески** *(Lw)* Frontgerät *n*, geschobenes Gerät *n*

оружие *n (Mil)* Waffe *f*; Waffen *fpl* || **~/биологическое** biologische Waffe *f* || **~/космическое** Weltraumwaffe *f* || **~/лазерное** Laser[strahlen]-waffe *f* || **~/лучевое** Strahlenwaffe *f* || **~ массового поражения** Massenvernichtungswaffe *f* || **~/микроволновое** Mikrowellenwaffe *f* || **~ направленной энергии** Richtenergiewaffe *f* || **~/плазменное** Plasma[strahlen]waffe *f* || **~/противоспутниковое** Satellitenabwehrwaffe *f*, Antisatellitenwaffe *f* || **~/пучковое** Teilchenstrahlenwaffe *f* || **~/ускорительное** Beschleunigungswaffe *f*

ОС *s.* 1. система/операционная; 2. связь/обратная; 3. станция/оконечная; 4. система/оптимальная; 5. система отклонения

осадитель *m* Abscheider *m*, Abscheidemittel *n*, Ausfällungsmittel *n*, Fällungsmittel *n*; Klärmittel *n* || **~/камерный** Kammerabscheider *m* || **~/многоячейковый** Vielzellenabscheider *m* || **~/трубчатый** Röhrenabscheider *m*

осадка *f* 1. *(Schm)* Stauchen *n (s. a. unter* высадка*)*; 2. *(Met)* Niedergehen *n*, Nachrutschen *n (Gicht im Schachtofen)*; 3. Einsenken *n*; 4. Stauchen *(Pulvermetallurgie)*; 5. *(Led)* Nieteisen *n*; 6. *(Bw)* Setzen *n*, Setzung *f*, Senkung *f (eines Gebäudes)*; 7. *(Geol)* Senkung *f*, Depression *f*; 8. *(Bgb)* Setzdruck *m (Gebirgsdruck)*; 9. *(Schiff)* Tiefgang *m* || **~/балластная** *(Schiff)* Ballasttiefgang *m* || **~ в горячем состоянии** *(Schm)* Warmstauchen *n*; Warmoinsenken *n* || **~/вторичная** *(Schw)* Nachpressen *n*, Haltezeit *f (Preßschweißen)* || **~/горячая** *(Schm)* Warmstauchen *n*; Warmeinsenken *n* || **~/грузовая** *(Schiff)* Ladetiefgang *m* || **~ грунта** *(Bw)* Bodensenkung *f* || **~/естественная** *(Bw)* natürliche Setzung *f* || **~ здания** Gebäudesetzung *f* || **~ конуса** *(Bw)* Setzmaß *n*, Ausbreitmaß *n* || **~ кормой** *(Schiff)* hinterer (achterer) Tiefgang *m*, Tiefgang *m* hinten || **~ на миделе** *(Schiff)* Tiefgang *m* mittschiffs || **~ носом** *(Schiff)* vorderer Tiefgang *m*, Tiefgang *m* vorn || **~/периодическая** *(Bgb)* Periodendruck *m (Gebirgsdruck beim Abbau)* || **~ по грузовую марку** *(Schiff)* Freibordtiefgang *m* || **~ по миделю судна** *(Schiff)* Tiefgang *m* mittschiffs || **~ по тоннажную марку** *(Schiff)* Tonnagetiefgang *m* || **~ повреждённого судна** *(Schiff)* Lecktiefgang *m* || **~ порожнем** *(Schiff)* Leertiefgang *m* || **~/предельная** *(Schiff)* maximaler Tiefgang *m* || **~/расчётная** *(Schiff)* Konstruktionstiefgang *m* || **~ сооружений** Bauwerkssetzung *f* || **~/сред-**

няя *(Schiff)* mittlerer Tiefgang *m* ‖ **~/теоретическая** *(Schiff)* Konstruktionstiefgang *m* ‖ **~/холодная** *(Schm)* Kaltstauchen *n*; Kalteinsenken *n* ‖ **~ шихты** *(Met)* Niedergehen (Nachrutschen) *n* der Gicht *(Schachtofen)* ‖ **~/эксплуатационная** *(Schiff)* Betriebstiefgang *m*

осадки *pl* 1. *(Meteo)* Niederschlag *m*; 2. *s.* отложения ‖ **~/ливневые** *(Meteo)* Schauerniederschläge *m* ‖ **~/обложные** anhaltende Niederschläge *mpl* ‖ **~/орографические** orographische Niederschläge *mpl*

осадкомер *m* 1. *(Meteo)* Niederschlagsmesser *m*; 2. *(Schiff)* Tiefgangmesser *m*

осадкообразование *n* Niederschlagsbildung *f*

осадкоотделитель *m (Hydt)* Sinkstoffabscheider *m*

осадкоуплотнитель *m (Hydt)* Sinkstoffverdichter *m*

осадок *m* 1. Niederschlag *m*, Fällprodukt *n*; Rückstand *m*, Sediment *n*; Sinkstoff *m*; 2. Ausfällung *f*, Bodensatz *m*; Filterkuchen *m*, Filterrückstand *m*; 3. *(Met)* Bodensatz *m (Ofen)*; 4. *(Geol)* Ablagerung *f*, Sediment *n*; Schlammablagerung *f*; 5. *(Lebm)* Trub *m* ‖ **~/горячий** *(Brau)* Heißtrub *m* ‖ **~/грубый** *(Brau)* Grobtrub *m* ‖ **~/донный** Bodensatz *m* ‖ **~/дрожжевой** *(Lebm)* Hefegeläger *n*, Heferückstand *m* ‖ **~/кристаллический** Kristallabscheidung *f* ‖ **~/радиоактивный** *(Kern)* radioaktiver Niederschlag *m*, Fallout *m* ‖ **~/студенистый** gelatinöser (gelartiger) Niederschlag *m* ‖ **~/тонкий** *(Brau)* Feintrub *m* ‖ **~/уплотнённый** verdichteter Sinkstoff *m* ‖ **~/холодный** *(Brau)* Kühltrub *m* ‖ **~/эвапоритовый** Evaporat *n*, Eindampfungssediment *n*

осаждаемость *f* Fällbarkeit *f*, Ausfällbarkeit *f*, Abscheidbarkeit *f*

осаждаемый [aus]fällbar, abscheidbar

осаждать scheiden, ausscheiden, abscheiden, absetzen, fällen, ausfällen

осаждаться ausfällen, sich setzen (absetzen, abscheiden, ausscheiden, ablagern, niederschlagen), sedimentieren

осаждение *n* 1. Scheiden *n*, Ausscheiden *n*, Abscheiden *n*, Ausfällen *n*, Niederschlagen *n*, Fällen *n*, Fällung *f*, Sedimentation *f*, Sedimentieren *n*, Sedimentierung *f*, Ablagerung *f*; 2. Nachrutschen *n (z. B. Gicht)* ‖ **~/вакуумное** Vakuumabscheidung *f*, Abscheidung *f* im Vakuum ‖ **~/газофазное** *s.* ~ из газовой фазы ‖ **~/гальваническое** galvanische (elektrolytische) Abscheidung *f* ‖ **~ двухструйным методом** *(Photo)* Doppeleinlauffällung *f* ‖ **~/дробное** fraktionierte Fällung *f* ‖ **~ из газовой фазы [/химическое]** *(Eln)* Gasphasenabscheidung *f*, Gasphasenepitaxie *f*, CVD ‖ **~ из паровой фазы** *(Eln)* Dampfphasenabscheidung *f*, Abscheidung *f* aus der Dampfphase ‖ **~ металла** Metallabscheidung *f* ‖ **~ одноструйным методом** *(Photo)* Einzeleinlauffällung *f* ‖ **~/парофазное** *s.* ~ из паровой фазы ‖ **~ тонких плёнок** Dünnschichtabscheidung *f* ‖ **~/фракционированное (фракционное)** *s.* ~/дробное ‖ **~/химическое** chemische (stromlose) Abscheidung *f* ‖ **~/электролитическое** elektrolytische (galvanische) Abscheidung *f* ‖ **~/эпитаксиальное** exitaktische Abscheidung *f*

осаживать *(Schm)* stauchen

осахаривание *n (Ch)* Verzuckerung *f*

осахариватель *m (Ch)* Verzuckerungsgerät *n*

осахаривать *(Ch)* verzuckern

осахарить *s.* осахаривать

осваивать 1. sich aneignen; auswerten; beherrschen; 2. erschließen, urbar machen

освежение *n* Auffrischung *f*; *(Gieß)* Aufbereitung *f (Formstoff)* ‖ **~ проявителя** *(Photo)* Regenerierung (Auffrischung) *f* des Entwicklers

осветитель *m* Leuchte *f*, Beleuchtungseinrichtung *f*, Beleuchtungsgerät *n*, Illuminator *m* ‖ **~/импульсный** *(Photo)* Blitzleuchte *f* ‖ **~/лазерный** Laserilluminator *m* ‖ **~/лобный** *(Med)* Stirnlampe *f*, Stirnleuchte *f* ‖ **~/люминесцентный** Lumineszenzleuchte *f* ‖ **~/насадной** Ansatzleuchte *f*

осветить *s.* освещать

осветление *n* 1. Klären *n*, Klärung *f*; Läutern *n*, Läuterung *f*; 2. *(Lebm)* Schönen *n (des Weins)*; 3. *(Typ)* Aufhellung *f*; 4. *(Forst)* Auslichten *n* ‖ **~ воды** Wasserklärung *f*; Wasserreinigung *f* ‖ **~/предварительное** Vorklärung *f* ‖ **~/самопроизвольное** Selbstklärung *f* ‖ **~/тонкое** Feinklärung *f*

осветлитель *m* 1. Kläreinrichtung *f*; Klärbecken *n*; 2. Klärmittel *n*, Läuterungsmittel *n (Zusatz)*; 3. *(Lebm)* Schönungsmittel *n*

осветлить *s.* осветлять

осветлять 1. [ab]klären; läutern; 2. *(Lebm)* schönen *(Wein)*; 3. *(Typ)* aufhellen; 4. *(Forst)* auslichten

освечивание *n* Belichtungsgröße *f (cd-s)*

освещать *(Licht)* 1. beleuchten, ausleuchten; 2. belichten

освещение *n (Licht)* 1. Beleuchtung *f*, Ausleuchtung *f (Lichtverteilung im Raum)*; 2. Belichtung *f (Lichteinwirkung auf eine lichtempfindliche Schicht)* ‖ **~/аварийное** Notbeleuchtung *f* ‖ **~/архитектурное** Lichtarchitektur *f*, architektonische Beleuchtung *f* ‖ **~/аэродромное** Flugplatzbefeuerung *f* ‖ **~/бестеневое** schattenfreie Beleuchtung *f* ‖ **~/ближнее** 1. Nahbeleuchtung *f*; 2. *(Kfz)* Abblendlicht *n* ‖ **~/боковое** Seitenbeleuchtung *f* ‖ **~/верхнее** Oberlichtbeleuchtung *f* ‖ **~/внутреннее** Innenbeleuchtung *f* ‖ **~ встречным светом** Gegenlichtbeleuchtung *f*, Gegenlicht *n* ‖ **~/естественное** natürliche Beleuchtung *f*, Tageslichtbeleuchtung *f* ‖ **~ жилых помещений** Wohnraumbeleuchtung *f* ‖ **~ заливающим светом** Flutlichtbeleuchtung *f*, Anstrahlung *f* ‖ **~/запасное** Notbeleuchtung *f*, Ersatzbeleuchtung *f* ‖ **~/искусственное** künstliche Beleuchtung *f* ‖ **~ искусственным светом** Kunstlichtbeleuchtung *f*, Kunstlicht *n* ‖ **~ комбинации приборов** *(Kfz)* Skalenbeleuchtung *f* ‖ **~/конторское** Bürobeleuchtung *f* ‖ **~/лестничное** Treppenbeleuchtung *f* ‖ **~/люминесцентное** Leuchtstofflampenbeleuchtung *f* ‖ **~/местное** Arbeitsplatzbeleuchtung *f* ‖ **~ на транспорте** Verkehrsbeleuchtung *f* ‖ **~/направленное** gerichtete Beleuchtung *f* ‖ **~/наружное** Außenbeleuchtung *f* ‖ **~/настенное** Wandbeleuchtung *f* ‖ **~/неравномерное** ungleichmäßige Beleuchtung *f* ‖ **~/ночное** Nachtbeleuchtung *f* ‖ **~/общее [равномерное]** Allgemeinbeleuchtung *f* ‖ **~/отражённое** *s.* ~ отражённым светом ‖ **~ отражённым светом**

indirekte Beleuchtung *f*, Umfeldbeleuchtung *f* || **~/полуотражённое** halbindirekte Beleuchtung *f* || **~ помещений** Raumbeleuchtung *f* || **~/потолочное** Deckenbeleuchtung *f* || **~ приборов** Instrumentenbeleuchtung *f*, Gerätebeleuchtung *f* || **~/прожекторное** Scheinwerferbeleuchtung *f* || **~/промышленное** Industriebeleuchtung *f* || **~/прямое** direkte Beleuchtung *f* || **~ прямым светом** *s.* ~/прямое || **~/равномерное** gleichförmige (gleichmäßige) Beleuchtung *f* || **~ рассеянным светом** gestreute (diffuse) Beleuchtung *f* || **~ сбоку** 1. seitliche Beleuchtung *f*; 2. *(Photo)* Seitenlicht *n* || **~/светлопольное** Hellfeldbeleuchtung *f* || **~/темнопольное** Dunkelfeldbeleuchtung *f* || **~ улиц** Straßenbeleuchtung *f* || **~ щита** Schalttafelbeleuchtung *f*

освещённость *f* Beleuchtungsstärke *f (Lux)* || **~ в помещении** Raumbeleuchtungsstärke *f* || **~ вертикальной поверхности** vertikale Beleuchtungsstärke *f* || **~ горизонтальной поверхности** horizontale Beleuchtungsstärke *f* || **~ щели** Spaltbeleuchtung *f* || **~/энергетическая** Bestrahlungsstärke *f (Watt pro Quadratmeter)*

освидетельствование *n (Schiff)* Revision *f*, Besichtigung *f*

освинцовывание *n* Verbleien *n*, Verbleiung *f*; Bleiumhüllung *f* || **~/горячее** Feuerverbleiung *f*

освободить *s.* освобождать

освобождать 1. freisetzen, freimachen, entwikkeln *(Gase)*; 2. *(Ph)* auslösen; 3. *(Lw)* freilegen *(Nährstoffe)*; 4. *(El)* auslösen; 5. *(Fert)* ausspannen, abspannen *(Werkstücke)*

освобождение *n* 1. Freisetzung *f*, Entwicklung *f* *(von Gasen)*; 2. *(Ph)* Auslösung *f (Elektronen)*; 3. Lösen *n (Schrauben)*; 4. *(Lw)* Freilegung *f* *(von Nährstoffen)*; 5. *(Fert)* Ausspannen *n*, Abspannen *n (Werkstücke)* || **~ носителей** *(Eln)* Trägerfreisetzung *f*, Trägererzeugung *f* || **~ памяти** *(Inf)* Speicherplatzfreigabe *f* || **~ электронов** *(Kern)* Elektronenablösung *f*, Elektronenauslösung *f*

освоение *n* 1. Aneignung *f*; Erlernung *f*; 2. Nutzbarmachung *f*, Übernahme *f*, Auswertung *f*; 3. Beherrschung *f*, 4. Erschließen *n*, Erschließung *f*, Urbarmachung *f* || **~/повторное** *(Bgb)* Aufwältigen *n*; Wiedernutzbarmachung *f* || **~ территории** Baulanderschließung *f*, Geländeerschließung *f* || **~ целинных земель** *(Lw)* Neulandgewinnung *f*

оседаемость *f* Fällbarkeit *f*, Ausfällbarkeit *f*

оседание *n* 1. Senkung *f*, Einsinken *n*, Absinken *n*, Rutschen *n*; Zusammensacken *n*; *(Met)* Niedergehen *n (Gicht)*; 2. Bodensatz *m*, Niederschlag *m*, Ablagerung *f*

оседать 1. sich senken, sich setzen; absacken, einsinken, rutschen; 2. einen Niederschlag (Bodensatz) bilden

оседержатель *m* Achshalter *m*

осе-километр *m (Eb)* Achskilometer *m*

оселок *m (Wkz)* Schleifstein *m*, Wetzstein *m*, Abziehstein *m*

осесимметричность *f* Achssymmetrie *f*

осесимметричный achsymmetrisch, rotationssymmetrisch

осесть *s.* оседать

оси *fpl* **координат** *(Math)* Achsenkreuz *n* || **~ координат/неподвижные** *(Math)* Bezugssystem *n* || **~/кристаллографические** kristallographische Achsen *fpl* || **~ снимка** Bildachsen *fpl*

осина *f (Forst)* Espe *f*, Zitterpappel *f*

осколок *m* Splitter *m*, Bruchstück *n*, Scherbe *f* || **~ деления [ядра]** *(Kern)* Spaltbruchstück *n*, Spaltfragment *n* || **~ расщепления** *(Kern)* Spallationsprodukt *n* || **~ составного ядра** *(Kern)* Zwischenkernfragment *n* || **~/ядерный** *(Kern)* Kernbruchstück *n*, Kernfragment *n*

оскуляция *f (Astr)* Oskulation *f*

ослабитель *m* 1. *(Photo)* Abschwächer *m*, Abschatter *m*; 2. *(Photo)* Graufilter *n*, Schwächungsfilter *n*; 3. *(Opt)* Schwächer *m*; 4. *(El, Nrt)* Dämpfungsglied *n*, Dämpfungsnetzwerk *n*, Abschwächer *m*; 5. *(Typ)* Abschwächer *m (Retusche)* || **~ Белицкого** *(Photo)* Belitzkischer Abschwächer *m* || **~/поверхностный** *s.* ~/субтрактивный || **~/пропорциональный** *(Photo)* proportionaler Abschwächer *m* || **~ реостатного типа** *(El)* veränderbarer Dämpfungswiderstand *m* || **~/сверхпропорциональный** *(Photo)* überproportionaler Abschwächer *m* || **~/субпропорциональный** *(Photo)* subproportionaler (unterproportionaler) Abschwächer *m* || **~/субтрактивный** *(Photo)* subtraktiver Abschwächer *m*, Oberflächenabschwächer *m* || **~/суперпропорциональный** *s.* ~/сверхпропорциональный || **~ Фармера** *(Photo)* Farmerscher Abschwächer *m*

ослабить *s.* ослаблять

ослабление *n* 1. Abschwächen *n*, Abschwächung *f*, Schwächung *f*; 2. *(Mech)* Entspannung *f*; 3. Lockern *n*, Lockerwerden *n*, Lösen *n (Schrauben)*; 4. *(Kern)* Abklingen *n*, Abkühlung *f (Aktivität)*; 5. *(Opt, Photo)* Abschwächung *f*, Schwächung *f*, Dämpfung *f*, Attenuation *f*; 6. *(Reg)* Dämpfung *f*; 7. *(Schiff)* Schwächung *f (Konstruktion, Querschnitt)*; 8. *s.* экстинкция || **~ в волноводе** Wellenleiterdämpfung *f*; Hohlleiterdämpfung *f* || **~ звука** Schallschwächung *f*, Schalldämpfung *f* || **~ излучения** *(Kern)* 1. Schwächung *f* der Strahlung, Strahlenschwächung *f*, Strahlungsschwächung *f*; 2. Strahlenvernichtung *f* || **~ излучения/геометрическое** geometrische Strahlungsschwäche *f (Abnahme der Strahlungsintensität mit zunehmender Entfernung von der Strahlungsquelle)* || **~ интенсивности излучения** *(Kern)* Intensitätsschwächung *f* || **~ контрастности** Kontrastabschwächung *f*; Kontrastabfall *m* || **~/линейное** *(Ph)* lineare Extinktion *f* || **~ низких частот** *(Nt, Eln)* Baßbeschneidung *f* || **~/поверхностное** *(Photo)* subtraktive Abschwächung *f*, Oberflächenabschwächung *f* || **~ поля** Abschwächung des Feldes, Feldschwächung *f*, Entregung *f* || **~/пропорциональное** *(Photo)* proportionale Abschwächung *f* || **~ света** *(Ph)* Licht[ab]schwächung *f*, Extinktion *f* || **~ сечения** *(Wlz)* Querschnittsschwächung *f*, Querschnittsverringerung *f*; Querschnittseinschnürung *f* || **~/субтрактивное** *s.* ~/поверхностное

ослаблять 1. [ab]schwächen; 2. lockern, lösen *(Schrauben)*; 3. *(Kern)* abklingen, abkühlen *(Aktivität)*; 4. *(Reg)* dämpfen

осланцевание *n* **[инертной пылью]** *(Bgb)* Einstauben *n (Gesteinsstaubverfahren zur Verhinderung von Kohlenstaubexplosionen)*

ослепление *n* Blendung *f*
ослеплённость *f* Blendung *f*
осматривать рудник *(Bgb)* eine Grube befahren
осмий *m (Ch)* Osmium *n*, Os ‖ **~/иридистый** *(Min)* Iridosmium *n*
осмол *m* Kienholz *n*, verkientes Holz *n (Holzchemie)*
осмоление *n* Verharzen *n*
осмометр *m (Ph, Ch)* Osmometer *n (Gerät zur Messung osmotischer Drücke)*
осмос *m (Ph, Ch)* Osmose *f* ‖ **~/обратный** Umkehrosmose *f*
осмотр *m* 1. Besichtigung *f*; 2. Inspektion *f (von Fahrzeugen)* ‖ **~/внешний** Sichtprüfung *f*, Beschaffenheitsprüfung *f* ‖ **~/периодический** Fristinspektion *f (von Fahrzeugen)* ‖ **~/предполётный** Vorflugkontrolle *f* ‖ **~/приёмный** Abnahmeuntersuchung *f* ‖ **~/стартовый** *(Flg)* Startkontrolle *f*
оснастка *f* 1. Ausrüstung *f*; Ausstattung *f*; 2. *(Schiff)* Takelung *f*, Takeln *n*, Takelage *f*; 3. Einscherung *f (Hebemittel)* ‖ **~/бортовая** *(Bw)* Schalungsrahmen *m*, Randschalung *f* ‖ **~/зажимная** *(Wkzm)* Spannmittel *npl*, Spannzeuge *npl* ‖ **~/измерительная** Meßmittel *npl* ‖ **~/литейная** gießereitechnologisches Zubehör *n (Sammelbezeichnung für Modell-, Form- und Kerneinrichtungen)* ‖ **~/модельная** *(Gieß)* Modelleinrichtung *f*, Modellausrüstung *f* ‖ **~/модельно-опочная** *(Gieß)* Modell- und Formkastenausrüstung *f* ‖ **~ подбор** Randleinenbestückung *f (Schleppnetz)* ‖ **~/радиотехническая** funktechnische Ausrüstung *f*, Funkausrüstung *f* ‖ **~/сборочная** Montageausrüstung *f* ‖ **~/телевизионная** Fernsehausrüstung *f* ‖ **~ трала** 1. Vorgeschirr *n* des Schleppnetzes; 2. Bestückung *f* des Schleppnetzes
оснащать ausrüsten, ausstatten, versehen; *(Eln)* bestücken
оснащение *n s.* оснастка
оснащённость *f* Ausrüstung *f*, Ausstattung *f*; Ausrüstungszustand *m*
оснащённый лампами röhrenbestückt, mit Röhrenbestückung, Röhren... ‖ **~ твёрдым сплавом** *(Wkz)* hartmetallbestückt
основа *f* 1. Grundlage *f*, Basis *f*; 2. Schichtträger *m*; 3. *(Text)* Kette *f*, Kettfaden *m*, Zettel *m (Weberei)*; 4. *(Wkz)* Unterlage *f (eines Abrasivmittels)*; *s.* бумагаоснова ‖ **~/ажурная** *(Text)* Dreherkette *f* ‖ **~/безопасная** *(Photo)* Sicherheitsunterlage *f* ‖ **~/бумажная** Papierunterlage *f* ‖ **~/верхняя** *(Text)* Oberkette *f* ‖ **~/ворсовая** *(Text)* Florkette *f*; Polkette *f* ‖ **~/грунтовая** *(Text)* Grundkette *f* ‖ **~/коренная** *(Text)* Grundkette *f*, Unterkette *f*, Futterkette *f*, Stehkette *f* ‖ **~/металлическая** metallische Grundmasse *f (Gefüge)* ‖ **~/набивная** *(Text)* bedruckte Kette *f* ‖ **~/нижняя** *(Text)* Unterkette *f* ‖ **~/перевивочная** *(Text)* Dreherkette *f* ‖ **~/полиэфирная** *(Photo)* Polyesterunterlage *f* ‖ **~/связывающая** *(Text)* Bindekette *f* ‖ **~ сплава** *(Met)* Hauptlegierungsmetall *n*, Basismetall *n* einer Legierung ‖ **~ станка** *(Wkzm)* Maschinenkörper *m* ‖ **~ структуры** *(Wkst)* Grundgefüge *n* ‖ **~/тканевая** Gewebeunterlage *f* ‖ **~/узорная** *(Text)* Figurkette *f*, Musterkette *f* ‖ **~/шёлковая** *(Text)* Seidenkette *f* ‖ **~/шлихтованная** *(Text)* geschlichtete Kette *f*
основание *n* 1. Grundlage *f*; Basis *f*; 2. *(Ch)* Base *f*; 3. *(Bw)* Gründung *f*; Fundament *n*; Bettung *f*, Bett *n*, Unterbau *m*; 4. Sohle *f*, Fuß *m*; Auflagerung *f*, Lagerfläche *f*; 5. *(Math)* Basis *f (Potenz, Logarithmus)*; Grundlinie *f (einer geradlinigen Figur, z. B. Dreieck)*; Basisfläche *f*, Grundfläche *f (eines Körpers, z. B. Kegel)*; 6. Grundgruppe *f*; Grundplatte *f (Maschinen, Apparate u. dgl.)*; 7. Basis[schicht] *f*, Basiszone *f (Halbleiter)*; Basiselektrode *f*; Grundplatte *f*; Basismaterialplatte *f*, Schaltaufbauplatte *f*, Trägerplatte *f (einer gedruckten Schaltung)* ‖ **~/аммониевор** *(Ch)* Ammoniumbase *f* ‖ **~ антенны** *(Rf, Fs)* Antennenfuß[punkt] *m* ‖ **~ балласта** *s.* ~ балластного слоя ‖ **~ балластного слоя** *(Eb)* Bettungssohle *f*, Bettungsfuß *m* ‖ **~/бетонное** *(Bw)* Betonunterbett *n*, Unterbeton *m* ‖ **~ борта** *(Gum)* Reifenfuß *m* ‖ **~ быка** *(Hydt, Bw)* Pfeilergründung *f* ‖ **~/висячее** *(Bw)* schwimmende (schwebende) Gründung *f* ‖ **~/восьмеричное** *(Inf)* oktale Darstellung[sbasis] *f* ‖ **~/гравийное** *(Bw)* Kiesbettung *f* ‖ **~/грунтовое** Bodengründung *f* ‖ **~/двоичное** *(Inf)* binäre Darstellung[sbasis] *f* ‖ **~/десетичное** *(Inf)* dezimale Darstellung[sbasis] *f* ‖ **~ дуги** *(El)* Lichtbogenfußpunkt *m* ‖ **~ дымовой трубы** Schornsteinfuß *m* ‖ **~/естественное** *(Bw)* natürliche Gründung *f (Felsuntergrund)* ‖ **~ здания** *(Bw)* Gebäudegründung *f* ‖ **~ зуба** *(Masch)* Zahngrund *m* ‖ **~ импульса** *(Ph)* Impulsbasis *f*, Impulsfuß *m* ‖ **~/искусственное** *(Bw)* künstliche Gründung *f (z. B. Pfahlgründung)* ‖ **~/каменное** *(Bw)* Felsgründung *f* ‖ **~/кессоное** *(Bw)* Senkkastengründung *f* ‖ **~ колодца** *(Nrt)* Schachtsohle *f (Kabelschacht)* ‖ **~ красителя** *(Ch)* Farbbase *f* ‖ **~ логарифма** *(Math)* Basis *f*, Grundzahl *f (Logarithmus)* ‖ **~ лопатки** Schaufelfuß *m (Dampfturbine)* ‖ **~ мачты** Mastfuß *m* ‖ **~ на сваях** *(Bw)* Pfahlgründung *f* ‖ **~ надреза** *(Masch)* Kerbgrund *m* ‖ **~/неглубокое** *(Bw)* Flachgründung *f* ‖ **~ опоры** Mastfuß *m* ‖ **~ откоса** Böschungsfuß *m* ‖ **~ паза** Nutengrund *m* ‖ **~ перпендикуляра** *(Math)* Fußpunkt *m* der Senkrechten ‖ **~ песчаное** *(Bw)* Sandbettung *f*, Sandgründung *f* ‖ **~ печи** *(Met)* Ofenfundament *n*, Ofenfuß *m*, Ofensohle *f* ‖ **~/плоское** *(Bw)* Flächengründung *f* ‖ **~/подвижное** *(Masch)* Fahrgestell *n (z. B. eines Industrieroboters)* ‖ **~ подшипника** *(Masch)* Lagerfuß *m*, Lagersohle *f* ‖ **~ початка** *(Text)* Kopsansatz *m (Spinnerei)* ‖ **~/свайное** *(Bw, Hydt)* Pfahlgründung *f* ‖ **~/скальное** *(Bw)* Felsboden *m*, Felsuntergrund *m*; Felsgründung *f* ‖ **~/станины** *(Wkzm)* Gestellunterteil *n*; Bettunterteil *n*; *(Wlz)* Ständersohle *f (Walzgerüst)* ‖ **~/степени** *(Math)* Basis *f*, Grundzahl *f (Potenz)* ‖ **~/третичное** *(Ch)* tertiäre Base *f* ‖ **~/троичное** *(Inf)* ternäre Darstellungsbasis *f* ‖ **~/уплотнённое** *(Bw)* verdichteter Untergrund *m* ‖ **~/упругое** *(Bw)* elastische Gründung *f*, elastischer Untergrund *m*; *(Masch)* elastische Unterlage *f* ‖ **~/четвертичное** *(Ch)* quartäre Base *f* ‖ **~/шестнадцатеричное** *(Inf)* hexadezimale Darstellung[sbasis] *f* ‖ **~/Шиффово** *(Ch)* Schiffsche Base *f* ‖ **~ шпонки** *(Masch)* Keilfuß *m* ‖ **~/щебёночное** *(Bw)* Schüttlage *f (Straßenbau)*
основная *f (Schiff)* Basis *f*

основной 1. Grund…, Haupt…, Stamm…, hauptsächlich, grundlegend, ursprünglich, primär; basal; 2. *(Fert)* Einheits… *(z. B. Einheitsbohrung, Einheitswelle)*
основность *f (Ch)* Basizität *f*
основный 1. *(Ch)* basisch; 2. *(Text)* Ketten…, Kett… *(Weberei)*
основонаблюдатель *m (Text)* Kettfadenwächter *m (Webstuhl)*
особняк *m* Einfamilienhaus *n*
особовысокочувствительный *(Photo)* höchstempfindlich
особомелкозернистый *(Photo)* feinstkörnig
особоширокоугольный *(Photo)* Überweitwinkel…
осолонцевание *n* **почвы** *(Ökol)* Bodenversalzung *f*
оспина *(Led)* Pockennarbe *f*
осреднение *n* Mitteln *n*, Mittelung *f*, Mittelwertbildung *f*
ОСС *s.* спейс шаттл
останавливать anhalten, abschalten, stillsetzen
останавливаться stehenbleiben, stoppen, anhalten
останец *m (Geol)* Härtling *m* ‖ **~ выветривания** Verwitterungsrest *m*
останец-свидетель *m (Geol)* Zeugenberg *m*, Zeuge *m*
останов *m* 1. Anhalten *n*, Stillsetzen *n*, Stillsetzung *f*, Abstellen *n*, Stopp *m*; 2. *(Masch)* Gesperre *n*, Sperre *f*, Rast *f*; Stoppvorrichtung *f*, Abstellvorrichtung *f* ‖ **~/аварийный** Havariestillsetzung *f*, Notstillsetzung *f*, Havariestopp *m* ‖ **~/автоматический** automatischer Stopp *m*, automatische Stillsetzung *f* ‖ **~/вынужденный** außerplanmäßige Stillsetzung *f* ‖ **~/двузубый** *(Masch)* zweizähniges Gesperre *n* ‖ **~/зажимной** Klemmgesperre *n* ‖ **~/зубчатый** Zahngesperre *n* ‖ **~ по требованию** *(Inf)* willkürlicher Stopp *m* ‖ **~/промежуточный** *(Inf)* Zwischenstopp *m* ‖ **~/роликовый** *(Masch)* Rollengesperre *n* ‖ **~/условный** *(Inf)* bedingter Stopp *m* ‖ **~/фрикционный** *(Masch)* Reibgesperre *n*; Klemmrichtgesperre *n* ‖ **~/храповой** *(Masch)* Klinkengesperre *n*, Zahnrichtgesperre *n*, Rastgesperre *n*, Sperrwerk *n*; Hemmschaltwerk *n* ‖ **~/шариковый** *(Masch)* Kugelgesperre *n*
остановка 1. Abschalten *n*, Stillsetzen *n*, Stillsetzung *f*, Außerbetriebsetzung *f (s. a. unter* останов 1.*)*; 2. *(Eb)* Haltestelle *f*, Haltepunkt *m*; 3. Halt *m*, Anhalten *n*; 4. Aufenthalt *m*; 5. *(Inf)* Haltepunkt *m (des Programms)* ‖ **~/быстрая** Schnellstillsetzung *f* ‖ **~ в пути** *(Eb)* Unterwegs[aufent]halt *m* ‖ **~/промежуточная** *(Eb)* 1. Zwischenstation *f*, Zwischenhaltestelle *f*; 2. Zwischenhalt *m*
остаток *m* 1. Rest *m*; Rückstand *m*, Residuum *n*; 2. *(Math)* Rest *m*; Radikal *n*; 3. *(Ch)* Radikal *n*, Rest *m*; Molekülrest *m*, Gruppe *f*; 4. Saldo *m* ‖ **~/алифатический** *(Ch)* aliphatischer Rest *m*, Fettrest *m*, aliphatische Gruppe *f* ‖ **~/анодный** Anodenrest *m*, Anodenschlamm *m (NE-Metallurgie)* ‖ **~ анодов** *s.* ~/анодный ‖ **~ вспышки сверхновой** *(Astr)* Supernovaüberrest *m* ‖ **~/жидкостный** Flüssigkeitsrest *m* ‖ **~/зольный** Asche[n]rückstand *m* ‖ **~/кислотный** *(Ch)* Säurerest *m* ‖ **~ кислоты** *(Ch)* Säurerest *m* ‖ **~/кубовый** *(Ch)* Blasenrückstand *m*, Sumpfprodukt *n*, Sumpfrückstand *m* ‖ **~/нерастворимый** *(Ch)* unlöslicher Rückstand *m*, Löserückstand *m* ‖ **~/нефтяной** *(Ch)* Erdöl[destillations]rückstand *m* ‖ **~ [от] перегонки** *(Ch)* Destillationsrückstand *m* ‖ **~/сухой** *(Ch)* Trockensubstanz *f*; Abdampfrückstand *m*
остаточный restlich, Rest…, remanent, Remanenz…; bleibend, plastisch *(Verformung)*
остекление *n (Bw)* Verglasung *f* ‖ **~/двойное** Doppelscheibenverglasung *f* ‖ **~/ленточное** Fensterband *n*, Bandfenster *n* ‖ **~/одинарное** Einfachverglasung *f* ‖ **~/тройное** Dreifachverglasung *f*
остекловывание *n* Vitrifizierung *f*, Verglasung *f*; *(Kern)* Verschmelzung *f (radioaktiver Abfälle)*
остепнение *n (Ökol)* Steppenbildung *f*, Versteppung *f*
остов *m* 1. Gerüst *n*, Gerippe *n*; Gestell *n*, Rahmen *m*; 2. Fachwerk *n*; Rumpf *m* ‖ **~ атома** Atomrumpf *m* ‖ **~/атомный** Atomrumpf *m* ‖ **~ двигателя** *(El)* Motorgestell *n*, Motorgehäuse *n* ‖ **~ катушки** *(El)* Spulenkörper *m*, Spulenrahmen *m* ‖ **~/несущий** Traggerüst *n*, Tragskelett *n* ‖ **~/ядерный** Rumpf *m* des Atomkerns, Kernrumpf *m* ‖ **~ ядра** *s.* ~/ядерный ‖ **~ якоря** *(El)* Ankerkörper *m*
остойчивость *f (Schiff)* Stabilität *f* ‖ **~/аварийная** Leckstabilität *f* ‖ **~/динамическая** dynamische Stabilität *f* ‖ **~/начальная** Anfangsstabilität *f* ‖ **~/поперечная** Querstabilität *f* ‖ **~/продольная** Längsstabilität *f* ‖ **~/статическая** statische Stabilität *f* ‖ **~ судна/чрезмерная** Steifheit *f* eines Schiffes
остойчивый *(Schiff)* stabil
остриё *n* 1. *(Wkz)* Spitze *f*, Schneide *f*; 2. Zinke *f*, Zapfen *n* ‖ **~/контактное** *(El)* Kontaktspitze *f*; Elektrodenspitze *f* ‖ **~ лемеха** *(Lw)* Scharspitze *f* ‖ **~ на импульсе** Impulsspitze *f* ‖ **~ сверла** *(Wkz)* Bohrerspitze *f* ‖ **~ стрелочного перевода** *(Eb)* Weichenspitze *f*
остров *m* Insel *f*
островок *m* Verkehrsinsel *f* ‖ **~/направляющий** Verkehrsleitinsel *f* ‖ **~/пешеходный** Fußgänger[schutz]insel *f*
острогубцы *pl s.* кусачки
острокомочный *(Wkz)* scharfkantig, mit scharfer Schneidkante
остроконечный spitz, zugespitzt, spitz verlaufend, Spitz…
остронаправленность *f (Eln)* Bündelungsschärfe *f*, Richt[strahl]schärfe *f*
остронаправленный scharf (stark) gerichtet (gebündelt)
остронастроенный *(Rf)* scharf abgestimmt
остроножный zugespitzt, scharfkantig
острорезонансный *(Rf)* resonanzscharf
острота *f* Schärfe *f* ‖ **~ зрения** Sehschärfe *f* ‖ **~ направленности** Bündelungsschärfe *f*, Richt[strahl]schärfe *f* ‖ **~ настройки** *(Rf)* Abstimmschärfe *f* ‖ **~ резонанса** *(Rf)* Resonanzschärfe *f* ‖ **~/слуха** Gehörschärfe *f*
остроугольный 1. spitzwinklig; 2. scharfkantig
острофокусированный *(Opt)* scharffokussiert, scharfgebündelt
остряк *m (Eb)* Weichenzunge *f* ‖ **~/гибкий** federnde Weichenzunge *f* ‖ **~/кривой** ablenkende

Weichenzunge *f* ‖ **~/набегающий** Auflaufzunge *f (Weiche)*
остывание *n* 1. Abkühlen *n*, Erkalten *n*; 2. Erstarren *n*
остывочная *f (Kält)* Kühlraum *m*
ОСУ *s.* система управления/оперативная
осушать 1. [aus]trocknen; 2. *(Lw)* trockenlegen, entwässern; 3. *(Schiff)* lenzen
осушение *n* 1. Trocknen *n*, Trocknung *f*; 2. *(Lw)* Trockenlegung *f*; *(Lw, Bgb)* Entwässerung *f*, Entwässern *n*; 3. *(Schiff)* Lenzen *n* ‖ **~ воздуха** Luftentfeuchtung *f* ‖ **~ грунта (земель)** *(Lw)* Bodenentwässerung *f*, Bodentrockenlegung *f* ‖ **~/контурное** *(Bgb)* Randentwässerung *f* ‖ **~/опережающее** *(Bgb)* Vorentwässerung *f* ‖ **~/поверхностное** *(Lw)* Oberflächenentwässerung *f*
осушитель *m* 1. Trockenturm *m*, Trockner *m*; 2. Trockenmittel *n*, Trockner *m*; 3. *(Hydt)* Drängraben *m*, Entwässerungsgraben *m*
осушительный 1. Trocknungs…, Trocken…; 2. *(Schiff)* Lenz…
осушить *s.* осушать
осушка *f s.* осушение
осциллирование *n* Oszillieren *n*, Oszillation *f*
осциллировать oszillieren
осциллограмма *f* Oszillogramm *n*
осциллограф *m* Oszillograph *m*; Oszilloskop *n* ‖ **~/аналоговый** analoges Oszilloskop *n* ‖ **~/безынерционный** trägheitsloser Oszillograph *m* ‖ **~/вакуумный** Vakuumoszillograph *m* ‖ **~/вибраторный** Schleifenoszillograph *m* ‖ **~/восьмивибраторный (восьмишлейфовый)** Achtschleifenoszillograph *m* ‖ **~/высоковольтный** Hochspannungsoszillograph *m* ‖ **~/высокочастотный** Hochfrequenzoszillograph *m* ‖ **~/двухвибраторный** Zweischleifenoszillograph *m* ‖ **~/двухлучевой** Zweistrahloszillograph *m*, Doppelstrahloszillograph *m* ‖ **~/двух-шлейфовый** Zweischleifenoszillograph *m* ‖ **~/запоминающий** Speicheroszilloskop *n* ‖ **~/зеркальный** Spiegeloszillograph *m* ‖ **~/импульсный** Impulsoszillograph *m* ‖ **~/инерционный** träg[heitsbehaftet]er Oszillograph *m* ‖ **~/катодно-лучевой (катодный)** *s.* ~/электронно-лучевой ‖ **~/магнитоэлектрический** magnetelektrischer Oszillograph *m*; Drehspuloszillograph *m* ‖ **~/многолучевой** Mehrstrahloszillograph *m* ‖ **~/многошлейфовый** Mehrschleifenoszillograph *m* ‖ **~/однолучевой** Einstrahloszillograph *m* ‖ **~/проекционный** Projektionsoszillograph *m* ‖ **~ с накоплением (памятью)** Speicheroszillograph *m* ‖ **~/светолучевой** Lichtstrahloszillograph *m* ‖ **~/скорост-ной** Kurzzeitoszillograph *m* ‖ **~/стробоскопический** Sampling-Oszillograph *m*, Stroboskoposzillograph *m* ‖ **~/тепловой** Hitzdrahtoszillograph *m* ‖ **~/цифровой** digitales Oszilloskop *n* ‖ **~/цифровой запоминающий** digitales Speicheroszilloskop *n* ‖ **~/широкополосный** Breitbandoszillograph *m* ‖ **~/шлейфный (шлейфовый)** Schleifenoszillograph *m* ‖ **~/электроннолучевой (электронный)** Elektronen[strahl]oszillograph *m*, Kathoden[strahl]oszillograph *m* ‖ **~/электростатический** elektrostatischer Oszillograph *m*
осциллографический oszillographisch
осциллография *f* Oszillographie *f*, oszillographische Darstellung *f* ‖ **~/импульсная** Impulsoszillographie *f* ‖ **~/электронная** Elektronenstrahloszillographie *f*
осциллометрия *f* Oszillometrie *f*
осциллополярография *f* Oszillopolarographie *f*, oszillographische Polarographie *f*
осциллоскоп *m (El)* Oszilloskop *n (s. a. unter* осциллограф*)* ‖ **~/импульсный** Impulsoszilloskop *n* ‖ **~/электронно-лучевой (электронный)** Elektronenstrahloszilloskop *n*
осциллоскопия *f s.* осциллография
осциллятор *m (El, Ph)* Oszillator *m*, Schwingungserzeuger *m*, Schwinger *m* ‖ **~/ангармонический** unharmonischer Oszillator *m* ‖ **~/возбуждённый** angeregter Oszillator *m* ‖ **~/вспомогательный** Hilfsoszillator *m* ‖ **~ Ганна** Gunn-Oszillator *m* ‖ **~/гармонический** harmonischer Oszillator *m* ‖ **~/задающий** Steueroszillator *m* ‖ **~/квантовый** Quantenoszillator *m* ‖ **~/кварцевый** Quarzoszillator *m* ‖ **~/лазерный** Laseroszillator *m* ‖ **~/линейный** linearer Oszillator *m* ‖ **~/локальный** Lokaloszillator *m* ‖ **~/невозмущённый** nichtangeregter (ungestörter) Oszillator *m* ‖ **~/одномерный** eindimensionaler Oszillator *m* ‖ **~/перестраиваемый** durchstimmbarer Oszillator *m* ‖ **~/реакторный** Reaktoroszillator *m* ‖ **~/электромагнитный** elektromagnetisches Schwingungssystem *n*
ОСШ *s.* отношение сигнал-шум
осыпание *n* 1. Bestreuen *n*, Überschütten *n*; 2. Abblättern *n*; Abbröckeln *n*; 3. *(Bgb)* Nachfall *m*, Nachfallen *n (von Gestein)*; 4. Ausbrechen *n* der Magnetschicht, Schichtablösung *f (Magnettonband)*
осыпь *f (Geol)* Gebirgsschutt *m*, Gehängeschutt *m*
ось *f* 1. Achse *f (Koordinatensystem)*; Mittellinie *f*; 2. *(Masch)* Achse *f*; Bolzen *m*; 3. *(Photo)* Filmbahn *f*, Kern *m* ‖ **~ абсцисс** *(Math)* Abszissenachse *f*, x-Achse *f* ‖ **~ автомобиля/ведущая** *(Kfz)* Antriebsachse *f* ‖ **~ антиклинали** *(Geol)* Antiklinalachse *f (einer Falte)*; Sattelachse *f* ‖ **~ арки** *(Bw)* Bogenachse *f* ‖ **~/базовая** Bezugsachse *f* ‖ **~ балки** *s.* ~ стержня ‖ **~/бегунковая** *(Eb)* Laufachse *f* ‖ **~ бобины** *(Photo)* Spulenkern *m* ‖ **~/большая** *(Math)* Hauptachse *f*, große (waagerechte) Achse *f (Ellipse)* ‖ **~ бруса** *s.* ~ стержня ‖ **~/быстрая** *(Opt)* schnelle Achse *f (Doppelbrechung)* ‖ **~/ведомая** *(Masch)* getriebene Achse *f*; *(Eb)* geführte (nachlaufende) Achse *f*, Nachlaufachse *f*, Schleppachse *f* ‖ **~/ведущая** *(Masch)* treibende Achse *f*; *(Eb)* führende Achse *f*, Führungsachse *f* ‖ **~/вертикальная** 1. *(Math)* Ordinatenachse *f*; 2. senkrechte (vertikale) Achse *f* ‖ **~/вещественная** reelle Achse *f* ‖ **~/визирная** *(Opt)* Visierachse *f*, Zielachse *f*; Sehachse *f* ‖ **~/вильчатая** *(Kfz)* Gabelachse *f* ‖ **~/винтовая** *(Krist)* Schraubenachse *f*, Helikogyre *f* ‖ **~ волчка** *(Ph)* Kreiselachse *f* ‖ **~ вращения** 1. *(Mech)* Drehachse *f (Drehbewegung eines starren Körpers)*; 2. *(Math)* Rotationsachse *f (Rotationskörper)* ‖ **~ вращения/мгновенная** *(Mech)* momentane Drehachse *f (Drehbewegung eines starren Körpers)* ‖ **~/временная** Zeitachse *f* ‖ **~ второго порядка** *(Krist)* zweizählige Symmetrieachse

(Drehungsachse, Drehachse, Rotationsachse) *f*
|| ~ **гироскопа** *(Ph)* Kreiselachse *f* || **~/главная**
1. Hauptachse *f (Koordinatensystem)*; 2. *(Nrt)*
Empfängerwelle *f (eines Fernschreibers)* || **~/глав-
ная оптическая** optische Achse (Hauptachse)
f || **~/глухая** *(Masch)* Blindachse *f* || **~/горизон-
тальная** Horizontalachse *f*, horizontale (waage-
rechte) Achse *f* || **~/двойниковая** *(Krist)* Zwil-
lingsachse *f* || ~ **двойного лучепреломления**
(Opt) doppelbrechende Achse *f (Kristalloptik)* ||
~/задняя *(Kfz)* Hinterachse *f* || ~ **зоны** *s.*
~ пояса || **~/зрительная** *(Opt)* Sehachse *f*,
Gesichtsachse *f* || ~ **излучения** Strahlungsach-
se *f* || **~/измерительная** Meßachse *f* || **~/изог-
нутая** gekrümmte Achse *f* || ~ **инерции [/глав-
ная]** *(Mech)* Trägheitsachse *f*, Hauptträgheits-
achse *f (Trägheitsellipsoid)* || ~ **качания** *(Masch)*
Schwingachse *f*, Pendelachse *f* || ~ **качения**
(Masch) Wälzachse *f* || ~ **колёсных пар** *(Masch)*
Radsatzachse *f* || **~/коллимационная** Zielach-
se *f*, Kollimationsachse *f* || **~/композиционная**
(Bw) Kompositionsachse *f (Architektur)* || **~/кон-
сольная** fliegende Achse *f* || ~ **координат**
(Math) Koordinatenachse *f*, Bezugsachse *f* ||
~/кристаллическая Kristallachse *f*, kristallo-
graphische Achse *f* || ~ **кристаллической
зоны** *s.* ~ пояса || **~/кристаллографическая**
kristallographische Achse *f* || **~/кристаллооп-
тическая** kristalloptische Achse *f* || ~ **кручения**
(Mech) Torsionsachse *f*, Verdreh[ungs]achse *f* ||
~ **лазера** Laserachse *f* || ~ **линзы [/оптиче-
ская]** *(Opt)* Linsenachse *f*, optische Achse *f* [der
Linse] || ~ **лобового сопротивления** *(Mech)*
Widerstandsachse *f* || ~ **луча** *(Ph)* Strahlachse *f*
|| **~/малая** *(Math)* Nebenachse *f*, kleine (senk-
rechte) Achse *f (Ellipse)* || **~/мгновенная вин-
товая** *(Mech)* momentane Schraubenachse *f*
(der Schraubenbewegung eines Festkörpers) ||
~/медленная *(Opt)* langsame Achse *f (Doppel-
brechung)* || ~ **мира** *(Astr)* Polachse *f*, Himmels-
achse *f* || **~/мнимая** *(Math)* Nebenachse *f*, ima-
ginäre Achse *f (Hyperbel)* || **~/модульная раз-
бивочная** *(Bw)* Systemlinie *f* || ~ **моментов**
(Mech) Momentenachse *f* || ~ **мульды** *(Geol)*
Muldenlinie *f*, Muldenachse *f* || **~/наклонная**
(Ph) geneigte (schräge) Achse *f* || **~/направ-
ляющая** Lenkachse *f* || **~/нейтральная** *(Wkst)*
neutrale Faser *f*, Nullinie *f*, neutrale Linie *f*, Neu-
tralachse *f*, Nullachse *f (Biegeversuch)* || **~/не-
подвижная** *(Masch)* unbewegliche (feststehen-
de) Achse *f*; *(Eb)* feste Achse *f* || **~/неразрез-
ная** *(Kfz)* Starrachse *f* || **~/несущая** Tragachse
f || ~ **обмотки** *(El)* Wicklungsachse *f* || **~/опор-
ная** *(Masch)* Tragachse *f* || **~/оптическая** opti-
sche Achse *f* || **~/оптическая вторичная**
(Krist) sekundäre optische Achse *f*, Biradiale *f*;
Achse *f* der äußeren konischen Refraktion;
Strahlenachse *f* || **~/оптическая первичная**
(Krist) [primäre] optische Achse *f*, Binormale *f*;
Achse *f* der inneren konischen Refraktion ||
~ **ординат** *(Math)* Ordinatenachse *f*, y-Achse *f* ||
~/основная *(Astr)* Hauptachse *f (Koordinaten-
system)* || ~ **первого порядка** *(Krist)* Symme-
trieachse (Drehungsachse, Drehachse, Rotati-
onsachse) *f* || **~/передвижная** verschiebbare
Achse *f* || **~/передняя** *(Kfz)* Vorderachse *f* ||
~ **поворотов** *s.* ~ вращения || ~ **поглощения**
(Ph) Absorptions[haupt]achse *f* || **~/подвижная**
(Masch) bewegliche Achse *f*; *(Eb)* verschiebbare
(seitenverschiebliche) Achse *f* || **~/поддержи-
вающая** *(Eb)* Schleppachse *f* || **~/полая** hohle
Achse *f*, Hohlachse *f*; Hohlachswelle *f* || **~/пол-
ностью разгруженная** *(Kfz)* vollfliegende Ach-
se *f* || **~/полуразгруженная** *(Kfz)* halbfliegen-
de Achse *f* || ~ **полюсов ротора** *(El)* Läuferpol-
achse *f* || **~/поперечная** Querachse *f* || ~ **по-
тока/динамическая** *(Hydrol)* dynamische
Stromachse *f* || ~ **пояса** *(Krist)* Zonenachse *f* ||
~ **прецессии** *(Astr)* Präzessionsachse *f* ||
~ **привеса** *(Ph)* Pendelachse *f* || **~/приводная**
Antriebsachse *f*, antreibende Achse *f* || ~ **при-
целивания** Zielachse *f*, Kollimationsachse *f* ||
~/продольная Längsachse *f* || **~/промежу-
точная** *(Masch)* Blindachse *f*, Blindwelle *f* ||
~ **равновесия** Gleichgewichtsachse *f* || **~/раз-
груженная** *(Masch)* fliegende Achse *f* || **~/раз-
резная** *(Kfz)* Schwingachse *f*, Pendelachse *f* ||
~ **растяжения** Zugachse *f* || ~ **ротора** *(El)* Läu-
ferachse *f* || ~ **световода** *(Opt)* Faserachse *f*,
Lichtleiterachse *f* || **~/свободная** *(Masch)* unge-
kuppelte Achse *f* || ~ **свода** *(Bw)* Wölb[ungs]-
achse *f* || ~ **сдвига** Scherungsachse *f* || ~ **сим-
метрии** *(Krist)* 1. Symmetrieachse *f*; 2. Dreh-
[ungs]achse *f*, Gyre *f*; Deckachse *f* || ~ **симме-
трии/биполярная** *(Krist)* bipolare Symmetrie-
achse *f* || ~ **симметрии/винтовая** *(Krist)*
Schraubenachse *f* der Zähligkeit || ~ **симметрии
второго порядка** *(Krist)* zweizählige Symme-
trieachse *f*; zweizählige Drehachse *f*, digonale
Achse *f*, Digyre *f* || ~ **симметрии/главная**
(Krist) Hauptsymmetrieachse *f* || ~ **симметрии/
двойная** *(Krist)* zweizählige Symmetrieachse
f || ~ **симметрии/двойная поворотная** *s.* ~
симметрии второго порядка || ~ **симметрии/
зеркально-поворотная** *(Krist)* Drehspiegel-
achse *f* || ~ **симметрии/инверсионная** *(Krist)*
Drehinversionsachse *f*, Inversionsdrehachse *f* ||
~ **симметрии первого порядка** *(Krist)* ein-
zählige Symmetrieachse *f* || ~ **симметрии/по-
воротная** *(Krist)* Drehachse *f* der Zähigkeit ||
~ **симметрии/полярная** *(Krist)* polare Symme-
trieachse *f* || ~ **симметрии третьего порядка**
(Krist) dreizählige Drehachse *f*, Trigyre *f*, trigona-
le Achse *f* || ~ **симметрии/тройная** *(Krist)* drei-
zählige Symmetrieachse *f* || ~ **симметрии/
тройная винтовая** *s.* ~ третьего порядка/
винтовая || ~ **симметрии/тройная поворот-
ная** *(Krist)* dreizählige Drehachse *f*, Trigyre *f* ||
~ **симметрии/четверная** *(Krist)* vierzählige
Symmetrieachse *f* || ~ **симметрии четвёртого
порядка** *(Krist)* vierzählige Drehachse *f*, Tetra-
gyre *f*, tetragonale Achse *f* || ~ **симметрии/
шестерная** *(Krist)* sechszählige Symmetrieach-
se *f* || ~ **симметрии шестого порядка** *(Krist)*
sechszählige Drehachse *f*, Hexogyre *f*, hexago-
nale Achse *f* || ~ **синклинали** *(Geol)* Synkli-
nalachse *f* || ~ **системы/оптическая** *(Opt)*
optische Achse *f* eines Systems || **~/складки**
(Geol) Faltenachse *f* || ~ **складчатости** *(Geol)*
Faltungsachse *f* || ~ **склонения [телескопа]**
(Astr) Deklinationsachse *f (parallaktisch mon-
tiertes Fernrohr)* || **~/спаренная (сцепная)**
(Masch, Eb) gekuppelte Achse *f*, Kuppelachse *f*
|| ~ **стержня** *(Mech)* Stabachse *f*, Stabmittellinie

f ‖ **~/стрелочная** *(Eb)* Weichenache *f* ‖ **~/сцепная** *(Eb)* Kuppelachse *f* *(Lok)*; Schleppachse *f* ‖ **~ телескопа/полярная** *(Astr)* Stundenachse *f* *(parallaktisch montiertes Fernrohr)* ‖ **~ телескопа/часовая** *s.* ~ телескопа/полярная ‖ **~ третьего порядка/винтовая** *(Krist)* dreizählige Schraubenachse *f* ‖ **~ упругости** *(Krist)* Elastizitätsachse *f* ‖ **~ центра тяжести** *(Mech)* Schwereachse *f* ‖ **~ центров** Spitzenachse *f* *(Drehmaschine)* ‖ **~ четвёртого порядка** *(Krist)* vierzählige Symmetrieachse (Drehungsachse) *f* ‖ **~/шарнирная** *(Masch)* Gelenkachse *f* ‖ **~ шестого порядка** *(Krist)* sechszählige Symmetrieachse (Drehungsachse) *f*, Hexagyre *f* ‖ **~/эксцентриковая** *(Masch)* Exzenterachse *f*

отава *f* *(Lw)* Grummet *n*, Grumt *n*, Öhmd *n*

отбалансировать auswuchten

отбел *m s.* отбеливание

отбеливание *n* 1. *(Opt)* Aufhellung *f*; 2. Ausbleichung *f*; 3. *(Met)* Weißeinstrahlen *n*, Weißeinstrahlung *f*, Weißerstarrung *f*; Abschrecken *n* *(Hartguß)*; Hartgußabschreckung *f*; 4. *s. unter* отбелка ‖ **~ врасправку** *(Text)* Breitbleiche *f* ‖ **~/кромочное** *(Met)* Randzonenweißeinstrahlung *f*

отбеливатель *m*/**оптический** optischer Aufheller *m*, Weißtöner *m*

отбеливать bleichen

отбелить *s.* отбеливать

отбелка *f* *(Text)* Bleiche *f*, Bleichen *n* ‖ **~ в жгуте** Strangbleiche *f* ‖ **~ в кусках** Stückbleiche *f* ‖ **~ в мотках** Strangbleiche *f* ‖ **~/двухступенчатая** Zweistufenbleiche *f* ‖ **~/многоступенчатая** Mehrstufenbleiche *f* ‖ **~/одноступенчатая** Einstufenbleiche *f* ‖ **~/ступенчатая** Stufenbleiche *f*

отбензинивание *n* Entbenzinierung *f* *(Naturgas)*; Toppen *n* *(Roherdöl)*

отбензинивать entbenzinieren *(Naturgas)*; toppen *(Roherdöl)*

отбензинить *s.* отбензинивать

отбивать 1. abschlagen, abhauen; 2. *(Gieß)* ausschlagen, ausleeren, auspacken *(Gußteil aus der Form)*; 3. *(Bgb)* hereingewinnen ‖ **~ склянки** *(Schiff)* glasen

отбирать 1. abnehmen, fortnehmen; 2. aussuchen, aussondern, auslesen, sichten; sortieren; *(Bgb)* [aus]klauben ‖ **~ пар** anzapfen, Dampf entnehmen ‖ **~ пробу** eine Probe entnehmen

отбой *m* 1. Schlußsignal *n*, Schlußzeichen *n*; 2. *(Nrt)* Auslösung *f*; Gesprächsschluß *m* ‖ **~/двусторонний** *(Nrt)* zweiseitige Auslösung *f*, Auslösung *f* nach Einhängen beider Teilnehmer

отбойка *f* *(Bgb)* Hereingewinnen *n*, Gewinnen *n*, Gewinnung *f* ‖ **~ в зажиме** Gewinnung *f* aus dem Zwang ‖ **~ глубокими скважинами** Gewinnung *f* im Langlochsprengverfahren ‖ **~ камерными зарядами** *s.* ~/минная ‖ **~/массовая** Massengewinnung *f* ‖ **~/машинная** maschinelle Gewinnung *f* ‖ **~/минная** Abbau *m* mit Kammersprengungen ‖ **~ минными зарядами** *s.* ~/минная ‖ **~/послойная** scheibenartige Gewinnung *f* ‖ **~/секционная** sektionsweise Gewinnung *f* ‖ **~/селективная** selektive Gewinnung *f* ‖ **~ скважинными зарядами** Gewinnung *f* mit Großbohrlochsprengungen ‖ **~ шпурами** sprengende Gewinnung *f*

отбойник *m* Prallblech *n*, Prallschild *m*, Prallplatte *f*

отбойный 1. *(Nrt)* Auslöse...; Gesprächsschluß...; 2. *(Bgb)* Gewinnungs...; Abbau...

отбор *m* 1. Sonderung *f*, Auslese *f*; Auswahl *f*, Selektion *f*; 2. Entnahme *f*, Abnahme *f*; 3. Entnahmestelle *f*; 4. Auskopplung *f* *(Elektroenergie)* ‖ **~ воды** Wasserentnahme *f* ‖ **~ давления** Druckentnahme *f* *(an Wirkdruckdurchflußmeßgeräten)* ‖ **~ давления/угловой** Eckentnahme *f* des Druckes ‖ **~ давления/фланцевый** Flanschentnahme *f* des Druckes ‖ **~ измеряемой величины** Meßwertentnahme *f* *(statistische Qualitätskontrolle)* ‖ **~ импульсов** Impulsauswahl *f*; Impulsaussiebung *f* ‖ **~/многократный** Mehrfachstichprobenentnahme *f* ‖ **~ мощности** 1. Leistungsentnahme *f*; 2. Leistungsauskopplung *f* ‖ **~ напряжения** *(El)* Spannungsabgriff *m* ‖ **~ образцов** *s.* ~ пробы ‖ **~ отработавшего пара** Abdampfentnahme *f* ‖ **~ пара** Dampfentnahme *f* ‖ **~ пара/промежуточный** Dampfentnahme *f*, Dampfanzapfung *f* *(Turbine)* ‖ **~/последовательный** Folgestichprobenentnahme *f* ‖ **~/предварительный** Vorauswahl *f* ‖ **~ пробы** Probe[nent]nahme *f*, Probenziehen *n*, Probennehmen *n*; Stichprobenentnahme *f* ‖ **~ тепла** Wärmeentzug *m*, Wärmeabfuhr *f* ‖ **~ тока** *(El)* Stromabnahme *f* ‖ **~/улучшающий** *(Lw)* Veredlungsauslese *f* ‖ **~ энергии** *(El)* 1. Enrgieabnahme *f*; 2. Energieauskopplung *f*

отборка *f* *(Bgb)* Klauben *n*, Lesen *n* *(Aufbereitung)*

отбортовка *f* 1. Bördeln *n*, Bördelung *f*, Umbördeln *n*, Umbördelung *f* *(Umbiegen, Abkanten und Einrollen)*; Kümpeln *n*, Kümpelung *f*; 2. Abbiegen *n*, Hochkantbiegen *n* *(Stranggießen)*; 3. Aushalsen *n* *(von Rohren)*; 4. *(Fert)* Kragen *m* *(an Werkstücken)*

отборотовывать 1. [auf]bördeln; kümpeln; 2. abbiegen; 3. aushalsen *(Rohre)*

отбраковка *f* Aussortierung *f* fehlerhafter Bauteile

отбрасывание *n* 1. Abwurf *m*, Abwerfen *n*; 2. Fortlassen *n*, Weglassen *n*; 3. *(Ch)* Verwerfen *n*; 4. *(Inf)* Abbrechen *n*

отброд *m* Endvergärung *f*, Endvergärungsgrad *m*

отбродить vergären, ausgären

отброс *m* 1. Abgang *m*, Abfall *m*, Rest *m*; 2. *(Meß)* Ausschlag *m*, Zeigerausschlag *m*

отбросы *mpl* Müll *m*; Abfall *m*, Abfälle *mpl* *(s. a. unter* отходы*)*; Gekrätz *n*; Ausschuß *m* ‖ **~/жидкие радиоактивные** flüssige radioaktive Abfälle *mpl* ‖ **~/радиоактивные** radioaktive Abfälle *mpl* ‖ **~/твёрдые радиоактивные** feste radioaktive Abfälle *mpl*

отвал *m* 1. Schild *m* *(Erdbewegungsgerät)*; 2. *(Bgb)* Kippe *f*, Halde *f*; 3. *(Lw)* Streichblech *n* *(Pflug)*; 4. *(Text)* Wendeblech *n* *(Wickelstrecke)* ‖ **~/абзетцерный** *(Bgb)* Absetzkippe *f* ‖ **~/верхний** *(Bgb)* Hochkippe *f* ‖ **~/винтовой** *(Lw)* vollgewundenes (wendelförmiges) Streichblech *n* *(Pflug)* ‖ **~/внешний** *(Bgb)* Außenkippe *f* ‖ **~/внутренний** *(Bgb)* Innenkippe *f* ‖ **~/вскрышной** *(Bgb)* Abraumhalde *f* ‖ **~/гидравлический** *(Bgb)* Spülkippe *f* ‖ **~ грунта** Bodenablagerung *f* ‖ **~/культурный** *(Lw)* Kulturstreichblech *n*, Streichblech *n* mit Kulturform *(Pflug)* ‖ **~/мостовой** *(Bgb)* Brückenkippe *f*, Förderbrückenkippe *f*

‖ ~/намываемый (намывной) *(Bgb)* Spülkippe *f* **‖ ~/нижний** *(Bgb)* Tiefkippe *f* **‖ ~/передовой** *(Bgb)* Vorkippe *f* **‖ ~ плуга** *(Lw)* Streichblech *n (Pflug)* **‖ ~/плужный** *(Bgb)* Pflugkippe *f* **‖ ~/полувинтовой** *(Lw)* halbgewundenes Streichblech *n (Pflug)* **‖ ~/породный** *(Bgb)* Abraumkippe *f*, Bergehalde *f* **‖ ~/промежуточный** *(Bgb)* Zwischenkippe *f* **‖ ~ пустых пород** *(Bgb)* Abraumkippe *f*; Bergehalde *f* **‖ ~/решётчатый** *(Lw)* Gitterstreichblech *n (Pflug)* **‖ ~/смывной** *(Bgb)* Spülkippe *f* **‖ ~/цилиндрический** *(Lw)* zylindrisches Streichblech *n (Pflug)* **‖ ~/экскаваторный** *(Bgb)* Baggerkippe *f*

отвалообразование *n (Bgb)* Aufhaldung *f*, Verkippen *n*; Kippbetrieb *m* **‖ ~/бульдозерное** Kippbetrieb *m* mit Planierraupen **‖ ~/внешнее** Außenkippenbetrieb *m* **‖ ~/внутреннее** Innenkippenbetrieb *m* **‖ ~/гидравлическое** Spülkippenbetrieb *m* **‖ ~/плужное** Pflugkippenbetrieb *m* **‖ ~/экскаваторное** Kippbetrieb *m* mit Baggern

отвалообразователь *m (Bgb)* Absetzer *m (Abraumförderung)* **‖ ~ верхнего ссыпания** Hochabsetzer *m* **‖ ~ верхней отсыпки** Hochabsetzer *m* **‖ ~/забойный ленточный** Bandabwurfgerät *n* **‖ ~/ковшово-ленточный** Eimerkettenbandabsetzer *m* **‖ ~/ленточный** Bandabsetzer *m*, Bandabwurfgerät *n* **‖ ~/мостовой** Abraumförderbrücke *f* **‖ ~ нижнего ссыпания** Tiefabsetzer *m* **‖ ~ нижней отсыпки** Tiefabsetzer *m* **‖ ~/роторный** Schaufelradabsetzer *m* **‖ ~/цепной** Eimerkettenabsetzer *m* **‖ ~/шагающий** Schreitabsetzer *m*

отвальный *(Bgb)* Kippen..., Halden...

отвар *m (Ch)* Abkochung *f*, Dekokt *n*; Absud *m*; Brühe *f* **‖ ~/серно-известковый** *(Lw)* Schwefelkalkbrühe *f*

отваривание *n* 1. Abkochen *n*, Absieden *n*; 2. *(Text)* Entbasten *n (Seide)*

отварка *f* 1. Abkochung *f*, Absud *m*; 2. *(Brau)* Kochmaische *f*; 3. *(Text)* Entbastung *f (Seide)*

отведение *n* Ableitung *f*, Abführung *f* **‖ ~ сточных вод** Abwasserableitung *f* **‖ ~ тепла** Wärmeabfuhr *f*, Wärmeabführung *f*, Wärmeableitung *f*

отвеивание *n (Lw)* Windsichtung *f*, Windsortierung *f*

отвердевание *n* 1. Hartwerden *n*, Erhärten *n*; Erstarren *n*, Gerinnen *n*; 2. *(Ph)* Erstarrung *f (Übergang aus dem flüssigen in den festen Zustand)*; 3. *(Met)* Härtung *f*, Erhärtung *f*, Aushärtung *f*

отвердение *n s.* отвердевание

отвердитель *m (Kst)* Härter *m*, Härtungsmittel *n*, Härtungsbeschleuniger *m* **‖ ~/кислотный** Säurehärter *m*

отверждение *n* 1. Härten *n*, Härtung *f*; Aushärtung *f*; 2. *s.* отвердевание **‖ ~/горячее** Warmhärtung *f* **‖ ~ жиров** Fetthärtung *f* **‖ ~/холодное** Kalthärtung *f*

отвернуть *s.* отвёртывать

отверстие *n* 1. Loch *n*, Öffnung *f*, Fenster *n*; Spalt *m*; 2. *(Masch)* Bohrung *f*, Loch *n*; 3. *(Opt)* Öffnung *f*, Apertur *f* **‖ ~/базовое** *(Masch)* Basisbohrung *f* **‖ ~/бортовое** Seitenöffnung *f* **‖ ~/вливное** Einfüllöffnung *f* **‖ ~/водоперепускное** *(Schiff)* Wasserlaufloch *n*, Wasserlauföffnung *f* **‖ ~/водоприёмное** Entnahmeöffnung *f* *(für Wasser)* **‖ ~/водопропускное** Wasserdurchlaßöffnung *f*, Wasserdurchflußöffnung *f* **‖ ~/водоспускное** Wasserablaßöffnung *f*, Wasserabflußöffnung *f* **‖ ~/воздуховыводящее** Luftaustrittsöffnung *f* **‖ ~/воздухозаборное** Lufteintrittsöffnung *f* **‖ ~/впускное** Einlaßöffnung *f*, Einströmöffnung *f*, Einlauföffnung *f* **‖ ~/входное** 1. Einsteigeöffnung *f*; 2. Einlaßöffnung *f*; 3. *(El)* Einfallfeld *n (Röntgentechnik)*; 4. *s.* зрачок/входной **‖ ~/выпускное** Entleerungsöffnung *f*, Abflußloch *n*; *(Met, Gieß)* Stich *m*, Stichloch *n*, Stichöffnung *f*, Abstichöffnung *f*, Abstich *m (Schachtofen)*; Stopfenöffnung *f*, Auslauföffnung *f (Stopfenpfanne)* **‖ ~/вытяжное** Abluftöffnung *f*, Abzugsöffnung *f* **‖ ~/выходное** 1. Austritt *m*, Auslauföffnung *f*; 2. *s.* зрачок выходной **‖ ~/главное** *(Masch)* Hauptbohrung *f* **‖ ~/глухое** *(Masch)* nichtdurchgehende Bohrung *f*, Grundbohrung *f* **‖ ~/действующее** *(Opt)* wirksame Öffnung *f (z. B. der Blende)* **‖ ~ диафрагмы** *(Opt)* Blendenöffnung *f* **‖ ~/дренажное** Entwässerungsloch *n*, Drainageöffnung *f* **‖ ~/завалочное** *s.* ~/загрузочное **‖ ~/загрузочное** *(Met)* Beschickungsöffnung *f*, Begichtungstür *f*, Chargieröffnung *f*, Einsatztür *f (Schmelzofen)*; Arbeitstür *f (Schmiedeofen)* **‖ ~/заклёпочное** *(Masch)* Nietloch *n* **‖ ~/закрытое** *(Masch)* innen erweiterte Bohrung *f* **‖ ~/засыпное** *(Met)* Kronloch *n (Röstofen)* **‖ ~/исходное** *(Masch)* Ausgangsbohrung *f* **‖ ~/квадратное** *(Masch)* 1. Innenvierkant *m*; 2. Vierkantbohrung *f* **‖ ~/колошниковое** *(Met, Gieß)* Begichtungstür *f*, Begichtungsöffnung *f*; Beschickungsöffnung *f*, Chargiertür *f (Schmelzofen)* **‖ ~/коническое** *(Masch)* Kegelbohrung *f* **‖ ~/контактное** *(Eln)* Kontaktierungsloch *n (einer Leiterplatte)* **‖ ~/контрольное** *(Masch)* Kontrollbohrung *f* **‖ ~ литника** *(Gieß)* Eingußloch *n*, Gießtrichterloch *n* **‖ ~/маслоспускное** *(Masch, Kfz)* Ölablaß *m* **‖ ~/многогранное** *(Masch)* Mehrkantbohrung *f* **‖ ~/многоступенчатое** *(Masch)* mehrfach abgesetzte Bohrung *f* **‖ ~/монтажное** Montageöffnung *f* **‖ ~ на проход** *(Masch)* Durchgangsbohrung *f*, durchgehende Bohrung *f* **‖ ~/направляющее** *(Masch)* Führungsbohrung *f* **‖ ~/обмерное** *(Schiff)* Vermessungsöffnung *f* **‖ ~ объектива/действительное** *(Opt)* Nennöffnung des Objektivs *f* **‖ ~ объектива/действующее** *(Opt)* wirksame Objektivöffnung *f* **‖ ~ окуляра** *(Opt)* Okularöffnung *f* **‖ ~/основное** *(Masch)* Einheitsbohrung *f (Passungssystem)*; Lagerbohrung *f* **‖ ~/отливное** Ausgußöffnung *f* **‖ ~/отливное забортное** *(Schiff)* Außenbordabflußöffnung *f*, Außenbordausgußöffnung *f* **‖ ~/относительное** *(Opt)* Öffnungsverhältnis *n*, relative Öffnung *f (Blende, Objektiv)* **‖ ~/отсасывающее** Absaugöffnung *f* **‖ ~/перфорационное** *(Photo)* Perforationsloch *n* **‖ ~ под болт** *(Masch)* Schraubenloch *n* **‖ ~ под заклёпку** *(Masch)* Nietloch *n* **‖ ~ под клин** *(Masch)* Keilloch *n* **‖ ~ под резьбу** *(Masch)* Gewindekernbohrung *f* **‖ ~ под шплинт** *(Masch)* Splintloch *n* **‖ ~ подшипника** *(Masch)* Lagerbohrung *f* **‖ ~/посадочное** *(Masch)* Paßloch *n* **‖ ~/продольное** *(Masch)* Längsbohrung *f* **‖ ~/пропускное (проходное)** Durchlaßöffnung *f*; Durchgangsöffnung *f* **‖ ~/развёртывающее** *(El)* Abtastöffnung *f* ‖

~/разгрузочное Austragsöffnung *f*; Abwurföffnung *f (eines Förderers)* ‖ **~/регистровое** *(Typ)* Registerlochung *f* ‖ ~ **рефлектора** *(Opt)* Spiegelöffnung *f* ‖ **~/световое** *(Opt)* Lichtöffnung *f* ‖ ~ **связи** *(El)* Kopplungsloch *n*, Koppelloch *n* ‖ **~/сквозное** 1. *(Masch)* Durchgangsbohrung *f*, durchgehende Bohrung *f*; 2. *(Opt)* Durchtrittsöffnung *f* ‖ **~/сливное** Ausflußöffnung *f*, Abflußöffnung *f* ‖ **~/смазочное** *(Masch)* Schmier[stoff]-bohrung *f*, Schmierloch *n* ‖ **~/смотровое** Beobachtungsfenster *n*, Schauloch , Beobachtungsloch *n* ‖ **~/сопловое** *(Masch)* Düsenbohrung *f*; Düsenöffnung *f* ‖ **~/спускное** Ablaßöffnung *f*, Ablaßloch *n* ‖ ~ **стояка** *(Gieß)* Eingußloch *n*, Eingußöffnung *f* ‖ **~/стружечное** *(Wkz)* Spanloch *n*, Spankammer *f (Schneideisen)*; Spanlücke *f (einer Reibahle)* ‖ **~/технологическое** *(Fert)* fertigungsbedingte Bohrung *f* ‖ **~/уведённое** *(Masch)* verlaufende Bohrung *f* ‖ **~/фурменное** *(Met)* Windformaustritt *m*, Düsenaustritt *m*, Formmaul *n (Blasform des Hochofens)* ‖ ~ **фурмы** *s.* ~/фурменное ‖ **~/центровое** *(Masch)* Spitzenbohrung *f*, Körnerbohrung *f* ‖ **~/центровочное** *(Masch)* Zentrierbohrung *f* ‖ **~/четверёхгранное** *(Masch)* Vierkantbohrung *f* ‖ **~/шлаковыпускное** *(Met)* Schlackenstich *m*, Schlackenabstichöffnung *f* ‖ **~/шпунтовое** Spundloch *n* ‖ **~/электродное** Elektrodendurchführung *f*

отверстия *npl***/направляющие** Führungslöcher *npl*

отвертеть *s.* отвёртывать

отвёртка *f* 1. Abschrauben *n*; 2. *(Wkz)* Schraubendreher *m*

отвёртывать abdrehen; abschrauben, losschrauben

отвес *m* 1. Lot *n*; 2. Lotrechte *f*, Senkrechte *f* ‖ **~/маятниковый** Pendellot *n* ‖ **~/оптический** optisches Lot *n* ‖ **~/струйный** Fadenlot *n*

отвесный senkrecht, lotrecht

отвести *s.* отводить

ответ оператора *(Inf)* Bedienerantwort *f*

ответвитель *m (Eln)* Koppler *m*, Verzweiger *m* ‖ **~/коаксиальный направленный** koaxialer Richtungskoppler *m (Wellenleiter)* ‖ **~/направленный** gerichteter Koppler *m*, Richt[ungs]koppler *m* ‖ ~ **тока** Stromteiler *m* ‖ **~/широкополосный направленный** Breitbandricht[ungs]-koppler *m*

ответвить *s.* ответвлять

ответвление *n* 1. *(El)* Abzweig *m*, Abzweigung *f*, Ableitung *f*; 2. *(El)* Anzapfung *f* (Antenne); 3. Ausreißer *m (extreme Einzelabweichung innerhalb einer Meßreihe)*; 4. *(Eb)* Zweiggleis *n*, Zweigstrecke *f* ‖ **~/абонентское** *(Nrt)* Hausanschluß *m*, Teilnehmeranschluß *m* ‖ **~/главное** *(El)* Hauptabzweigung *f* ‖ **~/кабельное** *(El)* Kabelabzweigung *f* ‖ ~ **линии** *(El)* Leitungsabzweigung *f* ‖ ~ **пути** *(Eb)* Gleisabzweig *m*, Gleisabzweigung *f* ‖ ~ **тока** *(El)* Stromabzweigung *f*

ответвлять *(El)* 1. abzweigen; 2. abzapfen; anzapfen *(Antenne)*

ответить *s.* отвечать

ответственный 1. verantwortlich; wichtig; entscheidend; 2. funktionswichtig *(Maschinenteile)* ‖ **~/взаимно** korrelativ, aufeinander bezogen (bezüglich)

ответчик *m* Antwortgeber *m*, Antwortgerät *n*, Beantworter *m* ‖ **~/радиолокационный** Radarantwortgerät *n* ‖ **~/самолётный** *(Flg)* Transponder *m* ‖ **~/телефонный** [automatischer] Anrufbeantworter *m*, Telefonanrufbeantworter *m*

отвечать 1. antworten, erwidern; 2. verantworten, verantwortlich sein

отвешивание *n* Abwiegen *n*

отвешивать abwiegen

отвинтить *s.* отвинчивать

отвинчивание *n* Abschrauben *n*, Lösen *n (Schrauben)*

отвинчивать abschrauben, lösen, losschrauben

отвод *m* 1. Abzug *m*, Rückzug *m*; 2. Ableitung *f*, Abführung *f*, Abfuhr *f (z. B. Wärme)*; Ablauf *m*; Abzug *m*; 3. Abzweig *m*, Abzweigung *f*; Anzapfung *f (s. a. unter* ответвление*)*; 4. *(Bw)* Krümmer *m*, Bogenrohr *n*; 5. Abzweigstück *n* ‖ **~/кольцевой** schaufelloser Ringraum *m (Kreiselpumpe)* ‖ **~/лопаточный** Austrittsleitapparat *m*, Austrittsleitvorrichtung *f (Kreiselpumpe)* ‖ **~/постоянный** *(El)* fester Abgriff *m* ‖ ~ **резца** *(Wkzm)* Meißelrückführung *f*, Meißelrückzug *m* ‖ **~/спиральный** Spiralgehäuse *n (Kreiselpumpe)* ‖ **~/средний** *(El)* Mittelanzapfung *f*, Mittelabgriff *m* ‖ ~ **стружки** *(Wkzm)* Spanabfuhr *f*, Spanabführung *f* ‖ ~ **тепла** Wärmeabfuhr *f*, Wärmeabführung *f*, Wärmeableitung *f*

отводить 1. ableiten, abführen; 2. *(Wkzm)* abheben *(z. B. Werkzeug vom Werkstück)*; 3. zuteilen *(z. B. Platz im Speicher)*; 4. *(El)* anzapfen; abzweigen

отводка *f* 1. *(Masch)* Ausrücker *m (Kupplung)*; Schaltgabel *f*; 2. Rändern *n (Keramik)*; 3. *(Led)* Reifeln *n*; 4. *(Led)* Reifelmaschine *f* ‖ **~/рычажная** *(Masch)* Hebelausrücker *m*

отвоз *m* Abtransport *m*, Abfuhr *f*

отволаживание *n* Anfeuchten *n*, Befeuchten *n*

отволаживать anfeuchten, befeuchten

отволожить *s.* отволаживать

отворот *m (Flg)* Abdrehen *n*

отгиб *m s.* отгибание

отгибание *n* 1. Abbiegen *n*; 2. *(Met)* Aufbiegen *n*, Aufbiegung *f*, Kümpeln *n*, Kümpelung *f*

отгибатель *m* **полос** *(Wlz)* Endenabbiegevorrichtung *f*, Endenabbieger *m*

отгибать 1. abbiegen; 2. *(Fert)* bördeln; 3. *(Met)* aufbiegen, kümpeln

отгон *m* Destillat *n* ‖ **~/спиртовой** Alkoholdestillat *n*

отгонка *f* Treiben *n*, Abtreiben *n*; Abdestillieren *n*, Destillation *f* ‖ ~ **лёгких фракций** Abdestillieren *n* der leichten Fraktionen, Toppen *n*, Abtoppen *n*

отгонять [ab]treiben; [ab]destillieren; austreiben *(gelöste Gase aus einer Flüssigkeit)*

отгрузка *f* Ausladen *n (Gut)*; Verladen *n*, Versand *m*

отдавать 1. zurückgeben; 2. abgeben; 3. loslassen, losmachen ‖ ~ **концы** *(Schiff)* Leinen loswerfen ‖ ~ **якорь** *(Schiff)* Anker fallen lassen, Anker werfen, ankern, vor Anker gehen

отдать *s.* отдавать

отдача *f* 1. Rückerstattung *f*; 2. Abgabe *f*; Ausbeute *f*; 3. Losmachen *n*; 4. *(Ph)* Rückstoß *m*, Rückschlag *m (Feuerwaffen)*; 5. Rückschlag *m*, Zurückschlagen *n* ‖ ~ **бета-частицы** *(Kern)*

Beta-Rückstoß *m* ‖ ~ **валков** *(Wlz)* Walzensprung *m*, Walzenrückzug *m* ‖ ~ **излучением** *(Kern)* Strahlungsrückstoß *m* ‖ ~ **мощности** Leistungsabgabe *f* ‖ ~ **пламени** *s.* воспламенение/возвратное ‖ ~ **протонов** *(Kern)* Protonenrückstoß *m* ‖ **~/радиационная** *(Kern)* Strahlungsrückstoß *m* ‖ **~/световая** Lichtausbeute *f* ‖ ~ **тепла** Wärmeabgabe *f*, Wärmeabfuhr *f* ‖ ~ **энергии** Energieabgabe *f* ‖ ~ **ядра** *(Kern)* Kernrückstoß *m* ‖ ~ **якоря** *(Schiff)* Fieren (Fallenlassen) *n* des Ankers

отдел *m* 1. Teil *m*, Abschnitt *m (eines Buches)*; Rubrik *f (in einer Zeitschrift)*; 2. Abteilung *f*, Verwaltungsabteilung *f (eines Betriebes)*; Ressort *m*, Referat *n*; *(Geol)* Abteilung *f (Unterabschnitt eines stratigraphischen Systems)* ‖ **~/акадийский** Acadian *n*, Mittelkambrium *n* ‖ **~/верхнедевонский** Oberdevon *n* ‖ **~/верхнекаменноугольный** Oberkarbon *n*, Siles *n* ‖ **~/верхнекембрийский** Oberkambrium *n* ‖ **~/верхнемеловой** Oberkreide *f* ‖ **~/верхнеордовикский** Oberordovizium *n* ‖ **~/верхнепермский** Oberperm *n (entspricht der Bezeichnung Zechstein für Mitteleuropa)* ‖ **~/верхнесилурский** Obersilur *n (nach der russischen Stratigraphie selbständige Abteilung mit den Stufen Downton und Ludlow)* ‖ **~/верхнетриасовый** Obere Trias *f*, Keuper *m (oberste Abteilung der germanischen Trias)* ‖ **~/верхнечетвертичный** Oberes Quartär *n*, Jungquartär *n*, Jungpleistozän *n* ‖ **~/верхнеюрский** Oberjura *m*, Weißer Jura *m*, Malm *m* ‖ **~/георгийский** Georgian *n*, Unterkambrium *n* ‖ **~/гуронский** Huron *n (unteres Proterozoikum des Kanadischen Schildes)* ‖ **~/динантский** Dinant *n (internationale Bezeichnung für Unterkarbon)* ‖ **~/древнечетвертичный** *s.* ~/нижнечетвертичный ‖ **~/лейасовый** Lias *m(f)*, Schwarzer Jura *m* ‖ **~/миоценовый** Miozän *n (untere Abteilung des Jungtertiärs)* ‖ **~/московский** Moskau-Abteilung *f (russische Bezeichnung für Mittelkarbon)* ‖ ~ **неогена/верхний** *s.* ~/плиоценовый ‖ ~ **неогена/нижний** *s.* ~/миоценовый ‖ **~/нижнедевонский** Unterdevon *n* ‖ **~/нижнекаменноугольный** Unterkarbon *n*, Dinant *n* ‖ **~/нижнекембрийский** Unterkambrium *n*, Georgian *n* ‖ **~/нижнемеловой** Unterkreide *f* ‖ **~/нижнеордовикский** Unterordovizium *n* ‖ **~/нижнепермский** Unterperm *n (entspricht dem Begriff „Rotliegendes" für Mitteleuropa)* ‖ **~/нижнесилурский** Untersilur *n (nach der russischen Stratigraphie selbständige Abteilung mit den Stufen Wenlock und Llandover)* ‖ **~/нижнетриасовый** Untere Trias *f (entspricht der Bezeichnung „Buntsandstein", unterste Abteilung der germanischen Trias)* ‖ **~/нижнечетвертичный** Altquartär *n*, Frühquartär *n*, Altpleistozän *n*, Eopleistozän *n* ‖ **~/нижнеюрский** Unterjura *m*, Lias *m(f)*, Schwarzer Jura *m* ‖ **~/олигоценовый** Oligozän *n* ‖ ~ **палеогена/верхний** *s.* ~/олигоценовый ‖ ~ **палеогена/нижний** *s.* ~/палеоценовый ‖ **~/палеоценовый** Paläozän *n* ‖ **~/плейстоценовый** Pleistozän *n* ‖ **~/плиоценовый** Pliozän *n* ‖ **~/среднедевонский** Mitteldevon *n* ‖ **~/среднекаменноугольный** Mittelkarbon *n (umfaßt nach russischer Stratigraphie die Stufen Westfal und Namur, die nach deutscher Definition dem Oberkarbon zugerechnet werden)* ‖ **~/среднекембрийский** Mittelkambrium *n*, Acadian *n* ‖ **~/среднетриасовый** Mittlere Trias *f*, Muschelkalk *m* ‖ **~/среднечетвертичный** mittleres Quartär *n*, mittleres Pleistozän *n*, Mesopleistozän *n* ‖ **~/среднеюрский** Mitteljura *m*, Dogger *m*, Brauner Jura *m* ‖ **~/эоценовый** Eozän *n*

отделать *(Photo)* aufarbeiten, konfektionieren

отделение *n* 1. Abteilung *f (eines Betriebes)*; 2. Abtrennen *n*, Abtrennung *f*, Abscheiden *n*, Separieren *n*; 3. Absonderung *f*, Sekretion *f (von Stoffen mit bestimmter Funktion)*; Ausscheidung *f*, Exkretion *f (von Ballaststoffen)*; 4. Sekret *n (mit bestimmter Funktion)*; Exkret *n (ausgeschiedener Ballaststoff)*; 5. Kammer *f*, Fach *n*, Zelle *f*; 6. *(Bgb)* Trum *n*, Abteilung *f*; 7. Raum *m (im Fahrzeug)*; Abschnitt *(im Schiff)* ‖ **~/бадейное (бадьевое)** *(Bgb)* Kübelfördertrum *n* ‖ **~/бродильное** *(Brau)* Gärkeller *m* ‖ **~/варочное** 1. *(Brau)* Sudhaus *n*; 2. Kochstation *f*, Kocherei *f (einer Papierfabrik)* ‖ **~/вентиляционное** *(Bgb)* Wettertrum *n* ‖ **~/водотрубное** *s.* ~/трубное ‖ **~/выщелачивательное** Laugerei *f (NE-Metallurgie)* ‖ **~/грузовое** *(Bgb)* Fördertrum *n* ‖ **~/грузовое насосное** *(Schiff)* Ladepumpenraum *m (Tanker)* ‖ **~/дизель-генераторное** *(Schiff)* Hilfsdieselraum *m*, Dieselgeneratorenraum *m* ‖ **~/жиротопное** Trankochraum *m (Fischtrawler)* ‖ **~/заливочное** Gießhalle *f*, Gießbetrieb *m* ‖ **~/замочное** Weichhaus *n (Mälzerei)* ‖ **~/импеллерное** Rührzelle *f*, Rührwerkskammer *f (Flotationsmaschine)* ‖ ~ **импульсов** *(Eln)* Impulsabtrennung *f* ‖ ~ **капель** *(Schw)* Ablösen *n* der Tropfen *(beim Werkstoffübergang)* ‖ **~/клетевое** *(Bgb)* Gestellfördertrum *n* ‖ **~/консервное** Konservenraum *m (Fischverarbeitungsschiff)* ‖ **~/котельное** *(Schiff)* Kesselraum *m* ‖ **~/лестничное** Fahrtentrum *n* ‖ **~/литейное** Gießereiabteilung *f* ‖ **~/материальное** *(Bgb)* Materialtrum *n* ‖ **~/машинное** *(Schiff)* Maschinenraum *m* ‖ **~/машинно-котельное** *(Schiff)* Maschinen- und Kesselraum *m* ‖ **~/миксерное** *(Met)* Mischerbetrieb *m*, Mischerhalle *f* ‖ **~/моечное** Waschstation *f* ‖ **~/моечно-сушильное** Wasch- und Trockenabteilung *f* ‖ **~/морозильное** Gefrier[apparate]raum *m (Fischereifahrzeug)* ‖ ~ **мути** *(Ch)* Trubabscheidung *f* ‖ **~/насосное** 1. *(Schiff)* Pumpenraum *m*; 2. *(Bgb)* Rohrtrum *n* ‖ **~/отделочное** 1. *(Led)* Zurichterei *f*; 2. *(Gieß)* Putzerei *f* ‖ **~/отжигательное** *(Härt)* Glüherei *f*; Temperei *f* ‖ ~ **отработанной ступени** *(Rak)* Abtrennung *f* der ausgebrannten Stufe ‖ **~/отстойное** *(Ökol)* Klärabteilung *f* ‖ **~/очистное** *(Gieß)* Putzerei[abteilung] *f* ‖ **~/плавильное** *(Met)* Schmelzbetrieb *m*, Schmelzabteilung *f*, Schmelzerei *f* ‖ **~/подъёмное** *(Bgb)* Fördertrum *n* ‖ **~/помповое** *(Schiff)* Pumpenraum *m* ‖ **~/породное** *(Bgb)* Bergetrum *n* ‖ **~/породоотборочное** *s.* ~/рудоотборочное ‖ **~/породоспускное** *(Bgb)* Bergetrum *n* ‖ **~/рудоотборочное** Klauberei *f*, Kläuberei *f (Auslesen des Haltigen aus dem tauben Gestein)* ‖ **~/рудоспускное** *(Bgb)* Erzrolle *f* ‖ **~/румпельное** *(Schiff)* Rudermaschinenraum *m* ‖ **~/рыбомучное** Fischmehlraum *m (Fischtrawler)* ‖ **~/стационарное** *(Med)* Bettenstation *f* ‖ **~/трубное**

(Bgb) Rohrtrum *n* ‖ **~/трубно-кабельное** *(Bgb)* Rohr- und Kabeltrum *n* ‖ **~/ходовое** *(Bgb)* Fahrtrum *n* ‖ **~/холодильное** *(Kält)* Kältesektion *f* ‖ **~/шихтовочное** *(Met)* 1. Möllerbetrieb *m (Hochofen)*; 2. Beschickungsmischbetrieb *m (Agglomeration)*

отделимость *f* 1. *(Math)* Separierbarkeit *f*, Separabilität *f*; 2. *(Ch)* Trennbarkeit *f*, Abtrennbarkeit *f* ‖ **~ шлака** *(Schw)* Schlackenentfernbarkeit *f*

отделитель *m* 1. Scheider *m*, Abscheider *m*, Sichter *m*; Entstauber *m*; Separator *m*; 2. Abstandsstück *n*; 3. *(Fert)* Zuteiler *m* ‖ **~/барабанный** *(Wkzm)* Trommelzuteiler *m* ‖ **~/дисковый** *(Wkzm)* Scheibenzuteiler *m* ‖ **~/кулачковый** *(Wkzm)* Nockenzuteiler *m* ‖ **~/промежуточный** Zwischenabscheider *m* ‖ **~ твёрдых частиц** Filter *n*, Feststoffabscheider *m* ‖ **~/центробежный** Zentrifugalabscheider *m*

отделить *s.* отделять

отделка *f* 1. Fertigbearbeitung *f*, Nachbearbeitung *f*; Fertigstellung *f*; 2. Veredlung *f*, Nachbehandlung *f*; 3. *(Wlz)* Fertigwalzen *n*, Glätten *n*, Schlichten *n*, Friemeln *n*, Dressieren *n*; 4. Glättschmieden *n*; 5. *(Gieß)* Glätten, Polieren *n (einer Form)*; 6. *(Text)* Ausrüsten *n*, Ausrüstung *f*, Appretieren *f (Gewebe)*; Besatz *m*, Garnitur *f*, Putz *m (Bekleidung)*; 7. *(Led)* Zurichten *n*, Zurichtung *f*; *(Photo)* Aufarbeitung *f*, Konfektionierung *f* ‖ **~/безусадочная** *(Text)* Schrumpffreiausrüstung *f*, Krumpfechtausrüstung *f* ‖ **~/глянцевая** *(Text)* Glanzappretur *f* ‖ **~/грязеотталкивающая** *(Text)* schmutzabweisende Ausrüstung *f* ‖ **~/заключительная** *(Text)* Nachappretur *f*, Finish *n*, Finishbehandlung *f* ‖ **~ здания/внутренняя** *(Bw)* Ausbau *m*, Innenausbau *m* ‖ **~/мокрая** *(Text)* Naßveredlung *f*, Naßappretur *f* ‖ **~ начисто** *(Wlz)* Fertigschlichten *n* ‖ **~/несминаемая** *(Text)* Knitterfreiausrüstung *f*, Knitterechtausrüstung *f*, Knitterechtappretur *f* ‖ **~/окончательная** Fertig[fein]bearbeitung *f*, abschließende Feinbearbeitung *f* ‖ **~ по вырезу** *(Schiff)* Ausschnittausgurtung *f* ‖ **~/полуанилиновая** *(Led)* Semianilinzurichtung *f* ‖ **~/предварительная** *(Fert)* Vorschlichten *n* ‖ **~ проката** Walzgutfertigbearbeitung *f (z. B. Dressieren)* ‖ **~/сверхчистовая** Feinstschlichtbearbeitung *f* ‖ **~ тканей** *(Text)* Gewebeveredlung *f*, Gewebeausrüstung *f* ‖ **~/черновая** *(Met)* Vorschlichten *n* ‖ **~/чистовая** Feinschlichtbearbeitung *f*

отделочный *(Fert)* Fein..., Fertig... *(letztes Bearbeitungsverfahren)*; Veredlungs...

отделывать 1. fertigbearbeiten, nachbearbeiten, fertigstellen; veredeln; 2. zurichten, nachbehandeln; 3. *(Wlz)* fertigwalzen, glätten, schlichten, friemeln, dressieren; 4. glättschmieden; 5. *(Gieß)* glätten, polieren *(eine Form)*; 6. *(Text)* appretieren, ausrüsten

отдельность *f* 1. Abgeteiltheit *f*; 2. *(Min)* Absonderungsvermögen *n*; 3. *(Geol)* Absonderung *f*, Abspaltung *f* ‖ **~/базальтовая** basaltische Absonderung *f* ‖ **~/квадерная (кубическая)** quaderförmige Absonderung *f* ‖ **~/матрацевидная** plattig-bankige (matratzenförmige) Absonderung *f* ‖ **~/параллелепипедальная** parallelepipedische Absonderung *f* ‖ **~/первичная** Absonderungsklüfte *fpl* ‖ **~/пластовая (плитообразная)** schichtförmige (bankförmige) Absonderung *f*, Bankung *f* ‖ **~/подушечная** kissenförmige Absonderung *f* ‖ **~/полиэдрическая** polyedrische (unregelmäßig-vielflächige) Absonderung *f* ‖ **~/призматическая** säulenförmige (säulige) Absonderung *f* ‖ **~/ромбоидальная** rhomboedrische Absonderung *f* ‖ **~/скорлуповатая** plattig-schalige Absonderung *f* ‖ **~/столбчатая** *s.* ~/призматическая ‖ **~/сфероидальная** kugelige Absonderung *f*

отделывать *(Fert)* feinbearbeiten

отделять 1. abtrennen, abscheiden, reparieren; ausscheiden; 2. absondern, abscheiden, abteilen; 3. [aus]klauben, scheiden *(Aufbereitung)*; 4. sichten; entstauben; 5. *(Fert)* abheben *(z. B. einen Span)*

отдирать *(Masch)* [sich] ablösen *(Verschluß)*

отдулина *f* Beule *f*, Verbeulung *f*, Ausbeulung *f*, Bauch *m*

отдушивание *n* Parfümieren *n*

отдушина *f* 1. Luftloch *n*, Abzug *m*, Luftkanal *m*, Entlüftungskanal *m*, Entüfter *m*; 2. *(Gieß)* Gußpfeife *f*, Luftpfeife *f*, Luftloch *n*, Windpfeife *f (einer Form)*

отдушистость *(Led)* Losnarbigkeit *f*

отдушка *f* Parfümstoff *m*, Riechstoff *m*; Geruchsverbesserungsmittel *n*

отдушник *m s.* отдушина 2.

отенит *m (Min)* Autunit *m*, Kalkuranit *m*, Kalkuranglimmer *m*

отёсанный rauhgeschält *(Holz)*

отжатие *n* Pressen *n*, Auspressen *n*

отжать *s.* отжимать

отжечь *s.* отжигать

отжиг *m* 1. *(Met)* Glühen *n*, Glühbehandlung *f*; Tempern *n*, Temperung *f*; 2. *(Eln)* Temperung *f*, Tempern *n*; Ausheilen *n (Halbleiter)*; 3. *(Glas)* [langsames] Kühlen *n*, Entspannen *n (im Kühlofen)*; 4. Abschrecken *n*, Härten *n (synthetische Fasern)* ‖ **~/белый** *(Met)* Blankglühen *n* ‖ **~/быстрый** *(Eln)* Kurzzeittemperung *f*, schnelle thermische Ausheilung *f*, RTA ‖ **~ в вакууме** *(Met)* Vakuumglühen *n* ‖ **~ в газовой среде** *(Gieß)* Gastempern *n* ‖ **~ в железной руде** *(Met)* Erztempern *n*, Erzglühfrischen *n* ‖ **~ в коробах (ящиках)** *(Met)* Kastenglühen *n*, Kistenglühen *n* ‖ **~/вторичный** *(Met)* Nachglühen *n* ‖ **~/высокий** *s.* ~/высокотемпературный 1. ‖ **~/высокотемпературный** 1. *(Met)* Hoch[temperatur]glühen *n*, Grobkornglühen *n*, Ausgleichsglühen *n*; Umwandlungsglühen *n*; 2. *(Eln)* Temperung *f* bei hoher Temperatur, Hochtemperaturbehandlung *f (Halbleiter)* ‖ **~/гомогенизирующий (гомогенизационный)** *(Met)* Homogenisierungsglühen *n (Stahlformguß)* ‖ **~/графитизирующий** *(Met)* Graphit[isierungs]glühen *n*, graphitisierendes Glühen *n* ‖ **~/диффузионный** *(Met)* Lösungsglühen *n*, Homogenisieren *n*, Homogenisierungsglühen *n*, Diffusionsglühen *n (von Blöcken und Knüppeln)* ‖ **~/зародышеобразующий** *(Eln)* Keimbildungstemperung *f (Halbleiter)* ‖ **~/изотермический** 1. *(Met)* Glühen *n* auf feinstreifigen Perlit bei konstanter Temperatur; 2. *(Eln)* isothermische Temperung *f (Halbleiter)* ‖ **~/изохронный** *(Eln)* konventionelle Ausheilung *f*, Ofenausheilung *f (Halbleiter)* ‖ **~/импульсный** *(Eln)* Impulsausheilung *f (Halbleiter)* ‖ **~ ковкого чу-**

гуна *(Met)* Tempern *n*, Temperglühen *n*, Frischen *n* ‖ **~/контактный** *(Eln)* Kontakttemperung *f (Halbleiter)* ‖ **~/кратковременный** *s.* ~/быстрый ‖ **~/лазерный** *(Eln)* Laserausheilung *f (Halbleiter)* ‖ **~/ламповый** *(Eln)* Lampenausheilung *f (Halbleiter)* ‖ **~/локальный термический** *(Eln)* Temperung *f* mit gescanntem Energiestrahl, nicht ganzflächige Temperung *f (Halbleiter)* ‖ **~/маятниковый** *(Met)* Pendelglühen *n* ‖ **~/микроволновый** *(Eln)* Mikrowellentemperung *f (Halbleiter)* ‖ **~/мягкий** *(Met)* Weichglühen *n* ‖ **~ на грубое зерно** *s.* ~/высокотемпературный 1. ‖ **~ на зернистый перлит** *s.* ~/сфероидизирующий ‖ **~ на ковкий чугун** *(Met)* Tempern *n*, Temperung *f* ‖ **~ нарушенных слоёв** *(Eln)* Störschichtausheilung *f (Halbleiter)* ‖ **~ некогерентным светом** *(Eln)* Blitzlampenausheilung *f*, Halogenlampenbestrahlung *f*, Lampenbestrahlung *f (Temperung mit kohärentem Licht; Halbleiter)* ‖ **~/непольный** *(Met)* Weichglühen *n* ohne (mit teilweiser) Umkörnung des Gefüges, anlassendes Weichglühen *n* ‖ **~/непрерывный** *(Met)* Durchlaufglühen *n*, Durchlaufglühung *f* ‖ **~/низкий (низкотемпературный)** 1. *(Met)* Spannungsarmglühen *n*, Entspannungsglühen *n*, Entspannen *n*; 2. *(Eln)* Niedertemperaturtemperung *f (Halbleiter)* ‖ **~/нормализационный** *(Met)* Normal[isierungs]glühen *n*, normalisierendes Glühen *n*, Normalisieren *n* ‖ **~/нормальный** *(Met)* Weichglühen *n* mit Gefügeumkörnung ‖ **~/обезуглероживающий** *(Met)* Entkohlungsglühen *n*; Weiß[guß]tempern *n*, Tempern *n* auf weißen Temperguß, Entkohlungstempern *n* ‖ **~/однократный** *(Met)* Einfachglühen *n* ‖ **~/окончательный** *(Met)* Endglühen *n*, Abschlußglühung *f*, Fertigglühen *n* ‖ **~/печной** *(Eln)* Ofenausheilung *f (Halbleiter)* ‖ **~/повторный** *(Met)* Nachglühen *n* ‖ **~/полный** *(Met)* Weichglühen *n* mit [vollständiger] Umkörnung des Gefüges, umformendes Weichglühen *n* ‖ **~/послеимплантационный (пострадиационный)** *(Eln)* Postimplantationsausheilung *f*, Ausheilung *f* nach der Implantation *(Halbleiter)* ‖ **~/предварительный** *(Eln)* thermische Vorbehandlung *f (Halbleiter)* ‖ **~/промежуточный** *(Met)* Zwischenglühen *n* ‖ **~ радиационных дефектов** *(Eln)* Ausheilung *f* von Strahlenschäden *(Halbleiter)* ‖ **~/растворяющий** *(Eln)* Homogenisierungstemperung *f*, Keimauflösungstemperung *f* ‖ **~/рекристаллизационный** *(Met)* Rekristallisationsglühen *n* ‖ **~ с перекристаллизацией/полный** *s.* ~/высокотемпературный ‖ **~ с фазовой перекристаллизацией** *(Met)* Umwandlungsglühen *n* ‖ **~/светлый** *(Met)* Blankglühen *n*, Schutzgasglühen *n*, Glühen *n* in schwach reduzierender Atmosphäre ‖ **~/смягчающий** *(Met)* Weichglühen *n* ‖ **~/стабилизирующий** 1. *(Met)* Stabil[isierungs]glühen *n*, stabilisierendes Glühen *n*; 2. *(Eln)* Thermodonatorentemperung *f*, TDT *(Halbleiter)* ‖ **~ стекла** *(Glas)* [langsame] Kühlung *f*, Entspannung *f* ‖ **~/ступенчатый** *(Met)* Stufenglühen *n*, stufenweises (gestuftes) Glühen *n* ‖ **~/сфероидизирующий** *(Met)* sphärodisierendes Glühen *n*, Glühen *n* auf kugeligen Zementit ‖ **~/теплопроводный** *(Eln)* Wärmeleitungstemperung *f (Halbleiter)* ‖ **~/тонкий** *(Glas)* Feinkühlung *f* ‖ **~/ферритизирующий** *(Met)* Ferritisierungsglühen *n*, Glühen *n* auf Ferrit ‖ **~/фотонный** *s.* ~ некогерентным светом ‖ **~/фотостимулированный** *(Eln)* lichtinduzierte Ausheilung *f (Halbleiter)* ‖ **~/циклический** *(Met)* Pendelglühen *n* ‖ **~/частичный** *(Eln)* Teilausheilung *f (Halbleiter)*

отжигаемость *f (Met)* Glühbarkeit *f*, Glühfähigkeit *f*

отжигание *n s.* отжиг

отжигать 1. *(Met)* glühen, tempern; 2. *(Eln)* tempern; ausheilen *(Halbleiter)*; 3. *(Glas)* [langsam] kühlen, entspannen *(im Kühlofen)*; 4. abschrekken, härten *(synthetische Fasern)* ‖ **~ вторично (повторно)** *(Met)* nachglühen

отжим *m* 1. Abdrücken *n*, Abpressung *f*, Abpressen *n*; 2. *(Led)* Abwelken *n*; 3. Quetschen *n (von Röstflachs)*; 4. *(Bgb)* Gang *m*, Gehen *n*, Drucklagenbildung *f*; 5. *(Photo)* Abquetschrolle *f*, Abstreifer *m*, Gummiquetscher *m* ‖ **~ на центрифуге** *(Text)* Abschleudern *n* ‖ **~/окончательный** Fertigpressen *n* ‖ **~ угля** *(Bgb)* Ablösen *n* (Abdrücken *n*, Gang *m*) der Kohle

отжимаемость *f* Abpreßbarkeit *f*

отжимание *n* 1. Ausdrücken *n*, Auspressen *n*; Auswringen *n*; 2. Abquetschen *n*; Abdrücken *n*; Wegdrücken *n*, Abpressen *n*

отжимать 1. wegdrücken, abdrängen; 2. *(Masch)* lösen *(z. B. geklemmte Maschinenteile)*; 3. *(Wkzm)* abspannen *(z. B. gespannte Werkstücke)*; 4. [ab]pressen, auspressen, ausdrükken; 5. *(Pap)* gautschen; 6. *(Led)* abwelken; 7. quetschen *(Röstflachs)* ‖ **~ досуха** trockenpressen ‖ **~ сок** keltern

отзвук *m (Ak)* Nachhall *m*, Widerhall *m*

отзейгеровать [ab]seigern *(NE-Metallurgie)*

отказ *m* 1. Absage *f*, Ablehnung *f*, Verweigerung *f*, Zurückweisung *f*; 2. Verzicht *m*; 3. *(Fert)* Ausfall *m*, Versagen *n (z. B. eines Maschinenteils)* • **с отказами** ausfallbehaftet ‖ **~/безусловный** Totalausfall *m* ‖ **~ в приёме** Annahmeverweigerung *f* ‖ **~/внезапный** unerwarteter Ausfall *m*, Spontanausfall *m* ‖ **~/вторичный** *s.* ~/зависимый ‖ **~/долговременный** Lebensdauerausfallrate *f (z. B. von Halbleiterbauelementen)* ‖ **~/зависимый** Folgeausfall *m*, abhängiger Ausfall *m* ‖ **~/конструкционный** Konstruktionsausfall *m* ‖ **~/независимый** unabhängiger Ausfall *m* ‖ **~ от закона взаимозаместимости** *(Photo)* Versagen *n* des Reziprozitätsgesetzes *n* ‖ **~ от слова** *(Inf)* Löschen *n* eines Wortes ‖ **~ от строки** *(Inf)* Streichen *n* einer Zeile ‖ **~/перемежающийся** intermittierender Ausfall *m* ‖ **~/полный** Totalausfall *m*; *(Eln auch:)* Total-Fail *m (von Schaltkreisen)* ‖ **~/постепенный** *(Eln)* Driftausfall *m*, allmählicher Ausfall *m* ‖ **~/приработочный** Frühausfall *m* ‖ **~ программы** *(Inf)* Programmabsturz *m* ‖ **~/ранний** Frühausfall *m* ‖ **~ символов** *(Inf)* Rückweisung *f* von Zeichen ‖ **~/случайный** Zufallsausfall *m*, zufälliger Ausfall *m* ‖ **~/условный** Toleranzausfall *m* ‖ **~/функциональный** Funktionsausfall *m* ‖ **~/частичный** partieller Ausfall *m* ‖ **~ шпура** *(Bgb)* Versager *m (Sprengladung)*

отказавший ausgefallen *(Maschinen, Geräte, Bauteile)*

отказать *s.* отказывать

отказоустойчивый ausfallunempfindlich *(Maschinen, Geräte, Bauteile)*
отказывать 1. absagen, ablehnen, verweigern; 2. ausfallen, versagen *(z. B. Maschinenteile)* ‖ **~ в приёме** zurückweisen, nicht annehmen
откатка *f (Bgb)* Streckenförderung *f*, Förderung *f* ‖ **~ бесконечным канатом** Förderung *f* mit geschlossenem (endlosem) Seil ‖ **~/воздуховозная** Druckluftlokförderung *f* ‖ **~ замкнутым канатом** Förderung *f* mit geschlossenem (endlosem) Seil ‖ **~/канатная** Seilförderung *f* ‖ **~ концевым канатом** Förderung *f* mit offenem Seil, Schlepperhaspelförderung *f* ‖ **~/людская** Mannschaftsfahrung *f* ‖ **~/подземная** Untertageförderung *f* ‖ **~/рельсовая** Gleisförderung *f* ‖ **~/рудничная** Grubenförderung *f* ‖ **~/ручная** Handförderung *f*, Förderung *f* von Hand ‖ **~/самокатная** Gefälleförderung *f* ‖ **~/цепная** Kettenförderung *f* ‖ **~/электровозная** Förderung *f* mit Elektrolokomotiven
откаточный *(Bgb)* Förder…
откатывание *n* **пролётного строения** *(Bw)* Verschieben *n* des Überbaus *(einer Schubbrücke)*
откатывать *(Bgb)* fördern; transportieren
откачать *s.* откачивать
откачивание *n s.* откачка
откачивать auspumpen, abpumpen; evakuieren ‖ **~ воду** *(Bgb)* sümpfen, fördern, heben *(Wasser)*
откачка *f* 1. Auspumpen *n*; Evakuieren *n*; 2. Abzug *m*; Ablassen *n*
отклик *m* Reaktion *f*, Antwortsignal *n*; Ausschlag *m (des Zeigers)*
отклонение *n* 1. Abweichen *n*, Abweichung *f*, Schwankung *f*; Abschweifung *f*, Abirrung *f*; Ausweichung *f*; 2. Ablenkung *f*; Ausschlag *m (des Zeigers)*; 3. Abänderung *f*, Abart *f*, Abwandlung *f*; Unterschied *m*; 5. *(Wkst)* Auslenkung *f (Pendelschlagwerk)*; 6. *(Fert)* Abmaß *n (Toleranzen)*; 7. *(Wkzm)* Auswandern *n*, Verlaufen *n (Werkzeug)* ‖ **~/вероятное** wahrscheinliche Abweichung *f* ‖ **~/вертикальное** vertikale Ablenkung *f*, Vertikalablenkung *f*; *(TV auch:)* Bildablenkung *f* ‖ **~/верхнее [предельное]** *(Fert)* oberes Abmaß *n (Toleranzen)* ‖ **~ веска** *(Schiff)* Lotausschlag *m (Krängungsversuch)* ‖ **~/ветровое** Windabtrieb *m* ‖ **~/временное** Zeitabweichung *f* ‖ **~/горизонтальное** horizontale (waagerechte) Ablenkung *f*, Horizontalablenkung *f*; *(TV auch:)* Zeilenablenkung *f* ‖ **~/действительное** Istabmaß *n* ‖ **~/допускаемое (допустимое)** 1. zulässige Abweichung *f*; 2. Toleranz *f* ‖ **~ импульса** Impulsauslenkung *f* ‖ **~ круглости** Rundheitsfehler *m* ‖ **~/круговое** Kreisablenkung *f*, Kreisauslenkung *f* ‖ **~ луча** *(Opt)* Strahlablenkung *f* ‖ **~/магнитное** magnetische Ablenkung *f* ‖ **~/максимальное** 1. *(Meß)* maximaler (größter) Ausschlag *m*; 2. maximale Regelabweichung *f* ‖ **~ маятника** Pendelausschlag *m* ‖ **~ межосевого расстояния** *(Fert)* Achsabstandsabweichung *f (bei Zahnradpaaren)* ‖ **~/наибольшее** *s.* ~/максимальное ‖ **~ наклона** *(Fert)* Winkligkeitsabweichung *f* ‖ **~ напряжения** *(El)* Spannungsabweichung *f* ‖ **~/начальное** 1. Anfangsabweichung *f*; 2. *(Meß)* Anfangsanschlag *m* ‖ **~/нижнее [предельное]** *(Fert)* unteres Abmaß *n (Toleranzen)* ‖ **~ нормального шага** *(Fert)* Normalteilungsabweichung *f (Verzahnung)* ‖ **~/нулевое** *s.* ~ нуля ‖ **~ нуля** *(Meß)* Nullpunktabweichung *f*, Nullausschlag *m* ‖ **~/основное** *(Meß)* Grundabmaß *n* ‖ **~/остаточное** *(Meß)* 1. Restabweichung *f*; 2. bleibende Abweichung *f* ‖ **~ от заданного положения** Lageabweichung *f* ‖ **~ от заданного размера** Maßabweichung *f* ‖ **~ от заданной величины** Abweichung *f* von der Sollgröße, Maßabweichung *f* ‖ **~ от концентричности** Konzentrizitätsabweichung *f* ‖ **~ от круглости** Formabweichung *f* vom Kreis, Kreisformabweichung *f*, Rundheitsfehler *m* ‖ **~ от линейности** Linearitätsabweichung *f* ‖ **~ от номинального значения** *(Meß)* 1. Abweichung *f* vom Nennwert; 2. Kalibrierfehler *m (eines Meßgerätes)* ‖ **~ от параллельности** Lageabweichung *f* von der Parallelität, Unparallelität *f* ‖ **~ от пересечения** *(Fert)* Kreuzungsabweichung *f* ‖ **~ от перпендикулярности** Lageabweichung *f* von der Rechtwinkligkeit, Rechtwinkligkeitsabweichung *f* ‖ **~ от плоскостности** Abweichung (Formabweichung) *f* von der Ebene, Ebenheitsabweichung *f* ‖ **~ от прямолинейности** Formabweichung *f* von der Geraden, Geradheitsabweichung *f* ‖ **~ от симметричности** Lageabweichung *f* von der Symmetrie, Symmetrieabweichung *f* ‖ **~ от соосности** Lageabweichung *f* von der Koaxialität, Koaxialitätsabweichung *f* ‖ **~ от средней длины** Mittenabweichung *f (bei einem Endmaß)* ‖ **~ от цилиндричности** Formabweichung *f* vom Zylinder, Zylinderformabweichung *f* ‖ **~ от ширины зуба** Abmaß *n* der Zahndicke *f*, Zahndickenabmaß *n* ‖ **~ по высоте** Abweichung *f* in der Höhe ‖ **~ по дальности** Abweichung *f* in der Entfernung ‖ **~ по кадру** *(TV)* Bildablenkung *f*, Rasterablenkung *f* ‖ **~ поверхности/геометрическое** Gestaltabweichung *f (einer Oberfläche)* ‖ **~/позиционное** Positionsabweichung *f* ‖ **~/поперечное** Querablenkung *f* ‖ **~/предельное** Abmaß *n*; zulässige (größte) Abweichung *f* ‖ **~ при колебании** lineare Ablenkung *f*, Schwingungsausschlag *m*, Elongation *f* ‖ **~ при фальцовке** *(Typ)* Falzdifferenz *f* ‖ **~ профиля** Profilabweichung *f (Rauheitsmessung)*; Flankenabmaß *n* ‖ **~ профиля/среднее арифметическое** arithmetischer Mittenrauhwert *m* R_a *(Vorzugskenngröße der Oberflächenrauheit)* ‖ **~ профиля/среднее квадратическое** quadratischer Mittenrauhwert *m* R_q ‖ **~ пучка** Strahlablenkung *f*, Strahlabweichung *f* ‖ **~ развёртки** Kippablenkung *f* ‖ **~ размера** Abmaß *n*, Maßabweichung *f* ‖ **~ расположения** Lageabweichung *f*; *(Fert)* Formabweichung *f* ‖ **~ света** Lichtablenkung *f* ‖ **~ света/гравитационное** *(Astr)* relativistische Lichtablenkung *f* ‖ **~/случайное** zufällige Abweichung *f* ‖ **~ совокупности/среднее квадратическое** Standardabweichung *f* einer Grundgesamtheit ‖ **~/средневероятное** mittlere wahrscheinliche Abweichung *f* ‖ **~/среднее** mittleres Abmaß *n*, mittlere Abweichung *f* ‖ **~/среднеквадратическое** 1. *(Math)* mittlere quadratische Abweichung *f (Wahrscheinlichkeitsrechnung)*; 2. *(Meß)* Standardabweichung *f (des Einzelwertes einer Meßreihe)* ‖ **~/стандартное** Standardabweichung *f* ‖ **~/статисти-**

ческое statistische Schwankung *f* ‖ **~ стрелки** *(Meß)* Zeigerabweichung *f*, Zeigerausschlag *m*; Nadelabweichung *f* ‖ **~/строчное** *(TV)* Zeilenablenkung *f*, Zeilenauslenkung *f* ‖ **~/суммарное** Gesamtabweichung *f* ‖ **~ толщины зуба** Abmaß *n* der Zahndicke, Zahndickenabmaß *n* ‖ **~ торцового шага** Einzelteilungsabweichung *f* *(Zahnrad)* ‖ **~/угловое** 1. Winkelabweichung *f*; 2. Winkelablenkung *f*; 3. Winkelausschlag *m* ‖ **~ фазы** Phasenabweichung *f*; Phasenhub *m* ‖ **~ формы** Formabweichung *f* ‖ **~ частоты** Frequenzabweichung *f*; Frequenzhub *m* ‖ **~ шага** *(Masch)* Eingriffsteilungsfehler *m* *(Zahnrad)* ‖ **~/электромагнитное** elektromagnetische Auslenkung *f*

отклонения *npl***/предельные** *npl* Grenzabmaße *npl (oberes und unteres Abmaß)*

отклонитель *m* Ablenkvorrichtung *f (Bohrung)* ‖ **~ поршня** Kolbennase *f* ‖ **~ струи** 1. Leitvorrichtung *f* für Flüssigkeits- und Gasströmungen *(Strömungsmaschinen)*; 2. *(Hydr)* Leitvorrichtung *f* für Flüssigkeitsstrahl

отклоняемость *f* Ablenkfähigkeit *f*

отклонить *s.* отклонять

отклониться *s.* отклоняться

отклонять ablenken, auslenken

отклоняться 1. abgelenkt (ausgelenkt) werden; 2. ausschlagen *(Zeiger)*; 3. abweichen

отключать *(El)* abschalten, ausschalten; auslösen *(einen Schalter)*

отключение *n* Abschalten *n*, Ausschalten *n*; Auslösen *n (eines Schalters)* ‖ **~/аварийное** Havarieabschaltung *f* ‖ **~/автоматическое** Selbstabschaltung *f* ‖ **~/дистанционное** Fernabschaltung *f* ‖ **~ короткого замыкания** Kurzschlußabschaltung *f* ‖ **~/ложное** Fehlabschaltung *f*; Fehlauslösung *f (eines Relais)* ‖ **~ напряжением** Spannungsauslösung *f* ‖ **~ от руки** Abschaltung *f* von Hand ‖ **~ от устройства** *(Inf)* Freigabe *f* einer Einrichtung *f (Betriebssystem)* ‖ **~ тока** *(El)* Stromabschaltung *f*

«отключено» *(El)* „Aus", „Ausgeschaltet", „Abgeschaltet" *(Schaltstellung)*

отключить *s.* отключать

откол *m (Bgb)* Abriß *m*, Rutschung *f*, Ablösen *n*

отколка *f (Glas)* Absprengen *n*

откос *m* 1. Abhang *m*, Abschüssigkeit *f*; 2. *(Bw, Hydt)* Böschung *f*; 3. *(Bw)* Anlauf *m*, Schmiege *f* ‖ **~/береговой** Uferböschung *f* ‖ **~/боковой** Seitenböschung *f* ‖ **~ борта** *(Bgb)* Randböschung *f* ‖ **~/верховой** wasserseitige (flußseitige) Böschung *f*, Böschung stromauf, Dammbrust *f* ‖ **~ вскрышного уступа** *(Bgb)* Abraumböschung *f* ‖ **~ выемки** Böschung *f* im Abtrag; Baggerböschung *f* ‖ **~/гравийный** Kiesböschung *f* ‖ **~ дамбы** Dammböschung *f* ‖ **~/дверной** Türleibung *f*, Gewände *n* ‖ **~/земляной** Erdböschung *f* ‖ **~/карьерный** *(Bgb)* Tagebauböschung *f* ‖ **~/надводный** Unterwasserböschung *f* ‖ **~ насыпи** Dammböschung *f*, Böschung *f* im Auftrag ‖ **~/оконный** Fensterleibung *f*, Gewände *n* ‖ **~ отвала** Kippenböschung *f* ‖ **~/отвальный** Kippenböschung *f* ‖ **~ плотины** Dammböschung *f* ‖ **~/предохранительный** Schutzböschung *f* ‖ **~/русловый** Flußbettböschung *f* ‖ **~/скальный** Felsböschung *f* ‖ **~/торцовый** Kopfböschung *f* ‖ **~ траншеи** Grabenböschung *f* ‖ **~/уступный** Strossenböschung *f*

открывание *n s.* открытие

открывать 1. öffnen, aufmachen; entsperren; 2. eröffnen; 3. entdecken; 4. auf Fahrt stellen *(Signal)*; 5. *(Bgb*, Geol*)* erschließen *(Lagerstätte)*

открытие *n* 1. Eröffnung *f*, Öffnung *f*, Öffnen *n*; Entsperren *n*; 2. Entdeckung *f*; 3. *(Bgb, Geol)* Erschließung *f (Lagerstätte)* ‖ **~ зева** *(Text)* Fachöffnung *f* ‖ **~ файла** *(Inf)* Eröffnen *n* der Datei

открыть *s.* открывать

отлагать ablagern

отлагаться sich ablagern, abgelagert werden

отладить *s.* отлаживать

отладка *f* Fehlerbeseitigung *f*, Störungsbeseitigung *f*, Austesten *n*; *(Inf auch:)* Debugging *n*; Funktionsprüfung *f* ‖ **~/автоматизированная** *(Inf)* automatisierte Programmprüfung *f* ‖ **~/автономная** *(Inf)* unabhängige (autonome) Programmprüfung *f* ‖ **~/комплексная** *(Inf)* Systemtest *m* ‖ **~ программы** *(Inf)* Austesten *n* eines Programms, Programmtestung *f*, Debugging *n* ‖ **~/системная** *(Inf)* Systemtest *m*

отладочный Austest..., Debug[ging]...

отладчик *m s.* программа/отладочная

отлаживать von Fehlern (Störungen) befreien (beräumen), Fehler (Störungen) beseitigen, austesten ‖ **~ программу** *(Inf)* Fehler im Programm beseitigen, das Programm austesten

отламывание *n* Abschlagen *n*, Abbrechen *n*; Abbröckeln *n*

отламываться abbrechen; abbröckeln

отлив *m* 1. Abfluß *m*, Zurückfluten *n*; 2. Guß *m*, Abguß *m (Vorgang)*; 3. *(Bw)* Wasserschenkel *m*; 4. Ebbe *f*, fallende Tide *f* ‖ **~/двухфильерный** *(Photo)* Doppelgußverfahren *n* ‖ **~ камня** *(Min)* Labradorisieren *n*, Schillern *n* ‖ **~/оконный** *(Bw)* Fensterablauf *m*

отливание *n* 1. Abgießen *n*; *(Kst)* Spritz[gieß]en *n*

отливать 1. [ab]gießen; 2. *(Gieß)* gießen, vergießen; abgießen; *(Kst)* spritz[gieß]en; 3. *(Min)* schimmern, schillern, spielen ‖ **~ вертикально** *(Gieß)* stehend gießen ‖ **~ сифоном** *(Gieß)* steigend gießen

отливка *f* 1. Gießen *n*, Abgießen *n*, Vergießen *n*, Guß *m*, Abguß *m*; *(Kst)* Spritzgießen *n (Vorgang)*; 2. Gußteil *n*, Gußstück *n*, Gußerzeugnis *n*; *(Kst)* Spritzgußteil *n*; 3. *(Pap)* Stoffablauf *m* ‖ **~/алюминиевая** 1. Aluminiumgußteil *n*; 2. Aluminium[form]guß *m* ‖ **~/батарейная** *(Ker)* Batterieguß *m*, Serienguß *m* ‖ **~/безопочная** 1. kastenloses Gießen *n*; 2. in kastenlosen Formen hergestelltes Gußteil *n* ‖ **~/бесковшовая** pfannenloses Gießen *n* ‖ **~/бесстержневая** kernloses Gußteil *n* ‖ **~/бесшишечная** *s.* ~/бесстержневая ‖ **~/биметаллическая** 1. Verbundgießen *n*; 2. Verbundgußteil *n* ‖ **~/бракованная** Ausschußgußteil *n*, Fehlgußstück *n* ‖ **~/бронзовая** 1. Bronzeformguß *m*; 2. Bronzegußteil *n* ‖ **~ в кокиль** 1. Kokillenguß *m*, Kokillengießverfahren *n*, Kokillengußverfahren *n*; 2. Kokillengußstück *n* ‖ **~ в опоках** 1. Kastenformguß *m*; 2. Kastengußteil *n* ‖ **~ в песке** Sandguß *m* ‖ **~ в постоянные формы** 1. Dauerformguß *m*; Kokillenguß *m*; 2. Dauerformgußteil *n* ‖ **~ вмокрую** 1. Naßgießverfahren *n*, Naßgußverfahren *n*; 2. in einer Naßgießform hergestelltes Gußteil *n* ‖ ~ **всухую** 1. Trockengießverfahren *n*, Trokkengußverfahren *n*; 2. in einer Trockengießform hergestelltes Gußteil *n* ‖ **~/двухслойная** 1. Verbundgießen *n*; 2. Verbundgußteil *n* ‖ **~/дефектная (забракованная)** *s.* ~/бракованная ‖ **~/закалённая** 1. Schalenguß *m*; Hartguß *m*; 2. Hartgußteil *n* ‖ **~/кокильная** *s.* ~ в кокиль ‖ **~/латунная** 1. Messingguß *m*; 2. Messinggußteil *n* ‖ **~/необработанная** unbearbeitetes Gußteil *n*, Rohgußteil *n*, Gußrohling *m*; nicht (nicht vollständig) geputztes Gußteil *n* ‖ **~/неочищенная** Rohguß *m*, ungeputztes Gußteil *n* ‖ **~/опочная** 1. Kasten[form]guß *m*; 2. Kastengußteil *n* ‖ **~/отбелённая** 1. Hartgußteil *n*; 2. Graugußteil *n* mit Weißeinstrahlung ‖ ~ **под давлением** 1. Druckgießen *n*, Druckgießverfahren *n*; 2. Druckgußteil *n* ‖ ~ **под противодавлением/кокильная** 1. Gegendruck-Kokillengießen *n*; 2. Gegendruck-Kokillengußteil *n* ‖ **~/полая** Kernguß *m* ‖ **~/пористая** 1. poröser (undichter, schwammiger) Guß *m*; 2. poröses Gußteil *n* ‖ ~ **по-сухому** *s.* ~ всухую ‖ **~/прецизионная** 1. Genauguß *m*; 2. Genaugußteil *n* ‖ **~/пробная** 1. Probeabguß *m*; 2. Probegußteil *n* ‖ **~/пустотелая** 1. Hohlguß *m*; 2. Hohlgußteil *n* ‖ ~ **сверху** fallendes Gießen *n*, fallender Guß *m* ‖ **~/сифонная** steigendes Gießen *n*, steigender Guß *m* ‖ ~ **снизу** steigendes Gießen *n*, steigender Guß *m* ‖ **~/сплошная** 1. Vollguß *m*; 2. Vollgußteil *n* ‖ **~/стальная [фасонная]** Stahl[form]gußteil *n*, Stahl[form]gußstück *n* ‖ **~/сырая** unbeareitetes Gußteil *n*, Rohgußteil *n*, Gußrohling *m* ‖ **~/точная** 1. maßhaltiges (maßgenaues) Gußteil *n*; 2. Feingußteil *n*, Präzisionsgußteil *n* ‖ **~/фасонная** Formgußteil *n*, Formgußstück *n* ‖ **~/центробежная** 1. Schleudergießen *n*, Schleudergießverfahren *n*; 2. Schleudergußteil *n* ‖ **~/чёрная** unbearbeitetes Gußteil *n*, Rohgußteil *n*, Gußrohling *m* ‖ **~/чугунная** Gußteil *n* aus Gußeisen

отлипание *n* Ablösen *n*, Ablösung *f*, Abspalten *n*, Abspaltung *f*

отлить *s.* отливать

отлогость *f* [leichtes] Gefälle *n*, Neigung *f*

отложение *n* 1. *(Geol)* Ablagerung *f*, Absatz *m*, Sedimentation *f (s. a. unter* отложения*)*; 2. Beschlag *m* ‖ ~ **накипи** Kesselstein *m*, Kesselsteinbelag *f* ‖ ~ **наносов** *(Hydt)* Schwemmstoffablagerung *f*

отложения *npl (Geol)* Ablagerungen *fpl*, Sedimente *npl (rezente und diagenetisch verfestigte Ablagerungen)* ‖ **~/абиссальные** abyssische (eupelagische) Ablagerungen *fpl*, Tiefseeablagerungen *fpl* ‖ **~/автохтонные** autochthone Ablagerungen *fpl (an Ort und Stelle entstandene Ablagerungen)* ‖ **~/аллохтонные** allochthone Ablagerungen *fpl (vom Bildungsort entfernt befindliche Ablagerungen)* ‖ **~/аллювиальные** fluviatile Ablagerungen *fpl*, Flußablagerungen *fpl* ‖ **~/аэрогенные** *s.* ~/золовые ‖ **~/батиальные** bathyale Ablagerungen *fpl*, Flachseeablagerungen *fpl* ‖ **~/биогенные** biogene Ablagerungen *fpl* ‖ **~/валунные** [erratische] Geröllablagerungen *fpl*, Geschiebeablagerungen *fpl* ‖ **~/вмещающие** umgebende Ablagerungen *fpl*, begleitende Sedimente *npl* ‖ **~/водно-ледниковые** glazifluviatile (fluvioglaziale) Ablagerungen *fpl* ‖ **~/водные** aquatische Ablagerungen *fpl* ‖ **~/вулканические** vulkanische Ablagerungen *fpl* ‖ **~/гемипелагические** *s.* ~/батиальные ‖ **~/гетеротаксиальные** heterotaxe (ungleichaltrige) Ablagerungen *fpl* ‖ **~/глинистые** Tonablagerungen *fpl*; Lehmablagerungen *fpl* ‖ **~/гомотаксиальные** homotaxe (äquivalente) Ablagerungen *fpl* ‖ **~/дельтовые** Ablagerungen *fpl* in Deltamündungen, Deltasedimente *npl* ‖ **~/делювиальные** Abspülungsablagerungen *fpl (bei Hangabtragungen durch abrinnendes Regenwasser)*, deluviale Ablagerungen *fpl* ‖ **~/зоогенные** zoogene Ablagerungen *fpl* ‖ **~/известковые** Kalkablagerungen *fpl* ‖ **~/континентальные** terrestrische Ablagerungen *fpl*, Festlandsablagerungen *fpl* ‖ **~/коррелируемые** korrelierbare Ablagerungen *fpl* ‖ **~/лагунные** lagunäre Ablagerungen *fpl*, Lagunenablagerungen *fpl* ‖ **~/ледниково-морские** glaziomarine Ablagerungen *fpl* ‖ **~/ледниковые** glaziale Ablagerungen *fpl*, Gletscherablagerungen *fpl*, Gletscherschutt *m* ‖ ~ **лимнические** limnische Ablagerungen *fpl* ‖ **~/литоральные** litorale Ablagerungen *fpl*, Strandablagerungen *fpl* ‖ ~ **мелководья** *s.* ~/неритовые ‖ **~/морские** marine Ablagerungen *fpl* ‖ **~/неритовые** neritische Ablagerungen *fpl*, Flachseeablagerungen *fpl* ‖ **~/обвально-морские** *(Geol)* marine Einsturzablagerungen *fpl* ‖ **~/обломочные** Trümmergesteinsablagerungen *fpl*, klastische Ablagerungen *fpl*, klastische Sedimente *npl*, Trümmersedimente *npl* ‖ **~/озёрные** limnische Ablagerungen *fpl*, Ablagerungen *fpl* in Binnenseen ‖ **~/оползневые** Erdrutschablagerungen *fpl* ‖ **~/органогенные** organogene Ablagerungen *fpl* ‖ **~/пегнитогенные** *s.* ~/хемогенные ‖ **~/пелагические** pelagische Ablagerungen *fpl* ‖ **~/послеледниковые** postglaziale (rezente) Ablagerungen *fpl* ‖ **~/прибрежные** küstennahe Ablagerungen *fpl* ‖ **~/пролювиальные** *s.* пролювий ‖ **~/речные** fluviatile Ablagerungen *fpl* ‖ **~/синхронные** synchrone (gleichaltrige) Ablagerungen *fpl*, gleichzeitig entstandene verschiedenartige Ablagerungen *fpl* ‖ **~/субаэральные** *s.* ~/золовые ‖ **~/талассические (талассогенные)** *s.* ~/абиссальные ‖ **~/терригенные** terrigene Ablagerungen *fpl* ‖ **~/фитогенные** phytogene Ablagerungen *fpl* ‖ **~/флювиогляциальные** fluvioglaziale Ablagerungen *fpl* ‖ **~/хемогенные (химические)** chemische Sedimente *npl*, Ausfällungen *fpl*, Ausfällungssedimente *npl* ‖ **~/элювиальные** eluviale Ablagerungen *fpl (natürlich ausgeschlämmte bzw. ausgewaschene Sedimente)* ‖ **~/золовые** äolische Ablagerungen *fpl*

отломаться, отломиться *s.* отламываться

отлуп *m (Forst)* Kernschäle *f* ‖ **~/кольцевой** Ringschäle *f* ‖ **~/частичный** Teilschäle *f*

отмарывание *n (Typ)* Abliegen *n*; Abschmieren *n (Farbe)*

отмель *f (Geol)* Untiefe *f*, Barre *f* ‖ **~/гравийная** Kiesbank *f* ‖ **~/материковая** Schelf *m*, Kontinentalsockel *m* ‖ **~/ракушечная** Muschelbank *f*

отмелять *(Brau)* hopfen, Hopfen zusetzen

отмена *f (Inf)* Abbruch *m*

отменять *(Inf)* abbrechen

отмеривание *n* Abmessen *n*, Dosieren *n*

отмеривать abmessen, dosieren
отметить *s.* отмечать
отметка *f* 1. Notiz *f*, Vermerk *m*; 2. Note *f*, Zensur *f*; 3. Zeichen *n*, Kennzeichen *n*, Markierung *f*, Marke *f*; 4. Zacke *f*, Zacken *m* ‖ **~/абсолютная** *(Geod)* absolute Höhenkote *f* ‖ **~ времени** Zeit[meß]marke *f* ‖ **~/высотная** *s.* ~ высоты ‖ **~ высоты** *(Geod)* Höhenkote *f*, Kote *f*, Höhenmarke *f* ‖ **~ глубины** *(Geod)* Tiefenwert *m*, Tiefpunkt *m* ‖ **~/градуировочная** Graduierungsmarke *f*, Einmeßstrich *m* ‖ **~/измерительная** Meßmarke *f* ‖ **~ изобаты** *(Geod)* Tiefenwert *m* ‖ **~ курса** *(Rad)* Kursmarke *f*, Vorausmarke *f (Navigation)* ‖ **~ ложная** *(Rad)* Störzeichen *n*, Störecho *n* ‖ **~/нулевая** *(Rad)* Nullzacken *m* ‖ **~/относительная** *s.* ~/условная ‖ **~/проектная** Entwurfshöhenkote *f*, Sollhöhe *f* ‖ **~/световая** Lichtmarke *f* ‖ **~/условная** *(Geod)* bedingte (bezogene) Höhenkote *f* ‖ **~/установочная** Einstellmarke *f* ‖ **~/частотная** Frequenzmarke *f* ‖ **~ шкалы** Teil[ungs]marke *f*, Skalenmarke *f* ‖ **~ шкалы/нулевая** Skalennullpunkt *m* ‖ **~/яркостная** Helligkeitsmarke *f*
отметки *fpl* **шкалы/числовые** Skalenbezifferung *f*
отметчик *m (Rad)* Sichtgerät *n*, Anzeigegerät *n* ‖ **~ времени** Zeitmarkengeber *m*, Zeitmarkenschreiber *m* ‖ **~ кругового обзора** *(Rad)* Panorama[anzeige]gerät *n*, Rundsicht[anzeige]gerät *n*
отмечать 1. vermerken, notieren; 2. bemerken, hervorheben; 3. bezeichnen, kennzeichnen, markieren; 4. *(Geod)* kotieren; 5. *(Forst)* anschalmen
отмин *m (Led)* schlechter Narbenbruch *m*
отмока *f (Led)* Weiche *f*, Weichen *n (Gerberei)*
отмостка *f (Bw)* Wasserschutzböschung *f*; Traufpflaster *n*
отмочка *f* Einweichen *n*, Aufweichen *n*, Abweichen *n*
отмутить *s.* отмучивать
отмучивание *n* Schlämmen *n*, Abschlämmen *n*; Feinklassieren *n*, Feinklassierung *f (Aufbereitung)* ‖ **~/мокрое** Naßklassieren *n*, Hydroklassieren *n*
отмучивать [ab]schlämmen; feinklassieren *(Aufbereitung)*
отмывать [ab]waschen, auswaschen; läutern, abschlämmen
отмывка *f* Waschen *n*, Abwaschen *n*; Läutern *n*, Abschlämmen *n*; Wäsche *f (Aufbereitung)*
отмыть *s.* отмывать
отнимать entziehen
относительно земли *(El)* auf Erde (Masse) bezogen, gegen Erde (Masse)
относительность *f* Relativität *f*
относительный verhältnismäßig; relativ, bezogen
отношение *n* 1. Verhältnis *n*, Beziehung *f*; Bezug *m*; 2. Verhalten *n*; 3. *(Math)* Verhältnis *n* • **по отношению к земле** *(El)* auf Erde (Masse) bezogen, gegen Erde (Masse) ‖ **~/ангармоническое** *s.* ~/двойное ‖ **~/атомное** *(Ch)* Atomverhältnis *n* ‖ **~ Больцмана** *(Ph)* Boltzmann-Verhältnis *n* ‖ **~/весовое** *(Ch)* Massenverhältnis *n* ‖ **~ ветвей распада** *(Kern)* Verzweigungsverhältnis *n*, Abzweigverhältnis *n* ‖ **~ витков** *(El)* Windungsverhältnis *n (Transformator)* ‖ **~/водовяжущее** *(Bw)* Wasser-Bindemittel-Verhältnis *n* ‖ **~/водоцементное** *(Bw)* Wasser-Zement-Verhältnis *n*, Wasser-Zement-Faktor *m* ‖ **~ выходов** *(Kern)* Ausbeuteverhältnis *n* ‖ **~/гиромагнитное** *(Ph)* gyromagnetisches (magetomechanisches) Verhältnis *n* ‖ **~ главных напряжений** *(El)* Hauptspannungsverhältnis *n* ‖ **~ давлений** Druckverhältnis *n (Verdichter, Gebläse, Lüfter)* ‖ **~/двойное** *(Math)* Doppelverhältnis *n (projektive Geometrie)* ‖ **~/действительное передаточное** tatsächliches Übersetzungsverhältnis *n (Getriebe)* ‖ **~/дисковое** *(Schiff)* Flächenverhältnis *n (Propellerberechnung)* ‖ **~/магнитомеханическое** *s.* ~/гиромагнитное ‖ **~ масс** *(Rak)* Massenverhältnis *n*, Ziolkowski-Zahl *f* ‖ **~/молярное** *(Ch)* Molverhältnis *n* ‖ **~ мощностей** Leistungsverhältnis *n* ‖ **~ напряжений** *(El, Mech)* Spannungsverhältnis *n* ‖ **~ номинального потока** *(MB)* Nennflußabstand *m* ‖ **~/объёмное** *(Ch)* Volumenverhältnis *n* ‖ **~ отклонений** Abweichungsverhältnis *n* ‖ **~/передаточное** *(Masch)* Übersetzung *f*, Übersetzungsverhältnis *n*, Drehzahlverhältnis *n (Getriebe)*; Eingriffsverhältnis *n (z. B. Zahnrad)* ‖ **~ плеч** *(Mech)* Übersetzung *f*, Übersetzungsverhältnis *n (Hebel)* ‖ **~/полное передаточное** Gesamtübersetzungsverhältnis *n*, Gesamtübersetzung *f (Getriebe)* ‖ **~ реактивной мощности** *(El)* Blindleistungsverhältnis *n* ‖ **~ сигнал-помеха** *(Nrt)* Nutz-Stör-Verhältnis *n*, Störabstand *m* ‖ **~ сигнал-фон** *(Rf)* Brummabstand *m* ‖ **~ сигнал-шум** Signal-Rausch-Verhältnis *n*, Rauschabstand *m*, Signal-zu-Rausch-Verhältnis *n*, S/N-Verhältnis *n*; Signal-Geräusch-Verhältnis *n*, Geräuschabstand *m* ‖ **~ скоростей вращения** Drehzahlverhältnis *n* ‖ **~ смеси** *(Meteo)* Mischungsverhältnis *n (Verhältnis der Masse des in feuchter Luft enthaltenen Wasserdampfes zur Masse der trockenen Luft)* ‖ **~ сходимости** *(Math)* Konvergenzrelation *f* ‖ **~/термодиффузионное** Thermodiffusionsverhältnis *n* ‖ **~ токов** *(El)* Stromverhältnis *n* ‖ **~ чисел циклов нагружения** *(Wkst)* Lastspielzahlverhältnis *n (Dauerschwingversuch)* ‖ **~/шаговое** *(Schiff)* Steigungsverhältnis *n (Propellerberechnung)*
отнятие *n* Entzug *m*, Entziehung *f* ‖ **~ кислорода** Sauerstoffentzug *m* ‖ **~ тепла** Wärmeentzug *m*
отнять *s.* отнимать
отображаемый dargestellt
отображать abbilden, wiedergeben; widerspiegeln; projizieren
отображение *n* 1. Wiedergabe *f*, Abbildung *f*; Darstellen *n*, Darstellung *f (von Informationen)*; Projektion *f*; Anzeige *f (auf Bildschirm)*; 2. *(Math)* Abbildung *f* ‖ **~/бесконечно малое** infinitesimale Abbildung *f* ‖ **~/визуальное** visuelle Darstellung *f* ‖ **~/выпуклое** konvexe Abbildung *f* ‖ **~/гладкое** glatte Abbildung *f* ‖ **~/гомоморфное** homorphe Abbildung *f* ‖ **~/графическое** graphische Darstellung *f* ‖ **~/дефокусированное** defokussierte Abbildung *f* ‖ **~/идеальное** ideale Abbildung *f* ‖ **~/изоморфное** isomorphe Abbildung *f* ‖ **~/индуцированное** induzierte Abbildung *f* ‖ **~ информации** Informationsdarstellung *f* ‖ **~/квадратичное** quadratische Ab-

bildung *f* ‖ **~/конгруэнтное** kongruente Abbildung *f* ‖ **~/конформное** konforme (winkelgetreue) Abbildung *f* ‖ **~/оптическое** optische Abbildung *f* ‖ **~/сжимаемое** kompressible Abbildung *f* ‖ **~/цифровое** digitale Anzeige *f*, Digitalanzeige *f*, Ziffernanzeige *f*
отобразить *s.* отображать
отобрать *s.* отбирать
отогнанный *(Ch)* abdestilliert
отогнать *s.* отгонять
отогнуть *s.* отгибать
отодвигание *n* Abdrücken *n*
отодвигать abdrücken
отодвинуть *s.* отодвигать
отождествление *n* Identifizierung *f*, Identifikation *f*
отожжённый geglüht; getempert
отопление *n* Heizung *f*; Heizen *n*, Beheizung *f* ‖ **~/бивалентное** bivalente Heizung *f* ‖ **~/водовоздушное** Wasser-Luft-Heizung *f* ‖ **~/водяное** Wasserheizung *f*, Warmwasserheizung *f* ‖ **~/воздушное** Luftheizung *f* ‖ **~ высокого давления** Hochdruckheizung *f* ‖ **~высокого давления/паровое** Hochdruckdampfheizung *f* ‖ **~/газовое** Gas[be]heizung *f* ‖ **~/гравитационное** Schwerkraftheizung *f* ‖ **~/гравитационное водяное** Schwerkraftwarmwasserheizung *f* ‖ **~/двухтрубное** Zweirohr[zentral]heizung *f* ‖ **~/добавочное** Zusatzheizung *f* ‖ **~/зональное** Zonenheizung *f* ‖ **~/инфракрасное** Infrarotheizung *f* ‖ **~/комбинированное пароводяное** Mischheizung *f*, Dampf-Warmwasser-Heizung *f* ‖ **~/лучистое** Strahlungsheizung *f* ‖ **~/мазутное** Ölheizung *f* ‖ **~/местное** örtliche Heizung *f* *(Heizquelle im zu beheizenden Raum)* ‖ **~ мятым паром/паровое** Abdampfheizung *f* ‖ **~/насосное** Pumpenheizung *f* ‖ **~/насосное водяное** Pumpenwasserheizung *f* ‖ **~/нефтяное** Ölheizung *f* ‖ **~ низкого давления** Niederdruckheizung *f* ‖ **~ низкого давления/паровое** Niederdruckdampfheizung *f* ‖ **~/низкотемпературное** Niedertemperaturheizung *f* ‖ **~/однотрубное** Einrohr[zentral]heizung *f* ‖ **~ отходящим теплом** Abwärmeheizung *f*, Heizung *f* mit Abwärme ‖ **~/панельно-лучистое** Flächen-[strahlungs]heizung *f* ‖ **~/паровое** Dampfheizung *f* ‖ **~/паровоздушное** Dampf-Luft-Heizung *f* ‖ **~/печное** Ofen[be]heizung *f* ‖ **~/плинтусное** Fußleistenheizung *f* ‖ **~/подпольное** Fußbodenheizung *f* ‖ **~/поездное** Zugheizung *f* ‖ **~ пола** Fußbodenheizung *f* ‖ **~ помещений** Raumheizung *f* ‖ **~/потолочное** Deckenheizung *f* ‖ **~/поэтажное** Etagenheizung *f* ‖ **~/центральное** Zentral[be]heizung *f* ‖ **~/циркуляционное** Umlaufheizung *f* ‖ **~/электрическое** elektrische Heizung (Beheizung) *f*, Elektroheizung *f*
отощение *n (Ker)* Magern *n*, Magerung *f*
отощитель *m (Ker)* Mager[ungs]mittel *n* ‖ **~/кварцевый** Quarzmager[ungs]mittel *n*
отпадание *n* Abfallen *n*, Abfall *m*
отпадать abfallen
отпаивать ablöten
отпайка *f* 1. Ablöten *n*; Abschmelzen *f*; 2. *(El)* Anzapfung *f*, Abzeig *m*
отпал *m* Zünden *n*, Abtun *n (Sprengtechnik)*
отпаливать *(Text)* [ab]sengen *(Gewebe)*
отпалить zünden, abtun *(Sprengtechnik)*
отпаривание *n* Dämpfen *n*
отпаривать dämpfen; abbrühen
отпарить *s.* отпаривать
отпасть *s.* отпадать
отпечатать *s.* отпечатывать
отпечаток *m* 1. Eindruck *m (Härtemessung)*; 2. Abdruck *m*; 3. *(Typ)* Abdruck *m (s. a. unter* оттиск*)*; Druckerzeugnis *n*; 4. *(Photo)* Abzug *m*, Kopie *f* ‖ **~/контактный** *(Photo)* Kontaktabzug *m*, Kontaktkopie *f* ‖ **~/машинописный** *(Typ)* Klarschrift *f* ‖ **~ на бумаге** *(Typ)* Papierabzug *m* ‖ **~/образцовый** Eindrucknormal *n (Härtemessung)* ‖ **~ шарика** *(Wkst)* Kugeleindruck *m (Brinellprüfung)*
отпечатывание *n (Typ)* Ausdrucken *n* ‖ **~/сочное** sattes Ausdrucken *n*
отпечатывать 1. prägen; 2. eindrücken *(Härteprüfung)*; 3. *(Typ)* abdrucken, ausdrucken
отпирание *n* Entsperren *n*, Öffnen *n*, Freigabe *f*, Entblocken *n*; Einschalten *n (beim Thyristor bzw. Thyratron: Übergang zum leitenden Zustand)*
отпирать entsperren, öffnen, freigeben, entblocken
отпор *m* Gegendruck *m* ‖ **~ грунта** *(Bw)* passiver Erddruck *m*, Erdwiderstand *m*
отпотевание *n* 1. Beschlagen *n*, Anlaufen *n*, Schwitzen *n*; Schwitzwasserbildung *f*; 2. *(Met)* Seigern *n*, Ausseigern *n*, Seigerung *f*, Ausseigerung *f (Zinngewinnung)*; Ausschwitzen *n*, Ausschwitzung *f (Metall)*
отпотевать 1. ausschwitzen; 2. *(Met)* [aus]seigern
отправитель *m* Absender *m (Gut)*
отправить багаж Gepäck abfertigen ‖ **~ поезд** *(Eb)* einen Zug abfertigen
отправка *f* Abfertigung *f*, Versand *m* ‖ **~ багажа** Gepäckabfertigung *f* ‖ **~ груза** Güterabfertigung *f* ‖ **~ поезда** *(Eb)* Zugabfertigung *f*
отправление *n* Abfahrt *f* ‖ **~ груза** Absendung *f*, Absenden *n (Gut)*
отпрессовка *f* Abpressen *n*, Auspressen *n*, Pressen *n* ‖ **~/горячая** Warmpressung *f* ‖ **~/холодная** Kaltpressung *f*
отпуск *m* 1. Abgabe *f*; Auslieferung *f*; 2. *(Met)* Anlassen *n*, Rückglühen *n*, Rückglühung *f*; Spannungsarmglühen *n*, Entspannungsglühen *n*; 3. *(El)* Freigabe *f*; 4. Lösen *n (Bremse)* ‖ **~ в масле** *(Met)* Anlassen *n* in Öl ‖ **~/высокий** *(Met)* Anlassen *n* bei hohen Temperaturen, Hochtemperaturanlassen *n*, härtesteigerndes Anlassen *n* ‖ **~/многократный** *(Met)* mehrfaches (wiederholtes) Anlassen *n* ‖ **~/низкий** Anlassen *n* auf niedrige Temperaturen, Niedrigtemperaturanlassen *n*, entspannendes Anlassen *n* ‖ **~/средний** Anlassen *n* auf mittlere Temperaturen, Anlassen *n* bei mittleren Temperaturen, zähigkeitssteigerndes Anlassen *n* ‖ **~/упрочняющий** *(Met)* Warmhärten *n*
отпускание *n* 1. Abfallen *n*, Abfall *m*; 2. *(Glas)* Kühlen *n*; 3. Lösen *n (Bremse)*
отпускать 1. ablassen, verabfolgen; 2. freilassen; 3. nachlassen, entspannen, lockern; 4. wetzen, schärfen, schleifen; 5. *(Met)* anlassen, rückglühen, spannungsarmglühen, entspannungsglühen; 6. *(El)* abfallen *(Relais)* ‖ **~ болт** eine Schraube lösen (lockern) ‖ **~ сталь** *(Met)* anlassen *(Stahl)*

отпустить *s.* отпускать
отпылитель *m* Entstäuber *m*
отпыловка *f (Pap)* Entstäuben *n (Hadern)*
отрабатывать *(Bgb)* abbauen
отработанный 1. abgearbeitet, verbraucht, abgenutzt; verschlissen; 2. ausgezehnrt *(Gerbstofflösungen)*; 3. *(Bgb)* abgebaut; 4. ausgebrannt, leergebrannt *(Raketenstufen)*
отработка *f* 1. Abarbeitung *f*, Abarbeiten *n (z. B. von Programmen)*; 2. *(Bgb)* Verhieb *m*; Abbau *m*; 3. *(Rak)* Ausbrennen *n (der Raketenstufe)* ‖ **~ блока** *(Bgb)* Blockverhieb *m* ‖ **~ камер** *(Bgb)* Kammerverhieb *m* ‖ **~/обратная** *(Bgb)* Rückwärtsbau *m* ‖ **~ обратным ходом** *(Bgb)* Rückbau *m* ‖ **~ по восстанию** *(Bgb)* schwebender Verhieb *m* ‖ **~ по падению** *(Bgb)* fallender Verhieb *m* ‖ **~ по простиранию** *(Bgb)* streichender Verhieb *m* ‖ **~/прямая** *(Bgb)* Vorwärtsbau *m*, Feldwärtsbau *m* ‖ **~ прямым ходом** *s.* ~/прямая ‖ **~ торцов** *(Bgb)* Strossenendbaggerung *f* ‖ **~ целиков** *(Bgb)* Hereingewinnung *f* der Pfeiler
отрава *f s.* отравитель
отравитель *m* Gift *n*, Giftstoff *m*, toxischer Stoff *m*
отравить *s.* отравлять
отравление *n* Vergiften *n*, Vergiftung *f*, Intoxikation *f* ‖ **~ алкоголем** Alkoholvergiftung *f* ‖ **~ катализатора** Katalysatorvergiftung *f*, Vergiftung *f* des Katalysators ‖ **~ катода** Kathodenvergiftung *f*, Vergiftung *f* der Kathode ‖ **~ кислотами** Säurevergiftung *f* ‖ **~ мышьяком** Arsenvergiftung *f* ‖ **~ плутонием** *(Kern)* Plutoniumvergiftung *f* ‖ **~ реактора** *(Kern)* Vergiftung *f* des Reaktors ‖ **~ свинцом** Bleivergiftung *f* ‖ **~/урановое** *(Kern)* Uranvergiftung *f* ‖ **~ ядерного топлива** *(Kern)* Vergällung (Denaturierung) *f* des Kernbrennstoffs
отравлять vergiften
отражаемость *f* 1. *(Opt)* Reflexionsgrad *m*, Reflexionsvermögen *n*; 2. *(Opt)* Sättigungsreflexionsgrad *m*; 3. *(Rad)* Rückstrahlvermögen *n*
отражатель *m* 1. Reflektor *m*; Rückstrahler *m*; 2. *(Eln)* Reflektorelektrode *f*, Reflexionselektrode *f*; 3. Repeller *m*, Repellerplatte *f (Massenspektrometer)*; 4. *(Mil)* Auswerfer *m (Gewehr)* ‖ **~/антенный** Antennenreflektor *m*, Antennenspiegel *m* ‖ **~/впешний** äußerer Reflektor *m*, Außenreflektor *m* ‖ **~/внутренний** Innenreflektor *m*, innerer Reflektor *m* ‖ **~/диффузный** diffuser Reflektor *m* ‖ **~/зеркально-линзовый** Spiegellinsenreflektor *m* ‖ **~ ионов** *s.* отражатель 3. ‖ **~/короткофокусный** kurzbrennweitiger Reflektor *m* ‖ **~/лазерный** Laserreflektor *m* ‖ **~/направляющий** Richtspiegel *m* ‖ **~ нейтронов** Neutronenreflektor *m*, Neutronenspiegel *m* ‖ **~/параболоидный** Parabolspiegel *m*, parabolischer Reflektor *m* ‖ **~/плоский** Flächenreflektor *m*, ebener Reflektor *m* ‖ **~/потолочный** Deckenreflektor *m* ‖ **~/призменный** Spiegelprisma *n* ‖ **~/прожекторный** Scheinwerferreflektor *m* ‖ **~/сферический** Kugelreflektor *m* ‖ **~/сфероидальный** Sphäroidreflektor *m* ‖ **~/уголковый** *(Rad)* Winkelreflektor *m* ‖ **~ электронов** Elektronenreflektor *m*, Elektronenspiegel *m*
отражатель-замедлитель *m (Kern)* Moderator-Reflektor *m*, Reflektor-Moderator *m*
отражать *(Opt)* reflektieren, spiegeln; zurückstrahlen, zurückwerfen
отражающий *(Opt)* reflektierend, Reflexions..., widerspiegelnd
отражение *n (Opt)* Rückstrahlung *f*, Reflexion *f*; Spiegelung *f*; Zurückwerfung *f*, Rückwurf *m*; *(Ak)* Nachhall *m* ‖ **~ бета-частиц** *(Kern)* Betareflexion *f* ‖ **~ волн** Wellenreflexion *f* ‖ **~/временное** Zeitumkehr *f* ‖ **~ гамма-лучей** Gammareflexion *f* ‖ **~/двойное** Doppelreflexion *f*, zweifache Reflexion *f* ‖ **~/диффузное** diffuse (gestreute) Reflexion *f*, Rückstreuung *f* ‖ **~ звука** Schallreflexion *f* ‖ **~/зеркальное** regelmäßige (gerichtete, reguläre) Reflexion *f*, Spiegelreflexion *f*, Spiegelung *f* ‖ **~/идеально рассеянное** vollkommen diffuse Reflexion *f* ‖ **~/избирательное** *s.* ~/селективное ‖ **~/ложное** *(Opt)* Fehlecho *n* ‖ **~ лучей** Rückstrahlung *f* ‖ **~/мешающее** Störreflextion *f*, störende Reflexion *f* ‖ **~/многократное** Mehrfachreflexion *f*; *(Rad)* Mehrfachecho *n* ‖ **~/направленно-диффузное** halbdiffuse Reflexion *f* ‖ **~/направленное** gerichtete Reflexion *f* ‖ **~ от берега** *(Rad)* Landecho *n* ‖ **~ от морской поверхности** *(Rad)* Seegangreflexion *f* ‖ **~ от облаков** *(Rad)* Wolkenecho *n* ‖ **~ от поверхности Земли** *(Rad)* Bodenreflexion *f*, Bodenrückstrahlung *f* ‖ **~/полное [внутреннее]** Totalreflexion *f* ‖ **~/рассеянное** gestreute (diffuse) Reflexion *f* ‖ **~ света** Lichtreflexion *f* ‖ **~/селективное** selektive Reflexion *f* ‖ **~/скользящее [зеркальное]** streifende Reflexion *f*; *(Krist)* Gleitspiegelung *f* ‖ **~/смешанное** gemischte Reflexion *f* ‖ **~ тепла** Wärmerückstrahlung *f*, Wärmereflextion *f*
отражённый/зеркально gespiegelt
отразить *s.* отражать
отрегулирование *n* Einregulierung *f*, Abstimmung *f*
отрезание *n s.* отрезка
отрезать 1. abschneiden, wegschneiden; abtrennen, abstechen; 2. *(Fert)* spanend abtrennen; abstechen *(auf der Drehmaschine)*
отрезка *f* Abtrennen *n*; Abstechen *n* ‖ **~/токарное** Abstechdrehen *n*
отрезок *m* 1. Abschnitt *m*, Segment *n*; 2. *(Math)* Strecke *f*, Segment *n*; Intervall *n*; 3. *(Opt)* Schnittweite *f* ‖ **~ времени** Zeitintervall *n* ‖ **~/главный** Hauptabschnitt *m* ‖ **~/задний** *(Opt)* Bildschnittweite *f*, bildseitige Schnittweite *f* ‖ **~ линии** *(El)* Leitungsabschnitt *m* ‖ **~/передний** *(Opt)* Objektschnittweite *f*, objektseitige Schnittweite *f* ‖ **~ пути** Wegstrecke *f*, Laufstrecke *f* ‖ **~/средний пропорциональный** *(Math)* mittlere Proportionale *f* ‖ **~ цилиндра** *(Math)* Zylinderabschnitt *m*, Zylinderhuf *m* ‖ **~/четвёртый пропорциональный** *(Math)* vierte Proportionale *f* ‖ **~/элементарный** Teilbezugsstrecke *f*, Bezugsstrecke *f*
отрезывание *n s.* отрезка
отрелаксированный ausgeschrumpft *(textile Gewebe)*
отрицание *n* Negation *f* ‖ **~ дизъюнкции** *(Inf)* negierte Disjunktion *f* ‖ **~ конъюнкции** *(Inf)* negierte Konjunktion *f* ‖ **~/логическое** *(Inf)* logische Negation *f*
отрицательный negativ, Negativ...

отрог *m (Meteo)* Ausläufer *m (Zyklone)* || **~ высокого давления** Hochdruckausläufer *m* || **~ низкого давления** Tief[druck]ausläufer *m*
отросток *m* 1. Ansatz *m*, Ansatzstück *n*; 2. *(El)* Anzapfung *f*; 3. *(Schiff)* Zweigleitung *f*, Abzweigleitung *f*, Nebenleitung *f* || **~/балластный** *(Schiff)* Zweigballastleitung *f* || **~/осушительный** *(Schiff)* Zweiglenzrohr *n* || **~/приёмный** *(Schiff)* Zweigsaugleitung *f*
отруб *m (Forst)* Zopfende *n*, Zopf *m*, oberes Stammende *n* || **~/верхний** Zopf *m*, Zopfende *n*, oberes Stammende *n* || **~/нижний** unteres Stammende *n* || **~/тонкий** *s.* ~/верхний
отрубать 1. abhauen, abschlagen; 2. *(Schm)* abschroten
отруби *pl* Kleie *f* || **~/кукурузные** Maiskleie *f* || **~/овсяные** Haferkleie *f* || **~/пшеничные** Weizenkleie *f* || **~/ржаные** Roggenkleie *f* || **~/рисовые** Reiskleie *f* || **~/ячменные** Gerstenkleie *f*
отрубить *s.* отрубать
отрыв *m* Abreißen *n*, Losreißen *n*; Ablösen *n*, Ablösung *f (von Strömungen)* || **~ вихря** *(Aero)* Wirbelablösung *f* || **~ керна** *(Bgb)* Kernbrechen *n (Bohrung)* || **~ носовой волны** Bugwellenablösung *f* || **~ от воды** *(Flg)* Abheben *n* vom Wasser, Wasserstart *m*, Abwassern *n* || **~ от земли** *(Flg)* Abheben *n* von der Erde || **~ пограничного слоя** Grenzschichtablösung *f* || **~ потока** Stromablösung *f*, Strömungsablösung *f*; Abreißen *n* der Strömung || **~ струи** *(Aero)* Strahlablösung *f* || **~ турбулентного слоя** *(Aero)* turbulente Ablösung *f*
отрывка *f* **[грунта]** *(Bw)* Aushub *m*
ОТС *s.* станция/оконечная телефонная
отсадка *f* Setzen *n*, Absetzen *n*, Setzarbeit *f*; Sichten *n*, Sichtung *f (Aufbereitung)* || **~ в воздушной среде** Windsichten *n*, Windsichtung *f* || **~ крупного материала** Grobkernsetzen *n*, Grobkernsetzarbeit *f* || **~ мелкого материала** Feinkornsetzen *n*, Feinnkornsetzarbeit *f* || **~/пневматическая** Trocken[ab]setzen *n*
отсаливаемый aussalzbar
отсаливание *n s.* отсолка
отсаливать aussalzen
отсасывание *n* Absaugen *n*, Saugen *n*
отсасывать [ab]saugen
отсев *m* 1. Aussieben *n*, Siebung *f*, Klassierung *f*; 2. Siebrückstand *m*, Überkorn *n*; 3. Zelle *f (einer Kfz-Batterie)* || **~/коксовый** Kleinkoks *m*, Abfallkoks *m*, Koksabrieb *m*, Koksabfall *m*
отсеивание *n* Absieben *n*, Ausslеben *n*
отсеивать absieben, aussieben
отсек *m* Abteilung *f*, Zelle *f*, Sektion *f*; Fach *n* || **~/балластный** *(Schiff)* Ballastzelle *f* || **~ барки фильтра** *(Text)* Filterkammer *f (Viskoseherstellung)* || **~/бортовой** *(Schiff)* Wallgangzelle *f*; wasserdichte Bordzelle *f (zwischen Außen- und Innenhautbeplattung)* || **~/водонепроницаемый** *(Schiff)* wasserdichte Zelle (Abteilung) *f* || **~ высокой частоты** *(TV)* Hochfrequenzteil *n* || **~/головной** *(Rak)* Bugzelle *f* || **~/грузовой** *(Schiff)* Ladeabteilung *f*, Laderaumbereich *m* || **~/грузовой наливной** *(Schiff)* Ladetank *m* || **~/двигательный** *(Rak)* Triebwerkzelle *f* || **~ двойного дна** *s.* ~/междудонный || **~/дифферентный** *(Schiff)* Trimmzelle *f* || **~/запасной** *(Schiff)* Reservezelle *f* || **~ здания** Gebäudeabschnitt *m* || **~/командный** *(Raumf)* Kommandokapsel *f*, Besatzungszelle *f* || **~/кормовой** *(Schiff)* Heckabteilung *f* || **~/лунный** *(Raumf)* Mondlandefähre *f*, Mondmodul *m* || **~/межбортовой** *(Schiff)* Wallgang *m*, Wallgangzelle *f* || **~/междудонный** *(Schiff)* Doppelbodenzelle *f*; Zwischenbodenzelle *f* || **~/наливной** *(Schiff)* Tank *m* || **~/носовой приборный** *(Flg)* Instrumentenkopf *m* || **~/приборный** *(Flg)* Instrumentenmodul *m*, Instrumentenzelle *f*, Gerätezelle *f* || **~ радиста** Funk[er]raum *m*, Funk[er]kabine *f* || **~/спасаемый** *(Raumf)* Bergungszelle *f* || **~/сухой** *(Schiff)* Leerzelle *f* || **~/топливный** *(Rak)* Treibstoffzelle *f* || **~ управления** Steuerteil *n*, Steuersektion *f*
отсекание *n* Beschneidung *f*, Begrenzung *f*
отсекатель *m* **струи** Strahlablöser *m (Freistrahlturbine)*
отсекать 1. abtrennen, abschlagen; abschneiden; 2. *(Schm)* abschroten; 3. absperren; abriegeln, abteilen
отсечка *f* 1. Abtrennen *n*; 2. Absperren *n*; 3. *s.* отсекание || **~ пара** Absperren *n (Dampf)*, Dampfabsperrung *f* || **~ тока** *(El)* Stromabschneidung *f* || **~/фазовая** *(El)* Phasenanschnitt *m* || **~ шага** Wellentrenner *m*, Wellenfilter *n (bei der Oberflächenmessung)*
отсечь *s.* отсекать
отсеять *s.* отсеивать
отскакивание *n* Rückspringen *n*, Zurückspringen *n*, Rücksprung *m (Härteprüfung)*; Rückfederung *f*, Auffederung *f (Pulvermetallurgie)* || **~ контакта** Kontaktprellen *n*
отскакивать 1. abprallen, abspringen; 2. zurückspringen *(Härteprüfung)*
отслаивание *n* [schichtenweises] Abblättern *n*, Abplatzen *n*, Abschichten *n* || **~ холстика** *(Text)* Schälen *n* des Wickels
отслаиваться abblättern, sich schichtenweise ablösen, abplatzen
отслеживание *n* **траектории** Bahnverfolgung *f*
отслоиться *s.* отслаиваться
отсоединение *n (El)* Trennung *f*, Ausschaltung *f*, Abschaltung *f*; Abklemmen *n*
отсоединитель *m (Bgb)* Sicherheitsverbinder *m*, Sollbruch *m (Bohrung)*
отсоединить *s.* отсоединять
отсоединять *(El)* [ab]trennen, ausschalten, abschalten; abklemmen
отсолка *f* Aussalzen *n*, Aussalzung *f (der Seife)*
отсос *m* Absaugung *f*, Absaugen *n*, Abpumpen *n* || **~/вакуумный** Unterdruckabsaugung *f* || **~ пограничного слоя** *(Aero)* Absaugung *f* der Grenzschicht *(Grenzschichtbeeinflussung)* || **~ паров** Dampfabsaugung *f* || **~ пыли** Entstauben *n*, Entstaubung *f*, Staubabsaugen *n*, Staubabsaugung *f*
отсосать *s.* отсасывать
отсосик *m* Absaugrohr *n*, Absaugstück *n*
отстав *m (Typ)* Sprungrücken *m (Buchbinderei)*
отставание *n* Zurückbleiben *n*, Nacheilen *n*, Nacheilung *f*, Nachhinken *n*, Verzug *m* || **~ по фазе** *(El)* Phasennacheilung *f*, Phasenverspätung *f* || **~ термометра** Nachhinken *n* des Thermometers || **~/фазное** *s.* ~ по фазе
отставать 1. zurückbleiben, nachgehen *(Uhr)*; 2. sich loslösen, abgehen; 3. nacheilen || **~ по фазе** *(El) (um einen bestimmten Phasenwinkel)* nacheilen, phasenverspätet sein

отстаивание *n* 1. Abstehen[lassen] *n*, Absetzen *n*, Abklären *n (Aufbereitung)*; 2. *(Gieß)* Abstehenlassen *n*, Halten *n (flüssiges Metall)*; 3. *(Gieß)* Schlämmen *n (Formstoffprüfung)*: 4. *(Gieß)* Reifen *n (Formstoff)* || ~ **затора в фильтрационном чане** Läuterruhe *f*, Läuterrast *f (Brauerei)* || ~ **латекса** *(Gum)* Aufrahmen *n* von Latex || ~ **молока** Aufrahmen *n* der Milch || ~/**предварительное** Vorklären *n* || ~ **эмульсии** *(Gum)* Aufrahmen *n*

отстать *s.* отставать

отстой *m* Schlamm *m*, Bodensatz *m*, Satz *m*, Sediment *n* || ~/**белковый** Trub *m (abgesetzte Eiweißteile)* || ~/**бочечный** Faßgeläger *n* || ~/**тарелочный** Kühlgeläger *n*, Trub *m*

отстойник *m* 1. *(Bw, Hydt)* Absetzbecken *n*, Klärbecken *n*; 2. Absetzbehälter *m*, Klärbehälter *m*; Klärbottich *m*; Abscheider *m*, Absitzkasten *m*; 3. Klärapparat *m*; Absetzer *m*, Dekanteur *m*, Eindicker *m (Zuckergewinnung)*; 4. Abscheider *m*, Absetzherd *m (Aufbereitung)*; 5. *(Gieß)* Sammler *m*, Vorherd *m*, Abstehofen *m* || ~/**вертикальный** *(Bw)* vertikales Absetzbecken *n (Abwasserreinigung)* || ~/**вторичный** Nachklärbecken *n* || ~/**гребковый** Absetzbecken *n* (Eindicker *m*) mit Krählwerk || ~/**двухъярусный** Emscherbrunnen *m (Abwasserreinigung)* || ~ **Имгофа** Imhoff-Becken *n* || ~/**канализационный** Abwasserabsetzbecken *n* || ~/**конусный** *(Pap)* Trichterstoffänger *m* || ~/**круговой** Rundklärer *m (Abwasserreinigung)* || ~/**масляный** *(Masch)* Ölabsetzbehälter *m (Umlaufschmierung)* || ~/**многоярусный** Mehrkammerabsetzer *m*, Mehrkammereindicker *m*; Absetzer (Eindicker) *m* mit Glockeinbauten *(Zuckergewinnung)* || ~/**одноярусный** Einkammerabsetzer *m*, Einkammereindicker *m* || ~/**первичный** Vorklärbecken *n* || ~/**противоточный** Gegenstromabsitzbecken *n*, Gegenstromeindicker *m* || ~/**радиальный** *(Bw)* radiales Absetzbecken *n* mit Schlammkratzer *(Abwasserreinigung)* || ~/**топливный** *(Kfz)* Kraftstoff[vor]reiniger *m* || ~/**трёхкамерный** Dreikammerabsetzbecken *n*, Dreikammerklärbecken *n* || ~/**шламовый** Schlammabsitzbecken *n*, Schlammabscheider *m*

отстойник-нефтеловушка *m* Ölabscheider *m*

отстойник-сгуститель *m* Eindickbehälter *m*

отстойный Absetz..., Klär...

отстояние *n* Abstand *m*, Entfernung *f*, Distanz *f* || ~ **центра тяжести** Schwerpunktsabstand *m*

отстройка *f* Ausblenden *n*

отстропка *f* **груза** *(Schiff)* Abschlagen *n* einer Last

отстропливать *(Schiff)* abschlagen *(eine Last)*

отстропование *n* Abschlagen *n (Lasten)*

отступ *m* 1. *(Bw)* Rücksprung *m (z. B. der Wand oder Fassade)*; 2. *(Typ)* Einzug *m*

отступание *n (Geol)* Regression *f*, Rückzug *m*, Rückgang *m* || ~ **моря** *s.* регрессия моря

отступать 1. zurücktreten, abweichen, zurückweichen; 2. *(Typ)* einen Abstand (Zwischenraum) lassen; einziehen *(Schriftsatz)*

отступить *s.* отступать

отступление *n* 1. Abweichung *f*, Abschweifung *f*, Digression *f*; 2. Zurückziehen *n*, Rückzug *m*

отсутствие *n* Fehlen *n*; Mangel *m*; Freiheit *f* || ~ **вихрей (завихрений)** *(Aerod)* Wirbelfreiheit *f* || ~ **напряжения** Spannungslosigkeit *f*, spannungsloser Zustand *m* || ~ **отражения** Reflexionsfreiheit *f* || ~ **переходного разговора** *(Nrt)* Nebensprechfreiheit *f* || ~ **помех** Stör[ungs]freiheit *f* || ~ **последействия** *(Reg)* Nachwirkungsfreiheit *f* || ~ **столкновений** *(Mech)* Stoßfreiheit *f* || ~ **тока** *(El)* Stromlosigkeit *f*, stromloser Zustand *m* || ~ **ударов** *(Mech)* Stoßfreiheit *f*

отсушивать abdarren

отсчёт *m* 1. Zählung *f*, Abzählen *n*; 2. Anzeige *f*; 3. Ablesung *f*, Ablesen *n* || ~/**абсолютный** Absolutanzeige *f* || ~/**аналоговый** Analoganzeige *f* || ~/**беспараллаксный** parallaxe[n]freie Ablesung *f* || ~/**визуальный** visuelle (optische) Anzeige *f*, Sichtanzeige *f* || ~ **времени** Zeitanzeige *f* || ~/**грубый** 1. Grob[wert]anzeige *f*; 2. Grobablesung *f* || ~/**дистанционный** Fernablesung *f* || ~/**зеркальный** Spiegelablesung *f* || ~/**крупный** *s.* ~/грубый || ~/**мгновенный** Momentablesung *f* || ~/**мелкий** Fein[wert]anzeige *f* || ~/**многократный** Mehrfachzählung *f* || ~/**непосредственный** 1. Direktanzeige *f*; 2. Direktablesung *f* || ~ **по верньеру** Nonienablesung *f* || ~ **по приборам** Instrumentenablesung *f* || ~/**световой** Lichtmarkenablesung *f* || ~ **сигнала электросвязи** *(Nrt)* Abtastwert *m* des Nachrichtensignals || ~/**точный** 1. Fein[wert]anzeige *f*; 2. Feinablesung *f* || ~/**цифровой** 1. Digitalablesung *f*; 2. Digitalanzeige *f*, Ziffernanzeige *f*

отсчитать *s.* отсчитывать

отсчитывать 1. [ab]zählen; 2. ablesen *(Meßinstrument)*; 3. anzeigen *(Werte)*

отсыпка *f* Schütten *n*, Schüttung *f*; *(Bgb auch:)* Abwurf *m (Tagebau)* || ~ **в отвал** *(Bgb)* Verkippen *n*, Verstürzen *n (Berge)* || ~/**верхняя** Hochschüttung *f* || ~/**гравийная** Kiesaufschüttung *f* || ~/**каменная** Steinschüttung *f* || ~/**нижняя** Tiefschüttung *f*

отсыревание *n* Feuchtwerden *n*

отсыревать feucht werden, Feuchtigkeit anziehen

отсыреть *s.* отсыревать

оттаивание *n* Auftauen *n*, Abtauen *n*, Schmelzen *n*

отталкивание *n* Abstoßung *f*; Repulsion *f*

отталкиватель *n* Abstoßvorrichtung *f*

отталкивать abstoßen

оттёк *m* Ablauf *m (Zuckergewinnung)* || ~/**аффинационный** Affinationsablauf *m* || ~/**белый** Weißablauf *m*, Deckablauf *m*, Ablauf *m* II || ~/**зелёный** Grünablauf *m*, Ablauf I *m*

оттекание *n* Ablaufen *n*, Abfließen *n*

оттенение *n* Abschattierung *f*, Abschatten *n*; Abdecken *n*; *(Photo)* Abwedeln *n*, Abtönen *n* || ~ **объекта** Objektabschattung *f*

оттенок *m* Schattierung *f*, Farbton *m*, Nuance *f*, Abtönung *f*, Tönung *f*, Stich *m*, Farbstich *m*, Abstufung *f* || ~/**зелёный** *(Photo)* Grünstich *m* || ~/**синий** *(Photo)* Blaustich *m*

оттепель *f (Meteo)* Tauwetter *n*

оттиск *m (Typ)* 1. Abdruck *m*, Abzug *m*; 2. Druckerzeugnis *n* || ~/**многокрасочный** Farbendruck *m* Mehrfarbendruck *m* Vielfarbendruck *m* || ~ **на оборотной стороне** Widerdruck *m* || ~/**некачественный** Fehldruck *m* || ~/**однокрасочный** Einfarbendruck *m* || ~/**односторонний** Schöndruck *m* || ~/**отдельный** Sonder[ab]druck *m*, Separatabdruck *m* || ~/**переводной** Um-

druck *m*, Überdruck *m* ‖ **~/приправочный** Abdruck *m* für die Zurichtung ‖ **~/пробный многокрасочный** Farbandruck *m* ‖ **~/сигнальный** Aushängebogen *m*
оттиски *mpl*/**дефектные** *(Typ)* Druckmakulatur *f*, Makulatur *f*
оттискивать 1. abprägen; 2. *(Typ)* abziehen, einen Abzug machen, abdrucken
оттиснуть *s.* оттискивать
оттитровывать *(Ch)* titrieren
отток *m* 1. Abfluß *m*, Abzug *m*, Wegfließen *n*; 2. Abzugsröhre *f*, Abzugskanal *m*
оттолкнуть *s.* отталкивать
отторжение *n (Geol)* erratische Scholle *f*
оттормаживание *n* Lösen *n (Bremse)*
отточие *n (Typ)* Auspunktieren *n*
оттрелит *m (Min)* Ottrelith *m*, Chloritspat *m (Sprödglimmer)*
оттягивание *n* 1. Abziehen *n*; 2. Verspannen *n*, Abspannen *n* ‖ **~ петель** *(Text)* Abziehen *n (der abgeschlagenen Maschen; Maschenbildung; Wirkerei)*
оттягивать 1. abziehen, zurückziehen; 2. abspannen, verspannen
оттяжка *f* 1. Abspannen *n*, Verspannen *n*; 2. Abspannung *f*, Abspannseil *n*, Halteseil *n*; Verankerungsseil *n*, Zugseil *n (einer Hängebrücke)*; 3. Zurrstange *f*, Zurrtrosse *f (Containerzurrung)*; 4. Anker *m*, Mastanker *m*; 5. *(Schm)* Strecken *n*, Streckung *f (des Rohlings)*; 6. *(Schiff)* Gei *f*, Geere *f*; 7. *(Text)* Abzug *m*, Abziehen *n (Maschenbildung)* ‖ **~/внутренняя** *(Schiff)* Innengei *f*, Mittelgei *f (Koppelbetrieb)* ‖ **~/поворотная** *(Schiff)* Schwenkgei *f* ‖ **~/прутковая** *(Schiff)* Zurrstange *f (z. B. für Container)* ‖ **~ товара** *(Text)* Warenabzug *m* ‖ **~/тросовая** *(Schiff)* Zurrtrosse *f*, Zurrseil *n (z. B. für Container)* ‖ **~/центральная** *(Schiff)* Innengei *f*, Mittelgei *f (Koppelbetrieb)* ‖ **~/цепная** *(Schiff)* Zurrkette *f (z. B. für Container)*
оттянутый *(Wkz)* abgesetzt *(Meißelschaft)*
оттянуть *s.* оттягивать
ОТУ *s.* условия/общие технические
отфильтровывать *(El)* [aus]filtern, [aus]sieben
отформование *n (Gieß)* Abformen *n*, Einformen *n*
отформовать *(Gieß)* [ab]formen, einformen
отход *m* 1. Abgang *m*, Abfahrt *f*; 2. *s.* отходы ‖ **~ каретки** *(Text)* Wagenausfahrt *f (Selfaktor)* ‖ **~/кубовый** *(Ch)* Sumpfprodukt *n (Destillation)* ‖ **~ поезда** *(Eb)* Abfahrt *f*, Ausfahrt *f (Zug)*
отходы *mpl* Abfall *m*, Abfälle *mpl*, Abgänge *mpl*; Gekrätz *n*; Verschnitt *m*; Ausschuß *m* ‖ **~/анодные** Anodenabfälle *mpl (NE-Metallurgie)* ‖ **~ атомной промышленности** *s.* ~/радиоактивные ‖ **~/возвратные** verwertbare (wiederverwendungsfähige) Abfälle *mpl* und Rückstände *mpl* ‖ **~/газообразные** Abgase *npl* ‖ **~/горючие** brennbare Abfälle *mpl* ‖ **~/древесные** Holzabfall *m* ‖ **~ животноводства** Abfälle *mpl* aus der Tierzucht ‖ **~/жидкие** Flüssigabfälle *mpl* ‖ **~/листовые** Blechschrott *m*, Blechabfälle *mpl* ‖ **~/литейные** 1. Gießereischrott *m*; Gießereischutt *m*; 2. Gußbruch *m* ‖ **~ металла** Metallgekrätz *n (NE-Metallurgie)* ‖ **~ мойки** *(Bgb)* Waschberge *pl (Aufbereitung)* ‖ **~ обогащения** Aufbereitungsabgänge *mpl* ‖ **~/оловосодержащие** *(Met)* Zinngekrätz *n (NE-Metallurgie)* ‖ **~ проволоки** Abdraht *m*, Drahtabfälle *mpl* ‖ **~ производства** Abfallstoffe *mpl*, Abfälle *mpl*, Abgänge *mpl* ‖ **~/промышленные** Industrieabfälle *mpl* ‖ **~/радиоактивные** *(Kern)* radioaktiver Abfall *m*, Atomabfall *m*, Atommüll *m* ‖ **~/резиновые** Gummiabfälle *mpl* ‖ **~/строительные** Bauabfälle *mpl*; Bauschutt *m* ‖ **~/токсические** Giftmüll *m*, gifthaltiger Abfall *m* ‖ **~ флотации** Flotationsrückstände *mpl (Aufbereitung)* ‖ **~/шёлковые** *(Text)* Seidenschappe *f (Faserabfälle)*; Lumpenseide *f (Gewebeabfälle)*
отцедить *s.* отцеживать
отцеживание *n* Abziehen *n* , Abseihen *n*
отцеживатель *m* Seiher *m*, Seiherpresse *f*
отцеживать abziehen, abseihen
отцеп *m (Eb)* Wagengruppe *f*, Ablauf *m*
отцепить *s.* отцеплять
отцеплять abhaken, abhängen, abkuppeln, entkuppeln
отчаливание *n (Schiff)* Ablegen *n*
отчёт *m*/**годовой** [wissenschaftlicher] Jahresbericht *m (z. B. einer Universität)*
отшвартовка *f (Schiff)* Ablegen *n*
отшибать *(Glas)* absprengen
отшибить *s.* отшибать
отшлакование *n (Met, Gieß)* Abschlacken *n*, Abziehen *n* der Schlacke; Schlackenabscheiden *n*
отшлаковать *(Met, Gieß)* abschlacken, Schlacke abziehen
отшлифовывать [ab]schleifen
отшнуровывание *n* Einschnürung *f*
отшнуровывать einschnüren
отщепление *n* 1. *(Ch)* Abspalten *n*, Abspaltung *f*; 2. Eliminierung *f* ‖ **~ группы** *(Ch)* Eliminierung *f* einer Atomgruppe
отщепляемость *f* Abspaltbarkeit *f*
отщеплять abspalten
ОУ *s.* усилитель/операционный
офактуривать die Oberfläche behandeln (gestalten)
офикальцит *m (Geol)* Ophikalzit *m*
офлюсовать *(Met)* mit Flußmitteln versetzen
оформить *s.* оформлять
оформление *n* Formgebung *f*, Gestaltung *f*; Ausstattung *f*, Aufmachung *f* ‖ **~/аппаратурное** apparative Ausstattung (Ausgestaltung, Gestaltung) *f*, apparativer Aufbau *m* ‖ **~/архитектурное** architektonische Gestaltung *f* ‖ **~ отхода судна** Ausklarieren *n* eines Schiffes ‖ **~ помещений/архитектурное** *(Bw)* Raumkunst *f*, Raumgestaltung *f* ‖ **~ прихода судна** Einklarieren *n* eines Schiffes ‖ **~/цветовое** Farbgestaltung *f*
оформлять ausstatten, ausgestalten
ОФП *s.* фотопроводимость/отрицательная
офсет *m* 1. *(Typ)* Offset *m*, Offsetdruck *m (zuweilen auch Kurzbezeichnung für Offsetmaschine)*; 2. *(TV)* Offset *m* ‖ **~ без увлажнения** *(Typ)* feuchtungsloser Offsetdruck *m* ‖ **~/безрастровый** *(Typ)* rasterloser Offsetdruck *m* ‖ **~/глубокий** *(Typ)* Offsettiefdruckverfahren *n* ‖ **~/полустрочный** *(TV)* Halbzeilenoffset *m* ‖ **~/ротационный** *(Typ)* Bogenoffsetmaschine *f* ‖ **~/четвертьстрочный** *(TV)* Viertelzeilenoffset *m*
офсет-машина *f (Typ)* Bogenoffsetmaschine *f*
офтальмометр *m (Med)* Ophthalmometer *n*

офтальмоскоп *m (Med)* Ophthalmoskop *n*, Augenspiegel *m*
охват *(Masch)* Arbeitsbereich *m* eines Greifers, Greifbereich *m* ‖ **~ цветов** *(Photo)* Farbumfang *m* ‖ **~/цветовой** *m s.* ~ цветов
охватить *s.* охватывать
охватывать umschließen, umfassen
охладитель *m* 1. Kühler *m*; Kühlanlage *f*; 2. Kühlmittel *n*; 3. *(Härt)* Abschreckmittel *n* ‖ **~/башенный** Kühlturm *m*, Turmkühler *m*, Gradierwerk *n*, Rieselwerk *n* ‖ **~ влажного воздуха** *(Kält)* Feuchtluftkühler *m* ‖ **~/встроенный** eingebauter Kühler *m* ‖ **~/закалочный** *(Härt)* Härtemittel *n* ‖ **~/оросительный** Rieselkühler *m* ‖ **~/перекрёстный** Quer-Gegenstrom-Kühler *m* ‖ **~/пластинчатый** Plattenkühler *m* ‖ **~/противоточный** Gegenstromkühler *m* ‖ **~/прямоточный** Gleichstromkühler *m* ‖ **~/трубчатый** Röhrenkühler *m*
охладительный *s.* охлаждающий
охладить *s.* охлаждать
охлаждаемый водой wassergekühlt
охлаждать [ab]kühlen
охлаждающий Kühl[ungs]..., kühlend
охлаждение *n* 1. Abkühlen *n*, Abkühlung *f*, Erkalten *n*; 2. Kühlen *n*, Kühlung *f*; Kühlhaltung *f* • **с водяным охлаждением** wassergekühlt • **с воздушным охлаждением** luftgekühlt • **с естественным охлаждением** selbstgekühlt • **с масляным охлаждением** ölgekühlt • **с посторонним охлаждением** fremdgekühlt ‖ **~/аварийное** Notkühlung *f* ‖ **~/быстрое** *(Met, Glas)* Abschrecken *n* ‖ **~ в масле** *(Härt)* Abschrecken *n* in Öl ‖ **~/внешнее** Außenkühlung *f* ‖ **~/внутреннее** Innenkühlung *f* ‖ **~/водомасляное** Wasserkühlung *f* mit Ölumlauf ‖ **~/водородное** Wasserstoffkühlung *f* ‖ **~/водяное** Wasserkühlung *f (Verbrennungsmotor)* ‖ **~ воздухом** *s.* ~/воздушное ‖ **~/воздушное** Luftkühlung *f (Verbrennungsmotor)* ‖ **~ впрыском** Einspritzkühlung *f* ‖ **~ высококипящей жидкостью** Heißkühlung *f* ‖ **~/глубокое** Tiefkühlung *f* ‖ **~/дополнительное** Nachkühlung *f* ‖ **~/естественное** naürliche Kühlung *f*, Selbstkühlung *f* ‖ **~/жидкостное** Flüssigkeitskühlung *f* ‖ **~ жидкостной завесой** Schleierkühlung *f*, Kühlung *f* durch Flüssigkeitsschleier ‖ **~ излучением** Strahlungskühlung *f* ‖ **~/искусственное воздушное** erzwungene Luftkühlung *f*, Kühlung *f* durch dynamische Belüftung ‖ **~ испарением** Verdunstungskühlung *f*, Verdampfungskühlung *f* ‖ **~/испарительное** *s.* ~ испарением 1. ‖ **~ кипящей водой** Siedekühlung *f* ‖ **~/конвекционное** Konvektionskühlung *f* ‖ **~ лучеиспусканием** Strahlungskühlung *f* ‖ **~/лучистое** Strahlungskühlung *f* ‖ **~/льдосоляное** Kühlung *f* durch Eis-Salz-Gemisch ‖ **~/масляное** Ölkühlung *f* ‖ **~/мгновенное** *(Met, Glas)* Abschrecken *n* ‖ **~ по замкнутому циклу** geschossene Kreislaufkühlung *f*, Ringlaufkühlung *f* ‖ **~/поверхностное** Oberflächenkühlung *f* ‖ **~/постороннее** Fremdkühlung *f* ‖ **~/предварительное** Vorkühlung *f* ‖ **~/принудительное** Druckumlaufkühlung *f (Verbrennungsmotor)*; Zwangskühlung *f*, forcierte Kühlung *f* ‖ **~/принудительное масляное** erzwungene Ölkühlung *f*, Ölumlaufzwangskühlung *f* ‖ **~/принудительное циркуляционное** Zwangsumlaufkühlung *f* ‖ **~/проточное** Durchlaufkühlung *f*, Durchflußkühlung *f*; Frischwasserkühlung *f (mit offenem Kühlwasserkreislauf)* ‖ **~/радиационное** Strahlungskühlung *f*, Kühlung *f* durch Wärmeabstrahlung ‖ **~ рассолом** Solekühlung *f* ‖ **~/рассольное** Solekühlung *f* ‖ **~ расширением** Expansionskühlung *f*, Entspannungskühlung *f* ‖ **~/рубашечное** Mantelkühlung *f* ‖ **~/ступенчатое** stufenweises Kühlen *n* ‖ **~/термосифонное** Thermosiphonkühlung *f*, Selbstumlaufkühlung *f*, Wärmeumlaufkühlung *f (Verbrennungsmotor)* ‖ **~/циркуляционное** Umlaufkühlung *f (Verbrennungsmotor)*
охлаждённый водой wassergekühlt ‖ **~ воздухом** luftgekühlt ‖ **~ лучеиспусканием** strahlungsgekühlt, gekühlt durch Wärmeabstrahlung ‖ **~/предварительно** vorgekühlt
охмеление *n (Brau)* Hopfengabe *f*, Hopfung *f*, Hopfen *n*
охмелять *(Brau)* hopfen, Hopfen zusetzen (zugeben)
охолощение *n* Entschärfung *f (Munition)*
охра *f (Min)* Ocker *m* ‖ **~/висмутовая** *s.* бисмит ‖ **~/молибденовая** Molybdänocker *m*, Molybdit *m* ‖ **~/свинцовая** Bleiglätte *f*, Bleiocker *m*, Massicotit *m* ‖ **~/теллуровая** Tellurocker *m*, Tellurit *m* ‖ **~/урановая** Uranocker *m*, Uranopilit *m* ‖ **~/хромовая** Chromocker *m*, Anagenit *m*
охрана *f* Schutz *m* ‖ **~ атмосферы** Schutz *m* der Atmosphäre ‖ **~ вод (водных ресурсов)** Gewässerschutz *m* ‖ **~ животных** Schutz *m* der Tierwelt, Tierschutz *m* ‖ **~ леса** Waldschutz *m*, Schutz *m* des Waldes *(z. B. vor schädigenden Umwelteinflüssen)* ‖ **~ недр** *(Bgb)* Lagerstättenschutz *m* ‖ **~ окружающей среды** Umweltschutz *m* ‖ **~ природы** Naturschutz *m* ‖ **~ труда** Arbeitsschutz *m* ‖ **~ чистоты воздуха** Reinhaltung *f* der Luft
охрупчивание *n (Met, Härt, Schw)* Versprödung *f* ‖ **~ при нагреве** Warmversprödung *f* ‖ **~ при охлаждении** Kaltversprödung *f* ‖ **~ при старении** Alterungssprödigkeit *f*, Alterungsversprödung *f*
ОЦ *s.* центр/обрабатывающий
оценивание *n s.* оценка 1. bis 3.
оценивать 1. bewerten, [ab]schätzen; taxieren; 2. veranschlagen *(Kosten)*; 3. auswerten *(Versuche)*
оценка *f* 1. Abschätzung *f*, Bewertung *f*, Wertung *f*; Schätzung *f*, Einschätzung *f*; Taxierung *f*, Schätzfunktion *f*; 2. Veranschlagung *f (Kosten)*; 3. Auswertung *f (eines Versuchs)*; 4. *(Math)* Schätzung *f*, Schätzwert *m*, Bewertungsgröße *f* ‖ **~/валовая** Gesamtschätzung *f*, Massenschätzung *f* ‖ **~ видимости** Sichtschätzung *f* ‖ **~ дальности** Entfernungsschätzung *f* ‖ **~/доверительная** Konfidenzschätzung *f (Statistik)* ‖ **~ качества** Gütebeurteilung *f* ‖ **~/количественная** quantitative Bewertung *f* ‖ **~/косвенная** indirekte Abschätzung *f* ‖ **~ на просвет** Lichtspaltverfahren *n* ‖ **~ надёжности/квалиметрическая** qualimetrische Sicherheitsbewertung *f* ‖ **~/органолептическая** subjektive (organoleptische) Beurteilung *f* ‖ **~ ошибок** *s.* ~ погрешностей ‖ **~ по методу наименьших**

квадратов Gaußsche Schätzfunktion *f* ‖ ~ **погрешностей** Fehlerbeurteilung *f*; Fehlereinschätzung *f*; Fehlerabschätzung *f* ‖ **~/предварительная** Vorschätzung *f* ‖ **~/совместная наиболее эффективная** gemeinsame wirksamste Schätzfunktion *f (Statistik)* ‖ ~ **строительных фондов** *(Bw)* Bauzustandsanalyse *f*, Bauzustandserfassung *f* ‖ **~/точечная** Punktschätzung *f* ‖ **~/цифровая** digitale Auswertung *f*

оцинкование *n (Met)* Verzinken *n*, Verzinkung *f* ‖ **~/горячее** Feuerverzinken *n*, Heißverzinken *n* ‖ **~/диффузионное** Diffusionsverzinken *n*, Sherardisieren *n* ‖ **~/металлизационное** Spritzverzinken *n* ‖ **~/огневое** *s.* ~/горячее ‖ **~/электролитическое** galvanisches Verzinken *n*

оцинковать *s.* оцинковывать

оцинковка *f* 1. Verzinkung *f (Überzug)*; 2. *s.* оцинкование

оцинковывание *n s.* оцинкование

оцинковывать verzinken

оцифровыватель *m (Inf)* Digitalisierer *m*, Digitalisiergerät *n*

оцк-решётка *f (Krist)* innenzentriertes (raumzentriertes) Gitter *n*, kubisch-raumzentriertes Gitter *n*, krg-Gitter *n*

очаг *m* 1. Herd *m*; 2. Herd *m*, Feuerstätte *f* ‖ ~ **деформации** *(Umf)* Umformzone *f*, Formänderungszone *f* ‖ ~ **землетрясения** Erdbebenherd *m* ‖ **~/коррозионный** Korrosionsherd *m* ‖ **~/передний** *(Glas)* Vorherd *m* ‖ **~/рудоносный** *(Geol)* Erzbringer *m*, erzfördernder Magmenherd *m*

очерёдность *f* Reihenfolge *f*, Folge *f* ‖ ~ **обработки** *(Inf)* Abarbeitungspriorität *f* ‖ ~ **слоёв** *(Photo)* Schichtfolge *f*

очередь *f* 1. Reihenfolge *f*, Folge *f*; Abschnitt *m*; 2. *(Inf)* Warteschlange *f*, Kette *f* ‖ ~ **ввода** *(Inf)* Eingabewarteschlange *f* ‖ **~/входная** *(Inf)* Eingangswarteschlange *f* ‖ ~ **вывода** *(Inf)* Ausgabewarteschlange *f* ‖ ~ **заданий** *(Inf)* Jobwarteschlange *f* ‖ ~ **заявок** *(Inf)* Auftragswarteschlange *f* ‖ ~ **неактивных программ** *(Inf)* Warteschlange *f* der inaktiven Programme ‖ ~ **работ** *(Inf)* Auftragswarteschlange *f*

очертание *n* Außenlinie *f*, Umriß *m*, Kontur *f*, Profil *n* • **прямоугольного очертания** mit rechteckigem Grundriß

очёс *m* 1. *(Text)* Hede *f*, Ausstoß *m (s. a.* очёски*)*; Kämmling *m*, Ausputz *m*; 2. Bunkerde *f (Torf)* ‖ **~/гребенной** *(Text)* Kämmling *m (Kämmaschine)* ‖ **~/льняной** *(Text)* Flachshede *f* ‖ **~/пеньковый** *(Text)* Hanfhede *f* ‖ **~/хлопковый** *(Text)* Baumwollkämmling *m*

очёсы *fpl s.* очёски

очёски *fpl (Text)* Ausstoß *m*, Abfall *m (Kardierabfall)* ‖ **~/барабанные** Trommelausstoß *m*, Trommelabfall *m* ‖ **~/съёмно-барабанные** Abnehmerausstoß *m*, Abnehmerabfall *m* ‖ **~/шляпочные** Deckelausstoß *m*, Deckelstrips *m*, Deckelabfall *m*

очёсывание *n* Ausstoßen *n (bei Kardengarnitur)* ‖ **~/пневматическое** pneumatisches Ausstoßen *n (Deckelkarde)*

очиститель *m* 1. Reiniger *m*, Reinigungsanlage *f*; 2. Scheider *m*, Abscheider *m*, Sichter *m*; Entstauber *m*; Reinigungsmittel *n*; 3. Klärmittel *n* ; 4. *(Pap)* Stoffreiniger *m*, Zeugreiniger *m*, Zeugsichter *m (Reinigung der Papiermasse vor dem Auflauf auf das Sieb)* ‖ **~/вихревой (водоворотный)** Wirbelreiniger *m*, Wirbelsichter *m* ‖ **~/жидкостный** Naßabscheider *m*, Naßreiniger *m* ‖ **~/инерционный** Fliehkraftabscheider *m*, Fliehkraftreiniger *m* ‖ **~/наклонный** *(Text)* Stufenreiniger *m* ‖ **~/осевой** *(Text)* Axialreiniger *m*, Axi-Flo-Reiniger *m* ‖ **~/прутковый** *(Lw)* Hakenkettenförderer *m (Rübenerntemaschine)* ‖ **~/сухой** Trockenabscheider *m* ‖ **~/турбинный** *(Lw)* Siebrad *n (Rüben- und Kartoffelerntemaschine)* ‖ **~/центробежный** Zentrifugalreiniger *m*, Fliehkraftreiniger *m*

очистить *s.* очищать

очистка *f* 1. Reinigung *f*, Säuberung *f*; 2. *(Met)* Feinen *n*, Raffinieren *n*, Raffinierung *f*, Raffination *f*, Garen *n*, Gararbeit *f*, Garschmelzen *n*; 3. Putzen *n (Guß)*; 4. Entstauben *n (Luft)*; 5. Läutern *n (Erz)*; 6. *(Inf)* Löschung *f*, Freigabe *f*; 7. *(Bgb)* Räumen *n (Haufwerk)*; 8. *(Bgb)* Spülen *n*, Spülung *f (Bohrloch)*; 9. Läuterung *f*, Wäsche *f (Aufbereitung)* ‖ **~/барабанная** *(Gieß)* Trommelputzen *n*, Trommeln *n*, Scheuern *n* ‖ **~/биологическая** biologische Reinigung (Selbstreinigung) *f* ‖ ~ **в барабанах** *s.* ~/барабанная ‖ ~ **вод** Wasserreinigung *f* ‖ ~ **водяной струёй** *s.* ~/гидроструйная ‖ ~ **газоу/мокрая** Gasnaßwäsche *f* ‖ **~/газопламенная** *(Schw)* Flammstrahlen *n*, Flämmen *n* ‖ **~/гидравлическая** *s.* ~/гидроструйная ‖ **~/гидроструйная** *(Gieß)* Naßputzen *n*, Wasserstrahlputzen *n*, Druckwasserstrahlen *n* ‖ **~/глубокая** Hochreinigung *f*, Feinreinigung *f* ‖ **~/грубая** 1. Grobreinigung *f*; 2. *(Gieß)* Vorputzen *n*, Rohputzen *n*, Grobputzen *n* ‖ **~/дробемётная** *(Gieß)* Schleuderstrahlputzen *n* mit metallischen Strahlmitteln; Schleuderentzunderung *f* ‖ **~/дробеструйная** *(Gieß)* Druckstrahlputzen *n* mit metallischen Strahlmitteln ‖ **~/зонная** Zonenreinigung *f (Halbleiter)* ‖ **~/кислотная** *(Ch)* Säureraffination *f* ‖ **~/конечная** *(Gieß)* Fertigputzen *n*; Feinputzen *n* ‖ ~ **литья** *(Gieß)* Gußputzen *n* ‖ **~/механическая** mechanische Reinigung *f*; mechanische Aufbereitung *f* ‖ **~/мокрая** 1. *(Met)* Naßreinigung *f*, Naßwäsche *f*; Berieselung *f*; 2. *(Gieß)* Naßputzen *n*, Wasserstrahlputzen *n*, Druckwasserstrahlen *n* ‖ **~/огневая** *(Gieß)* Brennputzen *n*, Flammputzen *n* ‖ **~/окончательная** *(Gieß)* Fertigputzen *n*; Feinputzen *n* ‖ ~ **от изоляции** Abisolieren *n*, Entisolieren *n* ‖ ~ **от окалины** *(Met)* Entzunderung *f*, Entzundern *n* ‖ ~ **от ржавчины** Entrostung *f*, Entrosten *n* ‖ ~ **от чешуи** Entschuppen *n*, Entschuppung *f (Fischverarbeitung)* ‖ **~/парофазная** *(Ch)* Dampfphase[n]raffination *f*, Gasphase[n]raffination *f* ‖ ~ **переплавкой** *(Met)* Dublieren *n*, Umschmelzen *n* ‖ **~/пескоструйная** Sandstrahlen *n*; Sandstrahlreinigung *f* ‖ **~/пламенная** Flammstrahlen *n* ‖ **~/пред-варительная** Vorreinigung *f*, Schwarzreinigung *f* ‖ ~ **раствора** *(Met)* Laugenreinigung *f (Naßmetallurgie)* ‖ **~/селективная** *(Ch)* Selektivraffination *f*, Raffination *f* mit selektiven Lösungsmitteln ‖ **~/сернокислотная** *(Ch)* Schwefelsäureraffination *f* ‖ ~ **сточных вод** Abwasserreinigung *f* ‖ ~ **сточных вод/биологическая** biologische Abwasserreinigung *f* ‖ **~/струйная** *(Gieß)* Strahlputzen *n*, Putzstrahlen *n* ‖ **~/сухая**

Trockenreinigung *f* ‖ **~/термодистилляционная** *s.* ~/зонная ‖ **~/тонкая** Fein[st]reinigung *f*; *(Gieß)* Feinputzen *n* ‖ **~ травлением** *(Eln)* Ätzreinigung *f (z. B. in einer Gasphase)* ‖ **~/щелочная** *(Ch)* Laugenraffination *f*, Laugung *f* ‖ **~/электрогидравлическая** *(Gieß)* elektrohydraulisches Putzen *n* ‖ **~/электрохимическая** *(Gieß)* elektrochemisches (elektrolytisches) Putzen *n*

очистная *f (Gieß)* Putzerei *f*

очистной *(Bgb)* Gewinnungs…; Abbau…

очищать 1. reinigen, säubern; 2. raffinieren, läutern; 3. *(Inf)* löschen, freigeben; 4. *(Met)* feinen, raffinieren, garen, garschmelzen; 5. putzen *(Guß)*; 6. entstauben *(Luft)*; 7. *(Bgb)* räumen *(Haufwerk)*; 8. *(Bgb)* spülen *(Bohrloch)*; 9. läutern, waschen *(Aufbereitung)* ‖ **~ балласт** *(Eb)* Bettung reinigen ‖ **~ отливки** *(Gieß)* gußputzen, putzen ‖ **~ переплавкой** *(Met)* dublieren, umschmelzen

очки *pl* Brille *f* ‖ **~/бифокальные** Bifokalbrille *f* ‖ **~/защитные** Schutzbrille *f* ‖ **~/зеркальные** Brille *f* mit verspiegelten Gläsern ‖ **~/изейконические** iseikonische Brille *f* ‖ **~/корригирующие** Korrekturbrille *f* ‖ **~/лазерные защитные** Laserschutzbrille *f* ‖ **~/неофановые** Neophanbrille *f* ‖ **~/поляризационные** Polarisationsbrille *f* ‖ **~/предохранительные** *s.* ~/защитные ‖ **~/призматические** prismatische Brille *f* ‖ **~/светозащитные** Lichtschutzbrille *f* ‖ **~/слуховые** Hörbrille *f* ‖ **~/телескопические** Fernrohrbrille *f*, Teleskopbrille *f* ‖ **~/трифокальные** Trifokalbrille *f*

очки-консервы *pl* Erhaltungsbrille *f*

очко *n* 1. Auge *n*, Öse *f*, Öhr *n*; 2. *(Met)* Stich *m*, Abstichloch *n*, Abstichöffnung *f (Schmelzofen)*; 3. Düse *f*, Ziehdüse *f*; 4. *(Typ)* Schriftbild *n*; 5. *s. unter* окно ‖ **~/волочильное** Ziehdüse *f*, Ziehstein *m*, Zieh[eisen]loch *n*, Auslaßöffnung *f*, Auslaufloch *n (Drahtziehen)* ‖ **~/фурменное** *(Met)* Windformöffnung *f*, Formöffnung *f*, Düsenöffnung *f (Schachtofen)* ‖ **~/шлаковыпускное** *(Met)* Schlacken[ab]stichloch *n*, Schlackenloch *n*, Schlackenöffnung *f* ‖ **~ шрифта** *(Typ)* Schriftbild *n*

очкодержатель *m (Fert)* Düsenhalter *m*, Ziehdüsenhalter *m*

ОЧУ *s.* устройство/оптическое читающее

очувствить *s.* очувствлять

очувствление *n* Sensibilisierung *f*; Sensorisierung *f* ‖ **~/предварительное** Vorsensibilisierung *f*

очувствленный sensibilisiert; *(Masch)* mit künstlichen Sinnesorganen (Senoren)

очувствлять sensibilisieren *(z. B. Photomaterial)*; sensorisieren

ошибка *f* Fehler *m*, Unrichtigkeit *f (s. a. unter* погрешность*)* ‖ **~/апертурная** *(Opt)* Öffnungsfehler *m*, Aperturverzerrung *f* ‖ **~ аппроксимации** *(Math)* Approximationsfehler *m* ‖ **~ в выходной шине** *(Inf)* BUS-A-Fehler *m* ‖ **~ в данных** *(Inf)* Datenfehler *m* ‖ **~ в калибровке** *(Wlz)* Kalibrier[ungs]fehler *m* ‖ **~ в отсчёте** *(Meß)* Ablesefehler *m* ‖ **~ в переплетении** *(Text)* Bindungsfehler *m* ‖ **~ в чётности** *(Inf)* Paritätsfehler *m* ‖ **~ ведения** *(Astr)* Führungsfehler *m*, Nachführungsfehler *m* ‖ **~ визирования** *(Geod)* Zielfehler *m* ‖ **~ внешнего устройства** *(Inf)* Gerätefehler *m* ‖ **~ вычислений** Rechenfehler *m* ‖ **~/вычислительная** Rechenfehler *m* ‖ **~ гидирования** *s.* ~ ведения ‖ **~/двубитная** *(Inf)* Zweibitfehler *m* ‖ **~/динамическая** Trägheitsfehler *m*, dynamischer Fehler *m* ‖ **~/дифракционная** *(Opt)* Beugungsfehler *m* ‖ **~/допускаемая** *s.* ~/допустимая ‖ **~/допустимая** zulässiger Fehler *m*; *(Reg)* zulässige Regelabweichung *f* ‖ **~ записи** *(Inf)* Aufzeichnungsfehler *m* ‖ **~ защиты памяти** *(Inf)* Speicherschutzfehler *m* ‖ **~/измерительная** Meßfehler *m*, Meßunsicherheit *f* ‖ **~/истинная** wahrer Fehler *m* ‖ **~/коллимационная** *(Opt)* Kollimationsfehler *m* ‖ **~/личная** *s.* ~ наблюдателя ‖ **~/методическая** methodischer Fehler *m*, Verfahrensfehler *m* ‖ **~/многобитная** *(Inf)* Mehrbitfehler *m* ‖ **~ на приёме** Wiedergabefehler *m* ‖ **~ наблюдателя** *(Astr, Geod)* persönlicher (subjektiver) Fehler *m* ‖ **~ наведения (наводки)** Einstellfehler *m*, Einstellunsicherheit *f* ‖ **~ наложения записей** *(Inf)* Überschreibungsfehler *m* ‖ **~/одиночная (однобитная)** *(Inf)* Einzelbitfehler *m* ‖ **~ оператора** *(Inf)* Bedienungsfehler *m* ‖ **~/остаточная** *(Geod)* Restfehler *m* ‖ **~ от частоты** Frequenzfehler *m* ‖ **~ отбрасывания** *(Inf)* Abbruchfehler *m* ‖ **~ первого рода** Fehler *m* erster Art, Alpha-Fehler *m* ‖ **~ передачи** Übertragungsfehler *m* ‖ **~ перекоса** Kippfehler *m* ‖ **~ переполнения** *(Inf)* Überlauffehler *m* ‖ **~ по чётности** *(Inf)* Paritätsfehler *m* ‖ **~/полная** *(Meß)* Gesamtfehler *m* ‖ **~ положения** *(Geod)* Lagefehler *m* ‖ **~/поперечная** gd *(Geod)* Querfehler *m* ‖ **~/постоянная** *(Inf)* permanenter Fehler *m* ‖ **~/предельная** Grenzfehler *m*, Maximalfehler *m*; zulässiger Fehler *m* ‖ **~/привнесённая** *(Inf)* eingeschleppter Fehler *m* ‖ **~ прогнозы** Vorhersagefehler *m* ‖ **~/программная** *(Inf)* Programmfehler *m* ‖ **~ регулирования** Regelabweichung *f*, Regelfehler *m* ‖ **~/семантическая** *(Inf)* semantischer Fehler *m* ‖ **~/синтактическая** *(Inf)* syntaktischer Fehler *m* ‖ **~ следования** Folgefehler *m*, Nachlauffehler *m* ‖ **~/случайная** zufälliger (unregelmäßiger) Fehler *m* ‖ **~/собственная** Eigenfehler *m* ‖ **~ согласования** Anpassungsfehler *m* ‖ **~/суммарная** Summenfehler *m*, Gesamtfehler *m*; akkumulierter Fehler *m* ‖ **~ считывания** *(Inf)* Lesefehler *m* ‖ **~ установки** *s.* ~ наведения ‖ **~ устройства** Gerätefehler *m* ‖ **~/фазная (фазовая)** *(El)* Phasenfehler *m* ‖ **~/формальная** *(Inf)* formaler Fehler *m* ‖ **~ формата** *(Inf)* Formatfehler *m* ‖ **~ хода** *(Geod)* Zugfehler *m*, Gangfehler *m* ‖ **~ часового ведения** *(Astr)* Nachführfehler *m (am Fernrohr)* ‖ **~/частотная** *(El)* Frequenzfehler *m* ‖ **~ чётности** *(Inf)* Paritätsfehler *m* ‖ **~ чтения** *(Inf)* Lesefehler *m*

ошибочность *f* Unrichtigkeit *f*, Fehlerhaftigkeit *f*

ошибочный fehlerhaft, Fehl…, falsch, Falsch…

ошиновка *f (El)* Stromschienen *fpl*; Sammelschienen *fpl*

ошлакование *n (Met)* Verschlacken *n*, Verschlackung *f*, Schlacken *n*

ошнуровка *f (Text)* Schnürung *f (Weberei)* ‖ **~/групповая аркатная** mehrchoriger Harnisch *m* ‖ **~/открытая аркатная** offener Harnisch *m* ‖ **~/перекрёстная (скрещённая)** verkreuzter Harnisch *m*

оштукатуренный *(Bw)* geputzt, verputzt
оштукатуривание *n (Bw)* Putzen *n*, Verputzen *n*
оштукатуривать *(Bw)* [ab]putzen, verputzen
оштукатурить *s.* оштукатуривать
ощупать *s.* ощупывать
ощупывание *n* Abtasten *n*
ощупывать abtasten; anschnäbeln, antasten
ощущение *n* Empfindung *f* || ~ **звука** Klangempfindung *f* || ~/**световое** Lichtempfindung *f* || ~/**цветовое** Farbempfindung *f*, Farbwahrnehmung *f* || ~ **яркости** Helligkeitsempfindung *f*
ОЭ *s.* эмиттер/общий
ОЭП *s.* прибор/оптоэлектронный